**2024**

法律法规全书系列

# 中华人民共和国经济法律法规全书

（含相关政策及典型案例）

中国法制出版社
CHINA LEGAL PUBLISHING HOUSE

# 出 版 说 明

随着中国特色社会主义法律体系的建成，中国的立法进入了"修法时代"。在这一时期，为了使法律体系进一步保持内部的科学、和谐、统一，会频繁出现对法律各层级文件的适时清理。目前，清理工作已经全面展开且取得了阶段性的成果，但这一清理过程在未来几年仍将持续。这对于读者如何了解最新法律修改信息、如何准确适用法律带来了使用上的不便。基于这一考虑，我们精心编辑出版了本丛书，一方面重在向读者展示我国立法的成果与现状，另一方面旨在帮助读者在法律文件修改频率较高的时代准确适用法律。

本书独具以下四重价值：

**1. 文本权威，内容全面。** 本书涵盖经济领域相关的常用法律、行政法规、国务院文件、部门规章、规范性文件、司法解释，及最高人民法院公布的典型案例、示范文本，独家梳理和收录人大代表建议、政协委员提案的重要答复；书中收录文件均为经过清理修改的现行有效文本，方便读者及时掌握最新法律文件。

**2. 查找方便，附录实用。** 全书法律文件按照紧密程度排列，方便读者对某一类问题的集中查找；重点法律附加条旨，指引读者快速找到目标条文；附录相关典型案例、文书范本，其中案例具有指引"同案同判"的作用。同时，本书采用可平摊使用的独特开本，避免因书籍太厚难以摊开使用的弊端。

**3. 免费增补，动态更新。** 为保持本书与新法的同步更新，避免读者因部分法律的修改而反复购买同类图书，我们为读者专门设置了以下服务：（1）扫码添加书后"法规编辑部"公众号→点击菜单栏→进入资料下载栏→选择法律法规全书资料项→点击网址或扫码下载，即可获取本书每次改版修订内容的电子版文件；（2）通过"法规编辑部"公众号，及时了解最新立法信息，并可线上留言，编辑团队会就图书相关疑问动态解答。

**4. 目录赠送，配套使用。** 赠送本书目录的电子版，与纸书配套，立体化、电子化使用，便于检索、快速定位；同时实现将本书装进电脑，随时随地查。

# 修 订 说 明

《中华人民共和国经济法律法规全书》自出版以来，深受广大读者的欢迎和好评。本书在上一个版本的基础之上，根据国家法律、行政法规、部门规章、司法解释等相关文件的制定和修改情况，进行了相应的增删和修订。修订情况如下：

1. 增加法律法规20余件：《中华人民共和国公司法》《企业名称登记管理规定实施办法》《上市公司重大资产重组管理办法》《非上市公众公司重大资产重组管理办法》《非上市公众公司监督管理办法》《最高人民法院关于适用〈中华人民共和国民法典〉合同编通则若干问题的解释》《合同行政监督管理办法》《农村土地承包合同管理办法》《证券公司风险处置条例》《证券经纪业务管理办法》《证券发行与承销管理办法》《证券发行上市保荐业务管理办法》《首次公开发行股票注册管理办法》《上市公司证券发行注册管理办法》《期货交易所管理办法》《银行保险机构操作风险管理办法》《保险销售行为管理办法》《中华人民共和国对外贸易法》，等等。

2. 增加典型案例8件：《上海某某港实业有限公司破产清算转破产重整案》《最高人民法院、最高人民检察院、公安部、中国证券监督管理委员会关于印发依法从严打击证券犯罪典型案例的通知》《顾华骏、刘淑君等11名投资者诉康美药业股份有限公司证券虚假陈述责任纠纷特别代表人诉讼案》《段某某等与中国人民财产保险股份有限公司南京市分公司人身保险合同纠纷案》，等等。

3. 最新收录人大代表建议的重要答复9件：《对十四届全国人大一次会议第2988号建议的答复——关于进一步完善社会信用制度的建议》《对十四届全国人大一次会议第5731号建议的答复——关于加快构建全国公共资源交易统一市场的建议》《关于政协十四届全国委员会第一次会议第01041号（商贸监管类059号）提案答复的函——关于推进招标采购领域融入全国统一大市场的提案》，等等。

# 总 目 录

一、公司、企业 …………………………（1）
二、合同、担保 …………………………（138）
　1. 合同 ……………………………（138）
　2. 担保 ……………………………（203）
三、证券、期货 …………………………（234）
　1. 证券 ……………………………（234）
　2. 期货 ……………………………（347）
四、保险、票据、信托 …………………（432）
　1. 保险 ……………………………（432）
　2. 票据 ……………………………（565）
　3. 信托 ……………………………（585）
五、经济贸易 ……………………………（613）
六、税收、财会 …………………………（688）
　1. 税收 ……………………………（688）
　2. 财会 ……………………………（743）
七、人大代表建议、政协委员提案答复 …（766）

# 目录*

## 一、公司、企业

中华人民共和国公司法 …………………… （1）
　　（2023 年 12 月 29 日）
最高人民法院关于适用《中华人民共和国公司法》
　　若干问题的规定（一）………………… （22）
　　（2014 年 2 月 20 日）
最高人民法院关于适用《中华人民共和国公司法》
　　若干问题的规定（二）………………… （23）
　　（2020 年 12 月 29 日）
最高人民法院关于适用《中华人民共和国公司法》
　　若干问题的规定（三）………………… （25）
　　（2020 年 12 月 29 日）
最高人民法院关于适用《中华人民共和国公司法》
　　若干问题的规定（四）………………… （28）
　　（2020 年 12 月 29 日）
最高人民法院关于适用《中华人民共和国公司法》
　　若干问题的规定（五）………………… （30）
　　（2020 年 12 月 29 日）
中华人民共和国合伙企业法 ……………… （31）
　　（2006 年 8 月 27 日）
中华人民共和国个人独资企业法 ………… （38）
　　（1999 年 8 月 30 日）
中华人民共和国中小企业促进法 ………… （41）
　　（2017 年 9 月 1 日）
中华人民共和国企业破产法 ……………… （44）
　　（2006 年 8 月 27 日）
最高人民法院关于适用《中华人民共和国企业
　　破产法》若干问题的规定（一）………… （55）
　　（2011 年 9 月 9 日）
最高人民法院关于适用《中华人民共和国企业
　　破产法》若干问题的规定（二）………… （55）
　　（2020 年 12 月 29 日）
最高人民法院关于适用《中华人民共和国企业
　　破产法》若干问题的规定（三）………… （60）
　　（2020 年 12 月 29 日）
中华人民共和国市场主体登记管理条例 …… （62）
　　（2021 年 7 月 27 日）
中华人民共和国市场主体登记管理条例实施
　　细则 ……………………………………… （66）
　　（2022 年 3 月 1 日）
企业名称登记管理规定 …………………… （73）
　　（2020 年 12 月 28 日）
企业名称登记管理规定实施办法 ………… （74）
　　（2023 年 8 月 29 日）
企业经营异常名录管理暂行办法 ………… （79）
　　（2014 年 8 月 19 日）
外国（地区）企业在中国境内从事生产经营
　　活动登记管理办法 ……………………… （80）
　　（2020 年 10 月 23 日）
外商投资企业授权登记管理办法 ………… （82）
　　（2022 年 3 月 1 日）
外商投资信息报告办法 …………………… （83）
　　（2019 年 12 月 30 日）
上市公司收购管理办法 …………………… （85）
　　（2020 年 3 月 20 日）
上市公司重大资产重组管理办法 ………… （97）
　　（2023 年 2 月 17 日）

---

\* 编者按：本目录中的时间为法律文件的公布时间或最后一次修正、修订公布时间。

非上市公众公司收购管理办法 …………… (106)
　　(2020 年 3 月 20 日)
非上市公众公司重大资产重组管理办法 …… (110)
　　(2023 年 2 月 17 日)
非上市公众公司监督管理办法 …………… (115)
　　(2023 年 2 月 17 日)
企业内部控制基本规范 …………………… (121)
　　(2008 年 5 月 22 日)
小企业内部控制规范（试行）……………… (125)
　　(2017 年 6 月 29 日)

·典型案例·
1. 宋文军诉西安市大华餐饮有限公司股东资格确认纠纷案 ……………………… (128)
2. 大宗集团有限公司、宗锡晋与淮北圣火矿业有限公司、淮北圣火房地产开发有限责任公司、涡阳圣火房地产开发有限公司股权转让纠纷案 …………………………………… (129)
3. 上海某某港实业有限公司破产清算转破产重整案 ………………………………… (136)

# 二、合同、担保

1. 合同
中华人民共和国民法典（节录）…………… (138)
　　(2020 年 5 月 28 日)
最高人民法院关于适用《中华人民共和国民法典》合同编通则若干问题的解释 …… (174)
　　(2023 年 12 月 4 日)
最高人民法院关于审理商品房买卖合同纠纷案件适用法律若干问题的解释 ……… (183)
　　(2020 年 12 月 29 日)
最高人民法院关于审理买卖合同纠纷案件适用法律问题的解释 …………………… (185)
　　(2020 年 12 月 29 日)
最高人民法院关于审理城镇房屋租赁合同纠纷案件具体应用法律若干问题的解释 …… (188)
　　(2020 年 12 月 29 日)
最高人民法院关于审理融资租赁合同纠纷案件适用法律问题的解释 ……………… (189)
　　(2020 年 12 月 29 日)
最高人民法院关于审理建设工程施工合同纠纷案件适用法律问题的解释（一）…… (191)
　　(2020 年 12 月 29 日)
最高人民法院关于审理技术合同纠纷案件适用法律若干问题的解释 ……………… (194)
　　(2020 年 12 月 29 日)

合同行政监督管理办法 …………………… (198)
　　(2023 年 5 月 18 日)
农村土地承包合同管理办法 ……………… (200)
　　(2023 年 2 月 17 日)

2. 担保
最高人民法院关于适用《中华人民共和国民法典》有关担保制度的解释 ………… (203)
　　(2020 年 12 月 31 日)
最高人民法院关于执行担保若干问题的规定 …… (212)
　　(2020 年 12 月 29 日)
中华人民共和国海关事务担保条例 ……… (213)
　　(2018 年 3 月 19 日)
融资担保公司监督管理条例 ……………… (214)
　　(2017 年 8 月 2 日)
动产和权利担保统一登记办法 …………… (218)
　　(2021 年 12 月 28 日)

·典型案例·
1. 中国工商银行股份有限公司宣城龙首支行诉宣城柏冠贸易有限公司、江苏凯盛置业有限公司等金融借款合同纠纷案 ……………………… (220)
2. 海南康力元药业有限公司、海南通用康力制药有限公司与海口奇力制药股份有限公司技术转让合同纠纷案 ……………………………… (221)

# 三、证券、期货

## 1. 证券

中华人民共和国证券法 …………………… (234)
　　（2019 年 12 月 28 日）
中华人民共和国证券投资基金法 ………… (254)
　　（2015 年 4 月 24 日）
证券公司风险处置条例 …………………… (267)
　　（2023 年 7 月 20 日）
证券公司监督管理条例 …………………… (272)
　　（2014 年 7 月 29 日）
证券经纪业务管理办法 …………………… (280)
　　（2023 年 1 月 13 日）
证券基金经营机构董事、监事、高级管理人员
　　及从业人员监督管理办法 ……………… (285)
　　（2022 年 2 月 18 日）
证券发行与承销管理办法 ………………… (291)
　　（2023 年 2 月 17 日）
证券发行上市保荐业务管理办法 ………… (298)
　　（2023 年 2 月 17 日）
证券市场禁入规定 ………………………… (306)
　　（2021 年 6 月 15 日）
证券登记结算管理办法 …………………… (309)
　　（2022 年 5 月 20 日）
首次公开发行股票注册管理办法 ………… (317)
　　（2023 年 2 月 17 日）
上市公司证券发行注册管理办法 ………… (323)
　　（2023 年 2 月 17 日）
公开募集证券投资基金销售机构监督管理办法 … (331)
　　（2020 年 8 月 28 日）
公开募集证券投资基金信息披露管理办法 ……… (339)
　　（2020 年 3 月 20 日）
最高人民法院关于审理证券市场虚假陈述侵权
　　民事赔偿案件的若干规定 ……………… (343)
　　（2022 年 1 月 21 日）

## 2. 期货

中华人民共和国期货和衍生品法 ………… (347)
　　（2022 年 4 月 20 日）
期货交易管理条例 ………………………… (361)
　　（2017 年 3 月 1 日）
期货公司监督管理办法 …………………… (370)
　　（2019 年 6 月 4 日）
期货公司信息公示管理规定 ……………… (383)
　　（2022 年 8 月 12 日）
期货交易所管理办法 ……………………… (384)
　　（2023 年 3 月 29 日）
期货从业人员管理办法 …………………… (393)
　　（2007 年 7 月 4 日）
期货公司董事、监事和高级管理人员任职
　　管理办法 ………………………………… (395)
　　（2022 年 8 月 12 日）
期货市场客户开户管理规定 ……………… (400)
　　（2022 年 8 月 12 日）
期货公司风险监管指标管理办法 ………… (403)
　　（2022 年 8 月 12 日）
证券期货市场诚信监督管理办法 ………… (406)
　　（2020 年 3 月 20 日）
证券期货违法行为行政处罚办法 ………… (410)
　　（2021 年 7 月 14 日）
证券期货经营机构及其工作人员廉洁从业规定 … (414)
　　（2022 年 8 月 12 日）
证券期货业反洗钱工作实施办法 ………… (416)
　　（2022 年 8 月 12 日）
最高人民法院关于审理期货纠纷案件若干问题
　　的规定 …………………………………… (418)
　　（2020 年 12 月 29 日）
最高人民法院关于审理期货纠纷案件若干问题
　　的规定（二） …………………………… (422)
　　（2020 年 12 月 29 日）
最高人民法院、最高人民检察院关于办理操纵
　　证券、期货市场刑事案件适用法律若干问题
　　的解释 …………………………………… (423)
　　（2019 年 6 月 27 日）

**·典型案例·**

1. 最高人民法院、最高人民检察院、公安部、中国证券监督管理委员会关于印发依法从严打击证券犯罪典型案例的通知……………（425）

2. 顾华骏、刘淑君等 11 名投资者诉康美药业股份有限公司证券虚假陈述责任纠纷特别代表人诉讼案……………（431）

# 四、保险、票据、信托

**1. 保险**

中华人民共和国保险法………………（432）
　　（2015 年 4 月 24 日）
最高人民法院关于适用《中华人民共和国保险法》若干问题的解释（一）……………（446）
　　（2009 年 9 月 21 日）
最高人民法院关于适用《中华人民共和国保险法》若干问题的解释（二）……………（447）
　　（2020 年 12 月 29 日）
最高人民法院关于适用《中华人民共和国保险法》若干问题的解释（三）……………（448）
　　（2020 年 12 月 29 日）
最高人民法院关于适用《中华人民共和国保险法》若干问题的解释（四）……………（450）
　　（2020 年 12 月 29 日）
银行保险机构许可证管理办法…………（452）
　　（2021 年 4 月 28 日）
银行保险机构操作风险管理办法………（454）
　　（2023 年 12 月 27 日）
中华人民共和国外资保险公司管理条例……（459）
　　（2019 年 9 月 30 日）
中华人民共和国外资保险公司管理条例实施细则………………………………（462）
　　（2021 年 3 月 10 日）
保险公司管理规定………………………（465）
　　（2015 年 10 月 19 日）
保险资产管理公司管理规定……………（471）
　　（2022 年 7 月 28 日）
保险公司偿付能力管理规定……………（478）
　　（2021 年 1 月 15 日）
保险保障基金管理办法…………………（481）
　　（2022 年 10 月 26 日）
保险代理人监管规定……………………（484）
　　（2020 年 11 月 12 日）

保险公司股权管理办法…………………（495）
　　（2018 年 3 月 2 日）
保险公司信息披露管理办法……………（503）
　　（2018 年 4 月 28 日）
保险公司非现场监管暂行办法…………（506）
　　（2022 年 1 月 16 日）
银行保险机构关联交易管理办法………（509）
　　（2022 年 1 月 10 日）
保险公司董事、监事和高级管理人员任职资格管理规定……………………………（516）
　　（2021 年 6 月 3 日）
财产保险公司保险条款和保险费率管理办法……（521）
　　（2021 年 8 月 16 日）
保险中介行政许可及备案实施办法……（524）
　　（2021 年 10 月 28 日）
保险销售行为管理办法…………………（533）
　　（2023 年 9 月 20 日）
互联网保险业务监管办法………………（538）
　　（2020 年 12 月 7 日）
保险资金运用管理办法…………………（546）
　　（2018 年 1 月 24 日）
保险公司资本保证金管理办法…………（552）
　　（2015 年 4 月 3 日）
中国银保监会行政处罚办法……………（554）
　　（2020 年 6 月 15 日）
中国银保监会行政许可实施程序规定……（561）
　　（2020 年 5 月 24 日）

**2. 票据**

中华人民共和国票据法…………………（565）
　　（2004 年 8 月 28 日）
票据管理实施办法………………………（571）
　　（2011 年 1 月 8 日）
票据交易管理办法………………………（573）
　　（2016 年 12 月 5 日）

最高人民法院关于审理信用证纠纷案件若干问题的规定 …… (577)
　　（2020年12月29日）
最高人民法院关于审理票据纠纷案件若干问题的规定 …… (578)
　　（2020年12月29日）
最高人民法院关于审理存单纠纷案件的若干规定 …… (583)
　　（2020年12月29日）

### 3. 信托

中华人民共和国信托法 …… (585)
　　（2001年4月28日）
信托登记管理办法 …… (589)
　　（2017年8月25日）

慈善信托管理办法 …… (592)
　　（2017年7月7日）
中国银保监会信托公司行政许可事项实施办法 …… (596)
　　（2020年11月16日）

· 典型案例 ·

1. 何丽红诉中国人寿保险股份有限公司佛山市顺德支公司、中国人寿保险股份有限公司佛山分公司保险合同纠纷案 …… (604)
2. 华泰财产保险有限公司北京分公司诉李志贵、天安财产保险股份有限公司河北省分公司张家口支公司保险人代位求偿权纠纷案 …… (610)
3. 段某某等与中国人民财产保险股份有限公司南京市分公司人身保险合同纠纷案 …… (610)

## 五、经济贸易

优化营商环境条例 …… (613)
　　（2019年10月22日）
促进个体工商户发展条例 …… (619)
　　（2022年10月1日）
中华人民共和国反不正当竞争法 …… (621)
　　（2019年4月23日）
中华人民共和国反垄断法 …… (623)
　　（2022年6月24日）
中华人民共和国反倾销条例 …… (628)
　　（2004年3月31日）
中华人民共和国反补贴条例 …… (633)
　　（2004年3月31日）
中华人民共和国产品质量法 …… (637)
　　（2018年12月29日）
最高人民法院关于审理因垄断行为引发的民事纠纷案件应用法律若干问题的规定 …… (642)
　　（2020年12月29日）
最高人民法院关于适用《中华人民共和国反不正当竞争法》若干问题的解释 …… (643)
　　（2022年3月16日）
中华人民共和国招标投标法 …… (645)
　　（2017年12月27日）
中华人民共和国招标投标法实施条例 …… (650)
　　（2019年3月2日）

中华人民共和国消费者权益保护法 …… (657)
　　（2013年10月25日）
中华人民共和国拍卖法 …… (663)
　　（2015年4月24日）
中华人民共和国对外贸易法 …… (666)
　　（2022年12月30日）
中华人民共和国外商投资法 …… (670)
　　（2019年3月15日）
外商投资创业投资企业管理规定 …… (673)
　　（2015年10月28日）
企业境外经营合规管理指引 …… (678)
　　（2018年12月26日）
外商投资安全审查办法 …… (681)
　　（2020年12月19日）

· 典型案例 ·

1. 意大利费列罗公司诉蒙特莎（张家港）食品有限公司、天津经济技术开发区正元行销有限公司不正当竞争纠纷案 …… (683)
2. 孙银山诉南京欧尚超市有限公司江宁店买卖合同纠纷案 …… (686)
3. 张莉诉北京合力华通汽车服务有限公司买卖合同纠纷案 …… (687)

## 六、税收、财会

### 1. 税收

中华人民共和国税收征收管理法 ……………(688)
　　(2015 年 4 月 24 日)
中华人民共和国税收征收管理法实施细则 ………(694)
　　(2016 年 2 月 6 日)
中华人民共和国企业所得税法 ……………(702)
　　(2018 年 12 月 29 日)
中华人民共和国企业所得税法实施条例 …………(706)
　　(2019 年 4 月 23 日)
中华人民共和国个人所得税法 ……………(716)
　　(2018 年 8 月 31 日)
中华人民共和国个人所得税法实施条例 …………(719)
　　(2018 年 12 月 18 日)
中华人民共和国增值税暂行条例 …………(722)
　　(2017 年 11 月 19 日)
中华人民共和国消费税暂行条例 …………(724)
　　(2008 年 11 月 10 日)
中华人民共和国契税法 …………(727)
　　(2020 年 8 月 11 日)
中华人民共和国印花税法 …………(728)
　　(2021 年 6 月 10 日)
国际运输船舶增值税退税管理办法 …………(731)
　　(2020 年 12 月 2 日)

中华人民共和国土地增值税暂行条例 …………(732)
　　(2011 年 1 月 8 日)
中华人民共和国房产税暂行条例 …………(733)
　　(2011 年 1 月 8 日)
中华人民共和国城镇土地使用税暂行条例 …………(733)
　　(2019 年 3 月 2 日)
全国人民代表大会常务委员会关于授权国务院在
　　部分地区开展房地产税改革试点工作的决定 …(734)
　　(2021 年 10 月 23 日)
税务稽查案件办理程序规定 …………(734)
　　(2021 年 7 月 12 日)
重大税收违法失信主体信息公布管理办法 …………(741)
　　(2021 年 12 月 31 日)

### 2. 财会

中华人民共和国会计法 …………(743)
　　(2017 年 11 月 4 日)
中华人民共和国注册会计师法 …………(747)
　　(2014 年 8 月 31 日)
代理记账管理办法 …………(750)
　　(2019 年 3 月 14 日)
增值税会计处理规定 …………(754)
　　(2016 年 12 月 3 日)
会计师事务所执业许可和监督管理办法 …………(758)
　　(2019 年 1 月 2 日)

## 七、人大代表建议、政协委员提案答复

对十四届全国人大一次会议第 2988 号建议的
　　答复 …………(766)
　　——关于进一步完善社会信用制度的建议
　　(2023 年 9 月 8 日)
对十四届全国人大一次会议第 5731 号建议的
　　答复 …………(767)
　　——关于加快构建全国公共资源交易统一
　　　市场的建议
　　(2023 年 8 月 19 日)

对十四届全国人大一次会议第 3735 号建议的
　　答复 …………(769)
　　——关于进一步盘活存量资产促进有效投
　　　资的建议
　　(2023 年 7 月 20 日)
对十三届全国人大五次会议第 1434 号建议的
　　答复 …………(769)
　　——关于降低中小企业市场准入门槛、支
　　　持中小企业融入发展的建议
　　(2022 年 10 月 25 日)

对十三届全国人大五次会议第 5028 号建议的
 答复 $\cdots\cdots\cdots\cdots\cdots\cdots\cdots\cdots\cdots\cdots\cdots\cdots\cdots\cdots$（771）
  ——关于进一步推动银发经济发展的建议
 （2022 年 9 月 22 日）
关于政协十四届全国委员会第一次会议第 00362
 号（经济发展类 045 号）提案答复的函 $\cdots\cdots$（772）
  ——关于优化营商环境的提案
 （2023 年 10 月 17 日）
关于政协十四届全国委员会第一次会议第 01235
 号（经济发展类 146 号）提案答复的函 $\cdots\cdots$（774）
  ——关于以"一体化"思维加快全国统一
   大市场建设的提案
 （2023 年 10 月 12 日）

关于政协十四届全国委员会第一次会议第 01041
 号（商贸监管类 059 号）提案答复的函 $\cdots\cdots$（775）
  ——关于推进招标采购领域融入全国统一大市场的
   提案
 （2023 年 10 月 12 日）
关于政协十四届全国委员会第一次会议第 02863
 号（经济发展类 323 号）提案答复的函 $\cdots\cdots$（776）
  ——关于推进企业现代治理、打牢中国式
   现代化社会基础的提案
 （2023 年 10 月 10 日）

# 一、公司、企业

## 中华人民共和国公司法

- 1993年12月29日第八届全国人民代表大会常务委员会第五次会议通过
- 根据1999年12月25日第九届全国人民代表大会常务委员会第十三次会议《关于修改〈中华人民共和国公司法〉的决定》第一次修正
- 根据2004年8月28日第十届全国人民代表大会常务委员会第十一次会议《关于修改〈中华人民共和国公司法〉的决定》第二次修正
- 2005年10月27日第十届全国人民代表大会常务委员会第十八次会议第一次修订
- 根据2013年12月28日第十二届全国人民代表大会常务委员会第六次会议《关于修改〈中华人民共和国海洋环境保护法〉等七部法律的决定》第三次修正
- 根据2018年10月26日第十三届全国人民代表大会常务委员会第六次会议《关于修改〈中华人民共和国公司法〉的决定》第四次修正
- 2023年12月29日第十四届全国人民代表大会常务委员会第七次会议第二次修订
- 2023年12月29日中华人民共和国主席令第15号公布
- 自2024年7月1日起施行

### 第一章 总 则

**第一条** 【立法目的】* 为了规范公司的组织和行为,保护公司、股东、职工和债权人的合法权益,完善中国特色现代企业制度,弘扬企业家精神,维护社会经济秩序,促进社会主义市场经济的发展,根据宪法,制定本法。

**第二条** 【调整范围】本法所称公司,是指依照本法在中华人民共和国境内设立的有限责任公司和股份有限公司。

**第三条** 【公司的法律地位】公司是企业法人,有独立的法人财产,享有法人财产权。公司以其全部财产对公司的债务承担责任。

公司的合法权益受法律保护,不受侵犯。

**第四条** 【股东有限责任和基本权利】有限责任公司的股东以其认缴的出资额为限对公司承担责任;股份有限公司的股东以其认购的股份为限对公司承担责任。

公司股东对公司依法享有资产收益、参与重大决策和选择管理者等权利。

**第五条** 【公司章程】设立公司应当依法制定公司章程。公司章程对公司、股东、董事、监事、高级管理人员具有约束力。

**第六条** 【公司名称】公司应当有自己的名称。公司名称应当符合国家有关规定。

公司的名称权受法律保护。

**第七条** 【公司名称中的公司类型】依照本法设立的有限责任公司,应当在公司名称中标明有限责任公司或者有限公司字样。

依照本法设立的股份有限公司,应当在公司名称中标明股份有限公司或者股份公司字样。

**第八条** 【公司住所】公司以其主要办事机构所在地为住所。

**第九条** 【经营范围】公司的经营范围由公司章程规定。公司可以修改公司章程,变更经营范围。

公司的经营范围中属于法律、行政法规规定须经批准的项目,应当依法经过批准。

**第十条** 【担任法定代表人的主体范围】公司的法定代表人按照公司章程的规定,由代表公司执行公司事务的董事或者经理担任。

担任法定代表人的董事或者经理辞任的,视为同时辞去法定代表人。

法定代表人辞任的,公司应当在法定代表人辞任之日起三十日内确定新的法定代表人。

**第十一条** 【法定代表人行为的法律后果】法定代表人以公司名义从事的民事活动,其法律后果由公司承受。

公司章程或者股东会对法定代表人职权的限制,不得对抗善意相对人。

---

\* 条文主旨为编者所加,下同。

法定代表人因执行职务造成他人损害的，由公司承担民事责任。公司承担民事责任后，依照法律或者公司章程的规定，可以向有过错的法定代表人追偿。

**第十二条 【公司形式变更】**有限责任公司变更为股份有限公司，应当符合本法规定的股份有限公司的条件。股份有限公司变更为有限责任公司，应当符合本法规定的有限责任公司的条件。

有限责任公司变更为股份有限公司的，或者股份有限公司变更为有限责任公司的，公司变更前的债权、债务由变更后的公司承继。

**第十三条 【子公司和分公司】**公司可以设立子公司。子公司具有法人资格，依法独立承担民事责任。

公司可以设立分公司。分公司不具有法人资格，其民事责任由公司承担。

**第十四条 【转投资】**公司可以向其他企业投资。

法律规定公司不得成为对所投资企业的债务承担连带责任的出资人的，从其规定。

**第十五条 【转投资和为他人提供担保的内部程序】**公司向其他企业投资或者为他人提供担保，按照公司章程的规定，由董事会或者股东会决议；公司章程对投资或者担保的总额及单项投资或者担保的数额有限额规定的，不得超过规定的限额。

公司为公司股东或者实际控制人提供担保的，应当经股东会决议。

前款规定的股东或者受前款规定的实际控制人支配的股东，不得参加前款规定事项的表决。该项表决由出席会议的其他股东所持表决权的过半数通过。

**第十六条 【职工权益和教育培训】**公司应当保护职工的合法权益，依法与职工签订劳动合同，参加社会保险，加强劳动保护，实现安全生产。

公司应当采用多种形式，加强公司职工的职业教育和岗位培训，提高职工素质。

**第十七条 【工会和职工代表大会】**公司职工依照《中华人民共和国工会法》组织工会，开展工会活动，维护职工合法权益。公司应当为本公司工会提供必要的活动条件。公司工会代表职工就职工的劳动报酬、工作时间、休息休假、劳动安全卫生和保险福利等事项依法与公司签订集体合同。

公司依照宪法和有关法律的规定，建立健全以职工代表大会为基本形式的民主管理制度，通过职工代表大会或者其他形式，实行民主管理。

公司研究决定改制、解散、申请破产以及经营方面的重大问题、制定重要的规章制度时，应当听取公司工会的意见，并通过职工代表大会或者其他形式听取职工的意见和建议。

**第十八条 【党组织】**在公司中，根据中国共产党章程的规定，设立中国共产党的组织，开展党的活动。公司应当为党组织的活动提供必要条件。

**第十九条 【公司基本义务】**公司从事经营活动，应当遵守法律法规，遵守社会公德、商业道德，诚实守信，接受政府和社会公众的监督。

**第二十条 【公司社会责任】**公司从事经营活动，应当充分考虑公司职工、消费者等利益相关者的利益以及生态环境保护等社会公共利益，承担社会责任。

国家鼓励公司参与社会公益活动，公布社会责任报告。

**第二十一条 【不得滥用股东权利】**公司股东应当遵守法律、行政法规和公司章程，依法行使股东权利，不得滥用股东权利损害公司或者其他股东的利益。

公司股东滥用股东权利给公司或者其他股东造成损失的，应当承担赔偿责任。

**第二十二条 【关联交易】**公司的控股股东、实际控制人、董事、监事、高级管理人员不得利用关联关系损害公司利益。

违反前款规定，给公司造成损失的，应当承担赔偿责任。

**第二十三条 【公司人格否认】**公司股东滥用公司法人独立地位和股东有限责任，逃避债务，严重损害公司债权人利益的，应当对公司债务承担连带责任。

股东利用其控制的两个以上公司实施前款规定行为的，各公司应当对任一公司的债务承担连带责任。

只有一个股东的公司，股东不能证明公司财产独立于股东自己的财产的，应当对公司债务承担连带责任。

**第二十四条 【电子通信方式开会和表决】**公司股东会、董事会、监事会召开会议和表决可以采用电子通信方式，公司章程另有规定的除外。

**第二十五条 【决议的无效】**公司股东会、董事会的决议内容违反法律、行政法规的无效。

**第二十六条 【决议的撤销】**公司股东会、董事会的会议召集程序、表决方式违反法律、行政法规或者公司章程，或者决议内容违反公司章程的，股东自决议作出之日起六十日内，可以请求人民法院撤销。但是，股东会、董事会的会议召集程序或者表决方式仅有轻微瑕疵，对决议未产生实质影响的除外。

未被通知参加股东会会议的股东自知道或者应当知道股东会决议作出之日起六十日内,可以请求人民法院撤销;自决议作出之日起一年内没有行使撤销权的,撤销权消灭。

**第二十七条 【决议的不成立】**有下列情形之一的,公司股东会、董事会的决议不成立:

(一)未召开股东会、董事会会议作出决议;

(二)股东会、董事会会议未对决议事项进行表决;

(三)出席会议的人数或者所持表决权数未达到本法或者公司章程规定的人数或者所持表决权数;

(四)同意决议事项的人数或者所持表决权数未达到本法或者公司章程规定的人数或者所持表决权数。

**第二十八条 【瑕疵决议的法律后果】**公司股东会、董事会决议被人民法院宣告无效、撤销或者确认不成立的,公司应当向公司登记机关申请撤销根据该决议已办理的登记。

股东会、董事会决议被人民法院宣告无效、撤销或者确认不成立的,公司根据该决议与善意相对人形成的民事法律关系不受影响。

## 第二章 公司登记

**第二十九条 【设立登记的原则】**设立公司,应当依法向公司登记机关申请设立登记。

法律、行政法规规定设立公司必须报经批准的,应当在公司登记前依法办理批准手续。

**第三十条 【设立登记的申请材料】**申请设立公司,应当提交设立登记申请书、公司章程等文件,提交的相关材料应当真实、合法和有效。

申请材料不齐全或者不符合法定形式的,公司登记机关应当一次性告知需要补正的材料。

**第三十一条 【申请设立登记的法律效果】**申请设立公司,符合本法规定的设立条件的,由公司登记机关分别登记为有限责任公司或者股份有限公司;不符合本法规定的设立条件的,不得登记为有限责任公司或者股份有限公司。

**第三十二条 【公司登记事项】**公司登记事项包括:

(一)名称;

(二)住所;

(三)注册资本;

(四)经营范围;

(五)法定代表人的姓名;

(六)有限责任公司股东、股份有限公司发起人的姓名或者名称。

公司登记机关应当将前款规定的公司登记事项通过国家企业信用信息公示系统向社会公示。

**第三十三条 【营业执照】**依法设立的公司,由公司登记机关发给公司营业执照。公司营业执照签发日期为公司成立日期。

公司营业执照应当载明公司的名称、住所、注册资本、经营范围、法定代表人姓名等事项。

公司登记机关可以发给电子营业执照。电子营业执照与纸质营业执照具有同等法律效力。

**第三十四条 【变更登记和登记效力】**公司登记事项发生变更的,应当依法办理变更登记。

公司登记事项未经登记或者未经变更登记,不得对抗善意相对人。

**第三十五条 【申请变更登记的材料】**公司申请变更登记,应当向公司登记机关提交公司法定代表人签署的变更登记申请书、依法作出的变更决议或者决定等文件。

公司变更登记事项涉及修改公司章程的,应当提交修改后的公司章程。

公司变更法定代表人的,变更登记申请书由变更后的法定代表人签署。

**第三十六条 【换发营业执照】**公司营业执照记载的事项发生变更的,公司办理变更登记后,由公司登记机关换发营业执照。

**第三十七条 【注销登记】**公司因解散、被宣告破产或者其他法定事由需要终止的,应当依法向公司登记机关申请注销登记,由公司登记机关公告公司终止。

**第三十八条 【分公司的设立登记】**公司设立分公司,应当向公司登记机关申请登记,领取营业执照。

**第三十九条 【公司登记的撤销】**虚报注册资本、提交虚假材料或者采取其他欺诈手段隐瞒重要事实取得公司设立登记的,公司登记机关应当依照法律、行政法规的规定予以撤销。

**第四十条 【信息公示】**公司应当按照规定通过国家企业信用信息公示系统公示下列事项:

(一)有限责任公司股东认缴和实缴的出资额、出资方式和出资日期,股份有限公司发起人认购的股份数;

(二)有限责任公司股东、股份有限公司发起人的股权、股份变更信息;

(三)行政许可取得、变更、注销等信息;

(四)法律、行政法规规定的其他信息。

公司应当确保前款公示信息真实、准确、完整。

**第四十一条** 【公司登记便利化】公司登记机关应当优化公司登记办理流程，提高公司登记效率，加强信息化建设，推行网上办理等便捷方式，提升公司登记便利化水平。

国务院市场监督管理部门根据本法和有关法律、行政法规的规定，制定公司登记注册的具体办法。

## 第三章　有限责任公司的设立和组织机构

### 第一节　设　立

**第四十二条** 【股东人数】有限责任公司由一个以上五十个以下股东出资设立。

**第四十三条** 【设立协议】有限责任公司设立时的股东可以签订设立协议，明确各自在公司设立过程中的权利和义务。

**第四十四条** 【设立责任】有限责任公司设立时的股东为设立公司从事的民事活动，其法律后果由公司承受。

公司未成立的，其法律后果由公司设立时的股东承受；设立时的股东为二人以上的，享有连带债权，承担连带债务。

设立时的股东为设立公司以自己的名义从事民事活动产生的民事责任，第三人有权选择请求公司或者公司设立时的股东承担。

设立时的股东因履行公司设立职责造成他人损害的，公司或者无过错的股东承担赔偿责任后，可以向有过错的股东追偿。

**第四十五条** 【公司章程制定】设立有限责任公司，应当由股东共同制定公司章程。

**第四十六条** 【公司章程记载事项】有限责任公司章程应当载明下列事项：

（一）公司名称和住所；

（二）公司经营范围；

（三）公司注册资本；

（四）股东的姓名或者名称；

（五）股东的出资额、出资方式和出资日期；

（六）公司的机构及其产生办法、职权、议事规则；

（七）公司法定代表人的产生、变更办法；

（八）股东会认为需要规定的其他事项。

股东应当在公司章程上签名或者盖章。

**第四十七条** 【注册资本】有限责任公司的注册资本为在公司登记机关登记的全体股东认缴的出资额。全体股东认缴的出资额由股东按照公司章程的规定自公司成立之日起五年内缴足。

法律、行政法规以及国务院决定对有限责任公司注册资本实缴、注册资本最低限额、股东出资期限另有规定的，从其规定。

**第四十八条** 【出资方式】股东可以用货币出资，也可以用实物、知识产权、土地使用权、股权、债权等可以用货币估价并可以依法转让的非货币财产作价出资；但是，法律、行政法规规定不得作为出资的财产除外。

对作为出资的非货币财产应当评估作价，核实财产，不得高估或者低估作价。法律、行政法规对评估作价有规定的，从其规定。

**第四十九条** 【股东履行出资义务】股东应当按足额缴纳公司章程规定的各自所认缴的出资额。

股东以货币出资的，应当将货币出资足额存入有限责任公司在银行开设的账户；以非货币财产出资的，应当依法办理其财产权的转移手续。

股东未按期足额缴纳出资的，除应当向公司足额缴纳外，还应当对给公司造成的损失承担赔偿责任。

**第五十条** 【公司设立时股东的资本充实责任】有限责任公司设立时，股东未按照公司章程规定实际缴纳出资，或者实际出资的非货币财产的实际价额显著低于所认缴的出资额的，设立时的其他股东与该股东在出资不足的范围内承担连带责任。

**第五十一条** 【董事会催缴出资】有限责任公司成立后，董事会应当对股东的出资情况进行核查，发现股东未按期足额缴纳公司章程规定的出资的，应当由公司向该股东发出书面催缴书，催缴出资。

未及时履行前款规定的义务，给公司造成损失的，负有责任的董事应当承担赔偿责任。

**第五十二条** 【股东失权】股东未按照公司章程规定的出资日期缴纳出资，公司依照前条第一款规定发出书面催缴书催缴出资的，可以载明缴纳出资的宽限期；宽限期自公司发出催缴书之日起，不得少于六十日。宽限期届满，股东仍未履行出资义务的，公司经董事会决议可以向该股东发出失权通知，通知应当以书面形式发出。自通知发出之日起，该股东丧失其未缴纳出资的股权。

依照前款规定丧失的股权应当依法转让，或者相应减少注册资本并注销该股权；六个月内未转让或者注销的，由公司其他股东按照其出资比例足额缴纳相应出资。

股东对失权有异议的，应当自接到失权通知之日起三十日内，向人民法院提起诉讼。

**第五十三条** 【抽逃出资】公司成立后，股东不得抽逃出资。

违反前款规定的，股东应当返还抽逃的出资；给公司造成损失的，负有责任的董事、监事、高级管理人员应当与该股东承担连带赔偿责任。

第五十四条 【股东提前缴纳出资】公司不能清偿到期债务的，公司或者已到期债权的债权人有权要求已认缴出资但未届出资期限的股东提前缴纳出资。

第五十五条 【出资证明书】有限责任公司成立后，应当向股东签发出资证明书，记载下列事项：

（一）公司名称；
（二）公司成立日期；
（三）公司注册资本；
（四）股东的姓名或者名称、认缴和实缴的出资额、出资方式和出资日期；
（五）出资证明书的编号和核发日期。

出资证明书由法定代表人签名，并由公司盖章。

第五十六条 【股东名册】有限责任公司应当置备股东名册，记载下列事项：

（一）股东的姓名或者名称及住所；
（二）股东认缴和实缴的出资额、出资方式和出资日期；
（三）出资证明书编号；
（四）取得和丧失股东资格的日期。

记载于股东名册的股东，可以依股东名册主张行使股东权利。

第五十七条 【股东查阅权】股东有权查阅、复制公司章程、股东名册、股东会会议记录、董事会会议决议、监事会会议决议和财务会计报告。

股东可以要求查阅公司会计账簿、会计凭证。股东要求查阅公司会计账簿、会计凭证的，应当向公司提出书面请求，说明目的。公司有合理根据认为股东查阅会计账簿、会计凭证有不正当目的，可能损害公司合法利益的，可以拒绝提供查阅，并应当自股东提出书面请求之日起十五日内书面答复股东并说明理由。公司拒绝提供查阅的，股东可以向人民法院提起诉讼。

股东查阅前款规定的材料，可以委托会计师事务所、律师事务所等中介机构进行。

股东及其委托的会计师事务所、律师事务所等中介机构查阅、复制有关材料，应当遵守有关保护国家秘密、商业秘密、个人隐私、个人信息等法律、行政法规的规定。

股东要求查阅、复制公司全资子公司相关材料的，适用前四款的规定。

## 第二节 组织机构

第五十八条 【股东会的组成和定位】有限责任公司股东会由全体股东组成。股东会是公司的权力机构，依照本法行使职权。

第五十九条 【股东会的职权】股东会行使下列职权：

（一）选举和更换董事、监事，决定有关董事、监事的报酬事项；
（二）审议批准董事会的报告；
（三）审议批准监事会的报告；
（四）审议批准公司的利润分配方案和弥补亏损方案；
（五）对公司增加或者减少注册资本作出决议；
（六）对发行公司债券作出决议；
（七）对公司合并、分立、解散、清算或者变更公司形式作出决议；
（八）修改公司章程；
（九）公司章程规定的其他职权。

股东会可以授权董事会对发行公司债券作出决议。

对本条第一款所列事项股东以书面形式一致表示同意的，可以不召开股东会会议，直接作出决定，并由全体股东在决定文件上签名或者盖章。

第六十条 【一人有限责任公司的股东决定】只有一个股东的有限责任公司不设股东会。股东作出前条第一款所列事项的决定时，应当采用书面形式，并由股东签名或者盖章后置备于公司。

第六十一条 【首次股东会会议】首次股东会会议由出资最多的股东召集和主持，依照本法规定行使职权。

第六十二条 【股东会会议的类型和召开要求】股东会会议分为定期会议和临时会议。

定期会议应当按照公司章程的规定按时召开。代表十分之一以上表决权的股东、三分之一以上的董事或者监事会提议召开临时会议的，应当召开临时会议。

第六十三条 【股东会会议的召集和主持】股东会会议由董事会召集，董事长主持；董事长不能履行职务或者不履行职务的，由副董事长主持；副董事长不能履行职务或者不履行职务的，由过半数的董事共同推举一名董事主持。

董事会不能履行或者不履行召集股东会会议职责的，由监事会召集和主持；监事会不召集和主持的，代表十分之一以上表决权的股东可以自行召集和主持。

第六十四条 【股东会会议的通知和记录】召开股

东会会议,应当于会议召开十五日前通知全体股东;但是,公司章程另有规定或者全体股东另有约定的除外。

股东会应当对所议事项的决定作成会议记录,出席会议的股东应当在会议记录上签名或者盖章。

**第六十五条** 【股东表决权】股东会会议由股东按照出资比例行使表决权;但是,公司章程另有规定的除外。

**第六十六条** 【股东会决议通过比例】股东会的议事方式和表决程序,除本法有规定的外,由公司章程规定。

股东会作出决议,应当经代表过半数表决权的股东通过。

股东会作出修改公司章程、增加或者减少注册资本的决议,以及公司合并、分立、解散或者变更公司形式的决议,应当经代表三分之二以上表决权的股东通过。

**第六十七条** 【董事会的职权】有限责任公司设董事会,本法第七十五条另有规定的除外。

董事会行使下列职权:

(一)召集股东会会议,并向股东会报告工作;

(二)执行股东会的决议;

(三)决定公司的经营计划和投资方案;

(四)制订公司的利润分配方案和弥补亏损方案;

(五)制订公司增加或者减少注册资本以及发行公司债券的方案;

(六)制订公司合并、分立、解散或者变更公司形式的方案;

(七)决定公司内部管理机构的设置;

(八)决定聘任或者解聘公司经理及其报酬事项,并根据经理的提名决定聘任或者解聘公司副经理、财务负责人及其报酬事项;

(九)制定公司的基本管理制度;

(十)公司章程规定或者股东会授予的其他职权。

公司章程对董事会职权的限制不得对抗善意相对人。

**第六十八条** 【董事会的组成】有限责任公司董事会成员为三人以上,其成员中可以有公司职工代表。职工人数三百人以上的有限责任公司,除依法设监事会并有公司职工代表的外,其董事会成员中应当有公司职工代表。董事会中的职工代表由公司职工通过职工代表大会、职工大会或者其他形式民主选举产生。

董事会设董事长一人,可以设副董事长。董事长、副董事长的产生办法由公司章程规定。

**第六十九条** 【审计委员会和监事会的选择设置】有限责任公司可以按照公司章程的规定在董事会中设置由董事组成的审计委员会,行使本法规定的监事会的职权,不设监事会或者监事。公司董事会成员中的职工代表可以成为审计委员会成员。

**第七十条** 【董事的任期和辞任】董事任期由公司章程规定,但每届任期不得超过三年。董事任期届满,连选可以连任。

董事任期届满未及时改选,或者董事在任期内辞任导致董事会成员低于法定人数的,在改选出的董事就任前,原董事仍应当依照法律、行政法规和公司章程的规定,履行董事职务。

董事辞任的,应当以书面形式通知公司,公司收到通知之日辞任生效,但存在前款规定情形的,董事应当继续履行职务。

**第七十一条** 【董事的解任】股东会可以决议解任董事,决议作出之日解任生效。

无正当理由,在任期届满前解任董事的,该董事可以要求公司予以赔偿。

**第七十二条** 【董事会会议的召集和主持】董事会会议由董事长召集和主持;董事长不能履行职务或者不履行职务的,由副董事长召集和主持;副董事长不能履行职务或者不履行职务的,由过半数的董事共同推举一名董事召集和主持。

**第七十三条** 【董事会的议事方式和表决程序】董事会的议事方式和表决程序,除本法有规定的外,由公司章程规定。

董事会会议应当有过半数的董事出席方可举行。董事会作出决议,应当经全体董事的过半数通过。

董事会决议的表决,应当一人一票。

董事会应当对所议事项的决定作成会议记录,出席会议的董事应当在会议记录上签名。

**第七十四条** 【经理及其职权】有限责任公司可以设经理,由董事会决定聘任或者解聘。

经理对董事会负责,根据公司章程的规定或者董事会的授权行使职权。经理列席董事会会议。

**第七十五条** 【不设董事会的董事及其职权】规模较小或者股东人数较少的有限责任公司,可以不设董事会,设一名董事,行使本法规定的董事会的职权。该董事可以兼任公司经理。

**第七十六条** 【监事会的组成、会议召集和主持】有限责任公司设监事会,本法第六十九条、第八十三条另有规定的除外。

监事会成员为三人以上。监事会成员应当包括股东代表和适当比例的公司职工代表，其中职工代表的比例不得低于三分之一，具体比例由公司章程规定。监事会中的职工代表由公司职工通过职工代表大会、职工大会或者其他形式民主选举产生。

监事会设主席一人，由全体监事过半数选举产生。监事会主席召集和主持监事会会议；监事会主席不能履行职务或者不履行职务的，由过半数的监事共同推举一名监事召集和主持监事会会议。

董事、高级管理人员不得兼任监事。

**第七十七条 【监事的任期和辞任】**监事的任期每届为三年。监事任期届满，连选可以连任。

监事任期届满未及时改选，或者监事在任期内辞任导致监事会成员低于法定人数的，在改选出的监事就任前，原监事仍应当依照法律、行政法规和公司章程的规定，履行监事职务。

**第七十八条 【监事会的职权】**监事会行使下列职权：

（一）检查公司财务；

（二）对董事、高级管理人员执行职务的行为进行监督，对违反法律、行政法规、公司章程或者股东会决议的董事、高级管理人员提出解任的建议；

（三）当董事、高级管理人员的行为损害公司的利益时，要求董事、高级管理人员予以纠正；

（四）提议召开临时股东会会议，在董事会不履行本法规定的召集和主持股东会会议职责时召集和主持股东会会议；

（五）向股东会会议提出提案；

（六）依照本法第一百八十九条的规定，对董事、高级管理人员提起诉讼；

（七）公司章程规定的其他职权。

**第七十九条 【监事的质询建议权和监事会的调查权】**监事可以列席董事会会议，并对董事会决议事项提出质询或者建议。

监事会发现公司经营情况异常，可以进行调查；必要时，可以聘请会计师事务所等协助其工作，费用由公司承担。

**第八十条 【董事、高级管理人员配合监事会行使职权】**监事会可以要求董事、高级管理人员提交执行职务的报告。

董事、高级管理人员应当如实向监事会提供有关情况和资料，不得妨碍监事会或者监事行使职权。

**第八十一条 【监事会的议事方式和表决程序】**监事会每年度至少召开一次会议，监事可以提议召开临时监事会会议。

监事会的议事方式和表决程序，除本法有规定的外，由公司章程规定。

监事会决议应当经全体监事的过半数通过。

监事会决议的表决，应当一人一票。

监事会应当对所议事项的决定作成会议记录，出席会议的监事应当在会议记录上签名。

**第八十二条 【监事会行使职权的费用承担】**监事会行使职权所必需的费用，由公司承担。

**第八十三条 【不设监事会的监事及其职权】**规模较小或者股东人数较少的有限责任公司，可以不设监事会，设一名监事，行使本法规定的监事会的职权；经全体股东一致同意，也可以不设监事。

## 第四章 有限责任公司的股权转让

**第八十四条 【股权的自愿转让】**有限责任公司的股东之间可以相互转让其全部或者部分股权。

股东向股东以外的人转让股权的，应当将股权转让的数量、价格、支付方式和期限等事项书面通知其他股东，其他股东在同等条件下有优先购买权。股东自接到书面通知之日起三十日内未答复的，视为放弃优先购买权。两个以上股东行使优先购买权的，协商确定各自的购买比例；协商不成的，按照转让时各自的出资比例行使优先购买权。

公司章程对股权转让另有规定的，从其规定。

**第八十五条 【股权的强制转让】**人民法院依照法律规定的强制执行程序转让股东的股权时，应当通知公司及全体股东，其他股东在同等条件下有优先购买权。其他股东自人民法院通知之日起满二十日不行使优先购买权的，视为放弃优先购买权。

**第八十六条 【股权转让引起的变更股东名册和变更登记】**股东转让股权的，应当书面通知公司，请求变更股东名册；需要办理变更登记的，并请求公司向公司登记机关办理变更登记。公司拒绝或者在合理期限内不予答复的，转让人、受让人可以依法向人民法院提起诉讼。

股权转让的，受让人自记载于股东名册时起可以向公司主张行使股东权利。

**第八十七条 【公司在股权转让后的义务】**依照本法转让股权后，公司应当及时注销原股东的出资证明书，向新股东签发出资证明书，并相应修改公司章程和股东名册中有关股东及其出资额的记载。对公司章程的该项修改不需再由股东会表决。

**第八十八条 【股权转让情形下的出资责任】**股东转让已认缴出资但未届出资期限的股权的,由受让人承担缴纳该出资的义务;受让人未按期足额缴纳出资的,转让人对受让人未按期缴纳的出资承担补充责任。

未按照公司章程规定的出资日期缴纳出资或者作为出资的非货币财产的实际价额显著低于所认缴的出资额的股东转让股权的,转让人与受让人在出资不足的范围内承担连带责任;受让人不知道且不应当知道存在上述情形的,由转让人承担责任。

**第八十九条 【股东股权收购请求权】**有下列情形之一的,对股东会该项决议投反对票的股东可以请求公司按照合理的价格收购其股权:

(一)公司连续五年不向股东分配利润,而公司该五年连续盈利,并且符合本法规定的分配利润条件;

(二)公司合并、分立、转让主要财产;

(三)公司章程规定的营业期限届满或者章程规定的其他解散事由出现,股东会通过决议修改章程使公司存续。

自股东会决议作出之日起六十日内,股东与公司不能达成股权收购协议的,股东可以自股东会决议作出之日起九十日内向人民法院提起诉讼。

公司的控股股东滥用股东权利,严重损害公司或者其他股东利益的,其他股东有权请求公司按照合理的价格收购其股权。

公司因本条第一款、第三款规定的情形收购的本公司股权,应当在六个月内依法转让或者注销。

**第九十条 【股东资格继承】**自然人股东死亡后,其合法继承人可以继承股东资格;但是,公司章程另有规定的除外。

## 第五章 股份有限公司的设立和组织机构
### 第一节 设 立

**第九十一条 【设立方式】**设立股份有限公司,可以采取发起设立或者募集设立的方式。

发起设立,是指由发起人认购设立公司时应发行的全部股份而设立公司。

募集设立,是指由发起人认购设立公司时应发行股份的一部分,其余股份向特定对象募集或者向社会公开募集而设立公司。

**第九十二条 【发起人的人数及住所要求】**设立股份有限公司,应当有一人以上二百人以下为发起人,其中应当有半数以上的发起人在中华人民共和国境内有住所。

**第九十三条 【发起人筹办公司的义务及发起人协议】**股份有限公司发起人承担公司筹办事务。

发起人应当签订发起人协议,明确各自在公司设立过程中的权利和义务。

**第九十四条 【公司章程制订】**设立股份有限公司,应当由发起人共同制订公司章程。

**第九十五条 【公司章程记载事项】**股份有限公司章程应当载明下列事项:

(一)公司名称和住所;

(二)公司经营范围;

(三)公司设立方式;

(四)公司注册资本、已发行的股份数和设立时发行的股份数,面额股的每股金额;

(五)发行类别股的,每一类别股的股份数及其权利和义务;

(六)发起人的姓名或者名称、认购的股份数、出资方式;

(七)董事会的组成、职权和议事规则;

(八)公司法定代表人的产生、变更办法;

(九)监事会的组成、职权和议事规则;

(十)公司利润分配办法;

(十一)公司的解散事由与清算办法;

(十二)公司的通知和公告办法;

(十三)股东会认为需要规定的其他事项。

**第九十六条 【注册资本】**股份有限公司的注册资本为在公司登记机关登记的已发行股份的股本总额。在发起人认购的股份缴足前,不得向他人募集股份。

法律、行政法规以及国务院决定对股份有限公司注册资本最低限额另有规定的,从其规定。

**第九十七条 【发起人认购股份】**以发起设立方式设立股份有限公司的,发起人应当认足公司章程规定的公司设立时应发行的股份。

以募集设立方式设立股份有限公司的,发起人认购的股份不得少于公司章程规定的公司设立时发行股份总数的百分之三十五;但是,法律、行政法规另有规定的,从其规定。

**第九十八条 【发起人履行出资义务】**发起人应当在公司成立前按照其认购的股份全额缴纳股款。

发起人的出资,适用本法第四十八条、第四十九条第二款关于有限责任公司股东出资的规定。

**第九十九条　【发起人瑕疵出资的违约责任】**发起人不按照其认购的股份缴纳股款，或者作为出资的非货币财产的实际价额显著低于所认购的股份的，其他发起人与该发起人在出资不足的范围内承担连带责任。

**第一百条　【公开募集股份的招股说明书和认股书】**发起人向社会公开募集股份，应当公告招股说明书，并制作认股书。认股书应当载明本法第一百五十四条第二款、第三款所列事项，由认股人填写认购的股份数、金额、住所，并签名或者盖章。认股人应当按照所认购股份足额缴纳股款。

**第一百零一条　【公开募集股份的验资】**向社会公开募集股份的股款缴足后，应当经依法设立的验资机构验资并出具证明。

**第一百零二条　【股东名册】**股份有限公司应当制作股东名册并置备于公司。股东名册应当记载下列事项：

（一）股东的姓名或者名称及住所；

（二）各股东所认购的股份种类及股份数；

（三）发行纸面形式的股票的，股票的编号；

（四）各股东取得股份的日期。

**第一百零三条　【成立大会的召开】**募集设立股份有限公司的发起人应当自公司设立时应发行股份的股款缴足之日起三十日内召开公司成立大会。发起人应当在成立大会召开十五日前将会议日期通知各认股人或者予以公告。成立大会应当有持有表决权过半数的认股人出席，方可举行。

以发起设立方式设立股份有限公司成立大会的召开和表决程序由公司章程或者发起人协议规定。

**第一百零四条　【成立大会的职权】**公司成立大会行使下列职权：

（一）审议发起人关于公司筹办情况的报告；

（二）通过公司章程；

（三）选举董事、监事；

（四）对公司的设立费用进行审核；

（五）对发起人非货币财产出资的作价进行审核；

（六）发生不可抗力或者经营条件发生重大变化直接影响公司设立的，可以作出不设立公司的决议。

成立大会对前款所列事项作出决议，应当经出席会议的认股人所持表决权过半数通过。

**第一百零五条　【股款返还和不得抽回股本】**公司设立时应发行的股份未募足，或者发行股份的股款缴足后，发起人在三十日内未召开成立大会的，认股人可以按照所缴股款并加算银行同期存款利息，要求发起人返还。

发起人、认股人缴纳股款或者交付非货币财产出资后，除未按期募足股份、发起人未按期召开成立大会或者成立大会决议不设立公司的情形外，不得抽回其股本。

**第一百零六条　【董事会授权代表申请设立登记】**董事会应当授权代表，于公司成立大会结束后三十日内向公司登记机关申请设立登记。

**第一百零七条　【股东、董事、监事、高级管理人员的设立责任及资本充实责任】**本法第四十四条、第四十九条第三款、第五十一条、第五十二条、第五十三条的规定，适用于股份有限公司。

**第一百零八条　【变更公司形式的股本折合及公开发行股份规制】**有限责任公司变更为股份有限公司时，折合的实收股本总额不得高于公司净资产额。有限责任公司变更为股份有限公司，为增加注册资本公开发行股份时，应当依法办理。

**第一百零九条　【公司特定文件材料的置备】**股份有限公司应当将公司章程、股东名册、股东会会议记录、董事会会议记录、监事会会议记录、财务会计报告、债券持有人名册置备于本公司。

**第一百一十条　【股东查阅权】**股东有权查阅、复制公司章程、股东名册、股东会会议记录、董事会会议决议、监事会会议决议、财务会计报告，对公司的经营提出建议或者质询。

连续一百八十日以上单独或者合计持有公司百分之三以上股份的股东要求查阅公司的会计账簿、会计凭证的，适用本法第五十七条第二款、第三款、第四款的规定。公司章程对持股比例有较低规定的，从其规定。

股东要求查阅、复制公司全资子公司相关材料的，适用前两款的规定。

上市公司股东查阅、复制相关材料的，应当遵守《中华人民共和国证券法》等法律、行政法规的规定。

### 第二节　股东会

**第一百一十一条　【股东会的组成和定位】**股份有限公司股东会由全体股东组成。股东会是公司的权力机构，依照本法行使职权。

**第一百一十二条　【股东会的职权和一人股份有限公司的股东决定】**本法第五十九条第一款、第二款关于有限责任公司股东会职权的规定，适用于股份有限公司股东会。

本法第六十条关于只有一个股东的有限责任公司不设股东会的规定，适用于只有一个股东的股份有限公司。

**第一百一十三条**　【股东会会议的类型和召开要求】股东会应当每年召开一次年会。有下列情形之一的，应当在两个月内召开临时股东会会议：

（一）董事人数不足本法规定人数或者公司章程所定人数的三分之二时；

（二）公司未弥补的亏损达股本总额三分之一时；

（三）单独或者合计持有公司百分之十以上股份的股东请求时；

（四）董事会认为必要时；

（五）监事会提议召开时；

（六）公司章程规定的其他情形。

**第一百一十四条**　【股东会会议的召集和主持】股东会会议由董事会召集，董事长主持；董事长不能履行职务或者不履行职务的，由副董事长主持；副董事长不能履行职务或者不履行职务的，由过半数的董事共同推举一名董事主持。

董事会不能履行或者不履行召集股东会会议职责的，监事会应当及时召集和主持；监事会不召集和主持的，连续九十日以上单独或者合计持有公司百分之十以上股份的股东可以自行召集和主持。

单独或者合计持有公司百分之十以上股份的股东请求召开临时股东会会议的，董事会、监事会应当在收到请求之日起十日内作出是否召开临时股东会会议的决定，并书面答复股东。

**第一百一十五条**　【股东会会议的通知和股东临时提案权】召开股东会会议，应当将会议召开的时间、地点和审议的事项于会议召开二十日前通知各股东；临时股东会会议应当于会议召开十五日前通知各股东。

单独或者合计持有公司百分之一以上股份的股东，可以在股东会会议召开十日前提出临时提案并书面提交董事会。临时提案应当有明确议题和具体决议事项。董事会应当在收到提案后二日内通知其他股东，并将该临时提案提交股东会审议；但临时提案违反法律、行政法规或者公司章程的规定，或者不属于股东会职权范围的除外。公司不得提高提出临时提案股东的持股比例。

公开发行股份的公司，应当以公告方式作出前两款规定的通知。

股东会不得对通知中未列明的事项作出决议。

**第一百一十六条**　【股东表决权和股东会决议通过比例】股东出席股东会会议，所持每一股份有一表决权，类别股股东除外。公司持有的本公司股份没有表决权。

股东会作出决议，应当经出席会议的股东所持表决权过半数通过。

股东会作出修改公司章程、增加或者减少注册资本的决议，以及公司合并、分立、解散或者变更公司形式的决议，应当经出席会议的股东所持表决权的三分之二以上通过。

**第一百一十七条**　【累积投票制】股东会选举董事、监事，可以按照公司章程的规定或者股东会的决议，实行累积投票制。

本法所称累积投票制，是指股东会选举董事或者监事时，每一股份拥有与应选董事或者监事人数相同的表决权，股东拥有的表决权可以集中使用。

**第一百一十八条**　【表决权的代理行使】股东委托代理人出席股东会会议的，应当明确代理人代理的事项、权限和期限；代理人应当向公司提交股东授权委托书，并在授权范围内行使表决权。

**第一百一十九条**　【股东会会议记录】股东会应当对所议事项的决定作成会议记录，主持人、出席会议的董事应当在会议记录上签名。会议记录应当与出席股东的签名册及代理出席的委托书一并保存。

### 第三节　董事会、经理

**第一百二十条**　【董事会的职权和组成、董事的任期及辞任、解任】股份有限公司设董事会，本法第一百二十八条另有规定的除外。

本法第六十七条、第六十八条第一款、第七十条、第七十一条的规定，适用于股份有限公司。

**第一百二十一条**　【审计委员会和监事会的选择设置】股份有限公司可以按照公司章程的规定在董事会中设置由董事组成的审计委员会，行使本法规定的监事会的职权，不设监事会或者监事。

审计委员会成员为三名以上，过半数成员不得在公司担任董事以外的其他职务，且不得与公司存在任何可能影响其独立客观判断的关系。公司董事会成员中的职工代表可以成为审计委员会成员。

审计委员会作出决议，应当经审计委员会成员的过半数通过。

审计委员会决议的表决，应当一人一票。

审计委员会的议事方式和表决程序，除本法有规定的外，由公司章程规定。

公司可以按照公司章程的规定在董事会中设置其他委员会。

**第一百二十二条　【董事长和副董事长的产生办法、董事会会议的召集和主持】**董事会设董事长一人，可以设副董事长。董事长和副董事长由董事会以全体董事的过半数选举产生。

董事长召集和主持董事会会议，检查董事会决议的实施情况。副董事长协助董事长工作，董事长不能履行职务或者不履行职务的，由副董事长履行职务；副董事长不能履行职务或者不履行职务的，由过半数的董事共同推举一名董事履行职务。

**第一百二十三条　【董事会会议的类型和召开要求】**董事会每年度至少召开两次会议，每次会议应当于会议召开十日前通知全体董事和监事。

代表十分之一以上表决权的股东、三分之一以上董事或者监事会，可以提议召开临时董事会会议。董事长应当自接到提议后十日内，召集和主持董事会会议。

董事会召开临时会议，可以另定召集董事会的通知方式和通知时限。

**第一百二十四条　【董事会的表决程序和会议记录】**董事会会议应当有过半数的董事出席方可举行。董事会作出决议，应当经全体董事的过半数通过。

董事会决议的表决，应当一人一票。

董事应当对所议事项的决定作成会议记录，出席会议的董事应当在会议记录上签名。

**第一百二十五条　【董事出席董事会会议及其决议责任】**董事会会议，应当由董事本人出席；董事因故不能出席，可以书面委托其他董事代为出席，委托书应当载明授权范围。

董事应当对董事会的决议承担责任。董事会的决议违反法律、行政法规或者公司章程、股东会决议，给公司造成严重损失的，参与决议的董事对公司负赔偿责任；经证明在表决时曾表明异议并记载于会议记录的，该董事可以免除责任。

**第一百二十六条　【经理及其职权】**股份有限公司设经理，由董事会决定聘任或者解聘。

经理对董事会负责，根据公司章程的规定或者董事会的授权行使职权。经理列席董事会会议。

**第一百二十七条　【董事兼任经理】**公司董事会可以决定由董事会成员兼任经理。

**第一百二十八条　【不设董事会的董事及其职权】**规模较小或者股东人数较少的股份有限公司，可以不设董事会，设一名董事，行使本法规定的董事会的职权。该董事可以兼任公司经理。

**第一百二十九条　【董事、监事、高级管理人员的报酬披露】**公司应当定期向股东披露董事、监事、高级管理人员从公司获得报酬的情况。

### 第四节　监事会

**第一百三十条　【监事会的组成和监事的任期】**股份有限公司设监事会，本法第一百二十一条第一款、第一百三十三条另有规定的除外。

监事会成员为三人以上。监事会成员应当包括股东代表和适当比例的公司职工代表，其中职工代表的比例不得低于三分之一，具体比例由公司章程规定。监事会中的职工代表由公司职工通过职工代表大会、职工大会或者其他形式民主选举产生。

监事会设主席一人，可以设副主席。监事会主席和副主席由全体监事过半数选举产生。监事会主席召集和主持监事会会议；监事会主席不能履行职务或者不履行职务的，由监事会副主席召集和主持监事会会议；监事会副主席不能履行职务或者不履行职务的，由过半数的监事共同推举一名监事召集和主持监事会会议。

董事、高级管理人员不得兼任监事。

本法第七十七条关于有限责任公司监事任期的规定，适用于股份有限公司监事。

**第一百三十一条　【监事会的职权及其行使职权的费用承担】**本法第七十八条至第八十条的规定，适用于股份有限公司监事会。

监事会行使职权所必需的费用，由公司承担。

**第一百三十二条　【监事会会议类型、表决程序和会议记录】**监事会每六个月至少召开一次会议。监事可以提议召开临时监事会会议。

监事会的议事方式和表决程序，除本法有规定的外，由公司章程规定。

监事会决议应当经全体监事的过半数通过。

监事会决议的表决，应当一人一票。

监事会应当对所议事项的决定作成会议记录，出席会议的监事应当在会议记录上签名。

**第一百三十三条　【不设监事会的监事及其职权】**规模较小或者股东人数较少的股份有限公司，可以不设监事会，设一名监事，行使本法规定的监事会的职权。

### 第五节　上市公司组织机构的特别规定

**第一百三十四条　【上市公司的定义】**本法所称上市公司，是指其股票在证券交易所上市交易的股份有限公司。

**第一百三十五条 【股东会特别决议事项】**上市公司在一年内购买、出售重大资产或者向他人提供担保的金额超过公司资产总额百分之三十的,应当由股东会作出决议,并经出席会议的股东所持表决权的三分之二以上通过。

**第一百三十六条 【独立董事和章程特别记载事项】**上市公司设独立董事,具体管理办法由国务院证券监督管理机构规定。

上市公司的公司章程除载明本法第九十五条规定的事项外,还应当依照法律、行政法规的规定载明董事会专门委员会的组成、职权以及董事、监事、高级管理人员薪酬考核机制等事项。

**第一百三十七条 【董事会审计委员会的职权】**上市公司在董事会中设置审计委员会,董事会对下列事项作出决议前应当经审计委员会全体成员过半数通过:

(一)聘用、解聘承办公司审计业务的会计师事务所;

(二)聘任、解聘财务负责人;

(三)披露财务会计报告;

(四)国务院证券监督管理机构规定的其他事项。

**第一百三十八条 【董事会秘书及其职责】**上市公司设董事会秘书,负责公司股东会和董事会会议的筹备、文件保管以及公司股东资料的管理,办理信息披露事务等事宜。

**第一百三十九条 【有关联关系的董事回避表决】**上市公司董事与董事会会议决议事项所涉及的企业或者个人有关联关系的,该董事应当及时向董事会书面报告。有关联关系的董事不得对该项决议行使表决权,也不得代理其他董事行使表决权。该董事会会议由过半数的无关联关系董事出席即可举行,董事会会议所作决议须经无关联关系董事过半数通过。出席董事会会议的无关联关系董事人数不足三人的,应当将该事项提交上市公司股东会审议。

**第一百四十条 【披露股东和实际控制人的信息及禁止股票代持】**上市公司应当依法披露股东、实际控制人的信息,相关信息应当真实、准确、完整。

禁止违反法律、行政法规的规定代持上市公司股票。

**第一百四十一条 【禁止相互持股】**上市公司控股子公司不得取得该上市公司的股份。

上市公司控股子公司因公司合并、质权行使等原因持有上市公司股份的,不得行使所持股份对应的表决权,并应当及时处分相关上市公司股份。

## 第六章 股份有限公司的股份发行和转让
### 第一节 股份发行

**第一百四十二条 【面额股和无面额股】**公司的资本划分为股份。公司的全部股份,根据公司章程的规定择一采用面额股或者无面额股。采用面额股的,每一股的金额相等。

公司可以根据公司章程的规定将已发行的面额股全部转换为无面额股或者将无面额股全部转换为面额股。

采用无面额股的,应当将发行股份所得股款的二分之一以上计入注册资本。

**第一百四十三条 【股份发行的原则】**股份的发行,实行公平、公正的原则,同类别的每一股份应当具有同等权利。

同次发行的同类别股份,每股的发行条件和价格应当相同;认购人所认购的股份,每股应当支付相同价额。

**第一百四十四条 【类别股的种类】**公司可以按照公司章程的规定发行下列与普通股权利不同的类别股:

(一)优先或者劣后分配利润或者剩余财产的股份;

(二)每一股的表决权数多于或者少于普通股的股份;

(三)转让须经公司同意等转让受限的股份;

(四)国务院规定的其他类别股。

公开发行股份的公司不得发行前款第二项、第三项规定的类别股;公开发行前已发行的除外。

公司发行本条第一款第二项规定的类别股的,对于监事或者审计委员会成员的选举和更换,类别股与普通股每一股的表决权数相同。

**第一百四十五条 【发行类别股的公司章程记载事项】**发行类别股的公司,应当在公司章程中载明以下事项:

(一)类别股分配利润或者剩余财产的顺序;

(二)类别股的表决权数;

(三)类别股的转让限制;

(四)保护中小股东权益的措施;

(五)股东会认为需要规定的其他事项。

**第一百四十六条 【类别股股东会决议】**发行类别股的公司,有本法第一百一十六条第三款规定的事项等可能影响类别股股东权利的,除应当依照第一百一十六条第三款的规定经股东会决议外,还应当经出席类别股股东会议的股东所持表决权的三分之二以上通过。

公司章程可以对需经类别股股东会议决议的其他事项作出规定。

第一百四十七条 【股份的形式和记名股票】公司的股份采取股票的形式。股票是公司签发的证明股东所持股份的凭证。

公司发行的股票，应当为记名股票。

第一百四十八条 【面额股股票的发行价格】面额股股票的发行价格可以按票面金额，也可以超过票面金额，但不得低于票面金额。

第一百四十九条 【股票的形式】股票采用纸面形式或者国务院证券监督管理机构规定的其他形式。

股票采用纸面形式的，应当载明下列主要事项：

（一）公司名称；

（二）公司成立日期或者股票发行的时间；

（三）股票种类、票面金额及代表的股份数，发行无面额股的，股票代表的股份数。

股票采用纸面形式的，还应当载明股票的编号，由法定代表人签名，公司盖章。

发起人股票采用纸面形式的，应当标明发起人股票字样。

第一百五十条 【股票交付时间】股份有限公司成立后，即向股东正式交付股票。公司成立前不得向股东交付股票。

第一百五十一条 【公司发行新股的股东会决议】公司发行新股，股东会应当对下列事项作出决议：

（一）新股种类及数额；

（二）新股发行价格；

（三）新股发行的起止日期；

（四）向原有股东发行新股的种类及数额；

（五）发行无面额股的，新股发行所得股款计入注册资本的金额。

公司发行新股，可以根据公司经营情况和财务状况，确定其作价方案。

第一百五十二条 【授权董事会决定发行股份及其限制】公司章程或者股东会可以授权董事会在三年内决定发行不超过已发行股份百分之五十的股份。但以非货币财产作价出资的，应当经股东会决议。

董事会依照前款规定决定发行股份导致公司注册资本、已发行股份数发生变化的，对公司章程该项记载事项的修改不需再由股东会表决。

第一百五十三条 【董事会决定发行新股的决议通过比例】公司章程或者股东会授权董事会决定发行新股的，董事会决议应当经全体董事三分之二以上通过。

第一百五十四条 【公开募集股份的注册和公告招股说明书】公司向社会公开募集股份，应当经国务院证券监督管理机构注册，公告招股说明书。

招股说明书应当附有公司章程，并载明下列事项：

（一）发行的股份总数；

（二）面额股的票面金额和发行价格或者无面额股的发行价格；

（三）募集资金的用途；

（四）认股人的权利和义务；

（五）股份种类及其权利和义务；

（六）本次募股的起止日期及逾期未募足时认股人可以撤回所认股份的说明。

公司设立时发行股份的，还应当载明发起人认购的股份数。

第一百五十五条 【证券承销】公司向社会公开募集股份，应当由依法设立的证券公司承销，签订承销协议。

第一百五十六条 【银行代收股款】公司向社会公开募集股份，应当同银行签订代收股款协议。

代收股款的银行应当按照协议代收和保存股款，向缴纳股款的认股人出具收款单据，并负有向有关部门出具收款证明的义务。

公司发行股份募足股款后，应予公告。

## 第二节 股份转让

第一百五十七条 【股份转让自由及其例外】股份有限公司的股东持有的股份可以向其他股东转让，也可以向股东以外的人转让；公司章程对股份转让有限制的，其转让按照公司章程的规定进行。

第一百五十八条 【股份转让的方式】股东转让其股份，应当在依法设立的证券交易场所进行或者按照国务院规定的其他方式进行。

第一百五十九条 【股票转让的方式】股票的转让，由股东以背书方式或者法律、行政法规规定的其他方式进行；转让后由公司将受让人的姓名或者名称及住所记载于股东名册。

股东会会议召开前二十日内或者公司决定分配股利的基准日前五日内，不得变更股东名册。法律、行政法规或者国务院证券监督管理机构对上市公司股东名册变更另有规定的，从其规定。

第一百六十条 【股份转让的限制】公司公开发行股份前已发行的股份，自公司股票在证券交易所上市交易之日起一年内不得转让。法律、行政法规或者国务院证券监督管理机构对上市公司的股东、实际控制人转让其所持有的本公司股份另有规定的,从其规定。

公司董事、监事、高级管理人员应当向公司申报所持有的本公司的股份及其变动情况,在就任时确定的任职期间每年转让的股份不得超过其所持有本公司股份总数的百分之二十五;所持本公司股份自公司股票上市交易之日起一年内不得转让。上述人员离职后半年内,不得转让其所持有的本公司股份。公司章程可以对公司董事、监事、高级管理人员转让其所持有的本公司股份作出其他限制性规定。

股份在法律、行政法规规定的限制转让期限内出质的,质权人不得在限制转让期限内行使质权。

**第一百六十一条** 【异议股东股份回购请求权】有下列情形之一的,对股东会该项决议投反对票的股东可以请求公司按照合理的价格收购其股份,公开发行股份的公司除外:

(一)公司连续五年不向股东分配利润,而公司该五年连续盈利,并且符合本法规定的分配利润条件;

(二)公司转让主要财产;

(三)公司章程规定的营业期限届满或者章程规定的其他解散事由出现,股东会通过决议修改章程使公司存续。

自股东会决议作出之日起六十日内,股东与公司不能达成股份收购协议的,股东可以自股东会决议作出之日起九十日内向人民法院提起诉讼。

公司因本条第一款规定的情形收购的本公司股份,应当在六个月内依法转让或者注销。

**第一百六十二条** 【公司不得收购本公司股份及其例外】公司不得收购本公司股份。但是,有下列情形之一的除外:

(一)减少公司注册资本;

(二)与持有本公司股份的其他公司合并;

(三)将股份用于员工持股计划或者股权激励;

(四)股东因对股东会作出的公司合并、分立决议持异议,要求公司收购其股份;

(五)将股份用于转换公司发行的可转换为股票的公司债券;

(六)上市公司为维护公司价值及股东权益所必需。

公司因前款第一项、第二项规定的情形收购本公司股份的,应当经股东会决议;公司因前款第三项、第五项、第六项规定的情形收购本公司股份的,可以按照公司章程或者股东会的授权,经三分之二以上董事出席的董事会会议决议。

公司依照本条第一款规定收购本公司股份后,属于第一项情形的,应当自收购之日起十日内注销;属于第二项、第四项情形的,应当在六个月内转让或者注销;属于第三项、第五项、第六项情形的,公司合计持有的本公司股份数不得超过本公司已发行股份总数的百分之十,并应当在三年内转让或者注销。

上市公司收购本公司股份的,应当依照《中华人民共和国证券法》的规定履行信息披露义务。上市公司因本条第一款第三项、第五项、第六项规定的情形收购本公司股份的,应当通过公开的集中交易方式进行。

公司不得接受本公司的股份作为质权的标的。

**第一百六十三条** 【禁止财务资助及其例外】公司不得为他人取得本公司或者其母公司的股份提供赠与、借款、担保以及其他财务资助,公司实施员工持股计划的除外。

为公司利益,经股东会决议,或者董事会按照公司章程或者股东会的授权作出决议,公司可以为他人取得本公司或者其母公司的股份提供财务资助,但财务资助的累计总额不得超过已发行股本总额的百分之十。董事会作出决议应当经全体董事的三分之二以上通过。

违反前两款规定,给公司造成损失的,负有责任的董事、监事、高级管理人员应当承担赔偿责任。

**第一百六十四条** 【股票被盗、遗失或者灭失的救济】股票被盗、遗失或者灭失,股东可以依照《中华人民共和国民事诉讼法》规定的公示催告程序,请求人民法院宣告该股票失效。人民法院宣告该股票失效后,股东可以向公司申请补发股票。

**第一百六十五条** 【上市公司的股票上市交易】上市公司的股票,依照有关法律、行政法规及证券交易所交易规则上市交易。

**第一百六十六条** 【上市公司信息披露】上市公司应当依照法律、行政法规的规定披露相关信息。

**第一百六十七条** 【股东资格继承】自然人股东死亡后,其合法继承人可以继承股东资格;但是,股份转让受限的股份有限公司的章程另有规定的除外。

## 第七章 国家出资公司组织机构的特别规定

**第一百六十八条** 【国家出资公司组织机构法律适用及其范围】国家出资公司的组织机构,适用本章规定;本章没有规定的,适用本法其他规定。

本法所称国家出资公司,是指国家出资的国有独资公司、国有资本控股公司，包括国家出资的有限责任公司、股份有限公司。

**第一百六十九条** 【履行出资人职责的机构】国家出资公司，由国务院或者地方人民政府分别代表国家依法履行出资人职责，享有出资人权益。国务院或者地方人民政府可以授权国有资产监督管理机构或者其他部门、机构代表本级人民政府对国家出资公司履行出资人职责。

代表本级人民政府履行出资人职责的机构、部门，以下统称为履行出资人职责的机构。

**第一百七十条** 【国家出资公司中的党组织】国家出资公司中中国共产党的组织，按照中国共产党章程的规定发挥领导作用，研究讨论公司重大经营管理事项，支持公司的组织机构依法行使职权。

**第一百七十一条** 【国有独资公司章程制定】国有独资公司章程由履行出资人职责的机构制定。

**第一百七十二条** 【履行出资人职责的机构行使股东会职权及其授权】国有独资公司不设股东会，由履行出资人职责的机构行使股东会职权。履行出资人职责的机构可以授权公司董事会行使股东会的部分职权，但公司章程的制定和修改，公司的合并、分立、解散、申请破产，增加或者减少注册资本，分配利润，应当由履行出资人职责的机构决定。

**第一百七十三条** 【国有独资公司董事会的职权和组成及董事长、副董事长的指定】国有独资公司的董事会依照本法规定行使职权。

国有独资公司的董事会成员中，应当过半数为外部董事，并应当有公司职工代表。

董事会成员由履行出资人职责的机构委派；但是，董事会成员中的职工代表由公司职工代表大会选举产生。

董事会设董事长一人，可以设副董事长。董事长、副董事长由履行出资人职责的机构从董事会成员中指定。

**第一百七十四条** 【国有独资公司经理的聘任及解聘】国有独资公司的经理由董事会聘任或者解聘。

经履行出资人职责的机构同意，董事会成员可以兼任经理。

**第一百七十五条** 【国有独资公司董事、高级管理人员的兼职限制】国有独资公司的董事、高级管理人员，未经履行出资人职责的机构同意，不得在其他有限责任公司、股份有限公司或者其他经济组织兼职。

**第一百七十六条** 【国有独资公司审计委员会和监事会的设置模式】国有独资公司在董事会中设置由董事组成的审计委员会行使本法规定的监事会职权的，不设监事会或者监事。

**第一百七十七条** 【合规管理】国家出资公司应当依法建立健全内部监督管理和风险控制制度，加强内部合规管理。

## 第八章 公司董事、监事、高级管理人员的资格和义务

**第一百七十八条** 【消极资格】有下列情形之一的，不得担任公司的董事、监事、高级管理人员：

（一）无民事行为能力或者限制民事行为能力；

（二）因贪污、贿赂、侵占财产、挪用财产或者破坏社会主义市场经济秩序，被判处刑罚，或者因犯罪被剥夺政治权利，执行期满未逾五年，被宣告缓刑的，自缓刑考验期满之日起未逾二年；

（三）担任破产清算的公司、企业的董事或者厂长、经理，对该公司、企业的破产负有个人责任的，自该公司、企业破产清算完结之日起未逾三年；

（四）担任因违法被吊销营业执照、责令关闭的公司、企业的法定代表人，并负有个人责任的，自该公司、企业被吊销营业执照、责令关闭之日起未逾三年；

（五）个人因所负数额较大债务到期未清偿被人民法院列为失信被执行人。

违反前款规定选举、委派董事、监事或者聘任高级管理人员的，该选举、委派或者聘任无效。

董事、监事、高级管理人员在任职期间出现本条第一款所列情形的，公司应当解除其职务。

**第一百七十九条** 【守法合章义务】董事、监事、高级管理人员应当遵守法律、行政法规和公司章程。

**第一百八十条** 【忠实义务和勤勉义务的一般规定】董事、监事、高级管理人员对公司负有忠实义务，应当采取措施避免自身利益与公司利益冲突，不得利用职权牟取不正当利益。

董事、监事、高级管理人员对公司负有勤勉义务，执行职务应当为公司的最大利益尽到管理者通常应有的合理注意。

公司的控股股东、实际控制人不担任公司董事但实际执行公司事务的，适用前两款规定。

**第一百八十一条** 【违反忠实义务的行为】董事、监事、高级管理人员不得有下列行为：

（一）侵占公司财产、挪用公司资金；

（二）将公司资金以其个人名义或者以其他个人名义开立账户存储；

（三）利用职权贿赂或者收受其他非法收入；

（四）接受他人与公司交易的佣金归己有；

（五）擅自披露公司秘密；

（六）违反对公司忠实义务的其他行为。

**第一百八十二条　【自我交易和关联交易】**董事、监事、高级管理人员，直接或者间接与本公司订立合同或者进行交易，应当就与订立合同或者进行交易有关的事项向董事会或者股东会报告，并按照公司章程的规定经董事会或者股东会决议通过。

董事、监事、高级管理人员的近亲属，董事、监事、高级管理人员或者其近亲属直接或者间接控制的企业，以及与董事、监事、高级管理人员有其他关联关系的关联人，与公司订立合同或者进行交易，适用前款规定。

**第一百八十三条　【利用公司商业机会】**董事、监事、高级管理人员，不得利用职务便利为自己或者他人谋取属于公司的商业机会。但是，有下列情形之一的除外：

（一）向董事会或者股东会报告，并按照公司章程的规定经董事会或者股东会决议通过；

（二）根据法律、行政法规或者公司章程的规定，公司不能利用该商业机会。

**第一百八十四条　【竞业限制】**董事、监事、高级管理人员未向董事会或者股东会报告，并按照公司章程的规定经董事会或者股东会决议通过，不得自营或者为他人经营与其任职公司同类的业务。

**第一百八十五条　【关联董事回避表决】**董事会对本法第一百八十二条至第一百八十四条规定的事项决议时，关联董事不得参与表决，其表决权不计入表决权总数。出席董事会会议的无关联关系董事人数不足三人的，应当将该事项提交股东会审议。

**第一百八十六条　【归入权】**董事、监事、高级管理人员违反本法第一百八十一条至第一百八十四条规定所得的收入应当归公司所有。

**第一百八十七条　【列席股东会会议并接受股东质询】**股东会要求董事、监事、高级管理人员列席会议的，董事、监事、高级管理人员应当列席并接受股东的质询。

**第一百八十八条　【执行职务给公司造成损失的赔偿责任】**董事、监事、高级管理人员执行职务违反法律、行政法规或者公司章程的规定，给公司造成损失的，应当承担赔偿责任。

**第一百八十九条　【股东代表诉讼】**董事、高级管理人员有前条规定的情形的，有限责任公司的股东、股份有限公司连续一百八十日以上单独或者合计持有公司百分之一以上股份的股东，可以书面请求监事会向人民法院提起诉讼；监事有前条规定的情形的，前述股东可以书面请求董事会向人民法院提起诉讼。

监事会或者董事会收到前款规定的股东书面请求后拒绝提起诉讼，或者自收到请求之日起三十日内未提起诉讼，或者情况紧急、不立即提起诉讼将会使公司利益受到难以弥补的损害的，前款规定的股东有权为公司利益以自己的名义直接向人民法院提起诉讼。

他人侵犯公司合法权益，给公司造成损失的，本条第一款规定的股东可以依照前两款的规定向人民法院提起诉讼。

公司全资子公司的董事、监事、高级管理人员有前条规定情形，或者他人侵犯公司全资子公司合法权益造成损失的，有限责任公司的股东、股份有限公司连续一百八十日以上单独或者合计持有公司百分之一以上股份的股东，可以依照前三款规定书面请求全资子公司的监事会、董事会向人民法院提起诉讼或者以自己的名义直接向人民法院提起诉讼。

**第一百九十条　【股东直接诉讼】**董事、高级管理人员违反法律、行政法规或者公司章程的规定，损害股东利益的，股东可以向人民法院提起诉讼。

**第一百九十一条　【执行职务给他人造成损害的赔偿责任】**董事、高级管理人员执行职务，给他人造成损害的，公司应当承担赔偿责任；董事、高级管理人员存在故意或者重大过失的，也应当承担赔偿责任。

**第一百九十二条　【影子董事、影子高级管理人员】**公司的控股股东、实际控制人指示董事、高级管理人员从事损害公司或者股东利益的行为的，与该董事、高级管理人员承担连带责任。

**第一百九十三条　【董事责任保险】**公司可以在董事任职期间为董事因执行公司职务承担的赔偿责任投保责任保险。

公司为董事投保责任保险或者续保后，董事会应当向股东会报告责任保险的投保金额、承保范围及保险费率等内容。

## 第九章　公司债券

**第一百九十四条　【公司债券的定义、发行和交易的一般规定】**本法所称公司债券，是指公司发行的约定按期还本付息的有价证券。

公司债券可以公开发行，也可以非公开发行。

公司债券的发行和交易应当符合《中华人民共和国证券法》等法律、行政法规的规定。

**第一百九十五条** 【公司债券募集办法的公告及记载事项】公开发行公司债券,应当经国务院证券监督管理机构注册,公告公司债券募集办法。

公司债券募集办法应当载明下列主要事项:

(一)公司名称;

(二)债券募集资金的用途;

(三)债券总额和债券的票面金额;

(四)债券利率的确定方式;

(五)还本付息的期限和方式;

(六)债券担保情况;

(七)债券的发行价格、发行的起止日期;

(八)公司净资产额;

(九)已发行的尚未到期的公司债券总额;

(十)公司债券的承销机构。

**第一百九十六条** 【以纸面形式发行的公司债券的记载事项】公司以纸面形式发行公司债券的,应当在债券上载明公司名称、债券票面金额、利率、偿还期限等事项,并由法定代表人签名,公司盖章。

**第一百九十七条** 【记名债券】公司债券应当为记名债券。

**第一百九十八条** 【债券持有人名册】公司发行公司债券应当置备公司债券持有人名册。

发行公司债券的,应当在公司债券持有人名册上载明下列事项:

(一)债券持有人的姓名或者名称及住所;

(二)债券持有人取得债券的日期及债券的编号;

(三)债券总额,债券的票面金额、利率、还本付息的期限和方式;

(四)债券的发行日期。

**第一百九十九条** 【公司债券的登记结算】公司债券的登记结算机构应当建立债券登记、存管、付息、兑付等相关制度。

**第二百条** 【公司债券转让自由及其合法性】公司债券可以转让,转让价格由转让人与受让人约定。

公司债券的转让应当符合法律、行政法规的规定。

**第二百零一条** 【公司债券转让的方式】公司债券由债券持有人以背书方式或者法律、行政法规规定的其他方式转让;转让后由公司将受让人的姓名或者名称及住所记载于公司债券持有人名册。

**第二百零二条** 【可转换为股票的公司债券的发行】股份有限公司经股东会决议,或者经公司章程、股东会授权由董事会决议,可以发行可转换为股票的公司债券,并规定具体的转换办法。上市公司发行可转换为股票的公司债券,应当经国务院证券监督管理机构注册。

发行可转换为股票的公司债券,应当在债券上标明可转换公司债券字样,并在公司债券持有人名册上载明可转换公司债券的数额。

**第二百零三条** 【可转换为股票的公司债券的转换】发行可转换为股票的公司债券的,公司应当按照其转换办法向债券持有人换发股票,但债券持有人对转换股票或者不转换股票有选择权。法律、行政法规另有规定的除外。

**第二百零四条** 【债券持有人会议及其决议】公开发行公司债券的,应当为同期债券持有人设立债券持有人会议,并在债券募集办法中对债券持有人会议的召集程序、会议规则和其他重要事项作出规定。债券持有人会议可以对与债券持有人有利害关系的事项作出决议。

除公司债券募集办法另有约定外,债券持有人会议决议对同期全体债券持有人发生效力。

**第二百零五条** 【债券受托管理人的聘请及其负责事项】公开发行公司债券的,发行人应当为债券持有人聘请债券受托管理人,由其为债券持有人办理受领清偿、债权保全、与债券相关的诉讼以及参与债务人破产程序等事项。

**第二百零六条** 【债券受托管理人的职责及责任承担】债券受托管理人应当勤勉尽责,公正履行受托管理职责,不得损害债券持有人利益。

受托管理人与债券持有人存在利益冲突可能损害债券持有人利益的,债券持有人会议可以决议变更债券受托管理人。

债券受托管理人违反法律、行政法规或者债券持有人会议决议,损害债券持有人利益的,应当承担赔偿责任。

## 第十章 公司财务、会计

**第二百零七条** 【依法建立财务、会计制度】公司应当依照法律、行政法规和国务院财政部门的规定建立本公司的财务、会计制度。

**第二百零八条** 【财务会计报告的编制】公司应当在每一会计年度终了时编制财务会计报告,并依法经会计师事务所审计。

财务会计报告应当依照法律、行政法规和国务院财政部门的规定制作。

**第二百零九条** 【财务会计报告的公布】有限责任公司应当按照公司章程规定的期限将财务会计报告送交

各股东。

股份有限公司的财务会计报告应当在召开股东会年会的二十日前置备于本公司,供股东查阅;公开发行股份的股份有限公司应当公告其财务会计报告。

**第二百一十条** 【公司利润分配】公司分配当年税后利润时,应当提取利润的百分之十列入公司法定公积金。公司法定公积金累计额为公司注册资本的百分之五十以上的,可以不再提取。

公司的法定公积金不足以弥补以前年度亏损的,在依照前款规定提取法定公积金之前,应当先用当年利润弥补亏损。

公司从税后利润中提取法定公积金后,经股东会决议,还可以从税后利润中提取任意公积金。

公司弥补亏损和提取公积金后所余税后利润,有限责任公司按照股东实缴的出资比例分配利润,全体股东约定不按照出资比例分配利润的除外;股份有限公司按照股东所持有的股份比例分配利润,公司章程另有规定的除外。

公司持有的本公司股份不得分配利润。

**第二百一十一条** 【违法分配利润的后果及责任】公司违反本法规定向股东分配利润的,股东应当将违反规定分配的利润退还公司;给公司造成损失的,股东及负有责任的董事、监事、高级管理人员应当承担赔偿责任。

**第二百一十二条** 【利润分配的完成期限】股东会作出分配利润的决议的,董事会应当在股东会决议作出之日起六个月内进行分配。

**第二百一十三条** 【资本公积金的来源】公司以超过股票票面金额的发行价格发行股份所得的溢价款、发行无面额股所得股款未计入注册资本的金额以及国务院财政部门规定列入资本公积金的其他项目,应当列为公司资本公积金。

**第二百一十四条** 【公积金的用途】公司的公积金用于弥补公司的亏损、扩大公司生产经营或者转为增加公司注册资本。

公积金弥补公司亏损,应当先使用任意公积金和法定公积金;仍不能弥补的,可以按照规定使用资本公积金。

法定公积金转为增加注册资本时,所留存的该项公积金不得少于转增前公司注册资本的百分之二十五。

**第二百一十五条** 【会计师事务所的聘用及解聘】公司聘用、解聘承办公司审计业务的会计师事务所,按照公司章程的规定,由股东会、董事会或者监事会决定。

公司股东会、董事会或者监事会就解聘会计师事务所进行表决时,应当允许会计师事务所陈述意见。

**第二百一十六条** 【会计资料的提供】公司应当向聘用的会计师事务所提供真实、完整的会计凭证、会计账簿、财务会计报告及其他会计资料,不得拒绝、隐匿、谎报。

**第二百一十七条** 【禁止另立账簿或账户】公司除法定的会计账簿外,不得另立会计账簿。

对公司资金,不得以任何个人名义开立账户存储。

## 第十一章 公司合并、分立、增资、减资

**第二百一十八条** 【公司合并方式】公司合并可以采取吸收合并或者新设合并。

一个公司吸收其他公司为吸收合并,被吸收的公司解散。两个以上公司合并设立一个新的公司为新设合并,合并各方解散。

**第二百一十九条** 【简易合并】公司与其持股百分之九十以上的公司合并,被合并的公司不需经股东会决议,但应当通知其他股东,其他股东有权请求公司按照合理的价格收购其股权或者股份。

公司合并支付的价款不超过本公司净资产百分之十的,可以不经股东会决议;但是,公司章程另有规定的除外。

公司依照前两款规定合并不经股东会决议的,应当经董事会决议。

**第二百二十条** 【公司合并程序】公司合并,应当由合并各方签订合并协议,并编制资产负债表及财产清单。公司应当自作出合并决议之日起十日内通知债权人,并于三十日内在报纸上或者国家企业信用信息公示系统公告。债权人自接到通知之日起三十日内,未接到通知的自公告之日起四十五日内,可以要求公司清偿债务或者提供相应的担保。

**第二百二十一条** 【公司合并的债权债务承继】公司合并时,合并各方的债权、债务,应当由合并后存续的公司或者新设的公司承继。

**第二百二十二条** 【公司分立程序】公司分立,其财产作相应的分割。

公司分立,应当编制资产负债表及财产清单。公司应当自作出分立决议之日起十日内通知债权人,并于三十日内在报纸上或者国家企业信用信息公示系统公告。

**第二百二十三条** 【公司分立的债务承担】公司分立前的债务由分立后的公司承担连带责任。但是,公司

在分立前与债权人就债务清偿达成的书面协议另有约定的除外。

**第二百二十四条** 【公司减资程序】公司减少注册资本，应当编制资产负债表及财产清单。

公司应当自股东会作出减少注册资本决议之日起十日内通知债权人，并于三十日内在报纸上或者国家企业信用信息公示系统公告。债权人自接到通知之日起三十日内、未接到通知的自公告之日起四十五日内，有权要求公司清偿债务或者提供相应的担保。

公司减少注册资本，应当按照股东出资或者持有股份的比例相应减少出资额或者股份，法律另有规定、有限责任公司全体股东另有约定或者股份有限公司章程另有规定的除外。

**第二百二十五条** 【简易减资】公司依照本法第二百一十四条第二款的规定弥补亏损后，仍有亏损的，可以减少注册资本弥补亏损。减少注册资本弥补亏损的，公司不得向股东分配，也不得免除股东缴纳出资或者股款的义务。

依照前款规定减少注册资本的，不适用前条第二款的规定，但应当自股东会作出减少注册资本决议之日起三十日内在报纸上或者国家企业信用信息公示系统公告。

公司依照前两款的规定减少注册资本后，在法定公积金和任意公积金累计额达到公司注册资本百分之五十前，不得分配利润。

**第二百二十六条** 【违法减资的后果及责任】违反本法规定减少注册资本的，股东应当退还其收到的资金，减免股东出资的应当恢复原状；给公司造成损失的，股东及负有责任的董事、监事、高级管理人员应当承担赔偿责任。

**第二百二十七条** 【增资时股东的优先认缴（购）权】有限责任公司增加注册资本时，股东在同等条件下有权优先按照实缴的出资比例认缴出资。但是，全体股东约定不按照出资比例优先认缴出资的除外。

股份有限公司为增加注册资本发行新股时，股东不享有优先认购权，公司章程另有规定或者股东会决议决定股东享有优先认购权的除外。

**第二百二十八条** 【增资时缴资或购股适用设立时的相关规定】有限责任公司增加注册资本时，股东认缴新增资本的出资，依照本法设立有限责任公司缴纳出资的有关规定执行。

股份有限公司为增加注册资本发行新股时，股东认购新股，依照本法设立股份有限公司缴纳股款的有关规定执行。

### 第十二章 公司解散和清算

**第二百二十九条** 【公司解散事由及其公示】公司因下列原因解散：

（一）公司章程规定的营业期限届满或者公司章程规定的其他解散事由出现；

（二）股东会决议解散；

（三）因公司合并或者分立需要解散；

（四）依法被吊销营业执照、责令关闭或者被撤销；

（五）人民法院依照本法第二百三十一条的规定予以解散。

公司出现前款规定的解散事由，应当在十日内将解散事由通过国家企业信用信息公示系统予以公示。

**第二百三十条** 【公司出现特定解散事由的存续程序】公司有前条第一款第一项、第二项情形，且尚未向股东分配财产的，可以通过修改公司章程或者经股东会决议而存续。

依照前款规定修改公司章程或者经股东会决议，有限责任公司须经持有三分之二以上表决权的股东通过，股份有限公司须经出席股东会会议的股东所持表决权的三分之二以上通过。

**第二百三十一条** 【司法解散】公司经营管理发生严重困难，继续存续会使股东利益受到重大损失，通过其他途径不能解决的，持有公司百分之十以上表决权的股东，可以请求人民法院解散公司。

**第二百三十二条** 【公司自行清算】公司因本法第二百二十九条第一款第一项、第二项、第四项、第五项规定而解散的，应当清算。董事为公司清算义务人，应当在解散事由出现之日起十五日内组成清算组进行清算。

清算组由董事组成，但是公司章程另有规定或者股东会决议另选他人的除外。

清算义务人未及时履行清算义务，给公司或者债权人造成损失的，应当承担赔偿责任。

**第二百三十三条** 【法院指定清算】公司依照前条第一款的规定应当清算，逾期不成立清算组进行清算或者成立清算组后不清算的，利害关系人可以申请人民法院指定有关人员组成清算组进行清算。人民法院应当受理该申请，并及时组织清算组进行清算。

公司因本法第二百二十九条第一款第四项的规定而解散的，作出吊销营业执照、责令关闭或者撤销决定的部门或者公司登记机关，可以申请人民法院指定有关人员组成清算组进行清算。

**第二百三十四条　【清算组的职权】**清算组在清算期间行使下列职权：

（一）清理公司财产，分别编制资产负债表和财产清单；

（二）通知、公告债权人；

（三）处理与清算有关的公司未了结的业务；

（四）清缴所欠税款以及清算过程中产生的税款；

（五）清理债权、债务；

（六）分配公司清偿债务后的剩余财产；

（七）代表公司参与民事诉讼活动。

**第二百三十五条　【债权申报】**清算组应当自成立之日起十日内通知债权人，并于六十日内在报纸上或者国家企业信用信息公示系统公告。债权人应当自接到通知之日起三十日内，未接到通知的自公告之日起四十五日内，向清算组申报其债权。

债权人申报债权，应当说明债权的有关事项，并提供证明材料。清算组应当对债权进行登记。

在申报债权期间，清算组不得对债权人进行清偿。

**第二百三十六条　【制订清算方案和处分公司财产】**清算组在清理公司财产、编制资产负债表和财产清单后，应当制订清算方案，并报股东会或者人民法院确认。

公司财产在分别支付清算费用、职工的工资、社会保险费用和法定补偿金，缴纳所欠税款，清偿公司债务后的剩余财产，有限责任公司按照股东的出资比例分配，股份有限公司按照股东持有的股份比例分配。

清算期间，公司存续，但不得开展与清算无关的经营活动。公司财产在未依照前款规定清偿前，不得分配给股东。

**第二百三十七条　【破产清算的申请】**清算组在清理公司财产、编制资产负债表和财产清单后，发现公司财产不足清偿债务的，应当依法向人民法院申请破产清算。

人民法院受理破产申请后，清算组应当将清算事务移交给人民法院指定的破产管理人。

**第二百三十八条　【清算组成员的忠实义务和勤勉义务】**清算组成员履行清算职责，负有忠实义务和勤勉义务。

清算组成员怠于履行清算职责，给公司造成损失的，应当承担赔偿责任；因故意或者重大过失给债权人造成损失的，应当承担赔偿责任。

**第二百三十九条　【制作清算报告和申请注销登记】**公司清算结束后，清算组应当制作清算报告，报股东会或者人民法院确认，并报送公司登记机关，申请注销公司登记。

**第二百四十条　【简易注销】**公司在存续期间未产生债务，或者已清偿全部债务的，经全体股东承诺，可以按照规定通过简易程序注销公司登记。

通过简易程序注销公司登记，应当通过国家企业信用信息公示系统予以公告，公告期限不少于二十日。公告期限届满后，未有异议的，公司可以在二十日内向公司登记机关申请注销公司登记。

公司通过简易程序注销公司登记，股东对本条第一款规定的内容承诺不实的，应当对注销登记前的债务承担连带责任。

**第二百四十一条　【强制注销】**公司被吊销营业执照、责令关闭或者被撤销，满三年未向公司登记机关申请注销公司登记的，公司登记机关可以通过国家企业信用信息公示系统予以公告，公告期限不少于六十日。公告期限届满后，未有异议的，公司登记机关可以注销公司登记。

依照前款规定注销公司登记的，原公司股东、清算义务人的责任不受影响。

**第二百四十二条　【破产清算的法律适用】**公司被依法宣告破产的，依照有关企业破产的法律实施破产清算。

## 第十三章　外国公司的分支机构

**第二百四十三条　【外国公司的定义】**本法所称外国公司，是指依照外国法律在中华人民共和国境外设立的公司。

**第二百四十四条　【外国公司设立分支机构的程序】**外国公司在中华人民共和国境内设立分支机构，应当向中国主管机关提出申请，并提交其公司章程、所属国的公司登记证书等有关文件，经批准后，向公司登记机关依法办理登记，领取营业执照。

外国公司分支机构的审批办法由国务院另行规定。

**第二百四十五条　【外国公司设立分支机构的条件】**外国公司在中华人民共和国境内设立分支机构，应当在中华人民共和国境内指定负责该分支机构的代表人或者代理人，并向该分支机构拨付与其所从事的经营活动相适应的资金。

对外国公司分支机构的经营资金需要规定最低限额的，由国务院另行规定。

**第二百四十六条 【名称及公司章程置备】**外国公司的分支机构应当在其名称中标明该外国公司的国籍及责任形式。

外国公司的分支机构应当在本机构中置备该外国公司章程。

**第二百四十七条 【法律地位】**外国公司在中华人民共和国境内设立的分支机构不具有中国法人资格。

外国公司对其分支机构在中华人民共和国境内进行经营活动承担民事责任。

**第二百四十八条 【从事业务活动的原则】**经批准设立的外国公司分支机构，在中华人民共和国境内从事业务活动，应当遵守中国的法律，不得损害中国的社会公共利益，其合法权益受中国法律保护。

**第二百四十九条 【外国公司撤销分支机构的债务清偿】**外国公司撤销其在中华人民共和国境内的分支机构时，应当依法清偿债务，依照本法有关公司清算程序的规定进行清算。未清偿债务之前，不得将其分支机构的财产转移至中华人民共和国境外。

### 第十四章 法律责任

**第二百五十条 【欺诈取得公司登记的法律责任】**违反本法规定，虚报注册资本、提交虚假材料或者采取其他欺诈手段隐瞒重要事实取得公司登记的，由公司登记机关责令改正，对虚报注册资本的公司，处以虚报注册资本金额百分之五以上百分之十五以下的罚款；对提交虚假材料或者采取其他欺诈手段隐瞒重要事实的公司，处以五万元以上二百万元以下的罚款；情节严重的，吊销营业执照；对直接负责的主管人员和其他直接责任人员处以三万元以上三十万元以下的罚款。

**第二百五十一条 【违反信息公示规定的法律责任】**公司未依照本法第四十条规定公示有关信息或者不如实公示有关信息的，由公司登记机关责令改正，可以处以一万元以上五万元以下的罚款。情节严重的，处以五万元以上二十万元以下的罚款；对直接负责的主管人员和其他直接责任人员处以一万元以上十万元以下的罚款。

**第二百五十二条 【虚假出资或未出资的法律责任】**公司的发起人、股东虚假出资，未交付或者未按期交付作为出资的货币或者非货币财产的，由公司登记机关责令改正，可以处以五万元以上二十万元以下的罚款；情节严重的，处以虚假出资或未出资金额百分之五以上百分之十五以下的罚款；对直接负责的主管人员和其他直接责任人员处以一万元以上十万元以下的罚款。

**第二百五十三条 【抽逃出资的法律责任】**公司的发起人、股东在公司成立后，抽逃其出资的，由公司登记机关责令改正，处以所抽逃出资金额百分之五以上百分之十五以下的罚款；对直接负责的主管人员和其他直接责任人员处以三万元以上三十万元以下的罚款。

**第二百五十四条 【违反财务会计制度的法律责任】**有下列行为之一的，由县级以上人民政府财政部门依照《中华人民共和国会计法》等法律、行政法规的规定处罚：

（一）在法定的会计账簿以外另立会计账簿；

（二）提供存在虚假记载或者隐瞒重要事实的财务会计报告。

**第二百五十五条 【不依法通知或公告债权人的法律责任】**公司在合并、分立、减少注册资本或者进行清算时，不依照本法规定通知或者公告债权人的，由公司登记机关责令改正，对公司处以一万元以上十万元以下的罚款。

**第二百五十六条 【妨害清算的法律责任】**公司在进行清算时，隐匿财产，对资产负债表或者财产清单作虚假记载，或者在未清偿债务前分配公司财产的，由公司登记机关责令改正，对公司处以隐匿财产或者未清偿债务前分配公司财产金额百分之五以上百分之十以下的罚款；对直接负责的主管人员和其他直接责任人员处以一万元以上十万元以下的罚款。

**第二百五十七条 【中介机构违法的法律责任】**承担资产评估、验资或者验证的机构提供虚假材料或者提供有重大遗漏的报告的，由有关部门依照《中华人民共和国资产评估法》、《中华人民共和国注册会计师法》等法律、行政法规的规定处罚。

承担资产评估、验资或者验证的机构因其出具的评估结果、验资或者验证证明不实，给公司债权人造成损失的，除能够证明自己没有过错的外，在其评估或者证明不实的金额范围内承担赔偿责任。

**第二百五十八条 【公司登记机关违法的法律责任】**公司登记机关违反法律、行政法规规定未履行职责或者履行职责不当的，对负有责任的领导人员和直接责任人员依法给予政务处分。

**第二百五十九条 【冒用公司或分公司名义的法律责任】**未依法登记为有限责任公司或者股份有限公司，而冒用有限责任公司或者股份有限公司名义的，或者未依法登记为有限责任公司或者股份有限公司的分公司，而冒用有限责任公司或者股份有限公司的分公司名义的，由公司登记机关责令改正或者予以取缔,可以并处十万元以下的罚款。

**第二百六十条** 【未依法开业或停业、办理变更登记的法律责任】公司成立后无正当理由超过六个月未开业的,或者开业后自行停业连续六个月以上的,公司登记机关可以吊销营业执照,但公司依法办理歇业的除外。

公司登记事项发生变更时,未依照本法规定办理有关变更登记的,由公司登记机关责令限期登记;逾期不登记的,处以一万元以上十万元以下的罚款。

**第二百六十一条** 【外国公司违法设立分支机构的法律责任】外国公司违反本法规定,擅自在中华人民共和国境内设立分支机构的,由公司登记机关责令改正或者关闭,可以并处五万元以上二十万元以下的罚款。

**第二百六十二条** 【利用公司名义从事严重违法行为的法律责任】利用公司名义从事危害国家安全、社会公共利益的严重违法行为的,吊销营业执照。

**第二百六十三条** 【民事赔偿优先】公司违反本法规定,应当承担民事赔偿责任和缴纳罚款、罚金的,其财产不足以支付时,先承担民事赔偿责任。

**第二百六十四条** 【刑事责任】违反本法规定,构成犯罪的,依法追究刑事责任。

## 第十五章 附 则

**第二百六十五条** 【本法相关用语的含义】本法下列用语的含义:

(一)高级管理人员,是指公司的经理、副经理、财务负责人,上市公司董事会秘书和公司章程规定的其他人员。

(二)控股股东,是指其出资额占有限责任公司资本总额超过百分之五十或者其持有的股份占股份有限公司股本总额超过百分之五十的股东;出资额或者持有股份的比例虽然低于百分之五十,但依其出资额或者持有的股份所享有的表决权已足以对股东会的决议产生重大影响的股东。

(三)实际控制人,是指通过投资关系、协议或者其他安排,能够实际支配公司行为的人。

(四)关联关系,是指公司控股股东、实际控制人、董事、监事、高级管理人员与其直接或者间接控制的企业之间的关系,以及可能导致公司利益转移的其他关系。但是,国家控股的企业之间不仅因为同受国家控股而具有关联关系。

**第二百六十六条** 【施行日期和过渡调整】本法自2024年7月1日起施行。

本法施行前已登记设立的公司,出资期限超过本法规定的期限的,除法律、行政法规或者国务院另有规定外,应当逐步调整至本法规定的期限以内;对于出资期限、出资额明显异常的,公司登记机关可以依法要求其及时调整。具体实施办法由国务院规定。

## 最高人民法院关于适用《中华人民共和国公司法》若干问题的规定(一)

- 2006年3月27日最高人民法院审判委员会第1382次会议通过
- 根据2014年2月17日最高人民法院审判委员会第1607次会议《关于修改关于适用〈中华人民共和国公司法〉若干问题的规定的决定》修正
- 2014年2月20日发布
- 法释〔2014〕2号

为正确适用2005年10月27日十届全国人大常委会第十八次会议修订的《中华人民共和国公司法》,对人民法院在审理相关的民事纠纷案件中,具体适用公司法的有关问题规定如下:

**第一条** 公司法实施后,人民法院尚未审结的和新受理的民事案件,其民事行为或事件发生在公司法实施以前的,适用当时的法律法规和司法解释。

**第二条** 因公司法实施前有关民事行为或者事件发生纠纷起诉到人民法院的,如当时的法律法规和司法解释没有明确规定时,可参照适用公司法的有关规定。

**第三条** 原告以公司法第二十二条第二款、第七十四条第二款规定事由,向人民法院提起诉讼时,超过公司法规定期限的,人民法院不予受理。

**第四条** 公司法第一百五十一条规定的180日以上连续持股期间,应为股东向人民法院提起诉讼时,已期满的持股时间;规定的合计持有公司百分之一以上股份,是指两个以上股东持股份额的合计。

**第五条** 人民法院对公司法实施前已经终审的案件依法进行再审时,不适用公司法的规定。

**第六条** 本规定自公布之日起实施。

# 最高人民法院关于适用《中华人民共和国公司法》若干问题的规定(二)

- 2008年5月5日最高人民法院审判委员会第1447次会议通过
- 根据2014年2月17日最高人民法院审判委员会第1607次会议《关于修改关于适用〈中华人民共和国公司法〉若干问题的规定的决定》第一次修正
- 根据2020年12月23日最高人民法院审判委员会第1823次会议通过的《最高人民法院关于修改〈最高人民法院关于破产企业国有划拨土地使用权应否列入破产财产等问题的批复〉等二十九件商事类司法解释的决定》第二次修正
- 2020年12月29日最高人民法院公告公布
- 自2021年1月1日起施行
- 法释〔2020〕18号

为正确适用《中华人民共和国公司法》，结合审判实践，就人民法院审理公司解散和清算案件适用法律问题作出如下规定。

**第一条** 单独或者合计持有公司全部股东表决权百分之十以上的股东，以下列事由之一提起解散公司诉讼，并符合公司法第一百八十二条规定的，人民法院应予受理：

（一）公司持续两年以上无法召开股东会或者股东大会，公司经营管理发生严重困难的；

（二）股东表决时无法达到法定或者公司章程规定的比例，持续两年以上不能做出有效的股东会或者股东大会决议，公司经营管理发生严重困难的；

（三）公司董事长期冲突，且无法通过股东会或者股东大会解决，公司经营管理发生严重困难的；

（四）经营管理发生其他严重困难，公司继续存续会使股东利益受到重大损失的情形。

股东以知情权、利润分配请求权等权益受到损害，或者公司亏损、财产不足以偿还全部债务，以及公司被吊销企业法人营业执照未进行清算等为由，提起解散公司诉讼的，人民法院不予受理。

**第二条** 股东提起解散公司诉讼，同时又申请人民法院对公司进行清算的，人民法院对其提出的清算申请不予受理。人民法院可以告知原告，在人民法院判决解散公司后，依据民法典第七十条、公司法第一百八十三条和本规定第七条的规定，自行组织清算或者另行申请人民法院对公司进行清算。

**第三条** 股东提起解散公司诉讼时，向人民法院申请财产保全或者证据保全的，在股东提供担保且不影响公司正常经营的情形下，人民法院可予以保全。

**第四条** 股东提起解散公司诉讼应当以公司为被告。

原告以其他股东为被告一并提起诉讼的，人民法院应当告知原告将其他股东变更为第三人；原告坚持不予变更的，人民法院应当驳回原告对其他股东的起诉。

原告提起解散公司诉讼应当告知其他股东，或者由人民法院通知其参加诉讼。其他股东或者有关利害关系人申请以共同原告或者第三人身份参加诉讼的，人民法院应予准许。

**第五条** 人民法院审理解散公司诉讼案件，应当注重调解。当事人协商同意由公司或者股东收购股份，或者以减资等方式使公司存续，且不违反法律、行政法规强制性规定的，人民法院应予支持。当事人不能协商一致使公司存续的，人民法院应当及时判决。

经人民法院调解公司收购原告股份的，公司应当自调解书生效之日起六个月内将股份转让或者注销。股份转让或者注销之前，原告不得以公司收购其股份为由对抗公司债权人。

**第六条** 人民法院关于解散公司诉讼作出的判决，对公司全体股东具有法律约束力。

人民法院判决驳回解散公司诉讼请求后，提起该诉讼的股东或者其他股东又以同一事实和理由提起解散公司诉讼的，人民法院不予受理。

**第七条** 公司应当依照民法典第七十条、公司法第一百八十三条的规定，在解散事由出现之日起十五日内成立清算组，开始自行清算。

有下列情形之一，债权人、公司股东、董事或其他利害关系人申请人民法院指定清算组进行清算的，人民法院应予受理：

（一）公司解散逾期不成立清算组进行清算的；

（二）虽然成立清算组但故意拖延清算的；

（三）违法清算可能严重损害债权人或者股东利益的。

**第八条** 人民法院受理公司清算案件，应当及时指定有关人员组成清算组。

清算组成员可以从下列人员或者机构中产生：

（一）公司股东、董事、监事、高级管理人员；

（二）依法设立的律师事务所、会计师事务所、破产清算事务所等社会中介机构；

（三）依法设立的律师事务所、会计师事务所、破产清算事务所等社会中介机构中具备相关专业知识并取得执业资格的人员。

**第九条** 人民法院指定的清算组成员有下列情形之一的，人民法院可以根据债权人、公司股东、董事或其他利害关系人的申请，或者依职权更换清算组成员：

（一）有违反法律或者行政法规的行为；

（二）丧失执业能力或者民事行为能力；

（三）有严重损害公司或者债权人利益的行为。

**第十条** 公司依法清算结束并办理注销登记前，有关公司的民事诉讼，应当以公司的名义进行。

公司成立清算组的，由清算组负责人代表公司参加诉讼；尚未成立清算组的，由原法定代表人代表公司参加诉讼。

**第十一条** 公司清算时，清算组应当按照公司法第一百八十五条的规定，将公司解散清算事宜书面通知全体已知债权人，并根据公司规模和营业地域范围在全国或者公司注册登记地省级有影响的报纸上进行公告。

清算组未按照前款规定履行通知和公告义务，导致债权人未及时申报债权而未获清偿，债权人主张清算组成员对因此造成的损失承担赔偿责任的，人民法院应依法予以支持。

**第十二条** 公司清算时，债权人对清算组核定的债权有异议的，可以要求清算组重新核定。清算组不予重新核定，或者债权人对重新核定的债权仍有异议，债权人以公司为被告向人民法院提起诉讼请求确认的，人民法院应予受理。

**第十三条** 债权人在规定的期限内未申报债权，在公司清算程序终结前补充申报的，清算组应予登记。

公司清算程序终结，是指清算报告经股东会、股东大会或者人民法院确认完毕。

**第十四条** 债权人补充申报的债权，可以在公司尚未分配财产中依法清偿。公司尚未分配财产不能全额清偿，债权人主张股东以其在剩余财产分配中已经取得的财产予以清偿的，人民法院应予支持；但债权人因重大过错未在规定期限内申报债权的除外。

债权人或者清算组，以公司尚未分配财产和股东在剩余财产分配中已经取得的财产，不能全额清偿补充申报的债权为由，向人民法院提出破产清算申请的，人民法院不予受理。

**第十五条** 公司自行清算的，清算方案应当报股东会或者股东大会决议确认；人民法院组织清算的，清算方案应当报人民法院确认。未经确认的清算方案，清算组不得执行。

执行未经确认的清算方案给公司或者债权人造成损失，公司、股东、董事、公司其他利害关系人或者债权人主张清算组成员承担赔偿责任的，人民法院应依法予以支持。

**第十六条** 人民法院组织清算的，清算组应当自成立之日起六个月内清算完毕。

因特殊情况无法在六个月内完成清算的，清算组应当向人民法院申请延长。

**第十七条** 人民法院指定的清算组在清理公司财产、编制资产负债表和财产清单时，发现公司财产不足清偿债务的，可以与债权人协商制作有关债务清偿方案。

债务清偿方案经全体债权人确认且不损害其他利害关系人利益的，人民法院可依清算组的申请裁定予以认可。清算组依据该清偿方案清偿债务后，应当向人民法院申请裁定终结清算程序。

债权人对债务清偿方案不予确认或者人民法院不予认可的，清算组应当依法向人民法院申请宣告破产。

**第十八条** 有限责任公司的股东、股份有限公司的董事和控股股东未在法定期限内成立清算组开始清算，导致公司财产贬值、流失、毁损或者灭失，债权人主张其在造成损失范围内对公司债务承担赔偿责任的，人民法院应依法予以支持。

有限责任公司的股东、股份有限公司的董事和控股股东因怠于履行义务，导致公司主要财产、账册、重要文件等灭失，无法进行清算，债权人主张其对公司债务承担连带清偿责任的，人民法院应依法予以支持。

上述情形系实际控制人原因造成，债权人主张实际控制人对公司债务承担相应民事责任的，人民法院应依法予以支持。

**第十九条** 有限责任公司的股东、股份有限公司的董事和控股股东，以及公司的实际控制人在公司解散后，恶意处置公司财产给债权人造成损失，或者未经依法清算，以虚假的清算报告骗取公司登记机关办理法人注销登记，债权人主张其对公司债务承担相应赔偿责任的，人民法院应依法予以支持。

**第二十条** 公司解散应当在依法清算完毕后，申请办理注销登记。公司未经清算即办理注销登记，导致公司无法进行清算，债权人主张有限责任公司的股东、股份有限公司的董事和控股股东，以及公司的实际控制人对公司债务承担清偿责任的，人民法院应依法予以支持。

公司未依法清算即办理注销登记，股东或者第三人在公司登记机关办理注销登记时承诺对公司债务承担责任,债权人主张其对公司债务承担相应民事责任的,人民法院应依法予以支持。

**第二十一条** 按照本规定第十八条和第二十条第一款的规定应当承担责任的有限责任公司的股东、股份有限公司的董事和控股股东,以及公司的实际控制人为二人以上的,其中一人或者数人依法承担民事责任后,主张其他人员按照过错大小分担责任的,人民法院应依法予以支持。

**第二十二条** 公司解散时,股东尚未缴纳的出资均应作为清算财产。股东尚未缴纳的出资,包括到期应缴未缴的出资,以及依照公司法第二十六条和第八十条的规定分期缴纳尚未届满缴纳期限的出资。

公司财产不足以清偿债务时,债权人主张未缴出资股东,以及公司设立时的其他股东或者发起人在未缴出资范围内对公司债务承担连带清偿责任的,人民法院应依法予以支持。

**第二十三条** 清算组成员从事清算事务时,违反法律、行政法规或者公司章程给公司或者债权人造成损失,公司或者债权人主张其承担赔偿责任的,人民法院应依法予以支持。

有限责任公司的股东、股份有限公司连续一百八十日以上单独或者合计持有公司百分之一以上股份的股东,依据公司法第一百五十一条第三款的规定,以清算组成员前款所述行为为由向人民法院提起诉讼的,人民法院应予受理。

公司已经清算完毕注销,上述股东参照公司法第一百五十一条第三款的规定,直接以清算组成员为被告、其他股东为第三人向人民法院提起诉讼的,人民法院应予受理。

**第二十四条** 解散公司诉讼案件和公司清算案件由公司住所地人民法院管辖。公司住所地是指公司主要办事机构所在地。公司办事机构所在地不明确的,由其注册地人民法院管辖。

基层人民法院管辖县、县级市或者区的公司登记机关核准登记公司的解散诉讼案件和公司清算案件;中级人民法院管辖地区、地级市以上的公司登记机关核准登记公司的解散诉讼案件和公司清算案件。

# 最高人民法院关于适用《中华人民共和国公司法》若干问题的规定(三)

- 2010年12月6日最高人民法院审判委员会第1504次会议通过
- 根据2014年2月17日最高人民法院审判委员会第1607次会议《关于修改关于适用〈中华人民共和国公司法〉若干问题的规定的决定》第一次修正
- 根据2020年12月23日最高人民法院审判委员会第1823次会议通过的《最高人民法院关于修改〈最高人民法院关于破产企业国有划拨土地使用权应否列入破产财产等问题的批复〉等二十九件商事类司法解释的决定》第二次修正
- 2020年12月29日最高人民法院公告公布
- 自2021年1月1日起施行
- 法释〔2020〕18号

为正确适用《中华人民共和国公司法》,结合审判实践,就人民法院审理公司设立、出资、股权确认等纠纷案件适用法律问题作出如下规定:

**第一条** 为设立公司而签署公司章程、向公司认购出资或者股份并履行公司设立职责的人,应当认定为公司的发起人,包括有限责任公司设立时的股东。

**第二条** 发起人为设立公司以自己名义对外签订合同,合同相对人请求该发起人承担合同责任的,人民法院应予支持;公司成立后合同相对人请求公司承担合同责任的,人民法院应予支持。

**第三条** 发起人以设立中公司名义对外签订合同,公司成立后合同相对人请求公司承担合同责任的,人民法院应予支持。

公司成立后有证据证明发起人利用设立中公司的名义为自己的利益与相对人签订合同,公司以此为由主张不承担合同责任的,人民法院应予支持,但相对人为善意的除外。

**第四条** 公司因故未成立,债权人请求全体或者部分发起人对设立公司行为所产生的费用和债务承担连带清偿责任的,人民法院应予支持。

部分发起人依照前款规定承担责任后,请求其他发起人分担的,人民法院应当判令其他发起人按照约定的责任承担比例分担责任;没有约定责任承担比例的,按照约定的出资比例分担责任;没有约定出资比例的,按照均等份额分担责任。

因部分发起人的过错导致公司未成立,其他发起人主张其承担设立行为所产生的费用和债务的,人民法院应当根据过错情况,确定过错一方的责任范围。

**第五条** 发起人因履行公司设立职责造成他人损害,公司成立后受害人请求公司承担侵权赔偿责任的,人民法院应予支持;公司未成立,受害人请求全体发起人承担连带赔偿责任的,人民法院应予支持。

公司或者无过错的发起人承担赔偿责任后,可以向有过错的发起人追偿。

**第六条** 股份有限公司的认股人未按期缴纳所认股份的股款,经公司发起人催缴后在合理期间内仍未缴纳,公司发起人对该股份另行募集的,人民法院应当认定该募集行为有效。认股人延期缴纳股款给公司造成损失,公司请求该认股人承担赔偿责任的,人民法院应予支持。

**第七条** 出资人以不享有处分权的财产出资,当事人之间对于出资行为效力产生争议的,人民法院可以参照民法典第三百一十一条的规定予以认定。

以贪污、受贿、侵占、挪用等违法犯罪所得的货币出资后取得股权的,对违法犯罪行为予以追究、处罚时,应当采取拍卖或者变卖的方式处置其股权。

**第八条** 出资人以划拨土地使用权出资,或者以设定权利负担的土地使用权出资,公司、其他股东或者公司债权人主张认定出资人未履行出资义务的,人民法院应当责令当事人在指定的合理期间内办理土地变更手续或者解除权利负担;逾期未办理或者未解除的,人民法院应当认定出资人未依法全面履行出资义务。

**第九条** 出资人以非货币财产出资,未依法评估作价,公司、其他股东或者公司债权人请求认定出资人未履行出资义务的,人民法院应当委托具有合法资格的评估机构对该财产评估作价。评估确定的价额显著低于公司章程所定价额的,人民法院应当认定出资人未依法全面履行出资义务。

**第十条** 出资人以房屋、土地使用权或者需要办理权属登记的知识产权等财产出资,已经交付公司使用但未办理权属变更手续,公司、其他股东或者公司债权人主张认定出资人未履行出资义务的,人民法院应当责令当事人在指定的合理期间内办理权属变更手续;在前述期间内办理了权属变更手续的,人民法院应当认定其已经履行了出资义务;出资人主张自其实际交付财产给公司使用时享有相应股东权利的,人民法院应予支持。

出资人以前款规定的财产出资,已经办理权属变更手续但未交付给公司使用,公司或者其他股东主张其向公司交付、并在实际交付之前不享有相应股东权利的,人民法院应予支持。

**第十一条** 出资人以其他公司股权出资,符合下列条件的,人民法院应当认定出资人已履行出资义务:

(一)出资的股权由出资人合法持有并依法可以转让;

(二)出资的股权无权利瑕疵或者权利负担;

(三)出资人已履行关于股权转让的法定手续;

(四)出资的股权已依法进行了价值评估。

股权出资不符合前款第(一)、(二)、(三)项的规定,公司、其他股东或者公司债权人请求认定出资人未履行出资义务的,人民法院应当责令该出资人在指定的合理期间内采取补正措施,以符合上述条件;逾期未补正的,人民法院应当认定其未依法全面履行出资义务。

股权出资不符合本条第一款第(四)项的规定,公司、其他股东或者公司债权人请求认定出资人未履行出资义务的,人民法院应当按照本规定第九条的规定处理。

**第十二条** 公司成立后,公司、股东或者公司债权人以相关股东的行为符合下列情形之一且损害公司权益为由,请求认定该股东抽逃出资的,人民法院应予支持:

(一)制作虚假财务会计报表虚增利润进行分配;

(二)通过虚构债权债务关系将其出资转出;

(三)利用关联交易将出资转出;

(四)其他未经法定程序将出资抽回的行为。

**第十三条** 股东未履行或者未全面履行出资义务,公司或者其他股东请求其向公司依法全面履行出资义务的,人民法院应予支持。

公司债权人请求未履行或者未全面履行出资义务的股东在未出资本息范围内对公司债务不能清偿的部分承担补充赔偿责任的,人民法院应予支持;未履行或者未全面履行出资义务的股东已经承担上述责任,其他债权人提出相同请求的,人民法院不予支持。

股东在公司设立时未履行或者未全面履行出资义务,依照本条第一款或者第二款提起诉讼的原告,请求公司的发起人与被告股东承担连带责任的,人民法院应予支持;公司的发起人承担责任后,可以向被告股东追偿。

股东在公司增资时未履行或者未全面履行出资义务,依照本条第一款或者第二款提起诉讼的原告,请求未尽公司法第一百四十七条第一款规定的义务而使出资未缴足的董事、高级管理人员承担相应责任的,人民法院应予支持;董事、高级管理人员承担责任后,可以向被告股东追偿。

**第十四条** 股东抽逃出资,公司或者其他股东请求其向公司返还出资本息、协助抽逃出资的其他股东、董事、高级管理人员或者实际控制人对此承担连带责任的，人民法院应予支持。

公司债权人请求抽逃出资的股东在抽逃出资本息范围内对公司债务不能清偿的部分承担补充赔偿责任、协助抽逃出资的其他股东、董事、高级管理人员或者实际控制人对此承担连带责任的，人民法院应予支持；抽逃出资的股东已经承担上述责任，其他债权人提出相同请求的，人民法院不予支持。

第十五条　出资人以符合法定条件的非货币财产出资后，因市场变化或者其他客观因素导致出资财产贬值，公司、其他股东或者公司债权人请求该出资人承担补足出资责任的，人民法院不予支持。但是，当事人另有约定的除外。

第十六条　股东未履行或者未全面履行出资义务或者抽逃出资，公司根据公司章程或者股东会决议对其利润分配请求权、新股优先认购权、剩余财产分配请求权等股东权利作出相应的合理限制，该股东请求认定该限制无效的，人民法院不予支持。

第十七条　有限责任公司的股东未履行出资义务或者抽逃全部出资，经公司催告缴纳或者返还，其在合理期间内仍未缴纳或者返还出资，公司以股东会决议解除该股东的股东资格，该股东请求确认该解除行为无效的，人民法院不予支持。

在前款规定的情形下，人民法院在判决时应当释明，公司应当及时办理法定减资程序或者由其他股东或者第三人缴纳相应的出资。在办理法定减资程序或者其他股东或者第三人缴纳相应的出资之前，公司债权人依照本规定第十三条或者第十四条请求相关当事人承担相应责任的，人民法院应予支持。

第十八条　有限责任公司的股东未履行或者未全面履行出资义务即转让股权，受让人对此知道或者应当知道，公司请求该股东履行出资义务、受让人对此承担连带责任的，人民法院应予支持；公司债权人依照本规定第十三条第二款向该股东提起诉讼，同时请求前述受让人对此承担连带责任的，人民法院应予支持。

受让人根据前款规定承担责任后，向该未履行或者未全面履行出资义务的股东追偿的，人民法院应予支持。但是，当事人另有约定的除外。

第十九条　公司股东未履行或者未全面履行出资义务或者抽逃出资，公司或者其他股东请求其向公司全面履行出资义务或者返还出资，被告股东以诉讼时效为由进行抗辩的，人民法院不予支持。

公司债权人的债权未过诉讼时效期间，其依照本规定第十三条第二款、第十四条第二款的规定请求未履行或者未全面履行出资义务或者抽逃出资的股东承担赔偿责任，被告股东以出资义务或者返还出资义务超过诉讼时效期间为由进行抗辩的，人民法院不予支持。

第二十条　当事人之间对是否已履行出资义务发生争议，原告提供对股东履行出资义务产生合理怀疑证据的，被告股东应当就其已履行出资义务承担举证责任。

第二十一条　当事人向人民法院起诉请求确认其股东资格的，应当以公司为被告，与案件争议股权有利害关系的人作为第三人参加诉讼。

第二十二条　当事人之间对股权归属发生争议，一方请求人民法院确认其享有股权的，应当证明以下事实之一：

（一）已经依法向公司出资或者认缴出资，且不违反法律法规强制性规定；

（二）已经受让或者以其他形式继受公司股权，且不违反法律法规强制性规定。

第二十三条　当事人依法履行出资义务或者依法继受取得股权后，公司未根据公司法第三十一条、第三十二条的规定签发出资证明书、记载于股东名册并办理公司登记机关登记，当事人请求公司履行上述义务的，人民法院应予支持。

第二十四条　有限责任公司的实际出资人与名义出资人订立合同，约定由实际出资人出资并享有投资权益，以名义出资人为名义股东，实际出资人与名义股东对该合同效力发生争议的，如无法律规定的无效情形，人民法院应当认定该合同有效。

前款规定的实际出资人与名义股东因投资权益的归属发生争议，实际出资人以其实际履行了出资义务为由向名义股东主张权利的，人民法院应予支持。名义股东以公司股东名册记载、公司登记机关登记为由否认实际出资人权利的，人民法院不予支持。

实际出资人未经公司其他股东半数以上同意，请求公司变更股东、签发出资证明书、记载于股东名册、记载于公司章程并办理公司登记机关登记的，人民法院不予支持。

第二十五条　名义股东将登记于其名下的股权转让、质押或者以其他方式处分，实际出资人以其对于股权享有实际权利为由，请求认定处分股权行为无效的，人民法院可以参照民法典第三百一十一条的规定处理。

名义股东处分股权造成实际出资人损失，实际出资人请求名义股东承担赔偿责任的，人民法院应予支持。

**第二十六条** 公司债权人以登记于公司登记机关的股东未履行出资义务为由，请求其对公司债务不能清偿的部分在未出资本息范围内承担补充赔偿责任，股东以其仅为名义股东而非实际出资人为由进行抗辩的，人民法院不予支持。

名义股东根据前款规定承担赔偿责任后，向实际出资人追偿的，人民法院应予支持。

**第二十七条** 股权转让后尚未向公司登记机关办理变更登记，原股东将仍登记于其名下的股权转让、质押或者其他方式处分，受让股东以其对于股权享有实际权利为由，请求认定处分股权行为无效的，人民法院可以参照民法典第三百一十一条的规定处理。

原股东处分股权造成受让股东损失，受让股东请求原股东承担赔偿责任、对于未及时办理变更登记有过错的董事、高级管理人员或者实际控制人承担相应责任的，人民法院应予支持；受让股东对于未及时办理变更登记也有过错的，可以适当减轻上述董事、高级管理人员或者实际控制人的责任。

**第二十八条** 冒用他人名义出资并将该他人作为股东在公司登记机关登记的，冒名登记行为人应当承担相应责任；公司、其他股东或公司债权人以未履行出资义务为由，请求被冒名登记为股东的承担补足出资责任或者对公司债务不能清偿部分的赔偿责任的，人民法院不予支持。

## 最高人民法院关于适用《中华人民共和国公司法》若干问题的规定（四）

- 2016 年 12 月 5 日最高人民法院审判委员会第 1702 次会议通过
- 根据 2020 年 12 月 23 日最高人民法院审判委员会第 1823 次会议通过的《最高人民法院关于修改〈最高人民法院关于破产企业国有划拨土地使用权应否列入破产财产等问题的批复〉等二十九件商事类司法解释的决定》修正
- 2020 年 12 月 29 日最高人民法院公告公布
- 自 2021 年 1 月 1 日起施行
- 法释〔2020〕18 号

为正确适用《中华人民共和国公司法》，结合人民法院审判实践，现就公司决议效力、股东知情权、利润分配权、优先购买权和股东代表诉讼等案件适用法律问题作出如下规定。

**第一条** 公司股东、董事、监事等请求确认股东会或者股东大会、董事会决议无效或者不成立的，人民法院应当依法予以受理。

**第二条** 依据民法典第八十五条、公司法第二十二条第二款请求撤销股东会或者股东大会、董事会决议的原告，应当在起诉时具有公司股东资格。

**第三条** 原告请求确认股东会或者股东大会、董事会决议不成立、无效或者撤销决议的案件，应当列公司为被告。对决议涉及的其他利害关系人，可以依法列为第三人。

一审法庭辩论终结前，其他有原告资格的人以相同的诉讼请求申请参加前款规定诉讼的，可以列为共同原告。

**第四条** 股东请求撤销股东会或者股东大会、董事会决议，符合民法典第八十五条、公司法第二十二条第二款规定的，人民法院应当予以支持，但会议召集程序或者表决方式仅有轻微瑕疵，且对决议未产生实质影响的，人民法院不予支持。

**第五条** 股东会或者股东大会、董事会决议存在下列情形之一，当事人主张决议不成立的，人民法院应当予以支持：

（一）公司未召开会议的，但依据公司法第三十七条第二款或者公司章程规定可以不召开股东会或者股东大会而直接作出决定，并由全体股东在决定文件上签名、盖章的除外；

（二）会议未对决议事项进行表决的；

（三）出席会议的人数或者股东所持表决权不符合公司法或者公司章程规定的；

（四）会议的表决结果未达到公司法或者公司章程规定的通过比例的；

（五）导致决议不成立的其他情形。

**第六条** 股东会或者股东大会、董事会决议被人民法院判决确认无效或者撤销的，公司依据该决议与善意相对人形成的民事法律关系不受影响。

**第七条** 股东依据公司法第三十三条、第九十七条或者公司章程的规定，起诉请求查阅或者复制公司特定文件材料的，人民法院应当依法予以受理。

公司有证据证明前款规定的原告在起诉时不具有公司股东资格的，人民法院应当驳回起诉，但原告有初步证据证明在持股期间其合法权益受到损害，请求依法查阅或者复制其持股期间的公司特定文件材料的除外。

**第八条** 有限责任公司有证据证明股东存在下列情形之一的，人民法院应当认定股东有公司法第三十三条

第二款规定的"不正当目的":

（一）股东自营或者为他人经营与公司主营业务有实质性竞争关系业务的，但公司章程另有规定或者全体股东另有约定的除外；

（二）股东为了向他人通报有关信息查阅公司会计账簿，可能损害公司合法利益的；

（三）股东在向公司提出查阅请求之日前的三年内，曾通过查阅公司会计账簿，向他人通报有关信息损害公司合法利益的；

（四）股东有不正当目的的其他情形。

**第九条** 公司章程、股东之间的协议等实质性剥夺股东依据公司法第三十三条、第九十七条规定查阅或者复制公司文件材料的权利，公司以此为由拒绝股东查阅或者复制的，人民法院不予支持。

**第十条** 人民法院审理股东请求查阅或者复制公司特定文件材料的案件，对原告诉讼请求予以支持的，应当在判决中明确查阅或者复制公司特定文件材料的时间、地点和特定文件材料的名录。

股东依据人民法院生效判决查阅公司文件材料的，在该股东在场的情况下，可以由会计师、律师等依法或者依据执业行为规范负有保密义务的中介机构执业人员辅助进行。

**第十一条** 股东行使知情权后泄露公司商业秘密导致公司合法利益受到损害，公司请求该股东赔偿相关损失的，人民法院应当予以支持。

根据本规定第十条辅助股东查阅公司文件材料的会计师、律师等泄露公司商业秘密导致公司合法利益受到损害，公司请求其赔偿相关损失的，人民法院应当予以支持。

**第十二条** 公司董事、高级管理人员等未依法履行职责，导致公司未依法制作或者保存公司法第三十三条、第九十七条规定的公司文件材料，给股东造成损失，股东依法请求负有相应责任的公司董事、高级管理人员承担民事赔偿责任的，人民法院应当予以支持。

**第十三条** 股东请求公司分配利润案件，应当列公司为被告。

一审法庭辩论终结前，其他股东基于同一分配方案请求分配利润并申请参加诉讼的，应当列为共同原告。

**第十四条** 股东提交载明具体分配方案的股东会或者股东大会的有效决议，请求公司分配利润，公司拒绝分配利润且其关于无法执行决议的抗辩理由不成立的，人民法院应当判决公司按照决议载明的具体分配方案向股东分配利润。

**第十五条** 股东未提交载明具体分配方案的股东会或者股东大会决议，请求公司分配利润的，人民法院应当驳回其诉讼请求，但违反法律规定滥用股东权利导致公司不分配利润，给其他股东造成损失的除外。

**第十六条** 有限责任公司的自然人股东因继承发生变化时，其他股东主张依据公司法第七十一条第三款规定行使优先购买权的，人民法院不予支持，但公司章程另有规定或者全体股东另有约定的除外。

**第十七条** 有限责任公司的股东向股东以外的人转让股权，应就其股权转让事项以书面或者其他能够确认收悉的合理方式通知其他股东征求同意。其他股东半数以上不同意转让，不同意的股东不购买的，人民法院应当认定视为同意转让。

经股东同意转让的股权，其他股东主张转让股东应当向其以书面或者其他能够确认收悉的合理方式通知转让股权的同等条件的，人民法院应当予以支持。

经股东同意转让的股权，在同等条件下，转让股东以外的其他股东主张优先购买的，人民法院应当予以支持，但转让股东依据本规定第二十条放弃转让的除外。

**第十八条** 人民法院在判断是否符合公司法第七十一条第三款及本规定所称的"同等条件"时，应当考虑转让股权的数量、价格、支付方式及期限等因素。

**第十九条** 有限责任公司的股东主张优先购买转让股权的，应当在收到通知后，在公司章程规定的行使期间内提出购买请求。公司章程没有规定行使期间或者规定不明确的，以通知确定的期间为准，通知确定的期间短于三十日或者未明确行使期间的，行使期间为三十日。

**第二十条** 有限责任公司的转让股东，在其他股东主张优先购买后又不同意转让股权的，对其他股东优先购买的主张，人民法院不予支持，但公司章程另有规定或者全体股东另有约定的除外。其他股东主张转让股东赔偿其损失合理的，人民法院应当予以支持。

**第二十一条** 有限责任公司的股东向股东以外的人转让股权，未就其股权转让事项征求其他股东意见，或者以欺诈、恶意串通等手段，损害其他股东优先购买权，其他股东主张按照同等条件购买该转让股权的，人民法院应当予以支持，但其他股东自知道或者应当知道行使优先购买权的同等条件之日起三十日内没有主张，或者自股权变更登记之日起超过一年的除外。

前款规定的其他股东仅提出确认股权转让合同及股权变动效力等请求，未同时主张按照同等条件购买转让股权的，人民法院不予支持，但其他股东非因自身原因导致无法行使优先购买权，请求损害赔偿的除外。

股东以外的股权受让人，因股东行使优先购买权而不能实现合同目的的，可以依法请求转让股东承担相应民事责任。

**第二十二条** 通过拍卖向股东以外的人转让有限责任公司股权的，适用公司法第七十一条第二款、第三款或者第七十二条规定的"书面通知""通知""同等条件"时，根据相关法律、司法解释确定。

在依法设立的产权交易场所转让有限责任公司国有股权的，适用公司法第七十一条第二款、第三款或者第七十二条规定的"书面通知""通知""同等条件"时，可以参照产权交易场所的交易规则。

**第二十三条** 监事会或者不设监事会的有限责任公司的监事依据公司法第一百五十一条第一款规定对董事、高级管理人员提起诉讼的，应当列公司为原告，依法由监事会主席或者不设监事会的有限责任公司的监事代表公司进行诉讼。

董事会或者不设董事会的有限责任公司的执行董事依据公司法第一百五十一条第一款规定对监事提起诉讼的，或者依据公司法第一百五十一条第三款规定对他人提起诉讼的，应当列公司为原告，依法由董事长或者执行董事代表公司进行诉讼。

**第二十四条** 符合公司法第一百五十一条第一款规定条件的股东，依据公司法第一百五十一条第二款、第三款规定，直接对董事、监事、高级管理人员或者他人提起诉讼的，应当列公司为第三人参加诉讼。

一审法庭辩论终结前，符合公司法第一百五十一条第一款规定条件的其他股东，以相同的诉讼请求申请参加诉讼的，应当列为共同原告。

**第二十五条** 股东依据公司法第一百五十一条第二款、第三款规定直接提起诉讼的案件，胜诉利益归属于公司。股东请求被告直接向其承担民事责任的，人民法院不予支持。

**第二十六条** 股东依据公司法第一百五十一条第二款、第三款规定直接提起诉讼的案件，其诉讼请求部分或者全部得到人民法院支持的，公司应当承担股东因参加诉讼支付的合理费用。

**第二十七条** 本规定自2017年9月1日起施行。

本规定施行后尚未终审的案件，适用本规定；本规定施行前已经终审的案件，或者适用审判监督程序再审的案件，不适用本规定。

## 最高人民法院关于适用《中华人民共和国公司法》若干问题的规定（五）

- 2019年4月22日最高人民法院审判委员会第1766次会议审议通过
- 根据2020年12月23日最高人民法院审判委员会第1823次会议通过的《最高人民法院关于修改〈最高人民法院关于破产企业国有划拨土地使用权应否列入破产财产等问题的批复〉等二十九件商事类司法解释的决定》修正
- 2020年12月29日最高人民法院公告公布
- 自2021年1月1日起施行
- 法释〔2020〕18号

为正确适用《中华人民共和国公司法》，结合人民法院审判实践，就股东权益保护等纠纷案件适用法律问题作出如下规定。

**第一条** 关联交易损害公司利益，原告公司依据民法典第八十四条、公司法第二十一条规定请求控股股东、实际控制人、董事、监事、高级管理人员赔偿所造成的损失，被告仅以该交易已经履行了信息披露、经股东会或者股东大会同意等法律、行政法规或者公司章程规定的程序为由抗辩的，人民法院不予支持。

公司没有提起诉讼的，符合公司法第一百五十一条第一款规定条件的股东，可以依据公司法第一百五十一条第二款、第三款规定向人民法院提起诉讼。

**第二条** 关联交易合同存在无效、可撤销或者对公司不发生效力的情形，公司没有起诉合同相对方的，符合公司法第一百五十一条第一款规定条件的股东，可以依据公司法第一百五十一条第二款、第三款规定向人民法院提起诉讼。

**第三条** 董事任期届满前被股东会或者股东大会有效决议解除职务，其主张解除不发生法律效力的，人民法院不予支持。

董事职务被解除后，因补偿与公司发生纠纷提起诉讼的，人民法院应当依据法律、行政法规、公司章程的规定或者合同的约定，综合考虑解除的原因、剩余任期、董事薪酬等因素，确定是否补偿以及补偿的合理数额。

**第四条** 分配利润的股东会或者股东大会决议作出后，公司应当在决议载明的时间内完成利润分配。决议没有载明时间的，以公司章程规定的为准。决议、章程中均未规定时间或者时间超过一年的，公司应当自决议作出之日起一年内完成利润分配。

决议中载明的利润分配完成时间超过公司章程规定

时间的,股东可以依据民法典第八十五条、公司法第二十二条第二款规定请求人民法院撤销决议中关于该时间的规定。

**第五条** 人民法院审理涉及有限责任公司股东重大分歧案件时,应当注重调解。当事人协商一致以下列方式解决分歧,且不违反法律、行政法规的强制性规定的,人民法院应予支持:

(一)公司回购部分股东股份;
(二)其他股东受让部分股东股份;
(三)他人受让部分股东股份;
(四)公司减资;
(五)公司分立;
(六)其他能够解决分歧,恢复公司正常经营,避免公司解散的方式。

**第六条** 本规定自 2019 年 4 月 29 日起施行。

本规定施行后尚未终审的案件,适用本规定;本规定施行前已经终审的案件,或者适用审判监督程序再审的案件,不适用本规定。

本院以前发布的司法解释与本规定不一致的,以本规定为准。

## 中华人民共和国合伙企业法

- 1997 年 2 月 23 日第八届全国人民代表大会常务委员会第二十四次会议通过
- 2006 年 8 月 27 日第十届全国人民代表大会常务委员会第二十三次会议修订
- 2006 年 8 月 27 日中华人民共和国主席令第 55 号公布
- 自 2007 年 6 月 1 日起施行

### 第一章 总 则

**第一条** 【立法目的】为了规范合伙企业的行为,保护合伙企业及其合伙人、债权人的合法权益,维护社会经济秩序,促进社会主义市场经济的发展,制定本法。

**第二条** 【调整范围】本法所称合伙企业,是指自然人、法人和其他组织依照本法在中国境内设立的普通合伙企业和有限合伙企业。

普通合伙企业由普通合伙人组成,合伙人对合伙企业债务承担无限连带责任。本法对普通合伙人承担责任的形式有特别规定的,从其规定。

有限合伙企业由普通合伙人和有限合伙人组成,普通合伙人对合伙企业债务承担无限连带责任,有限合伙人以其认缴的出资额为限对合伙企业债务承担责任。

**第三条** 【不得成为普通合伙人的主体】国有独资公司、国有企业、上市公司以及公益性的事业单位、社会团体不得成为普通合伙人。

**第四条** 【合伙协议】合伙协议依法由全体合伙人协商一致、以书面形式订立。

**第五条** 【自愿、平等、公平、诚实信用原则】订立合伙协议、设立合伙企业,应当遵循自愿、平等、公平、诚实信用原则。

**第六条** 【所得税的缴纳】合伙企业的生产经营所得和其他所得,按照国家有关税收规定,由合伙人分别缴纳所得税。

**第七条** 【合伙企业及其合伙人的义务】合伙企业及其合伙人必须遵守法律、行政法规,遵守社会公德、商业道德,承担社会责任。

**第八条** 【合伙企业及其合伙人的合法财产及其权益受法律保护】合伙企业及其合伙人的合法财产及其权益受法律保护。

**第九条** 【申请设立应提交的文件】申请设立合伙企业,应当向企业登记机关提交登记申请书、合伙协议书、合伙人身份证明等文件。

合伙企业的经营范围中有属于法律、行政法规规定在登记前须经批准的项目的,该项经营业务应当依法经过批准,并在登记时提交批准文件。

**第十条** 【登记程序】申请人提交的登记申请材料齐全、符合法定形式,企业登记机关能够当场登记的,应予当场登记,发给营业执照。

除前款规定情形外,企业登记机关应当自受理申请之日起二十日内,作出是否登记的决定。予以登记的,发给营业执照;不予登记的,应当给予书面答复,并说明理由。

**第十一条** 【成立日期】合伙企业的营业执照签发日期,为合伙企业成立日期。

合伙企业领取营业执照前,合伙人不得以合伙企业名义从事合伙业务。

**第十二条** 【设立分支机构】合伙企业设立分支机构,应当向分支机构所在地的企业登记机关申请登记,领取营业执照。

**第十三条** 【变更登记】合伙企业登记事项发生变更的,执行合伙事务的合伙人应当自作出变更决定或者发生变更事由之日起十五日内,向企业登记机关申请办理变更登记。

### 第二章 普通合伙企业

#### 第一节 合伙企业设立

**第十四条** 【设立合伙企业应具备的条件】设立合

伙企业,应当具备下列条件:

(一)有二个以上合伙人。合伙人为自然人的,应当具有完全民事行为能力;

(二)有书面合伙协议;

(三)有合伙人认缴或者实际缴付的出资;

(四)有合伙企业的名称和生产经营场所;

(五)法律、行政法规规定的其他条件。

第十五条 【名称】合伙企业名称中应当标明"普通合伙"字样。

第十六条 【出资方式】合伙人可以用货币、实物、知识产权、土地使用权或者其他财产权利出资,也可以用劳务出资。

合伙人以实物、知识产权、土地使用权或者其他财产权利出资,需要评估作价的,可以由全体合伙人协商确定,也可以由全体合伙人委托法定评估机构评估。

合伙人以劳务出资的,其评估办法由全体合伙人协商确定,并在合伙协议中载明。

第十七条 【出资义务的履行】合伙人应当按照合伙协议约定的出资方式、数额和缴付期限,履行出资义务。

以非货币财产出资的,依照法律、行政法规的规定,需要办理财产权转移手续的,应当依法办理。

第十八条 【合伙协议的内容】合伙协议应当载明下列事项:

(一)合伙企业的名称和主要经营场所的地点;

(二)合伙目的和合伙经营范围;

(三)合伙人的姓名或者名称、住所;

(四)合伙人的出资方式、数额和缴付期限;

(五)利润分配、亏损分担方式;

(六)合伙事务的执行;

(七)入伙与退伙;

(八)争议解决办法;

(九)合伙企业的解散与清算;

(十)违约责任。

第十九条 【合伙协议生效、效力和修改、补充】合伙协议经全体合伙人签名、盖章后生效。合伙人按照合伙协议享有权利,履行义务。

修改或者补充合伙协议,应当经全体合伙人一致同意;但是,合伙协议另有约定的除外。

合伙协议未约定或者约定不明确的事项,由合伙人协商决定;协商不成的,依照本法和其他有关法律、行政法规的规定处理。

第二节 合伙企业财产

第二十条 【合伙企业财产构成】合伙人的出资、以合伙企业名义取得的收益和依法取得的其他财产,均为合伙企业的财产。

第二十一条 【在合伙企业清算前不得请求分割合伙企业财产】合伙人在合伙企业清算前,不得请求分割合伙企业的财产;但是,本法另有规定的除外。

合伙人在合伙企业清算前私自转移或者处分合伙企业财产的,合伙企业不得以此对抗善意第三人。

第二十二条 【转让合伙企业中的财产份额】除合伙协议另有约定外,合伙人向合伙人以外的人转让其在合伙企业中的全部或者部分财产份额时,须经其他合伙人一致同意。

合伙人之间转让在合伙企业中的全部或者部分财产份额时,应当通知其他合伙人。

第二十三条 【优先购买权】合伙人向合伙人以外的人转让其在合伙企业中的财产份额的,在同等条件下,其他合伙人有优先购买权;但是,合伙协议另有约定的除外。

第二十四条 【受让人成为合伙人】合伙人以外的人依法受让合伙人在合伙企业中的财产份额的,经修改合伙协议即成为合伙企业的合伙人,依照本法和修改后的合伙协议享有权利,履行义务。

第二十五条 【以合伙企业财产份额出质】合伙人以其在合伙企业中的财产份额出质的,须经其他合伙人一致同意;未经其他合伙人一致同意,其行为无效,由此给善意第三人造成损失的,由行为人依法承担赔偿责任。

第三节 合伙事务执行

第二十六条 【合伙事务的执行】合伙人对执行合伙事务享有同等的权利。

按照合伙协议的约定或者经全体合伙人决定,可以委托一个或者数个合伙人对外代表合伙企业,执行合伙事务。

作为合伙人的法人、其他组织执行合伙事务的,由其委派的代表执行。

第二十七条 【不执行合伙事务的合伙人的监督权】依照本法第二十六条第二款规定委托一个或者数个合伙人执行合伙事务的,其他合伙人不再执行合伙事务。

不执行合伙事务的合伙人有权监督执行事务合伙人执行合伙事务的情况。

第二十八条 【执行事务合伙人的报告义务、权利义务承担及合伙人查阅财务资料权】由一个或者数个合伙人执行合伙事务的,执行事务合伙人应当定期向其他合伙人报告事务执行情况以及合伙企业的经营和财务状况,其执行合伙事务所产生的收益归合伙企业,所产生的费用和亏损由合伙企业承担。

合伙人为了解合伙企业的经营状况和财务状况,有权查阅合伙企业会计账簿等财务资料。

第二十九条 【提出异议权和撤销委托权】合伙人分别执行合伙事务的,执行事务合伙人可以对其他合伙人执行的事务提出异议。提出异议时,应当暂停该项事务的执行。如果发生争议,依照本法第三十条规定作出决定。

受委托执行合伙事务的合伙人不按照合伙协议或者全体合伙人的决定执行事务的,其他合伙人可以决定撤销该委托。

第三十条 【合伙企业有关事项的表决办法】合伙人对合伙企业有关事项作出决议,按照合伙协议约定的表决办法办理。合伙协议未约定或者约定不明确的,实行合伙人一人一票并经全体合伙人过半数通过的表决办法。

本法对合伙企业的表决办法另有规定的,从其规定。

第三十一条 【须经全体合伙人一致同意的事项】除合伙协议另有约定外,合伙企业的下列事项应当经全体合伙人一致同意:

(一)改变合伙企业的名称;

(二)改变合伙企业的经营范围、主要经营场所的地点;

(三)处分合伙企业的不动产;

(四)转让或者处分合伙企业的知识产权和其他财产权利;

(五)以合伙企业名义为他人提供担保;

(六)聘任合伙人以外的人担任合伙企业的经营管理人员。

第三十二条 【竞业禁止和限制合伙人同本合伙企业交易】合伙人不得自营或者同他人合作经营与本合伙企业相竞争的业务。

除合伙协议另有约定或者经全体合伙人一致同意外,合伙人不得同本合伙企业进行交易。

合伙人不得从事损害本合伙企业利益的活动。

第三十三条 【利润分配和亏损分担】合伙企业的利润分配、亏损分担,按照合伙协议的约定办理;合伙协议未约定或者约定不明确的,由合伙人协商决定;协商不成的,由合伙人按照实缴出资比例分配、分担;无法确定出资比例的,由合伙人平均分配、分担。

合伙协议不得约定将全部利润分配给部分合伙人或者由部分合伙人承担全部亏损。

第三十四条 【增加或减少对合伙企业的出资】合伙人按照合伙协议的约定或者经全体合伙人决定,可以增加或者减少对合伙企业的出资。

第三十五条 【经营管理人员】被聘任的合伙企业的经营管理人员应当在合伙企业授权范围内履行职务。

被聘任的合伙企业的经营管理人员,超越合伙企业授权范围履行职务,或者在履行职务过程中因故意或者重大过失给合伙企业造成损失的,依法承担赔偿责任。

第三十六条 【财务、会计制度】合伙企业应当依照法律、行政法规的规定建立企业财务、会计制度。

第四节 合伙企业与第三人关系

第三十七条 【保护善意第三人】合伙企业对合伙人执行合伙事务以及对外代表合伙企业权利的限制,不得对抗善意第三人。

第三十八条 【合伙企业对其债务先以其全部财产进行清偿】合伙企业对其债务,应先以其全部财产进行清偿。

第三十九条 【无限连带责任】合伙企业不能清偿到期债务的,合伙人承担无限连带责任。

第四十条 【追偿权】合伙人由于承担无限连带责任,清偿数额超过本法第三十三条第一款规定的其亏损分担比例的,有权向其他合伙人追偿。

第四十一条 【相关债权人抵销权和代位权的限制】合伙人发生与合伙企业无关的债务,相关债权人不得以其债权抵销其对合伙企业的债务;也不得代位行使合伙人在合伙企业中的权利。

第四十二条 【以合伙企业中的财产份额偿还债务】合伙人的自有财产不足清偿其与合伙企业无关的债务的,该合伙人可以以其从合伙企业中分取的收益用于清偿;债权人也可以依法请求人民法院强制执行该合伙人在合伙企业中的财产份额用于清偿。

人民法院强制执行合伙人的财产份额时,应当通知全体合伙人,其他合伙人有优先购买权;其他合伙人未购买,又不同意将该财产份额转让给他人的,依照本法第五十一条的规定为该合伙人办理退伙结算,或者办理削减该合伙人相应财产份额的结算。

第五节 入伙、退伙

第四十三条 【入伙】新合伙人入伙,除合伙协议另有约定外,应当经全体合伙人一致同意,并依法订立书面入伙协议。

订立入伙协议时,原合伙人应当向新合伙人如实告知原合伙企业的经营状况和财务状况。

**第四十四条** 【新合伙人的权利、责任】入伙的新合伙人与原合伙人享有同等权利,承担同等责任。入伙协议另有约定的,从其约定。

新合伙人对入伙前合伙企业的债务承担无限连带责任。

**第四十五条** 【约定合伙期限的退伙】合伙协议约定合伙期限的,在合伙企业存续期间,有下列情形之一的,合伙人可以退伙:

(一)合伙协议约定的退伙事由出现;

(二)经全体合伙人一致同意;

(三)发生合伙人难以继续参加合伙的事由;

(四)其他合伙人严重违反合伙协议约定的义务。

**第四十六条** 【未约定合伙期限的退伙】合伙协议未约定合伙期限的,合伙人在不给合伙企业事务执行造成不利影响的情况下,可以退伙,但应当提前三十日通知其他合伙人。

**第四十七条** 【违规退伙的法律责任】合伙人违反本法第四十五条、第四十六条的规定退伙,应当赔偿由此给合伙企业造成的损失。

**第四十八条** 【当然退伙】合伙人有下列情形之一的,当然退伙:

(一)作为合伙人的自然人死亡或者被依法宣告死亡;

(二)个人丧失偿债能力;

(三)作为合伙人的法人或者其他组织依法被吊销营业执照、责令关闭、撤销,或者被宣告破产;

(四)法律规定或者合伙协议约定合伙人必须具有相关资格而丧失该资格;

(五)合伙人在合伙企业中的全部财产份额被人民法院强制执行。

合伙人被依法认定为无民事行为能力人或者限制民事行为能力人的,经其他合伙人一致同意,可以依法转为有限合伙人,普通合伙企业依法转为有限合伙企业。其他合伙人未能一致同意的,该无民事行为能力或者限制民事行为能力的合伙人退伙。

退伙事由实际发生之日为退伙生效日。

**第四十九条** 【除名退伙】合伙人有下列情形之一的,经其他合伙人一致同意,可以决议将其除名:

(一)未履行出资义务;

(二)因故意或者重大过失给合伙企业造成损失;

(三)执行合伙事务时有不正当行为;

(四)发生合伙协议约定的事由。

对合伙人的除名决议应当书面通知被除名人。被除名人接到除名通知之日,除名生效,被除名人退伙。

被除名人对除名决议有异议的,可以自接到除名通知之日起三十日内,向人民法院起诉。

**第五十条** 【合伙人死亡时财产份额的继承】合伙人死亡或者被依法宣告死亡的,对该合伙人在合伙企业中的财产份额享有合法继承权的继承人,按照合伙协议的约定或者经全体合伙人一致同意,从继承开始之日起,取得该合伙企业的合伙人资格。

有下列情形之一的,合伙企业应当向合伙人的继承人退还被继承合伙人的财产份额:

(一)继承人不愿意成为合伙人;

(二)法律规定或者合伙协议约定合伙人必须具有相关资格,而该继承人未取得该资格;

(三)合伙协议约定不能成为合伙人的其他情形。

合伙人的继承人为无民事行为能力人或者限制民事行为能力人的,经全体合伙人一致同意,可以依法成为有限合伙人,普通合伙企业依法转为有限合伙企业。全体合伙人未能一致同意的,合伙企业应当将被继承人的财产份额退还该继承人。

**第五十一条** 【退伙结算】合伙人退伙,其他合伙人应当与该退伙人按照退伙时的合伙企业财产状况进行结算,退还退伙人的财产份额。退伙人对给合伙企业造成的损失负有赔偿责任的,相应扣减其应当赔偿的数额。

退伙时有未了结的合伙企业事务的,待该事务了结后进行结算。

**第五十二条** 【退伙人财产份额的退还办法】退伙人在合伙企业中财产份额的退还办法,由合伙协议约定或者由全体合伙人决定,可以退还货币,也可以退还实物。

**第五十三条** 【退伙人对退伙前企业债务的责任】退伙人对基于其退伙前的原因发生的合伙企业债务,承担无限连带责任。

**第五十四条** 【退伙时分担亏损】合伙人退伙时,合伙企业财产少于合伙企业债务的,退伙人应当依照本法第三十三条第一款的规定分担亏损。

### 第六节 特殊的普通合伙企业

**第五十五条** 【特殊普通合伙企业的设立】以专业

知识和专门技能为客户提供有偿服务的专业服务机构，可以设立为特殊的普通合伙企业。

特殊的普通合伙企业是指合伙人依照本法第五十七条的规定承担责任的普通合伙企业。

特殊的普通合伙企业适用本节规定；本节未作规定的，适用本章第一节至第五节的规定。

第五十六条 【名称】特殊的普通合伙企业名称中应当标明"特殊普通合伙"字样。

第五十七条 【责任形式】一个合伙人或者数个合伙人在执业活动中因故意或者重大过失造成合伙企业债务的，应当承担无限责任或者无限连带责任，其他合伙人以其在合伙企业中的财产份额为限承担责任。

合伙人在执业活动中非因故意或者重大过失造成的合伙企业债务以及合伙企业的其他债务，由全体合伙人承担无限连带责任。

第五十八条 【合伙人过错的赔偿责任】合伙人执业活动中因故意或者重大过失造成的合伙企业债务，以合伙企业财产对外承担责任后，该合伙人应当按照合伙协议的约定对给合伙企业造成的损失承担赔偿责任。

第五十九条 【执业风险基金和职业保险】特殊的普通合伙企业应当建立执业风险基金、办理职业保险。

执业风险基金用于偿付合伙人执业活动造成的债务。执业风险基金应当单独立户管理。具体管理办法由国务院规定。

## 第三章 有限合伙企业

第六十条 【有限合伙企业的法律适用】有限合伙企业及其合伙人适用本章规定；本章未作规定的，适用本法第二章第一节至第五节关于普通合伙企业及其合伙人的规定。

第六十一条 【合伙人人数以及要求】有限合伙企业由二个以上五十个以下合伙人设立；但是，法律另有规定的除外。

有限合伙企业至少应当有一个普通合伙人。

第六十二条 【名称】有限合伙企业名称中应当标明"有限合伙"字样。

第六十三条 【合伙协议内容】合伙协议除符合本法第十八条的规定外，还应当载明下列事项：

（一）普通合伙人和有限合伙人的姓名或者名称、住所；

（二）执行事务合伙人应具备的条件和选择程序；

（三）执行事务合伙人权限与违约处理办法；

（四）执行事务合伙人的除名条件和更换程序；

（五）有限合伙人入伙、退伙的条件、程序以及相关责任；

（六）有限合伙人和普通合伙人相互转变程序。

第六十四条 【出资方式】有限合伙人可以用货币、实物、知识产权、土地使用权或者其他财产权利作价出资。

有限合伙人不得以劳务出资。

第六十五条 【出资义务的履行】有限合伙人应当按照合伙协议的约定按期足额缴纳出资；未按期足额缴纳的，应当承担补缴义务，并对其他合伙人承担违约责任。

第六十六条 【登记事项】有限合伙企业登记事项中应当载明有限合伙人的姓名或者名称及认缴的出资数额。

第六十七条 【合伙事务执行】有限合伙企业由普通合伙人执行合伙事务。执行事务合伙人可以要求在合伙协议中确定执行事务的报酬及报酬提取方式。

第六十八条 【合伙事务执行禁止】有限合伙人不执行合伙事务，不得对外代表有限合伙企业。

有限合伙人的下列行为，不视为执行合伙事务：

（一）参与决定普通合伙人入伙、退伙；

（二）对企业的经营管理提出建议；

（三）参与选择承办有限合伙企业审计业务的会计师事务所；

（四）获取经审计的有限合伙企业财务会计报告；

（五）对涉及自身利益的情况，查阅有限合伙企业财务会计账簿等财务资料；

（六）在有限合伙企业中的利益受到侵害时，向有责任的合伙人主张权利或者提起诉讼；

（七）执行事务合伙人怠于行使权利时，督促其行使权利或者为了本企业的利益以自己的名义提起诉讼；

（八）依法为本企业提供担保。

第六十九条 【利润分配】有限合伙企业不得将全部利润分配给部分合伙人；但是，合伙协议另有约定的除外。

第七十条 【有限合伙人与本有限合伙企业交易】有限合伙人可以同本有限合伙企业进行交易；但是，合伙协议另有约定的除外。

第七十一条 【有限合伙人经营与本有限合伙企业相竞争业务】有限合伙人可以自营或者同他人合作经营与本有限合伙企业相竞争的业务；但是，合伙协议另有约定的除外。

第七十二条 【有限合伙人财产份额的出质】有限合伙人可以将其在有限合伙企业中的财产份额出质；但是，合伙协议另有约定的除外。

第七十三条 【有限合伙人财产份额对外转让】有限合伙人可以按照合伙协议的约定向合伙人以外的人转让其在有限合伙企业中的财产份额，但应当提前三十日通知其他合伙人。

第七十四条 【有限合伙人以合伙企业中的财产份额偿还债务】有限合伙人的自有财产不足清偿其与合伙企业无关的债务的，该合伙人可以以其从有限合伙企业中分取的收益用于清偿；债权人也可以依法请求人民法院强制执行该合伙人在有限合伙企业中的财产份额用于清偿。

人民法院强制执行有限合伙人的财产份额时，应当通知全体合伙人。在同等条件下，其他合伙人有优先购买权。

第七十五条 【合伙人结构变化时的处理】有限合伙企业仅剩有限合伙人的，应当解散；有限合伙企业仅剩普通合伙人的，转为普通合伙企业。

第七十六条 【表见代理及无权代理】第三人有理由相信有限合伙人为普通合伙人并与其交易的，该有限合伙人对该笔交易承担与普通合伙人同样的责任。

有限合伙人未经授权以有限合伙企业名义与他人进行交易，给有限合伙企业或者其他合伙人造成损失的，该有限合伙人应当承担赔偿责任。

第七十七条 【新入伙有限合伙人的责任】新入伙的有限合伙人对入伙前有限合伙企业的债务，以其认缴的出资额为限承担责任。

第七十八条 【有限合伙人当然退伙】有限合伙人有本法第四十八条第一款第一项、第三项至第五项所列情形之一的，当然退伙。

第七十九条 【有限合伙人丧失民事行为能力时不得被退伙】作为有限合伙人的自然人在有限合伙企业存续期间丧失民事行为能力的，其他合伙人不得因此要求其退伙。

第八十条 【有限合伙人死亡或者终止时的资格继受】作为有限合伙人的自然人死亡、被依法宣告死亡或者作为有限合伙人的法人及其他组织终止时，其继承人或者权利承受人可以依法取得该有限合伙人在有限合伙企业中的资格。

第八十一条 【有限合伙人退伙后的责任承担】有限合伙人退伙后，对基于其退伙前的原因发生的有限合伙企业债务，以其退伙时从有限合伙企业中取回的财产承担责任。

第八十二条 【合伙人类型转变】除合伙协议另有约定外，普通合伙人转变为有限合伙人，或者有限合伙人转变为普通合伙人，应当经全体合伙人一致同意。

第八十三条 【有限合伙人转变为普通合伙人的债务承担】有限合伙人转变为普通合伙人的，对其作为有限合伙人期间有限合伙企业发生的债务承担无限连带责任。

第八十四条 【普通合伙人转变为有限合伙人的债务承担】普通合伙人转变为有限合伙人的，对其作为普通合伙人期间合伙企业发生的债务承担无限连带责任。

### 第四章 合伙企业解散、清算

第八十五条 【解散的情形】合伙企业有下列情形之一的，应当解散：

（一）合伙期限届满，合伙人决定不再经营；

（二）合伙协议约定的解散事由出现；

（三）全体合伙人决定解散；

（四）合伙人已不具备法定人数满三十天；

（五）合伙协议约定的合伙目的已经实现或者无法实现；

（六）依法被吊销营业执照、责令关闭或者被撤销；

（七）法律、行政法规规定的其他原因。

第八十六条 【清算】合伙企业解散，应当由清算人进行清算。

清算人由全体合伙人担任；经全体合伙人过半数同意，可以自合伙企业解散事由出现后十五日内指定一个或者数个合伙人，或者委托第三人，担任清算人。

自合伙企业解散事由出现之日起十五日内未确定清算人的，合伙人或者其他利害关系人可以申请人民法院指定清算人。

第八十七条 【清算人在清算期间所执行的事务】清算人在清算期间执行下列事务：

（一）清理合伙企业财产，分别编制资产负债表和财产清单；

（二）处理与清算有关的合伙企业未了结事务；

（三）清缴所欠税款；

（四）清理债权、债务；

（五）处理合伙企业清偿债务后的剩余财产；

（六）代表合伙企业参加诉讼或者仲裁活动。

第八十八条 【债权申报】清算人自被确定之日起十日内将合伙企业解散事项通知债权人，并于六十日内在报纸上公告。债权人应当自接到通知书之日起三十日内,未接到通知书的自公告之日起四十五日内,向清算人申报债权。

债权人申报债权,应当说明债权的有关事项,并提供证明材料。清算人应当对债权进行登记。

清算期间,合伙企业存续,但不得开展与清算无关的经营活动。

第八十九条 【清偿顺序】合伙企业财产在支付清算费用和职工工资、社会保险费用、法定补偿金以及缴纳所欠税款、清偿债务后的剩余财产,依照本法第三十三条第一款的规定进行分配。

第九十条 【注销】清算结束,清算人应当编制清算报告,经全体合伙人签名、盖章后,在十五日内向企业登记机关报送清算报告,申请办理合伙企业注销登记。

第九十一条 【注销后原普通合伙人的责任】合伙企业注销后,原普通合伙人对合伙企业存续期间的债务仍应承担无限连带责任。

第九十二条 【破产】合伙企业不能清偿到期债务的,债权人可以依法向人民法院提出破产清算申请,也可以要求普通合伙人清偿。

合伙企业依法被宣告破产的,普通合伙人对合伙企业债务仍应承担无限连带责任。

## 第五章 法律责任

第九十三条 【骗取企业登记的法律责任】违反本法规定,提交虚假文件或者采取其他欺骗手段,取得合伙企业登记的,由企业登记机关责令改正,处以五千元以上五万元以下的罚款;情节严重的,撤销企业登记,并处以五万元以上二十万元以下的罚款。

第九十四条 【名称中未标明法定字样的法律责任】违反本法规定,合伙企业未在其名称中标明"普通合伙"、"特殊普通合伙"或者"有限合伙"字样的,由企业登记机关责令限期改正,处以二千元以上一万元以下的罚款。

第九十五条 【未领取营业执照,擅自从事合伙业务及未依法办理变更登记的法律责任】违反本法规定,未领取营业执照,而以合伙企业或者合伙企业分支机构名义从事合伙业务的,由企业登记机关责令停止,处以五千元以上五万元以下的罚款。

合伙企业登记事项发生变更时,未依照本法规定办理变更登记的,由企业登记机关责令限期登记;逾期不登记的,处以二千元以上二万元以下的罚款。

合伙企业登记事项发生变更,执行合伙事务的合伙人未按期申请办理变更登记的,应当赔偿由此给合伙企业、其他合伙人或者善意第三人造成的损失。

第九十六条 【侵占合伙企业财产的法律责任】合伙人执行合伙事务,或者合伙企业从业人员利用职务上的便利,将应当归合伙企业的利益据为己有的,或者采取其他手段侵占合伙企业财产的,应当将该利益和财产退还合伙企业;给合伙企业或者其他合伙人造成损失的,依法承担赔偿责任。

第九十七条 【擅自处理合伙事务的法律责任】合伙人对本法规定或者合伙协议约定必须经全体合伙人一致同意始得执行的事务擅自处理,给合伙企业或者其他合伙人造成损失的,依法承担赔偿责任。

第九十八条 【擅自执行合伙事务的法律责任】不具有事务执行权的合伙人擅自执行合伙事务,给合伙企业或者其他合伙人造成损失的,依法承担赔偿责任。

第九十九条 【违反竞业禁止或与本合伙企业进行交易的规定的法律责任】合伙人违反本法规定或者合伙协议的约定,从事与本合伙企业相竞争的业务或者与本合伙企业进行交易的,该收益归合伙企业所有;给合伙企业或者其他合伙人造成损失的,依法承担赔偿责任。

第一百条 【未依法报送清算报告的法律责任】清算人未依照本法规定向企业登记机关报送清算报告,或者报送清算报告隐瞒重要事实,或者有重大遗漏的,由企业登记机关责令改正。由此产生的费用和损失,由清算人承担和赔偿。

第一百零一条 【清算人执行清算事务时牟取非法收入或侵占合伙企业财产的法律责任】清算人执行清算事务,牟取非法收入或者侵占合伙企业财产的,应当将该收入和侵占的财产退还合伙企业;给合伙企业或者其他合伙人造成损失的,依法承担赔偿责任。

第一百零二条 【清算人违法隐匿、转移合伙企业财产,对资产负债表或者财产清单作虚伪记载,或者在未清偿债务前分配财产的法律责任】清算人违反本法规定,隐匿、转移合伙企业财产,对资产负债表或者财产清单作虚假记载,或者在未清偿债务前分配财产,损害债权人利益的,依法承担赔偿责任。

第一百零三条 【合伙人违反合伙协议的法律责任及争议解决方式】合伙人违反合伙协议的,应当依法承担违约责任。

合伙人履行合伙协议发生争议的,合伙人可以通过协商或者调解解决。不愿通过协商、调解解决或者协商、调解不成的,可以按照合伙协议约定的仲裁条款或者事后达成的书面仲裁协议,向仲裁机构申请仲裁。合伙协议中未订立仲裁条款,事后又没有达成书面仲裁协议的,可以向人民法院起诉。

**第一百零四条** 【行政管理机关工作人员滥用职权、徇私舞弊、收受贿赂、侵害合伙企业合法权益的法律责任】有关行政管理机关的工作人员违反本法规定,滥用职权、徇私舞弊、收受贿赂、侵害合伙企业合法权益的,依法给予行政处分。

**第一百零五条** 【刑事责任】违反本法规定,构成犯罪的,依法追究刑事责任。

**第一百零六条** 【民事赔偿责任和罚款、罚金的承担顺序】违反本法规定,应当承担民事赔偿责任和缴纳罚款、罚金,其财产不足以同时支付的,先承担民事赔偿责任。

### 第六章 附 则

**第一百零七条** 【非企业专业服务机构采取合伙制的法律适用】非企业专业服务机构依据有关法律采取合伙制的,其合伙人承担责任的形式可以适用本法关于特殊的普通合伙企业合伙人承担责任的规定。

**第一百零八条** 【外国企业或个人在中国境内设立合伙企业的管理办法的制定】外国企业或者个人在中国境内设立合伙企业的管理办法由国务院规定。

**第一百零九条** 【实施日期】本法自 2007 年 6 月 1 日起施行。

## 中华人民共和国个人独资企业法

- 1999 年 8 月 30 日第九届全国人民代表大会常务委员会第十一次会议通过
- 1999 年 8 月 30 日中华人民共和国主席令第 20 号公布
- 自 2000 年 1 月 1 日起施行

### 第一章 总 则

**第一条** 【立法目的】为了规范个人独资企业的行为,保护个人独资企业投资人和债权人的合法权益,维护社会经济秩序,促进社会主义市场经济的发展,根据宪法,制定本法。

**第二条** 【个人独资企业定义】本法所称个人独资企业,是指依照本法在中国境内设立,由一个自然人投资,财产为投资人个人所有,投资人以其个人财产对企业债务承担无限责任的经营实体。

**第三条** 【住所】个人独资企业以其主要办事机构所在地为住所。

**第四条** 【依法经营】个人独资企业从事经营活动必须遵守法律、行政法规,遵守诚实信用原则,不得损害社会公共利益。

个人独资企业应当依法履行纳税义务。

**第五条** 【权益保护】国家依法保护个人独资企业的财产和其他合法权益。

**第六条** 【依法招聘职工建立工会】个人独资企业应当依法招用职工。职工的合法权益受法律保护。

个人独资企业职工依法建立工会,工会依法开展活动。

**第七条** 【党的活动】在个人独资企业中的中国共产党党员依照中国共产党章程进行活动。

### 第二章 个人独资企业的设立

**第八条** 【建立条件】设立个人独资企业应当具备下列条件:

(一)投资人为一个自然人;

(二)有合法的企业名称;

(三)有投资人申报的出资;

(四)有固定的生产经营场所和必要的生产经营条件;

(五)有必要的从业人员。

**第九条** 【申请程序】申请设立个人独资企业,应当由投资人或者其委托的代理人向个人独资企业所在地的登记机关提交设立申请书、投资人身份证明、生产经营场所使用证明等文件。委托代理人申请设立登记时,应当出具投资人的委托书和代理人的合法证明。

个人独资企业不得从事法律、行政法规禁止经营的业务;从事法律、行政法规规定须报经有关部门审批的业务,应当在申请设立登记时提交有关部门的批准文件。

**第十条** 【申请书内容】个人独资企业设立申请书应当载明下列事项:

(一)企业的名称和住所;

(二)投资人的姓名和居所;

(三)投资人的出资额和出资方式;

(四)经营范围。

**第十一条** 【名称】个人独资企业的名称应当与其责任形式及从事的营业相符合。

**第十二条** 【登记】登记机关应当在收到设立申请文件之日起 15 日内,对符合本法规定条件的,予以登记,发给营业执照;对不符合本法规定条件的,不予登记,并应当给予书面答复,说明理由。

**第十三条** 【成立日期】个人独资企业的营业执照

的签发日期,为个人独资企业成立日期。

在领取个人独资企业营业执照前,投资人不得以个人独资企业名义从事经营活动。

第十四条 【分支机构的设立】个人独资企业设立分支机构,应当由投资人或者其委托的代理人向分支机构所在地的登记机关申请登记,领取营业执照。

分支机构经核准登记后,应将登记情况报该分支机构隶属的个人独资企业的登记机关备案。

分支机构的民事责任由设立该分支机构的个人独资企业承担。

第十五条 【变更登记】个人独资企业存续期间登记事项发生变更的,应当在作出变更决定之日起的15日内依法向登记机关申请办理变更登记。

## 第三章 个人独资企业的投资人及事务管理

第十六条 【禁止设立】法律、行政法规禁止从事营利性活动的人,不得作为投资人申请设立个人独资企业。

第十七条 【财产权】个人独资企业投资人对本企业的财产依法享有所有权,其有关权利可以依法进行转让或继承。

第十八条 【无限责任】个人独资企业投资人在申请企业设立登记时明确以其家庭共有财产作为个人出资的,应当依法以家庭共有财产对企业债务承担无限责任。

第十九条 【管理】个人独资企业投资人可以自行管理企业事务,也可以委托或者聘用其他具有民事行为能力的人负责企业的事务管理。

投资人委托或者聘用他人管理个人独资企业事务,应当与受托人或者被聘用的人签订书面合同,明确委托的具体内容和授予的权利范围。

受托人或者被聘用的人员应当履行诚信、勤勉义务,按照与投资人签订的合同负责个人独资企业的事务管理。

投资人对受托人或者被聘用的人员职权的限制,不得对抗善意第三人。

第二十条 【管理人员的禁止行为】投资人委托或者聘用的管理个人独资企业事务的人员不得有下列行为:

(一)利用职务上的便利,索取或者收受贿赂;

(二)利用职务或者工作上的便利侵占企业财产;

(三)挪用企业的资金归个人使用或者借贷给他人;

(四)擅自将企业资金以个人名义或者以他人名义开立账户储存;

(五)擅自以企业财产提供担保;

(六)未经投资人同意,从事与本企业相竞争的业务;

(七)未经投资人同意,同本企业订立合同或者进行交易;

(八)未经投资人同意,擅自将企业商标或者其他知识产权转让给他人使用;

(九)泄露本企业的商业秘密;

(十)法律、行政法规禁止的其他行为。

第二十一条 【财务】个人独资企业应当依法设置会计账簿,进行会计核算。

第二十二条 【职工权益保护】个人独资企业招用职工的,应当依法与职工签订劳动合同,保障职工的劳动安全,按时、足额发放职工工资。

第二十三条 【职工保险】个人独资企业应当按照国家规定参加社会保险,为职工缴纳社会保险费。

第二十四条 【企业权利】个人独资企业可以依法申请贷款、取得土地使用权,并享有法律、行政法规规定的其他权利。

第二十五条 【禁止摊派】任何单位和个人不得违反法律、行政法规的规定,以任何方式强制个人独资企业提供财力、物力、人力;对于违法强制提供财力、物力、人力的行为,个人独资企业有权拒绝。

## 第四章 个人独资企业的解散和清算

第二十六条 【解散情形】个人独资企业有下列情形之一时,应当解散:

(一)投资人决定解散;

(二)投资人死亡或者被宣告死亡,无继承人或者继承人决定放弃继承;

(三)被依法吊销营业执照;

(四)法律、行政法规规定的其他情形。

第二十七条 【解散程序】个人独资企业解散,由投资人自行清算或者由债权人申请人民法院指定清算人进行清算。

投资人自行清算的,应当在清算前15日内书面通知债权人,无法通知的,应当予以公告。债权人应当在接到通知之日起30日内,未接到通知的应当在公告之日起60日内,向投资人申报其债权。

第二十八条 【解散后的责任】个人独资企业解散后,原投资人对个人独资企业存续期间的债务仍应承担偿还责任,但债权人在5年内未向债务人提出偿债请求的,该责任消灭。

第二十九条 【债务清偿】个人独资企业解散的,财产应当按照下列顺序清偿：

（一）所欠职工工资和社会保险费用；

（二）所欠税款；

（三）其他债务。

**第三十条 【清算期内的禁止行为】**清算期间，个人独资企业不得开展与清算目的无关的经营活动。在按前条规定清偿债务前，投资人不得转移、隐匿财产。

**第三十一条 【个人其他财产清偿】**个人独资企业财产不足以清偿债务的，投资人应当以其个人的其他财产予以清偿。

**第三十二条 【注销登记】**个人独资企业清算结束后，投资人或者人民法院指定的清算人应当编制清算报告，并于15日内到登记机关办理注销登记。

## 第五章 法律责任

**第三十三条 【欺骗登记】**违反本法规定，提交虚假文件或采取其他欺骗手段，取得企业登记的，责令改正，处以5000元以下的罚款；情节严重的，并处吊销营业执照。

**第三十四条 【擅自更名责任】**违反本法规定，个人独资企业使用的名称与其在登记机关登记的名称不相符合的，责令限期改正，处以2000元以下的罚款。

**第三十五条 【涂改、出租、转让执照责任】**涂改、出租、转让营业执照的，责令改正，没收违法所得，处以3000元以下的罚款；情节严重的，吊销营业执照。

伪造营业执照的，责令停业，没收违法所得，处以5000元以下的罚款。构成犯罪的，依法追究刑事责任。

**第三十六条 【不开业或停业责任】**个人独资企业成立后无正当理由超过6个月未开业的，或者开业后自行停业连续6个月以上的，吊销营业执照。

**第三十七条 【未登记或变更登记责任】**违反本法规定，未领取营业执照，以个人独资企业名义从事经营活动的，责令停止经营活动，处以3000元以下的罚款。

个人独资企业登记事项发生变更时，未按本法规定办理有关变更登记的，责令限期办理变更登记；逾期不办理的，处以2000元以下的罚款。

**第三十八条 【管理人责任】**投资人委托或者聘用的人员管理个人独资企业事务时违反双方订立的合同，给投资人造成损害的，承担民事赔偿责任。

**第三十九条 【企业侵犯职工利益责任】**个人独资企业违反本法规定，侵犯职工合法权益，未保障职工劳动安全，不缴纳社会保险费用的，按照有关法律、行政法规予以处罚，并追究有关责任人员的责任。

**第四十条 【管理人侵犯财产责任】**投资人委托或者聘用的人员违反本法第二十条规定，侵犯个人独资企业财产权益的，责令退还侵占的财产；给企业造成损失的，依法承担赔偿责任；有违法所得的，没收违法所得；构成犯罪的，依法追究刑事责任。

**第四十一条 【摊派责任】**违反法律、行政法规的规定强制个人独资企业提供财力、物力、人力的，按照有关法律、行政法规予以处罚，并追究有关责任人员的责任。

**第四十二条 【企业逃避债务责任】**个人独资企业及其投资人在清算前或清算期间隐匿或转移财产，逃避债务的，依法追回其财产，并按照有关规定予以处罚；构成犯罪的，依法追究刑事责任。

**第四十三条 【责任顺序】**投资人违反本法规定，应当承担民事赔偿责任和缴纳罚款、罚金，其财产不足以支付的，或者被判处没收财产的，应当先承担民事赔偿责任。

**第四十四条 【登记机关责任】**登记机关对不符合本法规定条件的个人独资企业予以登记，或者对符合本法规定条件的企业不予登记的，对直接责任人员依法给予行政处分；构成犯罪的，依法追究刑事责任。

**第四十五条 【登记机关上级主管人员责任】**登记机关的上级部门的有关主管人员强令登记机关对不符合本法规定条件的企业予以登记，或者对符合本法规定条件的企业不予登记的，或者对登记机关的违法登记行为进行包庇的，对直接责任人员依法给予行政处分；构成犯罪的，依法追究刑事责任。

**第四十六条 【不予登记的救济】**登记机关对符合法定条件的申请不予登记或者超过法定时限不予答复的，当事人可依法申请行政复议或提起行政诉讼。

## 第六章 附 则

**第四十七条 【适用范围】**外商独资企业不适用本法。

**第四十八条 【生效日期】**本法自2000年1月1日起施行。

# 中华人民共和国中小企业促进法

- 2002年6月29日第九届全国人民代表大会常务委员会第二十八次会议通过
- 2017年9月1日第十二届全国人民代表大会常务委员会第二十九次会议修订
- 2017年9月1日中华人民共和国主席令第74号公布
- 自2018年1月1日起施行

## 第一章 总则

**第一条** 为了改善中小企业经营环境,保障中小企业公平参与市场竞争,维护中小企业合法权益,支持中小企业创业创新,促进中小企业健康发展,扩大城乡就业,发挥中小企业在国民经济和社会发展中的重要作用,制定本法。

**第二条** 本法所称中小企业,是指在中华人民共和国境内依法设立的,人员规模、经营规模相对较小的企业,包括中型企业、小型企业和微型企业。

中型企业、小型企业和微型企业划分标准由国务院负责中小企业促进工作综合管理的部门会同国务院有关部门,根据企业从业人员、营业收入、资产总额等指标,结合行业特点制定,报国务院批准。

**第三条** 国家将促进中小企业发展作为长期发展战略,坚持各类企业权利平等、机会平等、规则平等,对中小企业特别是其中的小型微型企业实行积极扶持、加强引导、完善服务、依法规范、保障权益的方针,为中小企业创立和发展创造有利的环境。

**第四条** 中小企业应当依法经营,遵守国家劳动用工、安全生产、职业卫生、社会保障、资源环境、质量标准、知识产权、财政税收等方面的法律、法规,遵循诚信原则,规范内部管理,提高经营管理水平;不得损害劳动者合法权益,不得损害社会公共利益。

**第五条** 国务院制定促进中小企业发展政策,建立中小企业促进工作协调机制,统筹全国中小企业促进工作。

国务院负责中小企业促进工作综合管理的部门组织实施促进中小企业发展政策,对中小企业促进工作进行宏观指导、综合协调和监督检查。

国务院有关部门根据国家促进中小企业发展政策,在各自职责范围内负责中小企业促进工作。

县级以上地方各级人民政府根据实际情况建立中小企业促进工作协调机制,明确相应的负责中小企业促进工作综合管理的部门,负责本行政区域内的中小企业促进工作。

**第六条** 国家建立中小企业统计监测制度。统计部门应当加强对中小企业的统计调查和监测分析,定期发布有关信息。

**第七条** 国家推进中小企业信用制度建设,建立社会化的信用信息征集与评价体系,实现中小企业信用信息查询、交流和共享的社会化。

## 第二章 财税支持

**第八条** 中央财政应当在本级预算中设立中小企业科目,安排中小企业发展专项资金。

县级以上地方各级人民政府应当根据实际情况,在本级财政预算中安排中小企业发展专项资金。

**第九条** 中小企业发展专项资金通过资助、购买服务、奖励等方式,重点用于支持中小企业公共服务体系和融资服务体系建设。

中小企业发展专项资金向小型微型企业倾斜,资金管理使用坚持公开、透明的原则,实行预算绩效管理。

**第十条** 国家设立中小企业发展基金。国家中小企业发展基金应当遵循政策性导向和市场化运作原则,主要用于引导和带动社会资金支持初创期中小企业,促进创业创新。

县级以上地方各级人民政府可以设立中小企业发展基金。

中小企业发展基金的设立和使用管理办法由国务院规定。

**第十一条** 国家实行有利于小型微型企业发展的税收政策,对符合条件的小型微型企业按照规定实行缓征、减征、免征企业所得税、增值税等措施,简化税收征管程序,减轻小型微型企业税收负担。

**第十二条** 国家对小型微型企业行政事业性收费实行减免等优惠政策,减轻小型微型企业负担。

## 第三章 融资促进

**第十三条** 金融机构应当发挥服务实体经济的功能,高效、公平地服务中小企业。

**第十四条** 中国人民银行应当综合运用货币政策工具,鼓励和引导金融机构加大对小型微型企业的信贷支持,改善小型微型企业融资环境。

**第十五条** 国务院银行业监督管理机构对金融机构开展小型微型企业金融服务应当制定差异化监管政策,采取合理提高小型微型企业不良贷款容忍度等措施,引导金融机构增加小型微型企业融资规模和比重,提高金融服务水平。

**第十六条** 国家鼓励各类金融机构开发和提供适合中小企业特点的金融产品和服务。

国家政策性金融机构应当在其业务经营范围内，采取多种形式，为中小企业提供金融服务。

**第十七条** 国家推进和支持普惠金融体系建设，推动中小银行、非存款类放贷机构和互联网金融有序健康发展，引导银行业金融机构向县域和乡镇等小型微型企业金融服务薄弱地区延伸网点和业务。

国有大型商业银行应当设立普惠金融机构，为小型微型企业提供金融服务。国家推动其他银行业金融机构设立小型微型企业金融服务专营机构。

地区性中小银行应当积极为其所在地的小型微型企业提供金融服务，促进实体经济发展。

**第十八条** 国家健全多层次资本市场体系，多渠道推动股权融资，发展并规范债券市场，促进中小企业利用多种方式直接融资。

**第十九条** 国家完善担保融资制度，支持金融机构为中小企业提供以应收账款、知识产权、存货、机器设备等为担保品的担保融资。

**第二十条** 中小企业以应收账款申请担保融资时，其应收账款的付款方，应当及时确认债权债务关系，支持中小企业融资。

国家鼓励中小企业及付款方通过应收账款融资服务平台确认债权债务关系，提高融资效率，降低融资成本。

**第二十一条** 县级以上人民政府应当建立中小企业政策性信用担保体系，鼓励各类担保机构为中小企业融资提供信用担保。

**第二十二条** 国家推动保险机构开展中小企业贷款保证保险和信用保险业务，开发适应中小企业分散风险、补偿损失需求的保险产品。

**第二十三条** 国家支持征信机构发展针对中小企业融资的征信产品和服务，依法向政府有关部门、公用事业单位和商业机构采集信息。

国家鼓励第三方评级机构开展中小企业评级服务。

### 第四章　创业扶持

**第二十四条** 县级以上人民政府及其有关部门应当通过政府网站、宣传资料等形式，为创业人员免费提供工商、财税、金融、环境保护、安全生产、劳动用工、社会保障等方面的法律政策咨询和公共信息服务。

**第二十五条** 高等学校毕业生、退役军人和失业人员、残疾人员等创办小型微型企业，按照国家规定享受税收优惠和收费减免。

**第二十六条** 国家采取措施支持社会资金参与投资中小企业。创业投资企业和个人投资者投资初创期科技创新企业的，按照国家规定享受税收优惠。

**第二十七条** 国家改善企业创业环境，优化审批流程，实现中小企业行政许可便捷，降低中小企业设立成本。

**第二十八条** 国家鼓励建设和创办小型微型企业创业基地、孵化基地，为小型微型企业提供生产经营场地和服务。

**第二十九条** 地方各级人民政府应当根据中小企业发展的需要，在城乡规划中安排必要的用地和设施，为中小企业获得生产经营场所提供便利。

国家支持利用闲置的商业用房、工业厂房、企业库房和物流设施等，为创业者提供低成本生产经营场所。

**第三十条** 国家鼓励互联网平台向中小企业开放技术、开发、营销、推广等资源，加强资源共享与合作，为中小企业创业提供服务。

**第三十一条** 国家简化中小企业注销登记程序，实现中小企业市场退出便利化。

### 第五章　创新支持

**第三十二条** 国家鼓励中小企业按照市场需求，推进技术、产品、管理模式、商业模式等创新。

中小企业的固定资产由于技术进步等原因，确需加速折旧的，可以依法缩短折旧年限或者采取加速折旧方法。

国家完善中小企业研究开发费用加计扣除政策，支持中小企业技术创新。

**第三十三条** 国家支持中小企业在研发设计、生产制造、运营管理等环节应用互联网、云计算、大数据、人工智能等现代技术手段，创新生产方式，提高生产经营效率。

**第三十四条** 国家鼓励中小企业参与产业关键共性技术研究开发和利用财政资金设立的科研项目实施。

国家推动军民融合深度发展，支持中小企业参与国防科研和生产活动。

国家支持中小企业及中小企业的有关行业组织参与标准的制定。

**第三十五条** 国家鼓励中小企业研究开发拥有自主知识产权的技术和产品，规范内部知识产权管理，提升保护和运用知识产权的能力；鼓励中小企业投保知识产权保险；减轻中小企业申请和维持知识产权的费用等负担。

**第三十六条** 县级以上人民政府有关部门应当在规

划、用地、财政等方面提供支持,推动建立和发展各类创新服务机构。

国家鼓励各类创新服务机构为中小企业提供技术信息、研发设计与应用、质量标准、实验试验、检验检测、技术转让、技术培训等服务,促进科技成果转化,推动企业技术、产品升级。

**第三十七条** 县级以上人民政府有关部门应当拓宽渠道,采取补贴、培训等措施,引导高等学校毕业生到中小企业就业,帮助中小企业引进创新人才。

国家鼓励科研机构、高等学校和大型企业等创造条件向中小企业开放试验设施,开展技术研发与合作,帮助中小企业开发新产品,培养专业人才。

国家鼓励科研机构、高等学校支持本单位的科技人员以兼职、挂职、参与项目合作等形式到中小企业从事产学研合作和科技成果转化活动,并按照国家有关规定取得相应报酬。

## 第六章 市场开拓

**第三十八条** 国家完善市场体系,实行统一的市场准入和市场监管制度,反对垄断和不正当竞争,营造中小企业公平参与竞争的市场环境。

**第三十九条** 国家支持大型企业与中小企业建立以市场配置资源为基础的、稳定的原材料供应、生产、销售、服务外包、技术开发和技术改造等方面的协作关系,带动和促进中小企业发展。

**第四十条** 国务院有关部门应当制定中小企业政府采购的相关优惠政策,通过制定采购需求标准、预留采购份额、价格评审优惠、优先采购等措施,提高中小企业在政府采购中的份额。

向中小企业预留的采购份额应当占本部门年度政府采购项目预算总额的百分之三十以上;其中,预留给小型微型企业的比例不低于百分之六十。中小企业无法提供的商品和服务除外。

政府采购不得在企业股权结构、经营年限、经营规模和财务指标等方面对中小企业实行差别待遇或者歧视待遇。

政府采购部门应当在政府采购监督管理部门指定的媒体上及时向社会公开发布采购信息,为中小企业获得政府采购合同提供指导和服务。

**第四十一条** 县级以上人民政府有关部门应当在法律咨询、知识产权保护、技术性贸易措施、产品认证等方面为中小企业产品和服务出口提供指导和帮助,推动对外经济技术合作与交流。

国家有关政策性金融机构应当通过开展进出口信贷、出口信用保险等业务,支持中小企业开拓境外市场。

**第四十二条** 县级以上人民政府有关部门应当为中小企业提供用汇、人员出入境等方面的便利,支持中小企业到境外投资,开拓国际市场。

## 第七章 服务措施

**第四十三条** 国家建立健全社会化的中小企业公共服务体系,为中小企业提供服务。

**第四十四条** 县级以上地方各级人民政府应当根据实际需要建立和完善中小企业公共服务机构,为中小企业提供公益性服务。

**第四十五条** 县级以上人民政府负责中小企业促进工作综合管理的部门应当建立跨部门的政策信息互联网发布平台,及时汇集涉及中小企业的法律法规、创业、创新、金融、市场、权益保护等各类政府服务信息,为中小企业提供便捷无偿服务。

**第四十六条** 国家鼓励各类服务机构为中小企业提供创业培训与辅导、知识产权保护、管理咨询、信息咨询、信用服务、市场营销、项目开发、投资融资、财会税务、产权交易、技术支持、人才引进、对外合作、展览展销、法律咨询等服务。

**第四十七条** 县级以上人民政府负责中小企业促进工作综合管理的部门应当安排资金,有计划地组织实施中小企业经营管理人员培训。

**第四十八条** 国家支持有关机构、高等学校开展针对中小企业经营管理及生产技术等方面的人员培训,提高企业营销、管理和技术水平。

国家支持高等学校、职业教育院校和各类职业技能培训机构与中小企业合作共建实习实践基地,支持职业教育院校教师和中小企业技术人才双向交流,创新中小企业人才培养模式。

**第四十九条** 中小企业的有关行业组织应当依法维护会员的合法权益,反映会员诉求,加强自律管理,为中小企业创业创新、开拓市场等提供服务。

## 第八章 权益保护

**第五十条** 国家保护中小企业及其出资人的财产权和其他合法权益。任何单位和个人不得侵犯中小企业财产及其合法收益。

**第五十一条** 县级以上人民政府负责中小企业促进工作综合管理的部门应当建立专门渠道,听取中小企业对政府相关管理工作的意见和建议,并及时向有关部门反馈，督促改进。

县级以上地方各级人民政府有关部门和有关行业组织应当公布联系方式，受理中小企业的投诉、举报，并在规定的时间内予以调查、处理。

**第五十二条** 地方各级人民政府应当依法实施行政许可，依法开展管理工作，不得实施没有法律、法规依据的检查，不得强制或者变相强制中小企业参加考核、评比、表彰、培训等活动。

**第五十三条** 国家机关、事业单位和大型企业不得违约拖欠中小企业的货物、工程、服务款项。

中小企业有权要求拖欠方支付拖欠款并要求对拖欠造成的损失进行赔偿。

**第五十四条** 任何单位不得违反法律、法规向中小企业收取费用，不得实施没有法律、法规依据的罚款，不得向中小企业摊派财物。中小企业对违反上述规定的行为有权拒绝和举报、控告。

**第五十五条** 国家建立和实施涉企行政事业性收费目录清单制度，收费目录清单及其实施情况向社会公开，接受社会监督。

任何单位不得对中小企业执行目录清单之外的行政事业性收费，不得对中小企业擅自提高收费标准、扩大收费范围；严禁以各种方式强制中小企业赞助捐赠、订购报刊、加入社团、接受指定服务；严禁行业组织依靠代行政府职能或者利用行政资源擅自设立收费项目、提高收费标准。

**第五十六条** 县级以上地方各级人民政府有关部门对中小企业实施监督检查应当依法进行，建立随机抽查机制。同一部门对中小企业实施的多项监督检查能够合并进行的，应当合并进行；不同部门对中小企业实施的多项监督检查能够合并完成的，由本级人民政府组织有关部门实施合并或者联合检查。

## 第九章 监督检查

**第五十七条** 县级以上人民政府定期组织对中小企业促进工作情况的监督检查；对违反本法的行为及时予以纠正，并对直接负责的主管人员和其他直接责任人员依法给予处分。

**第五十八条** 国务院负责中小企业促进工作综合管理的部门应当委托第三方机构定期开展中小企业发展环境评估，并向社会公布。

地方各级人民政府可以根据实际情况委托第三方机构开展中小企业发展环境评估。

**第五十九条** 县级以上人民政府应当定期组织开展对中小企业发展专项资金、中小企业发展基金使用效果的企业评价、社会评价和资金使用动态评估，并将评价和评估情况及时向社会公布，接受社会监督。

县级以上人民政府有关部门在各自职责范围内，对中小企业发展专项资金、中小企业发展基金的管理和使用情况进行监督，对截留、挤占、挪用、侵占、贪污中小企业发展专项资金、中小企业发展基金等行为依法进行查处，并对直接负责的主管人员和其他直接责任人员依法给予处分；构成犯罪的，依法追究刑事责任。

**第六十条** 县级以上地方各级人民政府有关部门在各自职责范围内，对强制或者变相强制中小企业参加考核、评比、表彰、培训等活动的行为，违法向中小企业收费、罚款、摊派财物的行为，以及其他侵犯中小企业合法权益的行为进行查处，并对直接负责的主管人员和其他直接责任人员依法给予处分。

## 第十章 附 则

**第六十一条** 本法自2018年1月1日起施行。

# 中华人民共和国企业破产法

· 2006年8月27日第十届全国人民代表大会常务委员会第二十三次会议通过
· 2006年8月27日中华人民共和国主席令第54号公布
· 自2007年6月1日起施行

## 第一章 总 则

**第一条** 【立法宗旨】为规范企业破产程序，公平清理债权债务，保护债权人和债务人的合法权益，维护社会主义市场经济秩序，制定本法。

**第二条** 【清理债务与重整】企业法人不能清偿到期债务，并且资产不足以清偿全部债务或者明显缺乏清偿能力的，依照本法规定清理债务。

企业法人有前款规定情形，或者有明显丧失清偿能力可能的，可以依照本法规定进行重整。

**第三条** 【破产案件的管辖】破产案件由债务人住所地人民法院管辖。

**第四条** 【程序的法律适用】破产案件审理程序，本法没有规定的，适用民事诉讼法的有关规定。

**第五条** 【破产程序的效力】依照本法开始的破产程序，对债务人在中华人民共和国领域外的财产发生效力。

对外国法院作出的发生法律效力的破产案件的判决、裁定，涉及债务人在中华人民共和国领域内的财产，申请或者请求人民法院承认和执行的，人民法院依照中华人民共和国缔结或者参加的国际条约，或者按照互惠原则进行审查，认为不违反中华人民共和国法律的基本原则，不损害国家主权、安全和社会公共利益，不损害中华人民共和国领域内债权人的合法权益的，裁定承认和执行。

第六条　【企业职工权益的保障与企业经营管理人员法律责任的追究】人民法院审理破产案件，应当依法保障企业职工的合法权益，依法追究破产企业经营管理人员的法律责任。

## 第二章　申请和受理

### 第一节　申　请

第七条　【申请主体】债务人有本法第二条规定的情形，可以向人民法院提出重整、和解或者破产清算申请。

债务人不能清偿到期债务，债权人可以向人民法院提出对债务人进行重整或者破产清算的申请。

企业法人已解散但未清算或者未清算完毕，资产不足以清偿债务的，依法负有清算责任的人应当向人民法院申请破产清算。

第八条　【破产申请书与证据】向人民法院提出破产申请，应当提交破产申请书和有关证据。

破产申请书应当载明下列事项：

（一）申请人、被申请人的基本情况；

（二）申请目的；

（三）申请的事实和理由；

（四）人民法院认为应当载明的其他事项。

债务人提出申请的，还应当向人民法院提交财产状况说明、债务清册、债权清册、有关财务会计报告、职工安置预案以及职工工资的支付和社会保险费用的缴纳情况。

第九条　【破产申请的撤回】人民法院受理破产申请前，申请人可以请求撤回申请。

### 第二节　受　理

第十条　【破产申请的受理】债权人提出破产申请的，人民法院应当自收到申请之日起五日内通知债务人。债务人对申请有异议的，应当自收到人民法院的通知之日起七日内向人民法院提出。人民法院应当自异议期满之日起十日内裁定是否受理。

除前款规定的情形外，人民法院应当自收到破产申请之日起十五日内裁定是否受理。

有特殊情况需要延长前两款规定的裁定受理期限的，经上一级人民法院批准，可以延长十五日。

第十一条　【裁定受理与债务人提交材料】人民法院受理破产申请的，应当自裁定作出之日起五日内送达申请人。

债权人提出申请的，人民法院应当自裁定作出之日起五日内送达债务人。债务人应当自裁定送达之日起十五日内，向人民法院提交财产状况说明、债务清册、债权清册、有关财务会计报告以及职工工资的支付和社会保险费用的缴纳情况。

第十二条　【裁定不受理与驳回申请】人民法院裁定不受理破产申请的，应当自裁定作出之日起五日内送达申请人并说明理由。申请人对裁定不服的，可以自裁定送达之日起十日内向上一级人民法院提起上诉。

人民法院受理破产申请后至破产宣告前，经审查发现债务人不符合本法第二条规定情形的，可以裁定驳回申请。申请人对裁定不服的，可以自裁定送达之日起十日内向上一级人民法院提起上诉。

第十三条　【指定管理人】人民法院裁定受理破产申请的，应当同时指定管理人。

第十四条　【通知债权人与公告】人民法院应当自裁定受理破产申请之日起二十五日内通知已知债权人，并予以公告。

通知和公告应当载明下列事项：

（一）申请人、被申请人的名称或者姓名；

（二）人民法院受理破产申请的时间；

（三）申报债权的期限、地点和注意事项；

（四）管理人的名称或者姓名及其处理事务的地址；

（五）债务人的债务人或者财产持有人应当向管理人清偿债务或者交付财产的要求；

（六）第一次债权人会议召开的时间和地点；

（七）人民法院认为应当通知和公告的其他事项。

第十五条　【债务人的有关人员的义务】自人民法院受理破产申请的裁定送达债务人之日起至破产程序终结之日，债务人的有关人员承担下列义务：

（一）妥善保管其占有和管理的财产、印章和账簿、文书等资料；

（二）根据人民法院、管理人的要求进行工作，并如实回答询问；

（三）列席债权人会议并如实回答债权人的询问；

（四）未经人民法院许可，不得离开住所地；

（五）不得新任其他企业的董事、监事、高级管理人员。

前款所称有关人员,是指企业的法定代表人;经人民法院决定,可以包括企业的财务管理人员和其他经营管理人员。

第十六条 【债务人个别清偿的无效】人民法院受理破产申请后,债务人对个别债权人的债务清偿无效。

第十七条 【债务人的债务人或者财产持有人的义务】人民法院受理破产申请后,债务人的债务人或者财产持有人应当向管理人清偿债务或者交付财产。

债务人的债务人或者财产持有人故意违反前款规定向债务人清偿债务或者交付财产,使债权人受到损失的,不免除其清偿债务或者交付财产的义务。

第十八条 【破产申请受理前成立的合同的继续履行与解除】人民法院受理破产申请后,管理人对破产申请受理前成立而债务人和对方当事人均未履行完毕的合同有权决定解除或者继续履行,并通知对方当事人。管理人自破产申请受理之日起二个月内未通知对方当事人,或者自收到对方当事人催告之日起三十日内未答复的,视为解除合同。

管理人决定继续履行合同的,对方当事人应当履行;但是,对方当事人有权要求管理人提供担保。管理人不提供担保的,视为解除合同。

第十九条 【保全措施解除与执行程序中止】人民法院受理破产申请后,有关债务人财产的保全措施应当解除,执行程序应当中止。

第二十条 【民事诉讼或仲裁的中止与继续】人民法院受理破产申请后,已经开始而尚未终结的有关债务人的民事诉讼或者仲裁应当中止;在管理人接管债务人的财产后,该诉讼或者仲裁继续进行。

第二十一条 【债务人的民事诉讼的管辖】人民法院受理破产申请后,有关债务人的民事诉讼,只能向受理破产申请的人民法院提起。

## 第三章 管理人

第二十二条 【管理人的指定与更换】管理人由人民法院指定。

债权人会议认为管理人不能依法、公正执行职务或者有其他不能胜任职务情形的,可以申请人民法院予以更换。

指定管理人和确定管理人报酬的办法,由最高人民法院规定。

第二十三条 【管理人的义务】管理人依照本法规定执行职务,向人民法院报告工作,并接受债权人会议和债权人委员会的监督。

管理人应当列席债权人会议,向债权人会议报告职务执行情况,并回答询问。

第二十四条 【管理人的资格】管理人可以由有关部门、机构的人员组成的清算组或者依法设立的律师事务所、会计师事务所、破产清算事务所等社会中介机构担任。

人民法院根据债务人的实际情况,可以在征询有关社会中介机构的意见后,指定该机构具备相关专业知识并取得执业资格的人员担任管理人。

有下列情形之一的,不得担任管理人:

(一)因故意犯罪受过刑事处罚;

(二)曾被吊销相关专业执业证书;

(三)与本案有利害关系;

(四)人民法院认为不宜担任管理人的其他情形。

个人担任管理人的,应当参加执业责任保险。

第二十五条 【管理人的职责】管理人履行下列职责:

(一)接管债务人的财产、印章和账簿、文书等资料;

(二)调查债务人财产状况,制作财产状况报告;

(三)决定债务人的内部管理事务;

(四)决定债务人的日常开支和其他必要开支;

(五)在第一次债权人会议召开之前,决定继续或者停止债务人的营业;

(六)管理和处分债务人的财产;

(七)代表债务人参加诉讼、仲裁或者其他法律程序;

(八)提议召开债权人会议;

(九)人民法院认为管理人应当履行的其他职责。

本法对管理人的职责另有规定的,适用其规定。

第二十六条 【第一次债权人会议前管理人行为的许可】在第一次债权人会议召开之前,管理人决定继续或者停止债务人的营业或者有本法第六十九条规定行为之一的,应当经人民法院许可。

第二十七条 【管理人的忠实义务】管理人应当勤勉尽责,忠实执行职务。

第二十八条 【管理人聘任工作人员与管理人的报酬】管理人经人民法院许可,可以聘用必要的工作人员。

管理人的报酬由人民法院确定。债权人会议对管理人的报酬有异议的,有权向人民法院提出。

第二十九条 【管理人的辞职】管理人没有正当理由不得辞去职务。管理人辞去职务应当经人民法院许可。

## 第四章 债务人财产

**第三十条** 【债务人财产】破产申请受理时属于债务人的全部财产,以及破产申请受理后至破产程序终结前债务人取得的财产,为债务人财产。

**第三十一条** 【受理破产申请前一年内行为的撤销】人民法院受理破产申请前一年内,涉及债务人财产的下列行为,管理人有权请求人民法院予以撤销:

(一)无偿转让财产的;

(二)以明显不合理的价格进行交易的;

(三)对没有财产担保的债务提供财产担保的;

(四)对未到期的债务提前清偿的;

(五)放弃债权的。

**第三十二条** 【受理破产申请前六个月内行为的撤销】人民法院受理破产申请前六个月内,债务人有本法第二条第一款规定的情形,仍对个别债权人进行清偿的,管理人有权请求人民法院予以撤销。但是,个别清偿使债务人财产受益的除外。

**第三十三条** 【无效行为】涉及债务人财产的下列行为无效:

(一)为逃避债务而隐匿、转移财产的;

(二)虚构债务或者承认不真实的债务的。

**第三十四条** 【追回因被撤销或无效行为取得的债务人的财产】因本法第三十一条、第三十二条或者第三十三条规定的行为而取得的债务人的财产,管理人有权追回。

**第三十五条** 【债务人的出资人缴纳出资】人民法院受理破产申请后,债务人的出资人尚未完全履行出资义务的,管理人应当要求该出资人缴纳所认缴的出资,而不受出资期限的限制。

**第三十六条** 【管理人员非正常收入和财产的追回】债务人的董事、监事和高级管理人员利用职权从企业获取的非正常收入和侵占的企业财产,管理人应当追回。

**第三十七条** 【管理人取回质物、留置物】人民法院受理破产申请后,管理人可以通过清偿债务或者提供为债权人接受的担保,取回质物、留置物。

前款规定的债务清偿或者替代担保,在质物或者留置物的价值低于被担保的债权额时,以该质物或者留置物当时的市场价值为限。

**第三十八条** 【权利人财产的取回】人民法院受理破产申请后,债务人占有的不属于债务人的财产,该财产的权利人可以通过管理人取回。但是,本法另有规定的除外。

**第三十九条** 【在途运输标的物的取回与交付】人民法院受理破产申请时,出卖人已将买卖标的物向作为买受人的债务人发运,债务人尚未收到且未付清全部价款的,出卖人可以取回在运途中的标的物。但是,管理人可以支付全部价款,请求出卖人交付标的物。

**第四十条** 【抵销权】债权人在破产申请受理前对债务人负有债务的,可以向管理人主张抵销。但是,有下列情形之一的,不得抵销:

(一)债务人的债务人在破产申请受理后取得他人对债务人的债权的;

(二)债权人已知债务人有不能清偿到期债务或者破产申请的事实,对债务人负担债务的;但是,债权人因为法律规定或者有破产申请一年前所发生的原因而负担债务的除外;

(三)债务人的债务人已知债务人有不能清偿到期债务或者破产申请的事实,对债务人取得债权的;但是,债务人的债务人因为法律规定或者有破产申请一年前所发生的原因而取得债权的除外。

## 第五章 破产费用和共益债务

**第四十一条** 【破产费用】人民法院受理破产申请后发生的下列费用,为破产费用:

(一)破产案件的诉讼费用;

(二)管理、变价和分配债务人财产的费用;

(三)管理人执行职务的费用、报酬和聘用工作人员的费用。

**第四十二条** 【共益债务】人民法院受理破产申请后发生的下列债务,为共益债务:

(一)因管理人或者债务人请求对方当事人履行双方均未履行完毕的合同所产生的债务;

(二)债务人财产受无因管理所产生的债务;

(三)因债务人不当得利所产生的债务;

(四)为债务人继续营业而应支付的劳动报酬和社会保险费用以及由此产生的其他债务;

(五)管理人或者相关人员执行职务致人损害所产生的债务;

(六)债务人财产致人损害所产生的债务。

**第四十三条** 【破产费用和共益债务的清偿】破产费用和共益债务由债务人财产随时清偿。

债务人财产不足以清偿所有破产费用和共益债务的,先行清偿破产费用。

债务人财产不足以清偿所有破产费用或者共益债务的,按照比例清偿。

债务人财产不足以清偿破产费用的,管理人应当提请人民法院终结破产程序。人民法院应当自收到请求之日起十五日内裁定终结破产程序,并予以公告。

## 第六章 债权申报

**第四十四条 【债权人依法定程序行使权利】**人民法院受理破产申请时对债务人享有债权的债权人,依照本法规定的程序行使权利。

**第四十五条 【债权申报期限】**人民法院受理破产申请后,应当确定债权人申报债权的期限。债权申报期限自人民法院发布受理破产申请公告之日起计算,最短不得少于三十日,最长不得超过三个月。

**第四十六条 【未到期的债权与附利息的债权的算定】**未到期的债权,在破产申请受理时视为到期。

附利息的债权自破产申请受理时起停止计息。

**第四十七条 【附条件、附期限债权与未决债权的申报】**附条件、附期限的债权和诉讼、仲裁未决的债权,债权人可以申报。

**第四十八条 【申报债权的公示与异议】**债权人应当在人民法院确定的债权申报期限内向管理人申报债权。

债务人所欠职工的工资和医疗、伤残补助、抚恤费用,所欠的应当划入职工个人账户的基本养老保险、基本医疗保险费用,以及法律、行政法规规定应当支付给职工的补偿金,不必申报,由管理人调查后列出清单并予以公示。职工对清单记载有异议的,可以要求管理人更正;管理人不予更正的,职工可以向人民法院提起诉讼。

**第四十九条 【申报债权的书面说明】**债权人申报债权时,应当书面说明债权的数额和有无财产担保,并提交有关证据。申报的债权是连带债权的,应当说明。

**第五十条 【连带债权人申报债权】**连带债权人可以由其中一人代表全体连带债权人申报债权,也可以共同申报债权。

**第五十一条 【连带债务人申报债权】**债务人的保证人或者其他连带债务人已经代替债务人清偿债务的,以其对债务人的求偿权申报债权。

债务人的保证人或者其他连带债务人尚未代替债务人清偿债务的,以其对债务人的将来求偿权申报债权。但是,债权人已经向管理人申报全部债权的除外。

**第五十二条 【连带债务人的债权人申报债权】**连带债务人数人被裁定适用本法规定的程序的,其债权人有权就全部债权分别在各破产案件中申报债权。

**第五十三条 【解除合同后对方当事人申报债权】**管理人或者债务人依照本法规定解除合同的,对方当事人以因合同解除所产生的损害赔偿请求权申报债权。

**第五十四条 【受托人申报债权】**债务人是委托合同的委托人,被裁定适用本法规定的程序,受托人不知该事实,继续处理委托事务的,受托人以由此产生的请求权申报债权。

**第五十五条 【票据付款人申报债权】**债务人是票据的出票人,被裁定适用本法规定的程序,该票据的付款人继续付款或者承兑的,付款人以由此产生的请求权申报债权。

**第五十六条 【补充申报债权】**在人民法院确定的债权申报期限内,债权人未申报债权的,可以在破产财产最后分配前补充申报;但是,此前已进行的分配,不再对其补充分配。为审查和确认补充申报债权的费用,由补充申报人承担。

债权人未依照本法规定申报债权的,不得依照本法规定的程序行使权利。

**第五十七条 【债权表】**管理人收到债权申报材料后,应当登记造册,对申报的债权进行审查,并编制债权表。

债权表和债权申报材料由管理人保存,供利害关系人查阅。

**第五十八条 【债权表的核查、确认与异议】**依照本法第五十七条规定编制的债权表,应当提交第一次债权人会议核查。

债务人、债权人对债权表记载的债权无异议的,由人民法院裁定确认。

债务人、债权人对债权表记载的债权有异议的,可以向受理破产申请的人民法院提起诉讼。

## 第七章 债权人会议

### 第一节 一般规定

**第五十九条 【债权人会议的组成】**依法申报债权的债权人为债权人会议的成员,有权参加债权人会议,享有表决权。

债权尚未确定的债权人,除人民法院能够为其行使表决权而临时确定债权额的外,不得行使表决权。

对债务人的特定财产享有担保权的债权人,未放弃优先受偿权利的,对于本法第六十一条第一款第七项、第十项规定的事项不享有表决权。

债权人可以委托代理人出席债权人会议,行使表决权。代理人出席债权人会议,应当向人民法院或者债权人会议主席提交债权人的授权委托书。

债权人会议应当有债务人的职工和工会的代表参加,对有关事项发表意见。

**第六十条 【债权人会议主席】**债权人会议设主席一人,由人民法院从有表决权的债权人中指定。

债权人会议主席主持债权人会议。

**第六十一条 【债权人会议的职权】**债权人会议行使下列职权:

(一)核查债权;

(二)申请人民法院更换管理人,审查管理人的费用和报酬;

(三)监督管理人;

(四)选任和更换债权人委员会成员;

(五)决定继续或者停止债务人的营业;

(六)通过重整计划;

(七)通过和解协议;

(八)通过债务人财产的管理方案;

(九)通过破产财产的变价方案;

(十)通过破产财产的分配方案;

(十一)人民法院认为应当由债权人会议行使的其他职权。

债权人会议应当对所议事项的决议作成会议记录。

**第六十二条 【债权人会议的召开】**第一次债权人会议由人民法院召集,自债权申报期限届满之日起十五日内召开。

以后的债权人会议,在人民法院认为必要时,或者管理人、债权人委员会、占债权总额四分之一以上的债权人向债权人会议主席提议时召开。

**第六十三条 【通知债权人】**召开债权人会议,管理人应当提前十五日通知已知的债权人。

**第六十四条 【债权人会议的决议】**债权人会议的决议,由出席会议的有表决权的债权人过半数通过,并且其所代表的债权额占无财产担保债权总额的二分之一以上。但是,本法另有规定的除外。

债权人认为债权人会议的决议违反法律规定,损害其利益的,可以自债权人会议作出决议之日起十五日内,请求人民法院裁定撤销该决议,责令债权人会议依法重新作出决议。

债权人会议的决议,对于全体债权人均有约束力。

**第六十五条 【法院裁定事项】**本法第六十一条第一款第八项、第九项所列事项,经债权人会议表决未通过的,由人民法院裁定。

本法第六十一条第一款第十项所列事项,经债权人会议二次表决仍未通过的,由人民法院裁定。

对前两款规定的裁定,人民法院可以在债权人会议上宣布或者另行通知债权人。

**第六十六条 【债权人申请复议】**债权人对人民法院依照本法第六十五条第一款作出的裁定不服的,债权额占无财产担保债权总额二分之一以上的债权人对人民法院依照本法第六十五条第二款作出的裁定不服的,可以自裁定宣布之日或者收到通知之日起十五日内向该人民法院申请复议。复议期间不停止裁定的执行。

### 第二节 债权人委员会

**第六十七条 【债权人委员会的组成】**债权人会议可以决定设立债权人委员会。债权人委员会由债权人会议选任的债权人代表和一名债务人的职工代表或者工会代表组成。债权人委员会成员不得超过九人。

债权人委员会成员应当经人民法院书面决定认可。

**第六十八条 【债权人委员会的职权】**债权人委员会行使下列职权:

(一)监督债务人财产的管理和处分;

(二)监督破产财产分配;

(三)提议召开债权人会议;

(四)债权人会议委托的其他职权。

债权人委员会执行职务时,有权要求管理人、债务人的有关人员对其职权范围内的事务作出说明或者提供有关文件。

管理人、债务人的有关人员违反本法规定拒绝接受监督的,债权人委员会有权就监督事项请求人民法院作出决定;人民法院应当在五日内作出决定。

**第六十九条 【管理人行为的告知】**管理人实施下列行为,应当及时报告债权人委员会:

(一)涉及土地、房屋等不动产权益的转让;

(二)探矿权、采矿权、知识产权等财产权的转让;

(三)全部库存或者营业的转让;

(四)借款;

(五)设定财产担保;

(六)债权和有价证券的转让;

(七)履行债务人和对方当事人均未履行完毕的合同;

(八)放弃权利;

(九)担保物的取回;

(十)对债权人利益有重大影响的其他财产处分行为。

未设立债权人委员会的，管理人实施前款规定的行为应当及时报告人民法院。

## 第八章 重 整

### 第一节 重整申请和重整期间

**第七十条 【重整申请】**债务人或者债权人可以依照本法规定，直接向人民法院申请对债务人进行重整。

债权人申请对债务人进行破产清算的，在人民法院受理破产申请后、宣告债务人破产前，债务人或者出资额占债务人注册资本十分之一以上的出资人，可以向人民法院申请重整。

**第七十一条 【裁定重整与公告】**人民法院经审查认为重整申请符合本法规定的，应当裁定债务人重整，并予以公告。

**第七十二条 【重整期间】**自人民法院裁定债务人重整之日起至重整程序终止，为重整期间。

**第七十三条 【债务人自行管理与营业】**在重整期间，经债务人申请，人民法院批准，债务人可以在管理人的监督下自行管理财产和营业事务。

有前款规定情形的，依照本法规定已接管债务人财产和营业事务的管理人应当向债务人移交财产和营业事务，本法规定的管理人的职权由债务人行使。

**第七十四条 【管理人管理与营业】**管理人负责管理财产和营业事务的，可以聘任债务人的经营管理人员负责营业事务。

**第七十五条 【重整期间担保权的行使与借款】**在重整期间，对债务人的特定财产享有的担保权暂停行使。但是，担保物有损坏或者价值明显减少的可能，足以危害担保权人权利的，担保权人可以向人民法院请求恢复行使担保权。

在重整期间，债务人或者管理人为继续营业而借款的，可以为该借款设定担保。

**第七十六条 【重整期间的取回权】**债务人合法占有的他人财产，该财产的权利人在重整期间要求取回的，应当符合事先约定的条件。

**第七十七条 【重整期间对出资人收益分配与董事、监事、高级管理人员持股转让的限制】**在重整期间，债务人的出资人不得请求投资收益分配。

在重整期间，债务人的董事、监事、高级管理人员不得向第三人转让其持有的债务人的股权。但是，经人民法院同意的除外。

**第七十八条 【重整终止与破产宣告】**在重整期间，有下列情形之一的，经管理人或者利害关系人请求，人民法院应当裁定终止重整程序，并宣告债务人破产：

（一）债务人的经营状况和财产状况继续恶化，缺乏挽救的可能性；

（二）债务人有欺诈、恶意减少债务人财产或者其他显著不利于债权人的行为；

（三）由于债务人的行为致使管理人无法执行职务。

### 第二节 重整计划的制定和批准

**第七十九条 【重整计划草案的提交期限】**债务人或者管理人应当自人民法院裁定债务人重整之日起六个月内，同时向人民法院和债权人会议提交重整计划草案。

前款规定的期限届满，经债务人或者管理人请求，有正当理由的，人民法院可以裁定延期三个月。

债务人或者管理人未按期提出重整计划草案的，人民法院应当裁定终止重整程序，并宣告债务人破产。

**第八十条 【重整计划草案的制作主体】**债务人自行管理财产和营业事务的，由债务人制作重整计划草案。

管理人负责管理财产和营业事务的，由管理人制作重整计划草案。

**第八十一条 【重整计划草案的内容】**重整计划草案应当包括下列内容：

（一）债务人的经营方案；
（二）债权分类；
（三）债权调整方案；
（四）债权受偿方案；
（五）重整计划的执行期限；
（六）重整计划执行的监督期限；
（七）有利于债务人重整的其他方案。

**第八十二条 【债权分类与重整计划草案分组表决】**下列各类债权的债权人参加讨论重整计划草案的债权人会议，依照下列债权分类，分组对重整计划草案进行表决：

（一）对债务人的特定财产享有担保权的债权；

（二）债务人所欠职工的工资和医疗、伤残补助、抚恤费用，所欠的应当划入职工个人账户的基本养老保险、基本医疗保险费用，以及法律、行政法规规定应当支付给职工的补偿金；

（三）债务人所欠税款；

（四）普通债权。

人民法院在必要时可以决定在普通债权组中设小额债权组对重整计划草案进行表决。

**第八十三条 【不得减免的费用】**重整计划不得规

定减免债务人欠缴的本法第八十二条第一款第二项规定以外的社会保险费用；该项费用的债权人不参加重整计划草案的表决。

第八十四条　【重整计划草案的表决】人民法院应当自收到重整计划草案之日起三十日内召开债权人会议，对重整计划草案进行表决。

出席会议的同一表决组的债权人过半数同意重整计划草案，并且其所代表的债权额占该组债权总额的三分之二以上的，即为该组通过重整计划草案。

债务人或者管理人应当向债权人会议就重整计划草案作出说明，并回答询问。

第八十五条　【出资人代表列席会议与出资人组表决】债务人的出资人代表可以列席讨论重整计划草案的债权人会议。

重整计划草案涉及出资人权益调整事项的，应当设出资人组，对该事项进行表决。

第八十六条　【表决通过重整计划与重整程序终止】各表决组均通过重整计划草案时，重整计划即为通过。

自重整计划通过之日起十日内，债务人或者管理人应当向人民法院提出批准重整计划的申请。人民法院经审查认为符合本法规定的，应当自收到申请之日起三十日内裁定批准，终止重整程序，并予以公告。

第八十七条　【裁定批准重整计划与重整程序终止】部分表决组未通过重整计划草案的，债务人或者管理人可以同未通过重整计划草案的表决组协商。该表决组可以在协商后再表决一次。双方协商的结果不得损害其他表决组的利益。

未通过重整计划草案的表决组拒绝再次表决或者再次表决仍未通过重整计划草案，但重整计划草案符合下列条件的，债务人或者管理人可以申请人民法院批准重整计划草案：

（一）按照重整计划草案，本法第八十二条第一款第一项所列债权就该特定财产将获得全额清偿，其因延期清偿所受的损失将得到公平补偿，并且其担保权未受到实质性损害，或者该表决组已经通过重整计划草案；

（二）按照重整计划草案，本法第八十二条第一款第二项、第三项所列债权将获得全额清偿，或者相应表决组已经通过重整计划草案；

（三）按照重整计划草案，普通债权所获得的清偿比例，不低于其在重整计划草案被提请批准时依照破产清算程序所能获得的清偿比例，或者该表决组已经通过重整计划草案；

（四）重整计划草案对出资人权益的调整公平、公正，或者出资人组已经通过重整计划草案；

（五）重整计划草案公平对待同一表决组的成员，并且所规定的债权清偿顺序不违反本法第一百一十三条的规定；

（六）债务人的经营方案具有可行性。

人民法院经审查认为重整计划草案符合前款规定的，应当自收到申请之日起三十日内裁定批准，终止重整程序，并予以公告。

第八十八条　【重整程序的非正常终止】重整计划草案未获得通过且未依照本法第八十七条的规定获得批准，或者已通过的重整计划未获得批准的，人民法院应当裁定终止重整程序，并宣告债务人破产。

### 第三节　重整计划的执行

第八十九条　【重整计划的执行主体】重整计划由债务人负责执行。

人民法院裁定批准重整计划后，已接管财产和营业事务的管理人应当向债务人移交财产和营业事务。

第九十条　【重整计划执行的监督与报告】自人民法院裁定批准重整计划之日起，在重整计划规定的监督期内，由管理人监督重整计划的执行。

在监督期内，债务人应当向管理人报告重整计划执行情况和债务人财务状况。

第九十一条　【监督报告与监督期限的延长】监督期届满时，管理人应当向人民法院提交监督报告。自监督报告提交之日起，管理人的监督职责终止。

管理人向人民法院提交的监督报告，重整计划的利害关系人有权查阅。

经管理人申请，人民法院可以裁定延长重整计划执行的监督期限。

第九十二条　【重整计划的约束力】经人民法院裁定批准的重整计划，对债务人和全体债权人均有约束力。

债权人未依照本法规定申报债权的，在重整计划执行期间不得行使权利；在重整计划执行完毕后，可以按照重整计划规定的同类债权的清偿条件行使权利。

债权人对债务人的保证人和其他连带债务人所享有的权利，不受重整计划的影响。

第九十三条　【重整计划的终止】债务人不能执行或者不执行重整计划的，人民法院经管理人或者利害关系人请求，应当裁定终止重整计划的执行，并宣告债务人破产。

人民法院裁定终止重整计划执行的，债权人在重整计划中作出的债权调整的承诺失去效力。债权人因执行重整计划所受的清偿仍然有效，债权未受清偿的部分作为破产债权。

前款规定的债权人，只有在其他同顺位债权人同自己所受的清偿达到同一比例时，才能继续接受分配。

有本条第一款规定情形的，为重整计划的执行提供的担保继续有效。

**第九十四条　【重整计划减免的债务不再清偿】**按照重整计划减免的债务，自重整计划执行完毕时起，债务人不再承担清偿责任。

## 第九章　和　解

**第九十五条　【和解申请】**债务人可以依照本法规定，直接向人民法院申请和解；也可以在人民法院受理破产申请后、宣告债务人破产前，向人民法院申请和解。

债务人申请和解，应当提出和解协议草案。

**第九十六条　【裁定和解】**人民法院经审查认为和解申请符合本法规定的，应当裁定和解，予以公告，并召集债权人会议讨论和解协议草案。

对债务人的特定财产享有担保权的权利人，自人民法院裁定和解之日起可以行使权利。

**第九十七条　【通过和解协议】**债权人会议通过和解协议的决议，由出席会议的有表决权的债权人过半数同意，并且其所代表的债权额占无财产担保债权总额的三分之二以上。

**第九十八条　【裁定认可和解协议并终止和解程序】**债权人会议通过和解协议的，由人民法院裁定认可，终止和解程序，并予以公告。管理人应当向债务人移交财产和营业事务，并向人民法院提交执行职务的报告。

**第九十九条　【和解协议的否决与宣告破产】**和解协议草案经债权人会议表决未获得通过，或者已经债权人会议通过的和解协议未获得人民法院认可的，人民法院应当裁定终止和解程序，并宣告债务人破产。

**第一百条　【和解协议的约束力】**经人民法院裁定认可的和解协议，对债务人和全体和解债权人均有约束力。

和解债权人是指人民法院受理破产申请时对债务人享有无财产担保债权的人。

和解债权人未依照本法规定申报债权的，在和解协议执行期间不得行使权利；在和解协议执行完毕后，可以按照和解协议规定的清偿条件行使权利。

**第一百零一条　【和解协议的影响】**和解债权人对债务人的保证人和其他连带债务人所享有的权利，不受和解协议的影响。

**第一百零二条　【债务人履行和解协议的义务】**债务人应当按照和解协议规定的条件清偿债务。

**第一百零三条　【和解协议无效与宣告破产】**因债务人的欺诈或者其他违法行为而成立的和解协议，人民法院应当裁定无效，并宣告债务人破产。

有前款规定情形的，和解债权人因执行和解协议所受的清偿，在其他债权人所受清偿同等比例的范围内，不予返还。

**第一百零四条　【终止执行和解协议与宣告破产】**债务人不能执行或者不执行和解协议的，人民法院经和解债权人请求，应当裁定终止和解协议的执行，并宣告债务人破产。

人民法院裁定终止和解协议执行的，和解债权人在和解协议中作出的债权调整的承诺失去效力。和解债权人因执行和解协议所受的清偿仍然有效，和解债权未受清偿的部分作为破产债权。

前款规定的债权人，只有在其他债权人同自己所受的清偿达到同一比例时，才能继续接受分配。

有本条第一款规定情形的，为和解协议的执行提供的担保继续有效。

**第一百零五条　【自行和解与破产程序终结】**人民法院受理破产申请后，债务人与全体债权人就债权债务的处理自行达成协议的，可以请求人民法院裁定认可，并终结破产程序。

**第一百零六条　【和解协议减免债务不再清偿】**按照和解协议减免的债务，自和解协议执行完毕时起，债务人不再承担清偿责任。

## 第十章　破产清算

### 第一节　破产宣告

**第一百零七条　【破产宣告】**人民法院依照本法规定宣告债务人破产的，应当自裁定作出之日起五日内送达债务人和管理人，自裁定作出之日起十日内通知已知债权人，并予以公告。

债务人被宣告破产后，债务人称为破产人，债务人财产称为破产财产，人民法院受理破产申请时对债务人享有的债权称为破产债权。

**第一百零八条　【破产宣告前的破产程序终结】**破产宣告前，有下列情形之一的，人民法院应当裁定终结破产程序，并予以公告：

（一）第三人为债务人提供足额担保或者为债务人清偿全部到期债务的；
（二）债务人已清偿全部到期债务的。

**第一百零九条　【别除权】**对破产人的特定财产享有担保权的权利人，对该特定财产享有优先受偿的权利。

**第一百一十条　【别除权的不完全实现与放弃】**享有本法第一百零九条规定权利的债权人行使优先受偿权利未能完全受偿的，其未受偿的债权作为普通债权；放弃优先受偿权利的，其债权作为普通债权。

### 第二节　变价和分配

**第一百一十一条　【破产财产变价方案】**管理人应当及时拟订破产财产变价方案，提交债权人会议讨论。

管理人应当按照债权人会议通过的或者人民法院依照本法第六十五条第一款规定裁定的破产财产变价方案，适时变价出售破产财产。

**第一百一十二条　【变价出售方式】**变价出售破产财产应当通过拍卖进行。但是，债权人会议另有决议的除外。

破产企业可以全部或者部分变价出售。企业变价出售时，可以将其中的无形资产和其他财产单独变价出售。

按照国家规定不能拍卖或者限制转让的财产，应当按照国家规定的方式处理。

**第一百一十三条　【破产财产的清偿顺序】**破产财产在优先清偿破产费用和共益债务后，依照下列顺序清偿：

（一）破产人所欠职工的工资和医疗、伤残补助、抚恤费用，所欠的应当划入职工个人账户的基本养老保险、基本医疗保险费用，以及法律、行政法规规定应当支付给职工的补偿金；

（二）破产人欠缴的除前项规定以外的社会保险费用和破产人所欠税款；

（三）普通破产债权。

破产财产不足以清偿同一顺序的清偿要求的，按照比例分配。

破产企业的董事、监事和高级管理人员的工资按照该企业职工的平均工资计算。

**第一百一十四条　【破产财产的分配方式】**破产财产的分配应当以货币分配方式进行。但是，债权人会议另有决议的除外。

**第一百一十五条　【破产财产的分配方案】**管理人应当及时拟订破产财产分配方案，提交债权人会议讨论。

破产财产分配方案应当载明下列事项：

（一）参加破产财产分配的债权人名称或者姓名、住所；
（二）参加破产财产分配的债权额；
（三）可供分配的破产财产数额；
（四）破产财产分配的顺序、比例及数额；
（五）实施破产财产分配的方法。

债权人会议通过破产财产分配方案后，由管理人将该方案提请人民法院裁定认可。

**第一百一十六条　【破产财产分配方案的执行】**破产财产分配方案经人民法院裁定认可后，由管理人执行。

管理人按照破产财产分配方案实施多次分配的，应当公告本次分配的财产额和债权额。管理人实施最后分配的，应当在公告中指明，并载明本法第一百一十七条第二款规定的事项。

**第一百一十七条　【附条件债权的分配】**对于附生效条件或者解除条件的债权，管理人应当将其分配额提存。

管理人依照前款规定提存的分配额，在最后分配公告日，生效条件未成就或者解除条件成就的，应当分配给其他债权人；在最后分配公告日，生效条件成就或者解除条件未成就的，应当交付给债权人。

**第一百一十八条　【未受领的破产财产的分配】**债权人未受领的破产财产分配额，管理人应当提存。债权人自最后分配公告之日起满二个月仍不领取的，视为放弃受领分配的权利，管理人或者人民法院应当将提存的分配额分配给其他债权人。

**第一百一十九条　【诉讼或仲裁未决债权的分配】**破产财产分配时，对于诉讼或者仲裁未决的债权，管理人应当将其分配额提存。自破产程序终结之日起满二年仍不能受领分配的，人民法院应当将提存的分配额分配给其他债权人。

### 第三节　破产程序的终结

**第一百二十条　【破产程序的终结及公告】**破产人无财产可供分配的，管理人应当请求人民法院裁定终结破产程序。

管理人在最后分配完结后，应当及时向人民法院提交破产财产分配报告，并提请人民法院裁定终结破产程序。

人民法院应当自收到管理人终结破产程序的请求之日起十五日内作出是否终结破产程序的裁定。裁定终结的，应当予以公告。

**第一百二十一条　【破产人的注销登记】**管理人应

当自破产程序终结之日起十日内,持人民法院终结破产程序的裁定,向破产人的原登记机关办理注销登记。

**第一百二十二条** 【管理人执行职务的终止】管理人于办理注销登记完毕的次日终止执行职务。但是,存在诉讼或者仲裁未决情况的除外。

**第一百二十三条** 【破产程序终结后的追加分配】自破产程序依照本法第四十三条第四款或者第一百二十条的规定终结之日起二年内,有下列情形之一的,债权人可以请求人民法院按照破产财产分配方案进行追加分配:

(一)发现有依照本法第三十一条、第三十二条、第三十三条、第三十六条规定应当追回的财产的;

(二)发现破产人有应当供分配的其他财产的。

有前款规定情形,但财产数量不足以支付分配费用的,不再进行追加分配,由人民法院将其上交国库。

**第一百二十四条** 【对未受偿债权的清偿责任】破产人的保证人和其他连带债务人,在破产程序终结后,对债权人依照破产清算程序未受清偿的债权,依法继续承担清偿责任。

## 第十一章 法律责任

**第一百二十五条** 【破产企业董事、监事和高级管理人员的法律责任】企业董事、监事或者高级管理人员违反忠实义务、勤勉义务,致使所在企业破产的,依法承担民事责任。

有前款规定情形的人员,自破产程序终结之日起三年内不得担任任何企业的董事、监事、高级管理人员。

**第一百二十六条** 【有义务列席债权人会议的债务人的有关人员的法律责任】有义务列席债权人会议的债务人的有关人员,经人民法院传唤,无正当理由拒不列席债权人会议的,人民法院可以拘传,并依法处以罚款。债务人的有关人员违反本法规定,拒不陈述、回答,或者作虚假陈述、回答的,人民法院可以依法处以罚款。

**第一百二十七条** 【不履行法定义务的直接责任人员的法律责任】债务人违反本法规定,拒不向人民法院提交或者提交不真实的财产状况说明、债务清册、债权清册、有关财务会计报告以及职工工资的支付情况和社会保险费用的缴纳情况的,人民法院可以对直接责任人员依法处以罚款。

债务人违反本法规定,拒不向管理人移交财产、印章和账簿、文书等资料的,或者伪造、销毁有关财产证据材料而使财产状况不明的,人民法院可以对直接责任人员依法处以罚款。

**第一百二十八条** 【债务人的法定代表人和其他直接责任人员的法律责任】债务人有本法第三十一条、第三十二条、第三十三条规定的行为,损害债权人利益的,债务人的法定代表人和其他直接责任人员依法承担赔偿责任。

**第一百二十九条** 【债务人的有关人员擅自离开住所地的法律责任】债务人的有关人员违反本法规定,擅自离开住所地的,人民法院可以予以训诫、拘留,可以依法并处罚款。

**第一百三十条** 【管理人的法律责任】管理人未依照本法规定勤勉尽责,忠实执行职务的,人民法院可以依法处以罚款;给债权人、债务人或者第三人造成损失的,依法承担赔偿责任。

**第一百三十一条** 【刑事责任】违反本法规定,构成犯罪的,依法追究刑事责任。

## 第十二章 附则

**第一百三十二条** 【别除权适用的例外】本法施行后,破产人在本法公布之日前所欠职工的工资和医疗、伤残补助、抚恤费用,所欠的应当划入职工个人账户的基本养老保险、基本医疗保险费用,以及法律、行政法规规定应当支付给职工的补偿金,依照本法第一百一十三条的规定清偿后不足以清偿的部分,以本法第一百零九条规定的特定财产优先于对该特定财产享有担保权的权利人受偿。

**第一百三十三条** 【本法施行前国务院规定范围内企业破产的特别规定】在本法施行前国务院规定的期限和范围内的国有企业实施破产的特殊事宜,按照国务院有关规定办理。

**第一百三十四条** 【金融机构破产的特别规定】商业银行、证券公司、保险公司等金融机构有本法第二条规定情形的,国务院金融监督管理机构可以向人民法院提出对该金融机构进行重整或者破产清算的申请。国务院金融监督管理机构依法对出现重大经营风险的金融机构采取接管、托管等措施的,可以向人民法院申请中止以该金融机构为被告或者被执行人的民事诉讼程序或者执行程序。

金融机构实施破产的,国务院可以依据本法和其他有关法律的规定制定实施办法。

**第一百三十五条** 【企业法人以外组织破产的准用规定】其他法律规定企业法人以外的组织的清算,属于破产清算的,参照适用本法规定的程序。

**第一百三十六条** 【施行日期】本法自2007年6月1日起施行,《中华人民共和国企业破产法(试行)》同时废止。

## 最高人民法院关于适用《中华人民共和国企业破产法》若干问题的规定(一)

- 2011年8月29日最高人民法院审判委员会第1527次会议通过
- 2011年9月9日最高人民法院公告公布
- 自2011年9月26日起施行
- 法释〔2011〕22号

为正确适用《中华人民共和国企业破产法》,结合审判实践,就人民法院依法受理企业破产案件适用法律问题作出如下规定。

**第一条** 债务人不能清偿到期债务并且具有下列情形之一的,人民法院应当认定其具备破产原因:
(一)资产不足以清偿全部债务;
(二)明显缺乏清偿能力。
相关当事人以对债务人的债务负有连带责任的人未丧失清偿能力为由,主张债务人不具备破产原因的,人民法院应不予支持。

**第二条** 下列情形同时存在的,人民法院应当认定债务人不能清偿到期债务:
(一)债权债务关系依法成立;
(二)债务履行期限已经届满;
(三)债务人未完全清偿债务。

**第三条** 债务人的资产负债表,或者审计报告、资产评估报告等显示其全部资产不足以偿付全部负债的,人民法院应当认定债务人资产不足以清偿全部债务,但有相反证据足以证明债务人资产能够偿付全部负债的除外。

**第四条** 债务人账面资产虽大于负债,但存在下列情形之一的,人民法院应当认定其明显缺乏清偿能力:
(一)因资金严重不足或者财产不能变现等原因,无法清偿债务;
(二)法定代表人下落不明且无其他人员负责管理财产,无法清偿债务;
(三)经人民法院强制执行,无法清偿债务;
(四)长期亏损且经营扭亏困难,无法清偿债务;
(五)导致债务人丧失清偿能力的其他情形。

**第五条** 企业法人已解散但未清算或者未在合理期限内清算完毕,债权人申请债务人破产清算的,除债务人在法定异议期限内举证证明其未出现破产原因外,人民法院应当受理。

**第六条** 债权人申请债务人破产的,应当提交债务人不能清偿到期债务的有关证据。债务人对债权人的申请未在法定期限内向人民法院提出异议,或者异议不成立的,人民法院应当依法裁定受理破产申请。
受理破产申请后,人民法院应当责令债务人依法提交其财产状况说明、债务清册、债权清册、财务会计报告等有关材料,债务人拒不提交的,人民法院可以对债务人的直接责任人员采取罚款等强制措施。

**第七条** 人民法院收到破产申请时,应当向申请人出具收到申请及所附证据的书面凭证。
人民法院收到破产申请后应当及时对申请人的主体资格、债务人的主体资格和破产原因,以及有关材料和证据等进行审查,并依据企业破产法第十条的规定作出是否受理的裁定。
人民法院认为申请人应当补充、补正相关材料的,应当自收到破产申请之日起五日内告知申请人。当事人补充、补正相关材料的期间不计入企业破产法第十条规定的期限。

**第八条** 破产案件的诉讼费用,应根据企业破产法第四十三条的规定,从债务人财产中拨付。相关当事人以申请人未预先交纳诉讼费用为由,对破产申请提出异议的,人民法院不予支持。

**第九条** 申请人向人民法院提出破产申请,人民法院未接收其申请,或者未按本规定第七条执行的,申请人可以向上一级人民法院提出破产申请。
上一级人民法院接到破产申请后,应当责令下级法院依法审查并及时作出是否受理的裁定;下级法院仍不作出是否受理裁定的,上一级人民法院可以径行作出裁定。
上一级人民法院裁定受理破产申请的,可以同时指令下级人民法院审理该案件。

## 最高人民法院关于适用《中华人民共和国企业破产法》若干问题的规定(二)

- 2013年7月29日最高人民法院审判委员会第1586次会议通过
- 根据2020年12月23日最高人民法院审判委员会第1823次会议通过的《最高人民法院关于修改〈最高人民法院关于破产企业国有划拨土地使用权应否列入破产财产等问题的批复〉等二十九件商事类司法解释的决定》修正
- 2020年12月29日最高人民法院公告公布
- 自2021年1月1日起施行
- 法释〔2020〕18号

根据《中华人民共和国民法典》《中华人民共和国企业破产法》等相关法律,结合审判实践,就人民法院审理企业破产案件中认定债务人财产相关的法律适用问题，制定本规定。

**第一条** 除债务人所有的货币、实物外，债务人依法享有的可以用货币估价并可以依法转让的债权、股权、知识产权、用益物权等财产和财产权益，人民法院均应认定为债务人财产。

**第二条** 下列财产不应认定为债务人财产：

（一）债务人基于仓储、保管、承揽、代销、借用、寄存、租赁等合同或者其他法律关系占有、使用的他人财产；

（二）债务人在所有权保留买卖中尚未取得所有权的财产；

（三）所有权专属于国家且不得转让的财产；

（四）其他依照法律、行政法规不属于债务人的财产。

**第三条** 债务人已依法设定担保物权的特定财产，人民法院应当认定为债务人财产。

对债务人的特定财产在担保物权消灭或者实现担保物权后的剩余部分，在破产程序中可用以清偿破产费用、共益债务和其他破产债权。

**第四条** 债务人对按份享有所有权的共有财产的相关份额，或者共同享有所有权的共有财产的相应财产权利，以及依法分割共有财产所得部分，人民法院均应认定为债务人财产。

人民法院宣告债务人破产清算，属于共有财产分割的法定事由。人民法院裁定债务人重整或者和解的，共有财产的分割应当依据民法典第三百零三条的规定进行；基于重整或者和解的需要必须分割共有财产，管理人请求分割的，人民法院应予准许。

因分割共有财产导致其他共有人损害产生的债务，其他共有人请求作为共益债务清偿的，人民法院应予支持。

**第五条** 破产申请受理后，有关债务人财产的执行程序未依照企业破产法第十九条的规定中止的，采取执行措施的相关单位应当依法予以纠正。依法执行回转的财产，人民法院应当认定为债务人财产。

**第六条** 破产申请受理后，对于可能因有关利益相关人的行为或者其他原因，影响破产程序依法进行的，受理破产申请的人民法院可以根据管理人的申请或者依职权，对债务人的全部或者部分财产采取保全措施。

**第七条** 对债务人财产已采取保全措施的相关单位，在知悉人民法院已裁定受理有关债务人的破产申请后，应当依照企业破产法第十九条的规定及时解除对债务人财产的保全措施。

**第八条** 人民法院受理破产申请后至破产宣告前裁定驳回破产申请，或者依据企业破产法第一百零八条的规定裁定终结破产程序的，应当及时通知原已采取保全措施并已依法解除保全措施的单位按照原保全顺位恢复相关保全措施。

在已依法解除保全的单位恢复保全措施或者表示不再恢复之前，受理破产申请的人民法院不得解除对债务人财产的保全措施。

**第九条** 管理人依据企业破产法第三十一条和第三十二条的规定提起诉讼，请求撤销涉及债务人财产的相关行为并由相对人返还债务人财产的，人民法院应予支持。

管理人因过错未依法行使撤销权导致债务人财产不当减损，债权人提起诉讼主张管理人对其损失承担相应赔偿责任的，人民法院应予支持。

**第十条** 债务人经过行政清理程序转入破产程序的，企业破产法第三十一条和第三十二条规定的可撤销行为的起算点，为行政监管机构作出撤销决定之日。

债务人经过强制清算程序转入破产程序的，企业破产法第三十一条和第三十二条规定的可撤销行为的起算点，为人民法院裁定受理强制清算申请之日。

**第十一条** 人民法院根据管理人的请求撤销涉及债务人财产的以明显不合理价格进行的交易的，买卖双方应当依法返还从对方获取的财产或者价款。

因撤销该交易，对于债务人应返还受让人已支付价款所产生的债务，受让人请求作为共益债务清偿的，人民法院应予支持。

**第十二条** 破产申请受理前一年内债务人提前清偿的未到期债务，在破产申请受理前已经到期，管理人请求撤销该清偿行为的，人民法院不予支持。但是，该清偿行为发生在破产申请受理前六个月内且债务人有企业破产法第二条第一款规定情形的除外。

**第十三条** 破产申请受理后，管理人未依据企业破产法第三十一条的规定请求撤销债务人无偿转让财产、以明显不合理价格交易、放弃债权行为的，债权人依据民法典第五百三十八条、第五百三十九条等规定提起诉讼，请求撤销债务人上述行为并将因此追回的财产归入债务人财产的，人民法院应予受理。

相对人以债权人行使撤销权的范围超出债权人的债权抗辩的，人民法院不予支持。

第十四条　债务人对以自有财产设定担保物权的债权进行的个别清偿,管理人依据企业破产法第三十二条的规定请求撤销的,人民法院不予支持。但是,债务清偿时担保财产的价值低于债权额的除外。

第十五条　债务人经诉讼、仲裁、执行程序对债权人进行的个别清偿,管理人依据企业破产法第三十二条的规定请求撤销的,人民法院不予支持。但是,债务人与债权人恶意串通损害其他债权人利益的除外。

第十六条　债务人对债权人进行的以下个别清偿,管理人依据企业破产法第三十二条的规定请求撤销的,人民法院不予支持:

(一)债务人为维系基本生产需要而支付水费、电费等的;

(二)债务人支付劳动报酬、人身损害赔偿金的;

(三)使债务人财产受益的其他个别清偿。

第十七条　管理人依据企业破产法第三十三条的规定提起诉讼,主张被隐匿、转移财产的实际占有人返还债务人财产,或者主张债务人虚构债务或者承认不真实债务的行为无效并返还债务人财产的,人民法院应当支持。

第十八条　管理人代表债务人依据企业破产法第一百二十八条的规定,以债务人的法定代表人和其他直接责任人员对所涉债务人财产的相关行为存在故意或者重大过失,造成债务人财产损失为由提起诉讼,主张上述责任人员承担相应赔偿责任的,人民法院应予支持。

第十九条　债务人对外享有债权的诉讼时效,自人民法院受理破产申请之日起中断。

债务人无正当理由未对其到期债权及时行使权利,导致其对外债权在破产申请受理前一年内超过诉讼时效期间的,人民法院受理破产申请之日起重新计算上述债权的诉讼时效期间。

第二十条　管理人代表债务人提起诉讼,主张出资人向债务人依法缴付未履行的出资或者返还抽逃的出资本息,出资人以认缴出资尚未届至公司章程规定的缴纳期限或者违反出资义务已经超过诉讼时效为由抗辩的,人民法院不予支持。

管理人依据公司法的相关规定代表债务人提起诉讼,主张公司的发起人和负有监督股东履行出资义务的董事、高级管理人员,或者协助抽逃出资的其他股东、董事、高级管理人员、实际控制人等,对股东违反出资义务或者抽逃出资承担相应责任,并将财产归入债务人财产的,人民法院应予支持。

第二十一条　破产申请受理前,债权人就债务人财产提起下列诉讼,破产申请受理时案件尚未审结的,人民法院应当中止审理:

(一)主张次债务人代替债务人直接向其偿还债务的;

(二)主张债务人的出资人、发起人和负有监督股东履行出资义务的董事、高级管理人员,或者协助抽逃出资的其他股东、董事、高级管理人员、实际控制人等直接向其承担出资不实或者抽逃出资责任的;

(三)以债务人的股东与债务人法人人格严重混同为由,主张债务人的股东直接向其偿还债务人对其所负债务的;

(四)其他就债务人财产提起的个别清偿诉讼。

债务人破产宣告后,人民法院应当依照企业破产法第四十四条的规定判决驳回债权人的诉讼请求。但是,债权人一审中变更其诉讼请求为追收的相关财产归入债务人财产的除外。

债务人破产宣告前,人民法院依据企业破产法第十二条或者第一百零八条的规定裁定驳回破产申请或者终结破产程序的,上述中止审理的案件应当依法恢复审理。

第二十二条　破产申请受理前,债权人就债务人财产向人民法院提起本规定第二十一条第一款所列诉讼,人民法院已经作出生效民事判决书或者调解书但尚未执行完毕的,破产申请受理后,相关执行行为应当依据企业破产法第十九条的规定中止,债权人应当依法向管理人申报相关债权。

第二十三条　破产申请受理后,债权人就债务人财产向人民法院提起本规定第二十一条第一款所列诉讼的,人民法院不予受理。

债权人通过债权人会议或者债权人委员会,要求管理人依法向次债务人、债务人的出资人等追收债务人财产,管理人无正当理由拒绝追收,债权人会议依据企业破产法第二十二条的规定,申请人民法院更换管理人的,人民法院应予支持。

管理人不予追收,个别债权人代表全体债权人提起相关诉讼,主张次债务人或者债务人的出资人等向债务人清偿或者返还债务人财产,或者依法申请合并破产的,人民法院应予受理。

第二十四条　债务人有企业破产法第二条第一款规定的情形时,债务人的董事、监事和高级管理人员利用职权获取的以下收入,人民法院应当认定为企业破产法第三十六条规定的非正常收入:

(一)绩效奖金;

(二)普遍拖欠职工工资情况下获取的工资性收入;

(三)其他非正常收入。

债务人的董事、监事和高级管理人员拒不向管理人返还上述债务人财产,管理人主张上述人员予以返还的,人民法院应予支持。

债务人的董事、监事和高级管理人员因返还第一款第(一)项、第(三)项非正常收入形成的债权,可以作为普通破产债权清偿。因返还第一款第(二)项非正常收入形成的债权,依据企业破产法第一百一十三条第三款的规定,按照该企业职工平均工资计算的部分作为拖欠职工工资清偿;高出该企业职工平均工资计算的部分,可以作为普通破产债权清偿。

第二十五条 管理人拟通过清偿债务或者提供担保取回质物、留置物,或者与质权人、留置权人协议以质物、留置物折价清偿债务等方式,进行对债权人利益有重大影响的财产处分行为的,应当及时报告债权人委员会。未设立债权人委员会的,管理人应当及时报告人民法院。

第二十六条 权利人依据企业破产法第三十八条的规定行使取回权,应当在破产财产变价方案或者和解协议、重整计划草案提交债权人会议表决前向管理人提出。权利人在上述期限后主张取回相关财产的,应当承担延迟行使取回权增加的相关费用。

第二十七条 权利人依据企业破产法第三十八条的规定向管理人主张取回相关财产,管理人不予认可,权利人以债务人为被告向人民法院提起诉讼请求行使取回权的,人民法院应予受理。

权利人依据人民法院或者仲裁机关的相关生效法律文书向管理人主张取回所涉争议财产,管理人以生效法律文书错误为由拒绝其行使取回权的,人民法院不予支持。

第二十八条 权利人行使取回权时未依法向管理人支付相关的加工费、保管费、托运费、委托费、代销费等费用,管理人拒绝其取回相关财产的,人民法院应予支持。

第二十九条 对债务人占有的权属不清的鲜活易腐等不易保管的财产或者不及时变现价值将严重贬损的财产,管理人及时变价并提存变价款后,有关权利人就该变价款行使取回权的,人民法院应予支持。

第三十条 债务人占有的他人财产被违法转让给第三人,依据民法典第三百一十一条的规定第三人已善意取得财产所有权,原权利人无法追回该财产的,人民法院应当按照以下规定处理:

(一)转让行为发生在破产申请受理前的,原权利人因财产损失形成的债权,作为普通破产债权清偿;

(二)转让行为发生在破产申请受理后的,因管理人或者相关人员执行职务导致原权利人损害产生的债务,作为共益债务清偿。

第三十一条 债务人占有的他人财产被违法转让给第三人,第三人已向债务人支付了转让价款,但依据民法典第三百一十一条的规定未取得财产所有权,原权利人依法追回转让财产的,对因第三人已支付对价而产生的债务,人民法院应当按照以下规定处理:

(一)转让行为发生在破产申请受理前的,作为普通破产债权清偿;

(二)转让行为发生在破产申请受理后的,作为共益债务清偿。

第三十二条 债务人占有的他人财产毁损、灭失,因此获得的保险金、赔偿金、代偿物尚未交付给债务人,或者代偿物虽已交付给债务人但能与债务人财产予以区分的,权利人主张取回就此获得的保险金、赔偿金、代偿物的,人民法院应予支持。

保险金、赔偿金已经交付给债务人,或者代偿物已经交付给债务人且不能与债务人财产予以区分的,人民法院应当按照以下规定处理:

(一)财产毁损、灭失发生在破产申请受理前的,权利人因财产损失形成的债权,作为普通破产债权清偿;

(二)财产毁损、灭失发生在破产申请受理后的,因管理人或者相关人员执行职务导致权利人损害产生的债务,作为共益债务清偿。

债务人占有的他人财产毁损、灭失,没有获得相应的保险金、赔偿金、代偿物,或者保险金、赔偿物、代偿物不足以弥补其损失的部分,人民法院应当按照本条第二款的规定处理。

第三十三条 管理人或者相关人员在执行职务过程中,因故意或者重大过失不当转让他人财产或者造成他人财产毁损、灭失,导致他人损害产生的债务作为共益债务,由债务人财产随时清偿不足弥补损失,权利人向管理人或者相关人员主张承担补充赔偿责任的,人民法院应予支持。

上述债务作为共益债务由债务人财产随时清偿后,债权人以管理人或者相关人员执行职务不当导致债务人财产减少给其造成损失为由提起诉讼,主张管理人或者相关人员承担相应赔偿责任的,人民法院应予支持。

第三十四条 买卖合同双方当事人在合同中约定标的物所有权保留,在标的物所有权未依法转移给买受人前,一方当事人破产的,该买卖合同属于双方均未履行完毕的合同,管理人有权依据企业破产法第十八条的规定决定解除或者继续履行合同。

**第三十五条** 出卖人破产,其管理人决定继续履行所有权保留买卖合同的,买受人应当按照原买卖合同的约定支付价款或者履行其他义务。

买受人未依约支付价款或者履行完毕其他义务,或者将标的物出卖、出质或者作出其他不当处分,给出卖人造成损害,出卖人管理人依法主张取回标的物的,人民法院应予支持。但是,买受人已经支付标的物总价款百分之七十五以上或者第三人善意取得标的物所有权或者其他物权的除外。

因本条第二款规定未能取回的物,出卖人管理人依法主张买受人继续支付价款、履行完毕其他义务,以及承担相应赔偿责任的,人民法院应予支持。

**第三十六条** 出卖人破产,其管理人决定解除所有权保留买卖合同,并依据企业破产法第十七条的规定要求买受人向其交付买卖标的物的,人民法院应予支持。

买受人以其不存在未依约支付价款或者履行完毕其他义务,或者将标的物出卖、出质或者作出其他不当处分情形抗辩的,人民法院不予支持。

买受人依法履行合同义务并依据本条第一款将买卖标的物交付出卖人管理人后,买受人已支付价款损失形成的债权作为共益债务清偿。但是,买受人违反合同约定,出卖人管理人主张上述债权作为普通破产债权清偿的,人民法院不予支持。

**第三十七条** 买受人破产,其管理人决定继续履行所有权保留买卖合同的,原买卖合同中约定的买受人支付价款或者履行其他义务的期限在破产申请受理时视为到期,买受人管理人应当及时向出卖人支付价款或者履行其他义务。

买受人管理人无正当理由未及时支付价款或者履行完毕其他义务,或者将标的物出卖、出质或者作出其他不当处分,给出卖人造成损害,出卖人依据民法典第六百四十一条等规定主张取回标的物的,人民法院应予支持。但是,买受人已支付标的物总价款百分之七十五以上或者第三人善意取得标的物所有权或者其他物权的除外。

因本条第二款规定未能取回标的物,出卖人依法主张买受人继续支付价款、履行完毕其他义务,以及承担相应赔偿责任的,人民法院应予支持。对因买受人未支付价款或者未履行其他义务,以及买受人管理人将标的物出卖、出质或者作出其他不当处分导致出卖人损害

产生的债务,出卖人主张作为共益债务清偿的,人民法院应予支持。

**第三十八条** 买受人破产,其管理人决定解除所有权保留买卖合同,出卖人依据企业破产法第三十八条的规定主张取回买卖标的物的,人民法院应予支持。

出卖人取回买卖标的物,买受人管理人主张出卖人返还已支付价款的,人民法院应予支持。取回的标的物价值明显减少给出卖人造成损失的,出卖人可从买受人已支付价款中优先予以抵扣后,将剩余部分返还给买受人;对买受人已支付价款不足以弥补出卖人标的物价值减损损失形成的债权,出卖人主张作为共益债务清偿的,人民法院应予支持。

**第三十九条** 出卖人依据企业破产法第三十九条的规定,通过通知承运人或者实际占有人中止运输、返还货物、变更到达地,或者将货物交给其他收货人等方式,对在运途中标的物主张了取回权但未能实现,或者在货物未达管理人前已向管理人主张取回在运途中标的物,在买卖标的物到达管理人后,出卖人向管理人主张取回的,管理人应予准许。

出卖人对在运途中标的物未及时行使取回权,在买卖标的物到达管理人后向管理人行使在运途中标的物取回权的,管理人不应准许。

**第四十条** 债务人重整期间,权利人要求取回债务人合法占有的权利人的财产,不符合双方事先约定条件的,人民法院不予支持。但是,因管理人或者自行管理的债务人违反约定,可能导致取回物被转让、毁损、灭失或者价值明显减少的除外。

**第四十一条** 债权人依据企业破产法第四十条的规定行使抵销权,应当向管理人提出抵销主张。

管理人不得主动抵销债务人与债权人的互负债务,但抵销使债务人财产受益的除外。

**第四十二条** 管理人收到债权人提出的主张债务抵销的通知后,经审查无异议的,抵销自管理人收到通知之日起生效。

管理人对抵销主张有异议的,应当在约定的异议期限内或者自收到主张债务抵销的通知之日起三个月内向人民法院提起诉讼。无正当理由逾期提起的,人民法院不予支持。

人民法院判决驳回管理人提起的抵销无效诉讼请求的,该抵销自管理人收到主张债务抵销的通知之日起生效。

**第四十三条** 债权人主张抵销,管理人以下列理由

提出异议的,人民法院不予支持：

(一)破产申请受理时,债务人对债权人负有的债务尚未到期；

(二)破产申请受理时,债权人对债务人负有的债务尚未到期；

(三)双方互负债务标的物种类、品质不同。

**第四十四条** 破产申请受理前六个月内,债务人有企业破产法第二条第一款规定的情形,债务人与个别债权人以抵销方式对个别债权人清偿,其抵销的债权债务属于企业破产法第四十条第(二)、(三)项规定的情形之一,管理人在破产申请受理之日起三个月内向人民法院提起诉讼,主张该抵销无效的,人民法院应予支持。

**第四十五条** 企业破产法第四十条所列不得抵销情形的债权人,主张以其对债务人特定财产享有优先受偿权的债权,与债务人对其不享有优先受偿权的债权抵销,债务人管理人以抵销存在企业破产法第四十条规定的情形提出异议的,人民法院不予支持。但是,用以抵销的债权大于债权人享有优先受偿权财产价值的除外。

**第四十六条** 债务人的股东主张以下列债务与债务人对其负有的债务抵销,债务人管理人提出异议的,人民法院应予支持：

(一)债务人股东因欠缴债务人的出资或者抽逃出资对债务人所负的债务；

(二)债务人股东滥用股东权利或者关联关系损害公司利益对债务人所负的债务。

**第四十七条** 人民法院受理破产申请后,当事人提起的有关债务人的民事诉讼案件,应当依据企业破产法第二十一条的规定,由受理破产申请的人民法院管辖。

受理破产申请的人民法院管辖的有关债务人的第一审民事案件,可以依据民事诉讼法第三十八条的规定,由上级人民法院提审,或者报请上级人民法院批准后交下级人民法院审理。

受理破产申请的人民法院,如对有关债务人的海事纠纷、专利纠纷、证券市场因虚假陈述引发的民事赔偿纠纷等案件不能行使管辖权的,可以依据民事诉讼法第三十七条的规定,由上级人民法院指定管辖。

**第四十八条** 本规定施行前本院发布的有关企业破产的司法解释,与本规定相抵触的,自本规定施行之日起不再适用。

# 最高人民法院关于适用《中华人民共和国企业破产法》若干问题的规定(三)

- 2019年2月25日最高人民法院审判委员会第1762次会议通过
- 根据2020年12月23日最高人民法院审判委员会第1823次会议通过的《最高人民法院关于修改〈最高人民法院关于破产企业国有划拨土地使用权应否列入破产财产等问题的批复〉等二十九件商事类司法解释的决定》修正
- 2020年12月29日最高人民法院公告公布
- 自2021年1月1日起施行
- 法释〔2020〕18号

为正确适用《中华人民共和国企业破产法》,结合审判实践,就人民法院审理企业破产案件中有关债权人权利行使等相关法律适用问题,制定本规定。

**第一条** 人民法院裁定受理破产申请的,此前债务人尚未支付的公司强制清算费用、未终结的执行程序中产生的评估费、公告费、保管费等执行费用,可以参照企业破产法关于破产费用的规定,由债务人财产随时清偿。

此前债务人尚未支付的案件受理费、执行申请费,可以作为破产债权清偿。

**第二条** 破产申请受理后,经债权人会议决议通过,或者第一次债权人会议召开前经人民法院许可,管理人或者自行管理的债务人可以为债务人继续营业而借款。提供借款的债权人主张参照企业破产法第四十二条第四项的规定优先于普通破产债权清偿的,人民法院应予支持,但其主张优先于此前已就债务人特定财产享有担保的债权清偿的,人民法院不予支持。

管理人或者自行管理的债务人可以为前述借款设定抵押担保,抵押物在破产申请受理前已为其他债权人设定抵押的,债权人主张按照民法典第四百一十四条规定的顺序清偿,人民法院应予支持。

**第三条** 破产申请受理后,债务人欠缴款项产生的滞纳金,包括债务人未履行生效法律文书应当加倍支付的迟延利息和劳动保险金的滞纳金,债权人作为破产债权申报的,人民法院不予确认。

**第四条** 保证人被裁定进入破产程序的,债权人有权申报其对保证人的保证债权。

主债务未到期的,保证债权在保证人破产申请受理时视为到期。一般保证的保证人主张行使先诉抗辩权的,人民法院不予支持,但债权人在一般保证人破产程序中的分配额应予提存,待一般保证人应承担的保证责任确定后再按照破产清偿比例予以分配。

保证人被确定应当承担保证责任的,保证人的管理人可以就保证人实际承担的清偿额向主债务人或其他债务人行使求偿权。

**第五条** 债务人、保证人均被裁定进入破产程序的,债权人有权向债务人、保证人分别申报债权。

债权人向债务人、保证人均申报全部债权的,从一方破产程序中获得清偿后,其对另一方的债权额不作调整,但债权人的受偿额不得超出其债权总额。保证人履行保证责任后不再享有求偿权。

**第六条** 管理人应当依照企业破产法第五十七条的规定对所申报的债权进行登记造册,详尽记载申报人的姓名、单位、代理人、申报债权额、担保情况、证据、联系方式等事项,形成债权申报登记册。

管理人应当依照企业破产法第五十七条的规定对债权的性质、数额、担保财产、是否超过诉讼时效期间、是否超过强制执行期间等情况进行审查,编制债权表并提交债权人会议核查。

债权表、债权申报登记册及债权申报材料在破产期间由管理人保管,债权人、债务人、债务人职工及其他利害关系人有权查阅。

**第七条** 已经生效法律文书确定的债权,管理人应当予以确认。

管理人认为债权人据以申报债权的生效法律文书确定的债权错误,或者有证据证明债权人与债务人恶意通过诉讼、仲裁或者公证机关赋予强制执行力公证文书的形式虚构债权债务的,应当依法通过审判监督程序向作出该判决、裁定、调解书的人民法院或者上一级人民法院申请撤销生效法律文书,或者向受理破产申请的人民法院申请撤销或者不予执行仲裁裁决、不予执行公证债权文书后,重新确定债权。

**第八条** 债务人、债权人对债权表记载的债权有异议的,应当说明理由和法律依据。经管理人解释或调整后,异议人仍然不服的,或者管理人不予解释或调整的,异议人应当在债权人会议核查结束后十五日内向人民法院提起债权确认的诉讼。当事人之间在破产申请受理前订立有仲裁条款或仲裁协议的,应当向选定的仲裁机构申请确认债权债务关系。

**第九条** 债务人对债权表记载的债权有异议向人民法院提起诉讼的,应将被异议债权人列为被告。债权人对债权表记载的他人债权有异议的,应将被异议债权人列为被告;债权人对债权表记载的本人债权有异议的,应将债务人列为被告。

对同一笔债权存在多个异议人,其他异议人申请参加诉讼的,应当列为共同原告。

**第十条** 单个债权人有权查阅债务人财产状况报告、债权人会议决议、债权人委员会决议、管理人监督报告等参与破产程序所必需的债务人财务和经营信息资料。管理人无正当理由不予提供的,债权人可以请求人民法院作出决定;人民法院应当在五日内作出决定。

上述信息资料涉及商业秘密的,债权人应当依法承担保密义务或者签署保密协议;涉及国家秘密的应当依照相关法律规定处理。

**第十一条** 债权人会议的决议除现场表决外,可以由管理人事先将相关决议事项告知债权人,采取通信、网络投票等非现场方式进行表决。采取非现场方式进行表决的,管理人应当在债权人会议召开后的三日内,以信函、电子邮件、公告等方式将表决结果告知参与表决的债权人。

根据企业破产法第八十二条规定,对重整计划草案进行分组表决时,权益因重整计划草案受到调整或者影响的债权人或者股东,有权参加表决;权益未受到调整或者影响的债权人或者股东,参照企业破产法第八十三条的规定,不参加重整计划草案的表决。

**第十二条** 债权人会议的决议具有以下情形之一,损害债权人利益,债权人申请撤销的,人民法院应予支持:

(一)债权人会议的召开违反法定程序;
(二)债权人会议的表决违反法定程序;
(三)债权人会议的决议内容违法;
(四)债权人会议的决议超出债权人会议的职权范围。

人民法院可以裁定撤销全部或者部分事项决议,责令债权人会议依法重新作出决议。

债权人申请撤销债权人会议决议的,应当提出书面申请。债权人会议采取通信、网络投票等非现场方式进行表决的,债权人申请撤销的期限自债权人收到通知之日起算。

**第十三条** 债权人会议可以依照企业破产法第六十八条第一款第四项的规定,委托债权人委员会行使企业破产法第六十一条第一款第二、三、五项规定的债权人会议职权。债权人会议不得作出概括性授权,委托其行使债权人会议所有职权。

**第十四条** 债权人委员会决定所议事项应获得全体

成员过半数通过,并作成议事记录。债权人委员会成员对所议事项的决议有不同意见的,应当在记录中载明。

债权人委员会行使职权应当接受债权人会议的监督,以适当的方式向债权人会议及时汇报工作,并接受人民法院的指导。

**第十五条** 管理人处分企业破产法第六十九条规定的债务人重大财产的,应当事先制作财产管理或者变价方案并提交债权人会议进行表决,债权人会议表决未通过的,管理人不得处分。

管理人实施处分前,应当根据企业破产法第六十九条的规定,提前十日书面报告债权人委员会或者人民法院。债权人委员会可以依照企业破产法第六十八条第二款的规定,要求管理人对处分行为作出相应说明或者提供有关文件依据。

债权人委员会认为管理人实施的处分行为不符合债权人会议通过的财产管理或变价方案的,有权要求管理人纠正。管理人拒绝纠正的,债权人委员会可以请求人民法院作出决定。

人民法院认为管理人实施的处分行为不符合债权人会议通过的财产管理或变价方案的,应当责令管理人停止处分行为。管理人应当予以纠正,或者提交债权人会议重新表决通过后实施。

**第十六条** 本规定自2019年3月28日起实施。

实施前本院发布的有关企业破产的司法解释,与本规定相抵触的,自本规定实施之日起不再适用。

## 中华人民共和国市场主体登记管理条例

· 2021年4月14日国务院第131次常务会议通过
· 2021年7月27日中华人民共和国国务院令第746号公布
· 自2022年3月1日起施行

### 第一章 总 则

**第一条** 为了规范市场主体登记管理行为,推进法治化市场建设,维护良好市场秩序和市场主体合法权益,优化营商环境,制定本条例。

**第二条** 本条例所称市场主体,是指在中华人民共和国境内以营利为目的从事经营活动的下列自然人、法人及非法人组织:

(一)公司、非公司企业法人及其分支机构;
(二)个人独资企业、合伙企业及其分支机构;
(三)农民专业合作社(联合社)及其分支机构;
(四)个体工商户;
(五)外国公司分支机构;
(六)法律、行政法规规定的其他市场主体。

**第三条** 市场主体应当依照本条例办理登记。未经登记,不得以市场主体名义从事经营活动。法律、行政法规规定无需办理登记的除外。

市场主体登记包括设立登记、变更登记和注销登记。

**第四条** 市场主体登记管理应当遵循依法合规、规范统一、公开透明、便捷高效的原则。

**第五条** 国务院市场监督管理部门主管全国市场主体登记管理工作。

县级以上地方人民政府市场监督管理部门主管本辖区市场主体登记管理工作,加强统筹指导和监督管理。

**第六条** 国务院市场监督管理部门应当加强信息化建设,制定统一的市场主体登记数据和系统建设规范。

县级以上地方人民政府承担市场主体登记工作的部门(以下称登记机关)应当优化市场主体登记办理流程,提高市场主体登记效率,推行当场办结、一次办结、限时办结等制度,实现集中办理、就近办理、网上办理、异地可办,提升市场主体登记便利化程度。

**第七条** 国务院市场监督管理部门和国务院有关部门应当推动市场主体登记信息与其他政府信息的共享和运用,提升政府服务效能。

### 第二章 登记事项

**第八条** 市场主体的一般登记事项包括:
(一)名称;
(二)主体类型;
(三)经营范围;
(四)住所或者主要经营场所;
(五)注册资本或者出资额;
(六)法定代表人、执行事务合伙人或者负责人姓名。

除前款规定外,还应当根据市场主体类型登记下列事项:

(一)有限责任公司股东、股份有限公司发起人、非公司企业法人出资人的姓名或者名称;
(二)个人独资企业的投资人姓名及居所;
(三)合伙企业的合伙人名称或者姓名、住所、承担责任方式;
(四)个体工商户的经营者姓名、住所、经营场所;
(五)法律、行政法规规定的其他事项。

**第九条** 市场主体的下列事项应当向登记机关办理备案:

（一）章程或者合伙协议；

（二）经营期限或者合伙期限；

（三）有限责任公司股东或者股份有限公司发起人认缴的出资数额，合伙企业合伙人认缴或者实际缴付的出资数额、缴付期限和出资方式；

（四）公司董事、监事、高级管理人员；

（五）农民专业合作社（联合社）成员；

（六）参加经营的个体工商户家庭成员姓名；

（七）市场主体登记联络员、外商投资企业法律文件送达接受人；

（八）公司、合伙企业等市场主体受益所有人相关信息；

（九）法律、行政法规规定的其他事项。

第十条　市场主体只能登记一个名称，经登记的市场主体名称受法律保护。

市场主体名称由申请人依法自主申报。

第十一条　市场主体只能登记一个住所或者主要经营场所。

电子商务平台内的自然人经营者可以根据国家有关规定，将电子商务平台提供的网络经营场所作为经营场所。

省、自治区、直辖市人民政府可以根据有关法律、行政法规的规定和本地区实际情况，自行或者授权下级人民政府对住所或者主要经营场所作出更加便利市场主体从事经营活动的具体规定。

第十二条　有下列情形之一的，不得担任公司、非公司企业法人的法定代表人：

（一）无民事行为能力或者限制民事行为能力；

（二）因贪污、贿赂、侵占财产、挪用财产或者破坏社会主义市场经济秩序被判处刑罚，执行期满未逾5年，或者因犯罪被剥夺政治权利，执行期满未逾5年；

（三）担任破产清算的公司、非公司企业法人的法定代表人、董事或者厂长、经理，对破产负有个人责任的，自破产清算完结之日起未逾3年；

（四）担任因违法被吊销营业执照、责令关闭的公司、非公司企业法人的法定代表人，并负有个人责任的，自被吊销营业执照之日起未逾3年；

（五）个人所负数额较大的债务到期未清偿；

（六）法律、行政法规规定的其他情形。

第十三条　除法律、行政法规或者国务院决定另有规定外，市场主体的注册资本或者出资额实行认缴登记制，以人民币表示。

出资方式应当符合法律、行政法规的规定。公司股东、非公司企业法人出资人、农民专业合作社（联合社）成员不得以劳务、信用、自然人姓名、商誉、特许经营权或者设定担保的财产等作价出资。

第十四条　市场主体的经营范围包括一般经营项目和许可经营项目。经营范围中属于在登记前依法须经批准的许可经营项目，市场主体应当在申请登记时提交有关批准文件。

市场主体应当按照登记机关公布的经营项目分类标准办理经营范围登记。

## 第三章　登记规范

第十五条　市场主体实行实名登记。申请人应当配合登记机关核验身份信息。

第十六条　申请办理市场主体登记，应当提交下列材料：

（一）申请书；

（二）申请人资格文件、自然人身份证明；

（三）住所或者主要经营场所相关文件；

（四）公司、非公司企业法人、农民专业合作社（联合社）章程或者合伙企业合伙协议；

（五）法律、行政法规和国务院市场监督管理部门规定提交的其他材料。

国务院市场监督管理部门应当根据市场主体类型分别制定登记材料清单和文书格式样本，通过政府网站、登记机关服务窗口等向社会公开。

登记机关能够通过政务信息共享平台获取的市场主体登记相关信息，不得要求申请人重复提供。

第十七条　申请人应当对提交材料的真实性、合法性和有效性负责。

第十八条　申请人可以委托其他自然人或者中介机构代其办理市场主体登记。受委托的自然人或者中介机构代为办理登记事宜应当遵守有关规定，不得提供虚假信息和材料。

第十九条　登记机关应当对申请材料进行形式审查。对申请材料齐全、符合法定形式的予以确认并当场登记。不能当场登记的，应当在3个工作日内予以登记；情形复杂的，经登记机关负责人批准，可以再延长3个工作日。

申请材料不齐全或者不符合法定形式的，登记机关应当一次性告知申请人需要补正的材料。

第二十条　登记申请不符合法律、行政法规规定，或者可能危害国家安全、社会公共利益的，登记机关不予登记并说明理由。

第二十一条 申请人申请市场主体设立登记,登记机关依法予以登记的,签发营业执照。营业执照签发日期为市场主体的成立日期。

法律、行政法规或者国务院决定规定设立市场主体须经批准的,应当在批准文件有效期内向登记机关申请登记。

第二十二条 营业执照分为正本和副本,具有同等法律效力。

电子营业执照与纸质营业执照具有同等法律效力。

营业执照样式、电子营业执照标准由国务院市场监督管理部门统一制定。

第二十三条 市场主体设立分支机构,应当向分支机构所在地的登记机关申请登记。

第二十四条 市场主体变更登记事项,应当自作出变更决议、决定或者法定变更事项发生之日起30日内向登记机关申请变更登记。

市场主体变更登记事项属于依法须经批准的,申请人应当在批准文件有效期内向登记机关申请变更登记。

第二十五条 公司、非公司企业法人的法定代表人在任职期间发生本条例第十二条所列情形之一的,应当向登记机关申请变更登记。

第二十六条 市场主体变更经营范围,属于依法须经批准的项目的,应当自批准之日起30日内申请变更登记。许可证或者批准文件被吊销、撤销或者有效期届满的,应当自许可证或者批准文件被吊销、撤销或者有效期届满之日起30日内向登记机关申请变更登记或者办理注销登记。

第二十七条 市场主体变更住所或者主要经营场所跨登记机关辖区的,应当在迁入新的住所或者主要经营场所前,向迁入地登记机关申请变更登记。迁出地登记机关无正当理由不得拒绝移交市场主体档案等相关材料。

第二十八条 市场主体变更登记涉及营业执照记载事项的,登记机关应当及时为市场主体换发营业执照。

第二十九条 市场主体变更本条例第九条规定的备案事项的,应当自作出变更决议、决定或者法定变更事项发生之日起30日内向登记机关办理备案。农民专业合作社(联合社)成员发生变更的,应当自本会计年度终了之日起90日内向登记机关办理备案。

第三十条 因自然灾害、事故灾难、公共卫生事件、社会安全事件等原因造成经营困难的,市场主体可以自主决定在一定时期内歇业。法律、行政法规另有规定的除外。

市场主体应当在歇业前与职工依法协商劳动关系处理等有关事项。

市场主体应当在歇业前向登记机关办理备案。登记机关通过国家企业信用信息公示系统向社会公示歇业期限、法律文书送达地址等信息。

市场主体歇业的期限最长不得超过3年。市场主体在歇业期间开展经营活动的,视为恢复营业,市场主体应当通过国家企业信用信息公示系统向社会公示。

市场主体歇业期间,可以以法律文书送达地址代替住所或者主要经营场所。

第三十一条 市场主体因解散、被宣告破产或者其他法定事由需要终止的,应当依法向登记机关申请注销登记。经登记机关注销登记,市场主体终止。

市场主体注销依法须经批准的,应当经批准后向登记机关申请注销登记。

第三十二条 市场主体注销登记前依法应当清算的,清算组应当自成立之日起10日内将清算组成员、清算组负责人名单通过国家企业信用信息公示系统公告。清算组可以通过国家企业信用信息公示系统发布债权人公告。

清算组应当自清算结束之日起30日内向登记机关申请注销登记。市场主体申请注销登记前,应当依法办理分支机构注销登记。

第三十三条 市场主体未发生债权债务或者已将债权债务清偿完结,未发生或者已结清清偿费用、职工工资、社会保险费用、法定补偿金、应缴纳税款(滞纳金、罚款),并由全体投资人书面承诺对上述情况的真实性承担法律责任的,可以按照简易程序办理注销登记。

市场主体应当将承诺书及注销登记申请通过国家企业信用信息公示系统公示,公示期为20日。在公示期内无相关部门、债权人及其他利害关系人提出异议的,市场主体可以于公示期届满之日起20日内向登记机关申请注销登记。

个体工商户按照简易程序办理注销登记的,无需公示,由登记机关将个体工商户的注销登记申请推送至税务等有关部门,有关部门在10日内没有提出异议的,可以直接办理注销登记。

市场主体注销依法须经批准的,或者市场主体被吊销营业执照、责令关闭、撤销,或者被列入经营异常名录的,不适用简易注销程序。

第三十四条　人民法院裁定强制清算或者裁定宣告破产的，有关清算组、破产管理人可以持人民法院终结强制清算程序的裁定或者终结破产程序的裁定，直接向登记机关申请办理注销登记。

## 第四章　监督管理

第三十五条　市场主体应当按照国家有关规定公示年度报告和登记相关信息。

第三十六条　市场主体应当将营业执照置于住所或者主要经营场所的醒目位置。从事电子商务经营的市场主体应当在其首页显著位置持续公示营业执照信息或者相关链接标识。

第三十七条　任何单位和个人不得伪造、涂改、出租、出借、转让营业执照。

营业执照遗失或者毁坏的，市场主体应当通过国家企业信用信息公示系统声明作废，申请补领。

登记机关依法作出变更登记、注销登记和撤销登记决定的，市场主体应当缴回营业执照。拒不缴回或者无法缴回营业执照的，由登记机关通过国家企业信用信息公示系统公告营业执照作废。

第三十八条　登记机关应当根据市场主体的信用风险状况实施分级分类监管。

登记机关应当采取随机抽取检查对象、随机选派执法检查人员的方式，对市场主体登记事项进行监督检查，并及时向社会公开监督检查结果。

第三十九条　登记机关对市场主体涉嫌违反本条例规定的行为进行查处，可以行使下列职权：

（一）进入市场主体的经营场所实施现场检查；

（二）查阅、复制、收集与市场主体经营活动有关的合同、票据、账簿以及其他资料；

（三）向与市场主体经营活动有关的单位和个人调查了解情况；

（四）依法责令市场主体停止相关经营活动；

（五）依法查询涉嫌违法的市场主体的银行账户；

（六）法律、行政法规规定的其他职权。

登记机关行使前款第四项、第五项规定的职权的，应当经登记机关主要负责人批准。

第四十条　提交虚假材料或者采取其他欺诈手段隐瞒重要事实取得市场主体登记的，受虚假市场主体登记影响的自然人、法人和其他组织可以向登记机关提出撤销市场主体登记的申请。

登记机关受理申请后，应当及时开展调查。经调查认定存在虚假市场主体登记情形的，登记机关应当撤销市场主体登记。相关市场主体和人员无法联系或者拒不配合的，登记机关可以将相关市场主体的登记时间、登记事项等通过国家企业信用信息公示系统向社会公示，公示期为45日。相关市场主体及其利害关系人在公示期内没有提出异议的，登记机关可以撤销市场主体登记。

因虚假市场主体登记被撤销的市场主体，其直接责任人自市场主体登记被撤销之日起3年内不得再次申请市场主体登记。登记机关应当通过国家企业信用信息公示系统予以公示。

第四十一条　有下列情形之一的，登记机关可以不予撤销市场主体登记：

（一）撤销市场主体登记可能对社会公共利益造成重大损害；

（二）撤销市场主体登记后无法恢复到登记前的状态；

（三）法律、行政法规规定的其他情形。

第四十二条　登记机关或者其上级机关认定撤销市场主体登记决定错误的，可以撤销该决定，恢复原登记状态，并通过国家企业信用信息公示系统公示。

## 第五章　法律责任

第四十三条　未经设立登记从事经营活动的，由登记机关责令改正，没收违法所得；拒不改正的，处1万元以上10万元以下的罚款；情节严重的，依法责令关闭停业，并处10万元以上50万元以下的罚款。

第四十四条　提交虚假材料或者采取其他欺诈手段隐瞒重要事实取得市场主体登记的，由登记机关责令改正，没收违法所得，并处5万元以上20万元以下的罚款；情节严重的，处20万元以上100万元以下的罚款，吊销营业执照。

第四十五条　实行注册资本实缴登记制的市场主体虚报注册资本取得市场主体登记的，由登记机关责令改正，处虚报注册资本金额5%以上15%以下的罚款；情节严重的，吊销营业执照。

实行注册资本实缴登记制的市场主体的发起人、股东虚假出资，未交付或者未按期交付作为出资的货币或者非货币财产的，或者在市场主体成立后抽逃出资的，由登记机关责令改正，处虚假出资金额5%以上15%以下的罚款。

第四十六条　市场主体未依照本条例办理变更登记的，由登记机关责令改正；拒不改正的，处1万元以上10万元以下的罚款；情节严重的，吊销营业执照。

第四十七条　市场主体未依照本条例办理备案的，

由登记机关责令改正；拒不改正的，处5万元以下的罚款。

**第四十八条** 市场主体未依照本条例将营业执照置于住所或者主要经营场所醒目位置的，由登记机关责令改正；拒不改正的，处3万元以下的罚款。

从事电子商务经营的市场主体未在其首页显著位置持续公示营业执照信息或者相关链接标识的，由登记机关依照《中华人民共和国电子商务法》处罚。

市场主体伪造、涂改、出租、出借、转让营业执照的，由登记机关没收违法所得，处10万元以下的罚款；情节严重的，处10万元以上50万元以下的罚款，吊销营业执照。

**第四十九条** 违反本条例规定的，登记机关确定罚款金额时，应当综合考虑市场主体的类型、规模、违法情节等因素。

**第五十条** 登记机关及其工作人员违反本条例规定未履行职责或者履行职责不当的，对直接负责的主管人员和其他直接责任人员依法给予处分。

**第五十一条** 违反本条例规定，构成犯罪的，依法追究刑事责任。

**第五十二条** 法律、行政法规对市场主体登记管理违法行为处罚另有规定的，从其规定。

## 第六章 附 则

**第五十三条** 国务院市场监督管理部门可以依照本条例制定市场主体登记和监督管理的具体办法。

**第五十四条** 无固定经营场所摊贩的管理办法，由省、自治区、直辖市人民政府根据当地实际情况另行规定。

**第五十五条** 本条例自2022年3月1日起施行。《中华人民共和国公司登记管理条例》、《中华人民共和国企业法人登记管理条例》、《中华人民共和国合伙企业登记管理办法》、《农民专业合作社登记管理条例》、《企业法人法定代表人登记管理规定》同时废止。

## 中华人民共和国市场主体登记管理条例实施细则

·2022年3月1日国家市场监督管理总局令第52号公布
·自公布之日起施行

### 第一章 总 则

**第一条** 根据《中华人民共和国市场主体登记管理条例》(以下简称《条例》)等有关法律法规，制定本实施细则。

**第二条** 市场主体登记管理应当遵循依法合规、规范统一、公开透明、便捷高效的原则。

**第三条** 国家市场监督管理总局主管全国市场主体统一登记管理工作，制定市场主体登记管理的制度措施，推进登记全程电子化，规范登记行为，指导地方登记机关依法有序开展登记管理工作。

县级以上地方市场监督管理部门主管本辖区市场主体登记管理工作，加强对辖区内市场主体登记管理工作的统筹指导和监督管理，提升登记管理水平。

县级市场监督管理部门的派出机构可以依法承担个体工商户等市场主体的登记管理职责。

各级登记机关依法履行登记管理职责，执行全国统一的登记管理政策文件和规范要求，使用统一的登记材料、文书格式，以及省级统一的市场主体登记管理系统，优化登记办理流程，推行网上办理等便捷方式，健全数据安全管理制度，提供规范化、标准化登记管理服务。

**第四条** 省级以上人民政府或者其授权的国有资产监督管理机构履行出资人职责的公司，以及该公司投资设立并持有50%以上股权或者股份的公司的登记管理由省级登记机关负责；股份有限公司的登记管理由地市级以上地方登记机关负责。

除前款规定的情形外，省级市场监督管理部门依法对本辖区登记管辖作出统一规定；上级登记机关在特定情形下，可以依法将部分市场主体登记管理工作交由下级登记机关承担，或者承担下级登记机关的部分登记管理工作。

外商投资企业登记管理由国家市场监督管理总局或者其授权的地方市场监督管理部门负责。

**第五条** 国家市场监督管理总局应当加强信息化建设，统一登记管理业务规范、数据标准和平台服务接口，归集全国市场主体登记管理信息。

省级市场监督管理部门主管本辖区登记管理信息化建设，建立统一的市场主体登记管理系统，归集市场主体登记管理信息，规范市场主体登记注册流程，提升政务服务水平，强化部门间信息共享和业务协同，提升市场主体登记管理便利化程度。

### 第二章 登记事项

**第六条** 市场主体应当按照类型依法登记下列事项：

（一）公司：名称、类型、经营范围、住所、注册资本、法定代表人姓名、有限责任公司股东或者股份有限公司发起人姓名或者名称。

（二）非公司企业法人：名称、类型、经营范围、住所、出资额、法定代表人姓名、出资人（主管部门）名称。
（三）个人独资企业：名称、类型、经营范围、住所、出资额、投资人姓名及居所。
（四）合伙企业：名称、类型、经营范围、主要经营场所、出资额、执行事务合伙人名称或者姓名，合伙人名称或者姓名、住所、承担责任方式。执行事务合伙人是法人或者其他组织的，登记事项还应当包括其委派的代表姓名。
（五）农民专业合作社（联合社）：名称、类型、经营范围、住所、出资额、法定代表人姓名。
（六）分支机构：名称、类型、经营范围、经营场所、负责人姓名。
（七）个体工商户：组成形式、经营范围、经营场所、经营者姓名、住所。个体工商户使用名称的，登记事项还应当包括名称。
（八）法律、行政法规规定的其他事项。
**第七条** 市场主体应当按照类型依法备案下列事项：
（一）公司：章程、经营期限、有限责任公司股东或者股份有限公司发起人认缴的出资数额、董事、监事、高级管理人员、登记联络员、外商投资公司法律文件送达接受人。
（二）非公司企业法人：章程、经营期限、登记联络员。
（三）个人独资企业：登记联络员。
（四）合伙企业：合伙协议、合伙期限、合伙人认缴或者实际缴付的出资数额、缴付期限和出资方式、登记联络员、外商投资合伙企业法律文件送达接受人。
（五）农民专业合作社（联合社）：章程、成员、登记联络员。
（六）分支机构：登记联络员。
（七）个体工商户：家庭参加经营的家庭成员姓名、登记联络员。
（八）公司、合伙企业等市场主体受益所有人相关信息。
（九）法律、行政法规规定的其他事项。
上述备案事项由登记机关在设立登记时一并进行信息采集。
受益所有人信息管理制度由中国人民银行会同国家市场监督管理总局另行制定。
**第八条** 市场主体名称由申请人依法自主申报。

**第九条** 申请人应当依法申请登记下列市场主体类型：
（一）有限责任公司、股份有限公司；
（二）全民所有制企业、集体所有制企业、联营企业；
（三）个人独资企业；
（四）普通合伙（含特殊普通合伙）企业、有限合伙企业；
（五）农民专业合作社、农民专业合作社联合社；
（六）个人经营的个体工商户、家庭经营的个体工商户。
分支机构应当按所属市场主体类型注明分公司或者相应的分支机构。
**第十条** 申请人应当根据市场主体类型依法向其住所（主要经营场所、经营场所）所在地具有登记管辖权的登记机关办理登记。
**第十一条** 申请人申请登记市场主体法定代表人、执行事务合伙人（含委派代表），应当符合章程或者协议约定。
合伙协议未约定或者全体合伙人未决定委托执行事务合伙人的，除有限合伙人外，申请人应当将其他合伙人均登记为执行事务合伙人。
**第十二条** 申请人应当按照国家市场监督管理总局发布的经营范围规范目录，根据市场主体主要行业或者经营特征自主选择一般经营项目和许可经营项目，申请办理经营范围登记。
**第十三条** 申请人申请登记的市场主体注册资本（出资额）应当符合章程或者协议约定。
市场主体注册资本（出资额）以人民币表示。外商投资企业的注册资本（出资额）可以用可自由兑换的货币表示。
依法以境内公司股权或者债权出资的，应当权属清楚、权能完整，依法可以评估、转让，符合公司章程规定。

### 第三章 登记规范

**第十四条** 申请人可以自行或者指定代表人、委托代理人办理市场主体登记、备案事项。
**第十五条** 申请人应当在申请材料上签名或者盖章。
申请人可以通过全国统一电子营业执照系统等电子签名工具和途径进行电子签名或者电子签章。符合法律规定的可靠电子签名、电子签章与手写签名或者盖章具有同等法律效力。
**第十六条** 在办理登记、备案事项时，申请人应当配合登记机关通过实名认证系统,采用人脸识别等方式对下列人员进行实名验证：

（一）法定代表人、执行事务合伙人（含委派代表）、负责人；

（二）有限责任公司股东、股份有限公司发起人、公司董事、监事及高级管理人员；

（三）个人独资企业投资人、合伙企业合伙人、农民专业合作社（联合社）成员、个体工商户经营者；

（四）市场主体登记联络员、外商投资企业法律文件送达接受人；

（五）指定的代表人或者委托代理人。

因特殊原因，当事人无法通过实名认证系统核验身份信息的，可以提交经依法公证的自然人身份证明文件，或者由本人持身份证件到现场办理。

第十七条　办理市场主体登记、备案事项，申请人可以到登记机关现场提交申请，也可以通过市场主体登记注册系统提出申请。

申请人对申请材料的真实性、合法性、有效性负责。

办理市场主体登记、备案事项，应当遵守法律法规，诚实守信，不得利用市场主体登记，牟取非法利益，扰乱市场秩序，危害国家安全、社会公共利益。

第十八条　申请材料齐全、符合法定形式的，登记机关予以确认，并当场登记，出具登记通知书，及时制发营业执照。

不予当场登记的，登记机关应当向申请人出具接收申请材料凭证，并在3个工作日内对申请材料进行审查；情形复杂的，经登记机关负责人批准，可以延长3个工作日，并书面告知申请人。

申请材料不齐全或者不符合法定形式的，登记机关应当将申请材料退还申请人，并一次性告知申请人需要补正的材料。申请人补正后，应当重新提交申请材料。

不属于市场主体登记范畴或者不属于本登记机关登记管辖范围的事项，登记机关应当告知申请人向有关行政机关申请。

第十九条　市场主体登记申请不符合法律、行政法规或者国务院决定规定，或者可能危害国家安全、社会公共利益的，登记机关不予登记，并出具不予登记通知书。

利害关系人就市场主体申请材料的真实性、合法性、有效性或者其他有关实体权利提起诉讼或者仲裁，对登记机关依法登记造成影响的，申请人应当在诉讼或者仲裁终结后，向登记机关申请办理登记。

第二十条　市场主体法定代表人依法受到任职资格限制的，在申请办理其他变更登记时，应当依法及时申请办理法定代表人变更登记。

市场主体因通过登记的住所（主要经营场所、经营场所）无法取得联系被列入经营异常名录的，在申请办理其他变更登记时，应当依法及时申请办理住所（主要经营场所、经营场所）变更登记。

第二十一条　公司或者农民专业合作社（联合社）合并、分立的，可以通过国家企业信用信息公示系统公告，公告期45日，应当于公告期届满后申请办理登记。

非公司企业法人合并、分立的，应当经出资人（主管部门）批准，自批准之日起30日内申请办理登记。

市场主体设立分支机构的，应当自决定作出之日起30日内向分支机构所在地登记机关申请办理登记。

第二十二条　法律、行政法规或者国务院决定规定市场主体申请登记、备案事项前需要审批的，在办理登记、备案时，应当在有效期内提交有关批准文件或者许可证书。有关批准文件或者许可证书未规定有效期限，自批准之日起超过90日的，申请人应当报审批机关确认其效力或者另行报批。

市场主体设立后，前款规定批准文件或者许可证书内容有变化、被吊销、撤销或者有效期届满的，应当自批准文件、许可证书重新批准之日或者被吊销、撤销、有效期届满之日起30日内申请办理变更登记或者注销登记。

第二十三条　市场主体营业执照应当载明名称、法定代表人（执行事务合伙人、个人独资企业投资人、经营者或者负责人）姓名、类型（组成形式）、注册资本（出资额）、住所（主要经营场所、经营场所）、经营范围、登记机关、成立日期、统一社会信用代码。

电子营业执照与纸质营业执照具有同等法律效力，市场主体可以凭电子营业执照开展经营活动。

市场主体在办理涉及营业执照记载事项变更登记或者申请注销登记时，需要在提交申请时一并缴回纸质营业执照正、副本。对于市场主体营业执照拒不缴回或者无法缴回的，登记机关在完成变更登记或者注销登记后，通过国家企业信用信息公示系统公告营业执照作废。

第二十四条　外国投资者在中国境内设立外商投资企业，其主体资格文件或者自然人身份证明应当经所在国家公证机关公证并经中国驻该国使（领）馆认证。中国与有关国家缔结或者共同参加的国际条约对认证另有规定的除外。

香港特别行政区、澳门特别行政区和台湾地区投资者的主体资格文件或者自然人身份证明应当按照专项规定或者协议,依法提供当地公证机构的公证文件。按照国家有关规定,无需提供公证文件的除外。

## 第四章 设立登记

**第二十五条** 申请办理设立登记,应当提交下列材料:

(一)申请书;

(二)申请人主体资格文件或者自然人身份证明;

(三)住所(主要经营场所、经营场所)相关文件;

(四)公司、非公司企业法人、农民专业合作社(联合社)章程或者合伙企业合伙协议。

**第二十六条** 申请办理公司设立登记,还应当提交法定代表人、董事、监事和高级管理人员的任职文件和自然人身份证明。

除前款规定的材料外,募集设立股份有限公司还应当提交依法设立的验资机构出具的验资证明;公开发行股票的,还应当提交国务院证券监督管理机构的核准或者注册文件。涉及发起人首次出资属于非货币财产的,还应当提交已办理财产权转移手续的证明文件。

**第二十七条** 申请设立非公司企业法人,还应当提交法定代表人的任职文件和自然人身份证明。

**第二十八条** 申请设立合伙企业,还应当提交下列材料:

(一)法律、行政法规规定设立特殊的普通合伙企业需要提交合伙人的职业资格文件的,提交相应材料;

(二)全体合伙人决定委托执行事务合伙人的,应当提交全体合伙人的委托书和执行事务合伙人的主体资格文件或者自然人身份证明。执行事务合伙人是法人或者其他组织的,还应当提交其委派代表的委托书和自然人身份证明。

**第二十九条** 申请设立农民专业合作社(联合社),还应当提交下列材料:

(一)全体设立人签名或者盖章的设立大会纪要;

(二)法定代表人、理事的任职文件和自然人身份证明;

(三)成员名册和出资清单,以及成员主体资格文件或者自然人身份证明。

**第三十条** 申请办理分支机构设立登记,还应当提交负责人的任职文件和自然人身份证明。

## 第五章 变更登记

**第三十一条** 市场主体变更登记事项,应当自作出变更决议、决定或者法定变更事项发生之日起30日内申请办理变更登记。

市场主体登记事项变更涉及分支机构登记事项变更的,应当自市场主体登记事项变更登记之日起30日内申请办理分支机构变更登记。

**第三十二条** 申请办理变更登记,应当提交申请书,并根据市场主体类型及具体变更事项分别提交下列材料:

(一)公司变更事项涉及章程修改的,应当提交修改后的章程或者章程修正案;需要对修改章程作出决议决定的,还应当提交相关决议决定;

(二)合伙企业应当提交全体合伙人或者合伙协议约定的人员签署的变更决定书;变更事项涉及修改合伙协议的,应当提交由全体合伙人签署或者合伙协议约定的人员签署修改或者补充的合伙协议;

(三)农民专业合作社(联合社)应当提交成员大会或者成员代表大会作出的变更决议;变更事项涉及章程修改的应当提交修改后的章程或者章程修正案。

**第三十三条** 市场主体更换法定代表人、执行事务合伙人(含委派代表)、负责人的变更登记申请由新任法定代表人、执行事务合伙人(含委派代表)、负责人签署。

**第三十四条** 市场主体变更名称,可以自主申报名称并在保留期届满前申请变更登记,也可以直接申请变更登记。

**第三十五条** 市场主体变更住所(主要经营场所、经营场所),应当在迁入新住所(主要经营场所、经营场所)前向迁入地登记机关申请变更登记,并提交新的住所(主要经营场所、经营场所)使用相关文件。

**第三十六条** 市场主体变更注册资本或者出资额的,应当办理变更登记。

公司增加注册资本,有限责任公司股东认缴新增资本的出资和股份有限公司的股东认购新股的,应当按照设立时缴纳出资和缴纳股款的规定执行。股份有限公司以公开发行新股方式或者上市公司以非公开发行新股方式增加注册资本,还应当提交国务院证券监督管理机构的核准或者注册文件。

公司减少注册资本,可以通过国家企业信用信息公示系统公告,公告期45日,应当于公告期届满后申请变更登记。法律、行政法规或者国务院决定对公司注册资本有最低限额规定的,减少后的注册资本应当不少于最低限额。

外商投资企业注册资本(出资额)币种发生变更,应当向登记机关申请变更登记。

**第三十七条** 公司变更类型,应当按照拟变更类型的设立条件,在规定的期限内申请变更登记,并提交有关材料。

非公司企业法人申请改制为公司,应当按照拟变更的公司类型设立条件,在规定期限内申请变更登记,并提交有关材料。

个体工商户申请转变为企业组织形式,应当按照拟变更的企业类型设立条件申请登记。

**第三十八条** 个体工商户变更经营者,应当在办理注销登记后,由新的经营者重新申请办理登记。双方经营者同时申请办理的,登记机关可以合并办理。

**第三十九条** 市场主体变更备案事项的,应当按照《条例》第二十九条规定办理备案。

农民专业合作社因成员发生变更,农民成员低于法定比例的,应当自事由发生之日起6个月内采取吸收新的农民成员入社等方式使农民成员达到法定比例。农民专业合作社联合社成员退社,成员数低于联合社设立法定条件的,应当自事由发生之日起6个月内采取吸收新的成员入社等方式使农民专业合作社联合社成员达到法定条件。

## 第六章 歇 业

**第四十条** 因自然灾害、事故灾难、公共卫生事件、社会安全事件等原因造成经营困难的,市场主体可以自主决定在一定时期内歇业。法律、行政法规另有规定的除外。

**第四十一条** 市场主体决定歇业的,应当在歇业前向登记机关办理备案。登记机关通过国家企业信用信息公示系统向社会公示歇业期限、法律文书送达地址等信息。

以法律文书送达地址代替住所(主要经营场所、经营场所)的,应当提交法律文书送达地址确认书。

市场主体延长歇业期限,应当于期限届满前30日内按规定办理。

**第四十二条** 市场主体办理歇业备案后,自主决定开展或者已实际开展经营活动的,应当于30日内在国家企业信用信息公示系统上公示终止歇业。

市场主体恢复营业时,登记、备案事项发生变化的,应当及时办理变更登记或者备案。以法律文书送达地址代替住所(主要经营场所、经营场所)的,应当及时办理住所(主要经营场所、经营场所)变更登记。

市场主体备案的歇业期限届满,或者累计歇业满3年,视为自动恢复经营,决定不再经营的,应当及时办理注销登记。

**第四十三条** 歇业期间,市场主体以法律文书送达地址代替原登记的住所(主要经营场所、经营场所)的,不改变歇业市场主体的登记管辖。

## 第七章 注销登记

**第四十四条** 市场主体因解散、被宣告破产或者其他法定事由需要终止的,应当依法向登记机关申请注销登记。依法需要清算的,应当自清算结束之日起30日内申请注销登记。依法不需要清算的,应当自决定作出之日起30日内申请注销登记。市场主体申请注销后,不得从事与注销无关的生产经营活动。自登记机关予以注销登记之日起,市场主体终止。

**第四十五条** 市场主体注销登记前依法应当清算的,清算组应当自成立之日起10日内将清算组成员、清算组负责人名单通过国家企业信用信息公示系统公告。清算组可以通过国家企业信用信息公示系统发布债权人公告。

**第四十六条** 申请办理注销登记,应当提交下列材料:

(一)申请书;

(二)依法作出解散、注销的决议或者决定,或者被行政机关吊销营业执照、责令关闭、撤销的文件;

(三)清算报告、负责清理债权债务的文件或者清理债务完结的证明;

(四)税务部门出具的清税证明。

除前款规定外,人民法院指定清算人、破产管理人进行清算的,应当提交人民法院指定证明;合伙企业分支机构申请注销登记,还应当提交全体合伙人签署的注销分支机构决定书。

个体工商户申请注销登记的,无需提交第二项、第三项材料;因合并、分立而申请市场主体注销登记的,无需提交第三项材料。

**第四十七条** 申请办理简易注销登记,应当提交申请书和全体投资人承诺书。

**第四十八条** 有下列情形之一的,市场主体不得申请办理简易注销登记:

(一)在经营异常名录或者市场监督管理严重违法失信名单中的;

(二)存在股权(财产份额)被冻结、出质或者动产抵押,或者对其他市场主体存在投资的;

(三)正在被立案调查或者采取行政强制措施,正在诉讼或者仲裁程序中的;

(四)被吊销营业执照、责令关闭、撤销的;

（五）受到罚款等行政处罚尚未执行完毕的；
（六）不符合《条例》第三十三条规定的其他情形。
**第四十九条** 申请办理简易注销登记，市场主体应当将承诺书及注销登记申请通过国家企业信用信息公示系统公示，公示期为20日。
在公示期内无相关部门、债权人及其他利害关系人提出异议的，市场主体可以于公示期届满之日起20日内向登记机关申请注销登记。

## 第八章 撤销登记

**第五十条** 对涉嫌提交虚假材料或者采取其他欺诈手段隐瞒重要事实取得市场主体登记的行为，登记机关可以根据当事人申请或者依职权主动进行调查。

**第五十一条** 受虚假登记影响的自然人、法人和其他组织，可以向登记机关提出撤销市场主体登记申请。涉嫌冒用自然人身份的虚假登记，被冒用人应当配合登记机关通过线上或者线下途径核验身份信息。

涉嫌虚假登记市场主体的登记机关发生变更的，由现登记机关负责处理撤销登记，原登记机关应当协助进行调查。

**第五十二条** 登记机关收到申请后，应当在3个工作日内作出是否受理的决定，并书面通知申请人。

有下列情形之一的，登记机关可以不予受理：
（一）涉嫌冒用自然人身份的虚假登记，被冒用人未能通过身份信息核验的；
（二）涉嫌虚假登记的市场主体已注销的，申请撤销注销登记的除外；
（三）其他依法不予受理的情形。

**第五十三条** 登记机关受理申请后，应当于3个月内完成调查，并及时作出撤销或者不予撤销市场主体登记的决定。情形复杂的，经登记机关负责人批准，可以延长3个月。

在调查期间，相关市场主体和人员无法联系或者拒不配合的，登记机关可以将涉嫌虚假登记市场主体的登记时间、登记事项，以及登记机关联系方式等信息通过国家企业信用信息公示系统向社会公示，公示期45日。相关市场主体及其利害关系人在公示期内没有提出异议的，登记机关可以撤销市场主体登记。

**第五十四条** 有下列情形之一的，经当事人或者其他利害关系人申请，登记机关可以中止调查：
（一）有证据证明与涉嫌虚假登记相关的民事权利存在争议的；
（二）涉嫌虚假登记的市场主体正在诉讼或者仲裁程序中的；
（三）登记机关收到有关部门出具的书面意见，证明涉嫌虚假登记的市场主体或者其法定代表人、负责人存在违法案件尚未结案，或者尚未履行相关法定义务的。

**第五十五条** 有下列情形之一的，登记机关可以不予撤销市场主体登记：
（一）撤销市场主体登记可能对社会公共利益造成重大损害；
（二）撤销市场主体登记后无法恢复到登记前的状态；
（三）法律、行政法规规定的其他情形。

**第五十六条** 登记机关作出撤销登记决定后，应当通过国家企业信用信息公示系统向社会公示。

**第五十七条** 同一登记包含多个登记事项，其中部分登记事项被认定为虚假，撤销虚假的登记事项不影响市场主体存续的，登记机关可以仅撤销虚假的登记事项。

**第五十八条** 撤销市场主体备案事项的，参照本章规定执行。

## 第九章 档案管理

**第五十九条** 登记机关应当负责建立市场主体登记管理档案，对在登记、备案过程中形成的具有保存价值的文件依法分类，有序收集管理，推动档案电子化、影像化，提供市场主体登记管理档案查询服务。

**第六十条** 申请查询市场主体登记管理档案，应当按照下列要求提交材料：
（一）公安机关、国家安全机关、检察机关、审判机关、纪检监察机关、审计机关等国家机关进行查询，应当出具本部门公函及查询人员的有效证件；
（二）市场主体查询自身登记管理档案，应当出具授权委托书及查询人员的有效证件；
（三）律师查询与承办法律事务有关市场主体登记管理档案，应当出具执业证书、律师事务所证明以及相关承诺书。

除前款规定情形外，省级以上市场监督管理部门可以结合工作实际，依法对档案查询范围以及提交材料作出规定。

**第六十一条** 登记管理档案查询内容涉及国家秘密、商业秘密、个人信息的，应当按照有关法律法规规定办理。

**第六十二条** 市场主体发生住所（主要经营场所、经营场所）迁移的，登记机关应当于3个月内将所有登记管理档案移交迁入地登记机关管理。档案迁出、迁入应当记录备案。

## 第十章　监督管理

**第六十三条**　市场主体应当于每年1月1日至6月30日,通过国家企业信用信息公示系统报送上一年度年度报告,并向社会公示。

个体工商户可以通过纸质方式报送年度报告,并自主选择年度报告内容是否向社会公示。

歇业的市场主体应当按时公示年度报告。

**第六十四条**　市场主体应当将营业执照(含电子营业执照)置于住所(主要经营场所、经营场所)的醒目位置。

从事电子商务经营的市场主体应当在其首页显著位置持续公示营业执照信息或者其链接标识。

营业执照记载的信息发生变更时,市场主体应当于15日内完成对应信息的更新公示。市场主体被吊销营业执照的,登记机关应当将吊销情况标注于电子营业执照中。

**第六十五条**　登记机关应当对登记注册、行政许可、日常监管、行政执法中的相关信息进行归集,根据市场主体的信用风险状况实施分级分类监管,并强化信用风险分类结果的综合应用。

**第六十六条**　登记机关应当随机抽取检查对象、随机选派执法检查人员,对市场主体的登记备案事项、公示信息情况等进行抽查,并将抽查检查结果通过国家企业信用信息公示系统向社会公示。必要时可以委托会计师事务所、税务师事务所、律师事务所等专业机构开展审计、验资、咨询等相关工作,依法使用其他政府部门作出的检查、核查结果或者专业机构作出的专业结论。

**第六十七条**　市场主体被撤销设立登记、吊销营业执照、责令关闭,6个月内未办理清算组公告或者未申请注销登记的,登记机关可以在国家企业信用信息公示系统上对其作出特别标注并予以公示。

## 第十一章　法律责任

**第六十八条**　未经设立登记从事一般经营活动的,由登记机关责令改正,没收违法所得;拒不改正的,处1万元以上10万元以下的罚款;情节严重的,依法责令关闭停业,并处10万元以上50万元以下的罚款。

**第六十九条**　未经设立登记从事许可经营活动或者未依法取得许可从事经营活动的,由法律、法规或者国务院决定规定的部门予以查处;法律、法规或者国务院决定没有规定或者规定不明确的,由省、自治区、直辖市人民政府确定的部门予以查处。

**第七十条**　市场主体未按照法律、行政法规规定的期限公示或者报送年度报告的,由登记机关列入经营异常名录,可以处1万元以下的罚款。

**第七十一条**　提交虚假材料或者采取其他欺诈手段隐瞒重要事实取得市场主体登记的,由登记机关依法责令改正,没收违法所得,并处5万元以上20万元以下的罚款;情节严重的,处20万元以上100万元以下的罚款,吊销营业执照。

明知或者应当知道申请人提交虚假材料或者采取其他欺诈手段隐瞒重要事实进行市场主体登记,仍接受委托代为办理,或者协助其进行虚假登记的,由登记机关没收违法所得,处10万元以下的罚款。

虚假市场主体登记的直接责任人自市场主体登记被撤销之日起3年内不得再次申请市场主体登记。登记机关应当通过国家企业信用信息公示系统予以公示。

**第七十二条**　市场主体未按规定办理变更登记的,由登记机关责令改正;拒不改正的,处1万元以上10万元以下的罚款;情节严重的,吊销营业执照。

**第七十三条**　市场主体未按规定办理备案的,由登记机关责令改正;拒不改正的,处5万元以下的罚款。

依法应当办理受益所有人信息备案的市场主体,未办理备案的,按照前款规定处理。

**第七十四条**　市场主体未按照本实施细则第四十二条规定公示终止歇业的,由登记机关责令改正;拒不改正的,处3万元以下的罚款。

**第七十五条**　市场主体未按规定将营业执照置于住所(主要经营场所、经营场所)醒目位置的,由登记机关责令改正;拒不改正的,处3万元以下的罚款。

电子商务经营者未在首页显著位置持续公示营业执照信息或者相关链接标识的,由登记机关依照《中华人民共和国电子商务法》处罚。

市场主体伪造、涂改、出租、出借、转让营业执照的,由登记机关没收违法所得,处10万元以下的罚款;情节严重的,处10万元以上50万元以下的罚款,吊销营业执照。

**第七十六条**　利用市场主体登记,牟取非法利益,扰乱市场秩序,危害国家安全、社会公共利益的,法律、行政法规有规定的,依照其规定;法律、行政法规没有规定的,由登记机关处10万元以下的罚款。

**第七十七条**　违反本实施细则规定,登记机关确定罚款幅度时,应当综合考虑市场主体的类型、规模、违法情节等因素。

情节轻微并及时改正,没有造成危害后果的,依法不予行政处罚。初次违法且危害后果轻微并及时改正的,可以不予行政处罚。当事人有证据足以证明没有主观过错的,不予行政处罚。

### 第十二章 附 则

**第七十八条** 本实施细则所指申请人,包括设立登记时的申请人、依法设立后的市场主体。

**第七十九条** 人民法院办理案件需要登记机关协助执行的,登记机关应当按照人民法院的生效法律文书和协助执行通知书,在法定职责范围内办理协助执行事项。

**第八十条** 国家市场监督管理总局根据法律、行政法规、国务院决定及本实施细则,制定登记注册前置审批目录、登记材料和文书格式。

**第八十一条** 法律、行政法规或者国务院决定对登记管理另有规定的,从其规定。

**第八十二条** 本实施细则自公布之日起施行。1988年11月3日原国家工商行政管理局令第1号公布的《中华人民共和国企业法人登记管理条例施行细则》,2000年1月13日原国家工商行政管理局令第94号公布的《个人独资企业登记管理办法》,2011年9月30日原国家工商行政管理总局令第56号公布的《个体工商户登记管理办法》,2014年2月20日原国家工商行政管理总局令第64号公布的《公司注册资本登记管理规定》,2015年8月27日原国家工商行政管理总局令第76号公布的《企业经营范围登记管理规定》同时废止。

## 企业名称登记管理规定

- 1991年5月6日中华人民共和国国家工商行政管理局令第7号发布
- 根据2012年11月9日《国务院关于修改和废止部分行政法规的决定》第一次修订
- 2020年12月14日国务院第118次常务会议修订通过
- 2020年12月28日中华人民共和国国务院令第734号公布
- 自2021年3月1日起施行

**第一条** 为了规范企业名称登记管理,保护企业的合法权益,维护社会经济秩序,优化营商环境,制定本规定。

**第二条** 县级以上人民政府市场监督管理部门(以下统称企业登记机关)负责中国境内设立企业的企业名称登记管理。

国务院市场监督管理部门主管全国企业名称登记管理工作,负责制定企业名称登记管理的具体规范。

省、自治区、直辖市人民政府市场监督管理部门负责建立本行政区域统一的企业名称申报系统和企业名称数据库,并向社会开放。

**第三条** 企业登记机关应当不断提升企业名称登记管理规范化、便利化水平,为企业和群众提供高效、便捷的服务。

**第四条** 企业只能登记一个企业名称,企业名称受法律保护。

**第五条** 企业名称应当使用规范汉字。民族自治地方的企业名称可以同时使用本民族自治地方通用的民族文字。

**第六条** 企业名称由行政区划名称、字号、行业或者经营特点、组织形式组成。跨省、自治区、直辖市经营的企业,其名称可以不含行政区划名称;跨行业综合经营的企业,其名称可以不含行业或者经营特点。

**第七条** 企业名称中的行政区划名称应当是企业所在地的县级以上地方行政区划名称。市辖区名称在企业名称中使用时应当同时冠以其所属的设区的市的行政区划名称。开发区、垦区等区域名称在企业名称中使用时应当与行政区划名称连用,不得单独使用。

**第八条** 企业名称中的字号应当由两个以上汉字组成。

县级以上地方行政区划名称、行业或者经营特点不得作为字号,另有含义的除外。

**第九条** 企业名称中的行业或者经营特点应当根据企业的主营业务和国民经济行业分类标准标明。国民经济行业分类标准中没有规定的,可以参照行业习惯或者专业文献等表述。

**第十条** 企业应当根据其组织结构或者责任形式,依法在企业名称中标明组织形式。

**第十一条** 企业名称不得有下列情形:

(一)损害国家尊严或者利益;

(二)损害社会公共利益或者妨碍社会公共秩序;

(三)使用或者变相使用政党、党政军机关、群团组织名称及其简称、特定称谓和部队番号;

(四)使用外国国家(地区)、国际组织名称及其通用简称、特定称谓;

(五)含有淫秽、色情、赌博、迷信、恐怖、暴力的内容;

(六)含有民族、种族、宗教、性别歧视的内容;

(七)违背公序良俗或者可能有其他不良影响;

(八)可能使公众受骗或者产生误解;

（九）法律、行政法规以及国家规定禁止的其他情形。

**第十二条** 企业名称冠以"中国"、"中华"、"中央"、"全国"、"国家"等字词，应当按照有关规定从严审核，并报国务院批准。国务院市场监督管理部门负责制定具体管理办法。

企业名称中间含有"中国"、"中华"、"全国"、"国家"等字词的，该字词应当是行业限定语。

使用外国投资者字号的外商独资或者控股的外商投资企业，企业名称中可以含有"（中国）"字样。

**第十三条** 企业分支机构名称应当冠以其所从属企业的名称，并缀以"分公司"、"分厂"、"分店"等字样。境外企业分支机构还应当在名称中标明该企业的国籍及责任形式。

**第十四条** 企业集团名称应当与控股企业名称的行政区划名称、字号、行业或者经营特点一致。控股企业可以在其名称的组织形式之前使用"集团"或者"（集团）"字样。

**第十五条** 有投资关系或者经过授权的企业，其名称中可以含有另一个企业的名称或者其他法人、非法人组织的名称。

**第十六条** 企业名称由申请人自主申报。

申请人可以通过企业名称申报系统或者在企业登记机关服务窗口提交有关信息和材料，对拟定的企业名称进行查询、比对和筛选，选取符合本规定要求的企业名称。

申请人提交的信息和材料应当真实、准确、完整，并承诺因其企业名称与他人企业名称近似侵犯他人合法权益的，依法承担法律责任。

**第十七条** 在同一企业登记机关，申请人拟定的企业名称中的字号不得与下列同行业或者不使用行业、经营特点表述的企业名称中的字号相同：

（一）已经登记或者在保留期内的企业名称，有投资关系的除外；

（二）已经注销或者变更登记未满1年的原企业名称，有投资关系或者受让企业名称的除外；

（三）被撤销设立登记或者被撤销变更登记未满1年的原企业名称，有投资关系的除外。

**第十八条** 企业登记机关对通过企业名称申报系统提交完成的企业名称予以保留，保留期为2个月。设立企业依法应当报经批准或者企业经营范围中有在登记前须经批准的项目，保留期为1年。

申请人应当在保留期届满前办理企业登记。

**第十九条** 企业名称转让或者授权他人使用的，相关企业应当依法通过国家企业信用信息公示系统向社会公示。

**第二十条** 企业登记机关在办理企业登记时，发现企业名称不符合本规定的，不予登记并书面说明理由。

企业登记机关发现已经登记的企业名称不符合本规定的，应当及时纠正。其他单位或者个人认为已经登记的企业名称不符合本规定的，可以请求企业登记机关予以纠正。

**第二十一条** 企业认为其他企业名称侵犯本企业名称合法权益的，可以向人民法院起诉或者请求为涉嫌侵权企业办理登记的企业登记机关处理。

企业登记机关受理申请后，可以进行调解；调解不成的，企业登记机关应当自受理之日起3个月内作出行政裁决。

**第二十二条** 利用企业名称实施不正当竞争等行为的，依照有关法律、行政法规的规定处理。

**第二十三条** 使用企业名称应当遵守法律法规，诚实守信，不得损害他人合法权益。

人民法院或者企业登记机关依法认定企业名称应当停止使用的，企业应当自收到人民法院生效的法律文书或者企业登记机关的处理决定之日起30日内办理企业名称变更登记。名称变更前，由企业登记机关以统一社会信用代码代替其名称。企业逾期未办理变更登记的，企业登记机关将其列入经营异常名录；完成变更登记后，企业登记机关将其移出经营异常名录。

**第二十四条** 申请人登记或者使用企业名称违反本规定的，依照企业登记相关法律、行政法规的规定予以处罚。

企业登记机关对不符合本规定的企业名称予以登记，或者对符合本规定的企业名称不予登记的，对直接负责的主管人员和其他直接责任人员，依法给予行政处分。

**第二十五条** 农民专业合作社和个体工商户的名称登记管理，参照本规定执行。

**第二十六条** 本规定自2021年3月1日起施行。

## 企业名称登记管理规定实施办法

· 2023年8月29日国家市场监督管理总局令第82号公布
· 自2023年10月1日起施行

### 第一章 总 则

**第一条** 为了规范企业名称登记管理，保护企业的合法权益,维护社会经济秩序,优化营商环境,根据《企业名称登记管理规定》《中华人民共和国市场主体登记管理条例》等有关法律、行政法规,制定本办法。

**第二条** 本办法适用于在中国境内依法需要办理登记的企业,包括公司、非公司企业法人、合伙企业、个人独资企业和上述企业分支机构,以及外国公司分支机构等。

**第三条** 企业名称登记管理应当遵循依法合规、规范统一、公开透明、便捷高效的原则。

企业名称的申报和使用应当坚持诚实信用,尊重在先合法权利,避免混淆。

**第四条** 国家市场监督管理总局主管全国企业名称登记管理工作,负责制定企业名称禁限用规则、相同相近比对规则等企业名称登记管理的具体规范;负责建立、管理和维护全国企业名称规范管理系统和国家市场监督管理总局企业名称申报系统。

**第五条** 各省、自治区、直辖市人民政府市场监督管理部门(以下统称省级企业登记机关)负责建立、管理和维护本行政区域内的企业名称申报系统,并与全国企业名称规范管理系统、国家市场监督管理总局企业名称申报系统对接。

县级以上地方企业登记机关负责本行政区域内的企业名称登记管理工作,处理企业名称争议,规范企业名称登记管理秩序。

**第六条** 国家市场监督管理总局可以根据工作需要,授权省级企业登记机关从事不含行政区划名称的企业名称登记管理工作,提供高质量的企业名称申报服务。

国家市场监督管理总局建立抽查制度,加强对前款工作的监督检查。

## 第二章 企业名称规范

**第七条** 企业名称应当使用规范汉字。

企业需将企业名称译成外文使用的,应当依据相关外文翻译原则进行翻译使用,不得违反法律法规规定。

**第八条** 企业名称一般应当由行政区划名称、字号、行业或者经营特点、组织形式组成,并依次排列。法律、行政法规和本办法另有规定的除外。

**第九条** 企业名称中的行政区划名称应当是企业所在地的县级以上地方行政区划名称。

根据商业惯例等实际需要,企业名称中的行政区划名称置于字号之后、组织形式之前的,应当加注括号。

**第十条** 企业名称中的字号应当具有显著性,由两个以上汉字组成,可以是字、词或者其组合。

县级以上地方行政区划名称、行业或者经营特点用语等具有其他含义,且社会公众可以明确识别,不会认为与地名、行业或者经营特点有特定联系的,可以作为字号或者字号的组成部分。

自然人投资人的姓名可以作为字号。

**第十一条** 企业名称中的行业或者经营特点用语应当根据企业的主营业务和国民经济行业分类标准确定。国民经济行业分类标准中没有规定的,可以参照行业习惯或者专业文献等表述。

企业为表明主营业务的具体特性,将县级以上地方行政区划名称作为企业名称中的行业或者经营特点的组成部分的,应当参照行业习惯或有专业文献依据。

**第十二条** 企业应当依法在名称中标明与组织结构或者责任形式一致的组织形式用语,不得使用可能使公众误以为是其他组织形式的字样。

(一)公司应当在名称中标明"有限责任公司"、"有限公司"或者"股份有限公司"、"股份公司"字样;

(二)合伙企业应当在名称中标明"(普通合伙)"、"(特殊普通合伙)"、"(有限合伙)"字样;

(三)个人独资企业应当在名称中标明"(个人独资)"字样。

**第十三条** 企业分支机构名称应当冠以其所从属企业的名称,缀以"分公司"、"分厂"、"分店"等字词,并在名称中标明该分支机构的行业和所在地行政区划名称或者地名等,其行业或者所在地行政区划名称与所从属企业一致的,可以不再标明。

**第十四条** 企业名称冠以"中国"、"中华"、"中央"、"全国"、"国家"等字词的,国家市场监督管理总局应当按照法律法规相关规定从严审核,提出审核意见并报国务院批准。

企业名称中间含有"中国"、"中华"、"全国"、"国家"等字词的,该字词应当是行业限定语。

**第十五条** 外商投资企业名称中含有"(中国)"字样的,其字号应当与企业的外国投资者名称或者字号翻译内容保持一致,并符合法律法规规定。

**第十六条** 企业名称应当符合《企业名称登记管理规定》第十一条规定,不得存在下列情形:

(一)使用与国家重大战略政策相关的文字,使公众误认为与国家出资、政府信用等有关联关系;

(二)使用"国家级"、"最高级"、"最佳"等带有误导性的文字;

(三)使用与同行业在先有一定影响的他人名称(包括简称、字号等)相同或者近似的文字;

(四)使用明示或者暗示为非营利性组织的文字;
(五)法律、行政法规和本办法禁止的其他情形。
**第十七条** 已经登记的企业法人控股3家以上企业法人的,可以在企业名称的组织形式之前使用"集团"或者"(集团)"字样。

企业集团名称应当在企业集团母公司办理变更登记时一并提出。

**第十八条** 企业集团名称应当与企业集团母公司名称的行政区划名称、字号、行业或者经营特点保持一致。

经企业集团母公司授权的子公司、参股公司,其名称可以冠以企业集团名称。

企业集团母公司应当将企业集团名称以及集团成员信息通过国家企业信用信息公示系统向社会公示。

**第十九条** 已经登记的企业法人,在3个以上省级行政区域内投资设立字号与本企业字号相同且经营1年以上的公司,或者符合法律、行政法规、国家市场监督管理总局规定的其他情形,其名称可以不含行政区划名称。

除有投资关系外,前款企业名称应当同时与企业所在地设区的市级行政区域内已经登记的或者在保留期内的同行业企业名称字号不相同。

**第二十条** 已经登记的跨5个以上国民经济行业门类综合经营的企业法人,投资设立3个以上与本企业字号相同且经营1年以上的公司,同时各公司的行业或者经营特点分别属于国民经济行业不同门类,其名称可以不含行业或者经营特点。除有投资关系外,该企业名称应当同时与企业所在地同一行政区域内已经登记的或者在保留期内的企业名称字号不相同。

前款企业名称不含行政区划名称的,除有投资关系外,还应当同时与企业所在地省级行政区域内已经登记的或者在保留期内的企业名称字号不相同。

## 第三章 企业名称自主申报服务

**第二十一条** 企业名称由申请人自主申报。

申请人可以通过企业名称申报系统或者在企业登记机关服务窗口提交有关信息和材料,包括全体投资人确认的企业名称、住所、投资人名称或者姓名等。申请人应当对提交材料的真实性、合法性和有效性负责。

企业名称申报系统对申请人提交的企业名称进行自动比对,依据企业名称禁限用规则、相同相近比对规则等作出禁限用说明或者风险提示。企业名称不含行政区划名称以及属于《企业名称登记管理规定》第十二条规定情形的,申请人应当同时在国家市场监督管理总局企业名称申报系统和企业名称数据库中进行查询、比对和筛选。

**第二十二条** 申请人根据查询、比对和筛选的结果,选取符合要求的企业名称,并承诺因其企业名称与他人企业名称近似侵犯他人合法权益的,依法承担法律责任。

**第二十三条** 申报企业名称,不得有下列行为:
(一)不以自行使用为目的,恶意囤积企业名称,占用名称资源等,损害社会公共利益或者妨碍社会公共秩序;
(二)提交虚假材料或者采取其他欺诈手段进行企业名称自主申报;
(三)故意申报与他人在先具有一定影响的名称(包括简称、字号等)近似的企业名称;
(四)故意申报法律、行政法规和本办法禁止的企业名称。

**第二十四条** 《企业名称登记管理规定》第十七条所称申请人拟定的企业名称中的字号与同行业或者不使用行业、经营特点表述的企业名称中的字号相同的情形包括:
(一)企业名称中的字号相同,行政区划名称、字号、行业或者经营特点、组织形式的排列顺序不同但文字相同;
(二)企业名称中的字号相同,行政区划名称或者组织形式不同,但行业或者经营特点相同;
(三)企业名称中的字号相同,行政区划名称或者经营特点表述不同但实质内容相同。

**第二十五条** 企业登记机关对通过企业名称申报系统提交完成的企业名称予以保留,保留期为2个月。设立企业依法应当报经批准或者企业经营范围中有在登记前须经批准的项目的,保留期为1年。

企业登记机关可以依申请向申请人出具名称保留告知书。

申请人应当在保留期届满前办理企业登记。保留期内的企业名称不得用于经营活动。

**第二十六条** 企业登记机关在办理企业登记时,发现保留期内的名称不符合企业名称登记管理相关规定的,不予登记并书面说明理由。

## 第四章 企业名称使用和监督管理

**第二十七条** 使用企业名称应当遵守法律法规规定,不得以模仿、混淆等方式侵犯他人在先合法权益。

**第二十八条** 企业的印章、银行账户等所使用的企业名称,应当与其营业执照上的企业名称相同。

法律文书使用企业名称,应当与该企业营业执照上的企业名称相同。

第二十九条 企业名称可以依法转让。企业名称的转让方与受让方应当签订书面合同，依法向企业登记机关办理企业名称变更登记，并由企业登记机关通过国家企业信用信息公示系统向社会公示企业名称转让信息。

第三十条 企业授权使用企业名称的，不得损害他人合法权益。

企业名称的授权方与使用方应当分别将企业名称授权使用信息通过国家企业信用信息公示系统向社会公示。

第三十一条 企业登记机关发现已经登记的企业名称不符合企业名称登记管理相关规定的，应依法及时纠正，责令企业变更名称。对不立即变更可能严重损害社会公共利益或者产生不良社会影响的企业名称，经企业登记机关主要负责人批准，可以用统一社会信用代码代替。

上级企业登记机关可以纠正下级企业登记机关已登记的不符合企业名称登记管理相关规定的企业名称。

其他单位或者个人认为已经登记的企业名称不符合企业名称登记管理相关规定的，可以请求企业登记机关予以纠正。

第三十二条 企业应当自收到企业登记机关的纠正决定之日起30日内办理企业名称变更登记。企业名称变更前，由企业登记机关在国家企业信用信息公示系统和电子营业执照中以统一社会信用代码代替其企业名称。

企业逾期未办理变更登记的，企业登记机关将其列入经营异常名录；完成变更登记后，企业可以依法向企业登记机关申请将其移出经营异常名录。

第三十三条 省级企业登记机关在企业名称登记管理工作中发现下列情形，应当及时向国家市场监督管理总局报告，国家市场监督管理总局根据具体情况进行处理：

（一）发现将损害国家利益、社会公共利益，妨害社会公共秩序，或者有其他不良影响的文字作为名称字号申报，需要将相关字词纳入企业名称禁限用管理的；

（二）发现在全国范围内有一定影响的企业名称（包括简称、字号等）被他人擅自使用，误导公众，需要将该企业名称纳入企业名称禁限用管理的；

（三）发现将其他属于《企业名称登记管理规定》第十一条规定禁止情形的文字作为名称字号申报，需要将相关字词纳入企业名称禁限用管理的；

（四）需要在全国范围内统一争议裁决标准的企业名称争议；

（五）在全国范围内产生重大影响的企业名称登记管理工作；

（六）其他应当报告的情形。

## 第五章 企业名称争议裁决

第三十四条 企业认为其他企业名称侵犯本企业名称合法权益的，可以向人民法院起诉或者请求为涉嫌侵权企业办理登记的企业登记机关处理。

第三十五条 企业登记机关负责企业名称争议裁决工作，应当根据工作需要依法配备符合条件的裁决人员，为企业名称争议裁决提供保障。

第三十六条 提出企业名称争议申请，应当有具体的请求、事实、理由、法律依据和证据，并提交以下材料：

（一）企业名称争议裁决申请书；

（二）被申请人企业名称侵犯申请人企业名称合法权益的证据材料；

（三）申请人主体资格文件，委托代理的，还应当提交委托书和被委托人主体资格文件或者自然人身份证件；

（四）其他与企业名称争议有关的材料。

第三十七条 企业登记机关应当自收到申请之日起5个工作日内对申请材料进行审查，作出是否受理的决定，并书面通知申请人；对申请材料不符合要求的，应当一次性告知申请人需要补正的全部内容。申请人应当自收到补正通知之日起5个工作日内补正。

第三十八条 有下列情形之一的，企业登记机关依法不予受理并说明理由：

（一）争议不属于本机关管辖；

（二）无明确的争议事实、理由、法律依据和证据；

（三）申请人未在规定时限内补正，或者申请材料经补正后仍不符合要求；

（四）人民法院已经受理申请人的企业名称争议诉讼请求或者作出裁判；

（五）申请人经调解达成协议后，再以相同的理由提出企业名称争议申请；

（六）企业登记机关已经作出不予受理申请决定或者已经作出行政裁决后，同一申请人以相同的事实、理由、法律依据针对同一个企业名称再次提出争议申请；

（七）企业名称争议一方或者双方已经注销；

（八）依法不予受理的其他情形。

第三十九条 企业登记机关应当自决定受理之日起5个工作日内将申请书和相关证据材料副本随同答辩告

知书发送被申请人。

被申请人应当自收到上述材料之日起10个工作日内提交答辩书和相关证据材料。

企业登记机关应当自收到被申请人提交的材料之日起5个工作日内将其发送给申请人。

被申请人逾期未提交答辩书和相关证据材料的，不影响企业登记机关的裁决。

第四十条　经双方当事人同意，企业登记机关可以对企业名称争议进行调解。

调解达成协议的，企业登记机关应当制作调解书，当事人应当履行。调解不成的，企业登记机关应当自受理之日起3个月内作出行政裁决。

第四十一条　企业登记机关对企业名称争议进行审查时，依法综合考虑以下因素：

（一）争议双方企业的主营业务；

（二）争议双方企业名称的显著性、独创性；

（三）争议双方企业名称的持续使用时间以及相关公众知悉程度；

（四）争议双方在进行企业名称申报时作出的依法承担法律责任的承诺；

（五）争议企业名称是否造成相关公众的混淆误认；

（六）争议企业名称是否利用或者损害他人商誉；

（七）企业登记机关认为应当考虑的其他因素。

企业登记机关必要时可以向有关组织和人员调查了解情况。

第四十二条　企业登记机关经审查，认为当事人构成侵犯他人企业名称合法权益的，应当制作企业名称争议行政裁决书，送达双方当事人，并责令侵权人停止使用被争议企业名称；争议理由不成立的，依法驳回争议申请。

第四十三条　企业被裁决停止使用企业名称的，应当自收到争议裁决之日起30日内办理企业名称变更登记。企业名称变更前，由企业登记机关在国家企业信用信息公示系统和电子营业执照中以统一社会信用代码替代其企业名称。

企业逾期未办理变更登记的，企业登记机关将其列入经营异常名录；完成变更登记后，企业可以依法向企业登记机关申请将其移出经营异常名录。

第四十四条　争议企业名称权利的确定必须以人民法院正在审理或者行政机关正在处理的其他案件结果为依据的，应当中止审查，并告知争议双方。

在企业名称争议裁决期间，就争议企业名称发生诉讼的，当事人应当及时告知企业登记机关。

在企业名称争议裁决期间，企业名称争议一方或者双方注销，或者存在法律法规规定的其他情形的，企业登记机关应当作出终止裁决的决定。

第四十五条　争议裁决作出前，申请人可以书面向企业登记机关要求撤回申请并说明理由。企业登记机关认为可以撤回的，终止争议审查程序，并告知争议双方。

第四十六条　对于事实清楚、争议不大、案情简单的企业名称争议，企业登记机关可以依照有关规定适用简易裁决程序。

第四十七条　当事人对企业名称争议裁决不服的，可以依法申请行政复议或者向人民法院提起诉讼。

## 第六章　法律责任

第四十八条　申报企业名称，违反本办法第二十三条第（一）、（二）项规定的，由企业登记机关责令改正；拒不改正的，处1万元以上10万元以下的罚款。法律、行政法规另有规定的，依照其规定。

申报企业名称，违反本办法第二十三条第（三）、（四）项规定，严重扰乱企业名称登记管理秩序，产生不良社会影响的，由企业登记机关处1万元以上10万元以下的罚款。

第四十九条　利用企业名称实施不正当竞争等行为的，依照有关法律、行政法规的规定处理。

违反本办法规定，使用企业名称，损害他人合法权益，企业逾期未依法办理变更登记的，由企业登记机关依照《中华人民共和国市场主体登记管理条例》第四十六条规定予以处罚。

第五十条　企业登记机关应当健全内部监督制度，对从事企业名称登记管理工作的人员执行法律法规和遵守纪律的情况加强监督。

从事企业名称登记管理工作的人员应当依法履职，廉洁自律，不得从事相关代理业务或者违反规定从事、参与营利性活动。

企业登记机关对不符合规定的企业名称予以登记，或者对符合规定的企业名称不予登记的，对直接负责的主管人员和其他直接责任人员，依法给予行政处分。

第五十一条　从事企业名称登记管理工作的人员滥用职权、玩忽职守、徇私舞弊，牟取不正当利益的，应当依照有关规定将相关线索移送纪检监察机关处理；构成犯罪的，依法追究刑事责任。

## 第七章　附　则

第五十二条　本办法所称的企业集团，由其母公司、子公司、参股公司以及其他成员单位组成。母公司是依法登记注册,取得企业法人资格的控股企业;子公司是母公司拥有全部股权或者控股权的企业法人;参股公司是母公司拥有部分股权但是没有控股权的企业法人。

第五十三条 个体工商户和农民专业合作社的名称登记管理,参照本办法执行。

个体工商户使用名称的,应当在名称中标明"(个体工商户)"字样,其名称中的行政区划名称应当是其所在地县级行政区划名称,可以缀以个体工商户所在地的乡镇、街道或者行政村、社区、市场等名称。

农民专业合作社(联合社)应当在名称中标明"专业合作社"或者"专业合作社联合社"字样。

第五十四条 省级企业登记机关可以根据本行政区域实际情况,按照本办法对本行政区域内企业、个体工商户、农民专业合作社的违规名称纠正、名称争议裁决等名称登记管理工作制定实施细则。

第五十五条 本办法自2023年10月1日起施行。2004年6月14日原国家工商行政管理总局令第10号公布的《企业名称登记管理实施办法》、2008年12月31日原国家工商行政管理总局令第38号公布的《个体工商户名称登记管理办法》同时废止。

## 企业经营异常名录管理暂行办法

· 2014年8月19日国家工商行政管理总局令第68号公布
· 自2014年10月1日起施行

第一条 为规范企业经营异常名录管理,保障公平竞争,促进企业诚信自律,强化企业信用约束,维护交易安全,扩大社会监督,依据《中华人民共和国公司登记管理条例》、《企业信息公示暂行条例》、《注册资本登记制度改革方案》等行政法规和国务院有关规定,制定本办法。

第二条 工商行政管理部门将有经营异常情形的企业列入经营异常名录,通过企业信用信息公示系统公示,提醒其履行公示义务。

第三条 国家工商行政管理总局负责指导全国的经营异常名录管理工作。

县级以上工商行政管理部门负责其登记的企业经营异常名录管理工作。

第四条 县级以上工商行政管理部门应当将有下列情形之一的企业列入经营异常名录:

(一)未按照《企业信息公示暂行条例》第八条规定的期限公示年度报告的;

(二)未在工商行政管理部门依照《企业信息公示暂行条例》第十条规定责令的期限内公示有关企业信息的;

(三)公示企业信息隐瞒真实情况、弄虚作假的;

(四)通过登记的住所或者经营场所无法联系的。

第五条 工商行政管理部门将企业列入经营异常名录的,应当作出列入决定,将列入经营异常名录的信息记录在该企业的公示信息中,并通过企业信用信息公示系统统一公示。列入决定应当包括企业名称、注册号、列入日期、列入事由、作出决定机关。

第六条 企业未依照《企业信息公示暂行条例》第八条规定通过企业信用信息公示系统报送上一年度年度报告并向社会公示的,工商行政管理部门应当在当年年度报告公示结束之日起10个工作日内作出将其列入经营异常名录的决定,并予以公示。

第七条 企业未依照《企业信息公示暂行条例》第十条规定履行公示义务的,工商行政管理部门应当书面责令其在10日内履行公示义务。企业未在责令的期限内公示信息的,工商行政管理部门应当在责令的期限届满之日起10个工作日内作出将其列入经营异常名录的决定,并予以公示。

第八条 工商行政管理部门依法开展抽查或者根据举报进行核查查实企业公示信息隐瞒真实情况、弄虚作假的,应当自查实之日起10个工作日内作出将其列入经营异常名录的决定,并予以公示。

第九条 工商行政管理部门在依法履职过程中通过登记的住所或者经营场所无法与企业取得联系的,应当自查实之日起10个工作日内作出将其列入经营异常名录的决定,并予以公示。

工商行政管理部门可以通过邮寄专用信函的方式与企业联系。经向企业登记的住所或者经营场所两次邮寄无人签收的,视为通过登记的住所或者经营场所无法取得联系。两次邮寄间隔时间不得少于15日,不得超过30日。

第十条 被列入经营异常名录的企业自列入之日起3年内依照《企业信息公示暂行条例》规定履行公示义务的,可以向作出列入决定的工商行政管理部门申请移出经营异常名录。

工商行政管理部门依照前款规定将企业移出经营异常名录的,应当作出移出决定,并通过企业信用信息公示系统公示。移出决定应当包括企业名称、注册号、移出日期、移出事由、作出决定机关。

第十一条 依照本办法第六条规定被列入经营异常名录的企业，可以在补报未报年份的年度报告并公示后，申请移出经营异常名录，工商行政管理部门应当自收到申请之日起5个工作日内作出移出决定。

第十二条 依照本办法第七条规定被列入经营异常名录的企业履行公示义务后，申请移出经营异常名录的，工商行政管理部门应当自收到申请之日起5个工作日内作出移出决定。

第十三条 依照本办法第八条规定被列入经营异常名录的企业更正其公示的信息后，可以向工商行政管理部门申请移出经营异常名录，工商行政管理部门应当自查实之日起5个工作日内作出移出决定。

第十四条 依照本办法第九条规定被列入经营异常名录的企业，依法办理住所或者经营场所变更登记，或者企业提出通过登记的住所或者经营场所可以重新取得联系，申请移出经营异常名录的，工商行政管理部门应当自查实之日起5个工作日内作出移出决定。

第十五条 工商行政管理部门应当在企业被列入经营异常名录届满3年前60日内，通过企业信用信息公示系统以公告方式提示其履行相关义务；届满3年仍未履行公示义务的，将其列入严重违法企业名单，并通过企业信用信息公示系统向社会公示。

第十六条 企业对被列入经营异常名录有异议的，可以自公示之日起30日内向作出决定的工商行政管理部门提出书面申请并提交相关证明材料，工商行政管理部门应当在5个工作日内决定是否受理。予以受理的，应当在20个工作日内核实，并将核实结果书面告知申请人；不予受理的，将不予受理的理由书面告知申请人。

工商行政管理部门通过核实发现将企业列入经营异常名录存在错误的，应当自查实之日起5个工作日内予以更正。

第十七条 对企业被列入、移出经营异常名录的决定，可以依法申请行政复议或者提起行政诉讼。

第十八条 工商行政管理部门未依照本办法的有关规定履行职责的，由上一级工商行政管理部门责令改正；情节严重的，对负有责任的主管人员和其他直接责任人员依照有关规定予以处理。

第十九条 经营异常名录管理相关文书样式由国家工商行政管理总局统一制定。

第二十条 本办法由国家工商行政管理总局负责解释。

第二十一条 本办法自2014年10月1日起施行。

2006年2月24日国家工商行政管理总局令第23号公布的《企业年度检验办法》同时废止。

## 外国（地区）企业在中国境内从事生产经营活动登记管理办法

- 1992年8月15日国家工商行政管理局令第10号公布
- 根据2016年4月29日《国家工商行政管理总局关于废止和修改部分规章的决定》第一次修订
- 根据2017年10月27日《国家工商行政管理总局关于修改部分规章的决定》第二次修订
- 根据2020年10月23日《国家市场监督管理总局关于修改部分规章的决定》第三次修订

第一条 为促进对外经济合作，加强对在中国境内从事生产经营活动的外国（地区）企业（以下简称外国企业）的管理，保护其合法权益，维护正常的经济秩序，根据国家有关法律、法规的规定，制定本办法。

第二条 根据国家有关法律、法规的规定，经国务院及国务院授权的主管机关（以下简称审批机关）批准，在中国境内从事生产经营活动的外国企业，应向省级市场监督管理部门（以下简称登记主管机关）申请登记注册。外国企业经登记主管机关核准登记注册，领取营业执照后，方可开展生产经营活动。未经审批机关批准和登记主管机关核准登记注册，外国企业不得在中国境内从事生产经营活动。

第三条 根据国家现行法律、法规的规定，外国企业从事下列生产经营活动应办理登记注册：
（一）陆上、海洋的石油及其它矿产资源勘探开发；
（二）房屋、土木工程的建造、装饰或线路、管道、设备的安装等工程承包；
（三）承包或接受委托经营管理外商投资企业；
（四）外国银行在中国设立分行；
（五）国家允许从事的其它生产经营活动。

第四条 外国企业从事生产经营的项目经审批机关批准后，应在批准之日起三十日内向登记主管机关申请办理登记注册。

第五条 外国企业申请办理登记注册时应提交下列文件或证件：
（一）外国企业董事长或总经理签署的申请书。
（二）审批机关的批准文件或证件。
（三）从事生产经营活动所签订的合同（外国银行在中国设立分行不适用此项）。

（四）外国企业所属国（地区）政府有关部门出具的企业合法开业证明。

（五）外国企业的资金信用证明。

（六）外国企业董事长或总经理委派的中国项目负责人的授权书、简历及身份证明。

（七）其它有关文件。

**第六条** 外国企业登记注册的主要事项有：企业名称、企业类型、地址、负责人、资金数额、经营范围、经营期限。

企业名称是指外国企业在国外合法开业证明载明的名称，应与所签订生产经营合同的外国企业名称一致。外国银行在中国设立分行，应冠以总行的名称，标明所在地名，并缀以分行。

企业类型是指按外国企业从事生产经营活动的不同内容划分的类型，其类型分别为：矿产资源勘探开发、承包工程、外资银行、承包经营管理等。

企业地址是指外国企业在中国境内从事生产经营活动的场所。外国企业在中国境内的住址与经营场所不在一处的，需同时申报。

企业负责人是指外国企业董事长或总经理委派的项目负责人。

资金数额是指外国企业用以从事生产经营活动的总费用，如承包工程的承包合同额，承包或受委托经营管理外商投资企业的外国企业在管理期限内的累计管理费用，从事合作开发石油所需的勘探、开发和生产费，外国银行分行的营运资金等。

经营范围是指外国企业在中国境内从事生产经营活动的范围。

经营期限是指外国企业在中国境内从事生产经营活动的期限。

**第七条** 登记主管机关受理外国企业的申请后，应在三十日内作出核准登记注册或不予核准登记注册的决定。登记主管机关核准外国企业登记注册后，向其核发《营业执照》。

**第八条** 根据外国企业从事生产经营活动的不同类型，《营业执照》的有效期分别按以下期限核定：

（一）从事矿产资源勘探开发的外国企业，其《营业执照》有效期根据勘探（查）、开发和生产三个阶段的期限核定。

（二）外国银行设立的分行，其《营业执照》有效期为三十年，每三十年换发一次《营业执照》。

（三）从事其它生产经营活动的外国企业，其《营业执照》有效期按合同规定的经营期限核定。

**第九条** 外国企业应在登记主管机关核准的生产经营范围内开展经营活动，其合法权益和经营活动受中国法律保护。外国企业不得超越登记主管机关核准的生产经营范围从事生产经营活动。

**第十条** 外国企业登记注册事项发生变化的，应在三十日内向原登记主管机关申请办理变更登记。办理变更登记的程序和应当提交的文件或证件，参照本办法第五条的规定执行。

**第十一条** 外国企业《营业执照》有效期届满不再申请延期登记或提前中止合同、协议的，应向原登记主管机关申请注销登记。

**第十二条** 外国企业申请注销登记应提交以下文件或证件：

（一）外国企业董事长或总经理签署的注销登记申请书；

（二）《营业执照》及其副本、印章；

（三）海关、税务部门出具的完税证明；

（四）项目主管部门对外国企业申请注销登记的批准文件。

登记主管机关在核准外国企业的注销登记时，应收缴《营业执照》及其副本、印章，撤销注册号，并通知银行、税务、海关等部门。

**第十三条** 外国企业应当于每年1月1日至6月30日，通过企业信用信息公示系统向原登记主管机关报送上一年度年度报告，并向社会公示。

**第十四条** 与外国企业签订生产经营合同的中国企业，应及时将合作的项目、内容和时间通知登记主管机关并协助外国企业办理营业登记、变更登记、注销登记。如中国企业未尽责任的，要负相应的责任。

**第十五条** 登记主管机关对外国企业监督管理的主要内容是：

（一）监督外国企业是否按本办法办理营业登记、变更登记和注销登记；

（二）监督外国企业是否按登记主管机关核准的经营范围从事生产经营活动；

（三）督促外国企业报送年度报告并向社会公示；

（四）监督外国企业是否遵守中国的法律、法规。

**第十六条** 对外国企业违反本办法的行为，由登记主管机关参照《中华人民共和国企业法人登记管理条例》及其施行细则的处罚条款进行查处。

**第十七条** 香港、澳门、台湾地区企业从事上述生产经营活动的，参照本办法执行。

外国企业承包经营中国内资企业的,参照本办法执行。

**第十八条** 本办法由国家市场监督管理总局负责解释。

**第十九条** 本办法自一九九二年十月一日起施行。

## 外商投资企业授权登记管理办法

·2022年3月1日国家市场监督管理总局令第51号公布
·自2022年4月1日起施行

**第一条** 为了规范外商投资企业登记管理工作,明确各级市场监督管理部门职责,根据《中华人民共和国外商投资法》《中华人民共和国外商投资法实施条例》等法律法规制定本办法。

**第二条** 外商投资企业及其分支机构登记管理授权和规范,适用本办法。

外国公司分支机构以及其他依照国家规定应当执行外资产业政策的企业、香港特别行政区和澳门特别行政区投资者在内地、台湾地区投资者在大陆投资设立的企业及其分支机构登记管理授权和规范,参照本办法执行。

**第三条** 国家市场监督管理总局负责全国的外商投资企业登记管理,并可以根据本办法规定的条件授权地方人民政府市场监督管理部门承担外商投资企业登记管理工作。

被授权的地方人民政府市场监督管理部门(以下简称被授权局)以自己的名义在被授权范围内承担外商投资企业登记管理工作。

未经国家市场监督管理总局授权,不得开展或者变相开展外商投资企业登记管理工作。

**第四条** 具备下列条件的市场监督管理部门可以申请外商投资企业登记管理授权:

(一)辖区内外商投资达到一定规模,或者已经设立的外商投资企业达50户以上;

(二)能够正确执行国家企业登记管理法律法规和外商投资管理政策;

(三)有从事企业登记注册的专职机构和编制,有稳定的工作人员,其数量与能力应当与开展被授权工作的要求相适应;

(四)有较好的办公条件,包括必要的硬件设备、畅通的网络环境和统一数据标准、业务规范、平台数据接口的登记注册系统等,能及时将企业登记注册信息和外商投资信息报告信息上传至国家市场监督管理总局;

(五)有健全的外商投资企业登记管理工作制度。

**第五条** 申请外商投资企业登记管理授权,应当提交下列文件:

(一)申请局签署的授权申请书,申请书应当列明具备本办法第四条所规定授权条件的情况以及申请授权的范围;

(二)负责外商投资企业登记管理工作的人员名单,名单应当载明职务、参加业务培训情况;

(三)有关外商投资企业登记管理工作制度的文件。

**第六条** 省级以下市场监督管理部门申请授权的,应当向省级市场监督管理部门提出书面报告。省级市场监督管理部门经审查,认为符合本办法规定条件的,应当出具审查报告,与申请局提交的申请文件一并报国家市场监督管理总局。

**第七条** 国家市场监督管理总局经审查,对申请局符合本办法规定条件的,应当作出授权决定,授权其承担外商投资企业登记管理工作。

国家市场监督管理总局应当在官网公布并及时更新其授权的市场监督管理部门名单。

**第八条** 被授权局的登记管辖范围由国家市场监督管理总局根据有关法律法规,结合实际情况确定,并在授权文件中列明。

被授权局负责其登记管辖范围内外商投资企业的设立、变更、注销登记、备案及其监督管理。

**第九条** 被授权局应当严格按照下列要求开展外商投资企业登记管理工作:

(一)以自己的名义在被授权范围内依法作出具体行政行为;

(二)严格遵守国家法律法规规章,严格执行外商投资准入前国民待遇加负面清单管理制度,强化登记管理秩序,维护国家经济安全;

(三)严格执行授权局的工作部署和要求,认真接受授权局指导和监督;

(四)被授权局执行涉及外商投资企业登记管理的地方性法规、地方政府规章和政策文件,应当事先报告授权局,征求授权局意见。

被授权局为省级以下市场监督管理部门的,应当接受省级被授权局的指导和监督,认真执行其工作部署和工作要求。

被授权局名称等情况发生变化或者不再履行外商投资企业登记管理职能的,应当由省级市场监督管理部门及时向国家市场监督管理总局申请变更或者撤销授权。

第十条 被授权局在外商投资企业登记管理工作中不得存在下列情形：
（一）超越被授权范围开展工作；
（二）转授权给其他行政管理部门；
（三）拒不接受授权局指导或者执行授权局的规定；
（四）在工作中弄虚作假或者存在其他严重失职行为；
（五）其他违反法律法规以及本办法规定的情形。

第十一条 国家市场监督管理总局对被授权局存在第十条所列情形以及不再符合授权条件的，可以作出以下处理：
（一）责令被授权局撤销或者改正其违法或者不适当的行政行为；
（二）直接撤销被授权局违法或者不适当的行政行为；
（三）通报批评；
（四）建议有关机关对直接责任人员按规定给予处分，构成犯罪的，依法追究刑事责任；
（五）撤销部分或者全部授权。

第十二条 上级市场监督管理部门对下级被授权局在外商投资企业登记管理工作中存在第十条所列情形的，可以作出以下处理：
（一）责令被授权局撤销、变更或者改正其不适当的行政行为；
（二）建议国家市场监督管理总局撤销被授权局的不适当行政行为；
（三）在辖区内通报批评；
（四）建议有关机关对直接责任人员给予处分，构成犯罪的，依法追究刑事责任；
（五）建议国家市场监督管理总局撤销部分或者全部授权。

第十三条 本办法自2022年4月1日起施行。2002年12月10日原国家工商行政管理总局令第4号公布的《外商投资企业授权登记管理办法》同时废止。

## 外商投资信息报告办法

·2019年12月30日商务部、国家市场监督管理总局令2019年第2号公布
·自2020年1月1日起施行

### 第一章 总 则

第一条 为进一步扩大对外开放，提升外商投资促进、保护和管理水平，完善外商投资政策措施，改善营商环境，根据《中华人民共和国外商投资法》及《中华人民共和国外商投资法实施条例》，制定本办法。

第二条 外国投资者直接或者间接在中国境内进行投资活动，应由外国投资者或者外商投资企业根据本办法向商务主管部门报送投资信息。

第三条 商务部负责统筹和指导全国范围内外商投资信息报告工作。
县级以上地方人民政府商务主管部门以及自由贸易试验区、国家级经济技术开发区的相关机构负责本区域内外商投资信息报告工作。

第四条 外国投资者或者外商投资企业应当通过企业登记系统以及国家企业信用信息公示系统向商务主管部门报送投资信息。
市场监管部门应当及时将外国投资者、外商投资企业报送的上述投资信息推送至商务主管部门。
商务部建立外商投资信息报告系统，及时接收、处理市场监管部门推送的投资信息以及部门共享信息等。

第五条 市场监管总局统筹指导全国企业登记系统、国家企业信用信息公示系统建设，保障外商投资信息报告的实施。

第六条 各级商务主管部门和市场监管部门应当做好工作衔接。商务主管部门应当为外国投资者和外商投资企业报送投资信息提供专门指导。

第七条 外国投资者或者外商投资企业应当及时报送投资信息，遵循真实、准确、完整原则，不得进行虚假或误导性报告，不得有重大遗漏。

### 第二章 报告主体、内容与方式

第八条 外国投资者或者外商投资企业应当按照本办法规定通过提交初始报告、变更报告、注销报告、年度报告等方式报送投资信息。

第九条 外国投资者在中国境内设立外商投资企业，应于办理外商投资企业设立登记时通过企业登记系统提交初始报告。
外国投资者股权并购境内非外商投资企业，应在办理被并购企业变更登记时通过企业登记系统提交初始报告。

第十条 外国投资者提交初始报告，应当报送企业基本信息、投资者及其实际控制人信息、投资交易信息等信息。

第十一条 初始报告的信息发生变更，涉及企业变更登记（备案）的，外商投资企业应于办理企业变更登记（备案）时通过企业登记系统提交变更报告。

不涉及企业变更登记(备案)的,外商投资企业应于变更事项发生后 20 个工作日内通过企业登记系统提交变更报告。企业根据章程对变更事项作出决议的,以作出决议的时间为变更事项的发生时间;法律法规对变更事项的生效条件另有要求的,以满足相应要求的时间为变更事项的发生时间。

外商投资的上市公司及在全国中小企业股份转让系统挂牌的公司,可仅在外国投资者持股比例变化累计超过 5%或者引起外方控股、相对控股地位发生变化时,报告投资者及其所持股份变更信息。

**第十二条** 外商投资企业提交变更报告,应当报送企业基本信息、投资者及其实际控制人信息、投资交易信息等信息的变更情况。

**第十三条** 外商投资企业注销或者转为内资企业的,在办理企业注销登记或者企业变更登记后视同已提交注销报告,相关信息由市场监管部门推送至商务主管部门,外商投资企业无需另行报送。

**第十四条** 外商投资企业应于每年 1 月 1 日至 6 月 30 日通过国家企业信用信息公示系统提交上一年度的年度报告。

当年设立的外商投资企业,自下一年起报送年度报告。

**第十五条** 外商投资企业提交年度报告,应当报送企业基本信息、投资者及其实际控制人信息、企业经营和资产负债等信息,涉及外商投资准入特别管理措施的,还应当报送获得相关行业许可信息。

**第十六条** 初始报告、变更报告和年度报告等的具体内容,按照确有必要原则,结合外商投资实际情况和企业登记注册、企业信息公示的有关规定确定,由商务部以公告形式对外发布。

## 第三章 信息共享、公示与更正

**第十七条** 商务主管部门与有关部门应当根据信息报告工作需要建立外商投资信息共享机制。

除法律、行政法规另有规定外,有关部门在履行职责过程中获取的外商投资信息,应当及时与商务主管部门共享。

**第十八条** 外国投资者或者外商投资企业报送的投资信息,根据《企业信息公示暂行条例》应当向社会公示或者外国投资者、外商投资企业同意公示的,将通过国家企业信用信息公示系统及外商投资信息报告系统向社会公示。

**第十九条** 外国投资者或者外商投资企业发现其存在未报、错报、漏报有关投资信息的,应当及时进行补报或更正。外商投资企业对《企业信息公示暂行条例》第九条所列年度报告公示信息的补报或者更正应当符合该条例有关规定。

商务主管部门发现外国投资者或者外商投资企业存在未报、错报、漏报的,应当通知外国投资者或者外商投资企业于 20 个工作日内进行补报或更正。

更正涉及公示事项的,更正前后的信息应当同时公示。

## 第四章 监督管理

**第二十条** 商务主管部门对外国投资者、外商投资企业遵守本办法情况实施监督检查。

商务主管部门可联合有关部门,采取抽查、根据举报进行检查、根据有关部门或司法机关的建议和反映的情况进行检查,以及依职权启动检查等方式开展监督检查。

**第二十一条** 商务主管部门采取抽查方式对外国投资者、外商投资企业履行信息报告义务的情况实施监督检查,应当随机抽取检查对象、随机选派执法检查人员,抽查事项及查处结果及时通过外商投资信息报告系统公示平台予以公示。

公民、法人或其他组织发现外国投资者或者外商投资企业存在违反本办法的行为的,可向商务主管部门举报。举报采取书面形式,有明确的被举报人,并提供相关事实和证据的,商务主管部门接到举报后应当依法及时处理。

其他有关部门或司法机关在履行职责的过程中,发现外国投资者或者外商投资企业有违反本办法的行为的,可向商务主管部门提出监督检查的建议,商务主管部门接到相关建议后应当依法及时处理。

对于未按本办法的规定进行报告,或曾有报告不实、对监督检查不予配合、拒不履行商务主管部门作出的行政处罚决定记录的外国投资者或者外商投资企业,商务主管部门可依职权对其启动检查。

**第二十二条** 商务主管部门可采取实地核查、书面检查等方式进行监督检查,可根据需要从其他部门获取信息用于核实外国投资者或者外商投资企业报送的投资信息是否真实、准确、完整、及时。商务主管部门可依法查阅或者要求被检查人提供有关材料,被检查人应当配合检查,如实提供。

**第二十三条** 商务主管部门实施监督检查不得妨碍被检查人正常的生产经营活动,不得接受被检查人提供的财物或者服务,不得谋取其他非法利益。

第二十四条　商务主管部门、市场监管部门应当依法保护履行职责过程中知悉的外国投资者、外商投资企业的商业秘密。

## 第五章　法律责任

第二十五条　外国投资者或者外商投资企业未按照本办法要求报送投资信息，且在商务主管部门通知后未按照本办法第十九条予以补报或更正的，由商务主管部门责令其于 20 个工作日内改正；逾期不改正的，处十万元以上三十万元以下罚款；逾期不改正且存在以下情形的，处三十万元以上五十万元以下罚款：

（一）外国投资者或者外商投资企业故意逃避履行信息报告义务，或在进行信息报告时隐瞒真实情况、提供误导性或虚假信息；

（二）外国投资者或者外商投资企业就所属行业、是否涉及外商投资准入特别管理措施、企业投资者及其实际控制人等重要信息报送错误；

（三）外国投资者或者外商投资企业未按照本办法要求报送投资信息，并因此受到行政处罚的，两年内再次违反本办法有关要求；

（四）商务主管部门认定的其他严重情形。

第二十六条　商务主管部门在监督检查中掌握的外国投资者、外商投资企业未依法履行信息报告义务的有关情况，应当记入外商投资信息报告系统，并按照国家关于信用体系建设的有关规定完善信用监管。

外国投资者、外商投资企业因违反信息报告义务受到商务主管部门行政处罚的，商务主管部门可将相关情况在外商投资信息报告系统公示平台上予以公示，并按照国家有关规定纳入信用信息系统。

商务主管部门可与市场监管、外汇、海关、税务等有关部门共享外国投资者、外商投资企业履行信息报告义务以及受到相应行政处罚的有关情况。

第二十七条　外国投资者或者外商投资企业认为外商投资信息报告系统公示平台上有关信息记录不完整或者有错误的，可提供相关证明材料并向商务主管部门申请修正。经核查属实的，予以修正。

外国投资者或者外商投资企业改正违法行为、履行相关义务后 1 年内未再发生违反信息报告义务行为的，可向商务主管部门申请移除外商投资信息报告系统公示平台上有关信息记录。经核查属实的，予以移除。

## 第六章　附　则

第二十八条　外商投资企业在中国境内投资（含多层次投资）设立企业的，在向市场监管部门办理登记备案、报送年报信息后，相关信息由市场监管部门推送至商务主管部门，上述企业无需另行报送。

第二十九条　外商投资举办的投资性公司、创业投资企业和以投资为主要业务的合伙企业在境内投资设立企业的，应当参照本办法第二章的规定报送投资信息。

第三十条　非企业形式的外商投资，应由外国投资者参照本办法第二章的规定报送投资信息，但通过部门信息共享可以获得相关信息的除外。

第三十一条　法律、行政法规规定企业设立、变更、注销登记前须行业主管部门许可的，外国投资者或者外商投资企业应当在申请登记注册时向市场监管部门提交有关批准文件。

第三十二条　外国投资者在中国境内投资银行业、证券业、保险业等金融行业，适用本办法。

第三十三条　香港特别行政区、澳门特别行政区、台湾地区投资者以及定居在国外的中国公民的投资，参照本办法报送投资信息。

第三十四条　本办法由商务部、市场监管总局负责解释。

第三十五条　本办法自 2020 年 1 月 1 日起实施。《外商投资企业设立及变更备案管理暂行办法》同时废止。

# 上市公司收购管理办法

· 2006 年 7 月 31 日中国证券监督管理委员会令第 35 号公布
· 根据 2008 年 8 月 27 日《中国证券监督管理委员会关于修改〈上市公司收购管理办法〉第六十三条的决定》第一次修订
· 根据 2012 年 2 月 14 日《中国证券监督管理委员会关于修改〈上市公司收购管理办法〉第六十二条及第六十三条的决定》第二次修订
· 根据 2014 年 10 月 23 日《中国证券监督管理委员会关于修改〈上市公司收购管理办法〉的决定》第三次修订
· 根据 2020 年 3 月 20 日中国证券监督管理委员会《关于修改部分证券期货规章的决定》第四次修订

## 第一章　总　则

第一条　为了规范上市公司的收购及相关股份权益变动活动，保护上市公司和投资者的合法权益，维护证券市场秩序和社会公共利益，促进证券市场资源的优化配置，根据《证券法》、《公司法》及其他相关法律、行政法规，制定本办法。

第二条　上市公司的收购及相关股份权益变动活

动,必须遵守法律、行政法规及中国证券监督管理委员会(以下简称中国证监会)的规定。当事人应当诚实守信,遵守社会公德、商业道德,自觉维护证券市场秩序,接受政府、社会公众的监督。

**第三条** 上市公司的收购及相关股份权益变动活动,必须遵循公开、公平、公正的原则。

上市公司的收购及相关股份权益变动活动中的信息披露义务人,应当充分披露其在上市公司中的权益及变动情况,依法严格履行报告、公告和其他法定义务。在相关信息披露前,负有保密义务。

信息披露义务人报告、公告的信息必须真实、准确、完整,不得有虚假记载、误导性陈述或者重大遗漏。

**第四条** 上市公司的收购及相关股份权益变动活动不得危害国家安全和社会公共利益。

上市公司的收购及相关股份权益变动活动涉及国家产业政策、行业准入、国有股份转让等事项,需要取得国家相关部门批准的,应当在取得批准后进行。

外国投资者进行上市公司的收购及相关股份权益变动活动的,应当取得国家相关部门的批准,适用中国法律,服从中国的司法、仲裁管辖。

**第五条** 收购人可以通过取得股份的方式成为一个上市公司的控股股东,可以通过投资关系、协议、其他安排的途径成为一个上市公司的实际控制人,也可以同时采取上述方式和途径取得上市公司控制权。

收购人包括投资者及与其一致行动的他人。

**第六条** 任何人不得利用上市公司的收购损害被收购公司及其股东的合法权益。

有下列情形之一的,不得收购上市公司:

(一)收购人负有数额较大债务,到期未清偿,且处于持续状态;

(二)收购人最近3年有重大违法行为或者涉嫌有重大违法行为;

(三)收购人最近3年有严重的证券市场失信行为;

(四)收购人为自然人的,存在《公司法》第一百四十六条规定情形;

(五)法律、行政法规规定以及中国证监会认定的不得收购上市公司的其他情形。

**第七条** 被收购公司的控股股东或者实际控制人不得滥用股东权利损害被收购公司或者其他股东的合法权益。

被收购公司的控股股东、实际控制人及其关联方有损害被收购公司及其他股东合法权益的,上述控股股东、实际控制人在转让被收购公司控制权之前,应当主动消除损害;未能消除损害的,应当就其出让相关股份所得收入用于消除全部损害做出安排,对不足以消除损害的部分应当提供充分有效的履约担保或安排,并依照公司章程取得被收购公司股东大会的批准。

**第八条** 被收购公司的董事、监事、高级管理人员对公司负有忠实义务和勤勉义务,应当公平对待收购本公司的所有收购人。

被收购公司董事会针对收购所做出的决策及采取的措施,应当有利于维护公司及其股东的利益,不得滥用职权对收购设置不适当的障碍,不得利用公司资源向收购人提供任何形式的财务资助,不得损害公司及其股东的合法权益。

**第九条** 收购人进行上市公司的收购,应当聘请符合《证券法》规定的专业机构担任财务顾问。收购人未按照本办法规定聘请财务顾问的,不得收购上市公司。

财务顾问应当勤勉尽责,遵守行业规范和职业道德,保持独立性,保证其所制作、出具文件的真实性、准确性和完整性。

财务顾问认为收购人利用上市公司的收购损害被收购公司及其股东合法权益的,应当拒绝为收购人提供财务顾问服务。

财务顾问不得教唆、协助或者伙同委托人编制或披露存在虚假记载、误导性陈述或者重大遗漏的报告、公告文件,不得从事不正当竞争,不得利用上市公司的收购谋取不正当利益。

为上市公司收购出具资产评估报告、审计报告、法律意见书的证券服务机构及其从业人员,应当遵守法律、行政法规、中国证监会的有关规定,以及证券交易所的相关规则,遵循本行业公认的业务标准和道德规范,诚实守信,勤勉尽责,对其所制作、出具文件的真实性、准确性和完整性承担责任。

**第十条** 中国证监会依法对上市公司的收购及相关股份权益变动活动进行监督管理。

中国证监会设立由专业人员和有关专家组成的专门委员会。专门委员会可以根据中国证监会职能部门的请求,就是否构成上市公司的收购、是否有不得收购上市公司的情形以及其他相关事宜提供咨询意见。中国证监会依法做出决定。

**第十一条** 证券交易所依法制定业务规则,为上市公司的收购及相关股份权益变动活动组织交易和提供服务,对相关证券交易活动进行实时监控,监督上市公司的收购及相关股份权益变动活动的信息披露义务人切实履行信息披露义务。

证券登记结算机构依法制定业务规则，为上市公司的收购及相关股份权益变动活动所涉及的证券登记、存管、结算等事宜提供服务。

## 第二章 权益披露

**第十二条** 投资者在一个上市公司中拥有的权益，包括登记在其名下的股份和虽未登记在其名下但该投资者可以实际支配表决权的股份。投资者及其一致行动人在一个上市公司中拥有的权益应当合并计算。

**第十三条** 通过证券交易所的证券交易，投资者及其一致行动人拥有权益的股份达到一个上市公司已发行股份的5%时，应当在该事实发生之日起3日内编制权益变动报告书，向中国证监会、证券交易所提交书面报告，通知该上市公司，并予公告；在上述期限内，不得再行买卖该上市公司的股票，但中国证监会规定的情形除外。

前述投资者及其一致行动人拥有权益的股份达到一个上市公司已发行股份的5%后，通过证券交易所的证券交易，其拥有权益的股份占该上市公司已发行股份的比例每增加或者减少5%，应当依照前款规定进行报告和公告。在该事实发生之日起至公告后3日内，不得再行买卖该上市公司的股票，但中国证监会规定的情形除外。

前述投资者及其一致行动人拥有权益的股份达到一个上市公司已发行股份的5%后，其拥有权益的股份占该上市公司已发行股份的比例每增加或者减少1%，应当在该事实发生的次日通知该上市公司，并予公告。

违反本条第一款、第二款的规定买入在上市公司中拥有权益的股份的，在买入后的36个月内，对该超过规定比例部分的股份不得行使表决权。

**第十四条** 通过协议转让方式，投资者及其一致行动人在一个上市公司中拥有权益的股份拟达到或者超过一个上市公司已发行股份的5%时，应当在该事实发生之日起3日内编制权益变动报告书，向中国证监会、证券交易所提交书面报告，通知该上市公司，并予公告。

前述投资者及其一致行动人拥有权益的股份达到一个上市公司已发行股份的5%后，其拥有权益的股份占该上市公司已发行股份的比例每增加或者减少达到或者超过5%的，应当按照前款规定履行报告、公告义务。

前两款规定的投资者及其一致行动人在作出报告、公告前，不得再行买卖该上市公司的股票。相关股份转让及过户登记手续按照本办法第四章及证券交易所、证券登记结算机构的规定办理。

**第十五条** 投资者及其一致行动人通过行政划转或者变更、执行法院裁定、继承、赠与等方式拥有权益的股份变动达到前条规定比例的，应当按照前条规定履行报告、公告义务，并参照前条规定办理股份过户登记手续。

**第十六条** 投资者及其一致行动人不是上市公司的第一大股东或者实际控制人，其拥有权益的股份达到或者超过该公司已发行股份的5%，但未达到20%的，应当编制包括下列内容的简式权益变动报告书：

（一）投资者及其一致行动人的姓名、住所；投资者及其一致行动人为法人的，其名称、注册地及法定代表人；

（二）持股目的，是否有意在未来12个月内继续增加其在上市公司中拥有的权益；

（三）上市公司的名称、股票的种类、数量、比例；

（四）在上市公司中拥有权益的股份达到或者超过上市公司已发行股份的5%或者拥有权益的股份增减变化达到5%的时间及方式，增持股份的资金来源；

（五）在上市公司中拥有权益的股份变动的时间及方式；

（六）权益变动事实发生之日前6个月内通过证券交易所的证券交易买卖该公司股票的简要情况；

（七）中国证监会、证券交易所要求披露的其他内容。

前述投资者及其一致行动人为上市公司第一大股东或者实际控制人，其拥有权益的股份达到或者超过一个上市公司已发行股份的5%，但未达到20%的，还应当披露本办法第十七条第一款规定的内容。

**第十七条** 投资者及其一致行动人拥有权益的股份达到或者超过一个上市公司已发行股份的20%但未超过30%的，应当编制详式权益变动报告书，除须披露前条规定的信息外，还应当披露以下内容：

（一）投资者及其一致行动人的控股股东、实际控制人及其股权控制关系结构图；

（二）取得相关股份的价格、所需资金额，或者其他支付安排；

（三）投资者、一致行动人及其控股股东、实际控制人所从事的业务与上市公司的业务是否存在同业竞争或者潜在的同业竞争，是否存在持续关联交易；存在同业竞争或者持续关联交易的，是否已做出相应的安排，确保投资者、一致行动人及其关联方与上市公司之间避免同业竞争以及保持上市公司的独立性；

（四）未来12个月内对上市公司资产、业务、人员、组织结构、公司章程等进行调整的后续计划；

（五）前24个月内投资者及其一致行动人与上市公司之间的重大交易；

（六）不存在本办法第六条规定的情形；

（七）能够按照本办法第五十条的规定提供相关文件。

前述投资者及其一致行动人为上市公司第一大股东或者实际控制人的，还应当聘请财务顾问对上述权益变动报告书所披露的内容出具核查意见，但国有股行政划转或者变更、股份转让在同一实际控制人控制的不同主体之间进行、因继承取得股份的除外。投资者及其一致行动人承诺至少3年放弃行使相关股份表决权的，可免于聘请财务顾问和提供前款第（七）项规定的文件。

第十八条 已披露权益变动报告书的投资者及其一致行动人在披露之日起6个月内，因拥有权益的股份变动需要再次报告、公告权益变动报告书的，可以仅就与前次报告书不同的部分作出报告、公告；自前次披露之日起超过6个月的，投资者及其一致行动人应当按照本章的规定编制权益变动报告书，履行报告、公告义务。

第十九条 因上市公司减少股本导致投资者及其一致行动人拥有权益的股份变动出现本办法第十四条规定情形的，投资者及其一致行动人免于履行报告和公告义务。上市公司应当自完成减少股本的变更登记之日起2个工作日内，就因此导致的公司股东拥有权益的股份变动情况作出公告；因公司减少股本可能导致投资者及其一致行动人成为公司第一大股东或者实际控制人的，该投资者及其一致行动人应当自公司董事会公告有关减少公司股本决议之日起3个工作日内，按照本办法第十七条第一款的规定履行报告、公告义务。

第二十条 上市公司的收购及相关股份权益变动活动中的信息披露义务人依法披露前，相关信息已在媒体上传播或者公司股票交易出现异常的，上市公司应当立即向当事人进行查询，当事人应当及时予以书面答复，上市公司应当及时作出公告。

第二十一条 上市公司的收购及相关股份权益变动活动中的信息披露义务人应当在证券交易所的网站和符合中国证监会规定条件的媒体上依法披露信息；在其他媒体上进行披露的，披露内容应当一致，披露时间不得早于前述披露的时间。

第二十二条 上市公司的收购及相关股份权益变动活动中的信息披露义务人采取一致行动的，可以以书面形式约定由其中一人作为指定代表负责统一编制信息披露文件，并同意授权指定代表在信息披露文件上签字、盖章。

各信息披露义务人应当对信息披露文件中涉及其自身的信息承担责任；对信息披露文件中涉及的与多个信息披露义务人相关的信息，各信息披露义务人对相关部分承担连带责任。

## 第三章 要约收购

第二十三条 投资者自愿选择以要约方式收购上市公司股份的，可以向被收购公司所有股东发出收购其所持有的全部股份的要约（以下简称全面要约），也可以向被收购公司所有股东发出收购其所持有的部分股份的要约（以下简称部分要约）。

第二十四条 通过证券交易所的证券交易，收购人持有一个上市公司的股份达到该公司已发行股份的30%时，继续增持股份的，应当采取要约方式进行，发出全面要约或者部分要约。

第二十五条 收购人依照本办法第二十三条、第二十四条、第四十七条、第五十六条的规定，以要约方式收购一个上市公司股份的，其预定收购的股份比例均不得低于该上市公司已发行股份的5%。

第二十六条 以要约方式进行上市公司收购的，收购人应当公平对待被收购公司的所有股东。持有同一种类股份的股东应当得到同等对待。

第二十七条 收购人为终止上市公司的上市地位而发出全面要约的，或者因不符合本办法第六章的规定而发出全面要约的，应当以现金支付收购价款；以依法可以转让的证券（以下简称证券）支付收购价款的，应当同时提供现金方式供被收购公司股东选择。

第二十八条 以要约方式收购上市公司股份的，收购人应当编制要约收购报告书，聘请财务顾问，通知被收购公司，同时对要约收购报告书摘要作出提示性公告。

本次收购依法应当取得相关部门批准的，收购人应当在要约收购报告书摘要中作出特别提示，并在取得批准后公告要约收购报告书。

第二十九条 前条规定的要约收购报告书，应当载明下列事项：

（一）收购人的姓名、住所；收购人为法人的，其名称、注册地及法定代表人，与其控股股东、实际控制人之间的股权控制关系结构图；

（二）收购人关于收购的决定及收购目的，是否拟在未来12个月内继续增持；

（三）上市公司的名称、收购股份的种类；

（四）预定收购股份的数量和比例；

（五）收购价格；

（六）收购所需资金额、资金来源及资金保证，或者其他支付安排；

（七）收购要约约定的条件；

（八）收购期限；

（九）公告收购报告书时持有被收购公司的股份数量、比例；

（十）本次收购对上市公司的影响分析，包括收购人及其关联方所从事的业务与上市公司的业务是否存在同业竞争或者潜在的同业竞争，是否存在持续关联交易；存在同业竞争或者持续关联交易的，收购人是否已作出相应的安排，确保收购人及其关联方与上市公司之间避免同业竞争以及保持上市公司的独立性；

（十一）未来12个月内对上市公司资产、业务、人员、组织结构、公司章程等进行调整的后续计划；

（十二）前24个月内收购人及其关联方与上市公司之间的重大交易；

（十三）前6个月内通过证券交易所的证券交易买卖被收购公司股票的情况；

（十四）中国证监会要求披露的其他内容。

收购人发出全面要约的，应当在要约收购报告书中充分披露终止上市的风险、终止上市后收购行为完成的时间及仍持有上市公司股份的剩余股东出售其股票的其他后续安排；收购人发出以终止公司上市地位为目的的全面要约，无须披露前款第（十）项规定的内容。

第三十条　收购人按照本办法第四十七条规定拟收购上市公司股份超过30%，须改以要约方式进行收购的，收购人应当在达成收购协议或者做出类似安排后的3日内对要约收购报告书摘要作出提示性公告，并按照本办法第二十八条、第二十九条的规定履行公告义务，同时免于编制、公告上市公司收购报告书；依法应当取得批准的，应当在公告中特别提示本次要约须取得相关批准方可进行。

未取得批准的，收购人应当在收到通知之日起2个工作日内，公告取消收购计划，并通知被收购公司。

第三十一条　收购人自作出要约收购提示性公告起60日内，未公告要约收购报告书的，收购人应当在期满后次一个工作日通知被收购公司，并予公告；此后每30日应当公告一次，直至公告要约收购报告书。

收购人作出要约收购提示性公告后，在公告要约收购报告书之前，拟自行取消收购计划的，应当公告原因；自公告之日起12个月内，该收购人不得再次对同一上市公司进行收购。

第三十二条　被收购公司董事会应当对收购人的主体资格、资信情况及收购意图进行调查，对要约条件进行分析，对股东是否接受要约提出建议，并聘请独立财务顾问提出专业意见。在收购人公告要约收购报告书后20日内，被收购公司董事会应当公告被收购公司董事会报告书与独立财务顾问的专业意见。

收购人对收购要约条件做出重大变更的，被收购公司董事会应当在3个工作日内公告董事会及独立财务顾问就要约条件的变更情况所出具的补充意见。

第三十三条　收购人作出提示性公告后至要约收购完成前，被收购公司除继续从事正常的经营活动或者执行股东大会已经作出的决议外，未经股东大会批准，被收购公司董事会不得通过处置公司资产、对外投资、调整公司主要业务、担保、贷款等方式，对公司的资产、负债、权益或者经营成果造成重大影响。

第三十四条　在要约收购期间，被收购公司董事不得辞职。

第三十五条　收购人按照本办法规定进行要约收购的，对同一种类股票的要约价格，不得低于要约收购提示性公告日前6个月内收购人取得该种股票所支付的最高价格。

要约价格低于提示性公告日前30个交易日该种股票的每日加权平均价格的算术平均值的，收购人聘请的财务顾问应当就该种股票前6个月的交易情况进行分析，说明是否存在股价被操纵、收购人是否有未披露的一致行动人、收购人前6个月取得公司股份是否存在其他支付安排、要约价格的合理性等。

第三十六条　收购人可以采用现金、证券、现金与证券相结合等合法方式支付收购上市公司的价款。收购人以证券支付收购价款的，应当提供该证券的发行人最近3年经审计的财务会计报告、证券估值报告，并配合被收购公司聘请的独立财务顾问的尽职调查工作。收购人以在证券交易所上市的债券支付收购价款的，该债券的可上市交易时间应当不少于一个月。收购人以未在证券交易所上市交易的证券支付收购价款的，必须同时提供现金方式供被收购公司的股东选择，并详细披露相关证券的保管、送达被收购公司股东的方式和程序安排。

收购人聘请的财务顾问应当对收购人支付收购价款的能力和资金来源进行充分的尽职调查，详细披露核查的过程和依据，说明收购人是否具备要约收购的能力。

收购人应当在作出要约收购提示性公告的同时,提供以下至少一项安排保证其具备履约能力:

(一)以现金支付收购价款的,将不少于收购价款总额的20%作为履约保证金存入证券登记结算机构指定的银行;收购人以在证券交易所上市交易的证券支付收购价款的,将用于支付的全部证券交由证券登记结算机构保管,但上市公司发行新股的除外;

(二)银行对要约收购所需价款出具保函;

(三)财务顾问出具承担连带保证责任的书面承诺,明确如要约期满收购人不支付收购价款,财务顾问进行支付。

**第三十七条** 收购要约约定的收购期限不得少于30日,并不得超过60日;但是出现竞争要约的除外。

在收购要约约定的承诺期限内,收购人不得撤销其收购要约。

**第三十八条** 采取要约收购方式的,收购人作出公告后至收购期限届满前,不得卖出被收购公司的股票,也不得采取要约规定以外的形式和超出要约的条件买入被收购公司的股票。

**第三十九条** 收购要约提出的各项收购条件,适用于被收购公司的所有股东。

上市公司发行不同种类股份的,收购人可以针对持有不同种类股份的股东提出不同的收购条件。

收购人需要变更收购要约的,必须及时公告,载明具体变更事项,并通知被收购公司。变更收购要约不得存在下列情形:

(一)降低收购价格;

(二)减少预定收购股份数额;

(三)缩短收购期限;

(四)中国证监会规定的其他情形。

**第四十条** 收购要约期限届满前15日内,收购人不得变更收购要约;但是出现竞争要约的除外。

出现竞争要约时,发出初始要约的收购人变更收购要约距初始要约收购期限届满不足15日的,应当延长收购期限,延长后的要约期应当不少于15日,不得超过最后一个竞争要约的期满日,并按规定追加履约保证。

发出竞争要约的收购人最迟不得晚于初始要约收购期限届满前15日发出要约收购的提示性公告,并应当根据本办法第二十八条和第二十九条的规定履行公告义务。

**第四十一条** 要约收购报告书所披露的基本事实发生重大变化的,收购人应当在该重大变化发生之日起2个工作日内作出公告,并通知被收购公司。

**第四十二条** 同意接受收购要约的股东(以下简称预受股东),应当委托证券公司办理预受要约的相关手续。收购人应当委托证券公司向证券登记结算机构申请办理预受要约股票的临时保管。证券登记结算机构临时保管的预受要约的股票,在要约收购期间不得转让。

前款所称预受,是指被收购公司股东同意接受要约的初步意思表示,在要约收购期限内不可撤回之前不构成承诺。在要约收购期限届满3个交易日前,预受股东可以委托证券公司办理撤回预受要约的手续,证券登记结算机构根据预受要约股东的撤回申请解除对预受要约股票的临时保管。在要约收购期限届满前3个交易日内,预受股东不得撤回其对要约的接受。在要约收购期限内,收购人应当每日在证券交易所网站上公告已预受收购要约的股份数量。

出现竞争要约时,接受初始要约的预受股东撤回全部或者部分预受的股份,并将撤回的股份售予竞争要约人的,应当委托证券公司办理撤回预受初始要约的手续和预受竞争要约的相关手续。

**第四十三条** 收购期限届满,发出部分要约的收购人应当按照收购要约约定的条件购买被收购公司股东预受的股份,预受要约股份的数量超过预定收购数量时,收购人应当按照同等比例收购预受要约的股份;以终止被收购公司上市地位为目的的,收购人应当按照收购要约约定的条件购买被收购公司股东预受的全部股份;因不符合本办法第六章的规定而发出全面要约的收购人应当购买被收购公司股东预受的全部股份。

收购期限届满后3个交易日内,接受委托的证券公司应当向证券登记结算机构申请办理股份转让结算、过户登记手续,解除对超过预定收购比例的股票的临时保管;收购人应当公告本次要约收购的结果。

**第四十四条** 收购期限届满,被收购公司股权分布不符合证券交易所规定的上市交易要求,该上市公司的股票由证券交易所依法终止上市交易。在收购行为完成前,其余仍持有被收购公司股票的股东,有权在收购报告书规定的合理期限内向收购人以收购要约的同等条件出售其股票,收购人应当收购。

**第四十五条** 收购期限届满后15日内,收购人应当向证券交易所提交关于收购情况的书面报告,并予以公告。

**第四十六条** 除要约方式外,投资者不得在证券交易所外公开求购上市公司的股份。

## 第四章 协议收购

**第四十七条** 收购人通过协议方式在一个上市公司中拥有权益的股份达到或者超过该公司已发行股份的5%，但未超过30%的，按照本办法第二章的规定办理。

收购人拥有权益的股份达到该公司已发行股份的30%时，继续进行收购的，应当依法向该上市公司的股东发出全面要约或者部分要约。符合本办法第六章规定情形的，收购人可以免于发出要约。

收购人拟通过协议方式收购一个上市公司的股份超过30%的，超过30%的部分，应当改以要约方式进行；但符合本办法第六章规定情形的，收购人可以免于发出要约。符合前述规定情形的，收购人可以履行其收购协议；不符合前述规定情形的，在履行其收购协议前，应当发出全面要约。

**第四十八条** 以协议方式收购上市公司股份超过30%，收购人拟依据本办法第六十二条、第六十三条第一款第(一)项、第(二)项、第(十)项的规定免于发出要约的，应当在与上市公司股东达成收购协议之日起3日内编制上市公司收购报告书，通知被收购公司，并公告上市公司收购报告书摘要。

收购人应当在收购报告书摘要公告后5日内，公告其收购报告书、财务顾问专业意见和律师出具的法律意见书；不符合本办法第六章规定的情形的，应当予以公告，并按照本办法第六十一条第二款的规定办理。

**第四十九条** 依据前条规定所作的上市公司收购报告书，须披露本办法第二十九条第(一)项至第(六)项和第(九)项至第(十四)项规定的内容及收购协议的生效条件和付款安排。

已披露收购报告书的收购人在披露之日起6个月内，因权益变动需要再次报告、公告的，可以仅就与前次报告书不同的部分作出报告、公告；超过6个月的，应当按照本办法第二章的规定履行报告、公告义务。

**第五十条** 收购人公告上市公司收购报告书时，应当提交以下备查文件：

(一)中国公民的身份证明，或者在中国境内登记注册的法人、其他组织的证明文件；

(二)基于收购人的实力和从业经验对上市公司后续发展计划可行性的说明，收购人拟修改公司章程、改选公司董事会、改变或者调整公司主营业务的，还应当补充其具备规范运作上市公司的管理能力的说明；

(三)收购人及其关联方与被收购公司存在同业竞争、关联交易的，应提供避免同业竞争等利益冲突、保持被收购公司经营独立性的说明；

(四)收购人为法人或者其他组织的，其控股股东、实际控制人最近2年未变更的说明；

(五)收购人及其控股股东或实际控制人的核心企业和核心业务、关联企业及主营业务的说明；收购人或其实际控制人为两个或两个以上的上市公司控股股东或实际控制人的，还应当提供其持股5%以上的上市公司以及银行、信托公司、证券公司、保险公司等其他金融机构的情况说明；

(六)财务顾问关于收购人最近3年的诚信记录、收购资金来源合法性、收购人具备履行相关承诺的能力以及相关信息披露内容真实性、准确性、完整性的核查意见；收购人成立未满3年的，财务顾问还应当提供其控股股东或者实际控制人最近3年诚信记录的核查意见。

境外法人或者境外其他组织进行上市公司收购的，除应当提交第一款第(二)项至第(六)项规定的文件外，还应当提交以下文件：

(一)财务顾问出具的收购人符合对上市公司进行战略投资的条件、具有收购上市公司的能力的核查意见；

(二)收购人接受中国司法、仲裁管辖的声明。

**第五十一条** 上市公司董事、监事、高级管理人员、员工或其所控制或者委托的法人或其他组织，拟对本公司进行收购或者通过本办法第五章规定的方式取得本公司控制权(以下简称管理层收购)的，该上市公司应当具备健全且运行良好的组织机构以及有效的内部控制制度，公司董事会成员中独立董事的比例应当达到或者超过1/2。公司应当聘请符合《证券法》规定的资产评估机构提供公司资产评估报告，本次收购应当经董事会非关联董事作出决议，且取得2/3以上的独立董事同意后，提交公司股东大会审议，经出席股东大会的非关联股东所持表决权过半数通过。独立董事发表意见前，应当聘请独立财务顾问就本次收购出具专业意见，独立董事及独立财务顾问的意见应当一并予以公告。

上市公司董事、监事、高级管理人员存在《公司法》第一百四十八条规定情形，或者最近3年有证券市场不良诚信记录的，不得收购本公司。

**第五十二条** 以协议方式进行上市公司收购的，自签订收购协议起至相关股份完成过户的期间为上市公司收购过渡期(以下简称过渡期)。在过渡期内，收购人不得通过控股股东提议改选上市公司董事会，确有充分理由改选董事会的，来自收购人的董事不得超过董事会成员的1/3；被收购公司不得为收购人及其关联方提供担保；被收购公司不得公开发行股份募集资金，不得进行重大购买、出售资产及重大投资行为或者与收购人及其关联方进行其他关联交易，但收购人为挽救陷入危机或者面临严重财务困难的上市公司的情形除外。

第五十三条  上市公司控股股东向收购人协议转让其所持有的上市公司股份的，应当对收购人的主体资格、诚信情况及收购意图进行调查，并在其权益变动报告书中披露有关调查情况。

控股股东及其关联方未清偿其对公司的负债，未解除公司为其负债提供的担保，或者存在损害公司利益的其他情形的，被收购公司董事会应当对前述情形及时予以披露，并采取有效措施维护公司利益。

第五十四条  协议收购的相关当事人应当向证券登记结算机构申请办理拟转让股份的临时保管手续，并可以将用于支付的现金存放于证券登记结算机构指定的银行。

第五十五条  收购报告书公告后，相关当事人应当按照证券交易所和证券登记结算机构的业务规则，在证券交易所就本次股份转让予以确认后，凭全部转让款项存放于双方认可的银行账户的证明，向证券登记结算机构申请解除拟协议转让股票的临时保管，并办理过户登记手续。

收购人未按规定履行报告、公告义务，或者未按规定提出申请的，证券交易所和证券登记结算机构不予办理股份转让和过户登记手续。

收购人在收购报告书公告后30日内仍未完成相关股份过户手续的，应当立即作出公告，说明理由；在未完成相关股份过户期间，应当每隔30日公告相关股份过户办理进展情况。

## 第五章  间接收购

第五十六条  收购人虽不是上市公司的股东，但通过投资关系、协议、其他安排导致其拥有权益的股份达到或者超过一个上市公司已发行股份的5%未超过30%的，应当按照本办法第二章的规定办理。

收购人拥有权益的股份超过该公司已发行股份的30%的，应当向该公司所有股东发出全面要约；收购人预计无法在事实发生之日起30日内发出全面要约的，应当在前述30日内促使其控制的股东将所持有的上市公司股份减持至30%或者30%以下，并自减持之日起2个工作日内予以公告；其后收购人或者其控制的股东拟继续增持的，应当采取要约方式；拟依据本办法第六章的规定免于发出要约的，应当按照本办法第四十八条的规定办理。

第五十七条  投资者虽不是上市公司的股东，但通过投资关系取得对上市公司股东的控制权，而受其支配的上市公司股东所持股份达到前条规定比例、且对该股东的资产和利润构成重大影响的，应当按照前条规定履行报告、公告义务。

第五十八条  上市公司实际控制人及受其支配的股东，负有配合上市公司真实、准确、完整披露有关实际控制人发生变化的信息的义务；实际控制人及受其支配的股东拒不履行上述配合义务，导致上市公司无法履行法定信息披露义务而承担民事、行政责任的，上市公司有权对其提起诉讼。实际控制人、控股股东指使上市公司及其有关人员不依法履行信息披露义务的，中国证监会依法进行查处。

第五十九条  上市公司实际控制人及受其支配的股东未履行报告、公告义务的，上市公司应当自知悉之日起立即作出报告和公告。上市公司就实际控制人发生变化的情况予以公告后，实际控制人仍未披露的，上市公司董事会应当向实际控制人和受其支配的股东查询，必要时可以聘请财务顾问进行查询，并将查询情况向中国证监会、上市公司所在地的中国证监会派出机构（以下简称派出机构）和证券交易所报告；中国证监会依法对拒不履行报告、公告义务的实际控制人进行查处。

上市公司知悉实际控制人发生较大变化而未能将有关实际控制人的变化情况及时予以报告和公告的，中国证监会责令改正，情节严重的，认定上市公司负有责任的董事为不适当人选。

第六十条  上市公司实际控制人及受其支配的股东未履行报告、公告义务，拒不履行第五十八条规定的配合义务，或者实际控制人存在不得收购上市公司情形的，上市公司董事会应当拒绝接受实际控制人支配的股东向董事会提交的提案或者临时议案，并向中国证监会、派出机构和证券交易所报告。中国证监会责令实际控制人改正，可以认定实际控制人通过受其支配的股东所提名的董事为不适当人选；改正前，受实际控制人支配的股东不得行使其持有股份的表决权。上市公司董事会未拒绝接受实际控制人及受其支配的股东所提出的提案的，中国证监会可以认定负有责任的董事为不适当人选。

## 第六章  免除发出要约

第六十一条  符合本办法第六十二条、第六十三条规定情形的，投资者及其一致行动人可以：

（一）免于以要约收购方式增持股份；

（二）存在主体资格、股份种类限制或者法律、行政法规、中国证监会规定的特殊情形的，免于向被收购公司的所有股东发出收购要约。

不符合本章规定情形的，投资者及其一致行动人应当在30日内将其或者其控制的股东所持有的被收购公司股份减持到30%或者30%以下；拟以要约以外的方式继续增持股份的，应当发出全面要约。

**第六十二条** 有下列情形之一的，收购人可以免于以要约方式增持股份：

（一）收购人与出让人能够证明本次股份转让是在同一实际控制人控制的不同主体之间进行，未导致上市公司的实际控制人发生变化；

（二）上市公司面临严重财务困难，收购人提出的挽救公司的重组方案取得该公司股东大会批准，且收购人承诺3年内不转让其在该公司中所拥有的权益；

（三）中国证监会为适应证券市场发展变化和保护投资者合法权益的需要而认定的其他情形。

**第六十三条** 有下列情形之一的，投资者可以免于发出要约：

（一）经政府或者国有资产管理部门批准进行国有资产无偿划转、变更、合并，导致投资者在一个上市公司中拥有权益的股份占该公司已发行股份的比例超过30%；

（二）因上市公司按照股东大会批准的确定价格向特定股东回购股份而减少股本，导致投资者在该公司中拥有权益的股份超过该公司已发行股份的30%；

（三）经上市公司股东大会非关联股东批准，投资者取得上市公司向其发行的新股，导致其在该公司拥有权益的股份超过该公司已发行股份的30%，投资者承诺3年内不转让本次向其发行的新股，且公司股东大会同意投资者免于发出要约；

（四）在一个上市公司中拥有权益的股份达到或者超过该公司已发行股份的30%的，自上述事实发生之日起一年后，每12个月内增持不超过该公司已发行的2%的股份；

（五）在一个上市公司中拥有权益的股份达到或者超过该公司已发行股份的50%的，继续增加其在该公司拥有的权益不影响该公司的上市地位；

（六）证券公司、银行等金融机构在其经营范围内依法从事承销、贷款等业务导致其持有一个上市公司已发行股份超过30%，没有实际控制该公司的行为或者意图，并且提出在合理期限内向非关联方转让相关股份的解决方案；

（七）因继承导致在一个上市公司中拥有权益的股份超过该公司已发行股份的30%；

（八）因履行约定购回式证券交易协议购回上市公司股份导致投资者在一个上市公司中拥有权益的股份超过该公司已发行股份的30%，并且能够证明标的股份的表决权在协议期间未发生转移；

（九）因所持优先股表决权依法恢复导致投资者在一个上市公司中拥有权益的股份超过该公司已发行股份的30%；

（十）中国证监会为适应证券市场发展变化和保护投资者合法权益的需要而认定的其他情形。

相关投资者应在前款规定的权益变动行为完成后3日内就股份增持情况做出公告，律师应就相关投资者权益变动行为发表符合规定的专项核查意见并由上市公司予以披露。相关投资者按照前款第（五）项规定采用集中竞价方式增持股份的，每累计增持股份比例达到上市公司已发行股份的2%的，在事实发生当日和上市公司发布相关股东增持公司股份进展公告的当日不得再行增持股份。前款第（四）项规定的增持不超过2%的股份锁定期为增持行为完成之日起6个月。

**第六十四条** 收购人按照本章规定的情形免于发出要约的，应当聘请符合《证券法》规定的律师事务所等专业机构出具专业意见。

## 第七章 财务顾问

**第六十五条** 收购人聘请的财务顾问应当履行以下职责：

（一）对收购人的相关情况进行尽职调查；

（二）应收购人的要求向收购人提供专业化服务，全面评估被收购公司的财务和经营状况，帮助收购人分析收购所涉及的法律、财务、经营风险，就收购方案所涉及的收购价格、收购方式、支付安排等事项提出对策建议，并指导收购人按照规定的内容与格式制作公告文件；

（三）对收购人进行证券市场规范化运作的辅导，使收购人的董事、监事和高级管理人员熟悉有关法律、行政法规和中国证监会的规定，充分了解其应当承担的义务和责任，督促其依法履行报告、公告和其他法定义务；

（四）对收购人是否符合本办法的规定及公告文件内容的真实性、准确性、完整性进行充分核查和验证，对收购事项客观、公正地发表专业意见；

（五）与收购人签订协议，在收购完成后12个月内，持续督导收购人遵守法律、行政法规、中国证监会的规定、证券交易所规则、上市公司章程，依法行使股东权利，切实履行承诺或者相关约定。

**第六十六条** 收购人聘请的财务顾问就本次收购出具的财务顾问报告，应当对以下事项进行说明和分析，并逐项发表明确意见：

（一）收购人编制的上市公司收购报告书或者要约收购报告书所披露的内容是否真实、准确、完整；

（二）本次收购的目的；

（三）收购人是否提供所有必备证明文件，根据对收购人及其控股股东、实际控制人的实力、从事的主要业务、持续经营状况、财务状况和诚信情况的核查，说明收购人是否具备主体资格，是否具备收购的经济实力，是否具备规范运作上市公司的管理能力，是否需要承担其他附加义务及是否具备履行相关义务的能力，是否存在不良诚信记录；

（四）对收购人进行证券市场规范化运作辅导的情况，其董事、监事和高级管理人员是否已经熟悉有关法律、行政法规和中国证监会的规定，充分了解应承担的义务和责任，督促其依法履行报告、公告和其他法定义务的情况；

（五）收购人的股权控制结构及其控股股东、实际控制人支配收购人的方式；

（六）收购人的收购资金来源及其合法性，是否存在利用本次收购的股份向银行等金融机构质押取得融资的情形；

（七）涉及收购人以证券支付收购价款的，应当说明有关该证券发行人的信息披露是否真实、准确、完整以及该证券交易的便捷性等情况；

（八）收购人是否已经履行了必要的授权和批准程序；

（九）是否已对收购过渡期间保持上市公司稳定经营作出安排，该安排是否符合有关规定；

（十）对收购人提出的后续计划进行分析，收购人所从事的业务与上市公司从事的业务存在同业竞争、关联交易的，对收购人解决与上市公司同业竞争等利益冲突及保持上市公司经营独立性的方案进行分析，说明本次收购对上市公司经营独立性和持续发展可能产生的影响；

（十一）在收购标的上是否设定其他权利，是否在收购价款之外还作出其他补偿安排；

（十二）收购人及其关联方与被收购公司之间是否存在业务往来，收购人与被收购公司的董事、监事、高级管理人员是否就其未来任职安排达成某种协议或者默契；

（十三）上市公司原控股股东、实际控制人及其关联方是否存在未清偿对公司的负债、未解除公司为其负债提供的担保或者损害公司利益的其他情形；存在该等情形的，是否已提出切实可行的解决方案；

（十四）涉及收购人拟免于发出要约的，应当说明本次收购是否属于本办法第六章规定的情形，收购人是否作出承诺及是否具备履行相关承诺的实力。

**第六十七条** 上市公司董事会或者独立董事聘请的独立财务顾问，不得同时担任收购人的财务顾问或者与收购人的财务顾问存在关联关系。独立财务顾问应当根据委托进行尽职调查，对本次收购的公正性和合法性发表专业意见。独立财务顾问报告应当对以下问题进行说明和分析，发表明确意见：

（一）收购人是否具备主体资格；

（二）收购人的实力及本次收购对被收购公司经营独立性和持续发展可能产生的影响分析；

（三）收购人是否存在利用被收购公司的资产或者由被收购公司为本次收购提供财务资助的情形；

（四）涉及要约收购的，分析被收购公司的财务状况，说明收购价格是否充分反映被收购公司价值，收购要约是否公平、合理，对被收购公司社会公众股股东接受要约提出的建议；

（五）涉及收购人以证券支付收购价款的，还应当根据该证券发行人的资产、业务和盈利预测，对相关证券进行估值分析，就收购条件对被收购公司的社会公众股股东是否公平合理、是否接受收购人提出的收购条件提出专业意见；

（六）涉及管理层收购的，应当对上市公司进行估值分析，就本次收购的定价依据、支付方式、收购资金来源、融资安排、还款计划及其可行性、上市公司内部控制制度的执行情况及其有效性、上述人员及其直系亲属在最近24个月内与上市公司业务往来情况以及收购报告书披露的其他内容等进行全面核查，发表明确意见。

**第六十八条** 财务顾问应当在财务顾问报告中作出以下承诺：

（一）已按照规定履行尽职调查义务，有充分理由确信所发表的专业意见与收购人公告文件的内容不存在实质性差异；

（二）已对收购人公告文件进行核查，确信公告文件的内容与格式符合规定；

（三）有充分理由确信本次收购符合法律、行政法规和中国证监会的规定，有充分理由确信收购人披露的信息真实、准确、完整，不存在虚假记载、误导性陈述和重大遗漏；

（四）就本次收购所出具的专业意见已提交其内核机构审查，并获得通过；

（五）在担任财务顾问期间，已采取严格的保密措施，严格执行内部防火墙制度；

（六）与收购人已订立持续督导协议。

第六十九条　财务顾问在收购过程中和持续督导期间，应当关注被收购公司是否存在为收购人及其关联方提供担保或者借款等损害上市公司利益的情形，发现有违法或者不当行为的，应当及时向中国证监会、派出机构和证券交易所报告。

第七十条　财务顾问为履行职责，可以聘请其他专业机构协助其对收购人进行核查，但应当对收购人提供的资料和披露的信息进行独立判断。

第七十一条　自收购人公告上市公司收购报告书至收购完成后 12 个月内，财务顾问应当通过日常沟通、定期回访等方式，关注上市公司的经营情况，结合被收购公司定期报告和临时公告的披露事宜，对收购人及被收购公司履行持续督导职责：

（一）督促收购人及时办理股权过户手续，并依法履行报告和公告义务；

（二）督促和检查收购人及被收购公司依法规范运作；

（三）督促和检查收购人履行公开承诺的情况；

（四）结合被收购公司定期报告，核查收购人落实后续计划的情况，是否达到预期目标，实施效果是否与此前的披露内容存在较大差异，是否实现相关盈利预测或者管理层预计达到的目标；

（五）涉及管理层收购的，核查被收购公司定期报告中披露的相关还款计划的落实情况与事实是否一致；

（六）督促和检查履行收购中约定的其他义务的情况。

在持续督导期间，财务顾问应当结合上市公司披露的季度报告、半年度报告和年度报告出具持续督导意见，并在前述定期报告披露后的 15 日内向派出机构报告。

在此期间，财务顾问发现收购人在上市公司收购报告书中披露的信息与事实不符的，应当督促收购人如实披露相关信息，并及时向中国证监会、派出机构、证券交易所报告。财务顾问解除委托合同的，应当及时向中国证监会、派出机构作出书面报告，说明无法继续履行持续督导职责的理由，并予公告。

## 第八章　持续监管

第七十二条　在上市公司收购行为完成后 12 个月内，收购人聘请的财务顾问应当在每季度前 3 日内就上一季度对上市公司影响较大的投资、购买或者出售资产、关联交易、主营业务调整以及董事、监事、高级管理人员的更换、职工安置、收购人履行承诺等情况向派出机构报告。

收购人注册地与上市公司注册地不同的，还应当将前述情况的报告同时抄报收购人所在地的派出机构。

第七十三条　派出机构根据审慎监管原则，通过与承办上市公司审计业务的会计师事务所谈话、检查财务顾问持续督导责任的落实、定期或者不定期的现场检查等方式，在收购完成后对收购人和上市公司进行监督检查。

派出机构发现实际情况与收购人披露的内容存在重大差异的，对收购人及上市公司予以重点关注，可以责令收购人延长财务顾问的持续督导期，并依法进行查处。

在持续督导期间，财务顾问与收购人解除合同的，收购人应当另行聘请其他财务顾问机构履行持续督导职责。

第七十四条　在上市公司收购中，收购人持有的被收购公司的股份，在收购完成后 18 个月内不得转让。

收购人在被收购公司中拥有权益的股份在同一实际控制人控制的不同主体之间进行转让不受前述 18 个月的限制，但应当遵守本办法第六章的规定。

## 第九章　监管措施与法律责任

第七十五条　上市公司的收购及相关股份权益变动活动中的信息披露义务人，未按照本办法的规定履行报告、公告以及其他相关义务的，中国证监会责令改正，采取监管谈话、出具警示函、责令暂停或者停止收购等监管措施。在改正前，相关信息披露义务人不得对其持有或者实际支配的股份行使表决权。

第七十六条　上市公司的收购及相关股份权益变动活动中的信息披露义务人在报告、公告等文件中有虚假记载、误导性陈述或者重大遗漏的，中国证监会责令改正，采取监管谈话、出具警示函、责令暂停或者停止收购等监管措施。在改正前，收购人对其持有或者实际支配的股份不得行使表决权。

第七十七条　投资者及其一致行动人取得上市公司控制权而未按照本办法的规定聘请财务顾问，规避法定程序和义务，变相进行上市公司的收购，或者外国投资者规避管辖的,中国证监会责令改正,采取出具警示函、责令暂停或者停止收购等监管措施。在改正前,收购人不得对其持有或者实际支配的股份行使表决权。

**第七十八条** 收购人未依照本办法的规定履行相关义务、相应程序擅自实施要约收购的,或者不符合本办法规定的免除发出要约情形,拒不履行相关义务、相应程序的,中国证监会责令改正,采取监管谈话、出具警示函、责令暂停或者停止收购等监管措施。在改正前,收购人不得对其持有或支配的股份行使表决权。

发出收购要约的收购人在收购要约期限届满,不按照约定支付收购价款或者购买预受股份的,自该事实发生之日起3年内不得收购上市公司,中国证监会不受理收购人及其关联方提交的申报文件。

存在前二款规定情形,收购人涉嫌虚假披露、操纵证券市场的,中国证监会对收购人进行立案稽查,依法追究其法律责任;收购人聘请的财务顾问没有充分证据表明其勤勉尽责的,自收购人违规事实发生之日起1年内,中国证监会不受理该财务顾问提交的上市公司并购重组申报文件,情节严重的,依法追究法律责任。

**第七十九条** 上市公司控股股东和实际控制人在转让其对公司的控制权时,未清偿其对公司的负债,未解除公司为其提供的担保,或者未对其损害公司利益的其他情形作出纠正的,中国证监会责令改正、责令暂停或者停止收购活动。

被收购公司董事会未能依法采取有效措施促使公司控股股东、实际控制人予以纠正,或者在收购完成后未能促使收购人履行承诺、安排或者保证的,中国证监会可以认定相关董事为不适当人选。

**第八十条** 上市公司董事未履行忠实义务和勤勉义务,利用收购谋取不当利益的,中国证监会采取监管谈话、出具警示函等监管措施,可以认定为不适当人选。

上市公司章程中涉及公司控制权的条款违反法律、行政法规和本办法规定的,中国证监会责令改正。

**第八十一条** 为上市公司收购出具资产评估报告、审计报告、法律意见书和财务顾问报告的证券服务机构或者证券公司及其专业人员,未依法履行职责的,或者违反中国证监会的有关规定或者行业规范、业务规则的,中国证监会责令改正,采取监管谈话、出具警示函、责令公开说明、责令定期报告等监管措施。

前款规定的证券服务机构及其从业人员被责令改正的,在改正前,不得接受新的上市公司并购重组业务。

**第八十二条** 中国证监会将上市公司的收购及相关股份权益变动活动中的当事人的违法行为和整改情况记入诚信档案。

违反本办法的规定构成证券违法行为的,依法追究法律责任。

### 第十章 附 则

**第八十三条** 本办法所称一致行动,是指投资者通过协议、其他安排,与其他投资者共同扩大其所能够支配的一个上市公司股份表决权数量的行为或者事实。

在上市公司的收购及相关股份权益变动活动中有一致行动情形的投资者,互为一致行动人。如无相反证据,投资者有下列情形之一的,为一致行动人:

(一)投资者之间有股权控制关系;

(二)投资者受同一主体控制;

(三)投资者的董事、监事或者高级管理人员中的主要成员,同时在另一个投资者担任董事、监事或者高级管理人员;

(四)投资者参股另一投资者,可以对参股公司的重大决策产生重大影响;

(五)银行以外的其他法人、其他组织和自然人为投资者取得相关股份提供融资安排;

(六)投资者之间存在合伙、合作、联营等其他经济利益关系;

(七)持有投资者30%以上股份的自然人,与投资者持有同一上市公司股份;

(八)在投资者任职的董事、监事及高级管理人员,与投资者持有同一上市公司股份;

(九)持有投资者30%以上股份的自然人和在投资者任职的董事、监事及高级管理人员,其父母、配偶、子女及其配偶、配偶的父母、兄弟姐妹及其配偶、配偶的兄弟姐妹及其配偶等亲属,与投资者持有同一上市公司股份;

(十)在上市公司任职的董事、监事、高级管理人员及其前项所述亲属同时持有本公司股份的,或者与其自己或者其前项所述亲属直接或者间接控制的企业同时持有本公司股份;

(十一)上市公司董事、监事、高级管理人员和员工与其所控制或者委托的法人或者其他组织持有本公司股份;

(十二)投资者之间具有其他关联关系。

一致行动人应当合并计算其所持有的股份。投资者计算其所持有的股份,应当包括登记在其名下的股份,也包括登记在其一致行动人名下的股份。

投资者认为其与他人不应被视为一致行动人的,可以向中国证监会提供相反证据。

**第八十四条** 有下列情形之一的,为拥有上市公司控制权:

(一)投资者为上市公司持股50%以上的控股股东;

(二)投资者可以实际支配上市公司股份表决权超过30%;

(三)投资者通过实际支配上市公司股份表决权能够决定公司董事会半数以上成员选任;

(四)投资者依其可实际支配的上市公司股份表决权足以对公司股东大会的决议产生重大影响;

(五)中国证监会认定的其他情形。

**第八十五条** 信息披露义务人涉及计算其拥有权益比例的,应当将其所持有的上市公司已发行的可转换为公司股票的证券中有权转换部分与其所持有的同一上市公司的股份合并计算,并将其持股比例与合并计算非股权类证券转为股份后的比例相比,以二者中的较高者为准;行权期限届满未行权的,或者行权条件不再具备的,无需合并计算。

前款所述二者中的较高者,应当按下列公式计算:

(一)投资者持有的股份数量/上市公司已发行股份总数

(二)(投资者持有的股份数量+投资者持有的可转换为公司股票的非股权类证券所对应的股份数量)/(上市公司已发行股份总数+上市公司发行的可转换为公司股票的非股权类证券所对应的股份总数)

前款所称"投资者持有的股份数量"包括投资者拥有的普通股数量和优先股恢复的表决权数量,"上市公司已发行股份总数"包括上市公司已发行的普通股总数和优先股恢复的表决权总数。

**第八十六条** 投资者因行政划转、执行法院裁决、继承、赠与等方式取得上市公司控制权的,应当按照本办法第四章的规定履行报告、公告义务。

**第八十七条** 权益变动报告书、收购报告书、要约收购报告书、被收购公司董事会报告书等文件的内容与格式,由中国证监会另行制定。

**第八十八条** 被收购公司在境内、境外同时上市的,收购人除应当遵守本办法及中国证监会的相关规定外,还应当遵守境外上市地的相关规定。

**第八十九条** 外国投资者收购上市公司及在上市公司中拥有的权益发生变动的,除应当遵守本办法的规定外,还应当遵守外国投资者投资上市公司的相关规定。

**第九十条** 本办法自2006年9月1日起施行。中国证监会发布的《上市公司收购管理办法》(证监会令第10号)、《上市公司股东持股变动信息披露管理办法》(证监会令第11号)、《关于要约收购涉及的被收购公司股票上市交易条件有关问题的通知》(证监公司字〔2003〕16号)和《关于规范上市公司实际控制权转移行为有关问题的通知》(证监公司字〔2004〕1号)同时废止。

## 上市公司重大资产重组管理办法

· 2008年3月24日中国证券监督管理委员会第224次主席办公会议审议通过

· 根据2011年8月1日中国证券监督管理委员会《关于修改上市公司重大资产重组与配套融资相关规定的决定》修正

· 2014年7月7日中国证券监督管理委员会第52次主席办公会议修订

· 根据2016年9月8日中国证券监督管理委员会《关于修改〈上市公司重大资产重组管理办法〉的决定》、2019年10月18日中国证券监督管理委员会《关于修改〈上市公司重大资产重组管理办法〉的决定》、2020年3月20日中国证券监督管理委员会《关于修改部分证券期货规章的决定》修正

· 2023年2月17日中国证券监督管理委员会第2次委务会议修订

· 2023年2月17日中国证券监督管理委员会令第214号公布

· 自公布之日起施行

### 第一章 总 则

**第一条** 为了规范上市公司重大资产重组行为,保护上市公司和投资者的合法权益,促进上市公司质量不断提高,维护证券市场秩序和社会公共利益,根据《中华人民共和国公司法》《中华人民共和国证券法》(以下简称《证券法》)等法律、行政法规的规定,制定本办法。

**第二条** 本办法适用于上市公司及其控股或者控制的公司在日常经营活动之外购买、出售资产或者通过其他方式进行资产交易达到规定的标准,导致上市公司的主营业务、资产、收入发生重大变化的资产交易行为(以下简称重大资产重组)。

上市公司发行股份购买资产应当符合本办法的规定。

上市公司按照经中国证券监督管理委员会(以下简称中国证监会)注册的证券发行申请所披露的募集资金用途,使用募集资金购买资产、对外投资的行为,不适用本办法。

**第三条** 任何单位和个人不得利用重大资产重组损害上市公司及其股东的合法权益。

**第四条** 上市公司实施重大资产重组,有关各方必须及时、公平地披露或者提供信息,保证所披露或者提供信息的真实、准确、完整,不得有虚假记载、误导性陈述或者重大遗漏。

**第五条** 上市公司的董事、监事和高级管理人员在重大资产重组活动中,应当诚实守信、勤勉尽责,维护公司资产的安全,保护公司和全体股东的合法权益。

**第六条** 为重大资产重组提供服务的证券服务机构和人员,应当遵守法律、行政法规和中国证监会的有关规定,以及证券交易所的相关规则,遵循本行业公认的业务标准和道德规范,诚实守信、勤勉尽责,严格履行职责,对其所制作、出具文件的真实性、准确性和完整性承担责任。

前款规定的证券服务机构和人员,不得教唆、协助或者伙同委托人编制或者披露存在虚假记载、误导性陈述或者重大遗漏的报告、公告文件,不得从事不正当竞争,不得利用上市公司重大资产重组谋取不正当利益。

**第七条** 任何单位和个人对所知悉的重大资产重组信息在依法披露前负有保密义务。

禁止任何单位和个人利用重大资产重组信息从事内幕交易、操纵证券市场等违法活动。

**第八条** 中国证监会依法对上市公司重大资产重组行为进行监督管理。

证券交易所依法制定上市公司重大资产重组业务规则,并对上市公司重大资产重组行为、证券服务机构和人员履职行为等进行自律管理。

中国证监会基于证券交易所的审核意见,依法对上市公司发行股份购买资产涉及的证券发行申请履行注册程序,并对证券交易所的审核工作进行监督。

**第九条** 对上市公司发行股份购买资产涉及的证券发行申请予以注册,不表明中国证监会和证券交易所对该证券的投资价值或者投资者的收益作出实质性判断或者保证,也不表明中国证监会和证券交易所对申请文件的真实性、准确性、完整性作出保证。

**第十条** 鼓励依法设立的并购基金、股权投资基金、创业投资基金、产业投资基金等投资机构参与上市公司并购重组。

## 第二章 重大资产重组的原则和标准

**第十一条** 上市公司实施重大资产重组,应当就本次交易符合下列要求作出充分说明,并予以披露:

(一)符合国家产业政策和有关环境保护、土地管理、反垄断、外商投资、对外投资等法律和行政法规的规定;

(二)不会导致上市公司不符合股票上市条件;

(三)重大资产重组所涉及的资产定价公允,不存在损害上市公司和股东合法权益的情形;

(四)重大资产重组所涉及的资产权属清晰,资产过户或者转移不存在法律障碍,相关债权债务处理合法;

(五)有利于上市公司增强持续经营能力,不存在可能导致上市公司重组后主要资产为现金或者无具体经营业务的情形;

(六)有利于上市公司在业务、资产、财务、人员、机构等方面与实际控制人及其关联人保持独立,符合中国证监会关于上市公司独立性的相关规定;

(七)有利于上市公司形成或者保持健全有效的法人治理结构。

**第十二条** 上市公司及其控股或者控制的公司购买、出售资产,达到下列标准之一的,构成重大资产重组:

(一)购买、出售的资产总额占上市公司最近一个会计年度经审计的合并财务会计报告期末资产总额的比例达到百分之五十以上;

(二)购买、出售的资产在最近一个会计年度所产生的营业收入占上市公司同期经审计的合并财务会计报告营业收入的比例达到百分之五十以上,且超过五千万元人民币;

(三)购买、出售的资产净额占上市公司最近一个会计年度经审计的合并财务会计报告期末净资产额的比例达到百分之五十以上,且超过五千万元人民币。

购买、出售资产未达到前款规定标准,但中国证监会发现涉嫌违反国家产业政策、违反法律和行政法规、违反中国证监会的规定,可能损害上市公司或者投资者合法权益等重大问题的,可以根据审慎监管原则,责令上市公司暂停交易、按照本办法的规定补充披露相关信息、聘请符合《证券法》规定的独立财务顾问或者其他证券服务机构补充核查并披露专业意见。

**第十三条** 上市公司自控制权发生变更之日起三十六个月内,向收购人及其关联人购买资产,导致上市公司发生以下根本变化情形之一的,构成重大资产重组,应当按照本办法的规定履行相关义务和程序:

(一)购买的资产总额占上市公司控制权发生变更的前一个会计年度经审计的合并财务会计报告期末资产总额的比例达到百分之一百以上;

(二)购买的资产在最近一个会计年度所产生的营业收入占上市公司控制权发生变更的前一个会计年度经审计的合并财务会计报告营业收入的比例达到百分之一

百以上；

（三）购买的资产净额占上市公司控制权发生变更的前一个会计年度经审计的合并财务会计报告期末净资产额的比例达到百分之一百以上；

（四）为购买资产发行的股份占上市公司首次向收购人及其关联人购买资产的董事会决议前一个交易日的股份的比例达到百分之一百以上；

（五）上市公司向收购人及其关联人购买资产虽未达到第（一）至第（四）项标准，但可能导致上市公司主营业务发生根本变化；

（六）中国证监会认定的可能导致上市公司发生根本变化的其他情形。

上市公司实施前款规定的重大资产重组，应当符合下列规定：

（一）符合本办法第十一条、第四十三条规定的要求；

（二）上市公司购买的资产对应的经营实体应当是股份有限公司或者有限责任公司，且符合《首次公开发行股票注册管理办法》规定的其他发行条件、相关板块定位，以及证券交易所规定的具体条件；

（三）上市公司及其最近三年内的控股股东、实际控制人不存在因涉嫌犯罪正被司法机关立案侦查或涉嫌违法违规正被中国证监会立案调查的情形。但是，涉嫌犯罪或违法违规的行为已经终止满三年，交易方案能够消除该行为可能造成的不良后果，且不影响对相关行为人追究责任的除外；

（四）上市公司及其控股股东、实际控制人最近十二个月内未受到证券交易所公开谴责，不存在其他重大失信行为；

（五）本次重大资产重组不存在中国证监会认定的可能损害投资者合法权益，或者违背公开、公平、公正原则的其他情形。

上市公司实施第一款规定的重大资产重组，涉及发行股份的，适用《证券法》和中国证监会的相关规定，应当报经中国证监会注册。

第一款所称控制权，按照《上市公司收购管理办法》第八十四条的规定进行认定。上市公司股权分散，董事、高级管理人员可以支配公司重大的财务和经营决策的，视为具有上市公司控制权。

上市公司自控制权发生变更之日起，向收购人及其关联人购买的资产属于金融、创业投资等特定行业的，由中国证监会另行规定。

**第十四条** 计算本办法第十二条、第十三条规定的标准时，应当遵守下列规定：

（一）购买的资产为股权的，其资产总额以被投资企业的资产总额与该项投资所占股权比例的乘积和成交金额二者中的较高者为准，营业收入以被投资企业的营业收入与该项投资所占股权比例的乘积为准，资产净额以被投资企业的净资产额与该项投资所占股权比例的乘积和成交金额二者中的较高者为准；出售的资产为股权的，其资产总额、营业收入以及资产净额分别以被投资企业的资产总额、营业收入以及净资产额与该项投资所占股权比例的乘积为准。

购买股权导致上市公司取得被投资企业控股权的，其资产总额以被投资企业的资产总额和成交金额二者中的较高者为准，营业收入以被投资企业的营业收入为准，资产净额以被投资企业的净资产额和成交金额二者中的较高者为准；出售股权导致上市公司丧失被投资企业控股权的，其资产总额、营业收入以及资产净额分别以被投资企业的资产总额、营业收入以及净资产额为准。

（二）购买的资产为非股权资产的，其资产总额以该资产的账面值和成交金额二者中的较高者为准，资产净额以相关资产与负债的账面值差额和成交金额二者中的较高者为准；出售的资产为非股权资产的，其资产总额、资产净额分别以该资产的账面值、相关资产与负债账面值的差额为准；该非股权资产不涉及负债的，不适用本办法第十二条第一款第（三）项规定的资产净额标准；

（三）上市公司同时购买、出售资产的，应当分别计算购买、出售资产的相关比例，并以二者中比例较高者为准；

（四）上市公司在十二个月内连续对同一或者相关资产进行购买、出售的，以其累计数分别计算相应数额。已按照本办法的规定编制并披露重大资产重组报告书的资产交易行为，无须纳入累计计算的范围。中国证监会对本办法第十三条第一款规定的重大资产重组的累计期限和范围另有规定的，从其规定。

交易标的资产属于同一交易方所有或者控制，或者属于相同或者相近的业务范围，或者中国证监会认定的其他情形下，可以认定为同一或者相关资产。

**第十五条** 本办法第二条所称通过其他方式进行资产交易，包括：

（一）与他人新设企业、对已设立的企业增资或者减资；

（二）受托经营、租赁其他企业资产或者将经营性资产委托他人经营、租赁；

（三）接受附义务的资产赠与或者对外捐赠资产；

（四）中国证监会根据审慎监管原则认定的其他情形。

上述资产交易实质上构成购买、出售资产，且达到本办法第十二条、第十三条规定的标准的，应当按照本办法的规定履行相关义务和程序。

### 第三章　重大资产重组的程序

**第十六条**　上市公司与交易对方就重大资产重组事宜进行初步磋商时，应当立即采取必要且充分的保密措施，制定严格有效的保密制度，限定相关敏感信息的知悉范围。上市公司及交易对方聘请证券服务机构的，应当立即与所聘请的证券服务机构签署保密协议。

上市公司关于重大资产重组的董事会决议公告前，相关信息已在媒体上传播或者公司股票交易出现异常波动的，上市公司应当立即将有关计划、方案或者相关事项的现状以及相关进展情况和风险因素等予以公告，并按照有关信息披露规则办理其他相关事宜。

**第十七条**　上市公司应当聘请符合《证券法》规定的独立财务顾问、律师事务所以及会计师事务所等证券服务机构就重大资产重组出具意见。

独立财务顾问和律师事务所应当审慎核查重大资产重组是否构成关联交易，并依据核查确认的相关事实发表明确意见。重大资产重组涉及关联交易的，独立财务顾问应当就本次重组对上市公司非关联股东的影响发表明确意见。

资产交易定价以资产评估结果为依据的，上市公司应当聘请符合《证券法》规定的资产评估机构出具资产评估报告。

证券服务机构在其出具的意见中采用其他证券服务机构或者人员的专业意见的，仍然应当进行尽职调查，审慎核查其采用的专业意见的内容，并对利用其他证券服务机构或者人员的专业意见所形成的结论负责。在保持职业怀疑并进行审慎核查、开展必要调查和复核的基础上，排除职业怀疑的，可以合理信赖。

**第十八条**　上市公司及交易对方与证券服务机构签订聘用合同后，非因正当事由不得更换证券服务机构。确因正当事由需要更换证券服务机构的，应当披露更换的具体原因以及证券服务机构的陈述意见。

**第十九条**　上市公司应当在重大资产重组报告书的管理层讨论与分析部分，就本次交易对上市公司的持续经营能力、未来发展前景、当年每股收益等财务指标和非财务指标的影响进行详细分析；涉及购买资产的，还应当就上市公司对交易标的资产的整合管控安排进行详细分析。

**第二十条**　重大资产重组中相关资产以资产评估结果作为定价依据的，资产评估机构应当按照资产评估相关准则和规范开展执业活动；上市公司董事会应当对评估机构的独立性、评估假设前提的合理性、评估方法与评估目的的相关性以及评估定价的公允性发表明确意见。

相关资产不以资产评估结果作为定价依据的，上市公司应当在重大资产重组报告书中详细分析说明相关资产的估值方法、参数及其他影响估值结果的指标和因素。上市公司董事会应当对估值机构的独立性、估值假设前提的合理性、估值方法与估值目的的相关性发表明确意见，并结合相关资产的市场可比交易价格、同行业上市公司的市盈率或者市净率等通行指标，在重大资产重组报告书中详细分析本次交易定价的公允性。

前两款情形中，评估机构、估值机构原则上应当采取两种以上的方法进行评估或者估值；上市公司独立董事应当出席董事会会议，对评估机构或者估值机构的独立性、评估或者估值假设前提的合理性和交易定价的公允性发表独立意见，并单独予以披露。

**第二十一条**　上市公司进行重大资产重组，应当由董事会依法作出决议，并提交股东大会批准。

上市公司董事会应当就重大资产重组是否构成关联交易作出明确判断，并作为董事会决议事项予以披露。

上市公司独立董事应当在充分了解相关信息的基础上，就重大资产重组发表独立意见。重大资产重组构成关联交易的，独立董事可以另行聘请独立财务顾问就本次交易对上市公司非关联股东的影响发表意见。上市公司应当积极配合独立董事调阅相关材料，并通过安排实地调查、组织证券服务机构汇报等方式，为独立董事履行职责提供必要的支持和便利。

**第二十二条**　上市公司应当在董事会作出重大资产重组决议后的次一工作日至少披露下列文件：

（一）董事会决议及独立董事的意见；

（二）上市公司重大资产重组预案。

本次重组的重大资产重组报告书、独立财务顾问报告、法律意见书以及重组涉及的审计报告、资产评估报告或者估值报告至迟应当与召开股东大会的通知同时公告。上市公司自愿披露盈利预测报告的，该报告应当经符合《证券法》规定的会计师事务所审核，与重大资产重组报告书同时公告。

第一款第(二)项及第二款规定的信息披露文件的内容与格式另行规定。

上市公司应当在证券交易所的网站和一家符合中国证监会规定条件的媒体公告董事会决议、独立董事的意见、重大资产重组报告书及其摘要、相关证券服务机构的报告或者意见等信息披露文件。

**第二十三条** 上市公司股东大会就重大资产重组作出的决议，至少应当包括下列事项：

(一)本次重大资产重组的方式、交易标的和交易对方；

(二)交易价格或者价格区间；

(三)定价方式或者定价依据；

(四)相关资产自定价基准日至交割日期间损益的归属；

(五)相关资产办理权属转移的合同义务和违约责任；

(六)决议的有效期；

(七)对董事会办理本次重大资产重组事宜的具体授权；

(八)其他需要明确的事项。

**第二十四条** 上市公司股东大会就重大资产重组事项作出决议，必须经出席会议的股东所持表决权的三分之二以上通过。

上市公司重大资产重组事宜与本公司股东或者其关联人存在关联关系的，股东大会就重大资产重组事项进行表决时，关联股东应当回避表决。

交易对方已经与上市公司控股股东就受让上市公司股权或者向上市公司推荐董事达成协议或者合意，可能导致上市公司的实际控制权发生变化的，上市公司控股股东及其关联人应当回避表决。

上市公司就重大资产重组事宜召开股东大会，应当以现场会议形式召开，并应当提供网络投票和其他合法方式为股东参加股东大会提供便利。除上市公司的董事、监事、高级管理人员、单独或者合计持有上市公司百分之五以上股份的股东以外，其他股东的投票情况应当单独统计并予以披露。

**第二十五条** 上市公司应当在股东大会作出重大资产重组决议后的次一工作日公告该决议，以及律师事务所对本次会议的召集程序、召集人和出席人员的资格、表决程序以及表决结果等事项出具的法律意见书。

涉及发行股份购买资产的，上市公司应当根据中国证监会的规定委托独立财务顾问，在作出决议后三个工作日内向证券交易所提出申请。

**第二十六条** 上市公司全体董事、监事、高级管理人员应当公开承诺，保证重大资产重组的信息披露和申请文件不存在虚假记载、误导性陈述或者重大遗漏。

重大资产重组的交易对方应当公开承诺，将及时向上市公司提供本次重组相关信息，并保证所提供的信息真实、准确、完整，如因提供的信息存在虚假记载、误导性陈述或者重大遗漏，给上市公司或者投资者造成损失的，将依法承担赔偿责任。

前两款规定的单位和个人还应当公开承诺，如本次交易因涉嫌所提供或者披露的信息存在虚假记载、误导性陈述或者重大遗漏，被司法机关立案侦查或者被中国证监会立案调查的，在案件调查结论明确之前，将暂停转让其在该上市公司拥有权益的股份。

**第二十七条** 证券交易所设立并购重组委员会(以下简称并购重组委)依法审议上市公司发行股份购买资产申请，提出审议意见。

证券交易所应当在规定的时限内基于并购重组委的审议意见，形成本次交易是否符合重组条件和信息披露要求的审核意见。

证券交易所认为符合相关条件和要求的，将审核意见、上市公司注册申请文件及相关审核资料报中国证监会注册；认为不符合相关条件和要求的，作出终止审核决定。

**第二十八条** 中国证监会收到证券交易所报送的审核意见等相关文件后，依照法定条件和程序，在十五个工作日内对上市公司的注册申请作出予以注册或者不予注册的决定，按规定应当扣除的时间不计算在本款规定的时限内。

中国证监会基于证券交易所的审核意见依法履行注册程序，发现存在影响重组条件的新增事项，可以要求证券交易所问询并就新增事项形成审核意见。

中国证监会认为证券交易所对前款规定的新增事项审核意见依据明显不充分的，可以退回补充审核。证券交易所补充审核后，认为符合重组条件和信息披露要求的，重新向中国证监会报送审核意见等相关文件，注册期限按照第一款规定重新计算。

**第二十九条** 股东大会作出重大资产重组的决议后，上市公司拟对交易对象、交易标的、交易价格等作出变更，构成对原交易方案重大调整的，应当在董事会表决通过后重新提交股东大会审议，并及时公告相关文件。

证券交易所审核或者中国证监会注册期间，上市公司按照前款规定对原交易方案作出重大调整的,应当按照本办法的规定向证券交易所重新提出申请,同时公告相关文件。

证券交易所审核或者中国证监会注册期间,上市公司董事会决议撤回申请的,应当说明原因,向证券交易所提出申请,予以公告;上市公司董事会决议终止本次交易的,应当按照公司章程的规定提交股东大会审议,股东大会就重大资产重组事项作出决议时已具体授权董事会可以决议终止本次交易的除外。

第三十条 上市公司收到中国证监会就其申请作出的予以注册或者不予注册的决定后,应当在次一工作日予以公告。

中国证监会予以注册的,上市公司应当在公告注册决定的同时,按照相关信息披露准则的规定补充披露相关文件。

第三十一条 上市公司重大资产重组不涉及发行股份的,应当根据中国证监会的规定聘请独立财务顾问和其他证券服务机构,按照本办法和证券交易所的要求履行相关程序、披露相关信息。

证券交易所通过问询、现场检查、现场督导、要求独立财务顾问和其他证券服务机构补充核查并披露专业意见等方式进行自律管理,发现重组活动明显违反本办法规定的重组条件和信息披露要求,可能因定价显失公允、不正当利益输送等问题严重损害上市公司、投资者合法权益的,可以报请中国证监会根据本办法的规定采取相关措施。

第三十二条 上市公司重大资产重组完成相关批准程序后,应当及时实施重组方案,并于实施完毕之日起三个工作日内编制实施情况报告书,向证券交易所提交书面报告,并予以公告。

上市公司聘请的独立财务顾问和律师事务所应当对重大资产重组的实施过程、资产过户事宜和相关后续事项的合规性及风险进行核查,发表明确的结论性意见。独立财务顾问和律师事务所出具的意见应当与实施情况报告书同时报告、公告。

第三十三条 自完成相关批准程序之日起六十日内,本次重大资产重组未实施完毕的,上市公司应当于期满后次一工作日将实施进展情况报告,并予以公告;此后每三十日应当公告一次,直至实施完毕。属于本办法第四十四条规定的交易情形的,自收到中国证监会注册文件之日起超过十二个月未实施完毕的,注册文件失效。

第三十四条 上市公司在实施重大资产重组的过程中,发生法律、法规要求披露的重大事项的,应当及时作出公告;该事项导致本次交易发生实质性变动的,须重新提交股东大会审议,涉及发行股份购买资产的,还须按照本办法的规定向证券交易所重新提出申请。

第三十五条 采取收益现值法、假设开发法等基于未来收益预期的方法对拟购买资产进行评估或者估值并作为定价参考依据的,上市公司应当在重大资产重组实施完毕后三年内的年度报告中单独披露相关资产的实际盈利数与利润预测数的差异情况,并由会计师事务所对此出具专项审核意见;交易对方应当与上市公司就相关资产实际盈利数不足利润预测数的情况签订明确可行的补偿协议。

预计本次重大资产重组将摊薄上市公司当年每股收益的,上市公司应当提出填补每股收益的具体措施,并将相关议案提交董事会和股东大会进行表决。负责落实该等具体措施的相关责任主体应当公开承诺,保证切实履行其义务和责任。

上市公司向控股股东、实际控制人或者其控制的关联人之外的特定对象购买资产且未导致控制权发生变更的,不适用前两款规定,上市公司与交易对方可以根据市场化原则,自主协商是否采取业绩补偿和每股收益填补措施及相关具体安排。

第三十六条 上市公司重大资产重组发生下列情形的,独立财务顾问应当及时出具核查意见,并予以公告:

(一)上市公司完成相关批准程序前,对交易对象、交易标的、交易价格等作出变更,构成对原重组方案重大调整,或者因发生重大事项导致原重组方案发生实质性变动的;

(二)上市公司完成相关批准程序后,在实施重组过程中发生重大事项,导致原重组方案发生实质性变动的。

第三十七条 独立财务顾问应当按照中国证监会的相关规定,以及证券交易所的相关规则,对实施重大资产重组的上市公司履行持续督导职责。持续督导的期限自本次重大资产重组实施完毕之日起,应当不少于一个会计年度。实施本办法第十三条规定的重大资产重组,持续督导的期限自本次重大资产重组实施完毕之日起,应当不少于三个会计年度。持续督导期限届满后,仍存在尚未完结的督导事项的,独立财务顾问应当就相关事项继续履行持续督导职责。

第三十八条 独立财务顾问应当结合上市公司重大资产重组当年和实施完毕后的第一个会计年度的年报,自年报披露之日起十五日内,对重大资产重组实施的下

列事项出具持续督导意见,并予以公告:

(一)交易资产的交付或者过户情况;

(二)交易各方当事人承诺的履行情况;

(三)已公告的盈利预测或者利润预测的实现情况;

(四)管理层讨论与分析部分提及的各项业务的发展现状,以及上市公司对所购买资产整合管控安排的执行情况;

(五)公司治理结构与运行情况;

(六)与已公布的重组方案存在差异的其他事项。

独立财务顾问还应当结合本办法第十三条规定的重大资产重组实施完毕后的第二、第三个会计年度的年报,自年报披露之日起十五日内,对前款第(二)至(六)项事项出具持续督导意见,并予以公告。

## 第四章 重大资产重组的信息管理

**第三十九条** 上市公司筹划、实施重大资产重组,相关信息披露义务人应当公平地向所有投资者披露可能对上市公司股票交易价格产生较大影响的相关信息(以下简称股价敏感信息),不得提前泄露。

**第四十条** 上市公司的股东、实际控制人以及参与重大资产重组筹划、论证、决策等环节的其他相关机构和人员,应当做好保密工作。对于依法应当披露的信息,应当及时通知上市公司,并配合上市公司及时、准确、完整地进行披露。相关信息发生泄露的,应当立即通知上市公司,并督促上市公司依法披露。

**第四十一条** 上市公司及其董事、监事、高级管理人员,重大资产重组的交易对方及其关联方,交易对方及其关联方的董事、监事、高级管理人员或者主要负责人,交易各方聘请的证券服务机构及其从业人员,参与重大资产重组筹划、论证、决策、审批等环节的相关机构和人员,以及因直系亲属关系、提供服务和业务往来等知悉或者可能知悉股价敏感信息的其他相关机构和人员,在重大资产重组的股价敏感信息依法披露前负有保密义务,禁止利用该信息进行内幕交易。

**第四十二条** 上市公司筹划重大资产重组事项,应当详细记载筹划过程中每一具体环节的进展情况,包括商议相关方案、形成相关意向、签署相关协议或者意向书的具体时间、地点、参与机构和人员、商议和决议内容等,制作书面的交易进程备忘录并予以妥善保存。参与每一具体环节的所有人员应当即时在备忘录上签名确认。

上市公司筹划发行股份购买资产,可以按照证券交易所的有关规定申请停牌。上市公司不申请停牌的,应当就本次交易做好保密工作,在发行股份购买资产预案、发行股份购买资产报告书披露前,不得披露所筹划交易的相关信息。信息已经泄露的,上市公司应当立即披露发行股份购买资产预案、发行股份购买资产报告书,或者申请停牌。

上市公司筹划不涉及发行股份的重大资产重组,应当分阶段披露相关情况,不得申请停牌。

上市公司股票交易价格因重大资产重组的市场传闻发生异常波动时,上市公司应当及时核实有无影响上市公司股票交易价格的重组事项并予以澄清,不得以相关事项存在不确定性为由不履行信息披露义务。

## 第五章 发行股份购买资产

**第四十三条** 上市公司发行股份购买资产,应当符合下列规定:

(一)充分说明并披露本次交易有利于提高上市公司资产质量、改善财务状况和增强持续经营能力,有利于上市公司减少关联交易、避免同业竞争、增强独立性;

(二)上市公司最近一年及一期财务会计报告被会计师事务所出具无保留意见审计报告;被出具保留意见、否定意见或者无法表示意见的审计报告的,须经会计师事务所专项核查确认,该保留意见、否定意见或者无法表示意见所涉及事项的重大影响已经消除或者将通过本次交易予以消除;

(三)上市公司及其现任董事、高级管理人员不存在因涉嫌犯罪正被司法机关立案侦查或涉嫌违法违规正被中国证监会立案调查的情形。但是,涉嫌犯罪或违法违规的行为已经终止满三年,交易方案有助于消除该行为可能造成的不良后果,且不影响对相关行为人追究责任的除外;

(四)充分说明并披露上市公司发行股份所购买的资产为权属清晰的经营性资产,并能在约定期限内办理完毕权属转移手续;

(五)中国证监会规定的其他条件。

上市公司为促进行业的整合、转型升级,在其控制权不发生变更的情况下,可以向控股股东、实际控制人或者其控制的关联人之外的特定对象发行股份购买资产。所购买资产与现有主营业务没有显著协同效应的,应当充分说明并披露本次交易后的经营发展战略和业务管理模式,以及业务转型升级可能面临的风险和应对措施。

特定对象以现金或者资产认购上市公司发行的股份后,上市公司用同一次发行所募集的资金向该特定对象购买资产的,视同上市公司发行股份购买资产。

**第四十四条** 上市公司发行股份购买资产的,可以同时募集部分配套资金,其定价方式按照相关规定办理。

上市公司发行股份购买资产应当遵守本办法关于重大资产重组的规定,编制发行股份购买资产预案、发行股份购买资产报告书,并向证券交易所提出申请。

**第四十五条** 上市公司发行股份的价格不得低于市场参考价的百分之八十。市场参考价为本次发行股份购买资产的董事会决议公告日前二十个交易日、六十个交易日或者一百二十个交易日的公司股票交易均价之一。本次发行股份购买资产的董事会决议应当说明市场参考价的选择依据。

前款所称交易均价的计算公式为:董事会决议公告日前若干个交易日公司股票交易均价=决议公告日前若干个交易日公司股票交易总额/决议公告日前若干个交易日公司股票交易总量。

本次发行股份购买资产的董事会决议可以明确,在中国证监会注册前,上市公司的股票价格相比最初确定的发行价格发生重大变化的,董事会可以按照已经设定的调整方案对发行价格进行一次调整。

前款规定的发行价格调整方案应当明确、具体、可操作,详细说明是否相应调整拟购买资产的定价、发行股份数量及其理由,在首次董事会决议公告时充分披露,并按照规定提交股东大会审议。股东大会作出决议后,董事会按照已经设定的方案调整发行价格的,上市公司无需按照本办法第二十九条的规定向证券交易所重新提出申请。

**第四十六条** 特定对象以资产认购而取得的上市公司股份,自股份发行结束之日起十二个月内不得转让;属于下列情形之一的,三十六个月内不得转让:

(一)特定对象为上市公司控股股东、实际控制人或者其控制的关联人;

(二)特定对象通过认购本次发行的股份取得上市公司的实际控制权;

(三)特定对象取得本次发行的股份时,对其用于认购股份的资产持续拥有权益的时间不足十二个月。

属于本办法第十三条第一款规定的交易情形的,上市公司原控股股东、原实际控制人及其控制的关联人,以及在交易过程中从该等主体直接或间接受让该上市公司股份的特定对象应当公开承诺,在本次交易完成后三十六个月内不转让其在该上市公司中拥有权益的股份;除收购人及其关联人以外的特定对象应当公开承诺,其以资产认购而取得的上市公司股份自股份发行结束之日起二十四个月内不得转让。

**第四十七条** 上市公司发行股份购买资产导致特定对象持有或者控制的股份达到法定比例的,应当按照《上市公司收购管理办法》的规定履行相关义务。

上市公司向控股股东、实际控制人或者其控制的关联人发行股份购买资产,或者发行股份购买资产将导致上市公司实际控制权发生变更的,认购股份的特定对象应当在发行股份购买资产报告书中公开承诺:本次交易完成后六个月内如上市公司股票连续二十个交易日的收盘价低于发行价,或者交易完成后六个月期末收盘价低于发行价的,其持有公司股票的锁定期自动延长至少六个月。

前款规定的特定对象还应当在发行股份购买资产报告书中公开承诺:如本次交易因涉嫌所提供或披露的信息存在虚假记载、误导性陈述或者重大遗漏,被司法机关立案侦查或者被中国证监会立案调查的,在案件调查结论明确以前,不转让其在该上市公司拥有权益的股份。

**第四十八条** 中国证监会对上市公司发行股份购买资产的申请作出予以注册的决定后,上市公司应当及时实施。向特定对象购买的相关资产过户至上市公司后,上市公司聘请的独立财务顾问和律师事务所应当对资产过户事宜和相关后续事项的合规性及风险进行核查,并发表明确意见。上市公司应当在相关资产过户完成后三个工作日内就过户情况作出公告,公告中应当包括独立财务顾问和律师事务所的结论性意见。

上市公司完成前款规定的公告、报告后,可以到证券交易所、证券登记结算机构为认购股份的特定对象申请办理证券登记手续。

**第四十九条** 换股吸收合并涉及上市公司的,上市公司的股份定价及发行按照本办法有关规定执行。

上市公司发行优先股用于购买资产或者与其他公司合并,中国证监会另有规定的,从其规定。

上市公司可以向特定对象发行可转换为股票的公司债券、定向权证、存托凭证等用于购买资产或者与其他公司合并。

### 第六章 监督管理和法律责任

**第五十条** 未依照本办法的规定履行相关义务或者程序,擅自实施重大资产重组的,由中国证监会责令改正,并可以采取监管谈话、出具警示函等监管措施;情节严重的,可以责令暂停或者终止重组活动,处以警告、罚款,并可以对有关责任人员采取证券市场禁入的措施。

擅自实施本办法第十三条第一款规定的重大资产重组,交易尚未完成的,中国证监会责令上市公司暂停重组活动、补充披露相关信息，涉及发行股份的，按照本办法规定报送注册申请文件；交易已经完成的，可以处以警告、罚款，并对有关责任人员采取证券市场禁入的措施；涉嫌犯罪的，依法移送司法机关追究刑事责任。

上市公司重大资产重组因定价显失公允、不正当利益输送等问题损害上市公司、投资者合法权益的，由中国证监会责令改正，并可以采取监管谈话、出具警示函等监管措施；情节严重的，可以责令暂停或者终止重组活动，处以警告、罚款，并可以对有关责任人员采取证券市场禁入的措施。

**第五十一条** 上市公司或者其他信息披露义务人未按照本办法规定报送重大资产重组有关报告或者履行信息披露义务的，由中国证监会责令改正，依照《证券法》第一百九十七条予以处罚；情节严重的，可以责令暂停或者终止重组活动，并可以对有关责任人员采取证券市场禁入的措施；涉嫌犯罪的，依法移送司法机关追究刑事责任。

上市公司控股股东、实际控制人组织、指使从事前款违法违规行为，或者隐瞒相关事项导致发生前款情形的，依照《证券法》第一百九十七条予以处罚；情节严重的，可以责令暂停或者终止重组活动，并可以对有关责任人员采取证券市场禁入的措施；涉嫌犯罪的，依法移送司法机关追究刑事责任。

重大资产重组的交易对方未及时向上市公司或者其他信息披露义务人提供信息的，按照第一款规定执行。

**第五十二条** 上市公司或者其他信息披露义务人报送的报告或者披露的信息存在虚假记载、误导性陈述或者重大遗漏的，由中国证监会责令改正，依照《证券法》第一百九十七条予以处罚；情节严重的，可以责令暂停或者终止重组活动，并可以对有关责任人员采取证券市场禁入的措施；涉嫌犯罪的，依法移送司法机关追究刑事责任。

上市公司的控股股东、实际控制人组织、指使从事前款违法违规行为，或者隐瞒相关事项导致发生前款情形的，依照《证券法》第一百九十七条予以处罚；情节严重的，可以责令暂停或者终止重组活动，并可以对有关责任人员采取证券市场禁入的措施；涉嫌犯罪的，依法移送司法机关追究刑事责任。

重大资产重组的交易对方提供的信息有虚假记载、误导性陈述或者重大遗漏的，按照第一款规定执行。

**第五十三条** 上市公司发行股份购买资产，在其公告的有关文件中隐瞒重要事实或者编造重大虚假内容的，中国证监会依照《证券法》第一百八十一条予以处罚。

上市公司的控股股东、实际控制人组织、指使从事前款违法行为的，中国证监会依照《证券法》第一百八十一条予以处罚。

**第五十四条** 重大资产重组涉嫌本办法第五十条、第五十一条、第五十二条、第五十三条规定情形的，中国证监会可以责令上市公司作出公开说明、聘请独立财务顾问或者其他证券服务机构补充核查并披露专业意见，在公开说明、披露专业意见之前，上市公司应当暂停重组活动；上市公司涉嫌前述情形被司法机关立案侦查或者被中国证监会立案调查的，在案件调查结论明确之前应当暂停重组活动。

涉嫌本办法第五十一条、第五十二条、第五十三条规定情形的，被司法机关立案侦查或者被中国证监会立案调查的，有关单位和个人应当严格遵守其所作的公开承诺，在案件调查结论明确之前，不得转让其在该上市公司拥有权益的股份。

**第五十五条** 上市公司董事、监事和高级管理人员未履行诚实守信、勤勉尽责义务，或者上市公司的股东、实际控制人及其有关负责人员未按照本办法的规定履行相关义务，导致重组方案损害上市公司利益的，由中国证监会责令改正，并可以采取监管谈话、出具警示函等监管措施；情节严重的，处以警告、罚款，并可以对有关责任人员采取证券市场禁入的措施；涉嫌犯罪的，依法移送司法机关追究刑事责任。

**第五十六条** 为重大资产重组出具独立财务顾问报告、审计报告、法律意见书、资产评估报告、估值报告及其他专业文件的证券服务机构及其从业人员未履行诚实守信、勤勉尽责义务，违反中国证监会的有关规定、行业规范、业务规则，或者未依法履行报告和公告义务、持续督导义务的，由中国证监会责令改正，并可以采取监管谈话、出具警示函、责令公开说明、责令定期报告等监管措施；情节严重的，依法追究法律责任，并可以对有关责任人员采取证券市场禁入的措施。

前款规定的证券服务机构及其从业人员所制作、出具的文件存在虚假记载、误导性陈述或者重大遗漏的，由中国证监会责令改正，依照《证券法》第二百一十三条予以处罚；情节严重的，可以采取证券市场禁入的措施；涉嫌犯罪的，依法移送司法机关追究刑事责任。

**第五十七条** 重大资产重组实施完毕后，凡因不属于上市公司管理层事前无法获知且事后无法控制的原因，上市公司所购买资产实现的利润未达到资产评估报告或者估值报告预测金额的百分之八十，或者实际运营情况与重大资产重组报告书中管理层讨论与分析部分存在较大差距，以及上市公司实现的利润未达到盈利预测报告预测金额的百分之八十的，上市公司的董事长、总经理以及对此承担相应责任的会计师事务所、独立财务顾问、资产评估机构、估值机构及其从业人员应当在上市公司披露年度报告的同时，在同一媒体上作出解释，并向投资者公开道歉；实现利润未达到预测金额百分之五十的，中国证监会可以对上市公司、相关机构及其责任人员采取监管谈话、出具警示函、责令定期报告等监管措施。

交易对方超期未履行或者违反业绩补偿协议、承诺的，由中国证监会责令改正，并可以采取监管谈话、出具警示函、责令公开说明等监管措施，将相关情况记入诚信档案；情节严重的，可以对有关责任人员采取证券市场禁入的措施。

**第五十八条** 任何知悉重大资产重组信息的人员在相关信息依法公开前，泄露该信息、买卖或者建议他人买卖相关上市公司证券、利用重大资产重组散布虚假信息、操纵证券市场或者进行欺诈活动的，中国证监会依照《证券法》第一百九十一条、第一百九十二条、第一百九十三条予以处罚；涉嫌犯罪的，依法移送司法机关追究刑事责任。

### 第七章 附 则

**第五十九条** 中国证监会对证券交易所相关板块上市公司重大资产重组另有规定的，从其规定，关于注册时限的规定适用本办法。

**第六十条** 实施重大资产重组的上市公司为创新试点红筹企业，或者上市公司拟购买资产涉及创新试点红筹企业的，在计算本办法规定的重大资产重组认定标准等监管指标时，应当采用根据中国企业会计准则编制或者调整的财务数据。

上市公司中的创新试点红筹企业实施重大资产重组，可以按照境外注册地法律法规和公司章程履行内部决策程序，并及时披露重大资产重组报告书、独立财务顾问报告、法律意见书以及重组涉及的审计报告、资产评估报告或者估值报告。

**第六十一条** 本办法自公布之日起施行。

## 非上市公众公司收购管理办法

· 2014年6月23日中国证券监督管理委员会令第102号公布
· 根据2020年3月20日中国证券监督管理委员会《关于修改部分证券期货规章的决定》修订

### 第一章 总 则

**第一条** 为了规范非上市公众公司（以下简称公众公司）的收购及相关股份权益变动活动，保护公众公司和投资者的合法权益，维护证券市场秩序和社会公共利益，促进证券市场资源的优化配置，根据《证券法》《公司法》《国务院关于全国中小企业股份转让系统有关问题的决定》《国务院关于进一步优化企业兼并重组市场环境的意见》及其他相关法律、行政法规，制定本办法。

**第二条** 股票在全国中小企业股份转让系统（以下简称全国股份转让系统）公开转让的公众公司，其收购及相关股份权益变动活动应当遵守本办法的规定。

**第三条** 公众公司的收购及相关股份权益变动活动，必须遵守法律、行政法规及中国证券监督管理委员会（以下简称中国证监会）的规定，遵循公开、公平、公正的原则。当事人应当诚实守信，遵守社会公德、商业道德，自觉维护证券市场秩序，接受政府、社会公众的监督。

**第四条** 公众公司的收购及相关股份权益变动活动涉及国家产业政策、行业准入、国有股份转让、外商投资等事项，需要取得国家相关部门批准的，应当在取得批准后进行。

**第五条** 收购人可以通过取得股份的方式成为公众公司的控股股东，可以通过投资关系、协议、其他安排的途径成为公众公司的实际控制人，也可以同时采取上述方式和途径取得公众公司控制权。

收购人包括投资者及其一致行动人。

**第六条** 进行公众公司收购，收购人及其实际控制人应当具有良好的诚信记录，收购人及其实际控制人为法人的，应当具有健全的公司治理机制。任何人不得利用公众公司收购损害被收购公司及其股东的合法权益。

有下列情形之一的，不得收购公众公司：

（一）收购人负有数额较大债务，到期未清偿，且处于持续状态；

（二）收购人最近2年有重大违法行为或者涉嫌有重大违法行为；

（三）收购人最近2年有严重的证券市场失信行为；

（四）收购人为自然人的，存在《公司法》第一百四十六条规定的情形；

（五）法律、行政法规规定以及中国证监会认定的不得收购公众公司的其他情形。

**第七条** 被收购公司的控股股东或者实际控制人不得滥用股东权利损害被收购公司或者其他股东的合法权益。

被收购公司的控股股东、实际控制人及其关联方有损害被收购公司及其他股东合法权益的，上述控股股东、实际控制人在转让被收购公司控制权之前，应当主动消除损害；未能消除损害的，应当就其出让相关股份所得收入用于消除全部损害做出安排，对不足以消除损害的部分应当提供充分有效的履约担保或安排，并提交被收购公司股东大会审议通过，被收购公司的控股股东、实际控制人及其关联方应当回避表决。

**第八条** 被收购公司的董事、监事、高级管理人员对公司负有忠实义务和勤勉义务，应当公平对待收购本公司的所有收购人。

被收购公司董事会针对收购所做出的决策及采取的措施，应当有利于维护公司及其股东的利益，不得滥用职权对收购设置不适当的障碍，不得利用公司资源向收购人提供任何形式的财务资助。

**第九条** 收购人按照本办法第三章、第四章的规定进行公众公司收购的，应当聘请具有财务顾问业务资格的专业机构担任财务顾问，但通过国有股行政划转或者变更、因继承取得股份、股份在同一实际控制人控制的不同主体之间进行转让、取得公众公司向其发行的新股、司法判决导致收购人成为或拟成为公众公司第一大股东或者实际控制人的情形除外。

收购人聘请的财务顾问应当勤勉尽责，遵守行业规范和职业道德，保持独立性，对收购人进行辅导，帮助收购人全面评估被收购公司的财务和经营状况；对收购人的相关情况进行尽职调查，对收购人披露的文件进行充分核查和验证；对收购事项客观、公正地发表专业意见，并保证其所制作、出具文件的真实性、准确性和完整性。在收购人公告被收购公司收购报告书至收购完成后12个月内，财务顾问应当持续督导收购人遵守法律、行政法规、中国证监会的规定、全国股份转让系统相关规则以及公司章程，依法行使股东权利，切实履行承诺或者相关约定。

财务顾问认为收购人利用收购损害被收购公司及其股东合法权益的，应当拒绝为收购人提供财务顾问服务。

**第十条** 公众公司的收购及相关股份权益变动活动中的信息披露义务人，应当依法严格履行信息披露和其他法定义务，并保证所披露的信息及时、真实、准确、完整，不得有虚假记载、误导性陈述或者重大遗漏。

信息披露义务人应当在证券交易场所的网站和符合中国证监会规定条件的媒体上依法披露信息；在其他媒体上进行披露的，披露内容应当一致，披露时间不得早于前述披露时间。在相关信息披露前，信息披露义务人及知悉相关信息的人员负有保密义务，禁止利用该信息进行内幕交易和从事证券市场操纵行为。

信息披露义务人依法披露前，相关信息已在媒体上传播或者公司股票转让出现异常的，公众公司应当立即向当事人进行查询，当事人应当及时予以书面答复，公众公司应当及时披露。

**第十一条** 中国证监会依法对公众公司的收购及相关股份权益变动活动进行监督管理。

全国股份转让系统应当制定业务规则，为公众公司的收购及相关股份权益变动活动提供服务，对相关证券转让活动进行实时监控，监督公众公司的收购及相关股份权益变动活动的信息披露义务人切实履行信息披露义务。

中国证券登记结算有限责任公司应当制定业务规则，为公众公司的收购及相关股份权益变动活动所涉及的证券登记、存管、结算等事宜提供服务。

## 第二章　权益披露

**第十二条** 投资者在公众公司中拥有的权益，包括登记在其名下的股份和虽未登记在其名下但该投资者可以实际支配表决权的股份。投资者及其一致行动人在公众公司中拥有的权益应当合并计算。

**第十三条** 有下列情形之一的，投资者及其一致行动人应当在该事实发生之日起2日内编制并披露权益变动报告书，报送全国股份转让系统，同时通知该公众公司；自该事实发生之日起至披露后2日内，不得再行买卖该公众公司的股票。

（一）通过全国股份转让系统的做市方式、竞价方式进行证券转让，投资者及其一致行动人拥有权益的股份达到公众公司已发行股份的10%；

（二）通过协议方式，投资者及其一致行动人在公众公司中拥有权益的股份拟达到或者超过公众公司已发行股份的10%。

投资者及其一致行动人拥有权益的股份达到公众公司已发行股份的10%后，其拥有权益的股份占该公众公司已发行股份的比例每增加或者减少5%（即其拥有权益的股份每达到5%的整数倍时），应当依照前款规定进行披露。自该事实发生之日起至披露后 2 日内,不得再行买卖该公众公司的股票。

**第十四条** 投资者及其一致行动人通过行政划转或者变更、执行法院裁定、继承、赠与等方式导致其直接拥有权益的股份变动达到前条规定比例的,应当按照前条规定履行披露义务。

投资者虽不是公众公司的股东,但通过投资关系、协议、其他安排等方式进行收购导致其间接拥有权益的股份变动达到前条规定比例的,应当按照前条规定履行披露义务。

**第十五条** 因公众公司向其他投资者发行股份、减少股本导致投资者及其一致行动人拥有权益的股份变动出现本章规定情形的,投资者及其一致行动人免于履行披露义务。公众公司应当自完成增加股本、减少股本的变更登记之日起 2 日内,就因此导致的公司股东拥有权益的股份变动情况进行披露。

## 第三章 控制权变动披露

**第十六条** 通过全国股份转让系统的证券转让,投资者及其一致行动人拥有权益的股份变动导致其成为公众公司第一大股东或者实际控制人,或者通过投资关系、协议转让、行政划转或者变更、执行法院裁定、继承、赠与、其他安排等方式拥有权益的股份变动导致其成为或拟成为公众公司第一大股东或者实际控制人且拥有权益的股份超过公众公司已发行股份 10% 的,应当在该事实发生之日起 2 日内编制收购报告书,连同财务顾问专业意见和律师出具的法律意见书一并披露,报送全国股份转让系统,同时通知该公众公司。

收购公众公司股份需要取得国家相关部门批准的,收购人应当在收购报告书中进行明确说明,并持续披露批准程序进展情况。

**第十七条** 以协议方式进行公众公司收购的,自签订收购协议起至相关股份完成过户的期间为公众公司收购过渡期(以下简称过渡期)。在过渡期内,收购人不得通过控股股东提议改选公众公司董事会,确有充分理由改选董事会的,来自收购人的董事不得超过董事会成员总数的 1/3;被收购公司不得为收购人及其关联方提供担保;被收购公司不得发行股份募集资金。

在过渡期内,被收购公司除继续从事正常的经营活动或者执行股东大会已经作出的决议外,被收购公司董事会提出拟处置公司资产、调整公司主要业务、担保、贷款等议案,可能对公司的资产、负债、权益或者经营成果造成重大影响的,应当提交股东大会审议通过。

**第十八条** 按照本办法进行公众公司收购后,收购人成为公司第一大股东或者实际控制人的,收购人持有的被收购公司股份,在收购完成后 12 个月内不得转让。

收购人在被收购公司中拥有权益的股份在同一实际控制人控制的不同主体之间进行转让不受前述 12 个月的限制。

**第十九条** 在公众公司收购中,收购人做出公开承诺事项的,应同时提出所承诺事项未能履行时的约束措施,并公开披露。

全国股份转让系统应当对收购人履行公开承诺行为进行监督和约束,对未能履行承诺的收购人及时采取自律监管措施。

**第二十条** 公众公司控股股东、实际控制人向收购人协议转让其所持有的公众公司股份的,应当对收购人的主体资格、诚信情况及收购意图进行调查,并在其权益变动报告书中披露有关调查情况。

被收购公司控股股东、实际控制人及其关联方未清偿其对公司的负债,未解除公司为其负债提供的担保,或者存在损害公司利益的其他情形的,被收购公司董事会应当对前述情形及时披露,并采取有效措施维护公司利益。

## 第四章 要约收购

**第二十一条** 投资者自愿选择以要约方式收购公众公司股份的,可以向被收购公司所有股东发出收购其所持有的全部股份的要约(以下简称全面要约),也可以向被收购公司所有股东发出收购其所持有的部分股份的要约(以下简称部分要约)。

**第二十二条** 收购人自愿以要约方式收购公众公司股份的,其预定收购的股份比例不得低于该公众公司已发行股份的 5%。

**第二十三条** 公众公司应当在公司章程中约定在公司被收购时收购人是否需要向公司全体股东发出全面要约收购,并明确全面要约收购的触发条件以及相应制度安排。

收购人根据被收购公司章程规定需要向公司全体股东发出全面要约收购的,对同一种类股票的要约价格,不得低于要约收购报告书披露日前 6 个月内取得该种股票所支付的最高价格。

**第二十四条** 以要约方式进行公众公司收购的,收购人应当公平对待被收购公司的所有股东。

**第二十五条** 以要约方式收购公众公司股份的,收购人应当聘请财务顾问,并编制要约收购报告书,连同财务顾问专业意见和律师出具的法律意见书一并披露,报送全国股份转让系统,同时通知该公众公司。

要约收购需要取得国家相关部门批准的,收购人应当在要约收购报告书中进行明确说明,并持续披露批准程序进展情况。

第二十六条　收购人可以采用现金、证券、现金与证券相结合等合法方式支付收购公众公司的价款。收购人聘请的财务顾问应当说明收购人具备要约收购的能力。收购人应当在披露要约收购报告书的同时,提供以下至少一项安排保证其具备履约能力:

(一)将不少于收购价款总额的20%作为履约保证金存入中国证券登记结算有限责任公司指定的银行等金融机构;收购人以在中国证券登记结算有限责任公司登记的证券支付收购价款的,在披露要约收购报告书的同时,将用于支付的全部证券向中国证券登记结算有限责任公司申请办理权属变更或锁定;

(二)银行等金融机构对于要约收购所需价款出具的保函;

(三)财务顾问出具承担连带担保责任的书面承诺。如要约期满,收购人不支付收购价款,财务顾问应当承担连带责任,并进行支付。

收购人以证券支付收购价款的,应当披露该证券的发行人最近2年经审计的财务会计报表、证券估值报告,并配合被收购公司或其聘请的独立财务顾问的尽职调查工作。收购人以未在中国证券登记结算有限责任公司登记的证券支付收购价款的,必须同时提供现金方式供被收购公司的股东选择,并详细披露相关证券的保管、送达被收购公司股东的方式和程序安排。

第二十七条　被收购公司董事会应当对收购人的主体资格、资信情况及收购意图进行调查,对要约条件进行分析,对股东是否接受要约提出建议,并可以根据自身情况选择是否聘请独立财务顾问提供专业意见。

被收购公司决定聘请独立财务顾问的,可以聘请为其提供督导服务的主办券商为独立财务顾问,但存在影响独立性、财务顾问业务受到限制等不宜担任独立财务顾问情形的除外。被收购公司也可以同时聘请其他机构为其提供顾问服务。

第二十八条　收购要约约定的收购期限不得少于30日,并不得超过60日;但是出现竞争要约的除外。

收购期限自要约收购报告书披露之日起开始计算。要约收购需要取得国家相关部门批准的,收购人应将取得的本次收购的批准情况连同律师出具的专项核查意见一并在取得全部批准后2日内披露,收购期限自披露之日起开始计算。

在收购要约约定的承诺期限内,收购人不得撤销其收购要约。

第二十九条　采取要约收购方式的,收购人披露后至收购期限届满前,不得卖出被收购公司的股票,也不得采取要约规定以外的形式和超出要约的条件买入被收购公司的股票。

第三十条　收购人需要变更收购要约的,应当重新编制并披露要约收购报告书,报送全国股份转让系统,同时通知被收购公司。变更后的要约收购价格不得低于变更前的要约收购价格。

收购要约期限届满前15日内,收购人不得变更收购要约;但是出现竞争要约的除外。

出现竞争要约时,发出初始要约的收购人变更收购要约距初始要约收购期限届满不足15日的,应当延长收购期限,延长后的要约期应当不少于15日,不得超过最后一个竞争要约的期满日,并按规定比例追加履约保证能力。

发出竞争要约的收购人最迟不得晚于初始要约收购期限届满前15日披露要约收购报告书,并应当根据本办法的规定履行披露义务。

第三十一条　在要约收购期间,被收购公司董事不得辞职。

第三十二条　同意接受收购要约的股东(以下简称预受股东),应当委托证券公司办理预受要约的相关手续。

在要约收购期限届满前2日内,预受股东不得撤回其对要约的接受。在要约收购期限内,收购人应当每日披露已预受收购要约的股份数量。

在要约收购期限届满后2日内,收购人应当披露本次要约收购的结果。

第三十三条　收购期限届满,发出部分要约的收购人应当按照收购要约约定的条件购买被收购公司股东预受的股份,预受要约股份的数量超过预定收购数量时,收购人应当按照同等比例收购预受要约的股份;发出全面要约的收购人应当购买被收购公司股东预受的全部股份。

## 第五章　监管措施与法律责任

第三十四条　公众公司董事未履行忠实勤勉义务,利用收购谋取不当利益的,中国证监会采取监管谈话、出具警示函等监管措施,情节严重的,有权认定其为不适当人选。涉嫌犯罪的，依法移交司法机关追究其刑事责任。

**第三十五条** 收购人在收购要约期限届满时，不按照约定支付收购价款或者购买预受股份的，自该事实发生之日起 2 年内不得收购公众公司；涉嫌操纵证券市场的，中国证监会对收购人进行调查，依法追究其法律责任。

前款规定的收购人聘请的财务顾问没有充分证据表明其勤勉尽责的，中国证监会视情节轻重，自确认之日起采取 3 个月至 12 个月内不接受该机构出具的相关专项文件、12 个月至 36 个月内不接受相关签字人员出具的专项文件的监管措施，并依法追究其法律责任。

**第三十六条** 公众公司控股股东和实际控制人在转让其对公司的控制权时，未清偿其对公司的负债，未解除公司为其提供的担保，或者未对其损害公司利益的其他情形作出纠正的，且被收购公司董事会未对前述情形及时披露并采取有效措施维护公司利益的，中国证监会责令改正，在改正前收购人应当暂停收购活动。

被收购公司董事会未能依法采取有效措施促使公司控股股东、实际控制人予以纠正，或者在收购完成后未能促使收购人履行承诺、安排或者保证的，中国证监会有权认定相关董事为不适当人选。

**第三十七条** 公众公司的收购及相关股份权益变动活动中的信息披露义务人，未按照本办法的规定履行信息披露以及其他相关义务，或者信息披露文件中有虚假记载、误导性陈述或者重大遗漏的，中国证监会采取责令改正、监管谈话、出具警示函、责令暂停或者终止收购等监管措施；情节严重的，比照《证券法》第一百九十六条、依照《证券法》第一百九十七条进行行政处罚，并可以采取市场禁入的措施；涉嫌犯罪的，依法移送司法机关追究其刑事责任。

**第三十八条** 投资者及其一致行动人规避法定程序和义务，变相进行公众公司收购，或者外国投资者规避管辖的，中国证监会采取责令改正、出具警示函、责令暂停或者停止收购等监管措施；情节严重的，进行行政处罚，并可以采取市场禁入的措施；涉嫌犯罪的，依法移交司法机关追究其刑事责任。

**第三十九条** 为公众公司收购出具审计报告、法律意见书和财务顾问报告的证券服务机构或者证券公司及其专业人员，未依法履行职责的，中国证监会采取责令改正、监管谈话、出具警示函等监管措施，并根据情况依照《证券法》第二百一十三条进行行政处罚；情节严重的，可以采取市场禁入的措施；涉嫌犯罪的，依法移送司法机关追究刑事责任。

**第四十条** 任何知悉收购信息的人员在相关信息依法披露前，泄露该信息、买卖或者建议他人买卖相关公司股票的，依照《证券法》第一百九十一条予以处罚；涉嫌犯罪的，依法移送司法机关追究刑事责任。

**第四十一条** 编造、传播虚假收购信息，操纵证券市场或者进行欺诈活动的，依照《证券法》第一百九十二条、第一百九十三条予以处罚；涉嫌犯罪的，依法移送司法机关追究刑事责任。

**第四十二条** 中国证监会将公众公司的收购及相关股份权益变动活动中的当事人的违法行为和整改情况记入诚信档案。

## 第六章 附 则

**第四十三条** 本办法所称一致行动人、公众公司控制权及持股比例计算等参照《上市公司收购管理办法》的相关规定。

**第四十四条** 为公众公司收购提供服务的财务顾问的业务许可、业务规则和法律责任等，按照《上市公司并购重组财务顾问业务管理办法》的相关规定执行。

**第四十五条** 做市商持有公众公司股份相关权益变动信息的披露，由中国证监会另行规定。

**第四十六条** 股票不在全国股份转让系统公开转让的公众公司收购及相关股份权益变动的信息披露内容比照本办法的相关规定执行。

**第四十七条** 本办法自 2014 年 7 月 23 日起施行。

## 非上市公众公司重大资产重组管理办法

- 2014 年 5 月 5 日中国证券监督管理委员会第 41 次主席办公会议审议通过
- 根据 2020 年 3 月 20 日中国证券监督管理委员会《关于修改部分证券期货规章的决定》修正
- 2023 年 2 月 17 日中国证券监督管理委员会第 2 次委务会议修订
- 2023 年 2 月 17 日中国证券监督管理委员会令第 213 号公布
- 自公布之日起施行

### 第一章 总 则

**第一条** 为了规范非上市公众公司（以下简称公众公司）重大资产重组行为，保护公众公司和投资者的合法权益，促进公众公司质量不断提高，维护证券市场秩序和社会公共利益，根据《中华人民共和国证券法》（以下简称《证券法》）、《中华人民共和国公司法》《国务院关于全国中小企业股份转让系统有关问题的决定》《国务院关于进一步优化企业兼并重组市场环境的意见》及其他相关法律、行政法规，制定本办法。

**第二条** 本办法适用于股票在全国中小企业股份转让系统（以下简称全国股转系统）公开转让的公众公司重大资产重组行为。

本办法所称的重大资产重组是指公众公司及其控股或者控制的公司在日常经营活动之外购买、出售资产或者通过其他方式进行资产交易，导致公众公司的业务、资产发生重大变化的资产交易行为。

公众公司及其控股或者控制的公司购买、出售资产，达到下列标准之一的，构成重大资产重组：

（一）购买、出售的资产总额占公众公司最近一个会计年度经审计的合并财务会计报表期末资产总额的比例达到百分之五十以上；

（二）购买、出售的资产净额占公众公司最近一个会计年度经审计的合并财务会计报表期末净资产额的比例达到百分之五十以上，且购买、出售的资产总额占公众公司最近一个会计年度经审计的合并财务会计报表期末资产总额的比例达到百分之三十以上。

购买、出售资产未达到前款规定标准，但中国证券监督管理委员会（以下简称中国证监会）发现涉嫌违反国家产业政策、违反法律和行政法规、违反中国证监会的规定、可能损害公众公司或者投资者合法权益等重大问题的，可以根据审慎监管原则，责令公众公司按照本办法的规定补充披露相关信息、暂停交易、聘请独立财务顾问或者其他证券服务机构补充核查并披露专业意见。

公众公司发行股份购买资产触及本条所列指标的，应当按照本办法的相关要求办理。

**第三条** 本办法第二条所称通过其他方式进行资产交易，包括：

（一）以认缴、实缴等方式与他人新设参股企业，或对已设立的企业增资或者减资；

（二）受托经营、租赁其他企业资产或将经营性资产委托他人经营、租赁；

（三）接受附义务的资产赠与或者对外捐赠资产；

（四）中国证监会根据审慎监管原则认定的其他情形。

上述资产交易实质上构成购买、出售资产的，且达到本办法第二条第三款规定的重大资产重组标准的，应当按照本办法的规定履行相关义务和程序。

**第四条** 公众公司实施重大资产重组，应当就本次交易符合下列要求作出充分说明，并予以披露：

（一）重大资产重组所涉及的资产定价公允，不存在损害公众公司和股东合法权益的情形；

（二）重大资产重组所涉及的资产权属清晰，资产过户或者转移不存在法律障碍，相关债权债务处理合法；所购买的资产，应当为权属清晰的经营性资产；

（三）实施重大资产重组后有利于提高公众公司资产质量和增强持续经营能力，不存在可能导致公众公司重组后主要资产为现金或者无具体经营业务的情形；

（四）实施重大资产重组后有利于公众公司形成或者保持健全有效的法人治理结构。

**第五条** 公众公司实施重大资产重组，有关各方应当及时、公平地披露或者提供信息，保证所披露或者提供信息的真实、准确、完整，不得有虚假记载、误导性陈述或者重大遗漏。

**第六条** 公众公司的董事、监事和高级管理人员在重大资产重组中，应当诚实守信、勤勉尽责，维护公众公司资产的安全，保护公众公司和全体股东的合法权益。

**第七条** 公众公司实施重大资产重组，应当聘请符合《证券法》规定的独立财务顾问、律师事务所以及会计师事务所等证券服务机构出具相关意见。公众公司也可以同时聘请其他机构为其重大资产重组提供顾问服务。

为公众公司重大资产重组提供服务的证券服务机构及人员，应当遵守法律、行政法规和中国证监会的有关规定，遵循本行业公认的业务标准和道德规范，严格履行职责，不得谋取不正当利益，并应当对其所制作、出具文件的真实性、准确性和完整性承担责任。

**第八条** 任何单位和个人对知悉的公众公司重大资产重组信息在依法披露前负有保密义务，不得利用公众公司重大资产重组信息从事内幕交易、操纵证券市场等违法活动。

## 第二章 重大资产重组的信息管理

**第九条** 公众公司与交易对方就重大资产重组进行初步磋商时，应当采取有效的保密措施，限定相关敏感信息的知悉范围，并与参与或知悉本次重大资产重组信息的相关主体签订保密协议。

**第十条** 公众公司及其控股股东、实际控制人等相关主体研究、筹划、决策重大资产重组事项，原则上应当在相关股票暂停转让后或者非转让时间进行，并尽量简化决策流程、提高决策效率、缩短决策时限，尽可能缩小内幕信息知情人范围。如需要向有关部门进行政策咨询、方案论证的，应当在相关股票暂停转让后进行。

第十一条　公众公司筹划重大资产重组事项,应当详细记载筹划过程中每一具体环节的进展情况,包括商议相关方案、形成相关意向、签署相关协议或者意向书的具体时间、地点、参与机构和人员、商议和决议内容等,制作书面的交易进程备忘录并予以妥当保存。参与每一具体环节的所有人员应当即时在备忘录上签名确认。

公众公司应当按照全国股转系统的规定及时做好内幕信息知情人登记工作。

第十二条　在筹划公众公司重大资产重组的阶段,交易各方初步达成实质性意向或者虽未达成实质性意向,但相关信息已在媒体上传播或者预计该信息难以保密或者公司股票转让出现异常波动的,公众公司应当及时向全国股转系统申请股票暂停转让。

第十三条　筹划、实施公众公司重大资产重组,相关信息披露义务人应当公平地向所有投资者披露可能对公众公司股票转让价格产生较大影响的相关信息,不得有选择性地向特定对象提前泄露。但是,法律、行政法规另有规定的除外。

公众公司的股东、实际控制人以及参与重大资产重组筹划、论证、决策等环节的其他相关机构和人员,应当及时、准确地向公众公司通报有关信息,并配合公众公司及时、准确、完整地进行披露。

## 第三章　重大资产重组的程序

第十四条　公众公司进行重大资产重组,应当由董事会依法作出决议,并提交股东大会审议。

第十五条　公众公司召开董事会决议重大资产重组事项,应当在披露决议的同时披露本次重大资产重组报告书、独立财务顾问报告、法律意见书以及重组涉及的审计报告、资产评估报告（或资产估值报告）。董事会还应当就召开股东大会事项作出安排并披露。

如公众公司就本次重大资产重组首次召开董事会前,相关资产尚未完成审计等工作的,在披露首次董事会决议的同时应当披露重大资产重组预案及独立财务顾问对预案的核查意见。公众公司应在披露重大资产重组预案后六个月内完成审计等工作,并再次召开董事会,在披露董事会决议时一并披露重大资产重组报告书、独立财务顾问报告、法律意见书以及本次重大资产重组涉及的审计报告、资产评估报告（或资产估值报告）等。董事会还应当就召开股东大会事项作出安排并披露。

第十六条　股东大会就重大资产重组事项作出的决议,必须经出席会议的股东所持表决权的三分之二以上通过。公众公司股东人数超过二百人的,应当对出席会议的持股比例在百分之十以下的股东表决情况实施单独计票。公众公司应当在决议后及时披露表决情况。

前款所称持股比例在百分之十以下的股东,不包括公众公司董事、监事、高级管理人员及其关联人以及持股比例在百分之十以上股东的关联人。

公众公司重大资产重组事项与本公司股东或者其关联人存在关联关系的,股东大会就重大资产重组事项进行表决时,关联股东应当回避表决。

第十七条　公众公司可视自身情况在公司章程中约定是否提供网络投票方式以便于股东参加股东大会;退市公司应当采用安全、便捷的网络投票方式为股东参加股东大会提供便利。

第十八条　公众公司重大资产重组可以使用现金、股份、可转换债券、优先股等支付手段购买资产。

使用股份、可转换债券、优先股等支付手段购买资产的,其支付手段的价格由交易双方自行协商确定,定价可以参考董事会召开前一定期间内公众公司股票的市场价格、同行业可比公司的市盈率或市净率等。董事会应当对定价方法和依据进行充分披露。

第十九条　公众公司向特定对象发行股份购买资产后股东累计超过二百人的重大资产重组,应当持申请文件向全国股转系统申报。

中国证监会在全国股转系统收到注册申请文件之日起,同步关注本次发行股份是否符合国家产业政策和全国股转系统定位。

全国股转系统认为公众公司符合重大资产重组实施要求和信息披露要求的,将审核意见、公众公司注册申请文件及相关审核资料报送中国证监会注册;认为公众公司不符合重大资产重组实施要求和信息披露要求的,作出终止审核决定。

中国证监会收到全国股转系统报送的审核意见、公司注册申请文件及相关审核资料后,基于全国股转系统的审核意见,依法履行注册程序。中国证监会发现存在影响重大资产重组实施要求的新增事项的,可以要求全国股转系统进一步问询并就新增事项形成审核意见;认为全国股转系统对新增事项的审核意见依据明显不充分的,可以退回全国股转系统补充审核,本办法第二十二条规定的注册期限重新计算。

第二十条　公众公司向特定对象发行股份购买资产后股东累计不超过二百人的重大资产重组,中国证监会豁免注册,由全国股转系统自律管理。

公众公司重大资产重组不涉及发行股份的,全国股转系统对重大资产重组报告书、独立财务顾问报告、法律意见书以及重组涉及的审计报告、资产评估报告（或资产估值报告）等信息披露文件的完备性进行审查。

**第二十一条** 全国股转系统审核过程中，发现本次发行股份涉嫌违反国家产业政策或全国股转系统定位的，或者发现重大敏感事项、重大无先例情况、重大舆情、重大违法线索的，应当及时向中国证监会请示报告，中国证监会及时提出明确意见。

**第二十二条** 中国证监会在二十个工作日内对注册申请作出同意注册或不予注册的决定，通过要求全国股转系统进一步问询、要求证券公司或证券服务机构等对有关事项进行核查、对公司现场检查等方式要求公司补充、修改申请文件的时间不计算在内。

**第二十三条** 股东大会作出重大资产重组的决议后，公众公司拟对交易对象、交易标的、交易价格等作出变更，构成对原重组方案重大调整的，应当按照本办法的规定重新履行程序。

股东大会作出重大资产重组的决议后，公众公司董事会决议终止本次交易或者撤回有关申请的，应当说明原因并披露，并提交股东大会审议。

**第二十四条** 中国证监会不予注册的，自中国证监会作出不予注册的决定之日起三个月内，全国股转系统不受理该公众公司发行股份购买资产的重大资产重组申请。

**第二十五条** 公众公司实施重大资产重组，相关当事人作出公开承诺事项的，应当同时提出未能履行承诺时的约束措施并披露。

全国股转系统应当加强对相关当事人履行公开承诺行为的监督和约束，对不履行承诺的行为及时实施自律管理。

**第二十六条** 公众公司重大资产重组完成相关批准程序后，应当及时实施重组方案，并在本次重大资产重组实施完毕之日起二个工作日内，编制并披露实施情况报告书及独立财务顾问、律师的专业意见。

退市公司重大资产重组涉及发行股份的，自中国证监会作出同意注册决定之日起六十日内，本次重大资产重组未实施完毕的，退市公司应当于期满后二个工作日内披露实施进展情况；此后每三十日应当披露一次，直至实施完毕。

**第二十七条** 独立财务顾问应当按照中国证监会的相关规定，对实施重大资产重组的公众公司履行持续督导职责。持续督导的期限自公众公司完成本次重大资产

重组之日起，应当不少于一个完整会计年度。

**第二十八条** 独立财务顾问应当结合公众公司重大资产重组实施当年和实施完毕后的第一个完整会计年度的年报，自年报披露之日起十五日内，对重大资产重组实施的下列事项出具持续督导意见，报送全国股转系统，并披露：

（一）交易资产的交付或者过户情况；

（二）交易各方当事人承诺的履行情况及未能履行承诺时相关约束措施的执行情况；

（三）公司治理结构与运行情况；

（四）本次重大资产重组对公司运营、经营业绩影响的状况；

（五）盈利预测的实现情况（如有）；

（六）与已公布的重组方案存在差异的其他事项。

**第二十九条** 本次重大资产重组涉及发行股份的，特定对象以资产认购而取得的公众公司股份，应当承诺自股份发行结束之日起六个月内不得转让；属于下列情形之一的，应当承诺十二个月内不得转让：

（一）特定对象为公众公司控股股东、实际控制人或者其控制的关联人；

（二）特定对象通过认购本次发行的股份取得公众公司的实际控制权；

（三）特定对象取得本次发行的股份时，对其用于认购股份的资产持续拥有权益的时间不足十二个月。

## 第四章 监督管理与法律责任

**第三十条** 全国股转系统对公众公司重大资产重组实施自律管理。

全国股转系统应当对公众公司涉及重大资产重组的股票暂停与恢复转让、防范内幕交易等作出制度安排；加强对公众公司重大资产重组期间股票转让的实时监管，建立相应的市场核查机制，并在后续阶段对股票转让情况进行持续监管。

全国股转系统应当督促公众公司及其他信息披露义务人依法履行信息披露义务，发现公众公司重大资产重组信息披露文件中有违反法律、行政法规和中国证监会规定行为的，应当向中国证监会报告，并实施自律管理；情节严重的，应当要求其暂停重大资产重组。

全国股转系统应当督促为公众公司提供服务的独立财务顾问诚实守信、勤勉尽责，发现独立财务顾问有违反法律、行政法规和中国证监会规定行为的，应当向中国证监会报告，并实施自律管理。

全国股转系统可以依据相关规则对实施重大资产重

组的公众公司进行现场检查或非现场检查。

**第三十一条** 全国股转系统应当建立定期报告和重大审核事项请示报告制度，及时总结审核工作情况，并报告中国证监会。

**第三十二条** 中国证监会依法对公众公司重大资产重组实施监督管理。

中国证监会发现公众公司进行重大资产重组未按照本办法的规定履行信息披露及相关义务、存在可能损害公众公司或者投资者合法权益情形的，有权要求其补充披露相关信息、暂停或者终止其重大资产重组；有权对公众公司、证券服务机构采取《证券法》第一百七十条规定的措施。

**第三十三条** 中国证监会建立对审核注册全流程的权力运行监督制约机制，对审核注册程序相关内控制度运行情况进行督导督察，对廉政纪律执行情况和相关人员的履职尽责情况进行监督监察。

中国证监会建立对全国股转系统审核监管工作的监督机制，可以通过选取或抽取项目同步关注、调阅审核工作文件、提出问题、列席相关审核会议等方式对全国股转系统相关工作进行检查或抽查。对于中国证监会检查监督过程中发现的问题，全国股转系统应当整改。

**第三十四条** 重大资产重组实施完毕后，凡不属于公众公司管理层事前无法获知且事后无法控制的原因，购买资产实现的利润未达到盈利预测报告或者资产评估报告预测金额的百分之八十，或者实际运营情况与重大资产重组报告书存在较大差距的，公众公司的董事长、总经理、财务负责人应当在公众公司披露年度报告的同时，作出解释，并向投资者公开道歉；实现利润未达到预测金额的百分之五十的，中国证监会可以对公众公司及相关责任人员采取监管谈话、出具警示函、责令定期报告等监管措施。

**第三十五条** 全国股转系统审核工作存在下列情形之一的，由中国证监会责令改正；情节严重的，追究直接责任人员相关责任：

（一）未按审核标准开展审核工作；

（二）未按审核程序开展审核工作；

（三）发现涉嫌违反国家产业政策、全国股转系统定位或者发现重大敏感事项、重大无先例情况、重大舆情、重大违法线索，未请示报告或请示报告不及时；

（四）不配合中国证监会对审核工作的检查监督，或者不按中国证监会的要求进行整改。

**第三十六条** 公众公司或其他信息披露义务人未按照本办法的规定披露或报送信息、报告，或者披露或报送的信息、报告有虚假记载、误导性陈述或者重大遗漏的，由中国证监会责令改正，依照《证券法》第一百九十七条予以处罚；情节严重的，可以责令暂停或者终止重大资产重组，并可以对有关责任人员采取证券市场禁入的措施。

公众公司的控股股东、实际控制人组织、指使从事前款违法违规行为，或者隐瞒相关事项导致发生前款情形的，依照《证券法》第一百九十七条予以处罚；情节严重的，可以责令暂停或者终止重组活动，并可以对有关责任人员采取证券市场禁入的措施；涉嫌犯罪的，依法移送司法机关追究刑事责任。

**第三十七条** 公众公司董事、监事和高级管理人员在重大资产重组中，未履行诚实守信、勤勉尽责义务，或者公众公司的股东、实际控制人及其有关责任人员未按照本办法的规定履行相关义务，导致重组方案损害公众公司利益的，由中国证监会采取责令改正，并可以采取监管谈话、出具警示函等监管措施；情节严重的，处以警告、罚款，并可以对有关责任人员采取证券市场禁入的措施；涉嫌犯罪的，依法移送司法机关追究刑事责任。

**第三十八条** 为重大资产重组出具财务顾问报告、审计报告、法律意见书、资产评估报告（或资产估值报告）及其他专业文件的证券服务机构及其从业人员未履行诚实守信、勤勉尽责义务、违反行业规范、业务规则的，采取责令改正、监管谈话、出具警示函等监管措施；情节严重的，依法追究法律责任，并可以对有关责任人员采取证券市场禁入的措施。

前款规定的证券服务机构及其从业人员所制作、出具的文件存在虚假记载、误导性陈述或者重大遗漏的，责令改正，依照《证券法》第二百一十三条予以处罚；情节严重的，可以对有关责任人员采取证券市场禁入的措施；涉嫌犯罪的，依法移送司法机关追究刑事责任。

**第三十九条** 违反本办法的规定构成证券违法行为的，依照《证券法》等法律法规的规定追究法律责任。

## 第五章 附则

**第四十条** 计算本办法第二条规定的比例时，应当遵守下列规定：

（一）购买的资产为股权的，且购买股权导致公众公司取得被投资企业控股权的，其资产总额以被投资企业的资产总额和成交金额二者中的较高者为准，资产净额以被投资企业的净资产额和成交金额二者中的较高者为准；出售股权导致公众公司丧失被投资企业控股权的，其资产总额、资产净额分别以被投资企业的资产总额以及净资产额为准。

除前款规定的情形外，购买的资产为股权的，其资产总额、资产净额均以成交金额为准；出售的资产为股权的，其资产总额、资产净额均以该股权的账面价值为准；

（二）购买的资产为非股权资产的，其资产总额以该资产的账面值和成交金额二者中的较高者为准，资产净额以相关资产与负债账面值的差额和成交金额二者中的较高者为准；出售的资产为非股权资产的，其资产总额、资产净额分别以该资产的账面值、相关资产与负债账面值的差额为准；该非股权资产不涉及负债的，不适用本办法第二条第三款第（二）项规定的资产净额标准；

（三）公众公司同时购买、出售资产的，应当分别计算购买、出售资产的相关比例，并以二者中比例较高者为准；

（四）公众公司在十二个月内连续对同一或者相关资产进行购买、出售的，以其累计数分别计算相应数额。已按照本办法的规定履行相应程序的资产交易行为，无须纳入累计计算的范围。

交易标的资产属于同一交易方所有或者控制，或者属于相同或者相近的业务范围，或者中国证监会认定的其他情形下，可以认定为同一或者相关资产。

**第四十一条** 特定对象以现金认购公众公司定向发行的股份后，公众公司用同一次定向发行所募集的资金向该特定对象购买资产达到重大资产重组标准的适用本办法。

公众公司按照经中国证监会注册或经全国股转系统审核无异议的定向发行文件披露的募集资金用途，使用募集资金购买资产、对外投资的行为，不适用本办法。

**第四十二条** 公众公司重大资产重组涉及发行可转换债券、优先股等其他支付手段的，应当遵守《证券法》《国务院关于开展优先股试点的指导意见》和中国证监会的相关规定。

**第四十三条** 为公众公司重大资产重组提供服务的独立财务顾问业务许可、业务规则及法律责任等，按照中国证监会关于上市公司并购重组财务顾问的相关规定执行。

**第四十四条** 退市公司符合中国证监会和证券交易所规定的重新上市条件的，可依法向证券交易所提出申请。

**第四十五条** 股票不在全国股转系统公开转让的公众公司重大资产重组履行的决策程序和信息披露内容比照本办法的相关规定执行。

**第四十六条** 本办法自公布之日起施行。

# 非上市公众公司监督管理办法

- 2012年9月28日中国证券监督管理委员会第17次主席办公会议审议通过
- 根据2013年12月26日、2019年12月20日、2021年10月30日中国证券监督管理委员会《关于修改〈非上市公众公司监督管理办法〉的决定》修正
- 2023年2月17日中国证券监督管理委员会第2次委务会议修订
- 2023年2月17日中国证券监督管理委员会令第212号公布
- 自公布之日起施行

## 第一章  总  则

**第一条** 为了规范非上市公众公司股票转让和发行行为，保护投资者合法权益，维护社会公共利益，根据《中华人民共和国证券法》（以下简称《证券法》）、《中华人民共和国公司法》（以下简称《公司法》）及相关法律法规的规定，制定本办法。

**第二条** 本办法所称非上市公众公司（以下简称公众公司）是指有下列情形之一且其股票未在证券交易所上市交易的股份有限公司：

（一）股票向特定对象发行或者转让导致股东累计超过二百人；

（二）股票公开转让。

**第三条** 公众公司应当按照法律、行政法规、本办法和公司章程的规定，做到股权明晰，合法规范经营，公司治理机制健全，履行信息披露义务。

**第四条** 公众公司公开转让股票应当在全国中小企业股份转让系统（以下简称全国股转系统）进行，公开转让的公众公司股票应当在中国证券登记结算公司集中登记存管。

**第五条** 公众公司可以依法进行股权融资、债权融资、资产重组等。

公众公司发行优先股、可转换公司债券等证券品种，应当遵守法律、行政法规和中国证券监督管理委员会（以下简称中国证监会）的相关规定。

**第六条** 为公司出具专项文件的证券公司、律师事务所、会计师事务所及其他证券服务机构，应当勤勉尽责、诚实守信，认真履行审慎核查义务，按照依法制定的业务规则、行业执业规范和职业道德准则发表专业意见，保证所出具文件的真实性、准确性和完整性，并接受中国证监会的监管。

## 第二章  公司治理

**第七条** 公众公司应当依法制定公司章程。

公司章程的制定和修改应当符合《公司法》和中国证监会的相关规定。

**第八条** 公众公司应当建立兼顾公司特点和公司治理机制基本要求的股东大会、董事会、监事会制度，明晰职责和议事规则。

**第九条** 公众公司的治理结构应当确保所有股东，特别是中小股东充分行使法律、行政法规和公司章程规定的合法权利。

股东对法律、行政法规和公司章程规定的公司重大事项，享有知情权和参与权。

公众公司应当建立健全投资者关系管理，保护投资者的合法权益。

**第十条** 公众公司股东大会、董事会、监事会的召集、提案审议、通知时间、召开程序、授权委托、表决和决议等应当符合法律、行政法规和公司章程的规定；会议记录应当完整并安全保存。

股东大会的提案审议应当符合规定程序，保障股东的知情权、参与权、质询权和表决权；董事会应当在职权范围和股东大会授权范围内对审议事项作出决议，不得代替股东大会对超出董事会职权范围和授权范围的事项进行决议。

**第十一条** 公众公司董事会应当对公司的治理机制是否给所有的股东提供合适的保护和平等权利等情况进行充分讨论、评估。

**第十二条** 公众公司应当强化内部管理，按照相关规定建立会计核算体系、财务管理和风险控制等制度，确保公司财务报告真实可靠及行为合法合规。

**第十三条** 公众公司进行关联交易应当遵循平等、自愿、等价、有偿的原则，保证交易公平、公允，维护公司的合法权益，根据法律、行政法规、中国证监会的规定和公司章程，履行相应的审议程序。

关联交易不得损害公众公司利益。

**第十四条** 公众公司应当采取有效措施防止股东及其关联方以各种形式占用或者转移公司的资金、资产及其他资源。

公众公司股东、实际控制人、董事、监事及高级管理人员不得实施侵占公司资产、利益输送等损害公众公司利益的行为。

未经董事会或股东大会批准或授权，公众公司不得对外提供担保。

**第十五条** 公众公司实施并购重组行为，应当按照法律、行政法规、中国证监会的规定和公司章程，履行相应的决策程序并聘请证券公司和相关证券服务机构出具专业意见。

任何单位和个人不得利用并购重组损害公众公司及其股东的合法权益。

**第十六条** 进行公众公司收购，收购人或者其实际控制人应当具有健全的公司治理机制和良好的诚信记录。收购人不得以任何形式从被收购公司获得财务资助，不得利用收购活动损害被收购公司及其股东的合法权益。

在公众公司收购中，收购人应该承诺所持有的被收购公司的股份，在收购完成后十二个月内不得转让。

**第十七条** 公众公司实施重大资产重组，重组的相关资产应当权属清晰、定价公允，重组后的公众公司治理机制健全，不得损害公众公司和股东的合法权益。

**第十八条** 公众公司应当按照法律的规定，同时结合公司的实际情况在公司章程中约定建立表决权回避制度。

**第十九条** 公众公司应当在公司章程中约定纠纷解决机制。股东有权按照法律、行政法规和公司章程的规定，通过仲裁、民事诉讼或者其他法律手段保护其合法权益。

**第二十条** 股票公开转让的科技创新公司存在特别表决权股份的，应当在公司章程中规定以下事项：

（一）特别表决权股份的持有人资格；

（二）特别表决权股份拥有的表决权数量与普通股份拥有的表决权数量的比例安排；

（三）持有人所持特别表决权股份能够参与表决的股东大会事项范围；

（四）特别表决权股份锁定安排及转让限制；

（五）特别表决权股份与普通股份的转换情形；

（六）其他事项。

全国股转系统应对存在特别表决权股份的公司表决权差异的设置、存续、调整、信息披露和投资者保护等事项制定具体规定。

## 第三章 信息披露

**第二十一条** 公司及其他信息披露义务人应当按照法律、行政法规和中国证监会的规定履行信息披露义务，所披露的信息应当真实、准确、完整，不得有虚假记载、误导性陈述或者重大遗漏。公司及其他信息披露义务人应当及时、公平地向所有投资者披露信息，但是法律、行政法规另有规定的除外。

公司的董事、监事、高级管理人员应当忠实、勤勉地履行职责，保证公司及时、公正地披露信息，保证公司披露信息的真实、准确、完整。

第二十二条　信息披露文件主要包括公开转让说明书、定向转让说明书、定向发行说明书、发行情况报告书、定期报告和临时报告等。具体的内容与格式、编制规则及披露要求，由中国证监会另行制定。

第二十三条　股票公开转让与定向发行的公众公司应当报送年度报告、中期报告，并予公告。年度报告中的财务会计报告应当经符合《证券法》规定的会计师事务所审计。

股票向特定对象转让导致股东累计超过二百人的公众公司，应当报送年度报告，并予公告。年度报告中的财务会计报告应当经会计师事务所审计。

第二十四条　公众公司董事、高级管理人员应当对定期报告签署书面确认意见。

公众公司监事会应当对董事会编制的定期报告进行审核并提出书面审核意见，说明董事会对定期报告的编制和审核程序是否符合法律、行政法规、中国证监会的规定和公司章程，报告的内容是否能够真实、准确、完整地反映公司实际情况。监事应当签署书面确认意见。

公众公司董事、监事、高级管理人员无法保证定期报告内容的真实性、准确性、完整性或者有异议的，应当在书面确认意见中发表意见并陈述理由，并与定期报告同时披露。公众公司不予披露的，董事、监事和高级管理人员可以直接申请披露。

公众公司不得以董事、高级管理人员对定期报告内容有异议为由不按时披露定期报告。

第二十五条　证券公司、律师事务所、会计师事务所及其他证券服务机构出具的文件和其他有关的重要文件应当作为备查文件，予以披露。

第二十六条　发生可能对股票价格产生较大影响的重大事件，投资者尚未得知时，公众公司应当立即将有关该重大事件的情况向中国证监会和全国股转系统报送临时报告，并予以公告，说明事件的起因、目前的状态和可能产生的后果。

第二十七条　中国证监会对公众公司实行差异化信息披露管理，具体规定由中国证监会另行制定。

第二十八条　公众公司实施并购重组的，相关信息披露义务人应当依法严格履行公告义务。

参与并购重组的相关单位和人员，应当及时、准确地向公众公司通报有关信息，配合公众公司真实、准确、完整地进行披露，在并购重组的信息依法披露前负有保密义务，禁止利用该信息进行内幕交易。

第二十九条　公众公司应当制定信息披露事务管理制度并指定具有相关专业知识的人员负责信息披露事务。

第三十条　除监事会公告外，公众公司披露的信息应当以董事会公告的形式发布。董事、监事、高级管理人员非经董事会书面授权，不得对外发布未披露的信息。

第三十一条　公司及其他信息披露义务人依法披露的信息，应当在符合《证券法》规定的信息披露平台公布。公司及其他信息披露义务人可在公司网站或者其他公众媒体上刊登依本办法必须披露的信息，但披露的内容应当完全一致，且不得早于在上述信息披露平台披露的时间。

股票向特定对象转让导致股东累计超过二百人的公众公司可以在公司章程中约定其他信息披露方式；在《证券法》规定的信息披露平台披露相关信息的，应当符合前款要求。

第三十二条　公司及其他信息披露义务人应当将信息披露公告文稿和相关备查文件置备于公司住所、全国股转系统（如适用）供社会公众查阅。

第三十三条　公司应当配合为其提供服务的证券公司及律师事务所、会计师事务所等证券服务机构的工作，按要求提供所需资料，不得要求证券公司、证券服务机构出具与客观事实不符的文件或者阻碍其工作。

## 第四章　股票转让

第三十四条　股票向特定对象转让导致股东累计超过二百人的股份有限公司，应当自上述行为发生之日起三个月内，按照中国证监会有关规定制作申请文件，申请文件应当包括但不限于：定向转让说明书、律师事务所出具的法律意见书、会计师事务所出具的审计报告。股份有限公司持申请文件向中国证监会申请注册。在提交申请文件前，股份有限公司应当将相关情况通知所有股东。

在三个月内股东人数降至二百人以内的，可以不提出申请。

股票向特定对象转让应当以非公开方式协议转让。申请股票挂牌公开转让的，按照本办法第三十五条、第三十六条的规定办理。

第三十五条　公司申请其股票挂牌公开转让的，董事会应当依法就股票挂牌公开转让的具体方案作出决议，并提请股东大会批准，股东大会决议必须经出席会议的股东所持表决权的三分之二以上通过。

董事会和股东大会决议中还应当包括以下内容：

（一）按照中国证监会的相关规定修改公司章程；

（二）按照法律、行政法规和公司章程的规定建立健全公司治理机制；

（三）履行信息披露义务，按照相关规定披露公开转让说明书、年度报告、中期报告及其他信息披露内容。

公司申请其股票挂牌公开转让时，可以按照本办法第五章规定申请发行股票。

**第三十六条** 股东人数超过二百人的公司申请其股票挂牌公开转让，应当按照中国证监会有关规定制作公开转让的申请文件，申请文件应当包括但不限于：公开转让说明书、符合《证券法》规定的律师事务所出具的法律意见书、符合《证券法》规定的会计师事务所出具的审计报告、证券公司出具的推荐文件。公司持申请文件向全国股转系统申报。

中国证监会在全国股转系统收到注册申请文件之日起，同步关注公司是否符合国家产业政策和全国股转系统定位。

全国股转系统认为公司符合挂牌公开转让条件和信息披露要求的，将审核意见、公司注册申请文件及相关审核资料报送中国证监会注册；认为公司不符合挂牌公开转让条件或者信息披露要求的，作出终止审核决定。

中国证监会收到全国股转系统报送的审核意见、公司注册申请文件及相关审核资料后，基于全国股转系统的审核意见，依法履行注册程序。中国证监会发现存在影响挂牌公开转让条件的新增事项的，可以要求全国股转系统进一步问询并就新增事项形成审核意见；认为全国股转系统对新增事项的审核意见依据明显不充分的，可以退回全国股转系统补充审核，本办法第三十九条规定的注册期限重新计算。

公开转让说明书应当在公开转让前披露。

**第三十七条** 股东人数未超过二百人的公司申请其股票挂牌公开转让，中国证监会豁免注册，由全国股转系统进行审核。

**第三十八条** 全国股转系统审核过程中，发现公司涉嫌违反国家产业政策或全国股转系统定位的，或者发现重大敏感事项、重大无先例情况、重大舆情、重大违法线索的，应当及时向中国证监会请示报告，中国证监会及时提出明确意见。

**第三十九条** 中国证监会在二十个工作日内对注册申请作出同意注册或不予注册的决定，通过要求全国股转系统进一步问询、要求证券公司或证券服务机构等对有关事项进行核查、对公司现场检查等方式要求补充、修改申请文件的时间不计算在内。

**第四十条** 公司及其董事、监事、高级管理人员，应当对公开转让说明书、定向转让说明书签署书面确认意见，保证所披露的信息真实、准确、完整。

**第四十一条** 申请股票挂牌公开转让的公司应当聘请证券公司推荐其股票挂牌公开转让。证券公司应当对所推荐的股票公开转让的公众公司进行持续督导，督促公司诚实守信、及时履行信息披露义务、完善公司治理、提高规范运作水平。

股票公开转让的公众公司应当配合证券公司持续督导工作，接受证券公司的指导和督促。

**第四十二条** 本办法施行前股东人数超过二百人的股份有限公司，符合条件的，可以申请在全国股转系统挂牌公开转让股票、公开发行并在证券交易所上市。

## 第五章 定向发行

**第四十三条** 本办法所称定向发行包括股份有限公司向特定对象发行股票导致股东累计超过二百人，以及公众公司向特定对象发行股票两种情形。

前款所称特定对象的范围包括下列机构或者自然人：

（一）公司股东；

（二）公司的董事、监事、高级管理人员、核心员工；

（三）符合投资者适当性管理规定的自然人投资者、法人投资者及其他非法人组织。

股票未公开转让的公司确定发行对象时，符合第二款第（三）项规定的投资者合计不得超过三十五名。

核心员工的认定，应当由公司董事会提名，并向全体员工公示和征求意见，由监事会发表明确意见后，经股东大会审议批准。

投资者适当性管理规定由中国证监会另行制定。

**第四十四条** 公司应当对发行对象的身份进行确认，有充分理由确信发行对象符合本办法和公司的相关规定。

公司应当与发行对象签订包含风险揭示条款的认购协议，发行过程中不得采取公开路演、询价等方式。

**第四十五条** 公司董事会应当依法就本次股票发行的具体方案作出决议，并提请股东大会批准，股东大会决议必须经出席会议的股东所持表决权的三分之二以上通过。

监事会应当对董事会编制的股票发行文件进行审核并提出书面审核意见。监事应当签署书面确认意见。

股东大会就股票发行作出的决议，至少应当包括下列事项：

（一）本次发行股票的种类和数量（数量上限）；

（二）发行对象或范围、现有股东优先认购安排；

（三）定价方式或发行价格（区间）；

（四）限售情况；

（五）募集资金用途；

（六）决议的有效期；

（七）对董事会办理本次发行具体事宜的授权；

（八）发行前滚存利润的分配方案；

（九）其他必须明确的事项。

申请向特定对象发行股票导致股东累计超过二百人的股份有限公司，董事会和股东大会决议中还应当包括以下内容：

（一）按照中国证监会的相关规定修改公司章程；

（二）按照法律、行政法规和公司章程的规定建立健全公司治理机制；

（三）履行信息披露义务，按照相关规定披露定向发行说明书、发行情况报告书、年度报告、中期报告及其他信息披露内容。

根据公司章程以及全国股转系统的规定，股票公开转让的公司年度股东大会可以授权董事会向特定对象发行股票，该项授权的有效期不得超过公司下一年度股东大会召开日。

**第四十六条** 董事会、股东大会决议确定具体发行对象的，董事、股东参与认购或者与认购对象存在关联关系的，应当回避表决。

出席董事会的无关联关系董事人数不足三人的，应当将该事项提交公司股东大会审议。

**第四十七条** 公司应当按照中国证监会有关规定制作定向发行的申请文件，申请文件应当包括但不限于：定向发行说明书、符合《证券法》规定的律师事务所出具的法律意见书、符合《证券法》规定的会计师事务所出具的审计报告、证券公司出具的推荐文件。

**第四十八条** 股票公开转让的公众公司向公司前十名股东、实际控制人、董事、监事、高级管理人员及核心员工定向发行股票，连续十二个月内发行的股份未超过公司股本百分之十且融资总额不超过二千万元的，无需提供证券公司出具的推荐文件以及律师事务所出具的法律意见书。

按照前款规定发行股票的，董事会决议中应当明确发行对象、发行价格和发行数量，且公司不得存在以下情形：

（一）公司采用本办法第四十五条第五款规定方式发行的；

（二）认购人以非现金资产认购的；

（三）发行股票导致公司控制权发生变动的；

（四）本次发行中存在特殊投资条款安排的；

（五）公司或其控股股东、实际控制人、董事、监事、高级管理人员最近十二个月内被中国证监会给予行政处罚或采取监管措施、被全国股转系统采取纪律处分的。

**第四十九条** 股票公开转让的公众公司向特定对象发行股票后股东累计超过二百人的，应当持申请文件向全国股转系统申报，中国证监会基于全国股转系统的审核意见依法履行注册程序。

股票公开转让的公众公司向特定对象发行股票后股东累计不超过二百人的，中国证监会豁免注册，由全国股转系统自律管理。

中国证监会和全国股转系统按照本办法第三十六条、第三十八条规定的程序进行审核注册。

**第五十条** 股票未公开转让的公司向特定对象发行股票后股东累计超过二百人的，应当持申请文件向中国证监会申报；中国证监会认为公司符合发行条件和信息披露要求的，依法作出同意注册的决定。

**第五十一条** 中国证监会按照本办法第三十九条的规定作出同意注册或不予注册的决定。

**第五十二条** 股票公开转让的公众公司申请定向发行股票，可申请一次注册，分期发行。自中国证监会予以注册之日起，公司应当在三个月内首期发行，剩余数量应当在十二个月内发行完毕。超过注册文件限定的有效期未发行的，须重新经中国证监会注册后方可发行。首期发行数量应当不少于总发行数量的百分之五十，剩余各期发行的数量由公司自行确定，每期发行后五个工作日内将发行情况报送全国股转系统备案。

**第五十三条** 股票发行结束后，公众公司应当按照中国证监会的有关要求编制并披露发行情况报告书。申请分期发行的公众公司应在每期发行后按照中国证监会的有关要求进行披露，并在全部发行结束或者超过注册文件有效期后按照中国证监会的有关要求编制并披露发行情况报告书。

豁免向中国证监会申请注册定向发行的公众公司，应当在发行结束后按照中国证监会的有关要求编制并披露发行情况报告书。

**第五十四条** 公司及其董事、监事、高级管理人员，应当对定向发行说明书、发行情况报告书签署书面确认意见，保证所披露的信息真实、准确、完整。

**第五十五条** 公众公司定向发行股份购买资产的，按照本章有关规定办理。

### 第六章 监督管理

**第五十六条** 中国证监会会同国务院有关部门、地方人民政府，依照法律法规和国务院有关规定，各司其职，分工协作，对公众公司进行持续监管，防范风险，维护证券市场秩序。

**第五十七条** 中国证监会依法履行对公司股票转让、股票发行、信息披露的监管职责，有权对公司、证券公司、证券服务机构等采取《证券法》规定的有关措施。

**第五十八条** 中国证监会建立对审核注册全流程的权力运行监督制约机制，对审核注册程序相关内控制度运行情况进行督导督察，对廉政纪律执行情况和相关人员的履职尽责情况进行监督监察。

中国证监会建立对全国股转系统审核监管工作的监督机制，可以通过选取或抽取项目同步关注、调阅审核工作文件、提出问题、列席相关审核会议等方式对全国股转系统相关工作进行检查或抽查。对于中国证监会检查监督过程中发现的问题，全国股转系统应当整改。

**第五十九条** 全国股转系统应当发挥自律管理作用，对股票公开转让的公众公司及相关信息披露义务人披露信息进行监督，督促其依法及时、准确地披露信息。发现股票公开转让的公众公司及相关信息披露义务人有违反法律、行政法规和中国证监会相关规定的行为，应当向中国证监会报告，并采取自律管理措施。

全国股转系统可以依据相关规则对股票公开转让的公众公司进行现场检查或非现场检查。

**第六十条** 全国股转系统应当建立定期报告和重大审核事项请示报告制度，及时总结审核工作情况，并报告中国证监会。

**第六十一条** 中国证券业协会应当发挥自律管理作用，对从事公司股票转让和股票发行业务的证券公司进行监督，督促其勤勉尽责地履行尽职调查和督导职责。发现证券公司有违反法律、行政法规和中国证监会相关规定的行为，应当向中国证监会报告，并采取自律管理措施。

**第六十二条** 中国证监会可以要求公司及其他信息披露义务人或者其董事、监事、高级管理人员对有关信息披露问题作出解释、说明或者提供相关资料，并要求公司提供证券公司或者证券服务机构的专业意见。

中国证监会对证券公司和证券服务机构出具文件的真实性、准确性、完整性有疑义的，可以要求相关机构作出解释、补充，并调阅其工作底稿。

**第六十三条** 证券公司在从事股票转让、股票发行等业务活动中，应当按照中国证监会和全国股转系统的有关规定勤勉尽责地进行尽职调查，规范履行内核程序，认真编制相关文件，并持续督导所推荐公司及时履行信息披露义务、完善公司治理。

**第六十四条** 证券服务机构为公司的股票转让、股票发行等活动出具审计报告、资产评估报告或者法律意见书等文件的，应当严格履行法定职责，遵循勤勉尽责和诚实信用原则，对公司的主体资格、股本情况、规范运作、财务状况、公司治理、信息披露等内容的真实性、准确性、完整性进行充分的核查和验证，并保证其出具的文件不存在虚假记载、误导性陈述或者重大遗漏。

**第六十五条** 中国证监会依法对公司及其他信息披露义务人、证券公司、证券服务机构进行监督检查或者调查，被检查或者调查对象有义务提供相关文件资料。对于发现问题的单位和个人，中国证监会可以采取责令改正、监管谈话、责令公开说明、出具警示函等监管措施，并记入诚信档案；涉嫌违法、犯罪的，应当立案调查或者移送司法机关。

### 第七章 法律责任

**第六十六条** 全国股转系统审核工作存在下列情形之一的，由中国证监会责令改正；情节严重的，追究直接责任人员相关责任：

（一）未按审核标准开展审核工作；

（二）未按审核程序开展审核工作；

（三）发现涉嫌违反国家产业政策、全国股转系统定位或者发现重大敏感事项、重大无先例情况、重大舆情、重大违法线索，未请示报告或请示报告不及时；

（四）不配合中国证监会对审核工作的检查监督，或者不按中国证监会的要求进行整改。

**第六十七条** 公司在其公告的股票挂牌公开转让、股票发行文件中隐瞒重要事实或者编造重要虚假内容的，除依照《证券法》有关规定进行处罚外，中国证监会可视情节轻重，依法采取责令改正、监管谈话、出具警示函等监管措施；情节严重的，中国证监会可以对有关责任人员采取证券市场禁入的措施。

公司擅自改动已提交的股票转让、股票发行申请文件的，或发生重大事项未及时报告或者未及时披露的，中国证监会可视情节轻重，依法采取责令改正、监管谈话、出具警示函等监管措施。

**第六十八条** 公司向不符合本办法规定条件的投资者发行股票的,中国证监会可以责令改正。

**第六十九条** 公司未依照本办法第三十四条、第三十六条、第四十九条、第五十条规定,擅自转让或者发行股票的,依照《证券法》有关规定进行处罚。

**第七十条** 公众公司违反本办法第十三条、第十四条规定的,中国证监会可以责令改正,对相关责任主体给予警告,单处或者并处十万元以下的罚款,涉及金融安全且有危害后果的,单处或者并处二十万元以下的罚款。

**第七十一条** 公司及其他信息披露义务人未按照规定披露信息,或者所披露的信息有虚假记载、误导性陈述或者重大遗漏的,依照《证券法》有关规定进行处罚。

**第七十二条** 信息披露义务人及其董事、监事、高级管理人员,公司控股股东、实际控制人,为信息披露义务人出具专项文件的证券公司、证券服务机构及其工作人员,违反《证券法》、行政法规和中国证监会相关规定的,中国证监会可以依法采取责令改正、监管谈话、出具警示函等监管措施,并记入诚信档案;情节严重的,中国证监会可以对有关责任人员采取证券市场禁入的措施。

**第七十三条** 公众公司内幕信息知情人或非法获取内幕信息的人,在对公众公司股票价格有重大影响的信息公开前,泄露该信息、买卖或者建议他人买卖该股票的,依照《证券法》有关规定进行处罚。

**第七十四条** 股票公开转让的公众公司及其股东、实际控制人未按本办法规定配合证券公司、证券服务机构尽职调查、持续督导等工作的,中国证监会可以依法采取责令改正、监管谈话、出具警示函等监管措施,并记入诚信档案。

**第七十五条** 证券公司及其工作人员未按本办法规定履行持续督导责任,情节严重的,中国证监会可以依法采取责令改正、监管谈话、出具警示函等监管措施。

**第七十六条** 证券公司、证券服务机构出具的文件有虚假记载、误导性陈述或者重大遗漏的,除依照《证券法》及相关法律法规的规定处罚外,中国证监会可以依法采取责令改正、监管谈话、出具警示函等监管措施;情节严重的,中国证监会可以对有关责任人员采取证券市场禁入的措施。

**第七十七条** 证券公司、证券服务机构擅自改动已提交的股票转让、股票发行申请文件的,或发生重大事项未及时报告或者未及时披露的,中国证监会可视情节轻重,依法采取责令改正、监管谈话、出具警示函等监管措施。

## 第八章 附 则

**第七十八条** 公众公司申请在证券交易所上市的,应当遵守中国证监会和证券交易所的相关规定。

**第七十九条** 注册在境内的境外上市公司在境内定向发行股份、将境内股份在全国股转系统挂牌公开转让的,按照本办法相关规定执行。

**第八十条** 本办法施行前股东人数超过二百人的股份有限公司,不在全国股转系统挂牌公开转让股票或证券交易所上市的,应当按相关要求规范后申请纳入非上市公众公司监管。

**第八十一条** 公司发行优先股、可转换公司债券的,应当符合中国证监会和全国股转系统的有关规定,普通股、优先股、可转换公司债券持有人数合并计算,并按照本办法第五章有关规定办理。

**第八十二条** 本办法所称股份有限公司是指首次申请股票转让或定向发行的股份有限公司;所称公司包括非上市公众公司和首次申请股票转让或定向发行的股份有限公司。

**第八十三条** 本办法自公布之日起施行。

## 企业内部控制基本规范

- 2008年5月22日
- 财会〔2008〕7号

### 第一章 总 则

**第一条** 为了加强和规范企业内部控制,提高企业经营管理水平和风险防范能力,促进企业可持续发展,维护社会主义市场经济秩序和社会公众利益,根据《中华人民共和国公司法》、《中华人民共和国证券法》、《中华人民共和国会计法》和其他有关法律法规,制定本规范。

**第二条** 本规范适用于中华人民共和国境内设立的大中型企业。

小企业和其他单位可以参照本规范建立与实施内部控制。

大中型企业和小企业的划分标准根据国家有关规定执行。

**第三条** 本规范所称内部控制,是由企业董事会、监事会、经理层和全体员工实施的、旨在实现控制目标的过程。

内部控制的目标是合理保证企业经营管理合法合规、资产安全、财务报告及相关信息真实完整,提高经营效率和效果,促进企业实现发展战略。

第四条　企业建立与实施内部控制,应当遵循下列原则:

(一)全面性原则。内部控制应当贯穿决策、执行和监督全过程,覆盖企业及其所属单位的各种业务和事项。

(二)重要性原则。内部控制应当在全面控制的基础上,关注重要业务事项和高风险领域。

(三)制衡性原则。内部控制应当在治理结构、机构设置及权责分配、业务流程等方面形成相互制约、相互监督,同时兼顾运营效率。

(四)适应性原则。内部控制应当与企业经营规模、业务范围、竞争状况和风险水平等相适应,并随着情况的变化及时加以调整。

(五)成本效益原则。内部控制应当权衡实施成本与预期效益,以适当的成本实现有效控制。

第五条　企业建立与实施有效的内部控制,应当包括下列要素:

(一)内部环境。内部环境是企业实施内部控制的基础,一般包括治理结构、机构设置及权责分配、内部审计、人力资源政策、企业文化等。

(二)风险评估。风险评估是企业及时识别、系统分析经营活动中与实现内部控制目标相关的风险,合理确定风险应对策略。

(三)控制活动。控制活动是企业根据风险评估结果,采用相应的控制措施,将风险控制在可承受度之内。

(四)信息与沟通。信息与沟通是企业及时、准确地收集、传递与内部控制相关的信息,确保信息在企业内部、企业与外部之间进行有效沟通。

(五)内部监督。内部监督是企业对内部控制建立与实施情况进行监督检查,评价内部控制的有效性,发现内部控制缺陷,应当及时加以改进。

第六条　企业应当根据有关法律法规、本规范及其配套办法,制定本企业的内部控制制度并组织实施。

第七条　企业应当运用信息技术加强内部控制,建立与经营管理相适应的信息系统,促进内部控制流程与信息系统的有机结合,实现对业务和事项的自动控制,减少或消除人为操纵因素。

第八条　企业应当建立内部控制实施的激励约束机制,将各责任单位和全体员工实施内部控制的情况纳入绩效考评体系,促进内部控制的有效实施。

第九条　国务院有关部门可以根据法律法规、本规范及其配套办法,明确贯彻实施本规范的具体要求,对企业建立与实施内部控制的情况进行监督检查。

第十条　接受企业委托从事内部控制审计的会计师事务所,应当根据本规范及其配套办法和相关执业准则,对企业内部控制的有效性进行审计,出具审计报告。会计师事务所及其签字的从业人员应当对发表的内部控制审计意见负责。

为企业内部控制提供咨询的会计师事务所,不得同时为同一企业提供内部控制审计服务。

## 第二章　内部环境

第十一条　企业应当根据国家有关法律法规和企业章程,建立规范的公司治理结构和议事规则,明确决策、执行、监督等方面的职责权限,形成科学有效的职责分工和制衡机制。

股东(大)会享有法律法规和企业章程规定的合法权利,依法行使企业经营方针、筹资、投资、利润分配等重大事项的表决权。

董事会对股东(大)会负责,依法行使企业的经营决策权。

监事会对股东(大)会负责,监督企业董事、经理和其他高级管理人员依法履行职责。

经理层负责组织实施股东(大)会、董事会决议事项,主持企业的生产经营管理工作。

第十二条　董事会负责内部控制的建立健全和有效实施。监事会对董事会建立与实施内部控制进行监督。经理层负责组织领导企业内部控制的日常运行。

企业应当成立专门机构或者指定适当的机构具体负责组织协调内部控制的建立实施及日常工作。

第十三条　企业应当在董事会下设立审计委员会。审计委员会负责审查企业内部控制,监督内部控制的有效实施和内部控制自我评价情况,协调内部控制审计及其他相关事宜等。

审计委员会负责人应当具备相应的独立性、良好的职业操守和专业胜任能力。

第十四条　企业应当结合业务特点和内部控制要求设置内部机构,明确职责权限,将权利与责任落实到各责任单位。

企业应当通过编制内部管理手册,使全体员工掌握内部机构设置、岗位职责、业务流程等情况,明确权责分配,正确行使职权。

第十五条　企业应当加强内部审计工作,保证内部审计机构设置、人员配备和工作的独立性。

内部审计机构应当结合内部审计监督,对内部控制的有效性进行监督检查。内部审计机构对监督检查中发现的内部控制缺陷,应当按照企业内部审计工作程序进行报告;对监督检查中发现的内部控制重大缺陷,有权直接向董事会及其审计委员会、监事会报告。

**第十六条** 企业应当制定和实施有利于企业可持续发展的人力资源政策。人力资源政策应当包括下列内容:

(一)员工的聘用、培训、辞退与辞职。

(二)员工的薪酬、考核、晋升与奖惩。

(三)关键岗位员工的强制休假制度和定期岗位轮换制度。

(四)掌握国家秘密或重要商业秘密的员工离岗的限制性规定。

(五)有关人力资源管理的其他政策。

**第十七条** 企业应当将职业道德修养和专业胜任能力作为选拔和聘用员工的重要标准,切实加强员工培训和继续教育,不断提升员工素质。

**第十八条** 企业应当加强文化建设,培育积极向上的价值观和社会责任感,倡导诚实守信、爱岗敬业、开拓创新和团队协作精神,树立现代管理理念,强化风险意识。

董事、监事、经理及其他高级管理人员应当在企业文化建设中发挥主导作用。

企业员工应当遵守员工行为守则,认真履行岗位职责。

**第十九条** 企业应当加强法制教育,增强董事、监事、经理及其他高级管理人员和员工的法制观念,严格依法决策、依法办事、依法监督,建立健全法律顾问制度和重大法律纠纷案件备案制度。

## 第三章 风险评估

**第二十条** 企业应当根据设定的控制目标,全面系统持续地收集相关信息,结合实际情况,及时进行风险评估。

**第二十一条** 企业开展风险评估,应当准确识别与实现控制目标相关的内部风险和外部风险,确定相应的风险承受度。

风险承受度是企业能够承担的风险限度,包括整体风险承受能力和业务层面的可接受风险水平。

**第二十二条** 企业识别内部风险,应当关注下列因素:

(一)董事、监事、经理及其他高级管理人员的职业操守、员工专业胜任能力等人力资源因素。

(二)组织机构、经营方式、资产管理、业务流程等管理因素。

(三)研究开发、技术投入、信息技术运用等自主创新因素。

(四)财务状况、经营成果、现金流量等财务因素。

(五)营运安全、员工健康、环境保护等安全环保因素。

(六)其他有关内部风险因素。

**第二十三条** 企业识别外部风险,应当关注下列因素:

(一)经济形势、产业政策、融资环境、市场竞争、资源供给等经济因素。

(二)法律法规、监管要求等法律因素。

(三)安全稳定、文化传统、社会信用、教育水平、消费者行为等社会因素。

(四)技术进步、工艺改进等科学技术因素。

(五)自然灾害、环境状况等自然环境因素。

(六)其他有关外部风险因素。

**第二十四条** 企业应当采用定性与定量相结合的方法,按照风险发生的可能性及其影响程度等,对识别的风险进行分析和排序,确定关注重点和优先控制的风险。

企业进行风险分析,应当充分吸收专业人员,组成风险分析团队,按照严格规范的程序开展工作,确保风险分析结果的准确性。

**第二十五条** 企业应当根据风险分析的结果,结合风险承受度,权衡风险与收益,确定风险应对策略。

企业应当合理分析、准确掌握董事、经理及其他高级管理人员、关键岗位员工的风险偏好,采取适当的控制措施,避免因个人风险偏好给企业经营带来重大损失。

**第二十六条** 企业应当综合运用风险规避、风险降低、风险分担和风险承受等风险应对策略,实现对风险的有效控制。

风险规避是企业对超出风险承受度的风险,通过放弃或者停止与该风险相关的业务活动以避免和减轻损失的策略。

风险降低是企业在权衡成本效益之后,准备采取适当的控制措施降低风险或者减轻损失,将风险控制在风险承受度之内的策略。

风险分担是企业准备借助他人力量,采取业务分包、购买保险等方式和适当的控制措施,将风险控制在风险承受度之内的策略。

风险承受是企业对风险承受度之内的风险,在权衡成本效益之后,不准备采取控制措施降低风险或者减轻损失的策略。

**第二十七条** 企业应当结合不同发展阶段和业务拓展情况,持续收集与风险变化相关的信息,进行风险识别和风险分析,及时调整风险应对策略。

## 第四章 控制活动

**第二十八条** 企业应当结合风险评估结果,通过手工控制与自动控制、预防性控制与发现性控制相结合的方法,运用相应的控制措施,将风险控制在可承受度之内。

控制措施一般包括:不相容职务分离控制、授权审批控制、会计系统控制、财产保护控制、预算控制、运营分析控制和绩效考评控制等。

**第二十九条** 不相容职务分离控制要求企业全面系统地分析、梳理业务流程中所涉及的不相容职务,实施相应的分离措施,形成各司其职、各负其责、相互制约的工作机制。

**第三十条** 授权审批控制要求企业根据常规授权和特别授权的规定,明确各岗位办理业务和事项的权限范围、审批程序和相应责任。

企业应当编制常规授权的权限指引,规范特别授权的范围、权限、程序和责任,严格控制特别授权。常规授权是指企业在日常经营管理活动中按照既定的职责和程序进行的授权。特别授权是指企业在特殊情况、特定条件下进行的授权。

企业各级管理人员应当在授权范围内行使职权和承担责任。

企业对于重大的业务和事项,应当实行集体决策审批或者联签制度,任何个人不得单独进行决策或者擅自改变集体决策。

**第三十一条** 会计系统控制要求企业严格执行国家统一的会计准则制度,加强会计基础工作,明确会计凭证、会计账簿和财务会计报告的处理程序,保证会计资料真实完整。

企业应当依法设置会计机构,配备会计从业人员。从事会计工作的人员,必须取得会计从业资格证书。会计机构负责人应当具备会计师以上专业技术职务资格。

大中型企业应当设置总会计师。设置总会计师的企业,不得设置与其职权重叠的副职。

**第三十二条** 财产保护控制要求企业建立财产日常管理制度和定期清查制度,采取财产记录、实物保管、定期盘点、账实核对等措施,确保财产安全。

企业应当严格限制未经授权的人员接触和处置财产。

**第三十三条** 预算控制要求企业实施全面预算管理制度,明确各责任单位在预算管理中的职责权限,规范预算的编制、审定、下达和执行程序,强化预算约束。

**第三十四条** 运营分析控制要求企业建立运营情况分析制度,经理层应当综合运用生产、购销、投资、筹资、财务等方面的信息,通过因素分析、对比分析、趋势分析等方法,定期开展运营情况分析,发现存在的问题,及时查明原因并加以改进。

**第三十五条** 绩效考评控制要求企业建立和实施绩效考评制度,科学设置考核指标体系,对企业内部各责任单位和全体员工的业绩进行定期考核和客观评价,将考评结果作为确定员工薪酬以及职务晋升、评优、降级、调岗、辞退等的依据。

**第三十六条** 企业应当根据内部控制目标,结合风险应对策略,综合运用控制措施,对各种业务和事项实施有效控制。

**第三十七条** 企业应当建立重大风险预警机制和突发事件应急处理机制,明确风险预警标准,对可能发生的重大风险或突发事件,制定应急预案、明确责任人员、规范处置程序,确保突发事件得到及时妥善处理。

## 第五章 信息与沟通

**第三十八条** 企业应当建立信息与沟通制度,明确内部控制相关信息的收集、处理和传递程序,确保信息及时沟通,促进内部控制有效运行。

**第三十九条** 企业应当对收集的各种内部信息和外部信息进行合理筛选、核对、整合,提高信息的有用性。

企业可以通过财务会计资料、经营管理资料、调研报告、专项信息、内部刊物、办公网络等渠道,获取内部信息。

企业可以通过行业协会组织、社会中介机构、业务往来单位、市场调查、来信来访、网络媒体以及有关监管部门等渠道,获取外部信息。

**第四十条** 企业应当将内部控制相关信息在企业内部各管理级次、责任单位、业务环节之间,以及企业与外部投资者、债权人、客户、供应商、中介机构和监管部门等有关方面之间进行沟通和反馈。信息沟通过程中发现的问题,应当及时报告并加以解决。

重要信息应当及时传递给董事会、监事会和经理层。

**第四十一条** 企业应当利用信息技术促进信息的集成与共享,充分发挥信息技术在信息与沟通中的作用。

企业应当加强对信息系统开发与维护、访问与变更、数据输入与输出、文件储存与保管、网络安全等方面的控制,保证信息系统安全稳定运行。

**第四十二条** 企业应当建立反舞弊机制,坚持惩防并举、重在预防的原则,明确反舞弊工作的重点领域、关键环节和有关机构在反舞弊工作中的职责权限,规范舞弊案件的举报、调查、处理、报告和补救程序。

企业至少应当将下列情形作为反舞弊工作的重点:

(一)未经授权或者采取其他不法方式侵占、挪用企业资产,牟取不当利益。

(二)在财务会计报告和信息披露等方面存在的虚假记载、误导性陈述或者重大遗漏等。

(三)董事、监事、经理及其他高级管理人员滥用职权。

(四)相关机构或人员串通舞弊。

**第四十三条** 企业应当建立举报投诉制度和举报人保护制度,设置举报专线,明确举报投诉处理程序、办理时限和办结要求,确保举报、投诉成为企业有效掌握信息的重要途径。

举报投诉制度和举报人保护制度应当及时传达至全体员工。

## 第六章 内部监督

**第四十四条** 企业应当根据本规范及其配套办法,制定内部控制监督制度,明确内部审计机构(或经授权的其他监督机构)和其他内部机构在内部监督中的职责权限,规范内部监督的程序、方法和要求。

内部监督分为日常监督和专项监督。日常监督是指企业对建立与实施内部控制的情况进行常规、持续的监督检查;专项监督是指在企业发展战略、组织结构、经营活动、业务流程、关键岗位员工等发生较大调整或变化的情况下,对内部控制的某一或者某些方面进行有针对性的监督检查。

专项监督的范围和频率应当根据风险评估结果以及日常监督的有效性等予以确定。

**第四十五条** 企业应当制定内部控制缺陷认定标准,对监督过程中发现的内部控制缺陷,应当分析缺陷的性质和产生的原因,提出整改方案,采取适当的形式及时向董事会、监事会或者经理层报告。

内部控制缺陷包括设计缺陷和运行缺陷。企业应当跟踪内部控制缺陷整改情况,并就内部监督中发现的重大缺陷,追究相关责任单位或者责任人的责任。

**第四十六条** 企业应当结合内部监督情况,定期对内部控制的有效性进行自我评价,出具内部控制自我评价报告。

内部控制自我评价的方式、范围、程序和频率,由企业根据经营业务调整、经营环境变化、业务发展状况、实际风险水平等自行确定。

国家有关法律法规另有规定的,从其规定。

**第四十七条** 企业应当以书面或者其他适当的形式,妥善保存内部控制建立与实施过程中的相关记录或者资料,确保内部控制建立与实施过程的可验证性。

## 第七章 附 则

**第四十八条** 本规范由财政部会同国务院其他有关部门解释。

**第四十九条** 本规范的配套办法由财政部会同国务院其他有关部门另行制定。

**第五十条** 本规范自2009年7月1日起实施。

# 小企业内部控制规范(试行)

- 2017年6月29日
- 财会〔2017〕21号

## 第一章 总 则

**第一条** 为了指导小企业建立和有效实施内部控制,提高经营管理水平和风险防范能力,促进小企业健康可持续发展,根据《中华人民共和国会计法》《中华人民共和国公司法》等法律法规及《企业内部控制基本规范》,制定本规范。

**第二条** 本规范适用于在中华人民共和国境内依法设立的、尚不具备执行《企业内部控制基本规范》及其配套指引条件的小企业。

小企业的划分标准按照《中小企业划型标准规定》执行。

执行《企业内部控制基本规范》及其配套指引的企业集团,其集团内属于小企业的母公司和子公司,也应当执行《企业内部控制基本规范》及其配套指引。

企业集团、母公司和子公司的定义与《企业会计准则》的规定相同。

**第三条** 本规范所称内部控制,是指由小企业负责人及全体员工共同实施的、旨在实现控制目标的过程。

**第四条** 小企业内部控制的目标是合理保证小企业经营管理合法合规、资金资产安全和财务报告信息真实完整可靠。

**第五条** 小企业建立与实施内部控制,应当遵循下列原则:

（一）风险导向原则。内部控制应当以防范风险为出发点,重点关注对实现内部控制目标造成重大影响的风险领域。

（二）适应性原则。内部控制应当与企业发展阶段、经营规模、管理水平等相适应,并随着情况的变化及时加以调整。

（三）实质重于形式原则。内部控制应当注重实际效果,而不局限于特定的表现形式和实现手段。

（四）成本效益原则。内部控制应当权衡实施成本与预期效益,以合理的成本实现有效控制。

**第六条** 小企业建立与实施内部控制应当遵循下列总体要求：

（一）树立依法经营、诚实守信的意识,制定并实施长远发展目标和战略规划,为内部控制的持续有效运行提供良好环境。

（二）及时识别、评估与实现控制目标相关的内外部风险,并合理确定风险应对策略。

（三）根据风险评估结果,开展相应的控制活动,将风险控制在可承受范围之内。

（四）及时、准确地收集、传递与内部控制相关的信息,并确保其在企业内部、企业与外部之间的有效沟通。

（五）对内部控制的建立与实施情况进行监督检查,识别内部控制存在的问题并及时督促改进。

（六）形成建立、实施、监督及改进内部控制的管理闭环,并使其持续有效运行。

**第七条** 小企业主要负责人对本企业内部控制的建立健全和有效实施负责。

小企业可以指定适当的部门（岗位）,具体负责组织协调和推动内部控制的建立与实施工作。

## 第二章 内部控制建立与实施

**第八条** 小企业应当围绕控制目标,以风险为导向确定内部控制建设的领域,设计科学合理的控制活动或对现有控制活动进行梳理、完善和优化,确保内部控制体系能够持续有效运行。

**第九条** 小企业应当依据所设定的内部控制目标和内部控制建设工作规划,有针对性地选择评估对象开展风险评估。

风险评估对象可以是整个企业或某个部门,也可以是某个业务领域、某个产品或某个具体事项。

**第十条** 小企业应当恰当识别与控制目标相关的内外部风险,如合规性风险、资金资产安全风险、信息安全风险、合同风险等。

**第十一条** 小企业应当采用适当的风险评估方法,综合考虑风险发生的可能性、风险发生后可能造成的影响程度以及可能持续的时间,对识别的风险进行分析和排序,确定重点关注和优先控制的风险。

常用的风险评估方法包括问卷调查、集体讨论、专家咨询、管理层访谈、行业标杆比较等。

**第十二条** 小企业开展风险评估既可以结合经营管理活动进行,也可以专门组织开展。

小企业应当定期开展系统全面的风险评估。在发生重大变化以及需要对重大事项进行决策时,小企业可以相应增加风险评估的频率。

**第十三条** 小企业开展风险评估,可以考虑聘请外部专家提供技术支持。

**第十四条** 小企业应当根据风险评估的结果,制定相应的风险应对策略,对相关风险进行管理。

风险应对策略一般包括接受、规避、降低、分担等四种策略。

小企业应当将内部控制作为降低风险的主要手段,在权衡成本效益之后,采取适当的控制措施将风险控制在本企业可承受范围之内。

**第十五条** 小企业建立与实施内部控制应当重点关注下列管理领域：

（一）资金管理；

（二）重要资产管理（包括核心技术）；

（三）债务与担保业务管理；

（四）税费管理；

（五）成本费用管理；

（六）合同管理；

（七）重要客户和供应商管理；

（八）关键岗位人员管理；

（九）信息技术管理；

（十）其他需要关注的领域。

**第十六条** 小企业在建立内部控制时,应当根据控制目标,按照风险评估的结果,结合自身实际情况,制定有效的内部控制措施。

内部控制措施一般包括不相容岗位相分离控制、内部授权审批控制、会计控制、财产保护控制、单据控制等。

**第十七条** 不相容岗位相分离控制要求小企业根据国家有关法律法规的要求及自身实际情况,合理设置不相容岗位,确保不相容岗位由不同的人员担任,并合理划分业务和事项的申请、内部审核审批、业务执行、信息记录、内部监督等方面的责任。

因资源限制等原因无法实现不相容岗位相分离的，小企业应当采取抽查交易文档、定期资产盘点等替代性控制措施。

第十八条　内部授权审批控制要求小企业根据常规授权和特别授权的规定，明确各部门、各岗位办理业务和事项的权限范围、审批程序和相关责任。常规授权是指小企业在日常经营管理活动中按照既定的职责和程序进行的授权。特别授权是指小企业在特殊情况、特定条件下进行的授权。小企业应当严格控制特别授权。

小企业各级管理人员应当在授权范围内行使职权、办理业务。

第十九条　会计控制要求小企业严格执行国家统一的会计准则制度，加强会计基础工作，明确会计凭证、会计账簿和财务会计报告的处理程序，加强会计档案管理，保证会计资料真实完整。

小企业应当根据会计业务的需要，设置会计机构；或者在有关机构中设置会计人员并指定会计主管人员；或者委托经批准设立从事会计代理记账业务的中介机构代理记账。

小企业应当选择使用符合《中华人民共和国会计法》和国家统一的会计制度规定的会计信息系统（电算化软件）。

第二十条　财产保护控制要求小企业建立财产日常管理和定期清查制度，采取财产记录、实物保管、定期盘点、账实核对等措施，确保财产安全完整。

第二十一条　单据控制要求小企业明确各种业务和事项所涉及的表单和票据，并按照规定填制、审核、归档和保管各类单据。

第二十二条　小企业应当根据内部控制目标，综合运用上述内部控制措施，对企业面临的各类内外部风险实施有效控制。

第二十三条　小企业在采取内部控制措施时，应当对实施控制的责任人、频率、方式、文档记录等内容做出明确规定。

有条件的小企业可以采用内部控制手册等书面形式来明确内部控制措施。

第二十四条　小企业可以利用现有的管理基础，将内部控制要求与企业管理体系进行融合，提高内部控制建立与实施工作的实效性。

第二十五条　小企业在实施内部控制的过程中，可以采用灵活适当的信息沟通方式，以实现小企业内部各管理层级、业务部门之间，以及与外部投资者、债权人、客户和供应商等有关方面之间的信息畅通。

内外部信息沟通方式主要包括发函、面谈、专题会议、电话等。

第二十六条　小企业应当通过加强人员培训等方式，提高实施内部控制的责任人的胜任能力，确保内部控制得到有效实施。

第二十七条　在发生下列情形时，小企业应当评估现行的内部控制措施是否仍然适用，并对不适用的部分及时进行更新优化：

（一）企业战略方向、业务范围、经营管理模式、股权结构发生重大变化；

（二）企业面临的风险发生重大变化；

（三）关键岗位人员胜任能力不足；

（四）其他可能对企业产生重大影响的事项。

## 第三章　内部控制监督

第二十八条　小企业应当结合自身实际情况和管理需要建立适当的内部控制监督机制，对内部控制的建立与实施情况进行日常监督和定期评价。

第二十九条　小企业应当选用具备胜任能力的人员实施内部控制监督。

实施内部控制的责任人开展自我检查不能替代监督。

具备条件的小企业，可以设立内部审计部门（岗位）或通过内部审计业务外包来提高内部控制监督的独立性和质量。

第三十条　小企业开展内部控制日常监督应当重点关注下列情形：

（一）因资源限制而无法实现不相容岗位相分离；

（二）业务流程发生重大变化；

（三）开展新业务、采用新技术、设立新岗位；

（四）关键岗位人员胜任能力不足或关键岗位出现人才流失；

（五）可能违反有关法律法规；

（六）其他应通过风险评估识别的重大风险。

第三十一条　小企业对于日常监督中发现的问题，应当分析其产生的原因以及影响程度，制定整改措施，及时进行整改。

第三十二条　小企业应当至少每年开展一次全面系统的内部控制评价工作，并可以根据自身实际需要开展不定期专项评价。

第三十三条　小企业应当根据年度评价结果，结合内部控制日常监督情况，编制年度内部控制报告，并提交小企业主要负责人审阅。

内部控制报告至少应当包括内部控制评价的范围、内部控制中存在的问题、整改措施、整改责任人、整改时间表及上一年度发现问题的整改落实情况等内容。

第三十四条　有条件的小企业可以委托会计师事务所对内部控制的有效性进行审计。

第三十五条　小企业可以将内部控制监督的结果纳入绩效考核的范围，促进内部控制的有效实施。

## 第四章　附　则

第三十六条　符合《中小企业划型标准规定》所规定的微型企业标准的企业参照执行本规范。

第三十七条　对于本规范中未规定的业务活动的内部控制，小企业可以参照执行《企业内部控制基本规范》及其配套指引。

第三十八条　鼓励有条件的小企业执行《企业内部控制基本规范》及其配套指引。

第三十九条　本规范由财政部负责解释。

第四十条　本规范自2018年1月1日起施行。

・典型案例

### 1. 宋文军诉西安市大华餐饮有限公司股东资格确认纠纷案①

【关键词】

民事/股东资格确认/初始章程/股权转让限制/回购

【裁判要点】

国有企业改制为有限责任公司，其初始章程对股权转让进行限制，明确约定公司回购条款，只要不违反公司法等法律强制性规定，可认定为有效。有限责任公司按照初始章程约定，支付合理对价回购股东股权，且通过转让给其他股东等方式进行合理处置的，人民法院应予支持。

【相关法条】

《中华人民共和国公司法》第十一条、第二十五条第二款、第三十五条、第七十四条

【基本案情】

西安市大华餐饮有限责任公司(以下简称大华公司)成立于1990年4月5日。2004年5月，大华公司由国有企业改制为有限责任公司，宋文军系大华公司员工，出资2万元成为大华公司的自然人股东。大华公司章程第三章"注册资本和股份"第十四条规定"公司股权不向公司以外的任何团体和个人出售、转让。公司改制一年后，经董事会批准后可在公司内部赠予、转让和继承。持股人死亡或退休经董事会批准后方可继承、转让或由企业收购，持股人若辞职、调离或被辞退、解除劳动合同的，人走股留，所持股份由企业收购……"，第十三章"股东认为需要规定的其他事项"下第六十六条规定"本章程由全体股东共同认可，自公司设立之日起生效"。该公司章程经大华公司全体股东签名通过。2006年6月3日，宋文军向公司提出解除劳动合同，并申请退出其所持有的公司的2万元股份。2006年8月28日，经大华公司法定代表人赵来锁同意，宋文军领到退出股金款2万元整。2007年1月8日，大华公司召开2006年度股东大会，大会应到股东107人，实到股东104人，代表股权占公司股份总数的93%，会议审议通过了宋文军、王培青、杭春国三位股东退股的申请并决议"其股金暂由公司收购保管，不得参与红利分配"。后宋文军以大华公司的回购行为违反法律规定，未履行法定程序且公司法规定股东不得抽逃出资等，请求依法确认其具有大华公司的股东资格。

【裁判结果】

西安市碑林区人民法院于2014年6月10日作出(2014)碑民初字第01339号民事判决，判令：驳回原告宋文军要求确认其具有被告西安市大华餐饮有限责任公司股东资格之诉讼请求。一审宣判后，宋文军提出上诉。西安市中级人民法院于2014年10月10日作出了(2014)西中民四终字第00277号民事判决书，驳回上诉，维持原判。终审宣判后，宋文军仍不服，向陕西省高级人民法院申请再审。陕西省高级人民法院于2015年3月25日作出(2014)陕民二申字第00215号民事裁定，驳回宋文军的再审申请。

【裁判理由】

法院生效裁判认为：通过听取再审申请人宋文军的再审申请理由及被申请人大华公司的答辩意见，本案的焦点问题如下：1. 大华公司的公司章程中关于"人走股留"的

---

① 案例来源：最高人民法院指导案例96号。

规定,是否违反了《中华人民共和国公司法》(以下简称《公司法》)的禁止性规定,该章程是否有效;2. 大华公司回购宋文军股权是否违反《公司法》的相关规定,大华公司是否构成抽逃出资。

针对第一个焦点问题,首先,大华公司章程第十四条规定,"公司股权不向公司以外的任何团体和个人出售、转让。公司改制一年后,经董事会批准后可以公司内部赠与、转让和继承。持股人死亡或退休经董事会批准后方可继承、转让或由企业收购,持股人若辞职、调离或被辞退、解除劳动合同的,人走股留,所持股份由企业收购"。依照《公司法》第二十五条第二款"股东应当在公司章程上签名、盖章"的规定,有限公司章程系公司设立时全体股东一致同意并对公司及全体股东产生约束力的规则性文件,宋文军在公司章程上签名的行为,应视为其对前述规定的认可和同意,该章程对大华公司及宋文军均产生约束力。其次,基于有限责任公司封闭性和人合性的特点,由公司章程对公司股东转让股权作出某些限制性规定,系公司自治的体现。在本案中,大华公司进行企业改制时,宋文军之所以成为大华公司的股东,其原因在于宋文军与大华公司具有劳动合同关系,如果宋文军与大华公司没有建立劳动关系,宋文军则没有成为大华公司股东的可能性。同理,大华公司章程将是否与公司具有劳动合同关系作为取得股东身份的依据继而作出"人走股留"的规定,符合有限责任公司封闭性和人合性的特点,亦系公司自治原则的体现,不违反公司法的禁止性规定。第三,大华公司章程第十四条关于股权转让的规定,属于对股东转让股权的限制性规定而非禁止性规定,宋文军依法转让股权的权利没有被公司章程所禁止,大华公司章程不存在侵害宋文军股权转让权利的情形。综上,本案一、二审法院均认定大华公司章程不违反《公司法》的禁止性规定,应为有效的结论正确,宋文军的这一再审申请理由不能成立。

针对第二个焦点问题,《公司法》第七十四条所规定的异议股东回购请求权具有法定的行使条件,即只有在"公司连续五年不向股东分配利润,而公司该五年连续盈利,并且符合本法规定的分配利润条件的;公司合并、分立、转让主要财产的;公司章程规定的营业期限届满或者章程规定的其他解散事由出现,股东会会议通过决议修改章程使公司存续的"三种情形下,异议股东有权要求公司回购其股权,对应的是公司是否应当履行回购异议股东股权的法定义务。而本案属于大华公司是否有权基于公司章程的约定及与宋文军的合意而回购宋文军股权,对应的是大华公司是否具有回购宋文军股权的权利,二者性质不同,《公司法》第七十四条不能适用于本案。在本案中,宋文军于2006年6月3日向大华公司提出解除劳动合同申请并于同日手书《退股申请》,提出"本人要求全额退股,年终盈利与亏损与我无关",该《退股申请》应视为其真实意思表示。大华公司于2006年8月28日退还其全额股金款2万元,并于2007年1月8日召开股东大会审议通过了宋文军等三位股东的退股申请,大华公司基于宋文军的退股申请,依照公司章程的规定回购宋文军的股权,程序并无不当。另外,《公司法》所规定的抽逃出资专指公司股东抽逃其对于公司出资的行为,公司不能构成抽逃出资的主体,宋文军的这一再审申请理由不能成立。综上,裁定驳回再审申请人宋文军的再审申请。

## 2. 大宗集团有限公司、宗锡晋与淮北圣火矿业有限公司、淮北圣火房地产开发有限责任公司、涡阳圣火房地产开发有限公司股权转让纠纷案[①]

【裁判要旨】

矿业权与股权是两种不同的民事权利,如果仅转让公司股权而不导致矿业权主体的变更,则不属于矿业权转让,转让合同无需地质矿产主管部门审批,在不违反法律、行政法规强制性规定的情况下,应认定合同合法有效。迟延履行生效合同约定义务的当事人以迟延履行期间国家政策变化为由主张情势变更的,不予支持。

【案情】

上诉人(一审被告):淮北圣火矿业有限公司。
法定代表人:张功民,该公司董事长。
委托代理人:许梅,北京市天元律师事务所律师。
委托代理人:王择,北京市天元律师事务所实习律师。
上诉人(一审被告):淮北圣火房地产开发有限责任公司。
法定代表人:张功民,该公司董事长。
委托代理人:朱晓东,北京市天元律师事务所律师。
委托代理人:王择,北京市天元律师事务所实习律师。
上诉人(一审被告):涡阳圣火房地产开发有限公司。
法定代表人:张功民,该公司董事长。
委托代理人:朱晓东,北京市天元律师事务所律师。
委托代理人:王择,北京市天元律师事务所实习律师。
被上诉人(一审原告):大宗集团有限公司。

---

① 案例来源:《最高人民法院公报》2016年第6期(总第236期)。

法定代表人:宗成乐,该公司董事长。
委托代理人:李长慧,山东慧远律师事务所律师。
委托代理人:於向平,辽宁竞业律师事务所律师。
被上诉人(一审原告):宗锡晋。
委托代理人:李长慧,山东慧远律师事务所律师。
委托代理人:於向平,辽宁竞业律师事务所律师。

上诉人淮北圣火矿业有限公司(以下简称圣火矿业公司)、淮北圣火房地产开发有限责任公司(以下简称淮北房地产公司)、涡阳圣火房地产开发有限公司(以下简称涡阳房地产公司)因与被上诉人大宗集团有限公司(以下简称大宗公司)、宗锡晋股权转让纠纷一案,不服山东省高级人民法院(2014)鲁商初字第72号民事判决,向本院提起上诉。本院依法组成合议庭,公开开庭进行了审理。上诉人圣火矿业公司的委托代理人许梅、王择,上诉人淮北房地产公司、涡阳房地产公司的委托代理人朱晓东、王择,被上诉人大宗公司、宗锡晋的委托代理人李长慧、於向平,到庭参加诉讼。本案现已审理终结。

一审法院查明:2013年3月24日,大宗公司、宗锡晋为甲方,圣火矿业公司为乙方签订《股权转让协议》。协议内容:甲方共同合法持有宿州宗圣矿业有限公司(以下简称宿州宗圣公司)和淮北宗圣矿业有限公司(以下简称淮北宗圣公司)各44%股权(其中大宗集团有限公司各40%,宗锡晋各4%)。乙方系两个公司的股东之一,具有受让两个公司股权的合法权利,愿意受让甲方转让的两个公司股权。经双方协商一致,达成协议。一、甲方同意将持有的两个公司各44%的股权转让给乙方,转让价款为人民币6.5亿元(大写:陆亿伍仟万元)。二、股权转让款支付时间和方式:1.2014年7月31日前,乙方向甲方支付股权转让款人民币壹亿元;2.2015年3月31日前,乙方向甲方支付股权转让款人民币壹亿元;3.2015年6月30日前,乙方向甲方支付股权转让款人民币壹亿元;4.2015年9月30日前,乙方向甲方支付股权转让款人民币壹亿元;5.2015年12月31日前,乙方向甲方支付股权转让款人民币贰亿伍仟万元。甲乙双方均同意上述股权转让款由甲方中的大宗集团有限公司支付,甲方内部关于股权转让款的分配由甲方自行处理。三、本协议项下全部股权转让款支付完毕后五个工作日内,甲方将持有的两个公司各44%的股权一次性转让给乙方,并协助乙方完成工商变更登记手续。四、关于两个公司资产、物品等财产的特别约定。1.无论与两个公司拥有的骑路孙煤炭资源、张油坊煤炭资源、梁花园煤炭资源(以下简称三处煤炭资源)相关的探矿许可证或采矿许可证是否作废、到期或失效,乙方均无条件地履行本协议约定的所有条款。2.与两个公司相关的各种证照、印章、权证双方共管,甲乙双方将召开两个公司股东会研究共管方式,任何一方使用前述物品必须征得对方同意。3.在本协议约定的付款时间内,如果乙方联系第三方购买两个公司股权或两个公司名下的三处煤炭资源相关的探矿权或采矿权,股权转让款、探矿权或采矿权转让款不明显低于市场价格,且乙方同意股权转让款、探矿权或采矿权转让款中的70%优先用于支付本协议约定的乙方尚未支付的股权转让款,甲方须无条件配合前述权利的转让工作。甲乙双方与前述权利的购买方协商关于甲方投入骑路孙煤炭资源的前期费用由购买方承担事宜。五、违约责任。1.本协议一经生效,双方必须自觉履行,任何一方违约需承担尚未支付的股权转让款总额20%的违约金,除此之外,违约方需承担以下本条第2和第3款违约责任。2.如果甲方违反上述任何一项条款约定,甲方应无条件退还乙方已经支付的股权转让款,并且无偿将持有的两个公司股权转让给乙方。3.如果乙方违反上述任何一项条款约定,乙方应将其持有的两个公司的股权无偿转让给甲方,并不得要求甲方退还其已向甲方支付的股权转让款。六、甲乙双方经协商一致,可以变更或解除本协议,经协商变更或解除本协议的,双方应另签订变更或解除协议书。甲乙双方本协议签订前签订的协议与本协议内容有冲突的以本协议为准,甲乙双方之前向对方出具的承诺、委托书等文件作废。七、甲方依法承担股权转让过程中应当承担的所有税款,乙方承担股权转让过程中的工商变更登记费用。八、因履行本协议导致的任何争议或纠纷,甲乙双方应友好协商解决,如协商不成的,向大宗集团有限公司所在地人民法院起诉。九、本协议经甲乙双方签字或盖章后生效。十、本协议一式六份,甲乙双方各持两份。甲方大宗公司、宗锡晋,乙方圣火矿业公司在协议上盖章签字。

协议签订后,圣火矿业公司依协议约定应当于2014年7月31日前支付第一期股权转让款1亿元,但圣火矿业公司未按期履行付款义务。2014年7月31日,圣火矿业公司向大宗公司出具2千万元的违约金欠条。欠条载明:"今欠大宗集团有限公司款2000万元,该笔欠款并保证于2014年8月30日一次性付清。注:该违约金系大宗集团有限公司与淮北圣火矿业有限公司在2013年3月24日签订的第一笔探矿权转让金1亿元所造成的违约金款。"2014年9月5日、9日、11日、12日,圣火矿业公司分四笔共计支付大宗公司违约金1000万元,之后再未支付款项。

一审另查明:2007年7月28日,圣火矿业公司与大宗公司签订《合作经营合同》,约定双方共同注册成立淮北宗圣公司,圣火矿业公司将三处煤炭资源的探矿权转让给淮北宗圣公司,享有公司56%的股权;大宗公司按合作项目的建矿设计承担建矿投资,包括井下工程、地面工程及矿用道路、供电线路、水井和供水管道所需费用,负责办理合作开发经营项目的立项核准工作,承担项目的可行性报告、矿井设计、环评及征地费用,享有公司44%的股权。2007年12月15日,圣火矿业公司与大宗公司签订《合作经营合同》,约定上述三座煤矿的立项核准、可行性报告、矿井设计、环评工作由圣火矿业公司负责办理,如有困难时,大宗公司予以积极协助办理。

2011年9月18日和9月30日,安徽省志远科技咨询有限责任公司对三处煤炭资源井田煤炭勘探探矿权作出评估报告书,三处煤炭资源评估价值共计37.9亿元。2012年12月3日,淮北宗圣公司和宿州宗圣公司作出股东会决议,全权授权宗庆乐与皖北矿业集团有限公司洽谈三处煤炭资源开发事宜,开发方式包括股权合作开发或者将三座煤矿全部资源有偿转让给皖北矿业集团有限公司开发。2013年3月24日淮北宗圣公司和宿州宗圣公司作出股东会决议,改为委托张全贤完成寻找和选择股权受让方、评估、谈判和协商等工作。2013年6月28日,淮北矿业(集团)有限责任公司在给淮北市人民政府的《关于合作情况的说明函》中表示其与圣火矿业公司共同合作开发矿产资源,恳请市政府给予相关工作支持。

2014年10月12日《国家能源局关于调控煤炭总量优化产业布局的指导意见》(国能煤炭〔2014〕454号,以下简称《指导意见》)第三条优化新建项目布局要求:按照"控制东部、稳定中部、发展西部"的总体要求,依据煤炭资源禀赋、市场区位、环境容量等因素确定煤炭产业发展格局。今后一段时间,东部地区原则上不再新建煤矿项目。

一审还查明:2014年10月31日,淮北房地产公司、涡阳房地产公司出具承诺书,载明"2013年3月24日大宗集团有限公司与淮北圣火矿业有限公司签订的股权转让协议所欠款项,具体内容和金额按原合同的约定履行。淮北圣火房地产开发有限责任公司和涡阳圣火房地产开发有限公司承诺:房产销售款首先按合同约定偿还大宗集团有限公司的到期债务。特此承诺。"

圣火矿业公司系张功民、张海燕等4人于2001年1月12日出资设立,淮北房地产公司系张功民、张杰于2006年6月26日出资设立,涡阳房地产公司系圣火矿业公司于2014年4月24日出资设立。大宗公司认为三个公司相互关联并人格混同,经一审法院要求,大宗公司未在规定时间内提交三公司混同的相关证据。

上述事实有股权转让协议、违约金欠条、违约金支付凭证、承诺书、合作经营合同、《指导意见》、庭审笔录等在卷为证。

大宗公司、宗锡晋向一审法院起诉,请求:1.判令圣火矿业公司支付股权转让款1亿元及违约金1000万元;2.淮北房地产公司、涡阳房地产公司对上述债务承担连带付款责任;3.诉讼费用由圣火矿业公司承担。

【审判】

一审法院认为,本案的争议焦点为:一、本案是否符合情势变更原则,协议应否解除;二、涉案股权转让协议的效力,协议能否继续履行;三、继续履行时,淮北房地产公司、涡阳房地产公司的责任承担问题。

关于焦点一,即本案是否属情势变更问题。该院认为,最高人民法院《关于适用〈中华人民共和国合同法〉若干问题的解释(二)》第二十六条规定,"合同成立以后客观情况发生了当事人在订立合同时无法预见的、非不可抗力造成的不属于商业风险的重大变化,继续履行合同对于一方当事人明显不公平或者不能实现合同目的,当事人请求人民法院变更或者解除合同的,人民法院应当根据公平原则,并结合案件的实际情况确定是否变更或者解除。"所谓情势,是指客观情况,具体泛指一切与合同有关的客观事实。变更是指合同赖以成立的环境或基础发生异常之变动。在确认时,应当注意正确判断是情势变更还是商业风险,需要依案情从可预见性、归责性以及产生后果等方面进行分析。本案中,淮北宗圣公司成立于2007年,涉案三处煤炭资源一直申请办理采矿权手续或立项核准,直到2014年10月12日《指导意见》出台之前,也未获得批准,并且该意见规定,只是在今后一段时间内东部地区原则上不再新建煤矿项目。因此,政策原因并非造成合作开发项目得不到核准的唯一原因。另,作为双方合作成立的公司,双方应共享收益、共担风险,公司股权转让后,转让款应按股东持股比例分配。本案中,圣火矿业公司先行受让了大宗公司、宗锡晋持有的合作公司股权,该做法本身存在着将来转让不能的商业风险,该风险圣火矿业公司应当能够预见。同时,双方2013年3月签订的《股权转让协议》第四条也约定,无论与两个公司拥有的骑路孙煤炭资源、张油坊煤炭资源、梁花园煤炭资源相关的探矿许可证或采矿许可证是否作废、到期或失效,圣火矿业公司均无条件地履行本协议约定的所有条款。综上,可以认定圣火矿业公司对可能存在的风险能够预见。另外考虑到大宗公司诉请的第一笔股权转让款到期时,《指导意见》尚未出台,对该笔股权转让款,可以确认不符合情势变更原则,故对圣火矿业公司以情势变更原则解除合同的抗辩,应不予采信。至于大宗公司是否对淮北宗圣公司有抽逃出资的情况,并不影响本案股权转让合同的目的,故对圣火矿业公司关于标的物质量不符合质量要求而解除合同的抗辩，亦不予采信。大宗公司如果存在抽逃出资的情形，淮北宗圣公司有权要求股东补足出资。

关于焦点二，涉案股权转让协议的效力问题，协议能否继续履行。该院认为，2013年3月24日，大宗公司、宗锡晋与圣火矿业公司签订的《股权转让协议》，系双方真实意思表示，且不违反法律、行政法规的禁止性规定，该协议应当认定合法有效。双方签订的股权转让协议中约定，大宗公司、宗锡晋将合法持有宿州宗圣公司和淮北宗圣公司各44%的股权全部转让给圣火矿业公司，圣火矿业公司支付转让款项。因此，双方系股权转让的法律关系。圣火矿业公司主张本案系转让探矿权，因未经审批合同未生效，对该主张，不予支持。另，依据协议约定，2014年7月31日前，圣火矿业公司向大宗公司、宗锡晋支付股权转让款人民币壹亿元，但圣火矿业公司未履行支付义务，在2014年7月31日，圣火矿业公司向大宗公司出具2千万元的违约金欠条，并于2014年9月5日、9日、11日、12日分四笔共计支付违约金1000万元。由于股权转让协议合法有效，大宗公司、宗锡晋要求圣火矿业公司继续履行，支付已到期应给付的股权转让款1亿元及尚未支付的违约金1000万元的主张，予以支持。另，圣火矿业公司抗辩不再继续履行协议，应按协议约定的违约责任处理。因本案大宗公司、宗锡晋诉求是继续履行原协议，故圣火矿业公司的抗辩理由不能成立，不予采信。

关于焦点三，淮北房地产公司、涡阳房地产公司应承担何种责任。本案中，淮北房地产公司和涡阳房地产公司向大宗公司出具《承诺书》，承诺以房产销售款首先按合同约定偿还大宗公司的到期债权，并在保证人处盖有公章。该院认为，该承诺书系淮北房地产公司、涡阳房地产公司的真实意思表示，其承诺并不违反法律、行政法规的禁止性规定，理应按承诺履行其相应义务。大宗公司要求淮北房地产公司、涡阳房地产公司承担连带责任没有法律依据，但淮北房地产公司、涡阳房地产公司应在其公司的房产销售款中对圣火矿业公司的债务承担共同还款责任。

综上，一审法院依照《中华人民共和国合同法》第四十四条、第六十条、第一百零七条、《中华人民共和国民事诉讼法》第六十四条、第一百三十二条的规定，判决：

一、圣火矿业公司自本判决生效之日十日内向大宗公司、宗锡晋支付股权转让款1亿元及违约金1000万元；

二、淮北房地产公司、涡阳房地产公司在其公司的房产销售款范围内对上述债务承担共同还款责任；

三、驳回大宗公司、宗锡晋的其他诉讼请求。

如果未按本判决指定的期间履行给付金钱义务，应当依照《中华人民共和国民事诉讼法》第二百五十三条之规定，加倍支付迟延履行期间的债务利息。一审案件受理费591 800元、诉讼保全费5000元，共计596 800元，由圣火矿业公司负担。

圣火矿业公司不服一审判决，向本院提起上诉称：（一）一审判决认定本案不属于情势变更存在错误。1. 政策变化是导致无法办理采矿权证的核心原因。圣火矿业公司与大宗公司于2007年7月28日签订《合作经营合同》后，即将三处煤炭资源的探矿权转让给淮北宗圣公司和宿州宗圣公司。此后多年间没有成功办理采矿权证，正是因为宗成乐一直没有兑现办理采矿权证和相应建矿手续的承诺。《指导意见》虽然只是使用了"今后一段时间，东部地区原则上不再新建煤矿项目"的表述，但实际操作中新建煤矿项目已经确定不可能实现。正是因为《指导意见》，使得办理采矿权证已成为不可能，基于此，也不会再有任何第三方愿意受让探矿权。如果签订《股权转让协议》时《指导意见》已经存在，那么圣火矿业公司自然不会签订《股权转让协议》。因此，正是由于《指导意见》的出台，使得《股权转让协议》赖以存在的客观情况发生了变化。2. 本案发生的情形不是商业风险，也无法预见。"转让不能"并不是本案发生的风险，《指导意见》才是本案发生的风险。《股权转让协议》实际以股权转让的形式，使得圣火矿业公司获得三处煤炭资源探矿权的全部控制，在未出台《指导意见》的情况下，圣火矿业公司可以自行办理采矿权证，也可以与其他方进行合作，或者再进行转让。即便没有第三方愿意通过受让股权的方式获得三处煤炭资源探矿权，圣火矿业公司仍然可以自行完成对三处煤炭资源的开发。但正是由于《指导意见》的出台，使得三处煤炭资源的探矿权证已经失去价值，圣火矿业公司无法实现自对三处煤炭资源的开发，也无法与其他方进行合作或者再进行转让，圣火矿业公司拟通过受让股权方式获得三处煤炭资源的探矿权证并进而完成建矿、实现生产的合同目的已经不能实现。3. 三处煤炭资源的探矿权证不存在作废、到期或失效的情形。一审判决认为，《股权转让协议》第四条约定，无论与两个公司拥有的三处煤炭资源相关的探矿许可证或采矿许可证是否作废、到期或失效，圣火矿业公司均无条件地履行本协议约定的所有条款。因此，可以认定圣火矿业公司对可能存在的风险能够预见。一审判决适用该条约定并以此认为圣火矿业公司对可能存在的风险能够预见是错误的。三处煤炭资源探矿权证"到期或失效"的含义，在现行法律中并没有直接的规定，根据有关法规，应理解为在探矿权证到期后由于未延续而过期失效。《指导意见》与上述情形并无关系，《指导意见》的出台并没有导致三处煤炭资源的探矿权证作废、到期或失效。因此,一审判决认定圣火矿业公司能够预见《指导意见》出台的风险也是不能成立的。4.一审判决对第一笔股权转让款认定不符合情势变更原则存在错误。情势变更原则应对整个合同进行适用,并不能以某些义务到期或者未到期来区别适用情势变更原则。如果认定属于情势变更,其效果是变更或者解除合同。如果解除合同,根据《股权转让协议》的履行情况和合同性质,当然可以恢复原状,第一笔股权转让款自然也应当恢复原状。此外,在《指导意见》出台之前,事实上国家对于新建煤矿已经逐渐收紧。因此,圣火矿业公司出于对政策的担心,未在2014年7月31日前支付第一笔股权转让款。一审判决仅以《指导意见》的出台时间来认定第一笔股权转让款不适用情势变更原则是不符合事实的。如果继续履行合同,则对圣火矿业公司显失公平,由于情势变更,《股权转让协议》应予解除,圣火矿业公司无需再向大宗公司支付任何款项。(二)一审判决认为大宗公司抽逃出资的行为不影响股权转让合同的目的存在错误。一审判决既然已经认为《股权转让协议》是股权转让法律关系,并非转让探矿权,那么大宗公司抽逃出资的行为必然影响股权转让合同的目的。如果存在抽逃出资,股权本身存在瑕疵,作为买卖合同最重要的买卖标的物质量存在瑕疵,大宗公司当然应该承担相应违约责任。但是,一审判决对此事实并未审理。对圣火矿业公司关于调取淮北宗圣公司会计账簿及凭证的申请也未予处理,而是在未查明事实的情况下径行作出判决。综上,一审判决在查明事实和法律适用上均存在错误。圣火矿业公司上诉请求:1.撤销一审判决;2.驳回大宗公司和宗锡晋的全部诉讼请求;3.本案全部诉讼费用由大宗公司和宗锡晋承担。

淮北房地产公司、涡阳房地产公司不服一审判决,向本院提起上诉称:(一)大宗公司、宗锡晋的起诉理由均不成立,应当驳回其诉讼请求。1.本案中淮北房地产公司、涡阳房地产公司承诺的仅仅是以将来房产销售款偿还大宗公司的债权,而非以其自有全部财产偿还大宗公司的债权。因此,《承诺书》的内容与保证的性质明显不同,并不构成保证。2.淮北房地产公司、涡阳房地产公司与圣火矿业公司之间不存在人格混同,大宗公司、宗锡晋并未举证证明。3.淮北房地产公司、涡阳房地产公司从未承诺承担连带责任。《承诺书》中没有任何"连带"字样或类似词语,对此,一审判决也采相同认定,并未认可大宗公司、宗锡晋在起诉时主张的担保责任性质和连带责任性质,按理应当直接驳回其诉讼请求。(二)一审法院判非所请。根据前述理由可见,大宗公司、宗锡晋起诉时的主张是"担保责任"、"连带责任",从未主张在"公司的房产销售款范围内"承担"共同还款责任"。然而一审法院从未向双方当事人提示过其可能判决承担其他种类的责任,却做出了超出诉请范围的判决,明显存在错误。(三)一审判决履行内容不明确,无法作为执行依据,应当撤销。《承诺书》属于附条件的债务承担:第一,附偿债财产的限定条件。第二,附偿债期限的限定条件。因此,在获得房产销售款前,大宗公司不能要求偿还债权。由于未来是否销售房屋不确定,因此债务清偿的条件何时成就也不确定。鉴于《承诺书》约定的该项义务属于附条件的债务,在条件未成就时该债务并不具备清偿条件。但是,在一审审理中对本案债务履行的条件是否具备,即"房产销售款"是否已经取得,未予查明。因为本案房产是否销售,具有不确定性,不可避免将未来债务是否清偿的实体判断推给执行法官处理,这将严重违背"审执分离"的民事诉讼法律原则。淮北房地产公司、涡阳房地产公司上诉请求:1.撤销一审判决第一、二项;2.改判驳回大宗公司、宗锡晋的诉讼请求;3.由大宗公司、宗锡晋承担本案全部诉讼费用。

大宗公司、宗锡晋答辩称:(一)本案《股权转让协议》合法有效,圣火矿业公司应当继续履行。1.圣火矿业公司称《股权转让协议》是转让探矿权没有事实依据,大宗公司、宗锡晋并非探矿权人,转让的只是公司股权,违约金欠条所称转让探矿权只是圣火矿业公司的单方认识。圣火矿业公司没有履行约定义务,应承担违约责任。2.《股权转让协议》签订后,圣火矿业公司完全控制了两个公司,并支付了部分违约金。淮北宗圣公司成立时,圣火矿业公司没有出资,大宗公司出资后将部分资金又用于了经营,有淮北宗圣公司法定代表人李秀芳签章,而圣火矿业公司法定代表人是李秀芳的儿子,应推定其明知。如果圣火矿业公司认为《股权转让协议》签订时意思表示不真实,也超过了法定的一年除斥期间。(二)《股权转让协议》签订后,国家相关政策的变化并不符合情势变更原则。《股权转让协议》第四条第一款的约定很明确,说明导致三处煤炭资源探矿权许可证和采矿权许可证作废或失效的国家政策变化已经在双方预见范围内,而且约定即使出现上述情形,圣火矿业公司也不能要求解除或变更协议,应无条件地履行合同。圣火矿业公司作为矿业企业,对于该行业可能发生的各种风险,包括自然条件、社会事件或国家政策的变化对企业经营可能带来的风险更是应当预见到。在我国经济区划中,安徽省属于中部而不是东部,《指导意见》不适用于本案。之后,圣火矿业公司出具了欠条和承诺书,并支付了部分违约金,说明其对于《股权转让协议》的约定是清楚的。(三)淮北房地产公司、涡阳房地产公司应在其房产销售款范围内对圣火矿业公司的债务承担共同还款责任。《承诺书》明确表示以其房产销售款优先偿还大宗公司到期债权。一审法院判决淮北房地产公司、涡阳房地产公司承担共同还款责任,虽与大宗公司主张的连带责任不同,但没有实质区别,不存在判非所请。淮北房地产公司、涡阳房地产公司认为其承担的是附条件的付款责任,房屋是否销售不明确,无法执行的理由不能成立,法院在其恶意不销售房屋的情况下,完全可以拍卖其房产清偿债务。(四)根本不存在大宗公司抽逃淮北宗圣公司出资的问题。圣火矿业公司完全控制了两个公司,已经实现了合同目的,其法定代表人系淮北宗圣公司法定代表人的儿子,对公司股权是否存在瑕疵应明知。圣火矿业公司在安徽省睢县人民法院就此提起了诉讼,说明可以另案解决,对本案没有影响。

二审中,圣火矿业公司提交了四份新证据:第一份证据,2013年10月2日《国务院办公厅关于进一步加强煤矿安全生产工作的意见》,拟证明本案三处煤矿无法新建,已经没有任何价值。第二份证据,《关于安徽省宿州市骑路孙井田煤炭勘查报告矿产资源储量评审备案证明》,拟证明该煤矿属于煤与瓦斯突出矿井。第三份证据,《安徽省宿州市骑路孙井田煤炭勘探报告》,拟证明该处煤炭资源属于煤与瓦斯突出矿井。第四份证据,《关于安徽省淮北煤田张油坊井田煤炭勘探报告矿产资源储量评审备案证明》,拟证明该处煤炭资源属于煤与瓦斯突出矿井。淮北房地产公司、涡阳房地产公司质证意见是认可证据的真实性和圣火矿业公司的陈述。大宗公司、宗锡晋质证意见是:对四份证据的真实性没有异议。其中第一份证据,30万吨和90万吨煤与瓦斯突出矿井不包括本数,对本案不适用;第二、三份证据没有意见;第四份证据的表述只是一种推断,不能作为结论。大宗公司、宗锡晋认为该四份证据不能证明发生情势变更,假设出现国家政策的原因导致不能扩建,对此双方当事人已经在股权转让协议中做了明确约定,对此早有预见,不能达到证明目的。

大宗公司、宗锡晋提交了三份新证据:第一份证据,《中共中央国务院关于促进中部地区崛起的若干意见》(中发[2006]10号),拟证明安徽省在经济区划上不属于东部地区。第二份证据,2007年7月28日的《合作经营合同》,拟证明双方对由国家政策导致无法建矿的风险有预见。第三份证据,2013年淮北矿业(集团)有限责任公司致淮北市人民政府《关于合作情况的说明函》,拟证明圣火矿业公司提出股权转让是基于其欲与淮北矿业(集团)有限责任公司合作。圣火矿业公司质证意见是:对三份证据真实性没有异议。其中第一份证据并非针对矿产资源事项所发,与本案无关,安徽省人民政府在2014年3月28日就发布通知,明确了煤与瓦斯突出矿井不得新建;第二份证据已经被2013年的股权转让协议代替,而且该协议中也说明发生政策变化时双方要平摊费用;第三份证据一审中已经提交,引用该证据起不到证明作用,该证据也无法说明谁主动提出转让。淮北房地产公司、涡阳房地产公司质证意见是:对第一份证据真实性有异议,安徽省按东部处理,不批新建煤矿;第二份证据说明双方平均分摊前期费用,我们认可按照2007年协议处理,就不需要支付6.5亿元了;对第三份证据真实性认可,但因为安徽省不批新建矿井,导致采矿证办不下来,发生了情势变更。

庭后,大宗公司提交了其对淮北宗圣公司的部分投资明细及相关收据、证明等凭证,合计款项2 829 448元。圣火矿业公司、淮北房地产公司、涡阳房地产公司提交书面质证意见:1.关于《机动车销售统一发票》和《中华人民共和国税收通用完税证》。该车辆未登记在淮北宗圣公司名下,也从未使用过该车辆,整个购车流程均是大宗公司操控。2.关于《证明》、杨宿城身份证复印件、房租付款凭证2张。付款凭证是宿州宗圣公司支付了该款项,付款时间也与租赁期间不一致。3.关于测绘费发票2张,淮北宗圣公司从未开展具体业务,不应当发生任何测绘费。综上,对大宗公司的证据不予认可,大宗公司不能证明实际对淮北宗圣公司有投资。

对以上证据,本院综合认定如下:圣火矿业公司、大宗公司和宗锡晋各自提交的第一份证据属于国务院颁发的规范性文件,本院依法作为认定本案事实的参考依据;圣火矿业公司提交的其他三份证据,由于各方当事人对其真实性均无异议,本院予以采信;大宗公司、宗锡晋按新证据提交的第二、三份证据在一审过程中已经提交并经过质证,不属于新的证据。对大宗公司提交的其对淮北宗圣公司的部分投资明细及收据、证明等凭证,由于圣火矿业公司、淮北房地产公司、涡阳房地产公司均不予认可,与本案的关联性亦无法确认,本院对该部分证据在本案中不予采信。

二审查明的其他事实与一审查明的事实一致。

本院认为,本案的争议焦点为:(一)一审判决认定第一笔股权转让款不符合情势变更原则是否有误;(二)一审判决认定《股权转让协议》有效是否有误,协议是否应继续履行;(三)一审判决淮北房地产公司、涡阳房地产公司在房产销售款范围内对圣火矿业公司债务承担共同还款责任是否有误;(四)如果存在抽逃出资的情形,是否影响本案的审理。

(一)关于一审判决认定第一笔转让款不符合情势变

更原则是否有误的问题

最高人民法院《关于适用〈中华人民共和国合同法〉若干问题的解释（二）》第二十六条规定，"合同成立以后客观情况发生了当事人在订立合同时无法预见的、非不可抗力造成的不属于商业风险的重大变化，继续履行合同对于一方当事人明显不公平或者不能实现合同目的，当事人请求人民法院变更或者解除合同的，人民法院应当根据公平原则，并结合案件的实际情况确定是否变更或者解除。"是否属于所谓情势变更还是商业风险，需要参照合同约定，并从可预见性、归责性以及产生后果等方面进行分析。本案中，淮北宗圣公司成立于2007年，涉案三处煤炭资源一直申请办理采矿权手续或立项核准，直到2014年10月12日《指导意见》之前，也未获得批准，并且该意见规定，只是在今后一段时间内东部地区原则上不再新建煤矿项目，且安徽省是否属于该《指导意见》所确定的东部地区尚需进一步论证。因此，政策原因并非造成合作开发项目得不到核准的唯一原因。

案涉《股权转让协议》第四条约定，无论与淮北宗圣公司、宿州宗圣公司拥有的三处煤炭资源相关的探矿许可证或采矿许可证是否作废、到期或失效，圣火矿业公司均无条件地履行本协议约定的所有条款；第二条约定，2014年7月31日前，圣火矿业公司向大宗公司支付第一笔股权转让款。圣火矿业公司对此并无异议，且在第一笔转让款期满不能支付的情况下向大宗公司出具了2000万元的违约金欠条并实际履行1000万元，而《指导意见》出台时间是在2014年10月12日，故对该笔股权转让款，一审判决认定不符合情势变更原则，有事实依据。圣火矿业公司以情势变更原则不应履行支付第一笔股权转让款的抗辩，本院不予采信。

（二）关于一审判决认定股权转让协议有效、协议是否应继续履行的问题

2013年3月24日，大宗公司、宗锡晋与圣火矿业公司签订的《股权转让协议》，系双方真实意思表示，且不违反法律、行政法规的禁止性规定，一审判决认定该协议合法有效并无不当。双方在协议中约定，大宗公司、宗锡晋将合法持有宿州宗圣公司和淮北宗圣公司各44%的股权全部转让给圣火矿业公司，圣火矿业公司支付转让款项。三处煤炭资源的探矿权许可证和采矿权许可证始终在两个目标公司名下，不存在变更、审批的问题。《股权转让协议》签订后，圣火矿业公司也实际控制了两个目标公司，实现了合同目的。因此，双方系股权转让的法律关系，圣火矿业公司主张本案系转让探矿权，因未经审批合同未生效，对该主张，本院不予支持。

鉴于大宗公司、宗锡晋的一审诉讼请求只是请求判令圣火矿业公司支付第一期股权转让款及违约金，并无请求进一步继续履行案涉协议的诉求，故尽管一审判决中有"由于股权转让协议合法有效，大宗公司、宗锡晋要求圣火矿业公司继续履行，支付已到期应给付的股权转让款1亿元及尚未支付的违约金1000万元的主张，本院予以支持"等相关表述，但仍然是基于大宗公司、宗锡晋请求支付第一笔股权转让款及违约金的诉求，而对于案涉《股权转让协议》是否应进一步继续履行，需要当事人以积极的行为进行主张。圣火矿业公司主张本案符合情势变更原则，协议不应再继续履行，但由于案涉第一笔股权转让款的支付不符合情势变更原则，圣火矿业公司针对第一笔股权转让款项支付的抗辩不能成立。至于案涉《股权转让协议》是否应进一步继续履行、是否应予解除的问题，由于大宗公司、宗锡晋在一审中并没有主张，圣火矿业公司亦未提出反诉，故该部分事项已经超出了本案二审的审理范围，本院不予审理。

（三）关于一审判决淮北房地产公司、涡阳房地产公司在房产销售款范围内对圣火矿业公司债务承担共同还款责任是否有误的问题

本案中，淮北房地产公司和涡阳房地产公司向大宗公司出具《承诺书》，承诺以房产销售款首先按合同约定偿还大宗公司的到期债权，并在保证人处盖有公章。本院认为，该承诺书系淮北房地产公司、涡阳房地产公司的真实意思表示，其承诺并不违反法律、行政法规的禁止性规定，理应按照承诺履行其相应义务。大宗公司起诉淮北房地产公司、涡阳房地产公司的实质是请求两房地产公司基于承诺函的约定承担相应的法律责任，一审法院经审查认定淮北房地产公司、涡阳房地产公司不构成连带保证责任，但应在其房产销售款中对圣火矿业公司的债务承担共同还款责任，一审判决实质上并未加重其民事责任，本院予以维持。淮北房地产公司、涡阳房地产公司的房产是否销售，相关部门均有登记，税务部门也有凭证，不存在不确定性问题，也不存在无法执行的情况。淮北房地产公司、涡阳房地产公司的该主张没有事实和法律依据，本院不予支持。

（四）关于如果存在抽逃出资的情形，是否影响本案的审理的问题

一审判决认为，大宗公司如果存在对淮北宗圣公司抽逃出资的情形，淮北宗圣公司有权要求股东补足出资。圣火矿业公司二审中提交证据证明其已针对大宗公司抽逃出资问题向安徽省睢县人民法院提起了诉讼，可以证明其权利尚有救济渠道，故圣火矿业公司请求中止本案审理没

有法律依据,本院不予支持。

综上,圣火矿业公司、淮北房地产公司、涡阳房地产公司的上诉请求不能成立,一审判决认定事实清楚,适用法律正确,应予维持。依照《中华人民共和国民事诉讼法》第一百七十条第一款第(一)项之规定,判决如下:

驳回上诉,维持原判。

二审案件受理费591 800元,由上诉人淮北圣火矿业有限公司、淮北圣火房地产开发有限责任公司、涡阳圣火房地产开发有限公司共同负担。

本判决为终审判决。

### 3. 上海某某港实业有限公司破产清算转破产重整案①

【关键词】

民事/申请破产清算/申请破产重整/污染治理/共益债务

【裁判要点】

1. 人民法院审理涉流域港口码头经营企业破产重整案件,应当将环境污染治理作为实现重整价值的重要考量因素,及时消除影响码头经营许可资质存续的环境污染状态。

2. 港口码头经营企业对相关基础设施建设、维护缺失造成环境污染,不及时治理将影响其破产重整价值的,应当由管理人依法进行治理。管理人请求将相关环境治理费用作为共益债务由债务人财产随时清偿的,人民法院依法应予支持。

【基本案情】

上海某某港实业有限公司(以下简称上海某港公司)于1993年9月设立,主营业务为码头租赁及仓储、装卸服务等。所处位置毗邻长江口,东与上海市外高桥港区、保税区相接,西临黄浦江。2019年11月,经债权人申请,上海市第三中级人民法院裁定受理上海某港公司破产清算案。经管理人调查发现,码头承租方经营管理混乱、设施设备陈旧老化,存在重大环境污染隐患。审理期间,环保、交管部门联合下达整改通知,要求对码头污水及扬尘处理设施进行限期整改,否则上海某港公司名下营运许可资质将被吊销。

上海某港公司名下拥有岸线使用许可证、港口经营许可证等无形资产,并拥有150米岸线长度,码头前沿控制线水深2≤水深<5米,年货物吞吐量约200万吨,为保住

上海某港公司营运价值,维护全体债权人利益,法院依申请裁定转入重整程序。

在法院指导下,管理人一方面与环保、交管部门紧急沟通协调,了解具体环保整改要求,另一方面迅速委托第三方进行施工整改,对污水沉砂池、水沟、地坪等设施设备进行施工扩建,确保地面雨水、喷洒水等统一汇集至污水沉砂池,经沉降处理后循环用于港内喷洒,大幅提高港口污水回用率,有效避免污水直排入江。另外加装围墙、增加砂石料围挡遮盖及装车喷水装置,有效管控码头扬尘,防止周边区域大气污染物超标。在接管财产难以支付相关施工、审价费用情况下,由管理人协调第三方先行垫付587068元,待重整资金到位后依据《最高人民法院关于适用〈中华人民共和国企业破产法〉若干问题的规定(三)》第二条的规定,按共益债务予以清偿,部分费用以租金抵扣方式协调租户随时整治并支付。

同时,依据《最高人民法院关于适用〈中华人民共和国企业破产法〉若干问题的规定(三)》第十五条第一款的规定,在债权人会议中以专项议案方式充分披露码头经营中的环境问题,说明修复整治费用及其处理方式,并经债权人会议表决同意。以有效地解决环保整改费用不足问题,提高了环境整治效率,确保码头绿色环保运营。在招募投资人过程中,除关注投资人本身资金实力与企业背景外,还关注投资人在码头绿色经营上的意愿和能力。经两轮市场化公开招募,引入投资人投入资金8700余万元,并着重将码头后续环保经营方案纳入重整计划草案。重整后企业将从设施设备改造升级、码头规范智能管理及环保绿色经营三个维度提升码头经营能力,做好外高桥保税区、港区配套服务。经债权人会议表决,出资人组在穷尽送达方式及公告后仍逾期未表决,担保债权组、税务债权组及普通债权组均表决通过了重整计划草案。管理人请求法院裁定批准上海某港公司重整计划草案。

【裁判结果】

上海市第三中级人民法院于2022年8月10日作出(2019)沪03破320号之六民事裁定:一、批准修订后的《上海某某港实业有限公司重整计划(草案)》;二、终止上海某港公司重整程序。重整计划执行过程中,在法院、管理人协助下,企业顺利解决营业执照到期及港口经营许可证超期问题。

【裁判理由】

法院生效裁判认为,对重整计划草案的审查批准,要

---

① 案例来源:最高人民法院指导案例214号。

尊重债权人会议意思自治和坚持合法性审查原则，同时也要考虑其能否在利益平衡基础上实现社会价值最大化。本案中，普通债权组清偿率较模拟清算下零清偿有了提高，在上海某港公司已严重资不抵债情况下，重整计划对出资人组权益调整为零的方案公平合理，草案中的经营方案具有可行性，可有效地延续上海某港公司的经营价值，有助于恢复上海某港公司的经营能力。破产管理人的申请，符合法律规定，并有利于实现企业可持续发展和生态环境保护的双重效果，应予准许。人民法院应充分发挥破产审判职能，将绿色发展理念融入重整司法全过程，从环境问题的修复治理、费用安排、重整计划的制定及执行等方面探索建立灵活高效的工作机制，使重整成为助推困境企业绿色低碳转型的有效路径。具体如下：

（一）关于重整企业环境污染治理责任及费用性质。依据《中华人民共和国环境保护法》《中华人民共和国港口法》等相关法律规定，以及"谁污染，谁治理"的原则，企业的环境污染治理责任应延续至其破产受理后。港口码头重整企业对相关基础设施的建设、维护缺失造成环境污染的，应由其作为环境治理责任主体进行整治。管理人作为破产事务的执行者，应负责实施具体的整治行为。该行为使得债务人企业经营资质得以保留，经营价值得以维系，提升了全体债权人的清偿利益。因整治所产生的费用，系为全体债权人利益而产生的费用，管理人请求按照《最高人民法院关于适用〈中华人民共和国企业破产法〉若干问题的规定（三）》第二条的规定认定为共益债务的，人民法院应予支持。

（二）关于重整期间环境污染治理路径。本案所涉码头污染主要集中于水体、大气污染两方面，在法院指导下，管理人依法协同推进环境污染治理与重整程序：一是府院协调。由法院、管理人走访属地街镇、环境监管部门，充分了解所涉码头岸线环保责任要求及后续规划前景。经沟通协调后，相关部门延长整改期限，为环境污染整治争取了时间。二是先行治理。整改通知下达时，管理人未能接管到应收租金及其他资金。为在短时间内完成各项环境污染治理措施，保住企业经营资质，由管理人沟通码头承租企业先行委托第三方专业机构对标整改。通过对污水沉砂池及附属设施的扩建完善，解决雨水及场地污水未经处理渗漏进入环境水体现象，并提高污水回用率；通过加装降尘降噪设备，降低大气粉尘污染，确保空气质量达标，提升长江口岸流域生态环境质量。三是费用落实。主要费用由承租企业先行垫付，待重整资金到位后以共益债务清偿，解决整治资金难问题。四是信息披露。充分尊重债权人知情权、参与权、监督权，依据《最高人民法院关于适用〈中华人民共和国企业破产法〉若干问题的规定（三）》第十五条第一款规定，将环境污染整治事项作为重大财产处分行为进行专项表决，并在重整计划草案中披露环境污染治理经过及费用承担，争取债权人支持配合重整工作。

（三）关于环境污染治理与重整价值维护的关系。本案环境污染治理与企业重整价值密切相关，是决定企业能否实现其重整价值的关键因素。一旦企业违反相关环境污染防治法律法规，面临被剥夺行政许可资质的处罚时，将导致其重整价值丧失，故在港口码头企业破产重整案件审理过程中，应注重将环境污染治理和企业重整价值维护有机结合，及时消除影响码头经营许可资质存续的环境污染状况，将环境污染治理作为实现重整价值的重要考量因素。

（四）关于重整计划的制定、批准及执行。制定重整计划时，应体现绿色发展原则，引导投资人将环保经营方案和环保承诺事项写入计划，注重企业未来能否践行环境责任并促进经济、社会和环境协调发展。对重整计划草案进行审查批准时，应综合考虑企业清算价值、程序合法性等法律因素，以及企业可持续发展、生态环境保护等社会因素。重整计划执行中，应协调解决企业继续经营障碍。通过探索破产审判与生态环境司法保护协同推进的新机制，实现长江流域减污降碳源头治理和企业绿色低碳转型，促进生态环境保护、企业重生、债权人利益最大化的有机统一。

【相关法条】
1.《中华人民共和国长江保护法》第73条
2.《中华人民共和国企业破产法》第42条、第43条

# 二、合同、担保

## 1. 合同

### 中华人民共和国民法典（节录）

- 2020年5月28日第十三届全国人民代表大会第三次会议通过
- 2020年5月28日中华人民共和国主席令第45号公布
- 自2021年1月1日起施行

……

#### 第二编 物　权

……

#### 第四分编　担保物权
#### 第十六章　一般规定

**第三百八十六条　【担保物权的定义】**担保物权人在债务人不履行到期债务或者发生当事人约定的实现担保物权的情形，依法享有就担保财产优先受偿的权利，但是法律另有规定的除外。

**第三百八十七条　【担保物权适用范围及反担保】**债权人在借贷、买卖等民事活动中，为保障实现其债权，需要担保的，可以依照本法和其他法律的规定设立担保物权。

第三人为债务人向债权人提供担保的，可以要求债务人提供反担保。反担保适用本法和其他法律的规定。

**第三百八十八条　【担保合同及其与主合同的关系】**设立担保物权，应当依照本法和其他法律的规定订立担保合同。担保合同包括抵押合同、质押合同和其他具有担保功能的合同。担保合同是主债权债务合同的从合同。主债权债务合同无效，担保合同无效，但是法律另有规定的除外。

担保合同被确认无效后，债务人、担保人、债权人有过错的，应当根据其过错各自承担相应的民事责任。

**第三百八十九条　【担保范围】**担保物权的担保范围包括主债权及其利息、违约金、损害赔偿金、保管担保财产和实现担保物权的费用。当事人另有约定的，按照其约定。

**第三百九十条　【担保物权的物上代位性】**担保期间，担保财产毁损、灭失或者被征收等，担保物权人可以就获得的保险金、赔偿金或者补偿金等优先受偿。被担保债权的履行期限未届满的，也可以提存该保险金、赔偿金或者补偿金等。

**第三百九十一条　【债务转让对担保物权的效力】**第三人提供担保，未经其书面同意，债权人允许债务人转移全部或者部分债务的，担保人不再承担相应的担保责任。

**第三百九十二条　【人保和物保并存时的处理规则】**被担保的债权既有物的担保又有人的担保的，债务人不履行到期债务或者发生当事人约定的实现担保物权的情形，债权人应当按照约定实现债权；没有约定或者约定不明确，债务人自己提供物的担保的，债权人应当先就该物的担保实现债权；第三人提供物的担保的，债权人可以就物的担保实现债权，也可以请求保证人承担保证责任。提供担保的第三人承担担保责任后，有权向债务人追偿。

**第三百九十三条　【担保物权消灭的情形】**有下列情形之一的，担保物权消灭：

（一）主债权消灭；

（二）担保物权实现；

（三）债权人放弃担保物权；

（四）法律规定担保物权消灭的其他情形。

#### 第十七章　抵押权
#### 第一节　一般抵押权

**第三百九十四条　【抵押权的定义】**为担保债务的履行，债务人或者第三人不转移财产的占有，将该财产抵押给债权人的，债务人不履行到期债务或者发生当事人约定的实现抵押权的情形，债权人有权就该财产优先受偿。

前款规定的债务人或者第三人为抵押人，债权人为抵押权人，提供担保的财产为抵押财产。

**第三百九十五条　【可抵押财产的范围】**债务人或者第三人有权处分的下列财产可以抵押：

（一）建筑物和其他土地附着物；

（二）建设用地使用权；
（三）海域使用权；
（四）生产设备、原材料、半成品、产品；
（五）正在建造的建筑物、船舶、航空器；
（六）交通运输工具；
（七）法律、行政法规未禁止抵押的其他财产。
抵押人可以将前款所列财产一并抵押。

第三百九十六条 【浮动抵押】企业、个体工商户、农业生产经营者可以将现有的以及将有的生产设备、原材料、半成品、产品抵押，债务人不履行到期债务或者发生当事人约定的实现抵押权的情形，债权人有权就抵押财产确定时的动产优先受偿。

第三百九十七条 【建筑物和相应的建设用地使用权一并抵押规则】以建筑物抵押的，该建筑物占用范围内的建设用地使用权一并抵押。以建设用地使用权抵押的，该土地上的建筑物一并抵押。
抵押人未依据前款规定一并抵押的，未抵押的财产视为一并抵押。

第三百九十八条 【乡镇、村企业的建设用地使用权与房屋一并抵押规则】乡镇、村企业的建设用地使用权不得单独抵押。以乡镇、村企业的厂房等建筑物抵押的，其占用范围内的建设用地使用权一并抵押。

第三百九十九条 【禁止抵押的财产范围】下列财产不得抵押：
（一）土地所有权；
（二）宅基地、自留地、自留山等集体所有土地的使用权，但是法律规定可以抵押的除外；
（三）学校、幼儿园、医疗机构等为公益目的成立的非营利法人的教育设施、医疗卫生设施和其他公益设施；
（四）所有权、使用权不明或者有争议的财产；
（五）依法被查封、扣押、监管的财产；
（六）法律、行政法规规定不得抵押的其他财产。

第四百条 【抵押合同】设立抵押权，当事人应当采用书面形式订立抵押合同。
抵押合同一般包括下列条款：
（一）被担保债权的种类和数额；
（二）债务人履行债务的期限；
（三）抵押财产的名称、数量等情况；
（四）担保的范围。

第四百零一条 【流押条款的效力】抵押权人在债务履行期限届满前，与抵押人约定债务人不履行到期债务时抵押财产归债权人所有的，只能依法就抵押财产优先受偿。

第四百零二条 【不动产抵押登记】以本法第三百九十五条第一款第一项至第三项规定的财产或者第五项规定的正在建造的建筑物抵押的，应当办理抵押登记。抵押权自登记时设立。

第四百零三条 【动产抵押的效力】以动产抵押的，抵押权自抵押合同生效时设立；未经登记，不得对抗善意第三人。

第四百零四条 【动产抵押权对抗效力的限制】以动产抵押的，不得对抗正常经营活动中已经支付合理价款并取得抵押财产的买受人。

第四百零五条 【抵押权和租赁权的关系】抵押权设立前，抵押财产已经出租并转移占有的，原租赁关系不受该抵押权的影响。

第四百零六条 【抵押期间抵押财产转让应当遵循的规则】抵押期间，抵押人可以转让抵押财产。当事人另有约定的，按照其约定。抵押财产转让的，抵押权不受影响。
抵押人转让抵押财产的，应当及时通知抵押权人。抵押权人能够证明抵押财产转让可能损害抵押权的，可以请求抵押人将转让所得的价款向抵押权人提前清偿债务或者提存。转让的价款超过债权数额的部分归抵押人所有，不足部分由债务人清偿。

第四百零七条 【抵押权的从属性】抵押权不得与债权分离而单独转让或者作为其他债权的担保。债权转让的，担保该债权的抵押权一并转让，但是法律另有规定或者当事人另有约定的除外。

第四百零八条 【抵押财产价值减少时抵押权人的保护措施】抵押人的行为足以使抵押财产价值减少的，抵押权人有权请求抵押人停止其行为；抵押财产价值减少的，抵押权人有权请求恢复抵押财产的价值，或者提供与减少的价值相应的担保。抵押人不恢复抵押财产的价值，也不提供担保的，抵押权人有权请求债务人提前清偿债务。

第四百零九条 【抵押权人放弃抵押权或抵押权顺位的法律后果】抵押权人可以放弃抵押权或者抵押权的顺位。抵押权人与抵押人可以协议变更抵押权顺位以及被担保的债权数额等内容。但是，抵押权的变更未经其他抵押权人书面同意的，不得对其他抵押权人产生不利影响。
债务人以自己的财产设定抵押，抵押权人放弃该抵押权、抵押权顺位或者变更抵押权的，其他担保人在抵押权人丧失优先受偿权益的范围内免除担保责任，但是其他担保人承诺仍然提供担保的除外。

**第四百一十条　【抵押权实现的方式和程序】**债务人不履行到期债务或者发生当事人约定的实现抵押权的情形，抵押权人可以与抵押人协议以抵押财产折价或者以拍卖、变卖该抵押财产所得的价款优先受偿。协议损害其他债权人利益的，其他债权人可以请求人民法院撤销该协议。

抵押权人与抵押人未就抵押权实现方式达成协议的，抵押权人可以请求人民法院拍卖、变卖抵押财产。

抵押财产折价或者变卖的，应当参照市场价格。

**第四百一十一条　【浮动抵押财产的确定】**依据本法第三百九十六条规定设定抵押的，抵押财产自下列情形之一发生时确定：

（一）债务履行期限届满，债权未实现；

（二）抵押人被宣告破产或者解散；

（三）当事人约定的实现抵押权的情形；

（四）严重影响债权实现的其他情形。

**第四百一十二条　【抵押财产孳息归属】**债务人不履行到期债务或者发生当事人约定的实现抵押权的情形，致使抵押财产被人民法院依法扣押的，自扣押之日起，抵押权人有权收取该抵押财产的天然孳息或者法定孳息，但是抵押权人未通知应当清偿法定孳息义务人的除外。

前款规定的孳息应当先充抵收取孳息的费用。

**第四百一十三条　【抵押财产变价款的归属原则】**抵押财产折价或者拍卖、变卖后，其价款超过债权数额的部分归抵押人所有，不足部分由债务人清偿。

**第四百一十四条　【同一财产上多个抵押权的效力顺序】**同一财产向两个以上债权人抵押的，拍卖、变卖抵押财产所得的价款依照下列规定清偿：

（一）抵押权已经登记的，按照登记的时间先后确定清偿顺序；

（二）抵押权已经登记的先于未登记的受偿；

（三）抵押权未登记的，按照债权比例清偿。

其他可以登记的担保物权，清偿顺序参照适用前款规定。

**第四百一十五条　【既有抵押权又有质权的财产的清偿顺序】**同一财产既设立抵押权又设立质权的，拍卖、变卖该财产所得的价款按照登记、交付的时间先后确定清偿顺序。

**第四百一十六条　【买卖价款抵押权】**动产抵押担保的主债权是抵押物的价款，标的物交付后十日内办理抵押登记的，该抵押权人优先于抵押物买受人的其他担保物权人受偿，但是留置权人除外。

**第四百一十七条　【抵押权对新增建筑物的效力】**建设用地使用权抵押后，该土地上新增的建筑物不属于抵押财产。该建设用地使用权实现抵押权时，应当将该土地上新增的建筑物与建设用地使用权一并处分。但是，新增建筑物所得的价款，抵押权人无权优先受偿。

**第四百一十八条　【集体所有土地使用权抵押权的实现效果】**以集体所有土地的使用权依法抵押的，实现抵押权后，未经法定程序，不得改变土地所有权的性质和土地用途。

**第四百一十九条　【抵押权的存续期间】**抵押权人应当在主债权诉讼时效期间行使抵押权；未行使的，人民法院不予保护。

### 第二节　最高额抵押权

**第四百二十条　【最高额抵押规则】**为担保债务的履行，债务人或者第三人对一定期间内将要连续发生的债权提供担保财产的，债务人不履行到期债务或者发生当事人约定的实现抵押权的情形，抵押权人有权在最高债权额限度内就该担保财产优先受偿。

最高额抵押权设立前已经存在的债权，经当事人同意，可以转入最高额抵押担保的债权范围。

**第四百二十一条　【最高额抵押担保的部分债权转让效力】**最高额抵押担保的债权确定前，部分债权转让的，最高额抵押权不得转让，但是当事人另有约定的除外。

**第四百二十二条　【最高额抵押合同条款变更】**最高额抵押担保的债权确定前，抵押权人与抵押人可以通过协议变更债权确定的期间、债权范围以及最高债权额。但是，变更的内容不得对其他抵押权人产生不利影响。

**第四百二十三条　【最高额抵押所担保债权的确定事由】**有下列情形之一的，抵押权人的债权确定：

（一）约定的债权确定期间届满；

（二）没有约定债权确定期间或者约定不明确，抵押权人或者抵押人自最高额抵押权设立之日起满二年后请求确定债权；

（三）新的债权不可能发生；

（四）抵押权人知道或者应当知道抵押财产被查封、扣押；

（五）债务人、抵押人被宣告破产或者解散；

（六）法律规定债权确定的其他情形。

**第四百二十四条 【最高额抵押的法律适用】**最高额抵押权除适用本节规定外,适用本章第一节的有关规定。

## 第十八章 质 权
### 第一节 动产质权

**第四百二十五条 【动产质权概念】**为担保债务的履行,债务人或者第三人将其动产出质给债权人占有的,债务人不履行到期债务或者发生当事人约定的实现质权的情形,债权人有权就该动产优先受偿。

前款规定的债务人或者第三人为出质人,债权人为质权人,交付的动产为质押财产。

**第四百二十六条 【禁止出质的动产范围】**法律、行政法规禁止转让的动产不得出质。

**第四百二十七条 【质押合同形式及内容】**设立质权,当事人应当采用书面形式订立质押合同。

质押合同一般包括下列条款:
(一)被担保债权的种类和数额;
(二)债务人履行债务的期限;
(三)质押财产的名称、数量等情况;
(四)担保的范围;
(五)质押财产交付的时间、方式。

**第四百二十八条 【流质条款的效力】**质权人在债务履行期限届满前,与出质人约定债务人不履行到期债务时质押财产归债权人所有的,只能依法就质押财产优先受偿。

**第四百二十九条 【质权的设立】**质权自出质人交付质押财产时设立。

**第四百三十条 【质权人的孳息收取权】**质权人有权收取质押财产的孳息,但是合同另有约定的除外。

前款规定的孳息应当先充抵收取孳息的费用。

**第四百三十一条 【质权人对质押财产处分的限制及其法律责任】**质权人在质权存续期间,未经出质人同意,擅自使用、处分质押财产,造成出质人损害的,应当承担赔偿责任。

**第四百三十二条 【质物保管义务】**质权人负有妥善保管质押财产的义务;因保管不善致使质押财产毁损、灭失的,应当承担赔偿责任。

质权人的行为可能使质押财产毁损、灭失的,出质人可以请求质权人将质押财产提存,或者请求提前清偿债务并返还质押财产。

**第四百三十三条 【质押财产保全】**因不可归责于质权人的事由可能使质押财产毁损或者价值明显减少,足以危害质权人权利的,质权人有权请求出质人提供相应的担保;出质人不提供的,质权人可以拍卖、变卖质押财产,并与出质人协议将拍卖、变卖所得的价款提前清偿债务或者提存。

**第四百三十四条 【转质】**质权人在质权存续期间,未经出质人同意转质,造成质押财产毁损、灭失的,应当承担赔偿责任。

**第四百三十五条 【放弃质权】**质权人可以放弃质权。债务人以自己的财产出质,质权人放弃该质权的,其他担保人在质权人丧失优先受偿权益的范围内免除担保责任,但是其他担保人承诺仍然提供担保的除外。

**第四百三十六条 【质物返还与质权实现】**债务人履行债务或者出质人提前清偿所担保的债权的,质权人应当返还质押财产。

债务人不履行到期债务或者发生当事人约定的实现质权的情形,质权人可以与出质人协议以质押财产折价,也可以就拍卖、变卖质押财产所得的价款优先受偿。

质押财产折价或者变卖的,应当参照市场价格。

**第四百三十七条 【出质人请求质权人及时行使质权】**出质人可以请求质权人在债务履行期限届满后及时行使质权;质权人不行使的,出质人可以请求人民法院拍卖、变卖质押财产。

出质人请求质权人及时行使质权,因质权人怠于行使权利造成出质人损害的,由质权人承担赔偿责任。

**第四百三十八条 【质押财产变价款归属原则】**质押财产折价或者拍卖、变卖后,其价款超过债权数额的部分归出质人所有,不足部分由债务人清偿。

**第四百三十九条 【最高额质权】**出质人与质权人可以协议设立最高额质权。

最高额质权除适用本节有关规定外,参照适用本编第十七章第二节的有关规定。

### 第二节 权利质权

**第四百四十条 【可出质的权利的范围】**债务人或者第三人有权处分的下列权利可以出质:
(一)汇票、本票、支票;
(二)债券、存款单;
(三)仓单、提单;
(四)可以转让的基金份额、股权;
(五)可以转让的注册商标专用权、专利权、著作权等知识产权中的财产权;
(六)现有的以及将有的应收账款;

（七）法律、行政法规规定可以出质的其他财产权利。

**第四百四十一条** 【有价证券质权】以汇票、本票、支票、债券、存款单、仓单、提单出质的，质权自权利凭证交付质权人时设立；没有权利凭证的，质权自办理出质登记时设立。法律另有规定的，依照其规定。

**第四百四十二条** 【有价证券质权人行使权利的特别规定】汇票、本票、支票、债券、存款单、仓单、提单的兑现日期或者提货日期先于主债权到期的，质权人可以兑现或者提货，并与出质人协议将兑现的价款或者提取的货物提前清偿债务或者提存。

**第四百四十三条** 【基金份额质权、股权质权】以基金份额、股权出质的，质权自办理出质登记时设立。

基金份额、股权出质后，不得转让，但是出质人与质权人协商同意的除外。出质人转让基金份额、股权所得的价款，应当向质权人提前清偿债务或者提存。

**第四百四十四条** 【知识产权质权】以注册商标专用权、专利权、著作权等知识产权中的财产权出质的，质权自办理出质登记时设立。

知识产权中的财产权出质后，出质人不得转让或者许可他人使用，但是出质人与质权人协商同意的除外。出质人转让或者许可他人使用出质的知识产权中的财产权所得的价款，应当向质权人提前清偿债务或者提存。

**第四百四十五条** 【应收账款质权】以应收账款出质的，质权自办理出质登记时设立。

应收账款出质后，不得转让，但是出质人与质权人协商同意的除外。出质人转让应收账款所得的价款，应当向质权人提前清偿债务或者提存。

**第四百四十六条** 【权利质权的法律适用】权利质权除适用本节规定外，适用本章第一节的有关规定。

### 第十九章 留置权

**第四百四十七条** 【留置权的定义】债务人不履行到期债务，债权人可以留置已经合法占有的债务人的动产，并有权就该动产优先受偿。

前款规定的债权人为留置权人，占有的动产为留置财产。

**第四百四十八条** 【留置财产与债权的关系】债权人留置的动产，应当与债权属于同一法律关系，但是企业之间留置的除外。

**第四百四十九条** 【留置权适用范围的限制性规定】法律规定或者当事人约定不得留置的动产，不得留置。

**第四百五十条** 【可分留置物】留置财产为可分物的，留置财产的价值应当相当于债务的金额。

**第四百五十一条** 【留置权人保管义务】留置权人负有妥善保管留置财产的义务；因保管不善致使留置财产毁损、灭失的，应当承担赔偿责任。

**第四百五十二条** 【留置财产的孳息收取】留置权人有权收取留置财产的孳息。

前款规定的孳息应当先充抵收取孳息的费用。

**第四百五十三条** 【留置权的实现】留置权人与债务人应当约定留置财产后的债务履行期限；没有约定或者约定不明确的，留置权人应当给债务人六十日以上履行债务的期限，但是鲜活易腐等不易保管的动产除外。

债务人逾期未履行的，留置权人可以与债务人协议以留置财产折价，也可以就拍卖、变卖留置财产所得的价款优先受偿。

留置财产折价或者变卖的，应当参照市场价格。

**第四百五十四条** 【债务人请求留置权人行使留置权】债务人可以请求留置权人在债务履行期限届满后行使留置权；留置权人不行使的，债务人可以请求人民法院拍卖、变卖留置财产。

**第四百五十五条** 【留置权实现方式】留置财产折价或者拍卖、变卖后，其价款超过债权数额的部分归债务人所有，不足部分由债务人清偿。

**第四百五十六条** 【留置权优先于其他担保物权效力】同一动产上已经设立抵押权或者质权，该动产又被留置的，留置权人优先受偿。

**第四百五十七条** 【留置权消灭】留置权人对留置财产丧失占有或者留置权人接受债务人另行提供担保的，留置权消灭。

……

### 第三编 合 同

#### 第一分编 通 则

#### 第一章 一般规定

**第四百六十三条** 【合同编的调整范围】本编调整因合同产生的民事关系。

**第四百六十四条** 【合同的定义及身份关系协议的法律适用】合同是民事主体之间设立、变更、终止民事法律关系的协议。

婚姻、收养、监护等有关身份关系的协议，适用有关该身份关系的法律规定；没有规定的，可以根据其性质参照适用本编规定。

**第四百六十五条 【依法成立的合同受法律保护及合同相对性原则】**依法成立的合同,受法律保护。

依法成立的合同,仅对当事人具有法律约束力,但是法律另有规定的除外。

**第四百六十六条 【合同的解释规则】**当事人对合同条款的理解有争议的,应当依据本法第一百四十二条第一款的规定,确定争议条款的含义。

合同文本采用两种以上文字订立并约定具有同等效力的,对各文本使用的词句推定具有相同含义。各文本使用的词句不一致的,应当根据合同的相关条款、性质、目的以及诚信原则等予以解释。

**第四百六十七条 【非典型合同及特定涉外合同的法律适用】**本法或者其他法律没有明文规定的合同,适用本编通则的规定,并可以参照适用本编或者其他法律最相类似合同的规定。

在中华人民共和国境内履行的中外合资经营企业合同、中外合作经营企业合同、中外合作勘探开发自然资源合同,适用中华人民共和国法律。

**第四百六十八条 【非合同之债的法律适用】**非因合同产生的债权债务关系,适用有关该债权债务关系的法律规定;没有规定的,适用本编通则的有关规定,但是根据其性质不能适用的除外。

## 第二章 合同的订立

**第四百六十九条 【合同形式】**当事人订立合同,可以采用书面形式、口头形式或者其他形式。

书面形式是合同书、信件、电报、电传、传真等可以有形地表现所载内容的形式。

以电子数据交换、电子邮件等方式能够有形地表现所载内容,并可以随时调取查用的数据电文,视为书面形式。

**第四百七十条 【合同主要条款及示范文本】**合同的内容由当事人约定,一般包括下列条款:

(一)当事人的姓名或者名称和住所;
(二)标的;
(三)数量;
(四)质量;
(五)价款或者报酬;
(六)履行期限、地点和方式;
(七)违约责任;
(八)解决争议的方法。

当事人可以参照各类合同的示范文本订立合同。

**第四百七十一条 【订立合同的方式】**当事人订立合同,可以采取要约、承诺方式或者其他方式。

**第四百七十二条 【要约的定义及其构成】**要约是希望与他人订立合同的意思表示,该意思表示应当符合下列条件:

(一)内容具体确定;
(二)表明经受要约人承诺,要约人即受该意思表示约束。

**第四百七十三条 【要约邀请】**要约邀请是希望他人向自己发出要约的表示。拍卖公告、招标公告、招股说明书、债券募集办法、基金招募说明书、商业广告和宣传、寄送的价目表等为要约邀请。

商业广告和宣传的内容符合要约条件的,构成要约。

**第四百七十四条 【要约的生效时间】**要约生效的时间适用本法第一百三十七条的规定。

**第四百七十五条 【要约的撤回】**要约可以撤回。要约的撤回适用本法第一百四十一条的规定。

**第四百七十六条 【要约不得撤销情形】**要约可以撤销,但是有下列情形之一的除外:

(一)要约人以确定承诺期限或者其他形式明示要约不可撤销;
(二)受要约人有理由认为要约是不可撤销的,并已经为履行合同做了合理准备工作。

**第四百七十七条 【要约撤销条件】**撤销要约的意思表示以对话方式作出的,该意思表示的内容应当在受要约人作出承诺之前为受要约人所知道;撤销要约的意思表示以非对话方式作出的,应当在受要约人作出承诺之前到达受要约人。

**第四百七十八条 【要约失效】**有下列情形之一的,要约失效:

(一)要约被拒绝;
(二)要约被依法撤销;
(三)承诺期限届满,受要约人未作出承诺;
(四)受要约人对要约的内容作出实质性变更。

**第四百七十九条 【承诺的定义】**承诺是受要约人同意要约的意思表示。

**第四百八十条 【承诺的方式】**承诺应当以通知的方式作出;但是,根据交易习惯或者要约表明可以通过行为作出承诺的除外。

**第四百八十一条 【承诺的期限】**承诺应当在要约确定的期限内到达要约人。

要约没有确定承诺期限的,承诺应当依照下列规定到达:

（一）要约以对话方式作出的，应当即时作出承诺；

（二）要约以非对话方式作出的，承诺应当在合理期限内到达。

**第四百八十二条** 【承诺期限的起算】要约以信件或者电报作出的，承诺期限自信件载明的日期或者电报交发之日开始计算。信件未载明日期的，自投寄该信件的邮戳日期开始计算。要约以电话、传真、电子邮件等快速通讯方式作出的，承诺期限自要约到达受要约人时开始计算。

**第四百八十三条** 【合同成立时间】承诺生效时合同成立，但是法律另有规定或者当事人另有约定的除外。

**第四百八十四条** 【承诺生效时间】以通知方式作出的承诺，生效的时间适用本法第一百三十七条的规定。

承诺不需要通知的，根据交易习惯或者要约的要求作出承诺的行为时生效。

**第四百八十五条** 【承诺的撤回】承诺可以撤回。承诺的撤回适用本法第一百四十一条的规定。

**第四百八十六条** 【逾期承诺及效果】受要约人超过承诺期限发出承诺，或者在承诺期限内发出承诺，按照通常情形不能及时到达要约人的，为新要约；但是，要约人及时通知受要约人该承诺有效的除外。

**第四百八十七条** 【迟到的承诺】受要约人在承诺期限内发出承诺，按照通常情形能够及时到达要约人，但是因其他原因致使承诺到达要约人时超过承诺期限的，除要约人及时通知受要约人因承诺超过期限不接受该承诺外，该承诺有效。

**第四百八十八条** 【承诺对要约内容的实质性变更】承诺的内容应当与要约的内容一致。受要约人对要约的内容作出实质性变更的，为新要约。有关合同标的、数量、质量、价款或者报酬、履行期限、履行地点和方式、违约责任和解决争议方法等的变更，是对要约内容的实质性变更。

**第四百八十九条** 【承诺对要约内容的非实质性变更】承诺对要约的内容作出非实质性变更的，除要约人及时表示反对或者要约表明承诺不得对要约的内容作出任何变更外，该承诺有效，合同的内容以承诺的内容为准。

**第四百九十条** 【采用书面形式订立合同的成立时间】当事人采用合同书形式订立合同的，自当事人均签名、盖章或者按指印时合同成立。在签名、盖章或者按指印之前，当事人一方已经履行主要义务，对方接受时，该合同成立。

法律、行政法规规定或者当事人约定应当采用书面形式订立，当事人未采用书面形式但是一方已经履行主要义务，对方接受时，该合同成立。

**第四百九十一条** 【签订确认书的合同及电子合同成立时间】当事人采用信件、数据电文等形式订立合同要求签订确认书的，签订确认书时合同成立。

当事人一方通过互联网等信息网络发布的商品或者服务信息符合要约条件的，对方选择该商品或者服务并提交订单成功时合同成立，但是当事人另有约定的除外。

**第四百九十二条** 【合同成立的地点】承诺生效的地点为合同成立的地点。

采用数据电文形式订立合同的，收件人的主营业地为合同成立的地点；没有主营业地的，其住所地为合同成立的地点。当事人另有约定的，按照其约定。

**第四百九十三条** 【采用合同书订立合同的成立地点】当事人采用合同书形式订立合同的，最后签名、盖章或者按指印的地点为合同成立的地点，但是当事人另有约定的除外。

**第四百九十四条** 【强制缔约义务】国家根据抢险救灾、疫情防控或者其他需要下达国家订货任务、指令性任务的，有关民事主体之间应当依照有关法律、行政法规规定的权利和义务订立合同。

依照法律、行政法规的规定负有发出要约义务的当事人，应当及时发出合理的要约。

依照法律、行政法规的规定负有作出承诺义务的当事人，不得拒绝对方合理的订立合同要求。

**第四百九十五条** 【预约合同】当事人约定在将来一定期限内订立合同的认购书、订购书、预订书等，构成预约合同。

当事人一方不履行预约合同约定的订立合同义务的，对方可以请求其承担预约合同的违约责任。

**第四百九十六条** 【格式条款】格式条款是当事人为了重复使用而预先拟定，并在订立合同时未与对方协商的条款。

采用格式条款订立合同的，提供格式条款的一方应当遵循公平原则确定当事人之间的权利和义务，并采取合理的方式提示对方注意免除或者减轻其责任等与对方有重大利害关系的条款，按照对方的要求，对该条款予以说明。提供格式条款的一方未履行提示或者说明义务，致使对方没有注意或者理解与其有重大利害关系的条款的，对方可以主张该条款不成为合同的内容。

**第四百九十七条** 【格式条款无效的情形】有下列情形之一的，该格式条款无效：

（一）具有本法第一编第六章第三节和本法第五百零六条规定的无效情形；

（二）提供格式条款一方不合理地免除或者减轻其责任、加重对方责任、限制对方主要权利；

（三）提供格式条款一方排除对方主要权利。

**第四百九十八条**　【格式条款的解释方法】对格式条款的理解发生争议的，应当按照通常理解予以解释。对格式条款有两种以上解释的，应当作出不利于提供格式条款一方的解释。格式条款和非格式条款不一致的，应当采用非格式条款。

**第四百九十九条**　【悬赏广告】悬赏人以公开方式声明对完成特定行为的人支付报酬的，完成该行为的人可以请求其支付。

**第五百条**　【缔约过失责任】当事人在订立合同过程中有下列情形之一，造成对方损失的，应当承担赔偿责任：

（一）假借订立合同，恶意进行磋商；

（二）故意隐瞒与订立合同有关的重要事实或者提供虚假情况；

（三）有其他违背诚信原则的行为。

**第五百零一条**　【合同缔结人的保密义务】当事人在订立合同过程中知悉的商业秘密或者其他应当保密的信息，无论合同是否成立，不得泄露或者不正当地使用；泄露、不正当地使用该商业秘密或者信息，造成对方损失的，应当承担赔偿责任。

### 第三章　合同的效力

**第五百零二条**　【合同生效时间及未办理批准手续的处理规则】依法成立的合同，自成立时生效，但是法律另有规定或者当事人另有约定的除外。

依照法律、行政法规的规定，合同应当办理批准等手续的，依照其规定。未办理批准等手续影响合同生效的，不影响合同中履行报批等义务条款以及相关条款的效力。应当办理申请批准等手续的当事人未履行义务的，对方可以请求其承担违反该义务的责任。

依照法律、行政法规的规定，合同的变更、转让、解除等情形应当办理批准等手续的，适用前款规定。

**第五百零三条**　【被代理人以默示方式追认无权代理】无权代理人以被代理人的名义订立合同，被代理人已经开始履行合同义务或者接受相对人履行的，视为对合同的追认。

**第五百零四条**　【超越权限订立合同的效力】法人的法定代表人或者非法人组织的负责人超越权限订立的合同，除相对人知道或者应当知道其超越权限外，该代表行为有效，订立的合同对法人或者非法人组织发生效力。

**第五百零五条**　【超越经营范围订立的合同效力】当事人超越经营范围订立的合同的效力，应当依照本法第一编第六章第三节和本编的有关规定确定，不得仅以超越经营范围确认合同无效。

**第五百零六条**　【免责条款无效情形】合同中的下列免责条款无效：

（一）造成对方人身损害的；

（二）因故意或者重大过失造成对方财产损失的。

**第五百零七条**　【争议解决条款的独立性】合同不生效、无效、被撤销或者终止的，不影响合同中有关解决争议方法的条款的效力。

**第五百零八条**　【合同效力适用指引】本编对合同的效力没有规定的，适用本法第一编第六章的有关规定。

### 第四章　合同的履行

**第五百零九条**　【合同履行的原则】当事人应当按照约定全面履行自己的义务。

当事人应当遵循诚信原则，根据合同的性质、目的和交易习惯履行通知、协助、保密等义务。

当事人在履行合同过程中，应当避免浪费资源、污染环境和破坏生态。

**第五百一十条**　【约定不明时合同内容的确定】合同生效后，当事人就质量、价款或者报酬、履行地点等内容没有约定或者约定不明确的，可以协议补充；不能达成补充协议的，按照合同相关条款或者交易习惯确定。

**第五百一十一条**　【质量、价款、履行地点等内容的确定】当事人就有关合同内容约定不明确，依据前条规定仍不能确定的，适用下列规定：

（一）质量要求不明确的，按照强制性国家标准履行；没有强制性国家标准的，按照推荐性国家标准履行；没有推荐性国家标准的，按照行业标准履行；没有国家标准、行业标准的，按照通常标准或者符合合同目的的特定标准履行。

（二）价款或者报酬不明确的，按照订立合同时履行地的市场价格履行；依法应当执行政府定价或者政府指导价的，依照规定履行。

（三）履行地点不明确，给付货币的，在接受货币一方所在地履行；交付不动产的，在不动产所在地履行；其他标的，在履行义务一方所在地履行。

（四）履行期限不明确的，债务人可以随时履行，债权人也可以随时请求履行，但是应当给对方必要的准备时间。

（五）履行方式不明确的，按照有利于实现合同目的的方式履行。

（六）履行费用的负担不明确的，由履行义务一方负担；因债权人原因增加的履行费用，由债权人负担。

**第五百一十二条　【电子合同交付时间的认定】**通过互联网等信息网络订立的电子合同的标的为交付商品并采用快递物流方式交付的，收货人的签收时间为交付时间。电子合同的标的为提供服务的，生成的电子凭证或者实物凭证中载明的时间为提供服务时间；前述凭证没有载明时间或者载明时间与实际提供服务时间不一致的，以实际提供服务的时间为准。

电子合同的标的物为采用在线传输方式交付的，合同标的物进入对方当事人指定的特定系统且能够检索识别的时间为交付时间。

电子合同当事人对交付商品或者提供服务的方式、时间另有约定的，按照其约定。

**第五百一十三条　【执行政府定价或指导价的合同价格确定】**执行政府定价或者政府指导价的，在合同约定的交付期限内政府价格调整时，按照交付时的价格计价。逾期交付标的物的，遇价格上涨时，按照原价格执行；价格下降时，按照新价格执行。逾期提取标的物或者逾期付款的，遇价格上涨时，按照新价格执行；价格下降时，按照原价格执行。

**第五百一十四条　【金钱之债给付货币的确定规则】**以支付金钱为内容的债，除法律另有规定或者当事人另有约定外，债权人可以请求债务人以实际履行地的法定货币履行。

**第五百一十五条　【选择之债中债务人的选择权】**标的有多项而债务人只需履行其中一项的，债务人享有选择权；但是，法律另有规定、当事人另有约定或者另有交易习惯的除外。

享有选择权的当事人在约定期限内或者履行期限届满未作选择，经催告后在合理期限内仍未选择的，选择权转移至对方。

**第五百一十六条　【选择权的行使】**当事人行使选择权应当及时通知对方，通知到达对方时，标的确定。标的确定后不得变更，但是经对方同意的除外。

可选择的标的发生不能履行情形的，享有选择权的当事人不得选择不能履行的标的，但是该不能履行的情形是由对方造成的除外。

**第五百一十七条　【按份债权与按份债务】**债权人为二人以上，标的可分，按照份额各自享有债权的，为按份债权；债务人为二人以上，标的可分，按照份额各自负担债务的，为按份债务。

按份债权人或者按份债务人的份额难以确定的，视为份额相同。

**第五百一十八条　【连带债权与连带债务】**债权人为二人以上，部分或者全部债权人均可以请求债务人履行债务的，为连带债权；债务人为二人以上，债权人可以请求部分或者全部债务人履行全部债务的，为连带债务。

连带债权或者连带债务，由法律规定或者当事人约定。

**第五百一十九条　【连带债务份额的确定及追偿】**连带债务人之间的份额难以确定的，视为份额相同。

实际承担债务超过自己份额的连带债务人，有权就超出部分在其他连带债务人未履行的份额范围内向其追偿，并相应地享有债权人的权利，但是不得损害债权人的利益。其他连带债务人对债权人的抗辩，可以向该债务人主张。

被追偿的连带债务人不能履行其应分担份额的，其他连带债务人应当在相应范围内按比例分担。

**第五百二十条　【连带债务人之一所生事项涉他效力】**部分连带债务人履行、抵销债务或者提存标的物的，其他债务人对债权人的债务在相应范围内消灭；该债务人可以依据前条规定向其他债务人追偿。

部分连带债务人的债务被债权人免除的，在该连带债务人应当承担的份额范围内，其他债务人对债权人的债务消灭。

部分连带债务人的债务与债权人的债权同归于一人的，在扣除该债务人应当承担的份额后，债权人对其他债务人的债权继续存在。

债权人对部分连带债务人的给付受领迟延的，对其他连带债务人发生效力。

**第五百二十一条　【连带债权内外部关系】**连带债权人之间的份额难以确定的，视为份额相同。

实际受领债权的连带债权人，应当按比例向其他连带债权人返还。

连带债权参照适用本章连带债务的有关规定。

**第五百二十二条　【向第三人履行】**当事人约定由债务人向第三人履行债务，债务人未向第三人履行债务或者履行债务不符合约定的，应当向债权人承担违约责任。

法律规定或者当事人约定第三人可以直接请求债务

人向其履行债务,第三人未在合理期限内明确拒绝,债务人未向第三人履行债务或者履行债务不符合约定的,第三人可以请求债务人承担违约责任;债务人对债权人的抗辩,可以向第三人主张。

**第五百二十三条　【第三人履行】**当事人约定由第三人向债权人履行债务,第三人不履行债务或者履行债务不符合约定的,债务人应当向债权人承担违约责任。

**第五百二十四条　【第三人代为履行】**债务人不履行债务,第三人对履行该债务具有合法利益的,第三人有权向债权人代为履行;但是,根据债务性质、按照当事人约定或者依照法律规定只能由债务人履行的除外。

债权人接受第三人履行后,其对债务人的债权转让给第三人,但是债务人和第三人另有约定的除外。

**第五百二十五条　【同时履行抗辩权】**当事人互负债务,没有先后履行顺序的,应当同时履行。一方在对方履行之前有权拒绝其履行请求。一方在对方履行债务不符合约定时,有权拒绝其相应的履行请求。

**第五百二十六条　【后履行抗辩权】**当事人互负债务,有先后履行顺序,应当先履行债务一方未履行的,后履行一方有权拒绝其履行请求。先履行一方履行债务不符合约定的,后履行一方有权拒绝其相应的履行请求。

**第五百二十七条　【不安抗辩权】**应当先履行债务的当事人,有确切证据证明对方有下列情形之一的,可以中止履行:

(一)经营状况严重恶化;

(二)转移财产、抽逃资金,以逃避债务;

(三)丧失商业信誉;

(四)有丧失或者可能丧失履行债务能力的其他情形。

当事人没有确切证据中止履行的,应当承担违约责任。

**第五百二十八条　【不安抗辩权的行使】**当事人依据前条规定中止履行的,应当及时通知对方。对方提供适当担保的,应当恢复履行。中止履行后,对方在合理期限内未恢复履行能力且未提供适当担保的,视为以自己的行为表明不履行主要债务,中止履行的一方可以解除合同并可以请求对方承担违约责任。

**第五百二十九条　【因债权人原因致债务履行困难的处理】**债权人分立、合并或者变更住所没有通知债务人,致使履行债务发生困难的,债务人可以中止履行或者将标的物提存。

**第五百三十条　【债务人提前履行债务】**债权人可以拒绝债务人提前履行债务,但是提前履行不损害债权人利益的除外。

债务人提前履行债务给债权人增加的费用,由债务人负担。

**第五百三十一条　【债务人部分履行债务】**债权人可以拒绝债务人部分履行债务,但是部分履行不损害债权人利益的除外。

债务人部分履行债务给债权人增加的费用,由债务人负担。

**第五百三十二条　【当事人变化不影响合同效力】**合同生效后,当事人不得因姓名、名称的变更或者法定代表人、负责人、承办人的变动而不履行合同义务。

**第五百三十三条　【情势变更】**合同成立后,合同的基础条件发生了当事人在订立合同时无法预见的、不属于商业风险的重大变化,继续履行合同对于当事人一方明显不公平的,受不利影响的当事人可以与对方重新协商;在合理期限内协商不成的,当事人可以请求人民法院或者仲裁机构变更或者解除合同。

人民法院或者仲裁机构应当结合案件的实际情况,根据公平原则变更或者解除合同。

**第五百三十四条　【合同监督】**对当事人利用合同实施危害国家利益、社会公共利益行为的,市场监督管理和其他有关行政主管部门依照法律、行政法规的规定负责监督处理。

## 第五章　合同的保全

**第五百三十五条　【债权人代位权】**因债务人怠于行使其债权或者与该债权有关的从权利,影响债权人的到期债权实现的,债权人可以向人民法院请求以自己的名义代位行使债务人对相对人的权利,但是该权利专属于债务人自身的除外。

代位权的行使范围以债权人的到期债权为限。债权人行使代位权的必要费用,由债务人负担。

相对人对债务人的抗辩,可以向债权人主张。

**第五百三十六条　【保存行为】**债权人的债权到期前,债务人的债权或者与该债权有关的从权利存在诉讼时效期间即将届满或者未及时申报破产债权等情形,影响债权人的债权实现的,债权人可以代位向债务人的相对人请求其向债务人履行、向破产管理人申报或者作出其他必要的行为。

**第五百三十七条　【代位权行使后的法律效果】**人民法院认定代位权成立的,由债务人的相对人向债权人履行义务,债权人接受履行后,债权人与债务人、债务人与相对人之间相应的权利义务终止。债务人对相对人的债权或者与该债权有关的从权利被采取保全、执行措施，或者债务人破产的，依照相关法律的规定处理。

**第五百三十八条** 【撤销债务人无偿行为】债务人以放弃其债权、放弃债权担保、无偿转让财产等方式无偿处分财产权益，或者恶意延长其到期债权的履行期限，影响债权人的债权实现的，债权人可以请求人民法院撤销债务人的行为。

**第五百三十九条** 【撤销债务人有偿行为】债务人以明显不合理的低价转让财产、以明显不合理的高价受让他人财产或者为他人的债务提供担保，影响债权人的债权实现，债务人的相对人知道或者应当知道该情形的，债权人可以请求人民法院撤销债务人的行为。

**第五百四十条** 【撤销权的行使范围】撤销权的行使范围以债权人的债权为限。债权人行使撤销权的必要费用，由债务人负担。

**第五百四十一条** 【撤销权的行使期间】撤销权自债权人知道或者应当知道撤销事由之日起一年内行使。自债务人的行为发生之日起五年内没有行使撤销权的，该撤销权消灭。

**第五百四十二条** 【债务人行为被撤销的法律效果】债务人影响债权人的债权实现的行为被撤销的，自始没有法律约束力。

## 第六章 合同的变更和转让

**第五百四十三条** 【协议变更合同】当事人协商一致，可以变更合同。

**第五百四十四条** 【合同变更不明确推定为未变更】当事人对合同变更的内容约定不明确的，推定为未变更。

**第五百四十五条** 【债权转让】债权人可以将债权的全部或者部分转让给第三人，但是有下列情形之一的除外：

（一）根据债权性质不得转让；

（二）按照当事人约定不得转让；

（三）依照法律规定不得转让。

当事人约定非金钱债权不得转让的，不得对抗善意第三人。当事人约定金钱债权不得转让的，不得对抗第三人。

**第五百四十六条** 【债权转让的通知义务】债权人转让债权，未通知债务人的，该转让对债务人不发生效力。

债权转让的通知不得撤销，但是经受让人同意的除外。

**第五百四十七条** 【债权转让从权利一并转让】债权人转让债权的，受让人取得与债权有关的从权利，但是该从权利专属于债权人自身的除外。

受让人取得从权利不因该从权利未办理转移登记手续或者未转移占有而受到影响。

**第五百四十八条** 【债权转让中债务人抗辩】债务人接到债权转让通知后，债务人对让与人的抗辩，可以向受让人主张。

**第五百四十九条** 【债权转让中债务人的抵销权】有下列情形之一的，债务人可以向受让人主张抵销：

（一）债务人接到债权转让通知时，债务人对让与人享有债权，且债务人的债权先于转让的债权到期或者同时到期；

（二）债务人的债权与转让的债权是基于同一合同产生。

**第五百五十条** 【债权转让费用的承担】因债权转让增加的履行费用，由让与人负担。

**第五百五十一条** 【债务转移】债务人将债务的全部或者部分转移给第三人的，应当经债权人同意。

债务人或者第三人可以催告债权人在合理期限内予以同意，债权人未作表示的，视为不同意。

**第五百五十二条** 【债务加入】第三人与债务人约定加入债务并通知债权人，或者第三人向债权人表示愿意加入债务，债权人未在合理期限内明确拒绝的，债权人可以请求第三人在其愿意承担的债务范围内和债务人承担连带债务。

**第五百五十三条** 【债务转移时新债务人抗辩】债务人转移债务的，新债务人可以主张原债务人对债权人的抗辩；原债务人对债权人享有债权的，新债务人不得向债权人主张抵销。

**第五百五十四条** 【从债务随主债务转移】债务人转移债务的，新债务人应当承担与主债务有关的从债务，但是该从债务专属于原债务人自身的除外。

**第五百五十五条** 【合同权利义务的一并转让】当事人一方经对方同意，可以将自己在合同中的权利和义务一并转让给第三人。

**第五百五十六条** 【一并转让的法律适用】合同的权利和义务一并转让的，适用债权转让、债务转移的有关规定。

## 第七章 合同的权利义务终止

**第五百五十七条** 【债权债务终止的法定情形】有下列情形之一的，债权债务终止：

(一)债务已经履行;
(二)债务相互抵销;
(三)债务人依法将标的物提存;
(四)债权人免除债务;
(五)债权债务同归于一人;
(六)法律规定或者当事人约定终止的其他情形。
合同解除的,该合同的权利义务关系终止。

**第五百五十八条** 【后合同义务】债权债务终止后,当事人应当遵循诚信等原则,根据交易习惯履行通知、协助、保密、旧物回收等义务。

**第五百五十九条** 【从权利消灭】债权债务终止时,债权的从权利同时消灭,但是法律另有规定或者当事人另有约定的除外。

**第五百六十条** 【数项债务的清偿抵充顺序】债务人对同一债权人负担的数项债务种类相同,债务人的给付不足以清偿全部债务的,除当事人另有约定外,由债务人在清偿时指定其履行的债务。

债务人未作指定的,应当优先履行已经到期的债务;数项债务均到期的,优先履行对债权人缺乏担保或者担保最少的债务;均无担保或者担保相等的,优先履行债务人负担较重的债务;负担相同的,按照债务到期的先后顺序履行;到期时间相同的,按照债务比例履行。

**第五百六十一条** 【费用、利息和主债务的清偿抵充顺序】债务人在履行主债务外还应当支付利息和实现债权的有关费用,其给付不足以清偿全部债务的,除当事人另有约定外,应当按照下列顺序履行:
(一)实现债权的有关费用;
(二)利息;
(三)主债务。

**第五百六十二条** 【合同的约定解除】当事人协商一致,可以解除合同。

当事人可以约定一方解除合同的事由。解除合同的事由发生时,解除权人可以解除合同。

**第五百六十三条** 【合同的法定解除】有下列情形之一的,当事人可以解除合同:
(一)因不可抗力致使不能实现合同目的;
(二)在履行期限届满前,当事人一方明确表示或者以自己的行为表明不履行主要债务;
(三)当事人一方迟延履行主要债务,经催告后在合理期限内仍未履行;
(四)当事人一方迟延履行债务或者有其他违约行为致使不能实现合同目的;

(五)法律规定的其他情形。
以持续履行的债务为内容的不定期合同,当事人可以随时解除合同,但是应当在合理期限之前通知对方。

**第五百六十四条** 【解除权行使期限】法律规定或者当事人约定解除权行使期限,期限届满当事人不行使的,该权利消灭。

法律没有规定或者当事人没有约定解除权行使期限,自解除权人知道或者应当知道解除事由之日起一年内不行使,或者经对方催告后在合理期限内不行使的,该权利消灭。

**第五百六十五条** 【合同解除权的行使规则】当事人一方依法主张解除合同的,应当通知对方。合同自通知到达对方时解除;通知载明债务人在一定期限内不履行债务则合同自动解除,债务人在该期限内未履行债务的,合同自通知载明的期限届满时解除。对方对解除合同有异议的,任何一方当事人均可以请求人民法院或者仲裁机构确认解除行为的效力。

当事人一方未通知对方,直接以提起诉讼或者申请仲裁的方式依法主张解除合同,人民法院或者仲裁机构确认该主张的,合同自起诉状副本或者仲裁申请书副本送达对方时解除。

**第五百六十六条** 【合同解除的法律后果】合同解除后,尚未履行的,终止履行;已经履行的,根据履行情况和合同性质,当事人可以请求恢复原状或者采取其他补救措施,并有权请求赔偿损失。

合同因违约解除的,解除权人可以请求违约方承担违约责任,但是当事人另有约定的除外。

主合同解除后,担保人对债务人应当承担的民事责任仍应当承担担保责任,但是担保合同另有约定的除外。

**第五百六十七条** 【结算、清理条款效力的独立性】合同的权利义务关系终止,不影响合同中结算和清理条款的效力。

**第五百六十八条** 【法定抵销】当事人互负债务,该债务的标的物种类、品质相同的,任何一方可以将自己的债务与对方的到期债务抵销;但是,根据债务性质、按照当事人约定或者依照法律规定不得抵销的除外。

当事人主张抵销的,应当通知对方。通知自到达对方时生效。抵销不得附条件或者附期限。

**第五百六十九条** 【约定抵销】当事人互负债务,标的物种类、品质不相同的,经协商一致,也可以抵销。

**第五百七十条** 【提存的条件】有下列情形之一,难以履行债务的,债务人可以将标的物提存:

(一)债权人无正当理由拒绝受领；
(二)债权人下落不明；
(三)债权人死亡未确定继承人、遗产管理人，或者丧失民事行为能力未确定监护人；
(四)法律规定的其他情形。
标的物不适于提存或者提存费用过高的，债务人依法可以拍卖或者变卖标的物，提存所得的价款。

第五百七十一条 【提存的成立】债务人将标的物或者将标的物依法拍卖、变卖所得价款交付提存部门时，提存成立。
提存成立的，视为债务人在其提存范围内已经交付标的物。

第五百七十二条 【提存的通知】标的物提存后，债务人应当及时通知债权人或者债权人的继承人、遗产管理人、监护人、财产代管人。

第五百七十三条 【提存期间风险、孳息和提存费用负担】标的物提存后，毁损、灭失的风险由债权人承担。提存期间，标的物的孳息归债权人所有。提存费用由债权人负担。

第五百七十四条 【提存物的领取与取回】债权人可以随时领取提存物。但是，债权人对债务人负有到期债务的，在债权人未履行债务或者提供担保之前，提存部门根据债务人的要求应当拒绝其领取提存物。
债权人领取提存物的权利，自提存之日起五年内不行使而消灭，提存物扣除提存费用后归国家所有。但是，债权人未履行对债务人的到期债务，或者债权人向提存部门书面表示放弃领取提存物权利的，债务人负担提存费用后有权取回提存物。

第五百七十五条 【债的免除】债权人免除债务人部分或者全部债务的，债权债务部分或者全部终止，但是债务人在合理期限内拒绝的除外。

第五百七十六条 【债权债务混同的处理】债权和债务同归于一人的，债权债务终止，但是损害第三人利益的除外。

## 第八章 违约责任

第五百七十七条 【违约责任的种类】当事人一方不履行合同义务或者履行合同义务不符合约定的，应当承担继续履行、采取补救措施或者赔偿损失等违约责任。

第五百七十八条 【预期违约责任】当事人一方明确表示或者以自己的行为表明不履行合同义务的，对方可以在履行期限届满前请求其承担违约责任。

第五百七十九条 【金钱债务的继续履行】当事人一方未支付价款、报酬、租金、利息，或者不履行其他金钱债务的，对方可以请求其支付。

第五百八十条 【非金钱债务的继续履行】当事人一方不履行非金钱债务或者履行非金钱债务不符合约定的，对方可以请求履行，但是有下列情形之一的除外：
(一)法律上或者事实上不能履行；
(二)债务的标的不适于强制履行或者履行费用过高；
(三)债权人在合理期限内未请求履行。
有前款规定的除外情形之一，致使不能实现合同目的的，人民法院或者仲裁机构可以根据当事人的请求终止合同权利义务关系，但是不影响违约责任的承担。

第五百八十一条 【替代履行】当事人一方不履行债务或者履行债务不符合约定，根据债务的性质不得强制履行的，对方可以请求其负担由第三人替代履行的费用。

第五百八十二条 【瑕疵履行违约责任】履行不符合约定的，应当按照当事人的约定承担违约责任。对违约责任没有约定或者约定不明确，依据本法第五百一十条的规定仍不能确定的，受损害方根据标的的性质以及损失的大小，可以合理选择请求对方承担修理、重作、更换、退货、减少价款或者报酬等违约责任。

第五百八十三条 【违约损害赔偿责任】当事人一方不履行合同义务或者履行合同义务不符合约定的，在履行义务或者采取补救措施后，对方还有其他损失的，应当赔偿损失。

第五百八十四条 【法定的违约赔偿损失】当事人一方不履行合同义务或者履行合同义务不符合约定，造成对方损失的，损失赔偿额应当相当于因违约所造成的损失，包括合同履行后可以获得的利益；但是，不得超过违约一方订立合同时预见到或者应当预见到的因违约可能造成的损失。

第五百八十五条 【违约金的约定】当事人可以约定一方违约时应当根据违约情况向对方支付一定数额的违约金，也可以约定因违约产生的损失赔偿额的计算方法。
约定的违约金低于造成的损失的，人民法院或者仲裁机构可以根据当事人的请求予以增加；约定的违约金过分高于造成的损失的，人民法院或者仲裁机构可以根据当事人的请求予以适当减少。
当事人就迟延履行约定违约金的，违约方支付违约金后，还应当履行债务。

**第五百八十六条　【定金】** 当事人可以约定一方向对方给付定金作为债权的担保。定金合同自实际交付定金时成立。

定金的数额由当事人约定；但是，不得超过主合同标的额的百分之二十，超过部分不产生定金的效力。实际交付的定金数额多于或者少于约定数额的，视为变更约定的定金数额。

**第五百八十七条　【定金罚则】** 债务人履行债务的，定金应当抵作价款或者收回。给付定金的一方不履行债务或者履行债务不符合约定，致使不能实现合同目的的，无权请求返还定金；收受定金的一方不履行债务或者履行债务不符合约定，致使不能实现合同目的的，应当双倍返还定金。

**第五百八十八条　【违约金与定金竞合选择权】** 当事人既约定违约金，又约定定金的，一方违约时，对方可以选择适用违约金或者定金条款。

定金不足以弥补一方违约造成的损失的，对方可以请求赔偿超过定金数额的损失。

**第五百八十九条　【债权人受领迟延】** 债务人按照约定履行债务，债权人无正当理由拒绝受领的，债务人可以请求债权人赔偿增加的费用。

在债权人受领迟延期间，债务人无须支付利息。

**第五百九十条　【因不可抗力不能履行合同】** 当事人一方因不可抗力不能履行合同的，根据不可抗力的影响，部分或者全部免除责任，但是法律另有规定的除外。因不可抗力不能履行合同的，应当及时通知对方，以减轻可能给对方造成的损失，并应当在合理期限内提供证明。

当事人迟延履行后发生不可抗力的，不免除其违约责任。

**第五百九十一条　【非违约方防止损失扩大义务】** 当事人一方违约后，对方应采取适当措施防止损失的扩大；没有采取适当措施致使损失扩大的，不得就扩大的损失请求赔偿。

当事人因防止损失扩大而支出的合理费用，由违约方负担。

**第五百九十二条　【双方违约和与有过错规则】** 当事人都违反合同的，应当各自承担相应的责任。

当事人一方违约造成对方损失，对方对损失的发生有过错的，可以减少相应的损失赔偿额。

**第五百九十三条　【因第三人原因造成违约情况下的责任承担】** 当事人一方因第三人的原因造成违约的，应当依法向对方承担违约责任。当事人一方和第三人之间的纠纷，依照法律规定或者按照约定处理。

**第五百九十四条　【国际贸易合同诉讼时效和仲裁时效】** 因国际货物买卖合同和技术进出口合同争议提起诉讼或者申请仲裁的时效期间为四年。

## 第二分编　典型合同
### 第九章　买卖合同

**第五百九十五条　【买卖合同的概念】** 买卖合同是出卖人转移标的物的所有权于买受人，买受人支付价款的合同。

**第五百九十六条　【买卖合同条款】** 买卖合同的内容一般包括标的物的名称、数量、质量、价款、履行期限、履行地点和方式、包装方式、检验标准和方法、结算方式、合同使用的文字及其效力等条款。

**第五百九十七条　【无权处分的违约责任】** 因出卖人未取得处分权致使标的物所有权不能转移的，买受人可以解除合同并请求出卖人承担违约责任。

法律、行政法规禁止或者限制转让的标的物，依照其规定。

**第五百九十八条　【出卖人基本义务】** 出卖人应当履行向买受人交付标的物或者交付提取标的物的单证，并转移标的物所有权的义务。

**第五百九十九条　【出卖人义务：交付单证、交付资料】** 出卖人应当按照约定或者交易习惯向买受人交付提取标的物单证以外的有关单证和资料。

**第六百条　【买卖合同知识产权保留条款】** 出卖具有知识产权的标的物的，除法律另有规定或者当事人另有约定外，该标的物的知识产权不属于买受人。

**第六百零一条　【出卖人义务：交付期间】** 出卖人应当按照约定的时间交付标的物。约定交付期限的，出卖人可以在该交付期限内的任何时间交付。

**第六百零二条　【标的物交付期限不明时的处理】** 当事人没有约定标的物的交付期限或者约定不明确的，适用本法第五百一十条、第五百一十一条第四项的规定。

**第六百零三条　【买卖合同标的物的交付地点】** 出卖人应当按照约定的地点交付标的物。

当事人没有约定交付地点或者约定不明确，依据本法第五百一十条的规定仍不能确定的，适用下列规定：

（一）标的物需要运输的，出卖人应当将标的物交付给第一承运人以运交给买受人；

（二）标的物不需要运输，出卖人和买受人订立合同时知道标的物在某一地点的，出卖人应当在该地点交付标的物；不知道标的物在某一地点的，应当在出卖人订立合同时的营业地交付标的物。

第六百零四条 【标的物的风险承担】标的物毁损、灭失的风险，在标的物交付之前由出卖人承担，交付之后由买受人承担，但是法律另有规定或者当事人另有约定的除外。

第六百零五条 【迟延交付标的物的风险负担】因买受人的原因致使标的物未按照约定的期限交付的，买受人应当自违反约定时起承担标的物毁损、灭失的风险。

第六百零六条 【路货买卖中的标的物风险转移】出卖人出卖交由承运人运输的在途标的物，除当事人另有约定外，毁损、灭失的风险自合同成立时起由买受人承担。

第六百零七条 【需要运输的标的物风险负担】出卖人按照约定将标的物运送至买受人指定地点并交付给承运人后，标的物毁损、灭失的风险由买受人承担。

当事人没有约定交付地点或者约定不明确，依据本法第六百零三条第二款第一项的规定标的物需要运输的，出卖人将标的物交付给第一承运人后，标的物毁损、灭失的风险由买受人承担。

第六百零八条 【买受人不履行接受标的物义务的风险负担】出卖人按照约定或者依据本法第六百零三条第二款第二项的规定将标的物置于交付地点，买受人违反约定没有收取的，标的物毁损、灭失的风险自违反约定时起由买受人承担。

第六百零九条 【未交付单证、资料的风险负担】出卖人按照约定未交付有关标的物的单证和资料的，不影响标的物毁损、灭失风险的转移。

第六百一十条 【根本违约】因标的物不符合质量要求，致使不能实现合同目的的，买受人可以拒绝接受标的物或者解除合同。买受人拒绝接受标的物或者解除合同的，标的物毁损、灭失的风险由出卖人承担。

第六百一十一条 【买受人承担风险与出卖人违约责任关系】标的物毁损、灭失的风险由买受人承担的，不影响因出卖人履行义务不符合约定，买受人请求其承担违约责任的权利。

第六百一十二条 【出卖人的权利瑕疵担保义务】出卖人就交付的标的物，负有保证第三人对该标的物不享有任何权利的义务，但是法律另有规定的除外。

第六百一十三条 【权利瑕疵担保责任之免除】买受人订立合同时知道或者应当知道第三人对买卖的标的物享有权利的，出卖人不承担前条规定的义务。

第六百一十四条 【买受人的中止支付价款权】买受人有确切证据证明第三人对标的物享有权利的，可以中止支付相应的价款，但是出卖人提供适当担保的除外。

第六百一十五条 【买卖标的物的质量瑕疵担保】出卖人应当按照约定的质量要求交付标的物。出卖人提供有关标的物质量说明的，交付的标的物应当符合该说明的质量要求。

第六百一十六条 【标的物法定质量担保义务】当事人对标的物的质量要求没有约定或者约定不明确，依据本法第五百一十条的规定仍不能确定的，适用本法第五百一十一条第一项的规定。

第六百一十七条 【质量瑕疵担保责任】出卖人交付的标的物不符合质量要求的，买受人可以依据本法第五百八十二条至第五百八十四条的规定请求承担违约责任。

第六百一十八条 【标的物瑕疵担保责任减免的特约效力】当事人约定减轻或者免除出卖人对标的物瑕疵承担的责任，因卖人故意或者重大过失不告知买受人标的物瑕疵的，出卖人无权主张减轻或者免除责任。

第六百一十九条 【标的物的包装方式】出卖人应当按照约定的包装方式交付标的物。对包装方式没有约定或者约定不明确，依据本法第五百一十条的规定仍不能确定的，应当按照通用的方式包装；没有通用方式的，应当采取足以保护标的物且有利于节约资源、保护生态环境的包装方式。

第六百二十条 【买受人的检验义务】买受人收到标的物时应当在约定的检验期限内检验。没有约定检验期限的，应当及时检验。

第六百二十一条 【买受人检验标的物的异议通知】当事人约定检验期限的，买受人应当在检验期限内将标的物的数量或者质量不符合约定的情形通知出卖人。买受人怠于通知的，视为标的物的数量或者质量符合约定。

当事人没有约定检验期限的，买受人应当在发现或者应当发现标的物的数量或者质量不符合约定的合理期限内通知出卖人。买受人在合理期限内未通知或者自收到标的物之日起二年内未通知出卖人的，视为标的物的数量或者质量符合约定；但是，对标的物有质量保证期的，适用质量保证期，不适用该二年的规定。

出卖人知道或者应当知道提供的标的物不符合约定的，买受人不受前两款规定的通知时间的限制。

第六百二十二条 【检验期限或质量保证期过短的

处理】当事人约定的检验期限过短,根据标的物的性质和交易习惯,买受人在检验期限内难以完成全面检验的,该期限仅视为买受人对标的物的外观瑕疵提出异议的期限。

约定的检验期限或者质量保证期短于法律、行政法规规定期限的,应当以法律、行政法规规定的期限为准。

**第六百二十三条 【标的物数量和外观瑕疵检验】**当事人对检验期限未作约定,买受人签收的送货单、确认单等载明标的物数量、型号、规格的,推定买受人已经对数量和外观瑕疵进行检验,但是有相关证据足以推翻的除外。

**第六百二十四条 【向第三人履行情形的检验标准】**出卖人依照买受人的指示向第三人交付标的物,出卖人和买受人约定的检验标准与买受人和第三人约定的检验标准不一致的,以出卖人和买受人约定的检验标准为准。

**第六百二十五条 【出卖人的回收义务】**依照法律、行政法规的规定或者按照当事人的约定,标的物在有效使用年限届满后应予回收的,出卖人负有自行或者委托第三人对标的物予以回收的义务。

**第六百二十六条 【买受人支付价款及方式】**买受人应当按照约定的数额和支付方式支付价款。对价款的数额和支付方式没有约定或者约定不明确的,适用本法第五百一十条、第五百一十一条第二项和第五项的规定。

**第六百二十七条 【买受人支付价款的地点】**买受人应当按照约定的地点支付价款。对支付地点没有约定或者约定不明确,依据本法第五百一十条的规定仍不能确定的,买受人应当在出卖人的营业地支付;但是,约定支付价款以交付标的物或者交付提取标的物单证为条件的,在交付标的物或者交付提取标的物单证的所在地支付。

**第六百二十八条 【买受人支付价款的时间】**买受人应当按照约定的时间支付价款。对支付时间没有约定或者约定不明确,依据本法第五百一十条的规定仍不能确定的,买受人应当在收到标的物或者提取标的物单证的同时支付。

**第六百二十九条 【出卖人多交标的物的处理】**出卖人多交标的物的,买受人可以接收或者拒绝接收多交的部分。买受人接收多交部分的,按照约定的价格支付价款;买受人拒绝接收多交部分的,应当及时通知出卖人。

**第六百三十条 【买卖合同标的物孳息的归属】**标的物在交付之前产生的孳息,归出卖人所有;交付之后产生的孳息,归买受人所有。但是,当事人另有约定的除外。

**第六百三十一条 【主物与从物在解除合同时的效力】**因标的物的主物不符合约定而解除合同的,解除合同的效力及于从物。因标的物的从物不符合约定被解除的,解除的效力不及于主物。

**第六百三十二条 【数物买卖合同的解除】**标的物为数物,其中一物不符合约定的,买受人可以就该物解除。但是,该物与他物分离使标的物的价值显受损害的,买受人可以就数物解除合同。

**第六百三十三条 【分批交付标的物的情况下解除合同的情形】**出卖人分批交付标的物的,出卖人对其中一批标的物不交付或者交付不符合约定,致使该批标的物不能实现合同目的的,买受人可以就该批标的物解除。

出卖人不交付其中一批标的物或者交付不符合约定,致使之后其他各批标的物的交付不能实现合同目的的,买受人可以就该批以及之后其他各批标的物解除。

买受人如果就其中一批标的物解除,该批标的物与其他各批标的物相互依存的,可以就已经交付和未交付的各批标的物解除。

**第六百三十四条 【分期付款买卖】**分期付款的买受人未支付到期价款的数额达到全部价款的五分之一,经催告后在合理期限内仍未支付到期价款的,出卖人可以请求买受人支付全部价款或者解除合同。

出卖人解除合同的,可以向买受人请求支付该标的物的使用费。

**第六百三十五条 【凭样品买卖合同】**凭样品买卖的当事人应当封存样品,并可以对样品质量予以说明。出卖人交付的标的物应当与样品及其说明的质量相同。

**第六百三十六条 【凭样品买卖合同样品存在隐蔽瑕疵的处理】**凭样品买卖的买受人不知道样品有隐蔽瑕疵的,即使交付的标的物与样品相同,出卖人交付的标的物的质量仍然应当符合同种物的通常标准。

**第六百三十七条 【试用买卖的试用期限】**试用买卖的当事人可以约定标的物的试用期限。对试用期限没有约定或者约定不明确,依据本法第五百一十条的规定仍不能确定的,由出卖人确定。

**第六百三十八条 【试用买卖合同买受人对标的物购买选择权】**试用买卖的买受人在试用期内可以购买标的物,也可以拒绝购买。试用期限届满,买受人对是否购买标的物未作表示的,视为购买。

试用买卖的买受人在试用期内已经支付部分价款或

者对标的物实施出卖、出租、设立担保物权等行为的,视为同意购买。

**第六百三十九条** 【试用买卖使用费】试用买卖的当事人对标的物使用费没有约定或者约定不明确的,出卖人无权请求买受人支付。

**第六百四十条** 【试用买卖中的风险承担】标的物在试用期内毁损、灭失的风险由出卖人承担。

**第六百四十一条** 【标的物所有权保留条款】当事人可以在买卖合同中约定买受人未履行支付价款或者其他义务的,标的物的所有权属于出卖人。

出卖人对标的物保留的所有权,未经登记,不得对抗善意第三人。

**第六百四十二条** 【所有权保留中出卖人的取回权】当事人约定出卖人保留合同标的物的所有权,在标的物所有权转移前,买受人有下列情形之一,造成出卖人损害的,除当事人另有约定外,出卖人有权取回标的物:

(一)未按照约定支付价款,经催告后在合理期限内仍未支付;

(二)未按照约定完成特定条件;

(三)将标的物出卖、出质或者作出其他不当处分。

出卖人可以与买受人协商取回标的物;协商不成的,可以参照适用担保物权的实现程序。

**第六百四十三条** 【买受人回赎权及出卖人再出卖权】出卖人依据前条第一款的规定取回标的物后,买受人在双方约定或者出卖人指定的合理回赎期限内,消除出卖人取回标的物的事由的,可以请求回赎标的物。

买受人在回赎期限内没有回赎标的物,出卖人可以合理价格将标的物出卖给第三人,出卖所得价款扣除买受人未支付的价款以及必要费用后仍有剩余,应当返还买受人;不足部分由买受人清偿。

**第六百四十四条** 【招标投标买卖的法律适用】招标投标买卖的当事人的权利和义务以及招标投标程序等,依照有关法律、行政法规的规定。

**第六百四十五条** 【拍卖的法律适用】拍卖的当事人的权利和义务以及拍卖程序等,依照有关法律、行政法规的规定。

**第六百四十六条** 【买卖合同准用于有偿合同】法律对其他有偿合同有规定的,依照其规定;没有规定的,参照适用买卖合同的有关规定。

**第六百四十七条** 【易货交易的法律适用】当事人约定易货交易,转移标的物的所有权的,参照适用买卖合同的有关规定。

### 第十章 供用电、水、气、热力合同

**第六百四十八条** 【供用电合同概念及强制缔约义务】供用电合同是供电人向用电人供电,用电人支付电费的合同。

向社会公众供电的供电人,不得拒绝用电人合理的订立合同要求。

**第六百四十九条** 【供用电合同的内容】供用电合同的内容一般包括供电的方式、质量、时间,用电容量、地址、性质,计量方式,电价、电费的结算方式,供用电设施的维护责任等条款。

**第六百五十条** 【供用电合同的履行地点】供用电合同的履行地点,按照当事人约定;当事人没有约定或者约定不明确的,供电设施的产权分界处为履行地点。

**第六百五十一条** 【供电人的安全供电义务】供电人应当按照国家规定的供电质量标准和约定安全供电。供电人未按照国家规定的供电质量标准和约定安全供电,造成用电人损失的,应当承担赔偿责任。

**第六百五十二条** 【供电人中断供电时的通知义务】供电人因供电设施计划检修、临时检修、依法限电或者用电人违法用电等原因,需要中断供电时,应当按照国家有关规定事先通知用电人;未事先通知用电人中断供电,造成用电人损失的,应当承担赔偿责任。

**第六百五十三条** 【供电人抢修义务】因自然灾害等原因断电,供电人应当按照国家有关规定及时抢修;未及时抢修,造成用电人损失的,应当承担赔偿责任。

**第六百五十四条** 【用电人支付电费的义务】用电人应当按照国家有关规定和当事人的约定及时支付电费。用电人逾期不支付电费的,应当按照约定支付违约金。经催告用电人在合理期限内仍不支付电费和违约金的,供电人可以按照国家规定的程序中止供电。

供电人依据前款规定中止供电的,应当事先通知用电人。

**第六百五十五条** 【用电人安全用电义务】用电人应当按照国家有关规定和当事人的约定安全、节约和计划用电。用电人未按照国家有关规定和当事人的约定用电,造成供电人损失的,应当承担赔偿责任。

**第六百五十六条** 【供用水、气、热力合同参照适用供用电合同】供用水、供用气、供用热力合同,参照适用供用电合同的有关规定。

### 第十一章 赠与合同

**第六百五十七条** 【赠与合同的概念】赠与合同是

赠与人将自己的财产无偿给予受赠人,受赠人表示接受赠与的合同。

**第六百五十八条　【赠与的任意撤销及限制】**赠与人在赠与财产的权利转移之前可以撤销赠与。

经过公证的赠与合同或者依法不得撤销的具有救灾、扶贫、助残等公益、道德义务性质的赠与合同,不适用前款规定。

**第六百五十九条　【赠与特殊财产需要办理有关法律手续】**赠与的财产依法需要办理登记或者其他手续的,应当办理有关手续。

**第六百六十条　【法定不得撤销赠与的赠与人不交付赠与财产的责任】**经过公证的赠与合同或者依法不得撤销的具有救灾、扶贫、助残等公益、道德义务性质的赠与合同,赠与人不交付赠与财产的,受赠人可以请求交付。

依据前款规定应当交付的赠与财产因赠与人故意或者重大过失致使毁损、灭失的,赠与人应当承担赔偿责任。

**第六百六十一条　【附义务的赠与合同】**赠与可以附义务。

赠与附义务的,受赠人应当按照约定履行义务。

**第六百六十二条　【赠与财产的瑕疵担保责任】**赠与的财产有瑕疵的,赠与人不承担责任。附义务的赠与,赠与的财产有瑕疵的,赠与人在附义务的限度内承担与出卖人相同的责任。

赠与人故意不告知瑕疵或者保证无瑕疵,造成受赠人损失的,应当承担赔偿责任。

**第六百六十三条　【赠与人的法定撤销情形及撤销权行使期间】**受赠人有下列情形之一的,赠与人可以撤销赠与:

(一)严重侵害赠与人或者赠与人近亲属的合法权益;

(二)对赠与人有扶养义务而不履行;

(三)不履行赠与合同约定的义务。

赠与人的撤销权,自知道或者应当知道撤销事由之日起一年内行使。

**第六百六十四条　【赠与人的继承人或法定代理人的撤销权】**因受赠人的违法行为致使赠与人死亡或者丧失民事行为能力的,赠与人的继承人或者法定代理人可以撤销赠与。

赠与人的继承人或者法定代理人的撤销权,自知道或者应当知道撤销事由之日起六个月内行使。

**第六百六十五条　【撤销赠与的效力】**撤销权人撤销赠与的,可以向受赠人请求返还赠与的财产。

**第六百六十六条　【赠与义务的免除】**赠与人的经济状况显著恶化,严重影响其生产经营或者家庭生活的,可以不再履行赠与义务。

### 第十二章　借款合同

**第六百六十七条　【借款合同的定义】**借款合同是借款人向贷款人借款,到期返还借款并支付利息的合同。

**第六百六十八条　【借款合同的形式和内容】**借款合同应当采用书面形式,但是自然人之间借款另有约定的除外。

借款合同的内容一般包括借款种类、币种、用途、数额、利率、期限和还款方式等条款。

**第六百六十九条　【借款合同借款人的告知义务】**订立借款合同,借款人应当按照贷款人的要求提供与借款有关的业务活动和财务状况的真实情况。

**第六百七十条　【借款利息不得预先扣除】**借款的利息不得预先在本金中扣除。利息预先在本金中扣除的,应当按照实际借款数额返还借款并计算利息。

**第六百七十一条　【提供及收取借款迟延责任】**贷款人未按照约定的日期、数额提供借款,造成借款人损失的,应当赔偿损失。

借款人未按照约定的日期、数额收取借款的,应当按照约定的日期、数额支付利息。

**第六百七十二条　【贷款人对借款使用情况检查、监督的权利】**贷款人按照约定可以检查、监督借款的使用情况。借款人应当按照约定向贷款人定期提供有关财务会计报表或者其他资料。

**第六百七十三条　【借款人违约使用借款的后果】**借款人未按照约定的借款用途使用借款的,贷款人可以停止发放借款、提前收回借款或者解除合同。

**第六百七十四条　【借款利息支付期限的确定】**借款人应当按照约定的期限支付利息。对支付利息的期限没有约定或者约定不明确,依据本法第五百一十条的规定仍不能确定,借款期间不满一年的,应当在返还借款时一并支付;借款期间一年以上的,应当在每届满一年时支付,剩余期间不满一年的,应当在返还借款时一并支付。

**第六百七十五条　【还款期限的确定】**借款人应当按照约定的期限返还借款。对借款期限没有约定或者约定不明确,依据本法第五百一十条的规定仍不能确定的,借款人可以随时返还;贷款人可以催告借款人在合理期限内返还。

**第六百七十六条 【借款合同违约责任承担】**借款人未按照约定的期限返还借款的，应当按照约定或者国家有关规定支付逾期利息。

**第六百七十七条 【提前偿还借款】**借款人提前返还借款的，除当事人另有约定外，应当按照实际借款的期间计算利息。

**第六百七十八条 【借款展期】**借款人可以在还款期限届满前向贷款人申请展期；贷款人同意的，可以展期。

**第六百七十九条 【自然人之间借款合同的成立】**自然人之间的借款合同，自贷款人提供借款时成立。

**第六百八十条 【借款利率和利息】**禁止高利放贷，借款的利率不得违反国家有关规定。

借款合同对支付利息没有约定的，视为没有利息。

借款合同对支付利息约定不明确，当事人不能达成补充协议的，按照当地或者当事人的交易方式、交易习惯、市场利率等因素确定利息；自然人之间借款的，视为没有利息。

### 第十三章　保证合同

#### 第一节　一般规定

**第六百八十一条 【保证合同的概念】**保证合同是为保障债权的实现，保证人和债权人约定，当债务人不履行到期债务或者发生当事人约定的情形时，保证人履行债务或者承担责任的合同。

**第六百八十二条 【保证合同的附从性及被确认无效后的责任分配】**保证合同是主债权债务合同的从合同。主债权债务合同无效，保证合同无效，但是法律另有规定的除外。

保证合同被确认无效后，债务人、保证人、债权人有过错的，应当根据其过错各自承担相应的民事责任。

**第六百八十三条 【保证人的资格】**机关法人不得为保证人，但是经国务院批准为使用外国政府或者国际经济组织贷款进行转贷的除外。

以公益为目的的非营利法人、非法人组织不得为保证人。

**第六百八十四条 【保证合同的一般内容】**保证合同的内容一般包括被保证的主债权的种类、数额，债务人履行债务的期限，保证的方式、范围和期间等条款。

**第六百八十五条 【保证合同的订立】**保证合同可以是单独订立的书面合同，也可以是主债权债务合同中的保证条款。

第三人单方以书面形式向债权人作出保证，债权人接收且未提出异议的，保证合同成立。

**第六百八十六条 【保证方式】**保证的方式包括一般保证和连带责任保证。

当事人在保证合同中对保证方式没有约定或者约定不明确的，按照一般保证承担保证责任。

**第六百八十七条 【一般保证及先诉抗辩权】**当事人在保证合同中约定，债务人不能履行债务时，由保证人承担保证责任的，为一般保证。

一般保证的保证人在主合同纠纷未经审判或者仲裁，并就债务人财产依法强制执行仍不能履行债务前，有权拒绝向债权人承担保证责任，但是有下列情形之一的除外：

（一）债务人下落不明，且无财产可供执行；

（二）人民法院已经受理债务人破产案件；

（三）债权人有证据证明债务人的财产不足以履行全部债务或者丧失履行债务能力；

（四）保证人书面表示放弃本款规定的权利。

**第六百八十八条 【连带责任保证】**当事人在保证合同中约定保证人和债务人对债务承担连带责任的，为连带责任保证。

连带责任保证的债务人不履行到期债务或者发生当事人约定的情形时，债权人可以请求债务人履行债务，也可以请求保证人在其保证范围内承担保证责任。

**第六百八十九条 【反担保】**保证人可以要求债务人提供反担保。

**第六百九十条 【最高额保证合同】**保证人与债权人可以协商订立最高额保证的合同，约定在最高债权额限度内就一定期间连续发生的债权提供保证。

最高额保证除适用本章规定外，参照适用本法第二编最高额抵押权的有关规定。

#### 第二节　保证责任

**第六百九十一条 【保证责任的范围】**保证的范围包括主债权及其利息、违约金、损害赔偿金和实现债权的费用。当事人另有约定的，按照其约定。

**第六百九十二条 【保证期间】**保证期间是确定保证人承担保证责任的期间，不发生中止、中断和延长。

债权人与保证人可以约定保证期间，但是约定的保证期间早于主债务履行期限或者与主债务履行期限同时届满的，视为没有约定；没有约定或者约定不明确的，保证期间为主债务履行期限届满之日起六个月。

债权人与债务人对主债务履行期限没有约定或者约

定不明确的,保证期间自债权人请求债务人履行债务的宽限期届满之日起计算。

第六百九十三条 【保证期间届满的法律效果】一般保证的债权人未在保证期间对债务人提起诉讼或者申请仲裁的,保证人不再承担保证责任。

连带责任保证的债权人未在保证期间请求保证人承担保证责任的,保证人不再承担保证责任。

第六百九十四条 【保证债务的诉讼时效】一般保证的债权人在保证期间届满前对债务人提起诉讼或者申请仲裁,从保证人拒绝承担保证责任的权利消灭之日起,开始计算保证债务的诉讼时效。

连带责任保证的债权人在保证期间届满前请求保证人承担保证责任的,从保证人请求保证人承担保证责任之日起,开始计算保证债务的诉讼时效。

第六百九十五条 【主合同变更对保证责任影响】债权人和债务人未经保证人书面同意,协商变更主债权债务合同内容,减轻债务的,保证人仍对变更后的债务承担保证责任;加重债务的,保证人对加重的部分不承担保证责任。

债权人和债务人变更主债权债务合同的履行期限,未经保证人书面同意的,保证期间不受影响。

第六百九十六条 【债权转让时保证人的保证责任】债权人转让全部或者部分债权,未通知保证人的,该转让对保证人不发生效力。

保证人与债权人约定禁止债权转让,债权人未经保证人书面同意转让债权的,保证人对受让人不再承担保证责任。

第六百九十七条 【债务承担对保证责任的影响】债权人未经保证人书面同意,允许债务人转移全部或者部分债务,保证人对未经其同意转移的债务不再承担保证责任,但是债权人和保证人另有约定的除外。

第三人加入债务的,保证人的保证责任不受影响。

第六百九十八条 【一般保证人免责】一般保证的保证人在主债务履行期限届满后,向债权人提供债务人可供执行财产的真实情况,债权人放弃或者怠于行使权利致使该财产不能被执行的,保证人在其提供可供执行财产的价值范围内不再承担保证责任。

第六百九十九条 【共同保证】同一债务有两个以上保证人的,保证人应当按照保证合同约定的保证份额,承担保证责任;没有约定保证份额的,债权人可以请求任何一个保证人在其保证范围内承担保证责任。

第七百条 【保证人的追偿权】保证人承担保证责任后,除当事人另有约定外,有权在其承担保证责任的范围内向债务人追偿,享有债权人对债务人的权利,但是不得损害债权人的利益。

第七百零一条 【保证人的抗辩权】保证人可以主张债务人对债权人的抗辩。债务人放弃抗辩的,保证人仍有权向债权人主张抗辩。

第七百零二条 【抵销权或撤销权范围内的免责】债务人对债权人享有抵销权或者撤销权的,保证人可以在相应范围内拒绝承担保证责任。

## 第十四章 租赁合同

第七百零三条 【租赁合同的概念】租赁合同是出租人将租赁物交付承租人使用、收益,承租人支付租金的合同。

第七百零四条 【租赁合同的内容】租赁合同的内容一般包括租赁物的名称、数量、用途、租赁期限、租金及其支付期限和方式、租赁物维修等条款。

第七百零五条 【租赁期限的最高限制】租赁期限不得超过二十年。超过二十年的,超过部分无效。

租赁期限届满,当事人可以续订租赁合同;但是,约定的租赁期限自续订之日起不得超过二十年。

第七百零六条 【租赁合同登记对合同效力影响】当事人未依照法律、行政法规规定办理租赁合同登记备案手续的,不影响合同的效力。

第七百零七条 【租赁合同形式】租赁期限六个月以上的,应当采用书面形式。当事人未采用书面形式,无法确定租赁期限的,视为不定期租赁。

第七百零八条 【出租人义务】出租人应当按照约定将租赁物交付承租人,并在租赁期限内保持租赁物符合约定的用途。

第七百零九条 【承租人义务】承租人应当按照约定的方法使用租赁物。对租赁物的使用方法没有约定或者约定不明确,依据本法第五百一十条的规定仍不能确定的,应当根据租赁物的性质使用。

第七百一十条 【承租人合理使用租赁物的免责】承租人按照约定的方法或者根据租赁物的性质使用租赁物,致使租赁物受到损耗的,不承担赔偿责任。

第七百一十一条 【承租人未合理使用租赁物的责任】承租人未按照约定的方法或者未根据租赁物的性质使用租赁物,致使租赁物受到损失的,出租人可以解除合同并请求赔偿损失。

第七百一十二条 【出租人的维修义务】出租人应当履行租赁物的维修义务,但是当事人另有约定的除外。

**第七百一十三条　【租赁物的维修和维修费负担】**承租人在租赁物需要维修时可以请求出租人在合理期限内维修。出租人未履行维修义务的，承租人可以自行维修，维修费用由出租人负担。因维修租赁物影响承租人使用的，应当相应减少租金或者延长租期。

因承租人的过错致使租赁物需要维修的，出租人不承担前款规定的维修义务。

**第七百一十四条　【承租人的租赁物妥善保管义务】**承租人应当妥善保管租赁物，因保管不善造成租赁物毁损、灭失的，应当承担赔偿责任。

**第七百一十五条　【承租人对租赁物进行改善或增设他物】**承租人经出租人同意，可以对租赁物进行改善或者增设他物。

承租人未经出租人同意，对租赁物进行改善或者增设他物的，出租人可以请求承租人恢复原状或者赔偿损失。

**第七百一十六条　【转租】**承租人经出租人同意，可以将租赁物转租给第三人。承租人转租的，承租人与出租人之间的租赁合同继续有效；第三人造成租赁物损失的，承租人应当赔偿损失。

承租人未经出租人同意转租的，出租人可以解除合同。

**第七百一十七条　【转租期限】**承租人经出租人同意将租赁物转租给第三人，转租期限超过承租人剩余租赁期限的，超过部分的约定对出租人不具有法律约束力，但是出租人与承租人另有约定的除外。

**第七百一十八条　【出租人同意转租的推定】**出租人知道或者应当知道承租人转租，但是在六个月内未提出异议的，视为出租人同意转租。

**第七百一十九条　【次承租人的代为清偿权】**承租人拖欠租金的，次承租人可以代承租人支付其欠付的租金和违约金，但是转租合同对出租人不具有法律约束力的除外。

次承租人代为支付的租金和违约金，可以充抵次承租人应当向承租人支付的租金；超出其应付的租金数额的，可以向承租人追偿。

**第七百二十条　【租赁物的收益归属】**在租赁期限内因占有、使用租赁物获得的收益，归承租人所有，但是当事人另有约定的除外。

**第七百二十一条　【租金支付期限】**承租人应当按照约定的期限支付租金。对支付租金的期限没有约定或者约定不明确，依据本法第五百一十条的规定仍不能确定，租赁期限不满一年的，应当在租赁期限届满时支付；租赁期限一年以上的，应当在每届满一年时支付，剩余期限不满一年的，应当在租赁期限届满时支付。

**第七百二十二条　【承租人的租金支付义务】**承租人无正当理由未支付或者迟延支付租金的，出租人可以请求承租人在合理期限内支付；承租人逾期不支付的，出租人可以解除合同。

**第七百二十三条　【出租人的权利瑕疵担保责任】**因第三人主张权利，致使承租人不能对租赁物使用、收益的，承租人可以请求减少租金或者不支付租金。

第三人主张权利的，承租人应当及时通知出租人。

**第七百二十四条　【承租人解除合同的法定情形】**有下列情形之一，非因承租人原因致使租赁物无法使用的，承租人可以解除合同：

（一）租赁物被司法机关或者行政机关依法查封、扣押；

（二）租赁物权属有争议；

（三）租赁物具有违反法律、行政法规关于使用条件的强制性规定情形。

**第七百二十五条　【买卖不破租赁】**租赁物在承租人按照租赁合同占有期限内发生所有权变动的，不影响租赁合同的效力。

**第七百二十六条　【房屋承租人的优先购买权】**出租人出卖租赁房屋的，应当在出卖之前的合理期限内通知承租人，承租人享有以同等条件优先购买的权利；但是，房屋按份共有人行使优先购买权或者出租人将房屋出卖给近亲属的除外。

出租人履行通知义务后，承租人在十五日内未明确表示购买的，视为承租人放弃优先购买权。

**第七百二十七条　【承租人对拍卖房屋的优先购买权】**出租人委托拍卖人拍卖租赁房屋的，应当在拍卖五日前通知承租人。承租人未参加拍卖的，视为放弃优先购买权。

**第七百二十八条　【妨害承租人优先购买权的赔偿责任】**出租人未通知承租人或者有其他妨害承租人行使优先购买权情形的，承租人可以请求出租人承担赔偿责任。但是，出租人与第三人订立的房屋买卖合同的效力不受影响。

**第七百二十九条　【租赁物毁损、灭失的法律后果】**因不可归责于承租人的事由，致使租赁物部分或者全部毁损、灭失的，承租人可以请求减少租金或者不支付租金；因租赁物部分或者全部毁损、灭失，致使不能实现合同目的的,承租人可以解除合同。

第七百三十条 【租期不明的处理】当事人对租赁期限没有约定或者约定不明确,依据本法第五百一十条的规定仍不能确定的,视为不定期租赁;当事人可以随时解除合同,但是应当在合理期限之前通知对方。

第七百三十一条 【租赁物质量不合格时承租人的解除权】租赁物危及承租人的安全或者健康,即使承租人订立合同时明知该租赁物质量不合格,承租人仍然可以随时解除合同。

第七百三十二条 【房屋承租人死亡时租赁关系的处理】承租人在房屋租赁期限内死亡的,与其生前共同居住的人或者共同经营人可以按照原租赁合同租赁该房屋。

第七百三十三条 【租赁物的返还】租赁期限届满,承租人应当返还租赁物。返还的租赁物应当符合按照约定或者根据租赁物的性质使用后的状态。

第七百三十四条 【租赁期限届满的续租及优先承租权】租赁期限届满,承租人继续使用租赁物,出租人没有提出异议,原租赁合同继续有效,但是租赁期限为不定期。

租赁期限届满,房屋承租人享有以同等条件优先承租的权利。

## 第十五章 融资租赁合同

第七百三十五条 【融资租赁合同的概念】融资租赁合同是出租人根据承租人对出卖人、租赁物的选择,向出卖人购买租赁物,提供给承租人使用,承租人支付租金的合同。

第七百三十六条 【融资租赁合同的内容】融资租赁合同的内容一般包括租赁物的名称、数量、规格、技术性能、检验方法,租赁期限,租金构成及其支付期限和方式、币种,租赁期限届满租赁物的归属等条款。

融资租赁合同应当采用书面形式。

第七百三十七条 【融资租赁通谋虚伪表示】当事人以虚构租赁物方式订立的融资租赁合同无效。

第七百三十八条 【特定租赁物经营许可对合同效力影响】依照法律、行政法规的规定,对于租赁物的经营使用应当取得行政许可的,出租人未取得行政许可不影响融资租赁合同的效力。

第七百三十九条 【融资租赁标的物的交付】出租人根据承租人对出卖人、租赁物的选择订立的买卖合同,出卖人应当按照约定向承租人交付标的物,承租人享有与受领标的物有关的买受人的权利。

第七百四十条 【承租人的拒绝受领权】出卖人违反向承租人交付标的物的义务,有下列情形之一的,承租人可以拒绝受领出卖人向其交付的标的物:

(一)标的物严重不符合约定;

(二)未按照约定交付标的物,经承租人或者出租人催告后在合理期限内仍未交付。

承租人拒绝受领标的物的,应当及时通知出租人。

第七百四十一条 【承租人的索赔权】出租人、出卖人、承租人可以约定,出卖人不履行买卖合同义务的,由承租人行使索赔的权利。承租人行使索赔权利的,出租人应当协助。

第七百四十二条 【承租人行使索赔权的租金支付义务】承租人对出卖人行使索赔权利,不影响其履行支付租金的义务。但是,承租人依赖出租人的技能确定租赁物或者出租人干预选择租赁物的,承租人可以请求减免相应租金。

第七百四十三条 【承租人索赔不能的违约责任承担】出租人有下列情形之一,致使承租人对出卖人行使索赔权利失败的,承租人有权请求出租人承担相应的责任:

(一)明知租赁物有质量瑕疵而不告知承租人;

(二)承租人行使索赔权利时,未及时提供必要协助。

出租人怠于行使只能由其对出卖人行使的索赔权利,造成承租人损失的,承租人有权请求出租人承担赔偿责任。

第七百四十四条 【出租人不得擅自变更买卖合同内容】出租人根据承租人对出卖人、租赁物的选择订立的买卖合同,未经承租人同意,出租人不得变更与承租人有关的合同内容。

第七百四十五条 【租赁物的登记对抗效力】出租人对租赁物享有的所有权,未经登记,不得对抗善意第三人。

第七百四十六条 【租金的确定规则】融资租赁合同的租金,除当事人另有约定外,应当根据购买租赁物的大部分或者全部成本以及出租人的合理利润确定。

第七百四十七条 【租赁物瑕疵担保责任】租赁物不符合约定或者不符合使用目的的,出租人不承担责任。但是,承租人依赖出租人的技能确定租赁物或者出租人干预选择租赁物的除外。

第七百四十八条 【出租人保证承租人占有和使用租赁物】出租人应当保证承租人对租赁物的占有和使用。

出租人有下列情形之一的,承租人有权请求其赔偿损失:

（一）无正当理由收回租赁物；

（二）无正当理由妨碍、干扰承租人对租赁物的占有和使用；

（三）因出租人的原因致使第三人对租赁物主张权利；

（四）不当影响承租人对租赁物占有和使用的其他情形。

**第七百四十九条　【租赁物致人损害的责任承担】**承租人占有租赁物期间，租赁物造成第三人人身损害或者财产损失的，出租人不承担责任。

**第七百五十条　【租赁物的保管、使用、维修】**承租人应当妥善保管、使用租赁物。

承租人应当履行占有租赁物期间的维修义务。

**第七百五十一条　【承租人占有租赁物毁损、灭失的租金承担】**承租人占有租赁物期间，租赁物毁损、灭失的，出租人有权请求承租人继续支付租金，但是法律另有规定或者当事人另有约定的除外。

**第七百五十二条　【承租人支付租金的义务】**承租人应当按照约定支付租金。承租人经催告后在合理期限内仍不支付租金的，出租人可以请求支付全部租金；也可以解除合同，收回租赁物。

**第七百五十三条　【承租人擅自处分租赁物时出租人的解除权】**承租人未经出租人同意，将租赁物转让、抵押、质押、投资入股或者以其他方式处分的，出租人可以解除融资租赁合同。

**第七百五十四条　【出租人或承租人均可解除融资租赁合同情形】**有下列情形之一的，出租人或者承租人可以解除融资租赁合同：

（一）出租人与出卖人订立的买卖合同解除、被确认无效或者被撤销，且未能重新订立买卖合同；

（二）租赁物因不可归责于当事人的原因毁损、灭失，且不能修复或者确定替代物；

（三）因出卖人的原因致使融资租赁合同的目的不能实现。

**第七百五十五条　【承租人承担出租人损失赔偿责任情形】**融资租赁合同因买卖合同解除、被确认无效或者被撤销而解除，出卖人、租赁物系由承租人选择的，出租人有权请求承租人赔偿相应损失；但是，因出租人原因使买卖合同解除、被确认无效或者被撤销的除外。

出租人的损失已经在买卖合同解除、被确认无效或者被撤销时获得赔偿的，承租人不再承担相应的赔偿责任。

**第七百五十六条　【租赁物意外毁损灭失】**融资租赁合同因租赁物交付承租人后意外毁损、灭失等不可归责于当事人的原因解除的，出租人可以请求承租人按照租赁物折旧情况给予补偿。

**第七百五十七条　【租赁期满租赁物的归属】**出租人和承租人可以约定租赁期限届满租赁物的归属；对租赁物的归属没有约定或者约定不明确，依据本法第五百一十条的规定仍不能确定的，租赁物的所有权归出租人。

**第七百五十八条　【承租人请求部分返还租赁物价值】**当事人约定租赁期限届满租赁物归承租人所有，承租人已经支付大部分租金，但是无力支付剩余租金，出租人因此解除合同收回租赁物，收回的租赁物的价值超过承租人欠付的租金以及其他费用的，承租人可以请求相应返还。

当事人约定租赁期限届满租赁物归出租人所有，因租赁物毁损、灭失或者附合、混合于他物致使承租人不能返还的，出租人有权请求承租人给予合理补偿。

**第七百五十九条　【支付象征性价款时的租赁物归属】**当事人约定租赁期限届满，承租人仅需向出租人支付象征性价款的，视为约定的租金义务履行完毕后租赁物的所有权归承租人。

**第七百六十条　【融资租赁合同无效时租赁物的归属】**融资租赁合同无效，当事人就该情形下租赁物的归属有约定的，按照其约定；没有约定或者约定不明确的，租赁物应当返还出租人。但是，因承租人原因致使合同无效，出租人不请求返还或者返还后会显著降低租赁物效用的，租赁物的所有权归承租人，由承租人给予出租人合理补偿。

### 第十六章　保理合同

**第七百六十一条　【保理合同的概念】**保理合同是应收账款债权人将现有的或者将有的应收账款转让给保理人，保理人提供资金融通、应收账款管理或者催收、应收账款债务人付款担保等服务的合同。

**第七百六十二条　【保理合同的内容与形式】**保理合同的内容一般包括业务类型、服务范围、服务期限、基础交易合同情况、应收账款信息、保理融资款或者服务报酬及其支付方式等条款。

保理合同应当采用书面形式。

**第七百六十三条　【虚构应收账款】**应收账款债权人与债务人虚构应收账款作为转让标的，与保理人订立保理合同的，应收账款债务人不得以应收账款不存在为由对抗保理人，但是保理人明知虚构的除外。

**第七百六十四条 【保理人发出转让通知的表明身份义务】**保理人向应收账款债务人发出应收账款转让通知的,应当表明保理人身份并附有必要凭证。

**第七百六十五条 【无正当理由变更、终止基础交易合同对保理人的效力】**应收账款债务人接到应收账款转让通知后,应收账款债权人与债务人无正当理由协商变更或者终止基础交易合同,对保理人产生不利影响的,对保理人不发生效力。

**第七百六十六条 【有追索权保理】**当事人约定有追索权保理的,保理人可以向应收账款债权人主张返还保理融资款本息或者回购应收账款债权,也可以向应收账款债务人主张应收账款债权。保理人向应收账款债务人主张应收账款债权,在扣除保理融资款本息和相关费用后有剩余的,剩余部分应当返还给应收账款债权人。

**第七百六十七条 【无追索权保理】**当事人约定无追索权保理的,保理人应当向应收账款债务人主张应收账款债权,保理人取得超过保理融资款本息和相关费用的部分,无需向应收账款债权人返还。

**第七百六十八条 【多重保理的清偿顺序】**应收账款债权人就同一应收账款订立多个保理合同,致使多个保理人主张权利的,已经登记的先于未登记的取得应收账款;均已经登记的,按照登记时间的先后顺序取得应收账款;均未登记的,由最先到达应收账款债务人的转让通知中载明的保理人取得应收账款;既未登记也未通知的,按照保理融资款或者服务报酬的比例取得应收账款。

**第七百六十九条 【参照适用债权转让的规定】**本章没有规定的,适用本编第六章债权转让的有关规定。

## 第十七章 承揽合同

**第七百七十条 【承揽合同的定义及类型】**承揽合同是承揽人按照定作人的要求完成工作,交付工作成果,定作人支付报酬的合同。

承揽包括加工、定作、修理、复制、测试、检验等工作。

**第七百七十一条 【承揽合同的主要条款】**承揽合同的内容一般包括承揽的标的、数量、质量、报酬、承揽方式、材料的提供、履行期限、验收标准和方法等条款。

**第七百七十二条 【承揽人独立完成主要工作】**承揽人应当以自己的设备、技术和劳力,完成主要工作,但是当事人另有约定的除外。

承揽人将其承揽的主要工作交由第三人完成的,应当就该第三人完成的工作成果向定作人负责;未经定作人同意的,定作人也可以解除合同。

**第七百七十三条 【承揽人对辅助性工作的责任】**承揽人可以将其承揽的辅助工作交由第三人完成。承揽人将其承揽的辅助工作交由第三人完成的,应当就该第三人完成的工作成果向定作人负责。

**第七百七十四条 【承揽人提供材料时的主要义务】**承揽人提供材料的,应当按照约定选用材料,并接受定作人检验。

**第七百七十五条 【定作人提供材料时双方当事人的义务】**定作人提供材料的,应当按照约定提供材料。承揽人对定作人提供的材料应当及时检验,发现不符合约定时,应当及时通知定作人更换、补齐或者采取其他补救措施。

承揽人不得擅自更换定作人提供的材料,不得更换不需要修理的零部件。

**第七百七十六条 【定作人要求不合理时双方当事人的义务】**承揽人发现定作人提供的图纸或者技术要求不合理的,应当及时通知定作人。因定作人怠于答复等原因造成承揽人损失的,应当赔偿损失。

**第七百七十七条 【中途变更工作要求的责任】**定作人中途变更承揽工作的要求,造成承揽人损失的,应当赔偿损失。

**第七百七十八条 【定作人的协作义务】**承揽工作需要定作人协助的,定作人有协助的义务。定作人不履行协助义务致使承揽工作不能完成的,承揽人可以催告定作人在合理期限内履行义务,并可以顺延履行期限;定作人逾期不履行的,承揽人可以解除合同。

**第七百七十九条 【定作人监督检验承揽工作】**承揽人在工作期间,应当接受定作人必要的监督检验。定作人不得因监督检验妨碍承揽人的正常工作。

**第七百八十条 【工作成果交付】**承揽人完成工作的,应当向定作人交付工作成果,并提交必要的技术资料和有关质量证明。定作人应当验收该工作成果。

**第七百八十一条 【工作成果质量不合约定的责任】**承揽人交付的工作成果不符合质量要求的,定作人可以合理选择请求承揽人承担修理、重作、减少报酬、赔偿损失等违约责任。

**第七百八十二条 【支付报酬期限】**定作人应当按照约定的期限支付报酬。对支付报酬的期限没有约定或者约定不明确,依据本法第五百一十条的规定仍不能确定的,定作人应当在承揽人交付工作成果时支付;工作成果部分交付的,定作人应当相应支付。

**第七百八十三条** 【承揽人的留置权及同时履行抗辩权】定作人未向承揽人支付报酬或者材料费等价款的，承揽人对完成的工作成果享有留置权或者有权拒绝交付，但是当事人另有约定的除外。

**第七百八十四条** 【承揽人保管义务】承揽人应当妥善保管定作人提供的材料以及完成的工作成果，因保管不善造成毁损、灭失的，应当承担赔偿责任。

**第七百八十五条** 【承揽人的保密义务】承揽人应当按照定作人的要求保守秘密，未经定作人许可，不得留存复制品或者技术资料。

**第七百八十六条** 【共同承揽】共同承揽人对定作人承担连带责任，但是当事人另有约定的除外。

**第七百八十七条** 【定作人的任意解除权】定作人在承揽人完成工作前可以随时解除合同，造成承揽人损失的，应当赔偿损失。

## 第十八章 建设工程合同

**第七百八十八条** 【建设工程合同的定义】建设工程合同是承包人进行工程建设，发包人支付价款的合同。

建设工程合同包括工程勘察、设计、施工合同。

**第七百八十九条** 【建设工程合同形式】建设工程合同应当采用书面形式。

**第七百九十条** 【工程招标投标】建设工程的招标投标活动，应当依照有关法律的规定公开、公平、公正进行。

**第七百九十一条** 【总包与分包】发包人可以与总承包人订立建设工程合同，也可以分别与勘察人、设计人、施工人订立勘察、设计、施工承包合同。发包人不得将应当由一个承包人完成的建设工程支解成若干部分发包给数个承包人。

总承包人或者勘察、设计、施工承包人经发包人同意，可以将自己承包的部分工作交由第三人完成。第三人就其完成的工作成果与总承包人或者勘察、设计、施工承包人向发包人承担连带责任。承包人不得将其承包的全部建设工程转包给第三人或者将其承包的全部建设工程支解以后以分包的名义分别转包给第三人。

禁止承包人将工程分包给不具备相应资质条件的单位。禁止分包单位将其承包的工程再分包。建设工程主体结构的施工必须由承包人自行完成。

**第七百九十二条** 【国家重大建设工程合同的订立】国家重大建设工程合同，应当按照国家规定的程序和国家批准的投资计划、可行性研究报告等文件订立。

**第七百九十三条** 【建设工程施工合同无效的处理】建设工程施工合同无效，但是建设工程经验收合格的，可以参照合同关于工程价款的约定折价补偿承包人。

建设工程施工合同无效，且建设工程经验收不合格的，按照以下情形处理：

（一）修复后的建设工程经验收合格的，发包人可以请求承包人承担修复费用；

（二）修复后的建设工程经验收不合格的，承包人无权请求参照合同关于工程价款的约定折价补偿。

发包人对因建设工程不合格造成的损失有过错的，应当承担相应的责任。

**第七百九十四条** 【勘察、设计合同主要内容】勘察、设计合同的内容一般包括提交有关基础资料和概预算等文件的期限、质量要求、费用以及其他协作条件等条款。

**第七百九十五条** 【施工合同主要内容】施工合同的内容一般包括工程范围、建设工期、中间交工工程的开工和竣工时间、工程质量、工程造价、技术资料交付时间、材料和设备供应责任、拨款和结算、竣工验收、质量保修范围和质量保证期、相互协作等条款。

**第七百九十六条** 【建设工程监理】建设工程实行监理的，发包人应当与监理人采用书面形式订立委托监理合同。发包人与监理人的权利和义务以及法律责任，应当依照本编委托合同以及其他有关法律、行政法规的规定。

**第七百九十七条** 【发包人检查权】发包人在不妨碍承包人正常作业的情况下，可以随时对作业进度、质量进行检查。

**第七百九十八条** 【隐蔽工程】隐蔽工程在隐蔽以前，承包人应当通知发包人检查。发包人没有及时检查的，承包人可以顺延工程日期，并有权请求赔偿停工、窝工等损失。

**第七百九十九条** 【竣工验收】建设工程竣工后，发包人应当根据施工图纸及说明书、国家颁发的施工验收规范和质量检验标准及时进行验收。验收合格的，发包人应当按照约定支付价款，并接收该建设工程。

建设工程竣工经验收合格后，方可交付使用；未经验收或者验收不合格的，不得交付使用。

**第八百条** 【勘察、设计人质量责任】勘察、设计的质量不符合要求或者未按照期限提交勘察、设计文件拖延工期，造成发包人损失的，勘察人、设计人应当继续完善勘察、设计，减收或者免收勘察、设计费并赔偿损失。

**第八百零一条** 【施工人的质量责任】因施工人的原因致使建设工程质量不符合约定的，发包人有权请求施工人在合理期限内无偿修理或者返工、改建。经过修理或者返工、改建后，造成逾期交付的，施工人应当承担违约责任。

第八百零二条 【质量保证责任】因承包人的原因致使建设工程在合理使用期限内造成人身损害和财产损失的，承包人应当承担赔偿责任。

第八百零三条 【发包人违约责任】发包人未按照约定的时间和要求提供原材料、设备、场地、资金、技术资料的，承包人可以顺延工程日期，并有权请求赔偿停工、窝工等损失。

第八百零四条 【发包人原因致工程停建、缓建的责任】因发包人的原因致使工程中途停建、缓建的，发包人应当采取措施弥补或者减少损失，赔偿承包人因此造成的停工、窝工、倒运、机械设备调迁、材料和构件积压等损失和实际费用。

第八百零五条 【发包人原因致勘察、设计返工、停工或修改设计的责任】因发包人变更计划，提供的资料不准确，或者未按照期限提供必需的勘察、设计工作条件而造成勘察、设计的返工、停工或者修改设计，发包人应当按照勘察人、设计人实际消耗的工作量增付费用。

第八百零六条 【建设工程合同的法定解除】承包人将建设工程转包、违法分包的，发包人可以解除合同。

发包人提供的主要建筑材料、建筑构配件和设备不符合强制性标准或者不履行协助义务，致使承包人无法施工，经催告后在合理期限内仍未履行相应义务的，承包人可以解除合同。

合同解除后，已经完成的建设工程质量合格的，发包人应当按照约定支付相应的工程价款；已经完成的建设工程质量不合格的，参照本法第七百九十三条的规定处理。

第八百零七条 【工程价款的支付】发包人未按照约定支付价款的，承包人可以催告发包人在合理期限内支付价款。发包人逾期不支付的，除根据建设工程的性质不宜折价、拍卖外，承包人可以与发包人协议将该工程折价，也可以请求人民法院将该工程依法拍卖。建设工程的价款就该工程折价或者拍卖的价款优先受偿。

第八百零八条 【参照适用承揽合同的规定】本章没有规定的，适用承揽合同的有关规定。

## 第十九章 运输合同
### 第一节 一般规定

第八百零九条 【运输合同的定义】运输合同是承运人将旅客或者货物从起运地点运输到约定地点，旅客、托运人或者收货人支付票款或者运输费用的合同。

第八百一十条 【公共运输承运人的强制缔约义务】从事公共运输的承运人不得拒绝旅客、托运人通常、合理的运输要求。

第八百一十一条 【承运人安全运输义务】承运人应当在约定期限或者合理期限内将旅客、货物安全运输到约定地点。

第八百一十二条 【承运人合理运输义务】承运人应当按照约定的或者通常的运输路线将旅客、货物运输到约定地点。

第八百一十三条 【支付票款或运输费用】旅客、托运人或者收货人应当支付票款或者运输费用。承运人未按照约定路线或者通常路线运输增加票款或者运输费用的，旅客、托运人或者收货人可以拒绝支付增加部分的票款或者运输费用。

### 第二节 客运合同

第八百一十四条 【客运合同的成立】客运合同自承运人向旅客出具客票时成立，但是当事人另有约定或者另有交易习惯的除外。

第八百一十五条 【按有效客票记载内容乘坐义务】旅客应当按有效客票记载的时间、班次和座位号乘坐。旅客无票乘坐、超程乘坐、越级乘坐或者持不符合减价条件的优惠客票乘坐的，应当补交票款，承运人可以按照规定加收票款；旅客不支付票款的，承运人可以拒绝运输。

实名制客运合同的旅客丢失客票的，可以请求承运人挂失补办，承运人不得再次收取票款和其他不合理费用。

第八百一十六条 【退票与变更】旅客因自己的原因不能按照客票记载的时间乘坐的，应当在约定的期限内办理退票或者变更手续；逾期办理的，承运人可以不退票款，并不再承担运输义务。

第八百一十七条 【按约定携带行李义务】旅客随身携带行李应当符合约定的限量和品类要求；超过限量或者违反品类要求携带行李的，应当办理托运手续。

第八百一十八条 【危险物品或者违禁物品的携带禁止】旅客不得随身携带或者在行李中夹带易燃、易爆、有毒、有腐蚀性、有放射性以及可能危及运输工具上人身和财产安全的危险物品或者违禁物品。

旅客违反前款规定的，承运人可以将危险物品或者违禁物品卸下、销毁或者送交有关部门。旅客坚持携带或者夹带危险物品或者违禁物品的，承运人应当拒绝运输。

**第八百一十九条　【承运人告知义务和旅客协助配合义务】**承运人应当严格履行安全运输义务，及时告知旅客安全运输应当注意的事项。旅客对承运人为安全运输所作的合理安排应当积极协助和配合。

**第八百二十条　【承运人迟延运输或者有其他不能正常运输情形】**承运人应当按照有效客票记载的时间、班次和座位号运输旅客。承运人迟延运输或者有其他不能正常运输情形的，应当及时告知和提醒旅客，采取必要的安置措施，并根据旅客的要求安排改乘其他班次或者退票；由此造成旅客损失的，承运人应当承担赔偿责任，但是不可归责于承运人的除外。

**第八百二十一条　【承运人变更服务标准的后果】**承运人擅自降低服务标准的，应当根据旅客的请求退票或者减收票款；提高服务标准的，不得加收票款。

**第八百二十二条　【承运人尽力救助义务】**承运人在运输过程中，应当尽力救助患有急病、分娩、遇险的旅客。

**第八百二十三条　【旅客伤亡的赔偿责任】**承运人应当对运输过程中旅客的伤亡承担赔偿责任；但是，伤亡是旅客自身健康原因造成的或者承运人证明伤亡是旅客故意、重大过失造成的除外。

前款规定适用于按照规定免票、持优待票或者经承运人许可搭乘的无票旅客。

**第八百二十四条　【对行李的赔偿责任】**在运输过程中旅客随身携带物品毁损、灭失，承运人有过错的，应当承担赔偿责任。

旅客托运的行李毁损、灭失的，适用货物运输的有关规定。

### 第三节　货运合同

**第八百二十五条　【托运人如实申报情况义务】**托运人办理货物运输，应当向承运人准确表明收货人的姓名、名称或者凭指示的收货人，货物的名称、性质、重量、数量，收货地点等有关货物运输的必要情况。

因托运人申报不实或者遗漏重要情况，造成承运人损失的，托运人应当承担赔偿责任。

**第八百二十六条　【托运人办理审批、检验等手续义务】**货物运输需要办理审批、检验等手续的，托运人应当将办理完有关手续的文件提交承运人。

**第八百二十七条　【托运人的包装义务】**托运人应当按照约定的方式包装货物。对包装方式没有约定或者约定不明确的，适用本法第六百一十九条的规定。

托运人违反前款规定的，承运人可以拒绝运输。

**第八百二十八条　【托运人运送危险货物时的义务】**托运人托运易燃、易爆、有毒、有腐蚀性、有放射性等危险物品的，应当按照国家有关危险物品运输的规定对危险物品妥善包装，做出危险物品标志和标签，并将有关危险物品的名称、性质和防范措施的书面材料提交承运人。

托运人违反前款规定的，承运人可以拒绝运输，也可以采取相应措施以避免损失的发生，因此产生的费用由托运人负担。

**第八百二十九条　【托运人变更或解除的权利】**在承运人将货物交付收货人之前，托运人可以要求承运人中止运输、返还货物、变更到达地或者将货物交给其他收货人，但是应当赔偿承运人因此受到的损失。

**第八百三十条　【提货】**货物运输到达后，承运人知道收货人的，应当及时通知收货人，收货人应当及时提货。收货人逾期提货的，应当向承运人支付保管费等费用。

**第八百三十一条　【收货人对货物的检验】**收货人提货时应当按照约定的期限检验货物。对检验货物的期限没有约定或者约定不明确，依据本法第五百一十条的规定仍不能确定的，应当在合理期限内检验货物。收货人在约定的期限或者合理期限内对货物的数量、毁损等未提出异议的，视为承运人已经按照运输单证的记载交付的初步证据。

**第八百三十二条　【承运人对货损的赔偿责任】**承运人对运输过程中货物的毁损、灭失承担赔偿责任。但是，承运人证明货物的毁损、灭失是因不可抗力、货物本身的自然性质或者合理损耗以及托运人、收货人的过错造成的，不承担赔偿责任。

**第八百三十三条　【确定货损额的方法】**货物的毁损、灭失的赔偿额，当事人有约定的，按照其约定；没有约定或者约定不明确，依据本法第五百一十条的规定仍不能确定的，按照交付或者应当交付时货物到达地的市场价格计算。法律、行政法规对赔偿额的计算方法和赔偿限额另有规定的，依照其规定。

**第八百三十四条　【相继运输的责任承担】**两个以上承运人以同一运输方式联运的，与托运人订立合同的承运人应当对全程运输承担责任；损失发生在某一运输区段的，与托运人订立合同的承运人和该区段的承运人承担连带责任。

**第八百三十五条** 【货物因不可抗力灭失的运费处理】货物在运输过程中因不可抗力灭失,未收取运费的,承运人不得请求支付运费;已经收取运费的,托运人可以请求返还。法律另有规定的,依照其规定。

**第八百三十六条** 【承运人留置权】托运人或者收货人不支付运费、保管费或者其他费用的,承运人对相应的运输货物享有留置权,但是当事人另有约定的除外。

**第八百三十七条** 【货物的提存】收货人不明或者收货人无正当理由拒绝受领货物的,承运人依法可以提存货物。

### 第四节 多式联运合同

**第八百三十八条** 【多式联运经营人的权利义务】多式联运经营人负责履行或者组织履行多式联运合同,对全程运输享有承运人的权利,承担承运人的义务。

**第八百三十九条** 【多式联运经营人的责任承担】多式联运经营人可以与参加多式联运的各区段承运人就多式联运合同的各区段运输约定相互之间的责任;但是,该约定不影响多式联运经营人对全程运输承担的义务。

**第八百四十条** 【多式联运单据】多式联运经营人收到托运人交付的货物时,应当签发多式联运单据。按照托运人的要求,多式联运单据可以是可转让单据,也可以是不可转让单据。

**第八百四十一条** 【托运人的过错赔偿责任】因托运人托运货物时的过错造成多式联运经营人损失的,即使托运人已经转让多式联运单据,托运人仍然应当承担赔偿责任。

**第八百四十二条** 【赔偿责任的法律适用】货物的毁损、灭失发生于多式联运的某一运输区段的,多式联运经营人的赔偿责任和责任限额,适用调整该区段运输方式的有关法律规定;货物毁损、灭失发生的运输区段不能确定的,依照本章规定承担赔偿责任。

## 第二十章 技术合同
### 第一节 一般规定

**第八百四十三条** 【技术合同的定义】技术合同是当事人就技术开发、转让、许可、咨询或者服务订立的确立相互之间权利和义务的合同。

**第八百四十四条** 【订立技术合同的原则】订立技术合同,应当有利于知识产权的保护和科学技术的进步,促进科学技术成果的研发、转化、应用和推广。

**第八百四十五条** 【技术合同的主要条款】技术合同的内容一般包括项目的名称,标的内容、范围和要求,履行的计划、地点和方式,技术信息和资料的保密,技术成果的归属和收益的分配办法,验收标准和方法,名词和术语的解释等条款。

与履行合同有关的技术背景资料、可行性论证和技术评价报告、项目任务书和计划书、技术标准、技术规范、原始设计和工艺文件,以及其他技术文档,按照当事人的约定可以作为合同的组成部分。

技术合同涉及专利的,应当注明发明创造的名称、专利申请人和专利权人、申请日期、申请号、专利号以及专利权的有效期限。

**第八百四十六条** 【技术合同价款、报酬或使用费的支付方式】技术合同价款、报酬或者使用费的支付方式由当事人约定,可以采取一次总算、一次总付或者一次总算、分期支付,也可以采取提成支付或者提成支付附加预付入门费的方式。

约定提成支付的,可以按照产品价格、实施专利和使用技术秘密后新增的产值、利润或者产品销售额的一定比例提成,也可以按照约定的其他方式计算。提成支付的比例可以采取固定比例、逐年递增比例或者逐年递减比例。

约定提成支付的,当事人可以约定查阅有关会计账目的办法。

**第八百四十七条** 【职务技术成果的财产权归属】职务技术成果的使用权、转让权属于法人或者非法人组织的,法人或者非法人组织可以就该项职务技术成果订立技术合同。法人或者非法人组织订立技术合同转让职务技术成果时,职务技术成果的完成人享有以同等条件优先受让的权利。

职务技术成果是执行法人或者非法人组织的工作任务,或者主要是利用法人或者非法人组织的物质技术条件所完成的技术成果。

**第八百四十八条** 【非职务技术成果的财产权归属】非职务技术成果的使用权、转让权属于完成技术成果的个人,完成技术成果的个人可以就该项非职务技术成果订立技术合同。

**第八百四十九条** 【技术成果人身权】完成技术成果的个人享有在有关技术成果文件上写明自己是技术成果完成者的权利和取得荣誉证书、奖励的权利。

**第八百五十条** 【技术合同的无效】非法垄断技术或者侵害他人技术成果的技术合同无效。

### 第二节 技术开发合同

**第八百五十一条** 【技术开发合同的定义及种类】技术开发合同是当事人之间就新技术、新产品、新工艺、新品种或者新材料及其系统的研究开发所订立的合同。

技术开发合同包括委托开发合同和合作开发合同。

技术开发合同应当采用书面形式。

当事人之间就具有实用价值的科技成果实施转化订立的合同,参照适用技术开发合同的有关规定。

第八百五十二条 【委托人的主要义务】委托开发合同的委托人应当按照约定支付研究开发经费和报酬,提供技术资料,提出研究开发要求,完成协作事项,接受研究开发成果。

第八百五十三条 【研究开发人的主要义务】委托开发合同的研究开发人应当按照约定制定和实施研究开发计划,合理使用研究开发经费,按期完成研究开发工作,交付研究开发成果,提供有关的技术资料和必要的技术指导,帮助委托人掌握研究开发成果。

第八百五十四条 【委托开发合同的当事人违约责任】委托开发合同的当事人违反约定造成研究开发工作停滞、延误或者失败的,应当承担违约责任。

第八百五十五条 【合作开发各方的主要义务】合作开发合同的当事人应当按照约定进行投资,包括以技术进行投资,分工参与研究开发工作,协作配合研究开发工作。

第八百五十六条 【合作开发各方的违约责任】合作开发合同的当事人违反约定造成研究开发工作停滞、延误或者失败的,应当承担违约责任。

第八百五十七条 【技术开发合同的解除】作为技术开发合同标的的技术已经由他人公开,致使技术开发合同的履行没有意义的,当事人可以解除合同。

第八百五十八条 【技术开发合同的风险责任负担】技术开发合同履行过程中,因出现无法克服的技术困难,致使研究开发失败或者部分失败的,该风险由当事人约定;没有约定或者约定不明确,依据本法第五百一十条的规定仍不能确定的,风险由当事人合理分担。

当事人一方发现前款规定的可能致使研究开发失败或者部分失败的情形时,应当及时通知另一方并采取适当措施减少损失;没有及时通知并采取适当措施,致使损失扩大的,应当就扩大的损失承担责任。

第八百五十九条 【发明创造的归属和分享】委托开发完成的发明创造,除法律另有规定或者当事人另有约定外,申请专利的权利属于研究开发人。研究开发人取得专利权的,委托人可以依法实施该专利。

研究开发人转让专利申请权的,委托人享有以同等条件优先受让的权利。

第八百六十条 【合作开发发明创造专利申请权的归属和分享】合作开发完成的发明创造,申请专利的权利属于合作开发的当事人共有;当事人一方转让其共有的专利申请权的,其他各方享有以同等条件优先受让的权利。但是,当事人另有约定的除外。

合作开发的当事人一方声明放弃其共有的专利申请权的,除当事人另有约定外,可以由另一方单独申请或者由其他各方共同申请。申请人取得专利权的,放弃专利申请权的一方可以免费实施该专利。

合作开发的当事人一方不同意申请专利的,另一方或者其他各方不得申请专利。

第八百六十一条 【技术秘密成果的归属与分配】委托开发或者合作开发完成的技术秘密成果的使用权、转让权以及收益的分配办法,由当事人约定;没有约定或者约定不明确,依据本法第五百一十条的规定仍不能确定的,在没有相同技术方案被授予专利权前,当事人均有使用和转让的权利。但是,委托开发的研究开发人不得在向委托人交付研究开发成果之前,将研究开发成果转让给第三人。

第三节 技术转让合同和技术许可合同

第八百六十二条 【技术转让合同和技术许可合同的定义】技术转让合同是合法拥有技术的权利人,将现有特定的专利、专利申请、技术秘密的相关权利让与他人所订立的合同。

技术许可合同是合法拥有技术的权利人,将现有特定的专利、技术秘密的相关权利许可他人实施、使用所订立的合同。

技术转让合同和技术许可合同中关于提供实施技术的专用设备、原材料或者提供有关的技术咨询、技术服务的约定,属于合同的组成部分。

第八百六十三条 【技术转让合同和技术许可合同的种类及合同要件】技术转让合同包括专利权转让、专利申请权转让、技术秘密转让等合同。

技术许可合同包括专利实施许可、技术秘密使用许可等合同。

技术转让合同和技术许可合同应当采用书面形式。

第八百六十四条 【技术转让合同和技术许可合同的限制性条款】技术转让合同和技术许可合同可以约定实施专利或者使用技术秘密的范围,但是不得限制技术竞争和技术发展。

第八百六十五条 【专利实施许可合同的有效期限】专利实施许可合同仅在该专利权的存续期限内有效。

专利权有效期限届满或者专利权被宣告无效的，专利权人不得就该专利与他人订立专利实施许可合同。

**第八百六十六条　【专利实施许可合同许可人的义务】**专利实施许可合同的许可人应当按照约定许可被许可人实施专利，交付实施专利有关的技术资料，提供必要的技术指导。

**第八百六十七条　【专利实施许可合同被许可人的义务】**专利实施许可合同的被许可人应当按照约定实施专利，不得许可约定以外的第三人实施该专利，并按照约定支付使用费。

**第八百六十八条　【技术秘密让与人和许可人的义务】**技术秘密转让合同的让与人和技术秘密使用许可合同的许可人应当按照约定提供技术资料，进行技术指导，保证技术的实用性、可靠性，承担保密义务。

前款规定的保密义务，不限制许可人申请专利，但是当事人另有约定的除外。

**第八百六十九条　【技术秘密受让人和被许可人的义务】**技术秘密转让合同的受让人和技术秘密使用许可合同的被许可人应当按照约定使用技术，支付转让费、使用费，承担保密义务。

**第八百七十条　【技术转让合同让与人和技术许可合同许可人的保证义务】**技术转让合同的让与人和技术许可合同的许可人应当保证自己是所提供的技术的合法拥有者，并保证所提供的技术完整、无误、有效，能够达到约定的目标。

**第八百七十一条　【技术转让合同受让人和技术许可合同被许可人保密义务】**技术转让合同的受让人和技术许可合同的被许可人应当按照约定的范围和期限，对让与人、许可人提供的技术中尚未公开的秘密部分，承担保密义务。

**第八百七十二条　【技术许可人和让与人的违约责任】**许可人未按照约定许可技术的，应当返还部分或者全部使用费，并应当承担违约责任；实施专利或者使用技术秘密超越约定的范围，违反约定擅自许可第三人实施该项专利或者使用该项技术秘密的，应当停止违约行为，承担违约责任；违反约定的保密义务的，应当承担违约责任。

让与人承担违约责任，参照适用前款规定。

**第八百七十三条　【技术被许可人和受让人的违约责任】**被许可人未按照约定支付使用费的，应当补交使用费并按照约定支付违约金；不补交使用费或者支付违约金的，应当停止实施专利或者使用技术秘密，交还技术资料，承担违约责任；实施专利或者使用技术秘密超越约定的范围的，未经许可人同意擅自许可第三人实施该专利或者使用该技术秘密的，应当停止违约行为，承担违约责任；违反约定的保密义务的，应当承担违约责任。

受让人承担违约责任，参照适用前款规定。

**第八百七十四条　【实施专利、使用技术秘密侵害他人合法权益责任承担】**受让人或者被许可人按照约定实施专利、使用技术秘密侵害他人合法权益的，由让与人或者许可人承担责任，但是当事人另有约定的除外。

**第八百七十五条　【后续改进技术成果的分享办法】**当事人可以按照互利的原则，在合同中约定实施专利、使用技术秘密后续改进的技术成果的分享办法；没有约定或者约定不明确，依据本法第五百一十条的规定仍不能确定的，一方后续改进的技术成果，其他各方无权分享。

**第八百七十六条　【其他知识产权转让和许可的参照适用】**集成电路布图设计专有权、植物新品种权、计算机软件著作权等其他知识产权的转让和许可，参照适用本节的有关规定。

**第八百七十七条　【技术出口合同或专利、专利申请合同的法律适用】**法律、行政法规对技术进出口合同或者专利、专利申请合同另有规定的，依照其规定。

### 第四节　技术咨询合同和技术服务合同

**第八百七十八条　【技术咨询合同、技术服务合同的定义】**技术咨询合同是当事人一方以技术知识为对方就特定技术项目提供可行性论证、技术预测、专题技术调查、分析评价报告等所订立的合同。

技术服务合同是当事人一方以技术知识为对方解决特定技术问题所订立的合同，不包括承揽合同和建设工程合同。

**第八百七十九条　【技术咨询合同委托人的义务】**技术咨询合同的委托人应当按照约定阐明咨询的问题，提供技术背景材料及有关技术资料，接受受托人的工作成果，支付报酬。

**第八百八十条　【技术咨询合同受托人的义务】**技术咨询合同的受托人应当按照约定的期限完成咨询报告或者解答问题，提出的咨询报告应当达到约定的要求。

**第八百八十一条　【技术咨询合同当事人的违约责任及决策风险责任】**技术咨询合同的委托人未按照约定提供必要的资料，影响工作进度和质量，不接受或者逾期接受工作成果的，支付的报酬不得追回，未支付的报酬应当支付。

技术咨询合同的受托人未按期提出咨询报告或者提出的咨询报告不符合约定的,应当承担减收或者免收报酬等违约责任。

技术咨询合同的委托人按照受托人符合约定要求的咨询报告和意见作出决策所造成的损失,由委托人承担,但是当事人另有约定的除外。

**第八百八十二条** 【技术服务合同委托人的义务】技术服务合同的委托人应当按照约定提供工作条件,完成配合事项,接受工作成果并支付报酬。

**第八百八十三条** 【技术服务合同受托人的义务】技术服务合同的受托人应当按照约定完成服务项目,解决技术问题,保证工作质量,并传授解决技术问题的知识。

**第八百八十四条** 【技术服务合同的当事人违约责任】技术服务合同的委托人不履行合同义务或者履行合同义务不符合约定,影响工作进度和质量,不接受或者逾期接受工作成果的,支付的报酬不得追回,未支付的报酬应当支付。

技术服务合同的受托人未按照约定完成服务工作的,应当承担免收报酬等违约责任。

**第八百八十五条** 【技术成果的归属和分享】技术咨询合同、技术服务合同履行过程中,受托人利用委托人提供的技术资料和工作条件完成的新的技术成果,属于受托人。委托人利用受托人的工作成果完成的新的技术成果,属于委托人。当事人另有约定的,按照其约定。

**第八百八十六条** 【受托人履行合同的费用负担】技术咨询合同和技术服务合同对受托人正常开展工作所需费用的负担没有约定或者约定不明确的,由受托人负担。

**第八百八十七条** 【技术中介合同和技术培训合同法律适用】法律、行政法规对技术中介合同、技术培训合同另有规定的,依照其规定。

## 第二十一章 保管合同

**第八百八十八条** 【保管合同的定义】保管合同是保管人保管寄存人交付的保管物,并返还该物的合同。

寄存人到保管人处从事购物、就餐、住宿等活动,将物品存放在指定场所的,视为保管,但是当事人另有约定或者另有交易习惯的除外。

**第八百八十九条** 【保管合同的报酬】寄存人应当按照约定向保管人支付保管费。

当事人对保管费没有约定或者约定不明确,依据本法第五百一十条的规定仍不能确定的,视为无偿保管。

**第八百九十条** 【保管合同的成立】保管合同自保管物交付时成立,但是当事人另有约定的除外。

**第八百九十一条** 【保管人给付保管凭证的义务】寄存人向保管人交付保管物的,保管人应当出具保管凭证,但是另有交易习惯的除外。

**第八百九十二条** 【保管人对保管物的妥善保管义务】保管人应当妥善保管保管物。

当事人可以约定保管场所或者方法。除紧急情况或者为维护寄存人利益外,不得擅自改变保管场所或者方法。

**第八百九十三条** 【寄存人如实告知义务】寄存人交付的保管物有瑕疵或者根据保管物的性质需要采取特殊保管措施的,寄存人应当将有关情况告知保管人。寄存人未告知,致使保管物受损失的,保管人不承担赔偿责任;保管人因此受损失的,除保管人知道或者应当知道且未采取补救措施外,寄存人应当承担赔偿责任。

**第八百九十四条** 【保管人亲自保管义务】保管人不得将保管物转交第三人保管,但是当事人另有约定的除外。

保管人违反前款规定,将保管物转交第三人保管,造成保管物损失的,应当承担赔偿责任。

**第八百九十五条** 【保管人不得使用或许可他人使用保管物义务】保管人不得使用或者许可第三人使用保管物,但是当事人另有约定的除外。

**第八百九十六条** 【保管人返还保管物的义务及危险通知义务】第三人对保管物主张权利的,除依法对保管物采取保全或者执行措施外,保管人应当履行向寄存人返还保管物的义务。

第三人对保管人提起诉讼或者对保管物申请扣押的,保管人应当及时通知寄存人。

**第八百九十七条** 【保管物毁损灭失责任】保管期内,因保管人保管不善造成保管物毁损、灭失的,保管人应当承担赔偿责任。但是,无偿保管人证明自己没有故意或者重大过失的,不承担赔偿责任。

**第八百九十八条** 【寄存贵重物品的声明义务】寄存人寄存货币、有价证券或者其他贵重物品的,应当向保管人声明,由保管人验收或者封存;寄存人未声明的,该物品毁损、灭失后,保管人可以按照一般物品予以赔偿。

**第八百九十九条** 【保管物的领取及领取时间】寄存人可以随时领取保管物。

当事人对保管期限没有约定或者约定不明确的,保管人可以随时请求寄存人领取保管物;约定保管期限的,保管人无特别事由,不得请求寄存人提前领取保管物。

**第九百条 【保管人归还原物及孳息的义务】**保管期限届满或者寄存人提前领取保管物的,保管人应当将原物及其孳息归还寄存人。

**第九百零一条 【消费保管】**保管人保管货币的,可以返还相同种类、数量的货币;保管其他可替代物的,可以按照约定返还相同种类、品质、数量的物品。

**第九百零二条 【保管费的支付期限】**有偿的保管合同,寄存人应当按照约定的期限向保管人支付保管费。

当事人对支付期限没有约定或者约定不明确,依据本法第五百一十条的规定仍不能确定的,应当在领取保管物的同时支付。

**第九百零三条 【保管人的留置权】**寄存人未按照约定支付保管费或者其他费用的,保管人对保管物享有留置权,但是当事人另有约定的除外。

## 第二十二章 仓储合同

**第九百零四条 【仓储合同的定义】**仓储合同是保管人储存存货人交付的仓储物,存货人支付仓储费的合同。

**第九百零五条 【仓储合同的成立时间】**仓储合同自保管人和存货人意思表示一致时成立。

**第九百零六条 【危险物品和易变质物品的储存】**储存易燃、易爆、有毒、有腐蚀性、有放射性等危险物品或者易变质物品的,存货人应当说明该物品的性质,提供有关资料。

存货人违反前款规定的,保管人可以拒收仓储物,也可以采取相应措施以避免损失的发生,因此产生的费用由存货人负担。

保管人储存易燃、易爆、有毒、有腐蚀性、有放射性等危险物品的,应当具备相应的保管条件。

**第九百零七条 【仓储物的验收】**保管人应当按照约定对入库仓储物进行验收。保管人验收时发现入库仓储物与约定不符合的,应当及时通知存货人。保管人验收后,发生仓储物的品种、数量、质量不符合约定的,保管人应当承担赔偿责任。

**第九百零八条 【保管人出具仓单、入库单义务】**存货人交付仓储物的,保管人应当出具仓单、入库单等凭证。

**第九百零九条 【仓单的内容】**保管人应当在仓单上签名或者盖章。仓单包括下列事项:

(一)存货人的姓名或者名称和住所;

(二)仓储物的品种、数量、质量、包装及其件数和标记;

(三)仓储物的损耗标准;

(四)储存场所;

(五)储存期限;

(六)仓储费;

(七)仓储物已经办理保险的,其保险金额、期间以及保险人的名称;

(八)填发人、填发地和填发日期。

**第九百一十条 【仓单的转让和出质】**仓单是提取仓储物的凭证。存货人或者仓单持有人在仓单上背书并经保管人签名或者盖章的,可以转让提取仓储物的权利。

**第九百一十一条 【检查仓储物或提取样品的权利】**保管人根据存货人或者仓单持有人的要求,应当同意其检查仓储物或者提取样品。

**第九百一十二条 【保管人的通知义务】**保管人发现入库仓储物有变质或者其他损坏的,应当及时通知存货人或者仓单持有人。

**第九百一十三条 【保管人危险催告义务和紧急处置权】**保管人发现入库仓储物有变质或者其他损坏,危及其他仓储物的安全和正常保管的,应当催告存货人或者仓单持有人作出必要的处置。因情况紧急,保管人可以作出必要的处置;但是,事后应将该情况及时通知存货人或者仓单持有人。

**第九百一十四条 【仓储物的提取】**当事人对储存期限没有约定或者约定不明确的,存货人或者仓单持有人可以随时提取仓储物,保管人也可以随时请求存货人或者仓单持有人提取仓储物,但是应当给予必要的准备时间。

**第九百一十五条 【仓储物的提取规则】**储存期限届满,存货人或者仓单持有人应当凭仓单、入库单等提取仓储物。存货人或者仓单持有人逾期提取的,应当加收仓储费;提前提取的,不减收仓储费。

**第九百一十六条 【逾期提取仓储物】**储存期限届满,存货人或者仓单持有人不提取仓储物的,保管人可以催告其在合理期限内提取;逾期不提取的,保管人可以提存仓储物。

**第九百一十七条 【保管不善的责任承担】**储存期内,因保管不善造成仓储物毁损、灭失的,保管人应当承担赔偿责任。因仓储物本身的自然性质、包装不符合约定或者超过有效储存期造成仓储物变质、损坏的,保管人不承担赔偿责任。

**第九百一十八条 【参照适用保管合同的规定】**本章没有规定的,适用保管合同的有关规定。

## 第二十三章 委托合同

**第九百一十九条** 【委托合同的概念】委托合同是委托人和受托人约定,由受托人处理委托人事务的合同。

**第九百二十条** 【委托权限】委托人可以特别委托受托人处理一项或者数项事务,也可以概括委托受托人处理一切事务。

**第九百二十一条** 【处理委托事务的费用】委托人应当预付处理委托事务的费用。受托人为处理委托事务垫付的必要费用,委托人应当偿还该费用并支付利息。

**第九百二十二条** 【受托人服从指示的义务】受托人应当按照委托人的指示处理委托事务。需要变更委托人指示的,应当经委托人同意;因情况紧急,难以和委托人取得联系的,受托人应当妥善处理委托事务,但是事后应当将该情况及时报告委托人。

**第九百二十三条** 【受托人亲自处理委托事务】受托人应当亲自处理委托事务。经委托人同意,受托人可以转委托。转委托经同意或者追认的,委托人可以就委托事务直接指示转委托的第三人,受托人仅就第三人的选任及其对第三人的指示承担责任。转委托未经同意或者追认的,受托人应当对转委托的第三人的行为承担责任;但是,在紧急情况下受托人为了维护委托人的利益需要转委托第三人的除外。

**第九百二十四条** 【受托人的报告义务】受托人应当按照委托人的要求,报告委托事务的处理情况。委托合同终止时,受托人应当报告委托事务的结果。

**第九百二十五条** 【受托人以自己名义从事受托务的法律效果】受托人以自己的名义,在委托人的授权范围内与第三人订立的合同,第三人在订立合同时知道受托人与委托人之间的代理关系的,该合同直接约束委托人和第三人;但是,有确切证据证明该合同只约束受托人和第三人的除外。

**第九百二十六条** 【委托人的介入权与第三人的选择权】受托人以自己的名义与第三人订立合同时,第三人不知道受托人与委托人之间的代理关系的,受托人因第三人的原因对委托人不履行义务,受托人应当向委托人披露第三人,委托人因此可以行使受托人对第三人的权利。但是,第三人与受托人订立合同时如果知道该委托人就不会订立合同的除外。

受托人因委托人的原因对第三人不履行义务,受托人应当向第三人披露委托人,第三人因此可以选择受托人或者委托人作为相对人主张其权利,但是第三人不得变更选定的相对人。

委托人行使受托人对第三人的权利的,第三人可以向委托人主张其对受托人的抗辩。第三人选定委托人作为其相对人的,委托人可以向第三人主张其对受托人的抗辩以及受托人对第三人的抗辩。

**第九百二十七条** 【受托人转移所得利益的义务】受托人处理委托事务取得的财产,应当转交给委托人。

**第九百二十八条** 【委托人支付报酬的义务】受托人完成委托事务的,委托人应当按照约定向其支付报酬。

因不可归责于受托人的事由,委托合同解除或者委托事务不能完成的,委托人应当向受托人支付相应的报酬。当事人另有约定的,按照其约定。

**第九百二十九条** 【因受托人过错致委托人损失的赔偿责任】有偿的委托合同,因受托人的过错造成委托人损失的,委托人可以请求赔偿损失。无偿的委托合同,因受托人的故意或者重大过失造成委托人损失的,委托人可以请求赔偿损失。

受托人超越权限造成委托人损失的,应当赔偿损失。

**第九百三十条** 【委托人的赔偿责任】受托人处理委托事务时,因不可归责于自己的事由受到损失的,可以向委托人请求赔偿损失。

**第九百三十一条** 【委托人另行委托他人处理事务】委托人经受托人同意,可以在受托人之外委托第三人处理委托事务。因此造成受托人损失的,受托人可以向委托人请求赔偿损失。

**第九百三十二条** 【共同委托】两个以上的受托人共同处理委托事务的,对委托人承担连带责任。

**第九百三十三条** 【任意解除权】委托人或者受托人可以随时解除委托合同。因解除合同造成对方损失的,除不可归责于该当事人的事由外,无偿委托合同的解除方应当赔偿因解除时间不当造成的直接损失,有偿委托合同的解除方应当赔偿对方的直接损失和合同履行后可以获得的利益。

**第九百三十四条** 【委托合同的终止】委托人死亡、终止或者受托人死亡、丧失民事行为能力、终止的,委托合同终止;但是,当事人另有约定或者根据委托事务的性质不宜终止的除外。

**第九百三十五条** 【受托人继续处理委托事务】因委托人死亡或者被宣告破产、解散,致使委托合同终止将损害委托人利益的,在委托人的继承人、遗产管理人或者清算人承受委托事务之前,受托人应当继续处理委托事务。

**第九百三十六条** 【受托人死亡后其继承人等的义务】因受托人死亡、丧失民事行为能力或者被宣告破产、解散,致使委托合同终止的,受托人的继承人、遗产管理人、法定代理人或者清算人应当及时通知委托人。因委托合同终止将损害委托人利益的,在委托人作出善后处理之前,受托人的继承人、遗产管理人、法定代理人或者清算人应当采取必要措施。

## 第二十四章 物业服务合同

**第九百三十七条** 【物业服务合同的定义】物业服务合同是物业服务人在物业服务区域内,为业主提供建筑物及其附属设施的维修养护、环境卫生和相关秩序的管理维护等物业服务,业主支付物业费的合同。

物业服务人包括物业服务企业和其他管理人。

**第九百三十八条** 【物业服务合同的内容与形式】物业服务合同的内容一般包括服务事项、服务质量、服务费用的标准和收取办法、维修资金的使用、服务用房的管理和使用、服务期限、服务交接等条款。

物业服务人公开作出的有利于业主的服务承诺,为物业服务合同的组成部分。

物业服务合同应当采用书面形式。

**第九百三十九条** 【物业服务合同的约束力】建设单位依法与物业服务人订立的前期物业服务合同,以及业主委员会与业主大会依法选聘的物业服务人订立的物业服务合同,对业主具有法律约束力。

**第九百四十条** 【前期物业服务合同的终止情形】建设单位依法与物业服务人订立的前期物业服务合同约定的服务期限届满前,业主委员会或者业主与新物业服务人订立的物业服务合同生效的,前期物业服务合同终止。

**第九百四十一条** 【物业服务合同的转委托】物业服务人将物业服务区域内的部分专项服务事项委托给专业性服务组织或者其他第三人的,应当就该部分专项服务事项向业主负责。

物业服务人不得将其应当提供的全部物业服务转委托给第三人,或者将全部物业服务支解后分别转委托给第三人。

**第九百四十二条** 【物业服务人的义务】物业服务人应当按照约定和物业的使用性质,妥善维修、养护、清洁、绿化和经营管理物业服务区域内的业主共有部分,维护物业服务区域内的基本秩序,采取合理措施保护业主的人身、财产安全。

对物业服务区域内违反有关治安、环保、消防等法律法规的行为,物业服务人应当及时采取合理措施制止、向有关行政主管部门报告并协助处理。

**第九百四十三条** 【物业服务人的信息公开义务】物业服务人应当定期将服务的事项、负责人员、质量要求、收费项目、收费标准、履行情况,以及维修资金使用情况、业主共有部分的经营与收益情况等以合理方式向业主公开并向业主大会、业主委员会报告。

**第九百四十四条** 【业主支付物业费义务】业主应当按照约定向物业服务人支付物业费。物业服务人已经按照约定和有关规定提供服务的,业主不得以未接受或者无需接受相关物业服务为由拒绝支付物业费。

业主违反约定逾期不支付物业费的,物业服务人可以催告其在合理期限内支付;合理期限届满仍不支付的,物业服务人可以提起诉讼或者申请仲裁。

物业服务人不得采取停止供电、供水、供热、供燃气等方式催交物业费。

**第九百四十五条** 【业主的告知、协助义务】业主装饰装修房屋的,应当事先告知物业服务人,遵守物业服务人提示的合理注意事项,并配合其进行必要的现场检查。

业主转让、出租物业专有部分、设立居住权或者依法改变共有部分用途的,应当及时将相关情况告知物业服务人。

**第九百四十六条** 【业主解聘物业服务人】业主依照法定程序共同决定解聘物业服务人的,可以解除物业服务合同。决定解聘的,应当提前六十日书面通知物业服务人,但是合同对通知期限另有约定的除外。

依据前款规定解除合同造成物业服务人损失的,除不可归责于业主的事由外,业主应当赔偿损失。

**第九百四十七条** 【物业服务人的续聘】物业服务期限届满前,业主依法共同决定续聘的,应当与原物业服务人在合同期限届满前续订物业服务合同。

物业服务期限届满前,物业服务人不同意续聘的,应当在合同期限届满前九十日书面通知业主或者业主委员会,但是合同对通知期限另有约定的除外。

**第九百四十八条** 【不定期物业服务合同的成立与解除】物业服务期限届满后,业主没有依法作出续聘或者另聘物业服务人的决定,物业服务人继续提供物业服务的,原物业服务合同继续有效,但是服务期限为不定期。

当事人可以随时解除不定期物业服务合同,但是应当提前六十日书面通知对方。

**第九百四十九条** 【物业服务合同终止后原物业服务人的义务】物业服务合同终止的,原物业服务人应当在约定期限或者合理期限内退出物业服务区域,将物业服务用房、相关设施、物业服务所必需的相关资料等交还给业主委员会、决定自行管理的业主或者其指定的人，配合新物业服务人做好交接工作，并如实告知物业的使用和管理状况。

原物业服务人违反前款规定的，不得请求业主支付物业服务合同终止后的物业费；造成业主损失的，应当赔偿损失。

**第九百五十条**　【物业服务合同终止后新合同成立前期间的相关事项】物业服务合同终止后，在业主或者业主大会选聘的新物业服务人或者决定自行管理的业主接管之前，原物业服务人应当继续处理物业服务事项，并可以请求业主支付该期间的物业费。

## 第二十五章　行纪合同

**第九百五十一条**　【行纪合同的概念】行纪合同是行纪人以自己的名义为委托人从事贸易活动，委托人支付报酬的合同。

**第九百五十二条**　【行纪人的费用负担】行纪人处理委托事务支出的费用，由行纪人负担，但是当事人另有约定的除外。

**第九百五十三条**　【行纪人保管义务】行纪人占有委托物的，应当妥善保管委托物。

**第九百五十四条**　【行纪人处置委托物义务】委托物交付给行纪人时有瑕疵或者容易腐烂、变质的，经委托人同意，行纪人可以处分该物；不能与委托人及时取得联系的，行纪人可以合理处分。

**第九百五十五条**　【行纪人按指定价格买卖的义务】行纪人低于委托人指定的价格卖出或者高于委托人指定的价格买入的，应当经委托人同意；未经委托人同意，行纪人补偿其差额的，该买卖对委托人发生效力。

行纪人高于委托人指定的价格卖出或者低于委托人指定的价格买入的，可以按照约定增加报酬；没有约定或者约定不明确，依照本法第五百一十条的规定仍不能确定的，该利益属于委托人。

委托人对价格有特别指示的，行纪人不得违背该指示卖出或者买入。

**第九百五十六条**　【行纪人的介入权】行纪人卖出或者买入具有市场定价的商品，除委托人有相反的意思表示外，行纪人自己可以作为买受人或者出卖人。

行纪人有前款规定情形的，仍然可以请求委托人支付报酬。

**第九百五十七条**　【委托人受领、取回义务及行纪人提存委托物】行纪人按照约定买入委托物，委托人应当及时受领。经行纪人催告，委托人无正当理由拒绝受领的，行纪人依法可以提存委托物。

委托物不能卖出或者委托人撤回出卖，经行纪人催告，委托人不取回或者不处分该物的，行纪人依法可以提存委托物。

**第九百五十八条**　【行纪人的直接履行义务】行纪人与第三人订立合同的，行纪人对该合同直接享有权利、承担义务。

第三人不履行义务致使委托人受到损害的，行纪人应当承担赔偿责任，但是行纪人与委托人另有约定的除外。

**第九百五十九条**　【行纪人的报酬请求权及留置权】行纪人完成或者部分完成委托事务的，委托人应当向其支付相应的报酬。委托人逾期不支付报酬的，行纪人对委托物享有留置权，但是当事人另有约定的除外。

**第九百六十条**　【参照适用委托合同的规定】本章没有规定的，参照适用委托合同的有关规定。

## 第二十六章　中介合同

**第九百六十一条**　【中介合同的概念】中介合同是中介人向委托人报告订立合同的机会或者提供订立合同的媒介服务，委托人支付报酬的合同。

**第九百六十二条**　【中介人的如实报告义务】中介人应当就有关订立合同的事项向委托人如实报告。

中介人故意隐瞒与订立合同有关的重要事实或者提供虚假情况，损害委托人利益的，不得请求支付报酬并应当承担赔偿责任。

**第九百六十三条**　【中介人的报酬请求权】中介人促成合同成立的，委托人应当按照约定支付报酬。对中介人的报酬没有约定或者约定不明确，依据本法第五百一十条的规定仍不能确定的，根据中介人的劳务合理确定。因中介人提供订立合同的媒介服务而促成合同成立的，由该合同的当事人平均负担中介人的报酬。

中介人促成合同成立的，中介活动的费用，由中介人负担。

**第九百六十四条**　【中介人的中介费用】中介人未促成合同成立的，不得请求支付报酬；但是，可以按照约定请求委托人支付从事中介活动支出的必要费用。

**第九百六十五条**　【委托人"跳单"应支付中介报酬】委托人在接受中介人的服务后，利用中介人提供的交易机会或者媒介服务，绕开中介人直接订立合同的，应当向中介人支付报酬。

**第九百六十六条**　【参照适用委托合同的规定】本章没有规定的，参照适用委托合同的有关规定。

## 第二十七章 合伙合同

**第九百六十七条** 【合伙合同的定义】合伙合同是两个以上合伙人为了共同的事业目的，订立的共享利益、共担风险的协议。

**第九百六十八条** 【合伙人的出资义务】合伙人应当按照约定的出资方式、数额和缴付期限，履行出资义务。

**第九百六十九条** 【合伙财产的定义】合伙人的出资、因合伙事务依法取得的收益和其他财产，属于合伙财产。

合伙合同终止前，合伙人不得请求分割合伙财产。

**第九百七十条** 【合伙事务的执行】合伙人就合伙事务作出决定的，除合伙合同另有约定外，应当经全体合伙人一致同意。

合伙事务由全体合伙人共同执行。按照合伙合同的约定或者全体合伙人的决定，可以委托一个或者数个合伙人执行合伙事务；其他合伙人不再执行合伙事务，但是有权监督执行情况。

合伙人分别执行合伙事务的，执行事务合伙人可以对其他合伙人执行的事务提出异议；提出异议后，其他合伙人应当暂停该项事务的执行。

**第九百七十一条** 【合伙人执行合伙事务不得请求支付报酬】合伙人不得因执行合伙事务而请求支付报酬，但是合伙合同另有约定的除外。

**第九百七十二条** 【合伙的利润分配和亏损分担】合伙的利润分配和亏损分担，按照合伙合同的约定办理；合伙合同没有约定或者约定不明确的，由合伙人协商决定；协商不成的，由合伙人按照实缴出资比例分配、分担；无法确定出资比例的，由合伙人平均分配、分担。

**第九百七十三条** 【合伙人对合伙债务的连带责任及追偿权】合伙人对合伙债务承担连带责任。清偿合伙债务超过自己应当承担份额的合伙人，有权向其他合伙人追偿。

**第九百七十四条** 【合伙人转让财产份额的要求】除合伙合同另有约定外，合伙人向合伙人以外的人转让其全部或者部分财产份额的，须经其他合伙人一致同意。

**第九百七十五条** 【合伙人债权人代位行使权利的限制】合伙人的债权人不得代位行使合伙人依照本章规定和合伙合同享有的权利，但是合伙人享有的利益分配请求权除外。

**第九百七十六条** 【合伙期限的推定】合伙人对合伙期限没有约定或者约定不明确，依据本法第五百一十条的规定仍不能确定的，视为不定期合伙。

合伙期限届满，合伙人继续执行合伙事务，其他合伙人没有提出异议的，原合伙合同继续有效，但是合伙期限为不定期。

合伙人可以随时解除不定期合伙合同，但是应当在合理期限之前通知其他合伙人。

**第九百七十七条** 【合伙人死亡、民事行为能力丧失或终止时合伙合同的效力】合伙人死亡、丧失民事行为能力或者终止的，合伙合同终止；但是，合伙合同另有约定或者根据合伙事务的性质不宜终止的除外。

**第九百七十八条** 【合伙合同终止后剩余财产的分配规则】合伙合同终止后，合伙财产在支付因终止而产生的费用以及清偿合伙债务后有剩余的，依据本法第九百七十二条的规定进行分配。

## 第三分编 准合同

### 第二十八章 无因管理

**第九百七十九条** 【无因管理的定义及法律效果】管理人没有法定的或者约定的义务，为避免他人利益受损失而管理他人事务的，可以请求受益人偿还因管理事务而支出的必要费用；管理人因管理事务受到损失的，可以请求受益人给予适当补偿。

管理事务不符合受益人真实意思的，管理人不享有前款规定的权利；但是，受益人的真实意思违反法律或者违背公序良俗的除外。

**第九百八十条** 【不适当的无因管理】管理人管理事务不属于前条规定的情形，但是受益人享有管理利益的，受益人应当在其获得的利益范围内向管理人承担前条第一款规定的义务。

**第九百八十一条** 【管理人的善良管理义务】管理人管理他人事务，应当采取有利于受益人的方法。中断管理对受益人不利的，无正当理由不得中断。

**第九百八十二条** 【管理人的通知义务】管理人管理他人事务，能够通知受益人的，应当及时通知受益人。管理的事务不需要紧急处理的，应当等待受益人的指示。

**第九百八十三条** 【管理人的报告及移交财产义务】管理结束后，管理人应当向受益人报告管理事务的情况。管理人管理事务取得的财产，应当及时转交给受益人。

**第九百八十四条** 【本人对管理事务的追认】管理人管理事务经受益人事后追认的，从管理事务开始时起，适用委托合同的有关规定，但是管理人另有意思表示的除外。

## 第二十九章　不当得利

**第九百八十五条　【不当得利的构成及除外情况】** 得利人没有法律根据取得不当利益的，受损失的人可以请求得利人返还取得的利益，但是有下列情形之一的除外：

（一）为履行道德义务进行的给付；

（二）债务到期之前的清偿；

（三）明知无给付义务而进行的债务清偿。

**第九百八十六条　【善意得利人的返还责任】** 得利人不知道且不应当知道取得的利益没有法律根据，取得的利益已经不存在的，不承担返还该利益的义务。

**第九百八十七条　【恶意得利人的返还责任】** 得利人知道或者应当知道取得的利益没有法律根据的，受损失的人可以请求得利人返还其取得的利益并依法赔偿损失。

**第九百八十八条　【第三人的返还义务】** 得利人已经将取得的利益无偿转让给第三人的，受损失的人可以请求第三人在相应范围内承担返还义务。

……

# 最高人民法院关于适用《中华人民共和国民法典》合同编通则若干问题的解释

- 2023年5月23日最高人民法院审判委员会第1889次会议通过
- 2023年12月4日最高人民法院公告公布
- 自2023年12月5日起施行
- 法释〔2023〕13号

为正确审理合同纠纷案件以及非因合同产生的债权债务关系纠纷案件，依法保护当事人的合法权益，根据《中华人民共和国民法典》《中华人民共和国民事诉讼法》等相关法律规定，结合审判实践，制定本解释。

## 一、一般规定

**第一条**　人民法院依据民法典第一百四十二条第一款、第四百六十六条第一款的规定解释合同条款时，应当以词句的通常含义为基础，结合相关条款、合同的性质和目的、习惯以及诚信原则，参考缔约背景、磋商过程、履行行为等因素确定争议条款的含义。

有证据证明当事人之间对合同条款有不同于词句的通常含义的其他共同理解，一方主张按照词句的通常含义理解合同条款的，人民法院不予支持。

对合同条款有两种以上解释，可能影响该条款效力的，人民法院应当选择有利于该条款有效的解释；属于无偿合同的，应当选择对债务人负担较轻的解释。

**第二条**　下列情形，不违反法律、行政法规的强制性规定且不违背公序良俗的，人民法院可以认定为民法典所称的"交易习惯"：

（一）当事人之间在交易活动中的惯常做法；

（二）在交易行为当地或者某一领域、某一行业通常采用并为交易对方订立合同时所知道或者应当知道的做法。

对于交易习惯，由提出主张的当事人一方承担举证责任。

## 二、合同的订立

**第三条**　当事人对合同是否成立存在争议，人民法院能够确定当事人姓名或者名称、标的和数量的，一般应当认定合同成立。但是，法律另有规定或者当事人另有约定的除外。

根据前款规定能够认定合同已经成立的，对合同欠缺的内容，人民法院应当依据民法典第五百一十条、第五百一十一条等规定予以确定。

当事人主张合同无效或者请求撤销、解除合同等，人民法院认为合同不成立的，应当依据《最高人民法院关于民事诉讼证据的若干规定》第五十三条的规定将合同是否成立作为焦点问题进行审理，并可以根据案件的具体情况重新指定举证期限。

**第四条**　采取招标方式订立合同，当事人请求确认合同自中标通知书到达中标人时成立的，人民法院应予支持。合同成立后，当事人拒绝签订书面合同的，人民法院应当依据招标文件、投标文件和中标通知书等确定合同内容。

采取现场拍卖、网络拍卖等公开竞价方式订立合同，当事人请求确认合同自拍卖师落槌、电子交易系统确认成交时成立的，人民法院应予支持。合同成立后，当事人拒绝签订成交确认书的，人民法院应当依据拍卖公告、竞买人的报价等确定合同内容。

产权交易所等机构主持拍卖、挂牌交易，其公布的拍卖公告、交易规则等文件公开确定了合同成立需要具备的条件，当事人请求确认合同自该条件具备时成立的，人民法院应予支持。

**第五条**　第三人实施欺诈、胁迫行为，使当事人在违背真实意思的情况下订立合同，受到损失的当事人请求第三人承担赔偿责任的，人民法院依法予以支持；当事人亦有违背诚信原则的行为的,人民法院应当根据各自的过错确定相应的责任。但是,法律、司法解释对当事人与第三人的民事责任另有规定的,依照其规定。

**第六条** 当事人以认购书、订购书、预订书等形式约定在将来一定期限内订立合同,或者为担保在将来一定期限内订立合同交付了定金,能够确定将来所要订立合同的主体、标的等内容的,人民法院应当认定预约合同成立。

当事人通过签订意向书或者备忘录等方式,仅表达交易的意向,未约定在将来一定期限内订立合同,或者虽然有约定但是难以确定将来所要订立合同的主体、标的等内容,一方主张预约合同成立的,人民法院不予支持。

当事人订立的认购书、订购书、预订书等已就合同标的、数量、价款或者报酬等主要内容达成合意,符合本解释第三条第一款规定的合同成立条件,未明确约定在将来一定期限内另行订立合同,或者虽然有约定但是当事人一方已实施履行行为且对方接受的,人民法院应当认定本约合同成立。

**第七条** 预约合同生效后,当事人一方拒绝订立本约合同或者在磋商订立本约合同时违背诚信原则导致未能订立本约合同的,人民法院应当认定该当事人不履行预约合同约定的义务。

人民法院认定当事人一方在磋商订立本约合同时是否违背诚信原则,应当综合考虑该当事人在磋商时提出的条件是否明显背离预约合同约定的内容以及是否已尽合理努力进行协商等因素。

**第八条** 预约合同生效后,当事人一方不履行订立本约合同的义务,对方请求其赔偿因此造成的损失的,人民法院依法予以支持。

前款规定的损失赔偿,当事人有约定的,按照约定;没有约定的,人民法院应当综合考虑预约合同在内容上的完备程度以及订立本约合同的条件的成就程度等因素酌定。

**第九条** 合同条款符合民法典第四百九十六条第一款规定的情形,当事人仅以合同系依据合同示范文本制作或者双方已经明确约定该合同条款不属于格式条款为由主张该条款不是格式条款的,人民法院不予支持。

从事经营活动的当事人一方仅以未实际重复使用为由主张其预先拟定且未与对方协商的合同条款不是格式条款的,人民法院不予支持。但是,有证据证明该条款不是为了重复使用而预先拟定的除外。

**第十条** 提供格式条款的一方在合同订立时采用通常足以引起对方注意的文字、符号、字体等明显标识,提示对方注意免除或者减轻其责任、排除或者限制对方权利等与对方有重大利害关系的异常条款的,人民法院可以认定其已经履行民法典第四百九十六条第二款规定的提示义务。

提供格式条款的一方按照对方的要求,就与对方有重大利害关系的异常条款的概念、内容及其法律后果以书面或者口头形式向对方作出通常能够理解的解释说明的,人民法院可以认定其已经履行民法典第四百九十六条第二款规定的说明义务。

提供格式条款的一方对其已经尽到提示义务或者说明义务承担举证责任。对于通过互联网等信息网络订立的电子合同,提供格式条款的一方仅以采取了设置勾选、弹窗等方式为由主张其已经履行提示义务或说明义务的,人民法院不予支持,但是其举证符合前两款规定的除外。

### 三、合同的效力

**第十一条** 当事人一方是自然人,根据该当事人的年龄、智力、知识、经验并结合交易的复杂程度,能够认定其对合同的性质、合同订立的法律后果或者交易中存在的特定风险缺乏应有的认知能力的,人民法院可以认定该情形构成民法典第一百五十一条规定的"缺乏判断能力"。

**第十二条** 合同依法成立后,负有报批义务的当事人不履行报批义务或者履行报批义务不符合合同的约定或者法律、行政法规的规定,对方请求其继续履行报批义务的,人民法院应予支持;对方主张解除合同并请求其承担违反报批义务的赔偿责任的,人民法院应予支持。

人民法院判决当事人一方履行报批义务后,其仍不履行,对方主张解除合同并参照违反合同的违约责任请求其承担赔偿责任的,人民法院应予支持。

合同获得批准前,当事人一方起诉请求对方履行合同约定的主要义务,经释明后拒绝变更诉讼请求的,人民法院应当判决驳回其诉讼请求,但是不影响其另行提起诉讼。

负有报批义务的当事人已经办理申请批准等手续或者已经履行生效判决确定的报批义务,批准机关决定不予批准,对方请求其承担赔偿责任的,人民法院不予支持。但是,因迟延履行报批义务等可归责于当事人的原因导致合同未获批准,对方请求赔偿因此受到的损失的,人民法院应当依据民法典第一百五十七条的规定处理。

**第十三条** 合同存在无效或者可撤销的情形,当事人以该合同已在有关行政管理部门办理备案、已经批准机关批准或者依据该合同办理财产权利的变更登记、移转登记等为由主张合同有效的，人民法院不予支持。

第十四条　当事人之间就同一交易订立多份合同，人民法院应当认定其中以虚假意思表示订立的合同无效。当事人为规避法律、行政法规的强制性规定，以虚假意思表示隐藏真实意思表示的，人民法院应当依据民法典第一百五十三条第一款的规定认定被隐藏合同的效力；当事人为规避法律、行政法规关于合同应当办理批准等手续的规定，以虚假意思表示隐藏真实意思表示的，人民法院应当依据民法典第五百零二条第二款的规定认定被隐藏合同的效力。

依据前款规定认定被隐藏合同无效或者确定不发生效力的，人民法院应当以被隐藏合同为事实基础，依据民法典第一百五十七条的规定确定当事人的民事责任。但是，法律另有规定的除外。

当事人就同一交易订立的多份合同均系真实意思表示，且不存在其他影响合同效力情形的，人民法院应当在查明各合同成立先后顺序和实际履行情况的基础上，认定合同内容是否发生变更。法律、行政法规禁止变更合同内容的，人民法院应当认定合同的相应变更无效。

第十五条　人民法院认定当事人之间的权利义务关系，不应当拘泥于合同使用的名称，而应当根据合同约定的内容。当事人主张的权利义务关系与根据合同内容认定的权利义务关系不一致的，人民法院应当结合缔约背景、交易目的、交易结构、履行行为以及当事人是否存在虚构交易标的等事实认定当事人之间的实际民事法律关系。

第十六条　合同违反法律、行政法规的强制性规定，有下列情形之一，由行为人承担行政责任或者刑事责任能够实现强制性规定的立法目的的，人民法院可以依据民法典第一百五十三条第一款关于"该强制性规定不导致该民事法律行为无效的除外"的规定认定该合同不因违反强制性规定无效：

（一）强制性规定虽然旨在维护社会公共秩序，但是合同的实际履行对社会公共秩序造成的影响显著轻微，认定合同无效将导致案件处理结果有失公平公正的；

（二）强制性规定旨在维护政府的税收、土地出让金等国家利益或者其他民事主体的合法利益而非合同当事人的民事权益，认定合同有效不会影响该规范目的的实现；

（三）强制性规定旨在要求当事人一方加强风险控制、内部管理等，对方无能力或者无义务审查合同是否违反强制性规定，认定合同无效将使其承担不利后果的；

（四）当事人一方虽然在订立合同时违反强制性规定，但是在合同订立后其已经具备补正违反强制性规定的条件却违背诚信原则不予补正的；

（五）法律、司法解释规定的其他情形。

法律、行政法规的强制性规定旨在规制合同订立后的履行行为，当事人以合同违反强制性规定为由请求认定合同无效的，人民法院不予支持。但是，合同履行必然导致违反强制性规定或者法律、司法解释另有规定的除外。

依据前两款认定合同有效，但是当事人的违法行为未经处理的，人民法院应当向有关行政管理部门提出司法建议。当事人的行为涉嫌犯罪的，应当将案件线索移送刑事侦查机关；属于刑事自诉案件的，应当告知当事人可以向有管辖权的人民法院另行提起诉讼。

第十七条　合同虽然不违反法律、行政法规的强制性规定，但是有下列情形之一，人民法院应当依据民法典第一百五十三条第二款的规定认定合同无效：

（一）合同影响政治安全、经济安全、军事安全等国家安全的；

（二）合同影响社会稳定、公平竞争秩序或者损害社会公共利益等违背社会公共秩序的；

（三）合同背离社会公德、家庭伦理或者有损人格尊严等违背善良风俗的。

人民法院在认定合同是否违背公序良俗时，应当以社会主义核心价值观为导向，综合考虑当事人的主观动机和交易目的、政府部门的监管强度、一定期限内当事人从事类似交易的频次、行为的社会后果等因素，并在裁判文书中充分说理。当事人确因生活需要进行交易，未给社会公共秩序造成重大影响，且不影响国家安全，也不违背善良风俗的，人民法院不应当认定合同无效。

第十八条　法律、行政法规的规定虽然有"应当""必须"或者"不得"等表述，但是该规定旨在限制或者赋予民事权利，行为人违反该规定将构成无权处分、无权代理、越权代表等，或者导致合同相对人、第三人因此获得撤销权、解除权等民事权利的，人民法院应当依据法律、行政法规规定的关于违反该规定的民事法律后果认定合同效力。

第十九条　以转让或者设定财产权利为目的订立的合同，当事人或者真正权利人仅以让与人在订立合同时对标的物没有所有权或者处分权为由主张合同无效的，人民法院不予支持;因未取得真正权利人事后同意或者让与人事后未取得处分权导致合同不能履行,受让人主张解除合同并请求让与人承担违反合同的赔偿责任的,人民法院依法予以支持。

前款规定的合同被认定有效,且让与人已经将财产交付或者移转登记至受让人,真正权利人请求认定财产权利未发生变动或者请求返还财产的,人民法院应予支持。但是,受让人依据民法典第三百一十一条等规定善意取得财产权利的除外。

**第二十条** 法律、行政法规为限制法人的法定代表人或者非法人组织的负责人的代表权,规定合同所涉事项应当由法人、非法人组织的权力机构或者决策机构决议,或者应当由法人、非法人组织的执行机构决定,法定代表人、负责人未取得授权以法人、非法人组织的名义订立合同,未尽到合理审查义务的相对人主张该合同对法人、非法人组织发生效力并由其承担违约责任的,人民法院不予支持,但是法人、非法人组织有过错的,可以参照民法典第一百五十七条的规定判决其承担相应的赔偿责任。相对人已尽到合理审查义务,构成表见代表的,人民法院应当依据民法典第五百零四条的规定处理。

合同所涉事项未超越法律、行政法规规定的法定代表人或者负责人的代表权限,但是超越法人、非法人组织的章程或者权力机构等对代表权的限制,相对人主张该合同对法人、非法人组织发生效力并由其承担违约责任的,人民法院依法予以支持。但是,法人、非法人组织举证证明相对人知道或者应当知道该限制的除外。

法人、非法人组织承担民事责任后,向有过错的法定代表人、负责人追偿因越权代表行为造成的损失,人民法院依法予以支持。法律、司法解释对法定代表人、负责人的民事责任另有规定,依照其规定。

**第二十一条** 法人、非法人组织的工作人员就超越其职权范围的事项以法人、非法人组织的名义订立合同,相对人主张该合同对法人、非法人组织发生效力并由其承担违约责任的,人民法院不予支持。但是,法人、非法人组织有过错的,人民法院可以参照民法典第一百五十七条的规定判决其承担相应的赔偿责任。前述情形,构成表见代理的,人民法院应当依据民法典第一百七十二条的规定处理。

合同所涉事项有下列情形之一的,人民法院应当认定法人、非法人组织的工作人员在订立合同时超越其职权范围:

(一)依法应当由法人、非法人组织的权力机构或者决策机构决议的事项;

(二)依法应当由法人、非法人组织的执行机构决定的事项;

(三)依法应当由法定代表人、负责人代表法人、非法人组织实施的事项;

(四)不属于通常情况下依其职权可以处理的事项。

合同所涉事项未超越依据前款确定的职权范围,但是超越法人、非法人组织对工作人员职权范围的限制,相对人主张该合同对法人、非法人组织发生效力并由其承担违约责任的,人民法院应予支持。但是,法人、非法人组织举证证明相对人知道或者应当知道该限制的除外。

法人、非法人组织承担民事责任后,向故意或者有重大过失的工作人员追偿的,人民法院依法予以支持。

**第二十二条** 法定代表人、负责人或者工作人员以法人、非法人组织的名义订立合同且未超越权限,法人、非法人组织仅以合同加盖的印章不是备案印章或者系伪造的印章等为由主张该合同对其不发生效力的,人民法院不予支持。

合同系以法人、非法人组织的名义订立,但是仅有法定代表人、负责人或者工作人员签名或者按指印而未加盖法人、非法人组织的印章,相对人能够证明法定代表人、负责人或者工作人员在订立合同时未超越权限的,人民法院应当认定合同对法人、非法人组织发生效力。但是,当事人约定以加盖印章作为合同成立条件的除外。

合同仅加盖法人、非法人组织的印章而无人员签名或者按指印,相对人能够证明合同系法定代表人、负责人或者工作人员在其权限范围内订立的,人民法院应当认定该合同对法人、非法人组织发生效力。

在前三款规定的情形下,法定代表人、负责人或者工作人员在订立合同时虽然超越代表或者代理权限,但是依据民法典第五百零四条的规定构成表见代表,或者依据民法典第一百七十二条的规定构成表见代理的,人民法院应当认定合同对法人、非法人组织发生效力。

**第二十三条** 法定代表人、负责人或者代理人与相对人恶意串通,以法人、非法人组织的名义订立合同,损害法人、非法人组织的合法权益,法人、非法人组织主张不承担民事责任的,人民法院应予支持。法人、非法人组织请求法定代表人、负责人或者代理人与相对人对因此受到的损失承担连带赔偿责任的,人民法院应予支持。

根据法人、非法人组织的举证,综合考虑当事人之间的交易习惯、合同在订立时是否显失公平、相关人员是否获取了不正当利益、合同的履行情况等因素,人民法院能够认定法定代表人、负责人或者代理人与相对人存在恶意串通的高度可能性的,可以要求前述人员就合同订立、履行的过程等相关事实作出陈述或者提供相应的证据。其无正当理由拒绝作出陈述,或者所作陈述不具合理性又不能提供相应证据的,人民法院可以认定恶意串通的事实成立。

**第二十四条** 合同不成立、无效、被撤销或者确定不发生效力,当事人请求返还财产,经审查财产能够返还的,人民法院应当根据案件具体情况,单独或者合并适用返还占有的标的物、更正登记簿册记载等方式;经审查财产不能返还或者没有必要返还的,人民法院应当以认定合同不成立、无效、被撤销或者确定不发生效力之日该财产的市场价值或者以其他合理方式计算的价值为基准判决折价补偿。

除前款规定的情形外,当事人还请求赔偿损失的,人民法院应当结合财产返还或者折价补偿的情况,综合考虑财产增值收益和贬值损失、交易成本的支出等事实,按照双方当事人的过错程度及原因力大小,根据诚信原则和公平原则,合理确定损失赔偿额。

合同不成立、无效、被撤销或者确定不发生效力,当事人的行为涉嫌违法且未经处理,可能导致一方或者双方通过违法行为获得不当利益的,人民法院应当向有关行政管理部门提出司法建议。当事人的行为涉嫌犯罪的,应当将案件线索移送刑事侦查机关;属于刑事自诉案件的,应当告知当事人可以向有管辖权的人民法院另行提起诉讼。

**第二十五条** 合同不成立、无效、被撤销或者确定不发生效力,有权请求返还价款或者报酬的当事人一方请求对方支付资金占用费的,人民法院应当在当事人请求的范围内按照中国人民银行授权全国银行间同业拆借中心公布的一年期贷款市场报价利率(LPR)计算。但是,占用资金的当事人对于合同不成立、无效、被撤销或者确定不发生效力没有过错的,应当以中国人民银行公布的同期同类存款基准利率计算。

双方互负返还义务,当事人主张同时履行的,人民法院应予支持;占有标的物的一方对标的物存在使用或者依法可以使用的情形,对方请求将其应支付的资金占用费与应收取的标的物使用费相互抵销的,人民法院应予支持,但是法律另有规定的除外。

### 四、合同的履行

**第二十六条** 当事人一方未根据法律规定或者合同约定履行开具发票、提供证明文件等非主要债务,对方请求继续履行该债务并赔偿因怠于履行该债务造成的损失的,人民法院依法予以支持;对方请求解除合同的,人民法院不予支持,但是不履行该债务致使不能实现合同目的或者当事人另有约定的除外。

**第二十七条** 债务人或者第三人与债权人在债务履行期限届满后达成以物抵债协议,不存在影响合同效力情形的,人民法院应当认定该协议自当事人意思表示一致时生效。

债务人或者第三人履行以物抵债协议后,人民法院应当认定相应的原债务同时消灭;债务人或者第三人未按照约定履行以物抵债协议,经催告后在合理期限内仍不履行,债权人选择请求履行原债务或者以物抵债协议的,人民法院应予支持,但是法律另有规定或者当事人另有约定的除外。

前款规定的以物抵债协议经人民法院确认或者人民法院根据当事人达成的以物抵债协议制作成调解书,债权人主张财产权利自确认书、调解书生效时发生变动或者具有对抗善意第三人效力的,人民法院不予支持。

债务人或者第三人以自己不享有所有权或者处分权的财产权利订立以物抵债协议的,依据本解释第十九条的规定处理。

**第二十八条** 债务人或者第三人与债权人在债务履行期限届满前达成以物抵债协议的,人民法院应当在审理债权债务关系的基础上认定该协议的效力。

当事人约定债务人到期没有清偿债务,债权人可以对抵债财产拍卖、变卖、折价以实现债权的,人民法院应当认定该约定有效。当事人约定债务人到期没有清偿债务,抵债财产归债权人所有的,人民法院应当认定该约定无效,但是不影响其他部分的效力;债权人请求对抵债财产拍卖、变卖、折价以实现债权的,人民法院应予支持。

当事人订立前款规定的以物抵债协议后,债务人或者第三人未将财产权利转移至债权人名下,债权人主张优先受偿的,人民法院不予支持;债务人或者第三人已将财产权利转移至债权人名下的,依据《最高人民法院关于适用〈中华人民共和国民法典〉有关担保制度的解释》第六十八条的规定处理。

**第二十九条** 民法典第五百二十二条第二款规定的第三人请求债务人向自己履行债务的,人民法院应予支持;请求行使撤销权、解除权等民事权利的,人民法院不予支持,但是法律另有规定的除外。

合同依法被撤销或者被解除,债务人请求债权人返还财产的,人民法院应当支持。

债务人按照约定向第三人履行债务,第三人拒绝受领,债权人请求债务人向自己履行债务的,人民法院应予支持,但是债务人已经采取提存等方式消灭债务的除外。第三人拒绝受领或者受领迟延,债务人请求债权人赔偿因此造成的损失的,人民法院依法予以支持。

**第三十条** 下列民事主体,人民法院可以认定为民法典第五百二十四条第一款规定的对履行债务具有合法利益的第三人:

(一)保证人或者提供物的担保的第三人;

(二)担保财产的受让人、用益物权人、合法占有人;

(三)担保财产上的后顺位担保权人;

(四)对债务人的财产享有合法权益且该权益将因财产被强制执行而丧失的第三人;

(五)债务人为法人或者非法人组织的,其出资人或者设立人;

(六)债务人为自然人的,其近亲属;

(七)其他对履行债务具有合法利益的第三人。

第三人在其已经代为履行的范围内取得对债务人的债权,但是不得损害债权人的利益。

担保人代为履行债务取得债权后,向其他担保人主张担保权利的,依据《最高人民法院关于适用〈中华人民共和国民法典〉有关担保制度的解释》第十三条、第十四条、第十八条第二款等规定处理。

**第三十一条** 当事人互负债务,一方以对方没有履行非主要债务为由拒绝履行自己的主要债务的,人民法院不予支持。但是,对方不履行非主要债务致使不能实现合同目的或者当事人另有约定的除外。

当事人一方起诉请求对方履行债务,被告依据民法典第五百二十五条的规定主张双方同时履行的抗辩且抗辩成立,被告未提起反诉的,人民法院应当判决被告在原告履行债务的同时履行自己的债务,并在判项中明确原告申请强制执行的,人民法院应当在原告履行自己的债务后对被告采取执行行为;被告提起反诉的,人民法院应当判决双方同时履行自己的债务,并在判项中明确任何一方申请强制执行的,人民法院应当在该当事人履行自己的债务后对对方采取执行行为。

当事人一方起诉请求对方履行债务,被告依据民法典第五百二十六条的规定主张原告应先履行的抗辩且抗辩成立,人民法院应当驳回原告的诉讼请求,但是不影响原告履行债务后另行提起诉讼。

**第三十二条** 合同成立后,因政策调整或者市场供求关系异常变动等原因导致价格发生当事人在订立合同时无法预见的、不属于商业风险的涨跌,继续履行合同对于当事人一方明显不公平的,人民法院应当认定合同的基础条件发生了民法典第五百三十三条第一款规定的"重大变化"。但是,合同涉及市场属性活跃、长期以来价格波动较大的大宗商品以及股票、期货等风险投资型金融产品的除外。

合同的基础条件发生了民法典第五百三十三条第一款规定的重大变化,当事人请求变更合同的,人民法院不得解除合同;当事人一方请求变更合同,对方请求解除合同的,或者当事人一方请求解除合同,对方请求变更合同的,人民法院应当结合案件的实际情况,根据公平原则判决变更或者解除合同。

人民法院依据民法典第五百三十三条的规定判决变更或者解除合同的,应当综合考虑合同基础条件发生重大变化的时间、当事人重新协商的情况以及因合同变更或者解除给当事人造成的损失等因素,在判项中明确合同变更或者解除的时间。

当事人事先约定排除民法典第五百三十三条适用的,人民法院应当认定该约定无效。

## 五、合同的保全

**第三十三条** 债务人不履行其对债权人的到期债务,又不以诉讼或者仲裁方式向相对人主张其享有的债权或者与该债权有关的从权利,致使债权人的到期债权未能实现的,人民法院可以认定为民法典第五百三十五条规定的"债务人怠于行使其债权或者与该债权有关的从权利,影响债权人的到期债权实现"。

**第三十四条** 下列权利,人民法院可以认定为民法典第五百三十五条第一款规定的专属于债务人自身的权利:

(一)抚养费、赡养费或者扶养费请求权;

(二)人身损害赔偿请求权;

(三)劳动报酬请求权,但是超过债务人及其所扶养家属的生活必需费用的部分除外;

(四)请求支付基本养老保险金、失业保险金、最低生活保障金等保障当事人基本生活的权利;

(五)其他专属于债务人自身的权利。

**第三十五条** 债权人依据民法典第五百三十五条的规定对债务人的相对人提起代位权诉讼的,由被告住所地人民法院管辖,但是依法应当适用专属管辖规定的除外。

债务人或者相对人以双方之间的债权债务关系订有管辖协议为由提出异议的,人民法院不予支持。

**第三十六条** 债权人提起代位权诉讼后，债务人或者相对人以双方之间的债权债务关系订有仲裁协议为由对法院主管提出异议的，人民法院不予支持。但是，债务人或者相对人在首次开庭前就债务人与相对人之间的债权债务关系申请仲裁的，人民法院可以依法中止代位权诉讼。

**第三十七条** 债权人以债务人的相对人为被告向人民法院提起代位权诉讼，未将债务人列为第三人的，人民法院应当追加债务人为第三人。

两个以上债权人以债务人的同一相对人为被告提起代位权诉讼的，人民法院可以合并审理。债务人对相对人享有的债权不足以清偿其对两个以上债权人负担的债务的，人民法院应当按照债权人享有的债权比例确定相对人的履行份额，但是法律另有规定的除外。

**第三十八条** 债权人向人民法院起诉债务人后，又向同一人民法院对债务人的相对人提起代位权诉讼，属于该人民法院管辖的，可以合并审理。不属于该人民法院管辖的，应当告知其向有管辖权的人民法院另行起诉；在起诉债务人的诉讼终结前，代位权诉讼应当中止。

**第三十九条** 在代位权诉讼中，债务人对超过债权人代位请求数额的债权部分起诉相对人，属于同一人民法院管辖的，可以合并审理。不属于同一人民法院管辖的，应当告知其向有管辖权的人民法院另行起诉；在代位权诉讼终结前，债务人对相对人的诉讼应当中止。

**第四十条** 代位权诉讼中，人民法院经审理认为债权人的主张不符合代位权行使条件的，应当驳回诉讼请求，但是不影响债权人根据新的事实再次起诉。

债务人的相对人仅以债权人提起代位权诉讼时债权人与债务人之间的债权债务关系未经生效法律文书确认为由，主张债权人提起的诉讼不符合代位权行使条件的，人民法院不予支持。

**第四十一条** 债权人提起代位权诉讼后，债务人无正当理由减免相对人的债务或者延长相对人的履行期限，相对人以此向债权人抗辩的，人民法院不予支持。

**第四十二条** 对于民法典第五百三十九条规定的"明显不合理"的低价或者高价，人民法院应当按照交易当地一般经营者的判断，并参考交易时交易地的市场交易价或者物价部门指导价予以认定。

转让价格未达到交易时交易地的市场交易价或者指导价百分之七十的，一般可以认定为"明显不合理的低价"；受让价格高于交易时交易地的市场交易价或者指导价百分之三十的，一般可以认定为"明显不合理的高价"。

债务人与相对人存在亲属关系、关联关系的，不受前款规定的百分之七十、百分之三十的限制。

**第四十三条** 债务人以明显不合理的价格，实施互易财产、以物抵债、出租或者承租财产、知识产权许可使用等行为，影响债权人的债权实现，债务人的相对人知道或者应当知道该情形，债权人请求撤销债务人的行为的，人民法院应当依据民法典第五百三十九条的规定予以支持。

**第四十四条** 债权人依据民法典第五百三十八条、第五百三十九条的规定提起撤销权诉讼的，应当以债务人和债务人的相对人为共同被告，由债务人或者相对人的住所地人民法院管辖，但是依法应当适用专属管辖规定的除外。

两个以上债权人就债务人的同一行为提起撤销权诉讼的，人民法院可以合并审理。

**第四十五条** 在债权人撤销权诉讼中，被撤销行为的标的可分，当事人主张在受影响的债权范围内撤销债务人的行为的，人民法院应予支持；被撤销行为的标的不可分，债权人主张将债务人的行为全部撤销的，人民法院应予支持。

债权人行使撤销权所支付的合理的律师代理费、差旅费等费用，可以认定为民法典第五百四十条规定的"必要费用"。

**第四十六条** 债权人在撤销权诉讼中同时请求债务人的相对人向债务人承担返还财产、折价补偿、履行到期债务等法律后果的，人民法院依法予以支持。

债权人请求受理撤销权诉讼的人民法院一并审理其与债务人之间的债权债务关系，属于该人民法院管辖的，可以合并审理。不属于该人民法院管辖的，应当告知其向有管辖权的人民法院另行起诉。

债权人依据其与债务人的诉讼、撤销权诉讼产生的生效法律文书申请强制执行的，人民法院可以就债务人对相对人享有的权利采取强制执行措施以实现债权人的债权。债权人在撤销权诉讼中，申请对相对人的财产采取保全措施的，人民法院依法予以准许。

### 六、合同的变更和转让

**第四十七条** 债权转让后，债务人向受让人主张其对让与人的抗辩的，人民法院可以追加让与人为第三人。

债务转移后，新债务人主张原债务人对债权人的抗辩的，人民法院可以追加原债务人为第三人。

当事人一方将合同权利义务一并转让后，对方就合同权利义务向受让人主张抗辩或者受让人就合同权利义务向对方主张抗辩的，人民法院可以追加让与人为第三人。

**第四十八条** 债务人在接到债权转让通知前已经向让与人履行，受让人请求债务人履行的，人民法院不予支持；债务人接到债权转让通知后仍然向让与人履行，受让人请求债务人履行的，人民法院应予支持。

让与人未通知债务人，受让人直接起诉债务人请求履行债务，人民法院经审理确认债权转让事实的，应当认定债权转让自起诉状副本送达时对债务人发生效力。债务人主张因未通知而给其增加的费用或者造成的损失从认定的债权数额中扣除的，人民法院依法予以支持。

**第四十九条** 债务人接到债权转让通知后，让与人以债权转让合同不成立、无效、被撤销或者确定不发生效力为由请求债务人向其履行的，人民法院不予支持。但是，该债权转让通知被依法撤销的除外。

受让人基于债务人对债权真实存在的确认受让债权后，债务人又以该债权不存在为由拒绝向受让人履行的，人民法院不予支持。但是，受让人知道或者应当知道该债权不存在的除外。

**第五十条** 让与人将同一债权转让给两个以上受让人，债务人以已经向最先通知的受让人履行为由主张其不再履行债务的，人民法院应予支持。债务人明知接受履行的受让人不是最先通知的受让人，最先通知的受让人请求债务人继续履行债务或者依据债权转让协议请求让与人承担违约责任的，人民法院应予支持；最先通知的受让人请求接受履行的受让人返还其接受的财产的，人民法院不予支持，但是接受履行的受让人明知该债权在其受让前已经转让给其他受让人的除外。

前款所称最先通知的受让人，是指最先到达债务人的转让通知中载明的受让人。当事人之间对通知到达时间有争议的，人民法院应当结合通知的方式等因素综合判断，而不能仅根据债务人认可的通知时间或者通知记载的时间予以认定。当事人采用邮寄、通讯电子系统等方式发出通知的，人民法院应当以邮戳时间或者通讯电子系统记载的时间等作为认定通知到达时间的依据。

**第五十一条** 第三人加入债务并与债务人约定了追偿权，其履行债务后主张向债务人追偿的，人民法院应予支持；没有约定追偿权，第三人依照民法典关于不当得利等的规定，在其已经向债权人履行债务的范围内请求债务人向其履行的，人民法院应予支持，但是第三人知道或者应当知道加入债务会损害债务人利益的除外。

债务人就其对债权人享有的抗辩向加入债务的第三人主张的，人民法院应予支持。

### 七、合同的权利义务终止

**第五十二条** 当事人就解除合同协商一致未对合同解除后的违约责任、结算和清理等问题作出处理，一方主张合同已经解除的，人民法院应予支持。但是，当事人另有约定的除外。

有下列情形之一的，除当事人一方另有意思表示外，人民法院可以认定合同解除：

（一）当事人一方主张行使法律规定或者合同约定的解除权，经审理认为不符合解除权行使条件但是对方同意解除；

（二）双方当事人均不符合解除权行使的条件但是均主张解除合同。

前两款情形下的违约责任、结算和清理等问题，人民法院应当依据民法典第五百六十六条、第五百六十七条和有关违约责任的规定处理。

**第五十三条** 当事人一方以通知方式解除合同，并以对方未在约定的异议期限或者其他合理期限内提出异议为由主张合同已经解除的，人民法院应当对其是否享有法律规定或者合同约定的解除权进行审查。经审查，享有解除权的，合同自通知到达对方时解除；不享有解除权的，不发生合同解除的效力。

**第五十四条** 当事人一方未通知对方，直接以提起诉讼的方式主张解除合同，撤诉后再次起诉主张解除合同，人民法院经审理支持该主张的，合同自再次起诉的起诉状副本送达对方时解除。但是，当事人一方撤诉后又通知对方解除合同且该通知已经到达对方的除外。

**第五十五条** 当事人一方依据民法典第五百六十八条的规定主张抵销，人民法院经审理认为抵销权成立的，应当认定通知到达对方时双方互负的主债务、利息、违约金或者损害赔偿金等债务在同等数额内消灭。

**第五十六条** 行使抵销权的一方负担的数项债务种类相同，但是享有的债权不足以抵销全部债务，当事人因抵销的顺序发生争议的，人民法院可以参照民法典第五百六十条的规定处理。

行使抵销权的一方享有的债权不足以抵销其负担的包括主债务、利息、实现债权的有关费用在内的全部债务，当事人因抵销的顺序发生争议的，人民法院可以参照民法典第五百六十一条的规定处理。

**第五十七条** 因侵害自然人人身权益，或者故意、重大过失侵害他人财产权益产生的损害赔偿债务，侵权人主张抵销的,人民法院不予支持。

**第五十八条** 当事人互负债务,一方以其诉讼时效期间已经届满的债权通知对方主张抵销,对方提出诉讼时效抗辩的,人民法院对该抗辩应予支持。一方的债权诉讼时效期间已经届满,对方主张抵销的,人民法院应予支持。

## 八、违约责任

**第五十九条** 当事人一方依据民法典第五百八十条第二款的规定请求终止合同权利义务关系的,人民法院一般应当以起诉状副本送达对方的时间作为合同权利义务关系终止的时间。根据案件的具体情况,以其他时间作为合同权利义务关系终止的时间更加符合公平原则和诚信原则的,人民法院可以以该时间作为合同权利义务关系终止的时间,但是应当在裁判文书中充分说明理由。

**第六十条** 人民法院依据民法典第五百八十四条的规定确定合同履行后可以获得的利益时,可以在扣除非违约方为订立、履行合同支出的费用等合理成本后,按照非违约方能够获得的生产利润、经营利润或者转售利润等计算。

非违约方依法行使合同解除权并实施了替代交易,主张按照替代交易价格与合同价格的差额确定合同履行后可以获得的利益的,人民法院依法予以支持;替代交易价格明显偏离替代交易发生时当地的市场价格,违约方主张按照市场价格与合同价格的差额确定合同履行后可以获得的利益的,人民法院应予支持。

非违约方依法行使合同解除权但是未实施替代交易,主张按照违约行为发生后合理期间内合同履行地的市场价格与合同价格的差额确定合同履行后可以获得的利益的,人民法院应予支持。

**第六十一条** 在以持续履行的债务为内容的定期合同中,一方不履行支付价款、租金等金钱债务,对方请求解除合同,人民法院经审理认为合同应当依法解除的,可以根据当事人的主张,参考合同主体、交易类型、市场价格变化、剩余履行期限等因素确定非违约方寻找替代交易的合理期限,并按照该期限对应的价款、租金等扣除非违约方应当支付的相应履约成本确定合同履行后可以获得的利益。

非违约方主张按照合同解除后剩余履行期限相应的价款、租金等扣除履约成本确定合同履行后可以获得的利益的,人民法院不予支持。但是,剩余履行期限少于寻找替代交易的合理期限的除外。

**第六十二条** 非违约方在合同履行后可以获得的利益难以根据本解释第六十条、第六十一条的规定予以确定的,人民法院可以综合考虑违约方因违约获得的利益、违约方的过错程度、其他违约情节等因素,遵循公平原则和诚信原则确定。

**第六十三条** 在认定民法典第五百八十四条规定的"违约一方订立合同时预见到或者应当预见到的因违约可能造成的损失"时,人民法院应当根据当事人订立合同的目的,综合考虑合同主体、合同内容、交易类型、交易习惯、磋商过程等因素,按照与违约方处于相同或者类似情况的民事主体在订立合同时预见到或者应当预见到的损失予以确定。

除合同履行后可以获得的利益外,非违约方主张还有其向第三人承担违约责任应当支出的额外费用等其他因违约所造成的损失,并请求违约方赔偿,经审理认为该损失系违约一方订立合同时预见到或者应当预见到的,人民法院应予支持。

在确定违约损失赔偿额时,违约方主张扣除非违约方未采取适当措施导致的扩大损失、非违约方也有过错造成的相应损失、非违约方因违约获得的额外利益或者减少的必要支出的,人民法院依法予以支持。

**第六十四条** 当事人一方通过反诉或者抗辩的方式,请求调整违约金的,人民法院依法予以支持。

违约方主张约定的违约金过分高于违约造成的损失,请求予以适当减少的,应当承担举证责任。非违约方主张约定的违约金合理的,也应当提供相应的证据。

当事人仅以合同约定不得对违约金进行调整为由主张不予调整违约金的,人民法院不予支持。

**第六十五条** 当事人主张约定的违约金过分高于违约造成的损失,请求予以适当减少的,人民法院应当以民法典第五百八十四条规定的损失为基础,兼顾合同主体、交易类型、合同的履行情况、当事人的过错程度、履约背景等因素,遵循公平原则和诚信原则进行衡量,并作出裁判。

约定的违约金超过造成损失的百分之三十的,人民法院一般可以认定为过分高于造成的损失。

恶意违约的当事人一方请求减少违约金的,人民法院一般不予支持。

**第六十六条** 当事人一方请求对方支付违约金,对方以合同不成立、无效、被撤销、确定不发生效力、不构成违约或者非违约方不存在损失等为由抗辩,未主张调整过高的违约金的,人民法院应当就若不支持该抗辩,当事人是否请求调整违约金进行释明。第一审人民法院认为抗辩成立且未予释明，第二审人民法院认为应当判决支付违约金的，可以直接释明，并根据当事人的请求，在当事人就是否应当调整违约金充分举证、质证、辩论后，依法判决适当减少违约金。

被告因客观原因在第一审程序中未到庭参加诉讼，但是在第二审程序中到庭参加诉讼并请求减少违约金的，第二审人民法院可以在当事人就是否应当调整违约金充分举证、质证、辩论后，依法判决适当减少违约金。

**第六十七条** 当事人交付留置金、担保金、保证金、订约金、押金或者订金等，但是没有约定定金性质，一方主张适用民法典第五百八十七条规定的定金罚则的，人民法院不予支持。当事人约定了定金性质，但是未约定定金类型或者约定不明，一方主张为违约定金的，人民法院应予支持。

当事人约定以交付定金作为订立合同的担保，一方拒绝订立合同或者在磋商订立合同时违背诚信原则导致未能订立合同，对方主张适用民法典第五百八十七条规定的定金罚则的，人民法院应予支持。

当事人约定以交付定金作为合同成立或者生效条件，应当交付定金的一方未交付定金，但是合同主要义务已经履行完毕并为对方所接受的，人民法院应当认定合同在对方接受履行时已经成立或者生效。

当事人约定定金性质为解约定金，交付定金的一方主张以丧失定金为代价解除合同的，或者收受定金的一方主张以双倍返还定金为代价解除合同的，人民法院应予支持。

**第六十八条** 双方当事人均具有致使不能实现合同目的的违约行为，其中一方请求适用定金罚则的，人民法院不予支持。当事人一方仅有轻微违约，对方具有致使不能实现合同目的的违约行为，轻微违约方主张适用定金罚则，对方以轻微违约方也构成违约为由抗辩的，人民法院对该抗辩不予支持。

当事人一方已经部分履行合同，对方接受并主张按照未履行部分所占比例适用定金罚则的，人民法院应予支持。对方主张按照合同整体适用定金罚则的，人民法院不予支持，但是部分未履行致使不能实现合同目的的除外。

因不可抗力致使合同不能履行，非违约方主张适用定金罚则的，人民法院不予支持。

## 九、附　则

**第六十九条** 本解释自2023年12月5日起施行。

民法典施行后的法律事实引起的民事案件，本解释施行后尚未终审的，适用本解释；本解释施行前已经终审，当事人申请再审或者按照审判监督程序决定再审的，不适用本解释。

## 最高人民法院关于审理商品房买卖合同纠纷案件适用法律若干问题的解释

- 2003年3月24日最高人民法院审判委员会第1267次会议通过
- 根据2020年12月23日最高人民法院审判委员会第1823次会议通过的《最高人民法院关于修改〈最高人民法院关于在民事审判工作中适用《中华人民共和国工会法》若干问题的解释〉等二十七件民事类司法解释的决定》修正
- 2020年12月29日最高人民法院公告公布
- 自2021年1月1日起施行
- 法释〔2020〕17号

为正确、及时审理商品房买卖合同纠纷案件，根据《中华人民共和国民法典》《中华人民共和国城市房地产管理法》等相关法律，结合民事审判实践，制定本解释。

**第一条** 本解释所称的商品房买卖合同，是指房地产开发企业（以下统称为出卖人）将尚未建成或者已竣工的房屋向社会销售并转移房屋所有权于买受人，买受人支付价款的合同。

**第二条** 出卖人未取得商品房预售许可证明，与买受人订立的商品房预售合同，应当认定无效，但是在起诉前取得商品房预售许可证明的，可以认定有效。

**第三条** 商品房的销售广告和宣传资料为要约邀请，但是出卖人就商品房开发规划范围内的房屋及相关设施所作的说明和允诺具体确定，并对商品房买卖合同的订立以及房屋价格的确定有重大影响的，构成要约。该说明和允诺即使未载入商品房买卖合同，亦应当为合同内容，当事人违反的，应当承担违约责任。

**第四条** 出卖人通过认购、订购、预订等方式向买受人收受定金作为订立商品房买卖合同担保的，如果因当事人一方原因未能订立商品房买卖合同，应当按照法律关于定金的规定处理；因不可归责于当事人双方的事由，导致商品房买卖合同未能订立的，出卖人应当将定金返还买受人。

**第五条** 商品房的认购、订购、预订等协议具备《商品房销售管理办法》第十六条规定的商品房买卖合同的主要内容，并且出卖人已经按照约定收受购房款的，该协议应当认定为商品房买卖合同。

**第六条** 当事人以商品房预售合同未按照法律、行政法规规定办理登记备案手续为由，请求确认合同无效的，不予支持。

当事人约定以办理登记备案手续为商品房预售合同生效条件的，从其约定，但当事人一方已经履行主要义务，对方接受的除外。

**第七条** 买受人以出卖人与第三人恶意串通，另行订立商品房买卖合同并将房屋交付使用，导致其无法取得房屋为由，请求确认出卖人与第三人订立的商品房买卖合同无效的，应予支持。

**第八条** 对房屋的转移占有，视为房屋的交付使用，但当事人另有约定的除外。

房屋毁损、灭失的风险，在交付使用前由出卖人承担，交付使用后由买受人承担；买受人接到出卖人的书面交房通知，无正当理由拒绝接收的，房屋毁损、灭失的风险自书面交房通知确定的交付使用之日起由买受人承担，但法律另有规定或者当事人另有约定的除外。

**第九条** 因房屋主体结构质量不合格不能交付使用，或者房屋交付使用后，房屋主体结构质量经核验确属不合格，买受人请求解除合同和赔偿损失的，应予支持。

**第十条** 因房屋质量问题严重影响正常居住使用，买受人请求解除合同和赔偿损失的，应予支持。

交付使用的房屋存在质量问题，在保修期内，出卖人应当承担修复责任；出卖人拒绝修复或者在合理期限内拖延修复的，买受人可以自行或者委托他人修复。修复费用及修复期间造成的其他损失由出卖人承担。

**第十一条** 根据民法典第五百六十三条的规定，出卖人迟延交付房屋或者买受人迟延支付购房款，经催告后在三个月的合理期限内仍未履行，解除权人请求解除合同的，应予支持，但当事人另有约定的除外。

法律没有规定或者当事人没有约定，经对方当事人催告后，解除权行使的合理期限为三个月。对方当事人没有催告的，解除权人自知道或者应当知道解除事由之日起一年内行使。逾期不行使的，解除权消灭。

**第十二条** 当事人以约定的违约金过高为由请求减少的，应当以违约金超过造成的损失 30% 为标准适当减少；当事人以约定的违约金低于造成的损失为由请求增加的，应当以违约造成的损失确定违约金数额。

**第十三条** 商品房买卖合同没有约定违约金数额或者损失赔偿额计算方法，违约金数额或者损失赔偿额可以参照以下标准确定：

逾期付款的，按照未付购房款总额，参照中国人民银行规定的金融机构计收逾期贷款利息的标准计算。

逾期交付使用房屋的，按照逾期交付使用房屋期间有关主管部门公布或者有资格的房地产评估机构评定的同地段同类房屋租金标准确定。

**第十四条** 由于出卖人的原因，买受人在下列期限届满未能取得不动产权属证书的，除当事人有特殊约定外，出卖人应当承担违约责任：

（一）商品房买卖合同约定的办理不动产登记的期限；

（二）商品房买卖合同的标的物为尚未建成房屋的，自房屋交付使用之日起 90 日；

（三）商品房买卖合同的标的物为已竣工房屋的，自合同订立之日起 90 日。

合同没有约定违约金或者损失数额难以确定的，可以按照已付购房款总额，参照中国人民银行规定的金融机构计收逾期贷款利息的标准计算。

**第十五条** 商品房买卖合同约定或者城市房地产开发经营管理条例第三十二条规定的办理不动产登记的期限届满后超过一年，由于出卖人的原因，导致买受人无法办理不动产登记，买受人请求解除合同和赔偿损失的，应予支持。

**第十六条** 出卖人与包销人订立商品房包销合同，约定出卖人将其开发建设的房屋交由包销人以出卖人的名义销售的，包销期满未销售的房屋，由包销人按照合同约定的包销价格购买，但当事人另有约定的除外。

**第十七条** 出卖人自行销售已经约定由包销人包销的房屋，包销人请求出卖人赔偿损失的，应予支持，但当事人另有约定的除外。

**第十八条** 对于买受人因商品房买卖合同与出卖人发生的纠纷，人民法院应当通知包销人参加诉讼；出卖人、包销人和买受人对各自的权利义务有明确约定的，按照约定的内容确定各方的诉讼地位。

**第十九条** 商品房买卖合同约定，买受人以担保贷款方式付款，因当事人一方原因未能订立商品房担保贷款合同并导致商品房买卖合同不能继续履行的，对方当事人可以请求解除合同和赔偿损失。因不可归责于当事人双方的事由未能订立商品房担保贷款合同并导致商品房买卖合同不能继续履行的，当事人可以请求解除合同，出卖人应当将收受的购房款本金及其利息或者定金返还买受人。

**第二十条** 因商品房买卖合同被确认无效或者被撤销、解除，致使商品房担保贷款合同的目的无法实现，当事人请求解除商品房担保贷款合同的,应予支持。

**第二十一条** 以担保贷款为付款方式的商品房买卖合同的当事人一方请求确认商品房买卖合同无效或者撤销、解除合同的,如果担保权人作为有独立请求权第三人提出诉讼请求,应当与商品房担保贷款合同纠纷合并审理;未提出诉讼请求的,仅处理商品房买卖合同纠纷。担保权人就商品房担保贷款合同纠纷另行起诉的,可以与商品房买卖合同纠纷合并审理。

商品房买卖合同被确认无效或者被撤销、解除后,商品房担保贷款合同也被解除的、出卖人应当将收受的购房贷款和购房款的本金及利息分别返还担保权人和买受人。

**第二十二条** 买受人未按照商品房担保贷款合同的约定偿还贷款,亦未与担保权人办理不动产抵押登记手续,担保权人起诉买受人,请求处分商品房买卖合同项下买受人合同权利的,应当通知出卖人参加诉讼;担保权人同时起诉出卖人时,如果出卖人为商品房担保贷款合同提供保证的,应当列为共同被告。

**第二十三条** 买受人未按照商品房担保贷款合同的约定偿还贷款,但是已经取得不动产权属证书并与担保权人办理了不动产抵押登记手续,抵押权人请求买受人偿还贷款或者就抵押的房屋优先受偿的,不应当追加出卖人为当事人,但出卖人提供保证的除外。

**第二十四条** 本解释自2003年6月1日起施行。

城市房地产管理法施行后订立的商品房买卖合同发生的纠纷案件,本解释公布施行后尚在一审、二审阶段的,适用本解释。

城市房地产管理法施行后订立的商品房买卖合同发生的纠纷案件,在本解释公布施行前已经终审,当事人申请再审或者按照审判监督程序决定再审的,不适用本解释。

城市房地产管理法施行前发生的商品房买卖行为,适用当时的法律、法规和《最高人民法院〈关于审理房地产管理法施行前房地产开发经营案件若干问题的解答〉》。

# 最高人民法院关于审理买卖合同纠纷案件适用法律问题的解释

- 2012年3月31日最高人民法院审判委员会第1545次会议通过
- 根据2020年12月23日最高人民法院审判委员会第1823次会议通过的《最高人民法院关于修改〈最高人民法院关于在民事审判工作中适用《中华人民共和国工会法》若干问题的解释〉等二十七件民事类司法解释的决定》修正
- 2020年12月29日最高人民法院公告公布
- 自2021年1月1日起施行
- 法释〔2020〕17号

为正确审理买卖合同纠纷案件,根据《中华人民共和国民法典》《中华人民共和国民事诉讼法》等法律的规定,结合审判实践,制定本解释。

## 一、买卖合同的成立

**第一条** 当事人之间没有书面合同,一方以送货单、收货单、结算单、发票等主张存在买卖合同关系的,人民法院应当结合当事人之间的交易方式、交易习惯以及其他相关证据,对买卖合同是否成立作出认定。

对账确认函、债权确认书等函件、凭证没有记载债权人名称,买卖合同当事人一方以此证明存在买卖合同关系的,人民法院应予支持,但有相反证据足以推翻的除外。

## 二、标的物交付和所有权转移

**第二条** 标的物为无需以有形载体交付的电子信息产品,当事人对交付方式约定不明确,且依照民法典第五百一十条的规定仍不能确定的,买受人收到约定的电子信息产品或者权利凭证即为交付。

**第三条** 根据民法典第六百二十九条的规定,买受人拒绝接收多交部分标的物的,可以代为保管多交部分标的物。买受人主张出卖人负担代为保管期间的合理费用的,人民法院应予支持。

买受人主张出卖人承担代为保管期间非因买受人故意或者重大过失造成的损失的,人民法院应予支持。

**第四条** 民法典第五百九十九条规定的"提取标的物单证以外的有关单证和资料",主要应当包括保险单、保修单、普通发票、增值税专用发票、产品合格证、质量保证书、质量鉴定书、品质检验证书、产品进出口检疫书、原产地证明书、使用说明书、装箱单等。

**第五条** 出卖人仅以增值税专用发票及税款抵扣资料证明其已履行交付标的物义务,买受人不认可的,出卖人应当提供其他证据证明交付标的物的事实。

合同约定或者当事人之间习惯以普通发票作为付款凭证，买受人以普通发票证明已经履行付款义务的，人民法院应予支持，但有相反证据足以推翻的除外。

**第六条** 出卖人就同一普通动产订立多重买卖合同，在买卖合同均有效的情况下，买受人均要求实际履行合同的，应当按照以下情形分别处理：

（一）先行受领交付的买受人请求确认所有权已经转移的，人民法院应予支持；

（二）均未受领交付，先行支付价款的买受人请求出卖人履行交付标的物等合同义务的，人民法院应予支持；

（三）均未受领交付，也未支付价款，依法成立在先合同的买受人请求出卖人履行交付标的物等合同义务的，人民法院应予支持。

**第七条** 出卖人就同一船舶、航空器、机动车等特殊动产订立多重买卖合同，在买卖合同均有效的情况下，买受人均要求实际履行合同的，应当按照以下情形分别处理：

（一）先行受领交付的买受人请求出卖人履行办理所有权转移登记手续等合同义务的，人民法院应予支持；

（二）均未受领交付，先行办理所有权转移登记手续的买受人请求出卖人履行交付标的物等合同义务的，人民法院应予支持；

（三）均未受领交付，也未办理所有权转移登记手续，依法成立在先合同的买受人请求出卖人履行交付标的物和办理所有权转移登记手续等合同义务的，人民法院应予支持；

（四）出卖人将标的物交付给买受人之一，又为其他买受人办理所有权转移登记，已受领交付的买受人请求将标的物所有权登记在自己名下的，人民法院应予支持。

### 三、标的物风险负担

**第八条** 民法典第六百零三条第二款第一项规定的"标的物需要运输的"，是指标的物由出卖人负责办理托运，承运人系独立于买卖合同当事人之外的运输业者的情形。标的物毁损、灭失的风险负担，按照民法典第六百零七条第二款的规定处理。

**第九条** 出卖人根据合同约定将标的物运送至买受人指定地点并交付给承运人后，标的物毁损、灭失的风险由买受人负担，但当事人另有约定的除外。

**第十条** 出卖人出卖交由承运人运输的在途标的物，在合同成立时知道或者应当知道标的物已经毁损、灭失却未告知买受人，买受人主张出卖人负担标的物毁损、灭失的风险的，人民法院应予支持。

**第十一条** 当事人对风险负担没有约定，标的物为种类物，出卖人未以装运单据、加盖标记、通知买受人等可识别的方式清楚地将标的物特定于买卖合同，买受人主张不负担标的物毁损、灭失的风险的，人民法院应予支持。

### 四、标的物检验

**第十二条** 人民法院具体认定民法典第六百二十一条第二款规定的"合理期限"时，应当综合当事人之间的交易性质、交易目的、交易方式、交易习惯、标的物的种类、数量、性质、安装和使用情况、瑕疵的性质、买受人应尽的合理注意义务、检验方法和难易程度、买受人或者检验人所处的具体环境、自身技能以及其他合理因素，依据诚实信用原则进行判断。

民法典第六百二十一条第二款规定的"二年"是最长的合理期限。该期限为不变期间，不适用诉讼时效中止、中断或者延长的规定。

**第十三条** 买受人在合理期限内提出异议，出卖人以买受人已经支付价款、确认欠款数额、使用标的物等为由，主张买受人放弃异议的，人民法院不予支持，但当事人另有约定的除外。

**第十四条** 民法典第六百二十一条规定的检验期限、合理期限、二年期限经过后，买受人主张标的物的数量或者质量不符合约定的，人民法院不予支持。

出卖人自愿承担违约责任后，又以上述期限经过为由翻悔的，人民法院不予支持。

### 五、违约责任

**第十五条** 买受人依约保留部分价款作为质量保证金，出卖人在质量保证期未及时解决质量问题而影响标的物的价值或者使用效果，出卖人主张支付该部分价款的，人民法院不予支持。

**第十六条** 买受人在检验期限、质量保证期、合理期限内提出质量异议，出卖人未按要求予以修理或者因情况紧急，买受人自行或者通过第三人修理标的物后，主张出卖人负担因此发生的合理费用的，人民法院应予支持。

**第十七条** 标的物质量不符合约定，买受人依照民法典第五百八十二条的规定要求减少价款的，人民法院应予支持。当事人主张以符合约定的标的物和实际交付的标的物按交付时的市场价值计算差价的，人民法院应予支持。

价款已经支付，买受人主张返还减价后多出部分价款的,人民法院应予支持。

**第十八条** 买卖合同对付款期限作出的变更,不影响当事人关于逾期付款违约金的约定,但该违约金的起算点应当随之变更。

买卖合同约定逾期付款违约金,买受人以出卖人接受价款时未主张逾期付款违约金为由拒绝支付该违约金的,人民法院不予支持。

买卖合同约定逾期付款违约金,但对账单、还款协议等未涉及逾期付款责任,出卖人根据对账单、还款协议等主张欠款时请求买受人依约支付逾期付款违约金的,人民法院应予支持,但对账单、还款协议等明确载有本金及逾期付款利息数额或者已经变更买卖合同中关于本金、利息等约定内容的除外。

买卖合同没有约定逾期付款违约金或者该违约金的计算方法,出卖人以买受人违约为由主张赔偿逾期付款损失,违约行为发生在2019年8月19日之前的,人民法院可以中国人民银行同期同类人民币贷款基准利率为基础,参照逾期罚息利率标准计算;违约行为发生在2019年8月20日之后的,人民法院可以违约行为发生时中国人民银行授权全国银行间同业拆借中心公布的一年期贷款市场报价利率(LPR)标准为基础,加计30—50%计算逾期付款损失。

**第十九条** 出卖人没有履行或者不当履行从给付义务,致使买受人不能实现合同目的,买受人主张解除合同的,人民法院应当根据民法典第五百六十三条第一款第四项的规定,予以支持。

**第二十条** 买卖合同因违约而解除后,守约方主张继续适用违约金条款的,人民法院应予支持;但约定的违约金过分高于造成的损失的,人民法院可以参照民法典第五百八十五条第二款的规定处理。

**第二十一条** 买卖合同当事人一方以对方违约为由主张支付违约金,对方以合同不成立、合同未生效、合同无效或者不构成违约等为由进行免责抗辩而未主张调整过高的违约金的,人民法院应当就法院若不支持免责抗辩,当事人是否需要主张调整违约金进行释明。

一审法院认为免责抗辩成立且未予释明,二审法院认为应当判决支付违约金的,可以直接释明并改判。

**第二十二条** 买卖合同当事人一方违约造成对方损失,对方主张赔偿可得利益损失的,人民法院在确定违约责任范围时,应当根据当事人的主张,依据民法典第五百八十四条、第五百九十一条、第五百九十二条、本解释第二十三条等规定进行认定。

**第二十三条** 买卖合同当事人一方因对方违约而获有利益,违约方主张从损失赔偿额中扣除该部分利益的,人民法院应予支持。

**第二十四条** 买受人在缔约时知道或者应当知道标的物质量存在瑕疵,主张出卖人承担瑕疵担保责任的,人民法院不予支持,但买受人在缔约时不知道该瑕疵会导致标的物的基本效用显著降低的除外。

### 六、所有权保留

**第二十五条** 买卖合同当事人主张民法典第六百四十一条关于标的物所有权保留的规定适用于不动产的,人民法院不予支持。

**第二十六条** 买受人已经支付标的物总价款的百分之七十五以上,出卖人主张取回标的物的,人民法院不予支持。

在民法典第六百四十二条第一款第三项情形下,第三人依据民法典第三百一十一条的规定已经善意取得标的物所有权或者其他物权,出卖人主张取回标的物的,人民法院不予支持。

### 七、特种买卖

**第二十七条** 民法典第六百三十四条第一款规定的"分期付款",系指买受人将应付的总价款在一定期限内至少分三次向出卖人支付。

分期付款买卖合同的约定违反民法典第六百三十四条第一款的规定,损害买受人利益,买受人主张该约定无效的,人民法院应予支持。

**第二十八条** 分期付款买卖合同约定出卖人在解除合同时可以扣留已受领价金,出卖人扣留的金额超过标的物使用费以及标的物受损赔偿额,买受人请求返还超过部分的,人民法院应予支持。

当事人对标的物的使用费没有约定的,人民法院可以参照当地同类标的物的租金标准确定。

**第二十九条** 合同约定的样品质量与文字说明不一致且发生纠纷时当事人不能达成合意,样品封存后外观和内在品质没有发生变化的,人民法院应当以样品为准;外观和内在品质发生变化,或者当事人对是否发生变化有争议而又无法查明的,人民法院应当以文字说明为准。

**第三十条** 买卖合同存在下列约定内容之一的,不属于试用买卖。买受人主张属于试用买卖的,人民法院不予支持:

(一)约定标的物经过试用或者检验符合一定要求

时,买受人应当购买标的物;

(二)约定第三人经试验对标的物认可时,买受人应当购买标的物;

(三)约定买受人在一定期限内可以调换标的物;

(四)约定买受人在一定期限内可以退还标的物。

### 八、其他问题

**第三十一条** 出卖人履行交付义务后诉请买受人支付价款,买受人以出卖人违约在先为由提出异议的,人民法院应当按照下列情况分别处理:

(一)买受人拒绝支付违约金、拒绝赔偿损失或者主张出卖人应当采取减少价款等补救措施的,属于提出抗辩;

(二)买受人主张出卖人应支付违约金、赔偿损失或者要求解除合同的,应当提起反诉。

**第三十二条** 法律或者行政法规对债权转让、股权转让等权利转让合同有规定的,依照其规定;没有规定的,人民法院可以根据民法典第四百六十七条和第六百四十六条的规定,参照适用买卖合同的有关规定。

权利转让或者其他有偿合同参照适用买卖合同的有关规定的,人民法院应当首先引用民法典第六百四十六条的规定,再引用买卖合同的有关规定。

**第三十三条** 本解释施行前本院发布的有关购销合同、销售合同等有偿转移标的物所有权的合同的规定,与本解释抵触的,自本解释施行之日起不再适用。

本解释施行后尚未终审的买卖合同纠纷案件,适用本解释;本解释施行前已经终审,当事人申请再审或者按照审判监督程序决定再审的,不适用本解释。

## 最高人民法院关于审理城镇房屋租赁合同纠纷案件具体应用法律若干问题的解释

- 2009年6月22日最高人民法院审判委员会第1469次会议通过
- 根据2020年12月23日最高人民法院审判委员会第1823次会议通过的《最高人民法院关于修改〈最高人民法院关于在民事审判工作中适用《中华人民共和国工会法》若干问题的解释〉等二十七件民事类司法解释的决定》修正
- 2020年12月29日最高人民法院公告公布
- 自2021年1月1日起施行
- 法释〔2020〕17号

为正确审理城镇房屋租赁合同纠纷案件,依法保护当事人的合法权益,根据《中华人民共和国民法典》等法律规定,结合民事审判实践,制定本解释。

**第一条** 本解释所称城镇房屋,是指城市、镇规划区内的房屋。

乡、村庄规划区内的房屋租赁合同纠纷案件,可以参照本解释处理。但法律另有规定的,适用其规定。

当事人依照国家福利政策租赁公有住房、廉租住房、经济适用住房产生的纠纷案件,不适用本解释。

**第二条** 出租人就未取得建设工程规划许可证或者未按照建设工程规划许可证的规定建设的房屋,与承租人订立的租赁合同无效。但在一审法庭辩论终结前取得建设工程规划许可证或者经主管部门批准建设的,人民法院应当认定有效。

**第三条** 出租人就未经批准或者未按照批准内容建设的临时建筑,与承租人订立的租赁合同无效。但在一审法庭辩论终结前经主管部门批准建设的,人民法院应当认定有效。

租赁期限超过临时建筑的使用期限,超过部分无效。但在一审法庭辩论终结前经主管部门批准延长使用期限的,人民法院应当认定延长使用期限内的租赁期间有效。

**第四条** 房屋租赁合同无效,当事人请求参照合同约定的租金标准支付房屋占有使用费的,人民法院一般应予支持。

当事人请求赔偿因合同无效受到的损失,人民法院依照民法典第一百五十七条和本解释第七条、第十一条、第十二条的规定处理。

**第五条** 出租人就同一房屋订立数份租赁合同,在合同均有效的情况下,承租人均主张履行合同的,人民法院按照下列顺序确定履行合同的承租人:

(一)已经合法占有租赁房屋的;

(二)已经办理登记备案手续的;

(三)合同成立在先的。

不能取得租赁房屋的承租人请求解除合同、赔偿损失的,依照民法典的有关规定处理。

**第六条** 承租人擅自变动房屋建筑主体和承重结构或者扩建,在出租人要求的合理期限内仍不予恢复原状,出租人请求解除合同并要求赔偿损失的,人民法院依照民法典第七百一十一条的规定处理。

**第七条** 承租人经出租人同意装饰装修,租赁合同无效时,未形成附合的装饰装修物,出租人同意利用的,可折价归出租人所有;不同意利用的,可由承租人拆除。因拆除造成房屋毁损的,承租人应当恢复原状。

已形成附合的装饰装修物,出租人同意利用的,可折价归出租人所有；不同意利用的，由双方各自按照导致合同无效的过错分担残值损失。

**第八条** 承租人经出租人同意装饰装修，租赁期间届满或者合同解除时，除当事人另有约定外，未形成附合的装饰装修物，可由承租人拆除。因拆除造成房屋毁损的，承租人应当恢复原状。

**第九条** 承租人经出租人同意装饰装修，合同解除时，双方对已形成附合的装饰装修物的处理没有约定的，人民法院按照下列情形分别处理：

（一）因出租人违约导致合同解除，承租人请求出租人赔偿剩余租赁期内装饰装修残值损失的，应予支持；

（二）因承租人违约导致合同解除，承租人请求出租人赔偿剩余租赁期内装饰装修残值损失的，不予支持。但出租人同意利用的，应在利用价值范围内予以适当补偿；

（三）因双方违约导致合同解除，剩余租赁期内的装饰装修残值损失，由双方根据各自的过错承担相应的责任；

（四）因不可归责于双方的事由导致合同解除的，剩余租赁期内的装饰装修残值损失，由双方按照公平原则分担。法律另有规定的，适用其规定。

**第十条** 承租人经出租人同意装饰装修，租赁期间届满时，承租人请求出租人补偿附合装饰装修费用的，不予支持。但当事人另有约定的除外。

**第十一条** 承租人未经出租人同意装饰装修或者扩建发生的费用，由承租人负担。出租人请求承租人恢复原状或者赔偿损失的，人民法院应予支持。

**第十二条** 承租人经出租人同意扩建，但双方对扩建费用的处理没有约定的，人民法院按照下列情形分别处理：

（一）办理合法建设手续的，扩建造价费用由出租人负担；

（二）未办理合法建设手续的，扩建造价费用由双方按照过错分担。

**第十三条** 房屋租赁合同无效、履行期限届满或者解除，出租人请求负有腾房义务的次承租人支付逾期腾房占有使用费的，人民法院应予支持。

**第十四条** 租赁房屋在承租人按照租赁合同占有期限内发生所有权变动，承租人请求房屋受让人继续履行原租赁合同的，人民法院应予支持。但租赁房屋具有下列情形或者当事人另有约定的除外：

（一）房屋在出租前已设立抵押权，因抵押权人实现抵押权发生所有权变动的；

（二）房屋在出租前已被人民法院依法查封的。

**第十五条** 出租人与抵押权人协议折价、变卖租赁房屋偿还债务，应当在合理期限内通知承租人。承租人请求以同等条件优先购买房屋的，人民法院应予支持。

**第十六条** 本解释施行前已经终审，本解释施行后当事人申请再审或者按照审判监督程序决定再审的案件，不适用本解释。

## 最高人民法院关于审理融资租赁合同纠纷案件适用法律问题的解释

- 2013年11月25日最高人民法院审判委员会第1597次会议通过
- 根据2020年12月23日最高人民法院审判委员会第1823次会议通过的《最高人民法院关于修改〈最高人民法院关于在民事审判工作中适用〈中华人民共和国工会法〉若干问题的解释〉等二十七件民事类司法解释的决定》修正
- 2020年12月29日最高人民法院公告公布
- 自2021年1月1日起施行
- 法释〔2020〕17号

为正确审理融资租赁合同纠纷案件，根据《中华人民共和国民法典》《中华人民共和国民事诉讼法》等法律的规定，结合审判实践，制定本解释。

### 一、融资租赁合同的认定

**第一条** 人民法院应当根据民法典第七百三十五条的规定，结合标的物的性质、价值、租金的构成以及当事人的合同权利和义务，对是否构成融资租赁法律关系作出认定。

对名为融资租赁合同，但实际不构成融资租赁法律关系的，人民法院应按照其实际构成的法律关系处理。

**第二条** 承租人将其自有物出卖给出租人，再通过融资租赁合同将租赁物从出租人处租回的，人民法院不应仅以承租人和出卖人系同一人为由认定不构成融资租赁法律关系。

### 二、合同的履行和租赁物的公示

**第三条** 承租人拒绝受领租赁物，未及时通知出租人，或者无正当理由拒绝受领租赁物，造成出租人损失，出租人向承租人主张损害赔偿的，人民法院应予支持。

**第四条** 出租人转让其在融资租赁合同项下的部分或者全部权利，受让方以此为由请求解除或者变更融资租赁合同的，人民法院不予支持。

### 三、合同的解除

**第五条** 有下列情形之一，出租人请求解除融资租赁合同的，人民法院应予支持：

（一）承租人未按照合同约定的期限和数额支付租金，符合合同约定的解除条件，经出租人催告后在合理期限内仍不支付的；

（二）合同对于欠付租金解除合同的情形没有明确约定，但承租人欠付租金达到两期以上，或者数额达到全部租金百分之十五以上，经出租人催告后在合理期限内仍不支付的；

（三）承租人违反合同约定，致使合同目的不能实现的其他情形。

**第六条** 因出租人的原因致使承租人无法占有、使用租赁物，承租人请求解除融资租赁合同的，人民法院应予支持。

**第七条** 当事人在一审诉讼中仅请求解除融资租赁合同，未对租赁物的归属及损失赔偿提出主张的，人民法院可以向当事人进行释明。

### 四、违约责任

**第八条** 租赁物不符合融资租赁合同的约定且出租人实施了下列行为之一，承租人依照民法典第七百四十四条、第七百四十七条的规定，要求出租人承担相应责任的，人民法院应予支持：

（一）出租人在承租人选择出卖人、租赁物时，对租赁物的选定起决定作用的；

（二）出租人干预或者要求承租人按照出租人意愿选择出卖人或者租赁物的；

（三）出租人擅自变更承租人已经选定的出卖人或者租赁物的。

承租人主张其系依赖出租人的技能确定租赁物或者出租人干预选择租赁物的，对上述事实承担举证责任。

**第九条** 承租人逾期履行支付租金义务或者迟延履行其他付款义务，出租人按照融资租赁合同的约定要求承租人支付逾期利息、相应违约金的，人民法院应予支持。

**第十条** 出租人既请求承租人支付合同约定的全部未付租金又请求解除融资租赁合同的，人民法院应告知其依照民法典第七百五十二条的规定作出选择。

出租人请求承租人支付合同约定的全部未付租金，人民法院判决后承租人未予履行，出租人再行起诉请求解除融资租赁合同、收回租赁物的，人民法院应予受理。

**第十一条** 出租人依照本解释第五条的规定请求解除融资租赁合同，同时请求收回租赁物并赔偿损失的，人民法院应予支持。

前款规定的损失赔偿范围为承租人全部未付租金及其他费用与收回租赁物价值的差额。合同约定租赁期间届满后租赁物归出租人所有的，损失赔偿范围还应包括融资租赁合同到期后租赁物的残值。

**第十二条** 诉讼期间承租人与出租人对租赁物的价值有争议的，人民法院可以按照融资租赁合同的约定确定租赁物价值；融资租赁合同未约定或者约定不明的，可以参照融资租赁合同约定的租赁物折旧以及合同到期后租赁物的残值确定租赁物价值。

承租人或者出租人认为依前款确定的价值严重偏离租赁物实际价值的，可以请求人民法院委托有资质的机构评估或者拍卖确定。

### 五、其他规定

**第十三条** 出卖人与买受人因买卖合同发生纠纷，或者出租人与承租人因融资租赁合同发生纠纷，当事人仅对其中一个合同关系提起诉讼，人民法院经审查后认为另一合同关系的当事人与案件处理结果有法律上的利害关系的，可以通知其作为第三人参加诉讼。

承租人与租赁物的实际使用人不一致，融资租赁合同当事人未对租赁物的实际使用人提起诉讼，人民法院经审查后认为租赁物的实际使用人与案件处理结果有法律上的利害关系的，可以通知其作为第三人参加诉讼。

承租人基于买卖合同和融资租赁合同直接向出卖人主张受领租赁物、索赔等买卖合同权利的，人民法院应通知出租人作为第三人参加诉讼。

**第十四条** 当事人因融资租赁合同租金欠付争议向人民法院请求保护其权利的诉讼时效期间为三年，自租赁期限届满之日起计算。

**第十五条** 本解释自2014年3月1日起施行。《最高人民法院关于审理融资租赁合同纠纷案件若干问题的规定》(法发〔1996〕19号)同时废止。

本解释施行后尚未终审的融资租赁合同纠纷案件，适用本解释；本解释施行前已经终审，当事人申请再审或者按照审判监督程序决定再审的，不适用本解释。

# 最高人民法院关于审理建设工程施工合同纠纷案件适用法律问题的解释(一)

- 2020年12月25日最高人民法院审判委员会第1825次会议通过
- 2020年12月29日最高人民法院公告公布
- 自2021年1月1日起施行
- 法释〔2020〕25号

为正确审理建设工程施工合同纠纷案件，依法保护当事人合法权益，维护建筑市场秩序，促进建筑市场健康发展，根据《中华人民共和国民法典》《中华人民共和国建筑法》《中华人民共和国招标投标法》《中华人民共和国民事诉讼法》等相关法律规定，结合审判实践，制定本解释。

**第一条** 建设工程施工合同具有下列情形之一的，应当依据民法典第一百五十三条第一款的规定，认定无效：

（一）承包人未取得建筑业企业资质或者超越资质等级的；

（二）没有资质的实际施工人借用有资质的建筑施工企业名义的；

（三）建设工程必须进行招标而未招标或者中标无效的。

承包人因转包、违法分包建设工程与他人签订的建设工程施工合同，应当依据民法典第一百五十三条第一款及第七百九十一条第二款、第三款的规定，认定无效。

**第二条** 招标人和中标人另行签订的建设工程施工合同约定的工程范围、建设工期、工程质量、工程价款等实质性内容，与中标合同不一致，一方当事人请求按照中标合同确定权利义务的，人民法院应予支持。

招标人和中标人在中标合同之外就明显高于市场价格购买承建房产、无偿建设住房配套设施、让利、向建设单位捐赠财物等另行签订合同，变相降低工程价款，一方当事人以该合同背离中标合同实质性内容为由请求确认无效的，人民法院应予支持。

**第三条** 当事人以发包人未取得建设工程规划许可证等规划审批手续为由，请求确认建设工程施工合同无效的，人民法院应予支持，但发包人在起诉前取得建设工程规划许可证等规划审批手续的除外。

发包人能够办理审批手续而未办理，并以未办理审批手续为由请求确认建设工程施工合同无效的，人民法院不予支持。

**第四条** 承包人超越资质等级许可的业务范围签订建设工程施工合同，在建设工程竣工前取得相应资质等级，当事人请求按照无效合同处理的，人民法院不予支持。

**第五条** 具有劳务作业法定资质的承包人与总承包人、分包人签订的劳务分包合同，当事人请求确认无效的，人民法院依法不予支持。

**第六条** 建设工程施工合同无效，一方当事人请求对方赔偿损失的，应当就对方过错、损失大小、过错与损失之间的因果关系承担举证责任。

损失大小无法确定，一方当事人请求参照合同约定的质量标准、建设工期、工程价款支付时间等内容确定损失大小的，人民法院可以结合双方过错程度、过错与损失之间的因果关系等因素作出裁判。

**第七条** 缺乏资质的单位或者个人借用有资质的建筑施工企业名义签订建设工程施工合同，发包人请求出借方与借用方对建设工程质量不合格等因出借资质造成的损失承担连带赔偿责任的，人民法院应予支持。

**第八条** 当事人对建设工程开工日期有争议的，人民法院应当分别按照以下情形予以认定：

（一）开工日期为发包人或者监理人发出的开工通知载明的开工日期；开工通知发出后，尚不具备开工条件的，以开工条件具备的时间为开工日期；因承包人原因导致开工时间推迟的，以开工通知载明的时间为开工日期。

（二）承包人经发包人同意已经实际进场施工的，以实际进场施工时间为开工日期。

（三）发包人或者监理人未发出开工通知，亦无相关证据证明实际开工日期的，应当综合考虑开工报告、合同、施工许可证、竣工验收报告或者竣工验收备案表等载明的时间，并结合是否具备开工条件的事实，认定开工日期。

**第九条** 当事人对建设工程实际竣工日期有争议的，人民法院应当分别按照以下情形予以认定：

（一）建设工程经竣工验收合格的，以竣工验收合格之日为竣工日期；

（二）承包人已经提交竣工验收报告，发包人拖延验收的，以承包人提交验收报告之日为竣工日期；

（三）建设工程未经竣工验收，发包人擅自使用的，以转移占有建设工程之日为竣工日期。

**第十条** 当事人约定顺延工期应当经发包人或者监理人签证等方式确认，承包人虽未取得工期顺延的确认，但能够证明在合同约定的期限内向发包人或者监理人申请过工期顺延且顺延事由符合合同约定，承包人以此为由主张工期顺延的，人民法院应予支持。

当事人约定承包人未在约定期限内提出工期顺延申请视为工期不顺延的，按照约定处理，但发包人在约定期限后同意工期顺延或者承包人提出合理抗辩的除外。

第十一条 建设工程竣工前，当事人对工程质量发生争议，工程质量经鉴定合格的，鉴定期间为顺延工期期间。

第十二条 因承包人的原因造成建设工程质量不符合约定，承包人拒绝修理、返工或者改建，发包人请求减少支付工程价款的，人民法院应予支持。

第十三条 发包人具有下列情形之一，造成建设工程质量缺陷，应当承担过错责任：

（一）提供的设计有缺陷；

（二）提供或者指定购买的建筑材料、建筑构配件、设备不符合强制性标准；

（三）直接指定分包人分包专业工程。

承包人有过错的，也应当承担相应的过错责任。

第十四条 建设工程未经竣工验收，发包人擅自使用后，又以使用部分质量不符合约定为由主张权利的，人民法院不予支持；但是承包人应当在建设工程的合理使用寿命内对地基基础工程和主体结构质量承担民事责任。

第十五条 因建设工程质量发生争议的，发包人可以以总承包人、分包人和实际施工人为共同被告提起诉讼。

第十六条 发包人在承包人提起的建设工程施工合同纠纷案件中，以建设工程质量不符合合同约定或者法律规定为由，就承包人支付违约金或者赔偿修理、返工、改建的合理费用等损失提出反诉的，人民法院可以合并审理。

第十七条 有下列情形之一，承包人请求发包人返还工程质量保证金的，人民法院应予支持：

（一）当事人约定的工程质量保证金返还期限届满；

（二）当事人未约定工程质量保证金返还期限的，自建设工程通过竣工验收之日起满二年；

（三）因发包人原因建设工程未按约定期限进行竣工验收的，自承包人提交工程竣工验收报告九十日后当事人约定的工程质量保证金返还期限届满；当事人未约定工程质量保证金返还期限的，自承包人提交工程竣工验收报告九十日后起满二年。

发包人返还工程质量保证金后，不影响承包人根据合同约定或者法律规定履行工程保修义务。

第十八条 因保修人未及时履行保修义务，导致建筑物毁损或者造成人身损害、财产损失的，保修人应当承担赔偿责任。

保修人与建筑物所有人或者发包人对建筑物毁损均有过错的，各自承担相应的责任。

第十九条 当事人对建设工程的计价标准或者计价方法有约定的，按照约定结算工程价款。

因设计变更导致建设工程的工程量或者质量标准发生变化，当事人对该部分工程价款不能协商一致的，可以参照签订建设工程施工合同时当地建设行政主管部门发布的计价方法或者计价标准结算工程价款。

建设工程施工合同有效，但建设工程经竣工验收不合格的，依照民法典第五百七十七条规定处理。

第二十条 当事人对工程量有争议的，按照施工过程中形成的签证等书面文件确认。承包人能够证明发包人同意其施工，但未能提供签证文件证明工程量发生的，可以按照当事人提供的其他证据确认实际发生的工程量。

第二十一条 当事人约定，发包人收到竣工结算文件后，在约定期限内不予答复，视为认可竣工结算文件的，按照约定处理。承包人请求按照竣工结算文件结算工程价款的，人民法院应予支持。

第二十二条 当事人签订的建设工程施工合同与招标文件、投标文件、中标通知书载明的工程范围、建设工期、工程质量、工程价款不一致，一方当事人请求将招标文件、投标文件、中标通知书作为结算工程价款的依据的，人民法院应予支持。

第二十三条 发包人将依法不属于必须招标的建设工程进行招标后，与承包人另行订立的建设工程施工合同背离中标合同的实质性内容，当事人请求以中标合同作为结算建设工程价款依据的，人民法院应予支持，但发包人与承包人因客观情况发生了在招标投标时难以预见的变化而另行订立建设工程施工合同的除外。

第二十四条 当事人就同一建设工程订立的数份建设工程施工合同均无效，但建设工程质量合格，一方当事人请求参照实际履行的合同关于工程价款的约定折价补偿承包人的，人民法院应予支持。

实际履行的合同难以确定，当事人请求参照最后签订的合同关于工程价款的约定折价补偿承包人的，人民法院应予支持。

第二十五条 当事人对垫资和垫资利息有约定，承包人请求按照约定返还垫资及其利息的，人民法院应予支持，但是约定的利息计算标准高于垫资时的同类贷款利率或者同期贷款市场报价利率的部分除外。

当事人对垫资没有约定的，按照工程欠款处理。

当事人对垫资利息没有约定，承包人请求支付利息的，人民法院不予支持。

**第二十六条** 当事人对欠付工程价款利息计付标准有约定的，按照约定处理。没有约定的，按照同期同类贷款利率或者同期贷款市场报价利率计息。

**第二十七条** 利息从应付工程价款之日开始计付。当事人对付款时间没有约定或者约定不明的，下列时间视为应付款时间：

（一）建设工程已实际交付的，为交付之日；

（二）建设工程没有交付的，为提交竣工结算文件之日；

（三）建设工程未交付，工程价款也未结算的，为当事人起诉之日。

**第二十八条** 当事人约定按照固定价结算工程价款，一方当事人请求对建设工程造价进行鉴定的，人民法院不予支持。

**第二十九条** 当事人在诉讼前已经对建设工程价款结算达成协议，诉讼中一方当事人申请对工程造价进行鉴定的，人民法院不予准许。

**第三十条** 当事人在诉讼前共同委托有关机构、人员对建设工程造价出具咨询意见，诉讼中一方当事人不认可该咨询意见申请鉴定的，人民法院应予准许，但双方当事人明确表示受该咨询意见约束的除外。

**第三十一条** 当事人对部分案件事实有争议的，仅对有争议的事实进行鉴定，但争议事实范围不能确定，或者双方当事人请求对全部事实鉴定的除外。

**第三十二条** 当事人对工程造价、质量、修复费用等专门性问题有争议，人民法院认为需要鉴定的，应当向负有举证责任的当事人释明。当事人经释明未申请鉴定，虽申请鉴定但未支付鉴定费用或者拒不提供相关材料的，应当承担举证不能的法律后果。

一审诉讼中负有举证责任的当事人未申请鉴定，虽申请鉴定但未支付鉴定费用或者拒不提供相关材料，二审诉讼中申请鉴定，人民法院认为确有必要的，应当依照民事诉讼法第一百七十条第一款第三项的规定处理。

**第三十三条** 人民法院准许当事人的鉴定申请后，应当根据当事人申请及查明案件事实的需要，确定委托鉴定的事项、范围、鉴定期限等，并组织当事人对争议的鉴定材料进行质证。

**第三十四条** 人民法院应当组织当事人对鉴定意见进行质证。鉴定人将当事人有争议且未经质证的材料作为鉴定依据的，人民法院应当组织当事人就该部分材料进行质证。经质证认为不能作为鉴定依据的，根据该材料作出的鉴定意见不得作为认定案件事实的依据。

**第三十五条** 与发包人订立建设工程施工合同的承包人，依据民法典第八百零七条的规定请求其承建工程的价款就工程折价或者拍卖的价款优先受偿的，人民法院应予支持。

**第三十六条** 承包人根据民法典第八百零七条规定享有的建设工程价款优先受偿权优于抵押权和其他债权。

**第三十七条** 装饰装修工程具备折价或者拍卖条件，装饰装修工程的承包人请求工程价款就该装饰装修工程折价或者拍卖的价款优先受偿的，人民法院应予支持。

**第三十八条** 建设工程质量合格，承包人请求其承建工程的价款就工程折价或者拍卖的价款优先受偿的，人民法院应予支持。

**第三十九条** 未竣工的建设工程质量合格，承包人请求其承建工程的价款就其承建工程部分折价或者拍卖的价款优先受偿的，人民法院应予支持。

**第四十条** 承包人建设工程价款优先受偿的范围依照国务院有关行政主管部门关于建设工程价款范围的规定确定。

承包人就逾期支付建设工程价款的利息、违约金、损害赔偿金等主张优先受偿的，人民法院不予支持。

**第四十一条** 承包人应当在合理期限内行使建设工程价款优先受偿权，但最长不得超过十八个月，自发包人应当给付建设工程价款之日起算。

**第四十二条** 发包人与承包人约定放弃或者限制建设工程价款优先受偿权，损害建筑工人利益，发包人根据该约定主张承包人不享有建设工程价款优先受偿权的，人民法院不予支持。

**第四十三条** 实际施工人以转包人、违法分包人为被告起诉的，人民法院应当依法受理。

实际施工人以发包人为被告主张权利的，人民法院应当追加转包人或者违法分包人为本案第三人，在查明发包人欠付转包人或者违法分包人建设工程价款的数额后，判决发包人在欠付建设工程价款范围内对实际施工人承担责任。

**第四十四条** 实际施工人依据民法典第五百三十五条规定,以转包人或者违法分包人怠于向发包人行使到期债权或者与该债权有关的从权利,影响其到期债权实现,提起代位权诉讼的,人民法院应予支持。

**第四十五条** 本解释自2021年1月1日起施行。

## 最高人民法院关于审理技术合同纠纷案件适用法律若干问题的解释

- 2004年11月30日最高人民法院审判委员会第1335次会议通过
- 根据2020年12月23日最高人民法院审判委员会第1823次会议通过的《最高人民法院关于修改〈最高人民法院关于审理侵犯专利权纠纷案件应用法律若干问题的解释(二)〉等十八件知识产权类司法解释的决定》修正
- 2020年12月29日最高人民法院公告公布
- 自2021年1月1日起施行
- 法释〔2020〕19号

为了正确审理技术合同纠纷案件,根据《中华人民共和国民法典》《中华人民共和国专利法》和《中华人民共和国民事诉讼法》等法律的有关规定,结合审判实践,现就有关问题作出以下解释。

**一、一般规定**

**第一条** 技术成果,是指利用科学技术知识、信息和经验作出的涉及产品、工艺、材料及其改进等的技术方案,包括专利、专利申请、技术秘密、计算机软件、集成电路布图设计、植物新品种等。

技术秘密,是指不为公众所知悉、具有商业价值并经权利人采取相应保密措施的技术信息。

**第二条** 民法典第八百四十七条第二款所称"执行法人或者非法人组织的工作任务",包括:

(一)履行法人或者非法人组织的岗位职责或者承担其交付的其他技术开发任务;

(二)离职后一年内继续从事与其原所在法人或者非法人组织的岗位职责或者交付的任务有关的技术开发工作,但法律、行政法规另有规定的除外。

法人或者非法人组织与其职工就职工在职期间或者离职以后所完成的技术成果的权益有约定的,人民法院应当依约定确认。

**第三条** 民法典第八百四十七条第二款所称"物质技术条件",包括资金、设备、器材、原材料、未公开的技术信息和资料等。

**第四条** 民法典第八百四十七条第二款所称"主要是利用法人或者非法人组织的物质技术条件",包括职工在技术成果的研究开发过程中,全部或者大部分利用了法人或者非法人组织的资金、设备、器材或者原材料等物质条件,并且这些物质条件对形成该技术成果具有实质性的影响;还包括该技术成果实质性内容是在法人或者非法人组织尚未公开的技术成果、阶段性技术成果基础上完成的情形。但下列情况除外:

(一)对利用法人或者非法人组织提供的物质技术条件,约定返还资金或者交纳使用费的;

(二)在技术成果完成后利用法人或者非法人组织的物质技术条件对技术方案进行验证、测试的。

**第五条** 个人完成的技术成果,属于执行原所在法人或者非法人组织的工作任务,又主要利用了现所在法人或者非法人组织的物质技术条件的,应当按照该自然人原所在和现所在法人或者非法人组织达成的协议确认权益。不能达成协议的,根据对完成该项技术成果的贡献大小由双方合理分享。

**第六条** 民法典第八百四十七条所称"职务技术成果的完成人"、第八百四十八条所称"完成技术成果的个人",包括对技术成果单独或者共同作出创造性贡献的人,也即技术成果的发明人或者设计人。人民法院在对创造性贡献进行认定时,应当分解所涉及技术成果的实质性技术构成。提出实质性技术构成并由此实现技术方案的人,是作出创造性贡献的人。

提供资金、设备、材料、试验条件,进行组织管理,协助绘制图纸、整理资料、翻译文献等人员,不属于职务技术成果的完成人、完成技术成果的个人。

**第七条** 不具有民事主体资格的科研组织订立的技术合同,经法人或者非法人组织授权或者认可的,视为法人或者非法人组织订立的合同,由法人或者非法人组织承担责任;未经法人或者非法人组织授权或者认可的,由该科研组织成员共同承担责任,但法人或者非法人组织因该合同受益的,应当在其受益范围内承担相应责任。

前款所称不具有民事主体资格的科研组织,包括法人或者非法人组织设立的从事技术研究开发、转让等活动的课题组、工作室等。

**第八条** 生产产品或者提供服务依法须经有关部门审批或者取得行政许可,而未经审批或者许可的,不影响当事人订立的相关技术合同的效力。

当事人对办理前款所称审批或者许可的义务没有约定或者约定不明确的,人民法院应当判令由实施技术的一方负责办理，但法律、行政法规另有规定的除外。

**第九条** 当事人一方采取欺诈手段，就其现有技术成果作为研究开发标的与他人订立委托开发合同收取研究开发费用，或者就同一研究开发课题先后与两个或者两个以上的委托人分别订立委托开发合同重复收取研究开发费用，使对方在违背真实意思的情况下订立的合同，受损害方依照民法典第一百四十八条规定请求撤销合同的，人民法院应当予以支持。

**第十条** 下列情形，属于民法典第八百五十条所称的"非法垄断技术"：

（一）限制当事人一方在合同标的技术基础上进行新的研究开发或者限制其使用所改进的技术，或者双方交换改进技术的条件不对等，包括要求一方将其自行改进的技术无偿提供给对方、非互惠性转让给对方、无偿独占或者共享该改进技术的知识产权；

（二）限制当事人一方从其他来源获得与技术提供方类似技术或者与其竞争的技术；

（三）阻碍当事人一方根据市场需求，按照合理方式充分实施合同标的技术，包括明显不合理地限制技术接受方实施合同标的技术生产产品或者提供服务的数量、品种、价格、销售渠道和出口市场；

（四）要求技术接受方接受并非实施技术必不可少的附带条件，包括购买非必需的技术、原材料、产品、设备、服务以及接收非必需的人员等；

（五）不合理地限制技术接受方购买原材料、零部件、产品或者设备等的渠道或者来源；

（六）禁止技术接受方对合同标的技术知识产权的有效性提出异议或者对提出异议附加条件。

**第十一条** 技术合同无效或者被撤销后，技术开发合同研究开发人、技术转让合同让与人、技术许可合同许可人、技术咨询合同和技术服务合同的受托人已经履行或者部分履行了约定的义务，并且造成合同无效或者被撤销的过错在对方的，对其已履行部分应当收取的研究开发经费、技术使用费、提供咨询服务的报酬，人民法院可以认定为因对方原因导致合同无效或者被撤销给其造成的损失。

技术合同无效或者被撤销后，因履行合同所完成新的技术成果或者在他人技术成果基础上完成后续改进技术成果的权利归属和利益分享，当事人不能重新协议确定的，人民法院可以判决由完成技术成果的一方享有。

**第十二条** 根据民法典第八百五十条的规定，侵害他人技术秘密的技术合同被确认无效后，除法律、行政法规另有规定的以外，善意取得该技术秘密的一方当事人可以在其取得时的范围内继续使用该技术秘密，但应当向权利人支付合理的使用费并承担保密义务。

当事人双方恶意串通或者一方知道或者应当知道另一方侵权仍与其订立或者履行合同的，属于共同侵权，人民法院应当判令侵权人承担连带赔偿责任和保密义务，因此取得技术秘密的当事人不得继续使用该技术秘密。

**第十三条** 依照前条第一款规定可以继续使用技术秘密的人与权利人就使用费支付发生纠纷的，当事人任何一方都可以请求人民法院予以处理。继续使用技术秘密但又拒不支付使用费的，人民法院可以根据权利人的请求判令使用人停止使用。

人民法院在确定使用费时，可以根据权利人通常对外许可该技术秘密的使用费或者使用人取得该技术秘密所支付的使用费，并考虑该技术秘密的研究开发成本、成果转化和应用程度以及使用人的使用规模、经济效益等因素合理确定。

不论使用人是否继续使用技术秘密，人民法院均应当判令其向权利人支付已使用期间的使用费。使用人已向无效合同的让与人或者许可人支付的使用费应当由让与人或者许可人负责返还。

**第十四条** 对技术合同的价款、报酬和使用费，当事人没有约定或者约定不明确的，人民法院可以按照以下原则处理：

（一）对于技术开发合同和技术转让合同、技术许可合同，根据有关技术成果的研究开发成本、先进性、实施转化和应用的程度，当事人享有的权益和承担的责任，以及技术成果的经济效益等合理确定；

（二）对于技术咨询合同和技术服务合同，根据有关咨询服务工作的技术含量、质量和数量，以及已经产生和预期产生的经济效益等合理确定。

技术合同价款、报酬、使用费中包含非技术性款项的，应当分项计算。

**第十五条** 技术合同当事人一方迟延履行主要债务，经催告后在30日内仍未履行，另一方依据民法典第五百六十三条第一款第（三）项的规定主张解除合同的，人民法院应当予以支持。

当事人在催告通知中附有履行期限且该期限超过30日的，人民法院应当认定该履行期限为民法典第五百六十三条第一款第（三）项规定的合理期限。

**第十六条** 当事人以技术成果向企业出资但未明确约定权属，接受出资的企业主张该技术成果归其享有的，人民法院一般应当予以支持,但是该技术成果价值与该技术成果所占出资额比例明显不合理损害出资人利益的除外。

当事人对技术成果的权属约定有比例的,视为共同所有,其权利使用和利益分配,按共有技术成果的有关规定处理,但当事人另有约定的,从其约定。

当事人对技术成果的使用权约定有比例的,人民法院可以视为当事人对实施该项技术成果所获收益的分配比例,但当事人另有约定的,从其约定。

## 二、技术开发合同

**第十七条** 民法典第八百五十一条第一款所称"新技术、新产品、新工艺、新品种或者新材料及其系统",包括当事人在订立技术合同时尚未掌握的产品、工艺、材料及其系统等技术方案,但对技术上没有创新的现有产品的改型、工艺变更、材料配方调整以及对技术成果的验证、测试和使用除外。

**第十八条** 民法典第八百五十一条第四款规定的"当事人之间就具有实用价值的科技成果实施转化订立的"技术转化合同,是指当事人之间就具有实用价值但尚未实现工业化应用的科技成果包括阶段性技术成果,以实现该科技成果工业化应用为目标,约定后续试验、开发和应用等内容的合同。

**第十九条** 民法典第八百五十五条所称"分工参与研究开发工作",包括当事人按照约定的计划和分工,共同或者分别承担设计、工艺、试验、试制等工作。

技术开发合同当事人一方仅提供资金、设备、材料等物质条件或者承担辅助协作事项,另一方进行研究开发工作的,属于委托开发合同。

**第二十条** 民法典第八百六十一条所称"当事人均有使用和转让的权利",包括当事人均有不经对方同意而自己使用或者以普通使用许可的方式许可他人使用技术秘密,并独占由此所获利益的权利。当事人一方将技术秘密成果的转让权让与他人,或者以独占或者排他使用许可的方式许可他人使用技术秘密,未经对方当事人同意或者追认的,应当认定该让与或者许可行为无效。

**第二十一条** 技术开发合同当事人依照民法典的规定或者约定自行实施专利或使用技术秘密,但因其不具备独立实施专利或者使用技术秘密的条件,以一个普通许可方式许可他人实施或者使用的,可以准许。

## 三、技术转让合同和技术许可合同

**第二十二条** 就尚待研究开发的技术成果或者不涉及专利、专利申请或者技术秘密的知识、技术、经验和信息所订立的合同,不属于民法典第八百六十二条规定的技术转让合同或者技术许可合同。

技术转让合同中关于让与人向受让人提供实施技术的专用设备、原材料或者提供有关的技术咨询、技术服务的约定,属于技术转让合同的组成部分。因此发生的纠纷,按照技术转让合同处理。

当事人以技术入股方式订立联营合同,但技术入股人不参与联营体的经营管理,并且以保底条款形式约定联营体或者联营对方支付其技术入股款或者使用费的,视为技术转让合同或者技术许可合同。

**第二十三条** 专利申请权转让合同当事人以专利申请被驳回或者被视为撤回为由请求解除合同,该事实发生在依照专利法第十条第三款的规定办理专利申请权转让登记之前的,人民法院应当予以支持;发生在转让登记之后的,不予支持,但当事人另有约定的除外。

专利申请因专利申请权转让合同成立时即存在尚未公开的同样发明创造的在先专利申请被驳回,当事人依据民法典第五百六十三条第一款第(四)项的规定请求解除合同的,人民法院应当予以支持。

**第二十四条** 订立专利权转让合同或者专利申请权转让合同前,让与人自己已经实施发明创造,在合同生效后,受让人要求让与人停止实施的,人民法院应当予以支持,但当事人另有约定的除外。

让与人与受让人订立的专利权、专利申请权转让合同,不影响在合同成立前让与人与他人订立的相关专利实施许可合同或者技术秘密转让合同的效力。

**第二十五条** 专利实施许可包括以下方式:

(一)独占实施许可,是指许可人在约定许可实施专利的范围内,将该专利仅许可一个被许可人实施,许可人依约定不得实施该专利;

(二)排他实施许可,是指许可人在约定许可实施专利的范围内,将该专利仅许可一个被许可人实施,但许可人依约定可以自行实施该专利;

(三)普通实施许可,是指许可人在约定许可实施专利的范围内许可他人实施该专利,并且可以自行实施该专利。

当事人对专利实施许可方式没有约定或者约定不明确的,认定为普通实施许可。专利实施许可合同约定被许可人可以再许可他人实施专利的,认定该再许可为普通实施许可,但当事人另有约定的除外。

技术秘密的许可使用方式,参照本条第一、二款的规定确定。

第二十六条 专利实施许可合同许可人负有在合同有效期内维持专利权有效的义务，包括依法缴纳专利年费和积极应对他人提出宣告专利权无效的请求，但当事人另有约定的除外。

第二十七条 排他实施许可合同许可人不具备独立实施其专利的条件，以一个普通许可的方式许可他人实施专利的，人民法院可以认定为许可人自己实施专利，但当事人另有约定的除外。

第二十八条 民法典第八百六十四条所称"实施专利或者使用技术秘密的范围"，包括实施专利或者使用技术秘密的期限、地域、方式以及接触技术秘密的人员等。

当事人对实施专利或者使用技术秘密的期限没有约定或者约定不明确的，受让人、被许可人实施专利或者使用技术秘密不受期限限制。

第二十九条 当事人之间就申请专利的技术成果所订立的许可使用合同，专利申请公开以前，适用技术秘密许可合同的有关规定；发明专利申请公开以后、授权以前，参照适用专利实施许可合同的有关规定；授权以后，原合同即为专利实施许可合同，适用专利实施许可合同的有关规定。

人民法院不以当事人就已经申请专利但尚未授权的技术订立专利实施许可合同为由，认定合同无效。

**四、技术咨询合同和技术服务合同**

第三十条 民法典第八百七十八条第一款所称"特定技术项目"，包括有关科学技术与经济社会协调发展的软科学研究项目，促进科技进步和管理现代化、提高经济效益和社会效益等运用科学知识和技术手段进行调查、分析、论证、评价、预测的专业性技术项目。

第三十一条 当事人对技术咨询合同委托人提供的技术资料和数据或者受托人提出的咨询报告和意见未约定保密义务，当事人一方引用、发表或者向第三人提供的，不认定为违约行为，但侵害对方当事人对此享有的合法权益的，应当依法承担民事责任。

第三十二条 技术咨询合同受托人发现委托人提供的资料、数据等有明显错误或者缺陷，未在合理期限内通知委托人的，视为其对委托人提供的技术资料、数据等予以认可。委托人在接到受托人的补正通知后未在合理期限内答复并予补正的，发生的损失由委托人承担。

第三十三条 民法典第八百七十八条第二款所称"特定技术问题"，包括需要运用专业技术知识、经验和信息解决的有关改进产品结构、改良工艺流程、提高产品质量、降低产品成本、节约资源能耗、保护资源环境、实现安全操作、提高经济效益和社会效益等专业技术问题。

第三十四条 当事人一方以技术转让或者技术许可的名义提供已进入公有领域的技术，或者在技术转让合同、技术许可合同履行过程中合同标的技术进入公有领域，但是技术提供方进行技术指导、传授技术知识，为对方解决特定技术问题符合约定条件的，按照技术服务合同处理，约定的技术转让费、使用费可以视为提供技术服务的报酬和费用，但是法律、行政法规另有规定的除外。

依照前款规定，技术转让费或者使用费视为提供技术服务的报酬和费用明显不合理的，人民法院可以根据当事人的请求合理确定。

第三十五条 技术服务合同受托人发现委托人提供的资料、数据、样品、材料、场地等工作条件不符合约定，未在合理期限内通知委托人的，视为其对委托人提供的工作条件予以认可。委托人在接到受托人的补正通知后未在合理期限内答复并予补正的，发生的损失由委托人承担。

第三十六条 民法典第八百八十七条规定的"技术培训合同"，是指当事人一方委托另一方对指定的学员进行特定项目的专业技术训练和技术指导所订立的合同，不包括职业培训、文化学习和按照行业、法人或者非法人组织的计划进行的职工业余教育。

第三十七条 当事人对技术培训必需的场地、设施和试验条件等工作条件的提供和管理责任没有约定或者约定不明确的，由委托人负责提供和管理。

技术培训合同委托人派出的学员不符合约定条件，影响培训质量的，由委托人按照约定支付报酬。

受托人配备的教员不符合约定条件，影响培训质量，或者受托人未按照计划和项目进行培训，导致不能实现约定培训目标的，应当减收或者免收报酬。

受托人发现学员不符合约定条件或者委托人发现教员不符合约定条件，未在合理期限内通知对方，或者接到通知的一方未在合理期限内按约定改派的，应当由负有履行义务的当事人承担相应的民事责任。

第三十八条 民法典第八百八十七条规定的"技术中介合同"，是指当事人一方以知识、技术、经验和信息为另一方与第三人订立技术合同进行联系、介绍以及对履行合同提供专门服务所订立的合同。

第三十九条 中介人从事中介活动的费用，是指中介人在委托人和第三人订立技术合同前，进行联系、介绍活动所支出的通信、交通和必要的调查研究等费用。中介人的报酬，是指中介人为委托人与第三人订立技术合同以及对履行该合同提供服务应当得到的收益。

当事人对中介人从事中介活动的费用负担没有约定或者约定不明确的，由中介人承担。当事人约定该费用由委托人承担但未约定具体数额或者计算方法的，由委托人支付中介人从事中介活动支出的必要费用。

当事人对中介人的报酬数额没有约定或者约定不明确的，应当根据中介人所进行的劳务合理确定，并由委托人承担。仅在委托人与第三人订立的技术合同中约定中介条款，但未约定给付中介人报酬或者约定不明确的，应当支付的报酬由委托人和第三人平均承担。

**第四十条** 中介人未促成委托人与第三人之间的技术合同成立的，其要求支付报酬的请求，人民法院不予支持；其要求委托人支付其从事中介活动必要费用的请求，应当予以支持，但当事人另有约定的除外。

中介人隐瞒与订立技术合同有关的重要事实或者提供虚假情况，侵害委托人利益的，应当根据情况免收报酬并承担赔偿责任。

**第四十一条** 中介人对造成委托人与第三人之间的技术合同的无效或者被撤销没有过错，并且该技术合同的无效或者被撤销不影响有关中介条款或者技术中介合同继续有效，中介人要求按照约定或者本解释的有关规定给付从事中介活动的费用和报酬的，人民法院应当予以支持。

中介人收取从事中介活动的费用和报酬不应当被视为委托人与第三人之间的技术合同纠纷中一方当事人的损失。

**五、与审理技术合同纠纷有关的程序问题**

**第四十二条** 当事人将技术合同和其他合同内容或者将不同类型的技术合同内容订立在一个合同中的，应当根据当事人争议的权利义务内容，确定案件的性质和案由。

技术合同名称与约定的权利义务关系不一致的，应当按照约定的权利义务内容，确定合同的类型和案由。

技术转让合同或者技术许可合同中约定让与人或者许可人负责包销或者回购受让人、被许可人实施合同标的技术制造的产品，仅因让与人或者许可人不履行或者不能全部履行包销或者回购义务引起纠纷，不涉及技术问题的，应当按照包销或者回购条款约定的权利义务内容确定案由。

**第四十三条** 技术合同纠纷案件一般由中级以上人民法院管辖。

各高级人民法院根据本辖区的实际情况并报经最高人民法院批准，可以指定若干基层人民法院管辖第一审技术合同纠纷案件。

其他司法解释对技术合同纠纷案件管辖另有规定的，从其规定。

合同中既有技术合同内容，又有其他合同内容，当事人就技术合同内容和其他合同内容均发生争议的，由具有技术合同纠纷案件管辖权的人民法院受理。

**第四十四条** 一方当事人以诉讼争议的技术合同侵害他人技术成果为由请求确认合同无效，或者人民法院在审理技术合同纠纷中发现可能存在该无效事由的，人民法院应当依法通知有关利害关系人，其可以作为有独立请求权的第三人参加诉讼或者依法向有管辖权的人民法院另行起诉。

利害关系人在接到通知后15日内不提起诉讼的，不影响人民法院对案件的审理。

**第四十五条** 第三人向受理技术合同纠纷案件的人民法院就合同标的技术提出权属或者侵权请求时，受诉人民法院对此也有管辖权的，可以将权属或者侵权纠纷与合同纠纷合并审理；受诉人民法院对此没有管辖权的，应当告知其向有管辖权的人民法院另行起诉或者将已经受理的权属或者侵权纠纷案件移送有管辖权的人民法院。权属或者侵权纠纷另案受理后，合同纠纷应当中止诉讼。

专利实施许可合同诉讼中，被许可人或者第三人向国家知识产权局请求宣告专利权无效的，人民法院可以不中止诉讼。在案件审理过程中专利权被宣告无效的，按照专利法第四十七条第二款和第三款的规定处理。

**六、其 他**

**第四十六条** 计算机软件开发等合同争议，著作权法以及其他法律、行政法规另有规定的，依照其规定；没有规定的，适用民法典第三编第一分编的规定，并可以参照民法典第三编第二分编第二十章和本解释的有关规定处理。

**第四十七条** 本解释自2005年1月1日起施行。

## 合同行政监督管理办法

・2023年5月18日国家市场监督管理总局令第77号公布
・自2023年7月1日起施行

**第一条** 为了维护市场经济秩序，保护国家利益、社会公共利益和消费者合法权益，根据《中华人民共和国民法典》《中华人民共和国消费者权益保护法》等法律法规，制定本办法。

第二条　市场监督管理部门根据法律、行政法规和本办法的规定，在职责范围内开展合同行政监督管理工作。

第三条　市场监督管理部门开展合同行政监督管理工作，应当坚持监管与指导相结合、处罚与教育相结合的原则。

第四条　经营者订立合同应当遵循平等、自愿、公平、诚信的原则，不得违反法律、行政法规的规定，违背公序良俗，不得利用合同实施危害国家利益、社会公共利益和消费者合法权益的行为。

第五条　经营者不得利用合同从事下列违法行为，扰乱市场经济秩序，危害国家利益、社会公共利益：

（一）虚构合同主体资格或者盗用、冒用他人名义订立合同；

（二）没有实际履行能力，诱骗对方订立合同；

（三）故意隐瞒与实现合同目的有重大影响的信息，与对方订立合同；

（四）以恶意串通、贿赂、胁迫等手段订立合同；

（五）其他利用合同扰乱市场经济秩序的行为。

第六条　经营者采用格式条款与消费者订立合同，应当以单独告知、字体加粗、弹窗等显著方式提请消费者注意商品或者服务的数量和质量、价款或者费用、履行期限和方式、安全注意事项和风险警示、售后服务、民事责任等与消费者有重大利害关系的内容，并按照消费者的要求予以说明。

经营者预先拟定的，对合同双方权利义务作出规定的通知、声明、店堂告示等，视同格式条款。

第七条　经营者与消费者订立合同，不得利用格式条款等方式作出减轻或者免除自身责任的规定。格式条款中不得含有以下内容：

（一）免除或者减轻经营者造成消费者人身伤害依法应当承担的责任；

（二）免除或者减轻经营者因故意或者重大过失造成消费者财产损失依法应当承担的责任；

（三）免除或者减轻经营者对其所提供的商品或者服务依法应当承担的修理、重作、更换、退货、补足商品数量、退还货款和服务费用等责任；

（四）免除或者减轻经营者依法应当承担的违约责任；

（五）免除或者减轻经营者根据合同的性质和目的应当履行的协助、通知、保密等义务；

（六）其他免除或者减轻经营者自身责任的内容。

第八条　经营者与消费者订立合同，不得利用格式条款等方式作出加重消费者责任、排除或者限制消费者权利的规定。格式条款中不得含有以下内容：

（一）要求消费者承担的违约金或者损害赔偿金超过法定数额或者合理数额；

（二）要求消费者承担依法应当由经营者承担的经营风险；

（三）排除或者限制消费者依法自主选择商品或者服务的权利；

（四）排除或者限制消费者依法变更或者解除合同的权利；

（五）排除或者限制消费者依法请求支付违约金或者损害赔偿金的权利；

（六）排除或者限制消费者依法投诉、举报、请求调解、申请仲裁、提起诉讼的权利；

（七）经营者单方享有解释权或者最终解释权；

（八）其他加重消费者责任、排除或者限制消费者权利的内容。

第九条　经营者采用格式条款与消费者订立合同的，不得利用格式条款并借助技术手段强制交易。

第十条　市场监督管理部门引导重点行业经营者建立健全格式条款公示等制度，引导规范经营者合同行为，提升消费者合同法律意识。

第十一条　经营者与消费者订立合同时，一般应当包括《中华人民共和国民法典》第四百七十条第一款规定的主要内容，并明确双方的主要权利和义务。

经营者采用书面形式与消费者订立合同的，应当将双方签订的书面合同交付消费者留存，并不少于一份。

经营者以电子形式订立合同的，应当清晰、全面、明确地告知消费者订立合同的步骤、注意事项、下载方法等事项，并保证消费者能够便利、完整地阅览和下载。

第十二条　任何单位和个人不得在明知或者应知的情况下，为本办法禁止的违法行为提供证明、印章、账户等便利条件。

第十三条　省级以上市场监督管理部门可以根据有关法律法规规定，针对特定行业或者领域，联合有关部门制定合同示范文本。

根据前款规定制定的合同示范文本，应当主动公开，供社会公众免费阅览、下载、使用。

第十四条　合同示范文本供当事人参照使用。合同各方具体权利义务由当事人自行约定。当事人可以对合同示范文本中的有关条款进行修改、补充和完善。

**第十五条** 参照合同示范文本订立合同的,当事人应当充分理解合同条款,自行承担合同订立和履行所发生的法律后果。

**第十六条** 省级以上市场监督管理部门可以设立合同行政监督管理专家评审委员会,邀请相关领域专家参与格式条款评审、合同示范文本制定等工作。

**第十七条** 县级以上市场监督管理部门对涉嫌违反本办法的合同行为进行查处时,可以依法采取下列措施:

(一)对与涉嫌合同违法行为有关的经营场所进行现场检查;

(二)询问涉嫌违法的当事人;

(三)向与涉嫌合同违法行为有关的自然人、法人和非法人组织调查了解有关情况;

(四)查阅、调取、复制与涉嫌违法行为有关的合同、票据、账簿等资料;

(五)法律、法规规定可以采取的其他措施。

采取前款规定的措施,依法需要报经批准的,应当办理批准手续。

市场监督管理部门及其工作人员对履行相关工作职责过程中知悉的国家秘密、商业秘密或者个人隐私,应当依法予以保密。

**第十八条** 经营者违反本办法第五条、第六条第一款、第七条、第八条、第九条、第十二条规定,法律、行政法规有规定的,依照其规定;没有规定的,由县级以上市场监督管理部门责令限期改正,给予警告,并可以处十万元以下罚款。

**第十九条** 合同违法行为轻微并及时改正,没有造成危害后果的,不予行政处罚;主动消除或者减轻危害后果的,从轻或者减轻行政处罚。

**第二十条** 市场监督管理部门作出行政处罚决定后,应当依法通过国家企业信用信息公示系统向社会公示。

**第二十一条** 违反本办法规定,构成犯罪的,依法追究刑事责任。

**第二十二条** 市场监督管理部门依照本办法开展合同行政监督管理,不对合同的民事法律效力作出认定,不影响合同当事人民事责任的承担。法律、行政法规另有规定的,依照其规定。

**第二十三条** 本办法自2023年7月1日起施行。2010年10月13日原国家工商行政管理总局令第51号公布的《合同违法行为监督处理办法》同时废止。

# 农村土地承包合同管理办法

·2023年2月17日农业农村部令2023年第1号公布
·自2023年5月1日起施行

## 第一章 总 则

**第一条** 为了规范农村土地承包合同的管理,维护承包合同当事人的合法权益,维护农村社会和谐稳定,根据《中华人民共和国农村土地承包法》等法律及有关规定,制定本办法。

**第二条** 农村土地承包经营应当巩固和完善以家庭承包经营为基础、统分结合的双层经营体制,保持农村土地承包关系稳定并长久不变。农村土地承包经营,不得改变土地的所有权性质。

**第三条** 农村土地承包经营应当依法签订承包合同。土地承包经营权自承包合同生效时设立。

承包合同订立、变更和终止的,应当开展土地承包经营权调查。

**第四条** 农村土地承包合同管理应当遵守法律、法规,保护土地资源的合理开发和可持续利用,依法落实耕地利用优先序。发包方和承包方应当依法履行保护农村土地的义务。

**第五条** 农村土地承包合同管理应当充分维护农民的财产权益,任何组织和个人不得剥夺和非法限制农村集体经济组织成员承包土地的权利。妇女与男子享有平等的承包农村土地的权利。

承包方承包土地后,享有土地承包经营权,可以自己经营,也可以保留土地承包权,流转其承包地的土地经营权,由他人经营。

**第六条** 农业农村部负责全国农村土地承包合同管理的指导。

县级以上地方人民政府农业农村主管(农村经营管理)部门负责本行政区域内农村土地承包合同管理。

乡(镇)人民政府负责本行政区域内农村土地承包合同管理。

## 第二章 承包方案

**第七条** 本集体经济组织成员的村民会议依法选举产生的承包工作小组,应当依照法律、法规的规定拟订承包方案,并在本集体经济组织范围内公示不少于十五日。

承包方案应当依法经本集体经济组织成员的村民会议三分之二以上成员或者三分之二以上村民代表的同意。

承包方案由承包工作小组公开组织实施。

第八条　承包方案应当符合下列要求：

（一）内容合法；

（二）程序规范；

（三）保障农村集体经济组织成员合法权益；

（四）不得违法收回、调整承包地；

（五）法律、法规和规章规定的其他要求。

第九条　县级以上地方人民政府农业农村主管（农村经营管理）部门、乡（镇）人民政府农村土地承包管理部门应当指导制定承包方案，并对承包方案的实施进行监督，发现问题的，应当及时予以纠正。

## 第三章　承包合同的订立、变更和终止

第十条　承包合同应当符合下列要求：

（一）文本规范；

（二）内容合法；

（三）双方当事人签名、盖章或者按指印；

（四）法律、法规和规章规定的其他要求。

县级以上地方人民政府农业农村主管（农村经营管理）部门、乡（镇）人民政府农村土地承包管理部门应当依法指导发包方和承包方订立、变更或者终止承包合同，并对承包合同实施监督，发现不符合前款要求的，应当及时通知发包方更正。

第十一条　发包方和承包方应当采取书面形式签订承包合同。

承包合同一般包括以下条款：

（一）发包方、承包方的名称，发包方负责人和承包方代表的姓名、住所；

（二）承包土地的名称、坐落、面积、质量等级；

（三）承包方家庭成员信息；

（四）承包期限和起止日期；

（五）承包土地的用途；

（六）发包方和承包方的权利和义务；

（七）违约责任。

承包合同示范文本由农业农村部制定。

第十二条　承包合同自双方当事人签名、盖章或者按指印时成立。

第十三条　承包期内，出现下列情形之一的，承包合同变更：

（一）承包方依法分立或者合并的；

（二）发包方依法调整承包地的；

（三）承包方自愿交回部分承包地的；

（四）土地承包经营权互换的；

（五）土地承包经营权部分转让的；

（六）承包地被部分征收的；

（七）法律、法规和规章规定的其他情形。

承包合同变更的，变更后的承包期限不得超过承包期的剩余期限。

第十四条　承包期内，出现下列情形之一的，承包合同终止：

（一）承包方消亡的；

（二）承包方自愿交回全部承包地的；

（三）土地承包经营权全部转让的；

（四）承包地被全部征收的；

（五）法律、法规和规章规定的其他情形。

第十五条　承包地被征收、发包方依法调整承包地或者承包方消亡的，发包方应当变更或者终止承包合同。

除前款规定的情形外，承包合同变更、终止的，承包方向发包方提出申请，并提交以下材料：

（一）变更、终止承包合同的书面申请；

（二）原承包合同；

（三）承包方分立或者合并的协议，交回承包地的书面通知或者协议，土地承包经营权互换合同、转让合同等其他相关证明材料；

（四）具有土地承包经营权的全部家庭成员同意变更、终止承包合同的书面材料；

（五）法律、法规和规章规定的其他材料。

第十六条　省级人民政府农业农村主管部门可以根据本行政区域实际依法制定承包方分立、合并、消亡而导致承包合同变更、终止的具体规定。

第十七条　承包期内，因自然灾害严重毁损承包地等特殊情形对个别农户之间承包地需要适当调整的，发包方应当制定承包地调整方案，并应当经本集体经济组织成员的村民会议三分之二以上成员或者三分之二以上村民代表的同意。承包合同中约定不得调整的，按照其约定。

调整方案通过之日起二十个工作日内，发包方应当将调整方案报乡（镇）人民政府和县级人民政府农业农村主管（农村经营管理）部门批准。

乡（镇）人民政府应当于二十个工作日内完成调整方案的审批，并报县级人民政府农业农村主管（农村经营管理）部门；县级人民政府农业农村主管（农村经营管理）部门应当于二十个工作日内完成调整方案的审批。乡（镇）人民政府、县级人民政府农业农村主管（农村经营管理）部门对违反法律、法规和规章规定的调整方案，应当及时通知发包方予以更正，并重新申请批准。

调整方案未经乡（镇）人民政府和县级人民政府农

业农村主管(农村经营管理)部门批准的,发包方不得调整承包地。

**第十八条** 承包方自愿将部分或者全部承包地交回发包方的,承包方与发包方在该土地上的承包关系终止,承包期内其土地承包经营权部分或者全部消灭,并不得再要求承包土地。

承包方自愿交回承包地的,应当提前半年以书面形式通知发包方。承包方对其在承包地上投入而提高土地生产能力的,有权获得相应的补偿。交回承包地的其他补偿,由发包方和承包方协商确定。

**第十九条** 为了方便耕种或者各自需要,承包方之间可以互换属于同一集体经济组织的不同承包地块的土地承包经营权。

土地承包经营权互换的,应当签订书面合同,并向发包方备案。

承包方提交备案的互换合同,应当符合下列要求:

(一)互换双方是属于同一集体经济组织的农户;

(二)互换后的承包期限不超过承包期的剩余期限;

(三)法律、法规和规章规定的其他事项。

互换合同备案后,互换双方应当与发包方变更承包合同。

**第二十条** 经承包方申请和发包方同意,承包方可以将部分或者全部土地承包经营权转让给本集体经济组织的其他农户。

承包方转让土地承包经营权的,应当以书面形式向发包方提交申请。发包方同意转让的,承包方与受让方应当签订书面合同;发包方不同意转让的,应当于七日内向承包方书面说明理由。发包方无法定理由的,不得拒绝同意承包方的转让申请。未经发包方同意的,土地承包经营权转让合同无效。

土地承包经营权转让合同,应当符合下列要求:

(一)受让方是本集体经济组织的农户;

(二)转让后的承包期限不超过承包期的剩余期限;

(三)法律、法规和规章规定的其他事项。

土地承包经营权转让后,受让方应当与发包方签订承包合同。原承包方与发包方在该土地上的承包关系终止,承包期内其土地承包经营权部分或者全部消灭,并不得再要求承包土地。

### 第四章 承包档案和信息管理

**第二十一条** 承包合同管理工作中形成的,对国家、社会和个人有保存价值的文字、图表、声像、数据等各种形式和载体的材料,应当纳入农村土地承包档案管理。

县级以上地方人民政府农业农村主管(农村经营管理)部门、乡(镇)人民政府农村土地承包管理部门应当制定工作方案、健全档案工作管理制度、落实专项经费、指定工作人员、配备必要设施设备,确保农村土地承包档案完整与安全。

发包方应当将农村土地承包档案纳入村级档案管理。

**第二十二条** 承包合同管理工作中产生、使用和保管的数据,包括承包地权属数据、地理信息数据和其他相关数据等,应当纳入农村土地承包数据管理。

县级以上地方人民政府农业农村主管(农村经营管理)部门负责本行政区域内农村土地承包数据的管理,组织开展数据采集、使用、更新、保管和保密等工作,并向上级业务主管部门提交数据。

鼓励县级以上地方人民政府农业农村主管(农村经营管理)部门通过数据交换接口、数据抄送等方式与相关部门和机构实现承包合同数据互通共享,并明确使用、保管和保密责任。

**第二十三条** 县级以上地方人民政府农业农村主管(农村经营管理)部门应当加强农村土地承包合同管理信息化建设,按照统一标准和技术规范建立国家、省、市、县等互联互通的农村土地承包信息应用平台。

**第二十四条** 县级以上地方人民政府农业农村主管(农村经营管理)部门、乡(镇)人民政府农村土地承包管理部门应当利用农村土地承包信息应用平台,组织开展承包合同网签。

**第二十五条** 承包方、利害关系人有权依法查询、复制农村土地承包档案和农村土地承包数据的相关资料,发包方、乡(镇)人民政府农村土地承包管理部门、县级以上地方人民政府农业农村主管(农村经营管理)部门应当依法提供。

### 第五章 土地承包经营权调查

**第二十六条** 土地承包经营权调查,应当查清发包方、承包方的名称,发包方负责人和承包方代表的姓名、身份证号码、住所,承包方家庭成员,承包地块的名称、坐落、面积、质量等级、土地用途等信息。

**第二十七条** 土地承包经营权调查应当按照农村土地承包经营权调查规程实施,一般包括准备工作、权属调查、地块测量、审核公示、勘误修正、结果确认、信息入库、成果归档等。

农村土地承包经营权调查规程由农业农村部制定。

**第二十八条** 土地承包经营权调查的成果,应当符合农村土地承包经营权调查规程的质量要求,并纳入农村土地承包信息应用平台统一管理。

**第二十九条** 县级以上地方人民政府农业农村主管(农村经营管理)部门、乡(镇)人民政府农村土地承包管理部门依法组织开展本行政区域内的土地承包经营权调查。

土地承包经营权调查可以依法聘请具有相应资质的单位开展。

### 第六章 法律责任

**第三十条** 国家机关及其工作人员利用职权干涉承包合同的订立、变更、终止,给承包方造成损失的,应依法承担损害赔偿等责任;情节严重的,由上级机关或者所在单位给予直接责任人员处分;构成犯罪的,依法追究刑事责任。

**第三十一条** 土地承包经营权调查、农村土地承包档案管理、农村土地承包数据管理和使用过程中发生的违法行为,根据相关法律法规的规定予以处罚;构成犯罪的,依法追究刑事责任。

### 第七章 附 则

**第三十二条** 本办法所称农村土地,是指除林地、草地以外的,农民集体所有和国家所有依法由农民集体使用的耕地和其他依法用于农业的土地。

本办法所称承包合同,是指在家庭承包方式中,发包方和承包方依法签订的土地承包经营权合同。

**第三十三条** 本办法施行以前依法签订的承包合同继续有效。

**第三十四条** 本办法自 2023 年 5 月 1 日起施行。农业部 2003 年 11 月 14 日发布的《中华人民共和国农村土地承包经营权证管理办法》(农业部令第 33 号)同时废止。

## 2. 担保

### 最高人民法院关于适用《中华人民共和国民法典》有关担保制度的解释

- 2020 年 12 月 25 日最高人民法院审判委员会第 1824 次会议通过
- 2020 年 12 月 31 日最高人民法院公告公布
- 自 2021 年 1 月 1 日起施行
- 法释〔2020〕28 号

为正确适用《中华人民共和国民法典》有关担保制度的规定,结合民事审判实践,制定本解释。

### 一、关于一般规定

**第一条** 因抵押、质押、留置、保证等担保发生的纠纷,适用本解释。所有权保留买卖、融资租赁、保理等涉及担保功能发生的纠纷,适用本解释的有关规定。

**第二条** 当事人在担保合同中约定担保合同的效力独立于主合同,或者约定担保人对主合同无效的法律后果承担担保责任,该有关担保独立性的约定无效。主合同有效的,有关担保独立性的约定无效不影响担保合同的效力;主合同无效的,人民法院应当认定担保合同无效,但是法律另有规定的除外。

因金融机构开立的独立保函发生的纠纷,适用《最高人民法院关于审理独立保函纠纷案件若干问题的规定》。

**第三条** 当事人对担保责任的承担约定专门的违约责任,或者约定的担保责任范围超出债务人应当承担的责任范围,担保人主张仅在债务人应当承担的责任范围内承担责任的,人民法院应予支持。

担保人承担的责任超出债务人应当承担的责任范围,担保人向债务人追偿,债务人主张仅在其应当承担的责任范围内承担责任的,人民法院应予支持;担保人请求债权人返还超出部分的,人民法院依法予以支持。

**第四条** 有下列情形之一,当事人将担保物权登记在他人名下,债务人不履行到期债务或者发生当事人约定的实现担保物权的情形,债权人或者其受托人主张就该财产优先受偿的,人民法院依法予以支持:

(一)为债券持有人提供的担保物权登记在债券受托管理人名下;

(二)为委托贷款人提供的担保物权登记在受托人名下;

(三)担保人知道债权人与他人之间存在委托关系的其他情形。

**第五条** 机关法人提供担保的,人民法院应当认定担保合同无效,但是经国务院批准为使用外国政府或者国际经济组织贷款进行转贷的除外。

居民委员会、村民委员会提供担保的,人民法院应当认定担保合同无效,但是依法代行村集体经济组织职能的村民委员会,依照村民委员会组织法规定的讨论决定程序对外提供担保的除外。

**第六条** 以公益为目的的非营利性学校、幼儿园、医疗机构、养老机构等提供担保的,人民法院应当认定担保合同无效,但是有下列情形之一的除外:

(一)在购入或者以融资租赁方式承租教育设施、医疗卫生设施、养老服务设施和其他公益设施时,出卖人、出租人为担保价款或者租金实现而在该公益设施上保留所有权；

（二）以教育设施、医疗卫生设施、养老服务设施和其他公益设施以外的不动产、动产或者财产权利设立担保物权。

登记为营利法人的学校、幼儿园、医疗机构、养老机构等提供担保，当事人以其不具有担保资格为由主张担保合同无效的，人民法院不予支持。

**第七条** 公司的法定代表人违反公司法关于公司对外担保决议程序的规定，超越权限代表公司与相对人订立担保合同，人民法院应当依照民法典第六十一条和第五百零四条等规定处理：

（一）相对人善意的，担保合同对公司发生效力；相对人请求公司承担担保责任的，人民法院应予支持。

（二）相对人非善意的，担保合同对公司不发生效力；相对人请求公司承担赔偿责任的，参照适用本解释第十七条的有关规定。

法定代表人超越权限提供担保造成公司损失，公司请求法定代表人承担赔偿责任的，人民法院应予支持。

第一款所称善意，是指相对人在订立担保合同时不知道且不应当知道法定代表人超越权限。相对人有证据证明已对公司决议进行了合理审查，人民法院应当认定其构成善意，但是公司有证据证明相对人知道或者应当知道决议系伪造、变造的除外。

**第八条** 有下列情形之一，公司以其未依照公司法关于公司对外担保的规定作出决议为由主张不承担担保责任的，人民法院不予支持：

（一）金融机构开立保函或者担保公司提供担保；

（二）公司为其全资子公司开展经营活动提供担保；

（三）担保合同系由单独或者共同持有公司三分之二以上对担保事项有表决权的股东签字同意。

上市公司对外提供担保，不适用前款第二项、第三项的规定。

**第九条** 相对人根据上市公司公开披露的关于担保事项已经董事会或者股东大会决议通过的信息，与上市公司订立担保合同，相对人主张担保合同对上市公司发生效力，并由上市公司承担担保责任的，人民法院应予支持。

相对人未根据上市公司公开披露的关于担保事项已经董事会或者股东大会决议通过的信息，与上市公司订立担保合同，上市公司主张担保合同对其不发生效力，且不承担担保责任或者赔偿责任的，人民法院应予支持。

相对人与上市公司已公开披露的控股子公司订立的担保合同，或者相对人与股票在国务院批准的其他全国性证券交易场所交易的公司订立的担保合同，适用前两款规定。

**第十条** 一人有限责任公司为其股东提供担保，公司以违反公司法关于公司对外担保决议程序的规定为由主张不承担担保责任的，人民法院不予支持。公司因承担担保责任导致无法清偿其他债务，提供担保时的股东不能证明公司财产独立于自己的财产，其他债权人请求该股东承担连带责任的，人民法院应予支持。

**第十一条** 公司的分支机构未经公司股东(大)会或者董事会决议以自己的名义对外提供担保，相对人请求公司或者其分支机构承担担保责任的，人民法院不予支持，但是相对人不知道且不应当知道分支机构对外提供担保未经公司决议程序的除外。

金融机构的分支机构在其营业执照记载的经营范围内开立保函，或者经有权从事担保业务的上级机构授权开立保函，金融机构或者其分支机构以违反公司法关于公司对外担保决议程序的规定为由主张不承担担保责任的，人民法院不予支持。金融机构的分支机构未经金融机构授权提供保函之外的担保，金融机构或者其分支机构主张不承担担保责任的，人民法院应予支持，但是相对人不知道且不应当知道分支机构对外提供担保未经金融机构授权的除外。

担保公司的分支机构未经担保公司授权对外提供担保，担保公司或者其分支机构主张不承担担保责任的，人民法院应予支持，但是相对人不知道且不应当知道分支机构对外提供担保未经担保公司授权的除外。

公司的分支机构对外提供担保，相对人非善意，请求公司承担赔偿责任的，参照本解释第十七条的有关规定处理。

**第十二条** 法定代表人依照民法典第五百五十二条的规定以公司名义加入债务的，人民法院在认定该行为的效力时，可以参照本解释关于公司为他人提供担保的有关规则处理。

**第十三条** 同一债务有两个以上第三人提供担保，担保人之间约定相互追偿及分担份额，承担了担保责任的担保人请求其他担保人按照约定分担份额的，人民法院应予支持；担保人之间约定承担连带共同担保，或者约定相互追偿但是未约定分担份额的，各担保人按照比例分担向债务人不能追偿的部分。

同一债务有两个以上第三人提供担保，担保人之间未对相互追偿作出约定且未约定承担连带共同担保,但是各担保人在同一份合同书上签字、盖章或者按指印,承担了担保责任的担保人请求其他担保人按照比例分担向债务人不能追偿部分的,人民法院应予支持。

除前两款规定的情形外,承担了担保责任的担保人请求其他担保人分担向债务人不能追偿部分的,人民法院不予支持。

**第十四条** 同一债务有两个以上第三人提供担保,担保人受让债权的,人民法院应当认定该行为系承担担保责任。受让债权的担保人作为债权人请求其他担保人承担担保责任的,人民法院不予支持;该担保人请求其他担保人分担相应份额的,依照本解释第十三条的规定处理。

**第十五条** 最高额担保中的最高债权额,是指包括主债权及其利息、违约金、损害赔偿金、保管担保财产的费用、实现债权或者实现担保物权的费用等在内的全部债权,但是当事人另有约定的除外。

登记的最高债权额与当事人约定的最高债权额不一致的,人民法院应当依据登记的最高债权额确定债权人优先受偿的范围。

**第十六条** 主合同当事人协议以新贷偿还旧贷,债权人请求旧贷的担保人承担担保责任的,人民法院不予支持;债权人请求新贷的担保人承担担保责任的,按照下列情形处理:

(一)新贷与旧贷的担保人相同的,人民法院应予支持;

(二)新贷与旧贷的担保人不同,或者旧贷无担保新贷有担保的,人民法院不予支持,但是债权人有证据证明新贷的担保人提供担保时对以新贷偿还旧贷的事实知道或者应当知道的除外。

主合同当事人协议以新贷偿还旧贷,旧贷的物的担保人在登记尚未注销的情形下同意继续为新贷提供担保,在订立新的贷款合同前又以该担保财产为其他债权人设立担保物权,其他债权人主张其担保物权顺位优先于新贷债权人的,人民法院不予支持。

**第十七条** 主合同有效而第三人提供的担保合同无效,人民法院应当区分不同情形确定担保人的赔偿责任:

(一)债权人与担保人均有过错的,担保人承担的赔偿责任不应超过债务人不能清偿部分的二分之一;

(二)担保人有过错而债权人无过错的,担保人对债务人不能清偿的部分承担赔偿责任;

(三)债权人有过错而担保人无过错的,担保人不承担赔偿责任。

主合同无效导致第三人提供的担保合同无效,担保人无过错的,不承担赔偿责任;担保人有过错的,其承担的赔偿责任不应超过债务人不能清偿部分的三分之一。

**第十八条** 承担了担保责任或者赔偿责任的担保人,在其承担责任的范围内向债务人追偿的,人民法院应予支持。

同一债权既有债务人自己提供的物的担保,又有第三人提供的担保,承担了担保责任或者赔偿责任的第三人,主张行使债权人对债务人享有的担保物权的,人民法院应予支持。

**第十九条** 担保合同无效,承担了赔偿责任的担保人按照反担保合同的约定,在其承担赔偿责任的范围内请求反担保人承担担保责任的,人民法院应予支持。

反担保合同无效的,依照本解释第十七条的有关规定处理。当事人仅以担保合同无效为由主张反担保合同无效的,人民法院不予支持。

**第二十条** 人民法院在审理第三人提供的物的担保纠纷案件时,可以适用民法典第六百九十五条第一款、第六百九十六条第一款、第六百九十七条第二款、第六百九十九条、第七百条、第七百零一条、第七百零二条等关于保证合同的规定。

**第二十一条** 主合同或者担保合同约定了仲裁条款的,人民法院对约定仲裁条款的合同当事人之间的纠纷无管辖权。

债权人一并起诉债务人和担保人的,应当根据主合同确定管辖法院。

债权人依法可以单独起诉担保人且仅起诉担保人的,应当根据担保合同确定管辖法院。

**第二十二条** 人民法院受理债务人破产案件后,债权人请求担保人承担担保责任,担保人主张担保债务自人民法院受理破产申请之日起停止计息的,人民法院对担保人的主张应予支持。

**第二十三条** 人民法院受理债务人破产案件,债权人在破产程序中申报债权后又向人民法院提起诉讼,请求担保人承担担保责任的,人民法院依法予以支持。

担保人清偿债权人的全部债权后,可以代替债权人在破产程序中受偿;在债权人的债权未获全部清偿前,担保人不得代替债权人在破产程序中受偿,但是有权就债权人通过破产分配和实现担保债权等方式获得清偿总额中超出债权的部分,在其承担担保责任的范围内请求债权人返还。

债权人在债务人破产程序中未获全部清偿,请求担保人继续承担担保责任的,人民法院应予支持;担保人承担担保责任后,向和解协议或者重整计划执行完毕后的债务人追偿的,人民法院不予支持。

**第二十四条** 债权人知道或者应当知道债务人破产,既未申报债权也未通知担保人,致使担保人不能预先行使追偿权的,担保人就该债权在破产程序中可能受偿的范围内免除担保责任,但是担保人因自身过错未行使追偿权的除外。

## 二、关于保证合同

**第二十五条** 当事人在保证合同中约定了保证人在债务人不能履行债务或者无力偿还债务时才承担保证责任等类似内容,具有债务人应当先承担责任的意思表示的,人民法院应当将其认定为一般保证。

当事人在保证合同中约定了保证人在债务人不履行债务或者未偿还债务时即承担保证责任、无条件承担保证责任等类似内容,不具有债务人应当先承担责任的意思表示的,人民法院应当将其认定为连带责任保证。

**第二十六条** 一般保证中,债权人以债务人为被告提起诉讼的,人民法院应予受理。债权人未就主合同纠纷提起诉讼或者申请仲裁,仅起诉一般保证人的,人民法院应当驳回起诉。

一般保证中,债权人一并起诉债务人和保证人的,人民法院可以受理,但是在作出判决时,除有民法典第六百八十七条第二款但书规定的情形外,应当在判决书主文中明确,保证人仅对债务人财产依法强制执行后仍不能履行的部分承担保证责任。

债权人未对债务人的财产申请保全,或者保全的债务人的财产足以清偿债务,债权人申请对一般保证人的财产进行保全的,人民法院不予准许。

**第二十七条** 一般保证的债权人取得对债务人赋予强制执行效力的公证债权文书后,在保证期间内向人民法院申请强制执行,保证人以债权人未在保证期间内对债务人提起诉讼或者申请仲裁为由主张不承担保证责任的,人民法院不予支持。

**第二十八条** 一般保证中,债权人依据生效法律文书对债务人的财产依法申请强制执行,保证债务诉讼时效的起算时间按照下列规则确定:

(一)人民法院作出终结本次执行程序裁定,或者依照民事诉讼法第二百五十七条第三项、第五项的规定作出终结执行裁定的,自裁定送达债权人之日起开始计算;

(二)人民法院自收到申请执行书之日起一年内未作出前项裁定的,自人民法院收到申请执行书满一年之日起开始计算,但是保证人有证据证明债务人仍有财产可供执行的除外。

一般保证的债权人在保证期间届满前对债务人提起诉讼或者申请仲裁,债权人举证证明存在民法典第六百八十七条第二款但书规定情形的,保证债务的诉讼时效自债权人知道或者应当知道该情形之日起开始计算。

**第二十九条** 同一债务有两个以上保证人,债权人以其已经在保证期间内依法向部分保证人行使权利为由,主张已经在保证期间内向其他保证人行使权利的,人民法院不予支持。

同一债务有两个以上保证人,保证人之间相互有追偿权,债权人未在保证期间内依法向部分保证人行使权利,导致其他保证人在承担保证责任后丧失追偿权,其他保证人主张在其不能追偿的范围内免除保证责任的,人民法院应予支持。

**第三十条** 最高额保证合同对保证期间的计算方式、起算时间等有约定的,按照其约定。

最高额保证合同对保证期间的计算方式、起算时间等没有约定或者约定不明,被担保债权的履行期限均已届满的,保证期间自债权确定之日起开始计算;被担保债权的履行期限尚未届满的,保证期间自最后到期债权的履行期限届满之日起开始计算。

前款所称债权确定之日,依照民法典第四百二十三条的规定认定。

**第三十一条** 一般保证的债权人在保证期间内对债务人提起诉讼或者申请仲裁后,又撤回起诉或者仲裁申请,债权人在保证期间届满前未再行提起诉讼或者申请仲裁,保证人主张不再承担保证责任的,人民法院应予支持。

连带责任保证的债权人在保证期间内对保证人提起诉讼或者申请仲裁后,又撤回起诉或者仲裁申请,起诉状副本或者仲裁申请书副本已经送达保证人的,人民法院应当认定债权人已经在保证期间内向保证人行使了权利。

**第三十二条** 保证合同约定保证人承担保证责任直至主债务本息还清时为止等类似内容的,视为约定不明,保证期间为主债务履行期限届满之日起六个月。

**第三十三条** 保证合同无效,债权人未在约定或者法定的保证期间内依法行使权利,保证人主张不承担赔偿责任的,人民法院应予支持。

**第三十四条** 人民法院在审理保证合同纠纷案件

时,应当将保证期间是否届满、债权人是否在保证期间内依法行使权利等事实作为案件基本事实予以查明。

债权人在保证期间内未依法行使权利的,保证责任消灭。保证责任消灭后,债权人书面通知保证人要求承担保证责任,保证人在通知书上签字、盖章或者按指印,债权人请求保证人继续承担保证责任的,人民法院不予支持,但是债权人有证据证明成立了新的保证合同的除外。

第三十五条　保证人知道或者应当知道主债权诉讼时效期间届满仍然提供保证或者承担保证责任,又以诉讼时效期间届满为由拒绝承担保证责任或者请求返还财产的,人民法院不予支持;保证人承担保证责任后向债务人追偿的,人民法院不予支持,但是债务人放弃诉讼时效抗辩的除外。

第三十六条　第三人向债权人提供差额补足、流动性支持等类似承诺文件作为增信措施,具有提供担保的意思表示,债权人请求第三人承担保证责任的,人民法院应当依照保证的有关规定处理。

第三人向债权人提供的承诺文件,具有加入债务或者与债务人共同承担债务等意思表示的,人民法院应当认定为民法典第五百五十二条规定的债务加入。

前两款中第三人提供的承诺文件难以确定是保证还是债务加入的,人民法院应当将其认定为保证。

第三人向债权人提供的承诺文件不符合前三款规定的情形,债权人请求第三人承担保证责任或者连带责任的,人民法院不予支持,但是不影响其依据承诺文件请求第三人履行约定的义务或者承担相应的民事责任。

### 三、关于担保物权
#### (一)担保合同与担保物权的效力

第三十七条　当事人以所有权、使用权不明或者有争议的财产抵押,经审查构成无权处分的,人民法院应当依照民法典第三百一十一条的规定处理。

当事人以依法被查封或者扣押的财产抵押,抵押权人请求行使抵押权,经审查查封或者扣押措施已经解除的,人民法院应予支持。抵押人以抵押权设立时财产被查封或者扣押为由主张抵押合同无效的,人民法院不予支持。

以依法被监管的财产抵押的,适用前款规定。

第三十八条　主债权未受全部清偿,担保物权人主张就担保财产的全部行使担保物权的,人民法院应予支持,但是留置权人行使留置权的,应当依照民法典第四百五十条的规定处理。

担保财产被分割或者部分转让,担保物权人主张就分割或者转让后的担保财产行使担保物权的,人民法院应予支持,但是法律或者司法解释另有规定的除外。

第三十九条　主债权被分割或者部分转让,各债权人主张就其享有的债权份额行使担保物权的,人民法院应予支持,但是法律另有规定或者当事人另有约定的除外。

主债务被分割或者部分转移,债务人自己提供物的担保,债权人请求以该担保财产担保全部债务履行的,人民法院应予支持;第三人提供物的担保,主张对未经其书面同意转移的债务不再承担担保责任的,人民法院应予支持。

第四十条　从物产生于抵押权依法设立前,抵押权人主张抵押权的效力及于从物的,人民法院应予支持,但是当事人另有约定的除外。

从物产生于抵押权依法设立后,抵押权人主张抵押权的效力及于从物的,人民法院不予支持,但是在抵押权实现时可以一并处分。

第四十一条　抵押权依法设立后,抵押财产被添附,添附物归第三人所有,抵押权人主张抵押权效力及于补偿金的,人民法院应予支持。

抵押权依法设立后,抵押财产被添附,抵押权人对添附物享有所有权,抵押权人主张抵押权的效力及于添附物的,人民法院应予支持,但是添附导致抵押财产价值增加的,抵押权的效力不及于增加的价值部分。

抵押权依法设立后,抵押人与第三人因添附成为添附物的共有人,抵押权人主张抵押权的效力及于抵押人对共有物享有的份额的,人民法院应予支持。

本条所称添附,包括附合、混合与加工。

第四十二条　抵押权依法设立后,抵押财产毁损、灭失或者被征收等,抵押权人请求按照原抵押权的顺位就保险金、赔偿金或者补偿金等优先受偿的,人民法院应予支持。

给付义务人已经向抵押人给付了保险金、赔偿金或者补偿金,抵押权人请求给付义务人向其给付保险金、赔偿金或者补偿金的,人民法院不予支持,但是给付义务人接到抵押权人要求向其给付的通知后仍然向抵押人给付的除外。

抵押权人请求给付义务人向其给付保险金、赔偿金或者补偿金的,人民法院可以通知抵押人作为第三人参加诉讼。

第四十三条　当事人约定禁止或者限制转让抵押财

产但是未将约定登记,抵押人违反约定转让抵押财产,抵押权人请求确认转让合同无效的,人民法院不予支持;抵押财产已经交付或者登记,抵押权人请求确认转让不发生物权效力的,人民法院不予支持,但是抵押权人有证据证明受让人知道的除外;抵押权人请求抵押人承担违约责任的,人民法院依法予以支持。

当事人约定禁止或者限制转让抵押财产且已经将约定登记,抵押人违反约定转让抵押财产,抵押权人请求确认转让合同无效的,人民法院不予支持;抵押财产已经交付或者登记,抵押权人主张转让不发生物权效力的,人民法院应予支持,但是因受让人代替债务人清偿债务导致抵押权消灭的除外。

**第四十四条** 主债权诉讼时效期间届满后,抵押权人主张行使抵押权的,人民法院不予支持;抵押人以主债权诉讼时效期间届满为由,主张不承担担保责任的,人民法院应予支持。主债权诉讼时效期间届满前,债权人仅对债务人提起诉讼,经人民法院判决或者调解后未在民事诉讼法规定的申请执行时效期间内对债务人申请强制执行,其向抵押人主张行使抵押权的,人民法院不予支持。

主债权诉讼时效期间届满后,财产被留置的债务人或者对留置财产享有所有权的第三人请求债权人返还留置财产的,人民法院不予支持;债务人或者第三人请求拍卖、变卖留置财产并以所得价款清偿债务的,人民法院应予支持。

主债权诉讼时效期间届满的法律后果,以登记作为公示方式的权利质权,参照适用第一款的规定;动产质权、以交付权利凭证作为公示方式的权利质权,参照适用第二款的规定。

**第四十五条** 当事人约定当债务人不履行到期债务或者发生当事人约定的实现担保物权的情形,担保物权人有权将担保财产自行拍卖、变卖并就所得的价款优先受偿,该约定有效。因担保人的原因导致担保物权人无法自行对担保财产进行拍卖、变卖,担保物权人请求担保人承担因此增加的费用的,人民法院应予支持。

当事人依照民事诉讼法有关"实现担保物权案件"的规定,申请拍卖、变卖担保财产,被申请人以担保合同约定仲裁条款为由主张驳回申请的,人民法院经审查后,应当按照以下情形分别处理:

(一)当事人对担保物权无实质性争议且实现担保物权条件已经成就的,应当裁定准许拍卖、变卖担保财产;

(二)当事人对实现担保物权有部分实质性争议的,可以就无争议的部分裁定准许拍卖、变卖担保财产,并告知可以就有争议的部分申请仲裁;

(三)当事人对实现担保物权有实质性争议的,裁定驳回申请,并告知可以向仲裁机构申请仲裁。

债权人以诉讼方式行使担保物权的,应当以债务人和担保人作为共同被告。

### (二)不动产抵押

**第四十六条** 不动产抵押合同生效后未办理抵押登记手续,债权人请求抵押人办理抵押登记手续的,人民法院应予支持。

抵押财产因不可归责于抵押人自身的原因灭失或者被征收等导致不能办理抵押登记,债权人请求抵押人在约定的担保范围内承担责任的,人民法院不予支持;但是抵押人已经获得保险金、赔偿金或者补偿金等,债权人请求抵押人在其所获金额范围内承担赔偿责任的,人民法院依法予以支持。

因抵押人转让抵押财产或者其他可归责于抵押人自身的原因导致不能办理抵押登记,债权人请求抵押人在约定的担保范围内承担责任的,人民法院依法予以支持,但是不得超过抵押权能够设立时抵押人应当承担的责任范围。

**第四十七条** 不动产登记簿就抵押财产、被担保的债权范围等所作的记载与抵押合同约定不一致的,人民法院应当根据登记簿的记载确定抵押财产、被担保的债权范围等事项。

**第四十八条** 当事人申请办理抵押登记手续时,因登记机构的过错致使其不能办理抵押登记,当事人请求登记机构承担赔偿责任的,人民法院依法予以支持。

**第四十九条** 以违法的建筑物抵押的,抵押合同无效,但是一审法庭辩论终结前已经办理合法手续的除外。抵押合同无效的法律后果,依照本解释第十七条的有关规定处理。

当事人以建设用地使用权依法设立抵押,抵押人以土地上存在违法的建筑物为由主张抵押合同无效的,人民法院不予支持。

**第五十条** 抵押人以划拨建设用地上的建筑物抵押,当事人以该建设用地使用权不能抵押或者未办理批准手续为由主张抵押合同无效或者不生效的,人民法院不予支持。抵押权依法实现时,拍卖、变卖建筑物所得的价款,应当优先用于补缴建设用地使用权出让金。

当事人以划拨方式取得的建设用地使用权抵押,抵押人以未办理批准手续为由主张抵押合同无效或者不生效的，人民法院不予支持。已经依法办理抵押登记，抵押权人主张行使抵押权的，人民法院应予支持。抵押权依法实现时所得的价款，参照前款有关规定处理。

第五十一条　当事人仅以建设用地使用权抵押，债权人主张抵押权的效力及于土地上已有的建筑物以及正在建造的建筑物已完成部分的，人民法院应予支持。债权人主张抵押权的效力及于正在建造的建筑物的续建部分以及新增建筑物的，人民法院不予支持。

当事人以正在建造的建筑物抵押，抵押权的效力范围限于已办理抵押登记的部分。当事人按照担保合同的约定，主张抵押权的效力及于续建部分、新增建筑物以及规划中尚未建造的建筑物的，人民法院不予支持。

抵押人将建设用地使用权、土地上的建筑物或者正在建造的建筑物分别抵押给不同债权人的，人民法院应当根据抵押登记的时间先后确定清偿顺序。

第五十二条　当事人办理抵押预告登记后，预告登记权利人请求就抵押财产优先受偿，经审查存在尚未办理建筑物所有权首次登记、预告登记的财产与办理建筑物所有权首次登记时的财产不一致、抵押预告登记已经失效等情形，导致不具备办理抵押登记条件的，人民法院不予支持；经审查已经办理建筑物所有权首次登记，且不存在预告登记失效等情形的，人民法院应予支持，并应当认定抵押权自预告登记之日起设立。

当事人办理了抵押预告登记，抵押人破产，经审查抵押财产属于破产财产，预告登记权利人主张就抵押财产优先受偿的，人民法院应当在受理破产申请时抵押财产的价值范围内予以支持，但是在人民法院受理破产申请前一年内，债务人对没有财产担保的债务设立抵押预告登记的除外。

（三）动产与权利担保

第五十三条　当事人在动产和权利担保合同中对担保财产进行概括描述，该描述能够合理识别担保财产的，人民法院应当认定担保成立。

第五十四条　动产抵押合同订立后未办理抵押登记，动产抵押权的效力按照下列情形分别处理：

（一）抵押人转让抵押财产，受让人占有抵押财产后，抵押权人向受让人请求行使抵押权的，人民法院不予支持，但是抵押权人能够举证证明受让人知道或者应当知道已经订立抵押合同的除外；

（二）抵押人将抵押财产出租给他人并移转占有，抵押权人行使抵押权的，租赁关系不受影响，但是抵押权人能够举证证明承租人知道或者应当知道已经订立抵押合同的除外；

（三）抵押人的其他债权人向人民法院申请保全或者执行抵押财产，人民法院已经作出财产保全裁定或者采取执行措施，抵押权人主张对抵押财产优先受偿的，人民法院不予支持；

（四）抵押人破产，抵押权人主张对抵押财产优先受偿的，人民法院不予支持。

第五十五条　债权人、出质人与监管人订立三方协议，出质人以通过一定数量、品种等概括描述能够确定范围的货物为债务的履行提供担保，当事人有证据证明监管人系受债权人的委托监管并实际控制该货物的，人民法院应当认定质权于监管人实际控制货物之日起设立。监管人违反约定向出质人或者其他人放货、因保管不善导致货物毁损灭失，债权人请求监管人承担违约责任的，人民法院依法予以支持。

在前款规定情形下，当事人有证据证明监管人系受出质人委托监管该货物，或者虽然受债权人委托但是未实际履行监管职责，导致货物仍由出质人实际控制的，人民法院应当认定质权未设立。债权人可以基于质押合同的约定请求出质人承担违约责任，但是不得超过质权有效设立时出质人应当承担的责任范围。监管人未履行监管职责，债权人请求监管人承担责任的，人民法院依法予以支持。

第五十六条　买受人在出卖人正常经营活动中通过支付合理对价取得已被设立担保物权的动产，担保物权人请求就该动产优先受偿的，人民法院不予支持，但是有下列情形之一的除外：

（一）购买商品的数量明显超过一般买受人；

（二）购买出卖人的生产设备；

（三）订立买卖合同的目的在于担保出卖人或者第三人履行债务；

（四）买受人与出卖人存在直接或者间接的控制关系；

（五）买受人应当查询抵押登记而未查询的其他情形。

前款所称出卖人正常经营活动，是指出卖人的经营活动属于其营业执照明确记载的经营范围，且出卖人持续销售同类商品。前款所称担保物权人，是指已经办理登记的抵押权人、所有权保留买卖的出卖人、融资租赁合同的出租人。

第五十七条　担保人在设立动产浮动抵押并办理抵押登记后又购入或者以融资租赁方式承租新的动产，下列权利人为担保价款债权或者租金的实现而订立担保合同,并在该动产交付后十日内办理登记,主张其权利优先于在先设立的浮动抵押权的,人民法院应予支持:

(一)在该动产上设立抵押权或者保留所有权的出卖人;

(二)为价款支付提供融资而在该动产上设立抵押权的债权人;

(三)以融资租赁方式出租该动产的出租人。

买受人取得动产但未付清价款或者承租人以融资租赁方式占有租赁物但是未付清全部租金,又以标的物为他人设立担保物权,前款所列权利人为担保价款债权或者租金的实现而订立担保合同,并在该动产交付后十日内办理登记,主张其权利优先于买受人为他人设立的担保物权的,人民法院应予支持。

同一动产上存在多个价款优先权的,人民法院应当按照登记的时间先后确定清偿顺序。

**第五十八条** 以汇票出质,当事人以背书记载"质押"字样并在汇票上签章,汇票已经交付质权人的,人民法院应当认定质权自汇票交付质权人时设立。

**第五十九条** 存货人或者仓单持有人在仓单上以背书记载"质押"字样,并经保管人签章,仓单已经交付质权人的,人民法院应当认定质权自仓单交付质权人时设立。没有权利凭证的仓单,依法可以办理出质登记的,仓单质权自办理出质登记时设立。

出质人既以仓单出质,又以仓储物设立担保,按照公示的先后确定清偿顺序;难以确定先后的,按照债权比例清偿。

保管人为同一货物签发多份仓单,出质人在多份仓单上设立多个质权,按照公示的先后确定清偿顺序;难以确定先后的,按照债权比例受偿。

存在第二款、第三款规定的情形,债权人举证证明其损失系由出质人与保管人的共同行为所致,请求出质人与保管人承担连带赔偿责任的,人民法院应予支持。

**第六十条** 在跟单信用证交易中,开证行与开证申请人之间约定以提单作为担保的,人民法院应当依照民法典关于质权的有关规定处理。

在跟单信用证交易中,开证行依据其与开证申请人之间的约定或者跟单信用证的惯例持有提单,开证申请人未按照约定付款赎单,开证行主张对提单项下货物优先受偿的,人民法院应予支持;开证行主张对提单项下货物享有所有权的,人民法院不予支持。

在跟单信用证交易中,开证行依据其与开证申请人之间的约定或者跟单信用证的惯例,通过转让提单或者提单项下货物取得价款,开证申请人请求返还超出债权部分的,人民法院应予支持。

前三款规定不影响合法持有提单的开证行以提单持有人身份主张运输合同项下的权利。

**第六十一条** 以现有的应收账款出质,应收账款债务人向质权人确认应收账款的真实性后,又以应收账款不存在或者已经消灭为由主张不承担责任的,人民法院不予支持。

以现有的应收账款出质,应收账款债务人未确认应收账款的真实性,质权人以应收账款债务人为被告,请求就应收账款优先受偿,能够举证证明办理出质登记时应收账款真实存在的,人民法院应予支持;质权人不能举证证明办理出质登记时应收账款真实存在,仅以已经办理出质登记为由,请求就应收账款优先受偿的,人民法院不予支持。

以现有的应收账款出质,应收账款债务人已经向应收账款债权人履行了债务,质权人请求应收账款债务人履行债务的,人民法院不予支持,但是应收账款债务人接到质权人要求向其履行的通知后,仍然向应收账款债权人履行的除外。

以基础设施和公用事业项目收益权、提供服务或者劳务产生的债权以及其他将有的应收账款出质,当事人为应收账款设立特定账户,发生法定或者约定的质权实现事由时,质权人请求就该特定账户内的款项优先受偿的,人民法院应予支持;特定账户内的款项不足以清偿债务或者未设立特定账户,质权人请求折价或者拍卖、变卖项目收益权等将有的应收账款,并以所得的价款优先受偿的,人民法院依法予以支持。

**第六十二条** 债务人不履行到期债务,债权人因同一法律关系留置合法占有的第三人的动产,并主张就该留置财产优先受偿的,人民法院应予支持。第三人以该留置财产并非债务人的财产为由请求返还的,人民法院不予支持。

企业之间留置的动产与债权并非同一法律关系,债务人以该债权不属于企业持续经营中发生的债权为由请求债权人返还留置财产的,人民法院应予支持。

企业之间留置的动产与债权并非同一法律关系,债权人留置第三人的财产,第三人请求债权人返还留置财产的,人民法院应予支持。

**四、关于非典型担保**

**第六十三条** 债权人与担保人订立担保合同,约定以法律、行政法规尚未规定可以担保的财产权利设立担保，当事人主张合同无效的，人民法院不予支持。当事人未在法定的登记机构依法进行登记，主张该担保具有物权效力的，人民法院不予支持。

**第六十四条** 在所有权保留买卖中，出卖人依法有权取回标的物，但是与买受人协商不成，当事人请求参照民事诉讼法"实现担保物权案件"的有关规定，拍卖、变卖标的物的，人民法院应予准许。

出卖人请求取回标的物，符合民法典第六百四十二条规定的，人民法院应予支持；买受人以抗辩或者反诉的方式主张拍卖、变卖标的物，并在扣除买受人未支付的价款以及必要费用后返还剩余款项的，人民法院应当一并处理。

**第六十五条** 在融资租赁合同中，承租人未按照约定支付租金，经催告后在合理期限内仍不支付，出租人请求承租人支付全部剩余租金，并以拍卖、变卖租赁物所得的价款受偿的，人民法院应予支持；当事人请求参照民事诉讼法"实现担保物权案件"的有关规定，以拍卖、变卖租赁物所得价款支付租金的，人民法院应予准许。

出租人请求解除融资租赁合同并收回租赁物，承租人以抗辩或者反诉的方式主张返还租赁物价值超过欠付租金以及其他费用的，人民法院应当一并处理。当事人对租赁物的价值有争议，应当按照下列规则确定租赁物的价值：

（一）融资租赁合同有约定的，按照其约定；

（二）融资租赁合同未约定或者约定不明的，根据约定的租赁物折旧以及合同到期后租赁物的残值来确定；

（三）根据前两项规定的方法仍然难以确定，或者当事人认为根据前两项规定的方法确定的价值严重偏离租赁物实际价值的，根据当事人的申请委托有资质的机构评估。

**第六十六条** 同一应收账款同时存在保理、应收账款质押和债权转让，当事人主张参照民法典第七百六十八条的规定确定优先顺序的，人民法院应予支持。

在有追索权的保理中，保理人以应收账款债权人或者应收账款债务人为被告提起诉讼，人民法院应予受理；保理人一并起诉应收账款债权人和应收账款债务人的，人民法院可以受理。

应收账款债权人向保理人返还保理融资款本息或者回购应收账款债权后，请求应收账款债务人向其履行应收账款债务的，人民法院应予支持。

**第六十七条** 在所有权保留买卖、融资租赁等合同中，出卖人、出租人的所有权未经登记不得对抗的"善意第三人"的范围及其效力，参照本解释第五十四条的规定处理。

**第六十八条** 债务人或者第三人与债权人约定将财产形式上转移至债权人名下，债务人不履行到期债务，债权人有权对财产折价或者以拍卖、变卖该财产所得价款偿还债务的，人民法院应当认定该约定有效。当事人已经完成财产权利变动的公示，债务人不履行到期债务，债权人请求参照民法典关于担保物权的有关规定就该财产优先受偿的，人民法院应予支持。

债务人或者第三人与债权人约定将财产形式上转移至债权人名下，债务人不履行到期债务，财产归债权人所有的，人民法院应当认定该约定无效，但是不影响当事人有关提供担保的意思表示的效力。当事人已经完成财产权利变动的公示，债务人不履行到期债务，债权人请求对该财产享有所有权的，人民法院不予支持；债权人请求参照民法典关于担保物权的规定对财产折价或者以拍卖、变卖该财产所得的价款优先受偿的，人民法院应予支持；债务人履行债务后请求返还财产，或者请求对财产折价或者以拍卖、变卖所得的价款清偿债务的，人民法院应予支持。

债务人与债权人约定将财产转移至债权人名下，在一定期间后再由债务人或者其指定的第三人以交易本金加上溢价款回购，债务人到期不履行回购义务，财产归债权人所有的，人民法院应当参照第二款规定处理。回购对象自始不存在的，人民法院应当依照民法典第一百四十六条第二款的规定，按照其实际构成的法律关系处理。

**第六十九条** 股东以将其股权转移至债权人名下的方式为债务履行提供担保，公司或者公司的债权人以股东未履行或者未全面履行出资义务、抽逃出资等为由，请求作为名义股东的债权人与股东承担连带责任的，人民法院不予支持。

**第七十条** 债务人或者第三人为担保债务的履行，设立专门的保证金账户并由债权人实际控制，或者将其资金存入债权人设立的保证金账户，债权人主张就账户内的款项优先受偿的，人民法院应予支持。当事人以保证金账户内的款项浮动为由，主张实际控制该账户的债权人对账户内的款项不享有优先受偿权的，人民法院不予支持。

在银行账户下设立的保证金分户，参照前款规定处理。

当事人约定的保证金并非为担保债务的履行设立，

或者不符合前两款规定的情形，债权人主张就保证金优先受偿的，人民法院不予支持，但是不影响当事人依照法律的规定或者按照当事人的约定主张权利。

### 五、附　则

**第七十一条**　本解释自2021年1月1日起施行。

## 最高人民法院关于执行担保若干问题的规定

- 2017年12月11日最高人民法院审判委员会第1729次会议通过
- 根据2020年12月23日最高人民法院审判委员会第1823次会议通过的《最高人民法院关于修改〈最高人民法院关于人民法院扣押铁路运输货物若干问题的规定〉等十八件执行类司法解释的决定》修正
- 2020年12月29日最高人民法院公告公布
- 自2021年1月1日起施行
- 法释〔2020〕21号

为了进一步规范执行担保，维护当事人、利害关系人的合法权益，根据《中华人民共和国民事诉讼法》等法律规定，结合执行实践，制定本规定。

**第一条**　本规定所称执行担保，是指担保人依照民事诉讼法第二百三十一条规定，为担保被执行人履行生效法律文书确定的全部或者部分义务，向人民法院提供的担保。

**第二条**　执行担保可以由被执行人提供财产担保，也可以由他人提供财产担保或者保证。

**第三条**　被执行人或者他人提供执行担保的，应当向人民法院提交担保书，并将担保书副本送交申请执行人。

**第四条**　担保书中应当载明担保人的基本信息、暂缓执行期限、担保期间、被担保的债权种类及数额、担保范围、担保方式、被执行人于暂缓执行期限届满后仍不履行时担保人自愿接受直接强制执行的承诺等内容。

提供财产担保的，担保书中还应当载明担保财产的名称、数量、质量、状况、所在地、所有权或者使用权归属等内容。

**第五条**　公司为被执行人提供执行担保的，应当提交符合公司法第十六条规定的公司章程、董事会或者股东会、股东大会决议。

**第六条**　被执行人或者他人提供执行担保，申请执行人同意的，应当向人民法院出具书面同意意见，也可以由执行人员将其同意的内容记入笔录，并由申请执行人签名或者盖章。

**第七条**　被执行人或者他人提供财产担保，可以依照民法典规定办理登记等担保物权公示手续；已经办理公示手续的，申请执行人可以依法主张优先受偿权。

申请执行人申请人民法院查封、扣押、冻结担保财产的，人民法院应当准许，但担保书另有约定的除外。

**第八条**　人民法院决定暂缓执行的，可以暂缓全部执行措施的实施，但担保书另有约定的除外。

**第九条**　担保书内容与事实不符，且对申请执行人合法权益产生实质影响的，人民法院可以依申请执行人的申请恢复执行。

**第十条**　暂缓执行的期限应当与担保书约定一致，但最长不得超过一年。

**第十一条**　暂缓执行期限届满后被执行人仍不履行义务，或者暂缓执行期间担保人有转移、隐藏、变卖、毁损担保财产等行为的，人民法院可以依申请执行人的申请恢复执行，并直接裁定执行担保财产或者保证人的财产，不得将担保人变更、追加为被执行人。

执行担保财产或者保证人的财产，以担保人应当履行义务部分的财产为限。被执行人有便于执行的现金、银行存款的，应当优先执行该现金、银行存款。

**第十二条**　担保期间自暂缓执行期限届满之日起计算。

担保书中没有记载担保期间或者记载不明的，担保期间为一年。

**第十三条**　担保期间届满后，申请执行人申请执行担保财产或者保证人财产的，人民法院不予支持。他人提供财产担保的，人民法院可以依其申请解除对担保财产的查封、扣押、冻结。

**第十四条**　担保人承担担保责任后，提起诉讼向被执行人追偿的，人民法院应予受理。

**第十五条**　被执行人申请变更、解除全部或者部分执行措施，并担保履行生效法律文书确定义务的，参照适用本规定。

**第十六条**　本规定自2018年3月1日起施行。

本规定施行前成立的执行担保，不适用本规定。

本规定施行前本院公布的司法解释与本规定不一致的，以本规定为准。

# 中华人民共和国海关事务担保条例

- 2010年9月14日中华人民共和国国务院令第581号公布
- 根据2018年3月19日《国务院关于修改和废止部分行政法规的决定》修订

**第一条** 为了规范海关事务担保,提高通关效率,保障海关监督管理,根据《中华人民共和国海关法》及其他有关法律的规定,制定本条例。

**第二条** 当事人向海关申请提供担保,承诺履行法律义务,海关为当事人办理海关事务担保,适用本条例。

**第三条** 海关事务担保应当遵循合法、诚实信用、权责统一的原则。

**第四条** 有下列情形之一的,当事人可以在办结海关手续前向海关申请提供担保,要求提前放行货物:

（一）进出口货物的商品归类、完税价格、原产地尚未确定的;

（二）有效报关单证尚未提供的;

（三）在纳税期限内税款尚未缴纳的;

（四）滞报金尚未缴纳的;

（五）其他海关手续尚未办结的。

国家对进出境货物、物品有限制性规定,应当提供许可证件而不能提供的,以及法律、行政法规规定不得担保的其他情形,海关不予办理担保放行。

**第五条** 当事人申请办理下列特定海关业务的,按照海关规定提供担保:

（一）运输企业承担来往内地与港澳公路货物运输、承担海关监管货物境内公路运输的;

（二）货物、物品暂时进出境的;

（三）货物进境修理和出境加工的;

（四）租赁货物进口的;

（五）货物和运输工具过境的;

（六）将海关监管货物暂时存放在海关监管区外的;

（七）将海关监管货物向金融机构抵押的;

（八）为保税货物办理有关海关业务的。

当事人不提供或者提供的担保不符合规定的,海关不予办理前款所列特定海关业务。

**第六条** 进出口货物的纳税义务人在规定的纳税期限内有明显的转移、藏匿其应税货物以及其他财产迹象的,海关可以责令纳税义务人提供担保;纳税义务人不能提供担保的,海关依法采取税收保全措施。

**第七条** 有违法嫌疑的货物、物品、运输工具应当或者已经被海关依法扣留、封存,当事人可以向海关提供担保,申请免予或者解除扣留、封存。

有违法嫌疑的货物、物品、运输工具无法或者不便扣留的,当事人或者运输工具负责人应当向海关提供等值的担保;未提供等值担保的,海关可以扣留当事人等值的其他财产。

有违法嫌疑的货物、物品、运输工具属于禁止进出境,或者必须以原物作为证据,或者依法应当予以没收的,海关不予办理担保。

**第八条** 法人、其他组织受到海关处罚,在罚款、违法所得或者依法应当追缴的货物、物品、走私运输工具的等值价款未缴清前,其法定代表人、主要负责人出境的,应当向海关提供担保;未提供担保的,海关可以通知出境管理机关阻止其法定代表人、主要负责人出境。

受海关处罚的自然人出境的,适用前款规定。

**第九条** 进口已采取临时反倾销措施、临时反补贴措施的货物应当提供担保的,或者进出口货物收发货人、知识产权权利人申请办理知识产权海关保护相关事务等,依照本条例的规定办理海关事务担保。法律、行政法规有特别规定的,从其规定。

**第十条** 按照海关总署的规定经海关认定的高级认证企业可以申请免除担保,并按照海关规定办理有关手续。

**第十一条** 当事人在一定期限内多次办理同一类海关事务的,可以向海关申请提供总担保。海关接受总担保的,当事人办理该类海关事务,不再单独提供担保。

总担保的适用范围、担保金额、担保期限、终止情形等由海关总署规定。

**第十二条** 当事人可以以海关依法认可的财产、权利提供担保,担保财产、权利的具体范围由海关总署规定。

**第十三条** 当事人以保函向海关提供担保的,保函应当以海关为受益人,并且载明下列事项:

（一）担保人、被担保人的基本情况;

（二）被担保的法律义务;

（三）担保金额;

（四）担保期限;

（五）担保责任;

（六）需要说明的其他事项。

担保人应当在保函上加盖印章,并注明日期。

**第十四条** 当事人提供的担保应当与其需要履行的法律义务相当,除本条例第七条第二款规定的情形外,担保金额按照下列标准确定:

（一）为提前放行货物提供的担保，担保金额不得超过可能承担的最高税款总额；

（二）为办理特定海关业务提供的担保，担保金额不得超过可能承担的最高税款总额或者海关总署规定的金额；

（三）因有明显的转移、藏匿应税货物以及其他财产迹象被责令提供的担保，担保金额不得超过可能承担的最高税款总额；

（四）为有关货物、物品、运输工具免于或者解除扣留、封存提供的担保，担保金额不得超过该货物、物品、运输工具的等值价款；

（五）为罚款、违法所得或者依法应当追缴的货物、物品、走私运输工具的等值价款未缴清前出境提供的担保，担保金额应当相当于罚款、违法所得数额或者依法应当追缴的货物、物品、走私运输工具的等值价款。

**第十五条** 办理担保，当事人应当提交书面申请以及真实、合法、有效的财产、权利凭证和身份或者资格证明等材料。

**第十六条** 海关应当自收到当事人提交的材料之日起5个工作日内对相关财产、权利等进行审核，并决定是否接受担保。当事人申请办理总担保的，海关应当在10个工作日内审核并决定是否接受担保。

符合规定的担保，自海关决定接受之日起生效。对不符合规定的担保，海关应当书面通知当事人不予接受，并说明理由。

**第十七条** 被担保人履行法律义务期限届满前，担保人和被担保人因特殊原因要求变更担保内容的，应当向接受担保的海关提交书面申请以及有关证明材料。海关应当自收到当事人提交的材料之日起5个工作日内作出是否同意变更的决定，并书面通知当事人，不同意变更的，应当说明理由。

**第十八条** 被担保人在规定的期限内未履行有关法律义务的，海关可以依法从担保财产、权利中抵缴。当事人以保函提供担保的，海关可以直接要求承担连带责任的担保人履行担保责任。

担保人履行担保责任的，不免除被担保人办理有关海关手续的义务。海关应当及时为被担保人办理有关海关手续。

**第十九条** 担保财产、权利不足以抵偿被担保人有关法律义务的，海关应当书面通知被担保人另行提供担保或者履行法律义务。

**第二十条** 有下列情形之一的，海关应当书面通知当事人办理担保财产、权利退还手续：

（一）当事人已经履行有关法律义务的；

（二）当事人不再从事特定海关业务的；

（三）担保财产、权利被海关采取抵缴措施后仍有剩余的；

（四）其他需要退还的情形。

**第二十一条** 自海关要求办理担保财产、权利退还手续的书面通知送达之日起3个月内，当事人无正当理由未办理退还手续的，海关应当发布公告。

自海关公告发布之日起1年内，当事人仍未办理退还手续的，海关应当将担保财产、权利依法变卖或者兑付后，上缴国库。

**第二十二条** 海关履行职责，金融机构等有关单位应当依法予以协助。

**第二十三条** 担保人、被担保人违反本条例，使用欺骗、隐瞒等手段提供担保的，由海关责令其继续履行法律义务，处5000元以上50000元以下的罚款；情节严重的，可以暂停被担保人从事有关海关业务或者撤销其从事有关海关业务的注册登记。

**第二十四条** 海关工作人员有下列行为之一的，给予处分；构成犯罪的，依法追究刑事责任：

（一）违法处分担保财产、权利；

（二）对不符合担保规定的，违法办理有关手续致使国家利益遭受损失；

（三）对符合担保规定的，不予办理有关手续；

（四）与海关事务担保有关的其他违法行为。

**第二十五条** 担保人、被担保人对海关有关海关事务担保的具体行政行为不服的，可以依法向上一级海关申请行政复议或者向人民法院提起行政诉讼。

**第二十六条** 本条例自2011年1月1日起施行。

## 融资担保公司监督管理条例

- 2017年6月21日国务院第177次常务会议通过
- 2017年8月2日中华人民共和国国务院令第683号公布
- 自2017年10月1日起施行

### 第一章 总则

**第一条** 为了支持普惠金融发展，促进资金融通，规范融资担保公司的行为，防范风险，制定本条例。

**第二条** 本条例所称融资担保，是指担保人为被担保人借款、发行债券等债务融资提供担保的行为；所称融资担保公司，是指依法设立、经营融资担保业务的有限责任公司或者股份有限公司。

**第三条** 融资担保公司开展业务,应当遵守法律法规,审慎经营,诚实守信,不得损害国家利益、社会公共利益和他人合法权益。

**第四条** 省、自治区、直辖市人民政府确定的部门(以下称监督管理部门)负责对本地区融资担保公司的监督管理。

省、自治区、直辖市人民政府负责制定促进本地区融资担保行业发展的政策措施、处置融资担保公司风险,督促监督管理部门严格履行职责。

国务院建立融资性担保业务监管部际联席会议,负责拟订融资担保公司监督管理制度,协调解决融资担保公司监督管理中的重大问题,督促指导地方人民政府对融资担保公司进行监督管理和风险处置。融资性担保业务监管部际联席会议由国务院银行业监督管理机构牵头,国务院有关部门参加。

**第五条** 国家推动建立政府性融资担保体系,发展政府支持的融资担保公司,建立政府、银行业金融机构、融资担保公司合作机制,扩大为小微企业和农业、农村、农民提供融资担保业务的规模并保持较低的费率水平。

各级人民政府财政部门通过资本金投入、建立风险分担机制等方式,对主要为小微企业和农业、农村、农民服务的融资担保公司提供财政支持,具体办法由国务院财政部门制定。

## 第二章 设立、变更和终止

**第六条** 设立融资担保公司,应当经监督管理部门批准。

融资担保公司的名称中应当标明融资担保字样。

未经监督管理部门批准,任何单位和个人不得经营融资担保业务,任何单位不得在名称中使用融资担保字样。国家另有规定的除外。

**第七条** 设立融资担保公司,应当符合《中华人民共和国公司法》的规定,并具备下列条件:

(一)股东信誉良好,最近3年无重大违法违规记录;

(二)注册资本不低于人民币2000万元,且为实缴货币资本;

(三)拟任董事、监事、高级管理人员熟悉与融资担保业务相关的法律法规,具有履行职责所需的从业经验和管理能力;

(四)有健全的业务规范和风险控制等内部管理制度。

省、自治区、直辖市根据本地区经济发展水平和融资担保行业发展的实际情况,可以提高前款规定的注册资本最低限额。

**第八条** 申请设立融资担保公司,应当向监督管理部门提交申请书和证明其符合本条例第七条规定条件的材料。

监督管理部门应当自受理申请之日起30日内作出批准或者不予批准的决定。决定批准的,颁发融资担保业务经营许可证;不予批准的,书面通知申请人并说明理由。

经批准设立的融资担保公司由监督管理部门予以公告。

**第九条** 融资担保公司合并、分立或者减少注册资本,应当经监督管理部门批准。

融资担保公司在住所地所在省、自治区、直辖市范围内设立分支机构,变更名称,变更持有5%以上股权的股东或者变更董事、监事、高级管理人员,应当自分支机构设立之日起或者变更相关事项之日起30日内向监督管理部门备案;变更后的相关事项应当符合本条例第六条第二款、第七条的规定。

**第十条** 融资担保公司跨省、自治区、直辖市设立分支机构,应当具备下列条件,并经拟设分支机构所在地监督管理部门批准:

(一)注册资本不低于人民币10亿元;

(二)经营融资担保业务3年以上,且最近2个会计年度连续盈利;

(三)最近2年无重大违法违规记录。

拟设分支机构所在地监督管理部门审批的程序和期限,适用本条例第八条的规定。

融资担保公司应当自分支机构设立之日起30日内,将有关情况报告公司住所地监督管理部门。

融资担保公司跨省、自治区、直辖市设立的分支机构的日常监督管理,由分支机构所在地监督管理部门负责,融资担保公司住所地监督管理部门应当予以配合。

**第十一条** 融资担保公司解散的,应当依法成立清算组进行清算,并对未到期融资担保责任的承接作出明确安排。清算过程应当接受监督管理部门的监督。

融资担保公司解散或者被依法宣告破产的,应当将融资担保业务经营许可证交监督管理部门注销,并由监督管理部门予以公告。

## 第三章 经营规则

**第十二条** 除经营借款担保、发行债券担保等融资担保业务外,经营稳健、财务状况良好的融资担保公司还可以经营投标担保、工程履约担保、诉讼保全担保等非融资担保业务以及与担保业务有关的咨询等服务业务。

**第十三条** 融资担保公司应当按照审慎经营原则，建立健全融资担保项目评审、担保后管理、代偿责任追偿等方面的业务规范以及风险管理等内部控制制度。

政府支持的融资担保公司应当增强运用大数据等现代信息技术手段的能力，为小微企业和农业、农村、农民的融资需求服务。

**第十四条** 融资担保公司应当按照国家规定的风险权重，计量担保责任余额。

**第十五条** 融资担保公司的担保责任余额不得超过其净资产的10倍。

对主要为小微企业和农业、农村、农民服务的融资担保公司，前款规定的倍数上限可以提高至15倍。

**第十六条** 融资担保公司对同一被担保人的担保责任余额与融资担保公司净资产的比例不得超过10%，对同一被担保人及其关联方的担保责任余额与融资担保公司净资产的比例不得超过15%。

**第十七条** 融资担保公司不得为其控股股东、实际控制人提供融资担保，为其他关联方提供融资担保的条件不得优于为非关联方提供同类担保的条件。

融资担保公司为关联方提供融资担保的，应当自提供担保之日起30日内向监督管理部门报告，并在会计报表附注中予以披露。

**第十八条** 融资担保公司应当按照国家有关规定提取相应的准备金。

**第十九条** 融资担保费率由融资担保公司与被担保人协商确定。

纳入政府推动建立的融资担保风险分担机制的融资担保公司，应当按照国家有关规定降低对小微企业和农业、农村、农民的融资担保费率。

**第二十条** 被担保人或者第三人以抵押、质押方式向融资担保公司提供反担保，依法需要办理登记的，有关登记机关应当依法予以办理。

**第二十一条** 融资担保公司有权要求被担保人提供与融资担保有关的业务活动和财务状况等信息。

融资担保公司应当向被担保人的债权人提供与融资担保有关的业务活动和财务状况等信息。

**第二十二条** 融资担保公司自有资金的运用，应当符合国家有关融资担保公司资产安全性、流动性的规定。

**第二十三条** 融资担保公司不得从事下列活动：

（一）吸收存款或者变相吸收存款；

（二）自营贷款或者受托贷款；

（三）受托投资。

## 第四章 监督管理

**第二十四条** 监督管理部门应当建立健全监督管理工作制度，运用大数据等现代信息技术手段实时监测风险，加强对融资担保公司的非现场监管和现场检查，并与有关部门建立监督管理协调机制和信息共享机制。

**第二十五条** 监督管理部门应当根据融资担保公司的经营规模、主要服务对象、内部管理水平、风险状况等，对融资担保公司实施分类监督管理。

**第二十六条** 监督管理部门应当按照国家有关融资担保统计制度的要求，向本级人民政府和国务院银行业监督管理机构报送本地区融资担保公司统计数据。

**第二十七条** 监督管理部门应当分析评估本地区融资担保行业发展和监督管理情况，按年度向本级人民政府和国务院银行业监督管理机构报告，并向社会公布。

**第二十八条** 监督管理部门进行现场检查，可以采取下列措施：

（一）进入融资担保公司进行检查；

（二）询问融资担保公司的工作人员，要求其对有关检查事项作出说明；

（三）检查融资担保公司的计算机信息管理系统；

（四）查阅、复制与检查事项有关的文件、资料，对可能被转移、隐匿或者毁损的文件、资料、电子设备予以封存。

进行现场检查，应当经监督管理部门负责人批准。检查人员不得少于2人，并应当出示合法证件和检查通知书。

**第二十九条** 监督管理部门根据履行职责的需要，可以与融资担保公司的董事、监事、高级管理人员进行监督管理谈话，要求其就融资担保公司业务活动和风险管理的重大事项作出说明。

监督管理部门可以向被担保人的债权人通报融资担保公司的违法违规行为或者风险情况。

**第三十条** 监督管理部门发现融资担保公司的经营活动可能形成重大风险的，经监督管理部门主要负责人批准，可以区别情形，采取下列措施：

（一）责令其暂停部分业务；

（二）限制其自有资金运用的规模和方式；

（三）责令其停止增设分支机构。

融资担保公司应当及时采取措施，消除重大风险隐患，并向监督管理部门报告有关情况。经监督管理部门验收，确认重大风险隐患已经消除的，监督管理部门应当自验收完毕之日起 3 日内解除前款规定的措施。

**第三十一条** 融资担保公司应当按照要求向监督管理部门报送经营报告、财务报告以及注册会计师出具的年度审计报告等文件和资料。

融资担保公司跨省、自治区、直辖市开展业务的，应当按季度向住所地监督管理部门和业务发生地监督管理部门报告业务开展情况。

**第三十二条** 融资担保公司对监督管理部门依法实施的监督检查应当予以配合，不得拒绝、阻碍。

**第三十三条** 监督管理部门应当建立健全融资担保公司信用记录制度。融资担保公司信用记录纳入全国信用信息共享平台。

**第三十四条** 监督管理部门应当会同有关部门建立融资担保公司重大风险事件的预警、防范和处置机制，制定融资担保公司重大风险事件应急预案。

融资担保公司发生重大风险事件的，应当立即采取应急措施，并及时向监督管理部门报告。监督管理部门应当及时处置，并向本级人民政府、国务院银行业监督管理机构和中国人民银行报告。

**第三十五条** 监督管理部门及其工作人员对监督管理工作中知悉的商业秘密，应当予以保密。

## 第五章 法律责任

**第三十六条** 违反本条例规定，未经批准擅自设立融资担保公司或者经营融资担保业务的，由监督管理部门予以取缔或者责令停止经营，处 50 万元以上 100 万元以下的罚款，有违法所得的，没收违法所得；构成犯罪的，依法追究刑事责任。

违反本条例规定，未经批准在名称中使用融资担保字样的，由监督管理部门责令限期改正；逾期不改正的，处 5 万元以上 10 万元以下的罚款，有违法所得的，没收违法所得。

**第三十七条** 融资担保公司有下列情形之一的，由监督管理部门责令限期改正，处 10 万元以上 50 万元以下的罚款，有违法所得的，没收违法所得；逾期不改正的，责令停业整顿，情节严重的，吊销其融资担保业务经营许可证：

（一）未经批准合并或者分立；

（二）未经批准减少注册资本；

（三）未经批准跨省、自治区、直辖市设立分支机构。

**第三十八条** 融资担保公司变更相关事项，未按照本条例规定备案，或者变更后的相关事项不符合本条例规定的，由监督管理部门责令限期改正；逾期不改正的，处 5 万元以上 10 万元以下的罚款，情节严重的，责令停业整顿。

**第三十九条** 融资担保公司受托投资的，由监督管理部门责令限期改正，处 50 万元以上 100 万元以下的罚款，有违法所得的，没收违法所得；逾期不改正的，责令停业整顿，情节严重的，吊销其融资担保业务经营许可证。

融资担保公司吸收公众存款或者变相吸收公众存款、从事自营贷款或者受托贷款的，依照有关法律、行政法规予以处罚。

**第四十条** 融资担保公司有下列情形之一的，由监督管理部门责令限期改正；逾期不改正的，处 10 万元以上 50 万元以下的罚款，有违法所得的，没收违法所得，并可以责令停业整顿，情节严重的，吊销其融资担保业务经营许可证：

（一）担保责任余额与其净资产的比例不符合规定；

（二）为控股股东、实际控制人提供融资担保，或者为其他关联方提供融资担保的条件优于为非关联方提供同类担保的条件；

（三）未按照规定提取相应的准备金；

（四）自有资金的运用不符合国家有关融资担保公司资产安全性、流动性的规定。

**第四十一条** 融资担保公司未按照要求向监督管理部门报送经营报告、财务报告、年度审计报告等文件、资料或者业务开展情况，或者未报告其发生的重大风险事件的，由监督管理部门责令限期改正，处 5 万元以上 20 万元以下的罚款；逾期不改正的，责令停业整顿，情节严重的，吊销其融资担保业务经营许可证。

**第四十二条** 融资担保公司有下列情形之一的，由监督管理部门责令限期改正，处 20 万元以上 50 万元以下的罚款；逾期不改正的，责令停业整顿，情节严重的，吊销其融资担保业务经营许可证；构成违反治安管理行为的，依照《中华人民共和国治安管理处罚法》予以处罚；构成犯罪的，依法追究刑事责任：

（一）拒绝、阻碍监督管理部门依法实施监督检查；

（二）向监督管理部门提供虚假的经营报告、财务报告、年度审计报告等文件、资料；

（三）拒绝执行监督管理部门依照本条例第三十条第一款规定采取的措施。

**第四十三条** 依照本条例规定对融资担保公司处以罚款的，根据具体情形，可以同时对负有直接责任的董事、监事、高级管理人员处 5 万元以下的罚款。

融资担保公司违反本条例规定，情节严重的，监督管理部门对负有直接责任的董事、监事、高级管理人员，可以禁止其在一定期限内担任或者终身禁止其担任融资担保公司的董事、监事、高级管理人员。

**第四十四条** 监督管理部门的工作人员在融资担保公司监督管理工作中滥用职权、玩忽职守、徇私舞弊的，依法给予处分；构成犯罪的，依法追究刑事责任。

### 第六章 附 则

**第四十五条** 融资担保行业组织依照法律法规和章程的规定，发挥服务、协调和行业自律作用，引导融资担保公司依法经营，公平竞争。

**第四十六条** 政府性基金或者政府部门为促进就业创业等直接设立运营机构开展融资担保业务，按照国家有关规定执行。

农村互助式融资担保组织开展担保业务、林业经营主体间开展林权收储担保业务，不适用本条例。

**第四十七条** 融资再担保公司的管理办法，由国务院银行业监督管理机构会同国务院有关部门另行制定，报国务院批准。

**第四十八条** 本条例施行前设立的融资担保公司，不符合本条例规定条件的，应当在监督管理部门规定的期限内达到本条例规定的条件；逾期仍不符合规定条件的，不得开展新的融资担保业务。

**第四十九条** 本条例自2017年10月1日起施行。

## 动产和权利担保统一登记办法

· 2021年12月28日中国人民银行令〔2021〕第7号公布
· 自2022年2月1日起施行

### 第一章 总 则

**第一条** 为规范动产和权利担保统一登记，保护担保当事人和利害关系人的合法权益，根据《中华人民共和国民法典》《优化营商环境条例》《国务院关于实施动产和权利担保统一登记的决定》（国发〔2020〕18号）等相关法律法规规定，制定本办法。

**第二条** 纳入动产和权利担保统一登记范围的担保类型包括：

（一）生产设备、原材料、半成品、产品抵押；

（二）应收账款质押；

（三）存款单、仓单、提单质押；

（四）融资租赁；

（五）保理；

（六）所有权保留；

（七）其他可以登记的动产和权利担保，但机动车抵押、船舶抵押、航空器抵押、债券质押、基金份额质押、股权质押、知识产权中的财产权质押除外。

**第三条** 本办法所称应收账款是指应收账款债权人因提供一定的货物、服务或设施而获得的要求应收账款债务人付款的权利以及依法享有的其他付款请求权，包括现有的以及将有的金钱债权，但不包括因票据或其他有价证券而产生的付款请求权，以及法律、行政法规禁止转让的付款请求权。

本办法所称应收账款包括下列权利：

（一）销售、出租产生的债权，包括销售货物，供应水、电、气、暖，知识产权的许可使用，出租动产或不动产等；

（二）提供医疗、教育、旅游等服务或劳务产生的债权；

（三）能源、交通运输、水利、环境保护、市政工程等基础设施和公用事业项目收益权；

（四）提供贷款或其他信用活动产生的债权；

（五）其他以合同为基础的具有金钱给付内容的债权。

**第四条** 中国人民银行征信中心（以下简称征信中心）是动产和权利担保的登记机构，具体承担服务性登记工作，不开展事前审批性登记，不对登记内容进行实质审查。

征信中心建立基于互联网的动产融资统一登记公示系统（以下简称统一登记系统）为社会公众提供动产和权利担保登记和查询服务。

**第五条** 中国人民银行对征信中心登记和查询服务有关活动进行督促指导。

### 第二章 登记与查询

**第六条** 纳入统一登记范围的动产和权利担保登记通过统一登记系统办理。

**第七条** 担保权人办理登记。担保权人办理登记前，应当与担保人就登记内容达成一致。

担保权人也可以委托他人办理登记。委托他人办理登记的，适用本办法关于担保权人办理登记的规定。

**第八条** 担保权人办理登记时，应当注册为统一登记系统的用户。

**第九条** 登记内容包括担保权人和担保人的基本信息、担保财产的描述、登记期限。

担保权人或担保人为法人、非法人组织的，应当填写法人、非法人组织的法定注册名称、住所、法定代表人或负责人姓名、金融机构编码、统一社会信用代码、全球法人识别编码等机构代码或编码以及其他相关信息。

担保权人或担保人为自然人的，应当填写有效身份证件号码、有效身份证件载明的地址等信息。

担保权人可以与担保人约定将主债权金额、担保范围、禁止或限制转让的担保财产等项目作为登记内容。对担保财产进行概括性描述的，应当能够合理识别担保财产。

最高额担保应登记最高债权额。

**第十条** 担保权人应当将填写完毕的登记内容提交统一登记系统。统一登记系统记录提交时间并分配登记编号，生成初始登记证明和修改码提供给担保权人。

**第十一条** 担保权人应当根据主债权履行期限合理确定登记期限。登记期限最短 1 个月，最长不超过 30 年。

**第十二条** 在登记期限届满前，担保权人可以申请展期。

担保权人可以多次展期，每次展期期限最短 1 个月，最长不超过 30 年。

**第十三条** 登记内容存在遗漏、错误等情形或登记内容发生变化的，担保权人应当办理变更登记。

担保权人在原登记中增加新的担保财产的，新增加的部分视为新的登记。

**第十四条** 担保权人办理登记时所填写的担保人法定注册名称或有效身份证件号码变更的，担保权人应当自变更之日起 4 个月内办理变更登记。

**第十五条** 担保权人办理展期、变更登记的，应当与担保人就展期、变更事项达成一致。

**第十六条** 有下列情形之一的，担保权人应当自该情形产生之日起 10 个工作日内办理注销登记：

（一）主债权消灭；

（二）担保权利实现；

（三）担保权人放弃登记载明的担保财产之上的全部担保权；

（四）其他导致所登记权利消灭的情形。

担保权人迟延办理注销登记，给他人造成损害的，应当承担相应的法律责任。

**第十七条** 担保权人凭修改码办理展期、变更登记、注销登记。

**第十八条** 担保人或其他利害关系人认为登记内容错误的，可以要求担保权人办理变更登记或注销登记。担保权人不同意变更或注销的，担保人或其他利害关系人可以办理异议登记。

办理异议登记的担保人或其他利害关系人可以自行注销异议登记。

**第十九条** 担保人或其他利害关系人应当自异议登记办理完毕之日起 7 日内通知担保权人。

**第二十条** 担保人或其他利害关系人自异议登记之日起 30 日内，未就争议起诉或提请仲裁并在统一登记系统提交案件受理通知的，征信中心撤销异议登记。

**第二十一条** 应担保人或其他利害关系人、担保权人的申请，征信中心根据对担保人或其他利害关系人、担保权人生效的人民法院判决、裁定或仲裁机构裁决等法律文书撤销相关登记。

**第二十二条** 担保权人办理变更登记和注销登记、担保人或其他利害关系人办理异议登记后，统一登记系统记录登记时间、分配登记编号，并生成变更登记、注销登记或异议登记证明。

**第二十三条** 担保权人开展动产和权利担保融资业务时，应当严格审核确认担保财产的真实性，并在统一登记系统中查询担保财产的权利负担状况。

**第二十四条** 担保权人、担保人和其他利害关系人应当按照统一登记系统提示项目如实登记，并对登记内容的真实性、完整性和合法性负责。因担保权人或担保人名称填写错误，担保财产描述不能够合理识别担保财产等情形导致不能正确公示担保权利的，其法律后果由当事人自行承担。办理登记时，存在提供虚假材料等行为给他人造成损害的，应当承担相应的法律责任。

**第二十五条** 任何法人、非法人组织和自然人均可以在注册为统一登记系统的用户后，查询动产和权利担保登记信息。

**第二十六条** 担保人为法人、非法人组织的，查询人以担保人的法定注册名称进行查询。

担保人为自然人的，查询人以担保人的身份证件号码进行查询。

**第二十七条** 征信中心根据查询人的申请，提供查询证明。

**第二十八条** 担保权人、担保人或其他利害关系人、查询人可以通过证明编号在统一登记系统对登记证明和查询证明进行验证。

### 第三章 征信中心的职责

**第二十九条** 征信中心应当建立登记信息内部控制制度，采取技术措施和其他必要措施，做好统一登记系统建设和维护工作，保障系统安全、稳定运行，建立高效运转的服务体系，不断提高服务效率和质量，防止登记信息泄露、丢失，保护当事人合法权益。

第三十条　征信中心应当制定登记操作规则和内部管理制度，并报中国人民银行备案。

第三十一条　登记注销、登记期限届满或登记撤销后，征信中心应当对登记记录进行电子化离线保存，保存期限为15年。

## 第四章　附　则

第三十二条　征信中心按照国务院价格主管部门批准的收费标准收取登记服务费用。

第三十三条　本办法由中国人民银行负责解释。

第三十四条　本办法自2022年2月1日起施行。《应收账款质押登记办法》(中国人民银行令〔2019〕第4号发布)同时废止。

## • 典型案例

### 1. 中国工商银行股份有限公司宣城龙首支行诉宣城柏冠贸易有限公司、江苏凯盛置业有限公司等金融借款合同纠纷案[①]

【关键词】

民事/金融借款合同/担保/最高额抵押权

【裁判要点】

当事人另行达成协议将最高额抵押权设立前已经存在的债权转入该最高额抵押担保的债权范围，只要转入的债权数额仍在该最高额抵押担保的最高债权额限度内，即使未对该最高额抵押权办理变更登记手续，该最高额抵押权的效力仍然及于被转入的债权，但不得对第三人产生不利影响。

【基本案情】

2012年4月20日，中国工商银行股份有限公司宣城龙首支行(以下简称工行宣城龙首支行)与宣城柏冠贸易有限公司(以下简称柏冠公司)签订《小企业借款合同》，约定柏冠公司向工行宣城龙首支行借款300万元，借款期限为7个月，自实际提款日起算，2012年11月1日还100万元，2012年11月17日还200万元。涉案合同还对借款利率、保证金等作了约定。同年4月24日，工行宣城龙首支行向柏冠公司发放了上述借款。

2012年10月16日，江苏凯盛置业有限公司(以下简称凯盛公司)股东会议决定，同意将该公司位于江苏省宿迁市宿豫区江山大道118号-宿迁红星凯盛国际家居广场(房号：B-201、产权证号：宿豫字第201104767)房产，抵押与工行宣城龙首支行，用于亿荣达公司商户柏冠公司、闽航公司、航嘉公司、金亿达公司四户企业在工行宣城龙首支行办理融资抵押，因此产生一切经济纠纷均由凯盛公司承担。同年10月23日，凯盛公司向工行宣城龙首支行出具一份房产抵押担保的承诺函，同意以上述房产为上述四户企业在工行宣城龙首支行融资提供抵押担保，并承诺如该四户企业不能按期履行工行宣城龙首支行的债务，上述抵押物在处置后的价值又不足以偿还全部债务，凯盛公司同意用其他财产偿还剩余债务。该承诺函及上述股东会决议均经凯盛公司全体股东签名及加盖凯盛公司公章。2012年10月24日，工行宣城龙首支行与凯盛公司签订《最高额抵押合同》，约定凯盛公司以宿房权证宿豫字第201104767号房地产权证项下的商铺为自2012年10月19日至2015年10月19日期间，在4000万元的最高余额内，工行宣城龙首支行依据与柏冠公司、闽航公司、航嘉公司、金亿达公司签订的借款合同等主合同而享有对债务人的债权，无论该债权在上述期间届满时是否已到期，也无论该债权是否在最高额抵押权设立之前已经产生，提供抵押担保，担保的范围包括主债权本金、利息、实现债权的费用等。同日，双方对该抵押房产依法办理了抵押登记，工行宣城龙首支行取得宿房他证宿豫第201204387号房地产他项权证。2012年11月3日，凯盛公司再次经过股东会决议，并同时向工行宣城龙首支行出具房产抵押承诺函，股东会决议与承诺函的内容及签名盖章均与前述相同。当日，凯盛公司与工行宣城龙首支行签订《补充协议》，明确双方签订的《最高额抵押合同》担保范围包括2012年4月20日工行宣城龙首支行与柏冠公司、闽航公司、航嘉公司和金亿达公司签订的四份贷款合同项下的债权。

柏冠公司未按期偿还涉案借款，工行宣城龙首支行诉至宣城市中级人民法院，请求判令柏冠公司偿还借款本息及实现债权的费用，并要求凯盛公司以其抵押的宿房权证宿豫字第201104767号房地产权证项下的房地产承担抵押担保责任。

---

[①] 案例来源：最高人民法院指导案例95号。

## 【裁判结果】

宣城市中级人民法院于 2013 年 11 月 10 日作出 (2013) 宣中民二初字第 00080 号民事判决：一、柏冠公司于判决生效之日起五日内给付工行宣城龙首支行借款本金 300 万元及利息。……四、如柏冠公司未在判决确定的期限内履行上述第一项给付义务，工行宣城龙首支行以凯盛公司提供的宿房权证宿豫字第 201104767 号房地产权证项下的房产折价或者以拍卖、变卖该房产所得的价款优先受偿……宣判后，凯盛公司以涉案《补充协议》约定的事项未办理最高额抵押权变更登记为由，向安徽省高级人民法院提起上诉。该院于 2014 年 10 月 21 日作出 (2014) 皖民二终字第 00395 号民事判决：驳回上诉，维持原判。

## 【裁判理由】

法院生效裁判认为：凯盛公司与工行宣城龙首支行于 2012 年 10 月 24 日签订《最高额抵押合同》，约定凯盛公司自愿以其名下的房产作为抵押物，自 2012 年 10 月 19 日至 2015 年 10 月 19 日期间，在 4000 万元的最高余额内，为柏冠公司在工行宣城龙首支行所借贷款本息提供最高额抵押担保，并办理了抵押登记，工行宣城龙首支行依法取得涉案房产的抵押权。2012 年 11 月 3 日，凯盛公司与工行宣城龙首支行又签订《补充协议》，约定前述最高额抵押合同中述及抵押担保的主债权及于 2012 年 4 月 20 日工行宣城龙首支行与柏冠公司所签《小企业借款合同》项下的债权。该《补充协议》不仅有双方当事人的签字盖章，也与凯盛公司的股东会决议及其出具的房产抵押担保承诺函相印证，故该《补充协议》应系凯盛公司的真实意思表示，且所约定内容符合《中华人民共和国物权法》（以下简称《物权法》）第二百零三条第二款的规定，也不违反法律、行政法规的强制性规定，依法成立并有效，其作为原最高额抵押合同的组成部分，与原最高额抵押合同具有同等法律效力。由此，本案所涉 2012 年 4 月 20 日《小企业借款合同》项下的债权已转入前述最高额抵押权所担保的最高额为 4000 万元的主债权范围内。就该《补充协议》约定事项，是否需要对前述最高额抵押权办理相应的变更登记手续，《物权法》没有明确规定，应当结合最高额抵押权的特点及相关法律规定来判定。

根据《物权法》第二百零三条第一款的规定，最高额抵押权有两个显著特点：一是最高额抵押权所担保的债权额有一个确定的最高额度限制，但实际发生的债权额是不确定的；二是最高额抵押权是对一定期间内将要连续发生的债权提供担保。由此，最高额抵押权设立时所担保的具体债权一般尚未确定，基于尊重当事人意思自治原则，《物权法》第二百零三条第二款对前款作了但书规定，即允许经当事人同意，将最高额抵押权设立前已经存在的债权转入最高额抵押担保的债权范围，但此并非重新设立最高额抵押权，也非《物权法》第二百零五条规定的最高额抵押权变更的内容。同理，根据《房屋登记办法》第五十三条的规定，当事人将最高额抵押权设立前已存在债权转入最高额抵押担保的债权范围，不是最高抵押权设立登记的他项权利证书及房屋登记簿的必要记载事项，故亦非应当申请最高额抵押权变更登记的法定情形。

本案中，工行宣城龙首支行和凯盛公司仅是通过另行达成补充协议的方式，将上述最高额抵押权设立前已经存在的债权转入该最高额抵押权所担保的债权范围内，转入的涉案债权数额仍在该最高额抵押担保的 4000 万元最高债权额限度内，该转入的确定债权并非最高额抵押权设立登记的他项权利证书及房屋登记簿的必要记载事项，在不会对其他抵押权人产生不利影响的前提下，对于该意思自治行为，应当予以尊重。此外，根据商事交易规则，法无禁止即可为，即在法律规定不明确时，不应强加给市场交易主体准用严格交易规则的义务。况且，就涉案 2012 年 4 月 20 日借款合同项下的债权转入最高额抵押担保的债权范围，凯盛公司不仅形成了股东会决议，出具了房产抵押担保承诺函，且和工行宣城龙首支行达成了《补充协议》，明确将已经存在的涉案借款转入前述最高额抵押权所担保的最高额为 4000 万元的主债权范围内。现凯盛公司上诉认为该《补充协议》约定事项必须办理最高额抵押权变更登记才能设立抵押权，不仅缺乏法律依据，也有悖诚实信用原则。

综上，工行宣城龙首支行和凯盛公司达成《补充协议》，将涉案 2012 年 4 月 20 日借款合同项下的债权转入前述最高额抵押权所担保的主债权范围内，虽未办理最高额抵押权变更登记，但最高额抵押权的效力仍然及于被转入的涉案借款合同项下的债权。

## 2. 海南康力元药业有限公司、海南通用康力制药有限公司与海口奇力制药股份有限公司技术转让合同纠纷案[①]

### 【裁判摘要】

在合同效力的认定中，应该以合同是否违反法律、行政法规的强制性规定为判断标准，而不宜以合同违反行政

---

① 案例来源：《最高人民法院公报》2013 年第 2 期。

规章的规定为由认定合同无效。在技术合同纠纷案件中，如果技术合同涉及的生产产品或提供服务依法须经行政部门审批或者许可而未经审批或者许可的，不影响当事人订立的相关技术合同的效力。

【案情】

申请再审人(一审原告、二审上诉人)：海南康力元药业有限公司。

法定代表人：汤小东，该公司董事长。

委托代理人：于毅，山东德孚律师事务所律师。

委托代理人：纪洪卫，山东德孚律师事务所律师。

申请再审人(一审原告、二审上诉人)：海南通用康力制药有限公司。

法定代表人：高渝文，该公司总经理。

委托代理人：于毅，山东德孚律师事务所律师。

委托代理人：纪洪卫，山东德孚律师事务所律师。

被申请人(一审被告、二审上诉人)：海口奇力制药股份有限公司。

法定代表人：韩宇东，该公司董事长。

委托代理人：卢泰山，海南新概念律师事务所律师。

委托代理人：姬敬武，北京市大成律师事务所律师。

申请再审人海南康力元药业有限公司(以下简称康力元公司)、海南通用康力制药有限公司(以下简称康力制药公司)因与被申请人海口奇力制药股份有限公司(以下简称奇力制药公司)技术转让合同纠纷一案，不服海南省高级人民法院(2009)琼民二终字第16号民事判决，向本院申请再审。本院于2011年8月24日作出(2011)民申字第713号民事裁定，提审本案。本院依法组成合议庭，于2011年10月26日公开开庭审理了本案。康力元公司、康力制药公司委托代理人于毅、奇力制药公司委托代理人卢泰山、姬敬武到庭参加诉讼。本案现已审理终结。

海南省海口市中级人民法院(以下简称一审法院)经审理查明：康力元公司始建于1998年9月16日，具有企业法人资格并领取了《药品经营许可证》和《药品经营质量管理规范认证证书》。康力制药公司原企业名称为海口康力元制药有限公司，始建于2000年5月16日，具有企业法人资格并领取了《药品生产许可证》和《药品生产质量管理规范认证证书》(以下简称药品GMP证书)(证书编号：琼F0011、F0057、D1303、D1819、H3894-1、H3894-2)。2006年12月31日，上述药品GMP证书被海南省食品药品监督管理局(以下简称海南药监局)收回。2008年2月20日，经海南省工商行政管理局核准变更登记，海口康力元制药有限公司变更为现企业名称。康力元公司系康力制药公司股东，原持有康力制药公司73%的股份。康力制药公司变更登记后，康力元公司持有康力制药公司22%的股份，其余51%的股份由通用技术集团医药控股有限公司持有。奇力制药公司始建于1997年8月28日，具有企业法人资格并领取了《药品生产许可证》和药品GMP证书(证书编号：琼G0055、琼G0063、G0062、G3601-1、G3601-2、琼H0097、F3035、J4636)。

2000年4月26日，康力元公司与奇力制药公司签订《关于合作开发、生产、经营注射用头孢哌酮钠——他唑巴坦钠的协议》(以下简称《4.26协议》)。该协议以康力元公司为甲方，奇力制药公司为乙方，其中约定：甲方出资100万元、乙方出资50万元，双方共同开发注射用头孢哌酮钠——他唑巴坦钠(粉针剂，规格为1g/瓶)，并以双方名义申报新药证书，具体工作由乙方负责实施，乙方应尽快完成并获得国家食品药品监督管理局(以下简称国家药监局)颁发的新药证书和生产批准文号；该产品的产权归双方共有，由甲方保存新药证书或产品的全部资料；获得批准文号后，甲方负责生产注射用头孢哌酮钠——他唑巴坦钠的所需原辅材料费用，并全权负责产品的销售，在整套包装上印"海南康力元药业有限公司总经销"；乙方不得与甲方以外的单位或个人加工销售以上产品；乙方提供厂房设备、技术人员按照注射用头孢哌酮钠——他唑巴坦钠的质量标准和"药品生产质量管理规范"的要求，保质按量生产，乙方应严格控制物料单耗和生产成本，若因生产管理不善造成的原辅材料、成品损失，由乙方承担全部责任；甲方销售注射用头孢哌酮钠——他唑巴坦钠，从销售利润中提取1.5元/瓶给乙方作为生产利润，另支付0.2元/瓶的生产费用，甲方每年返回的生产利润不得低于40万元。双方还在协议附件中约定：在乙方保证投入150万元开发注射用头孢哌酮钠——他唑巴坦钠产品(4:0.5)1.0g/瓶的前提下，甲方按双方2:1的出资比例投资100万元，余额由乙方投入并实施产品开发的所有工作；协议一经签订，甲方即投入10万元作为前期费用；2000年6月前，乙方完成所有临床前试验资料，甲方投入17万元；产品上报省、国家审评时，甲方再投入17万元；产品的临床研究一经批准受理(以公告为准)则由甲方投入开发费用35万元；完成产品临床研究工作，取得新药证书和生产批件，甲方再支付5万元；乙方将新药证书或产品全部资料交由甲方保存时，甲方再投入费用8万元，并自甲方获得乙方生产的该产品进行销售活动时，甲方付清该产品开发款8万元。协议订立后，康力元公司于2000年4月28日付款10万元、同年6月8日付款10万元、同年8月31日付款20万元、同年11月27日付款10万元。

2001年6月8日，奇力制药公司与康力制药公司签订

《关于合作开发注射用头孢哌酮钠——他唑巴坦钠新药(1.2g/瓶)的协议》(以下简称《6.8协议》)。该协议以奇力制药公司为甲方,康力制药公司为乙方,其中规定:双方合作开发研制规格为1.2g/瓶的注射用头孢哌酮钠——他唑巴坦钠新药,甲方负责开发研制的技术工作,乙方负责提供开发研制资金;乙方投入资金总额为288万元,如免做临床投入资金总额为198万元,自2001年7月份起每月付25万元,付完为止;甲方应加快研制开发进度,时间为2001年1月份计算,在新药审评各个阶段,如超过国家评审法规规定日期,甲方都应向乙方作出合理解释,如因甲方原因超过规定期限120天时,乙方有权解除本协议并撤回所投资金;乙方投入资金后,如甲方因技术原因不能继续进行研制开发工作,甲方有责任尽快通知乙方并退还全部资金;甲方负责办理并得到该药品的同意临床批文时,乙方付款达到100万元,甲方负责该药品的临床试验完毕,并将现有资料陆续转给乙方;乙方付款至200万时,甲方负责领到该药品的新药证书和生产批文;乙方付款至250万时,即将新药证书、生产批文及其他资料全部移交给乙方,此后该产品产权归乙方所有;甲方协助乙方生产出三批合格产品后支付最后一笔开发资金余款38万元;本协议生效后,甲方在向药审、药检等部门申报该药有关资料时,新药研制单位由双方共同署名;申报生产批文时,应将该药生产单位申报为乙方;乙方自行负责该产品的生产和销售工作;甲方将全部技术无保留地转给乙方,并派员到乙方处指导生产,保证乙方独自试制出质量合格的连续三批产品;乙方拥有该新药独家受让权和生产权,甲方不得向其他方转让该新药,并不得将该新药任何资料向其他方提供,否则向乙方赔偿本合同金额两倍的违约金;本协议生效后,《4.26协议》有效期至乙方取得该新药证书及生产批件为止。协议签订后,康力制药公司于2001年7月18日及9月21日各付款25万元、2002年10月15日付款10万元。

上述两协议签订后,康力元公司和康力制药公司共付款110万元。

2004年6月12日,奇力制药公司与康力元公司、康力制药公司签订《关于转让注射用头孢哌酮钠他唑巴坦钠的合同》(以下简称《转让合同》)。该合同以奇力制药公司为甲方,康力元公司、康力制药公司为乙方。该合同首部载明:"由于国家政策和实际情况发生变化,甲方与海口康力元制药有限公司于2001年6月8日签订的《关于合作开发注射用头孢哌酮钠——他唑巴坦钠新药(1.2g/瓶)的协议》,不再履行。经双方友好协商,兹就新药注射用头孢哌酮钠他唑巴坦钠(规格为1.125g/瓶)转让事宜,签订以下协议。"协议的主要内容为:1.甲方目前正在进行的注射用头孢哌酮钠他唑巴坦钠Ⅱ期临床工作结束后,立即向国家药监部门申报新药证书及生产批件,并在获得批准后将规格为1.125g/瓶的产品转让给乙方,乙方同意受让;2.转让完成后,该规格产品的所有权归乙方,甲方向乙方提供有关该规格产品的全套资料(含临床资料)复印件。Ⅲ期临床工作由甲方负责,费用由甲方承担;但如乙方增加病例,增加部分的费用由乙方承担;3.囿于有关药品管理法规的制约,该规格产品的生产批文上所载的生产单位仍为甲方。但甲方承诺,取得生产批件后即积极配合乙方办理委托加工手续,并在获准后立即转交乙方生产,甲方派人指导乙方连续生产三批合格产品;4.转让价格为300万元,取得生产批文之日起7日内乙方付至80%即240万元,办好委托加工手续之日起7日内乙方付清20%余款即60万元。甲方给乙方开具该规格产品开发费用发票。乙方付清全部转让款之日为转让完成之日;5.自转让完成之日起所发生的本规格药品文号维护费用,由乙方自行承担。三方还在合同中约定:自本合同生效之日起,甲方不再与第三方谈本规格产品合作、转让事宜;乙方付清80%转让款后,甲方承诺不生产、销售本规格产品;转让完成后,甲方即不再拥有本规格产品,乙方独家拥有本规格产品并对其生产、销售负责;对生产、销售过程中发生的问题,如因生产批件在甲方名下的原因,而致甲方承担连带责任时,给甲方造成的损失全部由乙方承担;以后乙方因生产、销售需要,必须由甲方出具有关手续时,甲方应予配合,但全部费用由乙方承担;双方应自觉遵守合同各项约定,任何一方违反合同约定条款,违约方均应足额赔偿因违约行为给守约方造成的经济损失;本合同生效之日起,双方签订的《4.26协议》、甲方与康力制药公司签订的《6.8协议》,均自行失效,对双方不再具有约束力。

2006年12月31日,海南药监局向康力制药公司发出《海南省食品药品监督管理局关于收回海口康力元制药有限公司药品GMP证书的通知》,认为该公司药品生产不符合《药品生产质量管理规范》的要求,决定收回其编号为琼F0011、琼G0057、D1303、D1819、H3894-1、H3894-2的药品GMP证书,并要求该公司按药品GMP标准进行认真整改,整改完成后按法定程序申请复查。2007年5月21日,国家药监局向奇力制药公司核发证书编号为国药证字H20070099《新药证书》,该证书载明的药品名称为"注射用头孢哌酮钠他唑巴坦钠"。同日,奇力制药公司获得国家药监局核发的两份《药品注册批件》,批件号分别为"2007S00839"和"2007S00840"。该两批件载明的药品名称均为"注射用头孢哌酮钠他唑巴坦钠",药品监测期为4

年,至 2011 年 5 月 20 日。其中,2007S00839 号批件载明的规格为"1.125g",药品批准文号为"国药准字 H20070233";2007S00840 号批件载明的规格为"2.25g",药品批准文号为"国药准字 H20070234"。

2007 年 8 月 6 日,奇力制药公司向康力元公司、康力制药公司发出《关于终止双方〈转让合同〉的函》,并在该函中称:"由于贵方出现重大变化,相当一段时期内不具备药政法规规定的接受委托加工基本条件,原合同已无法履行,依照合同法的有关规定,原合同应予终止。为减少双方的损失,确保该新药能及时上市,服务社会,请贵方于 8 月 20 日前派员来我方协商退款和合同终止事宜。超过 8 月 20 日,贵方不来人协商或复函,则视为贵方同意终止合同,原合同自然终止,我方将根据财务记载数额给贵方退款。"康力元公司、康力制药公司收到该函后,于同年 8 月 16 日复函奇力制药公司称:"欣闻我们合作研制开发的新药注射用头孢哌酮钠他唑巴坦钠(1.125g/瓶)即将获得药政部门的生产批文,这对我们双方来说是个好消息……目前我方合同主体海南康力元药业有限公司经营正常,海口康力元制药有限公司正在进行 GMP 硬件、软件改造。对于贵方于 2007 年 8 月 6 日提出终止合同的意见,经我方的慎重考虑,答复如下:①我们认为双方于 2004 年 6 月 12 日签订的《关于转让注射用头孢哌酮钠他唑巴坦钠的合同》,应该继续认真地履行;②贵方提出终止合同的理由没有事实和法律依据,因此任何一方无权单方面终止履行合同;③在取得产品注册批件后,办妥转让手续之前,我方愿与贵方协商,在互惠互利的基础上进行合作,争取新药早日上市。"同年 8 月 23 日,奇力制药公司就康力元公司、康力制药公司上述复函答复康力元公司、康力制药公司,认为其解除双方原合同有充分事实和法律依据,要求康力元公司、康力制药公司于同年 9 月 5 日前派员与其商谈终止合同的具体事宜,如届时不派员前来协商,将视为康力元公司、康力制药公司同意解除合同,原合同自然失效,对其不再具有约束力。

2008 年 1 月 14 日,康力元公司、康力制药公司向一审法院提出诉前保全申请,请求裁定奇力制药公司停止生产和销售规格为 1.125g/瓶的注射用头孢哌酮钠他唑巴坦钠。根据康力元公司、康力制药公司的上述申请,一审法院于同年 1 月 21 日作出(2008)海中法保字第 5 号民事裁定,责令奇力制药公司自收到该裁定之日起停止生产和销售规格为 1.125g/瓶的注射用头孢哌酮钠他唑巴坦钠。同年 2 月 4 日,康力元公司、康力制药公司向一审法院提起本案诉讼,请求:1. 判令奇力制药公司停止违约行为,停止生产和销售注射用头孢哌酮钠他唑巴坦钠(规格为

1.125g/瓶),停止与第三方洽谈本规格产品合作、转让事宜;2. 判令奇力制药公司继续履行合同:(1) 依合同规定出具相关手续配合康力元公司和康力制药公司(或康力元公司和康力制药公司指定的企业)生产和销售,立即办理转让手续,将生产权和销售权交还康力元公司和康力制药公司;(2) 依合同规定向康力元公司和康力制药公司提供注射用头孢哌酮钠他唑巴坦钠(规格为 1.125g/瓶)全套资料(含临床资料)的复印件;(3) 依合同规定负责派人指导康力元公司和康力制药公司(或者康力元公司和康力制药公司指定的企业)连续生产三批合格产品。

2008 年 2 月 22 日,奇力制药公司向康力元公司、康力制药公司送达《关于解除〈关于转让新药注射用头孢哌酮钠他唑巴坦钠的合同〉的通知书》。该通知书以康力元公司、康力制药公司"严重违反国家法律法规,国家药监局已于 2007 年 1 月收回了贵司的药品生产 GMP 认证证书"、"贵司已经失去了受让上述合同中约定的新药的法定条件"、"贵司不具备委托生产新药的法定条件"为由,决定解除双方签订的《转让合同》,并提出康力元公司、康力制药公司如认为其仍具备受让合同约定的新药的条件,应在接到该通知后五个工作日内提交《药品生产许可证》和药品 GMP 证书,否则视为康力元公司、康力制药公司"由于特殊原因不能生产"该新药而自动终止合同。此后,一审法院经对奇力制药公司提出的诉前保全异议进行审查,于同年 5 月 26 日作出(2008)海中法民三初字第 19-2 号民事裁定,解除对奇力制药公司采取的责令其停止生产和销售注射用头孢哌酮钠他唑巴坦钠(规格为 1.125g/瓶)的临时措施。在一审审理期间,一审法院向海南药监局调查取证,该局复函证实:1. 该局已按国家药监局的要求收回康力制药公司编号为琼 F0011、琼 G0057、D1303、D1819、H3894-1、H3894-2 的药品 CMP 证书;2. 康力制药公司具有药品生产许可证;3. 康力元公司不具有药品生产许可证和药品 GMP 证书。

一审法院另查明:奇力制药公司取得上述《新药证书》及《药品注册批件》后自行进行生产,并于 2007 年 12 月开始由其全资子公司海口奇力同德药业有限公司交广州市修合医药科技有限公司、罗战斗等企业和个人代理销售。

一审法院认为:康力元公司、康力制药公司与奇力制药公司系因履行三方签订的《转让合同》而发生争议,诉讼双方的争议涉及以下几个问题:1. 引起讼争的《转让合同》与康力元公司、康力制药公司分别于 2000 年 4 月 26 日、2001 年 6 月 8 日与奇力制药公司签订的协议之间是否存在关联性;2.《转让合同》约定的转让标的系药物产品抑或药品技术;3. 奇力制药公司是否有权解除《转让合同》;

4.《转让合同》能否继续履行。

第一,关于合同的关联性问题。在引起讼争的《转让合同》签订之前,康力元公司与奇力制药公司签订《4.26协议》,双方在协议中约定合作开发、生产及经营注射用头孢哌酮钠——他唑巴坦钠,并约定该药品的产权归双方共有,双方为此形成了技术合作开发及合作经营的权利义务关系。此后,康力制药公司与奇力制药公司于2001年6月8日签订《6.8协议》,双方在协议中约定合作开发规格为1.2g/瓶注射用头孢哌酮钠——他唑巴坦钠新药,并约定该药品的产权归康力制药公司所有,双方为此形成了技术委托开发的权利义务关系。上述两份协议签订后,康力元公司、康力制药公司与奇力制药公司于2004年4月12日签订引起本案讼争的《转让合同》,约定奇力制药公司将其规格为1.125g/瓶的注射用头孢哌酮钠他唑巴坦钠产品转让给康力元公司、康力制药公司,该规格产品的所有权归康力元公司、康力制药公司所有,康力元公司、康力制药公司付清转让款后独家拥有该规格产品并对其生产、销售负责。三方在合同中约定的内容表明,三方形成的关系为技术转让的权利义务关系。上述三份合同的签约主体、约定的药品规格以及权利义务关系虽有不同,但均系针对同一种新药即注射用头孢哌酮钠——他唑巴坦钠而签订,其中《4.26协议》和《6.8协议》的一方签约主体虽然分别为康力元公司与康力制药公司,但二者为关联企业,且康力制药公司与奇力制药公司在《6.8协议》中对奇力制药公司研发的注射用头孢哌酮钠——他唑巴坦钠新药权属进行新的约定并限制了《4.26协议》的有效期,康力元公司对此均无争议,此后三方在《转让合同》中载明的签约目的以及在合同中明确约定终止《4.26协议》和《6.8协议》的履行,均表明上述三份合同并非为互无关系的独立合同,《转让合同》与《4.26协议》和《6.8协议》之间存在延续关系。因此,奇力制药公司关于三份合同为完全独立的合同、前两份协议与本案无任何关系的抗辩理由不能成立,一审法院不予采纳。

第二,关于《转让合同》约定的转让标的问题。奇力制药公司抗辩提出,其与康力元公司、康力制药公司之间系一种新药"产品"的转让关系,系将规格为1.125g/瓶的"产品"转让给康力元公司、康力制药公司而并非将该种新药整个的生产技术转让给康力元公司、康力制药公司。一审法院认为,根据三方在《转让合同》中的约定,奇力制药公司向康力元公司、康力制药公司转让规格为1.125g/瓶的注射用头孢哌酮钠他唑巴坦钠产品,除应向康力元公司、康力制药公司提供该规格产品包括临床资料在内的全套资料复印件外,尚应配合康力元公司、康力制药公司办理委托加工手续和指导康力元公司、康力制药公司连续生产三批合格产品,且康力元公司、康力制药公司在转让完成后独家拥有该规格产品并对其生产、销售负责。上述合同约定表明,三方约定的转让标的为奇力制药公司研发成果中规格为1.125g/瓶的注射用头孢哌酮钠他唑巴坦钠药品技术的相关权利。因此,奇力制药公司该项抗辩理由不能成立,一审法院不予采纳。

第三,关于奇力制药公司行使合同解除权的效力问题。根据奇力制药公司的抗辩理由,奇力制药公司行使合同解除权的主要原因:一是康力元公司、康力制药公司经营状况严重恶化,丧失商业信誉,且在合理期限内仍不具备履行能力,故其有权行使不安抗辩权;二是康力元公司、康力制药公司先期违约,未履行《转让合同》规定的付款义务,致使奇力制药公司不能实现合同目的。首先,关于奇力制药公司提出的不安抗辩权问题。所谓不安抗辩权,系指先给付义务人在有证据证明后给付义务人的经营状况严重恶化,或者转移财产、抽逃资金,以逃避债务,或者丧失商业信誉,以及有丧失或者可能丧失履行债务能力的其他情形时,可中止自己的履行。本案中,康力元公司、康力制药公司与奇力制药公司之间的权利义务关系为药品技术转让关系,即康力元公司、康力制药公司负有向奇力制药公司支付价款的义务而享有获得药品技术的权利,而奇力制药公司享有获得价款的权利而负有将药品技术交付给康力元公司、康力制药公司的义务,合同中并未规定奇力制药公司在约定的药品技术转让后,其仍有权参与康力元公司、康力制药公司使用该药品技术所获利润的分配,故奇力制药公司作为该药品技术的让与方,其合同债权不受康力元公司、康力制药公司的生产及销售能力的制约,只要康力元公司、康力制药公司依约支付了价款,奇力制药公司即能实现其预期的合同债权。然而根据审理查明的事实,奇力制药公司在取得新药证书和药品生产批文后提出终止合同履行的原因,并非康力元公司、康力制药公司具有财务状况严重恶化而无法支付价款等危及奇力制药公司实现合同债权的情形,而系其认为康力元公司、康力制药公司"出现重大变化,相当一段时期内不具备药政法规规定的接受委托加工基本条件,原合同已无法履行",该理由不符合行使不安抗辩权的法定情形。况且,根据《中华人民共和国合同法》(以下简称合同法)第六十八条对不安抗辩权的规定,不安抗辩权行使的法律效力系权利人可以中止合同履行,即合同当事人之间的权利、义务关系暂时处于停止状态,而并非终止合同的履行。更何况,康力元公司虽为康力制药公司股东,但其与康力制药公司互为独立的企业法人,故即使康力制药公司因药品GMP

证书被收回而完全丧失了履行合同的能力，亦不应因此而认为康力元公司亦丧失了履行合同的能力。据此奇力制药公司以行使不安抗辩权为由解除合同，缺乏事实和法律依据。其次，关于奇力制药公司提出的康力元公司、康力制药公司先期违约，致使其合同目的不能实现问题。所谓先期违约，系指在合同约定的履行期限届满之前，一方当事人明确表示或者以自己的行为表明其将不按约定履行合同义务。本案中，三方在《转让合同》中对转让价款的支付作了明确的规定，其中首次付款为康力元公司、康力制药公司在奇力制药公司取得生产批文之日起7日内，应支付价款至80%即240万元。由于合同中约定了由奇力制药公司向国家药监部门申报新药证书及生产批件，故奇力制药公司在取得新药证书及生产批件后应当及时告知康力元公司、康力制药公司，以便康力元公司、康力制药公司履行合同规定的付款义务。但本案无证据证明奇力制药公司在取得新药证书及生产批件后已及时告知康力元公司、康力制药公司而康力元公司、康力制药公司拒绝支付价款。诉讼双方提交的证据表明，在康力元公司、康力制药公司获知奇力制药公司取得新药证书和药品生产批文时，奇力制药公司已以康力元公司、康力制药公司不具有涉讼药品的生产能力为由要求终止合同履行，双方为此发生争议直至引起本案讼争。事实上，对于康力元公司、康力制药公司支付转让价款问题，奇力制药公司在其2007年8月6日致康力元公司、康力制药公司的《关于终止双方〈转让合同〉的函》中，要求康力元公司、康力制药公司派员协商退款和合同终止事宜，否则其将根据财务记载数额给康力元公司、康力制药公司退款的内容表明，《转让合同》签订后三方实际已将康力元公司、康力制药公司基于《4.26协议》和《6.8协议》所支付的款项转作该合同的转让价款。虽然该款额未达到合同规定的首次付款数额，但三方在诉讼之前并未存在付款问题的争议。因此，奇力制药公司以康力元公司、康力制药公司未付款先期违约为由解除合同，理由不能成立。综上，奇力制药公司行使的合同解除权不符合法律的规定，一审法院不予支持。

第四，关于《转让合同》能否继续履行问题。奇力制药公司抗辩认为《转让合同》不能继续履行的主要理由：一是康力元公司、康力制药公司无权生产和销售涉讼药品，康力元公司、康力制药公司请求奇力制药公司向其交付该新药的生产和销售权，违反了法律的禁止性规定；二是奇力制药公司已自行生产和销售该新药，不可能再将该新药转让给康力元公司、康力制药公司。对于奇力制药公司提出的第一项不能继续履行理由，一审法院认为，国家现行法律或行政法规对受让药品技术并无限制性规定，而奇力制药公司提出该项理由所依据的国家药监局2005年颁布的《药品注册管理办法》第八十条，虽规定"接受新药技术转让的药品生产企业必须持有《药品生产许可证》和《药品生产质量管理规范》认证证书"，但该行政规章在国家药监局2007年重新颁布的《药品注册管理办法》实施后已废止，而重新颁布的行政规章对该问题未做规定，且即使有关行政规章对接受新药技术转让的主体资格有要求，但根据最高人民法院《关于审理技术合同纠纷案件适用法律若干问题的解释》第八条关于"生产产品或者提供服务依法须经有关部门审批或者取得行政许可而，未经审批或者许可的，不影响当事人订立的相关技术合同的效力"的规定，亦不影响康力元公司、康力制药公司依约享有合同权利。至于康力元公司、康力制药公司受让合同约定的药品技术后是否有能力使用该项药品技术以及如何使用该项药品技术，由政府有关职能部门监管，与奇力制药公司无关。奇力制药公司依法或依合同均不享有监督康力元公司、康力制药公司使用该项药品技术的权利。事实上，康力元公司作为药品经营企业，在三方签订《转让合同》之前，已依法取得药品经营资格且该经营资格迄今未被取消。康力制药公司作为药品生产企业，在三方签订《转让合同》之前已依法取得药品生产资格，在合同履行过程中，其领取的药品GMP证书虽被海南药监局收回，但其原领取的《药品生产许可证》仍然存在，根据海南药监局的行政决定内容，康力制药公司应按照药品GMP标准进行整改，并在整改完成后按法定程序申请复查。可见，康力制药公司原有的药品生产资格并未因药品GMP证书被有关药监部门收回而完全丧失。因此，奇力制药公司该项抗辩理由不能成立，一审法院不予采纳。对于奇力制药公司以国家药监局2007年重新颁布的《药品注册管理办法》第四十六条"新药申请获得批准后每个品种，包括同一品种的不同规格，只能由一个单位生产"的规定为由，提出其在取得新药证书和生产批文后已自行生产和销售，合同已无法履行的问题。一审法院认为，奇力制药公司引用的上述行政规章内容，系针对多个单位联合研制新药的情况而言。即使该内容的适用范围不局限于前述情况，亦因该内容的规定在国家药监局2005年颁布的《药品注册管理办法》中已经存在，而奇力制药公司在有规定的情况下仍与康力元公司、康力制药公司签订《转让合同》，将其研发成果中规格为1.125g/瓶药品所有权转让给康力元公司、康力制药公司，由康力元公司、康力制药公司生产和销售该规格药品，属奇力制药公司对自己技术成果相关权利的处分，因此根据我国民法通则规定的诚实信用原则，奇力制药公司在签约后应严格履行合同义务，保障康力元公司、康力制药公司依约享有的合同权利，否则将构成合同违约。奇力制药公司该项抗辩理由于法无据，一审法院不予采纳。

综上所述，一审法院认为，康力元公司、康力制药公司与奇力制药公司签订的《转让合同》系三方的真实意思表示，且合同内容未违反国家法律或行政法规的禁止性规定，属有效合同，签约各方均应依约严格履行合同规定的义务。在合同履行过程中，奇力制药公司在取得涉案新药证书和药品生产批文后，未如实告知康力元公司、康力制药公司而以康力元公司、康力制药公司不具有接受委托加工基本条件为由终止合同履行，其行为已构成违约，依法应承担违约责任。由于奇力制药公司行使的合同解除权不符合法律的规定，故三方订立的《转让合同》仍然有效，三方仍应依约继续履行各自的合同义务。对于康力元公司、康力制药公司提出判令奇力制药公司停止违约行为的诉求，因三方在《转让合同》中规定，康力元公司、康力制药公司付清80%转让款后，奇力制药公司承诺不生产和销售该规格的产品，故康力元公司、康力制药公司在尚未付清80%转让款的情况下，诉请判令奇力制药公司停止生产和销售该规格产品与合同规定不符，但奇力制药公司在康力元公司、康力制药公司付清80%的转让款后，应依约停止生产和销售该规格产品。至于康力元公司、康力制药公司诉请判令奇力制药公司停止与第三方洽谈该规格产品合作、转让事宜的诉求，符合合同规定，一审法院予以支持。对于康力元公司、康力制药公司诉请判令奇力制药公司向其提供包括临床资料的注射用头孢哌酮钠他唑巴坦钠(规格为1.125g/瓶)全套资料复印件的诉求，因合同规定上述资料系在转让完成后交付，而合同规定的转让完成之日为康力元公司、康力制药公司付清全部转让价款之日，故康力元公司、康力制药公司在尚未付清全部转让价款的情况下，诉请判令奇力制药公司交付上述资料与合同规定不符，但奇力制药公司在康力元公司、康力制药公司付清全部转让价款后，应依约履行该项合同义务。对于康力元公司、康力制药公司诉请判令奇力制药公司出具相关手续配合其或其指定的企业生产和销售、立即办理转让手续，将生产权和销售权交还康力元公司、康力制药公司，并负责派人指导康力元公司、康力制药公司或者其指定的企业连续生产三批合格产品的诉求，一审法院认为，在康力制药公司未重新取得药品GMP证书，尚不具备涉案药品生产条件的情况下，康力元公司、康力制药公司要求奇力制药公司给其出具相关手续并配合其生产，有悖我国药品管理法及相关行政法规对药品生产企业管理的有关规定。至于康力元公司、康力制药公司提出由其指定的药品生产企业生产的问题，虽然三方在《转让合同》中对委托第三方生

产未作约定，但因康力元公司、康力制药公司该项请求符合《中华人民共和国药品管理法》(以下简称药品管理法)第十三条关于"经国务院药品监督管理部门或者国务院药品监督管理部门授权的省、自治区、直辖市人民政府药品监督管理部门批准，药品生产企业可以接受委托生产药品"的规定，亦未加重奇力制药公司的合同义务，故在康力制药公司未重新取得药品GMP证书，尚不具备涉案药品生产条件的情况下，由康力元公司、康力制药公司指定的具有涉案药品生产条件的企业生产，有利于合同的履行和维护交易的稳定，一审法院对此予以支持。据此判决：一、康力元公司、康力制药公司与奇力制药公司签订的《转让合同》继续履行，奇力制药公司应停止与第三方洽谈上述合同约定规格产品的合作、转让事宜。奇力制药公司在康力元公司、康力制药公司付清80%的转让价款后，即应停止对上述合同约定规格产品的生产和销售；在康力元公司、康力制药公司付清全部转让价款后，即应向康力元公司、康力制药公司交付上述合同规定的全套资料复印件；二、奇力制药公司于判决发生法律效力后，即配合康力元公司、康力制药公司办理委托生产手续，并在获得有关药品监督管理部门批准后，将规格为1.125g/瓶的注射用头孢哌酮钠他唑巴坦钠药品交康力元公司、康力制药公司指定的药品生产企业生产，同时派员指导康力元公司、康力制药公司指定的药品生产企业连续生产三批合格产品。产品由康力元公司销售；三、驳回康力元公司、康力制药公司的其他诉讼请求。一审案件受理费31800元，由康力元公司、康力制药公司共同负担9540元，奇力制药公司负担22260元；财产保全费5000元，由康力元公司、康力制药公司共同负担。

奇力制药公司、康力元公司和康力制药公司均不服一审判决，向海南省高级人民法院(以下简称二审法院)提起上诉。

二审法院经审理查明：一审诉讼期间，原海口康力元制药有限公司于2008年2月20日经海南省工商局批准变更为海南通用康力制药有限公司，原法定代表人由汤旭东变更为高渝文。原投资者为：海口市龙华区金贸街道世贸社区居委会出资10万元占1%股份；海南康迪医药有限公司出资260万元占26%股份；康力元公司出资730万元占73%股份。变更后投资者为：海口市龙华区金贸街道世贸社区居委会、海南康迪医药有限公司出资额和所占股份未变。海口康力元制药有限公司将730万元占73%股份中的510万元占51%股份转让给通用技术集团医药控股有限公司，注册资金仍为1000万元。通用技术集团医药控股有限公司法定代表人亦为高渝文。该公司投资者由通

用技术集团投资管理有限公司出资 1000 万元,由中国通用技术(集团)控股有限责任公司(系国有独资有限责任公司)出资 1.9 亿元,注册资本为 2 亿元。一审法院遂将海口康力元制药有限公司变更为海南通用康力制药有限公司即本案简称的康力制药公司。本案上诉期间,原海口奇力制药有限公司于 2008 年 12 月 30 日经海口市工商局批准整体变更为海口奇力制药股份有限公司,并于 2009 年 1 月 5 日在《海南日报》上刊登公告。公司发起人为海口东控实业有限公司、广东省科技风险投资有限公司、广东广润投资有限公司、海口保税区开发建设总公司 4 家企业及 10 名自然人股东。认购股份总计 9700 万股。其中广东省科技风险投资有限公司和海口保税区开发建设总公司为国有性质公司,合计共持股份 1453 万股,占总股份的 15%。二审法院遂将海口奇力制药有限公司变更为海口奇力制药股份有限公司即本案简称的奇力制药公司。一审判决送达后,康力元公司于 2008 年 11 月 25 日、12 月 8 日在海南省海口市琼崖公证处办理了(2008)琼崖证字第 11554 号、12027 号公证书,公证提存了人民币 20 万元和 60 万元,公证处向奇力制药公司发出领取通知书。二审期间,2009 年 2 月 21 日,海南药监局以琼食药监注函(2009)9 号函复奇力制药公司称:提出新药技术转让申请时应按《药品注册管理办法》(国家药监局令 28 号)的有关规定办理。能否批准由国家药监局决定。2009 年 3 月 11 日,海南药监局对康力制药公司的药品生产许可证变更增加生产范围为:冻干粉针剂、粉针剂(均为头孢菌素类)。二审期间,二审法院向海南药监局咨询,海南药监局于 2009 年 3 月 13 日以琼食药监注函(2009)13 号复函称:一、根据国家药监局 2007S00839 号和 2007S00840 号药品注册批件(见附件 1),奇力制药公司生产的注射用头孢哌酮钠他唑巴坦钠(8∶1)属于化学药品第 1.5 类新药(新药证书编号:国药证字 H20070099),是未在国内外上市销售的新的复方制剂。经检索国家药监局网站药品基础数据库查询系统显示,注射用头孢哌酮钠他唑巴坦钠(8∶1)由奇力制药公司独家所有(见附件 2)。二、关于注射用头孢哌酮钠他唑巴坦钠(8∶1)新药技术转让事宜,我局可适用国家药监局《印发关于药品注册管理的补充规定的通知》(国食药监注[2002]367 号)第十条第(二)款"在监测期内仅有独家获得生产注册的,可以进行新药技术转让"及国家有关规定和条件受理新药技术转让申请,并上报国家药监局审批。三、康力制药公司具备增加"头孢菌素类粉针"的生产范围条件,并于 2009 年 3 月 11 日取得我局核发的新增粉针剂、冻干粉针剂(均为头孢菌素类粉针)生产范围许可证(见附件 3)。待取得该剂型的药品批准文号,

即可按照药品管理法实施条例第六条规定申请新增生产剂型的《药品生产质量管理规范》认证。四、有相应生产范围的《药品生产许可证》和 GMP 证书的生产企业,以及有相应生产范围的《药品生产许可证》的新开办企业或新增车间,均可作为新药技术转让的受让方。二审法院除查明的上述事实外,其他事实与一审法院查明的相同。

二审法院认为:本案争议焦点为:1.《转让合同》的效力和应否继续履行等问题;2.《4.26 协议》、《6.8 协议》与《转让合同》之间的关系及实际付款的数额和应否返还等问题;3. 合同履行过程中双方的违约情形及如何承担责任等问题。

1. 关于《转让合同》的效力和应否继续履行等问题。《中华人民共和国药品管理法实施条例》(以下简称药品管理法实施条例)第三十四条规定:"国务院药品监督管理部门根据保护公众健康的要求,可以对药品生产企业生产的新药设立不超过 5 年的监测期;在监测期内,不得批准其他企业生产和进口。"本案中,奇力制药公司研发的注射用头孢哌酮钠他唑巴坦钠(1.125g/瓶)已于 2007 年 5 月 21 日由国家药监局下发了新药证书(编号为 H20070099)及药品注册批件(编号为 2007S00839),载明生产企业为奇力制药公司,监测期 4 年至 2011 年 5 月 20 日。关于新药的技术转让和委托生产问题,国家药监局于 2007 年 10 月施行的《药品注册管理办法》第六十六条规定:"国家药监局根据保护公众健康的要求,可以对批准生产的新药品种设立监测期。监测期自新药批准生产之日起计算,最长不得超过 5 年。监测期内的新药,国家药监局不批准其他企业生产、改变剂型和进口。"委托生产是指取得药品批准文号的企业,经依法审批后将该药品委托给具有法定条件和生产资质的企业生产,但委托企业负责委托生产药品的质量和销售行为。药品管理法实施条例第十条规定:"依据药品管理法第十三条规定,接受委托生产药品的,受托方必须是持有与其委托生产的药品相适应的《药品生产质量管理规范》认证证书的药品生产企业"。最高人民法院《关于适用〈中华人民共和国合同法〉若干问题的解释(二)》第十四条规定:"合同法第五十二条第(五)项规定的'强制性规定'是指效力性强制性规定。"依照上述规定,双方签订的《转让合同》虽然违反了药品管理法实施条例的规定,但上述法规不属于效力性强制性规定。《药品注册管理办法》(2007 年施行)属于国家药监局的部门规章,不符合其规定不影响合同的效力。故康力元公司、康力制药公司同奇力制药公司签订的《转让合同》应为有效合同,奇力制药公司上诉主张合同无效的理由无事实和法律依据。康力元公司、康力制药公司上诉主张合同有效的

理由,有事实和法律依据,应予采纳。签约时,康力元公司作为药品经营单位,拥有《药品经营许可证》和《药品经营质量管理规范认证证书》;康力制药公司作为药品生产单位,亦拥有《药品生产许可证》和药品 GMP 证书。但是,在合同履行过程中,国家药监局和海南药监局检查组于2006年12月31日现场检查认为,康力制药公司药品生产不符合药品生产质量规范管理要求,经国家药监局授权,海南药监局收回了该公司的6份药品 GMP 证书,要求该公司按 GMP 标准认真整改,整改完成后按法定程序申请复查。二审诉讼中,海南药监局向康力制药公司核发了同涉案药品对应的生产范围许可证。但康力制药公司一直未能取得同涉案药品相对应的药品 GMP 证书。药品不同于一般的商品和货物,它直接关系到广大人民群众的生命健康安全。所以药品的研发、审批、生产、包括委托生产、转让、运输、储存、销售、使用等各个环节必须严格按照法律法规及规章和操作规程进行。依照合同法第九十四条的规定:"有下列情形之一的,可以解除合同:(一)因不可抗力致使不能实现合同目的的……"第一百一十七条第二款规定:"本法所称的不可抗力,是指不能预见、不能避免并不能克服的客观情况。"因国家药监局收回了康力制药公司的药品 GMP 证书,康力制药公司至今未能获得国家药监局颁发的同生产涉案药品的头孢菌素类冻干粉针剂、粉针剂相对应的药品 GMP 证书,康力制药公司已不具备生产涉案药品的法定资质条件,故因上述客观情况变化,该合同的目的不能实现。康力元公司、康力制药公司同奇力制药公司签订的《转让合同》依法应予解除。故奇力制药公司上诉主张合同不能履行应予解除的理由有事实和法律依据,应予支持。康力元公司、康力制药公司上诉主张合同应继续履行,判令奇力制药公司停止生产和销售并立即办理转让手续的理由,无事实和法律依据。

2. 关于三份合同之间的关系及实际付款数额和应否返还等问题。康力元公司同奇力制药公司签订的《4.26协议》,其性质是技术合作开发及合作经营。一审查明康力元公司向奇力制药公司于2000年4月28日付款10万元、同年6月8日付款10万元、同年8月31日付款20万元、同年11月27日付款10万元。2001年6月8日,奇力制药公司同康力制药公司签订《6.8协议》,其性质是技术委托开发。一审查明康力制药公司于2001年7月18日向奇力制药公司付款25万元、同年9月21日付款25万元、2002年10月15日付款10万元。2004年6月12日三方签订《转让合同》后,康力元公司和康力制药公司未向奇力制药公司付款。《转让合同》明确约定,本合同生效后,双方于2000年4月26日、2001年6月8日签订的合同均自动失效。故前两份合同对三方当事人均无约束力。但是,三份合同约定的标的均为新药头孢哌酮钠他唑巴坦钠的研发事宜,第1份合同约定的规格为1g/瓶、第2份合同约定的规格为1.2g/瓶、第3份合同约定的规格为1.125g/瓶,故合同标的的研发具有连续性。奇力制药公司在审理中亦陈述其经过7年的研发才获得新药证书和生产批文。本案证据表明其中前期的研发中康力元公司、康力制药公司依2份合同共付款110万元,双方解除这两份合同时未约定款项问题。但奇力制药公司在2007年8月6日向康力元公司、康力制药公司发出终止合同的函中载明:超过8月20日不来人协商,将认为是终止合同并根据财务记载数额退款。二审法院已依法解除了2004年6月12日双方签订的新药《转让合同》,依照合同法第九十七条规定,合同解除后,已经履行的,依履行情况及合同性质,可以恢复原状,故奇力制药公司应返还康力元公司50万元和康力制药公司60万元,二项合计共110万元及占用期间的孳息。故奇力制药公司上诉主张未收到康力元公司和康力制药公司款项的理由无事实和法律依据。康力元公司、康力制药公司上诉主张已付清300万元研发费用的理由,二审法院采纳已付110万元,其余部分无事实和法律依据,不予支持。

3. 关于合同履行中双方的违约情形及如何承担责任等问题。康力元公司、康力制药公司同奇力制药公司于2004年6月12日签订了新药《转让合同》,双方均应按合同约定全面履行各自的义务。但是,康力制药公司未依约保持其受让生产合同约定的药品须有的法定资质,因药品生产不符合国家药品生产质量管理的要求,被国家药监局授权海南药监局收回了其药品 GMP 证书,使其至今不具备生产涉案药品的法定资质。康力元公司、康力制药公司均未能按合同约定,按期向奇力制药公司支付合同约定的300万元的转让款项的80%即240万元及其余的60万元,上述行为均违反了合同约定。奇力制药公司于2007年5月21日获得新药证书和药品注册批件后,未按合同约定履行转让和办理委托加工手续,亦违反了合同约定。故在新药《转让合同》的履行过程中,双方均有违约行为,导致合同目的不能实现,二审法院遂依法解除新药《转让合同》。二审法院在审理中,多次主持康力元公司、康力制药公司同奇力制药公司进行调解。调解中奇力制药公司表示,涉案药品的生产和销售全部归奇力制药公司享有,奇力制药公司承诺愿意补偿康力元公司和康力制药公司1800万元并在3年内付完。二审法院认为奇力制药公司向康力元公司和康力制药公司补偿1800万元予以和解的要求,属奇力制药公司的真实意思表示,不违反法律规定,依法予以照准,该补偿款足以弥补合同被依法解除后康力元公司、康力制药公司的各项损失。补偿款的支付期限,二审法院确定应在3个月内支付完毕。因双方在履约中均有违约行为,主观上均存在过错,应各自承担相应的责任。故康力元公司、康力制药公司应承担合同依法被解除的法律后果,即双方签订的《转让合同》终止履行,康力元公司、康力制药公司依法不享有和承担合同项下的权利及义务。奇力制药公司应承担补偿康力元公司、康力制药公司1800万元的法律后果,即涉案新药头孢哌酮纳他唑巴坦纳(规格为1.125g/瓶)的所有权归奇力制药公司所有。故康力元公司、康力制药公司上诉主张自己无违约行为,属奇力制药公司单方违约的理由以及奇力制药公司上诉主张自己无违约行为,属康力元公司、康力制药公司单方违约的理由,均无事实和法律依据,二审法院不予支持。

综上所述,一审判决认定事实清楚,但适用法律不当,应予纠正,二审法院判决:一、撤销一审判决;二、解除康力元公司、康力制药公司同奇力制药公司于2004年6月12日签订的《转让合同》;三、奇力制药公司在判决生效之日起10日内向康力元公司返还50万元及利息(从2000年4月29日起10万元、2000年6月9日起20万元、2000年8月31日起40万元、2000年11月28日起50万元,以中国人民银行同期1年期流动资金贷款利率计算至付清之日止);四、奇力制药公司在本判决生效之日起10日内向康力制药公司返还60万元及利息(从2001年7月19日起25万元、2001年9月22日起50万元、2002年10月16日起60万元,以中国人民银行同期1年期流动资金贷款利率计算至付清之日止);五、奇力制药公司在判决生效之日起三个月内向康力元公司、康力制药公司支付补偿款1800万元;六、驳回奇力制药公司的其他上诉请求;七、驳回康力元公司、康力制药公司的其他上诉请求。一审案件受理费31800元,二审案件受理费31800元,保全费5000元,合计68600元,由奇力制药公司负担34300元;由康力元公司、康力制药公司共同负担34300元。

康力元公司、康力制药公司不服二审判决,向本院申请再审:(一)康力元公司、康力制药公司已经向奇力制药公司支付300万元价款,提前超额完成了付款义务。1.康力元公司、康力制药公司在《4.26协议》、《6.8协议》履行过程中支付的110万元已经转入诉争药品的研发;2.康力元公司为开发头孢哌酮钠——舒巴坦钠药品支付的研发费用25万元已转为诉争新药的转让款;3.2006年7月29日,康力制药公司根据奇力制药公司的要求向海口奇力药物研究所有限公司汇款85万元用于诉争新药的研发工作;4.康力元公司在海南省海口市琼崖公证处提存80万元,已经履行了合同余款的支付义务;5.2007年8月6日,奇力制药公司致康力元公司、康力制药公司的《关于终止双方〈转让合同〉的函》中,要求"康力元公司、康力制药公司派员协商退款和合同终止事宜,否则其将根据财务记载数额给康力元公司、康力制药公司退款"的内容表明奇力制药公司已经自认收到康力元公司、康力制药公司支付的诉争新药转让款220万元。

(二)二审法院依据合同法第九十四条第一款的规定判决解除《转让合同》系适用法律错误。1.《转让合同》的履行不存在事实上和法律上的任何障碍,国家药监局收回康力制药公司的药品GMP证书是可以克服的情况,康力元公司与康力制药公司有能力继续履行《转让合同》,二审法院以"不可抗力不能实现合同目的"为由判决解除合同是错误的。(1)康力元公司一直具有《药品经营许可证》和《药品经营质量管理规范认证证书》,完全具有销售能力,有能力继续履行《转让合同》;(2)康力制药公司原有的药品生产资格并未因药品GMP证书被暂时收回而完全丧失;(3)根据合同法第七十九条和最高人民法院《关于审理技术合同纠纷案件适用法律若干问题的解释》第二十一条的规定,康力元公司、康力制药公司有权要求奇力制药公司将诉争新药生产权交给康力元公司、康力制药公司指定的具有生产能力的海南新中正制药有限公司;(4)根据我国相关法律、法规及规章的有关规定,监测期内的新药依法可以转让。2.继续履行《转让合同》完全能够实现双方当初订立合同的目的。只要康力元公司、康力制药公司依约支付了价款,奇力制药公司即能实现其预期的合同目的。至于康力元公司、康力制药公司受让合同约定的药品技术后是否有能力使用以及如何使用该技术,由政府有关职能部门监管,与奇力制药公司无关。3.奇力制药公司在一审开庭审理时有继续履行合同的意思表示,在双方当事人均同意履行合同的情况下,二审法院以公权力对"合同之私权"进行干涉是严重错误的。

(三)二审法院判令"奇力制药公司在本判决生效之日起三个月内向康力元公司、康力制药公司支付补偿款1800万元",超出了康力元公司、康力制药公司的诉讼请求,违反了"不告不理"的基本原则。奇力制药公司利用涉案技术产品,每年获利至少8000万元,至今共计非法获取利益约计2.4亿元,根据权利义务对等原则,如果改判也应当判决奇力制药公司赔偿2.4亿元,并且康力元公司、康力制药公司为履行《转让合同》进行了大量投入,奇力制药公司的违约行为已经导致康力元公司、康力制药公司损失近2亿元。

综上,康力元公司、康力制药公司依据《中华人民共和国民事诉讼法》第二百条第一款第(二)项、第(六)项、第(十二)项的规定申请再审,请求本院撤销二审判决,支持其诉讼请求。

奇力制药公司提交意见认为,(一)康力元公司、康力制药公司并未就《转让合同》支付任何款项,已构成先期违约,无权要求奇力制药公司继续履行合同。1.康力元公司、康力制药公司于2004年6月12日前合计支付的110万元并非其支付《转让合同》的款项,该款项与本案无关。2.2006年7月24日康力制药公司支付给海口奇力药物研究所有限公司85万元,与本案无关。3.康力元公司声称已提存80万元,此并不能证明其没有先期违约。4.康力元公司向奇力制药公司支付的头孢哌酮钠——舒巴坦钠药品研发费25万元,与本案无关。5.奇力制药公司没有提示康力元公司、康力制药公司支付转让款的义务。(二)《转让合同》因违反法律、行政法规的强制性规定,且损害公共利益,依法属于无效合同。1.《转让合同》违反了监测期内的新药技术不得转让,不得批准其他企业生产和进口的规定。2.《转让合同》的受让方不具备受让涉案新药技术的法定条件,不符合法律规定的主体资格。3.《转让合同》中关于技术资料的移交以及奇力制药公司仍保留生产批文的约定,违反了《药品注册管理办法(试行)》的规定。4.《转让合同》违反了新药技术所有规格一次性转让给一个药品生产企业的规定。5.《转让合同》违反了《药品生产监督管理办法》关于委托方必须与受托方签订委托生产合同以及对委托生产药品的"质量和销售"的规定。6.《转让合同》损害社会公共利益,应属无效合同。(三)即使《转让合同》有效,也因"事实上和法律上不能履行",并且"合同标的不适于强制履行"而应当依法予以解除。奇力制药公司于2007年8月据此单方解除该合同的行为合法有效,应予支持。1.《转让合同》关于新药转让(或受托生产)的约定与国家法律法规相冲突,故该合同在法律上不能履行。2.康力元公司、康力制药公司不具有生产涉案新药依法必须具备的"粉针剂头孢菌素类"《药品生产许可证》和药品GMP证书,故《转让合同》事实上也不能履行。3.涉案合同标的不适于强制执行,如判决奇力制药公司继续履行,则该判决不但在事实上和法律上不能履行,而且也无法强制执行。(四)即使《转让合同》合法、有效,但因此后康力制药公司丧失"粉针剂头孢菌素类"《药品生产许可证》和药品GMP证书,违反了国家关于药品生产特许经营的强制性规定,致使该合同依法不能履行,应当依法予以解除。因此,奇力制药公司解除合同并无不当。(五)即使《转让合同》合法、有效,由于奇力制药公司已经于2007年8月6日通知康力元公司、康力制药公司依法解除合同,但康力元公司、康力制药公司却迟至2008年1月1日,即在收到解除合同通知三个月之后才向人民法院提起诉讼,提出异议,对此,人民法院应当依法予以驳回。(六)康力元公司、康力制药公司无权要求也从未要求将其在新药《转让合同》中的权利转让给第三方,其在再审申请中提出的有权要求奇力制药公司将诉争新药技术转让给其指定单位的请求依法不能成立。(七)导致《转让合同》未履行的原因完全是由于康力元公司、康力制药公司的过错,奇力制药公司不应当承担违约和赔偿责任。综上,康力元公司、康力制药公司的再审申请没有事实和法律依据,应予驳回。

本院经审理查明,一、二审法院查明的事实基本属实。

本院认为,本案争议焦点在于:(一)《转让合同》的效力问题;(二)《转让合同》的履行及违约情况;(三)《转让合同》是否应该继续履行;(四)违约责任的承担问题。

(一)关于《转让合同》的效力问题

《转让合同》约定,奇力制药公司(甲方)在涉案新药获得批准后,将规格为1.125g/瓶的产品转让给康力元公司和康力制药公司(乙方),但该产品的生产批文上所载的生产单位仍为甲方,由甲方委托乙方生产;乙方付清全部转让款之日为转让完成之日,转让完成后,该规格产品所有权归乙方;转让价款为300万元,取得生产批文之日起7日内乙方付240万元,办好委托加工手续之日起7日内乙方付60万元。因此,《转让合同》既涉及新药技术转让又涉及新药委托生产两个方面的内容。

关于新药技术转让问题,《中华人民共和国药品管理法》(以下简称药品管理法)及其实施条例均没有具体的规定,此问题一直是由国家药监局以行政规章及规范性文件的方式来加以规范的。从本案当事人签订《转让合同》时的药品管理规定来看,法律和行政法规没有关于新药技术转让的强制性规定,虽然行政规章对于新药技术转让有具体规定,但依据合同法第五十二条第(五)项的规定,双方当事人在《转让合同》中所约定的新药技术转让内容违反行政规章规定的,并不属于违反法律、行政法规的强制性规定而归于合同无效的情形。因此,本案双方当事人关于新药技术转让的约定是有效的,双方均应依约履行。

关于药品委托生产问题,药品管理法第十三条规定,经有关药品监督管理部门批准,药品生产企业可以接受委托生产药品。药品管理法实施条例第十条规定,接受委托生产药品的,受托方必须持有与其受托生产的药品相适应的药品GMP证书。在本案双方当事人签订《转让合同》时,康力制药公司持有与涉案新药相适应的《药品生产许可证》和药品GMP证书,因此双方当事人关于委托康力制药公司生产涉案新药的约定不违反法律和行政法规的规定。康力元公司不是药品生产企业，不能接受委托生产药品，虽然《转让合同》没有区分康力元公司和康力制药公司作为乙方在合同中的具体权利义务，但从康力元公司作为药品经营企业的资质来看，其在该合同中的地位应是销售涉案新药，而不是生产涉案新药。因此，本案双方当事人关于委托加工生产药品的约定没有违反法律和行政法规的规定，是有效的，双方亦应依约履行。

最高人民法院《关于审理技术合同纠纷案件适用法律若干问题的解释》第八条第一款规定，生产产品或者提供服务依法须经有关部门审批或者取得行政许可，而未经审批或许可的，不影响当事人订立的相关技术合同的效力。因此，康力制药公司是否能够获得生产涉案新药的《药品生产许可证》和药品GMP证书，并不影响《转让合同》的效力。综上，《转让合同》应认定为有效合同。一、二审法院认定《转让合同》有效，并无不当，应予维持。

（二）关于《转让合同》的履行及违约情况

从查明的事实来看，康力元公司和康力制药公司为履行《4.26协议》和《6.8协议》向奇力制药公司一共支付了110万元研发费用。由于《4.26协议》、《6.8协议》与《转让合同》均是针对同一种新药头孢哌酮钠他唑巴坦钠签订的合同，具有连续性，且奇力制药公司在其2007年8月6日《关于终止双方〈转让合同〉的函》中，要求康力元公司、康力制药公司派员协商退款和合同终止事宜，否则其将根据财务记载数额给康力元公司、康力制药公司退款。因此，奇力制药公司认为康力元公司、康力制药公司未就《转让合同》支付任何款项的理由无事实和法律依据，对于康力元公司和康力制药公司关于其基于《4.26协议》和《6.8协议》所支付的110万元研发费已转作《转让合同》价款的主张，本院予以支持。

康力元公司和康力制药公司还主张：（1）康力元公司为开发头孢哌酮钠——舒巴坦钠药品支付的研发费用25万元已转为诉争新药的转让款，但该笔款项并非用于《转让合同》新药项目的研制；（2）2006年7月29日，康力制药公司向海口奇力药物研究所有限公司汇款85万元为已支付的转让款，但该笔款项并非付给奇力制药公司，且康力制药公司也未能提供证据证明该笔款项已实际转给奇力制药公司；（3）一审判决送达后，康力元公司于2008年11月25日在海南省海口市琼崖公证处提存80万元为已支付的转让款，但该笔款项不符合合同法第一百零一条第一款规定的提存适用条件。因此，对于康力元公司和康力制药公司关于上述三笔款项共计190万元为履行《转让合同》所支付的转让款的主张，本院不予支持。

根据《转让合同》约定，转让价款为300万元，康力元公司、康力制药公司应在涉案新药生产批文取得之日起7日内付至80%即240万元，办好委托加工手续之日起7日内付清20%余款即60万元。康力元公司、康力制药公司在涉案新药生产批文取得之日前已支付110万元，奇力制药公司在获得涉案新药的生产批文后未及时通知康力元公司和康力制药公司支付其余价款，而是自行组织生产、销售，奇力制药公司的行为违反了《转让合同》的约定，构成违约。

（三）关于《转让合同》是否应该继续履行

从《转让合同》约定的具体内容来看，奇力制药公司在获得新药证书和生产批件后，将新药（规格为1.125g/瓶）证书和生产批件所涉该规格产品的全套资料复印件交付康力元公司、康力制药公司，并配合康力元公司、康力制药公司办理委托加工手续即已履行了合同约定的新药技术转让义务，同时可以通知康力元公司、康力制药公司支付合同价款，实现合同债权。当然，根据合同约定，其中20%即60万元转让款是以办好委托加工手续为付款条件的，如果系康力元公司、康力制药公司不具有委托生产的资质的原因而达不到付款条件，奇力制药公司完全可以通过协商或者其他途径予以索要，从而实现其合同债权。至于康力元公司、康力制药公司受让《转让合同》约定的新药能否获得行政审批以及受让后能否进行生产，应由政府有关职能部门监管，其后果也当然由康力元公司、康力制药公司自行承担，与奇力制药公司实现其合同债权无关。故康力元公司、康力制药公司要求继续履行合同的主张成立。奇力制药公司以《转让合同》的内容违反药品行政审批规定无法履行而要求解除合同的抗辩理由不能成立。一审判决康力元公司、康力制药公司依照《转让合同》约定继续履行各自的合同义务，适用法律正确，应予维持。二审判决以康力制药公司的药品GMP证书被收回属于不可抗力为由，判决解除合同，适用法律错误，应予纠正。

康力元公司、康力制药公司要求继续履行合同的请求应予支持，但是其请求判令奇力制药公司停止生产和销售涉案药品，因其尚未付清80%转让款，与《转让合同》的约定不符，一审法院判决不予支持并无不当。至于其请求判令奇力制药公司配合其指定的企业生产和销售涉案新药产品，因该项请求内容在《转让合同》中并没有约定，一审法院判决支持该项请求违反了当事人意思自治原则，明显不当，应予纠正。

（四）关于违约责任的承担问题

如前所述，奇力制药公司在取得涉案新药证书和药品生产批文后，未及时通知康力元公司、康力制药公司付款，而是自行生产、销售涉案新药,不履行转让涉案新药技术的义务,已构成违约,应承担相应的违约责任。而康力元公司、康力制药公司只请求继续履行合同,未要求其他赔偿或补偿,故二审法院判决奇力制药公司补偿康力元公司、康力制药公司1800万元,超出了当事人的诉讼请求,应予纠正。

综上所述,二审判决适用法律错误,应予纠正。一审判决判令奇力制药公司配合康力元公司、康力制药公司指定的企业生产和销售涉案新药产品,明显不当,其他事实认定清楚,适用法律正确。依照《中华人民共和国民事诉讼法》第二百零七条第一款、第一百七十条第一款第(二)、(三)项,《中华人民共和国合同法》第八条、第六十条之规定,判决如下:

一、撤销海南省高级人民法院(2009)琼民二终字第16号民事判决;

二、维持海南省海口市中级人民法院(2008)海中法民三初字第19号民事判决主文第一项、第三项;

三、变更海南省海口市中级人民法院(2008)海中法民三初字第19号民事判决主文第二项为:海口奇力制药股份有限公司于本判决发生法律效力后,即配合海南康力元药业有限公司、海南通用康力制药有限公司办理委托生产手续,并在获得有关药品监督管理部门批准后,将规格为1.125g/瓶的注射用头孢哌酮钠他唑巴坦钠药品交海南康力元药业有限公司、海南通用康力制药有限公司生产、销售,同时派员指导海南康力元药业有限公司、海南通用康力制药有限公司连续生产三批合格产品。

一审案件受理费31800元,由海南康力元药业有限公司、海南通用康力制药有限公司共同负担9540元、海口奇力制药股份有限公司负担22260元。财产保全费5000元,由海南康力元药业有限公司、海南通用康力制药有限公司共同负担。二审案件受理费31800元,由海口奇力制药股份有限公司负担15900元、海南康力元药业有限公司、海南通用康力制药有限公司共同负担15900元。

本判决为终审判决。

# 三、证券、期货

## 1. 证券

### 中华人民共和国证券法

- 1998年12月29日第九届全国人民代表大会常务委员会第六次会议通过
- 根据2004年8月28日第十届全国人民代表大会常务委员会第十一次会议《关于修改〈中华人民共和国证券法〉的决定》第一次修正
- 2005年10月27日第十届全国人民代表大会常务委员会第十八次会议第一次修订
- 根据2013年6月29日第十二届全国人民代表大会常务委员会第三次会议《关于修改〈中华人民共和国文物保护法〉等十二部法律的决定》第二次修正
- 根据2014年8月31日第十二届全国人民代表大会常务委员会第十次会议《关于修改〈中华人民共和国保险法〉等五部法律的决定》第三次修正
- 2019年12月28日第十三届全国人民代表大会常务委员会第十五次会议第二次修订

#### 第一章 总 则

**第一条** 为了规范证券发行和交易行为,保护投资者的合法权益,维护社会经济秩序和社会公共利益,促进社会主义市场经济的发展,制定本法。

**第二条** 在中华人民共和国境内,股票、公司债券、存托凭证和国务院依法认定的其他证券的发行和交易,适用本法;本法未规定的,适用《中华人民共和国公司法》和其他法律、行政法规的规定。

政府债券、证券投资基金份额的上市交易,适用本法;其他法律、行政法规另有规定的,适用其规定。

资产支持证券、资产管理产品发行、交易的管理办法,由国务院依照本法的原则规定。

在中华人民共和国境外的证券发行和交易活动,扰乱中华人民共和国境内市场秩序,损害境内投资者合法权益的,依照本法有关规定处理并追究法律责任。

**第三条** 证券的发行、交易活动,必须遵循公开、公平、公正的原则。

**第四条** 证券发行、交易活动的当事人具有平等的法律地位,应当遵守自愿、有偿、诚实信用的原则。

**第五条** 证券的发行、交易活动,必须遵守法律、行政法规;禁止欺诈、内幕交易和操纵证券市场的行为。

**第六条** 证券业和银行业、信托业、保险业实行分业经营、分业管理,证券公司与银行、信托、保险业务机构分别设立。国家另有规定的除外。

**第七条** 国务院证券监督管理机构依法对全国证券市场实行集中统一监督管理。

国务院证券监督管理机构根据需要可以设立派出机构,按照授权履行监督管理职责。

**第八条** 国家审计机关依法对证券交易场所、证券公司、证券登记结算机构、证券监督管理机构进行审计监督。

#### 第二章 证券发行

**第九条** 公开发行证券,必须符合法律、行政法规规定的条件,并依法报经国务院证券监督管理机构或者国务院授权的部门注册。未经依法注册,任何单位和个人不得公开发行证券。证券发行注册制的具体范围、实施步骤,由国务院规定。

有下列情形之一的,为公开发行:

(一)向不特定对象发行证券;

(二)向特定对象发行证券累计超过二百人,但依法实施员工持股计划的员工人数不计算在内;

(三)法律、行政法规规定的其他发行行为。

非公开发行证券,不得采用广告、公开劝诱和变相公开方式。

**第十条** 发行人申请公开发行股票、可转换为股票的公司债券,依法采取承销方式的,或者公开发行法律、行政法规规定实行保荐制度的其他证券的,应当聘请证券公司担任保荐人。

保荐人应当遵守业务规则和行业规范,诚实守信,勤勉尽责,对发行人的申请文件和信息披露资料进行审慎核查,督导发行人规范运作。

保荐人的管理办法由国务院证券监督管理机构规定。

**第十一条** 设立股份有限公司公开发行股票,应当符合《中华人民共和国公司法》规定的条件和经国务院批准的国务院证券监督管理机构规定的其他条件,向国务院证券监督管理机构报送募股申请和下列文件:

(一)公司章程;

(二)发起人协议;

(三)发起人姓名或者名称、发起人认购的股份数、出资种类及验资证明;

(四)招股说明书;

(五)代收股款银行的名称及地址;

(六)承销机构名称及有关的协议。

依照本法规定聘请保荐人的,还应当报送保荐人出具的发行保荐书。

法律、行政法规规定设立公司必须报经批准的,还应当提交相应的批准文件。

**第十二条** 公司首次公开发行新股,应当符合下列条件:

(一)具备健全且运行良好的组织机构;

(二)具有持续经营能力;

(三)最近三年财务会计报告被出具无保留意见审计报告;

(四)发行人及其控股股东、实际控制人最近三年不存在贪污、贿赂、侵占财产、挪用财产或者破坏社会主义市场经济秩序的刑事犯罪;

(五)经国务院批准的国务院证券监督管理机构规定的其他条件。

上市公司发行新股,应当符合经国务院批准的国务院证券监督管理机构规定的条件,具体管理办法由国务院证券监督管理机构规定。

公开发行存托凭证的,应当符合首次公开发行新股的条件以及国务院证券监督管理机构规定的其他条件。

**第十三条** 公司公开发行新股,应当报送募股申请和下列文件:

(一)公司营业执照;

(二)公司章程;

(三)股东大会决议;

(四)招股说明书或者其他公开发行募集文件;

(五)财务会计报告;

(六)代收股款银行的名称及地址。

依照本法规定聘请保荐人的,还应当报送保荐人出具的发行保荐书。依照本法规定实行承销的,还应当报送承销机构名称及有关的协议。

**第十四条** 公司对公开发行股票所募集资金,必须按照招股说明书或者其他公开发行募集文件所列资金用途使用;改变资金用途,必须经股东大会作出决议。擅自改变用途,未作纠正的,或者未经股东大会认可的,不得公开发行新股。

**第十五条** 公开发行公司债券,应当符合下列条件:

(一)具备健全且运行良好的组织机构;

(二)最近三年平均可分配利润足以支付公司债券一年的利息;

(三)国务院规定的其他条件。

公开发行公司债券筹集的资金,必须按照公司债券募集办法所列资金用途使用;改变资金用途,必须经债券持有人会议作出决议。公开发行公司债券筹集的资金,不得用于弥补亏损和非生产性支出。

上市公司发行可转换为股票的公司债券,除应当符合第一款规定的条件外,还应当遵守本法第十二条第二款的规定。但是,按照公司债券募集办法,上市公司通过收购本公司股份的方式进行公司债券转换的除外。

**第十六条** 申请公开发行公司债券,应当向国务院授权的部门或者国务院证券监督管理机构报送下列文件:

(一)公司营业执照;

(二)公司章程;

(三)公司债券募集办法;

(四)国务院授权的部门或者国务院证券监督管理机构规定的其他文件。

依照本法规定聘请保荐人的,还应当报送保荐人出具的发行保荐书。

**第十七条** 有下列情形之一的,不得再次公开发行公司债券:

(一)对已公开发行的公司债券或者其他债务有违约或者延迟支付本息的事实,仍处于继续状态;

(二)违反本法规定,改变公开发行公司债券所募资金的用途。

**第十八条** 发行人依法申请公开发行证券所报送的申请文件的格式、报送方式,由依法负责注册的机构或者部门规定。

**第十九条** 发行人报送的证券发行申请文件,应当充分披露投资者作出价值判断和投资决策所必需的信息,内容应当真实、准确、完整。

为证券发行出具有关文件的证券服务机构和人员,必须严格履行法定职责,保证所出具文件的真实性、准确性和完整性。

**第二十条** 发行人申请首次公开发行股票的，在提交申请文件后，应当按照国务院证券监督管理机构的规定预先披露有关申请文件。

**第二十一条** 国务院证券监督管理机构或者国务院授权的部门依照法定条件负责证券发行申请的注册。证券公开发行注册的具体办法由国务院规定。

按照国务院的规定，证券交易所等可以审核公开发行证券申请，判断发行人是否符合发行条件、信息披露要求，督促发行人完善信息披露内容。

依照前两款规定参与证券发行申请注册的人员，不得与发行申请人有利害关系，不得直接或者间接接受发行申请人的馈赠，不得持有所注册的发行申请的证券，不得私下与发行申请人进行接触。

**第二十二条** 国务院证券监督管理机构或者国务院授权的部门应当自受理证券发行申请文件之日起三个月内，依照法定条件和法定程序作出予以注册或者不予注册的决定，发行人根据要求补充、修改发行申请文件的时间不计算在内。不予注册的，应当说明理由。

**第二十三条** 证券发行申请经注册后，发行人应当依照法律、行政法规的规定，在证券公开发行前公告公开发行募集文件，并将该文件置备于指定场所供公众查阅。

发行证券的信息依法公开前，任何知情人不得公开或者泄露该信息。

发行人不得在公告公开发行募集文件前发行证券。

**第二十四条** 国务院证券监督管理机构或者国务院授权的部门对已作出的证券发行注册的决定，发现不符合法定条件或者法定程序，尚未发行证券的，应当予以撤销，停止发行。已经发行尚未上市的，撤销发行注册决定，发行人应当按照发行价并加算银行同期存款利息返还证券持有人；发行人的控股股东、实际控制人以及保荐人，应当与发行人承担连带责任，但是能够证明自己没有过错的除外。

股票的发行人在招股说明书等证券发行文件中隐瞒重要事实或者编造重大虚假内容，已经发行并上市的，国务院证券监督管理机构可以责令发行人回购证券，或者责令负有责任的控股股东、实际控制人买回证券。

**第二十五条** 股票依法发行后，发行人经营与收益的变化，由发行人自行负责；由此变化引致的投资风险，由投资者自行负责。

**第二十六条** 发行人向不特定对象发行的证券，法律、行政法规规定应当由证券公司承销的，发行人应当同证券公司签订承销协议。证券承销业务采取代销或者包销方式。

证券代销是指证券公司代发行人发售证券，在承销期结束时，将未售出的证券全部退还给发行人的承销方式。

证券包销是指证券公司将发行人的证券按照协议全部购入或者在承销期结束时将售后剩余证券全部自行购入的承销方式。

**第二十七条** 公开发行证券的发行人有权依法自主选择承销的证券公司。

**第二十八条** 证券公司承销证券，应当同发行人签订代销或者包销协议，载明下列事项：

（一）当事人的名称、住所及法定代表人姓名；

（二）代销、包销证券的种类、数量、金额及发行价格；

（三）代销、包销的期限及起止日期；

（四）代销、包销的付款方式及日期；

（五）代销、包销的费用和结算办法；

（六）违约责任；

（七）国务院证券监督管理机构规定的其他事项。

**第二十九条** 证券公司承销证券，应当对公开发行募集文件的真实性、准确性、完整性进行核查。发现有虚假记载、误导性陈述或者重大遗漏的，不得进行销售活动；已经销售的，必须立即停止销售活动，并采取纠正措施。

证券公司承销证券，不得有下列行为：

（一）进行虚假的或者误导投资者的广告宣传或者其他宣传推介活动；

（二）以不正当竞争手段招揽承销业务；

（三）其他违反证券承销业务规定的行为。

证券公司有前款所列行为，给其他证券承销机构或者投资者造成损失的，应当依法承担赔偿责任。

**第三十条** 向不特定对象发行证券聘请承销团承销的，承销团应当由主承销和参与承销的证券公司组成。

**第三十一条** 证券的代销、包销期限最长不得超过九十日。

证券公司在代销、包销期内，对所代销、包销的证券应当保证先行出售给认购人，证券公司不得为本公司预留所代销的证券和预先购入并留存所包销的证券。

**第三十二条** 股票发行采取溢价发行的，其发行价格由发行人与承销的证券公司协商确定。

**第三十三条** 股票发行采用代销方式，代销期限届满,向投资者出售的股票数量未达到拟公开发行股票数量百分之七十的,为发行失败。发行人应当按照发行价并加算银行同期存款利息返还股票认购人。

第三十四条　公开发行股票,代销、包销期限届满,发行人应当在规定的期限内将股票发行情况报国务院证券监督管理机构备案。

## 第三章　证券交易

### 第一节　一般规定

第三十五条　证券交易当事人依法买卖的证券,必须是依法发行并交付的证券。

非依法发行的证券,不得买卖。

第三十六条　依法发行的证券,《中华人民共和国公司法》和其他法律对其转让期限有限制性规定的,在限定的期限内不得转让。

上市公司持有百分之五以上股份的股东、实际控制人、董事、监事、高级管理人员,以及其他持有发行人首次公开发行前发行的股份或者上市公司向特定对象发行的股份的股东,转让其持有的本公司股份的,不得违反法律、行政法规和国务院证券监督管理机构关于持有期限、卖出时间、卖出数量、卖出方式、信息披露等规定,并应当遵守证券交易所的业务规则。

第三十七条　公开发行的证券,应当在依法设立的证券交易所上市交易或者在国务院批准的其他全国性证券交易场所交易。

非公开发行的证券,可以在证券交易所、国务院批准的其他全国性证券交易场所、按照国务院规定设立的区域性股权市场转让。

第三十八条　证券在证券交易所上市交易,应当采用公开的集中交易方式或者国务院证券监督管理机构批准的其他方式。

第三十九条　证券交易当事人买卖的证券可以采用纸面形式或者国务院证券监督管理机构规定的其他形式。

第四十条　证券交易场所、证券公司和证券登记结算机构的从业人员,证券监督管理机构的工作人员以及法律、行政法规规定禁止参与股票交易的其他人员,在任期或者法定限期内,不得直接或者以化名、借他人名义持有、买卖股票或者其他具有股权性质的证券,也不得收受他人赠送的股票或者其他具有股权性质的证券。

任何人在成为前款所列人员时,其原已持有的股票或者其他具有股权性质的证券,必须依法转让。

实施股权激励计划或者员工持股计划的证券公司的从业人员,可以按照国务院证券监督管理机构的规定持有、卖出本公司股票或者其他具有股权性质的证券。

第四十一条　证券交易场所、证券公司、证券登记结算机构、证券服务机构及其工作人员应当依法为投资者的信息保密,不得非法买卖、提供或者公开投资者的信息。

证券交易场所、证券公司、证券登记结算机构、证券服务机构及其工作人员不得泄露所知悉的商业秘密。

第四十二条　为证券发行出具审计报告或者法律意见书等文件的证券服务机构和人员,在该证券承销期内和期满后六个月内,不得买卖该证券。

除前款规定外,为发行人及其控股股东、实际控制人,或者收购人、重大资产交易方出具审计报告或者法律意见书等文件的证券服务机构和人员,自接受委托之日起至上述文件公开后五日内,不得买卖该证券。实际开展上述有关工作之日早于接受委托之日的,自实际开展上述有关工作之日起至上述文件公开后五日内,不得买卖该证券。

第四十三条　证券交易的收费必须合理,并公开收费项目、收费标准和管理办法。

第四十四条　上市公司、股票在国务院批准的其他全国性证券交易场所交易的公司持有百分之五以上股份的股东、董事、监事、高级管理人员,将其持有的该公司的股票或者其他具有股权性质的证券在买入后六个月内卖出,或者在卖出后六个月内又买入,由此所得收益归该公司所有,公司董事会应当收回其所得收益。但是,证券公司因购入包销售后剩余股票而持有百分之五以上股份,以及有国务院证券监督管理机构规定的其他情形的除外。

前款所称董事、监事、高级管理人员、自然人股东持有的股票或者其他具有股权性质的证券,包括其配偶、父母、子女持有的及利用他人账户持有的股票或者其他具有股权性质的证券。

公司董事会不按照第一款规定执行的,股东有权要求董事会在三十日内执行。公司董事会未在上述期限内执行的,股东有权为了公司的利益以自己的名义直接向人民法院提起诉讼。

公司董事会不按照第一款的规定执行的,负有责任的董事依法承担连带责任。

第四十五条　通过计算机程序自动生成或者下达交易指令进行程序化交易的,应当符合国务院证券监督管理机构的规定,并向证券交易所报告,不得影响证券交易所系统安全或者正常交易秩序。

### 第二节 证券上市

**第四十六条** 申请证券上市交易,应当向证券交易所提出申请,由证券交易所依法审核同意,并由双方签订上市协议。

证券交易所根据国务院授权的部门的决定安排政府债券上市交易。

**第四十七条** 申请证券上市交易,应当符合证券交易所上市规则规定的上市条件。

证券交易所上市规则规定的上市条件,应当对发行人的经营年限、财务状况、最低公开发行比例和公司治理、诚信记录等提出要求。

**第四十八条** 上市交易的证券,有证券交易所规定的终止上市情形的,由证券交易所按照业务规则终止其上市交易。

证券交易所决定终止证券上市交易的,应当及时公告,并报国务院证券监督管理机构备案。

**第四十九条** 对证券交易所作出的不予上市交易、终止上市交易决定不服,可以向证券交易所设立的复核机构申请复核。

### 第三节 禁止的交易行为

**第五十条** 禁止证券交易内幕信息的知情人和非法获取内幕信息的人利用内幕信息从事证券交易活动。

**第五十一条** 证券交易内幕信息的知情人包括:

(一)发行人及其董事、监事、高级管理人员;

(二)持有公司百分之五以上股份的股东及其董事、监事、高级管理人员,公司的实际控制人及其董事、监事、高级管理人员;

(三)发行人控股或者实际控制的公司及其董事、监事、高级管理人员;

(四)由于所任公司职务或者因与公司业务往来可以获取公司有关内幕信息的人员;

(五)上市公司收购人或者重大资产交易方及其控股股东、实际控制人、董事、监事和高级管理人员;

(六)因职务、工作可以获取内幕信息的证券交易场所、证券公司、证券登记结算机构、证券服务机构的有关人员;

(七)因职责、工作可以获取内幕信息的证券监督管理机构工作人员;

(八)因法定职责对证券的发行、交易或者对上市公司及其收购、重大资产交易进行管理可以获取内幕信息的有关主管部门、监管机构的工作人员;

(九)国务院证券监督管理机构规定的可以获取内幕信息的其他人员。

**第五十二条** 证券交易活动中,涉及发行人的经营、财务或者对该发行人证券的市场价格有重大影响的尚未公开的信息,为内幕信息。

本法第八十条第二款、第八十一条第二款所列重大事件属于内幕信息。

**第五十三条** 证券交易内幕信息的知情人和非法获取内幕信息的人,在内幕信息公开前,不得买卖该公司的证券,或者泄露该信息,或者建议他人买卖该证券。

持有或者通过协议、其他安排与他人共同持有公司百分之五以上股份的自然人、法人、非法人组织收购上市公司的股份,本法另有规定的,适用其规定。

内幕交易行为给投资者造成损失的,应当依法承担赔偿责任。

**第五十四条** 禁止证券交易场所、证券公司、证券登记结算机构、证券服务机构和其他金融机构的从业人员、有关监管部门或者行业协会的工作人员,利用因职务便利获取的内幕信息以外的其他未公开的信息,违反规定,从事与该信息相关的证券交易活动,或者明示、暗示他人从事相关交易活动。

利用未公开信息进行交易给投资者造成损失的,应当依法承担赔偿责任。

**第五十五条** 禁止任何人以下列手段操纵证券市场,影响或者意图影响证券交易价格或者证券交易量:

(一)单独或者通过合谋,集中资金优势、持股优势或者利用信息优势联合或者连续买卖;

(二)与他人串通,以事先约定的时间、价格和方式相互进行证券交易;

(三)在自己实际控制的账户之间进行证券交易;

(四)不以成交为目的,频繁或者大量申报并撤销申报;

(五)利用虚假或者不确定的重大信息,诱导投资者进行证券交易;

(六)对证券、发行人公开作出评价、预测或者投资建议,并进行反向证券交易;

(七)利用在其他相关市场的活动操纵证券市场;

(八)操纵证券市场的其他手段。

操纵证券市场行为给投资者造成损失的,应当依法承担赔偿责任。

**第五十六条** 禁止任何单位和个人编造、传播虚假信息或者误导性信息，扰乱证券市场。

禁止证券交易场所、证券公司、证券登记结算机构、证券服务机构及其从业人员，证券业协会、证券监督管理机构及其工作人员，在证券交易活动中作出虚假陈述或者信息误导。

各种传播媒介传播证券市场信息必须真实、客观，禁止误导。传播媒介及其从事证券市场信息报道的工作人员不得从事与其工作职责发生利益冲突的证券买卖。

编造、传播虚假信息或者误导性信息，扰乱证券市场，给投资者造成损失的，应当依法承担赔偿责任。

**第五十七条** 禁止证券公司及其从业人员从事下列损害客户利益的行为：

（一）违背客户的委托为其买卖证券；

（二）不在规定时间内向客户提供交易的确认文件；

（三）未经客户的委托，擅自为客户买卖证券，或者假借客户的名义买卖证券；

（四）为牟取佣金收入，诱使客户进行不必要的证券买卖；

（五）其他违背客户真实意思表示，损害客户利益的行为。

违反前款规定给客户造成损失的，应当依法承担赔偿责任。

**第五十八条** 任何单位和个人不得违反规定，出借自己的证券账户或者借用他人的证券账户从事证券交易。

**第五十九条** 依法拓宽资金入市渠道，禁止资金违规流入股市。

禁止投资者违规利用财政资金、银行信贷资金买卖证券。

**第六十条** 国有独资企业、国有独资公司、国有资本控股公司买卖上市交易的股票，必须遵守国家有关规定。

**第六十一条** 证券交易场所、证券公司、证券登记结算机构、证券服务机构及其从业人员对证券交易中发现的禁止的交易行为，应当及时向证券监督管理机构报告。

## 第四章 上市公司的收购

**第六十二条** 投资者可以采取要约收购、协议收购及其他合法方式收购上市公司。

**第六十三条** 通过证券交易所的证券交易，投资者持有或者通过协议、其他安排与他人共同持有一个上市公司已发行的有表决权股份达到百分之五时，应当在该事实发生之日起三日内，向国务院证券监督管理机构、证券交易所作出书面报告，通知该上市公司，并予公告，在上述期限内不得再行买卖该上市公司的股票，但国务院证券监督管理机构规定的情形除外。

投资者持有或者通过协议、其他安排与他人共同持有一个上市公司已发行的有表决权股份达到百分之五后，其所持该上市公司已发行的有表决权股份比例每增加或者减少百分之五，应当依照前款规定进行报告和公告，在该事实发生之日起至公告后三日内，不得再行买卖该上市公司的股票，但国务院证券监督管理机构规定的情形除外。

投资者持有或者通过协议、其他安排与他人共同持有一个上市公司已发行的有表决权股份达到百分之五后，其所持该上市公司已发行的有表决权股份比例每增加或者减少百分之一，应当在该事实发生的次日通知该上市公司，并予公告。

违反第一款、第二款规定买入上市公司有表决权的股份的，在买入后的三十六个月内，对该超过规定比例部分的股份不得行使表决权。

**第六十四条** 依照前条规定所作的公告，应当包括下列内容：

（一）持股人的名称、住所；

（二）持有的股票的名称、数额；

（三）持股达到法定比例或者持股增减变化达到法定比例的日期、增持股份的资金来源；

（四）在上市公司中拥有有表决权的股份变动的时间及方式。

**第六十五条** 通过证券交易所的证券交易，投资者持有或者通过协议、其他安排与他人共同持有一个上市公司已发行的有表决权股份达到百分之三十时，继续进行收购的，应当依法向该上市公司所有股东发出收购上市公司全部或者部分股份的要约。

收购上市公司部分股份的要约应当约定，被收购公司股东承诺出售的股份数额超过预定收购的股份数额的，收购人按比例进行收购。

**第六十六条** 依照前条规定发出收购要约，收购人必须公告上市公司收购报告书，并载明下列事项：

（一）收购人的名称、住所；

（二）收购人关于收购的决定；

（三）被收购的上市公司名称；

（四）收购目的；

（五）收购股份的详细名称和预定收购的股份数额；

（六）收购期限、收购价格；

（七）收购所需资金额及资金保证；
（八）公告上市公司收购报告书时持有被收购公司股份数占该公司已发行的股份总数的比例。

**第六十七条** 收购要约约定的收购期限不得少于三十日，并不得超过六十日。

**第六十八条** 在收购要约确定的承诺期限内，收购人不得撤销其收购要约。收购人需要变更收购要约的，应当及时公告，载明具体变更事项，且不得存在下列情形：
（一）降低收购价格；
（二）减少预定收购股份数额；
（三）缩短收购期限；
（四）国务院证券监督管理机构规定的其他情形。

**第六十九条** 收购要约提出的各项收购条件，适用于被收购公司的所有股东。
上市公司发行不同种类股份的，收购人可以针对不同种类股份提出不同的收购条件。

**第七十条** 采取要约收购方式的，收购人在收购期限内，不得卖出被收购公司的股票，也不得采取要约规定以外的形式和超出要约的条件买入被收购公司的股票。

**第七十一条** 采取协议收购方式的，收购人可以依照法律、行政法规的规定同被收购公司的股东以协议方式进行股份转让。
以协议方式收购上市公司时，达成协议后，收购人必须在三日内将该收购协议向国务院证券监督管理机构及证券交易所作出书面报告，并予公告。
在公告前不得履行收购协议。

**第七十二条** 采取协议收购方式的，协议双方可以临时委托证券登记结算机构保管协议转让的股票，并将资金存放于指定的银行。

**第七十三条** 采取协议收购方式的，收购人收购或者通过协议、其他安排与他人共同收购一个上市公司已发行的有表决权股份达到百分之三十时，继续进行收购的，应当依法向该上市公司所有股东发出收购上市公司全部或者部分股份的要约。但是，按照国务院证券管理机构的规定免除发出要约的除外。
收购人依照前款规定以要约方式收购上市公司股份，应当遵守本法第六十五条第二款、第六十六条至第七十条的规定。

**第七十四条** 收购期限届满，被收购公司股权分布不符合证券交易所规定的上市交易要求的，该上市公司的股票应当由证券交易所依法终止上市交易；其余仍持有被收购公司股票的股东，有权向收购人以收购要约的同等条件出售其股票，收购人应当收购。
收购行为完成后，被收购公司不再具备股份有限公司条件的，应当依法变更企业形式。

**第七十五条** 在上市公司收购中，收购人持有的被收购的上市公司的股票，在收购行为完成后的十八个月内不得转让。

**第七十六条** 收购行为完成后，收购人与被收购公司合并，并将该公司解散的，被解散公司的原有股票由收购人依法更换。
收购行为完成后，收购人应当在十五日内将收购情况报告国务院证券监督管理机构和证券交易所，并予公告。

**第七十七条** 国务院证券监督管理机构依照本法制定上市公司收购的具体办法。
上市公司分立或者被其他公司合并，应当向国务院证券监督管理机构报告，并予公告。

### 第五章 信息披露

**第七十八条** 发行人及法律、行政法规和国务院证券监督管理机构规定的其他信息披露义务人，应当及时依法履行信息披露义务。
信息披露义务人披露的信息，应当真实、准确、完整，简明清晰，通俗易懂，不得有虚假记载、误导性陈述或者重大遗漏。
证券同时在境内境外公开发行、交易的，其信息披露义务人在境外披露的信息，应当在境内同时披露。

**第七十九条** 上市公司、公司债券上市交易的公司、股票在国务院批准的其他全国性证券交易场所交易的公司，应当按照国务院证券监督管理机构和证券交易场所规定的内容和格式编制定期报告，并按照以下规定报送和公告：
（一）在每一会计年度结束之日起四个月内，报送并公告年度报告，其中的年度财务会计报告应当经符合本法规定的会计师事务所审计；
（二）在每一会计年度的上半年结束之日起二个月内，报送并公告中期报告。

**第八十条** 发生可能对上市公司、股票在国务院批准的其他全国性证券交易场所交易的公司的股票交易价格产生较大影响的重大事件，投资者尚未得知时，公司应当立即将有关该重大事件的情况向国务院证券监督管理机构和证券交易场所报送临时报告，并予公告，说明事件的起因、目前的状态和可能产生的法律后果。

前款所称重大事件包括：

（一）公司的经营方针和经营范围的重大变化；

（二）公司的重大投资行为，公司在一年内购买、出售重大资产超过公司资产总额百分之三十，或者公司营业用主要资产的抵押、质押、出售或者报废一次超过该资产的百分之三十；

（三）公司订立重要合同、提供重大担保或者从事关联交易，可能对公司的资产、负债、权益和经营成果产生重要影响；

（四）公司发生重大债务和未能清偿到期重大债务的违约情况；

（五）公司发生重大亏损或者重大损失；

（六）公司生产经营的外部条件发生的重大变化；

（七）公司的董事、三分之一以上监事或者经理发生变动，董事长或者经理无法履行职责；

（八）持有公司百分之五以上股份的股东或者实际控制人持有股份或者控制公司的情况发生较大变化，公司的实际控制人及其控制的其他企业从事与公司相同或者相似业务的情况发生较大变化；

（九）公司分配股利、增资的计划，公司股权结构的重要变化，公司减资、合并、分立、解散及申请破产的决定，或者依法进入破产程序、被责令关闭；

（十）涉及公司的重大诉讼、仲裁，股东大会、董事会决议被依法撤销或者宣告无效；

（十一）公司涉嫌犯罪被依法立案调查，公司的控股股东、实际控制人、董事、监事、高级管理人员涉嫌犯罪被依法采取强制措施；

（十二）国务院证券监督管理机构规定的其他事项。

公司的控股股东或者实际控制人对重大事件的发生、进展产生较大影响的，应当及时将其知悉的有关情况书面告知公司，并配合公司履行信息披露义务。

**第八十一条** 发生可能对上市交易公司债券的交易价格产生较大影响的重大事件，投资者尚未得知时，公司应当立即将有关该重大事件的情况向国务院证券监督管理机构和证券交易场所报送临时报告，并予公告，说明事件的起因、目前的状态和可能产生的法律后果。

前款所称重大事件包括：

（一）公司股权结构或者生产经营状况发生重大变化；

（二）公司债券信用评级发生变化；

（三）公司重大资产抵押、质押、出售、转让、报废；

（四）公司发生未能清偿到期债务的情况；

（五）公司新增借款或者对外提供担保超过上年末净资产的百分之二十；

（六）公司放弃债权或者财产超过上年末净资产的百分之十；

（七）公司发生超过上年末净资产百分之十的重大损失；

（八）公司分配股利，作出减资、合并、分立、解散及申请破产的决定，或者依法进入破产程序、被责令关闭；

（九）涉及公司的重大诉讼、仲裁；

（十）公司涉嫌犯罪被依法立案调查，公司的控股股东、实际控制人、董事、监事、高级管理人员涉嫌犯罪被依法采取强制措施；

（十一）国务院证券监督管理机构规定的其他事项。

**第八十二条** 发行人的董事、高级管理人员应当对证券发行文件和定期报告签署书面确认意见。

发行人的监事会应当对董事会编制的证券发行文件和定期报告进行审核并提出书面审核意见。监事应当签署书面确认意见。

发行人的董事、监事和高级管理人员应当保证发行人及时、公平地披露信息，所披露的信息真实、准确、完整。

董事、监事和高级管理人员无法保证证券发行文件和定期报告内容的真实性、准确性、完整性或者有异议的，应当在书面确认意见中发表意见并陈述理由，发行人应当披露。发行人不予披露的，董事、监事和高级管理人员可以直接申请披露。

**第八十三条** 信息披露义务人披露的信息应当同时向所有投资者披露，不得提前向任何单位和个人泄露。但是，法律、行政法规另有规定的除外。

任何单位和个人不得非法要求信息披露义务人提供依法需要披露但尚未披露的信息。任何单位和个人提前获知的前述信息，在依法披露前应当保密。

**第八十四条** 除依法需要披露的信息之外，信息披露义务人可以自愿披露与投资者作出价值判断和投资决策有关的信息，但不得与依法披露的信息相冲突，不得误导投资者。

发行人及其控股股东、实际控制人、董事、监事、高级管理人员等作出公开承诺的，应当披露。不履行承诺给投资者造成损失的，应当依法承担赔偿责任。

**第八十五条** 信息披露义务人未按照规定披露信息，或者公告的证券发行文件、定期报告、临时报告及其他信息披露资料存在虚假记载、误导性陈述或者重大遗漏，致使投资者在证券交易中遭受损失的，信息披露义务人应当承担赔偿责任；发行人的控股股东、实际控制人、董事、监事、高级管理人员和其他直接责任人员以及保荐人、承销的证券公司及其直接责任人员，应当与发行人承担连带赔偿责任，但是能够证明自己没有过错的除外。

**第八十六条** 依法披露的信息，应当在证券交易场所的网站和符合国务院证券监督管理机构规定条件的媒体发布，同时将其置备于公司住所、证券交易场所，供社会公众查阅。

**第八十七条** 国务院证券监督管理机构对信息披露义务人的信息披露行为进行监督管理。

证券交易场所应当对其组织交易的证券的信息披露义务人的信息披露行为进行监督，督促其依法及时、准确地披露信息。

## 第六章 投资者保护

**第八十八条** 证券公司向投资者销售证券、提供服务时，应当按照规定充分了解投资者的基本情况、财产状况、金融资产状况、投资知识和经验、专业能力等相关信息；如实说明证券、服务的重要内容，充分揭示投资风险；销售、提供与投资者上述状况相匹配的证券、服务。

投资者在购买证券或者接受服务时，应当按照证券公司明示的要求提供前款所列真实信息。拒绝提供或者未按照要求提供信息的，证券公司应当告知其后果，并按照规定拒绝向其销售证券、提供服务。

证券公司违反第一款规定导致投资者损失的，应当承担相应的赔偿责任。

**第八十九条** 根据财产状况、金融资产状况、投资知识和经验、专业能力等因素，投资者可以分为普通投资者和专业投资者。专业投资者的标准由国务院证券监督管理机构规定。

普通投资者与证券公司发生纠纷的，证券公司应当证明其行为符合法律、行政法规以及国务院证券监督管理机构的规定，不存在误导、欺诈等情形。证券公司不能证明的，应当承担相应的赔偿责任。

**第九十条** 上市公司董事会、独立董事、持有百分之一以上有表决权股份的股东或者依照法律、行政法规或者国务院证券监督管理机构的规定设立的投资者保护机构（以下简称投资者保护机构），可以作为征集人，自行或者委托证券公司、证券服务机构，公开请求上市公司股东委托其代为出席股东大会，并代为行使提案权、表决权等股东权利。

依照前款规定征集股东权利的，征集人应当披露征集文件，上市公司应当予以配合。

禁止以有偿或者变相有偿的方式公开征集股东权利。

公开征集股东权利违反法律、行政法规或者国务院证券监督管理机构有关规定，导致上市公司或者其股东遭受损失的，应当依法承担赔偿责任。

**第九十一条** 上市公司应当在章程中明确分配现金股利的具体安排和决策程序，依法保障股东的资产收益权。

上市公司当年税后利润，在弥补亏损及提取法定公积金后有盈余的，应当按照公司章程的规定分配现金股利。

**第九十二条** 公开发行公司债券的，应当设立债券持有人会议，并应当在募集说明书中说明债券持有人会议的召集程序、会议规则和其他重要事项。

公开发行公司债券的，发行人应当为债券持有人聘请债券受托管理人，并订立债券受托管理协议。受托管理人应当由本次发行的承销机构或者其他经国务院证券监督管理机构认可的机构担任，债券持有人会议可以决议变更债券受托管理人。债券受托管理人应当勤勉尽责，公正履行受托管理职责，不得损害债券持有人利益。

债券发行人未能按期兑付债券本息的，债券受托管理人可以接受全部或者部分债券持有人的委托，以自己名义代表债券持有人提起、参加民事诉讼或者清算程序。

**第九十三条** 发行人因欺诈发行、虚假陈述或者其他重大违法行为给投资者造成损失的，发行人的控股股东、实际控制人、相关的证券公司可以委托投资者保护机构，就赔偿事宜与受到损失的投资者达成协议，予以先行赔付。先行赔付后，可以依法向发行人以及其他连带责任人追偿。

**第九十四条** 投资者与发行人、证券公司等发生纠纷的，双方可以向投资者保护机构申请调解。普通投资者与证券公司发生证券业务纠纷，普通投资者提出调解请求的，证券公司不得拒绝。

投资者保护机构对损害投资者利益的行为，可以依法支持投资者向人民法院提起诉讼。

发行人的董事、监事、高级管理人员执行公司职务时违反法律、行政法规或者公司章程的规定给公司造成损失，发行人的控股股东、实际控制人等侵犯公司合法权益给公司造成损失，投资者保护机构持有该公司股份的，可以为公司的利益以自己的名义向人民法院提起诉讼，持股比例和持股期限不受《中华人民共和国公司法》规定的限制。

**第九十五条** 投资者提起虚假陈述等证券民事赔偿诉讼时，诉讼标的是同一种类，且当事人一方人数众多的，可以依法推选代表人进行诉讼。

对按照前款规定提起的诉讼，可能存在有相同诉讼请求的其他众多投资者的，人民法院可以发出公告，说明该诉讼请求的案件情况，通知投资者在一定期间向人民法院登记。人民法院作出的判决、裁定，对参加登记的投资者发生效力。

投资者保护机构受五十名以上投资者委托，可以作为代表人参加诉讼，并为经证券登记结算机构确认的权利人依照前款规定向人民法院登记，但投资者明确表示不愿意参加该诉讼的除外。

## 第七章 证券交易场所

**第九十六条** 证券交易所、国务院批准的其他全国性证券交易场所为证券集中交易提供场所和设施，组织和监督证券交易，实行自律管理，依法登记，取得法人资格。

证券交易所、国务院批准的其他全国性证券交易场所的设立、变更和解散由国务院决定。

国务院批准的其他全国性证券交易场所的组织机构、管理办法等，由国务院规定。

**第九十七条** 证券交易所、国务院批准的其他全国性证券交易场所可以根据证券品种、行业特点、公司规模等因素设立不同的市场层次。

**第九十八条** 按照国务院规定设立的区域性股权市场为非公开发行证券的发行、转让提供场所和设施，具体管理办法由国务院规定。

**第九十九条** 证券交易所履行自律管理职能，应当遵守社会公共利益优先原则，维护市场的公平、有序、透明。

设立证券交易所必须制定章程。证券交易所章程的制定和修改，必须经国务院证券监督管理机构批准。

**第一百条** 证券交易所必须在其名称中标明证券交易所字样。其他任何单位或者个人不得使用证券交易所或者近似的名称。

**第一百零一条** 证券交易所可以自行支配的各项费用收入，应当首先用于保证其证券交易场所和设施的正常运行并逐步改善。

实行会员制的证券交易所的财产积累归会员所有，其权益由会员共同享有，在其存续期间，不得将其财产积累分配给会员。

**第一百零二条** 实行会员制的证券交易所设理事会、监事会。

证券交易所设总经理一人，由国务院证券监督管理机构任免。

**第一百零三条** 有《中华人民共和国公司法》第一百四十六条规定的情形或者下列情形之一的，不得担任证券交易所的负责人：

（一）因违法行为或者违纪行为被解除职务的证券交易场所、证券登记结算机构的负责人或者证券公司的董事、监事、高级管理人员，自被解除职务之日起未逾五年；

（二）因违法行为或者违纪行为被吊销执业证书或者被取消资格的律师、注册会计师或者其他证券服务机构的专业人员，自被吊销执业证书或者被取消资格之日起未逾五年。

**第一百零四条** 因违法行为或者违纪行为被开除的证券交易场所、证券公司、证券登记结算机构、证券服务机构的从业人员和被开除的国家机关工作人员，不得招聘为证券交易所的从业人员。

**第一百零五条** 进入实行会员制的证券交易所参与集中交易的，必须是证券交易所的会员。证券交易所不得允许非会员直接参与股票的集中交易。

**第一百零六条** 投资者应当与证券公司签订证券交易委托协议，并在证券公司实名开立账户，以书面、电话、自助终端、网络等方式，委托该证券公司代其买卖证券。

**第一百零七条** 证券公司为投资者开立账户，应当按照规定对投资者提供的身份信息进行核对。

证券公司不得将投资者的账户提供给他人使用。

投资者应当使用实名开立的账户进行交易。

**第一百零八条** 证券公司根据投资者的委托，按照证券交易规则提出交易申报，参与证券交易所场内的集中交易，并根据成交结果承担相应的清算交收责任。证券登记结算机构根据成交结果，按照清算交收规则，与证券公司进行证券和资金的清算交收，并为证券公司客户办理证券的登记过户手续。

**第一百零九条** 证券交易所应当为组织公平的集中交易提供保障，实时公布证券交易即时行情，并按交易日制作证券市场行情表，予以公布。

证券交易即时行情的权益由证券交易所依法享有。未经证券交易所许可，任何单位和个人不得发布证券交易即时行情。

**第一百一十条** 上市公司可以向证券交易所申请其

上市交易股票的停牌或者复牌,但不得滥用停牌或者复牌损害投资者的合法权益。

证券交易所可以按照业务规则的规定,决定上市交易股票的停牌或者复牌。

**第一百一十一条** 因不可抗力、意外事件、重大技术故障、重大人为差错等突发性事件而影响证券交易正常进行时,为维护证券交易正常秩序和市场公平,证券交易所可以按照业务规则采取技术性停牌、临时停市等处置措施,并应当及时向国务院证券监督管理机构报告。

因前款规定的突发性事件导致证券交易结果出现重大异常,按交易结果进行交收将对证券交易正常秩序和市场公平造成重大影响的,证券交易所按照业务规则可以采取取消交易、通知证券登记结算机构暂缓交收等措施,并应当及时向国务院证券监督管理机构报告并公告。

证券交易所对其依照本条规定采取措施造成的损失,不承担民事赔偿责任,但存在重大过错的除外。

**第一百一十二条** 证券交易所对证券交易实行实时监控,并按照国务院证券监督管理机构的要求,对异常的交易情况提出报告。

证券交易所根据需要,可以按照业务规则对出现重大异常交易情况的证券账户的投资者限制交易,并及时报告国务院证券监督管理机构。

**第一百一十三条** 证券交易所应当加强对证券交易的风险监测,出现重大异常波动的,证券交易所可以按照业务规则采取限制交易、强制停牌等处置措施,并向国务院证券监督管理机构报告;严重影响证券市场稳定的,证券交易所可以按照业务规则采取临时停市等处置措施并公告。

证券交易所对其依照本条规定采取措施造成的损失,不承担民事赔偿责任,但存在重大过错的除外。

**第一百一十四条** 证券交易所应当从其收取的交易费用和会员费、席位费中提取一定比例的金额设立风险基金。风险基金由证券交易所理事会管理。

风险基金提取的具体比例和使用办法,由国务院证券监督管理机构会同国务院财政部门规定。

证券交易所应当将收存的风险基金存入开户银行专门账户,不得擅自使用。

**第一百一十五条** 证券交易所依照法律、行政法规和国务院证券监督管理机构的规定,制定上市规则、交易规则、会员管理规则和其他有关业务规则,并报国务院证券监督管理机构批准。

在证券交易所从事证券交易,应当遵守证券交易所依法制定的业务规则。违反业务规则的,由证券交易所给予纪律处分或者采取其他自律管理措施。

**第一百一十六条** 证券交易所的负责人和其他从业人员执行与证券交易有关的职务时,与其本人或者其亲属有利害关系的,应当回避。

**第一百一十七条** 按照依法制定的交易规则进行的交易,不得改变其交易结果,但本法第一百一十一条第二款规定的除外。对交易中违规交易者应负的民事责任不得免除;在违规交易中所获利益,依照有关规定处理。

## 第八章 证券公司

**第一百一十八条** 设立证券公司,应当具备下列条件,并经国务院证券监督管理机构批准:

(一)有符合法律、行政法规规定的公司章程;

(二)主要股东及公司的实际控制人具有良好的财务状况和诚信记录,最近三年无重大违法违规记录;

(三)有符合本法规定的公司注册资本;

(四)董事、监事、高级管理人员、从业人员符合本法规定的条件;

(五)有完善的风险管理与内部控制制度;

(六)有合格的经营场所、业务设施和信息技术系统;

(七)法律、行政法规和经国务院批准的国务院证券监督管理机构规定的其他条件。

未经国务院证券监督管理机构批准,任何单位和个人不得以证券公司名义开展证券业务活动。

**第一百一十九条** 国务院证券监督管理机构应当自受理证券公司设立申请之日起六个月内,依照法定条件和法定程序并根据审慎监管原则进行审查,作出批准或者不予批准的决定,并通知申请人;不予批准的,应当说明理由。

证券公司设立申请获得批准的,申请人应当在规定的期限内向公司登记机关申请设立登记,领取营业执照。

证券公司应当自领取营业执照之日起十五日内,向国务院证券监督管理机构申请经营证券业务许可证。未取得经营证券业务许可证,证券公司不得经营证券业务。

**第一百二十条** 经国务院证券监督管理机构核准,取得经营证券业务许可证,证券公司可以经营下列部分或者全部证券业务:

(一)证券经纪;

(二)证券投资咨询;

(三)与证券交易、证券投资活动有关的财务顾问;

(四)证券承销与保荐;

（五）证券融资融券；

（六）证券做市交易；

（七）证券自营；

（八）其他证券业务。

国务院证券监督管理机构应当自受理前款规定事项申请之日起三个月内，依照法定条件和程序进行审查，作出核准或者不予核准的决定，并通知申请人；不予核准的，应当说明理由。

证券公司经营证券资产管理业务的，应当符合《中华人民共和国证券投资基金法》等法律、行政法规的规定。

除证券公司外，任何单位和个人不得从事证券承销、证券保荐、证券经纪和证券融资融券业务。

证券公司从事证券融资融券业务，应当采取措施，严格防范和控制风险，不得违反规定向客户出借资金或者证券。

**第一百二十一条** 证券公司经营本法第一百二十条第一款第（一）项至第（三）项业务的，注册资本最低限额为人民币五千万元；经营第（四）项至第（八）项业务之一的，注册资本最低限额为人民币一亿元；经营第（四）项至第（八）项业务中两项以上的，注册资本最低限额为人民币五亿元。证券公司的注册资本应当是实缴资本。

国务院证券监督管理机构根据审慎监管原则和各项业务的风险程度，可以调整注册资本最低限额，但不得少于前款规定的限额。

**第一百二十二条** 证券公司变更证券业务范围，变更主要股东或者公司的实际控制人，合并、分立、停业、解散、破产，应当经国务院证券监督管理机构核准。

**第一百二十三条** 国务院证券监督管理机构应当对证券公司净资本和其他风险控制指标作出规定。

证券公司除依照规定为其客户提供融资融券外，不得为其股东或者股东的关联人提供融资或者担保。

**第一百二十四条** 证券公司的董事、监事、高级管理人员，应当正直诚实、品行良好，熟悉证券法律、行政法规，具有履行职责所需的经营管理能力。证券公司任免董事、监事、高级管理人员，应当报国务院证券监督管理机构备案。

有《中华人民共和国公司法》第一百四十六条规定的情形或者下列情形之一的，不得担任证券公司的董事、监事、高级管理人员：

（一）因违法行为或者违纪行为被解除职务的证券交易场所、证券登记结算机构的负责人或者证券公司的董事、监事、高级管理人员，自被解除职务之日起未逾五年；

（二）因违法行为或者违纪行为被吊销执业证书或者被取消资格的律师、注册会计师或者其他证券服务机构的专业人员，自被吊销执业证书或者被取消资格之日起未逾五年。

**第一百二十五条** 证券公司从事证券业务的人员应当品行良好，具备从事证券业务所需的专业能力。

因违法行为或者违纪行为被开除的证券交易场所、证券公司、证券登记结算机构、证券服务机构的从业人员和被开除的国家机关工作人员，不得招聘为证券公司的从业人员。

国家机关工作人员和法律、行政法规规定的禁止在公司中兼职的其他人员，不得在证券公司中兼任职务。

**第一百二十六条** 国家设立证券投资者保护基金。证券投资者保护基金由证券公司缴纳的资金及其他依法筹集的资金组成，其规模以及筹集、管理和使用的具体办法由国务院规定。

**第一百二十七条** 证券公司从每年的业务收入中提取交易风险准备金，用于弥补证券经营的损失，其提取的具体比例由国务院证券监督管理机构会同国务院财政部门规定。

**第一百二十八条** 证券公司应当建立健全内部控制制度，采取有效隔离措施，防范公司与客户之间、不同客户之间的利益冲突。

证券公司必须将其证券经纪业务、证券承销业务、证券自营业务、证券做市业务和证券资产管理业务分开办理，不得混合操作。

**第一百二十九条** 证券公司的自营业务必须以自己的名义进行，不得假借他人名义或者以个人名义进行。

证券公司的自营业务必须使用自有资金和依法筹集的资金。

证券公司不得将其自营账户借给他人使用。

**第一百三十条** 证券公司应当依法审慎经营，勤勉尽责，诚实守信。

证券公司的业务活动，应当与其治理结构、内部控制、合规管理、风险管理以及风险控制指标、从业人员构成等情况相适应，符合审慎监管和保护投资者合法权益的要求。

证券公司依法享有自主经营的权利，其合法经营不受干涉。

**第一百三十一条** 证券公司客户的交易结算资金应当存放在商业银行，以每个客户的名义单独立户管理。

证券公司不得将客户的交易结算资金和证券归入其

自有财产。禁止任何单位或者个人以任何形式挪用客户的交易结算资金和证券。证券公司破产或者清算时，客户的交易结算资金和证券不属于其破产财产或者清算财产。非因客户本身的债务或者法律规定的其他情形，不得查封、冻结、扣划或者强制执行客户的交易结算资金和证券。

第一百三十二条 证券公司办理经纪业务，应当置备统一制定的证券买卖委托书，供委托人使用。采取其他委托方式的，必须作出委托记录。

客户的证券买卖委托，不论是否成交，其委托记录应当按照规定的期限，保存于证券公司。

第一百三十三条 证券公司接受证券买卖的委托，应当根据委托书载明的证券名称、买卖数量、出价方式、价格幅度等，按照交易规则代理买卖证券，如实进行交易记录；买卖成交后，应当按照规定制作买卖成交报告单交付客户。

证券交易中确认交易行为及其交易结果的对账单必须真实，保证账面证券余额与实际持有的证券相一致。

第一百三十四条 证券公司办理经纪业务，不得接受客户的全权委托而决定证券买卖、选择证券种类、决定买卖数量或者买卖价格。

证券公司不得允许他人以证券公司的名义直接参与证券的集中交易。

第一百三十五条 证券公司不得对客户证券买卖的收益或者赔偿证券买卖的损失作出承诺。

第一百三十六条 证券公司的从业人员在证券交易活动中，执行所属的证券公司的指令或者利用职务违反交易规则的，由所属的证券公司承担全部责任。

证券公司的从业人员不得私下接受客户委托买卖证券。

第一百三十七条 证券公司应当建立客户信息查询制度，确保客户能够查询其账户信息、委托记录、交易记录以及其他与接受服务或者购买产品有关的重要信息。

证券公司应当妥善保存客户开户资料、委托记录、交易记录和与内部管理、业务经营有关的各项信息，任何人不得隐匿、伪造、篡改或者毁损。上述信息的保存期限不得少于二十年。

第一百三十八条 证券公司应当按照规定向国务院证券监督管理机构报送业务、财务等经营管理信息和资料。国务院证券监督管理机构有权要求证券公司及其主要股东、实际控制人在指定的期限内提供有关信息、资料。

证券公司及其主要股东、实际控制人向国务院证券监督管理机构报送或者提供的信息、资料，必须真实、准确、完整。

第一百三十九条 国务院证券监督管理机构认为有必要时，可以委托会计师事务所、资产评估机构对证券公司的财务状况、内部控制状况、资产价值进行审计或者评估。具体办法由国务院证券监督管理机构会同有关主管部门制定。

第一百四十条 证券公司的治理结构、合规管理、风险控制指标不符合规定的，国务院证券监督管理机构应当责令其限期改正；逾期未改正，或者其行为严重危及该证券公司的稳健运行、损害客户合法权益的，国务院证券监督管理机构可以区别情形，对其采取下列措施：

（一）限制业务活动，责令暂停部分业务，停止核准新业务；

（二）限制分配红利，限制向董事、监事、高级管理人员支付报酬、提供福利；

（三）限制转让财产或者在财产上设定其他权利；

（四）责令更换董事、监事、高级管理人员或者限制其权利；

（五）撤销有关业务许可；

（六）认定负有责任的董事、监事、高级管理人员为不适当人选；

（七）责令负有责任的股东转让股权，限制负有责任的股东行使股东权利。

证券公司整改后，应当向国务院证券监督管理机构提交报告。国务院证券监督管理机构经验收，治理结构、合规管理、风险控制指标符合规定的，应当自验收完毕之日起三日内解除对其采取的前款规定的有关限制措施。

第一百四十一条 证券公司的股东有虚假出资、抽逃出资行为的，国务院证券监督管理机构应当责令其限期改正，并可责令其转让所持证券公司的股权。

在前款规定的股东按照要求改正违法行为、转让所持证券公司的股权前，国务院证券监督管理机构可以限制其股东权利。

第一百四十二条 证券公司的董事、监事、高级管理人员未能勤勉尽责，致使证券公司存在重大违法违规行为或者重大风险的，国务院证券监督管理机构可以责令证券公司予以更换。

第一百四十三条 证券公司违法经营或者出现重大风险，严重危害证券市场秩序、损害投资者利益的，国务院证券监督管理机构可以对该证券公司采取责令停业整顿、指定其他机构托管、接管或者撤销等监管措施。

**第一百四十四条** 在证券公司被责令停业整顿、被依法指定托管、接管或者清算期间，或者出现重大风险时，经国务院证券监督管理机构批准，可以对该证券公司直接负责的董事、监事、高级管理人员和其他直接责任人员采取以下措施：

（一）通知出境入境管理机关依法阻止其出境；

（二）申请司法机关禁止其转移、转让或者以其他方式处分财产，或者在财产上设定其他权利。

## 第九章 证券登记结算机构

**第一百四十五条** 证券登记结算机构为证券交易提供集中登记、存管与结算服务，不以营利为目的，依法登记，取得法人资格。

设立证券登记结算机构必须经国务院证券监督管理机构批准。

**第一百四十六条** 设立证券登记结算机构，应当具备下列条件：

（一）自有资金不少于人民币二亿元；

（二）具有证券登记、存管和结算服务所必须的场所和设施；

（三）国务院证券监督管理机构规定的其他条件。

证券登记结算机构的名称中应当标明证券登记结算字样。

**第一百四十七条** 证券登记结算机构履行下列职能：

（一）证券账户、结算账户的设立；

（二）证券的存管和过户；

（三）证券持有人名册登记；

（四）证券交易的清算和交收；

（五）受发行人的委托派发证券权益；

（六）办理与上述业务有关的查询、信息服务；

（七）国务院证券监督管理机构批准的其他业务。

**第一百四十八条** 在证券交易所和国务院批准的其他全国性证券交易场所交易的证券的登记结算，应当采取全国集中统一的运营方式。

前款规定以外的证券，其登记、结算可以委托证券登记结算机构或者其他依法从事证券登记、结算业务的机构办理。

**第一百四十九条** 证券登记结算机构应当依法制定章程和业务规则，并经国务院证券监督管理机构批准。证券登记结算业务参与人应当遵守证券登记结算机构制定的业务规则。

**第一百五十条** 在证券交易所或者国务院批准的其他全国性证券交易场所交易的证券，应当全部存管在证券登记结算机构。

证券登记结算机构不得挪用客户的证券。

**第一百五十一条** 证券登记结算机构应当向证券发行人提供证券持有人名册及有关资料。

证券登记结算机构应当根据证券登记结算的结果，确认证券持有人持有证券的事实，提供证券持有人登记资料。

证券登记结算机构应当保证证券持有人名册和登记过户记录真实、准确、完整，不得隐匿、伪造、篡改或者毁损。

**第一百五十二条** 证券登记结算机构应当采取下列措施保证业务的正常进行：

（一）具有必备的服务设备和完善的数据安全保护措施；

（二）建立完善的业务、财务和安全防范等管理制度；

（三）建立完善的风险管理系统。

**第一百五十三条** 证券登记结算机构应当妥善保存登记、存管和结算的原始凭证及有关文件和资料。其保存期限不得少于二十年。

**第一百五十四条** 证券登记结算机构应当设立证券结算风险基金，用于垫付或者弥补因违约交收、技术故障、操作失误、不可抗力造成的证券登记结算机构的损失。

证券结算风险基金从证券登记结算机构的业务收入和收益中提取，并可以由结算参与人按照证券交易业务量的一定比例缴纳。

证券结算风险基金的筹集、管理办法，由国务院证券监督管理机构会同国务院财政部门规定。

**第一百五十五条** 证券结算风险基金应当存入指定银行的专门账户，实行专项管理。

证券登记结算机构以证券结算风险基金赔偿后，应当向有关责任人追偿。

**第一百五十六条** 证券登记结算机构申请解散，应当经国务院证券监督管理机构批准。

**第一百五十七条** 投资者委托证券公司进行证券交易，应当通过证券公司申请在证券登记结算机构开立证券账户。证券登记结算机构应当按照规定为投资者开立证券账户。

投资者申请开立账户，应当持有证明中华人民共和国公民、法人、合伙企业身份的合法证件。国家另有规定的除外。

**第一百五十八条** 证券登记结算机构作为中央对手方提供证券结算服务的,是结算参与人共同的清算交收对手,进行净额结算,为证券交易提供集中履约保障。

证券登记结算机构为证券交易提供净额结算服务时,应当要求结算参与人按照货银对付的原则,足额交付证券和资金,并提供交收担保。

在交收完成之前,任何人不得动用用于交收的证券、资金和担保物。

结算参与人未按时履行交收义务的,证券登记结算机构有权按照业务规则处理前款所述财产。

**第一百五十九条** 证券登记结算机构按照业务规则收取的各类结算资金和证券,必须存放于专门的清算交收账户,只能按业务规则用于已成交的证券交易的清算交收,不得被强制执行。

## 第十章 证券服务机构

**第一百六十条** 会计师事务所、律师事务所以及从事证券投资咨询、资产评估、资信评级、财务顾问、信息技术系统服务的证券服务机构,应当勤勉尽责、恪尽职守,按照相关业务规则为证券的交易及相关活动提供服务。

从事证券投资咨询服务业务,应当经国务院证券监督管理机构核准;未经核准,不得为证券的交易及相关活动提供服务。从事其他证券服务业务,应当报国务院证券监督管理机构和国务院有关主管部门备案。

**第一百六十一条** 证券投资咨询机构及其从业人员从事证券服务业务不得有下列行为:

(一)代理委托人从事证券投资;

(二)与委托人约定分享证券投资收益或者分担证券投资损失;

(三)买卖本证券投资咨询机构提供服务的证券;

(四)法律、行政法规禁止的其他行为。

有前款所列行为之一,给投资者造成损失的,应当依法承担赔偿责任。

**第一百六十二条** 证券服务机构应当妥善保存客户委托文件、核查和验证资料、工作底稿以及与质量控制、内部管理、业务经营有关的信息和资料,任何人不得泄露、隐匿、伪造、篡改或者毁损。上述信息和资料的保存期限不得少于十年,自业务委托结束之日起算。

**第一百六十三条** 证券服务机构为证券的发行、上市、交易等证券业务活动制作、出具审计报告及其他鉴证报告、资产评估报告、财务顾问报告、资信评级报告或者法律意见书等文件,应当勤勉尽责,对所依据的文件资料内容的真实性、准确性、完整性进行核查和验证。其制作、出具的文件有虚假记载、误导性陈述或者重大遗漏,给他人造成损失的,应当与委托人承担连带赔偿责任,但是能够证明自己没有过错的除外。

## 第十一章 证券业协会

**第一百六十四条** 证券业协会是证券业的自律性组织,是社会团体法人。

证券公司应当加入证券业协会。

证券业协会的权力机构为全体会员组成的会员大会。

**第一百六十五条** 证券业协会章程由会员大会制定,并报国务院证券监督管理机构备案。

**第一百六十六条** 证券业协会履行下列职责:

(一)教育和组织会员及其从业人员遵守证券法律、行政法规,组织开展证券行业诚信建设,督促证券行业履行社会责任;

(二)依法维护会员的合法权益,向证券监督管理机构反映会员的建议和要求;

(三)督促会员开展投资者教育和保护活动,维护投资者合法权益;

(四)制定和实施证券行业自律规则,监督、检查会员及其从业人员行为,对违反法律、行政法规、自律规则或者协会章程的,按照规定给予纪律处分或者实施其他自律管理措施;

(五)制定证券行业业务规范,组织从业人员的业务培训;

(六)组织会员就证券行业的发展、运作及有关内容进行研究,收集整理、发布证券相关信息,提供会员服务,组织行业交流,引导行业创新发展;

(七)对会员之间、会员与客户之间发生的证券业务纠纷进行调解;

(八)证券业协会章程规定的其他职责。

**第一百六十七条** 证券业协会设理事会。理事会成员依章程的规定由选举产生。

## 第十二章 证券监督管理机构

**第一百六十八条** 国务院证券监督管理机构依法对证券市场实行监督管理,维护证券市场公开、公平、公正,防范系统性风险,维护投资者合法权益,促进证券市场健康发展。

**第一百六十九条** 国务院证券监督管理机构在对证

券市场实施监督管理中履行下列职责：

（一）依法制定有关证券市场监督管理的规章、规则，并依法进行审批、核准、注册，办理备案；

（二）依法对证券的发行、上市、交易、登记、存管、结算等行为，进行监督管理；

（三）依法对证券发行人、证券公司、证券服务机构、证券交易场所、证券登记结算机构的证券业务活动，进行监督管理；

（四）依法制定从事证券业务人员的行为准则，并监督实施；

（五）依法监督检查证券发行、上市、交易的信息披露；

（六）依法对证券业协会的自律管理活动进行指导和监督；

（七）依法监测并防范、处置证券市场风险；

（八）依法开展投资者教育；

（九）依法对证券违法行为进行查处；

（十）法律、行政法规规定的其他职责。

第一百七十条　国务院证券监督管理机构依法履行职责，有权采取下列措施：

（一）对证券发行人、证券公司、证券服务机构、证券交易场所、证券登记结算机构进行现场检查；

（二）进入涉嫌违法行为发生场所调查取证；

（三）询问当事人和与被调查事件有关的单位和个人，要求其对与被调查事件有关的事项作出说明；或者要求其按照指定的方式报送与被调查事件有关的文件和资料；

（四）查阅、复制与被调查事件有关的财产权登记、通讯记录等文件和资料；

（五）查阅、复制当事人和与被调查事件有关的单位和个人的证券交易记录、登记过户记录、财务会计资料及其他相关文件和资料；对可能被转移、隐匿或者毁损的文件和资料，可以予以封存、扣押；

（六）查询当事人和与被调查事件有关的单位和个人的资金账户、证券账户、银行账户以及其他具有支付、托管、结算等功能的账户信息，可以对有关文件和资料进行复制；对有证据证明已经或者可能转移或者隐匿违法资金、证券等涉案财产或者隐匿、伪造、毁损重要证据的，经国务院证券监督管理机构主要负责人或者其授权的其他负责人批准，可以冻结或者查封，期限为六个月；因特殊原因需要延长的，每次延长期限不得超过三个月，冻结、查封期限最长不得超过二年；

（七）在调查操纵证券市场、内幕交易等重大证券违法行为时，经国务院证券监督管理机构主要负责人或者其授权的其他负责人批准，可以限制被调查的当事人的证券买卖，但限制的期限不得超过三个月；案情复杂的，可以延长三个月；

（八）通知出境入境管理机关依法阻止涉嫌违法人员、涉嫌违法单位的主管人员和其他直接责任人员出境。

为防范证券市场风险，维护市场秩序，国务院证券监督管理机构可以采取责令改正、监管谈话、出具警示函等措施。

第一百七十一条　国务院证券监督管理机构对涉嫌证券违法的单位或者个人进行调查期间，被调查的当事人书面申请，承诺在国务院证券监督管理机构认可的期限内纠正涉嫌违法行为，赔偿有关投资者损失，消除损害或者不良影响的，国务院证券监督管理机构可以决定中止调查。被调查的当事人履行承诺的，国务院证券监督管理机构可以决定终止调查；被调查的当事人未履行承诺或者有国务院规定的其他情形的，应当恢复调查。具体办法由国务院规定。

国务院证券监督管理机构决定中止或者终止调查的，应当按照规定公开相关信息。

第一百七十二条　国务院证券监督管理机构依法履行职责，进行监督检查或者调查，其监督检查、调查的人员不得少于二人，并应当出示合法证件和监督检查、调查通知书或者其他执法文书。监督检查、调查的人员少于二人或者未出示合法证件和监督检查、调查通知书或者其他执法文书的，被检查、调查的单位和个人有权拒绝。

第一百七十三条　国务院证券监督管理机构依法履行职责，被检查、调查的单位和个人应当配合，如实提供有关文件和资料，不得拒绝、阻碍和隐瞒。

第一百七十四条　国务院证券监督管理机构制定的规章、规则和监督管理工作制度应当依法公开。

国务院证券监督管理机构依据调查结果，对证券违法行为作出的处罚决定，应当公开。

第一百七十五条　国务院证券监督管理机构应当与国务院其他金融监督管理机构建立监督管理信息共享机制。

国务院证券监督管理机构依法履行职责，进行监督检查或者调查时，有关部门应当予以配合。

第一百七十六条　对涉嫌证券违法、违规行为，任何单位和个人有权向国务院证券监督管理机构举报。

对涉嫌重大违法、违规行为的实名举报线索经查证属实的,国务院证券监督管理机构按照规定给予举报人奖励。

国务院证券监督管理机构应当对举报人的身份信息保密。

第一百七十七条　国务院证券监督管理机构可以和其他国家或者地区的证券监督管理机构建立监督管理合作机制,实施跨境监督管理。

境外证券监督管理机构不得在中华人民共和国境内直接进行调查取证等活动。未经国务院证券监督管理机构和国务院有关主管部门同意,任何单位和个人不得擅自向境外提供与证券业务活动有关的文件和资料。

第一百七十八条　国务院证券监督管理机构依法履行职责,发现证券违法行为涉嫌犯罪的,应当依法将案件移送司法机关处理;发现公职人员涉嫌职务违法或者职务犯罪的,应当依法移送监察机关处理。

第一百七十九条　国务院证券监督管理机构工作人员必须忠于职守、依法办事、公正廉洁,不得利用职务便利牟取不正当利益,不得泄露所知悉的有关单位和个人的商业秘密。

国务院证券监督管理机构工作人员在任职期间,或者离职后在《中华人民共和国公务员法》规定的期限内,不得到与原工作业务直接相关的企业或者其他营利性组织任职,不得从事与原工作业务直接相关的营利性活动。

## 第十三章　法律责任

第一百八十条　违反本法第九条的规定,擅自公开或者变相公开发行证券的,责令停止发行,退还所募资金并加算银行同期存款利息,处以非法所募资金金额百分之五以上百分之五十以下的罚款;对擅自公开或者变相公开发行证券设立的公司,由依法履行监督管理职责的机构或者部门会同县级以上地方人民政府予以取缔。对直接负责的主管人员和其他直接责任人员给予警告,并处以五十万元以上五百万元以下的罚款。

第一百八十一条　发行人在其公告的证券发行文件中隐瞒重要事实或者编造重大虚假内容,尚未发行证券的,处以二百万元以上二千万元以下的罚款;已经发行证券的,处以非法所募资金金额百分之十以上一倍以下的罚款。对直接负责的主管人员和其他直接责任人员,处以一百万元以上一千万元以下的罚款。

发行人的控股股东、实际控制人组织、指使从事前款违法行为的,没收违法所得,并处以违法所得百分之十以上一倍以下的罚款;没有违法所得或者违法所得不足二千万元的,处以二百万元以上二千万元以下的罚款。对直接负责的主管人员和其他直接责任人员,处以一百万元以上一千万元以下的罚款。

第一百八十二条　保荐人出具有虚假记载、误导性陈述或者重大遗漏的保荐书,或者不履行其他法定职责的,责令改正,给予警告,没收业务收入,并处以业务收入一倍以上十倍以下的罚款;没有业务收入或者业务收入不足一百万元的,处以一百万元以上一千万元以下的罚款;情节严重的,并处暂停或者撤销保荐业务许可。对直接负责的主管人员和其他直接责任人员给予警告,并处以五十万元以上五百万元以下的罚款。

第一百八十三条　证券公司承销或者销售擅自公开发行或者变相公开发行的证券的,责令停止承销或者销售,没收违法所得,并处以违法所得一倍以上十倍以下的罚款;没有违法所得或者违法所得不足一百万元的,处以一百万元以上一千万元以下的罚款;情节严重的,并处暂停或者撤销相关业务许可。给投资者造成损失的,应当与发行人承担连带赔偿责任。对直接负责的主管人员和其他直接责任人员给予警告,并处以五十万元以上五百万元以下的罚款。

第一百八十四条　证券公司承销证券违反本法第二十九条规定的,责令改正,给予警告,没收违法所得,可以并处五十万元以上五百万元以下的罚款;情节严重的,暂停或者撤销相关业务许可。对直接负责的主管人员和其他直接责任人员给予警告,可以并处二十万元以上二百万元以下的罚款;情节严重的,并处五十万元以上五百万元以下的罚款。

第一百八十五条　发行人违反本法第十四条、第十五条的规定擅自改变公开发行证券所募集资金的用途的,责令改正,处以五十万元以上五百万元以下的罚款;对直接负责的主管人员和其他直接责任人员给予警告,并处以十万元以上一百万元以下的罚款。

发行人的控股股东、实际控制人从事或者组织、指使从事前款违法行为的,给予警告,并处以五十万元以上五百万元以下的罚款;对直接负责的主管人员和其他直接责任人员,处以十万元以上一百万元以下的罚款。

第一百八十六条　违反本法第三十六条的规定,在限制转让期内转让证券,或者转让股票不符合法律、行政法规和国务院证券监督管理机构规定的,责令改正,给予警告,没收违法所得,并处以买卖证券等值以下的罚款。

第一百八十七条　法律、行政法规规定禁止参与股票交易的人员,违反本法第四十条的规定,直接或者以化名、借他人名义持有、买卖股票或者其他具有股权性质的证券的，责令依法处理非法持有的股票、其他具有股权性质的证券，没收违法所得，并处以买卖证券等值以下的罚款；属于国家工作人员的，还应当依法给予处分。

第一百八十八条　证券服务机构及其从业人员，违反本法第四十二条的规定买卖证券的，责令依法处理非法持有的证券，没收违法所得，并处以买卖证券等值以下的罚款。

第一百八十九条　上市公司、股票在国务院批准的其他全国性证券交易场所交易的公司的董事、监事、高级管理人员，持有该公司百分之五以上股份的股东，违反本法第四十四条的规定，买卖该公司股票或者其他具有股权性质的证券的，给予警告，并处以十万元以上一百万元以下的罚款。

第一百九十条　违反本法第四十五条的规定，采取程序化交易影响证券交易所系统安全或者正常交易秩序的，责令改正，并处以五十万元以上五百万元以下的罚款。对直接负责的主管人员和其他直接责任人员给予警告，并处以十万元以上一百万元以下的罚款。

第一百九十一条　证券交易内幕信息的知情人或者非法获取内幕信息的人违反本法第五十三条的规定从事内幕交易的，责令依法处理非法持有的证券，没收违法所得，并处以违法所得一倍以上十倍以下的罚款；没有违法所得或者违法所得不足五十万元的，处以五十万元以上五百万元以下的罚款。单位从事内幕交易的，还应当对直接负责的主管人员和其他直接责任人员给予警告，并处以二十万元以上二百万元以下的罚款。国务院证券监督管理机构工作人员从事内幕交易的，从重处罚。

违反本法第五十四条的规定，利用未公开信息进行交易的，依照前款的规定处罚。

第一百九十二条　违反本法第五十五条的规定，操纵证券市场的，责令依法处理其非法持有的证券，没收违法所得，并处以违法所得一倍以上十倍以下的罚款；没有违法所得或者违法所得不足一百万元的，处以一百万元以上一千万元以下的罚款。单位操纵证券市场的，还应当对直接负责的主管人员和其他直接责任人员给予警告，并处以五十万元以上五百万元以下的罚款。

第一百九十三条　违反本法第五十六条第一款、第三款的规定，编造、传播虚假信息或者误导性信息，扰乱证券市场的，没收违法所得，并处以违法所得一倍以上十倍以下的罚款；没有违法所得或者违法所得不足二十万元的，处以二十万元以上二百万元以下的罚款。

违反本法第五十六条第二款的规定，在证券交易活动中作出虚假陈述或者信息误导的，责令改正，处以二十万元以上二百万元以下的罚款；属于国家工作人员的，还应当依法给予处分。

传播媒介及其从事证券市场信息报道的工作人员违反本法第五十六条第三款的规定，从事与其工作职责发生利益冲突的证券买卖的，没收违法所得，并处以买卖证券等值以下的罚款。

第一百九十四条　证券公司及其从业人员违反本法第五十七条的规定，有损害客户利益的行为的，给予警告，没收违法所得，并处以违法所得一倍以上十倍以下的罚款；没有违法所得或者违法所得不足十万元的，处以十万元以上一百万元以下的罚款；情节严重的，暂停或者撤销相关业务许可。

第一百九十五条　违反本法第五十八条的规定，出借自己的证券账户或者借用他人的证券账户从事证券交易的，责令改正，给予警告，可以处五十万元以下的罚款。

第一百九十六条　收购人未按照本法规定履行上市公司收购的公告、发出收购要约义务的，责令改正，给予警告，并处以五十万元以上五百万元以下的罚款。对直接负责的主管人员和其他直接责任人员给予警告，并处以二十万元以上二百万元以下的罚款。

收购人及其控股股东、实际控制人利用上市公司收购，给被收购公司及其股东造成损失的，应当依法承担赔偿责任。

第一百九十七条　信息披露义务人未按照本法规定报送有关报告或者履行信息披露义务的，责令改正，给予警告，并处以五十万元以上五百万元以下的罚款；对直接负责的主管人员和其他直接责任人员给予警告，并处以二十万元以上二百万元以下的罚款。发行人的控股股东、实际控制人组织、指使从事上述违法行为，或者隐瞒相关事项导致发生上述情形的，处以五十万元以上五百万元以下的罚款；对直接负责的主管人员和其他直接责任人员，处以二十万元以上二百万元以下的罚款。

信息披露义务人报送的报告或者披露的信息有虚假记载、误导性陈述或者重大遗漏的，责令改正，给予警告，并处以一百万元以上一千万元以下的罚款；对直接负责的主管人员和其他直接责任人员给予警告，并处以五十万元以上五百万元以下的罚款。发行人的控股股东、实际控制人组织、指使从事上述违法行为，或者隐瞒相关事项导致发生上述情形的，处以一百万元以上一千万元以下的罚款；对直接负责的主管人员和其他直接责任人员，处以五十万元以上五百万元以下的罚款。

**第一百九十八条** 证券公司违反本法第八十八条的规定未履行或者未按照规定履行投资者适当性管理义务的,责令改正,给予警告,并处以十万元以上一百万元以下的罚款。对直接负责的主管人员和其他直接责任人员给予警告,并处以二十万元以下的罚款。

**第一百九十九条** 违反本法第九十条的规定征集股东权利的,责令改正,给予警告,可以处五十万元以下的罚款。

**第二百条** 非法开设证券交易场所的,由县级以上人民政府予以取缔,没收违法所得,并处以违法所得一倍以上十倍以下的罚款;没有违法所得或者违法所得不足一百万元的,处以一百万元以上一千万元以下的罚款。对直接负责的主管人员和其他直接责任人员给予警告,并处以二十万元以上二百万元以下的罚款。

证券交易所违反本法第一百零五条的规定,允许非会员直接参与股票的集中交易的,责令改正,可以并处五十万元以下的罚款。

**第二百零一条** 证券公司违反本法第一百零七条第一款的规定,未对投资者开立账户提供的身份信息进行核对的,责令改正,给予警告,并处以五万元以上五十万元以下的罚款。对直接负责的主管人员和其他直接责任人员给予警告,并处以十万元以下的罚款。

证券公司违反本法第一百零七条第二款的规定,将投资者的账户提供给他人使用的,责令改正,给予警告,并处以十万元以上一百万元以下的罚款。对直接负责的主管人员和其他直接责任人员给予警告,并处以二十万元以下的罚款。

**第二百零二条** 违反本法第一百一十八条、第一百二十条第一款、第四款的规定,擅自设立证券公司、非法经营证券业务或者未经批准以证券公司名义开展证券业务活动的,责令改正,没收违法所得,并处以违法所得一倍以上十倍以下的罚款;没有违法所得或者违法所得不足一百万元的,处以一百万元以上一千万元以下的罚款。对直接负责的主管人员和其他直接责任人员给予警告,并处以二十万元以上二百万元以下的罚款。对擅自设立的证券公司,由国务院证券监督管理机构予以取缔。

证券公司违反本法第一百二十条第五款规定提供证券融资融券服务的,没收违法所得,并处以融资融券等值以下的罚款;情节严重的,禁止其在一定期限内从事证券融资融券业务。对直接负责的主管人员和其他直接责任人员给予警告,并处以二十万元以上二百万元以下的罚款。

**第二百零三条** 提交虚假证明文件或者采取其他欺诈手段骗取证券公司设立许可、业务许可或者重大事项变更核准的,撤销相关许可,并处以一百万元以上一千万元以下的罚款。对直接负责的主管人员和其他直接责任人员给予警告,并处以二十万元以上二百万元以下的罚款。

**第二百零四条** 证券公司违反本法第一百二十二条的规定,未经核准变更证券业务范围、变更主要股东或者公司的实际控制人,合并、分立、停业、解散、破产的,责令改正,给予警告,没收违法所得,并处以违法所得一倍以上十倍以下的罚款;没有违法所得或者违法所得不足五十万元的,处以五十万元以上五百万元以下的罚款;情节严重的,并处撤销相关业务许可。对直接负责的主管人员和其他直接责任人员给予警告,并处以二十万元以上二百万元以下的罚款。

**第二百零五条** 证券公司违反本法第一百二十三条第二款的规定,为其股东或者股东的关联人提供融资或者担保的,责令改正,给予警告,并处以五十万元以上五百万元以下的罚款。对直接负责的主管人员和其他直接责任人员给予警告,并处以十万元以上一百万元以下的罚款。股东有过错的,在按照要求改正前,国务院证券监督管理机构可以限制其股东权利;拒不改正的,可以责令其转让所持证券公司股权。

**第二百零六条** 证券公司违反本法第一百二十八条的规定,未采取有效隔离措施防范利益冲突,或者未分开办理相关业务、混合操作的,责令改正,给予警告,没收违法所得,并处以违法所得一倍以上十倍以下的罚款;没有违法所得或者违法所得不足五十万元的,处以五十万元以上五百万元以下的罚款;情节严重的,并处撤销相关业务许可。对直接负责的主管人员和其他直接责任人员给予警告,并处以二十万元以上二百万元以下的罚款。

**第二百零七条** 证券公司违反本法第一百二十九条的规定从事证券自营业务的,责令改正,给予警告,没收违法所得,并处以违法所得一倍以上十倍以下的罚款;没有违法所得或者违法所得不足五十万元的,处以五十万元以上五百万元以下的罚款;情节严重的,并处撤销相关业务许可或者责令关闭。对直接负责的主管人员和其他直接责任人员给予警告,并处以二十万元以上二百万元以下的罚款。

**第二百零八条** 违反本法第一百三十一条的规定,将客户的资金和证券归入自有财产,或者挪用客户的资金和证券的,责令改正,给予警告,没收违法所得,并处以违法所得一倍以上十倍以下的罚款;没有违法所得或者违法所得不足一百万元的,处以一百万元以上一千万元以下的罚款;情节严重的,并处撤销相关业务许可或者责令关闭。对直接负责的主管人员和其他直接责任人员给予警告,并处以五十万元以上五百万元以下的罚款。

**第二百零九条** 证券公司违反本法第一百三十四条第一款的规定接受客户的全权委托买卖证券的,或者违反本法第一百三十五条的规定对客户的收益或者赔偿客户的损失作出承诺,责令改正,给予警告,没收违法所得,并处以违法所得一倍以上十倍以下的罚款;没有违法所得或者违法所得不足五十万元的,处以五十万元以上五百万元以下的罚款;情节严重的,并处撤销相关业务许可。对直接负责的主管人员和其他直接责任人员给予警告,并处以二十万元以上二百万元以下的罚款。

证券公司违反本法第一百三十四条第二款的规定,允许他人以证券公司的名义直接参与证券的集中交易的,责令改正,可以并处五十万元以下的罚款。

**第二百一十条** 证券公司的从业人员违反本法第一百三十六条的规定,私下接受客户委托买卖证券的,责令改正,给予警告,没收违法所得,并处以违法所得一倍以上十倍以下的罚款;没有违法所得的,处以五十万元以下的罚款。

**第二百一十一条** 证券公司及其主要股东、实际控制人违反本法第一百三十八条的规定,未报送、提供信息和资料,或者报送、提供的信息和资料有虚假记载、误导性陈述或者重大遗漏的,责令改正,给予警告,并处以一百万元以下的罚款;情节严重的,并处撤销相关业务许可。对直接负责的主管人员和其他直接责任人员,给予警告,并处以五十万元以下的罚款。

**第二百一十二条** 违反本法第一百四十五条的规定,擅自设立证券登记结算机构的,由国务院证券监督管理机构予以取缔,没收违法所得,并处以违法所得一倍以上十倍以下的罚款;没有违法所得或者违法所得不足五十万元的,处以五十万元以上五百万元以下的罚款。对直接负责的主管人员和其他直接责任人员给予警告,并处以二十万元以上二百万元以下的罚款。

**第二百一十三条** 证券投资咨询机构违反本法第一百六十条第二款的规定擅自从事证券服务业务,或者从事证券服务业务有本法第一百六十一条规定行为的,责令改正,没收违法所得,并处以违法所得一倍以上十倍以下的罚款;没有违法所得或者违法所得不足五十万元的,处以五十万元以上五百万元以下的罚款。对直接负责的主管人员和其他直接责任人员,给予警告,并处以二十万元以上二百万元以下的罚款。

会计师事务所、律师事务所以及从事资产评估、资信评级、财务顾问、信息技术系统服务的机构违反本法第一百六十条第二款的规定,从事证券服务业务未报备案的,责令改正,可以处二十万元以下的罚款。

证券服务机构违反本法第一百六十三条的规定,未勤勉尽责,所制作、出具的文件有虚假记载、误导性陈述或者重大遗漏的,责令改正,没收业务收入,并处以业务收入一倍以上十倍以下的罚款,没有业务收入或者业务收入不足五十万元的,处以五十万元以上五百万元以下的罚款;情节严重的,并处暂停或者禁止从事证券服务业务。对直接负责的主管人员和其他直接责任人员给予警告,并处以二十万元以上二百万元以下的罚款。

**第二百一十四条** 发行人、证券登记结算机构、证券公司、证券服务机构未按照规定保存有关文件和资料的,责令改正,给予警告,并处以十万元以上一百万元以下的罚款;泄露、隐匿、伪造、篡改或者毁损有关文件和资料的,给予警告,并处以二十万元以上二百万元以下的罚款;情节严重的,处以五十万元以上五百万元以下的罚款,并处暂停、撤销相关业务许可或者禁止从事相关业务。对直接负责的主管人员和其他直接责任人员给予警告,并处以十万元以上一百万元以下的罚款。

**第二百一十五条** 国务院证券监督管理机构依法将有关市场主体遵守本法的情况纳入证券市场诚信档案。

**第二百一十六条** 国务院证券监督管理机构或者国务院授权的部门有下列情形之一的,对直接负责的主管人员和其他直接责任人员,依法给予处分:

(一)对不符合本法规定的发行证券、设立证券公司等申请予以核准、注册、批准的;

(二)违反本法规定采取现场检查、调查取证、查询、冻结或者查封等措施的;

(三)违反本法规定对有关机构和人员采取监督管理措施的;

(四)违反本法规定对有关机构和人员实施行政处罚的;

(五)其他不依法履行职责的行为。

**第二百一十七条** 国务院证券监督管理机构或者国务院授权的部门的工作人员,不履行本法规定的职责,滥用职权、玩忽职守,利用职务便利牟取不正当利益,或者泄露所知悉的有关单位和个人的商业秘密的,依法追究法律责任。

**第二百一十八条** 拒绝、阻碍证券监督管理机构及其工作人员依法行使监督检查、调查职权,由证券监督管理机构责令改正，处以十万元以上一百万元以下的罚款，并由公安机关依法给予治安管理处罚。

**第二百一十九条** 违反本法规定，构成犯罪的，依法追究刑事责任。

**第二百二十条** 违反本法规定，应当承担民事赔偿责任和缴纳罚款、罚金、违法所得，违法行为人的财产不足以支付的，优先用于承担民事赔偿责任。

**第二百二十一条** 违反法律、行政法规或者国务院证券监督管理机构的有关规定，情节严重的，国务院证券监督管理机构可以对有关责任人员采取证券市场禁入的措施。

前款所称证券市场禁入，是指在一定期限内直至终身不得从事证券业务、证券服务业务，不得担任证券发行人的董事、监事、高级管理人员，或者一定期限内不得在证券交易所、国务院批准的其他全国性证券交易场所交易证券的制度。

**第二百二十二条** 依照本法收缴的罚款和没收的违法所得，全部上缴国库。

**第二百二十三条** 当事人对证券监督管理机构或者国务院授权的部门的处罚决定不服，可以依法申请行政复议，或者依法直接向人民法院提起诉讼。

### 第十四章 附　则

**第二百二十四条** 境内企业直接或者间接到境外发行证券或者将其证券在境外上市交易，应当符合国务院的有关规定。

**第二百二十五条** 境内公司股票以外币认购和交易的，具体办法由国务院另行规定。

**第二百二十六条** 本法自2020年3月1日起施行。

## 中华人民共和国证券投资基金法

- 2003年10月28日第十届全国人民代表大会常务委员会第五次会议通过
- 2012年12月28日第十一届全国人民代表大会常务委员会第三十次会议修订
- 根据2015年4月24日第十二届全国人民代表大会常务委员会第十四次会议《关于修改〈中华人民共和国港口法〉等七部法律的决定》修正

### 第一章 总　则

**第一条** 为了规范证券投资基金活动，保护投资人及相关当事人的合法权益，促进证券投资基金和资本市场的健康发展，制定本法。

**第二条** 在中华人民共和国境内，公开或者非公开募集资金设立证券投资基金（以下简称基金），由基金管理人管理，基金托管人托管，为基金份额持有人的利益，进行证券投资活动，适用本法；本法未规定的，适用《中华人民共和国信托法》、《中华人民共和国证券法》和其他有关法律、行政法规的规定。

**第三条** 基金管理人、基金托管人和基金份额持有人的权利、义务，依照本法在基金合同中约定。

基金管理人、基金托管人依照本法和基金合同的约定，履行受托职责。

通过公开募集方式设立的基金（以下简称公开募集基金）的基金份额持有人按其所持基金份额享受收益和承担风险，通过非公开募集方式设立的基金（以下简称非公开募集基金）的收益分配和风险承担由基金合同约定。

**第四条** 从事证券投资基金活动，应当遵循自愿、公平、诚实信用的原则，不得损害国家利益和社会公共利益。

**第五条** 基金财产的债务由基金财产本身承担，基金份额持有人以其出资为限对基金财产的债务承担责任。但基金合同依照本法另有约定的，从其约定。

基金财产独立于基金管理人、基金托管人的固有财产。基金管理人、基金托管人不得将基金财产归入其固有财产。

基金管理人、基金托管人因基金财产的管理、运用或者其他情形而取得的财产和收益，归入基金财产。

基金管理人、基金托管人因依法解散、被依法撤销或者被依法宣告破产等原因进行清算的，基金财产不属于其清算财产。

**第六条** 基金财产的债权，不得与基金管理人、基金托管人固有财产的债务相抵销；不同基金财产的债权债务，不得相互抵销。

**第七条** 非因基金财产本身承担的债务，不得对基金财产强制执行。

**第八条** 基金财产投资的相关税收，由基金份额持有人承担，基金管理人或者其他扣缴义务人按照国家有关税收征收的规定代扣代缴。

**第九条** 基金管理人、基金托管人管理、运用基金财产，基金服务机构从事基金服务活动，应当恪尽职守，履行诚实信用、谨慎勤勉的义务。

基金管理人运用基金财产进行证券投资，应当遵守审慎经营规则，制定科学合理的投资策略和风险管理制度，有效防范和控制风险。

基金从业人员应当具备基金从业资格,遵守法律、行政法规,恪守职业道德和行为规范。

第十条 基金管理人、基金托管人和基金服务机构,应当依照本法成立证券投资基金行业协会(以下简称基金行业协会),进行行业自律,协调行业关系,提供行业服务,促进行业发展。

第十一条 国务院证券监督管理机构依法对证券投资基金活动实施监督管理;其派出机构依照授权履行职责。

## 第二章 基金管理人

第十二条 基金管理人由依法设立的公司或者合伙企业担任。

公开募集基金的基金管理人,由基金管理公司或者经国务院证券监督管理机构按照规定核准的其他机构担任。

第十三条 设立管理公开募集基金的基金管理公司,应当具备下列条件,并经国务院证券监督管理机构批准:

(一)有符合本法和《中华人民共和国公司法》规定的章程;

(二)注册资本不低于一亿元人民币,且必须为实缴货币资本;

(三)主要股东应当具有经营金融业务或者管理金融机构的良好业绩、良好的财务状况和社会信誉,资产规模达到国务院规定的标准,最近三年没有违法记录;

(四)取得基金从业资格的人员达到法定人数;

(五)董事、监事、高级管理人员具备相应的任职条件;

(六)有符合要求的营业场所、安全防范设施和与基金管理业务有关的其他设施;

(七)有良好的内部治理结构、完善的内部稽核监控制度、风险控制制度;

(八)法律、行政法规规定的和经国务院批准的国务院证券监督管理机构规定的其他条件。

第十四条 国务院证券监督管理机构应当自受理基金管理公司设立申请之日起六个月内依照本法第十三条规定的条件和审慎监管原则进行审查,作出批准或者不予批准的决定,并通知申请人;不予批准的,应当说明理由。

基金管理公司变更持有百分之五以上股权的股东、变更公司的实际控制人,或者变更其他重大事项,应当报经国务院证券监督管理机构批准。国务院证券监督管理机构应当自受理申请之日起六十日内作出批准或者不予批准的决定,并通知申请人;不予批准的,应当说明理由。

第十五条 有下列情形之一的,不得担任公开募集基金的基金管理人的董事、监事、高级管理人员和其他从业人员:

(一)因犯有贪污贿赂、渎职、侵犯财产罪或者破坏社会主义市场经济秩序罪,被判处刑罚的;

(二)对所任职的公司、企业因经营不善破产清算或者因违法被吊销营业执照负有个人责任的董事、监事、厂长、高级管理人员,自该公司、企业破产清算终结或者被吊销营业执照之日起未逾五年的;

(三)个人所负债务数额较大,到期未清偿的;

(四)因违法行为被开除的基金管理人、基金托管人、证券交易所、证券公司、证券登记结算机构、期货交易所、期货公司及其他机构的从业人员和国家机关工作人员;

(五)因违法行为被吊销执业证书或者被取消资格的律师、注册会计师和资产评估机构、验证机构的从业人员、投资咨询从业人员;

(六)法律、行政法规规定不得从事基金业务的其他人员。

第十六条 公开募集基金的基金管理人的董事、监事和高级管理人员,应当熟悉证券投资方面的法律、行政法规,具有三年以上与其所任职务相关的工作经历;高级管理人员还应当具备基金从业资格。

第十七条 公开募集基金的基金管理人的董事、监事、高级管理人员和其他从业人员,其本人、配偶、利害关系人进行证券投资,应当事先向基金管理人申报,并不得与基金份额持有人发生利益冲突。

公开募集基金的基金管理人应当建立前款规定人员进行证券投资的申报、登记、审查、处置等管理制度,并报国务院证券监督管理机构备案。

第十八条 公开募集基金的基金管理人的董事、监事、高级管理人员和其他从业人员,不得担任基金托管人或者其他基金管理人的任何职务,不得从事损害基金财产和基金份额持有人利益的证券交易及其他活动。

第十九条 公开募集基金的基金管理人应当履行下列职责:

(一)依法募集资金,办理基金份额的发售和登记事宜;

(二)办理基金备案手续;

(三)对所管理的不同基金财产分别管理、分别记

账,进行证券投资;

(四)按照基金合同的约定确定基金收益分配方案,及时向基金份额持有人分配收益;

(五)进行基金会计核算并编制基金财务会计报告;

(六)编制中期和年度基金报告;

(七)计算并公告基金资产净值,确定基金份额申购、赎回价格;

(八)办理与基金财产管理业务活动有关的信息披露事项;

(九)按照规定召集基金份额持有人大会;

(十)保存基金财产管理业务活动的记录、账册、报表和其他相关资料;

(十一)以基金管理人名义,代表基金份额持有人利益行使诉讼权利或者实施其他法律行为;

(十二)国务院证券监督管理机构规定的其他职责。

**第二十条** 公开募集基金的基金管理人及其董事、监事、高级管理人员和其他从业人员不得有下列行为:

(一)将其固有财产或者他人财产混同于基金财产从事证券投资;

(二)不公平地对待其管理的不同基金财产;

(三)利用基金财产或者职务之便为基金份额持有人以外的人牟取利益;

(四)向基金份额持有人违规承诺收益或者承担损失;

(五)侵占、挪用基金财产;

(六)泄露因职务便利获取的未公开信息、利用该信息从事或者明示、暗示他人从事相关的交易活动;

(七)玩忽职守,不按照规定履行职责;

(八)法律、行政法规和国务院证券监督管理机构规定禁止的其他行为。

**第二十一条** 公开募集基金的基金管理人应当建立良好的内部治理结构,明确股东会、董事会、监事会和高级管理人员的职责权限,确保基金管理人独立运作。

公开募集基金的基金管理人可以实行专业人士持股计划,建立长效激励约束机制。

公开募集基金的基金管理人的股东、董事、监事和高级管理人员在行使权利或者履行职责时,应当遵循基金份额持有人利益优先的原则。

**第二十二条** 公开募集基金的基金管理人应当从管理基金的报酬中计提风险准备金。

公开募集基金的基金管理人因违法违规、违反基金合同等原因给基金财产或者基金份额持有人合法权益造成损失,应当承担赔偿责任的,可以优先使用风险准备金予以赔偿。

**第二十三条** 公开募集基金的基金管理人的股东、实际控制人应当按照国务院证券监督管理机构的规定及时履行重大事项报告义务,并不得有下列行为:

(一)虚假出资或者抽逃出资;

(二)未依法经股东会或者董事会决议擅自干预基金管理人的基金经营活动;

(三)要求基金管理人利用基金财产为自己或者他人牟取利益,损害基金份额持有人利益;

(四)国务院证券监督管理机构规定禁止的其他行为。

公开募集基金的基金管理人的股东、实际控制人有前款行为或者股东不再符合法定条件的,国务院证券监督管理机构应当责令其限期改正,并可视情节责令其转让所持有或者控制的基金管理人的股权。

在前款规定的股东、实际控制人按照要求改正违法行为、转让所持有或者控制的基金管理人的股权前,国务院证券监督管理机构可以限制有关股东行使股东权利。

**第二十四条** 公开募集基金的基金管理人违法违规,或者其内部治理结构、稽核监控和风险控制管理不符合规定的,国务院证券监督管理机构应当责令其限期改正;逾期未改正,或者其行为严重危及该基金管理人的稳健运行、损害基金份额持有人合法权益的,国务院证券监督管理机构可以区别情形,对其采取下列措施:

(一)限制业务活动,责令暂停部分或者全部业务;

(二)限制分配红利,限制向董事、监事、高级管理人员支付报酬、提供福利;

(三)限制转让固有财产或者在固有财产上设定其他权利;

(四)责令更换董事、监事、高级管理人员或者限制其权利;

(五)责令有关股东转让股权或者限制有关股东行使股东权利。

公开募集基金的基金管理人整改后,应当向国务院证券监督管理机构提交报告。国务院证券监督管理机构经验收,符合有关要求的,应当自验收完毕之日起三日内解除对其采取的有关措施。

**第二十五条** 公开募集基金的基金管理人的董事、监事、高级管理人员未能勤勉尽责,致使基金管理人存在重大违法违规行为或者重大风险的,国务院证券监督管理机构可以责令更换。

第二十六条　公开募集基金的基金管理人违法经营或者出现重大风险,严重危害证券市场秩序、损害基金份额持有人利益的,国务院证券监督管理机构可以对该基金管理人采取责令停业整顿、指定其他机构托管、接管、取消基金管理资格或者撤销等监管措施。

第二十七条　在公开募集基金的基金管理人被责令停业整顿、被依法指定托管、接管或者清算期间,或者出现重大风险时,经国务院证券监督管理机构批准,可以对该基金管理人直接负责的董事、监事、高级管理人员和其他直接责任人员采取下列措施:

（一）通知出境管理机关依法阻止其出境；

（二）申请司法机关禁止其转移、转让或者以其他方式处分财产,或者在财产上设定其他权利。

第二十八条　有下列情形之一的,公开募集基金的基金管理人职责终止:

（一）被依法取消基金管理资格；

（二）被基金份额持有人大会解任；

（三）依法解散、被依法撤销或者被依法宣告破产；

（四）基金合同约定的其他情形。

第二十九条　公开募集基金的基金管理人职责终止的,基金份额持有人大会应当在六个月内选任新基金管理人；新基金管理人产生前,由国务院证券监督管理机构指定临时基金管理人。

公开募集基金的基金管理人职责终止的,应当妥善保管基金管理业务资料,及时办理基金管理业务的移交手续,新基金管理人或者临时基金管理人应当及时接收。

第三十条　公开募集基金的基金管理人职责终止的,应当按照规定聘请会计师事务所对基金财产进行审计,并将审计结果予以公告,同时报国务院证券监督管理机构备案。

第三十一条　对非公开募集基金的基金管理人进行规范的具体办法,由国务院金融监督管理机构依照本章的原则制定。

### 第三章　基金托管人

第三十二条　基金托管人由依法设立的商业银行或者其他金融机构担任。

商业银行担任基金托管人的,由国务院证券监督管理机构会同国务院银行业监督管理机构核准；其他金融机构担任基金托管人的,由国务院证券监督管理机构核准。

第三十三条　担任基金托管人,应当具备下列条件:

（一）净资产和风险控制指标符合有关规定；

（二）设有专门的基金托管部门；

（三）取得基金从业资格的专职人员达到法定人数；

（四）有安全保管基金财产的条件；

（五）有安全高效的清算、交割系统；

（六）有符合要求的营业场所、安全防范设施和与基金托管业务有关的其他设施；

（七）有完善的内部稽核监控制度和风险控制制度；

（八）法律、行政法规规定的和经国务院批准的国务院证券监督管理机构、国务院银行业监督管理机构规定的其他条件。

第三十四条　本法第十五条、第十七条、第十八条的规定,适用于基金托管人的专门基金托管部门的高级管理人员和其他从业人员。

本法第十六条的规定,适用于基金托管人的专门基金托管部门的高级管理人员。

第三十五条　基金托管人与基金管理人不得为同一机构,不得相互出资或者持有股份。

第三十六条　基金托管人应当履行下列职责:

（一）安全保管基金财产；

（二）按照规定开设基金财产的资金账户和证券账户；

（三）对所托管的不同基金财产分别设置账户,确保基金财产的完整与独立；

（四）保存基金托管业务活动的记录、账册、报表和其他相关资料；

（五）按照基金合同的约定,根据基金管理人的投资指令,及时办理清算、交割事宜；

（六）办理与基金托管业务活动有关的信息披露事项；

（七）对基金财务会计报告、中期和年度基金报告出具意见；

（八）复核、审查基金管理人计算的基金资产净值和基金份额申购、赎回价格；

（九）按照规定召集基金份额持有人大会；

（十）按照规定监督基金管理人的投资运作；

（十一）国务院证券监督管理机构规定的其他职责。

第三十七条　基金托管人发现基金管理人的投资指令违反法律、行政法规和其他有关规定,或者违反基金合同约定的,应当拒绝执行,立即通知基金管理人,并及时向国务院证券监督管理机构报告。

基金托管人发现基金管理人依据交易程序已经生效的投资指令违反法律、行政法规和其他有关规定,或者违反基金合同约定的,应当立即通知基金管理人,并及时向国务院证券监督管理机构报告。

**第三十八条** 本法第二十条、第二十二条的规定,适用于基金托管人。

**第三十九条** 基金托管人不再具备本法规定的条件,或者未能勤勉尽责,在履行本法规定的职责时存在重大失误的,国务院证券监督管理机构、国务院银行业监督管理机构应当责令其改正;逾期未改正,或者其行为严重影响所托管基金的稳健运行、损害基金份额持有人利益的,国务院证券监督管理机构、国务院银行业监督管理机构可以区别情形,对其采取下列措施:

(一)限制业务活动,责令暂停办理新的基金托管业务;

(二)责令更换负有责任的专门基金托管部门的高级管理人员。

基金托管人整改后,应当向国务院证券监督管理机构、国务院银行业监督管理机构提交报告;经验收,符合有关要求的,应当自验收完毕之日起三日内解除对其采取的有关措施。

**第四十条** 国务院证券监督管理机构、国务院银行业监督管理机构对有下列情形之一的基金托管人,可以取消其基金托管资格:

(一)连续三年没有开展基金托管业务的;

(二)违反本法规定,情节严重的;

(三)法律、行政法规规定的其他情形。

**第四十一条** 有下列情形之一的,基金托管人职责终止:

(一)被依法取消基金托管资格的;

(二)被基金份额持有人大会解任的;

(三)依法解散、被依法撤销或者被依法宣告破产的;

(四)基金合同约定的其他情形。

**第四十二条** 基金托管人职责终止的,基金份额持有人大会应当在六个月内选任新基金托管人;新基金托管人产生前,由国务院证券监督管理机构指定临时基金托管人。

基金托管人职责终止的,应当妥善保管基金财产和基金托管业务资料,及时办理基金财产和基金托管业务的移交手续,新基金托管人或者临时基金托管人应当及时接收。

**第四十三条** 基金托管人职责终止的,应当按照规定聘请会计师事务所对基金财产进行审计,并将审计结果予以公告,同时报国务院证券监督管理机构备案。

## 第四章 基金的运作方式和组织

**第四十四条** 基金合同应当约定基金的运作方式。

**第四十五条** 基金的运作方式可以采用封闭式、开放式或者其他方式。

采用封闭式运作方式的基金(以下简称封闭式基金),是指基金份额总额在基金合同期限内固定不变,基金份额持有人不得申请赎回的基金;采用开放式运作方式的基金(以下简称开放式基金),是指基金份额总额不固定,基金份额可以在基金合同约定的时间和场所申购或者赎回的基金。

采用其他运作方式的基金的基金份额发售、交易、申购、赎回的办法,由国务院证券监督管理机构另行规定。

**第四十六条** 基金份额持有人享有下列权利:

(一)分享基金财产收益;

(二)参与分配清算后的剩余基金财产;

(三)依法转让或者申请赎回其持有的基金份额;

(四)按照规定要求召开基金份额持有人大会或者召集基金份额持有人大会;

(五)对基金份额持有人大会审议事项行使表决权;

(六)对基金管理人、基金托管人、基金服务机构损害其合法权益的行为依法提起诉讼;

(七)基金合同约定的其他权利。

公开募集基金的基金份额持有人有权查阅或者复制公开披露的基金信息资料;非公开募集基金的基金份额持有人对涉及自身利益的情况,有权查阅基金的财务会计账簿等财务资料。

**第四十七条** 基金份额持有人大会由全体基金份额持有人组成,行使下列职权:

(一)决定基金扩募或者延长基金合同期限;

(二)决定修改基金合同的重要内容或者提前终止基金合同;

(三)决定更换基金管理人、基金托管人;

(四)决定调整基金管理人、基金托管人的报酬标准;

(五)基金合同约定的其他职权。

**第四十八条** 按照基金合同约定,基金份额持有人大会可以设立日常机构,行使下列职权:

(一)召集基金份额持有人大会;

(二)提请更换基金管理人、基金托管人;

(三)监督基金管理人的投资运作、基金托管人的托管活动;

(四)提请调整基金管理人、基金托管人的报酬标准;

（五）基金合同约定的其他职权。

前款规定的日常机构，由基金份额持有人大会选举产生的人员组成；其议事规则，由基金合同约定。

**第四十九条** 基金份额持有人大会及其日常机构不得直接参与或者干涉基金的投资管理活动。

## 第五章 基金的公开募集

**第五十条** 公开募集基金，应当经国务院证券监督管理机构注册。未经注册，不得公开或者变相公开募集基金。

前款所称公开募集基金，包括向不特定对象募集资金、向特定对象募集资金累计超过二百人，以及法律、行政法规规定的其他情形。

公开募集基金应当由基金管理人管理，基金托管人托管。

**第五十一条** 注册公开募集基金，由拟任基金管理人向国务院证券监督管理机构提交下列文件：

（一）申请报告；
（二）基金合同草案；
（三）基金托管协议草案；
（四）招募说明书草案；
（五）律师事务所出具的法律意见书；
（六）国务院证券监督管理机构规定提交的其他文件。

**第五十二条** 公开募集基金的基金合同应当包括下列内容：

（一）募集基金的目的和基金名称；
（二）基金管理人、基金托管人的名称和住所；
（三）基金的运作方式；
（四）封闭式基金的基金份额总额和基金合同期限，或者开放式基金的最低募集份额总额；
（五）确定基金份额发售日期、价格和费用的原则；
（六）基金份额持有人、基金管理人和基金托管人的权利、义务；
（七）基金份额持有人大会召集、议事及表决的程序和规则；
（八）基金份额发售、交易、申购、赎回的程序、时间、地点、费用计算方式，以及给付赎回款项的时间和方式；
（九）基金收益分配原则、执行方式；
（十）基金管理人、基金托管人报酬的提取、支付方式与比例；
（十一）与基金财产管理、运用有关的其他费用的提取、支付方式；
（十二）基金财产的投资方向和投资限制；
（十三）基金资产净值的计算方法和公告方式；
（十四）基金募集未达到法定要求的处理方式；
（十五）基金合同解除和终止的事由、程序以及基金财产清算方式；
（十六）争议解决方式；
（十七）当事人约定的其他事项。

**第五十三条** 公开募集基金的基金招募说明书应当包括下列内容：

（一）基金募集申请的准予注册文件名称和注册日期；
（二）基金管理人、基金托管人的基本情况；
（三）基金合同和基金托管协议的内容摘要；
（四）基金份额的发售日期、价格、费用和期限；
（五）基金份额的发售方式、发售机构及登记机构名称；
（六）出具法律意见书的律师事务所和审计基金财产的会计师事务所的名称和住所；
（七）基金管理人、基金托管人报酬及其他有关费用的提取、支付方式与比例；
（八）风险警示内容；
（九）国务院证券监督管理机构规定的其他内容。

**第五十四条** 国务院证券监督管理机构应当自受理公开募集基金的募集注册申请之日起六个月内依照法律、行政法规及国务院证券监督管理机构的规定进行审查，作出注册或者不予注册的决定，并通知申请人；不予注册的，应当说明理由。

**第五十五条** 基金募集申请经注册后，方可发售基金份额。

基金份额的发售，由基金管理人或者其委托的基金销售机构办理。

**第五十六条** 基金管理人应当在基金份额发售的三日前公布招募说明书、基金合同及其他有关文件。

前款规定的文件应当真实、准确、完整。

对基金募集所进行的宣传推介活动，应当符合有关法律、行政法规的规定，不得有本法第七十七条所列行为。

**第五十七条** 基金管理人应当自收到准予注册文件之日起六个月内进行基金募集。超过六个月开始募集，原注册的事项未发生实质性变化的，应当报国务院证券监督管理机构备案；发生实质性变化的，应当向国务院证券监督管理机构重新提交注册申请。

基金募集不得超过国务院证券监督管理机构准予注册的基金募集期限。基金募集期限自基金份额发售之日起计算。

**第五十八条** 基金募集期限届满，封闭式基金募集的基金份额总额达到准予注册规模的百分之八十以上，开放式基金募集的基金份额总额超过准予注册的最低募集份额总额，并且基金份额持有人人数符合国务院证券监督管理机构规定的，基金管理人应当自募集期限届满之日起十日内聘请法定验资机构验资，自收到验资报告之日起十日内，向国务院证券监督管理机构提交验资报告，办理基金备案手续，并予以公告。

**第五十九条** 基金募集期间募集的资金应当存入专门账户，在基金募集行为结束前，任何人不得动用。

**第六十条** 投资人交纳认购的基金份额的款项时，基金合同成立；基金管理人依照本法第五十八条的规定向国务院证券监督管理机构办理基金备案手续，基金合同生效。

基金募集期限届满，不能满足本法第五十八条规定的条件的，基金管理人应当承担下列责任：

（一）以其固有财产承担因募集行为而产生的债务和费用；

（二）在基金募集期限届满后三十日内返还投资人已交纳的款项，并加计银行同期存款利息。

## 第六章 公开募集基金的基金份额的交易、申购与赎回

**第六十一条** 申请基金份额上市交易，基金管理人应当向证券交易所提出申请，证券交易所依法审核同意的，双方应当签订上市协议。

**第六十二条** 基金份额上市交易，应当符合下列条件：

（一）基金的募集符合本法规定；

（二）基金合同期限为五年以上；

（三）基金募集金额不低于二亿元人民币；

（四）基金份额持有人不少于一千人；

（五）基金份额上市交易规则规定的其他条件。

**第六十三条** 基金份额上市交易规则由证券交易所制定，报国务院证券监督管理机构批准。

**第六十四条** 基金份额上市交易后，有下列情形之一的，由证券交易所终止其上市交易，并报国务院证券监督管理机构备案：

（一）不再具备本法第六十二条规定的上市交易条件；

（二）基金合同期限届满；

（三）基金份额持有人大会决定提前终止上市交易；

（四）基金合同约定的或者基金份额上市交易规则规定的终止上市交易的其他情形。

**第六十五条** 开放式基金的基金份额的申购、赎回、登记，由基金管理人或者其委托的基金服务机构办理。

**第六十六条** 基金管理人应当在每个工作日办理基金份额的申购、赎回业务；基金合同另有约定的，从其约定。

投资人交付申购款项，申购成立；基金份额登记机构确认基金份额时，申购生效。

基金份额持有人递交赎回申请，赎回成立；基金份额登记机构确认赎回时，赎回生效。

**第六十七条** 基金管理人应当按时支付赎回款项，但是下列情形除外：

（一）因不可抗力导致基金管理人不能支付赎回款项；

（二）证券交易场所依法决定临时停市，导致基金管理人无法计算当日基金资产净值；

（三）基金合同约定的其他特殊情形。

发生上述情形之一的，基金管理人应当在当日报国务院证券监督管理机构备案。

本条第一款规定的情形消失后，基金管理人应当及时支付赎回款项。

**第六十八条** 开放式基金应当保持足够的现金或者政府债券，以备支付基金份额持有人的赎回款项。基金财产中应当保持的现金或者政府债券的具体比例，由国务院证券监督管理机构规定。

**第六十九条** 基金份额的申购、赎回价格，依据申购、赎回日基金份额基金净值加、减有关费用计算。

**第七十条** 基金份额净值计价出现错误时，基金管理人应当立即纠正，并采取合理的措施防止损失进一步扩大。计价错误达到基金份额净值百分之零点五时，基金管理人应当公告，并报国务院证券监督管理机构备案。

因基金份额净值计价错误造成基金份额持有人损失的，基金份额持有人有权要求基金管理人、基金托管人予以赔偿。

## 第七章 公开募集基金的投资与信息披露

**第七十一条** 基金管理人运用基金财产进行证券投资，除国务院证券监督管理机构另有规定外，应当采用资产组合的方式。

资产组合的具体方式和投资比例，依照本法和国务院证券监督管理机构的规定在基金合同中约定。

第七十二条　基金财产应当用于下列投资：
（一）上市交易的股票、债券；
（二）国务院证券监督管理机构规定的其他证券及其衍生品种。

第七十三条　基金财产不得用于下列投资或者活动：
（一）承销证券；
（二）违反规定向他人贷款或者提供担保；
（三）从事承担无限责任的投资；
（四）买卖其他基金份额，但是国务院证券监督管理机构另有规定的除外；
（五）向基金管理人、基金托管人出资；
（六）从事内幕交易、操纵证券交易价格及其他不正当的证券交易活动；
（七）法律、行政法规和国务院证券监督管理机构规定禁止的其他活动。

运用基金财产买卖基金管理人、基金托管人及其控股股东、实际控制人或者与其有其他重大利害关系的公司发行的证券或承销期内承销的证券，或者从事其他重大关联交易的，应当遵循基金份额持有人利益优先的原则，防范利益冲突，符合国务院证券监督管理机构的规定，并履行信息披露义务。

第七十四条　基金管理人、基金托管人和其他基金信息披露义务人应当依法披露基金信息，并保证所披露信息的真实性、准确性和完整性。

第七十五条　基金信息披露义务人应当确保应予披露的基金信息在国务院证券监督管理机构规定时间内披露，并保证投资人能够按照基金合同约定的时间和方式查阅或者复制公开披露的信息资料。

第七十六条　公开披露的基金信息包括：
（一）基金招募说明书、基金合同、基金托管协议；
（二）基金募集情况；
（三）基金份额上市交易公告书；
（四）基金资产净值、基金份额净值；
（五）基金份额申购、赎回价格；
（六）基金财产的资产组合季度报告、财务会计报告及中期和年度基金报告；
（七）临时报告；
（八）基金份额持有人大会决议；
（九）基金管理人、基金托管人的专门基金托管部门的重大人事变动；
（十）涉及基金财产、基金管理业务、基金托管业务的诉讼或者仲裁；
（十一）国务院证券监督管理机构规定应予披露的其他信息。

第七十七条　公开披露基金信息，不得有下列行为：
（一）虚假记载、误导性陈述或者重大遗漏；
（二）对证券投资业绩进行预测；
（三）违规承诺收益或者承担损失；
（四）诋毁其他基金管理人、基金托管人或者基金销售机构；
（五）法律、行政法规和国务院证券监督管理机构规定禁止的其他行为。

## 第八章　公开募集基金的基金合同的变更、终止与基金财产清算

第七十八条　按照基金合同的约定或者基金份额持有人大会的决议，基金可以转换运作方式或者与其他基金合并。

第七十九条　封闭式基金扩募或者延长基金合同期限，应当符合下列条件，并报国务院证券监督管理机构备案：
（一）基金运营业绩良好；
（二）基金管理人最近二年内没有因违法违规行为受到行政处罚或者刑事处罚；
（三）基金份额持有人大会决议通过；
（四）本法规定的其他条件。

第八十条　有下列情形之一的，基金合同终止：
（一）基金合同期限届满而未延期；
（二）基金份额持有人大会决定终止；
（三）基金管理人、基金托管人职责终止，在六个月内没有新基金管理人、新基金托管人承接；
（四）基金合同约定的其他情形。

第八十一条　基金合同终止时，基金管理人应当组织清算组对基金财产进行清算。

清算组由基金管理人、基金托管人以及相关的中介服务机构组成。

清算组作出的清算报告经会计师事务所审计，律师事务所出具法律意见书后，报国务院证券监督管理机构备案并公告。

第八十二条　清算后的剩余基金财产，应当按照基金份额持有人所持份额比例进行分配。

## 第九章　公开募集基金的基金份额持有人权利行使

第八十三条　基金份额持有人大会由基金管理人召集。基金份额持有人大会设立日常机构的，由该日常机

构召集;该日常机构未召集的,由基金管理人召集。基金管理人未按规定召集或者不能召集的,由基金托管人召集。

代表基金份额百分之十以上的基金份额持有人就同一事项要求召开基金份额持有人大会,而基金份额持有人大会的日常机构、基金管理人、基金托管人都不召集的,代表基金份额百分之十以上的基金份额持有人有权自行召集,并报国务院证券监督管理机构备案。

第八十四条 召开基金份额持有人大会,召集人应当至少提前三十日公告基金份额持有人大会的召开时间、会议形式、审议事项、议事程序和表决方式等事项。

基金份额持有人大会不得就未经公告的事项进行表决。

第八十五条 基金份额持有人大会可以采取现场方式召开,也可以采取通讯等方式召开。

每一基金份额具有一票表决权,基金份额持有人可以委托代理人出席基金份额持有人大会并行使表决权。

第八十六条 基金份额持有人大会应当有代表二分之一以上基金份额的持有人参加,方可召开。

参加基金份额持有人大会的持有人的基金份额低于前款规定比例的,召集人可以在原公告的基金份额持有人大会召开时间的三个月以后、六个月以内,就原定审议事项重新召集基金份额持有人大会。重新召集的基金份额持有人大会应当有代表三分之一以上基金份额的持有人参加,方可召开。

基金份额持有人大会就审议事项作出决定,应当经参加大会的基金份额持有人所持表决权的二分之一以上通过;但是,转换基金的运作方式、更换基金管理人或者基金托管人、提前终止基金合同、与其他基金合并,应当经参加大会的基金份额持有人所持表决权的三分之二以上通过。

基金份额持有人大会决定的事项,应当依法报国务院证券监督管理机构备案,并予以公告。

## 第十章 非公开募集基金

第八十七条 非公开募集基金应当向合格投资者募集,合格投资者累计不得超过二百人。

前款所称合格投资者,是指达到规定资产规模或者收入水平,并且具备相应的风险识别能力和风险承担能力,其基金份额认购金额不低于规定限额的单位和个人。

合格投资者的具体标准由国务院证券监督管理机构规定。

第八十八条 除基金合同另有约定外,非公开募集基金应当由基金托管人托管。

第八十九条 担任非公开募集基金的基金管理人,应当按照规定向基金行业协会履行登记手续,报送基本情况。

第九十条 未经登记,任何单位或者个人不得使用"基金"或者"基金管理"字样或者近似名称进行证券投资活动;但是,法律、行政法规另有规定的除外。

第九十一条 非公开募集基金,不得向合格投资者之外的单位和个人募集资金,不得通过报刊、电台、电视台、互联网等公众传播媒体或者讲座、报告会、分析会等方式向不特定对象宣传推介。

第九十二条 非公开募集基金,应当制定并签订基金合同。基金合同应当包括下列内容:

(一)基金份额持有人、基金管理人、基金托管人的权利、义务;

(二)基金的运作方式;

(三)基金的出资方式、数额和认缴期限;

(四)基金的投资范围、投资策略和投资限制;

(五)基金收益分配原则、执行方式;

(六)基金承担的有关费用;

(七)基金信息提供的内容、方式;

(八)基金份额的认购、赎回或者转让的程序和方式;

(九)基金合同变更、解除和终止的事由、程序;

(十)基金财产清算方式;

(十一)当事人约定的其他事项。

基金份额持有人转让基金份额的,应当符合本法第八十七条、第九十一条的规定。

第九十三条 按照基金合同约定,非公开募集基金可以由部分基金份额持有人作为基金管理人负责基金的投资管理活动,并在基金财产不足以清偿其债务时对基金财产的债务承担无限连带责任。

前款规定的非公开募集基金,其基金合同还应当载明:

(一)承担无限连带责任的基金份额持有人和其他基金份额持有人的姓名或者名称、住所;

(二)承担无限连带责任的基金份额持有人的除名条件和更换程序;

(三)基金份额持有人增加、退出的条件、程序以及相关责任;

(四)承担无限连带责任的基金份额持有人和其他基金份额持有人的转换程序。

第九十四条 非公开募集基金募集完毕,基金管理人应当向基金行业协会备案。对募集的资金总额或者基金份额持有人的人数达到规定标准的基金,基金行业协会应当向国务院证券监督管理机构报告。

非公开募集基金财产的证券投资,包括买卖公开发行的股份有限公司股票、债券、基金份额,以及国务院证券监督管理机构规定的其他证券及其衍生品种。

**第九十五条** 基金管理人、基金托管人应当按照基金合同的约定,向基金份额持有人提供基金信息。

**第九十六条** 专门从事非公开募集基金管理业务的基金管理人,其股东、高级管理人员、经营期限、管理的基金资产规模等符合规定条件的,经国务院证券监督管理机构核准,可以从事公开募集基金管理业务。

## 第十一章 基金服务机构

**第九十七条** 从事公开募集基金的销售、销售支付、份额登记、估值、投资顾问、评价、信息技术系统服务等基金服务业务的机构,应当按照国务院证券监督管理机构的规定进行注册或者备案。

**第九十八条** 基金销售机构应当向投资人充分揭示投资风险,并根据投资人的风险承担能力销售不同风险等级的基金产品。

**第九十九条** 基金销售支付机构应当按照规定办理基金销售结算资金的划付,确保基金销售结算资金安全、及时划付。

**第一百条** 基金销售结算资金、基金份额独立于基金销售机构、基金销售支付机构或者基金份额登记机构的自有财产。基金销售机构、基金销售支付机构或者基金份额登记机构破产或者清算时,基金销售结算资金、基金份额不属于其破产财产或者清算财产。非因投资人本身的债务或者法律规定的其他情形,不得查封、冻结、扣划或者强制执行基金销售结算资金、基金份额。

基金销售机构、基金销售支付机构、基金份额登记机构应当确保基金销售结算资金、基金份额的安全、独立,禁止任何单位或者个人以任何形式挪用基金销售结算资金、基金份额。

**第一百零一条** 基金管理人可以委托基金服务机构代为办理基金的份额登记、核算、估值、投资顾问等事项,基金托管人可以委托基金服务机构代为办理基金的核算、估值、复核等事项,但基金管理人、基金托管人依法应当承担的责任不因委托而免除。

**第一百零二条** 基金份额登记机构以电子介质登记的数据,是基金份额持有人权利归属的根据。基金份额持有人以基金份额出质的,质权自基金份额登记机构办

理出质登记时设立。

基金份额登记机构应当妥善保存登记数据,并将基金份额持有人名称、身份信息及基金份额明细等数据备份至国务院证券监督管理机构认定的机构。其保存期限自基金账户销户之日起不得少于二十年。

基金份额登记机构应当保证登记数据的真实、准确、完整,不得隐匿、伪造、篡改或者毁损。

**第一百零三条** 基金投资顾问机构及其从业人员提供基金投资顾问服务,应当具有合理的依据,对其服务能力和经营业绩进行如实陈述,不得以任何方式承诺或者保证投资收益,不得损害服务对象的合法权益。

**第一百零四条** 基金评价机构及其从业人员应当客观公正,按照依法制定的业务规则开展基金评价业务,禁止误导投资人,防范可能发生的利益冲突。

**第一百零五条** 基金管理人、基金托管人、基金服务机构的信息技术系统,应当符合规定的要求。国务院证券监督管理机构可以要求信息技术系统服务机构提供该信息技术系统的相关资料。

**第一百零六条** 律师事务所、会计师事务所接受基金管理人、基金托管人的委托,为有关基金业务活动出具法律意见书、审计报告、内部控制评价报告等文件,应当勤勉尽责,对所依据的文件资料内容的真实性、准确性、完整性进行核查和验证。其制作、出具的文件有虚假记载、误导性陈述或者重大遗漏,给他人财产造成损失的,应当与委托人承担连带赔偿责任。

**第一百零七条** 基金服务机构应当勤勉尽责、恪尽职守,建立应急等风险管理制度和灾难备份系统,不得泄露与基金份额持有人、基金投资运作相关的非公开信息。

## 第十二章 基金行业协会

**第一百零八条** 基金行业协会是证券投资基金行业的自律性组织,是社会团体法人。

基金管理人、基金托管人应当加入基金行业协会,基金服务机构可以加入基金行业协会。

**第一百零九条** 基金行业协会的权力机构为全体会员组成的会员大会。

基金行业协会设理事会。理事会成员依章程的规定由选举产生。

**第一百一十条** 基金行业协会章程由会员大会制定,并报国务院证券监督管理机构备案。

**第一百一十一条** 基金行业协会履行下列职责:

(一)教育和组织会员遵守有关证券投资的法律、行政法规,维护投资人合法权益;

（二）依法维护会员的合法权益，反映会员的建议和要求；

（三）制定和实施行业自律规则，监督、检查会员及其从业人员的执业行为，对违反自律规则和协会章程的，按照规定给予纪律处分；

（四）制定行业执业标准和业务规范，组织基金从业人员的从业考试、资质管理和业务培训；

（五）提供会员服务，组织行业交流，推动行业创新，开展行业宣传和投资人教育活动；

（六）对会员之间、会员与客户之间发生的基金业务纠纷进行调解；

（七）依法办理非公开募集基金的登记、备案；

（八）协会章程规定的其他职责。

## 第十三章 监督管理

**第一百一十二条** 国务院证券监督管理机构依法履行下列职责：

（一）制定有关证券投资基金活动监督管理的规章、规则，并行使审批、核准或者注册权；

（二）办理基金备案；

（三）对基金管理人、基金托管人及其他机构从事证券投资基金活动进行监督管理，对违法行为进行查处，并予以公告；

（四）制定基金从业人员的资格标准和行为准则，并监督实施；

（五）监督检查基金信息的披露情况；

（六）指导和监督基金行业协会的活动；

（七）法律、行政法规规定的其他职责。

**第一百一十三条** 国务院证券监督管理机构依法履行职责，有权采取下列措施：

（一）对基金管理人、基金托管人、基金服务机构进行现场检查，并要求其报送有关的业务资料；

（二）进入涉嫌违法行为发生场所调查取证；

（三）询问当事人和与被调查事件有关的单位和个人，要求其对与被调查事件有关的事项作出说明；

（四）查阅、复制与被调查事件有关的财产权登记、通讯记录等资料；

（五）查阅、复制当事人和与被调查事件有关的单位和个人的证券交易记录、登记过户记录、财务会计资料及其他相关文件和资料；对可能被转移、隐匿或者毁损的文件和资料，可以予以封存；

（六）查询当事人和与被调查事件有关的单位和个人的资金账户、证券账户和银行账户；对有证据证明已经或者可能转移或者隐匿违法资金、证券等涉案财产或者隐匿、伪造、毁损重要证据的，经国务院证券监督管理机构主要负责人批准，可以冻结或者查封；

（七）在调查操纵证券市场、内幕交易等重大证券违法行为时，经国务院证券监督管理机构主要负责人批准，可以限制被调查事件当事人的证券买卖，但限制的期限不得超过十五个交易日；案情复杂的，可以延长十五个交易日。

**第一百一十四条** 国务院证券监督管理机构工作人员依法履行职责，进行调查或者检查时，不得少于二人，并应当出示合法证件；对调查或者检查中知悉的商业秘密负有保密的义务。

**第一百一十五条** 国务院证券监督管理机构工作人员应当忠于职守，依法办事，公正廉洁，接受监督，不得利用职务牟取私利。

**第一百一十六条** 国务院证券监督管理机构依法履行职责时，被调查、检查的单位和个人应当配合，如实提供有关文件和资料，不得拒绝、阻碍和隐瞒。

**第一百一十七条** 国务院证券监督管理机构依法履行职责，发现违法行为涉嫌犯罪的，应当将案件移送司法机关处理。

**第一百一十八条** 国务院证券监督管理机构工作人员在任职期间，或者离职后在《中华人民共和国公务员法》规定的期限内，不得在被监管的机构中担任职务。

## 第十四章 法律责任

**第一百一十九条** 违反本法规定，未经批准擅自设立基金管理公司或者未经核准从事公开募集基金管理业务的，由证券监督管理机构予以取缔或者责令改正，没收违法所得，并处违法所得一倍以上五倍以下罚款；没有违法所得或者违法所得不足一百万元的，并处十万元以上一百万元以下罚款。对直接负责的主管人员和其他直接责任人员给予警告，并处三万元以上三十万元以下罚款。

基金管理公司违反本法规定，擅自变更持有百分之五以上股权的股东、实际控制人或者其他重大事项的，责令改正，没收违法所得，并处违法所得一倍以上五倍以下罚款；没有违法所得或者违法所得不足五十万元的，并处五万元以上五十万元以下罚款。对直接负责的主管人员给予警告，并处三万元以上十万元以下罚款。

**第一百二十条** 基金管理人的董事、监事、高级管理人员和其他从业人员，基金托管人的专门基金托管部门的高级管理人员和其他从业人员，未按照本法第十七条第一款规定申报的，责令改正，处三万元以上十万元以下罚款。

基金管理人、基金托管人违反本法第十七条第二款规定的,责令改正,处十万元以上一百万元以下罚款;对直接负责的主管人员和其他直接责任人员给予警告,暂停或者撤销基金从业资格,并处三万元以上三十万元以下罚款。

第一百二十一条　基金管理人的董事、监事、高级管理人员和其他从业人员,基金托管人的专门基金托管部门的高级管理人员和其他从业人员违反本法第十八条规定的,责令改正,没收违法所得,并处违法所得一倍以上五倍以下罚款;没有违法所得或者违法所得不足一百万元的,并处十万元以上一百万元以下罚款;情节严重的,撤销基金从业资格。

第一百二十二条　基金管理人、基金托管人违反本法规定,未对基金财产实行分别管理或者分账保管,责令改正,处五万元以上五十万元以下罚款;对直接负责的主管人员和其他直接责任人员给予警告,暂停或者撤销基金从业资格,并处三万元以上三十万元以下罚款。

第一百二十三条　基金管理人、基金托管人及其董事、监事、高级管理人员和其他从业人员有本法第二十条所列行为之一的,责令改正,没收违法所得,并处违法所得一倍以上五倍以下罚款;没有违法所得或者违法所得不足一百万元的,并处十万元以上一百万元以下罚款;基金管理人、基金托管人有上述行为的,还应当对其直接负责的主管人员和其他直接责任人员给予警告,暂停或者撤销基金从业资格,并处三万元以上三十万元以下罚款。

基金管理人、基金托管人及其董事、监事、高级管理人员和其他从业人员侵占、挪用基金财产而取得的财产和收益,归入基金财产。但是,法律、行政法规另有规定的,依照其规定。

第一百二十四条　基金管理人的股东、实际控制人违反本法第二十三条规定的,责令改正,没收违法所得,并处违法所得一倍以上五倍以下罚款;没有违法所得或者违法所得不足一百万元的,并处十万元以上一百万元以下罚款;对直接负责的主管人员和其他直接责任人员给予警告,暂停或者撤销基金或证券从业资格,并处三万元以上三十万元以下罚款。

第一百二十五条　未经核准,擅自从事基金托管业务的,责令停止,没收违法所得,并处违法所得一倍以上五倍以下罚款;没有违法所得或者违法所得不足一百万元的,并处十万元以上一百万元以下罚款;对直接负责的主管人员和其他直接责任人员给予警告,并处三万元以上三十万元以下罚款。

第一百二十六条　基金管理人、基金托管人违反本法规定,相互出资或者持有股份的,责令改正,可以处十万元以下罚款。

第一百二十七条　违反本法规定,擅自公开或者变相公开募集基金的,责令停止,返还所募资金和加计的银行同期存款利息,没收违法所得,并处所募资金金额百分之一以上百分之五以下罚款。对直接负责的主管人员和其他直接责任人员给予警告,并处五万元以上五十万元以下罚款。

第一百二十八条　违反本法第五十九条规定,动用募集的资金的,责令返还,没收违法所得,并处违法所得一倍以上五倍以下罚款;没有违法所得或者违法所得不足五十万元的,并处五万元以上五十万元以下罚款;对直接负责的主管人员和其他直接责任人员给予警告,并处三万元以上三十万元以下罚款。

第一百二十九条　基金管理人、基金托管人有本法第七十三条第一款第一项至第五项和第七项所列行为之一,或者违反本法第七十三条第二款规定的,责令改正,处十万元以上一百万元以下罚款;对直接负责的主管人员和其他直接责任人员给予警告,暂停或者撤销基金从业资格,并处三万元以上三十万元以下罚款。

基金管理人、基金托管人有前款行为,运用基金财产而取得的财产和收益,归入基金财产。但是,法律、行政法规另有规定的,依照其规定。

第一百三十条　基金管理人、基金托管人有本法第七十三条第一款第六项规定行为的,除依照《中华人民共和国证券法》的有关规定处罚外,对直接负责的主管人员和其他直接责任人员暂停或者撤销基金从业资格。

第一百三十一条　基金信息披露义务人不依法披露基金信息或者披露的信息有虚假记载、误导性陈述或者重大遗漏,责令改正,没收违法所得,并处十万元以上一百万元以下罚款;对直接负责的主管人员和其他直接责任人员给予警告,暂停或者撤销基金从业资格,并处三万元以上三十万元以下罚款。

第一百三十二条　基金管理人或者基金托管人不按照规定召集基金份额持有人大会的,责令改正,可以处五万元以下罚款;对直接负责的主管人员和其他直接责任人员给予警告,暂停或者撤销基金从业资格。

第一百三十三条　违反本法规定,未经登记,使用"基金"或者"基金管理"字样或者近似名称进行证券投资活动的,没收违法所得,并处违法所得一倍以上五倍以下罚款;没有违法所得或者违法所得不足一百万元的,并处十万元以上一百万元以下罚款。对直接负责的主管人员和其他直接责任人员给予警告,并处三万元以上三十万元以下罚款。

**第一百三十四条** 违反本法规定,非公开募集基金募集完毕,基金管理人未备案的,处十万元以上三十万元以下罚款。对直接负责的主管人员和其他直接责任人员给予警告,并处三万元以上十万元以下罚款。

**第一百三十五条** 违反本法规定,向合格投资者之外的单位或者个人非公开募集资金或者转让基金份额的,没收违法所得,并处违法所得一倍以上五倍以下罚款;没有违法所得或者违法所得不足一百万元的,并处十万元以上一百万元以下罚款。对直接负责的主管人员和其他直接责任人员给予警告,并处三万元以上三十万元以下罚款。

**第一百三十六条** 违反本法规定,擅自从事公开募集基金的基金服务业务的,责令改正,没收违法所得,并处违法所得一倍以上五倍以下罚款;没有违法所得或者违法所得不足三十万元的,并处十万元以上三十万元以下罚款。对直接负责的主管人员和其他直接责任人员给予警告,并处三万元以上十万元以下罚款。

**第一百三十七条** 基金销售机构未向投资人充分揭示投资风险并误导其购买与其风险承担能力不相当的基金产品的,处十万元以上三十万元以下罚款;情节严重的,责令其停止基金服务业务。对直接负责的主管人员和其他直接责任人员给予警告,撤销基金从业资格,并处三万元以上十万元以下罚款。

**第一百三十八条** 基金销售支付机构未按照规定划付基金销售结算资金的,处十万元以上三十万元以下罚款;情节严重的,责令其停止基金服务业务。对直接负责的主管人员和其他直接责任人员给予警告,撤销基金从业资格,并处三万元以上十万元以下罚款。

**第一百三十九条** 挪用基金销售结算资金或者基金份额的,责令改正,没收违法所得,并处违法所得一倍以上五倍以下罚款;没有违法所得或者违法所得不足一百万元的,并处十万元以上一百万元以下罚款。对直接负责的主管人员和其他直接责任人员给予警告,并处三万元以上三十万元以下罚款。

**第一百四十条** 基金份额登记机构未妥善保存或者备份基金份额登记数据的,责令改正,给予警告,并处十万元以上三十万元以下罚款;情节严重的,责令其停止基金服务业务。对直接负责的主管人员和其他直接责任人员给予警告,撤销基金从业资格,并处三万元以上十万元以下罚款。

基金份额登记机构隐匿、伪造、篡改、毁损基金份额登记数据的,责令改正,处十万元以上一百万元以下罚款,并责令其停止基金服务业务。对直接负责的主管人员和其他直接责任人员给予警告,撤销基金从业资格,并处三万元以上三十万元以下罚款。

**第一百四十一条** 基金投资顾问机构、基金评价机构及其从业人员违反本法规定开展投资顾问、基金评价服务的,处十万元以上三十万元以下罚款;情节严重的,责令其停止基金服务业务。对直接负责的主管人员和其他直接责任人员给予警告,撤销基金从业资格,并处三万元以上十万元以下罚款。

**第一百四十二条** 信息技术系统服务机构未按照规定向国务院证券监督管理机构提供相关信息技术系统资料,或者提供的信息技术系统资料虚假、有重大遗漏的,责令改正,处三万元以上十万元以下罚款。对直接负责的主管人员和其他直接责任人员给予警告,并处一万元以上三万元以下罚款。

**第一百四十三条** 会计师事务所、律师事务所未勤勉尽责,所出具的文件有虚假记载、误导性陈述或者重大遗漏的,责令改正,没收业务收入,暂停或者撤销相关业务许可,并处业务收入一倍以上五倍以下罚款。对直接负责的主管人员和其他直接责任人员给予警告,并处三万元以上十万元以下罚款。

**第一百四十四条** 基金服务机构未建立应急等风险管理制度和灾难备份系统,或者泄露与基金份额持有人、基金投资运作相关的非公开信息的,处十万元以上三十万元以下罚款;情节严重的,责令其停止基金服务业务。对直接负责的主管人员和其他直接责任人员给予警告,撤销基金从业资格,并处三万元以上十万元以下罚款。

**第一百四十五条** 违反本法规定,给基金财产、基金份额持有人或者投资人造成损害的,依法承担赔偿责任。

基金管理人、基金托管人在履行各自职责的过程中,违反本法规定或者基金合同约定,给基金财产或者基金份额持有人造成损害的,应当分别对各自的行为依法承担赔偿责任;因共同行为给基金财产或者基金份额持有人造成损害的,应当承担连带赔偿责任。

**第一百四十六条** 证券监督管理机构工作人员玩忽职守、滥用职权、徇私舞弊或者利用职务上的便利索取或者收受他人财物的,依法给予行政处分。

**第一百四十七条** 拒绝、阻碍证券监督管理机构及其工作人员依法行使监督检查、调查职权未使用暴力、威胁方法的,依法给予治安管理处罚。

第一百四十八条　违反法律、行政法规或者国务院证券监督管理机构的有关规定,情节严重的,国务院证券监督管理机构可以对有关责任人员采取证券市场禁入的措施。

第一百四十九条　违反本法规定,构成犯罪的,依法追究刑事责任。

第一百五十条　违反本法规定,应当承担民事赔偿责任和缴纳罚款、罚金,其财产不足以同时支付时,先承担民事赔偿责任。

第一百五十一条　依照本法规定,基金管理人、基金托管人、基金服务机构应当承担的民事赔偿责任和缴纳的罚款、罚金,由基金管理人、基金托管人、基金服务机构以其固有财产承担。

依法收缴的罚款、罚金和没收的违法所得,应当全部上缴国库。

### 第十五章　附　则

第一百五十二条　在中华人民共和国境内募集投资境外证券的基金,以及合格境外投资者在境内进行证券投资,应当经国务院证券监督管理机构批准,具体办法由国务院证券监督管理机构会同国务院有关部门规定,报国务院批准。

第一百五十三条　公开或者非公开募集资金,以进行证券投资活动为目的设立的公司或者合伙企业,资产由基金管理人或者普通合伙人管理的,其证券投资活动适用本法。

第一百五十四条　本法自2013年6月1日起施行。

## 证券公司风险处置条例

· 2008年4月23日中华人民共和国国务院令第523号公布
· 根据2016年2月6日《国务院关于修改部分行政法规的决定》第一次修订
· 根据2023年7月20日《国务院关于修改和废止部分行政法规的决定》第二次修订

### 第一章　总　则

第一条　为了控制和化解证券公司风险,保护投资者合法权益和社会公共利益,保障证券业健康发展,根据《中华人民共和国证券法》(以下简称《证券法》)、《中华人民共和国企业破产法》(以下简称《企业破产法》),制定本条例。

第二条　国务院证券监督管理机构依法对处置证券公司风险工作进行组织、协调和监督。

第三条　国务院证券监督管理机构应当会同中国人民银行、国务院财政部门、国务院公安部门、国务院其他金融监督管理机构以及省级人民政府建立处置证券公司风险的协调配合与快速反应机制。

第四条　处置证券公司风险过程中,有关地方人民政府应当采取有效措施维护社会稳定。

第五条　处置证券公司风险过程中,应当保障证券经纪业务正常进行。

### 第二章　停业整顿、托管、接管、行政重组

第六条　国务院证券监督管理机构发现证券公司存在重大风险隐患,可以派出风险监控现场工作组对证券公司进行专项检查,对证券公司划拨资金、处置资产、调配人员、使用印章、订立以及履行合同等经营、管理活动进行监控,并及时向有关地方人民政府通报情况。

第七条　证券公司风险控制指标不符合有关规定,在规定期限内未能完成整改的,国务院证券监督管理机构可以责令证券公司停止部分或者全部业务进行整顿。停业整顿的期限不超过3个月。

证券经纪业务被责令停业整顿的,证券公司在规定的期限内可以将其证券经纪业务委托给国务院证券监督管理机构认可的证券公司管理,或者将客户转移到其他证券公司。证券公司逾期未按要求委托证券经纪业务或者未转移客户的,国务院证券监督管理机构应当将客户转移到其他证券公司。

第八条　证券公司有下列情形之一的,国务院证券监督管理机构可以对其证券经纪等涉及客户的业务进行托管;情节严重的,可以对该证券公司进行接管:

(一)治理混乱,管理失控;

(二)挪用客户资产并且不能自行弥补;

(三)在证券交易结算中多次发生交收违约或者交收违约数额较大;

(四)风险控制指标不符合规定,发生重大财务危机;

(五)其他可能影响证券公司持续经营的情形。

第九条　国务院证券监督管理机构决定对证券公司证券经纪等涉及客户的业务进行托管的,应当按照规定程序选择证券公司等专业机构成立托管组,行使被托管证券公司的证券经纪等涉及客户的业务的经营管理权。

托管组自托管之日起履行下列职责:

(一)保障证券公司证券经纪业务正常合规运行,必

要时依照规定垫付营运资金和客户的交易结算资金；

（二）采取有效措施维护托管期间客户资产的安全；

（三）核查证券公司存在的风险，及时向国务院证券监督管理机构报告业务运行中出现的紧急情况，并提出解决方案；

（四）国务院证券监督管理机构要求履行的其他职责。

托管期限一般不超过12个月。满12个月，确需继续托管的，国务院证券监督管理机构可以决定延长托管期限，但延长托管期限最长不得超过12个月。

**第十条** 被托管证券公司应当承担托管费用和托管期间的营运费用。国务院证券监督管理机构应当对托管费用和托管期间的营运费用进行审核。

托管组不承担被托管证券公司的亏损。

**第十一条** 国务院证券监督管理机构决定对证券公司进行接管的，应当按照规定程序组织专业人员成立接管组，行使被接管证券公司的经营管理权，接管组负责人行使被接管证券公司法定代表人职权，被接管证券公司的股东会或者股东大会、董事会、监事会以及经理、副经理停止履行职责。

接管组自接管之日起履行下列职责：

（一）接管证券公司的财产、印章和账簿、文书等资料；

（二）决定证券公司的管理事务；

（三）保障证券公司证券经纪业务正常合规运行，完善内控制度；

（四）清查证券公司财产，依法保全、追收资产；

（五）控制证券公司风险，提出风险化解方案；

（六）核查证券公司有关人员的违法行为；

（七）国务院证券监督管理机构要求履行的其他职责。

接管期限一般不超过12个月。满12个月，确需继续接管的，国务院证券监督管理机构可以决定延长接管期限，但延长接管期限最长不得超过12个月。

**第十二条** 证券公司出现重大风险，但具备下列条件的，可以由国务院证券监督管理机构对其进行行政重组：

（一）财务信息真实、完整；

（二）省级人民政府或者有关方面予以支持；

（三）整改措施具体，有可行的重组计划。

被停业整顿、托管、接管的证券公司，具备前款规定条件的，也可以由国务院证券监督管理机构对其进行行政重组。

**第十三条** 证券公司进行行政重组，可以采取注资、股权重组、债务重组、资产重组、合并或者其他方式。

行政重组期限一般不超过12个月。满12个月，行政重组未完成的，国务院证券监督管理机构可以决定延长行政重组期限，但延长行政重组期限最长不得超过6个月。

国务院证券监督管理机构对证券公司的行政重组进行协调和指导。

**第十四条** 国务院证券监督管理机构对证券公司做出责令停业整顿、托管、接管、行政重组的处置决定，应当予以公告，并将公告张贴于被处置证券公司的营业场所。

处置决定包括被处置证券公司的名称、处置措施、事由以及范围等有关事项。

处置决定的公告日期为处置日，处置决定自公告之时生效。

**第十五条** 证券公司被责令停业整顿、托管、接管、行政重组的，其债权债务关系不因处置决定而变化。

**第十六条** 证券公司经停业整顿、托管、接管或者行政重组在规定期限内达到正常经营条件的，经国务院证券监督管理机构批准，可以恢复正常经营。

**第十七条** 证券公司经停业整顿、托管、接管或者行政重组在规定期限内仍达不到正常经营条件，但能够清偿到期债务的，国务院证券监督管理机构依法撤销其证券业务许可。

**第十八条** 被撤销证券业务许可的证券公司应当停止经营证券业务，按照客户自愿的原则将客户安置到其他证券公司，安置过程中相关各方应当采取必要措施保证客户证券交易的正常进行。

被撤销证券业务许可的证券公司有未安置客户等情形的，国务院证券监督管理机构可以比照本条例第三章的规定，成立行政清理组，清理账户、安置客户、转让证券类资产。

## 第三章 撤 销

**第十九条** 证券公司同时有下列情形的，国务院证券监督管理机构可以直接撤销该证券公司：

（一）违法经营情节特别严重、存在巨大经营风险；

（二）不能清偿到期债务，并且资产不足以清偿全部债务或者明显缺乏清偿能力；

（三）需要动用证券投资者保护基金。

**第二十条** 证券公司经停业整顿、托管、接管或者行政重组在规定期限内仍达不到正常经营条件，并且有本条例第十九条第（二）项或者第（三）项规定情形的，国务院证券监督管理机构应当撤销该证券公司。

**第二十一条** 国务院证券监督管理机构撤销证券公司，应当做出撤销决定，并按照规定程序选择律师事务所、会计师事务所等专业机构成立行政清理组，对该证券公司进行行政清理。

撤销决定应当予以公告，撤销决定的公告日期为处置日，撤销决定自公告之时生效。

本条例施行前，国务院证券监督管理机构已经对证券公司进行行政清理的，行政清理的公告日期为处置日。

**第二十二条** 行政清理期间，行政清理组负责人行使被撤销证券公司法定代表人职权。

行政清理组履行下列职责：

（一）管理证券公司的财产、印章和账簿、文书等资料；

（二）清理账户，核实资产负债有关情况，对符合国家规定的债权进行登记；

（三）协助甄别确认、收购符合国家规定的债权；

（四）协助证券投资者保护基金管理机构弥补客户的交易结算资金；

（五）按照客户自愿的原则安置客户；

（六）转让证券类资产；

（七）国务院证券监督管理机构要求履行的其他职责。

前款所称证券类资产，是指证券公司为维持证券经纪业务正常进行所必需的计算机信息管理系统、交易系统、通信网络系统、交易席位等资产。

**第二十三条** 被撤销证券公司的股东会或者股东大会、董事会、监事会以及经理、副经理停止履行职责。

行政清理期间，被撤销证券公司的股东不得自行组织清算，不得参与行政清理工作。

**第二十四条** 行政清理期间，被撤销证券公司的证券经纪等涉及客户的业务，由国务院证券监督管理机构按照规定程序选择证券公司等专业机构进行托管。

**第二十五条** 证券公司设立或者实际控制的关联公司，其资产、人员、财务或者业务与被撤销证券公司混合的，经国务院证券监督管理机构审查批准，纳入行政清理范围。

**第二十六条** 证券公司的债权债务关系不因其被撤销而变化。

自证券公司被撤销之日起，证券公司的债务停止计算利息。

**第二十七条** 行政清理组清理被撤销证券公司账户的结果，应当经具有证券、期货相关业务资格的会计师事务所审计，并报国务院证券监督管理机构认定。

行政清理组根据经国务院证券监督管理机构认定的账户清理结果，向证券投资者保护基金管理机构申请弥补客户的交易结算资金的资金。

**第二十八条** 行政清理组应当自成立之日起10日内，将债权人需要登记的相关事项予以公告。

符合国家有关规定的债权人应当自公告之日起90日内，持相关证明材料向行政清理组申报债权，行政清理组按照规定登记。无正当理由逾期申报的，不予登记。

已登记债权经甄别确认符合国家收购规定的，行政清理组应当及时按照国家有关规定申请收购资金并协助收购；经甄别确认不符合国家收购规定的，行政清理组应当告知申报的债权人。

**第二十九条** 行政清理组应当在具备证券业务经营资格的机构中，采用招标、公开询价等公开方式转让证券类资产。证券类资产转让方案应当报国务院证券监督管理机构批准。

**第三十条** 行政清理组不得转让证券类资产以外的资产，但经国务院证券监督管理机构批准，易贬损并可能遭受损失的资产或者确为保护客户和债权人利益的其他情形除外。

**第三十一条** 行政清理组不得对债务进行个别清偿，但为保护客户和债权人利益的下列情形除外：

（一）因行政清理组请求对方当事人履行双方均未履行完毕的合同所产生的债务；

（二）为维持业务正常进行而应当支付的职工劳动报酬和社会保险费用等正常支出；

（三）行政清理组履行职责所产生的其他费用。

**第三十二条** 为保护债权人利益，经国务院证券监督管理机构批准，行政清理组可以向人民法院申请对处置前被采取查封、扣押、冻结等强制措施的证券类资产以及其他资产进行变现处置，变现后的资金应当予以冻结。

**第三十三条** 行政清理费用经国务院证券监督管理机构审核后，从被处置证券公司财产中随时清偿。

前款所称行政清理费用，是指行政清理组管理、转让证券公司财产所需的费用，行政清理组履行职务和聘用专业机构的费用等。

**第三十四条** 行政清理期限一般不超过12个月。满12个月，行政清理未完成的，国务院证券监督管理机构可以决定延长行政清理期限，但延长行政清理期限最长不得超过 12 个月。

**第三十五条** 行政清理期间，被处置证券公司免缴行政性收费和增值税、营业税等行政法规规定的税收。

**第三十六条** 证券公司被国务院证券监督管理机构依法责令关闭，需要进行行政清理的，比照本章的有关规定执行。

### 第四章 破产清算和重整

**第三十七条** 证券公司被依法撤销、关闭时，有《企业破产法》第二条规定情形的，行政清理工作完成后，国务院证券监督管理机构或者其委托的行政清理组依照《企业破产法》的有关规定，可以向人民法院申请对被撤销、关闭证券公司进行破产清算。

**第三十八条** 证券公司有《企业破产法》第二条规定情形的，国务院证券监督管理机构可以直接向人民法院申请对该证券公司进行重整。

证券公司或者其债权人依照《企业破产法》的有关规定，可以向人民法院提出对证券公司进行破产清算或者重整的申请，但应当依照《证券法》第一百二十二条的规定报经国务院证券监督管理机构批准。

**第三十九条** 对不需要动用证券投资者保护基金的证券公司，国务院证券监督管理机构应当在批准破产清算前撤销其证券业务许可。证券公司应当依照本条例第十八条的规定停止经营证券业务，安置客户。

对需要动用证券投资者保护基金的证券公司，国务院证券监督管理机构对该证券公司或者其债权人的破产清算申请不予批准，并依照本条例第三章的规定撤销该证券公司，进行行政清理。

**第四十条** 人民法院裁定受理证券公司重整或者破产清算申请的，国务院证券监督管理机构可以向人民法院推荐管理人人选。

**第四十一条** 证券公司进行破产清算的，行政清理时已登记的不符合国家收购规定的债权，管理人可以直接予以登记。

**第四十二条** 人民法院裁定证券公司重整的，证券公司或者管理人应当同时向债权人会议、国务院证券监督管理机构和人民法院提交重整计划草案。

**第四十三条** 自债权人会议各表决组通过重整计划草案之日起 10 日内，证券公司或者管理人应当向人民法院提出批准重整计划的申请。重整计划涉及《证券法》第一百二十二条规定相关事项的，证券公司或者管理人应当同时向国务院证券监督管理机构提出批准相关事项的申请，国务院证券监督管理机构应当自收到申请之日起 15 日内做出批准或者不予批准的决定。

**第四十四条** 债权人会议部分表决组未通过重整计划草案，但重整计划草案符合《企业破产法》第八十七条第二款规定条件的，证券公司或者管理人可以申请人民法院批准重整计划草案。重整计划草案涉及《证券法》第一百二十二条规定相关事项的，证券公司或者管理人应当同时向国务院证券监督管理机构提出批准相关事项的申请，国务院证券监督管理机构应当自收到申请之日起 15 日内做出批准或者不予批准的决定。

**第四十五条** 经批准的重整计划由证券公司执行，管理人负责监督。监督期届满，管理人应当向人民法院和国务院证券监督管理机构提交监督报告。

**第四十六条** 重整计划的相关事项未获国务院证券监督管理机构批准，或者重整计划未获人民法院批准的，人民法院裁定终止重整程序，并宣告证券公司破产。

**第四十七条** 重整程序终止，人民法院宣告证券公司破产的，国务院证券监督管理机构应当对证券公司做出撤销决定，人民法院依照《企业破产法》的规定组织破产清算。涉及税收事项，依照《企业破产法》和《中华人民共和国税收征收管理法》的规定执行。

人民法院认为应当对证券公司进行行政清理的，国务院证券监督管理机构比照本条例第三章的规定成立行政清理组，负责清理账户、协助甄别确认、收购符合国家规定的债权，协助证券投资者保护基金管理机构弥补客户的交易结算资金，转让证券类资产等。

### 第五章 监督协调

**第四十八条** 国务院证券监督管理机构在处置证券公司风险工作中，履行下列职责：

（一）制订证券公司风险处置方案并组织实施；

（二）派驻风险处置现场工作组，对被处置证券公司、托管组、接管组、行政清理组、管理人以及参与风险处置的其他机构和人员进行监督和指导；

（三）协调证券交易所、证券登记结算机构、证券投资者保护基金管理机构，保障被处置证券公司证券经纪业务正常进行；

（四）对证券公司的违法行为立案稽查并予以处罚；

（五）及时向公安机关等通报涉嫌刑事犯罪的情况，按照有关规定移送涉嫌犯罪的案件；

（六）向有关地方人民政府通报证券公司风险状况以及影响社会稳定的情况；

（七）法律、行政法规要求履行的其他职责。

**第四十九条** 处置证券公司风险过程中，发现涉嫌犯罪的案件，属公安机关管辖的，应当由国务院公安部门统一组织依法查处。有关地方人民政府应当予以支持和配合。

风险处置现场工作组、行政清理组和管理人需要从公安机关扣押资料中查询、复制与其工作有关资料的，公安机关应当支持和配合。证券公司进入破产程序的，公安机关应当依法将冻结的涉案资产移送给受理破产案件的人民法院，并留存必需的相关证明材料。

**第五十条** 国务院证券监督管理机构依照本条例第二章、第三章对证券公司进行处置的，可以向人民法院提出申请中止以该证券公司以及其分支机构为被告、第三人或者被执行人的民事诉讼程序或者执行程序。

证券公司设立或者实际控制的关联公司，其资产、人员、财务或者业务与被处置证券公司混合的，国务院证券监督管理机构可以向人民法院提出申请中止以该关联公司为被告、第三人或者被执行人的民事诉讼程序或者执行程序。

采取前两款规定措施期间，除本条例第三十一条规定的情形外，不得对被处置证券公司债务进行个别清偿。

**第五十一条** 被处置证券公司或者其关联客户可能转移、隐匿违法资金、证券，或者证券公司违反本条例规定可能对债务进行个别清偿的，国务院证券监督管理机构可以禁止相关资金账户、证券账户的资金和证券转出。

**第五十二条** 被处置证券公司以及其分支机构所在地人民政府，应当按照国家有关规定配合证券公司风险处置工作，制订维护社会稳定的预案，排查、预防和化解不稳定因素，维护被处置证券公司正常的营业秩序。

被处置证券公司以及其分支机构所在地人民政府，应当组织相关单位的人员成立个人债权甄别确认小组，按照国家规定对已登记的个人债权进行甄别确认。

**第五十三条** 证券投资者保护基金管理机构应当按照国家规定，收购债权、弥补客户的交易结算资金。

证券投资者保护基金管理机构可以对证券投资者保护基金的使用情况进行检查。

**第五十四条** 被处置证券公司的股东、实际控制人、债权人以及与被处置证券公司有关的机构和人员，应当配合证券公司风险处置工作。

**第五十五条** 被处置证券公司的董事、监事、高级管理人员以及其他有关人员应当妥善保管其使用和管理的证券公司财产、印章和账簿、文书等资料以及其他物品，按照要求向托管组、接管组、行政清理组或者管理人移交，并配合风险处置现场工作组、托管组、接管组、行政清理组的调查工作。

**第五十六条** 托管组、接管组、行政清理组以及被责令停业整顿、托管和行政重组的证券公司，应当按照规定向国务院证券监督管理机构报告工作情况。

**第五十七条** 托管组、接管组、行政清理组以及其工作人员应当勤勉尽责，忠实履行职责。

被处置证券公司的股东以及债权人有证据证明托管组、接管组、行政清理组以及其工作人员未依法履行职责的，可以向国务院证券监督管理机构投诉。经调查核实，由国务院证券监督管理机构责令托管组、接管组、行政清理组以及其工作人员改正或者对其予以更换。

**第五十八条** 有下列情形之一的机构或者人员，禁止参与处置证券公司风险工作：

（一）曾受过刑事处罚或者涉嫌犯罪正在被立案侦查、起诉；

（二）涉嫌严重违法正在被行政管理部门立案稽查或者曾因严重违法行为受到行政处罚未逾3年；

（三）仍处于证券市场禁入期；

（四）内部控制薄弱、存在重大风险隐患；

（五）与被处置证券公司处置事项有利害关系；

（六）国务院证券监督管理机构认定不宜参与处置证券公司风险工作的其他情形。

## 第六章 法律责任

**第五十九条** 证券公司的董事、监事、高级管理人员等对该证券公司被处置负有主要责任，情节严重的，可以按照规定对其采取证券市场禁入的措施。

**第六十条** 被处置证券公司的董事、监事、高级管理人员等有关人员有下列情形之一的，处以其年收入1倍以上2倍以下的罚款；情节严重的，处以其年收入2倍以上5倍以下的罚款，并可以按照规定对其采取证券市场禁入的措施：

（一）拒绝配合现场工作组、托管组、接管组、行政清理组依法履行职责；

（二）拒绝向托管组、接管组、行政清理组移交财产、印章或者账簿、文书等资料；

（三）隐匿、销毁、伪造有关资料，或者故意提供虚假情况；

（四）隐匿财产，擅自转移、转让财产；

（五）妨碍证券公司正常经营管理秩序和业务运行，诱发不稳定因素；

（六）妨碍处置证券公司风险工作正常进行的其他情形。

证券公司控股股东或者实际控制人指使董事、监事、高级管理人员有前款规定的违法行为的,对控股股东、实际控制人依照前款规定从重处罚。

### 第七章 附 则

**第六十一条** 证券公司因分立、合并或者出现公司章程规定的解散事由需要解散的,应当向国务院证券监督管理机构提出解散申请,并附解散理由和转让证券类资产、了结证券业务、安置客户等方案,经国务院证券监督管理机构批准后依法解散并清算,清算过程接受国务院证券监督管理机构的监督。

**第六十二条** 期货公司风险处置参照本条例的规定执行。

**第六十三条** 本条例自公布之日起施行。

## 证券公司监督管理条例

- 2008年4月23日中华人民共和国国务院令第522号公布
- 根据2014年7月29日《国务院关于修改部分行政法规的决定》修订

### 第一章 总 则

**第一条** 为了加强对证券公司的监督管理,规范证券公司的行为,防范证券公司的风险,保护客户的合法权益和社会公共利益,促进证券业健康发展,根据《中华人民共和国公司法》(以下简称《公司法》)、《中华人民共和国证券法》(以下简称《证券法》),制定本条例。

**第二条** 证券公司应当遵守法律、行政法规和国务院证券监督管理机构的规定,审慎经营,履行对客户的诚信义务。

**第三条** 证券公司的股东和实际控制人不得滥用权利,占用证券公司或者客户的资产,损害证券公司或者客户的合法权益。

**第四条** 国家鼓励证券公司在有效控制风险的前提下,依法开展经营方式创新、业务或者产品创新、组织创新和激励约束机制创新。

国务院证券监督管理机构、国务院有关部门应当采取有效措施,促进证券公司的创新活动规范、有序进行。

**第五条** 证券公司按国家规定,可以发行、交易、销售证券类金融产品。

**第六条** 国务院证券监督管理机构依法履行对证券公司的监督管理职责。国务院证券监督管理机构的派出机构在国务院证券监督管理机构的授权范围内,履行对证券公司的监督管理职责。

**第七条** 国务院证券监督管理机构、中国人民银行、国务院其他金融监督管理机构应当建立证券公司监督管理的信息共享机制。

国务院证券监督管理机构和地方人民政府应当建立证券公司的有关情况通报机制。

### 第二章 设立与变更

**第八条** 设立证券公司,应当具备《公司法》、《证券法》和本条例规定的条件,并经国务院证券监督管理机构批准。

**第九条** 证券公司的股东应当用货币或者证券公司经营必需的非货币财产出资。证券公司股东的非货币财产出资总额不得超过证券公司注册资本的30%。

证券公司股东的出资,应当经具有证券、期货相关业务资格的会计师事务所验资并出具证明;出资中的非货币财产,应当经具有证券相关业务资格的资产评估机构评估。

在证券公司经营过程中,证券公司的债权人将其债权转为证券公司股权的,不受本条第一款规定的限制。

**第十条** 有下列情形之一的单位或者个人,不得成为持有证券公司5%以上股权的股东、实际控制人:

(一)因故意犯罪被判处刑罚,刑罚执行完毕未逾3年;

(二)净资产低于实收资本的50%,或者或有负债达到净资产的50%;

(三)不能清偿到期债务;

(四)国务院证券监督管理机构认定的其他情形。

证券公司的其他股东应当符合国务院证券监督管理机构的相关要求。

**第十一条** 证券公司应当有3名以上在证券业担任高级管理人员满2年的高级管理人员。

**第十二条** 证券公司设立时,其业务范围应当与其财务状况、内部控制制度、合规制度和人力资源状况相适应;证券公司在经营过程中,经其申请,国务院证券监督管理机构可以根据其财务状况、内部控制水平、合规程度、高级管理人员业务管理能力、专业人员数量,对其业务范围进行调整。

**第十三条** 证券公司增加注册资本且股权结构发生重大调整,减少注册资本,变更业务范围或者公司章程中的重要条款,合并、分立,设立、收购或者撤销境内分支机构,在境外设立、收购、参股证券经营机构,应当经国务院证券监督管理机构批准。

前款所称公司章程中的重要条款,是指规定下列事项的条款：

（一）证券公司的名称、住所；

（二）证券公司的组织机构及其产生办法、职权、议事规则；

（三）证券公司对外投资、对外提供担保的类型、金额和内部审批程序；

（四）证券公司的解散事由与清算办法；

（五）国务院证券监督管理机构要求证券公司章程规定的其他事项。

本条第一款所称证券公司分支机构，是指从事业务经营活动的分公司、证券营业部等证券公司下属的非法人单位。

**第十四条** 任何单位或者个人有下列情形之一的，应当事先告知证券公司，由证券公司报国务院证券监督管理机构批准：

（一）认购或者受让证券公司的股权后，其持股比例达到证券公司注册资本的5%；

（二）以持有证券公司股东的股权或者其他方式，实际控制证券公司5%以上的股权。

未经国务院证券监督管理机构批准，任何单位或者个人不得委托他人或者接受他人委托持有或者管理证券公司的股权。证券公司的股东不得违反国家规定，约定不按照出资比例行使表决权。

**第十五条** 证券公司合并、分立的，涉及客户权益的重大资产转让应当经具有证券相关业务资格的资产评估机构评估。

证券公司停业、解散或者破产的，应当经国务院证券监督管理机构批准，并按照有关规定安置客户、处理未了结的业务。

**第十六条** 国务院证券监督管理机构应当对下列申请进行审查，并在下列期限内，作出批准或者不予批准的书面决定：

（一）对在境内设立证券公司或者在境外设立、收购或者参股证券经营机构的申请，自受理之日起6个月；

（二）对增加注册资本且股权结构发生重大调整，减少注册资本，合并、分立或者要求审查股东、实际控制人资格的申请，自受理之日起3个月；

（三）对变更业务范围、公司章程中的重要条款或者要求审查高级管理人员任职资格的申请，自受理之日起45个工作日；

（四）对设立、收购、撤销境内分支机构，或者停业、解散、破产的申请，自受理之日起30个工作日；

（五）对要求审查董事、监事任职资格的申请，自受理之日起20个工作日。

国务院证券监督管理机构审批证券公司及其分支机构的设立申请，应当考虑证券市场发展和公平竞争的需要。

**第十七条** 公司登记机关应当依照法律、行政法规的规定，凭国务院证券监督管理机构的批准文件，办理证券公司及其境内分支机构的设立、变更、注销登记。

证券公司在取得公司登记机关颁发或者换发的公司或者境内分支机构的营业执照后，应当向国务院证券监督管理机构申请颁发或者换发经营证券业务许可证。经营证券业务许可证应当载明证券公司或者境内分支机构的证券业务范围。

未取得经营证券业务许可证，证券公司及其境内分支机构不得经营证券业务。

证券公司停止全部证券业务、解散、破产或者撤销境内分支机构的，应当在国务院证券监督管理机构指定的报刊上公告，并按照规定将经营证券业务许可证交国务院证券监督管理机构注销。

### 第三章 组织机构

**第十八条** 证券公司应当依照《公司法》、《证券法》和本条例的规定，建立健全组织机构，明确决策、执行、监督机构的职权。

**第十九条** 证券公司可以设独立董事。证券公司的独立董事，不得在本证券公司担任董事会外的职务，不得与本证券公司存在可能妨碍其做出独立、客观判断的关系。

**第二十条** 证券公司经营证券经纪业务、证券资产管理业务、融资融券业务和证券承销与保荐业务中两种以上业务的，其董事会应当设薪酬与提名委员会、审计委员会和风险控制委员会，行使公司章程规定的职权。

证券公司董事会设薪酬与提名委员会、审计委员会的，委员会负责人由独立董事担任。

**第二十一条** 证券公司设董事会秘书，负责股东会和董事会会议的筹备、文件的保管以及股东资料的管理，按照规定或者根据国务院证券监督管理机构、股东等有关单位或者个人的要求，依法提供有关资料，办理信息报送或者信息披露事项。董事会秘书为证券公司高级管理人员。

**第二十二条** 证券公司设立行使证券公司经营管理职权的机构，应当在公司章程中明确其名称、组成、职责和议事规则，该机构的成员为证券公司高级管理人员。

**第二十三条** 证券公司设合规负责人,对证券公司经营管理行为的合法合规性进行审查、监督或者检查。合规负责人为证券公司高级管理人员,由董事会决定聘任,并应当经国务院证券监督管理机构认可。合规负责人不得在证券公司兼任负责经营管理的职务。

合规负责人发现违法违规行为,应当向公司章程规定的机构报告,同时按照规定向国务院证券监督管理机构或者有关自律组织报告。

证券公司解聘合规负责人,应当有正当理由,并自解聘之日起3个工作日内将解聘的事实和理由书面报告国务院证券监督管理机构。

**第二十四条** 证券公司的董事、监事、高级管理人员应当在任职前取得经国务院证券监督管理机构核准的任职资格。

证券公司不得聘任、选任未取得任职资格的人员担任前款规定的职务;已经聘任、选任的,有关聘任、选任的决议、决定无效。

**第二十五条** 证券公司的法定代表人或者高级管理人员离任的,证券公司应当对其进行审计,并自其离任之日起2个月内将审计报告报送国务院证券监督管理机构;证券公司的法定代表人或者经营管理的主要负责人离任的,应当聘请具有证券、期货相关业务资格的会计师事务所对其进行审计。

前款规定的审计报告未报送国务院证券监督管理机构的,离任人员不得在其他证券公司任职。

## 第四章 业务规则与风险控制
### 第一节 一般规定

**第二十六条** 证券公司及其境内分支机构从事《证券法》第一百二十五条规定的证券业务,应当遵守《证券法》和本条例的规定。

证券公司及其境内分支机构经营的业务应当经国务院证券监督管理机构批准,不得经营未经批准的业务。

2个以上的证券公司受同一单位、个人控制或者相互之间存在控制关系的,不得经营相同的证券业务,但国务院证券监督管理机构另有规定的除外。

**第二十七条** 证券公司应当按照审慎经营的原则,建立健全风险管理与内部控制制度,防范和控制风险。

证券公司应当对分支机构实行集中统一管理,不得与他人合资、合作经营管理分支机构,也不得将分支机构承包、租赁或者委托给他人经营管理。

**第二十八条** 证券公司受证券登记结算机构委托,为客户开立证券账户,应当按照证券账户管理规则,对客户申报的姓名或者名称、身份的真实性进行审查。同一客户开立的资金账户和证券账户的姓名或者名称应当一致。

证券公司为证券资产管理客户开立的证券账户,应当自开户之日起3个交易日内报证券交易所备案。

证券公司不得将客户的资金账户、证券账户提供给他人使用。

**第二十九条** 证券公司从事证券资产管理业务、融资融券业务,销售证券类金融产品,应当按照规定程序,了解客户的身份、财产与收入状况、证券投资经验和风险偏好,并以书面和电子方式予以记载、保存。证券公司应当根据所了解的客户情况推荐适当的产品或者服务。具体规则由中国证券业协会制定。

**第三十条** 证券公司与客户签订证券交易委托、证券资产管理、融资融券等业务合同,应当事先指定专人向客户讲解有关业务规则和合同内容,并将风险揭示书交由客户签字确认。业务合同的必备条款和风险揭示书的标准格式,由中国证券业协会制定,并报国务院证券监督管理机构备案。

**第三十一条** 证券公司从事证券资产管理业务、融资融券业务,应当按照规定编制对账单,按月寄送客户。证券公司与客户对对账单送交时间或者方式另有约定的,从其约定。

**第三十二条** 证券公司应当建立信息查询制度,保证客户在证券公司营业时间内能够随时查询其委托记录、交易记录、证券和资金余额,以及证券公司业务经办人员和证券经纪人的姓名、执业证书、证券经纪人证书编号等信息。

客户认为有关信息记录与实际情况不符的,可以向证券公司或者国务院证券监督管理机构投诉。证券公司应当指定专门部门负责处理客户投诉。国务院证券监督管理机构应当根据客户的投诉,采取相应措施。

**第三十三条** 证券公司不得违反规定委托其他单位或者个人进行客户招揽、客户服务、产品销售活动。

**第三十四条** 证券公司向客户提供投资建议,不得对证券价格的涨跌或者市场走势做出确定性的判断。

证券公司及其从业人员不得利用向客户提供投资建议而谋取不正当利益。

**第三十五条** 证券公司应当建立并实施有效的管理制度,防范其从业人员直接或者以化名、他人名义持有、买卖股票,收受他人赠送的股票。

第三十六条　证券公司应当按照规定提取一般风险准备金,用于弥补经营亏损。

## 第二节　证券经纪业务

第三十七条　证券公司从事证券经纪业务,应当对客户账户内的资金、证券是否充足进行审查。客户资金账户内的资金不足的,不得接受其买入委托;客户证券账户内的证券不足的,不得接受其卖出委托。

第三十八条　证券公司从事证券经纪业务,可以委托证券公司以外的人员作为证券经纪人,代理其进行客户招揽、客户服务等活动。证券经纪人应当具有证券从业资格。

证券公司应当与接受委托的证券经纪人签订委托合同,颁发证券经纪人证书,明确对证券经纪人的授权范围,并对证券经纪人的执业行为进行监督。

证券经纪人应当在证券公司的授权范围内从事业务,并应当向客户出示证券经纪人证书。

第三十九条　证券经纪人应当遵守证券公司从业人员的管理规定,其在证券公司授权范围内的行为,由证券公司依法承担相应的法律责任;超出授权范围的行为,证券经纪人应当依法承担相应的法律责任。

证券经纪人只能接受一家证券公司的委托,进行客户招揽、客户服务等活动。

证券经纪人不得为客户办理证券认购、交易等事项。

第四十条　证券公司向客户收取证券交易费用,应当符合国家有关规定,并将收费项目、收费标准在营业场所的显著位置予以公示。

## 第三节　证券自营业务

第四十一条　证券公司从事证券自营业务,限于买卖依法公开发行的股票、债券、权证、证券投资基金或者国务院证券监督管理机构认可的其他证券。

第四十二条　证券公司从事证券自营业务,应当使用实名证券自营账户。

证券公司的证券自营账户,应当自开户之日起3个交易日内报证券交易所备案。

第四十三条　证券公司从事证券自营业务,不得有下列行为:

(一)违反规定购买本证券公司控股股东或者与本证券公司有其他重大利害关系的发行人发行的证券;

(二)违反规定委托他人代为买卖证券;

(三)利用内幕信息买卖证券或者操纵证券市场;

(四)法律、行政法规或者国务院证券监督管理机构禁止的其他行为。

第四十四条　证券公司从事证券自营业务,自营证券总值与公司净资本的比例、持有一种证券的价值与公司净资本的比例、持有一种证券的数量与该证券发行总量的比例等风险控制指标,应当符合国务院证券监督管理机构的规定。

## 第四节　证券资产管理业务

第四十五条　证券公司可以依照《证券法》和本条例的规定,从事接受客户的委托、使用客户资产进行投资的证券资产管理业务。投资所产生的收益由客户享有,损失由客户承担,证券公司可以按照约定收取管理费用。

证券公司从事证券资产管理业务,应当与客户签订证券资产管理合同,约定投资范围、投资比例、管理期限及管理费用等事项。

第四十六条　证券公司从事证券资产管理业务,不得有下列行为:

(一)向客户做出保证其资产本金不受损失或者保证其取得最低收益的承诺;

(二)接受一个客户的单笔委托资产价值,低于国务院证券监督管理机构规定的最低限额;

(三)使用客户资产进行不必要的证券交易;

(四)在证券自营账户与证券资产管理账户之间或者不同的证券资产管理账户之间进行交易,且无充分证据证明已依法实现有效隔离;

(五)法律、行政法规或者国务院证券监督管理机构禁止的其他行为。

第四十七条　证券公司使用多个客户的资产进行集合投资,应当符合法律、行政法规和国务院证券监督管理机构的有关规定。

## 第五节　融资融券业务

第四十八条　本条例所称融资融券业务,是指在证券交易所或者国务院批准的其他证券交易场所进行的证券交易中,证券公司向客户出借资金供其买入证券或者出借证券供其卖出,并由客户交存相应担保物的经营活动。

第四十九条　证券公司经营融资融券业务,应当具备下列条件:

(一)证券公司治理结构健全,内部控制有效;

(二)风险控制指标符合规定,财务状况、合规状况良好;

(三)有经营融资融券业务所需的专业人员、技术条件、资金和证券；

（四）有完善的融资融券业务管理制度和实施方案；

（五）国务院证券监督管理机构规定的其他条件。

**第五十条** 证券公司从事融资融券业务，应当与客户签订融资融券合同，并按照国务院证券监督管理机构的规定，以证券公司的名义在证券登记结算机构开立客户证券担保账户，在指定商业银行开立客户资金担保账户。客户资金担保账户内的资金应当参照本条例第五十七条的规定进行管理。

在以证券公司名义开立的客户证券担保账户和客户资金担保账户内，应当为每一客户单独开立授信账户。

**第五十一条** 证券公司向客户融资，应当使用自有资金或者依法筹集的资金；向客户融券，应当使用自有证券或者依法取得处分权的证券。

**第五十二条** 证券公司向客户融资融券时，客户应当交存一定比例的保证金。保证金可以用证券充抵。

客户交存的保证金以及通过融资融券交易买入的全部证券和卖出证券所得的全部资金，均为对证券公司的担保物，应当存入证券公司客户证券担保账户或者客户资金担保账户并记入该客户授信账户。

**第五十三条** 客户证券担保账户内的证券和客户资金担保账户内的资金为信托财产。证券公司不得违背受托义务侵占客户担保账户内的证券或者资金。除本条例第五十四条规定的情形或者证券公司和客户依法另有约定的情形外，证券公司不得动用客户担保账户内的证券或者资金。

**第五十四条** 证券公司应当逐日计算客户担保物价值与其债务的比例。当该比例低于规定的最低维持担保比例时，证券公司应当通知客户在一定的期限内补交差额。客户未能按期交足差额，或者到期未偿还融资融券债务的，证券公司应当立即按照约定处分其担保物。

**第五十五条** 客户依照本条例第五十二条第一款规定交存保证金的比例，由国务院证券监督管理机构授权的单位规定。

证券公司可以向客户融出的证券和融出资金可以买入证券的种类，可充抵保证金的有价证券的种类和折算率，融资融券的期限，最低维持担保比例和补交差额的期限，由证券交易所规定。

本条第一款、第二款规定由被授权单位或者证券交易所做出的相关规定，应当向国务院证券监督管理机构备案，且不得违反国家货币政策。

**第五十六条** 证券公司从事融资融券业务，自有资金或者证券不足的，可以向证券金融公司借入。证券金融公司的设立和解散由国务院决定。

## 第五章 客户资产的保护

**第五十七条** 证券公司从事证券经纪业务，其客户的交易结算资金应当存放在指定商业银行，以每个客户的名义单独立户管理。

指定商业银行应当与证券公司及其客户签订客户的交易结算资金存管合同，约定客户的交易结算资金存取、划转、查询等事项，并按照证券交易净额结算、货银对付的要求，为证券公司开立客户的交易结算资金汇总账户。

客户的交易结算资金的存取，应当通过指定商业银行办理。指定商业银行应当保证客户能够随时查询客户的交易结算资金的余额及变动情况。

指定商业银行的名单，由国务院证券监督管理机构会同国务院银行业监督管理机构确定并公告。

**第五十八条** 证券公司从事证券资产管理业务，应当将客户的委托资产交由本条例第五十七条第四款规定的指定商业银行或者国务院证券监督管理机构认可的其他资产托管机构托管。

资产托管机构应当按照国务院证券监督管理机构的规定和证券资产管理合同的约定，履行安全保管客户的委托资产、办理资金收付事项、监督证券公司投资行为等职责。

**第五十九条** 客户的交易结算资金、证券资产管理客户的委托资产属于客户，应当与证券公司、指定商业银行、资产托管机构的自有资产相互独立、分别管理。非因客户本身的债务或者法律规定的其他情形，任何单位或者个人不得对客户的交易结算资金、委托资产申请查封、冻结或者强制执行。

**第六十条** 除下列情形外，不得动用客户的交易结算资金或者委托资金：

（一）客户进行证券的申购、证券交易的结算或者客户提款；

（二）客户支付与证券交易有关的佣金、费用或者税款；

（三）法律规定的其他情形。

**第六十一条** 证券公司不得以证券经纪客户或者证券资产管理客户的资产向他人提供融资或者担保。任何单位或者个人不得强令、指使、协助、接受证券公司以其证券经纪客户或者证券资产管理客户的资产提供融资或者担保。

**第六十二条** 指定商业银行、资产托管机构和证券登记结算机构应当对存放在本机构的客户的交易结算资金、委托资金和客户担保账户内的资金、证券的动用情况进行监督，并按照规定定期向国务院证券监督管理机构报送客户的交易结算资金、委托资金和客户担保账户内的资金、证券的存管或者动用情况的有关数据。

指定商业银行、资产托管机构和证券登记结算机构对超出本条例第五十三条、第五十四条、第六十条规定的范围，动用客户的交易结算资金、委托资金和客户担保账户内的资金、证券的申请、指令，应当拒绝；发现客户的交易结算资金、委托资金和客户担保账户内的资金、证券被违法动用或者有其他异常情况的，应当立即向国务院证券监督管理机构报告，并抄报有关监督管理机构。

### 第六章　监督管理措施

**第六十三条**　证券公司应当自每一会计年度结束之日起4个月内，向国务院证券监督管理机构报送年度报告；自每月结束之日起7个工作日内，报送月度报告。

发生影响或者可能影响证券公司经营管理、财务状况、风险控制指标或者客户资产安全的重大事件的，证券公司应当立即向国务院证券监督管理机构报送临时报告，说明事件的起因、目前的状态、可能产生的后果和拟采取的相应措施。

**第六十四条**　证券公司年度报告中的财务会计报告、风险控制指标报告以及国务院证券监督管理机构规定的其他专项报告，应当经具有证券、期货相关业务资格的会计师事务所审计。证券公司年度报告应当附有该会计师事务所出具的内部控制评审报告。

证券公司的董事、高级管理人员应当对证券公司年度报告签署确认意见；经营管理的主要负责人和财务负责人应当对月度报告签署确认意见。在证券公司年度报告、月度报告上签字的人员，应当保证报告的内容真实、准确、完整；对报告内容持有异议的，应当注明自己的意见和理由。

**第六十五条**　对证券公司报送的年度报告、月度报告，国务院证券监督管理机构应当指定专人进行审核，并制作审核报告。审核人员应当在审核报告上签字。审核中发现问题的，国务院证券监督管理机构应当及时采取相应措施。

国务院证券监督管理机构应当对有关机构报送的客户的交易结算资金、委托资金和客户担保账户内的资金、证券的有关数据进行比对、核查，及时发现资金或者证券被违法动用的情况。

**第六十六条**　证券公司应当依法向社会公开披露其基本情况、参股及控股情况、负债及或有负债情况、经营管理状况、财务收支状况、高级管理人员薪酬和其他有关信息。具体办法由国务院证券监督管理机构制定。

**第六十七条**　国务院证券监督管理机构可以要求下列单位或者个人，在指定的期限内提供与证券公司经营管理和财务状况有关的资料、信息：

（一）证券公司及其董事、监事、工作人员；

（二）证券公司的股东、实际控制人；

（三）证券公司控股或者实际控制的企业；

（四）证券公司的开户银行、指定商业银行、资产托管机构、证券交易所、证券登记结算机构；

（五）为证券公司提供服务的证券服务机构。

**第六十八条**　国务院证券监督管理机构有权采取下列措施，对证券公司的业务活动、财务状况、经营管理情况进行检查：

（一）询问证券公司的董事、监事、工作人员，要求其对有关检查事项做出说明；

（二）进入证券公司的办公场所或者营业场所进行检查；

（三）查阅、复制与检查事项有关的文件、资料，对可能被转移、隐匿或者毁损的文件、资料、电子设备予以封存；

（四）检查证券公司的计算机信息管理系统，复制有关数据资料。

国务院证券监督管理机构为查清证券公司的业务情况、财务状况，经国务院证券监督管理机构负责人批准，可以查询证券公司及与证券公司有控股或者实际控制关系企业的银行账户。

**第六十九条**　证券公司以及有关单位和个人披露、报送或者提供的资料、信息应当真实、准确、完整，不得有虚假记载、误导性陈述或者重大遗漏。

**第七十条**　国务院证券监督管理机构对治理结构不健全、内部控制不完善、经营管理混乱、设立账外账或者进行账外经营、拒不执行监督管理决定、违法违规的证券公司，应当责令其限期改正，并可以采取下列措施：

（一）责令增加内部合规检查的次数并提交合规检查报告；

（二）对证券公司及其有关董事、监事、高级管理人员、境内分支机构负责人给予谴责；

（三）责令处分有关责任人员，并报告结果；

（四）责令更换董事、监事、高级管理人员或者限制其权利；

（五）对证券公司进行临时接管，并进行全面核查；

（六）责令暂停证券公司或者其境内分支机构的部分或者全部业务、限期撤销境内分支机构。

证券公司被暂停业务、限期撤销境内分支机构的，应当按照有关规定安置客户、处理未了结的业务。

对证券公司的违法违规行为，合规负责人已经依法履行制止和报告职责的，免除责任。

**第七十一条** 任何单位或者个人未经批准，持有或者实际控制证券公司 5% 以上股权的，国务院证券监督管理机构应当责令其限期改正；改正前，相应股权不具有表决权。

**第七十二条** 任何人未取得任职资格，实际行使证券公司董事、监事、高级管理人员或者境内分支机构负责人职权的，国务院证券监督管理机构应当责令其停止行使职权，予以公告，并可以按照规定对其采取证券市场禁入的措施。

**第七十三条** 证券公司董事、监事、高级管理人员或者境内分支机构负责人不再具备任职资格条件的，证券公司应当解除其职务并向国务院证券监督管理机构报告；证券公司未解除其职务的，国务院证券监督管理机构应当责令其解除。

**第七十四条** 证券公司聘请或者解聘会计师事务所的，应当自做出决定之日起 3 个工作日内报国务院证券监督管理机构备案；解聘会计师事务所的，应当说明理由。

**第七十五条** 会计师事务所对证券公司或者其有关人员进行审计，可以查阅、复制与审计事项有关的客户信息或者证券公司的其他有关文件、资料，并可以调取证券公司计算机信息管理系统内的有关数据资料。

会计师事务所应当对所知悉的信息保密。法律、行政法规另有规定的除外。

**第七十六条** 证券交易所应当对证券公司证券自营账户和证券资产管理账户的交易行为进行实时监控；发现异常情况的，应当及时按照交易规则和会员管理规则处理，并向国务院证券监督管理机构报告。

## 第七章 法律责任

**第七十七条** 证券公司有下列情形之一的，依照《证券法》第一百九十八条的规定处罚：

（一）聘任不具有任职资格的人员担任境内分支机构的负责人；

（二）未按照国务院证券监督管理机构依法做出的决定，解除不再具备任职资格条件的董事、监事、高级管理人员、境内分支机构负责人的职务。

**第七十八条** 证券公司从事证券经纪业务，客户资金不足而接受其买入委托，或者客户证券不足而接受其卖出委托的，依照《证券法》第二百零五条的规定处罚。

**第七十九条** 证券公司将客户的资金账户、证券账户提供给他人使用的，依照《证券法》第二百零八条的规定处罚。

**第八十条** 证券公司诱使客户进行不必要的证券交易，或者从事证券资产管理业务时，使用客户资产进行不必要的证券交易的，依照《证券法》第二百一十条的规定处罚。

**第八十一条** 证券公司或者其境内分支机构超出国务院证券监督管理机构批准的范围经营业务的，依照《证券法》第二百一十九条的规定处罚。

**第八十二条** 证券公司在证券自营账户与证券资产管理账户之间或者不同的证券资产管理账户之间进行交易，且无充分证据证明已依法实现有效隔离的，依照《证券法》第二百二十条的规定处罚。

**第八十三条** 证券公司违反本条例的规定，有下列情形之一的，责令改正，给予警告，没收违法所得，并处以违法所得 1 倍以上 5 倍以下的罚款；没有违法所得或者违法所得不足 10 万元的，处以 10 万元以上 30 万元以下的罚款；情节严重的，暂停或者撤销其相关证券业务许可。对直接负责的主管人员和其他直接责任人员，给予警告，并处以 3 万元以上 10 万元以下的罚款；情节严重的，撤销任职资格或者证券从业资格：

（一）违反规定委托其他单位或者个人进行客户招揽、客户服务或者产品销售活动；

（二）向客户提供投资建议，对证券价格的涨跌或者市场走势做出确定性的判断；

（三）违反规定委托他人代为买卖证券；

（四）从事证券自营业务、证券资产管理业务，投资范围或者投资比例违反规定；

（五）从事证券资产管理业务，接受一个客户的单笔委托资产价值低于规定的最低限额。

**第八十四条** 证券公司违反本条例的规定，有下列情形之一的，责令改正，给予警告，没收违法所得，并处以违法所得 1 倍以上 5 倍以下的罚款；没有违法所得或者违法所得不足 3 万元的，处以 3 万元以上 30 万元以下的罚款。对直接负责的主管人员和其他直接责任人员单处或者并处警告、3 万元以上 10 万元以下的罚款；情节严重的，撤销任职资格或者证券从业资格：

（一）未按照规定对离任的法定代表人或者高级管理人员进行审计，并报送审计报告；

（二）与他人合资、合作经营管理分支机构，或者将分支机构承包、租赁或者委托给他人经营管理；

（三）未按照规定将证券自营账户或者证券资产管理客户的证券账户报证券交易所备案；

（四）未按照规定程序了解客户的身份、财产与收入状况、证券投资经验和风险偏好；

（五）推荐的产品或者服务与所了解的客户情况不相适应；

（六）未按照规定指定专人向客户讲解有关业务规则和合同内容，并以书面方式向其揭示投资风险；

（七）未按照规定与客户签订业务合同，或者未在与客户签订的业务合同中载入规定的必备条款；

（八）未按照规定编制并向客户送交对账单，或者未按照规定建立并有效执行信息查询制度；

（九）未按照规定指定专门部门处理客户投诉；

（十）未按照规定提取一般风险准备金；

（十一）未按照规定存放、管理客户的交易结算资金、委托资金和客户担保账户内的资金、证券；

（十二）聘请、解聘会计师事务所，未按照规定向国务院证券监督管理机构备案，解聘会计师事务所未说明理由。

第八十五条　证券公司未按照规定为客户开立账户的，责令改正；情节严重的，处以20万元以上50万元以下的罚款，并对直接负责的董事、高级管理人员和其他直接责任人员，处以1万元以上5万元以下的罚款。

第八十六条　违反本条例的规定，有下列情形之一的，责令改正，给予警告，没收违法所得，并处以违法所得1倍以上5倍以下的罚款；没有违法所得或者违法所得不足10万元的，处以10万元以上60万元以下的罚款；情节严重的，撤销相关业务许可。对直接负责的主管人员和其他直接责任人员给予警告，撤销任职资格或者证券从业资格，并处以3万元以上30万元以下的罚款：

（一）未经批准，委托他人或者接受他人委托持有或者管理证券公司的股权，或者认购、受让或者实际控制证券公司的股权；

（二）证券公司股东、实际控制人强令、指使、协助、接受证券公司以证券经纪客户或者证券资产管理客户的资产提供融资或者担保；

（三）证券公司、资产托管机构、证券登记结算机构违反规定动用客户的交易结算资金、委托资金和客户担保账户内的资金、证券；

（四）资产托管机构、证券登记结算机构对违反规定动用委托资金和客户担保账户内的资金、证券的申请、指令予以同意、执行；

（五）资产托管机构、证券登记结算机构发现委托资金和客户担保账户内的资金、证券被违法动用而未向国务院证券监督管理机构报告。

第八十七条　指定商业银行有下列情形之一的，由国务院证券监督管理机构责令改正，给予警告，没收违法所得，并处以违法所得1倍以上5倍以下的罚款；没有违法所得或者违法所得不足10万元的，处以10万元以上60万元以下的罚款。对直接负责的主管人员和其他直接责任人员给予警告，并处以3万元以上30万元以下的罚款：

（一）违反规定动用客户的交易结算资金；

（二）对违反规定动用客户的交易结算资金的申请、指令予以同意或者执行；

（三）发现客户的交易结算资金被违法动用而未向国务院证券监督管理机构报告。

指定商业银行有前款规定的行为，情节严重的，由国务院证券监督管理机构会同国务院银行业监督管理机构责令其暂停或者终止客户的交易结算资金存管业务；对直接负责的主管人员和其他直接责任人员，国务院证券监督管理机构可以建议国务院银行业监督管理机构依法处罚。

第八十八条　违反本条例的规定，有下列情形之一的，责令改正，给予警告，并处以3万元以上20万元以下的罚款；对直接负责的主管人员和其他直接责任人员，给予警告，可以处以3万元以下的罚款：

（一）证券公司未按照本条例第六十六条的规定公开披露信息，或者公开披露的信息中有虚假记载、误导性陈述或者重大遗漏；

（二）证券公司控股或者实际控制的企业、资产托管机构、证券服务机构未按照规定向国务院证券监督管理机构报送、提供有关信息、资料，或者报送、提供的信息、资料中有虚假记载、误导性陈述或者重大遗漏。

第八十九条　违反本条例的规定，有下列情形之一的，责令改正，给予警告，没收违法所得，并处以违法所得等值罚款；没有违法所得或者违法所得不足3万元的，处以3万元以下的罚款；情节严重的，撤销任职资格或者证券从业资格：

（一）合规负责人未按照规定向国务院证券监督管

理机构或者有关自律组织报告违法违规行为；

（二）证券经纪人从事业务未向客户出示证券经纪人证书；

（三）证券经纪人同时接受多家证券公司的委托，进行客户招揽、客户服务等活动；

（四）证券经纪人接受客户的委托，为客户办理证券认购、交易等事项。

**第九十条** 证券公司违反规定收取费用的，由有关主管部门依法给予处罚。

## 第八章 附 则

**第九十一条** 证券公司经营证券业务不符合本条例第二十六条第三款规定的，应当在国务院证券监督管理机构规定的期限内达到规定要求。

**第九十二条** 证券公司客户的交易结算资金存管方式不符合本条例第五十七条规定的，国务院证券监督管理机构应当责令其限期调整。

证券公司客户的交易结算资金存管方式，应当自本条例实施之日起1年内达到规定要求。

**第九十三条** 证券公司可以向股东或者其他单位借入偿还顺序在普通债务之后的债，具体管理办法由国务院证券监督管理机构制定。

**第九十四条** 外商投资证券公司的业务范围、境外股东的资格条件和出资比例，由国务院证券监督管理机构规定，报国务院批准。

**第九十五条** 境外证券经营机构在境内经营证券业务或者设立代表机构，应当经国务院证券监督管理机构批准。具体办法由国务院证券监督管理机构制定，报国务院批准。

**第九十六条** 本条例所称证券登记结算机构，是指《证券法》第一百五十五条规定的证券登记结算机构。

**第九十七条** 本条例自2008年6月1日起施行。

## 证券经纪业务管理办法

·2023年1月13日中国证券监督管理委员会令第204号公布
·自2023年2月28日起施行

### 第一章 总 则

**第一条** 为了规范证券经纪业务，保护投资者合法权益，维护证券市场秩序，根据《中华人民共和国证券法》、《证券公司监督管理条例》等法律、行政法规，制定本办法。

**第二条** 经中国证券监督管理委员会（以下简称中国证监会）核准，证券公司可以经营证券经纪业务。除证券公司外，任何单位和个人不得从事证券经纪业务。

本办法所称证券经纪业务，是指开展证券交易营销、接受投资者委托开立账户、处理交易指令、办理清算交收等经营性活动。

本办法所称证券交易，包括在上海证券交易所、深圳证券交易所、北京证券交易所和全国中小企业股份转让系统进行的证券交易。

本办法所称投资者，是指开展证券交易的自然人、法人、非法人组织，以及依法设立的金融产品。

**第三条** 证券公司从事证券经纪业务，应当依法履行以下职责：

（一）规范开展营销活动；

（二）充分了解投资者，履行适当性管理义务；

（三）落实账户实名制要求；

（四）履行反洗钱义务；

（五）对投资者账户开立与使用、资金划转与证券交易等行为进行管理和监控；

（六）保障投资者交易的安全、连续；

（七）开展投资者教育；

（八）防范违法违规证券交易活动；

（九）维护正常市场秩序；

（十）中国证监会、证券交易场所、中国证券登记结算有限责任公司（以下简称中国结算）等规定的其他职责。

**第四条** 投资者开展证券交易，应当依法与证券公司签订证券交易委托代理协议，委托证券公司为其买卖证券并承担相应的清算交收责任。

证券公司从事证券经纪业务，应当诚实守信，切实维护投资者财产安全，保障投资者信息知情权、公平交易权等合法权益。

证券公司从事证券经纪业务，应当遵守投资者利益优先和公平对待投资者的原则，防范公司与投资者之间、不同投资者之间的利益冲突。

**第五条** 证券公司从事证券经纪业务，应当对证券经纪业务涉及的账户、资产、系统、人员、场所等实施统一管理，并采取措施识别、监控、处置各类风险。

**第六条** 中国证监会及其派出机构依照法律法规、本办法的相关规定，对证券经纪业务活动实施监督管理。

上海证券交易所、深圳证券交易所、北京证券交易所、全国中小企业股份转让系统有限责任公司、中国结算、中国证券业协会、中国证券投资者保护基金有限责任公司(以下简称投保基金公司)等根据法律法规和本办法的规定,对相关证券经纪业务活动制定实施细则,履行相应管理职责。

## 第二章 业务规则

**第七条** 证券公司申请开展证券经纪业务,应当符合以下条件:

(一)净资本等财务和风险控制指标符合法律、行政法规和中国证监会的规定;

(二)法人治理结构良好,内部控制、合规管理、风险管理制度健全;

(三)高级管理人员符合规定条件,从业人员数量满足开展业务需要;

(四)具有符合要求的营业场所、安全防范设施、信息技术系统;

(五)最近两年未因重大违法违规行为被行政处罚或者刑事处罚,最近一年未被采取重大行政监管措施,无因涉嫌重大违法违规正受到监管机构或有权机关立案调查的情形;

(六)法律、行政法规和中国证监会规定的其他条件。

**第八条** 证券公司及其从业人员从事证券经纪业务营销活动,应当向投资者介绍证券交易基本知识,充分揭示投资风险,不得有下列行为:

(一)诱导无投资意愿或者不具备相应风险承受能力的投资者开立账户、参与证券交易活动;

(二)提供、传播虚假或者误导投资者的信息;

(三)直接或者变相向投资者返还佣金、赠送礼品礼券或者提供其他非证券业务性质的服务;

(四)采用诋毁其他证券公司等不正当竞争方式招揽投资者;

(五)对投资者证券买卖的收益或者赔偿证券买卖的损失作出承诺;

(六)与投资者约定分享投资收益或者分担投资损失;

(七)违规委托证券经纪人以外的个人或者机构进行投资者招揽、服务活动;

(八)损害投资者合法权益或者扰乱市场秩序的其他行为。

**第九条** 证券公司从事证券经纪业务,可以选择新闻媒体、互联网信息平台等第三方载体投放广告。投资者招揽、接收交易指令等证券业务的任一环节,应当由证券公司独立完成,第三方载体不得介入。

**第十条** 证券公司从事证券经纪业务,应当对营销活动加强统一管理,防范从业人员违规展业。

证券公司应当区分信息系统的内部管理功能与对外展业功能,内部管理功能不得用于对外展业或者变相展业。证券公司应当通过公司网站、营业场所、客户端公示对外展业的信息系统相关信息。

**第十一条** 证券公司应当了解投资者的基本信息、财产状况、金融资产状况、投资知识和经验、专业能力、交易需求、风险偏好、以往交易合规情况。证券公司为法人、非法人组织开户的,还应当按照规定了解其业务性质、股权及控制权结构,了解受益所有人信息。投资者为金融产品的,证券公司还应当按照规定了解产品结构、产品期限、收益特征,以及委托人、投资顾问、受益所有人等信息。

投资者应当如实向证券公司提供上述信息,金融产品管理人还应当提供相关金融产品的审批或者备案信息。投资者、金融产品管理人未如实提供上述信息的,应承担相应的法律责任。

**第十二条** 投资者根据本办法第十一条规定提供的相关信息发生变更的,应及时告知证券公司。

证券公司应持续关注投资者基本信息、身份证明文件有效期等情况,发现需要变更的,应要求投资者及时办理变更手续。

投资者未按要求在合理期限内变更且没有提出合理理由的,证券公司应当根据相关规定及证券交易委托代理协议的约定采取限制、暂停、终止提供证券交易服务等措施。

**第十三条** 证券公司与投资者签订证券交易委托代理协议,应当提醒投资者阅知有关业务规则和协议内容,向其揭示业务风险,并将风险揭示书交由投资者确认。

证券交易委托代理协议应当明确约定服务内容、服务期限、服务价格、代收税费标准、信息系统故障、异常交易行为管理、服务暂停与终止、纠纷解决与违约责任等事项。服务内容包括委托发送、撤销与接收、有效委托与无效委托、委托传递与成交回报等。

**第十四条** 证券公司从事证券经纪业务,应当按照账户实名制要求,依法为投资者开立资金账户、证券账户。

资金账户、证券账户管理的具体规则由中国证券业协会和中国结算制定。

**第十五条** 证券公司应当采取必要措施,对机构投资者、金融资产超过一定金额的个人投资者强化身份识别。上述金额标准由中国证券业协会确定。

证券公司发现投资者信息存疑的,应当要求投资者补充提供其他证明材料;无法核实投资者真实身份或者其他可能影响开户、交易合规性的重要信息,或者核实后发现不符合中国证券业协会、中国结算、证券交易场所有关规定的,应当拒绝为投资者开立账户、开通交易权限或者提供交易服务。

证券公司使用其他金融机构采集的投资者身份信息的,投资者身份识别义务及相应的责任不因信赖其他金融机构提供的信息而免除。

第十六条　证券公司应当根据《证券期货投资者适当性管理办法》的规定,将投资者区分为普通投资者和专业投资者。根据投资年限、投资经验等因素进一步细化普通投资者分类,提供针对性的交易服务。证券公司向普通投资者提供的交易服务的风险等级应当与投资者分类结果相匹配。

证券公司认为投资者参与相关交易不适当,或者无法判断是否适当的,应当拒绝提供相关服务。投资者不符合中国证监会、自律组织针对特定市场、产品、交易规定的投资者准入要求的,证券公司不得为其提供相关服务。

第十七条　证券公司应当对投资者资金账户、证券账户使用情况进行监测,发现不符合账户管理要求的,应当按照中国证券业协会、中国结算的规定采取相应措施。

第十八条　投资者进行证券交易,应当直接向证券公司发送委托指令。证券公司应当明确委托指令接收、排序、处理的相关要求,公平对待投资者,同时采取有效措施,保管委托指令与成交记录,防止其他单位和个人违规接收、保存或者截留投资者的委托指令、成交记录等信息。

第十九条　证券公司应当建立健全委托指令审核机制,核查投资者委托指令要素齐备性。证券公司委托指令审核规则应当符合法律法规、中国证监会、证券交易场所的规定。

证券公司应当采取信息技术等手段,按规定对投资者账户内的资金、证券是否充足进行审查。投资者资金账户内的资金不足的,不得接受其买入委托;投资者证券账户内的证券不足的,不得接受其卖出委托。

第二十条　证券公司应当按照投资者委托指令载明的证券名称、买卖数量、买卖价格和接收投资者委托指令的时间顺序向证券交易场所申报。证券公司及其从业人员不得有下列行为:

（一）违背投资者的委托为其买卖证券;
（二）私下接受投资者委托买卖证券;
（三）接受投资者的全权委托;
（四）未经投资者的委托,擅自为投资者买卖证券,或者假借投资者的名义买卖证券;
（五）诱导投资者进行不必要的证券买卖;
（六）隐匿、伪造、篡改或者毁损交易记录;
（七）明知投资者实施操纵市场、内幕交易等违法违规行为,仍为其提供服务;
（八）违背投资者意愿或者损害投资者合法权益的其他行为。

第二十一条　证券公司从事证券经纪业务,按照规定成为证券交易场所交易参与人,持有和使用交易单元。证券公司不得允许他人以证券公司的名义直接参与证券的集中交易,不得将持有的交易单元违规提供给他人使用。

证券公司按照规定将交易单元提供给他人使用的,应当报告证券交易场所,纳入证券公司统一管理。

第二十二条　投资者账户出现大额资金划转,并存在下列情形之一的,证券公司应当重新识别投资者身份:

（一）与投资者资产收入情况明显不一致;
（二）与已经掌握的相关信息相矛盾;
（三）法律法规规定的其他情形。

证券公司认为投资者行为与洗钱、恐怖融资等犯罪活动相关的,应当按照规定及时报告反洗钱主管部门。

第二十三条　投资者开展证券交易,应当遵守法律法规、中国证监会、证券交易场所的规定,不得进行违规交易,并主动避免异常交易。

证券公司应当建立健全投资者管理制度,建立技术系统监控投资者的交易行为、交易终端信息等情况。证券公司应当按照证券交易场所的规定加强异常交易监测,做好投资者交易行为管理。

第二十四条　证券公司发现异常交易线索的,应当核实并留存证据,按照规定及时向证券交易场所报告。证券交易场所要求协助开展异常交易管理工作的,证券公司应当积极配合。

第二十五条　证券公司应当持续跟踪了解投资者相关账户的使用情况,履行账户使用实名制、适当性管理、资金监控、异常交易管理等职责,建立监测、核查机制,核实投资者账户使用是否实名、适当性是否匹配、资金划转与交易行为是否正常。

证券公司发现投资者存在非实名使用账户、不适合继续参与相关交易、资金使用与交易行为异常等情况的，或者拒绝配合证券公司工作的，应当及时采取相应的管理措施，必要时根据相关规定及证券交易委托代理协议的约定限制、暂停、终止提供证券交易服务，并按照规定履行报告义务。

第二十六条　证券公司应当根据投资者委托管理投资者证券和资金，按照有关规定托管投资者证券、选择符合要求的商业银行存管投资者资金。

证券公司应当将投资者的证券和资金与自有财产分别管理，并采取措施保障投资者证券和资金的安全、完整。证券公司及其从业人员不得有下列行为：

（一）将投资者的证券和资金归入自有财产、擅自划出投资者账户；

（二）违规将投资者的证券和资金冻结、提供给他人使用或者为他人提供担保；

（三）违规为投资者与投资者之间、投资者与他人之间的融资提供中介、担保或者其他便利和服务；

（四）其他损害投资者证券和资金安全的行为。

中国结算、投保基金公司根据中国证监会的规定监控投资者证券和资金安全保管情况。

第二十七条　证券公司接受投资者委托，根据与中国结算的清算交收结果等信息，办理与投资者之间资金、证券的交收。

第二十八条　证券公司应当将交易佣金与印花税等其他相关税费分开列示，并告知投资者。证券公司应当在公司网站、营业场所、客户端同时公示证券交易佣金收取标准，并按公示标准收取佣金。

证券公司向投资者收取证券交易佣金，不得有下列行为：

（一）收取的佣金明显低于证券经纪业务服务成本；

（二）使用"零佣"、"免费"等用语进行宣传；

（三）反不正当竞争法和反垄断法规定的其他禁止行为。

第二十九条　投资者向证券公司提出转户、销户的，证券公司应当在投资者提出申请并完成其账户交易结算后的两个交易日内办理完毕。证券公司应当为投资者转户、销户提供便利，不得违反规定限制投资者转户、销户。

第三十条　证券公司应当妥善保管投资者身份资料、证券交易、财产状况等信息，采取有效措施保证投资者信息安全。证券公司及其从业人员不得有以下行为：

（一）违规查询、复制、保存投资者信息；

（二）超出正常业务范围使用投资者信息；

（三）利用投资者信息牟取不正当利益；

（四）违规泄露投资者信息；

（五）以出售或者其他方式将投资者信息非法提供给他人；

（六）其他有损投资者信息安全的行为。

证券公司应当按照协议约定向投资者提供对账单，保证投资者在证券公司营业时间和约定的其他时间内能够查询其委托记录、交易记录、资金和证券余额等信息。

第三十一条　证券公司应当建立健全投资者回访制度，持续了解投资者状况，及时发现并纠正不规范行为。证券公司应当为回访提供充分的人力与物质保障，保证必要的回访比例。证券公司可以委托第三方专业机构实施回访，但法律责任仍由证券公司承担。证券公司回访应当符合以下要求：

（一）对新开户的投资者，在开通相应交易权限前完成回访，对新增相关交易权限的投资者，在开通相应交易权限后三十日内完成回访；

（二）对账户使用、资金划转、证券交易等存在异常情形的投资者，在两个交易日内进行回访；

（三）对其他投资者，每年回访比例不得低于上年末客户总数（不含休眠账户及中止交易账户客户）的一定比例，具体比例由中国证券业协会规定。

回访内容包括但不限于投资者身份识别、账户变动确认、证券公司从业人员是否违规操作投资者账户、是否向投资者充分揭示风险、是否存在全权委托等情况。

第三十二条　证券公司应当建立健全投诉处理制度，妥善处理投资者投诉和纠纷，并及时进行反馈。证券公司应当在公司网站、营业场所、客户端的显著位置公示投诉电话、传真和电子信箱等联系方式。

### 第三章　内部控制

第三十三条　证券公司应当按照健全、合理、制衡、独立的原则，持续提升证券经纪业务内部控制水平，加强重点领域、关键环节的集中统一管理，并对外公示营业场所、业务范围、人员资质、产品服务以及投资者资金收付渠道等信息。

证券公司应当建立健全隔离墙制度，确保证券经纪业务与证券承销与保荐、非上市公众公司推荐挂牌、证券自营和证券资产管理等业务分开操作、分开办理。

第三十四条　证券公司应当建立层级清晰、管控有效的组织体系，对开展证券经纪业务的分公司、营业部（以下统称"分支机构"）实施集中统一管理，加强分支机构风险管控。

证券公司设立分支机构的数量、管理层级应当与公司内部控制水平相匹配。账户交易权限管理、资产转移等涉及投资者重要权益的事项应当由公司实施授权管理，分支机构根据公司授权具体办理。

**第三十五条** 证券公司从事证券经纪业务的人员，应当遵纪守法、诚实守信、勤勉尽责，保守业务活动中知悉的商业秘密与个人隐私，自觉维护投资者合法权益、公司正当利益与市场正常秩序。

**第三十六条** 证券公司应当完善选聘管理机制，加强背景调查工作，聘用符合条件的人员开展业务或者担任分支机构负责人。

证券公司更换分支机构负责人，应当进行审计，并在审计结束后3个月内，将审计情况报送分支机构所在地中国证监会派出机构。

证券公司应当采取合规培训、年度考核、强制离岗、离任审计等措施，强化对分支机构负责人的管理。

**第三十七条** 证券公司应当建立健全证券经纪业务从业人员管理制度，明确相关岗位的专业技能要求和合规管理要求。

证券公司应当通过增加合规培训、明确执业权限、加强监测监控、强化检查问责等方式，防范证券经纪业务从业人员违规买卖股票、超越授权执业等违规行为。

证券经纪业务从业人员涉嫌违法违规的，证券公司应当及时向中国证监会派出机构、中国证券业协会报告。

**第三十八条** 证券公司应当建立健全科学合理的证券经纪业务从业人员绩效考核制度和薪酬分配机制。证券公司对证券经纪业务从业人员的绩效考核和薪酬分配，应当重点考量从业人员的执业行为合规性、服务适当性、投资者管理履职情况和投资者投诉情况等，不得简单与新开户数量、客户交易量直接挂钩。禁止证券公司以人员挂靠、业务包干等方式实施过度激励。

**第三十九条** 证券公司应当加强对证券经纪业务的合规管理和稽核审计，全面覆盖公司相关部门与分支机构，建立检查与问责机制，保障证券经纪业务规范、安全运营。

证券公司证券经纪业务部门、合规风险管控难度较大的分支机构应当配备专职合规管理人员；其他开展证券经纪业务的分支机构应当配备兼职合规管理人员。

证券公司应当定期开展证券经纪业务常规稽核审计，对证券经纪业务部门、分支机构分别规定常规稽核审计的频次，具体频次由中国证券业协会规定。

**第四十条** 证券公司应当按照独立、制衡的原则，明确证券经纪业务岗位设置和业务流程，确保营销、技术、合规风控、账户业务办理等岗位相分离，重要业务岗位应当实行双人负责制。

**第四十一条** 证券公司应当根据中国证监会相关规定，加强证券经纪业务信息系统管理，保障投资者信息安全和交易连续性，避免对证券交易场所、中国结算等单位的相关信息系统造成不当影响。

证券公司应当按规定并结合自身状况与业务发展需要，决定分支机构是否提供现场交易服务、是否部署与现场交易服务相关的信息系统。证券公司分支机构信息技术的具体要求由中国证券业协会制定。

**第四十二条** 证券公司应当在分支机构营业场所显著位置悬挂《经营证券期货业务许可证》，做到标识清晰，能够与其他机构、个人所属场所明显区别。

证券公司及其分支机构应当加强场所管理，防范他人利用所属场所及邻近场所，仿冒、假冒本公司或者分支机构名义从事违法违规行为。

### 第四章 监督管理

**第四十三条** 证券公司违反本办法的规定，依法采取出具警示函、责令改正、责令增加内部合规检查次数、责令定期报告、责令处分有关人员等行政监管措施；情节严重的，依照《证券法》第一百四十条的规定采取行政监管措施；对直接负责的高级管理人员和其他责任人员，依法采取出具警示函、责令改正、监管谈话等行政监管措施。

**第四十四条** 证券从业人员违反本办法规定的，依法采取出具警示函、责令改正、监管谈话等行政监管措施。

**第四十五条** 证券公司及其从业人员违反本办法规定，依法应予处罚的，按照相关法律法规的规定进行处罚。相关法律法规没有规定且存在以下情形之一的，给予警告，可以并处国务院规定的一定数额的罚款：

（一）业务管控存在重大缺陷；
（二）严重损害投资者合法权益；
（三）严重危及市场正常秩序；
（四）严重损害证券行业形象；
（五）造成恶劣社会影响。

**第四十六条** 境外证券经营机构违反《证券公司监督管理条例》第九十五条，直接或者通过其关联机构、合作机构，在境内开展境外证券交易服务的营销、开户等活动的，按照《证券法》第二百零二条的规定予以处罚。

**第四十七条** 证券公司及其从业人员违反本办法规定，涉嫌犯罪的，依法移送司法机关，追究刑事责任。

## 第五章 附 则

**第四十八条** 证券经纪人属于证券从业人员。证券经纪人应当遵守本办法关于证券从业人员的相关规定以及中国证监会关于证券经纪人管理的专门规定。

**第四十九条** 证券公司开展跨境证券经纪业务，中国证监会另有规定的从其规定。

**第五十条** 证券公司可以接受其他证券公司的委托代为执行投资者指令、办理相应的清算交收。具体办法由中国证监会另行制定。

**第五十一条** 在国务院批准的其他证券交易场所开展的证券经纪业务活动，参照适用本办法。

证券公司接受投资者委托，为其进行证券以外其他金融产品交易的，参照适用本办法。

**第五十二条** 中国证监会可以对商业银行存管证券公司投资者资金的规模、范围、业务模式等提出差异化监管要求。具体办法由中国证监会另行制定。

**第五十三条** 本办法自 2023 年 2 月 28 日起施行。《关于加强证券经纪业务管理的规定》（证监会公告〔2010〕11 号）同时废止。

## 证券基金经营机构董事、监事、高级管理人员及从业人员监督管理办法

- 2022 年 2 月 18 日中国证券监督管理委员会令第 195 号公布
- 自 2022 年 4 月 1 日起施行

### 第一章 总 则

**第一条** 为了规范证券公司和公开募集证券投资基金管理公司（以下统称证券基金经营机构）董事、监事、高级管理人员及从业人员的任职管理和执业行为，促进证券基金经营机构合规、稳健运行，保护投资者的合法权益，依据《证券法》《证券投资基金法》《公司法》《证券公司监督管理条例》等法律法规，制定本办法。

**第二条** 在中华人民共和国境内，证券基金经营机构董事、监事、高级管理人员及从业人员的任职管理和执业行为，适用本办法。

本办法所称高级管理人员是指证券基金经营机构的总经理、副总经理、财务负责人、合规负责人、风控负责人、信息技术负责人、行使经营管理职责并向董事会负责的管理委员会或执行委员会成员，和实际履行上述职务的人员，以及法律法规、中国证券监督管理委员会（以下简称中国证监会）和公司章程规定的其他人员。

本办法所称从业人员是指在证券基金经营机构从事证券基金业务和相关管理工作的人员。

**第三条** 证券基金经营机构聘任董事、监事、高级管理人员和分支机构负责人，应当依法向中国证监会相关派出机构备案。

证券公司从业人员应当符合从事证券业务的条件，并按照规定在中国证券业协会（以下简称证券业协会）登记；公开募集证券投资基金管理公司（以下简称基金管理公司）从业人员应当符合从事基金业务的条件，并按照规定在中国证券投资基金业协会（以下简称基金业协会）注册，取得基金从业资格。

证券基金经营机构不得聘任不符合任职条件的人员担任董事、监事、高级管理人员和分支机构负责人，不得聘用不符合从业条件的人员从事证券基金业务和相关管理工作，不得违反规定授权不符合任职条件或者从业条件的人员实际履行相关职责。

**第四条** 证券基金经营机构董事、监事、高级管理人员及从业人员应当遵守法律法规和中国证监会的规定，遵守公司章程和行业规范，恪守诚信，勤勉尽责，廉洁从业，不得损害国家利益、社会公共利益和投资者合法权益。

**第五条** 中国证监会及其派出机构依法对证券基金经营机构董事、监事、高级管理人员及从业人员实施监督管理。

证券业协会、基金业协会（以下统称行业协会）等自律管理组织依法对证券基金经营机构董事、监事、高级管理人员及从业人员实施自律管理。

### 第二章 董事、监事和高级管理人员任职管理

**第六条** 拟任证券基金经营机构董事、监事和高级管理人员的人员，应当符合下列基本条件：

（一）正直诚实，品行良好；

（二）熟悉证券基金法律法规和中国证监会的规定；

（三）具备 3 年以上与其拟任职务相关的证券、基金、金融、法律、会计、信息技术等工作经历；

（四）具有与拟任职务相适应的管理经历和经营管理能力；

（五）拟任证券基金经营机构高级管理人员的，曾担任证券基金经营机构部门负责人以上职务不少于 2 年，或者曾担任金融机构部门负责人以上职务不少于 4 年，或者具有相当职位管理经历；

（六）法律法规、中国证监会规定的其他条件。

拟任证券基金经营机构董事长、高级管理人员以及其他从事业务管理工作的人员，还应当符合证券基金从

业人员条件。

拟任证券基金经营机构合规负责人、风控负责人、信息技术负责人的,还应当符合中国证监会规定的其他条件。

**第七条** 有下列情形之一的,不得担任证券基金经营机构董事、监事和高级管理人员:

(一)存在《公司法》第一百四十六条、《证券法》第一百二十四条第二款、第一百二十五条第二款和第三款,以及《证券投资基金法》第十五条规定的情形;

(二)因犯有危害国家安全、恐怖主义、贪污、贿赂、侵占财产、挪用财产、黑社会性质犯罪或者破坏社会经济秩序罪被判处刑罚,或者因犯罪被剥夺政治权利;

(三)因重大违法违规行为受到金融监管部门的行政处罚或者被中国证监会采取证券市场禁入措施,执行期满未逾5年;

(四)最近5年被中国证监会撤销基金从业资格或者被基金业协会取消基金从业资格;

(五)担任被接管、撤销、宣告破产或吊销营业执照机构的法定代表人和经营管理的主要负责人,自该公司被接管、撤销、宣告破产或吊销营业执照之日起未逾5年,但能够证明本人对该公司被接管、撤销、宣告破产或吊销营业执照不负有个人责任的除外;

(六)被中国证监会认定为不适当人选或者被行业协会采取不适合从事相关业务的纪律处分,期限尚未届满;

(七)因涉嫌违法犯罪被行政机关立案调查或者被司法机关立案侦查,尚未形成最终处理意见;

(八)中国证监会依法认定的其他情形。

**第八条** 拟任证券基金经营机构董事长、副董事长、监事会主席、高级管理人员的人员,可以参加行业协会组织的水平评价测试,作为证明其熟悉证券基金法律法规的参考;上述人员不参加行业协会组织的水平评价测试的,应当符合下列条件之一:

(一)具备10年以上与其拟任职务相关的证券、基金、金融、法律、会计、信息技术等境内工作经历,且从未被金融监管部门采取行政处罚或者行政监管措施,拟任高级管理人员的,还应当担任证券基金经营机构部门负责人以上职务不少于5年,或者具有相当职位管理经历;

(二)中国证监会和行业协会规定的其他条件。

**第九条** 拟任证券基金经营机构独立董事的,不得在拟任职的证券基金经营机构担任董事会外的职务,且不得存在以下情形:

(一)最近3年在拟任职的证券基金经营机构及其关联方任职;

(二)直系亲属和主要社会关系人员在拟任职的证券基金经营机构及其关联方任职;

(三)与拟任职的证券基金经营机构及其关联方的高级管理人员、其他董事、监事以及其他重要岗位人员存在利害关系;

(四)在与拟任职的证券基金经营机构存在业务往来或利益关系的机构任职;

(五)在其他证券基金经营机构担任除独立董事以外的职务;

(六)其他可能妨碍其作出独立、客观判断的情形。

任何人员最多可以在2家证券基金经营机构担任独立董事。法律法规和中国证监会另有规定的,从其规定。

**第十条** 证券基金经营机构聘任高级管理人员的,应当按照法律法规和公司章程的规定,由公司股东、董事会专门委员会或者总经理进行提名,提名人应当就拟任人符合任职条件作出书面承诺,并对其个人品行、职业操守、从业经历、业务水平、管理能力等发表明确意见,不得隐瞒重要情况或者提供虚假信息。

**第十一条** 证券基金经营机构聘任董事、监事和高级管理人员前,应当审慎考察并确认其符合相应的任职条件,自作出聘任决定之日起5个工作日内向中国证监会相关派出机构报送下列备案材料:

(一)任职情况备案登记表;

(二)聘任决定文件及相关会议决议;

(三)聘任单位对受聘人的考察意见、提名人的书面承诺和提名意见;

(四)身份、相关工作经历、诚信状况等证明其符合任职条件的文件;

(五)受聘人签署的诚信经营承诺书;

(六)最近3年曾任职单位出具的离任审计报告、离任审查报告、鉴定意见或者聘任单位委托第三方机构对受聘人出具的任职调查报告;

(七)中国证监会要求提交的其他材料。

证券基金经营机构应当在考察意见中对受聘人符合任职条件的情况作出说明。

曾在证券基金经营机构担任董事、监事和高级管理人员的,除补充和更新材料外,可不重复报送本条第一款第(四)项规定的备案材料。

**第十二条** 证券基金经营机构聘任独立董事的,应当要求拟任人提供关于独立性的声明,并作为备案材料向中国证监会相关派出机构报送。声明应当重点说明拟任人是否存在本办法第九条所列举的情形。

**第十三条** 中国证监会相关派出机构收到备案材料后，可以通过查询个人档案、征求相关监管机构意见、查询资本市场诚信档案数据库、谈话等方式对受聘人情况进行必要的核查。

**第十四条** 中国证监会相关派出机构发现受聘人不符合任职条件的，应当要求证券基金经营机构更换有关人员。证券基金经营机构应当立即停止受聘人职务，及时解除对受聘人的聘任决定，并自作出解聘决定之日起5个工作日内向中国证监会相关派出机构报告。

中国证监会相关派出机构发现受聘人的聘任程序不符合公司章程规定的，应当要求证券基金经营机构改正，在履行规定的聘任程序前，受聘人不得实际履行职责。

证券基金经营机构、受聘人的提名人及其他负有考察责任的人员，对未发现受聘人不符合任职条件负有责任的，中国证监会相关派出机构应当依法追究其责任。

### 第三章 从业人员执业管理

**第十五条** 证券基金经营机构从业人员应当持续符合下列条件：

（一）品行良好；

（二）具备从事证券基金业务所需的专业能力，掌握证券基金业务相关的专业知识；

（三）最近3年未因犯罪被判处刑罚；

（四）不存在《证券法》第一百二十五条第二款和第三款，以及《证券投资基金法》第十五条规定的情形；

（五）最近5年未被中国证监会撤销基金从业资格或者被基金业协会取消基金从业资格；

（六）未被中国证监会采取证券市场禁入措施，或者执行期已经届满；

（七）法律法规、中国证监会和行业协会规定的其他条件。

**第十六条** 证券基金经营机构可以要求从事证券基金业务的人员参加从业人员专业能力水平评价测试，作为证明其专业能力的参考；不参加从业人员专业能力水平评价测试的，应当符合行业协会规定的条件。

行业协会根据业务类别负责组织从业人员专业能力水平评价测试，并作出境内外相关资质的互认安排。测试方案、大纲、科目和互认安排等由行业协会拟定并报中国证监会备案后组织实施。

**第十七条** 证券公司应当自证券从业人员从事业务之日起5个工作日内，向证券业协会提交证明符合条件的材料和登记信息并办理登记。证券业协会应当自登记信息完备之日起5个工作日内办结登记。登记信息不完备或者不符合规定的，证券公司及其从业人员应当按照要求及时补正。

基金管理公司应当向基金业协会提交基金从业人员符合条件的证明材料和注册信息，为其申请执业注册。基金业协会应当对注册信息进行审查，并自受理之日起5个工作日内准予注册或者不予注册。准予注册的，相关人员取得基金从业资格。不予注册的，应当书面说明理由。基金从业人员在取得基金从业资格前不得从事基金业务活动。

**第十八条** 从业人员的登记信息或者注册信息发生变化的，应当及时通知证券基金经营机构，证券基金经营机构应当在知悉有关情况之日起5个工作日内向行业协会申请变更登记信息或者注册信息。从业人员不符合从业条件或者离职的，原聘用机构应当自上述情形发生之日起5个工作日内向行业协会办理注销登记或者注销注册。

**第十九条** 行业协会应当将从业人员登记或者注册情况、证券基金业基本从业信息、诚信记录等进行公示。

**第二十条** 拟任证券基金经营机构分支机构负责人的人员，应当同时符合本办法第六条第一款第（一）项到第（四）项、第七条和第十五条规定的任职条件。

证券基金经营机构聘任分支机构负责人前，应当考察确认其是否符合相应的任职条件，并自作出聘任决定之日起5个工作日内参照本办法第十一条的规定向中国证监会相关派出机构报送备案材料。中国证监会相关派出机构进行核查时发现受聘人不符合任职条件的，应当要求证券基金经营机构更换有关人员。

**第二十一条** 担任保荐代表人、证券投资顾问、证券分析师、财务顾问主办人、基金经理、投资经理、基金投资顾问，证券经纪人等与证券公司存在委托合同关系的从业人员，以及法律法规和中国证监会规定的其他人员，还应当符合相应的从业条件，并按照规定在行业协会登记或者注册。

### 第四章 董事、监事、高级管理人员及从业人员执业规范和履职限制

#### 第一节 执业规范

**第二十二条** 证券基金经营机构董事、监事、高级管理人员及从业人员应当遵守法律法规和中国证监会的有关规定，切实履行公司章程、公司制度和劳动合同等规定

的职责,并遵守下列执业行为规范:

(一)具有良好的守法合规意识,自觉抵制违法违规行为,配合中国证监会及其派出机构依法履行监管职责;

(二)诚实守信,廉洁自律,公平竞争,遵守职业道德和行业规范,履行向中国证监会及其派出机构的书面承诺;

(三)恪尽职守、勤勉尽责,切实维护投资者合法权益,公平对待投资者,有效防范并妥善处理利益冲突;

(四)审慎稳健,牢固树立风险意识,独立客观,不受他人非法干预;

(五)中国证监会规定的其他执业行为规范。

**第二十三条** 证券基金经营机构董事应当按照法律法规、中国证监会和公司章程的规定出席董事会会议,对所议事项发表明确意见,并对董事会决议依法承担相应责任。

证券基金经营机构独立董事应当依法独立履行董事义务,不受公司股东、实际控制人以及其他与公司存在利害关系的单位或个人的影响,维护公司整体利益和投资者合法权益。

证券基金经营机构独立董事应当制作年度履职报告提交股东(大)会审议,并存档备查。

**第二十四条** 证券基金经营机构监事应当依法检查公司财务,对董事、高级管理人员履职的合法合规性进行监督,维护公司、股东和投资者的合法权益。

**第二十五条** 证券基金经营机构高级管理人员应当忠实、勤勉履行职责,有效执行董事会决议和公司制度规定,防范和化解经营风险,确保公司规范经营和独立运作。

**第二十六条** 证券基金经营机构董事、监事、高级管理人员及从业人员不得从事下列行为:

(一)利用职务之便为本人或者他人牟取不正当利益;

(二)与其履行职责存在利益冲突的活动;

(三)不正当交易或者利益输送;

(四)挪用或者侵占公司、客户资产或者基金财产;

(五)私下接受客户委托从事证券基金投资;

(六)向客户违规承诺收益或者承担损失;

(七)泄露因职务便利获取的未公开信息、利用该信息从事或者明示、暗示他人从事相关的交易活动;

(八)违规向客户提供资金、证券或者违规为客户融资提供中介、担保或者其他便利;

(九)滥用职权、玩忽职守,不按照规定履行职责;

(十)法律法规和中国证监会规定禁止的其他行为。

**第二十七条** 证券基金经营机构董事、监事、高级管理人员及从业人员应当拒绝执行任何机构、个人侵害本公司利益或者投资者合法权益的指令或者授意,发现有侵害投资者合法权益的违法违规行为的,应当及时向合规负责人或者中国证监会相关派出机构报告。

**第二十八条** 证券基金经营机构董事、监事、高级管理人员及从业人员不得违反法律法规和中国证监会的规定,从事证券、基金和未上市企业股权投资。

**第二十九条** 证券基金经营机构董事、监事、高级管理人员及从业人员离任的,应当保守原任职机构商业秘密等非公开信息,不得利用非公开信息为本人或者他人牟取利益。

证券基金经营机构不得聘用从其他证券基金经营机构离任未满6个月的基金经理和投资经理,从事投资、研究、交易等相关业务。

**第三十条** 证券基金经营机构董事、监事、高级管理人员及从业人员应当加强学习培训,提高职业操守、合规意识和专业能力。

### 第二节　履职限制

**第三十一条** 证券基金经营机构董事、监事、高级管理人员及从业人员应当保证有足够的时间和精力履行职责,不得自营或者为他人经营与所任公司同类或者存在利益冲突的业务。

证券基金经营机构的岗位设置和职责权限应当清晰、明确,有效防范各岗位之间可能存在的利益冲突。

**第三十二条** 证券基金经营机构的高级管理人员、部门负责人和分支机构负责人,不得在证券基金经营机构参股或者控股的公司以外的营利性机构兼职;在证券基金经营机构参股的公司仅可兼任董事、监事,且数量不得超过2家,在证券基金经营机构控股子公司兼职的,不受前述限制。法律法规和中国证监会另有规定的,从其规定。

董事、监事、高级管理人员、部门负责人、分支机构负责人兼职的,应当及时通知证券基金经营机构,证券基金经营机构应当在知悉有关情况之日起5个工作日内向中国证监会相关派出机构报告。

**第三十三条** 证券基金经营机构从业人员应当以所在机构的名义从事证券基金业务活动,不得同时在其他证券基金经营机构执业。中国证监会另有规定的,从其规定。

**第三十四条** 证券基金经营机构董事、监事、高级管理人员及从业人员不得授权不符合任职条件或者从业条件的人员代为履行职责。法律法规和中国证监会另有规定的，从其规定。

证券基金经营机构董事长、总经理、合规负责人和分支机构负责人因故不能履行职务的，证券基金经营机构应当按照《公司法》和公司章程的规定，在15个工作日内决定由符合任职条件的人员代为履行职务，相关人员代为履行职务应当谨慎勤勉尽责，且时间不得超过6个月。中国证监会另有规定的，从其规定。

证券基金经营机构应当自按照前款规定作出决定之日起5个工作日内，向中国证监会相关派出机构报告。决定的人员不符合任职条件的，中国证监会相关派出机构应当要求证券基金经营机构限期另行作出决定，并要求原代为履行职务的人员停止履行职务。

## 第五章　证券基金经营机构的管理责任

**第三十五条**　证券基金经营机构应当切实履行董事、监事、高级管理人员及从业人员任职考察、履职监督、内部考核问责的主体责任，建立健全人员任职和执业管理的内部控制机制，强化合规与风险管理，有效管控激励约束、投资行为和利益冲突防范等事项，持续提升人员的道德水准、专业能力、合规风险意识和廉洁从业水平，培育合规、诚信、专业、稳健的行业文化。

**第三十六条**　证券基金经营机构聘任董事、监事、高级管理人员及从业人员，或者决定代为履行相应职务的人员前，应当向中国证监会相关派出机构和行业协会的信息系统查询其任职管理和执业管理信息。

**第三十七条**　证券基金经营机构应当对其董事、监事、高级管理人员和分支机构负责人的人员名单在官方网站进行公示，并自发生变化之日起20个工作日内进行更新。

**第三十八条**　自证券基金经营机构作出聘任决定之日起20个工作日内，高级管理人员和分支机构负责人无正当理由未实际到任履行相应职责的，证券基金经营机构应当撤销对受聘人的聘任决定，并自作出撤销聘任决定之日起5个工作日内向中国证监会相关派出机构报告。

**第三十九条**　证券基金经营机构董事、监事、高级管理人员和分支机构负责人出现不符合法律法规和中国证监会规定的任职条件的，证券基金经营机构应当立即停止其职权或者免除其职务。

证券基金经营机构董事、监事、高级管理人员及从业人员出现本办法第七条第（七）项规定情形的，应当及时通知证券基金经营机构；相关人员涉嫌重大违法犯罪，或因履职行为被行政机关立案调查或被司法机关立案侦查的，证券基金经营机构应当暂停其职务。

**第四十条**　证券基金经营机构高级管理人员职责分工发生调整，或者分支机构负责人改任本公司其他分支机构负责人的，应当在5个工作日内向中国证监会相关派出机构报告。

证券基金经营机构变更有关人员涉及《经营证券期货业务许可证》内容变更的，应当自作出有关聘任决定之日起20个工作日内向中国证监会或其派出机构换领《经营证券期货业务许可证》。

**第四十一条**　证券基金经营机构免除董事、监事、高级管理人员和分支机构负责人职务的，应当自作出免职决定之日起5个工作日内，向中国证监会相关派出机构备案，并提交下列材料：

（一）记载免职原因的免职决定文件；

（二）相关会议的决议；

（三）中国证监会规定的其他材料。

中国证监会相关派出机构依法对免职备案材料进行审查。免职程序不符合规定的，中国证监会相关派出机构应当要求证券基金经营机构改正。

**第四十二条**　证券基金经营机构免除任期未届满的独立董事职务的，证券基金经营机构和独立董事本人应当在20个工作日内分别向中国证监会相关派出机构和股东（大）会提交书面说明。

除本人申请，或被中国证监会及其派出机构责令更换，或确有证据证明其不符合任职条件、无法正常履职、未能勤勉尽责等情形外，证券基金经营机构不得免除任期未届满的合规负责人、风控负责人的职务。

**第四十三条**　证券基金经营机构应当加强对高级管理人员和从业人员的执业培训，确保其掌握与岗位职责相关的法律法规、执业规范，持续具备与岗位相适应的专业素质，并定期对其诚信合规、勤勉尽责、廉洁从业、专业能力等情况进行考核。

**第四十四条**　证券基金经营机构应当建立长效合理的薪酬管理制度，充分反映合规管理和风险管理要求，避免短期、过度激励等不当激励行为。证券基金经营机构应当对董事长、高级管理人员、主要业务部门负责人、分支机构负责人和核心业务人员建立薪酬递延支付机制，在劳动合同、内部制度中合理确定薪酬递延支付标准、年限和比例等。

证券基金经营机构实施股权激励、员工持股计划等长效激励机制的，应当合理设定授予条件、授予期限和分期授予比例。

证券基金经营机构应当建立健全内部问责机制，明确高级管理人员和从业人员的履职规范和问责措施。证券基金经营机构应当在与其高级管理人员及从业人员的劳动合同、内部制度中明确，相关人员未能勤勉尽责，对证券基金经营机构发生违法违规行为或者经营风险负有责任的，证券基金经营机构可以要求其退还相关行为发生当年奖金，或者停止对其实施长效激励措施。在违法违规行为调查期间或者风险处置期间，涉嫌对证券基金经营机构发生违法违规行为或经营风险负有责任的人员应当配合调查和风险处置工作。

**第四十五条** 证券基金经营机构应当建立健全董事、监事、高级管理人员、从业人员及其配偶、利害关系人进行证券、基金（货币市场基金除外）和未上市企业股权投资的申报、登记、审查、监控、处置、惩戒等投资行为管理制度和廉洁从业规范，制定有效的事前防范体系、事中管控措施和事后追责机制，防止董事、监事、高级管理人员及从业人员违规从事投资，切实防范内幕交易、市场操纵、利益冲突和利益输送等不当行为，确保投资者合法权益不受侵害。

**第四十六条** 证券基金经营机构应当定期对高级管理人员和分支机构负责人的履职情况开展内部稽核或外部审计，并保证稽核审计工作的独立性和有效性。

**第四十七条** 证券基金经营机构董事长、高级管理人员、分支机构负责人离任的，证券基金经营机构应当对其进行审计，并自其离任之日起2个月内将离任审计报告向中国证监会相关派出机构报告。其中，法定代表人、经营管理的主要负责人离任的，证券基金经营机构应当聘请符合《证券法》规定的会计师事务所对其进行离任审计。

证券基金经营机构基金经理、投资经理离任的，证券基金经营机构应当对其进行离任审查，并自离任之日起2个月内形成离任审查报告，以存档备查。

**第四十八条** 证券基金经营机构应当按照要求及时向中国证监会相关派出机构报送董事、监事、高级管理人员和分支机构负责人的诚信记录、内部惩戒、激励约束机制执行情况、投资行为管理和廉洁从业制度执行情况等信息，及时向行业协会报送从业人员的前述信息。

证券基金经营机构及其董事、监事、高级管理人员和从业人员应当保证报送的各项材料和信息真实、准确和完整，不得有虚假记载、误导性陈述和重大遗漏。

证券基金经营机构应当妥善保存公司人员管理制度，以及年度考核、执业培训、稽核审计等情况，保存期限不得少于20年。

## 第六章 监督管理与法律责任

**第四十九条** 中国证监会和行业协会建立证券基金经营机构董事、监事、高级管理人员及从业人员任职管理和执业管理信息系统，中国证监会相关派出机构和行业协会应当督促证券基金经营机构按要求将相关人员的职务任免、从业人员登记或者注册情况、从业经历、日常监管、诚信记录、内部惩戒等信息纳入统一的电子化管理，有关信息应当与证券期货交易场所、证券登记结算机构等相关单位共享。

**第五十条** 行业协会负责制定有关从业人员管理的自律规则，报中国证监会备案后实施。

行业协会应当按照法律法规和中国证监会的规定或者授权，组织从业人员的业务培训，对从事不同业务类型的从业人员实施差异化自律管理。

**第五十一条** 证券基金经营机构及其董事、监事、高级管理人员及从业人员违反法律法规、本办法和中国证监会其他规定的，中国证监会及其派出机构可以根据情节轻重依法采取责令改正、监管谈话、出具警示函、责令定期报告、责令处分有关人员、责令更换有关人员或者限制其权利、限制向董事、监事、高级管理人员支付报酬或者提供福利、责令暂停履行职务、责令停止职权、责令解除职务、认定为不适当人选等措施。

证券基金经营机构收到中国证监会及其派出机构责令停止职权或者解除职务的决定后，应当立即停止有关人员职权或者解除其职务，不得将其调整到其他平级或者更高层级职务。

证券基金经营机构董事、监事、高级管理人员及从业人员被暂停履行职务期间，不得擅自离职。

**第五十二条** 证券基金经营机构及其董事、监事、高级管理人员及从业人员有证据证明存在下列情形之一的，可以从轻、减轻或者免除采取行政监管措施：

（一）对突发事件或者重大风险积极采取补救措施，有效控制损失和不良影响；

（二）对证券基金经营机构作出的涉嫌违法违规决议，在集体决策过程中曾明确发表反对意见，并有书面记录；

（三）主动向中国证监会及其派出机构、公司合规负责人报告公司的违法违规行为且调查属实；

（四）中国证监会认定的其他情形。

**第五十三条** 证券基金经营机构及其董事、监事、高级管理人员及从业人员违反本办法规定，且构成违反《证券法》《证券投资基金法》《证券公司监督管理条例》等法律法规规定情形的，应当依照有关规定处理。

**第五十四条** 证券基金经营机构及其董事、监事、高级管理人员及从业人员违反本办法规定且情节严重，或者拒不执行监管决定，《证券法》《证券投资基金法》《证券公司监督管理条例》等法律法规没有规定相应处理措施或者罚则的，给予警告或者通报批评，并处20万元以下罚款。

## 第七章 附 则

**第五十五条** 本办法下列用语的含义：

（一）分支机构负责人，是指证券基金经营机构在境内设立的从事业务经营活动的分公司、证券营业部，以及中国证监会规定的下属其他非法人机构的负责人；

（二）部门负责人，是指证券基金经营机构内设的从事证券基金业务和相关管理工作的部门负责人以及实际履行上述职务的人员，被纳入高级管理人员管理的除外；

（三）中国证监会相关派出机构，包括证券公司住所地、分支机构所在地的中国证监会派出机构和基金管理公司经营所在地、分支机构所在地的中国证监会派出机构；

（四）投资经理，是指证券基金经营机构从事自营业务、私募资产管理业务中负责投资的专业人员；

（五）商业秘密，按照《反不正当竞争法》的规定确定。

**第五十六条** 下列机构的相关人员应当具备本办法第六条第一款第（一）项到第（四）项、第七条和第十五条规定的任职条件，并比照证券基金经营机构及其高级管理人员适用本办法的其他规定：

（一）证券基金经营机构以外的其他公募基金管理人及其董事、监事和高级管理人员，基金托管人及其设立的基金托管部门的总经理、副总经理，以及实际履行上述职务的其他人员；

（二）证券基金经营机构子公司及其高级管理人员，以及从事证券投资咨询、财务顾问等证券服务机构和从事公募基金销售、份额登记、估值、投资顾问、评价等基金服务机构及其相关高级管理人员，以及实际履行上述职务的其他人员；

（三）商业银行以及中国证监会认可的其他金融机构从事证券基金服务业务的，相关机构及其提供证券基金服务部门的相关负责人。

前款规定机构的证券基金从业人员，应当比照证券基金经营机构从业人员适用本办法。

**第五十七条** 本办法实施前已在证券基金经营机构或者本办法第五十六条规定的机构依法担任董事、监事、高级管理人员，以及担任证券基金经营机构分支机构负责人等职务，但未取得相应的任职资格或者未进行任职备案，且不符合本办法规定任职条件的，应当自本办法实施之日起1年内符合相应的任职条件，并按照规定进行备案。

本办法实施前已在证券基金经营机构或者本办法第五十六条规定的机构依法从业，但不符合本办法规定从业条件的，应当自本办法实施之日起1年内符合相应的从业条件，并按照规定在行业协会登记或者注册。

逾期不符合相关任职条件和从业条件的上述人员，不得继续担任相应职务或者从事相应业务。

**第五十八条** 本办法自2022年4月1日起施行。中国证监会发布的《证券业从业人员资格管理办法》（中国证监会令第14号）《证券投资基金行业高级管理人员任职管理办法》（中国证监会令第23号）《证券公司董事、监事和高级管理人员任职资格监管办法》（中国证监会令第88号）《关于实施〈证券投资基金行业高级管理人员任职管理办法〉有关问题的通知》（证监基金字〔2004〕150号）同时废止。

## 证券发行与承销管理办法

- 2006年9月11日中国证券监督管理委员会第189次主席办公会议审议通过
- 根据2010年10月11日、2012年5月18日中国证券监督管理委员会《关于修改〈证券发行与承销管理办法〉的决定》修正
- 2013年10月8日中国证券监督管理委员会第11次主席办公会议修订
- 根据2014年3月21日、2015年12月30日、2017年9月7日、2018年6月15日中国证券监督管理委员会《关于修改〈证券发行与承销管理办法〉的决定》修正
- 2023年2月17日中国证券监督管理委员会第2次委务会议修订
- 2023年2月17日中国证券监督管理委员会令第208号公布
- 自公布之日起施行

## 第一章 总 则

**第一条** 为规范证券发行与承销行为，保护投资者合法权益，根据《中华人民共和国证券法》（以下简称《证

券法》)和《中华人民共和国公司法》,制定本办法。

**第二条** 发行人在境内发行股票、存托凭证或者可转换公司债券(以下统称证券),证券公司在境内承销证券以及投资者认购境内发行的证券,首次公开发行证券时公司股东向投资者公开发售其所持股份(以下简称老股转让),适用本办法。中国证券监督管理委员会(以下简称中国证监会)另有规定的,从其规定。

存托凭证境外基础证券发行人应当履行本办法中发行人的义务,承担相应的法律责任。

**第三条** 中国证监会依法对证券发行与承销行为进行监督管理。证券交易所、证券登记结算机构和中国证券业协会应当制定相关业务规则,规范证券发行与承销行为。

中国证监会依法批准证券交易所制定的发行承销制度规则,建立对证券交易所发行承销过程监管的监督机制,持续关注证券交易所发行承销过程监管情况。

证券交易所对证券发行承销过程实施监管,对发行人及其控股股东、实际控制人、董事、监事、高级管理人员、承销商、证券服务机构、投资者等进行自律管理。

中国证券业协会负责对承销商、网下投资者进行自律管理。

**第四条** 证券公司承销证券,应当依据本办法以及中国证监会有关风险控制和内部控制等相关规定,制定严格的风险管理制度和内部控制制度,加强定价和配售过程管理,落实承销责任。

为证券发行出具相关文件的证券服务机构和人员,应当按照本行业公认的业务标准和道德规范,严格履行法定职责,对其所出具文件的真实性、准确性和完整性承担责任。

## 第二章 定价与配售

**第五条** 首次公开发行证券,可以通过询价的方式确定证券发行价格,也可以通过发行人与主承销商自主协商直接定价等其他合法可行的方式确定发行价格。发行人和主承销商应当在招股意向书(或招股说明书,下同)和发行公告中披露本次发行证券的定价方式。

首次公开发行证券通过询价方式确定发行价格的,可以初步询价后确定发行价格,也可以在初步询价确定发行价格区间后,通过累计投标询价确定发行价格。

**第六条** 首次公开发行证券发行数量二千万股(份)以下且无老股转让计划的,发行人和主承销商可以通过直接定价的方式确定发行价格。发行人尚未盈利的,应当通过向网下投资者询价方式确定发行价格,不得直接定价。

通过直接定价方式确定的发行价格对应市盈率不得超过同行业上市公司二级市场平均市盈率;已经或者同时境外发行的,通过直接定价方式确定的发行价格还不得超过发行人境外市场价格。

首次公开发行证券采用直接定价方式的,除本办法第二十三条第三款规定的情形外全部向网上投资者发行,不进行网下询价和配售。

**第七条** 首次公开发行证券采用询价方式的,应当向证券公司、基金管理公司、期货公司、信托公司、保险公司、财务公司、合格境外投资者和私募基金管理人等专业机构投资者,以及经中国证监会批准的证券交易所规则规定的其他投资者询价。上述询价对象统称网下投资者。

网下投资者应当具备丰富的投资经验、良好的定价能力和风险承受能力,向中国证券业协会注册,接受中国证券业协会的自律管理,遵守中国证券业协会的自律规则。

发行人和主承销商可以在符合中国证监会相关规定和证券交易所、中国证券业协会自律规则前提下,协商设置网下投资者的具体条件,并在发行公告中预先披露。主承销商应当对网下投资者是否符合预先披露的条件进行核查,对不符合条件的投资者,应当拒绝或剔除其报价。

**第八条** 首次公开发行证券采用询价方式的,主承销商应当遵守中国证券业协会关于投资价值研究报告的规定,向网下投资者提供投资价值研究报告。

**第九条** 首次公开发行证券采用询价方式的,符合条件的网下投资者可以自主决定是否报价。符合条件的网下投资者报价的,主承销商无正当理由不得拒绝。网下投资者应当遵循独立、客观、诚信的原则合理报价,不得协商报价或者故意压低、抬高价格。

网下投资者参与报价时,应当按照中国证券业协会的规定持有一定金额的非限售股份或存托凭证。

参与询价的网下投资者可以为其管理的不同配售对象分别报价,具体适用证券交易所规定。首次公开发行证券发行价格或价格区间确定后,提供有效报价的投资者方可参与申购。

**第十条** 首次公开发行证券采用询价方式的,网下投资者报价后,发行人和主承销商应当剔除拟申购总量中报价最高的部分,然后根据剩余报价及拟申购数量协商确定发行价格。剔除部分的配售对象不得参与网下申购。最高报价剔除的具体要求适用证券交易所相关规定。

公开发行证券数量在四亿股(份)以下的,有效报价投资者的数量不少于十家;公开发行证券数量超过四亿股(份)的,有效报价投资者的数量不少于二十家。剔除最高报价部分后有效报价投资者数量不足的,应当中止发行。

**第十一条** 首次公开发行证券时,发行人和主承销商可以自主协商确定有效报价条件、配售原则和配售方式,并按照事先确定的配售原则在有效申购的网下投资者中选择配售证券的对象。

**第十二条** 首次公开发行证券采用询价方式在主板上市的,公开发行后总股本在四亿股(份)以下的,网下初始发行比例不低于本次公开发行证券数量的百分之六十;公开发行后总股本超过四亿股(份)或者发行人尚未盈利的,网下初始发行比例不低于本次公开发行证券数量的百分之七十。首次公开发行证券采用询价方式在科创板、创业板上市的,公开发行后总股本在四亿股(份)以下的,网下初始发行比例不低于本次公开发行证券数量的百分之七十;公开发行后总股本超过四亿股(份)或者发行人尚未盈利的,网下初始发行比例不低于本次公开发行证券数量的百分之八十。

发行人和主承销商应当安排不低于本次网下发行证券数量的一定比例的证券优先向公募基金、社保基金、养老金、年金基金、保险资金和合格境外投资者资金等配售,网下优先配售比例下限遵守证券交易所相关规定。公募基金、社保基金、养老金、年金基金、保险资金和合格境外投资者资金有效申购不足安排数量的,发行人和主承销商可以向其他符合条件的网下投资者配售剩余部分。

对网下投资者进行分类配售的,同类投资者获得配售的比例应当相同。公募基金、社保基金、养老金、年金基金、保险资金和合格境外投资者资金的配售比例应当不低于其他投资者。

安排战略配售的,应当扣除战略配售部分后确定网下网上发行比例。

**第十三条** 首次公开发行证券,网下投资者应当结合行业监管要求、资产规模等合理确定申购金额,不得超资产规模申购,承销商应当认定超资产规模的申购为无效申购。

**第十四条** 首次公开发行证券采用询价方式的,发行人和主承销商可以安排一定比例的网下发行证券设置一定期限的限售期,具体安排适用证券交易所规定。

**第十五条** 首次公开发行证券采用询价方式的,网上投资者有效申购数量超过网上初始发行数量一定倍数的,应当从网下向网上回拨一定数量的证券。有效申购倍数、回拨比例及回拨后无限售期网下发行证券占本次公开发行证券数量比例由证券交易所规定。

网上投资者申购数量不足网上初始发行数量的,发行人和主承销商可以将网上发行部分向网下回拨。

网下投资者申购数量不足网下初始发行数量的,发行人和主承销商不得将网下发行部分向网上回拨,应当中止发行。

**第十六条** 首次公开发行证券,网上投资者应当持有一定数量非限售股份或存托凭证,并自主表达申购意向,不得概括委托证券公司进行证券申购。采用其他方式进行网上申购和配售的,应当符合中国证监会的有关规定。

**第十七条** 首次公开发行证券的网下发行应当和网上发行同时进行,网下和网上投资者在申购时无需缴付申购资金。

网上申购时仅公告发行价格区间、未确定发行价格的,主承销商应当安排投资者按价格区间上限申购。

投资者应当自行选择参与网下或网上发行,不得同时参与。

**第十八条** 首次公开发行证券,市场发生重大变化的,发行人和主承销商可以要求网下投资者缴纳保证金,保证金占拟申购金额比例上限由证券交易所规定。

**第十九条** 网下和网上投资者申购证券获得配售后,应当按时足额缴付认购资金。网上投资者在一定期限内多次未足额缴款的,由中国证券业协会会同证券交易所进行自律管理。

除本办法规定的中止发行情形外,发行人和主承销商还可以在符合中国证监会和证券交易所相关规定前提下约定中止发行的其他具体情形并预先披露。中止发行后,在注册文件有效期内,经向证券交易所报备,可以重新启动发行。

**第二十条** 首次公开发行证券,市场发生重大变化,投资者弃购数量占本次公开发行证券数量的比例较大的,发行人和主承销商可以就投资者弃购部分向网下投资者进行二次配售,具体要求适用证券交易所规定。

**第二十一条** 首次公开发行证券,可以实施战略配售。

参与战略配售的投资者不得参与本次公开发行证券

网上发行与网下发行,但证券投资基金管理人管理的未参与战略配售的公募基金、社保基金、养老金、年金基金除外。参与战略配售的投资者应当按照最终确定的发行价格认购其承诺认购数量的证券,并承诺获得本次配售的证券持有期限不少于十二个月,持有期限自本次公开发行的证券上市之日起计算。

参与战略配售的投资者在承诺的持有期限内,可以按规定向证券金融公司借出获得配售的证券。借出期限届满后,证券金融公司应当将借入的证券返还给参与战略配售的投资者。

参与战略配售的投资者应当使用自有资金认购,不得接受他人委托或者委托他人参与配售,但依法设立并符合特定投资目的的证券投资基金等除外。

**第二十二条** 首次公开发行证券实施战略配售的,参与战略配售的投资者的数量应当不超过三十五名,战略配售证券数量占本次公开发行证券数量的比例应当不超过百分之五十。

发行人和主承销商应当根据本次公开发行证券数量、证券限售安排等情况,合理确定参与战略配售的投资者数量和配售比例,保障证券上市后必要的流动性。

发行人应当与参与战略配售的投资者事先签署配售协议。主承销商应当对参与战略配售的投资者的选取标准、配售资格等进行核查,要求发行人、参与战略配售的投资者就核查事项出具承诺函,并聘请律师事务所出具法律意见书。

发行人和主承销商应当在发行公告中披露参与战略配售的投资者的选择标准、向参与战略配售的投资者配售的证券数量、占本次公开发行证券数量的比例以及持有期限等。

**第二十三条** 发行人的高级管理人员与核心员工可以通过设立资产管理计划参与战略配售。前述资产管理计划获配的证券数量不得超过本次公开发行证券数量的百分之十。

发行人的高级管理人员与核心员工按照前款规定参与战略配售的,应当经发行人董事会审议通过,并在招股说明书中披露参与人员的姓名、担任职务、参与比例等事项。

保荐人的相关子公司或者保荐人所属证券公司的相关子公司参与发行人证券配售的具体规则由证券交易所另行规定。

**第二十四条** 首次公开发行证券,发行人和主承销商可以在发行方案中采用超额配售选择权。采用超额配售选择权发行证券的数量不得超过首次公开发行证券数量的百分之十五。超额配售选择权的实施应当遵守证券交易所、证券登记结算机构和中国证券业协会的规定。

**第二十五条** 首次公开发行证券时公司股东公开发售股份的,公司股东应当遵循平等自愿的原则协商确定首次公开发行时公司股东之间各自公开发售股份的数量。公司股东公开发售股份的发行价格应当与公司发行股份的价格相同。

首次公开发行证券时公司股东公开发售的股份,公司股东已持有时间应当在三十六个月以上。

公司股东公开发售股份的,股份发售后,公司的股权结构不得发生重大变化,实际控制人不得发生变更。

公司股东公开发售股份的具体办法由证券交易所规定。

**第二十六条** 首次公开发行证券网下配售时,发行人和主承销商不得向下列对象配售证券:

(一)发行人及其股东、实际控制人、董事、监事、高级管理人员和其他员工;发行人及其股东、实际控制人、董事、监事、高级管理人员能够直接或间接实施控制、共同控制或施加重大影响的公司,以及该公司控股股东、控股子公司和控股股东控制的其他子公司;

(二)主承销商及其持股比例百分之五以上的股东、主承销商的董事、监事、高级管理人员和其他员工;主承销商及其持股比例百分之五以上的股东、董事、监事、高级管理人员能够直接或间接实施控制、共同控制或施加重大影响的公司,以及该公司控股股东、控股子公司和控股股东控制的其他子公司;

(三)承销商及其控股股东、董事、监事、高级管理人员和其他员工;

(四)本条第(一)、(二)、(三)项所述人士的关系密切的家庭成员,包括配偶、子女及其配偶、父母及配偶的父母、兄弟姐妹及其配偶、配偶的兄弟姐妹、子女配偶的父母;

(五)过去六个月内与主承销商存在保荐、承销业务关系的公司及其持股百分之五以上的股东、实际控制人、董事、监事、高级管理人员,或已与主承销商签署保荐、承销业务合同或达成相关意向的公司及其持股百分之五以上的股东、实际控制人、董事、监事、高级管理人员;

(六)通过配售可能导致不当行为或不正当利益的其他自然人、法人和组织。

本条第(二)、(三)项规定的禁止配售对象管理的公募基金、社保基金、养老金、年金基金不受前款规定的限制,但应当符合中国证监会和国务院其他主管部门的有关规定。

**第二十七条** 发行人和承销商及相关人员不得有下列行为:

(一)泄露询价和定价信息;

(二)劝诱网下投资者抬高报价,干扰网下投资者正常报价和申购;

(三)以提供透支、回扣或者中国证监会认定的其他不正当手段诱使他人申购证券;

(四)以代持、信托持股等方式谋取不正当利益或向其他相关利益主体输送利益;

(五)直接或通过其利益相关方向参与认购的投资者提供财务资助或者补偿;

(六)以自有资金或者变相通过自有资金参与网下配售;

(七)与网下投资者互相串通,协商报价和配售;

(八)收取网下投资者回扣或其他相关利益;

(九)以任何方式操纵发行定价。

## 第三章 证券承销

**第二十八条** 证券公司承销证券,应当依照《证券法》第二十六条的规定采用包销或者代销方式。

发行人和主承销商应当签订承销协议,在承销协议中界定双方的权利义务关系,约定明确的承销基数。采用包销方式的,应当明确包销责任;采用代销方式的,应当约定发行失败后的处理措施。

证券发行由承销团承销的,组成承销团的承销商应当签订承销团协议,由主承销商负责组织承销工作。证券发行由两家以上证券公司联合主承销的,所有担任主承销商的证券公司应当共同承担主承销责任,履行相关义务。承销团由三家以上承销商组成的,可以设副主承销商,协助主承销商组织承销活动。

证券公司不得以不正当竞争手段招揽承销业务。承销团成员应当按照承销团协议及承销协议的规定进行承销活动,不得进行虚假承销。

**第二十九条** 证券发行采用代销方式的,应当在发行公告或者认购邀请书中披露发行失败后的处理措施。证券发行失败后,主承销商应当协助发行人按照发行价并加算银行同期存款利息返还证券认购人。

**第三十条** 证券公司实施承销前,应当向证券交易所报送发行与承销方案。

**第三十一条** 投资者申购缴款结束后,发行人和主承销商应当聘请符合《证券法》规定的会计师事务所对申购和募集资金进行验证,并出具验资报告;应当聘请符合《证券法》规定的律师事务所对网下发行过程、配售行为、参与定价和配售的投资者资质条件及其与发行人和承销商的关联关系、资金划拨等事项进行见证,并出具专项法律意见书。

首次公开发行证券和上市公司向不特定对象发行证券在证券上市之日起十个工作日内,上市公司向特定对象发行证券在验资完成之日起十个工作日内,主承销商应当将验资报告、专项法律意见书、承销总结报告等文件一并通过证券交易所向中国证监会备案。

## 第四章 上市公司证券发行与承销的特别规定

**第三十二条** 上市公司向特定对象发行证券未采用自行销售方式或者上市公司向原股东配售股份(以下简称配股)的,应当采用代销方式。

上市公司向特定对象发行证券采用自行销售方式的,应当遵守中国证监会和证券交易所的相关规定。

**第三十三条** 上市公司发行证券,存在利润分配方案、公积金转增股本方案尚未提交股东大会表决或者虽经股东大会表决通过但未实施的,应当在方案实施后发行。相关方案实施前,主承销商不得承销上市公司发行的证券。

利润分配方案实施完毕时间为股息、红利发放日,公积金转增股本方案实施完毕时间为除权日。

**第三十四条** 上市公司配股的,应当向股权登记日登记在册的股东配售,且配售比例应当相同。

上市公司向不特定对象募集股份(以下简称增发)或者向不特定对象发行可转换公司债券的,可以全部或者部分向原股东优先配售,优先配售比例应当在发行公告中披露。

网上投资者在申购可转换公司债券时无需缴付申购资金。

**第三十五条** 上市公司增发或者向不特定对象发行可转换公司债券的,经审慎评估,主承销商可以对参与网下配售的机构投资者进行分类,对不同类别的机构投资者设定不同的配售比例,对同一类别的机构投资者应当按相同的比例进行配售。主承销商应当在发行公告中明确机构投资者的分类标准。

主承销商未对机构投资者进行分类的,应当在网下配售和网上发行之间建立回拨机制,回拨后两者的获配比例应当一致。

**第三十六条** 上市公司和主承销商可以在增发发行方案中采用超额配售选择权,具体比照本办法第二十四条执行。

**第三十七条** 上市公司向不特定对象发行证券的，应当比照本办法第十三条关于首次公开发行证券网下投资者不得超资产规模申购、第二十条关于首次公开发行证券二次配售的规定执行。

**第三十八条** 上市公司向特定对象发行证券的，上市公司及其控股股东、实际控制人、主要股东不得向发行对象做出保底保收益或者变相保底保收益承诺，也不得直接或者通过利益相关方向发行对象提供财务资助或者其他补偿。

**第三十九条** 上市公司向特定对象发行证券采用竞价方式的，认购邀请书内容、认购邀请书发送对象范围、发行价格及发行对象的确定原则等应当符合中国证监会及证券交易所相关规定，上市公司和主承销商的控股股东、实际控制人、董事、监事、高级管理人员及其控制或者施加重大影响的关联方不得参与竞价。

**第四十条** 上市公司发行证券期间相关证券的停复牌安排，应当遵守证券交易所的相关业务规则。

## 第五章　信息披露

**第四十一条** 发行人和主承销商在发行过程中，应当按照中国证监会规定的要求编制信息披露文件，履行信息披露义务。发行人和承销商在发行过程中披露的信息，应当真实、准确、完整、及时，不得有虚假记载、误导性陈述或者重大遗漏。

**第四十二条** 首次公开发行证券申请文件受理后至发行人发行申请经中国证监会注册、依法刊登招股意向书前，发行人及与本次发行有关的当事人不得采取任何公开方式或变相公开方式进行与证券发行相关的推介活动，也不得通过其他利益关联方或委托他人等方式进行相关活动。

**第四十三条** 首次公开发行证券招股意向书刊登后，发行人和主承销商可以向网下投资者进行推介和询价，并通过互联网等方式向公众投资者进行推介。

发行人和主承销商向公众投资者进行推介时，向公众投资者提供的发行人信息的内容及完整性应当与向网下投资者提供的信息保持一致。

**第四十四条** 发行人和主承销商在推介过程中不得夸大宣传，或者以虚假广告等不正当手段诱导、误导投资者，不得披露除招股意向书等公开信息以外的发行人其他信息。

承销商应当保留推介、定价、配售等承销过程中的相关资料至少三年并存档备查，包括推介宣传材料、路演现场录音等，如实、全面反映询价、定价和配售过程。

**第四十五条** 发行人和主承销商在发行过程中公告的信息，应当在证券交易所网站和符合中国证监会规定条件的媒体发布，同时将其置备于公司住所、证券交易所，供社会公众查阅。

**第四十六条** 发行人披露的招股意向书除不含发行价格、筹资金额以外，其内容与格式应当与招股说明书一致，并与招股说明书具有同等法律效力。

**第四十七条** 首次公开发行证券的发行人和主承销商应当在发行和承销过程中公开披露以下信息，并遵守证券交易所的相关规定：

（一）招股意向书刊登首日，应当在发行公告中披露发行定价方式、定价程序、参与网下询价投资者条件、证券配售原则、配售方式、有效报价的确定方式、中止发行安排、发行时间安排和路演推介相关安排等信息；发行人股东进行老股转让的，还应当披露预计老股转让的数量上限，老股转让股东名称及各自转让老股数量，并明确新股发行与老股转让数量的调整机制；

（二）网上申购前，应当披露每位网下投资者的详细报价情况，包括投资者名称、申购价格及对应的拟申购数量；剔除最高报价有关情况；剔除最高报价后网下投资者报价的中位数和加权平均数以及公募基金、社保基金、养老金、年金基金、保险资金和合格境外投资者资金报价的中位数和加权平均数；有效报价和发行价格或者价格区间的确定过程；发行价格或者价格区间及对应的市盈率；按照发行价格计算的募集资金情况，所筹资金不能满足使用需求的，还应当披露相关投资风险；网下网上的发行方式和发行数量；回拨机制；中止发行安排；申购缴款要求等。已公告老股转让方案的，还应当披露老股转让和新股发行的确定数量，老股转让股东名称及各自转让老股数量，并提示投资者关注，发行人将不会获得老股转让部分所得资金；

（三）采用询价方式且存在以下情形之一的，应当在网上申购前发布投资风险特别公告，详细说明定价合理性，提示投资者注意投资风险：发行价格对应市盈率超过同行业上市公司二级市场平均市盈率的；发行价格超过剔除最高报价后网下投资者报价的中位数和加权平均数，以及剔除最高报价后公募基金、社保基金、养老金、年金基金、保险资金和合格境外投资者资金报价中位数和加权平均数的孰低值的；发行价格超过境外市场价格的；发行人尚未盈利的；

（四）在发行结果公告中披露获配投资者名称以及

每个获配投资者的报价、申购数量和获配数量等，并明确说明自主配售的结果是否符合事先公布的配售原则；对于提供有效报价但未参与申购，或实际申购数量明显少于报价时拟申购量的投资者应当列表公示并着重说明；披露网上、网下投资者获配未缴款金额以及主承销商的包销比例，列表公示获得配售但未足额缴款的网下投资者；披露保荐费用、承销费用、其他中介费用等发行费用信息；

（五）实施战略配售的，应当在网下配售结果公告中披露参与战略配售的投资者的名称、认购数量及持有期限等情况。

**第四十八条** 发行人和主承销商在披露发行市盈率时，应当同时披露发行市盈率的计算方式。在进行市盈率比较分析时，应当合理确定发行人行业归属，并分析说明行业归属的依据。存在多个市盈率口径时，应当充分列示可供选择的比较基准，并按照审慎、充分提示风险的原则选取和披露行业平均市盈率。发行人还可以同时披露市净率等反映发行人所在行业特点的估值指标。

发行人尚未盈利的，可以不披露发行市盈率及与同行业市盈率比较的相关信息，但应当披露市销率、市净率等反映发行人所在行业特点的估值指标。

## 第六章 监督管理和法律责任

**第四十九条** 证券交易所应当建立内部防火墙制度，发行承销监管部门与其他部门隔离运行。

证券交易所应当建立定期报告制度，及时总结发行承销监管的工作情况，并向中国证监会报告。

发行承销涉嫌违法违规或者存在异常情形的，证券交易所应当及时调查处理。发现违法违规情形的，可以按照自律监管规则对有关单位和责任人员采取一定期限内不接受与证券承销业务相关的文件、认定为不适当人选等自律监管措施或纪律处分。

证券交易所在发行承销监管过程中，发现重大敏感事项、重大无先例情况、重大舆情、重大违法线索的，应当及时向中国证监会请示报告。

**第五十条** 中国证券业协会应当建立对承销商询价、定价、配售行为和网下投资者报价、申购行为的日常监管制度，加强相关行为的监督检查，发现违法违规情形的，可以按照自律监管规则对有关单位和责任人员采取认定不适合从事相关业务等自律监管措施或者纪律处分。

中国证券业协会应当建立对网下投资者和承销商的跟踪分析和评价体系，并根据评价结果采取奖惩措施。

**第五十一条** 证券公司承销擅自公开发行或者变相公开发行的证券的，中国证监会可以采取本办法第五十五条规定的措施。依法应予行政处罚的，依照《证券法》第一百八十三条的规定处罚。

**第五十二条** 证券公司及其直接负责的主管人员和其他直接责任人员在承销证券过程中，有下列行为之一的，中国证监会可以采取本办法第五十五条规定的监管措施；依法应予行政处罚的，依照《证券法》第一百八十四条的规定予以处罚：

（一）进行虚假的或者误导投资者的广告宣传或者其他宣传推介活动；

（二）以不正当竞争手段招揽承销业务；

（三）从事本办法第二十七条规定禁止的行为；

（四）向不符合本办法第七条规定的网下投资者配售证券，或向本办法第二十六条规定禁止配售的对象配售证券；

（五）未按本办法要求披露有关文件；

（六）未按照事先披露的原则和方式配售证券，或其他未依照披露文件实施的行为；

（七）向投资者提供除招股意向书等公开信息以外的发行人其他信息；

（八）未按照本办法要求保留推介、定价、配售等承销过程中相关资料；

（九）其他违反证券承销业务规定的行为。

**第五十三条** 发行人及其直接负责的主管人员和其他直接责任人员有下列行为之一的，中国证监会可以采取本办法第五十五条规定的监管措施；违反《证券法》相关规定的，依法进行行政处罚：

（一）从事本办法第二十七条规定禁止的行为；

（二）夸大宣传，或者以虚假广告等不正当手段诱导、误导投资者；

（三）向投资者提供除招股意向书等公开信息以外的发行人信息。

**第五十四条** 公司股东公开发售股份违反本办法第二十五条规定的，中国证监会可以采取本办法第五十五条规定的监管措施；违反法律、行政法规、中国证监会其他规定和证券交易所规则规定的，依法进行查处；涉嫌犯罪的，依法移送司法机关，追究刑事责任。

**第五十五条** 发行人及其控股股东和实际控制人、证券公司、证券服务机构、投资者及其直接负责的主管人员和其他直接责任人员有失诚信，存在其他违反法律、行政法规或者本办法规定的行为的，中国证监会可以视情节轻重采取责令改正、监管谈话、出具警示函、责令公开说明等监管措施；情节严重的，可以对有关责任人员采取证券市场禁入措施；依法应予行政处罚的，依照有关规定进行处罚；涉嫌犯罪的，依法移送司法机关，追究其刑事责任。

**第五十六条** 中国证监会发现发行承销涉嫌违法违规或者存在异常情形的，可以要求证券交易所对相关事项进行调查处理，或者直接责令发行人和承销商暂停或者中止发行。

**第五十七条** 中国证监会发现证券交易所自律监管措施或者纪律处分失当的，可以责令证券交易所改正。

中国证监会对证券交易所发行承销过程监管工作进行年度例行检查，定期或者不定期按一定比例对证券交易所发行承销过程监管等相关工作进行抽查。

对于中国证监会在检查和抽查过程中发现的问题，证券交易所应当整改。

证券交易所发现重大敏感事项、重大无先例情况、重大舆情、重大违法线索未向中国证监会请示报告或者请示报告不及时，不配合中国证监会对发行承销监管工作的检查、抽查或者不按中国证监会的整改要求进行整改的，由中国证监会责令改正；情节严重的，追究直接责任人员相关责任。

**第五十八条** 中国证监会将遵守本办法的情况记入证券市场诚信档案，会同有关部门加强信息共享，依法实施守信激励与失信惩戒。

### 第七章 附 则

**第五十九条** 北京证券交易所的证券发行与承销适用中国证监会其他相关规定。

上市公司向不特定对象发行优先股的发行程序参照本办法关于上市公司增发的相关规定执行，向特定对象发行优先股的发行程序参照本办法关于上市公司向特定对象发行证券的相关规定执行，《优先股试点管理办法》或者中国证监会另有规定的，从其规定。

**第六十条** 本办法所称"公募基金"是指通过公开募集方式设立的证券投资基金；"社保基金"是指全国社会保障基金；"养老金"是指基本养老保险基金；"年金基金"是指企业年金基金和职业年金基金；"保险资金"是指符合《保险资金运用管理办法》等规定的保险资金。

本办法所称"同行业上市公司二级市场平均市盈率"按以下原则确定：

（一）中证指数有限公司发布的同行业最近一个月静态平均市盈率；

（二）中证指数有限公司未发布本款第（一）项市盈率的，可以由主承销商计算不少于三家同行业可比上市公司的二级市场最近一个月静态平均市盈率得出。

本办法所称"以上""以下""不少于""不超过""低于"均含本数，所称"超过""不足"均不含本数。

**第六十一条** 本办法自公布之日起施行。

## 证券发行上市保荐业务管理办法

- 2008年8月14日中国证券监督管理委员会第235次主席办公会议审议通过
- 根据2009年5月13日中国证券监督管理委员会《关于修改〈证券发行上市保荐业务管理办法〉的决定》修订
- 根据2017年12月7日中国证券监督管理委员会《关于修改〈证券登记结算管理办法〉等七部规章的决定》修正
- 2020年6月1日中国证券监督管理委员会2020年第5次委务会议修订
- 2023年2月17日中国证券监督管理委员会2023年第2次委务会议修订
- 2023年2月17日中国证券监督管理委员会令第207号公布
- 自公布之日起施行

### 第一章 总 则

**第一条** 为了规范证券发行上市保荐业务，提高上市公司质量和证券公司执业水平，保护投资者的合法权益，促进证券市场健康发展，根据《中华人民共和国证券法》（以下简称《证券法》）、《证券公司监督管理条例》等有关法律、行政法规，制定本办法。

**第二条** 发行人申请从事下列发行事项，依法采取承销方式的，应当聘请具有保荐业务资格的证券公司履行保荐职责：

（一）首次公开发行股票；

（二）向不特定合格投资者公开发行股票并在北京证券交易所（以下简称北交所）上市；

（三）上市公司发行新股、可转换公司债券；

（四）公开发行存托凭证；

（五）中国证券监督管理委员会（以下简称中国证监会）认定的其他情形。

发行人申请公开发行法律、行政法规规定实行保荐制度的其他证券的，依照前款规定办理。

上述已发行证券的上市保荐事项由证券交易所规定。

**第三条** 证券公司从事证券发行上市保荐业务，应当依照本办法规定向中国证监会申请保荐业务资格。

未经中国证监会核准,任何机构不得从事保荐业务。

**第四条** 保荐机构履行保荐职责,应当指定品行良好、具备组织实施保荐项目专业能力的保荐代表人具体负责保荐工作。保荐代表人应当熟练掌握保荐业务相关的法律、会计、财务管理、税务、审计等专业知识,最近五年内具备三十六个月以上保荐相关业务经历,最近十二个月持续从事保荐相关业务,最近十二个月内未受到证券交易所等自律组织的重大纪律处分或者中国证监会的重大监管措施,最近三十六个月内未受到中国证监会的行政处罚。

中国证券业协会制定保荐代表人自律管理规范,组织非准入型的水平评价测试,保障和提高保荐代表人的专业能力水平。

**第五条** 保荐机构及其保荐代表人、其他从事保荐业务的人员应当遵守法律、行政法规和中国证监会、证券交易所、中国证券业协会的相关规定,恪守业务规则和行业规范,诚实守信,勤勉尽责,廉洁从业,尽职推荐发行人证券发行上市,持续督导发行人履行规范运作、信守承诺、信息披露等义务。

保荐机构及其保荐代表人、其他从事保荐业务的人员不得通过从事保荐业务谋取任何不正当利益。

**第六条** 保荐代表人应当遵守职业道德准则,珍视和维护保荐代表人职业声誉,保持应有的职业谨慎,保持和提高专业胜任能力。

保荐代表人应当维护发行人的合法利益,对从事保荐业务过程中获知的发行人信息保密。保荐代表人应当恪守独立履行职责的原则,不因迎合发行人或者满足发行人的不当要求而丧失客观、公正的立场,不得唆使、协助或者参与发行人及证券服务机构等实施非法的或者具有欺诈性的行为。

保荐代表人及其配偶不得以任何名义或者方式持有发行人的股份。

保荐代表人、保荐业务负责人、内核负责人、保荐业务部门负责人及其他保荐业务人员应当保持独立、客观、审慎,与接受其服务的发行人及其关联方不存在利害关系,不存在妨碍其进行独立专业判断的情形。

**第七条** 同次发行的证券,其发行保荐和上市保荐应当由同一保荐机构承担。保荐机构依法对发行人申请文件、证券发行募集文件进行核查,向中国证监会、证券交易所出具保荐意见。保荐机构应当保证所出具的文件真实、准确、完整。

证券发行规模达到一定数量的,可以采用联合保荐,但参与联合保荐的保荐机构不得超过二家。

证券发行的主承销商可以由该保荐机构担任,也可以由其他具有保荐业务资格的证券公司与该保荐机构共同担任。

**第八条** 发行人及其控股股东、实际控制人、董事、监事、高级管理人员,为证券发行上市制作、出具有关文件的会计师事务所、律师事务所、资产评估机构等证券服务机构及其签字人员,应当依照法律、行政法规和中国证监会、证券交易所的规定,配合保荐机构及其保荐代表人履行保荐职责,并承担相应的责任。

保荐机构及其保荐代表人履行保荐职责,不能减轻或者免除发行人及其控股股东、实际控制人、董事、监事、高级管理人员、证券服务机构及其签字人员的责任。

**第九条** 中国证监会依法对保荐机构及其保荐代表人、其他从事保荐业务的人员进行监督管理。

证券交易所、中国证券业协会对保荐机构及其保荐代表人、其他从事保荐业务的人员进行自律管理。对违反相关自律管理规则的保荐机构和责任人员,证券交易所、中国证券业协会可以采取一定期限内不接受与证券发行相关的文件、认定不适合从事相关业务等自律管理措施或者纪律处分。

## 第二章 保荐业务的资格管理

**第十条** 证券公司申请保荐业务资格,应当具备下列条件:

(一)注册资本、净资本符合规定;

(二)具有完善的公司治理和内部控制制度,风险控制指标符合相关规定;

(三)保荐业务部门具有健全的业务规程、内部风险评估和控制系统,内部机构设置合理,具备相应的研究能力、销售能力等后台支持;

(四)具有良好的保荐业务团队且专业结构合理,从业人员不少于三十五人,其中最近三年从事保荐相关业务的人员不少于二十人;

(五)保荐代表人不少于四人;

(六)最近二年未因重大违法违规行为而受到处罚,最近一年未被采取重大监管措施,无因涉嫌重大违法违规正受到有关机关或者行业自律组织调查的情形;

(七)中国证监会规定的其他条件。

**第十一条** 证券公司应当保证申请文件真实、准确、完整。申请期间,申请文件内容发生重大变化的,应当自变化之日起二个工作日内向中国证监会提交更新资料。

**第十二条** 中国证监会依法受理、审查申请文件。

对保荐业务资格的申请，自受理之日起三个月内做出核准或者不予核准的书面决定。

第十三条　证券公司取得保荐业务资格后，应当持续符合本办法第十条规定的条件。保荐机构因重大违法违规行为受到行政处罚的，中国证监会撤销其保荐业务资格；不再具备第十条规定其他条件的，中国证监会可以责令其限期整改，逾期仍然不符合要求的，中国证监会撤销其保荐业务资格。

第十四条　保荐机构出现下列情况的，应当在五个工作日内向其住所地的中国证监会派出机构报告：

（一）保荐业务负责人、内核负责人、保荐业务部门负责人发生变化；

（二）保荐业务部门机构设置发生重大变化；

（三）保荐业务执业情况发生重大不利变化；

（四）中国证监会要求的其他事项。

第十五条　保荐机构应当在证券公司年度报告中报送年度执业情况。年度执业情况应当包括以下内容：

（一）保荐机构、保荐代表人年度执业情况的说明；

（二）保荐机构对保荐代表人尽职调查工作日志检查情况的说明；

（三）保荐机构对保荐代表人的年度考核、评定情况；

（四）保荐机构、保荐代表人其他重大事项的说明；

（五）保荐机构对年度执业情况真实性、准确性、完整性承担责任的承诺函，并应由其法定代表人签字；

（六）中国证监会要求的其他事项。

## 第三章　保荐职责

第十六条　保荐机构应当尽职推荐发行人证券发行上市。

发行人证券上市后，保荐机构应当持续督导发行人履行规范运作、信守承诺、信息披露等义务。

第十七条　保荐机构推荐发行人证券发行上市，应当遵循诚实守信、勤勉尽责的原则，按照中国证监会对保荐机构尽职调查工作的要求，对发行人进行全面调查，充分了解发行人的经营状况及其面临的风险和问题。

第十八条　保荐机构在推荐发行人首次公开发行股票并上市和推荐发行人向不特定合格投资者公开发行股票并在北交所上市前，应当对发行人进行辅导。辅导内容包括，对发行人的董事、监事和高级管理人员、持有百分之五以上股份的股东和实际控制人（或者其法定代表人）进行系统的法规知识、证券市场知识培训，使其全面掌握发行上市、规范运作等方面的有关法律法规和规则，知悉信息披露和履行承诺等方面的责任和义务，树立进入证券市场的诚信意识、自律意识和法制意识，以及中国证监会规定的其他事项。

第十九条　保荐机构辅导工作完成后，应当由发行人所在地的中国证监会派出机构进行辅导验收。发行人所在地在境外的，应当由发行人境内主营业地或境内证券事务机构所在地的中国证监会派出机构进行辅导验收。

第二十条　保荐机构应当与发行人签订保荐协议，明确双方的权利和义务，按照行业规范协商确定履行保荐职责的相关费用。

保荐协议签订后，保荐机构应当在五个工作日内向承担辅导验收职责的中国证监会派出机构报告。

第二十一条　保荐机构应当确信发行人符合法律、行政法规和中国证监会、证券交易所的有关规定，方可推荐其证券发行上市。

保荐机构决定推荐发行人证券发行上市的，可以根据发行人的委托，组织编制申请文件并出具推荐文件。

第二十二条　对发行人申请文件、证券发行募集文件中有证券服务机构及其签字人员出具专业意见的内容，保荐机构可以合理信赖，对相关内容应当保持职业怀疑、运用职业判断进行分析，存在重大异常、前后重大矛盾，或者与保荐机构获得的信息存在重大差异的，保荐机构应当对有关事项进行调查、复核，并可聘请其他证券服务机构提供专业服务。

第二十三条　对发行人申请文件、证券发行募集文件中无证券服务机构及其签字人员专业意见支持的内容，保荐机构应当获得充分的尽职调查证据，在对各种证据进行综合分析的基础上对发行人提供的资料和披露的内容进行独立判断，并有充分理由确信所作的判断与发行人申请文件、证券发行募集文件的内容不存在实质性差异。

第二十四条　保荐机构推荐发行人发行证券，应当向证券交易所提交发行保荐书、保荐代表人专项授权书以及中国证监会要求的其他与保荐业务有关的文件。发行保荐书应当包括下列内容：

（一）逐项说明本次发行是否符合《中华人民共和国公司法》《证券法》规定的发行条件和程序；

（二）逐项说明本次发行是否符合中国证监会的有关规定，并载明得出每项结论的查证过程及事实依据；

（三）发行人存在的主要风险；

（四）对发行人发展前景的评价；

（五）保荐机构内部审核程序简介及内核意见；
（六）保荐机构及其关联方与发行人及其关联方之间的利害关系及主要业务往来情况；
（七）相关承诺事项；
（八）中国证监会要求的其他事项。

**第二十五条** 在发行保荐书中，保荐机构应当就下列事项做出承诺：
（一）有充分理由确信发行人符合法律法规及中国证监会有关证券发行上市的相关规定；
（二）有充分理由确信发行人申请文件和信息披露资料不存在虚假记载、误导性陈述或者重大遗漏；
（三）有充分理由确信发行人及其董事在申请文件和信息披露资料中表达意见的依据充分合理；
（四）有充分理由确信申请文件和信息披露资料与证券服务机构发表的意见不存在实质性差异；
（五）保证所指定的保荐代表人及本保荐机构的相关人员已勤勉尽责，对发行人申请文件和信息披露资料进行了尽职调查、审慎核查；
（六）保证保荐书、与履行保荐职责有关的其他文件不存在虚假记载、误导性陈述或者重大遗漏；
（七）保证对发行人提供的专业服务和出具的专业意见符合法律、行政法规、中国证监会的规定和行业规范；
（八）自愿接受中国证监会依照本办法采取的监管措施；
（九）中国证监会规定的其他事项。

**第二十六条** 保荐机构推荐发行人证券上市，应当按照证券交易所的规定提交上市保荐书及其他与保荐业务有关的文件。

**第二十七条** 保荐机构提交发行保荐书、上市保荐书后，应当配合证券交易所、中国证监会的发行上市审核和注册工作，并承担下列工作：
（一）组织发行人及证券服务机构对证券交易所、中国证监会的意见进行答复；
（二）按照证券交易所、中国证监会的要求对涉及本次证券发行上市的特定事项进行尽职调查或者核查；
（三）指定保荐代表人与证券交易所、中国证监会职能部门进行专业沟通，接受上市委员会问询；
（四）证券交易所、中国证监会规定的其他工作。

**第二十八条** 保荐机构应当针对发行人的具体情况，确定证券发行上市后持续督导的内容，督导发行人履行有关上市公司规范运作、信守承诺和信息披露等义务，审阅信息披露文件及向中国证监会、证券交易所提交的其他文件，并承担下列工作：
（一）督导发行人有效执行并完善防止控股股东、实际控制人、其他关联方违规占用发行人资源的制度；
（二）督导发行人有效执行并完善防止其董事、监事、高级管理人员利用职务之便损害发行人利益的内控制度；
（三）督导发行人有效执行并完善保障关联交易公允性和合规性的制度，并对关联交易发表意见；
（四）持续关注发行人募集资金的专户存储、投资项目的实施等承诺事项；
（五）持续关注发行人为他人提供担保等事项，并发表意见；
（六）中国证监会、证券交易所规定及保荐协议约定的其他工作。

**第二十九条** 持续督导的期间由证券交易所规定。
持续督导期届满，如有尚未完结的保荐工作，保荐机构应当继续完成。
保荐机构在履行保荐职责期间未勤勉尽责的，其责任不因持续督导期届满而免除或者终止。

## 第四章 保荐业务规程

**第三十条** 保荐机构应当建立分工合理、权责明确、相互制衡、有效监督的内部控制组织体系，发挥项目承做、质量控制、内核合规风控等的全流程内部控制作用，形成科学、合理、有效的保荐业务决策、执行和监督等机制，确保保荐业务纳入公司整体合规管理和风险控制范围。

**第三十一条** 保荐机构应当建立健全并执行覆盖全部保荐业务流程和全体保荐业务人员的内部控制制度，包括但不限于立项制度、质量控制制度、问核制度、内核制度、反馈意见报告制度、风险事件报告制度、合规检查制度、应急处理制度等，定期对保荐业务内部控制的有效性进行全面评估，保证保荐业务负责人、内核负责人、保荐业务部门负责人、保荐代表人、项目协办人及其他保荐业务相关人员勤勉尽责，严格控制风险，提高保荐业务整体质量。

**第三十二条** 保荐机构应当建立健全内部问责机制，明确保荐业务人员履职规范和问责措施。
保荐业务人员被采取自律管理措施、纪律处分、监管措施、证券市场禁入措施、行政处罚、刑事处罚等的，保荐机构应当进行内部问责。
保荐机构应当在劳动合同、内部制度中明确，保荐业务人员出现前款情形的,应当退还相关违规行为发生当年除基本工资外的其他部分或全部薪酬。

**第三十三条** 保荐机构对外提交和报送的发行上市申请文件、反馈意见、披露文件等重要材料和文件应当履行内核程序,由内核机构审议决策。未通过内核程序的保荐业务项目不得以公司名义对外提交或者报送相关文件。

**第三十四条** 保荐机构应当根据保荐业务特点制定科学、合理的薪酬考核体系,综合考量业务人员的专业胜任能力、执业质量、合规情况、业务收入等各项因素,不得以业务包干等承包方式开展保荐业务,或者以其他形式实施过度激励。

**第三十五条** 保荐机构从事保荐业务应当综合评估项目执行成本与风险责任,合理确定报价,不得以明显低于行业定价水平等不正当竞争方式招揽业务。

**第三十六条** 保荐机构应当建立健全保荐业务制度体系,细化尽职调查、辅导、文件申报、持续督导等各个环节的执业标准和操作流程,提高制度的针对性和可执行性。

保荐机构应当根据监管要求、制度执行等情况,及时更新和完善保荐业务制度体系。

**第三十七条** 保荐机构应当建立健全廉洁从业管理内控体系,加强对工作人员的管理,不得在开展保荐业务的过程中谋取或输送不正当利益。

**第三十八条** 保荐机构应当根据保荐业务类型和业务环节的不同,细化反洗钱要求,加强对客户身份的识别、可疑报告、客户资料及交易记录保存、反洗钱培训与宣传等工作。

**第三十九条** 保荐机构应当建立健全对保荐代表人及其他保荐业务相关人员的持续培训制度。

**第四十条** 保荐机构应当建立健全工作底稿制度,按规定建设应用工作底稿电子化管理系统。

保荐机构应当为每一项目建立独立的保荐工作底稿。保荐代表人必须为其具体负责的每一项目建立尽职调查工作日志,作为保荐工作底稿的一部分存档备查;保荐机构应当定期对尽职调查工作日志进行检查。

保荐工作底稿应当真实、准确、完整地反映保荐工作的全过程,保存期不少于二十年。

**第四十一条** 保荐机构及其控股股东、实际控制人、重要关联方持有发行人股份的,或者发行人持有、控制保荐机构股份的,保荐机构在推荐发行人证券发行上市时,应当进行利益冲突审查,出具合规审核意见,并按规定充分披露。通过披露仍不能消除影响的,保荐机构应联合一家无关联保荐机构共同履行保荐职责,且该无关联保荐机构为第一保荐机构。

**第四十二条** 刊登证券发行募集文件前终止保荐协议的,保荐机构和发行人应当自终止之日起五个工作日内分别向中国证监会、证券交易所报告,并说明原因。

**第四十三条** 刊登证券发行募集文件以后直至持续督导工作结束,保荐机构和发行人不得终止保荐协议,但存在合理理由的情形除外。发行人因再次申请发行证券另行聘请保荐机构、保荐机构被中国证监会撤销保荐业务资格的,应当终止保荐协议。

终止保荐协议的,保荐机构和发行人应当自终止之日起五个工作日内向中国证监会、证券交易所报告,说明原因。

**第四十四条** 持续督导期间,保荐机构被撤销保荐业务资格的,发行人应当在一个月内另行聘请保荐机构,未在规定期限内另行聘请的,中国证监会可以为其指定保荐机构。

**第四十五条** 另行聘请的保荐机构应当完成原保荐机构未完成的持续督导工作。

因原保荐机构被撤销保荐业务资格而另行聘请保荐机构的,另行聘请的保荐机构持续督导的时间不得少于一个完整的会计年度。

另行聘请的保荐机构应当自保荐协议签订之日起开展保荐工作并承担相应的责任。原保荐机构在履行保荐职责期间未勤勉尽责,其责任不因保荐机构的更换而免除或者终止。

**第四十六条** 保荐机构应当指定二名保荐代表人具体负责一家发行人的保荐工作,出具由法定代表人签字的专项授权书,并确保保荐机构有关部门和人员有效分工协作。保荐机构可以指定一名项目协办人。

**第四十七条** 证券发行后,保荐机构不得更换保荐代表人,但因保荐代表人离职或者不符合保荐代表人要求的,应当更换保荐代表人。

保荐机构更换保荐代表人的,应当通知发行人,并在五个工作日内向中国证监会、证券交易所报告,说明原因。原保荐代表人在具体负责保荐工作期间未勤勉尽责,其责任不因保荐代表人的更换而免除或者终止。

**第四十八条** 保荐机构法定代表人、保荐业务负责人、内核负责人、保荐业务部门负责人、保荐代表人和项目协办人应当在发行保荐书上签字,保荐机构法定代表人、保荐代表人应当同时在证券发行募集文件上签字。

**第四十九条** 保荐机构应当将履行保荐职责时发表的意见及时告知发行人，同时在保荐工作底稿中保存，并可以依照本办法规定公开发表声明、向中国证监会或者证券交易所报告。

**第五十条** 持续督导工作结束后，保荐机构应当在发行人公告年度报告之日起的十个工作日内向中国证监会、证券交易所报送保荐总结报告书。保荐机构法定代表人和保荐代表人应当在保荐总结报告书上签字。保荐总结报告书应当包括下列内容：

（一）发行人的基本情况；

（二）保荐工作概述；

（三）履行保荐职责期间发生的重大事项及处理情况；

（四）对发行人配合保荐工作情况的说明及评价；

（五）对证券服务机构参与证券发行上市相关工作情况的说明及评价；

（六）中国证监会、证券交易所要求的其他事项。

**第五十一条** 保荐代表人及其他保荐业务相关人员属于内幕信息的知情人员，应当遵守法律、行政法规和中国证监会的规定，不得利用内幕信息直接或者间接为保荐机构、本人或者他人谋取不正当利益。

### 第五章 保荐业务协调

**第五十二条** 发行人应当为保荐机构及时提供真实、准确、完整的财务会计资料和其他资料，全面配合保荐机构开展尽职调查和其他相关工作。

发行人的控股股东、实际控制人、董事、监事、高级管理人员应当全面配合保荐机构开展尽职调查和其他相关工作，不得要求或者协助发行人隐瞒应当披露的信息。

**第五十三条** 保荐机构及其保荐代表人履行保荐职责，可以对发行人行使下列权利：

（一）要求发行人按照本办法规定和保荐协议约定的方式，及时通报信息；

（二）定期或者不定期对发行人进行回访，查阅保荐工作需要的发行人材料；

（三）列席发行人的股东大会、董事会和监事会；

（四）对发行人的信息披露文件及向中国证监会、证券交易所提交的其他文件进行事前审阅；

（五）对有关部门关注的发行人相关事项进行核查，必要时可聘请相关证券服务机构配合；

（六）按照中国证监会、证券交易所信息披露规定，对发行人违法违规的事项发表公开声明；

（七）中国证监会、证券交易所规定或者保荐协议约定的其他权利。

**第五十四条** 发行人有下列情形之一的，应当及时通知或者咨询保荐机构，并将相关文件送交保荐机构：

（一）变更募集资金及投资项目等承诺事项；

（二）发生关联交易、为他人提供担保等事项；

（三）涉及重大诉讼、资产发生重大损失；

（四）公司财务状况及生产经营的外部条件发生重大变化；

（五）重大投资行为和重大购置资产的决定；

（六）股东及董事、监事、高级管理人员的变动；

（七）召开董事会、监事会、股东大会；

（八）履行信息披露义务或者向中国证监会、证券交易所报告有关事项；

（九）发生违法违规行为或者其他重大事项；

（十）中国证监会、证券交易所规定或者保荐协议约定的其他事项。

**第五十五条** 证券发行前，发行人及其控股股东、实际控制人、董事、监事、高级管理人员不配合保荐机构履行保荐职责的，保荐机构应当发表保留意见，并在发行保荐书中予以说明；情节严重的，应当不予保荐，已保荐的应当撤销保荐。

**第五十六条** 证券发行后，保荐机构有充分理由确信发行人可能存在违法违规行为以及其他不当行为的，应当督促发行人作出说明并限期纠正；情节严重的，应当向中国证监会、证券交易所报告。

**第五十七条** 保荐机构应当组织协调证券服务机构及其签字人员参与证券发行上市的相关工作。

发行人为证券发行上市聘用的会计师事务所、律师事务所、资产评估机构以及其他证券服务机构，保荐机构有充分理由认为其专业能力存在明显缺陷的，可以向发行人建议更换。

**第五十八条** 保荐机构对证券服务机构及其签字人员出具的专业意见存有疑义的，应当主动与证券服务机构进行协商，并可要求其作出解释或者出具依据。

**第五十九条** 保荐机构有充分理由确信证券服务机构及其签字人员出具的专业意见可能存在虚假记载、误导性陈述或重大遗漏等违法违规情形或者其他不当情形的，应当及时发表意见；情节严重的，应当向中国证监会、证券交易所报告。

**第六十条** 证券服务机构及其签字人员应当严格按照依法制定的业务规则和行业自律规范，审慎履行职责，作出专业判断与认定，对保荐机构提出的疑义或者意见，应当保持专业独立性,进行审慎的复核判断,并向保荐机构、发行人及时发表意见。

证券服务机构应当建立并保持有效的质量控制体系,保护投资者合法权益。证券服务机构应当妥善保存客户委托文件、核查和验证资料、工作底稿以及与质量控制、内部管理、业务经营有关的信息和资料。

## 第六章 监管措施和法律责任

**第六十一条** 中国证监会可以对保荐机构及其与发行上市保荐工作相关的人员,证券服务机构、发行人及其与证券发行上市工作相关的人员等进行定期或者不定期现场检查,相关主体应当积极配合检查,如实提供有关资料,不得拒绝、阻挠、逃避检查,不得谎报、隐匿、销毁相关证据材料。

**第六十二条** 中国证监会对保荐机构及其相关人员进行持续动态的跟踪管理,记录其业务资格、执业情况、违法违规行为、其他不良行为以及对其采取的监管措施等,对保荐机构业务质量进行评价。

保荐信用记录和质量评价结果向社会公开。

**第六十三条** 证券公司提交的保荐业务资格申请文件存在虚假记载、误导性陈述或者重大遗漏的,中国证监会不予受理或者不予核准,并给予警告;已核准的,撤销其保荐业务资格。

**第六十四条** 保荐机构、保荐代表人、保荐业务负责人、内核负责人、保荐业务部门负责人及其他保荐业务相关人员违反本办法,未诚实守信、勤勉尽责地履行相关义务的,中国证监会可以对其采取重点关注、责令进行业务学习、出具警示函、责令公开说明、责令改正、责令增加内部合规检查的次数并提交合规检查报告、监管谈话、责令处分有关责任人员并报告结果、依法认定为不适当人选等监管措施;依法应给予行政处罚的,依照有关规定进行处罚;情节严重涉嫌犯罪的,依法移送司法机关,追究其刑事责任。

**第六十五条** 出现下列情形之一的,中国证监会可以视情节轻重,对保荐机构、保荐代表人采取出具警示函、责令改正、监管谈话等监管措施;情节严重的,中国证监会可以采取暂停保荐机构的保荐业务、依法认定保荐代表人为不适当人选三个月到十二个月的监管措施:

(一)制作或者出具的文件不齐备或者不符合要求;

(二)擅自改动申请文件、信息披露资料或者其他已提交文件;

(三)申请文件或者信息披露资料存在相互矛盾或者同一事实表述不一致且有实质性差异;

(四)文件披露的内容表述不清,逻辑混乱,严重影响投资者理解;

(五)未及时报告或者未及时披露重大事项;

(六)指定不符合本办法第四条规定要求的人员具体负责保荐工作;

(七)未通过内核程序,以公司名义对外提交或披露保荐业务项目文件;

(八)采取业务包干等承包方式或其他形式进行过度激励;

(九)以显著低于行业定价水平等不正当竞争方式招揽业务,违反公平竞争、破坏市场秩序。

**第六十六条** 保荐机构出现下列情形之一的,中国证监会可以视情节轻重,暂停保荐业务三个月到三十六个月,并可以责令保荐机构更换董事、监事、高级管理人员或者限制其权利;情节特别严重的,撤销其保荐业务资格:

(一)向中国证监会、证券交易所提交的与保荐工作相关的文件存在虚假记载、误导性陈述或者重大遗漏;

(二)重大事项未报告、未披露;

(三)内部控制制度存在重大缺陷或者未有效执行;

(四)尽职调查制度、内部核查制度、持续督导制度、保荐工作底稿制度等保荐业务制度存在重大缺陷或者未有效执行;

(五)廉洁从业管理内控体系、反洗钱制度存在重大缺陷或者未有效执行;

(六)保荐工作底稿存在虚假记载、误导性陈述或者重大遗漏;

(七)唆使、协助或者参与发行人及证券服务机构提供存在虚假记载、误导性陈述或者重大遗漏的文件;

(八)唆使、协助或者参与发行人干扰中国证监会、证券交易所及其上市委员会的审核、注册工作;

(九)通过从事保荐业务谋取不正当利益;

(十)伪造或者变造签字、盖章;

(十一)严重违反诚实守信、勤勉尽责、廉洁从业义务的其他情形。

**第六十七条** 保荐代表人出现下列情形之一的,中国证监会可以根据情节轻重,依法采取认定为不适当人选三个月到三十六个月的监管措施:

(一)尽职调查工作日志缺失或者遗漏、隐瞒重要问题;

(二)未完成或者未参加辅导工作;

(三)重大事项未报告、未披露;

（四）未参加持续督导工作，或者持续督导工作严重未勤勉尽责；

（五）因保荐业务或其具体负责保荐工作的发行人在保荐期间内受到证券交易所、中国证券业协会公开谴责；

（六）唆使、协助或者参与发行人干扰中国证监会、证券交易所及其上市委员会的审核、注册工作；

（七）伪造或者变造签字、盖章；

（八）严重违反诚实守信、勤勉尽责、廉洁从业义务的其他情形。

第六十八条　保荐代表人出现下列情形之一的，中国证监会可以依法采取认定为不适当人选的监管措施；情节严重的，对其采取证券市场禁入的措施：

（一）在与保荐工作相关文件上签字推荐发行人证券发行上市，但未参加尽职调查工作，或者尽职调查工作不彻底、不充分，明显不符合业务规则和行业规范；

（二）通过从事保荐业务谋取不正当利益；

（三）本人及其配偶以任何名义或者方式持有发行人的股份；

（四）唆使、协助或者参与发行人及证券服务机构提供存在虚假记载、误导性陈述或者重大遗漏的文件；

（五）参与组织编制的与保荐工作相关文件存在虚假记载、误导性陈述或者重大遗漏。

第六十九条　发行人出现下列情形之一的，中国证监会可以暂停保荐机构的保荐业务十二个月到三十六个月，责令保荐机构更换相关负责人，对保荐代表人依法采取认定为不适当人选的监管措施；情节严重的，撤销保荐业务资格，对相关责任人采取证券市场禁入的措施：

（一）证券发行募集文件等申请文件存在虚假记载、误导性陈述或者重大遗漏；

（二）持续督导期间信息披露文件存在虚假记载、误导性陈述或者重大遗漏。

第七十条　发行人在持续督导期间出现下列情形之一的，中国证监会可以根据情节轻重，对保荐机构及其相关责任人员采取出具警示函、责令改正、监管谈话，对保荐代表人依法认定为不适当人选、暂停保荐机构的保荐业务等监管措施：

（一）首次公开发行股票并在主板上市和主板上市公司向不特定对象公开发行证券并上市当年营业利润比上年下滑百分之五十以上；

（二）首次公开发行股票并上市、股票向不特定合格投资者公开发行并在北交所上市和向不特定对象公开发行证券并上市当年即亏损且选取的上市标准含净利润标准；

（三）首次公开发行股票并上市和股票向不特定合格投资者公开发行并在北交所上市之日起十二个月内控股股东或者实际控制人发生变更；

（四）证券上市当年累计百分之五十以上募集资金的用途与承诺不符；

（五）首次公开发行股票并上市和股票向不特定合格投资者公开发行并在北交所上市之日起十二个月内累计百分之五十以上资产或者主营业务发生重组；

（六）上市公司向不特定对象公开发行证券并上市之日起十二个月内累计百分之五十以上资产或者主营业务发生重组，且未在证券发行募集文件中披露；

（七）实际盈利低于盈利预测达百分之二十以上；

（八）关联交易显失公允或者程序违规，涉及金额较大；

（九）控股股东、实际控制人或其他关联方违规占用发行人资源，涉及金额较大；

（十）违规为他人提供担保，涉及金额较大；

（十一）违规购买或出售资产、借款、委托资产管理等，涉及金额较大；

（十二）董事、监事、高级管理人员侵占发行人利益受到行政处罚或者被追究刑事责任；

（十三）违反上市公司规范运作和信息披露等有关法律法规，情节严重的；

（十四）中国证监会规定的其他情形。

前款涉及的净利润以扣除非经常性损益前后孰低者为计算依据。

第七十一条　保荐代表人被依法采取认定为不适当人选的监管措施的，对已受理的该保荐代表人具体负责推荐的项目，保荐机构应当更换保荐代表人，并指派与本项目无关的人员进行复核；对负有责任的保荐业务负责人、内核负责人、保荐业务部门负责人等人员，保荐机构应当根据内部管理规定进行问责惩戒，情节严重的，应当予以更换。

第七十二条　保荐机构、保荐业务负责人、内核负责人或者保荐业务部门负责人在一个自然年度内被采取本办法第六十四条规定的监管措施累计五次以上，中国证监会可以暂停保荐机构的保荐业务三个月，依法责令保荐机构更换保荐业务负责人、内核负责人或者保荐业务部门负责人。

保荐代表人在二个自然年度内被采取本办法第六十

四条规定的监管措施累计二次以上，中国证监会可以依法对相关保荐代表人采取认定为不适当人选六个月的监管措施。

**第七十三条** 对中国证监会拟采取的监管措施，保荐机构及其保荐代表人提出申辩的，如有充分证据证明下列事实且理由成立，中国证监会予以采纳：

（一）发行人或者其董事、监事、高级管理人员故意隐瞒重大事实，保荐机构和保荐代表人已履行勤勉尽责义务；

（二）发行人已在证券发行募集文件中做出特别提示，保荐机构和保荐代表人已履行勤勉尽责义务；

（三）发行人因不可抗力致使业绩、募集资金运用等出现异常或者未能履行承诺；

（四）发行人及其董事、监事、高级管理人员在持续督导期间故意违法违规，保荐机构和保荐代表人主动予以揭示，已履行勤勉尽责义务；

（五）保荐机构、保荐代表人已履行勤勉尽责义务的其他情形。

**第七十四条** 发行人违反本办法规定，持续督导期间违法违规且拒不纠正，发生重大事项未及时通知保荐机构，出现应当变更保荐机构情形未及时予以变更，或者发生其他严重不配合保荐工作情形的，中国证监会可以责令改正，予以公布并可以根据情节轻重采取下列措施：

（一）要求发行人每月向中国证监会报告接受保荐机构督导的情况；

（二）要求发行人披露月度财务报告、相关资料；

（三）指定证券服务机构进行核查；

（四）要求证券交易所对发行人证券的交易实行特别提示；

（五）对有关责任人员采取证券市场禁入措施。

**第七十五条** 发行人及其控股股东、实际控制人、董事、监事、高级管理人员未有效配合保荐机构及其保荐代表人开展尽职调查和其他相关工作的，中国证监会可以对相关单位和责任人员采取重点关注、出具警示函、责令公开说明、责令改正、监管谈话等监管措施。情节严重的，对有关责任人员采取证券市场禁入的措施。

**第七十六条** 证券服务机构及其签字人员违反本办法规定的，中国证监会可以对相关机构和责任人员采取重点关注、出具警示函、责令公开说明、责令改正、监管谈话等监管措施，情节严重的可以对有关责任人员采取证券市场禁入的措施。

**第七十七条** 证券服务机构及其签字人员出具的专业意见存在虚假记载、误导性陈述或重大遗漏，或者因不配合保荐工作而导致严重后果的，中国证监会可以对有关责任人员采取证券市场禁入的措施，并将处理结果予以公布。

**第七十八条** 发行人及其控股股东、实际控制人、董事、监事、高级管理人员、证券服务机构及其签字人员违反法律、行政法规，依法应予行政处罚的，依照有关规定进行处罚；涉嫌犯罪的，依法移送司法机关，追究其刑事责任。

## 第七章 附 则

**第七十九条** 本办法所称"保荐机构"，是指《证券法》第十条所指"保荐人"。

**第八十条** 本办法自公布之日起施行。

## 证券市场禁入规定

· 2021年6月15日中国证券监督管理委员会令第185号公布
· 自2021年7月19日起施行

**第一条** 为了维护证券市场秩序，保护投资者合法权益和社会公众利益，促进证券市场健康稳定发展，根据《中华人民共和国证券法》《中华人民共和国证券投资基金法》《中华人民共和国行政处罚法》等法律、行政法规，制定本规定。

**第二条** 中国证券监督管理委员会（以下简称中国证监会）及其派出机构（以下统称执法单位）对违反法律、行政法规或者中国证监会有关规定的有关责任人员采取证券市场禁入措施，以事实为依据，遵循公开、公平、公正的原则。

**第三条** 下列人员违反法律、行政法规或者中国证监会有关规定，情节严重的，执法单位可以根据情节严重的程度，采取证券市场禁入措施：

（一）证券发行人的董事、监事、高级管理人员，其他信息披露义务人或者其他信息披露义务人的董事、监事、高级管理人员，证券发行人、其他信息披露义务人持股百分之五以上的股东、实际控制人，证券发行人、其他信息披露义务人持股百分之五以上的股东、实际控制人的董事、监事、高级管理人员，或者执法单位认定的其他对欺诈发行或信息披露违法行为直接负责的主管人员或其他直接责任人员；

（二）证券公司及其依法设立的子公司的董事、监事、高级管理人员及工作人员，证券公司的股东、实际控制人或者股东、实际控制人的董事、监事、高级管理人员；

（三）证券服务机构、债券受托管理人的董事、监事、高级管理人员、合伙人、负责人及工作人员，证券服务机构、债券受托管理人的股东、实际控制人或者股东、实际控制人的董事、监事、高级管理人员；

（四）公开募集证券投资基金（以下简称基金）管理公司及其依法设立的子公司，其他公募基金管理人、基金托管人及其设立的基金托管部门、基金服务机构的董事、监事、高级管理人员及工作人员，基金管理公司、其他公募基金管理人和基金服务机构的股东、实际控制人或者股东、实际控制人的董事、监事、高级管理人员；

（五）私募投资基金管理人、私募投资基金托管人、私募投资基金销售机构及其他私募服务机构的董事、监事、高级管理人员、工作人员，私募投资基金管理人的股东、实际控制人、合伙人、负责人；

（六）直接或者间接在证券交易所、国务院批准的其他全国性证券交易场所（以下统称证券交易场所）进行投资的自然人或者机构投资者的交易决策人；

（七）编造、传播虚假信息或者误导性信息的有关责任人员；

（八）执法单位及相关自律组织的工作人员；

（九）执法单位认定的其他违反法律、行政法规或者中国证监会有关规定的有关责任人员。

**第四条** 执法单位可以采取的市场禁入种类包括：

（一）不得从事证券业务、证券服务业务，不得担任证券发行人的董事、监事、高级管理人员；

（二）不得在证券交易场所交易证券。

执法单位可以根据有关责任人员的身份职责、违法行为类型、违法行为的社会危害性和违法情节严重的程度，单独或者合并适用前款规定的不同种类市场禁入措施。

**第五条** 被采取本规定第四条第一款第一项证券市场禁入措施的人员，在禁入期间内，除不得继续在原机构从事证券业务、证券服务业务或者担任原证券发行人的董事、监事、高级管理人员职务外，也不得在其他任何机构中从事证券业务、证券服务业务或者担任其他证券发行人的董事、监事、高级管理人员职务。

被采取本规定第四条第一款第一项证券市场禁入措施的人员，应当在收到证券市场禁入决定后立即停止从事证券业务、证券服务业务或者停止履行证券发行人董事、监事、高级管理人员职务，并由其所在机构按规定的程序解除其被禁止担任的职务。

**第六条** 被采取本规定第四条第一款第二项证券市场禁入措施的人员，在禁入期间内，不得直接或者以化名、借他人名义在证券交易场所交易上市或者挂牌的所有证券。但在禁入期间存在以下情形的除外：

（一）有关责任人员被依据《中华人民共和国证券法》和中国证监会有关规定责令回购或者买回证券；

（二）有关责任人员被责令依法处理非法持有的证券；

（三）有关责任人员持有的证券被依法强制扣划、卖出或转让；

（四）根据相关法律、行政法规、中国证监会规定或者依法制定的证券交易场所相关业务规则，为防范和化解信用类业务风险需要继续交易证券；

（五）为履行在被禁入前已经报送或者已经公开披露的材料中约定的义务需要继续交易证券；

（六）卖出被禁入前已经持有的证券；

（七）法律、行政法规、中国证监会或者依法制定的证券交易场所业务规则规定，或者中国证监会认定的其他情形。

被采取本规定第四条第一款第二项证券市场禁入措施的人员，应当在收到证券市场禁入决定后立即停止证券交易活动。

证券交易场所应当做好相配套的限制证券账户交易权限工作，证券登记结算机构和证券公司应当予以配合。

**第七条** 违反法律、行政法规或者中国证监会有关规定，情节严重的，可以对有关责任人员采取3年以上5年以下本规定第四条第一款第一项规定的证券市场禁入措施；行为恶劣、严重扰乱证券市场秩序、严重损害投资者利益或者在重大违法活动中起主要作用等情节较为严重的，可以对有关责任人员采取6年以上10年以下本规定第四条第一款第一项规定的证券市场禁入措施；有下列情形之一的，可以对有关责任人员终身采取本规定第四条第一款第一项规定的证券市场禁入措施：

（一）严重违反法律、行政法规或者中国证监会有关规定，被人民法院生效司法裁判认定构成犯罪的；

（二）从业人员等负有法定职责的人员，故意不履行法律、行政法规或者中国证监会规定的义务，并造成特别恶劣社会影响，或者致使投资者利益受到特别严重损害，或者导致其他特别严重后果的；

（三）在报送或者公开披露的材料中，隐瞒、编造或者篡改重要事实、重要财务数据或者其他重要信息，或者组织、指使从事前述行为或者隐瞒相关事项导致发生上

述情形,严重扰乱证券市场秩序,或者造成特别恶劣社会影响,或者致使投资者利益受到特别严重损害的;

(四)违反法律、行政法规或者中国证监会有关规定,从事欺诈发行、内幕交易、操纵证券市场等违法行为,严重扰乱证券市场秩序并造成特别恶劣社会影响,或者获取违法所得等不当利益数额特别巨大,或者致使投资者利益受到特别严重损害的;

(五)违反法律、行政法规或者中国证监会有关规定,情节严重,应当采取证券市场禁入措施,且存在故意出具虚假重要证据,隐瞒、毁损重要证据等阻碍、抗拒执法单位及其工作人员依法行使监督检查、调查职权行为的;

(六)因违反法律、行政法规或者中国证监会有关规定,5年内曾经被执法单位给予行政处罚2次以上,或者5年内曾经被采取本规定第四条第一款第一项规定的证券市场禁入措施的;

(七)组织、策划、领导或者实施重大违反法律、行政法规或者中国证监会有关规定的活动的;

(八)其他违反法律、行政法规或者中国证监会有关规定,情节特别严重的。

违反法律、行政法规或者中国证监会有关规定,影响证券交易秩序或者交易公平,情节严重的,可以对有关责任人员采取本规定第四条第一款第二项规定的证券市场禁入措施,禁止交易的持续时间不超过5年。

**第八条** 违反法律、行政法规或者中国证监会有关规定,情节严重的,可以单独对有关责任人员采取证券市场禁入措施,或者一并依法进行行政处罚;涉嫌犯罪的,依法移送有关部门,并可同时采取证券市场禁入措施。

**第九条** 有下列情形之一的,应当对有关责任人员从轻、减轻采取证券市场禁入措施:

(一)主动消除或者减轻违法行为危害后果的;

(二)配合查处违法行为有立功表现的;

(三)受他人胁迫或者诱骗实施违法行为的;

(四)在执法单位依法作出行政处罚决定或者证券市场禁入决定前主动交代违法行为的;

(五)其他依法应当从轻、减轻采取证券市场禁入措施的。

违法情节轻微并及时纠正,没有造成危害后果的,免予采取证券市场禁入措施。初次违法并且危害后果轻微并及时纠正的,可以免予采取证券市场禁入措施。

**第十条** 共同违反法律、行政法规或者中国证监会有关规定,需要采取证券市场禁入措施的,对负次要责任的人员,可以比照应负主要责任的人员,适当从轻、减轻或者免予采取证券市场禁入措施。

**第十一条** 执法单位采取证券市场禁入措施前,应当告知当事人采取证券市场禁入措施的事实、理由及依据,并告知当事人有陈述、申辩和要求举行听证的权利。具体程序按照《中国证券监督管理委员会行政处罚听证规则》等规定执行。

**第十二条** 被采取证券市场禁入措施的人员因同一违法行为同时被人民法院生效司法裁判认定构成犯罪或者进行行政处罚的,如果对其所作人民法院生效刑事司法裁判或行政处罚决定被依法撤销或者变更,并因此影响证券市场禁入措施的事实基础或者合法性、适当性的,依法撤销或者变更证券市场禁入措施。

**第十三条** 被执法单位采取证券市场禁入措施的人员,执法单位将通过中国证监会或者相关派出机构网站,或者指定媒体向社会公布,并记入证券市场诚信档案。

**第十四条** 有关责任人员违反执法单位依法作出的证券市场禁入决定或者所在机构及相关工作人员不配合履行证券市场禁入决定的,执法单位可依据相关法律法规进行处罚,相关法律法规没有规定的,给予警告并处国务院规定限额以下的罚款;涉嫌犯罪的,依法移送有关部门追究刑事责任。

**第十五条** 执法单位依法宣布个人或者单位的直接责任人员为期货市场禁止进入者的,可以参照本规定执行。

**第十六条** 本规定下列用语具有如下含义:

(一)证券发行人:包括上市公司、非上市公众公司、公司债券发行人和法律、行政法规以及中国证监会规定的其他证券发行人;

(二)信用类业务:包括融资融券、股票质押、债券质押式回购以及其他由法律、行政法规、中国证监会或者证券交易场所业务规则规定的,由投资者提供担保品进行资金或证券融通的交易活动;

(三)从业人员:包括本规定第三条第二项、第三项、第四项、第五项和第八项规定的人员,或者执法单位认定的其他人员;

(四)立即:本规定第五条第二款所称"立即"是指证券市场禁入决定送达之日的次一工作日,本规定第六条第二款所称"立即"是指证券市场禁入决定送达之日的次一交易日,法律、行政法规或者中国证监会另有规定的除外;

(五)本规定所称以上、以下、不超过,均包括本数。

第十七条　本规定自 2021 年 7 月 19 日起施行。2006 年 7 月 10 日中国证监会发布施行的《证券市场禁入规定》(2006 年 3 月 7 日中国证券监督管理委员会第 173 次主席办公会议审议通过，根据 2015 年 5 月 18 日中国证券监督管理委员会《关于修改〈证券市场禁入规定〉的决定》修订，以下简称原规定)同时废止。

对于本规定实施前发生的应予证券市场禁入的违法行为，依照原规定办理，但适用本规定对有关责任人员有利的，适用本规定。

对发生于本规定实施以前，继续或者连续到本规定实施以后的行为，依照本规定办理。

## 证券登记结算管理办法

- 2006 年 4 月 7 日中国证券监督管理委员会令第 29 号公布
- 根据 2009 年 11 月 20 日中国证券监督管理委员会《关于修改〈证券登记结算管理办法〉的决定》第一次修正
- 根据 2017 年 12 月 7 日中国证券监督管理委员会《关于修改〈证券登记结算管理办法〉等七部规章的决定》第二次修正
- 根据 2018 年 8 月 15 日中国证券监督管理委员会《关于修改〈证券登记结算管理办法〉的决定》第三次修正
- 2022 年 5 月 6 日中国证券监督管理委员会第 4 次委务会议第一次修订
- 2022 年 5 月 20 日中国证券监督管理委员会令第 197 号公布
- 自 2022 年 6 月 20 日起施行

### 第一章　总　则

第一条　为了规范证券登记结算行为，保护投资者的合法权益，维护证券登记结算秩序，防范证券登记结算风险，保障证券市场安全高效运行，根据《证券法》《公司法》等法律、行政法规的规定，制定本办法。

第二条　在证券交易所和国务院批准的其他全国性证券交易场所(以下统称证券交易场所)交易的股票、债券、存托凭证、证券投资基金份额、资产支持证券等证券及证券衍生品种(以下统称证券)的登记结算，适用本办法。证券可以采用纸面形式、电子簿记形式或者中国证券监督管理委员会(以下简称中国证监会)规定的其他形式。

未在证券交易场所交易的证券，委托证券登记结算机构办理证券登记结算业务的，证券登记结算机构参照本办法执行。

境内上市外资股、存托凭证、内地与香港股票市场交易互联互通等的登记结算业务，法律、行政法规、中国证监会另有规定的，从其规定。

第三条　证券登记结算活动必须遵循公开、公平、公正、安全、高效的原则。

第四条　证券登记结算机构为证券交易提供集中登记、存管与结算服务，不以营利为目的，依法登记，取得法人资格。

证券登记结算业务采取全国集中统一的运营方式，由证券登记结算机构依法集中统一办理。

证券登记结算机构实行行业自律管理，依据业务规则对证券登记结算业务参与人采取自律管理措施。

第五条　证券登记结算业务参与人及其相关业务活动必须遵守法律、行政法规、中国证监会的规定以及证券登记结算机构依法制定的业务规则。

第六条　证券登记结算机构根据《中国共产党章程》设立党组织，发挥领导作用，把方向、管大局、保落实，依照规定讨论和决定证券登记结算机构重大事项，保证监督党和国家的方针、政策在证券登记结算机构得到全面贯彻落实。

第七条　中国证监会依法对证券登记结算机构及证券登记结算活动进行监督管理，负责对证券登记结算机构评估与检查。

### 第二章　证券登记结算机构

第八条　证券登记结算机构的设立和解散，必须经中国证监会批准。

第九条　证券登记结算机构履行下列职能：
(一)证券账户、结算账户的设立和管理；
(二)证券的存管和过户；
(三)证券持有人名册登记及权益登记；
(四)证券和资金的清算交收及相关管理；
(五)受证券发行人的委托办理派发证券权益等业务；
(六)依法提供与证券登记结算业务有关的查询、信息、咨询和培训服务；
(七)依法担任存托凭证存托人；
(八)中国证监会批准的其他业务。

第十条　证券登记结算机构不得从事下列活动：
(一)与证券登记结算业务无关的投资；
(二)购置非自用不动产；
(三)在本办法第七十条、第七十一条规定之外买卖证券；
(四)法律、行政法规和中国证监会禁止的其他行为。

第十一条　证券登记结算机构的下列事项，应当报中国证监会批准：

（一）章程、业务规则的制定和修改；

（二）董事长、副董事长、监事长、总经理和副总经理的任免；

（三）依法应当报中国证监会批准的其他事项。

前款第（一）项中所称的业务规则，是指证券登记结算机构的证券账户管理、证券登记、证券托管与存管、证券结算、结算参与人管理、自律管理等与证券登记结算业务有关的业务规则。

**第十二条** 证券登记结算机构的下列事项和文件，应当向中国证监会报告：

（一）业务实施细则；

（二）制定或修改业务管理制度、业务复原计划、紧急应对程序；

（三）办理新的证券品种的登记结算业务，变更登记结算业务模式；

（四）结算参与人和结算银行资格的取得和丧失等变动情况；

（五）发现重大业务风险和技术风险，发现重大违法违规行为，或涉及重大诉讼；

（六）有关经营情况和国家有关规定执行情况的年度工作报告；

（七）经会计师事务所审计的年度财务报告，财务预决算方案和重大开支项目，聘请或更换会计师事务所；

（八）与证券交易场所签订的主要业务合作协议，与证券发行人、结算参与人和结算银行签订的主要业务协议的样本格式；

（九）重大国际合作与交流活动、涉港澳台重大事务；

（十）与证券登记结算有关的主要收费项目和标准的制定或调整；

（十一）中国证监会要求报告的其他事项和文件。

**第十三条** 证券登记结算机构应当妥善保存登记、存管和结算的原始凭证及有关文件和资料。其保存期限不得少于20年。

**第十四条** 证券登记结算机构对其所编制的与登记结算业务有关的数据和资料进行专属管理；未经证券登记结算机构同意，任何组织和个人不得将其专属管理的数据和资料用于商业目的。

**第十五条** 证券登记结算机构及其工作人员依法对投资者的信息以及与证券登记结算业务有关的数据和资料负有保密义务。

对投资者的信息以及与证券登记结算业务有关的数据和资料，证券登记结算机构应当拒绝查询，但有下列情形之一的，证券登记结算机构应当依法办理：

（一）证券持有人查询其本人的有关证券资料；

（二）证券质权人查询与其本人有关质押证券；

（三）证券发行人查询其证券持有人名册及有关资料；

（四）证券交易场所、中国金融期货交易所、依照法律、行政法规或者中国证监会规定设立的投资者保护机构依法履行职责要求证券登记结算机构提供相关数据和资料；

（五）监察委员会、人民法院、人民检察院、公安机关和中国证监会依照法定的条件和程序进行查询和取证。

证券登记结算机构应当采取有效措施，方便证券持有人查询其本人证券的持有记录。

**第十六条** 证券登记结算机构应当公开业务规则、与证券登记结算业务有关的主要收费项目和标准。

证券登记结算机构制定或者变更业务规则、调整证券登记结算主要收费项目和标准等，应当征求相关市场参与人的意见。

**第十七条** 证券登记结算机构工作人员必须忠于职守、依法办事，不得利用职务便利谋取不正当利益，不得泄露所知悉的有关单位和个人的商业秘密。

证券登记结算机构违反《证券法》及本办法规定的，中国证监会依法予以行政处罚；对直接负责的主管人员和其他直接责任人员，依法给予行政处分。

### 第三章 证券账户的管理

**第十八条** 投资者通过证券账户持有证券，证券账户用于记录投资者持有证券的余额及其变动情况。

**第十九条** 证券应当记录在证券持有人本人的证券账户内，但依据法律、行政法规和中国证监会的规定，证券记录在名义持有人证券账户内的，从其规定。

证券登记结算机构为依法履行职责，可以要求名义持有人提供其名下证券权益拥有人的相关资料，名义持有人应当保证其所提供的资料真实、准确、完整。

**第二十条** 投资者应当在证券登记结算机构实名开立证券账户。

前款所称投资者包括中国公民、中国法人、中国合伙企业、符合规定的外国人及法律、行政法规、中国证监会规章规定的其他投资者。

外国人申请开立证券账户的具体办法，由证券登记结算机构制定，报中国证监会批准。

投资者申请开立证券账户应当保证其提交的开户资料真实、准确、完整。

**第二十一条** 证券登记结算机构可以直接为投资者开立证券账户，也可以委托证券公司等代为办理。

证券登记结算机构为投资者开立证券账户，应当遵循方便投资者和优化配置账户资源的原则。

**第二十二条** 证券公司等代理开立证券账户，应当向证券登记结算机构申请取得开户代理资格。

证券公司等代理开立证券账户，应当根据证券登记结算机构的业务规则，对投资者提供的有效身份证明文件原件及其他开户资料的真实性、准确性、完整性进行审核，并应当妥善保管相关开户资料，保管期限不得少于20年。

**第二十三条** 投资者应当使用实名开立的账户进行交易。

任何单位和个人不得违反规定，出借自己的证券账户或者借用他人的证券账户从事证券交易。

**第二十四条** 证券登记结算机构应当根据业务规则，对开户代理机构开立证券账户的活动进行监督。开户代理机构违反业务规则的，证券登记结算机构可以根据业务规则暂停、取消其开户代理资格，并提请中国证监会按相关规定采取暂停或撤销其相关证券业务许可；对直接负责的主管人员和其他直接责任人员，单处或并处警告、罚款等处罚措施。

**第二十五条** 证券公司应当勤勉尽责，掌握其客户的资料及资信状况，并对其客户证券账户的使用情况进行监督。证券公司不得将投资者的证券账户提供给他人使用。

证券公司发现其客户在证券账户使用过程中存在违规行为的，应当按照证券登记结算机构的业务规则处理，并及时向证券登记结算机构和证券交易场所报告。涉及违法行为的，还应当向中国证监会报告，由中国证监会依法予以处罚。

**第二十六条** 投资者在证券账户开立和使用过程中存在违规行为的，证券登记结算机构应当依法对违规证券账户采取限制使用、注销等处置措施。

### 第四章 证券的登记

**第二十七条** 上市或挂牌证券的发行人应当委托证券登记结算机构办理其所发行证券的登记业务。

证券登记结算机构应当与委托其办理证券登记业务的证券发行人签订证券登记及服务协议，明确双方的权利义务。

证券登记结算机构应当制定并公布证券登记及服务协议的范本。

证券登记结算机构可以根据政府债券主管部门的要求办理上市政府债券的登记业务。

**第二十八条** 证券登记结算机构根据证券账户的记录，确认证券持有人持有证券的事实，办理证券持有人名册的登记。

证券登记结算机构出具的证券登记记录是证券持有人持有证券的合法证明。

证券记录在名义持有人证券账户内的，证券权益拥有人的证券持有记录由名义持有人出具。

**第二十九条** 证券上市或挂牌前，证券发行人应当向证券登记结算机构提交已发行证券的证券持有人名册及其他相关资料。证券登记结算机构据此办理证券持有人名册的初始登记。

**第三十条** 按照证券交易场所业务规则成交的证券买卖、出借、质押式回购等交易，证券登记结算机构应当依据证券交易场所的成交结果等办理相应清算交收和登记过户。

**第三十一条** 证券在证券交易场所交易的，证券登记结算机构应当根据证券交易的交收结果办理证券持有人名册的变更登记。

证券以协议转让、继承、捐赠、依法进行的财产分割、强制执行、行政划拨等方式转让，或因证券增发、配股、缩股等情形导致证券数量发生变化的，证券登记结算机构根据业务规则变更相关证券账户的余额，并相应办理证券持有人名册的变更登记。

证券因质押、锁定、冻结等原因导致其持有人权利受到限制的，证券登记结算机构应当在证券持有人名册或投资者证券持有记录上加以标记。

**第三十二条** 证券登记结算机构应当保证证券持有人名册和登记过户记录真实、准确、完整，不得隐匿、伪造、篡改或者毁损。

证券登记申请人应当保证其所提交资料的合法、真实、准确、完整。证券登记结算机构不承担由于证券登记申请人原因导致证券持有人名册及其他相关资料有误而产生的损失和法律后果。

前款所称证券登记申请人包括证券发行人、证券持有人及证券登记结算机构认可的其他申请办理证券登记的主体。

**第三十三条** 证券登记结算机构应当按照业务规则和协议向证券发行人发送其证券持有人名册及有关资料。

证券发行人应当依法妥善管理、保存和使用证券持有人名册。因不当使用证券持有人名册导致的法律责任由证券发行人承担。

**第三十四条** 证券发行人申请办理权益分派等代理服务的,应当按照业务规则和协议向证券登记结算机构提交有关资料并支付款项。

证券发行人未及时履行上述义务的,证券登记结算机构有权推迟或不予办理,证券发行人应当及时发布公告说明有关情况。

**第三十五条** 证券终止上市或终止挂牌且不再由证券登记结算机构登记的,证券发行人或者其清算组等应当按照证券登记结算机构的规定办理退出登记手续。证券登记结算机构应当将持有人名册移出证券登记簿记系统并依法向其交付证券持有人名册及其他登记资料。

## 第五章 证券的托管和存管

**第三十六条** 投资者应当委托证券公司托管其持有的证券,证券公司应当将其自有证券和所托管的客户证券交由证券登记结算机构存管,但法律、行政法规和中国证监会另有规定的除外。

**第三十七条** 证券登记结算机构为证券公司设立客户证券总账和自有证券总账,用以统计证券公司交存的客户证券和自有证券。

证券公司应当委托证券登记结算机构维护其客户及自有证券账户,但法律、行政法规和中国证监会另有规定的除外。

**第三十八条** 投资者买卖证券,应当与证券公司签订证券交易、托管与结算协议。

证券登记结算机构应当制定和公布证券交易、托管与结算协议中与证券登记结算业务有关的必备条款。必备条款应当包括但不限于以下内容:

(一)证券公司根据客户的委托,按照证券交易规则提出交易申报,根据成交结果完成其与客户的证券和资金的交收,并承担相应的交收责任;客户应当同意集中交易结束后,由证券公司委托证券登记结算机构办理其证券账户与证券公司证券交收账户之间的证券划付。

(二)证券登记结算机构提供集中履约保障的质押式回购交易,投资者和证券公司应当按照业务规则的规定向证券登记结算机构提交用于回购的质押券。投资者和证券公司之间债权债务关系不影响证券登记结算机构按照业务规则对证券公司提交的质押券行使质押权。

(三)客户出现资金交收违约时,证券公司可以委托证券登记结算机构将客户净买入证券或质押品保管库中的回购质押券划付到其证券处置账户内,并要求客户在约定期限内补足资金。客户出现证券交收违约时,证券公司可以将相当于证券交收违约金额的资金暂不划付给该客户。

**第三十九条** 证券公司应当将其与客户之间建立、变更和终止证券托管关系的事项报送证券登记结算机构。

证券登记结算机构应当对上述事项加以记录。

**第四十条** 客户要求证券公司将其持有证券转由其他证券公司托管的,相关证券公司应当依据证券交易场所及证券登记结算机构有关业务规则予以办理,不得拒绝,但有关法律、行政法规和中国证监会另有规定的除外。

**第四十一条** 证券公司应当采取有效措施,保证其托管的证券的安全,禁止挪用、盗卖。

证券登记结算机构应当采取有效措施,保证其存管的证券的安全,禁止挪用、盗卖。

**第四十二条** 证券的质押、锁定、冻结或扣划,由托管证券的证券公司和证券登记结算机构按照证券登记结算机构的相关规定办理。

## 第六章 证券和资金的清算交收

**第四十三条** 证券公司、商业银行等参与证券和资金的集中清算交收,应当向证券登记结算机构申请取得结算参与人资格,与证券登记结算机构签订结算协议,明确双方的权利义务。

没有取得结算参与人资格的,应当与结算参与人签订委托结算协议,委托结算参与人代其进行证券和资金的集中清算交收。

证券登记结算机构应当制定并公布结算协议和委托结算协议范本。

**第四十四条** 证券登记结算机构应当根据业务需要选择符合条件的商业银行作为结算银行,办理结算资金存放、划付等证券资金结算业务。

结算银行的条件,由证券登记结算机构制定。

**第四十五条** 证券和资金结算实行分级结算原则。证券登记结算机构负责办理证券登记结算机构与结算参与人之间的集中清算交收;结算参与人负责办理结算参与人与客户之间的清算交收。

**第四十六条** 证券登记结算机构应当设立证券集中交收账户和资金集中交收账户,用以办理与结算参与人的证券和资金的集中清算交收。

结算参与人应当根据证券登记结算机构的规定,申请开立证券交收账户和资金交收账户用以办理证券和资金的交收。同时经营证券自营业务和经纪业务等业务的结算参与人，应当按照规定分别申请开立证券、资金交收账户用以办理自营业务、经纪业务等业务的证券、资金交收。

**第四十七条** 证券登记结算机构可以根据业务需要，为证券市场提供多边净额、逐笔全额、双边净额以及资金代收代付等结算业务。

前述结算业务中本办法未规定的，按照证券登记结算机构业务规则办理。

**第四十八条** 证券登记结算机构作为中央对手方提供证券结算服务的，是结算参与人共同的清算交收对手，按照货银对付的原则，以结算参与人为结算单位进行净额结算，并为证券交易提供集中履约保障。

结算参与人应当对证券登记结算机构承担交收责任。

**第四十九条** 证券登记结算机构与参与多边净额结算的结算参与人签订的结算协议应当包括下列内容：

（一）对于结算参与人负责结算的证券交易合同，该合同双方结算参与人向对手方结算参与人收取证券或资金的权利，以及向对手方结算参与人支付资金或证券的义务一并转让给证券登记结算机构；

（二）受让前项权利和义务后，证券登记结算机构享有原合同双方结算参与人对其对手方结算参与人的权利，并应履行原合同双方结算参与人对其对手方结算参与人的义务。

**第五十条** 证券登记结算机构进行多边净额清算时，应当计算结算参与人的应收应付证券数额和应收应付资金净额，并在清算结束后将清算结果及时通知结算参与人。

证券登记结算机构采取其他结算方式的，应当按照相关业务规则进行清算。

**第五十一条** 集中交收前，结算参与人应当向客户收取其应付的证券和资金，并在结算参与人证券交收账户、结算参与人资金交收账户留存足额证券和资金。

结算参与人与客户之间的证券划付，应当委托证券登记结算机构代为办理。

**第五十二条** 集中交收过程中，证券登记结算机构应当在最终交收时点，向结算参与人足额收取其应付的资金和证券，并交付其应收的证券和资金。

证券登记结算机构可在最终交收时点前设置多个交收批次，交收完成后不可撤销。

对于同时经营自营业务以及经纪业务或资产托管业务的结算参与人，如果其客户资金交收账户资金不足的，证券登记结算机构可以动用该结算参与人自营资金交收账户内的资金完成交收。

**第五十三条** 证券集中交收过程中，结算参与人足额交付资金前，应当按照证券登记结算机构业务规则申报标识证券及相应证券账户，证券登记结算机构按照业务规则对相应证券进行标识。被标识证券属于交收过程中的证券，不得被强制执行。

结算参与人足额履行资金交收义务的，证券登记结算机构按照业务规则取消相应证券的标识。

**第五十四条** 集中交收后，结算参与人应当向客户交付其应收的证券和资金。

结算参与人与客户之间的证券划付，应当委托证券登记结算机构代为办理。

**第五十五条** 证券登记结算机构应当在结算业务规则中对结算参与人与证券登记结算机构之间的交收时点做出规定。

结算参与人完成证券和资金的交收应当不晚于规定的最终交收时点。

采取多边净额结算方式的，结算参与人未能在最终交收时点足额履行应付证券或资金交收义务的，证券登记结算机构可以按照业务规则处理交收对价物。

**第五十六条** 因证券登记结算机构的原因导致清算结果有误的，结算参与人在履行交收责任后可以要求证券登记结算机构予以纠正，并承担结算参与人遭受的直接损失。

## 第七章 风险防范和交收违约处理

### 第一节 风险防范和控制措施

**第五十七条** 证券登记结算机构应当采取下列措施，加强证券登记结算业务的风险防范和控制：

（一）制定完善的风险防范制度和内部控制制度；

（二）建立完善的技术系统，制定由结算参与人共同遵守的技术标准和规范；

（三）建立完善的结算参与人和结算银行准入标准和风险评估体系；

（四）对结算数据和技术系统进行备份，制定业务紧急应变程序和操作流程。

**第五十八条** 证券登记结算机构应当与证券交易所相互配合，建立证券市场系统性风险的防范制度。

证券登记结算机构应当与证券交易所签订业务合作

协议,明确双方的权利义务,并约定有关临时停市、暂缓交收等业务安排。证券登记结算机构可以根据证券交易所通知采取暂缓交收措施。

**第五十九条** 证券登记结算机构应当按照结算风险共担的原则,组织结算参与人建立证券结算保证金,用于保障交收的连续进行。

证券结算保证金的筹集、使用、管理和补缴办法,由证券登记结算机构在业务规则中规定。

**第六十条** 证券登记结算机构可以视结算参与人的风险状况,采取要求结算参与人提供交收担保等风险控制措施。

结算参与人提供交收担保的具体标准,由证券登记结算机构根据结算参与人的风险程度确定和调整。

证券登记结算机构应当将结算参与人提交的交收担保物与其自有资产隔离,严格按结算参与人分户管理,不得挪用。

结算参与人根据证券登记结算机构业务规则,向证券登记结算机构提供交收担保物。结算参与人提供交收担保物的,不得损害已履行清算交收责任客户的合法权益。

**第六十一条** 结算参与人可以在其资金交收账户内,存放证券结算备付金用于完成交收。

证券登记结算机构应当将结算参与人存放的结算备付金与其自有资金隔离,严格按结算参与人分户管理,不得挪用。

结算备付金的收取、使用和管理,由证券登记结算机构在业务规则中规定。

**第六十二条** 证券登记结算机构应当对提供集中履约保障的质押式回购实行质押品保管库制度,将结算参与人提交的用于融资回购担保的质押券转移到质押品保管库。

**第六十三条** 证券登记结算机构收取的下列资金和证券,只能按业务规则用于已成交的证券交易的清算交收,不得被强制执行:

(一)证券登记结算机构收取的证券结算风险基金、证券结算保证金,以及交收担保物、回购质押券等用于担保交收的资金和证券;

(二)证券登记结算机构根据本办法设立的证券集中交收账户、资金集中交收账户、专用清偿账户内的证券和资金以及根据业务规则设立的其他专用交收账户内的证券和资金;

(三)结算参与人证券交收账户、结算参与人证券处置账户等结算账户内的证券以及结算参与人资金交收账户内根据成交结果确定的应付资金;

(四)根据成交结果确定的投资者进入交收程序的证券和资金;

(五)证券登记结算机构在银行开设的结算备付金等专用存款账户、新股发行验资专户内的资金,以及证券发行人拟向投资者派发的债息、股息和红利等。

**第六十四条** 证券登记结算机构可以根据组织管理证券登记结算业务的需要,按照有关规定申请授信额度,或将专用清偿账户中的证券用于申请质押贷款,以保障证券登记结算活动的持续正常进行。

### 第二节 集中交收的违约处理

**第六十五条** 结算参与人未能在最终交收时点向证券登记结算机构足额交付证券或资金的,构成对证券登记结算机构证券或资金交收违约。

**第六十六条** 证券登记结算机构应当设立专用清偿账户,用于在结算参与人发生违约时存放暂不交付或扣划的证券和资金。

**第六十七条** 结算参与人发生资金交收违约时,应当按照以下程序办理:

(一)违约结算参与人应当根据证券登记结算机构业务规则规定,向证券登记结算机构发送暂不交付交收对价物或扣划已交付交收对价物以及申报其他证券用以处分的指令。

(二)证券登记结算机构应根据业务规则将上述交收对价物及其他用以处分的证券转入专用清偿账户,并通知该结算参与人在规定的期限内补足资金或提交交收担保。

证券登记结算机构在规定时间内未收到上述指令的,属于结算参与人重大交收违约情形。结算参与人发生重大交收违约或相关交收对价物不足以弥补违约金额的,证券登记结算机构有权根据业务规则对该结算参与人违约资金交收账户对应的交收对价物实施暂不交付或扣划,并可对该结算参与人的自营证券实施扣划,转入专用清偿账户,通知该结算参与人在规定的期限内补足资金或提交交收担保。

**第六十八条** 结算参与人发生资金交收违约的,证券登记结算机构应当按照下列顺序动用担保物和证券结算保证金,完成与对手方结算参与人的资金交收:

(一)违约结算参与人的担保物中的现金部分;

(二)证券结算保证金中违约结算参与人交纳的部分;

（三）证券结算保证金中其他结算参与人交纳的及证券登记结算机构划拨的部分。

按前款处理仍不能弥补结算参与人资金交收违约的，证券登记结算机构还可以动用下列资金：

（一）证券结算风险基金；

（二）商业银行等机构的授信支持；

（三）其他资金。

**第六十九条** 结算参与人发生证券交收违约时，证券登记结算机构有权暂不交付相当于违约金额的应收资金。

证券登记结算机构应当将暂不划付的资金划入专用清偿账户，并通知该结算参与人。结算参与人应当在规定的期限内补足证券，或者提供证券登记结算机构认可的担保。

**第七十条** 结算参与人发生证券交收违约的，证券登记结算机构可以动用下列证券，完成与对手方结算参与人的证券交收：

（一）违约结算参与人提交的用以冲抵的相同证券；

（二）以专用清偿账户中的资金买入的相同证券；

（三）其他来源的相同证券。

**第七十一条** 违约结算参与人未在规定的期间内补足资金、证券的，证券登记结算机构可以按照业务规则处分违约结算参与人所提供的担保物、质押品保管库中的回购质押券，卖出专用清偿账户内的证券、以专用清偿账户内的资金买入证券。

前款处置所得，用于补足违约结算参与人欠付的资金、证券和支付相关费用；有剩余的，应当归还该相关违约结算参与人；不足偿付的，证券登记结算机构应当向相关违约结算参与人追偿。

在规定期限内无法追偿的证券或资金，证券登记结算机构可以依法动用证券结算保证金和证券结算风险基金予以弥补。依法动用证券结算保证金和证券结算风险基金弥补损失后，证券登记结算机构应当继续向违约结算参与人追偿。

**第七十二条** 结算参与人发生资金交收违约或证券交收违约的，证券登记结算机构可以按照有关规定收取违约金。证券登记结算机构收取的违约金应当计入证券结算保证金。

**第七十三条** 结算参与人发生重大交收违约情形的，证券登记结算机构可以按照以下程序办理：

（一）暂停、终止办理其部分、全部结算业务，以及中止、撤销结算参与人资格，并请证券交易场所采取停止交易措施；

（二）提请中国证监会按照相关规定采取暂停或撤销其相关证券业务许可；对直接负责的主管人员和其他直接责任人员，单处或并处警告、罚款的处罚措施。

证券登记结算机构提请证券交易场所采取停止交易措施的具体办法由证券登记结算机构商证券交易场所制订，报中国证监会批准。

**第七十四条** 证券登记结算机构依法动用证券结算保证金和证券结算风险基金，以及对违约结算参与人采取前条规定的处置措施的，应当在证券登记结算机构年度报告中列示。

### 第三节 结算参与人与客户交收的违约处理

**第七十五条** 结算参与人可以根据证券登记结算机构的规定，向证券登记结算机构申请开立证券处置账户，用以存放待处置的客户证券。

**第七十六条** 结算参与人可以视客户的风险状况，采取包括要求客户提供交收担保在内的风险控制措施。

客户提供交收担保的具体标准，由结算参与人与客户在证券交易、托管与结算协议中明确。

**第七十七条** 客户出现资金交收违约时，结算参与人在向证券登记结算机构履行资金交收义务后，可以发出指令，委托证券登记结算机构将客户净买入证券或质押品保管库中的回购质押券划付到其证券处置账户内，并要求客户在约定期限内补足资金。

证券登记结算机构可以根据结算参与人委托，协助结算参与人划转违约客户证券，具体事宜按照证券登记结算机构业务规则办理。

**第七十八条** 客户出现证券交收违约时，结算参与人可以将相当于证券交收违约金额的资金暂不划付给该客户。

**第七十九条** 客户未能按时履行其对结算参与人交付证券或资金的义务的，结算参与人可以根据其与客户的协议向违约客户进行追偿。

违约客户未在规定的期间内补足资金、证券的，结算参与人可以将证券处置账户内的相应证券卖出，或用暂不交付的资金补购相应证券。

前款处置所得，用于补足违约客户欠付的资金、证券和支付相关费用；有剩余的，应当归还该客户；尚有不足的，结算参与人有权继续向客户追偿。

**第八十条** 结算参与人未及时将客户应收资金支付给客户或未及时委托证券登记结算机构将客户应收证券从其证券交收账户划付到客户证券账户的，结算参与人应当对客户承担违约责任，给客户造成损失的，结算参与人应当依法承担对客户的赔偿责任。

**第八十一条** 客户对结算参与人交收违约的，结算参与人不能因此拒绝履行对证券登记结算机构的交收义务，也不得影响已经完成和正在进行的证券和资金的集中交收及证券登记结算机构代为办理的证券划付。

**第八十二条** 没有取得结算参与人资格的证券公司与其客户之间的结算权利义务关系，参照本办法执行。

## 第八章 附则

**第八十三条** 本办法下列用语的含义是：

登记，是指证券登记结算机构接受证券登记申请人的委托，通过设立和维护证券持有人名册确认证券持有人持有证券事实的行为。

托管，是指证券公司接受客户委托，代其保管证券并提供代收红利等权益维护服务的行为。

存管，是指证券登记结算机构接受证券公司委托，集中保管证券公司的客户证券和自有证券，维护证券余额和持有状态的变动，并提供代收红利等权益维护服务的行为。

结算，是指清算和交收。

清算，是指按照确定的规则计算证券和资金的应收应付数额的行为。

交收，是指根据确定的清算结果，通过证券和资金的最终交付履行相关债权债务的行为。

交收对价物，是指结算参与人在清算交收过程中与其应付证券互为对价的资金，或与其应付资金互为对价的证券。

证券登记结算业务参与人，是指证券发行人、结算参与人、投资者等参与证券登记结算业务的主体。

名义持有人，是指受他人指定并代表他人持有证券的机构。

结算参与人，是指经证券登记结算机构核准，有资格参与集中清算交收的证券公司或其他机构。

中央对手方，是指在结算过程中，同时作为所有买方和卖方的交收对手，提供履约保障以保证交收顺利完成的主体。

货银对付，是指证券登记结算机构与结算参与人在交收过程中，证券和资金的交收互为条件，当且仅当结算参与人履行资金交收义务的，相应证券完成交收；结算参与人履行证券交收义务的，相应资金完成交收。

净额结算，是指对买入和卖出交易的证券或资金进行轧差，以计算出的净额进行交收。

多边净额结算，是指证券登记结算机构将每个结算参与人达成的所有交易进行轧差清算，计算出相对每个结算参与人的应收应付证券数额和应收应付资金净额，再按照清算结果与每个结算参与人进行交收。

逐笔全额结算，是指证券登记结算机构对每笔证券交易进行独立清算，对同一结算参与人应收和应付证券、应收和应付资金不进行轧差处理，按照清算结果为结算参与人办理交收。

双边净额结算，是指证券登记结算机构对买卖双方之间的证券交易进行轧差清算，分别形成结算参与人的应收应付证券数额、应收应付资金净额，按照清算结果为结算参与人办理交收。

资金代收代付结算，是指证券登记结算机构根据业务规则、结算参与人等主体的双方协议约定、指令等内容，代为进行资金收付划转处理。

证券集中交收账户，是指证券登记结算机构为办理多边交收业务，以自身名义开立的结算账户，用于办理结算参与人与证券登记结算机构之间的证券集中交收。

资金集中交收账户，是指证券登记结算机构为办理多边交收业务，以自身名义开立的结算账户，用于办理结算参与人与证券登记结算机构之间的资金集中交收。

结算参与人证券交收账户，是指结算参与人向证券登记结算机构申请开立的用于证券交收的结算账户。

结算参与人资金交收账户，是指结算参与人向证券登记结算机构申请开立的用于资金交收的结算账户。

专用清偿账户，是指证券登记结算机构开立的结算账户，用于存放结算参与人交收违约时证券登记结算机构暂未交付、扣划的证券和资金。

证券处置账户，是指结算参与人向证券登记结算机构申请开立的结算账户，用于存放客户交收违约时待处置的客户证券。

质押品保管库，是指证券登记结算机构开立的质押品保管专用账户，用于存放结算参与人提交的用于回购的质押券等质押品。

最终交收时点，是指证券登记结算机构确定的证券和资金交收的最晚时点。

证券结算备付金，是指结算参与人在其资金交收账户内存放的用于完成资金交收的资金。

证券结算保证金，是指全体结算参与人向证券登记结算机构缴纳的以及证券登记结算机构根据业务规则划拨的，用以提供流动性保障、弥补交收违约损失的资金。

**第八十四条** 证券公司以外的机构经中国证监会批

准，可以接受证券登记结算机构委托为投资者开立证券账户，可以接受投资者委托托管其证券，或者申请成为结算参与人为客户办理证券和资金的清算交收，有关证券登记结算业务处理参照本办法执行。

**第八十五条** 本办法由中国证监会负责解释、修订。

**第八十六条** 本办法自2022年6月20日起施行。

## 首次公开发行股票注册管理办法

· 2023年2月17日中国证券监督管理委员会令第205号公布
· 自公布之日起施行

### 第一章 总 则

**第一条** 为规范首次公开发行股票并上市相关活动，保护投资者合法权益和社会公共利益，根据《中华人民共和国证券法》《中华人民共和国公司法》《国务院办公厅关于贯彻实施修订后的证券法有关工作的通知》《国务院办公厅转发证监会关于开展创新企业境内发行股票或存托凭证试点若干意见的通知》及相关法律法规，制定本办法。

**第二条** 在中华人民共和国境内首次公开发行并在上海证券交易所、深圳证券交易所（以下统称交易所）上市的股票的发行注册，适用本办法。

**第三条** 发行人申请首次公开发行股票并上市，应当符合相关板块定位。

主板突出"大盘蓝筹"特色，重点支持业务模式成熟、经营业绩稳定、规模较大、具有行业代表性的优质企业。

科创板面向世界科技前沿、面向经济主战场、面向国家重大需求。优先支持符合国家战略，拥有关键核心技术，科技创新能力突出，主要依靠核心技术开展生产经营，具有稳定的商业模式，市场认可度高，社会形象良好，具有较强成长性的企业。

创业板深入贯彻创新驱动发展战略，适应发展更多依靠创新、创造、创意的大趋势，主要服务成长型创新创业企业，支持传统产业与新技术、新产业、新业态、新模式深度融合。

**第四条** 中国证券监督管理委员会（以下简称中国证监会）加强对发行上市审核注册工作的统筹指导监督管理，统一审核理念、统一审核标准并公开，定期检查交易所审核标准、制度的执行情况。

**第五条** 首次公开发行股票并上市，应当符合发行条件、上市条件以及相关信息披露要求，依法经交易所发行上市审核，并报中国证监会注册。

**第六条** 发行人应当诚实守信，依法充分披露投资者作出价值判断和投资决策所必需的信息，充分揭示当前及未来可预见的、对发行人构成重大不利影响的直接和间接风险，所披露信息必须真实、准确、完整，简明清晰、通俗易懂，不得有虚假记载、误导性陈述或者重大遗漏。

发行人应当按保荐人、证券服务机构要求，依法向其提供真实、准确、完整的财务会计资料和其他资料，配合相关机构开展尽职调查和其他相关工作。

发行人的控股股东、实际控制人、董事、监事、高级管理人员、有关股东应当配合相关机构开展尽职调查和其他相关工作，不得要求或者协助发行人隐瞒应当提供的资料或者应当披露的信息。

**第七条** 保荐人应当诚实守信，勤勉尽责，按照依法制定的业务规则和行业自律规范的要求，充分了解发行人经营情况、风险和发展前景，以提高上市公司质量为导向，根据相关板块定位保荐项目，对注册申请文件和信息披露资料进行审慎核查，对发行人是否符合发行条件、上市条件独立作出专业判断，审慎作出推荐决定，并对招股说明书及其所出具的相关文件的真实性、准确性、完整性负责。

**第八条** 证券服务机构应当严格遵守法律法规、中国证监会制定的监管规则、业务规则和本行业公认的业务标准和道德规范，建立并保持有效的质量控制体系，保护投资者合法权益，审慎履行职责，作出专业判断与认定，保证所出具文件的真实性、准确性和完整性。

证券服务机构及其相关执业人员应当对与本专业相关的业务事项履行特别注意义务，对其他业务事项履行普通注意义务，并承担相应法律责任。

证券服务机构及其执业人员从事证券服务应当配合中国证监会的监督管理，在规定的期限内提供、报送或披露相关资料、信息，并保证其提供、报送或披露的资料、信息真实、准确、完整，不得有虚假记载、误导性陈述或者重大遗漏。

证券服务机构应当妥善保存客户委托文件、核查和验证资料、工作底稿以及与质量控制、内部管理、业务经营有关的信息和资料。

**第九条** 对发行人首次公开发行股票申请予以注册，不表明中国证监会和交易所对该股票的投资价值或者投资者的收益作出实质性判断或者保证，也不表明中国证监会和交易所对注册申请文件的真实性、准确性、完整性作出保证。

## 第二章 发行条件

**第十条** 发行人是依法设立且持续经营三年以上的股份有限公司，具备健全且运行良好的组织机构，相关机构和人员能够依法履行职责。

有限责任公司按原账面净资产值折股整体变更为股份有限公司的，持续经营时间可以从有限责任公司成立之日起计算。

**第十一条** 发行人会计基础工作规范，财务报表的编制和披露符合企业会计准则和相关信息披露规则的规定，在所有重大方面公允地反映了发行人的财务状况、经营成果和现金流量，最近三年财务会计报告由注册会计师出具无保留意见的审计报告。

发行人内部控制制度健全且被有效执行，能够合理保证公司运行效率、合法合规和财务报告的可靠性，并由注册会计师出具无保留结论的内部控制鉴证报告。

**第十二条** 发行人业务完整，具有直接面向市场独立持续经营的能力：

（一）资产完整，业务及人员、财务、机构独立，与控股股东、实际控制人及其控制的其他企业间不存在对发行人构成重大不利影响的同业竞争，不存在严重影响独立性或者显失公平的关联交易；

（二）主营业务、控制权和管理团队稳定，首次公开发行股票并在主板上市的，最近三年内主营业务和董事、高级管理人员均没有发生重大不利变化；首次公开发行股票并在科创板、创业板上市的，最近二年内主营业务和董事、高级管理人员均没有发生重大不利变化；首次公开发行股票并在科创板上市的，核心技术人员应当稳定且最近二年内没有发生重大不利变化。

发行人的股份权属清晰，不存在导致控制权可能变更的重大权属纠纷，首次公开发行股票并在主板上市的，最近三年实际控制人没有发生变更；首次公开发行股票并在科创板、创业板上市的，最近二年实际控制人没有发生变更；

（三）不存在涉及主要资产、核心技术、商标等的重大权属纠纷，重大偿债风险，重大担保、诉讼、仲裁等或有事项，经营环境已经或者将要发生重大变化等对持续经营有重大不利影响的事项。

**第十三条** 发行人生产经营符合法律、行政法规的规定，符合国家产业政策。

最近三年内，发行人及其控股股东、实际控制人不存在贪污、贿赂、侵占财产、挪用财产或者破坏社会主义市场经济秩序的刑事犯罪，不存在欺诈发行、重大信息披露违法或者其他涉及国家安全、公共安全、生态安全、生产安全、公众健康安全等领域的重大违法行为。

董事、监事和高级管理人员不存在最近三年内受到中国证监会行政处罚，或者因涉嫌犯罪正在被司法机关立案侦查或者涉嫌违法违规正在被中国证监会立案调查且尚未有明确结论意见等情形。

## 第三章 注册程序

**第十四条** 发行人董事会应当依法就本次发行股票的具体方案、本次募集资金使用的可行性及其他必须明确的事项作出决议，并提请股东大会批准。

**第十五条** 发行人股东大会应当就本次发行股票作出决议，决议至少应当包括下列事项：

（一）本次公开发行股票的种类和数量；

（二）发行对象；

（三）定价方式；

（四）募集资金用途；

（五）发行前滚存利润的分配方案；

（六）决议的有效期；

（七）对董事会办理本次发行具体事宜的授权；

（八）其他必须明确的事项。

**第十六条** 发行人申请首次公开发行股票并上市，应当按照中国证监会有关规定制作注册申请文件，依法由保荐人保荐并向交易所申报。

交易所收到注册申请文件，五个工作日内作出是否受理的决定。

**第十七条** 自注册申请文件申报之日起，发行人及其控股股东、实际控制人、董事、监事、高级管理人员，以及与本次股票公开发行并上市相关的保荐人、证券服务机构及相关责任人员，即承担相应法律责任，并承诺不得影响或干扰发行上市审核注册工作。

**第十八条** 注册申请文件受理后，未经中国证监会或者交易所同意，不得改动。

发生重大事项的，发行人、保荐人、证券服务机构应当及时向交易所报告，并按要求更新注册申请文件和信息披露资料。

**第十九条** 交易所设立独立的审核部门，负责审核发行人公开发行并上市申请；设立科技创新咨询委员会或行业咨询专家库，负责为板块建设和发行上市审核提供专业咨询和政策建议；设立上市委员会，负责对审核部门出具的审核报告和发行人的申请文件提出审议意见。

交易所主要通过向发行人提出审核问询、发行人回答问题方式开展审核工作，判断发行人是否符合发行条件、上市条件和信息披露要求,督促发行人完善信息披露内容。

第二十条 交易所按照规定的条件和程序,形成发行人是否符合发行条件和信息披露要求的审核意见。认为发行人符合发行条件和信息披露要求的,将审核意见、发行人注册申请文件及相关审核资料报中国证监会注册;认为发行人不符合发行条件或者信息披露要求的,作出终止发行上市审核决定。

交易所审核过程中,发现重大敏感事项、重大无先例情况、重大舆情、重大违法线索,应当及时向中国证监会请示报告,中国证监会及时明确意见。

第二十一条 交易所应当自受理注册申请文件之日起在规定的时限内形成审核意见。发行人根据要求补充、修改注册申请文件,或者交易所按照规定对发行人实施现场检查,要求保荐人、证券服务机构对有关事项进行专项核查,并要求发行人补充、修改申请文件的时间不计算在内。

第二十二条 交易所应当提高审核工作透明度,接受社会监督,公开下列事项:

(一)发行上市审核标准和程序等发行上市审核业务规则和相关业务细则;

(二)在审企业名单、企业基本情况及审核工作进度;

(三)发行上市审核问询及回复情况,但涉及国家秘密或者发行人商业秘密的除外;

(四)上市委员会会议的时间、参会委员名单、审议的发行人名单、审议结果及现场问询问题;

(五)对股票公开发行并上市相关主体采取的自律监管措施或者纪律处分;

(六)交易所规定的其他事项。

第二十三条 中国证监会在交易所收到注册申请文件之日起,同步关注发行人是否符合国家产业政策和板块定位。

第二十四条 中国证监会收到交易所审核意见及相关资料后,基于交易所审核意见,依法履行发行注册程序。在二十个工作日内对发行人的注册申请作出予以注册或者不予注册的决定。

前款规定的注册期限内,中国证监会发现存在影响发行条件的新增事项的,可以要求交易所进一步问询并就新增事项形成审核意见。发行人根据要求补充、修改注册申请文件,或者中国证监会要求交易所进一步问询,要求保荐人、证券服务机构对有关事项进行核查,对发行人现场检查,并要求发行人补充、修改申请文件的时间不计算在内。

中国证监会认为交易所对新增事项的审核意见依据明显不充分,可以退回交易所补充审核。交易所补充审核后,认为发行人符合发行条件和信息披露要求的,重新向中国证监会报送审核意见及相关资料,前款规定的注册期限重新计算。

第二十五条 中国证监会的予以注册决定,自作出之日起一年内有效,发行人应当在注册决定有效期内发行股票,发行时点由发行人自主选择。

第二十六条 中国证监会作出予以注册决定后、发行人股票上市交易前,发行人应当及时更新信息披露文件内容,财务报表已过有效期的,发行人应当补充财务会计报告等文件;保荐人以及证券服务机构应当持续履行尽职调查职责;发生重大事项的,发行人、保荐人应当及时向交易所报告。

交易所应当对上述事项及时处理,发现发行人存在重大事项影响发行条件、上市条件的,应当出具明确意见并及时向中国证监会报告。

第二十七条 中国证监会作出予以注册决定后、发行人股票上市交易前,发行人应当持续符合发行条件,发现可能影响本次发行的重大事项的,中国证监会可以要求发行人暂缓发行、上市;相关重大事项导致发行人不符合发行条件的,应当撤销注册。中国证监会撤销注册后,股票尚未发行的,发行人应当停止发行;股票已经发行尚未上市的,发行人应当按照发行价并加算银行同期存款利息返还股票持有人。

第二十八条 交易所认为发行人不符合发行条件或者信息披露要求,作出终止发行上市审核决定,或者中国证监会作出不予注册决定的,自决定作出之日起六个月后,发行人可以再次提出公开发行股票并上市申请。

第二十九条 中国证监会应当按规定公开股票发行注册行政许可事项相关的监管信息。

第三十条 存在下列情形之一的,发行人、保荐人应当及时书面报告交易所或者中国证监会,交易所或者中国证监会应当中止相应发行上市审核程序或者发行注册程序:

(一)相关主体涉嫌违反本办法第十三条第二款规定,被立案调查或者被司法机关侦查,尚未结案;

(二)发行人的保荐人以及律师事务所、会计师事务所等证券服务机构被中国证监会依法采取限制业务活动、责令停业整顿、指定其他机构托管、接管等措施,或者

被证券交易所、国务院批准的其他全国性证券交易场所实施一定期限内不接受其出具的相关文件的纪律处分,尚未解除;

(三)发行人的签字保荐代表人、签字律师、签字会计师等中介机构签字人员被中国证监会依法采取认定为不适当人选等监管措施或者证券市场禁入的措施,被证券交易所、国务院批准的其他全国性证券交易场所实施一定期限内不接受其出具的相关文件的纪律处分,或者被证券业协会采取认定不适合从事相关业务的纪律处分,尚未解除;

(四)发行人及保荐人主动要求中止发行上市审核程序或者发行注册程序,理由正当且经交易所或者中国证监会同意;

(五)发行人注册申请文件中记载的财务资料已过有效期,需要补充提交;

(六)中国证监会规定的其他情形。

前款所列情形消失后,发行人可以提交恢复申请。交易所或者中国证监会按照规定恢复发行上市审核程序或者发行注册程序。

第三十一条 存在下列情形之一的,交易所或者中国证监会应当终止相应发行上市审核程序或者发行注册程序,并向发行人说明理由:

(一)发行人撤回注册申请或者保荐人撤销保荐;

(二)发行人未在要求的期限内对注册申请文件作出解释说明或者补充、修改;

(三)注册申请文件存在虚假记载、误导性陈述或者重大遗漏;

(四)发行人阻碍或者拒绝中国证监会、交易所依法对发行人实施检查、核查;

(五)发行人及其关联方以不正当手段严重干扰发行上市审核或者发行注册工作;

(六)发行人法人资格终止;

(七)注册申请文件内容存在重大缺陷,严重影响投资者理解和发行上市审核或者发行注册工作;

(八)发行人注册申请文件中记载的财务资料已过有效期且逾期三个月未更新;

(九)发行人发行上市审核程序中止超过交易所规定的时限或者发行注册程序中止超过三个月仍未恢复;

(十)交易所认为发行人不符合发行条件或者信息披露要求;

(十一)中国证监会规定的其他情形。

第三十二条 中国证监会和交易所可以对发行人进行现场检查,可以要求保荐人、证券服务机构对有关事项进行专项核查并出具意见。

中国证监会和交易所应当建立健全信息披露质量现场检查以及对保荐业务、发行承销业务的常态化检查制度。

第三十三条 中国证监会与交易所建立全流程电子化审核注册系统,实现电子化受理、审核、发行注册各环节实时信息共享,并依法向社会公开相关信息。

## 第四章 信息披露

第三十四条 发行人申请首次公开发行股票并上市,应当按照中国证监会制定的信息披露规则,编制并披露招股说明书,保证相关信息真实、准确、完整。信息披露内容应当简明清晰,通俗易懂,不得有虚假记载、误导性陈述或者重大遗漏。

中国证监会制定的信息披露规则是信息披露的最低要求。不论上述规则是否有明确规定,凡是投资者作出价值判断和投资决策所必需的信息,发行人均应当充分披露,内容应当真实、准确、完整。

第三十五条 中国证监会依法制定招股说明书内容与格式准则、编报规则等信息披露规则,对相关信息披露文件的内容、格式、编制要求、披露形式等作出规定。

交易所可以依据中国证监会部门规章和规范性文件,制定信息披露细则或指引,在中国证监会确定的信息披露内容范围内,对信息披露提出细化和补充要求,报中国证监会批准后实施。

第三十六条 发行人及其董事、监事、高级管理人员应当在招股说明书上签字、盖章,保证招股说明书的内容真实、准确、完整,不存在虚假记载、误导性陈述或者重大遗漏,按照诚信原则履行承诺,并声明承担相应法律责任。

发行人控股股东、实际控制人应当在招股说明书上签字、盖章,确认招股说明书的内容真实、准确、完整,不存在虚假记载、误导性陈述或者重大遗漏,按照诚信原则履行承诺,并声明承担相应法律责任。

第三十七条 保荐人及其保荐代表人应当在招股说明书上签字、盖章,确认招股说明书的内容真实、准确、完整,不存在虚假记载、误导性陈述或者重大遗漏,并声明承担相应的法律责任。

第三十八条 为证券发行出具专项文件的律师、注册会计师、资产评估人员、资信评级人员以及其所在机构,应当在招股说明书上签字、盖章,确认对发行人信息披露文件引用其出具的专业意见无异议,信息披露文件不因引用其出具的专业意见而出现虚假记载、误导性陈述或者重大遗漏,并声明承担相应的法律责任。

**第三十九条** 发行人应当以投资者需求为导向,基于板块定位,结合所属行业及发展趋势,充分披露业务模式、公司治理、发展战略、经营政策、会计政策、财务状况分析等相关信息。

首次公开发行股票并在主板上市的,还应充分披露业务发展过程和模式成熟度,披露经营稳定性和行业地位;首次公开发行股票并在科创板上市的,还应充分披露科研水平、科研人员、科研资金投入等相关信息;首次公开发行股票并在创业板上市的,还应充分披露自身的创新、创造、创意特征,针对性披露科技创新、模式创新或者业态创新情况。

**第四十条** 发行人应当以投资者需求为导向,精准清晰充分地披露可能对公司经营业绩、核心竞争力、业务稳定性以及未来发展产生重大不利影响的各种风险因素。

**第四十一条** 发行人尚未盈利的,应当充分披露尚未盈利的成因,以及对公司现金流、业务拓展、人才吸引、团队稳定性、研发投入、战略性投入、生产经营可持续性等方面的影响。

**第四十二条** 发行人应当披露募集资金的投向和使用管理制度,披露募集资金对发行人主营业务发展的贡献、未来经营战略的影响。

首次公开发行股票并在科创板上市的,还应当披露募集资金重点投向科技创新领域的具体安排。

首次公开发行股票并在创业板上市的,还应当披露募集资金对发行人业务创新、创造、创意性的支持作用。

**第四十三条** 符合相关规定、存在特别表决权股份的企业申请首次公开发行股票并上市的,发行人应当在招股说明书等公开发行文件中,披露并特别提示差异化表决安排的主要内容、相关风险和对公司治理的影响,以及依法落实保护投资者合法权益的各项措施。

保荐人和发行人律师应当就公司章程规定的特别表决权股份的持有人资格、特别表决权股份拥有的表决权数量与普通股份拥有的表决权数量的比例安排、持有人所持特别表决权股份能够参与表决的股东大会事项范围、特别表决权股份锁定安排以及转让限制等事项是否符合有关规定发表专业意见。

**第四十四条** 发行人存在申报前制定、上市后实施的期权激励计划的,应当符合中国证监会和交易所的规定,并充分披露有关信息。

**第四十五条** 发行人应当在招股说明书中披露公开发行股份前已发行股份的锁定期安排,特别是尚未盈利情况下发行人控股股东、实际控制人、董事、监事、高级管理人员股份的锁定期安排。

发行人控股股东和实际控制人及其亲属应当披露所持股份自发行人股票上市之日起三十六个月不得转让的锁定安排。

首次公开发行股票并在科创板上市的,还应当披露核心技术人员股份的锁定期安排。

保荐人和发行人律师应当就本条事项是否符合有关规定发表专业意见。

**第四十六条** 招股说明书的有效期为六个月,自公开发行前最后一次签署之日起算。

招股说明书引用经审计的财务报表在其最近一期截止日后六个月内有效,特殊情况下可以适当延长,但至多不超过三个月。财务报表应当以年度末、半年度末或者季度末为截止日。

**第四十七条** 交易所受理注册申请文件后,发行人应当按规定,将招股说明书、发行保荐书、上市保荐书、审计报告和法律意见书等文件在交易所网站预先披露。

**第四十八条** 预先披露的招股说明书及其他注册申请文件不能含有价格信息,发行人不得据此发行股票。

发行人应当在预先披露的招股说明书显要位置作如下声明:"本公司的发行申请尚需经交易所和中国证监会履行相应程序。本招股说明书不具有据以发行股票的法律效力,仅供预先披露之用。投资者应当以正式公告的招股说明书作为投资决定的依据。"

**第四十九条** 交易所认为发行人符合发行条件和信息披露要求,将发行人注册申请文件报送中国证监会时,招股说明书、发行保荐书、上市保荐书、审计报告和法律意见书等文件应当同步在交易所网站和中国证监会网站公开。

**第五十条** 发行人在发行股票前应当在交易所网站和符合中国证监会规定条件的报刊依法开办的网站全文刊登招股说明书,同时在符合中国证监会规定条件的报刊刊登提示性公告,告知投资者网上刊登的地址及获取文件的途径。

发行人可以将招股说明书以及有关附件刊登于其他网站,但披露内容应当完全一致,且不得早于在交易所网站、符合中国证监会规定条件的网站的披露时间。

保荐人出具的发行保荐书、证券服务机构出具的文件以及其他与发行有关的重要文件应当作为招股说明书的附件。

## 第五章　监督管理和法律责任

**第五十一条**　中国证监会负责建立健全以信息披露为核心的注册制规则体系，制定股票发行注册并上市的规章规则，依法批准交易所制定的有关业务规则，并监督相关业务规则执行情况。

**第五十二条**　中国证监会建立对交易所发行上市审核工作的监督机制，持续关注交易所审核情况，监督交易所审核责任的履行情况。

**第五十三条**　中国证监会对交易所发行上市审核等相关工作进行年度例行检查，在检查过程中，可以调阅审核工作文件、提出问题、列席相关审核会议。

中国证监会选取交易所发行上市审核过程中的重大项目，定期或不定期按一定比例随机抽取交易所发行上市审核过程中的项目，同步关注交易所审核理念、标准的执行情况。中国证监会可以调阅审核工作文件、提出问题、列席相关审核会议。

对于中国证监会在检查监督过程中发现的问题，交易所应当整改。

**第五十四条**　中国证监会建立对发行上市监管全流程的权力运行监督制约机制，对发行上市审核程序和发行注册程序相关内控制度运行情况进行督导督察，对廉政纪律执行情况和相关人员的履职尽责情况进行监督监察。

**第五十五条**　交易所应当建立内部防火墙制度，发行上市审核部门、发行承销监管部门与其他部门隔离运行。参与发行上市审核的人员，不得与发行人及其控股股东、实际控制人、相关保荐人、证券服务机构有利害关系，不得直接或者间接与发行人、保荐人、证券服务机构有利益往来，不得持有发行人股票，不得私下与发行人接触。

**第五十六条**　交易所应当建立定期报告和重大发行上市事项请示报告制度，及时总结发行上市审核和发行承销监管的工作情况，并报告中国证监会。

**第五十七条**　交易所发行上市审核工作违反本办法规定，有下列情形之一的，由中国证监会责令改正；情节严重的，追究直接责任人员相关责任：

（一）未按审核标准开展发行上市审核工作；

（二）未按审核程序开展发行上市审核工作；

（三）发现重大敏感事项、重大无先例情况、重大舆情、重大违法线索未请示报告或请示报告不及时；

（四）不配合中国证监会对发行上市审核工作的检查监督，或者不按中国证监会的整改要求进行整改。

**第五十八条**　发行人在证券发行文件中隐瞒重要事实或者编造重大虚假内容的，中国证监会可以对有关责任人员采取证券市场禁入的措施。

**第五十九条**　发行人存在本办法第三十一条第（三）项、第（四）项、第（五）项规定的情形，重大事项未报告、未披露，或者发行人及其董事、监事、高级管理人员、控股股东、实际控制人的签字、盖章系伪造或者变造的，中国证监会可以对有关责任人员采取证券市场禁入的措施。

**第六十条**　发行人的控股股东、实际控制人违反本办法规定，致使发行人所报送的注册申请文件和披露的信息存在虚假记载、误导性陈述或者重大遗漏，或者组织、指使发行人进行财务造假、利润操纵或者在证券发行文件中隐瞒重要事实或编造重大虚假内容的，中国证监会可以对有关责任人员采取证券市场禁入的措施。

发行人的董事、监事和高级管理人员及其他信息披露义务人违反本办法规定，致使发行人所报送的注册申请文件和披露的信息存在虚假记载、误导性陈述或者重大遗漏的，中国证监会视情节轻重，可以对有关责任人员采取责令改正、监管谈话、出具警示函等监管措施；情节严重的，可以采取证券市场禁入的措施。

**第六十一条**　保荐人及其保荐代表人等相关人员违反本办法规定，未勤勉尽责的，中国证监会视情节轻重，按照《证券发行上市保荐业务管理办法》规定采取措施。

**第六十二条**　证券服务机构未勤勉尽责，致使发行人信息披露资料中与其职责有关的内容及其所出具的文件存在虚假记载、误导性陈述或者重大遗漏的，中国证监会可以采取责令改正、监管谈话、出具警示函等监管措施；情节严重的，可以对有关责任人员采取证券市场禁入的措施。

**第六十三条**　证券服务机构及其相关人员存在下列情形之一的，中国证监会可以对有关责任人员采取证券市场禁入的措施：

（一）伪造或者变造签字、盖章；

（二）重大事项未报告、未披露；

（三）以不正当手段干扰审核注册工作；

（四）不履行其他法定职责。

**第六十四条**　证券服务机构存在以下情形之一的，中国证监会视情节轻重，可以采取责令改正、监管谈话、出具警示函等监管措施；情节严重的，可以对有关责任人员采取证券市场禁入的措施：

（一）制作或者出具的文件不齐备或者不符合要求；

（二）擅自改动注册申请文件、信息披露资料或者其他已提交文件；

（三）注册申请文件或者信息披露资料存在相互矛盾或者同一事实表述不一致且有实质性差异；

（四）文件披露的内容表述不清、逻辑混乱，严重影响投资者理解；

（五）未及时报告或者未及时披露重大事项。

发行人存在前款规定情形的，中国证监会视情节轻重，可以采取责令改正、监管谈话、出具警示函等监管措施；情节严重的，可以对有关责任人员采取证券市场禁入的措施。

**第六十五条** 发行人披露盈利预测，利润实现数如未达到盈利预测的百分之八十的，除因不可抗力外，其法定代表人、财务负责人应当在股东大会以及交易所网站、符合中国证监会规定条件的媒体上公开作出解释并道歉；中国证监会可以对法定代表人处以警告。

利润实现数未达到盈利预测的百分之五十的，除因不可抗力外，中国证监会可以采取责令改正、监管谈话、出具警示函等监管措施。

注册会计师为上述盈利预测出具审核报告的过程中未勤勉尽责的，中国证监会视情节轻重，对相关机构和责任人员采取监管谈话等监管措施；情节严重的，给予警告等行政处罚。

**第六十六条** 发行人及其控股股东和实际控制人、董事、监事、高级管理人员，保荐人、承销商、证券服务机构及其相关执业人员，在股票公开发行并上市相关的活动中存在其他违反本办法规定行为的，中国证监会视情节轻重，可以采取责令改正、监管谈话、出具警示函、责令公开说明、责令定期报告等监管措施；情节严重的，可以对有关责任人员采取证券市场禁入的措施。

**第六十七条** 发行人及其控股股东、实际控制人、保荐人、证券服务机构及其相关人员违反《中华人民共和国证券法》依法应予以行政处罚的，中国证监会将依法予以处罚；涉嫌犯罪的，依法移送司法机关，追究其刑事责任。

**第六十八条** 交易所负责对发行人及其控股股东、实际控制人、保荐人、承销商、证券服务机构等进行自律监管。

交易所发现发行上市过程中存在违反自律监管规则的行为的，可以对有关单位和责任人员采取一定期限内不接受与证券发行相关的文件、认定为不适当人选等自律监管措施或者纪律处分。

**第六十九条** 中国证监会将遵守本办法的情况记入证券市场诚信档案，会同有关部门加强信息共享，依法实施守信激励与失信惩戒。

### 第六章 附　则

**第七十条** 本办法规定的"最近一年""最近二年""最近三年"以自然月计，另有规定的除外。

**第七十一条** 本办法自公布之日起施行。《首次公开发行股票并上市管理办法》（证监会令第 196 号）、《科创板首次公开发行股票注册管理办法（试行）》（证监会令第 174 号）、《创业板首次公开发行股票注册管理办法（试行）》（证监会令第 167 号）同时废止。

## 上市公司证券发行注册管理办法

· 2023 年 2 月 17 日中国证券监督管理委员会令第 206 号公布
· 自公布之日起施行

### 第一章 总　则

**第一条** 为了规范上海证券交易所、深圳证券交易所上市公司（以下简称上市公司）证券发行行为，保护投资者合法权益和社会公共利益，根据《中华人民共和国证券法》（以下简称《证券法》）、《中华人民共和国公司法》《国务院办公厅关于贯彻实施修订后的证券法有关工作的通知》《国务院办公厅转发证监会关于开展创新企业境内发行股票或存托凭证试点若干意见的通知》（以下简称《若干意见》）及相关法律法规，制定本办法。

**第二条** 上市公司申请在境内发行下列证券，适用本办法：

（一）股票；

（二）可转换公司债券（以下简称可转债）；

（三）存托凭证；

（四）国务院认定的其他品种。

前款所称可转债，是指上市公司依法发行、在一定期间内依据约定的条件可以转换成股份的公司债券。

**第三条** 上市公司发行证券，可以向不特定对象发行，也可以向特定对象发行。

向不特定对象发行证券包括上市公司向原股东配售股份（以下简称配股）、向不特定对象募集股份（以下简称增发）和向不特定对象发行可转债。

向特定对象发行证券包括上市公司向特定对象发行股票、向特定对象发行可转债。

**第四条** 上市公司发行证券的，应当符合《证券法》和本办法规定的发行条件和相关信息披露要求，依法经上海证券交易所或深圳证券交易所（以下简称交易所）

发行上市审核并报中国证券监督管理委员会（以下简称中国证监会）注册，但因依法实行股权激励、公积金转为增加公司资本、分配股票股利的除外。

**第五条** 上市公司应当诚实守信，依法充分披露投资者作出价值判断和投资决策所必需的信息，充分揭示当前及未来可预见对上市公司构成重大不利影响的直接和间接风险，所披露信息必须真实、准确、完整，简明清晰、通俗易懂，不得有虚假记载、误导性陈述或者重大遗漏。

上市公司应当按照保荐人、证券服务机构要求，依法向其提供真实、准确、完整的财务会计资料和其他资料，配合相关机构开展尽职调查和其他相关工作。

上市公司控股股东、实际控制人、董事、监事、高级管理人员应当配合相关机构开展尽职调查和其他相关工作，不得要求或者协助上市公司隐瞒应当提供的资料或者应当披露的信息。

**第六条** 保荐人应当诚实守信，勤勉尽责，按照依法制定的业务规则和行业自律规范的要求，充分了解上市公司经营情况、风险和发展前景，以提高上市公司质量为导向保荐项目，对注册申请文件和信息披露资料进行审慎核查，对上市公司是否符合发行条件独立作出专业判断，审慎作出推荐决定，并对募集说明书或者其他信息披露文件及其所出具的相关文件的真实性、准确性、完整性负责。

**第七条** 证券服务机构应当严格遵守法律法规、中国证监会制定的监管规则、业务规则和本行业公认的业务标准和道德规范，建立并保持有效的质量控制体系，保护投资者合法权益，审慎履行职责，作出专业判断与认定，保证所出具文件的真实性、准确性和完整性。

证券服务机构及其相关执业人员应当对与本专业相关的业务事项履行特别注意义务，对其他业务事项履行普通注意义务，并承担相应法律责任。

证券服务机构及其执业人员从事证券服务业务应当配合中国证监会的监督管理，在规定的期限内提供、报送或披露相关资料、信息，并保证其提供、报送或披露的资料、信息真实、准确、完整，不得有虚假记载、误导性陈述或者重大遗漏。

证券服务机构应当妥善保存客户委托文件、核查和验证资料、工作底稿以及与质量控制、内部管理、业务经营有关的信息和资料。

**第八条** 对上市公司发行证券申请予以注册，不表明中国证监会和交易所对该证券的投资价值或者投资者的收益作出实质性判断或者保证，也不表明中国证监会和交易所对申请文件的真实性、准确性、完整性作出保证。

## 第二章　发行条件
### 第一节　发行股票

**第九条** 上市公司向不特定对象发行股票，应当符合下列规定：

（一）具备健全且运行良好的组织机构；

（二）现任董事、监事和高级管理人员符合法律、行政法规规定的任职要求；

（三）具有完整的业务体系和直接面向市场独立经营的能力，不存在对持续经营有重大不利影响的情形；

（四）会计基础工作规范，内部控制制度健全且有效执行，财务报表的编制和披露符合企业会计准则和相关信息披露规则的规定，在所有重大方面公允反映了上市公司的财务状况、经营成果和现金流量，最近三年财务会计报告被出具无保留意见审计报告；

（五）除金融类企业外，最近一期末不存在金额较大的财务性投资；

（六）交易所主板上市公司配股、增发的，应当最近三个会计年度盈利；增发还应当满足最近三个会计年度加权平均净资产收益率平均不低于百分之六；净利润以扣除非经常性损益前后孰低者为计算依据。

**第十条** 上市公司存在下列情形之一的，不得向不特定对象发行股票：

（一）擅自改变前次募集资金用途未作纠正，或者未经股东大会认可；

（二）上市公司或者其现任董事、监事和高级管理人员最近三年受到中国证监会行政处罚，或者最近一年受到证券交易所公开谴责，或者因涉嫌犯罪正在被司法机关立案侦查或者涉嫌违法违规正在被中国证监会立案调查；

（三）上市公司或者其控股股东、实际控制人最近一年存在未履行向投资者作出的公开承诺的情形；

（四）上市公司或者其控股股东、实际控制人最近三年存在贪污、贿赂、侵占财产、挪用财产或者破坏社会主义市场经济秩序的刑事犯罪，或者存在严重损害上市公司利益、投资者合法权益、社会公共利益的重大违法行为。

**第十一条** 上市公司存在下列情形之一的，不得向特定对象发行股票：

（一）擅自改变前次募集资金用途未作纠正，或者未经股东大会认可；

（二）最近一年财务报表的编制和披露在重大方面不符合企业会计准则或者相关信息披露规则的规定；最近一年财务会计报告被出具否定意见或者无法表示意见的审计报告；最近一年财务会计报告被出具保留意见的审计报告，且保留意见所涉及事项对上市公司的重大不利影响尚未消除。本次发行涉及重大资产重组的除外；

（三）现任董事、监事和高级管理人员最近三年受到中国证监会行政处罚，或者最近一年受到证券交易所公开谴责；

（四）上市公司或者其现任董事、监事和高级管理人员因涉嫌犯罪正在被司法机关立案侦查或者涉嫌违法违规正在被中国证监会立案调查；

（五）控股股东、实际控制人最近三年存在严重损害上市公司利益或者投资者合法权益的重大违法行为；

（六）最近三年存在严重损害投资者合法权益或者社会公共利益的重大违法行为。

第十二条 上市公司发行股票，募集资金使用应当符合下列规定：

（一）符合国家产业政策和有关环境保护、土地管理等法律、行政法规规定；

（二）除金融类企业外，本次募集资金使用不得为持有财务性投资，不得直接或者间接投资于以买卖有价证券为主要业务的公司；

（三）募集资金项目实施后，不会与控股股东、实际控制人及其控制的其他企业新增构成重大不利影响的同业竞争、显失公平的关联交易，或者严重影响公司生产经营的独立性；

（四）科创板上市公司发行股票募集的资金应当投资于科技创新领域的业务。

## 第二节 发行可转债

第十三条 上市公司发行可转债，应当符合下列规定：

（一）具备健全且运行良好的组织机构；

（二）最近三年平均可分配利润足以支付公司债券一年的利息；

（三）具有合理的资产负债结构和正常的现金流量；

（四）交易所主板上市公司向不特定对象发行可转债的，应当最近三个会计年度盈利，且最近三个会计年度加权平均净资产收益率平均不低于百分之六；净利润以扣除非经常性损益前后孰低者为计算依据。

除前款规定条件外，上市公司向不特定对象发行可转债，还应当遵守本办法第九条第（二）项至第（五）项、第十条的规定；向特定对象发行可转债，还应当遵守本办法第十一条的规定。但是，按照公司债券募集办法，上市公司通过收购本公司股份的方式进行公司债券转换的除外。

第十四条 上市公司存在下列情形之一的，不得发行可转债：

（一）对已公开发行的公司债券或者其他债务有违约或者延迟支付本息的事实，仍处于继续状态；

（二）违反《证券法》规定，改变公开发行公司债券所募资金用途。

第十五条 上市公司发行可转债，募集资金使用应当符合本办法第十二条的规定，且不得用于弥补亏损和非生产性支出。

## 第三章 发行程序

第十六条 上市公司申请发行证券，董事会应当依法就下列事项作出决议，并提请股东大会批准：

（一）本次证券发行的方案；

（二）本次发行方案的论证分析报告；

（三）本次募集资金使用的可行性报告；

（四）其他必须明确的事项。

上市公司董事会拟引入战略投资者的，应当将引入战略投资者的事项作为单独议案，就每名战略投资者单独审议，并提交股东大会批准。

董事会依照前二款作出决议，董事会决议日与首次公开发行股票上市日的时间间隔不得少于六个月。

第十七条 董事会在编制本次发行方案的论证分析报告时，应当结合上市公司所处行业和发展阶段、融资规划、财务状况、资金需求等情况进行论证分析，独立董事应当发表专项意见。论证分析报告应当包括下列内容：

（一）本次发行证券及其品种选择的必要性；

（二）本次发行对象的选择范围、数量和标准的适当性；

（三）本次发行定价的原则、依据、方法和程序的合理性；

（四）本次发行方式的可行性；

（五）本次发行方案的公平性、合理性；

（六）本次发行对原股东权益或者即期回报摊薄的影响以及填补的具体措施。

第十八条 股东大会就发行证券作出的决定，应当包括下列事项：

(一)本次发行证券的种类和数量；
(二)发行方式、发行对象及向原股东配售的安排；
(三)定价方式或者价格区间；
(四)募集资金用途；
(五)决议的有效期；
(六)对董事会办理本次发行具体事宜的授权；
(七)其他必须明确的事项。

**第十九条** 股东大会就发行可转债作出的决定，应当包括下列事项：
(一)本办法第十八条规定的事项；
(二)债券利率；
(三)债券期限；
(四)赎回条款；
(五)回售条款；
(六)还本付息的期限和方式；
(七)转股期；
(八)转股价格的确定和修正。

**第二十条** 股东大会就发行证券事项作出决议，必须经出席会议的股东所持表决权的三分之二以上通过，中小投资者表决情况应当单独计票。向本公司特定的股东及其关联人发行证券的，股东大会就发行方案进行表决时，关联股东应当回避。股东大会对引入战略投资者议案作出决议的，应当就每名战略投资者单独表决。

上市公司就发行证券事项召开股东大会，应当提供网络投票方式，公司还可以通过其他方式为股东参加股东大会提供便利。

**第二十一条** 上市公司年度股东大会可以根据公司章程的规定，授权董事会决定向特定对象发行融资总额不超过人民币三亿元且不超过最近一年末净资产百分之二十的股票，该项授权在下一年度股东大会召开日失效。

上市公司年度股东大会给予董事会前款授权的，应当就本办法第十八条规定的事项通过相关决定。

**第二十二条** 上市公司申请发行证券，应当按照中国证监会有关规定制作注册申请文件，依法由保荐人保荐并向交易所申报。

交易所收到注册申请文件后，五个工作日内作出是否受理的决定。

**第二十三条** 申请文件受理后，未经中国证监会或者交易所同意，不得改动。发生重大事项的，上市公司、保荐人、证券服务机构应当及时向交易所报告，并按要求更新申请文件和信息披露资料。

自注册申请文件申报之日起，上市公司及其控股股东、实际控制人、董事、监事、高级管理人员，以及与证券发行相关的保荐人、证券服务机构及相关责任人员，即承担相应法律责任，并承诺不得影响或干扰发行上市审核注册工作。

**第二十四条** 交易所审核部门负责审核上市公司证券发行上市申请；交易所上市委员会负责对上市公司向不特定对象发行证券的申请文件和审核部门出具的审核报告提出审议意见。

交易所主要通过向上市公司提出审核问询、上市公司回答问题方式开展审核工作，判断上市公司发行申请是否符合发行条件和信息披露要求。

**第二十五条** 上市公司应当向交易所报送审核问询回复的相关文件，并以临时公告的形式披露交易所审核问询回复意见。

**第二十六条** 交易所按照规定的条件和程序，形成上市公司是否符合发行条件和信息披露要求的审核意见，认为上市公司符合发行条件和信息披露要求的，将审核意见、上市公司注册申请文件及相关审核资料报中国证监会注册；认为上市公司不符合发行条件或者信息披露要求的，作出终止发行上市审核决定。

交易所应当建立重大发行上市事项请示报告制度。交易所审核过程中，发现重大敏感事项、重大无先例情况、重大舆情、重大违法线索的，应当及时向中国证监会请示报告。

**第二十七条** 交易所应当自受理注册申请文件之日起二个月内形成审核意见，但本办法另有规定的除外。

上市公司根据要求补充、修改申请文件，或者交易所按照规定对上市公司实施现场检查，要求保荐人、证券服务机构对有关事项进行专项核查，并要求上市公司补充、修改申请文件的时间不计算在内。

**第二十八条** 符合相关规定的上市公司按照本办法第二十一条规定申请向特定对象发行股票的，适用简易程序。

**第二十九条** 交易所采用简易程序的，应当在收到注册申请文件后，二个工作日内作出是否受理的决定，自受理之日起三个工作日内完成审核并形成上市公司是否符合发行条件和信息披露要求的审核意见。

交易所应当制定简易程序的业务规则，并报中国证监会批准。

**第三十条** 中国证监会在交易所收到上市公司注册申请文件之日起，同步关注其是否符合国家产业政策和板块定位。

**第三十一条** 中国证监会收到交易所审核意见及相关资料后，基于交易所审核意见，依法履行发行注册程序。在十五个工作日内对上市公司的注册申请作出予以注册或者不予注册的决定。

前款规定的注册期限内，中国证监会发现存在影响发行条件的新增事项的，可以要求交易所进一步问询并就新增事项形成审核意见。上市公司根据要求补充、修改注册申请文件，或者保荐人、证券服务机构等对有关事项进行核查，对上市公司现场检查，并要求上市公司补充、修改申请文件的时间不计算在内。

中国证监会认为交易所对新增事项的审核意见依据明显不充分，可以退回交易所补充审核。交易所补充审核后，认为上市公司符合发行条件和信息披露要求的，重新向中国证监会报送审核意见及相关资料，前款规定的注册期限重新计算。

中国证监会收到交易所依照本办法第二十九条规定报送的审核意见、上市公司注册申请文件及相关审核资料后，三个工作日内作出予以注册或者不予注册的决定。

**第三十二条** 中国证监会的予以注册决定，自作出之日起一年内有效，上市公司应当在注册决定有效期内发行证券，发行时点由上市公司自主选择。

适用简易程序的，应当在中国证监会作出予以注册决定后十个工作日内完成发行缴款，未完成的，本次发行批文失效。

**第三十三条** 中国证监会作出予以注册决定后、上市公司证券上市交易前，上市公司应当及时更新信息披露文件；保荐人以及证券服务机构应当持续履行尽职调查职责；发生重大事项的，上市公司、保荐人应当及时向交易所报告。

交易所应当对上述事项及时处理，发现上市公司存在重大事项影响发行条件的，应当出具明确意见并及时向中国证监会报告。

**第三十四条** 中国证监会作出予以注册决定后、上市公司证券上市交易前，上市公司应当持续符合发行条件，发现可能影响本次发行的重大事项的，中国证监会可以要求上市公司暂缓发行、上市；相关重大事项导致上市公司不符合发行条件的，应当撤销注册。

中国证监会撤销注册后，证券尚未发行的，上市公司应当停止发行；证券已经发行尚未上市的，上市公司应当按照发行价并加算银行同期存款利息返还证券持有人。

**第三十五条** 交易所认为上市公司不符合发行条件或者信息披露要求，作出终止发行上市审核决定，或者中国证监会作出不予注册决定的，自决定作出之日起六个月后，上市公司可以再次提出证券发行申请。

**第三十六条** 上市公司证券发行上市审核或者注册程序的中止、终止等情形参照适用《首次公开发行股票注册管理办法》的相关规定。

上市公司证券发行上市审核或者注册程序过程中，存在重大资产重组、实际控制人变更等事项，应当及时申请中止相应发行上市审核程序或者发行注册程序，相关股份登记或资产权属登记完成后，上市公司可以提交恢复申请，因本次发行导致实际控制人变更的情形除外。

**第三十七条** 中国证监会和交易所可以对上市公司进行现场检查，或者要求保荐人、证券服务机构对有关事项进行专项核查并出具意见。

## 第四章 信息披露

**第三十八条** 上市公司发行证券，应当以投资者决策需求为导向，按照中国证监会制定的信息披露规则，编制募集说明书或者其他信息披露文件，依法履行信息披露义务，保证相关信息真实、准确、完整。信息披露内容应当简明清晰，通俗易懂，不得有虚假记载、误导性陈述或者重大遗漏。

中国证监会制定的信息披露规则是信息披露的最低要求。不论上述规则是否有明确规定，凡是投资者作出价值判断和投资决策所必需的信息，上市公司均应当充分披露，内容应当真实、准确、完整。

**第三十九条** 中国证监会依法制定募集说明书或者其他证券发行信息披露文件内容与格式准则、编报规则等信息披露规则，对申请文件和信息披露资料的内容、格式、编制要求、披露形式等作出规定。

交易所可以依据中国证监会部门规章和规范性文件，制定信息披露细则或者指引，在中国证监会确定的信息披露内容范围内，对信息披露提出细化和补充要求，报中国证监会批准后实施。

**第四十条** 上市公司应当在募集说明书或者其他证券发行信息披露文件中，以投资者需求为导向，有针对性地披露业务模式、公司治理、发展战略、经营政策、会计政策等信息，并充分揭示可能对公司核心竞争力、经营稳定性以及未来发展产生重大不利影响的风险因素。上市公司应当理性融资，合理确定融资规模，本次募集资金主要投向主业。

科创板上市公司还应当充分披露科研水平、科研人员、科研资金投入等相关信息。

**第四十一条** 证券发行议案经董事会表决通过后，

应当在二个工作日内披露,并及时公告召开股东大会的通知。

使用募集资金收购资产或者股权的,应当在公告召开股东大会通知的同时,披露该资产或者股权的基本情况、交易价格、定价依据以及是否与公司股东或者其他关联人存在利害关系。

**第四十二条** 股东大会通过本次发行议案之日起二个工作日内,上市公司应当披露股东大会决议公告。

**第四十三条** 上市公司提出发行申请后,出现下列情形之一的,应当在次一个工作日予以公告:

(一)收到交易所不予受理或者终止发行上市审核决定;

(二)收到中国证监会终止发行注册决定;

(三)收到中国证监会予以注册或者不予注册的决定;

(四)上市公司撤回证券发行申请。

**第四十四条** 上市公司及其董事、监事、高级管理人员应当在募集说明书或者其他证券发行信息披露文件上签字、盖章,保证信息披露内容真实、准确、完整,不存在虚假记载、误导性陈述或者重大遗漏,按照诚信原则履行承诺,并声明承担相应的法律责任。

上市公司控股股东、实际控制人应当在募集说明书或者其他证券发行信息披露文件上签字、盖章,确认信息披露内容真实、准确、完整,不存在虚假记载、误导性陈述或者重大遗漏,按照诚信原则履行承诺,并声明承担相应法律责任。

**第四十五条** 保荐人及其保荐代表人应当在募集说明书或者其他证券发行信息披露文件上签字、盖章,确认信息披露内容真实、准确、完整,不存在虚假记载、误导性陈述或者重大遗漏,并声明承担相应的法律责任。

**第四十六条** 为证券发行出具专项文件的律师、注册会计师、资产评估人员、资信评级人员及其所在机构,应当在募集说明书或者其他证券发行信息披露文件上签字、盖章,确认对上市公司信息披露文件引用其出具的专业意见无异议,信息披露文件不因引用其出具的专业意见而出现虚假记载、误导性陈述或者重大遗漏,并声明承担相应的法律责任。

**第四十七条** 募集说明书等证券发行信息披露文件所引用的审计报告、盈利预测审核报告、资产评估报告、资信评级报告,应当由符合规定的证券服务机构出具,并由至少二名有执业资格的人员签署。

募集说明书或者其他证券发行信息披露文件所引用的法律意见书,应当由律师事务所出具,并由至少二名经办律师签署。

**第四十八条** 募集说明书自最后签署之日起六个月内有效。

募集说明书或者其他证券发行信息披露文件不得使用超过有效期的资产评估报告或者资信评级报告。

**第四十九条** 向不特定对象发行证券申请经注册后,上市公司应当在证券发行前二至五个工作日内将公司募集说明书刊登在交易所网站和符合中国证监会规定条件的报刊依法开办的网站,供公众查阅。

**第五十条** 向特定对象发行证券申请经注册后,上市公司应当在证券发行前将公司募集文件刊登在交易所网站和符合中国证监会规定条件的报刊依法开办的网站,供公众查阅。

向特定对象发行证券的,上市公司应当在证券发行后的二个工作日内,将发行情况报告书刊登在交易所网站和符合中国证监会规定条件的报刊依法开办的网站,供公众查阅。

**第五十一条** 上市公司可以将募集说明书或者其他证券发行信息披露文件、发行情况报告书刊登于其他网站,但不得早于按照本办法第四十九条、第五十条规定披露信息的时间。

### 第五章 发行与承销

**第五十二条** 上市公司证券发行与承销行为,适用《证券发行与承销管理办法》(以下简称《承销办法》),但本办法另有规定的除外。

交易所可以根据《承销办法》和本办法制定上市公司证券发行承销业务规则,并报中国证监会批准。

**第五十三条** 上市公司配股的,拟配售股份数量不超过本次配售前股本总额的百分之五十,并应当采用代销方式发行。

控股股东应当在股东大会召开前公开承诺认配股份的数量。控股股东不履行认配股份的承诺,或者代销期限届满,原股东认购股票的数量未达到拟配售数量百分之七十的,上市公司应当按照发行价并加算银行同期存款利息返还已经认购的股东。

**第五十四条** 上市公司增发的,发行价格应当不低于公告招股意向书前二十个交易日或者前一个交易日公司股票均价。

**第五十五条** 上市公司向特定对象发行证券,发行对象应当符合股东大会决议规定的条件,且每次发行对象不超过三十五名。

发行对象为境外战略投资者的，应当遵守国家的相关规定。

**第五十六条** 上市公司向特定对象发行股票，发行价格应当不低于定价基准日前二十个交易日公司股票均价的百分之八十。

前款所称"定价基准日"，是指计算发行底价的基准日。

**第五十七条** 向特定对象发行股票的定价基准日为发行期首日。上市公司应当以不低于发行底价的价格发行股票。

上市公司董事会决议提前确定全部发行对象，且发行对象属于下列情形之一的，定价基准日可以为关于本次发行股票的董事会决议公告日、股东大会决议公告日或者发行期首日：

（一）上市公司的控股股东、实际控制人或者其控制的关联人；

（二）通过认购本次发行的股票取得上市公司实际控制权的投资者；

（三）董事会拟引入的境内外战略投资者。

**第五十八条** 向特定对象发行股票发行对象属于本办法第五十七条第二款规定以外的情形的，上市公司应当以竞价方式确定发行价格和发行对象。

董事会决议确定部分发行对象的，确定的发行对象不得参与竞价，且应当接受竞价结果，并明确在通过竞价方式未能产生发行价格的情况下，是否继续参与认购、价格确定原则及认购数量。

**第五十九条** 向特定对象发行的股票，自发行结束之日起六个月内不得转让。发行对象属于本办法第五十七条第二款规定情形的，其认购的股票自发行结束之日起十八个月内不得转让。

**第六十条** 向特定对象发行股票的定价基准日为本次发行股票的董事会决议公告日或者股东大会决议公告日的，向特定对象发行股票的董事会决议公告后，出现下列情况需要重新召开董事会的，应当由董事会重新确定本次发行的定价基准日：

（一）本次发行股票股东大会决议的有效期已过；

（二）本次发行方案发生重大变化；

（三）其他对本次发行定价具有重大影响的事项。

**第六十一条** 可转债应当具有期限、面值、利率、评级、债券持有人权利、转股价格及调整原则、赎回及回售、转股价格向下修正等要素。

向不特定对象发行的可转债利率由上市公司与主承销商依法协商确定。

向特定对象发行的可转债应当采用竞价方式确定利率和发行对象。

**第六十二条** 可转债自发行结束之日起六个月后方可转换为公司股票，转股期限由公司根据可转债的存续期限及公司财务状况确定。

债券持有人对转股或者不转股有选择权，并于转股的次日成为上市公司股东。

**第六十三条** 向特定对象发行的可转债不得采用公开的集中交易方式转让。

向特定对象发行的可转债转股的，所转股票自可转债发行结束之日起十八个月内不得转让。

**第六十四条** 向不特定对象发行可转债的转股价格应当不低于募集说明书公告日前二十个交易日上市公司股票交易均价和前一个交易日均价。

向特定对象发行可转债的转股价格应当不低于认购邀请书发出前二十个交易日上市公司股票交易均价和前一个交易日的均价，且不得向下修正。

**第六十五条** 上市公司发行证券，应当由证券公司承销。上市公司董事会决议提前确定全部发行对象的，可以由上市公司自行销售。

**第六十六条** 向特定对象发行证券，上市公司及其控股股东、实际控制人、主要股东不得向发行对象做出保底保收益或者变相保底保收益承诺，也不得直接或者通过利益相关方向发行对象提供财务资助或者其他补偿。

### 第六章 监督管理和法律责任

**第六十七条** 中国证监会依法批准交易所制定的上市公司证券发行上市的审核标准、审核程序、信息披露、发行承销等方面的制度规则，指导交易所制定与发行上市审核相关的其他业务规则。

**第六十八条** 中国证监会建立对交易所发行上市审核工作和发行承销过程监管的监督机制，持续关注交易所审核情况和发行承销过程监管情况，监督交易所责任履行情况。

**第六十九条** 中国证监会对交易所发行上市审核和发行承销过程监管等相关工作进行年度例行检查。在检查过程中，可以调阅审核工作文件，提出问题、列席相关审核会议。

中国证监会选取交易所发行上市审核过程中的重大项目，定期或不定期按一定比例随机抽取交易所发行上市审核过程中的项目，同步关注交易所审核理念、标准的执行情况。中国证监会可以调阅审核工作文件、提出问题、列席相关审核会议。

对于中国证监会在检查监督过程中发现的问题，交易所应当整改。

**第七十条** 交易所发行上市审核工作违反本办法规定，有下列情形之一的，由中国证监会责令改正；情节严重的，追究直接责任人员相关责任：

（一）未按审核标准开展发行上市审核工作；

（二）未按审核程序开展发行上市审核工作；

（三）发现重大敏感事项、重大无先例情况、重大舆情、重大违法线索未请示报告或请示报告不及时；

（四）不配合中国证监会对发行上市审核工作和发行承销监管工作的检查监督，或者不按中国证监会的整改要求进行整改。

**第七十一条** 上市公司在证券发行文件中隐瞒重要事实或者编造重大虚假内容的，中国证监会可以对有关责任人员采取证券市场禁入的措施。

**第七十二条** 存在下列情形之一的，中国证监会可以对上市公司有关责任人员采取证券市场禁入的措施：

（一）申请文件存在虚假记载、误导性陈述或者重大遗漏；

（二）上市公司阻碍或者拒绝中国证监会、交易所依法对其实施检查、核查；

（三）上市公司及其关联方以不正当手段严重干扰发行上市审核或者发行注册工作；

（四）重大事项未报告、未披露；

（五）上市公司及其董事、监事、高级管理人员、控股股东、实际控制人的签名、盖章系伪造或者变造。

**第七十三条** 上市公司控股股东、实际控制人违反本办法的规定，致使上市公司所报送的申请文件和披露的信息存在虚假记载、误导性陈述或者重大遗漏，或者组织、指使上市公司进行财务造假、利润操纵或者在证券发行文件中隐瞒重要事实或者编造重大虚假内容的，中国证监会视情节轻重，可以采取证券市场禁入的措施。

上市公司董事、监事和高级管理人员违反本办法规定，致使上市公司所报送的申请文件和披露的信息存在虚假记载、误导性陈述或者重大遗漏的，中国证监会视情节轻重，可以对有关责任人员采取责令改正、监管谈话、出具警示函等监管措施；情节严重的，可以采取证券市场禁入的措施。

**第七十四条** 保荐人及其保荐代表人等相关人员违反本办法规定，未勤勉尽责的，中国证监会视情节轻重，按照《证券发行上市保荐业务管理办法》规定采取措施。

**第七十五条** 证券服务机构未勤勉尽责，致使上市公司信息披露资料中与其职责有关的内容及其所出具的文件存在虚假记载、误导性陈述或者重大遗漏的，中国证监会视情节轻重，可以采取责令改正、监管谈话、出具警示函等监管措施；情节严重的，可以对有关责任人员采取证券市场禁入的措施。

**第七十六条** 证券服务机构及其相关人员存在下列情形之一的，中国证监会可以对有关责任人员采取证券市场禁入的措施：

（一）伪造或者变造签字、盖章；

（二）重大事项未报告或者未披露；

（三）以不正当手段干扰审核注册工作；

（四）不履行其他法定职责。

**第七十七条** 证券服务机构及其责任人员存在下列情形之一的，中国证监会视情节轻重，可以采取责令改正、监管谈话、出具警示函等监管措施；情节严重的，可以对有关责任人员采取证券市场禁入的措施：

（一）制作或者出具的文件不齐备或者不符合要求；

（二）擅自改动申请文件、信息披露资料或者其他已提交文件；

（三）申请文件或者信息披露资料存在相互矛盾或者同一事实表述不一致且有实质性差异；

（四）文件披露的内容表述不清，逻辑混乱，严重影响阅读理解；

（五）对重大事项未及时报告或者未及时披露。

上市公司存在前款规定情形的，中国证监会视情节轻重，可以采取责令改正、监管谈话、出具警示函等监管措施；情节严重的，可以对有关责任人员采取证券市场禁入的措施。

**第七十八条** 按照本办法第二十八条申请注册的，交易所和中国证监会发现上市公司或者相关中介机构及其责任人员存在相关违法违规行为的，中国证监会按照本章规定从重处罚，并可以对有关责任人员采取证券市场禁入的措施。

**第七十九条** 上市公司披露盈利预测，利润实现数如未达到盈利预测的百分之八十的，除因不可抗力外，其法定代表人、财务负责人应当在股东大会以及交易所网站、符合中国证监会规定条件的媒体上公开作出解释并道歉；中国证监会可以对法定代表人处以警告。

利润实现数未达到盈利预测百分之五十的，除因不可抗力外，中国证监会可以采取责令改正、监管谈话、出具警示函等监管措施。

注册会计师为上述盈利预测出具审核报告的过程中未勤勉尽责的,中国证监会视情节轻重,对相关机构和责任人员采取监管谈话等监管措施;情节严重的,给予警告等行政处罚。

**第八十条** 参与认购的投资者擅自转让限售期限未满的证券的,中国证监会可以责令改正,依法予以行政处罚。

**第八十一条** 相关主体违反本办法第六十六条规定的,中国证监会视情节轻重,可以采取责令改正、监管谈话、出具警示函等监管措施,以及证券市场禁入的措施;保荐人、证券服务机构未勤勉尽责的,中国证监会还可以对有关责任人员采取证券市场禁入的措施。

**第八十二条** 上市公司及其控股股东和实际控制人、董事、监事、高级管理人员,保荐人、承销商、证券服务机构及其相关执业人员、参与认购的投资者,在证券发行并上市相关的活动中存在其他违反本办法规定行为的,中国证监会视情节轻重,可以采取责令改正、监管谈话、出具警示函、责令公开说明、责令定期报告等监管措施;情节严重的,可以对有关责任人员采取证券市场禁入的措施。

**第八十三条** 上市公司及其控股股东、实际控制人、保荐人、证券服务机构及其相关人员违反《证券法》依法应予以行政处罚的,中国证监会依法予以处罚;涉嫌犯罪的,依法移送司法机关,追究其刑事责任。

**第八十四条** 交易所负责对上市公司及其控股股东、实际控制人、保荐人、承销商、证券服务机构等进行自律监管。

中国证券业协会负责制定保荐业务、发行承销自律监管规则,对保荐人、承销商、保荐代表人等进行自律监管。

交易所和中国证券业协会发现发行上市过程中存在违反自律监管规则的行为,可以对有关单位和责任人员采取一定期限不接受与证券发行相关的文件、认定为不适当人选、认定不适合从事相关业务等自律监管措施或者纪律处分。

### 第七章 附 则

**第八十五条** 符合《若干意见》等规定的红筹企业,首次公开发行股票并在交易所上市后,发行股票还应当符合本办法的规定。

符合《若干意见》等规定的红筹企业,首次公开发行存托凭证并在交易所上市后,发行以红筹企业新增证券为基础证券的存托凭证,适用《证券法》《若干意见》以及本办法关于上市公司发行股票的规定,本办法没有规定的,适用中国证监会关于存托凭证的有关规定。

发行存托凭证的红筹企业境外基础股票配股时,相关方案安排应当确保存托凭证持有人实际享有权益与境外基础股票持有人权益相当。

**第八十六条** 上市公司发行优先股、向员工发行证券用于激励的办法,由中国证监会另行规定。

**第八十七条** 上市公司向特定对象发行股票将导致上市公司控制权发生变化的,还应当符合中国证监会的其他规定。

**第八十八条** 依据本办法通过向特定对象发行股票取得的上市公司股份,其减持不适用《上市公司股东、董监高减持股份的若干规定》的有关规定。

**第八十九条** 本办法自公布之日起施行。《上市公司证券发行管理办法》(证监会令第163号)、《创业板上市公司证券发行注册管理办法(试行)》(证监会令第168号)、《科创板上市公司证券发行注册管理办法(试行)》(证监会令第171号)、《上市公司非公开发行股票实施细则》(证监会公告〔2020〕11号)同时废止。

## 公开募集证券投资基金销售机构监督管理办法

· 2020年8月28日中国证券监督管理委员会令第175号公布
· 自2020年10月1日起施行

### 第一章 总 则

**第一条** 为了规范公开募集证券投资基金(以下简称公募基金或基金)销售机构的销售活动,保护投资人的合法权益,促进基金市场健康发展,根据《证券投资基金法》《证券法》及其他有关法律法规,制定本办法。

**第二条** 本办法所称基金销售,是指为投资人开立基金交易账户,宣传推介基金,办理基金份额发售、申购、赎回及提供基金交易账户信息查询等活动。

基金销售机构是指经中国证券监督管理委员会(以下简称中国证监会)或者其派出机构注册,取得基金销售业务资格的机构。未经注册,任何单位或者个人不得从事基金销售业务。

基金服务机构从事与基金销售相关的支付、份额登记、信息技术系统等服务,适用本办法。

**第三条** 基金销售机构及其从业人员从事基金销售业务,基金服务机构及其从业人员从事与基金销售相关的服务业务,应当遵守法律法规、中国证监会规定以及基金合同、基金销售协议等约定，遵循自愿、公平的原则，诚实守信，谨慎勤勉，廉洁从业，恪守职业道德和行为规范，不得损害国家利益、社会公共利益和投资人的合法权益。

**第四条** 基金销售结算资金属于投资人，基金销售相关机构不得将基金销售结算资金归入其自有财产。禁止任何单位或者个人以任何形式挪用基金销售结算资金。基金销售相关机构破产或者清算时，基金销售结算资金不属于其破产财产或者清算财产。非因投资人本身的债务或者法律法规规定的其他情形，基金销售结算资金不得被查封、冻结、扣划或者强制执行。

**第五条** 中国证监会及其派出机构依据法律、行政法规和本办法的规定，对基金销售业务及相关服务业务实施监督管理。

中国证券投资基金业协会依据法律法规和自律规则，对基金销售业务及相关服务业务实施自律管理。

## 第二章 基金销售机构注册

**第六条** 商业银行、证券公司、期货公司、保险公司、保险经纪公司、保险代理公司、证券投资咨询机构、独立基金销售机构从事基金销售业务的，应当向住所地中国证监会派出机构申请注册基金销售业务资格，并申领《经营证券期货业务许可证》（以下简称业务许可证）。

**第七条** 申请注册基金销售业务资格，应当具备下列条件：

（一）财务状况良好，运作规范；

（二）有与基金销售业务相适应的营业场所、安全防范等设施，办理基金销售业务的信息管理平台符合中国证监会的规定；

（三）具备健全高效的业务管理和风险管理制度，反洗钱、反恐怖融资及非居民金融账户涉税信息尽职调查等制度符合法律法规要求，基金销售结算资金管理、投资者适当性管理、内部控制等制度符合中国证监会的规定；

（四）取得基金从业资格的人员不少于20人；

（五）最近3年没有受到刑事处罚或者重大行政处罚；最近1年没有因相近业务被采取重大行政监管措施；没有因重大违法违规行为处于整改期间，或者因涉嫌重大违法违规行为正在被监管机构调查；不存在已经影响或者可能影响公司正常运作的重大变更事项，或者重大诉讼、仲裁等事项；

（六）中国证监会规定的其他条件。

**第八条** 商业银行、证券公司、期货公司、保险公司、保险经纪公司、保险代理公司、证券投资咨询机构申请注册基金销售业务资格，应当具备下列条件：

（一）本办法第七条规定的条件；

（二）有负责基金销售业务的部门；

（三）财务风险监控等监管指标符合国家金融监督管理部门的规定；

（四）负责基金销售业务的部门取得基金从业资格的人员不低于该部门员工人数的1/2，部门负责人取得基金从业资格，并具备从事基金业务2年以上或者在金融机构5年以上的工作经历；分支机构基金销售业务负责人取得基金从业资格；

（五）中国证监会规定的其他条件。

**第九条** 独立基金销售机构是专业从事公募基金及私募证券投资基金销售业务的机构。独立基金销售机构不得从事其他业务，中国证监会另有规定的除外。

申请注册为独立基金销售机构的，应当具备下列条件：

（一）本办法第七条规定的条件；

（二）为依法设立的有限责任公司、股份有限公司或者采取符合中国证监会规定的其他组织形式；

（三）有符合规定的名称、组织架构和经营范围；

（四）股东以自有资金出资，不得以债务资金、委托资金等非自有资金出资，境外股东以可自由兑换货币出资；

（五）净资产不低于5000万元人民币；

（六）高级管理人员取得基金从业资格，熟悉基金销售业务，符合中国证监会规定的基金行业高级管理人员任职条件；

（七）中国证监会规定的其他条件。

**第十条** 持有独立基金销售机构5%以上股权的股东，应当具备下列条件：

（一）股东为法人或者非法人组织的，资产质量良好，除中国证监会另有规定外净资产不低于5000万元人民币；股权结构清晰，可逐层穿透至最终权益持有人；最近3年没有受到刑事处罚或者重大行政处罚；最近1年没有被采取重大行政监管措施；没有因重大违法违规行为处于整改期间，或者因涉嫌重大违法违规行为正在被监管机构调查；

（二）股东为自然人的，具备担任证券基金业务部门管理人员5年以上的工作经历或者担任证券基金行业高级管理人员3年以上的工作经历；从业期间没有被金融监管部门采取重大行政监管措施、没有因重大违法违规行为受到行政处罚或者刑事处罚；

（三）中国证监会规定的其他条件。

独立基金销售机构的境外股东，还应当具备下列条件：

（一）依其所在国家或者地区法律设立，合法存续的具有资产管理或者投资顾问经验的金融机构；

（二）其所在国家或者地区的证券监管机构已与中国证监会或者中国证监会认可的其他机构签订监管合作备忘录，并保持有效的监管合作关系。

**第十一条** 独立基金销售机构的控股股东，应当具备下列条件：

（一）股东为法人或者非法人组织的，应当核心主业突出，内部控制完善，运作规范稳定，最近3个会计年度连续盈利，净资产不低于2亿元人民币，具有良好的财务状况和资本补充能力；资产负债与杠杆水平适度，净资产不低于实收资本的50%，或有负债未达到净资产的50%，没有数额较大的到期未清偿债务；

（二）股东为自然人的，个人金融资产不低于3000万元人民币；具备担任证券基金业务部门管理人员10年以上的工作经历或者担任证券基金行业高级管理人员5年以上的工作经历；

（三）制定合理明晰的投资独立基金销售机构的商业计划，对完善独立基金销售机构治理结构、保持独立基金销售机构经营管理的独立性、推动独立基金销售机构长期发展有切实可行的计划安排；对独立基金销售机构可能发生风险导致无法正常经营的情况，制定合理有效的风险处置预案；

（四）中国证监会规定的其他条件。

**第十二条** 独立基金销售机构股东以及股东的控股股东、实际控制人参股独立基金销售机构的数量不得超过2家，其中控制独立基金销售机构的数量不得超过1家。中国证监会另有规定的情形除外。

**第十三条** 独立基金销售机构应当保持股权结构稳定。股权相关方应当书面承诺，独立基金销售机构取得基金销售业务资格3年内不发生控股股东、实际控制关系的变更。

股东质押所持独立基金销售机构股权的，不得约定由质权人或者其他第三方行使表决权等股东权利，也不得变相转移对独立基金销售机构股权的控制。持有独立基金销售机构5%以上股权的股东，质押股权比例不得超过所持该独立基金销售机构股权比例的50%。

**第十四条** 基金销售机构申请注册基金销售业务资格，应当按照中国证监会的规定提交申请材料。申请材料应当真实、准确、完整，不存在虚假记载、误导性陈述或者重大遗漏。申请材料所涉事项发生重大变化的，申请人应当在5个工作日内提交更新材料。

中国证监会派出机构依照《行政许可法》规定受理基金销售业务资格注册申请，并进行审查，作出注册或者不予注册的决定。

### 第三章 基金销售业务规范

**第十五条** 基金销售机构办理基金销售业务，应当与基金管理人签订书面销售协议，明确双方权利义务。未经签订书面销售协议，基金销售机构不得办理基金的销售。

**第十六条** 基金销售机构开展基金宣传推介活动，应当坚持长期投资理念和客观、真实、准确的原则。

基金销售机构应当集中统一制作和使用基金宣传推介材料，并对内容的合规性进行内部审查，相关审查材料应当存档备查。基金宣传推介材料的管理规范，由中国证监会另行制定。

**第十七条** 基金销售机构应当按照中国证监会的规定了解投资人信息，坚持投资人利益优先和风险匹配原则，根据投资人的风险承担能力销售不同风险等级的产品，把合适的基金产品销售给合适的投资人。

基金销售机构应当加强投资者教育，引导投资人充分认识基金产品的风险收益特征。投资人购入基金前，基金销售机构应当提示投资人阅读基金合同、招募说明书、基金产品资料概要，提供有效途径供投资人查询，并以显著、清晰的方式向投资人揭示投资风险。

基金销售机构应当推动定期定额投资、养老储备投资等业务发展，促进投资人稳健投资，杜绝诱导投资人短期申赎、频繁申赎行为。

**第十八条** 基金销售机构应当根据反洗钱、反恐怖融资及非居民金融账户涉税信息尽职调查等法律法规要求履行相关职责，有效识别投资人身份，核对投资人的有效身份证件，登记投资人身份基本信息，确保基金账户持有人名称与有效身份证件中记载的名称一致，留存有效身份证件的复印件或者影印件，了解投资人资金来源的合法性，向基金管理人提供客户法定基本身份信息等反洗钱必要信息，并为基金管理人履行反洗钱、反恐怖融资及非居民金融账户涉税信息尽职调查等相关职责提供协助。

**第十九条** 基金销售机构应当按照法律法规、中国证监会的规定和基金合同、份额发售公告、招募说明书等文件的约定，办理基金份额的认购、申购和赎回，不得擅自拒绝接受投资人的申请。

投资人认购、申购基金份额，应当全额交付款项，中国证监会规定的特殊基金品种除外。

投资人在基金合同约定之外的日期和时间提出申购、赎回申请的，作为下一个交易日的交易处理，其基金份额申购、赎回价格为下次办理基金份额申购、赎回时间所在开放日的价格。

第二十条　基金销售机构、基金销售支付机构应当按照法律法规、基金合同和基金销售协议等的规定，归集、划转基金销售结算资金，确保基金销售结算资金安全、及时划付，并将赎回、分红及未成功认购、申购的款项划入投资人认购、申购时使用的结算账户。中国证监会就特殊基金品种、特殊业务类型另有规定的，从其规定。

第二十一条　基金销售机构应当按照法律法规和中国证监会规定以及基金合同、招募说明书和基金销售协议等的约定收取销售费用，并如实核算、记账；未经招募说明书载明，不得对不同投资人适用不同费率。

基金销售机构按照中国证监会的规定，为投资人提供除基金合同、招募说明书约定服务以外的增值服务的，可以向投资人收取增值服务费。

第二十二条　基金销售机构应当按照下列要求持续为投资人提供信息服务：

（一）及时告知投资人其认购、申购、赎回的基金名称以及基金份额的确认日期、确认份额和金额等信息；

（二）提供有效途径供投资人实时查询其所持基金的基本信息；

（三）定期向投资人主动提供基金保有情况信息；

（四）按照中国证监会的规定，做好有关信息传递工作，向投资人及时提供对其投资决策有重大影响的信息；

（五）中国证监会规定的其他要求。

基金销售机构应当与投资人约定提供前款规定信息的方式。

第二十三条　基金销售机构可以委托其他基金销售机构办理基金销售中后台处理等活动，具体规定由中国证监会另行制定。

第二十四条　基金销售机构及其从业人员从事基金销售业务，不得有下列情形：

（一）虚假记载、误导性陈述或者重大遗漏；

（二）违规承诺收益、本金不受损失或者限定损失金额、比例；

（三）预测基金投资业绩，或者宣传预期收益率；

（四）误导投资人购买与其风险承担能力不相匹配的基金产品；

（五）未向投资人有效揭示实际承担基金销售业务的主体、所销售的基金产品等重要信息，或者以过度包装服务平台、服务品牌等方式模糊上述重要信息；

（六）采取抽奖、回扣或者送实物、保险、基金份额等方式销售基金；

（七）在基金募集申请完成注册前，办理基金销售业务，向公众分发、公布基金宣传推介材料或者发售基金份额；

（八）未按照法律法规、中国证监会规定、招募说明书和基金份额发售公告规定的时间销售基金，或者未按照规定公告即擅自变更基金份额的发售日期；

（九）挪用基金销售结算资金或者基金份额；违规利用基金份额转让等形式规避基金销售结算资金闭环运作要求，损害投资人资金安全；

（十）利用或者承诺利用基金资产和基金销售业务进行利益输送或者利益交换；

（十一）违规泄露投资人相关信息或者基金投资运作相关非公开信息；

（十二）以低于成本的费用销售基金；

（十三）实施歧视性、排他性、绑定性销售安排；

（十四）中国证监会规定禁止的其他情形。

### 第四章　内部控制与风险管理
#### 第一节　一般规定

第二十五条　基金销售机构应当按照审慎经营的原则，建立健全并有效执行基金销售业务的内部控制与风险管理制度，完善内部责任追究机制，确保基金销售业务符合法律法规和中国证监会的规定。

第二十六条　基金销售机构应当指定专门合规风控人员对基金销售业务的经营运作情况进行审查、监督和检查，并保障合规风控人员履职的独立性和有效性。合规风控人员应当具备与履职相适应的专业知识和技能，不得兼任与合规风控职责相冲突的职务。

合规风控人员应当对基金销售业务内部制度、基金宣传推介材料和新销售产品、新业务方案等进行合规审查，出具合规审查意见，并存档备查。

基金销售机构应当于每一年度结束之日起3个月内完成年度监察稽核报告，并存档备查。

第二十七条　基金销售机构应当对基金管理人、基金产品进行审慎调查和风险评估，充分了解产品的投资范围、投资策略、风险收益特征等，并设立产品准入委员会或者专门小组，对销售产品准入实行集中统一管理。

基金管理人应当制定基金销售机构准入的标准和程序，审慎选择基金销售机构，并定期开展再评估。

**第二十八条** 基金销售机构应当建立健全投资人基金交易账户和资金账户管理制度，保障投资人信息安全和资金安全。

**第二十九条** 基金销售机构应当确保基金销售信息管理平台安全、高效运行，建立符合规定的灾难备份系统和应急预案。

**第三十条** 基金销售机构应当建立健全基金销售业务内部考核机制，坚持以投资人利益为核心和长期投资的理念，将基金销售保有规模、投资人长期投资收益等纳入分支机构和基金销售人员考核评价指标体系，并加大对存续基金产品持续销售、定期定额投资等业务的激励安排，不得将基金销售收入作为主要考核指标，不得实施短期激励，不得针对认购期基金实施特别的考核激励。

基金销售机构应当强化人员资质管理，确保基金销售人员具有基金从业资格。未经基金销售机构聘任，任何人不得从事基金销售活动，中国证监会另有规定的除外。

基金销售机构应当建立健全基金销售人员持续培训机制，加强对基金销售人员行为的监督和检查，并建立相关人员的离任审计或者离任审查制度。基金销售人员不得从事与基金销售业务有利益冲突的业务活动。

**第三十一条** 基金销售机构应当建立健全业务范围管控制度，审慎评估基金销售业务与其依法开展或者拟开展的其他业务之间可能存在的利益冲突，完善利益冲突防范机制。

基金销售机构应当采取有效隔离措施，避免因其他业务风险影响基金销售业务稳健运行。

基金销售机构应当保持对基金销售业务的持续投入，确保实质展业及业务连续性。

**第三十二条** 基金销售机构应当对分支机构基金销售活动、基金销售信息技术系统实行集中统一管理，不得与他人合资、合作经营管理分支机构，不得将分支机构承包或者委托给他人经营管理。

**第三十三条** 基金销售机构应当建立健全档案管理制度，妥善保管投资人的开户资料和与基金销售业务有关的其他资料。投资人身份资料自业务关系结束当年计起至少保存20年，与基金销售业务有关的其他资料自业务发生当年计起至少保存20年。

## 第二节 独立基金销售机构特别规定

**第三十四条** 独立基金销售机构应当建立健全合规风控管理组织架构，在章程中明确合规风控负责人为高级管理人员，并对其职责、任免条件和程序作出规定。

合规风控负责人应当具有胜任合规风控管理工作需要的专业知识和技能，并具备以下工作经历：从事证券基金工作5年以上，或者从事证券基金工作3年以上并且通过国家法律职业资格考试，或者从事证券基金监管相关工作3年以上。

独立基金销售机构解聘合规风控负责人，应当具有正当理由，并自解聘之日起3个工作日内将解聘事实和理由书面报告住所地中国证监会派出机构。

**第三十五条** 独立基金销售机构应当设立专门的合规风控管理部门。合规风控管理部门对合规风控负责人负责，按照公司规定和合规风控负责人的安排履行合规风控管理职责。合规风控管理部门不得承担与合规风控管理相冲突的其他职责。

独立基金销售机构应当为合规风控管理部门配备足够的、具备与履行合规风控管理职责相适应的专业知识和技能的合规风控人员。

**第三十六条** 独立基金销售机构应当确保业务、从业人员、经营场所的独立性，不得与股东、实际控制人、关联方混同，不得允许其他任何机构以其名义对外开展业务。独立基金销售机构从业人员不得在其他机构担任经营性职务，法律法规和中国证监会另有规定的除外。

**第三十七条** 独立基金销售机构设立分支机构，应当具备下列条件：

（一）连续开展基金销售业务3个完整会计年度以上，最近一个会计年度基金销售日均保有量不低于100亿元；

（二）具有较强的持续经营能力，内部控制完善，能够有效控制分支机构风险；

（三）制定合理明晰的分支机构设立规划；

（四）最近3年没有受到刑事处罚或者重大行政处罚；最近1年没有被采取重大行政监管措施；没有因重大违法违规行为处于整改期间，或者因涉嫌重大违法违规行为正在被监管机构调查；

（五）拟设立的分支机构具备完善的管理制度，有符合规定的办公场所、安全防范等设施，取得基金从业资格的人员不少于5人；

（六）中国证监会规定的其他条件。

独立基金销售机构设立的分支机构，限于住所地所在省、自治区、直辖市范围，中国证监会另有规定的除外。

独立基金销售机构应当完善分支机构管控机制，确保分支机构实质展业及业务连续性。

第三十八条　独立基金销售机构应当制定自有资金运用制度，保持良好的财务状况，满足日常运营和风险防范的需要。

独立基金销售机构可以运用自有资金进行金融资产投资，其中投资于现金、银行存款、国债、基金等高流动性资产的净值不得低于 2000 万元。独立基金销售机构不得向关联方提供借款、资金垫付或者担保等；不得进行股权投资，法律法规、中国证监会另有规定的除外。

## 第五章　相关基金服务机构

第三十九条　基金销售支付机构受基金销售机构委托，为基金销售机构提供基金销售结算资金划转服务。

基金销售机构应当选择具备下列条件的商业银行或者支付机构办理基金销售支付业务：

（一）制定了有效的风险控制制度，有安全、高效的办理支付业务的信息系统；

（二）商业银行取得基金销售业务资格，支付机构取得《支付业务许可证》；

（三）最近 3 年没有受到刑事处罚或者重大行政处罚；最近 1 年没有被采取重大行政监管措施；没有因重大违法违规行为处于整改期间，或者因涉嫌重大违法违规行为正在被监管机构调查；

（四）中国证监会规定的其他条件。

支付机构从事基金销售支付业务，应当向中国证监会备案。

第四十条　基金销售结算资金监督机构受基金销售机构、基金销售支付机构等委托，对其开立、使用基金销售结算专用账户的行为和基金销售结算资金划转流程进行监督。

中国证券登记结算有限责任公司（以下简称中国结算）或者取得基金销售业务资格的商业银行可以担任基金销售结算资金监督机构。基金销售机构、基金销售支付机构等应当在基金销售结算资金监督机构开立基金销售结算专用账户，并与基金销售结算资金监督机构签订监督协议，对账户性质、账户功能、资金划转流程、监督方式、账户异常处理等事项做出约定。中国证监会另有规定的，从其规定。

第四十一条　基金管理人可以依照中国证监会的规定委托基金份额登记机构办理基金份额登记业务。基金份额登记机构应当确保基金份额的登记、存管和结算业务处理安全、准确、及时、高效，其主要职责包括：

（一）建立并管理投资人基金份额账户；

（二）负责基金份额的登记；

（三）基金交易确认；

（四）代理发放红利；

（五）建立并保管基金份额持有人名册；

（六）服务协议约定的其他职责；

（七）中国证监会规定的其他职责。

基金管理人变更基金份额登记机构的，应当在变更完成 10 个工作日内向中国证监会报告。

第四十二条　基金销售机构、基金份额登记机构应当通过中国结算建设和运营的基金行业注册登记数据中央交换平台（以下简称中央数据交换平台）对基金的账户和交易信息进行数据交换，数据交换应当符合中央数据交换平台相关规范要求。参与数据交换的相关机构应当按照规定保障信息传输和存储的完整性、准确性、及时性、安全性。

基金份额登记机构应当按照中央数据交换平台相关规范要求报送基金份额登记数据，配合完成基金份额登记数据的集中备份。

中国结算依据中国证监会授权，对相关数据交换和报送实施自律管理。中国结算应当妥善保存相关数据，不得篡改、毁损或者泄露；确有必要向第三方提供的，应当遵守法律法规和中国证监会的规定。中国结算还应当建立健全相关信息统计分析制度，定期向中国证监会报告，并按照中国证监会的要求向投资人提供统一查询等服务。

第四十三条　信息技术系统服务机构受基金销售机构委托，为基金销售机构提供网络空间经营场所租用或者信息技术系统开发等服务。信息技术系统服务机构不得实质介入基金销售业务环节，不得收集、传输、留存投资人基金交易信息。

## 第六章　销售私募基金的特别规定

第四十四条　基金销售机构除开展公募基金销售业务外，依法从事私募基金销售业务的，参照适用本办法第三章、第四章的规定，法律法规及中国证监会另有规定的除外。

第四十五条　基金销售机构应当以非公开方式向合格投资者销售私募基金，不得通过公众传播媒体、互联网、公开营业场所等平台或者手机短信、微信等渠道公开或者变相公开宣传推介私募基金。

第四十六条　基金销售机构销售私募基金，应当充分了解投资人信息，收集、核验投资人资产证明、收入证明或者纳税凭证等材料，对投资人风险识别能力和风承担能力进行评估,并要求投资人承诺投资资金为自有资金,不存在非法汇集他人资金等情况。

基金销售机构应当就合格投资者确认、投资者适当性匹配、风险揭示、自有资金投资等事项履行投资人签字确认等程序。

**第四十七条** 基金销售机构应当销售符合法律法规和中国证监会规定的私募基金,对拟销售私募基金进行审慎调查和风险评估,充分了解产品的投资范围、投资策略、投资集中度、杠杆水平、风险收益特征等。销售文件应当按照规定全面说明产品特征并充分揭示风险。基金销售机构不得销售未在产品合同等法律文件中明确限定投资范围、投资集中度、杠杆水平的私募基金。

基金销售机构合规风控人员应当对私募基金销售准入出具专项合规和风险评估报告,签字确认并存档备查。

**第四十八条** 基金销售机构应当针对私募基金销售业务建立专门的利益冲突识别、评估和防范机制。

基金销售机构应当对存在关联关系的私募基金管理人及私募基金履行严格的利益冲突评估机制,经评估无法有效防范利益冲突的,不得销售相关产品;经评估确定可以销售的,应当以书面形式向投资人充分披露,并在销售行为发生时由投资人签字确认。

**第四十九条** 基金销售机构应当参照本办法第四十条的规定开立私募基金销售结算专用账户,并参照中国证监会规定的基金销售结算资金划转流程进行资金交收。

## 第七章 监督管理与法律责任

**第五十条** 中国证监会及其派出机构按照审慎监管原则,可以要求基金销售相关机构及其股东、实际控制人报送相关信息、材料,定期或者不定期对基金销售相关机构从事基金销售业务及相关服务业务的情况进行非现场或者现场检查。

基金销售相关机构及其股东、实际控制人、从业人员等应当配合检查、调查,提供的信息、资料应当及时、真实、准确、完整。

**第五十一条** 独立基金销售机构发生下列事项的,应当在5个工作日内向住所地中国证监会派出机构备案:

(一)变更公司章程、名称、住所、组织形式、经营范围、注册资本、高级管理人员;

(二)新增持有5%以上股权的股东,变更控股股东、实际控制人;

(三)持有5%以上股权的股东变更姓名、名称,或者质押所持独立基金销售机构的股权;

(四)设立、撤销分支机构,变更分支机构名称、营业场所;

(五)对外进行股权投资或者提供担保;

(六)中国证监会规定的其他事项。

住所地中国证监会派出机构收到备案材料后应当进行核查,发现备案事项不符合法律、行政法规及中国证监会规定的,应当责令整改。

**第五十二条** 基金销售机构的业务许可证自颁发之日起,有效期3年。基金销售机构不存在下列情形的,其业务许可证有效期予以延续,每次延续的有效期为3年:

(一)无法持续符合本办法第七条第(一)项至第(四)项规定的基础性展业条件,且未得到有效整改;

(二)合规内控严重缺失,被中国证监会或者其派出机构采取责令暂停办理相关业务的行政监管措施,且未在要求期限内有效整改;

(三)未实质开展公募基金销售业务,最近一个会计年度基金(货币市场基金除外)销售日均保有量低于5亿元;

(四)中国证监会规定的其他情形。

基金销售机构存在本条第一款所列情形的,中国证监会派出机构可作出不予延续其业务许可证有效期的决定。业务许可证有效期届满的基金销售机构,不得继续从事基金销售业务。

**第五十三条** 基金销售相关机构违反法律、行政法规、本办法及中国证监会其他规定,法律法规有规定的,依照其规定处理;法律法规没有规定的,中国证监会及其派出机构可以采取监管谈话、出具警示函、责令改正、责令处分有关人员、责令暂停办理相关业务等行政监管措施,对相关主管人员、直接责任人员,可以采取监管谈话、出具警示函、公开谴责、认定为不适当人选等行政监管措施,发现违法行为涉嫌犯罪的,移送司法机关处理。

**第五十四条** 中国证监会及其派出机构依法责令基金销售机构暂停办理相关业务的,可以责令其暂停下列一项或者多项业务:

(一)接受新投资人开立交易账户申请;

(二)签订新的销售协议,增加销售新产品;

(三)办理公募基金份额认购、申购或者私募基金份额参与。

基金销售机构被责令暂停办理相关业务的,可以办理销户、赎回、转托管转出等业务。

**第五十五条** 基金销售机构申请注册基金销售业务

资格,隐瞒有关情况或者提供虚假材料的,中国证监会派出机构不予注册,并给予警告;已经注册的,撤销注册,对相关主管人员和其他直接责任人员给予警告,并处3万元以下罚款。国家金融监督管理部门监管的机构存在上述情况的,移交相关金融监督管理部门处理。

第五十六条　基金销售机构有下列情形的,依照《证券投资基金法》第一百三十七条、第一百三十九条、第一百四十四条规定处理:

（一）未向投资人充分揭示投资风险并误导其购买与其风险承担能力不相当的公募基金、私募证券投资基金等产品的;

（二）挪用公募基金、私募证券投资基金等产品销售结算资金或者份额的;

（三）未按照本办法第四章要求建立风险管理制度和灾难备份系统,存在重大风险隐患、引发重大风险事件或者丧失经营能力的;

（四）泄露与公募基金、私募证券投资基金等产品份额持有人、投资运作相关的非公开信息的。

第五十七条　基金销售机构有下列情形之一,且情节严重的,除法律法规另有规定外,给予警告,并处3万元以下罚款;对相关主管人员和其他直接责任人员,给予警告,并处3万元以下罚款:

（一）违反本办法第十五条至第二十二条、第二十四条规定从事基金销售业务的;

（二）未按本办法第四章规定建立健全并有效执行基金销售业务内部控制及风险管理制度的;

（三）未按照本办法第四十条规定与基金销售结算资金监督机构签订监督协议、开立基金销售结算专用账户的;

（四）未按照本办法第四十二条规定进行数据交换和报送的;

（五）违反本办法第六章规定销售私募基金的;

（六）未按照本办法第五十条、五十一条规定,配合监督检查、履行备案报告义务的。

第五十八条　基金销售机构有下列情形之一的,中国证监会依法注销其业务许可证,并予以公告:

（一）业务许可证有效期不予延续且有效期届满的;

（二）基金销售业务资格被依法撤销或者终止的;

（三）基金销售机构依法终止的;

（四）法律法规规定的其他情形。

第五十九条　基金销售机构有下列情形之一的,基金管理人等应当妥善办理有关投资人的赎回、转托管转出等业务,基金销售相关机构应当配合:

（一）业务许可证被注销的;

（二）丧失经营能力,无法为投资人办理基金销售业务的;

（三）中国证监会规定的其他情形。

第六十条　基金销售支付机构从事公募基金、私募证券投资基金销售支付业务有下列情形的,依照《证券投资基金法》第一百三十八条、第一百三十九条、第一百四十四条规定处理:

（一）未按照规定划付公募基金、私募证券投资基金等产品销售结算资金的;

（二）挪用公募基金、私募证券投资基金等产品销售结算资金或者份额的;

（三）未建立风险管理制度和灾难备份系统的;

（四）泄露与公募基金、私募证券投资基金等产品份额持有人、投资运作相关的非公开信息的。

基金销售支付机构被停止基金销售支付业务的,基金销售机构和基金销售结算资金监督机构应当妥善处理有关投资人基金份额的赎回、转托管转出等业务。

## 第八章　附　则

第六十一条　本办法相关用语的含义如下:

（一）基金销售相关机构,包括基金销售机构,以及从事与基金销售相关的支付、份额登记、信息技术系统等服务业务的基金服务机构。

（二）基金销售结算资金,是指由基金销售机构、基金销售支付机构、基金份额登记机构等基金销售相关机构归集的,在投资人结算账户与基金财产托管账户之间划转的基金认购、申购、赎回、分红等资金。

（三）独立基金销售机构高级管理人员,是指总经理、副总经理或者实际履行上述职务的其他人员,以及章程规定的其他人员。

（四）关联方及控制关系,依照《企业会计准则》确定。

（五）基金宣传推介材料,是指为推介基金向公众分发或者公布,使公众可以普遍获得的纸质、电子或者其他介质的信息。

（六）基金销售结算专用账户,是指基金销售机构、基金销售支付机构或者基金份额登记机构用于归集、暂存、划转基金销售结算资金的专用账户。

（七）支付机构,是指依据中国人民银行《非金融机构支付服务管理办法》取得《支付业务许可证》的非金融机构。

（八）私募基金，包括证券期货经营机构非公开募集资金或者接受财产委托设立的私募资产管理计划，以及经基金业协会登记的私募基金管理人设立的非公开募集基金。私募证券投资基金，是指依据《证券投资基金法》设立的、仅投资于标准化证券资产的私募基金。除明确表述为"私募基金""私募证券投资基金"外，本办法中的基金均为公开募集证券投资基金的简称。

**第六十二条** 基金管理人、证券期货经营机构销售其管理的基金、私募资产管理计划的业务规范、内部控制和风险管理，适用本办法和中国证监会其他相关规定。

**第六十三条** 本办法自 2020 年 10 月 1 日起施行。《证券投资基金销售管理办法》（证监会令第 91 号）同时废止。

## 公开募集证券投资基金信息披露管理办法

- 2019 年 7 月 26 日中国证券监督管理委员会令第 158 号公布
- 根据 2020 年 3 月 20 日中国证券监督管理委员会《关于修改部分证券期货规章的决定》修订

### 第一章 总 则

**第一条** 为规范公开募集证券投资基金（以下简称基金）信息披露活动，保护投资者及相关当事人的合法权益，根据《证券投资基金法》（以下简称《基金法》），制定本办法。

**第二条** 基金信息披露义务人应当以保护基金份额持有人利益为根本出发点，按照法律、行政法规和中国证券监督管理委员会（以下简称中国证监会）的规定披露基金信息，并保证所披露信息的真实性、准确性、完整性、及时性、简明性和易得性。

基金信息披露义务人包括基金管理人、基金托管人、召集基金份额持有人大会的基金份额持有人及其日常机构等法律、行政法规和中国证监会规定的自然人、法人和非法人组织。

**第三条** 基金信息披露义务人应当在中国证监会规定时间内，将应予披露的基金信息通过符合中国证监会规定条件的全国性报刊（以下简称规定报刊）及本办法规定的互联网网站（以下简称规定网站）等媒介披露，并保证投资者能够按照基金合同约定的时间和方式查阅或者复制公开披露的信息资料。

规定网站包括基金管理人网站、基金托管人网站、中国证监会基金电子披露网站。规定网站应当无偿向投资者提供基金信息披露服务。

**第四条** 基金份额在证券交易所上市交易的，基金信息披露义务人还应当根据证券交易所的自律管理规则披露基金信息。

**第五条** 中国证监会及其派出机构依法对基金信息披露活动进行监督管理。

中国证监会根据基金信息披露活动情况，及时制定相关的内容与格式准则、编报规则等；根据基金信息披露活动中存在的技术问题，直接做出或授权指定机构做出规范解答。

证券交易所、中国证券投资基金业协会依法对基金信息披露活动进行自律管理。

### 第二章 基金信息披露一般规定

**第六条** 公开披露的基金信息包括：
（一）基金招募说明书；
（二）基金合同；
（三）基金托管协议；
（四）基金产品资料概要；
（五）基金份额发售公告；
（六）基金募集情况；
（七）基金份额上市交易公告书；
（八）基金资产净值、基金份额净值；
（九）基金份额申购、赎回价格；
（十）基金定期报告，包括年度报告、中期报告和季度报告（含资产组合季度报告）；
（十一）临时报告；
（十二）基金份额持有人大会决议；
（十三）基金管理人、基金托管人的专门基金托管部门的重大人事变动；
（十四）涉及基金财产、基金管理业务、基金托管业务的诉讼或者仲裁；
（十五）澄清公告；
（十六）清算报告；
（十七）中国证监会规定的其他信息。

**第七条** 公开披露基金信息，不得有下列行为：
（一）虚假记载、误导性陈述或者重大遗漏；
（二）对证券投资业绩进行预测；
（三）违规承诺收益或者承担损失；
（四）诋毁其他基金管理人、基金托管人或者基金销售机构；
（五）登载任何自然人、法人和非法人组织的祝贺性、恭维性或推荐性文字；
（六）中国证监会禁止的其他行为。

第八条  公开披露的基金信息应当采用中文文本。同时采用外文文本的,基金信息披露义务人应当保证不同文本的内容一致。不同文本之间发生歧义的,以中文文本为准。

第九条  公开披露的基金信息应当采用阿拉伯数字;除特别说明外,货币单位应当为人民币元。

### 第三章 基金募集信息披露

第十条  基金募集申请经中国证监会注册后,基金管理人应当在基金份额发售的三日前,将基金份额发售公告、基金招募说明书提示性公告和基金合同提示性公告登载在规定报刊上,将基金份额发售公告、基金招募说明书、基金产品资料概要、基金合同和基金托管协议登载在规定网站上;基金托管人应当同时将基金合同、基金托管协议登载在规定网站上。

第十一条  基金管理人应当在基金合同生效的次日在规定报刊和规定网站上登载基金合同生效公告。

第十二条  基金合同生效后,基金招募说明书、基金产品资料概要的信息发生重大变更的,基金管理人应当在三个工作日内,更新基金招募说明书和基金产品资料概要,并登载在规定网站上。

### 第四章 基金运作信息披露

第十三条  基金份额获准在证券交易所上市交易的,基金管理人应当在基金份额上市交易的三个工作日前,将基金份额上市交易公告书登载在规定网站上,并将上市交易公告书提示性公告登载在规定报刊上。

第十四条  基金管理人应当按照下列要求披露基金净值信息:

(一)至少每周在规定网站披露一次封闭式基金资产净值和基金份额净值;

(二)开放式基金的基金合同生效后,在开始办理基金份额申购或者赎回前,至少每周在规定网站披露一次基金份额净值和基金份额累计净值;

(三)开放式基金在不晚于每个开放日的次日,通过规定网站、基金销售机构网站或者营业网点披露开放日的基金份额净值和基金份额累计净值;

(四)在不晚于半年度和年度最后一日的次日,在规定网站披露半年度和年度最后一日的基金份额净值和基金份额累计净值。

中国证监会对特殊基金品种的净值信息披露另有规定的,从其规定。

第十五条  基金管理人应当在开放式基金的基金合同、招募说明书等信息披露文件上载明基金份额申购、赎回价格的计算方式及有关申购、赎回费率,并保证投资者能够在基金销售机构网站或营业网点查阅或者复制前述信息资料。

第十六条  基金管理人应当在每年结束之日起三个月内,编制完成基金年度报告,将年度报告登载在规定网站上,并将年度报告提示性公告登载在规定报刊上。

基金年度报告中的财务会计报告应当经过符合《证券法》规定的会计师事务所审计。

第十七条  基金管理人应当在上半年结束之日起两个月内,编制完成基金中期报告,将中期报告登载在规定网站上,并将中期报告提示性公告登载在规定报刊上。

第十八条  基金管理人应当在季度结束之日起十五个工作日内,编制完成基金季度报告,将季度报告登载在规定网站上,并将季度报告提示性公告登载在规定报刊上。

第十九条  基金合同生效不足两个月的,基金管理人可以不编制当期季度报告、中期报告或者年度报告。

第二十条  基金合同终止的,基金管理人应当依法组织清算组对基金财产进行清算并作出清算报告。清算报告应当经过符合《证券法》规定的会计师事务所审计,并由律师事务所出具法律意见书。清算组应当将清算报告登载在规定网站上,并将清算报告提示性公告登载在规定报刊上。

### 第五章 基金临时信息披露

第二十一条  基金发生重大事件,有关信息披露义务人应当在两日内编制临时报告书,并登载在规定报刊和规定网站上。

前款所称重大事件,是指可能对基金份额持有人权益或者基金份额的价格产生重大影响的下列事件:

(一)基金份额持有人大会的召开及决定的事项;

(二)基金终止上市交易、基金合同终止、基金清算;

(三)基金扩募、延长基金合同期限;

(四)转换基金运作方式、基金合并;

(五)更换基金管理人、基金托管人、基金份额登记机构,基金改聘会计师事务所;

(六)基金管理人委托基金服务机构代为办理基金的份额登记、核算、估值等事项,基金托管人委托基金服务机构代为办理基金的核算、估值、复核等事项;

(七)基金管理人、基金托管人的法定名称、住所发生变更;

(八)基金管理公司变更持有百分之五以上股权的

股东、变更公司的实际控制人；

（九）基金募集期延长或提前结束募集；

（十）基金管理人高级管理人员、基金经理和基金托管人专门基金托管部门负责人发生变动；

（十一）基金管理人的董事在最近12个月内变更超过百分之五十，基金管理人、基金托管人专门基金托管部门的主要业务人员在最近12个月内变动超过百分之三十；

（十二）涉及基金财产、基金管理业务、基金托管业务的诉讼或仲裁；

（十三）基金管理人或其高级管理人员、基金经理因基金管理业务相关行为受到重大行政处罚、刑事处罚，基金托管人或其专门基金托管部门负责人因基金托管业务相关行为受到重大行政处罚、刑事处罚；

（十四）基金管理人运用基金财产买卖基金管理人、基金托管人及其控股股东、实际控制人或者与其有重大利害关系的公司发行的证券或者承销期内承销的证券，或者从事其他重大关联交易事项，中国证监会另有规定的情形除外；

（十五）基金收益分配事项，货币市场基金等中国证监会另有规定的特殊基金品种除外；

（十六）管理费、托管费、销售服务费、申购费、赎回费等费用计提标准、计提方式和费率发生变更；

（十七）基金份额净值计价错误达基金份额净值百分之零点五；

（十八）开放式基金开始办理申购、赎回；

（十九）开放式基金发生巨额赎回并延期办理；

（二十）开放式基金连续发生巨额赎回并暂停接受赎回申请或延缓支付赎回款项；

（二十一）开放式基金暂停接受申购、赎回申请或重新接受申购、赎回申请；

（二十二）基金信息披露义务人认为可能对基金份额持有人权益或者基金份额的价格产生重大影响的其他事项或中国证监会规定的其他事项。

第二十二条　召开基金份额持有人大会的，召集人应当至少提前三十日在规定报刊和规定网站上公告基金份额持有人大会的召开时间、会议形式、审议事项、议事程序和表决方式等事项。

基金份额持有人或基金份额持有人大会的日常机构依法召集持有人大会，基金管理人、基金托管人对基金份额持有人大会决定的事项不依法履行信息披露义务的，召集人应当履行相关信息披露义务。

第二十三条　在基金合同期限内，任何公共媒体中出现的或者在市场上流传的消息可能对基金份额价格产生误导性影响或者引起较大波动，以及可能损害基金份额持有人权益的，相关信息披露义务人知悉后应当立即对该消息进行公开澄清，并将有关情况立即报告中国证监会、基金上市交易的证券交易所。

## 第六章　信息披露事务管理

第二十四条　基金管理人、基金托管人应当建立健全信息披露管理制度，指定专门部门及高级管理人员负责管理信息披露事务。

基金管理人、基金托管人应加强对未公开披露基金信息的管控，并建立基金敏感信息知情人登记制度。基金管理人、基金托管人及相关从业人员不得泄露未公开披露的基金信息。

第二十五条　基金信息披露义务人公开披露基金信息，应当符合中国证监会相关基金信息披露内容与格式准则等法规的规定；特定基金信息披露事项和特殊基金品种的信息披露，应当符合中国证监会相关编报规则等法规的规定。

第二十六条　基金托管人应当按照相关法律、行政法规、中国证监会的规定和基金合同的约定，对基金管理人编制的基金资产净值、基金份额净值、基金份额申购赎回价格、基金定期报告、更新的招募说明书、基金产品资料概要、基金清算报告等公开披露的相关基金信息进行复核、审查，并向基金管理人进行书面或电子确认。

第二十七条　基金管理人、基金托管人应当在规定报刊中选择披露信息的报刊，单只基金只需选择一家报刊。

基金管理人、基金托管人应当向中国证监会基金电子披露网站报送拟披露的基金信息，并保证相关报送信息的真实、准确、完整、及时。

第二十八条　基金管理人应当在基金合同、基金招募说明书、基金份额上市交易公告书等基金信息披露文件中加强风险揭示，对设计复杂、风险较高的基金应以显著、清晰的方式揭示基金投资运作及交易等环节的相关风险。

基金管理人应当规范基金名称，基金名称应显示产品类型、主要投资方向或投资策略等核心特征。采用定期开放式或封闭式、设置投资者最短持有期限的基金，应当在名称中明示产品封闭期限或投资者最短持有期限。

第二十九条　为强化投资者保护，提升信息披露服务质量，基金管理人应当按照中国证监会规定向投资者及时提供对其投资决策有重大影响的信息，基金销售机构、为投资者交易上市基金份额提供经纪服务的证券公司应当按照中国证监会规定做好相关信息传递工作。

**第三十条** 基金管理人、基金托管人除按法律法规要求披露信息外,也可着眼于为投资者决策提供有用信息的角度,在保证公平对待投资者、不误导投资者、不影响基金正常投资操作的前提下,自主提升信息披露服务的质量。具体应遵循以下要求:

(一)可以通过短信、电子邮件、移动客户端、社交平台等方式向投资者提供信息披露服务;

(二)可以通过月度报告等方式提高定期报告的披露频率;基金管理人应保持信息披露的持续性和公开性,不得为短期营销行为临时性、选择性披露信息;

(三)可以在其他公共媒介披露信息,但不得早于规定媒介和基金上市交易的证券交易所网站,且在不同媒介上披露同一信息的内容应当一致;

(四)前述自主披露如产生信息披露费用,该费用不得从基金财产中列支。

**第三十一条** 为基金信息披露义务人公开披露的基金信息出具审计报告、法律意见书的专业机构,应当制作工作底稿,并将相关档案至少保存到基金合同终止后十年。

**第三十二条** 依法必须披露的信息发布后,基金管理人、基金托管人应当按照相关法律法规规定将信息置备于公司住所、基金上市交易的证券交易所,供社会公众查阅、复制。

### 第七章 监督管理和法律责任

**第三十三条** 中国证监会及其派出机构对信息披露义务人、基金销售机构、证券公司从事信息披露及相关服务的情况,进行定期或者不定期的现场和非现场检查,相关单位及个人应当予以配合。

**第三十四条** 中国证监会可以定期评估基金管理人的信息披露质量,并纳入基金管理人分类监管评价指标体系中。基金管理人存在下列情形的,中国证监会可以中止审查,并根据情节轻重,在3-12个月内对该基金管理人提交的基金注册申请不适用简易程序,或者3-12个月内不再受理基金管理人提交的基金注册申请,违反法律法规的,依照相关规定采取措施或予以处罚:

(一)基金注册申请材料中基金招募说明书、基金合同、基金产品资料概要等信息披露文件存在明显差错;

(二)基金注册申请材料与合同填报指引存在明显差异,且未如实向中国证监会报告;

(三)中国证监会认定的其他情形。

**第三十五条** 基金信息披露义务人、基金销售机构、证券公司及相关人员违反本办法规定的,中国证监会及其派出机构可以采取责令改正、监管谈话、出具警示函、责令定期报告、暂不受理与行政许可有关的文件等行政监管措施;对直接负责的主管人员和其他直接责任人员,可以采取监管谈话、出具警示函、责令参加培训、认定为不适当人选等行政监管措施,记入诚信档案。

基金管理人违反本办法规定构成公司治理结构不健全、内部控制不完善等情形的,依照《基金法》第二十四条采取行政监管措施。

**第三十六条** 基金信息披露义务人的信息披露活动存在违反本办法的下列情形之一且情节严重的,除法律、行政法规另有规定外,对基金信息披露义务人处以警告,并处三万元以下罚款,对直接负责的主管人员和其他直接责任人员,处以警告,并处三万元以下罚款:

(一)违反本办法第二十五条的规定,信息披露文件不符合中国证监会有关规定;

(二)违反本办法第二十六条的规定,基金托管人未按规定对公开披露的基金信息进行复核、审查或者确认;

(三)违反本办法第二十七条的规定,基金管理人、基金托管人未按规定选择规定报刊,未按规定向中国证监会基金电子披露网站报送信息;

(四)违反本办法第二十八条的规定,基金管理人未在基金信息披露文件中揭示相关风险,未在基金名称中显示核心特征或期限;

(五)违反本办法第二十九条的规定,基金管理人未按规定向投资者及时提供对其投资决策有重大影响的信息,基金销售机构、证券公司未按规定做好相关信息传递工作;

(六)违反本办法第三十条关于自主信息披露服务的要求;

(七)违反本办法第三十二条的规定,未履行置备义务;

(八)中国证监会认定的其他情形。

**第三十七条** 基金管理人、基金托管人违反本办法第二十四条规定且情节严重的,处以警告,并处三万元以下罚款;对直接负责的主管人员和其他直接责任人员,以警告,并处三万元以下罚款;构成《基金法》第二十条第(六)项所述情形的,依照《基金法》第一百二十三条进行处罚。

**第三十八条** 基金发生第二十一条第二款第(十四)项所述重大关联交易事项,且基金信息披露义务人未依法履行信息披露义务的,依照《基金法》第一百二十九条进行处罚。

第三十九条 基金信息披露义务人的信息披露活动存在下列情形之一的,依照《基金法》第一百三十一条进行处罚:

(一)违反本办法第三条的规定,未能保证投资者按照基金合同约定的时间和方式查阅或者复制公开披露的信息资料;

(二)违反本办法第七条规定;

(三)未公开披露本办法第六条、第二十一条第二款规定的基金信息;

(四)未按照本办法第十条、第十一条、第十二条、第十三条、第十四条、第十六条、第十七条、第十八条、第二十条、第二十一条规定的时间或规定媒介披露基金信息;

(五)违反本办法第十六条、第二十条的规定,年度报告中的财务会计报告未经审计即予披露,清算报告未经审计、未经出具法律意见书即予披露。

第四十条 为基金信息披露义务人公开披露的基金信息出具审计报告、法律意见书等文件的专业机构未勤勉尽责,所出具的文件有虚假记载、误导性陈述或者有重大遗漏的,依照《基金法》第一百四十三条进行处罚。

## 第八章 附 则

第四十一条 经中国证监会注册的境外互认基金,涉及境内信息披露业务的,依照本办法执行,法律法规及中国证监会另有规定的除外。

境外互认基金管理人、代理人在从事互认基金信息披露等相关业务活动中,存在违反本办法规定的,中国证监会可以依法对其采取行政监管措施或者行政处罚。

第四十二条 本办法自 2019 年 9 月 1 日起施行。中国证监会发布的《证券投资基金信息披露管理办法》(证监会令第 19 号)同时废止。

## 最高人民法院关于审理证券市场虚假陈述侵权民事赔偿案件的若干规定

- 2021 年 12 月 30 日最高人民法院审判委员会第 1860 次会议通过
- 2022 年 1 月 21 日最高人民法院公告公布
- 自 2022 年 1 月 22 日起施行
- 法释〔2022〕2 号

为正确审理证券市场虚假陈述侵权民事赔偿案件,规范证券发行和交易行为,保护投资者合法权益,维护公开、公平、公正的证券市场秩序,根据《中华人民共和国民法典》《中华人民共和国证券法》《中华人民共和国公司法》《中华人民共和国民事诉讼法》等法律规定,结合审判实践,制定本规定。

## 一、一般规定

第一条 信息披露义务人在证券交易场所发行、交易证券过程中实施虚假陈述引发的侵权民事赔偿案件,适用本规定。

按照国务院规定设立的区域性股权市场中发生的虚假陈述侵权民事赔偿案件,可以参照适用本规定。

第二条 原告提起证券虚假陈述侵权民事赔偿诉讼,符合民事诉讼法第一百二十二条规定,并提交以下证据或者证明材料的,人民法院应当受理:

(一)证明原告身份的相关文件;

(二)信息披露义务人实施虚假陈述的相关证据;

(三)原告因虚假陈述进行交易的凭证及投资损失等相关证据。

人民法院不得仅以虚假陈述未经监管部门行政处罚或者人民法院生效刑事判决的认定为由裁定不予受理。

第三条 证券虚假陈述侵权民事赔偿案件,由发行人住所地的省、自治区、直辖市人民政府所在的市、计划单列市和经济特区中级人民法院或者专门人民法院管辖。《最高人民法院关于证券纠纷代表人诉讼若干问题的规定》等对管辖另有规定的,从其规定。

省、自治区、直辖市高级人民法院可以根据本辖区的实际情况,确定管辖第一审证券虚假陈述侵权民事赔偿案件的其他中级人民法院,报最高人民法院备案。

## 二、虚假陈述的认定

第四条 信息披露义务人违反法律、行政法规、监管部门制定的规章和规范性文件关于信息披露的规定,在披露的信息中存在虚假记载、误导性陈述或者重大遗漏的,人民法院应当认定为虚假陈述。

虚假记载,是指信息披露义务人披露的信息中对相关财务数据进行重大不实记载,或者对其他重要信息作出与真实情况不符的描述。

误导性陈述,是指信息披露义务人披露的信息隐瞒了与之相关的部分重要事实,或者未及时披露相关更正、确认信息,致使已经披露的信息因不完整、不准确而具有误导性。

重大遗漏,是指信息披露义务人违反关于信息披露的规定,对重大事件或者重要事项等应当披露的信息未予披露。

**第五条** 证券法第八十五条规定的"未按照规定披露信息",是指信息披露义务人未按照规定的期限、方式等要求及时、公平披露信息。

信息披露义务人"未按照规定披露信息"构成虚假陈述的,依照本规定承担民事责任;构成内幕交易的,依照证券法第五十三条的规定承担民事责任;构成公司法第一百五十二条规定的损害股东利益行为的,依照该法承担民事责任。

**第六条** 原告以信息披露文件中的盈利预测、发展规划等预测性信息与实际经营情况存在重大差异为由主张发行人实施虚假陈述的,人民法院不予支持,但有下列情形之一的除外:

(一)信息披露文件未对影响该预测实现的重要因素进行充分风险提示的;

(二)预测性信息所依据的基本假设、选用的会计政策等编制基础明显不合理的;

(三)预测性信息所依据的前提发生重大变化时,未及时履行更正义务的。

前款所称的重大差异,可以参照监管部门和证券交易场所的有关规定认定。

**第七条** 虚假陈述实施日,是指信息披露义务人作出虚假陈述或者发生虚假陈述之日。

信息披露义务人在证券交易场所的网站或者符合监管部门规定条件的媒体上公告发布具有虚假陈述内容的信息披露文件,以披露日为实施日;通过召开业绩说明会、接受新闻媒体采访等方式实施虚假陈述的,以该虚假陈述的内容在具有全国性影响的媒体上首次公布之日为实施日。信息披露文件或者相关报导内容在交易日收市后发布的,以其后的第一个交易日为实施日。

因未及时披露相关更正、确认信息构成误导性陈述,或者未及时披露重大事件或者重要事项等构成重大遗漏的,以应当披露相关信息期限届满后的第一个交易日为实施日。

**第八条** 虚假陈述揭露日,是指虚假陈述在具有全国性影响的报刊、电台、电视台或监管部门网站、交易场所网站、主要门户网站、行业知名的自媒体等媒体上,首次被公开揭露并为证券市场知悉之日。

人民法院应当根据公开交易市场对相关信息的反应等证据,判断投资者是否知悉了虚假陈述。

除当事人有相反证据足以反驳外,下列日期应当认定为揭露日:

(一)监管部门以涉嫌信息披露违法为由对信息披露义务人立案调查的信息公开之日;

(二)证券交易场所等自律管理组织因虚假陈述对信息披露义务人等责任主体采取自律管理措施的信息公布之日。

信息披露义务人实施的虚假陈述呈连续状态的,以首次被公开揭露并为证券市场知悉之日为揭露日。信息披露义务人实施多个相互独立的虚假陈述的,人民法院应当分别认定其揭露日。

**第九条** 虚假陈述更正日,是指信息披露义务人在证券交易场所网站或者符合监管部门规定条件的媒体上,自行更正虚假陈述之日。

### 三、重大性及交易因果关系

**第十条** 有下列情形之一的,人民法院应当认定虚假陈述的内容具有重大性:

(一)虚假陈述的内容属于证券法第八十条第二款、第八十一条第二款规定的重大事件;

(二)虚假陈述的内容属于监管部门制定的规章和规范性文件中要求披露的重大事件或者重要事项;

(三)虚假陈述的实施、揭露或者更正导致相关证券的交易价格或者交易量产生明显的变化。

前款第一项、第二项所列情形,被告提交证据足以证明虚假陈述并未导致相关证券交易价格或者交易量明显变化的,人民法院应当认定虚假陈述的内容不具有重大性。

被告能够证明虚假陈述不具有重大性,并以此抗辩不应当承担民事责任的,人民法院应当予以支持。

**第十一条** 原告能够证明下列情形的,人民法院应当认定原告的投资决定与虚假陈述之间的交易因果关系成立:

(一)信息披露义务人实施了虚假陈述;

(二)原告交易的是与虚假陈述直接关联的证券;

(三)原告在虚假陈述实施日之后、揭露日或更正日之前实施了相应的交易行为,即在诱多型虚假陈述中买入了相关证券,或者在诱空型虚假陈述中卖出了相关证券。

**第十二条** 被告能够证明下列情形之一的,人民法院应当认定交易因果关系不成立:

(一)原告的交易行为发生在虚假陈述实施前,或者是在揭露或更正之后;

(二)原告在交易时知道或者应当知道存在虚假陈述,或者虚假陈述已经被证券市场广泛知悉;

（三）原告的交易行为是受到虚假陈述实施后发生的上市公司的收购、重大资产重组等其他重大事件的影响；

（四）原告的交易行为构成内幕交易、操纵证券市场等证券违法行为的；

（五）原告的交易行为与虚假陈述不具有交易因果关系的其他情形。

### 四、过错认定

**第十三条** 证券法第八十五条、第一百六十三条所称的过错，包括以下两种情形：

（一）行为人故意制作、出具存在虚假陈述的信息披露文件，或者明知信息披露文件存在虚假陈述而不予指明、予以发布的；

（二）行为人严重违反注意义务，对信息披露文件中虚假陈述的形成或者发布存在过失。

**第十四条** 发行人的董事、监事、高级管理人员和其他直接责任人员主张对虚假陈述没有过错的，人民法院应当根据其工作岗位和职责、在信息披露资料的形成和发布等活动中所起的作用、取得和了解相关信息的渠道、为核验相关信息所采取的措施等实际情况进行审查认定。

前款所列人员不能提供勤勉尽责的相应证据，仅以其不从事日常经营管理、无相关职业背景和专业知识、相信发行人或者管理层提供的资料、相信证券服务机构出具的专业意见等理由主张其没有过错的，人民法院不予支持。

**第十五条** 发行人的董事、监事、高级管理人员依照证券法第八十二条第四款的规定，以书面方式发表附具体理由的意见并依法披露的，人民法院可以认定其主观上没有过错，但在审议、审核信息披露文件时投赞成票的除外。

**第十六条** 独立董事能够证明下列情形之一的，人民法院应当认定其没有过错：

（一）在签署相关信息披露文件之前，对不属于自身专业领域的相关具体问题，借助会计、法律等专门职业的帮助仍然未能发现问题的；

（二）在揭露日或更正日之前，发现虚假陈述后及时向发行人提出异议并监督整改或者向证券交易场所、监管部门书面报告的；

（三）在独立意见中对虚假陈述事项发表保留意见、反对意见或者无法表示意见并说明具体理由的，但在审议、审核相关文件时投赞成票的除外；

（四）因发行人拒绝、阻碍其履行职责，导致无法对相关信息披露文件是否存在虚假陈述作出判断，并及时向证券交易场所、监管部门书面报告的；

（五）能够证明勤勉尽责的其他情形。

独立董事提交证据证明其在履职期间能够按照法律、监管部门制定的规章和规范性文件以及公司章程的要求履行职责的，或者在虚假陈述被揭露后及时督促发行人整改且效果较为明显的，人民法院可以结合案件事实综合判断其过错情况。

外部监事和职工监事，参照适用前两款规定。

**第十七条** 保荐机构、承销机构等机构及其直接责任人员提交的尽职调查工作底稿、尽职调查报告、内部审核意见等证据能够证明下列情形的，人民法院应当认定其没有过错：

（一）已经按照法律、行政法规、监管部门制定的规章和规范性文件、相关行业执业规范的要求，对信息披露文件中的相关内容进行了审慎尽职调查；

（二）对信息披露文件中没有证券服务机构专业意见支持的重要内容，经过审慎尽职调查和独立判断，有合理理由相信该部分内容与真实情况相符；

（三）对信息披露文件中证券服务机构出具专业意见的重要内容，经过审慎核查和必要的调查、复核，有合理理由排除了职业怀疑并形成合理信赖。

在全国中小企业股份转让系统从事挂牌和定向发行推荐业务的证券公司，适用前款规定。

**第十八条** 会计师事务所、律师事务所、资信评级机构、资产评估机构、财务顾问等证券服务机构制作、出具的文件存在虚假陈述的，人民法院应当按照法律、行政法规、监管部门制定的规章和规范性文件，参考行业执业规范规定的工作范围和程序要求等内容，结合其核查、验证工作底稿等相关证据，认定其是否存在过错。

证券服务机构的责任限于其工作范围和专业领域。证券服务机构依赖保荐机构或者其他证券服务机构的基础工作或者专业意见致使其出具的专业意见存在虚假陈述，能够证明其对所依赖的基础工作或者专业意见经过审慎核查和必要的调查、复核，排除了职业怀疑并形成合理信赖的，人民法院应当认定其没有过错。

**第十九条** 会计师事务所能够证明下列情形之一的，人民法院应当认定其没有过错：

（一）按照执业准则、规则确定的工作程序和核查手段并保持必要的职业谨慎，仍未发现被审计的会计资料存在错误的；

(二)审计业务必须依赖的金融机构、发行人的供应商、客户等相关单位提供不实证明文件,会计师事务所保持了必要的职业谨慎仍未发现的;

(三)已对发行人的舞弊迹象提出警告并在审计业务报告中发表了审慎审计意见的;

(四)能够证明没有过错的其他情形。

### 五、责任主体

**第二十条** 发行人的控股股东、实际控制人组织、指使发行人实施虚假陈述,致使原告在证券交易中遭受损失的,原告起诉请求直接判令该控股股东、实际控制人依照本规定赔偿损失的,人民法院应当予以支持。

控股股东、实际控制人组织、指使发行人实施虚假陈述,发行人在承担赔偿责任后要求该控股股东、实际控制人赔偿实际支付的赔偿款、合理的律师费、诉讼费用等损失的,人民法院应当予以支持。

**第二十一条** 公司重大资产重组的交易对方所提供的信息不符合真实、准确、完整的要求,导致公司披露的相关信息存在虚假陈述,原告起诉请求判令该交易对方与发行人等责任主体赔偿由此导致的损失的,人民法院应当予以支持。

**第二十二条** 有证据证明发行人的供应商、客户,以及为发行人提供服务的金融机构等明知发行人实施财务造假活动,仍然为其提供相关交易合同、发票、存款证明等予以配合,或者故意隐瞒重要事实致使发行人的信息披露文件存在虚假陈述,原告起诉请求判令其与发行人等责任主体赔偿由此导致的损失的,人民法院应当予以支持。

**第二十三条** 承担连带责任的当事人之间的责任分担与追偿,按照民法典第一百七十八条的规定处理,但本规定第二十条第二款规定的情形除外。

保荐机构、承销机构等责任主体以存在约定为由,请求发行人或者其控股股东、实际控制人补偿其因虚假陈述所承担的赔偿责任的,人民法院不予支持。

### 六、损失认定

**第二十四条** 发行人在证券发行市场虚假陈述,导致原告损失的,原告有权请求按照本规定第二十五条的规定赔偿损失。

**第二十五条** 信息披露义务人在证券交易市场承担民事赔偿责任的范围,以原告因虚假陈述而实际发生的损失为限。原告实际损失包括投资差额损失、投资差额损失部分的佣金和印花税。

**第二十六条** 投资差额损失计算的基准日,是指在虚假陈述揭露或更正后,为将原告应获赔偿限定在虚假陈述所造成的损失范围内,确定损失计算的合理期间而规定的截止日期。

在采用集中竞价的交易市场中,自揭露日或更正日起,被虚假陈述影响的证券集中交易累计成交量达到可流通部分100%之日为基准日。

自揭露日或更正日起,集中交易累计换手率在10个交易日内达到可流通部分100%的,以第10个交易日为基准日;在30个交易日内未达到可流通部分100%的,以第30个交易日为基准日。

虚假陈述揭露日或更正日起至基准日期间每个交易日收盘价的平均价格,为损失计算的基准价格。

无法依前款规定确定基准价格的,人民法院可以根据有专门知识的人的专业意见,参考对相关行业进行投资时的通常估值方法,确定基准价格。

**第二十七条** 在采用集中竞价的交易市场中,原告因虚假陈述买入相关股票所造成的投资差额损失,按照下列方法计算:

(一)原告在实施日之后、揭露日或更正日之前买入,在揭露日或更正日之后、基准日之前卖出的股票,按买入股票的平均价格与卖出股票的平均价格之间的差额,乘以已卖出的股票数量;

(二)原告在实施日之后、揭露日或更正日之前买入,基准日之前未卖出的股票,按买入股票的平均价格与基准价格之间的差额,乘以未卖出的股票数量。

**第二十八条** 在采用集中竞价的交易市场中,原告因虚假陈述卖出相关股票所造成的投资差额损失,按照下列方法计算:

(一)原告在实施日之后、揭露日或更正日之前卖出,在揭露日或更正日之后、基准日之前买回的股票,按买回股票的平均价格与卖出股票的平均价格之间的差额,乘以买回的股票数量;

(二)原告在实施日之后、揭露日或更正日之前卖出,基准日之前未买回的股票,按基准价格与卖出股票的平均价格之间的差额,乘以未买回的股票数量。

**第二十九条** 计算投资差额损失时,已经除权的证券,证券价格和证券数量应当复权计算。

**第三十条** 证券公司、基金管理公司、保险公司、信托公司、商业银行等市场参与主体依法设立的证券投资产品,在确定因虚假陈述导致的损失时,每个产品应当单独计算。

投资者及依法设立的证券投资产品开立多个证券账户进行投资的，应当将各证券账户合并，所有交易按照成交时间排序，以确定其实际交易及损失情况。

**第三十一条** 人民法院应当查明虚假陈述与原告损失之间的因果关系，以及导致原告损失的其他原因等案件基本事实，确定赔偿责任范围。

被告能够举证证明原告的损失部分或者全部是由他人操纵市场、证券市场的风险、证券市场对特定事件的过度反应、上市公司内外部经营环境等其他因素所导致的，对其关于相应减轻或者免除责任的抗辩，人民法院应当予以支持。

### 七、诉讼时效

**第三十二条** 当事人主张以揭露日或更正日起算诉讼时效的，人民法院应当予以支持。揭露日与更正日不一致的，以在先的为准。

对于虚假陈述责任人中的一人发生诉讼时效中断效力的事由，应当认定对其他连带责任人也发生诉讼时效中断的效力。

**第三十三条** 在诉讼时效期间内，部分投资者向人民法院提起人数不确定的普通代表人诉讼的，人民法院应当认定该起诉行为对所有具有同类诉讼请求的权利人发生时效中断的效果。

在普通代表人诉讼中，未向人民法院登记权利的投资者，其诉讼时效自权利登记期间届满后重新开始计算。向人民法院登记权利后申请撤回权利登记的投资者，其诉讼时效自撤回权利登记之次日重新开始计算。

投资者保护机构依照证券法第九十五条第三款的规定作为代表人参加诉讼后，投资者声明退出诉讼的，其诉讼时效自声明退出之次日起重新开始计算。

### 八、附　则

**第三十四条** 本规定所称证券交易场所，是指证券交易所、国务院批准的其他全国性证券交易场所。

本规定所称监管部门，是指国务院证券监督管理机构、国务院授权的部门及有关主管部门。

本规定所称发行人，包括证券的发行人、上市公司或者挂牌公司。

本规定所称实施日之后、揭露日或更正日之后、基准日之前，包括该日；所称揭露日或更正日之前，不包括该日。

**第三十五条** 本规定自 2022 年 1 月 22 日起施行。《最高人民法院关于受理证券市场因虚假陈述引发的民事侵权纠纷案件有关问题的通知》《最高人民法院关于审理证券市场因虚假陈述引发的民事赔偿案件的若干规定》同时废止。《最高人民法院关于审理涉及会计师事务所在审计业务活动中民事侵权赔偿案件的若干规定》与本规定不一致的，以本规定为准。

本规定施行后尚未审结的案件，适用本规定。本规定施行前已经终审，当事人申请再审或者按照审判监督程序决定再审的案件，不适用本规定。

## 2. 期货

### 中华人民共和国期货和衍生品法

- 2022 年 4 月 20 日第十三届全国人民代表大会常务委员会第三十四次会议通过
- 2022 年 4 月 20 日中华人民共和国主席令第 111 号公布
- 自 2022 年 8 月 1 日起施行

#### 第一章　总　则

**第一条** 为了规范期货交易和衍生品交易行为，保障各方合法权益，维护市场秩序和社会公共利益，促进期货市场和衍生品市场服务国民经济，防范化解金融风险，维护国家经济安全，制定本法。

**第二条** 在中华人民共和国境内，期货交易和衍生品交易及相关活动，适用本法。

在中华人民共和国境外的期货交易和衍生品交易及相关活动，扰乱中华人民共和国境内市场秩序，损害境内交易者合法权益的，依照本法有关规定处理并追究法律责任。

**第三条** 本法所称期货交易，是指以期货合约或者标准化期权合约为交易标的的交易活动。

本法所称衍生品交易，是指期货交易以外的，以互换合约、远期合约和非标准化期权合约及其组合为交易标的的交易活动。

本法所称期货合约，是指期货交易场所统一制定的、约定在将来某一特定的时间和地点交割一定数量标的物的标准化合约。

本法所称期权合约，是指约定买方有权在将来某一时间以特定价格买入或者卖出约定标的物（包括期货合约）的标准化或非标准化合约。

本法所称互换合约，是指约定在将来某一特定时间内相互交换特定标的物的金融合约。

本法所称远期合约，是指期货合约以外的，约定在将来某一特定的时间和地点交割一定数量标的物的金融合约。

**第四条** 国家支持期货市场健康发展,发挥发现价格、管理风险、配置资源的功能。

国家鼓励利用期货市场和衍生品市场从事套期保值等风险管理活动。

国家采取措施推动农产品期货市场和衍生品市场发展,引导国内农产品生产经营。

本法所称套期保值,是指交易者为管理因其资产、负债等价值变化产生的风险而达成与上述资产、负债等基本吻合的期货交易和衍生品交易的活动。

**第五条** 期货市场和衍生品市场应当建立和完善风险的监测监控与化解处置制度机制,依法限制过度投机行为,防范市场系统性风险。

**第六条** 期货交易和衍生品交易活动,应当遵守法律、行政法规和国家有关规定,遵循公开、公平、公正的原则,禁止欺诈、操纵市场和内幕交易的行为。

**第七条** 参与期货交易和衍生品交易活动的各方具有平等的法律地位,应当遵守自愿、有偿、诚实信用的原则。

**第八条** 国务院期货监督管理机构依法对全国期货市场实行集中统一监督管理。国务院对利率、汇率期货的监督管理另有规定的,适用其规定。

衍生品市场由国务院期货监督管理机构或者国务院授权的部门按照职责分工实行监督管理。

**第九条** 期货和衍生品行业协会依法实行自律管理。

**第十条** 国家审计机关依法对期货经营机构、期货交易场所、期货结算机构、国务院期货监督管理机构进行审计监督。

## 第二章 期货交易和衍生品交易

### 第一节 一般规定

**第十一条** 期货交易应当在依法设立的期货交易所或者国务院期货监督管理机构依法批准组织开展期货交易的其他期货交易场所(以下统称期货交易场所),采用公开的集中交易方式或者国务院期货监督管理机构批准的其他方式进行。

禁止在期货交易场所之外进行期货交易。

衍生品交易,可以采用协议交易或者国务院规定的其他交易方式进行。

**第十二条** 任何单位和个人不得操纵期货市场或者衍生品市场。

禁止以下列手段操纵期货市场,影响或者意图影响期货交易价格或者期货交易量:

(一)单独或者合谋,集中资金优势、持仓优势或者利用信息优势联合或者连续买卖合约;

(二)与他人串通,以事先约定的时间、价格和方式相互进行期货交易;

(三)在自己实际控制的账户之间进行期货交易;

(四)利用虚假或者不确定的重大信息,诱导交易者进行期货交易;

(五)不以成交为目的,频繁或者大量申报并撤销申报;

(六)对相关期货交易或者合约标的物的交易作出公开评价、预测或者投资建议,并进行反向操作或者相关操作;

(七)为影响期货市场行情囤积现货;

(八)在交割月或者临近交割月,利用不正当手段规避持仓限额,形成持仓优势;

(九)利用在相关市场的活动操纵期货市场;

(十)操纵期货市场的其他手段。

**第十三条** 期货交易和衍生品交易的内幕信息的知情人和非法获取内幕信息的人,在内幕信息公开前不得从事相关期货交易或者衍生品交易,明示、暗示他人从事与内幕信息有关的期货交易或者衍生品交易,或者泄露内幕信息。

**第十四条** 本法所称内幕信息,是指可能对期货或者衍生品交易的交易价格产生重大影响的尚未公开的信息。

期货交易的内幕信息包括:

(一)国务院期货监督管理机构以及其他相关部门正在制定或者尚未发布的对期货交易价格可能产生重大影响的政策、信息或者数据;

(二)期货交易场所、期货结算机构作出的可能对期货交易价格产生重大影响的决定;

(三)期货交易场所会员、交易者的资金和交易动向;

(四)相关市场中的重大异常交易信息;

(五)国务院期货监督管理机构规定的对期货交易价格有重大影响的其他信息。

**第十五条** 本法所称内幕信息的知情人,是指由于经营地位、管理地位、监督地位或者职务便利等,能够接触或者获得内幕信息的单位和个人。

期货交易的内幕信息的知情人包括:

(一)期货经营机构、期货交易场所、期货结算机构、期货服务机构的有关人员；

（二）国务院期货监督管理机构和其他有关部门的工作人员；

（三）国务院期货监督管理机构规定的可以获取内幕信息的其他单位和个人。

**第十六条** 禁止任何单位和个人编造、传播虚假信息或者误导性信息，扰乱期货市场和衍生品市场。

禁止期货经营机构、期货交易场所、期货结算机构、期货服务机构及其从业人员，组织、开展衍生品交易的场所、机构及其从业人员，期货和衍生品行业协会、国务院期货监督管理机构、国务院授权的部门及其工作人员，在期货交易和衍生品交易及相关活动中作出虚假陈述或者信息误导。

各种传播媒介传播期货市场和衍生品市场信息应当真实、客观，禁止误导。传播媒介及其从事期货市场和衍生品市场信息报道的工作人员不得从事与其工作职责发生利益冲突的期货交易和衍生品交易及相关活动。

### 第二节 期货交易

**第十七条** 期货合约品种和标准化期权合约品种的上市应当符合国务院期货监督管理机构的规定，由期货交易场所依法报经国务院期货监督管理机构注册。

期货合约品种和标准化期权合约品种的中止上市、恢复上市、终止上市应当符合国务院期货监督管理机构的规定，由期货交易场所决定并向国务院期货监督管理机构备案。

期货合约品种和标准化期权合约品种应当具有经济价值，合约不易被操纵，符合社会公共利益。

**第十八条** 期货交易实行账户实名制。交易者进行期货交易的，应当持有证明身份的合法证件，以本人名义申请开立账户。

任何单位和个人不得违反规定，出借自己的期货账户或者借用他人的期货账户从事期货交易。

**第十九条** 在期货交易场所进行期货交易的，应当是期货交易场所会员或者符合国务院期货监督管理机构规定的其他参与者。

**第二十条** 交易者委托期货经营机构进行交易的，可以通过书面、电话、自助终端、网络等方式下达交易指令。交易指令应当明确、具体、全面。

**第二十一条** 通过计算机程序自动生成或者下达交易指令进行程序化交易的，应当符合国务院期货监督管理机构的规定，并向期货交易场所报告，不得影响期货交易场所系统安全或者正常交易秩序。

**第二十二条** 期货交易实行保证金制度，期货结算机构向结算参与人收取保证金，结算参与人向交易者收取保证金。保证金用于结算和履约保障。

保证金的形式包括现金、国债、股票、基金份额、标准仓单等流动性强的有价证券，以及国务院期货监督管理机构规定的其他财产。以有价证券等作为保证金的，可以依法通过质押等具有履约保障功能的方式进行。

期货结算机构、结算参与人收取的保证金的形式、比例等应当符合国务院期货监督管理机构的规定。

交易者进行标准化期权合约交易的，卖方应当缴纳保证金，买方应当支付权利金。

前款所称权利金是指买方支付的用于购买标准化期权合约的资金。

**第二十三条** 期货交易实行持仓限额制度，防范合约持仓过度集中的风险。

从事套期保值等风险管理活动的，可以申请持仓限额豁免。

持仓限额、套期保值的管理办法由国务院期货监督管理机构制定。

**第二十四条** 期货交易实行交易者实际控制关系报备管理制度。交易者应当按照国务院期货监督管理机构的规定向期货经营机构或者期货交易场所报备实际控制关系。

**第二十五条** 期货交易的收费应当合理，收费项目、收费标准和管理办法应当公开。

**第二十六条** 依照期货交易场所依法制定的业务规则进行的交易，不得改变其交易结果，本法第八十九条第二款规定的除外。

**第二十七条** 期货交易场所会员和交易者应当按照国务院期货监督管理机构的规定，报告有关交易、持仓、保证金等重大事项。

**第二十八条** 任何单位和个人不得违规使用信贷资金、财政资金进行期货交易。

**第二十九条** 期货经营机构、期货交易场所、期货结算机构、期货服务机构等机构及其从业人员对发现的禁止的交易行为，应当及时向国务院期货监督管理机构报告。

### 第三节 衍生品交易

**第三十条** 依法设立的场所，经国务院授权的部门或者国务院期货监督管理机构审批，可以组织开展衍生品交易。

组织开展衍生品交易的场所制定的交易规则，应当公平保护交易参与各方合法权益和防范市场风险,并报国务院授权的部门或者国务院期货监督管理机构批准。

**第三十一条** 金融机构开展衍生品交易业务,应当依法经过批准或者核准,履行交易者适当性管理义务,并应当遵守国家有关监督管理规定。

**第三十二条** 衍生品交易采用主协议方式的,主协议、主协议项下的全部补充协议以及交易双方就各项具体交易作出的约定等,共同构成交易双方之间一个完整的单一协议,具有法律约束力。

**第三十三条** 本法第三十二条规定的主协议等合同范本,应当按照国务院授权的部门或者国务院期货监督管理机构的规定报送备案。

**第三十四条** 进行衍生品交易,可以依法通过质押等方式提供履约保障。

**第三十五条** 依法采用主协议方式从事衍生品交易的,发生约定的情形时,可以依照协议约定终止交易,并按净额对协议项下的全部交易盈亏进行结算。

依照前款规定进行的净额结算,不因交易任何一方依法进入破产程序而中止、无效或者撤销。

**第三十六条** 国务院授权的部门、国务院期货监督管理机构应当建立衍生品交易报告库,对衍生品交易标的、规模、对手方等信息进行集中收集、保存、分析和管理,并按照规定及时向市场披露有关信息。具体办法由国务院授权的部门、国务院期货监督管理机构规定。

**第三十七条** 衍生品交易,由国务院授权的部门或者国务院期货监督管理机构批准的结算机构作为中央对手方进行集中结算的,可以依法进行终止净额结算;结算财产应当优先用于结算和交割,不得被查封、冻结、扣押或者强制执行;在结算和交割完成前,任何人不得动用。

依法进行的集中结算,不因参与结算的任何一方依法进入破产程序而中止、无效或者撤销。

**第三十八条** 对衍生品交易及相关活动进行规范和监督管理的具体办法,由国务院依照本法的原则规定。

### 第三章 期货结算与交割

**第三十九条** 期货交易实行当日无负债结算制度。在期货交易场所规定的时间,期货结算机构应当在当日按照结算价对结算参与人进行结算;结算参与人应当根据期货结算机构的结算结果对交易者进行结算。结算结果应当在当日及时通知结算参与人和交易者。

**第四十条** 期货结算机构、结算参与人收取的保证金、权利金等,应当与其自有资金分开,按照国务院期货监督管理机构的规定,在期货保证金存管机构专户存放,分别管理,禁止违规挪用。

**第四十一条** 结算参与人的保证金不符合期货结算机构业务规则规定标准的,期货结算机构应当按照业务规则的规定通知结算参与人在规定时间内追加保证金或者自行平仓;结算参与人未在规定时间内追加保证金或者自行平仓的,通知期货交易场所强行平仓。

交易者的保证金不符合结算参与人与交易者约定标准的,结算参与人应当按照约定通知交易者在约定时间内追加保证金或者自行平仓;交易者未在约定时间内追加保证金或者自行平仓的,按照约定强行平仓。

以有价证券等作为保证金,期货结算机构、结算参与人按照前两款规定强行平仓的,可以对有价证券等进行处置。

**第四十二条** 结算参与人在结算过程中违约的,期货结算机构按照业务规则动用结算参与人的保证金、结算担保金以及结算机构的风险准备金、自有资金等完成结算;期货结算机构以其风险准备金、自有资金等完成结算的,可以依法对该结算参与人进行追偿。

交易者在结算过程中违约的,其委托的结算参与人按照合同约定动用该交易者的保证金以及结算参与人的风险准备金和自有资金完成结算;结算参与人以其风险准备金和自有资金完成结算的,可以依法对该交易者进行追偿。

本法所称结算担保金,是指结算参与人以自有资金向期货结算机构缴纳的,用于担保履约的资金。

**第四十三条** 期货结算机构依照其业务规则收取和提取的保证金、权利金、结算担保金、风险准备金等资产,应当优先用于结算和交割,不得被查封、冻结、扣押或者强制执行。

在结算和交割完成之前,任何人不得动用用于担保履约和交割的保证金、进入交割环节的交割财产。

依法进行的结算和交割,不因参与结算的任何一方依法进入破产程序而中止、无效或者撤销。

**第四十四条** 期货合约到期时,交易者应当通过实物交割或者现金交割,了结到期未平仓合约。

在标准化期权合约规定的时间,合约的买方有权以约定的价格买入或者卖出标的物,或者按照约定进行现金差价结算,合约的卖方应当按照约定履行相应的义务。标准化期权合约的行权,由期货结算机构组织进行。

**第四十五条** 期货合约采取实物交割的,由期货结算机构负责组织货款与标准仓单等合约标的物权利凭证的交付。

期货合约采取现金交割的，由期货结算机构以交割结算价为基础，划付持仓双方的盈亏款项。

本法所称标准仓单，是指交割库开具并经期货交易场所登记的标准化提货凭证。

**第四十六条** 期货交易的实物交割在期货交易场所指定的交割库、交割港口或者其他符合期货交易场所要求的地点进行。实物交割不得限制交割总量。采用标准仓单以外的单据凭证或者其他方式进行实物交割的，期货交易场所应当明确规定交割各方的权利和义务。

**第四十七条** 结算参与人在交割过程中违约的，期货结算机构有权对结算参与人的标准仓单等合约标的物权利凭证进行处置。

交易者在交割过程中违约的，结算参与人有权对交易者的标准仓单等合约标的物权利凭证进行处置。

**第四十八条** 不符合结算参与人条件的期货经营机构可以委托结算参与人代为其客户进行结算。不符合结算参与人条件的期货经营机构与结算参与人、交易者之间的权利义务关系，参照本章关于结算参与人与交易者之间权利义务的规定执行。

### 第四章 期货交易者

**第四十九条** 期货交易者是指依照本法从事期货交易，承担交易结果的自然人、法人和非法人组织。

期货交易者从事期货交易，除国务院期货监督管理机构另有规定外，应当委托期货经营机构进行。

**第五十条** 期货经营机构向交易者提供服务时，应当按照规定充分了解交易者的基本情况、财产状况、金融资产状况、交易知识和经验、专业能力等相关信息；如实说明服务的重要内容，充分揭示交易风险；提供与交易者上述状况相匹配的服务。

交易者在参与期货交易和接受服务时，应当按照期货经营机构明示的要求提供前款所列真实信息。拒绝提供或者未按照要求提供信息的，期货经营机构应当告知其后果，并按照规定拒绝提供服务。

期货经营机构违反第一款规定导致交易者损失的，应当承担相应的赔偿责任。

**第五十一条** 根据财产状况、金融资产状况、交易知识和经验、专业能力等因素，交易者可以分为普通交易者和专业交易者。专业交易者的标准由国务院期货监督管理机构规定。

普通交易者与期货经营机构发生纠纷的，期货经营机构应当证明其行为符合法律、行政法规以及国务院期货监督管理机构的规定，不存在误导、欺诈等情形。期货经营机构不能证明的，应当承担相应的赔偿责任。

**第五十二条** 参与期货交易的法人和非法人组织，应当建立与其交易合约类型、规模、目的等相适应的内部控制制度和风险控制制度。

**第五十三条** 期货经营机构、期货交易场所、期货结算机构的从业人员，国务院期货监督管理机构、期货业协会的工作人员，以及法律、行政法规和国务院期货监督管理机构规定禁止参与期货交易的其他人员，不得进行期货交易。

**第五十四条** 交易者有权查询其委托记录、交易记录、保证金余额、与其接受服务有关的其他重要信息。

**第五十五条** 期货经营机构、期货交易场所、期货结算机构、期货服务机构及其工作人员应当依法为交易者的信息保密，不得非法买卖、提供或者公开交易者的信息。

期货经营机构、期货交易场所、期货结算机构、期货服务机构及其工作人员不得泄露所知悉的商业秘密。

**第五十六条** 交易者与期货经营机构等发生纠纷的，双方可以向行业协会等申请调解。普通交易者与期货经营机构发生期货业务纠纷并提出调解请求的，期货经营机构不得拒绝。

**第五十七条** 交易者提起操纵市场、内幕交易等期货民事赔偿诉讼时，诉讼标的是同一种类，且当事人一方人数众多的，可以依法推选代表人进行诉讼。

**第五十八条** 国家设立期货交易者保障基金。期货交易者保障基金的筹集、管理和使用的具体办法，由国务院期货监督管理机构会同国务院财政部门制定。

### 第五章 期货经营机构

**第五十九条** 期货经营机构是指依照《中华人民共和国公司法》和本法设立的期货公司以及国务院期货监督管理机构核准从事期货业务的其他机构。

**第六十条** 设立期货公司，应当具备下列条件，并经国务院期货监督管理机构核准：

（一）有符合法律、行政法规规定的公司章程；

（二）主要股东及实际控制人具有良好的财务状况和诚信记录，净资产不低于国务院期货监督管理机构规定的标准，最近三年无重大违法违规记录；

（三）注册资本不低于人民币一亿元，且应当为实缴货币资本；

（四）从事期货业务的人员符合本法规定的条件，董事、监事和高级管理人员具备相应的任职条件；

（五）有良好的公司治理结构、健全的风险管理制度和完善的内部控制制度；

（六）有合格的经营场所、业务设施和信息技术系统；

（七）法律、行政法规和国务院期货监督管理机构规定的其他条件。

国务院期货监督管理机构根据审慎监管原则和各项业务的风险程度，可以提高注册资本最低限额。

国务院期货监督管理机构应当自受理期货公司设立申请之日起六个月内依照法定条件、法定程序和审慎监管原则进行审查，作出核准或者不予核准的决定，并通知申请人；不予核准的，应当说明理由。

**第六十一条** 期货公司应当在其名称中标明"期货"字样，国务院期货监督管理机构另有规定的除外。

**第六十二条** 期货公司办理下列事项，应当经国务院期货监督管理机构核准：

（一）合并、分立、停业、解散或者申请破产；

（二）变更主要股东或者公司的实际控制人；

（三）变更注册资本且调整股权结构；

（四）变更业务范围；

（五）国务院期货监督管理机构规定的其他重大事项。

前款第三项、第五项所列事项，国务院期货监督管理机构应当自受理申请之日起二十日内作出核准或者不予核准的决定；前款所列其他事项，国务院期货监督管理机构应当自受理申请之日起六十日内作出核准或者不予核准的决定。

**第六十三条** 期货公司经国务院期货监督管理机构核准可以从事下列期货业务：

（一）期货经纪；

（二）期货交易咨询；

（三）期货做市交易；

（四）其他期货业务。

期货公司从事资产管理业务的，应当符合《中华人民共和国证券投资基金法》等法律、行政法规的规定。

未经国务院期货监督管理机构核准，任何单位和个人不得设立或者变相设立期货公司，经营或者变相经营期货经纪业务、期货交易咨询业务，也不得以经营为目的使用"期货"、"期权"或者其他可能产生混淆或者误导的名称。

**第六十四条** 期货公司的董事、监事、高级管理人员，应当正直诚实、品行良好，熟悉期货法律、行政法规，具有履行职责所需的经营管理能力。期货公司任免董事、监事、高级管理人员，应当报国务院期货监督管理机构备案。

有下列情形之一的，不得担任期货公司的董事、监事、高级管理人员：

（一）存在《中华人民共和国公司法》规定的不得担任公司董事、监事和高级管理人员的情形；

（二）因违法行为或者违纪行为被解除职务的期货经营机构的董事、监事、高级管理人员，或者期货交易场所、期货结算机构的负责人，自被解除职务之日起未逾五年；

（三）因违法行为或者违纪行为被吊销执业证书或者被取消资格的注册会计师、律师或者其他期货服务机构的专业人员，自被吊销执业证书或者被取消资格之日起未逾五年。

**第六十五条** 期货经营机构应当依法经营，勤勉尽责，诚实守信。期货经营机构应当建立健全内部控制制度，采取有效隔离措施，防范经营机构与客户之间、不同客户之间的利益冲突。

期货经营机构应当将其期货经纪业务、期货做市交易业务、资产管理业务和其他相关业务分开办理，不得混合操作。

期货经营机构应当依法建立并执行反洗钱制度。

**第六十六条** 期货经营机构接受交易者委托为其进行期货交易，应当签订书面委托合同，以自己的名义为交易者进行期货交易，交易结果由交易者承担。

期货经营机构从事经纪业务，不得接受交易者的全权委托。

**第六十七条** 期货经营机构从事资产管理业务，接受客户委托，运用客户资产进行投资的，应当公平对待所管理的不同客户资产，不得违背受托义务。

**第六十八条** 期货经营机构不得违反规定为其股东、实际控制人或者股东、实际控制人的关联人提供融资或者担保，不得违反规定对外担保。

**第六十九条** 期货经营机构从事期货业务的人员应当正直诚实、品行良好，具备从事期货业务所需的专业能力。

期货经营机构从事期货业务的人员不得私下接受客户委托从事期货交易。

期货经营机构从事期货业务的人员在从事期货业务活动中，执行所属的期货经营机构的指令或者利用职务违反期货交易规则的，由所属的期货经营机构承担全部责任。

第七十条　国务院期货监督管理机构应当制定期货经营机构持续性经营规则，对期货经营机构及其分支机构的经营条件、风险管理、内部控制、保证金存管、合规管理、风险监管指标、关联交易等方面作出规定。期货经营机构应当符合持续性经营规则。

第七十一条　期货经营机构应当按照规定向国务院期货监督管理机构报送业务、财务等经营管理信息和资料。国务院期货监督管理机构有权要求期货经营机构及其主要股东、实际控制人、其他关联人在指定的期限内提供有关信息、资料。

期货经营机构及其主要股东、实际控制人或者其他关联人向国务院期货监督管理机构报送或者提供的信息、资料，应当真实、准确、完整。

第七十二条　期货经营机构涉及重大诉讼、仲裁，股权被冻结或者用于担保，以及发生其他重大事件时，应当自该事件发生之日起五日内向国务院期货监督管理机构提交书面报告。

期货经营机构的控股股东或者实际控制人应当配合期货经营机构履行前款规定的义务。

第七十三条　期货经营机构不符合持续性经营规则或者出现经营风险的，国务院期货监督管理机构应当责令其限期改正；期货经营机构逾期未改正的，或者其行为严重危及该期货经营机构的稳健运行、损害交易者合法权益的，或者涉嫌严重违法违规正在被国务院期货监督管理机构调查的，国务院期货监督管理机构可以区别情形，对其采取下列措施：

（一）限制或者暂停部分业务；

（二）停止核准新增业务；

（三）限制分配红利，限制向董事、监事、高级管理人员支付报酬、提供福利；

（四）限制转让财产或者在财产上设定其他权利；

（五）责令更换董事、监事、高级管理人员或者有关业务部门、分支机构的负责人员，或者限制其权利；

（六）限制期货经营机构自有资金或者风险准备金的调拨和使用；

（七）认定负有责任的董事、监事、高级管理人员为不适当人选；

（八）责令负有责任的股东转让股权，限制负有责任的股东行使股东权利。

对经过整改符合有关法律、行政法规规定以及持续性经营规则要求的期货经营机构，国务院期货监督管理机构应当自验收完毕之日起三日内解除对其采取的有关措施。

对经过整改仍未达到持续性经营规则要求，严重影响正常经营的期货经营机构，国务院期货监督管理机构有权撤销其部分或者全部期货业务许可、关闭其部分或者全部分支机构。

第七十四条　期货经营机构违法经营或者出现重大风险，严重危害期货市场秩序、损害交易者利益的，国务院期货监督管理机构可以对该期货经营机构采取责令停业整顿、指定其他机构托管或者接管等监督管理措施。

期货经营机构有前款所列情形，经国务院期货监督管理机构批准，可以对该期货经营机构直接负责的董事、监事、高级管理人员和其他直接责任人员采取以下措施：

（一）决定并通知出境入境管理机关依法阻止其出境；

（二）申请司法机关禁止其转移、转让或者以其他方式处分财产，或者在财产上设定其他权利。

第七十五条　期货经营机构的股东有虚假出资、抽逃出资行为的，国务院期货监督管理机构应当责令其限期改正，并可责令其转让所持期货经营机构的股权。

在股东依照前款规定的要求改正违法行为、转让所持期货经营机构的股权前，国务院期货监督管理机构可以限制其股东权利。

第七十六条　期货经营机构有下列情形之一的，国务院期货监督管理机构应当依法办理相关业务许可证注销手续：

（一）营业执照被依法吊销；

（二）成立后无正当理由超过三个月未开始营业，或者开业后无正当理由停业连续三个月以上；

（三）主动提出注销申请；

（四）《中华人民共和国行政许可法》和国务院期货监督管理机构规定应当注销行政许可的其他情形。

期货经营机构在注销相关业务许可证前，应当结清相关期货业务，并依法返还交易者的保证金和其他资产。

第七十七条　国务院期货监督管理机构认为必要时，可以委托期货服务机构对期货经营机构的财务状况、内部控制状况、资产价值进行审计或者评估。具体办法由国务院期货监督管理机构会同有关主管部门制定。

第七十八条　禁止期货经营机构从事下列损害交易者利益的行为：

（一）向交易者作出保证其资产本金不受损失或者取得最低收益承诺；

（二）与交易者约定分享利益、共担风险；

(三)违背交易者委托进行期货交易；

(四)隐瞒重要事项或者使用其他不正当手段,诱骗交易者交易；

(五)以虚假或者不确定的重大信息为依据向交易者提供交易建议；

(六)向交易者提供虚假成交回报；

(七)未将交易者交易指令下达到期货交易场所；

(八)挪用交易者保证金；

(九)未依照规定在期货保证金存管机构开立保证金账户,或者违规划转交易者保证金；

(十)利用为交易者提供服务的便利,获取不正当利益或者转嫁风险；

(十一)其他损害交易者权益的行为。

## 第六章 期货交易场所

**第七十九条** 期货交易场所应当遵循社会公共利益优先原则,为期货交易提供场所和设施,组织和监督期货交易,维护市场的公平、有序和透明,实行自律管理。

**第八十条** 设立、变更和解散期货交易所,应当由国务院期货监督管理机构批准。

设立期货交易所应当制定章程。期货交易所章程的制定和修改,应当经国务院期货监督管理机构批准。

**第八十一条** 期货交易所应当在其名称中标明"商品交易所"或者"期货交易所"等字样。其他任何单位或者个人不得使用期货交易所或者其他可能产生混淆或者误导的名称。

**第八十二条** 期货交易所可以采取会员制或者公司制的组织形式。

会员制期货交易所的组织机构由其章程规定。

**第八十三条** 期货交易所依照法律、行政法规和国务院期货监督管理机构的规定,制定有关业务规则；其中交易规则的制定和修改应当报国务院期货监督管理机构批准。

期货交易所业务规则应当体现公平保护会员、交易者等市场相关各方合法权益的原则。

在期货交易所从事期货交易及相关活动,应当遵守期货交易所依法制定的业务规则。违反业务规则的,由期货交易所给予纪律处分或者采取其他自律管理措施。

**第八十四条** 期货交易所的负责人由国务院期货监督管理机构提名或者任免。

有《中华人民共和国公司法》规定的不适合担任公司董事、监事、高级管理人员的情形或者下列情形之一的,不得担任期货交易所的负责人：

(一)因违法行为或者违纪行为被解除职务的期货经营机构的董事、监事、高级管理人员,或者期货交易场所、期货结算机构的负责人,自被解除职务之日起未逾五年；

(二)因违法行为或者违纪行为被吊销执业证书或者被取消资格的注册会计师、律师或者其他期货服务机构的专业人员,自被吊销执业证书或者被取消资格之日起未逾五年。

**第八十五条** 期货交易场所应当依照本法和国务院期货监督管理机构的规定,加强对交易活动的风险控制和对会员以及交易场所工作人员的监督管理,依法履行下列职责：

(一)提供交易的场所、设施和服务；

(二)设计期货合约、标准化期权合约品种,安排期货合约、标准化期权合约品种上市；

(三)对期货交易进行实时监控和风险监测；

(四)依照章程和业务规则对会员、交易者、期货服务机构等进行自律管理；

(五)开展交易者教育和市场培育工作；

(六)国务院期货监督管理机构规定的其他职责。

期货交易场所不得直接或者间接参与期货交易。未经国务院批准,期货交易场所不得从事信托投资、股票投资、非自用不动产投资等与其职责无关的业务。

**第八十六条** 期货交易所的所得收益按照国家有关规定管理和使用,应当首先用于保证期货交易的场所、设施的运行和改善。

**第八十七条** 期货交易场所应当加强对期货交易的风险监测,出现异常情况的,期货交易场所可以依照业务规则,单独或者会同期货结算机构采取下列紧急措施,并立即报告国务院期货监督管理机构：

(一)调整保证金；

(二)调整涨跌停板幅度；

(三)调整会员、交易者的交易限额或持仓限额标准；

(四)限制开仓；

(五)强行平仓；

(六)暂时停止交易；

(七)其他紧急措施。

异常情况消失后,期货交易场所应当及时取消紧急措施。

**第八十八条** 期货交易场所应当实时公布期货交易即时行情,并按交易日制作期货市场行情表,予以公布。

期货交易行情的权益由期货交易场所享有。未经期货交易场所许可，任何单位和个人不得发布期货交易行情。

期货交易场所不得发布价格预测信息。

期货交易场所应当依照国务院期货监督管理机构的规定，履行信息报告义务。

**第八十九条** 因突发性事件影响期货交易正常进行时，为维护期货交易正常秩序和市场公平，期货交易场所可以按照本法和业务规则规定采取必要的处置措施，并应当及时向国务院期货监督管理机构报告。

因前款规定的突发性事件导致期货交易结果出现重大异常，按交易结果进行结算、交割将对期货交易正常秩序和市场公平造成重大影响的，期货交易场所可以按照业务规则采取取消交易等措施，并应当及时向国务院期货监督管理机构报告并公告。

**第九十条** 期货交易场所对其依照本法第八十七条、第八十九条规定采取措施造成的损失，不承担民事赔偿责任，但存在重大过错的除外。

## 第七章 期货结算机构

**第九十一条** 期货结算机构是指依法设立，为期货交易提供结算、交割服务，实行自律管理的法人。

期货结算机构包括内部设有结算部门的期货交易场所、独立的期货结算机构和经国务院期货监督管理机构批准从事与证券业务相关的期货交易结算、交割业务的证券结算机构。

**第九十二条** 独立的期货结算机构的设立、变更和解散，应当经国务院期货监督管理机构批准。

设立独立的期货结算机构，应当具备下列条件：

（一）具备良好的财务状况，注册资本最低限额符合国务院期货监督管理机构的规定；

（二）有具备任职专业知识和业务工作经验的高级管理人员；

（三）具备完善的治理结构、内部控制制度和风险控制制度；

（四）具备符合要求的营业场所、信息技术系统以及与期货交易的结算有关的其他设施；

（五）国务院期货监督管理机构规定的其他条件。

承担期货结算机构职责的期货交易场所，应当具备本条第二款规定的条件。

国务院期货监督管理机构应当根据审慎监管原则进行审查，在六个月内作出批准或者不予批准的决定。

**第九十三条** 期货结算机构作为中央对手方，是结算参与人共同对手方，进行净额结算，为期货交易提供集中履约保障。

**第九十四条** 期货结算机构履行下列职责：

（一）组织期货交易的结算、交割；

（二）按照章程和业务规则对交易者、期货经营机构、期货服务机构、非期货经营机构结算参与人等进行自律管理；

（三）办理与期货交易的结算、交割有关的信息查询业务；

（四）国务院期货监督管理机构规定的其他职责。

**第九十五条** 期货结算机构应当按照国务院期货监督管理机构的规定，在其业务规则中规定结算参与人制度、风险控制制度、信息安全管理制度、违规违约处理制度、应急处理及临时处置措施等事项。期货结算机构制定和修改章程、业务规则，应当经国务院期货监督管理机构批准。参与期货结算，应当遵守期货结算机构制定的业务规则。

期货结算机构制定和执行业务规则，应当与期货交易场所的相关制度衔接、协调。

**第九十六条** 期货结算机构应当建立流动性管理制度，保障结算活动的稳健运行。

**第九十七条** 本法第八十四条、第八十五条第二款，第八十六条，第八十八条第三款、第四款的规定，适用于独立的期货结算机构和经批准从事期货交易结算、交割业务的证券结算机构。

## 第八章 期货服务机构

**第九十八条** 会计师事务所、律师事务所、资产评估机构、期货保证金存管机构、交割库、信息技术服务机构等期货服务机构，应当勤勉尽责、恪尽职守，按照相关业务规则为期货交易及相关活动提供服务，并按照国务院期货监督管理机构的要求提供相关资料。

**第九十九条** 会计师事务所、律师事务所、资产评估机构等期货服务机构接受期货经营机构、期货交易场所、期货结算机构的委托出具审计报告、法律意见书等文件，应当对所依据的文件资料内容的真实性、准确性、完整性进行核查和验证。

**第一百条** 交割库包括交割仓库和交割厂库等。交割库为期货交易的交割提供相关服务，应当符合期货交易场所规定的条件。期货交易场所应当与交割库签订协议，明确双方的权利和义务。

交割库不得有下列行为：

（一）出具虚假仓单；

（二）违反期货交易场所的业务规则，限制交割商品的出库、入库；

（三）泄露与期货交易有关的商业秘密；

（四）违反国家有关规定参与期货交易；

（五）违反国务院期货监督管理机构规定的其他行为。

**第一百零一条** 为期货交易及相关活动提供信息技术系统服务的机构，应当符合国家及期货行业信息安全相关的技术管理规定和标准，并向国务院期货监督管理机构备案。

国务院期货监督管理机构可以依法要求信息技术服务机构提供前款规定的信息技术系统的相关材料。

## 第九章 期货业协会

**第一百零二条** 期货业协会是期货行业的自律性组织，是社会团体法人。

期货经营机构应当加入期货业协会。期货服务机构可以加入期货业协会。

**第一百零三条** 期货业协会的权力机构为会员大会。

期货业协会的章程由会员大会制定，并报国务院期货监督管理机构备案。

期货业协会设理事会。理事会成员依照章程的规定选举产生。

**第一百零四条** 期货业协会履行下列职责：

（一）制定和实施行业自律规则，监督、检查会员的业务活动及从业人员的执业行为，对违反法律、行政法规、国家有关规定、协会章程和自律规则的，按照规定给予纪律处分或者实施其他自律管理措施；

（二）对会员之间、会员与交易者之间发生的纠纷进行调解；

（三）依法维护会员的合法权益，向国务院期货监督管理机构反映会员的建议和要求；

（四）组织期货从业人员的业务培训，开展会员间的业务交流；

（五）教育会员和期货从业人员遵守期货法律法规和政策，组织开展行业诚信建设，建立行业诚信激励约束机制；

（六）开展交易者教育和保护工作，督促会员落实交易者适当性管理制度，开展期货市场宣传；

（七）对会员的信息安全工作实行自律管理，督促会员执行国家和行业信息安全相关规定和技术标准；

（八）组织会员就期货行业的发展、运作及有关内容进行研究，收集整理、发布期货相关信息，提供会员服务，组织行业交流，引导行业创新发展；

（九）期货业协会章程规定的其他职责。

## 第十章 监督管理

**第一百零五条** 国务院期货监督管理机构依法对期货市场实行监督管理，维护期货市场公开、公平、公正，防范系统性风险，维护交易者合法权益，促进期货市场健康发展。

国务院期货监督管理机构在对期货市场实施监督管理中，依法履行下列职责：

（一）制定有关期货市场监督管理的规章、规则，并依法进行审批、核准、注册，办理备案；

（二）对品种的上市、交易、结算、交割等期货交易及相关活动，进行监督管理；

（三）对期货经营机构、期货交易场所、期货结算机构、期货服务机构和非期货经营机构结算参与人等市场相关参与者的期货业务活动，进行监督管理；

（四）制定期货从业人员的行为准则，并监督实施；

（五）监督检查期货交易的信息公开情况；

（六）维护交易者合法权益，开展交易者教育；

（七）对期货违法行为进行查处；

（八）监测监控并防范、处置期货市场风险；

（九）对期货行业金融科技和信息安全进行监管；

（十）对期货业协会的自律管理活动进行指导和监督；

（十一）法律、行政法规规定的其他职责。

国务院期货监督管理机构根据需要可以设立派出机构，依照授权履行监督管理职责。

**第一百零六条** 国务院期货监督管理机构依法履行职责，有权采取下列措施：

（一）对期货经营机构、期货交易场所、期货结算机构进行现场检查，并要求其报送有关的财务会计、业务活动、内部控制等资料；

（二）进入涉嫌违法行为发生场所调查取证；

（三）询问当事人和与被调查事件有关的单位和个人，要求其对与被调查事件有关的事项作出说明，或者要求其按照指定的方式报送与被调查事件有关的文件和资料；

（四）查阅、复制与被调查事件有关的财产权登记、通讯记录等文件和资料；

（五）查阅、复制当事人和与被调查事件有关的单位和个人的期货交易记录、财务会计资料及其他相关文件

和资料;对可能被转移、隐匿或者毁损的文件资料,可以予以封存、扣押;

(六)查询当事人和与被调查事件有关的单位和个人的保证金账户和银行账户以及其他具有支付、托管、结算等功能的账户信息,可以对有关文件和资料进行复制;对有证据证明已经或者可能转移或者隐匿违法资金等涉案财产或者隐匿、伪造、毁损重要证据的,经国务院期货监督管理机构主要负责人或者其授权的其他负责人批准,可以冻结、查封,期限为六个月;因特殊原因需要延长的,每次延长期限不得超过三个月,最长期限不得超过二年;

(七)在调查操纵期货市场、内幕交易等重大违法行为时,经国务院期货监督管理机构主要负责人或者其授权的其他负责人批准,可以限制被调查事件当事人的交易,但限制的时间不得超过三个月;案情复杂的,可以延长三个月;

(八)决定并通知出境入境管理机关依法阻止涉嫌违法人员、涉嫌违法单位的主管人员和其他直接责任人员出境。

为防范期货市场风险,维护市场秩序,国务院期货监督管理机构可以采取责令改正、监管谈话、出具警示函等措施。

第一百零七条 国务院期货监督管理机构依法履行职责,进行监督检查或者调查,其监督检查、调查的人员不得少于二人,并应当出示执法证件和检查、调查、查询等相关执法文书。监督检查、调查的人员少于二人或者未出示执法证件和有关执法文书的,被检查、调查的单位或者个人有权拒绝。

第一百零八条 国务院期货监督管理机构的工作人员,应当依法办事,忠于职守,公正廉洁,保守国家秘密和有关当事人的商业秘密,不得利用职务便利牟取不正当利益。

第一百零九条 国务院期货监督管理机构依法履行职责,被检查、调查的单位和个人应当配合,如实作出说明或者提供有关文件和资料,不得拒绝、阻碍和隐瞒。

国务院期货监督管理机构与其他相关部门,应当建立信息共享等监督管理协调配合机制。国务院期货监督管理机构依法履行职责,进行监督检查或者调查时,有关部门应当予以配合。

第一百一十条 对涉嫌期货违法、违规行为,任何单位和个人有权向国务院期货监督管理机构举报。

对涉嫌重大违法、违规行为的实名举报线索经查证属实的,国务院期货监督管理机构按照规定给予举报人奖励。

国务院期货监督管理机构应当对举报人的身份信息保密。

第一百一十一条 国务院期货监督管理机构制定的规章、规则和监督管理工作制度应当依法公开。

国务院期货监督管理机构依据调查结果,对期货违法行为作出的处罚决定,应当依法公开。

第一百一十二条 国务院期货监督管理机构对涉嫌期货违法的单位或者个人进行调查期间,被调查的当事人书面申请,承诺在国务院期货监督管理机构认可的期限内纠正涉嫌违法行为,赔偿有关交易者损失,消除损害或者不良影响的,国务院期货监督管理机构可以决定中止调查。被调查的当事人履行承诺的,国务院期货监督管理机构可以决定终止调查;被调查的当事人未履行承诺或者有国务院规定的其他情形的,应当恢复调查。具体办法由国务院规定。

国务院期货监督管理机构中止或者终止调查的,应当按照规定公开相关信息。

第一百一十三条 国务院期货监督管理机构依法将有关期货市场主体遵守本法的情况纳入期货市场诚信档案。

第一百一十四条 国务院期货监督管理机构依法履行职责,发现期货违法行为涉嫌犯罪的,应当依法将案件移送司法机关处理;发现公职人员涉嫌职务违法或者职务犯罪的,应当依法移送监察机关处理。

第一百一十五条 国务院期货监督管理机构应当建立健全期货市场监测监控制度,通过专门机构加强保证金安全存管监控。

第一百一十六条 为防范交易及结算的风险,期货经营机构、期货交易场所、期货结算机构和非期货经营机构结算参与人应当从业务收入中按照国务院期货监督管理机构、国务院财政部门的规定提取、管理和使用风险准备金。

第一百一十七条 期货经营机构、期货交易场所、期货结算机构、期货服务机构和非期货经营机构结算参与人等应当按照规定妥善保存与业务经营相关的资料和信息,任何人不得泄露、隐匿、伪造、篡改或者毁损。期货经营机构、期货交易场所、期货结算机构和非期货经营机构结算参与人的信息和资料的保存期限不得少于二十年;期货服务机构的信息和资料的保存期限不得少于十年。

## 第十一章 跨境交易与监管协作

**第一百一十八条** 境外期货交易场所向境内单位或者个人提供直接接入该交易场所交易系统进行交易服务的,应当向国务院期货监督管理机构申请注册,接受国务院期货监督管理机构的监督管理,国务院期货监督管理机构另有规定的除外。

**第一百一十九条** 境外期货交易场所上市的期货合约、期权合约和衍生品合约,以境内期货交易场所上市的合约价格进行挂钩结算的,应当符合国务院期货监督管理机构的规定。

**第一百二十条** 境内单位或者个人从事境外期货交易,应当委托具有境外期货经纪业务资格的境内期货经营机构进行,国务院另有规定的除外。

境内期货经营机构转委托境外期货经营机构从事境外期货交易的,该境外期货经营机构应当向国务院期货监督管理机构申请注册,接受国务院期货监督管理机构的监督管理,国务院期货监督管理机构另有规定的除外。

**第一百二十一条** 境外期货交易场所在境内设立代表机构的,应当向国务院期货监督管理机构备案。

境外期货交易场所代表机构及其工作人员,不得从事或者变相从事任何经营活动。

**第一百二十二条** 境外机构在境内从事期货市场营销、推介及招揽活动,应当经国务院期货监督管理机构批准,适用本法的相关规定。

境内机构为境外机构在境内从事期货市场营销、推介及招揽活动,应当经国务院期货监督管理机构批准。

任何单位或者个人不得从事违反前两款规定的期货市场营销、推介及招揽活动。

**第一百二十三条** 国务院期货监督管理机构可以和境外期货监督管理机构建立监督管理合作机制,或者加入国际组织,实施跨境监督管理。

国务院期货监督管理机构应境外期货监督管理机构请求提供协助的,应当遵循国家法律、法规的规定和对等互惠的原则,不得泄露国家秘密,不得损害国家利益和社会公共利益。

**第一百二十四条** 国务院期货监督管理机构可以按照与境外期货监督管理机构达成的监管合作安排,接受境外期货监督管理机构的请求,依照本法规定的职责和程序为其进行调查取证。境外期货监督管理机构应提供有关案件材料,并说明其正在就被调查当事人涉嫌违反请求方当地期货法律法规的行为进行调查。境外期货监督管理机构不得在中华人民共和国境内直接进行调查取证等活动。

未经国务院期货监督管理机构和国务院有关主管部门同意,任何单位和个人不得擅自向境外监管机构提供与期货业务活动有关的文件和资料。

国务院期货监督管理机构可以依照与境外期货监督管理机构达成的监管合作安排,请求境外期货监督管理机构进行调查取证。

## 第十二章 法律责任

**第一百二十五条** 违反本法第十二条的规定,操纵期货市场或者衍生品市场的,责令改正,没收违法所得,并处以违法所得一倍以上十倍以下的罚款;没有违法所得或者违法所得不足一百万元的,处以一百万元以上一千万元以下的罚款。单位操纵市场的,还应当对直接负责的主管人员和其他直接责任人员给予警告,并处以五十万元以上五百万元以下的罚款。

操纵市场行为给交易者造成损失的,应当依法承担赔偿责任。

**第一百二十六条** 违反本法第十三条的规定从事内幕交易的,责令改正,没收违法所得,并处以违法所得一倍以上十倍以下的罚款;没有违法所得或者违法所得不足五十万元的,处以五十万元以上五百万元以下的罚款。单位从事内幕交易的,还应当对直接负责的主管人员和其他直接责任人员给予警告,并处以二十万元以上二百万元以下的罚款。

国务院期货监督管理机构、国务院授权的部门、期货交易场所、期货结算机构的工作人员从事内幕交易的,从重处罚。

内幕交易行为给交易者造成损失的,应当依法承担赔偿责任。

**第一百二十七条** 违反本法第十六条第一款、第三款的规定,编造、传播虚假信息或者误导性信息,扰乱期货市场、衍生品市场的,没收违法所得,并处以违法所得一倍以上十倍以下的罚款;没有违法所得或者违法所得不足二十万元的,处以二十万元以上二百万元以下的罚款。对直接负责的主管人员和其他直接责任人员给予警告,并处以十万元以上一百万元以下的罚款。

违反本法第十六条第二款的规定,在期货交易、衍生品交易活动中作出虚假陈述或者信息误导的,责令改正,处以二十万元以上二百万元以下的罚款;属于国家工作人员的,还应当依法给予处分。

传播媒介及其从事期货市场、衍生品市场信息报道的工作人员违反本法第十六条第三款的规定,从事与其工作职责发生利益冲突的期货交易、衍生品交易的，没收违法所得，并处以违法所得一倍以下的罚款，没有违法所得或者违法所得不足十万元的，处以十万元以下的罚款。

编造、传播有关期货交易、衍生品交易的虚假信息，或者在期货交易、衍生品交易中作出信息误导，给交易者造成损失的，应当依法承担赔偿责任。

**第一百二十八条** 违反本法第十八条第二款的规定，出借自己的期货账户或者借用他人的期货账户从事期货交易的，责令改正，给予警告，可以处五十万元以下的罚款。

**第一百二十九条** 违反本法第二十一条的规定，采取程序化交易影响期货交易场所系统安全或者正常交易秩序的，责令改正，并处以五十万元以上五百万元以下的罚款。对直接负责的主管人员和其他直接责任人员给予警告，并处以十万元以上一百万元以下的罚款。

**第一百三十条** 违反本法第二十七条规定，未报告有关重大事项的，责令改正，给予警告，可以处一百万元以下的罚款。

**第一百三十一条** 法律、行政法规和国务院期货监督管理机构规定禁止参与期货交易的人员，违反本法第五十三条的规定，直接或者以化名、借他人名义参与期货交易的，责令改正，给予警告，没收违法所得，并处以五万元以上五十万元以下的罚款；属于国家工作人员的，还应当依法给予处分。

**第一百三十二条** 非法设立期货公司，或者未经核准从事相关期货业务的，予以取缔，没收违法所得，并处以违法所得一倍以上十倍以下的罚款；没有违法所得或者违法所得不足一百万元的，处以一百万元以上一千万元以下的罚款。对直接负责的主管人员和其他直接责任人员给予警告，并处以二十万元以上二百万元以下的罚款。

**第一百三十三条** 提交虚假申请文件或者采取其他欺诈手段骗取期货公司设立许可、重大事项变更核准或者期货经营机构期货业务许可的，撤销相关许可，没收违法所得，并处以违法所得一倍以上十倍以下的罚款；没有违法所得或者违法所得不足二十万元的，处以二十万元以上二百万元以下的罚款。对直接负责的主管人员和其他直接责任人员给予警告，并处以二十万元以上二百万元以下的罚款。

**第一百三十四条** 期货经营机构违反本法第四十条、第六十二条、第六十五条、第六十八条、第七十一条、第七十二条的，责令改正，给予警告，没收违法所得，并处以违法所得一倍以上十倍以下的罚款；没有违法所得或者违法所得不足二十万元的，处以二十万元以上二百万元以下的罚款；情节严重的，责令停业整顿或者吊销期货业务许可证。对直接负责的主管人员和其他直接责任人员给予警告，并处以五万元以上五十万元以下的罚款。

期货经营机构有前款所列违法情形，给交易者造成损失的，应当依法承担赔偿责任。

期货经营机构的主要股东、实际控制人或者其他关联人违反本法第七十一条规定的，依照本条第一款的规定处罚。

**第一百三十五条** 期货经营机构违反本法第五十条交易者适当性管理规定，或者违反本法第六十六条规定从事经纪业务接受交易者全权委托，或者有第七十八条损害交易者利益行为的，责令改正，给予警告，没收违法所得，并处以违法所得一倍以上十倍以下的罚款；没有违法所得或者违法所得不足五十万元的，处以五十万元以上五百万元以下的罚款；情节严重的，吊销相关业务许可。对直接负责的主管人员和其他直接责任人员给予警告，并处以二十万元以上二百万元以下的罚款。

期货经营机构有本法第七十八条规定的行为，给交易者造成损失的，应当依法承担赔偿责任。

**第一百三十六条** 违反本法第十一条、第八十条、第九十二条规定，非法设立期货交易场所、期货结算机构，或者以其他形式组织期货交易的，没收违法所得，并处以违法所得一倍以上十倍以下的罚款；没有违法所得或者违法所得不足一百万元的，处以一百万元以上一千万元以下的罚款。对直接负责的主管人员和其他直接责任人员给予警告，并处以二十万元以上二百万元以下的罚款。非法设立期货交易场所的，由县级以上人民政府予以取缔。

违反本法第三十条规定，未经批准组织开展衍生品交易的，或者金融机构违反本法第三十一条规定，未经批准、核准开展衍生品交易的，依照前款规定处罚。

**第一百三十七条** 期货交易场所、期货结算机构违反本法第十七条、第四十条、第八十五条第二款规定的，责令改正，给予警告，没收违法所得，并处以违法所得一倍以上十倍以下的罚款；没有违法所得或者违法所得不足二十万元的，处以二十万元以上二百万元以下的罚款；情节严重的，责令停业整顿。对直接负责的主管人员和其他直接责任人员处以五万元以上五十万元以下的罚款。

**第一百三十八条** 期货交易场所、期货结算机构违反本法第八十八条第三款规定发布价格预测信息的，责令改正，给予警告，并处以二十万元以上二百万元以下的罚款。对直接负责的主管人员和其他直接责任人员处以五万元以上五十万元以下的罚款。

第一百三十九条　期货服务机构违反本法第九十八条的规定，从事期货服务业务未按照要求提供相关资料的，责令改正，可以处二十万元以下的罚款。

第一百四十条　会计师事务所、律师事务所、资产评估机构等期货服务机构违反本法第九十九条的规定，未勤勉尽责，所制作、出具的文件有虚假记载、误导性陈述或者重大遗漏的，责令改正，没收业务收入，并处以业务收入一倍以上十倍以下的罚款；没有业务收入或者业务收入不足五十万元的，处以五十万元以上五百万元以下的罚款。对直接负责的主管人员和其他直接责任人员给予警告，并处以二十万元以上二百万元以下的罚款。

期货服务机构有前款所列违法行为，给他人造成损失的，依法承担赔偿责任。

第一百四十一条　交割库有本法第一百条所列行为之一的，责令改正，给予警告，没收违法所得，并处以违法所得一倍以上十倍以下的罚款；没有违法所得或者违法所得不足十万元的，处以十万元以上一百万元以下的罚款；情节严重的，责令期货交易场所暂停或者取消其交割库资格。对直接负责的主管人员和其他直接责任人员给予警告，并处以五万元以上五十万元以下的罚款。

第一百四十二条　信息技术服务机构违反本法第一百零一条规定未报备案的，责令改正，可以处二十万元以下的罚款。

信息技术服务机构违反本法第一百零一条规定，提供的服务不符合国家及期货行业信息安全相关的技术管理规定和标准的，责令改正，没收业务收入，并处以业务收入一倍以上十倍以下的罚款；没有业务收入或者业务收入不足五十万元的，处以五十万元以上五百万元以下的罚款。对直接负责的主管人员和其他直接责任人员给予警告，并处以二十万元以上二百万元以下的罚款。

第一百四十三条　违反本法第一百一十六条的规定，期货经营机构、期货交易场所、期货结算机构和非期货经营机构结算参与人未按照规定提取、管理和使用风险准备金的，责令改正，给予警告。对直接负责的主管人员和其他直接责任人员给予警告，并处以十万元以上一百万元以下的罚款。

第一百四十四条　违反本法第一百一十七条的规定，期货经营机构、期货交易场所、期货结算机构、期货服务机构和非期货经营机构结算参与人等未按照规定妥善保存与业务经营相关的资料和信息的，责令改正，给予警告，并处以十万元以上一百万元以下的罚款；泄露、隐匿、伪造、篡改或者毁损有关文件资料的，责令改正，给予警告，并处以二十万元以上二百万元以下的罚款；情节严重的，处以五十万元以上五百万元以下的罚款，并暂停、吊销相关业务许可或者禁止从事相关业务。对直接负责的主管人员和其他直接责任人员给予警告，并处以十万元以上一百万元以下的罚款。

第一百四十五条　境外期货交易场所和期货经营机构违反本法第一百一十八条和第一百二十条的规定，未向国务院期货监督管理机构申请注册的，责令改正，没收违法所得，并处以违法所得一倍以上十倍以下的罚款；没有违法所得或者违法所得不足五十万元的，处以五十万元以上五百万元以下的罚款。对直接负责的主管人员和其他直接责任人员给予警告，并处以十万元以上一百万元以下的罚款。

第一百四十六条　境内单位或者个人违反本法第一百二十条第一款规定的，责令改正，没收违法所得，并处以十万元以上一百万元以下的罚款；情节严重的，暂停其境外期货交易。对直接负责的主管人员和其他直接责任人员给予警告，并处以五万元以上五十万元以下的罚款。

第一百四十七条　境外期货交易场所在境内设立的代表机构及其工作人员违反本法第一百二十一条的规定，从事或者变相从事任何经营活动的，责令改正，给予警告，没收违法所得，并处以违法所得一倍以上十倍以下的罚款；没有违法所得或者违法所得不足五十万元的，处以五十万元以上五百万元以下的罚款。对直接负责的主管人员和其他直接责任人员给予警告，并处以十万元以上一百万元以下的罚款。

第一百四十八条　违反本法第一百二十二条的规定在境内从事市场营销、推介及招揽活动的，责令改正，给予警告，没收违法所得，并处以违法所得一倍以上十倍以下的罚款；没有违法所得或者违法所得不足五十万元的，处以五十万元以上五百万元以下的罚款。对直接负责的主管人员和其他直接责任人员给予警告，并处以十万元以上一百万元以下的罚款。

第一百四十九条　拒绝、阻碍国务院期货监督管理机构或者国务院授权的部门及其工作人员依法行使监督检查、调查职权的，责令改正，处以十万元以上一百万元以下的罚款，并由公安机关依法给予治安管理处罚。

**第一百五十条** 违反法律、行政法规或者国务院期货监督管理机构的有关规定,情节严重的,国务院期货监督管理机构可以对有关责任人员采取期货市场禁入的措施。

前款所称期货市场禁入,是指在一定期限内直至终身不得进行期货交易、从事期货业务,不得担任期货经营机构、期货交易场所、期货结算机构的董事、监事、高级管理人员或者负责人的制度。

**第一百五十一条** 本法规定的行政处罚,由国务院期货监督管理机构、国务院授权的部门按照国务院规定的职责分工作出决定;法律、行政法规另有规定的,适用其规定。

**第一百五十二条** 国务院期货监督管理机构或者国务院授权的部门的工作人员,不履行本法规定的职责,滥用职权、玩忽职守,利用职务便利牟取不正当利益,或者泄露所知悉的有关单位和个人的商业秘密的,依法追究法律责任。

**第一百五十三条** 违反本法规定,构成犯罪的,依法追究刑事责任。

**第一百五十四条** 违反本法规定,应当承担民事赔偿责任和缴纳罚款、罚金、违法所得,违法行为人的财产不足以支付的,优先用于承担民事赔偿责任。

## 第十三章 附 则

**第一百五十五条** 本法自 2022 年 8 月 1 日起施行。

## 期货交易管理条例

- 2007 年 3 月 6 日中华人民共和国国务院令第 489 号公布
- 根据 2012 年 10 月 24 日《国务院关于修改〈期货交易管理条例〉的决定》第一次修订
- 根据 2013 年 7 月 18 日《国务院关于废止和修改部分行政法规的决定》第二次修订
- 根据 2016 年 2 月 6 日《国务院关于修改部分行政法规的决定》第三次修订
- 根据 2017 年 3 月 1 日《国务院关于修改和废止部分行政法规的决定》第四次修订

## 第一章 总 则

**第一条** 为了规范期货交易行为,加强对期货交易的监督管理,维护期货市场秩序,防范风险,保护期货交易各方的合法权益和社会公共利益,促进期货市场积极稳妥发展,制定本条例。

**第二条** 任何单位和个人从事期货交易及其相关活动,应当遵守本条例。

本条例所称期货交易,是指采用公开的集中交易方式或者国务院期货监督管理机构批准的其他方式进行的以期货合约或者期权合约为交易标的的交易活动。

本条例所称期货合约,是指期货交易场所统一制定的、规定在将来某一特定的时间和地点交割一定数量标的物的标准化合约。期货合约包括商品期货合约和金融期货合约及其他期货合约。

本条例所称期权合约,是指期货交易场所统一制定的、规定买方有权在将来某一时间以特定价格买入或者卖出约定标的物(包括期货合约)的标准化合约。

**第三条** 从事期货交易活动,应当遵循公开、公平、公正和诚实信用的原则。禁止欺诈、内幕交易和操纵期货交易价格等违法行为。

**第四条** 期货交易应当在依照本条例第六条第一款规定设立的期货交易所、国务院批准的或者国务院期货监督管理机构批准的其他期货交易场所进行。

禁止在前款规定的期货交易场所之外进行期货交易。

**第五条** 国务院期货监督管理机构对期货市场实行集中统一的监督管理。

国务院期货监督管理机构派出机构依照本条例的有关规定和国务院期货监督管理机构的授权,履行监督管理职责。

## 第二章 期货交易所

**第六条** 设立期货交易所,由国务院期货监督管理机构审批。

未经国务院批准或者国务院期货监督管理机构批准,任何单位或者个人不得设立期货交易场所或者以任何形式组织期货交易及其相关活动。

**第七条** 期货交易所不以营利为目的,按照其章程的规定实行自律管理。期货交易所以其全部财产承担民事责任。期货交易所的负责人由国务院期货监督管理机构任免。

期货交易所的管理办法由国务院期货监督管理机构制定。

**第八条** 期货交易所会员应当是在中华人民共和国境内登记注册的企业法人或者其他经济组织。

期货交易所可以实行会员分级结算制度。实行会员分级结算制度的期货交易所会员由结算会员和非结算会员组成。

**第九条** 有《中华人民共和国公司法》第一百四十

六条规定的情形或者下列情形之一的,不得担任期货交易所的负责人、财务会计人员：

（一）因违法行为或者违纪行为被解除职务的期货交易所、证券交易所、证券登记结算机构的负责人，或者期货公司、证券公司的董事、监事、高级管理人员，以及国务院期货监督管理机构规定的其他人员，自被解除职务之日起未逾5年；

（二）因违法行为或者违纪行为被撤销资格的律师、注册会计师或者投资咨询机构、财务顾问机构、资信评级机构、资产评估机构、验证机构的专业人员，自被撤销资格之日起未逾5年。

**第十条** 期货交易所应当依照本条例和国务院期货监督管理机构的规定，建立、健全各项规章制度，加强对交易活动的风险控制和对会员以及交易所工作人员的监督管理。期货交易所履行下列职责：

（一）提供交易的场所、设施和服务；
（二）设计合约，安排合约上市；
（三）组织并监督交易、结算和交割；
（四）为期货交易提供集中履约担保；
（五）按照章程和交易规则对会员进行监督管理；
（六）国务院期货监督管理机构规定的其他职责。

期货交易所不得直接或者间接参与期货交易。未经国务院期货监督管理机构审核并报国务院批准，期货交易所不得从事信托投资、股票投资、非自用不动产投资等与其职责无关的业务。

**第十一条** 期货交易所应当按照国家有关规定建立、健全下列风险管理制度：

（一）保证金制度；
（二）当日无负债结算制度；
（三）涨跌停板制度；
（四）持仓限额和大户持仓报告制度；
（五）风险准备金制度；
（六）国务院期货监督管理机构规定的其他风险管理制度。

实行会员分级结算制度的期货交易所，还应当建立、健全结算担保金制度。

**第十二条** 当期货市场出现异常情况时，期货交易所可以按照其章程规定的权限和程序，决定采取下列紧急措施，并应当立即报告国务院期货监督管理机构：

（一）提高保证金；
（二）调整涨跌停板幅度；
（三）限制会员或者客户的最大持仓量；
（四）暂时停止交易；
（五）采取其他紧急措施。

前款所称异常情况，是指在交易中发生操纵期货交易价格的行为或者发生不可抗拒的突发事件以及国务院期货监督管理机构规定的其他情形。

异常情况消失后，期货交易所应当及时取消紧急措施。

**第十三条** 期货交易所办理下列事项，应当经国务院期货监督管理机构批准：

（一）制定或者修改章程、交易规则；
（二）上市、中止、取消或者恢复交易品种；
（三）国务院期货监督管理机构规定的其他事项。

国务院期货监督管理机构批准期货交易所上市新的交易品种，应当征求国务院有关部门的意见。

**第十四条** 期货交易所的所得收益按照国家有关规定管理和使用，但应当首先用于保证期货交易场所、设施的运行和改善。

## 第三章 期货公司

**第十五条** 期货公司是依照《中华人民共和国公司法》和本条例规定设立的经营期货业务的金融机构。设立期货公司，应当在公司登记机关登记注册，并经国务院期货监督管理机构批准。

未经国务院期货监督管理机构批准，任何单位或者个人不得设立或者变相设立期货公司，经营期货业务。

**第十六条** 申请设立期货公司，应当符合《中华人民共和国公司法》的规定，并具备下列条件：

（一）注册资本最低限额为人民币3000万元；
（二）董事、监事、高级管理人员具备任职条件，从业人员具有期货从业资格；
（三）有符合法律、行政法规规定的公司章程；
（四）主要股东以及实际控制人具有持续盈利能力，信誉良好，最近3年无重大违法违规记录；
（五）有合格的经营场所和业务设施；
（六）有健全的风险管理和内部控制制度；
（七）国务院期货监督管理机构规定的其他条件。

国务院期货监督管理机构根据审慎监管原则和各项业务的风险程度，可以提高注册资本最低限额。注册资本应当是实缴资本。股东应当以货币或者期货公司经营必需的非货币财产出资，货币出资比例不得低于85%。

国务院期货监督管理机构应当在受理期货公司设立申请之日起6个月内，根据审慎监管原则进行审查，作出批准或者不批准的决定。

未经国务院期货监督管理机构批准，任何单位和个人不得委托或者接受他人委托持有或者管理期货公司的股权。

**第十七条** 期货公司业务实行许可制度，由国务院期货监督管理机构按照其商品期货、金融期货业务种类颁发许可证。期货公司除申请经营境内期货经纪业务外，还可以申请经营境外期货经纪、期货投资咨询以及国务院期货监督管理机构规定的其他期货业务。

期货公司不得从事与期货业务无关的活动，法律、行政法规或者国务院期货监督管理机构另有规定的除外。

期货公司不得从事或者变相从事期货自营业务。

期货公司不得为其股东、实际控制人或者其他关联人提供融资，不得对外担保。

**第十八条** 期货公司从事经纪业务，接受客户委托，以自己的名义为客户进行期货交易，交易结果由客户承担。

**第十九条** 期货公司办理下列事项，应当经国务院期货监督管理机构批准：

（一）合并、分立、停业、解散或者破产；

（二）变更业务范围；

（三）变更注册资本且调整股权结构；

（四）新增持有5%以上股权的股东或者控股股东发生变化；

（五）国务院期货监督管理机构规定的其他事项。

前款第三项、第五项所列事项，国务院期货监督管理机构应当自受理申请之日起20日内作出批准或者不批准的决定；前款所列其他事项，国务院期货监督管理机构应当自受理申请之日起2个月内作出批准或者不批准的决定。

**第二十条** 期货公司或者其分支机构有《中华人民共和国行政许可法》第七十条规定的情形或者下列情形之一的，国务院期货监督管理机构应当依法办理期货业务许可证注销手续：

（一）营业执照被公司登记机关依法注销；

（二）成立后无正当理由超过3个月未开始营业，或者开业后无正当理由停业连续3个月以上；

（三）主动提出注销申请；

（四）国务院期货监督管理机构规定的其他情形。

期货公司在注销期货业务许可证前，应当结清相关期货业务，并依法返还客户的保证金和其他资产。期货公司分支机构在注销经营许可证前，应当终止经营活动，妥善处理客户资产。

**第二十一条** 期货公司应当建立、健全并严格执行业务管理规则、风险管理制度，遵守信息披露制度，保障客户保证金的存管安全，按照期货交易所的规定，向期货交易所报告大户名单、交易情况。

**第二十二条** 其他期货经营机构从事期货投资咨询业务，应当遵守国务院期货监督管理机构的规定。

## 第四章 期货交易基本规则

**第二十三条** 在期货交易所进行期货交易的，应当是期货交易所会员。

符合规定条件的境外机构，可以在期货交易所从事特定品种的期货交易。具体办法由国务院期货监督管理机构制定。

**第二十四条** 期货公司接受客户委托为其进行期货交易，应当事先向客户出示风险说明书，经客户签字确认后，与客户签订书面合同。期货公司不得未经客户委托或者不按照客户委托内容，擅自进行期货交易。

期货公司不得向客户作获利保证；不得在经纪业务中与客户约定分享利益或者共担风险。

**第二十五条** 下列单位和个人不得从事期货交易，期货公司不得接受其委托为其进行期货交易：

（一）国家机关和事业单位；

（二）国务院期货监督管理机构、期货交易所、期货保证金安全存管监控机构和期货业协会的工作人员；

（三）证券、期货市场禁止进入者；

（四）未能提供开户证明材料的单位和个人；

（五）国务院期货监督管理机构规定不得从事期货交易的其他单位和个人。

**第二十六条** 客户可以通过书面、电话、互联网或者国务院期货监督管理机构规定的其他方式，向期货公司下达交易指令。客户的交易指令应当明确、全面。

期货公司不得隐瞒重要事项或者使用其他不正当手段诱骗客户发出交易指令。

**第二十七条** 期货交易所应当及时公布上市品种合约的成交量、成交价、持仓量、最高价与最低价、开盘价与收盘价和其他应当公布的即时行情，并保证即时行情的真实、准确。期货交易所不得发布价格预测信息。

未经期货交易所许可，任何单位和个人不得发布期货交易即时行情。

**第二十八条** 期货交易应当严格执行保证金制度。期货交易所向会员、期货公司向客户收取的保证金，不得低于国务院期货监督管理机构、期货交易所规定的标准，并应当与自有资金分开，专户存放。

期货交易所向会员收取的保证金,属于会员所有,除用于会员的交易结算外,严禁挪作他用。

期货公司向客户收取的保证金,属于客户所有,除下列可划转的情形外,严禁挪作他用:

(一)依据客户的要求支付可用资金;

(二)为客户交存保证金,支付手续费、税款;

(三)国务院期货监督管理机构规定的其他情形。

**第二十九条** 期货公司应当为每一个客户单独开立专门账户、设置交易编码,不得混码交易。

**第三十条** 期货公司经营期货经纪业务又同时经营其他期货业务的,应当严格执行业务分离和资金分离制度,不得混合操作。

**第三十一条** 期货交易所、期货公司、非期货公司结算会员应当按照国务院期货监督管理机构、财政部门的规定提取、管理和使用风险准备金,不得挪用。

**第三十二条** 期货交易的收费项目、收费标准和管理办法由国务院有关主管部门统一制定并公布。

**第三十三条** 期货交易的结算,由期货交易所统一组织进行。

期货交易所实行当日无负债结算制度。期货交易所应当在当日及时将结算结果通知会员。

期货公司根据期货交易所的结算结果对客户进行结算,并应当将结算结果按照与客户约定的方式及时通知客户。客户应当及时查询并妥善处理自己的交易持仓。

**第三十四条** 期货交易所会员的保证金不足时,应当及时追加保证金或者自行平仓。会员未在期货交易所规定的时间内追加保证金或者自行平仓的,期货交易所应当将该会员的合约强行平仓,强行平仓的有关费用和发生的损失由该会员承担。

客户保证金不足时,应当及时追加保证金或者自行平仓。客户未在期货公司规定的时间内及时追加保证金或者自行平仓的,期货公司应当将该客户的合约强行平仓,强行平仓的有关费用和发生的损失由该客户承担。

**第三十五条** 期货交易的交割,由期货交易所统一组织进行。

交割仓库由期货交易所指定。期货交易所不得限制实物交割总量,并应当与交割仓库签订协议,明确双方的权利和义务。交割仓库不得有下列行为:

(一)出具虚假仓单;

(二)违反期货交易所业务规则,限制交割商品的入库、出库;

(三)泄露与期货交易有关的商业秘密;

(四)违反国家有关规定参与期货交易;

(五)国务院期货监督管理机构规定的其他行为。

**第三十六条** 会员在期货交易中违约的,期货交易所先以该会员的保证金承担违约责任;保证金不足的,期货交易所应当以风险准备金和自有资金代为承担违约责任,并由此取得对该会员的相应追偿权。

客户在期货交易中违约的,期货公司先以该客户的保证金承担违约责任;保证金不足的,期货公司应当以风险准备金和自有资金代为承担违约责任,并由此取得对该客户的相应追偿权。

**第三十七条** 实行会员分级结算制度的期货交易所,应当向结算会员收取结算担保金。期货交易所只对结算会员结算,收取和追收保证金,以结算担保金、风险准备金、自有资金代为承担违约责任,以及采取其他相关措施;对非结算会员的结算、收取和追收保证金、代为承担违约责任,以及采取其他相关措施,由结算会员执行。

**第三十八条** 期货交易所、期货公司和非期货公司结算会员应当保证期货交易、结算、交割资料的完整和安全。

**第三十九条** 任何单位或者个人不得编造、传播有关期货交易的虚假信息,不得恶意串通、联手买卖或者以其他方式操纵期货交易价格。

**第四十条** 任何单位或者个人不得违规使用信贷资金、财政资金进行期货交易。

银行业金融机构从事期货交易融资或者担保业务的资格,由国务院银行业监督管理机构批准。

**第四十一条** 国有以及国有控股企业进行境内外期货交易,应当遵循套期保值的原则,严格遵守国务院国有资产监督管理机构以及其他有关部门关于企业以国有资产进入期货市场的有关规定。

**第四十二条** 境外期货项下购汇、结汇以及外汇收支,应当符合国家外汇管理有关规定。

境内单位或者个人从事境外期货交易的办法,由国务院期货监督管理机构会同国务院商务主管部门、国有资产监督管理机构、银行业监督管理机构、外汇管理部门等有关部门制订,报国务院批准后施行。

## 第五章 期货业协会

**第四十三条** 期货业协会是期货业的自律性组织,是社会团体法人。

期货公司以及其他专门从事期货经营的机构应当加入期货业协会,并缴纳会员费。

**第四十四条** 期货业协会的权力机构为全体会员组

成的会员大会。

期货业协会的章程由会员大会制定,并报国务院期货监督管理机构备案。

期货业协会设理事会。理事会成员按照章程的规定选举产生。

**第四十五条** 期货业协会履行下列职责:

(一)教育和组织会员遵守期货法律法规和政策;

(二)制定会员应当遵守的行业自律性规则,监督、检查会员行为,对违反协会章程和自律性规则的,按照规定给予纪律处分;

(三)负责期货从业人员资格的认定、管理以及撤销工作;

(四)受理客户与期货业务有关的投诉,对会员之间、会员与客户之间发生的纠纷进行调解;

(五)依法维护会员的合法权益,向国务院期货监督管理机构反映会员的建议和要求;

(六)组织期货从业人员的业务培训,开展会员间的业务交流;

(七)组织会员就期货业的发展、运作以及有关内容进行研究;

(八)期货业协会章程规定的其他职责。

期货业协会的业务活动应当接受国务院期货监督管理机构的指导和监督。

## 第六章 监督管理

**第四十六条** 国务院期货监督管理机构对期货市场实施监督管理,依法履行下列职责:

(一)制定有关期货市场监督管理的规章、规则,并依法行使审批权;

(二)对品种的上市、交易、结算、交割等期货交易及其相关活动,进行监督管理;

(三)对期货交易所、期货公司及其他期货经营机构、非期货公司结算会员、期货保证金安全存管监控机构、期货保证金存管银行、交割仓库等市场相关参与者的期货业务活动,进行监督管理;

(四)制定期货从业人员的资格标准和管理办法,并监督实施;

(五)监督检查期货交易的信息公开情况;

(六)对期货业协会的活动进行指导和监督;

(七)对违反期货市场监督管理法律、行政法规的行为进行查处;

(八)开展与期货市场监督管理有关的国际交流、合作活动;

(九)法律、行政法规规定的其他职责。

**第四十七条** 国务院期货监督管理机构依法履行职责,可以采取下列措施:

(一)对期货交易所、期货公司及其他期货经营机构、非期货公司结算会员、期货保证金安全存管监控机构和交割仓库进行现场检查;

(二)进入涉嫌违法行为发生场所调查取证;

(三)询问当事人和与被调查事件有关的单位和个人,要求其对与被调查事件有关的事项作出说明;

(四)查阅、复制与被调查事件有关的财产权登记等资料;

(五)查阅、复制当事人和与被调查事件有关的单位和个人的期货交易记录、财务会计资料以及其他相关文件和资料;对可能被转移、隐匿或者毁损的文件和资料,可以予以封存;

(六)查询与被调查事件有关的单位的保证金账户和银行账户;

(七)在调查操纵期货交易价格、内幕交易等重大期货违法行为时,经国务院期货监督管理机构主要负责人批准,可以限制被调查事件当事人的期货交易,但限制的时间不得超过15个交易日;案情复杂的,可以延长至30个交易日;

(八)法律、行政法规规定的其他措施。

**第四十八条** 期货交易所、期货公司及其他期货经营机构、期货保证金安全存管监控机构,应当向国务院期货监督管理机构报送财务会计报告、业务资料和其他有关资料。

对期货公司及其他期货经营机构报送的年度报告,国务院期货监督管理机构应当指定专人进行审核,并制作审核报告。审核人员应当在审核报告上签字。审核中发现问题的,国务院期货监督管理机构应当及时采取相应措施。

必要时,国务院期货监督管理机构可以要求非期货公司结算会员、交割仓库,以及期货公司股东、实际控制人或者其他关联人报送相关资料。

**第四十九条** 国务院期货监督管理机构依法履行职责,进行监督检查或者调查时,被检查、调查的单位和个人应当配合,如实提供有关文件和资料,不得拒绝、阻碍和隐瞒;其他有关部门和单位应当给予支持和配合。

**第五十条** 国家根据期货市场发展的需要,设立期货投资者保障基金。

期货投资者保障基金的筹集、管理和使用的具体办法，由国务院期货监督管理机构会同国务院财政部门制定。

**第五十一条** 国务院期货监督管理机构应当建立、健全保证金安全存管监控制度，设立期货保证金安全存管监控机构。

客户和期货交易所、期货公司及其他期货经营机构、非期货公司结算会员以及期货保证金存管银行，应当遵守国务院期货监督管理机构有关保证金安全存管监控的规定。

**第五十二条** 期货保证金安全存管监控机构依照有关规定对保证金安全实施监控，进行每日稽核，发现问题应当立即报告国务院期货监督管理机构。国务院期货监督管理机构应当根据不同情况，依照本条例有关规定及时处理。

**第五十三条** 国务院期货监督管理机构对期货交易所和期货保证金安全存管监控机构的董事、监事、高级管理人员，实行资格管理制度。

**第五十四条** 国务院期货监督管理机构应当制定期货公司持续性经营规则，对期货公司的净资本与净资产的比例，净资本与境内期货经纪、境外期货经纪等业务规模的比例，流动资产与流动负债的比例等风险监管指标作出规定；对期货公司及其分支机构的经营条件、风险管理、内部控制、保证金存管、关联交易等方面提出要求。

**第五十五条** 期货公司及其分支机构不符合持续性经营规则或者出现经营风险的，国务院期货监督管理机构可以对期货公司及其董事、监事和高级管理人员采取谈话、提示、记入信用记录等监管措施或者责令期货公司限期整改，并对其整改情况进行检查验收。

期货公司逾期未改正，其行为严重危及期货公司的稳健运行、损害客户合法权益，或者涉嫌严重违法违规正在被国务院期货监督管理机构调查的，国务院期货监督管理机构可以区别情形，对其采取下列措施：

（一）限制或者暂停部分期货业务；

（二）停止批准新增业务；

（三）限制分配红利，限制向董事、监事、高级管理人员支付报酬、提供福利；

（四）限制转让财产或者在财产上设定其他权利；

（五）责令更换董事、监事、高级管理人员或者有关业务部门、分支机构的负责人员，或者限制其权利；

（六）限制期货公司自有资金或者风险准备金的调拨和使用；

（七）责令控股股东转让股权或者限制有关股东行使股东权利。

对经过整改符合有关法律、行政法规规定以及持续性经营规则要求的期货公司，国务院期货监督管理机构应当自验收完毕之日起3日内解除对其采取的有关措施。

对经过整改仍未达到持续性经营规则要求，严重影响正常经营的期货公司，国务院期货监督管理机构有权撤销其部分或者全部期货业务许可、关闭其分支机构。

**第五十六条** 期货公司违法经营或者出现重大风险，严重危害期货市场秩序、损害客户利益的，国务院期货监督管理机构可以对该期货公司采取责令停业整顿、指定其他机构托管或者接管等监管措施。经国务院期货监督管理机构批准，可以对该期货公司直接负责的董事、监事、高级管理人员和其他直接责任人员采取以下措施：

（一）通知出境管理机关依法阻止其出境；

（二）申请司法机关禁止其转移、转让或者以其他方式处分财产，或者在财产上设定其他权利。

**第五十七条** 期货公司的股东有虚假出资或者抽逃出资行为的，国务院期货监督管理机构应当责令其限期改正，并可责令其转让所持期货公司的股权。

在股东按照前款要求改正违法行为、转让所持期货公司的股权前，国务院期货监督管理机构可以限制其股东权利。

**第五十八条** 当期货市场出现异常情况时，国务院期货监督管理机构可以采取必要的风险处置措施。

**第五十九条** 期货公司的交易软件、结算软件，应当满足期货公司审慎经营和风险管理以及国务院期货监督管理机构有关保证金安全存管监控规定的要求。期货公司的交易软件、结算软件不符合要求的，国务院期货监督管理机构有权要求期货公司予以改进或者更换。

国务院期货监督管理机构可以要求期货公司的交易软件、结算软件的供应商提供该软件的相关资料，供应商应当予以配合。国务院期货监督管理机构对供应商提供的相关资料负有保密义务。

**第六十条** 期货公司涉及重大诉讼、仲裁，或者股权被冻结或者用于担保，以及发生其他重大事件时，期货公司及其相关股东、实际控制人应当自该事件发生之日起5日内向国务院期货监督管理机构提交书面报告。

**第六十一条** 会计师事务所、律师事务所、资产评估机构等中介服务机构向期货交易所和期货公司等市场相关参与者提供相关服务时，应当遵守期货法律、行政法规以及国家有关规定，并按照国务院期货监督管理机构的要求提供相关资料。

第六十二条　国务院期货监督管理机构应当与有关部门建立监督管理的信息共享和协调配合机制。

国务院期货监督管理机构可以和其他国家或者地区的期货监督管理机构建立监督管理合作机制，实施跨境监督管理。

第六十三条　国务院期货监督管理机构、期货交易所、期货保证金安全存管监控机构和期货保证金存管银行等相关单位的工作人员，应当忠于职守，依法办事，公正廉洁，保守国家秘密和有关当事人的商业秘密，不得利用职务便利牟取不正当的利益。

## 第七章　法律责任

第六十四条　期货交易所、非期货公司结算会员有下列行为之一的，责令改正，给予警告，没收违法所得：

（一）违反规定接纳会员的；

（二）违反规定收取手续费的；

（三）违反规定使用、分配收益的；

（四）不按照规定公布即时行情的，或者发布价格预测信息的；

（五）不按照规定向国务院期货监督管理机构履行报告义务的；

（六）不按照规定向国务院期货监督管理机构报送有关文件、资料的；

（七）不按照规定建立、健全结算担保金制度的；

（八）不按照规定提取、管理和使用风险准备金的；

（九）违反国务院期货监督管理机构有关保证金安全存管监控规定的；

（十）限制会员实物交割总量的；

（十一）任用不具备资格的期货从业人员的；

（十二）违反国务院期货监督管理机构规定的其他行为。

有前款所列行为之一的，对直接负责的主管人员和其他直接责任人员给予纪律处分，处1万元以上10万元以下的罚款。

有本条第一款第二项所列行为的，应当责令退还多收取的手续费。

期货保证金安全存管监控机构有本条第一款第五项、第六项、第九项、第十一项、第十二项所列行为的，依照本条第一款、第二款的规定处罚、处分。期货保证金存管银行有本条第一款第九项、第十二项所列行为的，依照本条第一款、第二款的规定处罚、处分。

第六十五条　期货交易所有下列行为之一的，责令改正，给予警告，没收违法所得，并处违法所得1倍以上5倍以下的罚款；没有违法所得或者违法所得不满10万元的，并处10万元以上50万元以下的罚款；情节严重的，责令停业整顿：

（一）未经批准，擅自办理本条例第十三条所列事项的；

（二）允许会员在保证金不足的情况下进行期货交易的；

（三）直接或者间接参与期货交易，或者违反规定从事与其职责无关的业务的；

（四）违反规定收取保证金，或者挪用保证金的；

（五）伪造、涂改或者不按照规定保存期货交易、结算、交割资料的；

（六）未建立或者未执行当日无负债结算、涨跌停板、持仓限额和大户持仓报告制度的；

（七）拒绝或者妨碍国务院期货监督管理机构监督检查的；

（八）违反国务院期货监督管理机构规定的其他行为。

有前款所列行为之一的，对直接负责的主管人员和其他直接责任人员给予纪律处分，处1万元以上10万元以下的罚款。

非期货公司结算会员有本条第一款第二项、第四项至第八项所列行为之一的，依照本条第一款、第二款的规定处罚、处分。

期货保证金安全存管监控机构有本条第一款第三项、第七项、第八项所列行为的，依照本条第一款、第二款的规定处罚、处分。

第六十六条　期货公司有下列行为之一的，责令改正，给予警告，没收违法所得，并处违法所得1倍以上3倍以下的罚款；没有违法所得或者违法所得不满10万元的，并处10万元以上30万元以下的罚款；情节严重的，责令停业整顿或者吊销期货业务许可证：

（一）接受不符合规定条件的单位或者个人委托的；

（二）允许客户在保证金不足的情况下进行期货交易的；

（三）未经批准，擅自办理本条例第十九条所列事项的；

（四）违反规定从事与期货业务无关的活动的；

（五）从事或者变相从事期货自营业务的；

（六）为其股东、实际控制人或者其他关联人提供融资，或者对外担保的；

（七）违反国务院期货监督管理机构有关保证金安全存管监控规定的；

（八）不按照规定向国务院期货监督管理机构履行报告义务或者报送有关文件、资料的；

（九）交易软件、结算软件不符合期货公司审慎经营和风险管理以及国务院期货监督管理机构有关保证金安全存管监控规定的要求的；

（十）不按照规定提取、管理和使用风险准备金的；

（十一）伪造、涂改或者不按照规定保存期货交易、结算、交割资料的；

（十二）任用不具备资格的期货从业人员的；

（十三）伪造、变造、出租、出借、买卖期货业务许可证或者经营许可证的；

（十四）进行混码交易的；

（十五）拒绝或者妨碍国务院期货监督管理机构监督检查的；

（十六）违反国务院期货监督管理机构规定的其他行为。

期货公司有前款所列行为之一的，对直接负责的主管人员和其他直接责任人员给予警告，并处1万元以上5万元以下的罚款；情节严重的，暂停或者撤销期货从业人员资格。

期货公司之外的其他期货经营机构有本条第一款第八项、第十二项、第十三项、第十五项、第十六项所列行为的，依照本条第一款、第二款的规定处罚。

期货公司的股东、实际控制人或者其他关联人未经批准擅自委托他人或者接受他人委托持有或者管理期货公司股权的，拒不配合国务院期货监督管理机构的检查，拒不按照规定履行报告义务、提供有关信息和资料，或者报送、提供的信息和资料有虚假记载、误导性陈述或者重大遗漏的，依照本条第一款、第二款的规定处罚。

第六十七条　期货公司有下列欺诈客户行为之一的，责令改正，给予警告，没收违法所得，并处违法所得1倍以上5倍以下的罚款；没有违法所得或者违法所得不满10万元的，并处10万元以上50万元以下的罚款；情节严重的，责令停业整顿或者吊销期货业务许可证：

（一）向客户作获利保证或者不按照规定向客户出示风险说明书的；

（二）在经纪业务中与客户约定分享利益、共担风险的；

（三）不按照规定接受客户委托或者不按照客户委托内容擅自进行期货交易的；

（四）隐瞒重要事项或者使用其他不正当手段，诱骗客户发出交易指令的；

（五）向客户提供虚假成交回报的；

（六）未将客户交易指令下达到期货交易所的；

（七）挪用客户保证金的；

（八）不按照规定在期货保证金存管银行开立保证金账户，或者违规划转客户保证金的；

（九）国务院期货监督管理机构规定的其他欺诈客户的行为。

期货公司有前款所列行为之一的，对直接负责的主管人员和其他直接责任人员给予警告，并处1万元以上10万元以下的罚款；情节严重的，暂停或者撤销期货从业人员资格。

任何单位或者个人编造并且传播有关期货交易的虚假信息，扰乱期货交易市场的，依照本条第一款、第二款的规定处罚。

第六十八条　期货公司及其他期货经营机构、非期货公司结算会员、期货保证金存管银行提供虚假申请文件或者采取其他欺诈手段隐瞒重要事实骗取期货业务许可的，撤销其期货业务许可，没收违法所得。

第六十九条　期货交易内幕信息的知情人或者非法获取期货交易内幕信息的人，在对期货交易价格有重大影响的信息尚未公开前，利用内幕信息从事期货交易，或者向他人泄露内幕信息，使他人利用内幕信息进行期货交易的，没收违法所得，并处违法所得1倍以上5倍以下的罚款；没有违法所得或者违法所得不满10万元的，处10万元以上50万元以下的罚款。单位从事内幕交易的，还应当对直接负责的主管人员和其他直接责任人员给予警告，并处3万元以上30万元以下的罚款。

国务院期货监督管理机构、期货交易所和期货保证金安全存管监控机构的工作人员进行内幕交易的，从重处罚。

第七十条　任何单位或者个人有下列行为之一，操纵期货交易价格的，责令改正，没收违法所得，并处违法所得1倍以上5倍以下的罚款；没有违法所得或者违法所得不满20万元的，处20万元以上100万元以下的罚款：

（一）单独或者合谋，集中资金优势、持仓优势或者利用信息优势联合或者连续买卖合约，操纵期货交易价格的；

（二）蓄意串通，按事先约定的时间、价格和方式相互进行期货交易，影响期货交易价格或者期货交易量的；

（三）以自己为交易对象，自买自卖，影响期货交易价格或者期货交易量的；

（四）为影响期货市场行情囤积现货的；

（五）国务院期货监督管理机构规定的其他操纵期货交易价格的行为。

单位有前款所列行为之一的，对直接负责的主管人员和其他直接责任人员给予警告，并处1万元以上10万元以下的罚款。

第七十一条　交割仓库有本条例第三十五条第二款所列行为之一的，责令改正，给予警告，没收违法所得，并处违法所得1倍以上5倍以下的罚款；没有违法所得或者违法所得不满10万元的，并处10万元以上50万元以下的罚款；情节严重的，责令期货交易所暂停或者取消其交割仓库资格。对直接负责的主管人员和其他直接责任人员给予警告，并处1万元以上10万元以下的罚款。

第七十二条　国有以及国有控股企业违反本条例和国务院国有资产监督管理机构以及其他有关部门关于企业以国有资产进入期货市场的有关规定进行期货交易，或者单位、个人违规使用信贷资金、财政资金进行期货交易的，给予警告，没收违法所得，并处违法所得1倍以上5倍以下的罚款；没有违法所得或者违法所得不满10万元的，并处10万元以上50万元以下的罚款。对直接负责的主管人员和其他直接责任人员给予降级直至开除的纪律处分。

第七十三条　境内单位或者个人违反规定从事境外期货交易的，责令改正，给予警告，没收违法所得，并处违法所得1倍以上5倍以下的罚款；没有违法所得或者违法所得不满20万元的，并处20万元以上100万元以下的罚款；情节严重的，暂停其境外期货交易。对单位直接负责的主管人员和其他直接责任人员给予警告，并处1万元以上10万元以下的罚款。

第七十四条　非法设立期货交易场所或者以其他形式组织期货交易活动的，由所在地县级以上地方人民政府予以取缔，没收违法所得，并处违法所得1倍以上5倍以下的罚款；没有违法所得或者违法所得不满20万元的，处20万元以上100万元以下的罚款。对单位直接负责的主管人员和其他直接责任人员给予警告，并处1万元以上10万元以下的罚款。

非法设立期货公司及其他期货经营机构，或者擅自从事期货业务的，予以取缔，没收违法所得，并处违法所得1倍以上5倍以下的罚款；没有违法所得或者违法所得不满20万元的，处20万元以上100万元以下的罚款。对单位直接负责的主管人员和其他直接责任人员给予警告，并处1万元以上10万元以下的罚款。

第七十五条　期货公司的交易软件、结算软件供应商拒不配合国务院期货监督管理机构调查，或者未按照规定向国务院期货监督管理机构提供相关软件资料，或者提供的软件资料有虚假、重大遗漏的，责令改正，处3万元以上10万元以下的罚款。对直接负责的主管人员和其他直接责任人员给予警告，并处1万元以上5万元以下的罚款。

第七十六条　会计师事务所、律师事务所、资产评估机构等中介服务机构未勤勉尽责，所出具的文件有虚假记载、误导性陈述或者重大遗漏的，责令改正，没收业务收入，暂停或者撤销相关业务许可，并处业务收入1倍以上5倍以下的罚款。对直接负责的主管人员和其他直接责任人员给予警告，并处3万元以上10万元以下的罚款。

第七十七条　任何单位或者个人违反本条例规定，情节严重的，由国务院期货监督管理机构宣布该个人、该单位或者该单位的直接责任人员为期货市场禁止进入者。

第七十八条　国务院期货监督管理机构、期货交易所、期货保证金安全存管监控机构和期货保证金存管银行等相关单位的工作人员，泄露知悉的国家秘密或者会员、客户商业秘密，或者徇私舞弊、玩忽职守、滥用职权、收受贿赂的，依法给予行政处分或者纪律处分。

第七十九条　违反本条例规定，构成犯罪的，依法追究刑事责任。

第八十条　对本条例规定的违法行为的行政处罚，除本条例已有规定的外，由国务院期货监督管理机构决定；涉及其他有关部门法定职权的，国务院期货监督管理机构应当会同其他有关部门处理；属于其他有关部门法定职权的，国务院期货监督管理机构应当移交其他有关部门处理。

## 第八章　附　则

第八十一条　本条例下列用语的含义：

（一）商品期货合约，是指以农产品、工业品、能源和其他商品及其相关指数产品为标的物的期货合约。

（二）金融期货合约，是指以有价证券、利率、汇率等金融产品及其相关指数产品为标的物的期货合约。

（三）保证金，是指期货交易者按照规定交纳的资金或者提交的价值稳定、流动性强的标准仓单、国债等有价证券，用于结算和保证履约。

（四）结算,是指根据期货交易所公布的结算价格对交易双方的交易结果进行的资金清算和划转。

（五）交割,是指合约到期时,按照期货交易所的规则和程序,交易双方通过该合约所载标的物所有权的转移,或者按照规定结算价格进行现金差价结算,了结到期未平仓合约的过程。

（六）平仓,是指期货交易者买入或者卖出与其所持合约的品种、数量和交割月份相同但交易方向相反的合约,了结期货交易的行为。

（七）持仓量,是指期货交易者所持有的未平仓合约的数量。

（八）持仓限额,是指期货交易所对期货交易者的持仓量规定的最高数额。

（九）标准仓单,是指交割仓库开具并经期货交易所认定的标准化提货凭证。

（十）涨跌停板,是指合约在1个交易日中的交易价格不得高于或者低于规定的涨跌幅度,超出该涨跌幅度的报价将被视为无效,不能成交。

（十一）内幕信息,是指可能对期货交易价格产生重大影响的尚未公开的信息,包括:国务院期货监督管理机构以及其他相关部门制定的对期货交易价格可能发生重大影响的政策,期货交易所作出的可能对期货交易价格发生重大影响的决定,期货交易所会员、客户的资金和交易动向以及国务院期货监督管理机构认定的对期货交易价格有显著影响的其他重要信息。

（十二）内幕信息的知情人员,是指由于其管理地位、监督地位或者职业地位,或者作为雇员、专业顾问履行职务,能够接触或者获得内幕信息的人员,包括:期货交易所的管理人员以及其他由于任职可获取内幕信息的从业人员,国务院期货监督管理机构和其他有关部门的工作人员以及国务院期货监督管理机构规定的其他人员。

**第八十二条** 国务院期货监督管理机构可以批准设立期货专门结算机构,专门履行期货交易所的结算以及相关职责,并承担相应法律责任。

**第八十三条** 境外机构在境内设立、收购或者参股期货经营机构,以及境外期货经营机构在境内设立分支机构(含代表处)的管理办法,由国务院期货监督管理机构会同国务院商务主管部门、外汇管理部门等有关部门制订,报国务院批准后施行。

**第八十四条** 在期货交易所之外的国务院期货监督管理机构批准的交易场所进行的期货交易,依照本条例的有关规定执行。

**第八十五条** 不属于期货交易的商品或者金融产品的其他交易活动,由国家有关部门监督管理,不适用本条例。

**第八十六条** 本条例自2007年4月15日起施行。1999年6月2日国务院发布的《期货交易管理暂行条例》同时废止。

## 期货公司监督管理办法

· 2019年6月4日中国证券监督管理委员会令第155号公布
· 自公布之日起施行

### 第一章 总则

**第一条** 为了规范期货公司经营活动,加强对期货公司监督管理,保护客户合法权益,推进期货市场建设,根据《公司法》和《期货交易管理条例》等法律、行政法规,制定本办法。

**第二条** 在中华人民共和国境内设立的期货公司,适用本办法。

**第三条** 期货公司应当遵守法律、行政法规和中国证券监督管理委员会(以下简称中国证监会)的规定,审慎经营,防范利益冲突,履行对客户的诚信义务。

**第四条** 期货公司的股东、实际控制人和其他关联人不得滥用权利,不得占用期货公司资产或者挪用客户资产,不得侵害期货公司、客户的合法权益。

**第五条** 中国证监会及其派出机构依法对期货公司及其分支机构实行监督管理。

中国期货业协会、期货交易所按照自律规则对期货公司实行自律管理。

期货保证金安全存管监控机构依法对客户保证金安全实施监控。

### 第二章 设立、变更与业务终止

**第六条** 申请设立期货公司,除应当符合《期货交易管理条例》第十六条规定的条件外,还应当具备下列条件:

（一）注册资本不低于人民币1亿元;

（二）具有期货从业人员资格的人员不少于15人;

（三）具备任职条件的高级管理人员不少于3人。

**第七条** 期货公司主要股东为法人或者非法人组织的,应当具备下列条件:

（一）实收资本和净资产均不低于人民币1亿元;

（二）净资产不低于实收资本的50%,或有负债低于

净资产的50%,不存在对财务状况产生重大不确定影响的其他风险;

(三)具备持续盈利能力,持续经营3个以上完整的会计年度,最近3个会计年度连续盈利;

(四)出资额不得超过其净资产,且资金来源真实合法,不得以委托资金、负债资金等入股期货公司;

(五)信誉良好、公司治理规范、组织架构清晰、股权结构透明,主营业务性质与期货公司具有相关性;

(六)没有较大数额的到期未清偿债务;

(七)近3年未因重大违法违规行为受到行政处罚或者刑事处罚;

(八)未因涉嫌重大违法违规正在被有权机关立案调查或者采取强制措施;

(九)近3年作为公司(含金融机构)的股东或者实际控制人,未有滥用股东权利、逃避股东义务等不诚信行为;

(十)不存在中国证监会根据审慎监管原则认定的其他不适合持有期货公司股权的情形。

第八条 期货公司主要股东为自然人的,除应当符合本办法第七条第(四)项、第(六)项至第(十)项规定的条件外,还应当具备下列条件:

(一)个人金融资产不低于人民币3000万元;

(二)信誉良好,不存在对所投资企业经营失败或重大违法违规行为负有直接责任不逾3年的情形。

间接持有期货公司5%以上股权的自然人应当符合前款规定。

第九条 期货公司控股股东、第一大股东除应当符合本办法第七条、第八条规定的条件外,还应当具备下列条件:

(一)净资本不低于人民币5亿元;股东不适用净资本或者类似指标的,净资产不低于人民币10亿元;

(二)在技术能力、管理服务、人员培训或营销渠道等方面具有较强优势;

(三)具备对期货公司持续的资本补充能力,对期货公司可能发生风险导致无法正常经营的情况具有妥善处置的能力;

(四)中国证监会根据审慎监管原则规定的其他条件。

第十条 非金融企业入股期货公司成为主要股东或者控股股东、第一大股东的,除应当符合本办法第七条、第九条规定的相关条件外,还应当具备下列条件:

(一)符合国家关于加强非金融企业投资金融机构监管的有关规定和相关指导意见;

(二)中国证监会根据审慎监管原则规定的其他条件。

第十一条 期货公司主要股东、控股股东、第一大股东为境外股东的,除应当符合本办法第七条、第九条规定的条件外,还应当具备下列条件:

(一)依其所在国家或者地区法律设立、合法存续的金融机构;

(二)近3年各项财务指标及监管指标符合所在国家或者地区法律的规定和监管机构的要求;

(三)所在国家或者地区具有完善的期货法律和监督管理制度,其期货监管机构已与中国证监会签订监管合作备忘录,并保持有效的监管合作关系;

(四)期货公司外资持股比例或者拥有的权益比例,累计(包括直接持有和间接持有)不得超过我国期货业对外或者对我国香港特别行政区、澳门特别行政区和台湾地区开放所作的承诺。

境外股东应当以可自由兑换货币或者合法取得的人民币出资。

(五)中国证监会根据审慎监管原则规定的其他条件。

第十二条 期货公司有关联关系的股东持股比例合计达到5%的,持股比例最高的股东应当符合本办法第七条、第八条和第十一条规定的条件。

期货公司有关联关系的股东、一致行动人持股比例合计达到成为期货公司控股股东、第一大股东的,持股比例最高的股东应当符合本办法第九条、第十一条规定的条件。涉及的非金融企业股东应符合本办法第十条、第十一条规定的条件。

第十三条 申请设立期货公司,应当向中国证监会提交下列申请材料:

(一)申请书;

(二)发起协议;

(三)非自然人股东按照其自身决策程序同意出资设立期货公司的决定文件;

(四)公司章程草案;

(五)经营计划;

(六)发起人名单及其最近3年经会计师事务所审计的财务报告或者个人金融资产证明以及不存在对所投资企业经营失败或重大违法违规行为负有直接责任未逾3年的说明;

(七)拟任用高级管理人员和从业人员名单、简历、相关任职条件证明和相关资格证书；

（八）拟订的期货业务制度、内部控制制度和风险管理制度文本；

（九）场地、设备、资金来源证明文件；

（十）股权结构及股东间关联关系、一致行动人关系的说明；

（十一）资本补充方案及风险处置预案；

（十二）律师事务所出具的法律意见书；

（十三）中国证监会规定的其他申请材料。

期货公司单个境外股东的持股比例或者有关联关系的境外股东合计持股比例达到5%以上的，还应当提交下列申请材料：

（一）境外股东的章程、营业执照或者注册证书和相关业务资格证书复印件；

（二）境外股东所在国家或者地区的相关监管机构或者中国证监会认可的境外机构出具的关于其符合本办法第七条第（七）项、第（八）项与第十一条第（二）项规定条件的说明函。

存在非金融企业为期货公司主要股东、控股股东、第一大股东情形的，除上述材料外，还需提交国家关于加强非金融企业投资金融机构监管的有关规定和相关指导意见要求的其他材料。

**第十四条** 外资持有股权的期货公司，应当按照法律、行政法规的规定，向国务院商务主管部门和外汇管理部门申请办理相关手续。

**第十五条** 按照本办法设立的期货公司，可以依法从事商品期货经纪业务；从事金融期货经纪、境外期货经纪、期货投资咨询的，应当取得相应业务资格。从事资产管理业务的，应当依法登记备案。

期货公司经批准或者备案可以从事中国证监会规定的其他业务。

**第十六条** 期货公司申请金融期货经纪业务资格，应当具备下列条件：

（一）申请日前2个月风险监管指标持续符合规定标准；

（二）具有健全的公司治理、风险管理制度和内部控制制度，并有效执行；

（三）符合中国证监会期货保证金安全存管监控的规定；

（四）业务设施和技术系统符合相关技术规范且运行状况良好；

（五）高级管理人员近2年内未受到刑事处罚，未因违法违规经营受到行政处罚，无不良信用记录，且不存在因涉嫌违法违规经营正在被有权机关调查的情形；

（六）不存在被中国证监会及其派出机构采取《期货交易管理条例》第五十五条第二款、第五十六条规定的监管措施的情形；

（七）不存在因涉嫌违法违规正在被有权机关立案调查的情形；

（八）近2年内未因违法违规行为受过刑事处罚或者行政处罚。但期货公司控股股东或者实际控制人变更，高级管理人员变更比例超过50%，对出现上述情形负有责任的高级管理人员和业务负责人已不在公司任职，且已整改完成并经期货公司住所地中国证监会派出机构验收合格的，可不受此限制；

（九）中国证监会根据审慎监管原则规定的其他条件。

**第十七条** 期货公司申请金融期货经纪业务资格，应当向中国证监会提交下列申请材料：

（一）申请书；

（二）加盖公司公章的营业执照和业务许可证复印件；

（三）股东会或者董事会决议文件；

（四）申请日前2个月风险监管报表；

（五）公司治理、风险管理制度和内部控制制度执行情况报告；

（六）业务设施和技术系统运行情况报告，以及信息系统内部审计报告等网络安全相关材料；

（七）律师事务所出具的法律意见书；

（八）若存在本办法第十六条第（八）项规定情形的，还应提供期货公司住所地中国证监会派出机构出具的整改验收合格意见书；

（九）中国证监会规定的其他申请材料。

**第十八条** 期货公司申请境外期货经纪、期货投资咨询以及经批准或者备案的其他业务的条件，由中国证监会另行规定。

**第十九条** 期货公司变更股权有下列情形之一的，应当经中国证监会批准：

（一）变更控股股东、第一大股东；

（二）单个股东的持股比例或者有关联关系的股东合计持股比例增加到5%以上，且涉及境外股东的。

除前款规定情形外，期货公司单个股东的持股比例或者有关联关系的股东合计持股比例增加到5%以上，应当经期货公司住所地中国证监会派出机构批准。

**第二十条** 期货公司变更股权有本办法第十九条所列情形的,应当具备下列条件:

(一)拟变更的股权不存在被冻结等情形;

(二)期货公司与股东之间不存在交叉持股的情形,期货公司不存在为股权受让方提供任何形式财务支持的情形;

(三)涉及的股东符合本办法第七条至第十二条规定的条件。

**第二十一条** 期货公司变更股权,有本办法第十九条所列情形的,应当提交下列相关申请材料:

(一)申请书;

(二)关于变更股权的决议文件;

(三)股权转让或者变更出资合同,以及有限责任公司其他股东放弃优先购买权的承诺书;

(四)所涉及股东的基本情况报告、变更后期货公司股东股权背景情况图以及期货公司关于变更后股东是否存在关联关系、期货公司是否为股权受让方提供任何形式财务支持的情况说明;

(五)所涉及股东的股东会、董事会或者其他决策机构做出的相关决议;

(六)所涉及股东的最近3年经会计师事务所审计的财务报告或者个人金融资产证明以及不存在对所投资企业经营失败或重大违法违规行为负有直接责任未逾3年的说明;

(七)律师事务所出具的法律意见书;

(八)中国证监会规定的其他材料。

期货公司单个境外股东的持股比例或者有关联关系的境外股东合计持股比例增加到5%以上的,还应当提交本办法第十三条第二款所规定的申请材料。

存在非金融企业为期货公司主要股东、控股股东、第一大股东情形的,除上述材料外,还需提交国家关于加强非金融企业投资金融机构监管的有关规定和相关指导意见要求的其他材料。

期货公司发生本办法第十九条规定情形以外的股权变更,且股权登记管理未在证券登记结算机构实施的,应当自完成工商变更登记手续之日起5个工作日内向公司住所地中国证监会派出机构报备下列书面材料:

(一)变更持有5%以下股权股东情况报告;

(二)股权受让方相关背景材料;

(三)股权背景情况图;

(四)股权变更相关文件;

(五)公司章程、准予变更登记文件、营业执照复印件;

(六)中国证监会规定的其他材料。

**第二十二条** 期货公司股东应当秉承长期投资理念,依法行使股东权利,履行股东义务,督促期货公司完善治理结构、风险管理与内部控制制度,实现持续、健康发展。

**第二十三条** 期货公司拟入股股东应当充分了解期货公司股东条件、权利和义务,入股期货公司的程序应当完备合法,不得存在损害期货公司其他股东或者客户的合法权益以及通过隐瞒等方式规避期货公司股东资格审批或者监管的情况。

**第二十四条** 期货公司股权出让方在股权转让期间,应当支持并配合期货公司董事会、监事会和高级管理人员依法履行职责,不得在股权转让完成前推荐股权受让方相关人员担任期货公司董事、监事、高级管理人员。

期货公司股东出让股权依法应经中国证监会批准的,在批准前,股权出让方应当继续独立行使表决权及其他股东权利,不得以任何形式变相让渡表决权予股权受让方。

**第二十五条** 期货公司变更法定代表人,拟任法定代表人应当具备任职条件。期货公司应当自完成相关工商变更登记之日起5个工作日内向住所地中国证监会派出机构提交下列备案材料:

(一)备案报告;

(二)变更后的营业执照副本复印件;

(三)公司决议文件;

(四)法定代表人期货从业资格证书、任职条件证明;

(五)期货公司原《经营证券期货业务许可证》正、副本原件;

(六)中国证监会要求提交的其他文件。

**第二十六条** 期货公司变更住所或营业场所,应当妥善处理客户资产,拟迁入的住所和拟使用的设施应当符合业务需要,并自完成相关工商变更登记之日起5个工作日内向住所地中国证监会派出机构报备。期货公司在中国证监会不同派出机构辖区变更住所的,还应当符合下列条件:

(一)符合持续性经营规则;

(二)近2年未因重大违法违规行为受到行政处罚或者刑事处罚;

(三)中国证监会根据审慎监管原则规定的其他条件。

**第二十七条** 期货公司变更住所或营业场所,应当向拟迁入地中国证监会派出机构提交下列备案材料：

（一）备案报告；

（二）变更后的营业执照副本复印件；

（三）公司决议文件；

（四）关于客户资产处理情况、变更后住所和使用的设施符合期货业务需要的说明；

（五）变更后住所所有权或者使用权证明；

（六）首席风险官出具的公司符合相关条件的意见；

（七）期货公司原《经营证券期货业务许可证》正、副本原件；

（八）中国证监会要求提交的其他文件。

期货公司在提交备案材料时，应当将备案材料同时抄报拟迁出地中国证监会派出机构。

**第二十八条** 期货公司设立营业部、分公司等境内分支机构，应当自完成相关工商设立登记之日起5个工作日内向公司住所地中国证监会派出机构报备。

期货公司设立境内分支机构，应当具备下列条件：

（一）公司治理健全，内部控制制度符合有关规定并有效执行；

（二）申请日前3个月符合风险监管指标标准；

（三）符合有关客户资产保护和期货保证金安全存管监控的规定；

（四）未因涉嫌违法违规经营正在被有权机关调查，近1年内未因违法违规经营受到行政处罚或者刑事处罚；

（五）具有符合业务发展需要的分支机构设立方案和稳定的经营计划；

（六）中国证监会根据审慎监管原则规定的其他条件。

**第二十九条** 期货公司设立境内分支机构，应当向公司住所地中国证监会派出机构提交下列备案材料：

（一）备案报告；

（二）分支机构营业执照副本复印件；

（三）公司决议文件；

（四）分支机构负责人任职条件证明；

（五）分支机构从业人员名册及期货从业资格证书；

（六）营业场所所有权或者使用权证明；

（七）首席风险官出具的公司符合相关条件的意见；

（八）中国证监会要求提交的其他文件。

期货公司在提交备案材料时，应当将备案材料同时抄报拟设立分支机构所在地的中国证监会派出机构。

**第三十条** 期货公司变更分支机构营业场所的，应当妥善处理客户资产，拟迁入的营业场所和拟使用的设施应当满足业务需要。

本办法所称期货公司变更分支机构营业场所仅限于在中国证监会同一派出机构辖区内变更营业场所。

**第三十一条** 期货公司终止境内分支机构的，应当先行妥善处理该分支机构客户资产，结清分支机构业务并终止经营活动，并自完成上述工作之日起5个工作日内向分支机构所在地中国证监会派出机构提交下列备案材料：

（一）备案报告；

（二）公司决议文件；

（三）关于处理分支机构客户资产、结清期货业务并终止经营活动情况的说明；

（四）在中国证监会指定报刊上的公告证明；

（五）首席风险官出具的公司符合相关条件的意见；

（六）期货公司分支机构《经营证券期货业务许可证》正、副本原件；

（七）中国证监会要求提交的其他文件。

期货公司在提交备案材料时，应当将备案材料同时抄报公司住所地的中国证监会派出机构。

**第三十二条** 期货公司设立、收购、参股境外经营机构，应当具备下列条件，并应当自公司决议生效之日起5个工作日内向中国证监会报备：

（一）申请日前6个月符合风险监管指标标准；

（二）最近一次期货公司分类监管评级不低于B类BB级；

（三）近3年内未因重大违法违规行为受到行政处罚或者刑事处罚，近1年未因治理结构不健全、内部控制不完善等原因被采取监管措施，不存在因涉嫌重大违法违规行为正在被立案调查或者正处于整改期间的情形；

（四）具有完备的境外机构管理制度，能够有效隔离风险；

（五）拟设立、收购或者参股机构所在国家或者地区的期货监管机构已与中国证监会签署监管合作备忘录；

（六）中国证监会根据审慎监管原则规定的其他条件。

**第三十三条** 期货公司设立、收购、参股境外经营机构，应当自获得境外有关监管机构核准文件之日起5个工作日内向中国证监会提交下列备案材料：

（一）备案报告；

（二）境外经营机构的章程；

（三）境外有关监管机构核准文件；

（四）中国证监会要求的其他资料。

期货公司变更境外经营机构注册资本或股权以及终止境外经营机构的，应当自获得境外有关监管机构核准文件之日起5个工作日内向中国证监会提交下列备案材料：

（一）备案报告；

（二）最近一年经具有证券、期货相关业务资格的会计师事务所审计的境外经营机构的财务报告；

（三）中国证监会要求的其他资料。

**第三十四条** 期货公司申请设立、收购或者参股境外经营机构，应当按照外汇管理部门相关规定办理有关手续。

**第三十五条** 期货公司因遭遇不可抗力等正当事由申请停业的，应当妥善处理客户资产，清退或者转移客户。

期货公司恢复营业的，应当符合期货公司持续性经营规则。停业期限届满后，期货公司未能恢复营业或者不符合持续性经营规则的，中国证监会可以根据《期货交易管理条例》第二十条第一款规定注销其期货业务许可证。

**第三十六条** 期货公司停业的，应当向中国证监会提交下列申请材料：

（一）申请书；

（二）停业决议文件；

（三）关于处理客户资产、处置或者清退客户情况的报告；

（四）中国证监会规定的其他材料。

**第三十七条** 期货公司被撤销所有期货业务许可的，应当妥善处理客户资产，结清期货业务；公司继续存续的，应当依法办理名称、营业范围和公司章程等工商变更登记，存续公司不得继续以期货公司名义从事业务，其名称中不得有"期货"或者近似字样。

期货公司解散、破产的，应当先行妥善处理客户资产，结清业务。

**第三十八条** 期货公司设立、变更、停业、解散、破产、被撤销期货业务许可或者其分支机构设立、变更、终止，期货公司应当在中国证监会指定的媒体上公告。

**第三十九条** 期货公司及其分支机构的许可证由中国证监会统一印制。许可证正本或者副本遗失或者灭失的，期货公司应当在30个工作日内在中国证监会指定的媒体上声明作废，并持登载声明向中国证监会或期货公司分支机构所在地派出机构重新申领。

## 第三章 公司治理

**第四十条** 期货公司应当按照明晰职责、强化制衡、加强风险管理的原则，建立并完善公司治理。

**第四十一条** 期货公司与其股东、实际控制人及其他关联人在业务、人员、资产、财务等方面应当严格分开，独立经营，独立核算。

未依法经期货公司股东会或者董事会决议，期货公司股东、实际控制人不得任免期货公司的董事、监事、高级管理人员，或者非法干预期货公司经营管理活动。

期货公司向股东、实际控制人及其关联人提供服务的，不得降低风险管理要求。

**第四十二条** 期货公司应当加强关联交易管理，准确识别关联方，严格落实关联交易审批和信息披露制度，及时向公司住所地中国证监会派出机构报告关联交易情况。

期货公司股东、实际控制人和其他关联人应当遵守法律、行政法规和中国证监会关于关联交易的相关规定，不得与期货公司进行不当的关联交易，不得利用其对期货公司经营管理的影响力获取不当利益。

**第四十三条** 期货公司控股股东、第一大股东应当每年对自身遵守法律法规及监管规定情况、经营状况、履行对期货公司承诺事项和期货公司章程的情况进行自查自评，每年度结束之日起4个月内将评估报告通过期货公司报送期货公司住所地中国证监会派出机构。

**第四十四条** 期货公司主要股东或者实际控制人出现下列情形之一的，应当主动、准确、完整地在3个工作日内通知期货公司：

（一）所持有的期货公司股权被冻结或者被强制执行；

（二）质押或解除质押所持有的期货公司股权；

（三）决定转让所持有的期货公司股权；

（四）不能正常行使股东权利或者承担股东义务，可能造成期货公司治理的重大缺陷；

（五）股权变更或者业务范围、经营管理发生重大变化；

（六）董事长、总经理或者代为履行相应职务的董事、高级管理人员等发生变动；

（七）因国家法律法规、重大政策调整或者不可抗力等因素，可能对公司经营管理产生重大不利影响；

（八）涉嫌重大违法违规被有权机关调查或者采取强制措施；

（九）因重大违法违规行为受到行政处罚或者刑事

处罚；

（十）变更名称；

（十一）合并、分立或者进行重大资产、债务重组；

（十二）被采取停业整顿、撤销、接管、托管等监管措施，或者进入解散、破产、关闭程序；

（十三）其他可能影响期货公司股权变更或者持续经营的情形。

期货公司主要股东发生前款规定情形的，期货公司应当自收到通知之日起3个工作日内向期货公司住所地中国证监会派出机构报告。

期货公司实际控制人发生第一款第（八）项至第（十二）项所列情形的，期货公司应当自收到通知之日起3个工作日内向中国证监会及住所地派出机构报告。

**第四十五条** 期货公司有下列情形之一的，应当立即书面通知全体股东或进行公告，并向住所地中国证监会派出机构报告：

（一）公司或者其董事、监事、高级管理人员因涉嫌违法违规被有权机关立案调查或者采取强制措施；

（二）公司或者其董事、监事、高级管理人员因违法违规行为受到行政处罚或者刑事处罚；

（三）风险监管指标不符合规定标准；

（四）客户发生重大透支、穿仓，可能影响期货公司持续经营；

（五）发生突发事件，对期货公司或者客户利益产生或者可能产生重大不利影响；

（六）其他可能影响期货公司持续经营的情形。

中国证监会及其派出机构对期货公司及其分支机构采取《期货交易管理条例》第五十五条第二款、第四款或者第五十六条规定的监管措施或者作出行政处罚，期货公司应当书面通知全体股东或进行公告。

**第四十六条** 期货公司股东会或股东大会应当按照《公司法》和公司章程，对职权范围内的事项进行审议和表决。股东会或股东大会每年应当至少召开一次会议。期货公司股东应当按照出资比例或者所持股份比例行使表决权。

**第四十七条** 期货公司应当设立董事会，并按照《公司法》的规定设立监事会或监事，切实保障监事会和监事对公司经营情况的知情权。

期货公司可以设立独立董事，期货公司的独立董事不得在期货公司担任董事会以外的职务，不得与本期货公司存在可能妨碍其作出独立、客观判断的关系。

**第四十八条** 期货公司应当设首席风险官，对期货公司经营管理行为的合法合规性、风险管理进行监督、检查。

首席风险官发现涉嫌占用、挪用客户保证金等违法违规行为或者可能发生风险的，应当立即向住所地中国证监会派出机构和公司董事会报告。

期货公司拟解聘首席风险官的，应当有正当理由，并向住所地中国证监会派出机构报告。

**第四十九条** 期货公司的董事长、总经理、首席风险官之间不得存在近亲属关系。

**第五十条** 期货公司应当合理设置业务部门及其职能，建立岗位责任制度，不相容岗位应当分离。交易、结算、财务业务应当由不同部门和人员分开办理。

期货公司应当设立风险管理部门或者岗位，管理和控制期货公司的经营风险。

期货公司应当设立合规审查部门或者岗位，审查和稽核期货公司经营管理的合法合规性。

**第五十一条** 期货公司应当建立健全并持续完善覆盖境内外分支机构、子公司及其业务的合规管理、风险管理和内部控制体系，贯穿决策、执行、监督、反馈等各个环节，实现风险管理全覆盖。

**第五十二条** 期货公司应当对分支机构实行集中统一管理，不得与他人合资、合作经营管理分支机构，不得将分支机构承包、租赁或者委托给他人经营管理。

分支机构经营的业务不得超出期货公司的业务范围，并应当符合中国证监会对相关业务的规定。

期货公司应当按照规定对分支机构实行统一结算、统一风险管理、统一资金调拨、统一财务管理和会计核算。

**第五十三条** 期货公司设立、收购、参股的境外经营机构发生下列事项的，期货公司应当在5个工作日内向公司住所地中国证监会派出机构书面报告：

（一）注册登记、取得业务资格、设立子公司；

（二）变更名称、变更业务范围以及修改章程重要条款等；

（三）取得、变更或者注销交易所、协会等会员资格；

（四）变更董事长、总经理、合规负责人和风险管理负责人；

（五）机构或其从业人员受到境外监管机构或交易所的调查、纪律处分或处罚；

（六）预计发生重大亏损或者遭受超过净资产10%的重大损失；

（七）与期货公司及其关联方发生重大关联交易；

（八）按规定应当向境外监管机构报告的重大事项；
（九）中国证监会规定的其他重大事项。

**第五十四条** 期货公司应当在每月结束之日起7个工作日内报送设立、收购的境外经营机构的上一月度主要财务数据及业务情况。

期货公司应当在每会计年度结束之日起4个月内报送上一年度境外经营机构经审计的财务报告、审计报告以及年度工作报告，年度工作报告的内容包括但不限于：持牌情况、业务开展情况、财务状况、下属机构以及被境外监管机构采取监管措施或处罚等情况。

**第五十五条** 期货公司可以按照规定，运用自有资金投资于股票、投资基金、债券等金融类资产，与业务相关的股权以及中国证监会规定的其他业务，但不得从事《期货交易管理条例》禁止的业务。

## 第四章 业务规则

### 第一节 一般规定

**第五十六条** 期货公司应当建立并有效执行风险管理、内部控制、期货保证金存管等业务制度和流程，有效隔离不同业务之间的风险，确保客户资产安全和交易安全。

**第五十七条** 期货公司应当按照规定实行投资者适当性管理制度，建立执业规范和内部问责机制，了解客户的经济实力、专业知识、投资经历和风险偏好等情况，审慎评估客户的风险承受能力，提供与评估结果相适应的产品或者服务。

期货公司应当向客户全面客观介绍相关法律法规、业务规则、产品或者服务的特征，充分揭示风险，并按照合同的约定，如实向客户提供相关的资料、信息，不得欺诈或者误导客户。

期货公司应充分了解和评估客户风险承受能力，加强对客户的管理。

期货公司应当承担各项产品和服务的投资者教育义务，保障必要费用和人员配备，将投资者教育纳入各业务环节。

**第五十八条** 期货公司应当在本公司网站、营业场所等公示业务流程。

期货公司应当提供从业人员资格证书等资料供客户查阅，并在本公司网站和营业场所提示客户可以通过中国期货业协会网站查询。

**第五十九条** 期货公司应当承担投资者投诉处理的首要责任，建立、健全客户投诉处理制度，公开投诉处理流程，妥善处理客户投诉及与客户的纠纷。

**第六十条** 期货公司应当建立数据备份制度，对交易、结算、财务等数据进行备份管理。

期货公司应当妥善保存客户开户资料、委托记录、交易记录与内部管理、业务经营有关的各项资料，任何人不得隐匿、伪造、篡改或者毁损，除依法接受调查和检查外，应当为客户保密，不得非法提供给他人。客户资料保存期限自账户销户之日起不得少于20年。

### 第二节 期货经纪业务

**第六十一条** 期货公司不得接受下列单位和个人的委托，为其进行期货交易：
（一）国家机关和事业单位；
（二）中国证监会及其派出机构、期货交易所、期货保证金安全存管监控机构、中国期货业协会工作人员及其配偶；
（三）期货公司工作人员及其配偶；
（四）证券、期货市场禁止进入者；
（五）未能提供开户证明材料的单位和个人；
（六）中国证监会规定的不得从事期货交易的其他单位和个人。

**第六十二条** 客户应当以自己的名义向期货公司提出开户申请，出具合法有效的单位、个人身份证明或者其他证明材料，如实提供相关信息和材料，承诺资金来源合法，对拟开立的账户与其他账户存在实际控制关系的，应当在开户时向期货公司披露。期货公司应当及时向期货交易所、期货保证金安全存管监控机构报告。

期货公司应当充分告知客户有关实际控制关系账户管理的规定，对客户实际控制关系账户的申报和变更进行管理。

**第六十三条** 期货公司应当对客户开户信息和资料进行审核。开户信息和资料不真实、不准确和不完整的，期货公司不得为其办理开户手续。

**第六十四条** 期货公司在为客户开立期货经纪账户前，应当向客户出示《期货交易风险说明书》，由客户签字确认，并签订期货经纪合同。

《〈期货经纪合同〉指引》和《期货交易风险说明书》由中国期货业协会制定。

**第六十五条** 客户可以通过书面、电话、计算机、互联网等委托方式下达交易指令。

期货公司应当建立交易指令委托管理制度，并与客户就委托方式和程序进行约定。期货公司应当按照客户委托下达交易指令，不得未经客户委托或者未按客户委托内容,擅自进行期货交易。期货公司从业人员不得私下接受客户委托进行期货交易。

以书面方式下达交易指令的,客户应当填写书面交易指令单;以电话方式下达交易指令的,期货公司应当同步录音;以计算机、互联网等委托方式下达交易指令的,期货公司应当以适当方式保存。以互联网方式下达交易指令的,期货公司应当对互联网交易风险进行特别提示。

第六十六条 期货公司应当进行客户交易指令审核。期货公司应当在传递交易指令前对客户账户资金和持仓进行验证。

期货公司应当按照时间优先的原则传递客户交易指令。

第六十七条 期货公司应当建立健全客户交易行为管理制度,发现客户交易指令涉嫌违法违规或者出现交易异常的,应当及时向期货交易所、期货保证金安全存管监控机构及住所地中国证监会派出机构报告。

第六十八条 期货公司应当在每日结算后为客户提供交易结算报告,并提示客户可以通过期货保证金安全存管监控机构进行查询。客户应当按照期货经纪合同约定方式对交易结算报告内容进行确认。

客户对交易结算报告有异议的,应当在期货经纪合同约定的时间内以书面方式提出,期货公司应当在约定时间内进行核实。客户未在约定时间内提出异议的,视为对交易结算报告内容的确认。

第六十九条 期货公司应当制定并执行错单处理业务规则。

第七十条 期货公司应当按照规定为客户申请、注销交易编码。客户与期货公司的委托关系终止的,应当办理销户手续。期货公司不得将客户未注销的资金账号、交易编码借给他人使用。

第七十一条 期货公司为境外交易者和境外经纪机构提供境内特定品种期货交易、结算服务的,应当遵守法律、行政法规及中国证监会的有关规定。

第七十二条 期货公司可以按照规定委托其他机构或者接受其他机构委托从事中间介绍业务。

### 第三节 期货投资咨询业务

第七十三条 期货公司可以依法从事期货投资咨询业务,接受客户委托,向客户提供风险管理顾问、研究分析、交易咨询等服务。

第七十四条 期货公司从事期货投资咨询业务,应当与客户签订服务合同,明确约定服务内容、收费标准及纠纷处理方式等事项。

第七十五条 期货公司及其从业人员从事期货投资咨询业务,不得有下列行为:

(一)向客户做出保证其资产本金不受损失或者取得最低收益的承诺;

(二)以虚假信息、市场传言或者内幕信息为依据向客户提供期货投资咨询服务;

(三)对价格涨跌或者市场走势做出确定性的判断;

(四)利用向客户提供投资建议谋取不正当利益;

(五)利用期货投资咨询活动传播虚假、误导性信息;

(六)以个人名义收取服务报酬;

(七)法律、行政法规和中国证监会规定禁止的其他行为。

### 第四节 资产管理业务

第七十六条 期货公司可以依法从事资产管理业务,接受客户委托,运用客户资产进行投资。投资收益由客户享有,损失由客户承担。

第七十七条 期货公司从事资产管理业务,应当与客户签订资产管理合同,通过专门账户提供服务。

第七十八条 期货公司可以依法从事下列资产管理业务:

(一)为单一客户办理资产管理业务;

(二)为特定多个客户办理资产管理业务。

第七十九条 期货公司及其从业人员从事资产管理业务,不得有下列行为:

(一)以欺诈手段或者其他不当方式误导、诱导客户;

(二)向客户做出保证其资产本金不受损失或者取得最低收益的承诺;

(三)接受客户委托的初始资产低于中国证监会规定的最低限额;

(四)占用、挪用客户委托资产;

(五)以转移资产管理账户收益或者亏损为目的,在不同账户之间进行买卖,损害客户利益;

(六)以获取佣金或者其他利益为目的,使用客户资产进行不必要的交易;

(七)利用管理的客户资产为第三方谋取不正当利益,进行利益输送;

(八)利用或协助客户利用资管账户规避期货交易所限仓管理规定;

(九)违反投资者适当性要求,通过拆分资产管理产品等方式,向风险承受能力低于产品风险等级的投资者销售资产管理产品；

（十）法律、行政法规以及中国证监会规定禁止的其他行为。

第八十条　期货公司从事资产管理业务，除应当符合本办法规定外，还应当符合中国证监会关于期货公司从事资产管理业务的其他规定。

## 第五章　客户资产保护

第八十一条　客户的保证金和委托资产属于客户资产，归客户所有。客户资产应当与期货公司的自有资产相互独立、分别管理。非因客户本身的债务或者法律、行政法规规定的其他情形，不得查封、冻结、扣划或者强制执行客户资产。期货公司破产或者清算时，客户资产不属于破产财产或者清算财产。

第八十二条　期货公司应当在期货保证金存管银行开立期货保证金账户。

期货公司开立、变更或者撤销期货保证金账户的，应于当日向期货保证金安全存管监控机构备案，并通过规定方式向客户披露账户开立、变更或者撤销情况。

第八十三条　客户应当向期货公司登记以本人名义开立的用于存取期货保证金的结算账户。

期货公司和客户应当通过备案的期货保证金账户和登记的期货结算账户转账存取保证金。

第八十四条　期货公司存管的客户保证金应当全额存放在期货保证金账户和期货交易所专用结算账户内，严禁在期货保证金账户和期货交易所专用结算账户之外存放。

第八十五条　期货公司应当按照规定及时向期货保证金安全存管监控机构报送信息。

第八十六条　期货保证金存管银行未按规定向期货保证金安全存管监控机构报送信息，被期货交易所采取自律监管措施或者被中国证监会采取监管措施、处以行政处罚的，期货公司应当暂停在该存管银行开立期货保证金账户，并将期货保证金转存至其他符合规定的期货保证金存管银行。

第八十七条　期货公司应当按照期货交易所规则，缴纳结算担保金，并维持最低数额的结算准备金等专用资金，确保客户正常交易。

第八十八条　除依据《期货交易管理条例》第二十八条划转外，任何单位或者个人不得以任何形式占用、挪用客户保证金。

客户在期货交易中违约造成保证金不足的，期货公司应当以风险准备金和自有资金垫付，不得占用其他客户保证金。

期货公司应当按照规定提取、管理和使用风险准备金，不得挪作他用。

## 第六章　信息系统管理

第八十九条　期货公司应当具有符合行业标准和自身业务发展需要的信息系统，制定信息技术管理制度，按照规定设置信息技术部门或岗位，保障信息系统安全运行。

第九十条　期货公司应当将合规与风险管理贯穿信息技术管理的各个环节，建立相应的审查、测试、监测和应急处置机制。

第九十一条　期货公司运用信息系统从事期货业务活动前，应当进行内部审查，验证下列事项并建立存档记录：

（一）信息系统的功能设计与技术实现应当遵循业务合规的原则，各项功能符合法律、行政法规以及中国证监会的规定；

（二）风险管理系统功能完备、权限清晰，能够正常运行；

（三）信息系统的安全防护措施能够保障经营数据和客户信息的安全、完整；

（四）期货公司运行管理能力和信息系统备份能力能够保障信息系统的安全运行；

（五）可能影响信息系统运行连续性、合规性、安全性的其他事项。

第九十二条　期货公司应当建立独立于生产环境的专用信息系统开发测试环境，运用信息系统从事期货业务活动前应当进行测试。

第九十三条　期货公司应当通过自身具有管理权限的信息系统直接接受客户交易指令，不得允许或者配合其他机构、个人截取、留存客户信息，不得以任何方式向其他机构、个人违规提供客户信息，法律、行政法规以及中国证监会另有规定的除外。

期货公司发现其他机构、个人违规传输、转发、存储或者使用本公司经营数据和客户信息的，应当及时向公司住所地中国证监会派出机构报告，并评估影响范围、排查泄露途径。如涉及业务合作机构的，期货公司应当立即终止与其合作。

第九十四条　期货公司应当建立健全信息系统安全监测机制，设立监测指标并持续监测重要信息系统的运行状况。

期货公司应当跟踪监测发现的异常情形，及时处理并定期开展评估分析。

**第九十五条** 期货公司应当建立信息系统安全应急处置和报告机制,及时处置重大异常情况和突发信息安全事件,尽快恢复信息系统的正常运行,并向中国证监会及其派出机构和期货交易所报告。

**第九十六条** 期货公司重要信息系统部署以及所承载数据的管理,应当符合法律法规等规定。

**第九十七条** 期货公司应当建立健全外部接入信息系统管理制度。期货公司信息系统接入外部信息系统的,应当对接入的外部信息系统开展合规评估、风险评估和技术系统测试,保证接入的外部信息系统的合规性和安全性,并按照期货交易所、中国期货业协会的要求报告接入方及接入信息系统情况,不得违规为客户提供信息系统外部接入服务。

**第九十八条** 期货公司委托信息技术服务机构提供信息技术服务,应当建立内部审查、评估和管理机制。期货公司依法应当承担的相应责任不因委托而免除或减轻。

期货信息技术服务机构应当遵守法律、行政法规及中国证监会的相关规定。

## 第七章 监督管理

**第九十九条** 期货公司应当按照规定报送年度报告、月度报告等资料。

期货公司法定代表人、经营管理主要负责人、首席风险官、财务负责人应当对年度报告和月度报告签署确认意见;监事会或监事应对年度报告进行审核并提出书面审核意见;期货公司董事应当对年度报告签署确认意见。

期货公司年度报告、月度报告签字人员应当保证报告内容真实、准确、完整;对报告内容有异议的,应当注明意见和理由。

**第一百条** 中国证监会及其派出机构可以要求下列机构或者个人,在指定期限内报送与期货公司经营相关的资料:

(一)期货公司及其董事、监事、高级管理人员及其他工作人员;

(二)期货公司股东、实际控制人或者其他关联人;

(三)期货公司控股、参股或实际控制的企业;

(四)为期货公司提供相关服务的会计师事务所、律师事务所、资产评估机构等中介服务机构。

报送、提供或者披露的资料、信息应当真实、准确、完整,不得有虚假记载、误导性陈述或者重大遗漏。

**第一百零一条** 期货公司主要股东、实际控制人或者其他关联人在期货公司从事期货交易的,期货公司应当自开户之日起5个工作日内向住所地中国证监会派出机构报告开户情况,并定期报告交易情况。

**第一百零二条** 发生下列事项之一的,期货公司应当在5个工作日内向住所地中国证监会派出机构书面报告:

(一)变更公司名称、形式、章程;

(二)同比例增减资;

(三)变更股权或注册资本,且不涉及新增持有5%以上股权的股东;

(四)变更分支机构负责人或者营业场所;

(五)作出终止业务等重大决议;

(六)被有权机关立案调查或者采取强制措施;

(七)发生影响或者可能影响期货公司经营管理、财务状况或者客户资产安全等重大事件;

(八)中国证监会规定的其他事项。

上述事项涉及期货公司分支机构的,期货公司应当同时向分支机构住所地中国证监会派出机构书面报告。

**第一百零三条** 期货公司聘请或者解聘会计师事务所的,应当自作出决定之日起5个工作日内向住所地中国证监会派出机构报告;解聘会计师事务所的,应当说明理由。

**第一百零四条** 期货公司应当按照规定,公示基本情况、历史情况、分支机构基本情况、董事及监事信息、高级管理人员及从业人员信息、公司股东信息、公司诚信记录以及中国证监会要求的其他信息。

期货公司公示信息及其他重大事项发生变更的,应当自变更之日起5个工作日内在中国证监会有关监管信息系统中进行更新。

**第一百零五条** 中国证监会可以按照规定对期货公司进行分类监管。

**第一百零六条** 中国证监会及其派出机构可以对期货公司及其分支机构进行定期或者不定期现场检查。

中国证监会及其派出机构依法进行现场检查时,检查人员不得少于2人,并应当出示合法证件和检查通知书,必要时可以聘请外部专业人士协助检查。

中国证监会及其派出机构可以对期货公司子公司以及期货公司的股东、实际控制人进行延伸检查。

**第一百零七条** 中国证监会及其派出机构对期货公司及其分支机构进行检查,有权采取下列措施:

(一)询问期货公司及其分支机构的工作人员,要求其对被检查事项作出解释、说明;

（二）查阅、复制与被检查事项有关的文件、资料；

（三）查询期货公司及其分支机构的客户资产账户；

（四）检查期货公司及其分支机构的信息系统，调阅交易、结算及财务数据。

**第一百零八条** 中国证监会及其派出机构认为期货公司可能存在下列情形之一的，可以要求其聘请中介服务机构进行专项审计、评估或者出具法律意见：

（一）期货公司年度报告、月度报告或者临时报告等存在虚假记载、误导性陈述或者重大遗漏；

（二）违反客户资产保护、期货保证金安全存管监控规定或者风险监管指标管理规定；

（三）中国证监会根据审慎监管原则认定的其他情形。

期货公司应当配合中介服务机构工作。

**第一百零九条** 期货公司及其分支机构、期货公司负有责任的董事、监事、高级管理人员以及其他直接责任人员违反本办法有关规定的，中国证监会及其派出机构可以对其采取监管谈话、责令改正、出具警示函等监管措施。

**第一百一十条** 期货公司或其分支机构有下列情形之一的，中国证监会及其派出机构可以依据《期货交易管理条例》第五十五条规定采取监管措施：

（一）公司治理不健全，部门或者岗位设置存在较大缺陷，关键业务岗位人员缺位或者未履行职责，可能影响期货公司持续经营；

（二）业务规则不健全或者未有效执行，风险管理或者内部控制等存在较大缺陷，经营管理混乱，可能影响期货公司持续经营或者可能损害客户合法权益；

（三）不符合有关客户资产保护或者期货保证金安全存管监控规定，可能影响客户资产安全；

（四）未按规定执行分支机构统一管理制度，经营管理存在较大风险或者风险隐患；

（五）未按规定实行投资者适当性管理制度，存在较大风险或者风险隐患；

（六）未按规定委托或者接受委托从事中间介绍业务；

（七）交易、结算或者财务信息系统存在重大缺陷，可能造成有关数据失真或者损害客户合法权益；

（八）信息系统不符合规定或者未按照规定要求实施信息系统管理，存在较大风险或者风险隐患；

（九）违规开展关联交易，可能影响持续经营；

（十）未按规定实施外部接入信息系统管理，存在较大风险或者风险隐患；

（十一）未按规定调拨和使用自有资金，存在较大风险或者风险隐患；

（十二）未按规定从事资产管理业务，存在较大风险或者风险隐患；

（十三）设立、收购、参股境外经营机构不符合本办法有关规定，存在较大风险或者风险隐患；

（十四）未按规定履行对境外经营机构的管理责任，导致境外经营机构运营不合规或者出现较大风险的；

（十五）股东、实际控制人或者其他关联人停业、发生重大风险或者涉嫌严重违法违规，可能影响期货公司治理或者持续经营；

（十六）存在重大纠纷、仲裁、诉讼，可能影响持续经营；

（十七）未按规定进行信息报送、披露或者报送、披露的信息存在虚假记载、误导性陈述或者重大遗漏；

（十八）其他不符合持续性经营规则规定或者出现其他经营风险的情形。

对经过整改仍未达到经营条件的分支机构，中国证监会派出机构有权依法关闭。

**第一百一十一条** 期货公司股东、实际控制人、其他关联人，为期货公司提供相关服务的会计师事务所、律师事务所、资产评估机构等中介服务机构违反本办法规定的，中国证监会及其派出机构可以对其采取监管谈话、责令改正、出具警示函等监管措施。

**第一百一十二条** 期货公司的股东、实际控制人或者其他关联人有下列情形之一的，中国证监会及其派出机构可以责令其限期整改：

（一）虚假出资、出资不实、抽逃出资的；

（二）违规使用委托资金、负债资金等投资入股的；

（三）股权转让过程中，在股权转让完成前推荐股权受让方相关人员担任期货公司董事、监事、高级管理人员或者出让股权依法应经中国证监会批准的，在批准前，让渡或者变相让渡表决权予股权受让方；

（四）占用期货公司资产；

（五）直接任免期货公司董事、监事、高级管理人员，或者非法干预期货公司经营管理活动；

（六）股东未按照出资比例或者所持股份比例行使表决权；

（七）报送、提供或者出具的材料、信息或者报告等存在虚假记载、误导性陈述或者重大遗漏；

（八）违规开展关联交易；

（九）拒绝或阻碍中国证监会或其派出机构进行调查核实；

（十）不配合中国证监会或其派出机构开展风险处置；

（十一）其他损害期货公司及其客户合法利益，扰乱期货市场秩序的行为。

因前款情形致使期货公司不符合持续性经营规则或者出现经营风险的，中国证监会及其派出机构可以依据《期货交易管理条例》第五十五条的规定责令控股股东转让股权或者限制有关股东行使股东权利。

第一百一十三条　未经中国证监会或其派出机构批准，任何个人或者单位及其关联人擅自持有期货公司5%以上股权，或者通过提供虚假申请材料等方式成为期货公司股东的，中国证监会或其派出机构可以责令其限期转让股权。该股权在转让之前，不具有表决权、分红权。

### 第八章　法律责任

第一百一十四条　期货公司及其分支机构接受未办理开户手续的单位或者个人委托进行期货交易，或者将客户的资金账号、交易编码借给其他单位或者个人使用的，给予警告，单处或者并处3万元以下罚款。

第一百一十五条　期货公司及其分支机构有下列行为之一的，根据《期货交易管理条例》第六十六条处罚：

（一）未按规定实行投资者适当性管理制度，损害客户合法权益；

（二）未按规定将客户资产与期货公司自有资产相互独立、分别管理；

（三）在期货保证金账户和期货交易所专用结算账户之外存放客户保证金；

（四）占用客户保证金；

（五）向期货保证金安全存管监控机构报送的信息存在虚假记载、误导性陈述或者重大遗漏；

（六）违反期货保证金安全存管监控管理相关规定，损害客户合法权益；

（七）未按规定缴存结算担保金，或者未能维持最低数额的结算准备金等专用资金；

（八）在传递交易指令前未对客户账户资金和持仓进行验证；

（九）违反中国证监会有关结算业务管理规定，损害其他期货公司及其客户合法权益；

（十）信息系统不符合规定或未按照规定要求实施信息系统管理，损害客户合法权益或者扰乱期货市场秩序；

（十一）未按规定实施外部接入信息系统管理，损害客户合法权益或者扰乱期货市场秩序；

（十二）违反中国证监会风险监管指标规定；

（十三）违反规定从事期货投资咨询或者资产管理业务，情节严重的；

（十四）设立、收购、参股境外经营机构不符合本办法有关规定，情节严重或者出现严重后果的；

（十五）未按规定履行对境外经营机构的管理责任，导致境外经营机构违法经营或者出现重大风险的；

（十六）违反规定委托或者接受其他机构委托从事中间介绍业务，损害客户合法权益；

（十七）违规开展关联交易，情节严重的；

（十八）对股东、实际控制人及其关联人降低风险管理要求，侵害其他客户合法权益；

（十九）以合资、合作、联营方式设立分支机构，或者将分支机构承包、出租给他人，或者违反分支机构集中统一管理规定；

（二十）拒不配合、阻碍或者破坏中国证监会及其派出机构的监督管理；

（二十一）违反期货投资者保障基金管理规定。

第一百一十六条　期货公司及其分支机构有下列情形之一的，根据《期货交易管理条例》第六十七条处罚：

（一）发布虚假广告或者进行虚假宣传，诱骗客户参与期货交易；

（二）不按照规定变更或者撤销期货保证金账户，或者不按照规定方式向客户披露期货保证金账户信息。

第一百一十七条　期货公司因治理结构不健全、内部控制不完善，未按有关规定履行对子公司的管理职责，导致子公司违法经营或者出现重大风险的，对期货公司及其直接负责的董事、监事、高级管理人员和其他直接责任人员，依照《期货交易管理条例》第六十六条处罚。

第一百一十八条　会计师事务所、律师事务所、资产评估机构等中介服务机构不按照规定履行报告义务，提供或者出具的材料、报告、意见不完整，责令改正，没收业务收入，单处或者并处3万元以下罚款。对直接负责的主管人员和其他责任人员给予警告，并处3万元以下罚款。

第一百一十九条　未经中国证监会或其派出机构批准，任何个人或者单位及其关联人擅自持有期货公司5%以上股权，或者通过提供虚假申请材料等方式成为期货公司股东，情节严重的，给予警告，单处或者并处3万元以下罚款。

第一百二十条  期货公司股东、实际控制人或者其他关联人等有下列情形之一，除法律、行政法规另有规定外，给予警告，单独或者并处三万元以下罚款。对直接负责的主管人员和其他直接责任人员，给予警告，单独或者并处三万元以下罚款：

（一）违规使用委托资金、负债资金等投资入股，情节严重的；

（二）股权转让过程中，在股权转让完成前推荐股权受让方相关人员担任期货公司董事、监事、高级管理人员或者出让股权依法应经中国证监会批准的，在批准前，让渡或者变相让渡表决权予股权受让方，情节严重的；

（三）占用期货公司资产；

（四）直接任免期货公司董事、监事、高级管理人员，或者非法干预期货公司经营管理活动，情节严重的；

（五）股东未按照出资比例或者所持股份比例行使表决权，情节严重的；

（六）违规开展关联交易，情节严重的；

（七）其他损害期货公司及其客户合法利益，严重扰乱期货市场秩序的行为。

## 第九章  附  则

第一百二十一条  经中国证监会批准，其他期货经营机构可以从事特定期货业务。具体办法由中国证监会另行制定。

第一百二十二条  期货公司参与其他交易场所交易的，应当遵守法律、行政法规、中国证监会的规定及其他交易场所业务规则的规定。

第一百二十三条  本办法下列用语的含义：

（一）期货公司主要股东，是指持有期货公司5%以上股权的法人、非法人组织或者自然人。

（二）外部接入信息系统，是指通过期货公司交易信息系统接口或其他信息技术手段接入期货公司交易信息系统，且期货公司不具有管理权限的客户交易系统。

第一百二十四条  本办法中所称金融资产包括银行存款、股票、债券、基金份额、资产管理计划、银行理财产品、信托计划、保险产品、期货权益等。

第一百二十五条  本办法自公布之日起施行。2014年10月29日发布的《期货公司监督管理办法》（证监会令第110号）同时废止。

## 期货公司信息公示管理规定

- 2009年10月22日中国证券监督管理委员会公告〔2009〕28号公布
- 根据2022年8月12日中国证券监督管理委员会公告〔2022〕43号《关于修改、废止部分证券期货规范性文件的决定》修正

为保护交易者合法权益，发挥社会监督功能，提高期货市场透明度，根据《中华人民共和国期货和衍生品法》（以下简称《期货和衍生品法》）、《期货交易管理条例》《期货公司监督管理办法》等有关法规规章，现对期货公司信息公示做出如下规定：

一、本规定的信息公示是指期货公司通过中国证监会指定的期货公司信息公示平台（http://www.cfachina.org，以下简称公示平台），将期货公司及其分支机构基本情况、高级管理人员及从业人员信息、公司股东信息、诚信记录等信息，以及中国证监会规定的其他信息，向社会公开的活动。

二、期货公司应当按照本规定的要求，公示以下信息：

（一）公司基本情况。包括公司名称、许可证号、经营范围、注册资本、公司住所、法定代表人、办公地址和邮编、客户服务及投诉电话、公司网址、公司电子邮箱等。

（二）公司历史情况。包括公司成立、名称变更、改制重组和增资扩股等。

（三）公司分支机构基本情况。包括分支机构的名称、所在地、设立时间、许可证号、负责人、详细地址、客户服务及投诉电话等。

（四）公司董事、监事和高级管理人员信息。包括期货公司董事、监事和高级管理人员的姓名、性别、职务、任职时间等。

（五）公司从业人员信息。包括期货从业人员的姓名、性别、职务、任职时间等。

（六）公司股东信息。包括期货公司股东名称、注册资本、法定代表人、所属行业、经济类型、持股比例、入股时间、办公地址、公司网址等。

（七）公司诚信记录。包括监管部门实施的行政处罚等。

（八）中国证监会要求的其他信息。鼓励期货公司公示除以上信息以外的其他信息。

三、期货公司应当在公司网站开辟信息公示专栏，公示的信息内容不得少于在公示平台公开的信息。

四、期货公司应当在营业场所的信息公示栏中、公告公示平台和公司网址、从业人员信息以及投诉、服务电话等信息。

五、期货公司应当保证公示信息的真实、准确、完整和及时。

六、期货公司应当按照本规定的要求，制定信息公示管理制度，明确公示的内容、标准、流程、职责和责任追究等事项，信息公示管理制度应当经公司董事会审议通过，报公司住所地中国证监会派出机构和中国期货业协会备案。

七、期货公司应当指定一名高级管理人员专门负责信息公示工作，并确定专门部门办理信息公示和持续更新工作，报公司住所地中国证监会派出机构备案。

八、期货公司董事、监事和高管人员应当持续关注信息公示文件的编制情况，保证公示事项在规定期限内公开。

九、期货公司法定代表人、经营管理主要负责人、首席风险官、信息公示负责人、其他责任人应当对公示信息签字确认，如对公示信息持有异议的，应当书面注明意见和理由，并向公司住所地中国证监会派出机构报告。

十、期货公司应当通过公示平台对拟公示信息进行在线填报。

期货公司首次公示的信息，应当于2009年12月20日前填报完毕，报告住所地中国证监会派出机构后，统一由中国期货业协会进行网上公示。

十一、公示信息发生变化的，期货公司应当及时通过公示平台在线填报，更新相关内容，并立即报告住所地中国证监会派出机构。本规定第二条第（一）项至第（七）项内容发生变化的，期货公司应当在5个工作日内进行更新并报告住所地中国证监会派出机构。

十二、期货公司应当在开户时将公示平台和公司网址书面告知交易者，并在客户交易系统中提示相关事宜。

十三、期货公司填报和更新应公示信息不真实、不准确、不完整和不及时的，或者存在虚假、误导性陈述或者重大遗漏的，中国证监会及其派出机构将依据《期货和衍生品法》《期货交易管理条例》《期货公司监督管理办法》的有关规定采取监管措施，责令整改；情节严重的，将依法追究有关单位和人员的责任。

附件：期货公司信息公示附表（略）

# 期货交易所管理办法

· 2023年3月29日中国证券监督管理委员会令第219号公布
· 自2023年5月1日起施行

## 第一章 总 则

**第一条** 为了加强对期货交易所的监督管理，明确期货交易所职责，维护期货市场秩序，促进期货市场积极稳妥发展，根据《中华人民共和国民法典》《中华人民共和国期货和衍生品法》（以下简称《期货和衍生品法》）《中华人民共和国公司法》《期货交易管理条例》，制定本办法。

**第二条** 本办法适用于在中华人民共和国境内设立的期货交易所。

**第三条** 本办法所称期货交易所是指依照《期货和衍生品法》《期货交易管理条例》和本办法规定设立，履行《期货和衍生品法》《期货交易管理条例》和本办法规定的职责，按照章程和业务规则，实行自律管理的法人。

本办法所称的期货交易所内部设有结算部门，依法履行期货结算机构职责，符合期货结算机构应当具备的条件。

**第四条** 期货交易所根据《中国共产党章程》设立党组织，发挥领导作用，把方向、管大局、保落实，依照规定讨论和决定交易所重大事项，保证监督党和国家的方针、政策在交易所得到全面贯彻落实。

**第五条** 期货交易所组织期货交易及其相关活动，应当遵循社会公共利益优先原则，维护市场的公平、有序、透明。

**第六条** 中国证券监督管理委员会（以下简称中国证监会）依法对期货交易所实行集中统一的监督管理。

## 第二章 设立、变更与终止

**第七条** 设立期货交易所，由中国证监会批准。未经中国证监会批准，任何单位或者个人不得设立期货交易场所或者以任何形式组织期货交易及其相关活动。

**第八条** 期货交易所可以采取会员制或者公司制的组织形式。

会员制期货交易所的注册资本或者开办资金划分为均等份额，由会员出资认缴。

公司制期货交易所采用股份有限公司的组织形式。

**第九条** 期货交易所应当在其名称中标明"商品交易所"或者"期货交易所"等字样。其他任何单位或者个人不得使用"期货交易所"或者其他可能产生混淆或者误导的名称。

第十条　期货交易所应当履行下列职责：

（一）提供交易的场所、设施和服务；

（二）组织期货交易的结算、交割；

（三）制定并实施期货交易所的业务规则；

（四）设计期货合约、标准化期权合约品种，安排期货合约、标准化期权合约品种上市；

（五）对期货交易进行实时监控和风险监测；

（六）发布市场信息；

（七）办理与期货交易的结算、交割有关的信息查询业务；

（八）依照章程和业务规则对会员、交易者、期货服务机构等进行自律管理；

（九）开展交易者教育和市场培育工作；

（十）保障信息技术系统的安全、稳定；

（十一）查处违规行为；

（十二）中国证监会规定的其他职责。

第十一条　申请设立期货交易所，应当向中国证监会提交下列文件和材料：

（一）申请书；

（二）章程和交易规则、结算规则草案；

（三）期货交易所的经营计划；

（四）拟加入会员或者股东名单；

（五）理事会成员候选人或者董事会成员名单及简历；

（六）拟任用高级管理人员的名单及简历；

（七）场地、设备、资金证明文件及情况说明；

（八）中国证监会规定的其他文件、材料。

第十二条　期货交易所章程应当载明下列事项：

（一）设立目的和职责；

（二）名称、住所和营业场所；

（三）注册资本或者开办资金及其构成；

（四）营业期限；

（五）组织机构的组成、职责、任期和议事规则；

（六）管理人员的产生、任免及其职责；

（七）基本业务制度；

（八）风险准备金管理制度；

（九）财务会计、内部控制制度；

（十）变更、终止的条件、程序及清算办法；

（十一）章程修改程序；

（十二）需要在章程中规定的其他事项。

第十三条　除本办法第十二条规定的事项外，会员制期货交易所章程还应当载明下列事项：

（一）会员资格及其管理办法；

（二）会员的权利和义务；

（三）对会员的纪律处分。

第十四条　期货交易所交易规则、结算规则应当载明下列事项：

（一）期货交易、结算和交割制度；

（二）风险管理制度和交易异常情况的处理程序；

（三）保证金的管理和使用制度；

（四）期货交易信息的发布办法；

（五）违规、违约行为及其处理办法；

（六）交易纠纷的处理方式；

（七）需要在交易规则、结算规则中载明的其他事项。

公司制期货交易所还应当在交易规则、结算规则中载明本办法第十三条规定的事项。

第十五条　期货交易所变更名称、注册资本或者开办资金、组织形式、股权结构的，应当由中国证监会批准。

第十六条　期货交易所合并、分立的，应当事前向中国证监会报告。

期货交易所合并可以采取吸收合并和新设合并两种方式，合并前各方的债权、债务由合并后存续或者新设的期货交易所承继。

期货交易所分立的，其债权、债务由分立后的期货交易所承继。期货交易所与债权人、债务人另有约定的除外。

第十七条　期货交易所联网交易的，应当于决定之日起十日内报告中国证监会。

第十八条　未经中国证监会批准，期货交易所不得设立分所或者其他任何期货交易场所。

第十九条　期货交易所因下列情形之一解散：

（一）章程规定的营业期限届满；

（二）会员大会或者股东大会决定解散；

（三）中国证监会决定关闭。

期货交易所解散的，应当由中国证监会批准。

第二十条　期货交易所因合并、分立或者解散而终止的，由中国证监会予以公告。

期货交易所终止的，应当成立清算组进行清算。清算组制定的清算方案，应当事前向中国证监会报告。

## 第三章　组织机构

### 第一节　会员制期货交易所

第二十一条　会员制期货交易所设会员大会。会员大会是期货交易所的权力机构,由全体会员组成。

**第二十二条** 会员大会行使下列职权:

(一)审定期货交易所章程、交易规则、结算规则及其修改草案;

(二)选举、更换会员理事;

(三)审议批准理事会和总经理的工作报告;

(四)审议批准期货交易所的财务预算方案、决算报告;

(五)审议期货交易所风险准备金使用情况;

(六)决定增加或者减少期货交易所注册资本或者开办资金;

(七)决定期货交易所的合并、分立、变更组织形式、解散和清算事项;

(八)决定期货交易所理事会提交的其他重大事项;

(九)期货交易所章程规定的其他职权。

**第二十三条** 会员大会由理事会召集,理事长主持,每年召开一次。有下列情形之一的,应当召开临时会员大会:

(一)会员理事不足期货交易所章程规定人数的三分之二;

(二)三分之一以上会员联名提议;

(三)理事会认为必要;

(四)期货交易所章程规定的其他情形。

会员大会可以采取现场会议、视频会议或其他通讯方式召开。

**第二十四条** 召开会员大会,应当将会议审议的事项、会议召开的方式、时间和地点于会议召开十日前通知会员。临时会员大会不得对通知中未列明的事项作出决议。

**第二十五条** 会员大会有三分之二以上会员参加方为有效。会员大会应当对表决事项制作会议纪要,由出席会议的理事签名。

会员大会结束之日起十日内,期货交易所应当将大会全部文件报告中国证监会。

**第二十六条** 期货交易所设理事会,每届任期三年。理事会是会员大会的常设机构,对会员大会负责。

**第二十七条** 理事会行使下列职权:

(一)召集会员大会,并向会员大会报告工作;

(二)拟订期货交易所章程、交易规则、结算规则及其修改草案,提交会员大会审定;

(三)审议总经理提出的财务预算方案、决算报告,提交会员大会通过;

(四)审议期货交易所合并、分立、变更组织形式、解散和清算的方案,提交会员大会通过;

(五)决定专门委员会的设置;

(六)决定会员的接纳和退出;

(七)决定对违规行为的纪律处分;

(八)决定期货交易所变更名称、住所或者营业场所;

(九)审议批准根据章程和交易规则、结算规则制定的细则和办法;

(十)审议结算担保金的使用情况;

(十一)审议批准风险准备金的使用方案;

(十二)审议批准总经理提出的期货交易所发展规划和年度工作计划;

(十三)审议批准期货交易所收费项目、收费管理办法;

(十四)审议批准期货交易所对外投资计划;

(十五)监督总经理组织实施会员大会和理事会决议的情况;

(十六)监督期货交易所高级管理人员和其他工作人员遵守国家有关法律、行政法规、规章、政策和期货交易所章程、业务规则的情况;

(十七)组织期货交易所年度财务会计报告的审计工作,决定会计师事务所的聘用和变更事项;

(十八)期货交易所章程规定和会员大会授予的其他职权。

**第二十八条** 理事会由会员理事和非会员理事组成;其中会员理事由会员大会选举产生,非会员理事由中国证监会委派。

**第二十九条** 理事会设理事长一人,可以设副理事长一至二人。理事长、副理事长的任免,由中国证监会提名,理事会通过。理事长不得兼任总经理。

**第三十条** 理事长行使下列职权:

(一)主持会员大会、理事会会议和理事会日常工作;

(二)组织协调专门委员会的工作;

(三)检查理事会决议的实施情况并向理事会报告;

(四)期货交易所章程规定或理事会授予的其他职权。

副理事长协助理事长工作。理事长因故临时不能履行职权的,由理事长指定的副理事长或者理事代其履行职权。

**第三十一条** 理事会会议至少每半年召开一次。每次会议应当于会议召开十日前将会议召开的方式、时间、地点通知全体理事。

有下列情形之一的,应当召开理事会临时会议:

(一)三分之一以上理事联名提议;

(二)期货交易所章程规定的情形;

(三)中国证监会提议。

理事会召开临时会议,可以另定召集理事会临时会议的通知方式和通知时限。

理事会可以采取现场会议、视频会议或其他通讯方式召开会议。

**第三十二条** 理事会会议须有三分之二以上理事出席方为有效,其决议须经全体理事二分之一以上表决通过。

理事会会议结束之日起十日内,理事会应当将会议决议及其他会议文件报告中国证监会。

**第三十三条** 理事会会议应当由理事本人出席。理事因故不能出席的,应当以书面形式委托其他理事代为出席;委托书中应当载明授权范围。每位理事只能接受一位理事的委托。

理事会应当对会议表决事项作成会议记录,由出席会议的理事和记录员在会议记录上签名。

**第三十四条** 理事会应当设立风险管理委员会、品种上市审核委员会,可以根据需要设立监查、交易、结算、交割、会员资格审查、纪律处分、调解、财务和技术等专门委员会。

各专门委员会对理事会负责,其职责、任期和人员组成等事项由理事会规定。

**第三十五条** 期货交易所设总经理一人、副总经理若干人。总经理由中国证监会任免。副总经理按照中国证监会相关规定任免或者聘任。总经理每届任期三年。总经理是当然理事。

**第三十六条** 总经理行使下列职权:

(一)组织实施会员大会、理事会通过的制度和决议;

(二)主持期货交易所的日常工作;

(三)根据章程和交易规则、结算规则拟订有关细则和办法;

(四)决定结算担保金的使用;

(五)拟订风险准备金的使用方案;

(六)拟订并实施经批准的期货交易所发展规划、年度工作计划;

(七)拟订并实施经批准的期货交易所对外投资计划;

(八)拟订期货交易所财务预算方案、决算报告;

(九)拟订期货交易所合并、分立、变更组织形式、解散和清算的方案;

(十)拟订期货交易所变更名称、住所或者营业场所的方案;

(十一)拟订期货交易所机构设置方案;

(十二)拟订期货交易所员工聘任方案,提出解聘建议;

(十三)拟订期货交易所员工的工资和奖惩方案;

(十四)决定重大交易者教育和保护工作事项;

(十五)决定调整收费标准;

(十六)期货交易所章程规定的或者理事会授予的其他职权。

总经理因故临时不能履行职权的,由总经理指定的副总经理代其履行职权。

### 第二节 公司制期货交易所

**第三十七条** 公司制期货交易所设股东大会。股东大会是期货交易所的权力机构,由全体股东组成。

**第三十八条** 股东大会行使下列职权:

(一)本办法第二十二条第(一)项、第(四)项至第(七)项规定的职权;

(二)选举和更换非由职工代表担任的董事;

(三)审议批准董事会和总经理的工作报告;

(四)决定期货交易所董事会提交的其他重大事项;

(五)决定股权结构变更方案;

(六)期货交易所章程规定的其他职权。

**第三十九条** 股东大会会议的召开及议事规则应当符合期货交易所章程的规定。

会议结束之日起十日内,期货交易所应当将会议全部文件报告中国证监会。

**第四十条** 期货交易所设董事会,每届任期三年。

**第四十一条** 董事会对股东大会负责,行使下列职权:

(一)召集股东大会会议,并向股东大会报告工作;

(二)拟订期货交易所章程、交易规则、结算规则及其修改草案,提交股东大会审定;

(三)审议总经理提出的财务预算方案、决算报告,提交股东大会通过;

(四)审议期货交易所合并、分立、变更组织形式、变更股权结构、解散和清算的方案,提交股东大会通过;

(五)监督总经理组织实施股东大会和董事会决议

的情况；

(六)本办法第二十七条第(五)项至第(十四)项、第(十六)项、第(十七)项规定的职权；

(七)期货交易所章程规定和股东大会授予的其他职权。

**第四十二条** 期货交易所设董事长一人，可以设副董事长一至二人。董事长、副董事长的任免，由中国证监会提名，董事会通过。董事长不得兼任总经理。

**第四十三条** 董事长行使下列职权：

(一)主持股东大会、董事会会议和董事会日常工作；

(二)组织协调专门委员会的工作；

(三)检查董事会决议的实施情况并向董事会报告；

(四)期货交易所章程规定或董事会授予的其他职权。

副董事长协助董事长工作。董事长因故临时不能履行职权的，由董事长指定的副董事长或者董事代其履行职权。

**第四十四条** 董事会会议的召开和议事规则应当符合期货交易所章程的规定。

董事会会议结束之日起十日内，董事会应当将会议决议及其他会议文件报告中国证监会。

**第四十五条** 董事会应当设立风险管理委员会、品种上市审核委员会，可以根据需要设立本办法第三十四条规定的专门委员会。各专门委员会对董事会负责，其职责、任期和人员组成等事项由董事会规定。

**第四十六条** 期货交易所可以设独立董事。独立董事由中国证监会提名，股东大会通过。

**第四十七条** 期货交易所可以设董事会秘书。董事会秘书由中国证监会提名，董事会通过。

董事会秘书负责期货交易所股东大会和董事会会议的筹备、文件保管以及期货交易所股东资料的管理等事宜。

**第四十八条** 期货交易所设总经理一人、副总经理若干人。总经理由中国证监会任免。副总经理按照中国证监会相关规定任免或者聘任。总经理每届任期三年。总经理应当由董事担任。

**第四十九条** 总经理行使下列职权：

(一)组织实施股东大会、董事会通过的制度和决议；

(二)本办法第三十六条第(二)项至第(十五)项规定的职权；

(三)期货交易所章程规定或者董事会授予的其他职权。

总经理因故临时不能履行职权的，由总经理指定的副总经理代其履行职权。

## 第四章 会员管理

**第五十条** 期货交易所会员应当是在中华人民共和国境内登记注册的法人或者非法人组织。

符合条件的会员可以成为结算参与人。

**第五十一条** 取得期货交易所会员资格，应当经期货交易所批准。

期货交易所批准、取消会员的会员资格，应当向中国证监会报告。

**第五十二条** 期货交易所应当制定会员管理办法，规定会员资格的取得与终止的条件和程序、对会员的监督管理等内容。

**第五十三条** 会员制期货交易所会员享有下列权利：

(一)参加会员大会，行使选举权、被选举权和表决权；

(二)在期货交易所从事规定的交易、结算和交割等业务；

(三)使用期货交易所提供的交易设施，获得有关期货交易的信息和服务；

(四)按规定转让会员资格；

(五)联名提议召开临时会员大会；

(六)按照期货交易所章程和交易规则、结算规则行使申诉权；

(七)期货交易所章程规定的其他权利。

**第五十四条** 会员制期货交易所会员应当履行下列义务：

(一)遵守国家有关法律、行政法规、规章和政策；

(二)遵守期货交易所的章程、业务规则及有关决定；

(三)按规定缴纳各种费用；

(四)执行会员大会、理事会的决议；

(五)接受期货交易所监督管理。

**第五十五条** 公司制期货交易所会员享有下列权利：

(一)本办法第五十三条第(二)项和第(三)项规定的权利；

(二)按照交易规则、结算规则行使申诉权；

(三)期货交易所交易规则、结算规则规定的其他权利。

**第五十六条** 公司制期货交易所会员应当履行本办法第五十四条第(一)项至第(三)项、第(五)项规定的义务。

**第五十七条** 期货交易所应当每年对会员遵守期货交易所业务规则的情况进行抽样或者全面检查，并将检查结果报送中国证监会。

期货交易所行使监管职权时，可以按照期货交易所章程和业务规则规定的权限和程序进行调查取证，会员、交易者、境外经纪机构、期货服务机构等应当予以配合。

**第五十八条** 期货交易所实行全员结算制度或者会员分级结算制度，应当事前向中国证监会报告。

**第五十九条** 实行全员结算制度的期货交易所会员均具有与期货交易所进行结算的资格。

**第六十条** 实行全员结算制度的期货交易所会员由期货公司会员和非期货公司会员组成。期货公司会员按照中国证监会批准的业务范围开展相关业务。

**第六十一条** 实行全员结算制度的期货交易所对会员结算，会员对其受托的客户结算。

**第六十二条** 实行会员分级结算制度的期货交易所会员由结算会员和非结算会员组成。结算会员具有与期货交易所进行结算的资格，非结算会员不具有与期货交易所进行结算的资格。

期货交易所对结算会员结算，结算会员对非结算会员结算，非结算会员对其受托的客户结算。

**第六十三条** 结算会员由交易结算会员、全面结算会员和特别结算会员组成。

全面结算会员、特别结算会员可以为与其签订结算协议的非结算会员办理结算业务。交易结算会员不得为非结算会员办理结算业务。

**第六十四条** 实行会员分级结算制度的期货交易所可以根据结算会员资信和业务开展情况，限制结算会员的结算业务范围，但应当于三日内报告中国证监会。

## 第五章 基本业务规则

**第六十五条** 期货交易所向结算会员收取的保证金，用于结算和履约保障，不得被查封、冻结、扣押或者强制执行。期货交易所应当在期货保证金存管机构开立专用结算账户，专户存储保证金，禁止违规挪用。

保证金分为结算准备金和交易保证金。结算准备金是指未被合约占用的保证金；交易保证金是指已被合约占用的保证金。

实行会员分级结算制度的期货交易所只向结算会员收取保证金。

**第六十六条** 期货交易所应当建立保证金制度，保证金制度应当包括下列内容：

（一）向会员收取保证金的标准和形式；

（二）专用结算账户中会员结算准备金最低余额；

（三）当会员结算准备金余额低于期货交易所规定最低余额时的处置方法。

会员结算准备金最低余额由会员以自有资金向期货交易所缴纳。

**第六十七条** 期货交易所可以接受以下有价证券作为保证金：

（一）经期货交易所登记的标准仓单；

（二）可流通的国债；

（三）股票、基金份额；

（四）中国证监会认定的其他有价证券。

以前款规定的有价证券作为保证金的，其期限不得超过该有价证券的有效期限。

**第六十八条** 期货交易所应当制定有价证券作为保证金的规则，明确可以作为保证金的有价证券的种类、基准计算价值、折扣率等内容。

期货交易所可以根据市场情况对作为保证金的有价证券的基准计算价值进行调整。

**第六十九条** 有价证券作为保证金的金额不得高于会员在期货交易所专用结算账户中的实有货币资金的四倍。

**第七十条** 期货交易的相关亏损、费用、货款和税金等款项，应当以货币资金支付。

**第七十一条** 客户以有价证券作为保证金的，结算会员应将收到的有价证券提交期货交易所。

非结算会员的客户以有价证券作为保证金的，非结算会员应将收到的有价证券提交结算会员，由结算会员提交期货交易所。

客户以有价证券作为保证金的，期货交易所应当将有价证券的种类和数量如实反映在该客户的交易编码下。

中国证监会另有规定的，从其规定。

**第七十二条** 实行会员分级结算制度的期货交易所应当建立结算担保金制度。结算担保金包括基础结算担保金和变动结算担保金。

结算担保金由结算会员以自有资金向期货交易所缴纳。结算担保金属于结算会员所有，用于应对结算会员违约风险。期货交易所应当按照有关规定管理和使用，不得挪作他用。

期货交易所调整基础结算担保金标准的，应当在调整前报告中国证监会。

**第七十三条** 期货交易所应当按照手续费收入的百分之二十的比例提取风险准备金，风险准备金应当单独核算，专户存储。

中国证监会可以根据期货交易所业务规模、发展计划以及潜在的风险决定风险准备金的规模。

**第七十四条** 期货交易所应当以风险准备金、一般风险准备等形式储备充足的风险准备资源，用于垫付或者弥补交易所因不可抗力、意外事件、重大技术故障、重大人为差错及其他风险事件造成的或可能造成的损失。

**第七十五条** 期货交易所应当建立健全财务管理制度，收取的各种资金和费用应当严格按照规定用途使用，不得挪作他用。

期货交易所的各项收益安排应当以保证交易场所和设施安全运行为前提，合理设置利润留成项目，做好长期资金安排。

**第七十六条** 期货交易实行账户实名制，期货交易所应当建立交易编码制度，不得混码交易。

**第七十七条** 期货交易所应当建立健全交易者适当性管理制度，督促会员建立并执行交易者适当性管理制度，要求会员向交易者推荐产品或者服务时充分揭示风险，并不得向交易者推荐与其风险承受能力不适应的产品或者服务。

**第七十八条** 期货交易所应当建立健全制度机制，积极培育推动产业交易者参与期货市场。

期货交易所在做好风险隔离与风险控制的前提下，可以组织开展与期货交易相关的仓单交易等延伸服务，提升产业交易者运用期货市场管理风险、配置资源的便利性。

**第七十九条** 期货交易可以实行做市商制度。

期货交易所实行做市商制度的，应当建立健全做市商管理制度，对做市商的交易行为、权利义务等作出规定。

**第八十条** 期货交易实行持仓限额制度和套期保值管理制度。

**第八十一条** 期货交易实行大户持仓报告制度。会员或者交易者、境外经纪机构持仓达到期货交易所规定的持仓报告标准的，会员或者交易者、境外经纪机构应当向期货交易所报告。交易者、境外经纪机构未报告的，会员应当向期货交易所报告。

期货交易所可以根据市场风险状况制定并调整持仓报告标准。

**第八十二条** 期货交易实行当日无负债结算制度。期货交易所在规定的交易时间结束后，对应收应付的款项实行净额结算。

期货交易所作为中央对手方，是结算会员共同对手方，进行净额结算，为期货交易提供集中履约保障。

**第八十三条** 实行全员结算制度的期货交易所对会员进行风险管理，会员对其受托的客户进行风险管理。

实行会员分级结算制度的期货交易所对结算会员进行风险管理，结算会员对与其签订结算协议的非结算会员进行风险管理，会员对其受托的客户进行风险管理。

**第八十四条** 会员在期货交易中违约的，应当承担违约责任。

结算会员在结算过程中违约的，期货交易所按照业务规则动用结算会员的保证金、结算担保金以及期货交易所的风险准备金、自有资金等完成结算；期货交易所以其风险准备金、自有资金等完成结算的，可以依法对该结算会员进行追偿。

交易者在结算过程中违约的，其委托的结算会员按照合同约定动用该交易者的保证金以及结算会员的风险准备金和自有资金完成结算；结算会员以其风险准备金和自有资金完成结算的，可以依法对该交易者进行追偿。

**第八十五条** 期货交易实行实际控制关系报备管理制度。实际控制关系，是指单位或者个人对其他期货账户具有管理、使用、收益或者处分等权限，从而对其他期货账户的交易决策拥有决定权或者重大影响的行为或者事实。

**第八十六条** 期货交易所在执行持仓限额、交易限额、异常交易行为管理、大户持仓报告等制度时，对实际控制关系账户的委托、交易和持仓等合并计算。

**第八十七条** 期货交易所应当履行自律管理职责，监督程序化交易相关活动，保障交易所系统安全，维护市场正常交易秩序。

期货交易所应当建立健全程序化交易报告制度，明确报告内容、方式、时限等，并根据程序化交易发展情况及时予以完善。

通过计算机程序自动生成或者下达交易指令进行程序化交易的，应当按照期货交易所规定履行报告义务。

**第八十八条** 期货交易所可以根据业务规则对达到一定标准的程序化交易在报告要求、技术系统、交易费用等方面采取差异化管理措施。

**第八十九条** 期货交易所的业务规则、有关决定对期货交易业务活动的各参与主体具有约束力。

**第九十条** 会员、交易者、境外经纪机构等违反期货交易所业务规则的,期货交易所可以按照规定采取包括但不限于暂停受理或者办理相关业务、限制交易权限、取消会员资格等纪律处分或者其他自律管理措施。

期货交易所应当在规定中明确纪律处分的具体类型、适用情形、适用程序和救济措施。

会员、交易者、境外经纪机构等对期货交易所作出的相关纪律处分不服的,可以按照期货交易所的规定申请复核。

**第九十一条** 有根据认为会员或者交易者、境外经纪机构违反期货交易所业务规则并且对市场正在产生或者即将产生重大影响,为防止违规行为后果进一步扩大,期货交易所可以对会员或者交易者、境外经纪机构采取下列临时处置措施：

(一)限制入金;
(二)限制出金;
(三)限制开仓;
(四)提高保证金标准;
(五)限期平仓;
(六)强行平仓。

期货交易所按照业务规则规定的程序采取前款第(四)项、第(五)项或者第(六)项措施的,应当在采取措施后及时报告中国证监会。

期货交易所对会员或者交易者、境外经纪机构采取临时处置措施,应当按照业务规则规定的方式通知会员或者交易者、境外经纪机构,并列明采取临时处置措施的根据。

期货交易所发现交易行为涉嫌违反法律、行政法规、部门规章的,应当及时向中国证监会报告。

中国证监会依法查处期货市场的违法违规行为时,期货交易所应当予以配合。

**第九十二条** 期货交易所应当建立和完善风险的监测监控与化解处置制度机制,监测、监控、预警、防范、处置市场风险,维护期货市场安全稳定运行。

期货交易出现市场风险异常累积、市场风险急剧放大等异常情况的,期货交易所可以依照业务规则采取下列紧急措施,并立即报告中国证监会：

(一)调整保证金;
(二)调整涨跌停板幅度;
(三)调整会员、交易者的交易限额或持仓限额标准;

(四)限制开仓;
(五)强行平仓;
(六)暂时停止交易;
(七)其他紧急措施。

期货价格出现同方向连续涨跌停板的,期货交易所可以采用调整涨跌停板幅度、提高交易保证金标准及按一定原则减仓等措施化解风险。

本条第二款、第三款规定的异常情况消失后,期货交易所应当及时取消紧急措施。

**第九十三条** 期货交易所实行风险警示制度。期货交易所认为必要的,可以分别或同时采取要求会员和交易者、境外经纪机构报告情况、谈话提醒、发布风险提示函等措施,以警示和化解风险。

**第九十四条** 在期货交易过程中出现以下突发性事件影响期货交易正常秩序或市场公平的,期货交易所可以采取紧急措施化解风险,并应当及时向中国证监会报告：

(一)因不可抗力、意外事件、重大技术故障、重大人为差错导致交易、结算、交割、行权与履约无法正常进行;
(二)会员出现结算、交割危机,对市场正在产生或者即将产生重大影响;
(三)出现本办法第九十二条第三款规定的情形经采取相应措施后仍未化解风险;
(四)期货交易所业务规则规定的其他情形。

**第九十五条** 期货交易所应当以适当方式发布下列信息：

(一)即时行情;
(二)日行情表;
(三)持仓量、成交量排名情况;
(四)期货交易所业务规则规定的其他信息。

期货交易涉及商品实物交割的,期货交易所还应当发布标准仓单数量和可用库容情况。

期货交易行情信息包括合约名称、合约交割月份、开盘价、最新价、涨跌、收盘价、结算价、最高价、最低价、成交量、持仓量、成交金额等。

期货交易行情的权益由期货交易所依法享有。期货交易所对市场交易形成的基础信息和加工产生的信息产品享有专属权利。未经期货交易所同意,任何单位和个人不得发布期货交易所行情,不得以商业目的使用。经许可使用交易信息的机构和个人,未经期货交易所同意,不得将该信息提供给其他机构和个人使用。

期货交易所应当保障交易者有平等机会获取期货市

场的交易行情、公开披露的信息及交易机会。

第九十六条 期货交易所应当编制交易情况日报表、周报表、月报表和年报表,并及时公布。

第九十七条 期货交易所对期货交易、结算、交割资料的保存期限应当不少于二十年。

## 第六章 管理监督

第九十八条 期货交易所制定或者修改章程、交易规则、结算规则,应当经中国证监会批准。

第九十九条 期货交易所上市期货合约品种和标准化期权合约品种,应当符合中国证监会的规定,由期货交易所依法报经中国证监会注册。

期货合约品种和标准化期权合约品种的中止上市、恢复上市、终止上市,应当向中国证监会备案。

第一百条 交易品种应当具有经济价值,合约不易被操纵,符合社会公共利益。

实物交割的交易品种应当具备充足的可供交割量,现金交割的交易品种应当具备公开、权威、公允的基准价格。

第一百零一条 期货交易所组织开展衍生品交易,应当经中国证监会批准,并遵守法律、行政法规和中国证监会的相关规定。

第一百零二条 期货交易所授权境外期货交易场所上市挂钩境内合约价格结算的期货合约、期权合约和衍生品合约,应当进行市场影响评估,并与境外期货交易场所建立信息交流安排。

期货交易所应当选择所在国(地区)期货监管机构已与中国证监会签署监管合作谅解备忘录的境外期货交易场所开展授权合作。

第一百零三条 期货交易所授权境外期货交易场所上市挂钩境内合约价格结算的期货合约、期权合约和衍生品合约,应当事前向中国证监会报告。

第一百零四条 期货交易所应当对违反期货交易所业务规则的行为制定查处办法,并事前向中国证监会报告。

期货交易所对会员、交易者、期货服务机构及期货市场其他参与者与期货业务有关的违规行为,应当在前款所称办法规定的职责范围内及时予以查处;超出前款所称办法的职责范围的,应当向中国证监会报告。

第一百零五条 期货交易所制定或者修改交易规则、结算规则的实施细则,上市、修改或者终止合约,应当事前向中国证监会报告。

第一百零六条 期货交易所的交易结算系统和交易结算业务应当满足期货保证金安全存管监控的要求,真实、准确和完整地反映会员保证金的变动情况。

第一百零七条 期货交易所应当按照中国证监会有关期货保证金安全存管监控的规定,向期货保证金安全存管监控机构报送相关信息。

第一百零八条 公司制期货交易所收购本期货交易所股份、股东转让所持股份或者对其股份进行其他处置,应当事前向中国证监会报告。

第一百零九条 期货交易所的高级管理人员应当具备中国证监会要求的条件。未经中国证监会批准,期货交易所的理事长、副理事长、董事长、副董事长、总经理、副总经理、董事会秘书不得在任何营利性组织中兼职。

未经批准,期货交易所的其他工作人员和非会员理事不得以任何形式在期货交易所会员单位及其他与期货交易有关的营利性组织兼职。

第一百一十条 期货交易所工作人员应当自觉遵守有关法律、行政法规、规章和政策,恪尽职守、勤勉尽责,诚实守信用,具有良好的职业操守。

期货交易所工作人员不得从事期货交易,不得泄漏内幕信息或者利用内幕信息获得非法利益,不得从期货交易所会员和交易者、境外经纪机构、期货服务机构处谋取利益。

期货交易所工作人员履行职务,遇有与本人或者其亲属有利害关系的情形时,应当向期货交易所报告并回避。

第一百一十一条 期货交易所的所得收益按照国家有关规定管理和使用,应当首先用于保证期货交易的场所、设施的运行和改善。

第一百一十二条 期货交易所应当向中国证监会履行下列报告义务:

(一)每一年度结束后四个月内提交符合规定的会计师事务所审计的年度财务报告;

(二)每一季度结束后十五日内、每一年度结束后三十日内提交有关经营情况和有关法律、行政法规、规章、政策执行情况的季度和年度工作报告;

(三)中国证监会规定的其他事项。

第一百一十三条 发生下列重大事项,期货交易所应当及时向中国证监会报告:

(一)发现期货交易所工作人员存在或者可能存在严重违反国家有关法律、行政法规、规章、政策的行为;

(二)期货交易所涉及占其净资产百分之十以上或者对其经营风险有较大影响的诉讼;

（三）期货交易所的重大财务支出、投资事项以及可能带来较大财务或者经营风险的重大财务决策；

（四）中国证监会规定的其他事项。

**第一百一十四条** 中国证监会可以根据市场情况调整期货交易所收取的保证金标准，暂停、恢复或者取消某一期货交易品种的交易。

**第一百一十五条** 中国证监会认为期货市场出现异常情况的，可以决定采取延迟开市、暂时停止交易、提前闭市等必要的风险处置措施。

**第一百一十六条** 中国证监会认为有必要的，可以对期货交易所高级管理人员实施提示。

**第一百一十七条** 中国证监会派出机构对期货交易所会员进行风险处置，采取监管措施的，经中国证监会批准，期货交易所应当在限制会员资金划转、限制会员开仓、移仓和强行平仓等方面予以配合。

**第一百一十八条** 期货交易所应当按照国家有关规定及时缴纳期货业务监管费。

### 第七章　法律责任

**第一百一十九条** 期货交易所未按照本办法第十六条、第十七条、第五十一条、第五十八条、第六十四条、第七十二条、第九十一条、第九十二条、第九十四条、第一百零三条、第一百零四条、第一百零五条、第一百零八条、第一百一十二条和第一百一十三条的规定履行报告义务，或者未按照本办法第二十五条、第三十二条、第三十九条、第四十四条和第一百零七条的规定报送有关文件、资料的，根据《期货交易管理条例》第六十四条处罚。

**第一百二十条** 期货交易所违反本办法第九十七条的，根据《期货和衍生品法》第一百四十四条进行处罚。

**第一百二十一条** 期货交易所工作人员违反本办法第一百一十条规定从事期货交易的，根据《期货和衍生品法》第一百三十一条处罚；从事内幕交易的，根据《期货和衍生品法》第一百二十六条处罚。

### 第八章　附则

**第一百二十二条** 在中国证监会批准的其他交易场所进行期货交易的，依本办法的有关规定执行，中国证监会另有规定的除外。

**第一百二十三条** 本办法自2023年5月1日起施行。2007年4月9日发布的《期货交易所管理办法》（中国证券监督管理委员会令第42号）同时废止。

# 期货从业人员管理办法

· 2007年7月4日中国证券监督管理委员会令第48号公布
· 自公布之日施行

### 第一章　总　则

**第一条** 为了加强期货从业人员的资格管理，规范期货从业人员的执业行为，根据《期货交易管理条例》，制定本办法。

**第二条** 申请期货从业人员资格（以下简称从业资格），从事期货经营业务的机构（以下简称机构）任用期货从业人员，以及期货从业人员从事期货业务的，应当遵守本办法。

**第三条** 本办法所称机构是指：

（一）期货公司；

（二）期货交易所的非期货公司结算会员；

（三）期货投资咨询机构；

（四）为期货公司提供中间介绍业务的机构；

（五）中国证券监督管理委员会（以下简称中国证监会）规定的其他机构。

**第四条** 本办法所称期货从业人员是指：

（一）期货公司的管理人员和专业人员；

（二）期货交易所的非期货公司结算会员中从事期货结算业务的管理人员和专业人员；

（三）期货投资咨询机构中从事期货投资咨询业务的管理人员和专业人员；

（四）为期货公司提供中间介绍业务的机构中从事期货经营业务的管理人员和专业人员；

（五）中国证监会规定的其他人员。

**第五条** 中国证监会及其派出机构依法对期货从业人员进行监督管理。

中国期货业协会（以下简称协会）依法对期货从业人员实行自律管理，负责从业资格的认定、管理及撤销。

### 第二章　从业资格的取得和注销

**第六条** 协会负责组织从业资格考试。

**第七条** 参加从业资格考试的，应当符合下列条件：

（一）年满18周岁；

（二）具有完全民事行为能力；

（三）具有高中以上文化程度；

（四）中国证监会规定的其他条件。

**第八条** 通过从业资格考试的，取得协会颁发的从业资格考试合格证明。

**第九条** 取得从业资格考试合格证明的人员从事期

货业务的,应当事先通过其所在机构向协会申请从业资格。

未取得从业资格的人员,不得在机构中开展期货业务活动。

**第十条** 机构任用具有从业资格考试合格证明且符合下列条件的人员从事期货业务的,应当为其办理从业资格申请:

(一)品行端正,具有良好的职业道德;

(二)已被本机构聘用;

(三)最近3年内未受过刑事处罚或者中国证监会等金融监管机构的行政处罚;

(四)未被中国证监会等金融监管机构采取市场禁入措施,或者禁入期已经届满;

(五)最近3年内未因违法违规行为被撤销证券、期货从业资格;

(六)中国证监会规定的其他条件。

机构不得任用无从业资格的人员从事期货业务,不得在办理从业资格申请过程中弄虚作假。

**第十一条** 期货从业人员辞职、被解聘或者死亡的,机构应当自上述情形发生之日起10个工作日内向协会报告,由协会注销其从业资格。

机构的相关期货业务许可被注销的,由协会注销该机构中从事相应期货业务的期货从业人员的从业资格。

**第十二条** 取得从业资格考试合格证明或者被注销从业资格的人员连续2年未在机构中执业的,在申请从业资格前应当参加协会组织的后续职业培训。

## 第三章 执业规则

**第十三条** 期货从业人员必须遵守有关法律、行政法规和中国证监会的规定,遵守协会和期货交易所的自律规则,不得从事或者协同他人从事欺诈、内幕交易、操纵期货交易价格、编造并传播有关期货交易的虚假信息等违法违规行为。

**第十四条** 期货从业人员应当遵守下列执业行为规范:

(一)诚实守信,恪尽职守,促进机构规范运作,维护期货行业声誉;

(二)以专业的技能,谨慎、勤勉尽责地为客户提供服务,保守客户的商业秘密,维护客户的合法权益;

(三)向客户提供专业服务时,充分揭示期货交易风险,不得作出不当承诺或者保证;

(四)当自身利益或者相关方利益与客户的利益发生冲突或者存在潜在利益冲突时,及时向客户进行披露,并且坚持客户合法利益优先的原则;

(五)具有良好的职业道德与守法意识,抵制商业贿赂,不得从事不正当竞争行为和不正当交易行为;

(六)不得为迎合客户的不合理要求而损害社会公共利益、所在机构或者他人的合法权益;

(七)不得以本人或者他人名义从事期货交易;

(八)协会规定的其他执业行为规范。

**第十五条** 期货公司的期货从业人员不得有下列行为:

(一)进行虚假宣传,诱骗客户参与期货交易;

(二)挪用客户的期货保证金或者其他资产;

(三)中国证监会禁止的其他行为。

**第十六条** 期货交易所的非期货公司结算会员的期货从业人员不得有下列行为:

(一)利用结算业务关系及由此获得的结算信息损害非结算会员及其客户的合法权益;

(二)代理客户从事期货交易;

(三)中国证监会禁止的其他行为。

**第十七条** 期货投资咨询机构的期货从业人员不得有下列行为:

(一)利用传播媒介或者通过其他方式提供、传播虚假或者误导客户的信息;

(二)代理客户从事期货交易;

(三)中国证监会禁止的其他行为。

**第十八条** 为期货公司提供中间介绍业务的机构的期货从业人员不得有下列行为:

(一)收付、存取或者划转期货保证金;

(二)代理客户从事期货交易;

(三)中国证监会禁止的其他行为。

**第十九条** 机构或者其管理人员对期货从业人员发出违法违规指令的,期货从业人员应当予以抵制,并及时按照所在机构内部程序向高级管理人员或者董事会报告。机构应当及时采取措施妥善处理。

机构未妥善处理的,期货从业人员应当及时向中国证监会或者协会报告。中国证监会和协会应当对期货从业人员的报告行为保密。

机构的管理人员及其他相关人员不得对期货从业人员的上述报告行为打击报复。

## 第四章 监督管理

**第二十条** 中国证监会指导和监督协会对期货从业人员的自律管理活动。

**第二十一条** 协会应当建立期货从业人员信息数据

库,公示并且及时更新从业资格注册、诚信记录等信息。

中国证监会及其派出机构履行监管职责,需要协会提供期货从业人员信息和资料的,协会应当按照要求及时提供。

**第二十二条** 协会应当组织期货从业人员后续职业培训,提高期货从业人员的职业道德和专业素质。

期货从业人员应当按照有关规定参加后续职业培训,其所在机构应予以支持并提供必要保障。

**第二十三条** 协会应当对期货从业人员的执业行为进行定期或者不定期检查,期货从业人员及其所在机构应当予以配合。

**第二十四条** 期货从业人员违反本办法以及协会自律规则的,协会应当进行调查、给予纪律惩戒。

期货从业人员涉嫌违法违规需要中国证监会给予行政处罚的,协会应当及时移送中国证监会处理。

**第二十五条** 协会应当设立专门的纪律惩戒及申诉机构,制订相关制度和工作规程,按照规定程序对期货从业人员进行纪律惩戒,并保障当事人享有申诉等权利。

**第二十六条** 协会应当自对期货从业人员作出纪律惩戒决定之日起10个工作日内,向中国证监会及其有关派出机构报告,并及时在协会网站公示。

**第二十七条** 期货从业人员受到机构处分,或者从事的期货业务行为涉嫌违法违规被调查处理的,机构应当在作出处分决定、知悉或者应当知悉该期货从业人员违法违规被调查处理事项之日起10个工作日内向协会报告。

**第二十八条** 协会应当定期向中国证监会报告期货从业人员管理的有关情况。

**第二十九条** 期货从业人员违反本办法规定的,中国证监会及其派出机构可以采取责令改正、监管谈话、出具警示函等监管措施。

**第三十条** 期货从业人员自律管理的具体办法,包括从业资格考试、从业资格注册和公示、执业行为准则、后续职业培训、执业检查、纪律惩戒和申诉等,由协会制订,报中国证监会核准。

### 第五章 罚 则

**第三十一条** 未取得从业资格,擅自从事期货业务的,中国证监会责令改正,给予警告,单处或者并处3万元以下罚款。

**第三十二条** 有下列行为之一的,中国证监会根据《期货交易管理条例》第七十条处罚:

(一)任用无从业资格的人员从事期货业务;

(二)在办理从业资格申请过程中弄虚作假;

(三)不履行本办法第二十三条规定的配合义务;

(四)不按照本办法第二十七条的规定履行报告义务或者报告材料存在虚假内容。

**第三十三条** 违反本办法第十九条的规定,对期货从业人员进行打击报复的,中国证监会根据《期货交易管理条例》第七十条、第八十一条处罚。

**第三十四条** 期货从业人员违法违规的,中国证监会依法给予行政处罚。但因被迫执行违法违规指令而按照本办法第十九条第二款的规定履行了报告义务的,可以从轻、减轻或者免予行政处罚。

**第三十五条** 协会工作人员不按本办法规定履行职责,徇私舞弊、玩忽职守或者故意刁难有关当事人的,协会应当给予纪律处分。

### 第六章 附 则

**第三十六条** 本办法自公布之日起施行。2002年1月23日发布的《期货从业人员资格管理办法(修订)》(证监发〔2002〕6号)同时废止。

## 期货公司董事、监事和高级管理人员任职管理办法

- 2007年5月30日中国证券监督管理委员会第207次主席办公会议审议通过
- 根据2021年1月15日中国证券监督管理委员会《关于修改、废止部分证券期货规章的决定》第一次修正
- 根据2022年8月12日中国证券监督管理委员会《关于修改、废止部分证券期货规章的决定》第二次修正

### 第一章 总 则

**第一条** 为了加强对期货公司董事、监事和高级管理人员的任职管理,规范期货公司运作,防范经营风险,根据《中华人民共和国公司法》(以下简称《公司法》)、《中华人民共和国期货和衍生品法》和《期货交易管理条例》,制定本办法。

**第二条** 期货公司董事、监事和高级管理人员的任职管理,适用本办法。

本办法所称高级管理人员,是指期货公司的总经理、副总经理、首席风险官(以下简称经理层人员),财务负责人以及实际履行上述职务的人员。

期货公司分支机构负责人的管理参照本办法有关高级管理人员的相关规定执行。

**第三条** 期货公司董事、监事和高级管理人员应当符合中国证券监督管理委员会(以下简称中国证监会)

规定的任职条件。

期货公司不得任用不符合任职条件的人员担任董事、监事和高级管理人员。

期货公司不得授权董事、监事和高级管理人员之外的人员实际履行相关职责,本办法另有规定的除外。

**第四条** 期货公司董事、监事和高级管理人员应当遵守法律、行政法规和中国证监会的规定,遵守自律规则、行业规范和公司章程,恪守诚信,勤勉尽责。

**第五条** 中国证监会依法对期货公司董事、监事和高级管理人员进行监督管理。

中国证监会派出机构依照本办法和中国证监会的授权对期货公司董事、监事和高级管理人员进行监督管理。

中国期货业协会、期货交易所依法对期货公司董事、监事和高级管理人员进行自律管理。

## 第二章 任职条件

**第六条** 期货公司董事、监事、高级管理人员,应当正直诚实、品行良好,熟悉期货法律、行政法规,具有履行职责所需的经营管理能力。

**第七条** 担任除董事长、监事会主席、独立董事以外的期货公司董事、监事的,应当具备下列条件:

(一)具有从事期货、证券等金融业务或者法律、会计业务3年以上经验,或者经济管理工作5年以上经验;

(二)具有大学专科以上学历。

**第八条** 担任期货公司独立董事的,应当具备下列条件:

(一)具有从事期货、证券等金融业务或者法律、会计业务5年以上经验,或者具有相关学科教学、研究的高级职称;

(二)具有大学本科以上学历,并且取得学士以上学位;

(三)熟悉期货法律、行政法规和中国证监会的规定,具备期货专业能力;

(四)有履行职责所必需的时间和精力。

**第九条** 独立董事不得与所任职期货公司存在可能妨碍其作出独立、客观判断的关系。

下列人员不得担任期货公司独立董事:

(一)在期货公司或者其关联方任职的人员及其近亲属和主要社会关系人员;

(二)在下列机构任职的人员及其近亲属和主要社会关系人员:持有或者控制期货公司5%以上股权的单位、期货公司前5名股东单位、与期货公司存在业务联系或者利益关系的机构;

(三)直接或间接持有上市期货公司已发行股份1%以上或者是上市期货公司前十名股东中的自然人股东及其近亲属;

(四)为期货公司及其关联方提供财务、法律、咨询等服务的人员及其近亲属;

(五)最近1年内曾经具有前四项所列举情形之一的人员;

(六)在其他期货公司担任除独立董事以外职务的人员;

(七)中国证监会规定的其他人员。

**第十条** 担任期货公司董事长和监事会主席的,应当具备下列条件:

(一)具有从事期货业务3年以上经验,或者其他金融业务4年以上经验,或者法律、会计业务5年以上经验,或者经济管理工作10年以上经验;

(二)具有大学本科以上学历或者取得学士以上学位;

(三)熟悉期货法律、行政法规和中国证监会的规定,具备期货专业能力。

**第十一条** 担任期货公司经理层人员的,应当具备下列条件:

(一)符合期货从业人员条件;

(二)具有大学本科以上学历或者取得学士以上学位;

(三)熟悉期货法律、行政法规和中国证监会的规定,具备期货专业能力。

**第十二条** 担任期货公司总经理、副总经理的,除具备第十一条规定条件外,还应当具备下列条件:

(一)具有从事期货业务3年以上经验,或者其他金融业务4年以上经验,或者法律、会计业务5年以上经验,或者经济管理工作10年以上经验;

(二)担任期货公司、证券公司等金融机构部门负责人以上职务不少于2年,或者具有相当职位管理工作经历。

**第十三条** 担任期货公司首席风险官的,除具备第十一条规定条件外,还应当具有从事期货业务3年以上经验,并担任期货公司交易、结算、风险管理或者合规负责人职务不少于2年;或者具有从事期货业务1年以上经验,并具有在证券公司等金融机构从事风险管理、合规业务3年以上经验。

首席风险官的任职、履职以及考核应当保持独立性。

**第十四条** 担任期货公司财务负责人的,应当具备下列条件：

（一）符合期货从业人员条件；

（二）具有大学本科以上学历或者取得学士以上学位；

（三）具有会计师以上职称或者注册会计师资格。

担任期货公司分支机构负责人的，除具备上述第（一）项、第（二）项条件外，还应当具有从事期货业务3年以上经验，或者其他金融业务4年以上经验，或者经济管理工作5年以上经验。

**第十五条** 期货公司法定代表人应当符合期货从业人员条件并具备从事期货业务所需的专业能力。

**第十六条** 具有从事期货业务10年以上经验或者曾担任金融机构部门负责人以上职务8年以上的人员，担任期货公司董事长、监事会主席、高级管理人员的，学历可以放宽至大学专科。

**第十七条** 具有期货等金融或者法律、会计专业硕士研究生以上学历的人员，担任期货公司董事、监事和高级管理人员的，从事除期货以外的其他金融业务，或者法律、会计业务的年限可以放宽1年。

**第十八条** 在期货监管机构、自律机构以及其他承担期货监管职能的专业监管岗位任职8年以上的人员，担任期货公司高级管理人员的，视为符合期货从业人员条件。

**第十九条** 有下列情形之一的，不得担任期货公司董事、监事和高级管理人员：

（一）《公司法》第一百四十六条规定的情形；

（二）因违法行为或者违纪行为被解除职务的期货交易所、证券交易所、证券登记结算机构的负责人，或者期货公司、证券公司、基金管理公司的董事、监事、高级管理人员，自被解除职务之日未逾5年；

（三）因违法行为或者违纪行为被吊销执业证书或者被取消资格的律师、注册会计师或者投资咨询机构、财务顾问机构、资信评级机构、资产评估机构、验证机构的专业人员，自被吊销执业证书或者被取消资格之日未逾5年；

（四）因违法行为或者违纪行为被开除的期货交易所、证券交易所、证券登记结算机构、证券服务机构、期货公司、证券公司、基金管理公司的从业人员和被开除的国家机关工作人员，自被开除之日未逾5年；

（五）国家机关工作人员和法律、行政法规规定的禁止在公司中兼职的其他人员；

（六）因重大违法违规行为受到金融监管部门的行政处罚，执行期满未逾3年；

（七）自被中国证监会或者其派出机构认定为不适当人选之日起未逾2年；

（八）因违法违规行为或者出现重大风险被监管部门责令停业整顿、托管、接管或者撤销的金融机构及分支机构，其负有责任的主管人员和其他直接责任人员，自该金融机构及分支机构被停业整顿、托管、接管或者撤销之日起未逾3年；

（九）中国证监会规定的其他情形。

## 第三章 任职备案

**第二十条** 期货公司董事、监事和高级管理人员的任职，由期货公司住所地的中国证监会派出机构依法备案。

分支机构负责人的任职由期货公司分支机构所在地的中国证监会派出机构依法备案，并抄报期货公司住所地的中国证监会派出机构。

**第二十一条** 期货公司董事长、监事会主席、独立董事的任职，应当由任职期货公司自作出决定之日起5个工作日内，向中国证监会派出机构备案，并根据任职条件提交下列备案材料：

（一）备案报告书；

（二）任职条件表；

（三）身份、学历、学位证明；

（四）中国证监会规定的其他材料。

独立董事的任职，还应当提供任职人员关于独立性的声明，声明应当重点说明其本人是否存在本办法第九条所列举的情形。

**第二十二条** 期货公司经理层人员的任职，应当由任职期货公司自作出决定之日起5个工作日内，向中国证监会派出机构备案，并提交下列备案材料：

（一）备案报告书；

（二）任职条件表；

（三）身份、学历、学位证明；

（四）符合期货从业人员条件的证明；

（五）高级管理人员职责范围的说明；

（六）中国证监会规定的其他材料。

**第二十三条** 除董事长、监事会主席、独立董事以外的董事、监事的任职，应当由任职期货公司自作出决定之日起5个工作日内，向中国证监会派出机构备案，并根据任职条件提交下列备案材料：

（一）备案报告书；

（二）任职条件表；

（三）身份、学历、学位证明；
（四）中国证监会规定的其他材料。

**第二十四条** 财务负责人的任职，应当由任职期货公司自作出决定之日起 5 个工作日内，向中国证监会派出机构备案，并提交下列备案材料：
（一）备案报告书；
（二）任职条件表；
（三）身份、学历、学位证明；
（四）符合期货从业人员条件的证明；
（五）高级管理人员职责范围的说明；
（六）会计师以上职称或者注册会计师资格的证明；
（七）中国证监会规定的其他材料。

分支机构负责人的任职，应当由任职期货公司自作出决定之日起 5 个工作日内，向中国证监会派出机构备案，并提交第一款中第（一）项至第（四）项、第（七）项备案材料。

**第二十五条** 备案人提交境外大学或者高等教育机构学位证书或者高等教育文凭，或者非学历教育文凭的，应当同时提交国务院教育行政部门对任职人员所获教育文凭的学历学位认证文件。

**第二十六条** 中国证监会派出机构通过审核材料、考察谈话、调查从业经历等方式，对任职人员是否符合任职条件进行核查。

**第二十七条** 期货公司免除董事、监事、高级管理人员和分支机构负责人的职务，应当自作出决定之日起 5 个工作日内，向任职备案时备案及抄报的中国证监会派出机构报告，并提交下列材料：
（一）免职决定文件；
（二）相关会议的决议；
（三）中国证监会规定的其他材料。

期货公司拟免除首席风险官的职务，应当在作出决定前 10 个工作日将免职理由及其履行职责情况向公司住所地的中国证监会派出机构报告。

**第二十八条** 期货公司董事、监事和高级管理人员不得在党政机关兼职。

期货公司高级管理人员最多可以在期货公司参股的 2 家公司兼任董事、监事，但不得在上述公司兼任董事、监事之外的职务，不得在其他营利性机构兼职或者从事其他经营性活动。

期货公司高级管理人员在期货公司全资或控股子公司兼职的，不受上述限制，但应当遵守中国证监会的有关规定。

期货公司营业部负责人不得兼任其他营业部负责人。

符合任职条件的人员最多可以在 2 家期货公司兼任独立董事。

期货公司董事、监事和高级管理人员兼职的，应当自有关情况发生之日起 5 个工作日内向中国证监会相关派出机构报告。

**第二十九条** 期货公司董事、监事和高级管理人员改任的，应当按规定备案。

有以下情形的，期货公司应当自作出改任决定之日起 5 个工作日内，向中国证监会派出机构报告，不需备案：
（一）期货公司除董事长、监事会主席、独立董事以外的董事、监事，在同一期货公司内由董事改任监事或者由监事改任董事；
（二）在同一期货公司内，董事长改任监事会主席，或者监事会主席改任董事长，或者董事长、监事会主席改任除独立董事之外的其他董事、监事；
（三）在同一期货公司内，经理层人员改任董事（不包括独立董事）、监事；
（四）在同一期货公司内，分支机构负责人改任同一中国证监会派出机构监管辖区内的其他分支机构负责人。

**第三十条** 期货公司董事长、监事会主席、独立董事离任后 12 个月内到其他期货公司担任董事长、监事会主席、独立董事，且未出现本办法第十九条规定情形的，新任职期货公司应当提交下列备案材料：
（一）备案报告书；
（二）任职条件表；
（三）任职人员在原任职期货公司任职情况的陈述；
（四）中国证监会规定的其他材料。

## 第四章 行为规则

**第三十一条** 期货公司董事应当按照公司章程的规定出席董事会会议，参加公司的活动，切实履行职责。

**第三十二条** 期货公司独立董事应当重点关注和保护客户、中小股东的合法利益，发表客观、公正的独立意见。

**第三十三条** 期货公司高级管理人员应当遵循诚信原则，谨慎地在职权范围内行使职权，维护客户和公司的合法利益，不得从事或者配合他人从事损害客户和公司利益的活动，不得利用职务之便为自己或者他人谋取属于本公司的商业机会。

**第三十四条** 期货公司董事、监事和高级管理人员的近亲属在期货公司从事期货交易的，有关董事、监事和高级管理人员应当在知悉或者应当知悉之日起5个工作日内向公司报告，并遵循回避原则。公司应当在接到报告之日起5个工作日内向中国证监会相关派出机构备案，并每季度报告相关交易情况。

**第三十五条** 期货公司总经理应当认真执行董事会决议，有效执行公司制度，防范和化解经营风险，确保经营业务的稳健运行和客户保证金安全完整。副总经理应当协助总经理工作，忠实履行职责。

**第三十六条** 期货公司董事、监事和高级管理人员不得收受或进行商业贿赂，不得利用职务之便牟取其他非法利益。

### 第五章 监督管理

**第三十七条** 期货公司董事长、监事会主席、独立董事和经理层人员依法参加中国期货业协会组织的非准入型专业能力水平评价测试，保障和提高自身专业能力水平。

**第三十八条** 期货公司董事长、总经理、首席风险官、分支机构负责人在失踪、死亡、丧失行为能力等特殊情形下不能履行职责的，期货公司可以按照公司章程等规定临时决定由符合相应任职条件的人员代为履行职责，并自作出决定之日起3个工作日内向中国证监会派出机构报告。

公司决定的人员不符合条件的，中国证监会派出机构可以责令公司更换代为履行职责的人员。

代为履行职责的时间不得超过6个月。公司应当在6个月内任用符合任职条件的人员担任董事长、总经理、首席风险官、分支机构负责人。

**第三十九条** 期货公司调整高级管理人员职责分工的，应当在5个工作日内向中国证监会相关派出机构报告。

**第四十条** 期货公司董事、监事和高级管理人员因涉嫌违法违规行为被有权机关立案调查或者采取强制措施的，期货公司应当立即向中国证监会相关派出机构报告。

**第四十一条** 期货公司对董事、监事和高级管理人员给予处分的，应当自作出决定之日起5个工作日内向中国证监会相关派出机构报告。

**第四十二条** 期货公司董事、监事和高级管理人员受到非法或者不当干预，不能正常依法履行职责，导致或者可能导致期货公司发生违规行为或者出现风险的，该人员应当及时向中国证监会相关派出机构报告。

**第四十三条** 期货公司有下列情形之一的，中国证监会及其派出机构可以责令改正，并对负有责任的主管人员和其他直接责任人员采取监管谈话、出具警示函等监管措施：

（一）任用的董事、监事和高级管理人员不符合任职条件；

（二）未按规定备案或报告董事、监事和高级管理人员任免情况；

（三）法人治理结构、内部控制存在重大隐患；

（四）未按规定报告高级管理人员职责分工调整的情况；

（五）未按规定报告相关人员代为履行职责的情况；

（六）未按规定备案或报告董事、监事和高级管理人员的近亲属在本公司从事期货交易的情况；

（七）未按规定对离任人员进行离任审计；

（八）违反规定授权董事、监事和高级管理人员之外的人员实际行使相关职权；

（九）中国证监会规定的其他情形。

**第四十四条** 期货公司董事、监事和高级管理人员有下列情形之一的，中国证监会及其派出机构可以责令改正，并对其采取监管谈话、出具警示函等监管措施：

（一）未按规定履行职责；

（二）违规兼职或者未按规定报告兼职情况；

（三）未按规定报告近亲属在本公司从事期货交易的情况；

（四）中国证监会规定的其他情形。

**第四十五条** 期货公司董事、监事和高级管理人员在任职期间出现下列情形之一的，中国证监会及其派出机构可以将其认定为不适当人选：

（一）向中国证监会及其派出机构提供虚假信息或者隐瞒重大事项，造成严重后果；

（二）拒绝配合中国证监会及其派出机构依法履行监管职责，造成严重后果；

（三）擅离职守，造成严重后果；

（四）1年内累计3次被中国证监会及其派出机构进行监管谈话；

（五）累计3次被行业自律组织纪律处分；

（六）对期货公司出现违法违规行为或者重大风险负有责任；

（七）中国证监会规定的其他情形。

**第四十六条** 期货公司董事、监事和高级管理人员被中国证监会及其派出机构认定为不适当人选的,期货公司应当将该人员免职。

**第四十七条** 期货公司董事、监事和高级管理人员的诚信信息,记入证券期货市场诚信档案数据库(以下简称诚信档案)。

**第四十八条** 期货公司董事长、总经理辞职,或者被认定为不适当人选而被解除职务的,期货公司应当委托符合规定的会计师事务所对其进行离任审计,并自其离任之日起3个月内将审计报告报中国证监会派出机构备案。

期货公司无故拖延或者拒不审计的,中国证监会及其派出机构可以指定符合规定的会计师事务所进行审计。有关审计费用由期货公司承担。

## 第六章 法律责任

**第四十九条** 期货公司或者任职人员隐瞒有关情况或者提供虚假材料的,责令改正,记入诚信档案;拒不改正的,依法予以警告,并处3万元以下罚款。

**第五十条** 期货公司或者任职人员以欺骗、贿赂等不正当手段完成任职备案的,责令改正,记入诚信档案,对负有责任的公司和人员予以警告,并处3万元以下罚款。

**第五十一条** 期货公司有下列情形之一的,根据《期货交易管理条例》第六十六条处罚:

(一)任用不符合任职条件的人员担任董事、监事和高级管理人员且拒不改正;

(二)任用中国证监会及其派出机构认定的不适当人选担任董事、监事和高级管理人员;

(三)未按规定备案或报告董事、监事和高级管理人员的任免情况造成严重后果,或者报送的材料存在虚假记载、误导性陈述或者重大遗漏;

(四)未按规定报告董事、监事和高级管理人员的处分情况;

(五)董事、监事和高级管理人员被有权机关立案调查或者采取强制措施的,未按规定履行报告义务;

(六)未按照中国证监会的要求更换或者调整董事、监事和高级管理人员。

**第五十二条** 期货公司董事、监事和高级管理人员收受或进行商业贿赂,或者利用职务之便牟取其他非法利益的,依法追究行政责任。

**第五十三条** 违反本办法,涉嫌犯罪的,依法移送司法机关,追究刑事责任。

## 第七章 附 则

**第五十四条** 本办法自公布之日起施行。中国证监会发布的《期货经纪公司高级管理人员任职资格管理办法(修订)》(证监发〔2002〕6号)、《关于期货经纪公司高级管理人员任职资格审核有关问题的通知》(证监期货字〔2004〕67号)、《期货经纪公司高级管理人员任职资格年检工作细则》(证监期货字〔2003〕110号)、《关于落实对涉嫌违法违规期货公司高管人员及相关人员责任追究的通知》(证监期货字〔2005〕159号)同时废止。

## 期货市场客户开户管理规定

- 2009年8月27日中国证券监督管理委员会公布
- 根据2012年2月2日中国证券监督管理委员会《关于修改〈期货市场客户开户管理规定〉的决定》修订
- 根据2021年1月15日中国证券监督管理委员会公告〔2021〕1号《关于修改、废止部分证券期货制度文件的决定》第一次修正
- 根据2022年8月12日中国证券监督管理委员会公告〔2022〕43号《关于修改、废止部分证券期货规范性文件的决定》第二次修正

### 第一章 总 则

**第一条** 为加强期货市场监管,保护客户合法权益,维护期货市场秩序,防范风险,提高市场运行效率,根据《中华人民共和国期货和衍生品法》(以下简称《期货和衍生品法》)、《期货交易管理条例》《期货交易所管理办法》《期货公司监督管理办法》等法律、行政法规和规章,制定本规定。

**第二条** 期货公司接受客户委托,为其申请境内期货交易所交易编码、修订客户资料、注销交易编码,以及期货公司管理客户资料、对账户进行规范和休眠管理等行为,应当遵守本规定。

**第三条** 期货公司为客户开立账户,应当对客户开户资料进行审核,确保开户资料的合规、真实、准确和完整。

**第四条** 中国期货市场监控中心有限责任公司(以下简称监控中心)应当根据本规定制定期货市场统一开户业务相关具体实施细则,承担期货市场统一开户业务的具体实施工作。期货公司为客户申请、注销各期货交易所交易编码,以及修订与交易编码相关的客户资料,应当统一通过监控中心办理。

**第五条** 监控中心应当建立和维护期货市场客户统

一开户系统(以下简称统一开户系统),对期货公司提交的客户资料进行复核,并将通过复核的客户资料转发给相关期货交易所。

**第六条** 期货交易所收到监控中心转发的客户交易编码申请资料后,根据期货交易所业务规则对客户交易编码进行分配、发放和管理,并将各类申请的处理结果通过监控中心反馈期货公司。

**第七条** 监控中心应当为每一个客户设立统一开户编码,并建立统一开户编码与客户在各期货交易所交易编码的对应关系。

**第八条** 中国证券监督管理委员会(以下简称中国证监会)及其派出机构依法对期货市场客户开户实行监督管理。

中国期货业协会、期货交易所依法对期货市场客户开户实行自律管理。

## 第二章 客户开户及交易编码申请

**第九条** 客户开户应当符合法律、行政法规及中国证监会有关规定,并遵守以下实名制要求:

(一)客户开户时应当提供有效身份证明文件;

(二)个人客户应当本人亲自办理开户手续,签署开户资料,不得委托他人代为办理;

(三)单位客户应当出具单位客户的授权委托书、开户代理人的有效身份证明文件和其他开户证件;

(四)期货经纪合同、期货结算账户中客户姓名或者名称与其有效身份证明文件中的姓名或者名称一致;

(五)在期货经纪合同及其他开户资料中真实、完整、准确地填写客户资料信息。

个人客户、单位客户以及开户代理人的有效身份证明文件由监控中心在实施细则中另行规定。

**第十条** 期货公司应当对客户进行以下实名制审核:

(一)对照有效身份证明文件,核实个人客户是否本人亲自开户,核实单位客户是否由经授权的开户代理人开户;

(二)确保客户交易编码申请表、期货结算账户登记表、期货经纪合同等开户资料所记载的客户姓名或者名称与其有效身份证明文件中的姓名或者名称一致。

**第十一条** 客户开户时,期货公司应当实时采集并按照监控中心要求及时提交客户以下影像资料:

(一)个人客户头部正面照和有效身份证明文件扫描件;

(二)单位客户开户代理人头部正面照、开户代理人有效身份证明文件扫描件、单位客户有效身份证明文件扫描件;

(三)监控中心在实施细则中规定的其他影像资料。

**第十二条** 证券公司等依法接受期货公司委托协助办理开户手续的,应当按照本规定的要求对照核实客户真实身份,核对客户期货结算账户户名与其有效身份证明文件中姓名或者名称一致,采集并留存客户影像资料,并随同其他开户资料一并提交期货公司审核开户和存档。

**第十三条** 期货公司应当按照监控中心的规定以电子文档方式在公司总部集中统一保存客户影像资料,并随其他开户资料一并存档备查。各营业部、分公司等分支机构应当确保可以查询所办理的客户影像资料等开户资料。

**第十四条** 期货公司不得与不符合实名制要求的客户签署期货经纪合同,也不得为未签订期货经纪合同的客户申请交易编码。

**第十五条** 期货公司为客户申请交易编码,应当向监控中心提交客户交易编码申请。客户交易编码申请填写内容应当完整并与期货经纪合同所记载的内容一致。

**第十六条** 期货公司为单位客户申请交易编码时,应当按照规定要求向监控中心提交该单位客户的有效身份证明文件扫描件。

**第十七条** 期货公司应当按照规定要求定期向监控中心提交客户的以下资料:

(一)个人客户的头部正面照和有效身份证明文件扫描件;

(二)单位客户的开户代理人头部正面照和有效身份证明文件扫描件。

**第十八条** 监控中心应当按以下标准对期货公司提交的客户交易编码申请表及其他相关资料进行复核:

(一)客户交易编码申请表内容完整性、格式正确性;

(二)客户姓名或者名称、有效身份证明文件号码等与有权机构检查反馈结果的一致性;

(三)客户姓名或者名称与其期货结算账户户名的一致性;

(四)其他应当复核的内容。

**第十九条** 监控中心在复核中发现以下情况之一的,监控中心应当退回客户交易编码申请,并告知期货公司:

(一)客户资料不符合实名制要求;

（二）客户交易编码申请表及相关资料内容不完整、格式不正确；

（三）中国证监会规定的其他情形。

**第二十条** 监控中心应当将当日通过复核的客户交易编码申请资料转发给相关期货交易所。

**第二十一条** 期货交易所应当将客户交易编码申请的处理结果当日发送监控中心，由监控中心当日反馈给期货公司。

**第二十二条** 当日分配的客户交易编码，期货交易所应当于下一交易日允许客户使用。

### 第三章 客户资料修订

**第二十三条** 期货公司修订与申请交易编码相关的客户资料，应当向监控中心提交修订申请。

期货公司应当对提交修订的客户资料进行审核，确保申请修订的内容与期货经纪合同中客户资料保持一致，并符合实名制等要求。

**第二十四条** 期货公司申请对客户姓名或者名称、客户有效身份证明文件号码、客户期货结算账户户名（以下简称关键信息）进行修订的，监控中心重新按本规定第十八条进行复核。通过复核的，监控中心将修订后的资料转发相关期货交易所。期货交易所根据其业务规则检查后，将处理结果发送监控中心，由监控中心及时反馈给期货公司。

**第二十五条** 期货公司申请对关键信息之外的客户资料进行修订的，应当指明修订申请拟提交的期货交易所，监控中心对修订后客户资料内容的完整性、格式正确性进行复核，并将通过复核的申请转发相关期货交易所。期货交易所根据其业务规则检查后，向监控中心反馈修订申请的处理结果，由监控中心反馈给期货公司。

**第二十六条** 监控中心和期货交易所在管理中发现客户资料错误的，应当统一由监控中心通知期货公司，由期货公司登录统一开户系统进行修订。

### 第四章 客户交易编码的注销

**第二十七条** 期货公司应当登录监控中心统一开户系统办理客户交易编码的注销。

**第二十八条** 监控中心接到期货公司的客户交易编码注销申请后，应当于当日转发给相关期货交易所。

**第二十九条** 期货交易所应当将期货公司客户交易编码注销申请处理结果及时反馈监控中心，监控中心据此反馈期货公司。

**第三十条** 期货交易所注销客户交易编码的，应当于注销当日通知监控中心，监控中心据此通知期货公司。

### 第五章 客户资料管理

**第三十一条** 期货公司在交易结算系统中维护的客户资料应当与报送统一开户系统的客户资料保持一致。

监控中心应当对期货公司报送保证金监控系统与统一开户系统的客户姓名或者名称、内部资金账户、期货结算账户和交易编码进行一致性复核。

**第三十二条** 监控中心应当根据统一开户系统，建立期货市场客户基本资料库。

关键信息之外的客户信息，监控中心应当根据不同的期货交易所、期货公司分别维护。

**第三十三条** 期货交易所应当定期向监控中心核对客户资料。

### 第六章 账户休眠管理

**第三十四条** 监控中心应当定期组织期货公司开展休眠账户认定和处理工作，明确休眠账户认定日和休眠账户处理期限。

**第三十五条** 休眠账户是指截至休眠认定日，同时符合开户时间一年以上、最近一年以上无持仓、最近一年以上无交易（含一年）、休眠认定日结算后客户权益在1000元人民币以下（含1000元）四个条件的账户，或者2009年9月1日前直接通过期货交易所开立交易编码，但是客户资料不完整或者关键信息不准确的账户。

**第三十六条** 监控中心收到期货公司提交的账户休眠申请后，应当及时转发给相关期货交易所。期货交易所应当对休眠账户进行标记并将处理结果经监控中心反馈期货公司。

期货公司和期货交易所应当在账户休眠后的下一个交易日，限制其开仓权限。

**第三十七条** 期货公司激活休眠账户时，应当向监控中心提交账户激活申请，期货公司和期货交易所应当在休眠账户激活成功后的下一个交易日解除其开仓限制。

### 第七章 监督管理

**第三十八条** 中国证监会依法对期货市场客户开户进行监督检查。中国证监会派出机构对期货公司客户开户进行监督检查。

**第三十九条** 监控中心依据本规定制定的相关实施细则应当报告中国证监会。

监控中心应当建立健全相应的应急处理机制，防范和化解统一开户系统的运行风险。

**第四十条** 期货公司、证券公司等违反本规定的,中国证监会及其派出机构可以采取责令限期整改、监管谈话、出具警示函等监管措施;逾期未改正,其行为可能危及期货公司稳健运行、损害客户合法权益的,中国证监会及其派出机构可以责令期货公司、证券公司等暂停开户或办理相关业务。

**第四十一条** 期货交易所、监控中心的工作人员应当忠于职守,依法办事,公正廉洁,保守期货公司和客户的商业秘密,不得利用职务便利牟取不正当的利益。

**第四十二条** 期货公司、证券公司等违反本规定的,依照《期货和衍生品法》第一百四十四条、《期货交易管理条例》第六十六条的规定进行处罚。

**第四十三条** 期货交易所、监控中心违反本规定的,依照《期货和衍生品法》第一百三十七条、第一百四十四条、《期货交易管理条例》第六十四条、第六十五条的规定进行处罚、处分。

**第四十四条** 期货交易所、监控中心的工作人员违反本规定的,依照《期货交易管理条例》第七十八条的规定进行处分。

## 第八章 附则

**第四十五条** 期货公司会员号变更、会员分级结算关系变更、会员资格转让或者交易编码申请权限受到期货交易所限制时,期货交易所应当将有关情况及时通知监控中心。

**第四十六条** 对于实行会员分级结算制度期货交易所的非结算会员,监控中心应当将其申请和注销客户交易编码的结果及时通知其结算会员。

**第四十七条** 证券公司、基金管理公司、信托公司和其他金融机构,以及社会保障类公司、合格境外机构投资者等法律、行政法规和规章规定的需要资产分户管理的特殊单位客户的实名制要求及核对应当遵循实质重于形式的原则,确保特殊单位客户、分户管理资产和期货结算账户对应关系准确。

**第四十八条** 期货公司为客户在中国证监会批准的其他期货交易场所申请开立交易编码的,依照本规定的有关规定执行。

**第四十九条** 期货交易所为其自营会员等直接开立交易编码的,应当及时向监控中心报备相关开户信息。

**第五十条** 期货公司办理开户业务,应当遵守反洗钱及交易者适当性相关法律法规的规定。

**第五十一条** 本规定自2009年9月1日起施行。2007年11月5日中国证监会发布的《关于进一步加强期货公司开户环节实名制工作的通知》(证监期货字〔2007〕257号)同时废止。

## 期货公司风险监管指标管理办法

· 2017年2月7日中国证券监督管理委员会第1次主席办公会议审议通过
· 根据2022年8月12日中国证券监督管理委员会《关于修改、废止部分证券期货规章的决定》修正

### 第一章 总则

**第一条** 为了加强期货公司监督管理,促进期货公司加强内部控制、防范风险、稳健发展,根据《中华人民共和国期货和衍生品法》(以下简称《期货和衍生品法》)、《期货交易管理条例》,制定本办法。

**第二条** 期货公司应当按照中国证券监督管理委员会(以下简称中国证监会)的有关规定计算风险监管指标。

**第三条** 中国证监会可以根据审慎监管原则,结合期货市场与期货行业发展状况,在征求行业意见基础上对期货公司风险监管指标标准及计算要求进行动态调整,并为调整事项的实施作出过渡性安排。

**第四条** 期货公司应当建立与风险监管指标相适应的内部控制制度及风险管理制度,建立动态的风险监控和资本补充机制,确保净资本等风险监管指标持续符合标准。

**第五条** 期货公司应当及时根据监管要求、市场变化及业务发展情况对公司风险监管指标进行压力测试。

压力测试结果显示潜在风险超过期货公司承受能力的,期货公司应当采取有效措施,及时补充资本或控制业务规模,将风险控制在可承受范围内。

**第六条** 期货公司应当聘请符合规定的会计师事务所对期货公司年度风险监管报表进行审计。

会计师事务所及其注册会计师应当勤勉尽责,对出具报告所依据的文件资料内容的真实性、准确性和完整性进行核查和验证,并对出具审计报告的合法性和真实性负责。

**第七条** 中国证监会及其派出机构按照法律、行政法规及本办法的规定,对期货公司风险监管指标是否符合标准,期货公司编制、报送风险监管报表相关活动实施监督管理。

### 第二章 风险监管指标标准及计算要求

**第八条** 期货公司应当持续符合以下风险监管指标

标准：

（一）净资本不得低于人民币3000万元；

（二）净资本与公司风险资本准备的比例不得低于100%；

（三）净资本与净资产的比例不得低于20%；

（四）流动资产与流动负债的比例不得低于100%；

（五）负债与净资产的比例不得高于150%；

（六）规定的最低限额结算准备金要求。

**第九条** 中国证监会对风险监管指标设置预警标准。规定"不得低于"一定标准的风险监管指标，其预警标准是规定标准的120%，规定"不得高于"一定标准的风险监管指标，其预警标准是规定标准的80%。

最低限额结算准备金不设预警标准。

**第十条** 期货公司净资本是在净资产基础上，按照变现能力对资产负债项目及其他项目进行风险调整后得出的综合性风险监管指标。

净资本的计算公式为：净资本＝净资产－资产调整值＋负债调整值－/＋其他调整项。

**第十一条** 期货公司风险资本准备是指期货公司在开展各项业务过程中，为应对可能发生的风险损失所需要的资本。

**第十二条** 最低限额结算准备金是指期货公司按照交易所及登记结算机构的有关要求以自有资金缴存用于履约担保的最低金额。

**第十三条** 期货公司计算净资本时，应当按照企业会计准则的规定充分计提资产减值准备、确认预计负债。

中国证监会派出机构可以要求期货公司对资产减值准备计提的充足性和合理性、预计负债确认的完整性进行专项说明，并要求期货公司聘请符合规定的会计师事务所出具鉴证意见；有证据表明期货公司未能充分计提资产减值准备或未能准确确认预计负债的，中国证监会派出机构应当要求期货公司相应核减净资本金额。

**第十四条** 期货公司应当根据期末未决诉讼、未决仲裁等或有事项的性质、涉及金额、形成原因、进展情况、可能发生的损失和预计损失进行会计处理，在计算净资本时按照一定比例扣减，并在风险监管报表附注中予以说明。

**第十五条** 期货公司借入次级债务、向股东或者其关联企业借入具有次级债务性质的长期借款以及其他清偿顺序在普通债之后的债务，可以按照规定计入净资本。

期货公司应当在相关事项完成后5个工作日内向住所地中国证监会派出机构报告。

期货公司不得互相持有次级债务。

**第十六条** 中国证监会及其派出机构认为期货公司开展某项业务存在未预期风险特征的，可以根据潜在风险状况确定所需资本规模，并要求期货公司补充计提风险资本准备。

### 第三章 编制和披露

**第十七条** 期货公司应当按照中国证监会规定的方式编制并报送风险监管报表。中国证监会可以根据监管需要及行业发展情况调整风险监管报表的编制及报送要求。

中国证监会派出机构可以根据审慎监管原则，要求期货公司不定期编制并报送风险监管报表，或要求期货公司在一段时期内提高风险监管报表的报送频率。

**第十八条** 期货公司法定代表人、经营管理主要负责人、首席风险官、财务负责人应当在风险监管报表上签字确认，并应当保证其真实、准确、完整。上述人员对风险监管报表内容持有异议的，应当书面说明意见和理由，向期货公司住所地中国证监会派出机构报告。

**第十九条** 期货公司应当保留书面月度及年度风险监管报表，法定代表人、经营管理主要负责人、首席风险官、财务负责人等责任人员应当在书面报表上签字，并加盖公司印章。风险监管报表的保存期限应当不少于5年。

**第二十条** 期货公司应当每半年向公司董事会提交书面报告，说明各项风险监管指标的具体情况，该报告应当经期货公司法定代表人签字确认。该报告经董事会审议通过后，应当向期货公司全体股东提交或进行信息披露。

**第二十一条** 净资本与风险资本准备的比例与上月相比向不利方向变动超过20%的，期货公司应当向公司住所地中国证监会派出机构提交书面报告，说明原因，并在5个工作日内向全体董事提交书面报告。

**第二十二条** 期货公司风险监管指标达到预警标准的，期货公司应当于当日向全体董事提交书面报告，详细说明原因、对期货公司的影响、解决问题的具体措施和期限，书面报告应当同时抄送期货公司住所地中国证监会派出机构。

期货公司风险监管指标不符合规定标准的，期货公司除履行上述程序外，还应当及时向全体股东报告或进行信息披露。

### 第四章 监督管理

**第二十三条** 中国证监会派出机构应当对期货公司

风险监管指标的计算过程及计算结果的真实性、准确性、完整性进行定期或者不定期检查。

中国证监会派出机构可以根据监管需要，要求期货公司聘请符合规定的会计师事务所对其风险监管报表进行专项审计。

**第二十四条** 期货公司的风险监管报表被相关会计师事务所出具了保留意见、带强调事项段或其他事项段无保留意见的，期货公司应当自审计意见出具的 5 个工作日内就涉及事项对风险监管指标的影响进行专项说明，并向住所地中国证监会派出机构进行书面报告。中国证监会派出机构可以视情况要求期货公司限期改正并重新编制风险监管报表；期货公司未限期改正的，中国证监会派出机构可以认定其风险监管指标不符合规定标准。

期货公司的风险监管报表被相关会计师事务所出具了无法表示意见或者否定意见的，中国证监会派出机构可以认定其风险监管指标不符合规定标准。

**第二十五条** 期货公司未按期报送风险监管报表或者报送的风险监管报表存在虚假记载、误导性陈述、重大遗漏的，中国证监会派出机构应当要求期货公司限期报送或者补充更正。

期货公司未在限期内报送或者补充更正的，公司住所地中国证监会派出机构应当进行现场检查；发现期货公司违反企业会计准则和本办法有关规定的，可以认定其风险监管指标不符合规定标准。

**第二十六条** 期货公司报送的风险监管报表存在漏报、错报，影响中国证监会及其派出机构对期货公司风险状况判断的，中国证监会派出机构应当要求期货公司立即报送更正的风险监管报表，并可以视情况采取出具警示函、监管谈话等监管措施。

**第二十七条** 期货公司风险监管指标达到预警标准的，进入风险预警期。风险预警期内，中国证监会派出机构可视情况采取以下措施：

（一）要求期货公司制定风险监管指标改善方案并定期对监管指标的改善情况进行书面报告；

（二）要求期货公司进行重大业务决策时，应当至少提前 5 个工作日向住所地中国证监会派出机构报送临时报告，说明有关业务对风险监管指标的影响；

（三）要求期货公司增加内部合规检查的频率，并提交合规检查报告。

期货公司未能有效履行相关要求的，中国证监会派出机构可以视情况采取出具警示函、监管谈话等监管措施。

**第二十八条** 期货公司风险监管指标优于预警标准并连续保持 3 个月的，风险预警期结束。

**第二十九条** 期货公司风险监管指标不符合规定标准的，中国证监会派出机构应当在知晓相关情况后 2 个工作日内对期货公司不符合规定标准的情况和原因进行核实，视情况对期货公司及其董事、监事和高级管理人员采取谈话、提示、记入信用记录等监管措施，并责令期货公司限期整改，整改期限不得超过 20 个工作日。

**第三十条** 经过整改，期货公司风险监管指标符合规定标准的，应当向住所地中国证监会派出机构报告，中国证监会派出机构应当进行验收。

期货公司风险监管指标符合规定标准的，中国证监会派出机构应当自验收合格之日起 3 个工作日内解除对期货公司采取的有关措施。

**第三十一条** 期货公司逾期未改正或者经过整改风险监管指标仍不符合规定标准的，中国证监会及其派出机构可以依据《期货和衍生品法》第七十三条采取监管措施。

**第三十二条** 期货公司违反本办法规定的，中国证监会及其派出机构可以依据《期货和衍生品法》第一百三十四条、《期货交易管理条例》第六十六条的规定处罚。

## 第五章 附 则

**第三十三条** 本办法相关用语含义如下：

（一）风险监管报表是期货公司编制的反映各项风险监管指标计算过程及计算结果的报表。

（二）资产、流动资产是指期货公司的自身资产，不含客户保证金。

（三）负债、流动负债是指期货公司的对外负债，不含客户权益。

（四）重大业务，是指可能导致期货公司风险监管指标发生 10% 以上变化的业务。

**第三十四条** 本办法自 2017 年 10 月 1 日起施行。《期货公司风险监管指标管理试行办法》（证监发〔2007〕55 号公布、证监会公告〔2013〕12 号修订）、《关于期货公司风险资本准备计算标准的规定》（证监会公告〔2013〕13 号）同时废止。

## 证券期货市场诚信监督管理办法

- 2018年3月28日中国证券监督管理委员会令第139号公布
- 根据2020年3月20日中国证券监督管理委员会《关于修改部分证券期货规章的决定》修订

### 第一章 总 则

**第一条** 为了加强证券期货市场诚信建设，保护投资者合法权益，维护证券期货市场秩序，促进证券期货市场健康稳定发展，根据《证券法》等法律、行政法规，制定本办法。

**第二条** 中国证券监督管理委员会(以下简称中国证监会)建立全国统一的证券期货市场诚信档案数据库(以下简称诚信档案)，记录证券期货市场诚信信息。

**第三条** 记入诚信档案的诚信信息的界定、采集与管理，诚信信息的公开、查询，诚信约束、激励与引导等，适用本办法。

**第四条** 公民(自然人)、法人或者其他组织从事证券期货市场活动，应当诚实信用，遵守法律、行政法规、规章和依法制定的自律规则，禁止欺诈、内幕交易、操纵市场以及其他损害投资者合法权益的不诚实信用行为。

**第五条** 中国证监会鼓励、支持诚实信用的公民、法人或者其他组织从事证券期货市场活动，实施诚信约束、激励与引导。

**第六条** 中国证监会可以和国务院其他部门、地方人民政府、国家司法机关、行业组织、境外证券期货监管机构建立诚信监管合作机制，实施诚信信息共享，推动健全社会信用体系。

### 第二章 诚信信息的采集和管理

**第七条** 下列从事证券期货市场活动的公民、法人或者其他组织的诚信信息，记入诚信档案：

(一)证券业从业人员、期货从业人员和基金从业人员；

(二)证券期货市场投资者、交易者；

(三)证券发行人、上市公司、全国中小企业股份转让系统挂牌公司、区域性股权市场挂牌转让证券的企业及其董事、监事、高级管理人员、主要股东、实际控制人；

(四)区域性股权市场的运营机构及其董事、监事和高级管理人员，为区域性股权市场办理账户开立、资金存放、登记结算等业务的机构；

(五)证券公司、期货公司、基金管理人、债券受托管理人、债券发行担保人及其董事、监事、高级管理人员、主要股东和实际控制人或者执行事务合伙人，合格境外机构投资者、合格境内机构投资者及其主要投资管理人员，境外证券类机构驻华代表机构及其总代表、首席代表；

(六)会计师事务所、律师事务所、保荐机构、财务顾问机构、资产评估机构、投资咨询机构、信用评级机构、基金服务机构、期货合约交割仓库以及期货合约标的物质量检验检疫机构等证券期货服务机构及其相关从业人员；

(七)为证券期货业务提供存管、托管业务的商业银行或者其他金融机构，及其存管、托管部门的高级管理人员；

(八)为证券期货业提供信息技术服务或者软硬件产品的供应商；

(九)为发行人、上市公司、全国中小企业股份转让系统挂牌公司提供投资者关系管理及其他公关服务的服务机构及其人员；

(十)证券期货传播媒介机构、人员；

(十一)以不正当手段干扰中国证监会及其派出机构监管执法工作的人员；

(十二)其他有与证券期货市场活动相关的违法失信行为的公民、法人或者其他组织。

**第八条** 本办法所称诚信信息包括：

(一)公民的姓名、性别、国籍、身份证件号码，法人或者其他组织的名称、住所、统一社会信用代码等基本信息；

(二)中国证监会、国务院其他主管部门等其他省部级以上单位和证券期货交易场所、证券期货市场行业协会、证券登记结算机构等全国性证券期货市场行业组织(以下简称证券期货市场行业组织)作出的表彰、奖励、评比，以及信用评级机构、诚信评估机构作出的信用评级、诚信评估；

(三)中国证监会及其派出机构作出的行政许可决定；

(四)发行人、上市公司、全国中小企业股份转让系统挂牌公司及其主要股东、实际控制人，董事、监事和高级管理人员，重大资产重组交易各方，及收购人所作的公开承诺的未履行或者未如期履行、正在履行、已如期履行等情况；

(五)中国证监会及其派出机构作出的行政处罚、市场禁入决定和采取的监督管理措施；

(六)证券期货市场行业组织实施的纪律处分措施和法律、行政法规、规章规定的管理措施；

(七)因涉嫌证券期货违法被中国证监会及其派出

机构调查及采取强制措施；

（八）违反《证券法》第一百七十一条的规定，由于被调查当事人自身原因未履行承诺的情况；

（九）到期拒不执行中国证监会及其派出机构生效行政处罚决定及监督管理措施，因拒不配合中国证监会及其派出机构监督检查、调查被有关机关作出行政处罚或者处理决定，以及拒不履行已达成的证券期货纠纷调解协议；

（十）债券发行人未按期兑付本息等违约行为、担保人未按约定履行担保责任；

（十一）因涉嫌证券期货犯罪被中国证监会及其派出机构移送公安机关、人民检察院处理；

（十二）以不正当手段干扰中国证监会及其派出机构监管执法工作，被予以行政处罚、纪律处分，或者因情节较轻，未受到处罚处理，但被纪律检查或者行政监察机构认定的信息；

（十三）因证券期货犯罪或者其他犯罪被人民法院判处刑罚；

（十四）因证券期货侵权、违约行为被人民法院判决承担较大民事赔偿责任；

（十五）因违法开展经营活动被银行、保险、财政、税收、环保、工商、海关等相关主管部门予以行政处罚；

（十六）因非法开设证券期货交易场所或者组织证券期货交易被地方政府行政处罚或者采取清理整顿措施；

（十七）因违法失信行为被证券公司、期货公司、基金管理人、证券期货服务机构以及证券期货市场行业组织开除；

（十八）融资融券、转融通、证券质押式回购、约定式购回、期货交易等信用交易中的违约失信信息；

（十九）违背诚实信用原则的其他行为信息。

**第九条** 诚信档案不得采集公民的宗教信仰、基因、指纹、血型、疾病和病史信息以及法律、行政法规规定禁止采集的其他信息。

**第十条** 本办法第八条第（二）项所列公民、法人或者其他组织所受表彰、奖励、评比和信用评级、诚信评估信息，由其自行向中国证监会及其派出机构申报，记入诚信档案。

公民、法人或者其他组织按规定向中国证监会及其派出机构申报前款规定以外的其他诚信信息，记入诚信档案。

公民、法人或者其他组织申报的诚信信息应当真实、

准确、完整。

**第十一条** 本办法第八条第（一）项、第（三）项至第（十二）项诚信信息，由中国证监会及其派出机构、证券期货市场行业组织依其职责采集并记入诚信档案；第（十七）项、第（十八）项诚信信息，由相关证券期货市场行业组织、证券期货经营机构采集并记入诚信档案；其他诚信信息由中国证监会及其派出机构通过政府信息公开、信用信息共享等途径采集并记入诚信档案。

**第十二条** 记入诚信档案的诚信信息所对应的决定或者行为经法定程序撤销、变更的，中国证监会及其派出机构相应删除、修改该诚信信息。

**第十三条** 本办法第八条规定的违法失信信息，在诚信档案中的效力期限为3年，但因证券期货违法行为被行政处罚、市场禁入、刑事处罚和判决承担较大侵权、违约民事赔偿责任的信息，其效力期限为5年。

法律、行政法规或者中国证监会规章对违法失信信息的效力期限另有规定的，国务院其他主管部门对其产生的违法失信信息的效力期限另有规定的，从其规定。

前款所规定的效力期限，自对违法失信行为的处理决定执行完毕之日起算。

超过效力期限的违法失信信息，不再进行诚信信息公开，并不再接受诚信信息申请查询，公民、法人或者其他组织根据本办法第十七条申请查询自己信息的除外。

### 第三章　诚信信息的公开与查询

**第十四条** 本办法第八条第（二）、（三）、（四）、（六）项信息和第（五）项的行政处罚、市场禁入信息依法向社会公开。

中国证监会在其网站建立证券期货市场违法失信信息公开查询平台，社会公众可通过该平台查询本办法第八条第（五）项行政处罚、市场禁入决定信息，第（六）项信息等违法失信信息。

**第十五条** 中国证监会对有下列严重违法失信情形的市场主体，在证券期货市场违法失信信息公开查询平台进行专项公示：

（一）因操纵市场、内幕交易、欺诈发行、虚假披露信息、非法从事证券期货业务、利用未公开信息交易以及编造、传播虚假信息被中国证监会及其派出机构作出行政处罚；

（二）被中国证监会及其派出机构采取市场禁入措施；

（三）因证券期货犯罪被人民法院判处刑罚；

（四）因拒不配合中国证监会及其派出机构监督检

查、调查被有关机关作出行政处罚或者处理决定；

（五）到期拒不执行中国证监会及其派出机构生效行政处罚决定；

（六）经责令改正仍逾期不履行《证券法》第八十四条规定的公开承诺；

（七）严重侵害投资者合法权益、市场反应强烈的其他严重违法失信情形。

严重违法失信主体的专项公示期为一年，自公示之日起算。

中国证监会对有第（五）、（六）项情形的市场主体，统一归集至全国信用信息共享平台安排公示的，按照相关规定办理。

**第十六条** 除本办法第十四条、第十五条规定之外的诚信信息，公民、法人或者其他组织可以根据本办法规定向中国证监会及其派出机构申请查询。

**第十七条** 公民、法人或者其他组织提出诚信信息查询申请，符合以下条件之一的，中国证监会及其派出机构予以办理：

（一）公民、法人或者其他组织申请查询自己的诚信信息的；

（二）发行人、上市公司申请查询拟任董事、监事、高级管理人员的诚信信息的；

（三）发行人、上市公司申请查询拟参与本公司并购、重组的公民、法人或者其他组织的诚信信息的；

（四）发行人、上市公司申请查询拟委托的证券公司、证券服务机构及其相关从业人员的诚信信息的；

（五）证券公司、债券受托管理人、证券服务机构申请查询其所提供专业服务的发行人、上市公司及其董事、监事、高级管理人员、控股股东和实际控制人以及债券发行担保人的诚信信息的；

（六）证券公司、期货公司、基金管理人、证券期货服务机构申请查询已聘任或者拟聘任的董事、监事、高级管理人员或者其他从业人员的诚信信息的；

（七）中国证监会规定的其他条件。

**第十八条** 公民、法人或者其他组织提出诚信信息查询申请，应当如实提供如下材料：

（一）查询申请书；

（二）身份证明文件；

（三）办理本办法第十七条第（二）项至第（六）项查询申请的，查询申请书应经查询对象签字或者盖章同意，或者有查询对象的其他书面同意文件。

**第十九条** 公民、法人或者其他组织提出的查询申请，符合条件，材料齐备的，中国证监会及其派出机构自收到查询申请之日起5个工作日内反馈。

**第二十条** 公民、法人或者其他组织申请查询的诚信信息属于国家秘密，其他公民、法人或者其他组织的商业秘密及个人隐私的，中国证监会及其派出机构不予查询，但应当在答复中说明。

**第二十一条** 记入诚信档案的公民、法人或者其他组织，认为其诚信信息具有本办法第十二条规定的应予删除、修改情形的，或者具有其他重大、明显错误的，可以向中国证监会及其派出机构申请更正。

中国证监会及其派出机构收到公民、法人或者其他组织的信息更正申请后，应当在15个工作日内进行处理，并将处理结果告知申请人。确有本办法第十二条规定的应予删除、修改情形的，或者其他重大、明显错误情形的，应予更正。

**第二十二条** 公民、法人或者其他组织通过申请查询获取诚信信息的，不得泄露或者提供他人使用，不得进行以营利为目的的使用、加工或者处理，不得用于其他非法目的。

### 第四章 诚信约束、激励与引导

**第二十三条** 中国证监会建立发行人、上市公司、全国中小企业股份转让系统挂牌公司、证券公司、期货公司、基金管理人、证券期货服务机构、证券期货基金从业人员等主要市场主体的诚信积分制度，实行诚信分类监督管理。

诚信积分和诚信分类监督管理具体办法另行制定。

**第二十四条** 向中国证监会及其派出机构申请行政许可，申请人以及申请事项涉及的有关当事人应当书面承诺其所提交的申请材料真实、准确、完整，并诚信合法地参与证券期货市场活动。

**第二十五条** 中国证监会及其派出机构审查行政许可申请，应当查阅申请人以及申请事项所涉及的有关当事人的诚信档案，对其诚信状况进行审查。

证券期货市场行业组织在履行登记、备案、注册、会员批准等工作职责时，应当按照前款规定办理。

证券交易场所依法审核公开发行证券及上市交易或挂牌转让申请时，应当按照第一款规定办理。

**第二十六条** 中国证监会及其派出机构审查行政许可申请，发现申请人以及有关当事人有本办法第八条第（四）项中的未履行或者未如期履行承诺信息，或者第（五）项至第（十八）项规定的违法失信信息的，可以要求申请人或者受申请人委托为行政许可申请提供证券期货服务的有关机构提供书面反馈意见。

书面反馈意见应就如下事项进行说明：

（一）诚信信息所涉及相关事实的基本情况；

（二）有关部门所作决定、处理的执行及其他后续情况，并提供证明材料；

（三）有关证券期货服务机构关于诚信信息对行政许可事项是否构成影响的分析。

申请人或者有关证券期货服务机构应在规定期限内提交书面反馈意见。

第二十七条　申请人或者有关证券期货服务机构的书面反馈意见不明确，有关分析、说明不充分的，中国证监会及其派出机构可以直接或者委托有关机构对有关事项进行核查。

第二十八条　根据本办法第二十六条、第二十七条提供书面反馈意见或者进行核查的时间，不计入行政许可法定期限。

第二十九条　行政许可申请人以及申请事项所涉及的有关当事人有本办法第八条第（四）项中的未履行或者未如期履行承诺信息，或者第（五）项至第（十八）项规定的违法失信信息之一，属于法定不予许可条件范围的，中国证监会及其派出机构应当依法作出不予许可的决定。

申请人以及申请事项所涉及的有关当事人的诚信信息虽不属于法定不予许可条件范围，但有关法律、行政法规和规章对行政许可法定条件提出诚实信用要求、作出原则性规定或者设定授权性条款的，中国证监会及其派出机构可以综合考虑诚信状况及相关因素，审慎审查申请人提出的行政许可申请事项。

第三十条　业务创新试点申请人有本办法第八条第（四）项中的未履行或者未如期履行承诺信息，或者第（五）项至第（十八）项规定的违法失信信息之一的，中国证监会及其派出机构、证券期货市场行业组织可以暂缓或者不予安排，但申请人能证明该违法失信信息与业务创新明显无关的除外。

第三十一条　中国证监会及其派出机构审查行政许可，对符合以下条件的，在受理后，即时进行审查：

（一）近三年没有违反证券期货法律、行政法规和中国证监会规定的失信记录；

（二）近三年没有因违法开展经营活动被银行、保险、税收、环保、海关等相关主管部门予以行政处罚；

（三）没有因证券期货犯罪或者其他犯罪被人民法院判处刑罚。

中国证监会及其派出机构审查行政许可，可以在同等条件下对诚信积分较高的申请人优先审查。

第三十二条　中国证监会及其派出机构、证券期货市场行业组织在业务创新试点安排中，可以在法律、行政法规规定的范围内，对于同等条件下诚信状况较好的申请人予以优先安排。

第三十三条　中国证监会及其派出机构在对公民、法人或者其他组织进行行政处罚、实施市场禁入和采取监督管理措施中，应当查阅当事人的诚信档案，在综合考虑当事人违法行为的性质、情节、损害投资者合法权益程度和当事人诚信状况等因素的基础上，依法作出处理。

第三十四条　中国证监会及其派出机构在开展监督检查等日常监管工作中，应当查阅被监管机构的诚信档案，根据被监管机构的诚信状况，有针对性地进行现场检查和非现场检查，或者适当调整、安排现场检查的对象、频率和内容。

第三十五条　证券登记结算机构、证券公司、期货公司等机构在为投资者、客户开立证券、期货相关账户时，应当查询投资者、客户的诚信档案，按照规定办理相关账户开立事宜。

第三十六条　证券公司在办理客户证券质押式回购、约定式购回以及融资融券业务申请时，可以查阅客户的诚信档案，根据申请人的诚信状况，决定是否予以办理，或者确定和调整授信额度。

证券金融公司在开展转融通业务时，可以查阅证券公司的诚信档案，根据证券公司的诚信状况，决定是否对其进行转融通，或者确定和调整授信额度。

第三十七条　发行人、上市公司、全国中小企业股份转让系统挂牌公司、证券公司、期货公司、基金管理人、证券期货服务机构拟聘任董事、监事、高级管理人员以及从业人员的，应当查询拟聘任人员的诚信档案，并将其诚信状况作为决定是否聘任的依据。

第三十八条　证券公司、证券服务机构受托为发行人、上市公司、全国中小企业股份转让系统挂牌公司等提供证券服务的，应当查询委托人的诚信档案，并将其诚信状况作为决定是否接受委托、确定收费标准的依据。

第三十九条　公民、法人或者其他组织公开发布证券期货市场评论信息，所述事实内容与实际情况不相符合的，或者存在其他显著误导公众情形的，中国证监会及其派出机构可以对其出具诚信关注函，记入诚信档案，并可将有关情况向其所在工作单位、所属主管部门或者行业自律组织通报。

证券期货投资咨询机构及其人员公开发布证券期货市场评论信息违反规定的,依照有关规定处理、处罚。

公民、法人或者其他组织利用公开发布证券期货市场评论信息进行操纵市场等违法行为的,依法予以处罚;构成犯罪的,由司法机关依法追究刑事责任。

**第四十条** 证券期货市场行业组织应当教育和鼓励其成员以及从业人员遵守法律、诚实信用。对遵守法律、诚实信用的成员以及从业人员,可以给予表彰、奖励。

中国证监会鼓励证券期货市场行业组织等建立证券期货市场诚信评估制度,组织开展对有关行业和市场主体的诚信状况评估,并将评估结果予以公示。

中国证券业协会、中国期货业协会、中国上市公司协会、中国证券投资基金业协会建立年度诚信会员制度。具体办法由相关协会制定,报中国证监会备案。

**第四十一条** 上市公司、全国中小企业股份转让系统挂牌公司、证券公司、期货公司、基金管理人和证券期货服务机构等应当不断完善内部诚信监督、约束制度机制,提高诚信水平。

中国证监会及其派出机构对前款规定机构的内部诚信监督、约束制度机制建设情况进行检查、指导,并可以将检查情况在行业和辖区内进行通报。

**第四十二条** 对有本办法第八条第(四)项中的未履行或者未如期履行承诺信息,或者第(五)项至第(十八)项规定的违法失信信息的公民,中国证监会及其派出机构、证券期货市场行业组织可以不聘任其担任下列职务:

(一)中国证监会股票发行审核委员会委员;

(二)中国证监会上市公司并购重组审核委员会委员;

(三)中国证监会及其派出机构、证券期货市场行业组织成立的负有审核、监督、核查、咨询职责的其他组织的成员。

**第四十三条** 中国证监会与国务院其他部门、地方人民政府、国家司法机关和有关组织建立对证券期货市场参与主体的失信联合惩戒和守信联合激励制度机制,提供证券期货市场主体的相关诚信信息,依法实施联合惩戒、激励。

### 第五章 监督与管理

**第四十四条** 中国证监会诚信监督管理机构履行下列职责:

(一)界定、组织采集证券期货市场诚信信息;

(二)建立、管理诚信档案,组织、督促诚信信息的记入;

(三)组织办理诚信信息的公开、查询和共享;

(四)建立、协调实施诚信监督、约束与激励机制;

(五)中国证监会规定的其他诚信监督管理与服务职责。

**第四十五条** 中国证监会各派出机构负责接收、办理公民、法人或者其他组织根据本办法规定提出的诚信信息记入申报、诚信信息查询申请、诚信信息更正申请等事项。

**第四十六条** 中国证监会及其派出机构、证券期货市场行业组织,未按照本办法规定及时、真实、准确、完整地记入诚信信息,造成不良后果的,按照有关规定对相关责任人员进行行政处分;情节严重的,依法追究法律责任。

**第四十七条** 违反本办法第十条、第十八条、第二十二条、第三十五条、第三十七条、第三十八条规定的,中国证监会及其派出机构可以采取责令改正、监管谈话、出具警示函、责令公开说明、在一定期限内不予接受其诚信信息申报和查询申请等监督管理措施;情节严重的,依法追究法律责任。

### 第六章 附 则

**第四十八条** 中国证监会及其派出机构办理诚信信息查询,除可以收取打印、复制、装订、邮寄成本费用外,不得收取其他费用。

**第四十九条** 证券期货市场行业组织在履行自律管理职责中,查询诚信档案,实施诚信约束、激励的,参照本办法有关规定执行。

**第五十条** 本办法自2018年7月1日起施行。《证券期货市场诚信监督管理暂行办法》(证监会令第106号)同时废止。

## 证券期货违法行为行政处罚办法

- 2021年7月14日中国证券监督管理委员会令第186号公布
- 自公布之日起施行

**第一条** 为了规范中国证券监督管理委员会(以下简称中国证监会)及其派出机构行政处罚的实施,维护证券期货市场秩序,保护公民、法人和其他组织的合法权益,根据《中华人民共和国行政处罚法》《中华人民共和国证券法》《中华人民共和国证券投资基金法》《期货交易管理条例》等法律、法规,制定本办法。

**第二条** 中国证监会依法对全国证券期货市场实行

集中统一监督管理。中国证监会派出机构按照授权，依法履行行政处罚职责。

**第三条** 自然人、法人或者其他组织违反证券期货法律、法规和规章规定，应当给予行政处罚的，中国证监会及其派出机构依照有关法律、法规、规章和本办法规定的程序实施。

**第四条** 中国证监会及其派出机构实施行政处罚，遵循公开、公平、公正、效率和审慎监管原则，依法、全面、客观地调查、收集有关证据。

**第五条** 中国证监会及其派出机构作出的行政处罚决定，应当事实清楚、证据确凿、依据正确、程序合法、处罚适当。

**第六条** 中国证监会及其派出机构发现自然人、法人或者其他组织涉嫌违反证券期货法律、法规和规章，符合下列条件，且不存在依法不予行政处罚等情形的，应当立案：

（一）有明确的违法行为主体；

（二）有证明违法事实的证据；

（三）法律、法规、规章规定有明确的行政处罚法律责任；

（四）尚未超过二年行政处罚时效。涉及金融安全且有危害后果的，尚未超过五年行政处罚时效。

**第七条** 中国证监会及其派出机构通过文字记录等形式对行政处罚进行全过程记录，归档保存。根据需要，可以对容易引发争议的行政处罚过程进行音像记录，被调查的单位和个人不配合的，执法人员对相关情况进行文字说明。

**第八条** 中国证监会及其派出机构执法人员必须忠于职守，依法办事，公正廉洁，不得滥用权力，或者利用职务便利牟取不正当利益；严格遵守保密规定，不得泄露案件查办信息，不得泄露所知悉的国家秘密、商业秘密和个人隐私；对于依法取得的个人信息，应当确保信息安全。

**第九条** 中国证监会及其派出机构进行调查时，执法人员不得少于二人，并应当出示执法证和调查通知书等执法文书。执法人员少于二人或者未出示执法证和调查通知书等执法文书的，被调查的单位和个人有权拒绝。

执法人员应当在询问笔录或现场笔录等材料中对出示情况进行记录。

**第十条** 被调查的单位和个人应当配合调查，如实回答询问，按要求提供有关文件和资料，不得拒绝、阻碍和隐瞒。

**第十一条** 中国证监会及其派出机构调查、收集的证据包括：

（一）书证；

（二）物证；

（三）视听资料；

（四）电子数据；

（五）证人证言；

（六）当事人的陈述；

（七）鉴定意见；

（八）勘验笔录、现场笔录。

证据必须经查证属实，方可作为认定案件事实的根据。

以非法手段取得的证据，不得作为认定案件事实的根据。

**第十二条** 书证原则上应当收集原件。收集原件确有困难的，可以收集与原件核对无误的复印件、照片、节录本。复印件、照片、节录本由证据提供人核对无误后注明与原件一致，同时由证据提供人逐页签名或者盖章。提供复印内容较多且连续编码的，可以在首尾页及骑缝处签名、盖章。

**第十三条** 物证原则上应当收集原物。收集原物确有困难的，可以收集与原物核对无误的复制品或者证明该物证的照片、录像等其他证据。原物为数量较多的种类物的，可以收集其中一部分。收集复制品或者影像资料的，应当在现场笔录中说明取证情况。

**第十四条** 视听资料原则上应当收集有关资料的原始载体。收集原始载体确有困难的，可以收集与原始载体核对无误的复制件，并以现场笔录或其他方式注明制作方法、制作时间、制作人和证明对象等。声音资料应当附有该录音内容的文字记录。

**第十五条** 电子数据原则上应当收集有关数据的原始载体。收集电子数据原始载体确有困难的，可以制作复制件，并以现场笔录或其他方式记录参与人员、技术方法、收集对象、步骤和过程等。具备条件的，可以采取拍照或录像等方式记录取证过程。对于电子数据的关键内容，可以直接打印或者截屏打印，并由证据提供人签字确认。

**第十六条** 当事人的陈述、证人证言可以通过询问笔录、书面说明等方式调取。询问应当分别单独进行。询问笔录应当由被询问人员及至少二名参与询问的执法人员逐页签名并注明日期；如有修改，应当由被询问人签字确认。

通过书面说明方式调取的,书面说明应当由提供人逐页签名或者盖章并注明日期。

**第十七条** 对于涉众型违法行为,在能够充分证明基本违法事实的前提下,执法人员可以按一定比例收集和调取书证、证人证言等证据。

**第十八条** 下列证据材料,经审查符合真实性、合法性及关联性要求的,可以作为行政处罚的证据:

(一)中国证监会及其派出机构在立案前调查或者监督检查过程中依法取得的证据材料;

(二)司法机关、纪检监察机关、其他行政机关等保存、公布、移交的证据材料;

(三)中国证监会及其派出机构通过依法建立的跨境监督管理合作机制获取的证据材料;

(四)其他符合真实性、合法性及关联性要求的证据材料。

**第十九条** 中国证监会及其派出机构根据案情需要,可以委托下列单位和人员提供协助:

(一)委托具有法定鉴定资质的鉴定机构对涉案相关事项进行鉴定,鉴定意见应有鉴定人签名和鉴定机构盖章;

(二)委托会计师事务所、资产评估事务所、律师事务所等中介机构以及专家顾问提供专业支持;

(三)委托证券期货交易场所、登记结算机构等检验、测算相关数据或提供与其职能有关的其他协助。

**第二十条** 中国证监会及其派出机构可以依法要求当事人或与被调查事件有关的单位和个人,在指定的合理期限内,通过纸质、电子邮件、光盘等指定方式报送与被调查事件有关的文件和资料。

**第二十一条** 中国证监会及其派出机构依法需要采取冻结、查封、扣押、限制证券买卖等措施的,按照《中华人民共和国行政强制法》等法律、法规以及中国证监会的有关规定办理。

**第二十二条** 中国证监会及其派出机构依法需要采取封存、先行登记保存措施的,应当经单位负责人批准。

遇有紧急情况,需要立即采取上述措施的,执法人员应当在二十四小时内向单位负责人报告,并补办批准手续。单位负责人认为不应当采取的,应当立即解除。

**第二十三条** 采取封存、先行登记保存措施的,应当当场清点,出具决定书或通知书,开列清单并制作现场笔录。

对于封存、先行登记保存的证据,中国证监会及其派出机构可以自行或采取委托第三方等其他适当方式保管,当事人和有关人员不得隐藏、转移、变卖或者毁损。

**第二十四条** 对于先行登记保存的证据,应当在七日内采取下列措施:

(一)根据情况及时采取记录、复制、拍照、录像、提取电子数据等证据保全措施;

(二)需要检查、检验、鉴定、评估的,送交检查、检验、鉴定、评估;

(三)依据有关法律、法规可以采取查封、扣押、封存等措施的,作出查封、扣押、封存等决定;

(四)违法事实不成立,或者违法事实成立但依法不应予以查封、扣押、封存的,决定解除先行登记保存措施。

**第二十五条** 执法人员制作现场笔录的,应当载明时间、地点和事件等内容,并由执法人员和当事人等在场有关人员签名或者盖章。

当事人或者有关人员拒绝或不能在现场笔录、询问笔录、证据材料上签名、盖章的,执法人员应当在现场笔录、询问笔录、证据材料上说明或以录音录像等形式加以证明。必要时,执法人员可以请无利害关系第三方作为见证人签名。

**第二十六条** 实施行政处罚过程中,有下列情形之一的,中国证监会可以通知出境入境管理机关依法阻止涉嫌违法人员、涉嫌违法单位的主管人员和其他直接责任人员出境:

(一)相关人员涉嫌违法行为情节严重、影响恶劣,或存在本办法第三十八条规定的行为,出境后可能对行政处罚的实施产生不利影响的;

(二)相关人员涉嫌构成犯罪,可能承担刑事责任的;

(三)存在有必要阻止出境的其他情形的。

阻止出境的期限按照出境入境管理机关的规定办理,需要延长期限的,应当通知出境入境管理机关。到期不通知的,由出境入境管理机关按规定解除阻止出境措施。

经调查、审理,被阻止出境人员不属于涉嫌违法人员或责任人员,或者中国证监会认为没有必要继续阻止出境的,应当通知出境入境管理机关依法解除对相关人员的阻止出境措施。

**第二十七条** 案件调查终结,中国证监会及其派出机构根据案件不同情况,依法报单位负责人批准后,分别作出如下决定:

(一)确有应受行政处罚的违法行为的,根据情节轻重及具体情况，作出行政处罚决定；

（二）违法行为轻微，依法可以不予行政处罚的，不予行政处罚；

（三）违法事实不能成立的，不予行政处罚；

（四）违法行为涉嫌犯罪的，依法移送司法机关。

对情节复杂或者重大违法行为给予行政处罚，中国证监会及其派出机构负责人应当集体讨论决定。

**第二十八条** 中国证监会设立行政处罚委员会，对按照规定向其移交的案件提出审理意见、依法进行法制审核，报单位负责人批准后作出处理决定。

中国证监会派出机构负责人作出行政处罚的决定之前，依法由从事行政处罚决定法制审核的人员进行法制审核。

**第二十九条** 中国证监会及其派出机构在行政处罚过程中发现违法行为涉嫌犯罪的，应当依法、及时将案件移送司法机关处理。

司法机关依法不追究刑事责任或者免予刑事处罚，但应当给予行政处罚的，中国证监会及其派出机构依法作出行政处罚决定。

**第三十条** 行政处罚决定作出前，中国证监会及其派出机构应当向当事人送达行政处罚事先告知书，载明下列内容：

（一）拟作出行政处罚的事实、理由和依据；

（二）拟作出的行政处罚决定；

（三）当事人依法享有陈述和申辩的权利；

（四）符合《中国证券监督管理委员会行政处罚听证规则》所规定条件的，当事人享有要求听证的权利。

**第三十一条** 当事人要求听证的，按照听证相关规定办理。

当事人要求陈述、申辩但未要求听证的，应当在行政处罚事先告知书送达后五日内提出，并在行政处罚事先告知书送达后十五日内提出陈述、申辩意见。当事人书面申请延长陈述、申辩期限的，经同意后可以延期。

当事人存在下列情形的，视为明确放弃陈述、申辩、听证权利：

（一）当事人未按前两款规定提出听证要求或陈述、申辩要求的；

（二）要求听证的当事人未按听证通知书载明的时间、地点参加听证，截至听证当日也未提出陈述、申辩意见的；

（三）要求陈述、申辩但未要求听证的当事人，未在规定时间内提出陈述、申辩意见的。

**第三十二条** 中国证监会及其派出机构对已经送达的行政处罚事先告知书认定的主要事实、理由、依据或者拟处罚决定作出调整的，应当重新向当事人送达行政处罚事先告知书，但作出对当事人有利变更的除外。

**第三十三条** 当事人收到行政处罚事先告知书后，可以申请查阅涉及本人行政处罚事项的证据，但涉及国家秘密、他人的商业秘密和个人隐私的内容除外。

**第三十四条** 证券期货违法行为的违法所得，是指通过违法行为所获利益或者避免的损失，应根据违法行为的不同性质予以认定，具体规则由中国证监会另行制定。

**第三十五条** 中国证监会及其派出机构应当自立案之日起一年内作出行政处罚决定。有特殊情况需要延长的，应当报经单位负责人批准，每次延长期限不得超过六个月。

中国证监会及其派出机构作出行政处罚决定的，应当依照《中华人民共和国行政处罚法》的规定，在七日内将行政处罚决定书送达当事人，并按照政府信息公开等规定予以公开。

**第三十六条** 行政执法文书可以采取《中华人民共和国民事诉讼法》规定的方式送达当事人。当事人同意的，可以采用传真、电子邮件等方式送达。

**第三十七条** 申请适用行政执法当事人承诺制度的，按照有关规定办理。

**第三十八条** 有下列拒绝、阻碍执法情形之一的，按照《证券法》第二百一十八条的规定追究责任：

（一）殴打、围攻、推搡、抓挠、威胁、侮辱、谩骂执法人员的；

（二）限制执法人员人身自由的；

（三）抢夺、毁损执法装备及执法人员个人物品的；

（四）抢夺、毁损、伪造、隐藏证据材料的；

（五）不按要求报送文件资料，且无正当理由的；

（六）转移、变卖、毁损、隐藏被依法冻结、查封、扣押、封存的资金或涉案财产的；

（七）躲避推脱、拒不接受、无故离开等不配合执法人员询问，或在询问时故意提供虚假陈述、谎报案情的；

（八）其他不履行配合义务的情形。

**第三十九条** 本办法所称派出机构，是指中国证监会派驻各省、自治区、直辖市和计划单列市监管局。

中国证监会稽查总队、证券监管专员办事处根据职责或授权对证券期货违法行为进行立案、调查的，依照本办法执行。

第四十条　行政处罚相关信息记入证券期货市场诚信档案数据库。

第四十一条　本办法自公布之日起施行。

## 证券期货经营机构及其工作人员廉洁从业规定

· 2018年5月2日中国证券监督管理委员会第3次主席办公会议审议通过
· 根据2022年8月12日中国证券监督管理委员会《关于修改、废止部分证券期货规章的决定》修正

第一条　为促进资本市场健康发展，净化资本市场生态环境，保护投资者合法权益，切实加强对证券期货经营机构及其工作人员廉洁从业的监督管理，根据《中华人民共和国证券法》（以下简称《证券法》）、《中华人民共和国证券投资基金法》（以下简称《证券投资基金法》）、《中华人民共和国期货和衍生品法》（以下简称《期货和衍生品法》）、《证券公司监督管理条例》《期货交易管理条例》等法律法规，制定本规定。

第二条　本规定所称廉洁从业，是指证券期货经营机构及其工作人员在开展证券期货业务及相关活动中，严格遵守法律法规、中国证监会的规定和行业自律规则，遵守社会公德、商业道德、职业道德和行为规范，公平竞争，合规经营，忠实勤勉，诚实守信，不直接或者间接向他人输送不正当利益或者谋取不正当利益。

第三条　中国证监会应当加强对证券期货经营机构及其工作人员廉洁从业的监督管理。

中国证券业协会、中国期货业协会、中国证券投资基金业协会等自律组织依据章程、相关自律规则对证券期货经营机构及其工作人员进行廉洁从业的自律管理。

第四条　证券期货经营机构承担廉洁从业风险防控主体责任。

证券期货经营机构董事会决定廉洁从业管理目标，对廉洁从业管理的有效性承担责任。证券期货经营机构主要负责人是落实廉洁从业管理职责的第一责任人，各级负责人在职责范围内承担相应管理责任。

第五条　证券期货经营机构应当指定专门部门对本机构及其工作人员的廉洁从业情况进行监督、检查，充分发挥纪检监察、合规、审计等部门的合力，发现问题及时处理，重大情况及时报告。

第六条　证券期货经营机构应当建立健全廉洁从业内部控制制度，制定具体、有效的事前风险防范体系、事中管控措施和事后追责机制，对所从事的业务种类、环节及相关工作进行科学、系统的廉洁风险评估，识别廉洁从业风险点，强化岗位制衡与内部监督机制并确保运作有效。

前款规定的业务种类、环节包括业务承揽、承做、销售、交易、结算、交割、投资、采购、商业合作、人员招聘，以及申请行政许可、接受监管执法和自律管理等。

第七条　证券期货经营机构应当制定工作人员廉洁从业规范，明确廉洁从业要求，加强从业人员廉洁培训和教育，培育廉洁从业文化。

证券期货经营机构应当将工作人员廉洁从业纳入工作人员管理体系，在遇有人员聘用、晋级、提拔、离职以及考核、审计、稽核等情形时，对其廉洁从业情况予以考察评估。

第八条　证券期货经营机构应当强化财经纪律，杜绝账外账等不规范行为。对于业务活动中产生的费用支出制定明确的内部决策流程和具体标准，确保相关费用支出合法合规。

第九条　证券期货经营机构及其工作人员在开展证券期货业务及相关活动中，不得以下列方式向公职人员、客户、正在洽谈的潜在客户或者其他利益关系人输送不正当利益：

（一）提供礼金、礼品、房产、汽车、有价证券、股权、佣金返还等财物，或者为上述行为提供代持等便利；

（二）提供旅游、宴请、娱乐健身、工作安排等利益；

（三）安排显著偏离公允价格的结构化、高收益、保本理财产品等交易；

（四）直接或者间接向他人提供内幕信息、未公开信息、商业秘密和客户信息，明示或者暗示他人从事相关交易活动；

（五）其他输送不正当利益的情形。

证券期货经营机构及其工作人员按照证券期货经营机构依法制定的内部规定及限定标准，依法合理营销的，不适用前款规定。

第十条　证券期货经营机构工作人员不得以下列方式谋取不正当利益：

（一）直接或者间接以第九条所列形式收受、索取他人的财物或者利益；

（二）直接或者间接利用他人提供或主动获取的内幕信息、未公开信息、商业秘密和客户信息谋取利益；

（三）以诱导客户从事不必要交易、使用客户受托资产进行不必要交易等方式谋取利益；

（四）违规从事营利性经营活动，违规兼任可能影响

其独立性的职务或者从事与所在机构或者投资者合法利益相冲突的活动；

（五）违规利用职权为近亲属或者其他利益关系人从事营利性经营活动提供便利条件；

（六）其他谋取不正当利益的情形。

**第十一条** 证券期货经营机构及其工作人员不得以下列方式干扰或者唆使、协助他人干扰证券期货监督管理或者自律管理工作：

（一）以不正当方式影响监督管理或者自律管理决定；

（二）以不正当方式影响监督管理或者自律管理人员工作安排；

（三）以不正当方式获取监督管理或者自律管理内部信息；

（四）协助利益关系人，拒绝、干扰、阻碍或者不配合监管人员行使监督、检查、调查职权；

（五）其他干扰证券期货监督管理或者自律管理工作的情形。

**第十二条** 证券期货经营机构及其工作人员在开展投资银行类业务过程中，不得以下列方式输送或者谋取不正当利益：

（一）以非公允价格或者不正当方式为自身或者利益关系人获取拟上市公司股权；

（二）以非公允价格或者不正当方式为自身或者利益关系人获取拟并购重组上市公司股权或者标的资产股权；

（三）以非公允价格为利益关系人配售债券或者约定回购债券；

（四）泄露证券发行询价和定价信息，操纵证券发行价格；

（五）直接或者间接通过聘请第三方机构或者个人的方式输送利益；

（六）以与监管人员或者其他相关人员熟悉，或者以承诺价格、利率、获得批复及获得批复时间等为手段招揽项目、商定服务费；

（七）其他输送或者谋取不正当利益的行为。

**第十三条** 证券期货经营机构应当对其股东、客户等相关方做好辅导和宣传工作，告知相关方应当遵守廉洁从业规定。

**第十四条** 证券期货经营机构应当定期或者不定期开展廉洁从业内部检查，对发现的问题及时整改，对责任人严肃处理。责任人为中共党员的，同时按照党的纪律要求进行处理。

**第十五条** 证券期货经营机构应当于每年4月30日前，向中国证监会有关派出机构报送上年度廉洁从业管理情况报告。

有下列情形之一的，证券期货经营机构应当在五个工作日内，向中国证监会有关派出机构报告：

（一）证券期货经营机构在内部检查中，发现存在违反本规定行为的；

（二）证券期货经营机构及其工作人员发现监管人员存在应当回避的情形而未进行回避、利用职务之便索取或者收受不正当利益等违反廉洁规定行为的；

（三）证券期货经营机构及其工作人员发现其股东、客户等相关方以不正当手段干扰监管工作的；

（四）证券期货经营机构或者其工作人员因违反廉洁从业规定被纪检监察部门、司法机关立案调查或者被采取纪律处分、行政处罚、刑事处罚等措施的。

出现前款第（一）项情形的，应当同时向主管纪检监察部门报告，出现第（一）（二）（三）项情形且涉嫌犯罪的，相关部门应当依法移送监察、司法机关。

**第十六条** 中国证监会在对证券期货经营机构及其工作人员的现场检查中，可以将廉洁从业管理情况纳入检查范围。证券期货经营机构及其工作人员应当予以配合。

**第十七条** 中国证券业协会、中国期货业协会、中国证券投资基金业协会等自律组织应当制定和实施行业廉洁从业自律规则，监督、检查会员及其从业人员的执业行为，对违反廉洁从业规定的采取自律惩戒措施，并按照规定记入证券期货市场诚信档案。

**第十八条** 证券期货经营机构及其工作人员违反本规定的，中国证监会可以采取出具警示函、责令参加培训、责令定期报告、责令改正、监管谈话、认定为不适当人选、暂不受理行政许可相关文件等行政监管措施。

**第十九条** 证券期货经营机构及其工作人员违反本规定，并违反《证券法》《证券投资基金法》《期货和衍生品法》《证券公司监督管理条例》《期货交易管理条例》规定的，中国证监会可以采取限制业务活动，限制向董事、监事、高级管理人员支付报酬、提供福利，责令更换董事、监事、高级管理人员等行政监管措施，并按照相关法律法规的规定进行处罚。

**第二十条** 证券期货经营机构及其工作人员违反本规定第九条、第十条、第十一条、第十二条、第十三条、第十四条、第十五条规定，按照相关法律法规的规定进行处罚,相关法律法规没有规定的,处以警告、3万元以下罚款。

第二十一条 证券期货经营机构及其工作人员违反本规定,公司董事、监事、高级管理人员和其他人员负有管理责任的,中国证监会可以对其采取第十八条和第二十条规定的行政监管措施或者行政处罚。

第二十二条 证券期货经营机构工作人员违反相关法律法规和本规定,情节严重的,中国证监会可以依法对其采取市场禁入的措施。

证券期货经营机构工作人员在开展证券期货业务及相关活动中向公职人员及其利益关系人输送不正当利益,或者唆使、协助他人向公职人员及其利益关系人输送不正当利益,情节特别严重的,中国证监会可以依法对其采取终身市场禁入的措施。

第二十三条 证券期货经营机构及其工作人员违反本规定,有下列情形之一的,中国证监会应当从重处理:

(一)直接、间接或者唆使、协助他人向监管人员输送利益;

(二)连续或者多次违反本规定;

(三)涉及金额较大或者涉及人员较多;

(四)产生恶劣社会影响;

(五)曾为公职人员特别是监管人员,以及曾任证券期货经营机构合规风控职务的人员违反本规定;

(六)中国证监会认定应当从重处理的其他情形。

第二十四条 证券期货经营机构通过有效的廉洁从业风险管理,主动发现违反本规定的行为,并积极有效整改,落实责任追究,完善内部控制制度和业务流程,及时向中国证监会报告的,依法免于追究责任或者从轻、减轻处理。

证券期货经营机构工作人员违反本规定,事后及时向中国证监会报告,或者积极配合调查的,依法免于追究责任或者从轻、减轻处理。

第二十五条 证券期货经营机构及其工作人员涉嫌违反党纪、政纪的,中国证监会将有关情况通报相关主管单位纪检监察部门;涉嫌犯罪的,依法移送监察、司法机关,追究其刑事责任。

第二十六条 本规定所称证券期货经营机构是指证券公司、期货公司、基金管理公司及其子公司。

本规定所称监管人员包括在中国证监会及其派出机构、行业协会、证券期货交易所、全国中小企业股份转让系统等单位从事监管工作的人员、发行审核委员会委员、并购重组委员会委员等。

第二十七条 私募基金管理人、其他公募基金管理人、证券投资咨询机构、期货交易咨询机构、证券资信评级机构、基金销售机构、基金托管人以及从事基金评价、基金估值、信息技术服务等证券期货服务类机构参照本规定执行。

第二十八条 中央纪委驻中国证监会纪检组及系统各级纪检监察机关对中国证监会、相关自律组织的上述工作开展监督、检查、问责。

第二十九条 本规定自公布之日起施行。

## 证券期货业反洗钱工作实施办法

· 2010年2月11日中国证券监督管理委员会第269次主席办公会议审议通过

· 根据2022年8月12日中国证券监督管理委员会《关于修改、废止部分证券期货规章的决定》修正

### 第一章 总 则

第一条 为进一步配合国务院反洗钱行政主管部门加强证券期货业反洗钱工作,有效防范证券期货业洗钱和恐怖融资风险,规范行业反洗钱监管行为,推动证券期货经营机构认真落实反洗钱工作,维护证券期货市场秩序,根据《中华人民共和国反洗钱法》(以下简称《反洗钱法》)、《中华人民共和国证券法》《中华人民共和国证券投资基金法》《中华人民共和国期货和衍生品法》及《期货交易管理条例》等法律法规,制定本办法。

第二条 本办法适用于中华人民共和国境内的证券期货业反洗钱工作。

从事基金销售业务的机构在基金销售业务中履行反洗钱责任适用本办法。

第三条 中国证券监督管理委员会(以下简称证监会)依法配合国务院反洗钱行政主管部门履行证券期货业反洗钱监管职责,制定证券期货业反洗钱工作的规章制度,组织、协调、指导证券公司、期货公司和基金管理公司(以下简称证券期货经营机构)的反洗钱工作。

证监会派出机构按照本办法的规定,履行辖区内证券期货业反洗钱监管职责。

第四条 中国证券业协会和中国期货业协会依照本办法的规定,履行证券期货业反洗钱自律管理职责。

第五条 证券期货经营机构应当依法建立健全反洗钱工作制度,按照本办法规定向当地证监会派出机构报送相关信息。证券期货经营机构发现证券期货业内涉嫌洗钱活动线索,应当依法向反洗钱行政主管部门、侦查机关举报。

## 第二章 监管机构及行业协会职责

**第六条** 证监会负责组织、协调、指导证券期货业的反洗钱工作,履行以下反洗钱工作职责:

(一)配合国务院反洗钱行政主管部门研究制定证券期货业反洗钱工作的政策、规划,研究解决证券期货业反洗钱工作重大和疑难问题,及时向国务院反洗钱行政主管部门通报反洗钱工作信息;

(二)参与制定证券期货经营机构反洗钱有关规章,对证券期货经营机构提出建立健全反洗钱内控制度的要求,在证券期货经营机构市场准入和人员任职方面贯彻反洗钱要求;

(三)配合国务院反洗钱行政主管部门对证券期货经营机构实施反洗钱监管;

(四)会同国务院反洗钱行政主管部门指导中国证券业协会、中国期货业协会制定反洗钱工作指引,开展反洗钱宣传和培训;

(五)研究证券期货业反洗钱的重大问题并提出政策建议;

(六)及时向侦查机关报告涉嫌洗钱犯罪的交易活动,协助司法部门调查处理涉嫌洗钱犯罪案件;

(七)对派出机构落实反洗钱监管工作情况进行考评,对中国证券业协会、中国期货业协会落实反洗钱工作进行指导;

(八)法律、行政法规规定的其他职责。

**第七条** 证监会派出机构履行以下反洗钱工作职责:

(一)配合当地反洗钱行政主管部门对辖区证券期货经营机构实施反洗钱监管,并建立信息交流机制;

(二)定期向证监会报送辖区内半年度和年度反洗钱工作情况,及时报告辖区证券期货经营机构受反洗钱行政主管部门检查或处罚等信息及相关重大事件;

(三)组织、指导辖区证券期货业的反洗钱培训和宣传工作;

(四)研究辖区证券期货业反洗钱工作问题,并提出改进措施;

(五)法律、行政法规以及证监会规定的其他职责。

**第八条** 中国证券业协会、中国期货业协会履行以下反洗钱工作职责:

(一)在证监会的指导下,制定和修改行业反洗钱相关工作指引;

(二)组织会员单位开展反洗钱培训和宣传工作;

(三)定期向证监会报送协会年度反洗钱工作报告,及时报告相关重大事件;

(四)组织会员单位研究行业反洗钱工作的相关问题;

(五)法律、行政法规以及证监会规定的其他职责。

## 第三章 证券期货经营机构反洗钱义务

**第九条** 证券期货经营机构应当依法履行反洗钱义务,建立健全反洗钱内部控制制度。证券期货经营机构负责人应当对反洗钱内部控制制度的有效实施负责,总部应当对分支机构执行反洗钱内部控制制度进行监督管理,根据要求向当地证监会派出机构报告反洗钱工作开展情况。

**第十条** 证券期货经营机构应当向当地证监会派出机构报送其内部反洗钱工作部门设置、负责人及专门负责反洗钱工作的人员的联系方式等相关信息。如有变更,应当自变更之日起10个工作日内报送更新后的相关信息。

**第十一条** 证券期货经营机构应当在发现以下事项发生后的5个工作日内,以书面方式向当地证监会派出机构报告:

(一)证券期货经营机构受到反洗钱行政主管部门检查或处罚的;

(二)证券期货经营机构或其客户从事或涉嫌从事洗钱活动,被反洗钱行政主管部门、侦查机关或者司法机关处罚的;

(三)其他涉及反洗钱工作的重大事项。

**第十二条** 证券期货经营机构应当按照反洗钱法律法规的要求及时建立客户风险等级划分制度,并报当地证监会派出机构备案。在持续关注的基础上,应适时调整客户风险等级。

**第十三条** 证券期货经营机构在为客户办理业务过程中,发现客户所提供的个人身份证件或机构资料涉嫌虚假记载的,应当拒绝办理;发现存在可疑之处的,应当要求客户补充提供个人身份证件或机构原件等足以证实其身份的相关证明材料,无法证实的,应当拒绝办理。

**第十四条** 证券期货经营机构通过销售机构向客户销售基金等金融产品时,应当通过合同、协议或其他书面文件,明确双方在客户身份识别、客户身份资料和交易记录保存与信息交换、大额交易和可疑交易报告等方面的反洗钱职责和程序。

**第十五条** 证券期货经营机构应当建立反洗钱工作保密制度,并报当地证监会派出机构备案。

反洗钱工作保密事项包括以下内容:

（一）客户身份资料及客户风险等级划分资料；
（二）交易记录；（三）大额交易报告；
（四）可疑交易报告；
（五）履行反洗钱义务所知悉的国家执法部门调查涉嫌洗钱活动的信息；
（六）其他涉及反洗钱工作的保密事项。
查阅、复制涉密档案应当实施书面登记制度。

**第十六条** 证券期货经营机构应当建立反洗钱培训、宣传制度，每年开展对单位员工的反洗钱培训工作和对客户的反洗钱宣传工作，持续完善反洗钱的预防和监控措施。每年年初，应当向当地证监会派出机构上报反洗钱培训和宣传的落实情况。

**第十七条** 证券期货经营机构不遵守本办法有关报告、备案或建立相关内控制度等规定的，证监会及其派出机构可采取责令改正、监管谈话或责令参加培训等监管措施。

### 第四章 附 则

**第十八条** 本办法自2010年10月1日起施行。

## 最高人民法院关于审理期货纠纷案件若干问题的规定

- 2003年5月16日最高人民法院审判委员会第1270次会议通过
- 根据2020年12月23日最高人民法院审判委员会第1823次会议通过的《最高人民法院关于修改〈最高人民法院关于破产企业国有划拨土地使用权应否列入破产财产等问题的批复〉等二十九件商事类司法解释的决定》修正
- 2020年12月29日最高人民法院公告公布
- 自2021年1月1日起施行
- 法释〔2020〕18号

为了正确审理期货纠纷案件，根据《中华人民共和国民法典》《中华人民共和国民事诉讼法》等有关法律、行政法规的规定，结合审判实践经验，对审理期货纠纷案件的若干问题制定本规定。

### 一、一般规定

**第一条** 人民法院审理期货纠纷案件，应当依法保护当事人的合法权益，正确确定其应承担的风险责任，并维护期货市场秩序。

**第二条** 人民法院审理期货合同纠纷案件，应当严格按照当事人在合同中的约定确定违约方承担的责任，当事人的约定违反法律、行政法规强制性规定的除外。

**第三条** 人民法院审理期货侵权纠纷和无效的期货交易合同纠纷案件，应当根据各方当事人是否有过错，以及过错的性质、大小，过错和损失之间的因果关系，确定过错方承担的民事责任。

### 二、管辖

**第四条** 人民法院应当依据民事诉讼法第二十三条、第二十八条和第三十四条的规定确定期货纠纷案件的管辖。

**第五条** 在期货公司的分公司、营业部等分支机构进行期货交易的，该分支机构住所地为合同履行地。

因实物交割发生纠纷的，期货交易所住所地为合同履行地。

**第六条** 侵权与违约竞合的期货纠纷案件，依当事人选择的诉由确定管辖。当事人既以违约又以侵权起诉的，以当事人起诉状中在先的诉讼请求确定管辖。

**第七条** 期货纠纷案件由中级人民法院管辖。

高级人民法院根据需要可以确定部分基层人民法院受理期货纠纷案件。

### 三、承担责任的主体

**第八条** 期货公司的从业人员在本公司经营范围内从事期货交易行为产生的民事责任，由其所在的期货公司承担。

**第九条** 期货公司授权非本公司人员以本公司的名义从事期货交易行为的，期货公司应当承担由此产生的民事责任；非期货公司人员以期货公司名义从事期货交易行为，具备民法典第一百七十二条所规定的表见代理条件的，期货公司应当承担由此产生的民事责任。

**第十条** 公民、法人受期货公司或者客户的委托，作为居间人为其提供订约的机会或者订立期货经纪合同的中介服务的，期货公司或者客户应当按照约定向居间人支付报酬。居间人应当独立承担基于居间经纪关系所产生的民事责任。

**第十一条** 不以真实身份从事期货交易的单位或者个人，交易行为符合期货交易所交易规则的，交易结果由其自行承担。

**第十二条** 期货公司设立的取得营业执照和经营许可证的分公司、营业部等分支机构超出经营范围开展经营活动所产生的民事责任，该分支机构不能承担的，由期货公司承担。

客户有过错的，应当承担相应的民事责任。

## 四、无效合同责任

**第十三条** 有下列情形之一的，应当认定期货经纪合同无效：

（一）没有从事期货经纪业务的主体资格而从事期货经纪业务的；

（二）不具备从事期货交易主体资格的客户从事期货交易的；

（三）违反法律、行政法规的强制性规定的。

**第十四条** 因期货经纪合同无效给客户造成经济损失的，应当根据无效行为与损失之间的因果关系确定责任的承担。一方的损失系对方行为所致，应当由对方赔偿损失；双方有过错的，根据过错大小各自承担相应的民事责任。

**第十五条** 不具有主体资格的经营机构因从事期货经纪业务而导致期货经纪合同无效，该机构按客户的交易指令入市交易的，收取的佣金应当返还给客户，交易结果由客户承担。

该机构未按客户的交易指令入市交易，客户没有过错的，该机构应当返还客户的保证金并赔偿客户的损失。赔偿损失的范围包括交易手续费、税金及利息。

## 五、交易行为责任

**第十六条** 期货公司在与客户订立期货经纪合同时，未提示客户注意《期货交易风险说明书》内容，并由客户签字或者盖章，对于客户在交易中的损失，应当依据民法典第五百条第三项的规定承担相应的赔偿责任。但是，根据以往交易结果记载，证明客户已有交易经历的，应当免除期货公司的责任。

**第十七条** 期货公司接受客户全权委托进行期货交易的，对交易产生的损失，承担主要赔偿责任，赔偿额不超过损失的百分之八十，法律、行政法规另有规定的除外。

**第十八条** 期货公司与客户签订的期货经纪合同对下达交易指令的方式未作约定或者约定不明确的，期货公司不能证明其所进行的交易是依据客户交易指令进行的，对该交易造成客户的损失，期货公司应当承担赔偿责任，客户予以追认的除外。

**第十九条** 期货公司执行非受托人的交易指令造成客户损失，应当由期货公司承担赔偿责任，非受托人承担连带责任，客户予以追认的除外。

**第二十条** 客户下达的交易指令没有品种、数量、买卖方向的，期货公司未予拒绝而进行交易造成客户的损失，由期货公司承担赔偿责任，客户予以追认的除外。

**第二十一条** 客户下达的交易指令数量和买卖方向明确，没有有效期限的，应当视为当日有效；没有成交价格的，应当视为按市价交易；没有开平仓方向的，应当视为开仓交易。

**第二十二条** 期货公司错误执行客户交易指令，除客户认可的以外，交易的后果由期货公司承担，并按下列方式分别处理：

（一）交易数量发生错误的，多于指令数量的部分由期货公司承担，少于指令数量的部分，由期货公司补足或者赔偿直接损失；

（二）交易价格超出客户指令价位范围的，交易差价损失或者交易结果由期货公司承担。

**第二十三条** 期货公司不当延误执行客户交易指令给客户造成损失的，应当承担赔偿责任，但由于市场原因致客户交易指令未能全部或者部分成交的，期货公司不承担责任。

**第二十四条** 期货公司超出客户指令价位的范围，将高于客户指令价格卖出或者低于客户指令价格买入后的差价利益占为己有的，客户要求期货公司返还的，人民法院应予支持，期货公司与客户另有约定的除外。

**第二十五条** 期货交易所未按交易规则规定的期限、方式，将交易或者持仓头寸的结算结果通知期货公司，造成期货公司损失的，由期货交易所承担赔偿责任。

期货公司未按期货经纪合同约定的期限、方式，将交易或者持仓头寸的结算结果通知客户，造成客户损失的，由期货公司承担赔偿责任。

**第二十六条** 期货公司与客户对交易结算结果的通知方式未作约定或者约定不明确，期货公司未能提供证据证明已经发出上述通知的，对客户因继续持仓而造成扩大的损失，应当承担主要赔偿责任，赔偿额不超过损失的百分之八十。

**第二十七条** 客户对当日交易结算结果的确认，应当视为对该日之前所有持仓和交易结算结果的确认，所产生的交易后果由客户自行承担。

**第二十八条** 期货公司对交易结算结果提出异议，期货交易所未及时采取措施导致损失扩大的，对造成期货公司扩大的损失应当承担赔偿责任。

客户对交易结算结果提出异议，期货公司未及时采取措施导致损失扩大的，期货公司对造成客户扩大的损失应当承担赔偿责任。

**第二十九条** 期货公司对期货交易所或者客户对期

货公司的交易结算结果有异议，而未在期货交易所交易规则规定或者期货经纪合同约定的时间内提出的，视为期货公司或者客户对交易结算结果已予以确认。

第三十条　期货公司进行混码交易的，客户不承担责任，但期货公司能够举证证明其已按照客户交易指令入市交易的，客户应当承担相应的交易结果。

### 六、透支交易责任

第三十一条　期货交易所在期货公司没有保证金或者保证金不足的情况下，允许期货公司开仓交易或者继续持仓，应当认定为透支交易。

期货公司在客户没有保证金或者保证金不足的情况下，允许客户开仓交易或者继续持仓，应当认定为透支交易。

审查期货公司或者客户是否透支交易，应当以期货交易所规定的保证金比例为标准。

第三十二条　期货公司的交易保证金不足，期货交易所未按规定通知期货公司追加保证金的，由于行情向持仓不利的方向变化导致期货公司透支发生的扩大损失，期货交易所应当承担主要赔偿责任，赔偿额不超过损失的百分之六十。

客户的交易保证金不足，期货公司未按约定通知客户追加保证金的，由于行情向持仓不利的方向变化导致客户透支发生的扩大损失，期货公司应当承担主要赔偿责任，赔偿额不超过损失的百分之八十。

第三十三条　期货公司的交易保证金不足，期货交易所履行了通知义务，而期货公司未及时追加保证金，期货公司要求保留持仓并经书面协商一致的，对保留持仓期间造成的损失，由期货公司承担；穿仓造成的损失，由期货交易所承担。

客户的交易保证金不足，期货公司履行了通知义务而客户未及时追加保证金，客户要求保留持仓并经书面协商一致的，对保留持仓期间造成的损失，由客户承担；穿仓造成的损失，由期货公司承担。

第三十四条　期货交易所允许期货公司开仓透支交易的，对透支交易造成的损失，由期货交易所承担主要赔偿责任，赔偿额不超过损失的百分之六十。

期货公司允许客户开仓透支交易的，对透支交易造成的损失，由期货公司承担主要赔偿责任，赔偿额不超过损失的百分之八十。

第三十五条　期货交易所允许期货公司透支交易，并与其约定分享利益、共担风险的，对透支交易造成的损失，期货交易所承担相应的赔偿责任。

期货公司允许客户透支交易，并与其约定分享利益、共担风险的，对透支交易造成的损失，期货公司承担相应的赔偿责任。

### 七、强行平仓责任

第三十六条　期货公司的交易保证金不足，又未能按期货交易所规定的时间追加保证金的，按交易规则的规定处理；规定不明确的，期货交易所有权就其未平仓的期货合约强行平仓，强行平仓所造成的损失，由期货公司承担。

客户的交易保证金不足，又未能按期货经纪合同约定的时间追加保证金的，按期货经纪合同的约定处理；约定不明确的，期货公司有权就其未平仓的期货合约强行平仓，强行平仓造成的损失，由客户承担。

第三十七条　期货交易所因期货公司违规超仓或者其他违规行为而必须强行平仓的，强行平仓所造成的损失，由期货公司承担。

期货公司因客户违规超仓或者其他违规行为而必须强行平仓的，强行平仓所造成的损失，由客户承担。

第三十八条　期货公司或者客户交易保证金不足，符合强行平仓条件后，应当自行平仓而未平仓造成的扩大损失，由期货公司或者客户自行承担。法律、行政法规另有规定或者当事人另有约定的除外。

第三十九条　期货交易所或者期货公司强行平仓数额应当与期货公司或者客户需追加的保证金数额基本相当。因超量平仓引起的损失，由强行平仓者承担。

第四十条　期货交易所对期货公司、期货公司对客户未按期货交易所交易规则规定或者期货经纪合同约定的强行平仓条件、时间、方式进行强行平仓，造成期货公司或者客户损失的，期货交易所或者期货公司应当承担赔偿责任。

第四十一条　期货交易所依法或依交易规则强行平仓发生的费用，由被平仓的期货公司承担；期货公司承担责任后有权向有过错的客户追偿。

期货公司依法或依约定强行平仓所发生的费用，由客户承担。

### 八、实物交割责任

第四十二条　交割仓库未履行货物验收职责或者因保管不善给仓单持有人造成损失的，应当承担赔偿责任。

第四十三条　期货公司没有代客户履行申请交割义务的，应当承担违约责任；造成客户损失的，应当承担赔偿责任。

**第四十四条** 在交割日,卖方期货公司未向期货交易所交付标准仓单,或者买方期货公司未向期货交易所账户交付足额货款,构成交割违约。

构成交割违约的,违约方应当承担违约责任;具有民法典第五百六十三条第一款第四项规定情形的,对方有权要求终止交割或者要求违约方继续交割。

征购或者竞卖失败的,应当由违约方按照交易所有关赔偿办法的规定承担赔偿责任。

**第四十五条** 在期货合约交割期内,买方或者卖方客户违约的,期货交易所应当代期货公司、期货公司应当代客户向对方承担违约责任。

**第四十六条** 买方客户未在期货交易所交易规则规定的期限内对货物的质量、数量提出异议的,应视为其对货物的数量、质量无异议。

**第四十七条** 交割仓库不能在期货交易所交易规则规定的期限内,向标准仓单持有人交付符合期货合约要求的货物,造成标准仓单持有人损失的,交割仓库应当承担责任,期货交易所承担连带责任。

期货交易所承担责任后,有权向交割仓库追偿。

### 九、保证合约履行责任

**第四十八条** 期货公司未按照每日无负债结算制度的要求,履行相应的金钱给付义务,期货交易所亦未代期货公司履行,造成交易对方损失的,期货交易所应当承担赔偿责任。

期货交易所代期货公司履行义务或者承担赔偿责任后,有权向不履行义务的一方追偿。

**第四十九条** 期货交易所未代期货公司履行期货合约,期货公司应当根据客户请求向期货交易所主张权利。

期货公司拒绝代客户向期货交易所主张权利的,客户可直接起诉期货交易所,期货公司可作为第三人参加诉讼。

**第五十条** 因期货交易所的过错导致信息发布、交易指令处理错误,造成期货公司或者客户直接经济损失的,期货交易所应当承担赔偿责任,但其能够证明系不可抗力的除外。

**第五十一条** 期货交易所依据有关规定对期货市场出现的异常情况采取合理的紧急措施造成客户损失的,期货交易所不承担赔偿责任。

期货公司执行期货交易所的合理的紧急措施造成客户损失的,期货公司不承担赔偿责任。

### 十、侵权行为责任

**第五十二条** 期货交易所、期货公司故意提供虚假信息误导客户下单的,由此造成客户的经济损失由期货交易所、期货公司承担。

**第五十三条** 期货公司私下对冲、与客户对赌等不将客户指令入市交易的行为,应当认定为无效,期货公司应当赔偿由此给客户造成的经济损失;期货公司与客户均有过错的,应当根据过错大小,分别承担相应的赔偿责任。

**第五十四条** 期货公司擅自以客户的名义进行交易,客户对交易结果不予追认的,所造成的损失由期货公司承担。

**第五十五条** 期货公司挪用客户保证金,或者违反有关规定划转客户保证金造成客户损失的,应当承担赔偿责任。

### 十一、举证责任

**第五十六条** 期货公司应当对客户的交易指令是否入市交易承担举证责任。

确认期货公司是否将客户下达的交易指令入市交易,应当以期货交易所的交易记录、期货公司通知的交易结算结果与客户交易指令记录中的品种、买卖方向是否一致,价格、交易时间是否相符为标准,指令交易数量可以作为参考。但客户有相反证据证明其交易指令未入市交易的除外。

**第五十七条** 期货交易所通知期货公司追加保证金,期货公司否认收到上述通知的,由期货交易所承担举证责任。

期货公司向客户发出追加保证金的通知,客户否认收到上述通知的,由期货公司承担举证责任。

### 十二、保全和执行

**第五十八条** 人民法院保全与会员资格相应的会员资格费或者交易席位,应当依法裁定不得转让该会员资格,但不得停止该会员交易席位的使用。人民法院在执行过程中,有权依法采取强制措施转让该交易席位。

**第五十九条** 期货交易所、期货公司为债务人的,人民法院不得冻结、划拨期货公司在期货交易所或者客户在期货公司保证金账户中的资金。

有证据证明该保证金账户中有超出期货公司、客户权益资金的部分,期货交易所、期货公司在人民法院指定的合理期限内不能提出相反证据的,人民法院可以依法冻结、划拨该账户中属于期货交易所、期货公司的自有资金。

**第六十条** 期货公司为债务人的,人民法院不得冻结、划拨专用结算账户中未被期货合约占用的用于担保期货合约履行的最低限额的结算准备金;期货公司已经结清所有持仓并清偿客户资金的,人民法院可以对结算准备金依法予以冻结、划拨。

期货公司有其他财产的,人民法院应当依法先行冻结、查封、执行期货公司的其他财产。

**第六十一条** 客户、自营会员为债务人的,人民法院可以对其保证金、持仓依法采取保全和执行措施。

### 十三、其它

**第六十二条** 本规定所称期货公司是指经依法批准代理投资者从事期货交易业务的经营机构及其分公司、营业部等分支机构。客户是指委托期货公司从事期货交易的投资者。

**第六十三条** 本规定自2003年7月1日起施行。

2003年7月1日前发生的期货交易行为或者侵权行为,适用当时的有关规定;当时规定不明确的,参照本规定处理。

## 最高人民法院关于审理期货纠纷案件若干问题的规定(二)

- 2010年12月27日最高人民法院审判委员会第1507次会议通过
- 根据2020年12月23日最高人民法院审判委员会第1823次会议通过的《最高人民法院关于修改〈最高人民法院关于破产企业国有划拨土地使用权应否列入破产财产等问题的批复〉等二十九件商事类司法解释的决定》修正
- 2020年12月29日最高人民法院公告公布
- 自2021年1月1日起施行
- 法释〔2020〕18号

为解决相关期货纠纷案件的管辖、保全与执行等法律适用问题,根据《中华人民共和国民事诉讼法》等有关法律、行政法规的规定以及审判实践的需要,制定本规定。

**第一条** 以期货交易所为被告或者第三人的因期货交易所履行职责引起的商事案件,由期货交易所所在地的中级人民法院管辖。

**第二条** 期货交易所履行职责引起的商事案件是指:

(一)期货交易所会员及其相关人员、保证金存管银行及其相关人员、客户、其他期货市场参与者,以期货交易所违反法律法规以及国务院期货监督管理机构的规定,履行监督管理职责不当,造成其损害为由提起的商事诉讼案件;

(二)期货交易所会员及其相关人员、保证金存管银行及其相关人员、客户、其他期货市场参与者,以期货交易所违反其章程、交易规则、实施细则的规定以及业务协议的约定,履行监督管理职责不当,造成其损害为由提起的商事诉讼案件;

(三)期货交易所因履行职责引起的其他商事诉讼案件。

**第三条** 期货交易所为债务人,债权人请求冻结、划拨以下账户中资金或者有价证券的,人民法院不予支持:

(一)期货交易所会员在期货交易所保证金账户中的资金;

(二)期货交易所会员向期货交易所提交的用于充抵保证金的有价证券。

**第四条** 期货公司为债务人,债权人请求冻结、划拨以下账户中资金或者有价证券的,人民法院不予支持:

(一)客户在期货公司保证金账户中的资金;

(二)客户向期货公司提交的用于充抵保证金的有价证券。

**第五条** 实行会员分级结算制度的期货交易所的结算会员为债务人,债权人请求冻结、划拨结算会员以下资金或者有价证券的,人民法院不予支持:

(一)非结算会员在结算会员保证金账户中的资金;

(二)非结算会员向结算会员提交的用于充抵保证金的有价证券。

**第六条** 有证据证明保证金账户中有超过上述第三条、第四条、第五条规定的资金或者有价证券部分权益的,期货交易所、期货公司或者期货交易所结算会员在人民法院指定的合理期限内不能提出相反证据的,人民法院可以依法冻结、划拨超出部分的资金或者有价证券。

有证据证明期货交易所、期货公司、期货交易所结算会员自有资金与保证金发生混同,期货交易所、期货公司或者期货交易所结算会员在人民法院指定的合理期限内不能提出相反证据的,人民法院可以依法冻结、划拨相关账户内的资金或者有价证券。

**第七条** 实行会员分级结算制度的期货交易所或者其结算会员为债务人,债权人请求冻结、划拨期货交易所向其结算会员依法收取的结算担保金的,人民法院不予支持。

有证据证明结算会员在结算担保金专用账户中有超过交易所要求的结算担保金数额部分的,结算会员在人民法院指定的合理期限内不能提出相反证据的，人民法院可以依法冻结、划拨超出部分的资金。

**第八条** 人民法院在办理案件过程中，依法需要通过期货交易所、期货公司查询、冻结、划拨资金或者有价证券的，期货交易所、期货公司应当予以协助。应当协助而拒不协助的，按照《中华人民共和国民事诉讼法》第一百一十四条之规定办理。

**第九条** 本规定施行前已经受理的上述案件不再移送。

**第十条** 本规定施行前本院作出的有关司法解释与本规定不一致的，以本规定为准。

## 最高人民法院、最高人民检察院关于办理操纵证券、期货市场刑事案件适用法律若干问题的解释

- 2018年9月3日最高人民法院审判委员会第1747次会议、2018年12月12日最高人民检察院第十三届检察委员会第十一次会议通过
- 2019年6月27日最高人民法院、最高人民检察院公告公布
- 自2019年7月1日起施行
- 法释〔2019〕9号

为依法惩治证券、期货犯罪，维护证券、期货市场管理秩序，促进证券、期货市场稳定健康发展，保护投资者合法权益，根据《中华人民共和国刑法》《中华人民共和国刑事诉讼法》的规定，现就办理操纵证券、期货市场刑事案件适用法律的若干问题解释如下：

**第一条** 行为人具有下列情形之一的，可以认定为刑法第一百八十二条第一款第四项规定的"以其他方法操纵证券、期货市场"：

（一）利用虚假或者不确定的重大信息，诱导投资者作出投资决策，影响证券、期货交易价格或者证券、期货交易量，并进行相关交易或者谋取相关利益的；

（二）通过对证券及其发行人、上市公司、期货交易标的公开作出评价、预测或者投资建议，误导投资者作出投资决策，影响证券、期货交易价格或者证券、期货交易量，并进行与其评价、预测、投资建议方向相反的证券交易或者相关期货交易的；

（三）通过策划、实施资产收购或者重组、投资新业务、股权转让、上市公司收购等虚假重大事项，误导投资者作出投资决策，影响证券交易价格或者证券交易量，并进行相关交易或者谋取相关利益的；

（四）通过控制发行人、上市公司信息的生成或者控制信息披露的内容、时点、节奏，误导投资者作出投资决策，影响证券交易价格或者证券交易量，并进行相关交易或者谋取相关利益的；

（五）不以成交为目的，频繁申报、撤单或者大额申报、撤单，误导投资者作出投资决策，影响证券、期货交易价格或者证券、期货交易量，并进行与申报相反的交易或者谋取相关利益的；

（六）通过囤积现货，影响特定期货品种市场行情，并进行相关期货交易的；

（七）以其他方法操纵证券、期货市场的。

**第二条** 操纵证券、期货市场，具有下列情形之一的，应当认定为刑法第一百八十二条第一款规定的"情节严重"：

（一）持有或者实际控制证券的流通股份数量达到该证券的实际流通股份总量百分之十以上，实施刑法第一百八十二条第一款第一项操纵证券市场行为，连续十个交易日的累计成交量达到同期该证券总成交量百分之二十以上的；

（二）实施刑法第一百八十二条第一款第二项、第三项操纵证券市场行为，连续十个交易日的累计成交量达到同期该证券总成交量百分之二十以上的；

（三）实施本解释第一条第一项至第四项操纵证券市场行为，证券交易成交额在一千万元以上的；

（四）实施刑法第一百八十二条第一款第一项及本解释第一条第六项操纵期货市场行为，实际控制的账户合并持仓连续十个交易日的最高值超过期货交易所限仓标准的二倍，累计成交量达到同期该期货合约总成交量百分之二十以上，且期货交易占用保证金数额在五百万元以上的；

（五）实施刑法第一百八十二条第一款第二项、第三项及本解释第一条第一项、第二项操纵期货市场行为，实际控制的账户连续十个交易日的累计成交量达到同期该期货合约总成交量百分之二十以上，且期货交易占用保证金数额在五百万元以上的；

（六）实施本解释第一条第五项操纵证券、期货市场行为，当日累计撤回申报量达到同期该证券、期货合约总申报量百分之五十以上，且证券撤回申报额在一千万元以上、撤回申报的期货合约占用保证金数额在五百万元以上的；

（七）实施操纵证券、期货市场行为，违法所得数额在一百万元以上的。

**第三条** 操纵证券、期货市场，违法所得数额在五十

万元以上,具有下列情形之一的,应当认定为刑法第一百八十二条第一款规定的"情节严重":

（一）发行人、上市公司及其董事、监事、高级管理人员、控股股东或者实际控制人实施操纵证券、期货市场行为的；

（二）收购人、重大资产重组的交易对方及其董事、监事、高级管理人员、控股股东或者实际控制人实施操纵证券、期货市场行为的；

（三）行为人明知操纵证券、期货市场行为被有关部门调查,仍继续实施的；

（四）因操纵证券、期货市场行为受过刑事追究的；

（五）二年内因操纵证券、期货市场行为受过行政处罚的；

（六）在市场出现重大异常波动等特定时段操纵证券、期货市场的；

（七）造成恶劣社会影响或者其他严重后果的。

**第四条** 具有下列情形之一的,应当认定为刑法第一百八十二条第一款规定的"情节特别严重":

（一）持有或者实际控制证券的流通股份数量达到该证券的实际流通股份总量百分之十以上,实施刑法第一百八十二条第一款第一项操纵证券市场行为,连续十个交易日的累计成交量达到同期该证券总成交量百分之五十以上的；

（二）实施刑法第一百八十二条第一款第二项、第三项操纵证券市场行为,连续十个交易日的累计成交量达到同期该证券总成交量百分之五十以上的；

（三）实施本解释第一条第一项至第四项操纵证券市场行为,证券交易成交额在五千万元以上的；

（四）实施刑法第一百八十二条第一款第一项及本解释第一条第六项操纵期货市场行为,实际控制的账户合并持仓连续十个交易日的最高值超过期货交易所限仓标准的五倍,累计成交量达到同期该期货合约总成交量百分之五十以上,且期货交易占用保证金数额在二千五百万元以上的；

（五）实施刑法第一百八十二条第一款第二项、第三项及本解释第一条第一项、第二项操纵期货市场行为,实际控制的账户连续十个交易日的累计成交量达到同期该期货合约总成交量百分之五十以上,且期货交易占用保证金数额在二千五百万元以上的；

（六）实施操纵证券、期货市场行为,违法所得数额在一千万元以上的。

实施操纵证券、期货市场行为,违法所得数额在五百万元以上,并具有本解释第三条规定的七种情形之一的,应当认定为"情节特别严重"。

**第五条** 下列账户应当认定为刑法第一百八十二条中规定的"自己实际控制的账户":

（一）行为人以自己名义开户并使用的实名账户；

（二）行为人向账户转入或者从账户转出资金,并承担实际损益的他人账户；

（三）行为人通过第一项、第二项以外的方式管理、支配或者使用的他人账户；

（四）行为人通过投资关系、协议等方式对账户内资产行使交易决策权的他人账户；

（五）其他有证据证明行为人具有交易决策权的账户。

有证据证明行为人对前款第一项至第三项账户内资产没有交易决策权的除外。

**第六条** 二次以上实施操纵证券、期货市场行为,依法应予行政处理或者刑事处理而未经处理的,相关交易数额或者违法所得数额累计计算。

**第七条** 符合本解释第二条、第三条规定的标准,行为人如实供述犯罪事实,认罪悔罪,并积极配合调查,退缴违法所得的,可以从轻处罚；其中犯罪情节轻微的,可以依法不起诉或者免予刑事处罚。

符合刑事诉讼法规定的认罪认罚从宽适用范围和条件的,依照刑事诉讼法的规定处理。

**第八条** 单位实施刑法第一百八十二条第一款行为的,依照本解释规定的定罪量刑标准,对其直接负责的主管人员和其他直接责任人员定罪处罚,并对单位判处罚金。

**第九条** 本解释所称"违法所得",是指通过操纵证券、期货市场所获利益或者避免的损失。

本解释所称"连续十个交易日",是指证券、期货市场开市交易的连续十个交易日,并非指行为人连续交易的十个交易日。

**第十条** 对于在全国中小企业股份转让系统中实施操纵证券市场行为,社会危害性大,严重破坏公平公正的市场秩序的,比照本解释的规定执行,但本解释第二条第一项、第二项和第四条第一项、第二项除外。

**第十一条** 本解释自2019年7月1日起施行。

· 典型案例

1. 最高人民法院、最高人民检察院、公安部、中国证券监督管理委员会关于印发依法从严打击证券犯罪典型案例的通知①
（2022年9月8日）

## 马某田等人违规披露、不披露重要信息、操纵证券市场案

——依法严惩财务造假、违规披露"一条龙"犯罪行为，压紧压实"关键少数"主体责任和"看门人"把关责任

【关键词】
违规披露、不披露重要信息罪 操纵证券市场罪 上市公司财务造假 特别代表人诉讼

【基本案情】
被告人马某田，系康某药业股份有限公司（以下简称"康某药业"）原法定代表人、董事长、总经理；被告人温某生，系康某药业原监事、总经理助理、投资证券部总监；其他10名被告人分别系康某药业原董事、高级管理人员及财务人员。

被告人马某田意图通过提升康某药业的公司市值，以维持其在中药行业"龙头企业"地位，进而在招投标、政府政策支持、贷款等方面获取优势，2016年1月至2018年上半年，马某田下达康某药业每年业绩增长20%的指标，并伙同温某生等公司高级管理人员组织、指挥公司相关财务人员进行财务造假，通过伪造发票和银行回单等手段虚增营业收入、利息收入和营业利润，通过伪造、变造大额银行存单、银行对账单等手段虚增货币资金。在康某药业公开披露的《2016年年度报告》《2017年年度报告》和《2018年半年度报告》中，共计虚增货币资金886.81亿元，分别占当期披露资产总额的41.13%、43.57%和45.96%；虚增营业利润35.91亿元，分别占当期披露利润总额的12.8%、23.7%和62.79%。

2016年1月至2018年12月，马某田指使温某生等公司高级管理人员及相关财务人员在未经公司决策审批且未记账的情况下，累计向大股东康某实业投资控股有限公司（以下简称"康某实业"）及关联方提供非经营性资金116.19亿元，用于购买康某药业股票、偿还康某实业及关联方融资本息、垫付解除质押款及收购溢价款等用途。上述情况未按规定在《2016年年度报告》《2017年年度报告》和《2018年年度报告》中披露。

2015年11月至2018年10月，马某田以市值管理、维持康某药业股价为名，指使温某生等人伙同深圳中某泰控股集团有限公司（以下简称"中某泰公司"）实际控制人陈某木等人（另案处理），将康某药业资金通过关联公司账户多重流转后，挪至马某田、温某生等人实际控制的16个个人账户、2个大股东账户，以及陈某木等人通过中某泰公司设立的37个信托计划和资管计划账户，互相配合，集中资金优势、持股优势及信息优势，连续买卖、自买自卖康某药业股票，影响康某药业股票交易价格和交易量。2015年11月2日至2018年10月22日，上述账户组持有"康某药业"股票流通股份数达到该股票实际流通股份总量的30%以上；其中，2016年9月12日至2016年11月14日，共有20次连续20个交易日的累计成交量达到同期该证券总成交量的30%以上，共有7次连续10个交易日的累计成交量达到同期该证券总成交量50%以上。

另外，康某药业、马某田还涉嫌单位行贿罪，具体事实从略。

【行政调查与刑事诉讼过程】
经广东证监局立案调查，中国证监会于2020年5月13日作出对康某药业罚款60万元、对马某田等人罚款10万元至90万元不等的行政处罚决定，对马某田等6人作出市场禁入的决定，并移送公安机关立案侦查。

经公安部交办，广东省揭阳市公安局侦查终结后以马某田等12人涉嫌违规披露、不披露重要信息罪、操纵证券市场罪向揭阳市人民检察院移送起诉。2021年10月27日，经指定管辖，佛山市人民检察院以马某田等12人构成违规披露、不披露重要信息罪、操纵证券市场罪提起公诉。佛山市中级人民法院将该案与此前提起公诉的康某药业、马某田单位行贿案并案审理。

2021年11月17日，佛山市中级人民法院经审理作出一审判决，认定康某药业、马某田犯单位行贿罪，马某田、温某生等12人犯违规披露、不披露重要信息罪，马某田、温某生犯操纵证券市场罪，对康某药业判处罚金人民币五百万元，数罪并罚，对马某田决定执行有期徒刑十二年，并处罚金人民币一百二十万元；对温某生决定执行有期徒刑六年，并处罚金人民币四十五万元；对其他被告人分别判处六个月至一年六个月不等的有期徒刑，并处人民币二万

---

① 案例来源：最高人民法院网站，https://www.court.gov.cn/zixun/xiangqing/371451.html，最后访问时间2024年3月5日。

元至十万元不等的罚金。一审宣判后,马某田、温某生提出上诉。广东省高级人民法院经审理于2022年1月6日作出终审裁定,驳回上诉,维持原判。

针对保护投资者权益,让违法者承担民事责任的问题,中证中小投资者服务中心代表投资者提起康某药业虚假陈述民事赔偿特别代表人诉讼。2021年11月12日,广州市中级人民法院经审理作出一审判决,判决康某药业向52037名投资者承担人民币二十四亿五千九百万元的赔偿责任,实际控制人马某田及公司时任董事、监事、高级管理人员、独立董事等21人,广东正某珠江会计师事务所及其合伙人、签字注册会计师分别承担5%至100%不等的连带赔偿责任。该判决已发生法律效力。

此外,针对注册会计师在对康某药业审计过程中,故意出具虚假审计报告、严重不负责任出具审计报告重大失实等犯罪行为,经中国证监会移送涉嫌犯罪案件线索、公安机关侦查,揭阳市人民检察院于2022年6月24日以苏某升构成提供虚假证明文件罪、杨某蔚、张某璃构成出具证明文件重大失实罪依法提起公诉。该案目前正在审理中。

【典型意义】

1. 严格把握信息披露真实、准确、完整的基本原则,依法严惩上市公司财务造假、违规披露"一条龙"犯罪行为。信息披露制度是资本市场规范运行的基础。证券法要求,信息披露义务人披露的信息应当真实、准确、完整,不得有虚假记载、误导性陈述或重大遗漏。近年来,资本市场财务造假行为屡禁不绝,部分上市公司经营业绩不佳,但为了获取政策支持、提高融资额度等利益,编造虚假财务信息向市场披露或隐瞒应当披露的财务信息不按规定披露,周期长、涉案金额大,严重侵害投资者合法权益,削弱资本市场资源配置功能,应当依法从严惩处。对信息披露义务人违反披露规定构成犯罪的行为,应当区分行为发生在股票发行、持续信息披露等不同时期,分别以欺诈发行证券罪,违规披露、不披露重要信息罪依法追究刑事责任,构成两种犯罪的依法数罪并罚。

2. 切实发挥刑法的警示预防作用,压紧压实"关键少数"主体责任和"看门人"把关责任,提高上市公司质量。上市公司控股股东、实际控制人、董事、监事、高级管理人员是公司治理的"关键少数";证券公司、会计师事务所、律师事务所等中介机构是信息披露、投资人保护制度得以有效实施的"看门人"。"关键少数"利用对公司的控制权实施违法犯罪行为,"看门人"不依法依规履职都将严重影响资本市场的健康运行。办理涉上市公司证券犯罪案件,应当重点审查"关键少数"是否存在财务造假、违规披露、侵占、挪用上市公司资产,操纵上市公司股价等违法犯罪行为。同时,应当坚持"一案双查",查明中介机构存在提供虚假证明文件、出具证明文件重大失实以及非国家工作人员受贿等犯罪的,依法追究"看门人"的刑事责任。

3. 运用新制度充分保护投资者的合法权益。2020年新修订的证券法进一步完善了投资者保护措施,其中规定了"特别代表人诉讼"的新制度。本案系我国首起特别代表人诉讼案件,中证中小投资者服务中心依法接受50名以上投资者委托,对康某药业启动特别代表人诉讼,经人民法院登记确认后,对所有投资者按照"默示加入、明示退出"原则,大幅降低了投资者的维权成本和诉讼负担。人民法院经审理,判决康某药业组织策划造假、未勤勉尽责以及存在过失的责任人员和注册会计师事务所的责任人员,按照过错程度承担连带民事责任,5万余名投资人的损失得到相应赔偿,既维护了投资者的合法权益,也大幅提高了违法犯罪成本,取得了较好的社会效果。

### 郭某军等人违规披露、不披露重要信息案

——上市公司以外的其他信息披露义务人,提供虚假信息经上市公司公开披露,严重损害股东或者其他人利益的,依法以违规披露、不披露重要信息罪定罪处罚

【关键词】

违规披露、不披露重要信息罪 信息披露义务人 重大资产重组 单位刑事责任 认罪认罚从宽

【基本案情】

被告人郭某军,系九某网络科技集团有限公司(以下简称"九某集团")实际控制人;被告人杜某芳,系郭某军妻子;被告人宋某生,系九某集团总裁;被告人王某,系九某集团副总监。

2013年至2015年期间,郭某军及杜某芳、宋某生、王某等人为了吸引风投资金投资入股,实现"借壳上市"等目的,组织公司员工通过虚构业务、改变业务性质等多种方式虚增九某集团服务费收入2.64亿元、贸易收入57.47万元。2015年1月,九某集团在账面上虚增货币资金3亿余元,为掩饰上述虚假账面资金,郭某军等人利用外部借款购买理财产品或定期存单,在九某集团账面形成并持续维持3亿余元银行存款的假象。为及时归还借款,郭某军等人以上述理财产品、定期存单为担保物,为借款方开出的银行承兑汇票提供质押,随后以银行承兑汇票贴现的方式将资金归还出借方。

后郭某军等人在九某集团与鞍某股份有限公司(以下简称"鞍某股份",系上市公司)重大资产重组过程中,向鞍某股份提供了含有虚假信息的财务报表。鞍某股份于

2016年4月23日公开披露了重组对象九某集团含有虚假内容的2013年至2015年的主要财务数据,其中虚增资产达到当期披露的九某集团资产总额的30%以上;未披露3.3亿元理财产品、银行存单质押事项,占九某集团实际净资产的50%以上。

【行政调查与刑事诉讼过程】

经浙江证监局立案调查,中国证监会部署深圳专员办、四川证监局联合调查,中国证监会于2017年4月21日作出对九某集团罚款60万元、对郭某军等3人分别罚款30万元的行政处罚决定,对郭某军作出市场禁入决定,并移送公安机关立案侦查。

经公安部交办,浙江省杭州市公安局侦查终结后以九某集团、郭某军等人涉嫌违规披露、不披露重要信息罪移送起诉。2020年6月19日,杭州检察机关以郭某军、宋某生、杜某芳、王某涉嫌违规披露、不披露重要信息罪提起公诉。宋某生、杜某芳、王某自愿认罪认罚,且王某系主动投案。

2021年1月15日,审理法院作出一审判决,认定郭某军等人均犯违规披露、不披露重要信息罪,对郭某军判处有期徒刑二年三个月,并处罚金人民币十万元;对宋某生、杜某芳、王某分别判处有期徒刑一至二年不等,缓刑二至三年不等,并处罚金人民币二至五万元不等。被告人均未上诉,判决已发生法律效力。

【典型意义】

1. 刑法规定的"依法负有信息披露义务的公司、企业"不限于上市公司,也包括其他披露义务人,其他信息披露义务人提供虚假信息,构成犯罪的,应当依法承担刑事责任。根据中国证监会《上市公司重大资产重组管理办法》《上市公司信息披露管理办法》等相关规定,刑法第一百六十一条规定的"依法负有信息披露义务的公司、企业",除上市公司外还包括进行收购、重大资产重组、再融资、重大交易的有关各方以及破产管理人等。其他信息披露义务人应当向上市公司提供真实、准确、完整的信息,由上市公司向社会公开披露,这些义务人向上市公司提供虚假信息或隐瞒应当披露的重要信息,构成犯罪的,依法以违规披露、不披露重要信息罪追究刑事责任。

2. 准确把握本罪的追责对象,区分单位承担刑事责任的不同情形。由于上市公司等负有信息披露义务的公司、企业所涉利益群体多元,为避免中小股东利益遭受双重损害,刑法规定对依法负有信息披露义务的公司、企业,只追究其直接负责的主管人员和其他直接责任人员的刑事责任,不追究单位的刑事责任。但是,为加大对控股股东、实际控制人等"关键少数"的惩治力度,刑法修正案(十一)增加规定,依法负有信息披露义务的公司、企业的控股股东、实际控制人是单位的,既追究该单位的刑事责任,也追究该单位直接负责的主管人员和其他直接责任人员的刑事责任。实践中,彻底查清事实并准确区分单罚与双罚适用的不同情形需要一定过程,因此行政机关向公安机关移送涉嫌犯罪案件、公安机关向检察机关移送起诉时,追诉对象可能既有单位也有个人,检察机关在审查时则应将单罚与双罚两种情形区分清楚,准确提起公诉。本案根据刑法规定,依法起诉郭某军等自然人而未起诉作为单位的九某集团,是正确的。

3. 依法严惩证券犯罪,根据各被告人的地位作用、退缴违法所得、认罪认罚等情况,区别对待、罚当其罪。本案被告人郭某军虽当庭认罪,但其系犯罪的决策者和组织者,依法判处实刑;被告人宋某生、杜某芳、王某听从郭某军的指挥,地位作用相对较小且自愿认罪认罚,其中王某还成立自首,对该三人均适用缓刑,起到了震慑犯罪与分化瓦解的双重作用。

## 姜某君、柳某利用未公开信息交易案

——私募基金从业人员伙同金融机构从业人员,利用金融机构的未公开信息实施趋同交易的,构成利用未公开信息交易罪

【关键词】

利用未公开信息交易罪 金融机构从业人员 趋同交易 私募基金 公募基金

【基本案情】

被告人姜某君,系上海云某投资管理有限公司(以下简称"云某公司",该公司为私募基金管理人)实际控制人;被告人柳某,系泰某基金管理有限公司(以下简称"泰某公司",该公司为公募基金公司)基金经理,姜某君与柳某系朋友。

2010年12月至2011年3月,姜某君设立云某公司及"云某一期"私募基金,并通过私募基金从事证券交易。2009年4月至2015年1月,柳某管理泰某公司发行的泰某蓝筹精选股票型基金(以下简称"泰某蓝筹基金"),负责该基金的运营和投资决策。

2009年4月至2013年2月,姜某君频繁与柳某交流股票投资信息。柳某明知姜某君经营股票投资业务,仍将利用职务便利获取的泰某蓝筹基金交易股票的未公开信息泄露给姜某君,或使用泰某蓝筹基金的资金买卖姜某君推荐的股票;姜某君利用上述未公开信息,使用所控制的证券账户进行趋同交易。上述时间段内,姜某君控制的"杨某芳""金某""叶某"三个个人证券账户及"云某一期"

私募基金证券账户与泰某蓝筹基金账户趋同买入且趋同卖出股票76只,趋同买入金额7.99亿元,趋同卖出金额6.08亿元,获利4619万元。

【行政调查与刑事诉讼过程】

经中国证监会上海专员办立案调查,中国证监会于2016年10月18日将姜某君、柳某涉嫌刑事犯罪案件移送公安机关立案侦查。经公安部交办,上海市公安局侦查终结后以姜某君、柳某涉嫌利用未公开信息交易罪移送起诉。

行政调查发现,柳某与"杨某芳"等三个涉案个人账户有实质性关联。在侦查和审查起诉过程中,柳某供认将公募基金投研信息泄露给姜某君,并使用姜某君的投资建议进行公募基金投资。姜某君辩称,系柳某主动向其咨询个股信息其给予投资建议,没有利用柳某因职务便利获取的未公开信息,其从事股票投资均基于自己的专业分析研判。针对姜某君的辩解,经补充侦查,姜某君与柳某的通话记录以及电子证据等客观性证据能够证明姜某君进行相关证券交易系主要凭借柳某提供的基金决策信息。2018年3月27日,上海市人民检察院第一分院以姜某君、柳某构成利用未公开信息交易罪依法提起公诉。

2019年6月14日,上海市第一中级人民法院经审理作出一审判决,认定姜某君、柳某均犯利用未公开信息交易罪,判处姜某君有期徒刑六年六个月,并处罚金人民币四千万元;判处柳某有期徒刑四年四个月,并处罚金人民币六百二十万元。姜某君、柳某提出上诉,上海市高级人民法院经审理于2019年12月31日作出终审判决,认定起诉指控及一审判决的罪名成立,但鉴于在二审阶段,姜某君、柳某分别退缴部分违法所得,姜某君揭发他人犯罪行为经查证属实有立功表现,改判姜某君有期徒刑五年九个月、改判柳某有期徒刑四年,维持原判罚金刑。

【典型意义】

1. 私募基金从业人员可以成为利用未公开信息交易罪的共犯,私募基金账户趋同交易金额和获利金额应计入交易成交额和违法所得数额。利用未公开信息交易罪的犯罪主体是金融机构从业人员,根据《中华人民共和国证券投资基金法》等规定,公募基金管理公司属于金融机构,公募基金从业人员与私募基金从业人员共同利用公募基金从业人员职务便利获取的未公开信息,从事相关证券、期货交易活动的,构成利用未公开信息交易罪共同犯罪。利用未公开信息交易行为严重破坏证券市场的公平交易秩序,其社会危害性以及对证券市场秩序的侵害程度,应当以所有趋同交易的成交数额和违法所得数额来衡量,即不仅包括实际利益归属于被告人的相关账户趋同交易数额,也包括实际利益归属于特定投资人的私募基金账户趋同交易数额。

2. 全面把握利用未公开信息交易犯罪的特点和证明标准,准确认定案件事实。利用未公开信息交易行为具有专业、隐蔽的特征,行为人也具有智商高、脱罪能力强的特点,常以自身金融专业判断等理由进行辩解,侦查取证和指控证明的难度较大。行政调查和司法办案中,应当全面把握本罪的特点和证明方法,准确认定犯罪事实,防止打击不力。工作中一般应当注意以下问题:一是重点调取、对比审查客观证据,如未公开信息所涉证券(期货)品种、交易时间记录与涉案的相应品种、记录等,以对比证明交易的趋同性;行为人的职务权限、行为信息等,以证明交易信息的来源;二是在证明方法上,本罪的构成要件和隐蔽实施的行为特点决定,能够证明行为人知悉未公开信息并实施了趋同交易的,就认为行为人"利用"了未公开信息,至于该未公开信息是否系行为人决定交易的唯一信息,即行为人是否同时使用了"自身研究成果",不影响本罪的认定。

3. 金融从业人员要依法履行保密、忠实义务。基金、银行、保险、券商等金融机构从业人员,在履行职责过程中掌握、知悉大量投资决策、交易动向、资金变化等未公开信息,应当严格依照商业银行法、证券法、保险法、证券投资基金法等法律法规的规定履行保密、忠实义务,无论主动被动均不得向第三人透露相关未公开信息,不得直接或变相利用未公开信息谋取利益。触碰、逾越上述界限,属于违法犯罪行为,将会受到法律的惩治。

**王某、李某内幕交易案**

——被告人不供述犯罪,间接证据形成完整证明体系的,可以认定被告人有罪和判处刑罚

【关键词】

内幕交易、泄露内幕信息罪共同犯罪客观证据证明体系

【基本案情】

被告人王某,系国某节能服务有限公司(以下简称"国某公司")财务部主任;被告人李某,系王某前夫。

2014年间,王某受国某公司总经理郭某指派,参与公司上市前期工作,并联系中某证券股份有限公司(以下简称"中某证券")咨询上市方案。2015年间,经国某公司与中某证券多次研究,对重庆涪某电力实业股份有限公司(以下简称"涪某公司")等四家上市公司进行重点考察,拟通过与上市公司资产重组借壳上市。王某参加了相关会议。2015年10月26日,国某公司召开上市准备会,研

究借壳涪某公司上市相关事宜。会后,郭某安排王某了解涪某公司的资产情况。2015年12月30日,经与国某公司商定,涪某公司公告停牌筹划重大事项。

2016年2月25日,涪某公司发布有关其与国某公司重大资产重组事项的《重大资产购买暨关联交易草案》,该公告所述事项系内幕信息,内幕信息敏感期为2015年10月26日至2016年2月25日,王某系内幕信息知情人。2016年3月10日,涪某公司股票复牌。

国某公司筹划上市期间,王某、李某于2015年5月13日离婚,但二人仍以夫妻名义共同生活。在内幕信息敏感期内,李某两次买入涪某公司股票,累计成交金额412万元,并分别于涪某公司股票停牌前、发布资产重组公告复牌后卖出全部股票,累计亏损9万余元。

【行政调查与刑事诉讼过程】

重庆证监局经立案调查于2017年8月24日对李某作出罚款15万元的行政处罚决定,并由中国证监会将李某涉嫌犯罪案件移送公安机关立案侦查。

经公安部交办,北京市公安局侦查终结后以王某涉嫌泄露内幕信息罪、李某涉嫌内幕交易罪,向北京市人民检察院第二分院移送起诉。侦查及审查起诉过程中,王某、李某均不供认犯罪事实,王某辩称自己不是内幕信息知情人,李某辩称基于独立专业判断买入股票;二人还提出,因感情破裂已经离婚,双方无利益关联,否认有传递内幕信息及合谋内幕交易行为。针对上述辩解,经公安机关补充侦查和检察机关自行侦查,查明王某系单位负责资产重组财务工作的人员,李某无其他信息来源;王某、李某虽办理了离婚手续,但仍以夫妻名义共同生活,二人的资金也呈共有关系。检察机关认为,上述证据表明,王某系内幕信息知情人,王某、李某互相配合完成内幕交易,均构成内幕交易罪。

2019年10月25日,检察机关以王某、李某构成内幕交易罪提起公诉。王某、李某在审判阶段继续否认犯罪。2019年12月23日,北京市第二中级人民法院经审理作出一审判决,认定王某、李某均犯内幕交易罪,各判处有期徒刑五年,各并处罚金人民币一万元。王某、李某提出上诉,北京市高级人民法院经审理于2020年10月30日作出终审裁定,驳回上诉,维持原判。

【典型意义】

1. 以风险、收益是否共担为标准,准确区分内幕交易的共同犯罪与泄露内幕信息罪。内幕信息知情人将内幕信息泄露给他人,并对内幕交易共担风险、共享收益的,属于内幕交易的共同犯罪。内幕信息知情人仅泄露内幕信息给他人,不承担风险、不参与分赃的,单独认定为泄露内幕信息罪。本案中,虽然用于交易的证券账户和资金账户均在李某名下,但王某和李某资金混合,作为共同财产支配使用,二人不是泄露内幕信息与利用内幕信息交易的前后手犯罪关系,而是合谋利用内幕信息进行证券交易的共同犯罪,均应对内幕交易的成交总额、占用保证金总额、获利或避免损失总额承担责任。

2. 被告人不供述犯罪,间接证据形成完整证明体系的,可以认定被告人有罪和判处刑罚。内幕交易犯罪隐蔽性强,经常出现内幕信息知情人与内幕交易行为人订立攻守同盟、否认信息传递,企图以拒不供认来逃避惩罚的现象。对此,应通过收集行为人职务职责、参与涉内幕信息相关工作等证据证明其系内幕信息知情人;通过收集内幕信息知情人与内幕交易行为人之间的联络信息证明双方传递内幕信息的动机和条件;通过收集交易数据、资金往来、历史交易、大盘基本面等证据,证明相关交易行为是否存在明显异常等。对于间接证据均查证属实且相互印证,形成完整的证明体系,能够得出唯一结论的,应当依法定案。

3. 在内幕信息敏感期反复交易的,对交易成交额累计计算;实施内幕交易并亏损,交易成交额符合追诉标准的,也要依法追究刑事责任。内幕交易犯罪以谋利为意图,破坏证券市场公平交易秩序,司法解释、立案追诉标准均规定,证券交易成交额、获利或者避免损失数额等其中之一达到相关标准的,即应当认定为刑法第一百八十条第一款规定的"情节严重"。内幕交易成交额达到"情节严重"标准的,严重破坏了证券市场公平交易秩序,无论获利或者亏损,均应当依法追究刑事责任,且数次交易的交易数额应当依法累计计算。本案中,李某从王某处获悉内幕信息后两次实施内幕交易,虽然亏损9万元,但两次交易累计成交额为412万元,属于情节特别严重,依法判处其有期徒刑五年,体现了司法机关依法从严惩处证券犯罪、维护资本市场公平交易秩序的决心和力度。

**鲜某背信损害上市公司利益、操纵证券市场案**

——依法从严打击证券违法活动,加大违法成本,强化震慑效应

【关键词】

背信损害上市公司利益罪 操纵证券市场罪 信息型操纵 价量影响

【基本案情】

被告人鲜某,系匹某匹金融信息服务股份有限公司(以下简称"匹某匹公司")董事长、荆门汉某置业公司(以下简称"汉某公司")法定代表人及实际控制人。匹某匹

公司前身为上海多某实业股份有限公司(以下简称"多某公司"),汉某公司为多某公司、匹某匹公司的并表子公司。

2013年7月至2015年2月,鲜某违背对公司的忠实义务,利用职务便利,采用伪造工程分包商签名、制作虚假资金支付审批表等手段,以支付工程款和往来款的名义,将汉某公司资金累计1.2亿元划入其控制的多个公司和个人账户内使用,其中有2360万元至案发未归还。

2015年4月9日,鲜某决定向原上海市工商行政管理局(现已改为"上海市市场监督管理局",下文仍简称"市工商局")提出将多某公司更名为匹某匹公司的申请。2015年4月17日,获得市工商局核发的《企业名称变更预先核准通知书》。2015年5月11日,多某公司对外发布《关于公司名称变更的公告》《关于获得控股股东某网站域名特别授权的公告》,公告称基于业务转型的需要,为使公司名称能够体现主营业务,拟将名称变更为匹某匹公司,通过本次授权可以使公司在互联网金融行业获得领先竞争优势。以上公告内容具有诱导性、误导性。2015年6月2日,多某公司正式更名为匹某匹公司。更名后,匹某匹公司并未开展P2P业务,也未开展除了配资以外的金融业务,且配资业务在公司更名之前已经开展。上述公司更名过程中,鲜某控制了多某公司信息的生成以及信息披露的内容,刻意延迟向市场发布更名公告。同时,鲜某于2015年4月30日至5月11日,通过其控制的多个公司账户、个人账户和信托账户买入多某公司股票2520万股,买入金额2.86亿元。2015年5月11日,多某公司有关名称变更的公告发布后,股票连续涨停,涨幅达77.37%。

【行政调查与刑事诉讼过程】

经上海证监局立案调查,中国证监会于2017年3月30日对鲜某作出罚款34.7亿元的行政处罚决定和终身市场禁入决定,并将鲜某涉嫌犯罪案件移送公安机关立案侦查。

经公安部交办,上海市公安局侦查终结后分别以鲜某涉嫌背信损害上市公司利益罪、操纵证券市场罪移送起诉。上海市人民检察院第一分院经审查,于2018年2月22日以背信损害上市公司利益罪对鲜某提起公诉,5月2日对鲜某操纵证券市场犯罪补充起诉。

2019年9月17日,上海市第一中级人民法院经审理作出一审判决,认定鲜某犯背信损害上市公司利益罪、操纵证券市场罪,数罪并罚,决定执行有期徒刑五年,并处罚金人民币一千一百八十万元。鲜某提出上诉,上海市高级人民法院经审理于2020年12月21日作出终审判决,鉴于鲜某在二审阶段自愿认罪认罚并退缴违法所得人民币五百万元,对主刑作了改判,数罪并罚后决定执行有期徒刑四年三个月,维持原判罚金刑。

【典型意义】

1. 准确把握背信损害上市公司利益罪违背忠实义务,将上市公司利益向个人或其他单位输送的实质。背信损害上市公司利益犯罪的手段多种多样,如与关联公司不正当交易、伪造支付名目、违规担保、无偿提供资金等,并且多采用复杂的资金流转、股权控制方式掩饰违法行为,究其实质,均系违背对上市公司的忠实义务、输送公司利益。本案中,汉某公司系上市公司的并表子公司,鲜某将汉某公司资金转入个人控制账户,相比直接转移上市公司资金隐蔽性更强,由于相关财务数据计入上市公司,最终仍然致使上市公司利益遭受重大损失。办案中,应当透过合同、资金流转、股权关系等表象,准确认识行为实质,依法追究责任。

2. 在信息型操纵证券案件中,应当结合当事人控制信息的手段、对证券交易价格、交易量的影响、情节严重程度等认定是否构成操纵证券市场犯罪。上市公司实际控制人、高级管理人员利用其特殊地位,迎合市场热点,控制信息的生成或信息披露的内容、时点、节奏,进行误导性披露,是信息型操纵证券犯罪的重要手段。其本质是行为人通过控制公开披露的信息,误导投资者作出投资决策,扭曲证券价格正常形成机制,影响证券交易价格或者证券交易量。该类信息型操纵属于刑法第一百八十二条第一款第七项(刑法修正案十一之前的第四项)规定的"以其他方法操纵证券、期货市场的"行为,最高人民检察院、公安部《关于公安机关管辖的刑事案件立案追诉标准的规定(二)》(2010年规定第三十九条第六项、2022年规定第三十四条第六项)以及最高人民法院、最高人民检察院《关于办理操纵证券、期货市场刑事案件适用法律若干问题的解释》(第一条第四项)对此均作了列举规定。办案中需要注意,信息型操纵与交易型操纵认定"情节严重"的标准不同,前者主要以证券交易成交额、违法所得数额来判断,而后者主要以持股占比、成交量占比来判断。

3. 坚持依法从严惩治,加大违法犯罪成本,遏制资本市场的违法犯罪行为。为维护资本市场秩序、防范化解重大风险,中共中央办公厅、国务院办公厅印发《关于依法从严打击证券违法活动的意见》,要求依法严厉查处证券违法犯罪案件,加强诚信约束惩戒,强化震慑效应。本案系行政机关、司法机关对上市公司实际控制人挑战法律底线、屡次实施违法违规行为进行彻查严处的标杆案件。根据鲜某违法犯罪行为性质、情节、违法所得数额等,行政处罚顶格处以违法所得5倍罚金、终身市场禁入;刑事处罚依法认定构成数罪,判处有期徒刑并处罚金,追缴违法所得。通过全方位的从重追责,加大资本市场违法成本,震慑违法犯罪活动,营造崇法守信的市场法治环境。

## 2. 顾华骏、刘淑君等 11 名投资者诉康美药业股份有限公司证券虚假陈述责任纠纷特别代表人诉讼案①

### 1. 案情简介

2020 年 12 月 31 日,顾华骏、刘淑君经 11 名原告共同推选为拟任代表人,就康美药业股份有限公司(简称康美药业)证券虚假陈述责任纠纷提起普通代表人诉讼,要求康美药业、马兴田、许冬瑾等 22 名被告赔偿其投资损失。2021 年 3 月 30 日,原告申请追加广东正中珠江会计师事务所(特殊普通合伙)(简称正中珠江会计)等五名当事人为本案被告,请求判令其与前述 22 名被告承担连带赔偿责任。2021 年 4 月 8 日,中证中小投资者服务中心有限责任公司(简称投服中心)受 56 名投资者的特别授权,申请作为代表人参加诉讼。经最高人民法院指定管辖,广东省广州市中级人民法院适用特别代表人诉讼程序审理该案。广州中院查明,康美药业披露的财报中存在虚增营业收入、货币资金等情况,正中珠江会计出具的审计报告存在虚假记载。经专业机构评估,扣除系统风险后投资者实际损失为 24.59 亿元。广州中院认为,康美药业进行虚假陈述,造成了投资者投资损失,应承担赔偿责任。马兴田、许冬瑾等组织策划财务造假,正中珠江会计及相关审计人员违反执业准则,均应对投资者损失承担全部连带赔偿责任。康美药业部分董事、监事、高级管理人员虽未直接参与造假,但签字确认财务报告真实性,应根据过失大小分别在投资者损失的 20%、10% 及 5% 范围内承担连带赔偿责任。2021 年 11 月 12 日,广州中院作出相应判决。宣判后当事人均未上诉,判决已发生法律效力。

### 2. 专家点评(李曙光 中国政法大学教授、博士生导师)

《中华人民共和国证券法》(2014 年修正)第六十九条及《中华人民共和国证券法》(2019 年修订)第八十五条均规定了上市公司虚假陈述行为致使投资者在证券交易中遭受损失的,上市公司应当承担赔偿责任,不能证明自己没有过错的上市公司的董事、监事、高级管理人员应当与发行人、上市公司承担连带赔偿责任。但这并不意味着,所有有过错的信息披露义务人对投资者的全部损失均必须承担 100% 的连带赔偿责任。基于权责一致、罚过相当的原则,信息披露义务人应当按照其过错类型、在虚假陈述行为中所起的作用大小,承担相应的赔偿责任。这其中,实际控制人与接受其指派直接参与虚假陈述行为的董事、监事、高级管理人员之间存在意思联络,属于意思关联共同的主观共同侵权,应当对投资者的全部损失承担连带赔偿责任;其他未尽勤勉义务的董事、监事、高级管理人员,则只应当根据其过错程度,承担部分赔偿责任。

本案是首例采用特别代表人诉讼方式进行的证券虚假陈述责任纠纷案件,标志着以投资者"默示加入、明示退出"为特色的中国式集体诉讼司法实践成功落地,对促进我国资本市场深化改革和健康发展、切实维护投资者合法权益具有深远意义,也是资本市场法治建设的新标杆,得到了媒体和投资者的普遍好评。

---

① 案例来源:最高人民法院发布 2021 年全国法院十大商事案件之二,https://www.court.gov.cn/zixun-xiangqing-344441.html,最后访问时间 2024 年 3 月 5 日。

# 四、保险、票据、信托

## 1. 保险

### 中华人民共和国保险法

- 1995年6月30日第八届全国人民代表大会常务委员会第十四次会议通过
- 根据2002年10月28日第九届全国人民代表大会常务委员会第三十次会议《关于修改〈中华人民共和国保险法〉的决定》第一次修正
- 2009年2月28日第十一届全国人民代表大会常务委员会第七次会议修订
- 根据2014年8月31日第十二届全国人民代表大会常务委员会第十次会议《关于修改〈中华人民共和国保险法〉等五部法律的决定》第二次修正
- 根据2015年4月24日第十二届全国人民代表大会常务委员会第十四次会议《关于修改〈中华人民共和国计量法〉等五部法律的决定》第三次修正

#### 第一章 总 则

**第一条** 【立法目的】为了规范保险活动,保护保险活动当事人的合法权益,加强对保险业的监督管理,维护社会经济秩序和社会公共利益,促进保险事业的健康发展,制定本法。

**第二条** 【调整范围】本法所称保险,是指投保人根据合同约定,向保险人支付保险费,保险人对于合同约定的可能发生的事故因其发生所造成的财产损失承担赔偿保险金责任,或者当被保险人死亡、伤残、疾病或者达到合同约定的年龄、期限等条件时承担给付保险金责任的商业保险行为。

**第三条** 【适用范围】在中华人民共和国境内从事保险活动,适用本法。

**第四条** 【从事保险活动的基本原则】从事保险活动必须遵守法律、行政法规,尊重社会公德,不得损害社会公共利益。

**第五条** 【诚实信用原则】保险活动当事人行使权利、履行义务应当遵循诚实信用原则。

**第六条** 【保险业务经营主体】保险业务由依照本法设立的保险公司以及法律、行政法规规定的其他保险组织经营,其他单位和个人不得经营保险业务。

**第七条** 【境内投保原则】在中华人民共和国境内的法人和其他组织需要办理境内保险的,应当向中华人民共和国境内的保险公司投保。

**第八条** 【分业经营原则】保险业和银行业、证券业、信托业实行分业经营、分业管理,保险公司与银行、证券、信托业务机构分别设立。国家另有规定的除外。

**第九条** 【保险监督管理机构】国务院保险监督管理机构依法对保险业实施监督管理。

国务院保险监督管理机构根据履行职责的需要设立派出机构。派出机构按照国务院保险监督管理机构的授权履行监督管理职责。

#### 第二章 保险合同
##### 第一节 一般规定

**第十条** 【保险合同及其主体】保险合同是投保人与保险人约定保险权利义务关系的协议。

投保人是指与保险人订立保险合同,并按照合同约定负有支付保险费义务的人。

保险人是指与投保人订立保险合同,并按照合同约定承担赔偿或者给付保险金责任的保险公司。

**第十一条** 【保险合同订立原则】订立保险合同,应当协商一致,遵循公平原则确定各方的权利和义务。

除法律、行政法规规定必须保险的外,保险合同自愿订立。

**第十二条** 【保险利益、保险标的】人身保险的投保人在保险合同订立时,对被保险人应当具有保险利益。

财产保险的被保险人在保险事故发生时,对保险标的应当具有保险利益。

人身保险是以人的寿命和身体为保险标的的保险。

财产保险是以财产及其有关利益为保险标的的保险。

被保险人是指其财产或者人身受保险合同保障,享有保险金请求权的人。投保人可以为被保险人。

保险利益是指投保人或者被保险人对保险标的具有的法律上承认的利益。

**第十三条 【保险合同成立与生效】**投保人提出保险要求,经保险人同意承保,保险合同成立。保险人应当及时向投保人签发保险单或者其他保险凭证。

保险单或者其他保险凭证应当载明当事人双方约定的合同内容。当事人也可以约定采用其他书面形式载明合同内容。

依法成立的保险合同,自成立时生效。投保人和保险人可以对合同的效力约定附条件或者附期限。

**第十四条 【保险合同效力】**保险合同成立后,投保人按照约定交付保险费,保险人按照约定的时间开始承担保险责任。

**第十五条 【保险合同解除】**除本法另有规定或者保险合同另有约定外,保险合同成立后,投保人可以解除合同,保险人不得解除合同。

**第十六条 【投保人如实告知义务】**订立保险合同,保险人就保险标的或者被保险人的有关情况提出询问的,投保人应当如实告知。

投保人故意或者因重大过失未履行前款规定的如实告知义务,足以影响保险人决定是否同意承保或者提高保险费率的,保险人有权解除合同。

前款规定的合同解除权,自保险人知道有解除事由之日起,超过三十日不行使而消灭。自合同成立之日起超过二年的,保险人不得解除合同;发生保险事故的,保险人应当承担赔偿或者给付保险金的责任。

投保人故意不履行如实告知义务的,保险人对于合同解除前发生的保险事故,不承担赔偿或者给付保险金的责任,并不退还保险费。

投保人因重大过失未履行如实告知义务,对保险事故的发生有严重影响的,保险人对于合同解除前发生的保险事故,不承担赔偿或者给付保险金的责任,但应当退还保险费。

保险人在合同订立时已经知道投保人未如实告知的情况的,保险人不得解除合同;发生保险事故的,保险人应当承担赔偿或者给付保险金的责任。

保险事故是指保险合同约定的保险责任范围内的事故。

**第十七条 【保险人说明义务】**订立保险合同,采用保险人提供的格式条款的,保险人向投保人提供的投保单应当附格式条款,保险人应当向投保人说明合同的内容。

对保险合同中免除保险人责任的条款,保险人在订立合同时应当在投保单、保险单或者其他保险凭证上作出足以引起投保人注意的提示,并对该条款的内容以书面或者口头形式向投保人作出明确说明;未作提示或者明确说明的,该条款不产生效力。

**第十八条 【保险合同内容】**保险合同应当包括下列事项:

(一)保险人的名称和住所;

(二)投保人、被保险人的姓名或者名称、住所,以及人身保险的受益人的姓名或者名称、住所;

(三)保险标的;

(四)保险责任和责任免除;

(五)保险期间和保险责任开始时间;

(六)保险金额;

(七)保险费以及支付办法;

(八)保险金赔偿或者给付办法;

(九)违约责任和争议处理;

(十)订立合同的年、月、日。

投保人和保险人可以约定与保险有关的其他事项。

受益人是指人身保险合同中由被保险人或者投保人指定的享有保险金请求权的人。投保人、被保险人可以为受益人。

保险金额是指保险人承担赔偿或者给付保险金责任的最高限额。

**第十九条 【无效格式条款】**采用保险人提供的格式条款订立的保险合同中的下列条款无效:

(一)免除保险人依法应承担的义务或者加重投保人、被保险人责任的;

(二)排除投保人、被保险人或者受益人依法享有的权利的。

**第二十条 【保险合同变更】**投保人和保险人可以协商变更合同内容。

变更保险合同的,应当由保险人在保险单或者其他保险凭证上批注或者附贴批单,或者由投保人和保险人订立变更的书面协议。

**第二十一条 【通知义务】**投保人、被保险人或者受益人知道保险事故发生后,应当及时通知保险人。故意或者因重大过失未及时通知,致使保险事故的性质、原因、损失程度等难以确定的,保险人对无法确定的部分,不承担赔偿或者给付保险金的责任,但保险人通过其他途径已经及时知道或者应当及时知道保险事故发生的除外。

**第二十二条 【协助义务】**保险事故发生后,按照保险合同请求保险人赔偿或者给付保险金时,投保人、被保险人或者受益人应当向保险人提供其所能提供的与确认保险事故的性质、原因、损失程度等有关的证明和资料。

保险人按照合同的约定，认为有关的证明和资料不完整的，应当及时一次性通知投保人、被保险人或者受益人补充提供。

**第二十三条　【理赔】**保险人收到被保险人或者受益人的赔偿或者给付保险金的请求后，应当及时作出核定；情形复杂的，应当在三十日内作出核定，但合同另有约定的除外。保险人应当将核定结果通知被保险人或者受益人；对属于保险责任的，在与被保险人或者受益人达成赔偿或者给付保险金的协议后十日内，履行赔偿或者给付保险金义务。保险合同对赔偿或者给付保险金的期限有约定的，保险人应当按照约定履行赔偿或者给付保险金义务。

保险人未及时履行前款规定义务的，除支付保险金外，应当赔偿被保险人或者受益人因此受到的损失。

任何单位和个人不得非法干预保险人履行赔偿或者给付保险金的义务，也不得限制被保险人或者受益人取得保险金的权利。

**第二十四条　【拒绝赔付通知】**保险人依照本法第二十三条的规定作出核定后，对不属于保险责任的，应当自作出核定之日起三日内向被保险人或者受益人发出拒绝赔偿或者拒绝给付保险金通知书，并说明理由。

**第二十五条　【先行赔付】**保险人自收到赔偿或者给付保险金的请求和有关证明、资料之日起六十日内，对其赔偿或者给付保险金的数额不能确定的，应当根据已有证明和资料可以确定的数额先予支付；保险人最终确定赔偿或者给付保险金的数额后，应当支付相应的差额。

**第二十六条　【诉讼时效】**人寿保险以外的其他保险的被保险人或者受益人，向保险人请求赔偿或者给付保险金的诉讼时效期间为二年，自其知道或者应当知道保险事故发生之日起计算。

人寿保险的被保险人或者受益人向保险人请求给付保险金的诉讼时效期间为五年，自其知道或者应当知道保险事故发生之日起计算。

**第二十七条　【保险欺诈】**未发生保险事故，被保险人或者受益人谎称发生了保险事故，向保险人提出赔偿或者给付保险金请求的，保险人有权解除合同，并不退还保险费。

投保人、被保险人故意制造保险事故的，保险人有权解除合同，不承担赔偿或者给付保险金的责任；除本法第四十三条规定外，不退还保险费。

保险事故发生后，投保人、被保险人或者受益人以伪造、变造的有关证明、资料或者其他证据，编造虚假的事故原因或者夸大损失程度的，保险人对其虚报的部分不承担赔偿或者给付保险金的责任。

投保人、被保险人或者受益人有前三款规定行为之一，致使保险人支付保险金或者支出费用的，应当退回或者赔偿。

**第二十八条　【再保险】**保险人将其承担的保险业务，以分保形式部分转移给其他保险人的，为再保险。

应再保险接受人的要求，再保险分出人应当将其自负责任及原保险的有关情况书面告知再保险接受人。

**第二十九条　【再保险的保费及赔付】**再保险接受人不得向原保险的投保人要求支付保险费。

原保险的被保险人或者受益人不得向再保险接受人提出赔偿或者给付保险金的请求。

再保险分出人不得以再保险接受人未履行再保险责任为由，拒绝履行或者迟延履行其原保险责任。

**第三十条　【争议条款解释】**采用保险人提供的格式条款订立的保险合同，保险人与投保人、被保险人或者受益人对合同条款有争议的，应当按照通常理解予以解释。对合同条款有两种以上解释的，人民法院或者仲裁机构应当作出有利于被保险人和受益人的解释。

第二节　人身保险合同

**第三十一条　【人身保险利益】**投保人对下列人员具有保险利益：

（一）本人；

（二）配偶、子女、父母；

（三）前项以外与投保人有抚养、赡养或者扶养关系的家庭其他成员、近亲属；

（四）与投保人有劳动关系的劳动者。

除前款规定外，被保险人同意投保人为其订立合同的，视为投保人对被保险人具有保险利益。

订立合同时，投保人对被保险人不具有保险利益的，合同无效。

**第三十二条　【申报年龄不真实的处理】**投保人申报的被保险人年龄不真实，并且其真实年龄不符合合同约定的年龄限制的，保险人可以解除合同，并按照合同约定退还保险单的现金价值。保险人行使合同解除权，适用本法第十六条第三款、第六款的规定。

投保人申报的被保险人年龄不真实，致使投保人支付的保险费少于应付保险费的，保险人有权更正并要求投保人补交保险费，或者在给付保险金时按照实付保费与应付保险费的比例支付。

投保人申报的被保险人年龄不真实，致使投保人支付的保险费多于应付保险费的，保险人应当将多收的保险费退还投保人。

**第三十三条　【死亡保险的禁止】**投保人不得为无民事行为能力人投保以死亡为给付保险金条件的人身保险，保险人也不得承保。

父母为其未成年子女投保的人身保险，不受前款规定限制。但是，因被保险人死亡给付的保险金总和不得超过国务院保险监督管理机构规定的限额。

**第三十四条　【死亡保险合同的效力】**以死亡为给付保险金条件的合同，未经被保险人同意并认可保险金额的，合同无效。

按照以死亡为给付保险金条件的合同所签发的保险单，未经被保险人书面同意，不得转让或者质押。

父母为其未成年子女投保的人身保险，不受本条第一款规定限制。

**第三十五条　【保险费的支付】**投保人可以按照合同约定向保险人一次支付全部保险费或者分期支付保险费。

**第三十六条　【逾期支付保险费】**合同约定分期支付保险费，投保人支付首期保险费后，除合同另有约定外，投保人自保险人催告之日起超过三十日未支付当期保险费，或者超过约定的期限六十日未支付当期保险费的，合同效力中止，或者由保险人按照合同约定的条件减少保险金额。

被保险人在前款规定期限内发生保险事故的，保险人应当按照合同约定给付保险金，但可以扣减欠交的保险费。

**第三十七条　【合同效力的恢复】**合同效力依照本法第三十六条规定中止的，经保险人与投保人协商并达成协议，在投保人补交保险费后，合同效力恢复。但是，自合同效力中止之日起满二年双方未达成协议的，保险人有权解除合同。

保险人依照前款规定解除合同的，应当按照合同约定退还保险单的现金价值。

**第三十八条　【禁止通过诉讼要求支付保险费】**保险人对人寿保险的保险费，不得用诉讼方式要求投保人支付。

**第三十九条　【受益人的确定】**人身保险的受益人由被保险人或者投保人指定。

投保人指定受益人时须经被保险人同意。投保人为与其有劳动关系的劳动者投保人身保险，不得指定被保险人及其近亲属以外的人为受益人。

被保险人为无民事行为能力人或者限制民事行为能力人的，可以由其监护人指定受益人。

**第四十条　【受益顺序及份额】**被保险人或者投保人可以指定一人或者数人为受益人。

受益人为数人的，被保险人或者投保人可以确定受益顺序和受益份额；未确定受益份额的，受益人按照相等份额享有受益权。

**第四十一条　【受益人变更】**被保险人或者投保人可以变更受益人并书面通知保险人。保险人收到变更受益人的书面通知后，应当在保险单或者其他保险凭证上批注或者附贴批单。

投保人变更受益人时须经被保险人同意。

**第四十二条　【保险金作为遗产情形】**被保险人死亡后，有下列情形之一的，保险金作为被保险人的遗产，由保险人依照《中华人民共和国继承法》的规定履行给付保险金的义务：

（一）没有指定受益人，或者受益人指定不明无法确定的；

（二）受益人先于被保险人死亡，没有其他受益人的；

（三）受益人依法丧失受益权或者放弃受益权，没有其他受益人的。

受益人与被保险人在同一事件中死亡，且不能确定死亡先后顺序的，推定受益人死亡在先。

**第四十三条　【受益权丧失】**投保人故意造成被保险人死亡、伤残或者疾病的，保险人不承担给付保险金的责任。投保人已交足二年以上保险费的，保险人应当按照合同约定向其他权利人退还保险单的现金价值。

受益人故意造成被保险人死亡、伤残、疾病的，或者故意杀害被保险人未遂的，该受益人丧失受益权。

**第四十四条　【被保险人自杀处理】**以被保险人死亡为给付保险金条件的合同，自合同成立或者合同效力恢复之日起二年内，被保险人自杀的，保险人不承担给付保险金的责任，但被保险人自杀时为无民事行为能力人的除外。

保险人依照前款规定不承担给付保险金责任的，应当按照合同约定退还保险单的现金价值。

**第四十五条　【免于赔付情形】**因被保险人故意犯罪或者抗拒依法采取的刑事强制措施导致其伤残或者死亡的，保险人不承担给付保险金的责任。投保人已交足二年以上保险费的,保险人应当按照合同约定退还保险单的现金价值。

**第四十六条 【禁止追偿】**被保险人因第三者的行为而发生死亡、伤残或者疾病等保险事故的,保险人向被保险人或者受益人给付保险金后,不享有向第三者追偿的权利,但被保险人或者受益人仍有权向第三者请求赔偿。

**第四十七条 【人身保险合同解除】**投保人解除合同的,保险人应当自收到解除合同通知之日起三十日内,按照合同约定退还保险单的现金价值。

### 第三节 财产保险合同

**第四十八条 【财产保险利益】**保险事故发生时,被保险人对保险标的不具有保险利益的,不得向保险人请求赔偿保险金。

**第四十九条 【保险标的转让】**保险标的转让的,保险标的的受让人承继被保险人的权利和义务。

保险标的转让的,被保险人或者受让人应当及时通知保险人,但货物运输保险合同和另有约定的合同除外。

因保险标的转让导致危险程度显著增加的,保险人自收到前款规定的通知之日起三十日内,可以按照合同约定增加保险费或者解除合同。保险人解除合同的,应当将已收取的保险费,按照合同约定扣除自保险责任开始之日起至合同解除之日止应收的部分后,退还投保人。

被保险人、受让人未履行本条第二款规定的通知义务的,因转让导致保险标的危险程度显著增加而发生的保险事故,保险人不承担赔偿保险金的责任。

**第五十条 【禁止解除合同】**货物运输保险合同和运输工具航程保险合同,保险责任开始后,合同当事人不得解除合同。

**第五十一条 【安全义务】**被保险人应当遵守国家有关消防、安全、生产操作、劳动保护等方面的规定,维护保险标的的安全。

保险人可以按照合同约定对保险标的的安全状况进行检查,及时向投保人、被保险人提出消除不安全因素和隐患的书面建议。

投保人、被保险人未按照约定履行其对保险标的的安全应尽责任的,保险人有权要求增加保险费或者解除合同。

保险人为维护保险标的的安全,经被保险人同意,可以采取安全预防措施。

**第五十二条 【危险增加通知义务】**在合同有效期内,保险标的的危险程度显著增加的,被保险人应当按照合同约定及时通知保险人,保险人可以按照合同约定增加保险费或者解除合同。保险人解除合同的,应当将已收取的保险费,按照合同约定扣除自保险责任开始之日起至合同解除之日止应收的部分后,退还投保人。

被保险人未履行前款规定的通知义务的,因保险标的的危险程度显著增加而发生的保险事故,保险人不承担赔偿保险金的责任。

**第五十三条 【降低保险费】**有下列情形之一的,除合同另有约定外,保险人应当降低保险费,并按日计算退还相应的保险费:

(一)据以确定保险费率的有关情况发生变化,保险标的的危险程度明显减少的;

(二)保险标的的保险价值明显减少的。

**第五十四条 【保费退还】**保险责任开始前,投保人要求解除合同的,应当按照合同约定向保险人支付手续费,保险人应当退还保险费。保险责任开始后,投保人要求解除合同的,保险人应当将已收取的保险费,按照合同约定扣除自保险责任开始之日起至合同解除之日止应收的部分后,退还投保人。

**第五十五条 【保险价值的确定】**投保人和保险人约定保险标的的保险价值并在合同中载明的,保险标的发生损失时,以约定的保险价值为赔偿计算标准。

投保人和保险人未约定保险标的的保险价值的,保险标的发生损失时,以保险事故发生时保险标的的实际价值为赔偿计算标准。

保险金额不得超过保险价值。超过保险价值的,超过部分无效,保险人应当退还相应的保险费。

保险金额低于保险价值的,除合同另有约定外,保险人按照保险金额与保险价值的比例承担赔偿保险金的责任。

**第五十六条 【重复保险】**重复保险的投保人应当将重复保险的有关情况通知各保险人。

重复保险的各保险人赔偿保险金的总和不得超过保险价值。除合同另有约定外,各保险人按照其保险金额与保险金额总和的比例承担赔偿保险金的责任。

重复保险的投保人可以就保险金额总和超过保险价值的部分,请求各保险人按比例返还保险费。

重复保险是指投保人对同一保险标的、同一保险利益、同一保险事故分别与两个以上保险人订立保险合同,且保险金额总和超过保险价值的保险。

**第五十七条** 【防止或减少损失责任】保险事故发生时，被保险人应当尽力采取必要的措施，防止或者减少损失。

保险事故发生后，被保险人为防止或者减少保险标的的损失所支付的必要的、合理的费用，由保险人承担；保险人所承担的费用数额在保险标的损失赔偿金额以外另行计算，最高不超过保险金额的数额。

**第五十八条** 【赔偿解除】保险标的发生部分损失的，自保险人赔偿之日起三十日内，投保人可以解除合同；除合同另有约定外，保险人也可以解除合同，但应当提前十五日通知投保人。

合同解除的，保险人应当将保险标的未受损失部分的保险费，按照合同约定扣除自保险责任开始之日起至合同解除之日止应收的部分后，退还投保人。

**第五十九条** 【保险标的的残值权利归属】保险事故发生后，保险人已支付了全部保险金额，并且保险金额等于保险价值的，受损保险标的的全部权利归于保险人；保险金额低于保险价值的，保险人按照保险金额与保险价值的比例取得受损保险标的的部分权利。

**第六十条** 【代位求偿权】因第三者对保险标的的损害而造成保险事故的，保险人自向被保险人赔偿保险金之日起，在赔偿金额范围内代位行使被保险人对第三者请求赔偿的权利。

前款规定的保险事故发生后，被保险人已经从第三者取得损害赔偿的，保险人赔偿保险金时，可以相应扣减被保险人从第三者已取得的赔偿金额。

保险人依照本条第一款规定行使代位请求赔偿的权利，不影响被保险人就未取得赔偿的部分向第三者请求赔偿的权利。

**第六十一条** 【不能行使代位求偿权的法律后果】保险事故发生后，保险人未赔偿保险金之前，被保险人放弃对第三者请求赔偿的权利的，保险人不承担赔偿保险金的责任。

保险人向被保险人赔偿保险金后，被保险人未经保险人同意放弃对第三者请求赔偿的权利的，该行为无效。

被保险人故意或者因重大过失致使保险人不能行使代位请求赔偿的权利的，保险人可以扣减或者要求返还相应的保险金。

**第六十二条** 【代位求偿权行使限制】除被保险人的家庭成员或者其组成人员故意造成本法第六十条第一款规定的保险事故外，保险人不得对被保险人的家庭成员或者其组成人员行使代位请求赔偿的权利。

**第六十三条** 【协助行使代位求偿权】保险人向第三者行使代位请求赔偿的权利时，被保险人应当向保险人提供必要的文件和所知道的有关情况。

**第六十四条** 【勘险费用承担】保险人、被保险人为查明和确定保险事故的性质、原因和保险标的的损失程度所支付的必要的、合理的费用，由保险人承担。

**第六十五条** 【责任保险】保险人对责任保险的被保险人给第三者造成的损害，可以依照法律的规定或者合同的约定，直接向该第三者赔偿保险金。

责任保险的被保险人给第三者造成损害，被保险人对第三者应负的赔偿责任确定的，根据被保险人的请求，保险人应当直接向该第三者赔偿保险金。被保险人怠于请求的，第三者有权就其应获赔偿部分直接向保险人请求赔偿保险金。

责任保险的被保险人给第三者造成损害，被保险人未向该第三者赔偿的，保险人不得向被保险人赔偿保险金。

责任保险是指以被保险人对第三者依法应负的赔偿责任为保险标的的保险。

**第六十六条** 【责任保险相应费用承担】责任保险的被保险人因给第三者造成损害的保险事故而被提起仲裁或者诉讼的，被保险人支付的仲裁或者诉讼费用以及其他必要的、合理的费用，除合同另有约定外，由保险人承担。

### 第三章 保险公司

**第六十七条** 【设立须经批准】设立保险公司应当经国务院保险监督管理机构批准。

国务院保险监督管理机构审查保险公司的设立申请时，应当考虑保险业的发展和公平竞争的需要。

**第六十八条** 【设立条件】设立保险公司应当具备下列条件：

（一）主要股东具有持续盈利能力，信誉良好，最近三年内无重大违法违规记录，净资产不低于人民币二亿元；

（二）有符合本法和《中华人民共和国公司法》规定的章程；

（三）有符合本法规定的注册资本；

（四）有具备任职专业知识和业务工作经验的董事、监事和高级管理人员；

（五）有健全的组织机构和管理制度；

（六）有符合要求的营业场所和与经营业务有关的其他设施；

（七）法律、行政法规和国务院保险监督管理机构规定的其他条件。

**第六十九条** 【注册资本】设立保险公司，其注册资本的最低限额为人民币二亿元。

国务院保险监督管理机构根据保险公司的业务范围、经营规模，可以调整其注册资本的最低限额，但不得低于本条第一款规定的限额。

保险公司的注册资本必须为实缴货币资本。

**第七十条** 【申请文件、资料】申请设立保险公司，应当向国务院保险监督管理机构提出书面申请，并提交下列材料：

（一）设立申请书，申请书应当载明拟设立的保险公司的名称、注册资本、业务范围等；

（二）可行性研究报告；

（三）筹建方案；

（四）投资人的营业执照或者其他背景资料，经会计师事务所审计的上一年度财务会计报告；

（五）投资人认可的筹备组负责人和拟任董事长、经理名单及本人认可证明；

（六）国务院保险监督管理机构规定的其他材料。

**第七十一条** 【批准决定】国务院保险监督管理机构应当对设立保险公司的申请进行审查，自受理之日起六个月内作出批准或者不批准筹建的决定，并书面通知申请人。决定不批准的，应当书面说明理由。

**第七十二条** 【筹建期限和要求】申请人应当自收到批准筹建通知之日起一年内完成筹建工作；筹建期间不得从事保险经营活动。

**第七十三条** 【保险监督管理机构批准开业申请的期限和决定】筹建工作完成后，申请人具备本法第六十八条规定的设立条件的，可以向国务院保险监督管理机构提出开业申请。

国务院保险监督管理机构应当自受理开业申请之日起六十日内，作出批准或者不批准开业的决定。决定批准的，颁发经营保险业务许可证；决定不批准的，应当书面通知申请人并说明理由。

**第七十四条** 【设立分支机构】保险公司在中华人民共和国境内设立分支机构，应当经保险监督管理机构批准。

保险公司分支机构不具有法人资格，其民事责任由保险公司承担。

**第七十五条** 【设立分支机构提交的材料】保险公司申请设立分支机构，应当向保险监督管理机构提出书面申请，并提交下列材料：

（一）设立申请书；

（二）拟设机构三年业务发展规划和市场分析材料；

（三）拟任高级管理人员的简历及相关证明材料；

（四）国务院保险监督管理机构规定的其他材料。

**第七十六条** 【审批保险公司设立分支机构申请的期限】保险监督管理机构应当对保险公司设立分支机构的申请进行审查，自受理之日起六十日内作出批准或者不批准的决定。决定批准的，颁发分支机构经营保险业务许可证；决定不批准的，应当书面通知申请人并说明理由。

**第七十七条** 【工商登记】经批准设立的保险公司及其分支机构，凭经营保险业务许可证向工商行政管理机关办理登记，领取营业执照。

**第七十八条** 【工商登记期限】保险公司及其分支机构自取得经营保险业务许可证之日起六个月内，无正当理由未向工商行政管理机关办理登记的，其经营保险业务许可证失效。

**第七十九条** 【境外机构设立规定】保险公司在中华人民共和国境外设立子公司、分支机构，应当经国务院保险监督管理机构批准。

**第八十条** 【外国保险机构驻华代表机构设立的批准】外国保险机构在中华人民共和国境内设立代表机构，应当经国务院保险监督管理机构批准。代表机构不得从事保险经营活动。

**第八十一条** 【董事、监事和高级管理人员任职规定】保险公司的董事、监事和高级管理人员，应当品行良好，熟悉与保险相关的法律、行政法规，具有履行职责所需的经营管理能力，并在任职前取得保险监督管理机构核准的任职资格。

保险公司高级管理人员的范围由国务院保险监督管理机构规定。

**第八十二条** 【董事、高级管理人员的任职禁止】有《中华人民共和国公司法》第一百四十六条规定的情形或者下列情形之一的，不得担任保险公司的董事、监事、高级管理人员：

（一）因违法行为或者违纪行为被金融监督管理机构取消任职资格的金融机构的董事、监事、高级管理人员，自被取消任职资格之日起未逾五年的；

（二）因违法行为或者违纪行为被吊销执业资格的律师、注册会计师或者资产评估机构、验证机构等机构的专业人员，自被吊销执业资格之日起未逾五年的。

**第八十三条 【董事、监事、高级管理人员的责任】** 保险公司的董事、监事、高级管理人员执行公司职务时违反法律、行政法规或者公司章程的规定,给公司造成损失的,应当承担赔偿责任。

**第八十四条 【变更事项批准】** 保险公司有下列情形之一的,应当经保险监督管理机构批准:

(一)变更名称;

(二)变更注册资本;

(三)变更公司或者分支机构的营业场所;

(四)撤销分支机构;

(五)公司分立或者合并;

(六)修改公司章程;

(七)变更出资额占有限责任公司资本总额百分之五以上的股东,或者变更持有股份有限公司股份百分之五以上的股东;

(八)国务院保险监督管理机构规定的其他情形。

**第八十五条 【精算报告制度和合规报告制度】** 保险公司应当聘用专业人员,建立精算报告制度和合规报告制度。

**第八十六条 【如实报送报告、报表、文件和资料】** 保险公司应当按照保险监督管理机构的规定,报送有关报告、报表、文件和资料。

保险公司的偿付能力报告、财务会计报告、精算报告、合规报告及其他有关报告、报表、文件和资料必须如实记录保险业务事项,不得有虚假记载、误导性陈述和重大遗漏。

**第八十七条 【账簿、原始凭证和有关资料的保管】** 保险公司应当按照国务院保险监督管理机构的规定妥善保管业务经营活动的完整账簿、原始凭证和有关资料。

前款规定的账簿、原始凭证和有关资料的保管期限,自保险合同终止之日起计算,保险期间在一年以下的不得少于五年,保险期间超过一年的不得少于十年。

**第八十八条 【聘请或解聘中介服务机构】** 保险公司聘请或者解聘会计师事务所、资产评估机构、资信评级机构等中介服务机构,应当向保险监督管理机构报告;解聘会计师事务所、资产评估机构、资信评级机构等中介服务机构,应当说明理由。

**第八十九条 【解散和清算】** 保险公司因分立、合并需要解散,或者股东会、股东大会决议解散,或者公司章程规定的解散事由出现,经国务院保险监督管理机构批准后解散。

经营有人寿保险业务的保险公司,除因分立、合并或者被依法撤销外,不得解散。

保险公司解散,应当依法成立清算组进行清算。

**第九十条 【重整、和解和破产清算】** 保险公司有《中华人民共和国企业破产法》第二条规定情形的,经国务院保险监督管理机构同意,保险公司或者其债权人可以依法向人民法院申请重整、和解或者破产清算;国务院保险监督管理机构也可以依法向人民法院申请对该保险公司进行重整或者破产清算。

**第九十一条 【破产财产的清偿顺序】** 破产财产在优先清偿破产费用和共益债务后,按照下列顺序清偿:

(一)所欠职工工资和医疗、伤残补助、抚恤费用,所欠应当划入职工个人账户的基本养老保险、基本医疗保险费用,以及法律、行政法规规定应当支付给职工的补偿金;

(二)赔偿或者给付保险金;

(三)保险公司欠缴的除第(一)项规定以外的社会保险费用和所欠税款;

(四)普通破产债权。

破产财产不足以清偿同一顺序的清偿要求的,按照比例分配。

破产保险公司的董事、监事和高级管理人员的工资,按照该公司职工的平均工资计算。

**第九十二条 【人寿保险合同及责任准备金转让】** 经营有人寿保险业务的保险公司被依法撤销或者被依法宣告破产的,其持有的人寿保险合同及责任准备金,必须转让给其他经营有人寿保险业务的保险公司;不能同其他保险公司达成转让协议的,由国务院保险监督管理机构指定经营有人寿保险业务的保险公司接受转让。

转让或者由国务院保险监督管理机构指定接受转让前款规定的人寿保险合同及责任准备金的,应当维护被保险人、受益人的合法权益。

**第九十三条 【经营保险业务许可证的注销】** 保险公司依法终止其业务活动,应当注销其经营保险业务许可证。

**第九十四条 【适用公司法的规定】** 保险公司,除本法另有规定外,适用《中华人民共和国公司法》的规定。

## 第四章 保险经营规则

**第九十五条 【业务范围】** 保险公司的业务范围:

(一)人身保险业务,包括人寿保险、健康保险、意外伤害保险等保险业务;

(二)财产保险业务,包括财产损失保险、责任保险、信用保险、保证保险等保险业务;

（三）国务院保险监督管理机构批准的与保险有关的其他业务。

保险人不得兼营人身保险业务和财产保险业务。但是，经营财产保险业务的保险公司经国务院保险监督管理机构批准，可以经营短期健康保险业务和意外伤害保险业务。

保险公司应当在国务院保险监督管理机构依法批准的业务范围内从事保险经营活动。

第九十六条　【再保险业务】经国务院保险监督管理机构批准，保险公司可以经营本法第九十五条规定的保险业务的下列再保险业务：

（一）分出保险；

（二）分入保险。

第九十七条　【保证金】保险公司应当按照其注册资本总额的百分之二十提取保证金，存入国务院保险监督管理机构指定的银行，除公司清算时用于清偿债务外，不得动用。

第九十八条　【责任准备金】保险公司应当根据保障被保险人利益、保证偿付能力的原则，提取各项责任准备金。

保险公司提取和结转责任准备金的具体办法，由国务院保险监督管理机构制定。

第九十九条　【公积金】保险公司应当依法提取公积金。

第一百条　【保险保障基金】保险公司应当缴纳保险保障基金。

保险保障基金应当集中管理，并在下列情形下统筹使用：

（一）在保险公司被撤销或者被宣告破产时，向投保人、被保险人或者受益人提供救济；

（二）在保险公司被撤销或者被宣告破产时，向依法接受其人寿保险合同的保险公司提供救济；

（三）国务院规定的其他情形。

保险保障基金筹集、管理和使用的具体办法，由国务院制定。

第一百零一条　【最低偿付能力】保险公司应当具有与其业务规模和风险程度相适应的最低偿付能力。保险公司的认可资产减去认可负债的差额不得低于国务院保险监督管理机构规定的数额；低于规定数额的，应当按照国务院保险监督管理机构的要求采取相应措施达到规定的数额。

第一百零二条　【财产保险公司自留保险费】经营财产保险业务的保险公司当年自留保险费，不得超过其实有资本金加公积金总和的四倍。

第一百零三条　【最大损失责任的赔付要求】保险公司对每一危险单位，即对一次保险事故可能造成的最大损失范围所承担的责任，不得超过其实有资本金加公积金总和的百分之十；超过的部分应当办理再保险。

保险公司对危险单位的划分应当符合国务院保险监督管理机构的规定。

第一百零四条　【危险单位划分方法和巨灾风险安排方案】保险公司对危险单位的划分方法和巨灾风险安排方案，应当报国务院保险监督管理机构备案。

第一百零五条　【再保险】保险公司应当按照国务院保险监督管理机构的规定办理再保险，并审慎选择再保险接受人。

第一百零六条　【资金运用的原则和形式】保险公司的资金运用必须稳健，遵循安全性原则。

保险公司的资金运用限于下列形式：

（一）银行存款；

（二）买卖债券、股票、证券投资基金份额等有价证券；

（三）投资不动产；

（四）国务院规定的其他资金运用形式。

保险公司资金运用的具体管理办法，由国务院保险监督管理机构依照前两款的规定制定。

第一百零七条　【保险资产管理公司】经国务院保险监督管理机构会同国务院证券监督管理机构批准，保险公司可以设立保险资产管理公司。

保险资产管理公司从事证券投资活动，应当遵守《中华人民共和国证券法》等法律、行政法规的规定。

保险资产管理公司的管理办法，由国务院保险监督管理机构会同国务院有关部门制定。

第一百零八条　【关联交易管理和信息披露制度】保险公司应当按照国务院保险监督管理机构的规定，建立对关联交易的管理和信息披露制度。

第一百零九条　【关联交易的禁止】保险公司的控股股东、实际控制人、董事、监事、高级管理人员不得利用关联交易损害公司的利益。

第一百一十条　【重大事项披露】保险公司应当按照国务院保险监督管理机构的规定，真实、准确、完整地披露财务会计报告、风险管理状况、保险产品经营情况等重大事项。

第一百一十一条　【保险销售人员任职资格】保

公司从事保险销售的人员应当品行良好,具有保险销售所需的专业能力。保险销售人员的行为规范和管理办法,由国务院保险监督管理机构规定。

**第一百一十二条** 【保险代理人登记制度】保险公司应当建立保险代理人登记管理制度,加强对保险代理人的培训和管理,不得唆使、诱导保险代理人进行违背诚信义务的活动。

**第一百一十三条** 【依法使用经营保险业务许可证】保险公司及其分支机构应当依法使用经营保险业务许可证,不得转让、出租、出借经营保险业务许可证。

**第一百一十四条** 【公平合理拟订保险条款和保险费率并及时履行义务】保险公司应当按照国务院保险监督管理机构的规定,公平、合理拟订保险条款和保险费率,不得损害投保人、被保险人和受益人的合法权益。

保险公司应当按照合同约定和本法规定,及时履行赔偿或者给付保险金义务。

**第一百一十五条** 【公平竞争原则】保险公司开展业务,应当遵循公平竞争的原则,不得从事不正当竞争。

**第一百一十六条** 【保险业务行为禁止】保险公司及其工作人员在保险业务活动中不得有下列行为:

(一)欺骗投保人、被保险人或者受益人;

(二)对投保人隐瞒与保险合同有关的重要情况;

(三)阻碍投保人履行本法规定的如实告知义务,或者诱导其不履行本法规定的如实告知义务;

(四)给予或者承诺给予投保人、被保险人、受益人保险合同约定以外的保险费回扣或者其他利益;

(五)拒不依法履行保险合同约定的赔偿或者给付保险金义务;

(六)故意编造未曾发生的保险事故、虚构保险合同或者故意夸大已经发生的保险事故的损失程度进行虚假理赔,骗取保险金或者牟取其他不正当利益;

(七)挪用、截留、侵占保险费;

(八)委托未取得合法资格的机构从事保险销售活动;

(九)利用开展保险业务为其他机构或者个人牟取不正当利益;

(十)利用保险代理人、保险经纪人或者保险评估机构,从事以虚构保险中介业务或者编造退保等方式套取费用等违法活动;

(十一)以捏造、散布虚假事实等方式损害竞争对手的商业信誉或者其他不正当行为扰乱保险市场秩序;

(十二)泄露在业务活动中知悉的投保人、被保险人的商业秘密;

(十三)违反法律、行政法规和国务院保险监督管理机构规定的其他行为。

### 第五章 保险代理人和保险经纪人

**第一百一十七条** 【保险代理人】保险代理人是根据保险人的委托,向保险人收取佣金,并在保险人授权的范围内代为办理保险业务的机构或者个人。

保险代理机构包括专门从事保险代理业务的保险专业代理机构和兼营保险代理业务的保险兼营代理机构。

**第一百一十八条** 【保险经纪人】保险经纪人是基于投保人的利益,为投保人与保险人订立保险合同提供中介服务,并依法收取佣金的机构。

**第一百一十九条** 【保险代理机构、保险经纪人的资格条件及以业务许可管理】保险代理机构、保险经纪人应当具备国务院保险监督管理机构规定的条件,取得保险监督管理机构颁发的经营保险代理业务许可证、保险经纪业务许可证。

**第一百二十条** 【以公司形式设立的保险专业代理机构、保险经纪人的注册资本】以公司形式设立保险专业代理机构、保险经纪人,其注册资本最低限额适用《中华人民共和国公司法》的规定。

国务院保险监督管理机构根据保险专业代理机构、保险经纪人的业务范围和经营规模,可以调整其注册资本的最低限额,但不得低于《中华人民共和国公司法》规定的限额。

保险专业代理机构、保险经纪人的注册资本或者出资额必须为实缴货币资本。

**第一百二十一条** 【保险专业代理机构、保险经纪人的高级管理人员的经营管理能力与任职资格】保险专业代理机构、保险经纪人的高级管理人员,应当品行良好,熟悉保险法律、行政法规,具有履行职责所需的经营管理能力,并在任职前取得保险监督管理机构核准的任职资格。

**第一百二十二条** 【个人保险代理人、保险代理机构的代理从业人员、保险经纪人的经纪从业人员的任职资格】个人保险代理人、保险代理机构的代理从业人员、保险经纪人的经纪从业人员,应当品行良好,具有从事保险代理业务或者保险经纪业务所需的专业能力。

**第一百二十三条** 【经营场所与账簿记载】保险代理机构、保险经纪人应当有自己的经营场所,设立专门账簿记载保险代理业务、经纪业务的收支情况。

第一百二十四条 【保险代理机构、保险经纪人缴存保证金或者投保职业责任保险】保险代理机构、保险经纪人应当按照国务院保险监督管理机构的规定缴存保证金或者投保职业责任保险。

第一百二十五条 【个人保险代理人代为办理人寿保险业务接受委托的限制】个人保险代理人在代为办理人寿保险业务时，不得同时接受两个以上保险人的委托。

第一百二十六条 【保险业务委托代理协议】保险人委托保险代理人代为办理保险业务，应当与保险代理人签订委托代理协议，依法约定双方的权利和义务。

第一百二十七条 【保险代理责任承担】保险代理人根据保险人的授权代为办理保险业务的行为，由保险人承担责任。

保险代理人没有代理权、超越代理权或者代理权终止后以保险人名义订立合同，使投保人有理由相信其有代理权的，该代理行为有效。保险人可以依法追究越权的保险代理人的责任。

第一百二十八条 【保险经纪人的赔偿责任】保险经纪人因过错给投保人、被保险人造成损失的，依法承担赔偿责任。

第一百二十九条 【保险事故的评估和鉴定】保险活动当事人可以委托保险公估机构等依法设立的独立评估机构或者具有相关专业知识的人员，对保险事故进行评估和鉴定。

接受委托对保险事故进行评估和鉴定的机构和人员，应当依法、独立、客观、公正地进行评估和鉴定，任何单位和个人不得干涉。

前款规定的机构和人员，因故意或者过失给保险人或者被保险人造成损失的，依法承担赔偿责任。

第一百三十条 【保险佣金的支付】保险佣金只限于向保险代理人、保险经纪人支付，不得向其他人支付。

第一百三十一条 【保险代理人、保险经纪人及其从业人员的禁止行为】保险代理人、保险经纪人及其从业人员在办理保险业务活动中不得有下列行为：

（一）欺骗保险人、投保人、被保险人或者受益人；

（二）隐瞒与保险合同有关的重要情况；

（三）阻碍投保人履行本法规定的如实告知义务，或者诱导其不履行本法规定的如实告知义务；

（四）给予或者承诺给予投保人、被保险人或者受益人保险合同约定以外的利益；

（五）利用行政权力、职务或者职业便利以及其他不正当手段强迫、引诱或者限制投保人订立保险合同；

（六）伪造、擅自变更保险合同，或者为保险合同当事人提供虚假证明材料；

（七）挪用、截留、侵占保险费或者保险金；

（八）利用业务便利为其他机构或者个人牟取不正当利益；

（九）串通投保人、被保险人或者受益人，骗取保险金；

（十）泄露在业务活动中知悉的保险人、投保人、被保险人的商业秘密。

第一百三十二条 【准用条款】本法第八十六条第一款、第一百一十三条的规定，适用于保险代理机构和保险经纪人。

## 第六章 保险业监督管理

第一百三十三条 【保险监督管理机构职责】保险监督管理机构依照本法和国务院规定的职责，遵循依法、公开、公正的原则，对保险业实施监督管理，维护保险市场秩序，保护投保人、被保险人和受益人的合法权益。

第一百三十四条 【国务院保险监督管理机构立法权限】国务院保险监督管理机构依照法律、行政法规制定并发布有关保险业监督管理的规章。

第一百三十五条 【保险条款与保险费率的审批与备案】关系社会公众利益的保险险种、依法实行强制保险的险种和新开发的人寿保险险种等的保险条款和保险费率，应当报国务院保险监督管理机构批准。国务院保险监督管理机构审批时，应当遵循保护社会公众利益和防止不正当竞争的原则。其他保险险种的保险条款和保险费率，应当报保险监督管理机构备案。

保险条款和保险费率审批、备案的具体办法，由国务院保险监督管理机构依照前款规定制定。

第一百三十六条 【对违法、违规保险条款和费率采取的措施】保险公司使用的保险条款和保险费率违反法律、行政法规或者国务院保险监督管理机构的有关规定的，由保险监督管理机构责令停止使用，限期修改；情节严重的，可以在一定期限内禁止申报新的保险条款和保险费率。

第一百三十七条 【对保险公司偿付能力的监控】国务院保险监督管理机构应当建立健全保险公司偿付能力监管体系，对保险公司的偿付能力实施监控。

第一百三十八条 【对偿付能力不足的保险公司采取的措施】对偿付能力不足的保险公司，国务院保险监督管理机构应当将其列为重点监管对象，并可以根据具体情况采取下列措施：

（一）责令增加资本金、办理再保险；
（二）限制业务范围；
（三）限制向股东分红；
（四）限制固定资产购置或者经营费用规模；
（五）限制资金运用的形式、比例；
（六）限制增设分支机构；
（七）责令拍卖不良资产、转让保险业务；
（八）限制董事、监事、高级管理人员的薪酬水平；
（九）限制商业性广告；
（十）责令停止接受新业务。

**第一百三十九条　【责令保险公司改正违法行为】**保险公司未依照本法规定提取或者结转各项责任准备金，或者未依照本法规定办理再保险，或者严重违反本法关于资金运用的规定的，由保险监督管理机构责令限期改正，并可以责令调整负责人及有关管理人员。

**第一百四十条　【保险公司整顿】**保险监督管理机构依照本法第一百三十九条的规定作出限期改正的决定后，保险公司逾期未改正的，国务院保险监督管理机构可以决定选派保险专业人员和指定该保险公司的有关人员组成整顿组，对公司进行整顿。

整顿决定应当载明被整顿公司的名称、整顿理由、整顿组成员和整顿期限，并予以公告。

**第一百四十一条　【整顿组职权】**整顿组有权监督被整顿保险公司的日常业务。被整顿公司的负责人及有关管理人员应当在整顿组的监督下行使职权。

**第一百四十二条　【被整顿保险公司的业务运作】**整顿过程中，被整顿保险公司的原有业务继续进行。但是，国务院保险监督管理机构可以责令被整顿公司停止部分原有业务、停止接受新业务，调整资金运用。

**第一百四十三条　【保险公司结束整顿】**被整顿保险公司经整顿已纠正其违反本法规定的行为，恢复正常经营状况的，由整顿组提出报告，经国务院保险监督管理机构批准，结束整顿，并由国务院保险监督管理机构予以公告。

**第一百四十四条　【保险公司接管】**保险公司有下列情形之一的，国务院保险监督管理机构可以对其实行接管：

（一）公司的偿付能力严重不足的；
（二）违反本法规定，损害社会公共利益，可能严重危及或者已经严重危及公司的偿付能力的。

被接管的保险公司的债权债务关系不因接管而变化。

**第一百四十五条　【国务院保险监管机构决定接管实施办法】**接管组的组成和接管的实施办法，由国务院保险监督管理机构决定，并予以公告。

**第一百四十六条　【接管保险公司期限】**接管期限届满，国务院保险监督管理机构可以决定延长接管期限，但接管期限最长不得超过二年。

**第一百四十七条　【终止接管】**接管期限届满，被接管的保险公司已恢复正常经营能力的，由国务院保险监督管理机构决定终止接管，并予以公告。

**第一百四十八条　【被整顿、被接管的保险公司的重整及破产清算】**被整顿、被接管的保险公司有《中华人民共和国企业破产法》第二条规定情形的，国务院保险监督管理机构可以依法向人民法院申请对该保险公司进行重整或者破产清算。

**第一百四十九条　【保险公司的撤销及清算】**保险公司因违法经营被依法吊销经营保险业务许可证的，或者偿付能力低于国务院保险监督管理机构规定标准，不予撤销将严重危害保险市场秩序、损害公共利益的，由国务院保险监督管理机构予以撤销并公告，依法及时组织清算组进行清算。

**第一百五十条　【提供信息资料】**国务院保险监督管理机构有权要求保险公司股东、实际控制人在指定的期限内提供有关信息和资料。

**第一百五十一条　【股东利用关联交易严重损害公司利益，危及公司偿付能力的处理措施】**保险公司的股东利用关联交易严重损害公司利益，危及公司偿付能力的，由国务院保险监督管理机构责令改正。在按照要求改正前，国务院保险监督管理机构可以限制其股东权利；拒不改正的，可以责令其转让所持的保险公司股权。

**第一百五十二条　【保险公司业务活动和风险管理重大事项说明】**保险监督管理机构根据履行监督管理职责的需要，可以与保险公司董事、监事和高级管理人员进行监督管理谈话，要求其就公司的业务活动和风险管理的重大事项作出说明。

**第一百五十三条　【保险公司被整顿、接管、撤销清算期间及出现重大风险时对直接责任人员采取的措施】**保险公司在整顿、接管、撤销清算期间，或者出现重大风险时，国务院保险监督管理机构可以对该公司直接负责的董事、监事、高级管理人员和其他直接责任人员采取以下措施：

（一）通知出境管理机关依法阻止其出境；
（二）申请司法机关禁止其转移、转让或者以其他方式处分财产,或者在财产上设定其他权利。

第一百五十四条 【保险监督管理机构的履职措施及程序】保险监督管理机构依法履行职责,可以采取下列措施:

(一)对保险公司、保险代理人、保险经纪人、保险资产管理公司、外国保险机构的代表机构进行现场检查;

(二)进入涉嫌违法行为发生场所调查取证;

(三)询问当事人及与被调查事件有关的单位和个人,要求其对与被调查事件有关的事项作出说明;

(四)查阅、复制与被调查事件有关的财产权登记等资料;

(五)查阅、复制保险公司、保险代理人、保险经纪人、保险资产管理公司、外国保险机构的代表机构以及与被调查事件有关的单位和个人的财务会计资料及其他相关文件和资料;对可能被转移、隐匿或者毁损的文件和资料予以封存;

(六)查询涉嫌违法经营的保险公司、保险代理人、保险经纪人、保险资产管理公司、外国保险机构的代表机构以及与涉嫌违法事项有关的单位和个人的银行账户;

(七)对有证据证明已经或者可能转移、隐匿违法资金等涉案财产或者隐匿、伪造、毁损重要证据的,经保险监督管理机构主要负责人批准,申请人民法院予以冻结或者查封。

保险监督管理机构采取前款第(一)项、第(二)项、第(五)项措施的,应当经保险监督管理机构负责人批准;采取第(六)项措施的,应当经国务院保险监督管理机构负责人批准。

保险监督管理机构依法进行监督检查或者调查,其监督检查、调查的人员不得少于二人,并应当出示合法证件和监督检查、调查通知书;监督检查、调查的人员少于二人或者未出示合法证件和监督检查、调查通知书的,被检查、调查的单位和个人有权拒绝。

第一百五十五条 【配合检查、调查】保险监督管理机构依法履行职责,被检查、调查的单位和个人应当配合。

第一百五十六条 【保险监督管理机构工作人员行为准则】保险监督管理机构工作人员应当忠于职守,依法办事,公正廉洁,不得利用职务便利牟取不正当利益,不得泄露所知悉的有关单位和个人的商业秘密。

第一百五十七条 【金融监督管理机构监督管理信息共享机制】国务院保险监督管理机构应当与中国人民银行、国务院其他金融监督管理机构建立监督管理信息共享机制。

保险监督管理机构依法履行职责,进行监督检查、调查时,有关部门应当予以配合。

## 第七章 法律责任

第一百五十八条 【擅自设立保险公司、保险资产管理公司或非法经营商业保险业务的法律责任】违反本法规定,擅自设立保险公司、保险资产管理公司或者非法经营商业保险业务的,由保险监督管理机构予以取缔,没收违法所得,并处违法所得一倍以上五倍以下的罚款;没有违法所得或者违法所得不足二十万元的,处二十万元以上一百万元以下的罚款。

第一百五十九条 【擅自设立保险代理机构、保险经纪人或者未取得许可从事保险业务的法律责任】违反本法规定,擅自设立保险专业代理机构、保险经纪人,或者未取得经营保险代理业务许可证、保险经纪业务许可证从事保险代理业务、保险经纪业务的,由保险监督管理机构予以取缔,没收违法所得,并处违法所得一倍以上五倍以下的罚款;没有违法所得或者违法所得不足五万元的,处五万元以上三十万元以下的罚款。

第一百六十条 【保险公司超出业务范围经营的法律责任】保险公司违反本法规定,超出批准的业务范围经营的,由保险监督管理机构责令限期改正,没收违法所得,并处违法所得一倍以上五倍以下的罚款;没有违法所得或者违法所得不足十万元的,处十万元以上五十万元以下的罚款。逾期不改正或者造成严重后果的,责令停业整顿或者吊销业务许可证。

第一百六十一条 【保险公司在保险业务活动中从事禁止性行为的法律责任】保险公司有本法第一百一十六条规定行为之一的,由保险监督管理机构责令改正,处五万元以上三十万元以下的罚款;情节严重的,限制其业务范围、责令停止接受新业务或者吊销业务许可证。

第一百六十二条 【保险公司未经批准变更公司登记事项的法律责任】保险公司违反本法第八十四条规定的,由保险监督管理机构责令改正,处一万元以上十万元以下的罚款。

第一百六十三条 【超额承保及为无民事行为能力人承保以死亡为给付保险金条件的保险的法律责任】保险公司违反本法规定,有下列行为之一的,由保险监督管理机构责令改正,处五万元以上三十万元以下的罚款:

(一)超额承保,情节严重的;

(二)为无民事行为能力人承保以死亡为给付保险金条件的保险的。

**第一百六十四条　【违反保险业务规则和保险组织机构管理规定的法律责任】**违反本法规定，有下列行为之一的，由保险监督管理机构责令改正，处五万元以上三十万元以下的罚款；情节严重的，可以限制其业务范围、责令停止接受新业务或者吊销业务许可证：

（一）未按照规定提存保证金或者违反规定动用保证金的；

（二）未按照规定提取或者结转各项责任准备金的；

（三）未按照规定缴纳保险保障基金或者提取公积金的；

（四）未按照规定办理再保险的；

（五）未按照规定运用保险公司资金的；

（六）未经批准设立分支机构的；

（七）未按照规定申请批准保险条款、保险费率的。

**第一百六十五条　【保险代理机构、保险经纪人违反诚信原则办理保险业务的法律责任】**保险代理机构、保险经纪人有本法第一百三十一条规定行为之一的，由保险监督管理机构责令改正，处五万元以上三十万元以下的罚款；情节严重的，吊销业务许可证。

**第一百六十六条　【不按规定缴存保证金或者投保职业责任保险、设立收支账簿的法律责任】**保险代理机构、保险经纪人违反本法规定，有下列行为之一的，由保险监督管理机构责令改正，处二万元以上十万元以下的罚款；情节严重的，责令停业整顿或者吊销业务许可证：

（一）未按照规定缴存保证金或者投保职业责任保险的；

（二）未按照规定设立专门账簿记载业务收支情况的。

**第一百六十七条　【违法聘任不具有任职资格的人员的法律责任】**违反本法规定，聘任不具有任职资格的人员的，由保险监督管理机构责令改正，处二万元以上十万元以下的罚款。

**第一百六十八条　【违法转让、出租、出借业务许可证的法律责任】**违反本法规定，转让、出租、出借业务许可证的，由保险监督管理机构处一万元以上十万元以下的罚款；情节严重的，责令停业整顿或者吊销业务许可证。

**第一百六十九条　【不按规定披露保险业务相关信息的法律责任】**违反本法规定，有下列行为之一的，由保险监督管理机构责令限期改正；逾期不改正的，处一万元以上十万元以下的罚款：

（一）未按照规定报送或者保管报告、报表、文件、资料的，或者未按照规定提供有关信息、资料的；

（二）未按照规定报送保险条款、保险费率备案的；

（三）未按照规定披露信息的。

**第一百七十条　【提供保险业务相关信息不实、拒绝或者妨碍监督检查、不按规定使用保险条款、保险费率的法律责任】**违反本法规定，有下列行为之一的，由保险监督管理机构责令改正，处十万元以上五十万元以下的罚款；情节严重的，可以限制其业务范围、责令停止接受新业务或者吊销业务许可证：

（一）编制或者提供虚假的报告、报表、文件、资料的；

（二）拒绝或者妨碍依法监督检查的；

（三）未按照规定使用经批准或者备案的保险条款、保险费率的。

**第一百七十一条　【董事、监事、高级管理人员的法律责任】**保险公司、保险资产管理公司、保险专业代理机构、保险经纪人违反本法规定的，保险监督管理机构除分别依照本法第一百六十条至第一百七十条的规定对该单位给予处罚外，对其直接负责的主管人员和其他直接责任人员给予警告，并处一万元以上十万元以下的罚款；情节严重的，撤销任职资格。

**第一百七十二条　【个人保险代理人的法律责任】**个人保险代理人违反本法规定的，由保险监督管理机构给予警告，可以并处二万元以下的罚款；情节严重的，处二万元以上十万元以下的罚款。

**第一百七十三条　【外国保险机构违法从事保险活动的法律责任】**外国保险机构未经国务院保险监督管理机构批准，擅自在中华人民共和国境内设立代表机构的，由国务院保险监督管理机构予以取缔，处五万元以上三十万元以下的罚款。

外国保险机构在中华人民共和国境内设立的代表机构从事保险经营活动的，由保险监督管理机构责令改正，没收违法所得，并处违法所得一倍以上五倍以下的罚款；没有违法所得或者违法所得不足二十万元的，处二十万元以上一百万元以下的罚款；对其首席代表可以责令撤换；情节严重的，撤销其代表机构。

**第一百七十四条　【投保人、被保险人或受益人进行保险诈骗活动的法律责任】**投保人、被保险人或者受益人有下列行为之一，进行保险诈骗活动，尚不构成犯罪的，依法给予行政处罚：

（一）投保人故意虚构保险标的，骗取保险金的；

（二）编造未曾发生的保险事故，或者编造虚假的事故原因或者夸大损失程度，骗取保险金的；

(三)故意造成保险事故,骗取保险金的。

保险事故的鉴定人、评估人、证明人故意提供虚假的证明文件,为投保人、被保险人或者受益人进行保险诈骗提供条件的,依照前款规定给予处罚。

**第一百七十五条** 【侵权民事责任的规定】违反本法规定,给他人造成损害的,依法承担民事责任。

**第一百七十六条** 【拒绝、阻碍监督检查、调查职权的行政责任】拒绝、阻碍保险监督管理机构及其工作人员依法行使监督检查、调查职权,未使用暴力、威胁方法的,依法给予治安管理处罚。

**第一百七十七条** 【禁止从业的规定】违反法律、行政法规的规定,情节严重的,国务院保险监督管理机构可以禁止有关责任人员一定期限直至终身进入保险业。

**第一百七十八条** 【保险监督人员的法律责任】保险监督管理机构从事监督管理工作的人员有下列情形之一的,依法给予处分:

(一)违反规定批准机构的设立的;
(二)违反规定进行保险条款、保险费率审批的;
(三)违反规定进行现场检查的;
(四)违反规定查询账户或者冻结资金的;
(五)泄露其知悉的有关单位和个人的商业秘密的;
(六)违反规定实施行政处罚的;
(七)滥用职权、玩忽职守的其他行为。

**第一百七十九条** 【刑事责任的规定】违反本法规定,构成犯罪的,依法追究刑事责任。

### 第八章 附 则

**第一百八十条** 【保险行业协会的规定】保险公司应当加入保险行业协会。保险代理人、保险经纪人、保险公估机构可以加入保险行业协会。

保险行业协会是保险业的自律性组织,是社会团体法人。

**第一百八十一条** 【其他保险组织的商业保险业务适用本法】保险公司以外的其他依法设立的保险组织经营的商业保险业务,适用本法。

**第一百八十二条** 【海上保险的法律适用】海上保险适用《中华人民共和国海商法》的有关规定;《中华人民共和国海商法》未规定的,适用本法的有关规定。

**第一百八十三条** 【合资保险公司、外资公司法律适用规定】中外合资保险公司、外资独资保险公司、外国保险公司分公司适用本法规定;法律、行政法规另有规定的,适用其规定。

**第一百八十四条** 【农业保险的规定】国家支持发展为农业生产服务的保险事业。农业保险由法律、行政法规另行规定。

强制保险,法律、行政法规另有规定的,适用其规定。

**第一百八十五条** 【施行日期】本法自2009年10月1日起施行。

## 最高人民法院关于适用《中华人民共和国保险法》若干问题的解释(一)

- 2009年9月14日最高人民法院审判委员会第1473次会议通过
- 2009年9月21日最高人民法院公告公布
- 自2009年10月1日起施行
- 法释〔2009〕12号

为正确审理保险合同纠纷案件,切实维护当事人的合法权益,现就人民法院适用2009年2月28日第十一届全国人大常委会第七次会议修订的《中华人民共和国保险法》(以下简称保险法)的有关问题规定如下:

**第一条** 保险法施行后成立的保险合同发生的纠纷,适用保险法的规定。保险法施行前成立的保险合同发生的纠纷,除本解释另有规定外,适用当时的法律规定;当时的法律没有规定的,参照适用保险法的有关规定。

认定保险合同是否成立,适用合同订立时的法律。

**第二条** 对于保险法施行前成立的保险合同,适用当时的法律认定无效而适用保险法认定有效的,适用保险法的规定。

**第三条** 保险合同成立于保险法施行前而保险标的转让、保险事故、理赔、代位求偿等行为或事件,发生于保险法施行后的,适用保险法的规定。

**第四条** 保险合同成立于保险法施行前,保险法施行后,保险人以投保人未履行如实告知义务或者申报被保险人年龄不真实为由,主张解除合同的,适用保险法的规定。

**第五条** 保险法施行前成立的保险合同,下列情形下的期间自2009年10月1日起计算:

(一)保险法施行前,保险人收到赔偿或者给付保险金的请求,保险法施行后,适用保险法第二十三条规定的三十日的;

(二)保险法施行前,保险人知道解除事由,保险法施行后,按照保险法第十六条、第三十二条的规定行使解除权,适用保险法第十六条规定的三十日的;

（三）保险法施行后，保险人按照保险法第十六条第二款的规定请求解除合同，适用保险法第十六条规定的二年的；

（四）保险法施行前，保险人收到保险标的转让通知，保险法施行后，以保险标的转让导致危险程度显著增加为由请求按照合同约定增加保险费或者解除合同，适用保险法第四十九条规定的三十日的。

**第六条** 保险法施行前已经终审的案件，当事人申请再审或者按照审判监督程序提起再审的案件，不适用保险法的规定。

## 最高人民法院关于适用《中华人民共和国保险法》若干问题的解释（二）

- 2013年5月6日最高人民法院审判委员会第1577次会议通过
- 根据2020年12月23日最高人民法院审判委员会第1823次会议通过的《最高人民法院关于修改〈最高人民法院关于破产企业国有划拨土地使用权应否列入破产财产等问题的批复〉等二十九件商事类司法解释的决定》修正
- 2020年12月29日最高人民法院公告公布
- 自2021年1月1日起施行
- 法释〔2020〕18号

为正确审理保险合同纠纷案件，切实维护当事人的合法权益，根据《中华人民共和国民法典》《中华人民共和国保险法》《中华人民共和国民事诉讼法》等法律规定，结合审判实践，就保险法中关于保险合同一般规定部分有关法律适用问题解释如下：

**第一条** 财产保险中，不同投保人就同一保险标的分别投保，保险事故发生后，被保险人在其保险利益范围内依据保险合同主张保险赔偿的，人民法院应予支持。

**第二条** 人身保险中，因投保人对被保险人不具有保险利益导致保险合同无效，投保人主张保险人退还扣减相应手续费后的保险费的，人民法院应予支持。

**第三条** 投保人或者投保人的代理人订立保险合同时没有亲自签字或者盖章，而由保险人或者保险人的代理人代为签字或者盖章，对投保人不生效。但投保人已经交纳保险费的，视为其对代签字或者盖章行为的追认。

保险人或者保险人的代理人为填写保险单证后经投保人签字或者盖章确认的，代为填写的内容视为投保人的真实意思表示。但有证据证明保险人或者保险人的代理人存在保险法第一百一十六条、第一百三十一条相关规定情形的除外。

**第四条** 保险人接受了投保人提交的投保单并收取了保险费，尚未作出是否承保的意思表示，发生保险事故，被保险人或者受益人请求保险人按照保险合同承担赔偿或者给付保险金责任，符合承保条件的，人民法院应予支持；不符合承保条件的，保险人不承担保险责任，但应当退还已经收取的保险费。

保险人主张不符合承保条件的，应承担举证责任。

**第五条** 保险合同订立时，投保人明知的与保险标的或者被保险人有关的情况，属于保险法第十六条第一款规定的投保人"应当如实告知"的内容。

**第六条** 投保人的告知义务限于保险人询问的范围和内容。当事人对询问范围及内容有争议的，保险人负举证责任。

保险人以投保人违反了对投保单询问表中所列概括性条款的如实告知义务为由请求解除合同的，人民法院不予支持。但该概括性条款有具体内容的除外。

**第七条** 保险人在保险合同成立后知道或者应当知道投保人未履行如实告知义务，仍然收取保险费，又依照保险法第十六条第二款的规定主张解除合同的，人民法院不予支持。

**第八条** 保险人未行使合同解除权，直接以存在保险法第十六条第四款、第五款规定的情形为由拒绝赔偿的，人民法院不予支持。但当事人就拒绝赔偿事宜及保险合同存续另行达成一致的情况除外。

**第九条** 保险人提供的格式合同文本中的责任免除条款、免赔额、免赔率、比例赔付或者给付等免除或者减轻保险人责任的条款，可以认定为保险法第十七条第二款规定的"免除保险人责任的条款"。

保险人因投保人、被保险人违反法定或者约定义务，享有解除合同权利的条款，不属于保险法第十七条第二款规定的"免除保险人责任的条款"。

**第十条** 保险人将法律、行政法规中的禁止性规定情形作为保险合同免责条款的免责事由，保险人对该条款作出提示后，投保人、被保险人或者受益人以保险人未履行明确说明义务为由主张该条款不成为合同内容的，人民法院不予支持。

**第十一条** 保险合同订立时，保险人在投保单或者保险单等其他保险凭证上，对保险合同中免除保险人责任的条款，以足以引起投保人注意的文字、字体、符号或者其他明显标志作出提示的，人民法院应当认定其履行了保险法第十七条第二款规定的提示义务。

保险人对保险合同中有关免除保险人责任条款的概念、内容及其法律后果以书面或者口头形式向投保人作出常人能够理解的解释说明的,人民法院应当认定保险人履行了保险法第十七条第二款规定的明确说明义务。

**第十二条** 通过网络、电话等方式订立的保险合同,保险人以网页、音频、视频等形式对免除保险人责任条款予以提示和明确说明的,人民法院可以认定其履行了提示和明确说明义务。

**第十三条** 保险人对其履行了明确说明义务负举证责任。

投保人对保险人履行了符合本解释第十一条第二款要求的明确说明义务在相关文书上签字、盖章或者以其他形式予以确认的,应当认定保险人履行了该项义务。但另有证据证明保险人未履行明确说明义务的除外。

**第十四条** 保险合同中记载的内容不一致的,按照下列规则认定:

(一)投保单与保险单或者其他保险凭证不一致的,以投保单为准。但不一致的情形系经保险人说明并经投保人同意的,以投保人签收的保险单或者其他保险凭证载明的内容为准;

(二)非格式条款与格式条款不一致的,以非格式条款为准;

(三)保险凭证记载的时间不同的,以形成时间在后的为准;

(四)保险凭证存在手写和打印两种方式的,以双方签字、盖章的手写部分的内容为准。

**第十五条** 保险法第二十三条规定的三十日核定期间,应自保险人初次收到索赔请求及投保人、被保险人或者受益人提供的有关证明和资料之日起算。

保险人主张扣除投保人、被保险人或者受益人补充提供有关证明和资料期间的,人民法院应予支持。扣除期间自保险人根据保险法第二十二条规定作出的通知到达投保人、被保险人或者受益人之日起,至投保人、被保险人或者受益人按照通知要求补充提供的有关证明和资料到达保险人之日止。

**第十六条** 保险人应以自己的名义行使保险代位求偿权。

根据保险法第六十条第一款的规定,保险人代位求偿权的诉讼时效期间应自其取得代位求偿权之日起算。

**第十七条** 保险人在其提供的保险合同格式条款中对非保险术语所作的解释符合专业意义,或者虽不符合专业意义,但有利于投保人、被保险人或者受益人的,人民法院应予认可。

**第十八条** 行政管理部门依据法律规定制作的交通事故认定书、火灾事故认定书等,人民法院应当依法审查并确认其相应的证明力,但有相反证据能够推翻的除外。

**第十九条** 保险事故发生后,被保险人或者受益人起诉保险人,保险人以被保险人或者受益人未要求第三者承担责任为由抗辩不承担保险责任的,人民法院不予支持。

财产保险事故发生后,被保险人就其所受损失从第三者取得赔偿后的不足部分提起诉讼,请求保险人赔偿的,人民法院应予依法受理。

**第二十条** 保险公司依法设立并取得营业执照的分支机构属于《中华人民共和国民事诉讼法》第四十八条规定的其他组织,可以作为保险合同纠纷案件的当事人参加诉讼。

**第二十一条** 本解释施行后尚未终审的保险合同纠纷案件,适用本解释;本解释施行前已经终审,当事人申请再审或者按照审判监督程序决定再审的案件,不适用本解释。

## 最高人民法院关于适用《中华人民共和国保险法》若干问题的解释(三)

- 2015年9月21日最高人民法院审判委员会第1661次会议通过
- 根据2020年12月23日最高人民法院审判委员会第1823次会议通过的《最高人民法院关于修改〈最高人民法院关于破产企业国有划拨土地使用权应否列入破产财产等问题的批复〉等二十九件商事类司法解释的决定》修正
- 2020年12月29日最高人民法院公告公布
- 自2021年1月1日起施行
- 法释〔2020〕18号

为正确审理保险合同纠纷案件,切实维护当事人的合法权益,根据《中华人民共和国民法典》《中华人民共和国保险法》《中华人民共和国民事诉讼法》等法律规定,结合审判实践,就保险法中关于保险合同章人身保险部分有关法律适用问题解释如下:

**第一条** 当事人订立以死亡为给付保险金条件的合同,根据保险法第三十四条的规定,"被保险人同意并认可保险金额"可以采取书面形式、口头形式或者其他形式;可以在合同订立时作出,也可以在合同订立后追认。

有下列情形之一的，应认定为被保险人同意投保人为其订立保险合同并认可保险金额：

（一）被保险人明知他人代其签名同意而未表示异议的；

（二）被保险人同意投保人指定的受益人的；

（三）有证据足以认定被保险人同意投保人为其投保的其他情形。

**第二条** 被保险人以书面形式通知保险人和投保人撤销其依据保险法第三十四条第一款规定所作出的同意意思表示的，可认定为保险合同解除。

**第三条** 人民法院审理人身保险合同纠纷案件时，应主动审查投保人订立保险合同时是否具有保险利益，以及以死亡为给付保险金条件的合同是否经过被保险人同意并认可保险金额。

**第四条** 保险合同订立后，因投保人丧失对被保险人的保险利益，当事人主张保险合同无效的，人民法院不予支持。

**第五条** 保险人在合同订立时指定医疗机构对被保险人体检，当事人主张投保人如实告知义务免除的，人民法院不予支持。

保险人知道被保险人的体检结果，仍以投保人未就相关情况履行如实告知义务为由要求解除合同的，人民法院不予支持。

**第六条** 未成年人父母之外的其他履行监护职责的人为未成年人订立以死亡为给付保险金条件的合同，当事人主张参照保险法第三十三条第二款、第三十四条第三款的规定认定该合同有效的，人民法院不予支持，但经未成年人父母同意的除外。

**第七条** 当事人以被保险人、受益人或者他人已经代为支付保险费为由，主张投保人对应的交费义务已经履行的，人民法院应予支持。

**第八条** 保险合同效力依照保险法第三十六条规定中止，投保人提出恢复效力申请并同意补交保险费的，除被保险人的危险程度在中止期间显著增加外，保险人拒绝恢复效力的，人民法院不予支持。

保险人在收到恢复效力申请后，三十日内未明确拒绝的，应认定为同意恢复效力。

保险合同自投保人补交保险费之日恢复效力。保险人要求投保人补交相应利息的，人民法院应予支持。

**第九条** 投保人指定受益人未经被保险人同意的，人民法院应认定指定行为无效。

当事人对保险合同约定的受益人存在争议，除投保人、被保险人在保险合同之外另有约定外，按以下情形分别处理：

（一）受益人约定为"法定"或者"法定继承人"的，以民法典规定的法定继承人为受益人；

（二）受益人仅约定为身份关系的，投保人与被保险人为同一主体时，根据保险事故发生时与被保险人的身份关系确定受益人；投保人与被保险人为不同主体时，根据保险合同成立时与被保险人的身份关系确定受益人；

（三）约定的受益人包括姓名和身份关系，保险事故发生时身份关系发生变化的，认定为未指定受益人。

**第十条** 投保人或者被保险人变更受益人，当事人主张变更行为自变更意思表示发出时生效的，人民法院应予支持。

投保人或者被保险人变更受益人未通知保险人，保险人主张变更对其不发生效力的，人民法院应予支持。

投保人变更受益人未经被保险人同意，人民法院应认定变更行为无效。

**第十一条** 投保人或者被保险人在保险事故发生后变更受益人，变更后的受益人请求保险人给付保险金的，人民法院不予支持。

**第十二条** 投保人或者被保险人指定数人为受益人，部分受益人在保险事故发生前死亡、放弃受益权或者依法丧失受益权的，该受益人应得的受益份额按照保险合同的约定处理；保险合同没有约定或者约定不明的，该受益人应得的受益份额按照以下情形分别处理：

（一）未约定受益顺序及受益份额的，由其他受益人平均享有；

（二）未约定受益顺序但约定受益份额的，由其他受益人按照相应比例享有；

（三）约定受益顺序但未约定受益份额的，由同顺序的其他受益人平均享有；同一顺序没有其他受益人的，由后一顺序的受益人平均享有；

（四）约定受益顺序及受益份额的，由同顺序的其他受益人按照相应比例享有；同一顺序没有其他受益人的，由后一顺序的受益人按照相应比例享有。

**第十三条** 保险事故发生后，受益人将与本次保险事故相对应的全部或者部分保险金请求权转让给第三人，当事人主张该转让行为有效的，人民法院应予支持，但根据合同性质、当事人约定或者法律规定不得转让的除外。

**第十四条** 保险金根据保险法第四十二条规定作为被保险人遗产，被保险人的继承人要求保险人给付保险金,保险人以其已向持有保险单的被保险人的其他继承人给付保险金为由抗辩的,人民法院应予支持。

**第十五条** 受益人与被保险人存在继承关系,在同一事件中死亡且不能确定死亡先后顺序的,人民法院应依据保险法第四十二条第二款推定受益人死亡在先,并按照保险法及本解释的相关规定确定保险金归属。

**第十六条** 人身保险合同解除时,投保人与被保险人、受益人为不同主体,被保险人或者受益人要求退还保险单的现金价值的,人民法院不予支持,但保险合同另有约定的除外。

投保人故意造成被保险人死亡、伤残或者疾病,保险人依照保险法第四十三条规定退还保险单的现金价值的,其他权利人按照被保险人、被保险人的继承人的顺序确定。

**第十七条** 投保人解除保险合同,当事人以其解除合同未经被保险人或者受益人同意为由主张解除行为无效的,人民法院不予支持,但被保险人或者受益人已向投保人支付相当于保险单现金价值的款项并通知保险人的除外。

**第十八条** 保险人给付费用补偿型的医疗费用保险金时,主张扣减被保险人从公费医疗或者社会医疗保险取得的赔偿金额的,应当证明该保险产品在厘定医疗费用保险费率时已经将公费医疗或者社会医疗保险部分相应扣除,并按照扣减后的标准收取保险费。

**第十九条** 保险合同约定按照基本医疗保险的标准核定医疗费用,保险人以被保险人的医疗支出超出基本医疗保险范围为由拒绝给付保险金的,人民法院不予支持;保险人有证据证明被保险人支出的费用超过基本医疗保险同类医疗费用标准,要求对超出部分拒绝给付保险金的,人民法院应予支持。

**第二十条** 保险人以被保险人未在保险合同约定的医疗服务机构接受治疗为由拒绝给付保险金的,人民法院应予支持,但被保险人因情况紧急必须立即就医的除外。

**第二十一条** 保险人以被保险人自杀为由拒绝承担给付保险金责任的,由保险人承担举证责任。

受益人或者被保险人的继承人以被保险人自杀时无民事行为能力为由抗辩的,由其承担举证责任。

**第二十二条** 保险法第四十五条规定的"被保险人故意犯罪"的认定,应当以刑事侦查机关、检察机关和审判机关的生效法律文书或者其他结论性意见为依据。

**第二十三条** 保险人主张根据保险法第四十五条的规定不承担给付保险金责任的,应当证明被保险人的死亡、伤残结果与其实施的故意犯罪或者抗拒依法采取的刑事强制措施的行为之间存在因果关系。

被保险人在羁押、服刑期间因意外或者疾病造成伤残或者死亡,保险人主张根据保险法第四十五条的规定不承担给付保险金责任的,人民法院不予支持。

**第二十四条** 投保人为被保险人订立以死亡为给付保险金条件的人身保险合同,被保险人被宣告死亡后,当事人要求保险人按照保险合同约定给付保险金的,人民法院应予支持。

被保险人被宣告死亡之日在保险责任期间之外,但有证据证明下落不明之日在保险责任期间之内,当事人要求保险人按照保险合同约定给付保险金的,人民法院应予支持。

**第二十五条** 被保险人的损失系由承保事故或者非承保事故、免责事由造成难以确定,当事人请求保险人给付保险金的,人民法院可以按照相应比例予以支持。

**第二十六条** 本解释施行后尚未审结的保险合同纠纷案件,适用本解释;本解释施行前已经终审,当事人申请再审或者按照审判监督程序决定再审的案件,不适用本解释。

## 最高人民法院关于适用《中华人民共和国保险法》若干问题的解释(四)

- 2018年5月14日最高人民法院审判委员会第1738次会议通过
- 根据2020年12月23日最高人民法院审判委员会第1823次会议通过的《最高人民法院关于修改〈最高人民法院关于破产企业国有划拨土地使用权应否列入破产财产等问题的批复〉等二十九件商事类司法解释的决定》修正
- 2020年12月29日最高人民法院公告公布
- 自2021年1月1日起施行
- 法释〔2020〕18号

为正确审理保险合同纠纷案件,切实维护当事人的合法权益,根据《中华人民共和国民法典》《中华人民共和国保险法》《中华人民共和国民事诉讼法》等法律规定,结合审判实践,就保险法中财产保险合同部分有关法律适用问题解释如下:

**第一条** 保险标的已交付受让人,但尚未依法办理所有权变更登记,承担保险标的毁损灭失风险的受让人,依照保险法第四十八条、第四十九条的规定主张行使被保险人权利的,人民法院应予支持。

**第二条** 保险人已向投保人履行了保险法规定的提示和明确说明义务,保险标的受让人以保险标的转让后保险人未向其提示或者明确说明为由,主张免除保险人责任的条款不成为合同内容的,人民法院不予支持。

**第三条** 被保险人死亡,继承保险标的的当事人主张承继被保险人的权利和义务的,人民法院应予支持。

**第四条** 人民法院认定保险标的是否构成保险法第四十九条、第五十二条规定的"危险程度显著增加"时,应当综合考虑以下因素:

(一)保险标的的用途的改变;
(二)保险标的的使用范围的改变;
(三)保险标的的所处环境的变化;
(四)保险标的的因改装等原因引起的变化;
(五)保险标的的使用人或者管理人的改变;
(六)危险程度增加持续的时间;
(七)其他可能导致危险程度显著增加的因素。

保险标的的危险程度虽然增加,但增加的危险属于保险合同订立时保险人预见或者应当预见的保险合同承保范围的,不构成危险程度显著增加。

**第五条** 被保险人、受让人依法及时向保险人发出保险标的的转让通知后,保险人作出答复前,发生保险事故,被保险人或者受让人主张保险人按照保险合同承担赔偿保险金的责任的,人民法院应予支持。

**第六条** 保险事故发生后,被保险人依照保险法第五十七条的规定,请求保险人承担为防止或者减少保险标的的损失所支付的必要、合理费用,保险人以被保险人采取的措施未产生实际效果为由抗辩的,人民法院不予支持。

**第七条** 保险人依照保险法第六十条的规定,主张代位行使被保险人因第三者侵权或者违约等享有的请求赔偿的权利的,人民法院应予支持。

**第八条** 投保人和被保险人为不同主体,因投保人对保险标的的损害而造成保险事故,保险人依法主张代位行使被保险人对投保人请求赔偿的权利的,人民法院应予支持,但法律另有规定或者保险合同另有约定的除外。

**第九条** 在保险人以第三者为被告提起的代位求偿权之诉中,第三者以被保险人在保险合同订立前已放弃对其请求赔偿的权利为由进行抗辩,人民法院认定上述放弃行为合法有效,保险人就相应部分主张行使代位求偿权的,人民法院不予支持。

保险合同订立时,保险人就是否存在上述放弃情形提出询问,投保人未如实告知,导致保险人不能代位行使请求赔偿的权利,保险人请求返还相应保险金的,人民法院应予支持,但保险人知道或者应当知道上述情形仍同意承保的除外。

**第十条** 因第三者对保险标的的损害而造成保险事故,保险人获得代位请求赔偿的权利的情况未通知第三者或者通知到达第三者前,第三者在被保险人已经从保险人处获赔的范围内又向被保险人作出赔偿,保险人主张代位行使被保险人对第三者请求赔偿的权利的,人民法院不予支持。保险人就相应保险金主张被保险人返还的,人民法院应予支持。

保险人获得代位请求赔偿的权利的情况已经通知到第三者,第三者又向被保险人作出赔偿,保险人主张代位行使请求赔偿的权利,第三者以其已经向被保险人赔偿为由抗辩的,人民法院不予支持。

**第十一条** 被保险人因故意或者重大过失未履行保险法第六十三条规定的义务,致使保险人未能行使或者未能全部行使代位请求赔偿的权利,保险人主张在其损失范围内扣减或者返还相应保险金的,人民法院应予支持。

**第十二条** 保险人以造成保险事故的第三者为被告提起代位求偿权之诉的,以被保险人与第三者之间的法律关系确定管辖法院。

**第十三条** 保险人提起代位求偿权之诉时,被保险人已经向第三者提起诉讼的,人民法院可以依法合并审理。

保险人行使代位求偿权时,被保险人已经向第三者提起诉讼,保险人向受理该案的人民法院申请变更当事人,代位行使被保险人对第三者请求赔偿的权利,被保险人同意的,人民法院应予准许;被保险人不同意的,保险人可以作为共同原告参加诉讼。

**第十四条** 具有下列情形之一的,被保险人可以依照保险法第六十五条第二款的规定请求保险人直接向第三者赔偿保险金:

(一)被保险人对第三者所负的赔偿责任经人民法院生效裁判、仲裁裁决确认;
(二)被保险人对第三者所负的赔偿责任经被保险人与第三者协商一致;
(三)被保险人对第三者应负的赔偿责任能够确定的其他情形。

前款规定的情形下,保险人主张按照保险合同确定保险赔偿责任的，人民法院应予支持。

**第十五条** 被保险人对第三者应负的赔偿责任确定后，被保险人不履行赔偿责任，且第三者以保险人为被告或者以保险人与被保险人为共同被告提起诉讼时，被保险人尚未向保险人提出直接向第三者赔偿保险金的请求的，可以认定为属于保险法第六十五条第二款规定的"被保险人怠于请求"的情形。

**第十六条** 责任保险的被保险人因共同侵权依法承担连带责任，保险人以该连带责任超出被保险人应承担的责任份额为由，拒绝赔付保险金的，人民法院不予支持。保险人承担保险责任后，主张就超出被保险人责任份额的部分向其他连带责任人追偿的，人民法院应予支持。

**第十七条** 责任保险的被保险人对第三者所负的赔偿责任已经生效判决确认并已进入执行程序，但未获得清偿或者未获得全部清偿，第三者依法请求保险人赔偿保险金，保险人以前述生效判决已进入执行程序为由抗辩的，人民法院不予支持。

**第十八条** 商业责任险的被保险人向保险人请求赔偿保险金的诉讼时效期间，自被保险人对第三者应负的赔偿责任确定之日起计算。

**第十九条** 责任保险的被保险人与第三者就被保险人的赔偿责任达成和解协议且经保险人认可，被保险人主张保险人在保险合同范围内依据和解协议承担保险责任的，人民法院应予支持。

被保险人与第三者就被保险人的赔偿责任达成和解协议，未经保险人认可，保险人主张对保险责任范围以及赔偿数额重新予以核定的，人民法院应予支持。

**第二十条** 责任保险的保险人在被保险人向第三者赔偿之前向被保险人赔偿保险金，第三者依照保险法第六十五条第二款的规定行使保险金请求权时，保险人以其已向被保险人赔偿为由拒绝赔偿保险金的，人民法院不予支持。保险人向第三者赔偿后，请求被保险人返还相应保险金的，人民法院应予支持。

**第二十一条** 本解释自2018年9月1日起施行。

本解释施行后人民法院正在审理的一审、二审案件，适用本解释；本解释施行前已经终审，当事人申请再审或者按照审判监督程序决定再审的案件，不适用本解释。

# 银行保险机构许可证管理办法

- 2021年4月28日中国银行保险监督管理委员会令2021年第3号公布
- 自2021年7月1日起施行

**第一条** 为了加强银行保险机构许可证管理，促进银行保险机构依法经营，根据《中华人民共和国行政许可法》《中华人民共和国银行业监督管理法》《中华人民共和国商业银行法》《中华人民共和国保险法》等有关法律规定，制定本办法。

**第二条** 本办法所称许可证是指中国银行保险监督管理委员会（以下简称银保监会）依法颁发的特许银行保险机构经营金融业务的法律文件。

许可证的颁发、换发、收缴等由银保监会及其授权的派出机构依法行使，其他任何单位和个人不得行使上述职权。

**第三条** 本办法所称银行保险机构包括政策性银行、大型银行、股份制银行、城市商业银行、民营银行、外资银行、农村中小银行机构等银行机构及其分支机构，保险集团（控股）公司、保险公司、保险资产管理公司、金融资产管理公司、信托公司、企业集团财务公司、金融租赁公司、汽车金融公司、货币经纪公司、消费金融公司、银行理财公司、金融资产投资公司以及经银保监会及其派出机构批准设立的其他非银行金融机构及其分支机构，保险代理集团（控股）公司、保险经纪集团（控股）公司、保险专业代理公司、保险经纪公司、保险兼业代理机构等保险中介机构。

上述银行保险机构开展金融业务，应当依法取得许可证和市场监督管理部门颁发的营业执照。

**第四条** 本办法所称许可证包括下列几种类型：

（一）金融许可证；

（二）保险许可证；

（三）保险中介许可证。

金融许可证适用于政策性银行、大型银行、股份制银行、城市商业银行、民营银行、外资银行、农村中小银行机构等银行机构及其分支机构，以及金融资产管理公司、信托公司、企业集团财务公司、金融租赁公司、汽车金融公司、货币经纪公司、消费金融公司、银行理财公司、金融资产投资公司等非银行金融机构及其分支机构。

保险许可证适用于保险集团（控股）公司、保险公司、保险资产管理公司等保险机构及其分支机构。

保险中介许可证适用于保险代理集团（控股）公司、

保险经纪集团(控股)公司、保险专业代理公司、保险经纪公司、保险兼业代理机构等保险中介机构。

**第五条** 银保监会对银行保险机构许可证实行分级管理。

银保监会负责其直接监管的政策性银行、大型银行、股份制银行、外资银行，保险集团(控股)公司、保险公司、保险资产管理公司、保险代理集团(控股)公司、保险经纪集团(控股)公司，金融资产管理公司、银行理财公司、金融资产投资公司、保险兼业代理机构等银行保险机构许可证的颁发与管理。

银保监会派出机构根据上级管理单位授权，负责辖内银行保险机构许可证的颁发与管理。

**第六条** 银保监会及其派出机构根据行政许可决定或备案、报告信息向银行保险机构颁发、换发、收缴许可证。

经批准设立的银行保险机构应当自收到行政许可决定之日起10日内到银保监会或其派出机构领取许可证。对于采取备案或报告管理的机构设立事项，银行保险机构应当在完成报告或备案后10日内到银保监会或其派出机构领取许可证。

**第七条** 许可证载明下列内容：
(一)机构编码；
(二)机构名称；
(三)业务范围；
(四)批准日期；
(五)机构住所；
(六)颁发许可证日期；
(七)发证机关。

机构编码按照银保监会有关编码规则确定。

金融许可证和保险许可证的批准日期为机构批准设立日期。保险中介许可证的批准日期为保险中介业务资格批准日期。对于采取备案或报告管理的机构设立事项，批准日期为发证机关收到完整备案或报告材料的日期。

**第八条** 银行保险机构领取许可证时，应当提交下列材料：
(一)银行保险机构介绍信或委托书；
(二)领取许可证人员的合法有效身份证明。

**第九条** 许可证记载事项发生变更的，银行保险机构应当向发证机关缴回原证，并领取新许可证。

前款所称事项变更须经发证机关许可的，银行保险机构应当自收到行政许可决定之日起10日内到发证机关领取新许可证。前款所称变更事项须向发证机关备案或报告的，银行保险机构应当在完成备案或报告后10日内到发证机关领取新许可证。前款所称变更事项无须许可或备案、报告的，银行保险机构应当自变更之日起15日内到发证机关领取新许可证。

**第十条** 许可证破损的，银行保险机构应当自发现之日起7日内向发证机关缴回原证，并领取新许可证。

**第十一条** 许可证遗失，银行保险机构应立即报告发证机关，并于发现之日起7日内发布遗失声明公告、重新领取许可证。

报告内容包括机构名称、地址、批准日期，许可证流水号、编码、颁发日期，当事人、失控的时间、地点、事发原因、过程等情况。

发布遗失声明公告的方式同新领、换领许可证。

许可证遗失的，银行保险机构向发证机关领取新许可证时，除应提交本办法第八条规定的材料外，还应当提交遗失声明公告及对该事件的处理结果报告。

**第十二条** 银行保险机构行政许可被撤销，被吊销许可证，或者机构解散、关闭、被撤销、被宣告破产的，应当在收到银保监会及其派出机构有关文件、法律文书或人民法院宣告破产裁定书之日起15日内，将许可证缴回发证机关；逾期不缴回的，由发证机关在缴回期满后5日内依法收缴。

**第十三条** 新领、换领许可证，银行保险机构应于30日内进行公告。银行保险机构应采取下列一种或多种方式进行公告：
(一)在公开发行报刊上公告；
(二)在银行保险机构官方网站上公告；
(三)其他有效便捷的公告方式。

公告的具体内容应当包括：事由、机构名称、机构住所、机构编码、联系电话。公告的知晓范围应至少与机构开展业务经营的地域范围相匹配。银行保险机构应保留相关公告材料备查。

**第十四条** 银行保险机构应当在营业场所的显著位置公示许可证原件。保险中介机构分支机构应当在营业场所的显著位置公示加盖法人机构公章的许可证复印件。

银行保险机构应当依据行政许可决定文件和上级管理单位授权文件，在营业场所的显著位置以适当方式公示其业务范围、经营区域、主要负责人。通过网络平台开展业务的，应当在相关网络页面及功能模块以清晰、醒目的方式展示上述内容。

上述公示事项内容发生变更，银行保险机构应当自变更之日起10日内更换公示内容。

第十五条　银行保险机构应当妥善保管和依法使用许可证。

任何单位和个人不得伪造、变造、转让、出租、出借银行保险机构许可证。

第十六条　银保监会及其派出机构应当加强银行保险机构许可证的信息管理，建立完善的许可证管理信息系统，依法披露许可证的有关信息。

第十七条　银保监会及其派出机构依法对银行保险机构许可证管理、公告和公示等情况进行监督与检查。

第十八条　银行保险机构违反本办法，有下列情形之一的，依照《中华人民共和国银行业监督管理法》《中华人民共和国商业银行法》《中华人民共和国保险法》有关规定进行处罚；法律、行政法规没有规定的，由银保监会及其派出机构责令改正，予以警告，对有违法所得的处以违法所得一倍以上三倍以下罚款，但最高不超过三万元，对没有违法所得的处以一万元以下罚款；构成犯罪的，依法追究刑事责任：

（一）转让、出租、出借、伪造、变造许可证；

（二）未按规定新领、换领、缴回许可证；

（三）损坏许可证；

（四）因管理不善导致许可证遗失；

（五）遗失许可证未按规定向发证机关报告；

（六）未按规定公示许可证、业务范围、经营区域、主要负责人；

（七）新领、换领许可证等未按规定进行公告；

（八）新领、换领许可证后未按规定向市场监督管理部门办理登记，领取、换领营业执照。

第十九条　银行保险机构许可证由银保监会统一印制和管理。颁发时加盖发证机关的单位印章方可生效。

银保监会及其派出机构应按照行政审批与许可证管理适当分离的原则，对许可证进行专门管理。许可证保管、打印、颁发等职能应相互分离、相互制约，同时建立许可证颁发、收缴、销毁登记制度。

对于许可证颁发管理过程中产生的废证、收回的旧证，依法缴回和吊销的许可证，应加盖"作废"章，作为重要凭证专门收档，定期销毁。

第二十条　银保监会根据电子证照相关法律法规、国家标准和全国一体化在线政务服务平台标准，制定银行保险机构许可证电子证照标准，推进银行保险机构许可证电子化。

银行保险机构许可证电子证的签发、使用、管理等，按国家和银保监会有关规定执行。

第二十一条　本办法规定的有关期限，均以工作日计算。

第二十二条　本办法由银保监会负责解释。本办法自2021年7月1日起施行，《金融许可证管理办法》（银监会令2007年第8号修订）和《保险许可证管理办法》（保监会令2007年第1号）同时废止。

## 银行保险机构操作风险管理办法

· 2023年12月27日国家金融监督管理总局令2023年第5号公布
· 自2024年7月1日起施行

### 第一章　总　则

第一条　为提高银行保险机构操作风险管理水平，根据《中华人民共和国银行业监督管理法》《中华人民共和国商业银行法》《中华人民共和国保险法》等法律法规，制定本办法。

第二条　本办法所称操作风险是指由于内部程序、员工、信息科技系统存在问题以及外部事件造成损失的风险，包括法律风险，但不包括战略风险和声誉风险。

第三条　操作风险管理是全面风险管理体系的重要组成部分，目标是有效防范操作风险，降低损失，提升对内外部事件冲击的应对能力，为业务稳健运营提供保障。

第四条　操作风险管理应当遵循以下基本原则：

（一）审慎性原则。操作风险管理应当坚持风险为本的理念，充分重视风险苗头和潜在隐患，有效识别影响风险管理的不利因素，配置充足资源，及时采取措施，提升前瞻性。

（二）全面性原则。操作风险管理应当覆盖各业务条线、各分支机构，覆盖所有部门、岗位、员工和产品，贯穿决策、执行和监督全部过程，充分考量其他内外部风险的相关性和传染性。

（三）匹配性原则。操作风险管理应当体现多层次、差异化的要求，管理体系、管理资源应当与机构发展战略、经营规模、复杂性和风险状况相适应，并根据情况变化及时调整。

（四）有效性原则。机构应当以风险偏好为导向，有效识别、评估、计量、控制、缓释、监测、报告所面临的操作风险，将操作风险控制在可承受范围之内。

第五条　规模较大的银行保险机构应当基于良好的

治理架构,加强操作风险管理,做好与业务连续性、外包风险管理、网络安全、数据安全、突发事件应对、恢复与处置计划等体系机制的有机衔接,提升运营韧性,具备在发生重大风险和外部事件时持续提供关键业务和服务的能力。

**第六条** 国家金融监督管理总局及其派出机构依法对银行保险机构操作风险管理实施监管。

## 第二章 风险治理和管理责任

**第七条** 银行保险机构董事会应当将操作风险作为本机构面对的主要风险之一,承担操作风险管理的最终责任。主要职责包括:

(一)审批操作风险管理基本制度,确保与战略目标一致;

(二)审批操作风险偏好及其传导机制,将操作风险控制在可承受范围之内;

(三)审批高级管理层有关操作风险管理职责、权限、报告等机制,确保操作风险管理体系的有效性;

(四)每年至少审议一次高级管理层提交的操作风险管理报告,充分了解、评估操作风险管理总体情况以及高级管理层工作;

(五)确保高级管理层建立必要的识别、评估、计量、控制、缓释、监测、报告操作风险的机制;

(六)确保操作风险管理体系接受内部审计部门的有效审查与监督;

(七)审批操作风险信息披露相关制度;

(八)确保建立与操作风险管理要求匹配的风险文化;

(九)其他相关职责。

**第八条** 设立监事(会)的银行保险机构,其监事(会)应当承担操作风险管理的监督责任,负责监督检查董事会和高级管理层的履职尽责情况,及时督促整改,并纳入监事(会)工作报告。

**第九条** 银行保险机构高级管理层应当承担操作风险管理的实施责任。主要职责包括:

(一)制定操作风险管理基本制度和管理办法;

(二)明确界定各部门、各级机构的操作风险管理职责和报告要求,督促各部门、各级机构履行操作风险管理职责,确保操作风险管理体系正常运行;

(三)设置操作风险偏好及其传导机制,督促各部门、各级机构执行操作风险管理制度、风险偏好并定期审查,及时处理突破风险偏好以及其他违反操作风险管理要求的情况;

(四)全面掌握操作风险管理总体状况,特别是重大操作风险事件;

(五)每年至少向董事会提交一次操作风险管理报告,并报送监事(会);

(六)为操作风险管理配备充足财务、人力和信息科技系统等资源;

(七)完善操作风险管理体系,有效应对操作风险事件;

(八)制定操作风险管理考核评价与奖惩机制;

(九)其他相关职责。

**第十条** 银行保险机构应当建立操作风险管理的三道防线,三道防线之间及各防线内部应当建立完善风险数据和信息共享机制。

第一道防线包括各级业务和管理部门,是操作风险的直接承担者和管理者,负责各自领域内的操作风险管理工作。第二道防线包括各级负责操作风险管理和计量的牵头部门,指导、监督第一道防线的操作风险管理工作。第三道防线包括各级内部审计部门,对第一、二道防线履职情况及有效性进行监督评价。

**第十一条** 第一道防线部门主要职责包括:

(一)指定专人负责操作风险管理工作,投入充足资源;

(二)按照风险管理评估方法,识别、评估自身操作风险;

(三)建立控制、缓释措施,定期评估措施的有效性;

(四)持续监测风险,确保符合操作风险偏好;

(五)定期报送操作风险管理报告,及时报告重大操作风险事件;

(六)制定业务流程和制度时充分体现操作风险管理和内部控制的要求;

(七)其他相关职责。

**第十二条** 第二道防线部门应当保持独立性,持续提升操作风险管理的一致性和有效性。主要职责包括:

(一)在一级分行(省级分公司)及以上设立操作风险管理专岗或指定专人,为其配备充足的资源;

(二)跟踪操作风险管理监管政策规定并组织落实;

(三)拟定操作风险管理基本制度、管理办法,制定操作风险识别、评估、计量、监测、报告的方法和具体规定;

(四)指导、协助第一道防线识别、评估、监测、控制、缓释和报告操作风险,并定期开展监督;

(五)每年至少向高级管理层提交一次操作风险管

理报告；
（六）负责操作风险资本计量；
（七）开展操作风险管理培训；
（八）其他相关职责。

国家金融监督管理总局或其派出机构按照监管职责归属，可以豁免规模较小的银行保险机构在一级分行（省级分公司）设立操作风险管理专岗或专人的要求。

**第十三条** 法律、合规、信息科技、数据管理、消费者权益保护、安全保卫、财务会计、人力资源、精算等部门在承担本部门操作风险管理职责的同时，应当在职责范围内为其他部门操作风险管理提供充足资源和支持。

**第十四条** 内部审计部门应当至少每三年开展一次操作风险管理专项审计，覆盖第一道防线、第二道防线操作风险管理情况，审计评价操作风险管理体系运行情况，并向董事会报告。

内部审计部门在开展其他审计项目时，应当充分关注操作风险管理情况。

**第十五条** 规模较大的银行保险机构应当定期委托第三方机构对其操作风险管理情况进行审计和评价，并向国家金融监督管理总局或其派出机构报送外部审计报告。

**第十六条** 银行保险机构境内分支机构、直接经营业务的部门应当承担操作风险管理主体责任，并履行以下职责：
（一）为本级、本条线操作风险管理部门配备充足资源；
（二）严格执行操作风险管理制度、风险偏好以及管理流程等要求；
（三）按照内外部审计结果和监管要求改进操作风险管理；
（四）其他相关职责。

境外分支机构除满足前款要求外，还应当符合所在地监管要求。

**第十七条** 银行保险机构应当要求其并表管理范围内的境内金融附属机构、金融科技类附属机构建立符合集团风险偏好，与其业务范围、风险特征、经营规模及监管要求相适应的操作风险管理体系，建立健全三道防线，制定操作风险管理制度。

境外附属机构除满足前款要求外，还应当符合所在地监管要求。

### 第三章 风险管理基本要求

**第十八条** 操作风险管理基本制度应当与机构业务性质、规模、复杂程度和风险特征相适应，至少包括以下内容：
（一）操作风险定义；
（二）操作风险管理组织架构、权限和责任；
（三）操作风险识别、评估、计量、监测、控制、缓释程序；
（四）操作风险报告机制，包括报告主体、责任、路径、频率、时限等。

银行保险机构应当在操作风险管理基本制度制定或者修订后15个工作日内，按照监管职责归属报送国家金融监督管理总局或其派出机构。

**第十九条** 银行保险机构应当在整体风险偏好下制定定性、定量指标并重的操作风险偏好，每年开展重检。风险偏好应当与战略目标、经营计划、绩效考评和薪酬机制等相衔接。风险偏好指标应当包括监管部门对特定机构确定的操作风险类监测指标要求。

银行保险机构应当通过确定操作风险容忍度或者风险限额等方式建立风险偏好传导机制，对操作风险进行持续监测及及时预警。

**第二十条** 银行保险机构应当建立具备操作风险管理功能的管理信息系统，主要功能包括：
（一）记录和存储损失相关数据和操作风险事件信息；
（二）支持操作风险和控制措施的自评估；
（三）支持关键风险指标监测；
（四）支持操作风险资本计量；
（五）提供操作风险报告相关内容。

**第二十一条** 银行保险机构应当培育良好的操作风险管理文化，明确员工行为规范和职业道德要求。

**第二十二条** 银行保险机构应当建立有效的操作风险管理考核评价机制，考核评价指标应当兼顾操作风险管理过程和结果。薪酬和激励约束机制应当反映考核评价结果。

**第二十三条** 银行保险机构应当定期开展操作风险管理相关培训。

**第二十四条** 银行保险机构应当按照国家金融监督管理总局的规定披露操作风险管理情况。

银行机构应当按照国家金融监督管理总局的要求披露损失数据等相关信息。

### 第四章 风险管理流程和方法

**第二十五条** 银行保险机构应当根据操作风险偏好，识别内外部固有风险，评估控制、缓释措施的有效性，分析剩余风险发生的可能性和影响程度，划定操作风等级,确定接受、降低、转移、规避等应对策略,有效分配管理资源。

**第二十六条** 银行保险机构应当结合风险识别、评估结果,实施控制、缓释措施,将操作风险控制在风险偏好内。

银行保险机构应当根据风险等级,对业务、产品、流程以及相关管理活动的风险采取控制、缓释措施,持续监督执行情况,建立良好的内部控制环境。

银行保险机构通过购买保险、业务外包等措施缓释操作风险的,应当确保缓释措施实质有效。

**第二十七条** 银行保险机构应当将加强内部控制作为操作风险管理的有效手段。内部控制措施至少包括:

（一）明确部门间职责分工,避免利益冲突;

（二）密切监测风险偏好及其传导机制的执行情况;

（三）加强各类业务授权和信息系统权限管理;

（四）建立重要财产的记录和保管、定期盘点、账实核对等日常管理和定期检查机制;

（五）加强不相容岗位管理,有效隔离重要业务部门和关键岗位,建立履职回避以及关键岗位轮岗、强制休假、离岗审计制度;

（六）加强员工行为管理,重点关注关键岗位员工行为;

（七）对交易和账户进行定期对账;

（八）建立内部员工揭发检举的奖励和保护机制;

（九）配置适当的员工并进行有效培训;

（十）建立操作风险管理的激励约束机制;

（十一）其他内部控制措施。

**第二十八条** 银行保险机构应当制定与其业务规模和复杂性相适应的业务连续性计划,有效应对导致业务中断的突发事件,最大限度减少业务中断影响。

银行保险机构应当定期开展业务连续性应急预案演练评估,验证应急预案及备用资源的可用性,提高员工应急意识及处置能力,测试关键服务供应商的持续运营能力,确保业务连续性计划满足业务恢复目标,有效应对内外部威胁及风险。

**第二十九条** 银行保险机构应当制定网络安全管理制度,履行网络安全保护义务,执行网络安全等级保护制度要求,采取必要的管理和技术措施,监测、防御、处置网络安全风险和威胁,有效应对网络安全事件,保障网络安全、稳定运行,防范网络违法犯罪活动。

**第三十条** 银行保险机构应当制定数据安全管理制度,对数据进行分类分级管理,采取保护措施,保护数据免遭篡改、破坏、泄露、丢失或者被非法获取、非法利用,重点加强个人信息保护,规范数据处理活动,依法合理利用数据。

**第三十一条** 银行保险机构应当制定与业务外包有关的风险管理制度,确保有严谨的业务外包合同和服务协议,明确各方责任义务,加强对外包方的监督管理。

**第三十二条** 银行保险机构应当定期监测操作风险状况和重大损失情况,对风险持续扩大的情形建立预警机制,及时采取措施控制、缓释风险。

**第三十三条** 银行保险机构应当建立操作风险内部定期报告机制。第一道防线应当向上级对口管理部门和本级操作风险管理部门报告,各级操作风险管理部门汇总本级及所辖机构的情况向上级操作风险管理部门报告。

银行保险机构应当在每年四月底前按照监管职责归属向国家金融监督管理总局或其派出机构报送前一年度操作风险管理情况。

**第三十四条** 银行保险机构应当建立重大操作风险事件报告机制,及时向董事会、高级管理层、监事（会）和其他内部部门报告重大操作风险事件。

**第三十五条** 银行保险机构应当运用操作风险损失数据库、操作风险自评估、关键风险指标等基础管理工具管理操作风险,可以选择运用事件管理、控制监测和保证框架、情景分析、基准比较分析等管理工具,或者开发其他管理工具。

银行保险机构应当运用各项风险管理工具进行交叉校验,定期重检、优化操作风险管理工具。

**第三十六条** 银行保险机构存在以下重大变更情形的,应当强化操作风险的事前识别、评估等工作:

（一）开发新业务、新产品;

（二）新设境内外分支机构、附属机构;

（三）拓展新业务范围、形成新商业模式;

（四）业务流程、信息科技系统等发生重大变更;

（五）其他重大变更情形。

**第三十七条** 银行保险机构应当建立操作风险压力测试机制,定期开展操作风险压力测试,在开展其他压力测试过程中应当充分考虑操作风险的影响,针对压力测试中识别的潜在风险点和薄弱环节,及时采取应对措施。

**第三十八条** 银行机构应当按照国家金融监督管理总局关于资本监管的要求,对承担的操作风险计提充足资本。

## 第五章 监督管理

**第三十九条** 国家金融监督管理总局及其派出机构

应当将对银行保险机构操作风险的监督管理纳入集团和法人监管体系,检查评估操作风险管理体系的健全性和有效性。

国家金融监督管理总局及其派出机构加强与相关部门的监管协作和信息共享,共同防范金融风险跨机构、跨行业、跨区域传染。

**第四十条** 国家金融监督管理总局及其派出机构通过监管评级、风险提示、监管通报、监管会谈、与外部审计师会谈等非现场监管和现场检查方式,实施对操作风险管理的持续监管。

国家金融监督管理总局及其派出机构认为必要时,可以要求银行保险机构提供第三方机构就其操作风险管理出具的审计或者评价报告。

**第四十一条** 国家金融监督管理总局及其派出机构发现银行保险机构操作风险管理存在缺陷和问题时,应当要求其及时整改,并上报整改落实情况。

国家金融监督管理总局及其派出机构依照职责通报重大操作风险事件和风险管理漏洞。

**第四十二条** 银行保险机构应当在知悉或者应当知悉以下重大操作风险事件5个工作日内,按照监管职责归属向国家金融监督管理总局或其派出机构报告:

(一)形成预计损失5000万元(含)以上或超过上年度末资本净额5%(含)以上的事件。

(二)形成损失金额1000万元(含)以上或者超过上年度末资本净额1%(含)以上的事件。

(三)造成重要数据、重要账册、重要空白凭证、重要资料严重损毁、丢失或者泄露,已经或者可能造成重大损失和严重影响的事件。

(四)重要信息系统出现故障、受到网络攻击,导致在同一省份的营业网点、电子渠道业务中断3小时以上;或者在两个及以上省份的营业网点、电子渠道业务中断30分钟以上。

(五)因网络欺诈及其他信息安全事件,导致本机构或客户资金损失1000万元以上,或者造成重大社会影响。

(六)董事、高级管理人员、监事及分支机构负责人被采取监察调查措施、刑事强制措施或者承担刑事法律责任的事件。

(七)严重侵犯公民个人信息安全和合法权益的事件。

(八)员工涉嫌发起、主导或者组织实施非法集资类违法犯罪被立案的事件。

(九)其他需要报告的重大操作风险事件。

对于第一款规定的重大操作风险事件,国家金融监督管理总局在案件管理、突发事件管理等监管规定中另有报告要求的,应当按照有关要求报告,并在报告时注明该事件属于重大操作风险事件。

国家金融监督管理总局可以根据监管工作需要,调整第一款规定的重大操作风险事件报告标准。

**第四十三条** 银行保险机构存在以下情形的,国家金融监督管理总局及其派出机构应当责令改正,并视情形依法采取监管措施:

(一)未按照规定制定或者执行操作风险管理制度;

(二)未按照规定设置或者履行操作风险管理职责;

(三)未按照规定设置操作风险偏好及其传导机制;

(四)未建立或者落实操作风险管理文化、考核评价机制、培训;

(五)未建立操作风险管理流程、管理工具和信息系统,或者其设计、应用存在缺陷;

(六)其他违反监管规定的情形。

**第四十四条** 银行保险机构存在以下情形的,国家金融监督管理总局及其派出机构应当责令改正,并依法实施行政处罚;法律、行政法规没有规定的,由国家金融监督管理总局及其派出机构责令改正,予以警告、通报批评,或者处以二十万元以下罚款;涉嫌犯罪的,应当依法移送司法机关:

(一)严重违反本办法相关规定,导致发生第四十二条规定的重大操作风险事件;

(二)未按照监管要求整改;

(三)瞒报、漏报、故意迟报本办法第四十二条规定的重大操作风险事件,情节严重的;

(四)其他严重违反监管规定的情形。

**第四十五条** 中国银行业协会、中国保险行业协会等行业协会应当通过组织宣传、培训、自律、协调、服务等方式,协助引导会员单位提高操作风险管理水平。

鼓励行业协会、学术机构、中介机构等建立相关领域的操作风险事件和损失数据库。

## 第六章 附 则

**第四十六条** 本办法所称银行保险机构,是指在中华人民共和国境内依法设立的商业银行、农村合作银行、农村信用合作社等吸收公众存款的金融机构以及开发性金融机构、政策性银行、保险公司。

中华人民共和国境内设立的外国银行分行、保险集团(控股)公司、再保险公司、金融资产管理公司、金融资产投资公司、信托公司、金融租赁公司、财务公司、消费金融公司、汽车金融公司、货币经纪公司、理财公司、保险资产管理公司、金融控股公司以及国家金融监督管理总局及其派出机构监管的其他机构参照本办法执行。

**第四十七条** 本办法所称的规模较大的银行保险机构,是指按照并表调整后表内外资产(杠杆率分母)达到3000亿元人民币(含等值外币)及以上的银行机构,以及按照并表口径(境内外)表内总资产达到2000亿元人民币(含等值外币)及以上的保险机构。

规模较小的银行保险机构是指未达到上述标准的机构。

**第四十八条** 未设董事会的银行保险机构,应当由其经营决策机构履行本办法规定的董事会职责。

**第四十九条** 本办法第四条、第七条、第十条、第十二条、第十八条、第二十条关于计量的规定不适用于保险机构。

本办法第二十五条相关规定如与保险公司偿付能力监管规则不一致的,按照保险公司偿付能力监管规则执行。

**第五十条** 关于本办法第二章、第三章、第四章的规定,规模较大的保险机构自本办法施行之日起1年内执行;规模较小的银行保险机构自本办法施行之日起2年内执行。

**第五十一条** 本办法由国家金融监督管理总局负责解释修订,自2024年7月1日起施行。

**第五十二条** 《商业银行操作风险管理指引》(银监发〔2007〕42号)、《中国银行业监督管理委员会关于加大防范操作风险工作力度的通知》(银监发〔2005〕17号)自本办法施行之日起废止。

# 中华人民共和国外资保险公司管理条例

- 2001年12月12日中华人民共和国国务院令第336号公布
- 根据2013年5月30日《国务院关于修改〈中华人民共和国外资保险公司管理条例〉的决定》第一次修订
- 根据2016年2月6日《国务院关于修改部分行政法规的决定》第二次修订
- 根据2019年9月30日《国务院关于修改〈中华人民共和国外资保险公司管理条例〉和〈中华人民共和国外资银行管理条例〉的决定》第三次修订

## 第一章 总 则

**第一条** 为了适应对外开放和经济发展的需要,加强和完善对外资保险公司的监督管理,促进保险业的健康发展,制定本条例。

**第二条** 本条例所称外资保险公司,是指依照中华人民共和国有关法律、行政法规的规定,经批准在中国境内设立和营业的下列保险公司:

(一)外国保险公司同中国的公司、企业在中国境内合资经营的保险公司(以下简称合资保险公司);

(二)外国保险公司在中国境内投资经营的外国资本保险公司(以下简称独资保险公司);

(三)外国保险公司在中国境内的分公司(以下简称外国保险公司分公司)。

**第三条** 外资保险公司必须遵守中国法律、法规,不得损害中国的社会公共利益。

外资保险公司的正当业务活动和合法权益受中国法律保护。

**第四条** 国务院保险监督管理机构负责对外资保险公司实施监督管理。国务院保险监督管理机构的派出机构根据国务院保险监督管理机构的授权,对本辖区的外资保险公司进行日常监督管理。

## 第二章 设立与登记

**第五条** 设立外资保险公司,应当经国务院保险监督管理机构批准。

设立外资保险公司的地区,由国务院保险监督管理机构按照有关规定确定。

**第六条** 设立经营人身保险业务的外资保险公司和经营财产保险业务的外资保险公司,其设立形式、外资比例由国务院保险监督管理机构按照有关规定确定。

**第七条** 合资保险公司、独资保险公司的注册资本最低限额为2亿元人民币或者等值的自由兑换货币;其注册资本最低限额必须为实缴货币资本。

外国保险公司分公司应当由其总公司无偿拨给不少于2亿元人民币或者等值的自由兑换货币的营运资金。

国务院保险监督管理机构根据外资保险公司业务范围、经营规模,可以提高前两款规定的外资保险公司注册资本或者营运资金的最低限额。

**第八条** 申请设立外资保险公司的外国保险公司,应当具备下列条件:

(一)提出设立申请前1年年末总资产不少于50亿美元;

(二)所在国家或者地区有完善的保险监管制度,并且该外国保险公司已经受到所在国家或者地区有关主管当局的有效监管;

(三)符合所在国家或者地区偿付能力标准;

（四）所在国家或者地区有关主管当局同意其申请；
（五）国务院保险监督管理机构规定的其他审慎性条件。

**第九条** 设立外资保险公司，申请人应当向国务院保险监督管理机构提出书面申请，并提交下列资料：
（一）申请人法定代表人签署的申请书，其中设立合资保险公司的，申请书由合资各方法定代表人共同签署；
（二）外国申请人所在国家或者地区有关主管当局核发的营业执照（副本）、对其符合偿付能力标准的证明及对其申请的意见书；
（三）外国申请人的公司章程、最近3年的年报；
（四）设立合资保险公司的，中国申请人的有关资料；
（五）拟设公司的可行性研究报告及筹建方案；
（六）拟设公司的筹建负责人员名单、简历和任职资格证明；
（七）国务院保险监督管理机构规定提供的其他资料。

**第十条** 国务院保险监督管理机构应当对设立外资保险公司的申请进行初步审查，自收到完整的申请文件之日起6个月内作出受理或者不受理的决定。决定受理的，发给正式申请表；决定不受理的，应当书面通知申请人并说明理由。

**第十一条** 申请人应当自接到正式申请表之日起1年内完成筹建工作；在规定的期限内未完成筹建工作，有正当理由的，经国务院保险监督管理机构批准，可以延长3个月。在延长期内仍未完成筹建工作的，国务院保险监督管理机构作出的受理决定自动失效。筹建工作完成后，申请人应当将填写好的申请表连同下列文件报国务院保险监督管理机构审批：
（一）筹建报告；
（二）拟设公司的章程；
（三）拟设公司的出资人及其出资额；
（四）法定验资机构出具的验资证明；
（五）对拟任公司主要负责人的授权书；
（六）拟设公司的高级管理人员名单、简历和任职资格证明；
（七）拟设公司未来3年的经营规划和分保方案；
（八）拟在中国境内开办保险险种的保险条款、保险费率及责任准备金的计算说明书；
（九）拟设公司的营业场所和与业务有关的其他设施的资料；
（十）设立外国保险公司分公司的，其总公司对该分公司承担税务、债务的责任担保书；
（十一）设立合资保险公司的，其合资经营合同；
（十二）国务院保险监督管理机构规定提供的其他文件。

**第十二条** 国务院保险监督管理机构应当自收到设立外资保险公司完整的正式申请文件之日起60日内，作出批准或者不批准的决定。决定批准的，颁发经营保险业务许可证；决定不批准的，应当书面通知申请人并说明理由。

经批准设立外资保险公司的，申请人凭经营保险业务许可证向市场监督管理部门办理登记，领取营业执照。

**第十三条** 外资保险公司成立后，应当按照其注册资本或者营运资金总额的20%提取保证金，存入国务院保险监督管理机构指定的银行；保证金除外资保险公司清算时用于清偿债务外，不得动用。

**第十四条** 外资保险公司在中国境内设立分支机构，由国务院保险监督管理机构按照有关规定审核批准。

### 第三章 业务范围

**第十五条** 外资保险公司按照国务院保险监督管理机构核定的业务范围，可以全部或者部分依法经营下列种类的保险业务：
（一）财产保险业务，包括财产损失保险、责任保险、信用保险等保险业务；
（二）人身保险业务，包括人寿保险、健康保险、意外伤害保险等保险业务。

外资保险公司经国务院保险监督管理机构按照有关规定核定，可以在核定的范围内经营大型商业风险保险业务、统括保单保险业务。

**第十六条** 同一外资保险公司不得同时兼营财产保险业务和人身保险业务。

**第十七条** 外资保险公司可以依法经营本条例第十五条规定的保险业务的下列再保险业务：
（一）分出保险；
（二）分入保险。

**第十八条** 外资保险公司的具体业务范围、业务地域范围和服务对象范围，由国务院保险监督管理机构按照有关规定核定。外资保险公司只能在核定的范围内从事保险业务活动。

### 第四章 监督管理

**第十九条** 国务院保险监督管理机构有权检查外资

保险公司的业务状况、财务状况及资金运用状况,有权要求外资保险公司在规定的期限内提供有关文件、资料和书面报告,有权对违法违规行为依法进行处罚、处理。

外资保险公司应当接受国务院保险监督管理机构依法进行的监督检查,如实提供有关文件、资料和书面报告,不得拒绝、阻碍、隐瞒。

**第二十条** 除经国务院保险监督管理机构批准外,外资保险公司不得与其关联企业进行资产买卖或者其他交易。

前款所称关联企业,是指与外资保险公司有下列关系之一的企业:

(一)在股份、出资方面存在控制关系;
(二)在股份、出资方面同为第三人所控制;
(三)在利益上具有其他相关联的关系。

**第二十一条** 外国保险公司分公司应当于每一会计年度终了后3个月内,将该分公司及其总公司上一年度的财务会计报告报送国务院保险监督管理机构,并予公布。

**第二十二条** 外国保险公司分公司的总公司有下列情形之一的,该分公司应当自各该情形发生之日起10日内,将有关情况向国务院保险监督管理机构提交书面报告:

(一)变更名称、主要负责人或者注册地;
(二)变更资本金;
(三)变更持有资本总额或者股份总额10%以上的股东;
(四)调整业务范围;
(五)受到所在国家或者地区有关主管当局处罚;
(六)发生重大亏损;
(七)分立、合并、解散、依法被撤销或者被宣告破产;
(八)国务院保险监督管理机构规定的其他情形。

**第二十三条** 外国保险公司分公司的总公司解散、依法被撤销或者被宣告破产的,国务院保险监督管理机构应当停止该分公司开展新业务。

**第二十四条** 外资保险公司经营外汇保险业务的,应当遵守国家有关外汇管理的规定。

除经国家外汇管理机关批准外,外资保险公司在中国境内经营保险业务的,应当以人民币计价结算。

**第二十五条** 本条例规定向国务院保险监督管理机构提交、报送文件、资料和书面报告的,应当提供中文本。

## 第五章 终止与清算

**第二十六条** 外资保险公司因分立、合并或者公司章程规定的解散事由出现,经国务院保险监督管理机构批准后解散。外资保险公司解散的,应当依法成立清算组,进行清算。

经营人寿保险业务的外资保险公司,除分立、合并外,不得解散。

**第二十七条** 外资保险公司违反法律、行政法规,被国务院保险监督管理机构吊销经营保险业务许可证的,依法撤销,由国务院保险监督管理机构依法及时组织成立清算组进行清算。

**第二十八条** 外资保险公司因解散、依法被撤销而清算的,应当自清算组成立之日起60日内在报纸上至少公告3次。公告内容应当经国务院保险监督管理机构核准。

**第二十九条** 外资保险公司不能支付到期债务,经国务院保险监督管理机构同意,由人民法院依法宣告破产。外资保险公司被宣告破产的,由人民法院组织国务院保险监督管理机构等有关部门和有关人员成立清算组,进行清算。

**第三十条** 外资保险公司解散、依法被撤销或者被宣告破产,未清偿债务前,不得将其财产转移至中国境外。

## 第六章 法律责任

**第三十一条** 违反本条例规定,擅自设立外资保险公司或者非法从事保险业务活动的,由国务院保险监督管理机构予以取缔;依照刑法关于擅自设立金融机构罪、非法经营罪或者其他罪的规定,依法追究刑事责任;尚不够刑事处罚的,由国务院保险监督管理机构没收违法所得,并处违法所得1倍以上5倍以下的罚款,没有违法所得或者违法所得不足20万元的,处20万元以上100万元以下的罚款。

**第三十二条** 外资保险公司违反本条例规定,超出核定的业务范围、业务地域范围或者服务对象范围从事保险业务活动的,依照刑法关于非法经营罪或者其他罪的规定,依法追究刑事责任;尚不够刑事处罚的,由国务院保险监督管理机构责令改正,责令退还收取的保险费,没收违法所得,并处违法所得1倍以上5倍以下的罚款,没有违法所得或者违法所得不足10万元的,处10万元以上50万元以下的罚款;逾期不改正或者造成严重后果的,责令限期停业或者吊销经营保险业务许可证。

**第三十三条** 外资保险公司违反本条例规定,有下列行为之一的,由国务院保险监督管理机构责令改正,处5万元以上30万元以下的罚款;情节严重的,可以责令停止接受新业务或者吊销经营保险业务许可证：

（一）未按照规定提存保证金或者违反规定动用保证金的；

（二）违反规定与其关联企业从事交易活动的；

（三）未按照规定补足注册资本或者营运资金的。

**第三十四条** 外资保险公司违反本条例规定，有下列行为之一的，由国务院保险监督管理机构责令限期改正；逾期不改正的，处1万元以上10万元以下的罚款：

（一）未按照规定提交、报送有关文件、资料和书面报告的；

（二）未按照规定公告的。

**第三十五条** 外资保险公司违反本条例规定，有下列行为之一的，由国务院保险监督管理机构处10万元以上50万元以下的罚款：

（一）提供虚假的文件、资料和书面报告的；

（二）拒绝或者阻碍依法监督检查的。

**第三十六条** 外资保险公司违反本条例规定，将其财产转移至中国境外的，由国务院保险监督管理机构责令转回转移的财产，处转移财产金额20%以上等值以下的罚款。

**第三十七条** 外资保险公司违反中国有关法律、行政法规和本条例规定的，国务院保险监督管理机构可以取消该外资保险公司高级管理人员一定期限直至终身在中国的任职资格。

## 第七章 附 则

**第三十八条** 对外资保险公司的管理，本条例未作规定的，适用《中华人民共和国保险法》和其他有关法律、行政法规和国家其他有关规定。

**第三十九条** 香港特别行政区、澳门特别行政区和台湾地区的保险公司在内地（大陆）设立和营业的保险公司，比照适用本条例。

**第四十条** 外国保险集团公司可以在中国境内设立外资保险公司，具体管理办法由国务院保险监督管理机构依照本条例的原则制定。

**第四十一条** 境外金融机构可以入股外资保险公司，具体管理办法由国务院保险监督管理机构制定。

**第四十二条** 本条例自2002年2月1日起施行。

## 中华人民共和国外资保险公司管理条例实施细则

- 2004年3月15日中国保险监督管理委员会令2004年第4号公布
- 根据2021年3月10日《中国银保监会关于修改〈中华人民共和国外资保险公司管理条例实施细则〉的决定》修正

**第一条** 根据《中华人民共和国保险法》和《中华人民共和国外资保险公司管理条例》（以下简称《条例》），制定本细则。

**第二条** 《条例》所称外国保险公司，是指在中国境外注册、经营保险业务的保险公司。

**第三条** 外资保险公司至少有1家经营正常的保险公司或者保险集团公司作为主要股东，进行股权变更的，变更后至少有一家经营正常的保险公司或者保险集团公司作为主要股东。

外资保险公司的外方唯一或者外方主要股东应当为外国保险公司或者外国保险集团公司。

主要股东是指持股比例最大的股东，以及法律、行政法规、中国银行保险监督管理委员会（以下简称银保监会）规定的其他对公司经营管理有重大影响的股东。股东与其关联方、一致行动人的持股比例合并计算。

**第四条** 外资保险公司主要股东应当承诺自取得股权之日起5年内不转让所持有的股权，并在外资保险公司章程中载明。

经银保监会批准进行风险处置的，银保监会责令依法转让的，涉及司法强制执行的，或者在同一控制人控制下的不同主体之间转让股权等特殊情形除外。

**第五条** 外资保险公司主要股东拟减持股权或者退出中国市场的，应当履行股东义务，保证保险公司偿付能力符合监管要求。

**第六条** 外资保险公司的注册资本或者营运资金应当为实缴货币。

**第七条** 外国保险公司分公司成立后，外国保险公司不得以任何形式抽回营运资金。

**第八条** 《条例》第八条第一项所称设立申请前1年年末，是指申请日的上一个会计年度末。

**第九条** 《条例》第八条第五项所称其他审慎性条件，至少包括下列条件：

（一）法人治理结构合理；

（二）风险管理体系稳健；

（三）内部控制制度健全；

（四）管理信息系统有效；

（五）经营状况良好，无重大违法违规记录。

**第十条** 申请人不能提供《条例》第九条第二项要求的营业执照（副本）的，可以提供营业执照的有效复印件或者有关主管当局出具的该申请人有权经营保险业务的书面证明。

**第十一条** 《条例》第九条第二项所称外国申请人所在国家或者地区有关主管当局对其符合偿付能力标准的证明，应当包括下列内容之一：

（一）在有关主管当局出具证明之日的上一个会计年度，该申请人的偿付能力符合该国家或者地区的监管要求；

（二）在有关主管当局出具证明之日的上一个会计年度中，该申请人没有不符合该国家或者地区偿付能力标准的记录。

**第十二条** 《条例》第九条第二项所称外国申请人所在国家或者地区有关主管当局对其申请的意见书，应当包括下列内容：

（一）该申请人申请在中国境内设立保险机构是否符合该国家或者地区的法律规定；

（二）是否同意该申请人的申请；

（三）在有关主管当局出具意见之日的前3年，该申请人受处罚的记录。

**第十三条** 《条例》第九条第三项所称年报，应当包括申请人在申请日的前3个会计年度的资产负债表、利润表和现金流量表。

前款所列报表应当附由申请人所在国家或者地区认可的会计师事务所或者审计师事务所出具的审计意见书。

**第十四条** 除法律、行政法规另有规定或者经国务院批准外，《条例》第九条第四项所称中国申请人应当符合《保险公司股权管理办法》等相关规定要求。

**第十五条** 拟设外资保险公司的筹建负责人应当具备下列条件：

（一）大专以上学历；

（二）从事保险或者相关工作2年以上；

（三）无违法犯罪记录。

**第十六条** 申请人根据《条例》第十一条规定申请延长筹建期的，应当在筹建期期满之日的前1个月以内向银保监会提交书面申请，并说明理由。

**第十七条** 《条例》第十一条第一项所称筹建报告，应当对该条其他各项的内容作出综述。

**第十八条** 《条例》第十一条第四项所称法定验资机构，是指符合银保监会要求的会计师事务所。

**第十九条** 《条例》第十一条第四项所称验资证明，应当包括下列内容：

（一）法定验资机构出具的验资报告；

（二）注册资本或者营运资金的银行原始入账凭证的复印件。

**第二十条** 《条例》第十一条第五项所称主要负责人，是指拟设外国保险公司分公司的总经理。

对拟任外国保险公司分公司主要负责人的授权书，是指由外国保险公司董事长或者总经理签署的、对拟任外国保险公司分公司总经理的授权书。

授权书应当明确记载被授权人的权限范围。

**第二十一条** 《条例》第十一条第六项所称拟设公司的高级管理人员，应当符合银保监会规定的任职资格条件。

外国保险公司分公司的高级管理人员，应当具备保险公司总公司高级管理人员的任职资格条件。

**第二十二条** 《条例》第十一条第九项所称拟设公司的营业场所的资料，是指营业场所所有权或者使用权的证明文件。

《条例》第十一条第九项所称与业务有关的其他设施的资料，至少包括计算机设备配置、网络建设情况以及信息管理系统情况。

**第二十三条** 外资保险公司可以根据业务发展需要申请设立分支机构。

外国保险公司分公司只能在其所在省、自治区或者直辖市的行政辖区内开展业务，银保监会另有规定的除外。

合资保险公司、独资保险公司在其住所地以外的各省、自治区、直辖市开展业务的，应当设立分支机构。分支机构的设立和管理适用银保监会的有关规定。

**第二十四条** 外资保险公司及其分支机构的高级管理人员，其任职资格审核与管理，按照银保监会的有关规定执行，本细则另有规定的除外。

**第二十五条** 合资、独资财产保险公司因分立、合并或者公司章程规定的解散事由出现，申请解散的，应当报银保监会批准，并提交下列资料：

（一）公司董事长签署的申请书；

（二）公司股东会的决议；

（三）拟成立的清算组人员构成及清算方案；

（四）未了责任的处理方案。

**第二十六条** 经银保监会批准解散的合资、独资财产产保险公司,应当自收到银保监会批准文件之日起,停止新的业务经营活动,向银保监会缴回经营保险业务许可证,并在15日内成立清算组。

**第二十七条** 清算组应当自成立后5日内将公司开始清算程序的情况书面通知市场监督管理、税务、人力资源社会保障等有关部门。

**第二十八条** 清算组应当自成立之日起1个月内聘请符合银保监会要求的会计师事务所进行审计;自聘请之日起3个月内向银保监会提交审计报告。

**第二十九条** 清算组应当在每月10号前向银保监会报送有关债务清偿、资产处置等最新情况报告。

**第三十条** 《条例》第二十八条所称报纸,是指具有一定影响的全国性报纸。

**第三十一条** 外国财产保险公司申请撤销其在中国境内分公司的,应当报银保监会批准,并提交下列资料:

(一)外国财产保险公司董事长或者总经理签署的申请书;

(二)拟成立的清算组人员构成及清算方案;

(三)未了责任的处理方案。

外国财产保险公司撤销其在中国境内分公司的具体程序,适用《条例》及本细则有关合资、外资财产保险公司申请解散的程序。

外国财产保险公司分公司的总公司解散、依法被撤销或者宣告破产的,外国财产保险公司分公司的清算及债务处理适用《条例》第三十条及本细则有关合资、独资财产保险公司解散的相应规定。

**第三十二条** 《条例》第四十条所称外国保险集团公司,是指经所在国家依法登记注册,对集团内一家或者多家保险公司实施控制、共同控制和重大影响的公司。

保险集团是指保险集团公司及受其控制、共同控制和重大影响的公司组成的企业集合,且保险业务为企业集合的主要业务。

**第三十三条** 申请设立外资保险公司的外国保险集团公司,应当具备下列条件:

(一)符合《条例》第八条第一、四、五项的规定;

(二)所在国家或者地区有完善的保险监管制度,并且该外国保险集团公司或者其主要保险子公司已经受到所在国家或者地区有关主管当局的有效监管;

(三)其所属外国保险集团或者其主要保险子公司符合所在国家或者地区偿付能力标准。

前款所称主要保险子公司是指受保险集团公司控制、共同控制,申请设立前一年度总资产规模排名靠前的一家或者多家保险公司,且该一家或者多家保险公司合计总资产占该保险集团合并报表保险总资产比重不低于60%。

**第三十四条** 申请设立外资保险公司的外国保险集团公司,应当提交下列资料:

(一)该外国保险集团公司所在国家或者地区有关主管当局核发的营业执照(副本);

(二)该外国保险集团公司或者其主要保险子公司所在国家或者地区有关主管当局出具的符合偿付能力标准的证明及对其申请的意见书;

(三)《条例》第九条规定的除第二项之外的资料。

前款第一、二项所要求的资料,应当符合本细则第十条至第十二条的规定。

**第三十五条** 外资保险公司变更股东,拟受让方或者承继方为外国保险公司或者外国保险集团公司的,应当符合《条例》及本细则关于申请设立外资保险公司的股东条件。

**第三十六条** 《条例》第四十一条所称境外金融机构,是指在中华人民共和国境外注册并经所在国家或者地区金融监管当局批准或者许可的金融机构。

**第三十七条** 保险公司、保险集团公司以外的境外金融机构成为外资保险公司股东的,适用《保险公司股权管理办法》相关规定。

**第三十八条** 外资保险公司违反本细则有关规定的,由银保监会依据《中华人民共和国保险法》《条例》等法律、行政法规进行处罚。

**第三十九条** 《条例》及本细则要求提交、报送的文件、资料和书面报告,应当提供中文本,中外文本表述不一致的,以中文本的表述为准。

**第四十条** 《条例》及本细则规定的期限,从有关资料送达银保监会之日起计算。申请人申请文件不全、需要补交资料的,期限应当自申请人的补交资料送达银保监会之日起重新计算。

本细则有关批准、报告期间的规定是指工作日。

**第四十一条** 对外资保险公司的管理,《条例》和本细则未作规定的,适用其他法律、行政法规与银保监会的有关规定。

外资再保险公司的设立适用《再保险公司设立规定》,《再保险公司设立规定》未作规定的,适用本细则。

**第四十二条** 投资外资保险公司,影响或者可能影响国家安全的,应当依法进行外商投资安全审查。

**第四十三条** 香港特别行政区、澳门特别行政区和台湾地区的保险公司和保险集团公司在内地(大陆)设立和营业的保险公司,参照适用《条例》和本细则;法律、行政法规或者行政协议另有规定的,适用其规定。

**第四十四条** 外国保险公司和外国保险集团公司作为中国境内保险公司股东,设立保险集团公司的,适用保险集团公司管理的相关规定,未作规定的,参照适用《条例》和本细则。

**第四十五条** 本细则自公布之日起施行。原中国保险监督管理委员会 2004 年 5 月 13 日发布的《中华人民共和国外资保险公司管理条例实施细则》(保监会令 2004 年第 4 号)同时废止。

## 保险公司管理规定

· 2009 年 9 月 25 日中国保险监督管理委员会令 2009 年第 1 号发布
· 根据 2015 年 10 月 19 日中国保险监督管理委员会令 2015 年第 3 号《关于修改〈保险公司设立境外保险类机构管理办法〉等八部规章的决定》修订

### 第一章 总 则

**第一条** 为了加强对保险公司的监督管理,维护保险市场的正常秩序,保护被保险人合法权益,促进保险业健康发展,根据《中华人民共和国保险法》(以下简称《保险法》)、《中华人民共和国公司法》(以下简称《公司法》)等法律、行政法规,制定本规定。

**第二条** 中国保险监督管理委员会(以下简称中国保监会)根据法律和国务院授权,对保险公司实行统一监督管理。

中国保监会的派出机构在中国保监会授权范围内依法履行监管职责。

**第三条** 本规定所称保险公司,是指经保险监督管理机构批准设立,并依法登记注册的商业保险公司。

本规定所称保险公司分支机构,是指经保险监督管理机构批准,保险公司依法设立的分公司、中心支公司、支公司、营业部、营销服务部以及各类专属机构。专属机构的设立和管理,由中国保监会另行规定。

本规定所称保险机构,是指保险公司及其分支机构。

**第四条** 本规定所称分公司,是指保险公司依法设立的以分公司命名的分支机构。

本规定所称省级分公司,是指保险公司根据中国保监会的监管要求,在各省、自治区、直辖市内负责许可申请、报告提交等相关事宜的分公司。保险公司在住所地以外的各省、自治区、直辖市已经设立分公司的,应当指定其中一家分公司作为省级分公司。

保险公司在计划单列市设立分支机构的,应当指定一家分支机构,根据中国保监会的监管要求,在计划单列市负责许可申请、报告提交等相关事宜。

省级分公司设在计划单列市的,由省级分公司同时负责前两款规定的事宜。

**第五条** 保险业务由依照《保险法》设立的保险公司以及法律、行政法规规定的其他保险组织经营,其他单位和个人不得经营或者变相经营保险业务。

### 第二章 法人机构设立

**第六条** 设立保险公司,应当遵循下列原则:
(一)符合法律、行政法规;
(二)有利于保险业的公平竞争和健康发展。

**第七条** 设立保险公司,应当向中国保监会提出筹建申请,并符合下列条件:
(一)有符合法律、行政法规和中国保监会规定条件的投资人,股权结构合理;
(二)有符合《保险法》和《公司法》规定的章程草案;
(三)投资人承诺出资或者认购股份,拟注册资本不低于人民币 2 亿元,且必须为实缴货币资本;
(四)具有明确的发展规划、经营策略、组织机构框架、风险控制体系;
(五)拟任董事长、总经理应当符合中国保监会规定的任职资格条件;
(六)有投资人认可的筹备组负责人;
(七)中国保监会规定的其他条件。

中国保监会根据保险公司业务范围、经营规模,可以调整保险公司注册资本的最低限额,但不得低于人民币 2 亿元。

**第八条** 申请筹建保险公司的,申请人应当提交下列材料一式三份:
(一)设立申请书,申请书应当载明拟设立保险公司的名称、拟注册资本和业务范围等;
(二)设立保险公司可行性研究报告,包括发展规划、经营策略、组织机构框架和风险控制体系等;
(三)筹建方案;
(四)保险公司章程草案;
(五)中国保监会规定投资人应当提交的有关材料;
(六)筹备组负责人、拟任董事长、总经理名单及本人认可证明;
(七)中国保监会规定的其他材料。

**第九条** 中国保监会应当对筹建保险公司的申请进

行审查,自受理申请之日起6个月内作出批准或者不批准筹建的决定,并书面通知申请人。决定不批准的,应当书面说明理由。

**第十条** 中国保监会在对筹建保险公司的申请进行审查期间,应当对投资人进行风险提示。

中国保监会应当听取拟任董事长、总经理对拟设保险公司在经营管理和业务发展等方面的工作思路。

**第十一条** 经中国保监会批准筹建保险公司的,申请人应当自收到批准筹建通知之日起1年内完成筹建工作。筹建期间届满未完成筹建工作的,原批准筹建决定自动失效。

筹建机构在筹建期间不得从事保险经营活动。筹建期间不得变更主要投资人。

**第十二条** 筹建工作完成后,符合下列条件的,申请人可以向中国保监会提出开业申请:

(一)股东符合法律、行政法规和中国保监会的有关规定;

(二)有符合《保险法》和《公司法》规定的章程;

(三)注册资本最低限额为人民币2亿元,且必须为实缴货币资本;

(四)有符合中国保监会规定任职资格条件的董事、监事和高级管理人员;

(五)有健全的组织机构;

(六)建立了完善的业务、财务、合规、风险控制、资产管理、反洗钱等制度;

(七)有具体的业务发展计划和按照资产负债匹配等原则制定的中长期资产配置计划;

(八)具有合法的营业场所,安全、消防设施符合要求,营业场所、办公设备等与业务发展规划相适应,信息化建设符合中国保监会要求;

(九)法律、行政法规和中国保监会规定的其他条件。

**第十三条** 申请人提出开业申请,应当提交下列材料一式三份:

(一)开业申请书;

(二)创立大会决议,没有创立大会决议的,应当提交全体股东同意申请开业的文件或者决议;

(三)公司章程;

(四)股东名称及其所持股份或者出资的比例,资信良好的验资机构出具的验资证明,资本金入账原始凭证复印件;

(五)中国保监会规定股东应当提交的有关材料;

(六)拟任该公司董事、监事、高级管理人员的简历以及相关证明材料;

(七)公司部门设置以及人员基本构成;

(八)营业场所所有权或者使用权的证明文件;

(九)按照拟设地的规定提交有关消防证明;

(十)拟经营保险险种的计划书、3年经营规划、再保险计划、中长期资产配置计划,以及业务、财务、合规、风险控制、资产管理、反洗钱等主要制度;

(十一)信息化建设情况报告;

(十二)公司名称预先核准通知书;

(十三)中国保监会规定提交的其他材料。

**第十四条** 中国保监会应当审查开业申请,进行开业验收,并自受理开业申请之日起60日内作出批准或者不批准开业的决定。验收合格决定批准开业的,颁发经营保险业务许可证;验收不合格决定不批准开业的,应当书面通知申请人并说明理由。

经批准开业的保险公司,应当持批准文件以及经营保险业务许可证,向工商行政管理部门办理登记注册手续,领取营业执照后方可营业。

## 第三章 分支机构设立

**第十五条** 保险公司可以根据业务发展需要申请设立分支机构。

保险公司分支机构的层级依次为分公司、中心支公司、支公司、营业部或者营销服务部。保险公司可以不逐级设立分支机构,但其在住所地以外的各省、自治区、直辖市开展业务,应当首先设立分公司。

保险公司可以不按照前款规定的层级逐级管理下级分支机构;营业部、营销服务部不得再管理其他任何分支机构。

**第十六条** 保险公司以2亿元人民币的最低资本金额设立的,在其住所地以外的每一省、自治区、直辖市首次申请设立分公司,应当增加不少于人民币2千万元的注册资本。

申请设立分公司,保险公司的注册资本达到前款规定的增资后额度的,可以不再增加相应的注册资本。

保险公司注册资本达到人民币5亿元,在偿付能力充足的情况下,设立分公司不需要增加注册资本。

**第十七条** 设立省级分公司,由保险公司总公司提出申请;设立其他分支机构,由保险公司总公司提出申请,或者由省级分公司持总公司批准文件提出申请。

在计划单列市申请设立分支机构,还可以由保险公司根据本规定第四条第三款指定的分支机构持总公司批准文件提出申请。

**第十八条** 设立分支机构,应当提出设立申请,并符合下列条件:

(一)上一年度偿付能力充足,提交申请前连续2个季度偿付能力均为充足;

(二)保险公司具备良好的公司治理结构,内控健全;

(三)申请人具备完善的分支机构管理制度;

(四)对拟设立分支机构的可行性已进行充分论证;

(五)在住所地以外的省、自治区、直辖市申请设立省级分公司以外其他分支机构,该省级分公司已经开业;

(六)申请人最近2年内无受金融监管机构重大行政处罚的记录,不存在因涉嫌重大违法行为正在受到中国保监会立案调查的情形;

(七)申请设立省级分公司以外其他分支机构,在拟设地所在的省、自治区、直辖市内,省级分公司最近2年内无受金融监管机构重大行政处罚的记录,已设立的其他分支机构最近6个月内无受重大保险行政处罚的记录;

(八)有申请人认可的筹建负责人;

(九)中国保监会规定的其他条件。

**第十九条** 设立分支机构,申请人应当提交下列材料一式三份:

(一)设立申请书;

(二)申请前连续2个季度的偿付能力报告和上一年度经审计的偿付能力报告;

(三)保险公司上一年度公司治理结构报告以及申请人内控制度;

(四)分支机构设立的可行性论证报告,包括拟设机构3年业务发展规划和市场分析,设立分支机构与公司风险管理状况和内控状况相适应的说明;

(五)申请人分支机构管理制度;

(六)申请人作出的其最近2年无受金融监管机构重大行政处罚的声明;

(七)申请设立省级分公司以外其他分支机构的,提交省级分公司最近2年无受金融监管机构重大行政处罚的声明;

(八)拟设机构筹建负责人的简历以及相关证明材料;

(九)中国保监会规定提交的其他材料。

**第二十条** 中国保监会应当自收到完整申请材料之日起30日内对设立申请进行书面审查,对不符合本规定第十八条的,作出不予批准决定,并书面说明理由;对符合本规定第十八条的,向申请人发出筹建通知。

**第二十一条** 申请人应当自收到筹建通知之日起6个月内完成分支机构的筹建工作。筹建期间不计算在行政许可的期限内。

筹建期间届满未完成筹建工作的,应当根据本规定重新提出设立申请。

筹建机构在筹建期间不得从事任何保险经营活动。

**第二十二条** 筹建工作完成后,筹建机构具备下列条件的,申请人可以向中国保监会提交开业验收报告:

(一)具有合法的营业场所,安全、消防设施符合要求;

(二)建立了必要的组织机构和完善的业务、财务、风险控制、资产管理、反洗钱等管理制度;

(三)建立了与经营管理活动相适应的信息系统;

(四)具有符合任职条件的拟任高级管理人员或者主要负责人;

(五)对员工进行了上岗培训;

(六)筹建期间未开办保险业务;

(七)中国保监会规定的其他条件。

**第二十三条** 申请人提交的开业验收报告应当附下列材料一式三份:

(一)筹建工作完成情况报告;

(二)拟任高级管理人员或者主要负责人简历及有关证明;

(三)拟设机构营业场所所有权或者使用权证明;

(四)计算机设备配置、应用系统及网络建设情况报告;

(五)业务、财务、风险控制、资产管理、反洗钱等制度;

(六)机构设置和从业人员情况报告,包括员工上岗培训情况报告等;

(七)按照拟设地规定提交有关消防证明,无需进行消防验收或者备案的,提交申请人作出的已采取必要措施确保消防安全的书面承诺;

(八)中国保监会规定提交的其他材料。

**第二十四条** 中国保监会应当自收到完整的开业验收报告之日起30日内,进行开业验收,并作出批准或者不予批准的决定。验收合格批准设立的,颁发分支机构经营保险业务许可证;验收不合格不予批准设立的,应当书面通知申请人并说明理由。

第二十五条 经批准设立的保险公司分支机构,应当持批准文件以及分支机构经营保险业务许可证,向工商行政管理部门办理登记注册手续,领取营业执照后方可营业。

## 第四章 机构变更、解散与撤销

第二十六条 保险机构有下列情形之一的,应当经中国保监会批准:

(一)保险公司变更名称;

(二)变更注册资本;

(三)扩大业务范围;

(四)变更营业场所;

(五)保险公司分立或者合并;

(六)修改保险公司章程;

(七)变更出资额占有限责任公司资本总额5%以上的股东,或者变更持有股份有限公司股份5%以上的股东;

(八)中国保监会规定的其他情形。

第二十七条 保险机构有下列情形之一,应当自该情形发生之日起15日内,向中国保监会报告:

(一)变更出资额不超过有限责任公司资本总额5%的股东,或者变更持有股份有限公司股份不超过5%的股东,上市公司的股东变更除外;

(二)保险公司的股东变更名称,上市公司的股东除外;

(三)保险公司分支机构变更名称;

(四)中国保监会规定的其他情形。

第二十八条 保险公司依法解散的,应当经中国保监会批准,并报送下列材料一式三份:

(一)解散申请书;

(二)股东大会或者股东会决议;

(三)清算组织及其负责人情况和相关证明材料;

(四)清算程序;

(五)债权债务安排方案;

(六)资产分配计划和资产处分方案;

(七)中国保监会规定提交的其他材料。

第二十九条 保险公司依法解散的,应当成立清算组,清算工作由中国保监会监督指导。

保险公司依法被撤销的,由中国保监会及时组织股东、有关部门以及相关专业人员成立清算组。

第三十条 清算组应当自成立之日起10日内通知债权人,并于60日内在中国保监会指定的报纸上至少公告3次。

清算组应当委托资信良好的会计师事务所、律师事务所,对公司债权债务和资产进行评估。

第三十一条 保险公司撤销分支机构,应当经中国保监会批准。分支机构经营保险业务许可证自被批准撤销之日起自动失效,并应当于被批准撤销之日起15日内缴回。

保险公司合并、撤销分支机构的,应当进行公告,并书面通知有关投保人、被保险人或者受益人,对交付保险费、领取保险金等事宜应当充分告知。

第三十二条 保险公司依法解散或者被撤销的,其资产处分应当采取公开拍卖、协议转让或者中国保监会认可的其他方式。

第三十三条 保险公司依法解散或者被撤销的,在保险合同责任清算完毕之前,公司股东不得分配公司资产,或者从公司取得任何利益。

第三十四条 保险公司有《中华人民共和国企业破产法》第二条规定情形的,依法申请重整、和解或者破产清算。

## 第五章 分支机构管理

第三十五条 保险公司应当加强对分支机构的管理,督促分支机构依法合规经营,确保上级机构对管理的下级分支机构能够实施有效管控。

第三十六条 保险公司总公司应当根据本规定和发展需要制定分支机构管理制度,其省级分公司应当根据总公司的规定和当地实际情况,制定本省、自治区、直辖市分支机构管理制度。

保险公司在计划单列市设立分支机构的,应当由省级分公司或者保险公司根据本规定第四条第三款指定的分支机构制定当地分支机构管理制度。

第三十七条 分支机构管理制度至少应当包括下列内容:

(一)各级分支机构职能;

(二)各级分支机构人员、场所、设备等方面的配备要求;

(三)分支机构设立、撤销的内部决策制度;

(四)上级机构对下级分支机构的管控职责和措施。

第三十八条 保险公司分支机构应当配备必要数量的工作人员,分支机构高级管理人员或者主要负责人应当是与保险公司订立劳动合同的正式员工。

第三十九条 保险公司分支机构在经营存续期间,应当具有规范和稳定的营业场所,配备必要的办公设备。

**第四十条** 保险公司分支机构应当将经营保险业务许可证原件放置于营业场所显著位置,以备查验。

## 第六章 保险经营

**第四十一条** 保险公司的分支机构不得跨省、自治区、直辖市经营保险业务,本规定第四十二条规定的情形和中国保监会另有规定的除外。

**第四十二条** 保险机构参与共保、经营大型商业保险或者统括保单业务,以及通过互联网、电话营销等方式跨省、自治区、直辖市承保业务,应当符合中国保监会的有关规定。

**第四十三条** 保险机构应当公平、合理拟订保险条款和保险费率,不得损害投保人、被保险人和受益人的合法权益。

**第四十四条** 保险机构的业务宣传资料应当客观、完整、真实,并应当载有保险机构的名称和地址。

**第四十五条** 保险机构应当按照中国保监会的规定披露有关信息。

保险机构不得利用广告或者其他宣传方式,对其保险条款内容和服务质量等做引人误解的宣传。

**第四十六条** 保险机构对保险合同中有关免除保险公司责任、退保、费用扣除、现金价值和犹豫期等事项,应当依照《保险法》和中国保监会的规定向投保人作出提示。

**第四十七条** 保险机构开展业务,应当遵循公平竞争的原则,不得从事不正当竞争。

**第四十八条** 保险机构不得将其保险条款、保险费率与其他保险公司的类似保险条款、保险费率或者金融机构的存款利率等进行片面比较。

**第四十九条** 保险机构不得以捏造、散布虚假事实等方式损害其他保险机构的信誉。

保险机构不得利用政府及其所属部门、垄断性企业或者组织,排挤、阻碍其他保险机构开展保险业务。

**第五十条** 保险机构不得劝说或者诱导投保人解除与其他保险机构的保险合同。

**第五十一条** 保险机构不得给予或者承诺给予投保人、被保险人、受益人保险合同约定以外的保险费回扣或者其他利益。

**第五十二条** 除再保险公司以外,保险机构应当按照规定设立客户服务部门或者咨询投诉部门,并向社会公开咨询投诉电话。

保险机构对保险投诉应当认真处理,并将处理意见及时告知投诉人。

**第五十三条** 保险机构应当建立保险代理人的登记管理制度,加强对保险代理人的培训和管理,不得唆使、诱导保险代理人进行违背诚信义务的活动。

**第五十四条** 保险机构不得委托未取得合法资格的机构或者个人从事保险销售活动,不得向未取得合法资格的机构或者个人支付佣金或者其他利益。

**第五十五条** 保险公司应当建立健全公司治理结构,加强内部管理,建立严格的内部控制制度。

**第五十六条** 保险公司应当建立控制和管理关联交易的有关制度。保险公司的重大关联交易应当按照规定及时向中国保监会报告。

**第五十七条** 保险机构任命董事、监事、高级管理人员,应当在任命前向中国保监会申请核准上述人员的任职资格。

保险机构董事、监事、高级管理人员的任职资格管理,按照《保险法》和中国保监会有关规定执行。

**第五十八条** 保险机构应当依照《保险法》和中国保监会的有关规定管理、使用经营保险业务许可证。

## 第七章 监督管理

**第五十九条** 中国保监会对保险机构的监督管理,采取现场监管与非现场监管相结合的方式。

**第六十条** 保险机构有下列情形之一的,中国保监会可以将其列为重点监管对象:

(一)严重违法;

(二)偿付能力不足;

(三)财务状况异常;

(四)中国保监会认为需要重点监管的其他情形。

**第六十一条** 中国保监会对保险机构的现场检查包括但不限于下列事项:

(一)机构设立、变更是否依法经批准或者向中国保监会报告;

(二)董事、监事、高级管理人员任职资格是否依法经核准;

(三)行政许可的申报材料是否真实;

(四)资本金、各项准备金是否真实、充足;

(五)公司治理和内控制度建设是否符合中国保监会的规定;

(六)偿付能力是否充足;

(七)资金运用是否合法;

(八)业务经营和财务情况是否合法,报告、报表、文件、资料是否及时、完整、真实;

(九)是否按规定对使用的保险条款和保险费率报

经审批或者备案；

（十）与保险中介的业务往来是否合法；

（十一）信息化建设工作是否符合规定；

（十二）需要事后报告的其他事项是否按照规定报告；

（十三）中国保监会依法检查的其他事项。

**第六十二条** 中国保监会对保险机构进行现场检查，保险机构应当予以配合，并按中国保监会的要求提供有关文件、材料。

**第六十三条** 中国保监会工作人员依法实施现场检查；检查人员不得少于2人，并应当出示有关证件和检查通知书。

中国保监会可以在现场检查中，委托会计师事务所等中介服务机构提供相关专业服务；委托上述中介服务机构提供专业服务的，应当签订书面委托协议。

**第六十四条** 保险机构出现频繁撤销分支机构、频繁变更分支机构营业场所等情形，可能或者已经对保险公司经营造成不利影响的，中国保监会有权根据监管需要采取下列措施：

（一）要求保险机构在指定时间内完善分支机构管理的相关制度；

（二）询问保险机构负责人、其他相关人员，了解变更、撤销的有关情况；

（三）要求保险机构提供其内部对变更、撤销行为进行决策的相关文件和资料；

（四）出示重大风险提示函，或者对有关人员进行监管谈话；

（五）依法采取的其他措施。

保险机构应当按照中国保监会的要求进行整改，并及时将整改情况书面报告中国保监会。

**第六十五条** 中国保监会有权根据监管需要，要求保险机构进行报告或者提供专项资料。

**第六十六条** 保险机构应当按照规定及时向中国保监会报送营业报告、精算报告、财务会计报告、偿付能力报告、合规报告等报告、报表、文件和资料。

保险机构向中国保监会提交的各类报告、报表、文件和资料，应当真实、完整、准确。

**第六十七条** 保险公司的股东大会、股东会、董事会的重大决议，应当在决议作出后30日内向中国保监会报告，中国保监会另有规定的除外。

**第六十八条** 中国保监会有权根据监管需要，对保险机构董事、监事、高级管理人员进行监管谈话，要求其就保险业务经营、风险控制、内部管理等有关重大事项作出说明。

**第六十九条** 保险机构或者其从业人员违反本规定，由中国保监会依照法律、行政法规进行处罚；法律、行政法规没有规定的，由中国保监会责令改正，给予警告，对有违法所得的处以违法所得1倍以上3倍以下罚款，但最高不得超过3万元，对没有违法所得的处以1万元以下罚款；涉嫌犯罪的，依法移交司法机关追究其刑事责任。

## 第八章 附 则

**第七十条** 外资独资保险公司、中外合资保险公司分支机构设立适用本规定；中国保监会之前作出的有关规定与本规定不一致的，以本规定为准。

对外资独资保险公司、中外合资保险公司的其他管理，适用本规定，法律、行政法规和中国保监会另有规定的除外。

**第七十一条** 除本规定第四十二条和第七十二条第一款规定的情形外，外国保险公司分公司只能在其住所地的省、自治区、直辖市行政辖区内开展业务。

对外国保险公司分公司的其他管理，参照本规定对保险公司总公司的有关规定执行，法律、行政法规和中国保监会另有规定的除外。

**第七十二条** 再保险公司，包括外国再保险公司分公司，可以直接在全国开展再保险业务。

再保险公司适用本规定，法律、行政法规和中国保监会另有规定的除外。

**第七十三条** 政策性保险公司、相互制保险公司参照适用本规定，国家另有规定的除外。

**第七十四条** 保险公司在境外设立子公司、分支机构，应当经中国保监会批准；其设立条件和管理，由中国保监会另行规定。

**第七十五条** 保险公司应当按照《保险法》的规定，加入保险行业协会。

**第七十六条** 本规定施行前已经设立的分支机构，无需按照本规定的设立条件重新申请设立审批，但应当符合本规定对分支机构的日常管理要求。不符合规定的，应当自本规定施行之日起2年内进行整改，在高级管理人员或者主要负责人资质、场所规范、许可证使用、分支机构管理等方面达到本规定的相关要求。

**第七十七条** 保险机构依照本规定报送的各项报告、报表、文件和资料，应当用中文书写。原件为外文的，应当附中文译本；中文与外文意思不一致的，以中文为准。

**第七十八条** 本规定中的日是指工作日,不含法定节假日;本规定中的以上、以下,包括本数。

**第七十九条** 本规定由中国保监会负责解释。

**第八十条** 本规定自2009年10月1日起施行。中国保监会2004年5月13日发布的《保险公司管理规定》(保监会令〔2004〕3号)同时废止。

## 保险资产管理公司管理规定

- 2022年7月28日中国银行保险监督管理委员会令2022年第2号公布
- 自2022年9月1日起施行

### 第一章 总 则

**第一条** 为加强对保险资产管理公司的监督管理,规范保险资产管理公司行为,保护投资者合法权益,防范经营风险,根据《中华人民共和国保险法》(以下简称《保险法》)、《中华人民共和国公司法》(以下简称《公司法》)等法律法规及《中国人民银行 中国银行保险监督管理委员会 中国证券监督管理委员会 国家外汇管理局关于规范金融机构资产管理业务的指导意见》(银发〔2018〕106号),制定本规定。

**第二条** 保险资产管理公司是指经中国银行保险监督管理委员会(以下简称银保监会)批准,在中华人民共和国境内设立,通过接受保险集团(控股)公司和保险公司等合格投资者委托、发行保险资产管理产品等方式,以实现资产长期保值增值为目的,开展资产管理业务及国务院金融管理部门允许的其他业务的金融机构。

**第三条** 保险资产管理公司应当诚实守信、勤勉尽责,严格遵守投资者适当性管理要求,稳健审慎开展业务经营,维护投资者合法权益,不得损害国家利益和社会公共利益。

**第四条** 银保监会依法对保险资产管理公司及其业务活动实施监督管理。

### 第二章 设立、变更和终止

**第五条** 保险资产管理公司应当采取下列组织形式:

(一)有限责任公司;

(二)股份有限公司。

**第六条** 保险资产管理公司名称一般为"字号+保险资产管理+组织形式"。未经银保监会批准,任何单位不得在其名称中使用"保险资产管理"字样。

**第七条** 保险资产管理公司应当具备下列条件:

(一)具有符合《公司法》和银保监会规定的公司章程;

(二)具有符合规定条件的股东;

(三)境内外保险集团(控股)公司、保险公司合计持股比例超过50%;

(四)具有符合本规定要求的最低注册资本;

(五)具有符合规定条件的董事、监事和高级管理人员,配备从事研究、投资、运营、风险管理等资产管理相关业务的专业人员;

(六)建立有效的公司治理、内部控制和风险管理体系,具备从事资产管理业务需要的信息系统,具备保障信息系统有效安全运行的技术与措施;

(七)具有与业务经营相适应的营业场所、安全防范措施和其他设施;

(八)银保监会规定的其他审慎性条件。

**第八条** 保险资产管理公司股东应当为境内保险集团(控股)公司、保险公司、其他金融机构、非金融企业,境外保险集团(控股)公司、保险公司、资产管理机构等。

保险资产管理公司开展股权激励或员工持股计划的,相关持股主体另有规定的从其规定。

**第九条** 保险资产管理公司股东应当具备下列条件:

(一)具有良好的公司治理结构和内部控制机制;

(二)具有良好的社会声誉、诚信记录和纳税记录;

(三)经营管理状况良好,最近2年内无重大违法违规经营记录;

(四)入股资金为自有资金,不得以债务资金、委托资金等非自有资金入股;

(五)非金融企业作为股东的,应当符合国家有关部门关于非金融企业投资金融机构的相关要求;

(六)境外机构作为股东的,应当符合所在国家或地区有关法律法规和监管规定,其所在国家或地区金融监管当局已经与国务院金融监督管理部门建立良好的监督管理合作机制;

(七)银保监会规定的其他审慎性条件。

**第十条** 保险资产管理公司的主要发起人应当为保险集团(控股)公司或保险公司。主要发起人除满足本规定第九条规定的条件外,还应当具备下列条件:

(一)持续经营5年以上;

(二)最近3年内无重大违法违规经营记录;

(三)财务状况良好,最近3个会计年度连续盈利;

(四)主要发起人与保险资产管理公司的其他保险

公司股东最近1年末总资产合计不低于500亿元人民币或等值可自由兑换货币；

（五）最近四个季度综合偿付能力充足率均不低于150%；

（六）银保监会规定的其他审慎性条件。

**第十一条** 任何单位和个人不得委托他人或接受他人委托持有保险资产管理公司股权，银保监会另有规定的除外。

**第十二条** 保险资产管理公司主要发起人、控股股东及实际控制人应当秉持长期投资理念，书面承诺持有保险资产管理公司股权不少于5年，持股期间不得将所持有的股权进行质押或设立信托，银保监会另有规定的除外。

**第十三条** 存在以下情形之一的企业，不得作为保险资产管理公司的股东：

（一）股权结构不清晰，不能逐层穿透至最终权益持有人；

（二）公司治理存在明显缺陷；

（三）关联企业众多，关联交易频繁且异常；

（四）核心主业不突出或经营范围涉及行业过多；

（五）现金流量波动受经济景气影响较大；

（六）资产负债率、财务杠杆率明显高于行业平均水平；

（七）其他可能对保险资产管理公司产生重大不利影响的情况。

**第十四条** 保险资产管理公司的注册资本应当为实缴货币资本，最低限额为1亿元人民币或者等值可自由兑换货币。

银保监会根据审慎监管的需要，可以调整保险资产管理公司注册资本的最低限额，但不得低于前款规定的限额。

**第十五条** 同一投资人及其关联方、一致行动人投资入股保险资产管理公司的数量不得超过2家，其中，直接、间接、共同控制的保险资产管理公司的数量不得超过1家，经银保监会批准的除外。

**第十六条** 设立保险资产管理公司，主要发起人应当向银保监会提出书面申请，并提交下列材料：

（一）设立申请书；

（二）拟设公司的可行性研究报告、发展规划、筹建方案以及出资资金来源说明；

（三）股东的基本资料，包括股东名称、法定代表人、组织形式、注册资本、经营范围、资格证明文件以及经会计师事务所审计的最近3年资产负债表和损益表等；

（四）拟设公司的筹备负责人名单和简历；

（五）出资人出资意向书或者股份认购协议；

（六）股东为金融机构的，应当提交所在行业监管机构出具的监管意见；

（七）银保监会规定的其他材料。

**第十七条** 对设立保险资产管理公司的申请，银保监会应当自收到完整的申请材料之日起3个月内作出批准或者不批准筹建的决定。决定不予批准的，应当书面通知申请人并说明理由。

**第十八条** 申请人应当自收到银保监会批准筹建文件之日起6个月内完成筹建工作。在规定的期限内未完成筹建工作的，经申请人申请、银保监会批准，筹建期可延长3个月。筹建期满仍未完成筹建工作的，原批准筹建文件自动失效。

筹建机构在筹建期间不得从事任何经营业务活动。

**第十九条** 筹建工作完成后，主要发起人应当向银保监会提出开业申请，并提交下列材料：

（一）开业申请报告；

（二）法定验资机构出具的验资证明，资本金入账凭证复印件；

（三）拟任董事、监事、高级管理人员的任职资格申请材料；

（四）营业场所的所有权或者使用权证明文件；

（五）公司章程和内部管理制度；

（六）信息管理系统、资金运用交易设备和安全防范设施的资料；

（七）受托管理资金及相关投资管理能力证明材料；

（八）银保监会规定的其他材料。

**第二十条** 银保监会应当自收到完整的保险资产管理公司开业申请材料之日起60个工作日内，作出核准或者不予核准的决定。决定核准的，颁发业务许可证；决定不予核准的，应当书面通知申请人并说明理由。

**第二十一条** 保险资产管理公司设立分支机构，应当向银保监会提出申请，并提交下列材料：

（一）设立申请书；

（二）拟设机构的业务范围和可行性研究报告；

（三）拟设机构筹建负责人的简历及相关证明材料；

（四）银保监会规定的其他材料。

保险资产管理公司申请设立分支机构，由银保监会按有关规定受理、审查并作出决定。

**第二十二条** 保险资产管理公司可以投资设立理

财、公募基金、私募基金、不动产、基础设施等从事资产管理业务或与资产管理业务相关的子公司。

保险资产管理公司投资设立子公司的，应当向银保监会提出申请，并具备以下条件：

（一）开业3年以上；

（二）最近3年内无重大违法违规经营记录；

（三）最近1年末经审计的净资产不低于1亿元，已建立风险准备金制度；

（四）最近2年监管评级均达到B类以上；

（五）使用自有资金出资，投资金额累计不超过经审计的上一年度净资产的50%；

（六）银保监会规定的其他条件。

保险资产管理公司投资设立子公司，由银保监会按照保险资金重大股权投资有关规定受理、审查并作出决定。

**第二十三条** 保险资产管理公司应当严格控制、合理规划分支机构和子公司的设立，避免同业竞争及重复投入。

**第二十四条** 保险资产管理公司有下列情形之一的，应当报银保监会批准：

（一）变更公司名称；

（二）变更注册资本；

（三）变更组织形式；

（四）变更出资额占有限责任公司资本总额5%以上的股东，或者变更持股占股份有限公司总股本5%以上的股东；

（五）调整业务范围；

（六）变更公司住所或营业场所；

（七）修改公司章程；

（八）合并或分立；

（九）撤销分支机构；

（十）银保监会规定的其他事项。

**第二十五条** 保险资产管理公司董事、监事、高级管理人员应当在任职前取得银保监会核准的任职资格。

银保监会可以对保险资产管理公司拟任董事、监事和高级管理人员进行任职谈话。

**第二十六条** 保险资产管理公司董事、监事应当具有大学本科以上学历以及履行职务必需的知识、经验和能力，具备5年以上与履行职责相适应的工作经历。其中，董事长应当具有10年以上金融从业经验。

**第二十七条** 本规定所称保险资产管理公司高级管理人员，是指保险资产管理公司的经营管理活动和风险管理具有决策权或者重大影响的下列人员：总经理、副总经理、首席风险管理执行官以及实际履行上述职务的其他人员。

保险资产管理公司高级管理人员应当具备下列条件：

（一）大学本科以上学历；

（二）10年以上金融从业经历；

（三）品行良好，熟悉与保险资产管理业务相关的法律法规及监管规定，具有履行职责所需要的经营管理能力；

（四）银保监会规定的其他条件。

**第二十八条** 保险资产管理公司申请核准董事、监事和高级管理人员任职资格的，应当向银保监会提交下列申请材料：

（一）任职资格核准申请文件及任职资格申请表；

（二）拟任董事、监事或者高级管理人员的身份证件、学历学位证书、劳动合同、接受反洗钱培训和履行反洗钱义务相关材料、关联关系说明、个人征信报告等复印件或证明文件；

（三）最近三年曾任金融机构董事长、高级管理人员或其他重要管理职务的，应当提交其最近一次离任审计报告或经济责任审计报告；

（四）公司相关会议决策文件；

（五）银保监会规定的其他材料。

**第二十九条** 保险资产管理公司拟任董事、监事、高级管理人员有下列情形之一的，银保监会不予核准其任职资格：

（一）依据《公司法》等法律法规、监管规定，不得担任董事、监事、高级管理人员的情形；

（二）最近3年内因重大违法违规行为受到行政处罚，或涉嫌重大违法违规正在接受有关部门立案调查，尚未作出结论；

（三）被国务院金融监督管理部门取消、撤销任职资格或采取市场禁入措施的，自被取消、撤销任职资格或禁入期满未逾5年；

（四）因违法违规或违纪行为被吊销执业资格的律师、注册会计师或者资产评估机构、验证机构等机构的专业人员，自被吊销执业资格之日起未逾5年；

（五）因严重失信行为被国家有关单位确定为失信联合惩戒对象且应当受到相应惩戒，或者最近5年内具有其他严重失信不良记录；

（六）因违法违规或违纪行为被国家机关开除公职；

（七）因犯破坏金融管理秩序罪被判处刑事处罚，或因其他罪名被判处刑事处罚执行期满未逾5年；

（八）银保监会规定的其他情形。

第三十条　保险资产管理公司应当自高级管理人员任职任命决定作出之日起10个工作日内向银保监会提交任职报告文件、任命文件复印件等材料。

第三十一条　保险资产管理公司高级管理人员不能履职或缺位时，公司可以指定临时负责人，并及时向银保监会报告。临时负责人履职时间原则上不得超过6个月。

第三十二条　保险资产管理公司董事、监事或者高级管理人员有下列情形之一的，其任职资格自动失效：

（一）获得任职资格核准后，超过2个月未实际到任履职，且未提供正当理由；

（二）从核准任职资格的岗位离职；

（三）受到禁止进入保险业的行政处罚；

（四）被判处刑罚；

（五）有关法律法规规定及银保监会认定的其他情形。

第三十三条　保险资产管理公司有下列情形之一的，经银保监会批准后可以解散：

（一）公司章程规定的营业期限届满或者公司章程规定的其他解散事由出现；

（二）股东会或股东大会决议解散；

（三）因公司合并或者分立需要解散；

（四）依法被吊销业务许可证、营业执照、责令关闭或者被撤销；

（五）其他法定事由。

第三十四条　保险资产管理公司不得将受托管理资产和所管理的保险资产管理产品资产归入其自有财产。因解散、依法被撤销或者被宣告破产等原因进行清算的，其受托管理资产和所管理的保险资产管理产品资产不属于清算财产。

第三十五条　保险资产管理公司因解散、依法被撤销或被宣告破产而终止的，其清算事宜按照国家有关法律法规办理。

### 第三章　公司治理

第三十六条　保险资产管理公司应当建立组织机构健全、职责分工清晰、制衡监督有效、激励约束合理的公司治理结构，保持公司独立规范运作，维护投资者的合法权益。

第三十七条　保险资产管理公司的股东应当履行法定义务，依法行使对保险资产管理公司的股东权利。保险资产管理公司的股东及其实际控制人不得有以下行为：

（一）虚假出资、抽逃或者变相抽逃出资；

（二）以任何形式占有或者转移保险资产管理公司资产；

（三）在资产管理等业务活动中要求保险资产管理公司为其提供配合，损害投资者和其他当事人的合法权益；

（四）通过任何方式隐瞒关联关系，隐瞒提供或虚假提供关联方信息；

（五）与保险资产管理公司管理的资产进行不当交易，要求保险资产管理公司利用管理的资产为自己或他人牟取利益；

（六）其他利用股东地位损害投资者、保险资产管理公司及其他利益相关方合法权益的行为；

（七）国家有关法律法规及监管机构禁止的其他行为。

第三十八条　保险资产管理公司股东（大）会职权范围和议事规则应当清晰明确。保险资产管理公司的股东及其实际控制人应当通过股东（大）会依法行使权利，不得越过股东（大）会、董事会任免保险资产管理公司的董事、监事、高级管理人员，或者直接干预保险资产管理公司的经营管理和投资运作。

第三十九条　保险资产管理公司应当建立与股东之间有效的风险隔离机制以及业务和客户关键信息隔离制度，通过隔离资金、业务、管理、人员、系统、营业场所和信息等措施，防范风险传染、内幕交易、利益冲突和利益输送，防范利用未公开信息交易等违法违规行为。

第四十条　保险资产管理公司的公司章程应当明确董事会职权范围和议事规则。董事会应当按照法律法规、监管规定和公司章程等要求，制定公司总体战略和基本管理制度并监督实施，决策公司重大事项，监督评价经营管理人员的履职情况。董事会对公司的合规管理和风险管控有效性承担最终责任。

董事会对经营管理人员的考核，应当包括长期业绩、合规和风险管理等内容，不得以短期业务规模和盈利增长为主要考核标准。

董事会和董事长不得越权干预经营管理人员的具体经营活动。

第四十一条　保险资产管理公司应当根据监管规定和实际需要，在董事会下设置从事合规风控、审计、关联交易管理、提名薪酬和考核等事务的专门委员会，并在公司章程中明确规定各专门委员会的成员构成及职权。

董事会应当制定各专门委员会的工作程序等制度。各专门委员会应当定期向董事会报告工作，形成书面工作报告，以备查阅。

**第四十二条** 保险资产管理公司应当按规定建立健全独立董事制度，独立董事人数原则上不得少于董事会人数的1/3。

独立董事应当独立于保险资产管理公司及其股东，以维护投资者和公司合法权益为出发点，勤勉尽责，依法对受托资产管理和公司运作的重大事项独立作出客观、公正的专业判断。

独立董事发现公司存在合规问题或重大风险隐患，应当及时告知董事会，并按规定向银保监会报告。

**第四十三条** 保险资产管理公司监事会或监事应当加强对公司财务状况和董事会、高级管理人员履职尽责情况的监督，但不得越权干预经营管理人员的具体经营活动。

保险资产管理公司设立监事会的，监事会成员应当包括股东代表和公司职工代表，其中职工代表的比例不得少于监事会人数的1/3。

**第四十四条** 保险资产管理公司的总经理负责公司的经营管理。

保险资产管理公司的高级管理人员及其他工作人员应当坚持稳健经营理念，忠实、勤勉地履行职责，不得为股东、本人或者他人谋取不正当利益。

**第四十五条** 保险资产管理公司应当设立首席风险管理执行官。首席风险管理执行官不得主管投资管理。

首席风险管理执行官负责组织和领导保险资产管理公司风险管理工作，履职范围包括所有公司运作和业务环节的风险管理，独立向董事会、银保监会报告有关情况，提出防范和化解公司重大风险建议。

保险资产管理公司更换首席风险管理执行官，应当于更换前至少5个工作日，向银保监会书面报告更换事由，以及首席风险管理执行官的履职情况。

**第四十六条** 保险资产管理公司应当加强对董事、监事和高级管理人员的兼职管理，确保相关人员履职时间与履职责任相匹配，防止不履职、不当履职和利益冲突。

保险资产管理公司的高级管理人员不得在其他营利性经营机构兼任高级管理人员。因经营管理需要在母公司、子公司任职，或因项目投资需要在被投资项目公司任职的，原则上只能兼任1家机构的高级管理人员。

**第四十七条** 保险资产管理公司应当建立健全与公司发展相适应的长效激励约束机制和薪酬递延机制。

### 第四章 业务规则

**第四十八条** 保险资产管理公司经营范围包括以下业务：

（一）受托管理保险资金及其形成的各种资产；

（二）受托管理其他资金及其形成的各种资产；

（三）管理运用自有人民币、外币资金；

（四）开展保险资产管理产品业务、资产证券化业务、保险私募基金业务等；

（五）开展投资咨询、投资顾问，以及提供与资产管理业务相关的运营、会计、风险管理等专业服务；

（六）银保监会批准的其他业务；

（七）国务院其他部门批准的业务。

前款第（二）项所述"其他资金"包括基本养老保险基金、社会保障基金、企业年金基金、职业年金基金等资金及其他具备相应风险识别和风险承受能力的境内外合格投资者的资金。

**第四十九条** 保险资产管理公司开展保险资产管理产品业务和投资管理活动，应当满足银保监会有关保险资产管理产品管理和投资管理能力的要求。

保险资产管理公司开展外汇资金运用业务和其他外汇业务，应当符合银保监会、中国人民银行和国家外汇管理局的相关规定。

**第五十条** 保险资产管理公司应当依据监管规定和合同约定，对受托管理的资产和保险资产管理产品资产进行投资管理和运作。

保险资产管理公司受托管理保险资金，可以列席保险公司资产负债匹配管理部门的有关会议。

**第五十一条** 保险资产管理公司自有资金运用应当遵循审慎稳健、风险分散、合法公平的原则，维护自有资金的安全性、流动性。

保险资产管理公司自有资金可以开展金融资产投资以及与资产管理业务相关的股权投资，可以购置自用性不动产。其中，持有现金、银行存款、政府债券、准政府债券、中央银行票据、政策性金融债券、公募基金、组合类保险资产管理产品等具有较高流动性资产的比例不得低于50%；投资于本公司发行的保险资产管理产品原则上不得超过单只产品净资产的50%；不得直接投资上市交易的股票、期货及其他衍生品。

保险资产管理公司运用自有资金，应当避免与公及子公司管理的资产之间发生利益冲突,严禁任何形式的利益输送行为。

**第五十二条** 保险资产管理公司开展资产管理业务应当建立资产托管机制,并由委托人或保险资产管理公司聘任符合银保监会监管规定的商业银行或者其他专业机构作为托管人。

**第五十三条** 保险资产管理公司应当公平对待所管理的不同委托人和不同保险资产管理产品的资产,分别记账并建立防范利益输送的隔离机制,防止可能出现的风险传递和利益冲突。

保险资产管理公司应当指定专门的投资管理人员单独管理公司的自有资金。

**第五十四条** 保险资产管理公司作为受托人管理运用、处分不同委托人和保险资产管理产品资产所产生的债权,不得与保险资产管理公司自有财产所产生的债务相互抵销。

保险资产管理公司作为受托人管理运用、处分不同委托人和保险资产管理产品资产所产生的债权债务,不得相互抵销。

保险资产管理公司与其他组织或者个人发生民事纠纷,其受托管理的资产和保险资产管理产品资产不得用于扣押、冻结、抵偿等。

**第五十五条** 保险资产管理公司开展资产管理业务应当与投资者及其他当事人签署书面合同。

**第五十六条** 保险资产管理公司依照合同约定取得资产管理费,资产管理费率应当依照公平、合理和市场化的原则确定。

**第五十七条** 保险资产管理公司不得有下列行为:

(一)提供担保;

(二)承诺受托管理资产或保险资产管理产品资产不受损失,或者保证最低收益;

(三)违规将受托管理的资产转委托;

(四)提供规避投资范围、杠杆约束等监管要求的通道服务;

(五)利用受托管理资产或保险资产管理产品资产等为他人牟取利益,或者为自己谋取合同约定报酬以外的其他利益;

(六)以获取非法利益或进行利益输送为目的,操纵自有财产、不同来源的受托管理资产、保险资产管理产品资产等互相交易或与股东进行资金运用交易;

(七)以资产管理费的名义或者其他方式与投资者合谋获取非法利益;

(八)国家有关法律法规及监管机构禁止的其他行为。

**第五十八条** 保险资产管理公司应当妥善保管受托管理资产、保险资产管理产品资产管理运用的完整记录及合同文本,保管期限自合同终止之日起不少于15年。

**第五十九条** 保险资产管理公司应当定期或者根据合同约定,向委托人报告受托管理资产的管理运用情况。

保险资产管理公司应当按照法律法规、银保监会相关规定及保险资产管理产品合同等约定,及时履行信息披露义务。

**第六十条** 保险资产管理公司应当建立和完善客户服务标准,加强销售管理,规范保险资产管理产品及业务宣传推介行为,不得有不正当销售或者不正当竞争的行为。

**第六十一条** 保险资产管理公司应当审慎经营,保持良好的财务状况,满足公司运营、业务发展和风险管理的需要。

保险资产管理公司年度财务报告应当经会计师事务所审计。

**第六十二条** 保险资产管理公司和托管人对受托管理资产及保险资产管理产品资产的管理运用情况和投资者信息等资料负有依法保密义务。

## 第五章 风险管理

**第六十三条** 保险资产管理公司应当建立全面风险管理体系。保险资产管理公司应当明确股东(大)会、董事会、监事会或监事、高级管理层、业务部门、风险管理部门和内部审计部门的风险管理职责分工,建立相互衔接、相互制衡、协调运转的风险管理组织架构。

**第六十四条** 保险资产管理公司应当设立独立的风险管理部门,并配备满足业务需要的风险管理人员、方法和系统。建立完善全面风险管理制度和机制,有效进行风险识别、评估、计量、监测、报告和风险处置,防范各类业务风险。

**第六十五条** 保险资产管理公司应当建立健全内部控制制度和内、外部审计制度,完善内部控制措施,提高内、外部审计有效性,持续提升业务经营、风险管理、内控合规水平。

保险资产管理公司应当按规定,每年至少开展一次对资产管理业务的内部审计,并将审计报告报送董事会。董事会应当针对内部审计发现的问题,督促经营管理层及时采取整改措施。内部审计部门应当跟踪检查整改措施的实施情况,并及时向董事会提交有关报告。

保险资产管理公司应当委托外部审计机构每年至少

开展一次资产管理业务内部控制审计，针对外部审计发现的问题及时采取整改措施，并按规定向银保监会报告。

**第六十六条** 保险资产管理公司设立子公司的，应当依法依规对子公司的经营策略、风险管理、内控合规和审计工作进行指导、监督。

保险资产管理公司与其子公司之间，以及保险资产管理公司各子公司之间，应当建立隔离墙制度，防止可能出现的风险传递和利益冲突。

**第六十七条** 保险资产管理公司开展关联交易，应当遵守法律法规和银保监会相关规定，不得与关联方进行不正当交易和利益输送。

保险资产管理公司应当全面准确识别关联方，并定期对关联方清单进行检查更新。建立健全关联交易内部评估和决策审批机制，严格履行关联交易相关内部管理、信息披露和报告程序。

**第六十八条** 保险资产管理公司员工应当遵守法律法规及监管规定，恪守职业道德和行为规范。在公司任职期间，不得从事损害投资者和公司利益的证券交易及其他活动，不得利用职务之便为自己或他人谋取不当利益，不得进行利益输送。

保险资产管理公司应当建立证券投资相关从业人员证券交易行为管理制度，明确证券投资相关从业人员本人、配偶、利害关系人进行证券投资的申报、登记、审查、处置以及禁止性规定要求。

**第六十九条** 保险资产管理公司在开展受托管理资金业务和保险资产管理产品业务时，应当建立风险准备金制度。风险准备金主要用于弥补因保险资产管理公司违法违规、违反合同约定、操作失误或技术故障等给受托管理资产、保险资产管理产品资产等造成的损失。

保险资产管理公司应当将风险准备金计提情况纳入公司年度财务报告，按规定报送银保监会。

银保监会可以根据审慎监管的要求，提高保险资产管理公司风险准备金计提比例要求。

**第七十条** 保险资产管理公司应当加强信息化建设，具备从事资产管理业务所需要的投资决策、资金运用、风险管理、财务核算以及支持保险资产管理产品或账户单独管理、单独建账和单独核算等业务管理的信息系统;具备保障信息系统有效安全运行的技术与措施，具有与业务操作相关的安全保障措施。

**第七十一条** 保险资产管理公司应当建立重大突发事件应急处理机制，并指定相关部门具体负责突发事件的应急管理、信息报告等工作。

## 第六章 监督管理

**第七十二条** 银保监会根据有关规定对保险资产管理公司进行监管评级，并根据评级结果对保险资产管理公司在市场准入、监管措施等方面实施分类监管。

**第七十三条** 保险资产管理公司应当建立健全信息报送机制，按照法律法规和银保监会规定，向银保监会报送有关信息、资料。银保监会有权要求保险资产管理公司及其股东、实际控制人在指定的期限内提供有关信息、资料。

保险资产管理公司及其股东、实际控制人向银保监会报送或提供的信息、资料，必须及时、真实、准确、完整。

**第七十四条** 保险资产管理公司应当按照银保监会及所涉业务领域相关监管机构的要求，及时、真实、准确、完整地履行各项信息披露义务。

**第七十五条** 保险资产管理公司应当在以下事项发生之日起5个工作日内，按规定向银保监会报告：

（一）变更持股5%以下的股东或变更股东的持股比例不超过5%；

（二）公司股权被质押或解质押；

（三）股东及股东的实际控制人变更、名称变更、合并、分立、破产等可能导致所持保险资产管理公司股权发生变化的情况；

（四）在保险资产管理公司自有资金投资中，发生单项投资实际投资损失金额超过其上季度末净资产总额5%的投资损失；

（五）发生对保险资产管理公司净资产和实际经营造成重要影响或者判决其赔偿金额超过5000万元人民币的重大诉讼案件或仲裁案件；

（六）发生其他可能影响保险资产管理公司经营管理、财务状况、风险控制或者投资者资产安全的重大事件；

（七）银保监会要求报告的其他重大事项。

**第七十六条** 银保监会对保险资产管理公司的监督检查采取现场检查、现场调查与非现场监管相结合的方式。银保监会可以委托专业机构进行专项审计、评估或者出具法律意见，保险资产管理公司应当配合专业机构工作。

银保监会对保险资产管理公司进行现场检查、现场调查时，可以依法采取询问、查阅、复制等方式，保险资产管理公司应当予以配合。

银保监会认为保险资产管理公司可能存在下列情形之一的，可以要求其聘请专业机构进行专项审计、评估或者出具法律意见：

（一）公司信息披露和监管报告内容存在虚假记载、误导性陈述或者重大遗漏；

（二）违反法律法规及监管规定，造成受托管理资产或保险资产管理产品资产严重损失；

（三）银保监会认定的其他情形。

**第七十七条** 保险资产管理公司违反本规定要求，有下列情形之一的，银保监会可以对其采取监管谈话、出具警示函、责令限期整改等监管措施；逾期不改或情节严重的，银保监会可以对其采取暂停新增相关业务、责令调整负有直接责任的董事、监事、高级管理人员等监管措施：

（一）公司治理不健全，部门或者岗位设置存在较大缺陷，董事、监事、高级管理人员及其他关键业务岗位人员缺位，未履行职责或存在未经批准实际履职情形的；

（二）业务规则不健全或者未有效执行，风险管理或者内部控制机制不完善；

（三）未按规定开展资金运用行为；

（四）其他不符合持续性经营规则要求或者出现其他经营风险的情形。

**第七十八条** 保险资产管理公司及其股东、实际控制人、董事、监事、高级管理人员等违反本规定及有关法律法规的，银保监会依据《保险法》及有关行政法规给予保险资产管理公司及相关责任人员行政处罚；涉嫌犯罪的，依法移送司法机关，追究其刑事责任。

**第七十九条** 银保监会建立保险资产管理行业市场准入违规档案，记录保险资产管理公司股东或实际控制人、董事、监事、高级管理人员等违法违规情况，依法对相关主体采取措施，并将相关情况向社会公布。

**第八十条** 会计师事务所、律师事务所、资产评估机构、信用评级机构等为保险资产管理公司提供中介服务的机构及其直接负责的主管人员和其他直接责任人员违反相关规定开展业务，银保监会应当记录其不良行为，并将有关情况通报其行业主管部门。相关机构出具不具有公信力的报告或者有其他不诚信行为的，自行为发生之日起五年内，银保监会对其再次出具的报告不予认可，并将相关情况向社会公布。情节严重的，银保监会可向相关部门移送线索材料，由主管部门依法给予行政处罚。

**第八十一条** 保险资产管理公司的净资产低于4000万元人民币，或者现金、银行存款、政府债券、准政府债券等可运用的流动资产低于2000万元人民币且低于公司上一会计年度营业支出的，银保监会可以要求其限期整改。整改完成前，保险资产管理公司不得新增受托管理保险资金和其他资金，不得新增保险资产管理产品业务。

**第八十二条** 中国保险资产管理业协会依据法律法规、银保监会规定和自律规则，对保险资产管理公司及其业务活动进行自律管理。

中国保险资产管理业协会开展活动，应当接受银保监会的指导和监督。

## 第七章 附 则

**第八十三条** 本规定所称"以上"均含本数。

**第八十四条** 本规定由银保监会负责解释。

**第八十五条** 本规定自2022年9月1日起施行，《保险资产管理公司管理暂行规定》（保监会令〔2004〕2号）、《关于调整〈保险资产管理公司管理暂行规定〉有关规定的通知》（保监发〔2011〕19号）、《关于保险资产管理公司有关事项的通知》（保监发〔2012〕90号）同时废止。

# 保险公司偿付能力管理规定

· 2021年1月15日中国银行保险监督管理委员会令2021年第1号公布
· 自2021年3月1日起施行

## 第一章 总 则

**第一条** 为加强保险公司偿付能力监管，有效防控保险市场风险，维护保单持有人利益，根据《中华人民共和国保险法》，制定本规定。

**第二条** 本规定所称保险公司，是指依法在中国境内设立的经营商业保险业务的保险公司和外国保险公司分公司。

**第三条** 本规定所称偿付能力，是保险公司对保单持有人履行赔付义务的能力。

**第四条** 保险公司应当建立健全偿付能力管理体系，有效识别管理各类风险，不断提升偿付能力风险管理水平，及时监测偿付能力状况，编报偿付能力报告，披露偿付能力相关信息，做好资本规划，确保偿付能力达标。

**第五条** 中国银保监会以风险为导向，制定定量资本要求、定性监管要求、市场约束机制相结合的偿付能力监管具体规则，对保险公司偿付能力充足率状况、综合风险、风险管理能力进行全面评价和监督检查，并依法采取监管措施。

**第六条** 偿付能力监管指标包括：

（一）核心偿付能力充足率，即核心资本与最低资本

的比值,衡量保险公司高质量资本的充足状况;

(二)综合偿付能力充足率,即实际资本与最低资本的比值,衡量保险公司资本的总体充足状况;

(三)风险综合评级,即对保险公司偿付能力综合风险的评价,衡量保险公司总体偿付能力风险的大小。

核心资本,是指保险公司在持续经营和破产清算状态下均可以吸收损失的资本。

实际资本,是指保险公司在持续经营或破产清算状态下可以吸收损失的财务资源。

最低资本,是指基于审慎监管目的,为使保险公司具有适当的财务资源应对各类可量化为资本要求的风险对偿付能力的不利影响,所要求保险公司应当具有的资本数额。

核心资本、实际资本、最低资本的计量标准等监管具体规则由中国银保监会另行规定。

**第七条** 保险公司逆周期附加资本、系统重要性保险机构附加资本的计提另行规定。

**第八条** 保险公司同时符合以下三项监管要求的,为偿付能力达标公司:

(一)核心偿付能力充足率不低于50%;

(二)综合偿付能力充足率不低于100%;

(三)风险综合评级在B类及以上。

不符合上述任意一项要求的,为偿付能力不达标公司。

## 第二章 保险公司偿付能力管理

**第九条** 保险公司董事会和高级管理层对本公司的偿付能力管理工作负责;总公司不在中国境内的外国保险公司分公司的高级管理层对本公司的偿付能力管理工作负责。

**第十条** 保险公司应当建立健全偿付能力风险管理的组织架构,明确董事会及其相关专业委员会、高级管理层和相关部门的职责与权限,并指定一名高级管理人员作为首席风险官负责偿付能力风险管理工作。

保险公司应当通过聘用协议、书面承诺等方式,明确对于造成公司偿付能力风险和损失的董事和高级管理人员,公司有权追回已发的薪酬。

未设置董事会及相关专业委员会的外国保险公司分公司,由高级管理层履行偿付能力风险管理的相关职责。

**第十一条** 保险公司应当建立完备的偿付能力风险管理制度和机制,加强对保险风险、市场风险、信用风险、操作风险、战略风险、声誉风险和流动性风险等固有风险的管理,以有效降低公司的控制风险。

固有风险,是指在现有的正常的保险行业物质技术条件和生产组织方式下,保险公司在经营和管理活动中必然存在的客观的偿付能力相关风险。

控制风险,是指因保险公司内部管理和控制不完善或无效,导致固有风险未被及时识别和控制的偿付能力相关风险。

**第十二条** 保险公司应当按照保险公司偿付能力监管具体规则,定期评估公司的偿付能力充足状况,计算核心偿付能力充足率和综合偿付能力充足率,按规定要求报送偿付能力报告,并对其真实性、完整性和合规性负责。

**第十三条** 保险公司应当按照中国银保监会的规定开展偿付能力压力测试,对未来一定时间内不同情景下的偿付能力状况及趋势进行预测和预警,并采取相应的预防措施。

**第十四条** 保险公司应当建立偿付能力数据管理制度,明确职责分工,完善管理机制,强化数据管控,确保各项偿付能力数据真实、准确、完整。

**第十五条** 保险公司应当按年度滚动编制公司三年资本规划,经公司董事会批准后,报送中国银保监会及其派出机构。保险公司应建立发展战略、经营规划、机构设立、产品设计、资金运用与资本规划联动的管理决策机制,通过优化业务结构、资产结构,提升内生资本的能力,运用适当的外部资本工具补充资本,保持偿付能力充足。

## 第三章 市场约束与监督

**第十六条** 保险公司应当按照中国银保监会制定的保险公司偿付能力监管具体规则,每季度公开披露偿付能力季度报告摘要,并在日常经营的有关环节,向保险消费者、股东、潜在投资者、债权人等利益相关方披露和说明其偿付能力信息。

上市保险公司应当同时遵守证券监督管理机构相关信息披露规定。

**第十七条** 中国银保监会定期发布以下偿付能力信息:

(一)保险业偿付能力总体状况;

(二)偿付能力监管工作情况;

(三)中国银保监会认为需要发布的其他偿付能力信息。

**第十八条** 保险公司聘请的会计师事务所应当按照法律法规的要求,独立、客观地对保险公司偿付能力报告发表审计意见。

精算咨询机构、信用评级机构、资产评估机构、律师事务所等中介机构在保险业开展业务,应当按照法律法规和执业准则要求,发表意见或出具报告。

**第十九条** 保险消费者、新闻媒体、行业分析师、研究机构等可以就发现的保险公司存在未遵守偿付能力监管规定的行为,向中国银保监会反映和报告。

### 第四章 监管评估与检查

**第二十条** 中国银保监会及其派出机构通过偿付能力风险管理能力评估、风险综合评级等监管工具,分析和评估保险公司的风险状况。

**第二十一条** 中国银保监会及其派出机构定期对保险公司偿付能力风险管理能力进行监管评估,识别保险公司的控制风险。

保险公司根据评估结果计量控制风险的资本要求,并将其计入公司的最低资本。

**第二十二条** 中国银保监会及其派出机构通过评估保险公司操作风险、战略风险、声誉风险和流动性风险,结合其核心偿付能力充足率和综合偿付能力充足率,对保险公司总体风险进行评价,确定其风险综合评级,分为A类、B类、C类和D类,并采取差别化监管措施。

风险综合评级具体评价标准和程序由中国银保监会另行规定。中国银保监会可以根据保险业发展情况和监管需要,细化风险综合评级的类别。

**第二十三条** 中国银保监会及其派出机构建立以下偿付能力数据核查机制,包括:

(一)每季度对保险公司报送的季度偿付能力报告的真实性、完整性和合规性进行核查;

(二)每季度对保险公司公开披露的偿付能力季度报告摘要的真实性、完整性和合规性进行核查;

(三)对保险公司报送的其他偿付能力信息和数据进行核查。

核心偿付能力充足率低于60%或综合偿付能力充足率低于120%的保险公司为重点核查对象。

**第二十四条** 中国银保监会及其派出机构对保险公司偿付能力管理实施现场检查,包括:

(一)偿付能力管理的合规性和有效性;

(二)偿付能力报告的真实性、完整性和合规性;

(三)风险综合评级数据的真实性、完整性和合规性;

(四)偿付能力信息公开披露的真实性、完整性和合规性;

(五)对中国银保监会及其派出机构监管措施的落实情况;

(六)中国银保监会及其派出机构认为需要检查的其他方面。

### 第五章 监管措施

**第二十五条** 中国银保监会及其派出机构将根据保险公司的风险成因和风险程度,依法采取针对性的监管措施,以督促保险公司恢复偿付能力或在难以持续经营的状态下维护保单持有人的利益。

**第二十六条** 对于核心偿付能力充足率低于50%或综合偿付能力充足率低于100%的保险公司,中国银保监会应当采取以下第(一)项至第(四)项的全部措施:

(一)监管谈话;

(二)要求保险公司提交预防偿付能力充足率恶化或完善风险管理的计划;

(三)限制董事、监事、高级管理人员的薪酬水平;

(四)限制向股东分红。

中国银保监会还可以根据其偿付能力充足率下降的具体原因,采取以下第(五)项至第(十二)项的措施:

(五)责令增加资本金;

(六)责令停止部分或全部新业务;

(七)责令调整业务结构,限制增设分支机构,限制商业性广告;

(八)限制业务范围、责令转让保险业务或责令办理分出业务;

(九)责令调整资产结构,限制投资形式或比例;

(十)对风险和损失负有责任的董事和高级管理人员,责令保险公司根据聘用协议、书面承诺等追回其薪酬;

(十一)依法责令调整公司负责人及有关管理人员;

(十二)中国银保监会依法根据保险公司的风险成因和风险程度认为必要的其它监管措施。

对于采取上述措施后偿付能力未明显改善或进一步恶化的,由中国银保监会依法采取接管、申请破产等监管措施。

中国银保监会可以视具体情况,依法授权其派出机构实施必要的监管措施。

**第二十七条** 对于核心偿付能力充足率和综合偿付能力充足率达标,但操作风险、战略风险、声誉风险、流动性风险中某一类或某几类风险较大或严重的C类和D类保险公司,中国银保监会及其派出机构应根据风险成因和风险程度,采取针对性的监管措施。

**第二十八条** 保险公司未按规定报送偿付能力报告或公开披露偿付能力信息的,以及报送和披露虚假偿付能力信息的，中国银保监会及其派出机构依据《中华人民共和国保险法》等进行处罚。

**第二十九条** 保险公司聘请的会计师事务所的审计质量存在问题的，中国银保监会及其派出机构视具体情况采取责令保险公司更换会计师事务所、行业通报、向社会公众公布、不接受审计报告等措施，并移交注册会计师行业行政主管部门处理。

**第三十条** 精算咨询机构、信用评级机构、资产评估机构、律师事务所等中介机构在保险业开展业务时，存在重大疏漏或出具的意见、报告存在严重质量问题的，中国银保监会及其派出机构视具体情况采取责令保险公司更换中介机构、不接受报告、移交相关部门处理等措施。

### 第六章 附 则

**第三十一条** 保险集团、自保公司、相互保险组织适用本规定。相关法律法规另有规定的，从其规定。

**第三十二条** 外国保险公司分公司，如在中国境内有多家分公司，应当指定其中一家分公司合并评估所有在华分公司的偿付能力，并履行本规定的偿付能力管理职责，承担偿付能力管理责任。

**第三十三条** 本规定由中国银保监会负责解释和修订。

**第三十四条** 本规定自 2021 年 3 月 1 日起施行。《保险公司偿付能力管理规定》（中国保险监督管理委员会令 2008 年第 1 号）同时废止。

关于保险资产管理公司管理的有关规定，与本规定不一致的，以本规定为准。

## 保险保障基金管理办法

- 2022 年 10 月 26 日中国银行保险监督管理委员会、中华人民共和国财政部、中国人民银行令 2022 年第 7 号公布
- 自 2022 年 12 月 12 日起施行

### 第一章 总 则

**第一条** 为了规范保险保障基金的筹集、管理和使用，保障保单持有人合法权益，促进保险业健康发展，防范和化解金融风险，维护金融稳定，根据《中华人民共和国保险法》等有关法律、行政法规，制定本办法。

**第二条** 本办法所称保险公司，是指经国务院保险监督管理机构批准设立，并在境内依法登记注册的中资保险公司和外资保险公司。

法律、行政法规规定的经营商业保险业务的其他保险组织参照适用本办法。

**第三条** 本办法所称保险保障基金，是指依照《中华人民共和国保险法》和本办法规定缴纳形成，在本办法第十六条规定的情形下，用于救助保单持有人、保单受让公司或者处置保险业风险的非政府性行业风险救助基金。

本办法所称保单持有人，是指对保单利益依法享有请求权的主体，包括投保人、被保险人或者受益人。

本办法所称保单受让公司，是指经营有人寿保险等长期人身保险业务的保险公司被依法撤销或者依法实施破产的，接受该保险公司依法转让长期人身保险合同的有相应资质的公司。

**第四条** 保险保障基金分为财产保险保障基金和人身保险保障基金。

财产保险保障基金由财产保险公司缴纳形成。

人身保险保障基金由人身保险公司缴纳形成。

**第五条** 保险保障基金以保障保单持有人利益、维护保险业稳健经营为使用原则，依法集中管理，统筹使用。

### 第二章 保险保障基金公司

**第六条** 设立国有独资的中国保险保障基金有限责任公司（以下简称保险保障基金公司），依法负责保险保障基金的筹集、管理和使用。

保险保障基金公司依法独立运作，其董事会对保险保障基金的合法使用以及安全负责。

**第七条** 保险保障基金公司依法建立健全公司治理结构、内部控制制度和风险管理制度，依法运营，独立核算。

保险保障基金公司和保险保障基金应当各自作为独立会计主体进行核算，严格分离。

**第八条** 保险保障基金公司依法从事下列业务：

（一）筹集、管理、运作保险保障基金；

（二）监测保险业风险，发现保险公司经营管理中出现可能危及保单持有人和保险行业的重大风险时，向国务院保险监督管理机构提出监管处置建议；

（三）对保单持有人、保单受让公司等个人和机构提供救助或者参与对保险业的风险处置工作；

（四）在保险公司被依法撤销或者依法实施破产等情形下，参与保险公司的清算工作；

（五）管理和处分受偿资产；

（六）国务院批准的其他业务。

保险保障基金公司按照前款第二项规定向国务院保险监督管理机构提出监管处置建议的，应当及时将有关情况同时抄报财政部、中国人民银行。

第九条　保险保障基金公司设立董事会，董事会成员由国务院保险监督管理机构、财政部、中国人民银行、国家税务总局、司法部推荐。董事长为公司法定代表人，由国务院保险监督管理机构推荐，报国务院批准。

保险保障基金公司应当依照《中华人民共和国公司法》的规定设立有关组织机构，完善公司治理。

第十条　为依法救助保单持有人和保单受让公司、处置保险业风险的需要，经国务院保险监督管理机构商有关部门制定融资方案并报国务院批准后，保险保障基金公司可以以多种形式融资。

第十一条　保险保障基金公司应当与国务院保险监督管理机构建立保险公司信息共享机制。

国务院保险监督管理机构定期向保险保障基金公司提供保险公司财务、业务等经营管理信息。国务院保险监督管理机构认定存在风险隐患的保险公司，由国务院保险监督管理机构向保险保障基金公司提供该保险公司财务、业务等专项数据和资料。

保险保障基金公司对所获悉的保险公司各项数据和资料负有保密义务。

第十二条　保险保障基金公司解散须经国务院批准。

## 第三章　保险保障基金的筹集

第十三条　保险保障基金的来源：

（一）境内保险公司依法缴纳的保险保障基金；

（二）保险保障基金公司依法从被撤销或者破产的保险公司清算财产中获得的受偿收入；

（三）捐赠；

（四）上述资金的投资收益；

（五）其他合法收入。

第十四条　保险保障基金费率由基准费率和风险差别费率构成。缴纳保险保障基金的保险业务纳入保险保障基金救助范围。

基准费率和风险差别费率的确定和调整，由国务院保险监督管理机构提出方案，商有关部门，报国务院批准后执行。

第十五条　保险公司应当及时、足额将保险保障基金缴纳到保险保障基金公司的专门账户。有下列情形之一的，可以暂停缴纳：

（一）财产保险保障基金余额达到行业总资产6%的；

（二）人身保险保障基金余额达到行业总资产1%的。

保险保障基金余额，是指行业累计缴纳的保险保障基金金额加上投资收益，扣除各项费用支出和使用额以后的金额。

## 第四章　保险保障基金的使用

第十六条　有下列情形之一的，可以动用保险保障基金：

（一）保险公司被依法撤销或者依法实施破产，其清算财产不足以偿付保单利益的；

（二）国务院保险监督管理机构经商有关部门认定，保险公司存在重大风险，可能严重危害社会公共利益和金融稳定的；

（三）国务院批准的其他情形。

第十七条　动用保险保障基金，由国务院保险监督管理机构拟定风险处置方案和使用办法，商有关部门后，报经国务院批准。

保险保障基金公司参与风险处置方案和使用办法的拟定，并负责办理登记、发放、资金划拨等具体事宜。

第十八条　保险公司在获得保险保障基金支持期限内，国务院保险监督管理机构视情依法对其采取限制高级管理人员薪酬、限制向股东分红等必要监管措施。

第十九条　保险保障基金公司应当对财产保险保障基金和人身保险保障基金分账管理、分别使用。

财产保险保障基金用于向财产保险公司的保单持有人提供救助，以及在根据本办法第十六条第二项认定存在重大风险的情形下，对财产保险公司进行风险处置。

人身保险保障基金用于向人身保险公司的保单持有人和接受人身保险合同的保单受让公司提供救助，以及在根据本办法第十六条第二项认定存在重大风险的情形下，对人身保险公司进行风险处置。

财产保险保障基金和人身保险保障基金之间可以相互拆借。具体拆借期限、利率及适用原则报经国务院保险监督管理机构批准后施行。国务院保险监督管理机构对拆借资金使用情况进行监督检查。

第二十条　保险公司被依法撤销或者依法实施破产，其清算财产不足以偿付保单利益的，保险保障基金按照下列规则对财产保险、短期健康保险、短期意外伤害保险的保单持有人提供救助：

（一）保单持有人的保单利益在人民币5万元以内的部分，保险保障基金予以全额救助。

（二）保单持有人为个人的，对其保单利益超过人民币5万元的部分，保险保障基金的救助金额为超过部分金额的90%；保单持有人为机构，对其保单利益超过人民币5万元的部分,保险保障基金的救助金额为超过部分金额的80%。

本办法所称保单利益,是指解除保险合同时,保单持有人有权请求保险人退还的保险费、现金价值;保险事故发生或者达到保险合同约定的条件时,被保险人、受益人有权请求保险人赔偿或者给付的保险金。

**第二十一条** 经营有长期人身保险业务的保险公司被依法撤销或者依法实施破产的,其持有的人寿保险合同,必须依法转让给其他经营有相应保险业务的保险公司;不能同其他保险公司达成转让协议的,由国务院保险监督管理机构指定经营有相应保险业务的保险公司接收。

除人寿保险合同外的其他长期人身保险合同,其救助方式依照法律、行政法规和国务院有关规定办理。

**第二十二条** 被依法撤销或者依法实施破产的保险公司的清算资产不足以偿付人寿保险合同保单利益的,保险保障基金可以按照下列规则向保单受让公司提供救助:

(一)保单持有人为个人的,救助金额以转让后保单利益不超过转让前保单利益的90%为限;

(二)保单持有人为机构的,救助金额以转让后保单利益不超过转让前保单利益的80%为限;

(三)对保险合同中投资成分等的具体救助办法,另行制定。

除人寿保险合同外的其他长期人身保险合同,其救助标准按照人寿保险合同执行。

保险保障基金依照前款规定向保单受让公司提供救助的,救助金额应当以保护中小保单持有人权益以维护保险市场稳定,并根据保险保障基金资金状况为原则确定。

**第二十三条** 为保障保单持有人的合法权益,根据社会经济发展的实际情况,经国务院批准,国务院保险监督管理机构可会同有关部门适时调整保险保障基金的救助金额和比例。

**第二十四条** 保险公司被依法撤销或者依法实施破产,保险保障基金对保单持有人或者保单受让公司予以救助的,按下列顺序从保险保障基金中扣减:

(一)被依法撤销或者依法实施破产的保险公司保险保障基金余额;

(二)其他保险公司保险保障基金余额。

其他保险公司保险保障基金余额的扣减金额,按各保险公司上一年度市场份额计算。

**第二十五条** 保险保障基金公司救助保单持有人保单利益后,即在偿付金范围内取得该保单持有人对保险公司等同于赔偿或者给付保险金清偿顺序的债权。

**第二十六条** 保险公司被依法撤销或者依法实施破产的,在撤销决定作出后或者在破产申请依法向人民法院提出前,保单持有人可以与保险保障基金公司签订债权转让协议,保险保障基金公司以保险保障基金向其支付救助款,并获得保单持有人对保险公司的债权。

清算结束后,保险保障基金获得的清偿金额多于支付的救助款的,保险保障基金应当将差额部分返还给保单持有人。

**第二十七条** 下列业务不属于保险保障基金的救助范围,不缴纳保险保障基金:

(一)保险公司承保的境外直接保险业务;

(二)保险公司的再保险分入业务;

(三)由国务院确定的国家财政承担最终风险的政策性保险业务;

(四)保险公司从事的企业年金受托人、账户管理人等企业年金管理业务;

(五)自保公司经营的保险业务;

(六)国务院保险监督管理机构会同有关部门认定的其他不属于保险保障基金救助范围的业务。

保险公司被依法撤销或者依法实施破产,其股东、实际控制人、董事、监事、高级管理人员及相关管理人员因违反法律、行政法规或者国家有关规定,对公司被依法撤销或者依法实施破产负有直接责任的,对该股东、实际控制人、董事、监事、高级管理人员及相关管理人员在该保险公司持有的保单利益,该股东、实际控制人在该保险公司持有的财产损失保险的保单利益,保险保障基金不予救助。

### 第五章 监督和管理

**第二十八条** 国务院保险监督管理机构依法对保险保障基金公司的业务和保险保障基金的筹集、管理、运作进行监管。

**第二十九条** 财政部负责保险保障基金公司的国有资产管理和财务监督。

保险保障基金公司预算、决算方案由保险保障基金公司董事会制定,报财政部审批。

**第三十条** 保险保障基金公司应当建立科学的业绩考评制度,并将考核结果定期报送国务院保险监督管理机构、财政部等有关部门。

**第三十一条** 保险保障基金的资金运用应当遵循安全性、流动性和收益性原则,在确保资产安全的前提下实现保值增值。

保险保障基金的资金运用限于银行存款、买卖政府债券、中央银行票据、中央企业债券、中央级金融机构发行的金融债券，以及国务院批准的其他资金运用形式。

**第三十二条** 保险保障基金公司可以委托专业的投资管理机构对保险保障基金进行投资管理，并对委托投资管理的保险保障基金实行第三方托管。

**第三十三条** 保险保障基金公司应当按照下列规定提交有关报告：

（一）按月向国务院保险监督管理机构、财政部、中国人民银行等有关部门报送保险保障基金筹集、运用、使用情况；

（二）按照有关规定，向国务院保险监督管理机构、财政部、中国人民银行等有关部门报送经审计的公司年度财务报告；

（三）应当依法提交的其他报告。

保险保障基金公司未按照本办法规定及时向国家有关部门提交有关报告的，由国家有关部门责令改正。

**第三十四条** 当保险公司被处置并使用保险保障基金时，保险公司股东、实际控制人、董事、监事、高级管理人员及相关管理人员对保险保障基金公司负有报告、说明、配合有关工作以及按照要求妥善保管和移交有关材料的义务，如上述人员未按照前述规定履行义务的，保险保障基金公司应当报告国务院保险监督管理机构，由国务院保险监督管理机构依法采取监管措施。

**第三十五条** 保险保障基金公司应当定期向保险公司披露保险保障基金的相关财务信息。

保险保障基金公司可以对未按照本办法规定及时缴纳保险保障基金的保险公司及人员进行公示。

### 第六章 法律责任

**第三十六条** 保险公司违反《中华人民共和国保险法》规定，未按照本办法规定及时缴纳保险保障基金的，由国务院保险监督管理机构对保险公司和负有直接责任的高级管理人员、直接责任人员依法进行处罚。

**第三十七条** 保险保障基金公司董事、高级管理人员以及其他工作人员，违反法律、行政法规和本办法规定运用保险保障基金，或者以侵吞、窃取、骗取等手段非法占有保险保障基金，构成犯罪的，依法追究刑事责任。

### 第七章 附 则

**第三十八条** 本办法由国务院保险监督管理机构会同财政部、中国人民银行解释。

**第三十九条** 本办法自2022年12月12日起施行，原中国保险监督管理委员会、财政部、中国人民银行2008年9月11日发布的《保险保障基金管理办法》（中国保险监督管理委员会令2008年第2号）同时废止。

## 保险代理人监管规定

- 2020年11月12日中国银行保险监督管理委员会令2020年第11号公布
- 自2021年1月1日起施行

### 第一章 总 则

**第一条** 为了规范保险代理人的经营行为，保护投保人、被保险人和受益人的合法权益，维护市场秩序，根据《中华人民共和国保险法》（以下简称《保险法》）等法律、行政法规，制定本规定。

**第二条** 本规定所称保险代理人是指根据保险公司的委托，向保险公司收取佣金，在保险公司授权的范围内代为办理保险业务的机构或者个人，包括保险专业代理机构、保险兼业代理机构及个人保险代理人。

本规定所称保险专业代理机构是指依法设立的专门从事保险代理业务的保险代理公司及其分支机构。

本规定所称保险兼业代理机构是指利用自身主业与保险的相关便利性，依法兼营保险代理业务的企业，包括保险兼业代理法人机构及其分支机构。

本规定所称个人保险代理人是指与保险公司签订委托代理合同，从事保险代理业务的人员。

本规定所称保险代理机构从业人员是指在保险专业代理机构、保险兼业代理机构中，从事销售保险产品或者进行相关损失勘查、理赔等业务的人员。

**第三条** 保险专业代理公司、保险兼业代理法人机构在中华人民共和国境内经营保险代理业务，应当符合国务院保险监督管理机构规定的条件，取得相关经营保险代理业务的许可证（以下简称许可证）。

**第四条** 保险代理人应当遵守法律、行政法规和国务院保险监督管理机构有关规定，遵循自愿、诚实信用和公平竞争的原则。

**第五条** 国务院保险监督管理机构根据《保险法》和国务院授权，对保险代理人履行监管职责。

国务院保险监督管理机构派出机构在国务院保险监督管理机构授权范围内履行监管职责。

### 第二章 市场准入

#### 第一节 业务许可

**第六条** 除国务院保险监督管理机构另有规定外，

保险专业代理公司应当采取下列组织形式：

（一）有限责任公司；

（二）股份有限公司。

**第七条** 保险专业代理公司经营保险代理业务，应当具备下列条件：

（一）股东符合本规定要求，且出资资金自有、真实、合法，不得用银行贷款及各种形式的非自有资金投资；

（二）注册资本符合本规定第十条要求，且按照国务院保险监督管理机构的有关规定托管；

（三）营业执照记载的经营范围符合有关规定；

（四）公司章程符合有关规定；

（五）公司名称符合本规定要求；

（六）高级管理人员符合本规定的任职资格条件；

（七）有符合国务院保险监督管理机构规定的治理结构和内控制度，商业模式科学合理可行；

（八）有与业务规模相适应的固定住所；

（九）有符合国务院保险监督管理机构规定的业务、财务信息管理系统；

（十）法律、行政法规和国务院保险监督管理机构规定的其他条件。

**第八条** 单位或者个人有下列情形之一的，不得成为保险专业代理公司的股东：

（一）最近5年内受到刑罚或者重大行政处罚的；

（二）因涉嫌重大违法犯罪正接受有关部门调查的；

（三）因严重失信行为被国家有关单位确定为失信联合惩戒对象且应当在保险领域受到相应惩戒，或者最近5年内具有其他严重失信不良记录的；

（四）依据法律、行政法规不能投资企业的；

（五）国务院保险监督管理机构根据审慎监管原则认定的其他不适合成为保险专业代理公司股东的情形。

**第九条** 保险公司的工作人员、个人保险代理人和保险专业中介机构从业人员不得另行投资保险专业代理公司；保险公司、保险专业中介机构的董事、监事或者高级管理人员的近亲属经营保险代理业务的，应当符合履职回避的有关规定。

**第十条** 经营区域不限于注册登记地所在省、自治区、直辖市、计划单列市的保险专业代理公司的注册资本最低限额为5000万元。

经营区域为注册登记地所在省、自治区、直辖市、计划单列市的保险专业代理公司的注册资本最低限额为2000万元。

保险专业代理公司的注册资本必须为实缴货币资本。

**第十一条** 保险专业代理公司名称中应当包含"保险代理"字样。

保险专业代理公司的字号不得与现有的保险专业中介机构相同，与其他保险专业中介机构具有同一实际控制人的保险专业代理公司除外。

保险专业代理公司应当规范使用机构简称，清晰标识所属行业细分类别，不得混淆保险代理公司与保险公司概念，在宣传工作中应当明确标识"保险代理"字样。

**第十二条** 保险兼业代理机构经营保险代理业务，应当符合下列条件：

（一）有市场监督管理部门核发的营业执照，其主营业务依法须经批准的，应取得相关部门的业务许可；

（二）主业经营情况良好，最近2年内无重大行政处罚记录；

（三）有同主业相关的保险代理业务来源；

（四）有便民服务的营业场所或者销售渠道；

（五）具备必要的软硬件设施，保险业务信息系统与保险公司对接，业务、财务数据可独立于主营业务单独查询统计；

（六）有完善的保险代理业务管理制度和机制；

（七）有符合本规定条件的保险代理业务责任人；

（八）法律、行政法规和国务院保险监督管理机构规定的其他条件。

保险兼业代理机构因严重失信行为被国家有关单位确定为失信联合惩戒对象且应当在保险领域受到相应惩戒的，或者最近5年内具有其他严重失信不良记录的，不得经营保险代理业务。

**第十三条** 保险兼业代理法人机构及其根据本规定第二十条指定的分支机构应当分别委派本机构分管保险业务的负责人担任保险代理业务责任人。

保险代理业务责任人应当品行良好，熟悉保险法律、行政法规，具有履行职责所需的经营管理能力。

**第十四条** 保险专业代理公司申请经营保险代理业务，应当在领取营业执照后，及时按照国务院保险监督管理机构的要求提交申请材料，并进行相关信息披露。

保险兼业代理法人机构申请经营保险代理业务，应当及时按照国务院保险监督管理机构的要求提交申请材料，并进行相关信息披露。

国务院保险监督管理机构及其派出机构（以下统称保险监督管理机构）按照法定的职责和程序实施行政许可。

**第十五条** 保险专业代理公司申请经营保险代理业

务的,保险监督管理机构应当采取谈话、询问、现场验收等方式了解、审查申请人股东的经营、诚信记录,以及申请人的市场发展战略、业务发展计划、内控制度建设、人员结构、信息系统配置及运行等有关事项,并进行风险测试和提示。

保险兼业代理法人机构申请经营保险代理业务具体办法由国务院保险监督管理机构另行规定。

**第十六条** 保险监督管理机构依法作出批准保险专业代理公司、保险兼业代理法人机构经营保险代理业务的决定的,应当向申请人颁发许可证。申请人取得许可证后,方可开展保险代理业务,并应当及时在国务院保险监督管理机构规定的监管信息系统中登记相关信息。

保险监督管理机构决定不予批准的,应当作出书面决定并说明理由。保险专业代理公司继续存续的,应当依法办理名称、营业范围和公司章程等事项的变更登记,确保其名称中无"保险代理"字样。

**第十七条** 经营区域不限于注册登记地所在省、自治区、直辖市、计划单列市的保险专业代理公司可以在中华人民共和国境内开展保险代理业务。

经营区域不限于注册登记地所在省、自治区、直辖市、计划单列市的保险专业代理公司在注册登记地以外开展保险代理业务的,应当在当地设立分支机构。设立分支机构时应当首先设立省级分公司,指定其负责办理行政许可申请、监管报告和报表提交等相关事宜,并负责管理其他分支机构。

保险专业代理公司分支机构包括分公司、营业部。

**第十八条** 保险专业代理公司新设分支机构经营保险代理业务的,应当符合以下条件:

(一)保险专业代理公司及分支机构最近1年内没有受到刑罚或者重大行政处罚;

(二)保险专业代理公司及分支机构未因涉嫌违法犯罪正接受有关部门调查;

(三)保险专业代理公司及分支机构最近1年内未发生30人以上群访群诉事件或者100人以上非正常集中退保事件;

(四)最近2年内设立的分支机构不存在运营未满1年退出市场的情形;

(五)具备完善的分支机构管理制度;

(六)新设分支机构有符合要求的营业场所、业务财务信息管理系统,以及与经营业务相匹配的其他设施;

(七)新设分支机构主要负责人符合本规定的任职条件;

(八)国务院保险监督管理机构规定的其他条件。

保险专业代理公司因严重失信行为被国家有关单位确定为失信联合惩戒对象且应当在保险领域受到相应惩戒的,或者最近5年内具有其他严重失信不良记录的,不得新设分支机构经营保险代理业务。

**第十九条** 保险专业代理公司分支机构应当在营业执照记载的登记之日起15日内,书面报告保险监督管理机构,在国务院保险监督管理机构规定的监管信息系统中登记相关信息,按照规定进行公开披露,并提交主要负责人的任职资格核准申请材料或者报告材料。

**第二十条** 保险兼业代理分支机构获得法人机构关于开展保险代理业务的授权后,可以开展保险代理业务,并应当及时通过国务院保险监督管理机构规定的监管信息系统报告相关情况。

保险兼业代理法人机构授权注册登记地以外的省、自治区、直辖市或者计划单列市的分支机构经营保险代理业务的,应当指定一家分支机构负责该区域全部保险代理业务管理事宜。

**第二十一条** 保险专业代理机构有下列情形之一的,应当自该情形发生之日起5日内,通过国务院保险监督管理机构规定的监管信息系统报告,并按照规定进行公开披露:

(一)变更名称、住所或者营业场所的;

(二)变更股东、注册资本或者组织形式的;

(三)变更股东姓名或者名称、出资额的;

(四)修改公司章程的;

(五)股权投资、设立境外保险类机构及非营业性机构的;

(六)分立、合并、解散,分支机构终止保险代理业务活动的;

(七)变更省级分公司以外分支机构主要负责人的;

(八)受到行政处罚、刑罚或者涉嫌违法犯罪正接受调查的;

(九)国务院保险监督管理机构规定的其他报告事项。

保险专业代理机构发生前款规定的相关情形,应当符合国务院保险监督管理机构相关规定。

**第二十二条** 保险兼业代理机构有下列情形之一的,应当自该情形发生之日起5日内,通过国务院保险监督管理机构规定的监管信息系统报告,并按照规定进行公开披露:

(一)变更名称、住所或者营业场所的;

(二)变更保险代理业务责任人的;
(三)变更对分支机构代理保险业务授权的;
(四)国务院保险监督管理机构规定的其他报告事项。

第二十三条 保险专业代理公司、保险兼业代理法人机构变更事项涉及许可证记载内容的,应当按照国务院保险监督管理机构有关规定办理许可证变更登记,交回原许可证,领取新许可证,并进行公告。

## 第二节 任职资格

第二十四条 本规定所称保险专业代理机构高级管理人员是指下列人员:
(一)保险专业代理公司的总经理、副总经理;
(二)省级分公司主要负责人;
(三)对公司经营管理行使重要职权的其他人员。

保险专业代理机构高级管理人员应当在任职前取得保险监督管理机构核准的任职资格。

第二十五条 保险专业代理机构高级管理人员应当具备下列条件:
(一)大学专科以上学历;
(二)从事金融工作3年以上或者从事经济工作5年以上;
(三)具有履行职责所需的经营管理能力,熟悉保险法律、行政法规及国务院保险监督管理机构的相关规定;
(四)诚实守信,品行良好。

从事金融工作10年以上的人员,学历要求可以不受第一款第(一)项的限制。

保险专业代理机构任用的省级分公司以外分支机构主要负责人应当具备前两款规定的条件。

第二十六条 有下列情形之一的人员,不得担任保险专业代理机构的高级管理人员和省级分公司以外分支机构主要负责人:
(一)无民事行为能力或者限制民事行为能力;
(二)因贪污、贿赂、侵占财产、挪用财产或者破坏社会主义市场秩序,被判处刑罚执行期满未逾5年,或者因犯罪被剥夺政治权利,执行期满未逾5年;
(三)担任破产清算的公司、企业的董事或者厂长、经理,对该公司、企业的破产负有个人责任,自该公司、企业破产清算完结之日起未逾3年;
(四)担任因违法被吊销营业执照、责令关闭的公司、企业的法定代表人,并负有个人责任,自该公司、企业被吊销营业执照之日起未逾3年;
(五)担任因违法被吊销许可证的保险公司或者保险中介机构的董事、监事或者高级管理人员,并对被吊销许可证负有个人责任或者直接领导责任的,自许可证被吊销之日起未逾3年;
(六)因违法行为或者违纪行为被金融监管机构取消任职资格的金融机构的董事、监事或者高级管理人员,自被取消任职资格之日起未逾5年;
(七)被金融监管机构决定在一定期限内禁止进入金融行业的,期限未满;
(八)受金融监管机构警告或者罚款未逾2年;
(九)正在接受司法机关、纪检监察部门或者金融监管机构调查;
(十)个人所负数额较大的债务到期未清偿;
(十一)因严重失信行为被国家有关单位确定为失信联合惩戒对象且应当在保险领域受到相应惩戒,或者最近5年内具有其他严重失信不良记录;
(十二)法律、行政法规和国务院保险监督管理机构规定的其他情形。

第二十七条 保险专业代理机构应当与高级管理人员、省级分公司以外分支机构主要负责人建立劳动关系,订立书面劳动合同。

第二十八条 保险专业代理机构高级管理人员、省级分公司以外分支机构主要负责人至多兼任2家分支机构的主要负责人。

保险专业代理机构高级管理人员和省级分公司以外分支机构主要负责人兼任其他经营管理职务的,应当具有必要的时间履行职务。

第二十九条 非经股东会或者股东大会批准,保险专业代理公司的高级管理人员和省级分公司以外分支机构主要负责人不得在存在利益冲突的机构中兼任职务。

第三十条 保险专业代理机构向保险监督管理机构提出高级管理人员任职资格核准申请的,应当如实填写申请表、提交相关材料。

保险监督管理机构可以对保险专业代理机构拟任高级管理人员进行考察或者谈话。

第三十一条 保险专业代理机构高级管理人员应当通过国务院保险监督管理机构认可的保险法规及相关知识测试。

第三十二条 保险专业代理机构高级管理人员在同一保险专业代理机构内部调任、兼任其他职务,无须重新核准任职资格。

保险专业代理机构调整、免除高级管理人员和省级分公司以外分支机构主要负责人职务,应当自决定作出之日起 5 日内在国务院保险监督管理机构规定的监管信息系统中登记相关信息,并按照规定进行公开披露。

**第三十三条** 保险专业代理机构的高级管理人员和省级分公司以外分支机构主要负责人因涉嫌犯罪被起诉的,保险专业代理机构应当自其被起诉之日起 5 日内和结案之日起 5 日内在国务院保险监督管理机构规定的监管信息系统中登记相关信息。

**第三十四条** 保险专业代理机构高级管理人员和省级分公司以外分支机构主要负责人有下列情形之一,保险专业代理机构已经任命的,应当免除其职务;经核准任职资格的,其任职资格自动失效:

(一)获得核准任职资格后,保险专业代理机构超过 2 个月未任命的;

(二)从该保险专业代理机构离职的;

(三)受到国务院保险监督管理机构禁止进入保险业的行政处罚;

(四)出现《中华人民共和国公司法》第一百四十六条规定的情形。

**第三十五条** 保险专业代理机构出现下列情形之一,可以指定临时负责人,但临时负责人任职时间最长不得超过 3 个月,并且不得就同一职务连续任命临时负责人:

(一)原负责人辞职或者被撤职;

(二)原负责人因疾病、意外事故等原因无法正常履行工作职责;

(三)国务院保险监督管理机构认可的其他特殊情况。

临时负责人应当具有与履行职责相当的能力,并应当符合本规定第二十五条、第二十六条的相关要求。

保险专业代理机构任命临时负责人的,应当自决定作出之日起 5 日内在国务院保险监督管理机构规定的监管信息系统中登记相关信息。

### 第三节 从业人员

**第三十六条** 保险公司应当委托品行良好的个人保险代理人。保险专业代理机构、保险兼业代理机构应当聘任品行良好的保险代理机构从业人员。

保险公司、保险专业代理机构、保险兼业代理机构应当加强对个人保险代理人、保险代理机构从业人员招录工作的管理,制定规范统一的招录政策、标准和流程。

有下列情形之一的,保险公司、保险专业代理机构、保险兼业代理机构不得聘任或者委托:

(一)因贪污、受贿、侵占财产、挪用财产或者破坏社会主义市场经济秩序,被判处刑罚,执行期满未逾 5 年的;

(二)被金融监管机构决定在一定期限内禁止进入金融行业,期限未满的;

(三)因严重失信行为被国家有关单位确定为失信联合惩戒对象且应当在保险领域受到相应惩戒,或者最近 5 年内具有其他严重失信不良记录的;

(四)法律、行政法规和国务院保险监督管理机构规定的其他情形。

**第三十七条** 个人保险代理人、保险代理机构从业人员应当具有从事保险代理业务所需的专业能力。保险公司、保险专业代理机构、保险兼业代理机构应当加强对个人保险代理人、保险代理机构从业人员的岗前培训和后续教育。培训内容至少应当包括业务知识、法律知识及职业道德。

保险公司、保险专业代理机构、保险兼业代理机构可以委托保险中介行业自律组织或者其他机构组织培训。

保险公司、保险专业代理机构、保险兼业代理机构应当建立完整的个人保险代理人、保险代理机构从业人员培训档案。

**第三十八条** 保险公司、保险专业代理机构、保险兼业代理机构应当按照规定为其个人保险代理人、保险代理机构从业人员进行执业登记。

个人保险代理人、保险代理机构从业人员只限于通过一家机构进行执业登记。

个人保险代理人、保险代理机构从业人员变更所属机构的,新所属机构应当为其进行执业登记,原所属机构应当在规定的时限内及时注销执业登记。

**第三十九条** 国务院保险监督管理机构对个人保险代理人实施分类管理,加快建立独立个人保险代理人制度。

### 第三章 经营规则

**第四十条** 保险专业代理公司应当将许可证、营业执照置于住所或者营业场所显著位置。

保险专业代理公司分支机构应当将加盖所属法人公章的许可证复印件、分支机构营业执照置于营业场所显著位置。

保险兼业代理机构应当按照国务院保险监督管理机构的有关规定放置许可证或者许可证复印件。

保险专业代理机构和兼业代理机构不得伪造、变造、出租、出借、转让许可证。

**第四十一条** 保险专业代理机构可以经营下列全部

或者部分业务：

（一）代理销售保险产品；

（二）代理收取保险费；

（三）代理相关保险业务的损失勘查和理赔；

（四）国务院保险监督管理机构规定的其他相关业务。

**第四十二条** 保险兼业代理机构可以经营本规定第四十一条规定的第（一）、（二）项业务及国务院保险监督管理机构批准的其他业务。

保险公司兼营保险代理业务的，除同一保险集团内各保险子公司之间开展保险代理业务外，一家财产保险公司在一个会计年度内只能代理一家人身保险公司业务，一家人身保险公司在一个会计年度内只能代理一家财产保险公司业务。

**第四十三条** 保险代理人从事保险代理业务不得超出被代理保险公司的业务范围和经营区域；保险专业代理机构从事保险代理业务涉及异地共保、异地承保和统括保单，国务院保险监督管理机构另有规定的，从其规定。

除国务院保险监督管理机构另有规定外，保险兼业代理机构不得在主业营业场所外另设代理网点。

**第四十四条** 保险专业代理机构及其从业人员、个人保险代理人不得销售非保险金融产品，经相关金融监管部门审批的非保险金融产品除外。

保险专业代理机构及其从业人员、个人保险代理人销售符合条件的非保险金融产品前，应当具备相应的资质要求。

**第四十五条** 保险专业代理机构应当根据法律、行政法规和国务院保险监督管理机构的有关规定，依照职责明晰、强化制衡、加强风险管理的原则，建立完善的公司治理结构和制度；明确管控责任，构建合规体系，注重自我约束，加强内部追责，确保稳健运营。

**第四十六条** 个人保险代理人、保险代理机构从业人员应当在所属机构的授权范围内从事保险代理业务。

保险公司兼营保险代理业务的，其个人保险代理人可以根据授权，代为办理其他保险公司的保险业务。个人保险代理人所属保险公司应当及时变更执业登记，增加记载授权范围等事项。法律、行政法规和国务院保险监督管理机构另有规定的，适用其规定。

**第四十七条** 保险代理人通过互联网、电话经营保险代理业务，国务院保险监督管理机构另有规定的，适用其规定。

**第四十八条** 保险专业代理机构、保险兼业代理机构应当建立专门账簿，记载保险代理业务收支情况。

**第四十九条** 保险专业代理机构、保险兼业代理机构代收保险费的，应当开立独立的代收保险费账户进行结算。

保险专业代理机构、保险兼业代理机构应当开立独立的佣金收取账户。

保险专业代理机构、保险兼业代理机构开立、使用其他与经营保险代理业务有关银行账户的，应当符合国务院保险监督管理机构的规定。

**第五十条** 保险专业代理机构、保险兼业代理机构应当建立完整规范的业务档案。

保险专业代理机构业务档案至少应当包括下列内容：

（一）代理销售保单的基本情况，包括保险人、投保人、被保险人名称或者姓名，保单号，产品名称，保险金额，保险费，缴费方式，投保日期，保险期间等；

（二）保险费代收和交付被代理保险公司的情况；

（三）保险代理佣金金额和收取情况；

（四）为保险合同签订提供代理服务的保险代理机构从业人员姓名、领取报酬金额、领取报酬账户等；

（五）国务院保险监督管理机构规定的其他业务信息。

保险兼业代理机构的业务档案至少应当包括前款第（一）至（三）项内容，并应当列明为保险合同签订提供代理服务的保险兼业代理机构从业人员姓名及其执业登记编号。

保险专业代理机构、保险兼业代理机构的记录应当真实、完整。

**第五十一条** 保险代理人应当加强信息化建设，通过业务信息系统等途径及时向保险公司提供真实、完整的投保信息，并应当与保险公司依法约定对投保信息保密、合理使用等事项。

**第五十二条** 保险代理人应当妥善管理和使用被代理保险公司提供的各种单证、材料；代理关系终止后，应当在30日内将剩余的单证及材料交付被代理保险公司。

**第五十三条** 保险代理人从事保险代理业务，应当与被代理保险公司签订书面委托代理合同，依法约定双方的权利义务，并明确解付保费、支付佣金的时限和违约赔偿责任等事项。委托代理合同不得违反法律、行政法规及国务院保险监督管理机构有关规定。

保险代理人根据保险公司的授权代为办理保险业务

的行为,由保险公司承担责任。保险代理人没有代理权、超越代理权或者代理权终止后以保险公司名义订立合同,使投保人有理由相信其有代理权的,该代理行为有效。

个人保险代理人、保险代理机构从业人员开展保险代理活动有违法违规行为的,其所属保险公司、保险专业代理机构、保险兼业代理机构依法承担法律责任。

**第五十四条** 除国务院保险监督管理机构另有规定外,保险专业代理机构、保险兼业代理机构在开展业务过程中,应当制作并出示客户告知书。客户告知书至少应当包括以下事项:

(一)保险专业代理机构或者保险兼业代理机构及被代理保险公司的名称、营业场所、业务范围、联系方式;

(二)保险专业代理机构的高级管理人员与被代理保险公司或者其他保险中介机构是否存在关联关系;

(三)投诉渠道及纠纷解决方式。

**第五十五条** 保险专业代理机构、保险兼业代理机构应当对被代理保险公司提供的宣传资料进行记录存档。

保险代理人不得擅自修改被代理保险公司提供的宣传资料。

**第五十六条** 保险专业代理机构、保险兼业代理机构应当妥善保管业务档案、会计账簿、业务台账、客户告知书以及佣金收入的原始凭证等有关资料,保管期限自保险合同终止之日起计算,保险期间在1年以下的不得少于5年,保险期间超过1年的不得少于10年。

**第五十七条** 保险代理人为政策性保险业务、政府委托业务提供服务的,佣金收取不得违反国务院保险监督管理机构的规定。

**第五十八条** 保险代理人应当向投保人全面披露保险产品相关信息,并明确说明保险合同中保险责任、责任减轻或者免除、退保及其他费用扣除、现金价值、犹豫期等条款。

**第五十九条** 保险专业代理公司应当按规定将监管费交付到国务院保险监督管理机构指定账户。国务院保险监督管理机构对监管费另有规定的,适用其规定。

**第六十条** 保险专业代理公司应当自取得许可证之日起20日内投保职业责任保险或者缴存保证金。

保险专业代理公司应当自投保职业责任保险或者缴存保证金之日起10日内,将职业责任保险保单复印件或者保证金存款协议复印件、保证金入账原始凭证复印件报送保险监督管理机构,并在国务院保险监督管理机构规定的监管信息系统中登记相关信息。

保险兼业代理机构应当按照国务院保险监督管理机构的规定投保职业责任保险或者缴存保证金。

**第六十一条** 保险专业代理公司投保职业责任保险,该保险应当持续有效。

保险专业代理公司投保的职业责任保险对一次事故的赔偿限额不得低于人民币100万元;一年期保单的累计赔偿限额不得低于人民币1000万元,且不得低于保险专业代理公司上年度的主营业务收入。

**第六十二条** 保险专业代理公司缴存保证金的,应当按照注册资本的5%缴存。保险专业代理公司增加注册资本的,应当按比例增加保证金数额。

保险专业代理公司应当足额缴存保证金。保证金应当以银行存款形式专户存储到商业银行,或者以国务院保险监督管理机构认可的其他形式缴存。

**第六十三条** 保险专业代理公司有下列情形之一的,可以动用保证金:

(一)注册资本减少;

(二)许可证被注销;

(三)投保符合条件的职业责任保险;

(四)国务院保险监督管理机构规定的其他情形。

保险专业代理公司应当自动用保证金之日起5日内书面报告保险监督管理机构。

**第六十四条** 保险专业代理公司应当在每一会计年度结束后聘请会计师事务所对本公司的资产、负债、利润等财务状况进行审计,并在每一会计年度结束后4个月内向保险监督管理机构报送相关审计报告。

保险专业代理公司应当根据规定向保险监督管理机构提交专项外部审计报告。

**第六十五条** 保险专业代理机构、保险兼业代理机构应当按照国务院保险监督管理机构的有关规定及时、准确、完整地报送报告、报表、文件和资料,并根据要求提交相关的电子文本。

保险专业代理机构、保险兼业代理机构报送的报告、报表、文件和资料应当由法定代表人、主要负责人或者其授权人签字,并加盖机构印章。

**第六十六条** 保险公司、保险专业代理机构、保险兼业代理机构不得委托未通过该机构进行执业登记的个人从事保险代理业务。国务院保险监督管理机构另有规定的除外。

**第六十七条** 保险公司、保险专业代理机构、保险兼业代理机构应当对个人保险代理人、保险代理机构从业人员进行执业登记信息管理，及时登记个人信息及授权范围等事项以及接受处罚、聘任或者委托关系终止等情况，确保执业登记信息的真实、准确、完整。

**第六十八条** 保险公司、保险专业代理机构、保险兼业代理机构应当承担对个人保险代理人、保险代理机构从业人员行为的管理责任，维护人员规范有序流动，强化日常管理、监测、追责，防范其超越授权范围或者从事违法违规活动。

**第六十九条** 保险公司应当制定个人保险代理人管理制度。明确界定负责团队组织管理的人员（以下简称团队主管）的职责，将个人保险代理人销售行为合规性与团队主管的考核、奖惩挂钩。个人保险代理人发生违法违规行为的，保险公司应当按照有关规定对团队主管追责。

**第七十条** 保险代理人及其从业人员在办理保险业务活动中不得有下列行为：

（一）欺骗保险人、投保人、被保险人或者受益人；

（二）隐瞒与保险合同有关的重要情况；

（三）阻碍投保人履行如实告知义务，或者诱导其不履行如实告知义务；

（四）给予或者承诺给予投保人、被保险人或者受益人保险合同约定以外的利益；

（五）利用行政权力、职务或者职业便利以及其他不正当手段强迫、引诱或者限制投保人订立保险合同；

（六）伪造、擅自变更保险合同，或者为保险合同当事人提供虚假证明材料；

（七）挪用、截留、侵占保险费或者保险金；

（八）利用业务便利为其他机构或者个人牟取不正当利益；

（九）串通投保人、被保险人或者受益人，骗取保险金；

（十）泄露在业务活动中知悉的保险人、投保人、被保险人的商业秘密。

**第七十一条** 个人保险代理人、保险代理机构从业人员不得聘用或者委托其他人员从事保险代理业务。

**第七十二条** 保险代理人及保险代理机构从业人员在开展保险代理业务过程中，不得索取、收受保险公司或其工作人员给予的合同约定之外的酬金、其他财物，或者利用执行保险代理业务之便牟取其他非法利益。

**第七十三条** 保险代理人不得以捏造、散布虚假事实等方式损害竞争对手的商业信誉，不得以虚假广告、虚假宣传或者其他不正当竞争行为扰乱保险市场秩序。

**第七十四条** 保险代理人不得与非法从事保险业务或者保险中介业务的机构或者个人发生保险代理业务往来。

**第七十五条** 保险代理人不得将保险佣金从代收的保险费中直接扣除。

**第七十六条** 保险代理人及保险代理机构从业人员不得违反规定代替投保人签订保险合同。

**第七十七条** 保险公司、保险专业代理机构以及保险兼业代理机构不得以缴纳费用或者购买保险产品作为招聘从业人员的条件，不得承诺不合理的高额回报，不得以直接或者间接发展人员的数量作为从业人员计酬的主要依据。

**第七十八条** 保险代理人自愿加入保险中介行业自律组织。

保险中介行业自律组织依法制定保险代理人自律规则，依据法律法规和自律规则，对保险代理人实行自律管理。

保险中介行业自律组织依法制定章程，按照规定向批准其成立的登记管理机关申请审核，并报保险监督管理机构备案。

## 第四章 市场退出

**第七十九条** 保险专业代理公司、保险兼业代理法人机构退出保险代理市场，应当遵守法律、行政法规及其他相关规定。保险专业代理公司、保险兼业代理法人机构有下列情形之一的，保险监督管理机构依法注销许可证，并予以公告：

（一）许可证依法被撤回、撤销或者吊销的；

（二）因解散或者被依法宣告破产等原因依法终止的；

（三）法律、行政法规规定的其他情形。

被注销许可证的保险专业代理公司、保险兼业代理法人机构应当及时交回许可证原件；许可证无法交回的，保险监督管理机构在公告中予以说明。

被注销许可证的保险专业代理公司、保险兼业代理法人机构应当终止其保险代理业务活动。

**第八十条** 保险专业代理公司许可证注销后，公司继续存续的，不得从事保险代理业务，并应当依法办理名称、营业范围和公司章程等事项的变更登记，确保其名称中无"保险代理"字样。

保险兼业代理法人机构被保险监督管理机构依法吊销许可证的，3年之内不得再次申请许可证；因其他原因被依法注销许可证的，1年之内不得再次申请许可证。

**第八十一条** 有下列情形之一的，保险公司、保险专业代理机构、保险兼业代理机构应当在规定的时限内及时注销个人保险代理人、保险代理机构从业人员执业登记：

（一）个人保险代理人、保险代理机构从业人员受到禁止进入保险业的行政处罚；

（二）个人保险代理人、保险代理机构从业人员因其他原因终止执业；

（三）保险公司、保险专业代理机构、保险兼业代理机构停业、解散或者因其他原因不再继续经营保险代理业务；

（四）法律、行政法规和国务院保险监督管理机构规定的其他情形。

第八十二条　保险代理人终止保险代理业务活动，应妥善处理债权债务关系，不得损害投保人、被保险人、受益人的合法权益。

### 第五章　监督检查

第八十三条　国务院保险监督管理机构派出机构按照属地原则负责辖区内保险代理人的监管。

国务院保险监督管理机构派出机构应当注重对辖区内保险代理人的行为监管，依法进行现场检查和非现场监管，并实施行政处罚和采取其他监管措施。

国务院保险监督管理机构派出机构在依法对辖区内保险代理人实施行政处罚和采取其他监管措施时，应当同时依法对该行为涉及的保险公司实施行政处罚和采取其他监管措施。

第八十四条　保险监督管理机构根据监管需要，可以对保险专业代理机构的高级管理人员、省级分公司以外分支机构主要负责人或者保险兼业代理机构的保险代理业务责任人进行监管谈话，要求其就经营活动中的重大事项作出说明。

第八十五条　保险监督管理机构根据监管需要，可以委派监管人员列席保险专业代理公司的股东会或者股东大会、董事会。

第八十六条　保险专业代理公司、保险兼业代理法人机构的分支机构保险代理业务经营管理混乱，从事重大违法违规活动的，保险专业代理公司、保险兼业代理法人机构应当根据保险监督管理机构的监管要求，对分支机构采取限期整改、停业、撤销或者解除保险代理业务授权等措施。

第八十七条　保险监督管理机构依法对保险专业代理机构进行现场检查，主要包括下列内容：

（一）业务许可及相关事项是否依法获得批准或者履行报告义务；

（二）资本金是否真实、足额；

（三）保证金是否符合规定；

（四）职业责任保险是否符合规定；

（五）业务经营是否合法；

（六）财务状况是否真实；

（七）向保险监督管理机构提交的报告、报表及资料是否及时、完整和真实；

（八）内控制度是否符合国务院保险监督管理机构的有关规定；

（九）任用高级管理人员和省级分公司以外分支机构主要负责人是否符合规定；

（十）是否有效履行从业人员管理职责；

（十一）对外公告是否及时、真实；

（十二）业务、财务信息管理系统是否符合国务院保险监督管理机构的有关规定；

（十三）国务院保险监督管理机构规定的其他事项。

保险监督管理机构依法对保险兼业代理机构进行现场检查，主要包括前款规定除第（二）项、第（九）项以外的内容。

保险监督管理机构依法对保险公司是否有效履行对其个人保险代理人的管控职责进行现场检查。

第八十八条　保险监督管理机构依法履行职责，被检查、调查的单位和个人应当配合。

保险监督管理机构依法进行监督检查或者调查，其监督检查、调查的人员不得少于二人，并应当出示合法证件和监督检查、调查通知书；监督检查、调查的人员少于二人或者未出示合法证件和监督检查、调查通知书的，被检查、调查的单位和个人有权拒绝。

第八十九条　保险监督管理机构可以在现场检查中，委托会计师事务所等社会中介机构提供相关服务；保险监督管理机构委托上述中介机构提供服务的，应当签订书面委托协议。

保险监督管理机构应当将委托事项告知被检查的保险专业代理机构、保险兼业代理机构。

### 第六章　法律责任

第九十条　未取得许可证，非法从事保险代理业务的，由保险监督管理机构予以取缔，没收违法所得，并处违法所得1倍以上5倍以下罚款；没有违法所得或者违法所得不足5万元的，处5万元以上30万元以下罚款。

第九十一条　行政许可申请人隐瞒有关情况或者提供虚假材料申请相关保险代理业务许可或者申请其他行

政许可的,保险监督管理机构不予受理或者不予批准,并给予警告,申请人在1年内不得再次申请该行政许可。

**第九十二条** 被许可人通过欺骗、贿赂等不正当手段取得保险代理业务许可或者其他行政许可的,由保险监督管理机构予以撤销,并依法给予行政处罚;申请人在3年内不得再次申请该行政许可。

**第九十三条** 保险专业代理机构聘任不具有任职资格的人员的,由保险监督管理机构责令改正,处2万元以上10万元以下罚款;对该机构直接负责的主管人员和其他直接责任人员,给予警告,并处1万元以上10万元以下罚款,情节严重的,撤销任职资格。

保险专业代理机构未按规定聘任省级分公司以外分支机构主要负责人或者未按规定任命临时负责人的,由保险监督管理机构责令改正,给予警告,并处1万元以下罚款;对该机构直接负责的主管人员和其他直接责任人员,给予警告,并处1万元以下罚款。

保险兼业代理机构未按规定指定保险代理业务责任人的,由保险监督管理机构责令改正,给予警告,并处1万元以下罚款;对该机构直接负责的主管人员和其他直接责任人员,给予警告,并处1万元以下罚款。

**第九十四条** 保险公司、保险专业代理机构、保险兼业代理机构未按规定委托或者聘任个人保险代理人、保险代理机构从业人员,或者未按规定进行执业登记和管理的,由保险监督管理机构责令改正,给予警告,并处1万元以下罚款;对该机构直接负责的主管人员和其他直接责任人员,给予警告,并处1万元以下罚款。

**第九十五条** 保险专业代理机构、保险兼业代理机构出租、出借或者转让许可证的,由保险监督管理机构责令改正,处1万元以上10万元以下罚款;情节严重的,责令停业整顿或者吊销许可证;对保险专业代理机构直接负责的主管人员和其他直接责任人员,给予警告,并处1万元以上10万元以下罚款,情节严重的,撤销任职资格;对保险兼业代理机构直接负责的主管人员和其他直接责任人员,给予警告,并处1万元以下罚款。

**第九十六条** 保险专业代理机构、保险兼业代理机构在许可证使用过程中,有下列情形之一的,由保险监督管理机构责令改正,给予警告,没有违法所得的,处1万元以下罚款,有违法所得的,处违法所得3倍以下罚款,但最高不得超过3万元;对该机构直接负责的主管人员和其他直接责任人员,给予警告,并处1万元以下罚款:

(一)未按规定放置许可证的;
(二)未按规定办理许可证变更登记的;
(三)未按规定交回许可证的;
(四)未按规定进行公告的。

**第九十七条** 保险专业代理机构、保险兼业代理机构有下列情形之一的,由保险监督管理机构责令改正,处2万元以上10万元以下罚款;情节严重的,责令停业整顿或者吊销许可证;对保险专业代理机构直接负责的主管人员和其他直接责任人员,给予警告,并处1万元以上10万元以下罚款,情节严重的,撤销任职资格;对保险兼业代理机构直接负责的主管人员和其他直接责任人员,给予警告,并处1万元以下罚款:

(一)未按照规定缴存保证金或者投保职业责任保险的;
(二)未按规定设立专门账簿记载业务收支情况的。

**第九十八条** 保险专业代理机构未按本规定设立分支机构或者保险兼业代理分支机构未按本规定获得法人机构授权经营保险代理业务的,由保险监督管理机构责令改正,给予警告,没有违法所得的,处1万元以下罚款,有违法所得的,处违法所得3倍以下的罚款,但最高不得超过3万元;对该机构直接负责的主管人员和其他直接责任人员,给予警告,并处1万元以下罚款。

**第九十九条** 保险专业代理机构、保险兼业代理机构有下列情形之一的,由保险监督管理机构责令改正,给予警告,没有违法所得的,处1万元以下罚款,有违法所得的,处违法所得3倍以下的罚款,但最高不得超过3万元;对该机构直接负责的主管人员和其他直接责任人员,给予警告,并处1万元以下罚款:

(一)超出规定的业务范围、经营区域从事保险代理业务活动的;
(二)与非法从事保险业务或者保险中介业务的机构或者个人发生保险代理业务往来的。

**第一百条** 保险专业代理机构、保险兼业代理机构违反本规定第四十三条的,由保险监督管理机构责令改正,给予警告,没有违法所得的,处1万元以下罚款,有违法所得的,处违法所得3倍以下罚款,但最高不得超过3万元;对该机构直接负责的主管人员和其他直接责任人员,给予警告,并处1万元以下罚款。

**第一百零一条** 保险专业代理机构、保险兼业代理机构违反本规定第五十一条、第五十四条的,由保险监督管理机构责令改正,给予警告,并处1万元以下罚款;对该机构直接负责的主管人员和其他直接责任人员,给予警告,并处1万元以下罚款。

**第一百零二条** 保险专业代理机构、保险兼业代理机构有本规定第七十条所列情形之一的，由保险监督管理机构责令改正，处 5 万元以上 30 万元以下罚款；情节严重的，吊销许可证；对保险专业代理机构直接负责的主管人员和其他直接责任人员，给予警告，并处 1 万元以上 10 万元以下罚款，情节严重的，撤销任职资格；对保险兼业代理机构直接负责的主管人员和其他直接责任人员，给予警告，并处 1 万元以下罚款。

第一百零三条　个人保险代理人、保险代理机构从业人员聘用或者委托其他人员从事保险代理业务的，由保险监督管理机构给予警告，没有违法所得的，处 1 万元以下罚款，有违法所得的，处违法所得 3 倍以下罚款，但最高不得超过 3 万元。

第一百零四条　保险专业代理机构、保险兼业代理机构违反本规定第七十二条的，由保险监督管理机构给予警告，没有违法所得的，处 1 万元以下罚款，有违法所得的，处违法所得 3 倍以下罚款，但最高不得超过 3 万元；对该机构直接负责的主管人员和其他直接责任人员，给予警告，并处 1 万元以下罚款。

第一百零五条　保险专业代理机构、保险兼业代理机构违反本规定第七十三条、第七十七条的，由保险监督管理机构给予警告，没有违法所得的，处 1 万元以下罚款，有违法所得的，处违法所得 3 倍以下罚款，但最高不得超过 3 万元；对该机构直接负责的主管人员和其他直接责任人员，给予警告，并处 1 万元以下罚款。

第一百零六条　保险专业代理机构、保险兼业代理机构未按本规定报送或者保管报告、报表、文件、资料的，或者未按照本规定提供有关信息、资料的，由保险监督管理机构责令限期改正；逾期不改正的，处 1 万元以上 10 万元以下罚款；对保险专业代理机构直接负责的主管人员和其他直接责任人员，给予警告，并处 1 万元以上 10 万元以下罚款，情节严重的，撤销任职资格；对保险兼业代理机构直接负责的主管人员和其他直接责任人员，给予警告，并处 1 万元以下罚款。

第一百零七条　保险专业代理机构、保险兼业代理机构有下列情形之一的，由保险监督管理机构责令改正，处 10 万元以上 50 万元以下罚款；情节严重的，可以限制其业务范围、责令停止接受新业务或者吊销许可证；对保险专业代理机构直接负责的主管人员和其他直接责任人员，给予警告，并处 1 万元以上 10 万元以下罚款，情节严重的，撤销任职资格；对保险兼业代理机构直接负责的主管人员和其他直接责任人员，给予警告，并处 1 万元以下罚款：

（一）编制或者提供虚假的报告、报表、文件或者资料的；

（二）拒绝或者妨碍依法监督检查的。

第一百零八条　保险专业代理机构、保险兼业代理机构有下列情形之一的，由保险监督管理机构责令改正，给予警告，没有违法所得的，处 1 万元以下罚款，有违法所得的，处违法所得 3 倍以下罚款，但最高不得超过 3 万元；对该机构直接负责的主管人员和其他直接责任人员，给予警告，并处 1 万元以下罚款：

（一）未按规定托管注册资本的；

（二）未按规定建立或者管理业务档案的；

（三）未按规定使用银行账户的；

（四）未按规定进行信息披露的；

（五）未按规定缴纳监管费的；

（六）违反规定代替投保人签订保险合同的；

（七）违反规定动用保证金的；

（八）违反规定开展互联网保险业务的；

（九）从代收保险费中直接扣除保险佣金的。

第一百零九条　个人保险代理人、保险代理机构从业人员违反本规定，依照《保险法》或者其他法律、行政法规应当予以处罚的，由保险监督管理机构依照相关法律、行政法规进行处罚；法律、行政法规未作规定的，由保险监督管理机构给予警告，没有违法所得的，处 1 万元以下罚款，有违法所得的，处违法所得 3 倍以下罚款，但最高不得超过 3 万元。

第一百一十条　保险公司违反本规定，由保险监督管理机构依照法律、行政法规进行处罚；法律、行政法规未作规定的，对保险公司给予警告，没有违法所得的，处 1 万元以下罚款，有违法所得的，处违法所得 3 倍以下罚款，但最高不得超过 3 万元；对其直接负责的主管人员和其他直接责任人员，给予警告，并处 1 万元以下罚款。

第一百一十一条　违反法律和行政法规的规定，情节严重的，国务院保险监督管理机构可以禁止有关责任人员一定期限直至终身进入保险业。

第一百一十二条　保险专业代理机构的高级管理人员或者从业人员，离职后被发现在原工作期间违反保险监督管理规定的，应当依法追究其责任。

第一百一十三条　保险监督管理机构从事监督管理工作的人员有下列情形之一的，依法给予行政处分；构成犯罪的，依法追究刑事责任：

（一）违反规定批准代理机构经营保险代理业务的；

（二）违反规定核准高级管理人员任职资格的；

（三）违反规定对保险代理人进行现场检查的；
（四）违反规定对保险代理人实施行政处罚的；
（五）违反规定干预保险代理市场佣金水平的；
（六）滥用职权、玩忽职守的其他行为。

### 第七章 附 则

**第一百一十四条** 本规定所称保险专业中介机构指保险专业代理机构、保险经纪人和保险公估人。

本规定所称保险中介机构是指保险专业中介机构和保险兼业代理机构。

**第一百一十五条** 经保险监督管理机构批准经营保险代理业务的外资保险专业代理机构适用本规定，法律、行政法规另有规定的，适用其规定。

采取公司以外的组织形式的保险专业代理机构的设立和管理参照本规定，国务院保险监督管理机构另有规定的，适用其规定。

**第一百一十六条** 本规定施行前依法设立的保险代理公司继续保留，不完全具备本规定条件的，具体适用办法由国务院保险监督管理机构另行规定。

**第一百一十七条** 本规定要求提交的各种表格格式由国务院保险监督管理机构制定。

**第一百一十八条** 本规定中有关"5日""10日""15日""20日"的规定是指工作日，不含法定节假日。

本规定所称"以上""以下"均含本数。

**第一百一十九条** 本规定自2021年1月1日起施行，原中国保监会2009年9月25日发布的《保险专业代理机构监管规定》（中国保险监督管理委员会令2009年第5号）、2013年1月6日发布的《保险销售从业人员监管办法》（中国保险监督管理委员会令2013年第2号）、2013年4月27日发布的《中国保险监督管理委员会关于修改〈保险专业代理机构监管规定〉的决定》（中国保险监督管理委员会令2013年第7号）、2000年8月4日发布的《保险兼业代理管理暂行办法》（保监发〔2000〕144号）同时废止。

## 保险公司股权管理办法

- 2018年3月2日中国保险监督管理委员会令2018年第5号公布
- 自2018年4月10日起施行

### 第一章 总 则

**第一条** 为了加强保险公司股权监管，规范保险公司股东行为，保护投保人、被保险人、受益人的合法权益，维护保险市场秩序，根据《中华人民共和国公司法》《中华人民共和国保险法》等法律、行政法规，制定本办法。

**第二条** 保险公司股权管理遵循以下原则：
（一）资质优良，关系清晰；
（二）结构合理，行为规范；
（三）公开透明，流转有序。

**第三条** 中国保险监督管理委员会（以下简称中国保监会）按照实质重于形式的原则，依法对保险公司股权实施穿透式监管和分类监管。

股权监管贯穿于以下环节：
（一）投资设立保险公司；
（二）变更保险公司注册资本；
（三）变更保险公司股权；
（四）保险公司上市；
（五）保险公司合并、分立；
（六）保险公司治理；
（七）保险公司风险处置或者破产清算。

**第四条** 根据持股比例、资质条件和对保险公司经营管理的影响，保险公司股东分为以下四类：

（一）财务Ⅰ类股东。是指持有保险公司股权不足百分之五的股东。

（二）财务Ⅱ类股东。是指持有保险公司股权百分之五以上，但不足百分之十五的股东。

（三）战略类股东。是指持有保险公司股权百分之十五以上，但不足三分之一的股东，或者其出资额、持有的股份所享有的表决权已足以对保险公司股东（大）会的决议产生重大影响的股东。

（四）控制类股东。是指持有保险公司股权三分之一以上，或者其出资额、持有的股份所享有的表决权已足以对保险公司股东（大）会的决议产生控制性影响的股东。

**第五条** 中国保监会鼓励具备风险管理、科技创新、健康管理、养老服务等专业能力的投资人投资保险业，促进保险公司转型升级和优化服务。

### 第二章 股东资质

**第六条** 符合本办法规定条件的以下投资人，可以成为保险公司股东：
（一）境内企业法人；
（二）境内有限合伙企业；
（三）境内事业单位、社会团体；
（四）境外金融机构。

事业单位和社会团体只能成为保险公司财务Ⅰ类股

东,国务院另有规定的除外。

自然人只能通过购买上市保险公司股票成为保险公司财务Ⅰ类股东。中国保监会另有规定的除外。

**第七条** 资产管理计划、信托产品可以通过购买公开发行股票的方式投资上市保险公司。单一资产管理计划或者信托产品持有上市保险公司股票的比例不得超过该保险公司股本总额的百分之五。具有关联关系、委托同一或者关联机构投资保险公司的,投资比例合并计算。

**第八条** 财务Ⅰ类股东,应当具备以下条件:

(一)经营状况良好,有合理水平的营业收入;

(二)财务状况良好,最近一个会计年度盈利;

(三)纳税记录良好,最近三年内无偷漏税记录;

(四)诚信记录良好,最近三年内无重大失信行为记录;

(五)合规状况良好,最近三年内无重大违法违规记录;

(六)法律、行政法规以及中国保监会规定的其他条件。

**第九条** 财务Ⅱ类股东,除符合本办法第八条规定外,还应当具备以下条件:

(一)信誉良好,投资行为稳健,核心主业突出;

(二)具有持续出资能力,最近二个会计年度连续盈利;

(三)具有较强的资金实力,净资产不低于二亿元人民币;

(四)法律、行政法规以及中国保监会规定的其他条件。

**第十条** 战略类股东,除符合本办法第八条、第九条规定外,还应当具备以下条件:

(一)具有持续出资能力,最近三个会计年度连续盈利;

(二)净资产不低于十亿元人民币;

(三)权益性投资余额不得超过净资产;

(四)法律、行政法规以及中国保监会规定的其他条件。

**第十一条** 控制类股东,除符合本办法第八条、第九条、第十条规定外,还应当具备以下条件:

(一)总资产不低于一百亿元人民币;

(二)最近一年末净资产不低于总资产的百分之三十;

(三)法律、行政法规以及中国保监会规定的其他条件。

国家另有规定的,金融机构可以不受前款第二项限制。

**第十二条** 投资人为境内有限合伙企业的,除符合本办法第八条、第九条规定外,还应当具备以下条件:

(一)其普通合伙人应当诚信记录良好,最近三年内无重大违法违规记录;

(二)设有存续期限的,应当承诺在存续期限届满前转让所持保险公司股权;

(三)层级简单,结构清晰。

境内有限合伙企业不得发起设立保险公司。

**第十三条** 投资人为境内事业单位、社会团体的,除符合本办法第八条规定外,还应当具备以下条件:

(一)主营业务或者主要事务与保险业相关;

(二)不承担行政管理职能;

(三)经上级主管机构批准同意。

**第十四条** 投资人为境内金融机构的,还应当符合法律、行政法规的规定和所在行业金融监管机构的监管要求。

**第十五条** 投资人为境外金融机构的,除符合上述股东资质要求规定外,还应当具备以下条件:

(一)最近三个会计年度连续盈利;

(二)最近一年末总资产不低于二十亿美元;

(三)最近三年内国际评级机构对其长期信用评级为A级以上;

(四)符合所在地金融监管机构的监管要求。

**第十六条** 保险公司发起设立保险公司,或者成为保险公司控制类股东的,应当具备以下条件:

(一)开业三年以上;

(二)公司治理良好,内控健全;

(三)最近一个会计年度盈利;

(四)最近一年内总公司无重大违法违规记录;

(五)最近三年内无重大失信行为记录;

(六)净资产不低于三十亿元人民币;

(七)最近四个季度核心偿付能力充足率不低于百分之七十五,综合偿付能力充足率不低于百分之一百五十,风险综合评级不低于B类;

(八)中国保监会规定的其他条件。

**第十七条** 关联方、一致行动人合计持股达到财务Ⅱ类、战略类或者控制类股东标准的,其持股比例最高的股东应当符合本办法规定的相应类别股东的资质条件,并报中国保监会批准。

自投资入股协议签订之日前十二个月内具有关联关

系的,视为关联方。

**第十八条** 投资人有下列情形之一的,不得成为保险公司的股东:
(一)因严重失信行为被国家有关单位确定为失信联合惩戒对象且应当在保险领域受到相应惩戒;
(二)股权结构不清晰或者存在权属纠纷;
(三)曾经委托他人或者接受他人委托持有保险公司股权;
(四)曾经投资保险业,存在提供虚假材料或者作不实声明的行为;
(五)曾经投资保险业,对保险公司经营失败负有重大责任未逾三年;
(六)曾经投资保险业,对保险公司重大违规行为负有重大责任;
(七)曾经投资保险业,拒不配合中国保监会监督检查。

**第十九条** 投资人成为保险公司的控制类股东,应当具备投资保险业的资本实力、风险管控能力和审慎投资理念。投资人有下列情形之一的,不得成为保险公司的控制类股东:
(一)现金流量波动受经济景气影响较大;
(二)经营计划不具有可行性;
(三)财务能力不足以支持保险公司持续经营;
(四)核心主业不突出且其经营范围涉及行业过多;
(五)公司治理结构与机制存在明显缺陷;
(六)关联企业众多、股权关系复杂且不透明、关联交易频繁且异常;
(七)在公开市场上有不良投资行为记录;
(八)曾经有不诚信商业行为,造成恶劣影响;
(九)曾经被有关部门查实存在不正当行为;
(十)其他对保险公司产生重大不利影响的情况。
保险公司实际控制人适用前款规定。

### 第三章 股权取得

**第二十条** 投资人可以通过以下方式取得保险公司股权:
(一)发起设立保险公司;
(二)认购保险公司发行的非上市股权;
(三)以协议方式受让其他股东所持有的保险公司股权;
(四)以竞价方式取得其他股东公开转让的保险公司股权;
(五)从股票市场购买上市保险公司股权;
(六)购买保险公司可转换债券,在符合合同约定条件下,取得保险公司股权;
(七)作为保险公司股权的质权人,在符合有关规定的条件下,取得保险公司股权;
(八)参与中国保监会对保险公司的风险处置取得股权;
(九)通过行政划拨取得保险公司股权;
(十)中国保监会认可的其他方式。

**第二十一条** 保险公司的投资人应当充分了解保险行业的经营特点、业务规律和作为保险公司股东所应当承担的责任和义务,知悉保险公司的经营管理状况和潜在风险等信息。
投资人投资保险公司的,应当出资意愿真实,并且履行必要的内部决策程序。

**第二十二条** 以发起设立保险公司方式取得保险公司股权的,应当按照《中华人民共和国保险法》和《保险公司管理规定》等规定的条件和程序,完成保险公司的筹建和开业。

**第二十三条** 认购保险公司发行的股权或者受让其他股东所持有的保险公司股权的,应当按照保险公司章程的约定,经保险公司履行相应内部审查和决策程序后,按照本办法规定报中国保监会批准或者备案。
保险公司章程约定股东对其他股东的股权有优先购买权的,转让股权的股东应当主动要求保险公司按照章程约定,保障其他股东行使优先购买权。

**第二十四条** 保险公司股权采取协议或者竞价方式转让的,保险公司应当事先向投资人告知本办法的有关规定。
参加竞价的投资人应当符合本办法有关保险公司股东资格条件的规定。竞得保险公司股权后,应当按照本办法的规定,报中国保监会批准或者备案。不予批准的,相关投资人应当自不予批准之日起一年内转出。

**第二十五条** 投资人从股票市场购买上市保险公司股票,所持股权达到本办法第五十五条规定比例的,应当报中国保监会批准。不予批准的,应当自不予批准之日起五十个交易日内转出。如遇停牌,应当自复牌之日起十个交易日内转出。

**第二十六条** 投资人通过购买保险公司可转换债券,按照合同条件转为股权的,或者通过质押权实现取得保险公司股权的,应当按照本办法规定报中国保监会批准或者备案。

**第二十七条** 股权转让涉及国有资产的,应当符合国有资产管理的有关规定。

通过行政划拨等方式对保险公司国有股权合并管理的,应当符合本办法关于持股比例和投资人条件的规定,国家另有规定的除外。

**第二十八条** 通过参与员工持股计划取得股权的,持股方式和持股比例由中国保监会另行规定。

**第二十九条** 保险公司股东持股比例除符合本办法第四条、第六条规定外,还应当符合以下要求:

(一)单一股东持股比例不得超过保险公司注册资本的三分之一;

(二)单一境内有限合伙企业持股比例不得超过保险公司注册资本的百分之五,多个境内有限合伙企业合计持股比例不得超过保险公司注册资本的百分之十五。

保险公司因为业务创新、专业化或者集团化经营需要投资设立或者收购保险公司的,其出资或者持股比例上限不受限制。

股东与其关联方、一致行动人的持股比例合并计算。

**第三十条** 投资人及其关联方、一致行动人只能成为一家经营同类业务的保险公司的控制类股东。投资人为保险公司的,不得投资设立经营同类业务的保险公司。

投资人及其关联方、一致行动人,成为保险公司控制类和战略类股东的家数合计不得超过两家。

保险公司因为业务创新或者专业化经营投资设立保险公司的,不受本条第一款、第二款限制,但不得转让其设立保险公司的控制权。成为两家以上保险公司控制类股东的,不得成为其他保险公司的战略类股东。

根据国务院授权持有保险公司股权的投资主体,以及经中国保监会批准参与保险公司风险处置的公司和机构不受本条第一款和第二款限制。

**第三十一条** 投资人不得委托他人或者接受他人委托持有保险公司股权。

## 第四章 入股资金

**第三十二条** 投资人取得保险公司股权,应当使用来源合法的自有资金。中国保监会另有规定的除外。

本办法所称自有资金以净资产为限。投资人不得通过设立持股机构、转让股权预期收益权等方式变相规避自有资金监管规定。根据穿透式监管和实质重于形式原则,中国保监会可以对自有资金来源向上追溯认定。

**第三十三条** 投资人应当用货币出资,不得用实物、知识产权、土地使用权等非货币财产作价出资。

中国保监会对保险集团(控股)公司另有规定的除外。

**第三十四条** 投资人为保险公司的,不得利用其注册资本向其子公司逐级重复出资。

**第三十五条** 投资人不得直接或者间接通过以下资金取得保险公司股权:

(一)与保险公司有关的借款;

(二)以保险公司存款或者其他资产为担保获取的资金;

(三)不当利用保险公司的财务影响力,或者与保险公司的不正当关联关系获取的资金;

(四)以中国保监会禁止的其他方式获取的资金。

严禁挪用保险资金,或者以保险公司投资信托计划、私募基金、股权投资等获取的资金对保险公司进行循环出资。

**第三十六条** 保险公司和保险公司筹备组,应当按照国家有关规定,开立和使用验资账户。

投资人向保险公司出资,应当经会计师事务所验资并出具验资证明。

## 第五章 股东行为

**第三十七条** 保险公司的股权结构应当清晰、合理,并且应当向中国保监会说明实际控制人情况。

**第三十八条** 保险公司股东应当按照《中华人民共和国公司法》的规定,以及保险公司章程的约定,依法行使股东权利,履行股东义务。

**第三十九条** 保险公司应当在章程中约定,股东有下列情形之一的,不得行使股东(大)会参会权、表决权、提案权等股东权利,并承诺接受中国保监会的处置措施:

(一)股东变更未经中国保监会批准或者备案;

(二)股东的实际控制人变更未经中国保监会备案;

(三)委托他人或者接受他人委托持有保险公司股权;

(四)通过接受表决权委托、收益权转让等方式变相控制股权;

(五)利用保险资金直接或者间接自我注资、虚假增资;

(六)其他不符合监管规定的出资行为、持股行为。

**第四十条** 保险公司股东应当建立有效的风险隔离机制,防止风险在股东、保险公司以及其他关联机构之间传染和转移。

**第四十一条** 保险公司股东不得与保险公司进行不正当的关联交易,不得利用其对保险公司经营管理的影响力获取不正当利益。

**第四十二条** 保险公司需要采取增资方式解决偿付

能力不足的,股东负有增资的义务。不能增资或者不增资的股东,应当同意其他股东或者投资人采取合理方案增资。

**第四十三条** 保险公司发生风险事件或者重大违法违规行为,被中国保监会采取接管等风险处置措施的,股东应当积极配合。

**第四十四条** 保险公司控制类股东应当严格依法行使对保险公司的控制权,不得利用其控制地位损害保险公司及其他利益相关方的合法权益。

**第四十五条** 保险公司控股股东对保险公司行使股东权利义务的,应当符合中国保监会关于控股股东的规定。

保险集团(控股)公司对其控股保险公司行使股东权利义务的,应当符合中国保监会关于保险集团(控股)公司的规定。

**第四十六条** 保险公司股东应当如实向保险公司报告财务信息、股权结构、入股保险公司的资金来源、控股股东、实际控制人、关联方、一致行动人等信息。

保险公司股东的控股股东、实际控制人发生变化的,该股东应当及时将变更情况、变更后的关联方及关联关系情况、一致行动人情况书面通知保险公司。

**第四十七条** 保险公司股东依法披露的信息应当真实、准确、完整,不得有虚假记载、误导性陈述或者重大遗漏。

**第四十八条** 保险公司股东应当自发生以下情况之日起十五个工作日内,书面通知保险公司:

(一)所持保险公司股权被采取诉讼保全措施或者被强制执行;

(二)所持有的保险公司股权被质押或者解质押;

(三)股权变更取得中国保监会许可后未在三个月内完成变更手续;

(四)名称变更;

(五)合并、分立;

(六)解散、破产、关闭、被接管;

(七)其他可能导致所持保险公司股权发生变化的情况。

**第四十九条** 保险公司股东质押其持有的保险公司股权的,不得损害其他股东和保险公司的利益。

保险公司股东不得利用股权质押形式,代持保险公司股权、违规关联持股以及变相转移股权。

保险公司股东质押股权时,不得与质权人约定债务人不履行到期债务时被质押的保险公司股权归债权人所有,不得约定由质权人或者其关联方行使表决权等股东权利,也不得采取股权收益权转让等其他方式转移保险公司股权的控制权。

**第五十条** 投资人自成为控制类股东之日起五年内不得转让所持有的股权,自成为战略类股东之日起三年内不得转让所持有的股权,自成为财务Ⅱ类股东之日起二年内不得转让所持有的股权,自成为财务Ⅰ类股东之日起一年内不得转让所持有的股权。

经中国保监会批准进行风险处置的,中国保监会责令依法转让股权的,或者在同一控制人控制的不同主体之间转让股权等特殊情形除外。

### 第六章 股权事务

**第五十一条** 保险公司董事会办公室是保险公司处理股权事务的办事机构。

保险公司董事长和董事会秘书是保险公司处理股权事务的直接责任人。

**第五十二条** 行政许可申请、事项报告或者资料报送等股权事务,由保险公司负责办理。必要时经中国保监会同意可以由股东直接提交相关材料。

发起设立保险公司的,由全部发起人或者经授权的发起人向中国保监会提交相关材料。

**第五十三条** 保险公司变更持有百分之五以上股权的股东,应当经中国保监会批准。

保险公司变更持有不足百分之五股权的股东,应当报中国保监会备案,并在保险公司官方网站以及中国保监会指定网站公开披露,上市保险公司除外。

保险公司股东的实际控制人变更,保险公司股东持有的保险公司股权价值占该股东总资产二分之一以上的,实际控制人应当符合本办法关于股东资质的相关要求,并向保险公司及时提供相关材料,保险公司应当在变更前二十个工作日内将相关情况报中国保监会备案。

**第五十四条** 保险公司应当自股东签署股权转让协议书之日起三个月内,报中国保监会批准或者备案。

**第五十五条** 投资人购买上市保险公司股票,其所持股权比例达到保险公司股本总额的百分之五、百分之十五和三分之一的,应当自交易之日起五个工作日内向保险公司书面报告,保险公司应当在收到报告后十个工作日内报中国保监会批准。

**第五十六条** 保险公司的股东及其控股股东或者实际控制人发生本办法第四十六条第二款或者第四十八条规定情形的,保险公司应当自知悉之日起十个工作日内,向中国保监会书面报告。

**第五十七条** 保险公司应当按照有关监管规定,及时、真实、准确、完整地披露保险公司相关股权信息,披露内容包括:

(一)股权结构及变动情况;

(二)持股百分之五以上股东及其控股股东及实际控制人情况;

(三)财务Ⅱ类股东、战略类股东、控制类股东及其控股股东、实际控制人、关联方、一致行动人变更情况;

(四)相关股东出质保险公司股权情况;

(五)股东提名董事、监事情况;

(六)中国保监会规定的其他信息。

**第五十八条** 投资人成为保险公司控制类股东的,保险公司应当修改公司章程,对董事提名和选举规则,中小股东和投保人、被保险人、受益人利益保护作出合理安排。

**第五十九条** 保险公司应当加强股东股权管理,对股东及其控股股东、实际控制人、关联方及一致行动人信息进行核实并掌握其变动情况,就股东对保险公司经营决策的影响进行判断,依法及时、准确、完整地报告或者披露相关信息。

**第六十条** 保险公司应当自中国保监会核准或者备案之日起三个月内完成章程变更和工商登记手续。

未在规定时间内完成变更的,保险公司应当及时向中国保监会书面报告。

**第六十一条** 保险公司应当加强对股权质押和解质押的管理,在股东名册上记载质押相关信息,并及时协助股东向有关机构办理出质登记。

### 第七章 材料申报

**第六十二条** 申请发起设立或者投资入股保险公司的,保险公司或者投资人应当按照中国保监会的要求提交申报材料,申报材料必须真实、准确、完整。

申报材料包括基本情况类、财务信息类、公司治理类、附属信息类以及中国保监会要求提交的其他相关材料。

**第六十三条** 基本情况类材料包括以下具体文件:

(一)营业执照复印件;

(二)经营范围的说明;

(三)组织管理架构图;

(四)对外长期股权投资的说明;

(五)自身以及关联机构投资入股其他金融机构等情况的说明。

**第六十四条** 财务信息类材料包括以下具体文件:

(一)财务Ⅰ类股东经会计师事务所审计的最近一年的财务会计报告,财务Ⅱ类股东经会计师事务所审计的最近二年的财务会计报告,境外金融机构、战略类股东、控制类股东经会计师事务所审计的最近三年的财务会计报告;

(二)关于入股资金来源的说明;

(三)最近三年的纳税证明;

(四)由征信机构出具的投资人征信记录;

(五)国际评级机构对境外金融机构最近三年的长期信用评级;

(六)最近四个季度的偿付能力报告。

**第六十五条** 公司治理类材料包括以下具体文件:

(一)逐级披露股权结构至最终权益持有人的说明;

(二)股权信息公开披露的相关证明材料;

(三)控股股东、实际控制人及其最近一年内的变更情况的说明;

(四)投资人共同签署的股权认购协议书或者转让方与受让方共同签署的股权转让协议;

(五)股东(大)会或者董事会同意其投资的证明材料;

(六)投资人及其实际控制人与保险公司其他投资人之间关联关系、一致行动的情况说明,新设保险机构还应当提供关联方的基本情况说明;

(七)保险公司实际控制人,或者控制类股东实际控制人的履职经历、经营记录、既往投资情况等说明材料;

(八)控制类股东关于公司治理、经营计划、后续资金安排等情况的说明。

**第六十六条** 附属信息类材料包括以下具体文件:

(一)投资人关于报送材料的授权委托书;

(二)主管机构同意其投资的证明材料;

(三)金融机构审慎监管指标报告;

(四)金融监管机构出具的监管意见;

(五)无重大违法违规记录的声明;

(六)中国保监会要求出具的其他声明或者承诺书。

**第六十七条** 境内有限合伙企业向保险公司投资入股,除提交本办法第六十三条至第六十六条规定的有关材料外,还应当提交以下材料:

(一)资金来源和合伙人名称或者姓名、国籍、经营范围或者职业、出资额等背景情况的说明材料;

(二)负责执行事务的合伙人关于资金来源不违反反洗钱有关规定的承诺;

(三)合伙人与保险公司其他投资人之间的关联关系的说明。

**第六十八条** 保险公司变更注册资本，应当向中国保监会提出书面申请，并应当提交以下材料：

（一）公司股东（大）会通过的增加或者减少注册资本的决议；

（二）增加或者减少注册资本的方案和可行性研究报告；

（三）增加或者减少注册资本后的股权结构；

（四）验资报告和股东出资或者减资证明；

（五）参与增资股东经会计师事务所审计的财务会计报告；

（六）退股股东的名称、基本情况以及减资金额；

（七）中国保监会规定的其他材料。

保险公司新增股东的，应当提交本办法第六十三条至第六十六条规定的有关材料。

**第六十九条** 股东转让保险公司股权的，保险公司应当报中国保监会批准或者备案，并提交股权转让协议和受让方经会计师事务所审计的财务会计报告。

受让方为新增股东的，保险公司还应当提交本办法第六十三条至第六十六条规定的有关材料。

**第七十条** 保险公司向中国保监会报告股权被采取诉讼保全或者被强制执行时，应当提交有关司法文件。

**第七十一条** 保险公司向中国保监会报告股权质押或者解质押时，应当提交以下材料：

（一）质押和解质押有关情况的书面报告；

（二）质押或者解质押合同；

（三）主债权债务合同或者股权收益权转让合同；

（四）有关部门出具的登记文件；

（五）出质人与债务人关系的说明；

（六）股东关于质押行为符合公司章程和监管要求的声明，并承诺如提供不实声明将自愿接受监管部门对其所持股权采取处置措施；

（七）截至报告日股权质押的全部情况；

（八）中国保监会规定的其他材料。

其中，书面报告应当包括出质人、债务人、质权人基本情况，被担保债权的种类和数额，债务人履行债务的期限，出质股权的数量，担保的范围，融入资金的用途，资金偿还能力以及相关安排，可能引发的风险以及应对措施等内容。质权人为非金融企业的，还应当说明质权人融出资金的来源，以及质权人与出质人的关联关系情况。

**第七十二条** 保险公司向中国保监会报告股东更名时，应当提交股东更名后的营业执照和有关部门出具的登记文件。

## 第八章 监督管理

**第七十三条** 中国保监会加强对保险公司股东的穿透监管和审查，可以对保险公司股东及其实际控制人、关联方、一致行动人进行实质认定。

中国保监会采取以下措施对保险公司股权实施监管：

（一）依法对股权取得或者变更实施审查；

（二）根据有关规定或者监管需要，要求保险公司报告股权有关事项；

（三）要求保险公司在指定媒体披露相关股权信息；

（四）委托专业中介机构对保险公司提供的财务报告等资料信息进行审查；

（五）与保险公司董事、监事、高级管理人员以及其他相关当事人进行监管谈话，要求其就相关情况作出说明；

（六）对股东涉及保险公司股权的行为进行调查或者公开质询；

（七）要求股东报送审计报告、经营管理信息、股权信息等材料；

（八）查询、复制股东及相关单位和人员的财务会计报表等文件、资料；

（九）对保险公司进行检查，并依法对保险公司和有关责任人员实施行政处罚；

（十）中国保监会依法可以采取的其他监管措施。

**第七十四条** 中国保监会对保险公司股权取得或者变更实施行政许可，重点审查以下内容：

（一）申报材料的完备性；

（二）保险公司决策程序的合规性；

（三）股东资质及其投资行为的合规性；

（四）资金来源的合规性；

（五）股东之间的关联关系；

（六）中国保监会认为需要审查的其他内容。

申请人应当如实提交有关材料和反映真实情况，并对其申请材料实质内容的真实性负责。

**第七十五条** 中国保监会对保险公司股权取得或者变更实施行政许可，可以采取以下方式进行审查：

（一）对申报材料进行审核；

（二）根据审慎监管的需要，要求保险公司或者股东提交证明材料；

（三）对保险公司或者相关股东进行监管谈话、公开问询；

（四）要求相关股东逐级披露其股东或者实际控制人；

（五）根据审慎监管的需要，要求相关股东逐级向上声明关联关系和资金来源；

（六）向相关机构查阅有关账户或者了解相关信息；

（七）实地走访股东或者调查股东经营情况等；

（八）中国保监会认为需要采取的其他审查方式。

**第七十六条** 在行政许可过程中，投资人、保险公司或者股东有下列情形之一的，中国保监会可以中止审查：

（一）相关股权存在权属纠纷；

（二）被举报尚需调查；

（三）因涉嫌违法违规被有关部门调查，或者被司法机关侦查，尚未结案；

（四）被起诉尚未判决；

（五）中国保监会认定的其他情形。

**第七十七条** 在实施行政许可或者履行其他监管职责时，中国保监会可以要求保险公司或者股东就其提供的有关资质、关联关系或者入股资金等信息的真实性作出声明，并就提供虚假信息或者不实声明所应当承担的后果作出承诺。

**第七十八条** 保险公司或者股东提供虚假材料或者不实声明，情节严重的，中国保监会将依法撤销行政许可。被撤销行政许可的投资人，应当按照入股价格和每股净资产价格的孰低者退出，承接的机构应当符合中国保监会的相关要求。

**第七十九条** 保险公司未遵守本办法规定进行股权管理的，中国保监会可以调整该保险公司公司治理评价结果或者分类监管评价类别。

**第八十条** 中国保监会建立保险公司股权管理不良记录，并纳入保险业企业信用信息系统，通过全国信用信息共享平台与政府机构共享信息。

**第八十一条** 保险公司及其董事和高级管理人员在股权管理中弄虚作假、失职渎职，严重损害保险公司利益的，中国保监会依法对其实施行政处罚，或者要求保险公司撤换有关当事人。

**第八十二条** 保险公司股东或者相关当事人违反本办法规定的，中国保监会可以采取以下监管措施：

（一）通报批评并责令改正；

（二）公开谴责并向社会披露；

（三）限制其在保险公司的有关权利；

（四）依法责令其转让或者拍卖其所持股权。股权转让完成前，限制其股东权利。限期未完成转让的，由符合中国保监会相关要求的投资人按评估价格受让股权；

（五）限制其在保险业的投资活动，并向其他金融监管机构通报；

（六）依法限制保险公司分红、发债、上市等行为；

（七）中国保监会可以依法采取的其他措施。

**第八十三条** 中国保监会建立保险公司投资人市场准入负面清单，记录投资人违法违规情况，并正式函告保险公司和投资人。中国保监会根据投资人违法违规情节，可以限制其五年以上直至终身不得再次投资保险业。涉嫌犯罪的，依法移送司法机关。

**第八十四条** 中国保监会建立会计师事务所等第三方中介机构诚信档案，记载会计师事务所、律师事务所及其从业人员的执业质量。第三方中介机构出具不具有公信力的评估报告或者有其他不诚信行为的，自行为发生之日起五年内中国保监会对其再次出具的报告不予认可，并向社会公布。

## 第九章 附 则

**第八十五条** 本办法适用于中华人民共和国境内依法登记注册的中资保险公司。

全部外资股东持股比例占公司注册资本百分之二十五以上的保险公司，参照适用本办法有关规定。

**第八十六条** 保险集团（控股）公司、保险资产管理公司的股权管理参照适用本办法，法律、行政法规或者中国保监会另有规定的，从其规定。

**第八十七条** 金融监管机构对非金融企业投资金融机构另有规定的，从其规定。

**第八十八条** 经中国保监会批准，参与保险公司风险处置的，或者由指定机构承接股权的，不受本办法关于股东资质、持股比例、入股资金等规定的限制。

**第八十九条** 通过购买上市保险公司股票成为保险公司财务Ⅰ类股东的，不受本办法第八条、第十二条、第十三条、第十五条、第五十条、第五十三条第三款、第六十二条、第六十七条、第六十九条的限制。

**第九十条** 在全国中小企业股份转让系统挂牌的保险公司参照适用本办法有关上市保险公司的规定。

**第九十一条** 本办法所称"以上""不低于"均含本数，"不足""超过"不含本数。

**第九十二条** 本办法所称"一致行动"，是指投资人通过协议、其他安排，与其他投资人共同扩大其所能够支配的一个保险公司表决权数量的行为或者事实。

在保险公司相关股权变动活动中有一致行动情形的投资人，互为一致行动人。如无相反证据，投资人有下列情形之一的，为一致行动人：

（一）投资人的董事、监事或者高级管理人员中的主要成员，同时担任另一投资人的董事、监事或者高级管理人员；

（二）投资人通过银行以外的其他投资人提供的融资安排取得相关股权；

（三）投资人之间存在合伙、合作、联营等其他经济利益关系；

（四）中国保监会规定的其他情形。

投资人认为其与他人不应被视为一致行动人的，可以向中国保监会提供相反证据。

**第九十三条** 本办法由中国保监会负责解释。

**第九十四条** 本办法自 2018 年 4 月 10 日起施行。中国保监会 2010 年 5 月 4 日发布的《保险公司股权管理办法》（保监会令 2010 年第 6 号）、2014 年 4 月 15 日发布的《中国保险监督管理委员会关于修改〈保险公司股权管理办法〉的决定》（保监会令 2014 年第 4 号）、2013 年 4 月 9 日发布的《中国保监会关于〈保险公司股权管理办法〉第四条有关问题的通知》（保监发〔2013〕29 号）、2013 年 4 月 17 日发布的《中国保监会关于规范有限合伙式股权投资企业投资入股保险公司有关问题的通知》（保监发〔2013〕36 号）、2014 年 3 月 21 日发布的《中国保险监督管理委员会关于印发〈保险公司收购合并管理办法〉的通知》（保监发〔2014〕26 号）同时废止。

## 保险公司信息披露管理办法

·2018 年 4 月 28 日中国银行保险监督管理委员会令 2018 年第 2 号公布
·自 2018 年 7 月 1 日起施行

### 第一章 总 则

**第一条** 为了规范保险公司的信息披露行为，保障投保人、被保险人、受益人以及相关当事人的合法权益，促进保险业健康发展，根据《中华人民共和国保险法》等法律、行政法规，制定本办法。

**第二条** 本办法所称保险公司，是指经中国银行保险监督管理委员会批准设立，并依法登记注册的商业保险公司。

本办法所称信息披露，是指保险公司向社会公众公开其经营管理相关信息的行为。

**第三条** 保险公司信息披露应当遵循真实、准确、完整、及时、有效的原则，不得有虚假记载、误导性陈述和重大遗漏。

保险公司信息披露应当尽可能使用通俗易懂的语言。

**第四条** 保险公司应当按照法律、行政法规和中国银行保险监督管理委员会的规定进行信息披露。

保险公司可以在法律、行政法规和中国银行保险监督管理委员会规定的基础上披露更多信息。

**第五条** 保险公司按照本办法拟披露的信息属于国家秘密、商业秘密，以及存在其他因披露将导致违反国家有关保密的法律、行政法规等情形的，可以豁免披露相关内容。

**第六条** 中国银行保险监督管理委员会根据法律、行政法规和国务院授权，对保险公司的信息披露行为进行监督管理。

### 第二章 信息披露的内容

**第七条** 保险公司应当披露下列信息：
（一）基本信息；
（二）财务会计信息；
（三）保险责任准备金信息；
（四）风险管理状况信息；
（五）保险产品经营信息；
（六）偿付能力信息；
（七）重大关联交易信息；
（八）重大事项信息；
（九）中国银行保险监督管理委员会规定的其他信息。

**第八条** 保险公司披露的基本信息应当包括公司概况、公司治理概要和产品基本信息。

**第九条** 保险公司披露的公司概况应当包括下列内容：
（一）公司名称；
（二）注册资本；
（三）公司住所和营业场所；
（四）成立时间；
（五）经营范围和经营区域；
（六）法定代表人；
（七）客服电话、投诉渠道和投诉处理程序；
（八）各分支机构营业场所和联系电话。

**第十条** 保险公司披露的公司治理概要应当包括下列内容：
（一）实际控制人及其控制本公司情况的简要说明；
（二）持股比例在 5% 以上的股东及其持股情况；
（三）近 3 年股东大会（股东会）主要决议，至少包括会议召开的时间、地点、出席情况、主要议题以及表决情况等；

（四）董事和监事简历；

（五）高级管理人员简历、职责及其履职情况；

（六）公司部门设置情况。

**第十一条** 保险公司披露的产品基本信息应当包括下列内容：

（一）审批或者备案的保险产品目录、条款；

（二）人身保险新型产品说明书；

（三）中国银行保险监督管理委员会规定的其他产品基本信息。

**第十二条** 保险公司披露的上一年度财务会计信息应当与经审计的年度财务会计报告保持一致，并包括下列内容：

（一）财务报表，包括资产负债表、利润表、现金流量表、所有者权益变动表和附注；

财务报表附注，包括财务报表的编制基础、重要会计政策和会计估计的说明，重要会计政策和会计估计变更的说明，或有事项、资产负债表日后事项和表外业务的说明，对公司财务状况有重大影响的再保险安排说明，企业合并、分立的说明，以及财务报表中重要项目的明细。

（二）审计报告的主要审计意见，审计意见中存在带强调事项段的无保留意见、保留意见、否定意见或者无法表示意见的，保险公司还应当就此作出说明。

实际经营期未超过3个月的保险公司年度财务会计报告可以不经审计。

**第十三条** 保险公司披露的上一年度保险责任准备金信息包括准备金评估方面的定性信息和定量信息。

保险公司应当按照准备金的类别提供以下说明：未来现金流假设、主要精算假设方法及其结果等。

保险公司应当按照准备金的类别列示准备金评估结果以及与前一年度评估结果的对比分析。

保险公司披露的保险责任准备金信息应当与财务会计报告相关信息保持一致。

**第十四条** 保险公司披露的风险管理状况信息应当与经董事会审议的年度风险评估报告保持一致，并包括下列内容：

（一）风险评估，包括保险风险、市场风险和信用风险等风险的敞口及其简要说明，以及操作风险、战略风险、声誉风险、流动性风险等的简要说明；

（二）风险控制，包括风险管理组织体系简要介绍、风险管理总体策略及其执行情况。

**第十五条** 人身保险公司披露的产品经营信息应当包括下列内容：

（一）上一年度原保险保费收入居前5位的保险产品的名称、主要销售渠道、原保险保费收入和退保金；

（二）上一年度保户投资款新增交费居前3位的保险产品的名称、主要销售渠道、保户投资款新增交费和保户投资款本年退保；

（三）上一年度投连险独立账户新增交费居前3位的投连险产品的名称、主要销售渠道、投连险独立账户新增交费和投连险独立账户本年退保。

**第十六条** 财产保险公司披露的产品经营信息是指上一年度原保险保费收入居前5位的商业保险险种经营情况，包括险种名称、保险金额、原保险保费收入、赔款支出、准备金、承保利润。

**第十七条** 保险公司披露的上一年度偿付能力信息是指经审计的第四季度偿付能力信息，至少包括核心偿付能力充足率、综合偿付能力充足率、实际资本和最低资本等内容。

**第十八条** 保险公司披露的重大关联交易信息应当包括下列内容：

（一）交易概述以及交易标的的基本情况；

（二）交易对手情况；

（三）交易的主要内容和定价政策；

（四）独立董事的意见；

（五）中国银行保险监督管理委员会规定的其他事项。

重大关联交易的认定和计算，应当符合中国银行保险监督管理委员会的有关规定。

**第十九条** 保险公司有下列重大事项之一的，应当披露相关信息并作出简要说明：

（一）控股股东或者实际控制人发生变更；

（二）更换董事长或者总经理；

（三）当年董事会累计变更人数超过董事会成员人数的三分之一；

（四）公司名称、注册资本、公司住所或者营业场所发生变更；

（五）经营范围发生变化；

（六）合并、分立、解散或者申请破产；

（七）撤销省级分公司；

（八）对被投资企业实施控制的重大股权投资；

（九）发生单项投资实际投资损失金额超过公司上季度末净资产总额5%的重大投资损失，如果净资产为负值则按照公司注册资本5%计算；

（十）发生单笔赔案或者同一保险事故涉及的所有赔案实际赔付支出金额超过公司上季度末净资产总额5%的重大赔付，如果净资产为负值则按照公司注册资本5%计算；

（十一）发生对公司净资产和实际营运造成重要影响或者判决公司赔偿金额超过5000万元人民币的重大诉讼案件；

（十二）发生对公司净资产和实际营运造成重要影响或者裁决公司赔偿金额超过5000万元人民币的重大仲裁事项；

（十三）保险公司或者其董事长、总经理受到刑事处罚；

（十四）保险公司或者其省级分公司受到中国银行保险监督管理委员会或者其派出机构的行政处罚；

（十五）更换或者提前解聘会计师事务所；

（十六）中国银行保险监督管理委员会规定的其他事项。

## 第三章　信息披露的方式和时间

第二十条　保险公司应当建立公司网站，按照本办法的规定披露相关信息。

第二十一条　保险公司应当在公司网站披露公司的基本信息。

公司基本信息发生变更的，保险公司应当自变更之日起10个工作日内更新。

第二十二条　保险公司应当制作年度信息披露报告，年度信息披露报告应当至少包括本办法第七条第（二）项至第（六）项规定的内容。

保险公司应当在每年4月30日前在公司网站和中国银行保险监督管理委员会指定的媒介上发布年度信息披露报告。

第二十三条　保险公司发生本办法第七条第（七）项、第（八）项规定事项之一的，应当自事项发生之日起10个工作日内编制临时信息披露报告，并在公司网站上发布。

临时信息披露报告应当按照事项发生的顺序进行编号并且标注披露时间，报告应当包含事项发生的时间、事项的起因、目前的状态和可能产生的影响。

第二十四条　保险公司不能按时进行信息披露的，应当在规定披露的期限届满前向中国银行保险监督管理委员会报告相关情况，并且在公司网站公布不能按时披露的原因以及预计披露时间。

第二十五条　保险公司网站应当保留最近5年的公司年度信息披露报告和临时信息披露报告。

第二十六条　保险公司在公司网站和中国银行保险监督管理委员会指定媒介以外披露信息的，其内容不得与公司网站和中国银行保险监督管理委员会指定媒介披露的内容相冲突，且不得早于公司网站和中国银行保险监督管理委员会指定媒介的披露时间。

## 第四章　信息披露的管理

第二十七条　保险公司应当建立信息披露管理制度并报中国银行保险监督管理委员会。信息披露管理制度应当包括下列内容：

（一）信息披露的内容和基本格式；

（二）信息的审核和发布流程；

（三）信息披露的豁免及其审核流程；

（四）信息披露事务的职责分工、承办部门和评价制度；

（五）责任追究制度。

保险公司修订信息披露管理制度后，应当在修订完成之日起10个工作日内向中国银行保险监督管理委员会报告。

第二十八条　保险公司拟披露信息属于豁免披露事项的，应当在豁免披露事项通过公司审核后10个工作日内向中国银行保险监督管理委员会报告。

豁免披露的原因已经消除的，保险公司应当在原因消除之日起10个工作日内编制临时信息披露报告，披露相关信息，此前豁免披露的原因和公司审核情况等。

第二十九条　保险公司董事会秘书负责管理公司信息披露事务。未设董事会的保险公司，应当指定公司高级管理人员负责管理信息披露事务。

第三十条　保险公司应当将董事会秘书或者指定的高级管理人员、承办信息披露事务的部门的联系方式报中国银行保险监督管理委员会。

上述情况发生变更的，保险公司应当在变更之日起10个工作日内向中国银行保险监督管理委员会报告。

第三十一条　保险公司应当在公司网站主页置顶的显著位置设置信息披露专栏，名称为"公开信息披露"。

保险公司所有公开披露的信息都应当在该专栏下分类设置子栏目列示，一级子栏目名称分别为"基本信息""年度信息""重大事项"和"专项信息"等。其中，"专项信息"栏目下设"关联交易""股东股权""偿付能力""互联网保险""资金运用""新型产品""交强险"等二级子栏目。

上市保险公司可以在"投资者关系"栏目下披露本办法要求披露的相关内容。

**第三十二条** 保险公司应当加强公司网站建设，维护公司网站安全，方便社会公众查阅信息。

**第三十三条** 保险公司应当使用中文进行信息披露。同时披露外文文本的，中、外文文本内容应当保持一致；两种文本不一致的，以中文文本为准。

## 第五章 法律责任

**第三十四条** 保险公司有下列行为之一的，由中国银行保险监督管理委员会依据法律、行政法规进行处罚：

（一）未按照本办法的规定披露信息的；

（二）未按照本办法的规定报送或者保管报告、报表、文件、资料的，或者未按照规定提供有关信息、资料的；

（三）编制或者提供虚假的报告、报表、文件、资料的；

（四）拒绝或者妨碍依法监督检查的。

**第三十五条** 保险公司违反本办法规定的，中国银行保险监督管理委员会除按照本办法第三十四条的规定对该公司给予处罚外，对其直接负责信息披露的主管人员和其他直接责任人员依据法律、行政法规进行处罚。

## 第六章 附 则

**第三十六条** 中国银行保险监督管理委员会对保险产品经营信息和其他信息的披露另有规定的，从其规定。

**第三十七条** 下列保险机构参照适用本办法，法律、行政法规和中国银行保险监督管理委员会另有规定的除外：

（一）保险集团（控股）公司；

（二）再保险公司；

（三）保险资产管理公司；

（四）相互保险组织；

（五）外国保险公司分公司；

（六）中国银行保险监督管理委员会规定的其他保险机构。

**第三十八条** 上市保险公司按照上市公司信息披露要求已经披露本办法规定的相关信息的，可免于重复披露。

保险集团（控股）公司下属的保险公司已经按照本办法规定披露保险责任准备金信息、保险产品经营信息等信息的，保险集团（控股）公司可免于重复披露。

对于上述免于重复披露的内容，上市保险公司或者保险集团（控股）公司应当在公司网站和中国银行保险监督管理委员会指定的媒介上披露链接网址及其简要说明。

**第三十九条** 本办法由中国银行保险监督管理委员会负责解释。

**第四十条** 本办法自2018年7月1日起施行。原中国保险监督管理委员会2010年5月12日发布的《保险公司信息披露管理办法》（保监会令2010年第7号）、2010年6月2日发布的《关于实施〈保险公司信息披露管理办法〉有关问题的通知》（保监统信〔2010〕604号）同时废止。

# 保险公司非现场监管暂行办法

·2022年1月16日中国银行保险监督管理委员会令第3号公布
·自2022年3月1日起施行

## 第一章 总 则

**第一条** 为建立健全保险公司非现场监管体系，明确非现场监管职责分工，规范非现场监管工作流程，提高非现场监管工作效率，依据《中华人民共和国保险法》《保险公司管理规定》等有关法律法规，制定本办法。

**第二条** 保险公司非现场监管是指监管机构通过收集保险公司和保险行业的公司治理、偿付能力、经营管理以及业务、财务数据等各类信息，持续监测分析保险公司业务运营、提供风险保障和服务实体经济情况，对保险公司和保险行业的整体风险状况进行评估，并采取针对性监管措施的持续性监管过程。

非现场监管是保险监管的重要手段，监管机构要充分发挥其在提升监管效能方面的核心作用。

**第三条** 本办法所称监管机构是指银保监会及其派出机构。

本办法所称保险公司包括保险公司法人机构及其分支机构。其中保险公司法人机构是指经国务院保险监督管理机构批准设立，并依法登记注册的商业保险公司。保险公司分支机构是指保险公司法人机构依法设立的省级（含直辖市、计划单列市）分公司和地市级中心支公司，不包括支公司、营业部、营销服务部和各类专属机构。

**第四条** 监管机构对保险公司开展非现场监管，应遵循以下原则：

（一）全面风险监管原则。开展非现场监管应以风险为核心，全面识别、监测和评估保险公司的风险状况，及时进行风险预警,并采取相应的监管措施,推动保险公司持续健康发展。

(二)协调监管原则。机构监管部门和其他相关监管部门应当建立非现场监管联动工作机制,加强信息共享和工作协调,充分整合监管力量。

(三)分类监管原则。开展非现场监管应根据保险公司的业务类型、经营模式、风险状况、系统重要性程度等因素,合理配置监管资源,分类施策,及时审慎采取监管措施。

(四)监管标准统一原则。开展非现场监管应设定统一的非现场监管目标,建立统一的工作流程和工作标准,指导监管人员有序高效地履行非现场监管职责。

**第二章 职责分工和工作要求**

**第五条** 机构监管部门负责研究制定非现场监管的制度规定、工作流程和工作标准;对直接监管的保险公司法人机构和保险行业的系统性风险开展非现场监管,并指导派出机构开展非现场监管。

**第六条** 其他相关监管部门要加强与机构监管部门的协调配合,为构建完善非现场监管制度体系,开展非现场监管提供数据资料、政策解读等相关支持。

**第七条** 派出机构负责对属地保险公司法人机构、辖内保险公司分支机构以及保险行业的区域性风险开展非现场监管。

**第八条** 机构监管部门和其他相关监管部门与派出机构之间应当建立非现场监管联动工作机制,加强横向和纵向的监管联动,积极推动实现监管信息的有效共享。

**第九条** 非现场监管应当与行政审批、现场检查等监管手段形成有效衔接,与公司治理、偿付能力、资金运用和消费者权益保护等重点监管领域实现合作互补,共同构建高效、稳健的保险监管体系,为监管政策的制定实施提供有力支持。

**第十条** 非现场监管的工作流程分为信息收集和整理、日常监测和监管评估、评估结果运用、信息归档等四个阶段。

**第十一条** 监管机构应当根据监管人员配置情况和履职回避要求,明确专人负责单家保险公司的非现场监管工作,确保非现场监管分工到位、职责到人,定期对非现场监管人员进行培训、轮岗。

**第三章 信息收集和整理**

**第十二条** 监管机构应根据非现场监管的需要,从监管机构、保险公司、行业组织、行业信息基础设施等方面收集反映保险公司经营管理情况和风险状况的各类信息。

**第十三条** 监管机构应充分利用各类保险监管信息系统采集的报表和报告,整理形成可用于非现场监管的信息。

监管机构应定期收集日常监管工作中形成的现场检查、行政处罚、调研、信访举报投诉、行政审批、涉刑案件等方面信息,整理后用于非现场监管。

**第十四条** 监管机构应充分利用保险公司已报送的各类信息;对于非现场监管需要保险公司补充报送的信息,可以通过致函询问、约见访谈、走访等方式从保险公司补充收集。

监管机构认为必要时可要求保险公司提供经会计师事务所、律师事务所、税务师事务所、精算咨询机构、信用评级机构和资产评估机构等中介服务机构审计或鉴证的相关资料。

**第十五条** 监管机构应加强与保险业协会、保险学会、保险资管业协会等行业组织,以及保险保障基金公司、银保信公司、中保投资公司和上海保交所等行业机构的沟通协作,充分利用其工作成果,整理形成可用于非现场监管的信息。

监管机构应充分利用保单登记平台等行业信息基础设施,为非现场监管提供大数据分析支持。

**第十六条** 监管机构应当不断完善非现场监管信息收集和整理流程,加强各保险监管信息系统整合,提高信息收集、整理和分析效率。

**第十七条** 监管机构应督促保险公司贯彻落实监管要求,切实加强信息报送管理,确保报送信息的真实、准确、及时和完整;对于未按照非现场监管工作要求报送信息的,可视情节严重程度,依法对保险公司及责任人实施行政处罚。

**第四章 日常监测和监管评估**

**第十八条** 监管机构应当根据保险公司的业务类型、经营模式识别各业务领域和经营环节的风险点,编制建立风险监测指标体系,用于对保险公司经营发展情况进行日常动态监测和风险预警。

**第十九条** 监管机构应坚持定性分析与定量分析相结合的方法,通过综合分析收集的各类信息,结合风险监测指标预警情况,对保险公司的潜在风险进行有效识别,并确定特定业务领域、经营环节以及整体风险的非现场监管评估结果。

**第二十条** 监管机构原则上每年至少对保险公司法

人机构和分支机构的整体风险状况进行一次非现场监管评估。

监管机构应综合考虑监管资源的配置情况、保险行业发展情况、保险公司经营特点和系统重要性程度等因素，确定合适的风险监测频次，对特定业务领域和经营环节进行专项非现场监管评估。

**第二十一条** 监管机构开展非现场监管评估，其内容包括但不限于：

（一）保险公司基本情况、评估期内业务发展情况及重大事项；

（二）本次非现场监管评估发现的主要问题、风险和评估结果，以及变化趋势；

（三）关于监管措施和监管意见的建议；

（四）非现场监管人员认为应当提示或讨论的问题和事项；

（五）针对上次非现场监管评估发现的问题和风险，公司贯彻落实监管要求、实施整改和处置风险的情况。

**第二十二条** 监管机构应在单体保险公司非现场监管的基础上，关注宏观经济和金融体系对保险行业的影响，以及保险行业内部同质风险的产生和传递，开展系统性区域性非现场监管。

**第二十三条** 机构监管部门应建立非现场监管评估结果的共享机制。机构监管部门和派出机构应根据各自的监管职责，及时在监管机构内部通报非现场监管评估结果、拟采取的监管措施等信息。

**第二十四条** 机构监管部门根据保险公司的业务范围和机构层级，制定适用于财产保险公司、人身保险公司和再保险公司的风险监测和非现场监管评估指引，明确风险监测指标的定义和非现场监管评估的方法，并根据保险行业和金融市场的变化发展等情况及时进行修订。

## 第五章 评估结果运用

**第二十五条** 监管机构应依据有关法律法规，针对风险监测和非现场监管评估发现的问题和风险，及时采取相应的监管措施；并根据风险监管的需要，要求保险公司开展压力测试、制定应急处置预案，指导和督促保险公司及其股东有效防范化解风险隐患。

**第二十六条** 监管机构发现保险公司违反法律法规或有关监管规定的，应当责令限期改正，并依法采取监管措施和实施行政处罚。

**第二十七条** 监管机构可以通过监管谈话、监管通报，以及下发风险提示函、监管意见书等形式向保险公司反馈非现场监管评估结果，并提出监管要求。

监管机构可以视情况选择非现场监管评估结果和监管要求的部分或全部内容向社会公布，发挥公众和舆论的监督约束作用，推动保险公司及时认真整改。

**第二十八条** 监管机构根据非现场监管评估结果，对需要开展现场检查的重点机构、重点业务、重点风险领域和主要风险点向现场检查部门提出立项建议；在项目立项后提供非现场监管的相关数据资料，及时跟踪检查进展和结果，并与非现场监管评估结果进行比对。

**第二十九条** 监管机构在开展市场准入、产品审批等行政审批工作时，应将非现场监管评估结果作为重要考虑因素。

**第三十条** 监管机构在开展非现场监管过程中，分析认为监管法规、监管政策等方面存在需要关注的事项的，应当及时在监管机构内部通报相关情况。

## 第六章 信息归档

**第三十一条** 监管机构应将非现场监管过程中收集的信息资料、形成的工作材料以及风险监测和非现场监管评估报告等及时归档管理。

**第三十二条** 监管机构应加强非现场监管的信息档案管理，明确档案保管、查询和保密的相关权限。

**第三十三条** 从事非现场监管的工作人员对非现场监管信息负有保密义务，未经必要决策程序，不得擅自对外披露。非现场监管信息主要包括：

（一）保险公司根据非现场监管要求报送的数据和信息资料；

（二）开展非现场监管所使用的各类监管工作信息；

（三）开展非现场监管形成的风险监测指标数值、监管评估结果和相关报告等；

（四）其他不宜对外披露的信息。

## 第七章 附 则

**第三十四条** 监管机构应开展非现场监管后评价，对非现场监管组织开展情况和监管效果进行客观评价，发现问题，分析原因，不断完善非现场监管制度规定和工作流程。监管后评价的具体规则另行制定。

**第三十五条** 财产保险公司、人身保险公司和再保险公司的风险监测和非现场监管评估指引由相应的机构监管部门另行制定下发。

**第三十六条** 本办法所称机构监管部门是指银保监会负责各类保险公司监管工作的内设部门。其他相关监管部门是指银保监会负责保险公司现场检查、偿付能力监管、公司治理监管、保险资金运用监管、消费者权益保护、重大风险事件与案件处置、法规、统计信息与风险监测等的内设部门。

**第三十七条** 相互保险组织、政策性保险公司、保险集团(控股)公司和保险资产管理公司的非现场监管参照适用本办法。

**第三十八条** 本办法由银保监会负责解释和修订。

**第三十九条** 本办法自2022年3月1日起施行。

## 银行保险机构关联交易管理办法

- 2022年1月10日中国银行保险监督管理委员会令〔2022〕第1号公布
- 自2022年3月1日起施行

### 第一章 总 则

**第一条** 为加强审慎监管,规范银行保险机构关联交易行为,防范关联交易风险,促进银行保险机构安全、独立、稳健运行,根据《中华人民共和国公司法》《中华人民共和国银行业监督管理法》《中华人民共和国商业银行法》《中华人民共和国保险法》《中华人民共和国信托法》等法律法规,制定本办法。

**第二条** 本办法所称银行保险机构包括银行机构、保险机构和在中华人民共和国境内依法设立的信托公司、金融资产管理公司、金融租赁公司、汽车金融公司、消费金融公司。

银行机构是指在中华人民共和国境内依法设立的商业银行、政策性银行、村镇银行、农村信用合作社、农村合作银行。

保险机构是指在中华人民共和国境内依法设立的保险集团(控股)公司、保险公司、保险资产管理公司。

**第三条** 银行保险机构开展关联交易应当遵守法律法规和有关监管规定,健全公司治理架构,完善内部控制和风险管理,遵循诚实信用、公开公允、穿透识别、结构清晰的原则。

银行保险机构不得通过关联交易进行利益输送或监管套利,应当采取有效措施,防止关联方利用其特殊地位,通过关联交易侵害银行保险机构利益。

银行保险机构应当维护经营独立性,提高市场竞争力,控制关联交易的数量和规模,避免多层嵌套等复杂安排,重点防范向股东及其关联方进行利益输送的风险。

**第四条** 银保监会及其派出机构依法对银行保险机构的关联交易实施监督管理。

### 第二章 关联方

**第五条** 银行保险机构的关联方,是指与银行保险机构存在一方控制另一方,或对另一方施加重大影响,以及与银行保险机构同受一方控制或重大影响的自然人、法人或非法人组织。

**第六条** 银行保险机构的关联自然人包括:

(一)银行保险机构的自然人控股股东、实际控制人,及其一致行动人、最终受益人;

(二)持有或控制银行保险机构5%以上股权的,或持股不足5%但对银行保险机构经营管理有重大影响的自然人;

(三)银行保险机构的董事、监事、总行(总公司)和重要分行(分公司)的高级管理人员,以及具有大额授信、资产转移、保险资金运用等核心业务审批或决策权的人员;

(四)本条第(一)至(三)项所列关联方的配偶、父母、成年子女及兄弟姐妹;

(五)本办法第七条第(一)(二)项所列关联方的董事、监事、高级管理人员。

**第七条** 银行保险机构的关联法人或非法人组织包括:

(一)银行保险机构的法人控股股东、实际控制人,及其一致行动人、最终受益人;

(二)持有或控制银行保险机构5%以上股权的,或者持股不足5%但对银行保险机构经营管理有重大影响的法人或非法人组织,及其控股股东、实际控制人、一致行动人、最终受益人;

(三)本条第(一)项所列关联方控制或施加重大影响的法人或非法人组织,本条第(二)项所列关联方控制的法人或非法人组织;

(四)银行保险机构控制或施加重大影响的法人或非法人组织;

(五)本办法第六条第(一)项所列关联方控制或施加重大影响的法人或非法人组织,第六条第(二)至(四)项所列关联方控制的法人或非法人组织。

**第八条** 银行保险机构按照实质重于形式和穿透的原则,可以认定以下自然人、法人或非法人组织为关联方:

(一)在过去十二个月内或者根据相关协议安排在未来十二个月内存在本办法第六条、第七条规定情形之一的;

(二)本办法第六条第(一)至(三)项所列关联方的其他关系密切的家庭成员;

(三)银行保险机构内部工作人员及其控制的法人

（四）本办法第六条第（二）（三）项，以及第七条第（二）项所列关联方可施加重大影响的法人或非法人组织；

（五）对银行保险机构有影响，与银行保险机构发生或可能发生未遵守商业原则、有失公允的交易行为，并可据以从交易中获取利益的自然人、法人或非法人组织。

**第九条** 银保监会或其派出机构可以根据实质重于形式和穿透的原则，认定可能导致银行保险机构利益转移的自然人、法人或非法人组织为关联方。

## 第三章 关联交易

**第十条** 银行保险机构关联交易是指银行保险机构与关联方之间发生的利益转移事项。

**第十一条** 银行保险机构应当按照实质重于形式和穿透原则，识别、认定、管理关联交易及计算关联交易金额。

计算关联自然人与银行保险机构的关联交易余额时，其配偶、父母、成年子女、兄弟姐妹等与该银行保险机构的关联交易应当合并计算；计算关联法人或非法人组织与银行保险机构的关联交易余额时，与其存在控制关系的法人或非法人组织与该银行保险机构的关联交易应当合并计算。

**第十二条** 银保监会或其派出机构可以根据实质重于形式和穿透监管原则认定关联交易。

银保监会可以根据银行保险机构的公司治理状况、关联交易风险状况、机构类型特点等对银行保险机构适用的关联交易监管比例进行设定或调整。

### 第一节 银行机构关联交易

**第十三条** 银行机构的关联交易包括以下类型：

（一）授信类关联交易：指银行机构向关联方提供资金支持，或者对关联方在有关经济活动中可能产生的赔偿、支付责任作出保证，包括贷款（含贸易融资）、票据承兑和贴现、透支、债券投资、特定目的载体投资、开立信用证、保理、担保、保函、贷款承诺、证券回购、拆借以及其他实质上由银行机构承担信用风险的表内外业务等；

（二）资产转移类关联交易：包括银行机构与关联方之间发生的自用动产与不动产买卖、信贷资产及其收（受）益权买卖、抵债资产的接收和处置等；

（三）服务类关联交易：包括信用评估、资产评估、法律服务、咨询服务、信息服务、审计服务、技术和基础设施服务、财产租赁以及委托或受托销售等；

（四）存款和其他类型关联交易，以及根据实质重于形式原则认定的可能引致银行机构利益转移的事项。

**第十四条** 银行机构关联交易分为重大关联交易和一般关联交易。

银行机构重大关联交易是指银行机构与单个关联方之间单笔交易金额达到银行机构上季末资本净额1%以上，或累计达到银行机构上季末资本净额5%以上的交易。

银行机构与单个关联方的交易金额累计达到前款标准后，其后发生的关联交易，每累计达到上季末资本净额1%以上，则应当重新认定为重大关联交易。

一般关联交易是指除重大关联交易以外的其他关联交易。

**第十五条** 银行机构关联交易金额计算方式如下：

（一）授信类关联交易原则上以签订协议的金额计算交易金额；

（二）资产转移类关联交易以交易价格或公允价值计算交易金额；

（三）服务类关联交易以业务收入或支出金额计算交易金额；

（四）银保监会确定的其他计算口径。

**第十六条** 银行机构对单个关联方的授信余额不得超过银行机构上季末资本净额的10%。银行机构对单个关联法人或非法人组织所在集团客户的合计授信余额不得超过银行机构上季末资本净额的15%。银行机构对全部关联方的授信余额不得超过银行机构上季末资本净额的50%。

计算授信余额时，可以扣除授信时关联方提供的保证金存款以及质押的银行存单和国债金额。

银行机构与关联方开展同业业务应当同时遵守关于同业业务的相关规定。银行机构与境内外关联方银行之间开展的同业业务、外资银行与母行集团内银行之间开展的业务可不适用本条第一款所列比例规定和本办法第十四条重大关联交易标准。

被银保监会或其派出机构采取风险处置或接管等措施的银行机构，经银保监会批准可不适用本条所列比例规定。

### 第二节 保险机构关联交易

**第十七条** 保险机构的关联交易包括以下类型：

（一）资金运用类关联交易：包括在关联方办理银行存款；直接或间接买卖债券、股票等有价证券，投资关联方的股权、不动产及其他资产；直接或间接投资关联方发行的金融产品,或投资基础资产包含关联方资产的金融产品等。

(二)服务类关联交易:包括审计服务、精算服务、法律服务、咨询顾问服务、资产评估、技术和基础设施服务、委托或受托管理资产、租赁资产等。

(三)利益转移类关联交易:包括赠与、给予或接受财务资助,权利转让,担保,债权债务转移,放弃优先受让权、同比例增资权或其他权利等。

(四)保险业务和其他类型关联交易,以及根据实质重于形式原则认定的可能引致保险机构利益转移的事项。

**第十八条** 保险机构关联交易金额以交易对价或转移的利益计算。具体计算方式如下:

(一)资金运用类关联交易以保险资金投资金额计算交易金额。其中,投资于关联方发行的金融产品且基础资产涉及其他关联方的,以投资金额计算交易金额;投资于关联方发行的金融产品且基础资产不涉及其他关联方的,以发行费或投资管理费计算交易金额;买入资产的,以交易价格计算交易金额。

(二)服务类关联交易以业务收入或支出金额计算交易金额。

(三)利益转移类关联交易以资助金额、交易价格、担保金额、标的市场价值等计算交易金额。

(四)银保监会确定的其他计算口径。

**第十九条** 保险机构关联交易分为重大关联交易和一般关联交易。

保险机构重大关联交易是指保险机构与单个关联方之间单笔或年度累计交易金额达到3000万元以上,且占保险机构上一年度末经审计的净资产的1%以上的交易。

一个年度内保险机构与单个关联方的累计交易金额达到前款标准后,其后发生的关联交易再次累计达到前款标准,应当重新认定为重大关联交易。

保险机构一般关联交易是指除重大关联交易以外的其他关联交易。

**第二十条** 保险机构资金运用关联交易应符合以下比例要求:

(一)保险机构投资全部关联方的账面余额,合计不得超过保险机构上一年度末总资产的25%与上一年度末净资产二者中的金额较低者;

(二)保险机构投资权益类资产、不动产类资产、其他金融资产和境外投资的账面余额中,对关联方的投资金额不得超过上述各类资产投资限额的30%;

(三)保险机构投资单一关联方的账面余额,合计不得超过保险机构上一年度末净资产的30%;

(四)保险机构投资金融产品,若底层基础资产涉及控股股东、实际控制人或控股股东、实际控制人的关联方,保险机构购买该金融产品的份额不得超过该产品发行总额的50%。

保险机构与其控股的非金融子公司投资关联方的账面余额及购买份额应当合并计算并符合前述比例要求。

保险机构与其控股子公司之间,以及控股子公司之间发生的关联交易,不适用前述规定。

### 第三节 信托公司及其他非银行金融机构关联交易

**第二十一条** 信托公司应当按照穿透原则和实质重于形式原则,加强关联交易认定和关联交易资金来源与运用的双向核查。

信托公司关联交易分为重大关联交易和一般关联交易。重大关联交易是指信托公司固有财产与单个关联方之间、信托公司信托财产与单个关联方之间单笔交易金额占信托公司注册资本5%以上,或信托公司与单个关联方发生交易后,信托公司与该关联方的交易余额占信托公司注册资本20%以上的交易。一般关联交易是指除重大关联交易以外的其他关联交易。

**第二十二条** 金融资产管理公司、金融租赁公司、汽车金融公司、消费金融公司(下称其他非银行金融机构)的关联交易包括以下类型:

(一)以资产为基础的关联交易:包括资产买卖与委托(代理)处置、资产重组(置换)、资产租赁等;

(二)以资金为基础的关联交易:包括投资、贷款、融资租赁、借款、拆借、存款、担保等;

(三)以中间服务为基础的关联交易:包括评级服务、评估服务、审计服务、法律服务、拍卖服务、咨询服务、业务代理、中介服务等;

(四)其他类型关联交易以及根据实质重于形式原则认定的可能引致其他非银行金融机构利益转移的事项。

**第二十三条** 其他非银行金融机构的关联交易分为重大关联交易和一般关联交易。

其他非银行金融机构重大关联交易是指其他非银行金融机构与单个关联方之间单笔交易金额达到其他非银行金融机构上季末资本净额1%以上,或累计达到其他非银行金融机构上季末资本净额5%以上的交易。金融租赁公司除外。

金融租赁公司重大关联交易是指金融租赁公司与单

个关联方之间单笔交易金额达到金融租赁公司上季末资本净额5%以上,或累计达到金融租赁公司上季末资本净额10%以上的交易。

其他非银行金融机构与单个关联方的交易金额累计达到前款标准后,其后发生的关联交易,每累计达到上季末资本净额1%以上,应当重新认定为重大关联交易。金融租赁公司除外。

金融租赁公司与单个关联方的交易金额累计达到前款标准后,其后发生的关联交易,每累计达到上季末资本净额5%以上,应当重新认定为重大关联交易。

一般关联交易是指除重大关联交易以外的其他关联交易。

**第二十四条** 其他非银行金融机构的关联交易金额以交易对价或转移的利益计算,具体计算方式如下:

(一)以资产为基础的关联交易以交易价格计算交易金额;

(二)以资金为基础的关联交易以签订协议的金额计算交易金额;

(三)以中间服务为基础的关联交易以业务收入或支出金额计算交易金额;

(四)银保监会确定的其他计算口径。

**第二十五条** 金融资产管理公司及其非金融控股子公司与关联方之间发生的以资金、资产为基础的交易余额应当合并计算,参照适用本办法第十六条相关监管要求,金融资产管理公司与其控股子公司之间、以及控股子公司之间发生的关联交易除外。

金融资产管理公司应当参照本办法第二章规定,将控股子公司的关联方纳入集团关联方范围。

**第二十六条** 金融租赁公司对单个关联方的融资余额不得超过上季末资本净额的30%。

金融租赁公司对全部关联方的全部融资余额不得超过上季末资本净额的50%。

金融租赁公司对单个股东及其全部关联方的融资余额不得超过该股东在金融租赁公司的出资额,且应同时满足本条第一款的规定。

金融租赁公司及其设立的控股子公司、项目公司之间的关联交易不适用本条规定。

汽车金融公司对单个股东及其关联方的授信余额不得超过该股东在汽车金融公司的出资额。

### 第四节 禁止性规定

**第二十七条** 银行保险机构不得通过掩盖关联关系、拆分交易等各种隐蔽方式规避重大关联交易审批或监管要求。

银行保险机构不得利用各种嵌套交易拉长融资链条、模糊业务实质、规避监管规定,不得为股东及其关联方违规融资、腾挪资产、空转套利、隐匿风险等。

**第二十八条** 银行机构不得直接通过或借道同业、理财、表外等业务,突破比例限制或违反规定向关联方提供资金。

银行机构不得接受本行的股权作为质押提供授信。银行机构不得为关联方的融资行为提供担保(含等同于担保的或有事项),但关联方以银行存单、国债提供足额反担保的除外。

银行机构向关联方提供授信发生损失的,自发现损失之日起二年内不得再向该关联方提供授信,但为减少该授信的损失,经银行机构董事会批准的除外。

**第二十九条** 保险机构不得借道不动产项目、非保险子公司、信托计划、资管产品投资,或其他通道、嵌套方式等变相突破监管限制,为关联方违规提供融资。

**第三十条** 金融资产管理公司参照执行本办法第二十八条规定,且不得与关联方开展无担保的以资金为基础的关联交易,同业拆借、股东流动性支持以及金融监管机构另有规定的除外。非金融子公司负债依存度不得超过30%,确有必要救助的,原则上不得超过70%,并于作出救助决定后3个工作日内向董事会、监事会和银保监会报告。

金融资产管理公司及其子公司将自身形成的不良资产在集团内部转让的,应当由集团母公司董事会审批,金融子公司按规定批量转让的除外。

**第三十一条** 金融租赁公司与关联方开展以资产、资金为基础的关联交易发生损失的,自发现损失之日起二年内不得与该关联方新增以资产、资金为基础的关联交易。但为减少损失,经金融租赁公司董事会批准的除外。

**第三十二条** 信托公司开展固有业务,不得向关联方融出资金或转移财产,不得为关联方提供担保。

信托公司开展结构化信托业务不得以利益相关人作为劣后受益人,利益相关人包括但不限于信托公司及其全体员工、信托公司股东等。

信托公司管理集合资金信托计划,不得将信托资金直接或间接运用于信托公司的股东及其关联方,但信托资金全部来源于股东或其关联方的除外。

**第三十三条** 公司治理监管评估结果为E级的银行保险机构,不得开展授信类、资金运用类、以资金为基础的关联交易。经银保监会或其派出机构认可的除外。

第三十四条　银行保险机构违反本办法规定的，银保监会或其派出机构予以责令改正，包括以下措施：

（一）责令禁止与特定关联方开展交易；

（二）要求对特定的交易出具审计报告；

（三）根据银行保险机构关联交易风险状况，要求银行保险机构缩减对单个或全部关联方交易金额的比例要求，直至停止关联交易；

（四）责令更换会计师事务所、专业评估机构、律师事务所等服务机构；

（五）银保监会或其派出机构可依法采取的其他措施。

第三十五条　银行保险机构董事、监事、高级管理人员或其他有关从业人员违反本办法规定的，银保监会或其派出机构可以对相关责任人员采取以下措施：

（一）责令改正；

（二）记入履职记录并进行行业通报；

（三）责令银行保险机构予以问责；

（四）银保监会或其派出机构可依法采取的其他措施。

银行保险机构的关联方违反本办法规定的，银保监会或其派出机构可以采取公开谴责等措施。

第三十六条　持有银行保险机构5%以上股权的股东质押股权数量超过其持有该银行保险机构股权总量50%的，银保监会或其派出机构可以限制其与银行保险机构开展关联交易。

## 第四章　关联交易的内部管理

第三十七条　银行保险机构应当制定关联交易管理制度。

关联交易管理制度包括关联交易的管理架构和相应职责分工，关联方的识别、报告、信息收集与管理，关联交易的定价、审查、回避、报告、披露、审计和责任追究等内容。

第三十八条　银行保险机构应对其控股子公司与银行保险机构关联方发生的关联交易事项进行管理，明确管理机制，加强风险管控。

第三十九条　银行保险机构董事会应当设立关联交易控制委员会，负责关联交易管理、审查和风险控制。银保监会对设立董事会下设专业委员会另有规定的，从其规定。

董事会对关联交易管理承担最终责任，关联交易控制委员会、涉及业务部门、风险审批及合规审查的部门负责人对关联交易的合规性承担相应责任。

关联交易控制委员会由三名以上董事组成，由独立董事担任负责人。关联交易控制委员会应重点关注关联交易的合规性、公允性和必要性。

银行保险机构应当在管理层面设立跨部门的关联交易管理办公室，成员应当包括合规、业务、风控、财务等相关部门人员，并明确牵头部门、设置专岗，负责关联方识别维护、关联交易管理等日常事务。

第四十条　银行保险机构应当建立关联方信息档案，确定重要分行、分公司标准或名单，明确具有大额授信、资产转移、保险资金运用等核心业务审批或决策权的人员范围。

银行保险机构应当通过关联交易监管相关信息系统及时向银保监会或其派出机构报送关联方、重大关联交易、季度关联交易情况等信息，保证数据的真实性、准确性，不得瞒报、漏报。

银行保险机构应当提高关联方和关联交易管理的信息化和智能化水平，强化大数据管理能力。

第四十一条　银行保险机构董事、监事、高级管理人员及具有大额授信、资产转移、保险资金运用等核心业务审批或决策权的人员，应当自任职之日起15个工作日内，按本办法有关规定向银行保险机构报告其关联方情况。

持有银行保险机构5%以上股权，或持股不足5%但是对银行保险机构经营管理有重大影响的自然人、法人或非法人组织，应当在持股达到5%之日或能够施加重大影响之日起15个工作日内，按本办法有关规定向银行保险机构报告其关联方情况。

前款报告事项如发生变动，应当在变动后的15个工作日内向银行保险机构报告并更新关联方情况。

第四十二条　银行保险机构关联方不得通过隐瞒关联关系等不当手段规避关联交易的内部审查、外部监管以及报告披露义务。

第四十三条　银行保险机构应当主动穿透识别关联交易，动态监测交易资金来源和流向，及时掌握基础资产状况，动态评估对风险暴露和资本占用的影响程度，建立有效的关联交易风险控制机制，及时调整经营行为以符合本办法的有关规定。

第四十四条　关联交易应当订立书面协议，按照商业原则，以不优于对非关联方同类交易的条件进行。必要时关联交易控制委员会可以聘请财务顾问等独立第三方出具报告，作为判断的依据。

**第四十五条** 银行保险机构应当完善关联交易内控机制,优化关联交易管理流程,关键环节的审查意见以及关联交易控制委员会等会议决议、记录应当清晰可查。

一般关联交易按照公司内部管理制度和授权程序审查,报关联交易控制委员会备案。重大关联交易经由关联交易控制委员会审查后,提交董事会批准。董事会会议所作决议须经非关联董事 2/3 以上通过。出席董事会会议的非关联董事人数不足三人的,应当提交股东(大)会审议。

**第四十六条** 银行保险机构关联交易控制委员会、董事会及股东(大)会对关联交易进行表决或决策时,与该关联交易有利害关系的人员应当回避。

如银行保险机构未设立股东(大)会,或者因回避原则而无法召开股东(大)会的,仍由董事会审议且不适用本条第一款关于回避的规定,但关联董事应出具不存在利益输送的声明。

**第四十七条** 银行保险机构与同一关联方之间长期持续发生的,需要反复签订交易协议的提供服务类、保险业务类及其他经银保监会认可的关联交易,可以签订统一交易协议,协议期限一般不超过三年。

**第四十八条** 统一交易协议的签订、续签、实质性变更,应按照重大关联交易进行内部审查、报告和信息披露。统一交易协议下发生的关联交易无需逐笔进行审查、报告和披露,但应当在季度报告中说明执行情况。统一交易协议应当明确或预估关联交易金额。

**第四十九条** 独立董事应当逐笔对重大关联交易的公允性、合规性以及内部审批程序履行情况发表书面意见。独立董事认为有必要的,可以聘请中介机构等独立第三方提供意见,费用由银行保险机构承担。

**第五十条** 对于未按照规定报告关联方、违规开展关联交易等情形,银行保险机构应当按照内部问责制度对相关人员进行问责,并将问责情况报关联交易控制委员会。

**第五十一条** 银行保险机构应当每年至少对关联交易进行一次专项审计,并将审计结果报董事会和监事会。

银行保险机构不得聘用关联方控制的会计师事务所、专业评估机构、律师事务所为其提供审计、评估等服务。

### 第五章 关联交易的报告和披露

**第五十二条** 银行保险机构及其关联方应当按照本办法有关规定,真实、准确、完整、及时地报告、披露关联交易信息,不得存在任何虚假记载、误导性陈述或重大遗漏。

**第五十三条** 银行保险机构应当在签订以下交易协议后 15 个工作日内逐笔向银保监会或其派出机构报告:

(一)重大关联交易;
(二)统一交易协议的签订、续签或实质性变更;
(三)银保监会要求报告的其他交易。

信托公司关联交易逐笔报告另有规定的,从其规定。

**第五十四条** 银行保险机构应当按照本办法有关规定统计季度全部关联交易金额及比例,并于每季度结束后 30 日内通过关联交易监管相关信息系统向银保监会或其派出机构报送关联交易有关情况。

**第五十五条** 银行保险机构董事会应当每年向股东(大)会就关联交易整体情况做出专项报告,并向银保监会或其派出机构报送。

**第五十六条** 银行保险机构应当在公司网站中披露关联交易信息,在公司年报中披露当年关联交易的总体情况。按照本办法第五十三条规定需逐笔报告的关联交易应当在签订交易协议后 15 个工作日内逐笔披露,一般关联交易应在每季度结束后 30 日内按交易类型合并披露。

逐笔披露内容包括:

(一)关联交易概述及交易标的情况。
(二)交易对手情况。包括关联自然人基本情况,关联法人或非法人组织的名称、经济性质或类型、主营业务或经营范围、法定代表人、注册地、注册资本及其变化,与银行保险机构存在的关联关系。
(三)定价政策。
(四)关联交易金额及相应比例。
(五)股东(大)会、董事会决议,关联交易控制委员会的意见或决议情况。
(六)独立董事发表意见情况。
(七)银保监会认为需要披露的其他事项。

合并披露内容应当包括关联交易类型、交易金额及相应监管比例执行情况。

**第五十七条** 银行保险机构进行的下列关联交易,可以免于按照关联交易的方式进行审议和披露:

(一)与关联自然人单笔交易额在 50 万元以下或与关联法人单笔交易额在 500 万元以下的关联交易,且交易后累计未达到重大关联交易标准的;
(二)一方以现金认购另一方公开发行的股票、公司债券或企业债券、可转换债券或其他衍生品种;
(三)活期存款业务;
(四)同一自然人同时担任银行保险机构和其他法

人的独立董事且不存在其他构成关联方情形的，该法人与银行保险机构进行的交易；

（五）交易的定价为国家规定的；

（六）银保监会认可的其他情形。

**第五十八条** 银行保险机构关联交易信息涉及国家秘密、商业秘密或者银保监会认可的其他情形，银行保险机构可以向银保监会申请豁免按照本办法披露或履行相关义务。

### 第六章 关联交易的监督管理

**第五十九条** 银行机构、信托公司、其他非银行金融机构的股东或其控股股东、实际控制人，通过向机构施加影响，迫使机构从事下列行为的，银保监会或其派出机构应当责令限期改正；逾期未改正的，可以限制该股东的权利；对情节严重的控股股东，可以责令其转让股权。

（一）违反本办法第二十七条规定进行关联交易的；

（二）未按本办法第四十四条规定的商业原则进行关联交易的；

（三）未按本办法第四十五条规定审查关联交易的；

（四）违反本办法规定为关联方融资行为提供担保的；

（五）接受本公司的股权作为质押提供授信的；

（六）聘用关联方控制的会计师事务所等为其提供服务的；

（七）对关联方授信余额或融资余额等超过本办法规定比例的；

（八）未按照本办法规定披露信息的。

**第六十条** 银行机构、信托公司、其他非银行金融机构董事、高级管理人员有下列情形之一的，银保监会或其派出机构可以责令其限期改正；逾期未改正或者情节严重的，银保监会或其派出机构可以责令机构调整董事、高级管理人员或者限制其权利。

（一）未按本办法第四十一条规定报告的；

（二）做出虚假或有重大遗漏报告的；

（三）未按本办法第四十六条规定回避的；

（四）独立董事未按本办法第四十九条规定发表书面意见的。

**第六十一条** 银行机构、信托公司、其他非银行金融机构有下列情形之一的，银保监会或其派出机构可以依照法律法规采取相关监管措施或进行处罚：

（一）违反本办法第二十七条规定进行关联交易的；

（二）未按本办法第四十四条规定的商业原则进行关联交易的；

（三）未按本办法第四十五条规定审查关联交易的；

（四）违反本办法规定为关联方融资行为提供担保的；

（五）接受本行的股权作为质押提供授信的；

（六）聘用关联方控制的会计师事务所等为其提供服务的；

（七）对关联方授信余额或融资余额等超过本办法规定比例的；

（八）未按照本办法规定披露信息的；

（九）未按要求执行本办法第五十九条和第六十条规定的监督管理措施的；

（十）其他违反本办法规定的情形。

**第六十二条** 银行机构、信托公司、其他非银行金融机构未按照本办法规定向银保监会或其派出机构报告重大关联交易或报送关联交易情况报告的，银保监会或其派出机构可依照法律法规采取相关监管措施或进行处罚。

**第六十三条** 银行机构、信托公司、其他非银行金融机构有本办法第六十一条所列情形之一的，银保监会或其派出机构可以区别不同情形，依据《中华人民共和国银行业监督管理法》等法律法规对董事、高级管理人员和其他直接责任人员采取相应处罚措施。

**第六十四条** 保险机构及其股东、控股股东，保险机构的董事、监事或高级管理人员违反本办法相关规定的，银保监会或其派出机构可依照法律法规采取相关监管措施或进行处罚。涉嫌犯罪的，依法移送司法机关追究刑事责任。

### 第七章 附 则

**第六十五条** 本办法中下列用语的含义：

本办法所称"以上"含本数，"以下"不含本数。年度为会计年度。

控制，包括直接控制、间接控制，是指有权决定一个企业的财务和经营决策，并能据以从该企业的经营活动中获取利益。

持有，包括直接持有与间接持有。

重大影响，是指对法人或组织的财务和经营政策有参与决策的权力，但不能够控制或者与其他方共同控制这些政策的制定。包括但不限于派驻董事、监事或高级管理人员、通过协议或其他方式影响法人或组织的财务和经营管理决策，以及银保监会或其派出机构认定的其他情形。

共同控制，指按照合同约定对某项经济活动所共有的控制，仅在与该项经济活动相关的重要财务和经营决策需要分享控制权的投资方一致同意时存在。

控股股东，是指持股比例达到50%以上的股东；或持股比例虽不足50%，但依享有的表决权已足以对股东（大）会的决议产生控制性影响的股东。

控股子公司，是指对该子公司的持股比例达到50%以上；或者持股比例虽不足50%，但通过表决权、协议等安排能够对其施加控制性影响。控股子公司包括直接、间接或共同控制的子公司或非法人组织。

实际控制人，是指虽不是公司的股东，但通过投资关系、协议或者其他安排，能够实际支配公司行为的自然人或其他最终控制人。

集团客户，是指存在控制关系的一组企事业法人客户或同业单一客户。

一致行动人，是指通过协议、合作或其他途径，在行使表决权或参与其他经济活动时采取相同意思表示的自然人、法人或非法人组织。

最终受益人，是指实际享有银行保险机构股权收益、金融产品收益的人。

其他关系密切的家庭成员，是指除配偶、父母、成年子女及兄弟姐妹以外的包括配偶的父母、子女的配偶、兄弟姐妹的配偶、配偶的兄弟姐妹以及其他可能产生利益转移的家庭成员。

内部工作人员，是指与银行保险机构签订劳动合同的人员。

关联关系，是指银行保险机构控股股东、实际控制人、董事、监事、高级管理人员等与其直接或者间接控制的企业之间的关系，以及可能导致利益转移的其他关系。

关联董事、关联股东，是指交易的一方，或者在审议关联交易时可能影响该交易公允性的董事、股东。

书面协议的书面形式包括合同书、信件和数据电文（包括电报、电传、传真、电子数据交换和电子邮件）等法律认可的有形的表现所载内容的形式。

本办法所称关联法人或非法人组织不包括国家行政机关、政府部门、中央汇金投资有限责任公司、全国社保基金理事会、梧桐树投资平台有限责任公司、存款保险基金管理有限责任公司，以及经银保监会批准豁免认定的关联方。上述机构派出同一自然人同时担任两家或以上银行保险机构董事或监事，且不存在其他关联关系的，所任职机构之间不构成关联方。

国家控股的企业之间不仅因为同受国家控股而构成关联方。

**第六十六条** 银保监会批准设立的外国银行分行、其他金融机构参照适用本办法，法律、行政法规及银保监会另有规定的从其规定。

自保公司的自保业务、企业集团财务公司的成员单位业务不适用本办法。

银行保险机构为上市公司的，应同时遵守上市公司有关规定。

**第六十七条** 本办法由银保监会负责解释。

**第六十八条** 本办法自2022年3月1日起施行。《商业银行与内部人和股东关联交易管理办法》(中国银行业监督管理委员会令2004年第3号)、《保险公司关联交易管理办法》(银保监发〔2019〕35号)同时废止。本办法施行前，银保监会有关银行保险机构关联交易管理的规定与本办法不一致的，按照本办法执行。

# 保险公司董事、监事和高级管理人员任职资格管理规定

· 2021年6月3日中国银行保险监督管理委员会令2021年第6号公布
· 自2021年7月3日起施行

## 第一章 总 则

**第一条** 为了加强和完善对保险公司董事、监事和高级管理人员的管理，保障保险公司稳健经营，促进保险业健康发展，根据《中华人民共和国保险法》《中华人民共和国行政许可法》和有关法律、行政法规，制定本规定。

**第二条** 中国银行保险监督管理委员会(以下简称银保监会)根据法律法规授权，对保险公司董事、监事和高级管理人员任职资格实行统一监督管理。

银保监会派出机构依法独立负责辖区内保险公司分支机构高级管理人员任职资格的监督管理，但中资再保险公司分公司和境外保险公司分公司除外。银保监会派出机构根据授权依法独立负责辖区内保险公司董事、监事和高级管理人员任职资格的监督管理。

**第三条** 本规定所称保险公司，是指经银保监会批准设立，并依法登记注册的商业保险公司。

本规定所称同类保险公司，是指同属财产保险公司、同属人身保险公司或者同属再保险公司。

专属机构高级管理人员任职资格管理，由银保监会另行规定。

**第四条** 本规定所称高级管理人员，是指对保险公司经营管理活动和风险控制具有决策权或者重大影响的

下列人员：

（一）总公司总经理、副总经理和总经理助理；

（二）总公司董事会秘书、总精算师、合规负责人、财务负责人和审计责任人；

（三）省级分公司总经理、副总经理和总经理助理；

（四）其他分公司、中心支公司总经理；

（五）与上述高级管理人员具有相同职权的管理人员。

**第五条** 保险公司董事、监事和高级管理人员，应当在任职前取得银保监会或其派出机构核准的任职资格。

## 第二章 任职资格条件

**第六条** 保险公司董事、监事和高级管理人员应当遵守法律、行政法规和银保监会的有关规定，遵守保险公司章程。

**第七条** 保险公司董事、监事和高级管理人员应当符合以下基本条件：

（一）具有完全民事行为能力；

（二）具有诚实信用的品行、良好的守法合规记录；

（三）具有履行职务必需的知识、经验与能力，并具备在中国境内正常履行职务必需的时间和条件；

（四）具有担任董事、监事和高级管理人员职务所需的独立性。

**第八条** 保险公司董事、监事和高级管理人员应当具有大学本科以上学历或者学士以上学位。

**第九条** 保险公司董事长应当具有金融工作经历5年以上或者经济工作经历10年以上（其中金融工作经历不得少于3年）。

**第十条** 保险公司董事和监事应当具有5年以上与其履行职责相适应的工作经历。

**第十一条** 保险公司总经理应当具有金融工作经历8年以上或者经济工作经历10年以上（其中金融工作经历不得少于5年），并且具有下列任职经历之一：

（一）担任保险公司省级分公司总经理以上职务高级管理人员5年以上；

（二）担任保险公司部门主要负责人5年以上；

（三）担任金融监管机构相当管理职务5年以上。

具有10年以上金融工作经历且其中保险业工作经历不少于2年，并担任国家机关、大中型企业相当管理职务5年以上的，可以不受前款关于任职经历的限制。

**第十二条** 保险公司副总经理、总经理助理应当从事金融工作8年以上或者经济工作10年以上。

**第十三条** 保险公司董事会秘书应当从事金融工作5年以上或者经济工作8年以上。

**第十四条** 保险公司总精算师应当具备下列条件：

（一）取得中国精算师、北美精算师、英国精算师、法国精算师或者银保监会认可的其他国家（地区）精算领域专业资格3年以上，熟悉中国保险精算监管制度，具有从事保险精算工作必需的专业技能；

（二）从事保险精算、保险财务或者保险投资工作8年以上，其中包括5年以上在保险行业内担任保险精算、保险财务或者保险投资管理职务的任职经历；

（三）银保监会规定的其他条件。

其中，银保监会认可的其他国家（地区）精算领域专业资格，由银保监会不定期公布。

**第十五条** 保险公司合规负责人应当具备下列条件：

（一）具有在企事业单位或者国家机关担任领导或者管理职务的任职经历；

（二）熟悉合规工作，具有一定年限的合规从业经历，从事法律、合规、稽核、财会或者审计等相关工作5年以上，或者在金融机构的业务部门、内控部门或者风险管理部门等相关部门工作5年以上；

（三）熟悉保险法律、行政法规和基本民事法律，熟悉保险监管规定和行业自律规范；

（四）银保监会规定的其他条件。

**第十六条** 保险公司财务负责人应当从事金融工作5年以上或者经济工作8年以上，并且具备下列条件：

（一）具有在企事业单位或者国家机关担任领导或者管理职务的任职经历；

（二）具有国内外会计、财务、投资或者精算等相关领域的合法专业资格，或者具有国内会计或者审计系列高级职称；

（三）熟悉履行职责所需的法律法规和监管规定，在会计、精算、投资或者风险管理等方面具有良好的专业基础；

（四）对保险业的经营规律有比较深入的认识，有较强的专业判断能力、组织管理能力和沟通能力；

（五）银保监会规定的其他条件。

具有财会等相关专业博士学位的，或从事金融工作10年以上并且在金融机构担任5年以上管理职务的，可以豁免本条第一款第（二）项规定的条件。

**第十七条** 保险公司审计责任人应当具备下列条件：

（一）具有在企事业单位或者国家机关担任领导或

者管理职务的任职经历；

（二）从事审计、会计或财务工作5年以上，或者从事金融工作8年以上，熟悉金融保险业务；

（三）银保监会规定的其他条件。

第十八条　保险公司省级分公司总经理、副总经理和总经理助理应当从事金融工作5年以上或者经济工作8年以上。

省级分公司总经理除具备前款规定条件外，还应当具有下列任职经历之一：

（一）担任保险公司中心支公司总经理以上职务高级管理人员3年以上；

（二）担任保险公司省级分公司部门主要负责人以上职务3年以上；

（三）担任其他金融机构高级管理人员3年以上；

（四）担任国家机关、大中型企业相当管理职务5年以上。

第十九条　保险公司在计划单列市设立的行使省级分公司管理职责的分公司，其高级管理人员的任职条件参照适用第十八条规定。

第二十条　除省级分公司以外的其他分公司、中心支公司总经理应当从事金融工作3年以上或者经济工作5年以上，还应当具有下列任职经历之一：

（一）担任保险公司高级管理人员2年以上；

（二）担任保险公司分公司、中心支公司部门主要负责人以上职务2年以上；

（三）担任其他金融机构高级管理人员2年以上；

（四）担任国家机关、大中型企业相当管理职务3年以上；

（五）其他足以证明其具有拟任职务所需知识、能力、经验的职业资历。

第二十一条　保险公司主持工作的副总经理或者其他高级管理人员任职资格核准，适用本规定同级机构总经理的有关规定。

第二十二条　境外保险公司分公司高级管理人员任职资格核准，适用保险公司总公司高级管理人员的有关规定。

第二十三条　保险公司应当与高级管理人员建立劳动关系，订立书面劳动合同。

第二十四条　保险公司高级管理人员兼任其他经营管理职务不得违反《中华人民共和国公司法》等国家有关规定，不得兼任存在利益冲突的职务。

第二十五条　保险公司拟任董事、监事或者高级管理人员有下列情形之一的，银保监会及其派出机构对其任职资格不予核准：

（一）无民事行为能力或者限制民事行为能力；

（二）因贪污、贿赂、侵占财产、挪用财产或者破坏社会主义市场经济秩序，被判处刑罚，执行期满未逾5年，或者因犯罪被剥夺政治权利，执行期满未逾5年；

（三）被判处其他刑罚，执行期满未逾3年；

（四）被金融监管部门取消、撤销任职资格，自被取消或者撤销任职资格年限期满之日起未逾5年；

（五）被金融监管部门禁止进入市场，期满未逾5年；

（六）被国家机关开除公职，自作出处分决定之日起未逾5年，或受国家机关警告、记过、记大过、降级、撤职等其他处分，在受处分期间内的；

（七）因违法行为或者违纪行为被吊销执业资格的律师、注册会计师或者资产评估机构、验证机构等机构的专业人员，自被吊销执业资格之日起未逾5年；

（八）担任破产清算的公司、企业的董事或者厂长、经理，对该公司、企业的破产负有个人责任的，自该公司、企业破产清算完结之日起未逾3年；

（九）担任因违法被吊销营业执照、责令关闭的公司、企业的法定代表人，并负有个人责任的，自该公司、企业被吊销营业执照之日起未逾3年；

（十）个人所负数额较大的债务到期未清偿；

（十一）申请前1年内受到银保监会或其派出机构警告或者罚款的行政处罚；

（十二）因涉嫌严重违法违规行为，正接受有关部门立案调查，尚未作出处理结论；

（十三）受到境内其他行政机关重大行政处罚，执行期满未逾2年；

（十四）因严重失信行为被国家有关单位确定为失信联合惩戒对象且应当在保险领域受到相应惩戒，或者最近5年内具有其他严重失信不良记录的；

（十五）银保监会规定的其他情形。

第二十六条　保险公司被整顿、接管期间，或者出现重大风险时，负有直接责任的董事、监事或者高级管理人员，在被整顿、接管或者重大风险处置期间，不得到其他保险公司担任董事、监事或者高级管理人员。

### 第三章　任职资格核准

第二十七条　保险公司董事、监事和高级管理人员需要进行任职资格核准的，保险公司应当在内部选用程序完成后，及时按要求向银保监会或其派出机构提交任职资格申请材料。保险公司及其拟任董事、监事和高级管理人员应当对材料的真实性、完整性负责，不得有虚假记载、误导性陈述和重大遗漏。

保险公司在决定聘任董事、监事和高级管理人员前，应对拟任人员进行必要的履职调查，确保拟任人员符合相关规定。

第二十八条　保险公司董事、监事和高级管理人员需要进行任职资格核准的，保险公司应当向银保监会或其派出机构提交下列申请材料：

（一）任职资格核准申请文件；

（二）银保监会统一制作的任职资格申请表；

（三）拟任董事、监事或者高级管理人员身份证、学历证书等有关证书的复印件；

（四）接受反洗钱培训情况报告及本人签字的履行反洗钱、反恐怖融资义务承诺书；

（五）拟任人最近三年曾任金融机构董事长或高级管理人员的，应当提交其最近一次离任审计报告或经济责任审计报告；

（六）银保监会规定的其他材料。

第二十九条　保险公司拟任高级管理人员频繁更换保险公司任职的，应当由本人提交两年内工作情况的书面说明，并解释更换任职的原因。

第三十条　银保监会或其派出机构在核准保险公司拟任董事、监事或者高级管理人员的任职资格前，可以向原任职机构核实其工作的基本情况。

第三十一条　银保监会或其派出机构可以对保险公司拟任董事、监事和高级管理人员进行任职考察，包括下列内容：

（一）进行保险法规及相关知识测试；

（二）通过谈话方式，了解拟任人员的基本情况和业务素质，如对公司治理、业务发展、法律合规、风险管控等问题的理解把握，对拟任人员需要重点关注的问题进行提示；

（三）银保监会或其派出机构认为应当考察的其他内容。

任职考察谈话应当制作书面记录，由考察人和拟任人员签字。

第三十二条　银保监会及其派出机构应当自受理任职资格申请之日起20日内，作出核准或者不予核准的决定。20日内不能作出决定的，经本机关负责人批准，可以延长10日，并应当将延长期限的理由告知申请人。

决定核准任职资格的，应当颁发核准文件；决定不予核准的，应当作出书面决定并说明理由。

第三十三条　已核准任职资格的保险公司董事、监事和高级管理人员，任职符合下列情形的，无须重新核准其任职资格，但任职中断时间超过一年的除外：

（一）在同一保险公司内调任、兼任同级或者下级机构高级管理人员职务；

（二）保险公司董事、监事转任同类保险公司董事长以外的董事、监事；

（三）在同类保险公司间转任同级或者下级机构高级管理人员职务。

调任、兼任或转任的同级机构职务为董事长或总经理的，应当重新报经银保监会或其派出机构核准任职资格。

调任、兼任或转任同级或下级机构职务后，拟任职务对经济工作经历及金融工作经历年限的要求、对任职经历的要求或者对专业资格的要求高于原职务的，应当重新报经银保监会或其派出机构核准任职资格。

任职中断时间，自拟任人员从原职务离职次日起算，至拟任职务任命决定作出之日止。

保险公司董事、监事和高级管理人员任职过程中或任职中断期间存在本规定第二十五条所列情形的，不适用本条第一款规定。

第三十四条　已核准任职资格的高级管理人员，依照本规定第三十三条第一款规定任职的，其任职保险公司应当自任命决定作出之日起10日内向银保监会或其派出机构提交下列报告材料：

（一）任职报告文件；

（二）银保监会统一制作的任职报告表；

（三）任命文件复印件；

（四）最近三年曾任金融机构董事长或高级管理人员的，应当提交其最近一次离任审计报告或经济责任审计报告；

（五）银保监会规定的其他材料。

银保监会或其派出机构审查发现存在不符合任职资格条件的情形，可以责令保险公司限期改正。

第三十五条　保险公司董事、监事或者高级管理人员有下列情形之一的，其任职资格自动失效：

（一）获得核准任职资格后，超过2个月未实际到任履职，且未提供正当理由；

（二）从核准任职资格的岗位离职；

（三）受到银保监会或其派出机构禁止进入保险业的行政处罚；

（四）出现《中华人民共和国公司法》第一百四十六

条或者《中华人民共和国保险法》第八十二条规定的情形；

（五）被判处刑罚；

（六）银保监会认定的其他情形。

出现前款第（三）至（五）项规定情形的，保险公司应当立即解除相关人员的职务。

## 第四章　监督管理

**第三十六条**　保险公司董事、监事和高级管理人员需要进行任职资格核准的，未经银保监会或其派出机构核准任职资格，保险公司不得以任何形式任命董事、监事或者高级管理人员。

**第三十七条**　保险公司总公司总经理、总精算师、合规负责人、财务负责人和审计责任人，省级分公司、其他分公司和中心支公司总经理不能履行职务或缺位时，可以指定临时负责人，但临时负责时间累计不得超过6个月。保险公司应当在6个月内选聘具有任职资格的人员正式任职。

保险公司确有需要的，在本条第一款规定的累计临时负责期限内，可以更换1次临时负责人。更换临时负责人的，保险公司应当说明理由。

临时负责人应当具有与履行职责相当的能力，并不得有本规定禁止担任高级管理人员的情形。

**第三十八条**　保险公司应当自下列决定作出之日起10日内，向银保监会或其派出机构报告：

（一）董事、监事或者高级管理人员的任职、免职或者批准其辞职的决定；

（二）依照保险监管规定对高级管理人员作出的撤职或者开除的处分决定；

（三）因任职资格失效，解除董事、监事或者高级管理人员职务的决定；

（四）根据撤销任职资格的行政处罚，解除董事、监事或者高级管理人员职务的决定；

（五）根据禁止进入保险业的行政处罚，解除董事、监事或者高级管理人员职务、终止劳动关系的决定；

（六）指定、更换或者撤销临时负责人的决定；

（七）根据本规定第四十五条、第四十六条规定，暂停职务的决定。

保险公司依照本规定第三十四条规定已经报告的，不再重复报告。

**第三十九条**　保险公司董事、监事和高级管理人员应当按照银保监会的规定参加培训。

**第四十条**　保险公司应当对董事长和高级管理人员实施审计。

**第四十一条**　保险公司董事、监事或者高级管理人员在任职期间犯罪、受到监察机关重大处分或者受到其他行政机关重大行政处罚的，保险公司应当自知道或者应当知道判决或者行政处罚决定之日起10日内，向银保监会或其派出机构报告。

**第四十二条**　保险公司出现下列情形之一的，银保监会或其派出机构可以对直接负责的董事、监事或者高级管理人员出具重大风险提示函，进行监管谈话，要求其就相关事项作出说明，并可以视情形责令限期整改：

（一）在业务经营、资金运用、公司治理、关联交易、反洗钱或者内控制度等方面出现重大隐患的；

（二）董事、监事或者高级管理人员违背《中华人民共和国公司法》规定的忠实和勤勉义务，严重危害保险公司业务经营的；

（三）银保监会规定的其他情形。

**第四十三条**　保险公司出现下列情形之一的，银保监会及其派出机构可以视情形责令其限期整改，要求保险公司或者直接负责的董事、监事、高级管理人员作出书面说明，对其进行监管谈话、出具监管意见，或对其作出监管措施决定：

（一）频繁变更高级管理人员，对经营造成不利影响；

（二）未按照本规定履行对高级管理人员的任职管理责任；

（三）银保监会规定的其他情形。

**第四十四条**　银保监会及其派出机构记录并管理保险公司董事、监事和高级管理人员的以下信息：

（一）任职资格申请材料的基本内容；

（二）保险公司根据本规定第三十四条、第三十八条规定报告的情况；

（三）与该人员相关的风险提示函、监管谈话记录、监管意见、监管措施决定；

（四）离任审计报告；

（五）受到刑罚和行政处罚情况；

（六）银保监会规定的其他内容。

**第四十五条**　保险公司董事、监事或者高级管理人员涉嫌重大违纪或重大违法犯罪，被监察机关、行政机关立案调查或者司法机关立案侦查的，保险公司应当暂停相关人员的职务。

**第四十六条**　保险公司出现下列情形之一的，银保监会或其派出机构认为与被调查事件相关的董事、监事或者高级管理人员不宜继续履行职责时,可以在调查期间责令保险公司暂停相关董事、监事或者高级管理人员职务：

（一）偿付能力严重不足；

（二）涉嫌严重损害被保险人的合法权益；

（三）未按照规定提取或者结转各项责任准备金；

（四）未按照规定办理再保险；

（五）未按照规定运用保险资金。

**第四十七条** 保险公司在整顿、接管、撤销清算期间,或者出现重大风险时,银保监会及其派出机构可以对该机构直接负责的董事、监事或者高级管理人员采取以下措施：

（一）通知出境管理机关依法阻止其出境；

（二）申请司法机关禁止其转移、转让或者以其他方式处分财产,或者在财产上设定其他权利。

## 第五章 法律责任

**第四十八条** 隐瞒有关情况或者提供虚假材料申请任职资格的机构或者个人,银保监会及其派出机构不予受理或者不予核准任职资格申请,并在1年内不再受理对该拟任董事、监事或者高级管理人员的任职资格申请。

**第四十九条** 以欺骗、贿赂等不正当手段取得任职资格的,由银保监会或其派出机构撤销核准该董事、监事或者高级管理人员任职资格的行政许可决定,并3年内不再受理其任职资格的申请。

**第五十条** 保险公司或者其从业人员违反本规定,由银保监会及其派出机构依照法律、行政法规进行处罚；法律、行政法规没有规定的,由银保监会及其派出机构责令改正,予以警告,对有违法所得的处以违法所得1倍以上3倍以下罚款,但最高不超过3万元,对没有违法所得的处以1万元以下罚款；涉嫌犯罪的,依法移交司法机关追究刑事责任。

## 第六章 附 则

**第五十一条** 保险集团公司、保险控股公司、再保险公司、政策性保险公司、一般相互保险组织和保险资产管理公司董事、监事和高级管理人员任职资格管理适用本规定,法律、行政法规和银保监会另有规定的,适用其规定。

**第五十二条** 外资独资保险公司、中外合资保险公司董事、监事和高级管理人员任职资格管理适用本规定,法律、行政法规和银保监会另有规定的,适用其规定。

**第五十三条** 保险公司依照本规定报送的任职资格申请、报告材料和其他文件资料,应当用中文书写。原件是外文的,应当附中文译本。

**第五十四条** 本规定所称"日"指工作日。

本规定所称"以上""以下",除有专门解释外,均包括本数。

**第五十五条** 本规定由银保监会负责解释。本规定施行前发布的规章、规范性文件内容与本规定不一致的,以本规定为准。

**第五十六条** 本规定自2021年7月3日起施行。《保险公司董事、监事和高级管理人员任职资格管理规定》(保监会令〔2010〕2号,根据保监会令〔2014〕1号第1次修改,根据保监会令〔2018〕4号第2次修改)和《保险机构董事、监事和高级管理人员任职资格考试管理暂行办法》(保监发〔2016〕6号)同时废止。

# 财产保险公司保险条款和保险费率管理办法

· 2021年8月16日中国银行保险监督管理委员会令2021年第10号公布

· 自2021年10月1日起施行

## 第一章 总 则

**第一条** 为了加强和改进对财产保险公司保险条款和保险费率的监督管理,保护投保人、被保险人和受益人的合法权益,维护保险市场秩序,鼓励财产保险公司创新,根据《中华人民共和国保险法》,制定本办法。

**第二条** 中国银行保险监督管理委员会(以下简称银保监会)及其派出机构依法对财产保险公司及其分支机构的保险条款和保险费率实施监督管理,遵循保护社会公众利益、防止不正当竞争、与市场行为监管协调配合原则。

**第三条** 财产保险公司保险条款和保险费率实施分类监管、属地监管,具体由银保监会另行规定。

**第四条** 财产保险公司应当依据法律、行政法规和银保监会的有关规定制订保险条款和保险费率,并对保险条款和保险费率承担相应的责任。

**第五条** 财产保险公司应当依据本办法的规定向银保监会或其一级派出机构申报保险条款和保险费率审批或者备案。财产保险公司分支机构不得申报保险条款和保险费率审批或者备案。

**第六条** 中国保险行业协会应当切实履行保险条款和保险费率行业自律管理职责,推进保险条款和保险费率的通俗化、标准化、规范化工作,研究制订修订主要险种的行业示范条款,建立保险条款费率评估和创新保护机制。中国精算师协会应当研究制订修订主要险种的行业基准纯风险损失率。

## 第二章 条款开发和费率厘定

**第七条** 财产保险公司的保险条款和保险费率,应当依法合规,公平合理,不侵害投保人、被保险人和受益人的合法权益,不危及财产保险公司财务稳健和偿付能力;应当符合保险原理,尊重社会公德,不违背公序良俗,不损害社会公共利益,符合《中华人民共和国保险法》等法律、行政法规和银保监会的有关规定。

**第八条** 财产保险公司的保险条款应当要素完整、结构清晰、文字准确、表述严谨、通俗易懂,名称符合命名规则。

**第九条** 财产保险公司的保险费率应当按照合理、公平、充足原则科学厘定,不得妨碍市场公平竞争;保险费率可以上下浮动的,应当明确保险费率调整的条件和范围。

**第十条** 财产保险公司的合规负责人和总精算师分别负责保险条款审查和保险费率审查,并承担相应的责任。

**第十一条** 财产保险公司应当向合规负责人和总精算师提供其履行工作职责所必需的信息,并充分尊重其专业意见。

财产保险公司应当加强对合规负责人和总精算师的管理,按照银保监会的相关规定,建立健全相应的内部管控及问责机制。

**第十二条** 财产保险公司应当按照本办法规定提交由合规负责人出具的法律审查声明书。合规负责人应对以下内容进行审查:

(一)保险条款符合《中华人民共和国保险法》等法律、行政法规和银保监会的有关规定;

(二)保险条款公平合理,符合保险原理,不损害社会公共利益,不侵害投保人、被保险人和受益人的合法权益,并已通过消费者权益保护审查;

(三)命名符合规定,要素完备、文字准确、语言通俗、表述严谨。

**第十三条** 财产保险公司应当按照本办法规定提交由总精算师签署的精算报告和出具的精算审查声明书。总精算师应对以下内容进行审查:

(一)精算报告内容完备;

(二)精算假设和精算方法符合通用精算原理;

(三)保险费率厘定科学准确,满足合理性、公平性和充足性原则,并已通过消费者权益保护审查;

(四)保险费率符合《中华人民共和国保险法》等法律、行政法规和银保监会的有关规定。

## 第三章 审批和备案

**第十四条** 财产保险公司应当将关系社会公众利益的保险险种、依法实行强制保险的险种的保险条款和保险费率报银保监会审批。

其他险种的保险条款和保险费率,财产保险公司应当报银保监会或其省一级派出机构备案。

具体应当报送审批或者备案的险种,由银保监会另行规定。

**第十五条** 对于应当审批的保险条款和保险费率,在银保监会批准前,财产保险公司不得经营使用。

对于应当备案的保险条款和保险费率,财产保险公司应当在经营使用后十个工作日内报银保监会或其省一级派出机构备案。

**第十六条** 财产保险公司报送审批或者备案保险条款和保险费率,应当提交下列材料:

(一)申请文件;

(二)保险条款和保险费率文本;

(三)可行性报告,包括可行性分析、保险条款和保险费率的主要特点、经营模式、风险分析以及风险控制措施等;

(四)总精算师签署的保险费率精算报告,包括费率结果、基础数据及数据来源、厘定方法和模型,以及费率厘定的主要假设、参数和精算职业判断等;

(五)法律审查声明书、精算审查声明书;

(六)银保监会规定的其他材料。

**第十七条** 财产保险公司使用中国保险行业协会示范条款的,无需提交可行性报告。

财产保险公司使用行业基准纯风险损失率的,应当在精算报告中予以说明,无需提供纯风险损失率数据来源。

附加险无需提供可行性报告及精算报告,另有规定的除外。

**第十八条** 财产保险公司修改经批准或备案的保险条款或者保险费率的,应当依照本办法重新报送审批或备案。财产保险公司报送修改保险条款或者保险费率的,除应当提交本办法第十六条规定的材料外,还应当提交保险条款或保险费率的修改前后对比表和修订说明。

修改后的保险条款和保险费率经批准或者备案后,原保险条款和保险费率自动废止,财产保险公司不得在新订立的保险合同中使用原保险条款和保险费率。

**第十九条** 财产保险公司因名称发生变更,仅申请变更其保险条款和保险费率中涉及的公司名称的,无需提交本办法第十六条中(三)、(四)项规定的材料。

**第二十条** 银保监会或其省一级派出机构收到备案材料后,应根据下列情况分别作出处理:

(一)备案材料不完整齐备的,要求财产保险公司补正材料;

(二)备案材料完整齐备的,编号后反馈财产保险公司。

**第二十一条** 财产保险公司及其分支机构可以对已经审批或者备案的保险条款和保险费率进行组合式经营使用,但应当分别列明各保险条款对应的保险费和保险金额。

财产保险公司及其分支机构经营使用组合式保险条款和保险费率,不得修改已经审批或者备案的保险条款和保险费率。如需修改,应当按照本办法的规定重新报送审批或者备案。

**第二十二条** 在共保业务中,其他财产保险公司可直接使用首席承保人经审批或者备案的保险条款和保险费率,无需另行申报。

### 第四章 监督管理

**第二十三条** 财产保险公司及其分支机构应当严格执行经批准或者备案的保险条款和保险费率,不得违反本办法规定以任何方式改变保险条款或者保险费率。

**第二十四条** 财产保险公司及其分支机构使用的保险条款或者保险费率被发现违反法律、行政法规或者本办法第七条、第八条、第九条规定的,由银保监会或其省一级派出机构责令停止使用、限期修改;情节严重的,可以在一定期限内禁止申报新的保险条款和保险费率。

**第二十五条** 财产保险公司应当制定保险条款和保险费率开发管理制度,建立审议机制,对保险条款和保险费率开发和管理的重大事项进行审议。

**第二十六条** 财产保险公司应当指定专门部门履行保险条款和保险费率开发管理职能,负责研究开发、报送审批备案、验证修订、清理注销等全流程归口管理。

**第二十七条** 财产保险公司应当加强对使用中保险条款和保险费率的管理,指定专门部门进行跟踪评估、完善修订,对不再使用的及时清理。

**第二十八条** 财产保险公司应当于每年3月底前,统计分析前一年保险条款和保险费率的开发情况、修订情况和清理情况,并形成财产保险公司保险条款和保险费率年度分析报告和汇总明细表,经公司产品管理委员会审议通过后同时报银保监会和其省一级派出机构。

**第二十九条** 财产保险公司履行保险条款和保险费率开发管理职能的部门负责人对本公司保险条款和保险费率开发管理工作负直接责任。合规负责人对保险条款审查负直接责任,总精算师对保险费率审查负直接责任。

**第三十条** 财产保险公司履行保险条款和保险费率开发管理职能的部门负责人、合规负责人、总精算师违反本办法规定的,由银保监会或其省一级派出机构责令改正、提交书面检查,并可责令公司作出问责处理。

### 第五章 法律责任

**第三十一条** 财产保险公司未按照规定申请批准保险条款、保险费率的,由银保监会依法采取监督管理措施或予以行政处罚。

**第三十二条** 财产保险公司有下列行为之一的,由银保监会或其省一级派出机构依法采取监督管理措施或予以行政处罚:

(一)未按照规定报送保险条款、保险费率备案的;

(二)未按照规定报送或者保管保险条款、保险费率相关的报告、报表、文件、资料的,或者未按照规定提供有关信息、资料的。

**第三十三条** 财产保险公司报送审批、备案保险条款和保险费率时,编制或者提供虚假的报告、报表、文件、资料的,由银保监会或其省一级派出机构依法采取监督管理措施或予以行政处罚。

**第三十四条** 财产保险公司及其分支机构有违反本办法第二十三条规定的,由银保监会或其派出机构依法采取监督管理措施或予以行政处罚。

**第三十五条** 银保监会或其省一级派出机构依照本办法第二十四条的规定,责令财产保险公司及其分支机构停止使用或限期修改保险条款和保险费率,财产保险公司未停止使用或逾期不改正的,依法采取监督管理措施或予以行政处罚。

**第三十六条** 财产保险公司及其分支机构违反相关规定的,银保监会或其派出机构除依法对该单位给予处罚外,对其直接负责的主管人员和其他直接责任人员依法采取监督管理措施或予以行政处罚。

### 第六章 附则

**第三十七条** 银保监会对财产保险公司保险条款和保险费率的审批程序,适用《中华人民共和国行政许可法》和银保监会的有关规定。

**第三十八条** 法律、行政法规和国务院对机动车辆保险、农业保险、出口信用保险另有规定的,适用其规定。

**第三十九条** 本办法由银保监会负责解释。

**第四十条** 本办法自2021年10月1日起施行。原中国保险监督管理委员会2010年2月5日发布的《财产保险公司保险条款和保险费率管理办法》(中国保险监督管理委员会令2010年第3号)同时废止。

## 保险中介行政许可及备案实施办法

- 2021年10月28日中国银行保险监督管理委员会令2021年第12号公布
- 自2022年2月1日起施行

### 第一章 总 则

**第一条** 为规范银保监会及其派出机构实施保险中介市场行政许可和备案行为,明确行政许可和备案事项的条件和程序,保护申请人合法权益,根据《中华人民共和国保险法》《中华人民共和国行政许可法》《中华人民共和国资产评估法》等法律法规及国务院的有关决定,制定本办法。

**第二条** 银保监会及其派出机构依照本办法规定对保险中介业务和高级管理人员实施行政许可和备案。

派出机构包括银保监局和银保监分局。银保监分局在银保监会、银保监局授权范围内,依照本办法规定实施行政许可和备案。

**第三条** 本办法所称行政许可事项包括经营保险代理业务许可、经营保险经纪业务许可、保险中介集团(控股)公司经营保险中介业务许可,保险代理机构、保险经纪机构高级管理人员任职资格核准。本办法所称备案事项包括经营保险公估业务备案。

**第四条** 本办法所称保险专业中介机构包括保险专业代理机构、保险经纪机构、保险公估机构。

本办法所称全国性保险专业代理机构、保险经纪机构、保险公估机构是指经营区域不限于工商注册登记所在地省、自治区、直辖市、计划单列市的相应机构。

本办法所称区域性保险专业代理机构、保险经纪机构、保险公估机构是指经营区域为工商注册登记所在地省、自治区、直辖市、计划单列市的相应机构。

**第五条** 银保监会及其派出机构应依据宏观审慎原则,结合辖区内保险业发展水平等实际情况,按照本办法规定实施保险中介行政许可及备案。

### 第二章 经营保险代理业务许可

#### 第一节 保险专业代理机构经营保险代理业务许可

**第六条** 申请人申请经营保险代理业务资格,应当符合以下条件:

(一)依法取得工商营业执照,名称中应当包含"保险代理"字样,且字号不得与现有的保险专业中介机构相同,与其他保险专业中介机构具有同一实际控制人的保险专业代理机构除外;

(二)股东符合本规定要求;

(三)注册资本为实缴货币资本并按银保监会有关规定实施托管,全国性保险专业代理机构的注册资本最低限额为5000万元,区域性保险专业代理机构的注册资本最低限额为2000万元;

(四)营业执照记载的经营范围符合银保监会的有关规定;

(五)有符合《中华人民共和国公司法》和《中华人民共和国保险法》规定的章程;

(六)高级管理人员符合相应的任职资格条件;

(七)有符合银保监会规定的治理结构和内控制度,商业模式科学、合理、可行;

(八)有与业务规模相适应的固定住所;

(九)有符合银保监会规定的业务、财务等计算机软硬件设施;

(十)风险测试符合要求;

(十一)法律、行政法规和银保监会规定的其他条件。

**第七条** 申请人股东应当符合以下条件:

(一)财务状况良好,具有以自有资金对外投资的能力,出资资金自有、真实、合法,不得用银行贷款及各种形式的非自有资金投资;

(二)法人股东应当具有良好的公司治理结构或有效的组织管理方式,社会声誉、诚信记录、纳税记录以及经营管理良好,出资日上一年末(设立时间不满一年的,以出资日上一月末为准)净资产应不为负数,出资日上一月末净资产及货币资金均大于出资额;

(三)银保监会规定的其他审慎性条件。

**第八条** 申请人股东有下列情形之一的,申请人不得申请经营保险代理业务资格:

(一)最近5年内受到刑罚或重大行政处罚;

(二)因涉嫌重大违法犯罪正接受有关部门调查;

(三)因严重失信行为被国家有关单位确定为失信

联合惩戒对象且应当在保险领域受到相应惩戒，或者最近5年内有其他严重失信不良记录；

（四）依据法律、行政法规不能投资企业；

（五）银保监会根据审慎监管原则认定的其他不适合成为保险专业代理机构股东的情形。

第九条 申请人应确定定位清晰、科学、合理、可行的商业模式。依托专门技术、领域、行业开展业务的，业务发展模式及配套管理制度流程应体现特色与专业性。

第十条 申请人应根据《中华人民共和国公司法》等法律、行政法规和银保监会相关政策要求，依照职责明晰、强化制衡、加强风险管理的原则，建立规范、有效的公司治理结构和内部管理制度。

第十一条 申请人应根据公司的性质、规模，设立股东（大）会、董事会或者执行董事、监事会或者监事等组织机构，并应在章程中明确其职责、议事制度和决策程序。

第十二条 申请人应具有符合银保监会规定要求的业务和财务管理系统及信息安全保障体系，实现对主要业务、财务流程的信息化管理，确保业务和财务信息的及时、准确掌握及信息安全。业务和财务管理软件应当具备保单信息管理、单证管理、客户管理、收付费结算、报表查询生成等基本功能。

第十三条 申请人申请前应选择一家符合银保监会规定要求的商业银行，签订托管协议，开立托管账户，将全部注册资本存入托管账户。托管协议应明确托管期限、托管金额、托管资金用途等内容。注册资本托管账户和基本户应分设。

第十四条 申请人应当向工商注册登记所在地银保监局提交下列申请材料：

（一）经营保险代理业务许可申请书，申请书应当载明保险专业代理机构的名称、注册资本等；

（二）《经营保险代理业务许可申请表》；

（三）《经营保险代理业务许可申请委托书》；

（四）公司章程；

（五）《保险专业代理机构投资人基本情况登记表（法人股东）》或《保险专业代理机构投资人基本情况登记表（自然人股东）》及相关材料；

（六）注册资本为实缴货币资本的证明文件，资本金入账原始凭证复印件；

（七）可行性报告，包括当地经济、社会和金融保险发展情况分析，机构组建的可行性和必要性说明，市场前景分析，业务和财务发展计划，风险管理计划等；

（八）内部管理制度，包括公司治理结构、组织机构设置、业务管理制度、财务制度、信息化管理制度、反洗钱内控制度、消费者权益保护制度以及业务服务标准等；

（九）《保险专业代理机构高级管理人员任职资格申请表》及有关证明材料，聘用人员花名册复印件；

（十）业务、财务等计算机软硬件配备及信息安全保障情况说明等；

（十一）注册资本托管协议复印件及托管户入账证明等；

（十二）投保职业责任保险的，应出具按规定投保职业责任保险的承诺函，缴存保证金的，应出具按规定缴存保证金的承诺函；

（十三）银保监会及其派出机构规定提交的其他材料。

第十五条 全国性保险专业代理机构申请经营保险代理业务资格的，由工商注册登记所在地银保监局受理并初审，银保监会决定。

区域性保险专业代理机构申请经营保险代理业务资格的，由工商注册登记所在地银保监局受理、审查并决定。

第十六条 银保监会及其派出机构应当采取谈话、询问、现场验收等方式了解和审查申请人股东的经营状况、诚信记录以及申请人的市场发展战略、业务发展计划、内控制度建设、人员结构、信息系统配置及运行等有关事项，并进行风险测试和提示。

第十七条 申请人应按规定接受风险测试。风险测试应综合考虑和全面了解机构、股东及存在关联关系的单位或者个人的历史经营状况，判断是否存在利用保险中介机构和业务从事非法经营活动的可能性，核查保险专业中介机构与控股股东、实际控制人在业务、人员、资产、财务等方面是否严格隔离并实现独立经营和核算，全面评估风险状况。

第十八条 银保监局受理、审查并决定的申请事项，应当自受理之日起20日内审查完毕，作出准予或者不予行政许可的书面决定。

银保监局受理并初审的申请事项，应当自受理之日起20日内审查完毕，并将审查意见及完整申请材料上报银保监会。银保监会应自收到银保监局的初步审查意见及申请人完整申请材料之日起，在20日内审查完毕，作出准予或者不予行政许可的书面决定。

第十九条 银保监会及其派出机构作出准予许可决定的，应当向申请人颁发许可证。

作出不予许可决定的,应当说明理由。公司继续存续的,应当依法办理名称、营业范围和公司章程等事项的变更登记,确保其名称中无"保险代理"字样。

## 第二节 保险兼业代理业务许可

**第二十条** 商业银行经营保险代理业务,应当具备下列条件:

(一)具有银保监会或其派出机构颁发的金融许可证;

(二)主业经营情况良好,最近2年无重大违法违规记录(已采取有效整改措施并经银保监会及其派出机构认可的除外);

(三)已建立符合银保监会规定的保险代理业务信息系统;

(四)已建立保险代理业务管理制度和机制,并具备相应的专业管理能力;

(五)法人机构和一级分支机构已指定保险代理业务管理责任部门和责任人员;

(六)银保监会规定的其他条件。

**第二十一条** 银保监会直接监管的商业银行经营保险代理业务,应当由其法人机构向银保监会申请许可证。

其他商业银行经营保险代理业务,应当由法人机构向注册所在地银保监会派出机构申请许可证。

商业银行网点凭法人机构的授权经营保险代理业务。

**第二十二条** 银保监会及其派出机构收到商业银行经营保险代理业务申请后,可采取谈话、函询、现场验收等方式了解、审查申请人的市场发展战略、业务发展计划、内控制度建设、人员结构、信息系统配置及运行等有关事项,并进行风险提示。

**第二十三条** 商业银行申请经营保险代理业务,应当提交以下申请材料:

(一)近两年违法违规行为情况的说明(机构成立不满两年的,提供自成立之日起的情况说明);

(二)合作保险公司情况说明;

(三)保险代理业务信息系统情况说明;

(四)保险代理业务管理相关制度,如承保出单、佣金结算、客户服务等;

(五)保险代理业务责任部门和责任人指定情况的说明;

(六)银保监会规定的其他材料。

**第二十四条** 银保监局受理、审查并决定的申请事项,应当自受理之日起20日内审查完毕,作出准予或者不予行政许可的书面决定。

银保监会受理、审查并决定的申请事项,应当自受理之日起20日内审查完毕,作出准予或者不予行政许可的书面决定。

**第二十五条** 银保监会及其派出机构作出准予许可决定的,应当向申请人颁发许可证;作出不予许可决定的,应当说明理由。

**第二十六条** 在中华人民共和国境内经国务院银行保险监督管理机构批准设立的吸收公众存款的金融机构、其他金融机构、政策性银行申请保险兼业代理资格的条件和办理流程参照本办法执行。

其他工商企业申请保险兼业代理资格的条件和办理流程,由银保监会另行规定。

## 第三节 保险代理集团(控股)公司经营保险代理业务许可

**第二十七条** 申请人应当符合以下条件:

(一)股东、发起人信誉良好,最近3年内无重大违法记录,出资自有、真实、合法,不得用银行贷款及其他形式的非自有资金投资;

(二)注册资本达到法律、行政法规和银保监会相关规则规定的最低限额;

(三)公司章程或者合伙协议符合有关规定;

(四)高级管理人员符合规定的任职资格条件;

(五)商业模式科学、合理、可行,公司治理完善到位,具备健全的组织机构和管理制度;

(六)有与业务规模相适应的固定住所;

(七)有与开展业务相适应的业务、财务等计算机软硬件设施;

(八)拥有5家及以上子公司,其中至少有2家子公司为保险专业中介机构,至少有1家子公司为保险专业代理机构;

(九)保险中介业务收入占集团总业务收入的50%以上;

(十)风险测试符合要求;

(十一)依法取得工商营业执照,名称中应当包含"保险代理集团(控股)公司"等字样;

(十二)法律、行政法规和银保监会规定的其他条件。

**第二十八条** 申请人应当向银保监会提交下列申请材料:

(一)申请书,应当载明公司的名称、注册资本、业务范围等;

(二)《保险中介集团公司经营保险代理业务许可申请表》；

(三)《保险中介集团公司经营保险代理业务许可申请委托书》；

(四)集团公司、成员企业及企业集团章程复印件；

(五)可行性报告及内部管理制度，包括设立方式或者更名方案、公司治理和组织机构框架、发展战略、内部控制体系，以及公司章程、业务管理制度、资本管理制度、风险管理制度、关联交易管理制度等；

(六)筹建或更名方案，包括操作流程、集团内各公司的股权整合方案、股权结构、子公司的名称和业务类别、员工及债权处置方案等；

(七)创立大会决议，或者股东会、股东大会关于设立集团公司或者更名的决议；

(八)《投资人基本情况登记表》及相关材料、股份认购协议等，投资人是机构的，还应提供营业执照、其他背景资料以及加盖公章的上一年度财务报表复印件；

(九)加盖公章的集团重要成员公司上一年度的财务报表复印件；

(十)注册资本金实缴情况的说明及证明材料；

(十一)《保险中介服务集团公司高级管理人员任职资格申请表》，拟任高级管理人员简历及有关证明材料；

(十二)银保监会规定提交的其他材料。

**第二十九条** 银保监会应当采取谈话、询问、现场验收等方式了解、审查申请人股东的经营状况、诚信记录，以及申请人的市场发展战略、业务发展计划、内控制度建设、人员结构、信息系统配置及运行等有关事项，并进行风险测试和提示。

**第三十条** 保险代理集团(控股)公司申请经营保险代理业务，由银保监会受理、审查并决定。银保监会自受理之日起20日内审查完毕，作出准予或者不予行政许可的书面决定。

**第三十一条** 银保监会作出准予许可决定的，应当向申请人颁发许可证；作出不予许可决定的，应当说明理由。

## 第三章 经营保险经纪业务许可

### 第一节 保险经纪机构经营保险经纪业务许可

**第三十二条** 申请人申请经营保险经纪业务，应当符合以下条件：

(一)依法取得工商营业执照，名称中应当包含"保险经纪"字样，且字号不得与现有的保险专业中介机构相同，与其他保险专业中介机构具有同一实际控制人的保险专业经纪机构除外；

(二)股东符合本规定要求；

(三)注册资本为实缴货币资本并按银保监会有关规定实施托管，全国性保险经纪机构的注册资本最低限额为5000万元，区域性保险经纪机构的注册资本最低限额为2000万元；

(四)营业执照记载的经营范围符合银保监会的有关规定；

(五)有符合《中华人民共和国公司法》和《中华人民共和国保险法》规定的章程；

(六)高级管理人员符合规定的任职资格条件；

(七)有符合银保监会规定的治理结构和内控制度，商业模式科学、合理、可行；

(八)有与业务规模相适应的固定住所；

(九)有符合银保监会规定的业务、财务等计算机软硬件设施；

(十)风险测试符合要求；

(十一)法律、行政法规和银保监会规定的其他条件。

**第三十三条** 申请人股东应当符合以下条件：

(一)财务状况良好，具有以自有资金对外投资的能力，出资资金自有、真实、合法，不得用银行贷款及各种形式的非自有资金投资；

(二)法人股东应当具有良好的公司治理结构或有效的组织管理方式，社会声誉、诚信记录、纳税记录以及经营管理良好，出资日上一年末(设立时间不满一年的，以出资日上一月末为准)净资产应不为负数，出资日上一月末净资产及货币资金均大于出资额；

(三)银保监会规定的其他审慎性条件。

区域性保险经纪公司股东条件由银保监会另行规定。

**第三十四条** 申请人股东有下列情形之一的，申请人不得申请经营保险经纪业务：

(一)最近5年内受到刑罚或重大行政处罚；

(二)因涉嫌重大违法犯罪正接受有关部门调查；

(三)因严重失信行为被国家有关单位确定为失信联合惩戒对象且应当在保险领域受到相应惩戒，或者最近5年内具有其他严重失信不良记录；

(四)依据法律、行政法规不能投资企业；

(五)银保监会根据审慎监管原则认定的其他不适合成为保险经纪机构股东的情形。

第三十五条　申请人应确定定位清晰、科学、合理、可行的商业模式。依托专门技术、领域、行业开展业务的，业务发展模式及配套管理制度流程应体现特色与专业性。

第三十六条　申请人应根据《中华人民共和国公司法》等法律、行政法规和银保监会相关政策要求，依照职责明晰、强化制衡、加强风险管理的原则，建立规范、有效的公司治理结构和内部管理制度。

第三十七条　申请人应根据公司的性质、规模，设立股东(大)会、董事会或者执行董事、监事会或者监事等组织机构，并在章程中明确其职责、议事制度和决策程序。

第三十八条　申请人应具有符合银保监会规定要求的业务和财务管理系统及信息安全保障体系，实现对主要业务、财务流程的信息化管理，确保业务和财务信息的及时、准确掌握及信息安全，业务和财务管理软件应当具备保单信息管理、单证管理、客户管理、收付费结算、报表查询生成等基本功能。

第三十九条　申请人申请前应选择一家符合银保监会规定要求的商业银行，签订托管协议，开立托管账户，将全部注册资本存入托管账户。托管协议应明确托管期限、托管金额、托管资金用途等内容。注册资本托管账户和基本户应分设。

第四十条　申请人应当向工商注册登记所在地银保监局提交下列申请材料：

(一)经营保险经纪业务许可申请书，申请书应当载明保险经纪机构的名称、注册资本等；

(二)《经营保险经纪业务许可申请表》；

(三)《经营保险经纪业务许可申请委托书》；

(四)公司章程；

(五)《保险经纪机构投资人基本情况登记表(法人股东)》或《保险经纪机构投资人基本情况登记表(自然人股东)》及相关材料；

(六)注册资本为实缴货币资本的证明文件，资本金入账原始凭证复印件；

(七)可行性报告，包括当地经济、社会和金融保险发展情况分析，机构组建的可行性和必要性说明，市场前景分析，业务和财务发展计划，风险管理计划等；

(八)内部管理制度，包括公司治理结构、组织机构设置、业务管理制度、财务制度、信息化管理制度、反洗钱内控制度、消费者权益保护制度以及业务服务标准等；

(九)《保险经纪机构高级管理人员任职资格申请表》及有关证明材料，聘用人员花名册复印件；

(十)业务、财务等计算机软硬件配备及信息安全保障情况说明等；

(十一)注册资本托管协议复印件及托管户入账证明等；

(十二)投保职业责任保险的，应出具按规定投保职业责任保险的承诺函，缴存保证金的，应出具按规定缴存保证金的承诺函；

(十三)银保监会及其派出机构规定提交的其他材料。

第四十一条　全国性保险经纪机构申请经营保险经纪业务的，由工商注册登记所在地银保监局受理并初审，银保监会决定。

区域性保险经纪机构申请经营保险经纪业务的，由工商注册登记所在地银保监局受理、审查并决定。

第四十二条　银保监会及其派出机构应当采取谈话、询问、现场验收等方式了解、审查申请人股东的经营状况、诚信记录以及申请人的市场发展战略、业务发展计划、内控制度建设、人员结构、信息系统配置及运行等有关事项，并进行风险测试和提示。

第四十三条　申请人应按规定接受风险测试。风险测试应综合考虑和全面了解机构、股东及存在关联关系的单位或者个人的历史经营状况，判断是否存在利用保险中介机构和业务从事非法经营活动的可能性，核查保险专业中介机构与控股股东、实际控制人在业务、人员、资产、财务等方面是否严格隔离并实现独立经营和核算，全面评估风险状况。

第四十四条　银保监局受理、审查并决定的申请事项，应当自受理之日起20日内审查完毕，作出准予或者不予行政许可的书面决定。

银保监局受理并初审的申请事项，应当自受理之日起20日内审查完毕，并将审查意见及完整申请材料上报银保监会。银保监会应自收到银保监局的初步审查意见及申请人完整申请材料之日起，在20日内审查完毕，作出准予或者不予行政许可的书面决定。

第四十五条　银保监会及其派出机构作出准予许可决定的，应当向申请人颁发许可证。

作出不予许可决定的，应当说明理由。公司继续存续的，应当依法办理名称、营业范围和公司章程等事项的变更登记，确保其名称中无"保险经纪"字样。

第二节　保险经纪集团(控股)公司
　　　　经营保险经纪业务许可

第四十六条　申请人应当符合以下条件：

(一)股东、发起人信誉良好,最近3年内无重大违法记录,出资应自有、真实、合法,不得用银行贷款及其他形式的非自有资金投资;
(二)注册资本达到法律、行政法规和银保监会相关规定的最低限额;
(三)公司章程或者合伙协议符合有关规定;
(四)高级管理人员符合规定的任职资格条件;
(五)商业模式科学、合理、可行,公司治理完善到位,具备健全的组织机构和管理制度;
(六)有与业务规模相适应的固定住所;
(七)有与开展业务相适应的业务、财务等计算机软硬件设施;
(八)拥有5家及以上子公司,其中至少有2家子公司为保险专业中介机构,至少有1家子公司为保险经纪机构;
(九)保险中介业务收入占集团总业务收入的50%以上;
(十)风险测试符合要求;
(十一)依法取得工商营业执照,名称中应当包含"保险经纪集团(控股)公司"等字样;
(十二)法律、行政法规和银保监会规定的其他条件。

**第四十七条** 申请人应当向银保监会提交下列申请材料:
(一)申请书,应当载明公司的名称、注册资本、业务范围等;
(二)《保险中介集团公司经营保险经纪业务许可申请表》;
(三)《保险中介集团公司经营保险经纪业务许可申请委托书》;
(四)集团公司、成员企业及企业集团章程复印件;
(五)可行性报告及内部管理制度,包括设立方式或者更名方案、公司治理和组织机构框架、发展战略、内部控制体系,以及公司章程、业务管理制度、资本管理制度、风险管理制度、关联交易管理制度等;
(六)筹建或更名方案,包括操作流程、集团内各公司的股权整合方案、股权结构、子公司的名称和业务类别、员工及债权处置方案等;
(七)创立大会决议,或者股东会、股东大会关于设立集团公司或者更名的决议;
(八)《投资人基本情况登记表》及相关材料、股份认购协议等,投资人是机构的,还应提供营业执照、其他背景资料以及加盖公章的上一年度财务报表复印件;
(九)加盖公章的集团重要成员公司上一年度的财务报表复印件;
(十)注册资本金实缴情况的说明及证明材料;
(十一)《保险中介服务集团公司高级管理人员任职资格申请表》,拟任高级管理人员简历及有关证明材料;
(十二)银保监会规定提交的其他材料。

**第四十八条** 银保监会应当采取谈话、询问、现场验收等方式了解、审查申请人股东的经营状况、诚信记录,以及申请人的市场发展战略、业务发展计划、内控制度建设、人员结构、信息系统配置及运行等有关事项,并进行风险测试和提示。

**第四十九条** 保险经纪集团(控股)公司申请经营保险经纪业务,由银保监会受理、审查并决定。银保监会自受理之日起20日内审查完毕,作出准予或者不予行政许可的书面决定。

**第五十条** 银保监会作出准予许可决定的,应当向申请人颁发许可证;作出不予许可决定的,应当说明理由。

## 第四章 经营保险公估业务备案

**第五十一条** 保险公估机构及其分支机构经营保险公估业务,应依法备案。

**第五十二条** 保险公估机构经营保险公估业务应当符合以下条件:
(一)股东或者合伙人符合本规定要求,且出资资金自有、真实、合法,不得用银行贷款及各种形式的非自有资金投资;
(二)根据业务发展规划,具备日常经营和风险承担所必需的营运资金,全国性机构营运资金为200万元以上,区域性机构营运资金为100万元以上;
(三)营运资金的托管符合银保监会的有关规定;
(四)公司章程或者合伙协议符合有关规定;
(五)名称中应当包含"保险公估"字样,保险公估机构的字号不得与现有的保险专业中介机构相同,与其他保险专业中介机构具有同一实际控制人的保险公估机构除外;
(六)董事长、执行董事和高级管理人员应当符合本规定要求;
(七)有符合银保监会规定的治理结构和内控制度,商业模式科学、合理、可行;
(八)有与业务规模相适应的固定住所;
(九)有符合银保监会规定的业务、财务信息管理系统;

（十）具备一定数量的保险公估师；
（十一）法律、行政法规和银保监会规定的其他条件。

**第五十三条** 申请人应当依法采用合伙或者公司形式。

申请人采用合伙形式的，应当有2名以上公估师；其合伙人三分之二以上应当是具有3年以上从业经历且最近3年内未受停止从业处罚的公估师。

申请人采用公司形式的，应当有8名以上公估师和2名以上股东，其中三分之二以上股东应当是具有3年以上从业经历且最近3年内未受停止从业处罚的公估师。

申请人的合伙人或者股东仅为2名的，2名合伙人或者股东都应当是具有3年以上从业经历且最近3年内未受停止从业处罚的公估师。

公估师指通过公估师资格考试的保险公估从业人员。从业经历指保险公估从业经历。

**第五十四条** 申请人的合伙人或者股东出资资金应自有、真实、合法，不得用银行贷款及各种形式的非自有资金投资。保险公估机构的法人股东或合伙人应财务状况良好，上一年末（设立时间不满一年的，以出资日上一月末为准）净资产应不为负数，应具有以自有资金对外投资的能力，出资日上一月末净资产及货币资金均大于出资额。

**第五十五条** 申请人股东或合伙人有下列任一情形的，申请人不得申请经营保险公估业务：
（一）最近5年内受到刑罚或者重大行政处罚；
（二）因涉嫌重大违法犯罪正接受有关部门调查；
（三）因严重失信行为被国家有关单位确定为失信联合惩戒对象且应当在保险领域受到相应惩戒，或者最近5年内具有其他严重失信不良记录；
（四）依据法律、行政法规不能投资企业；
（五）银保监会根据审慎监管原则认定的其他不适合成为保险公估机构股东或者合伙人的情形。

**第五十六条** 申请人董事长、执行董事和高级管理人员应当符合以下条件：
（一）大学专科以上学历，从事金融或者资产评估工作10年以上的人员不受此项限制；
（二）从事金融工作3年以上，或者从事资产评估相关工作3年以上，或者从事经济工作5年以上；
（三）具有履行职责所需的经营管理能力，熟悉保险法律、行政法规及银保监会的相关规定；
（四）诚实守信，品行良好。

有下列情形之一的，不得担任保险公估机构董事长、执行董事和高级管理人员：
（一）担任因违法被吊销许可证的保险公司或者保险专业中介机构的董事、监事或者高级管理人员，并对被吊销许可证负有个人责任或者直接领导责任的，自许可证被吊销之日起未逾3年；
（二）因违法行为或者违纪行为被金融监管机构取消任职资格的金融机构的董事、监事或者高级管理人员，自被取消任职资格之日起未逾5年；
（三）被金融监管机构决定在一定期限内禁止进入金融行业，期限未满；
（四）因违法行为或者违纪行为被吊销执业资格的资产评估机构、验证机构等机构的专业人员，自被吊销执业资格之日起未逾5年；
（五）受金融监管机构警告或者罚款未逾2年；
（六）正在接受司法机关、纪检监察部门或者金融监管机构调查；
（七）因严重失信行为被国家有关单位确定为失信联合惩戒对象且应当在保险领域受到相应惩戒，或者最近5年内具有其他严重失信不良记录；
（八）合伙人有尚未清偿完的合伙企业债务；
（九）法律、行政法规和银保监会规定的其他情形。

保险公估人应当与其高级管理人员建立劳动关系，订立书面劳动合同。

保险公估人董事长、执行董事和高级管理人员不得兼任2家以上分支机构的主要负责人。

**第五十七条** 申请人申请前应选择一家符合银保监会规定要求的商业银行，签订托管协议，开立托管账户将全部营运资金由基本户存入托管账户。托管协议应明确托管期限、托管金额、托管资金用途及未完成备案不得动用等内容。

**第五十八条** 申请人应确定定位清晰、科学、合理、可行的商业模式。依托专门技术、领域、行业开展业务的，业务发展模式及配套管理制度流程应体现特色与专业性。

**第五十九条** 申请人应根据《中华人民共和国公司法》《中华人民共和国合伙企业法》《中华人民共和国资产评估法》等法律、行政法规和银保监会相关政策要求，依照职责明晰、强化制衡、加强风险管理的原则，建立规范有效的治理结构和内部管理制度。

**第六十条** 申请人应具有符合银保监会规定要求的业务和财务管理系统，实现对主要业务、财务流程的信息化管理,确保业务和财务信息的及时、准确掌握及信息安全。

第六十一条　申请人应当向工商注册登记所在地银保监局提交下列备案材料:

(一)经营保险公估业务备案申请书,申请书应当载明保险公估机构的名称、注册资本、经营区域(全国性或区域性)等;

(二)《经营保险公估业务备案申请表》;

(三)《经营保险公估业务备案委托书》;

(四)《保险公估机构公估师信息表》;

(五)公司章程或者合伙协议;

(六)《保险公估机构投资人基本情况登记表(法人股东)》《保险公估机构投资人基本情况登记表(自然人股东)》及相关材料;

(七)营运资金进入公司基本户的入账原始凭证复印件;

(八)可行性报告,包括当地经济、社会和金融保险发展情况分析,机构组建的可行性和必要性说明,市场前景分析,业务和财务发展计划,风险管理计划等;

(九)内部管理制度,包括公司治理结构、组织机构设置、业务管理制度、财务制度、信息化管理制度、反洗钱内控制度、消费者权益保护制度以及业务服务标准等;

(十)《保险公估机构董事长(执行董事)、高级管理人员任职报告表》及有关证明材料,公估人员名册及相应证书复印件、聘用人员花名册;

(十一)业务、财务等计算机软硬件配备及信息安全保障情况说明等;

(十二)营运资金托管协议复印件及托管户入账证明等;

(十三)投保职业责任保险或者建立职业风险基金的,应出具按规定投保职业责任保险或建立职业风险基金证明;

(十四)与业务规模相适应的固定场所及使用权属证明材料;

(十五)保险公司的工作人员、保险专业中介机构的从业人员投资保险公估机构的,应当提供其所在机构知晓其投资的书面证明,保险公司、保险专业中介机构的董事、监事或者高级管理人员投资保险公估机构的,应当根据有关规定提供任职公司股东会或者股东大会的同意文件;

(十六)银保监会及其派出机构规定提交的其他材料。

第六十二条　银保监会及其派出机构应当采取谈话、函询、现场查验等方式了解、审查股东或者合伙人的经营记录、经营动机,以及市场发展战略、业务发展规划、内控制度建设、人员结构、信息系统配置及运行等有关事项,并进行风险测试和提示。

第六十三条　保险公估机构新设分支机构经营保险公估业务,应当符合下列条件:

(一)保险公估机构及其分支机构最近1年内没有受到刑罚或者重大行政处罚;

(二)保险公估机构及其分支机构未因涉嫌违法犯罪正接受有关部门调查;

(三)最近2年内设立的分支机构不存在运营未满1年退出市场的情形;

(四)具备完善的分支机构管理制度;

(五)新设分支机构有符合要求的营业场所、业务财务信息系统,以及与经营业务相匹配的其他设施;

(六)银保监会规定的其他条件。

保险公估机构因严重失信行为被国家有关单位确定为失信联合惩戒对象且应当在保险领域受到相应惩戒的,或者最近5年内具有其他严重失信不良记录的,不得新设分支机构经营保险公估业务。

第六十四条　申请经营保险公估业务备案的保险公估分支机构应当向工商注册登记所在地银保监局提交下列备案材料:

(一)经营保险公估业务备案申请书,申请书应当载明保险公估分支机构的名称、主要负责人姓名等;

(二)《保险公估机构分支机构经营保险公估业务备案申请表》;

(三)保险公估机构备案表复印件;

(四)关于设立保险公估分支机构的内部决议;

(五)新设保险公估分支机构内部管理制度;

(六)保险公估机构及分支机构最近2年内接受银行保险监管、市场监管、税务等部门监督检查情况的说明及有关附件,如受过行政处罚,需提供有关行政处罚书复印件及缴纳罚款证明复印件;

(七)业务、财务等计算机软硬件配备及信息安全保障情况说明等;

(八)《保险公估机构董事长(执行董事)、高级管理人员任职报告表》及有关证明材料;

(九)最近2年内设立的分支机构是否存在运营未满1年退出市场的情况说明,应按照下列字段对最近2年内在全国设立分支机构情况进行梳理:机构名称、所在省份、成立时间、是否退出市场、退出市场时间；

（十）新设分支机构职场租赁合同复印件或权属文件复印件及职场照片；

（十一）银保监会及其派出机构规定提交的其他材料。

**第六十五条** 保险公估机构经营保险公估业务，应当自领取营业执照之日起30日内，通过银保监会指定的信息系统向银保监会及其派出机构备案，同时按规定提交纸质及电子备案材料。

保险公估机构分支机构经营保险公估业务，应当自领取分支机构营业执照之日起10日内，通过银保监会指定的信息系统向工商注册登记所在地银保监局备案，同时按规定提交纸质及电子备案材料。

区域性保险公估机构及分支机构申请经营保险公估业务的，由工商注册登记所在地银保监局依法备案。

全国性保险公估机构及合伙制保险公估机构申请经营保险公估业务的，由工商注册登记所在地银保监局接收备案材料并初审，由银保监会依法备案。

**第六十六条** 备案材料完备且符合要求的，银保监会及其派出机构应当在银保监会网站上将备案情况向社会公告，完成备案。保险公估机构在备案公告之后可下载《经营保险公估业务备案表》。

**第六十七条** 合伙形式的保险公估机构转为公司形式的保险公估机构，或者公司形式的保险公估机构转为合伙形式的保险公估机构，备案流程及材料参照新设机构，变更期间按照转前形式开展业务。

区域性保险公估机构转为全国性保险公估机构，或者全国性保险公估机构转为区域性保险公估机构，备案流程及材料参照新设机构，变更期间按照转前范围开展业务。

## 第五章 保险专业代理机构及保险经纪机构高级管理人员任职资格许可

### 第一节 任职资格条件

**第六十八条** 保险专业代理机构及保险经纪机构高级管理人员需经任职资格许可，包括公司总经理、公司副总经理、省级分公司主要负责人以及对公司经营管理行使重要职权的其他人员。

**第六十九条** 保险专业代理机构、保险经纪机构高级管理人员拟任人应符合以下条件：

（一）大学专科以上学历，从事金融工作10年以上的人员不受此项限制；

（二）从事金融工作3年以上或者从事经济工作5年以上；

（三）具有履行职责所需的经营管理能力，熟悉保险法律、行政法规及银保监会的相关规定；

（四）诚实守信，品行良好。

**第七十条** 保险专业代理机构、保险经纪机构高级管理人员拟任人不得有下列任一情形：

（一）无民事行为能力或者限制民事行为能力；

（二）因贪污、贿赂、侵占财产、挪用财产或者破坏社会主义市场秩序，被判处刑罚执行期满未逾5年，或者因犯罪被剥夺政治权利，执行期满未逾5年；

（三）担任破产清算的公司、企业的董事或者厂长、经理，对该公司、企业的破产负有个人责任的，自该公司、企业破产清算完结之日起未逾3年；

（四）担任因违法被撤销营业执照、责令关闭的公司、企业的法定代表人，并负有个人责任的，自该公司、企业被吊销营业执照之日起未逾3年；

（五）担任因违法被吊销许可证的保险公司或者保险中介机构的董事、监事或者高级管理人员，并对被吊销许可证负有个人责任或者直接领导责任的，自许可证被吊销之日起未逾3年；

（六）因违法行为或者违纪行为被金融监管机构取消任职资格的金融机构的董事、监事或者高级管理人员，自被取消任职资格之日起未逾5年；

（七）被金融监管机构决定在一定期限内禁止进入金融行业的，期限未满；

（八）受金融监管机构警告或者罚款未逾2年；

（九）正在接受司法机关、纪检监察部门或者金融监管机构调查；

（十）个人所负数额较大的债务到期未清偿；

（十一）因严重失信行为被国家有关单位确定为失信联合惩戒对象且应在保险领域受到相应惩戒，或者最近5年内具有其他严重失信不良记录；

（十二）法律、行政法规和银保监会规定的其他情形。

**第七十一条** 拟任人应通过银保监会认可的保险法规及相关知识测试。

### 第二节 任职资格许可申请材料

**第七十二条** 保险专业代理机构、保险经纪机构拟任命高级管理人员，应向拟任机构工商注册登记所在地银保监局提交下列材料：

（一）关于进行任职资格审核的申请；

（二）拟任用高级管理人员的决议；

（三）高级管理人员任职资格申请表；

（四）拟任人身份证复印件或护照复印件；

（五）拟任人学历证书复印件、学历证明文件；

（六）拟任人与保险专业代理机构或保险经纪机构签订的劳动合同复印件；

（七）拟任人3年金融工作经历或5年经济工作经历证明文件；

（八）拟任人最近3年个人信用报告；

（九）在存在潜在利益冲突的机构中任职的，应提交从原单位辞职的证明、辞职承诺书或者公司股东会、股东大会同意兼职的证明；

（十）拟任人合规声明和承诺；

（十二）银保监会及其派出机构规定提交的其他材料。

**第七十三条** 拟任高级管理人员的决议程序和形式应符合法律、行政法规和公司章程的规定。

**第七十四条** 拟任人的学历证明材料，需提供教育部学信网查询结果或相关教育主管部门出具的认证报告；党校学历，需提供毕业党校出具的学历证明材料；国（境）外学历，需提供教育部留学服务中心出具的国外学历认证书。

**第七十五条** 拟任人的工作经历证明材料，需提供曾任职的机构出具的加盖公司公章的证明文件或与曾任职的机构存在与其劳动形式相关的经济收入关系的证明文件。

**第七十六条** 拟任人合规声明和承诺的内容包括但不限于：最近2年内未受反洗钱重大行政处罚的声明；最近5年内未受过法律、行政法规处罚，有无严重失信不良记录的声明；坚持依法合规经营、切实履职尽责的承诺。有境外金融机构从业经历的，还应当提交最近2年内未受相应境外金融机构所在地涉及反洗钱的重大行政处罚的声明。

### 第三节 任职资格许可程序

**第七十七条** 银保监局可以对保险专业代理机构、保险经纪机构拟任高级管理人员进行考察或者谈话，综合考察其合规意识、风险偏好、业务能力等综合素质。

**第七十八条** 银保监局受理、审查并决定的申请事项，应当自受理之日起20日内审查完毕，作出准予或者不予行政许可的书面决定。

**第七十九条** 保险专业代理机构、保险经纪机构应在收到拟任高级管理人员任职资格批复后及时作出任命决定，超过2个月未任命的，其任职资格自动失效。

**第八十条** 保险专业代理机构、保险经纪机构任命临时负责人的，其临时负责人任职时间最长不得超过3个月，并且不得就同一职务连续任命临时负责人。

临时负责人应当具有与履行职责相当的能力，并应当符合本规定的相关要求。

**第八十一条** 具有高级管理人员任职资格的拟任人在同一保险专业代理机构、保险经纪机构内部调动职务或改任（兼任）职务的，无需重新核准任职资格，应当自作出调任、改任、兼任决定之日起5日内在银保监会规定的监管信息系统中登记相关信息。

## 第六章 附 则

**第八十二条** 外资保险专业中介机构申请办理本办法规定的经营保险代理业务许可、经营保险经纪业务许可、经营保险公估业务备案等事项的，应符合本办法规定的条件。

**第八十三条** 申请人应按照银保监会有关要求，如实、完整提交申请材料。本办法规定提交的各种表格格式由银保监会制定。

**第八十四条** 除特别说明外，本办法中各项财务指标要求均为合并会计报表口径。

**第八十五条** 本办法中的"日"均为工作日，"以上"均含本数及本级。

**第八十六条** 本办法由银保监会负责解释。

**第八十七条** 本办法自2022年2月1日起施行。

**第八十八条** 本办法实施前的有关规定与本办法不一致的，按照本办法执行。

# 保险销售行为管理办法

- 2023年9月20日国家金融监督管理总局令2023年第2号公布
- 自2024年3月1日起施行

## 第一章 总 则

**第一条** 为保护投保人、被保险人、受益人的合法权益，规范保险销售行为，统一保险销售行为监管要求，根据《中华人民共和国保险法》《国务院办公厅关于加强金融消费者权益保护工作的指导意见》等法律、行政法规和文件，制定本办法。

**第二条** 保险公司为订立保险合同所开展的销售行为，保险中介机构、保险销售人员受保险公司委托或者与保险公司合作为订立保险合同所开展的销售行为，应当遵守本办法的规定。

本办法所称保险公司不包括再保险公司。

本办法所称保险中介机构包括：保险代理机构和保险经纪人。保险代理机构包括专业代理机构和兼业代理机构。

本办法所称保险销售人员包括：保险公司中从事保险销售的员工、个人保险代理人及纳入销售人员管理的其他用工形式的人员，保险代理机构中从事保险代理的人员，保险经纪人中从事保险经纪业务的人员。

**第三条** 除下列机构和人员外，其他机构和个人不得从事保险销售行为：

（一）保险公司和保险中介机构；

（二）保险销售人员。

保险公司、保险中介机构应当为其所属的保险销售人员办理执业登记。

**第四条** 保险销售行为应当遵循依法合规、平等自愿、公平适当、诚实守信等原则，尊重和保障投保人、被保险人、受益人的合法权益。

**第五条** 本办法所称保险销售行为包括保险销售前行为、保险销售中行为和保险销售后行为。

保险销售前行为是指保险公司及受其委托或者与其合作的保险中介机构、保险销售人员为订立保险合同创造环境、准备条件、招揽保险合同相对人的行为。

保险销售中行为是指保险公司及受其委托或者与其合作的保险中介机构、保险销售人员与特定相对人为订立保险合同就合同内容进行沟通、商谈，作出要约或承诺的行为。

保险销售后行为是指保险公司及受其委托或者与其合作的保险中介机构、保险销售人员履行依照法律法规和监管制度规定的以及基于保险合同订立而产生的保单送达、回访、信息通知等附随义务的行为。

**第六条** 保险公司、保险中介机构应当以适当方式、通俗易懂的语言定期向公众介绍保险知识、发布保险消费风险提示，重点讲解保险条款中的专业性词语、集中性疑问、容易引发争议纠纷的行为以及保险消费中的各类风险等内容。

**第七条** 保险公司、保险中介机构应当按照合法、正当、必要、诚信的原则收集处理投保人、被保险人、受益人以及保险业务活动相关当事人的个人信息，并妥善保管，防止信息泄露；未经该个人同意，保险公司、保险中介机构、保险销售人员不得向他人提供该个人的信息，法律法规规章另有规定以及开展保险业务所必需的除外。

保险公司、保险中介机构应当加强对与其合作的其他机构收集处理投保人、被保险人、受益人以及保险业务活动相关当事人个人信息的行为管控，在双方合作协议中明确其他机构的信息收集处理行为要求，定期了解其他机构执行协议要求情况，发现其他机构存在违反协议要求情形时，应当及时采取措施予以制止和督促纠正，并依法追究该机构责任。

**第八条** 保险公司、保险中介机构应当履行销售管理主体责任，建立健全保险销售各项管理制度，加强对与其有委托代理关系的保险销售人员身份和保险销售业务真实性管理，定期自查、评估制度有效性和落实情况；应当明确各级机构及其高级管理人员销售管理责任，建立销售制度执行、销售管控和内部责任追究机制，不得违法违规开展保险销售业务，不得利用开展保险销售业务为其他机构或者个人牟取不正当利益。

**第九条** 具有保险销售业务合作关系的保险公司、保险中介机构应当在相关协议中确定合作范围，明确双方的权利义务。保险公司与保险中介机构的保险销售业务合作关系应当真实，不得通过虚假合作套取费用。

保险中介机构应当依照相关法律法规规定及双方业务合作约定，并以相关业务开展所必需为限，将所销售的保险业务相关信息以及投保人、被保险人、受益人信息如实完整及时地提供给与其具有保险销售业务合作关系的保险公司，以利于保险公司与投保人订立保险合同。

保险公司应当支持与其具有保险销售业务合作关系的保险中介机构为投保人提供专业服务，依照相关法律法规规定及双方业务合作约定，并以相关业务开展所必需为限，将该保险中介机构所销售的保险业务相关保单存续期管理信息如实完整及时地提供给该保险中介机构，以利于该保险中介机构为投保人提供后续服务。

保险公司应当加强对与其具有保险销售业务合作关系的保险中介机构保险销售行为合规性监督，定期了解该保险中介机构在合作范围内的保险销售行为合规情况，发现该保险中介机构在从事保险销售中存在违反法律法规及合作协议要求情形时，应当及时采取措施予以制止和督促纠正，并依法追究该保险中介机构责任。

具有保险销售业务合作关系的保险公司、保险中介机构应当通过技术手段，实现双方业务信息系统的互联互通、数据对接。

**第十条** 国家金融监督管理总局（以下简称金融监管总局）依据《中华人民共和国保险法》，对保险销售行为履行监督管理职责。

金融监管总局派出机构依据授权对保险销售行为履行监督管理职责。

## 第二章 保险销售前行为管理

**第十一条** 保险公司、保险中介机构不得超出法律法规和监管制度规定以及监管机构批准核准的业务范围和区域范围从事保险销售行为。保险销售人员不得超出所属机构的授权范围从事保险销售行为。

**第十二条** 保险公司、保险中介机构开展保险销售行为，应当具备相应的业务、财务、人员等信息管理系统和核心业务系统，确保系统数据准确、完整、更新及时，并与监管机构要求录入各类监管信息系统中的数据信息保持一致。

**第十三条** 保险公司应当依法依规制订保险合同条款，不得违反法律法规和监管制度规定，确保保险合同双方权利义务公平合理；按照要素完整、结构清晰、文字准确、表述严谨、通俗易懂等原则制订保险合同条款，推进合同文本标准化。

保险合同及相关文件中使用的专业名词术语，其含义应当符合国家标准、行业标准或者通用标准。

**第十四条** 保险公司应当按照真实、准确、完整的原则，在其官方网站、官方APP等官方线上平台公示本公司现有保险产品条款信息和该保险产品说明。保险产品说明应当重点突出该产品所使用条款的审批或者备案名称、保障范围、保险期间、免除或者减轻保险人责任条款以及保单预期利益等内容。

保险产品条款发生变更的，保险公司应当于变更条款正式实施前更新所对外公示的该保险产品条款信息和该保险产品说明。

保险公司决定停止使用保险产品条款的，除法律法规及监管制度另有规定的外，应当在官方线上平台显著位置和营业场所公告，并在公示的该保险产品条款信息和该保险产品说明的显著位置标明停止使用的起始日期，该起始日期不得早于公告日期。

**第十五条** 保险公司应当建立保险产品分级管理制度，根据产品的复杂程度、保险费负担水平以及保单利益的风险高低等标准，对本机构的保险产品进行分类分级。

**第十六条** 保险公司、保险中介机构应当支持行业自律组织发挥优势推动保险销售人员销售能力分级工作，在行业自律组织制定的销售能力分级框架下，结合自身实际情况建立本机构保险销售能力资质分级管理体系，以保险销售人员的专业知识、销售能力、诚信水平、品行状况等为主要标准，对所属保险销售人员进行分级，并与保险公司保险产品分级管理制度相衔接，区分销售能力资质实行差别授权，明确所属各等级保险销售人员可以销售的保险产品。

**第十七条** 保险公司、保险中介机构应当建立保险销售宣传管理制度，确保保险销售宣传符合下列要求：

（一）在形式上和实质上未超出保险公司、保险中介机构合法经营资质所载明的业务许可范围及区域；

（二）明示所销售宣传的是保险产品；

（三）不得引用不真实、不准确的数据和资料，不得隐瞒限制条件，不得进行虚假或者夸大表述，不得使用偷换概念、不当类比、隐去假设等不当宣传手段；

（四）不得以捏造、散布虚假事实等手段恶意诋毁竞争对手，不得通过不当评比、不当排序等方式进行宣传，不得冒用、擅自使用与他人相同或者近似等可能引起混淆的注册商标、字号、宣传册页；

（五）不得利用监管机构对保险产品的审核或者备案程序，不得使用监管机构为该保险产品提供保证等引人误解的不当表述；

（六）不得违反法律、行政法规和监管制度规定的其他行为。

**第十八条** 保险销售人员未经授权不得发布保险销售宣传信息。

保险公司、保险中介机构对所属保险销售人员发布保险销售宣传信息的行为负有管理主体责任，对保险销售人员发布的保险销售宣传信息，应当进行事前审核及授权发布；发现保险销售人员自行编发或者转载未经其审核授权发布的保险销售宣传信息的，应当及时予以制止并采取有效措施进行处置。

**第十九条** 保险公司决定停止销售某一保险产品或者调整某一保险产品价格的，应当在官方线上平台显著位置和营业场所公告，但保险公司在经审批或者备案的费率浮动区间或者费率参数调整区间内调整价格的除外。公告内容应当包括停止销售或者调整价格的保险产品名称、停止销售或者价格调整的起始日期等信息，其中起始日期不得早于公告日期。

前款公告的停止销售或者调整价格的起始日期经过后，保险公司应当按照公告内容停止销售相应保险产品或者调整相应保险产品价格。

在保险公司未就某一保险产品发出停止销售或者调整价格的公告前，保险销售人员不得在保险销售中向他人宣称某一保险产品即将停止销售或者调整价格。

**第二十条** 保险公司、保险中介机构应当加强保险销售渠道业务管理,落实对保险销售渠道业务合规性的管控责任,完善保险销售渠道合规监督,不得利用保险销售渠道开展违法违规活动。

### 第三章 保险销售中行为管理

**第二十一条** 保险公司应当通过合法方式,了解投保人的保险需求、风险特征、保险费承担能力、已购买同类保险的情况以及其他与销售保险产品相关的信息,根据前述信息确定该投保人可以购买本公司保险产品类型和等级范围,并委派合格保险销售人员销售该等级范围内的保险产品。

保险中介机构应当协助所合作的保险公司了解前款规定的投保人相关信息,并按照所合作保险公司确定的该投保人可以购买的保险产品类型和等级范围,委派合格保险销售人员销售该等级范围内的保险产品。

**第二十二条** 保险公司、保险中介机构销售人身保险新型产品的,应当向投保人提示保单利益的不确定性,并准确、全面地提示相关风险;法律、行政法规和监管制度规定要求对投保人进行风险承受能力测评的,应当进行测评,并根据测评结果销售相适应的保险产品。

**第二十三条** 保险公司、保险中介机构及其保险销售人员不得使用强制搭售、信息系统或者网页默认勾选等方式与投保人订立保险合同。

前款所称强制搭售是指因保险公司、保险中介机构的原因,致使投保人不能单独就某一个保险产品或者产品组合与保险公司订立保险合同的情形,以及自然人、法人、非法人组织在购买某一非保险类金融产品或者金融服务时,在未被告知保险产品或者保险服务的存在、未被提供自主选择权利行使条件的情况下,被要求必须同时与指定保险公司就指定保险产品订立保险合同的情形。

**第二十四条** 保险公司、保险中介机构以互联网方式销售保险产品的,应当向对方当事人提示本机构足以识别的名称。

保险销售人员以面对面方式销售保险产品的,应当向对方当事人出示执业证件;以非面对面方式销售保险产品的,应当向对方当事人说明本人姓名、所属保险公司或者保险中介机构全称、本人执业证件编号。

**第二十五条** 订立保险合同,采用保险公司提供的格式条款的,保险公司或者受其委托及与其合作的保险中介机构、保险销售人员应当在投保人投保前以适当方式向投保人提供格式条款及该保险产品说明,并就以下内容向投保人作出明确提示:

(一)双方订立的是保险合同;

(二)保险合同的基本内容,包括保险产品名称、主要条款、保障范围、保险期间、保险费及交费方式、赔偿限额、免除或者减轻保险人责任的条款、索赔程序、退保及其他费用扣除、人身保险的现金价值、犹豫期、宽限期、等待期、保险合同效力中止与恢复等;

(三)提示投保人违反如实告知义务的后果;

(四)保险公司、保险中介机构服务电话,以及咨询、报案、投诉等的途径方式;

(五)金融监管总局规定的其他提示内容。

保险公司、保险中介机构在销售保险产品时,经投保人同意,对于权利义务简单且投保人在三个月内再次投保同一保险公司的同一保险产品的,可以合理简化相应的提示内容。

**第二十六条** 订立保险合同时,保险公司及受其委托及与其合作的保险中介机构、保险销售人员应当对免除或者减轻保险人责任的条款,以足以引起投保人注意的文字、字体、符号或者其他明显标志作出提示,并对有关免除保险人责任条款的概念、内容及其法律后果以书面或者口头形式向投保人作出明确的常人能够理解的解释说明。

免除或者减轻保险人责任的条款包括责任免除条款、免赔额、免赔率、比例赔付或者给付等。

**第二十七条** 订立保险合同,保险公司应当提示投保人履行如实告知义务。

保险公司及受其委托及与其合作的保险中介机构、保险销售人员应当就保险标的或者被保险人的有关情况提出具体内容的询问,以投保单询问表方式进行询问的,投保单询问表中不得有概括性条款,但该概括性条款有具体内容的除外。

投保人的如实告知义务限于保险公司及受其委托的保险中介机构、保险销售人员询问范围和内容,法律法规另有规定的除外。

**第二十八条** 保险公司、保险中介机构、保险销售人员在销售保险时,发现投保人具有下列情形之一的,应当建议投保人终止投保:

(一)投保人的保险需求与所销售的保险产品明显不符的;

(二)投保人持续承担保险费的能力明显不足的;

(三)投保人已购买以补偿损失为目的的同类型保险,继续投保属于重复保险或者超额保险的。

投保人不接受终止投保建议,仍然要求订立保险合同的,保险公司、保险中介机构应当向投保人说明有关风险,并确认销售行为的继续是出于投保人的自身意愿。

**第二十九条** 保险公司、保险中介机构应当按照有关法律法规和监管制度规定,要求投保人以书面或者其他可保存的形式,签署或者确认投保声明、投保提示书、免除或者减轻保险人责任条款的说明等文件,以及监管规定的相关文书材料。通过电话销售保险的,可以以签署投保单或者电话录音等方式确认投保人投保意愿。通过互联网开展保险销售的,可以通过互联网保险销售行为可回溯方式确认投保人投保意愿,并符合监管制度规定。

投保文书材料应当由投保人或者其书面委托的人员以签字、盖章或者其他法律法规认可的方式进行确认。保险销售人员不得代替保险业务活动相关当事人在订立保险合同的有关文书材料中确认。

**第三十条** 保险公司、保险中介机构应当严格按照经金融监管总局及其派出机构审批或者备案的保险条款和保险费率销售保险产品。

**第三十一条** 保险公司、保险中介机构应当按照相关监管制度规定,根据不同销售方式,采取录音、录像、销售页面管理和操作轨迹记录等方法,对保险产品销售行为实施可回溯管理。对可回溯管理过程中产生的视听资料及电子资料,应当做好备份存档。

**第三十二条** 保险公司、保险中介机构应当加强资金管理,建立资金管理机制,严格按照相关规定进行资金收付管理。

保险销售人员不得接受投保人、被保险人、受益人委托代缴保险费、代领退保金、代领保险金,不得经手或者通过非投保人、被保险人、受益人本人账户支付保险费、领取退保金、领取保险金。

**第三十三条** 投保人投保后,保险销售人员应当将所销售的保险业务相关信息以及投保人、被保险人、受益人信息如实完整及时地提供给其所在的保险公司、保险中介机构,以利于保险公司与投保人订立保险合同。

### 第四章 保险销售后行为管理

**第三十四条** 保险公司在核保通过后应当及时向投保人提供纸质或者电子保单,并按照相关政策提供发票。电子保单应当符合国家电子签名相关法律规定。保险公司应当在官方线上平台设置保单查询功能。

**第三十五条** 保险合同订立后,保险公司应当按照有关监管制度规定,通过互联网、电话等方式对金融监管总局规定的相关保险产品业务进行回访。回访内容包括确认投保人身份和投保信息的真实性、是否完整知悉合

同主要内容以及其他应当披露的信息等。在回访中,保险公司工作人员应当如实与投保人进行答问,不得有误导、欺骗、隐瞒等行为,并如实记录回访过程。

保险公司在回访中发现存在销售误导的,应当按照规定及时予以处理。

按照相关监管制度规定,对保险产品销售行为实施可回溯管理,且对有关信息已确认的,可以根据监管规定合理简化回访要求。

**第三十六条** 保险公司、保险中介机构与其所属的保险销售人员解除劳动合同及其他用工合同或者委托合同,通过该保险销售人员签订的一年期以上的人身保险合同尚未履行完毕的,保险公司、保险中介机构应当在该保险销售人员的离职手续办理完成后的30日内明确通知投保人或者被保险人有关该保险销售人员的离职信息、保险合同状况以及获得后续服务的途径,不因保险销售人员离职损害投保人、被保险人合法利益。

保险公司与保险中介机构终止合作,通过该保险中介机构签订的一年期以上的人身保险合同尚未履行完毕的,保险公司应当在与该保险中介机构终止合作后的30日内明确通知投保人或者被保险人有关该保险公司与该保险中介机构终止合作的信息、保险合同状况以及获得后续服务的途径,不因终止合作损害投保人、被保险人合法利益。

保险销售人员因工作岗位变动无法继续提供服务的,适用上述条款规定。

**第三十七条** 保险销售人员离职后、保险中介机构与保险公司终止合作后,不得通过怂恿退保等方式损害投保人合法利益。

保险公司、保险中介机构应当在与保险销售人员签订劳动、劳务等用工合同或者委托合同时,保险公司应当在与保险中介机构签订委托合同时,要求保险销售人员或者保险中介机构就不从事本条第一款规定的禁止性行为作出书面承诺。

**第三十八条** 行业自律组织应当针对本办法第三十六条、第三十七条的规定建立行业自律约束机制,并督促成员单位及相关人员切实执行。

**第三十九条** 任何机构、组织或者个人不得违法违规开展保险退保业务推介、咨询、代办等活动,诱导投保人退保,扰乱保险市场秩序。

**第四十条** 保险公司应当健全退保管理制度,细化各项保险产品的退保条件标准,优化退保流程,不得设置不合法不合理的退保阻却条件。

保险公司应当在官方线上平台披露各项保险产品的退保条件标准和退保流程时限，并在保险合同签订前明确提示投保人该保险产品的退保条件标准和退保流程时限。

保险公司应当设立便捷的退保渠道，在收到投保人的退保申请后，及时一次性告知投保人办理退保所需要的全部材料。

**第四十一条** 保险公司、保险中介机构应当建立档案管理制度，妥善保管业务档案、会计账簿、业务台账、人员档案、投保资料以及开展可回溯管理产生的视听资料、电子数据等档案资料，明确管理责任，规范归档资料和数据的保管、保密和调阅程序。档案保管期限应当符合相关法律法规及监管制度规定。

## 第五章 监督管理

**第四十二条** 保险公司、保险中介机构应当按照金融监管总局及其派出机构的规定，记录、保存、报送有关保险销售的报告、报表、文件和资料。

**第四十三条** 违反本办法第三条、第三十九条规定的，由金融监管总局及其派出机构依照《中华人民共和国保险法》等法律法规和监管制度的相关规定处理。

**第四十四条** 保险公司、保险中介机构、保险销售人员违反本办法规定和金融监管总局关于财产保险、人身保险、保险中介销售管理的其他相关规定，情节严重或者造成严重后果的，由金融监管总局及其派出机构依照法律、行政法规进行处罚；法律、行政法规没有规定的，金融监管总局及其派出机构可以视情况给予警告或者通报批评，处以一万元以上十万元以下罚款。

**第四十五条** 保险公司、保险中介机构违反本办法规定和金融监管总局关于财产保险、人身保险、保险中介销售管理的其他相关规定，情节严重或者造成严重后果的，金融监管总局及其派出机构除分别依照本办法有关规定对该单位给予处罚外，对其直接负责的主管人员和其他直接责任人员依照法律、行政法规进行处罚；法律、行政法规没有规定的，金融监管总局及其派出机构对其直接负责的主管人员和其他直接责任人员可以视情况给予警告或者通报批评，处以一万元以上十万元以下罚款。

**第四十六条** 违反本办法第三十六条、第三十七条规定的，金融监管总局及其派出机构可以视情况予以通报并督促行业自律组织对相关人员、保险公司、保险中介机构给予行业自律约束处理。

## 第六章 附 则

**第四十七条** 保险公司、保险中介机构开展保险销售行为，除遵守本办法相关规定外，应当符合法律法规和金融监管总局关于财产保险、人身保险、保险中介销售管理的其他相关规定。

**第四十八条** 相互保险组织、外国保险公司分公司、保险集团公司适用本办法。

**第四十九条** 本办法由金融监管总局负责解释。

**第五十条** 本办法自2024年3月1日起施行。

# 互联网保险业务监管办法

· 2020年12月7日中国银行保险监督管理委员会令2020年第13号公布
· 自2021年2月1日起施行

## 第一章 总 则

**第一条** 为规范互联网保险业务，有效防范风险，保护消费者合法权益，提升保险业服务实体经济和社会民生的水平，根据《中华人民共和国保险法》等法律、行政法规，制定本办法。

**第二条** 本办法所称互联网保险业务，是指保险机构依托互联网订立保险合同、提供保险服务的保险经营活动。

本办法所称保险机构包括保险公司(含相互保险组织和互联网保险公司)和保险中介机构；保险中介机构包括保险代理人(不含个人保险代理人)、保险经纪人、保险公估人；保险代理人(不含个人保险代理人)包括保险专业代理机构、银行类保险兼业代理机构和依法获得保险代理业务许可的互联网企业；保险专业中介机构包括保险专业代理机构、保险经纪人和保险公估人。

本办法所称自营网络平台，是指保险机构为经营互联网保险业务，依法设立的独立运营、享有完整数据权限的网络平台。保险机构分支机构以及与保险机构具有股权、人员等关联关系的非保险机构设立的网络平台，不属于自营网络平台。

本办法所称互联网保险产品，是指保险机构通过互联网销售的保险产品。

**第三条** 互联网保险业务应由依法设立的保险机构开展，其他机构和个人不得开展互联网保险业务。保险机构开展互联网保险业务，不得超出该机构许可证(备案表)上载明的业务范围。

**第四条** 保险机构开展互联网保险业务，应符合新发展理念，依法合规，防范风险，以人为本，满足人民群众多层次风险保障需求，不得损害消费者合法权益和社会公共利益。

保险机构开展互联网保险业务，应由总公司集中运营、统一管理，建立统一集中的业务平台、业务流程和管理制度。保险机构应科学评估自身风险管控能力、客户服务能力，合理确定适合互联网经营的保险产品及其销售范围，不能有效管控风险、保障售后服务质量的，不得开展互联网保险销售或保险经纪活动。

保险机构应持续提高互联网保险业务风险防控水平，健全风险监测预警和早期干预机制，保证自营网络平台运营的独立性，在财务、业务、信息系统、客户信息保护等方面与公司股东、实际控制人、公司高级管理人员等关联方实现有效隔离。

第五条　保险机构通过互联网和自助终端设备销售保险产品或提供保险经纪服务，消费者能够通过保险机构自营网络平台的销售页面独立了解产品信息，并能够自主完成投保行为的，适用本办法。

投保人通过保险机构及其从业人员提供的保险产品投保链接自行完成投保的，应同时满足本办法及所属渠道相关监管规定。涉及线上线下融合开展保险销售或保险经纪业务的，其线上和线下经营活动分别适用线上和线下监管规则；无法分开适用监管规则的，同时适用线上和线下监管规则，规则不一致的，坚持合规经营和有利于消费者的原则。

第六条　中国银行保险监督管理委员会（以下简称银保监会）及其派出机构依法对互联网保险业务实施监督管理。

## 第二章　基本业务规则
### 第一节　业务条件

第七条　开展互联网保险业务的保险机构及其自营网络平台应具备以下条件：

（一）服务接入地在中华人民共和国境内。自营网络平台是网站或移动应用程序（APP）的，应依法向互联网行业管理部门履行互联网信息服务备案手续、取得备案编号。自营网络平台不是网站或移动应用程序（APP）的，应符合相关法律法规的规定和相关行业主管部门的资质要求。

（二）具有支持互联网保险业务运营的信息管理系统和核心业务系统，并与保险机构其他无关的信息系统有效隔离。

（三）具有完善的网络安全监测、信息通报、应急处置工作机制，以及完善的边界防护、入侵检测、数据保护、灾难恢复等网络安全防护手段。

（四）贯彻落实国家网络安全等级保护制度，开展网络安全定级备案，定期开展等级保护测评，落实相应等级的安全保护措施。对于具有保险销售或投保功能的自营网络平台，以及支持该自营网络平台运营的信息管理系统和核心业务系统，相关自营网络平台和信息系统的安全保护等级应不低于三级；对于不具有保险销售和投保功能的自营网络平台，以及支持该自营网络平台运营的信息管理系统和核心业务系统，相关自营网络平台和信息系统的安全保护等级应不低于二级。

（五）具有合法合规的营销模式，建立满足互联网保险经营需求、符合互联网保险用户特点、支持业务覆盖区域的运营和服务体系。

（六）建立或明确互联网保险业务管理部门，并配备相应的专业人员，指定一名高级管理人员担任互联网保险业务负责人，明确各自营网络平台负责人。

（七）具有健全的互联网保险业务管理制度和操作规程。

（八）保险公司开展互联网保险销售，应符合银保监会关于偿付能力、消费者权益保护监管评价等相关规定。

（九）保险专业中介机构应是全国性机构，经营区域不限于总公司营业执照登记注册地所在省（自治区、直辖市、计划单列市），并符合银保监会关于保险专业中介机构分类监管的相关规定。

（十）银保监会规定的其他条件。

第八条　保险机构不满足本办法第七条规定的，应立即停止通过互联网销售保险产品或提供保险经纪服务，并在官方网站和自营网络平台发布公告。保险机构经整改后满足本办法第七条规定的，可恢复开展相关互联网保险业务。保险机构拟自行停止自营网络平台业务经营的，应至少提前20个工作日在官方网站和自营网络平台发布公告。涉及债权债务处置的，应一并进行公告。

第九条　保险公司开展互联网保险销售，应在满足本办法规定的前提下，优先选择形态简单、条款简洁、责任清晰、可有效保障售后服务的保险产品，并充分考虑投保的便利性、风控的有效性、理赔的及时性。

保险公司开发互联网保险产品应符合风险保障本质、遵循保险基本原理、符合互联网经济特点，并满足银保监会关于保险产品开发的相关监管规定，做到产品定价合理、公平和充足。不得违背公序良俗，不得进行噱头炒作，不得损害消费者合法权益和社会公共利益，不得危及公司偿付能力和财务稳健。

第十条　银保监会可根据互联网保险业务发展阶段、不同保险产品的服务保障需要,规定保险机构通过互联网销售或提供保险经纪服务的险种范围和相关条件。

### 第二节　销售管理

第十一条　保险机构开展互联网保险业务,应加强销售管理,充分进行信息披露,规范营销宣传行为,优化销售流程,保护消费者合法权益。

第十二条　开展互联网保险业务的保险机构应建立官方网站,参照《保险公司信息披露管理办法》相关规定,设置互联网保险栏目进行信息披露,披露内容包括但不限于:

(一)营业执照、经营保险业务相关许可证(备案表)。

(二)自营网络平台的名称、网址,以及在中国保险行业协会官方网站上的信息披露访问链接。

(三)一年来综合偿付能力充足率、风险综合评级、消费者权益保护监管评价等相关监管评价信息,银保监会另有规定的从其规定。

(四)保险机构之间开展合作的,各保险机构应分别披露合作机构名称、业务合作范围及合作起止时间。

(五)互联网保险产品名称、产品信息(或链接),产品信息包括条款、审批类产品的批复文号、备案类产品的备案编号或产品注册号、报备文件编号或条款编码。

(六)互联网保险产品及保单的查询和验真途径。

(七)省级分支机构和落地服务机构的名称、办公地址、电话号码等。

(八)理赔、保全等客户服务及投诉渠道,相关联系方式。

(九)本办法第八条规定的经营变化情况。

(十)银保监会规定的其他内容。

第十三条　保险机构应在开展互联网保险业务的自营网络平台显著位置,列明以下信息:

(一)保险产品承保公司设有省级分支机构和落地服务机构的省(自治区、直辖市、计划单列市)清单。

(二)保险产品承保公司全国统一的客户服务及投诉方式,包括客服电话、在线服务访问方式、理赔争议处理机制和工作流程等。

(三)投保咨询方式、保单查询方式。

(四)针对消费者个人信息、投保交易信息和交易安全的保障措施。

(五)自营网络平台在中国保险行业协会官方网站上的信息披露访问链接。

(六)本办法第八条规定的经营变化情况。

(七)银保监会规定的其他内容。

第十四条　互联网保险产品的销售或详情展示页面上应包括以下内容:

(一)保险产品名称(条款名称和宣传名称),审批类产品的批复文号,备案类产品的备案编号或产品注册号,以及报备文件编号或条款编码。

(二)保险条款和保费(或链接),应突出提示和说明免除保险公司责任的条款,并以适当的方式突出提示理赔条件和流程,以及保险合同中的犹豫期、等待期、费用扣除、退保损失、保单现金价值等重点内容。

(三)保险产品为投连险、万能险等人身保险新型产品的,应按照银保监会关于新型产品信息披露的相关规定,清晰标明相关信息,用不小于产品名称字号的黑体字标注保单利益具有不确定性。

(四)投保人的如实告知义务,以及违反义务的后果。

(五)能否实现全流程线上服务的情况说明,以及因保险机构在消费者或保险标的所在地无分支机构而可能存在的服务不到位等问题的提示。

(六)保费的支付方式,以及保险单证、保费发票等凭证的送达方式。

(七)其他直接影响消费者权益和购买决策的事项。

第十五条　本办法所称互联网保险营销宣传,是指保险机构通过网站、网页、互联网应用程序等互联网媒介,以文字、图片、音频、视频或其他形式,就保险产品或保险服务进行商业宣传推广的活动。保险机构开展互联网保险营销宣传活动应符合《中华人民共和国广告法》、金融营销宣传以及银保监会相关规定。

保险机构应加强互联网保险营销宣传管理:

(一)保险机构应建立从业人员互联网保险营销宣传的资质、培训、内容审核和行为管理制度。

(二)保险机构应从严、精细管控所属从业人员互联网保险营销宣传活动,提高从业人员的诚信和专业水平。保险机构应对从业人员发布的互联网保险营销宣传内容进行监测检查,发现问题及时处置。

(三)保险机构从业人员应在保险机构授权范围内开展互联网保险营销宣传。从业人员发布的互联网保险营销宣传内容,应由所属保险机构统一制作,并在显著位置标明所属保险机构全称及个人姓名、执业证编号等信息。

(四)开展互联网保险营销宣传活动应遵循清晰准

确、通俗易懂、符合社会公序良俗的原则，不得进行不实陈述或误导性描述，不得片面比较保险产品价格和简单排名，不得与其他非保险产品和服务混淆，不得片面或夸大宣传，不得违规承诺收益或承诺承担损失。

（五）互联网保险营销宣传内容应与保险合同条款保持一致，不得误导性解读监管政策，不得使用或变相使用监管机构及其工作人员的名义或形象进行商业宣传。

（六）互联网保险营销宣传页面应明确标识产品为保险产品，标明保险产品全称、承保保险公司全称以及提供销售或经纪服务的保险中介机构全称；应用准确的语言描述产品的主要功能和特点，突出说明容易引发歧义或消费者容易忽视的内容。

（七）保险机构及其从业人员应慎重向消费者发送互联网保险产品信息。消费者明确表示拒绝接收的，不得向其发送互联网保险产品信息。

（八）保险机构应对本机构及所属从业人员互联网保险营销宣传承担合规管理的主体责任。

第十六条　保险机构应通过其自营网络平台或其他保险机构的自营网络平台销售互联网保险产品或提供保险经纪、保险公估服务，投保页面须属于保险机构自营网络平台。政府部门为了公共利益需要，要求投保人在政府规定的网络平台完成投保信息录入的除外。

第十七条　保险机构应提高互联网保险产品销售的针对性，采取必要手段识别消费者的保险保障需求和消费能力，把合适的保险产品提供给消费者，并通过以下方式保障消费者的知情权和自主选择权：

（一）充分告知消费者售后服务能否全流程线上实现，以及保险机构因在消费者或保险标的所在地无分支机构而可能存在的服务不到位等问题。

（二）通过互联网销售投连险、万能险等人身保险新型产品或提供相关保险经纪服务的，应建立健全投保人风险承受能力评估及业务管理制度，向消费者做好风险提示。

（三）提供有效的售前在线咨询服务，帮助消费者客观、及时了解保险产品和服务信息。

（四）通过问卷、问询等方式有效提示消费者履行如实告知义务，提示消费者告知不准确可能带来的法律责任，不得诱导消费者隐瞒真实健康状况等实际情况。

（五）在销售流程的各个环节以清晰、简洁的方式保障消费者实现真实的购买意愿，不得采取默认勾选、限制取消自动扣费功能等方式剥夺消费者自主选择权的权利。

第十八条　保险机构核保使用的数据信息应做到来源及使用方式合法。保险机构应丰富数据信息来源，深化技术应用，加强保险细分领域风险因素分析，不断完善核保模型，提高识别筛查能力，加强承保风险控制。

第十九条　保险公司通过自营网络平台开展互联网保险业务的，应通过自有保费收入专用账户直接收取投保人交付的保费；与保险中介机构合作开展互联网保险业务的，可通过该保险中介机构的保费收入专用账户代收保费。保费收入专用账户包括保险机构依法在商业银行及第三方支付平台开设的专用账户。

第二十条　保险机构开展互联网保险业务，可通过互联网、电话等多种方式开展回访工作，回访时应验证客户身份，保障客户投保后及时完整知悉合同主要内容。保险机构开展电子化回访应遵循银保监会相关规定。

第二十一条　保险机构通过互联网销售可以续保的保险产品或提供相关保险经纪服务的，应保障客户的续保权益，为其提供线上的续保或终止续保的途径，未经客户同意不得自动续保。

第二十二条　保险机构开展互联网保险业务，应向客户提供保单和发票，可优先提供电子保单和电子发票。采用纸质保单的，保险公司或合作的保险中介机构应以适当方式将保单送达客户。采用电子保单的，保险公司或合作的保险中介机构应向客户说明，并向客户提供可查询、下载电子保单的自营网络平台或行业统一查验平台的访问方式。

第二十三条　非保险机构不得开展互联网保险业务，包括但不限于以下商业行为：

（一）提供保险产品咨询服务。

（二）比较保险产品、保费试算、报价比价。

（三）为投保人设计投保方案。

（四）代办投保手续。

（五）代收保费。

### 第三节　服务管理

第二十四条　保险公司应建立健全在线核保、批改、保全、退保、理赔和投诉处理等全流程服务体系，加强互联网保险业务的服务过程管理和服务质量管理，并根据客户评价、投诉等情况，审视经营中存在的问题，及时改进产品管理，优化服务流程。服务水平无法达到本办法要求的，保险公司应主动限制互联网保险业务的险种和区域。

保险中介机构与保险公司合作，或接受保险公司委托，开展互联网保险相关业务活动的，应参照本办法关于保险公司的业务规则执行。

第二十五条　保险公司应在自营网络平台设立统一集中的客户服务业务办理入口，提升线上服务能力，与线下服务有机融合，并提供必要的人工辅助，保障客户获得及时有效的服务。

第二十六条　对于部分无法在线完成核保、保全、理赔等保险业务活动的，保险公司应通过本公司分支机构或线下合作机构做好落地服务，销售时应明确告知投保人相关情况。线下合作机构应是其他保险机构及其分支机构，包括区域性保险专业中介机构。对于完全无法在线完成批改、保全、退保、理赔等保险业务活动的，保险公司不得经营相关互联网保险产品。

保险公司委托其他合作机构提供技术支持和客户服务的，应建立委托合作全流程管理制度，审慎选择合作机构，进行有效的监测监督。

第二十七条　保险公司应不断加强互联网保险售后服务的标准化、规范化、透明化建设：

（一）在自营网络平台明示业务办理流程和客户权利义务，一次性告知业务办理所需材料清单，明确承诺服务时限。

（二）提供包含电话服务、在线服务在内的两种及以上服务方式。

（三）提供客户自助查询服务，及时向客户展示告知处理进程、处理依据、预估进展、处理结果。涉及保费、保险金、退保金等资金收付的，应说明资金的支付方式，以及资金额度基于保费、保险金额或现金价值的计算方法。

（四）提升销售和服务的透明化水平，可在自营网络平台提供消费者在线评价功能，为消费者提供消费参考信息。

第二十八条　保险公司为互联网保险客户提供保单批改和保全服务的，应识别、确认客户身份的真实性和合法性。对于线上变更受益人的请求，保险公司应确认该项业务已取得被保险人的同意。

第二十九条　保险公司应保障客户退保权益，不得隐藏相关业务的办理入口，不得阻碍或限制客户退保。

第三十条　保险公司为互联网保险客户提供查勘理赔服务的，应建立包括客户报案、查勘理赔、争议处理等环节在内的系统化工作流程，实现查勘理赔服务闭环完整。参与查勘理赔的各类机构和人员应做好工作衔接，做到响应及时准确、流程简捷流畅。

第三十一条　保险公司应建立健全理赔争议处理机制和工作流程，及时向客户说明理赔决定、原因依据和争议处理办法，探索多元纠纷解决机制，跟踪做好争议处理工作。

第三十二条　保险公司应建立完整的客户投诉处理流程，建设独立于销售、理赔等业务的专职处理互联网保险客户投诉的人员队伍。对于银保监会及其派出机构、相关行业组织、消费者权益保护组织、新闻媒体等转送的互联网保险业务投诉，保险公司应建立有效的转接管理制度，纳入互联网保险客户投诉处理流程。

### 第四节　运营管理

第三十三条　保险机构应采用有效技术手段对投保人身份信息的真实性进行验证，应完整记录和保存互联网保险主要业务过程，包括：产品销售页面的内容信息、投保人操作轨迹、保全理赔及投诉服务记录等，做到销售和服务等主要行为信息不可篡改并全流程可回溯。互联网保险业务可回溯管理的具体规则，由银保监会另行制定。

第三十四条　保险公司与保险中介机构合作开展互联网保险业务的，应审慎选择符合本办法规定、具有相应经营能力的保险中介机构，做好服务衔接、数据同步和信息共享。保险公司应与保险中介机构签订合作或委托协议，确定合作和委托范围，明确双方权利义务，约定不得限制对方获取客户信息等保险合同订立的必要信息。

第三十五条　保险机构授权在本机构执业的保险销售、保险经纪从业人员为互联网保险业务开展营销宣传、产品咨询的，应在其劳动合同或委托协议中约定双方的权利义务，并按照相关监管规定对其进行执业登记和管理，标识其从事互联网保险业务的资质以供公众查询。保险机构对所属从业人员的互联网保险业务行为依法承担责任。保险机构在互联网保险销售或经纪活动中，不得向未在本机构进行执业登记的人员支付或变相支付佣金及劳动报酬。

第三十六条　保险公司向保险中介机构支付相关费用，或保险机构向提供技术支持、客户服务等服务的合作机构支付相关费用，应按照合作协议约定的费用种类和标准，由总公司或其授权的省级分支机构通过银行或合法第三方支付平台转账支付，不得以现金形式进行结算。保险机构不得直接或间接给予合作协议约定以外的其他利益。

第三十七条　保险机构应严格按照网络安全相关法律法规，建立完善与互联网保险业务发展相适应的信息技术基础设施和安全保障体系，提升信息化和网络安全保障能力：

（一）按照国家相关标准要求，采取边界防护、入侵检测、数据保护以及灾难恢复等技术手段，加强信息系统和业务数据的安全管理。

（二）制定网络安全应急预案，定期开展应急演练，建立快速应急响应机制，开展网络安全实时监测，发现问题后立即采取防范和处置措施，并按照银行业保险业突发事件报告、应对相关规定及时向负责日常监管的银保监会或其派出机构、当地公安网安部门报告。

（三）对提供技术支持和客户服务的合作机构加强合规管理，督促其保障服务质量和网络安全，其相关信息系统至少应获得网络安全等级保护二级认证。

（四）防范假冒网站、假冒互联网应用程序等与互联网保险业务相关的违法犯罪活动，开辟专门渠道接受公众举报。

第三十八条　保险机构应承担客户信息保护的主体责任，收集、处理及使用个人信息应遵循合法、正当、必要的原则，保证信息收集、处理及使用的安全性和合法性：

（一）建立客户信息保护制度，明确数据安全责任人，构建覆盖全生命周期的客户信息保护体系，防范信息泄露。

（二）督促提供技术支持、客户服务等服务的合作机构建立有效的客户信息保护制度，在合作协议中明确约定客户信息保护责任，保障客户信息安全，明确约定合作机构不得限制保险机构获取客户投保信息，不得限制保险机构获取能够验证客户真实身份的相关信息。

（三）保险机构收集、处理及使用个人信息，应征得客户同意，获得客户授权。未经客户同意或授权，保险机构不得将客户信息用于所提供保险服务之外的用途，法律法规另有规定的除外。

第三十九条　保险机构应制定互联网保险业务经营中断应急处置预案。因突发事件、政策变化等原因导致互联网保险业务经营中断的，保险机构应在官方网站和自营网络平台及时发布公告，说明原因及后续处理方式，并按照银行业保险业突发事件报告、应对相关规定及时向负责日常监管的银保监会或其派出机构报告。

第四十条　保险机构应建立健全反洗钱内部控制制度、客户尽职调查制度、客户身份资料和交易记录保存制度、大额交易和可疑交易报告制度，履行《中华人民共和国反洗钱法》规定的反洗钱义务。

保险机构原则上应要求投保人使用本人账户支付保费。退保时保费应退还至原交费账户或投保人本人其他账户。保险金应支付到被保险人账户、受益人账户或保险合同约定的其他账户。保险机构应核对投保人账户信息的真实性。

第四十一条　保险机构应建立健全互联网保险业务反欺诈制度，加强对互联网保险欺诈的监控和报告，及时有效处置欺诈案件。保险机构应积极参与风险信息共享的行业协同机制，提高风险识别和反欺诈能力。

第四十二条　保险机构停止经营互联网保险相关业务的，应采取妥善措施做好存续业务的售后服务，有效保护客户合法权益。

第四十三条　保险机构应开展互联网保险业务舆情监测，积极做好舆情沟通，回应消费者和公众关切，及时有效处理因消费争议和纠纷产生的网络舆情。

## 第三章　特别业务规则
### 第一节　互联网保险公司

第四十四条　本办法所称互联网保险公司是指银保监会为促进保险业务与互联网、大数据等新技术融合创新，专门批准设立并依法登记注册，不设分支机构，在全国范围内专门开展互联网保险业务的保险公司。

第四十五条　互联网保险公司应提高线上全流程服务能力，提升线上服务体验和效率；应在自营网络平台设立统一集中的互联网保险销售和客户服务业务办理入口，提供销售、批改、保全、退保、报案、理赔和投诉等线上服务，与线下服务有机融合，向消费者提供及时有效的服务。

第四十六条　互联网保险公司应积极开发符合互联网经济特点、服务多元化保障需求的保险产品。产品开发应具备定价基础，符合精算原理，满足场景所需，让保险与场景、技术合理融合，充分考虑投保的便利性、风控的有效性、理赔的及时性。互联网保险公司应加强对产品开发、销售渠道和运营成本的管控，做到产品定价合理、公平和充足，保障稳健可持续经营。

第四十七条　互联网保险公司不得线下销售保险产品，不得通过其他保险机构线下销售保险产品。

第四十八条　互联网保险公司应不断提高互联网保险业务风险防控水平，健全风险监测预警和早期干预机制，运用数据挖掘、机器学习等技术提高风险识别和处置能力。

互联网保险公司应建立完善与互联网保险业务发展相适应的信息技术基础设施和安全保障体系，提升信息化能力，保障信息系统和相关基础设施安全稳定运行，有效防范、控制和化解信息技术风险。

第四十九条　互联网保险公司应指定高级管理人员

分管投诉处理工作，设立专门的投诉管理部门和岗位，对投诉情况进行分析研究，协同公司产品开发、业务管理、运营管理等部门进行改进，完善消费者权益保护工作。

互联网保险公司应根据业务特点建立售后服务快速反应工作机制，对于投诉率异常增长的业务，应集中力量应对，及时妥善处理。

## 第二节　保险公司

**第五十条**　本节所称保险公司，是指互联网保险公司之外的保险公司。

保险公司应优化业务模式和服务体系，推动互联网、大数据等新技术向保险业务领域渗透，提升运营效率，改善消费体验；应为互联网保险业务配置充足的服务资源，保障与产品特点、业务规模相适应的后续服务能力。

**第五十一条**　保险公司总公司应对互联网保险业务实行统一、垂直管理。

保险公司总公司可将合作机构拓展、营销宣传、客户服务、投诉处理等相关业务授权省级分支机构开展。经总公司同意，省级分支机构可将营销宣传、客户服务和投诉处理相关工作授权下级分支机构开展。总公司、分支机构依法承担相应的法律责任。

**第五十二条**　经营财产保险业务的保险公司在具有相应内控管理能力且能满足客户落地服务需求的情况下，可将相关财产保险产品的经营区域拓展至未设立分公司的省（自治区、直辖市、计划单列市），具体由银保监会另行规定。

经营人身保险业务的保险公司在满足相关条件的基础上，可在全国范围内通过互联网经营相关人身保险产品，具体由银保监会另行规定。不满足相关条件的，不得通过互联网经营相关人身保险产品。

**第五十三条**　保险公司分支机构可在上级机构授权范围内为互联网保险业务提供查勘理赔、批改保全、医疗协助、退保及投诉处理等属地化服务。保险公司应为分支机构开展属地化服务建立明确的工作流程和制度，在保证服务时效和服务质量的前提下，提供该类服务可不受经营区域的限制。

**第五十四条**　保险公司开展互联网保险业务，应结合公司发展战略，做好互联网与其他渠道融合和联动，充分发挥不同销售渠道优势，提升业务可获得性和服务便利性，做好经营环节、人员职责和业务数据等方面的有效衔接，提高消费者享有的服务水平。

**第五十五条**　保险公司开展互联网保险业务核算统计，应将通过直销、专业代理、经纪、兼业代理等销售渠道开展的互联网保险业务，计入该销售渠道的线上业务部分，并将各销售渠道线上业务部分进行汇总，反映本公司的互联网保险业务经营成果。

## 第三节　保险中介机构

**第五十六条**　保险中介机构应从消费者实际保险需求出发，立足角色独立、贴近市场的优势，积极运用新技术，提升保险销售和服务能力，帮助消费者选择合适的保险产品和保险服务。保险中介机构应配合保险公司开展互联网保险业务合规管理工作。

保险中介机构应对互联网保险业务实行统一、垂直管理，具体要求参照本办法第五十一条、第五十三条规定。

**第五十七条**　保险中介机构应立足经济社会发展和民生需要，选择经营稳健、能保障服务质量的保险公司进行合作，并建立互联网保险产品筛选机制，选择符合消费者需求和互联网特点的保险产品进行销售或提供保险经纪服务。

**第五十八条**　保险中介机构开展互联网保险业务，经营险种不得突破承保公司的险种范围和经营区域，业务范围不得超出合作或委托协议约定的范围。

**第五十九条**　保险中介机构及其自营网络平台在使用简称时应清晰标识所属行业细分类别，不得使用"XX保险"或"XX保险平台"等容易混淆行业类别的字样或宣传用语。为保险机构提供技术支持、客户服务的合作机构参照执行。

**第六十条**　保险中介机构应在自营网络平台设立统一集中的客户服务专栏，提供服务入口或披露承保公司服务渠道，保障客户获得及时有效的服务。保险中介机构销售互联网保险产品、提供保险经纪服务和保险公估服务的，应在自营网络平台展示客户告知书。

**第六十一条**　保险专业中介机构将互联网保险业务转委托给其他保险中介机构开展的，应征得委托人同意，并充分向消费者进行披露。受托保险中介机构应符合本办法规定的条件。

保险经纪人、保险公估人接受消费者委托，为消费者提供互联网保险相关服务的，应签订委托合同，明确约定权利义务和服务项目，履行受托职责，提升受托服务意识和专业服务能力。

**第六十二条**　保险中介机构可积极运用互联网、大数据等技术手段，提高风险识别和业务运营能力，完善管理制度，与保险公司的运营服务相互补充，共同服务消费者。保险中介机构可发挥自身优势，建立完善相关保险领域数据库,创新数据应用,积极开展风险管理、健康管理、案件调查、防灾减损等服务。

**第六十三条** 保险中介机构开展互联网保险业务,应在有效隔离、风险可控的前提下,与保险公司系统互通、业务互联、数据对接。保险中介机构之间可依托互联网等技术手段加强协同合作,促进资源共享和优势互补,降低运营成本,提高服务效率和服务质量。

**第六十四条** 银行类保险兼业代理机构销售互联网保险产品应满足以下要求:

(一)通过电子银行业务平台销售。

(二)符合银保监会关于电子银行业务经营区域的监管规定。地方法人银行开展互联网保险业务,应主要服务于在实体经营网点开户的客户,原则上不得在未开设分支机构的省(自治区、直辖市、计划单列市)开展业务。无实体经营网点、业务主要在线上开展,且符合银保监会规定的其他条件的银行除外。

(三)银行类保险兼业代理机构及其销售从业人员不得将互联网保险业务转委托给其他机构或个人。

### 第四节 互联网企业代理保险业务

**第六十五条** 互联网企业代理保险业务是指互联网企业利用符合本办法规定的自营网络平台代理销售互联网保险产品、提供保险服务的经营活动。

互联网企业代理保险业务应获得经营保险代理业务许可。

**第六十六条** 互联网企业代理保险业务应满足以下要求:

(一)具有较强的合规管理能力,能够有效防范化解风险,保障互联网保险业务持续稳健运营。

(二)具有突出的场景、流量和广泛触达消费者的优势,能够将场景流量与保险需求有机结合,有效满足消费者风险保障需求。

(三)具有系统的消费者权益保护制度和工作机制,能够不断改善消费体验,提高服务质量。

(四)具有敏捷完善的应急响应制度和工作机制,能够快速应对各类突发事件。

(五)具有熟悉保险业务的专业人员队伍。

(六)具有较强的信息技术实力,能够有效保护数据信息安全,保障信息系统高效、持续、稳定运行。

(七)银保监会规定的其他要求。

**第六十七条** 互联网企业代理保险业务,应明确高级管理人员负责管理,建立科学有效的管理制度和工作流程,实现互联网保险业务独立运营。

**第六十八条** 互联网企业可根据保险公司或保险专业中介机构委托代理保险业务,不得将互联网保险业务转委托给其他机构或个人。

互联网企业根据保险公司和保险专业中介机构委托代理保险业务的,应审慎选择符合本办法规定、具有相应经营能力的保险机构,签订委托协议,确定委托范围,明确双方权利义务。

**第六十九条** 互联网企业代理保险业务,应参照本办法第四十九条,建立互联网保险售后服务快速反应工作机制,增强服务能力。

**第七十条** 互联网企业代理保险业务,应进行有效的业务隔离:

(一)规范开展营销宣传,清晰提示保险产品与其他产品和服务的区别。

(二)建立支持互联网保险业务运营的信息管理系统和核心业务系统,并与其他无关的信息系统有效隔离。

(三)具有完善的边界防护、入侵检测、数据保护以及灾难恢复等网络安全防护手段和管理体系。

(四)符合银保监会规定的其他要求。

## 第四章 监督管理

**第七十一条** 银保监会在有效防范市场风险的基础上,创新监管理念和方式,落实审慎监管要求,推动建立健全适应互联网保险业务发展特点的新型监管机制,对同类业务、同类主体一视同仁,严厉打击非法经营活动,着力营造公平有序的市场环境,促进互联网保险业务规范健康发展。

**第七十二条** 银保监会统筹负责互联网保险业务监管制度制定,银保监会及其派出机构按照关于保险机构的监管分工实施互联网保险业务日常监测与监管。

对互联网保险业务的投诉或举报,由投诉人或举报人经常居住地的银保监局依据相关规定进行处理。投诉举报事项涉及多地的,其他相关银保监局配合,有争议的由银保监会指定银保监局承办。

银保监局可授权下级派出机构开展互联网保险业务相关监管工作。

**第七十三条** 银保监会建设互联网保险监管相关信息系统,开展平台管理、数据信息报送、业务统计、监测分析、监管信息共享等工作,提高监管的及时性、有效性和针对性。

**第七十四条** 保险机构开展互联网保险业务,应将自营网络平台、互联网保险产品、合作销售渠道等信息以及相关变更情况报送至互联网保险监管相关信息系统。

保险机构应于每年4月30日前向互联网保险监管相关信息系统报送上一年度互联网保险业务经营情况报告。报告内容包括但不限于：业务基本情况、营销模式、相关机构（含技术支持、客户服务机构）合作情况、网络安全建设、消费者权益保护和投诉处理、信息系统运行和故障情况、合规经营和外部合规审计情况等。保险机构总经理和互联网保险业务负责人应在报告上签字，并对报告内容的真实性和完整性负责。

保险机构应按照银保监会相关规定定期报送互联网保险业务监管数据和监管报表。

**第七十五条** 中国保险行业协会对互联网保险业务进行自律管理，开展保险机构互联网保险业务信息披露相关管理工作。

保险机构应通过中国保险行业协会官方网站的互联网保险信息披露专栏，对自营网络平台、互联网保险产品、合作销售渠道等信息及时进行披露，便于社会公众查询和监督。

**第七十六条** 银保监会及其派出机构发现保险机构不满足本办法第七条规定的经营条件的，或存在经营异常、经营风险的，或因售后服务保障不到位等问题而引发投诉率较高的，可责令保险机构限期改正；逾期未改正，或经营严重危害保险机构稳健运行，损害投保人、被保险人或受益人合法权益的，可依法采取相应监管措施。保险机构整改后，应向银保监会或其派出机构提交整改报告。

**第七十七条** 保险机构及其从业人员违反本办法相关规定，银保监会及其派出机构应依法采取监管措施或实施行政处罚。

### 第五章 附 则

**第七十八条** 保险机构对于通过非互联网渠道订立的保险合同开展线上营销宣传和线上售后服务的，以及通过互联网优化业务模式和业务形态的，参照本办法执行。

再保险业务及再保险经纪业务不适用本办法。

**第七十九条** 保险机构通过自营网络平台销售其他非保险产品或提供相关服务的，应符合银保监会相关规定，并与互联网保险业务有效隔离。保险机构不得在自营网络平台销售未经金融监管部门批准的非保险金融产品。

**第八十条** 银保监会根据互联网保险业务发展情况和风险状况，适时出台配套文件，细化、调整监管规定，推进互联网保险监管长效化、系统化、制度化。

**第八十一条** 保险机构应依据本办法规定对照整改，在本办法施行之日起3个月内完成制度建设、营销宣传、销售管理、信息披露等问题整改，6个月内完成业务和经营等其他问题整改，12个月内完成自营网络平台网络安全等级保护认证。

**第八十二条** 本办法自2021年2月1日起施行，《互联网保险业务监管暂行办法》（保监发〔2015〕69号）同时废止。

**第八十三条** 本办法由银保监会负责解释和修订。

## 保险资金运用管理办法

- 2018年1月24日
- 保监会令〔2018〕1号

### 第一章 总 则

**第一条** 为了规范保险资金运用行为，防范保险资金运用风险，保护保险当事人合法权益，维护保险市场秩序，根据《中华人民共和国保险法》等法律、行政法规，制定本办法。

**第二条** 在中国境内依法设立的保险集团（控股）公司、保险公司从事保险资金运用活动适用本办法规定。

**第三条** 本办法所称保险资金，是指保险集团（控股）公司、保险公司以本外币计价的资本金、公积金、未分配利润、各项准备金以及其他资金。

**第四条** 保险资金运用必须以服务保险业为主要目标，坚持稳健审慎和安全性原则，符合偿付能力监管要求，根据保险资金性质实行资产负债管理和全面风险管理，实现集约化、专业化、规范化和市场化。

保险资金运用应当坚持独立运作。保险集团（控股）公司、保险公司的股东不得违法违规干预保险资金运用工作。

**第五条** 中国保险监督管理委员会（以下简称中国保监会）依法对保险资金运用活动进行监督管理。

### 第二章 资金运用形式

#### 第一节 资金运用范围

**第六条** 保险资金运用限于下列形式：
（一）银行存款；
（二）买卖债券、股票、证券投资基金份额等有价证券；
（三）投资不动产；
（四）投资股权；
（五）国务院规定的其他资金运用形式。

保险资金从事境外投资的,应当符合中国保监会、中国人民银行和国家外汇管理局的相关规定。

**第七条** 保险资金办理银行存款的,应当选择符合下列条件的商业银行作为存款银行:

(一)资本充足率、净资产和拨备覆盖率等符合监管要求;

(二)治理结构规范、内控体系健全、经营业绩良好;

(三)最近三年未发现重大违法违规行为;

(四)信用等级达到中国保监会规定的标准。

**第八条** 保险资金投资的债券,应当达到中国保监会认可的信用评级机构评定的、且符合规定要求的信用级别,主要包括政府债券、金融债券、企业(公司)债券、非金融企业债务融资工具以及符合规定的其他债券。

**第九条** 保险资金投资的股票,主要包括公开发行并上市交易的股票和上市公司向特定对象非公开发行的股票。

保险资金开展股票投资,分为一般股票投资、重大股票投资和上市公司收购等,中国保监会根据不同情形实施差别监管。

保险资金投资全国中小企业股份转让系统挂牌的公司股票,以及以外币认购及交易的股票,由中国保监会另行规定。

**第十条** 保险资金投资证券投资基金的,其基金管理人应当符合下列条件:

(一)公司治理良好、风险控制机制健全;

(二)依法履行合同,维护投资者合法权益;

(三)设立时间一年(含)以上;

(四)最近三年没有重大违法违规行为;设立未满三年的,自其成立之日起没有重大违法违规行为;

(五)建立有效的证券投资基金和特定客户资产管理业务之间的防火墙机制;

(六)投资团队稳定,历史投资业绩良好,管理资产规模或者基金份额相对稳定。

**第十一条** 保险资金投资的不动产,是指土地、建筑物以及其他附着于土地上的定着物,具体办法由中国保监会制定。

**第十二条** 保险资金投资的股权,应当为境内依法设立和注册登记,且未在证券交易所公开上市的股份有限公司和有限责任公司的股权。

**第十三条** 保险集团(控股)公司、保险公司购置自用不动产、开展上市公司收购或者从事对其他企业实现控股的股权投资,应当使用自有资金。

**第十四条** 保险集团(控股)公司、保险公司对其他企业实现控股的股权投资,应当满足有关偿付能力监管规定。保险集团(控股)公司的保险子公司不符合中国保监会偿付能力监管要求的,该保险集团(控股)公司不得向非保险类金融企业投资。

实现控股的股权投资应当限于下列企业:

(一)保险类企业,包括保险公司、保险资产管理机构以及保险专业代理机构、保险经纪机构、保险公估机构;

(二)非保险类金融企业;

(三)与保险业务相关的企业。

本办法所称保险资产管理机构,是指经中国保监会同意,依法登记注册,受托管理保险资金等资金的金融机构,包括保险资产管理公司及其子公司、其他专业保险资产管理机构。

**第十五条** 保险资金可以投资资产证券化产品。

前款所称资产证券化产品,是指金融机构以可特定化的基础资产所产生的现金流为偿付支持,通过结构化等方式进行信用增级,在此基础上发行的金融产品。

**第十六条** 保险资金可以投资创业投资基金等私募基金。

前款所称创业投资基金是指依法设立并符合条件的基金管理机构管理,主要投资创业企业普通股或者依法可转换为普通股的优先股、可转换债券等权益的股权投资基金。

**第十七条** 保险资金可以投资设立不动产、基础设施、养老等专业保险资产管理机构,专业保险资产管理机构可以设立符合条件的保险私募基金,具体办法由中国保监会制定。

**第十八条** 除中国保监会另有规定以外,保险集团(控股)公司、保险公司从事保险资金运用,不得有下列行为:

(一)存款于非银行金融机构;

(二)买入被交易所实行"特别处理""警示存在终止上市风险的特别处理"的股票;

(三)投资不符合国家产业政策的企业股权和不动产;

(四)直接从事房地产开发建设;

(五)将保险资金运用形成的投资资产用于向他人提供担保或者发放贷款,个人保单质押贷款除外;

(六)中国保监会禁止的其他投资行为。

**第十九条** 保险集团(控股)公司、保险公司从事保险资金运用应当符合中国保监会比例监管要求,具体规定由中国保监会另行制定。

中国保监会根据保险资金运用实际情况,可以对保险资产的分类、品种以及相关比例等进行调整。

**第二十条** 投资连结保险产品和非寿险非预定收益投资型保险产品的资金运用,应当在资产隔离、资产配置、投资管理等环节,独立于其他保险产品资金,具体办法由中国保监会制定。

### 第二节 资金运用模式

**第二十一条** 保险集团(控股)公司、保险公司应当按照"集中管理、统一配置、专业运作"的要求,实行保险资金的集约化、专业化管理。

保险资金应当由法人机构统一管理和运用,分支机构不得从事保险资金运用业务。

**第二十二条** 保险集团(控股)公司、保险公司应当选择符合条件的商业银行等专业机构,实施保险资金运用第三方托管和监督,具体办法由中国保监会制定。

托管的保险资产独立于托管机构固有资产,并独立于托管机构托管的其他资产。托管机构因依法解散、被依法撤销或者被依法宣告破产等原因进行清算的,托管资产不属于其清算财产。

**第二十三条** 托管机构从事保险资金托管的,主要职责包括:

(一)保险资金的保管、清算交割和资产估值;
(二)监督投资行为;
(三)向有关当事人披露信息;
(四)依法保守商业秘密;
(五)法律、行政法规、中国保监会规定和合同约定的其他职责。

**第二十四条** 托管机构从事保险资金托管,不得有下列行为:

(一)挪用托管资金;
(二)混合管理托管资金和自有资金或者混合管理不同托管账户资金;
(三)利用托管资金及其相关信息谋取非法利益;
(四)其他违法行为。

**第二十五条** 保险集团(控股)公司、保险公司、保险资产管理机构开展保险资金运用业务,应当具备相应的投资管理能力。

**第二十六条** 保险集团(控股)公司、保险公司根据投资管理能力和风险管理能力,可以按照相关监管规定自行投资或者委托符合条件的投资管理人作为受托人进行投资。

本办法所称投资管理人,是指依法设立的,符合中国保监会规定的保险资产管理机构、证券公司、证券资产管理公司、证券投资基金管理公司等专业投资管理机构。

**第二十七条** 保险集团(控股)公司、保险公司委托投资管理人投资的,应当订立书面合同,约定双方权利与义务,确保委托人、受托人、托管人三方职责各自独立。

保险集团(控股)公司、保险公司应当履行制定资产战略配置指引、选择受托人、监督受托人执行情况、评估受托人投资绩效等职责。

受托人应当执行委托人资产配置指引,根据保险资金特性构建投资组合,公平对待不同资金。

**第二十八条** 保险集团(控股)公司、保险公司委托投资管理人投资的,不得有下列行为:

(一)妨碍、干预受托人正常履行职责;
(二)要求受托人提供其他委托机构信息;
(三)要求受托人提供最低投资收益保证;
(四)非法转移保险利润或者进行其他不正当利益输送;
(五)其他违法行为。

**第二十九条** 投资管理人受托管理保险资金的,不得有下列行为:

(一)违反合同约定投资;
(二)不公平对待不同资金;
(三)混合管理自有、受托资金或者不同委托机构资金;
(四)挪用受托资金;
(五)向委托机构提供最低投资收益承诺;
(六)以保险资金及其投资形成的资产为他人设定担保;
(七)将受托资金转委托;
(八)为委托机构提供通道服务;
(九)其他违法行为。

**第三十条** 保险资产管理机构根据中国保监会相关规定,可以将保险资金运用范围内的投资品种作为基础资产,开展保险资产管理产品业务。

保险集团(控股)公司、保险公司委托投资或者购买保险资产管理产品,保险资产管理机构应当根据合同约定,及时向有关当事人披露资金投向、投资管理、资金托管、风险管理和重大突发事件等信息,并保证披露信息的真实、准确和完整。

保险资产管理机构应当根据受托资产规模、资产类别、产品风险特征、投资业绩等因素，按照市场化原则，以合同方式与委托或者投资机构，约定管理费收入计提标准和支付方式。

保险资产管理产品业务，是指由保险资产管理机构作为发行人和管理人，向保险集团(控股)公司、保险公司、保险资产管理机构以及其他合格投资者发售产品份额，募集资金，并选聘商业银行等专业机构为托管人，为投资人利益开展的投资管理活动。

**第三十一条** 保险资产管理机构开展保险资产管理产品业务，应当在中国保监会认可的资产登记交易平台进行发行、登记、托管、交易、结算、信息披露以及相关信用增进和抵质押融资等业务。

保险资金投资保险资产管理产品以外的其他金融产品，金融产品信息应当在中国保监会认可的资产登记交易平台进行登记和披露，具体操作参照保险资产管理产品的相关规定执行。

前款所称其他金融产品是指商业银行、信托公司、证券公司、证券投资基金管理公司等金融机构依照相关法律、行政法规发行，符合中国保监会规定的金融产品。

## 第三章 决策运行机制

### 第一节 组织结构与职责

**第三十二条** 保险集团(控股)公司、保险公司应当建立健全公司治理，在公司章程和相关制度中明确规定股东(大)会、董事会、监事会和经营管理层的保险资金运用职责，实现保险资金运用决策权、运营权、监督权相互分离，相互制衡。

**第三十三条** 保险资金运用实行董事会负责制。保险公司董事会应当对资产配置和投资政策、风险控制、合规管理承担最终责任，主要履行下列职责：

（一）审定保险资金运用管理制度；
（二）确定保险资金运用管理方式；
（三）审定投资决策程序和授权机制；
（四）审定资产战略配置规划、年度资产配置计划及相关调整方案；
（五）决定重大投资事项；
（六）审定新投资品种的投资策略和运作方案；
（七）建立资金运用绩效考核制度；
（八）其他相关职责。

董事会应当设立具有投资决策、资产负债管理和风险管理等相应职能的专业委员会。

**第三十四条** 保险集团(控股)公司、保险公司决定委托投资，以及投资无担保债券、股票、股权和不动产等重大保险资金运用事项，应当经董事会审议通过。

**第三十五条** 保险集团(控股)公司、保险公司经营管理层根据董事会授权，应当履行下列职责：

（一）负责保险资金运用的日常运营和管理工作；
（二）建立保险资金运用与财务、精算、产品和风险控制等部门之间的沟通协商机制；
（三）审议资产管理部门拟定的保险资产战略配置规划和年度资产配置计划及相关调整方案，并提交董事会审定；
（四）组织实施经董事会审定的资产战略配置规划和年度资产配置计划；
（五）控制和管理保险资金运用风险；
（六）其他相关职责。

**第三十六条** 保险集团(控股)公司、保险公司应当设置专门的保险资产管理部门，并独立于财务、精算、风险控制等其他业务部门，履行下列职责：

（一）拟定保险资金运用管理制度；
（二）拟定资产战略配置规划和年度资产配置计划及相关调整方案；
（三）执行资产战略配置规划和年度资产配置计划；
（四）实施保险资金运用风险管理措施；
（五）其他相关职责。

保险集团(控股)公司、保险公司自行投资的，保险资产管理部门应当负责日常投资和交易管理；委托投资的，保险资产管理部门应当履行监督投资行为和评估投资业绩等委托人职责。

**第三十七条** 保险集团(控股)公司、保险公司的保险资产管理部门应当在投资研究、资产清算、风险控制、业绩评估、相关保障等环节设置岗位，建立防火墙体系，实现专业化、规范化、程序化运作。

保险集团(控股)公司、保险公司自行投资的，保险资产管理部门应当设置投资、交易等与资金运用业务直接相关的岗位。

**第三十八条** 保险集团(控股)公司、保险公司风险管理部门以及具有相应管理职能的部门，应当履行下列职责：

（一）拟定保险资金运用风险管理制度；
（二）审核和监控保险资金运用合法合规性；
（三）识别、评估、跟踪、控制和管理保险资金运用风险；
（四）定期报告保险资金运用风险管理状况；

(五)其他相关职责。

**第三十九条** 保险资产管理机构应当设立首席风险管理执行官。

首席风险管理执行官为公司高级管理人员,负责组织和指导保险资产管理机构风险管理,履职范围应当包括保险资产管理机构运作的所有业务环节,独立向董事会、中国保监会报告有关情况,提出防范和化解重大风险建议。

首席风险管理执行官不得主管投资管理。如需更换,应当于更换前至少5个工作日向中国保监会书面说明理由和其履职情况。

## 第二节 资金运用流程

**第四十条** 保险集团(控股)公司、保险公司应当建立健全保险资金运用的管理制度和内部控制机制,明确各个环节、有关岗位的衔接方式及操作标准,严格分离前、中、后台岗位责任,定期检查和评估制度执行情况,做到权责分明、相对独立和相互制衡。相关制度包括但不限于:

(一)资产配置相关制度;
(二)投资研究、决策和授权制度;
(三)交易和结算管理制度;
(四)绩效评估和考核制度;
(五)信息系统管理制度;
(六)风险管理制度等。

**第四十一条** 保险集团(控股)公司、保险公司应当以独立法人为单位,统筹境内境外两个市场,综合偿付能力约束、外部环境、风险偏好和监管要求等因素,分析保险资金成本、现金流和期限等负债指标,选择配置具有相应风险收益特征、期限及流动性的资产。

**第四十二条** 保险集团(控股)公司、保险公司应当建立专业化分析平台,并利用外部研究成果,研究制定涵盖交易对手管理和投资品种选择的模型和制度,实时跟踪并分析市场变化,为保险资金运用决策提供依据。

**第四十三条** 保险集团(控股)公司、保险公司应当建立健全相对集中、分级管理、权责统一的投资决策和授权制度,明确授权方式、权限、标准、程序、时效和责任,并对授权情况进行检查和逐级问责。

**第四十四条** 保险集团(控股)公司、保险公司应当建立和完善公平交易机制,有效控制相关人员操作风险和道德风险,防范交易系统的技术安全疏漏,确保交易行为的合规性、公平性和有效性。公平交易机制至少应当包括以下内容:

(一)实行集中交易制度,严格隔离投资决策与交易执行;
(二)构建符合相关要求的集中交易监测系统、预警系统和反馈系统;
(三)建立完善的交易记录制度;
(四)在账户设置、研究支持、资源分配、人员管理等环节公平对待不同资金等。

保险集团(控股)公司、保险公司开展证券投资业务,应当遵守证券行业相关法律法规,建立健全风险隔离机制,实行相关从业人员本人及直系亲属投资信息申报制度,切实防范内幕交易、利用未公开信息交易、利益输送等违法违规行为。

**第四十五条** 保险集团(控股)公司、保险公司应当建立以资产负债管理为核心的绩效评估体系和评估标准,定期开展保险资金运用绩效评估和归因分析,推进长期投资、价值投资和分散化投资,实现保险资金运用总体目标。

**第四十六条** 保险集团(控股)公司、保险公司应当建立保险资金运用信息管理系统,减少或者消除人为操纵因素,自动识别、预警报告和管理控制资产管理风险,确保实时掌握风险状况。

信息管理系统应当设定合规性和风险指标阀值,将风险监控的各项要素固化到相关信息技术系统之中,降低操作风险、防止道德风险。

信息管理系统应当建立全面风险管理数据库,收集和整合市场基础资料,记录保险资金管理和投资交易的原始数据,保证信息平台共享。

## 第四章 风险管控

**第四十七条** 保险集团(控股)公司、保险公司应当建立全面覆盖、全程监控、全员参与的保险资金运用风险管理组织体系和运行机制,改进风险管理技术和信息技术系统,通过管理系统和稽核审计等手段,分类、识别、量化和评估各类风险,防范和化解风险。

**第四十八条** 保险集团(控股)公司、保险公司应当管理和控制资产负债错配风险,以偿付能力约束和保险产品负债特性为基础,加强成本收益管理、期限管理和风险预算,确定保险资金运用风险限额,采用缺口分析、敏感性和情景测试等方法,评估和管理资产错配风险。

**第四十九条** 保险集团(控股)公司、保险公司应当管理和控制流动性风险,根据保险业务特点和风险偏好,测试不同状况下可以承受的流动性风险水平和自身风险承受能力,制定流动性风险管理策略、政策和程序,防范流动性风险。

第五十条　保险集团（控股）公司、保险公司应当管理和控制市场风险,评估和管理利率风险、汇率风险以及金融市场波动风险,建立有效的市场风险评估和管理机制,实行市场风险限额管理。

第五十一条　保险集团（控股）公司、保险公司应当管理和控制信用风险,建立信用风险管理制度,及时跟踪评估信用风险,跟踪分析持仓信用品种和交易对手,定期组织回测检验。

第五十二条　保险集团（控股）公司、保险公司应当加强同业拆借、债券回购和融资融券业务管理,严格控制融资规模和使用杠杆,禁止投机或者用短期拆借资金投资高风险和流动性差的资产。保险资金参与衍生产品交易,仅限于对冲风险,不得用于投机,具体办法由中国保监会制定。

第五十三条　保险集团（控股）公司、保险公司、保险资产管理机构开展投资业务或者资产管理产品业务,应当建立风险责任人制度,明确相应的风险责任人,具体办法由中国保监会制定。

第五十四条　保险集团（控股）公司、保险公司应当建立内部稽核和外部审计制度。

保险集团（控股）公司、保险公司应当每年至少进行一次保险资金运用内部稽核。

保险集团（控股）公司、保险公司应当聘请符合条件的外部专业审计机构,对保险资金运用内部控制情况进行年度专项审计。

上述内部稽核和年度审计的结果应当向中国保监会报告。具体办法由中国保监会制定。

第五十五条　保险集团（控股）公司、保险公司主管投资的高级管理人员、保险资金运用部门负责人和重要岗位人员离任前应当进行离任审计,审计结果应当向中国保监会报告。

第五十六条　保险集团（控股）公司、保险公司应当建立保险资金运用风险处置机制,制定应急预案,及时控制和化解风险隐患。投资资产发生大幅贬值或者出现债权不能清偿的,应当制定处置方案,并及时报告中国保监会。

第五十七条　保险集团（控股）公司、保险公司应当确保风险管控相关岗位和人员具有履行职责所需知情权和查询权,有权查阅、询问所有与保险资金运用业务相关的数据、资料和细节,并列席与保险资金运用相关的会议。

第五十八条　保险集团（控股）公司、保险公司的保险资金运用行为涉及关联交易的,应当遵守法律、行政法规、国家会计制度,以及中国保监会的有关监管规定。

## 第五章　监督管理

第五十九条　中国保监会对保险资金运用的监督管理,采取现场监管与非现场监管相结合的方式。

中国保监会可以授权其派出机构行使保险资金运用监管职权。

第六十条　中国保监会应当根据公司治理结构、偿付能力、投资管理能力和风险管理能力,按照内控与合规计分等有关监管规则,对保险集团（控股）公司、保险公司保险资金运用实行分类监管、持续监管、风险监测和动态评估。

中国保监会应当强化对保险公司的资本约束,确定保险资金运用风险监管指标体系,并根据评估结果,采取相应监管措施,防范和化解风险。

第六十一条　保险集团（控股）公司、保险公司分管投资的高级管理人员、保险资产管理公司的董事、监事、高级管理人员,应当在任职前取得中国保监会核准的任职资格。

保险集团（控股）公司、保险公司的首席投资官由分管投资的高级管理人员担任。

保险集团（控股）公司、保险公司的首席投资官和资产管理部门主要负责人应当在任命后10个工作日内,由任职机构向中国保监会报告。

第六十二条　保险集团（控股）公司、保险公司的重大股权投资,应当报中国保监会核准。

重大股权投资的具体办法由中国保监会另行制定。

第六十三条　保险资产管理机构发行或者发起设立的保险资产管理产品,实行核准、备案或注册管理。

注册不对保险资产管理产品的投资价值以及风险作实质性判断。

第六十四条　中国保监会有权要求保险集团（控股）公司、保险公司提供报告、报表、文件和资料。

提交报告、报表、文件和资料,应当及时、真实、准确、完整。

第六十五条　保险集团（控股）公司、保险公司应当依法披露保险资金运用的相关信息。保险集团（控股）公司、保险公司的股东（大）会、董事会的重大投资决议,应当在决议作出后5个工作日内向中国保监会报告,中国保监会另有规定的除外。

第六十六条　中国保监会有权要求保险集团（控股）公司、保险公司将保险资金运用的有关数据与中国保监会的监管信息系统动态连接。

保险集团(控股)公司、保险公司应当按照中国保监会规定,及时、准确、完整地向中国保监会的监管信息系统报送相关数据。

**第六十七条** 保险集团(控股)公司和保险公司违反本办法规定,存在以下情形之一的,中国保监会可以限制其资金运用的形式和比例:

(一)偿付能力状况不符合中国保监会要求的;
(二)公司治理存在重大风险的;
(三)资金运用违反关联交易有关规定的。

**第六十八条** 保险集团(控股)公司、保险公司违反资金运用形式和比例有关规定的,由中国保监会责令限期改正。

**第六十九条** 中国保监会有权对保险集团(控股)公司、保险公司的董事、监事、高级管理人员和保险资产管理部门负责人进行监管谈话,要求其就保险资金运用情况、风险控制、内部管理等有关重大事项作出说明。

**第七十条** 保险集团(控股)公司、保险公司严重违反资金运用有关规定的,中国保监会可以责令调整负责人及有关管理人员。

**第七十一条** 保险集团(控股)公司、保险公司严重违反保险资金运用有关规定,被责令限期改正逾期未改正的,中国保监会可以决定选派有关人员组成整顿组,对公司进行整顿。

**第七十二条** 保险集团(控股)公司、保险公司违反本办法规定运用保险资金的,由中国保监会依法予以罚款、限制业务范围、责令停止接受新业务或者吊销业务许可证等行政处罚,对相关责任人员依法予以警告、罚款、撤销任职资格、禁止进入保险业等行政处罚。

受到行政处罚的,保险集团(控股)公司、保险公司应当对相关责任人员进行内部责任追究。

**第七十三条** 保险资金运用的其他当事人在参与保险资金运用活动中,违反有关法律、行政法规和本办法规定的,中国保监会应当记录其不良行为,并将有关情况通报其行业主管部门;情节严重的,中国保监会可以通报保险集团(控股)公司、保险公司3年内不得与其从事相关业务,并商有关监管部门依法给予行政处罚。

**第七十四条** 中国保监会工作人员滥用职权、玩忽职守,或者泄露所知悉的有关单位和人员的商业秘密的,依法追究法律责任。

### 第六章 附 则

**第七十五条** 保险资产管理机构以及其他投资管理人管理运用保险资金参照本办法执行。

**第七十六条** 中国保监会对保险集团(控股)公司、自保公司以及其他类型保险机构的资金运用另有规定的,从其规定。

**第七十七条** 本办法由中国保监会负责解释和修订。

**第七十八条** 本办法自2018年4月1日起施行。中国保监会2010年7月30日发布的《保险资金运用管理暂行办法》(保监会令2010年第9号)、2014年4月4日发布的《中国保险监督管理委员会关于修改〈保险资金运用管理暂行办法〉的决定》(保监会令2014年第3号)同时废止。

## 保险公司资本保证金管理办法

- 2015年4月3日
- 保监发〔2015〕37号

### 第一章 总 则

**第一条** 为加强对保险公司资本保证金的管理,维护保险市场平稳、健康发展,根据《中华人民共和国保险法》(以下简称《保险法》),制定本办法。

**第二条** 本办法所称保险公司,是指经保险监督管理机构批准设立,并依法登记注册的商业保险公司。

**第三条** 本办法所称资本保证金,是指根据《保险法》的规定,保险公司成立后按照其注册资本总额的20%提取的,除保险公司清算时用于清偿债务外不得动用的资金。

**第四条** 中国保险监督管理委员会(以下简称"中国保监会")依法对保险公司资本保证金进行监督管理,保险公司提存、处置资本保证金等行为应符合本办法规定。

**第五条** 保险公司应遵循"足额、安全、稳定"的原则提存资本保证金。

### 第二章 存 放

**第六条** 保险公司应当选择两家(含)以上商业银行作为资本保证金的存放银行。存放银行应符合以下条件:

(一)国有商业银行、股份制商业银行、邮政储蓄银行和城市商业银行;
(二)上年末净资产不少于200亿元人民币;
(三)上年末资本充足率、不良资产率符合银行业监管部门有关规定;

（四）具有完善的公司治理结构、内部稽核监控制度和风险控制制度；

（五）与本公司不具有关联方关系；

（六）最近两年无重大违法违规记录。

**第七条**　保险公司应将资本保证金存放在保险公司法人机构住所地、直辖市、计划单列市或省会城市的指定银行。

**第八条**　保险公司应当开立独立银行账户存放资本保证金。

**第九条**　资本保证金存款存放期间，如存放银行不符合本办法规定，或者存在可能对资本保证金的安全存放具有重大不利影响的事项（如，因发生重大违法违规事件受到监管部门处罚、资本充足率不足等），保险公司应及时向中国保监会报告，并将资本保证金存款转存至符合规定的银行。

**第十条**　保险公司应在中国保监会批准开业后30个工作日或批准增加注册资本（营运资金）后30个工作日内，将资本保证金按时足额存入符合中国保监会规定的银行。

**第十一条**　保险公司可以下形式存放资本保证金：

（一）定期存款；

（二）大额协议存款；

（三）中国保监会批准的其他形式。

**第十二条**　资本保证金存款存期不得短于一年。

**第十三条**　每笔资本保证金存款的金额不得低于人民币1000万元（或等额外币）。保险公司增加注册资本（营运资金）低于人民币5000万元（或等额外币）的，按实际增资金额的20%一笔提存资本保证金。

**第十四条**　保险公司应密切关注外币资本保证金存款的汇率波动。因汇率波动造成资本保证金总额（折合人民币）连续20个工作日低于法定要求的保险公司，应自下一个工作日起5个工作日内，按实际差额一笔提存资本保证金并办理相关事后备案手续。

**第十五条**　保险公司提存资本保证金，应与拟存放银行的总行或一级分行签订《资本保证金存款协议》。合同有效期内，双方不得擅自撤销协议。

**第十六条**　保险公司应要求存放银行对资本保证金存单进行背书："本存款为资本保证金存款，不得用于质押融资。在存放期限内，存款银行不得同意存款人变更存款的性质、将存款本金转出本存款银行以及其他对本存款的处置要求。存款银行未尽审查义务的，应当在被动用的资本保证金额度内对保险公司的债务承担连带责任。"

## 第三章　备　案

**第十七条**　保险公司对资本保证金的以下处置行为，应在资本保证金存妥后10个工作日内向中国保监会事后备案：

（一）开业或增资提存资本保证金；

（二）到期在原存放银行续存；

（三）到期转存其他银行，包括在同一银行所属分支机构之间转存；

（四）到期变更存款性质；

（五）提前支取，仅限于清算时动用资本保证金偿还债务，或注册资本（营运资金）减少时部分支取资本保证金；

（六）其他动用和处置资本保证金的行为。

**第十八条**　保险公司开业或增资提存保证金存款、到期在原存放银行续存的，应向中国保监会提交以下备案资料：

（一）资本保证金存款备案文件；

（二）保险公司资本保证金备案表（一式两份）；

（三）《资本保证金存款协议》原件一份；

（四）资本保证金存单复印件以及存单背书复印件；

（五）中国保监会要求报送的其他材料。

**第十九条**　保险公司资本保证金存款到期转存其他银行或到期变更存款性质的，除向中国保监会提交第十八条备案资料外，还需提供以下资料：

（一）保险公司资本保证金处置情况表；

（二）原《资本保证金存款协议》复印件；

（三）原资本保证金存款存单复印件及存单背书复印件；

（四）中国保监会要求报送的其他资料。

**第二十条**　保险公司提前支取资本保证金，仅限于清算时使用资本保证金偿还债务，或注册资本（营运资金）减少时部分支取资本保证金的，除向中国保监会提交第十九条相关备案资料外，还需提供中国保监会批准保险公司清算文件或减资文件。

**第二十一条**　备案资料不符合要求的，保险公司应在收到中国保监会通知之日起10个工作日内，重新提交备案资料。

**第二十二条**　未经中国保监会事后备案的，不认定为资本保证金存款。

## 第四章 监 管

**第二十三条** 除清算时用于清偿债务或资本保证金存放银行不符合本办法规定外,保险公司不得动用资本保证金。

**第二十四条** 在存放期限内,保险公司不得变更资本保证金存款的性质。

**第二十五条** 资本保证金存款不得用于质押融资。

**第二十六条** 未按照本办法规定提存、处置资本保证金的,中国保监会将依法进行处罚。

## 第五章 附 则

**第二十七条** 经营保险业务的保险控股公司和保险集团公司资本保证金的管理,适用本办法。

**第二十八条** 本办法由中国保监会负责解释。

**第二十九条** 本办法自发布之日起实施,《关于印发〈保险公司资本保证金管理办法〉的通知》(保监发〔2011〕39号)同时废止。

附件:1. 资本保证金存款协议(基本条款示例)(略)
2. 保险公司资本保证金备案表(略)
3. 保险公司资本保证金处置情况表(略)

# 中国银保监会行政处罚办法

· 2020年6月15日中国银行保险监督管理委员会令2020年第8号公布
· 自2020年8月1日起施行

## 第一章 总 则

**第一条** 为规范中国银行保险监督管理委员会(以下简称银保监会)及其派出机构行政处罚行为,维护银行业保险业市场秩序,根据《中华人民共和国行政处罚法》《中华人民共和国银行业监督管理法》《中华人民共和国商业银行法》《中华人民共和国保险法》等相关法律,制定本办法。

**第二条** 银行保险机构、其他单位和个人(以下简称当事人)违反法律、行政法规和银行保险监管规定,银保监会及其派出机构依法给予行政处罚的,按照本办法实施。法律、行政法规另有规定的除外。

**第三条** 本办法所指的行政处罚包括:
(一)警告;
(二)罚款;
(三)没收违法所得;
(四)责令停业整顿;
(五)吊销金融、业务许可证;
(六)取消、撤销任职资格;
(七)限制保险业机构业务范围;
(八)责令保险业机构停止接受新业务;
(九)撤销外国银行代表处、撤销外国保险机构驻华代表机构;
(十)要求撤换外国银行首席代表、责令撤换外国保险机构驻华代表机构的首席代表;
(十一)禁止从事银行业工作或者禁止进入保险业;
(十二)法律、行政法规规定的其他行政处罚。

**第四条** 银保监会及其派出机构实施行政处罚,应当遵循以下原则:
(一)公平、公正、公开;
(二)程序合法;
(三)过罚相当;
(四)维护当事人的合法权益;
(五)处罚与教育相结合。

**第五条** 银保监会及其派出机构实行立案调查、审理和决定相分离的行政处罚制度,设立行政处罚委员会。

行政处罚委员会下设办公室,行政处罚委员会办公室设在银保监会及其派出机构的法律部门;暂未设立法律部门的,由相关部门履行其职责。

**第六条** 银保监会及其派出机构在处罚银行保险机构时,依法对相关责任人员采取责令纪律处分、行政处罚等方式追究法律责任。

**第七条** 当事人有下列情形之一的,应当依法从轻或者减轻行政处罚:
(一)主动消除或者减轻违法行为危害后果的;
(二)受他人胁迫有违法行为的;
(三)配合行政机关查处违法行为有立功表现的;
(四)其他依法从轻或者减轻行政处罚的。

违法行为轻微并及时纠正,没有造成危害后果的,不予行政处罚。

**第八条** 当事人有下列情形之一的,依法从重处罚:
(一)屡查屡犯的;
(二)不配合监管执法的;
(三)危害后果严重,造成较为恶劣社会影响的;
(四)其他依法从重行政处罚的情形。

**第九条** 银保监会及其派出机构参与行政处罚的工作人员有下列情形之一的,本人应当申请回避,当事人及其代理人也有权申请其回避:
(一)是案件当事人或其代理人的近亲属的;
(二)与案件有直接利害关系的;

(三)与案件当事人或其代理人有其他关系,可能影响案件公正处理的;
(四)根据法律、行政法规或者其他规定应当回避的。

当事人及其代理人提出回避申请的,应当说明理由。回避决定作出前,有关工作人员应当暂停对案件的调查审理,有特殊情况的除外。

第十条　案件调查人员及审理人员的回避由相关人员所在部门负责人决定,行政处罚委员会委员的回避由主任委员决定;主任委员的回避由所在银行保险监督管理机构的主要负责人决定,主要负责人担任主任委员的,其是否回避由上一级机构决定。

第十一条　当事人对银保监会及其派出机构作出的行政处罚,享有陈述权和申辩权。对行政处罚决定不服的,有权依法申请行政复议或者提起行政诉讼。

当事人提出的事实、理由和证据成立的,银保监会及其派出机构应当予以采纳,不得因当事人申辩而加重处罚。

第十二条　银保监会及其派出机构参与行政处罚的工作人员应当保守案件查办中获悉的国家秘密、商业秘密和个人隐私。

## 第二章　管　辖

第十三条　银保监会对下列违法行为给予行政处罚:
(一)直接监管的银行业法人机构及其从业人员实施的;
(二)直接监管的保险业法人机构及其从业人员实施的;
(三)其他应当由银保监会给予行政处罚的违法行为。

第十四条　派出机构负责对辖区内的下列违法行为给予行政处罚:
(一)直接监管的银行业法人机构及其从业人员实施的;
(二)银行业法人机构的分支机构及其从业人员实施的;
(三)保险公司分支机构及其从业人员实施的;
(四)保险中介机构及其从业人员实施的;
(五)非法设立保险业机构,非法经营保险业务的;
(六)其他应由派出机构给予行政处罚的违法行为。

第十五条　异地实施违法行为的,由违法行为发生地的派出机构管辖。行为发生地的派出机构应当及时通知行为主体所在地的派出机构,行为主体所在地的派出机构应当积极配合违法行为的查处。

违法行为发生地的派出机构认为不宜行使管辖权的,可以移交行为主体所在地的派出机构管辖。

违法行为发生地的派出机构或行为主体所在地的派出机构作出行政处罚决定前可以征求对方意见,并应当书面告知处罚结果。

第十六条　因交叉检查(调查)或者跨区域检查(调查)发现违法行为需要给予行政处罚的,应当提请有管辖权的监督管理机构立案查处,并及时移交相关证据材料。

第十七条　派出机构发现不属于自己管辖的违法行为的,应当移送有管辖权的派出机构。两个以上派出机构对同一违法行为都有管辖权的,由最先立案的派出机构管辖。

对管辖权不明确或者有争议的,应当报请共同的上一级机构指定管辖。

第十八条　上级机构可以直接查处应由下级机构负责查处的违法行为,可以授权下级机构查处应由其负责查处的违法行为,也可以授权下级机构查处应由其他下级机构负责查处的违法行为。

授权管辖的,应当出具书面授权文件。

第十九条　派出机构管辖的电话销售保险违法行为,原则上按照下列要求确定具体管辖地:
(一)在对电话销售业务日常监管中发现的违法行为,由呼出地派出机构查处;
(二)在投诉、举报等工作中发现的违法行为,由投保人住所地派出机构查处,经与呼出地派出机构协商一致,也可以由呼出地派出机构查处。

第二十条　吊销银行业机构金融许可证的行政处罚案件,由颁发该金融许可证的监督管理机构管辖,处罚决定抄送批准该机构筹建的监督管理机构及银保监会相关部门。

责令银行业机构停业整顿的行政处罚案件,由批准该银行业机构开业的监督管理机构管辖,处罚决定抄送批准该机构筹建的监督管理机构及银保监会相关部门。

## 第三章　立案调查

第二十一条　银保监会及其派出机构发现当事人涉嫌违反法律、行政法规和银行保险监管规定,依法应当给予行政处罚且有管辖权的,应当予以立案。

第二十二条　立案应当由立案调查部门填写行政处罚立案审批表,由分管立案调查部门的负责人批准。

立案调查部门应当在立案之日起九十日以内完成调

查工作。有特殊情况的，可以适当延长。

第二十三条　调查人员应当对案件事实进行全面、客观、公正的调查，并依法充分收集证据。

行政处罚立案前通过现场检查、调查、信访核查等方式依法获取的证明材料符合行政处罚证据要求的，可以作为行政处罚案件的证据，但应当在调查报告中载明上述情况。

第二十四条　在证据可能灭失或者以后难以取得的情况下，可以采取先行登记保存措施。采取先行登记保存措施，应当填写先行登记保存证据审批表，并由银保监会负责人或者派出机构负责人批准。

第二十五条　先行登记保存证据的，应当签发先行登记保存证据通知书，填写先行登记保存证据清单，由当事人签字或者盖章确认，并加封银保监会或者派出机构先行登记保存封条，就地由当事人保存。

登记保存证据期间，当事人或者有关人员不得损毁、销毁或者转移证据。对于先行登记保存的证据，应当在七日以内作出处理决定。

第二十六条　调查人员进行案件调查时不得少于二人，并应当向当事人或者有关单位和个人出示合法证件和调查(现场检查)通知书。

第二十七条　需要银保监会派出机构协助调查的，调查机构应当出具协助调查函。协助机构应当在调查机构要求的期限内完成调查。需要延期的，协助机构应当及时告知调查机构。

第二十八条　当事人违法行为不属于银保监会及其派出机构管辖的，立案调查部门应当依法及时向有关部门移送处理。

当事人违法行为涉嫌犯罪的，立案调查部门应当依照有关规定及时移送司法机关或者纪检监察机关。

第二十九条　立案调查部门在调查银行保险机构违法行为时，应当对相关责任人员的违法行为及其责任一并进行调查认定。

第三十条　调查终结后，立案调查部门应当制作调查报告。调查报告应当载明以下事项：

(一)案件来源；
(二)当事人的基本情况；
(三)调查取证过程；
(四)机构违法事实和相关证据；
(五)相关责任人员的违法事实、相关证据以及责任认定情况；
(六)行政处罚时效情况；
(七)当事人的陈述意见、采纳情况及理由；
(八)违法行为造成的风险、损失以及违法所得情况；
(九)从重、从轻、减轻的情形及理由；
(十)行政处罚建议、理由及依据。

## 第四章　取　证

第三十一条　行政处罚证据包括：
(一)书证；
(二)物证；
(三)视听资料；
(四)电子数据；
(五)证人证言；
(六)当事人陈述；
(七)鉴定意见；
(八)勘验笔录、现场笔录；
(九)法律、行政法规规定的其他证据。

第三十二条　调查人员应当全面收集当事人违法行为及其情节轻重的有关证据，证据应当符合以下要求：
(一)与被证明事实具有关联性；
(二)能够真实、客观反映被证明事实；
(三)收集证据行为符合法定程序。

第三十三条　调查人员收集书证，应当符合下列要求：
(一)收集书证的原件，收集原件确有困难的，可以收集与原件核对无误的复印件、扫描件、翻拍件、节录本等复制件；
(二)复印件、扫描件、翻拍件、节录本等复制件应当注明提供日期、出处，由提供者载明"与原件核对一致"，加盖单位公章或由提供者签章，页数较多的可以加盖骑缝章；
(三)收集报表、会计账册、专业技术资料等书证，应当说明具体证明事项。

第三十四条　调查人员收集物证时，应当收集原物。收集原物确有困难的，可以收集与原物核对无误的复制件或证明该物证的照片、录像等其他证据，但是应当附有制作过程、时间、制作人等情况的相关说明。

第三十五条　调查人员提取视听资料应当符合下列要求：
(一)提取视听资料的原始载体，提取原始载体有困难的，可以提取复制件，但是应附有制作过程、时间、制作人等内容的说明，并由原始载体持有人签字或者盖章；
(二)视听资料应当附有声音内容的文字记录。提取视听资料应当注明提取人、提取出处、提取时间和证明对象等。

**第三十六条** 调查人员可以直接提取电子计算机管理业务数据库中的数据，也可以采用转换、计算、分解等方式形成新的电子数据。调查人员收集电子数据，应当提取电子数据原始载体，并附有数据内容、收集时间和地点、收集过程、收集方法、收集人、证明对象等情况的说明，由原始数据持有人签名或者盖章。

无法提取原始载体或者提取确有困难的，可以提供电子数据复制件，但是应当附有复制过程、复制人、原始载体存放地点等情况的说明。

**第三十七条** 调查人员可以询问当事人或有关人员，询问应当分别进行，询问前应当告知其有如实陈述事实、提供证据的义务。

询问应当制作调查笔录，调查笔录应当交被询问人核对，对没有阅读能力的，应当向其宣读；笔录如有差错、遗漏，应当允许其更正或者补充，更正或补充部分由被询问人签字或盖章确认；经核对无误后，调查人员应当在笔录上签名，被询问人逐页签名或者盖章；被询问人拒绝签名或者盖章的，调查人员应当在笔录上注明。

**第三十八条** 当事人或有关人员拒绝接受调查、拒绝提供有关证据材料或者拒绝在证据材料上签名、盖章的，调查人员应当在调查笔录上载明或以录音、录像等视听资料加以证明。必要时，调查人员可以邀请无利害关系的第三方作为见证人。

通过上述方式获取的材料可以作为认定相关事实的证据。

**第三十九条** 调查人员对涉嫌违法的物品进行现场勘验时，应当有当事人在场，并制作现场勘验笔录；当事人拒绝到场的，应当在现场勘验笔录中注明。

**第四十条** 抽样取证，应当开具物品清单，由调查人员和当事人签名或者盖章。

**第四十一条** 现场检查事实确认书记载的有关违法事实，当事人予以确认的，可以作为认定违法事实的证据。现场检查事实确认书应当有相关检查取证材料作为佐证。

**第四十二条** 对司法机关或者其他行政执法机关保存、公布、移送的证据材料，符合证据要求的，可以作为行政处罚的证据。

**第四十三条** 调查人员应当制作证据目录，包括证据材料的序号、名称、证明目的、证据来源、证据形式、页码等。

**第四十四条** 其他有关收集和审查证据的要求，本办法没有规定的，可以按照其他法律、行政法规、规章规定或者参照有关司法解释规定执行。

## 第五章 审 理

**第四十五条** 立案调查结束后，需要移送行政处罚委员会的，由立案调查部门提出处罚建议，将案件材料移交行政处罚委员会办公室。

其他案件由立案调查部门根据查审分离的原则，指派调查人员以外的工作人员进行审理，审理程序参照本章规定执行。行政处罚委员会办公室在立案调查部门认定的违法事实基础上，就处罚依据、处罚种类法律适用问题进行审核。

**第四十六条** 立案调查部门移交行政处罚委员会办公室的案件材料应当包括：

（一）立案审批表；
（二）调查（现场检查）通知等文书；
（三）案件调查报告书；
（四）证据、证据目录及相关说明；
（五）当事人的反馈材料；
（六）拟被处罚机构负责法律文书接收工作的联系人、联系方式；
（七）当事人送达地址确认书；
（八）移交审理表；
（九）其他必要材料。

**第四十七条** 立案调查部门移交审理的案件材料应当符合下列标准：

（一）材料齐全，内容完整，装订整齐，页码连续；
（二）证据目录格式规范，证据说明清晰，证据材料与违法事实内容一致；
（三）证据应当是原件，不能提供原件的，复制件应与原件一致。

立案调查部门对送审材料的真实性、准确性、完整性，以及执法的事实、证据、程序的合法性负责。

**第四十八条** 行政处罚委员会办公室收到立案调查部门移交的案件材料后，应当在三个工作日以内进行审查并作出是否接收的决定。

符合规定标准的，行政处罚委员会办公室应当办理接收手续，注明案件接收日期和案卷材料等有关情况。不符合接收标准的，应当退回立案调查部门并说明理由。

**第四十九条** 行政处罚委员会办公室接收案件材料后，应当基于调查报告载明的违法事实和责任人员，从调查程序、处罚时效、证据采信、事实认定、行为定性、处罚种类与幅度等方面进行审理,对案件审理意见负责。

第五十条 有下列情形之一的,行政处罚委员会办公室应当请立案调查部门书面说明或者退回补充调查:
(一)违法事实不清的;
(二)证据不足或不符合要求的;
(三)责任主体认定不清的;
(四)调查取证程序违法的;
(五)处罚建议不明确或明显不当的。

第五十一条 行政处罚委员会办公室应当自正式接收案件之日起九十日以内完成案件审理,形成审理报告提交行政处罚委员会审议。有特殊情况的,可以适当延长。

立案调查部门根据办公室意见需要补充材料的,自办公室收到完整补充材料之日起重新计算审理期限。

审理报告主要内容应当包括:
(一)当事人的基本情况;
(二)当事人违法事实与有关人员责任认定情况;
(三)拟处罚意见、理由和依据。

审理报告可以对调查报告载明的违法事实认定、行为定性、量罚依据、处罚幅度或种类等事项提出调整或者变更的意见或建议。

## 第六章 审 议

第五十二条 行政处罚委员会审议会议应当以审理报告为基础对案件进行审议,审议的主要内容包括:
(一)程序是否合法;
(二)事实是否清楚、证据是否确凿;
(三)行为定性是否准确;
(四)责任认定是否适当;
(五)量罚依据是否正确;
(六)处罚种类与幅度是否适当。

第五十三条 行政处罚委员会审议会议由主任委员主持,每次参加审议会议的委员不得少于全体委员的三分之二。

第五十四条 参会委员应当以事实为依据,以法律为准绳,坚持专业判断,发表独立、客观、公正的审议意见。

第五十五条 行政处罚委员会审议会议采取记名投票方式,各委员对审理意见进行投票表决,全体委员超过半数同意的,按照审理意见作出决议,会议主持人当场宣布投票结果。

参会委员应当积极履行职责,不得投弃权票。

第五十六条 行政处罚委员会审议案件,可以咨询与案件无利益冲突的有关法官、律师、学者或专家的专业意见。

## 第七章 权利告知与听证

第五十七条 银保监会及其派出机构拟作出行政处罚决定的,应当制作行政处罚事先告知书,告知当事人拟作出行政处罚决定的事实、理由及依据,并告知当事人有权进行陈述和申辩。

第五十八条 行政处罚事先告知书应当载明下列内容:
(一)拟被处罚当事人的基本情况;
(二)拟被处罚当事人违法事实和相关证据;
(三)拟作出处罚的理由、依据;
(四)拟作出处罚的种类和幅度;
(五)当事人享有的陈述、申辩或者听证权利;
(六)拟作出处罚决定的机构名称、印章和日期。

第五十九条 当事人需要陈述和申辩的,应当自收到行政处罚事先告知书之日起十个工作日以内将陈述和申辩的书面材料提交拟作出处罚的银保监会或其派出机构。当事人逾期未行使陈述权、申辩权的,视为放弃权利。

第六十条 银保监会及其派出机构拟作出以下行政处罚决定前,应当在行政处罚事先告知书中告知当事人有要求举行听证的权利:
(一)作出较大数额的罚款;
(二)没收较大数额的违法所得;
(三)限制保险业机构业务范围、责令停止接受新业务;
(四)责令停业整顿;
(五)吊销金融、业务许可证;
(六)取消、撤销任职资格;
(七)撤销外国银行代表处、撤销外国保险机构驻华代表机构或要求撤换外国银行首席代表、责令撤换外国保险机构驻华代表机构的首席代表;
(八)禁止从事银行业工作或者禁止进入保险业。

前款所称较大数额的罚款是指:
(一)银保监会对实施银行业违法行为的单位作出的五百万元以上(不含本数,下同)罚款、对实施银行业违法行为的个人作出的五十万元以上罚款,对实施保险业违法行为的单位作出的一百五十万元以上罚款、对实施保险业违法行为的个人作出的十万元以上罚款;
(二)银保监局对实施银行业违法行为的单位作出的三百万元以上罚款、对实施银行业违法行为的个人作出的三十万元以上罚款,对实施保险业违法行为的单位作出的五十万元以上罚款,对实施保险业违法行为的个人作出的七万元以上罚款;

（三）银保监分局对实施银行业违法行为的单位作出的一百万元以上罚款,对实施银行业违法行为的个人作出的十万元以上罚款,对实施保险业违法行为的单位作出的三十万元以上罚款,对实施保险业违法行为的个人作出的五万元以上罚款。

本条第一款所称没收较大数额的违法所得是指银保监会作出的没收五百万元以上违法所得,银保监局作出的没收一百万元以上违法所得,银保监分局作出的没收五十万元以上违法所得。

第六十一条 当事人申请听证的,应当自收到行政处罚事先告知书之日起五个工作日以内,向银保监会或其派出机构提交经本人签字或盖章的听证申请书。听证申请书中应当载明下列内容:

（一）申请人的基本情况;
（二）具体的听证请求;
（三）申请听证的主要事实、理由和证据;
（四）申请日期和申请人签章。

当事人逾期不提出申请的,视为放弃听证权利。

当事人对违法事实有异议的,应当在提起听证申请时提交相关证据材料。

第六十二条 银保监会或者派出机构收到听证申请后,应依法进行审查,符合听证条件的,应当组织举行听证,并在举行听证七个工作日前,书面通知当事人举行听证的时间、地点。

第六十三条 行政处罚委员会办公室可以成立至少由三人组成的听证组进行听证。其中,听证主持人由行政处罚委员会办公室主任或其指定的人员担任,听证组其他成员由行政处罚委员会办公室的工作人员或者其他相关人员担任。

听证组应当指定专人作为记录员。

第六十四条 听证主持人履行下列职责:
（一）主持听证会,维持听证秩序;
（二）询问听证参加人;
（三）决定听证的延期、中止或终止;
（四）法律、行政法规和规章赋予的其他职权。

第六十五条 当事人在听证中享有下列权利:
（一）使用本民族的语言文字参加听证;
（二）申请不公开听证;
（三）申请回避;

（四）参加听证或者委托代理人参加听证;
（五）就听证事项进行陈述、申辩和举证、质证;
（六）听证结束前进行最后陈述;
（七）核对听证笔录;
（八）依法享有的其他权利。

第六十六条 当事人和其他听证参加人应当承担下列义务:
（一）按时参加听证;
（二）依法举证和质证;
（三）如实陈述和回答询问;
（四）遵守听证纪律;
（五）在核对无误的听证笔录上签名或盖章。

第六十七条 当事人可以委托一至二名代理人参加听证。

第六十八条 代理人参加听证的,应当提交授权委托书、委托人及代理人身份证明等相关材料。授权委托书应当载明如下事项:
（一）委托人及其代理人的基本情况;
（二）代理人的代理权限;
（三）委托日期及委托人签章。

第六十九条 调查人员应当参加听证,提出当事人违法的事实、证据和行政处罚建议,并进行质证。

第七十条 需要证人、鉴定人、勘验人、翻译人员等参加听证的,调查人员、当事人应当提出申请,并提供相关人员的基本情况。经听证主持人同意的,方可参加听证。

证人、鉴定人、勘验人不能亲自到场作证的,调查人员、当事人或其代理人可以提交相关书面材料,并当场宣读。

第七十一条 听证应当公开举行,但涉及国家秘密、商业秘密、个人隐私或影响金融稳定的除外。听证不公开举行的,应当由银保监会及其派出机构行政处罚委员会主任委员决定。

第七十二条 听证公开举行的,银保监会或者派出机构应当通过张贴纸质公告、网上公示等适当方式先期公告当事人姓名或者名称、案由、听证时间和地点。

公民、法人或者非法人组织可以申请参加旁听公开举行的听证;银保监会或派出机构可以根据场地等条件,确定旁听人数。

第七十三条 听证开始前,记录员应当查明听证当事人和其他听证参加人是否到场,并宣布听证纪律。

对违反听证纪律的,听证主持人有权予以制止;情节严重的,责令其退场。

**第七十四条** 听证应当按照下列程序进行:

(一)听证主持人宣布听证开始,宣布案由;

(二)听证主持人核对听证参加人身份,宣布听证主持人、听证组成员、听证记录员名单,告知听证参加人在听证中的权利义务,询问当事人是否申请回避;

(三)案件调查人员陈述当事人违法的事实、证据、行政处罚的依据和建议等;

(四)当事人及其代理人就调查人员提出的违法事实、证据、行政处罚的依据和建议进行申辩,并可以出示无违法事实、违法事实较轻或者减轻、免除行政处罚的证据材料;

(五)经听证主持人允许,案件调查人员和当事人可以就有关证据相互质证,也可以向到场的证人、鉴定人、勘验人发问;

(六)当事人、案件调查人员作最后陈述;

(七)听证主持人宣布听证结束。

**第七十五条** 记录员应当制作听证笔录,听证笔录当场完成的,应当交由当事人核对;当事人核对无误后,应当逐页签名或盖章。

当事人认为听证笔录有差错、遗漏的,可以当场更正或补充;听证笔录不能当场完成的,听证主持人应指定日期和场所核对。

当事人拒绝在听证笔录上签名或盖章的,记录员应当在听证笔录中注明,并由听证主持人签名确认。

**第七十六条** 出现下列情形的,可以延期或者中止举行听证:

(一)当事人或其代理人因不可抗拒的事由无法参加听证的;

(二)当事人或其代理人在听证会上提出回避申请的;

(三)需要通知新的证人到场,调取新的证据,需要重新鉴定、调查,需要补充调查的;

(四)其他应当延期或者中止听证的情形。

**第七十七条** 延期、中止听证的情形消失后,应当恢复听证,并将听证的时间、地点通知听证参加人。

**第七十八条** 出现下列情形之一的,应当终止听证:

(一)当事人撤回听证要求的;

(二)当事人无正当理由不参加听证,或者未经听证主持人允许中途退场的;

(三)其他应当终止听证的情形。

当事人撤回听证要求的,听证记录员应当在听证笔录上记明,并由当事人签名或者盖章。

**第七十九条** 银保监会及其派出机构应当对当事人陈述、申辩或者听证意见进行研究。需要补充调查的,进行补充调查。

**第八十条** 采纳当事人陈述、申辩或者听证意见,对拟处罚决定作出重大调整的,应当重新对当事人进行行政处罚事先告知。

## 第八章 决定与执行

**第八十一条** 银保监会及其派出机构应当根据案件审理审议情况和当事人陈述、申辩情况,以及听证情况拟定行政处罚决定书。

**第八十二条** 行政处罚决定书应当载明下列内容:

(一)当事人的基本情况;

(二)违法事实和相关证据;

(三)处罚的依据、种类、幅度;

(四)处罚的履行方式和期限;

(五)申请行政复议或者提起行政诉讼的途径和期限;

(六)作出处罚决定的机构名称、印章和日期。

**第八十三条** 银保监会及其派出机构送达行政处罚决定书等行政处罚法律文书时,应当附送达回证,由受送达人在送达回证上记明收到日期,并签名或者盖章。

受送达人被羁押、留置的,可以通过采取相关措施的机关转交行政处罚法律文书,确保行政处罚程序正常进行。

送达的具体程序本办法没有规定的,参照民事诉讼法的有关规定执行。

**第八十四条** 行政处罚决定作出后,应当报送相应纪检监察部门,并按要求将相关责任人被处罚情况通报有关组织部门。涉及罚款或者没收违法所得的,同时将行政处罚决定抄送财会部门。

**第八十五条** 作出取消、撤销相关责任人员任职资格处罚的,应当将行政处罚决定书抄送核准其任职资格的监督管理机构和其所属的银行保险机构。

**第八十六条** 作出禁止从事银行业工作或者禁止进入保险业处罚的,应当将行政处罚决定书抄送被处罚责任人所属的银行保险机构。

**第八十七条** 银保监会及其派出机构作出的罚款、没收违法所得行政处罚决定,当事人应当自收到行政处罚决定书之日起十五日以内缴款。银保监会及其派出机构和执法人员不得自行收缴罚款。

**第八十八条** 银保监会及其派出机构作出停业整顿或者吊销金融、业务许可证行政处罚的,应当在银保监会官方网站或具有较大影响力的全国性媒体上公告,公告内容包括：

（一）银行保险机构的名称、地址；
（二）行政处罚决定、理由和法律依据；
（三）其他需要公告的事项。

**第八十九条** 立案调查部门负责行政处罚决定的监督执行。

**第九十条** 当事人确有经济困难，需要延期或者分期缴纳罚款的，经当事人申请，由分管立案调查部门的负责人批准，可以暂缓或者分期缴纳。

**第九十一条** 当事人逾期不履行行政处罚决定的，作出行政处罚决定的机构可以采取下列措施：

（一）到期不缴纳罚款的，每日按照罚款数额的百分之三加处罚款；
（二）经依法催告后当事人仍未履行义务的，申请人民法院强制执行；
（三）法律、行政法规规定的其他措施。

加处罚款的数额不得超出罚款数额。

**第九十二条** 行政处罚案件材料应当按照有关法律法规和档案管理规定归档保存。

**第九十三条** 银保监会及其派出机构应当按照规定在官方网站上公开行政处罚有关信息。

**第九十四条** 当事人对行政处罚决定不服的，可以在收到行政处罚决定书之日起六十日以内申请行政复议，也可以在收到行政处罚决定书之日起六个月以内直接向有管辖权的人民法院提起行政诉讼。

行政处罚委员会审议并作出处罚决定的案件，当事人申请行政复议或者提起行政诉讼的，法律部门应当做好复议答辩和应诉工作，立案调查部门予以配合。

无需移送行政处罚委员会的案件，当事人申请行政复议或者提起行政诉讼的，立案调查部门应当做好复议答辩和应诉工作，法律部门予以配合。

## 第九章 法律责任

**第九十五条** 对于滥用职权、徇私舞弊、玩忽职守、擅自改变行政处罚决定种类和幅度等严重违反行政处罚工作纪律的人员，依法给予行政处分；涉嫌犯罪的，依法移送纪检监察机关处理。

**第九十六条** 银保监会及其派出机构违法实施行政处罚给当事人造成损害的，应当依法予以赔偿。对有关责任人员应当依法给予行政处分；涉嫌犯罪的，依法移送纪检监察机关处理。

**第九十七条** 银保监会及其派出机构工作人员在行政处罚过程中，利用职务便利索取或者收受他人财物、收缴罚款据为己有的，依法给予行政处分；涉嫌犯罪的，依法移送纪检监察机关处理。

## 第十章 附则

**第九十八条** 银保监会及其派出机构应当为行政处罚工作提供必要的人力资源与财务经费保障。

**第九十九条** 银保监会建立行政处罚信息管理系统，加强行政处罚统计分析工作。

银保监会及其派出机构应当按照规定及时将行政处罚决定书等有关行政处罚信息录入行政处罚信息管理系统。必要时可向有关部门和机构披露银行保险机构和从业人员的处罚情况。

**第一百条** 本办法所称银行业机构，是指依法设立的商业银行、农村合作银行、农村信用社、村镇银行等吸收公众存款的金融机构和政策性银行，金融资产管理公司、信托公司、企业集团财务公司、金融租赁公司、汽车金融公司、消费金融公司，以及经银保监会及其派出机构批准设立的其他银行业机构。

本办法所称保险业机构，是指依法设立的保险集团（控股）公司、保险公司、保险资产管理公司、保险代理机构、保险经纪机构、保险公估机构、外国保险机构驻华代表机构，以及经银保监会及其派出机构批准设立的其他保险业机构。

**第一百零一条** 本办法所称"以内"皆包括本数或者本级。

**第一百零二条** 执行本办法所需要的法律文书式样，由银保监会制定。银保监会没有制定式样，执法工作中需要的其他法律文书，银保监局可以制定式样。

**第一百零三条** 本办法由银保监会负责解释。

**第一百零四条** 本办法自2020年8月1日起施行，《中国银监会行政处罚办法》（中国银监会令2015年第8号）、《中国保险监督管理委员会行政处罚程序规定》（中国保监会令2017年第1号）同时废止。

## 中国银保监会行政许可实施程序规定

· 2020年5月24日中国银行保险监督管理委员会令2020年第7号公布
· 自2020年7月1日起施行

### 第一章 总则

**第一条** 为规范中国银行保险监督管理委员会（以下简称银保监会）及其派出机构实施行政许可行为，明确行政许可程序，提高行政许可效率，保护申请人的合法权益,根据《中华人民共和国银行业监督管理法》《中华人民共和国保险法》《中华人民共和国行政许可法》等法律及行政法规,制定本规定。

第二条 银保监会依照本规定的程序,对银行保险机构及银保监会监督管理的其他金融机构实施行政许可。银保监会可以依法授权派出机构实施行政许可,银保监局在银保监会授权范围内,可以依法授权银保监分局实施行政许可。授权实施的行政许可,行政许可决定以被授权机构的名义作出。

银保监局在银保监会授权范围内,依照本规定的程序实施行政许可。银保监分局在银保监会、银保监局授权范围内,依照本规定的程序实施行政许可。

第三条 银保监会实施行政许可应当遵循公开、公平、公正、非歧视、效率及便民的原则。法律、行政法规规定实施行政许可应当遵循审慎监管原则的,从其规定。

第四条 银保监会的行政许可事项包括银行保险机构及银保监会监督管理的其他金融机构设立、变更和终止许可事项,业务许可事项,银行业金融机构董事(理事)和高级管理人员任职资格许可事项,保险业金融机构董事、监事和高级管理人员任职资格许可事项,法律、行政法规规定和国务院决定的其他许可事项。

第五条 行政许可实施程序分为申请与受理、审查、决定与送达三个环节。

第六条 银保监会及其派出机构按照以下操作流程实施行政许可:

(一)由银保监会、银保监局或银保监分局其中一个机关受理、审查并决定;

(二)由银保监分局受理并初步审查,报送银保监局审查并决定;

(三)由银保监局受理并初步审查,报送银保监会审查并决定;

(四)由银保监会受理,与其他行政机关共同审查并决定;

(五)法律、行政法规和银保监会规定的其他情形。

## 第二章 申请与受理

第七条 申请人应按照银保监会公布的行政许可事项申请材料目录和格式要求提交申请材料。

第八条 申请人向受理机关提交申请材料的方式为当面递交、邮寄或电子传输至银保监会办公厅、银保监局办公室或银保监分局办公室。

申请材料中应当注明详细、准确的联系方式和送达行政许可决定的邮寄地址。当面递交申请材料的,经办人员应当出示授权委托书和合法身份证件。申请人为自然人的应当出示合法身份证件;申请人委托他人提交申请材料的,受托人还应提交申请人的授权委托书及受托人的合法身份证件。

第九条 由下级机关受理、报上级机关决定的申请事项,申请人应向受理机关提交申请材料,并提交受理申请书,简要说明申请事项。

前款提交的申请材料的主送单位应当为决定机关。

第十条 申请事项依法不需要取得行政许可或者申请事项不属于受理机关职权范围的,受理机关应当即时告知申请人不予受理,并出具不予受理通知书。申请事项不属于本机关职权范围的,还应当告知申请人向有关行政机关申请。

第十一条 申请事项属于受理机关职权范围的,受理机关对照行政许可事项申请材料目录和格式要求,发现申请材料不齐全或不符合规定要求的,应在收到申请材料之日起5日内向申请人发出补正通知书,一次告知申请人应补正的全部内容,并要求其在补正通知书发出之日起3个月内提交补正申请材料。

申请材料齐全并符合规定要求的,受理机关应在收到完整申请材料之日起5日内受理行政许可申请,并向申请人发出受理通知书。受理通知书应注明接收材料日期及受理日期,接收材料日期以接收完整材料日期为准。

第十二条 申请人有下列情形之一的,作出不予受理申请决定:

(一)在补正通知书发出之日起3个月内,申请人未能提交补正申请材料的;

(二)在补正通知书发出之日起3个月内,申请人提交的补正申请材料仍不齐全或者不符合规定要求的;

(三)法律、行政法规及银保监会规定的其他情形。

决定不予受理申请的,受理机关出具不予受理通知书,并说明不予受理的理由。不予受理申请决定,应当自补正期满后5日内,或接收全部补正申请材料之日起5日内作出。

第十三条 在作出受理申请决定之前,申请人要求撤回申请的,应当向受理机关提交书面撤回申请。受理机关应在登记后将申请材料退回申请人。

第十四条 受理通知书、不予受理通知书、补正通知书应由受理机关加盖本机关专用印章并注明日期,并由受理机关交予、邮寄或电子传输至申请人。

## 第三章 审查

第十五条 由下级机关受理、报上级机关决定的申请事项，下级机关应在受理之日起 20 日内审查完毕并将审查意见及完整申请材料上报决定机关。

**第十六条** 由银保监会受理的申请事项，涉及银保监局属地监管职责的，银保监会可以征求相关银保监局的意见。

由银保监局受理的申请事项，涉及银保监分局属地监管职责的，银保监局可以征求相关银保监分局的意见。

由银保监局、银保监分局受理的申请事项，涉及同级或上级机关监管职责的，银保监局、银保监分局可以征求同级或上级机关的意见。

各级机关应当及时向征求意见机关提出反馈意见。

**第十七条** 受理机关或决定机关对行政许可申请进行审查时，发现行政许可事项直接关系他人重大利益的，应当告知该利害关系人。申请人、利害关系人有权进行陈述和申辩。受理机关或决定机关应当听取申请人、利害关系人的意见。

**第十八条** 受理机关或决定机关在审查过程中，认为需要申请人对申请材料作出书面说明解释的，可以将问题一次汇总成书面意见，并要求申请人作出书面说明解释。决定机关认为必要的，经其相关负责人批准，可以第二次要求申请人作出书面说明解释。

书面说明解释可以通过当面递交、邮寄或电子传输方式提交；经受理机关或决定机关同意，也可以采取传真、电子邮件等方式提交。

申请人应在书面意见发出之日起 2 个月内提交书面说明解释。未能按时提交书面说明解释的，视为申请人自动放弃书面说明解释。

**第十九条** 受理机关或决定机关认为需要由申请人对申请材料当面作出说明解释的，可以在办公场所与申请人进行会谈。参加会谈的工作人员不得少于 2 人。受理机关或决定机关应当做好会谈记录，并经申请人签字确认。

**第二十条** 受理机关或决定机关在审查过程中，根据情况需要，可以直接或委托下级机关对申请材料的有关内容进行实地核查。进行实地核查的工作人员不得少于 2 人，并应当出示合法证件。实地核查应当做好笔录，收集相关证明材料。

**第二十一条** 受理机关或决定机关在审查过程中对有关信访、举报材料认为有必要进行核查的，应及时核查并形成书面核查意见。

**第二十二条** 决定机关在审查过程中，对于疑难、复杂或者专业技术性较强的申请事项，可以直接或委托下级机关或要求申请人组织专家评审，并形成经专家签署的书面评审意见。

**第二十三条** 行政许可直接涉及申请人与他人之间重大利益关系的，决定机关在作出行政许可决定前，应当告知申请人、利害关系人享有要求听证的权利；申请人、利害关系人在被告知听证权利之日起 5 日内提出听证申请的，决定机关应当在 20 日内组织听证。

**第二十四条** 在受理机关或决定机关审查过程中，有下列情形之一的，可以作出中止审查的决定，并通知申请人：

（一）申请人或相应行政许可事项直接关系人因涉嫌违法违规被行政机关调查，或者被司法机关侦查，尚未结案，对相应行政许可事项影响重大；

（二）申请人被银保监会依法采取责令停业整顿、接管等监管措施，尚未解除；

（三）对有关法律、行政法规、规章的规定，需要进一步明确具体含义，请求有关机关作出解释；

（四）申请人主动要求中止审查，理由正当。

法律、行政法规、规章对前款情形另有规定的，从其规定。

**第二十五条** 因本规定第二十四条第一款第（一）（二）（三）项规定情形中止审查的，该情形消失后，受理机关或决定机关恢复审查，并通知申请人。

申请人主动要求中止审查的，应当向受理机关提交书面申请。同意中止审查的，受理机关应当出具中止审查通知。申请人申请恢复审查的，应当向受理机关提交书面申请。同意恢复审查的，受理机关应当出具恢复审查通知。

**第二十六条** 以下时间不计算在审查期限内：

（一）需要申请人对申请材料中存在的问题作出书面说明解释的，自书面意见发出之日起到收到申请人提交书面说明解释的时间；

（二）需要对有关信访、举报材料进行核查的，自作出核查决定之日起到核查结束的时间；

（三）需要专家评审的，自组织专家评审之日起到书面评审意见形成的时间；

（四）需要组织听证的，自申请人、利害关系人提出听证申请之日起到听证结束的时间；

（五）中止审查的，自中止审查决定作出之日起到恢复审查通知出具的时间；

（六）法律规定不计算在审查期限内的检验、检测等其他时间。

前款扣除的时间,受理机关或决定机关应及时告知申请人。第(二)(三)项所扣除的时间不得超过合理和必要的期限。

## 第四章 决定与送达

**第二十七条** 在受理机关或决定机关审查过程中,因申请人死亡、丧失行为能力或依法终止,致使行政许可申请不符合法定条件或行政许可决定没有必要的,受理机关或决定机关应当终止审查。

**第二十八条** 在受理机关或决定机关审查过程中,申请人主动要求撤回申请的,应当向受理机关提交终止审查的书面申请,受理机关或决定机关应当终止审查。

**第二十九条** 由一个机关受理并决定的行政许可,决定机关应在规定期限内审查,作出准予或者不予行政许可的书面决定,并在作出决定后10日内向申请人送达书面决定。

由下级机关受理、报上级机关决定的行政许可,决定机关自收到下级机关的初步审查意见及申请人完整申请材料后,在规定期限内审查,作出准予或者不予行政许可的书面决定,并在作出决定后10日内向申请人送达书面决定,同时抄送下级机关。

作出中止审查或终止审查决定的,应于决定作出后10日内向申请人送达书面决定。

**第三十条** 由银保监会受理、与其他行政机关共同审查并决定的行政许可,由银保监会受理、审查后,将申请材料移送有关行政机关审查,并根据审查意见在规定的期限内,作出准予或者不予行政许可的书面决定。

**第三十一条** 对于不符合条件的行政许可事项,决定机关应当作出不予行政许可决定。决定机关作出不予行政许可决定的,应当说明理由,并告知申请人依法享有在法定时间内申请行政复议或者提起行政诉讼的权利。

**第三十二条** 有下列情形之一的,决定机关或者其上级机关,根据利害关系人的请求或者依据职权,可以撤销行政许可:

(一)银保监会及其派出机构工作人员滥用职权、玩忽职守作出准予行政许可决定的;

(二)超越法定职权作出准予行政许可决定的;

(三)违反法定程序作出准予行政许可决定的;

(四)对不具备申请资格或者不符合法定条件的申请人准予行政许可的;

(五)依法可以撤销行政许可的其他情形。

申请人以欺骗、贿赂等不正当手段取得行政许可的,应当予以撤销。

依照前两款规定撤销行政许可,可能对公共利益造成重大损害的,不予撤销。

依照本条第一款规定撤销行政许可,申请人的合法权益受到损害的,应当依法给予赔偿。依照本条第二款规定撤销行政许可的,申请人基于行政许可取得的利益不受保护。

**第三十三条** 行政许可决定文件由决定机关以挂号邮件或特快专递送达申请人,也可电子传输至申请人。采取邮寄方式送达的,决定机关应当及时向邮政部门索取申请人签收的回执。

行政许可决定文件也可应申请人要求由其领取,领取人应出示授权委托书、合法身份证件并签收。

申请人在接到领取通知5日内不领取行政许可文件且受理机关无法通过邮寄等方式送达的,可以通过银保监会外网网站或公开发行报刊公告送达。自公告之日起,经过60个自然日,即视为送达。

**第三十四条** 决定机关作出准予行政许可决定后,需要向申请人颁发、换发金融许可证、保险许可证的,决定机关应当通知申请人到发证机关领取、换领金融许可证、保险许可证。

发证机关应当在决定作出后10日内颁发、换发金融许可证、保险许可证。

## 第五章 公 示

**第三十五条** 银保监会及其派出机构将行政许可的事项、依据、条件、程序、期限以及需要申请人提交的申请材料目录和格式要求等进行公示,方便申请人查阅。

**第三十六条** 银保监会及其派出机构采取下列一种或多种方式进行公示:

(一)在银保监会外网网站上公布;

(二)在公开发行报刊上公布;

(三)印制行政许可手册,并放置在办公场所供查阅;

(四)在办公场所张贴;

(五)其他有效便捷的公示方式。

**第三十七条** 除涉及国家秘密、商业秘密、个人隐私外,银保监会及其派出机构作出的行政许可决定应当通过银保监会外网网站或者公告等方式公布。

## 第六章 附 则

**第三十八条** 除特别说明外,本规定中的"日"均为工作日。

**第三十九条** 本规定由银保监会负责解释。

第四十条　本规定自 2020 年 7 月 1 日起施行。《中国银行业监督管理委员会行政许可实施程序规定》(银监会令 2006 年第 1 号)和《中国保险监督管理委员会行政许可实施办法》(保监会令 2014 年第 2 号)同时废止。

## 2. 票据

# 中华人民共和国票据法

- 1995 年 5 月 10 日第八届全国人民代表大会常务委员会第十三次会议通过
- 根据 2004 年 8 月 28 日第十届全国人民代表大会常务委员会第十一次会议《关于修改〈中华人民共和国票据法〉的决定》修正

### 第一章　总　则

**第一条**　【立法宗旨】为了规范票据行为，保障票据活动中当事人的合法权益，维护社会经济秩序，促进社会主义市场经济的发展，制定本法。

**第二条**　【适用范围】在中华人民共和国境内的票据活动，适用本法。

本法所称票据，是指汇票、本票和支票。

**第三条**　【基本原则】票据活动应当遵守法律、行政法规，不得损害社会公共利益。

**第四条**　【票据权利与票据责任】票据出票人制作票据，应当按照法定条件在票据上签章，并按照所记载的事项承担票据责任。

持票人行使票据权利，应当按照法定程序在票据上签章，并出示票据。

其他票据债务人在票据上签章的，按照票据所记载的事项承担票据责任。

本法所称票据权利，是指持票人向票据债务人请求支付票据金额的权利，包括付款请求权和追索权。

本法所称票据责任，是指票据债务人向持票人支付票据金额的义务。

**第五条**　【票据代理】票据当事人可以委托其代理人在票据上签章，并应当在票据上表明其代理关系。

没有代理权而以代理人名义在票据上签章的，应当由签章人承担票据责任；代理人超越代理权限的，应当就其超越权限的部分承担票据责任。

**第六条**　【非完全行为能力人签章的效力】无民事行为能力人或者限制民事行为能力人在票据上签章的，其签章无效，但是不影响其他签章的效力。

**第七条**　【票据签章】票据上的签章，为签名、盖章或者签名加盖章。

法人和其他使用票据的单位在票据上的签章，为该法人或者该单位的盖章加其法定代表人或者其授权的代理人的签章。

在票据上的签名，应当为该当事人的本名。

**第八条**　【票据金额的记载】票据金额以中文大写和数码同时记载，二者必须一致，二者不一致的，票据无效。

**第九条**　【票据的记载事项及其更改】票据上的记载事项必须符合本法的规定。

票据金额、日期、收款人名称不得更改，更改的票据无效。

对票据上的其他记载事项，原记载人可以更改，更改时应当由原记载人签章证明。

**第十条**　【票据的基础关系】票据的签发、取得和转让，应当遵循诚实信用的原则，具有真实的交易关系和债权债务关系。

票据的取得，必须给付对价，即应当给付票据双方当事人认可的相对应的代价。

**第十一条**　【无对价的票据取得】因税收、继承、赠与可以依法无偿取得票据的，不受给付对价的限制。但是，所享有的票据权利不得优于其前手的权利。

前手是指在票据签章人或者持票人之前签章的其他票据债务人。

**第十二条**　【非法、恶意或重大过失取得票据的效力】以欺诈、偷盗或者胁迫等手段取得票据的，或者明知有前列情形，出于恶意取得票据的，不得享有票据权利。

持票人因重大过失取得不符合本法规定的票据的，也不得享有票据权利。

**第十三条**　【票据抗辩】票据债务人不得以自己与出票人或者与持票人的前手之间的抗辩事由，对抗持票人。但是，持票人明知存在抗辩事由而取得票据的除外。

票据债务人可以对不履行约定义务的与自己有直接债权债务关系的持票人，进行抗辩。

本法所称抗辩，是指票据债务人根据本法规定对票据债权人拒绝履行义务的行为。

**第十四条**　【伪造和变造票据的效力】票据上的记载事项应当真实，不得伪造、变造。伪造、变造票据上的签章和其他记载事项的，应当承担法律责任。

票据上有伪造、变造的签章的，不影响票据上其他真实签章的效力。

票据上其他记载事项被变造的，在变造之前签章的人，对原记载事项负责；在变造之后签章的人，对变造之后的记载事项负责；不能辨别是在票据被变造之前或者之后签章的，视同在变造之前签章。

**第十五条　【票据丧失及其救济】** 票据丧失，失票人可以及时通知票据的付款人挂失止付，但是，未记载付款人或者无法确定付款人及其代理付款人的票据除外。

收到挂失止付通知的付款人，应当暂停支付。

失票人应当在通知挂失止付后3日内，也可以在票据丧失后，依法向人民法院申请公示催告，或者向人民法院提起诉讼。

**第十六条　【行使或保全票据权利的场所和时间】** 持票人对票据债务人行使票据权利，或者保全票据权利，应当在票据当事人的营业场所和营业时间内进行，票据当事人无营业场所的，应当在其住所进行。

**第十七条　【票据时效】** 票据权利在下列期限内不行使而消灭：

（一）持票人对票据的出票人和承兑人的权利，自票据到期日起2年。见票即付的汇票、本票，自出票日起2年；

（二）持票人对支票出票人的权利，自出票日起6个月；

（三）持票人对前手的追索权，自被拒绝承兑或者被拒绝付款之日起6个月；

（四）持票人对前手的再追索权，自清偿日或者被提起诉讼之日起3个月。

票据的出票日、到期日由票据当事人依法确定。

**第十八条　【票据利益的返还请求权】** 持票人因超过票据权利时效或者因票据记载事项欠缺而丧失票据权利的，仍享有民事权利，可以请求出票人或者承兑人返还其与未支付的票据金额相当的利益。

## 第二章　汇　票
### 第一节　出　票

**第十九条　【汇票的定义和种类】** 汇票是出票人签发的，委托付款人在见票时或者在指定日期无条件支付确定的金额给收款人或者持票人的票据。

汇票分为银行汇票和商业汇票。

**第二十条　【出票的定义】** 出票是指出票人签发票据并将其交付给收款人的票据行为。

**第二十一条　【出票行为的有效条件】** 汇票的出票人必须与付款人具有真实的委托付款关系，并且具有支付汇票金额的可靠资金来源。

不得签发无对价的汇票用以骗取银行或者其他票据当事人的资金。

**第二十二条　【汇票的绝对必要记载事项】** 汇票必须记载下列事项：

（一）表明"汇票"的字样；

（二）无条件支付的委托；

（三）确定的金额；

（四）付款人名称；

（五）收款人名称；

（六）出票日期；

（七）出票人签章。

汇票上未记载前款规定事项之一的，汇票无效。

**第二十三条　【汇票的相对必要记载事项】** 汇票上记载付款日期、付款地、出票地等事项的，应当清楚、明确。

汇票上未记载付款日期的，为见票即付。

汇票上未记载付款地的，付款人的营业场所、住所或者经常居住地为付款地。

汇票上未记载出票地的，出票人的营业场所、住所或者经常居住地为出票地。

**第二十四条　【不具票据上效力的记载事项】** 汇票上可以记载本法规定事项以外的其他出票事项，但是该记载事项不具有汇票上的效力。

**第二十五条　【付款日期的记载形式】** 付款日期可以按照下列形式之一记载：

（一）见票即付；

（二）定日付款；

（三）出票后定期付款；

（四）见票后定期付款。

前款规定的付款日期为汇票到期日。

**第二十六条　【出票的效力】** 出票人签发汇票后，即承担保证该汇票承兑和付款的责任。出票人在汇票得不到承兑或者付款时，应当向持票人清偿本法第七十条、第七十一条规定的金额和费用。

### 第二节　背　书

**第二十七条　【汇票权利转让】** 持票人可以将汇票权利转让给他人或者将一定的汇票权利授予他人行使。

出票人在汇票上记载"不得转让"字样的，汇票不得转让。

持票人行使第一款规定的权利时，应当背书并交付汇票。

背书是指在票据背面或者粘单上记载有关事项并签

章的票据行为。

第二十八条 【粘单】票据凭证不能满足背书人记载事项的需要，可以加附粘单，粘附于票据凭证上。

粘单上的第一记载人，应当在汇票和粘单的粘接处签章。

第二十九条 【背书的记载事项】背书由背书人签章并记载背书日期。

背书未记载日期的，视为在汇票到期日前背书。

第三十条 【记名背书】汇票以背书转让或者以背书将一定的汇票权利授予他人行使时，必须记载被背书人名称。

第三十一条 【背书的连续】以背书转让的汇票，背书应当连续。持票人以背书的连续，证明其汇票权利；非经背书转让，而以其他合法方式取得汇票的，依法举证，证明其汇票权利。

前款所称背书连续，是指在票据转让中，转让汇票的背书人与受让汇票的被背书人在汇票上的签章依次前后衔接。

第三十二条 【后手及其责任】以背书转让的汇票，后手应当对其直接前手背书的真实性负责。

后手是指在票据签章人之后签章的其他票据债务人。

第三十三条 【附条件背书、部分背书、分别背书的效力】背书不得附有条件。背书时附有条件的，所附条件不具有汇票上的效力。

将汇票金额的一部分转让的背书或者将汇票金额分别转让给2人以上的背书无效。

第三十四条 【背书人的禁止行为】背书人在汇票上记载"不得转让"字样，其后手再背书转让的，原背书人对后手的被背书人不承担保证责任。

第三十五条 【委托收款背书和质押背书及其效力】背书记载"委托收款"字样的，被背书人有权代背书人行使被委托的汇票权利。但是，被背书人不得再以背书转让汇票权利。

汇票可以设定质押；质押时应当以背书记载"质押"字样。被背书人依法实现其质权时，可以行使汇票权利。

第三十六条 【不得背书转让的情形】汇票被拒绝承兑、被拒绝付款或者超过付款提示期限的，不得背书转让；背书转让的，背书人应当承担汇票责任。

第三十七条 【背书人的责任】背书人以背书转让汇票后，即承担保证其后手所持汇票承兑和付款的责任。背书人在汇票得不到承兑或者付款时，应当向持票人清偿本法第七十条、第七十一条规定的金额和费用。

### 第三节 承 兑

第三十八条 【承兑的定义】承兑是指汇票付款人承诺在汇票到期日支付汇票金额的票据行为。

第三十九条 【定日付款或出票后定期付款的汇票的提示承兑】定日付款或者出票后定期付款的汇票，持票人应当在汇票到期日前向付款人提示承兑。

提示承兑是指持票人向付款人出示汇票，并要求付款人承诺付款的行为。

第四十条 【见票后定期付款汇票的提示承兑】见票后定期付款的汇票，持票人应当自出票日起1个月内向付款人提示承兑。

汇票未按照规定期限提示承兑的，持票人丧失对其前手的追索权。

见票即付的汇票无需提示承兑。

第四十一条 【付款人的承兑期间】付款人对向其提示承兑的汇票，应当自收到提示承兑的汇票之日起3日内承兑或者拒绝承兑。

付款人收到持票人提示承兑的汇票时，应当向持票人签发收到汇票的回单。回单上应记明汇票提示承兑日期并签章。

第四十二条 【承兑的记载】付款人承兑汇票的，应当在汇票正面记载"承兑"字样和承兑日期并签章；见票后定期付款的汇票，应当在承兑时记载付款日期。

汇票上未记载承兑日期的，以前条第一款规定期限的最后1日为承兑日期。

第四十三条 【承兑不得附有条件】付款人承兑汇票，不得附有条件；承兑附有条件的，视为拒绝承兑。

第四十四条 【付款人承兑后的责任】付款人承兑汇票后，应当承担到期付款的责任。

### 第四节 保 证

第四十五条 【汇票保证】汇票的债务可以由保证人承担保证责任。

保证人由汇票债务人以外的他人担当。

第四十六条 【汇票保证的记载事项】保证人必须在汇票或者粘单上记载下列事项：

（一）表明"保证"的字样；

（二）保证人名称和住所；

（三）被保证人的名称；

（四）保证日期；

（五）保证人签章。

第四十七条 【未记载事项的处理】保证人在汇票

或者粘单上未记载前条(三)项的,已承兑的汇票,承兑人为被保证人;未承兑的汇票,出票人为被保证人。

保证人在汇票或者粘单上未记载前条第(四)项的,出票日期为保证日期。

**第四十八条　【票据保证不得附有条件】**保证不得附有条件;附有条件的,不影响对汇票的保证责任。

**第四十九条　【票据保证人的责任】**保证人对合法取得汇票的持票人所享有的汇票权利,承担保证责任。但是,被保证人的债务因汇票记载事项欠缺而无效的除外。

**第五十条　【保证人和被保证人的连带责任】**被保证的汇票,保证人应当与被保证人对持票人承担连带责任。汇票到期后得不到付款的,持票人有权向保证人请求付款,保证人应当足额付款。

**第五十一条　【共同保证人的连带责任】**保证人为2人以上的,保证人之间承担连带责任。

**第五十二条　【保证人的追索权】**保证人清偿汇票债务后,可以行使持票人对被保证人及其前手的追索权。

### 第五节　付　款

**第五十三条　【提示付款的期限】**持票人应当按照下列期限提示付款:

(一)见票即付的汇票,自出票日起1个月内向付款人提示付款;

(二)定日付款、出票后定期付款或者见票后定期付款的汇票,自到期日起10日内向承兑人提示付款。

持票人未按照前款规定期限提示付款的,在作出说明后,承兑人或者付款人仍应当继续对持票人承担付款责任。

通过委托收款银行或者通过票据交换系统向付款人提示付款的,视同持票人提示付款。

**第五十四条　【付款人当日足额付款】**持票人依照前条规定提示付款的,付款人必须在当日足额付款。

**第五十五条　【汇票签收】**持票人获得付款的,应当在汇票上签收,并将汇票交给付款人。持票人委托银行收款的,受委托的银行将代收的汇票金额转账收入持票人账户,视同签收。

**第五十六条　【收款银行和受托付款银行的责任】**持票人委托的收款银行的责任,限于按照汇票上记载事项将汇票金额转入持票人账户。

付款人委托的付款银行的责任,限于按照汇票上记载事项从付款人账户支付汇票金额。

**第五十七条　【付款人的审查义务】**付款人及其代理付款人付款时,应当审查汇票背书的连续,并审查提示付款人的合法身份证明或者有效证件。

付款人及其代理付款人以恶意或者有重大过失付款的,应当自行承担责任。

**第五十八条　【提前付款的责任承担】**对定日付款、出票后定期付款或者见票后定期付款的汇票,付款人在到期日前付款的,由付款人自行承担所产生的责任。

**第五十九条　【付款的币种】**汇票金额为外币的,按照付款日的市场汇价,以人民币支付。

汇票当事人对汇票支付的货币种类另有约定的,从其约定。

**第六十条　【付款的效力】**付款人依法足额付款后,全体汇票债务人的责任解除。

### 第六节　追索权

**第六十一条　【行使追索权的情形】**汇票到期被拒绝付款的,持票人可以对背书人、出票人以及汇票的其他债务人行使追索权。

汇票到期日前,有下列情形之一的,持票人也可以行使追索权:

(一)汇票被拒绝承兑的;

(二)承兑人或者付款人死亡、逃匿的;

(三)承兑人或者付款人被依法宣告破产的或者因违法被责令终止业务活动的。

**第六十二条　【追索权的行使】**持票人行使追索权时,应当提供被拒绝承兑或者被拒绝付款的有关证明。

持票人提示承兑或者提示付款被拒绝的,承兑人或者付款人必须出具拒绝证明,或者出具退票理由书。未出具拒绝证明或者退票理由书的,应当承担由此产生的民事责任。

**第六十三条　【不能取得拒绝证明的处理】**持票人因承兑人或者付款人死亡、逃匿或者其他原因,不能取得拒绝证明的,可以依法取得其他有关证明。

**第六十四条　【法院司法文书、行政处罚决定具有拒绝证明的效力】**承兑人或者付款人被人民法院依法宣告破产的,人民法院的有关司法文书具有拒绝证明的效力。

承兑人或者付款人因违法被责令终止业务活动的,有关行政主管部门的处罚决定具有拒绝证明的效力。

**第六十五条　【追索权的丧失】**持票人不能出示拒绝证明、退票理由书或者未按照规定期限提供其他合法证明的,丧失对其前手的追索权。但是,承兑人或者付款人仍应当对持票人承担责任。

**第六十六条　【拒绝事由的通知】**持票人应当自收

到被拒绝承兑或者被拒绝付款的有关证明之日起3日内,将被拒绝事由书面通知其前手;其前手应当自收到通知之日起3日内书面通知其再前手。持票人也可以同时向各汇票债务人发出书面通知。

未按照前款规定期限通知的,持票人仍可以行使追索权。因延期通知给其前手或者出票人造成损失的,由没有按照规定期限通知的汇票当事人,承担对该损失的赔偿责任,但是所赔偿的金额以汇票金额为限。

在规定期限内将通知按照法定地址或者约定的地址邮寄的,视为已经发出通知。

第六十七条 【拒绝事由通知的记载】依照前条第一款所作的书面通知,应当记明汇票的主要记载事项,并说明该汇票已被退票。

第六十八条 【连带债务人追索权的行使】汇票的出票人、背书人、承兑人和保证人对持票人承担连带责任。

持票人可以不按照汇票债务人的先后顺序,对其中任何一人、数人或者全体行使追索权。

持票人对汇票债务人中的1人或者数人已经进行追索的,对其他汇票债务人仍可以行使追索权。被追索人清偿债务后,与持票人享有同一权利。

第六十九条 【追索权的限制】持票人为出票人的,对其前手无追索权。持票人为背书人的,对其后手无追索权。

第七十条 【追索金额和费用】持票人行使追索权,可以请求被追索人支付下列金额和费用:
（一）被拒绝付款的汇票金额;
（二）汇票金额自到期日或者提示付款日至清偿日止,按照中国人民银行规定的利率计算的利息;
（三）取得有关拒绝证明和发出通知书的费用。

被追索人清偿债务时,持票人应当交出汇票和有关拒绝证明,并出具所收到利息和费用的收据。

第七十一条 【再追索权及再追索金额】被追索人依照前条规定清偿后,可以向其他汇票债务人行使再追索权,请求其他汇票债务人支付下列金额和费用:
（一）已清偿的全部金额;
（二）前项金额自清偿日至再追索清偿日止,按照中国人民银行规定的利率计算的利息;
（三）发出通知书的费用。

行使再追索权的被追索人获得清偿时,应当交出汇票和有关拒绝证明,并出具所收到利息和费用的收据。

第七十二条 【被追索人清偿债务的效力】被追索人依照前二条规定清偿债务后,其责任解除。

## 第三章 本 票

第七十三条 【本票的定义】本票是出票人签发的,承诺自己在见票时无条件支付确定的金额给收款人或者持票人的票据。

本法所称本票,是指银行本票。

第七十四条 【出票人资格】本票的出票人必须具有支付本票金额的可靠资金来源,并保证支付。

第七十五条 【本票绝对记载事项】本票必须记载下列事项:
（一）表明"本票"的字样;
（二）无条件支付的承诺;
（三）确定的金额;
（四）收款人名称;
（五）出票日期;
（六）出票人签章。

本票上未记载前款规定事项之一的,本票无效。

第七十六条 【本票相对记载事项】本票上记载付款地、出票地等事项的,应当清楚、明确。

本票上未记载付款地的,出票人的营业场所为付款地。

本票上未记载出票地的,出票人的营业场所为出票地。

第七十七条 【提示见票的效力】本票的出票人在持票人提示见票时,必须承担付款的责任。

第七十八条 【付款期限】本票自出票日起,付款期限最长不得超过2个月。

第七十九条 【逾期提示见票的法律后果】本票的持票人未按照规定期限提示见票的,丧失对出票人以外的前手的追索权。

第八十条 【汇票有关规定对本票的适用】本票的背书、保证、付款行为和追索权的行使,除本章规定外,适用本法第二章有关汇票的规定。

本票的出票行为,除本章规定外,适用本法第二十四条关于汇票的规定。

## 第四章 支 票

第八十一条 【支票的定义】支票是出票人签发的,委托办理支票存款业务的银行或者其他金融机构在见票时无条件支付确定的金额给收款人或者持票人的票据。

第八十二条 【支票存款账户的开立】开立支票存款账户,申请人必须使用其本名,并提交证明其身份的合法证件。

开立支票存款账户和领用支票,应当有可靠的资信,并存入一定的资金。

开立支票存款账户,申请人应当预留其本名的签名式样和印鉴。

第八十三条 【现金支票与转账支票】支票可以支取现金,也可以转账,用于转账时,应当在支票正面注明。

支票中专门用于支取现金的,可以另行制作现金支票,现金支票只能用于支取现金。

支票中专门用于转账的,可以另行制作转账支票,转账支票只能用于转账,不得支取现金。

第八十四条 【支票绝对记载事项】支票必须记载下列事项:
(一)表明"支票"的字样;
(二)无条件支付的委托;
(三)确定的金额;
(四)付款人名称;
(五)出票日期;
(六)出票人签章。

支票上未记载前款规定事项之一的,支票无效。

第八十五条 【支票金额的授权补记】支票上的金额可以由出票人授权补记,未补记前的支票,不得使用。

第八十六条 【支票相对记载事项】支票上未记载收款人名称的,经出票人授权,可以补记。

支票上未记载付款地的,付款人的营业场所为付款地。

支票上未记载出票地的,出票人的营业场所、住所或者经常居住地为出票地。

出票人可以在支票上记载自己为收款人。

第八十七条 【支票金额与空头支票的禁止】支票的出票人所签发的支票金额不得超过其付款时在付款人处实有的存款金额。

出票人签发的支票金额超过其付款时在付款人处实有的存款金额的,为空头支票。禁止签发空头支票。

第八十八条 【支票的签章与预留签名印鉴一致】支票的出票人不得签发与其预留本名的签名式样或者印鉴不符的支票。

第八十九条 【支票出票的效力】出票人必须按签发的支票金额承担保证向该持票人付款的责任。

出票人在付款人处的存款足以支付支票金额时,付款人应当在当日足额付款。

第九十条 【支票见票即付】支票限于见票即付,不得另行记载付款日期。另行记载付款日期的,该记载无效。

第九十一条 【提示付款期限】支票的持票人应当自出票日起10日内提示付款;异地使用的支票,其提示付款的期限由中国人民银行另行规定。

超过提示付款期限的,付款人可以不予付款;付款人不予付款的,出票人仍应当对持票人承担票据责任。

第九十二条 【支票付款的效力】付款人依法支付支票金额的,对出票人不再承担受委托付款的责任,对持票人不再承担付款的责任。但是,付款人以恶意或者有重大过失付款的除外。

第九十三条 【汇票有关规定对支票的适用】支票的背书、付款行为和追索权的行使,除本章规定外,适用本法第二章有关汇票的规定。

支票的出票行为,除本章规定外,适用本法第二十四条、第二十六条关于汇票的规定。

## 第五章 涉外票据的法律适用

第九十四条 【涉外票据及其法律适用】涉外票据的法律适用,依照本章的规定确定。

前款所称涉外票据,是指出票、背书、承兑、保证、付款等行为中,既有发生在中华人民共和国境内又有发生在中华人民共和国境外的票据。

第九十五条 【国际条约和国际惯例的适用】中华人民共和国缔结或者参加的国际条约同本法有不同规定的,适用国际条约的规定。但是,中华人民共和国声明保留的条款除外。

本法和中华人民共和国缔结或者参加的国际条约没有规定的,可以适用国际惯例。

第九十六条 【票据行为能力的准据法】票据债务人的民事行为能力,适用其本国法律。

票据债务人的民事行为能力,依照其本国法律为无民事行为能力或者为限制民事行为能力而依照行为地法律为完全民事行为能力的,适用行为地法律。

第九十七条 【票据形式的准据法】汇票、本票出票时的记载事项,适用出票地法律。

支票出票时的记载事项,适用出票地法律,经当事人协议,也可以适用付款地法律。

第九十八条 【票据行为的准据法】票据的背书、承兑、付款和保证行为,适用行为地法律。

第九十九条 【票据追索权行使期限的准据法】票据追索权的行使期限,适用出票地法律。

第一百条 【票据提示期限的准据法】票据的提示期限、有关拒绝证明的方式、出具拒绝证明的期限,适用付款地法律。

**第一百零一条　【票据权利保全的准据法】**票据丧失时，失票人请求保全票据权利的程序，适用付款地法律。

## 第六章　法律责任

**第一百零二条　【票据欺诈行为的刑事责任】**有下列票据欺诈行为之一的，依法追究刑事责任：

（一）伪造、变造票据的；

（二）故意使用伪造、变造的票据的；

（三）签发空头支票或者故意签发与其预留的本名签名式样或者印鉴不符的支票，骗取财物的；

（四）签发无可靠资金来源的汇票、本票，骗取资金的；

（五）汇票、本票的出票人在出票时作虚假记载，骗取财物的；

（六）冒用他人的票据，或者故意使用过期或者作废的票据，骗取财物的；

（七）付款人同出票人、持票人恶意串通，实施前六项所列行为之一的。

**第一百零三条　【票据欺诈行为的行政责任】**有前条所列行为之一，情节轻微，不构成犯罪的，依照国家有关规定给予行政处罚。

**第一百零四条　【票据业务中玩忽职守的法律责任】**金融机构工作人员在票据业务中玩忽职守，对违反本法规定的票据予以承兑、付款或者保证的，给予处分；造成重大损失，构成犯罪的，依法追究刑事责任。

由于金融机构工作人员因前款行为给当事人造成损失的，由该金融机构和直接责任人员依法承担赔偿责任。

**第一百零五条　【付款人故意压票的法律责任】**票据的付款人对见票即付或者到期的票据，故意压票，拖延支付的，由金融行政管理部门处以罚款，对直接责任人员给予处分。

票据的付款人故意压票，拖延支付，给持票人造成损失的，依法承担赔偿责任。

**第一百零六条　【其他违法行为的民事责任】**依照本法规定承担赔偿责任以外的其他违反本法规定的行为，给他人造成损失的，应当依法承担民事责任。

## 第七章　附　则

**第一百零七条　【期限计算】**本法规定的各项期限的计算，适用民法通则关于计算期间的规定。

按月计算期限的，按到期月的对日计算；无对日的，月末日为到期日。

**第一百零八条　【票据的格式与印制】**汇票、本票、支票的格式应当统一。

票据凭证的格式和印制管理办法，由中国人民银行规定。

**第一百零九条　【实施办法的制定】**票据管理的具体实施办法，由中国人民银行依照本法制定，报国务院批准后施行。

**第一百一十条　【施行日期】**本法自1996年1月1日起施行。

## 票据管理实施办法

· 1997年6月23日国务院批准
· 1997年8月21日中国人民银行令第2号发布
· 根据2011年1月8日《国务院关于废止和修改部分行政法规的决定》修订

**第一条**　为了加强票据管理，维护金融秩序，根据《中华人民共和国票据法》（以下简称票据法）的规定，制定本办法。

**第二条**　在中华人民共和国境内的票据管理，适用本办法。

**第三条**　中国人民银行是票据的管理部门。

票据管理应当遵守票据法和本办法以及有关法律、行政法规的规定，不得损害票据当事人的合法权益。

**第四条**　票据当事人应当依法从事票据活动，行使票据权利，履行票据义务。

**第五条**　票据当事人应当使用中国人民银行规定的统一格式的票据。

**第六条**　银行汇票的出票人，为经中国人民银行批准办理银行汇票业务的银行。

**第七条**　银行本票的出票人，为经中国人民银行批准办理银行本票业务的银行。

**第八条**　商业汇票的出票人，为银行以外的企业和其他组织。

向银行申请办理汇票承兑的商业汇票的出票人，必须具备下列条件：

（一）在承兑银行开立存款账户；

（二）资信状况良好，并具有支付汇票金额的可靠资金来源。

**第九条**　承兑商业汇票的银行，必须具备下列条件：

（一）与出票人具有真实的委托付款关系；

（二）具有支付汇票金额的可靠资金。

第十条　向银行申请办理票据贴现的商业汇票的持票人，必须具备下列条件：

（一）在银行开立存款账户；

（二）与出票人、前手之间具有真实的交易关系和债权债务关系。

第十一条　支票的出票人，为在经中国人民银行批准办理支票存款业务的银行、城市信用合作社和农村信用合作社开立支票存款账户的企业、其他组织和个人。

第十二条　票据法所称"保证人"，是指具有代为清偿票据债务能力的法人、其他组织或者个人。

国家机关、以公益为目的的事业单位、社会团体、企业法人的分支机构和职能部门不得为保证人；但是，法律另有规定的除外。

第十三条　银行汇票上的出票人的签章、银行承兑商业汇票的签章，为该银行的汇票专用章加其法定代表人或者其授权的代理人的签名或者盖章。

银行本票上的出票人的签章，为该银行的本票专用章加其法定代表人或者其授权的代理人的签名或者盖章。

银行汇票专用章、银行本票专用章须经中国人民银行批准。

第十四条　商业汇票上的出票人的签章，为该单位的财务专用章或者公章加其法定代表人或者其授权的代理人的签名或者盖章。

第十五条　支票上的出票人的签章，出票人为单位的，为与该单位在银行预留签章一致的财务专用章或者公章加其法定代表人或者其授权的代理人的签名或者盖章；出票人为个人的，为与该个人在银行预留签章一致的签名或者盖章。

第十六条　票据法所称"本名"，是指符合法律、行政法规以及国家有关规定的身份证件上的姓名。

第十七条　出票人在票据上的签章不符合票据法和本办法规定的，票据无效；背书人、承兑人、保证人在票据上的签章不符合票据法和本办法规定的，其签章无效，但是不影响票据上其他签章的效力。

第十八条　票据法所称"代理付款人"，是指根据付款人的委托，代其支付票据金额的银行、城市信用合作社和农村信用合作社。

第十九条　票据法规定可以办理挂失止付的票据丧失的，失票人可以依照票据法的规定及时通知付款人或者代理付款人挂失止付。

失票人通知票据的付款人或者代理付款人挂失止付时，应当填写挂失止付通知书并签章。挂失止付通知书应当记载下列事项：

（一）票据丧失的时间和事由；

（二）票据种类、号码、金额、出票日期、付款日期、付款人名称、收款人名称；

（三）挂失止付人的名称、营业场所或者住所以及联系方法。

第二十条　付款人或者代理付款人收到挂失止付通知书，应当立即暂停支付。付款人或者代理付款人自收到挂失止付通知书之日起12日内没有收到人民法院的止付通知书的，自第13日起，挂失止付通知书失效。

第二十一条　付款人或者代理付款人在收到挂失止付通知书前，已经依法向持票人付款的，不再接受挂失止付。

第二十二条　申请人申请开立支票存款账户的，银行、城市信用合作社和农村信用合作社可以与申请人约定在支票上使用支付密码，作为支付支票金额的条件。

第二十三条　保证人应当依照票据法的规定，在票据或者其粘单上记载保证事项。保证人为出票人、付款人、承兑人保证的，应当在票据的正面记载保证事项；保证人为背书人保证的，应当在票据的背面或者其粘单上记载保证事项。

第二十四条　依法背书转让的票据，任何单位和个人不得冻结票据款项；但是，法律另有规定的除外。

第二十五条　票据法第五十五条所称"签收"，是指持票人在票据的正面签章，表明持票人已经获得付款。

第二十六条　通过委托收款银行或者通过票据交换系统向付款人提示付款的，持票人向银行提交票据日为提示付款日。

第二十七条　票据法第六十二条所称"拒绝证明"应当包括下列事项：

（一）被拒绝承兑、付款的票据的种类及其主要记载事项；

（二）拒绝承兑、付款的事实依据和法律依据；

（三）拒绝承兑、付款的时间；

（四）拒绝承兑人、拒绝付款人的签章。

票据法第六十二条所称"退票理由书"应当包括下列事项：

（一）所退票据的种类；

（二）退票的事实依据和法律依据；

（三）退票时间；

（四）退票人签章。

第二十八条　票据法第六十三条规定的"其他有关

证明"是指：

（一）医院或者有关单位出具的承兑人、付款人死亡的证明；

（二）司法机关出具的承兑人、付款人逃匿的证明；

（三）公证机关出具的具有拒绝证明效力的文书。

**第二十九条** 票据法第七十条第一款第（二）项、第七十一条第一款第（二）项规定的"利率"，是指中国人民银行规定的流动资金贷款利率。

**第三十条** 有票据法第一百零二条所列行为之一，情节轻微，不构成犯罪的，由公安机关依法予以处罚。

**第三十一条** 签发空头支票或者签发与其预留的签章不符的支票，不以骗取财物为目的的，由中国人民银行处以票面金额5%但不低于1000元的罚款；持票人有权要求出票人赔偿支票金额2%的赔偿金。

**第三十二条** 金融机构的工作人员在票据业务中玩忽职守，对违反票据法和本办法规定的票据予以承兑、付款、保证或者贴现的，对直接负责的主管人员和其他直接责任人员给予警告、记过、撤职或者开除的处分；造成重大损失，构成犯罪的，依法追究刑事责任。

**第三十三条** 票据的付款人对见票即付或者到期的票据，故意压票、拖延支付的，由中国人民银行处以压票、拖延支付期间内每日票据金额0.7‰的罚款；对直接负责的主管人员和其他直接责任人员给予警告、记过、撤职或者开除的处分。

**第三十四条** 违反中国人民银行规定，擅自印制票据的，由中国人民银行责令改正，处以1万元以上20万元以下的罚款；情节严重的，中国人民银行有权提请有关部门吊销其营业执照。

**第三十五条** 票据的格式、联次、颜色、规格及防伪技术要求和印制，由中国人民银行规定。

中国人民银行在确定票据格式时，可以根据少数民族地区和外国驻华使领馆的实际需要，在票据格式中增加少数民族文字或者外国文字。

**第三十六条** 本办法自1997年10月1日起施行。

## 票据交易管理办法

· 2016年12月5日中国人民银行公告〔2016〕第29号公布
· 自公布之日起施行

### 第一章 总 则

**第一条** 为规范票据市场交易行为，防范交易风险，维护交易各方合法权益，促进票据市场健康发展，依据《中华人民共和国中国人民银行法》、《中华人民共和国票据法》、《中华人民共和国电子签名法》等有关法律法规，制定本办法。

**第二条** 市场参与者从事票据交易应当遵守本办法，本办法所称票据包括但不限于纸质或者电子形式的银行承兑汇票、商业承兑汇票等可交易票据。

**第三条** 票据交易应当遵循公平自愿、诚信自律、风险自担的原则。

**第四条** 中国人民银行依法对票据市场进行监督管理，并根据宏观调控需要对票据市场进行宏观审慎管理。

### 第二章 票据市场参与者

**第五条** 票据市场参与者是指可以从事票据交易的市场主体，包括：

（一）法人类参与者。指金融机构法人，包括政策性银行、商业银行及其授权的分支机构，农村信用社、企业集团财务公司、信托公司、证券公司、基金管理公司、期货公司、保险公司等经金融监督管理部门许可的金融机构。

（二）非法人类参与者。指金融机构等作为资产管理人，在依法合规的前提下，接受客户的委托或者授权，按照与客户约定的投资计划和方式开展资产管理业务所设立的各类投资产品，包括证券投资基金、资产管理计划、银行理财产品、信托计划、保险产品、住房公积金、社会保障基金、企业年金、养老基金等。

（三）中国人民银行确定的其他市场参与者。

**第六条** 法人类参与者应当符合以下条件：

（一）依法合规设立。

（二）已制定票据业务内部管理制度和操作规程，具有健全的公司治理结构和完善的内部控制、风险管理机制。

（三）有熟悉票据市场和专门从事票据交易的人员。

（四）具备相应的风险识别和承担能力，知悉并承担票据投资风险。

（五）中国人民银行要求的其他条件。

**第七条** 非法人类参与者应当符合以下条件：

（一）产品设立符合相关法律法规和监管规定，并已依法在相关金融监督管理部门获得批准或者完成备案。

（二）产品已委托具有托管资格的金融机构（以下简称托管人）进行独立托管，托管人对委托人资金实行分账管理、单独核算。

（三）产品管理人具有相关金融监督管理部门批准的资产管理业务资格。

**第八条** 法人类参与者开展票据交易，应当遵守有关法律法规，强化内控制度建设，完善部门和岗位设置，并采取切实措施持续提高相关人员业务能力。

**第九条** 非法人类参与者开展票据交易，由其资产管理人代表其行使票据权利并以受托管理的资产承担相应的民事责任。资产管理人从事资管业务的部门、岗位、人员及其管理的资产应当与其自营业务相互独立。

### 第三章 票据市场基础设施

**第十条** 票据市场基础设施是指提供票据交易、登记托管、清算结算、信息服务的机构。

**第十一条** 票据市场基础设施应当经中国人民银行认可。中国人民银行对票据市场基础设施开展票据相关业务进行监督管理。

**第十二条** 票据市场基础设施可以为市场参与者提供以下服务：

（一）组织票据交易，公布票据交易即时行情。

（二）票据登记托管。

（三）票据交易的清算结算。

（四）票据信息服务。

（五）中国人民银行认可的其他服务。

**第十三条** 票据市场基础设施按照金融市场基础设施建设有关标准进行系统建设与管理。

**第十四条** 票据市场基础设施应当从其业务收入中提取一定比例的金额设立风险基金并存入开户银行专用账户，用于弥补因违约交收、技术故障、操作失误、不可抗力等造成的相关损失。

**第十五条** 上海票据交易所是中国人民银行指定的提供票据交易、登记托管、清算结算和信息服务的机构。

### 第四章 票据信息登记与电子化

**第十六条** 纸质票据贴现前，金融机构办理承兑、质押、保证等业务，应当不晚于业务办理的次一工作日在票据市场基础设施完成相关信息登记工作。

纸质商业承兑汇票完成承兑后，承兑人开户行应当根据承兑人委托代其进行承兑信息登记。承兑信息未能及时登记的，持票人有权要求承兑人补充登记承兑信息。

纸质票据票面信息与登记信息不一致的，以纸质票据票面信息为准。

**第十七条** 贴现人办理纸质票据贴现时，应当通过票据市场基础设施查询票据承兑信息，并在确认纸质票据必须记载事项与已登记承兑信息一致后，为贴现申请人办理贴现，贴现申请人无需提供合同、发票等资料；信息不存在或者纸质票据必须记载事项与已登记承兑信息不一致的，不得办理贴现。

本款所称纸质票据必须记载事项指《中华人民共和国票据法》第二十二条规定的票据必须记载事项。

**第十八条** 贴现人完成纸质票据贴现后，应当不晚于贴现次一工作日在票据市场基础设施完成贴现信息登记。

**第十九条** 承兑人或者承兑人开户行收到挂失止付通知或者公示催告等司法文书并确认相关票据未付款的，应当于当日依法暂停支付并在票据市场基础设施登记或者委托开户行在票据市场基础设施登记相关信息。

**第二十条** 金融机构通过票据市场基础设施进行相关业务信息登记，因信息登记错误给他人造成损失的，应当承担赔偿责任。

**第二十一条** 贴现人办理纸质票据贴现后，应当在票据上记载"已电子登记权属"字样，该票据不再以纸质形式进行背书转让、设立质押或者其他交易行为。贴现人应当对纸质票据妥善保管。

**第二十二条** 已贴现票据背书通过电子形式办理。电子形式背书是指在票据市场基础设施以数据电文形式记载的背书，和纸质形式背书具有同等法律效力。

**第二十三条** 纸质票据电子形式背书后，由票据权利人通过票据市场基础设施通知保管人变更寄存人的方式完成交付。

**第二十四条** 贴现人可以按市场化原则选择商业银行对纸质票据进行保证增信。

保证增信行对纸质票据进行保管并为贴现人的偿付责任进行先行偿付。

**第二十五条** 已贴现票据应当通过票据市场基础设施办理背书转让、质押、保证、提示付款等票据业务。

**第二十六条** 纸质票据贴现后，其保管人可以向承兑人发起付款确认。付款确认可以采用实物确认或者影像确认。

实物确认是指票据保管人将票据实物送达承兑人或者承兑人开户行，由承兑人在对票据真实性和背书连续性审查的基础上对到期付款责任进行确认。

影像确认是指票据保管人将票据影像信息发送至承兑人或者承兑人开户行，由承兑人在对承兑信息和背书连续性审查的基础上对到期付款责任进行确认。

承兑人要求实物确认的，银行承兑汇票保管人应当将票据送达承兑人，实物确认后，纸质票据由其承兑人代票据权利人妥善保管；商业承兑汇票保管人应当将票据通过承兑人开户行送达承兑人进行实物确认，实物确认后,纸质票据由商业承兑汇票开户行代票据权利人妥善保管。

**第二十七条** 实物确认与影像确认具有同等效力。承兑人或者承兑人开户行进行付款确认后,除挂失止付、公示催告等合法抗辩情形外,应当在持票人提示付款后付款。

**第二十八条** 承兑人收到票据影像确认请求或者票据实物后,应当在3个工作日内做出或者委托其开户行做出同意或者拒绝到期付款的应答。拒绝到期付款的,应当说明理由。

**第二十九条** 票据保管人应当采取切实措施保证纸质票据不被挪用、污损、涂改和灭失,并承担因保管不善引发的相关法律责任。

**第三十条** 电子商业汇票签发、承兑、质押、保证、贴现等信息应当通过电子商业汇票系统同步传送至票据市场基础设施。

**第三十一条** 电子商业汇票一经承兑即视同承兑人已进行付款确认。

### 第五章 票据登记与托管

**第三十二条** 票据登记是指金融机构将票据权属在票据市场基础设施电子簿记系统予以记载的行为。

**第三十三条** 票据托管是指票据市场基础设施根据票据权利人委托对其持有票据的相关权益进行管理和维护的行为。

**第三十四条** 市场参与者应当在票据市场基础设施开立票据托管账户。

市场参与者开立票据托管账户时,应当向票据市场基础设施提出申请,并保证所提交的开户资料真实、准确、完整。

**第三十五条** 票据托管账户采用实名制,不得出租、出借或者转让。

**第三十六条** 一个市场参与者只能开立一个票据托管账户,中国人民银行另有规定的除外。

具有法人资格的市场参与者应当以法人名义开立票据托管账户;经法人授权的分支机构应当以分支机构名义开立票据托管账户;非法人市场参与者应当以产品名义单独开立票据托管账户。

**第三十七条** 贴现人应当于票据交易前在票据市场基础设施完成纸质票据登记工作,确保其提交的票据登记信息真实、有效,并承担相应法律责任。

**第三十八条** 票据市场基础设施依据电子商业汇票系统相关信息为持票人完成电子票据登记。

**第三十九条** 因票据的交易过户、非交易过户等原因引起票据托管账户余额变化的,票据市场基础设施应当为权利人办理票据变更登记。

### 第六章 票据交易

**第四十条** 票据交易采取全国统一的运营管理模式,通过票据市场基础设施进行。

**第四十一条** 票据交易包括转贴现、质押式回购和买断式回购等。

转贴现是指卖出方将未到期的已贴现票据向买入方转让的交易行为。

质押式回购是指正回购方在将票据出质给逆回购方融入资金的同时,双方约定在未来某一日期由正回购方按约定金额向逆回购方返还资金、逆回购方向正回购方返还原出质票据的交易行为。

买断式回购是指正回购方将票据卖给逆回购方的同时,双方约定在未来某一日期,正回购方再以约定价格从逆回购方买回票据的交易行为。

**第四十二条** 市场参与者完成票据登记后即可以开展交易,或者在付款确认、保证增信后开展交易。贴现人申请保证增信的,应当在首次交易前完成。

**第四十三条** 票据到期后偿付顺序如下:

(一)票据未经承兑人付款确认和保证增信即交易的,若承兑人未付款,应当由贴现人先行偿付。该票据在交易后又经承兑人付款确认的,应当由承兑人付款;若承兑人未付款,应当由贴现人先行偿付。

(二)票据经承兑人付款确认且未保证增信即交易的,应当由承兑人付款;若承兑人未付款,应当由贴现人先行偿付。

(三)票据保证增信后即交易且未经承兑人付款确认的,若承兑人未付款,应当由保证增信行先行偿付;保证增信行未偿付的,应当由贴现人先行偿付。

(四)票据保证增信后且经承兑人付款确认的,应当由承兑人付款;若承兑人未付款,应当由保证增信行先行偿付;保证增信行未偿付的,应当由贴现人先行偿付。

**第四十四条** 票据交易应当通过票据市场基础设施进行并生成成交单。成交单应当对交易日期、交易品种、交易利率等要素做出明确约定。

票据成交单、票据交易主协议及补充协议(若有)构成交易双方完整的交易合同。

票据交易合同一经成立,交易双方应当认真履行,不得擅自变更或者解除合同。

**第四十五条** 票据交易无需提供转贴现凭证、贴现凭证复印件、查询查复书及票面复印件等纸质资料。

**第四十六条** 票据贴现、转贴现的计息期限，从贴现、转贴现之日起至票据到期日止，到期日遇法定节假日的顺延至下一工作日。

**第四十七条** 质押式回购和买断式回购最短期限为1天，并应当小于票据剩余期限。

**第四十八条** 质押式回购的回购金额不得超过质押票据的票面总额。

### 第七章 票据交易结算与到期处理

**第四十九条** 票据交易的结算通过票据市场基础设施电子簿记系统进行，包括票款对付和纯票过户。

票款对付是指结算双方同步办理票据过户和资金支付并互为条件的结算方式。

纯票过户是指结算双方的票据过户与资金支付相互独立的结算方式。

**第五十条** 市场参与者开展票据交易应当采用票款对付，同一法人分支机构间的票据交易可以采用纯票过户。

**第五十一条** 已在大额支付系统开立清算账户的市场参与者，应当通过其在大额支付系统的清算账户办理票款对付的资金结算。

未在大额支付系统开立清算账户的市场参与者，应当委托票据市场基础设施代理票款对付的资金结算。

**第五十二条** 票据市场基础设施代理票款对付的资金结算时，应当通过其在大额支付系统的清算账户进行。票据市场基础设施应当在该账户下，为委托其代理资金结算的市场参与者开立票据结算资金专户。

**第五十三条** 交易双方应当根据合同约定，确保在约定结算日有用于结算的足额票据和资金。

**第五十四条** 在票据交易达成后结算完成之前，不得动用该笔交易项下用于结算的票据、资金或者担保物。

**第五十五条** 办理法院强制执行、税收、债权债务承继、赠与等非交易票据过户的，票据市场基础设施应当要求当事人提交合法有效的法律文件。

**第五十六条** 持票人在提示付款期内通过票据市场基础设施提示付款的，承兑人应当在提示付款当日进行应答或者委托其开户行进行应答。

承兑人存在合法抗辩事由拒绝付款的，应当在提示付款当日出具或者委托其开户行出具拒绝付款证明，并通过票据市场基础设施通知持票人。

承兑人或者承兑人开户行在提示付款当日未做出应答的，视为拒绝付款，票据市场基础设施提供拒绝付款证明并通知持票人。

**第五十七条** 商业承兑汇票承兑人在提示付款当日同意付款的，承兑人开户行应当根据承兑人账户余额情况予以处理。

（一）承兑人账户余额足够支付票款的，承兑人开户行应当代承兑人做出同意付款应答，并于提示付款日向持票人付款。

（二）承兑人账户余额不足以支付票款的，则视同承兑人拒绝付款。承兑人开户行应当于提示付款日代承兑人做出拒付应答并说明理由，同时通过票据市场基础设施通知持票人。

**第五十八条** 银行承兑汇票的承兑人已于到期前进行付款确认的，票据市场基础设施应当根据承兑人的委托于提示付款日代承兑人发送指令划付资金至持票人资金账户。

商业承兑汇票的承兑人已于到期前进行付款确认的，承兑人开户行应当根据承兑人委托于提示付款日扣划承兑人账户资金，并将相应款项划付至持票人资金账户。

**第五十九条** 保证增信行或者贴现人承担偿付责任时，应当委托票据市场基础设施代其发送指令划付资金至持票人资金账户。

**第六十条** 承兑人或者出票人付款后，票据保管人应当参照会计档案保管要求对票据进行保管。承兑人进行影像确认并付款的，可以凭票据市场基础设施的提示付款通知、划款通知以及留存的票据底卡联作为会计记账凭证。

**第六十一条** 票据发生法律纠纷时，依据有权申请人的请求，票据市场基础设施应当出具票据登记、托管和交易流转记录；票据保管人应当提供相应票据实物。

### 第八章 附 则

**第六十二条** 票据市场基础设施依照本办法及中国人民银行有关规定制定相关业务规则，报中国人民银行同意后施行。

**第六十三条** 本办法施行前制定的相关规定，与本办法相抵触的，以本办法为准。

**第六十四条** 本办法由中国人民银行负责解释。

**第六十五条** 本办法自公布之日起施行，过渡期按照《中国人民银行办公厅关于做好票据交易平台接入准备工作的通知》（银办发〔2016〕224号）执行。

# 最高人民法院关于审理信用证
# 纠纷案件若干问题的规定

- 2005年10月24日最高人民法院审判委员会第1368次会议通过
- 根据2020年12月23日最高人民法院审判委员会第1823次会议通过的《最高人民法院关于修改〈最高人民法院关于破产企业国有划拨土地使用权应否列入破产财产等问题的批复〉等二十九件商事类司法解释的决定》修正
- 2020年12月29日最高人民法院公告公布
- 自2021年1月1日起施行
- 法释〔2020〕18号

根据《中华人民共和国民法通则》、《中华人民共和国合同法》、《中华人民共和国担保法》、《中华人民共和国民事诉讼法》等法律,参照国际商会《跟单信用证统一惯例》等相关国际惯例,结合审判实践,就审理信用证纠纷案件的有关问题,制定本规定。

**第一条** 本规定所指的信用证纠纷案件,是指在信用证开立、通知、修改、撤销、保兑、议付、偿付等环节产生的纠纷。

**第二条** 人民法院审理信用证纠纷案件时,当事人约定适用相关国际惯例或者其他规定的,从其约定;当事人没有约定的,适用国际商会《跟单信用证统一惯例》或者其他相关国际惯例。

**第三条** 开证申请人与开证行之间因申请开立信用证而产生的欠款纠纷、委托人和受托人之间因委托开立信用证产生的纠纷、担保人为申请开立信用证或者委托开立信用证提供担保而产生的纠纷以及信用证项下融资产生的纠纷,适用本规定。

**第四条** 因申请开立信用证而产生的欠款纠纷、委托开立信用证纠纷和因此产生的担保纠纷以及信用证项下融资产生的纠纷应当适用中华人民共和国相关法律。涉外合同当事人对法律适用另有约定的除外。

**第五条** 开证行在作出付款、承兑或者履行信用证项下其他义务的承诺后,只要单据与信用证条款、单据与单据之间在表面上相符,开证行应当履行在信用证规定的期限内付款的义务。当事人以开证申请人与受益人之间的基础交易提出抗辩的,人民法院不予支持。具有本规定第八条的情形除外。

**第六条** 人民法院在审理信用证纠纷案件中涉及单证审查的,应当根据当事人约定适用的相关国际惯例或者其他规定进行;当事人没有约定的,应当按照国际商会《跟单信用证统一惯例》以及国际商会确定的相关标准,认定单据与信用证条款、单据与单据之间是否在表面上相符。

信用证项下单据与信用证条款之间、单据与单据之间在表面上不完全一致,但并不导致相互之间产生歧义的,不应认定为不符点。

**第七条** 开证行有独立审查单据的权利和义务,有权自行作出单据与信用证条款、单据与单据之间是否在表面上相符的决定,并自行决定接受或者拒绝接受单据与信用证条款、单据与单据之间的不符点。

开证行发现信用证项下存在不符点后,可以自行决定是否联系开证申请人接受不符点。开证申请人决定是否接受不符点,并不影响开证行最终决定是否接受不符点。开证行和开证申请人另有约定的除外。

开证行向受益人明确表示接受不符点的,应当承担付款责任。

开证行拒绝接受不符点时,受益人以开证申请人已接受不符点为由要求开证行承担信用证项下付款责任的,人民法院不予支持。

**第八条** 凡有下列情形之一的,应当认定存在信用证欺诈:

(一)受益人伪造单据或者提交记载内容虚假的单据;

(二)受益人恶意不交付货物或者交付的货物无价值;

(三)受益人和开证申请人或者其他第三方申通提交假单据,而没有真实的基础交易;

(四)其他进行信用证欺诈的情形。

**第九条** 开证申请人、开证行或者其他利害关系人发现有本规定第八条的情形,并认为将会给其造成难以弥补的损害时,可以向有管辖权的人民法院申请中止支付信用证项下的款项。

**第十条** 人民法院认定存在信用证欺诈的,应当裁定中止支付或者判决终止支付信用证项下款项,但有下列情形之一的除外:

(一)开证行的指定人、授权人已按照开证行的指令善意地进行了付款;

(二)开证行或者其指定人、授权人已对信用证项下票据善意地作出了承兑;

(三)保兑行善意地履行了付款义务;

(四)议付行善意地进行了议付。

**第十一条** 当事人在起诉前申请中止支付信用证项

下款项符合下列条件的,人民法院应予受理:

（一）受理申请的人民法院对该信用证纠纷案件享有管辖权；

（二）申请人提供的证据材料证明存在本规定第八条的情形；

（三）如不采取中止支付信用证项下款项的措施,将会使申请人的合法权益受到难以弥补的损害；

（四）申请人提供了可靠、充分的担保；

（五）不存在本规定第十条的情形。

当事人在诉讼中申请中止支付信用证项下款项的,应当符合前款第（二）、（三）、（四）、（五）项规定的条件。

**第十二条** 人民法院接受中止支付信用证项下款项申请后,必须在四十八小时内作出裁定；裁定中止支付的,应当立即开始执行。

人民法院作出中止支付信用证项下款项的裁定,应当列明申请人、被申请人和第三人。

**第十三条** 当事人对人民法院作出中止支付信用证项下款项的裁定有异议的,可以在裁定书送达之日起十日内向上一级人民法院申请复议。上一级人民法院应当自收到复议申请之日起十日内作出裁定。

复议期间,不停止原裁定的执行。

**第十四条** 人民法院在审理信用证欺诈案件过程中,必要时可以将信用证纠纷与基础交易纠纷一并审理。

当事人以基础交易欺诈为由起诉的,可以将与案件有关的开证行、议付行或者其他信用证法律关系的利害关系人列为第三人；第三人可以申请参加诉讼,人民法院也可以通知第三人参加诉讼。

**第十五条** 人民法院通过实体审理,认定构成信用证欺诈并且不存在本规定第十条的情形的,应当判决终止支付信用证项下的款项。

**第十六条** 保证人以开证行或者开证申请人接受不符点未征得其同意为由请求免除保证责任的,人民法院不予支持。保证合同另有约定的除外。

**第十七条** 开证申请人与开证行对信用证进行修改未征得保证人同意的,保证人只在原保证合同约定的或者法律规定的期间和范围内承担保证责任。保证合同另有约定的除外。

**第十八条** 本规定自2006年1月1日起施行。

# 最高人民法院关于审理票据纠纷案件若干问题的规定

- 2000年2月24日最高人民法院审判委员会第1102次会议通过
- 根据2020年12月23日最高人民法院审判委员会第1823次会议通过的《最高人民法院关于修改〈最高人民法院关于破产企业国有划拨土地使用权应否列入破产财产等问题的批复〉等二十九件商事类司法解释的决定》修正
- 2020年12月29日最高人民法院公告公布
- 自2021年1月1日起施行
- 法释〔2020〕18号

为了正确适用《中华人民共和国票据法》（以下简称票据法）,公正、及时审理票据纠纷案件,保护票据当事人的合法权益,维护金融秩序和金融安全,根据票据法及其他有关法律的规定,结合审判实践,现对人民法院审理票据纠纷案件的若干问题规定如下:

## 一、受理和管辖

**第一条** 因行使票据权利或者票据法上的非票据权利而引起的纠纷,人民法院应当依法受理。

**第二条** 依照票据法第十条的规定,票据债务人（即出票人）以在票据未转让时的基础关系违法、双方不具有真实的交易关系和债权债务关系、持票人应付对价而未付对价为由,要求返还票据而提起诉讼的,人民法院应当依法受理。

**第三条** 依照票据法第三十六条的规定,票据被拒绝承兑、被拒绝付款或者汇票、支票超过提示付款期限后,票据持有人背书转让的,被背书人以背书人为被告行使追索权而提起诉讼的,人民法院应当依法受理。

**第四条** 持票人不先行使付款请求权而先行使追索权遭拒绝提起诉讼的,人民法院不予受理。除有票据法第六十一条第二款和本规定第三条所列情形外,持票人只能在首先向付款人行使付款请求权而得不到付款时,才可以行使追索权。

**第五条** 付款请求权是持票人享有的第一顺序权利,追索权是持票人享有的第二顺序权利,即汇票到期被拒绝付款或者具有票据法第六十一条第二款所列情形的,持票人请求背书人、出票人以及汇票的其他债务人支付票据法第七十条第一款所列金额和费用的权利。

**第六条** 因票据纠纷提起的诉讼,依法由票据支付地或者被告住所地人民法院管辖。

票据支付地是指票据上载明的付款地,票据上未载明付款地的，汇票付款人或者代理付款人的营业场所、住所或者经常居住地，本票出票人的营业场所，支票付款人或者代理付款人的营业场所所在地为票据付款地。代理付款人即付款人的委托代理人，是指根据付款人的委托代为支付票据金额的银行、信用合作社等金融机构。

## 二、票据保全

**第七条** 人民法院在审理、执行票据纠纷案件时，对具有下列情形之一的票据，经当事人申请并提供担保，可以依法采取保全措施或者执行措施：

（一）不履行约定义务，与票据债务人有直接债权债务关系的票据当事人所持有的票据；

（二）持票人恶意取得的票据；

（三）应付对价而未付对价的持票人持有的票据；

（四）记载有"不得转让"字样而用于贴现的票据；

（五）记载有"不得转让"字样而用于质押的票据；

（六）法律或者司法解释规定有其他情形的票据。

## 三、举证责任

**第八条** 票据诉讼的举证责任由提出主张的一方当事人承担。

依照票据法第四条第二款、第十条、第十二条、第二十一条的规定，向人民法院提起诉讼的持票人有责任提供诉争票据。该票据的出票、承兑、交付、背书转让涉嫌欺诈、偷盗、胁迫、恐吓、暴力等非法行为的，持票人对持票的合法性应当负责举证。

**第九条** 票据债务人依照票据法第十三条的规定，对与其有直接债权债务关系的持票人提出抗辩，人民法院合并审理票据关系和基础关系的，持票人应当提供相应的证据证明已经履行了约定义务。

**第十条** 付款人或者承兑人被人民法院依法宣告破产的，持票人因行使追索权而向人民法院提起诉讼时，应当向受理法院提供人民法院依法作出的宣告破产裁定书或者能够证明付款人或者承兑人破产的其他证据。

**第十一条** 在票据诉讼中，负有举证责任的票据当事人应当在一审人民法院法庭辩论结束以前提供证据。因客观原因不能在上述举证期限以内提供的，应当在举证期限届满以前向人民法院申请延期。延长的期限由人民法院根据案件的具体情况决定。

票据当事人在一审人民法院审理期间隐匿票据、故意有证不举，应当承担相应的诉讼后果。

## 四、票据权利及抗辩

**第十二条** 票据法第十七条第一款第（一）、（二）项规定的持票人对票据的出票人和承兑人的权利，包括付款请求权和追索权。

**第十三条** 票据债务人以票据法第十条、第二十一条的规定为由，对业经背书转让票据的持票人进行抗辩的，人民法院不予支持。

**第十四条** 票据债务人依照票据法第十二条、第十三条的规定，对持票人提出下列抗辩的，人民法院应予支持：

（一）与票据债务人有直接债权债务关系并且不履行约定义务的；

（二）以欺诈、偷盗或者胁迫等非法手段取得票据，或者明知有前列情形，出于恶意取得票据的；

（三）明知票据债务人与出票人或者与持票人的前手之间存在抗辩事由而取得票据的；

（四）因重大过失取得票据的；

（五）其他依法不得享有票据权利的。

**第十五条** 票据债务人依照票据法第九条、第十七条、第十八条、第二十二条和第三十一条的规定，对持票人提出下列抗辩的，人民法院应予支持：

（一）欠缺法定必要记载事项或者不符合法定格式的；

（二）超过票据权利时效的；

（三）人民法院作出的除权判决已经发生法律效力的；

（四）以背书方式取得但背书不连续的；

（五）其他依法不得享有票据权利的。

**第十六条** 票据出票人或者背书人被宣告破产的，而付款人或者承兑人不知其事实而付款或者承兑，因此所产生的追索权可以登记为破产债权，付款人或者承兑人为债权人。

**第十七条** 票据法第十七条第一款第（三）、（四）项规定的持票人对前手的追索权，不包括对票据出票人的追索权。

**第十八条** 票据法第四十条第二款和第六十五条规定的持票人丧失对其前手的追索权，不包括对票据出票人的追索权。

**第十九条** 票据法第十七条规定的票据权利时效发生中断的，只对发生时效中断事由的当事人有效。

**第二十条** 票据法第六十六条第一款规定的书面通知是否逾期，以持票人或者其前手发出书面通知之日为准；以信函通知的，以信函投寄邮戳记载之日为准。

**第二十一条** 票据法第七十条、第七十一条所称中国人民银行规定的利率,是指中国人民银行规定的企业同期流动资金贷款利率。

第二十二条 代理付款人在人民法院公示催告公告发布以前按照规定程序善意付款后,承兑人或者付款人以已经公示催告为由拒付代理付款人已经垫付的款项的,人民法院不予支持。

### 五、失票救济

第二十三条 票据丧失后,失票人直接向人民法院申请公示催告或者提起诉讼的,人民法院应当依法受理。

第二十四条 出票人已经签章的授权补记的支票丧失后,失票人依法向人民法院申请公示催告的,人民法院应当依法受理。

第二十五条 票据法第十五条第三款规定的可以申请公示催告的失票人,是指按照规定可以背书转让的票据在丧失票据占有以前的最后合法持票人。

第二十六条 出票人已经签章但未记载代理付款人的银行汇票丧失后,失票人依法向付款人即出票银行所在地人民法院申请公示催告的,人民法院应当依法受理。

第二十七条 超过付款提示期限的票据丧失以后,失票人申请公示催告的,人民法院应当依法受理。

第二十八条 失票人通知票据付款人挂失止付后三日内向人民法院申请公示催告的,公示催告申请书应当载明下列内容:

(一)票面金额;

(二)出票人、持票人、背书人;

(三)申请的理由、事实;

(四)通知票据付款人或者代理付款人挂失止付的时间;

(五)付款人或者代理付款人的名称、通信地址、电话号码等。

第二十九条 人民法院决定受理公示催告申请,应当同时通知付款人及代理付款人停止支付,并自立案之日起三日内发出公告。

第三十条 付款人或者代理付款人收到人民法院发出的止付通知,应当立即停止支付,直至公示催告程序终结。非经发出止付通知的人民法院许可擅自解付的,不得免除票据责任。

第三十一条 公告应当在全国性报纸或者其他媒体上刊登,并于同日公布于人民法院公告栏内。人民法院所在地有证券交易所的,还应当同日在该交易所公布。

第三十二条 依照《中华人民共和国民事诉讼法》(以下简称民事诉讼法)第二百一十九条的规定,公告期间不得少于六十日,且公示催告期间届满日不得早于票据付款日后十五日。

第三十三条 依照民事诉讼法第二百二十条第二款的规定,在公示催告期间,以公示催告的票据质押、贴现,因质押、贴现而接受该票据的持票人主张票据权利的,人民法院不予支持,但公示催告期间届满以后人民法院作出除权判决以前取得该票据的除外。

第三十四条 票据丧失后,失票人在票据权利时效届满以前请求出票人补发票据,或者请求债务人付款,在提供相应担保的情况下因债务人拒绝付款或者出票人拒绝补发票据提起诉讼的,由被告住所地或者票据支付地人民法院管辖。

第三十五条 失票人因请求出票人补发票据或者请求债务人付款遭到拒绝而向人民法院提起诉讼的,被告为与失票人具有票据债权债务关系的出票人、拒绝付款的票据付款人或者承兑人。

第三十六条 失票人为行使票据所有权,向非法持有票据人请求返还票据的,人民法院应当依法受理。

第三十七条 失票人向人民法院提起诉讼的,应向人民法院说明曾经持有票据及丧失票据的情形,人民法院应当根据案件的具体情况,决定当事人是否应当提供担保以及担保的数额。

第三十八条 对于伪报票据丧失的当事人,人民法院在查明事实,裁定终结公示催告或者诉讼程序后,可以参照民事诉讼法第一百一十一条的规定,追究伪报人的法律责任。

### 六、票据效力

第三十九条 依照票据法第一百零八条以及经国务院批准的《票据管理实施办法》的规定,票据当事人使用的不是中国人民银行规定的统一格式票据的,按照《票据管理实施办法》的规定认定,但在中国境外签发的票据除外。

第四十条 票据出票人在票据上的签章上不符合票据法以及下述规定的,该签章不具有票据法上的效力:

(一)商业汇票上的出票人的签章,为该法人或者该单位的财务专用章或者公章加其法定代表人、单位负责人或者其授权的代理人的签名或者盖章;

(二)银行汇票上的出票人的签章和银行承兑汇票的承兑人的签章,为该银行汇票专用章加其法定代表人或者其授权的代理人的签名或者盖章;

(三)银行本票上的出票人的签章,为该银行的本票专用章加其法定代表人或者其授权的代理人的签名或者盖章；

（四）支票上的出票人的签章，出票人为单位的，为与该单位在银行预留签章一致的财务专用章或者公章加其法定代表人或者其授权的代理人的签名或者盖章；出票人为个人的，为与该个人在银行预留签章一致的签名或者盖章。

第四十一条　银行汇票、银行本票的出票人以及银行承兑汇票的承兑人在票据上未加盖规定的专用章而加盖该银行的公章，支票的出票人在票据上未加盖与该单位在银行预留签章一致的财务专用章而加盖该出票人公章的，签章人应当承担票据责任。

第四十二条　依照票据法第九条以及《票据管理实施办法》的规定，票据金额的中文大写与数码不一致，或者票据载明的金额、出票日期或者签发日期、收款人名称更改，或者违反规定加盖银行部门印章代替专用章，付款人或者代理付款人对此类票据付款的，应当承担责任。

第四十三条　因更改银行汇票的实际结算金额引起纠纷而提起诉讼，当事人请求认定汇票效力的，人民法院应当认定该银行汇票无效。

第四十四条　空白授权票据的持票人行使票据权利时未对票据必须记载事项补充完全，因付款人或者代理付款人拒绝接收该票据而提起诉讼的，人民法院不予支持。

第四十五条　票据的背书人、承兑人、保证人在票据上的签章不符合票据法以及《票据管理实施办法》规定的，或者无民事行为能力人、限制民事行为能力人在票据上签章的，其签章无效，但不影响人民法院对票据上其他签章效力的认定。

## 七、票据背书

第四十六条　因票据质权人以质押票据再行背书质押或者背书转让引起纠纷而提起诉讼的，人民法院应当认定背书行为无效。

第四十七条　依照票据法第二十七条的规定，票据的出票人在票据上记载"不得转让"字样，票据持有人背书转让的，背书行为无效。背书转让后的受让人不得享有票据权利，票据的出票人、承兑人对受让人不承担票据责任。

第四十八条　依照票据法第二十七条和第三十条的规定，背书人未记载被背书人名称即将票据交付他人的，持票人在票据被背书人栏内记载自己的名称与背书人记载具有同等法律效力。

第四十九条　依照票据法第三十一条的规定，连续背书的第一背书人应当是在票据上记载的收款人，最后的票据持有人应当是最后一次背书的被背书人。

第五十条　依照票据法第三十四条和第三十五条的规定，背书人在票据上记载"不得转让""委托收款""质押"字样，其后手再背书转让、委托收款或者质押的，原背书人对后手的被背书人不承担票据责任，但不影响出票人、承兑人以及原背书人之前手的票据责任。

第五十一条　依照票据法第五十七条第二款的规定，贷款人恶意或者有重大过失从事票据质押贷款的，人民法院应当认定质押行为无效。

第五十二条　依照票据法第二十七条的规定，出票人在票据上记载"不得转让"字样，其后手以此票据进行贴现、质押的，通过贴现、质押取得票据的持票人主张票据权利的，人民法院不予支持。

第五十三条　依照票据法第三十四条和第三十五条的规定，背书人在票据上记载"不得转让"字样，其后手以此票据进行贴现、质押的，原背书人对后手的被背书人不承担票据责任。

第五十四条　依照票据法第三十五条第二款的规定，以汇票设定质押时，出质人在汇票上只记载了"质押"字样未在票据上签章的，或者出票人未在汇票、粘单上记载"质押"字样而另行签订质押合同、质押条款的，不构成票据质押。

第五十五条　商业汇票的持票人向其非开户银行申请贴现，与向自己开立存款账户的银行申请贴现具有同等法律效力。但是，持票人有恶意或者与贴现银行恶意串通的除外。

第五十六条　违反规定区域出票、背书转让银行汇票，或者违反票据管理规定跨越票据交换区域出票、背书转让银行本票、支票的，不影响出票人、背书人依法应当承担的票据责任。

第五十七条　依照票据法第三十六条的规定，票据被拒绝承兑、被拒绝付款或者超过提示付款期限，票据持有人背书转让的，背书人应当承担票据责任。

第五十八条　承兑人或者付款人依照票据法第五十三条第二款的规定对逾期提示付款的持票人付款与按照规定的期限付款具有同等法律效力。

## 八、票据保证

第五十九条　国家机关、以公益为目的的事业单位、社会团体作为票据保证人的，票据保证无效，但经国务院批准为使用外国政府或者国际经济组织贷款进行转贷，国家机关提供票据保证的除外。

**第六十条** 票据保证无效的,票据的保证人应当承担与其过错相应的民事责任。

**第六十一条** 保证人未在票据或者粘单上记载"保证"字样而另行签订保证合同或者保证条款的,不属于票据保证,人民法院应当适用《中华人民共和国民法典》的有关规定。

### 九、法律适用

**第六十二条** 人民法院审理票据纠纷案件,适用票据法的规定;票据法没有规定的,适用《中华人民共和国民法典》等法律以及国务院制定的行政法规。

中国人民银行制定并公布施行的有关行政规章与法律、行政法规不抵触的,可以参照适用。

**第六十三条** 票据当事人因对金融行政管理部门的具体行政行为不服提起诉讼的,适用《中华人民共和国行政处罚法》、票据法以及《票据管理实施办法》等有关票据管理的规定。

中国人民银行制定并公布施行的有关行政规章与法律、行政法规不抵触的,可以参照适用。

**第六十四条** 人民法院对票据法施行以前已经作出终审裁决的票据纠纷案件进行再审,不适用票据法。

### 十、法律责任

**第六十五条** 具有下列情形之一的票据,未经背书转让的,票据债务人不承担票据责任;已经背书转让的,票据无效不影响其他真实签章的效力:

(一)出票人签章不真实的;
(二)出票人为无民事行为能力人的;
(三)出票人为限制民事行为能力人的。

**第六十六条** 依照票据法第十四条、第一百零二条、第一百零三条的规定,伪造、变造票据者除应当依法承担刑事、行政责任外,给他人造成损失的,还应当承担民事赔偿责任。被伪造签章者不承担票据责任。

**第六十七条** 对票据未记载事项或者未完全记载事项作补充记载,补充事项超出授权范围的,出票人对补充后的票据应当承担票据责任。给他人造成损失的,出票人还应当承担相应的民事责任。

**第六十八条** 付款人或者代理付款人未能识别出伪造、变造的票据或者身份证件而错误付款,属于票据法第五十七条规定的"重大过失",给持票人造成损失的,应当依法承担民事责任。付款人或者代理付款人承担责任后有权向伪造者、变造者依法追偿。

持票人有过错的,也应当承担相应的民事责任。

**第六十九条** 付款人及其代理付款人有下列情形之一的,应当自行承担责任:

(一)未依照票据法第五十七条的规定对提示付款人的合法身份证明或者有效证件以及汇票背书的连续性履行审查义务而错误付款的;
(二)公示催告期间对公示催告的票据付款的;
(三)收到人民法院的止付通知后付款的;
(四)其他以恶意或者重大过失付款的。

**第七十条** 票据法第六十三条所称"其他有关证明"是指:

(一)人民法院出具的宣告承兑人、付款人失踪或者死亡的证明、法律文书;
(二)公安机关出具的承兑人、付款人逃匿或者下落不明的证明;
(三)医院或者有关单位出具的承兑人、付款人死亡的证明;
(四)公证机构出具的具有拒绝证明效力的文书。

承兑人自己作出并发布的表明其没有支付票款能力的公告,可以认定为拒绝证明。

**第七十一条** 当事人因申请票据保全错误而给他人造成损失的,应当依法承担民事责任。

**第七十二条** 因出票人签发空头支票、与其预留本名的签名式样或者印鉴不符的支票给他人造成损失的,支票的出票人和背书人应当依法承担民事责任。

**第七十三条** 人民法院在审理票据纠纷案件时,发现与本案有牵连但不属同一法律关系的票据欺诈犯罪嫌疑线索的,应当及时将犯罪嫌疑线索提供给有关公安机关,但票据纠纷案件不应因此而中止审理。

**第七十四条** 依照票据法第一百零四条的规定,由于金融机构工作人员在票据业务中玩忽职守,对违反票据法规定的票据予以承兑、付款、贴现或者保证,给当事人造成损失的,由该金融机构与直接责任人员依法承担连带责任。

**第七十五条** 依照票据法第一百零六条的规定,由于出票人制作票据,或者其他票据债务人未按照法定条件在票据上签章,给他人造成损失的,除应当按所记载事项承担票据责任外,还应当承担相应的民事责任。

持票人明知或者应当知道前款情形而接受的,可以适当减轻出票人或者票据债务人的责任。

# 最高人民法院关于审理存单纠纷案件的若干规定

- 1997年11月25日最高人民法院审判委员会第946次会议通过
- 根据2020年12月23日最高人民法院审判委员会第1823次会议通过的《最高人民法院关于修改〈最高人民法院关于破产企业国有划拨土地使用权应否列入破产财产等问题的批复〉等二十九件商事类司法解释的决定》修正
- 2020年12月29日最高人民法院公告公布
- 自2021年1月1日起施行
- 法释〔2020〕18号

为正确审理存单纠纷案件,根据《中华人民共和国民法典》的有关规定和在总结审判经验的基础上,制定本规定。

**第一条** 存单纠纷案件的范围

(一)存单持有人以存单为重要证据向人民法院提起诉讼的纠纷案件;

(二)当事人以进账单、对账单、存款合同等凭证为主要证据向人民法院提起诉讼的纠纷案件;

(三)金融机构向人民法院起诉要求确认存单、进账单、对账单、存款合同等凭证无效的纠纷案件;

(四)以存单为表现形式的借贷纠纷案件。

**第二条** 存单纠纷案件的案由

人民法院可将本规定第一条所列案件,一律以存单纠纷为案由。实际审理时应以存单纠纷案件中真实法律关系为基础依法处理。

**第三条** 存单纠纷案件的受理与中止

存单纠纷案件当事人向人民法院提起诉讼,人民法院应当依照《中华人民共和国民事诉讼法》第一百一十九条的规定予以审查,符合规定的,均应受理。

人民法院在受理存单纠纷案件后,如发现犯罪线索,应将犯罪线索及时书面告知公安或检察机关。如案件当事人因伪造、变造、虚开存单或涉嫌诈骗,有关国家机关已立案侦查,存单纠纷案件确须待刑事案件结案后才能审理的,人民法院应当中止审理。对于追究有关当事人的刑事责任不影响对存单纠纷案件审理的,人民法院应对存单纠纷案件有关当事人是否承担民事责任以及承担民事责任的大小依法及时进行认定和处理。

**第四条** 存单纠纷案件的管辖

依照《中华人民共和国民事诉讼法》第二十三条的规定,存单纠纷案件由被告住所地人民法院或出具存单、进账单、对账单或与当事人签订存款合同的金融机构住所地人民法院管辖。住所地与经常居住地不一致的,由经常居住地人民法院管辖。

**第五条** 对一般存单纠纷案件的认定和处理

(一)认定

当事人以存单或进账单、对账单、存款合同等凭证为主要证据向人民法院提起诉讼的存单纠纷案件和金融机构向人民法院提起的确认存单或进账单、对账单、存款合同等凭证无效的存单纠纷案件,为一般存单纠纷案件。

(二)处理

人民法院在审理一般存单纠纷案件中,除应审查存单、进账单、对账单、存款合同等凭证的真实性外,还应审查持有人与金融机构间存款关系的真实性,并以存单、进账单、对账单、存款合同等凭证的真实性以及存款关系的真实性为依据,作出正确处理。

1. 持有人以上述真实凭证为证据提起诉讼的,金融机构应当对持有人与金融机构间是否存在存款关系负举证责任。如金融机构有充分证据证明持有人未向金融机构交付上述凭证所记载的款项的,人民法院应当认定持有人与金融机构间不存在存款关系,并判决驳回原告的诉讼请求。

2. 持有人以上述真实凭证为证据提起诉讼的,如金融机构不能提供证明存款关系不真实的证据,或仅以金融机构底单的记载内容与上述凭证记载内容不符为由进行抗辩的,人民法院应认定持有人与金融机构间存款关系成立,金融机构应当承担兑付款项的义务。

3. 持有人以在样式、印鉴、记载事项上有别于真实凭证,但无充分证据证明系伪造或变造的瑕疵凭证提起诉讼的,持有人应对瑕疵凭证的取得提供合理的陈述。如持有人对瑕疵凭证的取得提供了合理陈述,而金融机构否认存款关系存在的,金融机构应当对持有人与金融机构间是否存在存款关系负举证责任。如金融机构有充分证据证明持有人未向金融机构交付上述凭证所记载的款项的,人民法院应当认定持有人与金融机构间不存在存款关系,判决驳回原告的诉讼请求;如金融机构不能提供证明存款关系不真实的证据,或仅以金融机构底单的记载内容与上述凭证记载内容不符为由进行抗辩的,人民法院应认定持有人与金融机构间存款关系成立,金融机构应当承担兑付款项的义务。

4. 存单纠纷案件的审理中,如有充足证据证明存单、进账单、对账单、存款合同等凭证系伪造、变造,人民法院应在查明案件事实的基础上,依法确认上述凭证无效,并可驳回持上述凭证起诉的原告的诉讼请求或根据实际存款数额进行判决。如有本规定第三条中止审理情形的,人民法院应当中止审理。

**第六条 对以存单为表现形式的借贷纠纷案件的认定和处理**

(一)认定

在出资人直接将款项交与用资人使用,或通过金融机构将款项交与用资人使用,金融机构向出资人出具存单或进账单、对账单或与出资人签订存款合同,出资人从用资人或从金融机构取得或约定取得高额利差的行为中发生的存单纠纷案件,为以存单为表现形式的借贷纠纷案件。但符合本规定第七条所列委托贷款和信托贷款的除外。

(二)处理

以存单为表现形式的借贷,属于违法借贷,出资人收取的高额利差应充抵本金,出资人、金融机构与用资人因参与违法借贷均应当承担相应的民事责任。可分以下几种情况处理:

1. 出资人将款项或票据(以下统称资金)交付给金融机构,金融机构给出资人出具存单或进账单、对账单或与出资人签订存款合同,并将资金自行转给用资人的,金融机构与用资人对偿还出资人本金及利息承担连带责任;利息按人民银行同期存款利率计算至给付之日。

2. 出资人未将资金交付给金融机构,而是依照金融机构的指定将资金直接转给用资人,金融机构给出资人出具存单或进账单、对账单或与出资人签订存款合同的,首先由用资人偿还出资人本金及利息,金融机构对用资人不能偿还出资人本金及利息部分承担补充赔偿责任;利息按人民银行同期存款利率计算至给付之日。

3. 出资人将资金交付给金融机构,金融机构给出资人出具存单或进账单、对账单或与出资人签订存款合同,出资人再指定金融机构将资金转给用资人的,首先由用资人返还出资人本金和利息。利息按人民银行同期存款利率计算至给付之日。金融机构因其帮助违法借贷的过错,应当对用资人不能偿还出资人本金部分承担赔偿责任,但不超过不能偿还本金部分的百分之四十。

4. 出资人未将资金交付给金融机构,而是自行将资金直接转给用资人,金融机构给出资人出具存单或进账单、对账单或与出资人签订存款合同的,首先由用资人返还出资人本金和利息。利息按人民银行同期存款利率计算至给付之日。金融机构因其帮助违法借贷的过错,应当对用资人不能偿还出资人本金部分承担赔偿责任,但不超过不能偿还本金部分的百分之二十。

本条中所称交付,指出资人向金融机构转移现金的占有或出资人向金融机构交付注明出资人或金融机构(包括金融机构的下属部门)为收款人的票据。出资人向金融机构交付有资金数额但未注明收款人的票据的,亦属于本条中所称交付。

如以存单为表现形式的借贷行为确已发生,即使金融机构向出资人出具的存单、进账单、对账单或与出资人签订的存款合同存在虚假、瑕疵,或金融机构工作人员超越权限出具上述凭证等情形,亦不影响人民法院按以上规定对案件进行处理。

(三)当事人的确定

出资人起诉金融机构的,人民法院应通知用资人作为第三人参加诉讼;出资人起诉用资人的,人民法院应通知金融机构作为第三人参加诉讼;公款私存的,人民法院在查明款项的真实所有人基础上,应通知款项的真实所有人为权利人参加诉讼,与存单记载的个人为共同诉讼人。该个人申请退出诉讼的,人民法院可予准许。

**第七条 对存单纠纷案件中存在的委托贷款关系和信托贷款关系的认定和纠纷的处理**

(一)认定

存单纠纷案件中,出资人与金融机构、用资人之间按有关委托贷款的要求签订有委托贷款协议的,人民法院应认定出资人与金融机构间成立委托贷款关系。金融机构向出资人出具的存单或进账单、对账单或与出资人签订的存款合同,均不影响金融机构与出资人间委托贷款关系的成立。出资人与金融机构间签订委托贷款协议后,由金融机构自行确定用资人的,人民法院应认定出资人与金融机构间成立信托贷款关系。

委托贷款协议和信托贷款协议应当用书面形式。口头委托贷款或信托贷款,当事人无异议的,人民法院可予以认定;有其他证据能够证明金融机构与出资人之间确系委托贷款或信托贷款关系的,人民法院亦予以认定。

(二)处理

构成委托贷款的,金融机构出具的存单或进账单、对账单或与出资人签订的存款合同不作为存款关系的证明,借款方不能偿还贷款的风险应当由委托人承担。如有证据证明金融机构出具上述凭证是对委托贷款进行担保的,金融机构对偿还贷款承担连带担保责任。委托贷款中约定的利率超过人民银行规定的部分无效。构成信托贷款的,按人民银行有关信托贷款的规定处理。

**第八条 对存单质押的认定和处理**

存单可以质押。存单持有人以伪造、变造的虚假存单质押的,质押合同无效。接受虚假存单质押的当事人如以该存单质押为由起诉金融机构,要求兑付存款优先受偿的,人民法院应当判决驳回其诉讼请求,并告知其可另案起诉出质人。

存单持有人以金融机构开具的、未有实际存款或与实际存款不符的存单进行质押,以骗取或占用他人财产的,该质押关系无效。接受存单质押的人起诉的,该存单持有人与开具存单的金融机构为共同被告。利用存单骗取或占用他人财产的存单持有人对侵犯他人财产权承担赔偿责任,开具存单的金融机构因其过错致他人财产权受损,对所造成的损失承担连带赔偿责任。接受存单质押的人在审查存单的真实性上有重大过失的,开具存单的金融机构仅对所造成的损失承担补充赔偿责任。明知存单虚假而接受存单质押的,开具存单的金融机构不承担民事赔偿责任。

以金融机构核押的存单出质的,即便存单系伪造、变造、虚开,质押合同均为有效,金融机构应当依法向质权人兑付存单所记载的款项。

**第九条 其他**

在存单纠纷案件的审理中,有关当事人如有违法行为,依法应给予民事制裁的,人民法院可依法对有关当事人实施民事制裁。案件审理中发现的犯罪线索,人民法院应及时书面告知公安或检查机关,并将有关材料及时移送公安或检察机关。

## 3. 信托

### 中华人民共和国信托法

- 2001 年 4 月 28 日第九届全国人民代表大会常务委员会第二十一次会议通过
- 2001 年 4 月 28 日中华人民共和国主席令第 50 号公布
- 自 2001 年 10 月 1 日起施行

#### 第一章 总 则

**第一条** 为了调整信托关系,规范信托行为,保护信托当事人的合法权益,促进信托事业的健康发展,制定本法。

**第二条** 本法所称信托,是指委托人基于对受托人的信任,将其财产权委托给受托人,由受托人按委托人的意愿以自己的名义,为受益人的利益或者特定目的,进行管理或者处分的行为。

**第三条** 委托人、受托人、受益人(以下统称信托当事人)在中华人民共和国境内进行民事、营业、公益信托活动,适用本法。

**第四条** 受托人采取信托机构形式从事信托活动,其组织和管理由国务院制定具体办法。

**第五条** 信托当事人进行信托活动,必须遵守法律、行政法规,遵循自愿、公平和诚实信用原则,不得损害国家利益和社会公共利益。

#### 第二章 信托的设立

**第六条** 设立信托,必须有合法的信托目的。

**第七条** 设立信托,必须有确定的信托财产,并且该信托财产必须是委托人合法所有的财产。

本法所称财产包括合法的财产权利。

**第八条** 设立信托,应当采取书面形式。

书面形式包括信托合同、遗嘱或者法律、行政法规规定的其他书面文件等。

采取信托合同形式设立信托的,信托合同签订时,信托成立。采取其他书面形式设立信托的,受托人承诺信托时,信托成立。

**第九条** 设立信托,其书面文件应当载明下列事项:

(一)信托目的;

(二)委托人、受托人的姓名或者名称、住所;

(三)受益人或者受益人范围;

(四)信托财产的范围、种类及状况;

(五)受益人取得信托利益的形式、方法。

除前款所列事项外,可以载明信托期限、信托财产的管理方法、受托人的报酬、新受托人的选任方式、信托终止事由等事项。

**第十条** 设立信托,对于信托财产,有关法律、行政法规规定应当办理登记手续的,应当依法办理信托登记。

未依照前款规定办理信托登记的,应当补办登记手续;不补办的,该信托不产生效力。

**第十一条** 有下列情形之一的,信托无效:

(一)信托目的违反法律、行政法规或者损害社会公共利益;

(二)信托财产不能确定;

(三)委托人以非法财产或者本法规定不得设立信托的财产设立信托;

(四)专以诉讼或者讨债为目的设立信托;

(五)受益人或者受益人范围不能确定;

(六)法律、行政法规规定的其他情形。

**第十二条** 委托人设立信托损害其债权人利益的,债权人有权申请人民法院撤销该信托。

人民法院依照前款规定撤销信托的,不影响善意受益人已经取得的信托利益。

本条第一款规定的申请权,自债权人知道或者应当知道撤销原因之日起一年内不行使的,归于消灭。

**第十三条** 设立遗嘱信托,应当遵守继承法关于遗嘱的规定。

遗嘱指定的人拒绝或者无能力担任受托人的,由受益人另行选任受托人;受益人为无民事行为能力人或者限制民事行为能力人的,依法由其监护人代行选任。遗嘱对选任受托人另有规定的,从其规定。

## 第三章 信托财产

**第十四条** 受托人因承诺信托而取得的财产是信托财产。

受托人因信托财产的管理运用、处分或者其他情形而取得的财产,也归入信托财产。

法律、行政法规禁止流通的财产,不得作为信托财产。

法律、行政法规限制流通的财产,依法经有关主管部门批准后,可以作为信托财产。

**第十五条** 信托财产与委托人未设立信托的其他财产相区别。设立信托后,委托人死亡或者依法解散、被依法撤销、被宣告破产时,委托人是唯一受益人的,信托终止,信托财产作为其遗产或者清算财产;委托人不是唯一受益人的,信托存续,信托财产不作为其遗产或者清算财产;但作为共同受益人的委托人死亡或者依法解散、被依法撤销、被宣告破产时,其信托受益权作为其遗产或者清算财产。

**第十六条** 信托财产与属于受托人所有的财产(以下简称固有财产)相区别,不得归入受托人的固有财产或者成为固有财产的一部分。

受托人死亡或者依法解散、被依法撤销、被宣告破产而终止,信托财产不属于其遗产或者清算财产。

**第十七条** 除因下列情形之一外,对信托财产不得强制执行:

(一)设立信托前债权人已对该信托财产享有优先受偿的权利,并依法行使该权利的;

(二)受托人处理信托事务所产生债务,债权人要求清偿该债务的;

(三)信托财产本身应担负的税款;

(四)法律规定的其他情形。

对于违反前款规定而强制执行信托财产,委托人、受托人或者受益人有权向人民法院提出异议。

**第十八条** 受托人管理运用、处分信托财产所产生的债权,不得与其固有财产产生的债务相抵销。

受托人管理运用、处分不同委托人的信托财产所产生的债权债务,不得相互抵销。

## 第四章 信托当事人

### 第一节 委托人

**第十九条** 委托人应当是具有完全民事行为能力的自然人、法人或者依法成立的其他组织。

**第二十条** 委托人有权了解其信托财产的管理运用、处分及收支情况,并有权要求受托人作出说明。

委托人有权查阅、抄录或者复制与其信托财产有关的信托账目以及处理信托事务的其他文件。

**第二十一条** 因设立信托时未能预见的特别事由,致使信托财产的管理方法不利于实现信托目的或者不符合受益人的利益时,委托人有权要求受托人调整该信托财产的管理方法。

**第二十二条** 受托人违反信托目的处分信托财产或者因违背管理职责、处理信托事务不当致使信托财产受到损失的,委托人有权申请人民法院撤销该处分行为,并有权要求受托人恢复信托财产的原状或者予以赔偿;该信托财产的受让人明知是违反信托目的而接受该财产的,应当予以返还或者予以赔偿。

前款规定的申请权,自委托人知道或者应当知道撤销原因之日起一年内不行使的,归于消灭。

**第二十三条** 受托人违反信托目的处分信托财产或者管理运用、处分信托财产有重大过失的,委托人有权依照信托文件的规定解任受托人,或者申请人民法院解任受托人。

### 第二节 受托人

**第二十四条** 受托人应当是具有完全民事行为能力的自然人、法人。

法律、行政法规对受托人的条件另有规定的,从其规定。

**第二十五条** 受托人应当遵守信托文件的规定,为受益人的最大利益处理信托事务。

受托人管理信托财产,必须恪尽职守,履行诚实、信用、谨慎、有效管理的义务。

**第二十六条** 受托人除依照本法规定取得报酬外,不得利用信托财产为自己谋取利益。

受托人违反前款规定,利用信托财产为自己谋取利益的,所得利益归入信托财产。

**第二十七条** 受托人不得将信托财产转为其固有财

产。受托人将信托财产转为其固有财产的，必须恢复该信托财产的原状；造成信托财产损失的，应当承担赔偿责任。

**第二十八条** 受托人不得将其固有财产与信托财产进行交易或者将不同委托人的信托财产进行相互交易，但信托文件另有规定或者经委托人或者受益人同意，并以公平的市场价格进行交易的除外。

受托人违反前款规定，造成信托财产损失的，应当承担赔偿责任。

**第二十九条** 受托人必须将信托财产与其固有财产分别管理、分别记账，并将不同委托人的信托财产分别管理、分别记账。

**第三十条** 受托人应当自己处理信托事务，但信托文件另有规定或者有不得已事由的，可以委托他人代为处理。

受托人依法将信托事务委托他人代理的，应当对他人处理信托事务的行为承担责任。

**第三十一条** 同一信托的受托人有两个以上的，为共同受托人。

共同受托人应当共同处理信托事务，但信托文件规定对某些具体事务由受托人分别处理的，从其规定。

共同受托人共同处理信托事务，意见不一致时，按信托文件规定处理；信托文件未规定的，由委托人、受益人或者其利害关系人决定。

**第三十二条** 共同受托人处理信托事务对第三人所负债务，应当承担连带清偿责任。第三人对共同受托人之一所作的意思表示，对其他受托人同样有效。

共同受托人之一违反信托目的处分信托财产或者因违背管理职责、处理信托事务不当致使信托财产受到损失的，其他受托人应当承担连带赔偿责任。

**第三十三条** 受托人必须保存处理信托事务的完整记录。

受托人应当每年定期将信托财产的管理运用、处分及收支情况，报告委托人和受益人。

受托人对委托人、受益人以及处理信托事务的情况和资料负有依法保密的义务。

**第三十四条** 受托人以信托财产为限向受益人承担支付信托利益的义务。

**第三十五条** 受托人有权依照信托文件的约定取得报酬。信托文件未作事先约定的，经信托当事人协商同意，可以作出补充约定；未作事先约定和补充约定的，不得收取报酬。

约定的报酬经信托当事人协商同意，可以增减其数额。

**第三十六条** 受托人违反信托目的处分信托财产或者因违背管理职责、处理信托事务不当致使信托财产受到损失的，在未恢复信托财产的原状或者未予赔偿前，不得请求给付报酬。

**第三十七条** 受托人因处理信托事务所支出的费用、对第三人所负债务，以信托财产承担。受托人以其固有财产先行支付的，对信托财产享有优先受偿的权利。

受托人违背管理职责或者处理信托事务不当对第三人所负债务或者自己所受到的损失，以其固有财产承担。

**第三十八条** 设立信托后，经委托人和受益人同意，受托人可以辞任。本法对公益信托的受托人辞任另有规定的，从其规定。

受托人辞任的，在新受托人选出前仍应履行管理信托事务的职责。

**第三十九条** 受托人有下列情形之一的，其职责终止：

（一）死亡或者被依法宣告死亡；

（二）被依法宣告为无民事行为能力人或者限制民事行为能力人；

（三）被依法撤销或者被宣告破产；

（四）依法解散或者法定资格丧失；

（五）辞任或者被解任；

（六）法律、行政法规规定的其他情形。

受托人职责终止时，其继承人或者遗产管理人、监护人、清算人应当妥善保管信托财产，协助新受托人接管信托事务。

**第四十条** 受托人职责终止的，依照信托文件规定选任新受托人；信托文件未规定的，由委托人选任；委托人不指定或者无能力指定的，由受益人选任；受益人为无民事行为能力人或者限制民事行为能力人的，依法由其监护人代行选任。

原受托人处理信托事务的权利和义务，由新受托人承继。

**第四十一条** 受托人有本法第三十九条第一款第（三）项至第（六）项所列情形之一的，职责终止的，应当作出处理信托事务的报告，并向新受托人办理信托财产和信托事务的移交手续。

前款报告经委托人或者受益人认可，原受托人就报告中所列事项解除责任。但原受托人有不正当行为的除外。

第四十二条 共同受托人之一职责终止的,信托财产由其他受托人管理和处分。

### 第三节 受益人

第四十三条 受益人是在信托中享有信托受益权的人。受益人可以是自然人、法人或者依法成立的其他组织。

委托人可以是受益人,也可以是同一信托的唯一受益人。

受托人可以是受益人,但不得是同一信托的唯一受益人。

第四十四条 受益人自信托生效之日起享有信托受益权。信托文件另有规定的,从其规定。

第四十五条 共同受益人按照信托文件的规定享受信托利益。信托文件对信托利益的分配比例或者分配方法未作规定的,各受益人按照均等的比例享受信托利益。

第四十六条 受益人可以放弃信托受益权。

全体受益人放弃信托受益权的,信托终止。

部分受益人放弃信托受益权的,被放弃的信托受益权按下列顺序确定归属:

(一) 信托文件规定的人;
(二) 其他受益人;
(三) 委托人或者其继承人。

第四十七条 受益人不能清偿到期债务的,其信托受益权可以用于清偿债务,但法律、行政法规以及信托文件有限制性规定的除外。

第四十八条 受益人的信托受益权可以依法转让和继承,但信托文件有限制性规定的除外。

第四十九条 受益人可以行使本法第二十条至第二十三条规定的委托人享有的权利。受益人行使上述权利,与委托人意见不一致时,可以申请人民法院作出裁定。

受托人有本法第二十二条第一款所列行为,共同受益人之一申请人民法院撤销该处分行为的,人民法院所作出的撤销裁定,对全体共同受益人有效。

### 第五章 信托的变更与终止

第五十条 委托人是唯一受益人的,委托人或其继承人可以解除信托。信托文件另有规定的,从其规定。

第五十一条 设立信托后,有下列情形之一的,委托人可以变更受益人或者处分受益人的信托受益权:

(一) 受益人对委托人有重大侵权行为;
(二) 受益人对其他共同受益人有重大侵权行为;
(三) 经受益人同意;
(四) 信托文件规定的其他情形。

有前款第(一)项、第(三)项、第(四)项所列情形之一的,委托人可以解除信托。

第五十二条 信托不因委托人或者受托人的死亡、丧失民事行为能力、依法解散、被依法撤销或者被宣告破产而终止,也不因受托人的辞任而终止。但本法或者信托文件另有规定的除外。

第五十三条 有下列情形之一的,信托终止:

(一) 信托文件规定的终止事由发生;
(二) 信托的存续违反信托目的;
(三) 信托目的已经实现或者不能实现;
(四) 信托当事人协商同意;
(五) 信托被撤销;
(六) 信托被解除。

第五十四条 信托终止的,信托财产归属于信托文件规定的人;信托文件未规定的,按下列顺序确定归属:

(一) 受益人或者其继承人;
(二) 委托人或者其继承人。

第五十五条 依照前条规定,信托财产的归属确定后,在该信托财产转移给权利归属人的过程中,信托视为存续,权利归属人视为受益人。

第五十六条 信托终止后,人民法院依据本法第十七条的规定对原信托财产进行强制执行的,以权利归属人为被执行人。

第五十七条 信托终止后,受托人依照本法规定行使请求给付报酬、从信托财产中获得补偿的权利时,可以留置信托财产或者对信托财产的权利归属人提出请求。

第五十八条 信托终止的,受托人应当作出处理信托事务的清算报告。受益人或者信托财产的权利归属人对清算报告无异议的,受托人就清算报告所列事项解除责任。但受托人有不正当行为的除外。

### 第六章 公益信托

第五十九条 公益信托适用本章规定。本章未规定的,适用本法及其他相关法律的规定。

第六十条 为了下列公共利益目的之一而设立的信托,属于公益信托:

(一) 救济贫困;
(二) 救助灾民;
(三) 扶助残疾人;
(四) 发展教育、科技、文化、艺术、体育事业;
(五) 发展医疗卫生事业;

（六）发展环境保护事业，维护生态环境；
（七）发展其他社会公益事业。

**第六十一条** 国家鼓励发展公益信托。

**第六十二条** 公益信托的设立和确定其受托人，应当经有关公益事业的管理机构（以下简称公益事业管理机构）批准。

未经公益事业管理机构的批准，不得以公益信托的名义进行活动。

公益事业管理机构对于公益信托活动应当给予支持。

**第六十三条** 公益信托的信托财产及其收益，不得用于非公益目的。

**第六十四条** 公益信托应当设置信托监察人。

信托监察人由信托文件规定。信托文件未规定的，由公益事业管理机构指定。

**第六十五条** 信托监察人有权以自己的名义，为维护受益人的利益，提起诉讼或者实施其他法律行为。

**第六十六条** 公益信托的受托人未经公益事业管理机构批准，不得辞任。

**第六十七条** 公益事业管理机构应当检查受托人处理公益信托事务的情况及财产状况。

受托人应当至少每年一次作出信托事务处理情况及财产状况报告，经信托监察人认可后，报公益事业管理机构核准，并由受托人予以公告。

**第六十八条** 公益信托的受托人违反信托义务或者无能力履行其职责的，由公益事业管理机构变更受托人。

**第六十九条** 公益信托成立后，发生设立信托时不能预见的情形，公益事业管理机构可以根据信托目的，变更信托文件中的有关条款。

**第七十条** 公益信托终止的，受托人应当于终止事由发生之日起十五日内，将终止事由和终止日期报告公益事业管理机构。

**第七十一条** 公益信托终止的，受托人作出的处理信托事务的清算报告，应当经信托监察人认可后，报公益事业管理机构核准，并由受托人予以公告。

**第七十二条** 公益信托终止，没有信托财产权利归属人或者信托财产权利归属人是不特定的社会公众的，经公益事业管理机构批准，受托人应当将信托财产用于与原公益目的相近似的目的，或者将信托财产转移给具有近似目的的公益组织或者其他公益信托。

**第七十三条** 公益事业管理机构违反本法规定的，委托人、受托人或者受益人有权向人民法院起诉。

## 第七章 附　则

**第七十四条** 本法自2001年10月1日起施行。

# 信托登记管理办法

· 2017年8月25日
· 银监发〔2017〕47号

## 第一章 总　则

**第一条** 为规范信托登记活动，保护信托当事人的合法权益，促进信托业持续健康发展，根据《中华人民共和国信托法》《中华人民共和国银行业监督管理法》等法律法规，制定本办法。

**第二条** 本办法所称信托登记是指中国信托登记有限责任公司（简称信托登记公司）对信托机构的信托产品及其受益权信息、国务院银行业监督管理机构规定的其他信息及其变动情况予以记录的行为。

本办法所称信托机构，是指依法设立的信托公司和国务院银行业监督管理机构认可的其他机构。

**第三条** 信托机构开展信托业务，应当办理信托登记，但法律、行政法规或者国务院银行业监督管理机构另有规定的除外。

**第四条** 信托登记活动应当遵守法律、行政法规和国务院银行业监督管理机构的有关规定，遵循诚实信用原则，不得损害国家利益和社会公共利益。

**第五条** 信托登记公司以提供信托业基础服务为主要职能，应当坚持依法合规、稳健经营的原则，忠实履行信托登记和其他相关职能。

**第六条** 信托登记公司应当具有与信托登记活动及履行其他职能相适应的场所、设施和安全防范措施，建立独立、安全、高效的信托登记系统及相关配套系统，强化信息技术保障，切实保护信托当事人及其他相关方的合法权益。

**第七条** 国务院银行业监督管理机构依法对信托登记及相关活动实施监督管理。

## 第二章 信托登记申请

**第八条** 信托登记由信托机构提出申请，但法律、行政法规或者国务院银行业监督管理机构另有规定的除外。

**第九条** 信托登记信息包括信托产品名称、信托类别、信托目的、信托期限、信托当事人、信托财产、信托利益分配等信托产品及其受益权信息和变动情况。

**第十条** 信托机构应当在集合资金信托计划发行日

五个工作日前或者在单一资金信托和财产权信托成立日两个工作日前申请办理信托产品预登记(简称信托预登记),并在信托登记公司取得唯一产品编码。

申请办理信托预登记的,应当提交下列文件:

(一)信托预登记申请书,包括信托产品名称、信托类别、拟发行或者成立时间、预计存续期限、拟发行或者成立信托规模、信托财产来源、信托财产管理或者运用方向和方式、交易对手、交易结构、风险提示、风控措施、清算方式、异地推介信息、关联交易信息、保管人信息等内容;

(二)法律、行政法规、国务院银行业监督管理机构要求的其他文件。

信托产品在信托预登记后六个月内未成立或者未生效的,或者信托机构未按照本办法办理信托初始登记的,信托机构已办理的信托预登记自动注销,无需办理终止登记。

信托机构办理信托预登记后,信托登记信息发生重大变动的,应当重新申请办理信托预登记。

第十一条 信托机构应当在信托成立或者生效后十个工作日内申请办理信托产品及其受益权初始登记(简称信托初始登记)。

申请办理信托初始登记时,应当提交下列文件:

(一)信托初始登记申请书;

(二)加盖公章的信托文件样本;

(三)法律、行政法规、国务院银行业监督管理机构要求的其他文件。

第十二条 信托存续期间,信托登记信息发生重大变动的,信托机构应当在相关事项发生变动之日起十个工作日内就变动事项申请办理信托产品及其受益权变更登记(简称信托变更登记)。

申请办理信托变更登记时,应当提交下列文件:

(一)信托变更登记申请书;

(二)证明发生变更事实的文件;

(三)法律、行政法规、国务院银行业监督管理机构要求的其他文件。

第十三条 信托终止后,信托机构应当在按照信托合同约定解除受托人责任后十个工作日内申请办理信托产品及其受益权终止登记(简称信托终止登记)。

申请办理信托终止登记的,应当提交下列文件:

(一)信托终止登记申请书;

(二)受托人出具的清算报告;

(三)法律、行政法规、国务院银行业监督管理机构要求的其他文件。

第十四条 信托机构发现信托登记信息错误需要更正的,应当在发现之日起十个工作日内申请办理信托产品及其受益权更正登记(简称信托更正登记)。

申请办理信托更正登记的,应当提交下列文件:

(一)信托更正登记申请书;

(二)证明发生需要更正事实的文件;

(三)法律、行政法规、国务院银行业监督管理机构要求的其他文件。

第十五条 信托机构应当对所提供的信托登记相关文件和信息的真实性、准确性、完整性和及时性负责。

## 第三章 信托登记办理

第十六条 信托登记公司接受信托机构提出的信托登记申请,依法办理信托登记业务。

第十七条 信托机构申请办理信托登记,应当根据本办法和信托登记公司的规定,通过信托登记公司的信托登记系统提交信托登记信息,并上传相关文件。

信托登记公司与信托机构应当建立专用网络,实现系统对接,确保信托登记信息和相关文件报送安全、高效。

第十八条 信托机构提交的登记申请文件齐全且符合规定的形式要求的,信托登记公司在收到登记申请文件时应当出具受理凭证,该受理凭证的出具日为受理日。

信托机构提交的登记申请文件不齐全或者不符合规定的形式要求的,信托登记公司应当书面告知补正要求,并在收到完整的登记申请文件时出具受理凭证,该受理凭证的出具日为受理日。

第十九条 信托登记公司对信托机构提供的信托登记信息及相关文件进行形式审查。

信托登记和本办法第三十八条规定的信息公示不构成对信托产品持续合规情况、投资价值及投资风险的判断或者保证。

第二十条 对于符合登记条件的,信托登记公司应当自受理之日起两个工作日内完成审查,并准予办理信托登记。对于不符合登记条件的,信托登记公司应当自收到登记申请文件之日起两个工作日内一次性告知信托机构需要补正的全部内容,并自收到完整补正材料之日起两个工作日内完成审查。

第二十一条 信托登记公司应当在完成信托登记当日向信托机构出具统一格式的信托登记证明文书。

## 第四章 信托受益权账户管理

第二十二条 信托受益权账户是信托登记公司为受

益人开立的记载其信托受益权及其变动情况的簿记账户。

委托人或者受益人根据自愿原则申请开立信托受益权账户。

**第二十三条** 任一民事主体仅可以开立一个信托受益权账户,国务院银行业监督管理机构另有规定的除外。

任一信托产品或者其他承担特定目的载体功能的金融产品仅可以开立一个信托受益权账户,户名应当采用作为管理人的金融机构全称加金融产品全称的模式。

**第二十四条** 信托受益权账户由信托登记公司集中管理。

**第二十五条** 委托人或者受益人可以委托信托公司等金融机构代办信托受益权账户开立业务。信托公司可以代办信托受益权账户开立业务;其他金融机构代办信托受益权账户开立业务的,由信托登记公司依申请评估确定。

委托人或者受益人应当向信托登记公司或者代理开户机构提交开户信息,且保证所提交的信息真实、准确、完整。代理开户机构应当核实并向信托登记公司提交委托人或者受益人的开户信息。

**第二十六条** 信托登记公司为符合条件的受益人开立信托受益权账户,配发唯一账户编码,并出具开户通知书。

信托登记公司和信托受益权账户代理开户机构应当对所知悉的委托人或者受益人开户信息以及信托受益权账户信息依法保密。

**第二十七条** 信托受益权账户采用实名制,不得出租、出借或者转让。

**第二十八条** 受益人可以依法查询其信托受益权账户中记载的信托受益权信息。

**第二十九条** 受益人可以申请注销或者委托代理开户机构代为申请注销其信托受益权账户。当受益人出现民事行为能力丧失等情形时,信托财产法定继承人或者承继人等利害关系人,可以凭具有法律效力的证明文件,申请注销或者委托代理开户机构代为申请注销其信托受益权账户。

无信托受益权份额的信托受益权账户方可办理注销。

## 第五章 信托登记信息管理和使用

**第三十条** 信托登记公司负责管理和维护信托登记信息,确保有关信息的安全、完整和数据的依法、合规使用。

**第三十一条** 信托登记信息受法律保护,信托登记公司应当对信托登记信息及相关文件依法保密。

除法律、行政法规或者国务院银行业监督管理机构规定可以公开的情形外,任何单位或者个人不得查询或者获取信托登记信息。

**第三十二条** 除法律、行政法规规定或者国务院银行业监督管理机构同意的情形外,信托登记公司不得将由信托登记信息统计、分析形成的有关信息进行披露或者对外提供。

**第三十三条** 信托登记公司应当依据有关法律法规,建立保密制度,加强保密教育,采取相应的保密措施。

**第三十四条** 信托登记公司应当根据法律、行政法规、国务院银行业监督管理机构的规定以及信托文件约定的信托登记信息保密要求,设置不同级别的查询权限:

(一)委托人、受益人仅可以查询与其权利、义务直接相关且不违背信托文件约定的信托登记信息。当委托人、受益人出现民事行为能力丧失等情形时,信托财产法定继承人或者承继人等利害关系人,仅可以凭具有法律效力的证明文件申请查询与其权利、义务直接相关的信托登记信息;

(二)信托机构仅可以查询与其自身业务直接相关的信托登记信息;

(三)银行业监督管理机构和其他有权机关仅可以在法定职责范围内,依法查询相关信托登记信息。

向信托登记公司申请信托登记信息查询的,应当提交有效身份证明文件、授权文件和相关证明材料,并书面说明查询目的。

除法律明确规定或者授权外,任何单位或者个人不得查询受益人的个人基本信息。

**第三十五条** 信托登记公司应当妥善保存信托登记信息及相关文件,自信托终止之日起至少保存十五年。

**第三十六条** 信托登记公司应当按月向国务院银行业监督管理机构报告信托登记总体情况、信托业运行情况等信息,并按照国务院银行业监督管理机构的要求定期或者不定期报告其他有关信息。

**第三十七条** 对信托机构未按规定办理信托登记或者在信托登记中存在信息严重错报、漏报的行为,信托登记公司应当及时将有关情况报告银行业监督管理机构。

## 第六章 监督管理

**第三十八条** 集合资金信托计划的信托登记基本信息应当在信托初始登记后五个工作日内在信托登记公司官方网站公示。

前款所称信托登记基本信息包括集合资金信托计划名称、登记时间、产品编码、信托类别、受托人名称、预计存续期限、信托财产主要运用领域等内容，国务院银行业监督管理机构另有规定的除外。

财产权信托进行受益权拆分转让或者对外发行受益权的，参照集合资金信托计划进行公示。

**第三十九条** 银行业监督管理机构对信托产品的发行、公示和管理履行日常监管职责，可以根据信托公司监管评级、净资本状况、风险及合规情况等采取必要的监管措施。

履行法人监管职责的银行业监督管理机构发现信托产品存在违法违规情形的，应当立即依法进行处理。

**第四十条** 信托公司应当按照监管要求，定期更新并向信托登记公司报送有关的信托业务信息，以满足信息披露和持续监管的需要。

**第四十一条** 信托登记公司、信托机构违反本办法有关规定的，银行业监督管理机构应当责令限期改正；逾期未改正的，或者其行为严重危及信托机构的稳健运行、损害受益人合法权益的，银行业监督管理机构可以依据《中华人民共和国银行业监督管理法》等法律法规，采取相应的监管措施。

**第四十二条** 信托机构或者其工作人员伪造、变造登记申请文件，或者提交的登记申请文件存在重大错误给当事人或者利害关系人造成损失的，应当依法承担相应法律责任。

**第四十三条** 信托机构或者其工作人员伪造、变造信托登记证明文件的，应当依法承担相应法律责任。

**第四十四条** 信托登记公司或者其工作人员违反本办法规定，导致信托登记错误或者泄露保密信息的，信托登记公司应当采取内部问责措施，信托登记公司或者有关责任人员应当依法承担相应法律责任。

## 第七章 附 则

**第四十五条** 信托登记公司应当根据相关法律法规以及本办法制定信托登记业务细则，报国务院银行业监督管理机构批准后实施。

**第四十六条** 本办法由国务院银行业监督管理机构负责解释。

**第四十七条** 本办法自2017年9月1日起施行。

# 慈善信托管理办法

- 2017年7月7日
- 银监发〔2017〕37号

## 第一章 总 则

**第一条** 为规范慈善信托，保护慈善信托当事人的合法权益，促进慈善事业发展，根据《中华人民共和国慈善法》（简称《慈善法》）、《中华人民共和国信托法》（简称《信托法》）、《中华人民共和国银行业监督管理法》（简称《银行业监督管理法》）等法律法规，制定本办法。

**第二条** 本办法所称慈善信托属于公益信托，是指委托人基于慈善目的，依法将其财产委托给受托人，由受托人按照委托人意愿以受托人名义进行管理和处分，开展慈善活动的行为。

**第三条** 开展慈善信托，应当遵循合法、自愿、诚信的原则，不得违背社会公德、危害国家安全、损害社会公共利益和他人合法权益。

**第四条** 国家鼓励发展慈善信托，支持自然人、法人和其他组织践行社会主义核心价值观，弘扬中华民族传统美德，依法开展慈善活动。

**第五条** 慈善信托的委托人、受托人、受益人以及监察人在中华人民共和国境内开展慈善信托，适用本办法。

**第六条** 国务院银行业监督管理机构及其派出机构、国务院民政部门及县级以上地方各级人民政府民政部门根据各自法定职责对慈善信托实施监督管理。

## 第二章 慈善信托的设立

**第七条** 设立慈善信托，必须有合法的慈善信托目的。

以开展下列慈善活动为目的而设立的信托，属于慈善信托：

（一）扶贫、济困；

（二）扶老、救孤、恤病、助残、优抚；

（三）救助自然灾害、事故灾难和公共卫生事件等突发事件造成的损害；

（四）促进教育、科学、文化、卫生、体育等事业的发展；

（五）防治污染和其他公害，保护和改善生态环境；

（六）符合《慈善法》规定的其他公益活动。

**第八条** 慈善信托的委托人应当是具有完全民事行为能力的自然人、法人或者依法成立的其他组织。

**第九条** 慈善信托的受托人可以由委托人确定其信赖的慈善组织或者信托公司担任。

**第十条** 慈善信托的委托人不得指定或者变相指定与委托人或受托人具有利害关系的人作为受益人。

**第十一条** 慈善信托的委托人根据需要，可以确定监察人。

监察人对受托人的行为进行监督，依法维护委托人和受益人的权益。监察人发现受托人违反信托义务或者难以履行职责的，应当向委托人报告，并有权以自己的名义向人民法院提起诉讼。

**第十二条** 设立慈善信托，必须有确定的信托财产，并且该信托财产必须是委托人合法所有的财产。

前款所称财产包括合法的财产权利。

**第十三条** 设立慈善信托、确定受托人和监察人，应当采取书面形式。

书面形式包括信托合同、遗嘱或者法律、行政法规规定的其他书面文件等。

**第十四条** 慈善信托文件应当载明下列事项：

（一）慈善信托名称；

（二）慈善信托目的；

（三）委托人、受托人的姓名或者名称、住所，如设置监察人，监察人的姓名或者名称、住所；

（四）受益人范围及选定的程序和方法；

（五）信托财产的范围、种类、状况和管理方法；

（六）年度慈善支出的比例或数额；

（七）信息披露的内容和方式；

（八）受益人取得信托利益的形式和方法；

（九）信托报酬收取标准和方法。

除前款所列事项外，可以载明信托期限、新受托人的选任方式、信托终止事由、争议解决方式等事项。

### 第三章 慈善信托的备案

**第十五条** 受托人应当在慈善信托文件签订之日起7日内，将相关文件向受托人所在地县级以上人民政府民政部门备案。

未按照前款规定将相关文件报民政部门备案的，不享受税收优惠。

**第十六条** 信托公司担任受托人的，由其登记注册地设区市的民政部门履行备案职责；慈善组织担任受托人的，由准予其登记或予以认定的民政部门履行备案职责。

**第十七条** 同一慈善信托有两个或两个以上的受托人时，委托人应当确定其中一个承担主要受托管理责任的受托人按照本章规定进行备案。备案的民政部门应当将备案信息与其他受托人所在地的县级以上人民政府民政部门共享。

**第十八条** 慈善信托的受托人向民政部门申请备案时，应当提交以下书面材料：

（一）备案申请书；

（二）委托人身份证明（复印件）和关于信托财产合法性的声明；

（三）担任受托人的信托公司的金融许可证或慈善组织准予登记或予以认定的证明材料（复印件）；

（四）信托文件；

（五）开立慈善信托专用资金账户证明、商业银行资金保管协议，非资金信托除外；

（六）信托财产交付的证明材料（复印件）；

（七）其他材料。

以上材料一式四份，由委托人提交履行备案职责的民政部门指定的受理窗口。

**第十九条** 备案后，发生第三十八条规定的部分变更事项时，慈善信托的受托人应当在变更之日起7日内按照第十八条的规定向原备案的民政部门申请备案，并提交发生变更的相关书面材料。

如当月发生两起或两起以上变更事项的，可以在下月10日前一并申请备案。

**第二十条** 慈善信托的受托人违反信托义务或者难以履行职责的，委托人可以变更受托人。变更后的受托人应当在变更之日起7日内，将变更情况报原备案的民政部门重新备案。

申请重新备案时，应当提交以下书面材料：

（一）原备案的信托文件和备案回执；

（二）重新备案申请书；

（三）原受托人出具的慈善信托财产管理处分情况报告；

（四）作为变更后受托人的信托公司的金融许可证或慈善组织准予登记或予以认定的证明材料（复印件）；

（五）重新签订的信托合同等信托文件；

（六）开立慈善信托专用资金账户证明、商业银行资金保管协议，非资金信托除外；

（七）其他材料。

以上书面材料一式四份，由变更后的受托人提交原备案的民政部门受理窗口。

**第二十一条** 慈善信托备案申请符合《慈善法》、《信托法》和本办法规定的，民政部门应当在收到备案申请材料之日起7日内出具备案回执；不符合规定的，应当在收到备案申请材料之日起7日内一次性书面告知理由和需要补正的相关材料。

**第二十二条** 信托公司新设立的慈善信托项目应当按照监管要求及时履行报告或产品登记义务。

## 第四章 慈善信托财产的管理和处分

**第二十三条** 慈善信托财产及其收益，应当全部用于慈善目的。

**第二十四条** 受托人管理和处分慈善信托财产，应当按照慈善信托目的，恪尽职守，履行诚信、谨慎管理的义务。

**第二十五条** 受托人除依法取得信托报酬外，不得利用慈善信托财产为自己谋取利益。

**第二十六条** 慈善信托财产与受托人固有财产相区别，受托人不得将慈善信托财产转为其固有财产。

任何组织和个人不得私分、挪用、截留或者侵占慈善信托财产。

**第二十七条** 受托人必须将慈善信托财产与其固有财产分别管理、分别记账，并将不同慈善信托的财产分别管理、分别记账。

**第二十八条** 对于资金信托，应当委托商业银行担任保管人，并且依法开立慈善信托资金专户；对于非资金信托，当事人可以委托第三方进行保管。

**第二十九条** 受托人应当自己处理慈善信托事务，但信托文件另有规定或者有不得已事由的，可以委托他人代为处理。

受托人依法将慈善信托事务委托他人代理的，应当对他人处理慈善信托事务的行为承担责任。

受托人因依法将慈善信托事务委托他人代理而向他人支付的报酬，在其信托报酬中列支。

**第三十条** 慈善信托财产运用应当遵循合法、安全、有效的原则，可以运用于银行存款、政府债券、中央银行票据、金融债券和货币市场基金等低风险资产，但委托人和信托公司另有约定的除外。

**第三十一条** 受托人不得将其固有财产与慈善信托财产进行交易或者将不同委托人的信托财产进行相互交易，但信托文件另有规定或者经委托人同意，并以公平的市场价格进行交易的除外。

**第三十二条** 委托人、受托人及其管理人员不得利用其关联关系，损害慈善信托利益和社会公共利益，有关交易情况应当向社会公开。

**第三十三条** 受托人应当根据信托文件和委托人的要求，及时向委托人报告慈善信托事务处理情况、信托财产管理使用情况。

**第三十四条** 慈善信托的受托人应严格按照有关规定管理和处分慈善信托财产，不得借慈善信托名义从事非法集资、洗钱等活动。

**第三十五条** 受托人应当妥善保存管理慈善信托事务的全部资料，保存期自信托终止之日起不少于十五年。

**第三十六条** 受托人违反法律、行政法规和信托文件的规定，造成慈善信托财产损失的，应当以其固有财产承担相应的赔偿责任。

## 第五章 慈善信托的变更和终止

**第三十七条** 慈善信托的受托人违反信托文件义务或者出现依法解散、法定资格丧失、被依法撤销、被宣告破产或者其他难以履行职责的情形时，委托人可以变更受托人。

**第三十八条** 根据信托文件约定或者经原委托人同意，可以变更以下事项：

（一）增加新的委托人；

（二）增加信托财产；

（三）变更信托受益人范围及选定的程序和方法；

（四）国务院民政部门和国务院银行业监督管理机构规定的其他情形。

**第三十九条** 慈善信托的受托人不得自行辞任，信托文件另有规定的除外。

**第四十条** 有下列情形之一的，慈善信托终止：

（一）信托文件规定的终止事由出现；

（二）信托的存续违反信托目的；

（三）信托目的已经实现或者不能实现；

（四）信托当事人协商同意；

（五）信托被撤销；

（六）信托被解除。

**第四十一条** 自慈善信托终止事由发生之日起15日内，受托人应当将终止事由、日期、剩余信托财产处分方案和有关情况报告备案的民政部门。

**第四十二条** 慈善信托终止的，受托人应当在30日内作出处理慈善信托事务的清算报告，向备案的民政部门报告后，由受托人予以公告。

慈善信托若设置信托监察人，清算报告应事先经监察人认可。

**第四十三条** 慈善信托终止，没有信托财产权利归属人或者信托财产权利归属人是不特定的社会公众，经备案的民政部门批准，受托人应当将信托财产用于与原慈善目的相近似的目的，或者将信托财产转移给具有近似目的的其他慈善信托或者慈善组织。

## 第六章 促进措施

**第四十四条** 慈善信托的委托人、受托人和受益人按照国家有关规定享受税收优惠。

**第四十五条** 信托公司开展慈善信托业务免计风险资本，免予认购信托业保障基金。

**第四十六条** 鼓励地方各级人民政府根据经济社会发展情况，制定和出台促进慈善信托事业发展的政策和措施。

## 第七章 监督管理和信息公开

**第四十七条** 银行业监督管理机构负责信托公司慈善信托业务和商业银行慈善信托账户资金保管业务的监督管理工作。县级以上人民政府民政部门负责慈善信托备案和相关监督管理工作。

**第四十八条** 民政部门和银行业监督管理机构应当建立经常性的监管协作机制，加强事中、事后监管，切实提高监管有效性。

**第四十九条** 民政部门和银行业监督管理机构根据各自法定管理职责，对慈善信托的受托人应当履行的受托职责、管理慈善信托财产及其收益的情况、履行信息公开和告知义务以及其他与慈善信托相关的活动进行监督检查。

**第五十条** 民政部门和银行业监督管理机构根据各自法定管理职责，联合或委托第三方机构对慈善信托的规范管理、慈善目的的实现和慈善信托财产的运用效益等进行评估。

**第五十一条** 民政部门和银行业监督管理机构根据履行职责的需要，可以与受托人的主要负责人和相关人员进行监督管理谈话，要求就受托人的慈善信托活动和风险管理的重大事项作出说明。

**第五十二条** 除依法设立的信托公司或依法予以登记或认定的慈善组织外，任何单位和个人不得以"慈善信托"等名义开展活动。

**第五十三条** 行业组织应当加强行业自律，反映行业诉求，推动行业交流，提高慈善信托公信力，促进慈善信托事业发展。

**第五十四条** 任何单位和个人发现慈善信托违法违规行为的，可以向民政部门、银行业监督管理机构和其他有关部门进行投诉、举报。民政部门、银行业监督管理机构和其他有关部门接到投诉、举报后，应当及时调查处理。

国家鼓励公众、媒体对慈善信托活动进行监督，对慈善信托违法违规行为予以曝光，发挥舆论和社会监督作用。

**第五十五条** 民政部门和银行业监督管理机构应当及时向社会公开下列慈善信托信息：

（一）慈善信托备案事项；

（二）慈善信托终止事项；

（三）对慈善信托检查、评估的结果；

（四）对慈善信托受托人的行政处罚和监管措施的结果；

（五）法律法规规定应当公开的其他信息。

**第五十六条** 受托人应当在民政部门提供的信息平台上，发布以下慈善信息，并对信息的真实性负责。

（一）慈善信托设立情况说明；

（二）信托事务处理情况报告、财产状况报告；

（三）慈善信托变更、终止事由；

（四）备案的民政部门要求公开的其他信息。

**第五十七条** 涉及国家秘密、商业秘密、个人隐私的信息以及慈善信托的委托人不同意公开的姓名、名称、住所、通讯方式等信息，不得公开。

**第五十八条** 慈善信托的受托人应当于每年3月31日前向备案的民政部门报送慈善信托事务处理情况和慈善信托财产状况的年度报告。

## 第八章 法律责任

**第五十九条** 慈善信托的受托人有下列情形之一的，由民政部门予以警告，责令限期改正；有违法所得的，由民政部门予以没收；对直接负责的主管人员和其他直接责任人员处二万元以上二十万元以下罚款：

（一）将信托财产及其收益用于非慈善目的的；

（二）未按照规定将信托事务处理情况及财务状况向民政部门报告或者向社会公开的。

**第六十条** 信托公司违反本办法规定的，银行业监督管理机构可以根据《银行业监督管理法》等法律法规，采取相应的行政处罚和监管措施。

**第六十一条** 慈善信托的当事人违反《慈善法》有关规定，构成违反治安管理行为的，依法移送公安机关给予治安管理处罚；构成犯罪的，依法移送公安、司法机关追究刑事责任。

## 第九章 附 则

**第六十二条** 本办法由国务院银行业监督管理机构与国务院民政部门共同负责解释。

**第六十三条** 此前有关慈善信托的相关规定与本办

法不一致的，以本办法为准。

**第六十四条** 省、自治区、直辖市、计划单列市人民政府民政部门和国务院银行业监督管理机构的省一级派出机构可以按照本办法规定结合当地实际联合制定实施细则，但不得设置或变相设置限制性条件。

**第六十五条** 本办法自印发之日起施行。

## 中国银保监会信托公司行政许可事项实施办法

- 2020年11月16日中国银行保险监督管理委员会令2020年第12号公布
- 自2021年1月1日起施行

### 第一章 总 则

**第一条** 为规范银保监会及其派出机构实施信托公司行政许可行为，明确行政许可事项、条件、程序和期限，保护申请人合法权益，根据《中华人民共和国银行业监督管理法》《中华人民共和国行政许可法》等法律、行政法规及国务院的有关决定，制定本办法。

**第二条** 本办法所称信托公司，是指依照《中华人民共和国公司法》《中华人民共和国银行业监督管理法》和《信托公司管理办法》设立的主要经营信托业务的金融机构。

**第三条** 银保监会及其派出机构根据统一规则、事权分级的原则，依照本办法和行政许可实施程序规定，对信托公司实施行政许可。

**第四条** 信托公司以下事项须经银保监会及其派出机构行政许可：机构设立，机构变更，机构终止，调整业务范围和增加业务品种，董事和高级管理人员任职资格，以及法律、行政法规规定和国务院决定的其他行政许可事项。

行政许可中应当按照《银行业金融机构反洗钱和反恐怖融资管理办法》要求进行反洗钱和反恐怖融资审查，对不符合条件的，不予批准。

**第五条** 申请人应按照银保监会行政许可事项申请材料目录和格式要求提交申请材料。

### 第二章 机构设立

#### 第一节 信托公司法人机构设立

**第六条** 设立信托公司法人机构应当具备以下条件：

（一）有符合《中华人民共和国公司法》和银保监会规定的公司章程，股东管理、股东的权利义务等相关内容应按规定纳入信托公司章程；

（二）有符合规定条件的出资人，包括境内非金融机构、境内金融机构、境外金融机构和银保监会认可的其他出资人；

（三）注册资本为一次性实缴货币资本，最低限额为3亿元人民币或等值的可自由兑换货币；

（四）有符合任职资格条件的董事、高级管理人员和与其业务相适应的合格的信托从业人员；

（五）具有健全的公司治理结构、组织机构、管理制度、风险控制机制和投资者保护机制；

（六）具有与业务经营相适应的营业场所、安全防范措施和其他设施；

（七）建立了与业务经营和监管要求相适应的信息科技架构，具有支撑业务经营的必要、安全且合规的信息系统，具备保障业务持续运营的技术与措施；

（八）银保监会规章规定的其他审慎性条件。

**第七条** 境内非金融机构作为信托公司出资人，应当具备以下条件：

（一）依法设立，具有法人资格；

（二）具有良好的公司治理结构及有效的组织管理方式；

（三）具有良好的社会声誉、诚信记录和纳税记录；

（四）经营管理良好，最近2年内无重大违法违规经营记录；

（五）财务状况良好，且最近2个会计年度连续盈利；如取得控股权，应最近3个会计年度连续盈利；

（六）年终分配后，净资产不低于全部资产的30%；如取得控股权，年终分配后净资产不低于全部资产的40%；

（七）权益性投资余额不超过本企业净资产的50%（含本次投资额）；如取得控股权，权益性投资余额应不超过本企业净资产的40%（含本次投资额）；

（八）入股资金为自有资金，不得以委托资金、债务资金等非自有资金入股，出资金额不得超过其个别财务报表口径的净资产规模；

（九）投资入股信托公司数量符合《信托公司股权管理暂行办法》规定；

（十）承诺不将所持有的信托公司股权进行质押或以股权及其受（收）益权设立信托等金融产品（银保监会采取风险处置或接管措施等特殊情形除外），并在拟设公司章程中载明；

（十一）银保监会规章规定的其他审慎性条件。

**第八条** 境内金融机构作为信托公司出资人，应当具有良好的内部控制机制和健全的风险管理体系,符合与该类金融机构有关的法律、法规、监管规定以及本办法第七条(第五项"如取得控股权,应最近3个会计年度连续盈利"、第六项和第七项除外)规定的条件。

**第九条** 境外金融机构作为信托公司出资人,应当具备以下条件:

(一)具有国际相关金融业务经营管理经验;

(二)最近2年长期信用评级为良好及以上;

(三)财务状况良好,最近2个会计年度连续盈利;

(四)符合所在国家或地区法律法规及监管当局的审慎监管要求,最近2年内无重大违法违规经营记录;

(五)具有良好的公司治理结构、内部控制机制和健全的风险管理体系;

(六)入股资金为自有资金,不得以委托资金、债务资金等非自有资金入股,出资金额不得超过其个别财务报表口径的净资产规模;

(七)投资入股信托公司数量符合《信托公司股权管理暂行办法》规定;

(八)承诺不将所持有的信托公司股权进行质押或以股权及其受(收)益权设立信托等金融产品(银保监会采取风险处置或接管措施等特殊情形除外),并在拟设公司章程中载明;

(九)所在国家或地区金融监管当局已经与银保监会建立良好的监督管理合作机制;

(十)所在国家或地区经济状况良好;

(十一)银保监会规章规定的其他审慎性条件。

境外金融机构作为出资人投资入股信托公司应当遵循长期持股、优化治理、业务合作、竞争回避的原则,并应遵守国家关于外国投资者在中国境内投资的有关规定。

银保监会可根据金融业风险状况和监管需要,调整境外金融机构作为出资人的条件。

**第十条** 有以下情形之一的,不得作为信托公司的出资人:

(一)公司治理结构与管理机制存在明显缺陷;

(二)关联企业众多、股权关系复杂且不透明、关联交易频繁且异常;

(三)核心主业不突出且其经营范围涉及行业过多;

(四)现金流量波动受经济景气影响较大;

(五)资产负债率、财务杠杆率高于行业平均水平;

(六)代他人持有信托公司股权;

(七)其他对信托公司产生重大不利影响的情况。

**第十一条** 信托公司设立须经筹建和开业两个阶段。

**第十二条** 筹建信托公司,应当由出资比例最大的出资人作为申请人向拟设地银保监局提交申请,由银保监局受理并初步审查、银保监会审查并决定。决定机关自受理之日起4个月内作出批准或不批准的书面决定。

**第十三条** 信托公司的筹建期为批准决定之日起6个月。未能按期完成筹建的,应当在筹建期限届满前1个月向银保监会和拟设地银保监局提交筹建延期报告。筹建延期不得超过一次,延长期限不得超过3个月。

申请人应当在前款规定的期限届满前提交开业申请,逾期未提交的,筹建批准文件失效,由决定机关注销筹建许可。

**第十四条** 信托公司开业,应当由出资比例最大的出资人作为申请人向拟设地银保监局提交申请,由银保监局受理、审查并决定。银保监局自受理之日起2个月内作出核准或不予核准的书面决定,并抄报银保监会。

**第十五条** 申请人应当在收到开业核准文件并领取金融许可证后,办理工商登记,领取营业执照。

信托公司应当自领取营业执照之日起6个月内开业。不能按期开业的,应当在开业期限届满前1个月向拟设地银保监局提交开业延期报告。开业延期不得超过一次,延长期限不得超过3个月。

未在前款规定期限内开业的,开业核准文件失效,由决定机关注销开业许可,发证机关收回金融许可证,并予以公告。

### 第二节 投资设立、参股、收购境外机构

**第十六条** 信托公司申请投资设立、参股、收购境外机构,申请人应当符合以下条件:

(一)具有良好的公司治理结构,内部控制健全有效,业务条线管理和风险管控能力与境外业务发展相适应;

(二)具有清晰的海外发展战略;

(三)具有良好的并表管理能力;

(四)符合审慎监管指标要求;

(五)权益性投资余额原则上不超过其净资产的50%;

(六)最近2个会计年度连续盈利;

(七)具备与境外经营环境相适应的专业人才队伍;

(八)最近2年无严重违法违规行为和因内部管理问题导致的重大案件;

(九)银保监会规章规定的其他审慎性条件。

前款所称境外机构是指银保监会认可的金融机构和信托业务经营机构。

第十七条　信托公司申请投资设立、参股、收购境外机构由所在地银保监局受理、审查，并在征求银保监会意见后决定。银保监局自受理之日起6个月内作出批准或不批准的书面决定，并抄报银保监会。

信托公司获得批准文件后应按照拟投资设立、参股、收购境外机构注册地国家或地区的法律法规办理相关法律手续，并在完成相关法律手续后15日内向银保监会和所在地银保监局报告其投资设立、参股或收购的境外机构的名称、成立时间、注册地点、注册资本、注资币种。

### 第三章　机构变更

第十八条　信托公司法人机构变更事项包括：变更名称，变更股权或调整股权结构，变更注册资本，变更住所，修改公司章程，分立或合并，以及银保监会规定的其他变更事项。

第十九条　信托公司变更名称，由银保监分局或所在地银保监局受理、审查并决定。

决定机关自受理之日起3个月内作出批准或不批准的书面决定。由银保监局决定的，应将决定抄报银保监会；由银保监分局决定的，应将决定同时抄报银保监局和银保监会。

第二十条　信托公司变更股权或调整股权结构，拟投资入股的出资人应当具备本办法第七条至第十条规定的条件。

投资入股信托公司的出资人，应当及时、完整、真实地披露其关联关系和最终实际控制人。

第二十一条　所有拟投资入股信托公司的出资人的资格以及信托公司变更股权或调整股权结构均应经过审批，但出资人及其关联方、一致行动人单独或合计持有同一上市信托公司股份未达到该信托公司股份总额5%的除外。

第二十二条　信托公司由于实际控制人变更所引起的变更股权或调整股权结构，由所在地银保监局受理并初步审查，银保监会审查并决定。决定机关自受理之日起3个月内作出批准或不批准的书面决定。

信托公司由于其他原因引起变更股权或调整股权结构的，由银保监分局或所在地银保监局受理并初步审查，银保监局审查并决定。决定机关自受理之日起3个月内作出批准或不批准的书面决定，并抄报银保监会。

第二十三条　信托公司申请变更注册资本，应当具备以下条件：

（一）变更注册资本后仍然符合银保监会对信托公司最低注册资本和资本管理的有关规定；

（二）出资人应当符合第二十条规定的条件；

（三）银保监会规章规定的其他审慎性条件。

第二十四条　信托公司申请变更注册资本的许可程序适用本办法第十九条的规定，变更注册资本涉及变更股权或调整股权结构的，许可程序适用本办法第二十二条的规定。

信托公司通过配股或募集新股份方式变更注册资本的，在变更注册资本前，还应当经过配股或募集新股份方案审批。许可程序同前款规定。

第二十五条　信托公司公开募集股份和上市交易股份的，应当符合国务院及监管部门有关规定，向中国证监会申请之前，应向银保监会派出机构申请并获得批准。

信托公司公开募集股份和上市交易股份的，由银保监分局或所在地银保监局受理并初步审查，银保监局审查并决定。银保监局自受理之日起3个月内作出批准或不批准的书面决定，并抄报银保监会。

第二十六条　信托公司变更住所，应当有与业务发展相符合的营业场所、安全防范措施和其他设施。

信托公司因行政区划调整等原因而引起的行政区划、街道、门牌号等发生变化而实际位置未变化的，不需申请变更住所，但应当于变更后15日内报告其金融许可证发证机关，并换领金融许可证。

信托公司因房屋维修、增扩建等原因临时变更住所6个月以内的，不需申请变更住所，但应当在原住所、临时住所公告，并提前10日向其金融许可证发证机关报告。临时住所应当符合公安、消防部门的相关要求。信托公司回迁原住所，应当在原住所、临时住所公告，并提前10日将公安消防部门出具的消防证明文件等材料抄报其金融许可证发证机关。

信托公司变更住所，由银保监分局或所在地银保监局受理、审查并决定。决定机关自受理之日起2个月内作出批准或不批准的书面决定，并抄报银保监会。

第二十七条　信托公司修改公司章程应当符合《中华人民共和国公司法》《信托公司管理办法》《信托公司股权管理暂行办法》及其他有关法律法规的规定。

第二十八条　信托公司申请修改公司章程的许可程序适用本办法第十九条的规定。

信托公司因发生变更名称、住所、股权、注册资本、业务范围等前置审批事项以及因行政区划调整、股东名称变更等原因而引起公司章程内容变更的，不需申请修改章程，应当在决定机关作出批准决定或发生相关变更事项之日起6个月内修改章程相应条款并报告银保监局。

第二十九条　信托公司分立应当符合有关法律、行政法规和规章的规定。

信托公司分立，应当向所在地银保监局提交申请，由银保监局受理并初步审查，银保监会审查并决定。决定机关自受理之日起3个月内作出批准或不批准的书面决定。

存续分立的，在分立公告期限届满后，存续方应当按照变更事项的条件和程序取得行政许可；新设方应当按照法人机构开业的条件和程序取得行政许可。

新设分立的，在分立公告期限届满后，新设方应当按照法人机构开业的条件和程序取得行政许可；原法人机构应当按照法人机构解散的条件和程序取得行政许可。

第三十条　信托公司合并应当符合有关法律、行政法规和规章的规定。

吸收合并的，由吸收合并方向其所在地银保监局提出申请，并抄报被吸收合并方所在地银保监局，由吸收合并方所在地银保监局受理并初步审查，银保监会审查并决定。决定机关自受理之日起3个月内作出批准或不批准的书面决定。吸收合并方所在地银保监局在将初审意见上报银保监会之前应当征求被吸收合并方所在地银保监局的意见。吸收合并公告期限届满后，吸收合并方应按照变更事项的条件和程序取得行政许可；被吸收合并方应当按照法人机构解散的条件和程序取得行政许可。

新设合并的，由其中一方作为主报机构向其所在地银保监局提交申请，同时抄报另一方所在地银保监局，由主报机构所在地银保监局受理并初步审查，银保监会审查并决定。决定机关自受理之日起3个月内作出批准或不批准的书面决定。主报机构所在地银保监局在将初审意见上报银保监会之前应当征求另一方所在地银保监局的意见。新设合并公告期限届满后，新设机构应按照法人机构开业的条件和程序取得行政许可；原法人机构应按照法人机构解散的条件和程序取得行政许可。

### 第四章　机构终止

第三十一条　信托公司法人机构满足以下情形之一的，可以申请解散：

（一）公司章程规定的营业期限届满或者其他应当解散的情形；

（二）股东会议决定解散；

（三）因公司合并或者分立需要解散；

（四）其他法定事由。

第三十二条　信托公司解散，应当向所在地银保监局提交申请，由银保监局受理并初步审查，银保监会审查并决定。决定机关自受理之日起3个月内作出批准或不批准的书面决定。

第三十三条　信托公司因分立、合并出现解散情形的，与分立、合并一并进行审批。

第三十四条　信托公司有以下情形之一的，向法院申请破产前，应当向银保监会申请并获得批准：

（一）不能清偿到期债务，并且资产不足以清偿全部债务或者明显缺乏清偿能力，自愿或应其债权人要求申请破产的；

（二）已解散但未清算或者未清算完毕，依法负有清算责任的人发现该机构资产不足以清偿债务，应当申请破产的。

第三十五条　信托公司向法院申请破产前，应当向所在地银保监局提交申请，由银保监局受理并初步审查，银保监会审查并决定。决定机关自受理之日起3个月内作出批准或不批准的书面决定。

### 第五章　调整业务范围和增加业务品种

第三十六条　信托公司依据本办法可申请开办的业务范围和业务品种包括：企业年金基金管理业务资格、特定目的信托受托机构资格、受托境外理财业务资格、股指期货交易等衍生产品交易业务资格、以固有资产从事股权投资业务资格。

信托公司申请开办前款明确的业务范围和业务品种之外的其他业务，相关许可条件和程序由银保监会另行规定。

#### 第一节　信托公司企业年金基金管理业务资格

第三十七条　信托公司申请企业年金基金管理业务资格，应当具备以下条件：

（一）具有良好的公司治理和内部控制体系；

（二）符合审慎监管指标要求；

（三）监管评级良好；

（四）最近2年无重大违法违规经营记录；

（五）具有与开办企业年金基金管理业务相适应的内部控制制度及风险管理制度；

（六）具有与开办企业年金基金管理业务相适应的合格专业人员；

（七）具有与业务经营相适应的安全且合规的信息系统，具备保障业务持续运营的技术与措施；

（八）银保监会规章规定的其他审慎性条件。

第三十八条　信托公司申请企业年金基金管理业务资格，应当向银保监分局或所在地银保监局提交申请，由银保监分局或银保监局受理并初步审查,银保监局审查并决定。决定机关自受理之日起3个月内作出批准或不批准的书面决定,并抄报银保监会。

## 第二节 信托公司特定目的信托受托机构资格

**第三十九条** 信托公司申请特定目的信托受托机构资格,应当具备以下条件:

(一)注册资本不低于5亿元人民币或等值的可自由兑换货币,且最近2年年末按要求提足全部准备金后,净资产不低于5亿元人民币或等值的可自由兑换货币;

(二)自营业务资产状况和流动性良好,符合有关监管要求;

(三)具有良好的社会声誉和经营业绩;

(四)符合审慎监管指标要求;

(五)最近2年无重大违法违规经营记录;

(六)具有良好的公司治理和内部控制制度,完善的信托业务操作流程和风险管理体系;

(七)具有履行特定目的信托受托机构职责所需要的专业人员;

(八)具有与业务经营相适应的安全且合规的信息系统,具备保障业务持续运营的技术与措施;

(九)已按照规定披露公司年度报告;

(十)银保监会规章规定的其他审慎性条件。

**第四十条** 信托公司申请特定目的信托受托机构资格,应当向银保监分局或所在地银保监局提交申请,由银保监分局或银保监局受理并初步审查,银保监局审查并决定。决定机关自受理之日起3个月内作出批准或不批准的书面决定,并抄报银保监会。

## 第三节 信托公司受托境外理财业务资格

**第四十一条** 信托公司申请受托境外理财业务资格,应当具备以下条件:

(一)具有良好的公司治理、风险管理体系和内部控制;

(二)注册资本不低于10亿元人民币或等值的可自由兑换货币;

(三)经批准具备经营外汇业务资格,且具有良好的开展外汇业务的经历;

(四)符合审慎监管指标要求;

(五)监管评级良好;

(六)最近2年无重大违法违规经营记录;

(七)最近2个会计年度连续盈利;

(八)配备能够满足受托境外理财业务需要且具有境外投资管理能力和经验的专业人才(从事外币有价证券买卖业务2年以上的专业管理人员不少于2人);设有独立开展受托境外理财业务的部门,对受托境外理财业务集中受理、统一运作、分账管理;

(九)具备满足受托境外理财业务需要的风险分析技术和风险控制系统;具有满足受托境外理财业务需要的营业场所、安全防范设施和其他相关设施;在信托业务与固有业务之间建立了有效的隔离机制;

(十)具有与业务经营相适应的安全且合规的信息系统,具备保障业务持续运营的技术与措施;

(十一)银保监会规章规定的其他审慎性条件。

**第四十二条** 信托公司申请受托境外理财业务资格,应当向银保监分局或所在地银保监局提交申请,由银保监分局或银保监局受理并初步审查,银保监局审查并决定。决定机关自受理之日起3个月内作出批准或不批准的书面决定,并抄报银保监会。

## 第四节 信托公司股指期货交易等衍生产品交易业务资格

**第四十三条** 信托公司申请股指期货交易业务资格,应当具备以下条件:

(一)符合审慎监管指标要求;

(二)监管评级良好;

(三)最近2年无重大违法违规经营记录;

(四)具有完善有效的股指期货交易内部控制制度和风险管理制度;

(五)具有接受相关期货交易技能专门培训半年以上、通过期货从业资格考试、从事相关期货交易1年以上的交易人员至少2名,相关风险分析和管理人员至少1名,熟悉套期会计操作程序和制度规范的人员至少1名,以上人员相互不得兼任,且无不良记录;期货交易业务主管人员应当具备2年以上直接参与期货交易活动或风险管理的经验,且无不良记录;

(六)具有符合本办法第四十四条要求的信息系统;

(七)具有从事交易所需要的营业场所、安全防范设施和其他相关设施;

(八)具有严格的业务分离制度,确保套期保值类业务与非套期保值类业务的市场信息、风险管理、损益核算有效隔离;

(九)申请开办以投机为目的的股指期货交易,应当已开展套期保值或套利业务一年以上;

(十)银保监会规章规定的其他审慎性条件。

**第四十四条** 信托公司开办股指期货信托业务,信息系统应当符合以下要求：

（一）具备可靠、稳定、高效的股指期货交易管理系统及股指期货估值系统，能够满足股指期货交易及估值的需要；

（二）具备风险控制系统和风险控制模块，能够实现对股指期货交易的实时监控；

（三）将股指期货交易系统纳入风险控制指标动态监控系统，确保各项风险控制指标符合规定标准；

（四）信托公司与其合作的期货公司信息系统至少铺设一条专线连接，并建立备份通道。

第四十五条 信托公司申请股指期货交易等衍生产品交易业务资格应当向银保监分局或所在地银保监局提交申请，由银保监分局或银保监局受理并初步审查，银保监会审查并决定。决定机关自受理之日起3个月内作出批准或不批准的书面决定，并抄报银保监会。

第四十六条 信托公司申请除股指期货交易业务资格外的其他衍生产品交易业务资格，应当符合银保监会相关业务管理规定。

### 第五节 信托公司以固有资产从事股权投资业务资格

第四十七条 本节所指以固有资产从事股权投资业务，是指信托公司以其固有资产投资于未上市企业股权、上市公司限售流通股或中国银保监会批准可以投资的其他股权的投资业务，不包括以固有资产参与私人股权投资信托、以固有资产投资金融机构股权和上市公司流通股。

前款所称私人股权投资信托，是指信托公司将信托计划项下资金投资于未上市企业股权、上市公司限售流通股或经批准可以投资的其他股权的信托业务。

第四十八条 信托公司以固有资产从事股权投资业务，应遵守以下规定：

（一）不得投资于关联方，但按规定事前报告并进行信息披露的除外；

（二）不得控制、共同控制或实质性影响被投资企业，不得参与被投资企业的日常经营；

（三）持有被投资企业股权不得超过5年。

第四十九条 信托公司应当审慎开展以固有资产从事股权投资业务，加强资本、流动性等管理，确保业务开展过程中相关监管指标满足要求。

第五十条 信托公司以固有资产从事股权投资业务和以固有资产参与私人股权投资信托等的投资总额不得超过其上年末净资产的20%，经银保监会批准的除外。

第五十一条 信托公司申请以固有资产从事股权投资业务资格，应当具备以下条件：

（一）具有良好的公司治理、内部控制及审计、合规和风险管理机制；

（二）符合审慎监管指标要求；

（三）具有良好的社会信誉、业绩和及时、规范的信息披露；

（四）最近3年无重大违法违规经营记录；

（五）监管评级良好；

（六）固有业务资产状况和流动性良好，符合有关监管要求；

（七）具有从事股权投资业务所需的专业团队。负责股权投资业务的人员达到3人以上，其中至少2名具备2年以上股权投资或相关业务经验；

（八）具有能支持股权投资业务的业务处理系统、会计核算系统、风险管理系统及管理信息系统；

（九）银保监会规章规定的其他审慎性条件。

第五十二条 信托公司申请以固有资产从事股权投资业务资格，应当向银保监分局或所在地银保监局提交申请，由银保监分局或银保监局受理并初步审查，银保监局审查并决定。决定机关自受理之日起3个月内作出批准或不批准的书面决定，并抄报银保监会。

第五十三条 信托公司以固有资产从事股权投资业务，应当在签署股权投资协议后10个工作日内向银保监分局、银保监局报告，报告应当包括但不限于项目基本情况及可行性分析、投资运用范围和方案、项目面临主要风险及风险管理说明、股权投资项目管理团队及人员等内容。

## 第六章 董事和高级管理人员任职资格

### 第一节 任职资格条件

第五十四条 信托公司董事长、副董事长、独立董事、其他董事会成员以及董事会秘书，须经任职资格许可。

信托公司总经理（首席执行官、总裁）、副总经理（副总裁）、风险总监（首席风险官）、合规总监（首席合规官）、财务总监（首席财务官）、总会计师、总审计师（总稽核）、运营总监（首席运营官）、信息总监（首席信息官）、总经理助理（总裁助理）等高级管理人员，须经任职资格许可。

其他虽未担任上述职务，但实际履行前两款所列董事和高级管理人员职责的人员，须经任职资格许可。

第五十五条 申请信托公司董事和高级管理人员任

职资格，拟任人应当具备以下基本条件：

（一）具有完全民事行为能力；

（二）具有良好的守法合规记录；

（三）具有良好的品行、声誉；

（四）具有担任拟任职务所需的相关知识、经验及能力；

（五）具有良好的经济、金融等从业记录；

（六）个人及家庭财务稳健；

（七）具有担任拟任职务所需的独立性；

（八）能够履行对金融机构的忠实与勤勉义务。

**第五十六条** 拟任人有以下情形之一的，视为不符合本办法第五十五条第（二）项、第（三）项、第（五）项规定的条件，不得担任信托公司董事和高级管理人员：

（一）有故意或重大过失犯罪记录的；

（二）有违反社会公德的不良行为，造成恶劣影响的；

（三）对曾任职机构违法违规经营活动或重大损失负有个人责任或直接领导责任，情节严重的；

（四）担任或曾任被接管、撤销、宣告破产或吊销营业执照机构董事或高级管理人员的，但能够证明本人对曾任职机构被接管、撤销、宣告破产或吊销营业执照不负有个人责任的除外；

（五）因违反职业道德、操守或者工作严重失职，造成重大损失或恶劣影响的；

（六）指使、参与所任职机构不配合依法监管或案件查处的；

（七）被取消终身的董事和高级管理人员任职资格，或者受到监管机构或其他金融管理部门处罚累计达到2次以上的；

（八）不具备本办法规定的任职资格条件，采取不正当手段以获得任职资格核准的。

**第五十七条** 拟任人有以下情形之一的，视为不符合本办法第五十五条第（六）项、第（七）项、第（八）项规定的条件，不得担任信托公司董事和高级管理人员：

（一）截至申请任职资格时，本人或其配偶仍有数额较大的逾期债务未能偿还，包括但不限于在该信托公司的逾期债务；

（二）本人及其近亲属合并持有该信托公司5%以上股份，且从该信托公司获得的授信总额明显超过其持有的该信托公司股权净值；

（三）本人及其所控股的信托公司股东单位合并持有该信托公司5%以上股份，且从该信托公司获得的授信总额明显超过其持有的该信托公司股权净值；

（四）本人或其配偶在持有该信托公司5%以上股份的股东单位任职，且该股东单位从该信托公司获得的授信总额明显超过其持有的该信托公司股权净值，但能够证明授信与本人及其配偶没有关系的除外；

（五）存在其他所任职务与其在信托公司拟任、现任职务有明显利益冲突，或明显分散其在该信托公司履职时间和精力的情形。

**第五十八条** 申请信托公司董事任职资格，拟任人除应符合第五十五条至第五十七条的规定外，还应当具备以下条件：

（一）具有5年以上的经济、金融、法律、财会或其他有利于履行董事职责的工作经历，其中拟担任独立董事的还应是经济、金融、法律、财会等方面的专业人士；

（二）能够运用信托公司的财务报表和统计报表判断信托公司的经营管理和风险状况；

（三）了解拟任职信托公司的公司治理结构、公司章程以及董事会职责，并熟知董事的权利和义务。

**第五十九条** 除不得存在第五十六条、第五十七条所列情形外，信托公司独立董事拟任人还不得存在下列情形：

（一）本人及其近亲属合并持有该信托公司1%以上股份或股权；

（二）本人或其近亲属在持有该信托公司1%以上股份或股权的股东单位任职；

（三）本人或其近亲属在该信托公司、该信托公司控股或者实际控制的机构任职；

（四）本人或其近亲属在不能按期偿还该信托公司债务的机构任职；

（五）本人或其近亲属任职的机构与本人拟任职信托公司之间存在法律、会计、审计、管理咨询、担保合作等方面的业务联系或债权债务等方面的利益关系，以致妨碍其履职独立性的情形；

（六）本人或其近亲属可能被拟任职信托公司大股东、高管层控制或施加重大影响，以致妨碍其履职独立性的其他情形；

（七）本人已在其他信托公司任职。

独立董事在同一家信托公司任职时间累计不得超过6年。

**第六十条** 申请信托公司董事长、副董事长和董事会秘书任职资格，拟任人除应当符合第五十五条至第五十八条的规定外，还应当分别符合以下条件：

（一）拟任信托公司董事长、副董事长，应当具备本科以上学历，从事金融工作5年以上，或从事相关经济工作10年以上（其中从事金融工作3年以上）；

（二）拟任信托公司董事会秘书，应当具备本科以上学历，从事信托业务5年以上，或从事其他金融工作8年以上。

**第六十一条** 申请信托公司高级管理人员任职资格，拟任人除应当符合第五十五条至第五十七条的规定外，还应当符合以下条件：

（一）担任总经理（首席执行官、总裁）、副总经理（副总裁），应当具备本科以上学历，从事信托业务5年以上，或从事其他金融工作8年以上；

（二）担任运营总监（首席运营官）和总经理助理（总裁助理）以及实际履行高级管理人员职责的人员，任职资格条件比照总经理（首席执行官、总裁）、副总经理（副总裁）的任职资格条件执行；

（三）担任财务总监（首席财务官）、总会计师、总审计师（总稽核），应当具备本科以上学历，从事财务、会计或审计工作6年以上；

（四）担任风险总监（首席风险官），应当具备本科以上学历，从事金融机构风险管理工作3年以上，或从事其他金融工作6年以上；

（五）担任合规总监（首席合规官），应当具备本科以上学历，从事金融工作6年以上，其中从事法律合规工作2年以上；

（六）担任信息总监（首席信息官），应当具备本科以上学历，从事信息科技工作6年以上。

**第六十二条** 拟任人未达到第六十条、第六十一条规定的学历要求，但具备以下条件之一的，视同达到规定的学历：

（一）取得国家教育行政主管部门认可院校授予的学士以上学位；

（二）取得注册会计师、注册审计师或与拟（现）任职务相关的高级专业技术职务资格，且相关从业年限超过相应规定4年以上。

### 第二节 任职资格许可程序

**第六十三条** 信托公司申请核准董事和高级管理人员任职资格，应当向银保监分局或所在地银保监局提交申请，由银保监分局或银保监局受理并初步审核，银保监局审查并决定。决定机关自受理之日起30日内作出核准或不予核准的书面决定，并抄报银保监会。其中，关于董事长、总经理（首席执行官、总裁）的任职资格许可应在征求银保监会意见后作出决定。

**第六十四条** 信托公司新设立时，董事和高级管理人员任职资格申请，按照该机构开业的许可程序一并受理、审查并决定。

**第六十五条** 具有高级管理人员任职资格且未连续中断任职1年以上的拟任人在同一信托公司内及不同信托公司间平级调动职务（平级兼任）或改任（兼任）较低职务的，不需重新申请任职资格。拟任人应当在任职后5日内向任职机构所在地银保监会派出机构报告。拟任人担任董事长、总经理（首席执行官、总裁）的，还应同时向银保监会报告。

**第六十六条** 信托公司拟任董事长、总经理任职资格未获许可前，信托公司应当在现有董事和高级管理人员中指定符合相应任职资格条件的人员代为履职，并自作出指定决定之日起3日内向任职资格许可决定机关报告并抄报银保监会。代为履职的人员不符合任职资格条件的，监管机构可以责令信托公司限期调整代为履职的人员。

代为履职的时间不得超过6个月。信托公司应当在6个月内选聘具有任职资格的人员正式任职。

### 第七章 附则

**第六十七条** 获准机构变更事项的，信托公司应当自许可决定之日起6个月内完成有关法定变更手续，并向所在地银保监会派出机构报告。获准董事和高级管理人员任职资格的，拟任人应当自许可决定之日起3个月内正式到任，并向所在地银保监会派出机构报告。

未在前款规定期限内完成变更或到任的，行政许可决定文件失效，由决定机关注销行政许可。

**第六十八条** 信托公司设立、终止事项，涉及工商、税务登记变更等法定程序的，应当在完成有关法定手续后1个月内向银保监会和所在地银保监会派出机构报告。

**第六十九条** 发生本办法规定事项但未按要求取得行政许可或进行报告的，银保监会或其派出机构依据《中华人民共和国银行业监督管理法》《信托公司管理办法》等法律法规，采取相应处罚措施。

**第七十条** 本办法所称境外含香港、澳门和台湾地区。

**第七十一条** 本办法中的"日"均为工作日，"以上"均含本数或本级。

**第七十二条** 本办法中下列用语的含义：

（一）实际控制人，是指根据《中华人民共和国公司法》第二百一十六条规定,虽不是公司的股东,但通过投资关系、协议或者其他安排,能够实际支配公司行为的人。

(二)关联方,是指根据《企业会计准则第 36 号关联方披露》规定,一方控制、共同控制另一方或对另一方施加重大影响,以及两方或两方以上同受一方控制、共同控制或重大影响的。但国家控制的企业之间不因为同受国家控股而具有关联关系。银保监会另有规定的从其规定。

(三)一致行动,是指投资者通过协议、其他安排,与其他投资者共同扩大其所能够支配的一个公司股份表决权数量的行为或者事实。达成一致行动的相关投资者,为一致行动人。

(四)个别财务报表,是相对于合并财务报表而言,指由公司或子公司编制的,仅反映母公司或子公司自身财务状况、经营成果和现金流量的财务报表。

**第七十三条** 除特别说明外,本办法中各项财务指标要求均为合并会计报表口径。

**第七十四条** 中国信托业保障基金有限责任公司、中国信托登记有限责任公司参照本办法执行。

**第七十五条** 本办法由银保监会负责解释。银保监会根据法律法规和监管需要,有权对行政许可事项中受理、审查和决定等事权的划分进行动态调整。

根据国务院或地方政府授权,履行国有金融资本出资人职责的各级财政部门及受财政部门委托管理国有金融资本的其他部门、机构,发起设立、投资入股信托公司的资质条件和监管要求等参照本办法有关规定执行,国家另有规定的从其规定。

**第七十六条** 本办法自 2021 年 1 月 1 日起施行,《中国银监会信托公司行政许可事项实施办法》(中国银监会令 2015 年第 5 号)同时废止。

・典型案例

1. 何丽红诉中国人寿保险股份有限公司佛山市顺德支公司、中国人寿保险股份有限公司佛山分公司保险合同纠纷案[①]

【裁判要旨】

一、基于保险合同的特殊性,合同双方当事人应当最大限度的诚实守信。投保人依法履行如实告知义务,即是最大限度诚实守信的一项重要内容。根据《保险法》第十七条的规定,投保人在订立保险合同前,应当如实回答保险人就保险标的或者被保险人的有关情况作出的询问,如实告知影响保险人对是否承保以及如何设定承保条件、承保费率做出正确决定的重要事项。对于投保人故意隐瞒事实,不履行如实告知义务的,或者因过失未履行如实告知义务,足以影响保险人决定是否同意承保或者提高保险费率的,保险人有权解除保险合同,并对于保险合同解除前发生的保险事故不承担赔偿或者给付保险金的责任。

二、如果保险人在明知投保人未履行如实告知义务的情况下,不是进一步要求投保人如实告知,而是仍与之订立保险合同,则应视为其主动放弃了抗辩权利,构成有法律约束力的弃权行为,故无权再以投保人违反如实告知义务为由解除保险合同,而应严格依照保险合同的约定承担保险责任。

【案情】

原告:何丽红,女,40 岁,住广东省佛山市顺德区伦教镇羊额忠义街。

被告:中国人寿保险股份有限公司佛山市顺德支公司,住所地:广东省佛山市顺德区大良街道办事处鉴海北路。

负责人:黄绍光,该支公司总经理。

被告:中国人寿保险股份有限公司佛山分公司,住所地:广东省佛山市禅城区季华五路。

负责人:黄良景,该分公司总经理。

原告何丽红因与被告中国人寿保险股份有限公司佛山市顺德支公司(以下简称顺德支公司)、中国人寿保险股份有限公司佛山分公司(以下简称佛山分公司)发生保险合同纠纷,向广东省佛山市顺德区人民法院提起诉讼。

原告何丽红诉称:投保人黄国基(系原告之夫)生前与被告顺德支公司属下的伦教办事处营业员严小惠先后签订了两份保险合同,包括:2004 年 3 月 16 日签订的"人身意外伤害综合保险合同"1 份,保险金额为 31 万元,保险费为 390 元;2004 年 3 月 25 日签订的"祥和定期保险合同"1 份,保险金额为 20 万元,保险费为 594 元。上述两份保险

---

[①] 案例来源:《最高人民法院公报》2008 年第 8 期。

合同的被保险人均为黄国基,受益人均为原告。2004年7月7日,黄国基意外死亡,根据中山大学法医鉴定中心出具的司法鉴定书,黄国基符合交通事故致心肺破裂、失血性休克死亡。原告认为该事故符合保险合同约定的赔偿条件,于2004年8月27日向被告顺德支公司、佛山分公司提出理赔申请,并提交了相关书面材料。二被告受理赔偿请求后,无端猜疑原告制造保险事故,拒不履行赔偿义务,严重侵害了原告的合法权益。故请求判令二被告立即向原告支付保险赔偿金50万元及利息(从起诉之日起至还款之日止,按中国人民银行同类贷款利率计算),并承担本案诉讼费用。

被告顺德支公司、佛山分公司答辩称:被告方拒绝理赔具有充分的理由。(1)投保人黄国基违反了如实告知义务。2004年3月8日,黄国基为申请投保被告方的"祥和定期保险"及"人身意外综合保险",提交了两份《个人保险投保单》,并在投保单中明确其当时没有参加或正在申请其他人身保险。但事实上,黄国基在此前后数日中有多次投保记录,包括2004年2月29日、3月2日向中国太平洋人寿保险股份有限公司顺德支公司购买了3份"安康如意卡保险",保险金额为288000元;2004年3月1日向中国平安人寿保险股份有限公司购买了5份"如意卡保险",保险金额为15万元;2004年3月4日,向天安保险股份有限公司顺德分公司购买了"愉快人身意外伤害保险"1份,保险金额为100万元;2004年3月5日、3月9日向新华人寿保险股份有限公司广州分公司购买了"多保通吉祥卡"3份,保险金额为30万元。上述保险累计保险金额为1738000元。此外,黄国基在投保时还谎称自己是企业负责人。黄国基在涉案两份《个人保险投保单》中均注明其工作单位是"伦教建筑水电安装队",职务是"负责人",职业代码为"070121",职业类别为"一级"。在《高额财务问卷》中注明其工作单位为"顺基水电装修",职务为"全面管理",但"伦教建筑水电安装队"、"顺基水电装修"并无工商注册登记。因此可以认定黄国基当时并无工作单位,属于自由职业,职业代码应为"210302"。(2)黄国基违反如实告知义务具有主观上的故意。黄国基及涉案保险受益人、本案原告何丽红曾是泰康人寿保险公司业务员,受过相关保险知识的专业培训,应当知道保险法关于投保人如实告知义务的规定,且他们在投保涉案保险前一周内先后向4家保险公司投保人身意外险,支付保费数千元,不可能不知道自己已经参加或正在申请其他的人身保险。故可以推断黄国基系故意不履行如实告知义务。(3)黄国基故意不履行如实告知义务的行为,严重影响保险人的核保工作及对于保险费的确定,并最终导致保险人做出不真实的意思表示。依照《保险法》第十七条的规定,保险人有权解除保险合同,并不承担保险金给付责任。(4)涉案两份保险单由佛山分公司签发,发票也由佛山分公司出具,故涉案保险合同的双方当事人是黄国基与佛山分公司,顺德支公司不是涉案保险合同当事人,既不是本案适格被告,也不应承担法律责任。

针对被告顺德支公司、佛山分公司的答辩意见,原告何丽红补充如下意见:投保人黄国基在多家保险公司购买人身保险属实,但黄国基在购买涉案"人身意外伤害综合保险"时,在填写投保单的告知事项第十一项(即是否参加过或正在申请其他人身保险)中未作答复,没有违反如实告知义务;在购买涉案"祥和定期保险"时,虽然黄国基没有说明向其他保险公司投保的事项,但黄国基是因过失而未能履行告知义务。只有在投保人未告知的重大事项严重影响保险事故发生的情形下,保险人才有权对于保险合同解除前发生的保险事故拒绝理赔,而涉案保险事故的发生并非因投保人未告知的重大事项所致,可以认定投保人未履行告知义务对涉案保险事故的发生没有"严重影响",故保险人不得以此为由解除保险合同或者不承担保险责任。

经依法组织双方当事人质证并公开开庭审理,佛山市顺德区人民法院认定:

被告顺德支公司系被告佛山分公司的下属分支机构。2004年3月8日,黄国基与原告何丽红一起到顺德支公司下属的伦教办事处,投保"祥和定期保险"20万元(投保单号为1001440200964435)、"人身意外伤害综合保险"31万元(投保单号为1001440200731249)。以上两份保险的投保人、被保险人均为黄国基,受益人均为何丽红。黄国基在保险投保单中填写的工作单位是"伦教建筑水电安装队",职业是"负责人",职业代码是"070121",平均年收入为"5万元"。对于保险投保单第三项告知事项中的第十一款内容,即"A.目前是否有已参加或正在申请中的其他人身保险?如有,请告知承保公司、保险险种名称、保险金额、保单生效时间;B.过去两年内是否曾被保险公司解除合同或申请人身保险而被延期、拒保或附加条件承保;C.过去有无向保险公司索赔",黄国基在1001440200964435号保险投保单中均填写"否",而在1001440200731249号保险投保单中未填写任何内容。

2004年3月15日,被告佛山分公司向黄国基签发了合同编号为2004-441406-D31-58001682-5的"人身意外伤害综合保险合同",保险金额为31万元(其中包括人身意外伤害险30万元、意外医疗险1万元),保险费390元,合同生效日期为2004年3月16日。当日黄国基即向佛山分公司交纳了保险费390元。2004年3月24日,佛山分公司又向黄国基签发了合同编号为2004-441406-S51-00007131-0的"祥和定期保险合同",保险金额为20万元,保险费为594元,合同生效日期为2004年3月25日。当日黄国基向佛山分公司交纳了保险费594元。

2004年7月7日,黄国基意外死亡。中山大学法医鉴定中心司法鉴定书认定:黄国基符合交通事故致心肺破裂、失血性休克死亡。同年8月27日,原告何丽红向被告佛山分公司提出理赔申请,并提交了相关书面材料,但佛山分公司以投保人黄国基故意违反如实告知义务、保险人有权解除合同等为由,未予赔付。同年8月31日,佛山分公司及被告顺德支公司向佛山市公安局顺德分局报案,反映何丽红涉嫌保险诈骗罪。同年11月15日,佛山市公安局顺德分局作出不予立案通知书。

另查明:黄国基于2004年2月29日、3月2日向中国太平洋人寿保险股份有限公司顺德支公司购买了3份"安康如意卡保险",保险金额为288000元;于2004年3月1日向中国平安人寿保险股份有限公司购买了5份"如意卡保险",保险金额为15万元;于2004年3月4日向天安保险股份有限公司顺德分公司购买了"愉快人身意外伤害保险"1份,保险金额为100万元;于2004年3月5日、3月9日向新华人寿保险股份有限公司广州分公司购买了"多保通吉祥卡"3份,保险金额为30万元。上述保险金额共计1738000元。

黄国基于2003年9月16日进入泰康人寿保险股份有限公司,从事兼职个人寿险业务代理工作,2004年1月2日离职。原告何丽红于2003年9月4日进入泰康人寿保险股份有限公司,从事兼职个人寿险业务代理工作,2004年2月2日离职。

以上事实,有双方当事人提交的、经依法质证、认证的各项证据在案为证,足以认定。

本案一审的争议焦点是:一、黄国基在投保涉案保险时是否故意违反了如实告知义务;二、被告佛山分公司、顺德支公司应否承担保险责任。

【一审】

佛山市顺德区人民法院一审认为:

一、关于投保人黄国基在投保涉案保险时是否故意违反了如实告知义务的问题。

基于保险合同的特殊性,合同双方当事人应当最大限度地诚实守信。投保人依法履行如实告知义务,即是最大限度诚实守信的一项重要内容。《中华人民共和国保险法》(以下简称《保险法》)第十七条规定:"订立保险合同,保险人应当向投保人说明保险合同的条款内容,并可以就保险标的或者被保险人的有关情况提出询问,投保人应当如实告知。投保人故意隐瞒事实,不履行如实告知义务的,或者因过失未履行如实告知义务,足以影响保险人决定是否同意承保或者提高保险费率的,保险人有权解除保险合同。投保人故意不履行如实告知义务的,保险人对于保险合同解除前发生的保险事故,不承担赔偿或者给付保险金的责任,并不退还保险费。投保人因过失未履行如实告知义务,对保险事故的发生有严重影响的,保险人对于保险合同解除前发生的保险事故,不承担赔偿或者给付保险金的责任,但可以退还保险费。保险事故是指保险合同约定的保险责任范围内的事故。"据此,如实告知义务是投保人订立保险合同时必须履行的基本义务,投保人是否对保险标的或者被保险人的有关情况作如实说明,直接影响到保险人测定和评估承保风险并决定是否承保,影响到保险人对保险费率的选择。所以,投保人在订立保险合同前,应当如实回答保险人就保险标的或者被保险人的有关情况作出的询问,如实告知影响保险人是否承保以及设定承保条件、承保费率的重要事项。

根据本案事实,可以认定投保人黄国基在投保涉案保险时,在是否向多家保险公司投保同类保险的问题上具有故意违反如实告知义务的行为。

首先,在如实告知自己职业方面,投保人只要实事求是地说明自己的工作情况,即属于尽到了相关的如实告知义务,至于投保人的工作应认定为何种职业、职业类别和职业代码如何确定,应当由保险人根据投保人的情况自行作出选择。要求投保人自己准确地界定职业类别、代码,则超出了一般投保人的能力范围。本案中,投保人黄国基在投保涉案保险时陈述自己从事水电安装工作,相关证据也证实黄国基确有从事水电安装的资质,也实际从事水电安装工作。至于黄国基是否曾兼职保险公司业务员,不影响其就自身职业做出的上述陈述的真实性。因此可以认定黄国基已就其职业情况尽到了如实告知义务。

其次,投保人黄国基向被告佛山分公司分别购买了"祥和定期保险"和"人身意外伤害综合保险",签订了两份保险合同。在购买"祥和定期保险"时,黄国基对于投保单第三部分告知事项第十一款投保记录关于"A. 目前是否有已参加或正在申请中的其他人身保险?如有,请告知承保公司、保险险种名称、保险金额、保单生效时间;B. 过去两年内是否曾被保险公司解除合同或申请人身保险而被延期、拒保或附加条件承保;C. 过去有无向保险公司索赔"的三项询问,均填写了"否"。黄国基向佛山分公司投保"人身意外伤害综合保险"时,对于投保单第三部分告知事项第十一款关于是否向多家保险公司投保等事项的询问，既未填写"是"，也未填写"否"，即未作回答。但根据本案事实，黄国基分别于2004年2月29日、3月1日、3月2日、3月5日、3月9日向多家保险公司购买了多份人身保险，保险金额累计高达1738000元，可以认定黄国基对于保险人提出的上述问题没有履行如实告知义务。黄国基生前曾从事泰康人寿保险股份有限公司兼职个人寿险业务代理工作的事实，对于如实告知义务应当比一般投保人具有更全面和清晰的认识，并对保险风险控制应注意的事项具有一定的了解。同时，黄国基的重复投保行为集中在2004年2月29日至3月9日之间，距涉案投保时间并不久远，不可能记忆不清。据此可以认定黄国基不履行如实告知义务系出于故意。

二、关于被告佛山分公司、顺德支公司应否承担保险责任的问题。

首先，原、被告双方均确认办理涉案保险业务的业务员严小惠是被告顺德支公司的业务员。严小惠办理涉案保险业务属职务行为，由该职务行为导致的相应法律责任，应由其单位顺德支公司承担。鉴于中国人寿保险股份有限公司在佛山市的分支机构是被告佛山分公司，顺德支公司是佛山分公司的下属机构，不具备以自己的名义独立签发保险合同及承担相应法律责任的资格，故涉案保险合同应认定为由佛山分公司与黄国基签订，由此导致的法律后果应由佛山分公司承担。

其次，如前所述，投保人黄国基向被告佛山分公司购买"祥和定期保险"时，在是否向多家保险公司投保同类保险的问题上具有故意违反如实告知义务的行为。黄国基所重复投保的包括涉案保险在内的各项保险，均为低保费、高赔付的险种，重复投保次数多，保险金额累计高达1738000元，相应的保险费对于黄国基5万元的年收入而言，亦属巨额。上述情形的存在，使投保人在客观上具有巨大的潜在道德风险，投保人不如实告知保险人上述情况，直接影响到保险人对投保人人身风险的评估，足以影响保险人对是否承保、如何确定承保条件和费率等问题作出正确决策。因此，佛山分公司解除黄国基与其签订的涉案"祥和定期保险合同"，拒绝对该保险合同解除前发生的保险事故承担赔偿或者给付保险金的责任，并不退还保险费，具有事实根据和法律依据。原告何丽红要求佛山分公司依据"祥和定期保险合同"支付保险赔偿金的诉讼请求，不予支持。

最后，投保人黄国基向被告佛山分公司投保"人身意外伤害综合保险"时，对于投保单第三部分告知事项第十一款关于是否向多家保险公司投保等事项的询问，既未填写"是"，也未填写"否"，即未作回答，也具有故意违反如实告知义务的行为。佛山分公司明知存在上述情形，但既不向投保人作进一步的询问，也未明确要求投保人必须如实回答，而是与投保人签订了涉案"人身意外伤害综合保险合同"，并收取了保险费。保险人虽然可以以投保人不履行如实告知义务为由解除保险合同并拒绝承担赔偿责任，但如果保险人在明知投保人未履行如实告知义务的情况下，不是要求投保人如实告知，而是仍与之订立保险合同，则应视为其主动放弃了抗辩权利。佛山分公司的上述行为，即属于主动放弃了要求投保人如实告知的权利，构成有法律约束力的弃权行为，故无权再就该事项继续主张抗辩权利。因此，佛山分公司无权解除其与黄国基签订的合同编号为2004-441406-D31-58001682-5的"人身意外伤害综合保险合同"。因该合同的被保险人黄国基已因交通事故死亡，合同约定的保险事故已经发生，佛山分公司应按该合同的约定，向受益人即原告何丽红支付意外伤害保险赔偿金30万元。

综上，佛山市顺德区人民法院依据《中华人民共和国合同法》第六条、第一百零七条，保险法第五条、第十条、第十七条，《中华人民共和国民事诉讼法》第六十四条第一款，最高人民法院《关于适用〈中华人民共和国民事诉讼法〉若干问题的意见》第四十条第（七）项，最高人民法院《关于民事诉讼证据的若干规定》第七十条第（一）项之规定，于2005年7月29日判决如下：

一、被告佛山分公司应于判决发生法律效力之日起十日内向原告何丽红支付保险金30万元及利息（按中国人民银行同类贷款利率计算，从2004年11月22日起至还款之日止）；

二、驳回原告何丽红的其他诉讼请求。

案件受理费10010元，由被告佛山分公司负担6670元，由原告何丽红负担3340元。

何丽红不服一审判决，向佛山市中级人民法院提起上诉。其主要上诉理由是：（1）被上诉人佛山分公司与黄国基签订"人身意外伤害综合保险合同"在先，故在与黄国基签订"祥和定期保险合同"时，应当清楚黄国基已经投保"人身意外伤害综合保险"，即应当清楚黄国基有参加其他人身保险的情况。但佛山分公司仍在"祥和定期保险合同"第十一款中填写了"否"，也没有在第十二款中就黄国基购买"人身意外伤害综合保险"的情况作出任何注释，在审核保单时也未就此提出异议，而是签发了生效的保单。佛山分公司上述行为表明该公司在与黄国基签订"祥和定期保险合同"中，对于黄国基是否如实告知重复投保情况放弃了抗辩权利，故双方签订的"祥和定期保险合同"合法有效，佛山分公司应履行合同义务，承担理赔责任。（2）一审判决认定投保人黄国基构成"故意不履行如实告知义务"有误。根据《保险法》的有关规定,财产保险重复投保的应通知各保险人,而对于人身保险重复投保是否应当通知各保险人,法律则无明文规定。换言之,人身保险可以多次重复投保。现实中,一个人购买多份人身保险的情况比比皆是,投保人是否重复投保并不影响保险人决定是否承保。因此,佛山分公司以黄国基故意不履行如实告知义务为由拒绝承担保险责任不当的。佛山分公司曾怀疑何丽红骗保而向公安机关报案,佛山市公安局顺德分局经侦查,作出《不予立案通知书》,从根本上否定了何丽红、黄国基骗保的可能性。但一审法院在已有充分证据证明何丽红、黄国基无骗保事实的情形下,仍主观臆断何丽红、黄国基有骗保可能,有失公正。本案中,投保人是否如实告知有无重复投保根本不是发生涉案保险事故的根本原因。因此,即使是过失不履行如实告知义务,也不足以免除佛山分公司的保险理赔责任。综上,请求二审法院撤销一审判决,改判被上诉人顺德支公司、佛山分公司立即支付何丽红保险金 50 万元及利息(按中国人民银行同期同类贷款利率计算,从起诉之日起至还款之日止),并判令顺德支公司、佛山分公司承担一、二审诉讼费。

上诉人何丽红未提交新的证据。

被上诉人顺德支公司和佛山分公司辩称:(1)所谓"投保人已经参加或者正在申请其他人身保险",是指投保人参加或者申请其他保险公司的保险,而不是指投保人在同一家保险公司的多次投保。上诉人何丽红系故意做出歪曲理解。投保人如实告知义务的范围,以保险人做出询问且保险人不知道为要件。投保人参加或者申请其他保险公司的保险,即是保险人不知道的事项。保险人是否愿意承保特定危险,以及如何确定向投保人收取保险费的数额,均取决于保险人对特定危险的正确估计和判断,而做出正确估判只能以投保人的陈述为基础,主要是依据投保人对保险人设立的"告知事项"的回答。"告知事项"设立的主要目的是便于保险人核保。投保人以往在保险人处的投保情况,保险人当然是明知的,故不会就此再向投保人做出询问。保险人需要了解的是投保人在其他保险公司的投保情况。本案投保人黄国基及何丽红均具有保险从业经验,受过相关保险知识的培训,对于告知事项的范围应当是明知的。(2)即使按照何丽红的理解,也只能认为上诉人放弃了对投保人未如实告知在本公司重复投保的抗辩,不能以此为由认定上诉人放弃了对投保人不如实告知在其他保险公司重复投保而解除保险合同的抗辩权利。在投保人未如实告知在其他保险公司重复投保记录的情况下,不能认定上诉人同意承保涉案保险是出于真实意思表示。(3)一审判决认定涉案投保人"故意不履行如实实告知义务"是基于案件事实做出的客观评断,不是"主观臆断"。案件事实表明涉案投保人确实存在巨大的道德风险。另外,投保人在投保涉案"祥和定期保险"时,保险人除要求其填写投保单外,还要求其填写了"高保额财务问卷",其中再次就有无其他重复投保情况做出询问。保险人的上述行为充分体现了对投保人其他投保记录的高度重视,而投保人在填写该问卷时再次表示没有投保其他人身保险。由此可见,投保人不履行如实告知义务不是由于疏忽,而是出于故意。(4)投保人确未如实告知其职业情况,上诉人有权据此解除保险合同,一审判决对此认定有误。投保人投保时声称自己是"伦教建筑水电安装队"、"顺基水电装修"的负责人,据此上诉人将投保人的职业风险定为一类,保费费率为千分之一。而根据诉讼过程中上诉人的调查,"伦教建筑水电安装队"、"顺基水电装修"根本不存在,投保人在投保时没有工作单位,属于无固定职业人员,保险费率应为千分之三。根据《保险法》第十七条第二款的规定,保险人有权解除涉案两份保险合同。此外,投保人还故意隐瞒了其病史情况。据上诉人了解,早在 1985 年体检时,顺德伦教医院就对投保人做出"HbsAg"呈阳性(乙肝病毒携带者)的诊断。2004 年经顺德第一人民医院检查,发现投保人在乙肝六项检查中有四项呈阳性,即"小三阳",投保人对此应该是明知的,但却对上诉人做出了虚假陈述,严重影响了上诉人正确核保。上诉人亦有权据此解除涉案保险合同。一审判决判令佛山分公司向何丽红支付人身意外伤害保险金利息没有事实和法律依据。(5)顺德支公司不具备以自己名义签发保险合同及承担保险责任的资格,一审法院依法驳回何丽红对顺德支公司的诉讼请求正确,应予以维持。综上,何丽红的上诉理由明显不成立,请求二审法院对本案进行整体审查,并驳回何丽红的全部诉讼请求。

被上诉人佛山分公司在二审期间提交了原顺德县伦教卫生院 1985 年病历一份、顺德第一人民医院 2004 年住院诊断病历一份。用以证明投保人黄国基故意隐瞒其是乙肝病毒携带者的事实。

佛山市中级人民法院依法组织双方当事人质证。对于被上诉人佛山分公司二审中提交的证据,上诉人何丽红认为:1. 佛山分公司提交的证据在一审诉讼前已形成,但佛山分公司没有提交,因此不属于新的证据,不同意质证;2. 对上述证据的真实性有异议。原顺德县伦教卫生院 1985 年病历上加盖的是顺德县伦教卫生院疾病证明章,顺德第一人民医院 2004 年住院诊断病历上加盖的是顺德第一人民医院医务科的章,均不是正式公章,因此无法确定其真实性;3. 佛山分公司从未说明投保人携带乙肝病毒就不能购买人身保险,也没有就此向投保人告知免责事由,且上述证据并未明确显示黄国基是乙肝病毒携带者。二审法院认为:投保人的如实告知义务范围,应以其在投保时知道或应当知道的事项为限。佛山分公司提交的顺德第一人民医院2004年住院诊断病历的诊断时间在黄国基与佛山分公司签订涉案保险合同之后,故不能证明黄国基在投保时故意不如实告知自己的病情;根据佛山分公司提交的原顺德县伦教卫生院1985年病历的内容,黄国基当时到原顺德县伦教卫生院就诊的原因是腹部疼痛,所作的检查也非乙肝专项检查。黄国基并非医学专业人士,无法根据当时验血作出的 HbsAg 呈阳性的结论得知自己是乙肝病毒携带者,也就不可能在投保时告知佛山分公司该事实。佛山分公司没有其他证据证明黄国基在投保涉案保险时知道或应当知道自己是乙肝病毒携带者,仅以上述证据主张黄国基故意隐瞒乙肝病史,依据不足。综上,对佛山分公司二审中提交的证据不予确认。

佛山市中级人民法院经二审,确认了一审查明的事实,另查明:黄国基在投保涉案保险时,被上诉人佛山分公司向其发放了《高保额财务问卷》,要求其对投保情况、工作情况、个人资产情况、负债情况等内容进行如实填写。该问卷中"投保情况"一栏下设"投保时间"、"保险公司"、"保险金额"等项内容。问卷首行有粗体标注的重要提示栏,其内容为:"下列信息只被用来评估被保险人所需保额,我公司将严守客户秘密"。问卷尾部有同样粗体标注的投保人/被保险人声明栏,其内容为:"对此问卷的各项要求均已了解,所填各事项均属事实并确无欺瞒。上述一切陈述及本声明将成为发出保单的依据,并与投保单一并作为保险合同的组成部分"。黄国基在投保涉案"人身意外伤害综合保险"时填写了前述《高保额财务问卷》,但在投保情况栏中未作任何填写。

【二审】

佛山市中级人民法院二审认为:上诉人何丽红对一审关于涉案"人身意外伤害综合保险合同"的判决没有提出异议,被上诉人佛山分公司在二审答辩中对此虽有异议,但没有提出正式、合法的上诉。依据最高人民法院《关于民事经济审判方式改革问题的若干规定》第三十五条、第三十六条的规定,对双方当事人就该保险合同存在的争议,二审不予审查处理。

本案二审的争议焦点是:一、在投保涉案"祥和定期保险"时,黄国基是否履行了如实告知义务;二、如果黄国基在投保涉案"祥和定期保险"时没有履行如实告知义务,被上诉人佛山分公司是否有权据此解除该保险合同并拒绝承担保险责任。

佛山市中级人民法院二审认为:

一、关于在投保涉案"祥和定期保险"时,黄国基是否履行了如实告知义务的问题

保险合同为射幸合同,保险人是否承保及其如何确定保险费,取决于保险人对承保危险的正确估计和判断,而投保人对相关事项的如实告知,是保险人正确确定保险危险并采取控制措施的重要基础。根据诚实信用原则,投保人对保险人在投保单或风险询问表上列出的询问事项,均应根据自己知道或应当知道的情况进行如实告知。本案中,黄国基在投保涉案"祥和定期保险"时,被上诉人佛山分公司就投保记录向黄国基做出了询问,但黄国基隐瞒了自己在其他保险公司多次重复投保的实际情况,做出了与事实明显不符的答复,显然违反了如实告知的法定义务。一审法院结合黄国基重复投保时间密集及其曾兼职保险代理业务的具体情况,认定黄国基为故意不履行告知义务,并无不当,应予维持。

二、关于黄国基在投保涉案"祥和定期保险"时没有履行如实告知义务,被上诉人佛山分公司是否有权据此解除该保险合同并拒绝承担保险责任的问题

投保人未履行如实告知义务,保险人能否据此解除保险合同并拒绝承担保险责任,应当以投保人未如实告知的事项是否足以影响保险人对是否承保、如何确定承保条件和保险费率做出正确决定为判断标准。而做出上述判断,不能依据投保人、被保险人、受益人或保险人的主观认识,必须根据投保人未如实告知事项的具体内容和性质,综合各种情况进行客观、全面考量。根据保险行业的实际情况,投保人是否已经参加或者正在申请其他人身保险的情况,是保险人正确认定承保风险,决定是否承保和如何确定承保条件、保险费率的重要依据。投保人不如实告知上述事项,将直接影响保险人的正确评估和决策,足以影响保险合同的订立。根据本案事实,被上诉人佛山分公司通过投保单和《高保额财务问卷》,对投保人黄国基是否已经参加或者正在申请其他人身保险进行了询问,但黄国基未予如实回答,违反了如实告知义务。佛山分公司作为保险人,有权依据《保险法》第十七条第二款关于"投保人故意隐瞒事实,不履行如实告知义务的,或者因过失未履行如实告知义务,足以影响保险人决定是否同意承保或者提高保险费率的,保险人有权解除保险合同"的规定,解除其与黄国基签订的涉案"祥和定期保险合同",并对保险合同解除前发生的保险事故不承担赔偿或给付保险金的责任,同时不退还保险费。上诉人何丽红作为受益人,请求佛山分公司依照该保险合同承担保险责任于法无据,对其相应诉讼请求依法不予支持。

综上所述，一审判决认定事实清楚，适用法律正确，审判程序合法，应予维持。佛山市中级人民法院依照《中华人民共和国民事诉讼法》第一百五十三条第一款第（一）项的规定，于 2006 年 1 月 10 日判决如下：

驳回上诉，维持原判。

二审案件受理费 10010 元，由上诉人何丽红负担。

本判决为终审判决。

## 2. 华泰财产保险有限公司北京分公司诉李志贵、天安财产保险股份有限公司河北省分公司张家口支公司保险人代位求偿权纠纷案①

【关键词】

民事诉讼　保险人代位求偿　管辖

【裁判要点】

因第三者对保险标的的损害造成保险事故，保险人向被保险人赔偿保险金后，代位行使被保险人对第三者请求赔偿的权利而提起诉讼的，应当根据保险人所代位的被保险人与第三者之间的法律关系，而不应当根据保险合同法律关系确定管辖法院。第三者侵害被保险人合法权益的，由侵权行为地或者被告住所地法院管辖。

【相关法条】

《中华人民共和国民事诉讼法》第二十八条

《中华人民共和国保险法》第六十条第一款

【基本案情】

2011 年 6 月 1 日，华泰财产保险有限公司北京分公司（简称华泰保险公司）与北京亚大锦都餐饮管理有限公司（简称亚大锦都餐饮公司）签订机动车辆保险合同，被保险车辆的车牌号为京 A82368，保险期间自 2011 年 6 月 5 日 0 时起至 2012 年 6 月 4 日 24 时止。2011 年 11 月 18 日，陈某某驾驶被保险车辆行驶至北京市朝阳区机场高速公路上时，与李志贵驾驶的车牌号为冀 GA9120 的车辆发生交通事故，造成被保险车辆受损。经交管部门认定，李志贵负事故全部责任。事故发生后，华泰保险公司依照保险合同的约定，向被保险人亚大锦都餐饮公司赔偿保险金 83878 元，并依法取得代位求偿权。基于肇事车辆系在天安财产保险股份有限公司河北省分公司张家口支公司（简称天安保险公司）投保了机动车交通事故责任强制保险，华泰保险公司于 2012 年 10 月诉至北京市东城区人民法院，请求判令被告肇事司机李志贵和天安保险公司赔偿 83878 元，并承担诉讼费用。

被告李志贵的住所地为河北省张家口市怀来县沙城镇，被告天安保险公司的住所地为张家口市怀来县沙城镇燕京路东 108 号，保险事故发生地为北京市朝阳区机场高速公路上，被保险车辆行驶证记载所有人的住址为北京市东城区工体北路新中西街 8 号。

【裁判结果】

北京市东城区人民法院于 2012 年 12 月 17 日作出（2012）东民初字第 13663 号民事裁定：对华泰保险公司的起诉不予受理。宣判后，当事人未上诉，裁定已发生法律效力。

【裁判理由】

法院生效裁判认为：根据《中华人民共和国保险法》第六十条的规定，保险人的代位求偿权是指保险人依法享有的，代位行使被保险人向造成保险标的的损害负有赔偿责任的第三者请求赔偿的权利。保险人代位求偿权源于法律的直接规定，属于保险人的法定权利，并非基于保险合同而产生的约定权利。因第三者对保险标的的损害造成保险事故，保险人向被保险人赔偿保险金后，代位行使被保险人对第三者请求赔偿的权利而提起诉讼的，应根据保险人所代位的被保险人与第三者之间的法律关系确定管辖法院。第三者侵害被保险人合法权益，因侵权行为提起的诉讼，依据《中华人民共和国民事诉讼法》第二十八条的规定，由侵权行为地或者被告住所地法院管辖，而不适用财产保险合同纠纷管辖的规定，不应以保险标的物所在地作为管辖依据。本案中，第三者实施了道路交通侵权行为，造成保险事故，被保险人对第三者有侵权损害赔偿请求权；保险人行使代位权起诉第三者的，应当由侵权行为地或者被告住所地法院管辖。现二被告的住所地及侵权行为地均不在北京市东城区，故北京市东城区人民法院对该起诉没有管辖权，应裁定不予受理。

## 3. 段某某等与中国人民财产保险股份有限公司南京市分公司人身保险合同纠纷案②

【关键词】

民事/人身保险合同/保险受益人/格式条款/民事赔偿/"众包骑手"

---

① 案例来源：最高人民法院指导案例 25 号。

② 案例来源：最高人民法院发布 16 件人民法院高质量服务保障长三角一体化发展典型案例之十一，https://www.court.gov.cn/zixun/xiangqing/400542.html，最后访问时间 2024 年 3 月 5 日。

【裁判要旨】

外卖的"众包骑手"虽通过外卖平台投保商业保险并实际支付保费,但投保人、被保险人和保险受益人都是骑手本人,而非该外卖平台。保险合同并未明确约定,骑手在配送投保平台之外的订单时发生保险事故的,保险公司免赔。此种情况下,保险公司以骑手在事故发生时所配送的平台订单并非代为投保的平台订单而主张免赔的,人民法院不予支持。

【相关法条】

《中华人民共和国保险法》第13条、第14条、第17条

【基本案情】

2020年5月14日,美团平台注册众包骑手叶某某从美团平台首次接单时,福建人力宝科技有限公司为其在中国人民财产保险股份有限公司南京市分公司(以下简称人保南京公司)投保了美团骑手保障组合产品保险,其中意外身故、残疾保额60万元,叶某某为此支付保费3元,由美团平台扣收。该险种的客户群体为众包骑手。人保南京公司出具的"美团骑手保障组合产品保险单(电子保单)"上并无投保人和被保险人签名或签章。投保后,叶某某的美团APP中"保险说明"第1条载明"突发疾病身故:最高赔偿限额60万元人民币。在保险合同保险期间内,被保险人在工作时间和工作岗位突发疾病死亡或者在48小时之内经抢救无效死亡(既往症原因除外),保险人按照保险合同约定的保险金额给付突发疾病身故保险金,本附加保险合同终止"。第2条载明"保险期间为被保险人当日第一次接单开始至当日24时,如在当日24时送单尚未结束的,保险期间最长可延续至次日凌晨1时30分,最长为25.5小时"。第3条第3款载明"由既往病史导致的突发疾病身故不属于保险责任;如发生猝死事故,必须由有鉴定资格的医院或者公安部门指定法医鉴定机构进行尸检以确定死亡原因,如未能提供相关证明材料导致无法确定死亡原因的,在已有证据可排除既往症原因的情况下,保险人按不超过身故限额的10%进行赔付"。

投保当日18时40分,叶某某在万春商业街晕倒,被接警民警送至芜湖市第一人民医院救治,门诊诊断叶某某为脑出血。后叶某某被转往皖南医学院弋矶山医院继续救治,该院门诊病历记载处理意见为:脑干出血、双瞳散大、无自主呼吸,无手术指征,预后不良,随时有死亡可能、维持生命体征。2020年5月15日,叶某某出院,出院诊断为"脑干出血、高血压",出院情况为"深昏迷、双侧瞳孔散大固定、对光反射消失、刺痛无反应、机械通气中,去甲肾上腺素维持血压"。当日,叶某某在家中死亡,原因为脑内出血。

叶某某妻子段某某、母亲季某某、儿子叶某遂提起诉讼,请求法院判令人保南京公司支付叶某某死亡赔偿金60万元。人保南京公司辩称,案涉事故发生时,叶某某配送的是"饿了么"平台订单,而非美团平台订单,不符合保险合同生效条件;叶某某真实死因未能查明,保险公司仅应承担不超过身故责任限额10%的赔偿责任。

【裁判结果】

安徽省芜湖经济技术开发区人民法院于2020年12月17日作出(2020)皖0291民初3635号民事判决:中国人民财产保险股份有限公司南京市分公司支付段某某、季某某、叶某死亡赔偿金60万元。人保南京公司不服一审判决,提起上诉。安徽省芜湖市中级人民法院于2021年5月20日作出(2021)皖02民终799号民事判决:驳回上诉,维持原判。

【裁判理由】

法院生效裁判认为:本案争议焦点为案涉保险合同是否生效,案涉事故是否属于保险理赔范围,人保南京公司主张的免赔事由是否成立。

关于案涉保险合同是否生效问题。外卖骑手分为"专送骑手"和"众包骑手",后者是指通过面向公众开放的外卖平台APP注册,自行决定是否接单配送的骑手。外卖平台对"众包骑手"的工作时间、接单数量等不作硬性要求。"众包骑手"具有工作时间碎片化以及工作地点自由化特征,可同时选择在多个外卖平台工作,与平台之间的关系归属并不唯一,人身依附性并不紧密。叶某某虽在美团平台注册,但美团平台并未对叶某某工作时间、接单数量等作出限制,其可接其他外卖平台订单配送业务,显然属于"众包骑手"。案涉保险为商业保险而非工伤保险,投保目的是为保障骑手的人身安全及分担致人损害的赔偿责任,保费出自骑手,保险受益人是骑手而非美团平台。案涉保险投保方式系电子投保,叶某某在接受第一单外卖派送时购买当天的意外险,自系统扣收骑手保费之时,保险合同生效。

关于案涉事故是否属于保险理赔范围问题。案涉"保险说明"载明,最长保险期间是从骑手首次接单时起至次日凌晨1时30分;保险范围包括被保险人在工作时间和工作岗位突发疾病死亡或者在48小时之内经抢救无效死亡。案涉保险保障的是骑手人身权益而非美团平台权益,客户群体为"众包骑手"。人保南京公司作为保险格式合同的提供方,应知悉该类被保险人的工作特性及可能存在的风险隐患,若其基于降低自身赔付风险的考量,则需对"众包骑手"的兼职属性进行限制,并在保险条款中明确注明若"众包骑手"配送投保平台之外的订单发生保险事故

时不予理赔,但其在保险条款中并未特别说明。故投保人叶某某在保险期间内因脑内出血死亡,符合保险合同约定的48小时之内经抢救无效死亡情形,属于保险理赔范围。

关于人保南京公司主张的免赔事由是否成立问题。案涉保险单及"众包骑手"意外保险说明系格式条款,该条款由人保南京公司单方提供,供不特定投保人重复使用。人保南京公司有义务对保险合同中免除保险人责任的条款,在投保单、保险单或其他保险凭证上作出足以引起投保人注意的提示,并对该条款的内容以书面或口头形式向投保人作出说明;未作提示或说明的,该条款不产生效力。案涉保险以电子投保的形式购买,人保南京公司主张的因既往病史导致突发身故,以及需有相关鉴定资质机构确定死因的免赔条款,显然属于免除保险人责任条款,其应提交充分有效的证据证明已提请对方注意,如在合同中用黑体字予以特别标记,或以颜色、大小、下划线等方式进行特别标记等。但从本案现有证据看,人保南京公司并未履行相应的提示和说明义务,故人保南京公司主张的免赔事由不能成立。

# 五、经济贸易

## 优化营商环境条例

- 2019年10月8日国务院第66次常务会议通过
- 2019年10月22日中华人民共和国国务院令第722号公布
- 自2020年1月1日起施行

### 第一章 总　则

**第一条**　为了持续优化营商环境，不断解放和发展社会生产力，加快建设现代化经济体系，推动高质量发展，制定本条例。

**第二条**　本条例所称营商环境，是指企业等市场主体在市场经济活动中所涉及的体制机制性因素和条件。

**第三条**　国家持续深化简政放权、放管结合、优化服务改革，最大限度减少政府对市场资源的直接配置，最大限度减少政府对市场活动的直接干预，加强和规范事中事后监管，着力提升政务服务能力和水平，切实降低制度性交易成本，更大激发市场活力和社会创造力，增强发展动力。

各级人民政府及其部门应当坚持政务公开透明，以公开为常态、不公开为例外，全面推进决策、执行、管理、服务、结果公开。

**第四条**　优化营商环境应当坚持市场化、法治化、国际化原则，以市场主体需求为导向，以深刻转变政府职能为核心，创新体制机制、强化协同联动、完善法治保障，对标国际先进水平，为各类市场主体投资兴业营造稳定、公平、透明、可预期的良好环境。

**第五条**　国家加快建立统一开放、竞争有序的现代市场体系，依法促进各类生产要素自由流动，保障各类市场主体公平参与市场竞争。

**第六条**　国家鼓励、支持、引导非公有制经济发展，激发非公有制经济活力和创造力。

国家进一步扩大对外开放，积极促进外商投资，平等对待内资企业、外商投资企业等各类市场主体。

**第七条**　各级人民政府应当加强对优化营商环境工作的组织领导，完善优化营商环境的政策措施，建立健全统筹推进、督促落实优化营商环境工作的相关机制，及时协调、解决优化营商环境工作中的重大问题。

县级以上人民政府有关部门应当按照职责分工，做好优化营商环境的相关工作。县级以上地方人民政府根据实际情况，可以明确优化营商环境工作的主管部门。

国家鼓励和支持各地区、各部门结合实际情况，在法治框架内积极探索原创性、差异化的优化营商环境具体措施；对探索中出现失误或者偏差，符合规定条件的，可以予以免责或者减轻责任。

**第八条**　国家建立和完善以市场主体和社会公众满意度为导向的营商环境评价体系，发挥营商环境评价对优化营商环境的引领和督促作用。

开展营商环境评价，不得影响各地区、各部门正常工作，不得影响市场主体正常生产经营活动或者增加市场主体负担。

任何单位不得利用营商环境评价谋取利益。

**第九条**　市场主体应当遵守法律法规，恪守社会公德和商业道德，诚实守信、公平竞争，履行安全、质量、劳动者权益保护、消费者权益保护等方面的法定义务，在国际经贸活动中遵循国际通行规则。

### 第二章　市场主体保护

**第十条**　国家坚持权利平等、机会平等、规则平等，保障各种所有制经济平等受到法律保护。

**第十一条**　市场主体依法享有经营自主权。对依法应当由市场主体自主决策的各类事项，任何单位和个人不得干预。

**第十二条**　国家保障各类市场主体依法平等使用资金、技术、人力资源、土地使用权及其他自然资源等各类生产要素和公共服务资源。

各类市场主体依法平等适用国家支持发展的政策。政府及其有关部门在政府资金安排、土地供应、税费减免、资质许可、标准制定、项目申报、职称评定、人力资源政策等方面，应当依法平等对待各类市场主体，不得制定或者实施歧视性政策措施。

**第十三条**　招标投标和政府采购应当公开透明、公平公正，依法平等对待各类所有制和不同地区的市场主体，不得以不合理条件或者产品产地来源等进行限制或者排斥。

政府有关部门应当加强招标投标和政府采购监管，依法纠正和查处违法违规行为。

**第十四条** 国家依法保护市场主体的财产权和其他合法权益，保护企业经营者人身和财产安全。

严禁违反法定权限、条件、程序对市场主体的财产和企业经营者个人财产实施查封、冻结和扣押等行政强制措施；依法确需实施前述行政强制措施的，应当限定在所必需的范围内。

禁止在法律、法规规定之外要求市场主体提供财力、物力或者人力的摊派行为。市场主体有权拒绝任何形式的摊派。

**第十五条** 国家建立知识产权侵权惩罚性赔偿制度，推动建立知识产权快速协同保护机制，健全知识产权纠纷多元化解决机制和知识产权维权援助机制，加大对知识产权的保护力度。

国家持续深化商标注册、专利申请便利化改革，提高商标注册、专利申请审查效率。

**第十六条** 国家加大中小投资者权益保护力度，完善中小投资者权益保护机制，保障中小投资者的知情权、参与权，提升中小投资者维护合法权益的便利度。

**第十七条** 除法律、法规另有规定外，市场主体有权自主决定加入或者退出行业协会商会等社会组织，任何单位和个人不得干预。

除法律、法规另有规定外，任何单位和个人不得强制或者变相强制市场主体参加评比、达标、表彰、培训、考核、考试以及类似活动，不得借前述活动向市场主体收费或者变相收费。

**第十八条** 国家推动建立全国统一的市场主体维权服务平台，为市场主体提供高效、便捷的维权服务。

## 第三章 市场环境

**第十九条** 国家持续深化商事制度改革，统一企业登记业务规范，统一数据标准和平台服务接口，采用统一社会信用代码进行登记管理。

国家推进"证照分离"改革，持续精简涉企经营许可事项，依法采取直接取消审批、审批改为备案、实行告知承诺、优化审批服务等方式，对所有涉企经营许可事项进行分类管理，为企业取得营业执照后开展相关经营活动提供便利。除法律、行政法规规定的特定领域外，涉企经营许可事项不得作为企业登记的前置条件。

政府有关部门应当按照国家有关规定，简化企业从申请设立到具备一般性经营条件所需办理的手续。在国家规定的企业开办时限内，各地区应当确定并公开具体办理时间。

企业申请办理住所等相关变更登记的，有关部门应当依法及时办理，不得限制。除法律、法规、规章另有规定外，企业迁移后其持有的有效许可证件不再重复办理。

**第二十条** 国家持续放宽市场准入，并实行全国统一的市场准入负面清单制度。市场准入负面清单以外的领域，各类市场主体均可以依法平等进入。

各地区、各部门不得另行制定市场准入性质的负面清单。

**第二十一条** 政府有关部门应当加大反垄断和反不正当竞争执法力度，有效预防和制止市场经济活动中的垄断行为、不正当竞争行为以及滥用行政权力排除、限制竞争的行为，营造公平竞争的市场环境。

**第二十二条** 国家建立健全统一开放、竞争有序的人力资源市场体系，打破城乡、地区、行业分割和身份、性别等歧视，促进人力资源有序社会性流动和合理配置。

**第二十三条** 政府及其有关部门应当完善政策措施、强化创新服务，鼓励和支持市场主体拓展创新空间，持续推进产品、技术、商业模式、管理等创新，充分发挥市场主体在推动科技成果转化中的作用。

**第二十四条** 政府及其有关部门应当严格落实国家各项减税降费政策，及时研究解决政策落实中的具体问题，确保减税降费政策全面、及时惠及市场主体。

**第二十五条** 设立政府性基金、涉企行政事业性收费、涉企保证金，应当有法律、行政法规依据或者经国务院批准。对政府性基金、涉企行政事业性收费、涉企保证金以及实行政府定价的经营服务性收费，实行目录清单管理并向社会公开，目录清单之外的前述收费和保证金一律不得执行。推广以金融机构保函替代现金缴纳涉企保证金。

**第二十六条** 国家鼓励和支持金融机构加大对民营企业、中小企业的支持力度，降低民营企业、中小企业综合融资成本。

金融监督管理部门应当完善对商业银行等金融机构的监管考核和激励机制，鼓励、引导其增加对民营企业、中小企业的信贷投放，并合理增加中长期贷款和信用贷款支持，提高贷款审批效率。

商业银行等金融机构在授信中不得设置不合理条件，不得对民营企业、中小企业设置歧视性要求。商业银行等金融机构应当按照国家有关规定规范收费行为，不得违规向服务对象收取不合理费用。商业银行应当向社会公开开设企业账户的服务标准、资费标准和办理时限。

**第二十七条** 国家促进多层次资本市场规范健康发展，拓宽市场主体融资渠道，支持符合条件的民营企业、中小企业依法发行股票、债券以及其他融资工具，扩大直接融资规模。

**第二十八条** 供水、供电、供气、供热等公用企事业单位应当向社会公开服务标准、资费标准等信息，为市场主体提供安全、便捷、稳定和价格合理的服务，不得强迫市场主体接受不合理的服务条件，不得以任何名义收取不合理费用。各地区应当优化报装流程，在国家规定的报装办理时限内确定并公开具体办理时间。

政府有关部门应当加强对公用企事业单位运营的监督管理。

**第二十九条** 行业协会商会应当依照法律、法规和章程，加强行业自律，及时反映行业诉求，为市场主体提供信息咨询、宣传培训、市场拓展、权益保护、纠纷处理等方面的服务。

国家依法严格规范行业协会商会的收费、评比、认证等行为。

**第三十条** 国家加强社会信用体系建设，持续推进政务诚信、商务诚信、社会诚信和司法公信建设，提高全社会诚信意识和信用水平，维护信用信息安全，严格保护商业秘密和个人隐私。

**第三十一条** 地方各级人民政府及其有关部门应当履行向市场主体依法作出的政策承诺以及依法订立的各类合同，不得以行政区划调整、政府换届、机构或者职能调整以及相关责任人更替等为由违约毁约。因国家利益、社会公共利益需要改变政策承诺、合同约定的，应当依照法定权限和程序进行，并依法对市场主体因此受到的损失予以补偿。

**第三十二条** 国家机关、事业单位不得违约拖欠市场主体的货物、工程、服务等账款，大型企业不得利用优势地位拖欠中小企业账款。

县级以上人民政府及其有关部门应当加大对国家机关、事业单位拖欠市场主体账款的清理力度，并通过加强预算管理、严格责任追究等措施，建立防范和治理国家机关、事业单位拖欠市场主体账款的长效机制。

**第三十三条** 政府有关部门应当优化市场主体注销办理流程，精简申请材料，压缩办理时间，降低注销成本。对设立后未开展生产经营活动或者无债权债务的市场主体，可以按照简易程序办理注销。对有债权债务的市场主体，在债权债务依法解决后及时办理注销。

县级以上地方人民政府应当根据需要建立企业破产工作协调机制，协调解决企业破产过程中涉及的有关问题。

## 第四章　政务服务

**第三十四条** 政府及其有关部门应当进一步增强服务意识，切实转变工作作风，为市场主体提供规范、便利、高效的政务服务。

**第三十五条** 政府及其有关部门应当推进政务服务标准化，按照减环节、减材料、减时限的要求，编制并向社会公开政务服务事项（包括行政权力事项和公共服务事项，下同）标准化工作流程和办事指南，细化量化政务服务标准，压缩自由裁量权，推进同一事项实行无差别受理、同标准办理。没有法律、法规、规章依据，不得增设政务服务事项的办理条件和环节。

**第三十六条** 政府及其有关部门办理政务服务事项，应当根据实际情况，推行当场办结、一次办结、限时办结等制度，实现集中办理、就近办理、网上办理、异地可办。需要市场主体补正有关材料、手续的，应当一次性告知需要补正的内容；需要进行现场踏勘、现场核查、技术审查、听证论证的，应当及时安排、限时办结。

法律、法规、规章以及国家有关规定对政务服务事项办理时限有规定的，应当在规定的时限内尽快办结；没有规定的，应当按照合理、高效的原则确定办理时限并按时办结。各地区可以在国家规定的政务服务事项办理时限内进一步压减时间，并应当向社会公开；超过办理时间的，办理单位应当公开说明理由。

地方各级人民政府已设立政务服务大厅的，本行政区域内各类政务服务事项一般应当进驻政务服务大厅统一办理。对政务服务大厅中部门分设的服务窗口，应当创造条件整合为综合窗口，提供一站式服务。

**第三十七条** 国家加快建设全国一体化在线政务服务平台（以下称一体化在线平台），推动政务服务事项在全国范围内实现"一网通办"。除法律、法规另有规定或者涉及国家秘密等情形外，政务服务事项应当按照国务院确定的步骤，纳入一体化在线平台办理。

国家依托一体化在线平台，推动政务信息系统整合，优化政务流程，促进政务服务跨地区、跨部门、跨层级数据共享和业务协同。政府及其有关部门应当按照国家有关规定，提供数据共享服务，及时将有关政务服务数据上传至一体化在线平台，加强共享数据使用全过程管理，确保共享数据安全。

国家建立电子证照共享服务系统，实现电子证照跨地区、跨部门共享和全国范围内互信互认。各地区、各部门应当加强电子证照的推广应用。

各地区、各部门应当推动政务服务大厅与政务服务平台全面对接融合。市场主体有权自主选择政务服务办理渠道，行政机关不得限定办理渠道。

**第三十八条** 政府及其有关部门应当通过政府网站、一体化在线平台，集中公布涉及市场主体的法律、法规、规章、行政规范性文件和各类政策措施，并通过多种途径和方式加强宣传解读。

**第三十九条** 国家严格控制新设行政许可。新设行政许可应当按照行政许可法和国务院的规定严格设定标准，并进行合法性、必要性和合理性审查论证。对通过事中事后监管或者市场机制能够解决以及行政许可法和国务院规定不得设立行政许可的事项，一律不得设立行政许可，严禁以备案、登记、注册、目录、规划、年检、年报、监制、认定、认证、审定以及其他任何形式变相设定或者实施行政许可。

法律、行政法规和国务院决定对相关管理事项已作出规定，但未采取行政许可管理方式的，地方不得就该事项设定行政许可。对相关管理事项尚未制定法律、行政法规的，地方可以依法就该事项设定行政许可。

**第四十条** 国家实行行政许可清单管理制度，适时调整行政许可清单并向社会公布，清单之外不得违法实施行政许可。

国家大力精简已有行政许可。对已取消的行政许可，行政机关不得继续实施或者变相实施，不得转由行业协会商会或者其他组织实施。

对实行行政许可管理的事项，行政机关应当通过整合实施、下放审批层级等多种方式，优化审批服务，提高审批效率，减轻市场主体负担。符合相关条件和要求的，可以按照有关规定采取告知承诺的方式办理。

**第四十一条** 县级以上地方人民政府应当深化投资审批制度改革，根据项目性质、投资规模等分类规范投资审批程序，精简审批要件，简化技术审查事项，强化项目决策与用地、规划等建设条件落实的协同，实行与相关审批在线并联办理。

**第四十二条** 设区的市级以上地方人民政府应当按照国家有关规定，优化工程建设项目（不包括特殊工程和交通、水利、能源等领域的重大工程）审批流程，推行并联审批、多图联审、联合竣工验收等方式，简化审批手续，提高审批效能。

在依法设立的开发区、新区和其他有条件的区域，按照国家有关规定推行区域评估，由设区的市级以上地方人民政府组织对一定区域内压覆重要矿产资源、地质灾害危险性等事项进行统一评估，不再对区域内的市场主体单独提出评估要求。区域评估的费用不得由市场主体承担。

**第四十三条** 作为办理行政审批条件的中介服务事项（以下称法定行政审批中介服务）应当有法律、法规或者国务院决定依据；没有依据的，不得作为办理行政审批的条件。中介服务机构应当明确办理法定行政审批中介服务的条件、流程、时限、收费标准，并向社会公开。

国家加快推进中介服务机构与行政机关脱钩。行政机关不得为市场主体指定或者变相指定中介服务机构；除法定行政审批中介服务外，不得强制或者变相强制市场主体接受中介服务。行政机关所属事业单位、主管的社会组织及其举办的企业不得开展与本机关所负责行政审批相关的中介服务，法律、行政法规另有规定的除外。

行政机关在行政审批过程中需要委托中介服务机构开展技术性服务的，应当通过竞争性方式选择中介服务机构，并自行承担服务费用，不得转嫁给市场主体承担。

**第四十四条** 证明事项应当有法律、法规或者国务院决定依据。

设定证明事项，应当坚持确有必要、从严控制的原则。对通过法定证照、法定文书、书面告知承诺、政府部门内部核查和部门间核查、网络核验、合同凭证等能够办理，能够被其他材料涵盖或者替代，以及开具单位无法调查核实的，不得设定证明事项。

政府有关部门应当公布证明事项清单，逐项列明设定依据、索要单位、开具单位、办理指南等。清单之外，政府部门、公用企事业单位和服务机构不得索要证明。各地区、各部门之间应当加强证明的互认共享，避免重复索要证明。

**第四十五条** 政府及其有关部门应当按照国家促进跨境贸易便利化的有关要求，依法削减进出口环节审批事项，取消不必要的监管要求，优化简化通关流程，提高通关效率，清理规范口岸收费，降低通关成本，推动口岸和国际贸易领域相关业务统一通过国际贸易"单一窗口"办理。

**第四十六条** 税务机关应当精简办税资料和流程，简并申报缴税次数，公开涉税事项办理时限，压减办税时间，加大推广使用电子发票的力度，逐步实现全程网上办税，持续优化纳税服务。

**第四十七条** 不动产登记机构应当按照国家有关规

定,加强部门协作,实行不动产登记、交易和缴税一窗受理、并行办理,压缩办理时间,降低办理成本。在国家规定的不动产登记时限内,各地区应当确定并公开具体办理时间。

国家推动建立统一的动产和权利担保登记公示系统,逐步实现市场主体在一个平台上办理动产和权利担保登记。纳入统一登记公示系统的动产和权利范围另行规定。

**第四十八条** 政府及其有关部门应当按照构建亲清新型政商关系的要求,建立畅通有效的政企沟通机制,采取多种方式及时听取市场主体的反映和诉求,了解市场主体生产经营中遇到的困难和问题,并依法帮助其解决。

建立政企沟通机制,应当充分尊重市场主体意愿,增强针对性和有效性,不得干扰市场主体正常生产经营活动,不得增加市场主体负担。

**第四十九条** 政府及其有关部门应当建立便利、畅通的渠道,受理有关营商环境的投诉和举报。

**第五十条** 新闻媒体应当及时、准确宣传优化营商环境的措施和成效,为优化营商环境创造良好舆论氛围。

国家鼓励对营商环境进行舆论监督,但禁止捏造虚假信息或者歪曲事实进行不实报道。

## 第五章 监管执法

**第五十一条** 政府有关部门应当严格按照法律法规和职责,落实监管责任,明确监管对象和范围、厘清监管事权,依法对市场主体进行监管,实现监管全覆盖。

**第五十二条** 国家健全公开透明的监管规则和标准体系。国务院有关部门应当分领域制定全国统一、简明易行的监管规则和标准,并向社会公开。

**第五十三条** 政府及其有关部门应当按照国家关于加快构建以信用为基础的新型监管机制的要求,创新和完善信用监管,强化信用监管的支撑保障,加强信用监管的组织实施,不断提升信用监管效能。

**第五十四条** 国家推行"双随机、一公开"监管,除直接涉及公共安全和人民群众生命健康等特殊行业、重点领域外,市场监管领域的行政检查应当通过随机抽取检查对象、随机选派执法检查人员、抽查事项及查处结果及时向社会公开的方式进行。针对同一检查对象的多个检查事项,应当尽可能合并或者纳入跨部门联合抽查范围。

对直接涉及公共安全和人民群众生命健康等特殊行业、重点领域,依法依规实行全覆盖的重点监管,并严格规范重点监管的程序;对通过投诉举报、转办交办、数据监测等发现的问题,应当有针对性地进行检查并依法依规处理。

**第五十五条** 政府及其有关部门应当按照鼓励创新的原则,对新技术、新产业、新业态、新模式等实行包容审慎监管,针对其性质、特点分类制定和实行相应的监管规则和标准,留足发展空间,同时确保质量和安全,不得简单化予以禁止或者不予监管。

**第五十六条** 政府及其有关部门应当充分运用互联网、大数据等技术手段,依托国家统一建立的在线监管系统,加强监管信息归集共享和关联整合,推行以远程监管、移动监管、预警防控为特征的非现场监管,提升监管的精准化、智能化水平。

**第五十七条** 国家建立健全跨部门、跨区域行政执法联动响应和协作机制,实现违法线索互联、监管标准互通、处理结果互认。

国家统筹配置行政执法职能和执法资源,在相关领域推行综合行政执法,整合精简执法队伍,减少执法主体和执法层级,提高基层执法能力。

**第五十八条** 行政执法机关应当按照国家有关规定,全面落实行政执法公示、行政执法全过程记录和重大行政执法决定法制审核制度,实现行政执法信息及时准确公示、行政执法全过程留痕和可回溯管理、重大行政执法决定法制审核全覆盖。

**第五十九条** 行政执法中应当推广运用说服教育、劝导示范、行政指导等非强制性手段,依法慎重实施行政强制。采用非强制性手段能够达到行政管理目的的,不得实施行政强制;违法行为情节轻微或者社会危害较小的,可以不实施行政强制;确需实施行政强制的,应当尽可能减少对市场主体正常生产经营活动的影响。

开展清理整顿、专项整治等活动,应当严格依法进行,除涉及人民群众生命安全、发生重特大事故或者举办国家重大活动,并报经有权机关批准外,不得在相关区域采取要求相关行业、领域的市场主体普遍停产、停业的措施。

禁止将罚没收入与行政执法机关利益挂钩。

**第六十条** 国家健全行政执法自由裁量基准制度,合理确定裁量范围、种类和幅度,规范行政执法自由裁量权的行使。

## 第六章 法治保障

**第六十一条** 国家根据优化营商环境需要,依照法定权限和程序及时制定或者修改、废止有关法律、法规、规章、行政规范性文件。

优化营商环境的改革措施涉及调整实施现行法律、行政法规等有关规定的，依照法定程序经有权机关授权后，可以先行先试。

**第六十二条** 制定与市场主体生产经营活动密切相关的行政法规、规章、行政规范性文件，应当按照国务院的规定，充分听取市场主体、行业协会商会的意见。

除依法需要保密外，制定与市场主体生产经营活动密切相关的行政法规、规章、行政规范性文件，应当通过报纸、网络等向社会公开征求意见，并建立健全意见采纳情况反馈机制。向社会公开征求意见的期限一般不少于30日。

**第六十三条** 制定与市场主体生产经营活动密切相关的行政法规、规章、行政规范性文件，应当按照国务院的规定进行公平竞争审查。

制定涉及市场主体权利义务的行政规范性文件，应当按照国务院的规定进行合法性审核。

市场主体认为地方性法规同行政法规相抵触，或者认为规章同法律、行政法规相抵触的，可以向国务院书面提出审查建议，由有关机关按照规定程序处理。

**第六十四条** 没有法律、法规或者国务院决定和命令依据的，行政规范性文件不得减损市场主体合法权益或者增加其义务，不得设置市场准入和退出条件，不得干预市场主体正常生产经营活动。

涉及市场主体权利义务的行政规范性文件应当按照法定要求和程序予以公布，未经公布的不得作为行政管理依据。

**第六十五条** 制定与市场主体生产经营活动密切相关的行政法规、规章、行政规范性文件，应当结合实际，确定是否为市场主体留出必要的适应调整期。

政府及其有关部门应当统筹协调、合理把握规章、行政规范性文件等的出台节奏，全面评估政策效果，避免因政策叠加或者相互不协调对市场主体正常生产经营活动造成不利影响。

**第六十六条** 国家完善调解、仲裁、行政裁决、行政复议、诉讼等有机衔接、相互协调的多元化纠纷解决机制，为市场主体提供高效、便捷的纠纷解决途径。

**第六十七条** 国家加强法治宣传教育，落实国家机关普法责任制，提高国家工作人员依法履职能力，引导市场主体合法经营、依法维护自身合法权益，不断增强全社会的法治意识，为营造法治化营商环境提供基础性支撑。

**第六十八条** 政府及其有关部门应当整合律师、公证、司法鉴定、调解、仲裁等公共法律服务资源，加快推进公共法律服务体系建设，全面提升公共法律服务能力和水平，为优化营商环境提供全方位法律服务。

**第六十九条** 政府和有关部门及其工作人员有下列情形之一的，依法依规追究责任：

（一）违法干预应当由市场主体自主决策的事项；

（二）制定或者实施政策措施不依法平等对待各类市场主体；

（三）违反法定权限、条件、程序对市场主体的财产和企业经营者个人财产实施查封、冻结和扣押等行政强制措施；

（四）在法律、法规规定之外要求市场主体提供财力、物力或者人力；

（五）没有法律、法规依据，强制或者变相强制市场主体参加评比、达标、表彰、培训、考核、考试以及类似活动，或者借前述活动向市场主体收费或者变相收费；

（六）违法设立或者在目录清单之外执行政府性基金、涉企行政事业性收费、涉企保证金；

（七）不履行向市场主体依法作出的政策承诺以及依法订立的各类合同，或者违约拖欠市场主体的货物、工程、服务等账款；

（八）变相设定或者实施行政许可，继续实施或者变相实施已取消的行政许可，或者转由行业协会商会或者其他组织实施已取消的行政许可；

（九）为市场主体指定或者变相指定中介服务机构，或者违法强制市场主体接受中介服务；

（十）制定与市场主体生产经营活动密切相关的行政法规、规章、行政规范性文件时，不按照规定听取市场主体、行业协会商会的意见；

（十一）其他不履行优化营商环境职责或者损害营商环境的情形。

**第七十条** 公用企事业单位有下列情形之一的，由有关部门责令改正，依法追究法律责任：

（一）不向社会公开服务标准、资费标准、办理时限等信息；

（二）强迫市场主体接受不合理的服务条件；

（三）向市场主体收取不合理费用。

**第七十一条** 行业协会商会、中介服务机构有下列情形之一的，由有关部门责令改正，依法追究法律责任：

（一）违法开展收费、评比、认证等行为；

（二）违法干预市场主体加入或者退出行业协会商会等社会组织；

（三）没有法律、法规依据，强制或者变相强制市场主体参加评比、达标、表彰、培训、考核、考试以及类似活动，或者借前述活动向市场主体收费或者变相收费；

（四）不向社会公开办理法定行政审批中介服务的条件、流程、时限、收费标准；

（五）违法强制或者变相强制市场主体接受中介服务。

## 第七章 附 则

**第七十二条** 本条例自 2020 年 1 月 1 日起施行。

## 促进个体工商户发展条例

· 2022 年 9 月 26 日国务院第 190 次常务会议通过
· 2022 年 10 月 1 日中华人民共和国国务院令第 755 号公布
· 自 2022 年 11 月 1 日起施行

**第一条** 为了鼓励、支持和引导个体经济健康发展，维护个体工商户合法权益，稳定和扩大城乡就业，充分发挥个体工商户在国民经济和社会发展中的重要作用，制定本条例。

**第二条** 有经营能力的公民在中华人民共和国境内从事工商业经营，依法登记为个体工商户的，适用本条例。

**第三条** 促进个体工商户发展工作坚持中国共产党的领导，发挥党组织在个体工商户发展中的引领作用和党员先锋模范作用。

个体工商户中的党组织和党员按照中国共产党章程的规定开展党的活动。

**第四条** 个体经济是社会主义市场经济的重要组成部分，个体工商户是重要的市场主体，在繁荣经济、增加就业、推动创业创新、方便群众生活等方面发挥着重要作用。

国家持续深化简政放权、放管结合、优化服务改革，优化营商环境，积极扶持、加强引导、依法规范，为个体工商户健康发展创造有利条件。

**第五条** 国家对个体工商户实行市场平等准入、公平待遇的原则。

**第六条** 个体工商户可以个人经营，也可以家庭经营。个体工商户的财产权、经营自主权等合法权益受法律保护，任何单位和个人不得侵害或者非法干预。

**第七条** 国务院建立促进个体工商户发展部际联席会议制度，研究并推进实施促进个体工商户发展的重大政策措施，统筹协调促进个体工商户发展工作中的重大事项。

国务院市场监督管理部门会同有关部门加强对促进个体工商户发展工作的宏观指导、综合协调和监督检查。

**第八条** 国务院发展改革、财政、人力资源社会保障、住房城乡建设、商务、金融、税务、市场监督管理等有关部门在各自职责范围内研究制定税费支持、创业扶持、职业技能培训、社会保障、金融服务、登记注册、权益保护等方面的政策措施，做好促进个体工商户发展工作。

**第九条** 县级以上地方人民政府应当将促进个体工商户发展纳入本级国民经济和社会发展规划，结合本行政区域个体工商户发展情况制定具体措施并组织实施，为个体工商户发展提供支持。

**第十条** 国家加强个体工商户发展状况监测分析，定期开展抽样调查、监测统计和活跃度分析，强化个体工商户发展信息的归集、共享和运用。

**第十一条** 市场主体登记机关应当为个体工商户提供依法合规、规范统一、公开透明、便捷高效的登记服务。

**第十二条** 国务院市场监督管理部门应当根据个体工商户发展特点，改革完善个体工商户年度报告制度，简化内容、优化流程，提供简易便捷的年度报告服务。

**第十三条** 个体工商户可以自愿变更经营者或者转型为企业。变更经营者的，可以直接向市场主体登记机关申请办理变更登记。涉及有关行政许可的，行政许可部门应当简化手续，依法为个体工商户提供便利。

个体工商户变更经营者或者转型为企业的，应当结清依法应缴纳的税款等，对原有债权债务作出妥善处理，不得损害他人的合法权益。

**第十四条** 国家加强个体工商户公共服务平台体系建设，为个体工商户提供法律政策、市场供求、招聘用工、创业培训、金融支持等信息服务。

**第十五条** 依法成立的个体劳动者协会在市场监督管理部门指导下，充分发挥桥梁纽带作用，推动个体工商户党的建设，为个体工商户提供服务，维护个体工商户合法权益，引导个体工商户诚信自律。

个体工商户自愿加入个体劳动者协会。

**第十六条** 政府及其有关部门在制定相关政策措施时，应当充分听取个体工商户以及相关行业组织的意见，不得违反规定在资质许可、项目申报、政府采购、招标投标等方面对个体工商户制定或者实施歧视性政策措施。

**第十七条** 县级以上地方人民政府应当结合本行政区域实际情况，根据个体工商户的行业类型、经营规模、经营特点等，对个体工商户实施分型分类培育和精准帮扶。

**第十八条** 县级以上地方人民政府应当采取有效措施，为个体工商户增加经营场所供给，降低经营场所使用成本。

**第十九条** 国家鼓励和引导创业投资机构和社会资金支持个体工商户发展。

县级以上地方人民政府应当充分发挥各类资金作用，为个体工商户在创业创新、贷款融资、职业技能培训等方面提供资金支持。

**第二十条** 国家实行有利于个体工商户发展的财税政策。

县级以上地方人民政府及其有关部门应当严格落实相关财税支持政策，确保精准、及时惠及个体工商户。

**第二十一条** 国家推动建立和完善个体工商户信用评价体系，鼓励金融机构开发和提供适合个体工商户发展特点的金融产品和服务，扩大个体工商户贷款规模和覆盖面，提高贷款精准性和便利度。

**第二十二条** 县级以上地方人民政府应当支持个体工商户参加社会保险，对符合条件的个体工商户给予相应的支持。

**第二十三条** 县级以上地方人民政府应当完善创业扶持政策，支持个体工商户参加职业技能培训，鼓励各类公共就业服务机构为个体工商户提供招聘用工服务。

**第二十四条** 县级以上地方人民政府应当结合城乡社区服务体系建设，支持个体工商户在社区从事与居民日常生活密切相关的经营活动，满足居民日常生活消费需求。

**第二十五条** 国家引导和支持个体工商户加快数字化发展，实现线上线下一体化经营。

平台经营者应当在入驻条件、服务规则、收费标准等方面，为个体工商户线上经营提供支持，不得利用服务协议、平台规则、数据算法、技术等手段，对平台内个体工商户进行不合理限制、附加不合理条件或者收取不合理费用。

**第二十六条** 国家加大对个体工商户的字号、商标、专利、商业秘密等权利的保护力度。

国家鼓励和支持个体工商户提升知识产权的创造运用水平、增强市场竞争力。

**第二十七条** 县级以上地方人民政府制定实施城乡建设规划及城市和交通管理、市容环境治理、产业升级等相关政策措施，应当充分考虑个体工商户经营需要和实际困难，实施引导帮扶。

**第二十八条** 各级人民政府对因自然灾害、事故灾难、公共卫生事件、社会安全事件等原因造成经营困难的个体工商户，结合实际情况及时采取纾困帮扶措施。

**第二十九条** 政府及其有关部门按照国家有关规定，对个体工商户先进典型进行表彰奖励，不断提升个体工商户经营者的荣誉感。

**第三十条** 任何单位和个人不得违反法律法规和国家有关规定向个体工商户收费或者变相收费，不得擅自扩大收费范围或者提高收费标准，不得向个体工商户集资、摊派，不得强行要求个体工商户提供赞助或者接受有偿服务。

任何单位和个人不得诱导、强迫劳动者登记注册为个体工商户。

**第三十一条** 机关、企业事业单位不得要求个体工商户接受不合理的付款期限、方式、条件和违约责任等交易条件，不得违约拖欠个体工商户账款，不得通过强制个体工商户接受商业汇票等非现金支付方式变相拖欠账款。

**第三十二条** 县级以上地方人民政府应当提升个体工商户发展质量，不得将个体工商户数量增长率、年度报告率等作为绩效考核评价指标。

**第三十三条** 个体工商户对违反本条例规定、侵害自身合法权益的行为，有权向有关部门投诉、举报。

县级以上地方人民政府及其有关部门应当畅通投诉、举报途径，并依法及时处理。

**第三十四条** 个体工商户应当依法经营、诚实守信，自觉履行劳动用工、安全生产、食品安全、职业卫生、环境保护、公平竞争等方面的法定义务。

对涉及公共安全和人民群众生命健康等重点领域，有关行政部门应当加强监督管理，维护良好市场秩序。

**第三十五条** 个体工商户开展经营活动违反有关法律规定的，有关行政部门应当按照教育和惩戒相结合、过罚相当的原则，依法予以处理。

**第三十六条** 政府及其有关部门的工作人员在促进个体工商户发展工作中不履行或者不正确履行职责，损害个体工商户合法权益，造成严重后果的，依法依规给予处分；构成犯罪的，依法追究刑事责任。

**第三十七条** 香港特别行政区、澳门特别行政区永久性居民中的中国公民，台湾地区居民可以按照国家有关规定，申请登记为个体工商户。

**第三十八条** 省、自治区、直辖市可以结合本行政区域实际情况，制定促进个体工商户发展的具体办法。

**第三十九条** 本条例自 2022 年 11 月 1 日起施行。《个体工商户条例》同时废止。

# 中华人民共和国反不正当竞争法

- 1993年9月2日第八届全国人民代表大会常务委员会第三次会议通过
- 2017年11月4日第十二届全国人民代表大会常务委员会第三十次会议修订
- 根据2019年4月23日第十三届全国人民代表大会常务委员会第十次会议《关于修改〈中华人民共和国建筑法〉等八部法律的决定》修正

## 第一章 总 则

**第一条** 为了促进社会主义市场经济健康发展,鼓励和保护公平竞争,制止不正当竞争行为,保护经营者和消费者的合法权益,制定本法。

**第二条** 经营者在生产经营活动中,应当遵循自愿、平等、公平、诚信的原则,遵守法律和商业道德。

本法所称的不正当竞争行为,是指经营者在生产经营活动中,违反本法规定,扰乱市场竞争秩序,损害其他经营者或者消费者的合法权益的行为。

本法所称的经营者,是指从事商品生产、经营或者提供服务(以下所称商品包括服务)的自然人、法人和非法人组织。

**第三条** 各级人民政府应当采取措施,制止不正当竞争行为,为公平竞争创造良好的环境和条件。

国务院建立反不正当竞争工作协调机制,研究决定反不正当竞争重大政策,协调处理维护市场竞争秩序的重大问题。

**第四条** 县级以上人民政府履行工商行政管理职责的部门对不正当竞争行为进行查处;法律、行政法规规定由其他部门查处的,依照其规定。

**第五条** 国家鼓励、支持和保护一切组织和个人对不正当竞争行为进行社会监督。

国家机关及其工作人员不得支持、包庇不正当竞争行为。

行业组织应当加强行业自律,引导、规范会员依法竞争,维护市场竞争秩序。

## 第二章 不正当竞争行为

**第六条** 经营者不得实施下列混淆行为,引人误认为是他人商品或者与他人存在特定联系:

(一)擅自使用与他人有一定影响的商品名称、包装、装潢等相同或者近似的标识;

(二)擅自使用他人有一定影响的企业名称(包括简称、字号等)、社会组织名称(包括简称等)、姓名(包括笔名、艺名、译名等);

(三)擅自使用他人有一定影响的域名主体部分、网站名称、网页等;

(四)其他足以引人误认为是他人商品或者与他人存在特定联系的混淆行为。

**第七条** 经营者不得采用财物或者其他手段贿赂下列单位或者个人,以谋取交易机会或者竞争优势:

(一)交易相对方的工作人员;

(二)受交易相对方委托办理相关事务的单位或者个人;

(三)利用职权或者影响力影响交易的单位或者个人。

经营者在交易活动中,可以以明示方式向交易相对方支付折扣,或者向中间人支付佣金。经营者向交易相对方支付折扣、向中间人支付佣金的,应当如实入账。接受折扣、佣金的经营者也应当如实入账。

经营者的工作人员进行贿赂的,应当认定为经营者的行为;但是,经营者有证据证明该工作人员的行为与为经营者谋取交易机会或者竞争优势无关的除外。

**第八条** 经营者不得对其商品的性能、功能、质量、销售状况、用户评价、曾获荣誉等作虚假或者引人误解的商业宣传,欺骗、误导消费者。

经营者不得通过组织虚假交易等方式,帮助其他经营者进行虚假或者引人误解的商业宣传。

**第九条** 经营者不得实施下列侵犯商业秘密的行为:

(一)以盗窃、贿赂、欺诈、胁迫、电子侵入或者其他不正当手段获取权利人的商业秘密;

(二)披露、使用或者允许他人使用以前项手段获取的权利人的商业秘密;

(三)违反保密义务或者违反权利人有关保守商业秘密的要求,披露、使用或者允许他人使用其所掌握的商业秘密;

(四)教唆、引诱、帮助他人违反保密义务或者违反权利人有关保守商业秘密的要求,获取、披露、使用或者允许他人使用权利人的商业秘密。

经营者以外的其他自然人、法人和非法人组织实施前款所列违法行为的,视为侵犯商业秘密。

第三人明知或者应知商业秘密权利人的员工、前员工或者其他单位、个人实施本条第一款所列违法行为,仍获取、披露、使用或者允许他人使用该商业秘密的,视为侵犯商业秘密。

本法所称的商业秘密,是指不为公众所知悉、具有商业价值并经权利人采取相应保密措施的技术信息、经营信息等商业信息。

**第十条** 经营者进行有奖销售不得存在下列情形：

（一）所设奖的种类、兑奖条件、奖金金额或者奖品等有奖销售信息不明确,影响兑奖；

（二）采用谎称有奖或者故意让内定人员中奖的欺骗方式进行有奖销售；

（三）抽奖式的有奖销售,最高奖的金额超过五万元。

**第十一条** 经营者不得编造、传播虚假信息或者误导性信息,损害竞争对手的商业信誉、商品声誉。

**第十二条** 经营者利用网络从事生产经营活动,应当遵守本法的各项规定。

经营者不得利用技术手段,通过影响用户选择或者其他方式,实施下列妨碍、破坏其他经营者合法提供的网络产品或者服务正常运行的行为：

（一）未经其他经营者同意,在其合法提供的网络产品或者服务中,插入链接、强制进行目标跳转；

（二）误导、欺骗、强迫用户修改、关闭、卸载其他经营者合法提供的网络产品或者服务；

（三）恶意对其他经营者合法提供的网络产品或者服务实施不兼容；

（四）其他妨碍、破坏其他经营者合法提供的网络产品或者服务正常运行的行为。

### 第三章 对涉嫌不正当竞争行为的调查

**第十三条** 监督检查部门调查涉嫌不正当竞争行为,可以采取下列措施：

（一）进入涉嫌不正当竞争行为的经营场所进行检查；

（二）询问被调查的经营者、利害关系人及其他有关单位、个人,要求其说明有关情况或者提供与被调查行为有关的其他资料；

（三）查询、复制与涉嫌不正当竞争行为有关的协议、账簿、单据、文件、记录、业务函电和其他资料；

（四）查封、扣押与涉嫌不正当竞争行为有关的财物；

（五）查询涉嫌不正当竞争行为的经营者的银行账户。

采取前款规定的措施,应当向监督检查部门主要负责人书面报告,并经批准。采取前款第四项、第五项规定的措施,应当向设区的市级以上人民政府监督检查部门主要负责人书面报告,并经批准。

监督检查部门调查涉嫌不正当竞争行为,应当遵守《中华人民共和国行政强制法》和其他有关法律、行政法规的规定,并应当将查处结果及时向社会公开。

**第十四条** 监督检查部门调查涉嫌不正当竞争行为,被调查的经营者、利害关系人及其他有关单位、个人应当如实提供有关资料或者情况。

**第十五条** 监督检查部门及其工作人员对调查过程中知悉的商业秘密负有保密义务。

**第十六条** 对涉嫌不正当竞争行为,任何单位和个人有权向监督检查部门举报,监督检查部门接到举报后应当依法及时处理。

监督检查部门应当向社会公开受理举报的电话、信箱或者电子邮件地址,并为举报人保密。对实名举报并提供相关事实和证据的,监督检查部门应当将处理结果告知举报人。

### 第四章 法律责任

**第十七条** 经营者违反本法规定,给他人造成损害的,应当依法承担民事责任。

经营者的合法权益受到不正当竞争行为损害的,可以向人民法院提起诉讼。

因不正当竞争行为受到损害的经营者的赔偿数额,按照其因被侵权所受到的实际损失确定；实际损失难以计算的,按照侵权人因侵权所获得的利益确定。经营者恶意实施侵犯商业秘密行为,情节严重的,可以在按照上述方法确定数额的一倍以上五倍以下确定赔偿数额。赔偿数额还应当包括经营者为制止侵权行为所支付的合理开支。

经营者违反本法第六条、第九条规定,权利人因被侵权所受到的实际损失、侵权人因侵权所获得的利益难以确定的,由人民法院根据侵权行为的情节判决给予权利人五百万元以下的赔偿。

**第十八条** 经营者违反本法第六条规定实施混淆行为的,由监督检查部门责令停止违法行为,没收违法商品。违法经营额五万元以上的,可以并处违法经营额五倍以下的罚款；没有违法经营额或者违法经营额不足五万元的,可以并处二十五万元以下的罚款。情节严重的,吊销营业执照。

经营者登记的企业名称违反本法第六条规定的,应当及时办理名称变更登记；名称变更前,由原企业登记机关以统一社会信用代码代替其名称。

**第十九条** 经营者违反本法第七条规定贿赂他人

的，由监督检查部门没收违法所得，处十万元以上三百万元以下的罚款。情节严重的，吊销营业执照。

第二十条 经营者违反本法第八条规定对其商品作虚假或者引人误解的商业宣传，或者通过组织虚假交易等方式帮助其他经营者进行虚假或者引人误解的商业宣传的，由监督检查部门责令停止违法行为，处二十万元以上一百万元以下的罚款；情节严重的，处一百万元以上二百万元以下的罚款，可以吊销营业执照。

经营者违反本法第八条规定，属于发布虚假广告的，依照《中华人民共和国广告法》的规定处罚。

第二十一条 经营者以及其他自然人、法人和非法人组织违反本法第九条规定侵犯商业秘密的，由监督检查部门责令停止违法行为，没收违法所得，处十万元以上一百万元以下的罚款；情节严重的，处五十万元以上五百万元以下的罚款。

第二十二条 经营者违反本法第十条规定进行有奖销售的，由监督检查部门责令停止违法行为，处五万元以上五十万元以下的罚款。

第二十三条 经营者违反本法第十一条规定损害竞争对手商业信誉、商品声誉的，由监督检查部门责令停止违法行为、消除影响，处十万元以上五十万元以下的罚款；情节严重的，处五十万元以上三百万元以下的罚款。

第二十四条 经营者违反本法第十二条规定妨碍、破坏其他经营者合法提供的网络产品或者服务正常运行的，由监督检查部门责令停止违法行为，处十万元以上五十万元以下的罚款；情节严重的，处五十万元以上三百万元以下的罚款。

第二十五条 经营者违反本法规定从事不正当竞争，有主动消除或者减轻违法行为危害后果等法定情形的，依法从轻或者减轻行政处罚；违法行为轻微并及时纠正，没有造成危害后果的，不予行政处罚。

第二十六条 经营者违反本法规定从事不正当竞争，受到行政处罚的，由监督检查部门记入信用记录，并依照有关法律、行政法规的规定予以公示。

第二十七条 经营者违反本法规定，应当承担民事责任、行政责任和刑事责任，其财产不足以支付的，优先用于承担民事责任。

第二十八条 妨害监督检查部门依照本法履行职责，拒绝、阻碍调查的，由监督检查部门责令改正，对个人可以处五千元以下的罚款，对单位可以处五万元以下的罚款，并可以由公安机关依法给予治安管理处罚。

第二十九条 当事人对监督检查部门作出的决定不服的，可以依法申请行政复议或者提起行政诉讼。

第三十条 监督检查部门的工作人员滥用职权、玩忽职守、徇私舞弊或者泄露调查过程中知悉的商业秘密的，依法给予处分。

第三十一条 违反本法规定，构成犯罪的，依法追究刑事责任。

第三十二条 在侵犯商业秘密的民事审判程序中，商业秘密权利人提供初步证据，证明其已经对所主张的商业秘密采取保密措施，且合理表明商业秘密被侵犯，涉嫌侵权人应当证明权利人所主张的商业秘密不属于本法规定的商业秘密。

商业秘密权利人提供初步证据合理表明商业秘密被侵犯，且提供以下证据之一的，涉嫌侵权人应当证明其不存在侵犯商业秘密的行为：

（一）有证据表明涉嫌侵权人有渠道或者机会获取商业秘密，且其使用的信息与该商业秘密实质上相同；

（二）有证据表明商业秘密已经被涉嫌侵权人披露、使用或者有被披露、使用的风险；

（三）有其他证据表明商业秘密被涉嫌侵权人侵犯。

## 第五章 附 则

第三十三条 本法自2018年1月1日起施行。

# 中华人民共和国反垄断法

· 2007年8月30日第十届全国人民代表大会常务委员会第二十九次会议通过
· 根据2022年6月24日第十三届全国人民代表大会常务委员会第三十五次会议《关于修改〈中华人民共和国反垄断法〉的决定》修正

## 第一章 总 则

第一条 为了预防和制止垄断行为，保护市场公平竞争，鼓励创新，提高经济运行效率，维护消费者利益和社会公共利益，促进社会主义市场经济健康发展，制定本法。

第二条 中华人民共和国境内经济活动中的垄断行为，适用本法；中华人民共和国境外的垄断行为，对境内市场竞争产生排除、限制影响的，适用本法。

第三条 本法规定的垄断行为包括：

（一）经营者达成垄断协议；

（二）经营者滥用市场支配地位；

（三）具有或者可能具有排除、限制竞争效果的经营者集中。

**第四条** 反垄断工作坚持中国共产党的领导。

国家坚持市场化、法治化原则,强化竞争政策基础地位,制定和实施与社会主义市场经济相适应的竞争规则,完善宏观调控,健全统一、开放、竞争、有序的市场体系。

**第五条** 国家建立健全公平竞争审查制度。

行政机关和法律、法规授权的具有管理公共事务职能的组织在制定涉及市场主体经济活动的规定时,应当进行公平竞争审查。

**第六条** 经营者可以通过公平竞争、自愿联合,依法实施集中,扩大经营规模,提高市场竞争能力。

**第七条** 具有市场支配地位的经营者,不得滥用市场支配地位,排除、限制竞争。

**第八条** 国有经济占控制地位的关系国民经济命脉和国家安全的行业以及依法实行专营专卖的行业,国家对其经营者的合法经营活动予以保护,并对经营者的经营行为及其商品和服务的价格依法实施监管和调控,维护消费者利益,促进技术进步。

前款规定行业的经营者应当依法经营,诚实守信,严格自律,接受社会公众的监督,不得利用其控制地位或者专营专卖地位损害消费者利益。

**第九条** 经营者不得利用数据和算法、技术、资本优势以及平台规则等从事本法禁止的垄断行为。

**第十条** 行政机关和法律、法规授权的具有管理公共事务职能的组织不得滥用行政权力,排除、限制竞争。

**第十一条** 国家健全完善反垄断规则制度,强化反垄断监管力量,提高监管能力和监管体系现代化水平,加强反垄断执法司法,依法公正高效审理垄断案件,健全行政执法和司法衔接机制,维护公平竞争秩序。

**第十二条** 国务院设立反垄断委员会,负责组织、协调、指导反垄断工作,履行下列职责:

(一)研究拟订有关竞争政策;

(二)组织调查、评估市场总体竞争状况,发布评估报告;

(三)制定、发布反垄断指南;

(四)协调反垄断行政执法工作;

(五)国务院规定的其他职责。

国务院反垄断委员会的组成和工作规则由国务院规定。

**第十三条** 国务院反垄断执法机构负责反垄断统一执法工作。

国务院反垄断执法机构根据工作需要,可以授权省、自治区、直辖市人民政府相应的机构,依照本法规定负责有关反垄断执法工作。

**第十四条** 行业协会应当加强行业自律,引导本行业的经营者依法竞争,合规经营,维护市场竞争秩序。

**第十五条** 本法所称经营者,是指从事商品生产、经营或者提供服务的自然人、法人和非法人组织。

本法所称相关市场,是指经营者在一定时期内就特定商品或者服务(以下统称商品)进行竞争的商品范围和地域范围。

## 第二章 垄断协议

**第十六条** 本法所称垄断协议,是指排除、限制竞争的协议、决定或者其他协同行为。

**第十七条** 禁止具有竞争关系的经营者达成下列垄断协议:

(一)固定或者变更商品价格;

(二)限制商品的生产数量或者销售数量;

(三)分割销售市场或者原材料采购市场;

(四)限制购买新技术、新设备或者限制开发新技术、新产品;

(五)联合抵制交易;

(六)国务院反垄断执法机构认定的其他垄断协议。

**第十八条** 禁止经营者与交易相对人达成下列垄断协议:

(一)固定向第三人转售商品的价格;

(二)限定向第三人转售商品的最低价格;

(三)国务院反垄断执法机构认定的其他垄断协议。

对前款第一项和第二项规定的协议,经营者能够证明其不具有排除、限制竞争效果的,不予禁止。

经营者能够证明其在相关市场的市场份额低于国务院反垄断执法机构规定的标准,并符合国务院反垄断执法机构规定的其他条件的,不予禁止。

**第十九条** 经营者不得组织其他经营者达成垄断协议或者为其他经营者达成垄断协议提供实质性帮助。

**第二十条** 经营者能够证明所达成的协议属于下列情形之一的,不适用本法第十七条、第十八条第一款、第十九条的规定:

(一)为改进技术、研究开发新产品的;

(二)为提高产品质量、降低成本、增进效率,统一产品规格、标准或者实行专业化分工的;

(三)为提高中小经营者经营效率,增强中小经营者竞争力的;

(四)为实现节约能源、保护环境、救灾救助等社会公共利益的;

（五）因经济不景气，为缓解销售量严重下降或者生产明显过剩的；

（六）为保障对外贸易和对外经济合作中的正当利益的；

（七）法律和国务院规定的其他情形。

属于前款第一项至第五项情形，不适用本法第十七条、第十八条第一款、第十九条规定的，经营者还应当证明所达成的协议不会严重限制相关市场的竞争，并且能够使消费者分享由此产生的利益。

**第二十一条** 行业协会不得组织本行业的经营者从事本章禁止的垄断行为。

## 第三章 滥用市场支配地位

**第二十二条** 禁止具有市场支配地位的经营者从事下列滥用市场支配地位的行为：

（一）以不公平的高价销售商品或者以不公平的低价购买商品；

（二）没有正当理由，以低于成本的价格销售商品；

（三）没有正当理由，拒绝与交易相对人进行交易；

（四）没有正当理由，限定交易相对人只能与其进行交易或者只能与其指定的经营者进行交易；

（五）没有正当理由搭售商品，或者在交易时附加其他不合理的交易条件；

（六）没有正当理由，对条件相同的交易相对人在交易价格等交易条件上实行差别待遇；

（七）国务院反垄断执法机构认定的其他滥用市场支配地位的行为。

具有市场支配地位的经营者不得利用数据和算法、技术以及平台规则等从事前款规定的滥用市场支配地位的行为。

本法所称市场支配地位，是指经营者在相关市场内具有能够控制商品价格、数量或者其他交易条件，或者能够阻碍、影响其他经营者进入相关市场能力的市场地位。

**第二十三条** 认定经营者具有市场支配地位，应当依据下列因素：

（一）该经营者在相关市场的市场份额，以及相关市场的竞争状况；

（二）该经营者控制销售市场或者原材料采购市场的能力；

（三）该经营者的财力和技术条件；

（四）其他经营者对该经营者在交易上的依赖程度；

（五）其他经营者进入相关市场的难易程度；

（六）与认定该经营者市场支配地位有关的其他因素。

**第二十四条** 有下列情形之一的，可以推定经营者具有市场支配地位：

（一）一个经营者在相关市场的市场份额达到二分之一的；

（二）两个经营者在相关市场的市场份额合计达到三分之二的；

（三）三个经营者在相关市场的市场份额合计达到四分之三的。

有前款第二项、第三项规定的情形，其中有的经营者市场份额不足十分之一的，不应当推定该经营者具有市场支配地位。

被推定具有市场支配地位的经营者，有证据证明不具有市场支配地位的，不应当认定其具有市场支配地位。

## 第四章 经营者集中

**第二十五条** 经营者集中是指下列情形：

（一）经营者合并；

（二）经营者通过取得股权或者资产的方式取得对其他经营者的控制权；

（三）经营者通过合同等方式取得对其他经营者的控制权或者能够对其他经营者施加决定性影响。

**第二十六条** 经营者集中达到国务院规定的申报标准的，经营者应当事先向国务院反垄断执法机构申报，未申报的不得实施集中。

经营者集中未达到国务院规定的申报标准，但有证据证明该经营者集中具有或者可能具有排除、限制竞争效果的，国务院反垄断执法机构可以要求经营者申报。

经营者未依照前两款规定进行申报的，国务院反垄断执法机构应当依法进行调查。

**第二十七条** 经营者集中有下列情形之一的，可以不向国务院反垄断执法机构申报：

（一）参与集中的一个经营者拥有其他每个经营者百分之五十以上有表决权的股份或者资产的；

（二）参与集中的每个经营者百分之五十以上有表决权的股份或者资产被同一个未参与集中的经营者拥有的。

**第二十八条** 经营者向国务院反垄断执法机构申报集中，应当提交下列文件、资料：

（一）申报书；

（二）集中对相关市场竞争状况影响的说明；

（三）集中协议；

（四）参与集中的经营者经会计师事务所审计的上一会计年度财务会计报告；

（五）国务院反垄断执法机构规定的其他文件、资料。

申报书应当载明参与集中的经营者的名称、住所、经营范围、预定实施集中的日期和国务院反垄断执法机构规定的其他事项。

**第二十九条** 经营者提交的文件、资料不完备的，应当在国务院反垄断执法机构规定的期限内补交文件、资料。经营者逾期未补交文件、资料的，视为未申报。

**第三十条** 国务院反垄断执法机构应当自收到经营者提交的符合本法第二十八条规定的文件、资料之日起三十日内，对申报的经营者集中进行初步审查，作出是否实施进一步审查的决定，并书面通知经营者。国务院反垄断执法机构作出决定前，经营者不得实施集中。

国务院反垄断执法机构作出不实施进一步审查的决定或者逾期未作出决定的，经营者可以实施集中。

**第三十一条** 国务院反垄断执法机构决定实施进一步审查的，应当自决定之日起九十日内审查完毕，作出是否禁止经营者集中的决定，并书面通知经营者。作出禁止经营者集中的决定，应当说明理由。审查期间，经营者不得实施集中。

有下列情形之一的，国务院反垄断执法机构经书面通知经营者，可以延长前款规定的审查期限，但最长不得超过六十日：

（一）经营者同意延长审查期限的；

（二）经营者提交的文件、资料不准确，需要进一步核实的；

（三）经营者申报后有关情况发生重大变化的。

国务院反垄断执法机构逾期未作出决定的，经营者可以实施集中。

**第三十二条** 有下列情形之一的，国务院反垄断执法机构可以决定中止计算经营者集中的审查期限，并书面通知经营者：

（一）经营者未按照规定提交文件、资料，导致审查工作无法进行；

（二）出现对经营者集中审查具有重大影响的新情况、新事实，不经核实将导致审查工作无法进行；

（三）需要对经营者集中附加的限制性条件进一步评估，且经营者提出中止请求。

自中止计算审查期限的情形消除之日起，审查期限继续计算，国务院反垄断执法机构应当书面通知经营者。

**第三十三条** 审查经营者集中，应当考虑下列因素：

（一）参与集中的经营者在相关市场的市场份额及其对市场的控制力；

（二）相关市场的市场集中度；

（三）经营者集中对市场进入、技术进步的影响；

（四）经营者集中对消费者和其他有关经营者的影响；

（五）经营者集中对国民经济发展的影响；

（六）国务院反垄断执法机构认为应当考虑的影响市场竞争的其他因素。

**第三十四条** 经营者集中具有或者可能具有排除、限制竞争效果的，国务院反垄断执法机构应当作出禁止经营者集中的决定。但是，经营者能够证明该集中对竞争产生的有利影响明显大于不利影响，或者符合社会公共利益的，国务院反垄断执法机构可以作出对经营者集中不予禁止的决定。

**第三十五条** 对不予禁止的经营者集中，国务院反垄断执法机构可以决定附加减少集中对竞争产生不利影响的限制性条件。

**第三十六条** 国务院反垄断执法机构应当将禁止经营者集中的决定或者对经营者集中附加限制性条件的决定，及时向社会公布。

**第三十七条** 国务院反垄断执法机构应当健全经营者集中分类分级审查制度，依法加强对涉及国计民生等重要领域的经营者集中的审查，提高审查质量和效率。

**第三十八条** 对外资并购境内企业或者以其他方式参与经营者集中，涉及国家安全的，除依照本法规定进行经营者集中审查外，还应当按照国家有关规定进行国家安全审查。

## 第五章 滥用行政权力排除、限制竞争

**第三十九条** 行政机关和法律、法规授权的具有管理公共事务职能的组织不得滥用行政权力，限定或者变相限定单位或者个人经营、购买、使用其指定的经营者提供的商品。

**第四十条** 行政机关和法律、法规授权的具有管理公共事务职能的组织不得滥用行政权力，通过与经营者签订合作协议、备忘录等方式，妨碍其他经营者进入相关市场或者对其他经营者实行不平等待遇，排除、限制竞争。

**第四十一条** 行政机关和法律、法规授权的具有管理公共事务职能的组织不得滥用行政权力，实施下列行为，妨碍商品在地区之间的自由流通：

（一）对外地商品设定歧视性收费项目、实行歧视性收费标准，或者规定歧视性价格；

（二）对外地商品规定与本地同类商品不同的技术要求、检验标准，或者对外地商品采取重复检验、重复认证等歧视性技术措施，限制外地商品进入本地市场；

（三）采取专门针对外地商品的行政许可，限制外地商品进入本地市场；

（四）设置关卡或者采取其他手段，阻碍外地商品进入或者本地商品运出；

（五）妨碍商品在地区之间自由流通的其他行为。

**第四十二条** 行政机关和法律、法规授权的具有管理公共事务职能的组织不得滥用行政权力，以设定歧视性资质要求、评审标准或者不依法发布信息等方式，排斥或者限制经营者参加招标投标以及其他经营活动。

**第四十三条** 行政机关和法律、法规授权的具有管理公共事务职能的组织不得滥用行政权力，采取与本地经营者不平等待遇等方式，排斥、限制、强制或者变相强制外地经营者在本地投资或者设立分支机构。

**第四十四条** 行政机关和法律、法规授权的具有管理公共事务职能的组织不得滥用行政权力，强制或者变相强制经营者从事本法规定的垄断行为。

**第四十五条** 行政机关和法律、法规授权的具有管理公共事务职能的组织不得滥用行政权力，制定含有排除、限制竞争内容的规定。

## 第六章 对涉嫌垄断行为的调查

**第四十六条** 反垄断执法机构依法对涉嫌垄断行为进行调查。

对涉嫌垄断行为，任何单位和个人有权向反垄断执法机构举报。反垄断执法机构应当为举报人保密。

举报采用书面形式并提供相关事实和证据的，反垄断执法机构应当进行必要的调查。

**第四十七条** 反垄断执法机构调查涉嫌垄断行为，可以采取下列措施：

（一）进入被调查的经营者的营业场所或者其他有关场所进行检查；

（二）询问被调查的经营者、利害关系人或者其他有关单位或者个人，要求其说明有关情况；

（三）查阅、复制被调查的经营者、利害关系人或者其他有关单位或者个人的有关单证、协议、会计账簿、业务函电、电子数据等文件、资料；

（四）查封、扣押相关证据；

（五）查询经营者的银行账户。

采取前款规定的措施，应当向反垄断执法机构主要负责人书面报告，并经批准。

**第四十八条** 反垄断执法机构调查涉嫌垄断行为，执法人员不得少于二人，并应当出示执法证件。

执法人员进行询问和调查，应当制作笔录，并由被询问人或者被调查人签字。

**第四十九条** 反垄断执法机构及其工作人员对执法过程中知悉的商业秘密、个人隐私和个人信息依法负有保密义务。

**第五十条** 被调查的经营者、利害关系人或者其他有关单位或者个人应当配合反垄断执法机构依法履行职责，不得拒绝、阻碍反垄断执法机构的调查。

**第五十一条** 被调查的经营者、利害关系人有权陈述意见。反垄断执法机构应当对被调查的经营者、利害关系人提出的事实、理由和证据进行核实。

**第五十二条** 反垄断执法机构对涉嫌垄断行为调查核实后，认为构成垄断行为的，应当依法作出处理决定，并可以向社会公布。

**第五十三条** 对反垄断执法机构调查的涉嫌垄断行为，被调查的经营者承诺在反垄断执法机构认可的期限内采取具体措施消除该行为后果的，反垄断执法机构可以决定中止调查。中止调查的决定应当载明被调查的经营者承诺的具体内容。

反垄断执法机构决定中止调查的，应当对经营者履行承诺的情况进行监督。经营者履行承诺的，反垄断执法机构可以决定终止调查。

有下列情形之一的，反垄断执法机构应当恢复调查：

（一）经营者未履行承诺的；

（二）作出中止调查决定所依据的事实发生重大变化的；

（三）中止调查的决定是基于经营者提供的不完整或者不真实的信息作出的。

**第五十四条** 反垄断执法机构依法对涉嫌滥用行政权力排除、限制竞争的行为进行调查，有关单位或者个人应当配合。

**第五十五条** 经营者、行政机关和法律、法规授权的具有管理公共事务职能的组织，涉嫌违反本法规定的，反垄断执法机构可以对其法定代表人或者负责人进行约谈，要求其提出改进措施。

## 第七章 法律责任

**第五十六条** 经营者违反本法规定，达成并实施垄断协议的，由反垄断执法机构责令停止违法行为，没收违法所得，并处上一年度销售额百分之一以上百分之十以下的罚款，上一年度没有销售额的，处五百万元以下的罚款;尚未实施所达成的垄断协议的,可以处三百万元以下的罚款。经营者的法定代表人、主要负责人和直接责任人员对达成垄断协议负有个人责任的,可以处一百万元以下的罚款。

经营者组织其他经营者达成垄断协议或者为其他经营者达成垄断协议提供实质性帮助的,适用前款规定。

经营者主动向反垄断执法机构报告达成垄断协议的有关情况并提供重要证据的,反垄断执法机构可以酌情减轻或者免除对该经营者的处罚。

行业协会违反本法规定,组织本行业的经营者达成垄断协议的,由反垄断执法机构责令改正,可以处三百万元以下的罚款;情节严重的,社会团体登记管理机关可以依法撤销登记。

**第五十七条** 经营者违反本法规定,滥用市场支配地位的,由反垄断执法机构责令停止违法行为,没收违法所得,并处上一年度销售额百分之一以上百分之十以下的罚款。

**第五十八条** 经营者违反本法规定实施集中,且具有或者可能具有排除、限制竞争效果的,由国务院反垄断执法机构责令停止实施集中、限期处分股份或者资产、限期转让营业以及采取其他必要措施恢复到集中前的状态,处上一年度销售额百分之十以下的罚款;不具有排除、限制竞争效果的,处五百万元以下的罚款。

**第五十九条** 对本法第五十六条、第五十七条、第五十八条规定的罚款,反垄断执法机构确定具体罚款数额时,应当考虑违法行为的性质、程度、持续时间和消除违法行为后果的情况等因素。

**第六十条** 经营者实施垄断行为,给他人造成损失的,依法承担民事责任。

经营者实施垄断行为,损害社会公共利益的,设区的市级以上人民检察院可以依法向人民法院提起民事公益诉讼。

**第六十一条** 行政机关和法律、法规授权的具有管理公共事务职能的组织滥用行政权力,实施排除、限制竞争行为的,由上级机关责令改正;对直接负责的主管人员和其他直接责任人员依法给予处分。反垄断执法机构可以向有关上级机关提出依法处理的建议。行政机关和法律、法规授权的具有管理公共事务职能的组织应当将有关改正情况书面报告上级机关和反垄断执法机构。

法律、行政法规对行政机关和法律、法规授权的具有管理公共事务职能的组织滥用行政权力实施排除、限制竞争行为的处理另有规定的,依照其规定。

**第六十二条** 对反垄断执法机构依法实施的审查和调查,拒绝提供有关材料、信息,或者提供虚假材料、信息,或者隐匿、销毁、转移证据,或者有其他拒绝、阻碍调查行为的,由反垄断执法机构责令改正,对单位处上一年度销售额百分之一以下的罚款,上一年度没有销售额或者销售额难以计算的,处五百万元以下的罚款;对个人处五十万元以下的罚款。

**第六十三条** 违反本法规定,情节特别严重、影响特别恶劣、造成特别严重后果的,国务院反垄断执法机构可以在本法第五十六条、第五十七条、第五十八条、第六十二条规定的罚款数额的二倍以上五倍以下确定具体罚款数额。

**第六十四条** 经营者因违反本法规定受到行政处罚的,按照国家有关规定记入信用记录,并向社会公示。

**第六十五条** 对反垄断执法机构依据本法第三十四条、第三十五条作出的决定不服的,可以先依法申请行政复议;对行政复议决定不服的,可以依法提起行政诉讼。

对反垄断执法机构作出的前款规定以外的决定不服的,可以依法申请行政复议或者提起行政诉讼。

**第六十六条** 反垄断执法机构工作人员滥用职权、玩忽职守、徇私舞弊或者泄露执法过程中知悉的商业秘密、个人隐私和个人信息的,依法给予处分。

**第六十七条** 违反本法规定,构成犯罪的,依法追究刑事责任。

## 第八章 附 则

**第六十八条** 经营者依照有关知识产权的法律、行政法规规定行使知识产权的行为,不适用本法;但是,经营者滥用知识产权,排除、限制竞争的行为,适用本法。

**第六十九条** 农业生产者及农村经济组织在农产品生产、加工、销售、运输、储存等经营活动中实施的联合或者协同行为,不适用本法。

**第七十条** 本法自2008年8月1日起施行。

## 中华人民共和国反倾销条例

· 2001年11月26日中华人民共和国国务院令第328号公布
· 根据2004年3月31日《国务院关于修改〈中华人民共和国反倾销条例〉的决定》修订

### 第一章 总 则

**第一条** 为了维护对外贸易秩序和公平竞争,根据《中华人民共和国对外贸易法》的有关规定,制定本条例。

**第二条** 进口产品以倾销方式进入中华人民共和国市场，并对已经建立的国内产业造成实质损害或者产生实质损害威胁，或者对建立国内产业造成实质阻碍的，依照本条例的规定进行调查，采取反倾销措施。

## 第二章 倾销与损害

**第三条** 倾销，是指在正常贸易过程中进口产品以低于其正常价值的出口价格进入中华人民共和国市场。

对倾销的调查和确定，由商务部负责。

**第四条** 进口产品的正常价值，应当区别不同情况，按照下列方法确定：

（一）进口产品的同类产品，在出口国（地区）国内市场的正常贸易过程中有可比价格的，以该可比价格为正常价值；

（二）进口产品的同类产品，在出口国（地区）国内市场的正常贸易过程中没有销售的，或者该同类产品的价格、数量不能据以进行公平比较的，以该同类产品出口到一个适当第三国（地区）的可比价格或者以该同类产品在原产国（地区）的生产成本加合理费用、利润，为正常价值。

进口产品不直接来自原产国（地区）的，按照前款第（一）项规定确定正常价值；但是，在产品仅通过出口国（地区）转运、产品在出口国（地区）无生产或者在出口国（地区）中不存在可比价格等情形下，可以以该同类产品在原产国（地区）的价格为正常价值。

**第五条** 进口产品的出口价格，应当区别不同情况，按照下列方法确定：

（一）进口产品有实际支付或者应当支付的价格的，以该价格为出口价格；

（二）进口产品没有出口价格或者其价格不可靠的，以根据该进口产品首次转售给独立购买人的价格推定的价格为出口价格；但是，该进口产品未转售给独立购买人或者未按进口时的状态转售的，可以以商务部根据合理基础推定的价格为出口价格。

**第六条** 进口产品的出口价格低于其正常价值的幅度，为倾销幅度。

对进口产品的出口价格和正常价值，应当考虑影响价格的各种可比性因素，按照公平、合理的方式进行比较。

倾销幅度的确定，应当将加权平均正常价值与全部可比出口交易的加权平均价格进行比较，或者将正常价值与出口价格在逐笔交易的基础上进行比较。

出口价格在不同的购买人、地区、时期之间存在很大差异，按照前款规定的方法难以比较的，可以将加权平均正常价值与单一出口交易的价格进行比较。

**第七条** 损害，是指倾销对已经建立的国内产业造成实质损害或者产生实质损害威胁，或者对建立国内产业造成实质阻碍。

对损害的调查和确定，由商务部负责；其中，涉及农产品的反倾销国内产业损害调查，由商务部会同农业部进行。

**第八条** 在确定倾销对国内产业造成的损害时，应当审查下列事项：

（一）倾销进口产品的数量，包括倾销进口产品的绝对数量或者相对于国内同类产品生产或者消费的数量是否大量增加，或者倾销进口产品大量增加的可能性；

（二）倾销进口产品的价格，包括倾销进口产品的价格削减或者对国内同类产品的价格产生大幅度抑制、压低等影响；

（三）倾销进口产品对国内产业的相关经济因素和指标的影响；

（四）倾销进口产品的出口国（地区）、原产国（地区）的生产能力、出口能力，被调查产品的库存情况；

（五）造成国内产业损害的其他因素。

对实质损害威胁的确定，应当依据事实，不得仅依据指控、推测或者极小的可能性。

在确定倾销对国内产业造成的损害时，应当依据肯定性证据，不得将造成损害的非倾销因素归因于倾销。

**第九条** 倾销进口产品来自两个以上国家（地区），并且同时满足下列条件的，可以就倾销进口产品对国内产业造成的影响进行累积评估：

（一）来自每一国家（地区）的倾销进口产品的倾销幅度不小于2%，并且其进口量不属于可忽略不计的；

（二）根据倾销进口产品之间以及倾销进口产品与国内同类产品之间的竞争条件，进行累积评估是适当的。

可忽略不计，是指来自一个国家（地区）的倾销进口产品的数量占同类产品总进口量的比例低于3%；但是，低于3%的若干国家（地区）的总进口量超过同类产品总进口量7%的除外。

**第十条** 评估倾销进口产品的影响，应当针对国内同类产品的生产进行单独确定；不能针对国内同类产品的生产进行单独确定的，应当审查包括国内同类产品在内的最窄产品组或者范围的生产。

**第十一条** 国内产业，是指中华人民共和国国内同类产品的全部生产者，或者其总产量占国内同类产品全部总产量的主要部分的生产者；但是，国内生产者与出口经营者或者进口经营者有关联的，或者其本身为倾销进口产品的进口经营者的，可以排除在国内产业之外。

在特殊情形下，国内一个区域市场中的生产者，在该市场中销售其全部或者几乎全部的同类产品，并且该市场中同类产品的需求主要不是由国内其他地方的生产者供给的，可以视为一个单独产业。

**第十二条** 同类产品，是指与倾销进口产品相同的产品；没有相同产品的，以与倾销进口产品的特性最相似的产品为同类产品。

### 第三章 反倾销调查

**第十三条** 国内产业或者代表国内产业的自然人、法人或者有关组织（以下统称申请人），可以依照本条例的规定向商务部提出反倾销调查的书面申请。

**第十四条** 申请书应当包括下列内容：

（一）申请人的名称、地址及有关情况；

（二）对申请调查的进口产品的完整说明，包括产品名称、所涉及的出口国（地区）或者原产国（地区）、已知的出口经营者或者生产者、产品在出口国（地区）或者原产国（地区）国内市场消费时的价格信息、出口价格信息等；

（三）对国内同类产品生产的数量和价值的说明；

（四）申请调查进口产品的数量和价格对国内产业的影响；

（五）申请人认为需要说明的其他内容。

**第十五条** 申请书应当附具下列证据：

（一）申请调查的进口产品存在倾销；

（二）对国内产业的损害；

（三）倾销与损害之间存在因果关系。

**第十六条** 商务部应当自收到申请人提交的申请书及有关证据之日起60天内，对申请是否由国内产业或者代表国内产业提出、申请书内容及所附具的证据等进行审查，并决定立案调查或者不立案调查。

在决定立案调查前，应当通知有关出口国（地区）政府。

**第十七条** 在表示支持申请或者反对申请的国内产业中，支持者的产量占支持者和反对者的总产量的50%以上的，应当认定申请是由国内产业或者代表国内产业提出，可以启动反倾销调查；但是，表示支持申请的国内生产者的产量不足国内同类产品总产量的25%的，不得启动反倾销调查。

**第十八条** 在特殊情形下，商务部没有收到反倾销调查的书面申请，但有充分证据认为存在倾销和损害以及二者之间有因果关系的，可以决定立案调查。

**第十九条** 立案调查的决定，由商务部予以公告，并通知申请人、已知的出口经营者和进口经营者、出口国（地区）政府以及其他有利害关系的组织、个人（以下统称利害关系方）。

立案调查的决定一经公告，商务部应当将申请书文本提供给已知的出口经营者和出口国（地区）政府。

**第二十条** 商务部可以采用问卷、抽样、听证会、现场核查等方式向利害关系方了解情况，进行调查。

商务部应当为有关利害关系方提供陈述意见和论据的机会。

商务部认为必要时，可以派出工作人员赴有关国家（地区）进行调查；但是，有关国家（地区）提出异议的除外。

**第二十一条** 商务部进行调查时，利害关系方应当如实反映情况，提供有关资料。利害关系方不如实反映情况、提供有关资料的，或者没有在合理时间内提供必要信息的，或者以其他方式严重妨碍调查的，商务部可以根据已经获得的事实和可获得的最佳信息作出裁定。

**第二十二条** 利害关系方认为其提供的资料泄露后将产生严重不利影响的，可以向商务部申请对该资料按保密资料处理。

商务部认为保密申请有正当理由的，应当对利害关系方提供的资料按保密资料处理，同时要求利害关系方提供一份非保密的该资料概要。

按保密资料处理的资料，未经提供资料的利害关系方同意，不得泄露。

**第二十三条** 商务部应当允许申请人和利害关系方查阅本案有关资料；但是，属于按保密资料处理的除外。

**第二十四条** 商务部根据调查结果，就倾销、损害和二者之间的因果关系是否成立作出初裁决定，并予以公告。

**第二十五条** 初裁决定确定倾销、损害以及二者之间的因果关系成立的，商务部应当对倾销及倾销幅度、损害及损害程度继续进行调查，并根据调查结果作出终裁决定，予以公告。

在作出终裁决定前，应当由商务部将终裁决定所依据的基本事实通知所有已知的利害关系方。

**第二十六条** 反倾销调查，应当自立案调查决定公告之日起12个月内结束；特殊情况下可以延长，但延长期不得超过6个月。

第二十七条  有下列情形之一的,反倾销调查应当终止,并由商务部予以公告:
(一)申请人撤销申请的;
(二)没有足够证据证明存在倾销、损害或者二者之间有因果关系的;
(三)倾销幅度低于2%的;
(四)倾销进口产品实际或者潜在的进口量或者损害属于可忽略不计的;
(五)商务部认为不适宜继续进行反倾销调查的。

来自一个或者部分国家(地区)的被调查产品有前款第(二)、(三)、(四)项所列情形之一的,针对所涉产品的反倾销调查应当终止。

## 第四章  反倾销措施
### 第一节  临时反倾销措施

第二十八条  初裁决定确定倾销成立,并由此对国内产业造成损害的,可以采取下列临时反倾销措施:
(一)征收临时反倾销税;
(二)要求提供保证金、保函或者其他形式的担保。

临时反倾销税税额或者提供的保证金、保函或者其他形式担保的金额,应当不超过初裁决定确定的倾销幅度。

第二十九条  征收临时反倾销税,由商务部提出建议,国务院关税税则委员会根据商务部的建议作出决定,由商务部予以公告。要求提供保证金、保函或者其他形式的担保,由商务部作出决定并予以公告。海关自公告规定实施之日起执行。

第三十条  临时反倾销措施实施的期限,自临时反倾销措施决定公告规定实施之日起,不超过4个月;在特殊情形下,可以延长至9个月。

自反倾销立案调查决定公告之日起60天内,不得采取临时反倾销措施。

### 第二节  价格承诺

第三十一条  倾销进口产品的出口经营者在反倾销调查期间,可以向商务部作出改变价格或者停止以倾销价格出口的价格承诺。

商务部可以向出口经营者提出价格承诺的建议。

商务部不得强迫出口经营者作出价格承诺。

第三十二条  出口经营者不作出价格承诺或者不接受价格承诺的建议的,不妨碍对反倾销案件的调查和确定。出口经营者继续倾销进口产品的,商务部有权确定损害威胁更有可能出现。

第三十三条  商务部认为出口经营者作出的价格承诺能够接受并符合公共利益的,可以决定中止或者终止反倾销调查,不采取临时反倾销措施或者征收反倾销税。中止或者终止反倾销调查的决定由商务部予以公告。

商务部不接受价格承诺的,应当向有关出口经营者说明理由。

商务部对倾销以及由倾销造成的损害作出肯定的初裁决定前,不得寻求或者接受价格承诺。

第三十四条  依照本条例第三十三条第一款规定中止或者终止反倾销调查后,应出口经营者请求,商务部应当对倾销和损害继续进行调查;或者商务部认为有必要的,可以对倾销和损害继续进行调查。

根据前款调查结果,作出倾销或者损害的否定裁定的,价格承诺自动失效;作出倾销和损害的肯定裁定的,价格承诺继续有效。

第三十五条  商务部可以要求出口经营者定期提供履行其价格承诺的有关情况、资料,并予以核实。

第三十六条  出口经营者违反其价格承诺的,商务部依照本条例的规定,可以立即决定恢复反倾销调查;根据可获得的最佳信息,可以决定采取临时反倾销措施,并可以对实施临时反倾销措施前90天内进口的产品追溯征收反倾销税,但违反价格承诺前进口的产品除外。

### 第三节  反倾销税

第三十七条  终裁决定确定倾销成立,并由此对国内产业造成损害的,可以征收反倾销税。征收反倾销税应当符合公共利益。

第三十八条  征收反倾销税,由商务部提出建议,国务院关税税则委员会根据商务部的建议作出决定,由商务部予以公告。海关自公告规定实施之日起执行。

第三十九条  反倾销税适用于终裁决定公告之日后进口的产品,但属于本条例第三十六条、第四十三条、第四十四条规定的情形除外。

第四十条  反倾销税的纳税人为倾销进口产品的进口经营者。

第四十一条  反倾销税应当根据不同出口经营者的倾销幅度,分别确定。对未包括在审查范围内的出口经营者的倾销进口产品,需要征收反倾销税的,应当按照合理的方式确定对其适用的反倾销税。

第四十二条  反倾销税税额不超过终裁决定确定的倾销幅度。

第四十三条  终裁决定确定存在实质损害,并在此前已经采取临时反倾销措施的,反倾销税可以对已经实施临时反倾销措施的期间追溯征收。

终裁决定确定存在实质损害威胁,在先前不采取临时反倾销措施将会导致后来作出实质损害裁定的情况下已经采取临时反倾销措施的,反倾销税可以对已经实施临时反倾销措施的期间追溯征收。

终裁决定确定的反倾销税,高于已付或者应付的临时反倾销税或者为担保目的而估计的金额,差额部分不予收取;低于已付或者应付的临时反倾销税或者为担保目的而估计的金额,差额部分应当根据具体情况予以退还或者重新计算税额。

**第四十四条** 下列两种情形并存的,可以对实施临时反倾销措施之日前 90 天内进口的产品追溯征收反倾销税,但立案调查前进口的产品除外:

(一)倾销进口产品有对国内产业造成损害的倾销历史,或者该产品的进口经营者知道或者应当知道出口经营者实施倾销并且倾销对国内产业将造成损害的;

(二)倾销进口产品在短期内大量进口,并且可能会严重破坏即将实施的反倾销税的补救效果的。

商务部发起调查后,有充分证据证明前款所列两种情形并存的,可以对有关进口产品采取进口登记等必要措施,以便追溯征收反倾销税。

**第四十五条** 终裁决定确定不征收反倾销税的,或者终裁决定未确定追溯征收反倾销税的,已征收的临时反倾销税、已收取的保证金应当予以退还,保函或者其他形式的担保应当予以解除。

**第四十六条** 倾销进口产品的进口经营者有证据证明已经缴纳的反倾销税税额超过倾销幅度的,可以向商务部提出退税申请;商务部经审查、核实并提出建议,国务院关税税则委员会根据商务部的建议可以作出退税决定,由海关执行。

**第四十七条** 进口产品被征收反倾销税后,在调查期内未向中华人民共和国出口该产品的新出口经营者,能证明其与被征收反倾销税的出口经营者无关联的,可以向商务部申请单独确定其倾销幅度。商务部应当迅速进行审查并作出终裁决定。在审查期间,可以采取本条例第二十八条第一款第(二)项规定的措施,但不得对该产品征收反倾销税。

### 第五章 反倾销税和价格承诺的期限与复审

**第四十八条** 反倾销税的征收期限和价格承诺的履行期限不超过 5 年;但是,经复审确定终止征收反倾销税有可能导致倾销和损害的继续或者再度发生的,反倾销税的征收期限可以适当延长。

**第四十九条** 反倾销税生效后,商务部可以在有正当理由的情况下,决定对继续征收反倾销税的必要性进行复审;也可以在经过一段合理时间,应利害关系方的请求并对利害关系方提供的相应证据进行审查后,决定对继续征收反倾销税的必要性进行复审。

价格承诺生效后,商务部可以在有正当理由的情况下,决定对继续履行价格承诺的必要性进行复审;也可以在经过一段合理时间,应利害关系方的请求并对利害关系方提供的相应证据进行审查后,决定对继续履行价格承诺的必要性进行复审。

**第五十条** 根据复审结果,由商务部依照本条例的规定提出保留、修改或者取消反倾销税的建议,国务院关税税则委员会根据商务部的建议作出决定,由商务部予以公告;或者由商务部依照本条例的规定,作出保留、修改或者取消价格承诺的决定并予以公告。

**第五十一条** 复审程序参照本条例关于反倾销调查的有关规定执行。

复审期限自决定复审开始之日起,不超过 12 个月。

**第五十二条** 在复审期间,复审程序不妨碍反倾销措施的实施。

### 第六章 附 则

**第五十三条** 对依照本条例第二十五条作出的终裁决定不服的,对依照本条例第四章作出的是否征收反倾销税的决定以及追溯征收、退税、对新出口经营者征税的决定不服的,或者对依照本条例第五章作出的复审决定不服的,可以依法申请行政复议,也可以依法向人民法院提起诉讼。

**第五十四条** 依照本条例作出的公告,应当载明重要的情况、事实、理由、依据、结果和结论等内容。

**第五十五条** 商务部可以采取适当措施,防止规避反倾销措施的行为。

**第五十六条** 任何国家(地区)对中华人民共和国的出口产品采取歧视性反倾销措施的,中华人民共和国可以根据实际情况对该国家(地区)采取相应的措施。

**第五十七条** 商务部负责与反倾销有关的对外磋商、通知和争端解决事宜。

**第五十八条** 商务部可以根据本条例制定有关具体实施办法。

**第五十九条** 本条例自 2002 年 1 月 1 日起施行。1997 年 3 月 25 日国务院发布的《中华人民共和国反倾销和反补贴条例》中关于反倾销的规定同时废止。

# 中华人民共和国反补贴条例

· 2001年11月26日中华人民共和国国务院令第329号公布
· 根据2004年3月31日《国务院关于修改〈中华人民共和国反补贴条例〉的决定》修订

## 第一章 总 则

**第一条** 为了维护对外贸易秩序和公平竞争，根据《中华人民共和国对外贸易法》的有关规定，制定本条例。

**第二条** 进口产品存在补贴，并对已经建立的国内产业造成实质损害或者产生实质损害威胁，或者对建立国内产业造成实质阻碍的，依照本条例的规定进行调查，采取反补贴措施。

## 第二章 补贴与损害

**第三条** 补贴，是指出口国（地区）政府或者其任何公共机构提供的并为接受者带来利益的财政资助以及任何形式的收入或者价格支持。

出口国（地区）政府或者其任何公共机构，以下统称出口国（地区）政府。

本条第一款所称财政资助，包括：

（一）出口国（地区）政府以拨款、贷款、资本注入等形式直接提供资金，或者以贷款担保等形式潜在地直接转让资金或者债务；

（二）出口国（地区）政府放弃或者不收缴应收收入；

（三）出口国（地区）政府提供除一般基础设施以外的货物、服务，或者由出口国（地区）政府购买货物；

（四）出口国（地区）政府通过向筹资机构付款，或者委托、指令私营机构履行上述职能。

**第四条** 依照本条例进行调查、采取反补贴措施的补贴，必须具有专向性。

具有下列情形之一的补贴，具有专向性：

（一）由出口国（地区）政府明确确定的某些企业、产业获得的补贴；

（二）由出口国（地区）法律、法规明确规定的某些企业、产业获得的补贴；

（三）指定特定区域内的企业、产业获得的补贴；

（四）以出口实绩为条件获得的补贴，包括本条例所附出口补贴清单列举的各项补贴；

（五）以使用本国（地区）产品替代进口产品为条件获得的补贴。

在确定补贴专向性时，还应当考虑受补贴企业的数量和企业受补贴的数额、比例、时间以及给予补贴的方式等因素。

**第五条** 对补贴的调查和确定，由商务部负责。

**第六条** 进口产品的补贴金额，应当区别不同情况，按照下列方式计算：

（一）以无偿拨款形式提供补贴的，补贴金额以企业实际接受的金额计算；

（二）以贷款形式提供补贴的，补贴金额以接受贷款的企业在正常商业贷款条件下应支付的利息与该项贷款的利息差额计算；

（三）以贷款担保形式提供补贴的，补贴金额以在没有担保情况下企业应支付的利息与有担保情况下企业实际支付的利息之差计算；

（四）以注入资本形式提供补贴的，补贴金额以企业实际接受的资本金额计算；

（五）以提供货物或者服务形式提供补贴的，补贴金额以该项货物或者服务的正常市场价格与企业实际支付的价格之差计算；

（六）以购买货物形式提供补贴的，补贴金额以政府实际支付价格与该项货物正常市场价格之差计算；

（七）以放弃或者不收缴应收收入形式提供补贴的，补贴金额以依法应缴金额与企业实际缴纳金额之差计算。

对前款所列形式以外的其他补贴，按照公平、合理的方式确定补贴金额。

**第七条** 损害，是指补贴对已经建立的国内产业造成实质损害或者产生实质损害威胁，或者对建立国内产业造成实质阻碍。

对损害的调查和确定，由商务部负责；其中，涉及农产品的反补贴国内产业损害调查，由商务部会同农业部进行。

**第八条** 在确定补贴对国内产业造成的损害时，应当审查下列事项：

（一）补贴可能对贸易造成的影响；

（二）补贴进口产品的数量，包括补贴进口产品的绝对数量或者相对于国内同类产品生产或者消费的数量是否大量增加，或者补贴进口产品大量增加的可能性；

（三）补贴进口产品的价格，包括补贴进口产品的价格削减或者对国内同类产品的价格产生大幅度抑制、压低等影响；

（四）补贴进口产品对国内产业的相关经济因素和指标的影响；

（五）补贴进口产品出口国（地区）、原产国（地区）的生产能力、出口能力、被调查产品的库存情况；

（六）造成国内产业损害的其他因素。

对实质损害威胁的确定，应当依据事实，不得仅依据指控、推测或者极小的可能性。

在确定补贴对国内产业造成的损害时，应当依据肯定性证据，不得将造成损害的非补贴因素归因于补贴。

**第九条** 补贴进口产品来自两个以上国家（地区），并且同时满足下列条件的，可以就补贴进口产品对国内产业造成的影响进行累积评估：

（一）来自每一国家（地区）的补贴进口产品的补贴金额不属于微量补贴，并且其进口量不属于可忽略不计的；

（二）根据补贴进口产品之间的竞争条件以及补贴进口产品与国内同类产品之间的竞争条件，进行累积评估是适当的。

微量补贴，是指补贴金额不足产品价值1%的补贴；但是，来自发展中国家（地区）的补贴进口产品的微量补贴，是指补贴金额不足产品价值2%的补贴。

**第十条** 评估补贴进口产品的影响，应当对国内同类产品的生产进行单独确定。不能对国内同类产品的生产进行单独确定的，应当审查包括国内同类产品在内的最窄产品组或者范围的生产。

**第十一条** 国内产业，是指中华人民共和国国内同类产品的全部生产者，或者其总产量占国内同类产品全部总产量的主要部分的生产者；但是，国内生产者与出口经营者或者进口经营者有关联的，或者其本身为补贴产品或者同类产品的进口经营者的，应当除外。

在特殊情形下，国内一个区域市场中的生产者，在该市场中销售其全部或者几乎全部的同类产品，并且该市场中同类产品的需求主要不是由国内其他地方的生产者供给的，可以视为一个单独产业。

**第十二条** 同类产品，是指与补贴进口产品相同的产品；没有相同产品的，以与补贴进口产品的特性最相似的产品为同类产品。

### 第三章 反补贴调查

**第十三条** 国内产业或者代表国内产业的自然人、法人或者有关组织（以下统称申请人），可以依照本条例的规定向商务部提出反补贴调查的书面申请。

**第十四条** 申请书应当包括下列内容：

（一）申请人的名称、地址及有关情况；

（二）对申请调查的进口产品的完整说明，包括产品名称、所涉及的出口国（地区）或者原产国（地区）、已知的出口经营者或者生产者等；

（三）对国内同类产品生产的数量和价值的说明；

（四）申请调查进口产品的数量和价格对国内产业的影响；

（五）申请人认为需要说明的其他内容。

**第十五条** 申请书应当附具下列证据：

（一）申请调查的进口产品存在补贴；

（二）对国内产业的损害；

（三）补贴与损害之间存在因果关系。

**第十六条** 商务部应当自收到申请人提交的申请书及有关证据之日起60天内，对申请是否由国内产业或者代表国内产业提出、申请书内容及所附具的证据等进行审查，并决定立案调查或者不立案调查。在特殊情形下，可以适当延长审查期限。

在决定立案调查前，应当就有关补贴事项向产品可能被调查的国家（地区）政府发出进行磋商的邀请。

**第十七条** 在表示支持申请或者反对申请的国内产业中，支持者的产量占支持者和反对者的总产量的50%以上的，应当认定申请是由国内产业或者代表国内产业提出，可以启动反补贴调查；但是，表示支持申请的国内生产者的产量不足国内同类产品总产量的25%的，不得启动反补贴调查。

**第十八条** 在特殊情形下，商务部没有收到反补贴调查的书面申请，但有充分证据认为存在补贴和损害以及二者之间有因果关系的，可以决定立案调查。

**第十九条** 立案调查的决定，由商务部予以公告，并通知申请人、已知的出口经营者、进口经营者以及其他有利害关系的组织、个人（以下统称利害关系方）和出口国（地区）政府。

立案调查的决定一经公告，商务部应当将申请书文本提供给已知的出口经营者和出口国（地区）政府。

**第二十条** 商务部可以采用问卷、抽样、听证会、现场核查等方式向利害关系方了解情况，进行调查。

商务部应当为有关利害关系方、利害关系国（地区）政府提供陈述意见和论据的机会。

商务部认为必要时，可以派出工作人员赴有关国家（地区）进行调查；但是，有关国家（地区）提出异议的除外。

**第二十一条** 商务部进行调查时，利害关系方、利害关系国（地区）政府应当如实反映情况，提供有关资料。利害关系方、利害关系国（地区）政府不如实反映情况、提供有关资料的，或者没有在合理时间内提供必要信息的,或者以其他方式严重妨碍调查的,商务部可以根据可获得的事实作出裁定。

**第二十二条** 利害关系方、利害关系国(地区)政府认为其提供的资料泄露后将产生严重不利影响的,可以向商务部申请对该资料按保密资料处理。

商务部认为保密申请有正当理由的,应当对利害关系方、利害关系国(地区)政府提供的资料按保密资料处理,同时要求利害关系方、利害关系国(地区)政府提供一份非保密的该资料概要。

按保密资料处理的资料,未经提供资料的利害关系方、利害关系国(地区)政府同意,不得泄露。

**第二十三条** 商务部应当允许申请人、利害关系方和利害关系国(地区)政府查阅本案有关资料;但是,属于按保密资料处理的除外。

**第二十四条** 在反补贴调查期间,应当给予产品被调查的国家(地区)政府继续进行磋商的合理机会。磋商不妨碍商务部根据本条例的规定进行调查,并采取反补贴措施。

**第二十五条** 商务部根据调查结果,就补贴、损害和二者之间的因果关系是否成立作出初裁决定,并予以公告。

**第二十六条** 初裁决定确定补贴、损害以及二者之间的因果关系成立的,商务部应当对补贴及补贴金额、损害及损害程度继续进行调查,并根据调查结果作出终裁决定,予以公告。

在作出终裁决定前,应当由商务部将终裁决定所依据的基本事实通知所有已知的利害关系方、利害关系国(地区)政府。

**第二十七条** 反补贴调查,应当自立案调查决定公告之日起12个月内结束;特殊情况下可以延长,但延长期不得超过6个月。

**第二十八条** 有下列情形之一的,反补贴调查应当终止,并由商务部予以公告:

(一)申请人撤销申请的;

(二)没有足够证据证明存在补贴、损害或者二者之间有因果关系的;

(三)补贴金额为微量补贴的;

(四)补贴进口产品实际或者潜在的进口量或者损害属于可忽略不计的;

(五)通过与有关国家(地区)政府磋商达成协议,不需要继续进行反补贴调查的;

(六)商务部认为不适宜继续进行反补贴调查的。

来自一个或者部分国家(地区)的被调查产品有前款第(二)、(三)、(四)、(五)项所列情形之一的,针对所涉产品的反补贴调查应当终止。

## 第四章 反补贴措施
### 第一节 临时措施

**第二十九条** 初裁决定确定补贴成立,并由此对国内产业造成损害的,可以采取临时反补贴措施。

临时反补贴措施采取以保证金或者保函作为担保的征收临时反补贴税的形式。

**第三十条** 采取临时反补贴措施,由商务部提出建议,国务院关税税则委员会根据商务部的建议作出决定,由商务部予以公告。海关自公告规定实施之日起执行。

**第三十一条** 临时反补贴措施实施的期限,自临时反补贴措施决定公告规定实施之日起,不超过4个月。

自反补贴立案调查决定公告之日起60天内,不得采取临时反补贴措施。

### 第二节 承诺

**第三十二条** 在反补贴调查期间,出口国(地区)政府提出取消、限制补贴或者其他有关措施的承诺,或者出口经营者提出修改价格的承诺的,商务部应当予以充分考虑。

商务部可以向出口经营者或者出口国(地区)政府提出有关价格承诺的建议。

商务部不得强迫出口经营者作出承诺。

**第三十三条** 出口经营者、出口国(地区)政府不作出承诺或者不接受有关价格承诺的建议的,不妨碍对反补贴案件的调查和确定。出口经营者继续补贴进口产品的,商务部有权确定损害威胁更有可能出现。

**第三十四条** 商务部认为承诺能够接受并符合公共利益的,可以决定中止或者终止反补贴调查,不采取临时反补贴措施或者征收反补贴税。中止或者终止反补贴调查的决定由商务部予以公告。

商务部不接受承诺的,应当向有关出口经营者说明理由。

商务部对补贴以及由补贴造成的损害作出肯定的初裁决定前,不得寻求或者接受承诺。在出口经营者作出承诺的情况下,未经其本国(地区)政府同意的,商务部不得寻求或者接受承诺。

**第三十五条** 依照本条例第三十四条第一款规定中止或者终止调查后,应出口国(地区)政府请求,商务部应当对补贴和损害继续进行调查;或者商务部认为有必要的，可以对补贴和损害继续进行调查。

根据调查结果，作出补贴或者损害的否定裁定的，承诺自动失效；作出补贴和损害的肯定裁定的，承诺继续有效。

**第三十六条** 商务部可以要求承诺已被接受的出口经营者或者出口国（地区）政府定期提供履行其承诺的有关情况、资料，并予以核实。

**第三十七条** 对违反承诺的，商务部依照本条例的规定，可以立即决定恢复反补贴调查；根据可获得的最佳信息，可以决定采取临时反补贴措施，并可以对实施临时反补贴措施前90天内进口的产品追溯征收反补贴税，但违反承诺前进口的产品除外。

### 第三节 反补贴税

**第三十八条** 在为完成磋商的努力没有取得效果的情况下，终裁决定确定补贴成立，并由此对国内产业造成损害的，可以征收反补贴税。征收反补贴税应当符合公共利益。

**第三十九条** 征收反补贴税，由商务部提出建议，国务院关税税则委员会根据商务部的建议作出决定，由商务部予以公告。海关自公告规定实施之日起执行。

**第四十条** 反补贴税适用于终裁决定公告之日后进口的产品，但属于本条例第三十七条、第四十四条、第四十五条规定的情形除外。

**第四十一条** 反补贴税的纳税人为补贴进口产品的进口经营者。

**第四十二条** 反补贴税应当根据不同出口经营者的补贴金额，分别确定。对实际上未被调查的出口经营者的补贴进口产品，需要征收反补贴税的，应当迅速审查，按照合理的方式确定对其适用的反补贴税。

**第四十三条** 反补贴税税额不得超过终裁决定确定的补贴金额。

**第四十四条** 终裁决定确定存在实质损害，并在此前已经采取临时反补贴措施的，反补贴税可以对已经实施临时反补贴措施的期间追溯征收。

终裁决定确定存在实质损害威胁，在先前不采取临时反补贴措施将会导致后来作出实质损害裁定的情况下已经采取临时反补贴措施的，反补贴税可以对已经实施临时反补贴措施的期间追溯征收。

终裁决定确定的反补贴税，高于保证金或者保函所担保的金额的，差额部分不予收取；低于保证金或者保函所担保的金额的，差额部分应当予以退还。

**第四十五条** 下列三种情形并存的，必要时可以对实施临时反补贴措施之日前90天内进口的产品追溯征收反补贴税：

（一）补贴进口产品在较短的时间内大量增加；
（二）此种增加对国内产业造成难以补救的损害；
（三）此种产品得益于补贴。

**第四十六条** 终裁决定确定不征收反补贴税的，或者终裁决定未确定追溯征收反补贴税的，对实施临时反补贴措施期间已收取的保证金应当予以退还，保函应当予以解除。

### 第五章 反补贴税和承诺的期限与复审

**第四十七条** 反补贴税的征收期限和承诺的履行期限不超过5年；但是，经复审确定终止征收反补贴税有可能导致补贴和损害的继续或者再度发生的，反补贴税的征收期限可以适当延长。

**第四十八条** 反补贴税生效后，商务部可以在有正当理由的情况下，决定对继续征收反补贴税的必要性进行复审；也可以在经过一段合理时间，应利害关系方的请求并对利害关系方提供的相应证据进行审查后，决定对继续征收反补贴税的必要性进行复审。

承诺生效后，商务部可以在有正当理由的情况下，决定对继续履行承诺的必要性进行复审；也可以在经过一段合理时间，应利害关系方的请求并对利害关系方提供的相应证据进行审查后，决定对继续履行承诺的必要性进行复审。

**第四十九条** 根据复审结果，由商务部依照本条例的规定提出保留、修改或者取消反补贴税的建议，国务院关税税则委员会根据商务部的建议作出决定，由商务部予以公告；或者由商务部依照本条例的规定，作出保留、修改或者取消承诺的决定并予以公告。

**第五十条** 复审程序参照本条例关于反补贴调查的有关规定执行。

复审期限自决定复审开始之日起，不超过12个月。

**第五十一条** 在复审期间，复审程序不妨碍反补贴措施的实施。

### 第六章 附则

**第五十二条** 对依照本条例第二十六条作出的终裁决定不服的，对依照本条例第四章作出的是否征收反补贴税的决定以及追溯征收的决定不服的，或者对依照本条例第五章作出的复审决定不服的，可以依法申请行政复议，也可以依法向人民法院提起诉讼。

**第五十三条** 依照本条例作出的公告，应当载明重要的情况、事实、理由、依据、结果和结论等内容。

**第五十四条** 商务部可以采取适当措施,防止规避反补贴措施的行为。

**第五十五条** 任何国家(地区)对中华人民共和国的出口产品采取歧视性反补贴措施的,中华人民共和国可以根据实际情况对该国家(地区)采取相应的措施。

**第五十六条** 商务部负责与反补贴有关的对外磋商、通知和争端解决事宜。

**第五十七条** 商务部可以根据本条例制定有关具体实施办法。

**第五十八条** 本条例自 2002 年 1 月 1 日起施行。1997 年 3 月 25 日国务院发布的《中华人民共和国反倾销和反补贴条例》中关于反补贴的规定同时废止。

# 中华人民共和国产品质量法

- 1993 年 2 月 22 日第七届全国人民代表大会常务委员会第三十次会议通过
- 根据 2000 年 7 月 8 日第九届全国人民代表大会常务委员会第十六次会议《关于修改〈中华人民共和国产品质量法〉的决定》第一次修正
- 根据 2009 年 8 月 27 日第十一届全国人民代表大会常务委员会第十次会议《关于修改部分法律的决定》第二次修正
- 根据 2018 年 12 月 29 日第十三届全国人民代表大会常务委员会第七次会议《关于修改〈中华人民共和国产品质量法〉等五部法律的决定》第三次修正

## 第一章 总 则

**第一条** 为了加强对产品质量的监督管理,提高产品质量水平,明确产品质量责任,保护消费者的合法权益,维护社会经济秩序,制定本法。

**第二条** 在中华人民共和国境内从事产品生产、销售活动,必须遵守本法。

本法所称产品是指经过加工、制作,用于销售的产品。

建设工程不适用本法规定;但是,建设工程使用的建筑材料、建筑构配件和设备,属于前款规定的产品范围的,适用本法规定。

**第三条** 生产者、销售者应当建立健全内部产品质量管理制度,严格实施岗位质量规范、质量责任以及相应的考核办法。

**第四条** 生产者、销售者依照本法规定承担产品质量责任。

**第五条** 禁止伪造或者冒用认证标志等质量标志;禁止伪造产品的产地,伪造或者冒用他人的厂名、厂址;禁止在生产、销售的产品中掺杂、掺假,以假充真,以次充好。

**第六条** 国家鼓励推行科学的质量管理方法,采用先进的科学技术,鼓励企业产品质量达到并且超过行业标准、国家标准和国际标准。

对产品质量管理先进和产品质量达到国际先进水平、成绩显著的单位和个人,给予奖励。

**第七条** 各级人民政府应当把提高产品质量纳入国民经济和社会发展规划,加强对产品质量工作的统筹规划和组织领导,引导、督促生产者、销售者加强产品质量管理,提高产品质量,组织各有关部门依法采取措施,制止产品生产、销售中违反本法规定的行为,保障本法的施行。

**第八条** 国务院市场监督管理部门主管全国产品质量监督工作。国务院有关部门在各自的职责范围内负责产品质量监督工作。

县级以上地方市场监督管理部门主管本行政区域内的产品质量监督工作。县级以上地方人民政府有关部门在各自的职责范围内负责产品质量监督工作。

法律对产品质量的监督部门另有规定的,依照有关法律的规定执行。

**第九条** 各级人民政府工作人员和其他国家机关工作人员不得滥用职权、玩忽职守或者徇私舞弊,包庇、放纵本地区、本系统发生的产品生产、销售中违反本法规定的行为,或者阻挠、干预依法对产品生产、销售中违反本法规定的行为进行查处。

各级地方人民政府和其他国家机关有包庇、放纵产品生产、销售中违反本法规定的行为的,依法追究其主要负责人的法律责任。

**第十条** 任何单位和个人有权对违反本法规定的行为,向市场监督管理部门或者其他有关部门检举。

市场监督管理部门和有关部门应当为检举人保密,并按照省、自治区、直辖市人民政府的规定给予奖励。

**第十一条** 任何单位和个人不得排斥非本地区或者非本系统企业生产的质量合格产品进入本地区、本系统。

## 第二章 产品质量的监督

**第十二条** 产品质量应当检验合格,不得以不合格产品冒充合格产品。

**第十三条** 可能危及人体健康和人身、财产安全的工业产品,必须符合保障人体健康和人身、财产安全的国家标准、行业标准;未制定国家标准、行业标准的,必须符合保障人体健康和人身、财产安全的要求。

禁止生产、销售不符合保障人体健康和人身、财产安全的标准和要求的工业产品。具体管理办法由国务院规定。

**第十四条** 国家根据国际通用的质量管理标准,推行企业质量体系认证制度。企业根据自愿原则可以向国务院市场监督管理部门认可的或者国务院市场监督管理部门授权的部门认可的认证机构申请企业质量体系认证。经认证合格的,由认证机构颁发企业质量体系认证证书。

国家参照国际先进的产品标准和技术要求,推行产品质量认证制度。企业根据自愿原则可以向国务院市场监督管理部门认可的或者国务院市场监督管理部门授权的部门认可的认证机构申请产品质量认证。经认证合格的,由认证机构颁发产品质量认证证书,准许企业在产品或者其包装上使用产品质量认证标志。

**第十五条** 国家对产品质量实行以抽查为主要方式的监督检查制度,对可能危及人体健康和人身、财产安全的产品,影响国计民生的重要工业产品以及消费者、有关组织反映有质量问题的产品进行抽查。抽查的样品应当在市场上或者企业成品仓库内的待销产品中随机抽取。监督抽查工作由国务院市场监督管理部门规划和组织。县级以上地方市场监督管理部门在本行政区域内也可以组织监督抽查。法律对产品质量的监督检查另有规定的,依照有关法律的规定执行。

国家监督抽查的产品,地方不得另行重复抽查;上级监督抽查的产品,下级不得另行重复抽查。

根据监督抽查的需要,可以对产品进行检验。检验抽取样品的数量不得超过检验的合理需要,并不得向被检查人收取检验费用。监督抽查所需检验费用按照国务院规定列支。

生产者、销售者对抽查检验的结果有异议的,可以自收到检验结果之日起十五日内向实施监督抽查的市场监督管理部门或者其上级市场监督管理部门申请复检,由受理复检的市场监督管理部门作出复检结论。

**第十六条** 对依法进行的产品质量监督检查,生产者、销售者不得拒绝。

**第十七条** 依照本法规定进行监督抽查的产品质量不合格的,由实施监督抽查的市场监督管理部门责令其生产者、销售者限期改正。逾期不改正的,由省级以上人民政府市场监督管理部门予以公告;公告后经复查仍不合格的,责令停业,限期整顿;整顿期满后经复查产品质量仍不合格的,吊销营业执照。

监督抽查的产品有严重质量问题的,依照本法第五章的有关规定处罚。

**第十八条** 县级以上市场监督管理部门根据已经取得的违法嫌疑证据或者举报,对涉嫌违反本法规定的行为进行查处时,可以行使下列职权:

(一)对当事人涉嫌从事违反本法的生产、销售活动的场所实施现场检查;

(二)向当事人的法定代表人、主要负责人和其他有关人员调查、了解与涉嫌从事违反本法的生产、销售活动有关的情况;

(三)查阅、复制当事人有关的合同、发票、帐簿以及其他有关资料;

(四)对有根据认为不符合保障人体健康和人身、财产安全的国家标准、行业标准的产品或者有其他严重质量问题的产品,以及直接用于生产、销售该项产品的原辅材料、包装物、生产工具,予以查封或者扣押。

**第十九条** 产品质量检验机构必须具备相应的检测条件和能力,经省级以上人民政府市场监督管理部门或者其授权的部门考核合格后,方可承担产品质量检验工作。法律、行政法规对产品质量检验机构另有规定的,依照有关法律、行政法规的规定执行。

**第二十条** 从事产品质量检验、认证的社会中介机构必须依法设立,不得与行政机关和其他国家机关存在隶属关系或者其他利益关系。

**第二十一条** 产品质量检验机构、认证机构必须依法按照有关标准,客观、公正地出具检验结果或者认证证明。

产品质量认证机构应当依照国家规定对准许使用认证标志的产品进行认证后的跟踪检查;对不符合认证标准而使用认证标志的,要求其改正;情节严重的,取消其使用认证标志的资格。

**第二十二条** 消费者有权就产品质量问题,向产品的生产者、销售者查询;向市场监督管理部门及有关部门申诉,接受申诉的部门应当负责处理。

**第二十三条** 保护消费者权益的社会组织可以就消费者反映的产品质量问题建议有关部门负责处理,支持消费者对因产品质量造成的损害向人民法院起诉。

**第二十四条** 国务院和省、自治区、直辖市人民政府的市场监督管理部门应当定期发布其监督抽查的产品的质量状况公告。

**第二十五条** 市场监督管理部门或者其他国家机关

以及产品质量检验机构不得向社会推荐生产者的产品；不得以对产品进行监制、监销等方式参与产品经营活动。

## 第三章　生产者、销售者的产品质量责任和义务

### 第一节　生产者的产品质量责任和义务

**第二十六条**　生产者应当对其生产的产品质量负责。

产品质量应当符合下列要求：

（一）不存在危及人身、财产安全的不合理的危险，有保障人体健康和人身、财产安全的国家标准、行业标准的，应当符合该标准；

（二）具备产品应当具备的使用性能，但是，对产品存在使用性能的瑕疵作出说明的除外；

（三）符合在产品或者其包装上注明采用的产品标准，符合以产品说明、实物样品等方式表明的质量状况。

**第二十七条**　产品或者其包装上的标识必须真实，并符合下列要求：

（一）有产品质量检验合格证明；

（二）有中文标明的产品名称、生产厂厂名和厂址；

（三）根据产品的特点和使用要求，需要标明产品规格、等级、所含主要成份的名称和含量的，用中文相应予以标明；需要事先让消费者知晓的，应当在外包装上标明，或者预先向消费者提供有关资料；

（四）限期使用的产品，应当在显著位置清晰地标明生产日期和安全使用期或者失效日期；

（五）使用不当，容易造成产品本身损坏或者可能危及人身、财产安全的产品，应当有警示标志或者中文警示说明。

裸装的食品和其他根据产品的特点难以附加标识的裸装产品，可以不附加产品标识。

**第二十八条**　易碎、易燃、易爆、有毒、有腐蚀性、有放射性等危险物品以及储运中不能倒置和其他有特殊要求的产品，其包装质量必须符合相应要求，依照国家有关规定作出警示标志或者中文警示说明，标明储运注意事项。

**第二十九条**　生产者不得生产国家明令淘汰的产品。

**第三十条**　生产者不得伪造产地，不得伪造或者冒用他人的厂名、厂址。

**第三十一条**　生产者不得伪造或者冒用认证标志等质量标志。

**第三十二条**　生产者生产产品，不得掺杂、掺假，不得以假充真、以次充好，不得以不合格产品冒充合格产品。

### 第二节　销售者的产品质量责任和义务

**第三十三条**　销售者应当建立并执行进货检查验收制度，验明产品合格证明和其他标识。

**第三十四条**　销售者应当采取措施，保持销售产品的质量。

**第三十五条**　销售者不得销售国家明令淘汰并停止销售的产品和失效、变质的产品。

**第三十六条**　销售者销售的产品的标识应当符合本法第二十七条的规定。

**第三十七条**　销售者不得伪造产地，不得伪造或者冒用他人的厂名、厂址。

**第三十八条**　销售者不得伪造或者冒用认证标志等质量标志。

**第三十九条**　销售者销售产品，不得掺杂、掺假，不得以假充真、以次充好，不得以不合格产品冒充合格产品。

## 第四章　损害赔偿

**第四十条**　售出的产品有下列情形之一的，销售者应当负责修理、更换、退货；给购买产品的消费者造成损失的，销售者应当赔偿损失：

（一）不具备产品应当具备的使用性能而事先未作说明的；

（二）不符合在产品或者其包装上注明采用的产品标准的；

（三）不符合以产品说明、实物样品等方式表明的质量状况的。

销售者依照前款规定负责修理、更换、退货、赔偿损失后，属于生产者的责任或者属于向销售者提供产品的其他销售者（以下简称供货者）的责任的，销售者有权向生产者、供货者追偿。

销售者未按照第一款规定给予修理、更换、退货或者赔偿损失的，由市场监督管理部门责令改正。

生产者之间，销售者之间，生产者与销售者之间订立的买卖合同、承揽合同有不同约定的，合同当事人按照合同约定执行。

**第四十一条**　因产品存在缺陷造成人身、缺陷产品以外的其他财产（以下简称他人财产）损害的，生产者应当承担赔偿责任。

生产者能够证明有下列情形之一的，不承担赔偿责任：

（一）未将产品投入流通的；
（二）产品投入流通时，引起损害的缺陷尚不存在的；
（三）将产品投入流通时的科学技术水平尚不能发现缺陷的存在的。

**第四十二条** 由于销售者的过错使产品存在缺陷，造成人身、他人财产损害的，销售者应当承担赔偿责任。

销售者不能指明缺陷产品的生产者也不能指明缺陷产品的供货者的，销售者应当承担赔偿责任。

**第四十三条** 因产品存在缺陷造成人身、他人财产损害的，受害人可以向产品的生产者要求赔偿，也可以向产品的销售者要求赔偿。属于产品的生产者的责任，产品的销售者赔偿的，产品的销售者有权向产品的生产者追偿。属于产品的销售者的责任，产品的生产者赔偿的，产品的生产者有权向产品的销售者追偿。

**第四十四条** 因产品存在缺陷造成受害人人身伤害的，侵害人应当赔偿医疗费、治疗期间的护理费、因误工减少的收入等费用；造成残疾的，还应当支付残疾者生活自助具费、生活补助费、残疾赔偿金以及由其扶养的人所必需的生活费等费用；造成受害人死亡的，并应当支付丧葬费、死亡赔偿金以及由死者生前扶养的人所必需的生活费等费用。

因产品存在缺陷造成受害人财产损失的，侵害人应当恢复原状或者折价赔偿。受害人因此遭受其他重大损失的，侵害人应当赔偿损失。

**第四十五条** 因产品存在缺陷造成损害要求赔偿的诉讼时效期间为二年，自当事人知道或者应当知道其权益受到损害时起计算。

因产品存在缺陷造成损害要求赔偿的请求权，在造成损害的缺陷产品交付最初消费者满十年丧失；但是，尚未超过明示的安全使用期的除外。

**第四十六条** 本法所称缺陷，是指产品存在危及人身、他人财产安全的不合理的危险；产品有保障人体健康和人身、财产安全的国家标准、行业标准的，是指不符合该标准。

**第四十七条** 因产品质量发生民事纠纷时，当事人可以通过协商或者调解解决。当事人不愿通过协商、调解解决或者协商、调解不成的，可以根据当事人各方的协议向仲裁机构申请仲裁；当事人各方没有达成仲裁协议或者仲裁协议无效的，可以直接向人民法院起诉。

**第四十八条** 仲裁机构或者人民法院可以委托本法第十九条规定的产品质量检验机构，对有关产品质量进行检验。

### 第五章 罚 则

**第四十九条** 生产、销售不符合保障人体健康和人身、财产安全的国家标准、行业标准的产品的，责令停止生产、销售，没收违法生产、销售的产品，并处违法生产、销售产品（包括已售出和未售出的产品，下同）货值金额等值以上三倍以下的罚款；有违法所得的，并处没收违法所得；情节严重的，吊销营业执照；构成犯罪的，依法追究刑事责任。

**第五十条** 在产品中掺杂、掺假，以假充真，以次充好，或者以不合格产品冒充合格产品的，责令停止生产、销售，没收违法生产、销售的产品，并处违法生产、销售产品货值金额百分之五十以上三倍以下的罚款；有违法所得的，并处没收违法所得；情节严重的，吊销营业执照；构成犯罪的，依法追究刑事责任。

**第五十一条** 生产国家明令淘汰的产品的，销售国家明令淘汰并停止销售的产品的，责令停止生产、销售，没收违法生产、销售的产品，并处违法生产、销售产品货值金额等值以下的罚款；有违法所得的，并处没收违法所得；情节严重的，吊销营业执照。

**第五十二条** 销售失效、变质的产品的，责令停止销售，没收违法销售的产品，并处违法销售产品货值金额二倍以下的罚款；有违法所得的，并处没收违法所得；情节严重的，吊销营业执照；构成犯罪的，依法追究刑事责任。

**第五十三条** 伪造产品产地的，伪造或者冒用他人厂名、厂址的，伪造或者冒用认证标志等质量标志的，责令改正，没收违法生产、销售的产品，并处违法生产、销售产品货值金额等值以下的罚款；有违法所得的，并处没收违法所得；情节严重的，吊销营业执照。

**第五十四条** 产品标识不符合本法第二十七条规定的，责令改正；有包装的产品标识不符合本法第二十七条第（四）项、第（五）项规定，情节严重的，责令停止生产、销售，并处违法生产、销售产品货值金额百分之三十以下的罚款；有违法所得的，并处没收违法所得。

**第五十五条** 销售者销售本法第四十九条至第五十三条规定禁止销售的产品，有充分证据证明其不知道该产品为禁止销售的产品并如实说明其进货来源的，可以从轻或者减轻处罚。

**第五十六条** 拒绝接受依法进行的产品质量监督检查的，给予警告，责令改正；拒不改正的，责令停业整顿；情节特别严重的，吊销营业执照。

**第五十七条** 产品质量检验机构、认证机构伪造检验结果或者出具虚假证明的，责令改正，对单位处五万元以上十万元以下的罚款,对直接负责的主管人员和其他直接责任人员处一万元以上五万元以下的罚款;有违法所得的,并处没收违法所得;情节严重的,取消其检验资格、认证资格;构成犯罪的,依法追究刑事责任。

产品质量检验机构、认证机构出具的检验结果或者证明不实,造成损失的,应当承担相应的赔偿责任;造成重大损失的,撤销其检验资格、认证资格。

产品质量认证机构违反本法第二十一条第二款的规定,对不符合认证标准而使用认证标志的产品,未依法要求其改正或者取消其使用认证标志资格的,对因产品不符合认证标准给消费者造成的损失,与产品的生产者、销售者承担连带责任;情节严重的,撤销其认证资格。

第五十八条 社会团体、社会中介机构对产品质量作出承诺、保证,而该产品又不符合其承诺、保证的质量要求,给消费者造成损失的,与产品的生产者、销售者承担连带责任。

第五十九条 在广告中对产品质量作虚假宣传,欺骗和误导消费者的,依照《中华人民共和国广告法》的规定追究法律责任。

第六十条 对生产者专门用于生产本法第四十九条、第五十一条所列的产品或者以假充真的产品的原辅材料、包装物、生产工具,应当予以没收。

第六十一条 知道或者应当知道属于本法规定禁止生产、销售的产品而为其提供运输、保管、仓储等便利条件的,或者为以假充真的产品提供制假生产技术的,没收全部运输、保管、仓储或者提供制假生产技术的收入,并处违法收入百分之五十以上三倍以下的罚款;构成犯罪的,依法追究刑事责任。

第六十二条 服务业的经营者将本法第四十九条至第五十二条规定禁止销售的产品用于经营性服务的,责令停止使用;对知道或者应当知道所使用的产品属于本法规定禁止销售的产品的,按照违法使用的产品(包括已使用和尚未使用的产品)的货值金额,依照本法对销售者的处罚规定处罚。

第六十三条 隐匿、转移、变卖、损毁被市场监督管理部门查封、扣押的物品的,处被隐匿、转移、变卖、损毁物品货值金额等值以上三倍以下的罚款;有违法所得的,并处没收违法所得。

第六十四条 违反本法规定,应当承担民事赔偿责任和缴纳罚款、罚金,其财产不足以同时支付时,先承担民事赔偿责任。

第六十五条 各级人民政府工作人员和其他国家机关工作人员有下列情形之一的,依法给予行政处分;构成犯罪的,依法追究刑事责任:

(一)包庇、放纵产品生产、销售中违反本法规定行为的;

(二)向从事违反本法规定的生产、销售活动的当事人通风报信,帮助其逃避查处的;

(三)阻挠、干预市场监督管理部门依法对产品生产、销售中违反本法规定的行为进行查处,造成严重后果的。

第六十六条 市场监督管理部门在产品质量监督抽查中超过规定的数量索取样品或者向被检查人收取检验费用的,由上级市场监督管理部门或者监察机关责令退还;情节严重的,对直接负责的主管人员和其他直接责任人员依法给予行政处分。

第六十七条 市场监督管理部门或者其他国家机关违反本法第二十五条的规定,向社会推荐生产者的产品或者以监制、监销等方式参与产品经营活动的,由其上级机关或者监察机关责令改正,消除影响,有违法收入的予以没收;情节严重的,对直接负责的主管人员和其他直接责任人员依法给予行政处分。

产品质量检验机构有前款所列违法行为的,由市场监督管理部门责令改正,消除影响,有违法收入的予以没收,可以并处违法收入一倍以下的罚款;情节严重的,撤销其质量检验资格。

第六十八条 市场监督管理部门的工作人员滥用职权、玩忽职守、徇私舞弊,构成犯罪的,依法追究刑事责任;尚不构成犯罪的,依法给予行政处分。

第六十九条 以暴力、威胁方法阻碍市场监督管理部门的工作人员依法执行职务的,依法追究刑事责任;拒绝、阻碍未使用暴力、威胁方法的,由公安机关依照治安管理处罚法的规定处罚。

第七十条 本法第四十九条至第五十七条、第六十条至第六十三条规定的行政处罚由市场监督管理部门决定。法律、行政法规对行使行政处罚权的机关另有规定的,依照有关法律、行政法规的规定执行。

第七十一条 对依照本法规定没收的产品,依照国家有关规定进行销毁或者采取其他方式处理。

第七十二条 本法第四十九条至第五十四条、第六十二条、第六十三条所规定的货值金额以违法生产、销售产品的标价计算;没有标价的,按照同类产品的市场价格计算。

## 第六章 附 则

第七十三条 军工产品质量监督管理办法,由国务院、中央军事委员会另行制定。

因核设施、核产品造成损害的赔偿责任,法律、行政法规另有规定的,依照其规定。

**第七十四条** 本法自1993年9月1日起施行。

## 最高人民法院关于审理因垄断行为引发的民事纠纷案件应用法律若干问题的规定

- 2012年1月30日最高人民法院审判委员会第1539次会议通过
- 根据2020年12月23日最高人民法院审判委员会第1823次会议通过的《最高人民法院关于修改〈最高人民法院关于审理侵犯专利权纠纷案件应用法律若干问题的解释(二)〉等十八件知识产权类司法解释的决定》修正
- 2020年12月29日最高人民法院公告公布
- 自2021年1月1日起施行
- 法释〔2020〕19号

为正确审理因垄断行为引发的民事纠纷案件,制止垄断行为,保护和促进市场公平竞争,维护消费者利益和社会公共利益,根据《中华人民共和国民法典》《中华人民共和国反垄断法》和《中华人民共和国民事诉讼法》等法律的相关规定,制定本规定。

**第一条** 本规定所称因垄断行为引发的民事纠纷案件(以下简称垄断民事纠纷案件),是指因垄断行为受到损失以及因合同内容、行业协会的章程等违反反垄断法而发生争议的自然人、法人或者非法人组织,向人民法院提起的民事诉讼案件。

**第二条** 原告直接向人民法院提起民事诉讼,或者在反垄断执法机构认定构成垄断行为的处理决定发生法律效力后向人民法院提起民事诉讼,并符合法律规定的其他受理条件的,人民法院应当受理。

**第三条** 第一审垄断民事纠纷案件,由知识产权法院,省、自治区、直辖市人民政府所在地的市、计划单列市中级人民法院以及最高人民法院指定的中级人民法院管辖。

**第四条** 垄断民事纠纷案件的地域管辖,根据案件具体情况,依照民事诉讼法及相关司法解释有关侵权纠纷、合同纠纷等的管辖规定确定。

**第五条** 民事纠纷案件立案时的案由并非垄断纠纷,被告以原告实施了垄断行为为由提出抗辩或者反诉且有证据支持,或者案件需要依据反垄断法作出裁判,但受诉人民法院没有垄断民事纠纷案件管辖权的,应当将案件移送有管辖权的人民法院。

**第六条** 两个或者两个以上原告因同一垄断行为向有管辖权的同一法院分别提起诉讼的,人民法院可以合并审理。

两个或者两个以上原告因同一垄断行为向有管辖权的不同法院分别提起诉讼的,后立案的法院在得知有关法院先立案的情况后,应当在七日内裁定将案件移送先立案的法院;受移送的法院可以合并审理。被告应当在答辩阶段主动向受诉人民法院提供其因同一行为在其他法院涉诉的相关信息。

**第七条** 被诉垄断行为属于反垄断法第十三条第一款第一项至第五项规定的垄断协议的,被告应对该协议不具有排除、限制竞争的效果承担举证责任。

**第八条** 被诉垄断行为属于反垄断法第十七条第一款规定的滥用市场支配地位的,原告应当对被告在相关市场内具有支配地位和其滥用市场支配地位承担举证责任。

被告以其行为具有正当性为由进行抗辩的,应当承担举证责任。

**第九条** 被诉垄断行为属于公用企业或者其他依法具有独占地位的经营者滥用市场支配地位的,人民法院可以根据市场结构和竞争状况的具体情况,认定被告在相关市场内具有支配地位,但有相反证据足以推翻的除外。

**第十条** 原告可以以被告对外发布的信息作为证明其具有市场支配地位的证据。被告对外发布的信息能够证明其在相关市场内具有支配地位的,人民法院可以据此作出认定,但有相反证据足以推翻的除外。

**第十一条** 证据涉及国家秘密、商业秘密、个人隐私或者其他依法应当保密的内容的,人民法院可以依职权或者当事人的申请采取不公开开庭、限制或者禁止复制、仅对代理律师展示、责令签署保密承诺书等保护措施。

**第十二条** 当事人可以向人民法院申请一至二名具有相应专门知识的人员出庭,就案件的专门性问题进行说明。

**第十三条** 当事人可以向人民法院申请委托专业机构或者专业人员就案件的专门性问题作出市场调查或者经济分析报告。经人民法院同意,双方当事人可以协商确定专业机构或者专业人员;协商不成的,由人民法院指定。

人民法院可以参照民事诉讼法及相关司法解释有关鉴定意见的规定,对前款规定的市场调查或者经济分析报告进行审查判断。

**第十四条** 被告实施垄断行为，给原告造成损失的，根据原告的诉讼请求和查明的事实，人民法院可以依法判令被告承担停止侵害、赔偿损失等民事责任。

根据原告的请求，人民法院可以将原告因调查、制止垄断行为所支付的合理开支计入损失赔偿范围。

**第十五条** 被诉合同内容、行业协会的章程等违反反垄断法或者其他法律、行政法规的强制性规定的，人民法院应当依法认定其无效。但是，该强制性规定不导致该民事法律行为无效的除外。

**第十六条** 因垄断行为产生的损害赔偿请求权诉讼时效期间，从原告知道或者应当知道权益受到损害以及义务人之日起计算。

原告向反垄断执法机构举报被诉垄断行为的，诉讼时效从其举报之日起中断。反垄断执法机构决定不立案、撤销案件或者决定终止调查的，诉讼时效期间从原告知道或者应当知道不立案、撤销案件或者终止调查之日起重新计算。反垄断执法机构调查后认定构成垄断行为的，诉讼时效期间从原告知道或者应当知道反垄断执法机构认定构成垄断行为的处理决定发生法律效力之日起重新计算。

原告知道或者应当知道权益受到损害以及义务人之日起超过三年，如果起诉时被诉垄断行为仍然持续，被告提出诉讼时效抗辩的，损害赔偿应当自原告向人民法院起诉之日起向前推算三年计算。自权利受到损害之日起超过二十年的，人民法院不予保护，有特殊情况的，人民法院可以根据权利人的申请决定延长。

## 最高人民法院关于适用《中华人民共和国反不正当竞争法》若干问题的解释

- 2022年1月29日最高人民法院审判委员会第1862次会议通过
- 2022年3月16日最高人民法院公告公布
- 自2022年3月20日起施行
- 法释〔2022〕9号

为正确审理因不正当竞争行为引发的民事案件，根据《中华人民共和国民法典》《中华人民共和国反不正当竞争法》《中华人民共和国民事诉讼法》等有关法律规定，结合审判实践，制定本解释。

**第一条** 经营者扰乱市场竞争秩序，损害其他经营者或者消费者合法权益，且属于违反反不正当竞争法第二章及专利法、商标法、著作权法等规定之外情形的，人民法院可以适用反不正当竞争法第二条予以认定。

**第二条** 与经营者在生产经营活动中存在可能的争夺交易机会、损害竞争优势等关系的市场主体，人民法院可以认定为反不正当竞争法第二条规定的"其他经营者"。

**第三条** 特定商业领域普遍遵循和认可的行为规范，人民法院可以认定为反不正当竞争法第二条规定的"商业道德"。

人民法院应当结合案件具体情况，综合考虑行业规则或者商业惯例、经营者的主观状态、交易相对人的选择意愿、对消费者权益、市场竞争秩序、社会公共利益的影响等因素，依法判断经营者是否违反商业道德。

人民法院认定经营者是否违反商业道德时，可以参考行业主管部门、行业协会或者自律组织制定的从业规范、技术规范、自律公约等。

**第四条** 具有一定的市场知名度并具有区别商品来源的显著特征的标识，人民法院可以认定为反不正当竞争法第六条规定的"有一定影响的"标识。

人民法院认定反不正当竞争法第六条规定的标识是否具有一定的市场知名度，应当综合考虑中国境内相关公众的知悉程度，商品销售的时间、区域、数额和对象，宣传的持续时间、程度和地域范围，标识受保护的情况等因素。

**第五条** 反不正当竞争法第六条规定的标识有下列情形之一的，人民法院应当认定其不具有区别商品来源的显著特征：

（一）商品的通用名称、图形、型号；

（二）仅直接表示商品的质量、主要原料、功能、用途、重量、数量及其他特点的标识；

（三）仅由商品自身的性质产生的形状，为获得技术效果而需有的商品形状以及使商品具有实质性价值的形状；

（四）其他缺乏显著特征的标识。

前款第一项、第二项、第四项规定的标识经过使用取得显著特征，并具有一定的市场知名度，当事人请求依据反不正当竞争法第六条规定予以保护的，人民法院应予支持。

**第六条** 因客观描述、说明商品而正当使用下列标识，当事人主张属于反不正当竞争法第六条规定的情形的，人民法院不予支持：

（一）含有本商品的通用名称、图形、型号；

(二)直接表示商品的质量、主要原料、功能、用途、重量、数量以及其他特点；

(三)含有地名。

**第七条** 反不正当竞争法第六条规定的标识或者其显著识别部分属于商标法第十条第一款规定的不得作为商标使用的标志，当事人请求依据反不正当竞争法第六条规定予以保护的，人民法院不予支持。

**第八条** 由经营者营业场所的装饰、营业用具的式样、营业人员的服饰等构成的具有独特风格的整体营业形象，人民法院可以认定为反不正当竞争法第六条第一项规定的"装潢"。

**第九条** 市场主体登记管理部门依法登记的企业名称，以及在中国境内进行商业使用的境外企业名称，人民法院可以认定为反不正当竞争法第六条第二项规定的"企业名称"。

有一定影响的个体工商户、农民专业合作社(联合社)以及法律、行政法规规定的其他市场主体的名称(包括简称、字号等)，人民法院可以依照反不正当竞争法第六条第二项予以认定。

**第十条** 在中国境内将有一定影响的标识用于商品、商品包装或者容器以及商品交易文书上，或者广告宣传、展览以及其他商业活动中，用于识别商品来源的行为，人民法院可以认定为反不正当竞争法第六条规定的"使用"。

**第十一条** 经营者擅自使用与他人有一定影响的企业名称(包括简称、字号等)、社会组织名称(包括简称等)、姓名(包括笔名、艺名、译名等)、域名主体部分、网站名称、网页等近似的标识，引人误认为是他人商品或者与他人存在特定联系，当事人主张属于反不正当竞争法第六条第二项、第三项规定的情形的，人民法院应予支持。

**第十二条** 人民法院认定与反不正当竞争法第六条规定的"有一定影响的"标识相同或者近似，可以参照商标相同或者近似的判断原则和方法。

反不正当竞争法第六条规定的"引人误认为是他人商品或者与他人存在特定联系"，包括误认为与他人具有商业联合、许可使用、商业冠名、广告代言等特定联系。

在相同商品上使用相同或者视觉上基本无差别的商品名称、包装、装潢等标识，应当视为足以造成与他人有一定影响的标识相混淆。

**第十三条** 经营者实施下列混淆行为之一，足以引人误认为是他人商品或者与他人存在特定联系，人民法院可以依照反不正当竞争法第六条第四项予以认定：

(一)擅自使用反不正当竞争法第六条第一项、第二项、第三项规定以外"有一定影响的"标识；

(二)将他人注册商标、未注册的驰名商标作为企业名称中的字号使用，误导公众。

**第十四条** 经营者销售带有违反反不正当竞争法第六条规定的标识的商品，引人误认为是他人商品或者与他人存在特定联系，当事人主张构成反不正当竞争法第六条规定的情形的，人民法院应予支持。

销售不知道是前款规定的侵权商品，能证明该商品是自己合法取得并说明提供者，经营者主张不承担赔偿责任的，人民法院应予支持。

**第十五条** 故意为他人实施混淆行为提供仓储、运输、邮寄、印制、隐匿、经营场所等便利条件，当事人请求依据民法典第一千一百六十九条第一款予以认定的，人民法院应予支持。

**第十六条** 经营者在商业宣传过程中，提供不真实的商品相关信息，欺骗、误导相关公众的，人民法院应当认定为反不正当竞争法第八条第一款规定的虚假的商业宣传。

**第十七条** 经营者具有下列行为之一，欺骗、误导相关公众的，人民法院可以认定为反不正当竞争法第八条第一款规定的"引人误解的商业宣传"：

(一)对商品作片面的宣传或者对比；

(二)将科学上未定论的观点、现象等当作定论的事实用于商品宣传；

(三)使用歧义性语言进行商业宣传；

(四)其他足以引人误解的商业宣传行为。

人民法院应当根据日常生活经验、相关公众一般注意力、发生误解的事实和被宣传对象的实际情况等因素，对引人误解的商业宣传行为进行认定。

**第十八条** 当事人主张经营者违反反不正当竞争法第八条第一款的规定并请求赔偿损失的，应当举证证明其因虚假或者引人误解的商业宣传行为受到损失。

**第十九条** 当事人主张经营者实施了反不正当竞争法第十一条规定的商业诋毁行为的，应当举证证明其为该商业诋毁行为的特定损害对象。

**第二十条** 经营者传播他人编造的虚假信息或者误导性信息，损害竞争对手的商业信誉、商品声誉的，人民法院应当依照反不正当竞争法第十一条予以认定。

**第二十一条** 未经其他经营者和用户同意而直接发生的目标跳转，人民法院应当认定为反不正当竞争法第十二条第二款第一项规定的"强制进行目标跳转"。

仅插入链接,目标跳转由用户触发的,人民法院应当综合考虑插入链接的具体方式、是否具有合理理由以及对用户利益和其他经营者利益的影响等因素,认定该行为是否违反反不正当竞争法第十二条第二款第一项的规定。

**第二十二条** 经营者事前未明确提示并经用户同意,以误导、欺骗、强迫用户修改、关闭、卸载等方式,恶意干扰或者破坏其他经营者合法提供的网络产品或者服务,人民法院应当依照反不正当竞争法第十二条第二款第二项予以认定。

**第二十三条** 对于反不正当竞争法第二条、第八条、第十一条、第十二条规定的不正当竞争行为,权利人因被侵权所受到的实际损失、侵权人因侵权所获得的利益难以确定,当事人主张依据反不正当竞争法第十七条第四款确定赔偿数额的,人民法院应予支持。

**第二十四条** 对于同一侵权人针对同一主体在同一时间和地域范围实施的侵权行为,人民法院已经认定侵害著作权、专利权或者注册商标专用权并判令承担民事责任,当事人又以该行为构成不正当竞争为由请求同一侵权人承担民事责任的,人民法院不予支持。

**第二十五条** 依据反不正当竞争法第六条的规定,当事人主张判令被告停止使用或者变更其企业名称的诉讼请求依法应予支持的,人民法院应当判令停止使用该企业名称。

**第二十六条** 因不正当竞争行为提起的民事诉讼,由侵权行为地或者被告住所地人民法院管辖。

当事人主张仅以网络购买者可以任意选择的收货地作为侵权行为地的,人民法院不予支持。

**第二十七条** 被诉不正当竞争行为发生在中华人民共和国领域外,但侵权结果发生在中华人民共和国领域内,当事人主张由该侵权结果发生地人民法院管辖的,人民法院应予支持。

**第二十八条** 反不正当竞争法修改决定施行以后人民法院受理的不正当竞争民事案件,涉及该决定施行前发生的行为的,适用修改前的反不正当竞争法;涉及该决定施行前发生、持续到该决定施行以后的行为的,适用修改后的反不正当竞争法。

**第二十九条** 本解释自 2022 年 3 月 20 日起施行。《最高人民法院关于审理不正当竞争民事案件应用法律若干问题的解释》(法释〔2007〕2 号)同时废止。

本解释施行以后尚未终审的案件,适用本解释;施行以前已经终审的案件,不适用本解释再审。

# 中华人民共和国招标投标法

· 1999 年 8 月 30 日第九届全国人民代表大会常务委员会第十一次会议通过
· 根据 2017 年 12 月 27 日第十二届全国人民代表大会常务委员会第三十一次会议《关于修改〈中华人民共和国招标投标法〉、〈中华人民共和国计量法〉的决定》修正

## 第一章 总 则

**第一条** 【立法目的】为了规范招标投标活动,保护国家利益、社会公共利益和招标投标活动当事人的合法权益,提高经济效益,保证项目质量,制定本法。

**第二条** 【适用范围】在中华人民共和国境内进行招标投标活动,适用本法。

**第三条** 【必须进行招标的工程建设项目】在中华人民共和国境内进行下列工程建设项目包括项目的勘察、设计、施工、监理以及与工程建设有关的重要设备、材料等的采购,必须进行招标:

(一)大型基础设施、公用事业等关系社会公共利益、公众安全的项目;

(二)全部或者部分使用国有资金投资或者国家融资的项目;

(三)使用国际组织或者外国政府贷款、援助资金的项目。

前款所列项目的具体范围和规模标准,由国务院发展计划部门会同国务院有关部门制订,报国务院批准。

法律或者国务院对必须进行招标的其他项目的范围有规定的,依照其规定。

**第四条** 【禁止规避招标】任何单位和个人不得将依法必须进行招标的项目化整为零或者以其他任何方式规避招标。

**第五条** 【招投标活动的原则】招标投标活动应当遵循公开、公平、公正和诚实信用的原则。

**第六条** 【招投标活动不受地区或部门的限制】依法必须进行招标的项目,其招标投标活动不受地区或者部门的限制。任何单位和个人不得违法限制或者排斥本地区、本系统以外的法人或者其他组织参加投标,不得以任何方式非法干涉招标投标活动。

**第七条** 【对招投标活动的监督】招标投标活动及其当事人应当接受依法实施的监督。

有关行政监督部门依法对招标投标活动实施监督,依法查处招标投标活动中的违法行为。

对招标投标活动的行政监督及有关部门的具体职权划分,由国务院规定。

## 第二章 招 标

**第八条 【招标人】**招标人是依照本法规定提出招标项目、进行招标的法人或者其他组织。

**第九条 【招标项目应具备的主要条件】**招标项目按照国家有关规定需要履行项目审批手续的,应当先履行审批手续,取得批准。

招标人应当有进行招标项目的相应资金或者资金来源已经落实,并应当在招标文件中如实载明。

**第十条 【公开招标和邀请招标】**招标分为公开招标和邀请招标。

公开招标,是指招标人以招标公告的方式邀请不特定的法人或者其他组织投标。

邀请招标,是指招标人以投标邀请书的方式邀请特定的法人或者其他组织投标。

**第十一条 【适用邀请招标的情形】**国务院发展计划部门确定的国家重点项目和省、自治区、直辖市人民政府确定的地方重点项目不适宜公开招标的,经国务院发展计划部门或者省、自治区、直辖市人民政府批准,可以进行邀请招标。

**第十二条 【代理招标和自行招标】**招标人有权自行选择招标代理机构,委托其办理招标事宜。任何单位和个人不得以任何方式为招标人指定招标代理机构。

招标人具有编制招标文件和组织评标能力的,可以自行办理招标事宜。任何单位和个人不得强制其委托招标代理机构办理招标事宜。

依法必须进行招标的项目,招标人自行办理招标事宜的,应当向有关行政监督部门备案。

**第十三条 【招标代理机构及条件】**招标代理机构是依法设立、从事招标代理业务并提供相关服务的社会中介组织。

招标代理机构应当具备下列条件:

(一)有从事招标代理业务的营业场所和相应资金;

(二)有能够编制招标文件和组织评标的相应专业力量;

**第十四条 【招标代理机构不得与国家机关存在利益关系】**招标代理机构与行政机关和其他国家机关不得存在隶属关系或者其他利益关系。

**第十五条 【招标代理机构的代理范围】**招标代理机构应当在招标人委托的范围内办理招标事宜,并遵守本法关于招标人的规定。

**第十六条 【招标公告】**招标人采用公开招标方式的,应当发布招标公告。依法必须进行招标的项目的招标公告,应当通过国家指定的报刊、信息网络或者其他媒介发布。

招标公告应当载明招标人的名称和地址、招标项目的性质、数量、实施地点和时间以及获取招标文件的办法等事项。

**第十七条 【投标邀请书】**招标人采用邀请招标方式的,应当向3个以上具备承担招标项目的能力、资信良好的特定的法人或者其他组织发出投标邀请书。

投标邀请书应当载明本法第十六条第二款规定的事项。

**第十八条 【对潜在投标人的资格审查】**招标人可以根据招标项目本身的要求,在招标公告或者投标邀请书中,要求潜在投标人提供有关资质证明文件和业绩情况,并对潜在投标人进行资格审查;国家对投标人的资格条件有规定的,依照其规定。

招标人不得以不合理的条件限制或者排斥潜在投标人,不得对潜在投标人实行歧视待遇。

**第十九条 【招标文件】**招标人应当根据招标项目的特点和需要编制招标文件。招标文件应当包括招标项目的技术要求、对投标人资格审查的标准、投标报价要求和评标标准等所有实质性要求和条件以及拟签订合同的主要条款。

国家对招标项目的技术、标准有规定的,招标人应当按照其规定在招标文件中提出相应要求。

招标项目需要划分标段、确定工期的,招标人应当合理划分标段、确定工期,并在招标文件中载明。

**第二十条 【招标文件的限制】**招标文件不得要求或者标明特定的生产供应者以及含有倾向或者排斥投标人的其他内容。

**第二十一条 【潜在投标人对项目现场的踏勘】**招标人根据招标项目的具体情况,可以组织潜在投标人踏勘项目现场。

**第二十二条 【招标人的保密义务】**招标人不得向他人透露已获取招标文件的潜在投标人的名称、数量以及可能影响公平竞争的有关招标投标的其他情况。

招标人设有标底的,标底必须保密。

**第二十三条 【招标文件的澄清或修改】**招标人对已发出的招标文件进行必要的澄清或者修改的,应当在招标文件要求提交投标文件截止时间至少15日前,以书面形式通知所有招标文件收受人。该澄清或者修改的内容为招标文件的组成部分。

**第二十四条 【编制投标文件的时间】**招标人应当

确定投标人编制投标文件所需要的合理时间;但是,依法必须进行招标的项目,自招标文件开始发出之日起至投标人提交投标文件截止之日止,最短不得少于20日。

## 第三章 投 标

**第二十五条 【投标人】**投标人是响应招标、参加投标竞争的法人或者其他组织。

依法招标的科研项目允许个人参加投标的,投标的个人适用本法有关投标人的规定。

**第二十六条 【投标人的资格条件】**投标人应当具备承担招标项目的能力;国家有关规定对投标人资格条件或者招标文件对投标人资格条件有规定的,投标人应当具备规定的资格条件。

**第二十七条 【投标文件的编制】**投标人应当按照招标文件的要求编制投标文件。投标文件应当对招标文件提出的实质性要求和条件作出响应。

招标项目属于建设施工的,投标文件的内容应当包括拟派出的项目负责人与主要技术人员的简历、业绩和拟用于完成招标项目的机械设备等。

**第二十八条 【投标文件的送达】**投标人应当在招标文件要求提交投标文件的截止时间前,将投标文件送达投标地点。招标人收到投标文件后,应当签收保存,不得开启。投标人少于3个的,招标人应当依照本法重新招标。

在招标文件要求提交投标文件的截止时间后送达的投标文件,招标人应当拒收。

**第二十九条 【投标文件的补充、修改、撤回】**投标人在招标文件要求提交投标文件的截止时间前,可以补充、修改或者撤回已提交的投标文件,并书面通知招标人。补充、修改的内容为投标文件的组成部分。

**第三十条 【投标文件对拟分包情况的说明】**投标人根据招标文件载明的项目实际情况,拟在中标后将中标项目的部分非主体、非关键性工作进行分包的,应当在投标文件中载明。

**第三十一条 【联合体投标】**两个以上法人或者其他组织可以组成一个联合体,以一个投标人的身份共同投标。

联合体各方均应当具备承担招标项目的相应能力;国家有关规定或者招标文件对投标人资格条件有规定的,联合体各方均应当具备规定的相应资格条件。由同一专业的单位组成的联合体,按照资质等级较低的单位确定资质等级。

联合体各方应当签订共同投标协议,明确约定各方拟承担的工作和责任,并将共同投标协议连同投标文件一并提交招标人。联合体中标的,联合体各方应当共同与招标人签订合同,就中标项目向招标人承担连带责任。

招标人不得强制投标人组成联合体共同投标,不得限制投标人之间的竞争。

**第三十二条 【串通投标的禁止】**投标人不得相互串通投标报价,不得排挤其他投标人的公平竞争,损害招标人或者其他投标人的合法权益。

投标人不得与招标人串通投标,损害国家利益、社会公共利益或者他人的合法权益。

禁止投标人以向招标人或者评标委员会成员行贿的手段谋取中标。

**第三十三条 【低于成本的报价竞标与骗取中标的禁止】**投标人不得以低于成本的报价竞标,也不得以他人名义投标或者以其他方式弄虚作假,骗取中标。

## 第四章 开标、评标和中标

**第三十四条 【开标的时间与地点】**开标应当在招标文件确定的提交投标文件截止时间的同一时间公开进行;开标地点应当为招标文件中预先确定的地点。

**第三十五条 【开标参加人】**开标由招标人主持,邀请所有投标人参加。

**第三十六条 【开标方式】**开标时,由投标人或者其推选的代表检查投标文件的密封情况,也可以由招标人委托的公证机构检查并公证;经确认无误后,由工作人员当众拆封,宣读投标人名称、投标价格和投标文件的其他主要内容。

招标人在招标文件要求提交投标文件的截止时间前收到的所有投标文件,开标时都应当当众予以拆封、宣读。

开标过程应当记录,并存档备查。

**第三十七条 【评标委员会】**评标由招标人依法组建的评标委员会负责。

依法必须进行招标的项目,其评标委员会由招标人的代表和有关技术、经济等方面的专家组成,成员人数为5人以上单数,其中技术、经济等方面的专家不得少于成员总数的2/3。

前款专家应当从事相关领域工作满8年并具有高级职称或者具有同等专业水平,由招标人从国务院有关部门或者省、自治区、直辖市人民政府有关部门提供的专家名册或者招标代理机构的专家库内的相关专业的专家名单中确定;一般招标项目可以采取随机抽取方式,特殊招标项目可以由招标人直接确定。

与投标人有利害关系的人不得进入相关项目的评标委员会;已经进入的应当更换。

评标委员会成员的名单在中标结果确定前应当保密。

第三十八条 【评标的保密】招标人应当采取必要的措施,保证评标在严格保密的情况下进行。

任何单位和个人不得非法干预、影响评标的过程和结果。

第三十九条 【投标人对投标文件的澄清或说明】评标委员会可以要求投标人对投标文件中含义不明确的内容作必要的澄清或者说明,但是澄清或者说明不得超出投标文件的范围或者改变投标文件的实质性内容。

第四十条 【评标】评标委员会应当按照招标文件确定的评标标准和方法,对投标文件进行评审和比较;设有标底的,应当参考标底。评标委员会完成评标后,应当向招标人提出书面评标报告,并推荐合格的中标候选人。

招标人根据评标委员会提出的书面评标报告和推荐的中标候选人确定中标人。招标人也可以授权评标委员会直接确定中标人。

国务院对特定招标项目的评标有特别规定的,从其规定。

第四十一条 【中标条件】中标人的投标应当符合下列条件之一:

(一) 能够最大限度地满足招标文件中规定的各项综合评价标准;

(二) 能够满足招标文件的实质性要求,并且经评审的投标价格最低;但是投标价格低于成本的除外。

第四十二条 【否决所有投标和重新招标】评标委员会经评审,认为所有投标都不符合招标文件要求的,可以否决所有投标。

依法必须进行招标的项目的所有投标被否决的,招标人应当依照本法重新招标。

第四十三条 【禁止与投标人进行实质性谈判】在确定中标人前,招标人不得与投标人就投标价格、投标方案等实质性内容进行谈判。

第四十四条 【评标委员会成员的义务】评标委员会成员应当客观、公正地履行职务,遵守职业道德,对所提出的评审意见承担个人责任。

评标委员会成员不得私下接触投标人,不得收受投标人的财物或者其他好处。

评标委员会成员和参与评标的有关工作人员不得透露对投标文件的评审和比较、中标候选人的推荐情况以及与评标有关的其他情况。

第四十五条 【中标通知书的发出】中标人确定后,招标人应当向中标人发出中标通知书,并同时将中标结果通知所有未中标的投标人。

中标通知书对招标人和中标人具有法律效力。中标通知书发出后,招标人改变中标结果的,或者中标人放弃中标项目的,应当依法承担法律责任。

第四十六条 【订立书面合同和提交履约保证金】招标人和中标人应当自中标通知书发出之日起 30 日内,按照招标文件和中标人的投标文件订立书面合同。招标人和中标人不得再行订立背离合同实质性内容的其他协议。

招标文件要求中标人提交履约保证金的,中标人应当提交。

第四十七条 【招投标情况的报告】依法必须进行招标的项目,招标人应当自确定中标人之日起 15 日内,向有关行政监督部门提交招标投标情况的书面报告。

第四十八条 【禁止转包和有条件分包】中标人应当按照合同约定履行义务,完成中标项目。中标人不得向他人转让中标项目,也不得将中标项目肢解后分别向他人转让。

中标人按照合同约定或者经招标人同意,可以将中标项目的部分非主体、非关键性工作分包给他人完成。接受分包的人应当具备相应的资格条件,并不得再次分包。

中标人应当就分包项目向招标人负责,接受分包的人就分包项目承担连带责任。

## 第五章 法律责任

第四十九条 【必须进行招标的项目不招标的责任】违反本法规定,必须进行招标的项目而不招标的,将必须进行招标的项目化整为零或者以其他任何方式规避招标的,责令限期改正,可以处项目合同金额 5‰ 以上 10‰ 以下的罚款;对全部或者部分使用国有资金的项目,可以暂停项目执行或者暂停资金拨付;对单位直接负责的主管人员和其他直接责任人员依法给予处分。

第五十条 【招标代理机构的责任】招标代理机构违反本法规定,泄露应当保密的与招标投标活动有关的情况和资料的,或者与招标人、投标人串通损害国家利益、社会公共利益或者他人合法权益的,处五万元以上二十五万元以下的罚款;对单位直接负责的主管人员和其他直接责任人员处单位罚款数额百分之五以上百分之十以下的罚款;有违法所得的,并处没收违法所得;情节严重的,禁止其一年至二年内代理依法必须进行招标的项目并予以公告,直至由工商行政管理机关吊销营业执照;构成犯罪的,依法追究刑事责任。给他人造成损失的,依法承担赔偿责任。

前款所列行为影响中标结果的,中标无效。

**第五十一条** 【限制或排斥潜在投标人的责任】招标人以不合理的条件限制或者排斥潜在投标人的,对潜在投标人实行歧视待遇的,强制要求投标人组成联合体共同投标的,或者限制投标人之间竞争的,责令改正,可以处1万元以上5万元以下的罚款。

**第五十二条** 【泄露招投标活动有关秘密的责任】依法必须进行招标的项目的招标人向他人透露已获取招标文件的潜在投标人的名称、数量或者可能影响公平竞争的有关招标投标的其他情况的,或者泄露标底的,给予警告,可以并处1万元以上10万元以下的罚款;对单位直接负责的主管人员和其他直接责任人员依法给予处分;构成犯罪的,依法追究刑事责任。

前款所列行为影响中标结果的,中标无效。

**第五十三条** 【串通投标的责任】投标人相互串通投标或者与招标人串通投标的,投标人以向招标人或者评标委员会成员行贿的手段谋取中标的,中标无效,处中标项目金额5‰以上10‰以下的罚款,对单位直接负责的主管人员和其他直接责任人员处单位罚款数额5%以上10%以下的罚款;有违法所得的,并处没收违法所得;情节严重的,取消其1年至2年内参加依法必须进行招标的项目的投标资格并予以公告,直至由工商行政管理机关吊销营业执照;构成犯罪的,依法追究刑事责任。给他人造成损失的,依法承担赔偿责任。

**第五十四条** 【骗取中标的责任】投标人以他人名义投标或者以其他方式弄虚作假,骗取中标的,中标无效,给招标人造成损失的,依法承担赔偿责任;构成犯罪的,依法追究刑事责任。

依法必须进行招标的项目的投标人有前款所列行为尚未构成犯罪的,处中标项目金额5‰以上10‰以下的罚款,对单位直接负责的主管人员和其他直接责任人员处单位罚款数额5%以上10%以下的罚款;有违法所得的,并处没收违法所得;情节严重的,取消其1年至3年内参加依法必须进行招标的项目的投标资格并予以公告,直至由工商行政管理机关吊销营业执照。

**第五十五条** 【招标人违法谈判的责任】依法必须进行招标的项目,招标人违反本法规定,与投标人就投标价格、投标方案等实质性内容进行谈判的,给予警告,对单位直接负责的主管人员和其他直接责任人员依法给予处分。

前款所列行为影响中标结果的,中标无效。

**第五十六条** 【评标委员会成员违法行为的责任】评标委员会成员收受投标人的财物或者其他好处的,评标委员会成员或者参加评标的有关工作人员向他人透露对投标文件的评审和比较、中标候选人的推荐以及与评标有关的其他情况的,给予警告,没收收受的财物,可以并处3000元以上5万元以下的罚款,对有所列违法行为的评标委员会成员取消担任评标委员会成员的资格,不得再参加任何依法必须进行招标的项目的评标;构成犯罪的,依法追究刑事责任。

**第五十七条** 【招标人在中标候选人之外确定中标人的责任】招标人在评标委员会依法推荐的中标候选人以外确定中标人的,依法必须进行招标的项目在所有投标被评标委员会否决后自行确定中标人的,中标无效,责令改正,可以处中标项目金额5‰以上10‰以下的罚款;对单位直接负责的主管人员和其他直接责任人员依法给予处分。

**第五十八条** 【中标人违法转包、分包的责任】中标人将中标项目转让给他人的,将中标项目肢解后分别转让给他人的,违反本法规定将中标项目的部分主体、关键性工作分包给他人的,或者分包人再次分包的,转让、分包无效,处转让、分包项目金额5‰以上10‰以下的罚款;有违法所得的,并处没收违法所得;可以责令停业整顿;情节严重的,由工商行政管理机关吊销营业执照。

**第五十九条** 【不按招投标文件订立合同的责任】招标人与中标人不按照招标文件和中标人的投标文件订立合同的,或者招标人、中标人订立背离合同实质性内容的协议的,责令改正;可以处中标项目金额5‰以上10‰以下的罚款。

**第六十条** 【中标人不履行合同或不按合同履行义务的责任】中标人不履行与招标人订立的合同的,履约保证金不予退还,给招标人造成的损失超过履约保证金数额的,还应当对超过部分予以赔偿;没有提交履约保证金的,应当对招标人的损失承担赔偿责任。

中标人不按照与招标人订立的合同履行义务,情节严重的,取消其2年至5年内参加依法必须进行招标的项目的投标资格并予以公告,直至由工商行政管理机关吊销营业执照。

因不可抗力不能履行合同的,不适用前两款规定。

**第六十一条** 【行政处罚的决定】本章规定的行政

处罚,由国务院规定的有关行政监督部门决定。本法已对实施行政处罚的机关作出规定的除外。

**第六十二条 【干涉招投标活动的责任】**任何单位违反本法规定,限制或者排斥本地区、本系统以外的法人或者其他组织参加投标的,为招标人指定招标代理机构的,强制招标人委托招标代理机构办理招标事宜的,或者以其他方式干涉招标投标活动的,责令改正;对单位直接负责的主管人员和其他直接责任人员依法给予警告、记过、记大过的处分,情节较重的,依法给予降级、撤职、开除的处分。

个人利用职权进行前款违法行为的,依照前款规定追究责任。

**第六十三条 【行政监督机关工作人员的责任】**对招标投标活动依法负有行政监督职责的国家机关工作人员徇私舞弊、滥用职权或者玩忽职守,构成犯罪的,依法追究刑事责任;不构成犯罪的,依法给予行政处分。

**第六十四条 【中标无效的处理】**依法必须进行招标的项目违反本法规定,中标无效的,应当依照本法规定的中标条件从其余投标人中重新确定中标人或者依照本法重新进行招标。

## 第六章 附 则

**第六十五条 【异议或投诉】**投标人和其他利害关系人认为招标投标活动不符合本法有关规定的,有权向招标人提出异议或者依法向有关行政监督部门投诉。

**第六十六条 【不进行招标的项目】**涉及国家安全、国家秘密、抢险救灾或者属于利用扶贫资金实行以工代赈、需要使用农民工等特殊情况,不适宜进行招标的项目,按照国家有关规定可以不进行招标。

**第六十七条 【适用除外】**使用国际组织或者外国政府贷款、援助资金的项目进行招标,贷款方、资金提供方对招标投标的具体条件和程序有不同规定的,可以适用其规定,但违背中华人民共和国的社会公共利益的除外。

**第六十八条 【施行日期】**本法自2000年1月1日起施行。

# 中华人民共和国招标投标法实施条例

· 2011年12月20日中华人民共和国国务院令第613号公布
· 根据2017年3月1日《国务院关于修改和废止部分行政法规的决定》第一次修订
· 根据2018年3月19日《国务院关于修改和废止部分行政法规的决定》第二次修订
· 根据2019年3月2日《国务院关于修改部分行政法规的决定》第三次修订

## 第一章 总 则

**第一条** 为了规范招标投标活动,根据《中华人民共和国招标投标法》(以下简称招标投标法),制定本条例。

**第二条** 招标投标法第三条所称工程建设项目,是指工程以及与工程建设有关的货物、服务。

前款所称工程,是指建设工程,包括建筑物和构筑物的新建、改建、扩建及其相关的装修、拆除、修缮等;所称与工程建设有关的货物,是指构成工程不可分割的组成部分,且为实现工程基本功能所必需的设备、材料等;所称与工程建设有关的服务,是指为完成工程所需的勘察、设计、监理等服务。

**第三条** 依法必须进行招标的工程建设项目的具体范围和规模标准,由国务院发展改革部门会同国务院有关部门制订,报国务院批准后公布施行。

**第四条** 国务院发展改革部门指导和协调全国招标投标工作,对国家重大建设项目的工程招标投标活动实施监督检查。国务院工业和信息化、住房城乡建设、交通运输、铁道、水利、商务等部门,按照规定的职责分工对有关招标投标活动实施监督。

县级以上地方人民政府发展改革部门指导和协调本行政区域的招标投标工作。县级以上地方人民政府有关部门按照规定的职责分工,对招标投标活动实施监督,依法查处招标投标活动中的违法行为。县级以上地方人民政府对其所属部门有关招标投标活动的监督职责分工另有规定的,从其规定。

财政部门依法对实行招标投标的政府采购工程建设项目的政府采购政策执行情况实施监督。

监察机关依法对与招标投标活动有关的监察对象实施监察。

**第五条** 设区的市级以上地方人民政府可以根据实际需要,建立统一规范的招标投标交易场所,为招标投标活动提供服务。招标投标交易场所不得与行政监督部门存在隶属关系,不得以营利为目的。

国家鼓励利用信息网络进行电子招标投标。

**第六条** 禁止国家工作人员以任何方式非法干涉招标投标活动。

## 第二章 招 标

**第七条** 按照国家有关规定需要履行项目审批、核准手续的依法必须进行招标的项目，其招标范围、招标方式、招标组织形式应当报项目审批、核准部门审批、核准。项目审批、核准部门应当及时将审批、核准确定的招标范围、招标方式、招标组织形式通报有关行政监督部门。

**第八条** 国有资金占控股或者主导地位的依法必须进行招标的项目，应当公开招标；但有下列情形之一的，可以邀请招标：

（一）技术复杂、有特殊要求或者受自然环境限制，只有少量潜在投标人可供选择的；

（二）采用公开招标方式的费用占项目合同金额的比例过大。

有前款第二项所列情形，属于本条例第七条规定的项目，由项目审批、核准部门在审批、核准项目时作出认定；其他项目由招标人申请有关行政监督部门作出认定。

**第九条** 除招标投标法第六十六条规定的可以不进行招标的特殊情况外，有下列情形之一的，可以不进行招标：

（一）需要采用不可替代的专利或者专有技术；

（二）采购人依法能够自行建设、生产或者提供；

（三）已通过招标方式选定的特许经营项目投资人依法能够自行建设、生产或者提供；

（四）需要向原中标人采购工程、货物或者服务，否则将影响施工或者功能配套要求；

（五）国家规定的其他特殊情形。

招标人为适用前款规定弄虚作假的，属于招标投标法第四条规定的规避招标。

**第十条** 招标投标法第十二条第二款规定的招标人具有编制招标文件和组织评标能力，是指招标人具有与招标项目规模和复杂程度相适应的技术、经济等方面的专业人员。

**第十一条** 国务院住房城乡建设、商务、发展改革、工业和信息化等部门，按照规定的职责分工对招标代理机构依法实施监督管理。

**第十二条** 招标代理机构应当拥有一定数量的具备编制招标文件、组织评标等相应能力的专业人员。

**第十三条** 招标代理机构在招标人委托的范围内开展招标代理业务，任何单位和个人不得非法干涉。

招标代理机构代理招标业务，应当遵守招标投标法和本条例关于招标人的规定。招标代理机构不得在所代理的招标项目中投标或者代理投标，也不得为所代理的招标项目的投标人提供咨询。

**第十四条** 招标人应当与被委托的招标代理机构签订书面委托合同，合同约定的收费标准应当符合国家有关规定。

**第十五条** 公开招标的项目，应当依照招标投标法和本条例的规定发布招标公告、编制招标文件。

招标人采用资格预审办法对潜在投标人进行资格审查的，应当发布资格预审公告、编制资格预审文件。

依法必须进行招标的项目的资格预审公告和招标公告，应当在国务院发展改革部门依法指定的媒介发布。在不同媒介发布的同一招标项目的资格预审公告或者招标公告的内容应当一致。指定媒介发布依法必须进行招标的项目的境内资格预审公告、招标公告，不得收取费用。

编制依法必须进行招标的项目的资格预审文件和招标文件，应当使用国务院发展改革部门会同有关行政监督部门制定的标准文本。

**第十六条** 招标人应当按照资格预审公告、招标公告或者投标邀请书规定的时间、地点发售资格预审文件或者招标文件。资格预审文件或者招标文件的发售期不得少于5日。

招标人发售资格预审文件、招标文件收取的费用应当限于补偿印刷、邮寄的成本支出，不得以营利为目的。

**第十七条** 招标人应当合理确定提交资格预审申请文件的时间。依法必须进行招标的项目提交资格预审申请文件的时间，自资格预审文件停止发售之日起不得少于5日。

**第十八条** 资格预审应当按照资格预审文件载明的标准和方法进行。

国有资金占控股或者主导地位的依法必须进行招标的项目，招标人应当组建资格审查委员会审查资格预审申请文件。资格审查委员会及其成员应当遵守招标投标法和本条例有关评标委员会及其成员的规定。

**第十九条** 资格预审结束后，招标人应当及时向资格预审申请人发出资格预审结果通知书。未通过资格预审的申请人不具有投标资格。

通过资格预审的申请人少于3个的，应当重新招标。

**第二十条** 招标人采用资格后审办法对投标人进行资格审查的，应当在开标后由评标委员会按照招标文件规定的标准和方法对投标人的资格进行审查。

第二十一条　招标人可以对已发出的资格预审文件或者招标文件进行必要的澄清或者修改。澄清或者修改的内容可能影响资格预审申请文件或者投标文件编制的，招标人应当在提交资格预审申请文件截止时间至少3日前，或者投标截止时间至少15日前，以书面形式通知所有获取资格预审文件或者招标文件的潜在投标人；不足3日或者15日的，招标人应当顺延提交资格预审申请文件或者投标文件的截止时间。

第二十二条　潜在投标人或者其他利害关系人对资格预审文件有异议的，应当在提交资格预审申请文件截止时间2日前提出；对招标文件有异议的，应当在投标截止时间10日前提出。招标人应当自收到异议之日起3日内作出答复；作出答复前，应当暂停招标投标活动。

第二十三条　招标人编制的资格预审文件、招标文件的内容违反法律、行政法规的强制性规定，违反公开、公平、公正和诚实信用原则，影响资格预审结果或者潜在投标人投标的，依法必须进行招标的项目的招标人应当在修改资格预审文件或者招标文件后重新招标。

第二十四条　招标人对招标项目划分标段的，应当遵守招标投标法的有关规定，不得利用划分标段限制或者排斥潜在投标人。依法必须进行招标的项目的招标人不得利用划分标段规避招标。

第二十五条　招标人应当在招标文件中载明投标有效期。投标有效期从提交投标文件的截止之日起算。

第二十六条　招标人在招标文件中要求投标人提交投标保证金的，投标保证金不得超过招标项目估算价的2%。投标保证金有效期应当与投标有效期一致。

依法必须进行招标的项目的境内投标单位，以现金或者支票形式提交的投标保证金应当从其基本账户转出。

招标人不得挪用投标保证金。

第二十七条　招标人可以自行决定是否编制标底。一个招标项目只能有一个标底。标底必须保密。

接受委托编制标底的中介机构不得参加受托编制标底项目的投标，也不得为该项目的投标人编制投标文件或者提供咨询。

招标人设有最高投标限价的，应当在招标文件中明确最高投标限价或者最高投标限价的计算方法。招标人不得规定最低投标限价。

第二十八条　招标人不得组织单个或者部分潜在投标人踏勘项目现场。

第二十九条　招标人可以依法对工程以及与工程建设有关的货物、服务全部或者部分实行总承包招标。以暂估价形式包括在总承包范围内的工程、货物、服务属于依法必须进行招标的项目范围且达到国家规定规模标准的，应当依法进行招标。

前款所称暂估价，是指总承包招标时不能确定价格而由招标人在招标文件中暂时估定的工程、货物、服务的金额。

第三十条　对技术复杂或者无法精确拟定技术规格的项目，招标人可以分两阶段进行招标。

第一阶段，投标人按照招标公告或者投标邀请书的要求提交不带报价的技术建议，招标人根据投标人提交的技术建议确定技术标准和要求，编制招标文件。

第二阶段，招标人向在第一阶段提交技术建议的投标人提供招标文件，投标人按照招标文件的要求提交包括最终技术方案和投标报价的投标文件。

招标人要求投标人提交投标保证金的，应当在第二阶段提出。

第三十一条　招标人终止招标的，应当及时发布公告，或者以书面形式通知被邀请的或者已经获取资格预审文件、招标文件的潜在投标人。已经发售资格预审文件、招标文件或者已经收取投标保证金的，招标人应当及时退还所收取的资格预审文件、招标文件的费用，以及所收取的投标保证金及银行同期存款利息。

第三十二条　招标人不得以不合理的条件限制、排斥潜在投标人或者投标人。

招标人有下列行为之一的，属于以不合理条件限制、排斥潜在投标人或者投标人：

（一）就同一招标项目向潜在投标人或者投标人提供有差别的项目信息；

（二）设定的资格、技术、商务条件与招标项目的具体特点和实际需要不相适应或者与合同履行无关；

（三）依法必须进行招标的项目以特定行政区域或者特定行业的业绩、奖项作为加分条件或者中标条件；

（四）对潜在投标人或者投标人采取不同的资格审查或者评标标准；

（五）限定或者指定特定的专利、商标、品牌、原产地或者供应商；

（六）依法必须进行招标的项目非法限定潜在投标人或者投标人的所有制形式或者组织形式；

（七）以其他不合理条件限制、排斥潜在投标人或者投标人。

## 第三章　投　标

第三十三条　投标人参加依法必须进行招标的项目

的投标,不受地区或者部门的限制,任何单位和个人不得非法干涉。

**第三十四条** 与招标人存在利害关系可能影响招标公正性的法人、其他组织或者个人,不得参加投标。

单位负责人为同一人或者存在控股、管理关系的不同单位,不得参加同一标段投标或者未划分标段的同一招标项目投标。

违反前两款规定的,相关投标均无效。

**第三十五条** 投标人撤回已提交的投标文件,应当在投标截止时间前书面通知招标人。招标人已收取投标保证金的,应当自收到投标人书面撤回通知之日起5日内退还。

投标截止后投标人撤销投标文件的,招标人可以不退还投标保证金。

**第三十六条** 未通过资格预审的申请人提交的投标文件,以及逾期送达或者不按照招标文件要求密封的投标文件,招标人应当拒收。

招标人应当如实记载投标文件的送达时间和密封情况,并存档备查。

**第三十七条** 招标人应当在资格预审公告、招标公告或者投标邀请书中载明是否接受联合体投标。

招标人接受联合体投标并进行资格预审的,联合体应当在提交资格预审申请文件前组成。资格预审后联合体增减、更换成员的,其投标无效。

联合体各方在同一招标项目中以自己名义单独投标或者参加其他联合体投标的,相关投标均无效。

**第三十八条** 投标人发生合并、分立、破产等重大变化的,应当及时书面告知招标人。投标人不再具备资格预审文件、招标文件规定的资格条件或者其投标影响招标公正性的,其投标无效。

**第三十九条** 禁止投标人相互串通投标。

有下列情形之一的,属于投标人相互串通投标:

(一)投标人之间协商投标报价等投标文件的实质性内容;

(二)投标人之间约定中标人;

(三)投标人之间约定部分投标人放弃投标或者中标;

(四)属于同一集团、协会、商会等组织成员的投标人按照该组织要求协同投标;

(五)投标人之间为谋取中标或者排斥特定投标人而采取的其他联合行动。

**第四十条** 有下列情形之一的,视为投标人相互串通投标:

(一)不同投标人的投标文件由同一单位或者个人编制;

(二)不同投标人委托同一单位或者个人办理投标事宜;

(三)不同投标人的投标文件载明的项目管理成员为同一人;

(四)不同投标人的投标文件异常一致或者投标报价呈规律性差异;

(五)不同投标人的投标文件相互混装;

(六)不同投标人的投标保证金从同一单位或者个人的账户转出。

**第四十一条** 禁止招标人与投标人串通投标。

有下列情形之一的,属于招标人与投标人串通投标:

(一)招标人在开标前开启投标文件并将有关信息泄露给其他投标人;

(二)招标人直接或者间接向投标人泄露标底、评标委员会成员等信息;

(三)招标人明示或者暗示投标人压低或者抬高投标报价;

(四)招标人授意投标人撤换、修改投标文件;

(五)招标人明示或者暗示投标人为特定投标人中标提供方便;

(六)招标人与投标人为谋求特定投标人中标而采取的其他串通行为。

**第四十二条** 使用通过受让或者租借等方式获取的资格、资质证书投标的,属于招标投标法第三十三条规定的以他人名义投标。

投标人有下列情形之一的,属于招标投标法第三十三条规定的以其他方式弄虚作假的行为:

(一)使用伪造、变造的许可证件;

(二)提供虚假的财务状况或者业绩;

(三)提供虚假的项目负责人或者主要技术人员简历、劳动关系证明;

(四)提供虚假的信用状况;

(五)其他弄虚作假的行为。

**第四十三条** 提交资格预审申请文件的申请人应当遵守招标投标法和本条例有关投标人的规定。

### 第四章 开标、评标和中标

**第四十四条** 招标人应当按照招标文件规定的时间、地点开标。

投标人少于3个的,不得开标;招标人应当重新招标。

投标人对开标有异议的,应当在开标现场提出,招标人应当当场作出答复,并制作记录。

**第四十五条** 国家实行统一的评标专家专业分类标准和管理办法。具体标准和办法由国务院发展改革部门会同国务院有关部门制定。

省级人民政府和国务院有关部门应当组建综合评标专家库。

**第四十六条** 除招标投标法第三十七条第三款规定的特殊招标项目外,依法必须进行招标的项目,其评标委员会的专家成员应当从评标专家库内相关专业的专家名单中以随机抽取方式确定。任何单位和个人不得以明示、暗示等任何方式指定或者变相指定参加评标委员会的专家成员。

依法必须进行招标的项目的招标人非因招标投标法和本条例规定的事由,不得更换依法确定的评标委员会成员。更换评标委员会的专家成员应当依照前款规定进行。

评标委员会成员与投标人有利害关系的,应当主动回避。

有关行政监督部门应当按照规定的职责分工,对评标委员会成员的确定方式、评标专家的抽取和评标活动进行监督。行政监督部门的工作人员不得担任本部门负责监督项目的评标委员会成员。

**第四十七条** 招标投标法第三十七条第三款所称特殊招标项目,是指技术复杂、专业性强或者国家有特殊要求,采取随机抽取方式确定的专家难以保证胜任评标工作的项目。

**第四十八条** 招标人应当向评标委员会提供评标所必需的信息,但不得明示或者暗示其倾向或者排斥特定投标人。

招标人应当根据项目规模和技术复杂程度等因素合理确定评标时间。超过三分之一的评标委员会成员认为评标时间不够的,招标人应当适当延长。

评标过程中,评标委员会成员有回避事由、擅离职守或者因健康等原因不能继续评标的,应当及时更换。被更换的评标委员会成员作出的评审结论无效,由更换后的评标委员会成员重新进行评审。

**第四十九条** 评标委员会成员应当依照招标投标法和本条例的规定,按照招标文件规定的评标标准和方法,客观、公正地对投标文件提出评审意见。招标文件没有规定的评标标准和方法不得作为评标的依据。

评标委员会成员不得私下接触投标人,不得收受投标人给予的财物或者其他好处,不得向招标人征询确定中标人的意向,不得接受任何单位或者个人明示或者暗示提出的倾向或者排斥特定投标人的要求,不得有其他不客观、不公正履行职务的行为。

**第五十条** 招标项目设有标底的,招标人应当在开标时公布。标底只能作为评标的参考,不得以投标报价是否接近标底作为中标条件,也不得以投标报价超过标底上下浮动范围作为否决投标的条件。

**第五十一条** 有下列情形之一的,评标委员会应当否决其投标:

(一)投标文件未经投标单位盖章和单位负责人签字;

(二)投标联合体没有提交共同投标协议;

(三)投标人不符合国家或者招标文件规定的资格条件;

(四)同一投标人提交两个以上不同的投标文件或者投标报价,但招标文件要求提交备选投标的除外;

(五)投标报价低于成本或者高于招标文件设定的最高投标限价;

(六)投标文件没有对招标文件的实质性要求和条件作出响应;

(七)投标人有串通投标、弄虚作假、行贿等违法行为。

**第五十二条** 投标文件中有含义不明确的内容、明显文字或者计算错误,评标委员会认为需要投标人作出必要澄清、说明的,应当书面通知该投标人。投标人的澄清、说明应当采用书面形式,并不得超出投标文件的范围或者改变投标文件的实质性内容。

评标委员会不得暗示或者诱导投标人作出澄清、说明,不得接受投标人主动提出的澄清、说明。

**第五十三条** 评标完成后,评标委员会应当向招标人提交书面评标报告和中标候选人名单。中标候选人应当不超过3个,并标明排序。

评标报告应当由评标委员会全体成员签字。对评标结果有不同意见的评标委员会成员应当以书面形式说明其不同意见和理由,评标报告应当注明该不同意见。评标委员会成员拒绝在评标报告上签字又不书面说明其不同意见和理由的,视为同意评标结果。

**第五十四条** 依法必须进行招标的项目,招标人应当自收到评标报告之日起3日内公示中标候选人,公示期不得少于3日。

投标人或者其他利害关系人对依法必须进行招标的

项目的评标结果有异议的,应当在中标候选人公示期间提出。招标人应当自收到异议之日起3日内作出答复;作出答复前,应当暂停招标投标活动。

第五十五条 国有资金占控股或者主导地位的依法必须进行招标的项目,招标人应当确定排名第一的中标候选人为中标人。排名第一的中标候选人放弃中标、因不可抗力不能履行合同、不按照招标文件要求提交履约保证金,或者被查实存在影响中标结果的违法行为等情形,不符合中标条件的,招标人可以按照评标委员会提出的中标候选人名单排序依次确定其他中标候选人为中标人,也可以重新招标。

第五十六条 中标候选人的经营、财务状况发生较大变化或者存在违法行为,招标人认为可能影响其履约能力的,应当在发出中标通知书前由原评标委员会按照招标文件规定的标准和方法审查确认。

第五十七条 招标人和中标人应当依照招标投标法和本条例的规定签订书面合同,合同的标的、价款、质量、履行期限等主要条款应当与招标文件和中标人的投标文件的内容一致。招标人和中标人不得再行订立背离合同实质性内容的其他协议。

招标人最迟应当在书面合同签订后5日内向中标人和未中标的投标人退还投标保证金及银行同期存款利息。

第五十八条 招标文件要求中标人提交履约保证金的,中标人应当按照招标文件的要求提交。履约保证金不得超过中标合同金额的10%。

第五十九条 中标人应当按照合同约定履行义务,完成中标项目。中标人不得向他人转让中标项目,也不得将中标项目肢解后分别向他人转让。

中标人按照合同约定或者经招标人同意,可以将中标项目的部分非主体、非关键性工作分包给他人完成。接受分包的人应当具备相应的资格条件,并不得再次分包。

中标人应当就分包项目向招标人负责,接受分包的人就分包项目承担连带责任。

## 第五章 投诉与处理

第六十条 投标人或者其他利害关系人认为招标投标活动不符合法律、行政法规规定的,可以自知道或者应当知道之日起10日内向有关行政监督部门投诉。投诉应当有明确的请求和必要的证明材料。

就本条例第二十二条、第四十四条、第五十四条规定事项投诉的,应当先向招标人提出异议,异议答复期间不计算在前款规定的期限内。

第六十一条 投诉人就同一事项向两个以上有权受理的行政监督部门投诉的,由最先收到投诉的行政监督部门负责处理。

行政监督部门应当自收到投诉之日起3个工作日内决定是否受理投诉,并自受理投诉之日起30个工作日内作出书面处理决定;需要检验、检测、鉴定、专家评审的,所需时间不计算在内。

投诉人捏造事实、伪造材料或者以非法手段取得证明材料进行投诉的,行政监督部门应当予以驳回。

第六十二条 行政监督部门处理投诉,有权查阅、复制有关文件、资料,调查有关情况,相关单位和人员应当予以配合。必要时,行政监督部门可以责令暂停招标投标活动。

行政监督部门的工作人员对监督检查过程中知悉的国家秘密、商业秘密,应当依法予以保密。

## 第六章 法律责任

第六十三条 招标人有下列限制或者排斥潜在投标人行为之一的,由有关行政监督部门依照招标投标法第五十一条的规定处罚:

(一)依法应当公开招标的项目不按照规定在指定媒介发布资格预审公告或者招标公告;

(二)在不同媒介发布的同一招标项目的资格预审公告或者招标公告的内容不一致,影响潜在投标人申请资格预审或者投标。

依法必须进行招标的项目的招标人不按照规定发布资格预审公告或者招标公告,构成规避招标的,依照招标投标法第四十九条的规定处罚。

第六十四条 招标人有下列情形之一的,由有关行政监督部门责令改正,可以处10万元以下的罚款:

(一)依法应当公开招标而采用邀请招标;

(二)招标文件、资格预审文件的发售、澄清、修改的时限,或者确定的提交资格预审申请文件、投标文件的时限不符合招标投标法和本条例规定;

(三)接受未通过资格预审的单位或者个人参加投标;

(四)接受应当拒收的投标文件。

招标人有前款第一项、第三项、第四项所列行为之一的,对单位直接负责的主管人员和其他直接责任人员依法给予处分。

第六十五条 招标代理机构在所代理的招标项目中投标、代理投标或者向该项目投标人提供咨询的,接受委托编制标底的中介机构参加受托编制标底项目的投标或者为该项目的投标人编制投标文件、提供咨询的,依照招标投标法第五十条的规定追究法律责任。

第六十六条 招标人超过本条例规定的比例收取投标保证金、履约保证金或者不按照规定退还投标保证金及银行同期存款利息的,由有关行政监督部门责令改正,可以处5万元以下的罚款;给他人造成损失的,依法承担赔偿责任。

第六十七条 投标人相互串通投标或者与招标人串通投标的,投标人向招标人或者评标委员会成员行贿谋取中标的,中标无效;构成犯罪的,依法追究刑事责任;尚不构成犯罪的,依照招标投标法第五十三条的规定处罚。投标人未中标的,对单位的罚款金额按照招标项目合同金额依照招标投标法规定的比例计算。

投标人有下列行为之一的,属于招标投标法第五十三条规定的情节严重行为,由有关行政监督部门取消其1年至2年内参加依法必须进行招标的项目的投标资格:

(一)以行贿谋取中标;
(二)3年内2次以上串通投标;
(三)串通投标行为损害招标人、其他投标人或者国家、集体、公民的合法利益,造成直接经济损失30万元以上;
(四)其他串通投标情节严重的行为。

投标人自本条第二款规定的处罚执行期限届满之日起3年内又有该款所列违法行为之一的,或者串通投标、以行贿谋取中标情节特别严重的,由工商行政管理机关吊销营业执照。

法律、行政法规对串通投标报价行为的处罚另有规定的,从其规定。

第六十八条 投标人以他人名义投标或者以其他方式弄虚作假骗取中标的,中标无效;构成犯罪的,依法追究刑事责任;尚不构成犯罪的,依照招标投标法第五十四条的规定处罚。依法必须进行招标的项目的投标人未中标的,对单位的罚款金额按照招标项目合同金额依照招标投标法规定的比例计算。

投标人有下列行为之一的,属于招标投标法第五十四条规定的情节严重行为,由有关行政监督部门取消其1年至3年内参加依法必须进行招标的项目的投标资格:

(一)伪造、变造资格、资质证书或者其他许可证件骗取中标;
(二)3年内2次以上使用他人名义投标;
(三)弄虚作假骗取中标给招标人造成直接经济损失30万元以上;
(四)其他弄虚作假骗取中标情节严重的行为。

投标人自本条第二款规定的处罚执行期限届满之日起3年内又有该款所列违法行为之一的,或者弄虚作假骗取中标情节特别严重的,由工商行政管理机关吊销营业执照。

第六十九条 出让或者出租资格、资质证书供他人投标的,依照法律、行政法规的规定给予行政处罚;构成犯罪的,依法追究刑事责任。

第七十条 依法必须进行招标的项目的招标人不按照规定组建评标委员会,或者确定、更换评标委员会成员违反招标投标法和本条例规定的,由有关行政监督部门责令改正,可以处10万元以下的罚款,对单位直接负责的主管人员和其他直接责任人员依法给予处分;违法确定或者更换的评标委员会成员作出的评审结论无效,依法重新进行评审。

国家工作人员以任何方式非法干涉选取评标委员会成员的,依照本条例第八十条的规定追究法律责任。

第七十一条 评标委员会成员有下列行为之一的,由有关行政监督部门责令改正;情节严重的,禁止其在一定期限内参加依法必须进行招标的项目的评标;情节特别严重的,取消其担任评标委员会成员的资格:

(一)应当回避而不回避;
(二)擅离职守;
(三)不按照招标文件规定的评标标准和方法评标;
(四)私下接触投标人;
(五)向招标人征询确定中标人的意向或者接受任何单位或者个人明示或者暗示提出的倾向或者排斥特定投标人的要求;
(六)对依法应当否决的投标不提出否决意见;
(七)暗示或者诱导投标人作出澄清、说明或者接受投标人主动提出的澄清、说明;
(八)其他不客观、不公正履行职务的行为。

第七十二条 评标委员会成员收受投标人的财物或者其他好处的,没收收受的财物,处3000元以上5万元以下的罚款,取消担任评标委员会成员的资格,不得再参加依法必须进行招标的项目的评标;构成犯罪的,依法追究刑事责任。

第七十三条 依法必须进行招标的项目的招标人有下列情形之一的,由有关行政监督部门责令改正,可以处中标项目金额10‰以下的罚款;给他人造成损失的,依法承担赔偿责任;对单位直接负责的主管人员和其他直接责任人员依法给予处分:

(一)无正当理由不发出中标通知书;
(二)不按照规定确定中标人;
(三)中标通知书发出后无正当理由改变中标结果;
(四)无正当理由不与中标人订立合同;
(五)在订立合同时向中标人提出附加条件。

**第七十四条** 中标人无正当理由不与招标人订立合同,在签订合同时向招标人提出附加条件,或者不按照招标文件要求提交履约保证金的,取消其中标资格,投标保证金不予退还。对依法必须进行招标的项目的中标人,由有关行政监督部门责令改正,可以处中标项目金额10‰以下的罚款。

**第七十五条** 招标人和中标人不按照招标文件和中标人的投标文件订立合同,合同的主要条款与招标文件、中标人的投标文件的内容不一致,或者招标人、中标人订立背离合同实质性内容的协议的,由有关行政监督部门责令改正,可以处中标项目金额5‰以上10‰以下的罚款。

**第七十六条** 中标人将中标项目转让给他人的,将中标项目肢解后分别转让给他人的,违反招标投标法和本条例规定将中标项目的部分主体、关键性工作分包给他人的,或者分包人再次分包的,转让、分包无效,处转让、分包项目金额5‰以上10‰以下的罚款;有违法所得的,并处没收违法所得;可以责令停业整顿;情节严重的,由工商行政管理机关吊销营业执照。

**第七十七条** 投标人或者其他利害关系人捏造事实、伪造材料或者以非法手段取得证明材料进行投诉,给他人造成损失的,依法承担赔偿责任。

招标人不按照规定对异议作出答复,继续进行招标投标活动的,由有关行政监督部门责令改正,拒不改正或者不能改正并影响中标结果的,依照本条例第八十一条的规定处理。

**第七十八条** 国家建立招标投标信用制度。有关行政监督部门应当依法公告对招标人、招标代理机构、投标人、评标委员会成员等当事人违法行为的行政处理决定。

**第七十九条** 项目审批、核准部门不依法审批、核准项目招标范围、招标方式、招标组织形式的,对单位直接负责的主管人员和其他直接责任人员依法给予处分。

有关行政监督部门不依法履行职责,对违反招标投标法和本条例规定的行为不依法查处,或者不按照规定处理投诉、不依法公告对招标投标当事人违法行为的行政处理决定的,对直接负责的主管人员和其他直接责任人员依法给予处分。

项目审批、核准部门和有关行政监督部门的工作人员徇私舞弊、滥用职权、玩忽职守,构成犯罪的,依法追究刑事责任。

**第八十条** 国家工作人员利用职务便利,以直接或者间接、明示或者暗示等任何方式非法干涉招标投标活动,有下列情形之一的,依法给予记过或者记大过处分;情节严重的,依法给予降级或者撤职处分;情节特别严重的,依法给予开除处分;构成犯罪的,依法追究刑事责任:

(一)要求对依法必须进行招标的项目不招标,或者要求对依法应当公开招标的项目不公开招标;
(二)要求评标委员会成员或者招标人以其指定的投标人作为中标候选人或者中标人,或者以其他方式非法干涉评标活动,影响中标结果;
(三)以其他方式非法干涉招标投标活动。

**第八十一条** 依法必须进行招标的项目的招标投标活动违反招标投标法和本条例的规定,对中标结果造成实质性影响,且不能采取补救措施予以纠正的,招标、投标、中标无效,应当依法重新招标或者评标。

### 第七章 附 则

**第八十二条** 招标投标协会按照依法制定的章程开展活动,加强行业自律和服务。

**第八十三条** 政府采购的法律、行政法规对政府采购货物、服务的招标投标另有规定的,从其规定。

**第八十四条** 本条例自2012年2月1日起施行。

## 中华人民共和国消费者权益保护法

· 1993年10月31日第八届全国人民代表大会常务委员会第四次会议通过
· 根据2009年8月27日第十一届全国人民代表大会常务委员会第十次会议《关于修改部分法律的决定》第一次修正
· 根据2013年10月25日第十二届全国人民代表大会常务委员会第五次会议《关于修改〈中华人民共和国消费者权益保护法〉的决定》第二次修正

### 第一章 总 则

**第一条** 【立法宗旨】为保护消费者的合法权益,维护社会经济秩序,促进社会主义市场经济健康发展,制定本法。

**第二条** 【本法调整对象——消费者】消费者为生

活消费需要购买、使用商品或者接受服务,其权益受本法保护;本法未作规定的,受其他有关法律、法规保护。

**第三条** 【本法调整对象——经营者】经营者为消费者提供其生产、销售的商品或者提供服务,应当遵守本法;本法未作规定的,应当遵守其他有关法律、法规。

**第四条** 【交易原则】经营者与消费者进行交易,应当遵循自愿、平等、公平、诚实信用的原则。

**第五条** 【国家保护消费者合法权益的职能】国家保护消费者的合法权益不受侵害。

国家采取措施,保障消费者依法行使权利,维护消费者的合法权益。

国家倡导文明、健康、节约资源和保护环境的消费方式,反对浪费。

**第六条** 【全社会共同保护消费者合法权益原则】保护消费者的合法权益是全社会的共同责任。

国家鼓励、支持一切组织和个人对损害消费者合法权益的行为进行社会监督。

大众传播媒介应当做好维护消费者合法权益的宣传,对损害消费者合法权益的行为进行舆论监督。

## 第二章 消费者的权利

**第七条** 【安全保障权】消费者在购买、使用商品和接受服务时享有人身、财产安全不受损害的权利。

消费者有权要求经营者提供的商品和服务,符合保障人身、财产安全的要求。

**第八条** 【知情权】消费者享有知悉其购买、使用的商品或者接受的服务的真实情况的权利。

消费者有权根据商品或者服务的不同情况,要求经营者提供商品的价格、产地、生产者、用途、性能、规格、等级、主要成份、生产日期、有效期限、检验合格证明、使用方法说明书、售后服务,或者服务的内容、规格、费用等有关情况。

**第九条** 【选择权】消费者享有自主选择商品或者服务的权利。

消费者有权自主选择提供商品或者服务的经营者,自主选择商品品种或者服务方式,自主决定购买或者不购买任何一种商品、接受或者不接受任何一项服务。

消费者在自主选择商品或者服务时,有权进行比较、鉴别和挑选。

**第十条** 【公平交易权】消费者享有公平交易的权利。

消费者在购买商品或者接受服务时,有权获得质量保障、价格合理、计量正确等公平交易条件,有权拒绝经营者的强制交易行为。

**第十一条** 【获得赔偿权】消费者因购买、使用商品或者接受服务受到人身、财产损害的,享有依法获得赔偿的权利。

**第十二条** 【成立维权组织权】消费者享有依法成立维护自身合法权益的社会组织的权利。

**第十三条** 【获得知识权】消费者享有获得有关消费和消费者权益保护方面的知识的权利。

消费者应当努力掌握所需商品或者服务的知识和使用技能,正确使用商品,提高自我保护意识。

**第十四条** 【受尊重权及信息得到保护权】消费者在购买、使用商品和接受服务时,享有人格尊严、民族风俗习惯得到尊重的权利,享有个人信息依法得到保护的权利。

**第十五条** 【监督权】消费者享有对商品和服务以及保护消费者权益工作进行监督的权利。

消费者有权检举、控告侵害消费者权益的行为和国家机关及其工作人员在保护消费者权益工作中的违法失职行为,有权对保护消费者权益工作提出批评、建议。

## 第三章 经营者的义务

**第十六条** 【经营者义务】经营者向消费者提供商品或者服务,应当依照本法和其他有关法律、法规的规定履行义务。

经营者和消费者有约定的,应当按照约定履行义务,但双方的约定不得违背法律、法规的规定。

经营者向消费者提供商品或者服务,应当恪守社会公德,诚信经营,保障消费者的合法权益;不得设定不公平、不合理的交易条件,不得强制交易。

**第十七条** 【听取意见、接受监督的义务】经营者应当听取消费者对其提供的商品或者服务的意见,接受消费者的监督。

**第十八条** 【安全保障义务】经营者应当保证其提供的商品或者服务符合保障人身、财产安全的要求。对可能危及人身、财产安全的商品和服务,应当向消费者作出真实的说明和明确的警示,并说明和标明正确使用商品或者接受服务的方法以及防止危害发生的方法。

宾馆、商场、餐馆、银行、机场、车站、港口、影剧院等经营场所的经营者,应当对消费者尽到安全保障义务。

**第十九条** 【对存在缺陷的产品和服务及时采取措施的义务】经营者发现其提供的商品或者服务存在缺陷,有危及人身、财产安全危险的,应当立即向有关行政部门报告和告知消费者,并采取停止销售、警示、召回、无害化处理、销毁、停止生产或者服务等措施。采取召回措施的，经营者应当承担消费者因商品被召回支出的必要费用。

**第二十条　【提供真实、全面信息的义务】**经营者向消费者提供有关商品或者服务的质量、性能、用途、有效期限等信息，应当真实、全面，不得作虚假或者引人误解的宣传。

经营者对消费者就其提供的商品或者服务的质量和使用方法等问题提出的询问，应当作出真实、明确的答复。

经营者提供商品或者服务应当明码标价。

**第二十一条　【标明真实名称和标记的义务】**经营者应当标明其真实名称和标记。

租赁他人柜台或者场地的经营者，应当标明其真实名称和标记。

**第二十二条　【出具发票的义务】**经营者提供商品或者服务，应当按照国家有关规定或者商业惯例向消费者出具发票等购货凭证或者服务单据；消费者索要发票等购货凭证或者服务单据的，经营者必须出具。

**第二十三条　【质量担保义务、瑕疵举证责任】**经营者应当保证在正常使用商品或者接受服务的情况下其提供的商品或者服务应当具有的质量、性能、用途和有效期限；但消费者在购买该商品或者接受该服务前已经知道其存在瑕疵，且存在该瑕疵不违反法律强制性规定的除外。

经营者以广告、产品说明、实物样品或者其他方式表明商品或者服务的质量状况的，应当保证其提供的商品或者服务的实际质量与表明的质量状况相符。

经营者提供的机动车、计算机、电视机、电冰箱、空调器、洗衣机等耐用商品或者装饰装修等服务，消费者自接受商品或者服务之日起六个月内发现瑕疵，发生争议的，由经营者承担有关瑕疵的举证责任。

**第二十四条　【退货、更换、修理义务】**经营者提供的商品或者服务不符合质量要求的，消费者可以依照国家规定、当事人约定退货，或者要求经营者履行更换、修理等义务。没有国家规定和当事人约定的，消费者可以自收到商品之日起七日内退货；七日后符合法定解除合同条件的，消费者可以及时退货，不符合法定解除合同条件的，可以要求经营者履行更换、修理等义务。

依照前款规定进行退货、更换、修理的，经营者应当承担运输等必要费用。

**第二十五条　【无理由退货制度】**经营者采用网络、电视、电话、邮购等方式销售商品，消费者有权自收到商品之日起七日内退货，且无需说明理由，但下列商品除外：

（一）消费者定作的；

（二）鲜活易腐的；

（三）在线下载或者消费者拆封的音像制品、计算机软件等数字化商品；

（四）交付的报纸、期刊。

除前款所列商品外，其他根据商品性质并经消费者在购买时确认不宜退货的商品，不适用无理由退货。

消费者退货的商品应当完好。经营者应当自收到退回商品之日起七日内返还消费者支付的商品价款。退回商品的运费由消费者承担；经营者和消费者另有约定的，按照约定。

**第二十六条　【格式条款的限制】**经营者在经营活动中使用格式条款的，应当以显著方式提请消费者注意商品或者服务的数量和质量、价款或者费用、履行期限和方式、安全注意事项和风险警示、售后服务、民事责任等与消费者有重大利害关系的内容，并按照消费者的要求予以说明。

经营者不得以格式条款、通知、声明、店堂告示等方式，作出排除或者限制消费者权利、减轻或者免除经营者责任、加重消费者责任等对消费者不公平、不合理的规定，不得利用格式条款并借助技术手段强制交易。

格式条款、通知、声明、店堂告示等含有前款所列内容的，其内容无效。

**第二十七条　【不得侵犯人格尊严和人身自由的义务】**经营者不得对消费者进行侮辱、诽谤，不得搜查消费者的身体及其携带的物品，不得侵犯消费者的人身自由。

**第二十八条　【特定领域经营者的信息披露义务】**采用网络、电视、电话、邮购等方式提供商品或者服务的经营者，以及提供证券、保险、银行等金融服务的经营者，应当向消费者提供经营地址、联系方式、商品或者服务的数量和质量、价款或者费用、履行期限和方式、安全注意事项和风险警示、售后服务、民事责任等信息。

**第二十九条　【收集、使用消费者个人信息】**经营者收集、使用消费者个人信息，应当遵循合法、正当、必要的原则，明示收集、使用信息的目的、方式和范围，并经消费者同意。经营者收集、使用消费者个人信息，应当公开其收集、使用规则，不得违反法律、法规的规定和双方的约定收集、使用信息。

经营者及其工作人员对收集的消费者个人信息必须严格保密，不得泄露、出售或者非法向他人提供。经营者应当采取技术措施和其他必要措施,确保信息安全,防止消费者个人信息泄露、丢失。在发生或者可能发生信息泄露、丢失的情况时,应当立即采取补救措施。

经营者未经消费者同意或者请求,或者消费者明确表示拒绝的,不得向其发送商业性信息。

## 第四章 国家对消费者合法权益的保护

**第三十条 【听取消费者的意见】** 国家制定有关消费者权益的法律、法规、规章和强制性标准,应当听取消费者和消费者协会等组织的意见。

**第三十一条 【各级政府的职责】** 各级人民政府应当加强领导,组织、协调、督促有关行政部门做好保护消费者合法权益的工作,落实保护消费者合法权益的职责。

各级人民政府应当加强监督,预防危害消费者人身、财产安全行为的发生,及时制止危害消费者人身、财产安全的行为。

**第三十二条 【工商部门的职责】** 各级人民政府工商行政管理部门和其他有关行政部门应当依照法律、法规的规定,在各自的职责范围内,采取措施,保护消费者的合法权益。

有关行政部门应当听取消费者和消费者协会等组织对经营者交易行为、商品和服务质量问题的意见,及时调查处理。

**第三十三条 【抽查检验的职责】** 有关行政部门在各自的职责范围内,应当定期或者不定期对经营者提供的商品和服务进行抽查检验,并及时向社会公布抽查检验结果。

有关行政部门发现并认定经营者提供的商品或者服务存在缺陷,有危及人身、财产安全危险的,应当立即责令经营者采取停止销售、警示、召回、无害化处理、销毁、停止生产或者服务等措施。

**第三十四条 【行政部门的职责】** 有关国家机关应当依照法律、法规的规定,惩处经营者在提供商品和服务中侵害消费者合法权益的违法犯罪行为。

**第三十五条 【人民法院的职责】** 人民法院应当采取措施,方便消费者提起诉讼。对符合《中华人民共和国民事诉讼法》起诉条件的消费者权益争议,必须受理,及时审理。

## 第五章 消费者组织

**第三十六条 【消费者协会】** 消费者协会和其他消费者组织是依法成立的对商品和服务进行社会监督的保护消费者合法权益的社会组织。

**第三十七条 【消费者协会的公益性职责】** 消费者协会履行下列公益性职责:

(一)向消费者提供消费信息和咨询服务,提高消费者维护自身合法权益的能力,引导文明、健康、节约资源和保护环境的消费方式;

(二)参与制定有关消费者权益的法律、法规、规章和强制性标准;

(三)参与有关行政部门对商品和服务的监督、检查;

(四)就有关消费者合法权益的问题,向有关部门反映、查询,提出建议;

(五)受理消费者的投诉,并对投诉事项进行调查、调解;

(六)投诉事项涉及商品和服务质量问题的,可以委托具备资格的鉴定人鉴定,鉴定人应当告知鉴定意见;

(七)就损害消费者合法权益的行为,支持受损害的消费者提起诉讼或者依照本法提起诉讼;

(八)对损害消费者合法权益的行为,通过大众传播媒介予以揭露、批评。

各级人民政府对消费者协会履行职责应当予以必要的经费等支持。

消费者协会应当认真履行保护消费者合法权益的职责,听取消费者的意见和建议,接受社会监督。

依法成立的其他消费者组织依照法律、法规及其章程的规定,开展保护消费者合法权益的活动。

**第三十八条 【消费者组织的禁止行为】** 消费者组织不得从事商品经营和营利性服务,不得以收取费用或者其他牟取利益的方式向消费者推荐商品和服务。

## 第六章 争议的解决

**第三十九条 【争议解决的途径】** 消费者和经营者发生消费者权益争议的,可以通过下列途径解决:

(一)与经营者协商和解;

(二)请求消费者协会或者依法成立的其他调解组织调解;

(三)向有关行政部门投诉;

(四)根据与经营者达成的仲裁协议提请仲裁机构仲裁;

(五)向人民法院提起诉讼。

**第四十条 【消费者索赔的权利】** 消费者在购买、使用商品时,其合法权益受到损害的,可以向销售者要求赔偿。销售者赔偿后,属于生产者的责任或者属于向销售者提供商品的其他销售者的责任的,销售者有权向生产者或者其他销售者追偿。

消费者或者其他受害人因商品缺陷造成人身、财产损害的，可以向销售者要求赔偿，也可以向生产者要求赔偿。属于生产者责任的，销售者赔偿后，有权向生产者追偿。属于销售者责任的，生产者赔偿后，有权向销售者追偿。

消费者在接受服务时，其合法权益受到损害的，可以向服务者要求赔偿。

**第四十一条　【企业变更后的索赔】**消费者在购买、使用商品或者接受服务时，其合法权益受到损害，因原企业分立、合并的，可以向变更后承受其权利义务的企业要求赔偿。

**第四十二条　【营业执照出借人或借用人的连带责任】**使用他人营业执照的违法经营者提供商品或者服务，损害消费者合法权益的，消费者可以向其要求赔偿，也可以向营业执照的持有人要求赔偿。

**第四十三条　【展销会、租赁柜台的责任】**消费者在展销会、租赁柜台购买商品或者接受服务，其合法权益受到损害的，可以向销售者或者服务者要求赔偿。展销会结束或者柜台租赁期满后，也可以向展销会的举办者、柜台的出租者要求赔偿。展销会的举办者、柜台的出租者赔偿后，有权向销售者或者服务者追偿。

**第四十四条　【网络交易平台提供者的责任】**消费者通过网络交易平台购买商品或者接受服务，其合法权益受到损害的，可以向销售者或者服务者要求赔偿。网络交易平台提供者不能提供销售者或者服务者的真实名称、地址和有效联系方式的，消费者也可以向网络交易平台提供者要求赔偿；网络交易平台提供者作出更有利于消费者的承诺的，应当履行承诺。网络交易平台提供者赔偿后，有权向销售者或者服务者追偿。

网络交易平台提供者明知或者应知销售者或者服务者利用其平台侵害消费者合法权益，未采取必要措施的，依法与该销售者或者服务者承担连带责任。

**第四十五条　【虚假广告相关责任人的责任】**消费者因经营者利用虚假广告或者其他虚假宣传方式提供商品或者服务，其合法权益受到损害的，可以向经营者要求赔偿。广告经营者、发布者发布虚假广告的，消费者可以请求行政主管部门予以惩处。广告经营者、发布者不能提供经营者的真实名称、地址和有效联系方式的，应当承担赔偿责任。

广告经营者、发布者设计、制作、发布关系消费者生命健康商品或者服务的虚假广告，造成消费者损害的，应当与提供该商品或者服务的经营者承担连带责任。

社会团体或者其他组织、个人在关系消费者生命健康商品或者服务的虚假广告或其他虚假宣传中向消费者推荐商品或者服务，造成消费者损害的，应当与提供该商品或者服务的经营者承担连带责任。

**第四十六条　【投诉】**消费者向有关行政部门投诉的，该部门应当自收到投诉之日起七个工作日内，予以处理并告知消费者。

**第四十七条　【消费者协会的诉权】**对侵害众多消费者合法权益的行为，中国消费者协会以及在省、自治区、直辖市设立的消费者协会，可以向人民法院提起诉讼。

## 第七章　法律责任

**第四十八条　【经营者承担责任的情形】**经营者提供商品或者服务有下列情形之一的，除本法另有规定外，应当依照其他有关法律、法规的规定，承担民事责任：

（一）商品或者服务存在缺陷的；

（二）不具备商品应当具备的使用性能而出售时未作说明的；

（三）不符合在商品或者其包装上注明采用的商品标准的；

（四）不符合商品说明、实物样品等方式表明的质量状况的；

（五）生产国家明令淘汰的商品或者销售失效、变质的商品的；

（六）销售的商品数量不足的；

（七）服务的内容和费用违反约定的；

（八）对消费者提出的修理、重作、更换、退货、补足商品数量、退还货款和服务费用或者赔偿损失的要求，故意拖延或者无理拒绝的；

（九）法律、法规规定的其他损害消费者权益的情形。

经营者对消费者未尽到安全保障义务，造成消费者损害的，应当承担侵权责任。

**第四十九条　【造成人身损害的赔偿责任】**经营者提供商品或者服务，造成消费者或者其他受害人人身伤害的，应当赔偿医疗费、护理费、交通费等为治疗和康复支出的合理费用，以及因误工减少的收入。造成残疾的，还应当赔偿残疾生活辅助具费和残疾赔偿金。造成死亡的，还应当赔偿丧葬费和死亡赔偿金。

**第五十条　【侵犯人格尊严的弥补】**经营者侵害消费者的人格尊严、侵犯消费者人身自由或者侵害消费者个人信息依法得到保护的权利的，应当停止侵害、恢复名誉、消除影响、赔礼道歉，并赔偿损失。

**第五十一条**　【精神损害赔偿责任】经营者有侮辱诽谤、搜查身体、侵犯人身自由等侵害消费者或者其他受害人人身权益的行为，造成严重精神损害的，受害人可以要求精神损害赔偿。

**第五十二条**　【造成财产损害的民事责任】经营者提供商品或者服务，造成消费者财产损害的，应当依照法律规定或者当事人约定承担修理、重作、更换、退货、补足商品数量、退还货款和服务费用或者赔偿损失等民事责任。

**第五十三条**　【预付款后未履约的责任】经营者以预收款方式提供商品或者服务的，应当按照约定提供。未按照约定提供的，应当按照消费者的要求履行约定或者退回预付款；并应当承担预付款的利息、消费者必须支付的合理费用。

**第五十四条**　【退货责任】依法经有关行政部门认定为不合格的商品，消费者要求退货的，经营者应当负责退货。

**第五十五条**　【惩罚性赔偿】经营者提供商品或者服务有欺诈行为的，应当按照消费者的要求增加赔偿其受到的损失，增加赔偿的金额为消费者购买商品的价款或者接受服务的费用的三倍；增加赔偿的金额不足五百元的，为五百元。法律另有规定的，依照其规定。

经营者明知商品或者服务存在缺陷，仍然向消费者提供，造成消费者或者其他受害人死亡或者健康严重损害的，受害人有权要求经营者依照本法第四十九条、第五十一条等法律规定赔偿损失，并有权要求所受损失二倍以下的惩罚性赔偿。

**第五十六条**　【严重处罚的情形】经营者有下列情形之一，除承担相应的民事责任外，其他有关法律、法规对处罚机关和处罚方式有规定的，依照法律、法规的规定执行；法律、法规未作规定的，由工商行政管理部门或者其他有关行政部门责令改正，可以根据情节单处或者并处警告、没收违法所得、处以违法所得一倍以上十倍以下的罚款，没有违法所得的，处以五十万元以下的罚款；情节严重的，责令停业整顿、吊销营业执照：

（一）提供的商品或者服务不符合保障人身、财产安全要求的；

（二）在商品中掺杂、掺假，以假充真，以次充好，或者以不合格商品冒充合格商品的；

（三）生产国家明令淘汰的商品或者销售失效、变质的商品的；

（四）伪造商品的产地，伪造或者冒用他人的厂名、厂址，篡改生产日期，伪造或者冒用认证标志等质量标志的；

（五）销售的商品应当检验、检疫而未检验、检疫或者伪造检验、检疫结果的；

（六）对商品或者服务作虚假或者引人误解的宣传的；

（七）拒绝或者拖延有关行政部门责令对缺陷商品或者服务采取停止销售、警示、召回、无害化处理、销毁、停止生产或者服务等措施的；

（八）对消费者提出的修理、重作、更换、退货、补足商品数量、退还货款和服务费用或者赔偿损失的要求，故意拖延或者无理拒绝的；

（九）侵害消费者人格尊严、侵犯消费者人身自由或者侵害消费者个人信息依法得到保护的权利的；

（十）法律、法规规定的对损害消费者权益应当予以处罚的其他情形。

经营者有前款规定情形的，除依照法律、法规规定予以处罚外，处罚机关应当记入信用档案，向社会公布。

**第五十七条**　【经营者的刑事责任】经营者违反本法规定提供商品或者服务，侵害消费者合法权益，构成犯罪的，依法追究刑事责任。

**第五十八条**　【民事赔偿责任优先原则】经营者违反本法规定，应当承担民事赔偿责任和缴纳罚款、罚金，其财产不足以同时支付的，先承担民事赔偿责任。

**第五十九条**　【经营者的权利】经营者对行政处罚决定不服的，可以依法申请行政复议或者提起行政诉讼。

**第六十条**　【暴力抗法的责任】以暴力、威胁等方法阻碍有关行政部门工作人员依法执行职务的，依法追究刑事责任；拒绝、阻碍有关行政部门工作人员依法执行职务，未使用暴力、威胁方法的，由公安机关依照《中华人民共和国治安管理处罚法》的规定处罚。

**第六十一条**　【国家机关工作人员的责任】国家机关工作人员玩忽职守或者包庇经营者侵害消费者合法权益的行为的，由其所在单位或者上级机关给予行政处分；情节严重，构成犯罪的，依法追究刑事责任。

## 第八章　附　则

**第六十二条**　【购买农业生产资料的参照执行】农民购买、使用直接用于农业生产的生产资料，参照本法执行。

**第六十三条**　【实施日期】本法自 1994 年 1 月 1 日起施行。

# 中华人民共和国拍卖法

- 1996年7月5日第八届全国人民代表大会常务委员会第二十次会议通过
- 根据2004年8月28日第十届全国人民代表大会常务委员会第十一次会议《关于修改〈中华人民共和国拍卖法〉的决定》第一次修正
- 根据2015年4月24日第十二届全国人民代表大会常务委员会第十四次会议《关于修改〈中华人民共和国电力法〉等六部法律的决定》第二次修正

## 第一章 总 则

**第一条** 为了规范拍卖行为,维护拍卖秩序,保护拍卖活动各方当事人的合法权益,制定本法。

**第二条** 本法适用于中华人民共和国境内拍卖企业进行的拍卖活动。

**第三条** 拍卖是指以公开竞价的形式,将特定物品或者财产权利转让给最高应价者的买卖方式。

**第四条** 拍卖活动应当遵守有关法律、行政法规,遵循公开、公平、公正、诚实信用的原则。

**第五条** 国务院负责管理拍卖业的部门对全国拍卖业实施监督管理。

省、自治区、直辖市的人民政府和设区的市的人民政府负责管理拍卖业的部门对本行政区域内的拍卖业实施监督管理。

## 第二章 拍卖标的

**第六条** 拍卖标的应当是委托人所有或者依法可以处分的物品或者财产权利。

**第七条** 法律、行政法规禁止买卖的物品或者财产权利,不得作为拍卖标的。

**第八条** 依照法律或者按照国务院规定需经审批才能转让的物品或者财产权利,在拍卖前,应当依法办理审批手续。

委托拍卖的文物,在拍卖前,应当经拍卖人住所地的文物行政管理部门依法鉴定、许可。

**第九条** 国家行政机关依法没收的物品,充抵税款、罚款的物品和其他物品,按照国务院规定应当委托拍卖的,由财产所在地的省、自治区、直辖市的人民政府和设区的市的人民政府指定的拍卖人进行拍卖。

拍卖由人民法院依法没收的物品,充抵罚金、罚款的物品以及无法返还的追回物品,适用前款规定。

## 第三章 拍卖当事人

### 第一节 拍卖人

**第十条** 拍卖人是指依照本法和《中华人民共和国公司法》设立的从事拍卖活动的企业法人。

**第十一条** 企业取得从事拍卖业务的许可必须经所在地的省、自治区、直辖市人民政府负责管理拍卖业的部门审核批准。拍卖企业可以在设区的市设立。

**第十二条** 企业申请取得从事拍卖业务的许可,应当具备下列条件:
(一)有一百万元人民币以上的注册资本;
(二)有自己的名称、组织机构、住所和章程;
(三)有与从事拍卖业务相适应的拍卖师和其他工作人员;
(四)有符合本法和其他有关法律规定的拍卖业务规则;
(五)符合国务院有关拍卖业发展的规定;
(六)法律、行政法规规定的其他条件。

**第十三条** 拍卖企业经营文物拍卖的,应当有一千万元人民币以上的注册资本,有具有文物拍卖专业知识的人员。

**第十四条** 拍卖活动应当由拍卖师主持。

**第十五条** 拍卖师应当具备下列条件:
(一)具有高等院校专科以上学历和拍卖专业知识;
(二)在拍卖企业工作两年以上;
(三)品行良好。

被开除公职或者吊销拍卖师资格证书未满五年的,或者因故意犯罪受过刑事处罚的,不得担任拍卖师。

**第十六条** 拍卖师资格考核,由拍卖行业协会统一组织。经考核合格的,由拍卖行业协会发给拍卖师资格证书。

**第十七条** 拍卖行业协会是依法成立的社会团体法人,是拍卖业的自律性组织。拍卖行业协会依照本法并根据章程,对拍卖企业和拍卖师进行监督。

**第十八条** 拍卖人有权要求委托人说明拍卖标的的来源和瑕疵。

拍卖人应当向竞买人说明拍卖标的的瑕疵。

**第十九条** 拍卖人对委托人交付拍卖的物品负有保管义务。

**第二十条** 拍卖人接受委托后,未经委托人同意,不得委托其他拍卖人拍卖。

**第二十一条** 委托人、买受人要求对其身份保密的,拍卖人应当为其保密。

**第二十二条** 拍卖人及其工作人员不得以竞买人的身份参与自己组织的拍卖活动,并不得委托他人代为竞买。

第二十三条　拍卖人不得在自己组织的拍卖活动中拍卖自己的物品或者财产权利。

第二十四条　拍卖成交后，拍卖人应当按照约定向委托人交付拍卖标的的价款，并按照约定将拍卖标的移交给买受人。

### 第二节　委托人

第二十五条　委托人是指委托拍卖人拍卖物品或者财产权利的公民、法人或者其他组织。

第二十六条　委托人可以自行办理委托拍卖手续，也可以由其代理人代为办理委托拍卖手续。

第二十七条　委托人应当向拍卖人说明拍卖标的的来源和瑕疵。

第二十八条　委托人有权确定拍卖标的的保留价并要求拍卖人保密。

拍卖国有资产，依照法律或者按照国务院规定需要评估的，应当经依法设立的评估机构评估，并根据评估结果确定拍卖标的的保留价。

第二十九条　委托人在拍卖开始前可以撤回拍卖标的。委托人撤回拍卖标的的，应当向拍卖人支付约定的费用；未作约定的，应当向拍卖人支付为拍卖支出的合理费用。

第三十条　委托人不得参与竞买，也不得委托他人代为竞买。

第三十一条　按照约定由委托人移交拍卖标的的，拍卖成交后，委托人应当将拍卖标的移交给买受人。

### 第三节　竞买人

第三十二条　竞买人是指参加竞购拍卖标的的公民、法人或者其他组织。

第三十三条　法律、行政法规对拍卖标的的买卖条件有规定的，竞买人应当具备规定的条件。

第三十四条　竞买人可以自行参加竞买，也可以委托其代理人参加竞买。

第三十五条　竞买人有权了解拍卖标的的瑕疵，有权查验拍卖标的和查阅有关拍卖资料。

第三十六条　竞买人一经应价，不得撤回，当其他竞买人有更高应价时，其应价即丧失约束力。

第三十七条　竞买人之间、竞买人与拍卖人之间不得恶意串通，损害他人利益。

### 第四节　买受人

第三十八条　买受人是指以最高应价购得拍卖标的的竞买人。

第三十九条　买受人应当按照约定支付拍卖标的的价款，未按照约定支付价款的，应当承担违约责任，或者由拍卖人征得委托人的同意，将拍卖标的再行拍卖。

拍卖标的再行拍卖的，原买受人应当支付第一次拍卖中本人及委托人应当支付的佣金。再行拍卖的价款低于原拍卖价款的，原买受人应当补足差额。

第四十条　买受人未能按照约定取得拍卖标的的，有权要求拍卖人或者委托人承担违约责任。

买受人未按照约定受领拍卖标的的，应当支付由此产生的保管费用。

## 第四章　拍卖程序

### 第一节　拍卖委托

第四十一条　委托人委托拍卖物品或者财产权利，应当提供身份证明和拍卖人要求提供的拍卖标的的所有权证明或者依法可以处分拍卖标的的证明及其他资料。

第四十二条　拍卖人应当对委托人提供的有关文件、资料进行核实。拍卖人接受委托的，应当与委托人签订书面委托拍卖合同。

第四十三条　拍卖人认为需要对拍卖标的进行鉴定的，可以进行鉴定。

鉴定结论与委托拍卖合同载明的拍卖标的的状况不相符的，拍卖人有权要求变更或者解除合同。

第四十四条　委托拍卖合同应当载明以下事项：

（一）委托人、拍卖人的姓名或者名称、住所；

（二）拍卖标的的名称、规格、数量、质量；

（三）委托人提出的保留价；

（四）拍卖的时间、地点；

（五）拍卖标的交付或者转移的时间、方式；

（六）佣金及其支付的方式、期限；

（七）价款的支付方式、期限；

（八）违约责任；

（九）双方约定的其他事项。

### 第二节　拍卖公告与展示

第四十五条　拍卖人应当于拍卖日七日前发布拍卖公告。

第四十六条　拍卖公告应当载明下列事项：

（一）拍卖的时间、地点；

（二）拍卖标的；

（三）拍卖标的展示时间、地点；

（四）参与竞买应当办理的手续；

（五）需要公告的其他事项。

**第四十七条** 拍卖公告应当通过报纸或者其他新闻媒介发布。

**第四十八条** 拍卖人应当在拍卖前展示拍卖标的,并提供查看拍卖标的的条件及有关资料。

拍卖标的的展示时间不得少于两日。

### 第三节 拍卖的实施

**第四十九条** 拍卖师应当于拍卖前宣布拍卖规则和注意事项。

**第五十条** 拍卖标的无保留价的,拍卖师应当在拍卖前予以说明。

拍卖标的有保留价的,竞买人的最高应价未达到保留价时,该应价不发生效力,拍卖师应当停止拍卖标的的拍卖。

**第五十一条** 竞买人的最高应价经拍卖师落槌或者以其他公开表示买定的方式确认后,拍卖成交。

**第五十二条** 拍卖成交后,买受人和拍卖人应当签署成交确认书。

**第五十三条** 拍卖人进行拍卖时,应当制作拍卖笔录。拍卖笔录应当由拍卖师、记录人签名;拍卖成交的,还应当由买受人签名。

**第五十四条** 拍卖人应当妥善保管有关业务经营活动的完整账簿、拍卖笔录和其他有关资料。

前款规定的账簿、拍卖笔录和其他有关资料的保管期限,自委托拍卖合同终止之日起计算,不得少于五年。

**第五十五条** 拍卖标的需要依法办理证照变更、产权过户手续的,委托人、买受人应当持拍卖人出具的成交证明和有关材料,向有关行政管理机关办理手续。

### 第四节 佣 金

**第五十六条** 委托人、买受人可以与拍卖人约定佣金的比例。

委托人、买受人与拍卖人对佣金比例未作约定,拍卖成交的,拍卖人可以向委托人、买受人各收取不超过拍卖成交价百分之五的佣金。收取佣金的比例按照同拍卖成交价成反比的原则确定。

拍卖未成交的,拍卖人可以向委托人收取约定的费用;未作约定的,可以向委托人收取为拍卖支出的合理费用。

**第五十七条** 拍卖本法第九条规定的物品成交的,拍卖人可以向买受人收取不超过拍卖成交价百分之五的佣金。收取佣金的比例按照同拍卖成交价成反比的原则确定。

拍卖未成交的,适用本法第五十六条第三款的规定。

### 第五章 法律责任

**第五十八条** 委托人违反本法第六条的规定,委托拍卖其没有所有权或者依法不得处分的物品或者财产权利的,应当依法承担责任。拍卖人明知委托人对拍卖的物品或者财产权利没有所有权或者依法不得处分的,应当承担连带责任。

**第五十九条** 国家机关违反本法第九条的规定,将应当委托财产所在地的省、自治区、直辖市的人民政府或者设区的市的人民政府指定的拍卖人拍卖的物品擅自处理的,对负有直接责任的主管人员和其他直接责任人员依法给予行政处分,给国家造成损失的,还应当承担赔偿责任。

**第六十条** 违反本法第十一条的规定,未经许可从事拍卖业务的,由工商行政管理部门予以取缔,没收违法所得,并可以处违法所得一倍以上五倍以下的罚款。

**第六十一条** 拍卖人、委托人违反本法第十八条第二款、第二十七条的规定,未说明拍卖标的的瑕疵,给买受人造成损害的,买受人有权向拍卖人要求赔偿;属于委托人责任的,拍卖人有权向委托人追偿。

拍卖人、委托人在拍卖前声明不能保证拍卖标的的真伪或者品质的,不承担瑕疵担保责任。

因拍卖标的存在瑕疵未声明的,请求赔偿的诉讼时效期间为一年,自当事人知道或者应当知道权利受到损害之日起计算。

因拍卖标的存在缺陷造成人身、财产损害请求赔偿的诉讼时效期间,适用《中华人民共和国产品质量法》和其他法律的有关规定。

**第六十二条** 拍卖人及其工作人员违反本法第二十二条的规定,参与竞买或者委托他人代为竞买的,由工商行政管理部门对拍卖人给予警告,可以处拍卖佣金一倍以上五倍以下的罚款;情节严重的,吊销营业执照。

**第六十三条** 违反本法第二十三条的规定,拍卖人在自己组织的拍卖活动中拍卖自己的物品或者财产权利的,由工商行政管理部门没收拍卖所得。

**第六十四条** 违反本法第三十条的规定,委托人参与竞买或者委托他人代为竞买的,工商行政管理部门可以对委托人处拍卖成交价百分之三十以下的罚款。

**第六十五条** 违反本法第三十七条的规定,竞买人之间、竞买人与拍卖人之间恶意串通,给他人造成损害的,拍卖无效,应当依法承担赔偿责任。由工商行政管理部门对参与恶意串通的竞买人处最高应价百分之十以上百分之三十以下的罚款;对参与恶意串通的拍卖人处最高应价百分之十以上百分之五十以下的罚款。

第六十六条 违反本法第四章第四节关于佣金比例的规定收取佣金的,拍卖人应当将超收部分返还委托人、买受人。物价管理部门可以对拍卖人处拍卖佣金一倍以上五倍以下的罚款。

## 第六章 附 则

第六十七条 外国人、外国企业和组织在中华人民共和国境内委托拍卖或者参加竞买的,适用本法。

第六十八条 本法自 1997 年 1 月 1 日起施行。

# 中华人民共和国对外贸易法

- 1994 年 5 月 12 日第八届全国人民代表大会常务委员会第七次会议通过
- 2004 年 4 月 6 日第十届全国人民代表大会常务委员会第八次会议修订
- 根据 2016 年 11 月 7 日第十二届全国人民代表大会常务委员会第二十四次会议《关于修改〈中华人民共和国对外贸易法〉等十二部法律的决定》第一次修正
- 根据 2022 年 12 月 30 日第十三届全国人民代表大会常务委员会第三十八次会议《关于修改〈中华人民共和国对外贸易法〉的决定》第二次修正

## 第一章 总 则

第一条 为了扩大对外开放,发展对外贸易,维护对外贸易秩序,保护对外贸易经营者的合法权益,促进社会主义市场经济的健康发展,制定本法。

第二条 本法适用于对外贸易以及与对外贸易有关的知识产权保护。

本法所称对外贸易,是指货物进出口、技术进出口和国际服务贸易。

第三条 国务院对外贸易主管部门依照本法主管全国对外贸易工作。

第四条 国家实行统一的对外贸易制度,鼓励发展对外贸易,维护公平、自由的对外贸易秩序。

第五条 中华人民共和国根据平等互利的原则,促进和发展同其他国家和地区的贸易关系,缔结或者参加关税同盟协定、自由贸易区协定等区域经济贸易协定,参加区域经济组织。

第六条 中华人民共和国在对外贸易方面根据所缔结或者参加的国际条约、协定,给予其他缔约方、参加方最惠国待遇、国民待遇等待遇,或者根据互惠、对等原则给予对方最惠国待遇、国民待遇等待遇。

第七条 任何国家或者地区在贸易方面对中华人民共和国采取歧视性的禁止、限制或者其他类似措施的,中华人民共和国可以根据实际情况对该国家或者该地区采取相应的措施。

## 第二章 对外贸易经营者

第八条 本法所称对外贸易经营者,是指依法办理工商登记或者其他执业手续,依照本法和其他有关法律、行政法规的规定从事对外贸易经营活动的法人、其他组织或者个人。

第九条 从事国际服务贸易,应当遵守本法和其他有关法律、行政法规的规定。

从事对外劳务合作的单位,应当具备相应的资质。具体办法由国务院规定。

第十条 国家可以对部分货物的进出口实行国营贸易管理。实行国营贸易管理货物的进出口业务只能由经授权的企业经营;但是,国家允许部分数量的国营贸易管理货物的进出口业务由非授权企业经营的除外。

实行国营贸易管理的货物和经授权经营企业的目录,由国务院对外贸易主管部门会同国务院其他有关部门确定、调整并公布。

违反本条第一款规定,擅自进出口实行国营贸易管理的货物的,海关不予放行。

第十一条 对外贸易经营者可以接受他人的委托,在经营范围内代为办理对外贸易业务。

第十二条 对外贸易经营者应当按照国务院对外贸易主管部门或者国务院其他有关部门依法作出的规定,向有关部门提交与其对外贸易经营活动有关的文件及资料。有关部门应当为提供者保守商业秘密。

## 第三章 货物进出口与技术进出口

第十三条 国家准许货物与技术的自由进出口。但是,法律、行政法规另有规定的除外。

第十四条 国务院对外贸易主管部门基于监测进出口情况的需要,可以对部分自由进出口的货物实行进出口自动许可并公布其目录。

实行自动许可的进出口货物,收货人、发货人在办理海关报关手续前提出自动许可申请的,国务院对外贸易主管部门或者其委托的机构应当予以许可;未办理自动许可手续的,海关不予放行。

进出口属于自由进出口的技术,应当向国务院对外贸易主管部门或者其委托的机构办理合同备案登记。

第十五条 国家基于下列原因,可以限制或者禁止有关货物、技术的进口或者出口：

（一）为维护国家安全、社会公共利益或者公共道德，需要限制或者禁止进口或者出口的；

（二）为保护人的健康或者安全，保护动物、植物的生命或者健康，保护环境，需要限制或者禁止进口或者出口的；

（三）为实施与黄金或者白银进出口有关的措施，需要限制或者禁止进口或者出口的；

（四）国内供应短缺或者为有效保护可能用竭的自然资源，需要限制或者禁止出口的；

（五）输往国家或者地区的市场容量有限，需要限制出口的；

（六）出口经营秩序出现严重混乱，需要限制出口的；

（七）为建立或者加快建立国内特定产业，需要限制进口的；

（八）对任何形式的农业、牧业、渔业产品有必要限制进口的；

（九）为保障国家国际金融地位和国际收支平衡，需要限制进口的；

（十）依照法律、行政法规的规定，其他需要限制或者禁止进口或者出口的；

（十一）根据我国缔结或者参加的国际条约、协定的规定，其他需要限制或者禁止进口或者出口的。

**第十六条** 国家对与裂变、聚变物质或者衍生此类物质的物质有关的货物、技术进出口，以及与武器、弹药或者其他军用物资有关的进出口，可以采取任何必要的措施，维护国家安全。

在战时或者为维护国际和平与安全，国家在货物、技术进出口方面可以采取任何必要的措施。

**第十七条** 国务院对外贸易主管部门会同国务院其他有关部门，依照本法第十五条和第十六条的规定，制定、调整并公布限制或者禁止进出口的货物、技术目录。

国务院对外贸易主管部门或者由其会同国务院其他有关部门，经国务院批准，可以在本法第十五条和第十六条规定的范围内，临时决定限制或者禁止前款规定目录以外的特定货物、技术的进口或者出口。

**第十八条** 国家对限制进口或者出口的货物，实行配额、许可证等方式管理；对限制进口或者出口的技术，实行许可证管理。

实行配额、许可证管理的货物、技术，应当按照国务院规定经国务院对外贸易主管部门或者经其会同国务院其他有关部门许可，方可进口或者出口。

国家对部分进口货物可以实行关税配额管理。

**第十九条** 进出口货物配额、关税配额，由国务院对外贸易主管部门或者国务院其他有关部门在各自的职责范围内，按照公开、公平、公正和效益的原则进行分配。具体办法由国务院规定。

**第二十条** 国家实行统一的商品合格评定制度，根据有关法律、行政法规的规定，对进出口商品进行认证、检验、检疫。

**第二十一条** 国家对进出口货物进行原产地管理。具体办法由国务院规定。

**第二十二条** 对文物和野生动物、植物及其产品等，其他法律、行政法规有禁止或者限制进出口规定的，依照有关法律、行政法规的规定执行。

## 第四章 国际服务贸易

**第二十三条** 中华人民共和国在国际服务贸易方面根据所缔结或者参加的国际条约、协定中所作的承诺，给予其他缔约方、参加方市场准入和国民待遇。

**第二十四条** 国务院对外贸易主管部门和国务院其他有关部门，依照本法和其他有关法律、行政法规的规定，对国际服务贸易进行管理。

**第二十五条** 国家基于下列原因，可以限制或者禁止有关的国际服务贸易：

（一）为维护国家安全、社会公共利益或者公共道德，需要限制或者禁止的；

（二）为保护人的健康或者安全，保护动物、植物的生命或者健康，保护环境，需要限制或者禁止的；

（三）为建立或者加快建立国内特定服务产业，需要限制的；

（四）为保障国家外汇收支平衡，需要限制的；

（五）依照法律、行政法规的规定，其他需要限制或者禁止的；

（六）根据我国缔结或者参加的国际条约、协定的规定，其他需要限制或者禁止的。

**第二十六条** 国家对与军事有关的国际服务贸易，以及与裂变、聚变物质或者衍生此类物质的物质有关的国际服务贸易，可以采取任何必要的措施，维护国家安全。

在战时或者为维护国际和平与安全，国家在国际服务贸易方面可以采取任何必要的措施。

**第二十七条** 国务院对外贸易主管部门会同国务院其他有关部门，依照本法第二十五条、第二十六条和其他有关法律、行政法规的规定，制定、调整并公布国际服务贸易市场准入目录。

### 第五章　与对外贸易有关的知识产权保护

**第二十八条**　国家依照有关知识产权的法律、行政法规，保护与对外贸易有关的知识产权。

进口货物侵犯知识产权，并危害对外贸易秩序的，国务院对外贸易主管部门可以采取在一定期限内禁止侵权人生产、销售的有关货物进口等措施。

**第二十九条**　知识产权权利人有阻止被许可人对许可合同中的知识产权的有效性提出质疑、进行强制性一揽子许可、在许可合同中规定排他性返授条件等行为之一，并危害对外贸易公平竞争秩序的，国务院对外贸易主管部门可以采取必要的措施消除危害。

**第三十条**　其他国家或者地区在知识产权保护方面未给予中华人民共和国的法人、其他组织或者个人国民待遇，或者不能对来源于中华人民共和国的货物、技术或者服务提供充分有效的知识产权保护的，国务院对外贸易主管部门可以依照本法和其他有关法律、行政法规的规定，并根据中华人民共和国缔结或者参加的国际条约、协定，对与该国家或者该地区的贸易采取必要的措施。

### 第六章　对外贸易秩序

**第三十一条**　在对外贸易经营活动中，不得违反有关反垄断的法律、行政法规的规定实施垄断行为。

在对外贸易经营活动中实施垄断行为，危害市场公平竞争的，依照有关反垄断的法律、行政法规的规定处理。

有前款违法行为，并危害对外贸易秩序的，国务院对外贸易主管部门可以采取必要的措施消除危害。

**第三十二条**　在对外贸易经营活动中，不得实施以不正当的低价销售商品、串通投标、发布虚假广告、进行商业贿赂等不正当竞争行为。

在对外贸易经营活动中实施不正当竞争行为的，依照有关反不正当竞争的法律、行政法规的规定处理。

有前款违法行为，并危害对外贸易秩序的，国务院对外贸易主管部门可以采取禁止该经营者有关货物、技术进出口等措施消除危害。

**第三十三条**　在对外贸易活动中，不得有下列行为：

（一）伪造、变造进出口货物原产地标记，伪造、变造或者买卖进出口货物原产地证书、进出口许可证、进出口配额证明或者其他进出口证明文件；

（二）骗取出口退税；

（三）走私；

（四）逃避法律、行政法规规定的认证、检验、检疫；

（五）违反法律、行政法规规定的其他行为。

**第三十四条**　对外贸易经营者在对外贸易经营活动中，应当遵守国家有关外汇管理的规定。

**第三十五条**　违反本法规定，危害对外贸易秩序的，国务院对外贸易主管部门可以向社会公告。

### 第七章　对外贸易调查

**第三十六条**　为了维护对外贸易秩序，国务院对外贸易主管部门可以自行或者会同国务院其他有关部门，依照法律、行政法规的规定对下列事项进行调查：

（一）货物进出口、技术进出口、国际服务贸易对国内产业及其竞争力的影响；

（二）有关国家或者地区的贸易壁垒；

（三）为确定是否应当依法采取反倾销、反补贴或者保障措施等对外贸易救济措施，需要调查的事项；

（四）规避对外贸易救济措施的行为；

（五）对外贸易中有关国家安全利益的事项；

（六）为执行本法第七条、第二十八条第二款、第二十九条、第三十条、第三十一条第三款、第三十二条第三款的规定，需要调查的事项；

（七）其他影响对外贸易秩序，需要调查的事项。

**第三十七条**　启动对外贸易调查，由国务院对外贸易主管部门发布公告。

调查可以采取书面问卷、召开听证会、实地调查、委托调查等方式进行。

国务院对外贸易主管部门根据调查结果，提出调查报告或者作出处理裁定，并发布公告。

**第三十八条**　有关单位和个人应当对对外贸易调查给予配合、协助。

国务院对外贸易主管部门和国务院其他有关部门及其工作人员进行对外贸易调查，对知悉的国家秘密和商业秘密负有保密义务。

### 第八章　对外贸易救济

**第三十九条**　国家根据对外贸易调查结果，可以采取适当的对外贸易救济措施。

**第四十条**　其他国家或者地区的产品以低于正常价值的倾销方式进入我国市场，对已建立的国内产业造成实质损害或者产生实质损害威胁，或者对建立国内产业造成实质阻碍的，国家可以采取反倾销措施，消除或者减轻这种损害或者损害的威胁或者阻碍。

第四十一条  其他国家或者地区的产品以低于正常价值出口至第三国市场,对我国已建立的国内产业造成实质损害或者产生实质损害威胁,或者对我国建立国内产业造成实质阻碍的,应国内产业的申请,国务院对外贸易主管部门可以与该第三国政府进行磋商,要求其采取适当的措施。

第四十二条  进口的产品直接或者间接地接受出口国家或者地区给予的任何形式的专向性补贴,对已建立的国内产业造成实质损害或者产生实质损害威胁,或者对建立国内产业造成实质阻碍的,国家可以采取反补贴措施,消除或者减轻这种损害或者损害的威胁或者阻碍。

第四十三条  因进口产品数量大量增加,对生产同类产品或者与其直接竞争的产品的国内产业造成严重损害或者严重损害威胁的,国家可以采取必要的保障措施,消除或者减轻这种损害或者损害的威胁,并可以对该产业提供必要的支持。

第四十四条  因其他国家或者地区的服务提供者向我国提供的服务增加,对提供同类服务或者与其直接竞争的服务的国内产业造成损害或者产生损害威胁的,国家可以采取必要的救济措施,消除或者减轻这种损害或者损害的威胁。

第四十五条  因第三国限制进口而导致某种产品进入我国市场的数量大量增加,对已建立的国内产业造成损害或者产生损害威胁,或者对建立国内产业造成阻碍的,国家可以采取必要的救济措施,限制该产品进口。

第四十六条  与中华人民共和国缔结或者共同参加经济贸易条约、协定的国家或者地区,违反条约、协定的规定,使中华人民共和国根据该条约、协定享有的利益丧失或者受损,或者阻碍条约、协定目标实现的,中华人民共和国政府有权要求有关国家或者地区政府采取适当的补救措施,并可以根据有关条约、协定中止或者终止履行相关义务。

第四十七条  国务院对外贸易主管部门依照本法和其他有关法律的规定,进行对外贸易的双边或者多边磋商、谈判和争端的解决。

第四十八条  国务院对外贸易主管部门和国务院其他有关部门应当建立货物进出口、技术进出口和国际服务贸易的预警应急机制,应对对外贸易中的突发和异常情况,维护国家经济安全。

第四十九条  国家对规避本法规定的对外贸易救济措施的行为,可以采取必要的反规避措施。

## 第九章  对外贸易促进

第五十条  国家制定对外贸易发展战略,建立和完善对外贸易促进机制。

第五十一条  国家根据对外贸易发展的需要,建立和完善为对外贸易服务的金融机构,设立对外贸易发展基金、风险基金。

第五十二条  国家通过进出口信贷、出口信用保险、出口退税及其他促进对外贸易的方式,发展对外贸易。

第五十三条  国家建立对外贸易公共信息服务体系,向对外贸易经营者和其他社会公众提供信息服务。

第五十四条  国家采取措施鼓励对外贸易经营者开拓国际市场,采取对外投资、对外工程承包和对外劳务合作等多种形式,发展对外贸易。

第五十五条  对外贸易经营者可以依法成立和参加有关协会、商会。

有关协会、商会应当遵守法律、行政法规,按照章程对其成员提供与对外贸易有关的生产、营销、信息、培训等方面的服务,发挥协调和自律作用,依法提出有关对外贸易救济措施的申请,维护成员和行业的利益,向政府有关部门反映成员有关对外贸易的建议,开展对外贸易促进活动。

第五十六条  中国国际贸易促进组织按照章程开展对外联系,举办展览,提供信息、咨询服务和其他对外贸易促进活动。

第五十七条  国家扶持和促进中小企业开展对外贸易。

第五十八条  国家扶持和促进民族自治地方和经济不发达地区发展对外贸易。

## 第十章  法律责任

第五十九条  违反本法第十条规定,未经授权擅自进出口实行国营贸易管理的货物的,国务院对外贸易主管部门或者国务院其他有关部门可以处五万元以下罚款;情节严重的,可以自行政处罚决定生效之日起三年内,不受理违法行为人从事国营贸易管理货物进出口业务的申请,或者撤销已给予其从事其他国营贸易管理货物进出口的授权。

第六十条  进出口属于禁止进出口的货物的,或者未经许可擅自进出口属于限制进出口的货物的,由海关依照有关法律、行政法规的规定处理、处罚;构成犯罪的,依法追究刑事责任。

进出口属于禁止进出口的技术的,或者未经许可擅自进出口属于限制进出口的技术的,依照有关法律、行政法规的规定处理、处罚;法律、行政法规没有规定的,由国务院对外贸易主管部门责令改正,没收违法所得,并处违法所得一倍以上五倍以下罚款,没有违法所得或者违法所得不足一万元的,处一万元以上五万元以下罚款;构成犯罪的,依法追究刑事责任。

自前两款规定的行政处罚决定生效之日或者刑事处罚判决生效之日起,国务院对外贸易主管部门或者国务院其他有关部门可以在三年内不受理违法行为人提出的进出口配额或者许可证的申请,或者禁止违法行为人在一年以上三年以下的期限内从事有关货物或者技术的进出口经营活动。

**第六十一条** 从事属于禁止的国际服务贸易的,或者未经许可擅自从事属于限制的国际服务贸易的,依照有关法律、行政法规的规定处罚;法律、行政法规没有规定的,由国务院对外贸易主管部门责令改正,没收违法所得,并处违法所得一倍以上五倍以下罚款,没有违法所得或者违法所得不足一万元的,处一万元以上五万元以下罚款;构成犯罪的,依法追究刑事责任。

国务院对外贸易主管部门可以禁止违法行为人自前款规定的行政处罚决定生效之日或者刑事处罚判决生效之日起一年以上三年以下的期限内从事有关的国际服务贸易经营活动。

**第六十二条** 违反本法第三十三条规定,依照有关法律、行政法规的规定处罚;构成犯罪的,依法追究刑事责任。

国务院对外贸易主管部门可以禁止违法行为人自前款规定的行政处罚决定生效之日或者刑事处罚判决生效之日起一年以上三年以下的期限内从事有关的对外贸易经营活动。

**第六十三条** 依照本法第六十条至第六十二条规定被禁止从事有关对外贸易经营活动的,在禁止期限内,海关根据国务院对外贸易主管部门依法作出的禁止决定,对该对外贸易经营者的有关进出口货物不予办理报关验放手续,外汇管理部门或者外汇指定银行不予办理有关结汇、售汇手续。

**第六十四条** 依照本法负责对外贸易管理工作的部门的工作人员玩忽职守、徇私舞弊或者滥用职权,构成犯罪的,依法追究刑事责任;尚不构成犯罪的,依法给予行政处分。

依照本法负责对外贸易管理工作的部门的工作人员利用职务上的便利,索取他人财物,或者非法收受他人财物为他人谋取利益,构成犯罪的,依法追究刑事责任;尚不构成犯罪的,依法给予行政处分。

**第六十五条** 对外贸易经营活动当事人对依照本法负责对外贸易管理工作的部门作出的具体行政行为不服的,可以依法申请行政复议或者向人民法院提起行政诉讼。

## 第十一章 附 则

**第六十六条** 与军品、裂变和聚变物质或者衍生此类物质的物质有关的对外贸易管理以及文化产品的进出口管理,法律、行政法规另有规定的,依照其规定。

**第六十七条** 国家对边境地区与接壤国家边境地区之间的贸易以及边民互市贸易,采取灵活措施,给予优惠和便利。具体办法由国务院规定。

**第六十八条** 中华人民共和国的单独关税区不适用本法。

**第六十九条** 本法自2004年7月1日起施行。

# 中华人民共和国外商投资法

· 2019年3月15日第十三届全国人民代表大会第二次会议通过
· 2019年3月15日中华人民共和国主席令第26号公布
· 自2020年1月1日起施行

## 第一章 总 则

**第一条** 为了进一步扩大对外开放,积极促进外商投资,保护外商投资合法权益,规范外商投资管理,推动形成全面开放新格局,促进社会主义市场经济健康发展,根据宪法,制定本法。

**第二条** 在中华人民共和国境内(以下简称中国境内)的外商投资,适用本法。

本法所称外商投资,是指外国的自然人、企业或者其他组织(以下称外国投资者)直接或者间接在中国境内进行的投资活动,包括下列情形:

(一)外国投资者单独或者与其他投资者共同在中国境内设立外商投资企业;

(二)外国投资者取得中国境内企业的股份、股权、财产份额或者其他类似权益;

(三)外国投资者单独或者与其他投资者共同在中国境内投资新建项目;

(四)法律、行政法规或者国务院规定的其他方式的投资。

本法所称外商投资企业,是指全部或者部分由外国投资者投资，依照中国法律在中国境内经登记注册设立的企业。

**第三条** 国家坚持对外开放的基本国策，鼓励外国投资者依法在中国境内投资。

国家实行高水平投资自由化便利化政策，建立和完善外商投资促进机制，营造稳定、透明、可预期和公平竞争的市场环境。

**第四条** 国家对外商投资实行准入前国民待遇加负面清单管理制度。

前款所称准入前国民待遇，是指在投资准入阶段给予外国投资者及其投资不低于本国投资者及其投资的待遇；所称负面清单，是指国家规定在特定领域对外商投资实施的准入特别管理措施。国家对负面清单之外的外商投资，给予国民待遇。

负面清单由国务院发布或者批准发布。

中华人民共和国缔结或者参加的国际条约、协定对外国投资者准入待遇有更优惠规定的，可以按照相关规定执行。

**第五条** 国家依法保护外国投资者在中国境内的投资、收益和其他合法权益。

**第六条** 在中国境内进行投资活动的外国投资者、外商投资企业，应当遵守中国法律法规，不得危害中国国家安全、损害社会公共利益。

**第七条** 国务院商务主管部门、投资主管部门按照职责分工，开展外商投资促进、保护和管理工作；国务院其他有关部门在各自职责范围内，负责外商投资促进、保护和管理的相关工作。

县级以上地方人民政府有关部门依照法律法规和本级人民政府确定的职责分工，开展外商投资促进、保护和管理工作。

**第八条** 外商投资企业职工依法建立工会组织，开展工会活动，维护职工的合法权益。外商投资企业应当为本企业工会提供必要的活动条件。

## 第二章 投资促进

**第九条** 外商投资企业依法平等适用国家支持企业发展的各项政策。

**第十条** 制定与外商投资有关的法律、法规、规章，应当采取适当方式征求外商投资企业的意见和建议。

与外商投资有关的规范性文件、裁判文书等，应当依法及时公布。

**第十一条** 国家建立健全外商投资服务体系，为外国投资者和外商投资企业提供法律法规、政策措施、投资项目信息等方面的咨询和服务。

**第十二条** 国家与其他国家和地区、国际组织建立多边、双边投资促进合作机制，加强投资领域的国际交流与合作。

**第十三条** 国家根据需要，设立特殊经济区域，或者在部分地区实行外商投资试验性政策措施，促进外商投资，扩大对外开放。

**第十四条** 国家根据国民经济和社会发展需要，鼓励和引导外国投资者在特定行业、领域、地区投资。外国投资者、外商投资企业可以依照法律、行政法规或者国务院的规定享受优惠待遇。

**第十五条** 国家保障外商投资企业依法平等参与标准制定工作，强化标准制定的信息公开和社会监督。

国家制定的强制性标准平等适用于外商投资企业。

**第十六条** 国家保障外商投资企业依法通过公平竞争参与政府采购活动。政府采购依法对外商投资企业在中国境内生产的产品、提供的服务平等对待。

**第十七条** 外商投资企业可以依法通过公开发行股票、公司债券等证券和其他方式进行融资。

**第十八条** 县级以上地方人民政府可以根据法律、行政法规、地方性法规的规定，在法定权限内制定外商投资促进和便利化政策措施。

**第十九条** 各级人民政府及其有关部门应当按照便利、高效、透明的原则，简化办事程序，提高办事效率，优化政务服务，进一步提高外商投资服务水平。

有关主管部门应当编制和公布外商投资指引，为外国投资者和外商投资企业提供服务和便利。

## 第三章 投资保护

**第二十条** 国家对外国投资者的投资不实行征收。

在特殊情况下，国家为了公共利益的需要，可以依照法律规定对外国投资者的投资实行征收或者征用。征收、征用应当依照法定程序进行，并及时给予公平、合理的补偿。

**第二十一条** 外国投资者在中国境内的出资、利润、资本收益、资产处置所得、知识产权许可使用费、依法获得的补偿或者赔偿、清算所得等，可以依法以人民币或者外汇自由汇入、汇出。

**第二十二条** 国家保护外国投资者和外商投资企业的知识产权，保护知识产权权利人和相关权利人的合法权益；对知识产权侵权行为，严格依法追究法律责任。

国家鼓励在外商投资过程中基于自愿原则和商业规则开展技术合作。技术合作的条件由投资各方遵循公平原则平等协商确定。行政机关及其工作人员不得利用行政手段强制转让技术。

第二十三条 行政机关及其工作人员对于履行职责过程中知悉的外国投资者、外商投资企业的商业秘密，应当依法予以保密，不得泄露或者非法向他人提供。

第二十四条 各级人民政府及其有关部门制定涉及外商投资的规范性文件，应当符合法律法规的规定；没有法律、行政法规依据的，不得减损外商投资企业的合法权益或者增加其义务，不得设置市场准入和退出条件，不得干预外商投资企业的正常生产经营活动。

第二十五条 地方各级人民政府及其有关部门应当履行向外国投资者、外商投资企业依法作出的政策承诺以及依法订立的各类合同。

因国家利益、社会公共利益需要改变政策承诺、合同约定的，应当依照法定权限和程序进行，并依法对外国投资者、外商投资企业因此受到的损失予以补偿。

第二十六条 国家建立外商投资企业投诉工作机制，及时处理外商投资企业或者其投资者反映的问题，协调完善相关政策措施。

外商投资企业或者其投资者认为行政机关及其工作人员的行政行为侵犯其合法权益的，可以通过外商投资企业投诉工作机制申请协调解决。

外商投资企业或者其投资者认为行政机关及其工作人员的行政行为侵犯其合法权益的，除依照前款规定通过外商投资企业投诉工作机制申请协调解决外，还可以依法申请行政复议、提起行政诉讼。

第二十七条 外商投资企业可以依法成立和自愿参加商会、协会。商会、协会依照法律法规和章程的规定开展相关活动，维护会员的合法权益。

## 第四章 投资管理

第二十八条 外商投资准入负面清单规定禁止投资的领域，外国投资者不得投资。

外商投资准入负面清单规定限制投资的领域，外国投资者进行投资应当符合负面清单规定的条件。

外商投资准入负面清单以外的领域，按照内外资一致的原则实施管理。

第二十九条 外商投资需要办理投资项目核准、备案的，按照国家有关规定执行。

第三十条 外国投资者在依法需要取得许可的行业、领域进行投资的，应当依法办理相关许可手续。

有关主管部门应当按照与内资一致的条件和程序，审核外国投资者的许可申请，法律、行政法规另有规定的除外。

第三十一条 外商投资企业的组织形式、组织机构及其活动准则，适用《中华人民共和国公司法》、《中华人民共和国合伙企业法》等法律的规定。

第三十二条 外商投资企业开展生产经营活动，应当遵守法律、行政法规有关劳动保护、社会保险的规定，依照法律、行政法规和国家有关规定办理税收、会计、外汇等事宜，并接受相关主管部门依法实施的监督检查。

第三十三条 外国投资者并购中国境内企业或者以其他方式参与经营者集中的，应当依照《中华人民共和国反垄断法》的规定接受经营者集中审查。

第三十四条 国家建立外商投资信息报告制度。外国投资者或者外商投资企业应当通过企业登记系统以及企业信用信息公示系统向商务主管部门报送投资信息。

外商投资信息报告的内容和范围按照确有必要的原则确定；通过部门信息共享能够获得的投资信息，不得再行要求报送。

第三十五条 国家建立外商投资安全审查制度，对影响或者可能影响国家安全的外商投资进行安全审查。

依法作出的安全审查决定为最终决定。

## 第五章 法律责任

第三十六条 外国投资者投资外商投资准入负面清单规定禁止投资的领域的，由有关主管部门责令停止投资活动，限期处分股份、资产或者采取其他必要措施，恢复到实施投资前的状态；有违法所得的，没收违法所得。

外国投资者的投资活动违反外商投资准入负面清单规定的限制性准入特别管理措施的，由有关主管部门责令限期改正，采取必要措施满足准入特别管理措施的要求；逾期不改正的，依照前款规定处理。

外国投资者的投资活动违反外商投资准入负面清单规定的，除依照前两款规定处理外，还应当依法承担相应的法律责任。

第三十七条 外国投资者、外商投资企业违反本法规定，未按照外商投资信息报告制度的要求报送投资信息的，由商务主管部门责令限期改正；逾期不改正的，处十万元以上五十万元以下的罚款。

第三十八条 对外国投资者、外商投资企业违反法律、法规的行为，由有关部门依法查处，并按照国家有关规定纳入信用信息系统。

第三十九条 行政机关工作人员在外商投资促进、保护和管理工作中滥用职权、玩忽职守、徇私舞弊的，或者泄露、非法向他人提供履行职责过程中知悉的商业秘密的，依法给予处分；构成犯罪的，依法追究刑事责任。

## 第六章 附 则

**第四十条** 任何国家或者地区在投资方面对中华人民共和国采取歧视性的禁止、限制或者其他类似措施的，中华人民共和国可以根据实际情况对该国家或者该地区采取相应的措施。

**第四十一条** 对外国投资者在中国境内投资银行业、证券业、保险业等金融行业，或者在证券市场、外汇市场等金融市场进行投资的管理，国家另有规定的，依照其规定。

**第四十二条** 本法自2020年1月1日起施行。《中华人民共和国中外合资经营企业法》、《中华人民共和国外资企业法》、《中华人民共和国中外合作经营企业法》同时废止。

本法施行前依照《中华人民共和国中外合资经营企业法》、《中华人民共和国外资企业法》、《中华人民共和国中外合作经营企业法》设立的外商投资企业，在本法施行后五年内可以继续保留原企业组织形式等。具体实施办法由国务院规定。

# 外商投资创业投资企业管理规定

· 2003年1月30日对外贸易经济合作部、科学技术部、国家工商行政管理总局、国家税务总局、国家外汇管理局令2001年第2号公布
· 根据2015年10月28日《商务部关于修改部分规章和规范性文件的决定》修订

## 第一章 总 则

**第一条** 为鼓励外国公司、企业和其他经济组织或个人（以下简称外国投资者）来华从事创业投资，建立和完善中国的创业投资机制，根据《中华人民共和国中外合作经营企业法》、《中华人民共和国中外合资经营企业法》、《中华人民共和国外资企业法》、《公司法》及其他相关的法律法规，制定本规定。

**第二条** 本规定所称外商投资创业投资企业（以下简称创投企业）是指外国投资者或外国投资者与根据中国法律注册成立的公司、企业或其他经济组织（以下简称中国投资者），根据本规定在中国境内设立的以创业投资为经营活动的外商投资企业。

**第三条** 本规定所称创业投资是指主要向未上市高新技术企业（以下简称所投资企业）进行股权投资，并为之提供创业管理服务，以期获取资本增值收益的投资方式。

**第四条** 创投企业可以采取非法人制组织形式，也可以采取公司制组织形式。

采取非法人制组织形式的创投企业（以下简称非法人制创投企业）的投资者对创投企业的债务承担连带责任。非法人制创投企业的投资者也可以在创投企业合同中约定在非法人制创投企业资产不足以清偿该债务时由第七条所述的必备投资者承担连带责任，其他投资者以其认缴的出资额为限承担责任。

采用公司制组织形式的创投企业（以下简称公司制创投企业）的投资者以其各自认缴的出资额为限对创投企业承担责任。

**第五条** 创投企业应遵守中国有关法律法规，符合外商投资产业政策，不得损害中国的社会公共利益。创投企业在中国境内的正当经营活动及合法权益受中国法律的保护。

## 第二章 设立与登记

**第六条** 设立创投企业应具备下列条件：

（一）投资者人数在2人以上50人以下；且应至少拥有一个第七条所述的必备投资者；

（二）外国投资者以可自由兑换的货币出资，中国投资者以人民币出资；

（三）有明确的组织形式；

（四）有明确合法的投资方向；

（五）除了将本企业经营活动授予一家创业投资管理公司进行管理的情形外，创投企业应有三名以上具备创业投资从业经验的专业人员；

（六）法律、行政法规规定的其他条件。

**第七条** 必备投资者应当具备下列条件：

（一）以创业投资为主营业务；

（二）在申请前三年其管理的资本累计不低于1亿美元，且其中至少5000万美元已经用于进行创业投资。在必备投资者为中国投资者的情形下，本款业绩要求为：在申请前三年其管理的资本累计不低于1亿元人民币，且其中至少5000万元人民币已经用于进行创业投资；

（三）拥有3名以上具有3年以上创业投资从业经验的专业管理人员；

（四）如果某一投资者的关联实体满足上述条件，则该投资者可以申请成为必备投资者。本款所称关联实体是指该投资者控制的某一实体、或控制该投资者的某一实体、或与该投资者共同受控于某一实体的另一实体。

本款所称控制是指控制方拥有被控制方超过50%的表决权；

（五）必备投资者及其上述关联实体均应未被所在国司法机关和其他相关监管机构禁止从事创业投资或投资咨询业务或以欺诈等原因进行处罚；

（六）非法人制创投企业的必备投资者，对创投企业的认缴出资及实际出资分别不低于投资者认缴出资总额及实际出资总额的1%，且应对创投企业的债务承担连带责任；公司制创投企业的必备投资者，对创投企业的认缴出资及实际出资分别不低于投资者认缴出资总额及实际出资总额的30%。

**第八条** 设立创投企业按以下程序办理：

（一）投资者须向拟设立创投企业所在地省级外经贸主管部门报送设立申请书及有关文件。

（二）省级外经贸主管部门应在收到全部上报材料后15天内完成初审并上报对外贸易经济合作部（以下简称审批机构）。

（三）审批机构在收到全部上报材料之日起45天内，经商科学技术部同意后，做出批准或不批准的书面决定。予以批准的，发给《外商投资企业批准证书》。

（四）获得批准设立的创投企业应自收到审批机构颁发的《外商投资企业批准证书》之日起一个月内，持此证书向国家工商行政管理部门或所在地具有外商投资企业登记管理权的省级工商行政管理部门（以下简称登记机关）申请办理注册登记手续。

**第九条** 申请设立创投企业应当向审批机构报送以下文件：

（一）必备投资者签署的设立申请书；

（二）投资各方签署的创投企业合同及章程；

（三）必备投资者书面声明（声明内容包括：投资者符合第七条规定的资格条件；所有提供的材料真实性；投资者将严格遵循本规定及中国其他有关法律法规的要求）；

（四）律师事务所出具的对必备投资者合法存在及其上述声明已获得有效授权和签署的法律意见书；

（五）必备投资者的创业投资业务说明、申请前三年其管理资本的说明、其已投资资本的说明，及其拥有的创业投资专业管理人员简历；

（六）投资者的注册登记证明（复印件）、法定代表人证明（复印件）；

（七）名称登记机关出具的创投企业名称预先核准通知书；

（八）如果必备投资者的资格条件是依据第七条第（四）款的规定，则还应报送其符合条件的关联实体的相关材料；

（九）审批机构要求的其他与申请设立有关的文件。

**第十条** 创投企业应当在名称中加注创业投资字样。除创投企业外，其他外商投资企业不得在名称中使用创业投资字样。

**第十一条** 申请设立创投企业应当向登记机关报送下列文件，并对其真实性、有效性负责：

（一）创投企业董事长或联合管理委员会负责人签署的设立登记申请书；

（二）合同、章程以及审批机构的批准文件和批准证书；

（三）投资者的合法开业证明或身份证明；

（四）投资者的资信证明；

（五）法定代表人的任职文件、身份证明和企业董事、经理等人员的备案文件；

（六）企业名称预先核准通知书；

（七）企业住所或营业场所证明。

申请设立非法人制创投企业，还应当提交境外必备投资者的章程或合伙协议。企业投资者中含本规定第七条第四款规定的投资者的，还应当提交关联实体为其出具的承担出资连带责任的担保函。

以上文件应使用中文。使用外文的，应提供规范的中文译本。

创投企业登记事项变更应依法向原登记机关申请办理变更登记。

**第十二条** 经登记机关核准的公司制创投企业，领取《企业法人营业执照》；经登记机关核准的非法人制创投企业，领取《营业执照》。

《营业执照》应载明非法人制创投企业投资者认缴的出资总额和必备投资者名称。

### 第三章 出资及相关变更

**第十三条** 非法人制创投企业的投资者的出资及相关变更应符合如下规定：

（一）投资者可以根据创业投资进度分期向创投企业注入认缴出资。各期投入资本额由创投企业根据创投企业合同及其与所投资企业签定的协议自主制定。投资者应在创投企业合同中约定投资者不如期出资的责任和相关措施；

（二）必备投资者在创投企业存续期内不得从创投企业撤出。特殊情况下确需撤出的，应获得占总出资额超过50%的其他投资者同意,并应将其权益转让给符合第七条要求的新投资者,且应当相应修改创投企业的合同和章程,并报审批机构批准。

其他投资者如转让其认缴资本额或已投入资本额,须按创投企业合同的约定进行,且受让人应符合本规定第六条的有关要求。投资各方应相应修改创投企业合同和章程,并报审批机构备案;

(三)创投企业设立后,如果有新的投资者申请加入,须符合本规定和创投企业合同的约定,经必备投资者同意,相应修改创投企业合同和章程,并报审批机构备案;

(四)创投企业出售或以其他方式处置其在所投资企业的利益而获得的收入中相当于其原出资额的部分,可以直接分配给投资各方。此类分配构成投资者减少其已投资的资本额。创投企业应当在创投企业合同中约定此类分配的具体办法,并在向其投资者作出该等分配之前至少30天内向审批机构和所在地外汇局提交一份要求相应减少投资者已投入资本额的备案说明,同时证明创投企业投资者未到位的认缴出资额及创投企业当时拥有的其他资金至少相当于创投企业当时承担的投资义务的要求。但该分配不应成为创投企业对因其违反任何投资义务所产生的诉讼请求的抗辩理由。

**第十四条** 非法人制创投企业向登记机关申请变更登记时,上述规定中审批机关出具的相关备案证明可替代相应的审批文件。

**第十五条** 非法人制创投企业投资者根据创业投资进度缴付出资后,应持相关验资报告向原登记机关申请办理出资备案手续。登记机关根据其实际出资状况在其《营业执照》出资额栏目后加注实缴出资额数目。

非法人制创投企业超过最长投资期限仍未缴付或缴清出资的,登记机关根据现行规定予以处罚。

**第十六条** 公司制创投企业投资者的出资及相关变更按现行规定办理。

## 第四章 组织机构

**第十七条** 非法人制创投企业设联合管理委员会。公司制创投企业设董事会。联合管理委员会或董事会的组成由投资者在创投企业合同及章程中予以约定。联合管理委员会或董事会代表投资者管理创投企业。

**第十八条** 联合管理委员会或董事会下设经营管理机构,根据创投企业的合同及章程中规定的权限,负责日常经营管理工作,执行联合管理委员会或董事会的投资决策。

**第十九条** 经营管理机构的负责人应当符合下列条件:

(一)具有完全的民事行为能力;

(二)无犯罪记录;

(三)无不良经营记录;

(四)应具有创业投资业的从业经验,且无违规操作记录;

(五)审批机构要求的与经营管理资格有关的其他条件。

**第二十条** 经营管理机构应定期向联合管理委员会或董事会报告以下事项:

(一)经授权的重大投资活动;

(二)中期、年度业绩报告和财务报告;

(三)法律、法规规定的其他事项;

(四)创投企业合同及章程中规定的有关事项。

**第二十一条** 联合管理委员会或董事会可以不设立经营管理机构,而将该创投企业的日常经营权授予一家创业投资管理企业或另一家创投企业进行管理。该创业投资管理企业可以是内资创业投资管理企业,也可以是外商投资创业投资管理企业,或境外创业投资管理企业。在此情形下,该创投企业与该创业投资管理企业应签订管理合同,约定创投企业和创业投资管理企业的权利义务。该管理合同应经全体投资者同意并报审批机构批准后方可生效。

**第二十二条** 创投企业的投资者可以在创业投资合同中依据国际惯例约定内部收益分配机制和奖励机制。

## 第五章 创业投资管理企业

**第二十三条** 受托管理创投企业的创业投资管理企业应具备下列条件:

(一)以受托管理创投企业的投资业务为主营业务;

(二)拥有三名以上具有三年以上创业投资从业经验的专业管理人员;

(三)有完善的内部控制制度。

**第二十四条** 创业投资管理企业可以采取公司制组织形式,也可以采取合伙制组织形式。

**第二十五条** 同一创业投资管理企业可以受托管理不同的创投企业。

**第二十六条** 创业投资管理企业应定期向委托方的联合管理委员会或董事会报告第二十条所列事项。

**第二十七条** 设立外商投资创业投资管理企业应符合本规定第二十三条的条件,经拟设立外商投资创业投资管理公司所在地省级外经贸主管部门报审批机构批准。审批机构在收到全部上报材料之日起45天内，做出批准或不批准的书面决定。予以批准的，发给《外商投资企业批准证书》。获得批准设立的外商投资创业投资管理企业应自收到审批机构颁发的《外商投资企业批准证书》之日起一个月内，持此证书向登记机关申请办理注册登记手续。

第二十八条　申请设立外商投资创业投资管理公司应当向审批机构报送以下文件：

（一）设立申请书；

（二）外商投资创业投资管理公司合同及章程；

（三）投资者的注册登记证明（复印件）、法定代表人证明（复印件）；

（四）审批机构要求的其他与申请设立有关的文件。

第二十九条　外商投资创业投资管理企业名称应当加注创业投资管理字样。除外商投资创业投资管理企业外，其他外商投资企业不得在名称中使用创业投资管理字样。

第三十条　获得批准接受创投企业委托在华从事创业投资管理业务的境外创业投资管理企业，应当自管理合同获得批准之日起30日内，向登记机关申请办理营业登记手续。

申请营业登记应报送下列文件，并对其真实性、有效性负责：

（一）境外创业投资管理企业董事长或有权签字人签署的登记申请书；

（二）经营管理合同及审批机构的批准文件；

（三）境外创业投资管理企业的章程或合伙协议；

（四）境外创业投资管理企业的合法开业证明；

（五）境外创业投资管理企业的资信证明；

（六）境外创业投资管理企业委派的中国项目负责人的授权书、简历及身份证明；

（七）境外创业投资管理企业在华营业场所证明。

以上文件应使用中文。使用外文的，应提供规范的中文译本。

## 第六章　经营管理

第三十一条　创投企业可以经营以下业务：

（一）以全部自有资金进行股权投资，具体投资方式包括新设企业、向已设立企业投资、接受已设立企业投资者股权转让以及国家法律法规允许的其他方式；

（二）提供创业投资咨询；

（三）为所投资企业提供管理咨询；

（四）审批机构批准的其他业务。

创投企业资金应主要用于向所投资企业进行股权投资。

第三十二条　创投企业不得从事下列活动：

（一）在国家禁止外商投资的领域投资；

（二）直接或间接投资于上市交易的股票和企业债券，但所投资企业上市后，创投企业所持股份不在此列；

（三）直接或间接投资于非自用不动产；

（四）贷款进行投资；

（五）挪用非自有资金进行投资；

（六）向他人提供贷款或担保，但创投企业对所投资企业1年以上的企业债券和可以转换为所投资企业股权的债券性质的投资不在此列（本款规定并不涉及所投资企业能否发行该等债券）；

（七）法律、法规以及创投企业合同禁止从事的其他事项。

第三十三条　投资者应在创投企业合同中约定对外投资期限。

第三十四条　创投企业主要从出售或以其他方式处置其在所投资企业的股权获得收益。创投企业出售或以其他方式处置其在所投资企业的股权时，可以依法选择适用的退出机制，包括：

（一）将其持有的所投资企业的部分股权或全部股权转让给其他投资者；

（二）与所投资企业签订股权回购协议，由所投资企业在一定条件下依法回购其所持有的股权；

（三）所投资企业在符合法律、行政法规规定的上市条件时可以申请到境内外证券市场上市。创投企业可以依法通过证券市场转让其拥有的所投资企业的股份；

（四）中国法律、行政法规允许的其他方式。

所投资企业向创投企业回购该创投企业所持股权的具体办法由审批机构会同登记机关另行制订。

第三十五条　创投企业应当按照国家税法的规定依法申报纳税。对非法人制创投企业，可以由投资各方依照国家税法的有关规定，分别申报缴纳企业所得税；也可以由非法人制创投企业提出申请，经批准后，依照税法规定统一计算缴纳企业所得税。

非法人制创投企业企业所得税的具体征收管理办法由国家税务总局另行颁布。

第三十六条　创投企业中属于外国投资者的利润等收益汇出境外的，应当凭管理委员会或董事会的分配决议，由会计师事务所出具的审计报告、外方投资者投资资金流入证明和验资报告、完税证明和税务申报单（享受减免税优惠的,应提供税务部门出具的减免税证明文件),从其外汇账户中支付或者到外汇指定银行购汇汇出。

外国投资者回收的对创投企业的出资可依法申购外汇汇出。公司制创投企业开立和使用外汇账户、资本变动及其他外汇收支事项,按照现行外汇管理规定办理。非法人制创投企业外汇管理规定由国家外汇管理局另行制定。

**第三十七条** 投资者应在合同、章程中约定创投企业的经营期限,一般不得超过12年。经营期满,经审批机构批准,可以延期。

经审批机构批准,创投企业可以提前解散,终止合同和章程。但是,如果非法人制创投企业的所有投资均已被出售或通过其他方式变卖,其债务亦已全部清偿,且其剩余财产均已被分配给投资者,则毋需上述批准即可进入解散和终止程序,但该非法人制创业投资企业应在该等解散生效前至少30天内向审批机构提交一份书面备案说明。

创投企业解散,应按有关规定进行清算。

**第三十八条** 创投企业应当自清算结束之日起30日内向原登记机关申请注销登记。

申请注销登记,应当提交下列文件,并对其真实性、有效性负责:

(一)董事长或联合管理委员会负责人或清算组织负责人签署的注销登记申请书;

(二)董事会或联合管理委员会的决议;

(三)清算报告;

(四)税务机关、海关出具的注销登记证明;

(五)审批机构的批准文件或备案文件;

(六)法律、行政法规规定应当提交的其他文件。

经登记机关核准注销登记,创投企业终止。

非法人制创投企业必备投资者承担的连带责任不因非法人制创投企业的终止而豁免。

## 第七章 审核与监管

**第三十九条** 创投企业境内投资比照执行《指导外商投资方向规定》和《外商投资产业指导目录》的规定。

**第四十条** 创投企业投资于任何鼓励类和允许类的所投资企业,应向所投资企业当地授权的外经贸部门备案。当地授权的外经贸部门应在收到备案材料后15天内完成备案审核手续并向所投资企业颁发外商投资企业批准证书。所投资企业持外商投资企业批准证书向登记机关申请办理注册登记手续。登记机关依照有关法律和行政法规规定决定准予登记或不予登记。准予登记的,颁发外商投资企业法人营业执照。

**第四十一条** 创投企业投资于限制类的所投资企业,应向所投资企业所在地省级外经贸主管部门提出申请,并提供下列材料:

(一)创投企业关于投资资金充足的声明;

(二)创投企业的批准证书和营业执照(复印件);

(三)创投企业(与所投资企业其他投资者)签定的所投资企业合同与章程。

省级外经贸主管部门接到上述申请之日起45日内作出同意或不同意的书面批复。作出同意批复的,颁发外商投资企业批准证书。所投资企业持该批复文件和外商投资企业批准证书向登记机关申请登记。登记机关依照有关法律和行政法规规定决定准予登记或不予登记。准予登记的,颁发外商投资企业法人营业执照。

**第四十二条** 创投企业投资属于服务贸易领域逐步开放的外商投资项目,按国家有关规定审批。

**第四十三条** 创投企业增加或转让其在所投资企业投资等行为,按照第四十条、第四十一条和第四十二条规定的程序办理。

**第四十四条** 创投企业应在履行完第四十条、第四十一条、第四十二条和第四十三条规定的程序之日起一个月内向审批机构备案。

**第四十五条** 创投企业还应在每年3月份将上一年度的资金筹集和使用情况报审批机构备案。

审批机构在接到该备案材料起5个工作日内应出具备案登记证明。凡未按上述规定备案的,审批机构将商国务院有关部门后予以相应处罚。

**第四十六条** 创投企业的所投资企业注册资本中,如果创投企业投资的比例中外国投资者的实际出资比例或与其他外国投资者联合投资的比例总和不低于25%,则该所投资企业将享受外商投资企业有关优惠待遇;如果创投企业投资的比例中外国投资者的实际出资比例或与其他外国投资者联合投资的比例总和低于该所投资企业注册资本的25%,则该所投资企业将不享受外商投资企业有关优惠待遇。

**第四十七条** 已成立的含有境内自然人投资者的内资企业在接受创业投资企业投资变更为外商投资企业后,可以继续保留其原有境内自然人投资者的股东地位。

**第四十八条** 创投企业经营管理机构的负责人和创业投资管理企业的负责人如有违法操作行为,除依法追究责任外,情节严重的,不得继续从事创业投资及相关的投资管理活动。

## 第八章 附 则

**第四十九条** 香港特别行政区、澳门特别行政区、台湾地区的投资者在大陆投资设立创投企业，参照本规定执行。

**第五十条** 本规定由对外贸易经济合作部、科学技术部、国家工商行政管理总局、国家税务总局和国家外汇管理局负责解释。

**第五十一条** 本规定自 2003 年 3 月 1 日起施行。对外贸易经济合作部、科学技术部和国家工商行政管理总局于 2001 年 8 月 28 日发布的《关于设立外商投资创业投资企业的暂行规定》同日废止。

## 企业境外经营合规管理指引

· 2018 年 12 月 26 日发改外资〔2018〕1916 号公布

### 第一章 总 则

**第一条 目的及依据**

为更好服务企业开展境外经营业务，推动企业持续加强合规管理，根据国家有关法律法规和政策规定，参考 GB/T 35770-2017《合规管理体系指南》及有关国际合规规则，制定本指引。

**第二条 适用范围**

本指引适用于开展对外贸易、境外投资、对外承包工程等"走出去"相关业务的中国境内企业及其境外子公司、分公司、代表机构等境外分支机构（以下简称"企业"）。

法律法规对企业合规管理另有专门规定的，从其规定。行业监管部门对企业境外经营合规管理另有专门规定的，有关行业企业应当遵守其规定。

**第三条 基本概念**

本指引所称合规，是指企业及其员工的经营管理行为符合有关法律法规、国际条约、监管规定、行业准则、商业惯例、道德规范和企业依法制定的章程及规章制度等要求。

**第四条 合规管理框架**

企业应以倡导合规经营价值观为导向，明确合规管理工作内容，健全合规管理架构，制定合规管理制度，完善合规运行机制，加强合规风险识别、评估与处置，开展合规评审与改进，培育合规文化，形成重视合规经营的企业氛围。

**第五条 合规管理原则**

（一）独立性原则。企业合规管理应从制度设计、机构设置、岗位安排以及汇报路径等方面保证独立性。合规管理机构及人员承担的其他职责不应与合规职责产生利益冲突。

（二）适用性原则。企业合规管理应从经营范围、组织结构和业务规模等实际出发，兼顾成本与效率，强化合规管理制度的可操作性，提高合规管理的有效性。同时，企业应随着内外部环境的变化持续调整和改进合规管理体系。

（三）全面性原则。企业合规管理应覆盖所有境外业务领域、部门和员工，贯穿决策、执行、监督、反馈等各个环节，体现于决策机制、内部控制、业务流程等各个方面。

### 第二章 合规管理要求

**第六条 对外贸易中的合规要求**

企业开展对外货物和服务贸易，应确保经营活动全流程、全方位合规，全面掌握关于贸易管制、质量安全与技术标准、知识产权保护等方面的具体要求，关注业务所涉国家（地区）开展的贸易救济调查，包括反倾销、反补贴、保障措施调查等。

**第七条 境外投资中的合规要求**

企业开展境外投资，应确保经营活动全流程、全方位合规，全面掌握关于市场准入、贸易管制、国家安全审查、行业监管、外汇管理、反垄断、反洗钱、反恐怖融资等方面的具体要求。

**第八条 对外承包工程中的合规要求**

企业开展对外承包工程，应确保经营活动全流程、全方位合规，全面掌握关于投标管理、合同管理、项目履约、劳工权利保护、环境保护、连带风险管理、债务管理、捐赠与赞助、反腐败、反贿赂等方面的具体要求。

**第九条 境外日常经营中的合规要求**

企业开展境外日常经营，应确保经营活动全流程、全方位合规，全面掌握关于劳工权利保护、环境保护、数据和隐私保护、知识产权保护、反腐败、反贿赂、反垄断、反洗钱、反恐怖融资、贸易管制、财务税收等方面的具体要求。

### 第三章 合规管理架构

**第十条 合规治理结构**

企业可结合发展需要建立权责清晰的合规治理结构，在决策、管理、执行三个层级上划分相应的合规管理责任。

（一）企业的决策层应以保证企业合规经营为目的，

通过原则性顶层设计,解决合规管理工作中的权力配置问题。

(二)企业的高级管理层应分配充足的资源建立、制定、实施、评价、维护和改进合规管理体系。

(三)企业的各执行部门及境外分支机构应及时识别归口管理领域的合规要求,改进合规管理措施,执行合规管理制度和程序,收集合规风险信息,落实相关工作要求。

**第十一条 合规管理机构**

企业可根据业务性质、地域范围、监管要求等设置相应的合规管理机构。合规管理机构一般由合规委员会、合规负责人和合规管理部门组成。尚不具备条件设立专门合规管理机构的企业,可由相关部门(如法律事务部门、风险防控部门等)履行合规管理职责,同时明确合规负责人。

(一)合规委员会

企业可结合实际设立合规委员会,作为企业合规管理体系的最高负责机构。合规委员会一般应履行以下合规职责:

1. 确认合规管理战略,明确合规管理目标。

2. 建立和完善企业合规管理体系,审批合规管理制度、程序和重大合规风险管理方案。

3. 听取合规管理工作汇报,指导、监督、评价合规管理工作。

(二)合规负责人

企业可结合实际任命专职的首席合规官,也可由法律事务负责人或风险防控负责人等担任合规负责人。首席合规官或合规负责人是企业合规管理工作具体实施的负责人和日常监督者,不应分管与合规管理相冲突的部门。首席合规官或合规负责人一般应履行以下合规职责:

1. 贯彻执行企业决策层对合规管理工作的各项要求,全面负责企业的合规管理工作。

2. 协调合规管理与企业各项业务之间的关系,监督合规管理执行情况,及时解决合规管理中出现的重大问题。

3. 领导合规管理部门,加强合规管理队伍建设,做好人员选聘培养,监督合规管理部门认真有效地开展工作。

(三)合规管理部门

企业可结合实际设置专职的合规管理部门,或者由具有合规管理职能的相关部门承担合规职责。合规管理部门一般应履行以下合规职责:

1. 持续关注我国及业务所涉国家(地区)法律法规、监管要求和国际规则的最新发展,及时提供合规建议。

2. 制定企业的合规管理制度和年度合规管理计划,并推动其贯彻落实。

3. 审查评价企业规章制度和业务流程的合规性,组织、协调和监督各业务部门对规章制度和业务流程进行梳理和修订。

4. 组织或协助业务部门、人事部门开展合规培训,并向员工提供合规咨询。

5. 积极主动识别和评估与企业境外经营相关的合规风险,并监管与供应商、代理商、分销商、咨询顾问和承包商等第三方(以下简称"第三方")相关的合规风险。为新产品和新业务的开发提供必要的合规性审查和测试,识别和评估新业务的拓展、新客户关系的建立以及客户关系发生重大变化等所产生的合规风险,并制定应对措施。

6. 实施充分且具有代表性的合规风险评估和测试,查找规章制度和业务流程存在的缺陷,并进行相应的调查。对已发生的合规风险或合规测试发现的合规缺陷,应提出整改意见并监督有关部门进行整改。

7. 针对合规举报信息制定调查方案并开展调查。

8. 推动将合规责任纳入岗位职责和员工绩效管理流程。建立合规绩效指标,监控和衡量合规绩效,识别改进需求。

9. 建立合规报告和记录的台账,制定合规资料管理流程。

10. 建立并保持与境内外监管机构日常的工作联系,跟踪和评估监管意见和监管要求的落实情况。

**第十二条 合规管理协调**

(一)合规管理部门与业务部门分工协作

合规管理需要合规管理部门和业务部门密切配合。境外经营相关业务部门应主动进行日常合规管理工作,识别业务范围内的合规要求,制定并落实业务管理制度和风险防范措施,组织或配合合规管理部门进行合规审查和风险评估,组织或监督违规调查及整改工作。

(二)合规管理部门与其他监督部门分工协作

合规管理部门与其他具有合规管理职能的监督部门(如审计部门、监察部门等)应建立明确的合作和信息交流机制,加强协调配合,形成管理合力。企业应根据风险防控需要以及各监督部门的职责分工划分合规管理职责,确保各业务系统合规运营。

（三）企业与外部监管机构沟通协调

企业应积极与境内外监管机构建立沟通渠道，了解监管机构期望的合规流程，制定符合监管机构要求的合规制度，降低在报告义务和行政处罚等方面的风险。

（四）企业与第三方沟通协调

企业与第三方合作时，应做好相关的国别风险研究和项目尽职调查，深入了解第三方合规管理情况。企业应当向重要的第三方传达自身的合规要求和对对方的合规要求，并在商务合同中明确约定。

### 第四章　合规管理制度

**第十三条　合规行为准则**

合规行为准则是最重要、最基本的合规制度，是其他合规制度的基础和依据，适用于所有境外经营相关部门和员工，以及代表企业从事境外经营活动的第三方。合规行为准则应规定境外经营活动中必须遵守的基本原则和标准，包括但不限于企业核心价值观、合规目标、合规的内涵、行为准则的适用范围和地位、企业及员工适用的合规行事标准、违规的应对方式和后果等。

**第十四条　合规管理办法**

企业应在合规行为准则的基础上，针对特定主题或特定风险领域制定具体的合规管理办法，包括但不限于礼品及招待、赞助及捐赠、利益冲突管理、举报管理和内部调查、人力资源管理、税务管理、商业伙伴合规管理等内容。

企业还应针对特定行业或地区的合规要求，结合企业自身的特点和发展需要，制定相应的合规风险管理办法。例如金融业及有关行业的反洗钱及反恐怖融资政策，银行、通信、医疗等行业的数据和隐私保护政策等。

**第十五条　合规操作流程**

企业可结合境外经营实际，就合规行为准则和管理办法制定相应的合规操作流程，进一步细化标准和要求。也可将具体的标准和要求融入到现有的业务流程当中，便于员工理解和落实，确保各项经营行为合规。

### 第五章　合规管理运行机制

**第十六条　合规培训**

企业应将合规培训纳入员工培训计划，培训内容需随企业内外部环境变化进行动态调整。境外经营相关部门和境外分支机构的所有员工，均应接受合规培训，了解并掌握企业的合规管理制度和风险防控要求。决策层和高级管理层应带头接受合规培训，高风险领域、关键岗位员工应接受有针对性的专题合规培训。合规培训应做好记录留存。

**第十七条　合规汇报**

合规负责人和合规管理部门应享有通畅的合规汇报渠道。

合规管理部门应当定期向决策层和高级管理层汇报合规管理情况。汇报内容一般包括但不限于合规风险评估情况，合规培训的组织情况和效果评估，发现的违规行为以及处理情况，违规行为可能给组织带来的合规风险，已识别的合规漏洞或缺陷，建议采取的纠正措施，合规管理工作的整体评价和分析等。

如发生性质严重或可能给企业带来重大合规风险的违规行为，合规负责人或合规管理部门应当及时向决策层和高级管理层汇报，提出风险警示，并采取纠正措施。

**第十八条　合规考核**

合规考核应全面覆盖企业的各项管理工作。合规考核结果应作为企业绩效考核的重要依据，与评优评先、职务任免、职务晋升以及薪酬待遇等挂钩。

境外经营相关部门和境外分支机构可以制定单独的合规绩效考核机制，也可将合规考核标准融入到总体的绩效管理体系中。考核内容包括但不限于按时参加合规培训，严格执行合规管理制度，积极支持和配合合规管理机构工作，及时汇报合规风险等。

**第十九条　合规咨询与审核**

境外经营相关部门和境外分支机构及其员工在履职过程中遇到合规风险事项，应及时主动寻求合规咨询或审核支持。

企业应针对高合规风险领域规定强制合规咨询范围。在涉及重点领域或重要业务环节时，业务部门应主动咨询合规管理部门意见。

合规管理部门应在合理时间内答复或启动合规审核流程。

对于复杂或专业性强且存在重大合规风险的事项，合规管理部门应按照制度规定听取法律顾问、公司律师意见，或委托专业机构召开论证会后再行形成审核意见。

**第二十条　合规信息举报与调查**

企业应根据自身特点和实际情况建立和完善合规信息举报体系。员工、客户和第三方均有权进行举报和投诉，企业应充分保护举报人。

合规管理部门或其他受理举报的监督部门应针对举报信息制定调查方案并开展调查。形成调查结论以后，企业应按照相关管理制度对违规行为进行处理。

**第二十一条　合规问责**

企业应建立全面有效的合规问责制度，明晰合规责任范围，细化违规惩处标准，严格认定和追究违规行为责任。

### 第六章　合规风险识别、评估与处置

#### 第二十二条　合规风险

合规风险，是指企业或其员工因违规行为遭受法律制裁、监管处罚、重大财产损失或声誉损失以及其他负面影响的可能性。

#### 第二十三条　合规风险识别

企业应当建立必要的制度和流程，识别新的和变更的合规要求。

企业可围绕关键岗位或者核心业务流程，通过合规咨询、审核、考核和违规查处等内部途径识别合规风险，也可通过外部法律顾问咨询、持续跟踪监管机构有关信息、参加行业组织研讨等方式获悉外部监管要求的变化，识别合规风险。

企业境外分支机构可通过聘请法律顾问、梳理行业合规案例等方式动态了解掌握业务所涉国家（地区）政治经济和法律环境的变化，及时采取应对措施，有效识别各类合规风险。

#### 第二十四条　合规风险评估

企业可通过分析违规或可能造成违规的原因、来源、发生的可能性、后果的严重性等进行合规风险评估。

企业可根据企业的规模、目标、市场环境及风险状况确定合规风险评估的标准和合规风险管理的优先级。

企业进行合规风险评估后应形成评估报告，供决策层、高级管理层和业务部门等使用。评估报告内容包括风险评估实施概况、合规风险基本评价、原因机制、可能的损失、处置建议、应对措施等。

#### 第二十五条　合规风险处置

企业应建立健全合规风险应对机制，对识别评估的各类合规风险采取恰当的控制和处置措施。发生重大合规风险时，企业合规管理机构和其他相关部门应协同配合，依法及时采取补救措施，最大程度降低损失。必要时，应及时报告有关监管机构。

### 第七章　合规评审与改进

#### 第二十六条　合规审计

企业合规管理职能应与内部审计职能分离。企业审计部门应对企业合规管理的执行情况、合规管理体系的适当性和有效性等进行独立审计。审计部门应将合规审计结果告知合规管理部门，合规管理部门也可根据合规风险的识别和评估情况向审计部门提出开展审计工作的建议。

#### 第二十七条　合规管理体系评价

企业应定期对合规管理体系进行系统全面的评价，发现和纠正合规管理贯彻执行中存在的问题，促进合规体系的不断完善。合规管理体系评价可由企业合规管理相关部门组织开展或委托外部专业机构开展。

企业在开展效果评价时，应考虑企业面临的合规要求变化情况，不断调整合规管理目标，更新合规风险管理措施，以满足内外部合规管理要求。

#### 第二十八条　持续改进

企业应根据合规审计和体系评价情况，进入合规风险再识别和合规制度再制定的持续改进阶段，保障合规管理体系全环节的稳健运行。

企业应积极配合监管机构的监督检查，并根据监管要求及时改进合规管理体系，提高合规管理水平。

### 第八章　合规文化建设

#### 第二十九条　合规文化培育

企业应将合规文化作为企业文化建设的重要内容。企业决策层和高级管理层应确立企业合规理念，注重身体力行。企业应践行依法合规、诚信经营的价值观，不断增强员工的合规意识和行为自觉，营造依规办事、按章操作的文化氛围。

#### 第三十条　合规文化推广

企业应将合规作为企业经营理念和社会责任的重要内容，并将合规文化传递至利益相关方。企业应树立积极正面的合规形象，促进行业合规文化发展，营造和谐健康的境外经营环境。

## 外商投资安全审查办法

- 2020年12月19日中华人民共和国国家发展和改革委员会、中华人民共和国商务部令第37号公布
- 自2021年1月18日起施行

**第一条**　为了适应推动形成全面开放新格局的需要，在积极促进外商投资的同时有效预防和化解国家安全风险，根据《中华人民共和国外商投资法》《中华人民共和国国家安全法》和相关法律，制定本办法。

**第二条**　对影响或者可能影响国家安全的外商投资，依照本办法的规定进行安全审查。

本办法所称外商投资，是指外国投资者直接或者间

接在中华人民共和国境内(以下简称境内)进行的投资活动,包括下列情形:

(一)外国投资者单独或者与其他投资者共同在境内投资新建项目或者设立企业;

(二)外国投资者通过并购方式取得境内企业的股权或者资产;

(三)外国投资者通过其他方式在境内投资。

**第三条** 国家建立外商投资安全审查工作机制(以下简称工作机制),负责组织、协调、指导外商投资安全审查工作。

工作机制办公室设在国家发展改革委,由国家发展改革委、商务部牵头,承担外商投资安全审查的日常工作。

**第四条** 下列范围内的外商投资,外国投资者或者境内相关当事人(以下统称当事人)应当在实施投资前主动向工作机制办公室申报:

(一)投资军工、军工配套等关系国防安全的领域,以及在军事设施和军工设施周边地域投资;

(二)投资关系国家安全的重要农产品、重要能源和资源、重大装备制造、重要基础设施、重要运输服务、重要文化产品与服务、重要信息技术和互联网产品与服务、重要金融服务、关键技术以及其他重要领域,并取得所投资企业的实际控制权。

前款第二项所称取得所投资企业的实际控制权,包括下列情形:

(一)外国投资者持有企业50%以上股权;(二)外国投资者持有企业股权不足50%,但其所享有的表决权能够对董事会、股东会或者股东大会的决议产生重大影响;

(三)其他导致外国投资者能够对企业的经营决策、人事、财务、技术等产生重大影响的情形。

对本条第一款规定范围(以下称申报范围)内的外商投资,工作机制办公室有权要求当事人申报。

**第五条** 当事人向工作机制办公室申报外商投资前,可以就有关问题向工作机制办公室进行咨询。

**第六条** 当事人向工作机制办公室申报外商投资,应当提交下列材料:

(一)申报书;

(二)投资方案;

(三)外商投资是否影响国家安全的说明;

(四)工作机制办公室规定的其他材料。

申报书应当载明外国投资者的名称、住所、经营范围、投资的基本情况以及工作机制办公室规定的其他事项。

工作机制办公室根据工作需要,可以委托省、自治区、直辖市人民政府有关部门代为收取并转送本条第一款规定的材料。

**第七条** 工作机制办公室应当自收到当事人提交或者省、自治区、直辖市人民政府有关部门转送的符合本办法第六条规定的材料之日起15个工作日内,对申报的外商投资作出是否需要进行安全审查的决定,并书面通知当事人。工作机制办公室作出决定前,当事人不得实施投资。

工作机制办公室作出不需要进行安全审查决定的,当事人可以实施投资。

**第八条** 外商投资安全审查分为一般审查和特别审查。工作机制办公室决定对申报的外商投资进行安全审查的,应当自决定之日起30个工作日内完成一般审查。审查期间,当事人不得实施投资。

经一般审查,认为申报的外商投资不影响国家安全的,工作机制办公室应当作出通过安全审查的决定;认为影响或者可能影响国家安全的,工作机制办公室应当作出启动特别审查的决定。工作机制办公室作出的决定应当书面通知当事人。

**第九条** 工作机制办公室决定对申报的外商投资启动特别审查的,审查后应当按照下列规定作出决定,并书面通知当事人:

(一)申报的外商投资不影响国家安全的,作出通过安全审查的决定;

(二)申报的外商投资影响国家安全的,作出禁止投资的决定;通过附加条件能够消除对国家安全的影响,且当事人书面承诺接受附加条件的,可以作出附条件通过安全审查的决定,并在决定中列明附加条件。

特别审查应当自启动之日起60个工作日内完成;特殊情况下,可以延长审查期限。延长审查期限应当书面通知当事人。审查期间,当事人不得实施投资。

**第十条** 工作机制办公室对申报的外商投资进行安全审查期间,可以要求当事人补充提供相关材料,并向当事人询问有关情况。当事人应当予以配合。

当事人补充提供材料的时间不计入审查期限。

**第十一条** 工作机制办公室对申报的外商投资进行安全审查期间,当事人可以修改投资方案或者撤销投资。

当事人修改投资方案的,审查期限自工作机制办公室收到修改后的投资方案之日起重新计算;当事人撤销投资的,工作机制办公室终止审查。

**第十二条** 工作机制办公室对申报的外商投资作出通过安全审查决定的,当事人可以实施投资;作出禁止投资决定的,当事人不得实施投资,已经实施的,应当限期处分股权或者资产以及采取其他必要措施,恢复到投资实施前的状态,消除对国家安全的影响;作出附条件通过安全审查决定的,当事人应当按照附加条件实施投资。

第十三条 外商投资安全审查决定,由工作机制办公室会同有关部门、地方人民政府监督实施;对附条件通过安全审查的外商投资,可以采取要求提供有关证明材料、现场检查等方式,对附加条件的实施情况进行核实。

第十四条 工作机制办公室对申报的外商投资作出不需要进行安全审查或者通过安全审查的决定后,当事人变更投资方案,影响或者可能影响国家安全的,应当依照本办法的规定重新向工作机制办公室申报。

第十五条 有关机关、企业、社会团体、社会公众等认为外商投资影响或者可能影响国家安全的,可以向工作机制办公室提出进行安全审查的建议。

第十六条 对申报范围内的外商投资,当事人未依照本办法的规定申报即实施投资的,由工作机制办公室责令限期申报;拒不申报的,责令限期处分股权或者资产以及采取其他必要措施,恢复到投资实施前的状态,消除对国家安全的影响。

第十七条 当事人向工作机制办公室提供虚假材料或者隐瞒有关信息的,由工作机制办公室责令改正;提供虚假材料或者隐瞒有关信息骗取通过安全审查的,撤销相关决定;已经实施投资的,责令限期处分股权或者资产以及采取其他必要措施,恢复到投资实施前的状态,消除对国家安全的影响。

第十八条 附条件通过安全审查的外商投资,当事人未按照附加条件实施投资的,由工作机制办公室责令改正;拒不改正的,责令限期处分股权或者资产以及采取其他必要措施,恢复到投资实施前的状态,消除对国家安全的影响。

第十九条 当事人有本办法第十六条、第十七条、第十八条规定情形的,应当将其作为不良信用记录纳入国家有关信用信息系统,并按照国家有关规定实施联合惩戒。

第二十条 国家机关工作人员在外商投资安全审查工作中,滥用职权、玩忽职守、徇私舞弊、泄露国家秘密或者其所知悉的商业秘密,依法给予处分;构成犯罪的,依法追究刑事责任。

第二十一条 香港特别行政区、澳门特别行政区、台湾地区投资者进行投资,影响或者可能影响国家安全的,参照本办法的规定执行。

第二十二条 外国投资者通过证券交易所或者国务院批准的其他证券交易场所购买境内企业股票,影响或者可能影响国家安全的,其适用本办法的具体办法由国务院证券监督管理机构会同工作机制办公室制定。

第二十三条 本办法自公布之日起三十日后施行。

· 典型案例

1. 意大利费列罗公司诉蒙特莎(张家港)食品有限公司、天津经济技术开发区正元行销有限公司不正当竞争纠纷案①

【关键词】
民事 不正当竞争 知名商品 特有包装、装潢
【裁判要点】
1. 反不正当竞争法所称的知名商品,是指在中国境内具有一定的市场知名度,为相关公众所知悉的商品。在国际上已知名的商品,我国对其特有的名称、包装、装潢的保护,仍应以其在中国境内为相关公众所知悉为必要。故认定该知名商品,应当结合该商品在中国境内的销售时间、销售区域、销售额和销售对象,进行宣传的持续时间、程度和地域范围,作为知名商品受保护的情况等因素,并适当考虑该商品在国外已知名的情况,进行综合判断。

2. 反不正当竞争法所保护的知名商品特有的包装、装潢,是指能够区别商品来源的盛装或者保护商品的容器等包装,以及在商品或者其包装上附加的文字、图案、色彩及其排列组合所构成的装潢。

3. 对他人能够区别商品来源的知名商品特有的包装、装潢,进行足以引起市场混淆、误认的全面模仿,属于不正当竞争行为。

【相关法条】
《中华人民共和国反不正当竞争法》第五条第二项
【基本案情】
原告意大利费列罗公司(以下简称费列罗公司)诉称:被告蒙特莎(张家港)食品有限公司(以下简称蒙特莎公司)仿冒原告产品,擅自使用与原告知名商品特有的包装、

---

① 案例来源:最高人民法院指导案例第47号。

装潢相同或近似的包装、装潢,使消费者产生混淆。被告蒙特莎公司的上述行为及被告天津经济技术开发区正元行销有限公司(以下简称正元公司)销售仿冒产品的行为已给原告造成重大经济损失。请求判令蒙特莎公司不得生产、销售,正元公司不得销售符合前述费列罗公司巧克力产品特有的任意一项或者几项组合的包装、装潢的产品或者任何与费列罗公司的上述包装、装潢相似的足以引起消费者误认的巧克力产品,并赔礼道歉、消除影响、承担诉讼费用,蒙特莎公司赔偿损失300万元。

被告蒙特莎公司辩称:原告涉案产品在中国境内市场并没有被相关公众所知悉,而蒙特莎公司生产的金莎巧克力产品在中国境内消费者中享有很高的知名度,属于知名商品。原告诉请中要求保护的包装、装潢是国内外同类巧克力产品的通用包装、装潢,不具有独创性和特异性。蒙特莎公司生产的金莎巧克力使用的包装、装潢是其和专业设计人员合作开发的,并非仿冒他人已有的包装、装潢。普通消费者只需施加一般的注意,就不会混淆原、被告各自生产的巧克力产品。原告认为自己产品的包装涵盖了商标、外观设计、著作权等多项知识产权,但未明确指出被控侵权产品的包装、装潢具体侵犯了其何种权利,其起诉要求保护的客体模糊不清。故原告起诉无事实和法律依据,请求驳回原告的诉讼请求。

法院经审理查明:费列罗公司于1946年在意大利成立,1982年其生产的费列罗巧克力投放市场,曾在亚洲多个国家和地区的电视、报刊、杂志发布广告。在我国台湾和香港地区,费列罗巧克力取名"金莎"巧克力,并分别于1990年6月和1993年在我国台湾和香港地区注册"金莎"商标。1984年2月,费列罗巧克力通过中国粮油食品进出口总公司采取寄售方式进入了国内市场,主要在免税店和机场商店等当时政策所允许的场所销售,并延续到1993年前。1986年10月,费列罗公司在中国注册了"FERRERO ROCHER"和图形(椭圆花边图案)以及其组合的系列商标,并在中国境内销售的巧克力商品上使用。费列罗巧克力使用的包装、装潢的主要特征是:1. 每一粒球状巧克力用金色纸质包装;2. 在金色球状包装上配以印有"FERRERO ROCHER"商标的椭圆形金边标签作为装潢;3. 每一粒球状巧克力均有咖啡色纸质底托作为装潢;4. 若干形状的塑料透明包装,以呈现金球状内包装;5. 塑料透明包装上使用椭圆形金边图案作为装潢,椭圆形内配有产品图案和商标,并由商标处延伸出红金颜色的绶带状图案。费列罗巧克力产品的8粒装、16粒装、24粒装以及30粒装立体包装于1984年在世界知识产权组织申请为立体商标。费列罗公司自1993年开始,以广东、上海、北京地区为核心逐步加大费列罗巧克力在国内的报纸、期刊和室外广告的宣传力度,相继在一些大中城市设立专柜进行销售,并通过赞助一些商业和体育活动,提高其产品的知名度。2000年6月,其"FERRERO ROCHER"商标被国家工商行政管理部门列入全国重点商标保护名录。我国广东、河北等地工商行政管理部门曾多次查处仿冒费列罗巧克力包装、装潢的行为。

蒙特莎公司是1991年12月张家港市乳品一厂与比利时费塔代尔有限公司合资成立的生产、销售各种花色巧克力的中外合资企业。张家港市乳品一厂自1990年开始生产金莎巧克力,并于1990年4月23日申请注册"金莎"文字商标,1991年4月经国家工商行政管理局商标局核准注册。2002年,张家港市乳品一厂向蒙特莎公司转让"金莎"商标,于2002年11月25日提出申请,并于2004年4月21日经国家工商管理总局商标局核准转让。由此蒙特莎公司开始生产、销售金莎巧克力。蒙特莎公司生产、销售金莎巧克力产品,其除将"金莎"更换为"金莎TRESOR DORE"组合商标外,仍延续使用张家港市乳品一厂金莎巧克力产品使用的包装、装潢。被控侵权的金莎TRESOR DORE巧克力包装、装潢为:每粒金莎TRESOR DORE巧克力呈球状并均由金色锡纸包装;在每粒金球状包装顶部均配以印有"金莎TRESOR DORE"商标的椭圆形金边标签;每粒金球状巧克力均配有底面平滑无褶皱、侧面带波浪褶皱的呈碗状的咖啡色纸质底托;外包装为透明塑料纸或塑料盒;外包装正中处使用椭圆金边图案,内配产品图案及金莎TRESOR DORE商标,并由此延伸出红金色绶带。以上特征与费列罗公司起诉中请求保护的包装、装潢在整体印象和主要部分上相近似。正元公司为蒙特莎公司生产的金莎TRESOR DORE巧克力在天津市的经销商。2003年1月,费列罗公司经天津市公证处公证,在天津市河东区正元公司处购买了被控侵权产品。

【裁判结果】

天津市第二中级人民法院于2005年2月7日作出(2003)二中民三初字第63号民事判决:判令驳回费列罗公司对蒙特莎公司、正元公司的诉讼请求。费列罗公司提起上诉,天津市高级人民法院于2006年1月9日作出(2005)津高民三终字第36号判决:1. 撤销一审判决;2. 蒙特莎公司立即停止使用金莎TRESOR DORE系列巧克力侵权包装、装潢;3. 蒙特莎公司赔偿费列罗公司人民币700000元,于本判决生效后十五日内给付;4. 责令正元公司立即停止销售使用侵权包装、装潢的金莎TRESOR DORE系列巧克力;5. 驳回费列罗公司其他诉讼请求。蒙特莎公司不服二审判决,向最高人民法院提出再审申请。

最高人民法院于2008年3月24日作出(2006)民三提字第3号民事判决:1.维持天津市高级人民法院(2005)津高民三终字第36号民事判决第一项、第五项;2.变更天津市高级人民法院(2005)津高民三终字第36号民事判决第二项为:蒙特莎公司立即停止在本案金莎TRESOR DORE系列巧克力商品上使用与费列罗系列巧克力商品特有的包装、装潢相近似的包装、装潢的不正当竞争行为;3.变更天津市高级人民法院(2005)津高民三终字第36号民事判决第三项为:蒙特莎公司自本判决送达后十五日内,赔偿费列罗公司人民币500000元;4.变更天津市高级人民法院(2005)津高民三终字第36号民事判决第四项为:责令正元公司立即停止销售上述金莎TREDOR DORE系列巧克力商品。

【裁判理由】

最高人民法院认为:本案主要涉及费列罗巧克力是否为在先知名商品,费列罗巧克力使用的包装、装潢是否为特有的包装、装潢,以及蒙特莎公司生产的金莎TRESOR DORE巧克力使用包装、装潢是否构成不正当竞争行为等争议焦点问题。

一、关于费列罗巧克力是否为在先知名商品

根据中国粮油食品进出口总公司与费列罗公司签订的寄售合同、寄售合同确认书等证据,二审法院认定费列罗巧克力自1984年开始在中国境内销售无误。反不正当竞争法所指的知名商品,是在中国境内具有一定的市场知名度、为相关公众所知悉的商品。在国际已知名的商品,我国法律对其特有名称、包装、装潢的保护,仍应以在中国境内为相关公众所知悉为必要。其所主张的商品或者服务具有知名度,通常系由在中国境内生产、销售或者从事其他经营活动而产生。认定知名商品,应当考虑该商品的销售时间、销售区域、销售额和销售对象,进行宣传的持续时间、程度和地域范围,作为知名商品受保护的情况等因素,进行综合判断;也不排除适当考虑国外已知名的因素。本案二审判决中关于"对商品知名状况的评价应根据其在国内外特定市场的知名度综合判定,不能理解为仅指在中国境内知名的商品"的表述欠当,但根据费列罗巧克力进入中国市场的时间、销售情况以及费列罗公司进行的多种宣传活动,认定其属于在中国境内的相关市场中具有较高知名度的知名商品正确。蒙特莎公司关于费列罗巧克力在中国境内市场知名的时间晚于金莎TRESOR DORE巧克力的主张不能成立。此外,费列罗公司费列罗巧克力的包装、装潢使用在先,蒙特莎公司主张其使用的涉案包装、装潢为自主开发设计缺乏充分证据支持,二审判决认定蒙特莎公司擅自使用费列罗巧克力特有包装、装潢正确。

二、关于费列罗巧克力使用的包装、装潢是否具有特有性

盛装或者保护商品的容器等包装,以及在商品或者其包装上附加的文字、图案、色彩及其排列组合所构成的装潢,在其能够区别商品来源时,即属于反不正当竞争法保护的特有包装、装潢。费列罗公司请求保护的费列罗巧克力使用的包装、装潢系由一系列要素构成。如果仅仅以锡箔纸包裹球状巧克力,采用透明塑料外包装,呈现巧克力内包装等方式进行简单的组合,所形成的包装、装潢因无区别商品来源的显著特征而不具有特有性;而且这种组合中的各个要素也属于食品包装行业中通用的包装、装潢元素,不能被独占使用。但是,锡纸、纸托、塑料盒等包装材质与形状、颜色的排列组合有很大的选择空间;将商标标签附加在包装上,该标签的尺寸、图案、构图方法等亦有很大的设计自由度。在可以自由设计的范围内,将包装、装潢各要素独特排列组合,使其具有区别商品来源的显著特征,可以构成商品特有的包装、装潢。费列罗巧克力所使用的包装、装潢因其构成要素在文字、图形、色彩、形状、大小等方面的排列组合具有独特性,形成了显著的整体形象,且与商品的功能性无关,经过长时间使用和大量宣传,已足以使相关公众将上述包装、装潢的整体形象与费列罗公司的费列罗巧克力商品联系起来,具有识别其商品来源的作用,应当属于反不正当竞争法第五条第二项所保护的特有的包装、装潢。蒙特莎公司关于判定涉案包装、装潢为特有,会使巧克力行业的通用包装、装潢被费列罗公司排他性独占使用,垄断国内球形巧克力市场等理由,不能成立。

三、关于相关公众是否容易对费列罗巧克力与金莎TRESOR DORE巧克力引起混淆、误认

对商品包装、装潢的设计,不同经营者之间可以相互学习、借鉴,并在此基础上进行创新设计,形成有明显区别各自商品的包装、装潢。这种做法是市场经营和竞争的必然要求。就本案而言,蒙特莎公司可以充分利用巧克力包装、装潢设计中的通用要素,自由设计与他人在先使用的特有包装、装潢具有明显区别的包装、装潢。但是,对他人具有识别商品来源意义的特有包装、装潢,则不能作足以引起市场混淆、误认的全面模仿,否则就会构成不正当的市场竞争。我国反不正当竞争法中规定的混淆、误认,是指足以使相关公众对商品的来源产生误认,包括误认为与知名商品的经营者具有许可使用、关联企业关系等特定联系。本案中,由于费列罗巧克力使用的包装、装潢的整体形象具有区别商品来源的显著特征,蒙特莎公司在其巧克力商品上使用的包装、装潢与费列罗巧克力特有包装、装潢,又达到在视觉上非常近似的程度。即使双方商品存在价格、质量、口味、消费层次等方面的差异和厂商名称、商

标不同等因素，也未免使相关公众易于误认金莎 TRESOR DORE 巧克力与费列罗巧克力存在某种经济上的联系。据此，再审申请人关于本案相似包装、装潢不会构成消费者混淆、误认的理由不能成立。

综上，蒙特莎公司在其生产的金莎 TRESOR DORE 巧克力商品上，擅自使用与费列罗公司的费列罗巧克力特有的包装、装潢相近似的包装、装潢，足以引起相关公众对商品来源的混淆、误认，构成不正当竞争。

## 2. 孙银山诉南京欧尚超市有限公司江宁店买卖合同纠纷案[①]

【关键词】
民事　买卖合同　食品安全　十倍赔偿

【裁判要点】
消费者购买到不符合食品安全标准的食品，要求销售者或者生产者依照食品安全法规定支付价款十倍赔偿金或者依照法律规定的其他赔偿标准赔偿的，不论其购买时是否明知食品不符合安全标准，人民法院都应予支持。

【相关法条】
《中华人民共和国食品安全法》第九十六条第二款

【基本案情】
2012 年 5 月 1 日，原告孙银山在被告南京欧尚超市有限公司江宁店（简称欧尚超市江宁店）购买"玉兔牌"香肠15 包，其中价值 558.6 元的 14 包香肠已过保质期。孙银山到收银台结账后，即径直到服务台索赔，后因协商未果诉至法院，要求欧尚超市江宁店支付 14 包香肠售价十倍的赔偿金 5586 元。

【裁判结果】
江苏省南京市江宁区人民法院于 2012 年 9 月 10 日作出（2012）江宁开民初字第 646 号民事判决：被告欧尚超市江宁店于判决发生法律效力之日起 10 日内赔偿原告孙银山 5586 元。宣判后，双方当事人均未上诉，判决已发生法律效力。

【裁判理由】
法院生效裁判认为：关于原告孙银山是否属于消费者的问题。《中华人民共和国消费者权益保护法》第二条规定："消费者为生活消费需要购买、使用商品或者接受服务，其权益受本法保护；本法未作规定的，受其他有关法律、法规保护。"消费者是相对于销售者和生产者的概念，只要在市场交易中购买、使用商品或者接受服务是为了个人、家庭生活需要，而不是为了生产经营活动或者职业活动需要的，就应当认定为"为生活消费需要"的消费者，属于消费者权益保护法调整的范围。本案中，原、被告双方对孙银山从欧尚超市江宁店购买香肠这一事实不持异议，据此可以认定孙银山实施了购买商品的行为，且孙银山并未将所购香肠用于再次销售经营，欧尚超市江宁店也未提供证据证明其购买商品是为了生产经营。孙银山因购买到超过保质期的食品而索赔，属于行使法定权利。因此欧尚超市江宁店认为孙银山"买假索赔"不是消费者的抗辩理由不能成立。

关于被告欧尚超市江宁店是否属于销售明知是不符合食品安全标准食品的问题。《中华人民共和国食品安全法》（以下简称《食品安全法》）第三条规定："食品生产经营者应当依照法律、法规和食品安全标准从事生产经营活动，对社会和公众负责，保证食品安全，接受社会监督，承担社会责任。"该法第二十八条第（八）项规定，超过保质期的食品属于禁止生产经营的食品。食品销售者负有保证食品安全的法定义务，应当对不符合安全标准的食品自行及时清理。欧尚超市江宁店作为食品销售者，应当按照保障食品安全的要求储存食品，及时检查待售食品，清理超过保质期的食品，但欧尚超市江宁店仍然摆放并销售货架上超过保质期的"玉兔牌"香肠，未履行法定义务，可以认定为销售明知是不符合食品安全标准的食品。

关于被告欧尚超市江宁店的责任承担问题。《食品安全法》第九十六条第一款规定："违反本法规定，造成人身、财产或者其他损害的，依法承担赔偿责任。"第二款规定："生产不符合食品安全标准的食品或者销售明知是不符合食品安全标准的食品，消费者除要求赔偿损失外，还可以向生产者或者销售者要求支付价款十倍的赔偿金。"当销售者销售明知是不符合安全标准的食品时，消费者可以同时主张赔偿损失和支付价款十倍的赔偿金，也可以只主张支付价款十倍的赔偿金。本案中，原告孙银山仅要求欧尚超市江宁店支付售价十倍的赔偿金，属于当事人自行处分权利的行为，应予支持。关于被告欧尚超市江宁店提出原告明知食品过期而购买，希望利用其错误谋求利益，不应予以十倍赔偿的主张，因前述法律规定消费者有权获得支付价款十倍的赔偿金，因该赔偿获得的利益属于法律应当保护的利益，且法律并未对消费者的主观购物动机作出限制性规定，故对其该项主张不予支持。

---

[①] 案例来源：最高人民法院指导案例 23 号。

## 3. 张莉诉北京合力华通汽车服务有限公司买卖合同纠纷案①

【关键词】

民事　买卖合同　欺诈　家用汽车

【裁判要点】

1. 为家庭生活消费需要购买汽车，发生欺诈纠纷的，可以按照《中华人民共和国消费者权益保护法》处理。

2. 汽车销售者承诺向消费者出售没有使用或维修过的新车，消费者购买后发现系使用或维修过的汽车，销售者不能证明已履行告知义务且得到消费者认可的，构成销售欺诈，消费者要求销售者按照消费者权益保护法赔偿损失的，人民法院应予支持。

【相关法条】

《中华人民共和国消费者权益保护法》第二条、第五十五条第一款（该款系2013年10月25日修改，修改前为第四十九条）

【基本案情】

2007年2月28日，原告张莉从被告北京合力华通汽车服务有限公司（简称合力华通公司）购买上海通用雪佛兰景程轿车一辆，价格138000元，双方签有《汽车销售合同》。该合同第七条约定："……卖方保证买方所购车辆为新车，在交付之前已作了必要的检验和清洁，车辆路程表的公里数为18公里且符合卖方提供给买方的随车交付文件中所列的各项规格和指标……"合同签订当日，张莉向合力华通公司交付了购车款138000元，同时支付了车辆购置税12400元、一条龙服务费500元、保险费6060元。同日，合力华通公司将雪佛兰景程轿车一辆交付张莉，张莉为该车办理了机动车登记手续。2007年5月13日，张莉在将车辆送合力华通公司保养时，发现该车曾于2007年1月17日进行过维修。

审理中，合力华通公司表示张莉所购车辆确曾在运输途中造成划伤，于2007年1月17日进行过维修，维修项目包括右前叶子板喷漆、右前门喷漆、右后叶子板喷漆、右前门钣金、右后叶子板钣金、右前叶子板钣金，维修中更换底大边卡扣、油箱门及前叶子板灯总成。送修人系该公司业务员。合力华通公司称，对于车辆曾进行维修之事已在销售时明确告知张莉，并据此予以较大幅度优惠，该车销售定价应为151900元，经协商后该车实际销售价格为138000元，还赠送了部分装饰。为证明上述事实，合力华通公司提供了车辆维修记录及有张莉签字的日期为2007年2月28日的车辆交接验收单一份，在车辆交接验收单备注一栏中注有"加1/4油，此车右侧有钣喷修复，按约定价格销售"。合力华通公司表示该验收单系该公司保存，张莉手中并无此单。对于合力华通公司提供的上述两份证据，张莉表示对于车辆维修记录没有异议，车辆交接验收单中的签字确系其所签，但合力华通公司在销售时并未告知车辆曾有维修，其在签字时备注一栏中没有"此车右侧有钣喷修复，按约定价格销售"字样。

【裁判结果】

北京市朝阳区人民法院于2007年10月作出（2007）朝民初字第18230号民事判决：一、撤销张莉与合力华通公司于2007年2月28日签订的《汽车销售合同》；二、张莉于判决生效后七日内将其所购的雪佛兰景程轿车退还合力华通公司；三、合力华通公司于判决生效后七日内退还张莉购车款十二万四千二百元；四、合力华通公司于判决生效后七日内赔偿张莉购置税一万二千四百元、服务费五百元、保险费六千零六十元；五、合力华通公司于判决生效后七日内加倍赔偿张莉购车款十三万八千元；六、驳回张莉其他诉讼请求。宣判后，合力华通公司提出上诉。北京市第二中级人民法院于2008年3月13日作出（2008）二中民终字第00453号民事判决：驳回上诉，维持原判。

【裁判理由】

法院生效裁判认为：原告张莉购买汽车系因生活需要自用，被告合力华通公司没有证据证明张莉购买该车用于经营或其他非生活消费，故张莉购买汽车的行为属于生活消费需要，应当适用《中华人民共和国消费者权益保护法》。

根据双方签订的《汽车销售合同》约定，合力华通公司交付张莉的车辆应为无维修记录的新车，现所售车辆在交付前实际上经过维修，这是双方共同认可的事实，故本案争议的焦点为合力华通公司是否事先履行了告知义务。

车辆销售价格的降低或优惠以及赠送车饰是销售商常用的销售策略，也是双方当事人协商的结果，不能由此推断出合力华通公司在告知张莉汽车存在瑕疵的基础上对其进行了降价和优惠。合力华通公司提交的有张莉签名的车辆交接验收单，因系合力华通公司单方保存，且备注一栏内容由公司不同人员书写，加之张莉对此不予认可，该验收单不足以证明张莉对车辆以前维修过有所了解。故对合力华通公司抗辩称其向张莉履行了瑕疵告知义务，不予采信，应认定合力华通公司在售车时隐瞒了车辆存在的瑕疵，有欺诈行为，应退车还款并增加赔偿张莉的损失。

---

① 2013年11月8日最高人民法院指导案例17号。

# 六、税收、财会

## 1. 税收

### 中华人民共和国税收征收管理法

- 1992年9月4日第七届全国人民代表大会常务委员会第二十七次会议通过
- 根据1995年2月28日第八届全国人民代表大会常务委员会第十二次会议《关于修改〈中华人民共和国税收征收管理法〉的决定》第一次修正
- 2001年4月28日第九届全国人民代表大会常务委员会第二十一次会议修订
- 根据2013年6月29日第十二届全国人民代表大会常务委员会第三次会议《关于修改〈中华人民共和国文物保护法〉等十二部法律的决定》第二次修正
- 根据2015年4月24日第十二届全国人民代表大会常务委员会第十四次会议《关于修改〈中华人民共和国港口法〉等七部法律的决定》第三次修正

#### 第一章 总则

**第一条** 为了加强税收征收管理,规范税收征收和缴纳行为,保障国家税收收入,保护纳税人的合法权益,促进经济和社会发展,制定本法。

**第二条** 凡依法由税务机关征收的各种税收的征收管理,均适用本法。

**第三条** 税收的开征、停征以及减税、免税、退税、补税,依照法律的规定执行;法律授权国务院规定的,依照国务院制定的行政法规的规定执行。

任何机关、单位和个人不得违反法律、行政法规的规定,擅自作出税收开征、停征以及减税、免税、退税、补税和其他同税收法律、行政法规相抵触的决定。

**第四条** 法律、行政法规规定负有纳税义务的单位和个人为纳税人。

法律、行政法规规定负有代扣代缴、代收代缴税款义务的单位和个人为扣缴义务人。

纳税人、扣缴义务人必须依照法律、行政法规的规定缴纳税款、代扣代缴、代收代缴税款。

**第五条** 国务院税务主管部门主管全国税收征收管理工作。各地国家税务局和地方税务局应当按照国务院规定的税收征收管理范围分别进行征收管理。

地方各级人民政府应当依法加强对本行政区域内税收征收管理工作的领导或者协调,支持税务机关依法执行职务,依照法定税率计算税额,依法征收税款。

各有关部门和单位应当支持、协助税务机关依法执行职务。

税务机关依法执行职务,任何单位和个人不得阻挠。

**第六条** 国家有计划地用现代信息技术装备各级税务机关,加强税收征收管理信息系统的现代化建设,建立、健全税务机关与政府其他管理机关的信息共享制度。

纳税人、扣缴义务人和其他有关单位应当按照国家有关规定如实向税务机关提供与纳税和代扣代缴、代收代缴税款有关的信息。

**第七条** 税务机关应当广泛宣传税收法律、行政法规,普及纳税知识,无偿地为纳税人提供纳税咨询服务。

**第八条** 纳税人、扣缴义务人有权向税务机关了解国家税收法律、行政法规的规定以及与纳税程序有关的情况。

纳税人、扣缴义务人有权要求税务机关为纳税人、扣缴义务人的情况保密。税务机关应当依法为纳税人、扣缴义务人的情况保密。

纳税人依法享有申请减税、免税、退税的权利。

纳税人、扣缴义务人对税务机关所作出的决定,享有陈述权、申辩权;依法享有申请行政复议、提起行政诉讼、请求国家赔偿等权利。

纳税人、扣缴义务人有权控告和检举税务机关、税务人员的违法违纪行为。

**第九条** 税务机关应当加强队伍建设,提高税务人员的政治业务素质。

税务机关、税务人员必须秉公执法,忠于职守,清正廉洁,礼貌待人,文明服务,尊重和保护纳税人、扣缴义务人的权利,依法接受监督。

税务人员不得索贿受贿、徇私舞弊、玩忽职守、不征或者少征应征税款;不得滥用职权多征税款或者故意刁难纳税人和扣缴义务人。

**第十条** 各级税务机关应当建立、健全内部制约和监督管理制度。

上级税务机关应当对下级税务机关的执法活动依法进行监督。

各级税务机关应当对其工作人员执行法律、行政法规和廉洁自律准则的情况进行监督检查。

**第十一条** 税务机关负责征收、管理、稽查、行政复议的人员的职责应当明确，并相互分离、相互制约。

**第十二条** 税务人员征收税款和查处税收违法案件，与纳税人、扣缴义务人或者税收违法案件有利害关系的，应当回避。

**第十三条** 任何单位和个人都有权检举违反税收法律、行政法规的行为。收到检举的机关和负责查处的机关应当为检举人保密。税务机关应当按照规定对检举人给予奖励。

**第十四条** 本法所称税务机关是指各级税务局、税务分局、税务所和按照国务院规定设立的并向社会公告的税务机构。

## 第二章 税务管理

### 第一节 税务登记

**第十五条** 企业，企业在外地设立的分支机构和从事生产、经营的场所，个体工商户和从事生产、经营的事业单位（以下统称从事生产、经营的纳税人）自领取营业执照之日起三十日内，持有关证件，向税务机关申报办理税务登记。税务机关应当于收到申报的当日办理登记并发给税务登记证件。

工商行政管理机关应当将办理登记注册、核发营业执照的情况，定期向税务机关通报。

本条第一款规定以外的纳税人办理税务登记和扣缴义务人办理扣缴税款登记的范围和办法，由国务院规定。

**第十六条** 从事生产、经营的纳税人，税务登记内容发生变化的，自工商行政管理机关办理变更登记之日起三十日内或者在向工商行政管理机关申请办理注销登记之前，持有关证件向税务机关申报办理变更或者注销税务登记。

**第十七条** 从事生产、经营的纳税人应当按照国家有关规定，持税务登记证件，在银行或者其他金融机构开立基本存款账户和其他存款账户，并将其全部账号向税务机关报告。

银行和其他金融机构应当在从事生产、经营的纳税人的账户中登录税务登记证件号码，并在税务登记证件中登录从事生产、经营的纳税人的账户账号。

税务机关依法查询从事生产、经营的纳税人开立账户的情况时，有关银行和其他金融机构应当予以协助。

**第十八条** 纳税人按照国务院税务主管部门的规定使用税务登记证件。税务登记证件不得转借、涂改、损毁、买卖或者伪造。

### 第二节 账簿、凭证管理

**第十九条** 纳税人、扣缴义务人按照有关法律、行政法规和国务院财政、税务主管部门的规定设置账簿，根据合法、有效凭证记账，进行核算。

**第二十条** 从事生产、经营的纳税人的财务、会计制度或者财务、会计处理办法和会计核算软件，应当报送税务机关备案。

纳税人、扣缴义务人的财务、会计制度或者财务、会计处理办法与国务院或者国务院财政、税务主管部门有关税收的规定抵触的，依照国务院或者国务院财政、税务主管部门有关税收的规定计算应纳税款、代扣代缴和代收代缴税款。

**第二十一条** 税务机关是发票的主管机关，负责发票印制、领购、开具、取得、保管、缴销的管理和监督。

单位、个人在购销商品、提供或者接受经营服务以及从事其他经营活动中，应当按照规定开具、使用、取得发票。

发票的管理办法由国务院规定。

**第二十二条** 增值税专用发票由国务院税务主管部门指定的企业印制；其他发票，按照国务院税务主管部门的规定，分别由省、自治区、直辖市国家税务局、地方税务局指定企业印制。

未经前款规定的税务机关指定，不得印制发票。

**第二十三条** 国家根据税收征收管理的需要，积极推广使用税控装置。纳税人应当按照规定安装、使用税控装置，不得损毁或者擅自改动税控装置。

**第二十四条** 从事生产、经营的纳税人、扣缴义务人必须按照国务院财政、税务主管部门规定的保管期限保管账簿、记账凭证、完税凭证及其他有关资料。

账簿、记账凭证、完税凭证及其他有关资料不得伪造、变造或者擅自损毁。

### 第三节 纳税申报

**第二十五条** 纳税人必须依照法律、行政法规规定或者税务机关依照法律、行政法规的规定确定的申报期限、申报内容如实办理纳税申报，报送纳税申报表、财务会计报表以及税务机关根据实际需要要求纳税人报送的其他纳税资料。

扣缴义务人必须依照法律、行政法规规定或者税务机关依照法律、行政法规的规定确定的申报期限、申报内容如实报送代扣代缴、代收代缴税款报告表以及税务机关根据实际需要要求扣缴义务人报送的其他有关资料。

第二十六条 纳税人、扣缴义务人可以直接到税务机关办理纳税申报或者报送代扣代缴、代收代缴税款报告表，也可以按照规定采取邮寄、数据电文或者其他方式办理上述申报、报送事项。

第二十七条 纳税人、扣缴义务人不能按期办理纳税申报或者报送代扣代缴、代收代缴税款报告表的，经税务机关核准，可以延期申报。

经核准延期办理前款规定的申报、报送事项的，应当在纳税期内按照上期实际缴纳的税额或者税务机关核定的税额预缴税款，并在核准的延期内办理税款结算。

### 第三章 税款征收

第二十八条 税务机关依照法律、行政法规的规定征收税款，不得违反法律、行政法规的规定开征、停征、多征、少征、提前征收、延缓征收或者摊派税款。

农业税应纳税额按照法律、行政法规的规定核定。

第二十九条 除税务机关、税务人员以及经税务机关依照法律、行政法规委托的单位和人员外，任何单位和个人不得进行税款征收活动。

第三十条 扣缴义务人依照法律、行政法规的规定履行代扣、代收税款的义务。对法律、行政法规没有规定负有代扣、代收税款义务的单位和个人，税务机关不得要求其履行代扣、代收税款义务。

扣缴义务人依法履行代扣、代收税款义务时，纳税人不得拒绝。纳税人拒绝的，扣缴义务人应当及时报告税务机关处理。

税务机关按照规定付给扣缴义务人代扣、代收手续费。

第三十一条 纳税人、扣缴义务人按照法律、行政法规规定或者税务机关依照法律、行政法规的规定确定的期限，缴纳或者解缴税款。

纳税人因有特殊困难，不能按期缴纳税款的，经省、自治区、直辖市国家税务局、地方税务局批准，可以延期缴纳税款，但是最长不得超过三个月。

第三十二条 纳税人未按照规定期限缴纳税款的，扣缴义务人未按照规定期限解缴税款的，税务机关除责令限期缴纳外，从滞纳税款之日起，按日加收滞纳税款万分之五的滞纳金。

第三十三条 纳税人依照法律、行政法规的规定办理减税、免税。

地方各级人民政府、各级人民政府主管部门、单位和个人违反法律、行政法规规定，擅自作出的减税、免税决定无效，税务机关不得执行，并向上级税务机关报告。

第三十四条 税务机关征收税款时，必须给纳税人开具完税凭证。扣缴义务人代扣、代收税款时，纳税人要求扣缴义务人开具代扣、代收税款凭证的，扣缴义务人应当开具。

第三十五条 纳税人有下列情形之一的，税务机关有权核定其应纳税额：

（一）依照法律、行政法规的规定可以不设置账簿的；

（二）依照法律、行政法规的规定应当设置账簿但未设置的；

（三）擅自销毁账簿或者拒不提供纳税资料的；

（四）虽设置账簿，但账目混乱或者成本资料、收入凭证、费用凭证残缺不全，难以查账的；

（五）发生纳税义务，未按照规定的期限办理纳税申报，经税务机关责令限期申报，逾期仍不申报的；

（六）纳税人申报的计税依据明显偏低，又无正当理由的。

税务机关核定应纳税额的具体程序和方法由国务院税务主管部门规定。

第三十六条 企业或者外国企业在中国境内设立的从事生产、经营的机构、场所与其关联企业之间的业务往来，应当按照独立企业之间的业务往来收取或者支付价款、费用；不按照独立企业之间的业务往来收取或者支付价款、费用，而减少其应纳税的收入或者所得额的，税务机关有权进行合理调整。

第三十七条 对未按照规定办理税务登记的从事生产、经营的纳税人以及临时从事经营的纳税人，由税务机关核定其应纳税额，责令缴纳；不缴纳的，税务机关可以扣押其价值相当于应纳税款的商品、货物。扣押后缴纳应纳税款的，税务机关必须立即解除扣押，并归还所扣押的商品、货物；扣押后仍不缴纳应纳税款的，经县以上税务局（分局）局长批准，依法拍卖或者变卖所扣押的商品、货物，以拍卖或者变卖所得抵缴税款。

第三十八条 税务机关有根据认为从事生产、经营的纳税人有逃避纳税义务行为的，可以在规定的纳税期之前，责令限期缴纳应纳税款；在限期内发现纳税人有明显的转移、隐匿其应纳税的商品、货物以及其他财产或者应纳税的收入的迹象的,税务机关可以责成纳税人提供纳税担保。如果纳税人不能提供纳税担保,经县以上税务局(分局)局长批准,税务机关可以采取下列税收保全措施：

（一）书面通知纳税人开户银行或者其他金融机构冻结纳税人的金额相当于应纳税款的存款；

（二）扣押、查封纳税人的价值相当于应纳税款的商品、货物或者其他财产。

纳税人在前款规定的限期内缴纳税款的,税务机关必须立即解除税收保全措施；限期期满仍未缴纳税款的,经县以上税务局(分局)局长批准,税务机关可以书面通知纳税人开户银行或者其他金融机构从其冻结的存款中扣缴税款,或者依法拍卖或者变卖所扣押、查封的商品、货物或者其他财产,以拍卖或者变卖所得抵缴税款。

个人及其所扶养家属维持生活必需的住房和用品,不在税收保全措施的范围之内。

第三十九条　纳税人在限期内已缴纳税款,税务机关未立即解除税收保全措施,使纳税人的合法利益遭受损失的,税务机关应当承担赔偿责任。

第四十条　从事生产、经营的纳税人、扣缴义务人未按照规定的期限缴纳或者解缴税款,纳税担保人未按照规定的期限缴纳所担保的税款,由税务机关责令限期缴纳,逾期仍未缴纳的,经县以上税务局(分局)局长批准,税务机关可以采取下列强制执行措施：

（一）书面通知其开户银行或者其他金融机构从其存款中扣缴税款；

（二）扣押、查封、依法拍卖或者变卖其价值相当于应纳税款的商品、货物或者其他财产,以拍卖或者变卖所得抵缴税款。

税务机关采取强制执行措施时,对前款所列纳税人、扣缴义务人、纳税担保人未缴纳的滞纳金同时强制执行。

个人及其所扶养家属维持生活必需的住房和用品,不在强制执行措施的范围之内。

第四十一条　本法第三十七条、第三十八条、第四十条规定的采取税收保全措施、强制执行措施的权力,不得由法定的税务机关以外的单位和个人行使。

第四十二条　税务机关采取税收保全措施和强制执行措施必须依照法定权限和法定程序,不得查封、扣押纳税人个人及其所扶养家属维持生活必需的住房和用品。

第四十三条　税务机关滥用职权违法采取税收保全措施、强制执行措施,或者采取税收保全措施、强制执行措施不当,使纳税人、扣缴义务人或者纳税担保人的合法权益遭受损失的,应当依法承担赔偿责任。

第四十四条　欠缴税款的纳税人或者他的法定代表人需要出境的,应当在出境前向税务机关结清应纳税款、滞纳金或者提供担保。未结清税款、滞纳金,又不提供担保的,税务机关可以通知出境管理机关阻止其出境。

第四十五条　税务机关征收税款,税收优先于无担保债权,法律另有规定的除外；纳税人欠缴的税款发生在纳税人以其财产设定抵押、质押或者纳税人的财产被留置之前的,税收应当先于抵押权、质权、留置权执行。

纳税人欠缴税款,同时又被行政机关决定处以罚款、没收违法所得的,税收优先于罚款、没收违法所得。

税务机关应当对纳税人欠缴税款的情况定期予以公告。

第四十六条　纳税人有欠税情形而以其财产设定抵押、质押的,应当向抵押权人、质权人说明其欠税情况。抵押权人、质权人可以请求税务机关提供有关的欠税情况。

第四十七条　税务机关扣押商品、货物或者其他财产时,必须开付收据；查封商品、货物或者其他财产时,必须开付清单。

第四十八条　纳税人有合并、分立情形的,应当向税务机关报告,并依法缴清税款。纳税人合并时未缴清税款的,应当由合并后的纳税人继续履行未履行的纳税义务；纳税人分立时未缴清税款的,分立后的纳税人对未履行的纳税义务应当承担连带责任。

第四十九条　欠缴税款数额较大的纳税人在处分其不动产或者大额资产之前,应当向税务机关报告。

第五十条　欠缴税款的纳税人因怠于行使到期债权,或者放弃到期债权,或者无偿转让财产,或者以明显不合理的低价转让财产而受让人知道该情形,对国家税收造成损害的,税务机关可以依照合同法第七十三条、第七十四条的规定行使代位权、撤销权。

税务机关依照前款规定行使代位权、撤销权的,不免除欠缴税款的纳税人尚未履行的纳税义务和应承担的法律责任。

第五十一条　纳税人超过应纳税额缴纳的税款,税务机关发现后应当立即退还；纳税人自结算缴纳税款之日起三年内发现的,可以向税务机关要求退还多缴的税款并加算银行同期存款利息,税务机关及时查实后应当立即退还；涉及从国库中退库的,依照法律、行政法规有关国库管理的规定退还。

第五十二条　因税务机关的责任,致使纳税人、扣缴义务人未缴或者少缴税款的，税务机关在三年内可以要求纳税人、扣缴义务人补缴税款，但是不得加收滞纳金。

因纳税人、扣缴义务人计算错误等失误，未缴或者少缴税款的，税务机关在三年内可以追征税款、滞纳金；有特殊情况的，追征期可以延长到五年。

对偷税、抗税、骗税的，税务机关追征其未缴或者少缴的税款、滞纳金或者所骗取的税款，不受前款规定期限的限制。

**第五十三条** 国家税务局和地方税务局应当按照国家规定的税收征收管理范围和税款入库预算级次，将征收的税款缴入国库。

对审计机关、财政机关依法查出的税收违法行为，税务机关应当根据有关机关的决定、意见书，依法将应收的税款、滞纳金按照税款入库预算级次缴入国库，并将结果及时回复有关机关。

### 第四章　税务检查

**第五十四条** 税务机关有权进行下列税务检查：

（一）检查纳税人的账簿、记账凭证、报表和有关资料，检查扣缴义务人代扣代缴、代收代缴税款账簿、记账凭证和有关资料；

（二）到纳税人的生产、经营场所和货物存放地检查纳税人应纳税的商品、货物或者其他财产，检查扣缴义务人与代扣代缴、代收代缴税款有关的经营情况；

（三）责成纳税人、扣缴义务人提供与纳税或者代扣代缴、代收代缴税款有关的文件、证明材料和有关资料；

（四）询问纳税人、扣缴义务人与纳税或者代扣代缴、代收代缴税款有关的问题和情况；

（五）到车站、码头、机场、邮政企业及其分支机构检查纳税人托运、邮寄应纳税商品、货物或者其他财产的有关单据、凭证和有关资料；

（六）经县以上税务局（分局）局长批准，凭全国统一格式的检查存款账户许可证明，查询从事生产、经营的纳税人、扣缴义务人在银行或者其他金融机构的存款账户。税务机关在调查税收违法案件时，经设区的市、自治州以上税务局（分局）局长批准，可以查询案件涉嫌人员的储蓄存款。税务机关查询所获得的资料，不得用于税收以外的用途。

**第五十五条** 税务机关对从事生产、经营的纳税人以前纳税期的纳税情况依法进行税务检查时，发现纳税人有逃避纳税义务行为，并有明显的转移、隐匿其应纳税的商品、货物以及其他财产或者应纳税的收入的迹象的，可以按照本法规定的批准权限采取税收保全措施或者强制执行措施。

**第五十六条** 纳税人、扣缴义务人必须接受税务机关依法进行的税务检查，如实反映情况，提供有关资料，不得拒绝、隐瞒。

**第五十七条** 税务机关依法进行税务检查时，有权向有关单位和个人调查纳税人、扣缴义务人和其他当事人与纳税或者代扣代缴、代收代缴税款有关的情况，有关单位和个人有义务向税务机关如实提供有关资料及证明材料。

**第五十八条** 税务机关调查税务违法案件时，对与案件有关的情况和资料，可以记录、录音、录像、照相和复制。

**第五十九条** 税务机关派出的人员进行税务检查时，应当出示税务检查证和税务检查通知书，并有责任为被检查人保守秘密；未出示税务检查证和税务检查通知书的，被检查人有权拒绝检查。

### 第五章　法律责任

**第六十条** 纳税人有下列行为之一的，由税务机关责令限期改正，可以处二千元以下的罚款；情节严重的，处二千元以上一万元以下的罚款：

（一）未按照规定的期限申报办理税务登记、变更或者注销登记的；

（二）未按照规定设置、保管账簿或者保管记账凭证和有关资料的；

（三）未按照规定将财务、会计制度或者财务、会计处理办法和会计核算软件报送税务机关备查的；

（四）未按照规定将其全部银行账号向税务机关报告的；

（五）未按照规定安装、使用税控装置，或者损毁或者擅自改动税控装置的。

纳税人不办理税务登记的，由税务机关责令限期改正；逾期不改正的，经税务机关提请，由工商行政管理机关吊销其营业执照。

纳税人未按照规定使用税务登记证件，或者转借、涂改、损毁、买卖、伪造税务登记证件的，处二千元以上一万元以下的罚款；情节严重的，处一万元以上五万元以下的罚款。

**第六十一条** 扣缴义务人未按照规定设置、保管代扣代缴、代收代缴税款账簿或者保管代扣代缴、代收代缴税款记账凭证及有关资料的，由税务机关责令限期改正，可以处二千元以下的罚款；情节严重的，处二千元以上五千元以下的罚款。

第六十二条　纳税人未按照规定的期限办理纳税申报和报送纳税资料的，或者扣缴义务人未按照规定的期限向税务机关报送代扣代缴、代收代缴税款报告表和有关资料的，由税务机关责令限期改正，可以处二千元以下的罚款；情节严重的，可以处二千元以上一万元以下的罚款。

第六十三条　纳税人伪造、变造、隐匿、擅自销毁账簿、记账凭证，或者在账簿上多列支出或者不列、少列收入，或者经税务机关通知申报而拒不申报或者进行虚假的纳税申报，不缴或者少缴应纳税款的，是偷税。对纳税人偷税的，由税务机关追缴其不缴或者少缴的税款、滞纳金，并处不缴或者少缴的税款百分之五十以上五倍以下的罚款；构成犯罪的，依法追究刑事责任。

扣缴义务人采取前款所列手段，不缴或者少缴已扣、已收税款，由税务机关追缴其不缴或者少缴的税款、滞纳金，并处不缴或者少缴的税款百分之五十以上五倍以下的罚款；构成犯罪的，依法追究刑事责任。

第六十四条　纳税人、扣缴义务人编造虚假计税依据的，由税务机关责令限期改正，并处五万元以下的罚款。

纳税人不进行纳税申报，不缴或者少缴应纳税款的，由税务机关追缴其不缴或者少缴的税款、滞纳金，并处不缴或者少缴的税款百分之五十以上五倍以下的罚款。

第六十五条　纳税人欠缴应纳税款，采取转移或者隐匿财产的手段，妨碍税务机关追缴欠缴的税款的，由税务机关追缴欠缴的税款、滞纳金，并处欠缴税款百分之五十以上五倍以下的罚款；构成犯罪的，依法追究刑事责任。

第六十六条　以假报出口或者其他欺骗手段，骗取国家出口退税款的，由税务机关追缴其骗取的退税款，并处骗取税款一倍以上五倍以下的罚款；构成犯罪的，依法追究刑事责任。

对骗取国家出口退税款的，税务机关可以在规定期间内停止为其办理出口退税。

第六十七条　以暴力、威胁方法拒不缴纳税款的，是抗税，除由税务机关追缴其拒缴的税款、滞纳金外，依法追究刑事责任。情节轻微，未构成犯罪的，由税务机关追缴其拒缴的税款、滞纳金，并处拒缴税款一倍以上五倍以下的罚款。

第六十八条　纳税人、扣缴义务人在规定期限内不缴或者少缴应纳或者应解缴的税款，经税务机关责令限期缴纳，逾期仍未缴纳的，税务机关除依照本法第四十条的规定采取强制执行措施追缴其不缴或者少缴的税款外，可以处不缴或者少缴的税款百分之五十以上五倍以下的罚款。

第六十九条　扣缴义务人应扣未扣、应收而不收税款的，由税务机关向纳税人追缴税款，对扣缴义务人处应扣未扣、应收未收税款百分之五十以上三倍以下的罚款。

第七十条　纳税人、扣缴义务人逃避、拒绝或者以其他方式阻挠税务机关检查的，由税务机关责令改正，可以处一万元以下的罚款；情节严重的，处一万元以上五万元以下的罚款。

第七十一条　违反本法第二十二条规定，非法印制发票的，由税务机关销毁非法印制的发票，没收违法所得和作案工具，并处一万元以上五万元以下的罚款；构成犯罪的，依法追究刑事责任。

第七十二条　从事生产、经营的纳税人、扣缴义务人有本法规定的税收违法行为，拒不接受税务机关处理的，税务机关可以收缴其发票或者停止向其发售发票。

第七十三条　纳税人、扣缴义务人的开户银行或者其他金融机构拒绝接受税务机关依法检查纳税人、扣缴义务人存款账户，或者拒绝执行税务机关作出的冻结存款或者扣缴税款的决定，或者在接到税务机关的书面通知后帮助纳税人、扣缴义务人转移存款，造成税款流失的，由税务机关处十万元以上五十万元以下的罚款，对直接负责的主管人员和其他直接责任人员处一千元以上一万元以下的罚款。

第七十四条　本法规定的行政处罚，罚款额在二千元以下的，可以由税务所决定。

第七十五条　税务机关和司法机关的涉税罚没收入，应当按照税款入库预算级次上缴国库。

第七十六条　税务机关违反规定擅自改变税收征收管理范围和税款入库预算级次的，责令限期改正，对直接负责的主管人员和其他直接责任人员依法给予降级或者撤职的行政处分。

第七十七条　纳税人、扣缴义务人有本法第六十三条、第六十五条、第六十六条、第六十七条、第七十一条规定的行为涉嫌犯罪的，税务机关应当依法移交司法机关追究刑事责任。

税务人员徇私舞弊，对依法应当移交司法机关追究刑事责任的不移交，情节严重的，依法追究刑事责任。

第七十八条　未经税务机关依法委托征收税款的，责令退还收取的财物，依法给予行政处分或者行政处罚；致使他人合法权益受到损失的，依法承担赔偿责任；构成犯罪的,依法追究刑事责任。

**第七十九条** 税务机关、税务人员查封、扣押纳税人个人及其所扶养家属维持生活必需的住房和用品的,责令退还,依法给予行政处分;构成犯罪的,依法追究刑事责任。

**第八十条** 税务人员与纳税人、扣缴义务人勾结,唆使或者协助纳税人、扣缴义务人有本法第六十三条、第六十五条、第六十六条规定的行为,构成犯罪的,依法追究刑事责任;尚不构成犯罪的,依法给予行政处分。

**第八十一条** 税务人员利用职务上的便利,收受或者索取纳税人、扣缴义务人财物或者谋取其他不正当利益,构成犯罪的,依法追究刑事责任;尚不构成犯罪的,依法给予行政处分。

**第八十二条** 税务人员徇私舞弊或者玩忽职守,不征或者少征应征税款,致使国家税收遭受重大损失,构成犯罪的,依法追究刑事责任;尚不构成犯罪的,依法给予行政处分。

税务人员滥用职权,故意刁难纳税人、扣缴义务人的,调离税收工作岗位,并依法给予行政处分。

税务人员对控告、检举税收违法违纪行为的纳税人、扣缴义务人以及其他检举人进行打击报复的,依法给予行政处分;构成犯罪的,依法追究刑事责任。

税务人员违反法律、行政法规的规定,故意高估或者低估农业税计税产量,致使多征或者少征税款,侵犯农民合法权益或者损害国家利益,构成犯罪的,依法追究刑事责任;尚不构成犯罪的,依法给予行政处分。

**第八十三条** 违反法律、行政法规的规定提前征收、延缓征收或者摊派税款的,由其上级机关或者行政监察机关责令改正,对直接负责的主管人员和其他直接责任人员依法给予行政处分。

**第八十四条** 违反法律、行政法规的规定,擅自作出税收的开征、停征或者减税、免税、退税、补税以及其他同税收法律、行政法规相抵触的决定的,除依照本法规定撤销其擅自作出的决定外,补征应征未征税款,退还不应征收而征收的税款,并由上级机关追究直接负责的主管人员和其他直接责任人员的行政责任;构成犯罪的,依法追究刑事责任。

**第八十五条** 税务人员在征收税款或者查处税收违法案件时,未按照本法规定进行回避的,对直接负责的主管人员和其他直接责任人员,依法给予行政处分。

**第八十六条** 违反税收法律、行政法规应当给予行政处罚的行为,在五年内未被发现的,不再给予行政处罚。

**第八十七条** 未按照本法规定为纳税人、扣缴义务人、检举人保密的,对直接负责的主管人员和其他直接责任人员,由所在单位或者有关单位依法给予行政处分。

**第八十八条** 纳税人、扣缴义务人、纳税担保人同税务机关在纳税上发生争议时,必须先依照税务机关的纳税决定缴纳或者解缴税款及滞纳金或者提供相应的担保,然后可以依法申请行政复议;对行政复议决定不服的,可以依法向人民法院起诉。

当事人对税务机关的处罚决定、强制执行措施或者税收保全措施不服的,可以依法申请行政复议,也可以依法向人民法院起诉。

当事人对税务机关的处罚决定逾期不申请行政复议也不向人民法院起诉、又不履行的,作出处罚决定的税务机关可以采取本法第四十条规定的强制执行措施,或者申请人民法院强制执行。

## 第六章 附 则

**第八十九条** 纳税人、扣缴义务人可以委托税务代理人代为办理税务事宜。

**第九十条** 耕地占用税、契税、农业税、牧业税征收管理的具体办法,由国务院另行制定。

关税及海关代征税收的征收管理,依照法律、行政法规的有关规定执行。

**第九十一条** 中华人民共和国同外国缔结的有关税收的条约、协定同本法有不同规定的,依照条约、协定的规定办理。

**第九十二条** 本法施行前颁布的税收法律与本法有不同规定的,适用本法规定。

**第九十三条** 国务院根据本法制定实施细则。

**第九十四条** 本法自2001年5月1日起施行。

## 中华人民共和国税收征收管理法实施细则

·2002年9月7日中华人民共和国国务院令第362号公布
·根据2012年11月9日《国务院关于修改和废止部分行政法规的决定》第一次修订
·根据2013年7月18日《国务院关于废止和修改部分行政法规的决定》第二次修订
·根据2016年2月6日《国务院关于修改部分行政法规的决定》第三次修订

### 第一章 总 则

**第一条** 根据《中华人民共和国税收征收管理法》(以下简称税收征管法)的规定,制定本细则。

**第二条** 凡依法由税务机关征收的各种税收的征收管理，均适用税收征管法及本细则；税收征管法及本细则没有规定的，依照其他有关税收法律、行政法规的规定执行。

**第三条** 任何部门、单位和个人作出的与税收法律、行政法规相抵触的决定一律无效，税务机关不得执行，并应当向上级税务机关报告。

纳税人应当依照税收法律、行政法规的规定履行纳税义务；其签订的合同、协议等与税收法律、行政法规相抵触的，一律无效。

**第四条** 国家税务总局负责制定全国税务系统信息化建设的总体规划、技术标准、技术方案与实施办法；各级税务机关应当按照国家税务总局的总体规划、技术标准、技术方案与实施办法，做好本地区税务系统信息化建设的具体工作。

地方各级人民政府应当积极支持税务系统信息化建设，并组织有关部门实现相关信息的共享。

**第五条** 税收征管法第八条所称为纳税人、扣缴义务人保密的情况，是指纳税人、扣缴义务人的商业秘密及个人隐私。纳税人、扣缴义务人的税收违法行为不属于保密范围。

**第六条** 国家税务总局应当制定税务人员行为准则和服务规范。

上级税务机关发现下级税务机关的税收违法行为，应当及时予以纠正；下级税务机关应当按照上级税务机关的决定及时改正。

下级税务机关发现上级税务机关的税收违法行为，应当向上级税务机关或者有关部门报告。

**第七条** 税务机关根据检举人的贡献大小给予相应的奖励，奖励所需资金列入税务部门年度预算，单项核定。奖励资金具体使用办法以及奖励标准，由国家税务总局会同财政部制定。

**第八条** 税务人员在核定应纳税额、调整税收定额、进行税务检查、实施税务行政处罚、办理税务行政复议时，与纳税人、扣缴义务人或者其法定代表人、直接责任人有下列关系之一的，应当回避：

（一）夫妻关系；

（二）直系血亲关系；

（三）三代以内旁系血亲关系；

（四）近姻亲关系；

（五）可能影响公正执法的其他利害关系。

**第九条** 税收征管法第十四条所称按国务院规定设立的并向社会公告的税务机构，是指省以下税务局的稽查局。稽查局专司偷税、逃避追缴欠税、骗税、抗税案件的查处。

国家税务总局应当明确划分税务局和稽查局的职责，避免职责交叉。

## 第二章 税务登记

**第十条** 国家税务局、地方税务局对同一纳税人的税务登记应当采用同一代码，信息共享。

税务登记的具体办法由国家税务总局制定。

**第十一条** 各级工商行政管理机关应当向同级国家税务局和地方税务局定期通报办理开业、变更、注销登记以及吊销营业执照的情况。

通报的具体办法由国家税务总局和国家工商行政管理总局联合制定。

**第十二条** 从事生产、经营的纳税人应当自领取营业执照之日起30日内，向生产、经营地或者纳税义务发生地的主管税务机关申报办理税务登记，如实填写税务登记表，并按照税务机关的要求提供有关证件、资料。

前款规定以外的纳税人，除国家机关和个人外，应当自纳税义务发生之日起30日内，持有关证件向所在地的主管税务机关申报办理税务登记。

个人所得税的纳税人办理税务登记的办法由国务院另行规定。

税务登记证件的式样，由国家税务总局制定。

**第十三条** 扣缴义务人应当自扣缴义务发生之日起30日内，向所在地的主管税务机关申报办理扣缴税款登记，领取扣缴税款登记证件；税务机关对已办理税务登记的扣缴义务人，可以只在其税务登记证件上登记扣缴税款事项，不再发给扣缴税款登记证件。

**第十四条** 纳税人税务登记内容发生变化的，应当自工商行政管理机关或者其他机关办理变更登记之日起30日内，持有关证件向原税务登记机关申报办理变更税务登记。

纳税人税务登记内容发生变化，不需要到工商行政管理机关或者其他机关办理变更登记的，应当自发生变化之日起30日内，持有关证件向原税务登记机关申报办理变更税务登记。

**第十五条** 纳税人发生解散、破产、撤销以及其他情形，依法终止纳税义务的，应当在向工商行政管理机关或者其他机关办理注销登记前，持有关证件向原税务登记机关申报办理注销税务登记；按照规定不需要在工商行政管理机关或者其他机关办理注册登记的，应当自有关机关批准或者宣告终止之日起15日内,持有关证件向原税务登记机关申报办理注销税务登记。

纳税人因住所、经营地点变动,涉及改变税务登记机关的,应当在向工商行政管理机关或者其他机关申请办理变更或者注销登记前或者住所、经营地点变动前,向原税务登记机关申报办理注销税务登记,并在30日内向迁达地税务机关申报办理税务登记。

纳税人被工商行政管理机关吊销营业执照或者被其他机关予以撤销登记的,应当自营业执照被吊销或者被撤销登记之日起15日内,向原税务登记机关申报办理注销税务登记。

**第十六条** 纳税人在办理注销税务登记前,应当向税务机关结清应纳税款、滞纳金、罚款,缴销发票、税务登记证件和其他税务证件。

**第十七条** 从事生产、经营的纳税人应当自开立基本存款账户或者其他存款账户之日起15日内,向主管税务机关书面报告其全部账号;发生变化的,应当自变化之日起15日内,向主管税务机关书面报告。

**第十八条** 除按照规定不需要发给税务登记证件的外,纳税人办理下列事项时,必须持税务登记证件:

(一)开立银行账户;
(二)申请减税、免税、退税;
(三)申请办理延期申报、延期缴纳税款;
(四)领购发票;
(五)申请开具外出经营活动税收管理证明;
(六)办理停业、歇业;
(七)其他有关税务事项。

**第十九条** 税务机关对税务登记证件实行定期验证和换证制度。纳税人应当在规定的期限内持有关证件到主管税务机关办理验证或者换证手续。

**第二十条** 纳税人应当将税务登记证件正本在其生产、经营场所或者办公场所公开悬挂,接受税务机关检查。

纳税人遗失税务登记证件的,应当在15日内书面报告主管税务机关,并登报声明作废。

**第二十一条** 从事生产、经营的纳税人到外县(市)临时从事生产、经营活动的,应当持税务登记证副本和所在地税务机关填开的外出经营活动税收管理证明,向营业地税务机关报验登记,接受税务管理。

从事生产、经营的纳税人外出经营,在同一地累计超过180天的,应当在营业地办理税务登记手续。

## 第三章 账簿、凭证管理

**第二十二条** 从事生产、经营的纳税人应当自领取营业执照或者发生纳税义务之日起15日内,按照国家有关规定设置账簿。

前款所称账簿,是指总账、明细账、日记账以及其他辅助性账簿。总账、日记账应当采用订本式。

**第二十三条** 生产、经营规模小又确无建账能力的纳税人,可以聘请经批准从事会计代理记账业务的专业机构或者财会人员代为建账和办理账务。

**第二十四条** 从事生产、经营的纳税人应当自领取税务登记证件之日起15日内,将其财务、会计制度或者财务、会计处理办法报送主管税务机关备案。

纳税人使用计算机记账的,应当在使用前将会计电算化系统的会计核算软件、使用说明书及有关资料报送主管税务机关备案。

纳税人建立的会计电算化系统应当符合国家有关规定,并能正确、完整核算其收入或者所得。

**第二十五条** 扣缴义务人应当自税收法律、行政法规规定的扣缴义务发生之日起10日内,按照所代扣、代收的税种,分别设置代扣代缴、代收代缴税款账簿。

**第二十六条** 纳税人、扣缴义务人会计制度健全,能够通过计算机正确、完整计算其收入和所得或者代扣代缴、代收代缴税款情况的,其计算机输出的完整的书面会计记录,可视同会计账簿。

纳税人、扣缴义务人会计制度不健全,不能通过计算机正确、完整计算其收入和所得或者代扣代缴、代收代缴税款情况的,应当建立总账及与纳税或者代扣代缴、代收代缴税款有关的其他账簿。

**第二十七条** 账簿、会计凭证和报表,应当使用中文。民族自治地方可以同时使用当地通用的一种民族文字。外商投资企业和外国企业可以同时使用一种外国文字。

**第二十八条** 纳税人应当按照税务机关的要求安装、使用税控装置,并按照税务机关的规定报送有关数据和资料。

税控装置推广应用的管理办法由国家税务总局另行制定,报国务院批准后实施。

**第二十九条** 账簿、记账凭证、报表、完税凭证、发票、出口凭证以及其他有关涉税资料应当合法、真实、完整。

账簿、记账凭证、报表、完税凭证、发票、出口凭证以及其他有关涉税资料应当保存10年;但是,法律、行政法规另有规定的除外。

## 第四章 纳税申报

**第三十条** 税务机关应当建立、健全纳税人自行申报纳税制度。纳税人、扣缴义务人可以采取邮寄、数据电文方式办理纳税申报或者报送代扣代缴、代收代缴税款报告表。

数据电文方式，是指税务机关确定的电话语音、电子数据交换和网络传输等电子方式。

**第三十一条** 纳税人采取邮寄方式办理纳税申报的，应当使用统一的纳税申报专用信封，并以邮政部门收据作为申报凭据。邮寄申报以寄出的邮戳日期为实际申报日期。

纳税人采取电子方式办理纳税申报的，应当按照税务机关规定的期限和要求保存有关资料，并定期书面报送主管税务机关。

**第三十二条** 纳税人在纳税期内没有应纳税款的，也应当按照规定办理纳税申报。

纳税人享受减税、免税待遇的，在减税、免税期间应当按照规定办理纳税申报。

**第三十三条** 纳税人、扣缴义务人的纳税申报或者代扣代缴、代收代缴税款报告表的主要内容包括：税种、税目，应纳税项目或者应代扣代缴、代收代缴税款项目，计税依据，扣除项目及标准，适用税率或者单位税额，应退税项目及税额，应减免税项目及税额，应纳税额或者应代扣代缴、代收代缴税额，税款所属期限、延期缴纳税款、欠税、滞纳金等。

**第三十四条** 纳税人办理纳税申报时，应当如实填写纳税申报表，并根据不同的情况相应报送下列有关证件、资料：

（一）财务会计报表及其说明材料；

（二）与纳税有关的合同、协议书及凭证；

（三）税控装置的电子报税资料；

（四）外出经营活动税收管理证明和异地完税凭证；

（五）境内或者境外公证机构出具的有关证明文件；

（六）税务机关规定应当报送的其他有关证件、资料。

**第三十五条** 扣缴义务人办理代扣代缴、代收代缴税款报告时，应当如实填写代扣代缴、代收代缴税款报告表，并报送代扣代缴、代收代缴税款的合法凭证以及税务机关规定的其他有关证件、资料。

**第三十六条** 实行定期定额缴纳税款的纳税人，可以实行简易申报、简并征期等申报纳税方式。

**第三十七条** 纳税人、扣缴义务人按照规定的期限办理纳税申报或者报送代扣代缴、代收代缴税款报告表确有困难，需要延期的，应当在规定的期限内向税务机关提出书面延期申请，经税务机关核准，在核准的期限内办理。

纳税人、扣缴义务人因不可抗力，不能按期办理纳税申报或者报送代扣代缴、代收代缴税款报告表的，可以延期办理；但是，应当在不可抗力情形消除后立即向税务机关报告。税务机关应当查明事实，予以核准。

## 第五章 税款征收

**第三十八条** 税务机关应当加强对税款征收的管理，建立、健全责任制度。

税务机关根据保证国家税款及时足额入库、方便纳税人、降低税收成本的原则，确定税款征收的方式。

税务机关应当加强对纳税人出口退税的管理，具体管理办法由国家税务总局会同国务院有关部门制定。

**第三十九条** 税务机关应当将各种税收的税款、滞纳金、罚款，按照国家规定的预算科目和预算级次及时缴入国库，税务机关不得占压、挪用、截留，不得缴入国库以外或者国家规定的税款账户以外的任何账户。

已缴入国库的税款、滞纳金、罚款，任何单位和个人不得擅自变更预算科目和预算级次。

**第四十条** 税务机关应当根据方便、快捷、安全的原则，积极推广使用支票、银行卡、电子结算方式缴纳税款。

**第四十一条** 纳税人有下列情形之一的，属于税收征管法第三十一条所称特殊困难：

（一）因不可抗力，导致纳税人发生较大损失，正常生产经营活动受到较大影响的；

（二）当期货币资金在扣除应付职工工资、社会保险费后，不足以缴纳税款的。

计划单列市国家税务局、地方税务局可以参照税收征管法第三十一条第二款的批准权限，审批纳税人延期缴纳税款。

**第四十二条** 纳税人需要延期缴纳税款的，应当在缴纳税款期限届满前提出申请，并报送下列材料：申请延期缴纳税款报告，当期货币资金余额情况及所有银行存款账户的对账单，资产负债表，应付职工工资和社会保险费等税务机关要求提供的支出预算。

税务机关应当自收到申请延期缴纳税款报告之日起20日内作出批准或者不予批准的决定；不予批准的，从缴纳税款期限届满之日起加收滞纳金。

**第四十三条** 享受减税、免税优惠的纳税人，减税、免税期满，应当自期满次日起恢复纳税；减税、免税条件发生变化的，应当在纳税申报时向税务机关报告；不再符合减税、免税条件的，应当依法履行纳税义务；未依法纳税的,税务机关应当予以追缴。

**第四十四条** 税务机关根据有利于税收控管和方便纳税的原则,可以按照国家有关规定委托有关单位和人员代征零星分散和异地缴纳的税收,并发给委托代征证书。受托单位和人员按照代征证书的要求,以税务机关的名义依法征收税款,纳税人不得拒绝;纳税人拒绝的,受托代征单位和人员应当及时报告税务机关。

**第四十五条** 税收征管法第三十四条所称完税凭证,是指各种完税证、缴款书、印花税票、扣(收)税凭证以及其他完税证明。

未经税务机关指定,任何单位、个人不得印制完税凭证。完税凭证不得转借、倒卖、变造或者伪造。

完税凭证的式样及管理办法由国家税务总局制定。

**第四十六条** 税务机关收到税款后,应当向纳税人开具完税凭证。纳税人通过银行缴纳税款的,税务机关可以委托银行开具完税凭证。

**第四十七条** 纳税人有税收征管法第三十五条或者第三十七条所列情形之一的,税务机关有权采用下列任何一种方法核定其应纳税额:

(一)参照当地同类行业或者类似行业中经营规模和收入水平相近的纳税人的税负水平核定;

(二)按照营业收入或者成本加合理的费用和利润的方法核定;

(三)按照耗用的原材料、燃料、动力等推算或者测算核定;

(四)按照其他合理方法核定。

采用前款所列一种方法不足以正确核定应纳税额时,可以同时采用两种以上的方法核定。

纳税人对税务机关采取本条规定的方法核定的应纳税额有异议的,应当提供相关证据,经税务机关认定后,调整应纳税额。

**第四十八条** 税务机关负责纳税人纳税信誉等级评定工作。纳税人纳税信誉等级的评定办法由国家税务总局制定。

**第四十九条** 承包人或者承租人有独立的生产经营权,在财务上独立核算,并定期向发包人或者出租人上缴承包费或者租金的,承包人或者承租人应当就其生产、经营收入和所得纳税,并接受税务管理;但是,法律、行政法规另有规定的除外。

发包人或者出租人应当自发包或者出租之日起30日内将承包人或者承租人的有关情况向主管税务机关报告。发包人或者出租人不报告的,发包人或者出租人与承包人或者承租人承担纳税连带责任。

**第五十条** 纳税人有解散、撤销、破产情形的,在清算前应当向其主管税务机关报告;未结清税款的,由其主管税务机关参加清算。

**第五十一条** 税收征管法第三十六条所称关联企业,是指有下列关系之一的公司、企业和其他经济组织:

(一)在资金、经营、购销等方面,存在直接或者间接的拥有或者控制关系;

(二)直接或间接地同为第三者所拥有或者控制;

(三)在利益上具有相关联的其他关系。

纳税人有义务就其与关联企业之间的业务往来,向当地税务机关提供有关的价格、费用标准等资料。具体办法由国家税务总局制定。

**第五十二条** 税收征管法第三十六条所称独立企业之间的业务往来,是指没有关联关系的企业之间按照公平成交价格和营业常规所进行的业务往来。

**第五十三条** 纳税人可以向主管税务机关提出与其关联企业之间业务往来的定价原则和计算方法,主管税务机关审核、批准后,与纳税人预先约定有关定价事项,监督纳税人执行。

**第五十四条** 纳税人与其关联企业之间的业务往来有下列情形之一的,税务机关可以调整其应纳税额:

(一)购销业务未按照独立企业之间的业务往来作价;

(二)融通资金所支付或者收取的利息超过或者低于没有关联关系的企业之间所能同意的数额,或者利率超过或者低于同类业务的正常利率;

(三)提供劳务,未按照独立企业之间业务往来收取或者支付劳务费用;

(四)转让财产、提供财产使用权等业务往来,未按照独立企业之间业务往来作价或者收取、支付费用;

(五)未按照独立企业之间业务往来作价的其他情形。

**第五十五条** 纳税人有本细则第五十四条所列情形之一的,税务机关可以按照下列方法调整计税收入额或者所得额:

(一)按照独立企业之间进行的相同或者类似业务活动的价格;

(二)按照再销售给无关联关系的第三者的价格所应取得的收入和利润水平;

(三)按照成本加合理的费用和利润;

(四)按照其他合理的方法。

**第五十六条** 纳税人与其关联企业未按照独立企业之间的业务往来支付价款、费用的,税务机关自该业务往来发生的纳税年度起3年内进行调整;有特殊情况的,可以自该业务往来发生的纳税年度起10年内进行调整。

**第五十七条** 税收征管法第三十七条所称未按照规定办理税务登记从事生产、经营的纳税人,包括到外县(市)从事生产、经营而未向营业地税务机关报验登记的纳税人。

**第五十八条** 税务机关依照税收征管法第三十七条的规定,扣押纳税人商品、货物的,纳税人应当自扣押之日起15日内缴纳税款。

对扣押的鲜活、易腐烂变质或者易失效的商品、货物,税务机关根据被扣押物品的保质期,可以缩短前款规定的扣押期限。

**第五十九条** 税收征管法第三十八条、第四十条所称其他财产,包括纳税人的房地产、现金、有价证券等不动产和动产。

机动车辆、金银饰品、古玩字画、豪华住宅或者一处以外的住房不属于税收征管法第三十八条、第四十条、第四十二条所称个人及其所扶养家属维持生活必需的住房和用品。

税务机关对单价5000元以下的其他生活用品,不采取税收保全措施和强制执行措施。

**第六十条** 税收征管法第三十八条、第四十条、第四十二条所称个人所扶养家属,是指与纳税人共同居住生活的配偶、直系亲属以及无生活来源并由纳税人扶养的其他亲属。

**第六十一条** 税收征管法第三十八条、第八十八条所称担保,包括经税务机关认可的纳税保证人为纳税人提供的纳税保证,以及纳税人或者第三人以其未设置或者未全部设置担保物权的财产提供的担保。

纳税保证人,是指在中国境内具有纳税担保能力的自然人、法人或者其他经济组织。

法律、行政法规规定的没有担保资格的单位和个人,不得作为纳税担保人。

**第六十二条** 纳税担保人同意为纳税人提供纳税担保的,应当填写纳税担保书,写明担保对象、担保范围、担保期限和担保责任以及其他有关事项。担保书须经纳税人、纳税担保人签字盖章并经税务机关同意,方为有效。

纳税人或者第三人以其财产提供纳税担保的,应当填写财产清单,并写明财产价值以及其他有关事项。纳税担保财产清单须经纳税人、第三人签字盖章并经税务机关确认,方为有效。

**第六十三条** 税务机关执行扣押、查封商品、货物或者其他财产时,应当由两名以上税务人员执行,并通知被执行人。被执行人是自然人的,应当通知被执行人本人或者其成年家属到场;被执行人是法人或者其他组织的,应当通知其法定代表人或者主要负责人到场;拒不到场的,不影响执行。

**第六十四条** 税务机关执行税收征管法第三十七条、第三十八条、第四十条的规定,扣押、查封价值相当于应纳税款的商品、货物或者其他财产时,参照同类商品的市场价、出厂价或者评估价估算。

税务机关按照前款方法确定应扣押、查封的商品、货物或者其他财产的价值时,还应当包括滞纳金和拍卖、变卖所发生的费用。

**第六十五条** 对价值超过应纳税额且不可分割的商品、货物或者其他财产,税务机关在纳税人、扣缴义务人或者纳税担保人无其他可供强制执行的财产的情况下,可以整体扣押、查封、拍卖。

**第六十六条** 税务机关执行税收征管法第三十七条、第三十八条、第四十条的规定,实施扣押、查封时,对有产权证件的动产或者不动产,税务机关可以责令当事人将产权证件交税务机关保管,同时可以向有关机关发出协助执行通知书,有关机关在扣押、查封期间不再办理该动产或者不动产的过户手续。

**第六十七条** 对查封的商品、货物或者其他财产,税务机关可以指令被执行人负责保管,保管责任由被执行人承担。

继续使用被查封的财产不会减少其价值的,税务机关可以允许被执行人继续使用;因被执行人保管或者使用的过错造成的损失,由被执行人承担。

**第六十八条** 纳税人在税务机关采取税收保全措施后,按照税务机关规定的期限缴纳税款的,税务机关应当自收到税款或者银行转回的完税凭证之日起1日内解除税收保全。

**第六十九条** 税务机关将扣押、查封的商品、货物或者其他财产变价抵缴税款时,应当交由依法成立的拍卖机构拍卖;无法委托拍卖或者不适于拍卖的,可以交由当地商业企业代为销售,也可以责令纳税人限期处理;无法委托商业企业销售,纳税人也无法处理的,可以由税务机关变价处理,具体办法由国家税务总局规定。国家禁止自由买卖的商品,应当交由有关单位按照国家规定的价格收购。

拍卖或者变卖所得抵缴税款、滞纳金、罚款以及拍卖、变卖等费用后，剩余部分应当在3日内退还被执行人。

**第七十条** 税收征管法第三十九条、第四十三条所称损失，是指因税务机关的责任，使纳税人、扣缴义务人或者纳税担保人的合法利益遭受的直接损失。

**第七十一条** 税收征管法所称其他金融机构，是指信托投资公司、信用合作社、邮政储蓄机构以及经中国人民银行、中国证券监督管理委员会等批准设立的其他金融机构。

**第七十二条** 税收征管法所称存款，包括独资企业投资人、合伙企业合伙人、个体工商户的储蓄存款以及股东资金账户中的资金等。

**第七十三条** 从事生产、经营的纳税人、扣缴义务人未按照规定的期限缴纳或者解缴税款的，纳税担保人未按照规定的期限缴纳所担保的税款的，由税务机关发出限期缴纳税款通知书，责令缴纳或者解缴税款的最长期限不得超过15日。

**第七十四条** 欠缴税款的纳税人或者其法定代表人在出境前未按照规定结清应纳税款、滞纳金或者提供纳税担保的，税务机关可以通知出入境管理机关阻止其出境。阻止出境的具体办法，由国家税务总局会同公安部制定。

**第七十五条** 税收征管法第三十二条规定的加收滞纳金的起止时间，为法律、行政法规规定或者税务机关依照法律、行政法规的规定确定的税款缴纳期限届满次日起至纳税人、扣缴义务人实际缴纳或者解缴税款之日止。

**第七十六条** 县级以上各级税务机关应当将纳税人的欠税情况，在办公场所或者广播、电视、报纸、期刊、网络等新闻媒体上定期公告。

对纳税人欠缴税款的情况实行定期公告的办法，由国家税务总局制定。

**第七十七条** 税收征管法第四十九条所称欠缴税款数额较大，是指欠缴税款5万元以上。

**第七十八条** 税务机关发现纳税人多缴税款的，应当自发现之日起10日内办理退还手续；纳税人发现多缴税款，要求退还的，税务机关应当自接到纳税人退还申请之日起30日内查实并办理退还手续。

税收征管法第五十一条规定的加算银行同期存款利息的多缴款退税，不包括依法预缴税款形成的结算退税、出口退税和各种减免退税。

退税利息按照税务机关办理退税手续当天中国人民银行规定的活期存款利率计算。

**第七十九条** 当纳税人既有应退税款又有欠缴税款的，税务机关可以将应退税款和利息先抵扣欠缴税款；抵扣后有余额的，退还纳税人。

**第八十条** 税收征管法第五十二条所称税务机关的责任，是指税务机关适用税收法律、行政法规不当或者执法行为违法。

**第八十一条** 税收征管法第五十二条所称纳税人、扣缴义务人计算错误等失误，是指非主观故意的计算公式运用错误以及明显的笔误。

**第八十二条** 税收征管法第五十二条所称特殊情况，是指纳税人或者扣缴义务人因计算错误等失误，未缴或者少缴、未扣或者少扣、未收或者少收税款，累计数额在10万元以上的。

**第八十三条** 税收征管法第五十二条规定的补缴和追征税款、滞纳金的期限，自纳税人、扣缴义务人应缴未缴或者少缴税款之日起计算。

**第八十四条** 审计机关、财政机关依法进行审计、检查时，对税务机关的税收违法行为作出的决定，税务机关应当执行；发现被审计、检查单位有税收违法行为的，向被审计、检查单位下达决定、意见书，责成被审计、检查单位向税务机关缴纳应当缴纳的税款、滞纳金。税务机关应当根据有关机关的决定、意见书，依照税收法律、行政法规的规定，将应收的税款、滞纳金按国家规定的税收征收管理范围和税款入库预算级次缴入国库。

税务机关应当自收到审计机关、财政机关的决定、意见书之日起30日内将执行情况书面回复审计机关、财政机关。

有关机关不得将其履行职责过程中发现的税款、滞纳金自行征收入库或者以其他款项的名义自行处理、占压。

## 第六章 税务检查

**第八十五条** 税务机关应当建立科学的检查制度，统筹安排检查工作，严格控制对纳税人、扣缴义务人的检查次数。

税务机关应当制定合理的税务稽查工作规程，负责选案、检查、审理、执行的人员的职责应当明确，并相互分离、相互制约，规范选案程序和检查行为。

税务检查工作的具体办法，由国家税务总局制定。

**第八十六条** 税务机关行使税收征管法第五十四条第(一)项职权时，可以在纳税人、扣缴义务人的业务场所进行；必要时，经县以上税务局(分局)局长批准，可以将纳税人、扣缴义务人以前会计年度的账簿、记账凭证、报表和其他有关资料调回税务机关检查,但是税务机关必须向纳税人、扣缴义务人开付清单,并在3个月内完整退还;有特殊情况的,经设区的市、自治州以上税务局局长批准,税务机关可以将纳税人、扣缴义务人当年的账簿、记账凭证、报表和其他有关资料调回检查,但是税务机关必须在30日内退还。

第八十七条 税务机关行使税收征管法第五十四条第(六)项职权时,应当指定专人负责,凭全国统一格式的检查存款账户许可证明进行,并有责任为被检查人保守秘密。

检查存款账户许可证明,由国家税务总局制定。

税务机关查询的内容,包括纳税人存款账户余额和资金往来情况。

第八十八条 依照税收征管法第五十五条规定,税务机关采取税收保全措施的期限一般不得超过6个月;重大案件需要延长的,应当报国家税务总局批准。

第八十九条 税务机关和税务人员应当依照税收征管法及本细则的规定行使税务检查职权。

税务人员进行税务检查时,应当出示税务检查证和税务检查通知书;无税务检查证和税务检查通知书的,纳税人、扣缴义务人及其他当事人有权拒绝检查。税务机关对集贸市场及集中经营业户进行检查时,可以使用统一的税务检查通知书。

税务检查证和税务检查通知书的式样、使用和管理的具体办法,由国家税务总局制定。

### 第七章 法律责任

第九十条 纳税人未按照规定办理税务登记证件验证或者换证手续的,由税务机关责令限期改正,可以处2000元以下的罚款;情节严重的,处2000元以上1万元以下的罚款。

第九十一条 非法印制、转借、倒卖、变造或者伪造完税凭证的,由税务机关责令改正,处2000元以上1万元以下的罚款;情节严重的,处1万元以上5万元以下的罚款;构成犯罪的,依法追究刑事责任。

第九十二条 银行和其他金融机构未依照税收征管法的规定在从事生产、经营的纳税人的账户中登录税务登记证件号码,或者未按规定在税务登记证件中登录从事生产、经营的纳税人的账户账号的,由税务机关责令其限期改正,处2000元以上2万元以下的罚款;情节严重的,处2万元以上5万元以下的罚款。

第九十三条 为纳税人、扣缴义务人非法提供银行账户、发票、证明或者其他方便,导致未缴、少缴税款或者骗取国家出口退税款的,税务机关除没收其违法所得外,可以处未缴、少缴或者骗取的税款1倍以下的罚款。

第九十四条 纳税人拒绝代扣、代收税款的,扣缴义务人应当向税务机关报告,由税务机关直接向纳税人追缴税款、滞纳金;纳税人拒不缴纳的,依照税收征管法第六十八条的规定执行。

第九十五条 税务机关依照税收征管法第五十四条第(五)项的规定,到车站、码头、机场、邮政企业及其分支机构检查纳税人有关情况时,有关单位拒绝的,由税务机关责令改正,可以处1万元以下的罚款;情节严重的,处1万元以上5万元以下的罚款。

第九十六条 纳税人、扣缴义务人有下列情形之一的,依照税收征管法第七十条的规定处罚:

(一)提供虚假资料,不如实反映情况,或者拒绝提供有关资料的;

(二)拒绝或者阻止税务机关记录、录音、录像、照相和复制与案件有关的情况和资料的;

(三)在检查期间,纳税人、扣缴义务人转移、隐匿、销毁有关资料的;

(四)有不依法接受税务检查的其他情形的。

第九十七条 税务人员私分扣押、查封的商品、货物或者其他财产,情节严重,构成犯罪的,依法追究刑事责任;尚不构成犯罪的,依法给予行政处分。

第九十八条 税务代理人违反税收法律、行政法规,造成纳税人未缴或者少缴税款的,除由纳税人缴纳或者补缴应纳税款、滞纳金外,对税务代理人处纳税人未缴或者少缴税款50%以上3倍以下的罚款。

第九十九条 税务机关对纳税人、扣缴义务人及其他当事人处以罚款或者没收违法所得时,应当开付罚没凭证;未开付罚没凭证的,纳税人、扣缴义务人以及其他当事人有权拒绝给付。

第一百条 税收征管法第八十八条规定的纳税争议,是指纳税人、扣缴义务人、纳税担保人对税务机关确定纳税主体、征税对象、征税范围、减税、免税及退税、适用税率、计税依据、纳税环节、纳税期限、纳税地点以及税款征收方式等具体行政行为有异议而发生的争议。

### 第八章 文书送达

第一百零一条 税务机关送达税务文书,应当直接送交受送达人。

受送达人是公民的,应当由本人直接签收;本人不在的,交其同住成年家属签收。

受送达人是法人或者其他组织的,应当由法人的法定代表人、其他组织的主要负责人或者该法人、组织的财务负责人、负责收件的人签收。受送达人有代理人的,可以送交其代理人签收。

**第一百零二条** 送达税务文书应当有送达回证,并由受送达人或者本细则规定的其他签收人在送达回证上记明收到日期,签名或者盖章,即为送达。

**第一百零三条** 受送达人或者本细则规定的其他签收人拒绝签收税务文书的,送达人应当在送达回证上记明拒收理由和日期,并由送达人和见证人签名或者盖章,将税务文书留在受送达人处,即视为送达。

**第一百零四条** 直接送达税务文书有困难的,可以委托其他有关机关或者其他单位代为送达,或者邮寄送达。

**第一百零五条** 直接或者委托送达税务文书的,以签收人或者见证人在送达回证上的签收或者注明的收件日期为送达日期;邮寄送达的,以挂号函件回执上注明的收件日期为送达日期,并视为已送达。

**第一百零六条** 有下列情形之一的,税务机关可以公告送达税务文书,自公告之日起满30日,即视为送达:
(一)同一送达事项的受送达人众多;
(二)采用本章规定的其他送达方式无法送达。

**第一百零七条** 税务文书的格式由国家税务总局制定。本细则所称税务文书,包括:
(一)税务事项通知书;
(二)责令限期改正通知书;
(三)税收保全措施决定书;
(四)税收强制执行决定书;
(五)税务检查通知书;
(六)税务处理决定书;
(七)税务行政处罚决定书;
(八)行政复议决定书;
(九)其他税务文书。

### 第九章 附 则

**第一百零八条** 税收征管法及本细则所称"以上"、"以下"、"日内"、"届满"均含本数。

**第一百零九条** 税收征管法及本细则所规定期限的最后一日是法定休假日的,以休假日期满的次日为期限的最后一日;在期限内有连续3日以上法定休假日的,按休假日天数顺延。

**第一百一十条** 税收征管法第三十条第三款规定的代扣、代收手续费,纳入预算管理,由税务机关依照法律、行政法规的规定付给扣缴义务人。

**第一百一十一条** 纳税人、扣缴义务人委托税务代理人代为办理税务事宜的办法,由国家税务总局规定。

**第一百一十二条** 耕地占用税、契税、农业税、牧业税的征收管理,按照国务院的有关规定执行。

**第一百一十三条** 本细则自2002年10月15日起施行。1993年8月4日国务院发布的《中华人民共和国税收征收管理法实施细则》同时废止。

## 中华人民共和国企业所得税法

- 2007年3月16日第十届全国人民代表大会第五次会议通过
- 根据2017年2月24日第十二届全国人民代表大会常务委员会第二十六次会议《关于修改〈中华人民共和国企业所得税法〉的决定》第一次修正
- 根据2018年12月29日第十三届全国人民代表大会常务委员会第七次会议《关于修改〈中华人民共和国电力法〉等四部法律的决定》第二次修正

### 第一章 总 则

**第一条** 在中华人民共和国境内,企业和其他取得收入的组织(以下统称企业)为企业所得税的纳税人,依照本法的规定缴纳企业所得税。

个人独资企业、合伙企业不适用本法。

**第二条** 企业分为居民企业和非居民企业。

本法所称居民企业,是指依法在中国境内成立,或者依照外国(地区)法律成立但实际管理机构在中国境内的企业。

本法所称非居民企业,是指依照外国(地区)法律成立且实际管理机构不在中国境内,但在中国境内设立机构、场所的,或者在中国境内未设立机构、场所,但有来源于中国境内所得的企业。

**第三条** 居民企业应当就其来源于中国境内、境外的所得缴纳企业所得税。

非居民企业在中国境内设立机构、场所的,应当就其所设机构、场所取得的来源于中国境内的所得,以及发生在中国境外但与其所设机构、场所有实际联系的所得,缴纳企业所得税。

非居民企业在中国境内未设立机构、场所的,或者虽设立机构、场所但取得的所得与其所设机构、场所没有实际联系的,应当就其来源于中国境内的所得缴纳企业所得税。

**第四条** 企业所得税的税率为25%。

非居民企业取得本法第三条第三款规定的所得,适用税率为20%。

## 第二章 应纳税所得额

**第五条** 企业每一纳税年度的收入总额,减除不征税收入、免税收入、各项扣除以及允许弥补的以前年度亏损后的余额,为应纳税所得额。

**第六条** 企业以货币形式和非货币形式从各种来源取得的收入,为收入总额。包括：

（一）销售货物收入；
（二）提供劳务收入；
（三）转让财产收入；
（四）股息、红利等权益性投资收益；
（五）利息收入；
（六）租金收入；
（七）特许权使用费收入；
（八）接受捐赠收入；
（九）其他收入。

**第七条** 收入总额中的下列收入为不征税收入：

（一）财政拨款；
（二）依法收取并纳入财政管理的行政事业性收费、政府性基金；
（三）国务院规定的其他不征税收入。

**第八条** 企业实际发生的与取得收入有关的、合理的支出,包括成本、费用、税金、损失和其他支出,准予在计算应纳税所得额时扣除。

**第九条** 企业发生的公益性捐赠支出,在年度利润总额12%以内的部分,准予在计算应纳税所得额时扣除；超过年度利润总额12%的部分,准予结转以后三年内在计算应纳税所得额时扣除。

**第十条** 在计算应纳税所得额时,下列支出不得扣除：

（一）向投资者支付的股息、红利等权益性投资收益款项；
（二）企业所得税税款；
（三）税收滞纳金；
（四）罚金、罚款和被没收财物的损失；
（五）本法第九条规定以外的捐赠支出；
（六）赞助支出；
（七）未经核定的准备金支出；
（八）与取得收入无关的其他支出。

**第十一条** 在计算应纳税所得额时,企业按照规定计算的固定资产折旧,准予扣除。

下列固定资产不得计算折旧扣除：

（一）房屋、建筑物以外未投入使用的固定资产；
（二）以经营租赁方式租入的固定资产；
（三）以融资租赁方式租出的固定资产；
（四）已足额提取折旧仍继续使用的固定资产；
（五）与经营活动无关的固定资产；
（六）单独估价作为固定资产入账的土地；
（七）其他不得计算折旧扣除的固定资产。

**第十二条** 在计算应纳税所得额时,企业按照规定计算的无形资产摊销费用,准予扣除。

下列无形资产不得计算摊销费用扣除：

（一）自行开发的支出已在计算应纳税所得额时扣除的无形资产；
（二）自创商誉；
（三）与经营活动无关的无形资产；
（四）其他不得计算摊销费用扣除的无形资产。

**第十三条** 在计算应纳税所得额时,企业发生的下列支出作为长期待摊费用,按照规定摊销的,准予扣除：

（一）已足额提取折旧的固定资产的改建支出；
（二）租入固定资产的改建支出；
（三）固定资产的大修理支出；
（四）其他应当作为长期待摊费用的支出。

**第十四条** 企业对外投资期间,投资资产的成本在计算应纳税所得额时不得扣除。

**第十五条** 企业使用或者销售存货,按照规定计算的存货成本,准予在计算应纳税所得额时扣除。

**第十六条** 企业转让资产,该项资产的净值,准予在计算应纳税所得额时扣除。

**第十七条** 企业在汇总计算缴纳企业所得税时,其境外营业机构的亏损不得抵减境内营业机构的盈利。

**第十八条** 企业纳税年度发生的亏损,准予向以后年度结转,用以后年度的所得弥补,但结转年限最长不得超过五年。

**第十九条** 非居民企业取得本法第三条第三款规定的所得,按照下列方法计算其应纳税所得额：

（一）股息、红利等权益性投资收益和利息、租金、特许权使用费所得,以收入全额为应纳税所得额；
（二）转让财产所得,以收入全额减除财产净值后的余额为应纳税所得额；
（三）其他所得,参照前两项规定的方法计算应纳税所得额。

**第二十条** 本章规定的收入、扣除的具体范围、标准和资产的税务处理的具体办法,由国务院财政、税务主管部门规定。

**第二十一条** 在计算应纳税所得额时,企业财务、会计处理办法与税收法律、行政法规的规定不一致的,应当依照税收法律、行政法规的规定计算。

### 第三章 应纳税额

**第二十二条** 企业的应纳税所得额乘以适用税率,减除依照本法关于税收优惠的规定减免和抵免的税额后的余额,为应纳税额。

**第二十三条** 企业取得的下列所得已在境外缴纳的所得税税额,可以从其当期应纳税额中抵免,抵免限额为该项所得依照本法规定计算的应纳税额;超过抵免限额的部分,可以在以后五个年度内,用每年度抵免限额抵免当年应抵税额后的余额进行抵补:

(一)居民企业来源于中国境外的应税所得;

(二)非居民企业在中国境内设立机构、场所,取得发生在中国境外但与该机构、场所有实际联系的应税所得。

**第二十四条** 居民企业从其直接或者间接控制的外国企业分得的来源于中国境外的股息、红利等权益性投资收益,外国企业在境外实际缴纳的所得税税额中属于该项所得负担的部分,可以作为该居民企业的可抵免境外所得税税额,在本法第二十三条规定的抵免限额内抵免。

### 第四章 税收优惠

**第二十五条** 国家对重点扶持和鼓励发展的产业和项目,给予企业所得税优惠。

**第二十六条** 企业的下列收入为免税收入:

(一)国债利息收入;

(二)符合条件的居民企业之间的股息、红利等权益性投资收益;

(三)在中国境内设立机构、场所的非居民企业从居民企业取得与该机构、场所有实际联系的股息、红利等权益性投资收益;

(四)符合条件的非营利组织的收入。

**第二十七条** 企业的下列所得,可以免征、减征企业所得税:

(一)从事农、林、牧、渔业项目的所得;

(二)从事国家重点扶持的公共基础设施项目投资经营的所得;

(三)从事符合条件的环境保护、节能节水项目的所得;

(四)符合条件的技术转让所得;

(五)本法第三条第三款规定的所得。

**第二十八条** 符合条件的小型微利企业,减按20%的税率征收企业所得税。

国家需要重点扶持的高新技术企业,减按15%的税率征收企业所得税。

**第二十九条** 民族自治地方的自治机关对本民族自治地方的企业应缴纳的企业所得税中属于地方分享的部分,可以决定减征或者免征。自治州、自治县决定减征或者免征的,须报省、自治区、直辖市人民政府批准。

**第三十条** 企业的下列支出,可以在计算应纳税所得额时加计扣除:

(一)开发新技术、新产品、新工艺发生的研究开发费用;

(二)安置残疾人员及国家鼓励安置的其他就业人员所支付的工资。

**第三十一条** 创业投资企业从事国家需要重点扶持和鼓励的创业投资,可以按投资额的一定比例抵扣应纳税所得额。

**第三十二条** 企业的固定资产由于技术进步等原因,确需加速折旧的,可以缩短折旧年限或者采取加速折旧的方法。

**第三十三条** 企业综合利用资源,生产符合国家产业政策规定的产品所取得的收入,可以在计算应纳税所得额时减计收入。

**第三十四条** 企业购置用于环境保护、节能节水、安全生产等专用设备的投资额,可以按一定比例实行税额抵免。

**第三十五条** 本法规定的税收优惠的具体办法,由国务院规定。

**第三十六条** 根据国民经济和社会发展的需要,或者由于突发事件等原因对企业经营活动产生重大影响的,国务院可以制定企业所得税专项优惠政策,报全国人民代表大会常务委员会备案。

### 第五章 源泉扣缴

**第三十七条** 对非居民企业取得本法第三条第三款规定的所得应缴纳的所得税,实行源泉扣缴,以支付人为扣缴义务人。税款由扣缴义务人在每次支付或者到期应支付时,从支付或者到期应支付的款项中扣缴。

**第三十八条** 对非居民企业在中国境内取得工程作业和劳务所得应缴纳的所得税,税务机关可以指定工程价款或者劳务费的支付人为扣缴义务人。

**第三十九条** 依照本法第三十七条、第三十八条规定应当扣缴的所得税,扣缴义务人未依法扣缴或者无法履行扣缴义务的,由纳税人在所得发生地缴纳。纳税人未依法缴纳的,税务机关可以从该纳税人在中国境内其他收入项目的支付人应付的款项中,追缴该纳税人的应纳税款。

**第四十条** 扣缴义务人每次代扣的税款,应当自代扣之日起七日内缴入国库,并向所在地的税务机关报送扣缴企业所得税报告表。

## 第六章 特别纳税调整

**第四十一条** 企业与其关联方之间的业务往来,不符合独立交易原则而减少企业或者其关联方应纳税收入或者所得额的,税务机关有权按照合理方法调整。

企业与其关联方共同开发、受让无形资产,或者共同提供、接受劳务发生的成本,在计算应纳税所得额时应当按照独立交易原则进行分摊。

**第四十二条** 企业可以向税务机关提出与其关联方之间业务往来的定价原则和计算方法,税务机关与企业协商、确认后,达成预约定价安排。

**第四十三条** 企业向税务机关报送年度企业所得税纳税申报表时,应当就其与关联方之间的业务往来,附送年度关联业务往来报告表。

税务机关在进行关联业务调查时,企业及其关联方,以及与关联业务调查有关的其他企业,应当按照规定提供相关资料。

**第四十四条** 企业不提供与其关联方之间业务往来资料,或者提供虚假、不完整资料,未能真实反映其关联业务往来情况的,税务机关有权依法核定其应纳税所得额。

**第四十五条** 由居民企业,或者由居民企业和中国居民控制的设立在实际税负明显低于本法第四条第一款规定税率水平的国家(地区)的企业,并非由于合理的经营需要而对利润不作分配或者减少分配的,上述利润中应归属于该居民企业的部分,应当计入该居民企业的当期收入。

**第四十六条** 企业从其关联方接受的债权性投资与权益性投资的比例超过规定标准而发生的利息支出,不得在计算应纳税所得额时扣除。

**第四十七条** 企业实施其他不具有合理商业目的的安排而减少其应纳税收入或者所得额的,税务机关有权按照合理方法调整。

**第四十八条** 税务机关依照本章规定作出纳税调整,需要补征税款的,应当补征税款,并按照国务院规定加收利息。

## 第七章 征收管理

**第四十九条** 企业所得税的征收管理除本法规定外,依照《中华人民共和国税收征收管理法》的规定执行。

**第五十条** 除税收法律、行政法规另有规定外,居民企业以企业登记注册地为纳税地点;但登记注册地在境外的,以实际管理机构所在地为纳税地点。

居民企业在中国境内设立不具有法人资格的营业机构的,应当汇总计算并缴纳企业所得税。

**第五十一条** 非居民企业取得本法第三条第二款规定的所得,以机构、场所所在地为纳税地点。非居民企业在中国境内设立两个或者两个以上机构、场所,符合国务院税务主管部门规定条件的,可以选择由其主要机构、场所汇总缴纳企业所得税。

非居民企业取得本法第三条第三款规定的所得,以扣缴义务人所在地为纳税地点。

**第五十二条** 除国务院另有规定外,企业之间不得合并缴纳企业所得税。

**第五十三条** 企业所得税按纳税年度计算。纳税年度自公历1月1日起至12月31日止。

企业在一个纳税年度中间开业,或者终止经营活动,使该纳税年度的实际经营期不足十二个月的,应当以其实际经营期为一个纳税年度。

企业依法清算时,应当以清算期间作为一个纳税年度。

**第五十四条** 企业所得税分月或者分季预缴。

企业应当自月份或者季度终了之日起十五日内,向税务机关报送预缴企业所得税纳税申报表,预缴税款。

企业应当自年度终了之日起五个月内,向税务机关报送年度企业所得税纳税申报表,并汇算清缴,结清应缴应退税款。

企业在报送企业所得税纳税申报表时,应当按照规定附送财务会计报告和其他有关资料。

**第五十五条** 企业在年度中间终止经营活动的,应当自实际经营终止之日起六十日内,向税务机关办理当期企业所得税汇算清缴。

企业应当在办理注销登记前,就其清算所得向税务机关申报并依法缴纳企业所得税。

**第五十六条** 依照本法缴纳的企业所得税,以人民币计算。所得以人民币以外的货币计算的,应当折合成人民币计算并缴纳税款。

## 第八章 附 则

**第五十七条** 本法公布前已经批准设立的企业，依照当时的税收法律、行政法规规定，享受低税率优惠的，按照国务院规定，可以在本法施行后五年内，逐步过渡到本法规定的税率；享受定期减免税优惠的，按照国务院规定，可以在本法施行后继续享受到期满为止，但因未获利而尚未享受优惠的，优惠期限从本法施行年度起计算。

法律设置的发展对外经济合作和技术交流的特定地区内，以及国务院已规定执行上述地区特殊政策的地区内新设立的国家需要重点扶持的高新技术企业，可以享受过渡性税收优惠，具体办法由国务院规定。

国家已确定的其他鼓励类企业，可以按照国务院规定享受减免税优惠。

**第五十八条** 中华人民共和国政府同外国政府订立的有关税收的协定与本法有不同规定的，依照协定的规定办理。

**第五十九条** 国务院根据本法制定实施条例。

**第六十条** 本法自2008年1月1日起施行。1991年4月9日第七届全国人民代表大会第四次会议通过的《中华人民共和国外商投资企业和外国企业所得税法》和1993年12月13日国务院发布的《中华人民共和国企业所得税暂行条例》同时废止。

## 中华人民共和国企业所得税法实施条例

· 2007年12月6日中华人民共和国国务院令第512号公布
· 根据2019年4月23日《国务院关于修改部分行政法规的决定》修订

### 第一章 总 则

**第一条** 根据《中华人民共和国企业所得税法》（以下简称企业所得税法）的规定，制定本条例。

**第二条** 企业所得税法第一条所称个人独资企业、合伙企业，是指依照中国法律、行政法规成立的个人独资企业、合伙企业。

**第三条** 企业所得税法第二条所称依法在中国境内成立的企业，包括依照中国法律、行政法规在中国境内成立的企业、事业单位、社会团体以及其他取得收入的组织。

企业所得税法第二条所称依照外国（地区）法律成立的企业，包括依照外国（地区）法律成立的企业和其他取得收入的组织。

**第四条** 企业所得税法第二条所称实际管理机构，是指对企业的生产经营、人员、账务、财产等实施实质性全面管理和控制的机构。

**第五条** 企业所得税法第二条第三款所称机构、场所，是指在中国境内从事生产经营活动的机构、场所，包括：

（一）管理机构、营业机构、办事机构；
（二）工厂、农场、开采自然资源的场所；
（三）提供劳务的场所；
（四）从事建筑、安装、装配、修理、勘探等工程作业的场所；
（五）其他从事生产经营活动的机构、场所。

非居民企业委托营业代理人在中国境内从事生产经营活动的，包括委托单位或者个人经常代其签订合同，或者储存、交付货物等，该营业代理人视为非居民企业在中国境内设立的机构、场所。

**第六条** 企业所得税法第三条所称所得，包括销售货物所得、提供劳务所得、转让财产所得、股息红利等权益性投资所得、利息所得、租金所得、特许权使用费所得、接受捐赠所得和其他所得。

**第七条** 企业所得税法第三条所称来源于中国境内、境外的所得，按照以下原则确定：

（一）销售货物所得，按照交易活动发生地确定；
（二）提供劳务所得，按照劳务发生地确定；
（三）转让财产所得，不动产转让所得按照不动产所在地确定，动产转让所得按照转让动产的企业或者机构、场所所在地确定，权益性投资资产转让所得按照被投资企业所在地确定；
（四）股息、红利等权益性投资所得，按照分配所得的企业所在地确定；
（五）利息所得、租金所得、特许权使用费所得，按照负担、支付所得的企业或者机构、场所所在地确定，或者按照负担、支付所得的个人的住所地确定；
（六）其他所得，由国务院财政、税务主管部门确定。

**第八条** 企业所得税法第三条所称实际联系，是指非居民企业在中国境内设立的机构、场所拥有据以取得所得的股权、债权，以及拥有、管理、控制据以取得所得的财产等。

### 第二章 应纳税所得额

#### 第一节 一般规定

**第九条** 企业应纳税所得额的计算，以权责发生制为原则，属于当期的收入和费用，不论款项是否收付，均作为当期的收入和费用；不属于当期的收入和费用，即使款项已经在当期收付，均不作为当期的收入和费用。本条例和国务院财政、税务主管部门另有规定的除外。

**第十条** 企业所得税法第五条所称亏损，是指企业依照企业所得税法和本条例的规定将每一纳税年度的收入总额减除不征税收入、免税收入和各项扣除后小于零的数额。

**第十一条** 企业所得税法第五十五条所称清算所得，是指企业的全部资产可变现价值或者交易价格减除资产净值、清算费用以及相关税费等后的余额。

投资方企业从被清算企业分得的剩余资产，其中相当于从被清算企业累计未分配利润和累计盈余公积中应当分得的部分，应当确认为股息所得；剩余资产减除上述股息所得后的余额，超过或者低于投资成本的部分，应当确认为投资资产转让所得或者损失。

## 第二节 收 入

**第十二条** 企业所得税法第六条所称企业取得收入的货币形式，包括现金、存款、应收账款、应收票据、准备持有至到期的债券投资以及债务的豁免等。

企业所得税法第六条所称企业取得收入的非货币形式，包括固定资产、生物资产、无形资产、股权投资、存货、不准备持有至到期的债券投资、劳务以及有关权益等。

**第十三条** 企业所得税法第六条所称企业以非货币形式取得的收入，应当按照公允价值确定收入额。

前款所称公允价值，是指按照市场价格确定的价值。

**第十四条** 企业所得税法第六条第（一）项所称销售货物收入，是指企业销售商品、产品、原材料、包装物、低值易耗品以及其他存货取得的收入。

**第十五条** 企业所得税法第六条第（二）项所称提供劳务收入，是指企业从事建筑安装、修理修配、交通运输、仓储租赁、金融保险、邮电通信、咨询经纪、文化体育、科学研究、技术服务、教育培训、餐饮住宿、中介代理、卫生保健、社区服务、旅游、娱乐、加工以及其他劳务服务活动取得的收入。

**第十六条** 企业所得税法第六条第（三）项所称转让财产收入，是指企业转让固定资产、生物资产、无形资产、股权、债权等财产取得的收入。

**第十七条** 企业所得税法第六条第（四）项所称股息、红利等权益性投资收益，是指企业因权益性投资从被投资方取得的收入。

股息、红利等权益性投资收益，除国务院财政、税务主管部门另有规定外，按照被投资方作出利润分配决定的日期确认收入的实现。

**第十八条** 企业所得税法第六条第（五）项所称利息收入，是指企业将资金提供他人使用但不构成权益性投资，或者因他人占用本企业资金取得的收入，包括存款利息、贷款利息、债券利息、欠款利息等收入。

利息收入，按照合同约定的债务人应付利息的日期确认收入的实现。

**第十九条** 企业所得税法第六条第（六）项所称租金收入，是指企业提供固定资产、包装物或者其他有形资产的使用权取得的收入。

租金收入，按照合同约定的承租人应付租金的日期确认收入的实现。

**第二十条** 企业所得税法第六条第（七）项所称特许权使用费收入，是指企业提供专利权、非专利技术、商标权、著作权以及其他特许权的使用权取得的收入。

特许权使用费收入，按照合同约定的特许权使用人应付特许权使用费的日期确认收入的实现。

**第二十一条** 企业所得税法第六条第（八）项所称接受捐赠收入，是指企业接受的来自其他企业、组织或者个人无偿给予的货币性资产、非货币性资产。

接受捐赠收入，按照实际收到捐赠资产的日期确认收入的实现。

**第二十二条** 企业所得税法第六条第（九）项所称其他收入，是指企业取得的除企业所得税法第六条第（一）项至第（八）项规定的收入外的其他收入，包括企业资产溢余收入、逾期未退包装物押金收入、确实无法偿付的应付款项、已作坏账损失处理后又收回的应收款项、债务重组收入、补贴收入、违约金收入、汇兑收益等。

**第二十三条** 企业的下列生产经营业务可以分期确认收入的实现：

（一）以分期收款方式销售货物的，按照合同约定的收款日期确认收入的实现；

（二）企业受托加工制造大型机械设备、船舶、飞机，以及从事建筑、安装、装配工程业务或者提供其他劳务等，持续时间超过12个月的，按照纳税年度内完工进度或者完成的工作量确认收入的实现。

**第二十四条** 采取产品分成方式取得收入的，按照企业分得产品的日期确认收入的实现，其收入额按照产品的公允价值确定。

**第二十五条** 企业发生非货币性资产交换，以及将货物、财产、劳务用于捐赠、偿债、赞助、集资、广告、样品、职工福利或者利润分配等用途的，应当视同销售货物、转让财产或者提供劳务,但国务院财政、税务主管部门另有规定的除外。

**第二十六条** 企业所得税法第七条第(一)项所称财政拨款,是指各级人民政府对纳入预算管理的事业单位、社会团体等组织拨付的财政资金,但国务院和国务院财政、税务主管部门另有规定的除外。

企业所得税法第七条第(二)项所称行政事业性收费,是指依照法律法规等有关规定,按照国务院规定程序批准,在实施社会公共管理,以及在向公民、法人或者其他组织提供特定公共服务过程中,向特定对象收取并纳入财政管理的费用。

企业所得税法第七条第(二)项所称政府性基金,是指企业依照法律、行政法规等有关规定,代政府收取的具有专项用途的财政资金。

企业所得税法第七条第(三)项所称国务院规定的其他不征税收入,是指企业取得的,由国务院财政、税务主管部门规定专项用途并经国务院批准的财政性资金。

## 第三节 扣 除

**第二十七条** 企业所得税法第八条所称有关的支出,是指与取得收入直接相关的支出。

企业所得税法第八条所称合理的支出,是指符合生产经营活动常规,应当计入当期损益或者有关资产成本的必要和正常的支出。

**第二十八条** 企业发生的支出应当区分收益性支出和资本性支出。收益性支出在发生当期直接扣除;资本性支出应当分期扣除或者计入有关资产成本,不得在发生当期直接扣除。

企业的不征税收入用于支出所形成的费用或者财产,不得扣除或者计算对应的折旧、摊销扣除。

除企业所得税法和本条例另有规定外,企业实际发生的成本、费用、税金、损失和其他支出,不得重复扣除。

**第二十九条** 企业所得税法第八条所称成本,是指企业在生产经营活动中发生的销售成本、销货成本、业务支出以及其他耗费。

**第三十条** 企业所得税法第八条所称费用,是指企业在生产经营活动中发生的销售费用、管理费用和财务费用,已经计入成本的有关费用除外。

**第三十一条** 企业所得税法第八条所称税金,是指企业发生的除企业所得税和允许抵扣的增值税以外的各项税金及其附加。

**第三十二条** 企业所得税法第八条所称损失,是指企业在生产经营活动中发生的固定资产和存货的盘亏、毁损、报废损失,转让财产损失,呆账损失,坏账损失,自然灾害等不可抗力因素造成的损失以及其他损失。

企业发生的损失,减除责任人赔偿和保险赔款后的余额,依照国务院财政、税务主管部门的规定扣除。

企业已经作为损失处理的资产,在以后纳税年度又全部收回或者部分收回时,应当计入当期收入。

**第三十三条** 企业所得税法第八条所称其他支出,是指除成本、费用、税金、损失外,企业在生产经营活动中发生的与生产经营活动有关的、合理的支出。

**第三十四条** 企业发生的合理的工资薪金支出,准予扣除。

前款所称工资薪金,是指企业每一纳税年度支付给在本企业任职或者受雇的员工的所有现金形式或者非现金形式的劳动报酬,包括基本工资、奖金、津贴、补贴、年终加薪、加班工资,以及与员工任职或者受雇有关的其他支出。

**第三十五条** 企业依照国务院有关主管部门或者省级人民政府规定的范围和标准为职工缴纳的基本养老保险费、基本医疗保险费、失业保险费、工伤保险费、生育保险费等基本社会保险费和住房公积金,准予扣除。

企业为投资者或者职工支付的补充养老保险费、补充医疗保险费,在国务院财政、税务主管部门规定的范围和标准内,准予扣除。

**第三十六条** 除企业依照国家有关规定为特殊工种职工支付的人身安全保险费和国务院财政、税务主管部门规定可以扣除的其他商业保险费外,企业为投资者或者职工支付的商业保险费,不得扣除。

**第三十七条** 企业在生产经营活动中发生的合理的不需要资本化的借款费用,准予扣除。

企业为购置、建造固定资产、无形资产和经过12个月以上的建造才能达到预定可销售状态的存货发生借款的,在有关资产购置、建造期间发生的合理的借款费用,应当作为资本性支出计入有关资产的成本,并依照本条例的规定扣除。

**第三十八条** 企业在生产经营活动中发生的下列利息支出,准予扣除:

(一)非金融企业向金融企业借款的利息支出、金融企业的各项存款利息支出和同业拆借利息支出、企业经批准发行债券的利息支出;

(二)非金融企业向非金融企业借款的利息支出,不超过按照金融企业同期同类贷款利率计算的数额的部分。

**第三十九条** 企业在货币交易中,以及纳税年度终了时将人民币以外的货币性资产、负债按照期末即期人民币汇率中间价折算为人民币时产生的汇兑损失,除已经计入有关资产成本以及与向所有者进行利润分配相关的部分外,准予扣除。

**第四十条** 企业发生的职工福利费支出,不超过工资薪金总额14%的部分,准予扣除。

**第四十一条** 企业拨缴的工会经费,不超过工资薪金总额2%的部分,准予扣除。

**第四十二条** 除国务院财政、税务主管部门另有规定外,企业发生的职工教育经费支出,不超过工资薪金总额2.5%的部分,准予扣除;超过部分,准予在以后纳税年度结转扣除。

**第四十三条** 企业发生的与生产经营活动有关的业务招待费支出,按照发生额的60%扣除,但最高不得超过当年销售(营业)收入的5‰。

**第四十四条** 企业发生的符合条件的广告费和业务宣传费支出,除国务院财政、税务主管部门另有规定外,不超过当年销售(营业)收入15%的部分,准予扣除;超过部分,准予在以后纳税年度结转扣除。

**第四十五条** 企业依照法律、行政法规有关规定提取的用于环境保护、生态恢复等方面的专项资金,准予扣除。上述专项资金提取后改变用途的,不得扣除。

**第四十六条** 企业参加财产保险,按照规定缴纳的保险费,准予扣除。

**第四十七条** 企业根据生产经营活动的需要租入固定资产支付的租赁费,按照以下方法扣除:

(一)以经营租赁方式租入固定资产发生的租赁费支出,按照租赁期限均匀扣除;

(二)以融资租赁方式租入固定资产发生的租赁费支出,按照规定构成融资租入固定资产价值的部分应当提取折旧费用,分期扣除。

**第四十八条** 企业发生的合理的劳动保护支出,准予扣除。

**第四十九条** 企业之间支付的管理费、企业内营业机构之间支付的租金和特许权使用费,以及非银行企业内营业机构之间支付的利息,不得扣除。

**第五十条** 非居民企业在中国境内设立的机构、场所,就其中国境外总机构发生的与该机构、场所生产经营有关的费用,能够提供总机构出具的费用汇集范围、定额、分配依据和方法等证明文件,并合理分摊的,准予扣除。

**第五十一条** 企业所得税法第九条所称公益性捐赠,是指企业通过公益性社会组织或者县级以上人民政府及其部门,用于符合法律规定的慈善活动、公益事业的捐赠。

**第五十二条** 本条例第五十一条所称公益性社会组织,是指同时符合下列条件的慈善组织以及其他社会组织:

(一)依法登记,具有法人资格;

(二)以发展公益事业为宗旨,且不以营利为目的;

(三)全部资产及其增值为该法人所有;

(四)收益和营运结余主要用于符合该法人设立目的的事业;

(五)终止后的剩余财产不归属任何个人或者营利组织;

(六)不经营与其设立目的无关的业务;

(七)有健全的财务会计制度;

(八)捐赠者不以任何形式参与该法人财产的分配;

(九)国务院财政、税务主管部门会同国务院民政部门等登记管理部门规定的其他条件。

**第五十三条** 企业当年发生以及以前年度结转的公益性捐赠支出,不超过年度利润总额12%的部分,准予扣除。

年度利润总额,是指企业依照国家统一会计制度的规定计算的年度会计利润。

**第五十四条** 企业所得税法第十条第(六)项所称赞助支出,是指企业发生的与生产经营活动无关的各种非广告性质支出。

**第五十五条** 企业所得税法第十条第(七)项所称未经核定的准备金支出,是指不符合国务院财政、税务主管部门规定的各项资产减值准备、风险准备等准备金支出。

### 第四节 资产的税务处理

**第五十六条** 企业的各项资产,包括固定资产、生物资产、无形资产、长期待摊费用、投资资产、存货等,以历史成本为计税基础。

前款所称历史成本,是指企业取得该项资产时实际发生的支出。

企业持有各项资产期间资产增值或者减值,除国务院财政、税务主管部门规定可以确认损益外,不得调整该资产的计税基础。

**第五十七条** 企业所得税法第十一条所称固定资产,是指企业为生产产品、提供劳务、出租或者经营管理而持有的、使用时间超过12个月的非货币性资产,包括房屋、建筑物、机器、机械、运输工具以及其他与生产经营活动有关的设备、器具、工具等。

**第五十八条** 固定资产按照以下方法确定计税基础:

(一)外购的固定资产,以购买价款和支付的相关税费以及直接归属于使该资产达到预定用途发生的其他支出为计税基础;

(二)自行建造的固定资产,以竣工结算前发生的支出为计税基础;

(三)融资租入的固定资产,以租赁合同约定的付款总额和承租人在签订租赁合同过程中发生的相关费用为计税基础,租赁合同未约定付款总额的,以该资产的公允价值和承租人在签订租赁合同过程中发生的相关费用为计税基础;

(四)盘盈的固定资产,以同类固定资产的重置完全价值为计税基础;

(五)通过捐赠、投资、非货币性资产交换、债务重组等方式取得的固定资产,以该资产的公允价值和支付的相关税费为计税基础;

(六)改建的固定资产,除企业所得税法第十三条第(一)项和第(二)项规定的支出外,以改建过程中发生的改建支出增加计税基础。

**第五十九条** 固定资产按照直线法计算的折旧,准予扣除。

企业应当自固定资产投入使用月份的次月起计算折旧;停止使用的固定资产,应当自停止使用月份的次月起停止计算折旧。

企业应当根据固定资产的性质和使用情况,合理确定固定资产的预计净残值。固定资产的预计净残值一经确定,不得变更。

**第六十条** 除国务院财政、税务主管部门另有规定外,固定资产计算折旧的最低年限如下:

(一)房屋、建筑物,为20年;

(二)飞机、火车、轮船、机器、机械和其他生产设备,为10年;

(三)与生产经营活动有关的器具、工具、家具等,为5年;

(四)飞机、火车、轮船以外的运输工具,为4年;

(五)电子设备,为3年。

**第六十一条** 从事开采石油、天然气等矿产资源的企业,在开始商业性生产前发生的费用和有关固定资产的折耗、折旧方法,由国务院财政、税务主管部门另行规定。

**第六十二条** 生产性生物资产按照以下方法确定计税基础:

(一)外购的生产性生物资产,以购买价款和支付的相关税费为计税基础;

(二)通过捐赠、投资、非货币性资产交换、债务重组等方式取得的生产性生物资产,以该资产的公允价值和支付的相关税费为计税基础。

前款所称生产性生物资产,是指企业为生产农产品、提供劳务或者出租等而持有的生物资产,包括经济林、薪炭林、产畜和役畜等。

**第六十三条** 生产性生物资产按照直线法计算的折旧,准予扣除。

企业应当自生产性生物资产投入使用月份的次月起计算折旧;停止使用的生产性生物资产,应当自停止使用月份的次月起停止计算折旧。

企业应当根据生产性生物资产的性质和使用情况,合理确定生产性生物资产的预计净残值。生产性生物资产的预计净残值一经确定,不得变更。

**第六十四条** 生产性生物资产计算折旧的最低年限如下:

(一)林木类生产性生物资产,为10年;

(二)畜类生产性生物资产,为3年。

**第六十五条** 企业所得税法第十二条所称无形资产,是指企业为生产产品、提供劳务、出租或者经营管理而持有的、没有实物形态的非货币性长期资产,包括专利权、商标权、著作权、土地使用权、非专利技术、商誉等。

**第六十六条** 无形资产按照以下方法确定计税基础:

(一)外购的无形资产,以购买价款和支付的相关税费以及直接归属于使该资产达到预定用途发生的其他支出为计税基础;

(二)自行开发的无形资产,以开发过程中该资产符合资本化条件后至达到预定用途前发生的支出为计税基础;

(三)通过捐赠、投资、非货币性资产交换、债务重组等方式取得的无形资产,以该资产的公允价值和支付的相关税费为计税基础。

**第六十七条** 无形资产按照直线法计算的摊销费用,准予扣除。

无形资产的摊销年限不得低于10年。

作为投资或者受让的无形资产，有关法律规定或者合同约定了使用年限的，可以按照规定或者约定的使用年限分期摊销。

外购商誉的支出，在企业整体转让或者清算时，准予扣除。

**第六十八条** 企业所得税法第十三条第(一)项和第(二)项所称固定资产的改建支出，是指改变房屋或者建筑物结构、延长使用年限等发生的支出。

企业所得税法第十三条第(一)项规定的支出，按照固定资产预计尚可使用年限分期摊销；第(二)项规定的支出，按照合同约定的剩余租赁期限分期摊销。

改建的固定资产延长使用年限的，除企业所得税法第十三条第(一)项和第(二)项规定外，应当适当延长折旧年限。

**第六十九条** 企业所得税法第十三条第(三)项所称固定资产的大修理支出，是指同时符合下列条件的支出：

(一)修理支出达到取得固定资产时的计税基础50%以上；

(二)修理后固定资产的使用年限延长2年以上。

企业所得税法第十三条第(三)项规定的支出，按照固定资产尚可使用年限分期摊销。

**第七十条** 企业所得税法第十三条第(四)项所称其他应当作为长期待摊费用的支出，自支出发生月份的次月起，分期摊销，摊销年限不得低于3年。

**第七十一条** 企业所得税法第十四条所称投资资产，是指企业对外进行权益性投资和债权性投资形成的资产。

企业在转让或者处置投资资产时，投资资产的成本，准予扣除。

投资资产按照以下方法确定成本：

(一)通过支付现金方式取得的投资资产，以购买价款为成本；

(二)通过支付现金以外的方式取得的投资资产，以该资产的公允价值和支付的相关税费为成本。

**第七十二条** 企业所得税法第十五条所称存货，是指企业持有以备出售的产品或者商品、处在生产过程中的在产品、在生产或者提供劳务过程中耗用的材料和物料等。

存货按照以下方法确定成本：

(一)通过支付现金方式取得的存货，以购买价款和支付的相关税费为成本；

(二)通过支付现金以外的方式取得的存货，以该存货的公允价值和支付的相关税费为成本；

(三)生产性生物资产收获的农产品，以产出或者采收过程中发生的材料费、人工费和分摊的间接费用等必要支出为成本。

**第七十三条** 企业使用或者销售的存货的成本计算方法，可以在先进先出法、加权平均法、个别计价法中选用一种。计价方法一经选用，不得随意变更。

**第七十四条** 企业所得税法第十六条所称资产的净值和第十九条所称财产净值，是指有关资产、财产的计税基础减除已经按照规定扣除的折旧、折耗、摊销、准备金等后的余额。

**第七十五条** 除国务院财政、税务主管部门另有规定外，企业在重组过程中，应当在交易发生时确认有关资产的转让所得或者损失，相关资产应当按照交易价格重新确定计税基础。

### 第三章 应纳税额

**第七十六条** 企业所得税法第二十二条规定的应纳税额的计算公式为：

应纳税额＝应纳税所得额×适用税率－减免税额－抵免税额

公式中的减免税额和抵免税额，是指依照企业所得税法和国务院的税收优惠规定减征、免征和抵免的应纳税额。

**第七十七条** 企业所得税法第二十三条所称已在境外缴纳的所得税税额，是指企业来源于中国境外的所得依照中国境外税收法律以及相关规定应当缴纳并已经实际缴纳的企业所得税性质的税款。

**第七十八条** 企业所得税法第二十三条所称抵免限额，是指企业来源于中国境外的所得，依照企业所得税法和本条例的规定计算的应纳税额。除国务院财政、税务主管部门另有规定外，该抵免限额应当分国(地区)不分项计算，计算公式如下：

抵免限额＝中国境内、境外所得依照企业所得税法和本条例的规定计算的应纳税总额×来源于某国(地区)的应纳税所得额÷中国境内、境外应纳税所得总额

**第七十九条** 企业所得税法第二十三条所称5个年度，是指从企业取得的来源于中国境外的所得，已经在中国境外缴纳的企业所得税性质的税额超过抵免限额的当年的次年起连续5个纳税年度。

**第八十条** 企业所得税法第二十四条所称直接控制，是指居民企业直接持有外国企业20%以上股份。

企业所得税法第二十四条所称间接控制，是指居民企业以间接持股方式持有外国企业20%以上股份，具体认定办法由国务院财政、税务主管部门另行制定。

第八十一条　企业依照企业所得税法第二十三条、第二十四条的规定抵免企业所得税税额时，应当提供中国境外税务机关出具的税款所属年度的有关纳税凭证。

### 第四章　税收优惠

第八十二条　企业所得税法第二十六条第（一）项所称国债利息收入，是指企业持有国务院财政部门发行的国债取得的利息收入。

第八十三条　企业所得税法第二十六条第（二）项所称符合条件的居民企业之间的股息、红利等权益性投资收益，是指居民企业直接投资于其他居民企业取得的投资收益。企业所得税法第二十六条第（二）项和第（三）项所称股息、红利等权益性投资收益，不包括连续持有居民企业公开发行并上市流通的股票不足12个月取得的投资收益。

第八十四条　企业所得税法第二十六条第（四）项所称符合条件的非营利组织，是指同时符合下列条件的组织：

（一）依法履行非营利组织登记手续；

（二）从事公益性或者非营利性活动；

（三）取得的收入除用于与该组织有关的、合理的支出外，全部用于登记核定或者章程规定的公益性或者非营利性事业；

（四）财产及其孳息不用于分配；

（五）按照登记核定或者章程规定，该组织注销后的剩余财产用于公益性或者非营利性目的，或者由登记管理机关转赠给与该组织性质、宗旨相同的组织，并向社会公告；

（六）投入人对投入该组织的财产不保留或者享有任何财产权利；

（七）工作人员工资福利开支控制在规定的比例内，不变相分配该组织的财产。

前款规定的非营利组织的认定管理办法由国务院财政、税务主管部门会同国务院有关部门制定。

第八十五条　企业所得税法第二十六条第（四）项所称符合条件的非营利组织的收入，不包括非营利组织从事营利性活动取得的收入，但国务院财政、税务主管部门另有规定的除外。

第八十六条　企业所得税法第二十七条第（一）项规定的企业从事农、林、牧、渔业项目的所得，可以免征、减征企业所得税，是指：

（一）企业从事下列项目的所得，免征企业所得税：

1. 蔬菜、谷物、薯类、油料、豆类、棉花、麻类、糖料、水果、坚果的种植；

2. 农作物新品种的选育；

3. 中药材的种植；

4. 林木的培育和种植；

5. 牲畜、家禽的饲养；

6. 林产品的采集；

7. 灌溉、农产品初加工、兽医、农技推广、农机作业和维修等农、林、牧、渔服务业项目；

8. 远洋捕捞。

（二）企业从事下列项目的所得，减半征收企业所得税：

1. 花卉、茶以及其他饮料作物和香料作物的种植；

2. 海水养殖、内陆养殖。

企业从事国家限制和禁止发展的项目，不得享受本条规定的企业所得税优惠。

第八十七条　企业所得税法第二十七条第（二）项所称国家重点扶持的公共基础设施项目，是指《公共基础设施项目企业所得税优惠目录》规定的港口码头、机场、铁路、公路、城市公共交通、电力、水利等项目。

企业从事前款规定的国家重点扶持的公共基础设施项目的投资经营的所得，自项目取得第一笔生产经营收入所属纳税年度起，第一年至第三年免征企业所得税，第四年至第六年减半征收企业所得税。

企业承包经营、承包建设和内部自建自用本条规定的项目，不得享受本条规定的企业所得税优惠。

第八十八条　企业所得税法第二十七条第（三）项所称符合条件的环境保护、节能节水项目，包括公共污水处理、公共垃圾处理、沼气综合开发利用、节能减排技术改造、海水淡化等。项目的具体条件和范围由国务院财政、税务主管部门商国务院有关部门制订，报国务院批准后公布施行。

企业从事前款规定的符合条件的环境保护、节能节水项目的所得，自项目取得第一笔生产经营收入所属纳税年度起，第一年至第三年免征企业所得税，第四年至第六年减半征收企业所得税。

第八十九条　依照本条例第八十七条和第八十八条规定享受减免税优惠的项目，在减免税期限内转让的，受让方自受让之日起，可以在剩余期限内享受规定的减免税优惠；减免税期限届满后转让的，受让方不得就该项目重复享受减免税优惠。

**第九十条** 企业所得税法第二十七条第（四）项所称符合条件的技术转让所得免征、减征企业所得税，是指一个纳税年度内，居民企业技术转让所得不超过500万元的部分，免征企业所得税；超过500万元的部分，减半征收企业所得税。

**第九十一条** 非居民企业取得企业所得税法第二十七条第（五）项规定的所得，减按10%的税率征收企业所得税。

下列所得可以免征企业所得税：

（一）外国政府向中国政府提供贷款取得的利息所得；

（二）国际金融组织向中国政府和居民企业提供优惠贷款取得的利息所得；

（三）经国务院批准的其他所得。

**第九十二条** 企业所得税法第二十八条第一款所称符合条件的小型微利企业，是指从事国家非限制和禁止行业，并符合下列条件的企业：

（一）工业企业，年度应纳税所得额不超过30万元，从业人数不超过100人，资产总额不超过3000万元；

（二）其他企业，年度应纳税所得额不超过30万元，从业人数不超过80人，资产总额不超过1000万元。

**第九十三条** 企业所得税法第二十八条第二款所称国家需要重点扶持的高新技术企业，是指拥有核心自主知识产权，并同时符合下列条件的企业：

（一）产品（服务）属于《国家重点支持的高新技术领域》规定的范围；

（二）研究开发费用占销售收入的比例不低于规定比例；

（三）高新技术产品（服务）收入占企业总收入的比例不低于规定比例；

（四）科技人员占企业职工总数的比例不低于规定比例；

（五）高新技术企业认定管理办法规定的其他条件。

《国家重点支持的高新技术领域》和高新技术企业认定管理办法由国务院科技、财政、税务主管部门商国务院有关部门制订，报国务院批准后公布施行。

**第九十四条** 企业所得税法第二十九条所称民族自治地方，是指依照《中华人民共和国民族区域自治法》的规定，实行民族区域自治的自治区、自治州、自治县。

对民族自治地方内国家限制和禁止行业的企业，不得减征或者免征企业所得税。

**第九十五条** 企业所得税法第三十条第（一）项所称研究开发费用的加计扣除，是指企业为开发新技术、新产品、新工艺发生的研究开发费用，未形成无形资产计入当期损益的，在按照规定据实扣除的基础上，按照研究开发费用的50%加计扣除；形成无形资产的，按照无形资产成本的150%摊销。

**第九十六条** 企业所得税法第三十条第（二）项所称企业安置残疾人员所支付的工资的加计扣除，是指企业安置残疾人员的，在按照支付给残疾职工工资据实扣除的基础上，按照支付给残疾职工工资的100%加计扣除。残疾人员的范围适用《中华人民共和国残疾人保障法》的有关规定。

企业所得税法第三十条第（二）项所称企业安置国家鼓励安置的其他就业人员所支付的工资的加计扣除办法，由国务院另行规定。

**第九十七条** 企业所得税法第三十一条所称抵扣应纳税所得额，是指创业投资企业采取股权投资方式投资于未上市的中小高新技术企业2年以上的，可以按照其投资额的70%在股权持有满2年的当年抵扣该创业投资企业的应纳税所得额；当年不足抵扣的，可以在以后纳税年度结转抵扣。

**第九十八条** 企业所得税法第三十二条所称可以采取缩短折旧年限或者采取加速折旧的方法的固定资产，包括：

（一）由于技术进步，产品更新换代较快的固定资产；

（二）常年处于强震动、高腐蚀状态的固定资产。

采取缩短折旧年限方法的，最低折旧年限不得低于本条例第六十条规定折旧年限的60%；采取加速折旧方法的，可以采取双倍余额递减法或者年数总和法。

**第九十九条** 企业所得税法第三十三条所称减计收入，是指企业以《资源综合利用企业所得税优惠目录》规定的资源作为主要原材料，生产国家非限制和禁止并符合国家和行业相关标准的产品取得的收入，减按90%计入收入总额。

前款所称原材料占生产产品材料的比例不得低于《资源综合利用企业所得税优惠目录》规定的标准。

**第一百条** 企业所得税法第三十四条所称税额抵免，是指企业购置并实际使用《环境保护专用设备企业所得税优惠目录》、《节能节水专用设备企业所得税优惠目录》和《安全生产专用设备企业所得税优惠目录》规定的环境保护、节能节水、安全生产等专用设备的，该专用设备的投资额的10%可以从企业当年的应纳税额中抵免；当年不足抵免的，可以在以后5个纳税年度结转抵免。

享受前款规定的企业所得税优惠的企业，应当实际购置并自身实际投入使用前款规定的专用设备；企业购置上述专用设备在5年内转让、出租的，应当停止享受企业所得税优惠，并补缴已经抵免的企业所得税款。

**第一百零一条** 本章第八十七条、第九十九条、第一百条规定的企业所得税优惠目录，由国务院财政、税务主管部门商国务院有关部门制订，报国务院批准后公布施行。

**第一百零二条** 企业同时从事适用不同企业所得税待遇的项目的，其优惠项目应当单独计算所得，并合理分摊企业的期间费用；没有单独计算的，不得享受企业所得税优惠。

## 第五章 源泉扣缴

**第一百零三条** 依照企业所得税法对非居民企业应当缴纳的企业所得税实行源泉扣缴的，应当依照企业所得税法第十九条的规定计算应纳税所得额。

企业所得税法第十九条所称收入全额，是指非居民企业向支付人收取的全部价款和价外费用。

**第一百零四条** 企业所得税法第三十七条所称支付人，是指依照有关法律规定或者合同约定对非居民企业直接负有支付相关款项义务的单位或者个人。

**第一百零五条** 企业所得税法第三十七条所称支付，包括现金支付、汇拨支付、转账支付和权益兑价支付等货币支付和非货币支付。

企业所得税法第三十七条所称到期应支付的款项，是指支付人按照权责发生制原则应当计入相关成本、费用的应付款项。

**第一百零六条** 企业所得税法第三十八条规定的可以指定扣缴义务人的情形，包括：

（一）预计工程作业或者提供劳务期限不足一个纳税年度，且有证据表明不履行纳税义务的；

（二）没有办理税务登记或者临时税务登记，且未委托中国境内的代理人履行纳税义务的；

（三）未按照规定期限办理企业所得税纳税申报或者预缴申报的。

前款规定的扣缴义务人，由县级以上税务机关指定，并同时告知扣缴义务人所扣税款的计算依据、计算方法、扣缴期限和扣缴方式。

**第一百零七条** 企业所得税法第三十九条所称所得发生地，是指依照本条例第七条规定的原则确定的所得发生地。在中国境内存在多处所得发生地的，由纳税人选择其中之一申报缴纳企业所得税。

**第一百零八条** 企业所得税法第三十九条所称该纳税人在中国境内其他收入，是指该纳税人在中国境内取得的其他各种来源的收入。

税务机关在追缴该纳税人应纳税款时，应当将追缴理由、追缴数额、缴纳期限和缴纳方式等告知该纳税人。

## 第六章 特别纳税调整

**第一百零九条** 企业所得税法第四十一条所称关联方，是指与企业有下列关联关系之一的企业、其他组织或者个人：

（一）在资金、经营、购销等方面存在直接或者间接的控制关系；

（二）直接或者间接地同为第三者控制；

（三）在利益上具有相关联的其他关系。

**第一百一十条** 企业所得税法第四十一条所称独立交易原则，是指没有关联关系的交易各方，按照公平成交价格和营业常规进行业务往来遵循的原则。

**第一百一十一条** 企业所得税法第四十一条所称合理方法，包括：

（一）可比非受控价格法，是指按照没有关联关系的交易各方进行相同或者类似业务往来的价格进行定价的方法；

（二）再销售价格法，是指按照从关联方购进商品再销售给没有关联关系的交易方的价格，减除相同或者类似业务的销售毛利进行定价的方法；

（三）成本加成法，是指按照成本加合理的费用和利润进行定价的方法；

（四）交易净利润法，是指按照没有关联关系的交易各方进行相同或者类似业务往来取得的净利润水平确定利润的方法；

（五）利润分割法，是指将企业与其关联方的合并利润或者亏损在各方之间采用合理标准进行分配的方法；

（六）其他符合独立交易原则的方法。

**第一百一十二条** 企业可以依照企业所得税法第四十一条第二款的规定，按照独立交易原则与其关联方分摊共同发生的成本，达成成本分摊协议。

企业与其关联方分摊成本时，应当按照成本与预期收益相配比的原则进行分摊，并在税务机关规定的期限内，按照税务机关的要求报送有关资料。

企业与其关联方分摊成本时违反本条第一款、第二款规定的，其自行分摊的成本不得在计算应纳税所得额时扣除。

**第一百一十三条** 企业所得税法第四十二条所称预约定价安排,是指企业就其未来年度关联交易的定价原则和计算方法,向税务机关提出申请,与税务机关按照独立交易原则协商、确认后达成的协议。

**第一百一十四条** 企业所得税法第四十三条所称相关资料,包括:

(一)与关联业务往来有关的价格、费用的制定标准、计算方法和说明等同期资料;

(二)关联业务往来所涉及的财产、财产使用权、劳务等的再销售(转让)价格或者最终销售(转让)价格的相关资料;

(三)与关联业务调查有关的其他企业应当提供的与被调查企业可比的产品价格、定价方式以及利润水平等资料;

(四)其他与关联业务往来有关的资料。

企业所得税法第四十三条所称与关联业务调查有关的其他企业,是指与被调查企业在生产经营内容和方式上相类似的企业。

企业应当在税务机关规定的期限内提供与关联业务往来有关的价格、费用的制定标准、计算方法和说明等资料。关联方以及与关联业务调查有关的其他企业应当在税务机关与其约定的期限内提供相关资料。

**第一百一十五条** 税务机关依照企业所得税法第四十四条的规定核定企业的应纳税所得额时,可以采用下列方法:

(一)参照同类或者类似企业的利润率水平核定;

(二)按照企业成本加合理的费用和利润的方法核定;

(三)按照关联企业集团整体利润的合理比例核定;

(四)按照其他合理方法核定。

企业对税务机关按照前款规定的方法核定的应纳税所得额有异议的,应当提供相关证据,经税务机关认定后,调整核定的应纳税所得额。

**第一百一十六条** 企业所得税法第四十五条所称中国居民,是指根据《中华人民共和国个人所得税法》的规定,就其从中国境内、境外取得的所得在中国缴纳个人所得税的个人。

**第一百一十七条** 企业所得税法第四十五条所称控制,包括:

(一)居民企业或者中国居民直接或者间接单一持有外国企业10%以上有表决权股份,且由其共同持有该外国企业50%以上股份;

(二)居民企业,或者居民企业和中国居民持股比例没有达到第(一)项规定的标准,但在股份、资金、经营、购销等方面对该外国企业构成实质控制。

**第一百一十八条** 企业所得税法第四十五条所称实际税负明显低于企业所得税法第四条第一款规定税率水平,是指低于企业所得税法第四条第一款规定税率的50%。

**第一百一十九条** 企业所得税法第四十六条所称债权性投资,是指企业直接或者间接从关联方获得的,需要偿还本金和支付利息或者需要以其他具有支付利息性质的方式予以补偿的融资。

企业间接从关联方获得的债权性投资,包括:

(一)关联方通过无关联第三方提供的债权性投资;

(二)无关联第三方提供的、由关联方担保且负有连带责任的债权性投资;

(三)其他间接从关联方获得的具有负债实质的债权性投资。

企业所得税法第四十六条所称权益性投资,是指企业接受的不需要偿还本金和支付利息,投资人对企业净资产拥有所有权的投资。

企业所得税法第四十六条所称标准,由国务院财政、税务主管部门另行规定。

**第一百二十条** 企业所得税法第四十七条所称不具有合理商业目的,是指以减少、免除或者推迟缴纳税款为主要目的。

**第一百二十一条** 税务机关根据税收法律、行政法规的规定,对企业作出特别纳税调整的,应当对补征的税款,自税款所属纳税年度的次年6月1日起至补缴税款之日止的期间,按日加收利息。

前款规定加收的利息,不得在计算应纳税所得额时扣除。

**第一百二十二条** 企业所得税法第四十八条所称利息,应当按照税款所属纳税年度中国人民银行公布的与补税期间同期的人民币贷款基准利率加5个百分点计算。

企业依照企业所得税法第四十三条和本条例的规定提供有关资料的,可以只按前款规定的人民币贷款基准利率计算利息。

**第一百二十三条** 企业与其关联方之间的业务往来,不符合独立交易原则,或者企业实施其他不具有合理商业目的的安排的,税务机关有权在该业务发生的纳税年度起10年内,进行纳税调整。

## 第七章 征收管理

**第一百二十四条** 企业所得税法第五十条所称企业登记注册地，是指企业依照国家有关规定登记注册的住所地。

**第一百二十五条** 企业汇总计算并缴纳企业所得税时，应当统一核算应纳税所得额，具体办法由国务院财政、税务主管部门另行制定。

**第一百二十六条** 企业所得税法第五十一条所称主要机构、场所，应当同时符合下列条件：

（一）对其他各机构、场所的生产经营活动负有监督管理责任；

（二）设有完整的账簿、凭证，能够准确反映各机构、场所的收入、成本、费用和盈亏情况。

**第一百二十七条** 企业所得税分月或者分季预缴，由税务机关具体核定。

企业根据企业所得税法第五十四条规定分月或者分季预缴企业所得税时，应当按照月度或者季度的实际利润额预缴；按照月度或者季度的实际利润额预缴有困难的，可以按照上一纳税年度应纳税所得额的月度或者季度平均额预缴，或者按照经税务机关认可的其他方法预缴。预缴方法一经确定，该纳税年度内不得随意变更。

**第一百二十八条** 企业在纳税年度内无论盈利或者亏损，都应当依照企业所得税法第五十四条规定的期限，向税务机关报送预缴企业所得税纳税申报表、年度企业所得税纳税申报表、财务会计报告和税务机关规定应当报送的其他有关资料。

**第一百二十九条** 企业所得以人民币以外的货币计算的，预缴企业所得税时，应当按照月度或者季度最后一日的人民币汇率中间价，折合成人民币计算应纳税所得额。年度终了汇算清缴时，对已经按照月度或者季度预缴税款的，不再重新折合计算，只就该纳税年度内未缴纳企业所得税的部分，按照纳税年度最后一日的人民币汇率中间价，折合成人民币计算应纳税所得额。

经税务机关检查确认，企业少计或者多计前款规定的所得的，应当按照检查确认补税或者退税时的上一个月最后一日的人民币汇率中间价，将少计或者多计的所得折合成人民币计算应纳税所得额，再计算应补缴或者应退税的税款。

## 第八章 附则

**第一百三十条** 企业所得税法第五十七条第一款所称本法公布前已经批准设立的企业，是指企业所得税法公布前已经完成登记注册的企业。

**第一百三十一条** 在香港特别行政区、澳门特别行政区和台湾地区成立的企业，参照适用企业所得税法第二条第二款、第三款的有关规定。

**第一百三十二条** 本条例自2008年1月1日起施行。1991年6月30日国务院发布的《中华人民共和国外商投资企业和外国企业所得税法实施细则》和1994年2月4日财政部发布的《中华人民共和国企业所得税暂行条例实施细则》同时废止。

## 中华人民共和国个人所得税法

- 1980年9月10日第五届全国人民代表大会第三次会议通过
- 根据1993年10月31日第八届全国人民代表大会常务委员会第四次会议《关于修改〈中华人民共和国个人所得税法〉的决定》第一次修正
- 根据1999年8月30日第九届全国人民代表大会常务委员会第十一次会议《关于修改〈中华人民共和国个人所得税法〉的决定》第二次修正
- 根据2005年10月27日第十届全国人民代表大会常务委员会第十八次会议《关于修改〈中华人民共和国个人所得税法〉的决定》第三次修正
- 根据2007年6月29日第十届全国人民代表大会常务委员会第二十八次会议《关于修改〈中华人民共和国个人所得税法〉的决定》第四次修正
- 根据2007年12月29日第十届全国人民代表大会常务委员会第三十一次会议《关于修改〈中华人民共和国个人所得税法〉的决定》第五次修正
- 根据2011年6月30日第十一届全国人民代表大会常务委员会第二十一次会议《关于修改〈中华人民共和国个人所得税法〉的决定》第六次修正
- 根据2018年8月31日第十三届全国人民代表大会常务委员会第五次会议《关于修改〈中华人民共和国个人所得税法〉的决定》第七次修正

**第一条** 在中国境内有住所，或者无住所而一个纳税年度内在中国境内居住累计满一百八十三天的个人，为居民个人。居民个人从中国境内和境外取得的所得，依照本法规定缴纳个人所得税。

在中国境内无住所又不居住，或者无住所而一个纳税年度内在中国境内居住累计不满一百八十三天的个人，为非居民个人。非居民个人从中国境内取得的所得，依照本法规定缴纳个人所得税。

纳税年度，自公历一月一日起至十二月三十一日止。

**第二条** 下列各项个人所得,应当缴纳个人所得税:
(一)工资、薪金所得;
(二)劳务报酬所得;
(三)稿酬所得;
(四)特许权使用费所得;
(五)经营所得;
(六)利息、股息、红利所得;
(七)财产租赁所得;
(八)财产转让所得;
(九)偶然所得。

居民个人取得前款第一项至第四项所得(以下称综合所得),按纳税年度合并计算个人所得税;非居民个人取得前款第一项至第四项所得,按月或者按次分项计算个人所得税。纳税人取得前款第五项至第九项所得,依照本法规定分别计算个人所得税。

**第三条** 个人所得税的税率:
(一)综合所得,适用百分之三至百分之四十五的超额累进税率(税率表附后);
(二)经营所得,适用百分之五至百分之三十五的超额累进税率(税率表附后);
(三)利息、股息、红利所得,财产租赁所得,财产转让所得和偶然所得,适用比例税率,税率为百分之二十。

**第四条** 下列各项个人所得,免征个人所得税:
(一)省级人民政府、国务院部委和中国人民解放军军以上单位,以及外国组织、国际组织颁发的科学、教育、技术、文化、卫生、体育、环境保护等方面的奖金;
(二)国债和国家发行的金融债券利息;
(三)按照国家统一规定发给的补贴、津贴;
(四)福利费、抚恤金、救济金;
(五)保险赔款;
(六)军人的转业费、复员费、退役金;
(七)按照国家统一规定发给干部、职工的安家费、退职费、基本养老金或者退休费、离休费、离休生活补助费;
(八)依照有关法律规定应予免税的各国驻华使馆、领事馆的外交代表、领事官员和其他人员的所得;
(九)中国政府参加的国际公约、签订的协议中规定免税的所得;
(十)国务院规定的其他免税所得。

前款第十项免税规定,由国务院报全国人民代表大会常务委员会备案。

**第五条** 有下列情形之一的,可以减征个人所得税,具体幅度和期限,由省、自治区、直辖市人民政府规定,并报同级人民代表大会常务委员会备案:
(一)残疾、孤老人员和烈属的所得;
(二)因自然灾害遭受重大损失的。

国务院可以规定其他减税情形,报全国人民代表大会常务委员会备案。

**第六条** 应纳税所得额的计算:
(一)居民个人的综合所得,以每一纳税年度的收入额减除费用六万元以及专项扣除、专项附加扣除和依法确定的其他扣除后的余额,为应纳税所得额。
(二)非居民个人的工资、薪金所得,以每月收入额减除费用五千元后的余额为应纳税所得额;劳务报酬所得、稿酬所得、特许权使用费所得,以每次收入额为应纳税所得额。
(三)经营所得,以每一纳税年度的收入总额减除成本、费用以及损失后的余额,为应纳税所得额。
(四)财产租赁所得,每次收入不超过四千元的,减除费用八百元;四千元以上的,减除百分之二十的费用,其余额为应纳税所得额。
(五)财产转让所得,以转让财产的收入额减除财产原值和合理费用后的余额,为应纳税所得额。
(六)利息、股息、红利所得和偶然所得,以每次收入额为应纳税所得额。

劳务报酬所得、稿酬所得、特许权使用费所得以收入减除百分之二十的费用后的余额为收入额。稿酬所得的收入额减按百分之七十计算。

个人将其所得对教育、扶贫、济困等公益慈善事业进行捐赠,捐赠额未超过纳税人申报的应纳税所得额百分之三十的部分,可以从其应纳税所得额中扣除;国务院规定对公益慈善事业捐赠实行全额税前扣除的,从其规定。

本条第一款第一项规定的专项扣除,包括居民个人按照国家规定的范围和标准缴纳的基本养老保险、基本医疗保险、失业保险等社会保险费和住房公积金等;专项附加扣除,包括子女教育、继续教育、大病医疗、住房贷款利息或者住房租金、赡养老人等支出,具体范围、标准和实施步骤由国务院确定,并报全国人民代表大会常务委员会备案。

**第七条** 居民个人从中国境外取得的所得,可以从其应纳税额中抵免已在境外缴纳的个人所得税税额,但抵免额不得超过该纳税人境外所得依照本法规定计算的应纳税额。

**第八条** 有下列情形之一的,税务机关有权按照合理方法进行纳税调整：

（一）个人与其关联方之间的业务往来不符合独立交易原则而减少本人或者其关联方应纳税额，且无正当理由；

（二）居民个人控制的，或者居民个人和居民企业共同控制的设立在实际税负明显偏低的国家（地区）的企业，无合理经营需要，对应当归属于居民个人的利润不作分配或者减少分配；

（三）个人实施其他不具有合理商业目的的安排而获取不当税收利益。

税务机关依照前款规定作出纳税调整，需要补征税款的，应当补征税款，并依法加收利息。

**第九条** 个人所得税以所得人为纳税人，以支付所得的单位或者个人为扣缴义务人。

纳税人有中国公民身份号码的，以中国公民身份号码为纳税人识别号；纳税人没有中国公民身份号码的，由税务机关赋予其纳税人识别号。扣缴义务人扣缴税款时，纳税人应当向扣缴义务人提供纳税人识别号。

**第十条** 有下列情形之一的，纳税人应当依法办理纳税申报：

（一）取得综合所得需要办理汇算清缴；

（二）取得应税所得没有扣缴义务人；

（三）取得应税所得，扣缴义务人未扣缴税款；

（四）取得境外所得；

（五）因移居境外注销中国户籍；

（六）非居民个人在中国境内从两处以上取得工资、薪金所得；

（七）国务院规定的其他情形。

扣缴义务人应当按照国家规定办理全员全额扣缴申报，并向纳税人提供其个人所得和已扣缴税款等信息。

**第十一条** 居民个人取得综合所得，按年计算个人所得税；有扣缴义务人的，由扣缴义务人按月或者按次预扣预缴税款；需要办理汇算清缴的，应当在取得所得的次年三月一日至六月三十日内办理汇算清缴。预扣预缴办法由国务院税务主管部门制定。

居民个人向扣缴义务人提供专项附加扣除信息的，扣缴义务人按月预扣预缴税款时应当按照规定予以扣除，不得拒绝。

非居民个人取得工资、薪金所得，劳务报酬所得，稿酬所得和特许权使用费所得，有扣缴义务人的，由扣缴义务人按月或者按次代扣代缴税款，不办理汇算清缴。

**第十二条** 纳税人取得经营所得，按年计算个人所得税，由纳税人在月度或者季度终了后十五日内向税务机关报送纳税申报表，并预缴税款；在取得所得的次年三月三十一日前办理汇算清缴。

纳税人取得利息、股息、红利所得，财产租赁所得，财产转让所得和偶然所得，按月或者按次计算个人所得税，有扣缴义务人的，由扣缴义务人按月或者按次代扣代缴税款。

**第十三条** 纳税人取得应税所得没有扣缴义务人的，应当在取得所得的次月十五日内向税务机关报送纳税申报表，并缴纳税款。

纳税人取得应税所得，扣缴义务人未扣缴税款的，纳税人应当在取得所得的次年六月三十日前，缴纳税款；税务机关通知限期缴纳的，纳税人应当按照期限缴纳税款。

居民个人从中国境外取得所得的，应当在取得所得的次年三月一日至六月三十日内申报纳税。

非居民个人在中国境内从两处以上取得工资、薪金所得的，应当在取得所得的次月十五日内申报纳税。

纳税人因移居境外注销中国户籍的，应当在注销中国户籍前办理税款清算。

**第十四条** 扣缴义务人每月或者每次预扣、代扣的税款，应当在次月十五日内缴入国库，并向税务机关报送扣缴个人所得税申报表。

纳税人办理汇算清缴退税或者扣缴义务人为纳税人办理汇算清缴退税的，税务机关审核后，按照国库管理的有关规定办理退税。

**第十五条** 公安、人民银行、金融监督管理等相关部门应当协助税务机关确认纳税人的身份、金融账户信息。教育、卫生、医疗保障、民政、人力资源社会保障、住房城乡建设、公安、人民银行、金融监督管理等相关部门应当向税务机关提供纳税人子女教育、继续教育、大病医疗、住房贷款利息、住房租金、赡养老人等专项附加扣除信息。

个人转让不动产的，税务机关应当根据不动产登记等相关信息核验应缴的个人所得税，登记机构办理转移登记时，应当查验与该不动产转让相关的个人所得税的完税凭证。个人转让股权办理变更登记的，市场主体登记机关应当查验与该股权交易相关的个人所得税的完税凭证。

有关部门依法将纳税人、扣缴义务人遵守本法的情况纳入信用信息系统，并实施联合激励或者惩戒。

**第十六条** 各项所得的计算，以人民币为单位。所得为人民币以外的货币的，按照人民币汇率中间价折合成人民币缴纳税款。

第十七条 对扣缴义务人按照所扣缴的税款,付给百分之二的手续费。

第十八条 对储蓄存款利息所得开征、减征、停征个人所得税及其具体办法,由国务院规定,并报全国人民代表大会常务委员会备案。

第十九条 纳税人、扣缴义务人和税务机关及其工作人员违反本法规定的,依照《中华人民共和国税收征收管理法》和有关法律法规的规定追究法律责任。

第二十条 个人所得税的征收管理,依照本法和《中华人民共和国税收征收管理法》的规定执行。

第二十一条 国务院根据本法制定实施条例。

第二十二条 本法自公布之日起施行。

### 个人所得税税率表一
(综合所得适用)

| 级数 | 全年应纳税所得额 | 税率(%) |
| --- | --- | --- |
| 1 | 不超过36000元的 | 3 |
| 2 | 超过36000元至144000元的部分 | 10 |
| 3 | 超过144000元至300000元的部分 | 20 |
| 4 | 超过300000元至420000元的部分 | 25 |
| 5 | 超过420000元至660000元的部分 | 30 |
| 6 | 超过660000元至960000元的部分 | 35 |
| 7 | 超过960000元的部分 | 45 |

(注1:本表所称全年应纳税所得额是指依照本法第六条的规定,居民个人取得综合所得以每一纳税年度收入额减除费用六万元以及专项扣除、专项附加扣除和依法确定的其他扣除后的余额。

注2:非居民个人取得工资、薪金所得,劳务报酬所得,稿酬所得和特许权使用费所得,依照本表按月换算后计算应纳税额。)

### 个人所得税税率表二
(经营所得适用)

| 级数 | 全年应纳税所得额 | 税率(%) |
| --- | --- | --- |
| 1 | 不超过30000元的 | 5 |
| 2 | 超过30000元至90000元的部分 | 10 |
| 3 | 超过90000元至300000元的部分 | 20 |
| 4 | 超过300000元至500000元的部分 | 30 |
| 5 | 超过500000元的部分 | 35 |

(注:本表所称全年应纳税所得额是指依照本法第六条的规定,以每一纳税年度的收入总额减除成本、费用以及损失后的余额。)

## 中华人民共和国个人所得税法实施条例

- 1994年1月28日中华人民共和国国务院令第142号发布
- 根据2005年12月19日《国务院关于修改〈中华人民共和国个人所得税法实施条例〉的决定》第一次修订
- 根据2008年2月18日《国务院关于修改〈中华人民共和国个人所得税法实施条例〉的决定》第二次修订
- 根据2011年7月19日《国务院关于修改〈中华人民共和国个人所得税法实施条例〉的决定》第三次修订
- 2018年12月18日中华人民共和国国务院令第707号第四次修订
- 自2019年1月1日起施行

第一条 根据《中华人民共和国个人所得税法》(以下简称个人所得税法),制定本条例。

第二条 个人所得税法所称在中国境内有住所,是指因户籍、家庭、经济利益关系而在中国境内习惯性居住;所称从中国境内和境外取得的所得,分别是指来源于中国境内的所得和来源于中国境外的所得。

第三条 除国务院财政、税务主管部门另有规定外,下列所得,不论支付地点是否在中国境内,均为来源于中国境内的所得:

(一)因任职、受雇、履约等在中国境内提供劳务取得的所得;

(二)将财产出租给承租人在中国境内使用而取得的所得;

(三)许可各种特许权在中国境内使用而取得的所得;

(四)转让中国境内的不动产等财产或者在中国境内转让其他财产取得的所得;

(五)从中国境内企业、事业单位、其他组织以及居民个人取得的利息、股息、红利所得。

第四条 在中国境内无住所的个人,在中国境内居住累计满183天的年度连续不满六年的,经向主管税务机关备案,其来源于中国境外且由境外单位或者个人支付的所得,免予缴纳个人所得税;在中国境内居住累计满183天的任一年度中有一次离境超过30天的,其在中国境内居住累计满183天的年度的连续年限重新起算。

第五条 在中国境内无住所的个人,在一个纳税年度内在中国境内居住累计不超过90天的,其来源于中国境内的所得,由境外雇主支付并且不由该雇主在中国境内的机构、场所负担的部分,免予缴纳个人所得税。

第六条 个人所得税法规定的各项个人所得的范围:

（一）工资、薪金所得，是指个人因任职或者受雇取得的工资、薪金、奖金、年终加薪、劳动分红、津贴、补贴以及与任职或者受雇有关的其他所得。

（二）劳务报酬所得，是指个人从事劳务取得的所得，包括从事设计、装潢、安装、制图、化验、测试、医疗、法律、会计、咨询、讲学、翻译、审稿、书画、雕刻、影视、录音、录像、演出、表演、广告、展览、技术服务、介绍服务、经纪服务、代办服务以及其他劳务取得的所得。

（三）稿酬所得，是指个人因其作品以图书、报刊等形式出版、发表而取得的所得。

（四）特许权使用费所得，是指个人提供专利权、商标权、著作权、非专利技术以及其他特许权的使用权取得的所得；提供著作权的使用权取得的所得，不包括稿酬所得。

（五）经营所得，是指：

1. 个体工商户从事生产、经营活动取得的所得，个人独资企业投资人、合伙企业的个人合伙人来源于境内注册的个人独资企业、合伙企业生产、经营的所得；

2. 个人依法从事办学、医疗、咨询以及其他有偿服务活动取得的所得；

3. 个人对企业、事业单位承包经营、承租经营以及转包、转租取得的所得；

4. 个人从事其他生产、经营活动取得的所得。

（六）利息、股息、红利所得，是指个人拥有债权、股权等而取得的利息、股息、红利所得。

（七）财产租赁所得，是指个人出租不动产、机器设备、车船以及其他财产取得的所得。

（八）财产转让所得，是指个人转让有价证券、股权、合伙企业中的财产份额、不动产、机器设备、车船以及其他财产取得的所得。

（九）偶然所得，是指个人得奖、中奖、中彩以及其他偶然性质的所得。

个人取得的所得，难以界定应纳税所得项目的，由国务院税务主管部门确定。

**第七条** 对股票转让所得征收个人所得税的办法，由国务院另行规定，并报全国人民代表大会常务委员会备案。

**第八条** 个人所得的形式，包括现金、实物、有价证券和其他形式的经济利益；所得为实物的，应当按照取得的凭证上所注明的价格计算应纳税所得额，无凭证的实物或者凭证上所注明的价格明显偏低的，参照市场价格核定应纳税所得额；所得为有价证券的，根据票面价格和市场价格核定应纳税所得额；所得为其他形式的经济利益的，参照市场价格核定应纳税所得额。

**第九条** 个人所得税法第四条第一款第二项所称国债利息，是指个人持有中华人民共和国财政部发行的债券而取得的利息；所称国家发行的金融债券利息，是指个人持有经国务院批准发行的金融债券而取得的利息。

**第十条** 个人所得税法第四条第一款第三项所称按照国家统一规定发给的补贴、津贴，是指按照国务院规定发给的政府特殊津贴、院士津贴，以及国务院规定免予缴纳个人所得税的其他补贴、津贴。

**第十一条** 个人所得税法第四条第一款第四项所称福利费，是指根据国家有关规定，从企业、事业单位、国家机关、社会组织提留的福利费或者工会经费中支付给个人的生活补助费；所称救济金，是指各级人民政府民政部门支付给个人的生活困难补助费。

**第十二条** 个人所得税法第四条第一款第八项所称依照有关法律规定应予免税的各国驻华使馆、领事馆的外交代表、领事官员和其他人员的所得，是指依照《中华人民共和国外交特权与豁免条例》和《中华人民共和国领事特权与豁免条例》规定免税的所得。

**第十三条** 个人所得税法第六条第一款第一项所称依法确定的其他扣除，包括个人缴付符合国家规定的企业年金、职业年金，个人购买符合国家规定的商业健康保险、税收递延型商业养老保险的支出，以及国务院规定可以扣除的其他项目。

专项扣除、专项附加扣除和依法确定的其他扣除，以居民个人一个纳税年度的应纳税所得额为限额；一个纳税年度扣除不完的，不结转以后年度扣除。

**第十四条** 个人所得税法第六条第一款第二项、第四项、第六项所称每次，分别按照下列方法确定：

（一）劳务报酬所得、稿酬所得、特许权使用费所得，属于一次性收入的，以取得该项收入为一次；属于同一项目连续性收入的，以一个月内取得的收入为一次。

（二）财产租赁所得，以一个月内取得的收入为一次。

（三）利息、股息、红利所得，以支付利息、股息、红利时取得的收入为一次。

（四）偶然所得，以每次取得该项收入为一次。

**第十五条** 个人所得税法第六条第一款第三项所称成本、费用，是指生产、经营活动中发生的各项直接支出和分配计入成本的间接费用以及销售费用、管理费用、财务费用；所称损失，是指生产、经营活动中发生的固定资产和存货的盘亏、毁损、报废损失、转让财产损失、坏账损失，自然灾害等不可抗力因素造成的损失以及其他损失。

取得经营所得的个人，没有综合所得的，计算其每一纳税年度的应纳税所得额时，应当减除费用6万元、专项扣除、专项附加扣除以及依法确定的其他扣除。专项附加扣除在办理汇算清缴时减除。

从事生产、经营活动，未提供完整、准确的纳税资料，不能正确计算应纳税所得额的，由主管税务机关核定应纳税所得额或者应纳税额。

**第十六条** 个人所得税法第六条第一款第五项规定的财产原值，按照下列方法确定：

（一）有价证券，为买入价以及买入时按照规定交纳的有关费用；

（二）建筑物，为建造费或者购进价格以及其他有关费用；

（三）土地使用权，为取得土地使用权所支付的金额、开发土地的费用以及其他有关费用；

（四）机器设备、车船，为购进价格、运输费、安装费以及其他有关费用。

其他财产，参照前款规定的方法确定财产原值。

纳税人未提供完整、准确的财产原值凭证，不能按照本条第一款规定的方法确定财产原值的，由主管税务机关核定财产原值。

个人所得税法第六条第一款第五项所称合理费用，是指卖出财产时按照规定支付的有关税费。

**第十七条** 财产转让所得，按照一次转让财产的收入额减除财产原值和合理费用后的余额计算纳税。

**第十八条** 两个以上的个人共同取得同一项目收入的，应当对每个人取得的收入分别按照个人所得税法的规定计算纳税。

**第十九条** 个人所得税法第六条第三款所称个人将其所得对教育、扶贫、济困等公益慈善事业进行捐赠，是指个人将其所得通过中国境内的公益性社会组织、国家机关向教育、扶贫、济困等公益慈善事业的捐赠；所称应纳税所得额，是指计算扣除捐赠额之前的应纳税所得额。

**第二十条** 居民个人从中国境内和境外取得的综合所得、经营所得，应当分别合并计算应纳税额；从中国境内和境外取得的其他所得，应当分别单独计算应纳税额。

**第二十一条** 个人所得税法第七条所称已在境外缴纳的个人所得税税额，是指居民个人来源于中国境外的所得，依照该所得来源国家（地区）的法律应当缴纳并且实际已经缴纳的所得税税额。

个人所得税法第七条所称纳税人境外所得依照本法规定计算的应纳税额，是居民个人抵免已在境外缴纳的综合所得、经营所得以及其他所得的所得税税额的限额（以下简称抵免限额）。除国务院财政、税务主管部门另有规定外，来源于中国境外一个国家（地区）的综合所得抵免限额、经营抵免限额以及其他抵免限额之和，为来源于该国家（地区）所得的抵免限额。

居民个人在中国境外一个国家（地区）实际已经缴纳的个人所得税税额，低于依照前款规定计算出的来源于该国家（地区）所得的抵免限额的，应当在中国缴纳差额部分的税款；超过来源于该国家（地区）所得的抵免限额的，其超过部分不得在本纳税年度的应纳税额中抵免，但是可以在以后纳税年度来源于该国家（地区）所得的抵免限额的余额中补扣。补扣期限最长不得超过五年。

**第二十二条** 居民个人申请抵免已在境外缴纳的个人所得税税额，应当提供境外税务机关出具的税款所属年度的有关纳税凭证。

**第二十三条** 个人所得税法第八条第二款规定的利息，应当按照税款所属纳税申报期最后一日中国人民银行公布的与补税期间同期的人民币贷款基准利率计算，自税款纳税申报期满次日起至补缴税款期限届满之日止按日加收。纳税人在补缴税款期限届满前补缴税款的，利息加收至补缴税款之日。

**第二十四条** 扣缴义务人向个人支付应税款项时，应当依照个人所得税法规定预扣或者代扣税款，按时缴库，并专项记载备查。

前款所称支付，包括现金支付、汇拨支付、转账支付和以有价证券、实物以及其他形式的支付。

**第二十五条** 取得综合所得需要办理汇算清缴的情形包括：

（一）从两处以上取得综合所得，且综合所得年收入额减除专项扣除的余额超过6万元；

（二）取得劳务报酬所得、稿酬所得、特许权使用费所得中一项或者多项所得，且综合所得年收入额减除专项扣除的余额超过6万元；

（三）纳税年度内预缴税额低于应纳税额；

（四）纳税人申请退税。

纳税人申请退税，应当提供其在中国境内开设的银行账户，并在汇算清缴地就地办理税款退库。

汇算清缴的具体办法由国务院税务主管部门制定。

**第二十六条** 个人所得税法第十条第二款所称全员全额扣缴申报，是指扣缴义务人在代扣税款的次月十五日内,向主管税务机关报送其支付所得的所有个人的有关信息、支付所得数额、扣除事项和数额、扣缴税款的具体数额和总额以及其他相关涉税信息资料。

第二十七条 纳税人办理纳税申报的地点以及其他有关事项的具体办法,由国务院税务主管部门制定。

第二十八条 居民个人取得工资、薪金所得时,可以向扣缴义务人提供专项附加扣除有关信息,由扣缴义务人扣缴税款时减除专项附加扣除。纳税人同时从两处以上取得工资、薪金所得,并由扣缴义务人减除专项附加扣除的,对同一专项附加扣除项目,在一个纳税年度内只能选择从一处取得的所得中减除。

居民个人取得劳务报酬所得、稿酬所得、特许权使用费所得,应当在汇算清缴时向税务机关提供有关信息,减除专项附加扣除。

第二十九条 纳税人可以委托扣缴义务人或者其他单位和个人办理汇算清缴。

第三十条 扣缴义务人应当按照纳税人提供的信息计算办理扣缴申报,不得擅自更改纳税人提供的信息。

纳税人发现扣缴义务人提供或者扣缴申报的个人信息、所得、扣缴税款等与实际情况不符的,有权要求扣缴义务人修改。扣缴义务人拒绝修改的,纳税人应当报告税务机关,税务机关应当及时处理。

纳税人、扣缴义务人应当按照规定保存与专项附加扣除相关的资料。税务机关可以对纳税人提供的专项附加扣除信息进行抽查,具体办法由国务院税务主管部门另行规定。税务机关发现纳税人提供虚假信息的,应当责令改正并通知扣缴义务人;情节严重的,有关部门应当依法予以处理,纳入信用信息系统并实施联合惩戒。

第三十一条 纳税人申请退税时提供的汇算清缴信息有错误的,税务机关应当告知其更正;纳税人更正的,税务机关应当及时办理退税。

扣缴义务人未将扣缴的税款解缴入库的,不影响纳税人按照规定申请退税,税务机关应当凭纳税人提供的有关资料办理退税。

第三十二条 所得为人民币以外货币的,按照办理纳税申报或者扣缴申报的上一月最后一日人民币汇率中间价,折合成人民币计算应纳税所得额。年度终了后办理汇算清缴的,对已经按月、按季或者按次预缴税款的人民币以外货币所得,不再重新折算;对应当补缴税款的所得部分,按照上一纳税年度最后一日人民币汇率中间价,折合成人民币计算应纳税所得额。

第三十三条 税务机关按照个人所得税法第十七条的规定付给扣缴义务人手续费,应当填开退还书;扣缴义务人凭退还书,按照国库管理有关规定办理退库手续。

第三十四条 个人所得税纳税申报表、扣缴个人所得税报告表和个人所得税完税凭证式样,由国务院税务主管部门统一制定。

第三十五条 军队人员个人所得税征收事宜,按照有关规定执行。

第三十六条 本条例自2019年1月1日起施行。

# 中华人民共和国增值税暂行条例

· 1993年12月13日中华人民共和国国务院令第134号公布
· 2008年11月5日国务院第34次常务会议修订通过
· 根据2016年2月6日《国务院关于修改部分行政法规的决定》第一次修订
· 根据2017年11月19日《国务院关于废止〈中华人民共和国营业税暂行条例〉和修改〈中华人民共和国增值税暂行条例〉的决定》第二次修订

第一条 在中华人民共和国境内销售货物或者加工、修理修配劳务(以下简称劳务),销售服务、无形资产、不动产以及进口货物的单位和个人,为增值税的纳税人,应当依照本条例缴纳增值税。

第二条 增值税税率:

(一)纳税人销售货物、劳务、有形动产租赁服务或者进口货物,除本条第二项、第四项、第五项另有规定外,税率为17%。

(二)纳税人销售交通运输、邮政、基础电信、建筑、不动产租赁服务,销售不动产,转让土地使用权,销售或者进口下列货物,税率为11%:

1. 粮食等农产品、食用植物油、食用盐;
2. 自来水、暖气、冷气、热水、煤气、石油液化气、天然气、二甲醚、沼气、居民用煤炭制品;
3. 图书、报纸、杂志、音像制品、电子出版物;
4. 饲料、化肥、农药、农机、农膜;
5. 国务院规定的其他货物。

(三)纳税人销售服务、无形资产,除本条第一项、第二项、第五项另有规定外,税率为6%。

(四)纳税人出口货物,税率为零;但是,国务院另有规定的除外。

(五)境内单位和个人跨境销售国务院规定范围内的服务、无形资产,税率为零。

税率的调整,由国务院决定。

第三条 纳税人兼营不同税率的项目,应当分别核算不同税率项目的销售额;未分别核算销售额的,从高适用税率。

**第四条** 除本条例第十一条规定外,纳税人销售货物、劳务、服务、无形资产、不动产(以下统称应税销售行为),应纳税额为当期销项税额抵扣当期进项税额后的余额。应纳税额计算公式:

应纳税额=当期销项税额−当期进项税额

当期销项税额小于当期进项税额不足抵扣时,其不足部分可以结转下期继续抵扣。

**第五条** 纳税人发生应税销售行为,按照销售额和本条例第二条规定的税率计算收取的增值税额,为销项税额。销项税额计算公式:

销项税额=销售额×税率

**第六条** 销售额为纳税人发生应税销售行为收取的全部价款和价外费用,但是不包括收取的销项税额。

销售额以人民币计算。纳税人以人民币以外的货币结算销售额的,应当折合成人民币计算。

**第七条** 纳税人发生应税销售行为的价格明显偏低并无正当理由的,由主管税务机关核定其销售额。

**第八条** 纳税人购进货物、劳务、服务、无形资产、不动产支付或者负担的增值税额,为进项税额。

下列进项税额准予从销项税额中抵扣:

(一)从销售方取得的增值税专用发票上注明的增值税额。

(二)从海关取得的海关进口增值税专用缴款书上注明的增值税额。

(三)购进农产品,除取得增值税专用发票或者海关进口增值税专用缴款书外,按照农产品收购发票或者销售发票上注明的农产品买价和11%的扣除率计算的进项税额,国务院另有规定的除外。进项税额计算公式:

进项税额=买价×扣除率

(四)自境外单位或者个人购进劳务、服务、无形资产或者境内的不动产,从税务机关或者扣缴义务人取得的代扣代缴税款的完税凭证上注明的增值税额。

准予抵扣的项目和扣除率的调整,由国务院决定。

**第九条** 纳税人购进货物、劳务、服务、无形资产、不动产,取得的增值税扣税凭证不符合法律、行政法规或者国务院税务主管部门有关规定的,其进项税额不得从销项税额中抵扣。

**第十条** 下列项目的进项税额不得从销项税额中抵扣:

(一)用于简易计税方法计税项目、免征增值税项目、集体福利或者个人消费的购进货物、劳务、服务、无形资产和不动产;

(二)非正常损失的购进货物,以及相关的劳务和交通运输服务;

(三)非正常损失的在产品、产成品所耗用的购进货物(不包括固定资产)、劳务和交通运输服务;

(四)国务院规定的其他项目。

**第十一条** 小规模纳税人发生应税销售行为,实行按照销售额和征收率计算应纳税额的简易办法,并不得抵扣进项税额。应纳税额计算公式:

应纳税额=销售额×征收率

小规模纳税人的标准由国务院财政、税务主管部门规定。

**第十二条** 小规模纳税人增值税征收率为3%,国务院另有规定的除外。

**第十三条** 小规模纳税人以外的纳税人应当向主管税务机关办理登记。具体登记办法由国务院税务主管部门制定。

小规模纳税人会计核算健全,能够提供准确税务资料的,可以向主管税务机关办理登记,不作为小规模纳税人,依照本条例有关规定计算应纳税额。

**第十四条** 纳税人进口货物,按照组成计税价格和本条例第二条规定的税率计算应纳税额。组成计税价格和应纳税额计算公式:

组成计税价格=关税完税价格+关税+消费税

应纳税额=组成计税价格×税率

**第十五条** 下列项目免征增值税:

(一)农业生产者销售的自产农产品;

(二)避孕药品和用具;

(三)古旧图书;

(四)直接用于科学研究、科学试验和教学的进口仪器、设备;

(五)外国政府、国际组织无偿援助的进口物资和设备;

(六)由残疾人的组织直接进口供残疾人专用的物品;

(七)销售的自己使用过的物品。

除前款规定外,增值税的免税、减税项目由国务院规定。任何地区、部门均不得规定免税、减税项目。

**第十六条** 纳税人兼营免税、减税项目的,应当分别核算免税、减税项目的销售额;未分别核算销售额的,不得免税、减税。

**第十七条** 纳税人销售额未达到国务院财政、税务主管部门规定的增值税起征点的,免征增值税;达到起征点的,依照本条例规定全额计算缴纳增值税。

第十八条 中华人民共和国境外的单位或者个人在境内销售劳务,在境内未设有经营机构的,以其境内代理人为扣缴义务人;在境内没有代理人的,以购买方为扣缴义务人。

第十九条 增值税纳税义务发生时间:

(一)发生应税销售行为,为收讫销售款项或者取得索取销售款项凭据的当天;先开具发票的,为开具发票的当天。

(二)进口货物,为报关进口的当天。

增值税扣缴义务发生时间为纳税人增值税纳税义务发生的当天。

第二十条 增值税由税务机关征收,进口货物的增值税由海关代征。

个人携带或者邮寄进境自用物品的增值税,连同关税一并计征。具体办法由国务院关税税则委员会会同有关部门制定。

第二十一条 纳税人发生应税销售行为,应当向索取增值税专用发票的购买方开具增值税专用发票,并在增值税专用发票上分别注明销售额和销项税额。

属于下列情形之一的,不得开具增值税专用发票:

(一)应税销售行为的购买方为消费者个人的;

(二)发生应税销售行为适用免税规定的。

第二十二条 增值税纳税地点:

(一)固定业户应当向其机构所在地的主管税务机关申报纳税。总机构和分支机构不在同一县(市)的,应当分别向各自所在地的主管税务机关申报纳税;经国务院财政、税务主管部门或者其授权的财政、税务机关批准,可以由总机构汇总向总机构所在地的主管税务机关申报纳税。

(二)固定业户到外县(市)销售货物或者劳务,应当向其机构所在地的主管税务机关报告外出经营事项,并向其机构所在地的主管税务机关申报纳税;未报告的,应当向销售地或者劳务发生地的主管税务机关申报纳税;未向销售地或者劳务发生地的主管税务机关申报纳税的,由其机构所在地的主管税务机关补征税款。

(三)非固定业户销售货物或者劳务,应当向销售地或者劳务发生地的主管税务机关申报纳税;未向销售地或者劳务发生地的主管税务机关申报纳税的,由其机构所在地或者居住地的主管税务机关补征税款。

(四)进口货物,应当向报关地海关申报纳税。

扣缴义务人应当向其机构所在地或者居住地的主管税务机关申报缴纳其扣缴的税款。

第二十三条 增值税的纳税期限分别为1日、3日、5日、10日、15日、1个月或者1个季度。纳税人的具体纳税期限,由主管税务机关根据纳税人应纳税额的大小分别核定;不能按照固定期限纳税的,可以按次纳税。

纳税人以1个月或者1个季度为1个纳税期的,自期满之日起15日内申报纳税;以1日、3日、5日、10日或者15日为1个纳税期的,自期满之日起5日内预缴税款,于次月1日起15日内申报纳税并结清上月应纳税款。

扣缴义务人解缴税款的期限,依照前两款规定执行。

第二十四条 纳税人进口货物,应当自海关填发海关进口增值税专用缴款书之日起15日内缴纳税款。

第二十五条 纳税人出口货物适用退(免)税规定的,应当向海关办理出口手续,凭出口报关单等有关凭证,在规定的出口退(免)税申报期内按月向主管税务机关申报办理该项出口货物的退(免)税;境内单位和个人跨境销售服务和无形资产适用退(免)税规定的,应当按期向主管税务机关申报办理退(免)税。具体办法由国务院财政、税务主管部门制定。

出口货物办理退税后发生退货或者退关的,纳税人应当依法补缴已退的税款。

第二十六条 增值税的征收管理,依照《中华人民共和国税收征收管理法》及本条例有关规定执行。

第二十七条 纳税人缴纳增值税的有关事项,国务院或者国务院财政、税务主管部门经国务院同意另有规定的,依照其规定。

第二十八条 本条例自2009年1月1日起施行。

## 中华人民共和国消费税暂行条例

· 1993年12月13日中华人民共和国国务院令第135号公布
· 2008年11月5日国务院第34次常务会议修订通过
· 2008年11月10日中华人民共和国国务院令第539号公布
· 自2009年1月1日起施行

第一条 在中华人民共和国境内生产、委托加工和进口本条例规定的消费品的单位和个人,以及国务院确定的销售本条例规定的消费品的其他单位和个人,为消费税的纳税人,应当依照本条例缴纳消费税。

第二条 消费税的税目、税率,依照本条例所附的《消费税税目税率表》执行。

消费税税目、税率的调整,由国务院决定。

第三条 纳税人兼营不同税率的应当缴纳消费税的消费品(以下简称应税消费品),应当分别核算不同税率应税消费品的销售额、销售数量;未分别核算销售额、销售数量,或者将不同税率的应税消费品组成成套消费品销售的,从高适用税率。

**第四条** 纳税人生产的应税消费品,于纳税人销售时纳税。纳税人自产自用的应税消费品,用于连续生产应税消费品的,不纳税;用于其他方面的,于移送使用时纳税。

委托加工的应税消费品,除受托方为个人外,由受托方在向委托方交货时代收代缴税款。委托加工的应税消费品,委托方用于连续生产应税消费品的,所纳税款准予按规定抵扣。

进口的应税消费品,于报关进口时纳税。

**第五条** 消费税实行从价定率、从量定额,或者从价定率和从量定额复合计税(以下简称复合计税)的办法计算应纳税额。应纳税额计算公式:

实行从价定率办法计算的应纳税额=销售额×比例税率

实行从量定额办法计算的应纳税额=销售数量×定额税率

实行复合计税办法计算的应纳税额=销售额×比例税率+销售数量×定额税率

纳税人销售的应税消费品,以人民币计算销售额。纳税人以人民币以外的货币结算销售额的,应当折合成人民币计算。

**第六条** 销售额为纳税人销售应税消费品向购买方收取的全部价款和价外费用。

**第七条** 纳税人自产自用的应税消费品,按照纳税人生产的同类消费品的销售价格计算纳税;没有同类消费品销售价格的,按照组成计税价格计算纳税。

实行从价定率办法计算纳税的组成计税价格计算公式:

组成计税价格=(成本+利润)÷(1-比例税率)

实行复合计税办法计算纳税的组成计税价格计算公式:

组成计税价格=(成本+利润+自产自用数量×定额税率)÷(1-比例税率)

**第八条** 委托加工的应税消费品,按照受托方的同类消费品的销售价格计算纳税;没有同类消费品销售价格的,按照组成计税价格计算纳税。

实行从价定率办法计算纳税的组成计税价格计算公式:

组成计税价格=(材料成本+加工费)÷(1-比例税率)

实行复合计税办法计算纳税的组成计税价格计算公式:

组成计税价格=(材料成本+加工费+委托加工数量×定额税率)÷(1-比例税率)

**第九条** 进口的应税消费品,按照组成计税价格计算纳税。

实行从价定率办法计算纳税的组成计税价格计算公式:

组成计税价格=(关税完税价格+关税)÷(1-消费税比例税率)

实行复合计税办法计算纳税的组成计税价格计算公式:

组成计税价格=(关税完税价格+关税+进口数量×消费税定额税率)÷(1-消费税比例税率)

**第十条** 纳税人应税消费品的计税价格明显偏低并无正当理由的,由主管税务机关核定其计税价格。

**第十一条** 对纳税人出口应税消费品,免征消费税;国务院另有规定的除外。出口应税消费品的免税办法,由国务院财政、税务主管部门规定。

**第十二条** 消费税由税务机关征收,进口的应税消费品的消费税由海关代征。

个人携带或者邮寄进境的应税消费品的消费税,连同关税一并计征。具体办法由国务院关税税则委员会会同有关部门制定。

**第十三条** 纳税人销售的应税消费品,以及自产自用的应税消费品,除国务院财政、税务主管部门另有规定外,应当向纳税人机构所在地或者居住地的主管税务机关申报纳税。

委托加工的应税消费品,除受托方为个人外,由受托方向机构所在地或者居住地的主管税务机关解缴消费税税款。

进口的应税消费品,应当向报关地海关申报纳税。

**第十四条** 消费税的纳税期限分别为1日、3日、5日、10日、15日、1个月或者1个季度。纳税人的具体纳税期限,由主管税务机关根据纳税人应纳税额的大小分别核定;不能按照固定期限纳税的,可以按次纳税。

纳税人以1个月或者1个季度为1个纳税期的,自期满之日起15日内申报纳税;以1日、3日、5日、10日或者15日为1个纳税期的,自期满之日起5日内预缴税款,于次月1日起15日内申报纳税并结清上月应纳税款。

**第十五条** 纳税人进口应税消费品,应当自海关填发海关进口消费税专用缴款书之日起15日内缴纳税款。

**第十六条** 消费税的征收管理,依照《中华人民共和国税收征收管理法》及本条例有关规定执行。

**第十七条** 本条例自2009年1月1日起施行。

附：

## 消费税税目税率表

| 税　　目 | 税　　率 |
|---|---|
| 一、烟 | |
| 　1. 卷烟 | |
| 　　（1）甲类卷烟 | 45%加 0.003 元/支 |
| 　　（2）乙类卷烟 | 30%加 0.003 元/支 |
| 　2. 雪茄烟 | 25% |
| 　3. 烟丝 | 30% |
| 二、酒及酒精 | |
| 　1. 白酒 | 20%加 0.5 元/500 克(或者 500 毫升) |
| 　2. 黄酒 | 240 元/吨 |
| 　3. 啤酒 | |
| 　　（1）甲类啤酒 | 250 元/吨 |
| 　　（2）乙类啤酒 | 220 元/吨 |
| 　4. 其他酒 | 10% |
| 　5. 酒精 | 5% |
| 三、化妆品 | 30% |
| 四、贵重首饰及珠宝玉石 | |
| 　1. 金银首饰、铂金首饰和钻石及钻石饰品 | 5% |
| 　2. 其他贵重首饰和珠宝玉石 | 10% |
| 五、鞭炮、焰火 | 15% |
| 六、成品油 | |
| 　1. 汽油 | |
| 　　（1）含铅汽油 | 0.28 元/升 |
| 　　（2）无铅汽油 | 0.20 元/升 |
| 　2. 柴油 | 0.10 元/升 |
| 　3. 航空煤油 | 0.10 元/升 |
| 　4. 石脑油 | 0.20 元/升 |
| 　5. 溶剂油 | 0.20 元/升 |
| 　6. 润滑油 | 0.20 元/升 |
| 　7. 燃料油 | 0.10 元/升 |
| 七、汽车轮胎 | 3% |
| 八、摩托车 | |
| 　1. 气缸容量(排气量,下同)在 250 毫升(含 250 毫升)以下的 | 3% |
| 　2. 气缸容量在 250 毫升以上的 | 10% |

续表

| 税　　目 | 税　　率 |
|---|---|
| 九、小汽车 | |
| 　　1. 乘用车 | |
| 　　　(1)气缸容量(排气量,下同)在1.0升(含1.0升)以下的 | 1% |
| 　　　(2)气缸容量在1.0升以上至1.5升(含1.5升)的 | 3% |
| 　　　(3)气缸容量在1.5升以上至2.0升(含2.0升)的 | 5% |
| 　　　(4)气缸容量在2.0升以上至2.5升(含2.5升)的 | 9% |
| 　　　(5)气缸容量在2.5升以上至3.0升(含3.0升)的 | 12% |
| 　　　(6)气缸容量在3.0升以上至4.0升(含4.0升)的 | 25% |
| 　　　(7)气缸容量在4.0升以上的 | 40% |
| 　　2. 中轻型商用客车 | 5% |
| 十、高尔夫球及球具 | 10% |
| 十一、高档手表 | 20% |
| 十二、游艇 | 10% |
| 十三、木制一次性筷子 | 5% |
| 十四、实木地板 | 5% |

## 中华人民共和国契税法

- 2020年8月11日第十三届全国人民代表大会常务委员会第二十一次会议通过
- 2020年8月11日中华人民共和国主席令第52号公布
- 自2021年9月1日起施行

**第一条**　在中华人民共和国境内转移土地、房屋权属，承受的单位和个人为契税的纳税人，应当依照本法规定缴纳契税。

**第二条**　本法所称转移土地、房屋权属，是指下列行为：

（一）土地使用权出让；

（二）土地使用权转让，包括出售、赠与、互换；

（三）房屋买卖、赠与、互换。

前款第二项土地使用权转让，不包括土地承包经营权和土地经营权的转移。

以作价投资（入股）、偿还债务、划转、奖励等方式转移土地、房屋权属的，应当依照本法规定征收契税。

**第三条**　契税税率为百分之三至百分之五。

契税的具体适用税率，由省、自治区、直辖市人民政府在前款规定的税率幅度内提出，报同级人民代表大会常务委员会决定，并报全国人民代表大会常务委员会和国务院备案。

省、自治区、直辖市可以依照前款规定的程序对不同主体、不同地区、不同类型的住房的权属转移确定差别税率。

**第四条**　契税的计税依据：

（一）土地使用权出让、出售，房屋买卖，为土地、房屋权属转移合同确定的成交价格，包括应交付的货币以及实物、其他经济利益对应的价款；

（二）土地使用权互换、房屋互换，为所互换的土地使用权、房屋价格的差额；

（三）土地使用权赠与、房屋赠与以及其他没有价格的转移土地、房屋权属行为，为税务机关参照土地使用权出售、房屋买卖的市场价格依法核定的价格。

纳税人申报的成交价格、互换价格差额明显偏低且无正当理由的，由税务机关依照《中华人民共和国税收征收管理法》的规定核定。

**第五条**　契税的应纳税额按照计税依据乘以具体适用税率计算。

**第六条**　有下列情形之一的，免征契税：

(一)国家机关、事业单位、社会团体、军事单位承受土地、房屋权属用于办公、教学、医疗、科研、军事设施;

(二)非营利性的学校、医疗机构、社会福利机构承受土地、房屋权属用于办公、教学、医疗、科研、养老、救助;

(三)承受荒山、荒地、荒滩土地使用权用于农、林、牧、渔业生产;

(四)婚姻关系存续期间夫妻之间变更土地、房屋权属;

(五)法定继承人通过继承承受土地、房屋权属;

(六)依照法律规定应当予以免税的外国驻华使馆、领事馆和国际组织驻华代表机构承受土地、房屋权属。

根据国民经济和社会发展的需要,国务院对居民住房需求保障、企业改制重组、灾后重建等情形可以规定免征或者减征契税,报全国人民代表大会常务委员会备案。

**第七条** 省、自治区、直辖市可以决定对下列情形免征或者减征契税:

(一)因土地、房屋被县级以上人民政府征收、征用,重新承受土地、房屋权属;

(二)因不可抗力灭失住房,重新承受住房权属。

前款规定的免征或者减征契税的具体办法,由省、自治区、直辖市人民政府提出,报同级人民代表大会常务委员会决定,并报全国人民代表大会常务委员会和国务院备案。

**第八条** 纳税人改变有关土地、房屋的用途,或者有其他不再属于本法第六条规定的免征、减征契税情形的,应当缴纳已经免征、减征的税款。

**第九条** 契税的纳税义务发生时间,为纳税人签订土地、房屋权属转移合同的当日,或者纳税人取得其他具有土地、房屋权属转移合同性质凭证的当日。

**第十条** 纳税人应当在依法办理土地、房屋权属登记手续前申报缴纳契税。

**第十一条** 纳税人办理纳税事宜后,税务机关应当开具契税完税凭证。纳税人办理土地、房屋权属登记,不动产登记机构应当查验契税完税、减免税凭证或者有关信息。未按照规定缴纳契税的,不动产登记机构不予办理土地、房屋权属登记。

**第十二条** 在依法办理土地、房屋权属登记前,权属转移合同、权属转移合同性质凭证不生效、无效、被撤销或者被解除的,纳税人可以向税务机关申请退还已缴纳的税款,税务机关应当依法办理。

**第十三条** 税务机关应当与相关部门建立契税涉税信息共享和工作配合机制。自然资源、住房城乡建设、民政、公安等相关部门应当及时向税务机关提供与转移土地、房屋权属有关的信息,协助税务机关加强契税征收管理。

税务机关及其工作人员对税收征收管理过程中知悉的纳税人的个人信息,应当依法予以保密,不得泄露或者非法向他人提供。

**第十四条** 契税由土地、房屋所在地的税务机关依照本法和《中华人民共和国税收征收管理法》的规定征收管理。

**第十五条** 纳税人、税务机关及其工作人员违反本法规定的,依照《中华人民共和国税收征收管理法》和有关法律法规的规定追究法律责任。

**第十六条** 本法自 2021 年 9 月 1 日起施行。1997年 7 月 7 日国务院发布的《中华人民共和国契税暂行条例》同时废止。

## 中华人民共和国印花税法

· 2021 年 6 月 10 日第十三届全国人民代表大会常务委员会第二十九次会议通过
· 2021 年 6 月 10 日中华人民共和国主席令第 89 号公布
· 自 2022 年 7 月 1 日起施行

**第一条** 在中华人民共和国境内书立应税凭证、进行证券交易的单位和个人,为印花税的纳税人,应当依照本法规定缴纳印花税。

在中华人民共和国境外书立在境内使用的应税凭证的单位和个人,应当依照本法规定缴纳印花税。

**第二条** 本法所称应税凭证,是指本法所附《印花税税目税率表》列明的合同、产权转移书据和营业账簿。

**第三条** 本法所称证券交易,是指转让在依法设立的证券交易所、国务院批准的其他全国性证券交易场所交易的股票和以股票为基础的存托凭证。

证券交易印花税对证券交易的出让方征收,不对受让方征收。

**第四条** 印花税的税目、税率,依照本法所附《印花税税目税率表》执行。

**第五条** 印花税的计税依据如下:

(一)应税合同的计税依据,为合同所列的金额,不包括列明的增值税税款;

(二)应税产权转移书据的计税依据,为产权转移书据所列的金额,不包括列明的增值税税款;

（三）应税营业账簿的计税依据，为账簿记载的实收资本（股本）、资本公积合计金额；

（四）证券交易的计税依据，为成交金额。

**第六条** 应税合同、产权转移书据未列明金额的，印花税的计税依据按照实际结算的金额确定。

计税依据按照前款规定仍不能确定的，按照书立合同、产权转移书据时的市场价格确定；依法应当执行政府定价或者政府指导价的，按照国家有关规定确定。

**第七条** 证券交易无转让价格的，按照办理过户登记手续时该证券前一个交易日收盘价计算确定计税依据；无收盘价的，按照证券面值计算确定计税依据。

**第八条** 印花税的应纳税额按照计税依据乘以适用税率计算。

**第九条** 同一应税凭证载有两个以上税目事项并分别列明金额的，按照各自适用的税目税率分别计算应纳税额；未分别列明金额的，从高适用税率。

**第十条** 同一应税凭证由两方以上当事人书立的，按照各自涉及的金额分别计算应纳税额。

**第十一条** 已缴纳印花税的营业账簿，以后年度记载的实收资本（股本）、资本公积合计金额比已缴纳印花税的实收资本（股本）、资本公积合计金额增加的，按照增加部分计算应纳税额。

**第十二条** 下列凭证免征印花税：

（一）应税凭证的副本或者抄本；

（二）依照法律规定应当予以免税的外国驻华使馆、领事馆和国际组织驻华代表机构为获得馆舍书立的应税凭证；

（三）中国人民解放军、中国人民武装警察部队书立的应税凭证；

（四）农民、家庭农场、农民专业合作社、农村集体经济组织、村民委员会购买农业生产资料或者销售农产品书立的买卖合同和农业保险合同；

（五）无息或者贴息借款合同、国际金融组织向中国提供优惠贷款书立的借款合同；

（六）财产所有权人将财产赠与政府、学校、社会福利机构、慈善组织书立的产权转移书据；

（七）非营利性医疗卫生机构采购药品或者卫生材料书立的买卖合同；

（八）个人与电子商务经营者订立的电子订单。

根据国民经济和社会发展的需要，国务院对居民住房需求保障、企业改制重组、破产、支持小型微型企业发展等情形可以规定减征或者免征印花税，报全国人民代表大会常务委员会备案。

**第十三条** 纳税人为单位的，应当向其机构所在地的主管税务机关申报缴纳印花税；纳税人为个人的，应当向应税凭证书立地或者纳税人居住地的主管税务机关申报缴纳印花税。

不动产权发生转移的，纳税人应当向不动产所在地的主管税务机关申报缴纳印花税。

**第十四条** 纳税人为境外单位或者个人，在境内有代理人的，以其境内代理人为扣缴义务人；在境内没有代理人的，由纳税人自行申报缴纳印花税，具体办法由国务院税务主管部门规定。

证券登记结算机构为证券交易印花税的扣缴义务人，应当向其机构所在地的主管税务机关申报解缴税款以及银行结算的利息。

**第十五条** 印花税的纳税义务发生时间为纳税人书立应税凭证或者完成证券交易的当日。

证券交易印花税扣缴义务发生时间为证券交易完成的当日。

**第十六条** 印花税按季、按年或者按次计征。实行按季、按年计征的，纳税人应当自季度、年度终了之日起十五日内申报缴纳税款；实行按次计征的，纳税人应当自纳税义务发生之日起十五日内申报缴纳税款。

证券交易印花税按周解缴。证券交易印花税扣缴义务人应当自每周终了之日起五日内申报解缴税款以及银行结算的利息。

**第十七条** 印花税可以采用粘贴印花税票或者由税务机关依法开具其他完税凭证的方式缴纳。

印花税票粘贴在应税凭证上的，由纳税人在每枚税票的骑缝处盖戳注销或者画销。

印花税票由国务院税务主管部门监制。

**第十八条** 印花税由税务机关依照本法和《中华人民共和国税收征收管理法》的规定征收管理。

**第十九条** 纳税人、扣缴义务人和税务机关及其工作人员违反本法规定的，依照《中华人民共和国税收征收管理法》和有关法律、行政法规的规定追究法律责任。

**第二十条** 本法自 2022 年 7 月 1 日起施行。1988 年 8 月 6 日国务院发布的《中华人民共和国印花税暂行条例》同时废止。

附

## 印花税税目税率表

| 税　目 | | 税　率 | 备　注 |
|---|---|---|---|
| 合同（指书面合同） | 借款合同 | 借款金额的万分之零点五 | 指银行业金融机构、经国务院银行业监督管理机构批准设立的其他金融机构与借款人（不包括同业拆借）的借款合同 |
| | 融资租赁合同 | 租金的万分之零点五 | |
| | 买卖合同 | 价款的万分之三 | 指动产买卖合同（不包括个人书立的动产买卖合同） |
| | 承揽合同 | 报酬的万分之三 | |
| | 建设工程合同 | 价款的万分之三 | |
| | 运输合同 | 运输费用的万分之三 | 指货运合同和多式联运合同（不包括管道运输合同） |
| | 技术合同 | 价款、报酬或者使用费的万分之三 | 不包括专利权、专有技术使用权转让书据 |
| | 租赁合同 | 租金的千分之一 | |
| | 保管合同 | 保管费的千分之一 | |
| | 仓储合同 | 仓储费的千分之一 | |
| | 财产保险合同 | 保险费的千分之一 | 不包括再保险合同 |
| 产权转移书据 | 土地使用权出让书据 | 价款的万分之五 | 转让包括买卖（出售）、继承、赠与、互换、分割 |
| | 土地使用权、房屋等建筑物和构筑物所有权转让书据（不包括土地承包经营权和土地经营权转移） | 价款的万分之五 | |
| | 股权转让书据（不包括应缴纳证券交易印花税的） | 价款的万分之五 | |
| | 商标专用权、著作权、专利权、专有技术使用权转让书据 | 价款的万分之三 | |
| 营业账簿 | | 实收资本（股本）、资本公积合计金额的万分之二点五 | |
| 证券交易 | | 成交金额的千分之一 | |

# 国际运输船舶增值税退税管理办法

· 2020年12月2日国家税务总局公告2020年第18号公布

**第一条** 为规范国际运输船舶增值税退税管理,根据《财政部 交通运输部 税务总局关于海南自由贸易港国际运输船舶有关增值税政策的通知》(财税〔2020〕41号)、《财政部 交通运输部 税务总局关于中国(上海)自由贸易试验区临港新片区国际运输船舶有关增值税政策的通知》(财税〔2020〕52号)规定,制定本办法。

**第二条** 运输企业购进符合财税〔2020〕41号文件第一条或者财税〔2020〕52号文件第一条规定条件的船舶,按照本办法退还增值税(以下简称"船舶退税")。

应予退还的增值税额,为运输企业购进船舶取得的增值税专用发票上注明的税额。

**第三条** 主管运输企业退税的税务机关(以下简称"主管税务机关")负责船舶退税的备案、办理及后续管理工作。

**第四条** 适用船舶退税政策的运输企业,应于首次申报船舶退税时,凭以下资料及电子数据向主管税务机关办理船舶退税备案:

(一)内容填写真实、完整的《出口退(免)税备案表》及其电子数据。该备案表由《国家税务总局关于出口退(免)税申报有关问题的公告》(2018年第16号)发布。其中,"是否提供零税率应税服务"填写"是";"提供零税率应税服务代码"填写"01(国际运输服务)";"出口退(免)税管理类型"填写"船舶退税运输企业";其他栏次按填表说明填写。

(二)运输企业从事国际运输和港澳台运输业务的证明文件。从事国际散装液体危险货物和旅客运输业务的,应当提供交通运输管理部门出具的《国际船舶运输经营许可证》复印件(复印件上应注明"与原件一致",并加盖企业公章,下同);从事国际集装箱和普通货物运输的,应提供交通运输管理部门的备案证明材料复印件。从事内地往返港澳散装液体危险货物和旅客运输业务的,应提供交通运输管理部门出具的批准文件复印件;从事内地往返港澳集装箱和普通货物运输的,应提供交通运输管理部门出具的备案证明材料复印件;从事大陆与台湾地区间运输的,应提供《台湾海峡两岸间水路运输许可证》及《台湾海峡两岸间船舶营运证》复印件。

上述资料运输企业可通过电子化方式提交。

**第五条** 本办法施行前,已办理出口退(免)税备案的运输企业,无需重新办理出口退(免)税备案,按本办法第四条规定办理备案变更即可。

运输企业适用船舶退税政策的同时,出口货物劳务或者发生增值税零税率跨境应税行为,且未办理过出口退(免)税备案的,在办理出口退(免)税备案时,除本办法第四条规定的资料外,还应按照现行规定提供其他相关资料。

**第六条** 运输企业备案资料齐全,《出口退(免)税备案表》填写内容符合要求,签字、印章完整的,主管税务机关应当予以备案。备案资料或填写内容不符合要求的,主管税务机关应一次性告知运输企业,待其补正后再予以备案。

**第七条** 已办理船舶退税备案的运输企业,发生船籍所有人变更、船籍港变更或不再从事国际运输(或港澳台运输)业务等情形,不再符合财税〔2020〕41号文件、财税〔2020〕52号文件退税条件的,应自条件变化之日起30日内,持相关资料向主管税务机关办理备案变更。自条件变更之日起,运输企业停止适用船舶退税政策。

未按照本办法规定办理退税备案变更并继续申报船舶退税的,主管税务机关应按照本办法第十四条规定进行处理。

**第八条** 运输企业船舶退税的申报期限,为购进船舶之日(以发票开具日期为准)次月1日起至次年4月30日前的各增值税纳税申报期。

**第九条** 运输企业在退税申报期内,凭下列资料及电子数据向主管税务机关申请办理船舶退税:

(一)财税〔2020〕41号文件第三条第1项、第2项规定的资料复印件,或者财税〔2020〕52号文件第三条第1项、第2项规定的资料复印件。其中,已向主管税务机关提供过的资料,如无变化,可不再重复提供。

(二)《购进自用货物退税申报表》及其电子数据。该表在《国家税务总局关于发布〈出口货物劳务增值税和消费税管理办法〉的公告》(2012年第24号)发布。填写该表时,应在业务类型栏填写"CBTS",备注栏填写"船舶退税"。

(三)境内建造船舶企业开具的增值税专用发票及其电子信息。

(四)主管税务机关要求提供的其他资料。

上述增值税专用发票,应当已通过增值税发票综合服务平台确认用途为"用于出口退税"。上述资料运输企业可通过电子化方式提交。

**第十条** 运输企业申报船舶退税,主管税务机关经审核符合规定的,应按规定及时办理退税。审核中发现疑点,主管税务机关应在确认运输企业购进船舶取得的增值税专用发票真实、发票所列船舶已按规定申报纳税后,方可办理退税。

第十一条 运输企业购进船舶取得的增值税专用发票,已用于进项税额抵扣的,不得申报船舶退税;已用于船舶退税的,不得用于进项税额抵扣。

第十二条 已办理增值税退税的船舶发生船籍所有人变更、船籍港变更或不再从事国际运输(或港澳台运输)业务等情形,不再符合财税〔2020〕41号文件、财税〔2020〕52号文件退税条件的,运输企业应在条件变更次月纳税申报期内,向主管税务机关补缴已退税款。未按规定补缴的,税务机关应当按照现行规定追回已退税款。

应补缴税款=购进船舶的增值税专用发票注明的税额×(净值÷原值)

净值=原值−累计折旧

第十三条 已办理增值税退税的船舶发生船籍所有人变更、船籍港变更或不再从事国际运输(或港澳台运输)业务等情形,不再符合财税〔2020〕41号文件、财税〔2020〕52号文件规定,并已经向主管税务机关补缴已退税款的运输企业,自取得完税凭证当期起,可凭从税务机关取得解缴税款的完税凭证,从销项税额中抵减完税凭证上注明的增值税额。

第十四条 运输企业采取提供虚假退税申报资料等手段,骗取船舶退税的,主管税务机关应追回已退税款,并依照《中华人民共和国税收征收管理法》有关规定处理。

第十五条 本办法未明确的其他退税管理事项,按照现行出口退(免)税相关规定执行。

第十六条 符合财税〔2020〕41号文件规定情形且《船舶所有权登记证书》的签发日期在2020年10月1日至2024年12月31日期间的运输企业,以及符合财税〔2020〕52号文件规定情形且《船舶所有权登记证书》的签发日期在2020年11月1日至2024年12月31日期间的运输企业,按照本办法办理船舶退税相关事项。

## 中华人民共和国土地增值税暂行条例

· 1993年12月13日中华人民共和国国务院令第138号发布
· 根据2011年1月8日《国务院关于废止和修改部分行政法规的决定》修订

第一条 为了规范土地、房地产市场交易秩序,合理调节土地增值收益,维护国家权益,制定本条例。

第二条 转让国有土地使用权、地上的建筑物及其附着物(以下简称转让房地产)并取得收入的单位和个人,为土地增值税的纳税义务人(以下简称纳税人),应当依照本条例缴纳土地增值税。

第三条 土地增值税按照纳税人转让房地产所取得的增值额和本条例第七条规定的税率计算征收。

第四条 纳税人转让房地产所取得的收入减除本条例第六条规定扣除项目金额后的余额,为增值额。

第五条 纳税人转让房地产所取得的收入,包括货币收入、实物收入和其他收入。

第六条 计算增值额的扣除项目:
(一)取得土地使用权所支付的金额;
(二)开发土地的成本、费用;
(三)新建房及配套设施的成本、费用,或者旧房及建筑物的评估价格;
(四)与转让房地产有关的税金;
(五)财政部规定的其他扣除项目。

第七条 土地增值税实行四级超率累进税率:
增值额未超过扣除项目金额50%的部分,税率为30%。
增值额超过扣除项目金额50%、未超过扣除项目金额100%的部分,税率为40%。
增值额超过扣除项目金额100%、未超过扣除项目金额200%的部分,税率为50%。
增值额超过扣除项目金额200%的部分,税率为60%。

第八条 有下列情形之一的,免征土地增值税:
(一)纳税人建造普通标准住宅出售,增值额未超过扣除项目金额20%的;
(二)因国家建设需要依法征收、收回的房地产。

第九条 纳税人有下列情形之一的,按照房地产评估价格计算征收:
(一)隐瞒、虚报房地产成交价格的;
(二)提供扣除项目金额不实的;
(三)转让房地产的成交价格低于房地产评估价格,又无正当理由的。

第十条 纳税人应当自转让房地产合同签订之日起7日内向房地产所在地主管税务机关办理纳税申报,并在税务机关核定的期限内缴纳土地增值税。

第十一条 土地增值税由税务机关征收。土地管理部门、房产管理部门应当向税务机关提供有关资料,并协助税务机关依法征收土地增值税。

**第十二条** 纳税人未按照本条例缴纳土地增值税的,土地管理部门、房产管理部门不得办理有关的权属变更手续。

**第十三条** 土地增值税的征收管理,依据《中华人民共和国税收征收管理法》及本条例有关规定执行。

**第十四条** 本条例由财政部负责解释,实施细则由财政部制定。

**第十五条** 本条例自 1994 年 1 月 1 日起施行。各地区的土地增值费征收办法,与本条例相抵触的,同时停止执行。

## 中华人民共和国房产税暂行条例

· 1986 年 9 月 15 日国务院发布
· 根据 2011 年 1 月 8 日《国务院关于废止和修改部分行政法规的决定》修订

**第一条** 房产税在城市、县城、建制镇和工矿区征收。

**第二条** 房产税由产权所有人缴纳。产权属于全民所有的,由经营管理的单位缴纳。产权出典的,由承典人缴纳。产权所有人、承典人不在房产所在地的,或者产权未确定及租典纠纷未解决的,由房产代管人或者使用人缴纳。

前款列举的产权所有人、经营管理单位、承典人、房产代管人或者使用人,统称为纳税义务人(以下简称纳税人)。

**第三条** 房产税依照房产原值一次减除 10% 至 30% 后的余值计算缴纳。具体减除幅度,由省、自治区、直辖市人民政府规定。

没有房产原值作为依据的,由房产所在地税务机关参考同类房产核定。

房产出租的,以房产租金收入为房产税的计税依据。

**第四条** 房产税的税率,依照房产余值计算缴纳的,税率为 1.2%;依照房产租金收入计算缴纳的,税率为 12%。

**第五条** 下列房产免纳房产税:
一、国家机关、人民团体、军队自用的房产;
二、由国家财政部门拨付事业经费的单位自用的房产;
三、宗教寺庙、公园、名胜古迹自用的房产;
四、个人所有非营业用的房产;
五、经财政部批准免税的其他房产。

**第六条** 除本条例第五条规定者外,纳税人纳税确有困难的,可由省、自治区、直辖市人民政府确定,定期减征或者免征房产税。

**第七条** 房产税按年征收、分期缴纳。纳税期限由省、自治区、直辖市人民政府规定。

**第八条** 房产税的征收管理,依照《中华人民共和国税收征收管理法》的规定办理。

**第九条** 房产税由房产所在地的税务机关征收。

**第十条** 本条例由财政部负责解释;施行细则由省、自治区、直辖市人民政府制定,抄送财政部备案。

**第十一条** 本条例自 1986 年 10 月 1 日起施行。

## 中华人民共和国城镇土地使用税暂行条例

· 1988 年 9 月 27 日中华人民共和国国务院令第 17 号发布
· 根据 2006 年 12 月 31 日《国务院关于修改〈中华人民共和国城镇土地使用税暂行条例〉的决定》第一次修订
· 根据 2011 年 1 月 8 日《国务院关于废止和修改部分行政法规的决定》第二次修订
· 根据 2013 年 12 月 7 日《国务院关于修改部分行政法规的决定》第三次修订
· 根据 2019 年 3 月 2 日《国务院关于修改部分行政法规的决定》第四次修订

**第一条** 为了合理利用城镇土地,调节土地级差收入,提高土地使用效益,加强土地管理,制定本条例。

**第二条** 在城市、县城、建制镇、工矿区范围内使用土地的单位和个人,为城镇土地使用税(以下简称土地使用税)的纳税人,应当依照本条例的规定缴纳土地使用税。

前款所称单位,包括国有企业、集体企业、私营企业、股份制企业、外商投资企业、外国企业以及其他企业和事业单位、社会团体、国家机关、军队以及其他单位;所称个人,包括个体工商户以及其他个人。

**第三条** 土地使用税以纳税人实际占用的土地面积为计税依据,依照规定税额计算征收。

前款土地占用面积的组织测量工作,由省、自治区、直辖市人民政府根据实际情况确定。

**第四条** 土地使用税每平方米年税额如下:
(一)大城市 1.5 元至 30 元;
(二)中等城市 1.2 元至 24 元;
(三)小城市 0.9 元至 18 元;
(四)县城、建制镇、工矿区 0.6 元至 12 元。

**第五条** 省、自治区、直辖市人民政府,应当在本条例第四条规定的税额幅度内,根据市政建设状况、经济繁荣程度等条件,确定所辖地区的适用税额幅度。

市、县人民政府应当根据实际情况,将本地区土地划分为若干等级,在省、自治区、直辖市人民政府确定的税额幅度内,制定相应的适用税额标准,报省、自治区、直辖市人民政府批准执行。

经省、自治区、直辖市人民政府批准,经济落后地区土地使用税的适用税额标准可以适当降低,但降低额不得超过本条例第四条规定最低税额的30%。经济发达地区土地使用税的适用税额标准可以适当提高,但须报经财政部批准。

**第六条** 下列土地免缴土地使用税:

(一)国家机关、人民团体、军队自用的土地;

(二)由国家财政部门拨付事业经费的单位自用的土地;

(三)宗教寺庙、公园、名胜古迹自用的土地;

(四)市政街道、广场、绿化地带等公共用地;

(五)直接用于农、林、牧、渔业的生产用地;

(六)经批准开山填海整治的土地和改造的废弃土地,从使用的月份起免缴土地使用税5年至10年;

(七)由财政部另行规定免税的能源、交通、水利设施用地和其他用地。

**第七条** 除本条例第六条规定外,纳税人缴纳土地使用税确有困难需要定期减免的,由县以上税务机关批准。

**第八条** 土地使用税按年计算、分期缴纳。缴纳期限由省、自治区、直辖市人民政府确定。

**第九条** 新征收的土地,依照下列规定缴纳土地使用税:

(一)征收的耕地,自批准征收之日起满1年时开始缴纳土地使用税;

(二)征收的非耕地,自批准征收次月起缴纳土地使用税。

**第十条** 土地使用税由土地所在地的税务机关征收。土地管理机关应当向土地所在地的税务机关提供土地使用权属资料。

**第十一条** 土地使用税的征收管理,依照《中华人民共和国税收征收管理法》及本条例的规定执行。

**第十二条** 土地使用税收入纳入财政预算管理。

**第十三条** 本条例的实施办法由省、自治区、直辖市人民政府制定。

**第十四条** 本条例自1988年11月1日起施行,各地制定的土地使用费办法同时停止执行。

## 全国人民代表大会常务委员会关于授权国务院在部分地区开展房地产税改革试点工作的决定

· 2021年10月23日第十三届全国人民代表大会常务委员会第三十一次会议通过

为积极稳妥推进房地产税立法与改革,引导住房合理消费和土地资源节约集约利用,促进房地产市场平稳健康发展,第十三届全国人民代表大会常务委员会第三十一次会议决定:授权国务院在部分地区开展房地产税改革试点工作。

一、试点地区的房地产税征税对象为居住用和非居住用等各类房地产,不包括依法拥有的农村宅基地及其上住宅。土地使用权人、房屋所有权人为房地产税的纳税人。非居住用房地产继续按照《中华人民共和国房产税暂行条例》《中华人民共和国城镇土地使用税暂行条例》执行。

二、国务院制定房地产税试点具体办法,试点地区人民政府制定具体实施细则。国务院及其有关部门、试点地区人民政府应当构建科学可行的征收管理模式和程序。

三、国务院按照积极稳妥的原则,统筹考虑深化试点与统一立法、促进房地产市场平稳健康发展等情况确定试点地区,报全国人民代表大会常务委员会备案。

本决定授权的试点期限为五年,自国务院试点办法印发之日起算。试点过程中,国务院应当及时总结试点经验,在授权期限届满的六个月以前,向全国人民代表大会常务委员会报告试点情况,需要继续授权的,可以提出相关意见,由全国人民代表大会常务委员会决定。条件成熟时,及时制定法律。

本决定自公布之日起施行,试点实施启动时间由国务院确定。

## 税务稽查案件办理程序规定

· 2021年7月12日国家税务总局令第52号公布
· 自2021年8月11日起施行

### 第一章 总 则

**第一条** 为了贯彻落实中共中央办公厅、国务院办公厅印发的《关于进一步深化税收征管改革的意见》,保障税收法律、行政法规的贯彻实施,规范税务稽查案件办理程序,强化监督制约机制,保护纳税人、扣缴义务人和其他涉税当事人合法权益,根据《中华人民共和国税收征收管理法》(以下简称税收征管法)、《中华人民共和国税收征收管理法实施细则》(以下简称税收征管法实施细则)等法律、行政法规,制定本规定。

**第二条** 稽查局办理税务稽查案件适用本规定。

**第三条** 办理税务稽查案件应当以事实为根据,以法律为准绳,坚持公平、公正、公开、效率的原则。

**第四条** 税务稽查由稽查局依法实施。稽查局主要职责是依法对纳税人、扣缴义务人和其他涉税当事人履行纳税义务、扣缴义务情况及涉税事项进行检查处理,以及围绕检查处理开展的其他相关工作。稽查局具体职责由国家税务总局依照税收征管法、税收征管法实施细则和国家有关规定确定。

**第五条** 稽查局办理税务稽查案件时,实行选案、检查、审理、执行分工制约原则。

**第六条** 稽查局应当在税务局向社会公告的范围内实施税务稽查。上级税务机关可以根据案件办理的需要指定管辖。

税收法律、行政法规和国家税务总局规章对税务稽查管辖另有规定的,从其规定。

**第七条** 税务稽查管辖有争议的,由争议各方本着有利于案件办理的原则逐级协商解决;不能协商一致的,报请共同的上级税务机关决定。

**第八条** 税务稽查人员具有税收征管法实施细则规定回避情形的,应当回避。

被查对象申请税务稽查人员回避或者税务稽查人员自行申请回避的,由稽查局局长依法决定是否回避。稽查局局长发现税务稽查人员具有规定回避情形的,应当要求其回避。稽查局局长的回避,由税务局局长依法审查决定。

**第九条** 税务稽查人员对实施税务稽查过程中知悉的国家秘密、商业秘密或者个人隐私、个人信息,应当依法予以保密。

纳税人、扣缴义务人和其他涉税当事人的税收违法行为不属于保密范围。

**第十条** 税务稽查人员应当遵守工作纪律,恪守职业道德,不得有下列行为:

(一)违反法定程序、超越权限行使职权;

(二)利用职权为自己或者他人牟取利益;

(三)玩忽职守,不履行法定义务;

(四)泄露国家秘密、工作秘密,向被查对象通风报信、泄露案情;

(五)弄虚作假,故意夸大或者隐瞒案情;

(六)接受被查对象的请客送礼等影响公正执行公务的行为;

(七)其他违法违纪行为。

税务稽查人员在执法办案中滥用职权、玩忽职守、徇私舞弊的,依照有关规定严肃处理;涉嫌犯罪的,依法移送司法机关处理。

**第十一条** 税务稽查案件办理应当通过文字、音像等形式,对案件办理的启动、调查取证、审核、决定、送达、执行等进行全过程记录。

## 第二章 选 案

**第十二条** 稽查局应当加强稽查案源管理,全面收集整理案源信息,合理、准确地选择待查对象。案源管理依照国家税务总局有关规定执行。

**第十三条** 待查对象确定后,经稽查局局长批准实施立案检查。

必要时,依照法律法规的规定,稽查局可以在立案前进行检查。

**第十四条** 稽查局应当统筹安排检查工作,严格控制对纳税人、扣缴义务人的检查次数。

## 第三章 检 查

**第十五条** 检查前,稽查局应当告知被查对象检查时间、需要准备的资料等,但预先通知有碍检查的除外。

检查应当由两名以上具有执法资格的检查人员共同实施,并向被查对象出示税务检查证件、出示或者送达税务检查通知书,告知其权利和义务。

**第十六条** 检查应当依照法定权限和程序,采取实地检查、调取账簿资料、询问、查询存款账户或者储蓄存款、异地协查等方法。

对采用电子信息系统进行管理和核算的被查对象,检查人员可以要求其打开该电子信息系统,或者提供与原始电子数据、电子信息系统技术资料一致的复制件。被查对象拒不打开或者拒不提供的,经稽查局局长批准,可以采用适当的技术手段对该电子信息系统进行直接检查,或者提取、复制电子数据进行检查,但所采用的技术手段不得破坏该电子信息系统原始电子数据,或者影响该电子信息系统正常运行。

**第十七条** 检查应当依照法定权限和程序收集证据材料。收集的证据必须经查证属实,并与证明事项相关联。

不得以下列方式收集、获取证据材料：

（一）严重违反法定程序收集；

（二）以违反法律强制性规定的手段获取且侵害他人合法权益；

（三）以利诱、欺诈、胁迫、暴力等手段获取。

**第十八条** 调取账簿、记账凭证、报表和其他有关资料时，应当向被查对象出具调取账簿资料通知书，并填写调取账簿资料清单交其核对后签章确认。

调取纳税人、扣缴义务人以前会计年度的账簿、记账凭证、报表和其他有关资料的，应当经县以上税务局局长批准，并在3个月内完整退还；调取纳税人、扣缴义务人当年的账簿、记账凭证、报表和其他有关资料的，应当经设区的市、自治州以上税务局局长批准，并在30日内退还。

退还账簿资料时，应当由被查对象核对调取账簿资料清单，并签章确认。

**第十九条** 需要提取证据材料原件的，应当向当事人出具提取证据专用收据，由当事人核对后签章确认。对需要退还的证据材料原件，检查结束后应当及时退还，并履行相关签收手续。需要将已开具的纸质发票调出查验时，应当向被查验的单位或者个人开具发票换票证；需要将空白纸质发票调出查验时，应当向被查验的单位或者个人开具调验空白发票收据。经查无问题的，应当及时退还，并履行相关签收手续。

提取证据材料复制件的，应当由当事人或者原件保存单位（个人）在复制件上注明"与原件核对无误"及原件存放地点，并签章。

**第二十条** 询问应当由两名以上检查人员实施。除在被查对象生产、经营、办公场所询问外，应当向被询问人送达询问通知书。

询问时应当告知被询问人有关权利义务。询问笔录应当交被询问人核对或者向其宣读；询问笔录有修改的，应当由被询问人在改动处捺指印；核对无误后，由被询问人在尾页结束处写明"以上笔录我看过（或者向我宣读过），与我说的相符"，并逐页签章、捺指印。被询问人拒绝在询问笔录上签章、捺指印的，检查人员应当在笔录上注明。

**第二十一条** 当事人、证人可以采取书面或者口头方式陈述或者提供证言。当事人、证人口头陈述或者提供证言的，检查人员应当以笔录、录音、录像等形式进行记录。笔录可以手写或者使用计算机记录并打印，由当事人或者证人逐页签章、捺指印。

当事人、证人口头提出变更陈述或者证言的，检查人员应当就变更部分重新制作笔录，注明原因，由当事人或者证人逐页签章、捺指印。当事人、证人变更书面陈述或者证言的，变更前的笔录不予退回。

**第二十二条** 制作录音、录像等视听资料的，应当注明制作方法、制作时间、制作人和证明对象等内容。

调取视听资料时，应当调取有关资料的原始载体；难以调取原始载体的，可以调取复制件，但应当说明复制方法、人员、时间和原件存放处等事项。

对声音资料，应当附有该声音内容的文字记录；对图像资料，应当附有必要的文字说明。

**第二十三条** 以电子数据的内容证明案件事实的，检查人员可以要求当事人将电子数据打印成纸质资料，在纸质资料上注明数据出处、打印场所、打印时间或者提供时间，注明"与电子数据核对无误"，并由当事人签章。

需要以有形载体形式固定电子数据的，检查人员应当与提供电子数据的个人、单位的法定代表人或者财务负责人或者经单位授权的其他人员一起将电子数据复制到存储介质上并封存，同时在封存包装物上注明制作方法、制作时间、制作人、文件格式及大小等，注明"与原始载体记载的电子数据核对无误"，并由电子数据提供人签章。

收集、提取电子数据，检查人员应当制作现场笔录，注明电子数据的来源、事由、证明目的或者对象，提取时间、地点、方法、过程，原始存储介质的存放地点以及对电子数据存储介质的签封情况等。进行数据压缩的，应当在笔录中注明压缩方法和完整性校验值。

**第二十四条** 检查人员实地调查取证时，可以制作现场笔录、勘验笔录，对实地调查取证情况予以记录。

制作现场笔录、勘验笔录，应当载明时间、地点和事件等内容，并由检查人员签名和当事人签章。

当事人经通知不到场或者拒绝在现场笔录、勘验笔录上签章的，检查人员应当在笔录上注明原因；如有其他人员在场，可以由其签章证明。

**第二十五条** 检查人员异地调查取证的，当地税务机关应当予以协助；发函委托相关稽查局调查取证的，必要时可以派人参与受托地稽查局的调查取证，受托地稽查局应当根据协查请求，依照法定权限和程序调查。

需要取得境外资料的，稽查局可以提请国际税收管理部门依照有关规定程序获取。

**第二十六条** 查询从事生产、经营的纳税人、扣缴义务人存款账户，应当经县以上税务局局长批准，凭检查存款账户许可证明向相关银行或者其他金融机构查询。

查询案件涉嫌人员储蓄存款的,应当经设区的市、自治州以上税务局局长批准,凭检查存款账户许可证明向相关银行或者其他金融机构查询。

第二十七条 被查对象有下列情形之一的,依照税收征管法和税收征管法实施细则有关逃避、拒绝或者以其他方式阻挠税务检查的规定处理:

(一)提供虚假资料,不如实反映情况,或者拒绝提供有关资料的;

(二)拒绝或者阻止税务机关记录、录音、录像、照相和复制与案件有关的情况和资料的;

(三)在检查期间转移、隐匿、销毁有关资料的;

(四)有不依法接受税务检查的其他情形的。

第二十八条 税务机关有根据认为从事生产、经营的纳税人有逃避纳税义务行为,可以在规定的纳税期之前,责令限期缴纳应纳税款;在限期内发现纳税人有明显的转移、隐匿其应纳税的商品、货物以及其他财产或者应纳税收入迹象的,可以责成纳税人提供纳税担保。如果纳税人不能提供纳税担保,经县以上税务局局长批准,可以依法采取税收强制措施。

检查从事生产、经营的纳税人以前纳税期的纳税情况时,发现纳税人有逃避纳税义务行为,并有明显的转移、隐匿其应纳税的商品、货物以及其他财产或者应纳税收入迹象的,经县以上税务局局长批准,可以依法采取税收强制措施。

第二十九条 稽查局采取税收强制措施时,应当向纳税人、扣缴义务人、纳税担保人交付税收强制措施决定书,告知其采取税收强制措施的内容、理由、依据以及依法享有的权利、救济途径,并履行法律、法规规定的其他程序。

采取冻结纳税人在开户银行或者其他金融机构的存款措施时,应当向纳税人开户银行或者其他金融机构交付冻结存款通知书,冻结其相当于应纳税款的存款;并于作出冻结决定之日起3个工作日内,向纳税人交付冻结决定书。

采取查封、扣押商品、货物或者其他财产措施时,应当向纳税人、扣缴义务人、纳税担保人当场交付查封、扣押决定书,填写查封商品、货物或者其他财产清单或者出具扣押商品、货物或者其他财产专用收据,由当事人核对后签章。查封清单、扣押收据一式二份,由当事人和稽查局分别保存。

采取查封、扣押有产权证件的动产或者不动产措施时,应当依法向有关单位送达税务协助执行通知书,通知其在查封、扣押期间不再办理该动产或者不动产的过户手续。

第三十条 按照本规定第二十八条第二款采取查封、扣押措施的,期限一般不得超过6个月;重大案件有下列情形之一,需要延长期限的,应当报国家税务总局批准:

(一)案情复杂,在查封、扣押期限内确实难以查明案件事实的;

(二)被查对象转移、隐匿、销毁账簿、记账凭证或者其他证据材料的;

(三)被查对象拒不提供相关情况或者以其他方式拒绝、阻挠检查的;

(四)解除查封、扣押措施可能使纳税人转移、隐匿、损毁或者违法处置财产,从而导致税款无法追缴的。

除前款规定情形外采取查封、扣押、冻结措施的,期限不得超过30日;情况复杂的,经县以上税务局局长批准,可以延长,但是延长期限不得超过30日。

第三十一条 有下列情形之一的,应当依法及时解除税收强制措施:

(一)纳税人已按履行期限缴纳税款、扣缴义务人已按履行期限解缴税款、纳税担保人已按履行期限缴纳所担保税款的;

(二)税收强制措施被复议机关决定撤销的;

(三)税收强制措施被人民法院判决撤销的;

(四)其他法定应当解除税收强制措施的。

第三十二条 解除税收强制措施时,应当向纳税人、扣缴义务人、纳税担保人送达解除税收强制措施决定书,告知其解除税收强制措施的时间、内容和依据,并通知其在规定时间内办理解除税收强制措施的有关事宜:

(一)采取冻结存款措施的,应当向冻结存款的纳税人开户银行或者其他金融机构送达解除冻结存款通知书,解除冻结;

(二)采取查封商品、货物或者其他财产措施的,应当解除查封并收回查封商品、货物或者其他财产清单;

(三)采取扣押商品、货物或者其他财产措施的,应予以返还并收回扣押商品、货物或者其他财产专用收据。

税收强制措施涉及协助执行单位的,应当向协助执行单位送达税务协助执行通知书,通知解除税收强制措施相关事项。

第三十三条 有下列情形之一,致使检查暂时无法

进行的,经稽查局局长批准后,中止检查:
（一）当事人被有关机关依法限制人身自由的;
（二）账簿、记账凭证及有关资料被其他国家机关依法调取且尚未归还的;
（三）与税收违法行为直接相关的事实需要人民法院或者其他国家机关确认的;
（四）法律、行政法规或者国家税务总局规定的其他可以中止检查的。
中止检查的情形消失,经稽查局局长批准后,恢复检查。

**第三十四条** 有下列情形之一,致使检查确实无法进行的,经稽查局局长批准后,终结检查:
（一）被查对象死亡或者被依法宣告死亡或者依法注销,且有证据表明无财产可抵缴税款或者无法定税收义务承担主体的;
（二）被查对象税收违法行为均已超过法定追究期限的;
（三）法律、行政法规或者国家税务总局规定的其他可以终结检查的。

**第三十五条** 检查结束前,检查人员可以将发现的税收违法事实和依据告知被查对象。
被查对象对违法事实和依据有异议的,应当在限期内提供说明及证据材料。被查对象口头说明的,检查人员应当制作笔录,由当事人签章。

## 第四章 审 理

**第三十六条** 检查结束后,稽查局应当对案件进行审理。符合重大税务案件标准的,稽查局审理后提请税务局重大税务案件审理委员会审理。
重大税务案件审理依照国家税务总局有关规定执行。

**第三十七条** 案件审理应当着重审核以下内容:
（一）执法主体是否正确;
（二）被查对象是否准确;
（三）税收违法事实是否清楚,证据是否充分,数据是否准确,资料是否齐全;
（四）适用法律、行政法规、规章及其他规范性文件是否适当,定性是否正确;
（五）是否符合法定程序;
（六）是否超越或者滥用职权;
（七）税务处理、处罚建议是否适当;
（八）其他应当审核确认的事项或者问题。

**第三十八条** 有下列情形之一的,应当补正或者补充调查:
（一）被查对象认定错误的;
（二）税收违法事实不清、证据不足的;
（三）不符合法定程序的;
（四）税务文书不规范、不完整的;
（五）其他需要补正或者补充调查的。

**第三十九条** 拟对被查对象或者其他涉税当事人作出税务行政处罚的,应当向其送达税务行政处罚事项告知书,告知其依法享有陈述、申辩及要求听证的权利。税务行政处罚事项告知书应当包括以下内容:
（一）被查对象或者其他涉税当事人姓名或者名称、有效身份证件号码或者统一社会信用代码、地址。没有统一社会信用代码的,以税务机关赋予的纳税人识别号代替;
（二）认定的税收违法事实和性质;
（三）适用的法律、行政法规、规章及其他规范性文件;
（四）拟作出的税务行政处罚;
（五）当事人依法享有的权利;
（六）告知书的文号、制作日期、税务机关名称及印章;
（七）其他相关事项。

**第四十条** 被查对象或者其他涉税当事人可以书面或者口头提出陈述、申辩意见。对当事人口头提出陈述、申辩意见,应当制作陈述申辩笔录,如实记录,由陈述人、申辩人签章。
应当充分听取当事人的陈述、申辩意见;经复核,当事人提出的事实、理由或者证据成立的,应当采纳。

**第四十一条** 被查对象或者其他涉税当事人按照法律、法规、规章要求听证的,应当依法组织听证。
听证依照国家税务总局有关规定执行。

**第四十二条** 经审理,区分下列情形分别作出处理:
（一）有税收违法行为,应当作出税务处理决定的,制作税务处理决定书;
（二）有税收违法行为,应当作出税务行政处罚决定的,制作税务行政处罚决定书;
（三）税收违法行为轻微,依法可以不予税务行政处罚的,制作不予税务行政处罚决定书;
（四）没有税收违法行为的,制作税务稽查结论。
税务处理决定书、税务行政处罚决定书、不予税务行政处罚决定书、税务稽查结论引用的法律、行政法规、规章及其他规范性文件,应当注明文件全称、文号和有关条款。

第四十三条　税务处理决定书应当包括以下主要内容：

（一）被查对象姓名或者名称、有效身份证件号码或者统一社会信用代码、地址。没有统一社会信用代码的，以税务机关赋予的纳税人识别号代替；

（二）检查范围和内容；

（三）税收违法事实及所属期间；

（四）处理决定及依据；

（五）税款金额、缴纳期限及地点；

（六）税款滞纳时间、滞纳金计算方法、缴纳期限及地点；

（七）被查对象不按期履行处理决定应当承担的责任；

（八）申请行政复议或者提起行政诉讼的途径和期限；

（九）处理决定书的文号、制作日期、税务机关名称及印章。

第四十四条　税务行政处罚决定书应当包括以下主要内容：

（一）被查对象或者其他涉税当事人姓名或者名称、有效身份证件号码或者统一社会信用代码、地址。没有统一社会信用代码的，以税务机关赋予的纳税人识别号代替；

（二）检查范围和内容；

（三）税收违法事实、证据及所属期间；

（四）行政处罚种类和依据；

（五）行政处罚履行方式、期限和地点；

（六）当事人不按期履行行政处罚决定应当承担的责任；

（七）申请行政复议或者提起行政诉讼的途径和期限；

（八）行政处罚决定书的文号、制作日期、税务机关名称及印章。

税务行政处罚决定应当依法公开。公开的行政处罚决定被依法变更、撤销、确认违法或者确认无效的，应当在3个工作日内撤回原行政处罚决定信息并公开说明理由。

第四十五条　不予税务行政处罚决定书应当包括以下主要内容：

（一）被查对象或者其他涉税当事人姓名或者名称、有效身份证件号码或者统一社会信用代码、地址。没有统一社会信用代码的，以税务机关赋予的纳税人识别号代替；

（二）检查范围和内容；

（三）税收违法事实及所属期间；

（四）不予税务行政处罚的理由及依据；

（五）申请行政复议或者提起行政诉讼的途径和期限；

（六）不予行政处罚决定书的文号、制作日期、税务机关名称及印章。

第四十六条　税务稽查结论应当包括以下主要内容：

（一）被查对象姓名或者名称、有效身份证件号码或者统一社会信用代码、地址。没有统一社会信用代码的，以税务机关赋予的纳税人识别号代替；

（二）检查范围和内容；

（三）检查时间和检查所属期间；

（四）检查结论；

（五）结论的文号、制作日期、税务机关名称及印章。

第四十七条　稽查局应当自立案之日起90日内作出行政处理、处罚决定或者无税收违法行为结论。案情复杂需要延期的，经税务局局长批准，可以延长不超过90日；特殊情况或者发生不可抗力需要继续延期的，应当经上一级税务局分管副局长批准，并确定合理的延长期限。但下列时间不计算在内：

（一）中止检查的时间；

（二）请示上级机关或者征求有权机关意见的时间；

（三）提请重大税务案件审理的时间；

（四）因其他方式无法送达，公告送达文书的时间；

（五）组织听证的时间；

（六）纳税人、扣缴义务人超期提供资料的时间；

（七）移送司法机关后，税务机关需根据司法文书决定是否处罚的案件，从司法机关接受移送到司法文书生效的时间。

第四十八条　税收违法行为涉嫌犯罪的，填制涉嫌犯罪案件移送书，经税务局局长批准后，依法移送公安机关，并附送以下资料：

（一）涉嫌犯罪案件情况的调查报告；

（二）涉嫌犯罪的主要证据材料复制件；

（三）其他有关涉嫌犯罪的材料。

## 第五章　执　行

第四十九条　稽查局应当依法及时送达税务处理决定书、税务行政处罚决定书、不予税务行政处罚决定书、税务稽查结论等税务文书。

第五十条　具有下列情形之一的，经县以上税务局局长批准，稽查局可以依法强制执行，或者依法申请人民法院强制执行：

（一）纳税人、扣缴义务人未按照规定的期限缴纳或者解缴税款、滞纳金，责令限期缴纳逾期仍未缴纳的；

（二）经稽查局确认的纳税担保人未按照规定的期限缴纳所担保的税款、滞纳金，责令限期缴纳逾期仍未缴纳的；

（三）当事人对处罚决定逾期不申请行政复议也不向人民法院起诉，又不履行的；

（四）其他可以依法强制执行的。

第五十一条　当事人确有经济困难，需要延期或者分期缴纳罚款的，可向稽查局提出申请，经税务局局长批准后，可以暂缓或者分期缴纳。

第五十二条　作出强制执行决定前，应当制作并送达催告文书，催告当事人履行义务，听取当事人陈述、申辩意见。经催告，当事人逾期仍不履行行政决定，且无正当理由的，经县以上税务局局长批准，实施强制执行。

实施强制执行时，应当向被执行人送达强制执行决定书，告知其实施强制执行的内容、理由及依据，并告知其享有依法申请行政复议或者提起行政诉讼的权利。

催告期间，对有证据证明有转移或者隐匿财物迹象的，可以作出立即强制执行决定。

第五十三条　稽查局采取从被执行人开户银行或者其他金融机构的存款中扣缴税款、滞纳金、罚款措施时，应当向被执行人开户银行或者其他金融机构送达扣缴税收款项通知书，依法扣缴税款、滞纳金、罚款，并及时将有关凭证送达被执行人。

第五十四条　拍卖、变卖被执行人商品、货物或者其他财产，以拍卖、变卖所得抵缴税款、滞纳金、罚款的，在拍卖、变卖前应当依法进行查封、扣押。

稽查局拍卖、变卖被执行人商品、货物或者其他财产前，应当制作拍卖/变卖抵税财物决定书，经县以上税务局局长批准后送达被执行人，予以拍卖或者变卖。

拍卖或者变卖实现后，应当在结算并收取价款后3个工作日内，办理税款、滞纳金、罚款的入库手续，并制作拍卖/变卖结果通知书，附拍卖/变卖查封、扣押的商品、货物或者其他财产清单，经稽查局局长审核后，送达被执行人。

以拍卖或者变卖所得抵缴税款、滞纳金、罚款和费用后，尚有剩余的财产或者无法进行拍卖、变卖的财产的，应当制作返还商品、货物或者其他财产通知书，附返还商品、货物或者其他财产清单，送达被执行人，并自办理税款、滞纳金、罚款入库手续之日起3个工作日内退还被执行人。

第五十五条　执行过程中发现涉嫌犯罪的，依照本规定第四十八条处理。

第五十六条　执行过程中发现有下列情形之一的，经稽查局局长批准后，中止执行：

（一）当事人死亡或者被依法宣告死亡，尚未确定可执行财产的；

（二）当事人进入破产清算程序尚未终结的；

（三）可执行财产被司法机关或者其他国家机关依法查封、扣押、冻结，致使执行暂时无法进行的；

（四）可供执行的标的物需要人民法院或者仲裁机构确定权属的；

（五）法律、行政法规和国家税务总局规定其他可以中止执行的。

中止执行情形消失后，经稽查局局长批准，恢复执行。

第五十七条　当事人确无财产可供抵缴税款、滞纳金、罚款或者依照破产清算程序确实无法清缴税款、滞纳金、罚款，或者有其他法定终结执行情形的，经税务局局长批准后，终结执行。

第五十八条　税务处理决定书、税务行政处罚决定书等决定性文书送达后，有下列情形之一的，稽查局可以依法重新作出：

（一）决定性文书被人民法院判决撤销的；

（二）决定性文书被行政复议机关决定撤销的；

（三）税务机关认为需要变更或者撤销原决定性文书的；

（四）其他依法需要变更或者撤销原决定性文书的。

## 第六章　附　则

第五十九条　本规定相关税务文书的式样，由国家税务总局规定。

第六十条　本规定所称签章，区分以下情况确定：

（一）属于法人或者其他组织的，由相关人员签名，加盖单位印章并注明日期；

（二）属于个人的，由个人签名并注明日期。

本规定所称"以上""日内"，均含本数。

第六十一条　本规定自2021年8月11日起施行。《税务稽查工作规程》（国税发〔2009〕157号印发，国家税务总局公告2018年第31号修改）同时废止。

# 重大税收违法失信主体信息公布管理办法

- 2021年12月31日国家税务总局令第54号公布
- 自2022年2月1日起施行

## 第一章 总 则

**第一条** 为了贯彻落实中共中央办公厅、国务院办公厅印发的《关于进一步深化税收征管改革的意见》，维护正常税收征收管理秩序，惩戒重大税收违法失信行为，保障税务行政相对人合法权益，促进依法诚信纳税，推进社会信用体系建设，根据《中华人民共和国税收征收管理法》《优化营商环境条例》等相关法律法规，制定本办法。

**第二条** 税务机关依照本办法的规定，确定重大税收违法失信主体，向社会公布失信信息，并将信息通报相关部门实施监管和联合惩戒。

**第三条** 重大税收违法失信主体信息公布管理应当遵循依法行政、公平公正、统一规范、审慎适当的原则。

**第四条** 各级税务机关应当依法保护税务行政相对人合法权益，对重大税收违法失信主体信息公布管理工作中知悉的国家秘密、商业秘密或者个人隐私、个人信息，应当依法予以保密。

**第五条** 税务机关工作人员在重大税收违法失信主体信息公布管理工作中，滥用职权、玩忽职守、徇私舞弊的，依照有关规定严肃处理；涉嫌犯罪的，依法移送司法机关。

## 第二章 失信主体的确定

**第六条** 本办法所称"重大税收违法失信主体"(以下简称失信主体)是指有下列情形之一的纳税人、扣缴义务人或者其他涉税当事人(以下简称当事人)：

(一)伪造、变造、隐匿、擅自销毁账簿、记账凭证，或者在账簿上多列支出或者不列、少列收入，或者经税务机关通知申报而拒不申报或者进行虚假的纳税申报，不缴或者少缴应纳税款100万元以上，且任一年度不缴或者少缴应纳税款占当年各税种应纳税总额10%以上的，或者采取前述手段，不缴或者少缴已扣、已收税款，数额在100万元以上的；

(二)欠缴应纳税款，采取转移或者隐匿财产的手段，妨碍税务机关追缴欠缴的税款，欠缴税款金额100万元以上的；

(三)骗取国家出口退税款的；

(四)以暴力、威胁方法拒不缴纳税款的；

(五)虚开增值税专用发票或者虚开用于骗取出口退税、抵扣税款的其他发票的；

(六)虚开增值税普通发票100份以上或者金额400万元以上的；

(七)私自印制、伪造、变造发票，非法制造发票防伪专用品，伪造发票监制章的；

(八)具有偷税、逃避追缴欠税、骗取出口退税、抗税、虚开发票等行为，在稽查案件执行完毕前，不履行税收义务并脱离税务机关监管，经税务机关检查确认走逃(失联)的；

(九)为纳税人、扣缴义务人非法提供银行账户、发票、证明或者其他方便，导致未缴、少缴税款100万元以上或者骗取国家出口退税款的；

(十)税务代理人违反税收法律、行政法规造成纳税人未缴或者少缴税款100万元以上的；

(十一)其他性质恶劣、情节严重、社会危害性较大的税收违法行为。

**第七条** 税务机关对当事人依法作出《税务行政处罚决定书》，当事人在法定期限内未申请行政复议、未提起行政诉讼，或者申请行政复议，行政复议机关作出行政复议决定后，在法定期限内未提起行政诉讼，或者人民法院对税务行政处罚决定或行政复议决定作出生效判决、裁定后，有本办法第六条规定情形之一的，税务机关确定其为失信主体。

对移送公安机关的当事人，税务机关在移送时已依法作出《税务处理决定书》，未作出《税务行政处罚决定书》的，当事人在法定期限内未申请行政复议、未提起行政诉讼，或者申请行政复议，行政复议机关作出行政复议决定后，在法定期限内未提起行政诉讼，或者人民法院对税务处理决定或行政复议决定作出生效判决、裁定后，有本办法第六条规定情形之一的，税务机关确定其为失信主体。

**第八条** 税务机关应当在作出确定失信主体决定前向当事人送达告知文书，告知其依法享有陈述、申辩的权利。告知文书应当包括以下内容：

(一)当事人姓名或者名称、有效身份证件号码或者统一社会信用代码、地址。没有统一社会信用代码的，以税务机关赋予的纳税人识别号代替；

(二)拟确定为失信主体的事由、依据；

(三)拟向社会公布的失信信息；

(四)拟通知相关部门采取失信惩戒措施提示；

(五)当事人依法享有的相关权利；

(六)其他相关事项。

对纳入纳税信用评价范围的当事人，还应当告知其拟适用 D 级纳税人管理措施。

**第九条** 当事人在税务机关告知后 5 日内，可以书面或者口头提出陈述、申辩意见。当事人口头提出陈述、申辩意见的，税务机关应当制作陈述申辩笔录，并由当事人签章。

税务机关应当充分听取当事人陈述、申辩意见，对当事人提出的事实、理由和证据进行复核。当事人提出的事实、理由或者证据成立的，应当采纳。

**第十条** 经设区的市、自治州以上税务局局长或者其授权的税务局领导批准，税务机关在本办法第七条规定的申请行政复议或提起行政诉讼期限届满，或者行政复议决定、人民法院判决或裁定生效后，于 30 日内制作失信主体确定文书，并依法送达当事人。失信主体确定文书应当包括以下内容：

（一）当事人姓名或者名称、有效身份证件号码或者统一社会信用代码、地址。没有统一社会信用代码的，以税务机关赋予的纳税人识别号代替；

（二）确定为失信主体的事由、依据；

（三）向社会公布的失信信息提示；

（四）相关部门采取失信惩戒措施提示；

（五）当事人依法享有的相关权利；

（六）其他相关事项。

对纳入纳税信用评价范围的当事人，还应当包括适用 D 级纳税人管理措施提示。

本条第一款规定的时限不包括因其他方式无法送达，公告送达告知文书和确定文书的时间。

### 第三章 信息公布

**第十一条** 税务机关应当在失信主体确定文书送达后的次月 15 日内，向社会公布下列信息：

（一）失信主体基本情况；

（二）失信主体的主要税收违法事实；

（三）税务处理、税务行政处罚决定及法律依据；

（四）确定失信主体的税务机关；

（五）法律、行政法规规定应当公布的其他信息。

对依法确定为国家秘密的信息，法律、行政法规禁止公开的信息，以及公开后可能危及国家安全、公共安全、经济安全、社会稳定的信息，税务机关不予公开。

**第十二条** 税务机关按照本办法第十一条第一款第一项规定向社会公布失信主体基本情况。失信主体为法人或者其他组织的，公布其名称、统一社会信用代码（纳税人识别号）、注册地址以及违法行为发生时的法定代表人、负责人或经人民法院生效裁判确定的实际责任人的姓名、性别及身份证件号码（隐去出生年、月、日号码段）；失信主体为自然人的，公布其姓名、性别、身份证件号码（隐去出生年、月、日号码段）。

经人民法院生效裁判确定的实际责任人，与违法行为发生时的法定代表人或者负责人不一致的，除有证据证明法定代表人或负责人有涉案行为外，税务机关只向社会公布实际责任人信息。

**第十三条** 税务机关应当通过国家税务总局各省、自治区、直辖市、计划单列市税务局网站向社会公布失信主体信息，根据本地区实际情况，也可以通过税务机关公告栏、报纸、广播、电视、网络媒体等途径以及新闻发布会等形式向社会公布。

国家税务总局归集各地税务机关确定的失信主体信息，并提供至"信用中国"网站进行公开。

**第十四条** 属于本办法第六条第一项、第二项规定情形的失信主体，在失信信息公布前按照《税务处理决定书》《税务行政处罚决定书》缴清税款、滞纳金和罚款的，经税务机关确认，不向社会公布其相关信息。

属于本办法第六条第八项规定情形的失信主体，具有偷税、逃避追缴欠税行为的，按照前款规定处理。

**第十五条** 税务机关对按本办法规定确定的失信主体，纳入纳税信用评价范围的，按照纳税信用管理规定，将其纳税信用级别判为 D 级，适用相应的 D 级纳税人管理措施。

**第十六条** 对按本办法第十一条第一款规定向社会公布信息的失信主体，税务机关将失信信息提供给相关部门，由相关部门依法依规采取失信惩戒措施。

**第十七条** 失信主体信息自公布之日起满 3 年的，税务机关在 5 日内停止信息公布。

### 第四章 提前停止公布

**第十八条** 失信信息公布期间，符合下列条件之一的，失信主体或者其破产管理人可以向作出确定失信主体决定的税务机关申请提前停止公布失信信息：

（一）按照《税务处理决定书》《税务行政处罚决定书》缴清（退）税款、滞纳金、罚款，且失信主体失信信息公布满六个月的；

（二）失信主体破产，人民法院出具批准重整计划或认可和解协议的裁定书，税务机关依法受偿的；

（三）在发生重大自然灾害、公共卫生、社会安全等突发事件期间，因参与应急抢险救灾、疫情防控、重大项目建设或者履行社会责任作出突出贡献的。

**第十九条** 按本办法第十八条第一项规定申请提前

停止公布的,申请人应当提交停止公布失信信息申请表、诚信纳税承诺书。

按本办法第十八条第二项规定申请提前停止公布的,申请人应当提交停止公布失信信息申请表、人民法院出具的批准重整计划或认可和解协议的裁定书。

按本办法第十八条第三项规定申请提前停止公布的,申请人应当提交停止公布失信信息申请表、诚信纳税承诺书以及省、自治区、直辖市、计划单列市人民政府出具的有关材料。

**第二十条** 税务机关应当自收到申请之日起2日内作出是否受理的决定。申请材料齐全、符合法定形式的,应当予以受理,并告知申请人。不予受理的,应当告知申请人,并说明理由。

**第二十一条** 受理申请后,税务机关应当及时审核。符合本办法第十八条第一项规定条件的,经设区的市、自治州以上税务局局长或者其授权的税务局领导批准,准予提前停止公布;符合本办法第十八条第二项、第三项规定条件的,经省、自治区、直辖市、计划单列市税务局局长或者其授权的税务局领导批准,准予提前停止公布。

税务机关应当自受理之日起15日内作出是否予以提前停止公布的决定,并告知申请人。对不予提前停止公布的,应当说明理由。

**第二十二条** 失信主体有下列情形之一的,不予提前停止公布:

(一)被确定为失信主体后,因发生偷税、逃避追缴欠税、骗取出口退税、抗税、虚开发票等税收违法行为受到税务处理或者行政处罚的;

(二)五年内被确定为失信主体两次以上的。

申请人按本办法第十八条第二项规定申请提前停止公布的,不受前款规定限制。

**第二十三条** 税务机关作出准予提前停止公布决定的,应当在5日内停止信息公布。

**第二十四条** 税务机关可以组织申请提前停止公布的失信主体法定代表人、财务负责人等参加信用培训,开展依法诚信纳税教育。信用培训不得收取任何费用。

### 第五章 附 则

**第二十五条** 本办法规定的期间以日计算的,是指工作日,不含法定休假日;期间以年、月计算的,到期月的对应日为期间的最后一日;没有对应日的,月末日为期间的最后一日。期间开始的当日不计算在期间内。

本办法所称"以上、日内",包含本数(级)。

**第二十六条** 国家税务总局各省、自治区、直辖市、计划单列市税务局可以依照本办法制定具体实施办法。

**第二十七条** 本办法自2022年2月1日起施行。《国家税务总局关于发布〈重大税收违法失信案件信息公布办法〉的公告》(2018年第54号)同时废止。

## 2. 财会

### 中华人民共和国会计法

- 1985年1月21日第六届全国人民代表大会常务委员会第九次会议通过
- 根据1993年12月29日第八届全国人民代表大会常务委员会第五次会议《关于修改〈中华人民共和国会计法〉的决定》第一次修正
- 1999年10月31日第九届全国人民代表大会常务委员会第十二次会议修订
- 根据2017年11月4日第十二届全国人民代表大会常务委员会第三十次会议《关于修改〈中华人民共和国会计法〉等十一部法律的决定》第二次修正

#### 第一章 总 则

**第一条** 【立法目的】为了规范会计行为,保证会计资料真实、完整,加强经济管理和财务管理,提高经济效益,维护社会主义市场经济秩序,制定本法。

**第二条** 【依法办理会计事务】国家机关、社会团体、公司、企业、事业单位和其他组织(以下统称单位)必须依照本法办理会计事务。

**第三条** 【设置帐簿】各单位必须依法设置会计帐簿,并保证其真实、完整。

**第四条** 【负责人责任】单位负责人对本单位的会计工作和会计资料的真实性、完整性负责。

**第五条** 【会计机构、人员的职责及权益保障】会计机构、会计人员依照本法规定进行会计核算,实行会计监督。

任何单位或者个人不得以任何方式授意、指使、强令会计机构、会计人员伪造、变造会计凭证、会计帐簿和其他会计资料,提供虚假财务会计报告。

任何单位或者个人不得对依法履行职责、抵制违反本法规定行为的会计人员实行打击报复。

**第六条** 【奖励先进】对认真执行本法、忠于职守、坚持原则、做出显著成绩的会计人员,给予精神的或者物质的奖励。

**第七条** 【主管部门】国务院财政部门主管全国的会计工作。

县级以上地方各级人民政府财政部门管理本行政区域内的会计工作。

**第八条** 【会计制度】国家实行统一的会计制度。国家统一的会计制度由国务院财政部门根据本法制定并公布。

国务院有关部门可以依照本法和国家统一的会计制度制定对会计核算和会计监督有特殊要求的行业实施国家统一的会计制度的具体办法或者补充规定,报国务院财政部门审核批准。

中国人民解放军总后勤部可以依照本法和国家统一的会计制度制定军队实施国家统一的会计制度的具体办法,报国务院财政部门备案。

## 第二章 会计核算

**第九条** 【资料真实】各单位必须根据实际发生的经济业务事项进行会计核算,填制会计凭证,登记会计帐簿,编制财务会计报告。

任何单位不得以虚假的经济业务事项或者资料进行会计核算。

**第十条** 【办理会计手续事项】下列经济业务事项,应当办理会计手续,进行会计核算:

(一) 款项和有价证券的收付;
(二) 财物的收发、增减和使用;
(三) 债权债务的发生和结算;
(四) 资本、基金的增减;
(五) 收入、支出、费用、成本的计算;
(六) 财务成果的计算和处理;
(七) 需要办理会计手续、进行会计核算的其他事项。

**第十一条** 【会计年度】会计年度自公历1月1日起至12月31日止。

**第十二条** 【记账本位币】会计核算以人民币为记帐本位币。

业务收支以人民币以外的货币为主的单位,可以选定其中一种货币作为记帐本位币,但是编报的财务会计报告应当折算为人民币。

**第十三条** 【会计资料符合规定】会计凭证、会计帐簿、财务会计报告和其他会计资料,必须符合国家统一的会计制度的规定。

使用电子计算机进行会计核算的,其软件及其生成的会计凭证、会计帐簿、财务会计报告和其他会计资料,也必须符合国家统一的会计制度的规定。

任何单位和个人不得伪造、变造会计凭证、会计帐簿及其他会计资料,不得提供虚假的财务会计报告。

**第十四条** 【会计凭证】会计凭证包括原始凭证和记帐凭证。

办理本法第十条所列的经济业务事项,必须填制或者取得原始凭证并及时送交会计机构。

会计机构、会计人员必须按照国家统一的会计制度的规定对原始凭证进行审核,对不真实、不合法的原始凭证有权不予接受,并向单位负责人报告;对记载不准确、不完整的原始凭证予以退回,并要求按照国家统一的会计制度的规定更正、补充。

原始凭证记载的各项内容均不得涂改;原始凭证有错误的,应当由出具单位重开或者更正,更正处应当加盖出具单位印章。原始凭证金额有错误的,应当由出具单位重开,不得在原始凭证上更正。

记帐凭证应当根据经过审核的原始凭证及有关资料编制。

**第十五条** 【会计帐簿登记】会计帐簿登记,必须以经过审核的会计凭证为依据,并符合有关法律、行政法规和国家统一的会计制度的规定。会计帐簿包括总帐、明细帐、日记帐和其他辅助性帐簿。

会计帐簿应当按照连续编号的页码顺序登记。会计帐簿记录发生错误或者隔页、缺号、跳行的,应当按照国家统一的会计制度规定的方法更正,并由会计人员和会计机构负责人(会计主管人员)在更正处盖章。

使用电子计算机进行会计核算的,其会计帐簿的登记、更正,应当符合国家统一的会计制度的规定。

**第十六条** 【统一登记、核算】各单位发生的各项经济业务事项应当在依法设置的会计帐簿上统一登记、核算,不得违反本法和国家统一的会计制度的规定私设会计帐簿登记、核算。

**第十七条** 【核对】各单位应当定期将会计帐簿记录与实物、款项及有关资料相互核对,保证会计帐簿记录与实物及款项的实有数额相符、会计帐簿记录与会计凭证的有关内容相符、会计帐簿之间相对应的记录相符、会计帐簿记录与会计报表的有关内容相符。

**第十八条** 【会计处理方法一致】各单位采用的会计处理方法,前后各期应当一致,不得随意变更;确有必要变更的,应当按照国家统一的会计制度的规定变更,并将变更的原因、情况及影响在财务会计报告中说明。

**第十九条** 【或有事项应说明】单位提供的担保、未决诉讼等或有事项,应当按照国家统一的会计制度的规定,在财务会计报告中予以说明。

第二十条 【财务会计报告】财务会计报告应当根据经过审核的会计帐簿记录和有关资料编制,并符合本法和国家统一的会计制度关于财务会计报告的编制要求、提供对象和提供期限的规定;其他法律、行政法规另有规定的,从其规定。

财务会计报告由会计报表、会计报表附注和财务情况说明书组成。向不同的会计资料使用者提供的财务会计报告,其编制依据应当一致。有关法律、行政法规规定会计报表、会计报表附注和财务情况说明书须经注册会计师审计的,注册会计师及其所在的会计师事务所出具的审计报告应当随同财务会计报告一并提供。

第二十一条 【签名、盖章】财务会计报告应当由单位负责人和主管会计工作的负责人、会计机构负责人(会计主管人员)签名并盖章;设置总会计师的单位,还须由总会计师签名并盖章。

单位负责人应当保证财务会计报告真实、完整。

第二十二条 【会计记录文字】会计记录的文字应当使用中文。在民族自治地方,会计记录可以同时使用当地通用的一种民族文字。在中华人民共和国境内的外商投资企业、外国企业和其他外国组织的会计记录可以同时使用一种外国文字。

第二十三条 【会计档案】各单位对会计凭证、会计帐簿、财务会计报告和其他会计资料应当建立档案,妥善保管。会计档案的保管期限和销毁办法,由国务院财政部门会同有关部门制定。

## 第三章 公司、企业会计核算的特别规定

第二十四条 【公司、企业会计核算应遵守特别规定】公司、企业进行会计核算,除应当遵守本法第二章的规定外,还应当遵守本章规定。

第二十五条 【公司、企业应依法如实会计核算】公司、企业必须根据实际发生的经济业务事项,按照国家统一的会计制度的规定确认、计量和记录资产、负债、所有者权益、收入、费用、成本和利润。

第二十六条 【禁止行为】公司、企业进行会计核算不得有下列行为:

(一)随意改变资产、负债、所有者权益的确认标准或者计量方法,虚列、多列、不列或者少列资产、负债、所有者权益;

(二)虚列或者隐瞒收入,推迟或者提前确认收入;

(三)随意改变费用、成本的确认标准或者计量方法,虚列、多列、不列或者少列费用、成本;

(四)随意调整利润的计算、分配方法,编造虚假利润或者隐瞒利润;

(五)违反国家统一的会计制度规定的其他行为。

## 第四章 会计监督

第二十七条 【内部会计监督制度】各单位应当建立、健全本单位内部会计监督制度。单位内部会计监督制度应当符合下列要求:

(一)记帐人员与经济业务事项和会计事项的审批人员、经办人员、财物保管人员的职责权限应当明确,并相互分离、相互制约;

(二)重大对外投资、资产处置、资金调度和其他重要经济业务事项的决策和执行的相互监督、相互制约程序应当明确;

(三)财产清查的范围、期限和组织程序应当明确;

(四)对会计资料定期进行内部审计的办法和程序应当明确。

第二十八条 【依法履行职责】单位负责人应当保证会计机构、会计人员依法履行职责,不得授意、指使、强令会计机构、会计人员违法办理会计事项。

会计机构、会计人员对违反本法和国家统一的会计制度规定的会计事项,有权拒绝办理或者按照职权予以纠正。

第二十九条 【对不符事项的处理】会计机构、会计人员发现会计帐簿记录与实物、款项及有关资料不相符的,按照国家统一的会计制度的规定有权自行处理的,应当及时处理;无权处理的,应当立即向单位负责人报告,请求查明原因,作出处理。

第三十条 【检举违法行为】任何单位和个人对违反本法和国家统一的会计制度规定的行为,有权检举。收到检举的部门有权处理的,应当依法按照职责分工及时处理;无权处理的,应当及时移送有权处理的部门处理。收到检举的部门、负责处理的部门应当为检举人保密,不得将检举人姓名和检举材料转给被检举单位和被检举人个人。

第三十一条 【审计报告】有关法律、行政法规规定,须经注册会计师进行审计的单位,应当向受委托的会计师事务所如实提供会计凭证、会计帐簿、财务会计报告和其他会计资料以及有关情况。

任何单位或者个人不得以任何方式要求或者示意注册会计师及其所在的会计师事务所出具不实或者不当的审计报告。

财政部门有权对会计师事务所出具审计报告的程序和内容进行监督。

第三十二条 【财政监督】财政部门对各单位的下列情况实施监督：

（一）是否依法设置会计帐簿；

（二）会计凭证、会计帐簿、财务会计报告和其他会计资料是否真实、完整；

（三）会计核算是否符合本法和国家统一的会计制度的规定；

（四）从事会计工作的人员是否具备专业能力、遵守职业道德。

在对前款第（二）项所列事项实施监督，发现重大违法嫌疑时，国务院财政部门及其派出机构可以向与被监督单位有经济业务往来的单位和被监督单位开立帐户的金融机构查询有关情况，有关单位和金融机构应当给予支持。

第三十三条 【其他部门监督】财政、审计、税务、人民银行、证券监管、保险监管等部门应当依照有关法律、行政法规规定的职责，对有关单位的会计资料实施监督检查。

前款所列监督检查部门对有关单位的会计资料依法实施监督检查后，应当出具检查结论。有关监督检查部门已经作出的检查结论能够满足其他监督检查部门履行本部门职责需要的，其他监督检查部门应加以利用，避免重复查帐。

第三十四条 【保密义务】依法对有关单位的会计资料实施监督检查的部门及其工作人员对在监督检查中知悉的国家秘密和商业秘密负有保密义务。

第三十五条 【接受检查】各单位必须依照有关法律、行政法规的规定，接受有关监督检查部门依法实施的监督检查，如实提供会计凭证、会计帐簿、财务会计报告和其他会计资料以及有关情况，不得拒绝、隐匿、谎报。

## 第五章 会计机构和会计人员

第三十六条 【机构、人员设置】各单位应当根据会计业务的需要，设置会计机构，或者在有关机构中设置会计人员并指定会计主管人员；不具备设置条件的，应当委托经批准设立从事会计代理记帐业务的中介机构代理记帐。

国有的和国有资产占控股地位或者主导地位的大、中型企业必须设置总会计师。总会计师的任职资格、任免程序、职责权限由国务院规定。

第三十七条 【稽核制度】会计机构内部应当建立稽核制度。

出纳人员不得兼任稽核、会计档案保管和收入、支出、费用、债权债务帐目的登记工作。

第三十八条 【执业要求】会计人员应当具备从事会计工作所需要的专业能力。

担任单位会计机构负责人（会计主管人员）的，应当具备会计师以上专业技术职务资格或者从事会计工作三年以上经历。

本法所称会计人员的范围由国务院财政部门规定。

第三十九条 【业务素质】会计人员应当遵守职业道德，提高业务素质。对会计人员的教育和培训工作应当加强。

第四十条 【执业禁止】因有提供虚假财务会计报告，做假帐，隐匿或者故意销毁会计凭证、会计帐簿、财务会计报告，贪污、挪用公款，职务侵占等与会计职务有关的违法行为被依法追究刑事责任的人员，不得再从事会计工作。

第四十一条 【交接】会计人员调动工作或者离职，必须与接管人员办清交接手续。

一般会计人员办理交接手续，由会计机构负责人（会计主管人员）监交；会计机构负责人（会计主管人员）办理交接手续，由单位负责人监交，必要时主管单位可以派人会同监交。

## 第六章 法律责任

第四十二条 【对不依法设置会计帐簿等十种违法行为的处罚】违反本法规定，有下列行为之一的，由县级以上人民政府财政部门责令限期改正，可以对单位并处三千元以上五万元以下的罚款；对其直接负责的主管人员和其他直接责任人员，可以处二千元以上二万元以下的罚款；属于国家工作人员的，还应当由其所在单位或者有关单位依法给予行政处分：

（一）不依法设置会计帐簿的；

（二）私设会计帐簿的；

（三）未按照规定填制、取得原始凭证或者填制、取得的原始凭证不符合规定的；

（四）以未经审核的会计凭证为依据登记会计帐簿或者登记会计帐簿不符合规定的；

（五）随意变更会计处理方法的；

（六）向不同的会计资料使用者提供的财务会计报告编制依据不一致的；

（七）未按照规定使用会计记录文字或者记帐本位币的；

（八）未按照规定保管会计资料，致使会计资料毁损、灭失的；

（九）未按照规定建立并实施单位内部会计监督制度或者拒绝依法实施的监督或者不如实提供有关会计资料及有关情况的；

（十）任用会计人员不符合本法规定的。

有前款所列行为之一，构成犯罪的，依法追究刑事责任。

会计人员有第一款所列行为之一，情节严重的，五年内不得从事会计工作。

有关法律对第一款所列行为的处罚另有规定的，依照有关法律的规定办理。

**第四十三条 【伪造、变造会计凭证等的处罚】**伪造、变造会计凭证、会计帐簿，编制虚假财务会计报告，构成犯罪的，依法追究刑事责任。

有前款行为，尚不构成犯罪的，由县级以上人民政府财政部门予以通报，可以对单位并处五千元以上十万元以下的罚款；对其直接负责的主管人员和其他直接责任人员，可以处三千元以上五万元以下的罚款；属于国家工作人员的，还应当由其所在单位或者有关单位依法给予撤职直至开除的行政处分；其中的会计人员，五年内不得从事会计工作。

**第四十四条 【隐匿、销毁会计凭证等的处罚】**隐匿或者故意销毁依法应当保存的会计凭证、会计帐簿、财务会计报告，构成犯罪的，依法追究刑事责任。

有前款行为，尚不构成犯罪的，由县级以上人民政府财政部门予以通报，可以对单位并处五千元以上十万元以下的罚款；对其直接负责的主管人员和其他直接责任人员，可以处三千元以上五万元以下的罚款；属于国家工作人员的，还应当由其所在单位或者有关单位依法给予撤职直至开除的行政处分；其中的会计人员，五年内不得从事会计工作。

**第四十五条 【授意、指使、强令他人伪造、变造会计凭证等的处罚】**授意、指使、强令会计机构、会计人员及其他人员伪造、变造会计凭证、会计帐簿，编制虚假财务会计报告或者隐匿、故意销毁依法应当保存的会计凭证、会计帐簿、财务会计报告，构成犯罪的，依法追究刑事责任；尚不构成犯罪的，可以处五千元以上五万元以下的罚款；属于国家工作人员的，还应当由其所在单位或者有关单位依法给予降级、撤职、开除的行政处分。

**第四十六条 【打击报复会计人员的处罚】**单位负责人对依法履行职责、抵制违反本法规定行为的会计人员以降级、撤职、调离工作岗位、解聘或者开除等方式实行打击报复，构成犯罪的，依法追究刑事责任；尚不构成犯罪的，由其所在单位或者有关单位依法给予行政处分。对受打击报复的会计人员，应当恢复其名誉和原有职务、级别。

**第四十七条 【对行政部门工作人员滥用职权等的处分】**财政部门及有关行政部门的工作人员在实施监督管理中滥用职权、玩忽职守、徇私舞弊或者泄露国家秘密、商业秘密，构成犯罪的，依法追究刑事责任；尚不构成犯罪的，依法给予行政处分。

**第四十八条 【对违反本法第三十条规定行为的处分】**违反本法第三十条规定，将检举人姓名和检举材料转给被检举单位和被检举人个人的，由所在单位或者有关单位依法给予行政处分。

**第四十九条 【法条竞合的处理】**违反本法规定，同时违反其他法律规定的，由有关部门在各自职权范围内依法进行处罚。

### 第七章 附　则

**第五十条 【用语含义】**本法下列用语的含义：

单位负责人，是指单位法定代表人或者法律、行政法规规定代表单位行使职权的主要负责人。

国家统一的会计制度，是指国务院财政部门根据本法制定的关于会计核算、会计监督、会计机构和会计人员以及会计工作管理的制度。

**第五十一条 【制定个体户会计管理办法的授权规定】**个体工商户会计管理的具体办法，由国务院财政部门根据本法的原则另行规定。

**第五十二条 【施行日期】**本法自 2000 年 7 月 1 日起施行。

## 中华人民共和国注册会计师法

- 1993 年 10 月 31 日第八届全国人民代表大会常务委员会第四次会议通过
- 根据 2014 年 8 月 31 日第十二届全国人民代表大会常务委员会第十次会议《关于修改〈中华人民共和国保险法〉等五部法律的决定》修正

### 第一章 总　则

**第一条**　为了发挥注册会计师在社会经济活动中的鉴证和服务作用，加强对注册会计师的管理，维护社会公共利益和投资者的合法权益，促进社会主义市场经济的健康发展，制定本法。

**第二条**　注册会计师是依法取得注册会计师证书并接受委托从事审计和会计咨询、会计服务业务的执业人员。

**第三条** 会计师事务所是依法设立并承办注册会计师业务的机构。

注册会计师执行业务,应当加入会计师事务所。

**第四条** 注册会计师协会是由注册会计师组成的社会团体。中国注册会计师协会是注册会计师的全国组织,省、自治区、直辖市注册会计师协会是注册会计师的地方组织。

**第五条** 国务院财政部门和省、自治区、直辖市人民政府财政部门,依法对注册会计师、会计师事务所和注册会计师协会进行监督、指导。

**第六条** 注册会计师和会计师事务所执行业务,必须遵守法律、行政法规。

注册会计师和会计师事务所依法独立、公正执行业务,受法律保护。

## 第二章 考试和注册

**第七条** 国家实行注册会计师全国统一考试制度。注册会计师全国统一考试办法,由国务院财政部门制定,由中国注册会计师协会组织实施。

**第八条** 具有高等专科以上学校毕业的学历、或者具有会计或者相关专业中级以上技术职称的中国公民,可以申请参加注册会计师全国统一考试;具有会计或者相关专业高级技术职称的人员,可以免予部分科目的考试。

**第九条** 参加注册会计师全国统一考试成绩合格,并从事审计业务工作二年以上的,可以向省、自治区、直辖市注册会计师协会申请注册。

除有本法第十条所列情形外,受理申请的注册会计师协会应当准予注册。

**第十条** 有下列情形之一的,受理申请的注册会计师协会不予注册:

(一)不具有完全民事行为能力的;

(二)因受刑事处罚,自刑罚执行完毕之日至申请注册之日止不满五年的;

(三)因在财务、会计、审计、企业管理或者其他经济管理工作中犯有严重错误受行政处罚、撤职以上处分,自处罚、处分决定之日起至申请注册之日止不满二年的;

(四)受吊销注册会计师证书的处罚,自处罚决定之日起至申请注册之日止不满五年的;

(五)国务院财政部门规定的其他不予注册的情形的。

**第十一条** 注册会计师协会应当将准予注册的人员名单报国务院财政部门备案。国务院财政部门发现注册会计师协会的注册不符合本法规定的,应当通知有关的注册会计师协会撤销注册。

注册会计师协会依照本法第十条的规定不予注册的,应当自决定之日起十五日内书面通知申请人。申请人有异议的,可以自收到通知之日起十五日内向国务院财政部门或者省、自治区、直辖市人民政府财政部门申请复议。

**第十二条** 准予注册的申请人,由注册会计师协会发给国务院财政部门统一制定的注册会计师证书。

**第十三条** 已取得注册会计师证书的人员,除本法第十一条第一款规定的情形外,注册后有下列情形之一的,由准予注册的注册会计师协会撤销注册,收回注册会计师证书:

(一)完全丧失民事行为能力的;

(二)受刑事处罚的;

(三)因在财务、会计、审计、企业管理或者其他经济管理工作中犯有严重错误受行政处罚、撤职以上处分的;

(四)自行停止执行注册会计师业务满一年的。

被撤销注册的当事人有异议的,可以自接到撤销注册、收回注册会计师证书的通知之日起十五日内向国务院财政部门或者省、自治区、直辖市人民政府财政部门申请复议。

依照第一款规定被撤销注册的人员可以重新申请注册,但必须符合本法第九条、第十条的规定。

## 第三章 业务范围和规则

**第十四条** 注册会计师承办下列审计业务:

(一)审查企业会计报表,出具审计报告;

(二)验证企业资本,出具验资报告;

(三)办理企业合并、分立、清算事宜中的审计业务,出具有关的报告;

(四)法律、行政法规规定的其他审计业务。

注册会计师依法执行审计业务出具的报告,具有证明效力。

**第十五条** 注册会计师可以承办会计咨询、会计服务业务。

**第十六条** 注册会计师承办业务,由其所在的会计师事务所统一受理并与委托人签订委托合同。

会计师事务所对本所注册会计师依照前款规定承办的业务,承担民事责任。

**第十七条** 注册会计师执行业务,可以根据需要查阅委托人的有关会计资料和文件,查看委托人的业务现场和设施,要求委托人提供其他必要的协助。

第十八条 注册会计师与委托人有利害关系的,应当回避;委托人有权要求其回避。

第十九条 注册会计师对在执行业务中知悉的商业秘密,负有保密义务。

第二十条 注册会计师执行审计业务,遇有下列情形之一的,应当拒绝出具有关报告:

(一) 委托人示意其作不实或者不当证明的;

(二) 委托人故意不提供有关会计资料和文件的;

(三) 因委托人有其他不合理要求,致使注册会计师出具的报告不能对财务会计的重要事项作出正确表述的。

第二十一条 注册会计师执行审计业务,必须按照执业准则、规则确定的工作程序出具报告。

注册会计师执行审计业务出具报告时,不得有下列行为:

(一) 明知委托人对重要事项的财务会计处理与国家有关规定相抵触,而不予指明;

(二) 明知委托人的财务会计处理会直接损害报告使用人或者其他利害关系人的利益,而予以隐瞒或者作不实的报告;

(三) 明知委托人的财务会计处理会导致报告使用人或者其他利害关系人产生重大误解,而不予指明;

(四) 明知委托人的会计报表的重要事项有其他不实的内容,而不予指明。

对委托人有前款所列行为,注册会计师按照执业准则、规则应当知道的,适用前款规定。

第二十二条 注册会计师不得有下列行为:

(一) 在执行审计业务期间,在法律、行政法规规定不得买卖被审计单位的股票、债券或者不得购买被审计单位或者个人的其他财产的期限内,买卖被审计单位的股票、债券或者购买被审计单位或者个人所拥有的其他财产;

(二) 索取、收受委托合同约定以外的酬金或者其他财物,或者利用执行业务之便,谋取其他不正当的利益;

(三) 接受委托催收债款;

(四) 允许他人以本人名义执行业务;

(五) 同时在两个或者两个以上的会计师事务所执行业务;

(六) 对其能力进行广告宣传以招揽业务;

(七) 违反法律、行政法规的其他行为。

## 第四章 会计师事务所

第二十三条 会计师事务所可以由注册会计师合伙设立。

合伙设立的会计师事务所的债务,由合伙人按照出资比例或者协议的约定,以各自的财产承担责任。合伙人对会计师事务所的债务承担连带责任。

第二十四条 会计师事务所符合下列条件的,可以是负有限责任的法人:

(一) 不少于三十万元的注册资本;

(二) 有一定数量的专职从业人员,其中至少有五名注册会计师;

(三) 国务院财政部门规定的业务范围和其他条件。

负有限责任的会计师事务所以其全部资产对其债务承担责任。

第二十五条 设立会计师事务所,由省、自治区、直辖市人民政府财政部门批准。

申请设立会计师事务所,申请者应当向审批机关报送下列文件:

(一) 申请书;

(二) 会计师事务所的名称、组织机构和业务场所;

(三) 会计师事务所章程,有合伙协议的并应报送合伙协议;

(四) 注册会计师名单、简历及有关证明文件;

(五) 会计师事务所主要负责人、合伙人的姓名、简历及有关证明文件;

(六) 负有限责任的会计师事务所的出资证明;

(七) 审批机关要求的其他文件。

第二十六条 审批机关应当自收到申请文件之日起三十日内决定批准或者不批准。

省、自治区、直辖市人民政府财政部门批准的会计师事务所,应当报国务院财政部门备案。国务院财政部门发现批准不当的,应当自收到备案报告之日起三十日内通知原审批机关重新审查。

第二十七条 会计师事务所设立分支机构,须经分支机构所在地的省、自治区、直辖市人民政府财政部门批准。

第二十八条 会计师事务所依法纳税。

会计师事务所按照国务院财政部门的规定建立职业风险基金,办理职业保险。

第二十九条 会计师事务所受理业务,不受行政区域、行业的限制;但是,法律、行政法规另有规定的除外。

第三十条 委托人委托会计师事务所办理业务,任何单位和个人不得干预。

第三十一条 本法第十八条至第二十一条的规定,

适用于会计师事务所。

**第三十二条** 会计师事务所不得有本法第二十二条第(一)项至第(四)项、第(六)项、第(七)项所列的行为。

### 第五章 注册会计师协会

**第三十三条** 注册会计师应当加入注册会计师协会。

**第三十四条** 中国注册会计师协会的章程由全国会员代表大会制定,并报国务院财政部门备案;省、自治区、直辖市注册会计师协会的章程由省、自治区、直辖市会员代表大会制定,并报省、自治区、直辖市人民政府财政部门备案。

**第三十五条** 中国注册会计师协会依法拟订注册会计师执业准则、规则,报国务院财政部门批准后施行。

**第三十六条** 注册会计师协会应当支持注册会计师依法执行业务,维护其合法权益,向有关方面反映其意见和建议。

**第三十七条** 注册会计师协会应当对注册会计师的任职资格和执业情况进行年度检查。

**第三十八条** 注册会计师协会依法取得社会团体法人资格。

### 第六章 法律责任

**第三十九条** 会计师事务所违反本法第二十条、第二十一条规定的,由省级以上人民政府财政部门给予警告,没收违法所得,可以并处违法所得一倍以上五倍以下的罚款;情节严重的,并可以由省级以上人民政府财政部门暂停其经营业务或者予以撤销。

注册会计师违反本法第二十条、第二十一条规定的,由省级以上人民政府财政部门给予警告;情节严重的,可以由省级以上人民政府财政部门暂停其执行业务或者吊销注册会计师证书。

会计师事务所、注册会计师违反本法第二十条、第二十一条的规定,故意出具虚假的审计报告、验资报告,构成犯罪的,依法追究刑事责任。

**第四十条** 对未经批准承办本法第十四条规定的注册会计师业务的单位,由省级以上人民政府财政部门责令其停止违法活动,没收违法所得,可以并处违法所得一倍以上五倍以下的罚款。

**第四十一条** 当事人对行政处罚决定不服的,可以在接到处罚通知之日起十五日内向作出处罚决定的机关的上一级机关申请复议;当事人也可以在接到处罚决定通知之日起十五日内直接向人民法院起诉。

复议机关应当在接到复议申请之日起六十日内作出复议决定。当事人对复议决定不服的,可以在接到复议决定之日起十五日内向人民法院起诉。复议机关逾期不作出复议决定的,当事人可以在复议期满之日起十五日内向人民法院起诉。

当事人逾期不申请复议,也不向人民法院起诉,又不履行处罚决定的,作出处罚决定的机关可以申请人民法院强制执行。

**第四十二条** 会计师事务所违反本法规定,给委托人、其他利害关系人造成损失的,应当依法承担赔偿责任。

### 第七章 附 则

**第四十三条** 在审计事务所工作的注册审计师,经认定为具有注册会计师资格的,可以执行本法规定的业务,其资格认定和对其监督、指导、管理的办法由国务院另行规定。

**第四十四条** 外国人申请参加中国注册会计师全国统一考试和注册,按照互惠原则办理。

外国会计师事务所需要在中国境内临时办理有关业务的,须经有关的省、自治区、直辖市人民政府财政部门批准。

**第四十五条** 国务院可以根据本法制定实施条例。

**第四十六条** 本法自1994年1月1日起施行。1986年7月3日国务院发布的《中华人民共和国注册会计师条例》同时废止。

## 代理记账管理办法

- 2016年2月16日财政部令第80号公布
- 根据2019年3月14日《财政部关于修改〈代理记账管理办法〉等2部部门规章的决定》修改

**第一条** 为了加强代理记账资格管理,规范代理记账活动,促进代理记账行业健康发展,根据《中华人民共和国会计法》等法律、行政法规,制定本办法。

**第二条** 代理记账资格的申请、取得和管理,以及代理记账机构从事代理记账业务,适用本办法。

本办法所称代理记账机构是指依法取得代理记账资格,从事代理记账业务的机构。

本办法所称代理记账是指代理记账机构接受委托办理会计业务。

**第三条** 除会计师事务所以外的机构从事代理记账业务,应当经县级以上地方人民政府财政部门(以下简称审批机关)批准,领取由财政部统一规定样式的代理记账许可证书。具体审批机关由省、自治区、直辖市、计划单列市人民政府财政部门确定。

会计师事务所及其分所可以依法从事代理记账业务。

**第四条** 申请代理记账资格的机构应当同时具备以下条件:

(一)为依法设立的企业;

(二)专职从业人员不少于 3 名;

(三)主管代理记账业务的负责人具有会计师以上专业技术职务资格或者从事会计工作不少于三年,且为专职从业人员;

(四)有健全的代理记账业务内部规范。

代理记账机构从业人员应当具有会计类专业基础知识和业务技能,能够独立处理基本会计业务,并由代理记账机构自主评价认定。

本条第一款所称专职从业人员是指仅在一个代理记账机构从事代理记账业务的人员。

**第五条** 申请代理记账资格的机构,应当向所在地的审批机关提交申请及下列材料,并对提交材料的真实性负责:

(一)统一社会信用代码;

(二)主管代理记账业务的负责人具备会计师以上专业技术职务资格或者从事会计工作不少于三年的书面承诺;

(三)专职从业人员在本机构专职从业的书面承诺;

(四)代理记账业务内部规范。

**第六条** 审批机关审批代理记账资格应当按照下列程序办理:

(一)申请人提交的申请材料不齐全或不符合规定形式的,应当在 5 日内一次告知申请人需要补正的全部内容,逾期不告知的,自收到申请材料之日起即视为受理;申请人提交的申请材料齐全、符合规定形式的,或者申请人按要求提交全部补正申请材料的,应当受理申请;

(二)受理申请后应当按照规定对申请材料进行审核,并自受理申请之日起 10 日内作出批准或者不予批准的决定。10 日内不能作出决定的,经本审批机关负责人批准可延长 10 日,并应当将延长期限的理由告知申请人。

(三)作出批准决定的,应当自作出决定之日起 10 日内向申请人发放代理记账许可证书,并向社会公示。审批机关进行全覆盖例行检查,发现实际情况与承诺内容不符的,依法撤销审批并给予处罚。

(四)作出不予批准决定的,应当自作出决定之日起 10 日内书面通知申请人。书面通知应当说明不予批准的理由,并告知申请人享有依法申请行政复议或者提起行政诉讼的权利。

**第七条** 申请人应当自取得代理记账许可证书之日起 20 日内通过企业信用信息公示系统向社会公示。

**第八条** 代理记账机构名称、主管代理记账业务的负责人发生变更,设立或撤销分支机构,跨原审批机关管辖地迁移办公地点的,应当自作出变更决定或变更之日起 30 日内依法向审批机关办理变更登记,并应当自变更登记完成之日起 20 日内通过企业信用信息公示系统向社会公示。

代理记账机构变更名称的,应当向审批机关领取新的代理记账许可证书,并同时交回原代理记账许可证书。

代理记账机构跨原审批机关管辖地迁移办公地点的,迁出地审批机关应当及时将代理记账机构的相关信息及材料移交迁入地审批机关。

**第九条** 代理记账机构设立分支机构的,分支机构应当及时向其所在地的审批机关办理备案登记。

分支机构名称、主管代理记账业务的负责人发生变更的,分支机构应当按照要求向其所在地的审批机关办理变更登记。

代理记账机构应当在人事、财务、业务、技术标准、信息管理等方面对其设立的分支机构进行实质性的统一管理,并对分支机构的业务活动、执业质量和债务承担法律责任。

**第十条** 未设置会计机构或配备会计人员的单位,应当委托代理记账机构办理会计业务。

**第十一条** 代理记账机构可以接受委托办理下列业务:

(一)根据委托人提供的原始凭证和其他相关资料,按照国家统一的会计制度的规定进行会计核算,包括审核原始凭证、填制记账凭证、登记会计账簿、编制财务会计报告等;

(二)对外提供财务会计报告;

(三)向税务机关提供税务资料;

(四)委托人委托的其他会计业务。

**第十二条** 委托人委托代理记账机构代理记账,应

当在相互协商的基础上,订立书面委托合同。委托合同除应具备法律规定的基本条款外,应当明确下列内容:

(一)双方对会计资料真实性、完整性各自应当承担的责任;

(二)会计资料传递程序和签收手续;

(三)编制和提供财务会计报告的要求;

(四)会计档案的保管要求及相应的责任;

(五)终止委托合同应当办理的会计业务交接事宜。

**第十三条** 委托人应当履行下列义务:

(一)对本单位发生的经济业务事项,应当填制或者取得符合国家统一的会计制度规定的原始凭证;

(二)应当配备专人负责日常货币收支和保管;

(三)及时向代理记账机构提供真实、完整的原始凭证和其他相关资料;

(四)对于代理记账机构退回的,要求按照国家统一的会计制度的规定进行更正、补充的原始凭证,应当及时予以更正、补充。

**第十四条** 代理记账机构及其从业人员应当履行下列义务:

(一)遵守有关法律、法规和国家统一的会计制度的规定,按照委托合同办理代理记账业务;

(二)对在执行业务中知悉的商业秘密予以保密;

(三)对委托人要求其作出不当的会计处理,提供不实的会计资料,以及其他不符合法律、法规和国家统一的会计制度行为的,予以拒绝;

(四)对委托人提出的有关会计处理相关问题予以解释。

**第十五条** 代理记账机构为委托人编制的财务会计报告,经代理记账机构负责人和委托人负责人签名并盖章后,按照有关法律、法规和国家统一的会计制度的规定对外提供。

**第十六条** 代理记账机构应当于每年4月30日之前,向审批机关报送下列材料:

(一)代理记账机构基本情况表(附表);

(二)专职从业人员变动情况。

代理记账机构设立分支机构的,分支机构应当于每年4月30日之前向其所在地的审批机关报送上述材料。

**第十七条** 县级以上人民政府财政部门对代理记账机构及其从事代理记账业务情况实施监督,随机抽取检查对象、随机选派执法检查人员,并将抽查情况及查处结果依法及时向社会公开。

对委托代理记账的企业因违反财税法律、法规受到处理处罚的,县级以上人民政府财政部门应当将其委托的代理记账机构列入重点检查对象。

对其他部门移交的代理记账违法行为线索,县级以上人民政府财政部门应当及时予以查处。

**第十八条** 公民、法人或者其他组织发现有违反本办法规定的代理记账行为,可以依法向县级以上人民政府财政部门进行举报,县级以上人民政府财政部门应当依法进行处理。

**第十九条** 代理记账机构采取欺骗、贿赂等不正当手段取得代理记账资格的,由审批机关撤销其资格,并对代理记账机构及其负责人给予警告,记入会计领域违法失信记录,根据有关规定实施联合惩戒,并向社会公告。

**第二十条** 代理记账机构在经营期间达不到本办法规定的资格条件的,审批机关发现后,应当责令其在60日内整改;逾期仍达不到规定条件的,由审批机关撤销其代理记账资格。

**第二十一条** 代理记账机构有下列情形之一的,审批机关应当办理注销手续,收回代理记账许可证书并予以公告:

(一)代理记账机构依法终止的;

(二)代理记账资格被依法撤销或撤回的;

(三)法律、法规规定的应当注销的其他情形。

**第二十二条** 代理记账机构违反本办法第七条、第八条、第九条、第十四条、第十六条规定,由县级以上人民政府财政部门责令其限期改正,拒不改正的,将代理记账机构及其负责人列入重点关注名单,并向社会公示,提醒其履行有关义务;情节严重的,由县级以上人民政府财政部门按照有关法律、法规给予行政处罚,并向社会公示。

**第二十三条** 代理记账机构及其负责人、主管代理记账业务负责人及其从业人员违反规定出具虚假申请材料或者备案材料的,由县级以上人民政府财政部门给予警告,记入会计领域违法失信记录,根据有关规定实施联合惩戒,并向社会公告。

**第二十四条** 代理记账机构从业人员在办理业务中违反会计法律、法规和国家统一的会计制度的规定,造成委托人会计核算混乱、损害国家和委托人利益的,由县级以上人民政府财政部门依据《中华人民共和国会计法》等有关法律、法规的规定处理。

代理记账机构有前款行为的,县级以上人民政府财政部门应当责令其限期改正,并给予警告;有违法所得的,可以处违法所得3倍以下罚款,但最高不得超过3万元;没有违法所得的,可以处1万元以下罚款。

**第二十五条** 委托人向代理记账机构隐瞒真实情况或者委托人会同代理记账机构共同提供虚假会计资料的,应当承担相应法律责任。

**第二十六条** 未经批准从事代理记账业务的单位或者个人,由县级以上人民政府财政部门按照《中华人民共和国行政许可法》及有关规定予以查处。

**第二十七条** 县级以上人民政府财政部门及其工作人员在代理记账资格管理过程中,滥用职权、玩忽职守、徇私舞弊的,依法给予行政处分;涉嫌犯罪的,移送司法机关处理。

**第二十八条** 代理记账机构依法成立的行业组织,应当维护会员合法权益,建立会员诚信档案,规范会员代理记账行为,推动代理记账信息化建设。

代理记账行业组织应当接受县级以上人民政府财政部门的指导和监督。

**第二十九条** 本办法规定的"5日""10日""20日""30日"均指工作日。

**第三十条** 省级人民政府财政部门可以根据本办法制定具体实施办法,报财政部备案。

**第三十一条** 外商投资企业申请代理记账资格,从事代理记账业务按照本办法和其他有关规定办理。

**第三十二条** 本办法自2016年5月1日起施行,财政部2005年1月22日发布的《代理记账管理办法》(财政部令第27号)同时废止。

附表

## 代理记账机构基本情况表
年度

| 代理记账机构(分支机构)基本信息 | | | |
|---|---|---|---|
| 代理记账许可证书编号 | | 发证日期 | |
| 机构名称 | | 组织形式 | |
| 注册号/统一社会信用代码 | | 成立日期 | |
| 注册资本/出资总额(万元) | | 企业类型 | |
| 办公地址(与注册地不一致时填写实际办公地址) | | 邮政编码 | |
| 机构负责人姓名 | | 机构负责人身份证号 | |
| 股东/合伙人数量 | | 机构人员数量 | |
| 联系人姓名 | | 联系电话 | |
| 传真号码 | | 电子邮箱 | |
| 本年度业务总收入(万元) | | 其中:代理记账业务收入(万元) | |
| 代理客户数量 | | 分支机构数量 | |
| 专职从业人员信息 | | | |
| 代理记账业务负责人姓名 | 身份证号 | 会计专业技术资格证书管理号 | 会计专业技术资格等级 |
| | | 是否具有三年以上从事会计工作的经历 | 备注 |
| | | □是 □否 | 需附书面承诺书 |

续表

| 其他专职从业人员姓名 | 身份证号 | 备注 |
|---|---|---|
|  |  |  |
|  |  | 需附书面承诺书 |
|  |  |  |
| 我机构保证本表所填内容全部属实 | | 代理记账机构负责人签名(或签章)：<br>代理记账机构盖章<br>年　月　日 |

注：1."组织形式"栏根据以下选择填写：有限责任公司、股份有限公司、分公司、非公司企业法人、企业非法人分支机构、个人独资企业、普通合伙企业、特殊普通合伙企业、有限合伙企业。

2."企业类型"栏根据以下选择填写：内资企业、外商投资企业、港澳商投资企业、台商投资企业。

3.分支机构填写时，代理记账许可证书编号及发证日期填写总部机构的证书信息；表中部分栏目对分支机构不适用的，分支机构可不用填写。

## 增值税会计处理规定

· 2016年12月3日财会〔2016〕22号公布

根据《中华人民共和国增值税暂行条例》和《关于全面推开营业税改征增值税试点的通知》（财税〔2016〕36号）等有关规定，现对增值税有关会计处理规定如下：

**一、会计科目及专栏设置**

增值税一般纳税人应当在"应交税费"科目下设置"应交增值税"、"未交增值税"、"预交增值税"、"待抵扣进项税额"、"待认证进项税额"、"待转销项税额"、"增值税留抵税额"、"简易计税"、"转让金融商品应交增值税"、"代扣代交增值税"等明细科目。

（一）增值税一般纳税人应在"应交增值税"明细账内设置"进项税额"、"销项税额抵减"、"已交税金"、"转出未交增值税"、"减免税款"、"出口抵减内销产品应纳税额"、"销项税额"、"出口退税"、"进项税额转出"、"转出多交增值税"等专栏。其中：

1."进项税额"专栏，记录一般纳税人购进货物、加工修理修配劳务、服务、无形资产或不动产而支付或负担的、准予从当期销项税额中抵扣的增值税额；

2."销项税额抵减"专栏，记录一般纳税人按照现行增值税制度规定因差额销售而减少的销项税额；

3."已交税金"专栏，记录一般纳税人当月已交纳的应交增值税额；

4."转出未交增值税"和"转出多交增值税"专栏，分别记录一般纳税人月度终了转出当月应交未交或多交的增值税额；

5."减免税款"专栏，记录一般纳税人按现行增值税制度规定准予减免的增值税额；

6."出口抵减内销产品应纳税额"专栏，记录实行"免、抵、退"办法的一般纳税人按规定计算的出口货物的进项税抵减内销产品的应纳税额；

7."销项税额"专栏，记录一般纳税人销售货物、加工修理修配劳务、服务、无形资产或不动产应收取的增值税额；

8."出口退税"专栏，记录一般纳税人出口货物、加工修理修配劳务、服务、无形资产按规定退回的增值税额；

9."进项税额转出"专栏，记录一般纳税人购进货物、加工修理修配劳务、服务、无形资产或不动产等发生非正常损失以及其他原因而不应从销项税额中抵扣、按规定转出的进项税额。

（二）"未交增值税"明细科目，核算一般纳税人月度终了从"应交增值税"或"预交增值税"明细科目转入当月应交未交、多交或预缴的增值税额，以及当月交纳以前期间未交的增值税额。

（三）"预交增值税"明细科目，核算一般纳税人转让不动产、提供不动产经营租赁服务、提供建筑服务、采用预收款方式销售自行开发的房地产项目等，以及其他按现行增值税制度规定应预缴的增值税额。

（四）"待抵扣进项税额"明细科目，核算一般纳税人已取得增值税扣税凭证并经税务机关认证，按照现行增值税制度规定准予以后期间从销项税额中抵扣的进项税额。包括：一般纳税人自2016年5月1日后取得并按固定资产核算的不动产或者2016年5月1日后取得的不动产在建工程，按现行增值税制度规定准予以后期间从销项税额中抵扣的进项税额；实行纳税辅导期管理的一般纳税人取得的尚未交叉稽核比对的增值税扣税凭证上注明或计算的进项税额。

（五）"待认证进项税额"明细科目，核算一般纳税人由于未经税务机关认证而不得从当期销项税额中抵扣的进项税额。包括：一般纳税人已取得增值税扣税凭证、按照现行增值税制度规定准予从销项税额中抵扣，但尚未经税务机关认证的进项税额；一般纳税人已申请稽核但尚未取得稽核相符结果的海关缴款书进项税额。

（六）"待转销项税额"明细科目，核算一般纳税人销售货物、加工修理修配劳务、服务、无形资产或不动产，已确认相关收入（或利得）但尚未发生增值税纳税义务而需于以后期间确认为销项税额的增值税额。

（七）"增值税留抵税额"明细科目，核算兼有销售服务、无形资产或者不动产的原增值税一般纳税人，截止到纳入营改增试点之日前的增值税期末留抵税额按照现行增值税制度规定不得从销售服务、无形资产或不动产的销项税额中抵扣的增值税留抵税额。

（八）"简易计税"明细科目，核算一般纳税人采用简易计税方法发生的增值税计提、扣减、预缴、缴纳等业务。

（九）"转让金融商品应交增值税"明细科目，核算增值税纳税人转让金融商品发生的增值税额。

（十）"代扣代交增值税"明细科目，核算纳税人购进在境内未设经营机构的境外单位或个人在境内的应税行为代扣代缴的增值税。

小规模纳税人只需在"应交税费"科目下设置"应交增值税"明细科目，不需要设置上述专栏及除"转让金融商品应交增值税"、"代扣代交增值税"外的明细科目。

**二、账务处理**

（一）取得资产或接受劳务等业务的账务处理。

1. 采购等业务进项税额允许抵扣的账务处理。一般纳税人购进货物、加工修理修配劳务、服务、无形资产或不动产，按应计入相关成本费用或资产的金额，借记"在途物资"或"原材料"、"库存商品"、"生产成本"、"无形资产"、"固定资产"、"管理费用"等科目，按当月已认证的可抵扣增值税额，借记"应交税费——应交增值税（进项税额）"科目，按当月未认证的可抵扣增值税额，借记"应交税费——待认证进项税额"科目，按应付或实际支付的金额，贷记"应付账款"、"应付票据"、"银行存款"等科目。发生退货的，如原增值税专用发票已做认证，应根据税务机关开具的红字增值税专用发票做相反的会计分录；如原增值税专用发票未做认证，应将发票退回并做相反的会计分录。

2. 采购等业务进项税额不得抵扣的账务处理。一般纳税人购进货物、加工修理修配劳务、服务、无形资产或不动产，用于简易计税方法计税项目、免征增值税项目、集体福利或个人消费等，其进项税额按照现行增值税制度规定不得从销项税额中抵扣的，取得增值税专用发票时，应借记相关成本费用或资产科目，借记"应交税费——待认证进项税额"科目，贷记"银行存款"、"应付账款"等科目，经税务机关认证后，应借记相关成本费用或资产科目，贷记"应交税费——应交增值税（进项税额转出）"科目。

3. 购进不动产或不动产在建工程按规定进项税额分年抵扣的账务处理。一般纳税人自2016年5月1日后取得并按固定资产核算的不动产或者2016年5月1日后取得的不动产在建工程，其进项税额按现行增值税制度规定自取得之日起分2年从销项税额中抵扣的，应当按取得成本，借记"固定资产"、"在建工程"等科目，按当期可抵扣的增值税额，借记"应交税费——应交增值税（进项税额）"科目，按以后期间可抵扣的增值税额，借记"应交税费——待抵扣进项税额"科目，按应付或实际支付的金额，贷记"应付账款"、"应付票据"、"银行存款"等科目。尚未抵扣的进项税额待以后期间允许抵扣时，按允许抵扣的金额，借记"应交税费——应交增值税（进项税额）"科目，贷记"应交税费——待抵扣进项税额"科目。

4. 货物等已验收入库但尚未取得增值税扣税凭证的账务处理。一般纳税人购进的货物等已到达并验收入库，但尚未收到增值税扣税凭证并未付款的，应在月末按货物清单或相关合同协议上的价格暂估入账，不需要将增值税的进项税额暂估入账。下月初，用红字冲销原暂估入账金额，待取得相关增值税扣税凭证并经认证后，按应计入相关成本费用或资产的金额，借记"原材料"、"库存商品"、"固定资产"、"无形资产"等科目，按可抵扣的增值税额，借记"应交税费——应交增值税（进项税额）"科目，按应付金额，贷记"应付账款"等科目。

5. 小规模纳税人采购等业务的账务处理。小规模纳税人购买物资、服务、无形资产或不动产，取得增值税专用发票上注明的增值税应计入相关成本费用或资产，不通过"应交税费——应交增值税"科目核算。

6. 购买方作为扣缴义务人的账务处理。按照现行增值税制度规定,境外单位或个人在境内发生应税行为,在境内未设有经营机构的,以购买方为增值税扣缴义务人。境内一般纳税人购进服务、无形资产或不动产,按应计入相关成本费用或资产的金额,借记"生产成本"、"无形资产"、"固定资产"、"管理费用"等科目,按可抵扣的增值税额,借记"应交税费——进项税额"科目(小规模纳税人应借记相关成本费用或资产科目),按应付或实际支付的金额,贷记"应付账款"等科目,按应代扣代缴的增值税额,贷记"应交税费——代扣代交增值税"科目。实际缴纳代扣代缴增值税时,按代扣代缴的增值税额,借记"应交税费——代扣代交增值税"科目,贷记"银行存款"科目。

(二)销售等业务的账务处理。

1. 销售业务的账务处理。企业销售货物、加工修理修配劳务、服务、无形资产或不动产,应当按应收或已收的金额,借记"应收账款"、"应收票据"、"银行存款"等科目,按取得的收入金额,贷记"主营业务收入"、"其他业务收入"、"固定资产清理"、"工程结算"等科目,按现行增值税制度规定计算的销项税额(或采用简易计税方法计算的应纳增值税额),贷记"应交税费——应交增值税(销项税额)"或"应交税费——简易计税"科目(小规模纳税人应贷记"应交税费——应交增值税"科目)。发生销售退回的,应根据按规定开具的红字增值税专用发票做相反的会计分录。

按照国家统一的会计制度确认收入或利得的时点早于按照增值税制度确认增值税纳税义务发生时点的,应将相关销项税额计入"应交税费——待转销项税额"科目,待实际发生纳税义务时再转入"应交税费——应交增值税(销项税额)"或"应交税费——简易计税"科目。

按照增值税制度确认增值税纳税义务发生时点早于按照国家统一的会计制度确认收入或利得的时点的,应将应纳增值税额,借记"应收账款"科目,贷记"应交税费——应交增值税(销项税额)"或"应交税费——简易计税"科目,按照国家统一的会计制度确认收入或利得时,应按扣除增值税销项税额后的金额确认收入。

2. 视同销售的账务处理。企业发生税法上视同销售的行为,应当按照企业会计准则制度相关规定进行相应的会计处理,并按现行增值税制度规定计算的销项税额(或采用简易计税方法计算的应纳增值税额),借记"应付职工薪酬"、"利润分配"等科目,贷记"应交税费——应交增值税(销项税额)"或"应交税费——简易计税"科目(小规模纳税人应计入"应交税费——应交增值税"科目)。

3. 全面试行营业税改征增值税前已确认收入,此后产生增值税纳税义务的账务处理。企业营业税改征增值税前已确认收入,但因未产生营业税纳税义务而未计提营业税的,在达到增值税纳税义务时点时,企业应在确认应交增值税销项税额的同时冲减当期收入;已经计提营业税且未缴纳的,在达到增值税纳税义务时点时,应借记"应交税费——应交营业税"、"应交税费——应交城市维护建设税"、"应交税费——应交教育费附加"等科目,贷记"主营业务收入"科目,并根据调整后的收入计算确定计入"应交税费——待转销项税额"科目的金额,同时冲减收入。

全面试行营业税改征增值税后,"营业税金及附加"科目名称调整为"税金及附加"科目,该科目核算企业经营活动发生的消费税、城市维护建设税、资源税、教育费附加及房产税、土地使用税、车船使用税、印花税等相关税费;利润表中的"营业税金及附加"项目调整为"税金及附加"项目。

(三)差额征税的账务处理。

1. 企业发生相关成本费用允许扣减销售额的账务处理。按现行增值税制度规定企业发生相关成本费用允许扣减销售额的,发生成本费用时,按应付或实际支付的金额,借记"主营业务成本"、"存货"、"工程施工"等科目,贷记"应付账款"、"应付票据"、"银行存款"等科目。待取得合规增值税扣税凭证且纳税义务发生时,按允许抵扣的税额,借记"应交税费——应交增值税(销项税额抵减)"或"应交税费——简易计税"科目(小规模纳税人应借记"应交税费——应交增值税"科目),贷记"主营业务成本"、"存货"、"工程施工"等科目。

2. 金融商品转让按规定以盈亏相抵后的余额作为销售额的账务处理。金融商品实际转让月末,如产生转让收益,则按应纳税额借记"投资收益"等科目,贷记"应交税费——转让金融商品应交增值税"科目;如产生转让损失,则按可结转下月抵扣税额,借记"应交税费——转让金融商品应交增值税"科目,贷记"投资收益"等科目。交纳增值税时,应借记"应交税费——转让金融商品应交增值税"科目,贷记"银行存款"科目。年末,本科目如有借方余额,则借记"投资收益"等科目,贷记"应交税费——转让金融商品应交增值税"科目。

(四)出口退税的账务处理。

为核算纳税人出口货物应收取的出口退税款,设置

"应收出口退税款"科目,该科目借方反映销售出口货物按规定向税务机关申报应退回的增值税、消费税等,贷方反映实际收到的出口货物应退回的增值税、消费税等。期末借方余额,反映尚未收到的应退税额。

1. 未实行"免、抵、退"办法的一般纳税人出口货物按规定退税的,按规定计算的应收出口退税额,借记"应收出口退税款"科目,贷记"应交税费——应交增值税(出口退税)"科目,收到出口退税时,借记"银行存款"科目,贷记"应收出口退税款"科目;退税额低于购进时取得的增值税专用发票上的增值税额的差额,借记"主营业务成本"科目,贷记"应交税费——应交增值税(进项税额转出)"科目。

2. 实行"免、抵、退"办法的一般纳税人出口货物,在货物出口销售后结转产品销售成本时,按规定计算的退税额低于购进时取得的增值税专用发票上的增值税额的差额,借记"主营业务成本"科目,贷记"应交税费——应交增值税(进项税额转出)"科目;按规定计算的当期出口货物的进项税抵减内销产品的应纳税额,借记"应交税费——应交增值税(出口抵减内销产品应纳税额)"科目,贷记"应交税费——应交增值税(出口退税)"科目。在规定期限内,内销产品的应纳税额不足以抵减出口货物的进项税额,不足部分按有关税法规定给予退税的,应在实际收到退税款时,借记"银行存款"科目,贷记"应交税费——应交增值税(出口退税)"科目。

(五)进项税额抵扣情况发生改变的账务处理。

因发生非正常损失或改变用途等,原已计入进项税额、待抵扣进项税额或待认证进项税额,但按现行增值税制度规定不得从销项税额中抵扣的,借记"待处理财产损溢"、"应付职工薪酬"、"固定资产"、"无形资产"等科目,贷记"应交税费——应交增值税(进项税额转出)"、"应交税费——待抵扣进项税额"或"应交税费——待认证进项税额"科目;原不得抵扣且未抵扣进项税额的固定资产、无形资产等,因改变用途等用于允许抵扣进项税额的应税项目的,应按允许抵扣的进项税额,借记"应交税费——应交增值税(进项税额)"科目,贷记"固定资产"、"无形资产"等科目。固定资产、无形资产等经上述调整后,应按调整后的账面价值在剩余尚可使用寿命内计提折旧或摊销。

一般纳税人购进时已全额计提进项税额的货物或服务等转用于不动产在建工程的,对于结转以后期间的进项税额,应借记"应交税费——待抵扣进项税额"科目,贷记"应交税费——应交增值税(进项税额转出)"科目。

(六)月末转出多交增值税和未交增值税的账务处理。

月度终了,企业应当将当月应交未交或多交的增值税自"应交增值税"明细科目转入"未交增值税"明细科目。对于当月应交未交的增值税,借记"应交税费——应交增值税(转出未交增值税)"科目,贷记"应交税费——未交增值税"科目;对于当月多交的增值税,借记"应交税费——未交增值税"科目,贷记"应交税费——应交增值税(转出多交增值税)"科目。

(七)交纳增值税的账务处理。

1. 交纳当月应交增值税的账务处理。企业交纳当月应交的增值税,借记"应交税费——应交增值税(已交税金)"科目(小规模纳税人应借记"应交税费——应交增值税"科目),贷记"银行存款"科目。

2. 交纳以前期间未交增值税的账务处理。企业交纳以前期间未交的增值税,借记"应交税费——未交增值税"科目,贷记"银行存款"科目。

3. 预缴增值税的账务处理。企业预缴增值税时,借记"应交税费——预交增值税"科目,贷记"银行存款"科目。月末,企业应将"预交增值税"明细科目余额转入"未交增值税"明细科目,借记"应交税费——未交增值税"科目,贷记"应交税费——预交增值税"科目。房地产开发企业等在预缴增值税后,应直至纳税义务发生时方可从"应交税费——预交增值税"科目结转至"应交税费——未交增值税"科目。

4. 减免增值税的账务处理。对于当期直接减免的增值税,借记"应交税费——应交增值税(减免税款)"科目,贷记损益类相关科目。

(八)增值税期末留抵税额的账务处理。

纳入营改增试点当月月初,原增值税一般纳税人应按不得从销售服务、无形资产或不动产的销项税额中抵扣的增值税留抵税额,借记"应交税费——增值税留抵税额"科目,贷记"应交税费——应交增值税(进项税额转出)"科目。待以后期间允许抵扣时,按允许抵扣的金额,借记"应交税费——应交增值税(进项税额)"科目,贷记"应交税费——增值税留抵税额"科目。

(九)增值税税控系统专用设备和技术维护费用抵减增值税额的账务处理。

按现行增值税制度规定,企业初次购买增值税税控系统专用设备支付的费用以及缴纳的技术维护费允许在增值税应纳税额中全额抵减的,按规定抵减的增值税应纳税额,借记"应交税费——应交增值税(减免税款)"科目(小规模纳税人应借记"应交税费——应交增值税"科目),贷记"管理费用"等科目。

(十)关于小微企业免征增值税的会计处理规定。

小微企业在取得销售收入时,应当按照税法的规定计算应交增值税,并确认为应交税费,在达到增值税制度规定的免征增值税条件时,将有关应交增值税转入当期损益。

三、财务报表相关项目列示

"应交税费"科目下的"应交增值税"、"未交增值税"、"待抵扣进项税额"、"待认证进项税额"、"增值税留抵税额"等明细科目期末借方余额应根据情况,在资产负债表中的"其他流动资产"或"其他非流动资产"项目列示;"应交税费——待转销项税额"等科目期末贷方余额应根据情况,在资产负债表中的"其他流动负债"或"其他非流动负债"项目列示;"应交税费"科目下的"未交增值税"、"简易计税"、"转让金融商品应交增值税"、"代扣代交增值税"等科目期末贷方余额应在资产负债表中的"应交税费"项目列示。

四、附则

本规定自发布之日起施行,国家统一的会计制度中相关规定与本规定不一致的,应按本规定执行。2016年5月1日至本规定施行之间发生的交易由于本规定而影响资产、负债等金额的,应按本规定调整。《营业税改征增值税试点有关企业会计处理规定》(财会〔2012〕13号)及《关于小微企业免征增值税和营业税的会计处理规定》(财会〔2013〕24号)等原有关增值税会计处理的规定同时废止。

## 会计师事务所执业许可和监督管理办法

· 2017年8月20日财政部令第89号公布
· 根据2019年1月2日《财政部关于修改〈会计师事务所执业许可和监督管理办法〉等2部部门规章的决定》修改

### 第一章 总 则

**第一条** 为规范会计师事务所及其分所执业许可,加强对会计师事务所的监督管理,促进注册会计师行业健康发展,根据《中华人民共和国注册会计师法》(以下简称《注册会计师法》)、《中华人民共和国合伙企业法》、《中华人民共和国公司法》等法律、行政法规,制定本办法。

**第二条** 财政部和省、自治区、直辖市人民政府财政部门(以下简称省级财政部门)对会计师事务所和注册会计师进行管理、监督和指导,适用本办法。

**第三条** 省级财政部门应当遵循公开、公平、公正、便民、高效的原则,依法办理本地区会计师事务所执业许可工作,并对本地区会计师事务所进行监督管理。

财政部和省级财政部门应当加强对会计师事务所和注册会计师的政策指导,营造公平的会计市场环境,引导和鼓励会计师事务所不断完善内部治理,实现有序发展。

省级财政部门应当推进网上政务,便利会计师事务所执业许可申请和变更备案。

**第四条** 会计师事务所、注册会计师应当遵守法律、行政法规,恪守职业道德,遵循执业准则、规则。

**第五条** 会计师事务所、注册会计师依法独立、客观、公正执业,受法律保护,任何单位和个人不得违法干预。

**第六条** 会计师事务所可以采用普通合伙、特殊普通合伙或者有限责任公司形式。

会计师事务所从事证券服务业务和经法律、行政法规规定的关系公众利益的其他特定业务,应当采用普通合伙或者特殊普通合伙形式,接受财政部的监督。

### 第二章 会计师事务所执业许可的取得

**第七条** 会计师事务所应当自领取营业执照之日起60日内,向所在地的省级财政部门申请执业许可。

未取得会计师事务所执业许可的,不得以会计师事务所的名义开展业务活动,不得从事《注册会计师法》第十四条规定的业务(以下简称注册会计师法定业务)。

**第八条** 普通合伙会计师事务所申请执业许可,应当具备下列条件:

(一)2名以上合伙人,且合伙人均符合本办法第十一条规定条件;

(二)书面合伙协议;

(三)有经营场所。

**第九条** 特殊普通合伙会计师事务所申请执业许可,应当具备下列条件:

(一)15名以上由注册会计师担任的合伙人,且合伙人均符合本办法第十一条、第十二条规定条件;

(二)60名以上注册会计师;

(三)书面合伙协议;

(四)有经营场所;

(五)法律、行政法规或者财政部依授权规定的其他条件。

**第十条** 有限责任会计师事务所申请执业许可,应当具备下列条件:

（一）5 名以上股东，且股东均符合本办法第十一条规定条件；

（二）不少于人民币 30 万元的注册资本；

（三）股东共同制定的公司章程；

（四）有经营场所。

**第十一条** 除本办法第十二条规定外，会计师事务所的合伙人（股东），应当具备下列条件：

（一）具有注册会计师执业资格；

（二）成为合伙人（股东）前 3 年内没有因为执业行为受到行政处罚；

（三）最近连续 3 年在会计师事务所从事审计业务且在会计师事务所从事审计业务时间累计不少于 10 年或者取得注册会计师执业资格后最近连续 5 年在会计师事务所从事审计业务；

（四）成为合伙人（股东）前 3 年内没有因欺骗、贿赂等不正当手段申请会计师事务所执业许可而被省级财政部门作出不予受理、不予批准或者撤销会计师事务所执业许可的决定；

（五）在境内有稳定住所，每年在境内居留不少于 6 个月，且最近连续居留已满 5 年。

因受行政处罚、刑事处罚被吊销、撤销注册会计师执业资格的，其被吊销、撤销执业资格之前在会计师事务所从事审计业务的年限，不得计入本条第一款第三项规定的累计年限。

**第十二条** 不符合本办法第十一条第一款第一项和第三项规定的条件，但具有相关职业资格的人员，经合伙协议约定，可以担任特殊普通合伙会计师事务所履行内部特定管理职责或者从事咨询业务的合伙人，但不得担任首席合伙人和执行合伙事务的合伙人，不得以任何形式对该会计师事务所实施控制。具体办法另行制定。

**第十三条** 普通合伙会计师事务所和特殊普通合伙会计师事务所应当设立首席合伙人，由执行合伙事务的合伙人担任。

有限责任会计师事务所应当设立主任会计师，由法定代表人担任，法定代表人应当是有限责任会计师事务所的股东。

首席合伙人（主任会计师）应当符合下列条件：

（一）在境内有稳定住所，每年在境内居留不少于 6 个月，且最近连续居留已满 10 年；

（二）具有代表会计师事务所履行合伙协议或者公司章程授予的管理职权的能力和经验。

**第十四条** 会计师事务所应当加强执业质量控制，建立健全合伙人（股东）、签字注册会计师和其他从业人员在执业质量控制中的权责体系。

首席合伙人（主任会计师）对会计师事务所的执业质量负主体责任。审计业务主管合伙人（股东）、质量控制主管合伙人（股东）对会计师事务所的审计业务质量负直接主管责任。审计业务项目合伙人（股东）对组织承办的具体业务项目的审计质量负直接责任。

**第十五条** 注册会计师担任会计师事务所的合伙人（股东），涉及执业关系转移的，该注册会计师应当先在省、自治区、直辖市注册会计师协会（以下简称省级注册会计师协会）办理从原会计师事务所转出的手续。若为原会计师事务所合伙人（股东）的，还应当按照有关法律、行政法规，以及合伙协议或者公司章程的规定，先办理退伙或者股权转让手续。

**第十六条** 会计师事务所的名称应当符合国家有关规定。未经同意，会计师事务所不得使用包含其他已取得执业许可的会计师事务所字号的名称。

**第十七条** 申请会计师事务所执业许可，应当向其所在地的省级财政部门提交下列材料：

（一）会计师事务所执业许可申请表；

（二）会计师事务所合伙人（股东）执业经历等符合规定条件的材料；

（三）拟在该会计师事务所执业的注册会计师情况汇总表；

（四）统一社会信用代码。

合伙人（股东）是境外人员或移居境外人员的，还应当提交符合本办法第十一条第一款第五项、第十三条第三款第一项条件的材料及承诺函。

因合并或者分立新设会计师事务所的，申请时还应当提交合并协议或者分立协议。

申请人应当对申请材料内容的真实性、准确性、完整性负责。

**第十八条** 省级财政部门应当对申请人提交的申请材料进行审查。对申请材料不齐全或者不符合法定形式的，应当当场或者在接到申请材料后 5 日内一次性告知申请人需要补正的全部内容。对申请材料齐全、符合法定形式，或者申请人按照要求提交全部补正申请材料的，应当受理。受理申请或者不予受理申请，应当向申请人出具加盖本行政机关专用印章和注明日期的书面凭证。

省级财政部门受理申请的，应当将申请材料中有关会计师事务所名称以及合伙人（股东）执业资格及执业时间等情况在 5 日内予以公示。

第十九条　省级财政部门应当通过财政会计行业管理系统对申请人有关信息进行核对,并自受理申请之日起30日内作出准予或者不予会计师事务所执业许可的决定。

第二十条　省级财政部门作出准予会计师事务所执业许可决定的,应当自作出准予决定之日起10日内向申请人出具准予行政许可的书面决定、颁发会计师事务所执业证书,并予以公告。准予许可决定应当载明下列事项:

(一)会计师事务所的名称和组织形式;

(二)会计师事务所合伙人(股东)的姓名;

(三)会计师事务所首席合伙人(主任会计师)的姓名;

(四)会计师事务所的业务范围。

第二十一条　省级财政部门作出准予会计师事务所执业许可决定的,应当自作出准予决定之日起30日内将准予许可决定报财政部备案。

财政部发现准予许可不当的,应当自收到准予许可决定之日起30日内通知省级财政部门重新审查。

省级财政部门重新审查后发现申请人不符合本办法规定的申请执业许可的条件的,应当撤销执业许可,并予以公告。

第二十二条　省级财政部门作出不予会计师事务所执业许可决定的,应当自作出决定之日起10日内向申请人出具书面决定,并通知工商行政管理部门。

书面决定应当说明不予许可的理由,并告知申请人享有依法申请行政复议或者提起行政诉讼的权利。

会计师事务所执业许可申请未予准许,企业主体继续存续的,不得从事注册会计师法定业务,企业名称中不得继续使用"会计师事务所"字样,申请人应当自收到不予许可决定之日起20日内办理工商变更登记。

第二十三条　会计师事务所的合伙人(股东)应当自会计师事务所取得执业证书之日起30日内办理完成转入该会计师事务所的手续。

注册会计师在未办理完成转入手续以前,不得在拟转入的会计师事务所执业。

第二十四条　会计师事务所应当完善职业风险防范机制,建立职业风险基金,办理职业责任保险。具体办法由财政部另行制定。

特殊普通合伙会计师事务所的合伙人按照《合伙企业法》等法律法规的规定及合伙协议的约定,对会计师事务所的债务承担相应责任。

## 第三章　会计师事务所分所执业许可的取得

第二十五条　会计师事务所设立分支机构应当依照本办法规定申请分所执业许可。

第二十六条　会计师事务所分所的名称应当采用"会计师事务所名称+分支机构所在行政区划名+分所"的形式。

第二十七条　会计师事务所应当在人事、财务、业务、技术标准、信息管理等方面对其设立的分所进行实质性的统一管理,并对分所的业务活动、执业质量和债务承担法律责任。

第二十八条　会计师事务所申请分所执业许可,应当自领取分所营业执照之日起60日内,向分所所在地的省级财政部门提出申请。

第二十九条　申请分所执业许可的会计师事务所,应当具备下列条件:

(一)取得会计师事务所执业许可3年以上,内部管理制度健全;

(二)不少于50名注册会计师(已到和拟到分所执业的注册会计师除外);

(三)申请设立分所前3年内没有因为执业行为受到行政处罚。

跨省级行政区划申请分所执业许可的,会计师事务所上一年度业务收入应当达到2000万元以上。

因合并或者分立新设的会计师事务所申请分所执业许可的,其取得会计师事务所执业许可的期限,可以从合并或者分立前会计师事务所取得执业许可的时间算起。

第三十条　会计师事务所申请分所执业许可,该分所应当具备下列条件:

(一)分所负责人为会计师事务所的合伙人(股东),并具有注册会计师执业资格;

(二)不少于5名注册会计师,且注册会计师的执业关系应当转入分所所在地省级注册会计师协会;由总所人员兼任分所负责人的,其执业关系可以不作变动,但不计入本项规定的5名注册会计师;

(三)有经营场所。

第三十一条　会计师事务所申请分所执业许可,应当向分所所在地的省级财政部门提交下列材料:

(一)分所执业许可申请表;

(二)会计师事务所合伙人会议或者股东会作出的设立分所的书面决议;

(三)注册会计师情况汇总表(会计师事务所和申请执业许可的分所分别填写);

(四)分所统一社会信用代码;

(五)会计师事务所对该分所进行实质性统一管理的承诺书,该承诺书由首席合伙人(主任会计师)签署,并加盖会计师事务所公章。

跨省级行政区划申请分所执业许可的,还应当提交上一年度会计师事务所业务收入情况。

**第三十二条** 省级财政部门审批分所执业许可的程序比照本办法第十八条至第二十二条第二款的规定办理。

会计师事务所跨省级行政区划设立分所的,准予分所执业许可的省级财政部门还应当将准予许可决定抄送会计师事务所所在地的省级财政部门。

省级财政部门作出不予分所执业许可决定的,会计师事务所应当自收到不予许可决定之日起20日内办理该分所的工商注销手续。

## 第四章 会计师事务所及其分所的变更备案和执业许可的注销

**第三十三条** 会计师事务所下列事项发生变更的,应当自作出决议之日起20日内向所在地的省级财政部门备案;涉及工商变更登记的,应当自办理完工商变更登记之日起20日内向所在地的省级财政部门备案:

(一)会计师事务所的名称;

(二)首席合伙人(主任会计师);

(三)合伙人(股东);

(四)经营场所;

(五)有限责任会计师事务所的注册资本。

分所的名称、负责人或者经营场所发生变更的,该会计师事务所应当同时向会计师事务所和分所所在地的省级财政部门备案。

**第三十四条** 会计师事务所及其分所变更备案的,应当提交变更事项情况表,以及变更事项符合会计师事务所和分所执业许可条件的材料。

**第三十五条** 会计师事务所及其分所变更名称的,应当同时向会计师事务所和分所所在地的省级财政部门交回原会计师事务所执业证书或者分所执业证书,换取新的会计师事务所执业证书或者分所执业证书。

省级财政部门应当将会计师事务所及其分所的名称变更情况予以公告。

**第三十六条** 会计师事务所跨省级行政区划迁移经营场所的,应当在办理完迁入地工商登记手续后10日内向迁入地省级财政部门备案,并提交会计师事务所跨省级行政区划迁移表和合伙人(股东)情况汇总表。

迁入地省级财政部门应当在收到备案材料后10日内,及时核实该会计师事务所有关情况,收回原会计师事务所执业证书,换发新的会计师事务所执业证书,并予以公告,同时通知迁出地省级财政部门。

迁出地省级财政部门收到通知后,将该会计师事务所迁移情况予以公告。

**第三十七条** 迁入地省级财政部门应当对迁入的会计师事务所持续符合执业许可条件的情况予以审查。未持续符合执业许可条件的,责令其在60日内整改,未在规定期限内整改或者整改期满仍未达到执业许可条件的,由迁入地省级财政部门撤销执业许可,并予以公告。

**第三十八条** 跨省级行政区划迁移经营场所的会计师事务所设有分所的,会计师事务所应当在取得迁入地省级财政部门换发的执业证书后15日内向其分所所在地的省级财政部门备案,并提交新的执业证书信息。分所所在地省级财政部门应当收回原分所执业证书,换发新的分所执业证书。

**第三十九条** 会计师事务所未在规定时间内办理迁出和迁入备案手续的,由迁出地省级财政部门自发现之日起15日内公告该会计师事务所执业许可失效。

**第四十条** 省级财政部门应当在受理申请的办公场所将会计师事务所、会计师事务所分所申请执业许可的条件、变更、注销等应当提交的材料目录及要求、批准的程序及期限予以公示。

**第四十一条** 会计师事务所发生下列情形之一的,省级财政部门应当办理会计师事务所执业许可注销手续,收回会计师事务所执业许可证书:

(一)会计师事务所依法终止的;

(二)会计师事务所执业许可被依法撤销、撤回或者执业许可证书依法被吊销的;

(三)法律、行政法规规定的应当注销执业许可的其他情形。

会计师事务所分所执业许可注销的,比照本条第一款规定办理。

会计师事务所或者分所依法终止的,应当自办理工商注销手续之日起10日内,告知所在地的省级财政部门。

**第四十二条** 会计师事务所执业许可被依法注销,企业主体继续存续的,不得从事注册会计师法定业务,企业名称中不得继续使用"会计师事务所"字样,并应当自执业许可被注销之日起10日内,办理工商变更登记。

分所执业许可被依法注销的,应当自注销之日起20

日内办理工商注销手续。

第四十三条 省级财政部门应当将注销会计师事务所或者分所执业许可的有关情况予以公告，并通知工商行政管理部门。

第四十四条 会计师事务所及其分所在接受财政部或者省级财政部门（以下简称省级以上财政部门）检查、整改及整改情况核查期间，不得办理以下手续：

（一）首席合伙人（主任会计师）、审计业务主管合伙人（股东）、质量控制主管合伙人（股东）和相关签字注册会计师的离职、退伙（转股）或者转所；

（二）跨省级行政区划迁移经营场所。

## 第五章 监督检查

第四十五条 省级以上财政部门依法对下列事项实施监督检查：

（一）会计师事务所及其分所持续符合执业许可条件的情况；

（二）会计师事务所备案事项的报备情况；

（三）会计师事务所和注册会计师的执业情况；

（四）会计师事务所的风险管理和执业质量控制制度建立与执行情况；

（五）会计师事务所对分所实施实质性统一管理的情况；

（六）法律、行政法规规定的其他监督检查事项。

第四十六条 省级以上财政部门依法对会计师事务所实施全面或者专项监督检查。

省级以上财政部门对会计师事务所进行监督检查时，可以依法对被审计单位进行延伸检查或者调查。财政部门开展其他检查工作时，发现被检查单位存在违规行为而会计师事务所涉嫌出具不实审计报告及其他鉴证报告的，可以由省级以上财政部门延伸检查相关会计师事务所。

省级以上财政部门在开展检查过程中，可以根据工作需要，聘用一定数量的专业人员协助检查。

第四十七条 在实施监督检查过程中，检查人员应当严格遵守财政检查工作的有关规定。

第四十八条 财政部应当加强对省级财政部门监督、指导会计师事务所和注册会计师工作的监督检查。

省级财政部门应当按照财政部要求建立信息报告制度，将会计师事务所和注册会计师发生的重大违法违规案件及时上报财政部。

第四十九条 省级以上财政部门在开展会计师事务所监督检查时，要采取随机抽取检查对象、随机选派执法检查人员并及时公开抽查情况和查处结果。

省级以上财政部门结合会计师事务所业务分布、质量控制和内部管理等情况，分类确定对会计师事务所实施监督检查的频次和方式，建立定期轮查制度和随机抽查制度。

第五十条 省级以上财政部门应当将发生以下情形的会计师事务所列为重点检查对象，实施严格监管：

（一）审计收费明显低于成本的；

（二）会计师事务所对分所实施实质性统一管理薄弱的；

（三）以向委托人或者被审计单位有关人员、中间人支付回扣、协作费、劳务费、信息费、咨询费等不正当方式承揽业务的；

（四）有不良执业记录的；

（五）被实名投诉或者举报的；

（六）业务报告数量明显超出服务能力的；

（七）被非注册会计师实际控制的；

（八）需要实施严格监管的其他情形。

第五十一条 会计师事务所应当在出具审计报告及其他鉴证报告后30日内，通过财政会计行业管理系统报备签字注册会计师、审计意见、审计收费等基本信息。

会计师事务所应当在出具审计报告后60日内，通过财政会计行业管理系统报备其出具的年度财务报表审计报告，省级财政部门不得自行增加报备信息，不得要求会计师事务所报送纸质材料，并与注册会计师协会等实行信息共享。

第五十二条 省级以上财政部门可以对会计师事务所依法进行实地检查，或者将有关材料调到本机关或者检查人员办公地点进行核查。

调阅的有关材料应当在检查工作结束后1个月内送还并保持完整。

第五十三条 省级以上财政部门在实施监督检查过程中，有权要求会计师事务所和注册会计师说明有关情况，调阅会计师事务所工作底稿及相关资料，向相关单位和人员调查、询问、取证和核实有关情况。

第五十四条 会计师事务所和注册会计师应当接受省级以上财政部门依法实施的监督检查，如实提供中文工作底稿及相关资料，不得拒绝、延误、阻挠、逃避检查，不得谎报、隐匿、销毁相关证据材料。

会计师事务所或者注册会计师有明显转移、隐匿有关证据材料迹象的，省级以上财政部门可以对证据材料先行登记保存。

第五十五条　对会计师事务所和注册会计师的违法违规行为,省级以上财政部门依法作出行政处罚决定的,应当自作出处罚决定之日起10日内将相关信息录入财政会计行业管理系统,并及时予以公告。

第五十六条　会计师事务所应当于每年5月31日之前,按照财政部要求通过财政会计行业管理系统向所在地的省级财政部门报送下列信息:
（一）持续符合执业许可条件的相关信息；
（二）上一年度经营情况；
（三）内部治理及会计师事务所对分所实施实质性统一管理情况；
（四）会计师事务所由于执行业务涉及法律诉讼情况。

会计师事务所与境外会计师事务所有成员所、联系所或者业务合作关系的,应当同时报送相关信息,说明上一年度与境外会计师事务所合作开展业务的情况。

会计师事务所在境外发展成员所、联系所或者设立分支机构的,应当同时报送相关信息。

会计师事务所跨省级行政区划设有分所的,应当同时将分所有关材料报送分所所在地的省级财政部门。

第五十七条　省级财政部门收到会计师事务所按照本办法第五十六条的规定报送的材料后,应当对会计师事务所及其分所持续符合执业许可条件等情况进行汇总,于6月30日之前报财政部,并将持续符合执业许可条件的会计师事务所及其分所名单及时予以公告。

第五十八条　会计师事务所未按照本办法第五十一条、第五十六条规定报备的,省级以上财政部门应当责令限期补交报备材料、约谈首席合伙人（主任会计师）,并视补交报备材料和约谈情况组织核查。

第五十九条　会计师事务所及其分所不能持续符合执业许可条件的,会计师事务所应当在20日内向所在地的省级财政部门报告,并在报告日后60日内自行整改。

省级财政部门在日常管理、监督检查中发现会计师事务所及其分所未持续符合执业许可条件的,应当责令其在60日内整改。

整改期满,会计师事务所及其分所仍未达到执业许可条件的,由所在地的省级财政部门撤销执业许可并予以公告。

第六十条　会计师事务所和注册会计师必须按照执业准则、规则的要求,在实施必要的审计程序后,以经过核实的审计证据为依据,形成审计意见,出具审计报告,不得有下列行为:

（一）在未履行必要的审计程序,未获取充分适当的审计证据的情况下出具审计报告；
（二）对同一委托单位的同一事项,依据相同的审计证据出具不同结论的审计报告；
（三）隐瞒审计中发现的问题,发表不恰当的审计意见；
（四）为被审计单位编造或者伪造事由,出具虚假或者不实的审计报告；
（五）未实施严格的逐级复核制度,未按规定编制和保存审计工作底稿；
（六）未保持形式上和实质上的独立；
（七）违反执业准则、规则的其他行为。

第六十一条　注册会计师不得有下列行为:
（一）在执行审计业务期间,在法律、行政法规规定不得买卖被审计单位的股票、债券或者不得购买被审计单位或者个人的其他财产的期限内,买卖被审计单位的股票、债券或者购买被审计单位或者个人所拥有的其他财产；
（二）索取、收受委托合同约定以外的酬金或者其他财物,或者利用执行业务之便,谋取其他不正当利益；
（三）接受委托催收债款；
（四）允许他人以本人名义执行业务；
（五）同时在两个或者两个以上的会计师事务所执行业务；
（六）同时为被审计单位编制财务会计报告；
（七）对其能力进行广告宣传以招揽业务；
（八）违反法律、行政法规的其他行为。

第六十二条　会计师事务所不得有下列行为:
（一）分支机构未取得执业许可；
（二）对分所未实施实质性统一管理；
（三）向省级以上财政部门提供虚假材料或者不及时报送相关材料；
（四）雇用正在其他会计师事务所执业的注册会计师,或者允许本所人员以他人名义执行业务,或者明知本所的注册会计师在其他会计师事务所执业而不予制止；
（五）允许注册会计师在本所挂名而不在本所执行业务,或者明知本所注册会计师在其他单位从事获取工资性收入的工作而不予制止；
（六）借用、冒用其他单位名义承办业务；
（七）允许其他单位或者个人以本所名义承办业务；
（八）采取强迫、欺诈、贿赂等不正当方式招揽业务,或者通过网络平台或者其他媒介售卖注册会计师业务报告；

（九）承办与自身规模、执业能力、风险承担能力不匹配的业务；

（十）违反法律、行政法规的其他行为。

## 第六章　法律责任

**第六十三条**　会计师事务所或者注册会计师违反法律法规及本办法规定的，由省级以上财政部门依法给予行政处罚。

违法情节轻微，没有造成危害后果的，省级以上财政部门可以采取责令限期整改、下达监管关注函、出具管理建议书、约谈、通报等方式进行处理。

**第六十四条**　会计师事务所采取隐瞒有关情况、提供虚假材料等手段拒绝提供申请执业许可情况的真实材料的，省级财政部门不予受理或者不予许可，并对会计师事务所和负有责任的相关人员给予警告。

会计师事务所采取欺骗、贿赂等不正当手段获得会计师事务所执业许可的，由省级财政部门予以撤销，并对负有责任的相关人员给予警告。

**第六十五条**　会计师事务所及其分所已办理完工商登记手续但未在规定时间内申请执业许可的，以及违反本办法第二十二条第三款、第三十二条第三款、第四十二条规定的，由省级财政部门责令限期改正，逾期不改正的，通知工商行政管理部门依法进行处理，并予以公告，对其执行合伙事务合伙人、法定代表人或者分所负责人给予警告，不予办理变更、转所手续。

**第六十六条**　会计师事务所有下列情形之一的，由省级以上财政部门责令限期改正，逾期不改正的可以按照本办法第六十三条第二款的规定进行处理：

（一）未按照本办法第二十三条规定办理转所手续的；

（二）分所名称不符合本办法第二十六条规定的；

（三）未按照本办法第三十三条至三十五条第一款规定办理有关变更事项备案手续的。

**第六十七条**　会计师事务所违反本办法第六十条第一项至第四项规定的，由省级以上财政部门给予警告，没收违法所得，可以并处违法所得1倍以上5倍以下的罚款；情节严重的，并可以由省级以上财政部门暂停其执业1个月到1年或者吊销执业许可。

会计师事务所违反本办法第六十条第五项至第七项规定，情节轻微，没有造成危害后果的，按照本办法第六十三条第二款的规定进行处理；情节严重的，由省级以上财政部门给予警告，没收违法所得。

**第六十八条**　会计师事务所违反本办法第二十四条、第六十二条第二项至第十项规定的，由省级以上财政部门责令限期整改，未按规定期限整改的，对会计师事务所给予警告，有违法所得的，可以并处违法所得1倍以上3倍以下罚款，最高不超过3万元；没有违法所得的，可以并处以1万元以下的罚款。对会计师事务所首席合伙人（主任会计师）等相关管理人员和直接责任人员可以给予警告，情节严重的，可以并处1万元以下罚款；涉嫌犯罪的，移送司法机关，依法追究刑事责任。

**第六十九条**　会计师事务所违反本办法第四十四条、第五十四条规定的，由省级以上财政部门对会计师事务所给予警告，可以并处1万元以下的罚款；对会计师事务所首席合伙人（主任会计师）等相关管理人员和直接责任人员给予警告，可以并处1万元以下罚款。

**第七十条**　注册会计师违反本办法第六十条第一项至第四项规定的，由省级以上财政部门给予警告；情节严重的，可以由省级以上财政部门暂停其执行业务1个月至1年或者吊销注册会计师证书。

注册会计师违反本办法第六十条第五项至第七项规定的，情节轻微，没有造成危害后果的，按照本办法第六十三条第二款的规定进行处理；情节严重的，由省级以上财政部门给予警告。

**第七十一条**　注册会计师违反本办法第六十一条规定，情节轻微，没有造成危害后果的，按照本办法第六十三条第二款的规定进行处理；情节严重的，由省级以上财政部门给予警告，有违法所得的，可以并处违法所得1倍以上3倍以下的罚款，最高不超过3万元；没有违法所得的，可以并处以1万元以下罚款。

**第七十二条**　法人或者其他组织未获得执业许可，或者被撤销、注销执业许可后继续承办注册会计师法定业务的，由省级以上财政部门责令其停止违法活动，没收违法所得，可以并处违法所得1倍以上5倍以下的罚款。

会计师事务所违反本办法第六条第二款规定的，适用前款规定处理。

**第七十三条**　会计师事务所或者注册会计师违反本办法的规定，故意出具虚假的审计报告、验资报告，涉嫌犯罪的，移送司法机关，依法追究刑事责任。

**第七十四条**　省级以上财政部门在作出较大数额罚款、暂停执业、吊销注册会计师证书或者会计师事务所执业许可的决定之前，应当告知当事人有要求听证的权利；当事人要求听证的，应当按规定组织听证。

**第七十五条**　当事人对省级以上财政部门审批和监督行为不服的，可以依法申请行政复议或者提起行政诉讼。

**第七十六条** 省级以上财政部门的工作人员在实施审批和监督过程中,滥用职权、玩忽职守、徇私舞弊或者泄露国家秘密、商业秘密的,按照《公务员法》等国家有关规定追究相应责任;涉嫌犯罪的,移送司法机关,依法追究刑事责任。

## 第七章 附 则

**第七十七条** 本办法所称"注册会计师"是指中国注册会计师;所称"注册会计师执业资格"是指中国注册会计师执业资格。

本办法所称"以上"、"以下"均包括本数或者本级。本办法规定的期限以工作日计算,不含法定节假日。

**第七十八条** 具有注册会计师执业资格的境外人员可以依据本办法申请担任会计师事务所合伙人(股东)。

其他国家或者地区对具有该国家或者地区注册会计师执业资格的中国境内居民在当地设立会计师事务所、担任会计师事务所合伙人(股东)或者执业有特别规定的,我国可以采取对等管理措施。

**第七十九条** 本办法施行前已经取得的会计师事务所及其分所执业许可继续有效,发生变更事项的,其变更后的情况应当符合本办法的规定。

会计师事务所申请转制为普通合伙或者特殊普通合伙会计师事务所的,转制办法另行制定。

**第八十条** 注册会计师协会是由会计师事务所和注册会计师组成的社会团体,依照《注册会计师法》履行相关职责,接受财政部和省级财政部门的监督、指导。

**第八十一条** 本办法自2017年10月1日起施行。财政部2005年1月18日发布的《会计师事务所审批和监督暂行办法》(财政部令第24号)同时废止。

# 七、人大代表建议、政协委员提案答复

## 对十四届全国人大一次会议第2988号建议的答复
### ——关于进一步完善社会信用制度的建议

· 2023年9月8日

你们提出的关于进一步完善社会信用制度的建议收悉。经认真研究，现答复如下。

党中央、国务院高度重视社会信用体系建设。近年来，我委以习近平新时代中国特色社会主义思想为指导，全面贯彻党的二十大精神，充分发挥社会信用体系建设牵头部门作用，深入推进社会信用体系建设，加快推动社会信用立法，持续完善失信约束制度，取得了重要进展和积极成效，为优化营商环境、推动高质量发展发挥了积极作用。你们提出的关于进一步完善社会信用制度的建议具有很强的针对性和重要参考价值，我们将会同有关部门认真研究。结合你们的建议，现将有关情况及下一步考虑报告如下：

**一、加快推进社会信用立法**

十四届全国人大常委会将社会信用立法纳入了立法规划第二类立法项目。我委牵头研究起草《中华人民共和国社会信用建设法》草案文本，已先后多轮征求地方和有关部门意见，并向社会公开征求意见。草案文本中对完善失信惩戒制度、建立健全信用修复机制等提出了明确要求。同时，推动地方立法，目前已有25个省（区、市）出台专门的社会信用相关地方性法规，另有6个省（市）已将信用相关条例纳入地方人大常委会立法计划。

**二、规范和完善失信约束制度**

2020年12月，我委报请国办印发《国务院办公厅关于进一步完善失信约束制度构建诚信建设长效机制的指导意见》（国办发〔2020〕49号，以下简称《指导意见》），明确要求对失信主体采取减损权益或增加义务的惩戒措施，必须基于具体的失信行为事实，直接援引法律、法规或者党中央、国务院政策文件为依据，并实行清单制管理。正如你们提出的应依法依规开展失信惩戒的建议，根据《指导意见》要求，我委牵头编制了《全国公共信用信息基础目录（2022年版）》《全国失信惩戒措施基础清单（2022年版）》（以下简称目录、清单），明确公共信用信息范围、失信惩戒措施内容及所依据的相关法律法规条款，规定公共管理机构不得超出清单所列范围采取对相关主体减损权益或增加义务的失信惩戒措施。

为解决部分地区失信惩戒措施泛化滥用问题，我委在2022年版清单中提出，除国家清单所列失信惩戒措施外，地方性法规对相关主体减损权益或增加义务的失信惩戒措施有特殊规定的，或地方公共管理机构需要实施不涉及减损信用主体权益或增加义务的相关管理措施，地方社会信用体系建设牵头部门可会同有关部门（单位），依据地方性法规编制仅适用于本地区的失信惩戒措施补充清单。同时，我们对失信惩戒泛化滥用问题进行了专项整治，建立了大数据监测机制，实施台账管理，发现一起、纠正一起，引导地方依法依规开展失信惩戒。

根据2022年版清单，考虑到"依法依规纳入失信被执行人名单"惩戒措施的实施主体为人民法院，我委将会同最高人民法院认真研究你们提出的涉及失信被执行人的意见建议。

**三、持续完善信用修复制度**

2019年4月，我委印发《国家发展改革委办公厅关于进一步完善"信用中国"网站及地方信用门户网站行政处罚信息信用修复机制的通知》，进一步完善信用修复机制，减轻基层工作负担。2023年1月，我委印发《失信行为纠正后的信用信息修复管理办法（试行）》（国家发展改革委令第58号），主要目的就是解决信用救济和修复等问题，帮助经营主体重塑良好信用。

感谢你们对发展改革工作的关心和支持。

欢迎登录我委门户网站（www.ndrc.gov.cn），了解国家经济和社会发展政策、经济建设和社会发展情况、经济体制改革方面的重要信息。

# 对十四届全国人大一次会议第 5731 号建议的答复

## ——关于加快构建全国公共资源交易统一市场的建议

· 2023 年 8 月 19 日

您提出的关于加快构建全国公共资源交易统一市场的建议收悉。经商国资委，现答复如下。

您在建议中指出，自《国务院办公厅关于印发整合建立统一的公共资源交易平台工作方案的通知》（国办发〔2015〕63 号，以下简称 63 号文件）印发以来，我国公共资源交易平台市场进入了新的发展阶段，公共资源交易平台的经济功能和公共价值日渐显现，在建设高标准市场体系、现代化经济体系、推动中国行政改革方面发挥了重要作用，但在组织实施中，全国各地公共资源交易平台建设存在职能定位不清晰、行为不规范等问题，仍需持续改革和优化，我们非常赞同。

### 一、关于公共资源交易平台的职能定位和组织形式

近年来，国家层面多次发文明确公共资源交易平台的公共服务职能定位。63 号文件规定："统一的公共资源交易平台由政府推动建立，坚持公共服务职能定位，实施统一的制度规则、共享的信息系统、规范透明的运行机制。"《国务院办公厅转发国家发展改革委关于深化公共资源交易平台整合共享指导意见的通知》（国办函〔2019〕41 号，以下简称 41 号文件）进一步强调："强化公共服务定位，公共资源交易中心作为公共资源交易平台主要运行服务机构，应不断优化见证、场所、信息、档案、专家抽取等服务。"《公共资源交易平台管理暂行办法》（国家发展改革委等 14 部门令 2016 年第 39 号，以下简称 39 号令）规定："公共资源交易平台应当立足公共服务职能定位，坚持电子化平台的发展方向，遵循开放透明、资源共享、高效便民、守法诚信的运行服务原则。"

公共资源交易中心作为公共资源交易平台主要的运行服务机构，其单位性质目前国家没有明确限定，由各地结合实际合理确定。在推进平台整合过程中，绝大部分省市设立了性质为公益一类或公益二类事业单位的公共资源交易中心。近年来，重庆、广东、江西、深圳、广州等地结合深化事业单位改革工作，组建了企业性质的公共资源交易集团，按照市场规则开展专业化运营。

我们认为，公共资源交易平台整合工作尚处在改革过程中，应当给地方探索创新不同的平台运行服务机构运作模式留出一定空间。同时，公共资源交易具有特殊属性，其服务行为不能实行完全的市场化。无论何种机构性质的公共资源交易中心，都应当坚持公共服务的职能定位。39 号令规定，公共资源交易平台运行服务机构及其工作人员不得行使任何审批、备案、监管、处罚等行政监督管理职能，不得违法从事或强制指定招标、拍卖、政府采购代理、工程造价等中介服务，不得干涉交易主体选择依法建设和运行的公共资源电子交易系统，提供公共服务确需收费的不得以营利为目的。这些要求，对各种机构性质的公共资源交易中心都一致适用。

### 二、关于公共资源交易中心服务中存在的问题

关于部分公共资源交易平台以拍卖方式进行有关公共资源交易活动的问题。《拍卖法》规定，拍卖是指以公开竞价的形式，将特定物品或者财产权利转让给最高应价者的买卖方式；该法适用于中华人民共和国境内拍卖企业进行的拍卖活动。目前，公共资源交易中心进行的土地使用权、矿业权拍卖活动，以及非拍卖性质的网络竞价活动不属于《拍卖法》的调整范围；事业单位性质的公共资源交易中心进行的拍卖活动，也不属于《拍卖法》的调整范围；企业性质的公共资源交易中心，在开展拍卖活动时，应根据《拍卖法》《拍卖监督管理办法》取得从事拍卖业务的许可。交易发起人在开展拍卖活动时，是否委托专业拍卖企业属于交易发起人的权利，公共资源交易平台不得限制交易发起人自主选择拍卖企业，也不得限制交易发起人自主选择的拍卖企业进入公共资源交易平台开展中介服务。

公共资源交易中心提供的交易服务具有公共服务和综合服务的性质，不取代有关中介机构提供的专业服务，更不得限制、排斥、违法从事或者强制指定中介服务。63 号文件规定，各级公共资源交易平台不得取代依法设立的其他交易机构和代理机构从事的相关服务，不得违法从事或强制指定招标、拍卖等中介服务；公共资源交易平台应与依法设立的相关专业服务机构加强业务衔接，保证法定职能正常履行；鼓励电子交易系统市场化竞争，各地不得限制和排斥经营主体依法建设运营的电子交易系统与电子交易公共服务系统对接。41 号文件规定："除法律法规明确规定外，公共资源交易中心不得代行行政监管职能，不得限制交易主体自主权。" 39 号令规定，公共资源交易平台运行服务机构及其工作人员不得违法从事或强制指定招标、拍卖、政府采购代理、工程造价等中介服务；不得干涉交易主体选择依法建设和运行的公共资源电子交易系统；公共资源交易平台应当按照国家统一的技术标准和数据规范，建立公共资源交易电子服务系统，开放对接各类主体依法建设的公共资源电子交易

系统。

当前部分地方公共资源交易平台分散设立且层级不高，无法有效整合利用各类资源，公共资源交易中心在专业素质、人员结构等方面存在不少问题，影响了服务水平的提升。63号文件规定，设区的市级以上地方政府应整合建立本地区统一的公共资源交易平台。县级政府不再新设公共资源交易平台，已经设立的应整合为市级公共资源交易平台的分支机构；个别需保留的，由省级政府根据县域面积和公共资源交易总量等实际情况，按照便民高效原则确定，并向社会公告。我委认真贯彻落实63号文件精神，大力推动分散设立的平台有效整合，全国各类交易平台从4100余个整合为1400余个，数量大幅减少。

三、关于公共资源交易平台的法律制度

63号文件、41号文件和39号令印发以来，我们认真贯彻落实，积极推进公共资源交易平台职责法定化。《疫苗管理法》《疫苗流通和预防接种管理条例》《行政事业性国有资产管理条例》《土地管理法实施条例》等法律、行政法规中均明确规定公共资源交易平台承担相关交易的法定职责。公共资源交易平台的顶层法规制度支撑越来越巩固，职能定位越来越明晰。与此同时，越来越多的地方先行先试开展公共资源交易管理综合立法，《湖南省公共资源交易监督管理办法》《合肥市公共资源交易管理条例》《宁波市公共资源交易管理条例》等地方性法规规章相继出台，有力推进了公共资源交易平台法治化、规范化。

完善分类统一的交易制度规则，是公共资源交易平台整合工作的重点之一。63号文件对统一规则体系、开展规则清理作出明确规定，要求我委会同有关部门制定全国统一的公共资源交易平台管理办法；有关部门要根据工程建设项目招标投标、土地使用权和矿业权出让、国有产权交易、政府采购等法律法规和交易特点，制定实施全国分类统一的平台交易规则和技术标准；各省级政府要根据全国统一的规则和办法，结合本地区实际，制定平台服务管理细则，完善服务流程和标准，对本地区各级政府和有关部门发布的公共资源交易规则进行清理，清理过程和结果应在省级公共资源交易平台进行公告，接受社会监督。41号文件进一步要求，不断完善分类统一的交易制度规则、技术标准和数据规范；抓紧做好招标投标、自然资源资产转让、国有产权交易、政府采购等公共资源交易领域法律法规规章的立改废释工作；完善制度规则清理长效机制，我委要会同有关部门抓紧对不符合整合共享要求的全国性公共资源交易制度规则进行清理，制定实施全国统一的公共资源交易服务标准，按程序发布实施全国公共资源交易目录指引；各省级人民政府要定期对本行政区域公共资源交易制度规则进行清理并及时公告清理过程和结果，接受社会监督。我委相关文件要求各地完善制度文件清理工作机制，及时修订废止违背上位法或改革精神的文件，清理废除妨碍统一市场和公平竞争的各种规定和做法，并在2018年9月底前公布本地区公共资源交易领域现行有效制度文件目录，配套建立动态调整机制，确保本地区公共资源交易规则公开透明、协调统一。

近年来，我委会同有关部门认真贯彻落实党中央、国务院关于整合建立统一的公共资源交易平台工作部署，努力推动形成统一的公共资源交易制度体系。先后制定发布《公共资源交易平台管理暂行办法》《公共资源交易评标专家专业分类标准》《公共资源交易平台系统数据规范》《公共资源交易平台服务标准（试行）》《全国公共资源交易目录指引》《公共资源交易领域基层政务公开标准指引》等制度标准。以《公共资源交易平台管理暂行办法》为"1"，以交易综合服务、交易目录指引、信息公开、联合惩戒、系统运行等制度规则为"N"；以系统数据规范、专家分类标准等技术标准为"X"的"1+N+X"制度体系基本确立。

四、下一步工作考虑

正如您在建议中指出的，当前一些地方公共资源交易平台确实存在开展的服务与职能定位有偏差的问题，公共资源交易专业水平提升等方面也还有很大空间。下一步，我委将会同有关部门认真落实63号文件、41号文件精神，加强对各地公共资源交易平台整合工作的指导督促，重点做好以下工作。

一是持续推进"应进必进"，加快平台互联互通。按照《中共中央、国务院关于加快建设全国统一大市场的意见》的要求，我委将深入研究各类公共资源交易纳入统一平台体系的标准和方式，指导各地积极推动各类公共资源交易纳入统一平台体系，做到"应进必进"。推动《全国公共资源交易目录指引》修订工作，对于应该或可以通过市场化方式配置的公共资源，加快推进纳入交易目录清单。研究建设全国统一的公共资源交易主体库，同时指导地方建立省级统一的交易主体库，实现交易主体注册登记信息的共享互认。在组织起草《网络共享数字证书技术标准》并开展标准验证的基础上，逐步扩大数字证书互认范围，加快实现数字证书全国共享互认。

二是进一步强化公共资源交易平台的公共服务职能

定位。我委将研究出台相关政策文件，进一步明确公共资源交易平台的公共服务职能定位，强调平台运行服务机构不得违法代行行政监管职能，不得违法从事或强制指定招标、拍卖、政府采购代理、工程造价、公证等中介服务，不得干预交易活动正常进行和限制交易主体自主权，严格公共资源交易平台收费管理。国资委将持续推动产权市场建设，清理关停不合规交易场所，推动同一区域同类别交易场所整合，指导省级国资委选择操作规范的产权交易机构进行国有资产交易，推动各地产权交易机构与公共资源交易平台对接，实现统一信息披露、统一交易规则、统一交易系统数据接口标准、统一过程监测、统一结果公示。

三是进一步完善分类统一的公共资源交易制度规则体系。会同有关部门按照职责分工，加强相关领域公共资源交易法律法规规章的立改废释工作。加快推动《招标投标法》《政府采购法》修订进程，进一步夯实公共资源交易的法治基础。督促各地区落实公共资源交易制度规则清理长效机制，进一步加大制度规则清理整合力度，做好本地区现行有效公共资源交易制度规则公开目录的动态更新。在此基础上，积极探索在全国公共资源交易平台汇总公开公共资源交易法律法规总目录，营造统一、规范、透明的交易制度环境。

感谢您对发展改革工作的关心和支持。

欢迎登录我委门户网站（www.ndrc.gov.cn），了解国家经济和社会发展政策、经济建设和社会发展情况、经济体制改革方面的重要信息。

## 对十四届全国人大一次会议第 3735 号建议的答复

—— 关于进一步盘活存量资产促进有效投资的建议

· 2023 年 7 月 20 日

你们提出的关于进一步盘活存量资产促进有效投资的建议收悉。经商财政部、中国人民银行、中国证监会，现答复如下。

**一、盘活存量资产工作情况**

去年 5 月，我委报请国务院办公厅印发《关于进一步盘活存量资产扩大有效投资的意见》（国办发〔2022〕19 号），提出聚焦盘活存量资产重点方向、优化完善存量资产盘活方式、加大盘活存量资产政策支持、用好回收资金增加有效投资、严格落实各类风险防控举措、建立工作台账强化组织保障等六方面工作措施。文件印发以来，我委深入贯彻落实文件要求，积极采取有效措施，推动盘活存量资产、扩大有效投资工作取得实效。近日，我委进一步明确上海证券交易所等 25 家单位作为盘活存量资产支撑机构，要求各机构积极推进工作，推动项目落地，更好发挥示范引领作用，带动更多地方和机构提升盘活意愿和能力。

下一步，我委拟商请有关部门，共同研究出台支持央企和地方国有企业等盘活存量资产的新的具体措施，调动民间投资参与积极性，鼓励进一步加大盘活存量资产工作力度，合理扩大有效投资。

**二、基础设施 REITs 有关情况**

2020 年 4 月，我委、证监会联合启动基础设施 REITs 试点。截至 2023 年 6 月底，已有 32 个基础设施 REITs 项目（包括 4 个扩募项目）成功发行，共发售基金 975 亿元，其中用于新增投资的净回收资金超过 400 亿元，可带动新项目总投资超过 4700 亿元。产品上市以来，市场参与积极性持续提高，基础设施 REITs 盘活存量资产、合理扩大有效投资的示范效应逐步显现。

下一步，我委将持续加强项目前期培育，推动更多符合条件的项目发行基础设施 REITs，同时进一步研究完善基础设施 REITs 制度设计，推动基础设施 REITs 市场健康发展。

感谢你们对发展改革工作的关心和支持。

欢迎登录我委门户网站（www.ndrc.gov.cn），了解国家经济和社会发展政策、经济建设和社会发展情况、经济体制改革方面的重要信息。

## 对十三届全国人大五次会议第 1434 号建议的答复

—— 关于降低中小企业市场准入门槛、支持中小企业融入发展的建议

· 2022 年 10 月 25 日

您提出的关于降低中小企业市场准入门槛、支持中小企业融入发展的建议收悉。经认真研究并商国资委，现答复如下。

您指出的中小企业在参与招标投标过程中面临销售业绩、人员构成、试验报告等方面问题从而制约其进一步发展的情况，现实中确实存在，我委与相关部门都高度重视。有关放宽大型央企国企投标中销售业绩设限的建议，对于保障中小企业公平参与招标投标活动，促进中小企业持续健康发展具有重要意义；有关在国家重大工程

招标项目中提倡重点考核中小企业的创新能力和企业质量信用评价，降低中小企业中高级职称人数得分等建议非常中肯、有价值；有关在央企国企招标采购中尽可能减少中小民营企业投标成本等建议，具有重要的指导意义和参考价值。

## 一、关于放宽大型央企国企投标中销售业绩的设限

我委大力推动招标投标活动依法平等对待各类所有制和不同地区的市场主体，努力消除招投标中的各类不合理限制和壁垒。2019年8月，我委联合相关部门印发《工程项目招投标领域营商环境专项整治工作方案》（发改办法规〔2019〕862号），要求在工程领域消除招投标过程中对不同所有制企业特别是民营企业、外资企业设置的各类不合理限制和壁垒，切实有效解决招投标活动中市场主体反映强烈的突出问题，保障不同所有制企业公平参与市场竞争。

2021年2月，我委联合有关部门发布《关于建立健全招标投标领域优化营商环境长效机制的通知》（发改法规〔2021〕240号），各地制定有关招标投标制度规则，要严格落实《优化营商环境条例》要求，认真开展公平竞争审查、合法性审核，充分听取市场主体、行业协会商会意见，并向社会公开征求意见。没有法律、法规或者国务院决定和命令依据的，规范性文件不得减损市场主体合法权益或者增加其义务，不得设置市场准入和退出条件。

2022年7月，我委联合工业和信息化部、公安部等部门印发《关于严格执行招标投标法规制度 进一步规范招标投标主体行为的若干意见》（发改法规〔2022〕1117号），要求招标文件中资质、业绩等投标人资格条件要求和评标标准应当以符合项目具体特点和满足实际需要为限度审慎设置，不得通过设置不合理条件排斥或者限制潜在投标人。依法必须招标项目不得提出注册地址、所有制性质、市场占有率、特定行政区域或者特定行业业绩、取得非强制资质认证、设立本地分支机构、本地缴纳税收社保等要求，不得套用特定生产供应者的条件设定投标人资格、技术、商务条件。

国资委建立国resources国企在线监管系统，与各中央企业进行全面对接，加强各企业采购交易行为的动态监管，有效防止企业通过不合理条件限制排斥中小企业参与竞争。稳步建设采购交易寻源询价系统，推动企业在更大范围内开展寻源询价，充分运用商品和供应商信息，营造公平公正、阳光透明的市场环境。

下一步，我委将会同有关部门，指导各地方、各行业加快建设招标投标领域优化营商环境长效机制，持续纠正排斥限制中小企业参与招标投标活动的各类做法。同时，研究制定规范国有企业集中采购的政策文件，对国有企业在采购活动中公平对待各类市场主体提出明确要求，纵深推进国企招标采购数字化转型，营造公平竞争的招标投标市场环境。

## 二、关于在国家重大工程招标项目中提倡重点考核中小企业的创新能力和企业质量信用评价

2019年8月以来，我委会同有关部门深入开展招标领域营商环境专项整治，将设定明显超出招标项目具体特点和实际需要的过高的资质资格、技术、商务条件或者业绩、奖项要求，简单以注册人员、业绩数量等规模条件或者特定行政区域的业绩奖项评价企业的信用等级，设置对不同所有制企业构成歧视的信用评价指标等列入专项整治重点内容，有力纠正了一批排斥限制中小企业参与招标投标活动的做法。

2020年7月，我委向国务院上报《招标投标法（修订草案送审稿）》（以下简称《修订草案》）。在《修订草案》中，专门增加相应条款，鼓励招标人合理设置科技创新、节约能源资源、生态环保等要求和条件，倡导绿色采购，并强调禁止招标文件套用特定生产供应者的条件设定招标项目技术标准，为高质量、创新型产品进入市场营造良好环境。

下一步，我委将积极配合司法部加快《招标投标法》修订进程，在《修订草案》中进一步细化完善鼓励创新、推动高质量发展的条款。

## 三、关于在央企国企招投标中减少中小民营企业的投标成本

2020年2月我委发布《关于积极应对疫情创新做好招投标工作保障经济平稳运行的通知》（发改电〔2020〕170号），鼓励招标人对简单小额项目不要求提供投标担保，对中小企业投标人免除投标担保，减轻企业负担。

2022年5月我委印发《关于做好2022年降成本重点工作的通知》（发改运行〔2022〕672号），要求着力破除所有制歧视、地方保护等不合理限制，清理取消对不同所有制企业、外地投标人设置的招投标不合理限制和壁垒，营造公平竞争的招投标市场环境。全面推行电子化招投标，实现招标公告公示、招标文件发布、投标、开标、评标专家抽取、异议澄清补正、合同签订、工程款支付等业务全流程在线办理。

2022年5月以来，落实《国务院关于印发扎实稳住经济一揽子政策措施的通知》（国发〔2022〕12号）要求，我委会同有关部门正在加紧制定在招投标领域全面推行

保函(保险)替代现金缴纳投标、履约、工程质量等保证金,鼓励招标人对中小微企业投标人免除投标担保等政策措施。

国资委指导中央企业进一步发挥示范带动作用,探索发展供应链金融,有序解决中小企业融资难、融资贵等问题,支持和带动供应链上下游企业共同发展。

下一步,我委将会同有关部门加快出台降低市场主体招标投标成本、支持中小企业发展的政策文件,完善投标、履约、工程质量等保证金缴纳方式,大力推广电子保函(保险)。同时,加快建设招标投标领域优化营商环境长效机制,加大对超出项目实际需求设置不合理型式试验报告有效期等行为的纠治力度,营造有利于中小企业发展的制度环境,促进招投标市场规范健康发展。

感谢您对发展改革工作的关心和支持。

欢迎登录我委门户网站(www.ndrc.gov.cn),了解国家经济和社会发展政策、经济建设和社会发展情况、经济体制改革方面的重要信息。

## 对十三届全国人大五次会议第5028号建议的答复

### ——关于进一步推动银发经济发展的建议

· 2022年9月22日

您提出的关于进一步推动银发经济发展的建议收悉。经商工业和信息化部、民政部、国家卫生健康委,现答复如下。

我国老龄人口已达2.67亿人,人口老龄化是我国的基本国情,对经济社会发展具有深刻而长远的影响。客观认识人口老龄化形势,充分利用有利条件,抢抓战略机遇期,发展银发经济,是实施积极应对人口老龄化国家战略、挖潜培育经济新动能的重要举措。党和国家高度重视发展银发经济。习近平总书记强调,我国老年群体数量庞大,老年人用品和服务需求巨大,老龄服务事业和产业发展空间十分广阔,要着力发展养老服务业和老龄产业。当前,银发经济方兴未艾,未来可期,政策和实践层面都有待进一步深化。对于推动银发经济发展,您提出要改变对老龄群体的传统认知、理解老龄群体的消费特点、认清老龄用品的消费对象等三点认识,对我们进一步研究银发经济内涵外延和促进发展的有效举措具有重要参考价值。近年来,我委会同有关部门落实党中央、国务院决策部署,制定出台一系列相关规划和政策文件,逐步夯实支持银发经济发展的政策基础。

一是完善顶层设计。2019年,我委会同相关部门报请党中央、国务院印发《国家积极应对人口老龄化中长期规划》,将打造高质量的为老服务和产品供给体系作为应对人口老龄化制度框架的重要内容,提出发展银发经济,推动老年产品市场提质扩容,推动养老服务业融合发展。2021年,"十四五"规划《纲要》提出,要发展银发经济,开发适老化技术和产品,培育智慧养老等新业态。随后印发的《中共中央 国务院关于加强新时代老龄工作的意见》,进一步提出加强规划引导、发展适老产业等积极培育银发经济的任务部署。

二是营造发展环境。在推动银发经济发展过程中,注重创造条件鼓励地方因地制宜探索创新。比如,我委推动以市地级城市为单位制定"一老一小"整体解决方案,指导各地统筹考虑服务体系建设、事业产业发展、要素保障支撑等方面,在推进养老服务体系整体解决中探索事业和产业协同发展的有效路径。我委与民政部、国家卫生健康委开展积极应对人口老龄化重点联系城市机制工作,推动积极应对人口老龄化综合创新,支持各地重点在发展银发经济等方面先行先试。国家卫生健康委开展全国示范性老年友好型社区创建工作,推动提升社区服务能力和水平,更好地满足老年人在健康服务、养老服务、社会参与等方面的需要。

三是加强产业引导。我委牵头编制并报请国务院印发《"十四五"国家老龄事业发展和养老服务体系规划》,设置"大力发展银发经济"专章,提出发展壮大老年用品产业、促进老年用品科技化智能化升级、有序发展老年人普惠金融服务等政策举措,为银发经济发展提供规划指引。国家卫生健康委等部门印发《关于促进老年用品产业发展的指导意见》,着力促进老年用品创新发展,夯实产业发展基础,加快构建老年用品产业体系。工业和信息化部等部门印发《智慧健康养老产业发展行动计划(2021-2025)》,聚焦"适老化产品改造、丰富智慧健康养老产品和服务供给"关键问题,推动适老化智能终端产业高质量发展。国家统计局制定《健康产业统计分类(2019)》《养老产业统计分类(2020)》,为相关部门制定政策、规范产业发展标准和行业监管提供有力统计保障。

四是推动科技融合。我委牵头制定并报请国办印发《关于切实解决老年人运用智能技术困难的实施方案》,聚焦涉及老年人的高频事项和服务场景,推动相关部门完善便利老年人使用智能化产品和服务的政策措施,多措并举解决老年人"数字鸿沟"问题。2018年和2020年,工业和信息化部等部门发布《智慧健康养老产品及服务推广目录》，遴选出 118 项智慧健康养老产品和 120 项智慧健康养老服务，促进智慧健康养老优秀产品和服务推广应用。国家卫生健康委会同有关部门开展智慧养老应用试点示范，创建了一批示范企业、街道（乡镇）、基地。

下一步，我委将会同有关部门认真贯彻落实党中央、国务院决策部署，从国家战略层面支持银发经济发展，进一步完善规划政策体系，抓好政策落实，引导社会力量积极参与，推动相关产业创新发展，持续营造良好的发展环境，推动银发经济发展壮大。

一是优化政策环境。我委将会同相关部门细化落实《国家积极应对人口老龄化中长期规划》及"十四五"国家老龄事业发展和养老服务体系规划》，落实好税收、土地、价格、金融等各项支持政策，深化"放管服"改革，打造创新融合、包容开放的发展环境。

二是发展壮大老年用品产业。从产业规划、产业基金、税费优惠等方面引导国内企业加大研发和生产力度，形成具有竞争力的高智能、高科技、高品质老年人康复辅具产品、照护产品、可穿戴设备、智能养老设备以及适合老年人的日用品、食品、保健品、服饰等产业。

三是推动产业集群发展。鼓励国内外多方共建特色养老产业合作园区，加强市场、规则、标准方面的软联通，打造制造业创新示范高地。优先培育一批带动力强、辐射面广的龙头企业，打造一批产业链长、覆盖领域广、经济社会效益显著的产业集群。

四是鼓励市场主体创新。支持传统服务行业和制造行业细分银发市场，加大创新力度，细化产品和服务门类，针对老年人群的不同年龄、地域、收入和健康状况，提供适老化、多层次的产品和服务。

五是营造良好社会氛围。推动积极应对人口老龄化重点联系城市围绕服务体系创新、业态模式创新、要素支持创新、适老环境创新、体制机制创新等领域开展探索。适时总结和宣传重点联系城市的创新举措和实施效果，为全国提供可复制、可推广的积极应对人口老龄化经验。

感谢您对发展改革工作的关心和支持。

欢迎登录我委门户网站（www.ndrc.gov.cn），了解国家经济和社会发展政策、经济建设和社会发展情况、经济体制改革方面的重要信息。

## 关于政协十四届全国委员会第一次会议第 00362 号（经济发展类 045 号）提案答复的函

### ——关于优化营商环境的提案

·2023 年 10 月 17 日

您提出的关于优化营商环境的提案收悉。经商国务院办公厅、人力资源社会保障部、教育部，现答复如下。

您提出的切实提高审批效率和服务水平、构建亲清政商关系、扎实做好产业基础服务供给侧改革等建议，具有很强的针对性和可操作性，对进一步优化营商环境、激发市场活力和推动服务型政府建设具有重要参考价值。

**一、关于切实提高审批效率和服务水平**

近年来，国务院办公厅、我委等部门认真贯彻落实党中央、国务院关于转变政府职能、优化营商环境的决策部署，会同有关方面持续深化行政审批制度改革，不断提高行政效率和公信力，提升政务服务标准化、规范化、便利化水平，推动营商环境进一步优化。一是提高行政审批效率。推动印发和更新《法律、行政法规、国务院决定设定的行政许可事项清单》，将"固定资产投资项目核准"等全部行政许可事项纳入清单管理，着力明晰行政许可权力界，为企业群众打造更加公平高效的审批环境。积极支持和鼓励各地区、各部门回应企业群众关切，不断探索优化审批服务的创新举措，在法定权限内作出有利于行政相对人的优化调整，切实提升企业群众获得感和满意度。二是"打造'互联网+政务服务平台'"。支持建设国家政务服务平台项目，通过项目建设，进一步推动构建统一规范、多级联动的政务服务"全国一张网"，促进全国网上政务服务体系健康有序发展。优化网上办事服务，推动全面提升全国一体化政务服务平台服务能力，支持充分运用大数据、人工智能、物联网等新技术，推出惠企政策"免申即享"、政务服务地图、"一码办事"等更多创新应用模式，提升智慧化精准化个性化服务水平。三是提升政务服务水平。出台《关于加快推进政务服务标准化规范化便利化的指导意见》，对进一步优化政务服务作出系统设计和工作部署。优化政务服务场所办事服务，推动政务服务中心综合窗口全覆盖，实现"一窗受理、综合服务"，并统一提供咨询、引导等服务。推动设置"办不成事"反映窗口，解决企业和群众办事过程中遇到的疑难事项和复杂问题。要求各地区各部门加强政策宣传，通过政府网站、政务新媒体、政务服务平台等向社会及时提供通俗易懂的政策解读。四是规范和优化中介服务。要求各地区各部门进一步清理政务服务领域没有法律法规或国务院决定依据的中介服务事项，完善中介服务网上交易平台，推动中介服务机构公开服务指南。

下一步，国务院办公厅、我委将继续加强顶层设计和统筹协调，抓好《关于加快推进政务服务标准化规范化便利化的指导意见》督促落实。推动数据整合共享，充分发挥国家政务服务平台、政务数据共享交换平台作用，提升"互联网+政务服务"水平，继续增强服务意识、发展意识，提升政务服务效能，推动政务服务运行标准化、服务供给规范化、企业和群众办事便利化。助力更好服务经济社会发展大局，更好满足人民日益增长的美好生活需要。

**二、关于构建亲清政商关系**

2022年2月，我委会同有关部门印发《关于促进工业经济平稳增长的若干政策的通知》，明确提出"加大中小微企业设备器具税前扣除力度，扩大地方'六税两费'减免政策适用主体范围，降低企业社保负担"等政策措施，同时配合相关部门扎实推动《中小企业促进法》《关于促进中小企业健康发展的指导意见》《助力中小微企业稳增长调结构强能力若干措施》等政策文件落实落地，不断优化营商环境，保障经营主体合法权益，促进中小微企业健康发展。2019年10月以来，我委推动出台《优化营商环境条例》(以下简称《条例》)，组织《条例》宣讲解读活动，引导和督促各地方各部门对照《条例》具体规定，转变政府职能，规范政府行为，从经营主体保护、市场环境、政务服务、监管执法、法治保障等方面全方位推进营商环境改革。各地区各部门也创新宣传方式方法，运用各类渠道向广大经营主体和社会公众广泛讲解、宣传、普及《条例》有关知识，营造了人人参与营商环境建设的良好氛围。各地区以贯彻落实《条例》为契机，加快优化营商环境重点领域法规建设进程，截至目前28个省(区、市)已制定优化营商环境地方性法规或政府规章。

下一步，我们将重点做好两方面工作。一方面，建立刚性落实企业家参与涉企政策制定制度，充分听取企业家意见建议，并明确分类听取意见时间、程序、场所、人员等规范性要求，让企业家真正参与到经济政策的制定中。另一方面，持续推动《条例》贯彻落实。有针对性地开展制度设计，推动各地方各部门及时做好相关法律法规的立改废释工作，持续完善营商环境法律法规制度体系。重点围绕经营主体反映强烈的营商环境问题，推动《条例》各项规定落细落实落具体，更大力度为各类经营主体投资兴业破堵点、解难题。

**三、关于推进产业基础服务供给侧改革**

近年来，我委、人力资源社会保障部、教育部等部门认真落实《"十四五"就业促进规划》《"十四五"职业技能培训规划》重点任务，推动技能型蓝领培养机制，发展产教融合、校企合作。不断优化金融服务和提高创新驱动水平，保障经营主体合法权益，促进产业融合发展。一是推进技能型蓝领培养机制。我委深入贯彻落实中办、国办印发的《关于推动现代职业教育高质量发展的意见》《关于深化产教融合的若干意见》等文件要求，会同教育部先后出台《国家产教融合建设试点实施方案》《建设产教融合型企业实施办法(试行)》等系列政策措施，明确提出要促进校企人才双向交流，建立健全行业企业深度参与职业教育和高等教育校企合作育人、协同创新的体制机制，推动产业需求更好融入人才培养过程。2023年，我委利用中央预算内投资支持地方建设58个公共实训基地，着力提升地方技能培训基础能力，推进制造业高质量发展和职业技能培训深度融合。教育部优化职业教育专业设置，落实职业教育专业动态调整机制，目前，共设置19个专业大类、97个专业类、1382个专业。完善职业教育专业教学标准，将行业企业最新的标准要求融入教学。加强专业教学资源建设，立足经济社会发展需求和人才培养目标，优化重构教学内容与课程体系。发挥政府、用人单位、社会组织等多元主体作用，建立健全以职业资格评价、职业技能等级认定和专项职业能力考核等为主要内容的技能人才评价制度。二是优化金融服务水平。我委坚持用好用足普惠小微贷款支持工具，继续增加小微企业的首贷、续贷、信用贷。加快敢贷愿贷能贷会贷长效机制建设，继续开展小微、民营企业信贷政策导向效果评估，引导金融机构加大制造业中长期贷款投放力度，加强对创新型、科技型、专精特新中小企业信贷支持。健全全国一体化融资信用服务平台网络，扩展中小微企业信用信息共享覆盖面，继续实施小微企业融资担保降费奖补政策，促进中小微企业融资增量扩面，降低融资担保成本。通过建立投贷联动试点合作机制，加强投资在线平台与银行有关信贷信息系统的互联互通，促进投资项目审批数据与银行信贷等信息资源的整合共享，为重点项目落地提供更加精细化的综合金融服务，为促进民间投资、加强和改进投资项目全生命周期监管提供更加精准化的投融资和建设信息，助力投资主体融资便利化和项目调度、监管精准化，为推动投资高质量发展提供更加有力的信息支撑。三是促进科技成果转化。截至2022年底，我国全社会研发经费投入达到3.09万亿元，稳居世界第二大研发投入国。我委积极落实"科技金融+人才支撑+区域联动"六要素，营造高水平协同创新生态。开展大规模载体制备与质控平台、生产工艺高通量开发平台、自动化生物制造平台、跨尺度生物多模态验证平台、中试放大及GMP平台和生物信息计算支撑平台等，为加速突破产业前沿技术瓶颈提供硬件基础。

下一步，我委将会同人力资源社会保障部、教育部贯彻落实职业教育法，着力打造一批具有世界水平、中国特色的职业教育一流核心课程、优质教材、优秀教师团队和实践项目，坚持产教融合、校企合作，加速形成与市场需求相适应、与产业结构相匹配的现代职业教育发展模式。一是深入推进制造业技能根基工程。推动创新型拔尖技术人才培养模式改革，不断提高相关专业人才培养质量。全面推行中国特色学徒制，加大职工技能等级认定工作力度，面向数字化、网络化、智能化生产服务一线，培养更多具备工匠精神的高素质技能型蓝领。加大职业技能培训支持力度，完善培训资源共建共享机制，高质量推进产训结合，为蓝领群体提升技能提供有力支持。促进教育与产业互融共生，持续推进现代职业教育体系建设改革，推动各省打造一批市域产教联合体。二是发挥超大规模市场优势。通过市场需求引导创新资源有效配置，促进创新要素有序流动和合理配置，完善促进自主创新成果市场化应用的体制机制，支撑科技创新和新兴产业发展。建立健全全国性技术交易市场，完善知识产权评估与交易机制，推动各地技术交易市场互联互通。完善科技资源共享服务体系，鼓励不同区域之间科技信息交流互动，推动重大科研基础设施和仪器设备开放共享，加大科技领域国际合作力度。三是增强市场监管制度和政策的稳定性、可预期性。充分发挥行业协会商会作用，建立有效的政企沟通机制，形成政府监管、平台自律、行业自治、社会监督的多元治理新模式。积极推动各领域市场公共信息互通共享，优化经营主体信息公示，便利经营主体信息互联互通。推进同类型及同目的的信息认证平台统一接口建设，完善接口标准，促进市场信息流动和高效使用。依法公开经营主体、投资项目、产量、产能等信息，引导供给动态平衡。

感谢您对发展改革工作的关心和支持。

欢迎登录我委门户网站（www.ndrc.gov.cn），了解国家经济和社会发展政策、经济建设和社会发展情况、经济体制改革方面的重要信息。

# 关于政协十四届全国委员会第一次会议第01235号（经济发展类146号）提案答复的函

## ——关于以"一体化"思维加快全国统一大市场建设的提案

·2023年10月12日

您提出的关于以"一体化"思维加快全国统一大市场建设的提案收悉。经商中央网信办、交通运输部，现答复如下：

加快建设全国统一大市场是构建新发展格局的基础支撑和内在要求。2022年，《中共中央、国务院关于加快建设全国统一大市场的意见》（以下简称《意见》）印发实施。《意见》出台以来，各地区各部门高度重视，认真贯彻落实党中央、国务院部署，扎实推进各项重点任务落地。今年5月，国务院常务会议研究落实建设全国统一大市场部署总体工作方案和近期举措，对此项工作进行了再动员、再部署。在各方面努力下，建设全国统一大市场的社会共识进一步增强，一些关系长远的基础制度和配套政策相继出台，重点任务的实施路径进一步明确，一批突出问题得到了初步整治。加快建设全国统一大市场重大改革部署对稳定发展预期、释放市场活力、降低交易成本、促进循环畅通发挥了积极作用。

对全国统一大市场建设过程中的堵点卡点，结合您所反映问题和提出的建议，我委将会同有关方面积极研究借鉴，强化横向协同、上下联动的工作合力，推动建设全国统一大市场的各项制度在政策取向上相互配合、在实施过程中相互促进、在改革成效上相得益彰。

一是优先推进区域协作。鼓励有关地区在加快建设全国统一大市场过程中，结合区域重大战略、区域协调发展战略实施，在维护全国统一大市场前提下，优先开展区域市场一体化建设工作，建立健全区域合作机制，积极总结并复制推广典型经验和做法。

二是构建高质量一体化区域综合交通运输体系。把联网、补网、强链作为建设重点，加快建设国家综合立体交通网主骨架，加强沿海和内河港口航道规划建设，优化提升全国水运设施网络，着力提升交通基础设施网络综合效益，畅通市场要素资源流通，更好支撑构建全国统一大市场。

三是持续优化营商环境。分批次、分阶段推出有针对性的优化营商环境政策举措，进一步健全营商环境制度体系，严格规范涉企行政执法，加强经营主体权益保护。支持长三角、粤港澳大湾区、京津冀等地区加大营商环境改革力度，加快建设国际一流营商环境。抓好惠企政策兑现，推动政策红利精准直达各类经营主体。

四是进一步推动政务信息资源整合共享。推动出台公共数据开发利用政策文件，持续完善国家数据共享交换体系，充分发挥国家政务服务平台一体化政务服务总枢纽作用，加快推进信息共享，为简化审批流程、优化监管和服务等提供有力支撑。

感谢您对发展改革工作的关心和支持。

欢迎登录我委门户网站（www.ndrc.gov.cn），了解国家经济和社会发展政策、经济建设和社会发展情况、经济体制改革方面的重要信息。

## 关于政协十四届全国委员会第一次会议第01041号（商贸监管类059号）提案答复的函
——关于推进招标采购领域融入全国统一大市场的提案

· 2023年10月12日

民革中央提出的关于推进招标采购领域融入全国统一大市场的提案收悉。经认真研究，现答复如下。

**一、关于制定统一招标采购法规**

完善分类统一的交易制度规则，是公共资源交易平台整合工作的重点之一，《整合建立统一的公共资源交易平台工作方案》（国办发〔2015〕63号）、《关于深化公共资源交易平台整合共享的指导意见》（国办函〔2019〕41号）均有明确要求。近年来，我委会同有关部门认真贯彻落实党中央、国务院关于整合建立统一的公共资源交易平台工作部署，深入推进公共资源交易平台整合共享，加快公共资源交易领域制度建设，努力推动形成统一的公共资源交易制度体系。先后制定发布《公共资源交易平台管理暂行办法》《公共资源交易评标专家专业分类标准》《公共资源交易平台系统数据规范》《公共资源交易平台服务标准（试行）》《全国公共资源交易目录指引》《公共资源交易领域基层政务公开标准指引》等制度标准。以《公共资源交易平台管理暂行办法》为"1"，以交易综合服务、交易目录指引、信息公开、联合惩戒、系统运行等制度规则为"N"；以系统数据规范、专家分类标准等技术标准为"X"的"1+N+X"制度体系基本确立。同时，多个地方先行先试开展公共资源交易管理综合立法，《湖南省公共资源交易监督管理办法》《合肥市公共资源交易管理条例》《宁波市公共资源交易管理条例》等地方性法规规章相继出台，有力推进了公共资源交易平台法治化、规范化。

下一步，我委将充分吸收和借鉴你单位提出的建议，鼓励有条件的地方先行探索制定出台公共资源交易地方性法规、规章，提高不同领域交易制度规则的协调性、统一性。

**二、关于完善招标采购领域市场制度**

按照《中华人民共和国招标投标法实施条例》第三十二条规定，招标人不得以不合理的条件限制、排斥潜在投标人或者投标人。限定或者指定特定的专利、商标、品牌、原产地或者供应商，属于以不合理条件限制、排斥潜在投标人或者投标人。

2022年7月，我委等13部门印发《关于严格执行招标投标法规制度进一步规范招标投标主体行为的若干意见》（发改法规〔2022〕1117号），要求依法必须招标项目的招标文件，应当使用国家规定的标准文本，根据项目的具体特点与实际需要编制。招标文件中资质、业绩等投标人资格条件要求和评标标准应当以符合项目具体特点和满足实际需要为限度审慎设置，不得通过设置不合理条件排斥或者限制潜在投标人。依法必须招标项目不得提出注册地址、所有制性质、市场占有率、特定行政区域或者特定行业业绩、取得非强制资质认证、设立本地分支机构、本地缴纳税收社保等要求，不得套用特定生产供应者的条件设定投标人资格、技术、商务条件。严禁设置投标报名等没有法律法规依据的前置环节。

下一步，我委将充分吸收和借鉴你单位提出的建议，加快推动出台招标投标领域公平竞争审查规则，进一步细化公平竞争审查标准，强化公平竞争审查刚性约束，从源头上减少排斥限制公平竞争的政策文件出台。

**三、关于开展公共资源交易信息互认共享试点工作**

关于公共资源交易平台电子系统建设方面存在的问题，主要是由于目前各地平台电子系统以自行投资、分散建设的模式居多。这种建设模式对于调动地方主动性，鼓励先行先试和探索创新，发挥了重要积极作用，但同时各地平台系统缺乏匹配、重复投入建设等问题也逐步显现，制约了全国范围交易程序规则的统一。我委对此高度重视，在2021年召开的全国公共资源交易平台整合共享改革现场会上，宣传推广地方推进全省一体化平台系统建设的典型经验，并要求各地强化集约建设，鼓励电子系统向省级或少数较大的市级平台集中，对于交易活动有限或财政实力薄弱的市县，原则上不再投资新建电子系统。比如，专门印发《关于支持贵州省推进公共资源交易"全省一张网"建设的复函》（发改办法规〔2022〕434号），指导贵州省坚持应进必进、统一规范、公开透明、服务高效原则，加快推动数据"一网共享"、交易"一网通办"、服务"一网集成"、监管"一网协同"。

我委通过明确政策要求、加强督查督办等，指导地方大力推进省内CA互认。在此基础上，落实国务院开展营商环境创新试点工作的要求，组织编制网络共享CA跨区域兼容互认技术标准，以6个营商环境创新试点城市为重点，在10个省市交易平台和3家企业招采平台的电子招投标系统同步开展标准验证工作，2023年上半年已开展试运行，效果总体良好。

下一步，我委将充分借鉴吸收你单位提出的建议，实施分类统一的交易制度规则、技术标准和数据规范，落实各交易领域政策功能和监管要求，为各交易领域推进改革提供支撑。研究全国统一的公共资源交易经营主体信息库建设方案，推动实现信息的全国共享互认。加快推进省级综合评标、政府采购评审专家库互联互通、专家资源信息共享，常态化推进远程异地评标。加快推动实现招投标领域数字证书跨区域兼容互认，根据网络共享数字证书技术标准试运行情况，及时组织对《网络共享数字证书技术标准》进行总结评估，进一步修订完善技术标准。在此基础上，按照稳妥有序的原则，推动更多地方公共资源交易平台应用网络共享数字证书，持续扩大数字证书跨区域兼容互认范围，加快实现全国范围内公共资源交易数字证书跨区域兼容互认。

感谢民革中央对发展改革工作的关心和支持。

欢迎登录我委门户网站（www.ndrc.gov.cn），了解国家经济和社会发展政策、经济建设和社会发展情况、经济体制改革方面的重要信息。

## 关于政协十四届全国委员会第一次会议第02863号（经济发展类323号）提案答复的函

——关于推进企业现代治理、打牢中国式现代化社会基础的提案

·2023年10月10日

您提出的关于推进企业现代治理、打牢中国式现代化社会基础的提案收悉，经商人力资源社会保障部、市场监管总局、最高人民检察院，现答复如下。

党的二十大报告中指出，完善中国特色现代企业制度，弘扬企业家精神，加快建设世界一流企业。民营企业作为社会主义市场经济的重要微观基础，创造了我国50%以上的税收、60%以上的国内生产总值、70%以上的技术创新成果、80%以上的城镇劳动就业、90%以上的企业数量。推进民营企业现代治理，引导民营企业建立现代企业制度，对于全面建设社会主义现代化国家具有重要战略意义。您提出要综合运用法律、行政、经济等多种手段，从强化自律、他律和优化发展环境等多方面入手，构建促进民营企业治理现代化的良性生态系统，这对于完善民营企业公司治理，推动民营企业构建适应国家现代化进程的现代企业制度，打牢中国式现代化社会基础具有重要意义。

**一、关于加强教育引导，强化民营企业治理现代化的意识能力**

近年来，党中央、国务院及各有关部门高度重视企业家精神培育工作。2017年，中共中央、国务院出台《关于营造企业家健康成长环境弘扬优秀企业家精神更好发挥企业家作用的意见》。我委认真落实文件有关要求，会同有关部门持续推进弘扬企业家精神相关工作，推动常态化、制度化弘扬企业家精神。人社部会同全国总工会、中国企联、全国工商联以民营企业为重点深入开展和谐劳动关系创建活动，2020年—2022年，连续三年开展"和谐同行"千户企业共同培育行动，弘扬富有特色的企业精神和健康向上的企业文化，推动形成尊重劳动、崇尚和合的良好社会氛围。关于对标国际一流企业标准，指导民营企业建立现代企业治理体系问题。2022年2月，中央深改委第24次会议审议通过《关于加快建设世界一流企业的意见》，明确将"治理现代"作为世界一流企业的内涵之一。在下一步工作中，我委将会同有关部门积极总结推广世界一流企业建设好经验好案例，引导民营企业吸收借鉴国内外先进治理经验，提升民营企业治理现代化。

**二、关于完善法治环境，强化民营企业治理现代化的制度基础**

《公司法（修订草案二次审议稿）》，在立法目的中新增了"完善中国特色现代企业制度，弘扬企业家精神"，围绕公司治理的有关修订内容包括进一步强化股东出资责任，优化公司组织机构设置，加强对股东知情权的保护，强化上市公司治理等。在下一步工作中，我委将配合有关方面，积极推动《公司法》修订工作，引导民营企业依据《公司法》及相关法律法规，持续优化企业治理规则，提升治理规范性。

**三、关于优化民营企业发展环境，为民营企业治理现代化提供强大支撑**

近期中共中央、国务院出台《关于促进民营经济发展壮大的意见》，对强化民营经济发展法治保障做出部署，提出构建民营企业源头防范和治理腐败的体制机制。2022年4月，最高检印发检察机关依法办理民营企业职务侵占犯罪典型案例，2023年7月，最高检印发《关于依法惩治和预防民营企业内部人员侵害民营企业合法权益犯罪、为民营经济发展营造良好法治环境的意见》，进一步加大对民营企业内部腐败的打击力度。市场监管总局通过实施信用监管和"双随机、一公开"监管，推动企业加强内部治理，合规守信经营。下一步，我委将积极配合有关方面深化民营企业合规改革，推动有关部门适时推出合规指引，探索建立一套涉案企业合规运行机制，形成企业合规第三方监管合力，引导民营企业守法合规经营。

感谢您对发展改革工作的关心和支持。

欢迎登录国家发展改革委门户网站（www.ndrc.gov.cn），了解国家经济和社会发展政策、经济建设和社会发展情况、经济体制改革方面的重要信息。

图书在版编目（CIP）数据

中华人民共和国经济法律法规全书：含相关政策及典型案例：2024年版 / 中国法制出版社编．—北京：中国法制出版社，2024.3
（法律法规全书系列）
ISBN 978-7-5216-4162-2

Ⅰ.①中… Ⅱ.①中… Ⅲ.①经济法-汇编-中国 Ⅳ.①D922.290.9

中国国家版本馆CIP数据核字（2024）第032899号

---

策划编辑：袁笋冰　　　　　　责任编辑：刘晓霞　　　　　　封面设计：李　宁

---

**中华人民共和国经济法律法规全书：含相关政策及典型案例：2024年版**
ZHONGHUA RENMIN GONGHEGUO JINGJI FALÜ FAGUI QUANSHU：HAN XIANGGUAN ZHENGCE JI DIANXING ANLI：2024 NIAN BAN

经销/新华书店
印刷/三河市国英印务有限公司
开本/787毫米×960毫米　16开　　　　　　　　　　印张/ 49.5　字数/ 1415千
版次/2024年3月第1版　　　　　　　　　　　　　　2024年3月第1次印刷

---

中国法制出版社出版
书号 ISBN 978-7-5216-4162-2　　　　　　　　　　　　　　　　定价：108.00元

北京市西城区西便门西里甲16号西便门办公区
邮政编码：100053　　　　　　　　　　　　　　　　　传真：010-63141600
网址：http://www.zgfzs.com　　　　　　　　　　　　编辑部电话：010-63141664
市场营销部电话：010-63141612　　　　　　　　　　 印务部电话：010-63141606

（如有印装质量问题，请与本社印务部联系。）